2005 中国商务年鉴战略合作伙伴

STRATEGIC PARTNERS OF CHINA COMMERCE YEARBOOK

以史为鉴　可以明智
以之为鉴　可筹大略

总经理：傅成玉

中国出口信用保险公司
China Export & Credit Insurance Corporation

中国第一汽车集团进出口公司
China Faw Group Import&Export corporation

总经理：李维斗
President: Li Weidou

Haier 海尔

首席执行官：张瑞敏
CEO：Zhang Ruimin

浙江东方集团股份有限公司
Zhejiang Orient Holdings Co., Ltd.

董事长 党委书记：何志亮
Chairman and Party Secretary: He Zhiliang

中国光大（集团）总公司
China Everbright Group Limited

副董事长 总经理 党委副书记：臧秋涛
Vice Chairman, General Manager,Deputy Party Secretary: Zang Qiutao

中国扬州国际珠宝城
Yangzhou International Jewelry City　China

董事长：钟永森
Chairman: Sammy Chung

首都旅游集团
BEIJING TOURISM GROUP

图书在版编目(CIP)数据

中国商务年鉴·2005/《中国商务年鉴》编辑委员会编．—北京：中国商务出版社，2005.9
ISBN 7-80181-453-3

Ⅰ.中… Ⅱ.中… Ⅲ.商务—中国—2005—年鉴 Ⅳ.F72-54

中国版本图书馆CIP数据核字（2005）第107096号

中国商务年鉴·2005

编　　纂／中国商务年鉴编辑委员会
总 编 辑／丹　舟　　副总编辑／沈炳兴
特约编辑／张　鹏　韩　曦　周中国　董　媛　陈明霞　刘小恒
责任编辑／张尽平
英文审订／钱建初　宓智瑛　李　君
责任校对／田丽华　夏晓敏
网　　址／www.yearbook.org.cn
电　　话／(010)64246856
通信地址／北京安定门外大街东后巷28号　邮政编码：100710
出　　版／中国商务出版社
印　　刷／北京中科印刷有限公司
开　　本／889×1194毫米　大16开
印　　张／64
字　　数／2600千字
版　　别／2005年9月第一版
版　　次／2005年9月第一次印刷
定　　价／360.00元

ISBN 7-80181-453-3
9 787801 814531 >

ISSN 1671-8488
CN11-4872/F

ISBN 7-80181-453-3
F. 840

国家主席胡锦涛2005年9月5日在北京人民大会堂会见英国首相布莱尔和欧盟委员会主席巴罗佐。

国务院总理温家宝2004年10月15日在北京会见俄罗斯总统普京。

2005年9月2日，国务院副总理吴仪在长春参观第一届中国吉林 · 东北亚投资贸易博览会。

商务部部长
薄熙来

序

2004年是我国商务发展历程中极其重要的一年。外贸进出口首次突破万亿美元大关，一跃成为世界第三贸易大国；社会消费品零售总额和生产资料销售额也分别突破5万亿元和10万亿元大关，增长率分别为13.3%和19%，为97年亚洲金融危机以来最高水平；实际利用外商直接投资606亿美元，排名全球第二，连续12年居发展中国家首位；对外直接投资36.2亿美元，同比增长27%。

在总量扩大的同时，结构也得到优化。2004年国内需要的重要资源性商品进口增长，如原油增长35%，铁矿砂41%，粮食3.7倍，有效缓解了国内市场紧张状况；彩电、冰箱等家用电器出口，消化了国内过剩生产能力；流通现代化步伐加快，新型流通方式快速发展，全社会物流总额增长30%；外资结构和质量明显改善，研发机构累计已近700家，投向高新技术领域金额持续大幅增加；"走出去"也迈出可喜步伐。

商务发展对国民经济拉动作用越来越大。2004年，对外贸易拉动经济增长约2个百分点，社会消费品零售总额拉动经济增长3.8个百分点。国内批发零售贸易从业人员达5000万人，与对外贸易直接相关的从业人员达8000多万人。进出口税收约占全部税收总额的18%左右，涉外企业税收占全国税收收入比重超过1/5。

我国商务发展对世界经济的贡献也日益凸显。联合国贸发会议秘书长里库佩罗认为：中国正与美国一起，并列为世界经济两大火车头。**从贸易方面看**，加入世贸组织3年来，我国对全球货物贸易增长的贡献达12%左右，成为世界贸易增长第一驱动。随着中国国内消费的不断扩大，中国已经成为很多国家出口增长最快、潜力最大的市场，去年我国进口净增1485亿美元。出口额达到5933亿美元，向世界提供了大量价廉物美的消费品，极大地降低了进口国的支出，提高了消费者的福利。**从投资方面看**，去年商务领域又新出台了一系列法律法规，环境进一步改善，中国已经成为全球投资者的福地。据统计，从1990年到2004年，中国外商投资企业仅利润汇出一项，就高达2506亿美元。据估算，外商在华投资工业企业利润率为6.6%左右，比世界财富500强这一指标高出很多。

过去一年商务工作成就令世人瞩目，未来发展空间将更为广阔，任务也更加艰巨。商务系统要按照科学发展观要求，毫不动摇地坚持对外开放的基本国策，全面提高开放水平；不断完善市场体系，加快流通现代化步伐；坚持互利共赢和共同发展的原则，推动建立公平合理的国际经贸新秩序。

《中国商务年鉴》全面系统地回顾了2004年我国商务事业的发展历程，对于我们深入总结经验，做好今后的工作具有重要意义，也希望能为社会各界研究商务工作提供有益的参考。

编辑说明
EDITOR'S NOTE

一、《中国商务年鉴》由商务部主持编纂，编委会主任、副主任分别由商务部和海关总署领导担任。

二、本年鉴内容全面系统，资料翔实可靠，是一部具有权威性、指导性和实用性的大型工具书，是海内外各界人士了解、研究中国商务情况的史料性参考书。

三、本年鉴创刊于1984年，每年出版一期，每期用中文、英文两种文字分册出版。本年鉴保持连续性和完整性，上期刊载过的内容，下期不再重复。读者欲了解2003年以前的中国商务情况，请参阅以前各期年鉴。

四、本期《年鉴》全面系统地记述了2004年中国商务发展的基本情况。全书共设13个栏目，分别是"年度关键词"、"专文"、"国内贸易"、"货物贸易"、"服务贸易"、"利用外资"、"对外经济合作"、"国别(地区)经贸"、"开发区建设"、"地方商务"、"法规"、"统计"和"附录"栏目。

五、"地方商务"等栏目里的有关数字，由于统计口径、方法不一致，有些与"统计"栏目中的数字不完全一致，请以"统计"栏目中的数字为准。

六、各省、自治区、直辖市的排列顺序，按照国务院行政区划统一规定排列。计划单列市、沿海开放城市和经济特区等均排在其所属的省、自治区后面。

七、本年鉴所涉及的单位名称、撰稿人职务均以截稿日期为准。

八、多年以来，本年鉴承蒙国家机关各部门、各地方、各公司和广大作者、译者的积极支持和帮助，在此谨表示衷心的感谢！希望各界继续给予关心和支持。对本年鉴的不足之处，诚请提出批评和改进意见，以使《中国商务年鉴》日臻完善。

通信地址：北京市安定门外东后巷28号 商务部《中国商务年鉴》编辑部
邮政编码：100710 联系电话：010-64246856 网址：www.yearbook.org.cn

商务部《中国商务年鉴》编辑部
2005年8月于北京

《中国商务年鉴》编辑委员会

EDITORIAL BOARD OF THE CHINA COMMERCE YEARBOOK

《中国商务年鉴》特约撰稿人

SPECIAL CONTRIBUTORS TO THE CHINA COMMERCE YEARBOOK

李魁文　海关总署
苏劲美　国家质量监督检验检疫总局
叶宇海　交通部
周　陈　国家旅游局
李小维　国家统计局
叶海生　国家外汇管理局
刘　霞　国家开发银行
程　军　中国银行
龙　淼　中国进出口银行
孙　彤　商务部台港澳司
宋耀明　商务部亚洲司
冉德艳　商务部亚洲司
林　霄　商务部亚洲司
余　翔　商务部亚洲司
钟　洁　商务部亚洲司
李小兵　商务部西亚非洲司
景　宁　商务部西亚非洲司
王劲松　商务部欧洲司
张　帆　商务部美洲大洋洲司
董　蔚　商务部美洲大洋洲司
邱　勇　商务部美洲大洋洲司
刘　莹　商务部美洲大洋洲司
方　昊　商务部美洲大洋洲司
洪晓东　商务部世界贸易组织司
高尚德　商务部外国投资管理司
兰天山　商务部外国投资管理司
曹立生　中国商业联合会
贺登才　中国物流与采购联合会
郝晓燕　中国连锁经营协会
郭　涛　中国五矿化工进出口商会
刘　春　中国机电产品进出口商会
梁世瑜　中国纺织品进出口商会
曹　红　中国轻工工艺品进出口商会
蔡小松　中国食品土畜进出口商会
曹　钢　中国医药保健品进出口商会
张　湘　中国对外承包工程商会
刘雪芹　商务部国际贸易经济合作研究院
付　强　商务部国际贸易经济合作研究院
邢厚媛　商务部国际贸易经济合作研究院
薛　宏　商务部国际贸易经济合作研究院
张德金　北京市商务局
穆　群　天津市商务委员会
唐金江　河北省商务厅
吕美荣　秦皇岛市商务局
李少英　山西省商务厅
候燕会　内蒙古自治区商务厅
张　悦　辽宁省商业厅
朱红梅　辽宁省对外贸易经济合作厅
范宝清　沈阳市对外贸易经济合作局
孔　强　大连市对外贸易经济合作局
华雪松　吉林省商务厅
李　春　长春市商务局
任　杰　黑龙江省商务厅
周建欣　哈尔滨市商务局
史文军　上海市经济委员会
王　庆　上海市对外经济贸易委员会
罗爱莲　江苏省经济贸易委员会
朱一兵　江苏省对外贸易经济合作厅
吴　哲　南京市对外贸易经济合作局
王百奇　连云港市对外贸易经济合作局
张　明　南通市对外贸易经济合作局
郑　秉　浙江省经济贸易委员会
程世昌　浙江省对外贸易经济合作厅
许友华　宁波市贸易局
鲍伟伟　宁波市对外贸易经济合作局
张　婕　温州市对外贸易经济合作局
王凤鸣　安徽省商务厅
黄翠华　福建省经济贸易委员会
吴文华　福建省对外贸易经济合作厅
陈慧坚　厦门市贸易发展局
黄佩钦　厦门市外商投资局
林　周　福州市对外贸易经济合作局
江　疆　江西省国内贸易行业管理办公室
杨　铮　江西省对外贸易经济合作厅
冯立东　山东省贸易办公室
陈爱国　山东省对外贸易经济合作厅
邱吉君　青岛市财贸办公室
栾正元　青岛市对外贸易经济合作局
姜英松　烟台市对外贸易经济合作局
卢凤英　河南省商务厅
李　娟　湖北省商务厅
陆晓明　武汉市对外贸易经济合作局
钟美陆　湖南省商务厅
陈　夫　广东省经济贸易委员会
叶志雄　广东省对外贸易经济合作厅
董艳梅　广州市对外贸易经济合作局
李　萌　深圳市贸易工业局
王　伟　珠海市对外贸易经济合作局
陈小武　汕头市对外贸易经济合作局
李洪潮　湛江市对外贸易经济合作局
黄东明　广西壮族自治区商务厅
梁桂红　北海市商务局
林玉妙　海南省商务厅
何德麟　重庆市对外贸易经济委员会
杨　妮　四川省商务厅
曾繁荣　成都市对外贸易经济合作局
张德辉　贵州省商务厅
王亚娟　云南省商务厅
王旭阳　西藏自治区商务厅
李小娟　陕西省商务厅
蒋升云　西安市对外贸易经济合作局
李忠义　甘肃省商务厅
王忠文　青海省商务厅
唐河林　宁夏回族自治区商务厅
王元顺　新疆维吾尔自治区对外贸易经济合作厅
玛伊宁　新疆生产建设兵团商务局

同中国签有经济贸易协定、投资保护协定和避免双重征税协定的国家和地区简表

（截至2004年12月31日）

"●" 表示同我国签有贸易协定或议定书及经济合作协定的国家和地区（148个）

"▲" 表示同我国签有双边投资保护协定的国家和地区（112个）

"◆" 表示同我国签有避免双重征税协定的国家和地区（86个）

亚 洲	●	▲	◆		●	▲	◆
蒙古	●	▲	◆	哈萨克斯坦	●	▲	◆
朝鲜	●			吉尔吉斯斯坦	●	▲	◆
韩国	●	▲	◆	塔吉克斯坦	●	▲	
日本	●	▲	◆	乌兹别克斯坦	●	▲	◆
越南	●	▲	◆	土库曼斯坦	●	▲	
老挝	●	▲	◆	格鲁吉亚	●	▲	
柬埔寨	●	▲		阿塞拜疆	●	▲	
缅甸	●	▲		亚美尼亚	●	▲	◆
泰国	●	▲	◆	黎巴嫩	●	▲	
马来西亚	●	▲	◆	也门	●	▲	
新加坡	●	▲	◆	以色列	●	▲	◆
菲律宾	●	▲	◆	阿曼	●	▲	◆
印度尼西亚	●	▲	◆	沙特阿拉伯	●	▲	
东帝汶	●			卡塔尔	●	▲	◆
尼泊尔	●		◆	伊拉克	●		
孟加拉国	●	▲	◆	叙利亚	●	▲	
印度	●		◆	约旦	●	▲	
斯里兰卡	●	▲	◆	阿联酋	●	▲	◆
伊朗	●	▲	◆	科威特	●	▲	◆
巴基斯坦	●	▲	◆	巴林	●	▲	◆
文莱		▲	◆	土耳其	●	▲	◆
塞浦路斯	●	▲	◆				

非 洲	●	▲	◆		●	▲	◆
埃及	●	▲	◆	马里	●		
利比亚	●			佛得角	●	▲	
突尼斯	●	▲	◆	几内亚	●		
阿尔及利亚	●	▲		科特迪瓦	●	▲	
摩洛哥	●	▲	◆	加纳	●	▲	
苏丹	●	▲	◆	多哥	●		
埃塞俄比亚	●	▲		贝宁	●	▲	
吉布提	●	▲		尼日尔	●		
肯尼亚	●	▲		尼日利亚	●	▲	◆
坦桑尼亚	●			喀麦隆	●	▲	
卢旺达	●			赤道几内亚	●		
布隆迪	●			中非共和国	●		
安哥拉	●			刚果（布）	●	▲	
赞比亚	●	▲		刚果（金）	●	▲	
莫桑比克	●	▲		加蓬	●	▲	
毛里求斯		▲	◆	塞拉利昂	●	▲	
津巴布韦	●	▲		索马里	●		
博茨瓦纳	●	▲		马达加斯加	●		
厄立特里亚	●			塞舌尔			◆
南非	●	▲	◆	乌干达	●	▲	
纳米比亚	●			利比里亚	●		
毛里塔尼亚	●						

欧 洲	●	▲	◆		●	▲	◆
冰岛	●	▲	◆	欧洲联盟	●		
丹麦	●	▲	◆	比利时	●	▲	◆
挪威	●	▲	◆	荷兰	●	▲	◆
瑞典	●	▲	◆	卢森堡	●	▲	◆
芬兰	●	▲	◆	英国	●	▲	◆
爱沙尼亚	●	▲	◆	爱尔兰	●		◆
拉脱维亚	●	▲	◆	西班牙	●	▲	◆
立陶宛	●	▲	◆	葡萄牙	●	▲	◆
俄罗斯	●		◆	瑞士	●	▲	◆
白俄罗斯	●	▲	◆	马耳他	●		◆
乌克兰	●	▲	◆	塞尔维亚和黑山	●	▲	◆
摩尔多瓦	●	▲	◆	斯洛文尼亚	●	▲	◆
波兰	●	▲	◆	克罗地亚	●	▲	◆
捷克	●	▲	◆	波黑	●	▲	◆
斯洛伐克	●	▲	◆	马其顿	●	▲	◆
匈牙利	●	▲	◆	罗马尼亚	●	▲	◆
德国	●	▲	◆	保加利亚	●	▲	◆
法国	●	▲	◆	阿尔巴尼亚	●	▲	◆
意大利	●	▲	◆	希腊	●	▲	◆
奥地利	●	▲	◆				

大 洋 洲	●	▲	◆		●	▲	◆
澳大利亚	●	▲	◆	萨摩亚	●		
新西兰	●	▲	◆	库克群岛	●		
巴布亚新几内亚	●	▲	◆	斐济	●		
瓦努阿图	●			汤加	●		
密克罗尼西亚	●						

北 美 洲	●	▲	◆		●	▲	◆
美国	●		◆	古巴	●	▲	◆
加拿大	●		◆	牙买加	●	▲	◆
墨西哥	●			巴巴多斯		▲	◆
特立尼达和多巴哥	●	▲	◆				

南 美 洲	●	▲	◆		●	▲	◆
哥伦比亚	●			巴西	●		◆
委内瑞拉	●		◆	玻利维亚	●	▲	
苏里南	●			智利	●	▲	
厄瓜多尔	●	▲		阿根廷	●	▲	
秘鲁	●	▲		乌拉圭	●	▲	
圭亚那	●	▲					

2005 中国商务年鉴战略合作伙伴
STRATEGIC PARTNERS OF CHINA COMMERCE YEARBOOK

中远(香港)集团有限公司
COSCO (Hong Kong) Group Limited

总裁：刘国元
President: Liu Guoyuan

四川省长虹电器股份有限公司
Chang Hong Electric Co., Ltd.

董事长:赵 勇
Chairman:Zhao Yong

中国中钢集团公司
SINOSTEEL CORPORATION

广州番禺豪剑摩托车有限公司
Guangzhou Panyu Haojian Motorcycle Co.Ltd.

董事长：刘 芳
Prestdent:Fang Liu

中国土木工程集团公司
China Civil Engineering Construction Corporation

总经理：林荣新
President: Lin Rongxin

中国冶金建设集团公司
Chian Metallurgical Construction Group Corporation

董事长 党委书记 法人代表:杨长恒
Chairman of the Board ,Party Secretary and Corporate Legal Person: Yang Changheng

浙江卡森实业有限公司

董事长：朱张金

中国石化集团中原油田
Zhongyuan Petroleum Exploration Bureau (ZPEB), Sinopec

局长：张殿国
President:Zhang Dianguo

三星重工业(宁波)有限公司
Samsung Heavy Industries (Ningbo) Co. Ltd.

总经理:李相模
President:Lee.Sang.Mo

广东省广新外贸集团有限公司
Guangdong Foreign Trade Group Co., Ltd.

董事长：李德和
Chairman: Li Dehe

上海宝矿进出口公司
Shanghai B.M. Import & Export Co. Ltd.

总经理：孙勇坚
General Manager : Sun Yongjian

中国铝业公司
Aluminum Corporation Of China

总经理 党组书记:消亚庆
General Manager,Party Secretary:Xiao Yaqing

浙江永康中国科技五金城有限公司

法人代表：孔体现

莱科萨斯国际(中国)有限公司
Lexxus International (China) Corporation

首席代表：董文强
Chief Representative: Johnny Dawn

中山市完美日用品有限公司
ZHONGSHAN PERFECT CO., LTD.

董事长:古润金
KOO YUEN KIM

中国水电建设集团国际工程有限公司
Sinohydro Corporation Limited

董事长：刘起涛
Chairman : Liu Qitao

河南省汝州市商务局

局长：孙振龙

成都双流国际机场股份有限公司
Chengdu Shuangliu International Airport Co., Ltd.

总经理：杨太东
General Manager: Taidong Yang

中国对外贸易中心
CHINA FOREIGN TRADE CENTRE

主任：胡楚生
Chairman: Hu Chusheng

贵州永红航空机械有限责任公司
Guizhou Yonghong Aviation Machinery Company Ltd.

董事长：张晓军
Chairman: ZhangXiaoJun

安徽省外经建设(集团)有限公司
ANHUI FOREIGN ECONOMIES CONSTRUCTION GROUP CO., LTD.

总裁：蒋庆德
President: Jiang Qingde

北京中粮广场发展有限公司
Beijing COFCO Plaza Development Co., Ltd.

副总经理：王跃
Assistant General Manager: Wang Yue

威高集团有限公司
Weigao Group Co., Ltd.

董事长：陈学利

宁波经济技术开发区管委会
The Administratine of Ningbo Economil & Technical Development Lone

宁波市副市长 中共宁波市北仑区委书记
宁波经济技术开发区管委会主任：姚力

番禺潭洲振裕纺织染印有限公司
PANYU TAN ZHOU PERFECTA SPWING IVEAVING DYEING & PRINTING LTD.

董事长：黄旭桐
Chairman : Wong Yuktong

欧洲商业开发投资管理中心
Centre for Development of Trade and Controt of Investment in Europe

中心主任：蔡桂茹
Cai Guiru

中国(巴西)投资开发贸易中心
CHINA BRAZIL INVESTMENT DEVELOPMENT & TRADE CENFTER

董事长：张有陞
Chairman : Zhang Yousheng

温州市瓯海区对外贸易经济合作局
WENZHOU OUHAI FOREIGN TRADE & ECNOMIC COOPERATION BUREAU

局长：金庆仁
Director:Jin Qingren

上海东浩工艺品股份有限公司
Shanghai East Best Arts & Crafts Co., LTD.

董事长：唐民辉
Chairman : Tang Minhui

慈兴集团有限公司
Cixing Group Co., Ltd.

新时代健康产业有限公司
New Era Health Industry Co., Ltd.

昆山市对外贸易经济合作局
Kunshan Bureau of Foreign Trade & Economic Cooperation

局长：张振跃
Director：Zhenyue Zhang

泉州市对外贸易经济合作局
Quanzhou Forcign Trade and Economic Cooperation Bureau

局长：王明权
Director: Wang Mingquan

贵州双阳飞机制造厂
GUEIZHOU SHUANGYANG AIRCRAFT MANUFACTORY

厂长:范月民
Factory Director:Fan Yuemin

广东省燃料公司
Guangdong Fuel Company

总经理：黄致惠
General Manager: Zhihui Huang

东莞三星视界有限公司
Dong Guan Samsung SDI, CO., LTD

总经理:赵锡来
General Manager:CHO SEOG LAE

北方国际集团有限公司
Northem International (Holding) Co., Ltd.

董事长:董国强
Chairman :Dong Guoqiang

宁波御坊堂生物科技有限公司

董事长 总裁：黄金宝

中国云南国际经济技术合作公司
China Yunnan Corporation ForInternational Techno Economic Cooperation

董事长 总经理:郭晓勇
Chairman. Managing Director: Guo Xiaoyong

上海埃力生进出口股份有限公司
Shanghai Alison Import & Export Co., Ltd.

总经理：张 羽
Genaral Manager:Zhang Yu

上海浦东国际机场进出口有限公司
SHANGHAI PUDONG INTERNATIONAL AIRPORT IMPORT & EXPORT CORPORATION

董事 总经理:居士尧
Board Member ,General Manager:JU SHI YAO

中谷粮油集团公司
CHINA GRAINS & OTLS GROUP CORP.

总经理：张建辉
President: Zhang Jianhui

新疆生产建设兵团商务局
Bureau Of Commerce Of Xinjiang Production And Cons Truction Group

局长:何若群
Director: He Ruoqun

广州纺织品进出口集团有限公司
Guangzhou Textiles Hoedings Limited

总经理：江广烽
General Manager: Jiang Guangfeng

广东紫薇星实业有限公司
GUANG DONG ZIWEIXING INDUSTRIAL COMPANY LIMITED

董事长、总经理：张元彬
President: Zhang Yuanbin

广东省东莞五金矿产进出口有限公司
Dongguan Metals and Minerals Import and Export Company Limited of Guangdong

总经理:霍树根
General Manager:HUO SHU GEN

千禧集团(印度尼西亚)

集团主席：林仲平

国家级长沙经济技术开发区管理委员会
The Administrative Committee of ChangshaNationalEconomic & Technical Development Zone

主任:文树勋
Director: Shuxun Wen

广东科龙电器股份有限公司
Guangdong Kelon Electrical Holdings Co., Ltd.

总裁:刘从梦
CEO & President:CONG MENG LIU

东莞市物资集团有限公司
Dongguan Material Group Co., Ltd.

法定代表人:陈灿光
The legal representative: Chen Canguang

中兴通讯股份有限公司
ZTE CORPORATION

董事长:侯为贵
Chairman: Hou Weigui

重庆经济技术开发区管理委员会
Administrative Committee ofChongqing Economic & Technological Development Zone

党工委书记 管委会主任:唐文峰
Chairman&President: Tang Wenfeng

上海市漕河泾新兴技术开发区发展总公司
Shanghai Caohejing Hi-Tech Park Development Corp.

总经理:刘家平
General Manager:Liu Jiaping

天津市东丽区人民政府
TIANJIN DONGLI DLSTRICT PEOPLE GOVERMENT

副区长:迟广智
VICE GOVERNOR:CHI GUANG ZHI

合肥经济技术开发区管理委员会
The Administrative Committee of Hefei Economic and Technolgical Derelopment Area

副书记 管委会副主任:李 兵

青岛经济技术开发区管理委员会
Qingdao Economic And Technical Development Area

工委书记 管委主任:姜 杰
Party Secretary Of Working Committee: Jiang Jie

苏州国家高新技术产业开发区管理委员会
Administrarive Committee Of Suzhou Nationat New & Hi-tech Industrial Development Zone

管委会主任:管爱国
Chairman: Guan Aiguo

唐山市高新技术开发区管理委员会
tangshan new-hi &econmic-tech development administrative board

常务副主任:王金凯
Deputy Director:Wang Jin kai

甘肃省投资贸易促进中心
Cansu Provincial Investment and TRADE Promotion Centre

主任:王玉武
Director: Wamg Yu Wu

湛江经济技术开发区
ZHANJIANG ECONOMIC AND TECHNOLOGICAL DEVELOPMENT ZONE

管委会主任:林 萌
Director:Lin Meng

郑州经济技术开发区管理委员会

党委书记 管委会主任:林建刚

天津经济技术开发区
Tianjin Economic-Technological Development Area

政策研究室主任:王恺
Policg Reseatch Office Director: Wang Kai

青岛市城阳区人民政府

法人代表:孙立杰

湖北襄樊高新技术产业开发区管委会
Administraive committee of xiangfuan New and Hi-Tech Industrial Development Zone Hubei

主任:刘金元
Director:liou jin yuan

烟台经济技术开发区
Yantai Economic&Technological Development Area

王秀臣:Wang Xiuchen
中共烟台市委常委 开发区工委书记 管委主任
Member of the Standing Committee of the CPC Yantai, Secretary of the Working Commission and Chairman of the Administrative Committee of YEDA

上海市浦东新区经济贸易局
The Economic and Trade Bureau of Shanghai Pudong New Area

局长:刘正义
Liu Zhongyi

宜昌高新技术产业开发区
宜昌经济技术开发区
Yichang High-Tech Industry Development Zone
Yichang Economy & Technology Development Zone
宜昌开发区管委会主任 宜昌市商业银行董事长
宜昌市建筑协会会长:杨 智
Director of Management Committee Board Chairman of Commercial Bank of Yichang City President of Architecture Association of Yichang City Yang Zhi

---

广东南方李锦记营养保健品有限公司
Guangdong Nanfang Lee Kum Kee Health Products Co., Ltd.

董事长兼总经理:李惠森
Chairman & General Manager: Lee Wai Sum Sammy

福建省石狮市对外贸易经济合作局

局长:林一峰

湖南省湘潭市商务(招商合作)局

党委书记 局长:李明申

济宁高新技术产业开发区管理委员会
The Administration Commission of Jining High & New Tech Industries Development Zone

段修龙:Duan Xiulong
济宁市政府副市长 济宁高新区党工委书记 管委会主任
Vice Mayor of Jining City Secretary of CPC Working Committee in Jining High & New Tech Zone President of Jining High & New Tech Zone

天津市商务委员会
Tianjin Commission of Commerce

主任：李泉山
Director：Li Quanshan

绍兴县对外贸易经济合作局
Shaoxing County Foreign Trade &Economic Cooperation Bureau

局长：许志炎
Director: Xu Zhiyan

黄石市人民政府
HUANG SHI MUNICIPAL PEOPLE GOVERNMENT

市长：肖旭明
Mayor:Xiao Xuming

烟台市对外贸易经济合作局
Yantai Foreign Trade & Economic Cooperation Bureau

局长：程显萃
Director :Cheng Xiancui

浙江省东阳市对外贸易经济合作局
Bureau of Foreign Trade and Economic Coopcration in Dongyang City of Zhejiang Province

局长：马桂云
Director:Ma Gui Yun

寿光市人民政府
The People's Government of Shouguang City

寿光市市长：刘中会
Mayor of Shouguang City:Liu Zhonghui

宁波市镇海区人民政府
The People Government of Zhenhai District Ningbo

副区长：杨世和
Vice Governor : Shihe Yang

烟台国际经济技术合用有限责任公司
Yantai International Economic & Tcchnical Cooperation Co., Ltd.

董事长 总经理：刘治波
President, General Manager: Liu Zhibo

辽宁省鞍山市人民政府
LLAO NING ANSHAN MUNICIPAL PEOPLE'S GOVERNMENT

中材建设有限公司
CBMI Construetion Co., Ltd.

总经理：彭建新
Mr: Peng Jianxin

沈阳对外贸易经济合作局
Shenyang Municipal Bureau of Foreign Trade and Economic Cooperation

沈阳市副市长：宋 琦
Vice Mayor of Shenyang:Song Qi

新疆维吾尔自治区对外贸易经济合作厅
Xinjiang Department of Foreign Trade & Economic Cooperation

党组书记 副厅长：张 野
Party Secretary General, Vice Director: Zhang Ye

广州市新裕企业集团有限公司
Guangzhou Xinyu Enterprise Group Co., Ltd

董事长兼总裁：汪 洋
President:Wang Yang

华晨宝马汽车有限公司
BMW Brilliance Automobile Ltd

董事 高级副总裁兼财务总监：李东辉
Member Of Board Of Directors Senior Vice President &CFO:Daniel Li

福建省晋江市商务局
Buream of Cominerce of Fujian Province

局长：谢陆伟
Director：Xie Luwei

广西南宁市商务局
The Connerce & Municipal Bureau Of Guang Nanning

党组书记 局长：唐志喜
Sccretauy of Party Leadership Group:Zhixi Tang

山东省枣庄市人民政府
People Government of Zaozhuang Municipal

市长：刘玉祥
Mayor:Liu Yuxiang

郑州市人民政府

市长：王文超

排名不分先后

国家开发银行

国家开发银行是直属国家领导的开发性金融机构，主要任务是根据国家的经济社会发展战略和重点，筹集和引导社会资金，通过市场建设，支持国家基础设施、基础产业和支柱产业的大中型基本建设和技术改造等项目及其配套工程建设，支持重大高新技术在经济领域的应用，支持经济社会发展的瓶颈领域建设，为政府特定的经济政策和意图提供金融支持，促进国民经济社会全面协调可持续发展。

近年来，在陈元行长的领导下，开行加强风险控制，推进开发性金融的实践，用建设市场的方法实现政府的发展目标，市场业绩已进入国际先进水平，2002年以来不良贷款率保持在2%以下，2004年底不良贷款率为1.21%，资本充足率为10.5%。

开行积极贯彻国家外资政策，为三峡工程、岭澳核电站、秦山核电站、三峡至常州高压直流输变电工程、黄河小浪底水利枢纽工程、二滩水电站等国家重点项目筹措了大量国外优惠资金，并在涉及国外开发能源和原材料等以资源为主的“走出去”项目中，发挥了重要作用。开行拥有与中国主权信用相同的信用评级，在国际资本市场上有良好形象，能够以较低成本筹措资金。开行于1995、1996和1999年成功发行了武士债、扬基债和全球债，2004年又成功在纽约发行了等值10亿美元全球债。

China Development Bank (CDB) is a development financing institution directly affiliated to the State Council. Its main tasks include raising and guiding social funds according to the strategy and key points of the state's economic and social development to support items regarding large and medium sized capital construction, technical transformation and their supplementary projects of national infrastructure, basic industries and pillar industries through the market fostering. It also supports the application of important high-tech in the economic field and the construction of the bottleneck fields in the economic and social development. It provides financial support for the economic policies and intentions specified by the government, and promotes the harmonious and sustainable development of the economy and society.

In recent years, under the leadership of Governor Chen Yuan, CDB has strengthened the risk control, promoted the practice of the development financing and realized the development targets of the government through building a market. Thus its market performance has attained the internationally advanced level: non-performing loan ratio has kept under 2% since 2002; at the end of 2004, non-performing loan ratio was 1.21% and capital adequacy ratio was 10.5%.

CDB is actively carrying out the state's foreign-fund policy. It has raised a large amount of foreign preferential funds for the state's key projects such as Three Gorges Project, Ling'ao nuclear power plant, Qinshan nuclear power plant, the high-voltage DC transmission and transformation project from the Three Gorges to Changzhou City, Xiaolangdi water control project at the Yellow River and Ertan hydropower station. It also plays an important role in projects of "going global" that involve the development of energy and raw materials.

CDB has enjoyed the same credit rating as the sovereign credit, has established an excellent image in the international capital market and thus it can raise funds at a relatively low cost. CDB successfully issued the Samurai Bond, the Yankee Bond and the Global Bond in 1995, 1996 and 1999 respectively. In 2004, it successfully issued a Global Bond equivalent to one billion USD in New York.

目录 China Commerce Yearbook

货物贸易

服务贸易

利用外资

对外经济合作

国别(地区)经贸

开发区建设

地方商务

法规

综　合

国内贸易

货物贸易

服务贸易

利用外资

对外经济合作

统计

国内贸易

对外贸易

利用外资

对外经济合作

附录

第一部分

第二部分

第三部分

年度关键词
Annual Key Words ↘

一、货物进出口首次突破1万亿美元

在世界经济强劲增长的大环境下，在国家深化外贸体制改革等一系列配套政策的有力支持下，2004年我国进出口贸易实现高速增长，进出口总额突破1万亿美元，成为我国外贸发展历史上新的里程碑。全年货物进出口总额达11 547.4亿美元，比上年增长35.7%，净增3 037.9亿美元。我国外贸总额首次超过日本，成为世界第三贸易大国，对全球货物贸易增长和进口增量的贡献分别达12%和30%以上，有力地带动了世界贸易规模的扩大。

2004年我国对外贸易有以下特点：1. 出口规模进一步扩大。全年出口5 933.6亿美元，增长35.4%。出口额占国内生产总值的比重达36%。2. 进口保持快速增长。全年进口5 613.8亿美元，增长36%。3. 进出口商品结构进一步优化。机电产品出口额占出口总额的比重上升到54.5%，高新技术产品出口额占出口总额的比重上升到27.9%，能源、原材料和机械设备进口明显增加。4. 外资持续稳定流入对贸易增长发挥了巨大推动作用。2004年外商投资企业出口3 386亿美元，占出口总额的比重达57.1%；进口3 246亿美元，占进口总额的比重达57.8%。5. 对主要贸易伙伴的进出口实现全面增长。东扩后的欧盟取代日本成为中国的第一大贸易伙伴，美国和日本分列第二位和第三位。美国仍然是中国最大的出口市场，日本仍然是中国最大的进口来源地。

二、新外贸法生效，外贸经营权放开

新的《中华人民共和国对外贸易法》于2004年4月6日由第十届全国人大常务委员会第八次会议通过，7月1日起正式实施。与1994年的外贸法相比，新《外贸法》中有六大变化值得关注：允许自然人从事对外贸易经营活动；取消对货物和技术进出口经营权的审批，实行备案登记；国家可以对部分货物的进出口实行国营贸易管理；对部分自由进出口的货物实行进出口自动许可管理；加强与对外贸易有关的知识产权保护；加大对违法行为及侵犯知识产权行为的处罚力度。

2004年7月1日开始，登记制取代审批制，外贸经营权放开，提前履行了我国加入世贸组织的相关承诺。2004年7月1日至12月31日，全国共有3.4万家对外贸易经营者依法办理了备案登记，比2003年同期增加34.8%，其中民营企业3.1万家，占98%。2004年全年共有5.6万多家内资企业获得外贸经营权，比上年增加49%，其中民营企业占90%以上。

三、市场销售规模实现标志性突破

2004年我国社会消费品零售总额突破5万亿元，达53 950.1亿元，比2003年增长13.3%，扣除物价变动因素，实际增长10.2%。随着国家“有保有压”宏观调控政策逐步见效，生产资料市场需求理性降温，呈现稳定增长的态势，2004年社会生产资料销售额实现11.4万亿元，增幅为19%。

2004年社会消费品零售总额占国内生产总值的比重达到39.5%，比2003年提高0.4个百分点，消费对经济的拉动作用正在增强。人均每天社会消费品零售额突破10元，达到11.4元，城乡居民生活得到进一步改善。

四、中国—东盟自由贸易区实质性全面启动

2004年11月29日，在老挝万象召开的第8次中国—东盟领导人会议期间，中国商务部部长薄熙来与东盟10国经贸部长分别代表各自政府签署了中国—东盟自由贸易区（CAFTA）《货物贸易协议》和《争端解决机制协议》。商务部有关负责人表示，这两个协议的签署，标志着CAFTA建设进入了实质性全面启动的阶段，对双边经贸关系的发展具有重大的意义，对亚洲区域经济一体化进程也将产生积极和深远的影响。

五、出口退税新政策促进外贸健康发展

以“新账不欠，老账要还”为核心原则的出口退税机制改革2004年1月1日起平稳启动。此次出口退税新政策

最大的变化是，出口退税率有所下调，同时2004年1月1日以后产生的出口退税由中央和地方财政共同分担。据统计，2004年累计办理2003年前累计欠退税2 004亿元，办理当年出口货物退税和免抵调库2 196亿元，大大缓解了企业资金紧张的状况。通过这次改革，我国出口退税机制进一步完善，对于调整和优化出口产品结构，进一步提升我国商品的国际竞争力，促进外贸和经济持续健康发展，起到了十分积极的作用。

六、CEPA正式实施

内地与香港、澳门《关于建立更紧密经贸关系的安排》于2004年1月1日正式实施，为内地与港澳的经贸交流拓展新的合作领域提供了更大的空间，提高了合作层次。个人游、人民币业务、货物零关税、服务贸易扩大开放、专业人员进入内地等诸多措施的落实，带动了港澳酒店、零售、餐饮、运输等相关行业的景气回升以及房地产市场的反弹，困扰香港多年的通缩已逐步消失，对香港的经济复苏和发展起到了立竿见影的作用。

2004年10月27日、29日，内地与香港、澳门分别签署了《〈安排〉扩大开放的补充协议》。

七、中国市场经济地位问题获突破

中国和新西兰2004年4月14日同时宣布，双方已经就贸易和经济合作框架达成协议，新西兰承认中国市场经济地位，这意味着中国在获得市场经济地位问题上首次取得突破。

此后，南非、俄罗斯、东盟10国、巴西、巴基斯坦等国家也先后承认我国市场经济地位。截至2004年12月28日，已有37个国家承认我国市场经济地位。

八、全国商品市场体系建设取得进展

2004年5月，商务部发布《全国商品市场体系建设纲要》，这是多年来我国政府首次发布有关商品市场体系建设的全面的指导性文件。在内贸立法中有突破意义的《城市商业网点管理条例》也已列入国务院立法计划。我国拟重点培育的20家大型流通企业集团名单7月末确定，我国“商业航母”群初具雏型。在2003年基本完成38个直辖市、省会城市、计划单列市规划工作的基础上，2004年重点推动了地级城市商业网点规划工作。2004年1月，商务部、建设部联合下发了《关于做好地级城市商业网点规划工作的通知》及配套文件，对商业网点规划的内容、制订程序和规划文本作了明确规定。截至2004年底，全国241个地级城市的一半左右完成了城市商业网点规划。

九、外商投资结构优化

2004年中国新批设立外商投资企业43 664家，合同外资金额1 534.79亿美元，实际使用外资金额606.30亿美元，分别比上年增长6%、33%和13%。截至2004年12月底，中国累计引进合同外资金额10 966亿美元，实际使用外资金额5 621亿美元。

2004年外商在华投资产业结构进一步优化。设备制造业、电气机械及器材制造业等高技术领域吸收外商投资持续大幅增长；外商投资设立研发中心和地区总部数量迅速增加；钢铁、水泥、电解铝等行业新增外商投资得到有效遏制。

2004年，我国服务业加快了开放步伐。《外商投资商业领域管理办法》已于2004年6月1日起实施，该《办法》进一步放宽了对海外投资者进入中国零售及分销行业的限制。11月30日，商务部与国家发改委颁布了《外商投资产业指导目录（2004年修订）》。新目录增加了鼓励内容，同时放宽了外资准入范围，加快服务业对外开放步伐。

十、新舟60飞机出口实现零的突破

2004年11月2日，我国与津巴布韦签署了援助津一架新舟60飞机的协议，津巴布韦采购两架新舟60飞机的合同也同时签订。新舟60支线飞机的成功出口，开创了我国民用客机逐鹿国际市场的新局面，是我国具有自主知识产权的高科技、高附加值产品“走出去”的新的里程碑。

2004年，我国机电产品、高技术产品出口继续高速发展。全年机电产品进出口总额突破6 000亿美元大关，达到6 253.1亿美元，增长38.2%，占全国进出口总额的比重为54.1%。其中机电产品出口3 234亿美元，增长42.3%，比上年净增959.4亿美元，占全国外贸出口增量的61.9%，拉动全国外贸出口增长21.9个百分点；机电产品进口3 019亿美元，增长34.2%；全年机电产品顺差达到215.1亿美元，占全国外贸顺差的67.3%。2004年我国高新技术产品进出口延续了近两年来的高速增长势头，全年达到3 269.7亿美元，增长43.8%，其中进口1 614.3亿美元，出口1 655.4亿美元，分别增长35.3%和50.2%。

世界经济年度关键词·2004

一、全球油价一路飙升

2004年1月20日，纽约市场原油价格超过每桶36美元，创以往10个月来的最高纪录。5月10日，油价突破40美元。8月中下旬，油价向50美元冲刺，并于9月27日突破每桶50美元大关。10月22日和27日，油价更两次突破每桶55美元。之后油价出现回落，但仍处于高位。2004年全球油价累计上涨了15美元/桶。

国际油价大幅攀升的原因主要有：1. 2004年全球经济的快速增长导致石油需求大幅度增加；2. 2004年世界石油供应陷入了极大的困境。一方面，欧佩克产能正在接近上限，另一方面，非欧佩克产油国俄罗斯、挪威等由于投资不足，无法立即大幅度增产；3. 2004年是政治事件、恐怖袭击、劳资纠纷等不稳定因素多发的一年。这一年里，沙特境内多次发生恐怖袭击，伊拉克石油管线和港口屡遭破坏，尼日利亚、挪威石油工人罢工，印度尼西亚恐怖活动不断，委内瑞拉国内政治斗争加剧，俄罗斯石油巨擘尤科斯公司濒临破产等等，这些给市场带来了巨大的负面影响；4. 由于美元贬值，大量国际游资涌向石油期货市场在期货市场大肆炒作，推动油价上扬。

二、世界经济增长创近20年来最高水平

2004年世界经济全面强劲增长，增长率达到5.1%，创近20年来的最高水平；国际贸易发展迅猛，世界贸易量增长9%，全球货物贸易总额达到8.88万亿美元；全球外国直接投资在连续3年减少后开始回升，投资额约为6 120亿美元，较上年增长6%。

美国GDP增长率2004年达到4.4%；日本经济增长步伐逐渐趋缓，2004年经济曾连续两个季度下跌，年实际增长率为2.6%；欧元区制造业复苏明显，固定资产投资止跌回升，通货膨胀率持续走低，私人消费增长加快，出口实现较快增长，全年经济增长率达到2%；发展中国家经济贸易全面发展，经济增长率超过7%，货物贸易额增长30%左右，其中亚洲发展中国家的平均经济增长率达到7.3%，为1997年金融危机爆发以来经济增速最快的一年，东欧和中亚国家基本摆脱了长期以来过渡经济的阴影，拉美经济也保持快速增长。

三、多哈回合主要议题达成框架协议

日内瓦时间2004年8月1日零点30分，经过两周紧锣密鼓的磋商和连续40个小时的昼夜谈判，147个世界贸易组织成员方就多哈回合主要议题达成框架协议。协议涵盖了多哈回合中的农业、非农产品市场准入、发展问题、服务贸易以及贸易便利化谈判等领域，明确了多哈回合后续谈判的大致内容和方向。此次日内瓦谈判达成框架协议是多哈回合的重大阶段性成果，多哈回合由此避免了再度陷入停滞的局面。

多哈回合最敏感、分歧最大的就是农业问题。2003年9月坎昆会议无果而终，就是因为发达国家和发展中国家在农产品议题上分歧过大。此次日内瓦谈判，农业问题谈判有所突破，发达成员国终于在农业问题上作出让步，承诺最终取消农产品出口补贴，大幅度削减国内支持，并实质性改进市场准入条件。应该说，此次框架协议，发达国家和发展中国家各有得失。人们注意到，这次框架协议草案中原本存在的一些不平衡得到了一定程度的纠正。有专家认为，对发展中国家而言，这份框架协议虽然不能令人完全满意，仍然不失为“次优”方案。

四、美联储连续五次加息

由于美国经济持续高增长，通胀压力渐趋明显，2004年美联储先后共5次加息。6月30日，美联储决定将联邦基金利率即商业银行间隔夜拆借利率从46年来的最低水平1%升至1.25%。这是美联储4年来第一次加息。12月14日，联邦基金利率提高到2.25%。

在美国利率上升的影响下，英国2004年4次提高利率，将官方利率从3.75%提高到4.75%；瑞士央行2004年下半年两次升息；新西兰央行也两次升息，将利率提高到5.50%；而澳大利亚央行已经早在2003年四季度就两次升

息，将利率提高到5.25%。

导致全球利率上升的主要原因是经济复苏加快令通胀压力增大。而对于美国来说，过低的利率对于纠正双赤字的结构性经济不平衡也十分不利。在财政赤字不断增加和政府长期实施减税措施的情况下，美联储将利率从历史低位拉回到“更为正常的水平”，显得尤为重要。

五、美元汇率迭创历史新低

2004年12月27日，纽约外汇市场1欧元兑1.361 5美元，欧元对美元的汇率与历史低点相比上涨近60%。此外，美元对加拿大元、韩元和日元也先后跌至12年、7年和4年半的历史低点。国际观察家普遍认为，由于美国政府在实际意义上放弃了“强势美元”政策，再加上“双赤字”带来的压力有增无减，未来很长一段时间美元跌势将很难遏止，最乐观的估计是低位徘徊。

美元持续贬值，对欧元区国家的经济犹如泼了一瓢凉水。欧盟对此意见很大，12月6日，12个欧元区国家财长在布鲁塞尔发表联合声明，强烈要求美国采取措施阻止美元继续贬值。12月15日，美国总统布什出人意料地表示，美联储升息举措是对美元下跌采取行动的一部分，布什还表示要削减财政赤字。市场人士认为，总统直接介入汇率问题有点不太寻常。交易商揣测美国政府对美元下跌的态度是否有所改变，但由于布什要将减税永久化，交易商对布什承诺将削减财政赤字仍然持半信半疑的态度，市场仍然对美元没有信心。

经济强势，利率趋升，股市上扬，但汇价却屡创新低，这就是2004年的美元。

六、自由贸易协定不断涌现

由于区域自由贸易协议谈判蔚然成风，全球正在形成包括欧盟、北美自由贸易区和中国—东盟自由贸易区在内的三大自由贸易区。

2004年以来，以自由贸易区（FTA）为主要形式的区域经济一体化发展迅猛。自贸谈判更是此起彼伏。据WTO统计，到2005年，正式生效的区域贸易协议可能达到300个。目前，WTO所涵盖的贸易量大致占全球贸易量的90%左右，而世界上形形色色的区域性贸易集团所涵盖的贸易量已占到全球贸易量的50%以上。有分析家认为，在WTO框架下多边贸易推动不易的情况下，各国转而对双边及区域自贸区的达成寄予厚望。总之，区域经济一体化已成为世界经济发展的必然趋势。

2004年11月29日，在老挝万象召开的第八次中国—东盟领导人会议期间，中国与东盟签署了中国—东盟自由贸易区《货物贸易协议》和《争端解决机制协议》。这意味着中国和东盟的区域经济一体化建设有了实质性发展。就市场规模而言，这是全球最大的自贸区。该贸易区建成后，将形成一个拥有18亿消费者、国内生产总值近2万亿美元、贸易总额达1.2万亿美元的经济板块。

七、禽流感冲击亚洲经济

一次规模巨大的禽流感疫情从2003年底开始爆发，2004年初开始在亚洲蔓延。按通报疫情的时间顺序，爆发高致病性禽流感疫情的亚洲国家分别有：韩国、日本、越南、柬埔寨、泰国、印度尼西亚、巴基斯坦、老挝、中国等。2004年1月12日，越南官方首次承认有人死于禽流感病毒。

亚洲许多国家发生的禽流感疫情，对本地区的农业、家禽业、对外贸易以及人类健康造成了负面影响，已成为本地区和国际社会关注的焦点。据联合国粮农组织和世界动物卫生组织统计，亚洲地区养殖家禽约66亿只，居世界首位，家禽贸易量占全球1/4。但疫情已使当地数亿只家禽病死或被扑杀，部分国家禽肉产销量急剧下降，价格下跌，禽肉及其制品进出口暂时中止，家禽养殖业、饲料行业和旅游业都受到不利影响。

八、欧盟实现最大规模扩容

2004年5月1日，马耳他、塞浦路斯、波兰、匈牙利、捷克、斯洛伐克、斯洛文尼亚、爱沙尼亚、拉脱维亚、立陶宛10国加入欧盟。这是欧盟历史上规模最大的第五次扩大。10月29日，25个成员国签署欧盟宪法条约。

欧盟这次史无前例的扩大，除了涉及地缘政治和安全格局的变化外，其经济方面的影响也不可低估。从总体上看，欧盟扩大将有助于推动欧洲国家经济、特别是欧盟新成员国经济的发展。欧盟扩大后，新老成员国将组成一个对外统一关税的大市场。欧盟经济空间的扩大，也就意味着欧盟企业可以获得更大的规模经济效应。虽然欧盟新成员国短期内还无法加入欧元区，但都表达了加入欧元区的强烈愿望。扩大的欧盟有助于巩固和提高欧元在国际货币体系中的地位和信誉。

九、纺织品无配额时代临近

2004年10月1日，世贸组织召开货物贸易理事会，应一些成员国的要求，讨论了2005年取消纺织品配额后这些国家纺织业面临的调整问题。有38个成员就此议题发言，但没有任何成员提出延长配额制度的要求。这次会议的顺利召开，以及美国、欧盟、加拿大和土耳其向世贸组织做出如期取消纺织品配额的通报，标志着2005年1月1日全球取消纺织品配额制度已不可逆转。

这也再次昭示了“伊斯坦布尔宣言”的失败。2004年3月始，美国、土耳其、墨西哥等65个国家的115个纺织行业组织联合签署“伊斯坦布尔宣言”，提出将纺织品配额延长3年，但该提议遭到世贸组织的否决。这一事件说明，后配额时代的临近，引发了全球范围的隐性震荡，2004年，纺织产业开始了全球性调整与摩擦的动作。

这种调整主要发生在三大阵营之中：纺织品的主要进口国——欧美发达国家；纺织品的出口强国——中国、印度等；依靠配额出口纺织品的国家——孟加拉国、柬埔寨等。有关各方为了自身的利益，在2004年展开了一场没有硝烟的争斗。

十、贸易摩擦考验WTO争端解决机制

2004年11月26日，世界贸易组织批准了欧盟等6个成员对美国实施贸易制裁措施，以惩罚美国政府迟迟未能废除被世贸组织宣布为非法的《伯德修正案》。这些成员包括欧盟、巴西、加拿大、印度、日本、墨西哥和韩国。

这场规模巨大的贸易纠纷由来已久。早在2000年12月，欧盟、澳大利亚等11个成员，就该法案向WTO起诉美国，使该案成为WTO历史上起诉方最多的一起贸易纠纷。到了2004年年底，这场官司似乎有了终结的迹象。目前，欧盟、日本、印度、韩国等4个成员已列出制裁清单，欧盟确定将于2005年初开始对进口的美国产品征收高达5 000万美元的报复性关税，其他成员尚未决定开始贸易制裁的时间。

2004是考验世贸组织的多事之秋，几桩多年悬而未决的大案渐渐有了眉目。8月4日，WTO裁定欧盟根据现行政策进行的食糖补贴违反了全球贸易规则，长期以来，欧盟这一复杂的补贴制度一直受到批评。10月6日，美国正式向WTO申诉，宣称欧盟成员国为支持空客公司开发新飞机，对其提供了数十亿美元不公平的补贴。同日欧盟委员会也宣布就美国政府对波音公司提供补贴一事向WTO提出申诉。美欧“飞机大战”也是多年矛盾激化的结果，这场WTO史上涉案金额最大的官司依然将考验WTO的争端解决机制。

现代商务需要……
A MUST-HAVE FOR
INTERNATIONAL BUSINESS
中國商務年鑒
CHINA
COMMERCE
YEARBOOK
2005
政府年度出版物 中、英文分册出版
Published in separate Chinese and English editions
www.yearbook.org.cn 电话:(010)64246856

专　文

Special Articles

2004年我国商务发展取得新的成绩

商务部部长 薄熙来

2004年以来，全国商务系统认真贯彻党的十六届三中、四中全会精神，树立和落实科学发展观，从全面建设小康社会的全局出发，着眼于利用“两个市场、两种资源”和“引进来”、“走出去”相结合的对外开放战略，着眼于我国在更大范围、更广领域、更高层次参与国际经济合作与竞争的新形势，加大对外经济工作力度，进一步深化体制改革，大力开拓国内城乡市场，国内外贸易和国际经济合作都取得了新的成绩。

一、对外贸易突破10 000亿美元大关，从数量价格竞争走向质量效益取胜

2004年，我国进出口总额11 548亿美元，增长35.7%。其中，对北美贸易额达1 853亿美元，对欧洲达2 114亿美元，对亚洲高达6 650亿美元。我国东部地区出口规模继续扩大，中西部部分省区市出口也实现高速增长。山西、青海、河北、江苏、贵州、天津、湖南、河南、浙江、福建的出口增幅在全国名列前10位，增长率均在近40%或以上。陕西、海南、甘肃的进出口总额也实现了30%以上的增长。广东、江苏、上海、浙江、山东、福建、天津、北京、辽宁、河北的出口规模在全国名列前10位。河南、山西、四川、安徽、黑龙江的出口规模位居中西部地区前5位。这些出口大省，承担出口退税超基数部分的数额较大，各省区市政府动用地方财力为扩大出口做出了很大贡献，充分体现了这些地区顾全大局的精神和长远眼光，既扩大了本地区出口，也有利于本地区经济的长远发展。

出口产品的结构不断优化。产品中一大半为机电产品和高新技术产品。机电产品出口增长42.3%，高新技术产品出口增长50.2%，比重分别达到54.4%和27.9%。新舟60飞机出口实现了零的突破。据世贸组织统计，进出口总额从1 000亿美元到10 000亿美元，美国用了20年，德国用了26年，我国用了16年。新中国成立55年来我国进出口总额增长了750倍。2000年以来，我国对外贸易在世界的排名每年上升1位，由2000年的第7位晋升至2003年的第4位，2004年晋升为世界第3位。截至2004年12月底，我国月度进出口增速已经连续30个月超过15%，其中23个月超过30%。

从对国民经济的作用看，出口占国内生产总值的比重，1978年只有4.6%，2004年进一步达到36%。2004年海关税收占全国税收总额的18%，吸收外商直接投资占全社会固定资产投资的比重为7.2%。与对外贸易直接相关的从业人员达到8 000万人。2004年底国家外汇储备达6 099亿美元，比2003年底增加2 066亿美元。

从对世界贸易格局的影响看，2003年我国对全球货物贸易增长的贡献达11.7%，比美国还高1个百分点。预计2004年可达12%，成为世界贸易增长的第一驱动。2004年前11个月我国在亚洲进口额达3 695亿美元，增长35.4%，进口量在世界从亚洲进口总量中的比重超过1/5，亚洲经济已由日韩主导转变为中国因素拉动。

在推动外贸发展方面，各省、自治区、直辖市都做了大量有益的工作。比如，北京深入实施“科技兴贸战略”，形成了完整的高新技术产品出口协调机制。广东加强规划和引导，坚持推行加工贸易深加工结转监管新模式，推动加工贸易转型升级。重庆大力发展对运输成本不敏感的高技术含量、高附加值产品出口，具有自有知识产权的“海扶聚焦刀”和“SCDMA无线通讯系统”等产品正在成为新的出口增长点。云南、福建、深圳和河北等地，加强出口退税协调工作。全国全年共完成出口退税4 200亿元，其中“新账”实际退税2 196亿元，清退历年欠税2 004亿元。

二、累计实际吸收外资额超过5 600亿美元，投资结构和质量明显改善

2004年我国实际吸收外资达606亿美元，累计实际吸收外资额超过5 600亿美元。外商投向高技术领域金额持续大幅增长。电子器件制造业和计算机应用服务业实际使用外资分别增长63.1%和19%。外商投资设立研发中心累计近700家，主要分布在电子及通讯设备制造业等行业；跨国公司在华设立地区总部已逾30家。国家宏观调控重点行业吸收外资得到遏制。炼铁、水泥行业实际使用外资分别下降53%和66.8%。外商投资地区结构有较大改善。江苏形成了“点、线、面、网”联动的立体招商模式，实际使用外资超过100亿美元，并形成了诸如南京、苏州TFT—LCD液晶显示板，昆山、吴江笔记本电脑等20个高新技术产品群，吸引了70多家外资研发机构落户。黑龙江、吉林、辽宁以加快吸收外资带动东北老工业基地振兴，实际使用外资金额有了明显增长。西部地区也实现了较快增长，宁夏、内蒙古、云南、新疆增速分别达到284.6%、287.4%、68.8%和160.5%。湖南、湖北、江西等中部省份分别增长了39.3%、11.2%和26.9%。在国家级经济技术开发区成立20周年之际，我们成功召开了国家级经济技术开发区工作会议，提出了支持国家级经济技术开发区实现二次创业的新思路和新举措。美国科尔尼公司评论说，中国现已成为全球投资的首选地。

三、认真做好贸易摩擦应对工作，积极解决“非市场经济”地位问题

妥善应对贸易摩擦，维护出口贸易环境。目前我国已进入贸易摩擦多发期。2004年共有17个国家和地区对我发起反倾销、反补贴、保障措施及特保调查59起，涉案金额共14.3亿美元。我们妥善解决了焦炭贸易争端。与欧盟达成了《谅解备忘录》，改革了焦炭出口配额管理体制。目前焦炭出口运行平稳。在应对反倾销大要案中取得了成效。在迄今为止涉案金额最大的美国木制卧室家具反倾销案终裁中，增加了24家享受平均税率的企业，占涉案金额65%以上的115家应诉企业的平均税率为8.64%，较初裁税率有大幅度下调。2004年4月，加拿大对我国烧烤架进行反补贴调查，我们高度关注，全力组织了政治交涉与法律抗辩，在首例反补贴案件上取得了胜利。各进出口商会围绕着应对贸易摩擦充分发挥了职能作用。比如说，纺织商会为应对欧委会对我化纤布发起的反倾销调查，组织了55家企业积极应诉。五矿商会在焦炭贸易争端中协助商务部开展对外交涉，主动游说欧洲钢铁、煤炭进口商会等国外组织。食土商会把各省的虾生产加工企业组织起来，成立了“全国虾联盟”，共同应诉美国的反倾销案。机电商会代表企业与索尼公司就彩电专利进行磋商。轻工商会、医保商会、承包商会以及外资协会等其他商协会在发挥中介组织作用方面也做了大量工作。

积极解决“非市场经济”地位问题。市场经济地位事关我国出口企业的切身利益。党中央、国务院领导利用高层互访的机会，亲自做工作推动这一问题的解决，成效显著。在外交部、质检总局等部门的大力支持下，我部通过双边磋商、多边谈判等不同形式，并将此问题列入自贸区谈判及WTO新加入成员谈判中统筹考虑，多层次、多角度地推动解决这一问题。已有马来西亚、印尼、菲律宾、泰国等东盟国家，新西兰、南非、俄罗斯、巴西、阿根廷、智利、秘鲁、巴基斯坦等37个国家承认我市场经济地位。

积极保护国内产业的权益。为做好加入世贸组织应对工作，我们依照《外贸法》等国内立法并遵循国际通行规则，及时、合理、有效地开展了进口调查工作，保护国内产业的正当权益。我国新发起反倾销调查8起，涉及美、日、韩、俄和欧盟等10多个国家（地区），涉案金额约6亿美元；完成了对5种产品的反倾销初裁和对2种产品的终裁，遏制了倾销产品进口，规范了竞争秩序，为企业改善生产经营状况提供了重要的保护期。

产业损害预警机制建设加强。完善了汽车、钢铁、化肥的产业损害预警系统，启动了电子信息产品、纺织品的预警机制建设，完善了预警数据库。地方建立区域预警机制的工作也取得实质性进展，浙江对本省的化纤、化工、电子等六大类重点敏感商品进行监测，上海建立的钢铁产品预警系统自2004年6月开始正式运行，山东和新疆也在积极推动预警体系建设。

四、“走出去”步伐加快，对外援助工作进展顺利

2004年，我国非金融类对外直接投资有较大增长，全年实际对外投资金额达36.2亿美元，对外投资主要集中在采矿业、制造业和服务业等行业。对外跨国并购有了新的发展，如联想收购IBM的全球PC业务、上汽集团收购韩国双龙汽车、中化集团收购韩国仁川炼厂等。对外承包工程完成营业额175亿美元，增长26%；对外劳务合作完成营业额38亿美元，增长13%；年末在外劳务人员总数53.5万人，比上年同期增加2.4万人。近年来，各省、自治区、直辖市在推动企业“走出去”方面做了大量的工作。比如，浙江专门设立了“走出去”专项资金，对重点项目给予财政扶持和保费补贴，还成立国际投资促进中心，建立国际投资促进网站。山东举办十多期培训班，上海成立对外投资促进中心，广东为TCL和华为等重点企业走出去提供良好服务，云南发挥区位优势推动企业到东南亚国家从事资源开发。

2004年的援外工作有力配合了高层互访，承担和实施了一批标志性项目，及时提供了紧急救灾援助，受到受援国和国际社会的普遍赞誉。同时，出台了一些重要的规章制度和管理办法。

五、多双边关系与区域经济合作取得积极进展

围绕高访做好事前筹备和后续落实工作。2004 年以来，中央从全面建设小康社会的全局出发，加强了对外经济工作力度。胡锦涛总书记、温家宝总理以及吴仪副总理多次率团出访，如11 月份胡总书记访问拉美、5 月份温总理访欧、4 月份吴仪副总理访美等。我们直接参与了23 次高访，促进了我国对外友好交往和务实合作。

积极参与世贸组织各项工作。在新一轮多边贸易谈判中，积极寻求发展中成员方和新成员的理解和支持，在农产品和非农产品的市场准入、农业国营贸易和"新蓝箱"等问题上，有效维护了我国利益。成功参与对美贸易政策审议，向美方提出了114 个书面问题。与俄罗斯、沙特等申请加入世贸组织的国家就"市场准人"问题进行了一系列谈判，取得了进展。中国在世贸组织中正在发挥着重要的作用。

大力开展区域经济合作，迈出了实质性步伐。国家领导人亲自参与 APEC、上海合作组织、亚欧会议、10 +1、10 +3 等区域经济合作组织的活动，积极开展双边外交，提升了我大国地位。内地与香港、澳门《更紧密经贸关系安排》实施顺利，签署了《〈安排〉补充协议》，对港澳实施了进一步开放；中国一东盟自贸区谈判取得重要突破，双方签署了《货物贸易协议》和《争端解决机制协议》，2005 年7月1日将正式实施自贸区正常降税计划；相继启动了中国与南部非洲关税同盟、海湾合作委员会、智利和新西兰的自贸区谈判。

双边经贸合作蓬勃开展。2004 年年初成立了对美经贸工作领导小组，在机制上加强了内部协调和统一对外。进一步加强了我国与加勒比、中美洲、南太地区国家的经贸联系，与拉丁美洲的贸易增长势头喜人。在巴西成功举办"中国商品与技术博览会"，在欧洲举办了"中欧贸易暨投资洽谈会"。积极推进埃及苏伊士经济区合作项目。完成了对古巴出口100 万台彩电项目。筹备召开了对发展中国家经济外交工作会议。成功启动了欧盟扩大补偿谈判。与广西和有关部门成功举办了首届"中国一东盟博览会"，为中国一东盟自贸区的建设增添了活力。成立了"海峡两岸经贸交流会"，以民间方式积极推动两岸直接通商。上海、浙江等省市还成立了专门机构加强对台经贸工作的指导。

六、国内市场规模继续扩大，拉动内需成效明显

2004 年，社会消费品零售总额 5.4 万亿元；社会生产资料销售额 11.4 万亿元，扣除物价上涨因素，增长 19%。2004 年的消费品市场有以下几个特点：一是月度消费稳定增长。每个月的消费品零售总额都在4 000 亿元以上，反映出城乡居民消费心理的日益成熟和商品市场运行的日益稳定。二是城乡市场同步增长。为贯彻中央关于加强"三农"工作的战略部署，国务院办公厅转发了商务部等部门关于发展农村流通工作的意见。随着促进农业生产和农民增收等一系列政策措施的落实，农村市场建设和发展步伐加快。三是餐饮市场快速增长。伴随着人民群众生活水平的提高、生活节奏的加快、生活方式的创新，餐饮业营业收入持续增长。餐饮业零售额增长 21.6%，高出批发零售业 9.1 个百分点。四是热点商品继续加快增长。限额以上商业企业通讯类商品零售额增长 41.7%，汽车类增长 23.4%，文化办公类增长 22.7%，家具类增长 21.8%，建筑及装潢材料类增长 27.1%。广东、山东、江苏、浙江、湖北、辽宁、河北、上海、四川、北京等省市的社会消费品零售额名列全国前十位，内蒙古、山西、江苏、河北、河南的零售总额增幅名列全国前五位。

七、现代流通方式加快发展，市场建设和调控稳步推进

连锁经营和物流配送迅速发展。通过鼓励和支持发展连锁经营、物流配送、电子商务等新型流通方式，提高了商业企业经营管理水平和流通现代化程度。2004 年，全社会物流总额预计增长 30% 左右，重点监测的大型连锁企业销售额增长 40% 以上，大大高于社会平均水平。同时，建立起了中国连锁企业 30 强排行榜和新闻发布制度。上海限额以上连锁企业销售额 2004 年可以达到全市社会消费品零售总额的 40% 以上，北京也可超过 30%。湖北在石油、医药、烟草、汽车、生产资料等领域大力发展连锁经营方式，连锁经营占全省社会消费品零售总额的比重比 2003 年上升了 3 个百分点；重庆的连锁经营方式已拓展到 20 多个行业。流通企业集中度明显提高。限额以上批发零售贸易企业商品零售额增长 20.6%，高出平均增幅 7.3 个百分点。以武商集团为例，近年来，该集团注重对经营布局重新整合，以传统的百货业与新型业态相互补充、相互融合，由单体百货大楼构造成集百货、娱乐、餐饮、健身等于一身的多元化经营场所，从而连续 7 年实现全国单体百货经济效益第一。随着信息技术的发展和普及，电子商务快速发展。城市商业网点规划建设有序推进。在 2003 年基本完成直辖市、省会城市和计划单列市商业网点规划的基础上，2004 年重点推动地级城市制定商业网点规划。其中，浙江、江苏、福建和湖南等省各级领导重视，部门之间通力合作，进展较快。浙江 89% 的城市完成了商业网点规划初稿，江苏为

75%，福建为43%，湖南为42%。目前全国已有鞍山、湖州、台州、温州、德州、烟台、衡阳、柳州等8个地级城市出台了商业网点规划，另有124个城市取得了阶段性成果，有52个城市启动了相关工作。重庆正在根据网点规划打造1个中央商务区、5个商务圈、9个区域商业中心、100个社区商业服务中心。上海结合网点规划工作，专门制定了《商业发展行动方案》，明确商业发展的五大重点，即提升发展中心城区零售商业；推动郊区商业发展；规范发展社区商业；发展交通枢纽型商业；创新发展批发贸易业。市场运行调控体系初步确立。扎实开展市场监测工作，湖南、北京等地市场监测样本企业已超过200家，并争取到财政、统计等部门的大力支持。完善了市场应急调控体系，通过动用中央和地方的重要商品以及组织进口等手段，重点加强了节日期间以及疫情等突发事件后的市场供应工作，维护了市场稳定。为增强应急能力，天津、河北、青岛还分别建立了煤、肉、菜等重要商品地方储备制度。加强了大型会展的相关工作。组织落实中国会展经济论坛、零售业博览会、餐饮业博览会、中国食品博览会和中国国际丝绸博览会等大型活动，并支持了西湖博览会等13个有影响力的大型展会。宁波"中国塑料博览会"已成为东南亚地区塑料信息发布中心。2004年重庆还成功举办了第五届中国美食节暨首届重庆国际火锅文化节。

完成了商品市场建设和流通改革发展工作的总体部署。在经过深入调查研究和广泛征求各方面意见的基础上，制定下发了《全国商品市场体系建设纲要》，首次明确了商品市场建设的目标、任务和重点。研究制定了《流通业改革发展纲要》，明确了流通改革发展的中长期目标和任务。深化流通体制改革试点工作，已经国务院批准，确定了7个试点省市。研究提出了进一步深化成品油流通体制改革的初步方案。

八、加强法制建设，整顿和规范市场经济秩序

商务立法取得重大进展。《对外贸易法》以及《反倾销条例》、《反补贴条例》和《保障措施条例》的修订工作圆满完成，出台了《对外贸易经营者备案登记办法》。《反垄断法》关系到社会主义市场经济体制的完善，关系到市场经济法律体系的健全。《反垄断法》现已提上工作日程，并完成起草上报工作。市场流通立法工作也取得初步成果，发布了《拍卖管理办法》、《典当管理办法》、《外商投资企业从事商业特许经营业务管理暂行办法》等部门规章；《城市商业网点管理条例》和《商业特许经营管理条例》已上报国务院法制办；正在抓紧推动《成品油流通管理条例》和《生活必需品市场供应应急管理条例》等法规条例出台。

加大知识产权保护的力度。在商务部内设立了国家保护知识产权工作组，组织有关部门严厉打击盗版等侵犯知识产权的违法犯罪行为，降低了知识产权犯罪"刑事处罚门槛"。北京、江苏、上海等地在健全组织机构、开展查处行动和宣传活动上都做了卓有成效的工作。深入开展食品安全专项整治，以粮、肉、蔬菜、奶制品、豆制品、水产品等为重点，加强质量监管，推进"三绿工程"建设；会同国务院八部门共同开展了全国汽车市场专项整治工作；制定了《全国社会信用体系建设总体方案》，建立健全信用管理制度和信用标准体系；与八部委联合开展了"百城万店重诚信"主题活动；查办了部分省市出现的"消费储值"等影响较大的案件；充分发挥行业中介组织作用，开展联合征信活动，惩戒失信行为。各地方开展了一系列以"诚信兴商"为主题的活动，如上海制定了《"申城万店无假货"活动示范街（城）管理办法》等规章，并建立了商业诚信档案，规范了信用管理。江苏在苏州率先开展"消费放心城市"活动。贵州在贵阳制定了"百城万店无假货"示范街标准，实行量化评分。

目前我国在知识产权保护方面已经建立起一个比较完善的法律法规体系，包括8部知识产权领域法律以及30多部相关法律法规。世界知识产权组织总干事鲍格胥博士指出："在知识产权上，中国完成所有这一切（知识产权立法）的速度是独一无二的。"

九、加快信息化建设，强化商务主管部门的服务职能

电子政务和公共信息服务取得新成绩。推进了政务公开、网上办公，稳步开展加工贸易联网审批系统的完善升级，统筹建立了商务部统一电子政务平台，涵盖了所有主要业务。境内外信息报送系统已经开始应用，为国内与驻外经商机构的信息快速传递、信息积累和查询构建了通道。按照执政为民的宗旨办好政府网站。商务部网站2004年发布各类信息36万条，组织回复公众留言29 000多条，并为省市开设了"地方商务之窗"30个。网站日点击量达到500万次，连续10个月过亿次，已超过美国商务部、英国贸工部和日本经产省等其他国家商务部门的网站。积极推动电子商务发展和应用。中俄政府经贸合作网站和上海合作组织网站顺利开通，这是利用信息技术开拓多双边经贸发展的第一个政府网站。

（**编注：**摘自薄熙来部长2004年12月24日在全国商务工作会议上的报告，更新了部分数据，题目是编者加的。）

深化多边和区域经济合作
促进亚洲和世界的开放与共赢

商务部副部长　于广洲

自2001年12月正式成为世贸组织成员以来，中国政府认真履行对外承诺，不断扩大市场开放，大力加强知识产权保护，全面深化经济体制改革，不仅推动了中国经济快速增长，也为世界经济注入了新的动力。2003年，中国国内生产总值增长9.1%，增量为1 730亿美元，对世界经济增长的贡献进一步提高。当年进出口额达8 512亿美元，其中进口4 128亿美元，增长40%，高出同期外贸出口增幅5个百分点，进口增量达1 176亿美元，占全球进口增量的1/3以上，成为仅次于美国和德国的世界第三大进口国；中国从日本、韩国和东盟的进口都超过了30%，成为支撑这些亚洲国家出口增长的重要动力。2004年第一季度，中国进口增长42.3%，高于出口增幅8个百分点。事实证明，中国是世贸组织中一个负责任的成员，一个迅速成长和开放的中国市场为亚洲和世界提供了新的巨大商机。

在当前经济全球化不断发展的背景下，一个更加开放和富有活力的多边贸易体制，已成为亚洲和世界各国经济发展所必需的外部条件。历史已经一再证明，各国在多边贸易体制框架下，通过交流、合作和谈判，是可以达成共识，进而实现共赢和共同发展的。

我高兴地注意到，在有关各方的共同努力下，新一轮多边贸易谈判呈现出恢复的势头，一些主要议题的会议已于3月在日内瓦重新开始，关于农业领域的谈判本周正在进行。为了保持目前的谈判势头并寻求新的突破，我认为，应当认真吸取坎昆会议受挫的教训，加强合作，突出共赢，增加共识，减少分歧，高度重视发展中成员的合理关切，使新一轮多边贸易谈判能够达成更加平衡的成果。

中国将继续高度重视并全面参与未来的多边谈判，努力发挥建设性的作用。为了使谈判早日取得实质性进展，我认为必须把握以下原则：一是发展中成员的关注和利益必须得到充分考虑并最终体现在谈判的结果中，包括特殊与差别待遇、乌拉圭回合协议的有效实施等；二是农业领域的高补贴、高支持和高关税等问题应当得到有效解决，并取得平衡进展；三是必须大幅削减非农产品的关税高峰并取消关税升级，并遵循“非完全互惠”的原则；四是对新议题的谈判要妥善权衡，尊重大多数成员的意愿；五是应充分考虑新成员的实际困难和合理要求，并在减让幅度和减让时间方面给予特殊安排；六是发达成员应承担更多的市场开放的义务。

我相信，只要各方坚持这些原则，并拿出足够的热情、诚意和灵活性，新一轮谈判就能取得成功，一个公平、公正的多边贸易体制就能真正建立起来。多边贸易谈判尽快走上正确的道路，对刚刚经历过一场重大调整和考验的世界经济来说，无疑将是一种福音，不仅符合发展中成员的利益，也符合发达成员的利益。

近年来，全球范围内的区域经济一体化正在迅速发展，并引起了广泛的关注。截至2004年1月，向世界贸易组织通报的各种区域贸易安排已达293个，仅在2003年就新签署了12个。一方面，欧盟、北美自由贸易区正在向更广范围、更大规模、更高层次扩展，非洲、拉美区域一体化步伐明显加快。另一方面，各种形式的跨区域和双边自由贸易安排也层出不穷，全球范围内区域经济合作呈现出不少新的特点。据专家估计，目前全球贸易有50%以上是在各种区域经济集团内部进行的。

我高兴地看到，近年来亚洲经济一体化进程也取得积极进展。东亚、南亚国家和地区已签署的区域贸易安排就有14个，更多的正在磋商和谈判中，特别是东盟自由贸易区已经取得实质性进展，一些国家对外还签署了双边自由贸易协定；中国—东盟自由贸易区的建设也已经有了良好开端；亚洲国家在加强区域经济合作方面的共识进一步增加，并达成了更多的合作意向。但是，与其他地区相比，亚洲在推进区域经济一体化方面仍相对滞后。对于亚洲经济一体化，我谈三点看法：

首先，加快亚洲经济一体化步伐，符合亚洲和世界的共同利益。它顺应了全球范围内区域经济一体化的潮流，有利于深化区域内部市场，更好地抵御外部冲击，改善本地区人民福祉。这既是推进亚洲内部贸易投资自由化的客观需要，也是推动全球区域经济一体化和多边贸易体制平衡发展的要求。

其次，推进亚洲经济一体化有着巨大的潜力。一是亚洲尤其是东亚各国山水相连，文化相近，为推进区域经济一体化提供了地缘条件。二是亚洲经济快速发展，为推进区域经济一体化提供了内在动力。据世界银行数据，2003年亚洲发展中国家和地区的经济增长为6.4%，是同期世界经济增速的2倍。三是亚洲各国经济联系日益紧密，特别是东亚区域内贸易已达到较高比重，区域内贸易和双向投资迅速增长，企业界呼声也日益强烈，对推进区域贸易安排提出了客观要求。四是亚洲还具有经济多样化、资源禀赋不同、比较优势各异等特点。这些特点是经济互补性强的具体体现，而不是区域经济一体化的障碍。我举一个非常现实的例子。有人曾经对建设中国—东盟自由贸易区的可行性提出质疑。而事实是，由于自贸区谈判预期效应的作用，中国和东盟贸易额已经大幅度增长。2003年，中国对东盟出口增长31.2%，而东盟对中国的出口则增长了51.8%。可见，经济多样化恰恰成为区域经济合作的重要条件。

最后，亚洲经济一体化前景光明。诚然，由于经济发展水平不同等原因，亚洲各国对推进经济一体化的认识不尽相同，在前进的道路上也会遇到困难和障碍。但我坚信，只要各国求同存异，有决心，有行动，亚洲经济一体化就同其他地区一样一定能够取得成功。我也坚信，一个始终奉行开放原则并最终实现经济一体化的亚洲，非但不会影响而且将有力地促进世界其他地区的发展与繁荣，非但不会削弱多边贸易体制而且将有力地促进全球贸易投资的自由化与便利化。

中国政府的基本政策是积极参与和推动区域经济合作。中国地处亚洲，加快亚洲的区域和次区域经济合作进程，是我们努力的方向所在。今后，中国将在睦邻互信、互利合作、共同发展的前提下，与亚洲各国、地区相互尊重，加强交流，循序推进：

第一，进一步加强已签署和参与的区域贸易安排。逐步充实中国内地与香港、澳门之间《更紧密经贸关系安排》的内容，推动《曼谷协定》尽快落实第三轮关税减让谈判成果，进一步扩大优惠关税商品的范围。

第二，继续推进中国—东盟自由贸易区的建设进程。加快货物贸易、服务贸易和投资等谈判，经过大家的共同努力，争取在2010年建立中国—东盟自由贸易区。届时，一个人口近20亿、国内生产总值近3万亿美元的自由贸易区将在亚洲出现。

第三，积极投身整个亚洲的贸易投资便利化进程。主要是增加法律与政策的透明度，简化与协调海关程序，加强口岸建设与管理，促进商品检验检疫合作，推进标准一致化与合格认定，便利商务人员流动，开展电子商务合作与商界对话等。我们将积极优化商务环境，在2006年实现亚太经合组织提出的降低交易成本5%的目标。我们提议，把加强“大通关”方面的交流与合作作为近期亚洲贸易投资便利化的重点领域。

第四，广泛参与本地区各种形式的经济技术合作。重点是在交通物流等基础设施建设、资源利用、农业生产、信息通讯、人力资源开发、科技、旅游等方面，与亚洲国家加强合作。加大对湄公河流域开发的投入，并希望有关区域和国际开发机构加大支持的力度。同时，我们提议各国政府应当通过为中小企业搭建信息平台，建立联系渠道，为中小企业参与区域经济合作提供便利。

第五，稳步推动“10+3”合作机制的发展。继续开展中日韩自贸区的可行性研究，并优先开展投资、贸易便利化、财政与金融等领域的合作。与有关国家一道，稳步推动东亚和亚洲整体区域经济合作的发展。

第六，继续深入参与亚太经合组织和亚欧会议相关活动。根据“茂物目标”，与亚太经合组织成员一道，共同促进亚太地区实现贸易投资自由化与便利化；加快落实亚欧会议《贸易便利行动计划》和《投资促进行动计划》。

在积极参与亚洲经济一体化的同时，中国也将进一步开展与世界其他地区的有关国家和区域经济组织的经济合作与交流，包括研究发展跨区域自由贸易关系的可能性，在更大范围内促进亚洲的开放与发展。

总之，我们要通过努力，逐步形成贸易投资便利化、优惠贸易安排和自由贸易协定等层次不同、地域广泛的区域经济合作体系。

积极参与多边和区域经济合作，是中国对外开放的重要组成部分。未来，中国将按照实现全面、协调、可持续发展的要求，更好地统筹国内发展和对外开放。中国将坚持扩大对外开放，继续认真履行加入世贸组织的各项承诺，在更大范围、更广领域和更高层次上参与国际经济技术合作和竞争；更加注重双边、区域和多边经济合作相协调；更加注重利用外部条件与发挥自身优势相结合；更加注重统筹利用两个市场、两种资源；更加注重“引进来”和“走出去”、进口和出口平衡发展。一个致力于扩大对外开放、促进共同发展的中国，将是推动亚洲繁荣和经济一体化的重要力量；一个致力于深化多边和区域经济合作的亚洲，必将有力地促进亚洲和世界的开放与共赢。

（**编注：**本文节录自于广洲副部长2004年4月24日在博鳌亚洲论坛年会上的演讲。）

保护知识产权　规范市场秩序

商务部副部长　张志刚

在当今的知识经济时代，知识产权对于取得商业成功和提高全民生活质量具有重要作用。一个企业的无形资产，包括专利、商标、商业秘密等，同有形资产一样，都是宝贵的财产，是企业能否保持竞争优势、持续发展的一个关键。在国际贸易中，知识产权保护含量的多少是一个产品核心竞争力的所在，知识产权保护的水平已成为衡量一个国家投资环境的重要因素。

保护知识产权不仅是我国坚持对外开放、改善投资环境、维护国家形象的需要，更是我们民族进步、经济发展自身的需要。近年来，随着我国保护知识产权工作的深入开展，科技创新步伐进一步加快，投资环境进一步优化，国民经济继续呈现出良好的发展势头。在过去5年中，我国专利和商标申请量和授权量有了较大幅度增长。专利申请量以每年20%的增幅增长；商标注册申请总量已经连续两年位居世界第一。进出口持续快速增长，运行质量明显提高。今年1至7月实现进出口总额6 231.1亿美元，同比增长38.3%，除今年1月份外，已连续24个月保持20%以上的高增长，其中有20个月的增速在30%以上。直接利用外资规模扩大，结构进一步优化。上半年，外商实际直接投资金额339亿美元，增长12%。到现在为止，外商来华投资设立研发中心已超过600家，跨国公司在华设立地区总部超过30家。

下面，我代表国家保护知识产权工作组办公室向大家简要通报我国知识产权保护工作的有关情况。

一、我国政府高度重视知识产权保护工作

在经济全球化进程不断加快的形势下，对知识资源的创造、占有和运用，已经成为各国取得竞争优势和提升综合国力的关键因素。加大知识产权保护力度，既是进一步扩大开放，创造良好投资环境的需要，也是规范市场经济秩序，保证我国经济社会全面、协调、可持续发展的客观要求。

我国政府领导人多次重申保护知识产权的原则和立场。今年3月5日，在我国第十届全国人民代表大会第二次会议上，温家宝总理在政府工作报告中三次提及知识产权。他指出，深入整顿和规范市场秩序，坚决打击制售假冒伪劣商品和走私等违法犯罪活动，改善市场环境，维护消费者和生产者合法权益；积极发展对经济增长带动作用大和拥有自主知识产权的高新技术产业；加大知识产权保护力度，依法惩处盗版侵权行为。4月21日，在第十五届中美商贸联委会上，吴仪副总理表示：中国正在采取完善立法、司法解释、严格执法、市场准入、全民教育等多种手段，加大知识产权保护力度。

今年，为进一步加强知识产权保护工作，在国务院办公厅印发的《2004年全国整顿和规范市场经济秩序工作要点的通知》（国办发［2004］42号）中，将知识产权保护工作列为整顿和规范市场经济秩序的一项重点工作。8月27日，国务院召开全国保护知识产权专项行动电视电话会议，全面部署了保护知识产权专项行动，继续推进整顿和规范市场经济秩序工作。吴仪副总理出席会议并讲话。9月7日，在第八届中国投资贸易洽谈会前夕，吴仪副总理再次直接听取在华投资企业关于对我国保护知识产权工作的建议并做重要讲话。所有这些都说明，中国政府始终以负责的态度，高度重视并积极推进保护知识产权的工作，不断加大保护知识产权工作的力度。

二、近年来我国在知识产权保护方面所做的工作

第一，基本建成了与我国惯例接轨、与中国经济社会发展水平相适应的知识产权法律体系。改革开放以来，我国相继出台了《商标法》、《专利法》和《著作权法》等知识产权法律法规，并根据国际规则和实际需要多次进行修订。同时，相继参加了一些主要的知识产权保护国际公约、条约和协定（如《保护文学和艺术作品伯尔尼公约》、《保护工业产权巴黎公约》、《商标国际注册马德里协定》、《世界版权公约》、《专利合作条约》等）。在短短的20多年里，中国建立起了国际公认的较高水平的知识产权法律体系。

第二，采取了行政执法与司法“两条途径、相互衔接”

的知识产权保护模式。我国对知识产权保护申告有司法和行政两个渠道。权利人在被侵权时可以向法院起诉，也可以向知识产权主管机关申诉。实践证明，这一模式是行之有效的，受到知识产权权利人的普遍欢迎。

第三，建立了知识产权保护执法统筹协调机制。为加强领导，提高统筹协调能力，我国建立了由吴仪副总理担任组长的国家保护知识产权工作组，在原有9个部门的基础上，增加了信息产业部、质检总局、食品药品监管局，负责统筹协调全国知识产权保护工作，督办重大案件。全国整规办承担工作组日常工作。

各省、自治区、直辖市整顿和规范市场经济秩序领导小组也相应成立了保护知识产权工作组，并明确了工作组的工作机构，按照“全国统一领导，地方政府负责，部门指导协调，各方联合行动”的工作格局，把保护知识产权工作列入了重要议事日程。这对多部门协同作战、密切配合，开展日常和专项知识产权行政执法工作，提供了有力的领导。今天，各省、自治区、直辖市的整规办主任也出席了会议。

第四，建立了与外商投资企业定期沟通协调机制。应该说，合作与对话、交流与沟通正在成为解决知识产权领域国际问题的大趋势。国家保知办根据吴仪副总理在2003年厦门外商投资企业座谈会上的指示，会同公安部、商务部、工商总局、质检总局、新闻出版总署、海关总署、食品药品监管局、知识产权局、高检院、高法院等10个部门，建立了与外商投资企业定期沟通协调机制，每季度召开一次会议，主要是定期与外商投资企业沟通情况，了解他们在打击假冒商品，保护知识产权，改善外商投资环境等方面反映的问题、提出的意见和建议。目前已经成功地召开了四次会议，分别就解决出口环节假冒问题；关于加强行政执法机关与公安机关、人民检察院工作联系的意见；对驰名商标的保护工作，特别是对外商投资企业商标的保护情况；高法院和高检院《关于办理侵犯知识产权刑事案件具体应用法律若干问题的解释》等内容通报了有关情况，听取了外商的意见，受到了外商欢迎。2004年7月26日、27日，国家保护知识产权工作组办公室组织召开了外国驻华使馆经济参赞与驻华商会、企业代表知识产权保护座谈会，听取了美国、欧盟、日本等国家和地区驻华使馆经济参赞与驻华商会、企业代表关于所在国家知识产权保护的历史沿革、经验教训介绍和对我国知识产权保护工作的建议。

经过我国政府不懈的努力，我们在知识产权保护方面取得了较好的成效。2003年，全国各级工商行政管理机关共查处各类商标违法案件3.7万件，收缴和消除商标违法标识8 475.5万件（套）；各级版权行政管理机关共受理案件2.3万件，与上一年相比增长近2.6倍，结案2.2万件，结案率为97.46%；海关共查获侵犯知识产权案件756起，案值6 797万元。检察机关共批捕侵犯知识产权犯罪案件330件531人，起诉335件600人；2003年1至11月，各级法院共受理知识产权案件5 750件，同比上升24.57%。

这些工作表明，中国政府坚持严格履行国际承诺，保护国内外权利人知识产权的立场是坚定不移的，相信随着组织领导的加强，这项工作必将取得更大的成果。

三、下一步工作重点

在取得上述成绩的同时，我们也清醒地认识到，我国知识产权保护工作还存在着不足，某些地区和领域问题还比较突出。我们坚持认真听取国内外有关方面对中国知识产权保护工作的建议和意见。这些建议和意见对中国知识产权保护工作是有益的。针对实际工作中存在的问题，我们下一步拟采取以下措施加大知识产权保护力度：

第一，进一步完善全国保护知识产权工作组统一领导全国保知办与有关执法部门参加的知识产权保护执法协调机制。

第二，推动年底前出台司法解释。高法院和高检院就制定《关于办理侵犯知识产权刑事案件具体应用法律若干问题的解释》进行了广泛深入的调研，征求了各方面的意见，并听取了部分外商投资企业、驻华商会代表的意见和建议，目前已经五易其稿。据了解，在研讨会上我们高法院的同志将就“中国的知识产权刑法保护”做进一步说明。

第三，按照8月27日全国保护知识产权专项行动电视电话会议精神，在全国范围内用一年时间开展以保护商标权、著作权、专利权为重点领域，以进出口、展会和商品批发为重点环节，以知识产权侵权现象较为严重、制假售假相对集中的地区为重点地区，以知识产权权利人反响强烈、情节严重、影响恶劣的案件为重点突破口的保护知识产权专项整治工作。

第四，继续将知识产权宣传教育作为一项重要工作，并不断推向深入。我国将把保护知识产权列入宣传工作的重点和“四五”普法内容。另外，除了围绕“4.26世界知识产权日”继续办好每年的“保护知识产权宣传周”以外，还要通过各种渠道，长期不懈地进行知识产权保护的宣传普及。通过宣传，不断巩固和扩大知识产权工作的群众基础和社会基础，提高全社会的知识产权法律意识。

总之，中国政府一贯以负责任的态度积极推动知识产权保护工作，认真履行自己的国际义务。同时，我们也应认识到，知识产权保护制度是使大多数人能够通过保护，鼓励创新，从科技进步中获取利益，从而实现维护群众与社会的公共利益的目的。保护知识产权制度的建立与完善也不是一朝一夕的事，它是与一国的经济、科技发展水平密切相关的。我们知道，当今世界各发达国家在知识产权保护方面，几乎都走过了百年以上的漫长道路，才得以形成比较完善的保护体系。在实际工作中要注意处理好依法保护与鼓励竞争之间的关系，处理好保护私权与维护公共利益之间的关系。尽管如此，我国政府愿意以积极的态度同世界各国和国际组织加强知识产权领域的广泛合作，共同努力，为推动世界范围内尊重知识，崇尚科学，保护知识产权良好制度和氛围的形成，作出贡献。

我国经济持续快速健康发展，政治稳定，市场潜力巨大，产业配套能力不断提高，特别是科教兴国和人才强国战略的实施将造就大量低成本、高素质的人力资源，使我国在承接服务外包和研发、高科技含量、高附加值制造业方面具有自身的竞争优势。我们希望大家更多地了解中国在知识产权保护方面的法律、法规和执法情况，消除疑虑，加强合作，共同促进先进技术的传播和经济与社会的进步；继续扩大对华投资水平和规模，实现优势互补；继续对中国知识产权事业发展给予重视和关心，积极对中国知识产权制度的建设和发展建言献策，加强在知识产权领域的沟通、交流与合作。

（**编注**：本文节录自张志刚副部长在知识产权保护研讨会上的讲话，2004 年 9 月 9 日，厦门。）

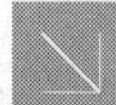

抓住 CEPA 机遇　促进区域合作

商务部副部长　安　民

进入 20 世纪 90 年代以来，世界经济朝着区域经济一体化的方向发展。据世界贸易组织统计，截至 2003 年全球区域经济合作协定数量已接近 300 项。我国在融入世界经济的进程中，积极参与区域经济合作，并取得进展。2002 年 11 月，中国与东盟领导人宣布将在 10 年内建成“中国—东盟自由贸易区”；2003 年 6 月和 10 月，中央政府分别与香港、澳门特别行政区政府签署了内地与香港、澳门关于建立更紧密经贸关系的安排；目前，中国正与一些国家和地区就自由贸易协议进行积极磋商。在这个大背景下，为适应我国进一步改革开放的形势和实践科学发展观的要求，加强内部区域资源整合，促进东、中、西部协调发展是一个必然选择。

推进“泛珠三角”的区域合作，既具有前瞻性，又颇具战略意义。首先，包括港澳在内的“泛珠三角”处于中国与东盟两大板块交界处，地缘优势非常突出，九省区与港澳和东盟各国有着天然的历史、文化往来，经贸关系十分密切；其次，“泛珠三角”区域涵盖香港、澳门两个单独关税区，“一国两制”方针、政策的实施，尤其是内地与港澳更紧密经贸关系安排的签署，为内地与港澳经济一体化的发展提供了制度保障，“泛珠三角”区域合作将扩展港澳经济发展腹地；第三，“泛珠三角”区域内有着香港这样的国际金融中心、物流中心，澳门这样的著名旅游娱乐城市，还有广东这样的制造业基地，把中西部若干省区纳入辐射腹地进行对接，有助于区域综合实力的增强和国际竞争力的提高。因此，我认为，“泛珠三角”区域合作，是全球经济一体化背景下，我国经济发展规模和质量的客观要求，是实践科学发展观的必然选择，是新形势下对落实发展“一国两制”的有益支持。

改革开放至今，港澳地区一直是内地最重要的经贸伙伴和对外的窗口与桥梁。内地与港澳的经贸合作经过 20 多年的发展，呈现出合作领域不断扩大，层次不断提升，往来更为密切，渠道更为畅通的态势。目前，内地与港澳的经贸合作处在历史上最好的时期：香港是内地第三大贸易伙伴，第二大出口市场，最大的境外投资来源地和最大的境外投资目的地。2003 年，内地与港澳的贸易额已经接近 900 亿美元，港澳对内地的直接投资额超过 180 亿美元。截至 2003 年底，内地共批准设立港澳直接投资企业 23 万多家，累计直接投资额 2 278 亿美元。港澳为内地的改革开放作出了巨大贡献，内地也为港澳的经济发展提供了最广阔的空间，可以说，内地与港澳之间已经形成唇齿相依、密不可分的经贸关系。

“泛珠三角”九省区与港澳经贸合作具有明显的地缘和区位优势。据统计，2003 年九省区与港澳的贸易额达到了 651 亿美元，占内地与港澳贸易总额的 72%；同期九省区共计实际吸收港澳直接投资 78 亿美元，占内地吸收港澳直接投资总额的 43%。这些数字有力地说明，“泛珠三角”区域内九省区与港澳的经贸交流，已经形成了相当稳定的规模，具备了进一步加强合作的坚实基础。

在此基础上，加强九省区与港澳经贸合作的关键，就是要紧紧抓住内地与香港、澳门分别签署的“更紧密经贸关系安排”所带来的机遇，全面提升九省区与港澳的经贸合作水平。内地与港澳之间的《安排》，是国家主体与其单独关税区之间的自由贸易协议。《安排》的内容，目前主要包括：2004—2006 年内地与港澳之间的货物贸易实现零关税，服务贸易领域，内地对港澳实行更为开放的市场准入条件，并在通关便利化等 7 个领域开展贸易投资便利化的合作。此外，《安排》还包括内地与港澳在金融、旅游、专业人士资格互认等领域的合作。《安排》具有开放的性质，会随着两地经济发展的需要，不断增添新的内容。

在这里，我很高兴地向大家通报，《安排》自今年 1 月 1 日实施以来，进展十分顺利。截至 5 月 30 日，共有价值约为 3 亿港元的港澳原产货物以零关税进入内地市场，并且港澳原产产品以零关税进入内地的申请还在不断增加。同期，共有 300 多家香港、澳门公司陆续向内地相关审核部门提出享受《安排》待遇的申请，其中许多银行、电信、视听、物流、货代等领域的申请已获得批准。截至 4 月 30 日，广东省共核准登记了 454 户港澳居民在广东省境内设立个体工商户的申请，注册资金 2 000 多万元。在贸易投资便利化方面，双方成立了通关便利化等 7 个工作组，正依据《安排》协议积极开展落实工作。此外，在《安排》框架下，内地个人赴港澳旅游、香港银行开办个人人民币业务等措施也都进展顺利。在建筑、证券、保险等 6 个领域，内地与香港专业人士资格互认的磋商也取得了积极进展，双方已经签署多项互认协议。事实证明，《安排》的实施，刺激了港澳投资消费增长，拉动了香港股市楼市反弹，对港澳经济发展与转型起到了十分重要的推动所用。

内地与香港、澳门之间建立更紧密的经贸关系，就是要逐步消除内地与港澳经贸交流中由于体制不同而产生的制度性障碍，促进经济要素的自由流动，推动内地与港澳经济的一体化进程。“泛珠三角”地区应凭借自己的区位优势，积极抓住《安排》带来的机遇，在内地与港澳经济融合的进程中取得先机。为此，我们认为：

首先，要抓紧推动《安排》项下有关领域的合作，尤其是服务贸易领域的合作。《安排》是一个全面的合作协议，包括货物贸易、服务贸易、贸易投资便利化，以及专业人员资格互认等众多内容。“泛珠三角”区域九省区与港澳经济结构差异明显，服务业有很大的互补性。港澳的服务业占 GDP 的比重高达 80% 以上，而九省区的服务业比重平均只有 10%，服务业发展相对滞后，在一定程度上制约了制造业的可持续发展。九省区应充分发挥香港金融中心、贸易中心、航运中心的优势，利用《安排》有关服务业开放的内容，以更有效的手段加强落实与港澳的合作，推动经济结构的优势互补，为区域经济的可持续与协调发展奠定坚实基础。

第二，推动“泛珠三角”区域建立统一、开放、高效的市场运行机制。在落实《安排》的进程中，九省区应将对内开放与对港澳进一步开放统一起来，实现九省区外贸和内贸市场的有机融合；在招商引资方面，兼顾区域整体利益与局部利益，避免拼地价、拼税收、拼成本吸收外资的恶性竞争，以更科学的观念和更有效的手段统筹、协调区域发展规划，建立一个统一开放，竞争有序，高效规范的九省区大市场。

第三，要注重体现区域特色，发挥比较优势。九省区之间、九省区与港澳之间都要立足当地实际情况，发挥各自特色优势，切实推进东、中、西互动，优势互补，相互促进，实现互惠共赢。尤其要积极探索区域利益协调机制，体现机会均等、公平竞争、利益兼顾的原则，调动各方进行区域协调的积极性，使各省区在“泛珠三角”区域合作中找准定位，寻求在《安排》下与港澳加强合作的最佳策略。同时我们也鼓励九省区具有比较优势的各类企业到港澳投资营商，开拓市场。

最后，要注重发挥政府的引导和推动作用，遵循市场为主，企业自愿的原则。在“泛珠三角”的概念提出之前，九省区都与港澳特区政府建立了合作渠道。通过《安排》提供的平台，加强九省区政府的内部协调和与港澳特区政府的协作，能充分发挥政府的能动作用，更有效地落实《安排》的各项措施。同时，我们也应看到，在“一国两制”下，香港、澳门特区政府的运作机制与内地政府还存在较大差异，对社会、经济生活的管理理念和手段上，也与内地有所不同。因此，落实《安排》的合作内容，推动“泛珠三角”区域发展，需要逐步加深对彼此的了解和理解，更要坚持以市场为原则的导向，让区域内的企业充分发挥活力，真正成为经济发展的主体。

“泛珠三角”区域合作正逢其时，而正在实施并不断发展的内地与香港、澳门“更紧密经贸关系安排”，为加强“泛珠三角”九省区与港澳之间的经贸合作提供了最有效的途径。我们希望各省区进一步深入研究掌握《安排》的各项措施，广泛宣传《安排》带来的发展机会，深入发掘九省区与港澳经贸合作的巨大潜力，充分发挥区域成员的独特优势。我相信，“泛珠三角”区域的合作与发展，一定能够取得丰硕成果！

（**编注**：本文节录自安民副部长2004年7月在“泛珠三角”区域合作与发展论坛上的讲话。）

科技兴贸战略是实现贸易强国的必由之路

商务部副部长　魏建国

一、实施科技兴贸战略成效显著

科技兴贸战略是按照党中央、国务院的要求，从1999年由原外经贸部会同科技部建立科技兴贸联合工作机制开始组织实施，2000年扩大到信息产业部和国家经贸委；2002年9月又将财政部、税务总局、海关总署、质检总局吸收进来；2003年3月国务院机构调整后，商务部取代了原外经贸部，国家发改委取代了原国家经贸委；2004年形成了商务部、科技部、发展改革委、信息产业部、财政部、海关总署、税务总局、质检总局、国家知识产权局等九部门组成的科技兴贸部际联合工作机制，共同组织实施科技兴贸战略。科技兴贸战略的核心就是大力促进高新技术产品出口和利用高新技术改造传统产业，优化出口商品结构，提高出口商品的技术含量和附加值，转变外贸增长方式。

实施科技兴贸战略五年来，得到了党中央、国务院的高度重视，科技兴贸战略已由部门战略上升为国家战略。吴仪同志对科技兴贸工作寄予了很大的希望。1999—2004年每年都主持召开科技兴贸方面的全国性会议，并且均做出了重要指示。2004年1月吴仪副总理参加了商务部等八部门在京联合召开的全国科技兴贸工作会议，吴仪同志高度肯定了由商务部牵头的科技兴贸联合工作机制，强调了深刻认识进一步实施科技兴贸战略的重要性是做好工作的关键，提出了进一步做好科技兴贸工作的重要指示。

五年来，我们会同科技兴贸联合工作机制各成员单位相继出台了《科技兴贸行动规划》、《科技兴贸“十五”专项计划》、《中国高新技术产品出口目录》等一系列促进高新技术产品出口的政策措施；特别是2003年11月12日，国务院办公厅以国办发［2003］92号文转发的商务部牵头八部门联合制定的《关于进一步实施科技兴贸战略的若干意见》，是我国实施科技兴贸战略的一个纲领性文件，明确了科技兴贸的指导思想、奋斗目标、工作原则和工作重点，突出强调了要大力促进高新技术产品出口，提出了加快高新技术产品出口促进体系建设，综合运用经济手段大力支持高新技术产品出口，提高企业技术创新能力，各部门密切配合共同营造良好的出口环境等多项政策措施。目前，我们在资金扶持、出口信贷、出口信用保险、便捷通关、检验检疫等方面初步建立起我国科技兴贸政策体系框架：

在资金扶持方面：为促进高新技术产品的技术更新改造和研发创新，提高产品的国际竞争力，按照《技术更新改造项目贷款贴息资金管理办法》和《出口产品研究开发资金管理办法》，从2002年7月正式启动高新技术产品技术更新改造项目贷款贴息工作；从2003年开始对高新技术出口产品的研发项目给予资金支持。

在出口信贷方面：中国进出口银行对《中国高新技术产品出口目录》（2003年版）中的产品执行中国人民银行规定的第一档出口卖方信贷利率；并在2003年12月出台的进出银发［2003］472号文中提出降低提供出口卖方信贷的门槛，向高新技术产品年出口额300万美元，或软件产品年出口额100万美元的企业提供高新技术产品出口卖方信贷，并执行最优惠的贷款利率。

在出口信用保险方面：中国出口信用保险公司在2004年7月出台的商技发［2004］368号中将列入《中国高新技术产品出口目录》（2003年版）的产品以及信息通信、生

物医药、软件、航空航天、新材料等高新技术产业作为业务重点，予以全面支持。在承保程序方面，对列入《目录》产品的承保给予“绿色通道”支持，对符合承保条件的客户，争取5个工作日内制作完成保单；在限额审批方面，同等条件下，限额优先保证列入《目录》产品的投保。在理赔速度方面，对符合理赔条件的案件，在收到索赔单证后，3个月内完成理赔工作。

在便捷通关方面：原外经贸部与海关总署于2001年7月12日联合下发了《关于支持高新技术产业发展若干问题的通知》，接着又以外经贸部和海关总署令发布了《关于大型高新技术企业适用便捷通关措施的审批规定》，对高新技术企业提供通关便利。2004年3月，海关总署为落实《若干意见》出台新措施：各地海关为出口额高、资信好的高新技术产品生产企业提供便捷通关的服务；对西部地区给予适当倾斜，西部地区高新技术产品年出口额在1 000万美元以上的生产企业可以享受便捷通关服务。

在便捷检验检疫方面：2003年12月，质检总局出台国质检［2003］482号：质检总局对高新技术产品出口额大、出口批次多、产品型号变动快、资信好的出口企业，给予免验或便捷检验检疫和绿色通道政策，到2004年底享受此政策的企业可达到2 000家。

促进软件出口方面：先后下发了《国务院关于印发鼓励软件产业和集成电路产业发展若干政策的通知》（国发［2000］18号）、《关于软件出口有关问题的通知》（［2000］外经贸技发第680号），出台了一些发展软件产业，促进软件出口的优惠政策，如注册资金在100万元人民币以上的软件企业，享有软件自营出口权；参加GB/T19000－ISO9000系列质量保证体系认证和CMM认证的软件出口企业，可向外经贸主管部门申请认证费用资助。目前，正会同有关部门制定《软件支持资金管理办法》。

在出口退税方面：2004年1月1日起我国对笔记本电脑、印刷电路等97种HS8位编码的高新技术产品继续实行17%的出口退税率，这些产品的出口额约占全部高新技术产品出口额的15%左右。

在上述措施的推动下，通过各方面的共同努力，科技兴贸工作取得了明显成效。主要体现在以下四个方面：

一是初步形成了高新技术产品出口促进体系，不断优化出口商品结构。形成了以20个科技兴贸重点城市、25个高新技术产品出口基地、六个国家软件出口基地为龙头，以计算机、集成电路、手机等12类重点高新技术产品、1 000家重点企业为骨干的高新技术产品出口促进体系，充分发挥其示范、辐射和带动作用；大力扶持清华同方威视集装箱检测系统、青蒿素等有自主知识产权的重点产品的出口，新材料、新能源、生物科学、生命科学、航空航天等产业也获得了较快发展，培育更多的高新技术产品出口增长点；积极推动清华同方、华为、TCL等国内大企业具有自主知识产权的高新技术产品出口。

二是促进产业结构优化升级，提高了国民经济增长的质量和效益。实施科技兴贸战略以来，我国引进技术的速度明显加快。1999—2003年五年间，我国引进国外技术总额752亿美元，占改革开放以来引进技术总额的42%。大批先进技术和关键设备落户中国，极大地推动了产业结构调整和优化，特别是推动了传统产业升级换代，国民经济增长质量显著增强。2003年我国电子信息产业实现销售收入1.88万亿元，我国彩电、程控交换机、显示器、DVD等跃居世界生产大国行列；计算机、数字通信设备、卫星通信设备、汽车等产业和重大装备的设计制造逐步发展壮大；一批知名品牌和著名企业如联想、北大方正、海尔、长虹等迅速崛起；一批有自主知识产权的产品已经在国内市场确立优势、在国际市场崭露头角。同时，纺织品、服装、鞋类、自行车、缝纫机等传统产品的科技含量和附加值也明显提高，在国际竞争中的优势地位进一步巩固。

三是对外贸出口增长的拉动效应日益突出，提高了我国出口商品的技术含量和附加值。2003年，我国高新技术产品出口达到1 103亿美元，是实施科技兴贸战略前1998年的五倍半，年均增长40%，比出口总额增速高20个百分点以上。高新技术产品出口占全部外贸出口的比重，已从1998年的11%跃升至2003年底的25.2%。2003年，我国已有近150家企业的高新技术产品出口额超过1亿美元，有近30家企业出口额超过10亿美元。高新技术产品出口拉动机电产品出口增长，机电产品出口拉动整个外贸出口增长的新格局已经初步形成。

四是建立高新技术成果展示和交易的平台，推进了产学研、科工贸的有机结合。五年来，我们先后创办了中国（深圳）国际高新技术成果交易会、中国北京国际科技产业博览会、上海国际工业博览会和中国杨陵农业高新科技成果博览会等四大高科技会展，2003年9月份又首次成功举办了中国大连国际软件交易会。这些会展已初步成为展示我国高新技术领域最高发展水平、最高发展成就的窗口，成为科研成果产业化、商品化的重要平台，成为高新技术国际交流和合作的桥梁，成为国内外客商交流合作、共同发展的舞台。目前，我们正按照“布展专业化、招展国际化、组展市场化、办展现代化、成果产业化”的原则，以深圳高交会为重点，积极推动苏州电博会、大连软交会、

北京科博会、上海工博会和杨凌农高会办出水平、办出特色、抓住重点、办出成效。

实施科技兴贸战略所取得的成绩应归功于党中央、国务院的正确领导和各部门、各地区的大力支持，得益于在财税、金融、通关、质检和知识产权保护方面形成的良好的政策环境，得益于以科技兴贸重点城市、重点企业和出口基地为支撑的良好的发展基础。这些因素的积累和集成将进一步推动我国高新技术产品出口取得更大发展。

二、实施科技兴贸战略具有重要意义

21世纪的前20年，是我国坚持走工业化道路，全面建设小康社会，加速推进现代化建设的战略机遇期，也是我国实施科技兴贸战略，实现外贸出口的第三次历史性跨越的战略机遇期。当前，国际经济形势正在发生着深刻而复杂的变化，国民经济发展也进入全面建设小康社会的新阶段。总体来看，我国实施科技兴贸战略既有新的机遇，也有新的挑战。大家要认识到，在当前形势下深入实施科技兴贸战略，对统筹国内发展和对外开放，促进国民经济持续快速协调健康发展，具有重要意义：

*第一，深入实施科技兴贸战略，是实现国内生产总值翻两番和进出口翻两番的必然要求。*本世纪头20年，是我国全面建设小康社会，加速推进现代化建设进程的关键时期。实现GDP翻两番，进出口规模也要相应地翻两番。到2020年，GDP要达到4万亿美元，进出口总额也要达到2万亿美元。上世纪80年代，我国主要依靠纺织和轻工产品，出口上了一个大台阶。1989年出口比1980年增加252亿美元，其中61%是由轻纺产品实现的。90年代，我国主要依靠机电产品，出口又上了一个大台阶。2000年出口比1990年增加1 971亿美元，其中50%是由机电产品实现的。今后实现进出口翻两番的目标，必须依靠高新技术产品来实现。这就要求我们要进一步深入实施科技兴贸战略，促进高新技术产业跨越式发展，为对外贸易和国民经济持续快速协调健康发展提供强大动力。

*第二，深入实施科技兴贸战略，是加快转变经济增长方式的重要途径。*近年来，我国产业结构调整取得了积极进展，电子、机械、汽车制造等支柱产业对经济增长的带动作用明显增强。但是，在经济发展过程中，一些新的矛盾凸显出来。比如，一些行业和地区低水平重复建设相当严重，导致生产能力过剩更加突出，尤其是一些企业延续消耗高、浪费资源、污染环境等粗放经营方式，加剧了电力、煤炭、石油、水资源和运输能力的紧张状况。解决这些矛盾和问题，要重视通过深入实施科技兴贸战略，推动高新技术产业发展，提高高新技术对经济增长的带动作用；也要重视通过深入实施科技兴贸战略，加快改造传统产业步伐，促进产业结构优化升级，降低能耗，改善环境，提高经济增长的质量和效益。

*第三，深入实施科技兴贸战略，是在参与经济全球化中更好地趋利避害的客观需要。*发展高新技术产业，可以减少很多贸易摩擦，当前，经济全球化趋势继续在曲折中发展，全球产业结构调整步伐加快，发达国家向发展中国家转移生产能力和拓展市场的趋势仍在延续，以信息技术为代表的高新技术和传统产业的融合日益深化，生物技术、新材料、新能源等新兴产业正在积蓄新的能量。我们要从全局和战略的高度，紧紧抓住全球产业结构调整和新一轮国际产业转移的机遇，深入实施科技兴贸战略，推动高新技术产业加快发展，最大限度地分享国际产业转移的成果。与此同时，世界传统产业生产能力继续过剩，贸易保护主义加剧，国际竞争空前激烈，各国纷纷加快发展高新技术，抢占国际竞争制高点。我们必须深入实施科技兴贸战略，增强自主科技创新能力和消化吸收国外先进技术的能力，提高产品的质量和档次，有效突破国外贸易壁垒，减少和化解对外贸易摩擦，实现国民经济和对外贸易稳定发展。

*第四，深入实施科技兴贸战略，是实现贸易大国向贸易强国转变的必由之路。*从当今国际市场发展趋势看，科技含量较低的资源型产品和劳动密集型产品的市场份额在相对萎缩，而科技含量较高的技术密集型和资本密集型产品市场空间广阔，增长潜力很大。目前我国虽然已是世界贸易大国，但与美、欧、日等贸易强国相比还有差距。总体上看，我国出口仍以劳动和资源密集型产品为主，高科技含量、高附加值商品出口所占比重近年虽有所提高，但远未成为出口的主导产品。据世界银行统计，早在1999年，美国高新技术产品出口占制成品的比重就达35%，日本为27%，英国为30%，新加坡为61%，而我国当时只有17%，现在也不过25%。可见，优化出口商品结构，提高出口商品的科技含量和附加值，还有很长的一段路要走。要实现由贸易大国向贸易强国的转变，实现外贸出口的可持续发展，就必须把实施科技兴贸战略摆在更加突出的位置。

三、进一步实施科技兴贸战略的工作重点

为深入实施科技兴贸战略，我们将以邓小平理论和“三个代表”重要思想为指导，树立和落实科学发展观，以深入落实《关于进一步实施科技兴贸战略的若干意见》为中心，大力促进高新技术产品出口，进一步提高出口商品的质量、档次和附加值，为实现2020年高新技术产品出口

4 500亿美元，占外贸出口45%的奋斗目标奠定坚实的基础。下一步，我们将做好以下工作：

*一是深入推进科技兴贸战略。*我们将紧紧抓住当前国际高新技术产业向中国转移的历史机遇，继续推动《关于进一步实施科技兴贸战略的若干意见》的贯彻落实。全力集成现有的政策，并因势利导，把全过程的支持与重点环节的支持结合起来，采取既符合我国国情又符合国际通行规则的有效措施，综合运用金融、财税、物流等手段，将政策支持向源头延伸。在研发、建立技术标准、技术引进和技术进步方面，要通过政策引导，激发企业的自主研发创新能力。要继续加大对高新技术产品出口的资金支持力度，推进高新技术产品出口基地创业投资机制的建设。对出口金额大、资信好的高新技术产品生产企业，要继续实施便捷通关、免检验检疫、便捷检验检疫和绿色通道政策。加强知识产权保护，鼓励和促进自主发明和有序的技术转让，努力创造优质名牌出口产品。建立技术性贸易措施咨询服务体系和预警快速反应体系。我们将发挥科技兴贸部际联合工作机制的作用，推动各部门、各地区深入贯彻落实《若干意见》，进一步完善科技兴贸政策体系。

*二是充分发挥科技兴贸对产业结构升级的带动作用。*科技、产业和外贸，是实施科技兴贸战略相互关联的三大环节，三者相辅相成，不可或缺。我们将加强科技兴贸促进体系建设。继续加大对20个科技兴贸重点城市、22个高新技术产品出口基地、100家科技兴贸重点企业的支持力度，充分发挥其辐射、示范和带动作用。对长江三角洲、珠江三角洲、福建厦门沿海和环渤海湾地区，要增强其进一步吸纳新一轮国际IT产业转移的能力，尽快形成较完整的产业链和产业带；大力扶持东北老工业基地和中西部地区发展具有自身特色的高新技术产品出口，并在技术引进、吸收外资等方面采取优惠政策，以推动其加快向开放型经济转变。

*三是深化高新技术产业的国际合作。*我们将继续保持吸收外资政策的连续性和稳定性，鼓励跨国公司来我国设立地区总部、研发中心、生产制造基地和配套基地。要把农业、林业、能源、交通、信息产业、生物医药、航空航天和环保等领域作为技术引进的重点，尽快制定《鼓励引进技术目录》，引导企业引进先进适用技术，开展广泛的国际合作。要鼓励和引导我国有优势的企业对外投资，大力对外开展技术性强、技术含量高的承包工程和劳务合作。综合运用贸易、投资、经济技术合作、国际援助等多种方式，开展平等互利、形式多样的经济技术合作。全面发展多边、双边和区域经济合作，并密切与港澳台地区的经贸关系。

*四是培育和发展出口主体。*我们要按照“培育大企业集团、保护外资企业、扶持民营企业、促进中小企业、改革流通企业”的原则，力争在五到十年内，培育10家左右高新技术产品年出口额在50亿美元以上的大型出口企业和跨国公司；培育100家左右高新技术产品年出口额在10亿美元以上的出口骨干企业；同时要培育一批高新技术产品年出口额在1 000万美元以上的中西部地区出口企业。加强和完善与1 000家重点高新技术产品出口企业的联系制度，帮助企业用好政策，用足政策。

*五是加大市场开拓力度。*我们要加强对重点市场、重点产品需求变动情况的研究，指导企业有针对性地进行市场开拓活动，巩固和扩大我国高新技术产品占出口重点国家的市场份额。重视开拓印度与巴西、墨西哥等新兴市场，增强抵御市场风险的能力。以深圳高交会为重点，进一步提高大连软交会、苏州电博会、北京科博会、上海工博会、杨凌农高会等国内高科技展的国际化水平。

科技兴贸的目标和指导思想已明确，各项大政方针已定，关键是抓好落实。我们将会同各有关部门继续努力，大力实施科技兴贸战略，促进我国高新技术产品出口，实现对外贸易的持续、稳定、协调、健康发展，为我国走新型工业化道路，全面建设小康社会做出新的贡献。

（**编注：**本文节录自魏建国副部长2004年10月20日在第三届中国苏州电子信息博览会IT政府论坛上的演讲。）

在2004年OECD国际投资全球论坛上的演讲

商务部副部长 马秀红

改革开放是中国政府长期坚持的两项基本国策。26年来，中国政府坚持推进市场经济体制改革，不断扩大对外开放，成功地实现了从传统的计划经济体制向市场经济体制的过渡，完成了加入世贸组织的漫长历程。中国经济已融入世界经济体系，并成为促进世界经济发展的积极力量。

吸收外商投资是中国对外开放基本国策的重要内容之一。中国对外开放的26年，也是积极吸收外资促进改革与发展的26年。中国政府将吸收外资作为实现中国经济发展目标的有效措施之一，在认真研究全球跨国直接投资发展趋势的基础上，根据中国经济发展不同阶段的需求，制订与之相适应的吸收外资政策措施，并通过形式多样的投资促进工作，予以积极的推进与实施。经过26年的不懈努力，中国的投资环境不断改善，外商投资的结构与质量不断优化。

截至2004年9月底，来自192个国家和地区的投资者在华累计设立外商投资企业近50万家，遍及制造业、服务贸易领域、农业、基础设施等几乎所有行业，实际已投入外资金额5 502亿美元。全球最大的500家跨国公司中近450家已在华投资，部分公司设立了地区总部。目前，外商投资设立的研发机构超过600家，高新技术产业和服务贸易领域正在成为外商投资的热点。

OECD成员是中国吸收外资的主要来源，截止到2004年8月底，OECD 30个成员对华投资累计设立企业超过14万家，实际投入外资金额1 687亿美元，分别占中国累计吸收外资总额的28%和31%。

积极合理有效地吸收外资，推进了中国开放型经济的形成，促进了中国经济跨越式发展。特别是近年来，作为中国开放型经济的主力军，外商投资对国民经济发展的促进作用明显增强。2003年，外商投资企业固定资产投资占中国全社会固定资产投资总额的近11%，工业增加值占全国工业增加值的比重达28%，出口额占全国出口总额的55%，直接就业人员已超过2 350万人，占全国非农业劳动人口的约10%。

众所周知，随着经济全球化的不断加深，跨国直接投资在世界经济发展中的地位和作用越来越重要，对于发展中国家实现跨越式发展尤为重要。为此，中国政府以加入世贸组织为契机，制定相应政策，采取积极措施，通过全面履行WTO规则和“入世”承诺，不断推进投资与贸易便利化。中国的对外开放取得重大进展，吸收外资政策及投资环境得到进一步完善。

加入世贸组织以来，中国全面履行“入世”承诺，修订了2 500多个法律法规，形成了符合世界贸易组织规则的对外经贸法律体系，并大大提高了透明度。在货物贸易方面，对进口关税进行了大幅度削减，目前的关税总水平已降至10.4%，并大大减少了非关税措施，全部取消了农产品出口补贴。在服务贸易方面，中国政府相继颁布了40多项开放服务业的法规、规章，涵盖了金融、保险、贸易、分销、物流、商业、通讯、建筑、旅游、交通等诸多领域。

2004年中国在改善投资环境方面又采取了一系列新举措。例如：今年7月1日，中国开始实施《行政许可法》，以法律形式最大限度地减少需要审批的事项，规范政府机构的行政许可行为，中国的对外开放进入法制化的新阶段；新修订的《对外贸易法》提前半年兑现了外贸权开放的承诺；6月份颁布的《外商投资商业领域管理办法》按时兑现了分销的承诺；此外，《外资金融机构管理条理实施细则》，进一步放宽了外商投资金融、保险的经营地域、业务范围、持股比例的限制，简化了核准程序；《汽车金融公司管理办法》及其《实施细则》开放了汽车融资金融服务市场；新修订的外商投资设立投资性公司的相关规定，为跨国公司设立地区总部、营运中心、财务公司，承接服务外包业务创造了有利条件；书、报刊的批发市场、影视制作等领域已于本月有条件地对外资开放。目前，关于汽车销售的相关规定以及直销立法等正在抓紧进行，并将于年底前公布。

中国政府高度重视知识产权保护工作，将其作为改善投资环境的主要内容。中国已经建立了符合国际规则的知识产权法律法规体系，并参加了几乎所有保护知识产权的国际组织。为加大执法力度，中央政府成立了由12个国务院部门组成的保护知识产权工作组，由吴仪副总理担任组长，统一领导和协调全国保护知识产权工作；中国最高人民法院和最高人民检察院正在抓紧拟订关于办理侵犯知识产权刑事案件具体应用法律若干问题的解释，将适当降低知识产权犯罪的刑事制裁门槛。中国各级政府定期举办保护知识产权宣传教育周，利用各种场合，开展形式多样的活动，不断提高人民保护知识产权的意识。

中国政府全面履行加入世贸组织的承诺及进一步对外开放市场的努力取得明显成效。

2001 年以来，中国进口连续 3 年高速增长，吸收外资规模进一步扩大，2003 年进口额达 4 128 亿美元，成为世界第三大进口市场，吸收外资金额 535 亿美元，位居世界首位。今年 1—9 月进口和吸收外资增速不减，前 9 个月进口额已超过 4 123 亿美元，同比增长 38.2%；外商在华投资新设立企业超过 3.22 万家，同比增长 9.28%，实际使用外资金额 486.90 亿美元，增长 21%；今年全年中国进口有望超过 5 000 亿美元，吸收外资将超过 620 亿美元。

与此同时，中国的服务贸易领域成为外商投资新热点。从 2002 年到 2004 年 8 月份，外商在服务业新设立企业 17 351家，实际投入外资金额 334 亿美元，大大超过以往水平。其中，商业、分销服务、教育服务、运输服务、医疗及社会服务、娱乐文化体育、环境服务等领域，外商投资增长幅度均超过 50%，有的达到 200% 以上。

推动有实力的中国企业走出去，是中国政府确立的重大政策目标。近年来，中国企业实施走出去战略实现了较大跨越。截至 2003 年底，已有 2 000 多家中国内地企业在 160 多个国家和地区投资设立了 7 470 家企业，中方直接投资金额已超过 332 亿美元（上述数字不包括金融领域的海外投资）；投资的行业由初期的贸易、航运和餐饮为主拓展到生产加工、农业合作、资源开发、工程承包和研究开发等众多领域，投资方式也从单一的投资办厂，发展到跨国并购、股权置换、境外上市、设立研发中心、创办工业园区等多种形式。作为发展中国家，目前，中国对外投资规模不大，仅占全球对外投资总额的 0.48%，但在中国政府的大力推进下，中国的对外投资将快速增长，中国愿在扩大国际投资合作中，实现与各国，特别是发展中国家的共同发展与繁荣。

近年来，中国政府加快推进区域经济合作和安排，去年中央政府已与香港和澳门特别行政区签署了更紧密经贸关系的安排（CEPA），加快货物贸易自由化进程，并扩大开放了 30 多个服务贸易领域。此外，中国政府与泰国签订了中国—东盟自由贸易区早期收获协议。中国与东盟、澳大利亚、新西兰、智利等国家和地区建立自由贸易区的谈判和可研也正在加紧进行。随着区域经济合作的快速发展，中国的贸易与投资便利化措施将进一步深化。

改革开放以来的 25 年，中国人民生活水平显著提高，2003 年人均收入首次超过1 000美元，达1 090美元，是 1979 年的 6 倍。占全球人口 1/5 的中国人均收入的迅速增长，创造了巨大的购买力，使中国市场的潜力持续释放，市场规模已居世界前列。

中国市场需求的迅速增长和进一步开放，为世界经济的发展注入了新的活力。2001 年至 2003 年 3 年间，中国进口了约 1 万亿美元的商品，年均增长 22.4%。预计 2004 年到 2006 年，中国货物进口总额将超过 1.5 万亿美元。

中国已经确立了未来 20 年全面建设小康社会的奋斗目标，预计到 2020 年，中国国内生产总值将达到 4 万多亿美元，国内消费品零售总额将达到 2.4 万亿美元，年进口额将达到约 1 万亿美元，届时中国可望成为世界第二大市场。为实现这一目标，中国将在平等互利的基础上加强和扩大同世界各国的交流与合作，同各国人民一道，推动经济全球化朝着有利于共同繁荣的方向发展。拥有 13 亿人口、经济快速稳定发展的中国，孕育着无限的商机，将为包括 OECD 成员在内的中国的众多合作伙伴提供潜力巨大的市场和更多的合作机会。

中国已经成为世界上吸收外商投资最多的国家之一，并将日渐成为重要的对外投资国。中国经济在发展，社会在进步。一个充满活力、更加开放的中国，将成为世界各国理想的合作伙伴。相互依存、互利共赢的经贸关系，必将成为促进共同发展、共同繁荣的强大动力。

（2004 年 10 月，印度）

推动电子商务 促进经济发展

商务部副部长　廖晓淇

电子商务是应用信息技术开展的商务活动。电子商务作为一种现代的流通方式，不受时空的限制，具有效率高、成本低、范围广等特点，在商务活动中正发挥越来越重要的作用。根据联合国贸发会议统计，2003年世界电子商务交易额比2002年增长69%，并且预计，到2006年世界电子商务交易额将占全球商品销售的18%。据美国商务部统计，2003年全美电子商务销售收入同比增长26.3%。电子商务的发展方兴未艾。

中国政府十分重视电子商务的发展。中共党的十六届三中全会明确指出："大力推进市场对内对外开放，加快要素价格市场化，发展电子商务、物流配送等现代流通方式，促进商品和各种要素在全国范围自由流动和充分竞争。"这为中国的电子商务发展指明了方向。

企业是电子商务的主体，市场需求和效益是推动电子商务向前发展的源动力。随着经济的发展和信息技术的进步，中国各类企业对电子商务的需求不断增加。虽然我国企业开展电子商务的现状与发达国家相比还有一定差距，但随着我国市场不断成长，交易量的不断扩大，电子商务正在被越来越多的企业所采用。

中国商务部十分重视推动电子商务的发展，着力抓好三个结合：一是电子商务理论与实践相结合，二是推动电子商务环境建设与企业应用相结合，三是推动跨境电子商务的合作和交流相结合，把企业应用、环境建设和对外交流合作作为重点工作加以推动。经过各方面的共同努力，电子商务应用水平正在不断提高。

一、企业应用不断发展

中国在电子商务的基础设施、人才技术、应用主体等方面都已具备了一定基础，对电子商务模式的探索不断深入。截至2003年底，中国互联网用户已达8 000万户，上网计算机台数3 089万台。众多国有、民营和外资企业建立了企业信息化系统，实现企业内部ERP管理并积极开展网络营销、网上采购、供应链管理和客户关系管理。据商务部组织的调查，2003年中国企业在企业信息化方面的投入比上一年增长1.2倍。被调查的企业中有65%的企业认为电子商务对本企业发展是非常必要的；有41%的企业已不同程度地开展电子商务，有40%的企业通过第三方电子商务网站开展了商务活动。

中国企业应用电子商务的方式多种多样。各种网上招商博览会、跨国项目洽谈会、"不落幕"交易会、"信息港"等电子商务网站纷纷建立，一些电子商务交易平台各具特色，企业通过网上会展、网上洽谈、网上促销、网上交易等方式开拓市场。网上购物、网上拍卖、网上招标采购等发展迅速。

从2003年非典时期的第93届广交会开始，中国商务部提出把广交会办成有电子商务特色的广交会，中国国际电子商务中心、中国对外贸易中心、中国机电进出口商会等单位不断加强电子商务交易的服务功能。在2004年4月举办的第95届广交会上，在15天会期中，这三家电子商务网站累计访问量达7 600余万次，同比增长21.9%，其中，境外访问量累计2 412万次，占总访问量的31.73%。网上累计成交3.81亿美元（含意向成交2.97亿美元和确认成交8 381万美元），比上一届增长了3.8%。

二、努力营造电子商务发展环境

面对中国电子商务应用蓬勃发展的形势，为了营造环境和政策引导，商务部正在组织编写《中国电子商务白皮书》，按照"准确、全面、权威"的原则，综合阐述并客观分析2003年中国电子商务领域建设、发展状况。

今年3月24日，中国国务院第45次常务会议讨论通过了《中华人民共和国电子签名法（草案）》，现已提交全国人大审议，在这个法律草案中首次明确了电子签名的法律效力，为开展电子商务提供法律保障。

电子商务更需要诚信经营。商务部正在积极推进建立社会信用体系，以建立信用体系和加强信用监管为手段，以健全法规和创新制度为支撑，促进诚信经营，防范交易风险，通过行业诚信自律机制，强化守信意识和诚信自律，建立重点行业的信用监管系统，强化信用意识，逐步使信息管理工作规范化、制度化。

组织电子商务试点工程，选择企业信息化基础比较好，市场竞争环境比较健全的行业和地区，开展电子商务的试点，总结经验，开展经验交流，把那些经过实践证明切实可行的做法加以介绍和推广。

三、加强对外交流合作

（一）为加强政府与工商部门之间在促进电子商务和无纸贸易方面的合作。

2001年8月，“APEC电子商务工商联盟”正式成立。该联盟旨在通过促进和加强APEC各经济体政府与工商部门之间的相互对话和交流，为APEC成员经济体企业信息化、无纸贸易技术的应用和发展，探求切实的解决方法，提出发展建议。

“APEC电子商务工商联盟”是中国参与亚太地区电子商务发展，推动亚太地区经济贸易便利化的积极努力和切实举措。联盟的成立为APEC成员经济体推动电子商务和无纸贸易的发展创造了条件，同时也为成员经济体了解工商部门电子商务的实际发展需求和建议构筑了渠道。

（二）积极探索利用现代信息技术建立中外经贸合作网站，为多双边经贸合作开辟新的途径。

2004年9月，中国政府与俄罗斯联邦政府合作建立的“中俄经贸合作网站”即将开通运行。这是中国政府与外国政府合作建立的第一个经贸合作网站。在总结“中俄经贸合作网站”经验基础上，中国政府还将与其他主要贸易伙伴建立类似的经贸合作网站，利用信息化手段推动双边经贸合作进一步发展。

（三）积极参加亚太经合组织、亚欧会议、东盟10+3等国际与地区组织中的电子商务相关工作，共同探讨电子商务在全球的发展。

（四）在双边经贸联委会机制下与美国、日本、韩国、加拿大等国家设立了电子商务工作组并且在CEPA框架下发展同香港和澳门的电子商务合作。

（五）积极参加联合国贸易法委员会、联合国贸发会等国际组织中有关电子商务的立法活动。

（**编注**：本文节录自廖晓淇副部长2004年6月15日在“APEC电子商务博览会高层论坛暨首届APEC电子商务工商联盟论坛”的致词。）

积极应对国际贸易摩擦　全面推动公平贸易工作

商务部副部长　高虎城

随着对外贸易的快速发展和贸易规模的扩大，一方面，我国经济发展对国际市场依赖程度逐渐提高，国际贸易环境对于我国贸易空间的拓展、贸易规模的扩大、产业科技水平的提升和竞争力的增强，变得至关重要；另一方面，我国进入国际贸易摩擦的多发期和加入世贸组织关键过渡期，又必须要面对和解决日益增多的国际贸易摩擦问题，为我国的企业和整个国民经济的发展营造一个良好的外部环境。因此，积极应对国际贸易摩擦，妥善运用贸易救济措施，全面推动公平贸易工作，维护公平贸易环境，是保证我国对外贸易健康稳定发展的必然要求，更是全面落实科学发展观的具体体现。

一、建章立制、扎实工作，进出口公平贸易工作已打下良好基础

在2002年的全国进出口公平贸易工作会议上，原外经贸部确定了工作的基本思路和目标，为进出口公平贸易工作全面、有序的开展打下了坚实基础。两年来，在日益严峻的形势面前，各级政府、中介组织及企业认真贯彻落实会议精神，团结协作、齐心协力，推动我国进出口公平贸易工作不断向前发展。

（一）建章立制，提供法制保障

商务部十分重视进出口公平贸易法律体系的建立健全工作，为各项工作的开展提供法制保障。

2002年6月以来，原外经贸部、商务部先后向国务院呈报了《对外贸易法》、《反倾销条例》、《反补贴条例》、《保障措施条例》的修改计划。经过国务院各相关部门的共

同努力和立法机构的大力支持，目前，修改工作已圆满完成。商务部在原有基础上，新制定了4个部门规章，使进出口公平贸易工作进一步走向法制化、规范化的轨道。目前已形成了由法律、法规及部门规章组成的进出口公平贸易的基本法律体系和框架。特别是2004年4月6日修订、7月1日起将要实施的《对外贸易法》，专列两章规定了进出口公平贸易的主要内容，即第七章“对外贸易调查”和第八章“对外贸易救济”，还在第六章专门规定了“对外贸易秩序”。这些规定为今后进出口公平贸易工作的开展提供了强有力的法律依据。商务部要认真学习新修订的《对外贸易法》，并进一步完善进出口公平贸易的部门规章。

（二）全力以赴，应对贸易摩擦

截至目前，我国是世界上贸易救济措施的最大受害国。加入世贸组织后，国外对我采取反倾销等贸易救济措施居高不下，“特保”、“非市场经济”、“纺织品特别限制措施”等不利条款的影响开始显现，各种形式的贸易壁垒对我出口的影响日益严重。党中央、国务院对此高度重视，把握大局、统一部署贸易摩擦应对工作。商务部成立后，加强了应对资源的整合，注重发挥国务院各相关部门、地方政府主管部门、中介组织及广大企业的作用，有计划、有步骤、有策略地开展了各项工作。

在各方的共同努力下，我国贸易摩擦应对工作取得了显著成效。迄今为止，国外对我发起的11起特保调查中，有10起应对成功，另1起（秘鲁纺织品特保）正在交涉之中；反倾销大要案及贸易壁垒的应对工作也取得了显著的成绩。特别是近一段时期以来，在“非市场经济”问题上出现的一些进展，为今后继续推进该问题的解决创造了较好的条件。

（三）实施贸易救济，维护国内产业安全

随着我国加入世贸组织承诺的履行和国内市场的逐步开放，国内产业面临更强烈的冲击。商务部充分行使世贸组织所赋予的权利，依照世贸规则及国内法律法规，积极稳妥地开展进口贸易救济调查。两年来，在化工、钢铁、轻工、通讯等重要行业反倾销新立案共39起（根据世贸组织采用的统计方法），反倾销复审9起，保障措施1起；共做出了104项反倾销裁决，其中初裁53项，终裁51项，钢铁保障措施也已顺利结束。这些措施维护了国内产业利益，保障了国家经济安全，达到了预期效果。

（四）积极探索，初步建立“四体联动”工作机制

2002年，原外经贸部提出了尽快建立健全商务部（原外经贸部）、地方主管部门、中介机构、有关企业“四位一体”工作机制的目标。经过两年来各方的努力，目前，“四体联动”的工作机制已初步建立并在实践中发挥了积极的作用。

作为全国进出口公平贸易工作的主管部门，商务部加强与中央各有关部门的协调，统一规划各项工作的全面开展，有针对性地指导地方主管部门、中介组织、相关企业的进出口公平贸易工作。各地方政府部门及各有关中介组织高度重视进出口公平贸易工作的组织和机构建设。据不完全统计，目前，已有19个省级主管部门专门设立了公平贸易机构，还有不少地方配备了专门人员负责此项工作；各商会也都设立了公平贸易机构。广东、江苏、上海、浙江、山东、四川等进出口大省的主管部门，五矿、机电、轻工、纺织、食土、医保商会及石化协会、钢铁协会等中介组织，能够各负其责，较为全面地收集本地区、本行业的公平贸易工作信息并及时上传下达，认真组织本地区、本行业企业应对国外调查及提起进口调查；江苏紫菜协会还代表国内企业提起了我国首例贸易壁垒调查申请。浙江新安化工集团股份有限公司、国投中鲁果汁股份有限公司、宁波新海电气股份有限公司、山东新华制药股份有限公司等企业，能自觉运用世贸规则，或积极应对国外贸易救济措施及贸易壁垒，或适时提起产业救济申请，维护自身权益。

二、认清形势，理性对待进出口公平贸易工作面临的挑战

改革开放20多年来，我国对外贸易持续、快速发展。据海关统计，1978年，我国对外贸易额只有206亿美元；2003年我国进出口总值为8 512亿美元，是1978年改革开放初期的40多倍，一跃成为全球第四大贸易国；其中出口4 384亿美元，同比增长34.6%；进口4 128亿美元，同比增长39.9%，进口额超过了法国、英国和日本，跃升至世界第三位。2004年1月—4月，全国进出口总值为3 362亿美元，同比增长37.6%。其中，出口1 627亿美元，同比增长33.5%；进口1 735亿美元，同比增长42.5%。

我国经济实力的增强和国际贸易地位的不断提高，对其他国家相关产业形成较大的竞争压力，越来越多的与我国出口产品存在竞争关系的外国企业、产业要求其政府采取各种措施，限制进口中国产品，从而引发贸易摩擦。随着全球化趋势的发展及我国对世界经济事务参与程度的进一步加深和提高，加之我国部分产品出口数量继续高速增长，各种针对我国出口产品的贸易摩擦还将出现。因此，我国贸易救济措施及贸易壁垒应对工作面临的形势非常严峻：“非市场经济”、特保调查、纺织品特别限制措施等针

对中国的歧视性做法依然存在；贸易救济措施案件个案涉案金额有上升趋势，反补贴案件开始出现；重点国家对我国产品立案突出，全球范围受限趋势未能改变；贸易壁垒的形式不断翻新，影响日益严重。

我国已进入了加入世贸组织关键过渡期，大部分保护和过渡措施将在2004年年底到期，国内市场更加开放；加之当前我国已出现投资过热迹象，特别是固定资产投资快速增长，消费需求进一步走强，进口产品将大幅增加，国内市场、产业将面临更大的竞争压力。运用进口贸易救济措施，维护国内产业合法权益、保护公平竞争秩序、保障国家经济安全将面临更加繁重的任务。

贸易增加，摩擦自然会相应增加。对待贸易摩擦，在一般情况下，既要保持平常心，又要积极应对。要充分认识进出口公平贸易工作的重要性及其长期性、艰巨性和复杂性，以积极进取的姿态投入到工作中去，增强做好进出口公平贸易工作的使命感和紧迫感。

三、统一认识，高度重视进出口公平贸易工作在国民经济中的重要作用

（一）进出口公平贸易工作是我加入世贸组织应对工作的重要组成部分

加入世贸组织是我国对外开放长期战略的一个重大步骤，标志着我国对外开放进入一个新的发展阶段。应对加入世贸组织，既要把握机遇，又要迎接挑战和冲击。作为我国加入世贸组织整体应对工作的组成部分，进出口公平贸易工作在加入前后才在我国系统开展。仅仅几年的时间，该项工作就在应对国外限制措施对我出口的挑战、国内市场开放所带来的各种冲击方面发挥了无可替代的作用。通过做好进出口公平贸易工作，商务部有效应对了加入世贸组织过渡期内“特保”条款、“非市场经济”等歧视性做法，缓解了加入世贸组织对我国一些产业部门带来的冲击及由此引发的就业等社会问题，同时，也为今后进一步扩大对外开放，在更大范围、更广领域和更高层次上参与国际经济合作和竞争，提供了强有力的支持。

（二）进出口公平贸易工作直接关系到我国外向型经济的健康发展

改革开放以来，我国一直推行出口主导型的外贸政策。1978—2003年，我国对外贸易年均增长16%，进出口总额占国内生产总值的比重由1978年的10%提高到1990年的30%，2003年进一步升至60%。这一比重的不断提高，既是我国抓住经济全球化机遇、扩大对外开放的表现，也表明我国经济对外依赖程度加深，潜存一定的风险和挑战。当前我国贸易摩擦进入多发期、国内产业安全受到威胁即是风险和挑战的表现之一。

进出口公平贸易工作通过出口应对、进口调查两种手段的运用，在应对贸易摩擦、创造公平、有利的出口贸易环境，保护国内产业和市场、保障国家经济安全等方面发挥了重要作用。随着今后我国对外开放水平的全面提升，如何更充分地发挥进出口公平贸易工作对贸易安全和贸易可持续发展的重要作用，从而保障外向型经济的健康发展，成为商务部当前面临的重大课题。

（三）进口贸易救济调查工作为国内产业建立起救济的屏障

我国进口反倾销、保障措施调查工作的开展，不但抑制了国外企业的不公平竞争，而且改善了国内企业经营效益，稳定了相关产业的工人就业，为国内产业结构的调整、产业国际竞争力的提高创造了有利条件。

例如，我国实施钢铁保障措施所涉5类产品都是技术含量高、国内需求量大的产品，在国内的生产刚起步，市场竞争力较弱，又适逢我国内钢铁产业结构调整的关键时期，因此，措施的实施为钢铁产业结构的及时调整提供了稳定的外部环境并且赢得了宝贵的时间。保障措施实施以来，钢铁行业尤其是国有重点大中型企业充分利用该有利时机加快发展，抓紧结构调整，优化品种结构，提升产业竞争力，取得了明显效果。2003年，一批现代化的高附加值产品生产线相继建成投产，钢铁行业的技术经济指标进一步改善，产业竞争力进一步提高。

（四）进出口公平贸易工作促进国际、国内市场的融合及内外贸一体化的实现

党的十六大报告指出，要“充分利用国际国内市场，优化资源配置，拓宽发展空间，以开放促改革促发展”；十六届三中全会通过的《中共中央关于完善社会主义市场经济体制若干问题的决定》指出，要按照市场经济和世贸组织规则的要求，加快内外贸一体化进程。

从两年来的工作实践看，两个市场的融合、内外贸的一体化与进出口公平贸易工作之间相互依赖、相互促进。一方面，实现两个市场的融合及内外贸的一体化，有助于从根源上解决困扰进出口公平贸易的一些难题（如出口应诉中面临的出口经营秩序混乱的问题，这个问题的根源在于国内市场上的不公平竞争秩序）；另一方面，进出口公平贸易工作也能对两个市场的融合、内外贸一体化起到促进作用。在经济全球化的今天，进出口公平贸易工作通过进口调查，维护了国内市场的公平竞争秩序，帮助了企业在国内市场上求生存；也通过出口应对工作，营造了有利的

出口环境，带领越来越多的企业在国际市场上求发展；同时，各项进出口公平贸易工作，能引导企业更好地配置资源，调整产业及产品结构，帮助企业巩固市场，强化其开拓国际市场的意识，从而带动越来越多的企业主动参与国际经济大循环，充分实现内外贸的协调和统一发展。

四、突出重点，不断完善“四体联动”进出口公平贸易工作机制

良好的机制是做好工作的有力保障。在进出口公平贸易工作中，“四体联动”的工作机制发挥了重要作用，但是，存在的问题也不容忽视。今后一段时期，不断完善“四体联动”工作机制应当是进出口公平贸易工作的重中之重。

目前，“四体联动”机制存在的主要问题有三个方面：其一，各级政府主管部门、中介机构及企业在进出口公平贸易工作中职责不清，越位、缺位现象严重。其二，与市场经济的内在要求相比，各级政府主管部门在职能转变、工作方式和手段的创新和改进等方面做得还很不够；企业自我维权的意识亟待提高、生产经营的策略有待调整，生产和流通的秩序有待企业共同去维护；中介组织遗留的政府色彩、工作作风及方式方法有待改进，维护会员企业权益的意识有待加强，自律作用未得到充分发挥等等。其三，在政府、企业及中介机构的相互关系上，缺乏有效互动机制。这些问题在公平贸易工作的各个层面都有所体现，阻碍着公平贸易工作向更高层次、更深领域的推进。要有效解决上述问题，进一步加强“四体联动”工作机制的建设，应重点做好以下几方面工作：

（一）“四体联动”工作机制最基本的要求是更新观念、转变职能，切实履行各自的职责

从各级政府主管部门来说，认真贯彻十六届三中全会提出的“切实把政府经济管理职能转到主要为市场主体服务和创造良好发展环境上来”的要求，转变职能，突出公共服务功能是一项重要工作。凡是市场能自发调节的，凡是企业、中介组织能通过自律解决的事项，政府就没有必要运用行政手段加以干预。2004 年 7 月 1 日起将要实施《行政许可法》，对商务部国家的行政管理模式乃至于整个行政管理来说，都是一个重大的事件；《行政许可法》要求各级政府必须依法办事，真正把执政为民、求真务实落实到执法和行政管理之中、将政府行政行为置于广大的群众监督之下。各级行政机关都要认真学习《行政许可法》，在工作中切实转变观念，坚持依法行政。

商务部将有效运用内外贸资源整合的优势，通过完善国内市场秩序促进出口贸易的公平竞争秩序，加快国内外市场的融合；以整顿市场秩序为切入点，解决低价恶性竞争、偷税漏税、侵犯知识产权、假冒伪劣等对出口贸易有直接影响的问题。将及时开展政府交涉，指导并鼓励企业应诉，建立健全产业预警机制及提供信息咨询服务；依法行政，加大发起进口贸易救济调查的力度。

地方商务主管部门应建立健全公平贸易机构，设专门机构或派专人负责公平贸易工作；要建立本地区的预警体系；要协同中介组织做好本地区企业应诉的动员和支持工作，配合本地区产业、企业及各类中介组织提起贸易救济申请。随着国外对我反补贴案件的出现，地方政府在应对反补贴案件中将承担起更为繁重的任务。在最近加拿大对我发起的2起反补贴案件中，广东、浙江等省的政府主管部门就做了大量卓有成效的工作。希望各地方能未雨绸缪，预先开展反补贴的相关调研、应对及政策调整工作。

各类中介组织首先要主动适应市场经济发展的要求，不断加大自身改革力度，彻底抛弃潜意识里存在的政府色彩的观念。其次，要充分发挥其中介、服务、维权、自律的职能；通过为那些拥有先进技术和优质产品、采用国际先进标准、在市场上公平竞争的企业提供优质服务，带动全行业的发展；各类中介组织一项很重要的工作就是要增强自己的代表性，无论中央、地方的中介组织，一定要能够代表行业绝大部分企业的利益，这是中介组织的生命力所在。最后，各类中介组织要抛弃部门利益，杜绝所谓的全国级与地方级之争、正宗与非正宗之争、商会与协会之争；要认识到，在进出口公平贸易工作中，各级、各类中介组织之间既有竞争，但更多的是合作；谁为企业服务得好，谁的自律职能发挥得好，谁能有效维护企业的权益，谁就会赢得更多企业的信赖，就会在出口应对及进口调查中占到先机，居于主导地位；客观地说，在进出口公平贸易工作中，进出口商会在国外流通方面、行业协会在产业生产方面都有着各自的优势，要加强合作，协调一致，优势互补，互相支持。

进出口公平贸易工作决不仅仅是政府的事，更是企业的事，无论是出口应对还是进口调查，企业都是首要的、直接的当事人。企业在生产中要树立科学的发展观，按照统筹经济社会发展、统筹人与自然的和谐发展等的要求，守法经营，严格财务会计制度。在应对国外贸易摩擦的同时，企业也应当重视自身在生产、销售等环节存在的问题。在生产环节，要特别注重保护环境、资源，注重对劳动法的严格执行、对劳工权利的保护，要从以数量扩张型向注重质量、注重效益的质量扩张型转变。在出口环节，要积

极实施市场多元化、以质取胜的经营策略。在面对国外贸易限制措施时不等、不靠，主动提升自身应对能力。要善于运用贸易救济手段维护自身权益。

在各方主体的互动关系上，既要有明确的分工，切实履行各自的职责，更要注重加强协调、优势互补、形成合力、一致对外。各级政府部门要积极推动中介组织的市场化运作；地方商务主管部门及各类中介组织要以全局为重，坚决抛弃狭隘的部门利益；要本着对企业高度负责的原则，以服务于企业为共同目标，不分谁主谁次、谁轻谁重。

（二）“四体联动”工作机制的关键是要充分调动各方特别是企业、中介组织参与进出口公平贸易工作的积极性

调动企业、中介组织积极性，首先要提高企业、中介组织的维权意识，增强其应对能力。这主要依靠企业、中介组织自身的努力。企业和中介组织应认真学习进出口公平贸易的知识，主动掌握、努力适应世贸规则及有关国家国内立法，这样才能在进出口公平贸易工作中做到心中有数、胸有成竹。在提高维权意识、提升应对能力上，各级政府应当积极动员企业应诉，并组织多种形式的培训、经验交流，不断提升企业、中介组织的应对能力。

目前，企业在遇到国外贸易救济措施时，应诉的积极性亟待提高。这是商务部在出口应对中遇到的一大困扰。究其原因，一是企业自我维权意识不强，对国外反倾销措施的危害认识不够；二是缺乏有效的符合世贸组织规则的应诉激励机制。由于应诉本身是有风险的，即应诉不一定等于胜诉，加之胜诉之后其他企业一拥而上，导致了对国外发起的贸易救济措施无人应诉。商务部要结合《对外贸易法》，会同地方政府、中介组织和企业，共同研究建立一个提高应诉率的机制。建立激励机制也可以在一定程度上调动企业、中介组织在出口应诉工作中的积极性。激励机制的建立在出口应诉工作中是一个老问题。在加入世贸组织之后，如何使激励机制符合我国社会主义市场经济的要求，且又不违反世贸组织规则，这是目前商务部正在研究和需要解决的问题。

（三）“四体联动”工作机制要求在信息的收集、共享上下大力气

信息的收集及共享是做好进出口公平贸易工作的基础。在信息收集上，各方主体应充分发挥各自优势，广开渠道，广泛收集进出口公平贸易工作的相关信息。在信息共享上，各方主体间应互通有无，及时向其他部门传递预警和案件信息；对其他部门传来的信息应及时给予反馈，以实现信息互动。在信息收集、共享工作中还应强调电子政务、电子商务等先进手段的广泛运用，通过互联网上的互联互通，做到在最短的时间里实现信息互通和资源共享。

商务部将充分发挥驻外经商机构的作用，及时公开各种信息，要加强与国务院其他主管部门之间、与国外主管部门之间在信息上的有效互动。地方商务主管部门要利用其对本地区产品信息及区域性问题高度敏感的长处，有针对性地收集信息。中介组织要根据其民间组织的性质，通过与国外民间机构、中介组织建立广泛的合作关系来拓宽信息收集渠道。企业要发挥其在信息收集上的天然优势，及时向中介组织、各级政府主管部门反映收集的信息，并向各级政府提出有针对性的应对意见和建议。

五、统筹兼顾，全方位开展进出口公平贸易工作

进出口公平贸易工作是一项复杂的工程，专业性强、环节多、涉及面广，做好这项工作，除了工作机制这一重点外，还要统筹兼顾，加强法治意识、加强国际合作、加强专业知识的宣传培训、加强人才队伍建设，全方位、多层次地开展工作。

（一）做好进出口公平贸易工作要加强法治意识

2004 年可以说是对外贸易的立法年。《宪法》修正案、《行政许可法》、修订后的《对外贸易法》及《反倾销条例》、《反补贴条例》、《保障措施条例》都已于或将于今年开始实施。目前进出口公平贸易的部门规章仍有不够完善之处，今后在工作中要结合《对外贸易法》，新制定一批或修改已有的部门规章，不断完善进出口公平贸易的法律体系。由于进出口公平贸易工作具有较强的法律性，提高业内人员的法治意识，提升行政机关依法行政的水平也显得极为迫切。各部门都要深入学习、深刻领会上述法律法规的内容，特别是政府各部门，更要在实际工作中严格依法办事。

（二）做好进出口公平贸易工作要加强国际合作

作为对外贸易政策的重要组成部分，我国进出口公平贸易工作与国际范围内贸易救济措施的立法和实践密切相关。做好该项工作，必须依靠国际合作。要本着多双边相结合的原则，努力探索国际贸易救济合作机制。

在双边层面上，要继续本着“请进来，走出去”的方式，扩大双边贸易救济措施合作机制的范围。通过在双边机制内的广泛交流、沟通与磋商，增信释疑，努力消除或降低双方因贸易救济措施的使用带来的不利影响，以求共同发展；此外，争取使双边合作机制能为我所用，以推动“非市场经济”、特保等问题的解决进程。

在多边场合，要以参与世贸组织相关事务为重点。要密切关注并积极参与世贸组织新一轮规则谈判，利用

规则修改的机会维护我方利益；根据规则的走向使我今后的立法及进口调查活动与规则走向相呼应、相协调，使我工作开展具有前瞻性。要充分利用包括争端解决机制、贸易政策审议机制在内的世贸组织各项机制，维护我方权益。

（三）做好进出口公平贸易工作要加强人才队伍建设

建立一支稳定、富有战斗力、业务能力强的人才队伍，对于进出口公平贸易工作至关重要。各地、各中介组织及企业的进出口公平贸易工作目前都不同程度地受到人才匮乏、干部队伍不稳定、业务骨干流失等问题的困扰，这不能不引起商务部高度的关注。去年年底，党中央、国务院召开了新中国成立以来第一次全国人才工作会议。胡锦涛总书记、温家宝总理在会上做了重要讲话。各级政府主管部门、各中介组织及企业都要高度重视公平贸易人才队伍的建设，要把该项工作作为长远大计来抓，认真学习、领会中央领导的讲话精神并切实加以贯彻落实。

（四）做好进出口公平贸易工作要加强宣传和培训

进出口公平贸易工作在我国刚刚起步，社会公众对之缺乏正确的认识，做好进出口公平贸易的宣传培训工作，不仅能加深社会各界对进出口公平贸易工作的认识，还能提升政府机关的工作能力和业务水平，提高企业及中介组织的自律和自我保护意识，为公平贸易工作的深入开展提供源源不断的动力。

今后加强宣传工作，要充分利用新闻媒体，广泛介绍我公平贸易工作的开展情况；同时，注意正确引导舆论，在一些敏感问题的宣传上，一定要把握尺度。在培训工作上，各级政府主管部门要注重充分发挥政府的服务功能，面向广大企业和中介组织，广泛开展培训工作；由于目前全国范围内公平贸易工作在发展水平上具有较明显的地区差异，因此，培训工作要因人而异、因材施教，不断创新并有针对性地采取不同的培训形式，使培训工作能取得实效。

（**编注**：本文系高虎城副部长在第二次全国进出口公平贸易工作会议上的讲话节录，2004年6月3日，成都。）

加快实施“走出去”战略　提高对外开放水平

商务部部长助理　陈　健

一、当前我国商务工作运行情况

商务部成立以来，在党中央、国务院领导下，各项商务工作都取得了显著成效，商务总体发展势头良好，形势令人鼓舞。主要有四大亮点：

（一）国民经济平稳较快增长为商务发展奠定坚实基础。去年以来，我国国民经济保持较快增长。2003 年 GDP 实现9.1%的高速增长，经济总量超过1.4万亿美元。但经济运行中也出现了投资需求膨胀、信贷增长过快、煤电油运紧张等问题，党中央、国务院及时实施宏观调控措施，商务部门也采取了一系列措施，发挥了重要作用。2004 年上半年，国家各项宏观调控措施逐步落实并取得明显成效，经济运行中的不稳定因素、不健康因素得到抑制，国民经济保持平稳较快发展的良好态势，国内生产总值增长9.7%，为商务事业快速发展奠定了坚实基础。

（二）我国的市场规模正在不断扩大，居民消费结构升级明显。目前，我国的市场规模已居世界前列。2003 年，我国钢材消费约2.6亿吨，占世界的25%还要强，是世界第一大钢材消费国；石油消耗约2.5亿吨，占世界的7%，是仅次于美国的世界第二大石油消费国；水泥消费约8.2亿吨，占世界的50%左右。我国已建成世界上用户最多的电话网，2003年中国新增电话用户1.1亿户，创造了新的世界纪录。我国的市场规模在未来20年里仍具有巨大的发展潜力。据法国百富勤公司测算，到2010年中国中等收入阶层标准的家庭将达到1亿户，户年均收入为15万元，户均拥有资产达62万元。到2020年我国将成为仅次于美国的大市场。

近年来，随着城乡居民收入稳步增长，我国居民消费水平不断提高。2003年我国社会消费品零售总额4.6万亿元，增长9.1%，2004 年上半年达2.5万亿元，增长12.8%，创1998年以来的新高。这表明通过促进消费来扩大内需的政策措施已初步奏效。预计今年社会消费品零售总额将超过5万亿元，增长10.5%以上。2003年，我国国内生产资料市场销售总额8.7万亿元，增长19.5%，今年上半年达5.3万亿元，增长22.7%。预计今年生产资料销售规模将超过10万亿元，增长15%左右。同时，我国居民消费结构升级逐步加快，住房、汽车、电子通讯、旅游和教育已成为人们消费的新热点。2003年，汽车销售440万辆，增长34%，在一年内产销增加100多万辆，这在世界汽车工业史上都是罕见的。2004年1月—7月，轿车销售又增长了27.1%。

（三）我国正在成为最具发展潜力的贸易大国和世界"大买家"，对世界经济的影响加重。加入世贸组织以来，我国全球贸易排名以年升一位的速度持续攀升。2002和2003年我国外贸进出口规模分别位居世界第5位和第4位。2004年1月—7月，我国进出口总额达6 231亿美元，增长38.3%。按照这个发展态势，预计今年进出口将突破1万亿美元，成为世界第3大贸易国。这是非常了不起的成绩，它是25年来我国坚持对外开放政策，积极参与经济全球化和国际竞争所取得的重要成果，也是几代人梦寐以求的目标，成绩来之不易，意义非同寻常。在贸易规模实现跨越式发展的同时，我国外贸结构也不断优化升级。2003年，机电产品和高新技术产品出口占出口总额的51.9%和25.2%，2004年1月—7月上升为54.2%和27.1%。各类经营主体的出口活力增强，外商投资企业和民营企业已经成为推动我国出口增长的主力军。

随着我国经济的快速发展，我国每年进口的商品与日俱增，与国际市场的联系更加紧密，已经成为世界的"大买家"。2003年我国进口4 128亿美元，增长40%，成为仅次于美国和德国的世界第3大进口国。我国大豆、棉花、铁矿砂、氧化铝、铜精矿、化肥和羊毛的进口量居世界第一位，占世界进口的比重分别达33%、12%、29%、40%、20%、9%和47%。钢材、天然橡胶进口居世界第二位；原油进口居世界第四位。预计今年原油、铁矿砂和氧化铝进口将分别达1.1亿吨、1.8亿吨和690万吨，增长20.7%、21.6%和23%。

（四）我国正在成为吸收外资的热点地区，"引进来"和"走出去"质量和水平进一步提高。近年来，我国抓住全球生产要素优化重组和产业转移的机遇，充分发挥我国市场容量大、产业配套能力强和劳动力资源丰富的优势，大力吸纳国际资本向我国转移，吸收外资规模不断扩大，2002年以来，我国实际吸收外资规模保持在500亿美元以上。2004年以来，中国吸收外资在过去几年保持比较高水平的基础上，又得到了较快的增长，1月—7月我国实际吸收外资384亿美元，增长15.1%。预计全年将达570亿美元，增长6.5%，继续位居世界前列。目前，全球最大的500家跨国公司已有400多家对华投资，外商来华投资设立研发中心已超过400家，跨国公司在华设立地区总部超过30家。在规模不断扩大的同时，外商投资结构进一步优化，质量明显提高。主要表现在：在生产型企业适度增长的同时，服务贸易领域吸收外资快速增长；在制造业吸收外资方面，外商投资更趋近于投资高新技术产业、技术附加值和资金附加值比较高的企业；从区域结构看，吸收外资更趋于合理，中西部地区、特别是东北老工业基地吸收外资增长较快；此外，已经设立的外商投资企业在经济运行方面保持着良好的势态，无论是工业增加值还是工业现值，还是进出口增长幅度都高于全国的平均水平。现在在外商投资企业里的直接就业人员已经超过了2 350万人。吸收外商直接投资有力地促进了经济增长、扩大就业、产业结构优化升级和开放型经济的发展。

在积极推进"引进来"的同时，我国实施"走出去"战略的步伐也明显加快。截至2003年底，我国累计非金融类对外直接投资净额达332亿美元，其中2003年对外直接投资净额28.5亿美元，同比增长5.5%；对外承包工程累计完成营业额965.6亿美元，签订合同额1 324.5亿美元；对外劳务合作累计完成营业额270.7亿美元，签订合同额326亿美元，累计派出各类劳务人员294.5万人次。2004年以来，"走出去"各项业务继续保持良好发展势头。1月—7月，对外直接投资中方实际投资额8.0亿美元；对外承包工程完成营业额82.3亿美元，新签合同额128.5亿美元，分别同比增长31.3%和42.1%；对外劳务合作完成营业额18.6亿美元，新签合同额19亿美元，分别同比增长10.6%和27.9%，7月末在外各类劳务人员53.7万人。预计2004年"走出去"各项业务将继续平稳较快增长。

目前，我国对外投资已扩展到全球160多个国家和地区，投资重点逐渐从港澳、北美，转移到亚太、非洲、拉美等广大发展中国家。投资领域不断拓宽，涉及生产加工、贸易、资源开发、交通运输、承包劳务、农业及农产品综合开发、旅游餐饮及咨询等多个领域。投资形式日趋多样，跨国购并、股权置换、境外上市、技术专利、设立研发中心等新的投资方式不断涌现。对外承包工程业务遍及180多个国家和地区，大型项目增多，技术含量提高。2003年，我国对外投资项目中方平均投资额为409万美元，比上年提高了45.6%。一批国内高科技企业通过在海外设立公司，加紧建立国际营销网络。据统计，已有43家中国企业进入

《美国工程新闻记录》（ENR）评选的世界最大225家国际承包商行列，11家中国企业进入国际工程咨询设计商200强。同时，商务运行中也存在一些突出问题，比如进口石油价格居高不下、贸易摩擦增多、吸收外资竞争加剧、“走出去”发展较“引进来”滞后等，需在今后的工作中着力加以解决。

二、当前国际经济形势

（一）世界经济强劲复苏，主要经济体全面增长。据IMF预测，今年世界经济将增长4.6%，出现近20年来最乐观的经济扩张势头。世贸组织预计2004年世界贸易将增长7.5%，比上年提高3个百分点，高于10年来的平均速度。世界主要经济体普遍增长。2004年1季度，美国经济增长4.5%；日本经济增长6.1%，连续3季快速增长；欧元区经济增长0.3%，为2001年2季度以来增速最快。发展中大国经济增长快于发达国家。2004年上半年，我国经济增长9.7%；1季度，印度经济增长8.2%，俄罗斯增长7.4%；亚行预计今年东亚经济增长将达7.3%，亚洲将再次成为世界经济的“增长中心”。世界经济的复苏和增长为我国获取外部资源，加速发展，提供了良好的外部环境。

（二）多边贸易谈判达成框架协议，区域经济合作加速发展。2004年8月1日，世贸组织新一轮多边贸易谈判框架达成了协议，这是多哈回合谈判重要的阶段性成果。该协议兼顾了发达成员与发展中成员的利益关切，但内容原则、笼统。各成员在农业、非农市场准入等问题上仍存在很大分歧，今后的谈判仍将非常艰难。与此同时，主要贸易大国更加重视区域贸易安排，各国都在纷纷加快参与区域经济一体化和商建自由贸易区的步伐。据世贸组织统计，截至2004年1月，全球区域贸易安排已有293个，其中80%以上是近10年建立的。绝大多数世贸组织成员参加了一个或多个区域贸易安排。2003年区域内贸易总量超过3.7万亿美元，占世界贸易总量的50%。目前，最具活力和影响力的区域经济集团是北美自由贸易区和欧盟。这表明，国家之间的竞争正在向区域经济集团之间的竞争转变。因此，在积极参与多边贸易谈判和规则制定的同时，努力开辟区域经济合作“第二战场”，是我国经济全球化中防止被“边缘化”，争取国家利益最大化的战略选择。

（三）国际产业转移加快，服务外包迅猛发展。20世纪90年代中后期以来，制造业特别是高新技术产业以外国直接投资和外包的方式加快向发展中国家转移。更多的高科技含量、高附加值的高端制造及研发环节将从美、日、欧等发达国家向外转移。制造业外包向研发、销售和售后服务等环节延伸，服务外包也已成为新一轮世界经济结构调整的重要内容。联合国贸发会议估计，未来几年全球外包总值将以30%—40%的速度递增，2004年达3 000亿美元，2007年将达1.2万亿美元。摩根士丹利公司预计，全球半导体产值2010年将达3 600亿美元，生产外包的比重将升至34%，其中晶圆生产外包总值将达490亿美元。麦肯锡公司预测，2008年业务流程离岸外包总值将达1 410亿美元。印度、中国、俄罗斯、菲律宾等发展中国家由于各自不同的比较优势，成为承接国际产业转移和外包的主要国家。国际产业转移和外包步伐的加快，为我国更多更好地吸收外资提供了新的机遇。

（四）跨国直接投资明显回升，各国投资环境普遍改善。2000年，全球外国直接投资达到创纪录的1.4万亿美元，2003年跌至6 530亿美元。据联合国贸发会议预计，2004年全球跨国直接投资有望突破7 000亿美元，实现恢复性增长。许多国家都在积极改善投资环境，制定优惠政策，放宽外资准入，加强投资促进，提高对外资的吸引力。2002年以来，各国修订的吸收外商投资政策、法规超过240项，放松外商投资限制、简化手续、扩大优惠政策的达95%以上，一些国家甚至出台了免除企业所得税10年的政策，在税收、金融、土地等方面也都更加宽松。联合国贸发会议最近调查发现，我国被认为是排在美国、德国、英国、法国之后的第五大外国直接投资来源国。各国投资环境普遍改善，为我国企业“走出去”，对外投资提供了有利条件。

总的来看，当前我国面临的国内外形势是有利的，为我们加快实施“走出去”与“引进来”同时并举、相互促进的开放战略创造了条件。

三、加快实施“引进来”与“走出去”相结合，两条途径促开放

党的十六大报告提出，要“坚持‘引进来’和‘走出去’相结合，全面提高对外开放水平”。这为我国现阶段及今后的对外开放工作确立了新的坐标，对我们适应经济全球化新形势，在更大范围、更广领域和更高层次上参与国际竞争与合作，更好地利用“两个市场，两种资源”，具有重大而深远的战略意义。“引进来”与“走出去”是我国对外开放紧密联系、相互促进的两个方面，不论偏重于发展哪一方面，都不能适应新形势和新要求。只有将二者有机结合，双管齐下，才能最大限度地优化资源配置，拓展发展空间，才能实实在在地“以开放促改革促发展”。

（一）统筹好“引进来”与“走出去”的关系。统筹好“引进来”与“走出去”的关系，要注意把握以下几个原则：一是要坚持“引进来”和大力促进国内产业结构优化升级相结合，扩大引进技术与全面增强自主创新能力相结合，充分发挥其对国民经济的带动效益。二是要坚持“走出去”与缓解国内短缺资源约束相结合，大力开发利用海外资源，建立稳定的境外能源、原材料供应基地；鼓励有比较优势的各类企业开展跨国经营，促进我国跨国公司的发展；促进投资与贸易相结合，扩大海外市场，减少贸易摩擦，实现共同发展。三是要积极探索“引进来”与“走出去”有机结合的具体方式和途径，充分利用好两个市场、两种资源。

（二）提高利用外资水平，更好地发挥对国民经济的带动作用。改革开放25年来，我国坚持利用外资不动摇，取得了举世瞩目的成就。实践证明，吸收外资不仅弥补了国内建设资金的不足，而且引进了一大批国外先进适用技术、设备和管理经验，增加了税收和外汇收入，扩大了就业，培养了人才。外商投资企业成为经济体系“亮点式”的重要组成部分，对于调整经济结构、提升产业水平、加速技术创新以及促进国民经济持续健康快速发展做出了重要贡献，推进了社会主义市场经济体制的建立与完善。以吸收外资为纽带，中国与世界的联系日益紧密，交流日益频繁。

但是，目前“引进来”依然存在一些深层次问题，在一定程度上制约了吸收外资规模的扩大和质量的提高，影响了外资对国内改革和发展的带动、关联效应。比如，外商投资产业政策调整的前瞻性和时效性不够，外商投资结构仍不尽合理，低水平重复建设尚未得到根本遏制，吸收外资领域和程度有待拓宽、加深，投资环境尤其是软环境建设还较滞后，市场经济秩序需要进一步治理等等。

党的十六大报告指出，要“提高利用外资的质量和水平”。下一步，在“引进来”方面要着重做好以下工作：

1. 进一步改善外商投资的软环境，提高依法行政水平，形成健全的法律环境、稳定透明的政策环境、开放和公平竞争的市场环境和廉洁高效的行政环境。

2. 根据自身发展的需要和加入WTO的承诺，积极、稳妥、有序地扩大服务贸易领域对外开放，重点推进商业、连锁经营、物流配送业等领域的对外开放。

3. 鼓励外商投资高新技术产业、基础产业和配套产业；积极引导更多跨国公司来华投资、设立地区总部、跨国采购中心以及面向亚太乃至全球的生产制造基地、研发基地等，借鉴国际上购并的经验和做法，结合中国经济体制特点和企业的具体情况，加紧完善和制定外商以购并方式投资的可操作性政策规定，把利用外资与国内经济结构调整、国有企业改组改造结合起来。进一步推促外商到幅员辽阔、资源丰富的中西部地区投资。

4. 改进传统投资促进方式，大力推动采用网络招商、电子商务等新的手段，引导地方结合本地发展优势，开展专业性和针对性较强的投资促进活动，提高投资促进工作的质量和水平。

（三）加快实施“走出去”战略，不断提高对外开放水平。20多年来，基于国情和实际需要，我国对外开放在很长一段时间是以“引进来”为主，随着国内外形势的发展变化，大力开拓海外市场逐步具备了必要性和可能性。党的十六大报告提出，“实施‘走出去’战略是对外开放新阶段的重大举措”、“鼓励和支持有比较优势的各种所有制企业对外投资，带动商品和劳务出口，形成一批有实力的跨国企业和著名品牌。”

我国国民经济持续快速发展和25年“引进来”积累的丰硕成果，为加快实施“走出去”战略提供了重要的物质基础和经验。过去我国外汇短缺，产品技术和质量不高。现在，我国经济总量、对外贸易、吸收外资和外汇储备均居世界前列，在国内外市场竞争中形成了一些具有明显比较优势的产业和产品，掌握了一批先进适用技术和部分世界领先技术，对外投资能力逐步增强。根据国际经济的一般规律，当一国的人均国内生产总值（GDP）达到1 200美元时，将会出现较大规模的对外投资。2003年，我国人均国内生产总值已突破1 000美元，按照目前我国年均7%—8%的经济增长速度，预计2—3年后我国人均国内生产总值将达到1 200美元左右，届时我国企业将会有较大规模的“走出去”，我们从现在起就应为这一发展趋势创造条件。

目前，国内企业“走出去”的热情很高，加快实施“走出去”战略正当其时。但在具体实施进程中，企业“走出去”还存在不少困难和障碍。从企业自身来看，与发达国家企业相比，我国企业技术水平、管理水平仍存在较大差距，国际竞争能力还不够强；企业普遍存在资金缺乏、外汇调度困难的问题，难以进行规模投资；有些企业比较短视，造成盲目“走出去”；企业决策机制和内部管理机制不健全；缺乏复合型跨国经营人才。从外部环境来看，支持和保障企业“走出去”的政策措施还不完善。我国目前尚无规范的对外投资法律，有的支持政策还没完全落实到位；国内审批手续还比较复杂、环节多、周期长，影响了企业的积极性；“走出去”的信息服务体系尚未完全建立，企业难以及时获取国际市场信息；与投资相关的涉外中介机构的作用还有待强化。

在新的条件下，我们要认真贯彻党的十六大和十六届三中全会精神，根据实施“走出去”战略的总体要求和国民经济发展的需要，充分发挥我国的综合比较优势，抓住机遇，应对挑战，在不断提高“引进来”水平的基础上，努力在“走出去”方面取得更大进展：

1. 加快“走出去”的法制建设。抓紧研究制订涉及对外投资、对外承包工程、对外劳务合作等业务管理的法律、法规和规章，并制订配套的管理办法和细则，逐步建立和完善“走出去”各项业务的管理体制。

2. 改革行政审批制度，方便企业“走出去”。坚持以企业为主体，按照建立和完善社会主义市场经济体制及国家依法行政的要求，研究赋予各类企业更大的境外经营管理自主权。转变政府职能，加快改革行政审批制度，理顺审批环节，简化和规范审批程序，提高便利化程度和行政效率，努力创造更有利于企业“走出去”的体制环境和政策环境。

3. 充实和完善“走出去”的促进和支持体系。在引导企业用好现有促进政策的同时，抓紧制定财政、金融、保险、税收、外汇、外经贸、海关、检验检疫等各种新的促进政策措施，支持企业“走出去”。充分发挥商业贷款、优惠贷款、无息贷款和对外援助的作用，推动企业将“走出去”与“引进来”、对外贸易、对外援助等多种方式相结合，进一步拓展国际市场。鼓励企业带资承包和开发利用国外资源，在境外承揽大型的资源合作项目和承包工程项目。

4. 完善“走出去”的监管体系。加强监管，对企业“走出去”实行动态管理，监测、分析“走出去”业务的宏观运行情况。规范企业境外经营秩序，指导建立境外中资企业商（协）会，通过有关行业组织和中介机构加强对企业境外经营的协调，避免盲目性和恶性竞争，增强企业“走出去”的效益。

5. 完善信息和政策服务，引导企业选准市场和项目。建立信息网络管理和服务系统，为企业提供境外经营环境、政策环境、项目合作机会、合作伙伴资质等信息。配合高层互访，组织各种形式的国内外企业投资贸易洽谈活动，帮助企业承揽业务。充分发挥驻外经商机构、各行业商会和各类中介组织的作用，为企业提供信息、法律、财务、知识产权和认证等方面的服务。加强政策培训和人才队伍建设，帮助企业培养一支能够开展跨国经营的高水平企业家和管理人员队伍。

6. 加强对外工作，为企业“走出去”营造良好的外部环境。加强对外谈判磋商，抓紧与有关国家商签投资保护协定、避免双重征税协定、司法协助协定、经济合作协定、贸易投资协定等政府间协定。加快中国—东盟、中国—南部非洲等自由贸易协定谈判进程，做好内地与香港、内地与澳门更紧密经贸关系安排的相关工作，充分利用双边混（联）委会机制，减少和排除我企业进入国外市场的贸易投资壁垒。深入研究和利用北美自由贸易区、美洲自由贸易区、欧盟等不同区域经济组织的发展特点，引导我国企业抓住机遇，应对挑战，实现新发展。

（**编注**：本文系陈健部长助理2004年9月16日在“引进来”与“走出去”相结合论坛暨2004年中国国际经济合作学术年会上的讲话摘要。）

在第五次捐助国和国际机构政策协调会上的讲话

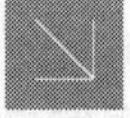

商务部部长助理　易小准

改革开放25年来，中国以开放促改革、促发展，经济建设和社会发展成就斐然。2003年，中国的GDP超过1.4万亿美元，人均GDP首次超过1 000美元，中国的进出口贸易总额达到8 500多亿美元，中国的成绩令世界瞩目。

持续的经济增长为扶贫工作提供了强有力的支持。从20世纪80年代开始，中国政府实施了大规模的、持久的和富有成效的专项扶贫开发计划，解决了2亿多农村贫困人口的温饱问题。2004年5月，在上海召开的首届“全球扶贫大会”上，中国政府的扶贫经验得到了与会各国和国际机构的肯定。

但是，中国的扶贫工作是一项长期的任务。尽管我们已经基本解决了人民的温饱问题，但目前仍有近3 000万农村人口的温饱问题尚未解决。而且，这一数字不但持续数年未减，2004 年还略有上升，说明问题相当顽固。同时，随着经济的转型，一些在发展过程中出现的问题，使得中国的扶贫工作形势更为严峻，情况更为复杂，包括某种程度的返贫，因病致贫，失业致贫以及“弱势群体”和城市“低保”人口的出现等。这些问题给我们的扶贫工作带来了更多的挑战。中国政府十分重视扶贫工作，将其放在关乎经济持续发展和社会长治久安的高度上，并采取了实实在在的努力。中国政府在扶贫大会上发表的“中国缓解贫困的政策宣言”和大会通过的“上海减贫日程”，为中国今后的扶贫努力和在扶贫领域进一步开展国际合作提出了新的要求和任务。

所以，今天我们再次选择“扶贫”作为捐助国协调会主题，把这次会议作为落实今年 5 月上海“全球扶贫大会”的后续行动，就深化中国政府与捐助国和国际机构在扶贫领域里的合作，展开政策对话。我相信，这样的对话和讨论将对中国扶贫工作的进一步开展，早日实现联合国千年发展目标起到积极的推动作用。

为使我们更好地了解“第十一个五年计划”期间中国扶贫工作的初步设想和在实施“西部大开发”和“振兴东北老工业基地”两个发展战略中扶贫开发的基本设想，我们邀请了中国政府主管扶贫工作的国务院扶贫办公室以及负责“西部大开发”和“振兴东北老工业基地”的领导参加会议并作专题发言。我希望通过他们的介绍，使我们对中国扶贫工作面临的挑战，将采取的战略和开展国际合作的需求有一个比较全面和清晰的了解。同时也希望，通过深入的讨论，我们对捐助国政府和国际机构在扶贫领域里的技术和资源优势也有更准确的认识，使未来的国际合作更有效地配合中国政府自身的扶贫努力，将中国政府在上海扶贫大会上的庄严承诺变成实际行动。

我们深知，对中国这样的发展中国家来说，只有使经济增长的成果惠及大多数人，才能实现真正的发展。同时，经验也告诉我们，经济增长并不一定能根除贫困，有时候甚至还会导致收入差距进一步扩大，成为发展的阻碍。因此，在经济增长的基础上实现减贫，实现经济与社会的协调发展，不仅需要政府的政策引导，需要各国相互借鉴经验和教训，也非常需要国际社会通过发展合作给予一如既往的支持。

我还希望，通过中国与捐助国和国际机构的讨论，使大家对中国国情有一个客观认识。近年来，随着中国国民经济的持续增长，国际上对是否有必要继续对华援助产生了质疑，中国是不是应该毕业了呢？作为一个中国人，一个中国政府的官员，我其实很高兴看到这种讨论的出现，因为它表明我们在发展，也表明国际社会过去 25 年给予我国的发展援助产生了实质性的效果。不过，如果全面冷静地观察一下中国今天的实际情况，我们相信，在今后一段时间内，中国仍将需要国际多双边发展援助机构的帮助，国际社会也需要中国的贡献。因此，中国需要进一步深化同国际社会开展发展合作。

首先，中国作为中低收入的一个发展中国家，需要得到国际社会的大力支持。根据联合国的标准，中低收入国家年人均收入为 799—2 990 美元，而中国才刚刚超过 1 000 美元，离“毕业”的水平还差得很远。中国人口多，底子薄，生产力水平落后，地区发展不平衡，特别是在发展进程中还不断出现一些新的问题，例如：地区发展差距继续扩大、艾滋病病毒感染者持续增加、人口老龄化愈加严重、流动人口不断增多带来许多社会问题、社会保障能力不足等等，这依然是中国的国情，除了需要我国自身的艰苦努力外，也需要继续得到国际社会的关注和支持。

第二，国际多双边援助在中国的发展过程中仍将发挥无可替代的作用。中国开始接受联合国机构和西方发达国家的无偿援助以来，通过开展专家咨询、研究与开发以及技术培训等活动，中国的发展事业借鉴了国际上成熟的经验，获得了适用的技术知识和必要的技术手段以及新思维和观念。国际发展合作使中国的发展少走许多弯路。今后，我们在开展扶贫开发、平衡地区发展、加强公共卫生系统特别是重大疾病防治、促进生态资源保护和环境的可持续发展、人力资源开发、提高执政能力、建立健全法律和社会保障体系等等方面，仍需要与多双边援助机构开展全方位、多层次和宽领域的国际合作。可以说国际援助对中国的改革开放将继续发挥其他渠道所无法替代的作用。

第三，中国政府提出的新的科学发展观为深化国际发展合作创造了新的契机。2003 年，在总结了 25 年来改革开放的经验并充分借鉴了国际社会特别是一些发达国家经验和教训的基础上，中国政府提出了坚持以人为本、树立全面协调可持续的科学发展观，促进经济社会和人的全面发展。为落实这一新的发展观，中国政府进而提出要实现“五个统筹”，即统筹城乡发展、统筹区域发展、统筹经济和社会发展、统筹人与自然和谐发展、统筹国内发展和对外开放的要求。无论是“以人为本”的理念，还是统筹城乡发展、区域发展、经济和社会发展的要求，都是与我们开展发展合作的努力相一致的。中国科学发展观和全面建设小康社会目标的提出，为推动中国的可持续发展指明了方向，为深化国际发展合作创造了新的契机。

第四，中国在发展合作的优良表现确保国际合作取得预期成果。中国政府高度重视与捐助国和国际机构开展合作。多年来，中国各级政府和组织建立了一批具有高度责任心和管理水平的项目实施队伍，保证了合作项目的顺利开展和取得预期的成果，得到了各捐助方的肯定和赞扬。如果我们把发展援助也看成一种投资行为的话，那我相信中国的“投资环境”非常好，完全可以确保捐助方的投入开花结果。此外，通过发展合作使中国在政策、人才和管理方面的改善，也将给全球的企业创造更多更好的投资及商业机会。

（2004 年 12 月 7 日，北京）

认清当前外贸形势　加快转变外贸增长方式

商务部部长助理　傅自应

2004 年我国的对外贸易总量超过了 1 万亿美元，达到 11 548 亿美元，增长 36%。这是我国对外贸易历史上的一个重大跨越。

一、如何看待 2004 年我国对外贸易的快速增长

这就需要弄清外贸运行具备什么特点？增长的根本原因是什么？在增长中我们还要正视哪些问题？2004 年我国外贸运行的特点可以概况为：增速超常、结构优化、效益提高。第一，增速超常：36% 的增长速度在我们对外贸易史上是少有的。我记得亚洲金融危机的时候，我们费了很大的劲才做到增长 0.5%。当时，每个月的出口规模达到 150 亿美元，就很高兴了。1998 年的 12 月份达到 200 亿美元，激动得不得了。现在进出口规模每个月超过 1 000 亿美元，出口超过 500 多亿美元。2002 年我国的贸易总量增加了 1 000 亿美元，2003 年增加了 2 000 亿美元，2004 年的增量超过 3 000 亿美元。近三年来，我国外贸每年增量增加的部分就超过1 000亿美元，这样的增速是超常的，也是我们当年没有预计到的。第二，结构优化。从出口商品结构来看：机电产品出口增长 42%。高新技术产品达到 50%。一些初级产品出口的下降速度也比较快。原油的出口数量下降了 33%，成品油下降了 17%，大米和玉米分别下降了 65% 和 86%。从进口商品结构来看，国内生产需要的原材料和技术产品大幅增长。2004 年的原油进口达到 1.2 亿吨，增长了 35%。铁矿砂进口 2.1 亿吨，增长了 41%。计算机集成制造技术进口增长 53%，仪器仪表进口增长 60%。粮食进口 975 万吨，增长 3.7 倍。第三，效益提高。全年实现进口税收 4 744 亿元，比上年增收 1 032 亿元。贸易结售汇顺差 1 020 亿美元，国家外汇储备增加了 2 067 亿美元。对外贸易增长创造了更多的就业岗位，与对外贸易直接相关的从业人员已超过 8 000 万人。

面对 36% 的快速增长，应该说我们在思想上还是准备不够的，没想到有那么大的增加。为什么有这么快的增长？我想根本原因还是全球经济贸易增长强劲这个客观因素带来的。国际贸易里面肯定有市场需求，市场需求的客观条件不具备就不会出现高速增长。2004 年是全球经济和贸易增长最好的年头之一。IMF 预计 2004 年全球经济增长 5%；美国经济增长 4.4%，在美国经济史上也是少有的；还有欧元区和日本，都从五年前的经济低迷中走出来了，特别是日本，2004 年增长 2.31%，是 1990 年以来增幅最高的一年。第二，近几年中国吸纳国际产业转移和利用外资对贸易产生了重大影响。改革开放 25 年来，我们始终不渝的坚持对外开放的政策，坚持不断完善利用外资的政策，为吸纳国际产业转移奠定了基础。外资大量的进入、产业的大量转移，为近年来中国对外贸易的高速增长起到了巨大的作用。2004 年中国对外贸易增量的 63% 是外商投资企业带动的。没有前 20 多年的铺垫不可能有现在这么好的产业转移的基本条件。到了现在，外资流向中国的根本动力已经发生了变化，不再仅仅是所得税的优惠，而是国内整体投资环境的改善。有资料显示，外商投资在中国 60% 亏损，20% 持平，20% 有利润，但每年还是有 500 多亿美元的外资继续进入中国，2004 年甚至超过了 600 亿美元。显然，在中国的纸面上的利润不是外资是否继续流入中国的根本出

发点，外商更看中的可能是中国的市场、中国生产要素的低价，以及包括水、电、能源、通讯、交通等比较配套的产业环境。第三，增长还得益于外贸体制改革的长期效应。特别是20世纪80年代末90年代初以来，我们一直坚持对外贸易体制改革，为外贸增长打下了很好的基础。经过前十多年的改革和经验总结，新的外贸法得以在2004年出台，外贸经营权提前全面放开。适应改革的需要，外贸促进政策的取向也发生了变化，从注重对外贸主体的支持逐步转移到提供公共产品和公共服务上来。通过发展信息服务，包括在中央和地方建立了一些投资促进中心、贸易促进中心、中小企业辅导中心，就为那些刚刚得到经营权的企业进入国际市场提供了便利。商务部也建立了很多网站，比如中国贸易网，就为大量的中小企业进入国际市场创造了条件。由于这么多年的贸易体制改革，经营主体进一步多元化，民营经济在对外贸易中的作用越来越明显。2004年集体私营企业的出口增长了69%，达到1 012亿美元，在整个出口中的比重占到了17%。此外，2004年是出口退税改革力度最大的一年，把长期积累的2 004亿元欠税还掉了，加上新退税2 196亿元，2004年共退税4 200亿元，为出口增长也创造了很好的条件。

看到2004年增长好的局面的同时，还应看到我国外贸发展中存在的问题。我觉得最大的问题就是出口还属于靠数量扩张来支撑。具体表现在四个过分依赖：一是过分依赖传统市场。2004年中国的前三大贸易伙伴分别是欧盟、美国和日本，双边贸易额分别为1 773亿美元、1 696亿美元和1 679亿美元，合计占中国对外贸易总额的45%。其中，对这三个市场的出口占出口总额的52%。客观地说，现在发展市场多元化是具备条件的。中国是世界最大的家用电器生产国，2004年我去哈萨克，基本上看不到我们的电器，都是韩国的、日本的，我们这么大的电器生产国为什么这个市场还开拓不来？应该说我们还是有问题的。我们的电视机到美国遭受反倾销，卖那么便宜的价格为什么就不到中亚去卖呢？二是过分地依赖于外商投资企业这个经营主体。不是说外资不重要，但是一个国家的贸易主体过分地依赖于外商投资企业，从战略上来说还是要好好考虑。三是过分地依赖于数量扩张。当前的出口增长主要是依靠低价格和数量扩张，附加值较低的商品在出口中仍然占有较大比重，即使是高新技术产品，很大程度上也仅仅处于加工制造等低增值环节，在国际分工中的地位并不高。我国每年出口的鞋子近60亿双，占世界销量的60%，但平均出口单价仅2.5美元，远低于西班牙的13美元和意大利的30美元。过分依赖数量扩张是外贸发展的隐忧，充分体现了我国贸易增长的脆弱性。四是过分地依赖于加工贸易。现在加工贸易的规模越来越大，渗透到我们经济领域的方方面面，为外贸增长和增加就业做出了巨大贡献，但也带来了一些环境问题。长江流域90%的城市和河段被重度污染，珠江三角洲许多地区的地下水已经不能饮用，不能不引起我们的忧虑。

二、如何认识和推进外贸增长方式的转变

目前，我国的外贸规模超过1万亿美元，世界排名上升到第三位，贸易大国的地位已经确立了，但距离贸易强国还有很长的路要走。关于转变贸易增长方式，中央在有关提高共产党执政能力的论述里面讲到，中央经济工作会议和总理的政府工作报告中都曾讲到。转变外贸增长方式是今后对外贸易工作的一个重点，是历史赋予我们的重任。

首先谈谈如何认识这个问题。十六大提出全面建设小康社会的目标，其中经济总量到2020年力争比2000年翻两番。要实现经济总量翻两番，对外贸易必须保持必要的规模，进出口总额应该做到翻两番。1979年到2000年，按不变价计算，我国GDP翻了两番多，而同期进出口总额翻了四番。对外贸易在国民经济中已经居于举足轻重的地位，特别是在全球经济背景下，怎么有效利用好两个市场、两种资源，对对外贸易提出了新任务、新要求。外贸规模翻两番，到2020年将达到2万亿美元，在现在1万亿美元的基础上还要增加1万亿美元。从我国的基本国情来看，还是靠数量扩张和传统的增长方式是达不到的，也是不可能的。中国没有那么多资源可以消耗，自然环境也承受不了。国际市场容量也要求必须转变外贸增长方式。现在我国每年出口近60亿双鞋，如果把鞋做到120亿双，国际市场可能没那么大，中国的资源也承受不了，要多少皮张啊，要养猪、养牛、养羊啊，有可能加剧沙漠化问题。现在每双鞋的出口平均价格是2.5美元，到2020年卖到6美元一双就可以解决问题了。我们是13亿人口的大国，人均资源相对来说还是贫乏的，水资源也好、能源资源也好，对今后外贸翻两番都是重大的制约。

如何逐步推进外贸增长方式的转变？一要改变传统的对外贸易指标体系，改变考核方式。摒弃把规模和速度作为首要追求目标的做法，更加注重结构调整和质量、效益的提高。二要把技术引进与消化、吸收、创新结合起来，开发具有自主知识产权的核心技术。当今世界，谁掌握核心技术，谁拥有更多的知识产权，谁就抢得了国际竞争的制高点。如果自主开发能力上不去，转变外贸增长方式就

需要更长的时间。三要搞品牌战略，提高出口商品的附加值。现在我们出口产品中真正拥有自己品牌的东西还不到10%，名牌就更少了。大量是贴牌生产，好处主要被别人拿走了。今后要继续大力推进品牌战略，增强我国产品的非价格竞争优势。四要搞好营销方式的创新。我们过去不太注重营销网络的培育和建设，有很多失误。比如说，前些年，海尔、长虹等企业到外面搞营销网点，不太成功，主要是走出去的方式问题。20世纪70至80年代，日本的家用电器进入中国市场的时候，索尼自己没有来搞点，而是找中仪做代理，取得了成功。道理很简单，比如我们现在的大多数消费者，不可能到长虹的专卖店买电器，而是到大中、国美等商业企业，这是有市场规律的。我们要培养中国的"沃尔玛"，推动大型的有实力的流通业走出去，把我们在外面的自己的营销网络建立起来。营销网络的创新我觉得是当务之急，是转变外贸增长方式的重要内容。五要为外贸提供更多的公共产品和公共服务。我们原来不太注重非政府机构的作用，过分地强调政府的直接功能，动不动协调企业开会、现场办公来解决问题，往往解决得了一个企业的问题，却解决不了一个层面的问题。今后要充分发挥非政府机构的作用，并按照公共财政的要求，将政策资金支持主要用于提供公共产品、公共服务和制度建设。

（**编注**：本文节录自傅自应部长助理2005年2月4日在中国国际贸易学会迎春座谈会上的发言。）

大力发展现代服务业

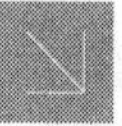

商务部部长助理　黄　海

一、服务业的概念及其在经济发展中的地位与作用

服务业与我们通常所指的第三产业，大体上可以理解为一个概念。

按照联合国和世界贸易组织的分类方法，服务贸易包括：（1）商务服务（其中又分为专业服务、计算机及相关服务、研究和开发服务、房地产服务、干租服务、其他商务服务等类别）；（2）通讯服务（其中又分为邮政服务、速递服务、电信服务、视听服务、其他服务等类别）；（3）建筑和相关工程服务；（4）分销服务（其中又分为佣金代理服务、批发服务、零售服务、特许经营服务、其他服务等类别）；（5）教育服务；（6）环境服务；（7）金融服务（其中又分为保险和保险相关服务、银行和其他金融服务、证券服务等类别）；（8）与健康相关的服务和社会服务）；（9）旅游和与旅行相关的服务；（10）娱乐、文化和体育服务；（11）运输服务（其中又分为海运服务、内河运输服务、航空运输服务、航天运输服务、铁路运输服务、公路运输服务、管道运输服务、运输辅助服务等类别）。

按照我国现行统计制度的规定，第三产业包括：（1）农、林、牧、渔服务业；（2）地质勘查业水利管理业；（3）交通运输、仓储及邮电通讯业；（4）批发和零售贸易餐饮业；（5）金融、保险业；（6）房地产业；（7）社会服务业；（8）卫生体育和社会福利业；（9）教育、文化艺术及广播电影电视业；（10）科学研究和综合技术服务业；（11）国家机关、政党机关和社会团体；（12）其他行业。

关于现代服务业的概念，2000年中央经济工作会议提出："既要改造和提高传统服务业，又要发展旅游、信息、会计、咨询、法律服务等新兴服务业"。十五届三中全会通过的中共中央关于"十五"计划的建议中指出："现代服务业要提高服务水平和技术含量，大力发展信息、金融、会计、咨询、法律服务等行业，带动服务业整体水平提高。传统服务业要运用现代经营方式和服务技术进行改造，着重发展商贸流通、交通运输、市政服务等行业，推行连锁经营、物流配送、多式联运、网上销售等组织形式和服务方式，提高服务质量和经营效益。"胡锦涛总书记2002年在中央经济工作会议上指出："要加快发展现代服务业，继续发展传统服务业，大力发展社区服务业，提高第三产业在国民经济中的比重。"另一方面，在一些重要文件和领导同志讲话中，也把用先进理念和现代技术改造提高后的传统服务业，称为现代服务业，如连锁经营等。

党中央、国务院一贯非常重视大力发展现代服务业的工作，并将其作为调整产业结构、优化经济结构、实现经济全面协调可持续发展的重点。2000年10月，党的十五届三中全会通过的中共中央关于国民经济和社会发展“十五”计划的建议中，第三部分的题目就是“大力发展服务业”。全会文件指出：“对经济结构进行战略性调整，必须加快发展服务业，扩大总量，优化结构，拓宽服务领域，提高服务水平。要发展现代服务业，改组改造传统服务业，明显提高服务业增加值占国内生产总值的比重和从业人员占全社会从业人员的比重。”其后，在党中央、国务院的一系列重要文件中，反复强调发展服务业的问题。2004年3月，温家宝总理在十届全国人大二次会议的政府工作报告中，再次指出要“大力发展现代流通、旅游、中介服务等第三产业，逐步提高其在国民经济中的比重。”

为什么要大力发展服务业，可以从以下几个方面来认识：

（一）大力发展服务业，是完善社会主义市场经济体制的必然要求

十六届三中全会通过的《中共中央关于完善社会主义市场经济体制若干问题的决定》中提出，完善市场经济体制的主要任务是：“完善公有制为主体、多种所有制经济共同发展的基本经济制度；建立有利于逐步改变城乡二元经济结构的体制；形成促进区域经济协调发展的机制；建设统一开放竞争有序的现代市场体系；完善宏观调控体系、行政管理体制和经济法律制度；健全就业、收入分配和社会保障制度；建立促进经济社会可持续发展的机制。”这些任务都同大力发展服务业，有着极为密切的关系。

（二）大力发展服务业，是全面建设小康社会的必然要求

党的十六大确定了我国全面建设小康社会的奋斗目标，即在优化结构和提高效益的基础上，国内生产总值到2020年力争比2000年翻两番，综合国力和国际竞争力明显增强，人均国内生产总值将超过3 000美元。2003年我国人均GDP达到1 090美元，按照国际经验，已达到消费升级、消费结构改变的临界点，教育、医疗、旅游、电信、信息和家庭娱乐商品等，在消费中支出增速较快。实物型消费比重减少，精神文化、餐饮、旅游的消费增加，特别是全国已有1亿人口达到发达国家收入标准，对国内服务业的需求将明显增强。2003年我国流通业（批发、零售和餐饮业）增加值占GDP的比重为7.7%，而美国2001年就达到了21.7%，日本达到了13.9%。就业是保证人民收入的基本因素，服务业将是我国今后新增就业的主要来源。2002年我国流通就业人员占全国就业人数的比例为6.73%，日本为22.95%，美国为20.66%，巴西为13.4%，我国的服务业有巨大的就业潜力。

（三）大力发展服务业，是贯彻落实科学发展观的必然要求

党中央继承和发展了党的三代领导核心关于我国发展的重要思想，提出了科学发展观这个重大的战略思想。胡锦涛同志在十六届四中全会特别指出：“加强和改善宏观调控，是当前贯彻落实科学发展观的重大举措。”当前我国经济运行中的突出问题，就是产业结构不合理，经济增长方式落后。2003年我国GDP中第一、二、三产业的比重，分别为15%、54%和31%，其中，第二产业的比重不仅明显偏高，而且比改革开放以来最高的2002年又提高2.2个百分点，第三产业却下降2.7个百分点。工业的高增长日益受到资源供给的严重制约，土地、矿产、煤、电、油、运等已经无法承受。从发达国家的发展道路看，大力发展服务业是实现经济可持续发展的基础。美国自1947年以来，制造业占GDP的比重一直在下降，1950—1970年间下降了10个百分点，从30%下降到20%。1970—1990年间，又下降了4个百分点，制造业占GDP的比重降到16%。2003年以来，技术进步使得制造业出现回升，但占经济份额80%的服务业仍是经济回升的主要动力。当前我国流通效率低、效率差已成为制约整个国民经济增长质量和效益的重要因素。

（四）大力发展服务业，是适应经济全球化和加入WTO的必然要求

当前，经济全球化趋势继续深化，区域合作向纵深发展，商品和生产要素在全球范围内流动和配置，经济活动的国际化程度进一步提高。以信息科技、生物科技为主要标志的现代科学技术孕育着新的重大突破，高新技术及其产业化成为经济发展的引擎，全球产业化升级和结构调整加快，将对世界经济社会发展和生产力水平提高产生强大推动作用。

联合国贸发会议（UNCTAD）在近期发布的《2004年世界投资报告》中指出，全球跨国直接投资的构成已从以制造业外包为主转向服务业外包。服务业外包和高科技含量、高增值的制造环节的转移成为带动跨国公司对外投资的重要引擎，也是新一轮全球产业结构调整的主要特征。20世纪70年代初期，服务业在全球外国直接投资存量中仅占1/4；1990年占不到一半；而2002年已上升到约占60%，估计为4万亿美元，且仍然存在外国直接投资进一步向服务业转移的空间。服务业在各国经济总量中所占比重上升，以及许多国家放宽服务业吸收外资的限制，是服务业占全

球外国直接投资比重逐年增加的主要原因。跨国公司内部的服务业外包代表着全球生产活动转移的新潮流，它开辟了新的服务生产国际分工的前景。发达国家利用与发展中国家间存在的巨大成本差异，在尽量不降低产品质量的前提下，通过服务外包来实现成本转移。据联合国贸发会议估计，未来几年全球外包市场将以每年30%—40%的速度递增，到2005年和2007年分别增至5850亿美元和1.2万亿美元。这轮产业转移，对发展中国家吸收外资、调整产业结构是一个历史性机遇。

二、中国服务业的发展水平及政策建议

（一）我国服务业正在快速发展

1980年，服务业增加值占我国国内生产总值的比重仅为21%，服务业吸纳的就业占全社会就业总数的比重仅为13%。同一年，服务业占国民生产总值的比重，全球平均为56%，高、中、低三个组别收入水平国家的平均比重分别为59%、46%和30%；服务业就业占全社会就业总数的比重，全球平均和三个收入组别分别为60%和62%、49%、45%。在改革开放初期，我国服务业的产值比重和就业比重两个指标在世界各国中都列居后位。

改革开放以来，我国服务业增长较快，服务增加值占GDP的比重已经从1980年的21%上升到了2002年的34%，就业比重也从1980年的13%上升到了2002年的29%。

从服务业内部各个行业的变化情况分析，1991—2001年间，增加值提高幅度最大的是社会服务业和邮电通讯业，分别增长了5.4和5.1个百分点，教育文化广播电影电视业增长了2.1个百分点，也比较大；交通运输仓储业和批发零售餐饮业降低幅度最大，分别是6.6和5个百分点，国家机关政党机关社会团体降低了1.4个百分点。就业比重提高幅度最大的是其他服务业，排在其次的是房地产业和社会服务业，分别提高了0.17和0.09个百分点，其他的各个行业所占比重都有所下降。

在服务业增加值结构中，交通运输仓储业下降比例最大，邮电通信业、社会服务业上升比例最大，体现了现代服务业地位提升、传统服务业相对下降的规律。20世纪80年代至90年代，发达国家服务业内部结构的变化，虽然与我们的分类不同，但也显示出同样的趋势：现代服务业如金融、保险、房地产、商务服务以及科学教育和社会服务业比重上升，其他服务业的比重变化不大。

（二）我国服务业发展的国际比较

据中国社会科学院财贸所的分析，与其他大国比较，不论是按照全部大国（人口5 000万以上或GDP 1万亿美元以上）分组，按照收入分组，还是和下中等收入的大国分组比较，我国服务业增加值比重和就业比重都处于低水平。在全部大国中，我国服务业增加值比重位列倒数第二，除了尼日利亚和印度尼西亚以外，我国与其他大国相差在10个百分点以上。2001年，高收入大国（人均国民收入26 510美元）服务业增加值比重平均为70%，上中等收入大国（人均国民收入4 550美元）为60%，下中等收入大国（人均国民收入1 230美元）为48%，我国只占34%。我国服务业就业所占比重也明显偏低。高收入大国服务业就业比重平均为68.5%，上中等收入大国为56%，下中等收入大国为47.3%，我国只有28%，在所有大国中位列倒数第一（尼日利亚缺数据）。

（三）影响城市服务业发展的因素分析

影响一个城市服务业发展水平的因素，主要有四项：人均GDP；城市化水平，即人口构成中非农人口的比重；人口密度，即单位城市面积的人口数；人口规模，即城市中的人口总数。中国社科院财贸所的专家，以2002年的上述指标为变量，利用数学模型分析我国城市服务业的发展，得出以下结论。

1. 人均GDP对服务业增加值和就业比重的影响不明显。

分析显示，除了人均GDP在40 000—100 000元之间的城市以外，其他城市的数据都相差不大。进一步分析这些高收入城市，排除大庆、克拉玛依、东营、玉溪这些典型的资源性工业城市外，人均GDP对城市服务业增加值的影响可以忽略不计。

2. 人口规模对服务业增加值比重的影响最大。

分析显示，人口规模是决定城市服务业比重的重要因素。在增加值比重模型中，人口规模的影响排在第一位；在就业比重模型中，人口规模的影响略小，但仍然在10%以上。

3. 人口密度对服务业就业比重的影响最大。

人口密度在服务业增加值比重和服务业就业比重两个模型中，都具有明显的正向影响，其中对就业比重的影响更大，位居各因素之首。

4. 城市化水平是影响城市服务业增加值比重的重要因素。

城市化水产是影响城市服务业增加值比重的重要因素，但对服务业就业比重的影响不大。

（四）加快发展服务业的政策建议

我国服务业发展相对较慢，是众所周知的事实。20世纪80年代和90年代，政府部门和专家学者曾几次提出发展服务业的问题，但实际效果一直不够理想。这里面有经济发展水平的问题，有体制问题，也有政策问题。只要我们坚持科学的发展观，坚持市场配置资源的基础性作用，不断排除影响服务业发展的体制和政策障碍，随着人民收入水平和城市化水平的不断提高，中国的服务业一定会有较快的发展。

1. 提高认识，转变观念。

要认识到，在中国今后一二十年的战略机遇期中，服务业作为潜力最大的部门能否快速发展，将在很大程度上决定整个国民经济的增长速度。服务业效率和水平的提高，对其他产业提高效率和增强竞争力有极为重要的意义。要重新认识市场经济条件下发展服务业的重大意义，克服形形色色的“重工业轻服务业”、“服务业不创造价值”等陈旧观念。

2. 打破垄断，促进竞争。

要加快服务业市场化、社会化步伐。打破服务行业中的垄断经营，放宽市场准入，引进竞争机制，鼓励企业优化重组。实现中介机构与行政部门脱钩和改制。要加快改革，促进竞争。对金融、电信、铁路和航空运输、教育、卫生、文化、信息媒体等行业，要逐步打破垄断经营、管制经营的状态，放宽准入领域，降低准入条件，培养多元化的竞争主体。

3. 加强规范，改善服务。

服务业中相当一部分业务的水平和质量，事先无法准确界定，只有在服务过程中才能表现出来。特别是以人力资本为主的行业，如教育、会计、律师、咨询等行业乃至物业管理、家庭服务业等，这种特点更加突出。如果没有有效的行为规范，消费者对服务质量心存疑虑，潜在需求就不能转化成为现实。要加强职业道德教育、行业自律和外部监管，加快服务业信用评价体系的建设和服务标准的制定。

4. 引进外资，扩大开放。

目前，我国各类服务业与世界先进水平相比尚有较大差距，加快开放是加快提高竞争力的重要途径。2004 年 1 月—8 月，全国服务贸易领域新设立外商投资企业、合同外资金额和实际利用外资金额，分别占全部吸收外商直接投资的 15.5%、17.1% 和 20.3%，有很大的发展空间。与制造业相比，服务业的跨国流动会产生更明显的示范作用，因为服务业的所有业务都要通过对客户的服务来实现，母国公司与海外子公司的技术水平基本相当，很难进行技术保密。

5. 政策鼓励，适当扶持。

服务业的发展要坚持市场化导向，同时也需要政策的适当扶持。一些原先由财政负担的事业型服务单位，转向企业化、产业化和社会化经营，需要付出一些改革成本。对一些吸纳就业能力强、从业人员投资能力弱的小型服务企业的发展，也应在资金、税收、用地、资金等多方面予以支持。从更深的层面看，对服务业的发展，要有同促进工业发展相同甚至更加优惠的政策。

三、进一步促进我国流通产业发展

商贸业是服务业中最重要的组成部分之一。党中央、国务院高度重视流通工作。

江泽民同志 1997 年为流通工作题词：“商品流通要坚持为人民生活服务为生产建设服务的根本宗旨。”2002 年又深刻指出：“由于长期受计划经济体制的影响，‘重生产、轻流通’的观念烙印很深，这也是影响经济发展的一个重要因素。发展社会主义经济，搞好流通极为重要，是消费通过流通来决定生产，只有现代流通方式才能带动现代化的生产，大规模的流通方式才能带动大规模的生产。因此，要大力支持和推动连锁经营、集中配送等现代流通方式，推动经济发展，提高竞争力。”

朱镕基同志也曾指出：“社会主义市场经济要真正搞好，解决好流通问题最重要。只要把流通领域的问题从理论到实践正确地解决了，有中国特色的社会主义市场经济的模式就基本建成了。”

李岚清同志的论述非常精辟，2001 年他在一次报告中提出：“流通是现代经济的火车头。计划经济是以生产决定消费的，消费受生产支配，往往容易形成卖方市场和短缺经济现象。而市场经济是以消费需求决定和带动生产的。所谓社会化大流通，就是围绕市场消费需求所进行的社会再生产的全过程。流通带动生产，小流通带动小生产，大流通带动大生产，现代流通带动现代生产。现代流通是社会再生产过程的血脉和神经，是各种生产要素集结、整合与聚变的载体，是决定经济运行速度、质量和效益的引导性力量。”他还指出：“把发展现代流通作为 21 世纪我国经济新的增长点。”

党的十六届二中全会和全国人大十届一次会议决定组建商务部，并明确指出：“国内贸易对于扩大内需、拉动消费、拓展外贸和促进统一市场的形成，具有十分重要的作用。商务部要重视国内贸易工作，合理设置机构，充实领导力量，切实加强综合协调和管理工作，深化流通体制改革，促进现代市场体系的建立和完善，整顿和规范流通秩序，搞好市场运行和商品供求状况的监测。”商务部成立以来，党中央、国务院领导十分关心商品流通工作，多次作出重要指示。胡锦涛、温家宝、吴仪等领导同志还多次到商场、超市等流通企业视察工作。

发展现代流通对合理配置资源、调整经济结构、引导生产发展、全面扩大消费、增加国家税收、创造就业岗位、增强城市功能有重要意义，流通业已由社会再生产的末端产业变为先导产业。近几年我国流通业虽然有了较快的发展，发挥了一些作用，但与应该发挥的作用相比还相差很远，面临一些亟待解决的困难和问题：一是法制建设缓慢，流通法规不成体系，很多方面的管理工作存在无法可依的问题。二是产业竞争力弱，流通企业“散、小、弱”的状况没有根本改变。特别是农村市场流通组织网络发展缓慢，不仅无力进一步开拓市场，而且难以满足农业生产和农民生活的基本需要。三是受多方面因素影响，商品市场运行存在大幅度波动的可能。四是地区封锁、行业垄断等人为分割商品市场的现象仍然没有得到根本解决。

今后一个时期，流通工作的指导思想是：以“三个代表”重要思想和党的十六大和十六届二中全会、三中全会精神为指导，按照全面建设小康社会总体战略和完善社会主义市场经济体制的要求，坚持科学的发展观，树立科学的消费观，大力发展适应经济全球化和内外贸一体化的现代流通产业。

（一）健全法规、完善市场规则，积极推进流通法制化进程

根据我国立法的有关规定，结合流通行业的特点，尽快形成包括规范流通活动、流通秩序、流通主体、市场行为、市场调控、行业管理等方面的法律法规体系。具体来说，要重点抓好以下工作：一是抓紧制定规范商品流通活动的基本法，二是健全规范市场秩序的法律法规，三是健全规范市场流通主体的法律法规，四是健全规范市场行为的法律法规，五是健全规范市场运行调控的法律法规，六是健全规范行业管理的法律法规。

（二）统筹规划、合理布局，加快建设全国统一市场

一是调整市场结构，完善市场体系。按照《全国商品市场建设纲要》的要求，采取切实措施，调整市场结构，推动市场建设；完善农产品批发市场，鼓励大型连锁企业到农村开办连锁超市，直接从产地采购农产品，或与生产基地建立长期的产销关系；在规范中适度发展农产品期货交易，完善交易规则，规范交易秩序。二是制定城市商品市场发展规划。根据各地国民经济发展计划和城市规划，制定城市商业发展规划，形成功能明确、分工合理的多层次城市商业体系格局。在大中城市逐步完善大型商业网点规划，通过建立必要的听证制度等方式，确保规划实施。三是打破地区封锁，建立全国统一市场。清理有关地区封锁的法规，废止妨碍公平竞争、设置行政壁垒、排斥外地产品和服务的各种分割市场的法规、规章、技术标准。对汽车、食品、烟酒等地区封锁严重的商品开展专项整治。四是积极推进商品市场的标准化建设。五是大力开拓市场，推动消费结构升级。研究制定与财政政策、货币政策、产业政策并重的消费政策。转变消费观念，完善信贷政策，大力发展信用消费；规范市场秩序，优化消费环境，解决消费环境问题；大力调整产品结构，满足不同消费群体的市场需求。

（三）深化改革、调整结构，不断提高流通现代化水平

一是加快推进以连锁经营、物流配送和电子商务为代表的现代流通方式。进一步提高连锁经营的规模化和规范化水平，以规范化管理、规模化经营和标准化服务为核心，提高连锁企业经营管理水平及核心竞争力。加强连锁企业内部物流配送中心的建设和管理，鼓励生产资料分销企业完善服务功能，整合物流资源，推动“第三方物流”的发展。积极稳妥地推进电子商务发展，加快流通企业信息化建设，探索传统产业与电子商务相结合的模式，建立健全网上交易规则。二是加快流通企业改革步伐，鼓励大型流通企业通过参股、控股、承包、兼并、收购、特许经营、托管等方式，快速实现规模扩张。引导企业完善公司法人治理结构，深化企业内部人事、劳动、分配制度改革。努力培育拥有自主知识产权、主业突出、内外贸结合、初步具有国际竞争能力的大型流通企业。大力推进中小国有流通企业股份制改造，鼓励各种资本参与国有流通企业改革，实现投资主体多元化。三是加快发展现代生活服务业和商务服务业，加快市场化、社会化步伐，打破市场分割，促进竞争合作，支持和引导非公有制服务业的发展。

（四）准确监测、深刻分析，深入开展市场调控工作

一是进一步完善市场运行监测指标体系。主要是：反映消费品和生产资料的销售状况的市场运行规模指标；反映流通效率、效益和质量以及对国民经济贡献的市场运行质量指标；反映居民消费结构、平均消费倾向、消费者信心指数的消费结构指标；反映网点数量、结构、布局的商业网点状况指标；反映重要商品产能、产量、存量、进出口量、销量、需求量的重要商品指标；反映重点企业资产、经营、收益等状况的重点流通企业指标；反映连锁经营、物流配送、电子商务等发展状况的流通现代化水平指标；反映企业市场集中度、占有率的市场组织化程度指标。二是进一步完善市场运行监测网络。不断扩大直报系统监测

样本，做到样本结构合理，报送时间及时，逐步使用商务部电子政务平台建立国家、省、市三级监测系统。充分发挥专家作用，对市场走势进行分析、预测，建立有效的专家评估系统。三是进一步完善市场信息储存、加工、开发、发布系统。加快建立全国商品流通数据库，完善市场动态分析、消费结构分析、重要专题分析、市场供求分析、市场综合分析、经济运行分析。四是进一步完善市场调控体系。认真贯彻突发事件生活必需品应急管理办法，应对公共卫生、自然灾害、市场供应紧张等各种突发事件造成的市场异常波动，做好重要商品市场供应工作。五是进一步加强畜禽屠宰、酒类流通、茧丝绸等行业管理。

（五）突出重点、完善机制，大力整顿和规范市场经济秩序

一是增强全民的信用意识。深入持久开展全社会的诚信宣传教育，使全社会牢固树立诚实守法观念。开展诚信兴商活动，在全社会形成共同铸造诚信的氛围。二是制定信用管理方面的法律法规。研究制定信用管理方面的法律法规，逐步规范信用信息采集、披露、使用等行为，使信用的市场行为和政府的监管行为纳入法制化轨道。三是建立多层次的信用管理制度。引导企业建立以信用调查、信用评价、信用自律、信用档案管理和信用互通为主要内容的企业内部管理制度。发挥行业中介组织作用，建立行业诚信自律机制。四是建立信用的技术支撑体系。加快制定信用的标准体系，制定信息分类编码、信用数据格式、征信数据库建设规范、安全标准、信用服务标准，为实现全国信用信息的互联户通和数据共享奠定基础。

构筑新时期商务法律体系　加强依法执政能力建设

商务部条约法律司司长　尚　明

2004年，商务法律工作认真贯彻党的十六大、十六届三中、四中全会和中央经济工作会议精神，全面落实全国商务工作会议和商务法律工作会议部署，紧密围绕中心工作，树立和落实科学发展观，统筹国内发展和对外开放，全面构筑新时期商务法律体系，各项商务法律工作不断取得进展。

一、商务立法工作取得重大进展

（一）《对外贸易法》修订工作圆满完成，配套法规建设积极开展

2004年4月6日，十届全国人大常委会第八次会议全票通过了《对外贸易法》修正案，新修订的外贸法已于2004年7月1日正式实施。外贸法的修订，履行了我国加入世贸组织的有关承诺，树立了我作为负责任大国的对外形象；为对外贸易持续、健康、协调发展提供了基本的法律制度；确立了新时期我国对外贸易改革发展的基本法律框架。

1994年外贸法共8章44条，此次修订后的外贸法共11章70条，新增了3章内容和33个条款。此次修改的主要内容包括：

1. 关于外贸经营权。根据我加入世贸组织承诺和我国对外贸易发展需要，新修订的外贸法将对外贸易经营者的范围扩大到依法从事对外贸易经营活动的个人，同时取消了对货物和技术进出口经营权的审批，对外贸易经营者经过备案登记即可取得外贸经营权。

2. 增加了第五章“与对外贸易有关的知识产权保护”。其中，第29条确立了一项新的利用贸易措施保护知识产权的制度，即在进口货物侵犯知识产权，同时危害对外贸易秩序的情况下，由国务院对外贸易主管部门进行处理；第30条根据WTO规则，确立了中国在对外贸易中防止知识产权权利人滥用权利的法律制度；第31条确立了通过贸易措施保证其他国家或地区对中国法人、其他组织和个人提供充分有效的知识产权保护的制度。

3. 增加了第7章“对外贸易调查”。当前，贸易调查已经成为世界主要贸易大国开拓外部市场、肃清贸易壁垒、保护本国产业和市场秩序的重要法律手段。该章主要规定了调查事项、调查的程序、调查中的义务等内容。根据本章规定，国务院商务主管部门将对调查事项作出报告或者

裁定，并发布公告，调查的结果主要有两种，一是导致贸易救济措施，二是导致依法采取其他措施，如磋商、谈判或授权采取对等措施等。这些规定为我国开展贸易调查的职能、程序等提供了上位法依据。

4. 增加了第8章“对外贸易救济”。1994年外贸法已经确立了反倾销、反补贴和保障措施的法律制度，此次修改将其从“对外贸易秩序”一章移出放入“对外贸易救济”专章。同时，在符合世贸组织协定的前提下，参照国际通行做法，新修订的外贸法增加了关于第三国倾销、保障措施下对国内产业的调整援助救济、国际服务贸易的保障措施、对贸易转移的救济、对违反贸易协定的救济、进出口预警应急机制以及反规避等相应贸易救济手段。

此外，新修订的外贸法还增加了维护进出口经营秩序、扶持和促进中小企业开展对外贸易、建立公共信息服务体系等内容；修改和完善了有关法律责任的规定，通过刑事处罚、行政处罚和从业禁止等多种手段，加大了对对外贸易违法行为以及对外贸易中侵犯知识产权行为的处罚力度。

商务部还积极开展了外贸法配套法规建设工作。国务院已于2004年3月31日公布了修订《反倾销条例》、《反补贴条例》和《保障措施条例》的决定。《进出口货物原产地条例》已于2004年9月3日颁布，2005年1月1日起实施。商务部也先后颁布了《对外贸易经营者备案登记办法》、《货物自动进口许可管理办法》、《货物进口许可证管理办法》、《货物出口许可证管理办法》等配套规章。

（二）完成《反垄断法（送审稿）》的起草上报工作，建立反垄断工作机制

商务部高度重视《反垄断法》起草工作，将其作为建立全国统一、开放、竞争、有序的现代市场体系的一项重要基础工作来抓。经过积极认真的立法调研和起草、论证工作，在广泛意见的基础上，形成了《中华人民共和国反垄断法（送审稿）》，并于2004年3月上报国务院审议。

为履行好国务院赋予商务部的“打破市场垄断、行业垄断和地区封锁”、“促进全国统一、开放、竞争、有序的现代市场体系的建立和完善”的职能，商务部于2004年9月成立了反垄断调查办公室。反垄断调查办公室的主要职能是承担有关反垄断的国际交流、反垄断立法及调查等相关工作。目前，商务部反垄断调查办公室依据2003年3月发布的《外国投资者并购境内企业暂行规定》积极开展跨国公司并购反垄断审查工作。此外，反垄断调查办公室依照《对外贸易法》查处对外贸易中的垄断行为。

（三）市场流通立法工作取得初步成果

为完善市场流通管理制度，商务部全面清理了自1988年以来原商业部、物资部、国内贸易部（局）、国家经贸委发布的涉及市场流通的法律性文件1 000余件，并重点审查了1993年以来发布的法律文件495件，分两批废止了其中的法律性文件共110件。

根据我国市场流通立法需要，商务部研究提出了以市场主体法律制度、市场行为法律制度、市场秩序法律制度和市场调控与管理法律制度为四大支柱的市场流通法律体系初步框架，对于我国市场流通立法的完善和市场流通体制的发展与改革将发挥重要的指导意义。

根据框架和实际需要，商务部研究起草和制定了一批重点行政法规和部门规章。起草并向国务院上报了《直销管理条例》、《成品油市场管理条例》、《商业特许经营管理条例》、《城市商业网点管理条例》和《生活必需品市场应急管理条例》的送审稿；颁布了《成品油市场管理暂行办法》、《美容美发业管理暂行办法》、《拍卖管理办法》和《商业特许经营管理办法》等部门规章。

（四）外商投资立法工作稳步进行

为了促进跨国公司地区总部在中国的建立和发展，2004年2月、11月，两次修订了《关于外商投资举办投资性公司的规定》。2004年4月，发布了《外商投资商业领域管理办法》。

（五）国外经济合作和对外援助立法工作取得显著进展

针对国外经济合作和对外援助相对滞后的问题，商务部着重加强了这两方面的立法工作并取得显著进展。在国外经济合作方面，为促进境外投资发展，2004年10月出台了《关于境外投资开办企业核准事项的规定》；为规范对外劳务合作经营秩序，2004年7月发布了《对外劳务合作经营资格管理办法》。在对外援助方面，发布了《对外援助成套项目施工任务实施企业资格认定办法（试行）》、《对外援助物资项目实施企业资格认定办法（试行）》和《援外青年志愿者选派和管理暂行办法》，改变了我援外工作长期依靠内部文件和规范性文件管理的局面。

二、大力推进依法行政工作，认真处理行政争议

（一）切实抓好《行政许可法》的贯彻实施工作

2004年4月16日，下发了《商务部办公厅关于贯彻实施行政许可法有关工作的通知》，同年5月12日，召开商务部贯彻实施行政许可法工作会议，就学习和贯彻实施《行政许可法》进行安排和部署。积极开展行政审批项目清理工作，研究后续监管措施。

（二）加强依法行政制度建设

在积极宣传、认真贯彻实施《行政许可法》的同时，

商务部先后制定了《商务部行政复议实施办法》、《商务部行政处罚实施办法》、《商务部关于在商务系统推进依法行政若干问题的指导意见》、《商务部办公厅关于商务部立法工作实行统一规范管理的通知》、《商务部办公厅关于进一步做好商务部依法行政工作若干问题的通知》等一系列依法行政方面的文件，为进一步推动商务部依法行政工作提供了重要依据和准则。

（三）认真做好行政复议和行政诉讼工作

2004年商务部共处理行政复议案件2件，行政诉讼案件4件。

三、积极参与WTO争端解决机构工作

（一）通过磋商顺利解决美国在WTO诉我“集成电路增值税退税政策”案

2004年3月18日，美国就我集成电路增值税退税政策提出WTO争端解决机制下的磋商请求，启动了WTO争端解决程序。此案是我加入WTO以来的第一个被诉案件。在近4个月时间内，我与美方进行了四轮艰苦谈判，于2004年7月14日正式签署“中美关于中国集成电路增值税问题的谅解备忘录”。

（二）作为第三方积极参与WTO争端案件工作

通过对美国诉加拿大小麦案、欧盟诉韩国船舶补贴案、澳大利亚等诉欧盟糖补贴案等第三方案件的参与，我们不仅参与WTO规则的解释与发展，锻炼了我们的争端解决队伍，而且获得了大量国际贸易信息并及时分送有关部门和产业参考，取得了很好的工作效果。

四、积极开展多双边工作，参与国际经贸规则制定

（一）加强知识产权交流合作的机制建设和交流活动

建立了“中美商贸联委会知识产权工作组”、“中欧知识产权对话”等交流机制。主办了APEC知识产权专家组会议、“厦门98知识产权执法保护研讨会”、“中欧日知识产权保护论坛”、“香港知识产权执法考察”等若干重大活动，宣传了我在知识产权保护方面的重大成就。

（二）继续做好双边投资保护协定的商签工作

2004年已与芬兰、韩国、比利时、瑞典、突尼斯、拉托维亚、斯洛伐克、贝宁、纳米比亚、墨西哥、俄罗斯、加拿大、巴巴多斯等国进行了谈判，并与其中的芬兰、贝宁、拉托维亚、乌干达和突尼斯签署了双边投资保护协定。自1982年至2004年底，我已与111个国家签订了114个投资保护协定，对吸引外商来华投资，贯彻我“走出去”战略提供了有力的法律保障。

（三）积极参与制定国际经贸规则，开展多双边法律交流与合作

积极参加联合国国际贸易法委员会相关工作组的各项工作，国际统一私法协会各项条约和公约的制定以及APEC竞争政策和放宽管制小组工作会议、投资专家组会议、加强经济法律基础设施小组的会议及其组织的研讨会和APEC－OECD管制改革合作项目组织的活动。

综观过去的一年，统一、开放、竞争、有序的现代市场法律体系建设步伐加快，对外贸易和外商投资法律制度不断完善，与“走出去”战略配套的法律制度相继出台，依法行政工作稳步推进，多双边工作法律工作进一步加强。今后，我们将继续以“三个代表”重要思想和科学发展观为指导，加强依法执政能力建设，适应社会主义市场经济体制完善、经济全球化迅猛发展的要求，为内外贸一体化和对外开放水平的全面提高提供制度保障。

2004年全国整顿和规范市场经济秩序工作情况

全国整顿和规范市场经济秩序领导小组办公室秘书长　向　欣

2004年，按照以人为本、执政为民、树立科学发展观的指导思想，全国整顿和规范市场经济秩序工作继续坚持“标本兼治，着力治本”的工作方针，开展了食品安全、非法采供血液和单采血浆专项整治以及保护知识产权专项行动，同时，把打击制假售假、商业欺诈等违法行为与法制建设、制度建设和社会信用体系建设结合起来，各项工作

又取得了新的进展。

一、专项整治取得突破

（一）开展食品安全专项整治

食品与人民群众身体健康和生命安全密切相关，始终是整规工作的重中之重。4月，安徽阜阳劣质奶粉案发生后，吴仪副总理主持召开全国整规领导小组第二次全体会议，决定将食品安全专项整治作为2004年的工作重点；温家宝总理先后两次主持国务院常务会议上专题研究食品安全工作，国务院印发了《关于进一步加强食品安全工作的决定》。各地区、各部门认真贯彻落实国务院决定，采取了一系列有力措施。

在种植养殖环节，把解决农药残留、禽畜产品滥用违禁药物、水产品药物残留问题作为重点，从源头上防止农产品污染。制订和修订农业行业标准1 681项，其中国际标准采标率达20%以上；建成国家级和部级农产品质检中心280个，认证无公害农产品9 923个，认定产地8 778个，创建了200个无公害农产品生产示范基地、86个标准化综合示范区和100个标准化示范农场，提升了农产品质量安全水平。2004年7月对37个大中城市51种蔬菜、3 988个样品的抽检结果显示，农药残留不合格率为9.2%，比上年同期下降了9.8个百分点。

在食品加工环节，强化企业法人作为食品安全第一责任人的责任，严厉查处无证照生产经营行为，严格实施食品质量安全市场准入制度（QS认证）。已向全国25 716家米、面、油、酱油、醋生产企业颁发了食品生产许可证，这些企业的产量占全国总产量的95%以上。2004年对10%的获证企业进行监督抽查，平均合格率达到91.4%，比2001年提高了31.5个百分点。截至2004年10月底，向生产肉制品、乳制品、饮料、调味品、方便面、饼干、罐头、冷冻饮品、速冻面米食品、膨化食品等10类产品的1 842家企业颁发了许可证，挂面、糖果、果脯蜜饯等其余13类食品的质量安全准入也已启动。继续强化生猪定点屠宰，一些地区对牛、羊也开始实行定点屠宰。继续推进“三绿工程”。

在食品流通、消费环节，进一步落实经销企业进货检查验收、索证索票、购销台账、质量承诺制度和市场开办者质量责任制。据对23个省（区、市）的不完全统计，2004年上半年建立索证、索票制度的企业26.6万家，其中新增4万多家。在餐饮业和集体食堂全面实施食品卫生监督量化分级管理制度，制定了食品安全监管信息发布管理办法，开始建立食品安全信用体系和失信惩戒机制，并在5个城市开展了食品安全信用体系建设试点。依法查处食品安全案件，上半年24个省（区、市）共检查食品生产经营企业128万多家，取缔无证照企业18万余家，查处违法行为13万多起。

（二）整治采供血液和单采血浆秩序

为了阻断经采供血环节传播艾滋病和其他疾病的途径，国务院决定开展非法采供血液和单采血浆专项整治。对采供血机构、单采血浆站、医疗机构进行检查，严厉查处冒名顶替献血、频采超采跨区采行为，抓捕了一批组织或暴力胁迫他人卖血（浆）的“血头”、“血霸”，推进无偿献血，规范采供血机构、血液制品企业和医疗机构的管理，处罚了一批违规血站和相关责任人。据不完全统计，全国共检查采供血和医疗机构56 157户次；查处违法违规采供血和“血头”、“血霸”案件85件，抓获犯罪嫌疑人23人，其中检察机关正式批捕16人；处罚了湖南溆浦基层血站等76家采供血机构和医疗机构，处罚相关责任人53名；对全国36家血液制品生产企业生产质量管理规范（GMP）进行现场检查，对4家存在问题的企业提出了整改要求。通过整治，推进了无偿献血，提高了临床用血安全水平，无偿献血占临床用血比例达到88%，比上年提高了3个百分点，河南省率先实现了100%无偿献血。

（三）开展保护知识产权专项行动

为了加大保护知识产权的工作力度，2004年在全国整规领导小组框架内，设立了国家保护知识产权工作组，标志着我国保护知识产权工作进入了一个新阶段。组织了“保护知识产权宣传周”和为期一个月的专项打击行动，有力地配合了吴仪副总理出席中美商贸联委会；全国整规办牵头，会同有关部门召开了4次与外商投资企业沟通协调会议；高检院、监察部联合开展了打击制假售假、侵犯知识产权专项立案监督活动；查处了一批侵犯知识产权的大要案件。

2004年8月27日，国务院召开全国保护知识产权专项行动电视电话会议，要求自9月起，用一年左右的时间，在全国范围内开展保护知识产权专项行动。坚持“履行承诺、适应国情、完善制度、积极保护”的工作方针，以保护商标权、著作权、专利权为重点内容，以货物进出口、各类展会和商品批发市场、定牌加工、印刷复制为重点环节，以假冒商标、侵权盗版比较集中及国际影响较大的北京、天津、河北、内蒙古、辽宁、上海、江苏、浙江、福建、安徽、山东、河南、湖南、广东、陕西等15个省（区、市）为重点地区，以权利人反响强烈、情节严重、影响恶劣的案件为突破口，以点带面，全面推进。

截至2004年10月上旬，工商系统在保护注册商标专用权行动中，共出动执法人员34.8万人次，检查经营户88.3万户，检查商品交易市场2.77万个，捣毁制假售假窝点1 149个，查处商标侵权案件7 772件，没收侵权商标标识近650万件（套），没收、销毁侵权商品205万余件。2004年又查获了21条非法光盘生产线，截至目前，共查获非法光盘生产线200条。

2004年，还进行了汽车市场、房地产市场等专项整治，继续深入推进打击制售假劣农资、假劣药品和医疗器械、走私、偷逃骗税、洗钱、传销等专项行动。

二、探索治本之策，建立长效机制

（一）完善法律法规体系，健全执法体制

为保护知识产权的法律体系进一步完善，2004年12月，最高人民法院、最高人民检察院发布实施了《关于办理侵犯知识产权犯罪案件适用法律若干问题的解释》，降低了侵犯知识产权犯罪案件的刑事处罚门槛。

为了加强行政执法和刑事司法的衔接，最高人民检察院、全国整规办、公安部联合下发了《关于加强行政执法机关与公安机关、人民检察院工作联系的意见》。上海、江苏、浙江、福建、山东、湖南、四川等省市也相继出台了具体的工作制度，纠正以罚代刑、应移送不移送等行为。

为解决行政执法机关职能交叉，权力分散，执法效率低和力度不够等问题，各地区、各部门积极探索综合行政执法的路子，继续在专项整治和日常监管中实行联合执法、委托执法，在城管、文化领域实行相对集中行政处罚权，在农业、卫生、交通等部门内部执法职能和队伍的归并，目前上海、四川等省市已经建立了文化综合执法大队和卫生综合执法大队，80多个城市成立了城管执法局。

（二）推动社会信用体系建设，开展诚信宣传教育

各地区、各部门继续推进社会信用体系建设。一是海关、税务、工商、质检、食药监等行政执法部门，制定信用等级标准，建立信用档案，试行信用等级分类监管，对违规企业实施“黑名单”制度。二是金融领域信用建设全面展开，人民银行开展信贷征信工作，建立了全国联网的银行信贷登记咨询系统。各商业银行利用该系统，有效识别了多起改名套贷、隐瞒负债、联保互保、重复抵押等蓄意骗贷行为，减少了信贷风险。个人信贷登记咨询系统正在建立中。证监会建立了证券期货行业诚信数据库、证券期货行业高管人员数据库和保荐信用监管等系统。外汇局建立了数据库，对不同经济主体实施分类监管。三是财政、司法、旅游等部门，对财会、评估、律师、导游等重点群体实行信用管理，建立个人执业行为信用档案，实施违规公示。四是一些经济管理部门结合自身特点开展诚信建设，如发改委开展了“百城万店价格诚信活动”，商务部对进出口企业、外商投资企业、对外工程和劳务承包企业进行信用管理，建设部对建筑施工单位、房地产企业和房地产估价、经纪执业人员建立信用档案，对严重违规者采取公示警告、取消资质等措施。五是各地开展区域性信用体系建设工作。山东、吉林、重庆、青岛等省市下发了加快信用体系建设的文件，上海、深圳等城市制定了专门的政府规章，颁布了个人和企业信用信息征集和评估管理办法。北京、天津、浙江等省市还形成了汇集工商、税务、质检、银行等多个部门信息的企业信用信息平台，许多地方进行了中小企业信用担保试点。

按照国办要求，总结各地区、各部门社会信用体系建设的实践经验，全国整规办会同人民银行、发改委、法制办等部门起草了《全国社会信用体系建设总体方案》（征求意见稿），已报送国务院办公厅。

诚信宣传教育继续深入。各地区、各部门结合当地实际和行业特点，开展了多种形式的诚信创建活动，并与“百城万店无假货”等活动和贯彻《公民道德建设实施纲要》、“四五”普法相结合，普及信用知识，增强诚信守法和风险防范意识。

（三）转变管理方式，加强市场监管

结合行政管理体制改革和《行政许可法》的实施，各行政管理部门努力转变工作方式，理顺政府部门职能，规范行政行为，减少行政审批，注重日常监管。工商部门实行了“经济户口”制度，质检部门实行辖区打假责任制。各部门都实行了执法责任制和执法过错追究制，对于玩忽职守、疏于监管，致使人民群众利益严重受损的，严肃追究责任。2004年，在阜阳劣质奶粉案的查处工作中，依据有关法律法规和程序，对有关地方政府和监管部门的97名责任人员进行了处理。

（四）发展现代流通组织形式，促进统一市场的形成

近几年，连锁经营和物流配送增长迅速，每年都有新的发展，增幅明显高于同期社会消费品零售总额增幅。现代流通组织形式的发展，提高了市场经济秩序的规范水平。

为打破地区封锁，2004年，商务部等7部门联合下发了《关于清理在市场经济活动中实行地区封锁规定的通知》，对县级以上地方各级人民政府部门制定的排斥外地产品和服务、对本地产品和服务予以特殊保护的文件，进行认真清理，纠正设置行政壁垒、分割市场、妨碍公平竞争的做法，推进全国统一市场的建立。11月，7部门组织了联

合督察组，赴有关省区市对清理地区封锁的工作进展情况进行了督查。

（五）充分发动、依靠和教育引导广大群众，发挥新闻宣传和社会监督的作用

群众是整规工作的基本力量，提高人民群众与违法犯罪行为作斗争的积极性和主动性，是整规工作重要的治本之策。各地区、各部门十分注意发动群众，设立举报电话和电子邮箱，出台奖励措施，北京市制定了《食品安全违法案件线索举报奖励办法》，最高可奖励人民币1万元。新闻媒体惩恶扬善，一方面大胆曝光，提供了许多大要案的重要线索，另一方面加大正面宣传力度，对整规工作取得的全局性的成果和优良品牌、优质产品、优秀企业进行宣传，起到了很好的引导作用。

三、2005年工作思路

在充分肯定成绩的同时，我们也清醒地认识到，当前市场经济秩序中仍存在一些突出问题，制售假冒伪劣、有毒有害食品的重大案件时有发生，侵权盗版行为较为猖獗，商业欺诈变换形式，欺骗手段越来越狡猾等等。从整规工作本身看，长效管理机制尚未完全形成，部分地区的领导存在松懈厌战和畏难情绪，整规工作力度在一些地方存在逐级递减的现象，基层和基础工作仍比较薄弱，行政执法与刑事司法衔接不够，惩治不力，社会信用体系建设工作滞后等等。

2005年，要针对市场经济秩序和整规工作本身的突出问题，继续紧紧围绕关系人民群众切身利益和国民经济发展全局的突出问题，确立有限目标，重点抓好食品药品放心工程、保护知识产权和打击商业欺诈三方面的专项整治，全面推进整规工作。

（一）继续实施食品药品放心工程

深入贯彻国务院关于进一步加强食品安全工作的决定。加强执法部门的协调和配合，积极组织多种形式的综合执法和联合执法，形成整治合力，严厉查处大案要案。加强食品生产加工环节的监管和整治，完善食品标准体系并严格按标准组织生产，坚决堵住不符合标准的食品流入市场。在食品流通中倡导现代流通方式，逐步发展城乡尤其是农村食品现代流通网、监管责任网和群众监督网。

打击制售假劣药品和医疗器械违法活动，严厉查处无证生产经营行为。全面推行药品生产质量管理规范（GMP），加快实施中药材生产质量管理规范（GAP），全面监督实施药品经营质量管理规范（GSP）；对已注册的医疗器械产品进行全面清查，坚决清理取缔不属于医疗器械而虚构医疗功能的产品；打击买卖、出租、出借《药品经营许可证》、挂靠经营等违法违规行为；取缔违法生产经营企业，捣毁制假售假窝点，净化药品、医疗器械市场。继续推进农村药品监督和供应网络建设，积极发展农村药品连锁、配送网络，形成县、乡、村三级农村药品流通监督网络，消除监管盲区。

（二）加强知识产权保护工作

继续开展保护知识产权专项行动。进一步统一思想，加强组织领导，按照既定部署狠抓落实。采取切实有力措施，完善保护知识产权的工作制度，提高工作质量和效率，加强协调配合，遏制各种侵权行为，提高保护知识产权的能力和水平。以国务院名义组织督察组，对重点地区专项行动的情况进行督查。专项行动结束后，要认真总结，巩固成果，使保护知识产权工作水平上一个新台阶。

加大对侵犯知识产权犯罪行为的刑事处罚力度。依据保护知识产权法律法规和新出台的办理侵犯知识产权犯罪案件的司法解释，严厉查处大案要案，形成强大的威慑力。尽快出台行政执法机关移送侵犯知识产权案件的规范性文件，加强行政执法和刑事司法的衔接。推进国际合作，共同打击和防范跨境侵犯知识产权违法犯罪行为。

做好企业知识产权保护工作。加强与知识产权权利人的沟通协调，鼓励企业开发具有自主知识产权的核心技术，培育自有的知名品牌和商标，并给予切实的保护。增强企业知识产权保护意识，促使企业尊重他人，保护自己，运用知识产权制度参与竞争。

加强教育培训和对外宣传。利用各种新闻媒体、各类研讨会和驻外机构，大力宣传我国保护知识产权的原则立场、取得的成绩，树立我国保护知识产权的良好国际形象。组织好2005年的“保护知识产权宣传周”。在“五五”普法中继续把保护知识产权法律法规作为重要内容。发展知识产权专业教育，培养熟悉知识产权法律法规和国际惯例，具备实际工作能力的专门人才；加强对公务员、企业管理者、中介机构从业人员有关保护知识产权知识的培训。

（三）严厉打击商业欺诈，净化市场环境

整治违法广告。重点整治在中央、省级媒体上发布的有关食品、药品、保健品、化妆品以及医疗服务的虚假广告；整治夸大功能的种子、化肥、农药、兽药等农资广告；整治以新闻报道方式，片面夸大商品功能、误导公众的行为。加强对广告行业的管理，强化广告主、广告经营者和广告发布者的责任，严格审查广告内容。

打击各种以高额回报为诱饵欺骗群众，非法敛财的违法犯罪行为。积极推动出台规范性文件，为预防和打击商

业欺诈提供政策依据。加强宣传教育，揭露商业欺诈的骗术，增强企业和个人的风险防范意识，增强群众识破骗局、防范欺诈的意识和能力，鼓励运用法律武器保护自身合法权益。建立防范商业欺诈的预警和处置机制。加大对合同诈骗的打击力度。严厉惩处以诈骗为业、钻法律漏洞、连续作案的惯犯和违法犯罪团伙。

整顿规范特许经营秩序。尽快出台规范商业特许经营的法规，明确特许经营商的资质，规范特许经营行为，保护加盟商利益，打击以特许经营为名骗取加盟费、坑骗投资者的商业诈骗行为。加强对特许经营展会的监管，防止不法分子利用展会进行欺诈。充分发挥行业协会的作用，加强行业自律。

整治医疗服务市场。规范医疗机构执业行为，纠正医疗机构聘用非卫生技术人员行医、出租、外包科室的行为；打击无证行医，查处无《医疗机构执业许可证》和相应资质、资格擅自开展诊疗活动的行为，禁止和取缔非法义诊，建立打击非法行医综合治理和长效管理机制。

（四）完善执法体制

根据市场经济秩序中出现的新情况、新问题，及时提出立法建议，弥补法律空白。运用现代科学技术增强执法能力，创新监管手段，改革行政执法体制，进一步理顺执法部门的监管职能，积极推动市场监管领域的综合行政执法。加强行政执法与刑事司法的衔接，建立行政执法机关与公安司法机关信息共享机制，确保涉嫌犯罪案件及时移送。

（五）加强基层和基础工作，落实地方政府责任

将执法资源向基层和薄弱环节倾斜，加强对秩序混乱多发的农村、城乡结合部和偏远地区，8小时以外、节假日等特殊时段，小型、分散的生产经营企业的监管，加强对农民、进城务工者和城市低收入阶层等弱势群体的保护。建立重大市场经济秩序事故问责制，落实地方政府行政责任制和责任追究制度。

（六）推进社会信用体系建设

深入开展全社会的诚信宣传和职业道德教育，增强全社会信用意识，逐步形成诚信为本、操守为重的良好社会风尚。建立健全失信惩戒制度，发挥社会中介组织作用，推动部门间信用监管信息共享和行业加强信用自律，加快建立企业和个人信用体系，逐步形成信用惩戒和褒扬机制。

深入实施科技兴贸战略　加快转变外贸增长方式

商务部科技发展和技术贸易司司长　常晓村

2004年，科技司以贯彻落实《关于进一步实施科技兴贸战略的若干意见》（国办发［2003］92号）为工作主线，深入实施科技兴贸战略，大力促进高新技术产品出口、着力引进国外先进技术、加强市场开拓力度、加快技术性贸易措施体系建设、积极稳妥地做好出口管制工作，各项工作都取得了明显成效。

一、2004年科技兴贸工作取得新进展

（一）协调各部门、各地区贯彻落实了国办发［2003］92号文。为进一步贯彻落实《关于进一步实施科技兴贸战略的若干意见》，我部会同财政部、税务总局、质检总局、海关总署、进出口银行、信保公司分别出台了贯彻落实《若干意见》的配套措施。财政部和税务总局从2004年11月1日起提高了部分IT产品的出口退税率；质检总局计划到2004年底将享受检验检疫绿色通道制度的企业扩大到2 000家；海关总署将西部地区高新技术企业适用便捷通关政策的门槛从1亿美元下调至1 000万美元；中国进出口银行将高新技术产品出口企业申请出口卖方信贷的门槛从年出口额1 000万美元下调至300万美元，对软件出口企业下调至100万美元；中国出口信用保险公司进一步简化了承保和理赔程序等措施；海关总署和统计局进一步规范了软件出口的管理和统计工作。指导北京、天津、山东等十三个省市制定出台了本地区进一步实施科技兴贸战略的政策措施。

（二）成功召开了全国科技兴贸工作会议。2004年初，经国务院批准，科技兴贸部际联合工作机制各成员单位在京联合召开了“全国科技兴贸工作会议”。国务院副总理吴仪出席会议并作重要指示。各部门领导分别汇报了本部门

进一步开展科技兴贸工作的具体部署。会后，按照吴仪副总理的要求，吸纳国家知识产权局加入联合工作机制，扩大为科技兴贸九部门联合工作机制。9月，召开了“全国商务系统科技工作会议”，总结了各部门、各地区贯彻落实《若干意见》情况，部署了下一阶段科技兴贸工作。

（三）进一步完善了高新技术产品出口促进体系。召开了全国科技兴贸重点城市工作座谈会，加大了对25个高新技术产品出口基地技改研发资金支持力度，组织认定了6个国家软件出口基地，建立了1 000家重点联系企业制度，开展了第一批“国家医药出口基地”的认定工作。

（四）成功举办了深圳高交会、苏州电博会、大连软交会等高科技展会。国务院副总理吴仪出席了第六届深圳高交会的主要活动，并评价深圳高交会“越办越好”。有关部门贯彻落实吴仪副总理关于抓好高交会成交落实工作的指示，制定工作方案，成立联合工作组，建立统计系统，对部分省市成交落实工作进行了检查，成交落实工作取得了积极成果。吴副总理出席了第二届中国国际软件和信息服务交易会，并在亚太地区软件和信息服务国际合作部长峰会及企业家高层论坛上发表了主题演讲，对软件出口工作予以肯定，并对进一步扩大软件出口作出重要指示。苏州电博会、北京科博会、上海工博会和杨凌农高会等展会规模扩大、成交旺盛，社会反响热烈，均取得了圆满成功。

（五）制定完善技术贸易促进政策。为扩大引进先进技术和关键设备，启动了《中国鼓励引进技术目录》、《中国禁止进口限制进口技术目录》和《中国禁止出口限制出口技术目录》的制修订工作；目前，《中国鼓励引进技术目录》（征求意见稿）已收录鼓励引进技术303项。2004年共签订技术引进合同8 605份，增长20.7%；合同金额138.6亿美元；技术费96.3亿美元，占比69.5%。

（六）加快技术性贸易措施体系建设。组织对涉及1 400亿美元的42个重点出口商品进行研究，立项制定42个出口商品技术指南；组织制订植物药提取物等9项行业标准；研究调控进口的技术性贸易措施清单，对具体商品设定技术指标。

（七）完成中美关于最终用户访问问题的谈判并签署了《换函》。在第十五届中美商贸联委会上，中国商务部和美国商务部签署了《中美关于最终用户访问问题的换函》。该《换函》的签署，有力地改善了中美双边高技术贸易关系。

（八）加强了敏感物项和技术出口管制的管理工作。完善和细化出口管制法规规章，完成了《核两用品出口管制条例》及所附《管制清单》修订工作；颁布实施了《敏感物项和技术出口许可证暂行管理办法》及配套《管理目录》；明确了向敏感国家出口审批“三原则”；与公安部等部门完成了《易制毒化学品管理条例》的起草工作。

二、高新技术产品进出口继续保持高速增长

2004年我国高新技术产品进出口延续了近两年来的高速增长势头，全年高新技术产品进出口达到3 269.7亿美元，增长43.8%，其中进口1 614.3亿美元，出口1 655.4亿美元，分别增长35.3%和50.2%，高新技术产品成为推动我国外贸进出口增长的重要力量。我国高新技术产品进出口呈现新特点：

（一）高新技术产品进出口净增近1 000亿美元，出口增量占全国外贸出口增量超1/3。高新技术产品进出口两年迈上两个新台阶，在2003年超过2 000亿美元的基础上，2004年进出口净增973亿美元，首次超过3 000亿美元；在2003年出口净增425亿美元的基础上，2004年出口净增552亿美元，出口增量占全国外贸出口增量的35.5%，拉动外贸出口增长13个百分点；高新技术产品出口占外贸出口比重达到27.9%，在2003年提高4.4个百分点的基础上又提高了2.7个百分点。

（二）出口产品竞争力逐步增强，进出口首次实现顺差。出口退税新机制加速了高新技术产品出口，出口超百亿美元的高新技术产品队伍不断壮大。计算机及其零件出口600亿美元，增长46.1%，其中笔记本电脑出口超过200亿美元，增长80%以上；手机及其零件出口208.5亿美元，增长81.0%，集成电路出口105.2亿美元，增长76.5%，液晶显示器、数码相机和激光打印机出口也在50亿美元以上。出口退税率17%的134种8位HS编码高新技术产品出口794.3亿美元，占高新技术产品出口总额的48.0%，增长64.7%；随着出口产品竞争力和增长质量的提高，2004年高新技术产品出口增幅大于进口增幅15个百分点，并首次实现贸易顺差41.1亿美元。

（三）欧盟成为我国高新技术产品最大贸易伙伴，对美、欧顺差大幅增加。2004年，我国与欧盟的高新技术产品贸易额达549.6亿美元，超过与美国的547.9亿美元贸易额，成为我国高新技术产品最大贸易伙伴；香港、美国和欧盟是我国高新技术产品前三大顺差来源地，顺差分别为326.6亿、256.4亿和194.9亿美元。台湾省、东盟、日本、韩国是我国高新技术产品主要逆差来源地，逆差分别为204.9亿、173.9亿、140.4亿和116.0亿美元。

（四）高新技术产品进出口“长三角”超过“珠三角”，科技兴贸重点城市成为主力军。2004年，长三角的苏沪浙高新技术产品出口687.0亿美元，占比41.5%，比

2003 年底增加 4 个百分点；其中江苏出口 359.4 亿美元，增长 57.1%；上海出口 288.9 亿美元，增长 76.4%。珠三角的广东高新技术产品出口首次超过 600 亿美元，达到 664.6 亿美元，增长 38.0%，占比 40.1%，比 2003 年底下降 3.6 个百分点。“长三角”和“珠三角”地区成为我国高新技术产品进出口的“增长集群”。深圳、上海和苏州等 20 个科技兴贸重点城市进出口2 303.2亿美元，占高新技术产品对外贸易的 70.4%。

三、技术引进工作取得新成绩

据商务部业务统计，2004 年我国共登记技术引进合同 8 605份，同比增长 20.7%；合同总金额 138.6 亿美元，同比增长 3.0%；其中技术费 96.3 亿美元，占合同总金额的 69.5%。2004 年技术引进工作呈现以下特点：

（一）技术引进方式以专有技术，成套设备/关键设备/生产线，技术咨询/技术服务为主，分别占 29.8%、27.3% 和 25.0%，以上三种类型占技术引进总金额的 82.1%。

（二）技术引进的国别地区更趋多元化，但主要技术来源仍集中于欧盟、日本、美国等发达国家与地区。

（三）从行业分布看，技术引进主要集中于电力/蒸汽/热水的生产和供应业、电子及通信设备制造业、黑色金属冶炼及压延加工业等领域，分别占合同总金额的 15.0%、13.5% 和 10.1%。从合同数量上看，技术引进主要集中于交通运输设备制造业、电子及通信设备制造业和其他制造业等，其合同数量占全部合同数量的比例分别为 13.8%、11.5% 和 8.3%。

（四）外资企业、国有企业仍是我国技术进口的主体。外资企业登记技术进口合同 5 057 项，占合同总数量的 58.8%，合同金额 66.9 亿美元，占合同总金额的 48.3%，同比下降 12.0%。

（五）技术引进项目地区分布仍不平衡，合同金额排在前五位的上海、北京、天津、江苏和浙江累计达到 71.8 亿美元，占全国技术引进合同金额的 51.8%。

实施科技兴贸战略是在商务领域贯彻落实科学发展观的必然要求，是我国由贸易大国向贸易强国跨越的必由之路。商务部科技司在 2005 年工作中将认真贯彻落实中央经济工作会议精神，继续深入实施科技兴贸战略，加快转变外贸增长方式，推动我国对外贸易持续快速协调健康发展。

深入参与区域经济合作　努力拓展国际发展业务

商务部国际经贸关系司副司长　尹宗华

2004 年，在党中央、国务院的统一部署和正确领导下，我们根据中央“全面落实科学发展观”、“统筹国内发展和对外开放，增强国际竞争力”的要求，结合新时期商务工作的重点，稳步推进与有关国家和地区商建自由贸易区工作，为国民经济和对外经贸稳定较快发展营造良好的外部环境；深入参与多边和区域经济合作组织活动，扩大国际和区域交流与合作；积极拓展多双边对华无偿援助业务，促进中西部经济社会和谐发展。

一、有关国家和地区商建自贸区工作取得新进展

当前，在经济全球化继续深入发展的同时，区域经济一体化加速发展，以自贸区为主要形式的区域贸易安排不断涌现。截至 2004 年底，全世界向 WTO 通报的区域贸易安排已达 307 个。为顺应区域经济一体化迅速发展的新形势，我们在 2004 年加大了与有关国家和地区商建自贸区的工作力度，取得了新的进展。

（一）中国—东盟结束货物贸易谈判

2004 年 1 月 1 日，中国—东盟自贸区先期成果——早期收获计划开始实施，对 593 种农产品进行降税。早期收获计划实施一年来，双方降税产品贸易总额达到 19.7 亿美元，同比增长 39.8%，其中我国进口 11.5 亿美元，增长 46.6%，出口 8.2 亿美元，增长 31.2%，增幅均明显高于 2003 年。

2004 年，经过密集谈判，我国与东盟就自贸区货物贸易的降税模式、争端解决机制等重大问题达成一致。在 11 月 29 日举行的中国—东盟领导人会议期间，商务部部长薄

熙来与东盟10国经济部长正式签署中国—东盟自贸区《货物贸易协议》和《争端解决机制协议》。根据《货物贸易协议》，从2005年7月1日起，中国和东盟将对近7 000种产品开始实施降税。其中，中国和东盟6个老成员（新加坡、马来西亚、泰国、菲律宾、印尼、文莱）将在2010年把大部分产品的关税降为零，东盟4个新成员（越南、老挝、柬埔寨、缅甸）在2015年把大部分产品的关税降为零。两个《协议》的签署，标志着中国—东盟自贸区建设进程的全面启动。

（二）内地与香港、澳门《更紧密经贸关系安排》不断扩大

为进一步扩大两个《安排》的内容，2004年10月，内地分别与香港、澳门签署了《〈安排〉补充协议》，并于2005年1月开始实施。根据《安排》及其《补充协议》，内地承诺对1 108种原产香港的货物和509种原产澳门的货物实行零关税，并不迟于2006年1月1日对所有原产香港、澳门的货物实行零关税。在服务贸易方面，内地在法律、会计、医疗、视听、建筑、分销、银行、证券、运输、货代和个体工商户等11个领域对港澳进一步扩大开放，新开放专利代理、商标代理、机场服务、文化娱乐、信息技术、职业介绍、人才中介机构和专业资格考试等8个领域。这样加上原有开放的领域共有26个领域，基本涵盖了港澳主要服务业的领域。

2004年1月，内地与香港、澳门《更紧密经贸关系安排》正式开始实施，进展顺利，效果显著。2004年，在《安排》框架下香港向内地的出口为11.5亿港币，澳门向内地出口为177.3万澳元。在服务贸易领域也取得积极进展，涉及物流、分销、银行、电信等行业。

内地与香港、澳门《更紧密经贸关系安排》及《〈安排〉补充协议》，在促进港澳的繁荣稳定和三地经济融合方面发挥了积极作用。

（三）中国与智利、新西兰、南部非洲关税同盟、海湾合作委员会的自贸区谈判正式启动

2004年11月，胡锦涛主席在出访智利和出席亚太经合组织领导人非正式会议期间，分别与智利总统拉各斯和新西兰总理克拉克共同宣布启动中智、中新自贸区谈判。6月，在曾庆红副主席访问南非期间，商务部薄熙来部长与南非贸工部部长姆帕尔瓦共同宣布启动中国—南部非洲关税同盟自贸区的谈判。7月，薄熙来部长与来访的海合会秘书长和海合会6国财经大臣共同宣布启动中国—海合会自贸区谈判。我国与上述国家和地区建立自贸区，将进一步推动双边经贸关系的稳定持续发展。

二、深入参与多边和区域经济合作

联合国系统各有关机构和亚太经济合作组织、亚欧会议、大湄公河次区域合作等区域经济合作论坛，是我国开展经济合作的重要舞台。2004年，我国继续全面参与上述组织和论坛的活动，积极倡导以贸易投资便利化和经济技术合作为主要内容的多边和区域经济合作。

（一）积极推进亚太经济合作活动

亚太经合组织是亚太地区重要的区域经济合作论坛，对推动本地区贸易、投资和经济合作发挥着重要作用。2004年11月，胡锦涛主席出席了在智利圣地亚哥举行的APEC第12次领导人非正式会议，提出了推进亚太地区经济合作的新主张和新思路，积极引导亚太经济合作朝务实的方向发展。在各个层次的会议中，我国主张正确处理加强安全防范与促进贸易发展的关系，维护亚太经合组织的经济合作论坛性质；稳步推进亚太地区贸易投资自由化和便利化合作，不断改善亚太地区的贸易投资环境；积极主张开展经济技术合作和能力建设活动，努力缩小各经济体的发展差距；提出了提高海关效率、推动标准一致化、开展知识产权领域合作等一系列倡议。此外，我们还在国内成功组织举办了亚太经合组织首届电子商务博览会、第三届中小企业技术交流展览会和第六届汽车对话会等活动。我国与APEC其他成员一起，为推动亚太地区贸易投资自由化和便利化作出了贡献。

（二）努力推动亚欧会议经贸合作朝务实方向发展

2004年10月，温家宝总理出席了在越南河内举行的第五次亚欧首脑会议，为推动亚欧对话与合作，推动在经贸领域合作朝务实的方向发展发挥了建设性作用。温总理在发言中强调经济合作是亚欧新型伙伴关系的基础，提出亚欧会议要更加注重经贸合作实效，实现互利共赢，深化贸易便利和投资促进交流，大力促进中小企业合作，加大对技术援助和能力建设项目的投人。我国关于推进亚欧经贸务实合作的主张，充分体现在会议通过的《亚欧会议更紧密经济伙伴关系河内宣言》之中，提出的2005年举办“亚欧会议贸易投资博览会”的倡议获得一致通过。

（三）深化大湄公河次区域经济合作机制，着力推动贸易投资便利化进程

2004年9月，商务部部长助理易小准率团出席了在泰国曼谷召开的大湄公河次区域政府与企业高级磋商会。中国政府代表与各国代表交流了对推进大湄公河次区域贸易投资便利化的看法，并表示将进一步加强与次区域各国政府和企业的经贸合作，鼓励中国企业积极参与次区域的合

作开发，以实现次区域的稳定发展和共同繁荣。此次会议是大湄公河次区域合作机制下政府与企业的首次直接对话，对促进政府与企业之间的沟通和交流产生了积极影响。

（四）继续深入参与联合国等国际组织的活动

2004 年 6 月，在联合国贸发会议第十一届大会上，我国代表团就经济全球化、多边贸易体制、南南合作等重大问题深入阐述了中方的立场和观点，支持了以 77 国集团为代表的发展中国家的合理要求与主张，维护了广大发展中国家的利益。本次大会通过了《圣保罗精神》和《圣保罗共识》，并正式启动了发展中国家全球贸易优惠制第三轮谈判。此外，我国还与贸发会议开展了经济全球化与中国的发展战略联合研究项目，联合举办了“亚太地区国际投资协定培训班”、“国际投资协定研讨会”、“经济全球化与中国发展战略研讨会”、“《2004 年贸易与发展报告》中国发布仪式”等活动，取得了很好的效果。

我国与联合国亚太经社理事会保持着良好的合作关系，积极支持和参与该组织的各项活动。2004 年 4 月，亚太经社会第 60 届年会在上海召开，这是历史上规模最大、级别最高、影响最突出的一次会议。国家副主席曾庆红和国务委员唐家璇等国家领导人出席会议。商务部副部长于广洲在会上就全球化与中国经济、WTO 新一轮谈判、区域经济一体化等问题阐述了有关立场和主张。

此外，我国还参加了联合国开发计划署、联合国人口基金、联合国儿童基金、国际贸易中心、商品共同基金、国际热带木材组织等机构的活动和世界扶贫大会等国际会议，全面阐述了我国在相关领域和问题上的立场，为推动国际发展合作做出了贡献。

三、争取国际无偿援助，支持中西部地区的发展

2004 年，我国继续拓展与联合国有关机构和外国政府的多双边发展合作，共开展各类合作项目 76 个，援助资金约 2.6 亿美元。其中联合国儿童基金会、联合国人口基金会等国际组织合计3 000万美元，欧盟8 100万美元，日本4 000万美元，加拿大3 700万美元，德国3 200万美元，澳大利亚1 600万美元，英国 1 200 万美元，意大利 600 万美元，荷兰 400 万美元，其他国家 200 万美元。利用这些国际资金，我国在农业、林业、卫生、扶贫、环境保护、人力资源开发、法律合作、政府管理等领域开展了富有成效的活动。国际多双边无偿援助项目的实施，对于促进我国经济体制改革，促进中西部地区的经济社会发展和东北等老工业基地振兴起到了积极作用。我国借鉴国际成熟经验和发展思路，通过开展农村综合扶贫项目，促进城乡协调发展；通过开展环保和水资源管理利用项目，促进人与自然和谐发展；通过开展公共卫生和普及义务教育项目，促进经济与社会协调发展；通过开展对艾滋病人的关怀和保护妇女儿童权益项目，体现“以人为本”和构建和谐社会的理念；通过开展提高行政管理水平、深化经济体制改革等项目，提高驾御市场经济的能力。

妥善应对国际贸易摩擦 积极运用国际规则发展和保护自己

商务部进出口公平贸易局局长　王世春

随着对外贸易的持续快速发展，我国已进入贸易摩擦多发期，加之“入世”“后过渡期”的临近，市场逐步开放，我运用规则发展和保护自己所面临的压力也越来越大。面对严峻的形势，为统一思想、提高认识，2004 年 6 月，商务部进出口公平贸易局在成都召开了全国进出口公平贸易工作会议，吴仪副总理作出重要批示：“商务部要把应对贸易摩擦工作摆在突出位置，认真抓紧抓好。地方各级政府和商务部门也要高度重视此项工作。企业以及商会、行业协会等中介组织都要积极行动起来，充分发挥各自的作用。要以统筹国内发展和对外开放为指导方针，密切跟踪开放市场对国内产业的影响，及时、合理、有效运用贸易救济措施，依法维护我国产业的正当权益，为国民经济的健康发展保驾护航”。在商务部党组正确领导和有关各方的共同努力下，2004 年的进出口公平贸易工作有序开展，取得了积极成效。

一、妥善应对贸易摩擦，维护出口贸易环境

2004年共有17个国家（地区）对我发起反倾销、反补贴、保障措施及特保调查59起，涉案金额共14.3亿美元。欧、美依然是对我发起反倾销调查的主要国家，土耳其等发展中国家也成为与我贸易摩擦的新热点，我出口产品面临的贸易壁垒层出不穷。经多方努力，应对贸易摩擦的各项工作进展显著。

（一）"非市场经济"问题的解决取得重要进展

就反倾销调查中的"非市场经济"问题展开交涉是2004年工作的重点之一。我们坚决贯彻部党组确定的策略，因势利导，做好有关牵头、协调和配合工作，开展了多层次、多角度的政府交涉，取得积极进展。截至2004年底，新西兰、南非、东盟十国、俄罗斯、巴西、阿根廷、智利等已先后承认我市场经济地位，加拿大推定我所有行业为市场导向行业。针对欧、美的交涉工作也有序开展，先后召开了中欧、中美有关中国市场经济问题专家组（工作组）第一次会议。

（二）"特保"应对工作成效显著

应对特别保障措施是我应对贸易摩擦工作中的重中之重。2004年，美国对我出口床用内置弹簧组发起"特保"调查，加之以往所立四起案件尚未结案，应对工作仍面临较大压力。我以立法磋商为起点，以法律应诉为基础，以政府交涉为核心，对新立案件展开强有力交涉，其他各案乘胜追击，取得满意结果。迄今为止，国外对我发起的11起"特保"调查，我方均应对成功，有力遏制了国外对我滥用特保调查的势头。

（三）首例反补贴案件应对取得胜诉

2004年4月，加拿大首开先例，对我烧烤架发起反补贴调查，此后又连续对我出口钢制紧固件、复合木地板发起反补贴调查。我局与相关部委和地方政府密切配合，政治交涉与法律抗辩相结合，全力应对。首例反补贴案加方最终裁决补贴幅度忽略不计，终止反补贴调查。在复合木地板案中，我成功打掉加国申诉方将人民币汇率政策作为补贴项目进行反补贴立案调查的企图。

（四）反倾销大要案指导得力

在反倾销个案抗辩指导工作中，我们确定了"突出重点，以点带面"的策略，即突出重点国别、重点案件的应对工作，带动其他国家、其他案件应对。在重点案件中，我们派人全程参加调查国对企业的实地核查，回应对方关切，取得良好效果。在迄今涉案金额最大的美国对我木制卧室家具反倾销案的终裁中，增加了24家享受平均税率的中国企业，占涉案金额65%以上的115家中国企业终裁的平均税率较初裁大幅度降低。阿根廷对我出口草甘膦的反倾销案是我"入世"后在拉美遭遇的金额最大的反倾销案，经企业积极应诉和政府大力交涉，最终未被征税。

（五）调查与交涉并用，有效应对贸易壁垒

2004年4月22日，我对日本紫菜进口管理制度启动首例贸易壁垒调查，经磋商，日方最终承诺对我开放市场。该调查案反击了国外对我歧视性贸易限制措施，为今后运用贸易政策工具维护利益积累了经验。在美国电池337调查案中，经多方应对，7家中国被告企业被裁定不构成侵权，我电池恢复正常对美出口，337应对首次取得重大胜利。在美国劳工权利301调查案、欧盟打火机CR标准案等社会影响大、涉及范围广的案件中，我应对工作也取得理想结果。

二、积极运用国际规则，保护国内产业利益

随着"入世""后过渡期"的到来，进口产品所受冲击更加强烈，我依照国内立法并遵循国际规则，及时、合理、有效开展进口产品反倾销调查工作，保护国内产业的正当利益。

（一）反倾销调查力度大

2004年，我共对8种进口产品发起反倾销调查，涉及美、日、韩、俄、欧等11个国家（地区）；完成了对光纤等6种产品的反倾销初裁、对苯酚等3种产品的终裁。反倾销措施的依法运用，遏制了倾销产品进口，规范了竞争秩序，为国内产业的结构调整和发展营造了良好环境。

（二）反倾销复审日益重要

随着反倾销措施的增加和市场变化，出口商和国内产业对复审的需求日益增多。2004年，我调查机关进行了对聚酯切片、丙烯酸酯、邻苯二酚、丁苯橡胶等产品的期中复审以及对聚酯薄膜的日落复审；完成了对冷轧板卷继续征税必要性的复审；在新闻纸日落复审案中，裁决按1998年终裁继续征税5年，为国内新闻纸产业发展营造了良好环境。

（三）反倾销相关问题处理稳妥

在少数反倾销案件中，由于原料涨价，个别下游企业经营困难，多次信访上访要求政府干预市场定价。为维护安定团结和社会稳定的大局，澄清对反倾销工作的误解，我局对上访企业反复做耐心说服工作，协调供需双方的矛盾，使企业最终理解了反倾销工作，支持政府依法办事。

三、适应形势发展要求，建立健全工作机制

我们继续完善商务部、地方主管部门、中介机构、企业"四位一体"的工作机制。在指导地方政府、中介组织、相关企业建立公平贸易机构的基础上，我局实现了与各部门之间的沟通交流及时、信息资源共享、案件应对互动。在美国对我木制家具反倾销案等案件的应对中，各部门之间互相配合，形成合力，一致对外，为最终胜诉提供了机制保障。我们还不断完善贸易救济措施协调委员会机制，保证反倾销裁决科学、公平、公正。

四、双边与多边结合，拓展交流合作平台

我们继续采取“请进来，走出去”的方式，加强双边贸易救济措施合作机制。在中美商贸联委会项下正式设立了贸易救济合作机制工作组，我方主办了第一次会议；此外，还正式启动了中澳贸易救济措施对话机制，召开了中阿（阿根廷）反倾销工作组第一次会议。截至目前，已同美国等10多个国家（地区）建立贸易救济措施合作机制。我局高度重视WTO多哈回合规则谈判工作，成立了研究小组，进行了认真研究并积极参加规则谈判会议，发表中方意见，维护我利益。

五、加强基础建设，促进全面工作

完善各项规章制度。我们继续从健全法律体系、规范调查工作等各层面出发，修订了《出口反倾销应诉规定》；对《反倾销条例》提出修改意见，制订了《立案工作流程》、《反倾销日落复审操作规程》，完善了反倾销技术操作规程。

加强宣传培训工作。我局先后就市场经济地位、美国对我木制卧室家具反倾销案、贸易壁垒调查规则等热点问题接受媒体采访，利用各种媒体提高工作透明度。我局先后为四川省和中部各省举办了“贸易壁垒应对培训班”和“中部地区进出口公平贸易培训班”；与美国海陆律师事务所联合举办了“贸易救济措施高层研讨会”，介绍有关国家贸易救济立法的最新情况。

为了解国外反倾销案件对我出口的影响，我们深入家具出口企业和暖水虾产区调研。我局还组织编写了《2002—2003中国市场化新进展》及一系列补充材料，推动欧盟尽早解决我“非市场经济”问题。此外，我们先后完成了《应对反补贴的国际做法及相关建议》、《亚非地区对华反倾销和其他贸易救济措施概况》、《SA8000标准与企业社会责任》、《反倾销涉及的公共利益问题》、《保障措施法律制度研究》等多篇有价值的研究报告，以更好地指导工作实践。

提高运用国际通行规则的能力 做好新时期产业损害调查与维护产业安全工作

商务部产业损害调查局局长　王琴华

2004年，产业损害调查局认真贯彻落实党的十六大和十六届四中全会精神，努力运用国际通行规则保护和发展国内产业，在贸易救济案件调查中，不断提高依法行政能力，同时，大力推进维护产业安全的各项工作，取得了显著成绩。

一、贸易救济措施效果显著

2004年以来，我国反倾销新立案8起，复审立案7起，作出初步裁决6起，最终裁定3起，作出复审裁决3起。截至目前，我国对进口产品发起的反倾销调查共36起，保障措施调查1起。36起反倾销案件中，已经作出终裁并征收反倾销税的案件21起，无损害终止调查2起，申请人撤诉1起，作出初步裁决4起，正在进行调查的反倾销案件共8起。从案件参与企业的地域来看，36起案件涉及110多家申请企业，遍布全国23个省区市。其中江苏、山东、上海三个省市企业参与案件最多，分别为11起、10起和9起。从行业分布来看，这36起案件涉及化工、钢铁、轻工、纺织、电子等五大行业共35类产品，其中2/3以上的案件集中在化工行业。大部分涉案产品为原料型产品，包括同一产业链中的上下游产品。据不完全统计，前30起反倾销案件累计涉案金额约59亿美元，其中，冷轧板卷反倾销案涉案金额达17亿美元，为迄今我国反倾销案件中涉案金额之最。

贸易救济措施的运用，维护了国内产业安全，促进了

国内产业健康发展。采取贸易救济措施后，国外产品低价大量进口势头得到有效遏制，国内市场价格恢复性上升。根据我们对19种终裁案件产品2004年度数据跟踪显示，有8种产品总进口数量呈下降趋势，18种产品进口价格与上年同期相比呈上升态势。采取反倾销措施后，国内产业生产经营状况明显好转，效益提高，企业赢得了恢复和调整的时间，开始向产品升级换代、核心竞争力逐步提高的方向发展。

为评估实施贸易救济措施对我国产业的影响，2004年以来，我们把贸易救济措施效果跟踪作为维护产业安全工作的重要内容。2004年10月，下发了《商务部办公厅关于对国内产业损害及恢复发展情况开展跟踪调研工作的通知》。随后，选择了聚酯切片、涤纶短纤、丙烯酸酯、邻苯二酚和聚酯薄膜等重点产品，组织力量分别赴华东、东北、西南等地区，跟踪调研实施贸易救济措施的效果。目前各地也在积极开展跟踪工作。广东、浙江、上海、北京、甘肃、江苏、吉林、辽宁、四川、山东等省市主管部门已向产业损害调查局报送了相关材料。此外，我们还对钢铁保障措施实施后的效果进行了专题调研，并向中央及国务院有关领导报送了《我国对部分进口钢铁产品保障措施的成功实施及启示》。

为了解决贸易救济措施实施后，对部分下游产业产生不利影响的问题，根据部领导的要求，我们积极推动上下游产业建立产业协作联盟。通过协调和指导，钢铁和船舶两大产业建立了联盟关系，签订了价格框架协议。及时向部领导提出调整进口冷轧板卷反倾销措施的政策建议，中止了对进口冷轧板卷采取的反倾销措施，有力地配合了国家实施的宏观调控政策。

二、产业损害调查工作水平进一步提高

在产业损害调查工作中，通过不断总结经验，深入研究世贸规则和国内法律，研究借鉴其他WTO成员的法律和案例，进一步提高了立案、调查和裁决工作水平。在立案环节，简化立案程序，加快立案的进度。在调查和裁决中，注意把握每个案件的特点，多方面收集证据资料，科学分析把握案件的重点和关键，学习并“善于”运用规则和法律，公正、有效地维护了国内产业的安全和利益。针对近年来涉案产品下游产业反应越来越强烈的问题，我们在案件调查中注意听取各方面意见，并依据WTO相关法律进行产业损害幅度和“低税原则”的研究，探索兼顾上下游产业协调发展的有效途径。

2004年，我们不断加强产业损害调查的制度化建设。总结近年来在产业损害调查与裁决工作中积累的一些经验，用规章形式加以制度化。制定了《产业损害调查与裁决操作规程（试行）》，规范了产业损害调查与裁决各个环节的工作。修订实施了《产业损害调查局公开信息查阅办法》，进一步提高了调查与裁决工作的透明度；针对反倾销措施实施后出现的规避现象，研究起草了《规避反倾销措施行为调查与裁决的规定》等。

各地商务主管部门积极参与了每个案件的调查工作，为产业损害调查的顺利开展创造了条件。山东、河北、江苏、浙江、湖南、吉林、黑龙江、四川等省市主管领导亲自协调，主管处室的同志认真负责地参加全部调查活动，促进了产业损害调查工作水平的不断提高。

三、产业损害预警机制建设稳步推进

国务院将完善产业损害预警机制列入了2004年工作要点。为落实国务院要求，2004年以来，加强了产业损害预警系统的基础建设，对部分软件和硬件进行了升级和改造，并强化预警分析模型以及预警信息服务功能的开发。进一步完善产业损害预警信息定制与发布系统，增强为地方和行业、企业服务的有效性。

加强重点行业产业损害预警工作。继续对重点敏感商品进行监测。在完善已经运行的汽车、化肥、钢铁行业产业损害预警机制的基础上，会同信息产业部和中国纺织工业协会，启动了部分电子信息产品、纺织品的产业损害预警机制。

随着预警工作的深入，产业损害预警报告的分析水平不断提高，除为产业提供信息引导外，也为国务院和商务部领导提供了重要的决策参考。2004年，撰写了“中美贸易评估报告”、“从中俄贸易结构和产业结构看扩大双边经贸合作问题”等专题报告，得到国务院和商务部领导的肯定和好评。

各地方建立产业损害预警机制的工作也取得了实质性进展和突破，从过去的“几枝独秀”发展到今天的“满园春色”。据不完全统计，目前已经有浙江、上海、山东、广东、江苏、吉林、厦门、新疆等省区市根据本地区优势产业或特色产业，陆续建立了本地重点产品产业损害预警系统，为维护地区产业安全、促进地方经济的发展发挥了重要作用。浙江省对本省的化纤、化工、电子等六大类重点敏感商品进行监测，编制的预警报告已成为省政府调控经济运行的重要依据；上海市建立的钢铁产品产业损害预警系统自2004年6月正式运行，每月发布的监测产品预警指数成为相关部门掌握钢铁产业市场状况的晴雨表；山东省

抓住本省造纸行业规模大、企业数量多，受到进口纸制品威胁比较严重的特点，积极推动建立造纸行业预警体系，为企业生产经营提供了重要的信息平台。

2004年10月底，召开了“产业损害预警工作现场经验交流会”，通过表彰先进、交流经验、专题培训等方式，指导和推动地方商务主管部门开展产业损害预警工作。会后，青海、厦门、湖北、河北等省市向我局报送了本地产业损害预警机制建设方案。

四、指导行业维护产业安全工作得到加强

2004年4月，商务部下发了《关于做好维护国内产业安全工作的指导意见》，为各地方、各行业有重点、有针对性地开展工作提供了依据。为贯彻落实指导意见的要求，调查局与相关行业协会建立了重点行业联席会议制度，至今已经召开了三次联席会议。通过联席会议这种制度安排，使我们及时了解了各行业维护产业安全工作的情况和存在的问题，为指导行业进一步做好各项工作奠定了基础。

针对重点和敏感产业面临“入世”“后过渡期”的严峻考验，我们研究提出了商务部指导产业应对“入世”“后过渡期”的工作方案。方案针对石化、钢铁、机械、汽车、电子等11个重点行业，提出了做好“入世”“后过渡期”应对工作的指导意见。

五、产业国际竞争力调查与评价工作取得积极进展

在对外开放不断深化的新形势下，开展产业国际竞争力调查工作，对于全面评估我国产业在国际市场的竞争状况，更加广泛和深入地参与国际合作和竞争，意义重大。一年来，我们在产业国际竞争力调查与评价工作方面取得了积极进展。首先，是积极推动产业国际竞争力调查的立法工作。根据新修订的外贸法，起草了《产业国际竞争力调查规则》（草案），经过专家论证和多方征求意见，正在抓紧修改完善，力争尽快出台。第二，组织产业竞争力专题考察。专门组团分别赴欧洲、韩国和澳大利亚就产业国际竞争力的研究和产业竞争力调查情况进行了考察，学习和借鉴国外在产业竞争力研究和调查方面的经验。第三，正式启动了重点产业国际竞争力评价试点工程，首批选择了汽车、磷肥两个产业为切入点。目前，汽车产业的国际竞争力评价研究工作已经结束，研究成果为制定“入世”“后过渡期”汽车产业应对措施提供了基础性产业经济评估，也得到部领导的高度重视。磷肥产业国际竞争力评价课题也即将完成。

在做好部分产业国际竞争力评价试点工作的同时，加强对产业竞争力问题的研究和宣传。2004年4月，在厦门召开了“中国汽车产业国际竞争力研讨会”，高虎城副部长出席了会议并作主旨演讲。2004年9月，召开了首届中国产业国际竞争力研讨会，马秀红副部长出席了会议并作主旨演讲，引起了国内各方面的广泛关注。在《国际商报》上开辟了产业国际竞争力资讯专栏，刊登竞争力研究的进展和成果以及相关动态信息，为政府、产业和企业决策提供了信息参考。

六、对外磋商谈判工作逐步扩展

2004年以来，我局多次参加了世贸组织规则谈判、通报审议和争端解决案件的有关工作。这为我们进一步熟悉WTO成员在贸易救济措施方面的立法和实践，深入了解相关规则，熟练掌握和运用规则，提供了很好的学习机会。WTO其他成员对我方所提出的一些问题，也从另一个侧面帮助我们提高产业损害调查与裁决的水平。在对外磋商谈判中，我们把在贸易救济措施方面的研究成果转化为我方的立场和提案，积极参与了国际规则的制定。

根据部领导的要求，继续牵头组织参加国际经合组织钢铁补贴协定谈判工作。本着维护国家利益和产业安全的原则，经充分研究，在谈判中提出了我方立场和对协定文本进行全面修改的提案，获得了各参加方的广泛关注。

七、研究、培训和宣传工作力度加大

在以往研究成果的基础上，2004年又开展了6个研究课题，对贸易救济措施相关理论和实践及产业竞争力等诸多问题进行前瞻性研究。围绕中心工作，我们独立或会同有关部门进行了大量调研，如对电子信息产品、钢铁行业进行的补贴和反补贴跟踪调研等。这些基础性的课题研究和调研工作，为进一步做好产业损害调查和维护产业安全工作提供了理论和政策支持。

为了尽快提高产业损害调查和维护产业安全工作的整体水平，2004年7月和9月，先后组织了两期产业损害调查和维护产业安全培训班，共有来自各地主管部门的近60位同志参加了培训。在加强培训的同时，还利用各种形式，进行维护产业安全知识宣传。2004年6月，对“中国贸易救济信息网”进行了第三次改版，进一步加强了网站信息更新和案件数据库建设，使网站日均访问量达2.5万人次，成为贸易救济措施领域最权威的网站。在2004年7月商务部“司局长在线访谈”活动中，产业损害调查局共在线回答了网民提出的88个问题。由于精心准备并认真回答网民提出的每一个问题，因而得到了网民的一致好评，也受到

部领导的多次表扬。

一年来，各地主管部门也加大了在产业损害调查和维护产业安全方面研究、培训和宣传的投入。上海、江苏、广东等省市结合贸易救济工作中的热点难点问题，与当地科研机构、高等院校合作，开展相关课题研究，取得了很好的效果。如上海市经委开展的“美国贸易救济措施对上海工业出口的影响研究”，对于上海重点产业如何应对入世后过渡期面临的新形势、新挑战，提出了很有价值的分析和措施建议。厦门市经发局组织编写的“厦门市反倾销企业申诉应诉指南”，对企业运用反倾销知识保护自身合法权益非常有帮助。各地主管部门积极为企业提供贸易救济措施方面的法律咨询和培训服务，受到了企业的广泛好评。

八、各地商务主管部门在“一体两翼”工作体系中正发挥着越来越重要的作用

2004年以来，各地政府机构调整工作逐步完成，绝大部分省市已经明确了产业损害调查和维护产业安全工作业务主管部门，并确定了具体负责此项工作的处室和人员，有些地方建立了专门的工作机构。北京、上海、河北、厦门等地争取到地方财政的专项资金，使工作经费得到保障。各地主管部门在参与产业损害案件调查、预警机制建设、反倾销案件效果跟踪、应对贸易摩擦、培训宣传和提供法律咨询等方面，做了大量卓有成效的工作。

正是由于各地方主管部门的辛勤工作和努力开拓，使得产业损害调查与维护产业安全工作初步形成了各有侧重、各具特色的完整工作体系。实践表明，各地主管部门在产业损害调查和维护产业安全“一体两翼”工作体系中，正发挥着越来越重要的作用。

回顾过去一年的工作，虽然取得了一定的成绩，但同时也应清醒地看到，我们运用国际通行规则的意识和水平还有待进一步提高。如目前立案及办案的效率还不高；产业损害预警分析的深度还不够；指导地方做好维护产业安全工作的方法和手段还不多；在纵向和横向方面，与产业和相关部门的联系还不够密切；宣传培训工作力度还不够大等。对于这些问题和不足，我们将切实加以改进，进一步提高运用国际通行规则发展和保护国内产业的能力。

2004年海峡两岸经贸交流情况

商务部台港澳司副司长　唐　炜

2004年，祖国大陆与台湾省的贸易额近800亿美元，增长迅速；台商投资合同投资金额继续上升，经第三地转投资增长较快。两岸经贸交流日益密切，形成了以台商投资为主线，加工贸易为主要方式，投资带动贸易，贸易促进投资的两岸经贸交流发展格局，对促进两岸关系发展和祖国统一大业发挥着越来越重要的作用。

一、两岸贸易情况

2004年，两岸贸易额为783.2亿美元，同比增长34.2%，其中大陆对台湾省出口135.5亿美元，同比增长50.4%，大陆自台湾省进口647.8亿美元，同比增长31.2%；大陆逆差首次突破500亿美元，达到512.3亿美元。台湾省是大陆第七大贸易伙伴，第三大进口市场；大陆是台湾省第一大出口市场和最大贸易顺差来源地。截至2004年底，大陆累计逆差2742.6亿美元。

（一）加工贸易是对台贸易的主要形式

2004年加工贸易项下对台进口、出口额分别为439.3亿、72.5亿美元，占同期我对台进口、出口额的比重分别为67.8%和53.5%。

（二）机电产品和高新技术产品是对台贸易的主要商品

2004年自台进口前五类大宗商品依次为：集成电路及微电子组件（146.0亿美元）、初级形状的塑料（44.2亿美元）、钢材（37.0亿美元）、印刷电路（17.1亿美元）、自动数据处理设备的零件（14.5亿美元）。对台出口前五类大宗商品依次为：自动数据处理设备及其部件、零部件（16.0亿美元）、钢材（11.1亿美元）、集成电路及微电子组件（9.1亿美元）、煤（6.7亿美元）、服装及衣着附件（3.5亿美元）。

（三）三资企业是对台贸易的经营主体，民营企业对台贸易发展迅速

2004年，三资企业（主要是台资企业）对台进口、出口额分别为493.9亿、84.31亿美元，占同期我对台进口、出口额的比重分别为76.2%和62.2%。民营企业对台贸易额为47.5亿美元，同比增长80.2%，其中民营企业对台湾出口10.3亿美元，同比增长114.4%，民营企业自台湾进口37.3亿美元，同比增长72.6%。

（四）对台贸易业务集中在东部沿海地区

2004年，东部沿海省市对台贸易额合计761亿美元，占总额的比重为97.2%，其中排名前五位的省市依次为：广东（301.9亿美元）、江苏（211.6亿美元）、上海（105.2亿美元）、福建（43.6亿美元）、浙江（35.3亿美元）；中西部内陆省市对台贸易额合计22.3亿美元，占总额的比重仅为2.8%。

（五）2004年台湾仍是我最大的贸易逆差来源地，逆差额突破了500亿美元，达512.3亿美元

二、台商投资情况

（一）按注册地统计的实际使用台资略有下降

按投资方注册地为台湾统计，2004年大陆共批准台商投资项目4 002个，同比下降11.0%；合同台资金额93.1亿美元，同比增长8.7%；实际使用台资金额31.2亿美元，同比下降7.7%。按实际使用外资统计，台资在我吸收境外投资中排第六位。截至2004年底，大陆累计批准台资项目6.42万个，实际使用台资396.1亿美元。

2004年实际使用台资金额略有下降，主要原因是：陈水扁当局加强了对台商赴大陆投资的资金管制，特别是严格限制岛内高科技企业将资金输往大陆；我调整了实际外商投资的统计口径，使部分实际台商投资未列入统计等。

（二）台商经第三地转投资增长迅速

2004年，英属维尔京群岛、开曼群岛、萨摩亚等自由港对华投资增长迅速，实际投资额分别达67.3亿、20.4亿和11.3亿美元，分别居我境外投资的第二、七、九位。台商经第三地（英属维尔京群岛、开曼群岛、萨摩亚）的转投资（按这三地金额的50%估算）约50亿美元，同比增长32%，大大超过按注册地统计的增长比率。如加上按注册地统计的实际台资（31.2亿美元），2004年台商实际投资额达81亿美元，同比增长约13%，约占我境外投资总额的13.3%，居境外投资的第二位。

（三）台商投资仍集中在东部沿海省市

按实际使用台资统计，2004年东部沿海省市合计吸收台资26.7亿美元，占总额的比重为85.6%，主要分布在以下几个省市：山东（6.60亿美元）、江苏（6.50亿美元）、广东（3.48亿美元）、浙江（3.15亿美元）、上海（2.27亿美元）。中西部内陆省市合计吸收台资4.5亿美元，占总额的14.4%。

（四）台商投资领域仍以制造业为主

按实际使用台资统计，2004年台商投资前五类行业依次为：制造业（24.8亿美元），房地产业（2.06亿美元），农、林、牧、渔业（1.19亿美元），租赁和商务服务业（0.72亿美元），住宿和餐饮业（0.42亿美元），其中制造业仍是台商投资的重点，占实际使用台资总额的79.72%，制造业中又主要以加工贸易为主。

三、对台渔工劳务合作

2001年底，对台渔工劳务合作业务被迫全面暂停后，各有关部门一方面加强对我经营公司的整顿、规范，另一方面加强同台湾渔业界的沟通、交流。2004年，在商务部等有关部门的指导下，两岸渔业界人士就建立两岸民间对口磋商机制、保障大陆渔工合法权益等问题进行深入探讨，达成部分共识。待上述相关问题解决后，两岸渔工劳务合作有望尽快恢复并健康、有序地发展。

2005年，我们继续贯彻“和平统一、一国两制”的基本原则，在中央对台工作总方针指引下，继续采取积极务实的措施促进两岸经贸交流，认清形势、把握机遇，为完成党在新世纪的三大任务之一而努力奋斗！

以信息化手段推动商务事业发展

商务部信息化司司长　王新培

党的十六大提出了树立科学的发展观，信息化建设在国民经济和社会发展中的作用日益显现。商务部党组一直高度重视商务领域信息化工作，将其作为加快实现政府公共管理和服务现代化，促进贸易方式的转变，保持我国经贸持续、稳定发展的一项重要工作内容。近年来，在各单位共同努力下，商务部信息化工作按照部党组的部署，开拓创新，努力进取，逐步建立和完善统一的电子政务平台，加强以政府网站为中心的公共信息服务体系建设，开展信息化和电子商务的国际交流与合作，推动地方企业电子商务应用。信息化正在逐步全面为商务部各项业务工作服务并发挥重要作用，成为商务部工作的亮点和特色。

一、利用政府网站等信息平台为企业提供服务

2004年，商务部把政府网站（以下简称网站）工作作为转变职能、为民服务的一个抓手，切实加强领导，不断改进，充实内容，使商务部网站成为商务部工作的一个特色和亮点。在国信办组织的2004年政府门户网站调查中，商务部网站在中央77个部委网站综合排名中再次名列第一，其中三项分指标（政务公开、公众满意度、公众认可度）也均列第一。网站建设已经形成体系，涵盖了商务工作各项主要业务，越来越受到社会公众的关注。2004年网站发布各类信息36万余条，收到公众留言、信件3.4万件，年访问量从2003年的6.5亿次增加到17.1亿次，其中境外超过3.3亿次（美国1.3亿次，日本1 288万次）。网站日均访问量达到600万次。

网站成为反映商务部业务工作的窗口。商务部机关各个司局、驻外经商机构、各个特办网站每天通过网站发布信息约1 500条，包括新闻、政策、重大活动、领导讲话和各司局的业务工作等。

网站成为实现政务公开的平台。自2004年3月起，商务部所有可以公开的政策性文件都上网发布，2004年全年利用政府网站发布政策文件555件，其中国内贸易124件，对外贸易366件，外国投资35件，国外经济技术合作30件。涉及公众利益也适合公开的政策出台前在网上征求公众意见。2004年全年有10项法规公开征集公众意见，公众十分积极，在网上发表意见703条。《中国对外经济贸易文告》改为网上刊登，企业可免费下载。2004年全年共发行《文告》80期，共有4 908家企业通过邮件订阅《文告》。

网站开发互动功能，为广大公众服务，树立服务型政府形象。网站开通“公众留言”栏目，为广大公众向商务部直接发表批评、表扬、咨询、建议提供平台。商务部规定在5个工作日内要解答公众提出的问题。目前，网站主站已收到2万多件公众留言，做到了件件有回音，公众反映良好，取得了很好的社会效果。2004年，商务部网站开通了“司局长访谈”栏目，有20位司局长通过网站向公众介绍本司职能，与公众网上交流，在线回答各类问题近900个，拉近了政府部门与公众的距离。

网站特色栏目越办越好。商务部网站向公众提供视频功能，在重大活动等方面提供了生动的报道。网站在建设英文主站的同时，还为213个驻外经商机构开通了双语服务，目前已有英、法、俄、日、西班牙等23种语言。点击驻外经商机构网站可直接浏览为中国企业和为驻在国企业服务的不同语种栏目。目前，商务部网站共有345个子站点，特别是213个驻外经商机构建立了子网站，各个经商机构可做到远程发布驻在国信息，每天24小时不间断地向国内报回各类商务、商情信息，方便了企业和商务工作人员开拓市场、了解市场。

为了给企业提供全面的信息服务，商务部还专门建设了“世界买家”、“中国商品”、“全球法规”等十大数据库，并在政府网站上建立了专门栏目，给企业提供了较为全面和便捷的商贸信息，例如在世界进口商数据库中，提供了涉及208个国家和地区的41万家国外企业的信息，在中国出口商品数据库中，提供了66万多家国内企业的200万条产品信息。已累计向广大企业和公众免费发放各类光盘70余万张，发放《公共商务信息导报》80余万份，在全国各地设置公共服务展示架近200个，参加各类推介会70余个。

二、建立和完善统一的电子政务平台

按照转变政府职能，完善社会服务，改进行政管理，支持科学决策，提高工作效率，节约行政成本的方针，围绕商务部中心工作完善建设商务部电子政务统一平台，实现信息共享，加强数据信息的综合分析和应用，防止重复建设。

整合资源、完善商务部统一电子政务平台。目前商务部电子政务平台上的全口径进出口监控预警体系、全口径外商投资管理系统、“走出去”管理统计系统、国内市场运行监测系统和境内外政务信息互送处理系统已初步建立并开始发挥作用。

其中，全口径进出口监控预警体系通过应用先进的信息技术对涉及进出口管理等方面的数据信息的整合和挖掘，为及时准确掌握国家进出口动态以及加入世贸组织后进出口贸易出现的新情况提供最直接资料，对可能产生的贸易争端以及市场变化给予监测预警，为宏观决策提供科学依据。

以提高系统的应用效率和水平为最终目标，边建设、边整合、边应用。为提高商务部公务员电子政务应用水平，目前，商务部共举办了 20 期电子政务应用培训班；全部 60% 以上的公务员在日常工作中使用电子政务平台进行数据分析。

加强电子政务建设管理与协调工作。为规范商务部电子政务建设，实现信息共享，防止重复建设和重建设轻应用的情况，出台了《商务部电子政务项目建设管理办法》。该办法在商务部电子政务建设的项目立项审核、项目建设、信息共享、项目验收评估、对外联网等方面做出了规定。

为促进政府部门间互联互通与业务协同，加强与相关部委的合作与联网，实现信息资源的共享，提高信息的使用效率。

三、积极推动电子商务发展

推动电子商务的发展是商务部的一项重要职能。为贯彻落实《国务院办公厅关于加快电子商务发展的若干意见》（国办发［2005］2 号），商务部专门下发了《关于贯彻落实〈国务院办公厅关于加快电子商务发展的若干意见〉的通知》。

在推动电子商务法规标准建设和理论研究方面，商务部组织编写了我国政府部门第一部指导电子商务发展的《中国电子商务报告（2003 年）》，并正在组织编写《中国电子商务报告（2004 年）》，以加强对企业的指导和引导；参与了《中华人民共和国电子签名法》的起草工作；和国家统计局共同启动了“电子商务统计标准研究项目”；开展了“电子商务应用标准建设与发展研究项目”，并完成了相关研究报告；加强对电子商务理论的探索和研究，与高校和研究机构的合作建立了专家队伍和机制。

在推动大型展会电子商务应用方面，提出把广交会办成“有电子商务特色的广交会”，从第 93 届广交会开始，连续几届广交会网站的访问量和网上成交都持续增长，第 93 届广交会网站访问量 5 882 万次，网上成交 3.1 亿美元；第 94 届访问量 6 234 万次，成交 3.67 亿美元；第 95 届访问量 7 600 万次，成交 3.81 亿美元；第 96 届访问量 7 996 万次，成交 4.12 亿美元。积极推动深圳高交会、厦门投资贸易洽谈会、南博会等大型展会的电子商务应用。

在推动地方电子商务应用方面，专门组织赴上海、浙江、广东、天津、泉州等电子商务应用较好的地区调研，总结各地成功的经验和做法，宣传推广不同类型的电子商务模式。与地方和高校结合，开展电子商务培训。

在开展电子商务国际交流合作方面，2004 年 9 月，开通了“中俄经贸合作网站”和“上海合作组织经济合作网站”，这是利用信息技术促进双边经贸合作的新途径。吴仪副总理高度重视网站的建设工作，亲自点击开通了“中俄经贸合作网站”，并对网站的开通运行给予了高度评价。“中俄经贸合作网站”内容涉及双边经贸资讯、相关政策法规、招商引资、贸易机会等等，为两国企业尤其是中小企业及时掌握准确的市场和贸易信息搭建了平台，促进了双边经贸关系的发展。到 2004 年底，网站的日均点击量达 12 738次。参与了联合国贸法会议、亚太经合组织、亚欧会议、东盟 10 +3 以及上海合作组织等国际与区域性组织中的电子商务相关工作，连任了 APEC 电子商务指导组副主席，参与了《APEC 隐私权框架》的起草与修改，申请到了 APEC 无纸贸易评估的项目预算支持，参与了联合国贸法会《国际合同使用电子通信公约草案》的讨论制定，发挥了我国在国际舞台上电子商务领域应有的作用。与一些国际和地区在政府间经贸关系框架下，建立了电子商务交流机制并开展了活动，举办了“第一届内地与澳门电子商务高级研讨班”，参加了香港“国际资讯科技博览会”的“电子商务研讨会”，并做了主题发言，同时还与来自越南、俄罗斯、芬兰以及联合国的政府和企业代表就电子商务发展进行了交流。与一些国家和地区在政府间经贸框架下，建立了电子商务交流机制并开展了活动。

求实创新　稳步推进
全面加强商务干部人才队伍建设

商务部人事教育劳动司司长　杨　益

2004年是我部干部人事工作的“稳步推进年”。人事司以“三个代表”重要思想为指导，认真学习贯彻十六届三中、四中全会和全国人才工作会议精神，在部党组的领导下，紧紧围绕我部中心工作，大力推进“人才强商”，干部人才队伍建设取得了积极成效。全年的工作基本可以概括为“一二三四”等几个方面。

“一”就是围绕一条主线，即干部人才工作始终紧紧围绕服务于商务中心工作这一条主线来开展

当前，商务中心工作对干部人才队伍建设提出了新的、更高要求，如何进一步提升我国商务人才的综合竞争力，建设一支适应统筹国内发展和对外开放要求的高素质、复合型的干部人才队伍，是摆在我们面前的一项紧迫任务。2004年，我们始终紧紧围绕服务于商务中心工作这一条主线来开展各项干部人事工作，认真贯彻执行中央、中组部和部党组的部署，不断深化各项干部人事制度改革，加强干部人才队伍建设，上为部党组分忧，下为各单位服务，为商务事业的发展提供坚强的组织保证和人才支持。

2004年，我们围绕中心工作对干部人事方面的一些重点、难点问题进行了有针对性的调查研究。比如，在对如何进一步拓宽人才引进渠道、建立多元化用人机制进行认真分析的基础上，提出了我部引进急需人才、充实司处级干部队伍力量的建议和措施；通过分析研究我部干部考核工作中存在的主要问题，提出了建立司局级干部日常考核制度和改进公务员年度考核的建议；对我部青年干部队伍现状及存在的问题进行分析后，提出了进一步加强青年干部队伍建设的意见；对商会领导体制改革等问题进行了认真调研，提出了初步的改革设想和思路；根据工作需要，对甲乙类经商处室的设置调整问题进行了深入调研，提出了具体意见等。

“二”就是完善两个机制，即干部选拔任用机制和管理监督机制

（一）全面推进各项干部人事制度改革，规范完善干部选拔任用机制

以七个副司级职位的竞争上岗为契机，大力推进我部干部人事制度改革。按照《干部任用条例》规定，今年初，组织了商务部组建后首次副司级领导职位的竞争上岗，部机关和直属事业、社团单位58名同志报名参加，通过笔试、面试、民主推荐、差额考察等程序，产生了办公厅副主任等7个职位的任职人选。另有9名参加过竞争上岗的同志也被部党组提拔使用。进一步改进完善了机关处长竞争上岗办法，规范了干部晋升处级职务的标准、条件和从外单位调人干部的管理。先后分6批公布了47个处长空缺职位，共69名同志报名参加，产生了38名任职人选。

继续实行干部任前公示制和领导干部任职试用期制。今年以来，对140名司处级干部进行了任前公示，其中司局级干部42名、正处级干部98名；139名司处级领导干部实行了任职试用期，其中司局级干部25名、处长33名、副处长81名。同时，对部机关110名副处长（不含正在试用期的）进行了一次全面考核，及时动态地了解和掌握干部的日常表现情况。

（二）积极探索、大胆创新干部管理监督机制

干部监督工作是干部人事工作的重要组成部分。我们始终将干部监督贯穿于干部人事工作的各个环节，重点加强对干部选拔任用工作和领导干部的监督。根据工作需要，我司成立了专门的干部监督工作机构，建立了干部监督工作联席会议制度，进一步发挥监督合力。在商务部人事司网站上创设了“干部监督举报信箱”，并公布了举报电话。认真做好群众信访举报的受理工作，妥善处理历史遗留问题。配合有关单位，认真清理领导干部企业兼职情况，利用我部的反面典型案例开展集中警示教育活动，“用自家事教育自家人”，取得了良好效果。同时，我们还加强了组织人事部门的自身监督，从源头上预防和防止用人上的不正之风。

“三”就是抓住三个环节，即吸引人才、培养人才和使用人才这三个主要环节

（一）认真学习贯彻全国人才工作会议精神，推进“人

才强商”工作

为贯彻全国人才工作会议精神，根据我部干部人才队伍建设的实际，制定了《关于贯彻落实全国人才工作会议精神，全面加强商务干部人才队伍建设的工作要点》。为进一步开发、整合人才资源，培养造就一支高素质、复合型的商务干部人才队伍，制定了《2005—2008年商务部干部人才队伍建设规划》、《2005—2008年商务部教育培训工作规划》。

为加强全国商务领域的干部人才工作，8月份在福建召开了全国商务领域干部人才队伍建设工作座谈会，总结工作、交流经验，重点研究探讨了新形势下商务领域干部人才培养和人力资源开发的新思路、新方法，明确提出要采取有效措施，大力推进“人才强商”工作，并通过《国际商报》、商务部政府网站等新闻媒体积极宣传。

（二）优选人才，优化干部人才队伍结构

在坚持“凡进必考”，严把“入口关”的基础上，2004年择优录用了104名应届毕业生、10名社会在职人员（其中“海归”4名），接收安置7名军转干部，并从外单位选调9名干部，重点录用、补充了一批我部紧缺、急需的人才。

（三）开展大规模、多层次的教育培训，加强干部人才队伍的能力建设

加强制度化建设。实施培训项目年初预报制度，制定了我部教育培训专项基金管理使用办法和司处级干部培训、驻外干部远程教育培训方案，修改了我部公务员业余参加研究生层次学历学位教育奖励办法，健全了干部教育培训档案。

开展多层次、多渠道的教育培训，促进人才培养。今年以来，选派了12名司处级干部参加中央党校、国家行政学院及其他培训机构的培训。举办了5期司处级干部任职培训班，培训92人；2期组工干部能力建设培训班，培训68人；2次主任科员基本业务技能培训与测试，71人参加；15期行政许可法培训班，部机关和直属事业、社团单位946人参加；举办了公文写作、能力建设和新入部公务员初任培训，培训267人。继续开展大规模英语培训，5名部领导、278名机关干部参加了华尔街和斯坦福英语培训。选派84名机关干部参加国（境）外宏观经济、现代物流管理、翻译等专业培训。

加强商务领域的人才培训和指导。为配合《行政许可法》的出台，与人事部等部门商讨了国际商务师职业资格考试改革办法；组织专家编写了商务培训系列教材；举办2期产业损害调查和1期知识产权保护培训班，培训160余人；8期纺织品出口企业经营管理人员培训班，约2 000家企业的近3 000人参加了培训。

“四”就是建设四支队伍，即党政领导干部队伍，公务员队伍，驻外干部队伍和直属事业、社团单位人才队伍

（一）以领导班子建设为龙头，大力加强党政领导干部队伍建设

着力加强司处级领导班子建设。领导班子建设是我部干部人才队伍建设的重中之重，坚持把政治思想放在首位，引导领导干部树立科学发展观和正确的政绩观，不断提高领导干部的“五种能力”和领导班子的凝聚力、战斗力。今年以来，共任免机关司局级干部54人（次），其中正司级干部13人（次）、副司级干部41人（次）；任免特派员1人（次）、副特派员11人（次）。同时，任免处级干部330人（次），其中正处级干部152人（次）、副处级干部178人（次）。通过调整配备，我部机关司处级领导班子的活力、总体素质进一步提高。

进一步加强各级后备干部队伍建设。积极配合中央考察组到我部进行省部级后备干部考察工作，并向中组部上报了我部省部级后备干部建议人选。通过民主推荐，产生了部机关各司局副司级后备干部、处长后备干部人选。目前，我部已初步建立了各级后备干部队伍。本着“缺什么补什么”的原则，结合干部本人情况，通过交流轮岗、驻外、特办、地方挂职、政治理论或业务培训等方式，有针对性地抓好培养锻炼。

（二）实施人性化管理，积极推进公务员队伍建设

坚持以人为本，实施人性化的管理。修订完善了公务员晋升一般行政职务、因私出国（境）等规定，制定了机关聘用文秘人员工作方案。针对部机关年轻干部多、思想活跃等特点，积极探索人性化的管理模式，全面推行了新入部公务员“导师制”，试行了半年考核，收到了较好效果。改进公务员考核办法，完成了公务员年度考核工作，215人被确定为优秀等次。

以交流促培养，大力推进干部交流工作。重点加强国内外和内外贸干部之间的交流，并试行了机关干部到企事业单位实习锻炼，部机关和直属事业、社团单位干部的双向交流，通过多岗位锻炼，不断增长干部的才干和能力。全年部机关交流干部282人，约占机关在职人数的20.72%。

（三）加强驻外机构建设，努力培养和造就一支高素质的驻外干部队伍

积极参与驻外参赞会议的组织工作，重点抓好制度创

新和建议落实。在参与做好会务工作的同时，我们牵头负责了有关文件起草、业务联络和培训等工作，并组织代表赴地方调研考察。重点抓好制度创新和建议落实，在充分征求意见的基础上，制定了《关于进一步加强驻外经济商务机构干部人才队伍建设的若干意见》；试行商务职衔制度，制定了对外商务职衔工作办法、外交职衔与国内行政职级挂钩的具体办法。我们还与中编办密切沟通和磋商，积极参与驻外改革方案的研讨制定，继续推动驻外管理体制改革。

加强驻外人员的选派、管理和培训工作。组织2期驻外秘书和1期工勤人员考试，176人通过了考试。举办了首期参赞培训班、2期驻外人员培训班和2期休假人员集中培训班，协办了驻外财会人员培训班。为增强外派工作的透明度，及时在部机关范围内公布了72个参赞级和120个秘书级空缺岗位。全年共选派干部233人、工勤54人，转馆32人，办理驻外干部晋职44人（次）。完成了驻外机构年度考核工作，29名参赞、117名秘书和工勤被确定为优秀等次。

（四）推进改革、优化配置，加强直属事业、社团单位干部人才队伍建设

加强领导班子和后备干部队伍建设。对直属事业单位领导班子的聘任制改革进行了有益尝试，批准报刊总社聘用了1名副社长。全年共任免直属事业、社团单位的领导班子成员13人（次），其中正司级干部3人（次）、副司级干部9人（次），另有1名正处级班子成员。为两家社团单位更换了法人代表。经民主推荐，产生了34名直属事业、社团单位的副司级后备干部。制定了外贸发展局等三个执行机构的中层干部管理规定。

稳步推进事业单位改革和中介组织建设。逐步完成了部属自收自支事业单位和社团建立基本养老保险统筹工作，提出了建立补充养老保险的指导性意见。推动直属事业单位全面试行人员聘用制改革。

妥善做好事业单位的机构编制调整和工资宏观管理工作。认真研究解决部分事业单位在机构改革中遇到的困难和问题，对相关事业单位的机构、编制进行了合理调整。对三个执行机构提出了建立工资保险福利制度的意见，对广州外贸中心工效挂钩问题提出了解决意见等。

此外，我们还配合中心工作，认真做好安全保卫和维护稳定工作。加强部机关大院的技防设施建设，妥善做好内部矛盾的排查调处，维护我部政治稳定。以防火灾、防案件、防事故为重点，认真做好敏感时期、重大节日期间以及建国55周年成就展、广交会等大型活动的安全保卫工作。按照中央和部领导指示，强化了驻外机构及人员的安全防范工作，建立对外安全应急处置机制，会同有关部门编发了《外派经贸人员对外安全工作须知》手册，受到各方关注和好评。我们还加强了自身建设，外树形象，内强素质，更好地适应干部人事工作的需要。

2004年，在部党组的领导下，在各单位的大力支持配合下，我部的干部人事工作基本取得了五个方面的成效：第一，干部人才队伍的整体素质不断提高，党政领导干部的政治素质进一步增强；第二，干部人才总量不断增长，年龄、知识结构进一步优化。目前，我部机关干部（含驻外）的平均年龄为37.09岁，本科以上学历干部占总数的92.43%；第三，思想观念和工作作风进一步转变，服务意识不断增强；第四，干部人事工作的民主程度不断提高，公开、平等、竞争、择优的选人用人机制初步形成；第五，干部人事工作随形势和任务变化及时进行调整，各项工作稳步推进，为商务事业的发展奠定了良好基础。

2004年中国海关工作概况及新进展

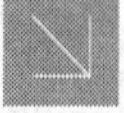

海关总署办公厅主任　刘广平

2004年，全国海关认真贯彻党中央、国务院的一系列指示精神，全面贯彻落实“依法行政，为国把关，服务经济，促进发展”海关工作16字方针和“政治坚强、业务过硬、值得信赖”海关队伍建设12字要求，圆满完成了各项任务，海关事业保持全面、协调、持续发展的良好势头。

一、打击走私成果显著

全国海关认真贯彻“打防结合、综合治理、突出重点、坚持不懈”的打私工作方针，综合运用刑事和行政执法手段，以反价格瞒骗为重点，开展了打击成品油、汽车零配件、冻品等走私的一系列专项斗争。坚决封堵武器弹药、毒品、非法出版物和反动宣传品走私入境，积极维护国家的政治安全和社会稳定。同时，运用风险管理方法，有重点地开展专项数据监控和综合风险分析，大力开展贸易调查和企业稽查，规范企业进出口行为。知识产权海关保护取得积极成效。全年共查获各类走私案件17 700起，案值78.4亿元。其中走私犯罪嫌疑案件1 068起，案值73.4亿元，对2 945名犯罪嫌疑人依法采取了强制措施；查获枪支155支、弹药9 499发，反动邪教等宣传品515.4万件，毒品806公斤等。

在党中央、国务院的关怀下，海关与公安部、工商总局联合举办了“以国门名义——全国打击走私成果展览”，这次展览尊重历史事实，再现历史镜头，总结历史经验，获得了空前良好的社会效果，进一步向世人宣示了以胡锦涛同志为总书记的新一届中央领导集体打击走私的坚定决心。

二、海关税收大幅度增长

全国海关坚持以税收工作为“轴心”，依法征税、科学征管、综合治税，税收质量进一步提高。海关税收继续超大幅度增长，全年净入库4 744.05亿元，其中，关税1 043.74亿元，进口环节税3 700.31亿元，比上年多收1 032.49亿元，增长27.8%。从1999年至今，海关税收已经连续6年保持大幅度增长，特别是最近两年每年都多收1 000亿元以上，为中央财政增收作出了重大贡献。

三、通关改革促进对外贸易快速健康发展

海关通关作业手续进一步完善和规范。全国海关H2000通关系统切换升级获得圆满成功。海关监管场所卡口控制及联网管理子系统试点工作在14个海关同步进行，选择查验机制工作稳步推进。积极推动“大通关”建设，口岸通关速度进一步提高，通行秩序进一步好转。“电子口岸”建设取得新的进展，基本上实现国务院各有关部门的数据联网，地方“电子口岸”建设发展迅速。2004年，全国海关共监管进出口货运量20.7亿吨，增长21.2%；全国外贸进出口首次突破万亿美元，总额达11 547.4亿美元，增长35.7%，其中，进口5 613.8亿美元，出口5 933.6亿美元，促进了对外贸易快速健康发展。

四、加工贸易和保税监管取得新进展

全国海关按照党的十六届三中全会关于“继续发展加工贸易，引导加工贸易转型升级”的要求，积极探索建立具有中国海关特色的加工贸易和保税监管制度。加工贸易产业准入机制初见成效，逾期未核销手册的清理工作进展顺利，对占加工贸易进出量40%的1 490家大型企业实行了联网监管。国务院批准的39个出口加工区中已经有33个通过验收封关运作，“区港联动”、保税物流中心试点工作全面启动，保税仓库和出口监管仓库管理不断规范。

五、海关统计预警监测作用发挥更加明显

海关统计基础工作继续得到加强，数据质量不断提高，执法评估系统在提高海关科学管理水平方面成效显著，统计职能作用充分发挥，进出口预警监测系统顺利启动。统计数据、统计信息以及一批高水平、高质量的分析报告，得到了党中央、国务院和地方党委政府的高度重视和充分肯定。

六、海关法制建设不断加强

全国海关认真贯彻实施行政许可法，顺利实现了提升执法理念、梳理项目文件、完善制度配套、保障平稳过渡的基本目标。《海关行政处罚实施条例》、《进出口货物原产地条例》等一批法规规章颁布实施，海关执法依据进一步完善。同时，树立执法风险意识，积极推行法律指引，规范海关执法，强化复议监督和应诉指导。2004年，全国海关发生行政复议案件742起，发生行政诉讼案件49起，发生行政赔偿案件12起，索赔金额2 438.19万元，各类案件发案数量较以往有所下降。

七、参与国际海关事务的能力增强

按照海关国际合作要与中国在国际舞台上的地位相适应、与中国海关在国际海关中的地位相适应的要求，海关国际合作工作进一步加强，中国海关国际地位进一步提升。2004年，中国海关成功当选世界海关组织（WCO）负责亚太地区事务的副主席，积极承办亚太地区情报联络中心，上海海关高等专科学校成为世界海关组织亚太地区培训中心。成功举办了“世界海关组织知识产权保护地区论坛”并发表了《上海宣言》，产生了积极的国际影响。由海关总署、商务部联合牵头参与的WTO新一轮贸易便利化谈判开始启动，与美国、欧盟、东盟、上海合作组织、中亚等海关合作进一步加强。

八、现代海关制度第二步发展战略开局良好

作为中心环节的风险管理总体框架基本形成，风险管理理念深入人心，风险管理技术开始在各项工作中应用，风险管理成果初步显现。2004年，全国海关直接运用风险管理平台查获各类走私违规案件5 820起，累计案值64.1亿元，追补税款3.6亿元。现代海关制度第二步发展战略规划的20个分课题和22个改革方案进展顺利，其中《加工贸易和保税监管改革指导方案》、《海关人才发展纲要》、《海关总署关于干部培训工作的指导意见》和《国家海关学院组建方案》等4个方案已经总署党组批准实施，5个方案已通过总课题办审议，11个方案正在组织专家评审，2个方案正在研究过程中。

九、海关反腐倡廉工作成效显著

以领导干部廉洁自律为重点，开展了一系列反腐倡廉教育活动，海关各级领导班子、领导干部特别是处级以上领导干部廉洁从政的自觉性明显提高。纠风工作取得新进展，行风建设不断深化。查办案件工作力度加大，对重点案件查处有力。源头治腐工作深入推进，执法监督有效加强。各级领导班子和领导干部责任意识不断增强，基层海关落实党风廉政建设责任制工作逐步深入。“5年回顾教育”成果丰硕，为防止在好的形势下产生松劲自满情绪，总署党组在全国海关深入开展了“5年回顾教育”活动，达到了总结经验、汲取教训、警示后人的目的。颁布实施“海关人员6项禁令”、严肃查处黄埔海关“2·17”走私受贿案，在海关内外产生强烈反响。

十、领导班子和干部队伍建设得到加强

以思想政治建设和后备干部工作为重点，加强了领导班子和干部队伍建设。对总署机关8个司局和13个直属海关的领导班子特别是“一把手”进行了调整和交流，并加强了跟踪考察。完成了对总署机关和直属海关单位厅局级后备干部的集中考察调整工作。有效实施了对局处级领导干部特别是“一把手”的任期经济责任审计。天津、上海两个特派办作用进一步发挥。建立了署领导联系直属海关工作制度。在原有8个海关设立政治部的基础上，又在14个800人以上的直属海关成立政治部。干部培训工作力度加大，仅总署举办的各类各级培训班就达114期、培训人员1.4万人次。上海高专“专升本”工作取得进展。基层建设达标工作全面推开，准军事化海关纪律部队建设初见成效，海关文化建设进一步加强。红其拉甫海关的艰苦奋斗精神已成为全国海关的一面旗帜，43个先进集体、56名先进个人分别受到省、部级以上表彰。

海关其他各项工作也取得了可喜成绩：督审工作成效明显，受到了国务院领导的赞扬和国家审计署等6部委的表彰。海关财务装备工作对海关事业必要开支和重点工作给予了有力保障，各地海关尤其是边关的工作和生活条件得到明显改善。后勤服务质量有所提高。物资集中采购供应工作不断完善。海关政策研究、新闻宣传和政务信息化建设等工作取得显著成果。出版工作的市场运作能力有所增强。海关学会被民政部授予“全国先进民间组织”光荣称号，口岸协会采取各种方式推动“大通关”建设，报关协会在整顿规范报关行业秩序中努力发挥作用，保税区出口加工区协会筹建工作进展顺利。

开拓创新　奋发进取
努力开创质量监督检验检疫事业新局面

国家质量监督检验检疫总局办公厅副主任　张健伟

2004年，全国质检系统在党中央、国务院的领导下，围绕服务经济、促进发展，认真履行职责，经受住了一系列考验，完成了各项任务，质检事业实现了新发展。突出表现在以下几个方面。

一、全力以赴抗击禽流感

2004年初周边国家及我国部分地区出现高致病性禽流感，国家质检总局立即加强对重点入境口岸和国内疫区货物及运输工具的检验检疫，加强对注册饲养场的监管，及时制定发布急需的有关标准，组织专项检查，免收出口禽类及产品检验检疫收费，为夺取抗击禽流感的胜利发挥了积极作用。由质检部门注册管理的饲养场、养殖场没有发生一例禽流感。经过对外交涉，我国符合条件的禽类产品出口及时得到了恢复，减少了企业的损失。

二、大力推进以质取胜战略

2004年新增质量兴市活动的市县（区）135个，全国累计已有4 10个市县（区）开展了质量兴市活动，海南省在全省开展了质量兴省活动。全国共有95类479家企业的547个产品被评为中国名牌产品，累计获得免检的企业总数达1 489家，名牌战略已引起各级政府和企业的高度重视。

三、积极探索建立质量监管长效机制

以食品为重点，实施了产品质量市场准入制度。米、面、油、酱油、醋5类食品市场准入工作全面完成，全国共有29 661家企业获得31 632张生产许可证书，其年产总量占全国市场销售量的95%以上。肉制品、乳制品、饮料、调味品、方便面、饼干、罐头、冷冻饮品、速冻面米食品、膨化食品等10类食品市场准入工作已进入最后阶段，2 801家企业获得了3 100张生产许可证书，大中型企业获证率已达90%。茶叶、糖果制品等其余13类食品的市场准入工作开始启动。同时开展了无证查处，全国有12 000家无证生产企业被查处。加大了国家产品质量监督抽查，增强了权威性和有效性。严格生产许可证管理，对钢铁、水泥、建材等重要产品严把审查发证关，配合了国家宏观调控。

四、深入打击假冒伪劣

2004年以食品、建材、农资为重点，认真落实打假工作责任制，大力实施打假治劣“12365”工程。全年共查获假冒伪劣产品货值30.7亿元，立案查处19.9万件，向公安机关移送案件182件。加大了假冒伪劣曝光力度，有250家制假制劣企业被列入“黑名单”。“黑心棉”、“地条钢”、“土炼油”、劣质奶粉等区域性制假活动得到了有效控制。

食品安全专项整治以奶制品、豆制品、儿童食品等为重点，以农村、城乡结合部及长期存在制假售假行为的地区和主要区域，以中小型企业、非法加工窝点、小作坊为重点对象，狠抓生产加工环节，严查大案要案，关闭了一批不具备条件的食品企业，惩处了一批食品违法犯罪分子。

五、加快电子检验检疫建设

以提速、减负、增效、严密监管为目标，加大推广实施进出口货物快速查验、快速核放系统，完善了电子报检报验制度。规范了口岸检验检疫设施建设，理顺了口岸流程。2004年共检验检疫出入境货物1 267万批次，货值5 717亿美元，增长31.1%。进出境货物电子申报率达到95.5%以上，电子转单率接近100%，进一步提高了口岸通关速度。

六、努力为进出口贸易创造条件

通过采取进出口企业分类管理、“绿色通道”，改进进出口商品监管模式和调整出口货物重点查验目录，实行报检报验24小时值班等服务措施，积极为进出口贸易创造良好条件。各检验检疫机构严肃处理各种出口商品违法行为，依法把好质量关，我国出口商品质量和结构有大的提高和改善，促进农产品、食品出口保持大幅增长势头，工业制成品和高新技术产品出口增长快速。

七、积极维护口岸安全

2004年全国出入境检验检疫机构在进境货物中共截获各类动植物疫情16 692批次，有力防范了有害生物和疫病疫情的传入传出。全年出入境监测体检207.32万人次，预防接种109.56万人次，发现出入境人员各类病例24万人次，其中检出艾滋病毒感染者539例。

八、加强了特种设备安全

广泛开展了特种设备专项整治工作，到2004年底，全国近200个市（地）基本建成了特种设备安全监察动态监管体系，完成了以产权转移为核心的气瓶专项整治、工业压力管道专项普查、起重机械和危险化学品承压罐车专项整治。全国共依法报废气瓶151.4万只，普查压力管道长度11.18万公里，销毁了大批“土锅炉”，基本实现了杜绝重特大事故、减少一般事故、维护特种设备安全的目标。

九、加强技术基础工作

强制性产品认证工作取得了很大成绩，已颁发强制性产品认证证书15.6万张，其中国内产品14.4万张，境外产品1.2万张；获证产品企业3.3万家，其中国内企业3.1万家，境外企业2 000多家。加强了标准化体系建设，加大了采用国际标准和国外先进标准的力度，发布了一批节水、节能、节油和涉及人身健康安全的重要标准。加强了计量体系建设，更新改造了现有计量基准，启用了铯原子喷泉时间频率基准装置。积极运用标准、检验检疫措施和认证、注册等手段，完善我国技术性贸易措施体系。

十、深化自身改革

一是深化质检行政审批制度改革。国家质检总局清理质检法规规章，共取消67个审批项目，改变了5个审批项目管理方式，下放了一批审批权限。二是深化质检干部人事制度改革。改进和完善民主推荐、民主测评、考察预告、差额考察、任前公示等办法，加大了轮岗、交流、挂职锻炼力度，扩大了竞争上岗范围，开展了“检验检疫官”、“质量技术监督官”试点准备。三是深化质检中心、实验室和企事业单位改革。组建一批国家级质检中心，整合了部分中心城市质检资源。完善实验室、检测中心用人制度、分配制度、管理制度改革，进一步调动了科技人员积极性。质检系统有2项科研成果通过了2004年度国家科技进步二等奖评审。加快了检验检疫事业单位独立法人注册，抓紧了卫生保健中心的整顿和改革，基本完成商检公司的重组改制。

十一、坚持从严治检

纠正了质检系统内个别机构和个别执法人员不作为、乱作为行为。在质量技术监督系统开展了从源头抓质量，提高工作有效性，从基层抓落实，提高依法行政水平活动。针对个别口岸进口敏感商品监管失查的情况，在检验检疫系统开展了查问题、查原因、查措施活动。在全系统组织开展了“文明窗口”、“文明岗位”、“满意在质检”、模范公务员、文明岗位等争创先进活动，以及党风廉政建设教育活动，质检干部队伍的整体素质明显提高。质检系统有75名同志被选拔为质检总局首批优秀中青年专家，有104个单位、77名同志被人事部和总局授予先进称号。

总结一年来的工作情况，质检系统有以下经验体会。

一是坚持从源头抓质量，不断开拓质检工作的新领域，是我们必须长期坚持的原则。

二是坚持把关与服务相结合，在把关中热情服务，在服务中认真把关，是我们必须时刻牢记的宗旨。

三是坚持依法行政，加强能力建设，提高工作质量和效率，是我们必须坚持的方向。

四是坚持深化改革，增强工作的动力和活力，是我们必须牢牢把握的主线。

五是坚持科技兴检，提高科技水平，增强技术把关能力，是我们必须把握的战略。

六是坚持加强队伍建设，不断提高全系统的战斗力、凝聚力，是我们必须抓好的关键。

在全面建设小康社会，建立和完善社会主义市场经济体制的伟大征程中，质检部门肩负的责任重大。质检系统全体干部职工将紧密团结在以胡锦涛同志为总书记的党中央周围，坚持以邓小平理论和“三个代表”重要思想为指导，开拓创新，扎实工作，奋发进取，努力加快质检事业发展，为国民经济和社会发展作出新的贡献。

2004年国家开发银行主要业务综述

国家开发银行

2004年，国家开发银行坚决贯彻国家宏观调控政策，以开发性金融继续支持经济社会发展，按照“区别对待，有保有压”的宏观调控原则，紧紧围绕经济结构调整，加大对煤电油运和社会瓶颈领域的支持力度，确保重点建设项目资金链不断裂，资产质量进入稳定期，取得良好的市场业绩和社会效益。

国家开发银行主要经营指标连续3年稳定在国际先进水平，逐步进入稳定期。截至2004年底，开行不良贷款率为1.21%，较上年降低0.13个百分点；不良资产率1.31%，较上年降低0.57个百分点。当期本息回收率99.77%，累计本息回收率99.28%，本息回收连续20个季度保持高位。当年上缴国家税收97亿元，实现净利润174.09亿元，比上年增长31.8%，人均净利润479万元，创历史新高。全行总资产和信贷资产总额分别达到15 745亿元和13 786亿元；负债总额14 670亿元。资本充足率10.50%；贷款呆账准备对不良贷款的覆盖率达到142.23%。

外部审计

国家开发银行已连续5年聘请国际著名会计公司进行外部审计，并在国有银行中率先披露外审结果。普华永道对开发银行贷款分类逐笔跟踪和复核认定，对会计报表所反映的所有内容进行审计和评价后，出具了无保留意见的审计报告。

信用评级

穆迪公司对开发银行长期债信评级为A2评级，与主权评级相同；标准普尔公司对开发银行长期债信评级为BBB+，与主权评级相同；惠誉国际对开发银行长期外币债信评级为A-，日本评级及投资信息公司（R&I）评级为A，均与主权等级一致。

贷款业务

2004年末贷款余额达到13 786亿元人民币，其中外币贷款折合人民币788亿元。全年发放贷款总额4 532亿元，其中人民币中长期贷款3 615亿元，人民币短期贷款741亿元。开发银行信贷结构与宏观经济结构调整合拍，重点支持基础设施、基础产业和支柱产业（两基一支）能运材农林水传统物质瓶颈和“三农”、中小企业、就业、教育、科技、卫生等社会发展新瓶颈建设，加大对“走出去”重要能源和战略资源支持力度。对“两基一支”贷款总余额为13 973亿元，占贷款总额的99.1%以上，其中煤电油运占66%以上；支持国家战略，中西部地区和东北老工业基地的投入占贷款的52%；全年安排县域经济、中小企业、就业、教育、卫生、环保等社会瓶颈领域贷款70亿元，中小企业贷款余额达到45亿元；批准在河南进行助学贷款试点；扶贫贷款、“红色旅游”项目、微小企业贷款取得积极进展；加大对军工行业支持力度；配合国家“走出去”战略，全年承诺7.84亿美元，发放贷款4.77亿美元。开发银行正确贯彻国家产业政策，在高度竞争、重复建设的钢铁、汽车、氧化铝、水泥等领域基本没有贷款。

管理资产

间接银团贷款和联合贷款业务在2004年获得迅速发展。通过开展间接银团贷款，不仅使中小银行有机会参与高端信贷业务，也使开发银行的贷款业务多元化。2004年，在政府对贷款规模总量限制的情况下，开行引导其他商业银行为其客户提供搭桥贷款，以提高客户满意度和社会贡献度。在这些交易中，开行保留对信贷资产的管理权利。截至2004年末，表外管理资产总额达到778亿元人民币，比上年增长463.6%。全年资产管理服务收入总额为2.3亿元人民币。管理资产增大提供开展资产证券化交易的基础。证券化不仅使中小商业银行能够参与高端融资，而且为借款人提供了更多的融资机会。2004年，开发银行完成了与住房抵押贷款证券（MBS）和资产抵押证券（ABS）市场发展方面的研究。

支持“走出去”战略

为了进一步促进我国经济的发展，中国一些大型企业开始向国外拓展业务，实施“走出去”战略。这些项目的高风险性和大额融资需求使其他金融机构难以介入。而这些项目正是开发性金融发挥支持作用的领域，政府政策和市场需求是开发银行业务的主要驱动力。开发银行管理层作出了战略性决策，为一部分企业的海外发展提供支持。国家开发银行具有强大的融资能力以及管理信用风险的技术能力，从而成为这一领域的主力银行。2004年，开行承诺了7.8亿美元贷款，以支持其海外业务发展。开发银行强大的融资能力和支持企业“走出去”的愿望，极大增强了企业海外发展的信心和能力。

中小企业贷款

由于有较高的风险，过去中小企业贷款十分缺乏，这种融资“瓶颈”阻碍了中小企业发展。开行相信，中国中小企业的发展不仅能创造更多的就业机会，而且只要合理控制风险，中小企业贷款在商业上是可行的，可极大地缓解政府压力。2004年开行创建了中小企业贷款平台，通过该平台与地方商业银行合作，由这些银行根据开发银行的标准，在开行指导下发放和管理中小企业贷款。通过合作，使以还贷记录为基础的信用风险管理理念传播到基层。开行所开发的业务程序和风险管理平台能够有效地管理中小企业贷款业务。截至2004年底，开行的中小企业贷款余额已达到45亿元人民币，相信通过开行中小企业贷款的催化剂作用，能有效推动大型商业银行增加对中小企业的贷款。

财务顾问

财务顾问业务是开发银行中间业务的组成部分，可更好的理解客户需求，改善客户关系，加强融资能力，以此提高开发银行信贷资产质量，化解不良资产。2004年国家开发银行通过建立财务顾问工作新机制、健全规章制度等措施，加大财务顾问服务力度，为客户提供多样化金融服务。发挥总分行联动优势，规划了“十大城市、十大客户、十大项目”财务顾问项目，开展财务顾问项目68个，完成其中14个项目咨询工作，涉及贷款总额达2 481亿元人民币。

基金管理

继成功发起设立中瑞合作基金（SSPF）后，国家开发银行作为发起人之一，代表中国政府参与发起成立中国—东盟中小企业投资基金、中国—比利时直接股权投资基金。

东盟基金旨在促进东盟10国及中国区域内经济和贸易合作，由新加坡大华创业投资管理公司管理；中比基金主要是中国政府和比利时政府为促进中小企业发展而设立的基金，由海富产业投资基金管理有限公司管理。

资金来源

发行债券是国家开发银行最主要的资金来源，2004 年发行人民币债券3 600 亿元人民币，累计发行人民币金融债券突破2 万亿元，进一步推动债券发行业务的市场化进程。年内成功发行200 亿元人民币次级债券，属国内政策性银行首次通过发行次级债增加附属资本。继 1999 年以来首次重返国际资本市场，发行价值6 亿美元的十年期美元债券和价值3. 25 亿欧元的5. 5 年期欧元债券，成为继财政部之后国内第二家发行欧元债券的实体。2004 年开发银行继续进行品种创新，推出以银行间市场7 天回购利率为基准的新型浮动利率债券，该品种以其灵敏反映市场利率的变化而受到包括一些大型的国内货币市场基金在内的短期投资人的欢迎；还推出通过两次招标确定利率和滚动发行的远期利率债券，对中国债券市场的发展具有积极而重要的意义。

债券承销

在企业债券市场，国家开发银行在国内承销商中位居前列。2004 年，国家开发银行参与了六支企业债券的承销，总金额为17 亿元人民币，其中一支为主承销商，两支为联合承销商。全年实现承销服务收入达1 713 万元人民币。

风险管理

多年来，开发银行一直致力于建设风险管理架构。2004 年，开发银行继续对风险管理结构进行改进。成立风险管理委员会，负责指定全行的风险管理政策，该机构下属三个委员会，分别是：信用风险管理委员会，负责管理信用风险；资产负债管理委员会，负责管理市场风险和操作风险；贷款委员会，负责贷款的最终审批。在风险管理的工具和方法论方面也取得进步，全面开展内部评级体系建设，分析研究开行对风险资本的应用，设计包括信用、市场和操作风险的经济资本衡量基本框架，并完成对 RAROC 体系的初步计算。

开发银行的信用风险管理方法主要包括：借款人评级和债项评级二元评审体系、先进的贷款评级技术与方法、严格的风险限额管理、资产组合管理、早期预警系统、强大的贷款回收力度。市场风险主要是对利率风险、汇率风险、流动性风险进行管理。对于操作风险，开发银行已经建立了一套完善的内部控制体系，及时、不间断地识别计量、监督和管理所有重大的操作风险。2004 年，开发银行修改了银行的核心会计制度和财务制度，并与国外咨询公司合作，设计出适合开行业务性质和经营的管理会计结构。

发挥传统优势　支持外贸发展

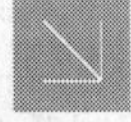

中国银行

2004 年，我国对外经济贸易继续保持高速增长，进出口商品总额突破万亿美元大关，达到11 547 亿美元，比上年增长35. 7%；其中出口贸易达到5 933 亿美元，同比增长35. 4%，继续在拉动我国经济增长中发挥着重要作用。我国对外经济贸易的快速发展，对于在国际结算及贸易融资领域具有悠久历史的中国银行来说，无疑是巨大的发展机遇。在过去的一年里，中国银行积极发挥自身具备的传统优势，充分把握住了我国外贸高速增长的契机，一方面为促进我国对外经济贸易的发展作出了积极的贡献，另一方面也实现了自身的健康、快速发展。概括起来，中国银行对于我国对外经济贸易的支持作用主要体现在三个方面：一是为各类对外经济贸易企业提供强有力的资金支持，二是为企业的进出口贸易提供优质的国际结算服务，三是为中国企业的对外经济合作提供全面的金融服务。

一、为各类对外经济贸易企业提供积极的资金支持

2004 年，中国银行密切关注我国经济特别是对外经济贸易发展的特点和动态，重视并加大对外向型企业的资金支持力度，继续发挥了为各类外贸企业提供融资的主渠道作用。

1. 完善集团客户授信办法

2001年以来，中国银行在跨国集团客户的全球统一授信方面积累了丰富的经验，一方面促进了中行全球统一授信业务的稳步发展，稳定了中行与一批优质跨国集团公司客户的良好合作关系，另一方面为我国引进国外先进技术、引进外资以及实现出口商品结构的升级换代做出了贡献，为我国有实力的大型集团企业实施“走出去”发展战略提供了强有力的金融支持。2004年，中国银行在总结以往经验的基础上，根据监管部门有关集团客户统一授信的具体要求，将集团公司客户授信业务的发展与管理进一步制度化和规范化，使得中国银行与集团公司客户的关系朝着长期、健康、稳定的方向发展。

2. 继续为优质专业外贸企业提供资金支持

虽然近年来中国银行的公司客户结构发生了较大变化，不再局限于传统的专业外贸公司客户，但是，中国银行对于传统外贸公司客户并没有采取“一刀切”的做法，而是延续了前几年提出的“分类指导、择优扶持”的基本原则，按照“有保有压”的指导思想对优质专业外贸企业继续给予了一定的授信支持。这些措施不仅有效盘活了中国银行的存量资产，而且对于专业外贸企业的进出口贸易提供了强有力的支持。

3. 配合国家产业政策调整，加强向重点行业提供信贷支持

在对国家宏观经济政策、产业政策、信贷政策进行充分研究的基础上，2004年中国银行将电力、交通、石油、通讯等资源瓶颈行业作为全行授信投放的重点，并加大营销和授信力度，在金融产品、定价等方面向重点行业给予特殊支持，积极引导新增授信向这些产业倾斜。上述授信政策的调整，不仅很好地贯彻了国家的产业政策调整，而且对于重点行业企业引进技术和关键设备、扩大出口提供了有力的资金支持。

4. 通过出口信贷等产品为自营进出口企业提供资金支持

2004年中国银行采取灵活多样的措施积极拓展出口卖方信贷业务，满足了我国一些重点出口企业的贷款需求，有力地支持了我国大型机电、高新技术产品的出口。同时，中国银行十分重视通过直接向进口国提供买方信贷来支持发展中国家购买我国的产品和设备，并有力地支持了我国企业参与海外投标工作，极大提高了我国产品在国际招标中的竞争力。

5. 大力发展各类短期贸易融资业务

除前述对于外向型企业的一般贷款、出口信贷等授信支持以外，中国银行还通过灵活多样的短期贸易融资产品支持了中国对外贸易的发展。2004年，中国银行境内行共办理贸易融资业务216.84亿美元，同比增长75.67%；办理福费廷业务6.5亿美元，同比增长56%；办理国际保理业务33.97亿美元，同比增长96.39%。灵活多样的融资产品大大拓宽了国内企业的融资渠道，帮助国内企业争取到了更多的贸易机会，从而支持了我国对外贸易的发展。

二、为我国外贸发展提供优质的国际结算服务

1. 中国银行的国际贸易结算业务快速健康发展

2004年，中国银行境内行累计完成国际贸易结算量3 533亿美元，比2003年增加988亿美元，增幅达38.83%。其中，出口贸易结算量2 079亿美元，同比增长39.7%，进口结算量1 454亿美元，同比增长36.8%。从这些数字可以看出，中国银行继续在中国的对外贸易发展中发挥着不可替代的重要金融中介作用。

2. 中国银行继续保持了国际贸易结算市场领先地位

2004年，中国银行国际贸易结算量同比增幅超出全国外贸同比增幅3个多百分点，国际贸易结算业务市场份额37%。在工、农、中、建四行国际贸易结算总量中，中行的占比达到51%。中国银行在国际结算领域的市场领先地位不仅构成了中国银行的重要核心竞争力之一，而且成为我国对外贸易得以快速发展的重要保障之一。

3. 产品和服务的层次和水平不断提高

除做好传统国际贸易结算服务以外，中国银行还在挖掘产品和服务的内涵方面做了大量工作，为中国企业走向国际市场提供更加全面的金融服务。2004年，中国银行利用自身优势推出了“企业资信调查”服务，为中国出口企业了解国外交易对手的资信情况，从而更好地开展外销工作提供了更加有效的服务。中国银行还利用其横跨商业银行、保险、投资银行等多领域业务的优势，推出了代理货运保险服务，为客户提供了一站式金融服务。针对国际商品交易中买方市场特点明显以及赊销方式日益增多的特点，为帮助国内出口企业加强资金回笼的速度和效率，中国银行积极推广了以“应收账款管理和融资”为特点的国际保理业务，并正在积极研究服务于国际贸易全过程的“供应链融资”产品组合。这些产品和服务的创新，使中国银行日益巩固了其作为中国最佳贸易服务银行的地位，同时也为我国企业拓展国际市场以及我国对外贸易的发展做出了积极的贡献。

4. 为我国加工贸易的发展提供全方位服务

2004年，我国进出口贸易总量中加工贸易所占比重进

一步提高，成为我国对外贸易的最主要形式。为适应我国加工贸易发展的新形势，中国银行充分发挥自身在加工贸易保证金台账及税款保函方面的丰富经验和领先优势，继续大力发展加工贸易保证金台账业务，为我国加工贸易的快速、健康发展提供全方位服务。

三、为中国企业的对外经济合作提供全面的金融服务

1. 外汇保函业务健康快速发展

2004年，中国银行累计为国内企业开出外汇保函64.85亿美元，同比增幅为73.81%，年底有效外汇保函余额为130.96亿美元，继续在国内同业中保持了外汇保函业务的传统优势地位，为中国对外经济合作企业成功进入国际市场提供了强有力的信用支持。

2. 通过备用金保函业务支持我国对外劳务输出

2004年，中国银行根据商务部、财政部联合发文《关于修改〈对外劳务合作备用金暂行办法〉的决定》的精神，积极推出了备用金保函业务。该项新业务的推出，既规范了经济合作企业的经营行为、保障了外派劳务人员的合法权益，又减少了对外劳务合作企业的资金占压，获得了良好的市场反映。

3. 大力发展对外承包工程保函风险专项资金业务

对外承包工程保函风险专项资金业务是中国银行独家承办的特色业务之一，推出以来业务量保持了较高的增长速度。2004年，中国银行为58家国内企业办理了专项资金保函业务，累计发生额为6.63亿美元，有效利用了国家财政提供的专项资金，贯彻了国家的产业政策，带动了有关重点产品的出口。

2004年是中国银行发展进程中不平凡的一年。8月26日中国银行股份有限公司于正式挂牌成立，标志着股份制银行的公司治理架构已经在中国银行初步建立，中国银行开始朝着具有良好公司治理机制、资本充足、内控严密、运行安全、服务和效益良好、具有国际竞争力的现代商业银行的方向稳步前进。在此之前，中国银行在与国际、国内同业的激烈竞争中，凭借雄厚的实力和优良的服务脱颖而出，成为2008年北京奥运会唯一的银行合作伙伴。作为国有商业银行股份制改革试点银行。实施股改一年来，中国银行整体保持了健康的发展态势，各项经营活动业取得了可喜的成绩。此外，国际金融市场对于中国银行进行的一系列改革给予了充分的肯定，中国银行的国际评级稳步上升，并被多家国际权威媒体评为中国最佳银行。新的一年里，中国银行将牢固树立和认真落实科学发展观，继续推进和深化股份制改革，完善公司治理结构，加快转变经营机制和增长方式，同时充分把握我国经济和对外贸易快速发展的契机，保持自身的平稳较快和持续健康发展，继续为我国经济及对外贸易的持续发展提供高质量的金融服务。

2004年中国进出口银行主要业务综述

中国进出口银行办公室主任　李晓苹

2004年是中国进出口银行成立十周年，也是深化改革、加快发展，支持我国开放型经济发展力度最大的一年。2004年中国进出口银行以实现“人员整体素质较高、经营管理水平较高、信贷资产质量较高”奋斗目标为主线，按照“立足新起点、追求高水平、开拓新局面、再上新台阶”的要求，加大市场开拓力度，继续强化经营管理，各项政策性金融业务取得了快速、健康发展。全年批准各类贷款917.4亿元，发放贷款692.5亿元，分别比上年增长33.5%和10.4%，共支持了340.7亿美元的机电产品和高新技术产品出口，以及67.9亿美元的对外承包工程和境外投资等“走出去”项目。贷款结构进一步优化，一般机电产品贷款在全部出口信贷中的比重继续下降，船舶、电站及高新技术产品和“走出去”项目等贷款比重升至86.3%，特别是“走出去”项目贷款的比重达到了38.1%。

截至2004年末，中国进出口银行表内和表外的信贷资产余额合计达2 754.3亿元，比上年增长9.6%；资产总额达3 058.7亿元，比上年增长10.8%。

出口信贷业务

出口卖方信贷：2004 年，中国进出口银行出口卖方信贷余额首次超过 1 000 亿元，提前一年完成“十五”计划。全年新批准贷款 729.3 亿元，放款 621.5 亿元，同比分别增长 20% 和 5.3%；年末贷款余额 1 052.7 亿元，比年初增加 154.2 亿元。

出口卖方信贷业务坚持大企业、大项目为主的“双大”经营策略，充分发挥全行各经营主体的自身优势，因地制宜地开展业务，使出口卖方信贷继续保持了较快增长势头。

全年共批准对外承包工程和境外投资等“走出去”项目贷款金额 179.6 亿元，占批贷总额的 24.6%。全年新批设备项目贷款金额 64.1 亿元，占批贷总额的 8.8%。全年新批高新技术产品项目贷款金额 248.9 亿元，占批贷总额的 34.1%。全年新批船舶出口贷款 165.5 亿元，占批贷总额的 22.7%。全年新批一般机电产品项目贷款金额 71.3 亿元，占批贷总额的 9.8%。

出口买方信贷：全年新签约项目金额 18 亿美元，放款 6.5 亿美元，分别是上年的 2.8 倍和 2.4 倍；年末贷款余额 13.3 亿美元，比年初增加 5.4 亿美元。

出口买方信贷业务抓住国家大力实施“走出去”战略这一发展机遇，积极围绕国家外经贸和外交工作大局开拓业务。随着以工程承包、船舶贷款为代表的各业务品种逐渐成熟，出口买方信贷业务在三个方面取得了显著进展。一是出口买方信贷业务实现突破性进展，签约总额连续三年实现大幅增长；二是在继续巩固原有市场，并在电站等出口领域和承包工程等项目融资方面保持优势的基础上，在开拓拉美、东欧市场和开辟电讯、石化等行业方面取得了新进展；三是船舶融资业务取得了新的突破性进展，并形成了一套独具特色的出口买方信贷船舶融资模式。

对外优惠贷款业务

对外优惠贷款重点支持了在受援国具有经济效益和社会效益的生产性项目、基础性项目和关系受援国人民生活的社会福利项目；同时，积极帮助我国企业开拓非洲、中亚等新兴市场，带动我国成套设备和机电产品出口，推动我国企业到受援国投资建厂、承包工程。

中国进出口银行作为中国政府指定的对外优惠贷款的唯一承贷行，业务主要分布在发展中国家和地区。对外优惠贷款业务的开展，不仅有力地推动了出口市场多元化战略和“走出去”战略的实施，而且在较大程度上促进了受援国的经济和社会发展，加强了我国与发展中国家之间的友好关系和经贸合作关系。

外国政府贷款转贷业务

全年新批准转贷项目 51 个，金额 10.1 亿美元，年末转贷余额 181.4 亿美元。

按照积极、合理、有效利用外资的总体要求，运用和管理好外国政府贷款，有力支持了交通、电力、环保、城市基础设施建设等国家重点项目和教育、公共卫生等重点领域，并在支持西部大开发和东北老工业基地振兴方面发挥了积极的作用。全年共批准此类项目 25 个，金额 4.5 亿美元。

目前，转贷外国政府贷款的国别为日本、德国、荷兰、奥地利、西班牙、澳大利亚、挪威、芬兰、丹麦、科威特、韩国、比利时、英国、瑞典、卢森堡、波兰、加拿大、沙特阿拉伯和北欧投资银行、北欧发展基金等二十个国家和国际金融机构，其中加拿大和沙特阿拉伯是 2004 年新增的国别。

对外担保业务

全年共办理对外担保业务 21.5 亿美元，比上年增长 106%，年末担保责任余额 34.9 亿美元。

对外担保业务是中国进出口银行支持开放型经济发展的有效服务手段之一。2004 年，对外担保业务着力突出政策性金融特点，完善规章制度，整合业务办理流程，不断改善金融服务，有效推进了业务发展；同时，紧紧抓住船舶出口上升的良好势头，为履约承建能力较强的中国有关船舶公司提供及时、便捷的预付款保函支持。此外还重点支持了电站、通讯设备等大型机电产品和高新技术产品的出口，为中国企业开展对外承包工程、境外加工贸易和境外投资等“走出去”项目提供担保服务。

国际、国内结算业务

全年共计办理国际结算和结汇、售汇业务 29.88 亿美元，比上年增长 103%；办理人民币支付结算业务 7 082 笔，比上年增长 12.32%。

自 2001 年开办了本行贷款项下的国际、国内结算业务和企业存款业务以来，中国进出口银行通过快捷的结算手段和广泛的代理行网络，积极开拓市场，不断提高结算服务水平，实现了贷款、担保、结算“一条龙”服务。截至 2004 年底，共与 144 家银行及 315 个分支机构建了代理行关系，代理行网络遍布 100 个国家和地区的 139 个城市，拥有强大的国际结算网络和一大批优质客户群体。在结算管理上，进一步加强内控建设，规范业务流程，提高结算效率，为贷款客户提供了安全、快捷、高效的金融服务。

资金筹措与管理

资金筹措：2004 年，为满足业务发展的需要，中国进出口银行在本外币资金筹措方面加大了工作力度。一是成功发行了10亿美元全球债券。这是中国进出口银行时隔5年之后再次进入国际资本市场的重要筹资活动，也是中国发行体2004年首度亮相国际债券市场。由于发债时机得当、定价合理、金额适中，扩大了投资者基础并吸引了优质投资者。二是筹措了5亿美元银团贷款。这是迄今境内中资银行借用的单笔最大金额银团贷款，在境内美元银团贷款市场起到了良好的示范作用。三是根据自身资金需求、市场情况及投资者偏好，成功发行了3期共340亿元人民币债券，为信贷业务提供了有力的资金保证。

资金营运与管理：2004年，中国进出口银行注意把握筹资时间、金额与需求的匹配，积极运用多种金融产品运作间歇资金，减少了资金闲置；合理调度本外币资金，加强系统内资金管理；完善资金交易和管理的规章制度，提高资金使用效率，保证了良好的资金流动性和效益性。

代客债务保值：针对国内借款企业外汇贷款项下存在的汇率、利率风险，积极开展代客保值业务，运用多种金融产品帮助客户进行风险管理，有效地规避了汇率、利率风险。2004年9月，中国银行业监督管理委员会批复授权进出口银行继续开展衍生产品交易业务，成为第一家获得该项授权的政策性银行。在代客户进行中长期债务风险管理业务方面，进出口银行以多年的优质服务，赢得了客户的认可。2004年，神华集团公司共委托进出口银行完成了近800亿日元的债务保值交易。该交易是今年国内银行完成的单笔金额最大的债务保值交易，也是进出口银行开展代客业务以来金额最大的保值交易，在市场上引起了广泛关注。

风险管理

2004年，中国进出口银行在业务快速发展的同时，认真落实防范和化解金融风险的各项措施，信贷资产质量进一步提高。按五级分类标准，年末自营业务不良贷款率为5.28%，连续6年实现了不良贷款绝对额和比率“双下降”的奋斗目标。

一是切实加强信贷风险管理工作。先后出台了六个信贷业务管理办法及操作规程，制定完善了信贷、评审等规章制度；加强了贷款质量五级分类工作，健全了风险预警机制，实现了对贷款风险状况的动态分类和实时监控，有针对性地规范和强化贷后管理。二是加强评估审查工作。改革了评审制度，建立了初审报告制度和总行项目评审委员会议定事项落实情况的检查制度，探索完善了评审手段，使评审质量和效率得到进一步提高。三是继续加强基础管理工作。狠抓规章制度建设和项目档案管理工作，规范了自营业务的合同文本，完成总行、分行会计核算系统整合工作，为加强风险管理工作奠定了制度基础，建立起了业务数据信息管理平台。四是认真做好稽核工作，有效推动内控建设。充实稽核队伍，加大稽核的力度和覆盖面，全力做好以现场稽核为主，非现场稽核为辅的各项稽核工作。五是努力化解不良贷款风险。通过诉讼等法律手段和加强收催收、贷款重组、呆账核销等资产保全措施，积极防范和化解信贷风险，努力降低不良贷款绝对额和不良贷款率。

分支机构

2004年，中国进出口银行先后成立了成都分行、青岛分行两家营业性分支机构。截至目前，中国进出口银行共设立了总行营业部、上海分行、深圳分行、南京分行、大连分行、成都分行和青岛分行7家营业性分支机构，以及哈尔滨、西安、武汉、杭州、福州、广州6个国内代表处和东南非代表处。各分支机构在总行的统一领导下，按照“服务地方、方便企业、促进出口”的宗旨，为客户提供了优质、高效、便捷的金融服务。

国际信用评级

美国穆迪投资家服务公司和美国标准普尔公司对中国进出口银行的信用评级分别为A2和BBB+，日本评级和投资信息公司重新确认中国进出口银行信用评级为A。以上评级均与中国国家主权级一致。

国内贸易

Domestic Trade ↘

全面推进商品市场体系建设取得新进展

商务部市场体系建设司司长　廖建成

在商务部党组的领导下，按照“夯实基础、全面推进、重点突破、注重实效”的思路，2004年商品市场体系建设工作取得了新进展。

一、加强对商品市场体系建设的指导

（1）发布《全国商品市场体系建设纲要》。在深入调研及广泛征求意见的基础上，2004年5月，商务部发布了《全国商品市场体系建设纲要》，明确了商品市场体系建设的指导思想、主要目标、工作重点等。《纲要》引起了社会各界的较大反响，中央电视台、《人民日报》等一百多家主要媒体对《纲要》进行了报道；不少地方政府和企业反映，《纲要》为商品市场体系建设与发展提供了指导和依据，是商务部落实科学发展观，转变政府职能，提高行政水平的具体体现。

（2）全面推进地级城市商业网点规划工作。在2003年基本完成38个直辖市、省会城市、计划单列市规划工作的基础上，2004年重点推动了地级城市商业网点规划工作。2004年1月，商务部、建设部联合下发了《关于做好地级城市商业网点规划工作的通知》；同时发布了《城市商业网点规划编制规范》，对商业网点规划的内容、制订程序和规划文本作了明确规定。截至2004年底，全国241个地级城市的一半左右完成了城市商业网点规划。

（3）研究制订《城市商业网点管理条例》。通过深入调查研究和充分借鉴国内外有关经验，商务部起草了《城市商业网点管理条例》。该《条例》已于年底前上报国务院法制办，并列入国务院2005年立法计划。

（4）落实宏观调控，开展大型商业设施调查。针对大型商业设施投资过热的问题，2004年3月，商务部下发了《关于对大型商业网点建设情况进行调查的通知》，对大型商业网点建设情况进行调查。在调研的基础上，向国务院领导报送了《关于流通领域防止盲目投资和重复建设的报告》，提出了有针对性的建议措施，得到了国务院领导的肯定。

二、积极培育和开拓农村市场

（5）出台《关于进一步做好农村商品流通工作的意见》（国办发［2004］57号）。为贯彻落实中央一号文件，发挥流通对促进农民增收的作用，商务部等八部门联合向国务院办公厅上报了《关于进一步做好农村商品流通工作的意见》，由国务院办公厅转发。该《意见》系统地提出了农村商品流通工作的主要内容，理顺了有关部门在农村市场工作中的职能分工，并提出了三年培育和发展2 000个规范化、标准化农产品批发市场的目标，这对于推动农村市场建设将发挥重要作用。

（6）加强调查研究，为农村政策的制定提供科学依据。为切实了解和掌握农村市场的问题，多次深入到农村、田间地头和农户家中进行调研，掌握了大量第一手材料，形成了《影响农民消费增长的主要原因及对策建议》、《扩大农村消费的难点与对策》、《我国农产品流通存在的问题和建议》、《春耕期间化肥价格变化情况及趋势分析》等一批调研报告，为宏观调控和制定政策提供了依据。此外，针对农产品和农资流通存在的问题，先后召开了“农产品流通安全国际研讨会”及“全国农资连锁经营战略发展研讨会”。

三、打破地区封锁，加快建设全国统一市场

（7）清理各地实行地区封锁的各种规定。2004年上半年，商务部等六部委联合开展了打破地区封锁的专项调研。2004年6月，商务部等七部门联合下发了《关于清理在市场经济活动中实行地区封锁规定的通知》，要求省级政府有关部门成立清理工作领导小组，对县及县以上政府及部门制定的各种分割市场的规定进行清理，从制度层面消除地区封锁的依据。一些省（区、市）政府也要求对本区域内的有关规定进行清理。为进一步推动清理工作的开展，商务部等五部门于2004年11月组成联合督察组，分赴东北、西北、华北、西南、华东、华南六个片区，对全国31个省（市、区）清理工作进行督查。

四、有序推进商业领域对外开放

（8）履行“入世”承诺，商务部发布《外商投资商业领域管理办法》。自2004年6月1日起，我国结束自1992年开始的商业领域利用外资试点工作，转为正常开放。现行的外商投资商业领域的政策规定，与中国加入WTO的承诺是完全一致的。2004年，批准设立外商投资商业企业52家（其中批发企业21家，零售企业24家，批零兼营企业7家），合同利用外资约5.4亿美元，开设店铺826个，营业面积176万平方米。外商投资批发企业（含批零兼营企业）是2003年以前历年外商投资批发企业（含批零兼营企业）总和的7倍。批准整改合格企业58家（全部是零售企业），开设店铺333个，营业面积约116万平方米。截至2004年12月底，累计批准设立外商投资商业企业302家，开设店铺3 903个，合同利用外资约45.4亿美元，营业面积约829万平方米。

五、加强内贸标准化工作，提高市场建设的质量

（9）理顺内贸标准化管理体制，加快内贸标准化步伐。针对国内贸易标准化工作缺乏延续性和体制不顺等问题，经过多方协调，由国家标委发文明确商务部为国内外贸易标准化归口管理部门。2004年6月，商务部下发了《关于加强国内贸易标准化工作的通知》，对内贸标准化的调查、申报、实施推广和标准化人才队伍建设等工作作了部署。研究建立内贸标准体系框架，全面梳理和评估国内贸易现行的国家标准、行业标准。

（10）组织制订和修订若干重要标准。配合商业网点规划工作，组织修订并下发了《零售业态分类》国家标准，这是内贸非常重要的基础性标准，对于规范各类市场建设、加强对业态的管理具有重大意义。同时，开展了《商用木材及其制品标志》等20个国内贸易行业标准的起草、审定和贯彻实施工作。

六、强化对汽车流通的管理

（11）大力整顿汽车市场。商务部等九部委（局）成立全国汽车市场秩序专项整治部际协调小组，从2004年初开展汽车市场专项整治工作，并取得了重大成果。据不完全统计，各省区市共出动人员22.6万人次参加了整治工作，取缔非法报废汽车回收拆解企业和市场近150家、非法及违规二手车经营市场和企业28家、非法汽车配件生产和经营企业4 894家、非法汽车维修企业1 764家，查获报废汽车整车1 745辆、“五大总成”288件，查获假冒伪劣配件共计13.7万件，涉案金额2.6亿元，查补税款8 814万元。还取消、修改汽车市场地方保护和市场封锁的政策文件58件。通过这次汽车市场专项整治，各地汽车市场秩序普遍得到了好转，达到了预期目标。

（12）拟订《汽车贸易政策》及相关配套办法。2004年4月，商务部根据国务院要求研究起草了《汽车贸易政策》、《汽车品牌销售管理实施办法》和《二手车流通管理办法》，并向全社会公开征求意见（注：《汽车品牌销售管理实施办法》已经由商务部、发展改革委、工商总局联合发布，2005年4月1日起施行）。

七、加强对特殊行业的管理

（13）加强对特殊行业的依法管理。为扩大内需、拉动消费，解决内外资租赁企业政策不平等问题，与税务总局联合下发了《关于从事融资租赁业务有关问题的通知》，并参与了起草《融资租赁法》的工作。协调有关部门对《典当行管理办法》进行了修订（注：新的《典当管理办法》已经由商务部、公安部联合发布，2005年4月1日起施行）。颁布了《拍卖管理办法》，下发了《商务部关于加快旧货行业发展的通知》，修改了《旧货流通管理办法》，并与劳动部联合推出了旧货行业《鉴定估价师》国家标准。积极推动《直销业管理条例》和《直销员培训管理办法》的起草工作。

（14）开展大宗商品交易市场专项检查。遵照国务院领导同志的指示，开展了大宗商品交易市场的专项检查工作，并将检查情况上报国务院。为加强对大宗商品交易市场的监管，2004年10月商务部下发了《关于建立重点商品交易市场联系制度的通知》，加强对商品交易市场建设管理与分类指导。

2004年流通服务业改革发展工作取得新进展

商务部商业改革发展司司长　邸建凯

2004年，流通服务业改革发展工作坚持以“三个代表”重要思想和党的十六大及十六届三中、四中全会精神为指导，认真贯彻中央经济工作会议和全国商务工作会议精神，坚持科学发展观，认真落实中央宏观调控政策，坚持深化改革、调整结构、扩大消费，统筹推进流通改革发展各项工作。国内流通服务业虽然经受禽流感疫情的不利影响，仍取得了较快的发展。全年实现社会消费品零售总额53 950.1亿元，同比增长13.3%，其中批发零售贸易业零售额44 839.9亿元，同比增长12.5%；餐饮业零售额7 486亿元，同比增长21.6%；实现全社会生产资料销售额114 060亿元，剔除价格因素同比增长19%。

一、进一步为流通企业发展壮大营造了良好环境，流通企业改革步伐加快

2004年，围绕发展现代流通方式，培育“中华”品牌，提高我国流通企业国际竞争力，全面提升产业水平，积极发展流通领域大公司大企业集团，促进中小流通企业改革与发展。

（一）重视流通领域大公司大企业集团发展问题。2月20日，吴仪副总理主持召开了流通企业改革和发展座谈会。3月10日，国务院办公厅徐绍史副秘书长专门主持召开了流通企业改革和发展问题政策协调会。按照在5至8年内努力发展15至20家拥有著名品牌和自主知识产权、主业突出、核心竞争能力强、初步具有国际竞争能力的流通领域大公司大企业集团的总体设想，坚持市场竞争导向，以企业为主体，积极推进发展流通领域大公司大企业集团工作。商务部、发展改革委、财政部等有关部门积极创造公平竞争的体制和市场环境，加强对大型流通企业集团的联系和指导工作，初步建立了流通企业规模、盈利能力、成长性、安全性等指标体系，重视企业高级管理人员的培训工作。

（二）基本明确了促进中小流通企业改革发展的工作思路。针对当前中小流通企业融资难、市场准入门坎高、服务体系不健全、技术进步难、管理不规范等问题，从企业内部改革、提高流通现代化水平、放宽市场准入、完善融资体系、推进科技创新和技术改造、健全服务体系等方面，提出了《关于促进中小流通企业改革和发展的指导意见》。通过深化中小流通企业改革，健全中小流通企业服务体系，加快管理体制、运行机制和科技创新，为中小企业构建良好的制度环境，指导中小流通企业提高流通现代化水平，进一步拓宽中小流通企业的生存发展空间。

二、深化流通体制改革，流通现代化发展步伐进一步加快

（一）对流通改革发展工作作出总体部署。研究制定了《流通业改革发展纲要》，明确了流通改革发展的中长期目标和任务。3月16日，组织召开了全国流通改革发展工作会议，就贯彻国务院领导关于流通改革发展工作的重要指示和流通领域贯彻落实科学发展观，整体推进流通改革发展工作作出了部署。积极筹备召开全国流通工作会议，研究提出了《关于促进流通业发展的若干政策意见》及其说明，汇总整理了《各地流通业改革与发展政策文件摘编》。

（二）研究推进深化流通体制改革试点工作。为继续深化流通体制改革，推进市场开放，加快流通业发展，商务部、中央编办、发展改革委、财政部、人民银行、税务总局、银监会等有关部门研究提出了《深化流通体制改革试点方案》，经国务院同意，决定选择辽宁省、湖北省、厦门市、南京市、成都市、潍坊市、绵阳市进行深化流通体制改革试点，进一步探索深化流通体制改革的成功经验和做法。

（三）发展现代流通方式，推进流通现代化。一是为发展连锁经营创造了良好的外部环境。按照国务院要求，有关部门对落实国办发［2002］49号文件的情况进行了调查分析，对北京、上海、南京关于连锁企业统一纳税等情况进行了调研，重点协调解决连锁经营中的突出问题。同时，对自愿连锁发展情况进行了调研，对连锁企业前30强进行了排名并发布了新闻。二是加快特许经营立法步伐。颁布了《商业特许经营管理办法》，对规范特许经营活动，促进特许经营健康发展起到了积极作用。据商务部商业改革发展司统计，2004年全国前30家连锁企业实现销售额3 845.6亿元，店铺总数为13 801个，分别比2003年同期增长32.9%和23.8%，实现了较快增长。前30家连锁企业销售额的增幅是同期全国社会消费品零售总额增速的2.5倍，发展势头较好。三是推动重点行业发展电子商务。对烟草等行业电子商务发展情况进行了重点调研，对流通行业信息化建设及电子商务发展情况进行了调查，会同信息化司编纂了《中国电子商务白皮书》。四是进一步推动现代物流发展和对外开放。与有关部门联合制定出台了《关于促进我国现代物流业发展若干政策措施的意见》。为落实中日韩三国领导人关于流通及物流合作事宜，4月份与日本、韩国正式建立了相应的工作机制，并与韩国达成合作备忘录。11月4日，举办了商务部首届“中国现代物流发展与国际合作高峰论坛”，张志刚副部长出席论坛并作主旨讲演。积极筹备国际服务业大会物流论坛和参加“国际采购战略与供应链竞争大会”。

三、积极营造良好的消费环境，市场规范和开拓工作取得新进展

（一）积极扩大消费。下发了《关于做好餐饮业禽流感应对工作的通知》，上报了《禽流感对餐饮业影响情况及其应对措施和建议》，通过各种媒体，宣传科学、文明的消费理念，引导居民健康消费。

（二）努力倡导和构建诚信的消费环境。加强行业精神文明建设，与八部委联合下发了关于开展“百城万店无假货”活动的通知，广泛开展“百城万店重诚信”主题活动，继续与团中央联合组织2004年全国青年文明号活动。与中宣部联合组织，由30家食品经营示范店向全国发出了“确保消费安全，让百姓放心购物”的倡议，并在“3·15”期间对有关示范店进行了宣传报道。

（三）大力开拓和挖掘市场潜能。一是积极发挥大型流通企业集团及新型流通方式在开拓市场、扩大消费方面的主导作用，深入开展了工商、商商、银商联手开拓市场活动。二是制定了《内贸领域大型商务活动总体方案》，积极落实中国零售业博览会、中国餐饮业博览会、中国食品博览会、中国会展经济论坛等大型活动，并支持了13家内贸领域有影响力的大型展览会。

（四）积极协调和解决银商矛盾，加强供应链管理。一是就银行卡问题与人民银行、中国银联和有关流通企业广泛沟通，分析制约银行卡发展的主要障碍和解决障碍的有效途径。就深圳抵制银行卡事件与有关部门沟通，并向国办提出了建议。二是邀请人民银行和有关金融企业与流通企业就银商联手开拓市场工作进行沟通，并达成了一致意见。三是加强供应链管理，保障供货商的合法权益。

四、推进成品油流通体制改革，进一步强化了成品油市场监管

巩固成品油市场整顿成果，认真贯彻国务院领导关于做好成品油市场监管工作的指示精神，重点抓了四方面的工作。

（一）严格市场准入，进一步清理不合格成品油经营企业。与工商总局、税务总局联合推进成品油经营企业年审和换证工作，通过换发成品油经营批准证书，进一步摸清成品油经营企业的基本情况，淘汰不合格的企业，优化分销网络，规范市场准入行为。

（二）加强成品油市场监管的制度化建设。积极配合法制办加快出台《成品油市场管理条例》；会同有关部门制定成品油分销网络发展规划，合理调控加油站、油库建设布局和数量；研究提出了进一步深化成品油流通体制改革的方案并征求有关部门意见；制定并颁布了《成品油市场管理暂行办法》。

（三）加强成品油市场管理的信息化建设。启动成品油市场管理信息系统。及时监测成品油供求和价格变动情况，根据市场形势，提出调控措施和建议。

（四）推进成品油流通现代化。积极推进成品油集中配送、加油站连锁经营和特许经营，提高流通效率。

五、加强法规、标准化体系建设，进一步促进了流通服务业规范化发展

（一）推动行业立法工作。清理了内贸领域有关的法律、部门规章，研究推动商业特许经营和成品油市场管理相关法规建设工作，颁布了《美容美发业管理暂行办法》、《散装水泥管理办法》，起草了《再生资源回收管理条例（征求意见稿）》。

（二）推进行业标准化建设。研究制定服务行业标准体系、开业技术条件和分等定级标准，积极推进餐饮业分等定级工作，会同有关部门制定并公布了《成品油零售企业管理技术规范》。

（三）促进行业规范化发展。召开了“老字号”企业改革创新座谈会、部分省市再生资源回收工作座谈会和宁波“81890”居民服务信息平台现场经验交流会。发挥协会作用，协调和规范行业管理工作，制止行业乱评比现象。对首都机场免税店、外轮供应、免税油供应等特殊行业，研究提出了规范管理的政策建议。

加强运行调控　促进商品市场稳定发展

商务部市场运行调节司司长　房爱卿

2004年，商务部市场运行调节司认真践行“三个代表”重要思想，采取有力措施，加强市场运行监测，积极完善调控手段，及时应对禽流感、地震等自然灾害引起的市场异常波动，促进消费品市场和生产资料市场平稳发展。

一、全年商品市场运行情况

2004年，中央实施一系列宏观调控措施，国民经济保持了良好的发展势头，城乡居民特别是农民收入明显提高，商品市场在平稳运行中实现了较快发展，全年社会消费品零售总额突破5万亿元，生产资料销售额突破10万亿元，批发零售贸易和餐饮业实现增加值突破1万亿元。

（一）市场销售规模实现标志性突破，对国民经济的拉动作用增强

2004年社会消费品零售总额实现53 950.1亿元，比2003年增长13.3%，扣除物价变动因素，实际增长10.2%。从各季度情况看，呈逐季加快走势，一季度增长10.7%，上半年增长12.8%，前三季度增长13.0%。我国社会消费品零售总额突破1万亿元大关用了43年，由1万亿元增加到5万亿元用了12年，其中由4万亿元到5万亿元仅用了2年。

随着国家“有保有压”宏观调控政策逐步见效，生产资料市场需求理性降温，呈现稳定增长的态势。社会生产资料销售额实现11.4万亿元，增幅为19%，略低于2003年。生产资料销售额由1万亿元增加到5万亿元用了10年，从5万亿元到11万亿元仅用了4年，其中2004年一年的增加额就达到了2.48万亿元，比1993年的销售额还多。

社会消费品零售总额占国内生产总值的比重达到39.5%，比2003年提高0.4个百分点，消费对经济的拉动作用正在增强。人均每天社会消费品零售额突破10元，达到11.4元，城乡居民生活得到进一步改善。

（二）农村消费明显加快，城乡消费差距缩小

农村消费呈现出逐月加快走势，成为消费品市场的一大亮点。农村消费品市场到12月份实现连续8个月两位数增长，全年累计达到18 376.9亿元，增长10.7%，比2003年提高3.9个百分点。城乡消费差距逐渐缩小。增幅虽仍低于城市4个百分点，但与上半年相比，缩小了1.5个百分点。农村市场对消费品市场的拉动作用显著增强。对全国社会消费品零售总额的增长贡献率下半年达到30.9%，比上半年提高6.5个百分点。

（三）居民消费热点集中，消费结构继续升级

汽车、通讯、餐饮、住房及新兴服务业依然是居民的热点消费领域。2004年，全国轿车销售232.7万辆，增长15.2%；全年电信业务收入5 187.6亿元，增长12.6%；餐饮业实现零售额7 486亿元，增长21.6%，高于社会消费品零售总额增幅8.3个百分点；销售给个人商品房9 670.4亿元，增长30.4%。另据对全国限额以上批发零售贸易企业统计，金银珠宝、化妆品、文化办公用品、通讯器材零售额分别增长27.5%、25.3%、22.7%和41.7%，增幅远远高于20.6%的平均水平。

一些大中城市居民消费已由实物消费为主向实物消费与服务消费并重转变，体育健身、文化娱乐、休闲旅游、高档耐用品消费增长明显。2004年，体育娱乐用品零售额增长了15.3%。每百户城镇居民家庭拥有汽车、空调器、摄像机、钢琴和电脑分别达到2.2辆、69.8台、3.2架、2.2架和33.1台，这几种耐用消费品的增幅分别达到了57.1%、12.9%、28%、15.8%和19.1%。农村居民在改善吃、穿、住的前提下，逐步增加用、行、教、乐等方面的消费。农村居民家庭人均交通通讯消费增加30元，增长18.5%；家庭设备用品及服务消费增加7.6元，增长9.3%。城乡居民生活消费水平差距从上年的3.35∶1缩小为3.29∶1。

（四）利用国际市场平衡国内市场的能力增强，国内商品市场供求关系继续得到改善

关系国计民生和国内生产建设急需的能源、原材料以及其他重要商品出口明显减少、进口大幅增加，对保证国内市场繁荣稳定起到了重要作用。2004年，大米、玉米、食糖、煤、原油、成品油、锯材出口数量大幅减少。小麦、棉花、食糖进口分别达到726万吨、191万吨和121万吨，

增长 15.2 倍、1.2 倍和 56.7%；原油、成品油分别进口 12 272万吨和 3 788 万吨，增长 34.8% 和 34.1%；纸浆、锯材、铝材分别进口 732 万吨、600.7 万立方米和 61 万吨，增长 18.1%、10.7% 和 14.9%。

从商务部对国内市场600 种主要商品供求状况的监测分析情况看，2004 年上半年供过于求的商品有 462 种，比 2003 年同期减少 43 种，下降 8.5%。2004 年下半年供过于求的商品有446 种，比上半年又减少 16 种，所占比重下降 2.7 个百分点。虽然没有供不应求的商品，但供过于求商品比重下降，供求平衡或基本平衡商品比重上升，从一定程度上说明我国商品市场供求关系继续有所好转。

（五）粮食副食品价格高位企稳、稳中趋降，居民消费价格总水平先攀升、后回落

粮价上涨始于2003 年第四季度。2004 年一季度特别是 3 月份涨幅最大，4 月、5 月份涨至最高价位，但涨幅明显放缓。随着夏粮秋粮喜获丰收，全国粮食价格开始呈现出稳中趋降。从商务部监测的城市生活必需品价格走势看，12 月份小包装大米、小包装面粉零售价格分别为每公斤 3.55 元、3.51 元，虽仍在高位运行，但已略有下降。

粮食价格上涨带动了副食品价格上扬，价格回落也促成大多数副食品价格稳中趋降。从商务部监测的城市生活必需品价格走势看，2004 年 12 月份鲜猪肉批发价格比年初每公斤上涨 2 元，涨幅接近 16%，比 9 月中旬最高价略有回降；桶装食用油每公斤零售价 10.01 元，比前期高位略有回落；鸡蛋每公斤零售价比年初上涨 0.86 元，比 9 月最高价明显回落；牛奶价格走势基本平稳；蔬菜批发价格从一季度末开始下滑，11 月份平均每公斤 1.58 元，下降 1 元以上，12 月份有所补涨，为 1.85 元。

（六）流通行业集中度提高，对外开放进一步扩大

电子商务、连锁经营、物流配送等现代流通方式继续快速发展。为适应我国履行加入世贸组织承诺，进一步开放分销领域后的市场竞争环境，实现做大做强，流通企业特别是大企业之间的并购趋于活跃。商务部重点监测的大型零售企业销售额增长 23.5%，高出全社会平均增幅 10.5 个百分点；限额以上批发零售贸易企业商品零售额增长 20.6%，高出全社会平均增幅 7.3 个百分点，占社会消费品零售总额的比重达到23.1%，比2003 年上升 1.2 个百分点。

2004 年 4 月，商务部颁布了《外商投资商业企业管理办法》，标志着商业领域利用外资结束试点，履行加入世贸组织承诺转入正常开放。全年新批零售业外资项目 212 个，增长 5.5%；合同外资 6.6 亿美元，增长 27%；实际利用外资 4 亿美元，增长 13.5%。新批餐饮业外资项目 907 个，增长 29%；合同外资 9.8 亿美元，增长 55.5%；实际利用外资 4.3 亿美元，增长 48.4%。外商投资商业企业在华营业面积已超过 800 万平方米，店铺已接近 4 000 个。沃尔玛、家乐福获准开设的大型店铺均已超过 55 家。

回顾 2004 年，商品市场在平稳快速发展的同时，也还存在一些值得关注的问题。一是农业生产虽然取得了好收成，但棉花、大豆等一些大宗农产品市场价格波动比较频繁，涨跌幅比较大。二是受市场需求等因素影响，生产资料价格上涨幅度较大。2004 年涨幅达到了 13.6%，特别是黑色金属、有色金属等一些基础原材料价格在高位小幅回落后又出现了反弹。三是煤电油运紧张状况尚未得到根本缓解，供需矛盾依然比较突出，一些基础服务价格上调压力很大，居民消费价格仍面临较大的上涨压力。四是部分产业产能过快增长，导致产品库存增加，资金占用加大，据对限额以上批发零售贸易企业调查，2004 年底库存 3 527.6亿元，比上年底增长 12.1%，是近年来没有的。五是假冒伪劣现象依然比较严重，商品质量问题仍然比较突出，食品安全事故时有发生，市场经营秩序还有待进一步整顿和规范。六是制约农村商品市场发展的因素很多，特别是农用生产资料价格和农村居民消费价格持续上涨，幅度过大，需要引起高度的重视。七是消费与投资仍不相协调，2004 年全国社会消费品零售总额同固定资产投资增速的差距，仍达到 12.5 个百分点。最终消费率继续走低，为 53.6%，比 2003 年下降 1.8 个百分点。投资与消费比例失调，不利于国内需求的稳定扩大，容易造成部分产能过剩，导致市场供求失衡。

二、主要工作和采取的措施

（一）初步建立市场运行监测体系，为引导市场配置资源奠定了基础

研究确定了与经济社会发展衔接配套的市场统计监测指标体系。主要包括市场规模、运行质量、消费结构、网点布局、重点商品、重点企业、组织化程度、现代化水平等 8 大类 527 小类指标。进一步完善了城市生活必需品、重要生产资料、重点流通企业和茧丝绸行业四个直报系统，扩大了监测样本，调整了样本结构，由原来的 600 家增加到 2 600家；初步建立了由 17 个部委局、28 个协会、30 个专业性网站构成的社会信息收集系统；组建了由 31 个省市区和 32 个城市组成的专项调查系统；建立了由 81 位专家组成的专家评估系统，召开了市场运行调控专家库成立大会，在网上开展了如何看待消费的专家论坛；初步建立了全国商品流通数据库，组织收集有关数据。据统计，2004 年市

场运行调节司共向社会发布市场动态信息400多条，市场专题报告20多篇，市场综合分析报告7篇，市场供求排队分析报告2篇。

监测制度建设取得新进展。城市生活必需品、重要生产资料、重点流通企业和茧丝绸行业四个直报系统监测制度已由国家统计局批准并下发执行，运行状况良好。印发了《商务部关于加强市场运行监测工作的指导意见》，召开了全国市场运行监测工作会议，促进了地方市场监测系统的建设。

（二）改进完善市场调控机制，稳定市场供应

对市场波动较大的商品，采取了多种方式特别是通过信息引导进行调控。节日期间密切关注市场动态，及时采取有效措施保证市场供应。根据食糖市场运行情况，分4期通过竞卖方式向市场投放中央储备糖50多万吨。为加强市场异常波动的应对能力，报请国务院同意，增加了2万吨肉类储备。为确保青海地震灾区肉类市场供应，6月中旬，紧急投放500吨中央储备肉。采取措施，稳定茧丝市场。

为加强储备管理的法制建设，起草了《中央储备肉管理办法》和《中央储备糖管理办法》，制定了《中央储备肉活体基地场资质条件》和《中央储备糖仓库资质条件》，经国务院同意，会同14个部门联合下发了《全国生活必需品市场供应应急预案》，并在此基础上进一步修改，作为商务部部门预案报国务院备案。召开了全国储备管理工作会议，运用现代信息技术，建立了中央储备糖和活畜储备动态监测制度，实行储备信息网上直报，进一步加强了对中央储备商品的管理。

（三）大力推进“三绿工程”，加强食品安全质量控制

2004年重点在法制建设方面加大了力度，商务部等十一个部门制定颁发了《三绿工程五年发展纲要》，与质检总局等10个部门制定发布了《关于积极推进有机食品产业发展的若干意见》；与国家认监委联合发布了《绿色市场认证管理办法》和《绿色市场认证实施规则》；发布了《商务部关于建立健全加工和流通领域食品安全检测体系的意见》，在全国范围内确定56家具备资质条件的检测机构作为商务部食品安全定点检测机构；印发了《商务部关于建立全国流通领域食品安全信用档案的通知》，已开始试点；与中宣部等11个部门联合下发了《关于开展三绿工程宣传月活动的通知》，编印了绿色消费指南《三绿工程百问》及有关宣传图片；举办了4期三绿工程标准及绿色市场认证审核员培训班，培训人员400人次。开展了全国生猪屠宰市场集中整治。据不完全统计，湖南等12省市共出动执法人员159 185人次，开展执法检查近5万次，出动执法车辆1 987台次，取缔私屠滥宰窝点806个，没收病害肉40万公斤，查处各类案件1 728起，罚没金额30多万元。组织修订了《生猪屠宰管理条例》，印发了《商务部关于加强牛羊屠宰管理工作的指导意见》，组织制定了《生猪屠宰厂（场）资质等级要求》等标准。印发了《商务部关于加强散装酒类商品流通管理的紧急通知》，颁发了《商务部办公厅关于我国部分省市实施酒类行政许可管理的意见》，组织编制了《酒类批发业开业技术条件》和《酒类商品零售规范》。会同有关部门联合印发《关于开展酒类市场专项整治活动的通知》，并召开电视电话会议，指导地方开展专项整治工作。

2004年中国消费品市场运行特点及零售业发展状况

中国商业联合会

一、2004年我国消费品市场运行情况

2004年，我国经济发展继续保持了平稳较快增长的良好势头，取得了重大、喜人的成果。同我国经济发展的态势一样，2004年消费品市场也继续保持了稳定、较快增长的势头，社会消费品零售总额增长13.3%，是1997年以来名义增长速度最快的一年。总结、分析2004年我国消费品市场运行的特点，可以概括为：一个标志性突破、两大亮点、三个继续保持、四个增强。

1. 社会消费品零售总额标志性突破5万亿元。2004年我国社会消费品零售额增长速度比上年提高了4.2个百分点，增速提高的幅度是1997年以来最高的，社会消费品零售总额名义增长速度的明显加快，使得社会消费品零售总

额规模快速扩大，达到53 950亿元，突破5万亿元大关，这是一个标志性的变化，一是标志着我国消费品市场规模的发展进入一个更高层次的阶段；二是标志着消费品市场的增长对国民经济经长的拉动增强。

2. 农村消费品市场增长速度明显加快。2004年县及县以下社会消费品零售额实现18 377亿元，名义同比增长10.7%，高于上年3.9个百分点，成为自1997年起增长速度最快、增幅提高最多的一年，这是2004年我国消费品市场运行的最大亮点之一。由于中央对“三农”问题政策支持和落实力度的空前加大，使农村居民的收入增长缓慢的状况得到较明显的改善，是农民人均纯收入自1997年以来增长速度最快，增幅提高最高的一年。

3. 餐饮消费对社会消费品零售额的增长贡献创历史最高水平。2004年消费品市场运行的另一个大亮点是餐饮业零售额的高速增长。全年餐饮业零售额实现7 486亿元，比上年增长21.6%，增速加快10个百分点；占社会消费品零售总额比重达13.97%，比上年提高1.03个百分点。餐饮业零售额对社会消费品零售总额增长的贡献度创历史最高水平，达22.2%，比上年提高6.3个百分点，是1997年以来提高幅度最大的一年。餐饮业对社会消费品零售总额增长的拉动率创1995年以来最高水平，达2.95%。

4. 农村物价指数高于城市的状况基本继续保持。在2004年消费品市场物价水平的运行变化中，自2001年以来的一个新的变化特点仍继续保持，这就是农村物价指数高于城市物价指数。从居民消费价格指数看，2001年农村高于城市0.1个百分点，2002年0.6个百分点，2003年0.7个百分点，2004年1.5个百分点；从商品零售价格指数看，2001年高出0.5个百分点，2002年0.7个百分点，2003年0.8个百分点，2004年2.1个百分点。

5. 消费品市场总体供大于求的基本格局继续保持。2004年消费品市场除粮食等少数农副产品及少数基础原材料和能源外，绝大部分商品市场仍表现为供大于求。商务部和中华全国商业信息中心调查分析结果显示，2004年仍有70%以上的商品处于供过于求的状态，特别是与居民日常生活消费关系密切的工业品供过于求的比重仍在80%以上。

6. 城乡市场所占消费份额差距扩大的趋势继续保持。目前大中城市仍是拉动全社会消费品零售额增长的主要力量。从城乡比重看，2004年城乡消费品零售额所占比重为：城市占65.9%，高于上年0.8个百分点；农村市场占34.1%，低于上年0.8个百分点，城乡市场所占消费份额差距继续扩大。2004年城市消费市场对社会消费品零售总额增长的贡献度为76.3%，比上年提高3.1个百分点，拉动社会消费品零售额总额增长10.1个百分点，比上年提高3.4个百分点。

7. 居民总体消费刚性进一步增强。2004年，在物价水平较大涨幅的情况下，社会消费品零售总额实际增长速度达到10.2%，比上年提高1个百分点。从2004年各月增长情况看，有9个月增长速度超过去13%，除5月份由于同比基数低，增长速度较高其他各月外，全年各月增长速度基本上是一种小幅波动、趋快增长态势。这表明我国居民对价格上涨的承受性增强，消费心理进一步成熟，消费刚性进一步增强。

8. 农村居民的消费基础增强。2004年农村消费品市场的可喜之处不仅仅在于农村居民消费增长的明显加快，更重要的意义在于农村居民的消费底气得到增强。2004年中央把解决“三农”问题列为社会经济发展中的重中之重，提高了农民的收入，使农民对自己未来收入的增加十分乐观，消费底气增强。

9. 居民的投资性消费明显增强。近年来居民对商品房的投资消费已成为居民投资性消费增强的突出表现。2004年我国商品房销售额10376亿元，增长30.0%，其中销售给个人增长30.4%，所占比重为93.3%。在售给个人的商品房中投资性购房占有相当比例，同时居民对商铺的投资也呈上升态势。

10. 消费结构升级影响程度进一步增强。随着居民收入的稳定增长和消费环境的不断改善，近两年持续的居民消费结构升级热潮在2004年表现出影响程度进一步增强态势。一是由以汽车、商品房和通讯器材为主导的实物消费升级向餐饮、旅游、文化娱乐等服务型消费升级扩展。二是一些消费升级商品消费群体由城市向农村快速扩展，由中青年向老年人、中小学生快速扩展，如手机的消费，2004年移动电话用户达到33 483万户，比上年增长24.6%。三是由生活必需品向奢侈品扩展。四是购车、购房人群不断扩大。

二、2004年我国大型零售企业运行特点

（一）零售百强企业发展迅速

2004年我国零售业百强企业实现销售总额5 517.63亿元，比上年百强企业销售额合计增长33.2%。零售业百强的商品零售额占社会消费品零售总额的比重为9.2%，比上年零售业百强提高1.4个百分点。2004年零售业百强发展具体呈现以下特点：

1. 超大型零售企业发展迅猛。2004年零售业百强企业

中销售额超过100亿元的有15家，比上年增加5家，其销售额占百强销售总额的比重为51.8%；比上年提高11.3个百分点。2004年上海百联（集团）有限公司继续保持零售业的龙头地位，销售额为676.3亿元，创历史新高，同比增长39.4%。

2. 零售业百强中以百货店为主的企业销售回升明显。2004年，受收购重组、品牌经营、促销力度加大等因素的影响，以百货店为主的零售企业销售规模快速增长，入围零售业百强的该类企业数量从2003年的31家，回升到59家，销售额合计为2 785.7亿元，占零售业百强销售总额的比重为50.7%，比上年上升35.6个百分点。

3. 家电专卖店企业规模发展较之其他专卖店企业快。2004年零售业百强中的家电专卖企业有6家，虽数量较上年少1家，但销售额却增加253.2亿元。其中国美和苏宁的销售额均在200亿元以上，排名位次均比上年有所上升，国美位居第二，苏宁名列第四。

4. 在零售业百强中外资零售企业地位保持基本稳定。2004年零售业百强中有家乐福、好又多、沃尔玛、易初莲花等10家外资企业入围，其中四家销售额超过100亿元，家乐福和苏果超市则进入前十强。10家外资企业的销售额合计为821.0亿元，增长26.6%，占百强销售总额的比重为14.9%，与上年基本持平。

5. 零售业百强中西部地区企业销售额所占比重仍然较低。2004年零售业百强的企业分布在21个省市，东部地区百强企业的数量远远高于西部地区，其中北京15家、上海10家、江苏9家、广东和山东各8家（不包括外资企业），而西部地区仅7家。从销售额看，最高的五个省市分别为上海、北京、江苏、山东和广州，其销售额占零售业百强销售总额的比重依次为21.5%、15.0%、9.9%、6.5%和5.9%，而西部地区只占5%左右。

（二）大型零售企业发展进入活跃期

2004年，我国经济领域中无论从哪个层面上，都为我国零售业的发展提供了良好的机会。首先，消费品市场增速加快，从消费层面上为零售业的发展提供了良好的动力。其次，从政策层面上，拉动经济增长的主要动力向扩大内需转变的措施力度进一步加强，培育大型流通企业，发展连锁经营等受到政府重视。再次，从市场层面上，消费品市场远未饱和，潜力巨大。最后，从企业层面上，市场份额的划分、业态结构的调整尚未稳定，我国已成为全球竞争最激烈的零售市场之一。另外，从2004年12月11日起，我国零售业正式对外资开放，在这种环境下，作为我国零售业主导力量的大型零售企业，在自身的发展上更加积极和活跃。

1. 大型零售企业纷纷进行收购、重组

随着竞争的深入，大型零售企业为规模扩张的需要，向收购、重组方式转变，一些地方政府也积极引导；一些大型零售企业通过并购来获得优势地点的门店；一些新进入的外资零售企业为快速占有一定的市场份额，选择收购的方式；随着商业网点规划的实施，一些零售企业为了规避制度对自身发展造成的影响，选择收购的方式进行扩张。这些因素，使得大型零售企业纷纷进行收购、重组。

2. 零售商和供应商关系的改善初现端倪

长久以来，受消费品市场供求关系的影响，零售商和供应商之间的矛盾时有发生。这一情况已经引起政府主管部门的关注、零售商的思考和社会的强烈反响，2004年，希望规范零售商和供货商之间的关系，使双方处于共赢的局面的呼声越来越高。一些零售企业开始尝试新的合作方式，与供应商签订战略伙伴关系，零售商和供应商关系的改善初现端倪。

3. 大型零售企业扩张趋于理性

2001年、2002年、2003年连锁百强销售额分别增长48%、36%和30%，而门店分别增长56%、52%和36%。进入2004年，一些大型零售企业的扩张趋于理性，注重规模与效益、规模与资金及规模与管理能力的统一，门店扩张速度放慢，增速为28%，销售额保持较快增长，增速为33%，销售额增长速度近年来首次超过门店增长速度。

三、外商投资商业企业在华发展状况

至2004年底，国家共批准成立外商投资商业企业304家，开设分店3 900多个，营业面积达828万平方米；全国商业领域累计实际利用外资51.3亿美元，约占全国累计实际利用外资金额的0.92%。2004年外商投资商业企业商品零售额占全社会消费品零售总额的比重约2.6%。

外商投资商业企业连锁经营发展快。至2004年6月末，限额以上外商投资连锁零售企业增至76家，比2003年末的增加12家；门店数3 273个，比2003年末增长67.3%。2004年上半年，我国连锁企业30强中，外商投资连锁企业共5家，包括家乐福（中国地区各企业）、苏果超市有限公司、华润万家有限公司、沃尔玛中国有限公司和锦江麦德龙现购自运有限公司，五家合计销售额为271.5亿元，增长23.3%，占30家连锁企业销售总额的15.9%；店铺数为1 795家，增长15.7%，占30家店铺总数的16.3%。

外商投资商业企业主要集中在东部地区，零售业态主要是大店。外商投资商业企业的地域选择主要是经济发展较快，居民生活水平较高的东部地区的省会城市和一些中小城市，在全部外商投资商业企业中，80%集中于我国东部地区。在零售业态上，主要发展高端零售业态，发展重点是大店，如大型百货店、大卖场、仓储式商场、大型家居专业店。2004年上半年，在限额以上连锁零售企业中，外商投资企业的门店数占7%，而零售额占18.4%，营业面积占15.7%。一些城市8 000平方米以上的大型超市中，外商投资企业占到23%，少数城市达到50%。

外商投资商业企业地域扩张特点。随着一线城市零售业竞争的日趋激烈，市场发展空间的缩小，一些外资零售企业在一线城市继续扩张的同时，也加快了向二级、三级城市场扩张的速度。

2004年中国物流业发展基本情况

中国物流与采购联合会

2004年，是中国物流深入、务实、快速发展的一年。在国家实施宏观调控政策，经济持续快速增长的推动下，中国物流延续了进入新世纪以来的良好势头，主要经济指标较快增长；物流需求在结构调整和增长方式转变中聚集和释放；供给能力和服务水平在资源整合和改造中得到提升；物流行业在基础工作加强和完善中形成与发展；我国履行“入世”承诺，涉及物流的大部分领域进一步放开；发展的环境在各级政府大力推动下得到改善，物流对经济社会的支撑和带动作用更为显著；我国的物流市场已成长为全球发展最快的市场，并成为国际资本最为关注的领域之一。

中国物流的发展得益于宏观环境的改善。2004年，党中央、国务院审时度势，实施宏观调控政策，国民经济保持了平稳较快增长，为物流产业提供了强劲的需求基础。现代物流因其符合科学发展观的要求，得到政府有关部门和各级地方政府的重视与支持。以国家发改委等九部委出台《关于促进我国现代物流业发展的意见》为标志，我国物流发展的政策环境开始有了实质性改善。

2004年中国物流的新进展，主要体现在以下10个方面：

一、主要经济指标持续增长，物流对经济社会的支撑和带动作用更为显著

据中国物流信息中心统计测算，2004年，全国社会物流总额达38.4万亿元，同比增长29.9%，增幅比上年提高2.9个百分点，比2001年增长了一倍，是近十年来增长最快的一年。全国社会物流总成本为29 114亿元，同比增长16.6%，增幅比上年扩大3个百分点。社会物流总成本占GDP的比重为21.3%，比上年降低0.1个百分点，比1991年降低2.7个百分点，表明我国物流运行质量有所提高。国内物流业实现增加值8 459亿元，同比增长8.4%，增幅比上年提高1.4个百分点。当年物流业增加值占GDP的6%，占第三产业增加值的19%，表明物流业正在成为第三产业中的骨干产业和国民经济的重要组成部分。据测算，第三方物流整体市场增长超过20%，沿海省市物流市场增幅超过30%。特别是配送、加工和分拣、包装等新兴的物流服务业增加值增长15%，代表了我国物流业发展的方向。

二、物流需求在结构调整和增长方式转变中聚集和释放

制造企业与物流企业发挥各自优势，达成战略合作，共同提升双方主业优势，逐步形成共识，特别是一些大企业都有大的动作，行业领袖企业通过系统整合，供应链管理初现端倪。一些行业如：汽车、烟草、家电等积极推行现代物流，取得重大进展。

在商品流通领域，连锁零售物流的发展引人瞩目。据商务部公布的2004年全国前30名商业连锁零售企业的经营状况统计结果，2003年排名第30位的连锁零售企业销售额为26.1亿元，而2004年已经达到45.8亿元，表明我国连锁零售业企业集中度进一步提高。从近几年的统计来看，排在前30名的企业大部分经营稳定，成为国内连锁经营的龙头企业。重视物流管理，加快物流发展，是这些企业快

速发展的必要条件和共同追求。

三、物流企业在整合与改造中发展壮大

许多物流企业根据市场需求和自身优势，进行市场细分，功能定位，培育核心竞争力。一些功能较强的“领头企业”整合中小型、专业化物流服务提供商，在专业领域控制资源，提供增值服务，逐步向上下游延伸，占据专业市场的主导地位。在资源整合与业务创新中既有在企业原有业务基础之上内部资源的整合，也有社会资源的整合，大大提升了物流企业的运营能力。

我国履行入世承诺，全面放开物流市场，行业竞争呈全方位态势，国内重点物流企业通过布点联网、业务整合、员工培训和外聘管理人才等方式积极应对。随着客户供应链管理复杂性的提高，本土物流企业逐步涉足高价值物流服务领域。与此同时，中国本土物流企业的服务也随着客户的市场延伸到国外。

四、外资物流企业加速扩张

经过多年的苦心经营，外资物流企业在中国已有一定的基础。当中国物流市场即将全面开放之际，这些企业频频动作，呈现出新的发展趋势。大多数外资物流企业进入中国以后，都有比较快的发展，许多企业在2004年得到高增长、高回报。美国联合包裹运送公司（UPS）中国出口业务保持强劲增长势头，2004年增幅高达125%。于1984年进入中国的英运物流有限公司（EXCL），已跨入在中国的第21年。2004年，英运的业务量增长了60%以上。到2004年年底，中外运敦豪的56家分公司，已覆盖全中国300多个城市，在中国的业务保持了50%的增长率。

五、枢纽港物流发展进入“快速通道”

2004年，上海港货物吞吐量完成3.79亿吨，约占全国规模以上沿海港口吞吐量的15%，已超过鹿特丹港，位居新加坡港之后成为世界第二大货运港口；集装箱吞吐量完成1 455.4万标准箱，约占全国规模以上港口集装箱量的24%，居世界第三；洋山深水港第一期工程基本完成，设计吞吐能力250万吨。宁波港2004年11月22日，货物吞吐量突破2亿吨，成为中国大陆8个亿吨大港中第二个跨上2亿吨台阶的港口。广州港、天津港也紧随其后，纷纷提前跨入2亿吨港口的行列。2004年，深圳港货物吞吐量达1.35亿吨，同比增长20.33%；集装箱吞吐量1 365.54标箱，位居国内港口第二、世界港口第四。青岛港通过良好的服务吸引众多船公司和货主企业，仅2004年就增开25条航线。天津港在实现集约化经营的过程中，不断拓展港口在加工、物流、交易等方面的功能。大连港初步构建了覆盖东北地区主要城市的内陆海铁联运体系，2004年集装箱海铁联运18万标箱，再度蝉联全国海铁联运第一大港地位，拓展了海向、路向腹地，延伸了港口的功能。

六、物流管理、技术和服务创新出现新的“亮点”

近年来，我国物流管理和技术不断创新，也带动了服务创新，成为物流发展的重要标志。

（一）仓单质押。俗称“物流银行”，是指将物流中的货物做抵押进行贷款，同时提供结算的增值服务。2004年，中国物资储运总公司属下已经有20家单位开展了仓单质押业务，质押监管的授信额度突破了20亿元，质押产品期末库存量占整个公司期末库存的22%，产品涉及黑色金属、有色金属、建材、食品、家电、汽车、纸张、煤炭、化工等9大类。中储同四大国有商业银行以及中信实业银行、广发银行等十几家金融机构建立了合作关系。

（二）“区港联动”。主要以整合保税仓库和出口监管仓库的功能为基础，打破保税仓库和出口监管仓库分别专门存放进境、出口货物且相互隔离的状态，集成、拓展这两个仓库的功能，主要有保税仓储、简单加工和增值服务、国际物流配送、进出口贸易、国际中转和转口贸易、物流信息处理等。2004年7月15日，全国首个保税物流园区——上海外高桥保税物流园区正式封关运作。2004年8月，国务院办公厅批复同意“区港联动”，设立保税物流园区的试点扩展到8家。

（三）“物流地产”。由物流地产商选地建成相关物流设施后，再转租给制造商、零售商和物流企业。日常物流业务由物流公司操作，地产商只是负责投资开发和物业管理。“物流地产”模式的价值就在于更有效地帮助客户管理运用资金、降低成本，提高企业的核心竞争力。普洛斯公司在中国的活动具有一定代表性。

（四）供应商管理库存（VMI）。基本的运行模式是，取消制造企业和供应商库存，在制造企业的生产车间周围，由物流企业租用并管理仓库。物流企业根据制造企业的生产进度，要求供应商送货到仓库；然后根据制造企业的需求分批次把所需物料直接送达车间工位；并按照实际使用情况，由物流企业给双方办理结算。在此基础上，物流企业分别建立国际分拨中心和区域分拨中心，根据订单把制造企业的产品发往终端客户。目前，大田已经为800多家供应商提供供应商管理库存服务；建立了7个区域分拨中心和2个国际分拨中心。

（五）物流园区（基地、中心）。物流园区既是一个地域概念，也是一个功能概念。从2004年我国物流园区等相关专业化基础设施的建设情况分析，其名称存在较大差别，分别使用了物流园区、物流基地、物流中心、配送中心、数码仓库等多个称谓，也反映出专业化物流基础设施功能和作用的不同。从一些地方的经验来看，凡是那些定位明确、贴近需求，按照市场经济规律发展起来的物流园区，运作情况都比较好。由于具有需求的支撑基础，加之对违法、违规占地的查处，过去几年盲目建设和发展物流基础设施（包括物流园区、物流基地、物流中心、配送中心和大型仓库）的局面得到改观。

七、物流信息化深入推进

2004年，我国上网用户总人数为9 400万人，比上年同期增加了1 450万人，增长率为18.24%。互联网技术的快速普及与提高，为我国物流信息化提供了强有力的技术支撑。2004年，物流信息化在前几年发展的基础上，出现了由企业到行业、到区域、到整个物流运行环境全面推进的发展势头。

从目前情况看，运输和仓储是最主要的物流业务，也是物流企业信息化中的首要功能。据中国物流信息中心的调查，在已建立物流管理信息系统的物流企业中，运输管理、仓储管理、财务系统、订单管理的应用比例分别达到78.6%、71.4%、64.3%和57.1%。在此基础上，以供应链管理为代表的信息系统开始起步，钢铁、汽车等行业的供应链管理应用也出现了一些成功案例。在信息内容服务方面，在原来以货代信息网站为主的基础上，出现了许多新的参与者，例如贸易信息网站向物流业务延伸，并开始向连锁化方面探索，成为值得关注的一个趋势。作为物流规划的重要内容之一的地方物流信息平台建设也提上日程，以机场、港口、车站、物流园区为主的物流节点信息平台建设发展很快，公共服务和政府监管方面开始成为电子政务的重点，对于物流信息平台的建设发挥了促进作用。无线识别技术（RFID）是2004年物流信息化中的技术热点，特别是国外强势企业的推进，使得该技术的应用前景备受关注。

八、物流基础设施和技术装备持续更新

2004年，全国新建铁路投产里程1 433公里，增建铁路复线投产里程352公里，电气化铁路投产里程409公里。截至2004年底，全国铁路营业里程累计7.4万公里。到2004年底，全国公路通车总里程达185.6万公里，新增46 411公里；高速公路里程达3.42万公里，新增4 476公里。2004年，沿海港口新扩建泊位67个，其中万吨深水泊位47个，新增吞吐能力1.2亿吨。内河港口新增吞吐能力710万吨，改善内河航道里程691公里。2004年，中国民航行业固定资产投资总额196亿元，共有82个建设项目竣工投产。一些大型生产、流通和物流企业，纷纷选择租用或自建区域配送中心，作为自己货物的集散地；大型运输企业投资货运场站、货物分拣中心支持其零担货运业务的发展；众多国际企业在保税区自建和租用大型仓储设施，作为货物分拨的物流平台。

2004年，也是我国物流技术与装备发展速度最快的一年。在新式库房中，货架、托盘、叉车组合成为主流，自动立体化仓库需求大幅增加，全年建设50座左右，低温、冷藏、冷冻等特殊需求在增长。2004年，我国包装工业规模以上企业工业产值约为3 200亿元，同比增长14%左右。其中纸包装制品产值占包装工业总产值40%，2004年产值可达1 280亿元左右。2004年1月～12月全国重型车生产368 803辆，同比增长40.9%；销售370 795辆，同比增长44.98%。2004年，我国托盘产量2 445万片，实现产值29.02亿元。其中钢制托盘和塑料托盘的增长幅度分别在30%和20%左右。根据中国物流与采购联合会托盘专业委员会的粗略统计，截至2004年年底，我国托盘的总拥有量在1.2亿至1.4亿片之间。货架技术发展很快，臂深式货架、驶入式货架、后推式货架及阁楼式货架均被普遍使用。2004年，我国为物流配套服务的工业车辆继续保持稳定增长势头，全年共销售机动工业车辆59 676台，比上年同期增长31.2%；非机动工业车辆销售量为135万台，比上年增长43.8%，其中出口已超过80万台。此外，物流周边设备和分拣设备也有很大发展。

九、物流行业基础性工作取得突破

在政府有关部门大力推动、行业协会具体组织和广大企业积极参与下，物流行业基础性工作在2004年取得突破性进展。一是物流标准化工作全面启动。在国家质检总局和全国标准化委员会协调下，相继成立了跨部门、跨行业的全国物流标准化技术委员会和全国物流信息管理标准化技术委员会。两个委员会组织研究了《物流标准体系表》，编制了《全国物流标准2005年—2010年发展规划》，提出了急需制、修订的271项物流标准。《物流企业分类与评估指标》已作为国家标准从2005年5月1日开始实施。二是物流统计工作已形成制度。国家发改委和国家统计局联合制定了建立社会物流统计制度的试行办法，委托中国物流与采购联合会组织实施，相关数据已开始对外发布。三是物流科技引起重视。国家首次把“物流服务”列入“全国中长期科技发展规划”，近年来有关部门已经对部分物流科技项目给予了各方面的支持。随着这些基础工作的推进与加强，物流的行业形态和产业地位逐步显现。

十、物流理论研究、新闻宣传和人才培养都有新的进展

（一）物流理论研究。随着物流理论和实践的发展，物流研究机构迅速发展壮大。据不完全统计，已经挂牌的专职物流研究咨询机构发展到近100家，拥有专职物流研究咨询人员上千人，预计全国从事物流研究的专业人员不下3 000人。近年来，特别是2004年，物流基础理论和应用理论两方面都有较大突破。

（二）物流新闻宣传。物流发展的过程总是伴随着宣传工作的深化，新闻宣传对物流发展具有很强的推动作用。经过几年的工作，有关物流的新闻宣传工作已形成一定的规模和水平。出现了中央、地方、部门、行业和报纸、刊物、电视、广播、网站等各种媒体组成的宣传网络。物流中文网页已经超过657万个，比上年同期增长了3倍多，各类物流网站超过2 800个。

（三）物流人才培养。我国开设物流专业的大学由4年前的9所增加到140所，包括中专、大专、本科、研究生教育在内的物流专业教育体系正在形成，学科体系建设稳步推进。按照《物流师职业资格国家标准》，仅全国物流标准化技术委员会和中国物流与采购联合会共同组织的培训认证，就有1万人获得物流师和助理物流师资格，并将开始高级物流师培训认证工作。一些行业协会和院校还引进了国际物流与采购方面的资格认证，组织国内学员到国外培训进修，物流人才的培养正在积极推进。

在回顾总结2004年中国物流发展的时候，也要看到这样一个基本的事实：中国物流粗放式经营的基本特点还没有从根本上改变。企业物流的传统运作方式与物流企业的供给能力不足同时存在，供需矛盾还很突出；物流基础设施建设滞后，特别是运输资源的“硬缺口”制约依然存在；物流信息化、标准化、集约化、现代化水平不高，服务方式和水平还不能满足经济和社会发展的需要；行业、地区和品种之间发展不平衡，体制的障碍、诚信的缺失和政策不到位等问题尚未解决，物流发展的环境还需要进一步改善。

展望2005年，我国经济社会发展和对外开放进入新阶段，中国物流面临着新的机遇和挑战。发展的环境将更加宽松，物流市场将更加开放，各类企业的竞争将更加激烈，物流的服务质量、效率和效益将更加受到关注，政府推动、企业运作、行业自律的模式将更加成熟，中国物流仍然会持续、快速、健康发展，对经济社会发展的贡献将会越来越大。

2004年中国连锁经营发展基本情况

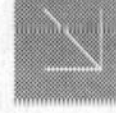

中国连锁经营协会

2004年12月11日，中国零售业对外资取消股权、地域、开店数量的限制，零售业站在全面开放的新起点上。综观2004年全年，为迎接零售全面开放的到来，为了行业健康持续发展，政府机构、行业组织、连锁企业做了大量工作，并取得了明显的成效。

2004年全年社会消费品零售总额53 950亿元，比上年增长13.3%，扣除物价上涨因素，实际增长10.2%。分行业看，批发零售业零售额44 840亿元，增长12.5%；餐饮业零售额7 486亿元，增长21.6%；其他行业零售额1 624亿元，增长1.5%。而作为现代零售业态，连锁经营的销售额已超过8 000亿元，约占社会消费品零售总额的15%。从2004年全行业的发展看，连锁已经成为第三产业发展的主旋律之一。

部分城市连锁经营占社会消费品零售总额的比重

城市	社会消费品零售总额（亿元）	连锁经营零售额（亿元）	占社会消费品零售总额比重（%）	连锁网点数量
上海	2 455	926	37	10 220
北京	2 192	635	29	5 000
青岛	606	174	29	3 785
沈阳	809	216	27	4 000
武汉	961	249	26	2 350
宁波	596	143	24	
天津	1 053	245	23	
重庆	958	210	22	3 000
太原	226	46	20	

据中国连锁经营协会对 2004 年连锁行业的调查统计显示，2004 年连锁百强企业总计实现销售额 4 968 亿元，比上年的 3 580 亿元增长 39%；门店总数达到 30 416 个，比上年的 20 424 个增长了 49%。

一方面，百强企业总体销售一直保持比较快的增长速度，仍远远快于社会消费品零售总额的增幅。同时，百强连锁企业占社会消费品零售总额的比例也逐年提高，从 2000 年的 2.9% 提高到 2004 年的 9.3%。

百强销售额与社会消费品零售总额增幅比较

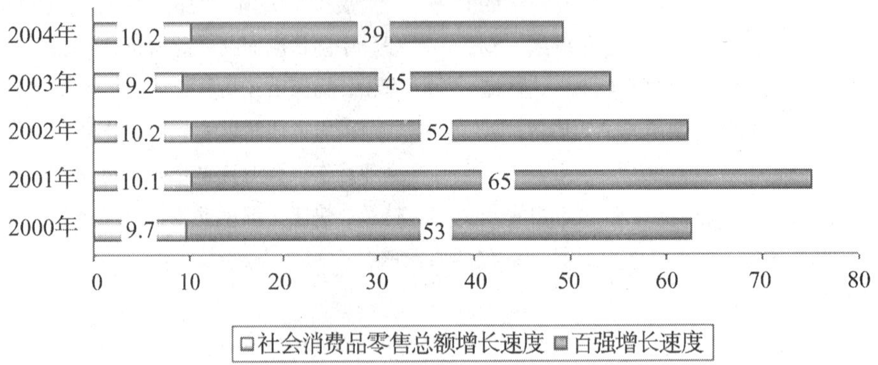

百强企业销售额绝对与相对增长趋势

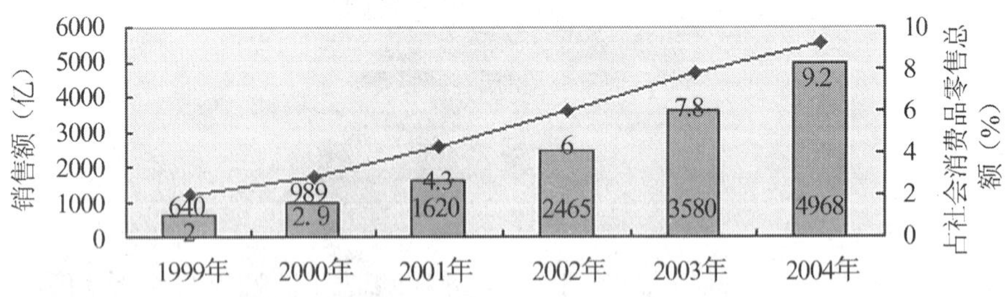

不同时期连锁经营的发展都或多或少烙上了时代的印迹。如 2002 年的关键词是：圈地、并购、外资、价格战、进场费、食品安全，2003 年的关键词是：民族商业、外商投资商业企业管理办法、非典、商业航母、上市、联盟。2004 年的关键词则是：自愿连锁、商业立法、商业地产、战略合作、特许经营、购物券、普尔斯马特。

1. 自愿连锁

2004 年 11 月，全球两大自愿连锁组织——美国的 IGA 和欧洲的 SPAR 参加了第六届中国连锁业会议暨展览会，两家企业在华圈地，吸引了足够多的眼球。

奥地利的食品零售商 SPAR 成立于 1932 年，是欧洲最大的自愿连锁企业，也是欧洲最大的食品销售商之一。SPAR 是一个由独立零售商自愿联合起来的一个组织。国际 SPAR 是由各个国家的 SPAR 组成的，包括北欧、东欧、非洲、亚洲等各个地区，拥有15 100多家超市，分布在30多个国家，年营业额340亿美元。

IGA是全球最大的自愿连锁组织之一，1926年由100家左右的独立杂货商在纽约创建，总部位于芝加哥。它在美国的48个州和全球40多个国家开展了业务，店铺总数达4 400多家，2003年的销售额达210亿美元。IGA是在世界食品分销领域中的前十大组织。IGA除了与宝洁、可口可乐等大供应商建立良好的关系外，还开发了大量的自有品牌商品。IGA认为，IGA超市不仅仅是出售食品的场所，更重要的是社区交流的场所。

2004年11月9日，山东家家悦超市有限公司与国际SPAR自愿连锁体系举行签约仪式，成为国际SPAR机构在中国的第一个正式成员。2005年4月28日，SPAR与家家悦合作在中国开办的第一家门店——SPAR威海旗舰店正式营业。

而在2004年9月27日，宁波三江就与美国IGA合作签字仪式，到2005年4月份，IGA与大庆的庆客隆超市、武汉中百仓储签约，至此包括步步高、深圳有荣等5家企业加入了IGA，形成了东西南北中的布局。

自愿连锁组织在中国的发展，对于中国零售格局会产生一种制衡作用。这些企业的探索和实践，一方面使自愿连锁的概念深入人心，另一方面也为近几年中国沉闷零售业带来了一丝新意。尽管仍有很多在观望，但自愿连锁作为区别于直营连锁、特许加盟连锁的一种重要连锁经营形式，具有很多的优势，如可以获得规模优势、得到国际上最优秀的超市经营技术和信息、提升品牌形象等。相信随着时间的推移，会有更多的中小企业加入到体系中。

2. 商业地产

在商务部发布的2004年度《中国流通产业发展报告》中指出：以商业地产投资为先导的流通产业布局调整出现了快速发展的势头。2004年全国商业地产投资达到1 723亿元，比上年增长31.4%。实际上，快速发展的势头在2004年初即已出现。当时针对国内商业地产盲目开发的状况，曾有专家学者和新闻媒体纷纷上书谏言，引起中央高层关注，温家宝总理接连三次批示，相关部委、金融机构和地方政府着手调查和清理有关项目，宏观调控直指商业地产。2004年6月份，商务部部长助理黄海在商务部召开的第一次全国市场体系建设工作会议上对外界表示，我国的商业设施建设不能轻言“热”，当前的主要问题是结构性矛盾突出。因此，清理整顿要根据各地经济发展和市场建设的不同情况区别对待，不能搞“一刀切”。

而深圳铜锣湾广场、大连万达和北京世纪金源MALL无疑是2004年商业地产热中的代表。

2004年初，铜锣湾的快速扩张备受业界瞩目，拥有“CMALL铜锣湾广场”和“铜锣湾百货”两大品牌。截至2004年底，铜锣湾集团在全国15个省、3个自治区、3个直辖市的32个城市已经发展了35个网点，其中26家是shopping mall，总营业面积达到290万平方米。公司计划在2006年上市。进行商业地产开发已经3年的大连万达，提出了采用订单地产的模式来进行开发，把风险尽可能地降低。到2004年底，万达集团开发了近20个大型购物中心。2004年10月，总共占地面积68万平方米，拥有1万个车位的北京世纪金源时代购物中心的开业，这使这场争论再度升温。MALL是否适宜中国目前的情况？它的市场前景如何？人们给出了不同的答案。

其实，商业地产开发的关键在于前后两端，前端的融资渠道问题，钱从哪里来？美国开开发购物中心的资金一般来源于基金，稳定并追求长期目标。我们则很多来源于银行贷款，还贷压力很大。对于后端，则是经营管理问题，主要是租和售的问题。出售商铺可以很快回笼资金，但项目各自为政，导致难以形成整体形象和统一管理。

在《城市商业网点规划管理条例》正式出台前，企业努力抢得先机，也是2004年商业地产发展较快的重要原因。

3. 战略合作

如果以前企业的发展只讲求战术和战役的话，2004年则有了很大的提升，企业开始从战略角度考虑发展问题，表现在与供应商的合作和企业间的合作大大增强。

供应商与零售商的战略合作从大企业开始。从2004年年初开始，联华、华润万家、物美、国美等企业相继提出与供应商建立战略伙伴关系，并通过改善流程和提升技术等手段予以实施。但同时，仍有个别零售商在与供应商交易过程中，随意收费、延长账期等做法，也破坏了整个行业的和谐发展。

零售企业间的战略合作往往是大手笔，三个典型案例是：乐购与特易购、东方家园与家得宝、百联与大商集团。

2004年7月，英国最大的超市连锁集团“特易购”（TESCO）宣布，出资1.4亿英镑（1英镑约合1.85美元）收购中国“乐购”（HYMALL）超市集团50%的股份，标志着又一家世界级零售巨擘进入中国大陆市场。特易购公司在英国零售业市场占有23.5%的份额，并在日本、泰国、韩国、中国台湾省、马来西亚以及欧洲（除英国外）等11个国家和地区设有超市，连锁超市总数达2 318个，雇用员工32.6万人。

2005年初，人们从公开消息来源获悉，家得宝（Home Depot）将以超过2亿美元的代价收购东方家园49%的股权。这一消息应该是长期谈判的结果，也是国内企业与国外又一次重大的战略合作。家得宝是全球最大家居用品零售商，1978 年成立于美国亚特兰大，目前在北美地区拥有 1 800家店铺。店铺提供约 4 万种装修装饰材料和园艺用品，同时为顾客提供装修和设计咨询、工具出租等服务。

2005 年 2 月，目前国内规模最大的两家流通企业集团——百联集团与大商集团正式签署战略合作协议，并联手组建大商国际有限公司。这一跨地域、跨所有制的战略合作，将对我国流通产业发展产生重大影响。

4. 规范发展

2004 年，是我国零售法规制定和出台较多的一个。政府出台了《外商投资商业领域管理办法》、《商业特许经营管理办法》、《零售业态分类》国家标准等，并加强了城市商业网点规划，对“零售商与供应商交易规范”、“零售商促销管理办法”、“直销管理办法”等领域进行了深入的研究，并着手新的法规的出台。

法规的制定和出台起到了三个作用，其一是规范企业的行为，其二是促进行业健康发展。另外，也是非常重要的方面，体现了零售业全面开放后中外企业的平等地位。

5. 购物卡

尽管国家有关部门多次限令，禁止购物卡/券的使用，但 2004 年，购物卡/券大有卷土重来之势。特别是节日期间，使用量很大。到底对购物卡/券是堵是输？

2004 年 9 月 3 日和 10 月 21 日，中国连锁经营协会先后两次组织购物卡专题讨论会，邀请相关主管部门、企业界与理论界的代表对购物卡问题进行了积极的讨论。会议认为，作为发达国家广泛使用的购物卡/券，根本上讲是一种市场营销手段和支付手段。它有利于刺激消费，推动经济增长；有利于降低交易费用，减少现金交易过程中的差错损失和风险；有利于企业锁定目标顾客，增加目标顾客对企业的忠诚度；有利于相关企业对持购物卡消费者的购买行为研究，为企业经营决策提供数据支撑；有利于完善现有的支付体系。

当然，在购物卡/券的使用过程中，确实存在如腐败等方面的问题，但这并不是由于购物卡/券自身造成的。所以应全面衡量购物卡的利弊，客观评测禁堵办法的效果（一方面没有得到禁止，另一方面损害了政府的权威性），采取有效措施控制使用中的问题，采取疏导的方式，兴利除弊。

6. 普尔斯马特

普尔斯马特是一个让行业羞愧的名字。2003 年，“普马”年销售总额达到 40 亿元人民币，至 2004 年夏季，其店面达 48 家。但从 2004 年夏长沙店倒闭开始，“普马”快速崩溃。2005 年初，北京海淀、重庆、昆明、泸州、攀枝花、沈阳等地的“普马”店相继关闭。3 月 4 日，最后一家店——北京玉泉店关门。

人们在惊诧之余，更多是的反思。这种思考是全方位的，不仅仅是行业，还包括政府监管系统、金融系统。不管怎样，“普马”的盛极而衰，在中国零售业的发展史上写下了浓重的一笔，希望我们能够以史为鉴。

7. 外资流通企业

2004 年，外资流通企业在立足于东部地区的同时，开始加强在中西部的发展。大型超市仍然是外资重点发展的业态。从扩张方式上看，外资逐渐从直接投资建店转向收购、兼并等资本运作方式。另外，很多外资流通企业在华建立了全球采购中心，中国市场成为其全球配置商品资源的战略步骤。

2004 年销售规模超过 50 亿元的部分外资企业

在华企业	销售规模（万元）	门店数（个）	总公司情况
家乐福（Carrefour）	1 624 050	62	法国家乐福集团，全球第 2 大零售企业
苏果超市有限公司（SUGUO）	1 388 000	70	香港华润集团
好又多（Trust Mart）	1 200 000	88	台湾诚达集团和宏仁集团
百胜集团（YUM!）	1 186 879	1400	美国 YUM！餐饮集团，全球零售第 84 位
华润万家	1 101 444	476	香港华润集团
大润发	950 000*	40	台湾润泰集团与欧尚相互持股
沃尔玛（Wal-Mart）	763 542	43	美国沃尔玛公司，全球最大零售企业
百盛（Parkson）	740 000*	30	马来西亚金狮集团
易初莲花（Lotus）	739 405	41	泰国正大集团
乐购	700 000*	31	台湾顶新国际集团与英国 TESCO 公司
锦江麦德龙（METRO）	645 898	23	德国麦德龙，全球零售第 4 位

注：带＊号的为估计值。

货物贸易

Merchandise Trade

深化改革 开拓进取 我国外贸再创辉煌

商务部对外贸易司司长 鲁建华

2004 年，商务部在邓小平理论和“三个代表”重要思想指引下，认真贯彻党的十六届三中全会、四中全会精神，树立和落实科学发展观，积极推进外贸体制改革，成功化解了禽流感、煤电油运紧张、贸易摩擦等不利因素，全年进出口总额首次突破 1 万亿美元大关，使我国成为仅次于美、德的世界第三大贸易国。快速发展的对外贸易不仅创造了大量的就业机会，也对我国经济结构的调整、技术进步和产业升级发挥了积极的促进作用，有力地推动了我国经济社会的健康发展。

一、进出口实现高速增长，再创历史新高

在国家深化外贸体制改革等一系列配套政策的有力支持下，2004 年我国进出口贸易实现高速增长，取得了历史性突破。全年进出口总额达 11 547.4 亿美元，同比增长 35.7%，比 2003 年全年净增 3 037.9 亿美元，相当于“入世”前的 2001 年贸易规模的 2.3 倍。其中，出口 5 933.6 亿美元，同比增长 35.4%；进口 5 613.8 亿美元，同比增长 36%。进出口顺差 320 亿美元。我国外贸总额首次超过日本，成为世界第三贸易大国，对全球货物贸易增长和进口增量的贡献分别达 12% 和 30% 以上，有力地带动了世界贸易的增长和规模的扩大。

（一）与主要贸易伙伴贸易全面快速增长

2004 年，中欧双边贸易总额达 1 772.8 亿美元，增长 33.6%。欧盟首次成为我国第一大贸易伙伴。中美双边贸易总额达 1 696.2 亿美元，增长 34.3%，美国为我国第二大贸易伙伴。日本位居第三，中日双边贸易总额达 1 678.7 亿美元，增长 25.7%。除上述 3 大贸易伙伴外，我与香港、东盟的双边贸易总额首次突破 1 000 亿美元大关，分别为 1 126.7亿美元和 1 058.8 亿美元。此外，前 10 大贸易伙伴中，我与加拿大、澳大利亚和韩国等贸易伙伴的双边贸易增速明显高于其它贸易伙伴，2004 年对上述 3 个贸易伙伴的增速均超过 40%，分别为 55%、50.3% 和 42.5%。

（二）外资企业和民营企业主导出口增长

2004 年，外商投资企业和民营企业合计进出口总额达 8 200多亿美元，占进出口总值的 70%，占全部出口增长的 90% 以上，是支撑出口快速增长的主要力量。国有企业进出口增幅 17.7%，但主要依靠进口拉动，进口增幅比出口增幅高出一半。

二、依法行政与外贸体制改革取得新进展。

2004 年新修订的《外贸法》和《行政许可法》的颁布实施，使外贸发展的法律环境进一步改善，也为推进外贸依法行政创造了必要的条件，对进一步深化外贸体制改革起到了积极作用。商务部利用两法出台的有利时机，制定了一系列外贸管理的配套规章，并在此基础上，深入贯彻落实科学发展观要求，加快转变外贸管理方式，“放权、少管、优服务”，进一步加大了外贸体制改革力度。

（一）推进了以外贸准入制度为重点的经营权改革

根据新修订的《外贸法》，商务部于 2004 年 6 月 25 日公布了《对外贸易经营者备案登记办法》。7 月 1 日该办法与新修订的《外贸法》同步实施。至此，实行 50 多年的外贸经营权审批制被登记制所取代，取消了进出口经营的准入门槛，提前履行了我国加入世贸组织的相关承诺。2004 年 7 月 1 日至 12 月 31 日，全国共有 3.4 万家对外贸易经营者依法办理了备案登记，比 2003 年同期增加 34.8%，其中民营企业 3.1 万家，占 98%。2004 年全年共有 5.6 万多家内资企业获得外贸经营权，同比增加 49%，其中民营企业占 90% 以上。

（二）加快了《外贸法》配套规章的立法进程

2004 年，商务部修订并完善了与《外贸法》配套的进出口管理办法，如《货物自动进口许可管理办法》、《出口商品配额管理办法》、《货物出口许可证管理办法》和《货物进口许可证管理办法》，并根据新修订的《外贸法》和《行政许可法》的规定，削减了实行进出口许可证管理货物的种类，实行出口许可证管理的货物种类从 2003 年的 52 种减为 50 种，实行进口许可证管理的货物种类从 8 种减为 5 种。

（三）进一步减少和规范外贸领域的行政审批

为贯彻落实《行政许可法》，2004年商务部进一步规范和减少外贸领域的行政审批项目，主要包括：取消了原来对内资企业国际货代经营资格实行的行政审批；取消了绿茶、乌龙茶出口指定经营管理；取消了对钢材、天然橡胶、羊毛、腈纶和胶合板的进口指定经营管理；制订了《钨品、锑品、白银国营贸易企业经营资格标准》和《钨品、锑品出口供货企业资格标准》。

三、农产品出口支持政策进一步完善

为贯彻中央1号文件精神，进一步扩大农产品出口，商务部在深入调研的基础上，针对当前农产品出口存在的突出问题，从优化贸易环境、强化质量管理、改善商品结构、提高企业开拓能力等方面入手，研究制订了一系列扶持农产品出口的政策措施，取得了初步成效。主要包括：联合财政部等6部委下发了《关于扩大农产品出口的指导性意见》，明确了农产品出口的战略目标，并提出了具体的政策措施；着力在企业反映强烈的贸易环境、财政支持和信息服务等方面提供政策支持；通过完善网上《农产品出口月度统计报告》和免费发放《中国农产品出口市场指南》等手段，加强对企业的信息服务。此外，面对年初爆发的禽流感疫情，商务部积极协调有关部门采取出口扶持措施，并加强对外谈判和交涉，努力减少禽流感疫情对农产品出口的不利影响。

四、对外贸易促进体系建设进程加快

近年来，我国外贸保持持续快速增长，外贸经营主体迅速增加，许多商品在传统出口市场已处于相对饱和状态。为转变外贸增长方式，商务部在不断转变政府职能的同时，深入贯彻以质取胜、市场多元化等外经贸战略，进一步加强了我国外贸促进体系建设。

（一）不断提高广交会等一批重要展会的质量

广交会迄今已历经96届，展览面积已居世界单年展第三位。经过多年改革和发展，广交会已成为我国历史最长、规模最大、知名度最高、效果最好的国际经贸交流盛会。创办于1999年的高交会，已成功举办了六届，规模越来越大，效果越来越好，已初步成为展示我国高新技术领域最高发展水平的窗口，科研成果产业化、商品化的重要平台。2004年11月，商务部还与相关单位协调配合，成功举办了首届“中国—东盟博览会”等一系列展会。

（二）制定出口品牌战略，大力宣传出口品牌

为落实中央领导关于加强自主出口品牌建设工作的指示精神，2004年商务部与北京大学在联合调研的基础上，制定了我国出口品牌建设规划，完善了出口品牌建设的政策环境。为扩大宣传和影响，商务部会同中央电视台、《人民日报》、《经济日报》等主流媒体，大力宣传加强出口品牌建设的意义，取得了较好的效果。商务部还分别在英国和美国主办了“中国名牌出口商品欧洲展”和“中国名牌出口商品美国展”，提高了中国自主品牌的知名度。

（三）积极支持商会开展贸易促进工作

为贯彻吴仪副总理关于要鼓励和扶持进出口商会在市场中作用的指示精神，商务部进一步加强了对进出口商会工作的指导，在市场开拓、资金使用、贸易摩擦、广交会改革等方面重视和发挥商会的作用，并积极协调有关部门，推进商会完善企业家办会、理事会决策机制，不断增强商会的行业代表性和凝聚力。

五、妥善应对摩擦，努力改善贸易环境

随着我国外贸的快速发展和贸易地位的不断提高，我国已进入贸易摩擦多发期。据商务部统计，2004年共有17个国家对我国出口产品发起59起贸易保护案件。其中，反倾销45起，反补贴3起，保障措施10起，特保措施1起，涉案金额14.3亿美元。针对接踵而来的贸易摩擦，商务部认真贯彻党中央国务院的有关指示精神，会同有关部门积极应对，妥善解决了焦炭、纺织品等贸易争端。各进出口商会积极组织广大出口企业与有关国家政府、行业组织和企业进行对话，通过民间渠道开展了大量工作，在应对贸易摩擦过程中充分发挥了作用。

六、出口退税机制改革取得积极成效

根据国务院关于改革出口退税机制的决定，2004年出口退税机制改革全面启动，全年累计办理2003年前累计欠退税2 004亿元，办理当年出口货物退税和免抵调库2 196亿元，大大缓解了企业资金紧张的状况。通过这次改革，我国出口退税机制进一步完善，对于调整和优化出口产品结构，进一步提升我国商品的国际竞争力，促进外贸和经济持续健康发展，起到了十分积极的作用。

2005年，商务部将全面贯彻党的十六届三中、四中全会和中央经济工作会议精神，按照落实科学发展观的要求，采取有力措施，进一步推动外贸增长方式的转变，努力实现我国外贸、经济的协调和可持续发展。

2004年中国机电产品进出口概况

中国机电产品进出口商会

2004年，我国外贸进出口额突破了1万亿美元大关，成为世界第三大贸易国。在这历史性的跨越中，机电产品发挥了重要作用。机电产品出口自1985年以来以年均增长超过30%的速度快速增长，出口额由最初的16.8亿美元到2004年突破3 200亿美元，在我国外贸出口中从“冰山一角”上升到“半壁江山”，持续、稳定、快速增长的机电产品出口为全国外贸出口增长和国民经济的健康发展做出了重要贡献。

据海关统计，2004年我国机电产品进出口总额突破6 000亿美元大关，达到6 253.1亿美元，增长38.2%，占全国外贸进出口的比重为54.1%，比上年同期提高了0.9个百分点。其中机电产品出口3 234亿美元，占全国外贸出口比重为54.5%，增长42.3%，比上年同期净增959.4亿美元，占全国外贸出口增量的61.9%，拉动全国外贸出口增长21.9个百分点；机电产品进口3019亿美元，增长34.2%；全年机电产品顺差达到215.1亿美元。占全国外贸顺差的67.3%。

一、机电产品出口的主要特点

（一）在上年快速增长的基础上单月出口额不断攀升，各月增幅略有波动，顺差逐月增加

2004年全年机电产品单月出口额稳步上升，屡创新高，自年初1、2月份的不足200亿美元，到4月份的258.1亿美元，已超过历史最好水平，再到9月份的300.7亿美元和12月份的351.5亿美元，出口额稳步上升。在增长幅度方面，2002年以来机电产品出口再次掀起持续快速发展的浪潮，特别是当年7月之后，我国机电产品出口进入了一个较高的增长阶段，连续18个月，每月出口同比增长都在40%左右；在这高速增长的基础上，今年机电产品出口又取得了42.2%高速增长的好成绩，充分显示了机电产品出口增长的持续性和强大的出口实力。在机电产品顺（逆）差方面，第一季度机电产品进出口贸易出现小幅逆差，但随着出口的攀升和进口在宏观调控下增幅有所下降，累计顺差逐月增长，全年累计顺差额已达到215.1亿美元。

2004年1—12月份机电产品出口额及增长表

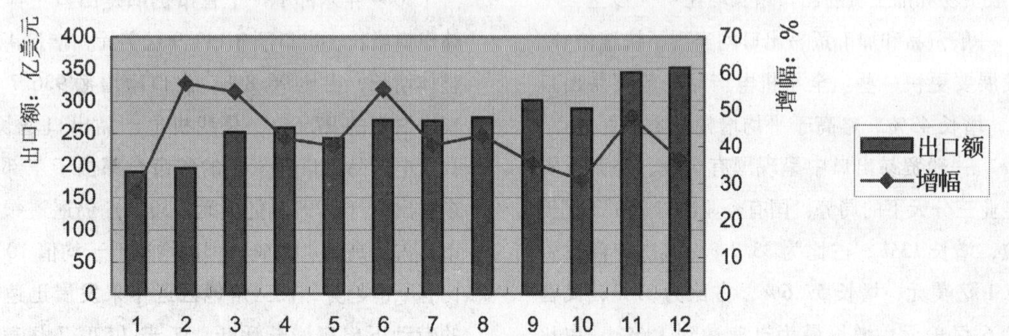

（二）出口商品结构继续向技术含量高、附加值较大的产品优化，大宗重点商品带动出口增长

2004年机电仪产品及设备出口以42.3%的增幅高速增长，占机电产品出口比重达到了93%，其中电气及电子产品、仪器仪表出口增长最快，分别增长了45.7%和53.5%，占机电产品出口的份额分别为40.1%和5%，比上年略有提高；机械及设备增长41.5%，占比为36.5%，基本与上年持平。

从2004年大宗重点商品出口情况来看，自动数据处理设备及部件（841.6亿美元，41%）出口继续领先，主要是手提电脑（207.8亿美元，84%）和显示器（147.3亿美元，52%）增长迅速，零部件（238.9亿美元，31%）出口

稳步增长。我出口强项产品家电及消费类电子（420.8 亿美元，41%）依旧稳步、快速增长，其中数码像机（48.6 亿美元，70%）、彩色电视机（53 亿美元，63%）增长最为迅速，激光视盘机（70 亿美元）、空调器（38.4 亿美元）、电风扇（17 亿美元）和电冰箱（11 亿美元）等出口金额较大的商品增长也较快。通信设备及零件（338.5 亿美元，73%）和电子元器件（224 亿美元，52%）出口增长十分显著，其中手机（141.7 亿美元）、集成电路及微电子组件（112.2 亿美元）和移动通信设备零件（106.1 亿美元）分别增长 96%、70% 和 61%。以上四类重点商品总计出口 1 824.9亿美元，平均增长 47.4%，占机电产品出口的份额提高到 56.4%，进一步优化了机电产品出口商品结构。

其他重点商品中，电工器材（198.7 亿美元）、机械基础件（108.3 亿美元）、汽车及其关键件（81.6 亿美元）、起重及工程机械（66.5 亿美元）和农业机械（12.8 亿美元）出口增幅在 40% 左右，尤其是汽车增长高达 73%；照明器材（61.3 亿美元）、游戏用品（57.1 亿美元）、集装箱（51.3 亿美元）、电动机及发电机（34.7 亿美元）、摩托车及零附件（27.7 亿美元）和自行车（25.3 亿美元）增幅在 20%—30% 左右；船舶及船用设备（34.1 亿美元）、钟表（20.6 亿美元）增长缓慢，增幅未超过 10%。

另外由于受原材料价格上升、能源供应紧张等因素影响，2004 年部分商品特别是传统的、资源性商品出口价格上扬，如摩托车、自行车、拖拉机、空调器、电冰箱、电风扇以及变压器及变流器、通断电路保护装置及类似的电工器材等出口价格均有不同程度的上升。

（三）一般贸易和加工贸易出口增长均在 40% 以上

2004 年，一般贸易和加工贸易出口均实现了快速增长，且一般贸易发展要更快一些。全年机电产品一般贸易出口 723.1 亿美元，增长 43%，略高于平均增幅 0.8 个百分点，占比为 22.4%。一般贸易出口中呈现国有企业、外商投资企业和民营企业三分天下的局势：国有企业出口 258.2 亿美元排在第一位，增长 13%，占比为 35.7%；其次外商投资企业出口 224.1 亿美元，增长 57.6%，占比为 31%；民营企业出口 162.6 亿美元，增长最为迅速达到 106%，占比为 22.5%。

加工贸易出口 2 398.9 亿美元，增长 41%，低于平均增幅 1.2 个百分点，占比 74.2%，其中进料加工 2 004.3 亿美元，增长 42.4%；来料加工装配贸易 394.6 亿美元，增长 34.2%。加工贸易出口中外商投资企业占据主导地位，出口 2 076.5 亿美元，增长 45.7%，占比为 86.6%；国有企业比上年略有增长，出口 239.9 亿美元，增长 11.9%；民营企业增长迅速，出口 44.8 亿美元，增长 61.4%。

（四）国有企业出口增长较缓，外商投资企业和民营企业出口占比继续扩大

2004 年国有企业机电产品出口 530 亿美元，增长 13.6%，增幅较缓，但 11 月与 12 月份增幅有所回升，增长在 19% 以上。外商投资企业继续带动整体增长，出口 2 373.8亿美元，增长 47.6%，高于整体增长 5.6 个百分点，占比达到 73.4%，比上年同期上升了 2.7 个百分点，净增 765.5 亿美元，占机电产品净增额的 79.8%。民营企业出口在多年快速增长的基础上继续保持高速，增幅接近一倍，出口 216.6 亿美元，增长 92%，占比为 6.7%，比上年同期上升 1.7 个百分点。

从各类型出口企业的规模、数量来看，大型企业构成出口主体：全年有机电产品出口实绩的企业总共 59 070 家，前 1 000 家企业总计出口 2 216 亿美元，占出口总额的 68.5%。出口企业中国有企业 7 625 家，其中出口超过 1 亿美元的 52 家，5 000 万到 1 亿美元之间的 89 家，以上企业（数量占比 1.8%）出口额占国有企业的 58.5%；外商投资企业 27 864 家，其中出口超过 1 亿美元的 357 家，5 000万到 1 亿美元之间的 283 家，以上企业（数量占比 2.3%）出口额占外商投资企业的 73.1%；民营企业 19 555 家，其中出口超过 1 亿美元、5 千万到 1 亿美元之间的企业为 10 家和 25 家，以上企业（数量占比 0.15%）出口额占民营企业的 20.3%。

（五）东部地区是出口主体，中部地区份额小但增长迅速，西部地区出口份额小且增长相对减缓

2004 年东部十一个省市仍旧是出口主体且充分带动整体出口增长，出口额 3 132.9 亿美元，增长 42.7%，略高于整体增长，占比 96.8%，出口净增额 936.7 亿美元，占出口净增额的 97.6%，是我机电产品出口增长的重要力量。我机电产品出口前十名的省市全部位于东部地区，其中广东省出口（1 297.4亿美元，30%）仍遥遥领先与其它各省市，占比高达 40.1%，但因增速低于均值 10 多个百分点占比有下滑趋势；长三角地区近年来发展迅速，在加工贸易的带动下出口增长活跃，江苏（579.7 亿美元，55.5%）、上海（478.5 亿美元，63.7%）和浙江（217.1 亿美元，51.6%）增长都在五成以上，总共占比接近广东省，上升到 39.4%；另外天津、河北和山东增幅也在 50% 以上，占比不断上升。中部八省虽然出口占比仅为 1.55%，但增长十分迅速，总体增幅达到 45.4%，除黑龙江（80.9%）和吉林（59.9%）出口高速增长外，山西（49.5%）、安徽（47.3%）、江西（44.2%）和湖南（40.7%）也有超过

40%的增长。西部地区出口额有限，占比为1.57%，且增幅仅为18.1%，与东部、中部地区的差距又有所拉大，其中仅有贵州（90.9%）和内蒙古（51.4%）增长超过全国平均增幅，而四川、西藏和青海出口则有不同程度下降。

（六）继续贯彻市场多元化战略，对各大洲出口实现全面增长

2004年机电产品对亚洲出口（1 523.7亿美元，40.1%）迅速发展，市场份额仍是各洲之首，所占比重为47.1%。不仅对重点市场如香港（627.5亿美元）、东盟（235.3亿美元）、韩国（115.7亿美元）、台湾省（77.2亿美元）等增长超过40%（韩国高达60%），而且对部分新兴市场的开拓更是取得飞快进展，如对印度（25.8亿美元）、沙特阿拉伯（8.9亿美元）、孟加拉国（6亿美元）等增长超过了60%，另外对日本出口（321.5亿美元）增长28.2%，发展比较平稳。对北美洲（806.2美元，42.4%）出口占比为24.9%，其中对我第一大出口市场美国（765.5亿美元）和加拿大（39.5亿美元）分别增长41.7%和54.2%。对欧洲（722.5亿美元，44.4%）出口增长较快，占比为22.3%，对我第二大出口市场欧盟25国（684.2亿美元）增长44.1%，其中对意大利（41.7亿美元）、比利时（25.8亿美元）和西班牙（25.3亿美元）等出口增长超过50%，另外对俄罗斯（19.5亿美元）、瑞士（5.7亿美元）也有54.7%和96.9%的高增长。虽然拉丁美洲（79亿美元，58.9%）和大洋洲（47.9亿美元，52.1%）市场份额仅为2.5%和1.5%，但增长幅度高于其它各洲，其中对澳大利亚（42.1亿美元）、墨西哥（26.1亿美元）和巴西（17.6亿美元）增长均在55%以上。对非洲（54.9亿美元，39%）整体出口少且在各洲中增长较低，但也要看到对部分国家开拓所取得的进展，如南非（10.7亿美元）和阿尔及利亚（4.4亿美元）等，特别是出口额在1 000万到5 000万美元的市场增长很快，17个在此区间的国家中有10个增长超过了60%。

（七）机电产品国际地位不断提高

随着机电产品出口总量不断提升，我国已成为机电产品出口大国之一。1985年我机电产品出口16.8亿美元排在世界第28位，约占世界机电产品贸易额的2‰；1996年以482.1亿美元上升至第15位，但出口额仅相当于美国、日本的1/7、德国的1/6；2000年我国机电产品出口突破千亿美元，而美国出口达到4 800亿美元，日本3 700亿美元，德国3 300亿美元，仍远远高于中国，另外法国、英国出口额分别为1 770亿美元和1 460亿美元；但之后几年受各自国内经济影响，美国、日本出口有不同程度下滑，德国呈上升势头，2002年美国出口4 100亿美元，德国3 700亿美元，日本3 100亿美元，法国1 730亿美元，英国1 460亿美元。考虑到2003年德国整体外贸增长22%，美国增长4%、日本增长13%，法国、英国增长缓慢，以及2004年世界经济走势，发达国家机电产品份额变化不大等因素，预计2004德国出口机电产品在5 300亿美元左右，美国在4 800亿美元左右，日本在4 000亿美元左右，我机电产品出口超过3 200亿美元后将位于世界前四名，与前三强的差距逐步缩小，我国已经进入机电产品出口大国行列（注：2002年美、德、日、法、英数据来源于各国海关统计，统计口径依中国机电产品定义而定）。

二、影响机电产品出口的主要因素

（一）良好的国内经济环境、各项促进出口的政策以及金融机构的支持为机电产品出口提供良好的运行基础

国内经济建设快速平稳发展，2004年GDP同比增长9.5%，综合国力进一步增强，为出口持续发展奠定了良好的基础。虽然年初调低大部分机电产品的出口退税率虽对出口有一定影响，但各地纷纷加快出口退税速度、缩短退税周期，从一定程度上加快了企业资金周转，消除了退税调整的部分负面效应。同时相关部门出台的指导文件、鼓励措施，金融保险部门也通过各种渠道的资金支持纷纷促进机电产品出口，如2004年进出口银行共支持了340.7亿美元的机电产品和高新技术产品出口，以及67.9亿美元的对外承包工程项目和境外投资项目，为我成为贸易大国做出了积极贡献。

（二）各地区经济与美国、欧盟同步复苏，世界贸易增长强劲为我出口提供了广阔的市场

世界经济已经进入新一轮持续增长阶段，美国和亚洲经济明显好转，欧元区经济也正在复苏，国际需求明显增多，为我机电产品出口提供了良好的发展机遇。特别是我与美国和欧盟的贸易关系发展迅速，前两年对美国出口增长均在40%以上，2004年又增长到42.4%；去年对欧盟出口增长高达64.4%，2004年又增长到44.1%。我对二者出口机电产品1 413.7亿美元，占机电产品出口的44.8%，净增434.7亿美元。如此迅速的增长势头，一是与国际市场需求上升密切相关；其次我出口产品具有明显价格优势，产品质量日益提高，积极申请国际认证获得国际市场认可，市场开拓力度不断加大；同时加工贸易迅速发展的带动作用，加工贸易已经占到我出口欧美贸易的76.3%，且产品多为计算机、通信设备、电子元器件等科技含量较高的产品；另外美元汇率持续低迷，对我出口有利。

（三）世界产业结构的动态调整不断促进我出口商品结构的优化，新的出口增长点不断涌现

90年代我国实施扩大机电产品出口战略，抓住了家电、视听类产品国际产业结构调整的机会，一批新兴产业群迅速在长三角地区兴起；世纪之交，以信息通讯技术为代表的高科技产业大规模向我国转移，我国同样抓住机遇，珠三角、长三角、环渤海等地区初步形成了各具特色的电子信息产业群和城市群。2004年在家电、视听、电工器材和机械基础件等传统产品保持40%左右快速增长的同时，计算机、移动通信设备、显示器和数码相机等技术含量高、附加值较大的产品出口增长十分迅速，占比不断提高，成为新的出口亮点，进一步带动了我出口结构的优化。

（四）原材料价格上涨、能源电力供应紧张和国际油价大幅上涨等导致产品成本增加，出口价格随之上扬

我出口商品中能源、资源密集型产品及粗加工产品仍占有较大比重，因此资源紧张、油价上涨等导致附加值低、技术含量不高的传统商品受影响较大，如手工具、小型家电、农用机械、机械基础件和电工器材等出口价格纷纷上升。另外相当一部分地区电力供应紧张，对工厂实行拉闸限电，对企业履约造成一定影响。

（五）大型出口企业既是出口的主体，也是出口快速增长的促进力量

2004年出口额最大的前1 000家企业（不到总数量的2%）共占出口总额的68.5%，平均增幅超过50%，净增额占机电产品净增总额的75%左右，有力的带动了整体增长。这1 000家企业出口额均在3 735万美元以上，更有28家出口超过10亿美元的超大型企业，且生产企业、外资企业逐步增多，外贸、工贸企业占比有所下降。同时出口企业数量的不断增长，出口企业结构不断丰富，保证了机电产品整体出口的稳定性。

（六）外商投资企业占比进一步增加，民营企业国际竞争力日益增强

随着近年来国际产业转移和我国吸收外资速度不断加快，国际上知名的大型企业尤其是跨国公司纷纷到我国投资建厂，一批大的出口导向型外资公司应运而生，由此也带来了大量的销售渠道和客户群，对促进出口增长发挥了重要作用。2004年份外商投资企业出口增长47.6%，高于整体增长5.4个百分点，占比接近3/4，在出口中的份额进一步提高，尤其是江苏、上海、浙江、天津等出口大省外商投资企业出口增长迅速，增幅在60%以上。而民营企业在加入世贸组织3年的时间里，在外经贸经营权逐步放开的有利形势下，不论在出口企业数量还是平均出口规模上都有很大提高，参与国际市场竞争的能力及出口实力逐步加强，出口额连续多年成倍增长。2004年民营企业机电产品出口又实现92%的高增长，比上年同期净增103.8亿美元；有出口实绩的民营企业接近2万家，比上年增加8 000多家。

三、2005年机电产品出口增长趋势分析

2005年我国机电产品出口依然具备平稳、快速发展的基本条件：国内经济稳步发展，世界经济仍将保持较快增长，国际需求依旧旺盛，全球产业结构将加快调整，国际制造与服务业进一步向我国特别是长三角转移，我国仍将是全球外资注入最活跃的地区等等。

（一）国内经济稳步发展、促进政策不断完善，对出口增长有利

2005年，我国国民经济仍处于新一轮增长周期的上升期，经济自主增长能力进一步增强，2004年宏观调控的成果和经济发展取得的成绩，都为继续抓住战略机遇期、促进经济平稳较快发展奠定了基础。2005年我国政府将继续采取宏观调控措施，国内经济环境会继续得到改善，国家促进出口的各项措施将保持稳定，金融保险政策等也将不断完善和发展；而入世三年后的积极效应会进一步得到释放，外贸发展环境日益成熟，越来越多的经历过国内市场竞争考验的民营企业开始走上国际市场，使出口主体不断壮大。

（二）国际贸易大环境稳步发展，市场多元化战略将推动2005年机电产品出口增长

2004年是贯彻市场多元化战略取得丰硕成果的一年，我对各大洲出口实现全面增长，2005年世界经济将继续复苏，国际市场需求依旧旺盛，据国际货币基金组织最新预测，2005年世界经济的增长率将在4.3%左右，对我出口有利。我主要贸易伙伴美国、欧盟、日本国内经济复苏步伐加快，对外贸易将继续保持较快增长，部分市场开拓成效显著的国家如印度、巴西、俄罗斯和土耳其等市场也都具有很大增长潜力。市场多元化战略将避免出口因局部地区经济起落而受到较大影响，保证整体增长的稳定性。

但也要看到国际环境中的不利因素，在油价居高难下、全球通胀压力趋升，美联储加息，可能影响经济增长步伐，欧元区经济发展不平衡以及欧元坚挺和内需增长势头较弱，亚洲一些国家和地区经济发展可能放缓等等，将对我机电产品出口产生影响。

（三）加工贸易和外商投资企业出口将保持一定增速

机电产品出口中加工贸易和外商投资企业占有相当大

的比重（分别为74%和73.3%），而加工贸易进口和外商直接投资则是影响两者出口增长的重要因素。2004年机电产品加工贸易进口增长43.2%，合同外资金额增长34%，尤其是我国在吸收外商投资方面，设备制造业、电气机械及器材制造业等高技术领域吸收外商投资持续大幅增长，外商投资设立研发中心和地区总部数量迅速增加；东北老工业基地吸收外资大幅增长。2005年国际投资仍将趋于活跃，世界产业向中国转移的势头有望保持，我国加工贸易和外商投资企业出口仍将保持一定增速。

（四）大进大出的贸易格局有利于整体平稳增长

伴随贸易基数不断增大，贸易主体不断丰富，贸易结构不断优化，机电产品贸易大进大出的格局日益形成，整体走势将更趋平稳，个别因素波动的影响将被弱化，而且经过多年努力，我国对外贸易已经基本建立起一套有效、迅速的反应体制，可以保证外贸有序、健康的发展。

（五）原材料、能源、电力供应紧张对出口的影响不容忽视

随着国民经济和外贸的迅速发展，资源性和原材料性商品的短缺，将成为制约机电产品出口实现可持续增长的重要因素。机电产品中计算机、通信设备等技术含量高的产业多为加工贸易又多为外商投资企业所掌控，而传统制造业对原材料、能源、电力的依赖性较大，2005年原材料、能源和电力的供应很难实现根本改善，由此造成的产品成本上升等不利因素将对众多传统产业国际竞争力和出口签约产生一定影响。

（六）规范出口秩序，建立和完善公平、合理的外贸大环境是实现出口持续、健康发展前提

目前我国出口中秩序混乱、恶性竞争、低价倾销等行业在部分行业不同程度的存在着，随着改革开放的进一步发展和加入世贸组织后政府直接管理职能的淡化，部分企业为了眼前的既得利益常常视国家利益、行业秩序、公平竞争于不顾，特别是部分传统、重点、敏感商品出口企业竞争激烈，出口秩序亟需规范。因此要如何引导企业形成自律、互律、联合对外的机制，从维护国家、行业、企业整体利益出发，建立公平、合理、有序的外贸秩序，为企业和行业发展创造良好的外贸大环境。

（七）国际贸易摩擦和各种保护措施对出口的影响将继续存在

发达国家甚至不发达国家纷纷以知识产权保护、非关税壁垒和反倾销为武器，加大保护自己市场的力度，贸易保护主义日渐盛行，对我出口不利。2005年在积极应对国外反倾销、特保调查等保护措施的同时，尤其要警惕欧盟的“两个指令”，2004年我机电产品对欧盟出口684.2亿美元，两个指令涉及的电子电器产品占有很大比重，我出口企业应对是否得力，将成为影响在欧盟继续发展的前提。

我国机电产品出口虽然取得了举世瞩目的成绩，成为机电产品出口大国，但要成为机电产品出口强国，实现机电产品继续健康、快速发展，依然任重道远。为此应保持出口促进政策的持续稳定性，充分发挥银行保险等金融机构的作用；进一步促进产业结构调整，增加高新技术带动、改造、提升传统产业的步伐，促进加工贸易的转型升级，积极引导外商投资企业健康有序发展，增强机电产品持续发展的内在动力；进一步调整产品结构，全方位满足国际市场需求，注重出口名牌建设，不断提高出口增长的质量和效益，增强国际竞争力；完善出口企业结构，既要发挥大型企业的优势，又要注重扶持、提高中小企业出口实力；加大国际市场开拓力度，重点市场与新兴市场实现全面增长；合理调整区域结构，在东部省市快速发展的同时应继续加大对中西部地区的支持力度，提高中西部地区的出口比重。

2004年中国五矿化工类商品进出口概况

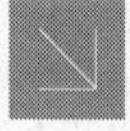

中国五矿化工进出口商会

2004年我国五矿化工类商品进出口持续高速增长，进出口总额为2 983.06亿美元，增长45.9%，高出全国平均水平9.8个百分点，占全国进出口总额的25.8%；其中出口额为1 034.26亿美元，增长49.6%，高出全国平均水平

14.2 个百分点，占全国出口总额的 17.4%；进口额为 1 948.80亿美元，同比增长 44. 0%，高出全国平均水平 8 个百分点，占全国进口总额的 34.7%。

一、2004 年我国五矿化工类商品进出口的主要特点

1. 进口比出口多近一倍，大宗原材料商品进口占主流，占全国进口两成多

2004 年五矿化工类商品出口额为 1 034.26 亿美元，进口额为 1 948.80 亿美元，进、出口之比为 1∶1.88，行业贸易逆差为 914.54 亿美元，是拉动全国贸易逆差的主要来源。进口商品中大宗原料性商品进口占全国比重两成以上。其中：石油（含原油、成品油）431.6 亿美元、钢材 207.9 亿美元、塑料 206.7 亿美元、铁矿石 127.1 亿美元、铜及铜材 77.3 亿美元、对苯二甲酸 41.7 亿美元、铜矿砂 22.4 亿美元、氧化铝 20.4 亿美元、铝材 19.4 亿美元、橡胶（天然胶）15.2 亿美元，这十类商品进口总额为 1169.7 亿美元，同比增长 46.1%，占五矿化工行业进口总额的 60.0%，占全国进口总额的 20.8%。

2. 出口增幅逐季上升，进口增幅震荡整理

出口：2004 年第一季度出口 181.69 亿美元，增长 22.8%；第二季度出口 255.36 亿美元，增长 46.1%；第三季度出口 274.66 亿美元，增长 56.6%；第四季度出口 322.52 亿美元，增长 66.9%。

进口：2004 年第一季度进口 442.20 亿美元，增长 45.6%；第二季度进口 483.73 亿美元，增长 50.5%；第三季度进口 490.70 亿美元，增长 35.2%；第四季度进口 531.89 亿美元，增长 45.3%。

3. 五矿类商品出口增幅高于化工类商品，进口增幅基本保持一致

出口：2004 年五矿类商品出口额为 644.96 亿美元，增长 64.5%，占五矿化工类商品出口总额的 62.4%；化工类商品出口额为 389.30 亿美元，增长 30.0%，占五矿化工类商品出口总额的 37.6%。五矿类商品出口增幅高于化工类商品 35 个百分点。

进口：2004 年五矿类商品进口额为 776.51 亿美元，增长 43.1%，占五矿化工类商品进口总额的 39.8%；化工类商品进口额为 1172.30 亿美元，增长 44.5%，占五矿化工类商品进口总额的 60.2%。五矿类商品进口增幅与化工类商品基本一致。

4. 对各大洲出口全面增长，对拉美出口增长显著

2004 年五矿化工类商品对亚洲出口 565.69 亿美元，占五矿化工类商品出口总额的 54.7%（2003 年为 54.6%），增长 49.8%。其中对日本出口 123.25 亿美元，增长 37.0%；对东盟出口 117.42 亿美元，增长 56.4%；对香港出口 103.39 亿美元，增长 35.4%；对韩国出口 90.02 亿美元，增长 60.3%。对北美洲出口 191.98 亿美元，占 18.6%（2003 年为（18.8%），增长 47.6%。其中对美国出口 175.23 亿美元，增长 46.4%。对欧洲出口 187.79 亿美元，占 18.2%，增长 49.0%。对拉丁美洲出口 41.87 亿美元，占 4.0%（2003 年为 3.6%），增长 67.8%。对非洲出口 25.72 亿美元，占 2.5%（2003 年为 2.6%），增长 44.3%。对大洋洲出口 21.21 亿美元，占 2.1%，增长 41.2%。

5. 沿海五省市出口占五成以上

全国 31 个省（市）、自治区中，除西藏出口有 5.9% 的下降外，全部实现两位数增长。从主要出口省份看，广东仍位居第一，出口 191.16 亿美元，增长 32.3%，占全国总出口额的 18.5%；上海位居第二，出口 109.05 亿美元，增长 63.0%，占全国总出口额的 10.5%；江苏位居第三，出口 108.99 亿美元，增长 63.4%，占全国总出口额的 10.5%；浙江位居第四，出口 95.26 亿美元，增长 52.1%，占全国总出口额的 9.2%；山东位居第五，出口 77.16 亿美元，增长 63.3%，占全国总出口额的 7.5%。上述 5 省市出口额合计达 581.62 亿美元，占全国总出口额的 56.2%。

6. 出口、进口仍以一般贸易方式为主

2004 年五矿化工类商品一般贸易项下出口 690.69 亿美元，占五矿化工类商品出口总额的 66.8%（2003 年为 65.5%），增长 52.5%。加工贸易项下出口 303.59 亿美元，占五矿化工类商品出口总额的 29.4%（2003 年为 31.1%），增长 41.3%。其中进料加工贸易项下出口 237.57 亿美元，增长 41.3%；来料加工装配贸易项下出口 66.02 亿美元，增长 41.4%。

2004 年五矿化工类商品一般贸易项下进口 1 259.02 亿美元，占五矿化工类商品进口总额的 64.6%，增长 46.9%。加工贸易项下进口 512.07 亿美元，占五矿化工类商品进口总额的 26.3%，增长 34.3%。其中进料加工贸易项下进口 376.92 亿美元，增长 40.6%；来料加工装配贸易项下进口 135.15 亿美元，增长 19.5%。

7. 国有企业出口、进口均稳步增长，私营企业出口、进口高速增长

2004 年五矿化工类商品出口总额中，国有企业出口 470.69 亿美元，占五矿化工类商品出口总额的 45.5%，增长 37.1%；外商投资企业出口 346.38 亿美元，占 33.5%，增长 45.5%，其中外商独资企业出口 166.01 亿美元，增长 42.0%，中外合资企业出口 155.89 亿美元，增长 53.8%，

中外合作企业出口24.48亿美元，增长24.0%；集体企业出口68.90亿美元，占6.7%，增长51.4%；私营企业出口147.54亿美元，占14.3%，增长131.2%。

2004年五矿化工类商品进口总额中，国有企业进口968.25亿美元，占五矿化工类商品进口总额的49.7%，增长40.6%；外商投资企业进口711.42亿美元，占36.5%，增长38.1%，其中外商独资企业进口365.79亿美元，增长39.7%，中外合资企业进口309.15亿美元，增长40.9%，中外合作企业进口36.48亿美元，增长8.2%；集体企业进口90.88亿美元，占4.7%，增长52.7%；私营企业进口174.67亿美元，占9.0%，增长99.8%。

二、2004年我国五矿化工行业大类商品进出口情况

（一）五矿类商品

1. 有色金属及制品

据海关统计资料，2004年我国有色金属外贸进出口总额为362.50亿美元，比上年同期增长55.44%。其中进口额230.46亿美元，增长51.46%；出口额131.53亿美元，增长62.96%；出口、进口均大幅度增长。全年贸易逆差达98.92亿美元。我国有色金属进出口贸易总额连年大幅度增加，2004年有色金属进出口贸易总额是2001年的2.6倍。

2004年我国有色金属进出口统计

金额单位：亿美元

品名	出口创汇排序	出口额	进口额	出口比进口
铝	1	39.7	66.46	-26.76
铜	2	18.55	124.16	-105.61
钼	3	15.58	1.39	14.19
金	4	15.22	0.55	14.67
银	5	9.18	1.15	8.03
镁	6	7.32	0.16	7.16
稀土	7	4.76	0.64	4.12
铅	8	4.61	5.21	-0.6
锌	9	3.9	8.33	-4.43
锡	10	3.26	2.78	0.48
钨	11	2.83	0.53	2.3
镍	12	2.2	12.84	-10.64
锑	13	1.74	0.2	1.54
钴	14	0.97	2.91	-1.94
钽铌	15	0.67	0.19	0.48
铋及其制品	16	0.46	0.01	0.45
钛	17	0.44	1.43	-0.99
锗及其制品	18	0.12	0.02	0.1
锆	19	0.03	1.36	-1.33
镉及其制品	20	37.3万美元	1 086.7万美元	-1 049.40
汞	21	0.075万美元	284.6万美元	-284.5
合　计		131.54	230.46	

2. 钢材及制品

2004年我国钢材出口变化较大首先是出口数量首次超过1 000万吨，比上年翻一番。其次是钢材出口品种结构出现可喜变化，较高附加值的板带材出口比例由2003年的26.1%上升到40.6%，超过长材出口比例，成为我国出口钢材中的主要品种。钢材进口6年来首次出现负增长，进口

2 930 万吨，比上年下降 21.16%；钢坯净出口 220 万吨；我国钢消费量的自给率由上年的 85.88% 上升到 95.17%，提高 9.29 个百分点。钢材进出口的品种结构差异仍然较大，钢材进口中板材比例仍高达 85.6%，一些高技术含量、高附加值产品进口比例仍然居高不下。

2004 年钢材进口量减少、出口量大幅度增加，这对我国钢铁行业具有重要意义：中短期看，这将减缓目前国内钢材市场来自进口的压力，有利于国内市场的供需平衡；中长期看，这标志着我国钢铁工业已经经受住了加入 WTO 的考验，并正在从世界第一钢铁大国向钢铁强国和钢铁出口大国迈进，对我国钢铁工业具有重大的战略意义。

2000—2004 年我国钢材出口情况统计表

单位：吨、万美元

年度	累计数量	数量同比%	累计金额	金额同比%	平均单价	同比%
2000	6 206 010.28	69.13	222 932.97	58.57	359.22	-6.25
2001	4 739 531.24	-23.63	186 604.63	-16.3	393.72	9.6
2002	5 454 950.64	15.09	218 321.47	17	400.23	1.65
2003	6 955 657.43	27.51	310 496.42	42.22	446.39	11.54
2004	14 231 015.14	104.6	833 632.47	168.48	585.79	31.23

2000—2004 年我国钢材进口情况统计表

单位：吨、万美元

年度	累计数量	同比%	累计金额	同比%	平均单价	同比%
2000	15 961 426.75	12.22	853 588.88	28.76	534.78	14.74
2001	17 217 324.39	7.87	896 358.5	5.01	520.61	-2.65
2002	24 488 125.87	42.23	1 236 585.37	37.96	504.97	-3
2003	37 168 509.66	51.78	1 991 580.69	61.05	535.82	6.11
2004	29 302 662.17	-21.16	2 078 722.63	4.38	709.4	32.39

铁矿石　继 2003 年我国成为世界最大的铁矿石买家之后，2004 年仍居第一。进口数量达 2.08 亿吨；累计金额 127.1 亿美元，平均单价 61.1 美元/吨，同比分别增长 40.5%、161.8%、86.3%。钢材市场经历了大起大落、波折反复的历程，而其重要的原料—铁矿石，2004 年却一直保持着价高货紧的局面，成为 2004 年钢铁原料市场的明星。由于目前我国铁矿石的自给率在 50% 左右，剩下的缺口只能由进口填补。我国进口铁矿石主要来自澳大利亚（7 816 万吨）、印度（5 014 万吨）、巴西（4 603 万吨）自上述三国进口占我进口总量的 83.8%。

3. 煤炭及其制品

煤炭　由于需求旺盛，2004 年我国原煤产量再创新高，煤炭企业经济效益大幅度提高，但煤炭供应紧张，市场价格居高不下仍是 2004 年我国煤炭市场的最显著特征。

根据海关统计，2004 年我国出口煤炭 8 671 万吨，比 2003 年减少了 722 万吨，出口金额 38.11 亿美元，同比增长 38.6%。平均单价 43.98 美元/吨，同比上涨 50.1%。煤炭出口减少的主要原因是：由于国内电力紧张，导致煤炭需求旺盛，供应紧张，国家为了保证国内的煤炭供应，采取了一系列的调控手段，对煤炭出口政策进行了大幅度的调整。

2004 年煤炭进口与去年相比有大幅度提高，进口煤炭 1 861万吨，同比增长 73%，平均单价 47.6 美元/吨，同比上涨 40.7%。

焦炭及半焦炭　2004 年我国焦炭出口跌宕起伏，曲曲折折，可以说是惊心动魄的一年。中国焦炭出口二十多年来，经过了风风雨雨，早已摆脱了质次、价低、无信誉的形象，牢固占据了国际商品焦的龙头地位。2004 年上半年，由于配额紧张导致价格飞涨，市场价格在两个月内攀升到近 450 美元/吨 FOB 的历史最高点，使许多国外钢厂在高价购买的同时，对中国焦炭整体的信任和信心备受打击，焦炭贸易问题也摆上了欧盟与中国高层的议事日程，面对这种局面，国家有关政府部门在7月份及时下发了400万吨焦炭出口配额，对于平抑中欧交谈贸易摩擦和稳定我国的焦炭出口价格起了决定性的作用，焦炭出口价格趋于合理，基本稳定在200美元/吨左右。

1999—2004年我国焦炭出口情况

单位：万吨、万美元；单价：吨/美元

年度	数量	同比（%）	金额	同比（%）	单价	同比（%）
1999年	997		55 121		55.29	
2000年	1 519	52.4	91 580	66.14	60.29	9.05
2001年	1 386	-8.8	92 824	1.36	66.97	11.08
2002年	1 357	-2.1	95 750	3.15	70.56	5.36
2003年	1 472	8.5	167 236	74.66	113.61	61.01
2004年	1 508	2.2	395 564	136.11	262.35	130.99

（二）石油及化工类产品

2004年，我国石油和化工产品进出口贸易额达1 586亿美元，同比增长40%。目前，我国已经有20余种主要石油化工产品的产量居世界前列，其中化肥、合成氨、纯碱、硫酸、磷矿、合成纤维、胶鞋等产量居第一位；农药、烧碱、轮胎等产量居第二位。

1. 原油

出口：2004年我国原油出口549万吨、13.25亿美元，分别减少32.5%和20.3%，平均单价增长18.1%。主要原因是：国内需求大幅度增长。2004年11月份，国家商务部宣布，为了满足经济发展对能源的要求，中国政府将把明年的原油出口量减少2/3。

进口：2004年我国原油进口12 272万吨、339.13亿美元，分别增长34.7%和71.2%，平均价格提高了27.1%。自1993年中国成为原油净进口国以来，原油进口急剧增加，进口依存度不断提高。据有关部门统计，2003年，我国原油进口依存度高达36.1%。如果2030年至2040经济持续增长的话，国际能源机构预测，中国原油产量大概能剩下1亿吨，需要进口5亿吨之多，那意味着对外依存度将达到87%。要减少过分依赖原油进口对中国经济安全的威胁，必须控制原油进口增长速度。

2. 成品油

出口：2004年成品油出口1 146万吨，减少17.1%，金额39.60亿美元，增长6.4%，平均单价增长28.3%。出口主要市场为：越南（182万吨、6.14亿美元）、新加坡（176万吨、6.54亿美元）、印度尼西亚（119万吨、4.58亿美元）、日本（119万吨、4.52亿美元）。其中汽油出口541万吨、19.63亿美元，分别减少28.3%和4.0%；煤油出口205万吨、8.01亿美元，分别增长9.5%和42.8%；其他燃料油出口182万吨、3.73亿美元，分别增长138.7%和146.7%。

进口：2004年成品油进口3 788万吨、92.48亿美元，分别增长34.1%和57.8%，平均单价增长17.7%。进口主要市场为：韩国（1 018万吨、27.39亿美元）、新加坡（926万吨、21.49亿美元）、俄罗斯（555万吨、11.89亿美元）。其中其他燃料油进口3 059万吨、61.25亿美元，分别增长27.7%和40.0%。

3. 肥料

据海关统计，2004年我国肥料出口额13.09亿美元，比上年增长63.7%；进口22.87亿美元，比上年增长29.8%。我国进口肥料的主要品种是其他氯化钾、磷酸氢二铵、含氮、磷、钾三种元素的矿物肥料或化学肥料，三种商品进口额为21.46亿美元。占肥料进口额的93.8%。出口以尿素和磷酸氢二铵、过磷酸钙为主，三种商品出口额10.67亿美元，占肥料出口额的81.5%。

4. 橡胶及其制品

2004年，我国橡胶及其制品出口额38.03亿美元，同比增长48.9%；进口47.4亿美元，同比增长27.7%。

三、五矿化工类商品进出口快速增长的原因分析

1. 2004年，世界经济复苏势头强劲，发达国家经济增长有所加速，新兴市场经济全面增长。据国际货币基金组织预测，2004年全球经济增长率将达到5.0%，较2003年提高了1个百分点，是近30年来的最高增速。受此影响，五矿化工行业贸易额快速增长。特别是五矿化工行业出口的主要市场美国、日本经济增速较快，进一步拉动我国出口的增长。

2. 美元贬值，我商品出口竞争力增强。由于美元在国际市场上持续走软，从而造成人民币对欧元、日元等其他主要货币的贬值，从而进一步提高了我国产品竞争力。

3. 国内经济快速发展，造成能源紧张及原材料价格的上涨，推动了出口价格的上涨。另一方面，国内对原材料需求的增大，也刺激了国际市场价格的大幅度增长。这些因素导致在出口数量增长的同时，出口额也大幅度增长。另据初步测算，原油、成品油、钢材等十大类商品进口贸易量指数增长28.5%；贸易额指数增长46.2%；价格指数增长12.1%。

2004年中国纺织品服装进出口概况

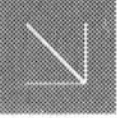

中国纺织品进出口商会

一、2004年摩擦提前涌现　出口仍上台阶

（一）配额取消引发的国际纺织品服装贸易利益之争和贸易环境恶化提前显露。2004年我国纺织服装对外贸易在困难中前行。

2004年是实施纺织品配额的最后一年。这一年我国纺织服装业在国内外都倍受瞩目，配额取消引发的各方利益的矛盾冲突和隐患已经显现。

从国外看，由于配额取消在即，国际纺织品贸易体制和格局将发生重大变化，我国因被国外某些组织和媒体夸大为后配额时代最大的赢家，从而成为国际纺织品贸易矛盾冲突的焦点，不同的利益方均将矛头指向我国。去年年初以来，来自54个国家的96个行业组织签署了《伊斯坦布尔宣言》，鼓动并要求延长现行配额体制，其主要意图在于遏制我国纺织服装竞争力。2004年下半年，配额取消在即，美欧等加快了对我纺织服装出口限制的步伐。美国早在2003年就对我胸衣、袍服、针织布三种纺织服装实施设限，这三种纺织服装第一轮限制期限结束，随即又进入了新一轮“特保”程序。包括这三种纺织服装在内，美国以“市场扰乱”和“市场扰乱威胁”为由，连续受理了对我多达13个类别的纺织服装设限申请；欧盟除继续推行区域优惠贸易政策外，还提前取消对我国纺织服装的普惠制待遇，并对我38个类别实施“单独事先监控”，其目的是跟踪监控自中国进口纺织服装的数量和价格变化，为对我纺织服装实施特保和反倾销提供依据；一些发展中国家也紧随其后，先后对我纺织服装实施限制措施。2004年12月16日，阿根廷政府宣布，对我纺织服装实施严格的配额管理机制。紧接着12月23日，土耳其以“市场扰乱”或“市场扰乱威胁”为由，决定对来自中国42个类别的纺织服装实施保障措施，这42个类别包括24个当时仍受配额限制的类别。其他一些国家如印度、南非、秘鲁等先后对我纺织服装实施反倾销和临时保障措施。

2004年配额尚未取消，国际纺织服装贸易利益重新分配的博弈已提前展开。外部贸易环境的恶化使得配额取消对我国纺织服装业的好处正被逐步蚕食。从上年下半年开始，部分国外进口商由于担心2005年贸易政策的不确定性，对在我国采购持观望态度。而国内出口企业更是忧心忡忡，在是否接单的问题上面临两难选择。据了解，目前三个月以后交货的远期合同数量明显不如往年同期，存在外单流失现象。

从国内看，配额取消成为纺织服装行业投资热的最大成因，据统计，2004年1—7月份整个纺织行业基本建设投资增速为132.7%，是2003年同期增速的1.5倍。纺织服装出口企业一年间增长了27.8%，达38 400家。投资热导致出口竞争更为激烈，出口价格持续下滑，出口企业的利润空间一再受到挤压，并为外部贸易环境的进一步恶化留下隐患。

2004年，我国纺织服装出口还面临了石油价格飙升、能源紧张、化纤原材料价格高企、棉花价格剧烈波动、运力成本增加和劳动力成本上升等困难和不利影响。棉花价格从2003年12月的17 300元/吨，跌到2004年12月的11 314元/吨，累计跌幅达34.6%。暴涨暴跌的棉价使很多棉纺企业亏损严重，资金紧缺，陷入有原料不敢买，买原料不敢存的境地；而在化纤市场，由于石油涨价，涤纶短纤的价格自上年6月下旬开始攀升，从10 330元/吨一直升到10月最高价格12 350元/吨，而且首次创下涤短价格高于棉花价格20多天的记录，最高价差达2 000多元，高居不下的涤短价格削弱了纯涤纱的市场竞争力，限制了下游需求；国内生产用电紧缺也是去年一个比较突出的问题，部分纺织品主产地的开工率普遍不足，“停二开五”、“停三开四”的现象十分普遍。此外，由于多年来劳动力工资偏低，由此带来的劳动力短缺问题在部分地区已十分明显，劳动力成本优势正在逐渐消失。

尽管如此，面对困难，广大纺织服装出口企业积极进取，深挖潜力，不断提高产品质量。在2003年出口较高基数的情况下，2004年全国纺织服装进出口总额突破千亿美元大关，达1 119.7亿美元；出口951.3亿美元，增长20.6%；顺差783亿美元，接近2003年全年出口水平。

（二）2004年全国纺织服装进出口走势及特点

2004年，全国纺织服装进出口总额达1 119.7亿美元，增长18.5%，占全国货物贸易的9.7%。其中出口951.3亿美元，增长20.6%，占全国货物贸易出口的16%；进口168.5亿美元，增长7.8%，占全国货物贸易进口的3%。实现顺差783亿美元，是全国货物贸易总顺差的2.4倍。

2004年全国纺织服装及相关产品进出口呈现如下特点：

1. 三季度形成出口高峰，进口最高值出现在年中及年底。

纵观全年，纺织服装出口在前三季度呈现阶段式增长，1—3季度月平均出口额分别为62.7亿美元、76亿美元和91.6亿美元。四季度有所回落，但月平均出口额仍高达86.7亿美元。各月进口变化不大，7月和12月的进口值为全年最高。

进、出口增长最快的月份分别为2月和3月，增幅都在30%以上。除2月外，其他各月出口的增速始终超过进口增速。

2004年各月进、出口金额图示

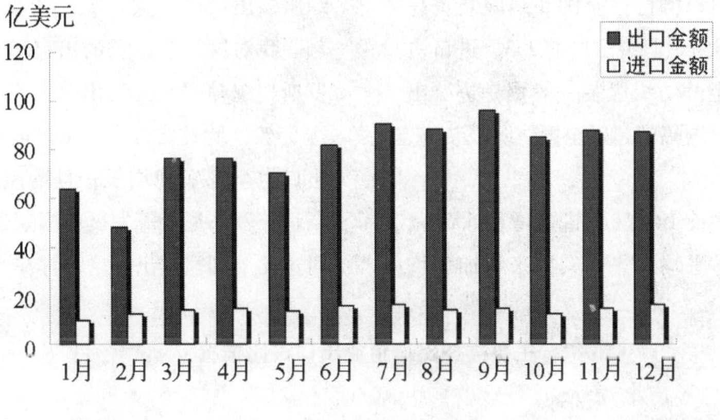

2004年各月进、出口同比图示

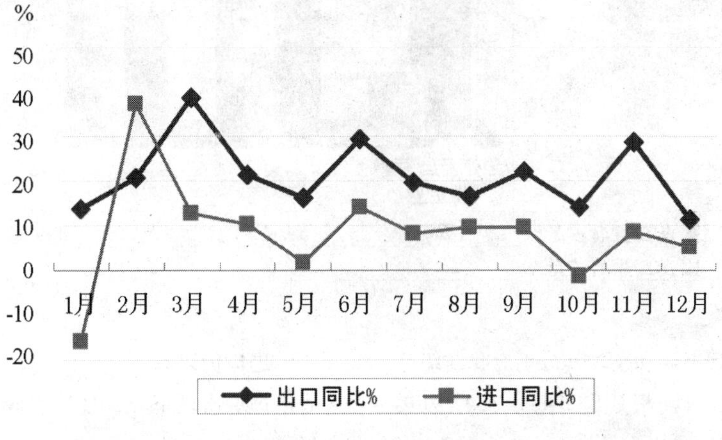

2. 累计出口突破950亿美元，5年间增长了近一倍。

2004年，我纺织品服装贸易取得了前所未有的好成绩，累计进出口总额超过1 000亿美元，几乎是5年前，即2000年的1.7倍，其中出口更是突破了950亿美元大关，达951.3亿美元，是2000年的1.8倍。进口变化不大，进口额比2000年仅增长了20%。

3. 贸易顺差达783亿美元，是全国货物贸易总顺差的2.4倍，强力拉动全国货物贸易实现进出口平衡。

2004年，纺织服装贸易实现顺差783亿美元，比上年增长23.8%。顺差额几乎与2003年全年的出口水平接近。其中纺织品顺差182亿美元，增长43%，服装顺差601亿美元，增长19%。纺织服装的贸易顺差成为一个新的亮点。

1—8月，全国货物贸易始终呈现累计逆差，在纺织服装贸易顺差的强力拉动下，至9月份才恢复为顺差，之后顺差的增长十分迅速。

4. 一般贸易进出口均实现两位数增长，高于加工贸易进出口增幅。

纺织服装一般贸易进出口近三年来始终保持较快增长。2004年纺织服装一般贸易进出口额已占全国纺织服装贸易总额的58%，其中出口占全国纺织服装出口的2/3，进口占全国纺织服装进口的10%以上。纺织服装一般贸易进、出口累计实现增长29%和23%，增幅都超过全国纺织服装进、出口的平均水平。

纺织服装加工贸易出口增长14.3%，进口增长5.5%，低于全国纺织服装进出口贸易平均水平，其中来料加工增长相对更为缓慢。

5. 国有企业进、出口全面缩减，民营企业强劲发展。

近几年来，国有企业在纺织品服装贸易中的地位逐步下降。至2004年，国有及国有参股企业的出口额占全国出口总额的比重已减至35%，其中国有企业占比更是缩至8%左右。三资企业和民营企业的发展势头相当强劲，三资企业出口额占全国出口总额的比重为34.4%，民营企业更是在短短的三年内，将出口额占比迅速提高了15个百分点，达到31%，出口企业家数也增加了11 000多家。从出口企业家数看，民营企业已经后来居上，超过了国有及国有参股企业和三资企业，居各类型企业之首。

同时，从发展趋势上看，国有及国有参股企业2004年进、出口全面下降，降幅虽不大，但已明显落后于增长迅速的三资和民营企业，三资企业进、出口分别增长9%和20%、民营企业进、出口分别增长48%和60%。

6. 对主要市场出口全面增长，部分发展中国家成为出口新的增长点。

中国香港、日本、欧盟、美国、俄罗斯是我2004年纺织服装出口前五大市场，在我出口总额中占到近2/3的份额。我对这几个市场的出口增幅都在10%以上。其中，俄罗斯超越韩国成为我出口第五大市场，我对其出口增幅高达55%。除此之外，对出口前40位的其他国家（地区）的出口也全部实现增长，且增速较快。南非、印度、哈萨克斯坦、罗马尼亚等发展中国家逐渐成为我出口新的增长点，对这几个国家的出口增幅都在50%以上。

主要类型出口企业出口占比情况

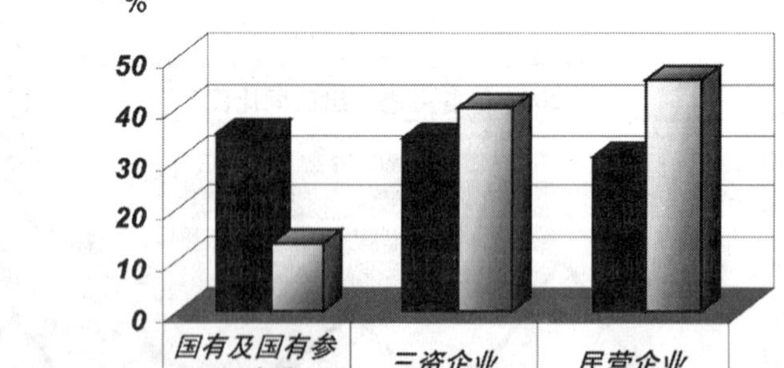

2004年12月中下旬，阿根廷和土耳其分别对我纺织品服装进行设限，2004年，我对阿根廷出口共计4347万美元，增长85.1%，对土耳其出口4.2亿美元，增长32%。

进口仍以日本、台湾省、韩国和香港为主，其中仅自香港进口出现下降，自其他国家（地区）进口均保持平稳增长。

各主要出口市场占比情况

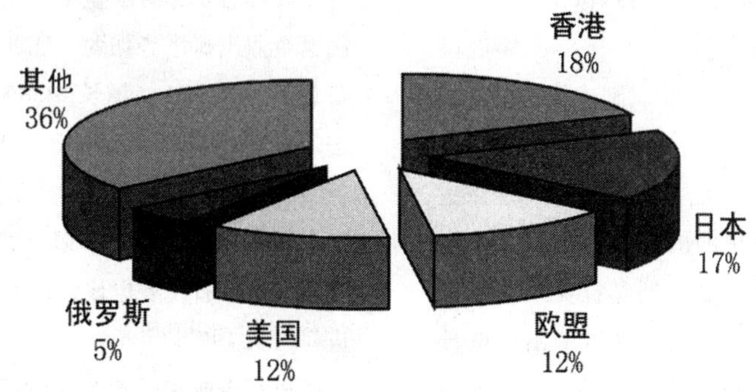

7. 纺织制成品和面料增幅较大，主要商品出口单价全面提升。

2004 年，作为最主要的出口大类商品，服装成衣（不含衣着附件）实现了 557.8 亿美元的出口，占总出口的 59%，同比增长 17.6%，其中梭织服装、针织服装出口分别增长 14% 和 24%；纱线出口 44.1 亿美元，增长 15%，其中毛、丝、化纤制纱线均实现较快增长。2003 - 2004 年度，由于在棉花收购、流通的渠道中出现购销不畅、棉价大幅下跌等问题，导致棉制纺织品的生产和出口受到影响，尤其是作为初级产品的棉纱线的出口下降了 3%。

面料和纺织制成品的出口分别增长 24% 和 30%，增幅超过全部纺织服装的出口增幅，成为纺织品服装出口增长的新生力量。其中尤以丝、毛、化纤制面料以及制成品中的家用纺织品、工业用纺织品等商品的增长最为迅速。

各大类商品除在出口绝对量、值方面实现较快增长外，出口单价也都呈现良好的上升态势。具体商品中，除化纤纱线、地毯出口单价有所下降外，其他主要出口商品的单价全面提升。针、梭织服装的单价分别提升 4% 和 8%、纱线提升 5.6%、棉制面料和化纤制面料提升 17% 和 9%。

8. 服装成衣进口增长最为迅速，面料进口额依然位居首位。

2004 年，纺织服装进口 168.5 亿美元中，面料、纱线为最主要的进口商品，分别进口 88.6 亿美元和 40.6 亿美元，增长幅度分别为 8.3% 和 3.3%，其中丝、毛、棉制的面料和丝纱线的进口增长最为迅速，增幅均超过 10%。服装成衣和制成品的进口额分别达到 12.8 亿美元和 26.2 亿美元，服装增长最快，增幅达 17.8%，超过进口平均增幅 10 个百分点，其中主要商品针、梭织服装的进口增长分别达到 16% 和 15%。纺织制成品进口增长 8%，其中主要商品家用纺织品的进口增长 6%。

9. 全国 80% 以上的省市实现出口增长，浙江省稳居出口第一，河北省拔得增幅头筹。

浙江省自年初超过广东以来，稳居出口第一的位置，与广东、江苏、上海和山东分列全国出口前五名，五省市的出口额合计占全国出口总额的 3/4 强，尽管东部沿海地区的成本优势不断缩小，加之下半年在珠三角等主产区出现了“民工荒”、劳动力、电力不足的问题，全国纺织品服装出口以东部沿海为主的格局仍然没有发生实质性的改变。

2004 年，全国 31 个省市（不包括台湾省及港、澳地区）中，仅有 6 个省市的出口下降，其他地区全部实现增长。其中河北省以 62% 的高增幅居全国增长之首。

进口大省广东、江苏、上海均保持进口增长，江苏增长较快，增幅超过 20%。

（三）主要出口省市进、出口特点

浙江省——出口额占全国 1/5，出口第一大省地位得以巩固。浙江省出口 196.6 亿美元，占全国出口总额的 21%，增长 26.6%，进口 10.8 亿美元，占全国进口总额的 6.4%，增长 12.8%。浙江省自年初成为全国出口第一大省以来，始终保持这一地位，全年出口额比第二名广东省超出 18 亿美元，增幅超广东省 18 个百分点，发展势头依然强劲。

浙江省出口以一般贸易为主，一般贸易出口额占全省出口总额的 88%。2004 年一般贸易出口增长 25.8%，加工贸易出口增长 32.3%，其中尤其是进料加工出口增长较为迅速。

近年来，浙江省的民营企业获得了前所未有的发展空间，三年间民营企业出口家数猛增了 2 000 多家，占全国民营企业总数的 21%。民营企业的出口额也占到了全省出口总额的 44%，已经超过了国有及国有参股企业和三资企业，这在全国也是独一无二的。

浙江省的出口商品中服装成衣所占比例最大，但服装成衣的出口增长速度相比纱线、面料和纺织制成品却较为缓慢，出口额仅增长了 15%，纱线增长 49%、面料增长

35%、纺织制成品增长43%。除纱线，主要是化纤纱线的出口单价出现下降外，其他大类商品的单价均保持增长。

面料和纱线是浙江省最主要的进口商品，2004年进口额分别增长8.7%和10%，服装成衣和纺织制成品的增长最为迅速，分别增长99%和30%。

欧盟、美国、日本、中国香港和阿联酋是浙江省最主要的出口市场，浙江对这几个市场的出口均实现了10%以上的增长，其中对美国增长近30%。非洲和拉美地区成为浙江近几年来新的出口增长点，对这两个地区的出口增长最为迅速，增幅分别为33.1%和50%。

广东省——进出口仍以加工贸易为主，对港澳地区出口持续快速增长。广东省出口178.6亿美元，占全国出口总额的18.8%，增长8.2%；进口76.2亿美元，占全国进口总额的45.2%，增长3.4%。

多年来，广东省一直是我国纺织品服装出口的第一大省，但由于2001年出口出现下降，后虽恢复增长，但增势始终无法与发展迅猛的浙江省相比，2004年1月即被浙江赶超，退居出口第二位。

广东省的进、出口均以加工贸易为主，近60%的出口和90%以上的进口来自于加工贸易。但2004年，其加工贸易出口增长7%、进口增长1.7%，均低于平均增幅，也低于一般贸易增幅。

广东省的进出口企业数居全国之首，2004年共有13 000余家企业经营纺织品服装贸易，有近1万家企业有出口实绩，其中民营企业最多，达到4 491家，占全国民营企业出口企业数的1/4。2004年广东省的民营企业出口保持快速增长，增幅为43.7%，三资企业增长7%。

服装和面料是广东省出口的大宗商品，二者合计出口额占比达到80%以上。2004年各大类商品出口保持平稳增长，纺织制成品增长相对较快，增幅达到17%，服装成衣增长6%，面料和纱线分别增长9.9%和8.1%。大类商品的出口单价均实现小幅增长。进口最主要的商品纱线和面料合计进口额为59亿美元，占进口总额的78%，其中仍以棉及化纤制品为主。纱线进口微降0.4%，面料进口增长3.4%。

近年来，由于地缘优势及CEPA的推动，广东省的出口进一步向其第一大市场中国香港和其第五大市场中国澳门集中，对港、澳出口始终呈现持续、快速的增长，2002—2004年3年平均增幅分别达到10%和34%，对这两个地区合计出口额已占到广东出口总额的65%。而对美国、日本及欧盟的出口势头减弱，2004年对美国出口仅增长2.5%，对日本下降1%，对欧盟，尤其是对东扩十国的出口下降迅速。

江苏省——对欧盟出口增幅超过全国平均水平，三资、民营企业出口增势强劲。江苏省出口149亿美元，占全国出口总额的15.7%，增长24.8%，进口19.4亿美元，占全国进口总额的11.5%，增长19.9%。

作为纺织工业基地，江苏省的出口以一般贸易为主，出口额占总出口的3/4以上，出口额增长25%。加工贸易近年在江苏省发展也比较迅速，2004年加工贸易增长24%，进口增长19%。

三资企业和民营企业近年在江苏省快速崛起。至2004年，三资企业出口所占的份额已经达到38%，超过国有及国有参股企业，民营企业所占份额也占到了26%，2004年出口分别增长34%和56%，出口企业家数也分别增加了400家和900家。

服装成衣、面料是江苏省出口的主要商品，二者合计出口占全部商品出口的3/4以上。2004年，江苏省出口各大类商品均实现增长，其中除纱线外，增幅都在20%以上。纱线、面料出口单价的增长也都在10%以上。江苏省是进口第三大省，以进口面料和制成品为主，棉制、化纤制面料、针织面料、工业用纺织品是主要进口商品。除服装成衣进口略有下降外，2004年，江苏省进口其他大类商品全部增长，其中纱线增长近50%。

日本、欧盟、美国、中国香港和韩国是江苏省出口的主要市场，对这几个市场均实现两位数增长，其中对欧盟增长28.3%，超过全国对欧盟出口的增长幅度，对欧盟东扩十国出口下降11.8%，为全国各主要出口省市中，对东扩十国出口下降最少的省份。

上海市——服装进口需求旺盛，对其第一大市场日本出口保持增长。上海市出口116.5亿美元，占全国出口总额的12%，增长17%；进口22.5亿美元，占全国进口总额的13.4%，增长13.1%。

同江苏省相似，上海也是我国重要的老工业基地，拥有纺织生产所需的一系列配套设施和固定的原料供应渠道，生产和出口一直保持平稳的增长。70%以上的出口通过一般贸易实现。

国有及国有参股企业作为出口的中坚力量，所占份额近年在上海也有逐步缩减的趋势，2004年，上海有出口实绩的国有及国有参股企业减少了30家，而同期民营企业增加了近700家，企业家数的一增一减之间，使国有及国有参股企业所占份额比2003年减少了6.4个百分点。

服装成衣和纺织制成品在上海出口中所占的比重达到83%，其中纺织制成品出口增长最为迅速，增幅接近30%，工业用纺织品、家用纺织品等成为新的出口增长点。

面料是上海进口的主要商品，棉制、毛制、化纤制的面料进口均实现增长；近几年上海对进口服装成衣的需求持续增长，三年间服装成衣进口额增长了近两倍。

日本占据了上海出口市场1/3的份额，对日本的出口近年来始终保持着稳定的增长，2004年对日出口增长15%，对其他主要市场美国增长20%、对欧盟增长15%、对香港增长12%。

山东省——一般贸易、加工贸易出口各占半壁江山，对俄罗斯出口增势迅猛。山东省出口88.7亿美元，占全国出口总额的9.3%，增长19%；进口14.2亿美元，占全国进口总额的8.4%，增长7%。

一般贸易和加工贸易在山东省的出口中各占一半，2004年山东省加工贸易出口增长21.4%，快于一般贸易17%的增长。

山东省民营企业出口额增长47%，出口企业家数增加了750余家。

服装成衣和纺织制成品是山东省出口最主要的商品，服装成衣占出口总额的一半，出口额实现19%的增长；纺织制成品出口额实现17.6%的增长，其中家用纺织品占到60%，出口增长16%。服装和纺织制成品的出口单价与去年基本持平，纱线、面料出口单价实现增长。

山东省进口以面料为主，其中棉制、化纤制面料和针织面料进口最多，但进口增长不快。进口量相对较小的丝制面料、麻制面料2004年进口增长迅速。

日本和韩国历来是山东省的出口主要市场，二者合计占山东省出口40%以上的份额。2004年，山东对日本、韩国的出口分别增长15%和12%，增长平稳。俄罗斯作为山东省第六大出口市场，近年与山东省的贸易发展十分迅速，连续两年对俄出口增幅都超过50%。

（四）我国纺织品服装进出口持续增长的推动力

经过2003年的持续增长之后，2004年我国纺织品进出口贸易的发展势头并未放缓，出口依然保持了20%以上的增长。虽然面临相当多的困难和不利因素，但整体上由于世界经济继续向好，国际市场对纺织品服装产品需求旺盛，国内经济发展良好，以及部分配额取消等众多有利因素成为我国纺织品服装进出口持续增长的推动力。

1. 国内经济保持平稳较快发展的良好势头，为企业的发展提供了较好的环境。

据国家统计局数据，2004年，我国国内生产总值增长9.5%。工业生产平稳增长，企业效益继续改善。全年工业增加值实现62 815亿元，同比增长11.5%。规模以上工业企业实现利润总额11 342亿元，首次突破1万亿元，同比增长38.1%。良好的经济发展势头为企业的发展提供了较好的环境。

2. 世界经济加快复苏，扩大了纺织品出口增长的空间。

2004年，世界经济加快复苏，据国际货币基金组织及世界银行的预测，2004年世界经济增长率将达到5%左右，是过去30年来的最高记录。美、日、欧三大经济体的增长率普遍提高。受石油价格上涨的影响，虽然2004年第三季度增长率有所放慢，美日欧全年增长率仍分别可达到4.3%、3.9%和1.8%。强劲的经济复苏使得美日欧均程度不同地摆脱了通货紧缩的威胁，带动消费指数上升。据美国商务部1月31日公布的报告显示，美国经济增长的主要动力、约占国内生产总值2/3的个人消费开支2004年增加了6.1%，为近四年来最大增幅。世界经济复苏步伐加快带动了国际贸易增长，世界贸易组织最近预测，2004年国际贸易将增长8.5%。从三大纺织服装市场情况看，2004年都实现了一定幅度的增长。2004年美国纺织品服装进口同比增长7.7%（美国海关统计），日本增长了10.87%（日本海关统计），2004年1—9月欧盟（15国）从盟外进口增长了14.27%（欧盟海关统计）。

3. 出口退税机制改革使出口欠退税问题基本解决，出口企业资金状况明显改善。

据国家税务总局的数据，截至去年11月底，全国累计办理历年拖欠的出口欠退税2 001亿元，历年欠退税的“老账”已经全部还清；同时累计办理2004年新发生退税1 881亿元。出口退税新政的实施，缓解了出口企业的资金压力，改善了企业的财务状况，为纺织品服装出口提供了动力。

美元汇率的持续走低，也在一定程度上带动了纺织品服装的出口。

4. 产能的扩张和外贸登记制的实施，进一步激发出口的活力。

2005年配额的全部取消带动了纺织行业的投资热潮，进一步扩大了纺织服装业的产能。此外，从2004年7月1日起，全面实行外贸经营权登记制，更多的企业进入国际市场，进一步释放了民营企业、股份制企业发展外贸的活力。

5. 面对国外严峻的贸易环境，纺织服装企业走向成熟，空前团结，积极应对国外设限和反倾销，取得可喜成果。

2001年日本对我毛巾出口进行设限调查，出口企业在商务部的支持下，在中国纺织品进出口商会的组织协调下，团结协作，有序出口，使毛巾对日出口在保持数量平稳增长的同时，价格上扬，最终迫使日本政府放弃设限，开创了纺织品贸易摩擦中以行业自律取胜的首个案例。近几年随着纺织品贸易摩擦的增多，企业维权意识、全局观念大为提高。2004年欧盟对我35类化纤布进行反倾销调查，56家企业在中国纺织品进出口商会的组织下积极应诉，最终有23家企业获得市场经济地位。纺织服装行业在应对国外设限、反倾销等贸易壁垒的过程中，还形成了政府、驻国外经商参处、行业组织和出口企业四体联动的有效模式，大大提高了应对效率。

面对日益严峻的国际贸易形势，在商务部的大力支持下，在中国纺织品进出口商会等行业组织的积极推动和倡导下，纺织服装出口行业于近期就行业自律达成广泛的共识，第一次提出加强行业自主管理的呼吁。行业自律意识的觉醒和提高，为后配额时代我国纺织服装业健康持续发展提供了重要的保障。

二、2005年环境难以预见　风雨中求发展

经过漫长的等待，长达四十多年的纺织品配额制度终于走向终结。虽然配额枷锁已被解除，但纺织品贸易真正自由化并不能如期到来。一些发达国家的纺织服装产业几十年来依赖配额制度的保护，不注意自身产业结构的调整，竞争力低下，配额取消后，又寄希望于贸易保护主义，掀起打压遏制我纺织服装出口浪潮。外部贸易环境的恶化在2004年已初露端倪，并将对今年我国纺织品出口带来较大影响。此外，今年国内宏观经济背景、相关管理政策和与行业相关的因素，如棉花价格、能源、汇率等都将左右我国纺织品出口走势。因此，预计2005年国际国内形势总体上仍具备支撑纺织品服装外贸发展的基本条件，但发展环境会比2004年趋紧，困难和挑战将是严峻的。

（一）配额的全面取消、我国经济持续较快发展、产业竞争力的不断提高和政策的支持将继续成为推动纺织服装出口的有利因素

1. 配额全面取消，主要产品出口将不受限制。

根据ATC协议规定，2005年1月1日，纺织品配额全部取消，这毋庸质疑是最大的利好，被抑制多年的我国纺织服装生产和对外贸易能力将得到一定程度的释放。此外，2005年初我国将取消蚕丝类商品的出口核定公司经营管理，同时取消坯绸和部分蚕丝类商品的出口配额许可证管理。

2. 世界经济增长虽有所减缓，但仍将继续增长，我国对外贸易仍有较大的增长空间。

由于原油价格居高不下，全球通胀压力趋升，美联储加息可能影响经济增长步伐，欧元区经济发展不平衡以及欧元坚挺和内需增长势头较弱，亚洲一些国家和地区的经济发展可能略有放慢，预计2005年世界经济增速较2004年减缓。据国际货币基金组织最新预测，2005年世界经济增长率将由2004年的5%左右降至4.3%，稍低于原先的预测。总体看来，尽管2005年世界经济增速低于2004年，但4%左右的增幅仍属增长较快的年份，我国对外贸易仍有较大的增长空间。

3. 宏观调控见成效，中国经济将保持较快增长。

2004年宏观调控的成果和经济发展取得的成绩，为2005年继续抓住战略机遇期、促进经济平稳较快发展奠定了基础。展望2005年，国民经济仍处于新一轮增长周期的上升期，经济自主增长能力进一步增强，国民经济发展可望继续保持速度平稳较快、物价温和上涨的和谐势头。

4. 国际投资趋于活跃，世界纺织产业向中国转移的势头有望保持。

2004年上半年，跨国公司国际投资的先行指标——全球跨国并购金额增长了3%，这是2001年以来该指标的第一次上升，扭转了国际直接投资连续三年不断下降的趋势。预计2005年跨国投资活动将更趋活跃，发达国家向发展中国家转移生产能力和拓展市场的势头不减，加上配额全部取消，将吸引更多的国外资金投向我国的纺织服装业，这将有利于整个产业的结构调整和技术改造。

5. 完整的产业链和快速良好的服务能力，使我纺织服装业在全球具有竞争优势。

从产业角度看，我国纺织服装具有纺织、印染、成品生产等一系列最完整的产业链，且生产效率高，产品质量好；纺织服装业整体配套能力强，在主要加工产业区内可以解决包括机械设备零部件、服饰配件在内的原料供应；产品区域化特征明显，全国已形成数十个各具特色的纺织面料、服装、家用纺织品的生产、销售基地。我国纺织品服装企业具备快速反应、优良服务的能力，可以在最短的时间内生产出任何数量、品种的产品，符合后配额时代进口商采购纺织服装产品的要求并在全球范围内首屈一指。

此外，从2005年1月1日起，部分纺织品出口将征收从量税。对此我们应辨证看待。从表面看，出口税的征收会增加出口成本，但另一方面将有利于缓减欧美贸易制裁，避免企业恶性竞争，促使企业提高产品附加值，转变以量取胜的方式，推进可持续发展。

（二）贸易环境恶化、贸易秩序堪忧，我国纺织服装出口面临严峻挑战

2005年配额取消后，美欧等将进一步利用我加入WTO中的承诺条款（纺织品特保、一般产品保障措施及市场经济地位），限制我纺织服装出口。而一些发展中国家也不会

等闲视之。贸易环境进一步恶化已在意料之中。与此同时，由于不再有出口管理约束，国内出口经营秩序堪忧，低价竞销、无序竞争，将使我国纺织服装对外贸易面临恶性循环。总之，贸易环境的不可预见性和不稳定性呈上升态势，2005 年我国纺织服装出口将受其严重困扰。

1. 美欧等贸易政策走向将成为 2005 年影响我纺织服装出口的首要因素。

美国、欧盟是我纺织品服装出口的主要市场，占我纺织服装出口的近 30%。可以预计，2005 年美欧将加大对我纺织服装出口的限制力度。美欧贸易政策走向将成为今年影响我纺织品服装出口的首要因素。

2004 年，美国政府实施和受理了其业界基于“市场扰乱”和“市场扰乱威胁”提出的对我袜子、裤子、衬衫等 13 个类别的纺织品设限申请，这 13 个类别中，包括当时尚未放开配额的产品如袜子、裤子、衬衫和内衣等，还包括刚刚受限到期的针织布、袍服和胸衣。美国全国纺织组织总会（NCTO）声称，中国裤子、衬衫、内衣和其它服装的出口价格比美国生产商价格低 76%，比其它出口国的同类产品低 58%，如果美国政府不实施纺织品特保措施，2005 年中国产品将潮涌入美国。在 2005 年 1 月 26 日的“全球公平纺织品贸易联盟”峰会上，该组织再提“中国威胁论”，并声称“美国纺织产业正面临危急关头，政府必须尽快重新采取特别限制措施以保护本国产业”。

取消全球纺织品配额限制仅仅 3 个月的时间，美国又对我纺织品出口举起“特保大棒”。4 月 4 日美国纺织品协议执行委员会（CITA）自行启动对中国棉制裤子等三种产品（6 个类别）的设限调查程序，紧接着 4 月 6 日美国全国纺织业联合会等五家组织正式向 CITA 提出对原产于中国的化纤制针织衬衫、裤子等 7 种产品（14 个类别）实施纺织品特别限制申请，并扬言还将提出更多类别的限制申请，中美纺织品问题再度成为世人关注的焦点。

欧盟方面，除了继续加大推行环地中海区域优惠贸易政策外，还将提前取消对我国纺织品的普惠制待遇，对我国纺织品的关税税率将由目前的 9% 提高至 12%。2005 年 1 月 7 日，欧盟正式启动对华纺织品进口监测体系，其目的是有效地跟踪监控中国纺织品进口数量和价格的变化，并修改法律，简化反倾销调查程序，降低反倾销调查门槛，随时对我纺织品启动特保和反倾销措施。

2005 年 4 月 6 日，欧盟通过了对华实施纺织品特别限制措施行动指南。4 月 25 日，欧盟决定对来自中国的针织衬衫、毛衫、裤子等 9 种纺织品进行特别限制措施的调查。

美欧对我纺织品同时发难，我纺织品贸易面临空前严峻复杂的形势。

同时，我们注意到，对我纺织品进行设限有从发达国家向发展中国家蔓延的趋势，并有多边化的倾向。

土耳其作为我在欧盟市场强有力的竞争对手，为了保住配额取消后其在欧盟市场的利益，竟于 2004 年 12 月 23 日发布公告，决定以“市场扰乱”或“市场扰乱威胁”为由，对来自中国多达 42 个类别的纺织品实施保障措施，这 42 个类别包括 24 个当时仍受配额限制的纺织品类别。此前，土耳其已先后对我含金属纱线、聚亚氨脂和起绒机织物进行反倾销或反倾销调查，涉及金额约 9 600 万美元。土耳其的做法在发展中国家中具有较大的负面示范作用。

此外，其他一些我主要竞争对手如印度及东南亚国家、墨西哥及中南美国家及中东欧国家为了保护自己的利益，也采取种种措施和手段，对我纺织服装出口设置障碍。《伊斯坦布尔宣言》虽然没有得到世界贸易组织的认同，但其签署者遏制我纺织品出口的企图并不会就此打住。2005 年 1 月 26 日，《伊斯坦布尔宣言》签署者组成的“全球公平纺织品贸易联盟”在华盛顿召开峰会，26 个国家的行业代表和政府官员参加了会议。会议目的是协调国际立场，应对配额取消后导致的危机。“全球公平纺织品贸易联盟”呼吁采取八项行动，其中第一条就是要求各国政府，尤其是美国、欧盟和加拿大政府，应该立即有效地使用对华纺织品特保条款，以防止中国垄断世界纺织服装贸易。从此次峰会的参加人员看，26 个参加国中，有多达 22 个国家的驻美使馆官员参加，仅有 8 个国家的行业组织代表参加会议，显示出伊斯坦布尔宣言签署国今年的游说重点已转向各国政府。

由于美欧贸易政策的导向，一些进口商为了分散贸易风险，明确表示不会增加在我国的采购，有的甚至将部分定单转移到其他国家。国内企业更是忧心忡忡，在是否接单的问题上面临两难选择，接单吧，害怕出货太迟，遭遇封关打击。不接单，则意味着停工停产。他们更担心的是，受美国特保的产品很可能在 2 至 4 个月就用完全部出口数量定额，许多企业将要面临设备闲置、工人下岗的局面。而且企业间为了争先出口而不惜低价竞销将不可避免，由此引发的经营秩序混乱不但危及企业利益，而且引起恶性循环，损害行业的长远发展。

2. 美欧加紧扩大区域性贸易优惠安排，将削弱我国纺织品服装出口竞争力，挤占我纺织品服装的市场份额。

纺织品配额取消后，关税将成为各国出口产品是否具有竞争力的决定因素。美欧通过贸易优惠安排如免关税等手段来对贸易流向施加影响，而我国将被排斥在优惠政策之外，这样势必削弱我国纺织服装出口竞争力，挤占我纺织服装的市场份额。

继北美自由贸易协定（NAFTA）、加勒比盆地贸易伙伴法案（CBTPA）、非洲机遇与增长法（AGOA）之后，美国于近年来加快了对外优惠贸易安排的步伐，仅2004年上半年，美国即与澳大利亚、巴林、萨尔瓦多等中美洲五国、摩洛哥分别签署了自由贸易协定。2003年签署的美国—新加坡自由贸易协定、美国—智利自由贸易协定也于2004年初生效。按照美国的设想，2005年将建立整个美洲的自由贸易区，到2013年，将建成美国——中东自由贸易区。自由贸易协定的签署使这些国家的产品得以免税、免配额进入美国市场，有利于这些国家对美纺织品服装出口的增长，同时也必然会削弱我纺织服装的竞争力，挤占我国产品在美国的市场份额。例如，墨西哥和中国对美国出口的牛仔裤，虽然从FOB出口价来看，中国比墨西哥每件服装低1.21美元，但在进口时，中国每条牛仔裤要缴纳1.8美元的关税，因此从到岸价看，中国产品成本反而比墨西哥产品高0.59美元/件。

欧盟出于对中国纺织品服装大量涌入的担心，出台了一系列为扶植保护其纺织服装工业的政策措施，包括在2005年建立欧盟地中海沿岸国家纺织品自由流通区等。目前，欧盟正在与地中海沿岸国家进行贸易谈判，争取建立一个自由贸易区。自由贸易区建成后，欧盟与沿地中海国家间的纺织服装贸易将完全免税，两个地区的产业合作会更为紧密。事实上，目前欧盟纺织品一半以上出口到沿地中海国家，其中主要是纺织面料；而沿地中海国家纺织服装的95%以上都出口到欧盟。这就意味着欧盟已经与沿地中海国家形成了一个分工协作的产业链，欧盟将其占有技术优势的纺织面料出口到地中海国家，利用当地便宜的劳动力加工生产，再返销至欧盟。此外，欧盟还正在与非洲、加勒比和太平洋地区国家以及南方共同市场国家进行自由贸易谈判。通过这些区域性的贸易优惠安排，我国的纺织品服装竞争对手们就可以得到更多的竞争优势，而在一定程度上限制了我纺织品服装对欧盟的出口。

3. 环保、安全等技术壁垒和社会责任标准将成为美欧限制我纺织品出口的又一利器，由于这些贸易保护措施与单纯的数量限制相比，隐蔽性强，危害性大，应引起高度重视。

4. 国内国际竞争趋于白热化，恶性竞争的态势将加剧。

我国从事纺织品服装出口的企业在三年间增长了82%，目前已达3.84万家，有限的市场容量和高速增长的企业数量导致企业的竞争加剧。少数企业低价竞销，不仅损害了行业的利益，也破坏了我国纺织服装业在国际上的形象和声誉，影响十分恶劣。可以预计，由于配额取消后留下的管理真空，恶性竞争的态势将会加剧。

另一方面，为了在配额取消后的国际纺织品贸易中争取更大利益，许多国家都在积极准备。为增强后配额时代的竞争力，印度政府宣布对棉花、天然纤维机械等实行中央增值税减免，并增加对技改资金的投入。巴基斯坦、土耳其等国纷纷扩大在纺织业方面的投资，以应对竞争。越南作为亚洲后起的纺织品出口大国，已成为我在美国、欧盟市场的重要竞争对手，其潜力不可小视，虽然至今尚未加入WTO，但将得到欧美的格外关照。

可以预见，我国企业的外部竞争将达到新的高潮。

5. 人民币汇率走势对纺织服装业的影响不可小视。

据摩根大通近期发布的中国经济研究报告显示，人民币若升值，纺织业受到的影响将首当其冲。该报告认为，整体来看，纺织业的净利润率一般会比消费品业低好几个百分点，这样一来，能够用于抵消货币升值影响的利润寥寥无几。此外，人民币升值还将增加纺织业的劳动力及固定成本，因此纺织业有可能被逼提高产品价格，而一旦价格上升，就有可能失去部分市场份额。

6. 煤、电、油、运供需矛盾依然突出。

据国家发改委的分析，目前我国经济正处于新一轮增长周期的上升期，较快的煤电油运供给已经赶不上增长更快的需求。尽管国家加大了对能源和交通等薄弱环节的投入，但建设需要有一个周期，煤电油运供需紧张的矛盾难以在短时间内完全解决。因此企业将继续面临运力不足，煤电油紧缺，成本上升的困难。

总之，2005年我国纺织品对外贸易在面临机遇的同时，也面临严峻的挑战。综合考虑各种因素，初步预计，2005年我国纺织服装出口仍将保持平稳增长，全年出口有望超过1 000亿美元。

2004年中国轻工工艺品进出口概况

中国轻工工艺品进出口商会

2004年，我国经济建设快速平稳发展，GDP同比增长9.5%，综合国力进一步增强，为对外贸易持续发展奠定了良好的基础。尽管国内原材料价格上涨、能源电力供应紧张和国际油价大幅上涨等导致产品成本增加；国外设置的各种贸易保护措施给外贸出口带来不利影响，但是由于国家宏观调控措施得力，我国外贸进出口仍然取得了历史性突破，其中，轻工工艺品进出口总额也跨上了2 000亿美元的台阶，比2000年翻了一番；比1995年翻了两番。2004年，我国轻工工艺品进出口总额2 176.36亿美元，与2003年相比增长25.89%，占全国进出口总额的18.85%。其中出口1 670.54亿美元，同比增长26.13%，占全国出口总额的28.15%；进口505.82亿美元，同比增长25.09%，占全国进口总额的9.01%。实现贸易顺差1 164.72亿美元，同比增长26.59%。

2004年轻工工艺品出口有以下特点：

一、贸易顺差继续增大

轻工工艺品进出口贸易的一个显著特点是多年连创贸易顺差新高：2001年顺差569.68亿美元，2002年顺差734.38亿美元，2003年顺差920.09亿美元，2004年也没有出现全国外贸进出口先发生逆差后变为顺差的现象，顺利突破1 000亿美元大关，达到1 164.72亿美元，是同期全国贸易顺差的3.64倍。

二、进出口增速低于全国水平

2003年以来，轻工工艺品进出口年增长幅度已经连续两年低于全国外贸进出口增幅。2003年低了10.08个百分点；2004年低了9.81个百分点。这种情况说明，一是我国出口商品结构不断优化，高新技术产品进出口增长大大高于全国外贸进出口增幅。相比之下，传统的轻工工艺品进出口增速略显逊色；二是我国轻工工艺出口商品不仅在国际市场所占比重已经很大，而且在我国外贸出口中也占有30%左右的份额，在此基础上要有更大的发展必须要转变增长方式，变数量增长型为质量效益型。

三、大宗商品出口数量和金额同涨

2004年，轻工工艺品大宗商品（鞋、玩具、箱包、抽纱、塑料制品、钟表及配件、陶瓷、珠宝首饰、家具、纸张纸浆、玻璃制品、草柳竹藤）出口数量和出口金额同涨，且出口金额增幅普遍高于出口数量增幅，没有一例商品出现价格下滑，这是近年来没有的。主要原因是能源、原材料和运费上涨所至。其中出口金额增幅高于轻工工艺品出口平均增长率（26.13%）的商品有：玻璃制品出口34.22亿美元，增长44.78%；家具102.15亿美元，增长39.46%；珠宝首饰出口37.08亿美元，增长32.15%；陶瓷制品38.90亿美元，增长31.50%；抽纱制品出口28.53亿美元，增长29.78%。低于轻工工艺品出口平均增长率的有：塑料制品出口98.61亿美元，增长25.17%；箱包出口62.38亿美元，增长23.33%；纸张纸浆出口28.62亿美元，增长22.95%；鞋类出口152.03亿美元，增长17.35%；草柳竹藤制品出口10.17亿美元，增长11.96%；钟表及配件出口20.59亿美元，增长7.08%；玩具出口63.79亿美元，增长6.69%。

平均出口单价方面，除鞋类商品出口单价与2003年持平外，其他商品都有不同程度提高，其中纸制品一改2003年价格下降趋势，成为2004年单价涨幅最大商品，涨幅达12.50%；草柳竹藤制品增长10.60%；珠宝首饰增长9.38%，塑料制品增长8.09%；陶瓷制品增长7.06%；箱包增长4.67%；家具增长4.59%；抽纱制品增长3.32%；玩具增长3.23%；玻璃制品增长2.63%；钟表及配件增长1.22%。

鞋类出口近年一直稳居世界第一位。2004年出口60.39亿双，比上年同期增长17.27%，出口金额152.03亿美元，比上年同期增长17.35%。

2004年鞋类主要出口国家和地区为美国、欧盟、日本和香港地区。2004年对美国出口59.6亿美元，占鞋类出口总额的39.2%；对欧盟出口22.2亿美元，占鞋类出口总额的14.6%；对日本出口11.9亿美元，占鞋类出口总额的7.9%；对香港地区出口9.6亿美元，占鞋类出口总额的6.3%。

鞋类主要出口省份为广东（出口额62.5亿美元，占出口总额的41.1%）、福建（出口额28.2亿美元，占出口总额的18.6%）、浙江（出口额20.0亿美元，占出口总额的13.1%）、山东（出口额8.2亿美元，占出口总额的5.4%）、江苏（出口额为7.6亿美元，占出口总额的5.0%）、上海（出口额为6.7亿美元，占出口总额的4.4%）。

主要出口品种为皮鞋、塑胶鞋、纺织面鞋。

主要贸易方式为加工贸易和一般贸易，分别占鞋类出口总额的46.2%和42.6%。

近几年来，家具出口增长迅速，2004年家具出口首次突破100亿美元，达到了创记录的102亿美元，比2003年增长39.46%，超过一直占世界家具出口首位的意大利而跃居第一位。

2004年家具主要出口国家和地区为美国（出口额为50.4美元，占出口总额的49.4%）、欧盟25国（出口额为10.7亿美元，占出口总额的16.4%）、香港地区（出口额为10.7亿美元，占出口总额的10.4%）、日本（出口额为50.4亿美元，占出口总额的8.3%）。

主要出口省份为广东（出口额44.8亿美元，占出口总额的43.8%）、浙江（出口额13.6亿美元，占出口总额的13.3%）、上海（出口额为9.5亿美元，占出口总额的9.3%）、江苏（出口额为8.5亿美元，占出口总额的8.3%）。

主要出口品种为金属家具及坐具、木沙发、木制卧室家具及其他木家具等。

主要贸易方式为一般贸易和加工贸易，基本上各占50%。

2004年玩具出口63.79亿美元，比上年同期增长6.7%。我国是玩具的生产和出口大国，出口额约占世界玩具出口额的37%。玩具出口的主要特点是：近年来玩具出口基本处于增长态势；全国玩具出口企业数量多达6 296家，但企业规模普遍比较小，年出口额1 000万美元以上企业只有90家；毛绒、布制、木制类等传统的装饰型、拼装型中低档玩具品种在我国玩具出口中占较大比重；加工贸易出口额约占出口总额的70%。

2004年箱包出口62.38亿美元，比上年增长23.33%。主要出口市场集中在美国、欧盟、香港地区和日本。2004年向美国出口17.64亿美元，增幅29.17%；向欧盟出口15.83亿美元，增幅21.37%；向香港地区出口7.54亿美元，增幅20.63%；向日本出口7.34亿美元，增幅10.96%。

2004年陶瓷制品出口38.9亿美元，比去年同期增长31.5%。从出口品种看，日用陶瓷全年出口13.4亿美元，同比增长23.96%，占陶瓷出口金额的比重为23.96%，在各类陶瓷品种中继续保持主导地位；建筑陶瓷出口8.75亿美元，同比增长59.07%，列各陶瓷品种增幅首位；卫生、艺术及其他类别的陶瓷出口金额也都出现了不同程度的增长。

四、一般贸易出口增幅高于加工贸易，加工贸易比重略高于一般贸易

2004年，轻工工艺品一般贸易出口727.41亿美元，同比增长32.37%，并已连续四年增幅超过30%。加工贸易出口875.51亿美元，同比增长21.00%。

2004年加工贸易出口占轻工工艺品出口总额的52.41%，略高于一般贸易43.54%的市场比重。

五、国有企业家数继续减少，私营企业家数及出口金额增长迅猛

2004年，轻工工艺品出口企业达72 287家，与2003年相比增长27.81%。其中国有企业7 598家，比上年减少678家，占轻工工艺品出口企业总数的10.51%；三资企业35 970家，占49.76%，增加12.44%；集体企业3 263家，占4.51%，减少18家。私营企业继续保持快速发展势头，在2003年企业家数增幅106.25%的基础上，2004年增幅达100.44%，企业数量25 131家，占轻工工艺品出口企业的34.77%。

随着私营企业数量的增加，其出口金额增幅接近100%。但由于私营企业规模小，出口金额在轻工工艺行业中还比较小。三资企业和国有企业出口金额约占轻工工艺品出口总额的80%。

六、继续保持出口集中在四大传统市场的格局

2004年，轻工工艺品出口的主要市场仍是美国、欧盟、香港、日本。对美国出口503.78亿美元，占轻工工艺品出口额的30.16%，同比增长22.92%；对欧盟25国出口320.63亿美元，占轻工工艺品出口额的19.19%，同比增长25.43%；对香港出口256.40亿美元，占轻工工艺品出口额的15.35%，同比增长23.50%；对日本出口153.45亿美元，占轻工工艺品出口额的9.19%，同比增长20.70%。

从上述数字可以看出，我国轻工工艺品出口过分依赖传统市场的格局没有改变，但对一些新兴市场的出口增长值得关注。2004年，轻工工艺品对俄罗斯出口在2003年增长77.96%的基础上，继续保持较高增长。2004年对俄出口

46.80 亿美元，同比增长 61.66%。出口增幅超过 50% 的国家还有巴西（79.22%）、罗马尼亚（60.79%）、南非（58.73%）印度（57.68%）、墨西哥（57.23%）、瑞士（52%）。这些增长点在世界各大洲分布比较均匀，对提高我国出口商品抗御市场各种风险能力具有积极意义。

七、广东等五省市仍是出口主体，中部地区增长较快，西部个别地区出现负增长

2004 年，全国 31 个省市自治区中，除甘肃、西藏、青海出口出现负增长外，其余全部实现增长。出口排名前五位的省市依然是：广东省出口 707.12 亿美元，占全国轻工工艺品出口额的 42.33%，同比增长 16.38%；浙江省出口 187.70 亿美元，占全国轻工工艺品出口额的 11.24%，同比增长 35.90%；江苏省出口 173.70 亿美元，占全国轻工工艺品出口额的 10.4%，同比增长 38.21%；上海市出口 162.96 亿美元，占全国轻工工艺品出口额的 9.75%，同比增长 40.62%；福建省出口 114.46 亿美元，占全国轻工工艺品出口额的 6.85%，同比增长 28.03%。上述五省市出口占全国轻工工艺品出口额的 80.57%，仍是轻工工艺品的出口主体。

与上述地区相比，中西部地区出口所占比例虽然有限，但是一些省市出口增幅较大，其中河北省同比增长 77.64%；四川省同比增长 59.68%；黑龙江省同比增长 51.96%；山西省同比增长 50.52%；陕西省同比增长 40.58%。

八、贸易摩擦有增无减

2004 年，国际市场贸易战此起彼伏，针对中国轻工工艺品的反倾销和保障措施立案数增加迅速。2004 年，我轻工工艺品共遭受国外反倾销立案调查 8 起，一般保障措施调查 4 起，特别保障措施 1 起，反补贴调查 1 起，美国知识产权（337）调查 3 起，总数比去年增加 6 起。上述案件涉及眼镜、玻璃、纸制品、拉链、圆珠笔、烧烤架、陶瓷餐具、不锈钢器皿等近 20 种轻工工艺品，总的涉案金额约为 1.7 亿美元。发起上述调查的国家和地区有美国、加拿大、土耳其、阿根廷、印尼、哥伦比亚等。其中，立案较多的国家是美国（5 起）和土耳其（4 起），涉案金额最大的商品是纸制品，约 5 000 多万美元。

2004 年中国农产品进出口概况

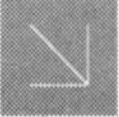

中国食品土畜进出口商会

一、2004 年我国农产品进出口贸易情况概述

2004 年，我国农产品行业以落实“三农”政策、千方百计扩大农产品出口作为工作的重中之重，在克服了禽流感疫情和接连不断的贸易壁垒带来的不利影响之后，农产品取得了进出口双增长的可喜局面。按照商务部统计口径（商务部的农产品统计口径为 WTO《农业协议》所定义的农产品加水产品。），全年农产品进出口总额 510.6 亿美元，同比增长 27.2%。其中出口 230.9 亿美元，比 2003 年增长 18.5 亿美元，增幅为 8.7%。进口 279.7 亿美元，比上年增长 48.1%。

二、2004 年我国农产品进出口情况分析

（一）重点大类商品进出口情况

1. 蔬菜、水果及坚果、水产品类产品进出口双增长

（1）蔬菜及其制品

1994—2004 年我国农产品出口统计

表 1　　　　单位：亿美元

年度	出口	进口
1994	129.6	61.2
1995	143.6	121.6
1996	142.5	108.2
1997	149.4	99.6
1998	138.4	83.3
1999	135.4	82.1
2000	156.2	112.3
2001	159.8	118.1
2002	180.2	124.2
2003	212.4	188.9
2004	230.9	279.7

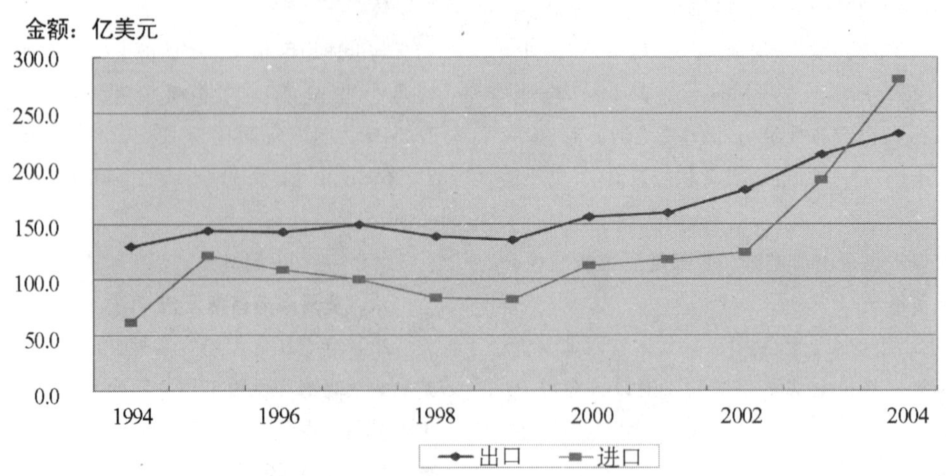

中国农产品进出口趋势图（1994—2004年）

2004年，我国蔬菜类产品出口655.2万吨，同比增长5.1%，出口额37.9亿美元，同比增长17%；进口364.4万吨，同比增长44.3%，进口额4.6亿美元，同比增长61.5%。

主要出口产品中，鲜蔬菜出口295.7万吨、8.6亿美元，同比增长5.7%、15.5%；冷冻蔬菜出口50.7万吨、3.9亿美元，同比增长39%、27.8%；鲜、干食用菌出口8.7万吨、3.7亿美元，同比增长18.1%、53.3%；蘑菇罐头出口30.2万吨、3亿美元，同比增长13.7%、5.2%；番茄酱罐头43.7万吨、2.2亿美元，同比增长8.3%、7.9%。

在进口蔬菜产品中，鲜冷冻马铃薯、胡萝卜以及部分蔬菜制品的进口均有较大幅度的增长。

（2）水果坚果及其制品

2004年，我国水果坚果及制品出口354万吨，同比增长16%，出口额22.5亿美元，同比增长20.6%；进口122.7万吨，同比增长6%，进口额7亿美元，同比增长20.1%。

鲜水果的出口量、出口额分别比上年同期增长了20.9%和29.6%，其中苹果出口77.4万吨、2.7亿美元，同比增长27.1%、30.8%；梨、柑橘橙的出口额都在1 000万美元以上。果汁的出口量为52.9万吨，比上年同期增长了17.6%，出口额3.6亿美元，同比增长了29.1%，其中苹果汁的出口量48.7万吨，比上年同期增长了16.4%，出口额达到3.3亿美元，同比增长28%，位居我国果汁出口的第一位。

进口水果中，鲜水果的进口额达到了4.4亿美元，比上年增长24.3%，其中香蕉、龙眼、榴莲等水果的进口额都在5 000万美元以上。

（3）水产品及其制品

2004年，我国水产品及制品出口232.7万吨、66.5亿美元，同比增长15.2%、26.5%；进口额174.7万吨、23.6亿美元，同比增长21.2%、25.4%。

冻鱼及冻鱼片的出口继续增长，数量达到103.1万吨，金额19.7亿美元，比上年分别增长了12.9%、22.1%，烤鳗出口额比上年增长了55.6%，为7.3亿美元。进口水产品中，鲜冷鱼的数量大幅上升，同比增长了194.2%，金额增长了87.8%。

2. 粮棉油进口大幅增长，粮食出口显著下降

2004年我国粮食进口量同比增长373.6%，达到971.9万吨，进口额为22.2亿美元，同比增长399.3%。其中，小麦进口723.3万吨，同比增长1 605.2%，进口额16.4亿美元，同比增长2 042.5%；棉花进口190.7万吨、31.8亿美元，同比增长118.3%、171.7%；豆油进口251.7万吨、15.5亿美元，同比增长33.5%、52.6%。

因受国内粮食供需关系和粮食出口政策调整影响，2004年我国粮食出口大幅下降，出口额仅为7.4亿美元，同比减少了71.4%。其中，玉米出口231.8万吨、3.2亿美元，同比下降了85.9%、81.6%；大米出口89.6万吨、2.3亿美元，同比下降了65.6%、53%。

3. 畜肉出口潜力巨大，禽肉出口大幅下降

2004年，我国畜肉类产品出口达到52.4万吨、9.8亿美元，分别比上年增长了35.9%、59.7%。其中，羊肉出口增长迅速，数量和金额分别比去年增长了92.6%、102.8%，达到2.4万吨、4 181万美元；猪肉的出口也有较大幅度增长，出口数量达到29.1万吨，同比增长了36.4%，出口额4.6亿美元，增长了70.7%。

因受年初国内爆发禽流感的影响，我禽肉产品全年出口只有26.5万吨，比上年减少了17万吨，出口额下降为6.2亿美元，比2003年减少了1.7亿美元。冻鸡出口由2003年的23.5万吨、2.9亿美元，骤降至9.9万吨、1.2亿美元，降幅在55%以上。

4. 进口关税配额农产品

2004年我国农产品进口关税配额量为：小麦963.6万吨，玉米720万吨，大米532万吨（其中：长粒米，即籼米266万吨；中短粒米，即其他米266万吨），棕榈油270万吨，豆油311.8万吨，菜籽油112.66万吨，食糖194.5万吨，羊毛28.7万吨，棉花89.4万吨。关税配额农产品全年实际进口占我农产品进口总额的33.5%，达到93.8亿美元，同比增长112%（各商品进口量值详见附表2）。其中，小麦、大米、菜籽油、棉花的进口量都超过了关税配额量。

（二）我国农产品进出口国别分布情况

2004年我农产品出口前五大市场分别是日本、香港、欧盟、美国、韩国，对上述五个市场的出口占我农产品出口总额的73.8%。2004年我对近80个国家（地区）出口超过1 000万美元，其中对利比里亚、摩尔多瓦、柬埔寨出口增长最快，分别增长了6.2倍、5倍和4.4倍。

2004年进口关税配额农产品量值表

表2　　　　单位：万吨、百万美元

商品名称	进口配额量	数量	金额	比上年同期增减（%）	
				数量	金额
小麦	963.6	725.8	1 649.6	1 522.7	1 828.9
玉米	720	0.2	1.0	241.2	42.9
稻谷和大米	532	76.6	254.6	196.2	162.0
棕榈油	270	239.0	1 171.8	2.6	12.6
豆油	311.8	251.7	1 549.0	33.5	52.6
菜籽油	112.66	35.3	217.8	132.8	155.5
食糖	194.5	121.4	275.6	56.7	58.3
羊毛	28.7	22.3	1 079.7	33.7	43.1
棉花	89.4	190.7	3 176.2	118.3	171.7

2004年我农产品进口前五大来源地分别是美国、东盟、巴西、阿根廷、澳大利亚，从上述五个国家和地区的进口占我农产品进口总额的69.3%。2004年我从70个国家（地区）进口超过1 000万美元，其中增长最快的是危地马拉、赞比亚、乍得，分别增长了46倍、10倍和9倍。

我国农产品主要进出口国别地区

表3　　　　单位：万美元

我国农产品出口前20位的市场				我国农产品进口前20大来源地			
国别（地区）	2003年	2004年	同比（%）	国别（地区）	2003年	2004年	同比（%）
日　本	604 443	739 297	22.3	美　国	501 079	768 972	53.5
香　港	221 128	260 480	17.8	巴　西	211 352	284 490	34.6
美　国	205 169	231 782	13.0	阿根廷	225 949	270 280	19.6
韩　国	256 421	212 213	-17.2	澳大利亚	122 686	243 680	98.6
德　国	60 863	67 729	11.3	加拿大	52 210	144 083	176.0
俄罗斯联邦	56 845	59 465	4.6	马来西亚	114 488	143 684	25.5
马来西亚	66 988	53 031	-20.8	泰　国	52 974	97 479	84.0
印度尼西亚	53 738	44 782	-16.7	印度尼西亚	54 151	87 672	61.9

我国农产品主要进出口国别地区

表3（续）　　　　单位：万美元

我国农产品出口前20位的市场				我国农产品进口前20大来源地			
国别（地区）	2003年	2004年	同比（%）	国别（地区）	2003年	2004年	同比（%）
荷　兰	36 057	41 080	13.9	俄罗斯联邦	71 485	85 157	19.1
英　国	26 903	31 096	15.6	新西兰	53 812	78 568	46.0
加拿大	23 111	30 640	32.6	秘　鲁	28 842	53 570	85.7
台湾省	27 167	30 506	12.3	法　国	39 514	39 308	-0.5
新加坡	25 191	29 293	16.3	乌兹别克斯坦	16 278	33 927	108.4
菲律宾	29 194	27 663	-5.2	日　本	28 753	29 198	1.5
泰　国	22 164	24 690	11.4	朝　鲜	22 522	27 997	24.3
澳大利亚	19 141	24 140	26.1	印　度	13 284	27 183	104.6
越　南	31 723	24 002	-24.3	丹　麦	18 414	21 776	18.3
朝　鲜	18 364	23 776	29.5	荷　兰	13 647	21 343	56.4
意大利	24 923	23 599	-5.3	智　利	18 204	20 981	15.3
西班牙	13 614	22 171	62.9	韩　国	15 354	20 053	30.6

（三）我国各省市农产品进出口贸易情况

2004年，居农产品出口前五位的省市是山东、广东、浙江、辽宁、福建，五省出口额占农产品出口总额的64.6%。农产品出口增长幅度最快的五个省市分别是：西藏、甘肃、江西、四川、福建。

从进口看，居农产品进口前五位的省市是北京、广东、山东、江苏、上海，五省进口额占农产品进口总额的71.5%。农产品进口增长幅度最快的五个省市分别是：重庆、吉林、宁夏、湖南、贵州。各省市农产品进出口情况见表4。

各省市农产品进出口情况

表4　　　　单位：万美元

出　口				进　口			
省市	2003年	2004年	同比（%）	省市	2003年	2004年	同比（%）
山东	474 815	558 775	17.7	北京	296 341	595 259	100.9
广东	289 597	344 271	18.9	广东	359 159	457 276	27.3
浙江	178 028	223 789	25.7	山东	318 563	440 842	38.4
辽宁	171 823	186 596	8.6	江苏	163 668	279 681	70.9
福建	128 672	178 693	38.9	上海	189 134	227 603	20.3
江苏	79 965	87 399	9.3	辽宁	119 119	153 032	28.5
北京	100 520	87 061	-13.4	浙江	93 916	136 490	45.3
上海	67 313	77 922	15.8	福建	58 635	104 610	78.4
河北	57 643	68 762	19.3	天津	63 196	92 401	46.2
吉林	131 202	48 361	-63.1	河北	68 319	62 210	-8.9
天津	48 049	44 564	-7.3	广西	39 661	57 816	45.8
黑龙江	67 505	44 465	-34.1	河南	38 927	50 113	28.7
四川	29 958	43 629	45.6	湖南	10 597	24 811	134.1
云南	37 127	42 620	14.8	黑龙江	10 414	18 874	81.2

各省市农产品进出口情况

表4（续）　　　　　　　　　　　　　　　　　　　　　　　　　　单位：万美元

出口				进口			
省市	2003年	2004年	同比（%）	省市	2003年	2004年	同比（%）
河南	32 055	36 175	12.9	吉林	5 501	18 179	230.4
广西	27 532	28 589	3.8	四川	12 787	13 416	4.9
新疆	32 150	27 682	-13.9	新疆	7 823	11 937	52.6
湖北	22 763	27 289	19.9	湖北	7 390	11 887	60.8
安徽	29 098	27 223	-6.4	安徽	6 614	11 673	76.5
湖南	18 765	23 207	23.7	内蒙古	4 541	7 469	64.5
陕西	14 267	19 690	38.0	云南	4 729	5 042	6.6
内蒙古	30 924	18 591	-39.9	海南	3 247	4 848	49.3
江西	9 839	14 650	48.9	陕西	2 674	4 788	79.0
海南	9 832	11 931	21.3	重庆	504	3 838	661.4
甘肃	6 962	11 119	59.7	江西	934	1 346	44.0
重庆	8 365	9 680	15.7	山西	777	797	2.5
贵州	5 435	6 937	27.6	贵州	181	379	109.0
山西	10 991	4 546	-58.6	西藏	339	300	-11.6
西藏	1 334	3 024	126.8	宁夏	96	245	154.9
宁夏	1 177	1 268	7.7	甘肃	1 525	125	-91.8
青海	632	492	-22.2	青海	9	5	-43.5

（四）私营企业农产品出口增长迅速，国有企业比重下降

私营企业出口继续保持快速增长，2004年农产品出口额达到46.7亿美元，同比增长79.6%，在我农产品出口中所占的份额比上年又提高了8个百分点；而国有企业出口比重有所下降，由2003年的43.6%下降到30.8%，全年出口71.2亿美元，同比下降了23.1%；三资企业的进出口额均有增长，所占比重保持平稳。

（五）农产品一般贸易方式出口占主导地位，加工贸易方式进口继续保持增长势头

2004年，我国农产品一般贸易方式出口达到173.9亿美元，占全部农产品出口的75.3%，同比增长4.4%。以加工贸易方式进口的农产品继续保持快速增长，达到52亿美元，比上年增长了31.8%。进口以棉花、冻鱼、生皮及毛皮、大豆等产品为主。

总体来看，我国农产品出口存在巨大的发展空间和潜力，国际市场容量很大，自身有丰富的农产品出口资源和劳动力资源，各项农产品出口扶持政策对扩大农产品出口可以发挥很大的促进作用。但是在看到优势的同时，必须看到制约农产品出口的一些不利因素，主要是国际贸易保护主义、技术壁垒以及产品质量及食品安全问题。对待国外的技术壁垒，一方面要看到发达国家复杂的技术质量标准，增加了市场准入的成本和难度，对发展中国家的产品起到了“排他性”作用和“贸易保护”的作用，同时，我们也应看到大部分发达国家制定的质量标准有保护消费者利益的一面，不能把所有的技术限制都看成技术壁垒。因此，必须构筑我国农产品质量标准和安全保障体系，切实提高产品质量水平，增强竞争力，同时也就提高了应对国外技术壁垒的能力。

2004年中国医药保健品进出口概况

中国医药保健品进出口商会

2004年，世界经济呈现良好的发展态势，美国、日本经济出现明显复苏，欧元区经济缓慢复苏，中国经济继续保持强势增长，外部需求强劲，为中国医药保健品对外贸易带来了较大的增长空间。据海关统计，2004年我国医药保健品进出口总额达221.02亿美元，同比增长26.24%；其中，出口额为119.72亿美元，同比增长28.34%；进口额为101.30亿美元，同比增长23.84%。总体上看，2004年中国医药保健品对外贸易继续保持较大顺差，出口额和进口额双双突破百亿美元大关，出口增幅高于进口增幅4.5个百分点，全年累计实现贸易顺差18.42亿美元。2004年中国医药保健品对外贸易运行呈现以下特点：

一、进出口快速增长，富有后劲

2004年中国医药保健品对外贸易呈现出一季度稳步增长、二季度增幅回落、三四季度强劲增长的势头，其中出口额和进口额月均分别为9.98亿美元和8.44亿美元，出口额和进口额单月最高记录同时出现在12月份分别达到12.35亿美元和9.9亿美元，出口增幅和进口增幅最高记录同时出现在11月份分别为47.64%和40.80%。全年月度贸易差额除2月份持平外，其余月份均保持顺差，单月最高贸易顺差在12月份达到2.45亿美元，单月最低贸易顺差在4月份只有0.95亿美元。

二、一般贸易比重高，加工贸易增幅快

一般贸易进出口额为156.52亿美元，同比增长23.55%，所占比重达70.82%，增幅比上年回落了2.27个百分点，其中一般贸易出口额为88.59亿美元，同比增长28.79%；一般贸易进口额为67.94亿美元，同比增长17.34%。

加工贸易进出口额为42.08亿美元，同比增长28.96%，所占比重达19.04%，增幅比全年提高了9.59个百分点，其中加工贸易出口额为29.06亿美元，同比增长25.53%；加工贸易进口额为13.02亿美元，同比增长35.49%。

三、经营主体多元化，国有企业是中坚

2004年中国共有13 015家企业经营516种（类）医药保健品出口到205个国家和地区，出口该类商品排名前20位的企业占该类商品出口总额的13.10%，集中度较高。其中，国有企业出口增长平稳，是中坚力量，东北制药、浙江医保、安徽丰原位居前三；外商投资、集体、私营、科研院所等企业出口增长较快，拉动出口增长作用明显。2004年7月1日中国全面实行外贸经营权登记制，进一步刺激了越来越多的“非公”企业开展对外贸易的积极性。

四、西药原料占五成，仍然是出口支柱

西药原料进出口总额为111.03亿美元，同比增长25.66%，所占比重达50.23%，其中出口额为61.96亿美元，同比增长22.86%，进口额为49.07亿美元，同比增长29.38%，贸易顺差达12.89亿美元。我国是世界西药原料药的第二大生产国和主要出口国，可生产西药原料药近1 500种，具有规模大、成本低、产量高等特点，在青霉素、维生素、扑热息痛、地塞米松、糖精钠等产品上具有较大优势。

五、医疗器械逆差大，医用敷料竞争力强

医疗器械进出口总额为60.60亿美元、同比增长28.31%，所占比重达27.42%，其中出口额为27.77亿美元，同比增长35.25%，进口额为32.83亿美元，同比增长22.98%，贸易逆差为5.06亿美元。医用敷料进出口总额为4.89亿美元，同比增长27.82%。其中出口额为4.47亿美元，同比增长25.14%，进口额为0.42亿美元，同比增长65.44%，贸易顺差达4.05亿美元。医疗器械呈现逆差，其中大型医疗设备逆差较大，而医用敷料则呈现大幅顺差，说明我国在医用敷料上具有较强的国际竞争力。医疗器械及设备行业是一个知识密集、资金密集、多学科交叉的高科技产业，涉及机械、电子、医药、塑料等多个领域，产品差异性大、种类繁多，我国竞争力较弱。

六、农药出口大幅增长，中外合作优化产品结构

农药进出口总额为13.47亿美元，同比增长53.20%。其中出口12.01亿美元，同比增长61.08%，进口1.47亿美元，同比增长9.31%，贸易顺差达10.55亿美元。农药出口大幅增长的直接原因是，国家为鼓励农药出口，调整了农药出口退税政策，农药出口适用11%的出口退税率。实行“新账不欠、老账要还”的退税原则，加快了出口企业的资金周转，调动了农药企业出口的积极性。其次，中外合作经营优化了农药产品结构，一定程度上提高了国际竞争力，直接推动了农药出口。

七、西药制剂出口难，仿制多创新少注册难

西药制剂进出口总额15.77亿美元，同比增长15.27%。其中出口额为3.09亿美元，同比增长23.62%，进口额为12.67亿美元，同比增长13.40%，贸易逆差9.58亿美元。我国西药制剂仿制多、创新少、缺乏自主知识产权，难以打入国际市场，这是造成西药制剂出口难的根本原因。与原料药相比，西药制剂在国外注册困难较大，也阻碍了其出口。原料药的出口面对的是国外制药企业，且绝大部分是以食品添加剂和饲料添加剂的身份进入市场的，限制较少。西药制剂的出口与原料药出口有很大不同，西药制剂直接面对的是患者，关乎人的生命健康，任何一个国家对该类药品的准入都有严格的限制，特别是美国、欧盟、日本等发达国家，注册手续烦琐，费用高昂，当地经销商不愿代理品牌弱的中国药品，这些都让国内药企畏难而退。

八、生化药不容乐观，肝素钠出口锐减

生化药进出口总额为5.76亿美元，同比增长16.15%。其中出口额为3.17亿美元，同比增长20.67%，进口额为2.59亿美元，同比增长11.06%，贸易顺差0.58亿美元。肝素钠曾经是生化药中的佼佼者，出口额曾经达到近亿美元。近年来国外对肝素钠检测越来越严格，特别是国际跨国公司兼并重组后，经营策略发生较大变化，我国肝素钠出口锐减。全年肝素钠出口数量为64.98吨，同比减少27.56%，出口金额为4 870万美元，同比下降25.70%。

九、中药发展潜力大，进出口创历史新高

中药现代化工作取得可喜进展，2004年我国中药工业总产值达900多亿元，比上年增长10%以上，展现出了较强的发展潜力。中药材进出口总额为4.47亿美元，同比增长16.79%，其中出口额3.62亿美元，同比增长15.36%，进口额为0.84亿美元，同比增长23.36%。中成药进出口总额为2.26亿美元，同比增长1.17%，其中出口额1.39亿美元，同比增长7.95%，进口额为0.87亿美元，同比下降8.06%。我国可生产35个大类8 000多种中成药，2004年中成药产量达61.58万吨。提取物进出口总额为2.77亿美元，同比增长27.34%，其中出口额2.23亿美元，同比增长28.88%，进口额为0.54亿美元，同比增长21.35%。

十、出口价格有升有降，喜中有忧

2004年维生素C出口数量为6.71万吨，同比增长25.02%，出口金额为3.11亿美元，同比下降了4.76%。受国内企业扩产和中间商压价影响，全年维生素C的出口价格下滑趋势明显，出口平均单价已由上年同期的6.10美元/公斤下降到4.64美元/公斤，同比下降了23.93%。

2004年青霉素工业盐出口数量为1.04万吨，同比下降了2.80%，出口金额为0.99亿美元，同比下降了29.79%。平均价格6.00美元/10亿单位，同比下降了27.71%。由于中国青霉素工业盐的低价冲击，导致印度在8月停止青霉素类和6－APA的进口许可审批。印度此举给我国青霉素生产企业敲响了警钟。

受半合抗原料价格起伏影响，含有头孢三嗪的药品、含有先锋霉素的药品、含有氨苄青霉素的药品、青霉素V制剂、含有头孢噻肟的药品出口价格持续攀升。此外，鲜蜂王浆出口价格同比增长8.38%，鲜蜂王浆粉出口价格同比增长4.98%，新疆胀果甘草出口价格同比增长36.03%，冬虫夏草出口价格同比增长518.80%，扑热息痛出口价格同比增长23.88%，糖精钠出口价格同比增长1.13%，按摩器具出口价格同比增长19.88%，地塞米松出口价格同比增长2.35%，B超出口价格同比增长3.24%，维生素E出口价格同比下降9.25%，维生素B_{12}出口价格同比下降28.67%，核磁共振成像装置出口价格同比下降35.11%。尽管出口价格涨幅不同，但受基本能源、原材料大幅涨价的影响，医保行业利润受到压缩。

十一、三大贸易伙伴占四成，对日、德逆差大

中国医药保健品对外贸易前三大贸易伙伴美国、日本、德国在中国医药保健品进出口总额中的比重合计达40.47%，比上年同期下降了1个百分点。其中，对美国贸易顺差额为1.71亿美元，对日本贸易逆差额为4.81亿美元，对德国贸易逆差额为3.3亿美元。造成我国对日本和德国贸易出现逆差的主要原因是，双方出口商品结构不同，我以原料性低附加值产品出口为主，日、德以药品及医疗

器械等高附加值产品出口为主。亚洲、欧洲、北美洲仍是主要出口市场，所占比重高达87.57%，出口增幅分别达到31.54%、19.52%、24.48%。

十二、多种因素综合作用，促进了进出口快速增长

2004年世界经济尤其是美国、日本、欧元区经济不同程度复苏，俄罗斯、新加坡、印度等国经济高速增长，使得中国医药保健品外部需求强劲，出口额快速增加，出口增幅继续维持在较高水平。美元汇率仍然在较低价位震荡，人民币汇率保持在较低水平，也有利于2004年中国医药保健品出口竞争力的提高和出口金额的扩大。出口退税政策的调整对中国医药保健品出口带来的负面影响要比原来预计的要小，随着出口欠退税问题的基本解决，企业资金状况明显得到改善。中国充分地参与了世界范围内的经济、技术、贸易等交流活动，增加了医药保健品进入国际市场的机会，“入世”效应继续推动了中国医药保健品对外贸易的快速发展。

展望2005年，世界经济继续保持良好的发展态势，据国际货币基金组织（IMF）最新预测，2005年世界经济增长率为4.3%，中国经济将继续保持较快增长，保持9%左右的经济增长率极有可能，“入世”效应将继续显现，世界医药产业向中国转移的势头有望继续保持，全球第一大原料药供应商荷兰DSM公司与华药集团的合作已进入实质阶段，日本新修订《药事法》的实施，将会有越来越多的日本企业把生产基地转移到中国，海啸灾难过后可能会进一步促进中国抗生素和医疗器械的出口。

但一些影响出口增长的因素也不容忽视，美元的持续走低对人民币升值的压力越来越大，原材料价格持续大幅上涨，煤、电、油、运供应紧张将影响企业的正常生产和履约能力，地方分担超基数出口退税部分的压力将会在2005年集中显现，贸易保护主义虽不是主流，但贸易摩擦问题日益突出，摩擦的形式日趋多样化，反倾销、反补贴、保障措施以及特保立案调查的数量不断上升，中国的维生素C在2005年里更是遭遇美国反垄断起诉，这些都增加了中国医药保健品出口当中的不确定因素。鉴于2004年基数较高，也使得2005年中国医药保健品对外贸易继续保持快速增长的难度加大，预计2005年中国医药保健品进出口仍有望保持在15%以上的增幅，进出口总额将超过250亿美元。

服务贸易

Service Trade ↘

2004 年世界服务贸易继续快速增长

商务部世界贸易组织司服务贸易处

2004 年，世界货物贸易额增长 21%，达 8.88 万亿美元，世界服务贸易额增长 16%，达 2.1 万亿美元[1]。对于货物和服务贸易来说，这不仅是连续第三年持续增长，而且是自 2000 年以来最大的增长。2004 年贸易增长的具体特点是一个主要产品——石油，以及一个主要服务部门——运输在 2004 年有格外强劲的表现。这两个部门在过去 20 多年中均远远落后于整体贸易的增长，但在 2004 年却由于价格的坚挺而表现突出。国际旅游业的复苏，特别是亚洲的表现，使旅游收入显著增长[2]。

2004 年，独联体和亚洲的服务进出口增长高于全球平均速度，而北美洲和南美洲服务贸易的活力低于世界服务贸易平均水平。然而，4 个地区 2004 年服务贸易的美元价值均超过 2003 年。欧洲作为世界上最大的服务贸易商，2004 年商业服务贸易的增长却慢于前一年。

世界货物和服务贸易

2001—2004 年

	金额（10 亿美元）	年增长率（%）			
	2004 年	2001 年	2002 年	2003 年	2004 年
货物贸易	8 880	-4	5	17	21
服务贸易	2 100	0	7	13	16

资料来源：WTO

2004 年世界各地区商业服务贸易

	出口						进口					
	金额（10 亿美元）	年增长率（%）					金额（10 亿美元）	年增长率（%）				
年度	2004	1995—2000	2001	2002	2003	2004	2004	1995—2000	2001	2002	2003	2004
世界	**2 100**	**5**	**0**	**7**	**13**	**16**	**2 081**	**4**	**1**	**5**	**14**	**16**
北美洲	380	7	-4	2	5	11	334	9	-1	3	9	13
美国	319	7	-4	2	5	11	259	10	-1	2	8	13
加拿大	47	9	-3	4	5	12	56	6	-1	3	12	12
墨西哥	14	7	-7	-1	1	11	19	13	-1	3	4	8
中南美洲	55	6	-2	-3	9	15	57	4	0	-12	5	14
巴西	11	8	-3	1	9	20	16	3	2	-15	8	12
其他中南美洲国家	44	6	-2	-4	9	13	41	4	0	-10	4	15
欧洲	1 114	4	3	9	19	16	1 019	4	3	8	19	14
欧盟（25）	1 005	4	4	9	18	16	948	4	4	8	19	14
德国	126	2	5	17	18	9	191	1	4	4	18	11
英国	169	9	-1	11	13	16	135	9	0	9	13	13
法国	108	-1	2	5	15	10	95	-1	3	11	22	13

[1] 商业服务贸易是由主要包含 GATS 所定义的模式 1 和模式 2 的国际收支平衡表来衡量的。要得到更加完整的服务贸易情况，应当再考虑通过模式 3 和模式 4 提供的服务贸易。

[2] 世界旅游组织 2005 年 2 月 2 日发表的报告显示，国际旅客达到创纪录的 7.6 亿人，比 2003 年增加 10%。

2004 年世界各地区商业服务贸易（续）

	出口						进口					
	金额（10 亿美元）	年增长率（%）					金额（10 亿美元）	年增长率（%）				
年度	2004	1995—2000	2001	2002	2003	2004	2004	1995—2000	2001	2002	2003	2004
意大利	85	-2	2	4	18	21	80	0	3	9	20	9
其他西欧国家	64	3	-3	9	15	15	46	2	5	8	15	15
瑞士	37	2	-6	11	14	12	21	1	6	5	12	8
东南欧	44	8	-11	1	35	21	24	9	-12	8	26	30
独联体	32	2	13	20	16	22	49	0	24	16	15	27
俄罗斯	20	-2	17	20	18	25	34	-4	23	15	16	27
非洲	47	3	1	4	21	22	54	2	2	5	13	19
南非	8	2	-7	1	40	24	9	0	-9	2	40	24
中东	36	10	-5	-2	11	18	66	5	-2	1	22	17
亚洲	436	3	-1	8	9	21	501	2	-2	4	8	22
日本	94	1	-6	2	8	23	134	-1	-7	0	3	21
中国	59	10	9	20	18	…	70	8	9	18	19	…
东亚四个贸易成员①	156	3	-1	5	7	20	145	4	-1	6	4	22
印度	32	21	19	12	20	…	38	14	16	-2	25	…

① 中国台湾省、中国香港、韩国和新加坡。

资料来源：WTO

2004 年各国服务贸易的信息虽然还不完整，但已显示亚洲经济体服务贸易的增长要快于北美洲和欧洲。美国服务进出口增长低于全球平均水平，但美国仍是世界上最大的服务出口国和进口国。日本由于其修订了 2003 年的国际收支平衡表，它现在超过意大利和西班牙，成为世界第 5 大服务出口国。尽管日本 2004 年服务进口增长快于世界平均水平，但仍保持世界第 4 大进口国的地位。韩国在 2004 年服务的进出口排名均增长了两位。在欧洲主要的贸易大国当中，英国创造了最强劲的出口增长，因此确认了其在欧洲服务出口领先的地位。尽管德国服务进出口增长低于全球平均水平，但 2004 年仍占据世界第 2 大服务进口国和第 3 大出口国的地位。

2004 年世界主要商业服务出口者和进口者

排名	出口国/地区	金额（10 亿美元）	比例（%）	年增长率（%）	排名	进口国/地区	金额（10 亿美元）	比例（%）	年增长率（%）
1	美国	319.3	15.2	11	1	美国	259.0	12.4	13
2	英国	169.2	8.1	16	2	德国	190.8	9.2	11
3	德国	126.1	6.0	9	3	英国	134.7	6.5	13
4	法国	108.4	5.2	10	4	日本	133.6	6.4	21
5	日本	93.8	4.5	23	5	法国	94.5	4.5	13
6	意大利	84.6	4.0	21	6	意大利	79.6	3.8	9
7	西班牙	84.2	4.0	10	7	荷兰	72.4	3.5	11
8	荷兰	72.4	3.4	15	8	中国	69.7	3.3	…
9	中国	58.9	2.8	…	9	爱尔兰	58.2	2.8	11

2004 年世界主要商业服务出口者和进口者（续）

排名	出口国/地区	金额（10亿美元）	比例（%）	年增长率（%）	排名	进口国/地区	金额（10亿美元）	比例（%）	年增长率（%）
10	中国香港	54.0	2.6	20	10	加拿大	55.9	2.7	12
11	比利时	49.5	2.4	15	11	西班牙	53.3	2.6	17
12	奥地利	47.2	2.2	12	12	韩国	49.6	2.4	24
13	加拿大	46.9	2.2	12	13	比利时	48.4	2.3	15
14	爱尔兰	46.2	2.2	22	14	奥地利	48.0	2.3	16
15	韩国	39.7	1.9	26	15	印度	37.9	1.8	…
16	瑞典	37.8	1.8	25	16	新加坡	36.2	1.7	23
17	丹麦	37.5	1.8	18	17	丹麦	34.3	1.6	21
18	瑞士	37.1	1.8	12	18	俄罗斯	33.5	1.6	27
19	新加坡	36.6	1.7	19	19	瑞典	33.2	1.6	16
20	卢森堡	33.4	1.6	35	20	中国台湾省	29.9	1.4	20

资料来源：WTO

2004 年中国对外服务贸易的新进展

商务部世界贸易组织司服务贸易处

在 2003 年服务贸易快速增长的基础上，2004 年中国服务贸易进一步增长，增长速度达 30%，继续保持世界领先水平。根据 WTO 的统计数字，2004 年中国服务项下的收入与支出分别达到 590 亿美元和 700 亿美元，同比分别增长 31% 和 30%，增长速度位居世界前列，唯一能与中国增长速度相比的地区为东南欧（增长速度为 30%，主要包括独联体国家）。

服务项下逆差仍呈现扩大趋势，达到 110 亿美元，同比增长 12%。从具体构成看，运输仍是服务项目逆差的主要因素，达 125 亿美元，说明强劲增长的中国进出口货物需要大量的外国运输服务。旅游收支和其他商业服务均为顺差，旅游出口创汇创历史新高，达 257 亿美元，顺差达 66 亿美元，比 2003 年增长 300%，增速巨大的主要原因是 2003 年中国旅游业遭到了“非典”的严重影响。

此外，我国在保险、专有权利使用费、咨询服务和电影项下的支出增长迅速，逆差上升；而计算机服务出口高速增长，增长速度为 49%，达 16 亿美元，并创造了近 4 亿美元的顺差，成为 2004 年中国服务出口部门中的一个重要亮点。

中国服务贸易占世界服务贸易比重稳步上升，2004 年达 3%，比 2003 年增长 0.5 个百分点。出口和进口的世界排名未变，仍为出口为第 9 位、进口第 8 位。

2004 年中国国际收支平衡表（服务贸易部分）

部　　门	差额	出口（100 万美元）	进口（100 万美元）
1. 运输	-12 476	12 067	24 544
2. 旅游	6 590	25 739	19 149
3. 通讯服务	-32	440	472
4. 建筑服务	129	1 467	1 339
5. 保险服务	-5 743	381	6 124

2004 年中国国际收支平衡表（服务贸易部分）（续）

部　门	差额	出口（100 万美元）	进口（100 万美元）
6. 金融服务	-44	94	138
7. 计算机和信息服务	384	1 637	1 253
8. 专有权利使用费和特许费	-4 260	236	4 497
9. 咨询	-1 582	3 153	4 734
10. 广告、宣传	150	849	698
11. 电影、音像	-135	41	176
12. 其他商业服务	7 473	15 951	8 478
总　额	**-9 547**	**62 056**	**71 602**

中国服务贸易出口额及占全球比例

（2000—2003 年）

年份	中国服务出口额（100 万美元）	占全球比例（%）	出口排名	进口排名
2000	30 146	2. 06	12	10
2001	32 903	2. 26	11	10
2002	37 300	2. 40	11	9
2003	44 500	2. 50	9	8
2004	59 000	2. 80	9	8

资料来源：WTO 秘书处。

2004 年中国各服务部门进出口与上年相比有以下特点：

1. 旅游服务从 2003 年的“非典”影响中恢复过来，2004 年创汇达 257 亿美元，比 1994 年增长了 3 倍多，仍是我出口第一大服务部门。世界旅游组织预测，到 2020 年，中国将成为世界第一大旅游目的地国家和第四大旅游客源地国家。

2. 运输服务增长迅速，出口大幅增长的同时进口增长巨大，2004 年进口额达 245 亿美元，逆差 125 亿美元，为我国服务贸易中的最大逆差项目。

中国服务贸易进出口情况（1997—2004 年）

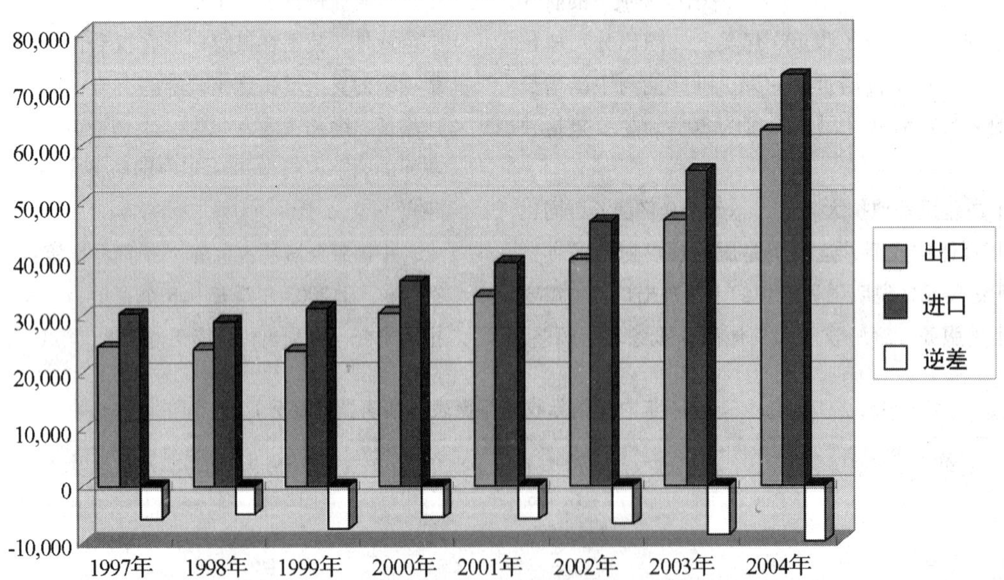

资料来源：国家外汇管理局，《中国国际收支平衡表》（1997—2004 年）。

我国旅游服务出口情况（1994—2004 年）

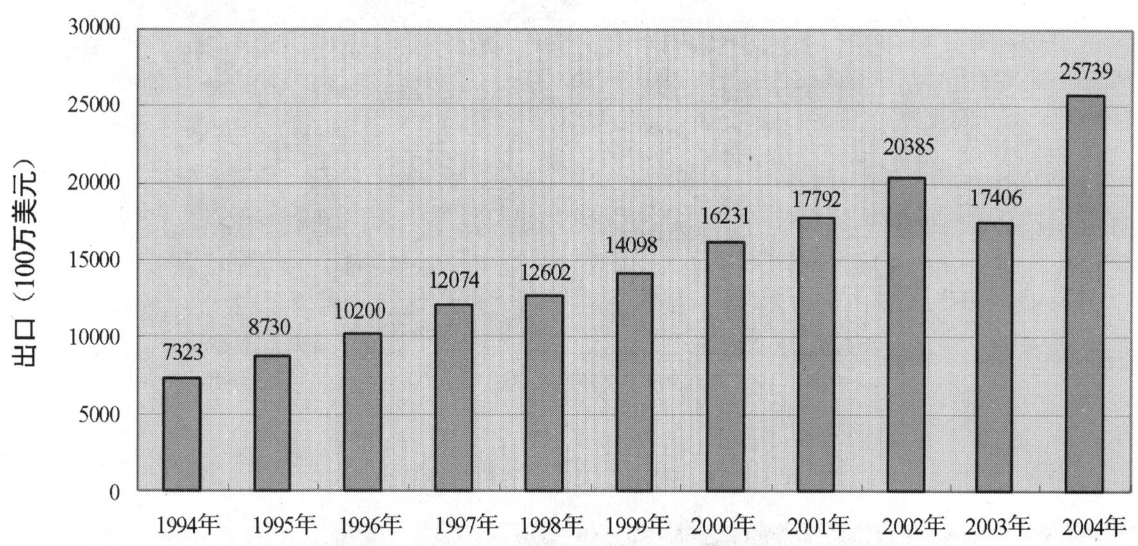

3. 计算机和信息服务。2004 年计算机服务出口高速增长，比上年增长 49%，为 8 年前（1997 年）的 10 倍，说明我国在计算机和信息服务方面发展潜力很大。

4. 自然人移动出口

自然人移动方面，由于中国劳动力丰富，水平和素质也不断提高，过去 8 年中，我国海外劳工汇回外汇增长了 10 多倍。

我国运输服务出口情况（1997—2004 年）

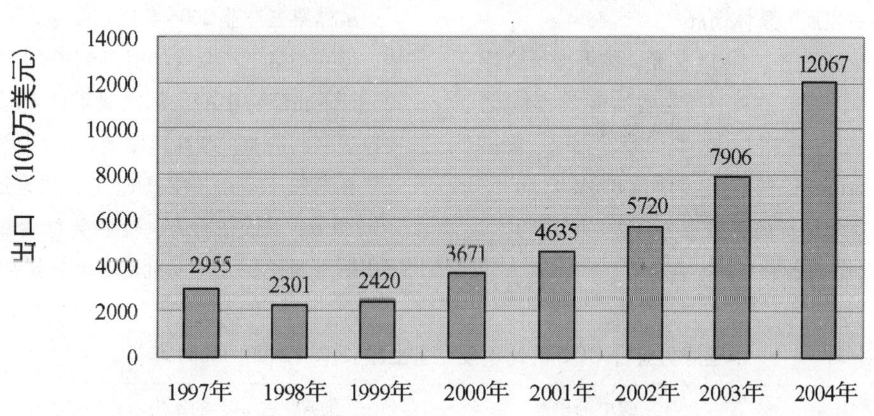

我国计算机和信息服务出口情况（1997—2004 年）

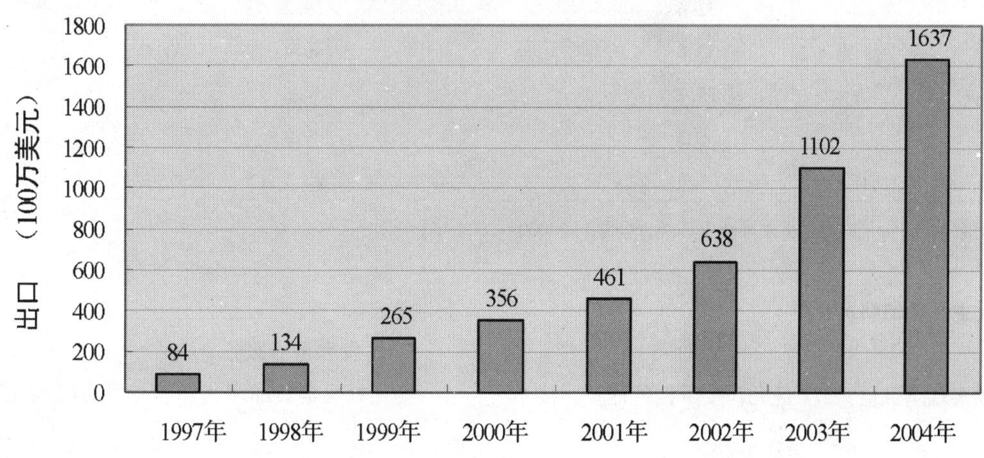

我国外出劳工收入汇回情况（1997—2004 年）

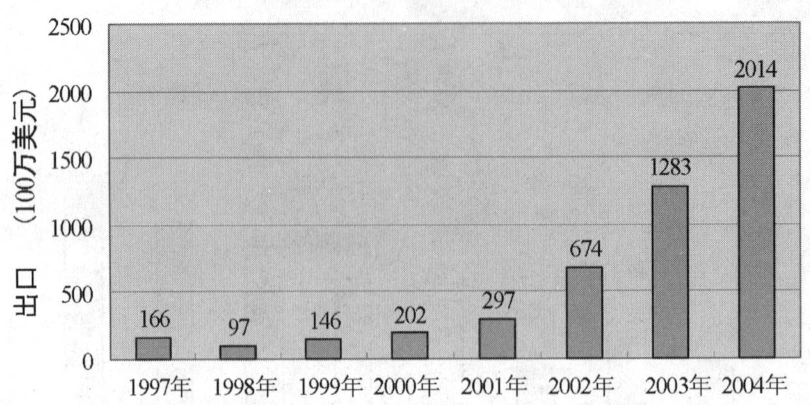

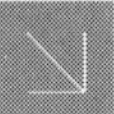

2004 年中国服务业发展情况

商务部世界贸易组织司服务贸易处

一、2004 年服务业发展的整体情况

2004 年中国国内生产总值 136 515 亿元，按可比价格计算，比上年增长 9.5%。其中，第一产业增加值 20 744 亿元，增长 6.3%；第二产业增加值 72 387 亿元，增长 11.1%；第三产业增加值 43 384 亿元，增长 8.3%。第一、第三产业对国内生产总值增长的贡献率为 9.2% 和 29.0%，分别比上年提高 5.2 个百分点和 2.8 个百分点。

虽然第三产业 2004 年的增长速度达 15%，为历年来最快，但我国第三产业增加值占 GDP 的比例却下降到 31.8%，第三产业占经济中的比例出现了自 2002 来的持续下降。主要原因是制造业持续高速发展，占 GDP 的比例居高不下。

在第三产业中，增长速度最快是国际旅游外汇收入，达 47.9%；其次依次为电信业务总量增长 37.4%；运输货物周转量增长 23.8%；批发零售业务 10.7%。

中国服务业占 GDP 的比例及服务业增长率（2000—2004 年）

年份	第三产业占 GDP 的比例（不包括建筑业）（%）	服务业占 GDP 的比例（包括建筑业）（%）	服务业增长率（%）
2000	32.6	39.2	7.9
2001	33.6	40.4	7.4
2002	33.7	40.6	7.3
2003	32.3	39.3	6.7
2004	31.8	38.8	15.1

资料来源：国家统计局，《国民经济和社会发展统计公报》（2000—2004 年）。

二、服务业主要领域情况介绍

1. 建筑业

全年建筑业实现增加值 9 572 亿元，按可比价计算，比上年增长 8.1%。

2. 批发和零售服务

全年社会消费品零售总额达到 53 950 亿元，比上年实际增长10.2%。分城乡看，城市消费品零售额35 573亿元，增长14.7%；县及县以下消费品零售额18 377亿元，增长10.7%。分行业看，批发零售业零售额44 840亿元，增长12.5%；餐饮业零售额7 486亿元，增长21.6%；其他行业零售额1 624亿元，增长1.5%。

3. 交通服务

全年交通运输和邮电通信业实现增加值7 777亿元，比上年增长14.9%。

各种运输方式完成货物运输周转量66 698亿吨公里，比上年增长23.8%。各种运输方式完成旅客运输周转量16 324亿人公里，比上年增长18.2%。全国港口完成货物吞吐量40亿吨，比上年增长21.3%。其中外贸货物吞吐量11.5亿吨，增长18.4%。集装箱吞吐量6 150万标箱。

4. 邮电

全年完成邮电业务总量9 791亿元，比上年增长34.9%。其中，邮政业务总量566亿元，增长4.4%；电信业务总量9 225亿元，增长37.4%。新增固定电话用户4 970万户，年末达到31 244万户。其中，城市电话用户21 085万户，乡村电话用户10 159万户。新增移动电话用户6 487万户，年末达到33 483万户。年末全国固定及移动电话用户总数达到64 727万户，比上年末增加11 457万户。电话普及率达到51部/百人，比三年前翻了近1倍（2001年电话普及率为26部/百人）。

5. 旅游

全年入境的旅游、商务、探亲等人数10 904万人次，比上年增长19.0%。其中，外国人1 693万人次，增长48.5%；港、澳、台同胞9 211万人次，增长14.8%。在入境旅游者中，过夜人数4 176万人次，增长26.7%。国际旅游外汇收入257亿美元，增长47.9%。全年国内出境人数达2 885万人次，增长42.7%。其中因私出境2 298万人次，增长55.2%，占出境人数的79.7%。全年国内旅游出游人数达11亿人次，增长26.6%；旅游总收入4 711亿元，增长36.9%。

6. 金融（银行、证券和保险）

银行：年末全部金融机构本外币各项存款余额25.3万亿元，比上年末增长15.3%；全部金融机构本外币各项贷款余额18.9万亿元，增长14.4%。全部金融机构人民币消费贷款余额2万亿元，增加4 327亿元。其中个人住房贷款余额1.6万亿元，增加4 073亿元。

证券：全年证券市场通过发行、配售股票共筹集资金1 511亿元，比上年增加153亿元。年末境内上市公司（A股、B股）数量由上年末的1 287家增加到1 377家，市价总值37 056亿元，比上年末减少12.7%。

保险：全年内外资保险公司保费收入4 318亿元，比上年增长11.3%，其中寿险保费收入2 851亿元；健康险和意外伤害险保费收入377亿元；财产险保费收入1 090亿元。支付各类赔款及给付1 004亿元，其中寿险业务给付308亿元；健康险和意外伤害险赔款及给付129亿元；财产险赔款568亿元。

7. 教育

全年在学研究生82.0万人。普通高等教育在校生1 333.5万人。各类中等职业教育在校生1 367.9万人。全国普通高中在校生2 220.4万人。全国初中在校生6 475.0万人。普通小学在校生11 246.2万人。特殊教育在校生37.2万人。幼儿园在园幼儿2 084.4万人。

8. 科学技术

全年科学研究与试验发展（R&D）经费支出1 843亿元，比上年增长19.7%，占国内生产总值的1.35%，其中基础研究经费102亿元。年末国有企事业单位共有各类专业技术人员2 716.3万人。

9. 文化

年末全国共有艺术表演团体2 599个，文化馆2 858个，公共图书馆2 710个，博物馆1 509个。广播电台282座，电视台314座，教育台60个。全国有线电视用户11 470万户，30个城市开展有线数字电视业务，用户122万户。年末广播综合人口覆盖率为94.1%；电视综合人口覆盖率为95.3%。全年生产故事影片212部，科教片、纪录片、美术片44部。出版全国性和省级报纸257.7亿份，各类期刊26.9亿册，图书64.4亿册（张）。

10. 医疗卫生

年末全国共有卫生机构27.7万个，其中医院、卫生院6.2万个。医院和卫生院床位300.4万张。卫生技术人员434.3万人，其中执业医师和执业助理医师189.2万人，注册护士128.6万人。

（**注：**本文数据来自国家统计局的《2004年国民经济和社会发展统计公报》。）

2004年中国旅游业实现全面恢复与振兴

国家旅游局政策法规司司长　张坚钟

2004年，是中国旅游全行业为实现恢复振兴、奋力拼搏并取得突破性成就的一年。在以胡锦涛同志为总书记的党中央、国务院正确领导下，旅游全行业认真贯彻邓小平理论、“三个代表”重要思想，以科学发展观为指导，讲政治、顾大局，迎难而上，开拓进取，实现了旅游业的全面恢复与振兴。

一、2004年旅游业主要发展成绩

1. 突出政治、服务大局，为国家的政治和外交工作作出了积极贡献。在过去的一年中，旅游全行业围绕外交大局，积极加强国际交流与合作，成为巩固和拓展国家关系的一支重要力量；从促进祖国完全统一的高度出发，充分发挥旅游在做好台湾人民工作、促进两岸“三通”以及开展对台斗争等方面的重要作用；不断深化与港澳地区的旅游合作，有力促进了港澳地区的稳定繁荣，内地居民个人赴港澳旅游范围已由广东扩大到6个省市的32个城市，这一举措有力地带动了港澳地区零售业等相关行业的发展，使港澳社会更加繁荣，经济更加兴旺；旅游援藏工作在反对藏独、促进西藏稳定和发展方面发挥了积极作用；韩语导游培训和支持高句丽遗迹申报世界文化遗产工作有力地维护了国家领土主权。

2. 统筹全局，把旅游发展更好地融入各级党委、政府的工作主旋律，在国民经济和社会协调发展中发挥了重要作用。一是大力抓好入境旅游市场，多创外汇，为国民经济发展作出了重要贡献。二是积极倡导工农业旅游，实现了旅游业与第一、二产业的互促共进。三是推进红色旅游，强化了旅游业与政治教育、文化建设和经济发展的有机结合。

3. 落实以人为本，抓好组织协调，不断完善服务，着力解决好与广大旅游者切身利益紧密相关的问题。一是抓好旅游服务，推动国内旅游的繁荣发展。三个黄金周累计接待旅游者2.7亿人次，实现旅游收入1 083亿元，均创历史新高，为拉动内需、繁荣假日经济作出了积极贡献。二是深入开展旅游市场的治理整顿工作，净化旅游环境。国家旅游局会同公安、外交、工商等六部门组织实施的“春雷行动”，对非法经营出境旅游的中介组织进行了专项打击。完成了导游动态联网检查系统的建设，并开展了两次全国联网大检查。

4. 优化环境，促进发展，全国发展大旅游、营造大产业的基础更加坚实。一是《党和国家领导人论旅游》一书正式出版，为推进我国旅游业更大发展提供了强大的思想武器。二是各级党委、政府更加重视旅游业，发展旅游业的政策环境和法制环境进一步优化。三是坚持科学规划，旅游基础设施和景区建设得到了进一步加强。

5. 积极抓好行政审批项目清理，认真贯彻落实《行政许可法》，在转变政府职能方面迈出了新步伐。旅游全行业认真组织开展了学习贯彻《行政许可法》的活动。根据国务院批准的行政审批制度改革方案，国家旅游局对予以保留的行政审批项目，已按照《行政许可法》的要求重新规范了审批程序；对“改变管理方式”的项目，已确定由相应的评定委员会负责评定；对“不作为行政审批上报”的项目，已将其纳入日常工作之中加强管理；对被“取消”的项目，则不再进行审批，并积极研究制订了后续监管措施和办法。

6. 长抓不懈，与时俱进，在行业队伍建设、精神文明建设和党风廉政建设方面取得了新进展。通过深入开展“三个代表”重要思想和科学发展观以及十六届四中全会精神的学习，全行业干部职工的政治意识、大局意识和责任意识进一步增强。通过认真贯彻中央纪委三次全会和国务院廉政工作会议精神，全行业党风廉政建设责任制得到了进一步落实。通过开展民主评议旅游行风，加强了对各级旅游行政管理部门机关作风和行业风气的监督，配合了旅游市场治理整顿，促进了旅游业的持续健康发展。

二、旅游市场概况

1. 入境旅游

2004年，入境旅游人数10 903.82万人次，比上年增长18.96%，比2002年增长11.37%。其中外国人1 693.25万人次，比上年增长48.49%，比2002年增长25.99%，香港同胞6 653.89万人次，比上年增长13.22%，比2002年增长7.53%；澳门同胞2 188.16万人次，比上年增长16.66%，比2002年增长0.67%。日本、韩国、俄罗斯、美国、菲律宾、马来西亚、蒙古、新加坡、英国、泰国、澳大利亚、加拿大、德国、印尼、印度、法国等十六个主要客源国，来华人数与上年相比的增长幅度，最低为20.03%，最高为80.12%；与2002年相比的增长幅度，最低为8.03%，最高为44.85%。

2004年，入境过夜旅游者人数4 176.14万人次，比上年增长26.66%，比2002年增长13.47%。

国际旅游（外汇）收入为257.39亿美元，比上年增长47.87%，比2002年增长26.26%。

2. 国内旅游

2004年，全国国内旅游人数为11.02亿人次，比上年增长26.61%，比2002年增长25.46%；其中：城镇居民4.59亿人次，比上年增长30.77%，比2002年增长19.22%；农村居民6.43亿人次，比上年增长23.88%，比2002年增长30.43%。

全国国内旅游收入为4 711亿元人民币，比上年增长36.86%，比2002年增长21.47%。其中：城镇居民旅游支出3 359亿元人民币，农村居民旅游支出1 352亿元人民币。

全国国内旅游人均出游花费427.27元人民币。其中：城镇居民出游人均花费731.82元人民币，农村居民出游人均花费210.21元人民币。

3. 出境旅游

2004年，中国公民出国（境）人数为2 885.29万人次，比上年增长42.68%，比2002年增长73.80%。其中：因公出境587.38万人次，比上年增长8.55%；因私出境2 297.90万人次，比上年增长55.15%。

4. 旅游业总收入

2004年，全国国际国内旅游业总收入6 840亿元人民币，比上年增长40.11%，比2002年增长22.89%。

三、旅游业2004年度十大事件

1. 入境人数首次突破1亿人次，入境旅游全面恢复振兴。2004年，旅游全行业迎难而上，克服"非典"个案及禽流感等不利因素的影响，积极开展对客源国的促销，使入境旅游全面恢复振兴并登上新的台阶。全年入境人数首次突破1亿人次，可达1.08亿人次，分别比2003年和2002年增长18%和10%；入境过夜旅游者人数可达4 100万人次，分别比2003年和2002年增长24.4%和11.4%；旅游外汇收入可达250亿美元，分别比2003年和2002年增长43.7%和22.6%。中国被TTGasia杂志评选为2004年最佳旅游目的地。

2. "五一"、"十一"黄金周的国内旅游人数双双突破1亿人次，国内旅游持续兴旺发展。国内旅游作为我国旅游经济的主体，2004年持续兴旺发展。春节、"五一"、"十一"三个黄金周的接待人数和旅游收入，都创历史新高；其中"五一"、"十一"两个黄金周的接待人数，分别达到1.04亿人次和1.01亿人次；"十一"黄金周的旅游收入则首次突破400亿元，充分展示了包括假日旅游在内的国内旅游的深厚发展潜力。

3. 出国（境）人数突破2 800万人次，中国作为世界新兴客源大国的形象更加突出。2004年，经国务院批准新开放的旅游目的地国家达38个，国家旅游局共与41个国家签署了旅游目的地谅解备忘录，与4个国家签署了旅游合作协议。正式开展中国公民出国（境）旅游业务的国家和地区达到63个，全年公民出境总人数可达2 800万人次，分别比2003年和2002年增长38.5%和68.7%。中国作为世界上发展最快、潜力最大的新兴旅游客源大国的形象更加突出。

4. 党和国家领导人先后14次出席国家旅游局的对外交流与合作活动，我国旅游业的国际影响更为瞩目。随着我国旅游业的持续快速发展和国际地位的不断提高，发展与我国的旅游合作已经成为许多国家发展对华关系中的一项重要内容。2004年，胡锦涛主席、吴邦国委员长、温家宝总理、曾庆红副主席、吴仪副总理、曾培炎副总理等党和国家领导人先后14次出席国家旅游局的对外交流与合作活动，成为我国旅游业对外交流规格最高、国际影响最为瞩目的一年。

5. 工农业旅游深入推进，全国评定出首批306个工农业旅游示范点。国家旅游局积极倡导民间发展工农业旅游，2004年四五月间又举全局之力，对31个省区市汇总上报的340多家工农业旅游示范点申报单位进行了检查验收，并根据验收结果批准首批全国工农业旅游示范点306个（其中：农业旅游示范点203个，工业旅游示范点103个），在全国树立起了发展工农业旅游的样板，推动工农业旅游进一步向广度和深度进军。

6. 红色旅游蓬勃发展，推进发展红色旅游的规划正式制定。以中国共产党领导人民在革命和战争时期建树丰功伟绩所形成的纪念地、标志物为载体，以其所承载的革命历史、革命事迹和革命精神为内涵，组织接待旅游者开展缅怀学习、参观游览的"红色旅游"，多年来一直得到旅游部门的倡导和支持。2004 年，国家旅游局支持江西推出的"红色之旅万里行"活动、支持湖南推出的"百万青少年游韶山"活动，都产生了广泛影响。由国家发改委、中宣部和国家旅游局等部门共同研究制定的《2004—2010 年全国红色旅游发展规划纲要》正式出台。

7. "春雷行动"成效明显，整顿规范旅游市场秩序继续深入开展。2004 年上半年，国家旅游局会同公安、外交、工商等部门组织实施"春雷行动"，对非法经营出境旅游的中介组织进行专项打击，有效遏制了出国（境）游经营混乱问题。各地旅游局紧密结合本地实际，对各种扰乱旅游市场秩序的行为加大打击力度，保障和促进了旅游市场的恢复振兴。

8. 对外宣传促销高潮迭起，奥运旅游宣传计划成功启动。利用美国旅行批发商协会召开年会之机推出的"中国之夜"大型宣传招徕活动，利用德国旅行社在华举办"旅游学院——中国旅游产品培训项目"之机推出的以"中国，一个充满活力与魅力的旅游目的地国家"为主题的系统培训活动，利用"中法文化年"之机在巴黎举办的旅游展和推介会等对外宣传促销活动，都取得了良好效果。在雅典奥运会期间，国家旅游局联合国家体育总局、北京市人民政府、北京奥组委及 VISA 国际组织等举行了"2008 北京——中国欢迎您"奥运旅游宣传计划启动仪式，将全世界的目光吸引到了中国。

9. 旅游行风民主评议工作取得明显成效，行业精神文明建设深入推进。国家旅游局与国务院纠风办联合第三年深入开展了旅游行风评议活动，取得了明显成效，得到了有关方面的充分肯定，全行业还开展了学习赵明健同志的活动，行业精神文明建设深入推进。

10. 各地政府更加重视旅游业，旅游业发展环境进一步优化。继 2003 年四川省委、省政府首次召开各市党政主要领导和省直单位主要领导参加的全省旅游发展大会以后，2004 年，海南、云南、浙江等地省委、省政府也召开了规格和规模类似的会议。四川省召开的第二届旅游发展大会，吸引了主要客源国的近百名大型旅行商参与有关活动，在海内外产生重要影响。山东、黑龙江、湖北、天津等省市的党政主要领导多次到现场办公或主持召开专题会议，研究解决本地区旅游业发展中的突出问题。一批省区市出台了加快发展旅游业或建设旅游经济强省的决定。各地发展旅游业的政策环境进一步优化，为推进旅游产业更大发展提供了保障。

2004 年中国国际航运业发展概况

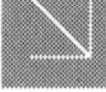

交通部水运司司长　苏新刚

2004 年我国港口货物吞吐量完成 40.7 亿吨，同比增长 23.3%，其中外贸完成 11.5 亿吨，同比增长 19.2%。全国港口集装箱吞吐量保持了较大的增长幅度，完成总量达到 6 180万标准箱，继续保持世界第一。上海港、深圳港全年集装箱吞吐量完成 1 455.7 万 TEU 和 1 361.5 万 TEU，同比增长 29% 和 28.2%，名列世界集装箱大港的第 3 和第 4。

一、铁矿石运输。近两年地方钢铁产能增长较快，国内铁矿资源相对紧张，进口铁矿急骤增加。2004 年沿海各主要港口接卸进口矿石 2 亿吨，比 2003 年增加 5 500 万吨，同比增长 38%。

二、石油及其制品运输。目前，中国已成为世界第二大原油消费国。我国海运原油进口量占全国原油进口量的 95% 以上，海运原油正在为满足国内原油消费需求发挥主导作用。2004 年全国海运进口原油 1.1 亿吨，比上年增加 2 300万吨，同比增长 37%。

三、集装箱运输。我国对外贸易的迅速增长，带动了外贸集装箱生成量大幅上扬。目前，中国集装箱吞吐量占全球的近 1/4。2004 年全国港口集装箱吞吐量完成 6 180 万 TEU，同比增长 27.0%。其中，沿海规模以上港口集装箱吞吐量完成 5 651.6 万 TEU，同比增长 26.9%；内河规模以上港口集装箱吞吐量完成 357.8 万 TEU，同比增长 27.3%。

2004 年我国进一步加快了航运基础设施工程建设，其中重点是上海国际航运中心洋山深水港、长江口深水航道二期整治和沿海主要港口集装箱、原油、铁矿石等专业化码头及配套深水航道及长江干线航道。国有远洋船队抓住机遇，调整运力结构，发展大型集装箱船和油轮等重点船型，不断提高核心竞争力。我国拥有的国际海运船队目前已达4 000多万载重吨，居世界第5位。中远集团公司和中海集团公司的集装箱船队规模已分别列世界第7位和第9位。

截至2004年底，我国国际航运企业有245家，其中中外合资企业为20多家；无船承运业务经营者达到1 600家，其中中外合资企业有240家；国际船舶代理公司超过1 000家，其中中外合资企业超过20家；经营往来中国大陆港口的国际班轮航线的中外航运企业153家，其中境外航运公司有113家。

为进一步规范外商投资海运业的经营活动，保护中外投资者的合法权益，交通部和商务部联合出台了《外商投资国际海运业管理规定》，并于2004年6月1日起正式施行。《规定》在《国际海运条例》范围内，对外商投资国际船舶运输、无船承运、国际船舶代理、国际船舶管理、仓储、集装箱场站等六类国际海运业务的审批条件与程序作了具体细化。《规定》体现了市场开放的原则，履行我国的“入世”承诺；体现了公开透明的原则，规范对市场准入管理，又简化审批手续，方便市场经营者。

2004年我国在国际航运领域的双边和多边国际交流与合作进一步广泛开展。截至2004年底，中国政府已经同68个国家签订了双边海运协定（包括个别过境运输协定和河运协定）。

4月15日，张春贤部长代表我国政府与拉脱维亚政府代表在北京正式签署了《中华人民共和国和拉脱维亚共和国政府海运协定》。

4月21日，洪善祥副部长与美国运输部副部长分别代表两国政府在华盛顿签署联合声明，宣布《中华人民共和国政府和美利坚合众国政府海运协定》正式生效。吴仪副总理出席了签字仪式。

10月21日，张春贤部长与意大利共和国驻中国特命大使就修改《中华人民共和国政府和意大利共和国政府海运协定》达成一致意见。

11月27日，张春贤部长代表中国政府与东盟秘书长在老挝万象签署了《中华人民共和国政府与东南亚国家联盟成员国政府交通合作谅解备忘录》。

11月10日—11日，第十二次中韩海运会谈在韩国举行，双方就中韩航线的相关业务问题达成一致意见，签署了会议纪要。

11月15日—17日，在德国汉堡举行了中国—欧盟第二届海运会谈，双方就中欧双边海运相关业务问题交换了意见。

11月20日—28日，张春贤部长出席了在柬埔寨召开的第三次中国—东盟交通高官会议和第三次中国—东盟交通部长会议，并向东盟方面递交了中国东盟商签海运协定的概念性文件。

中国在双边和多边领域进一步加强政府间的海运合作，进一步扩大了我国在海运领域的影响，为我国海运的发展创造了良好稳定的国际环境。

利用外资
Absorption of FDI ↘

2004 年中国吸收外商直接投资概况和 2005 年前景展望

商务部外国投资管理司司长　胡景岩

2004 年在全球经济趋暖、国内加强和改善宏观调控的各项措施成效明显的情况下，我国 GDP 保持了 9.5% 的增长速度，吸收外商直接投资（FDI）实现了恢复性较快增长，外商投资质量和水平继续提高。

一、2004 年我国吸收外商直接投资基本情况

（一）总体情况

2004 年外商对华投资新设立企业43 664家，同比增长 6.29%；合同外资金额1 534.79亿美元，同比增长 33.38%；实际使用外资金额606.30 亿美元，同比增长 13.32%。

截至 2004 年底，全国累计批准设立外商投资企业 508 941个，合同外资金额10 966.08亿美元，实际使用外资金额5 621.01亿美元。

2002—2004 年外商直接投资情况

金额单位：亿美元

年度	项目数（个）	同比增长（%）	合同外资金额	同比增长（%）	实际使用外资金额	同比增长（%）
2002	34 171	30.72	827.68	19.62	527.43	12.51
2003	41 081	20.22	1150.70	39.03	535.05	1.44
2004	43 664	6.29	1534.79	33.38	606.30	13.32

数据来源：商务部外资统计。

（二）国别（地区）情况

2004 年美国对华投资合同外资金额呈增长态势，但设立企业数、实际投入金额为负增长。欧盟对华投资继续保持全面增长，亚洲十国/地区仍为我国吸收外资主要来源地区，部分自由港对华投资增幅较大。

美国对华投资新设立企业数3 925家，同比下降 3.33%；合同外资金额 121.65 亿美元，同比增长 19.72%；实际使用外资金额39.41 亿美元，同比下降6.13%。以上3 项在同期我国吸收外资总量（企业总数、合同外资总额和实际使用外资总额，下同）的比重依次为 8.99%、7.93% 和 6.5%，分别比 2003 年下降 0.89、0.9 和 1.35 个百分点。

欧盟对华投资新设立企业数 2 423 家，同比增长 16.83%；合同外资金额 83.62 亿美元，同比增长 42.83%；实际使用外资金额42.39 亿美元，同比增长 7.86%。以上 3 项在同期我国吸收外资总量中的比重依次为 5.55%、5.45% 和 6.99%。欧盟二十五国中对华实际投入外资金额居前五位的国家为：德国（10.58 亿美元）、荷兰（8.11 亿美元）、英国（7.93 亿美元）、法国（6.57 亿美元）和意大利（2.81 亿美元）。

亚洲十国/地区（香港、澳门、台湾省、日本、菲律宾、泰国、马来西亚、新加坡、印尼、韩国）对华投资新设立企业数30 671家，同比增长 5.73%；合同外资金额 917.54 亿美元，同比增长 24.26%；实际使用外资金额 372.71 亿美元，同比增长 9.98%。以上 3 项在同期我国吸收外资总量的比重分别为 70.24%、59.81% 和 61.47%。在亚洲十国/地区中，对华实际投入外资金额居前五位的国家/地区为：香港（189.98 亿美元）、韩国（62.48 亿美元）、日本（54.52 亿美元）、台湾省（31.17 亿美元）和新加坡（20.08 亿美元）；合同外资金额居前五位的国家/地区为：香港（501.38 亿美元）、韩国（139.11 亿美元）、台湾省（93.06 亿美元）、日本（91.62 亿美元）和新加坡（44.23 亿美元）。

部分自由港（英属维尔京群岛、开曼群岛、萨摩亚等）对华投资新设立企业数3 675家，同比增长 18.05%；合同外

资金额258.83亿美元，同比增长52.77%，实际使用外资金额99.02亿美元，同比增长29.80%。以上3项在同期我国吸收外资总量的比重分别为8.42%、16.86%和16.33%。

2004年对华投资前十位国家/地区（以实际投入外资金额计）依次为：香港（189.98亿美元）、英属维尔京群岛（67.30亿美元）、韩国（62.48亿美元）、日本（54.52亿美元）、美国（39.41亿美元）、台湾省（31.17亿美元）、开曼群岛（20.43亿美元）、新加坡（20.08亿美元）、萨摩亚（11.29亿美元）、德国（10.58亿美元）。前十位国家/地区对华实际投入外资金额占全国实际使用外资金额的84%。

截至2004年底，对华投资前十位国家/地区（以实际使用外资金额排序）是：香港（2 415.74亿美元）、美国（480.29亿美元）、日本（468.46亿美元）、台湾省（396.05亿美元）、英属维尔京群岛（368.95亿美元）、韩国（259.35亿美元）、新加坡（255.39亿美元）、英国（122.31亿美元）、德国（99.09亿美元）和法国（68.04亿美元）。这些国家/地区实际投资额占全国累计实际使用外资总额的比重依次为42.98%、8.54%、8.33%、7.05%、6.56%、4.61%、4.54%、2.18%、1.76%、1.21%。香港继续位居对华投资国家/地区累计实际投入金额之首，但在外商投资总量中所占比重继续下降。

2002—2004年部分国别/地区对华直接投资增幅及比重变动一览表

金额单位：万美元

年份	国别（地区）	项目数（个）	增幅（%）	比重（%）	合同外资金额	增幅（%）	比重（%）	实际使用外资金额	增幅（%）	比重（%）
2002	**总　计**	**34 171**	**30.72**		**8 276 833**	**19.62**		**5 274 286**	**12.51**	
	亚洲十国/地区	24 626	30.86	72.07	4 761 497	18.16	57.53	3 241 119	9.91	61.45
	欧盟	1 486	22.41	4.35	450 693	-12.54	5.45	370 982	-11.31	7.03
	瑞典	51	6.25	0.15	12 651	124.03	0.15	9 980	18.26	0.19
	北美洲	4 071	29.28	11.91	930 490	5.61	11.24	601 190	23.33	11.40
	加拿大	708	30.39	2.07	114 843	-11.35	1.39	58 798	33.24	1.11
	美国	3 363	29.05	9.84	815 647	8.54	9.85	542 392	22.35	10.28
	部分自由港	2 691	31.98	7.88	1 678 535	44.37	20.28	817 640	23.64	15.50
2003	**总　计**	**41 081**	**20.22**		**11 506 969**	**39.03**		**5 350 467**	**1.44**	
	亚洲十国/地区	29 010	17.8	70.62	7 387 075	55.14	64.2	3 388 976	4.56	63.34
	欧盟	2 074	39.57	5.05	585 432	29.9	5.09	393 031	5.94	7.35
	北美	4 961	21.86	12.08	1 177 119	26.51	10.23	476 202	-20.79	8.9
	加拿大	901	27.26	2.19	160 972	40.17	1.4	56 351	-4.16	1.05
	美国	4 060	20.73	9.88	1 016 147	24.58	8.83	419 851	-22.59	7.85
	部分自由港	3 113	15.68	7.58	1 694 307	0.94	14.72	762 872	-6.7	14.26
2004	**总　计**	**43 664**	**6.29**		**15 347 176**	**33.37**		**6 062 765**	**13.31**	
	亚洲十国/地区	30 671	5.73	70.24	9 179 354	24.26	59.81	3 727 123	9.98	61.48
	欧盟	2 423	16.83	5.55	836 189	42.83	5.45	423 904	7.86	6.99
	北美	4 920	-0.83	11.27	1 436 734	22.06	9.36	455 482	-4.35	7.51
	加拿大	995	10.43	2.28	220 218	36.81	1.43	61 387	8.94	1.01
	美国	3 925	-3.33	8.99	1 216 516	19.72	7.93	394 095	-6.13	6.5
	部分自由港	3 675	18.05	8.42	2 588 337	52.77	16.87	990 173	29.8	16.33

数据来源：商务部外资统计。

截至2004年底对华投资前10位国家/地区情况表

金额单位：万美元

国别/地区	项目个数		合同外资金额		实际使用外资金额	
	个　数	比　重(%)	金　额	比　重(%)	金　额	比　重(%)
总　计	**43 664**	**100.00**	**15 347 895**	**100.00**	**6 062 998**	**100.00**
香　港	14 719	33.71	5 013 753	32.67	1 899 830	31.33
英属维尔京群岛	2 641	6.05	1 939 565	12.64	673 030	11.1
韩　国	5 625	12.88	1 391 081	9.06	624 786	10.3
日　本	3 454	7.91	916 205	5.97	545 157	8.99
美　国	3 925	8.99	1 216 516	7.93	394 095	6.5
台湾省	4 002	9.17	930 594	6.06	311 749	5.14
开曼群岛	244	0.56	324 518	2.11	204 258	3.37
新加坡	1 279	2.93	442 252	2.88	200 814	3.31
萨摩亚	790	1.81	324 254	2.11	112 885	1.86
德　国	608	1.39	228 199	1.49	105 848	1.75

数据来源：商务部外资统计。

（三）地区分布情况

2004年东部地区吸收外资继续保持全面增长，合同外资金额增幅较大；中部地区吸收外资增势强劲；西部地区合同外资金额增幅迅猛，但实际使用外资金额增长偏低。东北老工业基地吸收外资总体为增幅，其实际使用外资金额出现快速增长势头。东部地区吸收外资占绝对优势，中、西部地区比重偏低，东、中、西部地区吸收外资的差距比较明显。

东部地区新设立外商投资企业37 978家，同比增长5.03%，占全国新设立外商投资企业数的比重为86.98%；合同外资金额1324.25亿美元，同比增长31.73%，占全国合同外资总额的比重为86.28%；实际使用外资金额522.07亿美元，同比增长13.61%，占全国实际使用外资总额的比重为86.11%。吸收外资最多的5个省、市均在东部，分别为广东、江苏、山东、上海、浙江，这5个省、市实际使用外资金额总计为396.68亿美元，占全国实际使用外资总额的比重高达65.43%。其中，广东新设立外商投资企业8 322家，同比增长18.23%；合同外资金额193.60亿美元，同比增长43.57%；实际使用外资100.12亿美元，同比增长27.98.%。

中部地区新设立外商投资企业3 771家，同比增长18.70%，占全国新设立外商投资企业数的比重为8.64%；合同外资金额131.27亿美元，同比增长37.43%，占全国吸收合同外资总额的比重为8.55%；实际使用外资66.80亿美元，同比增长14.55%，占全国实际使用外资总额的比重为11.02%。中部地区实际使用外资最多的省是江西，其新设立外商投资企业959家，同比增长26.02%；合同外资金额30.68亿美元，同比增长32.34%；实际使用外资金额20.45亿美元，同比增长26.85%。

西部地区新设立外商投资企业1 915家，同比增长9.74%，占全国新设立外资企业数的比重为4.39%；合同外资金额为79.27亿美元，增长58.91%，占全国吸收合同外资总额的比重为5.16%；实际使用外资金额为17.44亿美元，增长1.22%，占全国实际使用外资总额的比重为2.88%。西部地区实际使用外资最多的是四川省，新设立外商投资企业386家，增长18.40%，合同外资金额11.53亿美元，增长29.03%，实际使用外资金额3.65亿美元，下降11.47%。吸收外资最少的5个省、自治区是贵州、新疆、甘肃、青海、西藏，均在西部地区，其中青海、西藏没有实际使用外资。

东北老工业基地新设立外商投资企业3 072家，同比增长9.32%，占全国新设立外资企业数的比重为7.04%；合同外资金额为106.75亿美元，增长40.13%，占全国吸收合同外资总额的比重为6.96%；实际使用外资金额为59.38亿美元，增长77.94%，占全国实际使用外资总额的比重为9.79%。

截至2004年底，全国累计批准设立外商投资企业508 941家，东、中、西部地区累计批准的外商投资企业分别为419 505家、56 195家、33 241家，所占的比重分别为82.43%、11.04%和6.53%；全国累计合同外资金额为10 966.08亿美元，东、中、西部地区累计合同外资金额分别为9 515.89亿美元、843.39亿美元、606.81亿美元，所占比重分别为86.78%、7.69%、5.53%；全国累计实际使用外资金额为5 621.01亿美元，东、中、西部地区累计实际使用外资金额分别为4 848.13亿美元、514.70亿美元、258.17亿美元，所占比重分别为86.25%、9.16%、4.59%。

2002—2004年东部、中部、西部利用外商直接投资情况表

金额单位：亿美元

年份	地方名称	项目数（个）	比重（%）	合同外资金额	比重（%）	实际使用外资金额	比重（%）
2002	**总　计**	**34 171**	**100.00**	**827.68**	**100.00**	**527.43**	**100.00**
	东部地区	30 001	87.80	731.78	88.41	457.29	86.70
	中部地区	2 730	7.99	59.93	7.24	50.09	9.50
	西部地区	1 440	4.21	35.97	4.35	20.05	3.80
2003	**总　计**	**41 081**	**100.00**	**1 150.70**	**100.00**	**535.05**	**100.00**
	东部地区	36 159	88.02	1 005.30	87.36	459.51	85.88
	中部地区	3 177	7.73	95.52	8.30	58.31	10.90
	西部地区	1 745	4.25	49.88	4.33	17.23	3.22
2004	**总　计**	**43 664**	**100.00**	**1 534.79**	**100.00**	**606.3**	**100.00**
	东部地区	37 978	86.98	1 324.25	86.28	522.07	86.11
	中部地区	3 771	8.64	131.27	8.55	66.8	11.02
	西部地区	1 915	4.39	79.27	5.16	17.44	2.88

数据来源：商务部外资统计。

（四）产业分布情况

从2004年全国吸收外商直接投资产业结构看，第一产业新设立外商投资企业1 130家，合同外资金额32.71亿美元，实际使用外资金额11.14亿美元，分别比上年增长1.25%、43.71%和11.34%，分别占全国吸收外商直接投资总量的2.59%、2.13%和1.84%。

第二产业新设立外商投资企业31 531家，合同外资金额1 166.21亿美元，实际使用外资金额454.63亿美元，分别比上年增长4.25%、36.95%和14.49%，分别占全国吸收外商直接投资总量的72.21%、75.98%和74.98%。

第三产业新设立外商投资企业11 003家，合同外资金额335.87亿美元，实际使用外资金额140.53亿美元，分别比上年增长13.22%、21.51%和9.84%，分别占全国吸收外商直接投资总量的25.20%、21.88%和23.18%。

截至2004年底，在全国累计新设立外商投资企业中，第一产业、第二产业、第三产业所占比重分别为2.84%、75.00%和22.16%，在合同外资累计金额中，所占比重分别为1.94%、68.27%和29.79%。

2002—2004年外商直接投资产业结构情况表

金额单位：万美元

年份	地方名称	项目数（个）	同比（%）	比重（%）	合同外资金额	同比（%）	比重（%）	实际使用外资金额	同比（%）	比重（%）
2002	**总　计**	**34 171**	**30.72**	**100.00**	**8 276 833**	**19.62**	**100.00**	**5 274 286**	**12.51**	**100.00**
	第一产业	975	9.92	2.85	168 804	-4.18	2.04	102 764	14.34	1.95
	第二产业	25 608	30.34	74.94	6 218 329	16.34	75.13	3 946 489	13.41	74.83
	第三产业	7 588	35.35	22.21	1 889 700	35.13	22.83	1 225 033	9.56	23.23

2002—2004 年外商直接投资产业结构情况表（续）

金额单位：万美元

年份	地方名称	项目数（个）	同比（%）	比重（%）	合同外资金额	同比（%）	比重（%）	实际使用外资金额	同比（%）	比重（%）
2003	**总　计**	**41 081**	**20.22**	**100.00**	**11 506 969**	**39.03**	**100.00**	**5 350 467**	**1.44**	**100.00**
	第一产业	1 116	14.46	2.72	227 611	34.84	1.98	100 084	-2.61	1.87
	第二产业	30 247	18.12	73.63	8 515 331	36.94	74.00	3 971 019	0.62	74.22
	第三产业	9 718	28.07	23.66	276 4027	46.27	24.02	1 279 364	4.44	23.91
2004	**总　计**	**43 664**	**6.29**	**100.00**	**15 347 895**	**33.38**	**100.00**	**6 062 998**	**13.32**	**100.00**
	第一产业	1 130	1.25	2.59	327 096	43.71	2.13	111 434	11.34	1.84
	第二产业	31 531	4.25	72.21	11 662 095	36.95	75.98	4 546 306	14.49	74.98
	第三产业	11 003	13.22	25.20	3 358 704	21.51	21.88	1 405 258	9.84	23.18

数据来源：商务部外资统计。

截至 2004 年底外商直接投资产业结构

金额单位：亿美元

产业名称	项目个数		合同外资金额	
	个　数	比重（%）	金　额	比重（%）
总　计	**508 941**	**100.00**	**10 966.09**	**100.00**
第一产业	14 463	2.84	213.07	1.94
第二产业	381 701	75.00	7 486.31	68.27
第三产业	112 777	22.16	3 266.71	29.79

数据来源：商务部外资统计。

（五）投资方式情况

2004 年外商投资设立中外合资、中外合作企业在全国吸收外资总量中的比重继续下降，外资企业（外商独资）所占比重明显提高。

2004 年外商对华投资新设立中外合资企业11 570家，比上年下降 7.60%；合同外资金额 276.41 亿美元，同比增长 8.37%；实际使用外资金额 163.86 亿美元，同比增长 6.46%。在全国吸收外资总量（全国新批设立企业数、合同外资金额和实际使用外资金额，下同）中的比重分别为 26.50%、18.01% 和 27.03%，比 2003 年所占比重分别下降了 3.98、4.16 和 1.74 个百分点。

同期，外商对华投资新设立中外合作企业1 343家，同比下降 13.19%；合同外资金额 77.88 亿美元，同比增长 4.13%；实际使用外资金额 31.12 亿美元，同比下降 18.88%，在全国吸收外资总量中的比重分别为 3.08%、5.07% 和 5.13%，比上年分别下降了 0.69、1.43 和 2.04 个百分点。

2004 年外商对华投资新设立外资企业（外商独资）30 708家，合同外资金额1 172.75亿美元，实际使用外资金额 402.22 亿美元，同比增长 13.97%、43.70% 和 20.49%，在全国吸收外资总量中的比重依次为 70.33%、76.41% 和 66.34%，比上年分别提升了 4.74、5.49 和 3.95 个百分点。

截至 2004 年底，外商对华投资新设立中外合资企业 249 937家，合同外资金额3 794.78亿美元，实际使用外资金额2 224.13亿美元。外商对华投资新设立中外合作企业 55 855家，合同外资金额1 785.87亿美元，实际使用外资金额 897.31 亿美元。外商对华投资新设立外资企业202 816家，合同外资金额5 314.23亿美元，实际使用外资金额 2 392.22亿美元。

2002—2004 年外商直接投资分方式统计

金额单位：亿美元

方 式	项目数（个）			合同外资金额			实际使用外资金额		
	2002 年	2003 年	2004 年	2002 年	2003 年	2004 年	2002 年	2003 年	2004 年
总 计	**34 171**	**41 081**	**43 664**	**827.68**	**1 150.70**	**1 534.79**	**527.43**	**535.05**	**606.30**
中外合资企业	10 380	12 521	11 570	185.02	255.06	276.41	149.92	153.92	163.86
中外合作企业	1 595	1 547	1 343	62.17	74.79	77.88	50.58	38.36	31.12
外资企业	22 173	26 943	30 708	572.55	816.09	1 172.75	317.25	333.84	402.22
外商投资股份有限公司	19	37	43	7.39	3.89	7.74	6.97	3.28	7.77
合作开发	4	8		0.55	0.86		2.72	0.33	1.09
其他	0	25		0	0.00		0	5.31	0.24

数据来源：商务部外资统计。

截至 2004 年底外商直接投资分方式统计

金额单位：亿美元

方 式	项目个数		合同外资金额		实际使用外资金额	
	个 数	比重（%）	金 额	比重（%）	金 额	比重（%）
总 计	**508 941**	**100.00**	**10 966.09**	**100.00**	**5 621.01**	**100.00**
中外合资企业	249 937	49.11	3 794.78	34.6	2 224.13	39.57
中外合作企业	55 855	10.97	1 785.87	16.29	897.31	15.96
外资企业	202 816	39.85	5 314.23	48.46	2 392.22	42.56
外商投资股份有限公司	110	0.02	22.29	0.2	23.29	0.41
合作开发	191	0.04	47.4	0.43	75.07	1.34
其他	26	0.01	0.13		5.70	0.10

数据来源：商务部外资统计。

二、2004 年外商对华投资的主要特点

（一）外商投资产业结构进一步优化

1. 外商投资高技术领域持续大幅增长。电子器件制造业、交通运输设备制造业、专用设备制造业、仪器仪表及文化办公用机械制造业、电气机械及器材制造业和通用设备制造业实际使用外资分别比 2003 年增长 63%、59%、55%、47%、41% 和 39%，合同外资进入分别比 2003 年增长 76%、47%、112%、51%、108% 和 72%。

2. 外商投资设立研发中心和地区总部迅速增加，外商以多种方式投资设立研发中心近 700 家，主要分布在电子及通讯设备制造业、交通运输设备制造业、医药制造业、化学原料及化学品制造业等行业；跨国公司在华设立地区总部已逾 30 家。

3. 钢铁、水泥、电解铝等行业新增外商投资得到有效遏制。钢铁行业新设立外商投资企业和合同外资金额同比分别下降 52.63% 和 8.71%。其中，除外资并购现有钢铁企业，并保持原有规模不变外，其余新设企业均不涉及炼钢、炼铁生产，主要为从事冷热轧钢板、冷轧硅钢片、镀锌及耐高腐蚀性铝锌合金板等高附加值板管材产品及钢铁后道加工制品的生产。水泥行业新设立外商投资企业、合同外资金额和实际使用外资同比分别下降 65.63%、74.31% 和 66.82%。电解铝行业无新设外商投资企业。

（二）东北老工业基地吸收外资大幅增长，东部继续保持主体地位，中部增势强劲，西部相对增长较弱，东中西差距依然明显

我国振兴东北老工业基地战略的实施促进了外商对该地区的投资。黑龙江、吉林、辽宁三省外商投资新设立企业数同比增长 9.32%，合同外资金额同比增长 40.13%，实

际使用外资金额同比增长77.94%，分别高于同期全国增幅3.03个百分点、6.75个百分点和64.62个百分点。东部地区新批准设立外商投资企业数和合同外资金额的增幅均略低于全国增幅；中部地区吸收外资全面增长，新设立外商投资企业数和合同外资金额增幅强劲；西部地区合同外资金额增幅比全国平均增幅高25.54个百分点，但实际使用外资增幅比全国低12.10个百分点。

（三）除美国外，我主要引资来源国家/地区对华实际投资均呈增长态势

亚洲十国/地区（香港、澳门、台湾省、日本、菲律宾、泰国、马来西亚、新加坡、印尼、韩国）对华投资新设立企业数、合同外资金额和实际投入外资金额同比分别增长5.73%、24.26%和9.98%。

原欧盟十五国对华投资新设立企业数同比增长16.83%，合同外资金额同比增长42.83%，实际投入外资金额同比增长7.86%。

美国对华投资新设立企业数同比下降3.33%，合同外资金额同比增长19.72%，实际投入外资金额同比下降6.13%。

部分自由港对华投资设立企业同比增长18.05%；合同外资金额同比增长52.77%；实际使用外资金额同比增长29.80%。以实际投入外资金额计，对华投资前十位国家/地区依次为：香港、英属维尔京群岛、韩国、日本、美国、台湾省、开曼群岛、新加坡、萨摩亚和德国，前十位国家/地区实际投入外资金额占全国实际使用外资金额的83.66%。

三、2005年外商对华投资的前景展望

伴随世界经济较快增长和经济全球化趋势深入发展，以高科技含量、高附加值制造及研发环节转移和服务外包为特点的全球产业结构调整和转移步伐进一步加快，跨国直接投资回升，并重点流向高新技术产业和现代服务业，为我国扩大吸收外资规模，提高吸收外资质量提供了机遇。

我国国民经济持续快速健康发展，社会政治稳定，国内市场潜力巨大，产业配套能力不断提高，投资环境日益改善，特别是拥有大量低成本、高素质的人力资源，使我国在承接服务外包和研发、高科技含量、高附加值制造业方面具有明显的竞争优势。我国仍然是跨国公司产业转移和对外投资的主要选择地之一。

但与此同时，包括发达国家在内的许多国家都将吸收外资作为发展经济、增加就业、提高竞争力的重要发展战略。各个国家纷纷出台优惠政策，放宽外资准入，加强投资促进，国际引资竞争日趋激烈。据联合国贸发会议统计，2002年以来，各国修订的吸收外商投资政策、法规超过240项，放松对外商投资的限制、简化手续、扩大优惠政策的达95%以上。继续实施各项鼓励外商投资的政策，改善外商投资环境，完善外商投资管理体制，保持我国在吸引外资方面的国际竞争力，更多更好的利用外资，是我国吸收外商投资工作面临的主要挑战。为进一步提高我国吸收外资的质量和水平，我们将从以下几个方面开展工作：

（一）加强对吸收外资工作的领导和协调，恢复全国外资工作领导小组

吸收外资工作事关国民经济和社会发展全局，需要国务院各部门通力合作，相互支持。建议国务院恢复全国外资工作领导小组，由主管外资工作的吴仪副总理任组长，国务院相关部门作为成员单位，领导小组办公室设在商务部，全国外资工作领导小组负责统一协调、指导全国吸收外资工作。领导小组办公室负责调查了解全国利用外资的情况、动态、存在的问题，组织协调各部门意见，提出需要研究的重大问题的建议。

（二）保持吸收外资政策的稳定性、连续性，以利于我国抓住战略机遇期，应对国际间日益激烈的引资竞争

鉴于当前我国吸收外资面临的国际国内形势，应该继续实行鼓励外商投资的政策措施。给外资优惠是国际惯例，也不违背WTO的相关规定。从长远看，内外资企业所得税应该走向统一，但必须经过充分论证，在时机成熟的时候进行调整，并建议在调整内外资企业所得税政策时，考虑对中西部地区、东北老工业基地、国家级开发区等区域设立的外商投资企业实行税率优惠；对国家鼓励外商投资的产业实行减免税优惠；确定合理的过渡期，保证在政策调整以前设立的外商投资企业享受原来政策承诺的优惠，以尽力避免政策调整对吸收外资产生大的震荡，继续保持吸收外资的平稳增长。

（三）进一步采取措施，加强对外商投资的引导

做好吸收外资的产业选择，注重引进高附加值、高辐射力、低能耗的处于产业链条高端的外商投资企业，大力发展高附加值的现代制造业。继续引进能充分发挥和提高我国比较优势的劳动密集型产业，鼓励设立出口型企业，落实加工贸易深加工结转政策，促进加工贸易转型升级。增强对新一轮国际产业转移的吸纳能力、消化能力和创新能力，提高自主开发能力。建议将《外商投资高新技术产品目录》列为《外商投资产业指导目录》鼓励类，并加大对外商投资研发中心的支持力度。

（四）完善外商投资法律体系，尽快出台《反垄断法》

保持现行外商投资法律体系的基本框架不变，以《中外合资经营企业法》、《中外合作经营企业法》和《外资企业法》三部基本法律为核心，以在三大法基础上制定的相关专项行政法规、规章及规范性文件为补充，根据吸收外资工作的实践要求，适时充实法律内容，并将经实践证明已成熟的规章和规范性文件的重要内容纳入法律、行政法规之中或将之上升为行政法规。尽快颁布《反垄断法》，建立和完善竞争法律体系。

（五）引导国家级经济技术开发区适应新形势，实现“二次创业”

建议尽快出台《国家级经济技术开发区条例》，坚持国家级经济技术开发区作为特殊经济功能区的定位，吸引跨国公司在国家级经济技术开发区设立地区总部、配套基地、采购中心、物流中心、运营中心、开展服务外包，并加快实现人才、研发、生产、配套、运营本地化，在推进城市化进程、走新型工业化道路、形成各具特色的经济区域和经济增长带，在深化经济体制改革和行政体制改革、经济结构调整和产业升级、利用外资和扩大出口、集约利用土地和妥善安置失地农民等方面继续走在前列。

（六）在我加入WTO承诺的基础上，从我国根本利益出发，按照服务贸易领域发展实际情况，自主稳步扩大服务贸易对内对外开放

建立促进服务业和服务贸易发展的管理协调机制，消除多头负责、交叉管理、条块分割现象等不利于服务业发展的现象，确保在扩大开放的同时，保护我国利益。立足我国国情，参照国际相关规则和惯例，尽快建立、修订和完善服务业和服务贸易法律法规体系。深入研究WTO服务贸易规则及国际上服务贸易领域开放的动向，积极借鉴有关国家的有益经验，促进我国的服务业和服务贸易健康发展。

（七）积极承接国际服务外包业务

应像改革开放之初扶植制造业和出口型加工贸易发展一样，制订积极有效的应对措施，大力发展服务外包业务，力争在5—8年内将我国建成有竞争力的全球服务外包承接国。要适应当前世界产业结构新一轮转移的新形势，鼓励并大力发展“服务领域的加工贸易”，制定服务外包战略和政策，最大限度地发挥我国的比较优势，合理选择我国介入全球服务供应链的战略步骤，适时推动我国的比较优势由低端技术进入到高端技术。当前首先要积极引导外商投资企业先从事面向境外的获得性服务的生产和供应，即鼓励跨国公司在华投资企业承接跨国公司集团业务流程外包业务（BPO），为跨国公司全球网络提供多种服务外包业务。在此基础上，鼓励跨国公司与国内企业合作，将服务外包业务扩展到国内企业，并最终使国内企业成为承接服务外包业务的主体，使我国成为服务贸易出口强国。

（八）制订区域发展战略，根据各地区自身特点，因地制宜吸收外资促进我国区域协调发展

推动长江三角洲、珠江三角洲和环渤海地区吸收外资加快发展、优化结构，力争再形成若干个外资密集、内外结合、带动力强的经济增长带。积极引导外商参与我国西部大开发，鼓励东部地区的外商投资企业到中西部地区再投资，实现产业梯度转移。建议尽快明确外资参与东北地区等老工业基地调整改造振兴的各项具体政策措施，通过吸收外资加快国有企业改组改造，力争再造我国的重型装备工业基地。

（九）加强依法行政，改进服务和提高管理水平，以加强知识产权保护工作为重点，改善投资环境

全面贯彻实施《行政许可法》，大力推进依法行政，进一步减少和规范行政审批。凡是没有法律依据，不符合政企分开和政事分开原则、难以发挥有效作用的行政许可，坚决予以取消。对于依法保留的行政许可，需建立健全监督制约机制。

不断提高各级政府和中介机构的服务水平和能力。切实把政府职能转变到为市场主体服务、创造良好发展环境上来。加强中介服务机构建设，更好地发挥外商投资企业协会、外商投资服务中心、外商投资投诉中心的作用，解决外商投资企业经营活动中存在的问题，保护外商投资企业和投资者的合法权益。

加强国家保护知识产权工作组的领导，以国家保护知识产权办公室为牵头单位，加强各有关部门之间的沟通与合作，建立保护知识产权的协调机制，加强行政执法，加大司法保护力度，完善与外商投资企业的沟通协调机制。

（十）规范各地招商引资工作，改善投资促进方式，提高招商引资工作效率

建议国务院尽快下发通知，明令制止各地违反规定出台优惠政策、盲目攀比、层层压指标的无序竞争行为，加强与各国投资促进机构的联系，提高我在世界促进机构中的地位和作用。借鉴国际投资促进机构的经验并结合我国的实际情况，逐步改变以政府为主体的模式，充分发挥企业主体的作用，建立政府协调引导、投资促进专业机构实施、中介机构和企业广泛参与的投资促进机制。进一步完善《中国投资指南网站》的功能，构建全国性招商引资平台，挖掘和整合地方网络资源，指导和协调全国各地网上招商工作，使之成为全国统一对外网络平台的重要组成部

分，实现全国网上招商功能。继续办好全国性中国投资贸易洽谈会，不断提高办会水平，培养专业化的投资促进人才队伍，聚集、整合国内外资源，鼓励和规范民间投资促进机构发展。

2004年中国吸收外商直接投资分行业情况

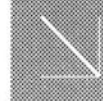

商务部外国投资管理司

2004年外商投资中国农林牧渔领域、制造业领域实际使用外资金额外均实现增长，中国服务贸易领域实际使用外资金额出现负增长。

一、农、林、牧、渔领域新设立外商投资企业数、合同外资金额、实际使用外资金额总体为增势，合同外资金额增幅迅猛。农业新设立外商投资企业数、合同外资金额、实际使用外资金额均为负增长

2004年，外商投资农、林、牧、渔领域新设立企业1 130家，合同外资金额32.71亿美元，实际使用外资金额11.14亿美元，比上年同期分别增长1.25%、43.71%和11.34%，占同期全国新设立外商投资企业数、合同外资金额和实际使用外资金额的比重为2.59%、2.13%和1.84%。

在农、林、牧、渔领域中农业新设立外商投资企业518家，同比下降23.15%；合同外资金额12.08亿美元，同比下降13.04%；实际使用外资金额5.37亿美元，同比下降6.40%。

同期外商投资畜牧业新设立企业194家，合同外资金额7.03亿美元，实际使用外资金额1.90亿美元，同比分别增长0.00%、59.81%、5.58%。

二、制造业是外商投资主要领域，总体呈增势，其中合同外资金额增势较强

（1）制造业吸收外资所占比重均超过或接近7成。2004年，外商投资制造业新设立企业30 386家，合同外资金额1 097.36亿美元，实际使用外资金额430.17亿美元，比上年同期分别增长3.68%、35.90%和14.81%，占同期全国新设立企业数、合同外资金额和实际使用外资金额的比重为69.59%、71.50%和70.95%。

（2）外商投资通信设备、计算机及其他电子设备制造业、专用设备制造业、通用设备制造业、交通运输设备制造业合同外资金额增长较快，分别为200.13亿美元、64.03亿美元、60.22亿美元和71.59亿美元，与上年同期相比增幅达33.01%、112.24%、71.84%和47.05%。

（3）交通运输设备制造业、电子器件制造业、专用设备制造业、通用设备制造业、农副食品加工业实际使用外资金额规模较大、同比增幅高于其他行业。其中：交通运输设备制造业实际使用外资金额37.66亿美元，同比增长58.73%；电子器件制造业实际使用外资金额23.09亿美元，同比增长63.06%；专用设备制造业实际使用外资金额18.97亿美元，同比增长54.91%；通用设备制造业实际使用外资金额21.71亿美元，同比增长39.12%；农副食品加工业实际使用外资金额19.46亿美元，同比增长43.59%。通信设备、计算机及其他电子设备制造业实际使用外资金额规模较大，为70.59亿美元，增幅较平缓，为11.21%。

（4）外商投资制造业主要集中于通信设备、计算机及其他电子设备制造业、化学原料及化学制品制造业、交通运输设备制造业、专用设备制造业、非金属矿物制品业、通用设备制造业等行业。

2004年，通信设备、计算机及其他电子设备制造业新批准设立企业3 112家，合同外资金额200.13亿美元，实际使用外资金额70.59亿美元，同比分别增长5.24%、33.01%、11.21%。交通运输设备制造业新批准设立企业1 369家，合同外资金额71.59亿美元，实际使用外资金额37.66亿美元，同比分别增长21.58%、47.05%和58.73%。化学原料及化学制品制造业新批准设立企业1 644家，合同外资金额64.57亿美元，实际使用外资金额26.56亿美元，同比分别下降9.27%、9.46%和增长2.06%。专用设备制造业新批准设立企业1 989家，合同外资金额64.03亿美元，实际使用外资金额18.97亿美元，同比分别增长51.83%、

112.24%和54.91%。非金属矿物制品业新批准设立企业1 342家，合同外资金额43.69亿美元，实际使用外资金额18.38亿美元，同比分别增长-1.25%、23.04%和11.63%。通用设备制造业新批准设立企业1 858家，合同外资金额60.22亿美元，实际使用外资金额21.71亿美元，同比分别增长17.0%、71.84%和39.12%。

三、服务贸易领域（按WTO部门分类）外商投资新设立企业数、实际使用外资金额呈负增长，合同外资金额增幅较低

（1）2004年全国服务贸易领域新设立外商投资企业6 852家，合同外资金额267.42亿美元，实际使用外资金额122.28亿美元，同比分别下降2.18%、增长1.47%和下降1.51%，占同期全国新设立外商投资企业数、合同外资金额和实际使用外资金额的比重分别为15.69%、17.42%和20.17%。

（2）服务贸易领域吸收外资主要集中于计算机应用服务业、建筑业、零售业、餐饮业、旅馆业、水上运输业以及仓储业等领域。其中：计算机应用服务业新设立外商投资企业1 412家，合同外资金额17.76亿美元，实际使用外资金额8.24亿美元，同比分别增长11.53%、26.12%和18.99%；建筑业新设立外商投资企业411家，合同外资金额17.69亿美元，实际使用外资金额7.72亿美元，同比分别增长3.79%、5.47%和增长26.12%；零售业新设立外商投资企业212家，合同外资金额6.62亿美元，实际使用外资金额3.98亿美元，同比分别增长5.47%、27.02%和13.45%；餐饮业新设立外商投资企业907家，合同外资金额9.76亿美元，实际使用外资金额4.31亿美元，同比分别增长29.02%、55.51%和48.40%；旅馆业新设立外商投资企业175家，合同外资金额8.44亿美元，实际使用外资金额3.42亿美元，同比分别增长10.06%、30.00%和-29.05%；水上运输业新设立外商投资企业48家，合同外资金额4.42亿美元，实际使用外资金额3.60亿美元，同比分别增长585.71%、3 072.67%和1 566.53%；仓储业新设立外商投资企业13家，合同外资金额1.12亿美元，实际使用外资金额2.84亿美元，同比分别下降95.64%、85.99%和增长15.79%。

（3）服务贸易领域中房地产业是外商投资的主要行业，合同外资金额和实际使用外资金额所占比重均超过或接近5成。

2004年房地产业新设立外商投资企业1 767家，合同外资金额134.88亿美元，实际使用外资金额59.50亿美元，同比分别增长13.78%、48.13%和13.65%，实际吸收外资金额占服务贸易领域吸收外商实际投资金额比重48.66%。

2004年中国服务贸易领域吸收外商直接投资情况

商务部外国投资管理司

根据世界贸易组织（WTO）关于服务贸易领域的部门分类，我国国民经济行业分类中约有50个行业可归于WTO的11个大类、96个类别中。2004年我国服务贸易领域吸收外商直接投资呈现以下特点：

一、服务贸易领域吸收外资增幅低于全国吸收外资平均增长水平

服务贸易领域新批设立外商投资企业6 852家，同比下降2.18%，占同期全国新批设立外商投资企业的15.69%；合同外资金额267.42亿美元，同比增长1.47%，占同期全国吸收外商直接投资合同金额的17.42%；实际使用外资金额122.28亿美元，同比下降1.51%，占同期全国吸收外商直接投资实际使用金额的20.17%。

二、水上运输业是服务贸易领域实际吸收外商投资增长最快的领域

2004年，水上运输业新批设立外商投资企业48家，同比增长585.71%；合同外资金额4.42亿美元，同比增长3 072.67%；实际使用外资金额3.60亿美元，同比增长1 566.53%，占服务贸易领域实际使用外资金额的2.95%。

三、旅游业吸收合同外资金额、实际使用外资金额同

比均为负增长，且降幅较大；娱乐、文化和体育服务业吸收外资同比大幅下降

2004年外商投资旅游业新批设立企业22家，同比下降89.42%；合同外资金额0.94亿美元，同比下降91.22%；实际使用外资金额1.83亿美元，同比下降42.22%。同期，外商投资娱乐、文化和教育服务业新批设立企业78家，同比下降77.65%；合同外资金额2.45亿美元，同比下降79.40%；实际使用外资金额3.12亿美元，同比下降57.34%。

四、金融服务业吸收外资同比均为增幅，新批设立企业数、合同外资金额增幅迅猛

金融服务业新批设立外商投资企业43家，同比增长86.96%；合同外资金额5.75亿美元，同比增长80.49%；实际使用外资金额2.52亿美元，同比增长8.83%；占全国服务贸易领域吸收外商投资总量的比重分别为0.63%、2.15%和2.06%（注：以上不包括保险、证券领域吸收外商直接投资数据）。

五、房地产业吸收合同外资金额、实际使用外资金额均呈增势，但实际使用外资金额增幅低于全国水平

2004年房地产业新批设立外商投资企业、合同外资金额、实际使用外资金额同比均为增势，全年外商投资房地产业新设立企业1 767家，同比增长13.78%；合同外资金额134.88亿美元，同比增长48.13%；实际使用外资金额59.50亿美元，同比增长13.65%，占全国服务贸易领域吸收外商投资总量的比重分别为25.79%、50.44%和48.66%。外商投资房地产业实际投入金额增幅低于同期全国房地产业投资增幅。

2004年中国吸收外商直接投资分国别（地区）情况

商务部外国投资管理司

一、港澳对内地投资情况

2004年香港、澳门特别行政区对内地投资企业数、合同外资金额及实际使用外资金额均有较大增长。

2004年香港、澳门特别行政区在内地投资新设立企业15 434家，比2003年同期增长8.59%；合同外资金额520.20亿美元，同比增长23.85%；实际使用外资金额195.45亿美元，同比增长7.88%。2004年港澳商新设外商投资企业、合同外资金额和实际投入金额分别占全国同期吸收外资总量的35.35%、33.89%和32.24%。以实际使用外资金额计，2004年香港、澳门特别行政区在内地投资额继续位居内地吸收外资国别/地区之首位。

截至2004年底，香港、澳门特别行政区在内地投资累计设立新资企业248 350家，合同外资金额4 786.21亿美元，实际投入金额2473.1亿美元，分别占全国累计批准设立外商投资企业数、合同外资金额和实际使用外资金额总量的48.80%、43.65%和44%。以实际使用外资累计金额计，香港、澳门特别行政区在内地投资居第1位。

二、台湾省对祖国大陆投资情况

2004年台湾省对祖国大陆投资新设立企业数和实际投入金额均有下降，但合同台资金额继续保持增长态势。

2004年台湾省在祖国大陆投资新设立企业4 002家，同比下降10.97%；合同外资金额93.06亿美元，同比增长8.74%；实际使用外资金额31.17亿美元，同比下降7.69%。2004年台湾省新设台商投资企业、合同外资金额和实际投入外资金额分别占全国同期吸收外资总量的9.17%、6.06%和5.14%。以实际使用外资金额计，2004年台湾省对祖国大陆投资列在香港、英属维尔京群岛、韩国、日本、欧盟、美国之后，居第7位。

截至2004年底，台湾省在祖国大陆投资累计设立企业64 188家，合同外资金额793.34亿美元，实际投入外资金额396.05亿美元，分别占全国累计批准设立外商投资企业数、合同外资金额和实际使用外资金额总量的12.61%、7.23%和7.05%。以实际使用外资累计金额计，台湾省对祖国大陆投资列在香港、美国、日本之后，居第4位（欧盟除外）。

三、美国对华投资情况

2004 年美商对华投资新设立企业、实际美资金额均有所下降，合同美资金额有一定增长。

2004 年美商在华投资新设立企业3 925家，比 2003 年同期减少 3.33%；合同外资金额 121.65 亿美元，同比增长 19.72%；实际投入外资金额 39.41 亿美元，同比下降 -6.13%，2004 年，美商新设立企业、合同外资金额、实际投入外资金额分别占全国同期吸收外资总量的 8.99%、7.93% 和 6.50%。美商对华投资列在香港、英属维尔京群岛、韩国、日本和欧盟之后，居第 6 位。

截至 2004 年底，美国在华投资累计设立美资企业 45 265家，合同外资金额 986.09 亿美元，实际投入外资金额 480.29 亿美元，分别占全国累计批准设立外商投资企业数、合同外资金额和实际使用外资金额总量的 8.89%、8.99% 和 8.54%。以实际使用外资累计金额计，美国居第 2 位，仅次于香港、澳门特别行政区。

四、日本对华投资情况

2004 年日本对华投资企业数、合同外资金额和实际投入金额稳步增长。

2004 年日商在华投资新设立企业3 454家，合同外资金额 91.62 亿美元，实际投入外资金额 54.52 亿美元，比 2003 年同期分别增长 6.15%、15.17%、7.86%。2004 年日商新设外商投资企业、合同外资金额和实际投入外资金额分别占全国同期吸收外资总量的 7.91%、5.97% 和 8.99%。以实际使用外资金额计，2004 年日本对华投资位于香港和澳门特别行政区、英属维尔京群岛和韩国之后，居第 4 位。

截至 2004 年底，日本在华投资累计设立日资企业31 855家，合同外资金额 666.50 亿美元，实际投入外资金额 468.46 亿美元，分别占全国累计批准设立外商投资企业数、合同外资金额和实际使用外资金额总量的 6.26%、6.08% 和 8.33%。以实际使用外资累计金额计，日本对华投资居第 3 位，第 1、2 位分别是香港和澳门特别行政区、美国。

五、欧盟对华投资情况

2004 年欧盟对华投资新设立企业数、合同外资金额和实际投入金额全面增长。

2004 年欧盟在华投资新设立企业2 423家，合同外资金额 83.62 亿美元，实际使用外资金额 42.39 亿美元，比 2003 年同期分别增长 16.83%、42.83% 及 7.86%。2004 年欧盟新设外商投资企业、合同外资金额和实际投入外资金额分别占全国同期吸收外资总量的 5.55%、5.45% 和 6.99%。以实际使用外资金额计，2004 年欧盟对华投资位居第 5 位，列香港（189.98 亿美元）、英属维尔京群岛（67.30 亿美元）、韩国（62.48 亿美元）、日本（54.52 亿美元）之后。

截至 2004 年底，欧盟在华投资累计设立企业18 581家，合同外资金额 743.05 亿美元，实际投入外资金额 421.11 亿美元，分别占全国累计批准设立外商投资企业数、合同外资金额和实际使用外资金额总量的 3.65%、6.78% 和 7.49%。以实际使用外资累计金额计，欧盟对华投资仅次于香港、美国、日本，居第 4 位。

六、英属维尔京群岛对华投资情况

2004 年英属维尔京群岛对华投资新设立企业数、合同外资金额和实际投入金额全面增长。

2004 年英属维尔京群岛在华投资新设立企业2 641家，比 2003 年同期增长 19.07%；合同外资金额 193.96 亿美元，同比增长 53.15%；实际使用外资金额 67.30 亿美元，同比增长 16.50%。2004 年英属维尔京群岛新设外商投资企业、合同外资金额和实际投入外资金额分别占全国同期吸收外资总量的 6.05%、12.64% 和 11.10%。以实际使用外资金额计，2004 年英属维尔京群岛对华投资列第 2 位。

截至 2004 年底，英属维尔京群岛在华投资累计设立企业11 518家，合同外资金额 814.08 亿美元，实际投入外资金额 368.95 亿美元，分别占全国累计批准设立外商投资企业数、合同外资金额和实际使用外资金额总量的 2.26%、7.42% 和 6.56%。以实际使用外资累计金额计，英属维尔京群岛对华投资列于香港、美国、日本、台湾省之后，居第 5 位（欧盟除外）。

七、新加坡对华投资情况

2004 年新加坡对华投资新设企业、合同外资金额稳步增长，但实际投入金额有所下降。

2004 年新加坡在华投资新设立企业1 279家，合同外资金额 44.23 亿美元，实际使用外资金额 20.08 亿美元，比 2003 年同期分别增长 11.80%、29.36%，但实际使用外资金额同比减少 2.44%。2004 年新加坡新设外商投资企业、合同外资金额和实际投入金额分别占全国同期吸收外资总量的 2.93%、2.88% 和 3.31%。以实际使用外资金额计，2004 年新加坡对华投资位居各国别/地区第 8 位。

截至 2004 年底，新加坡在华投资累计设立企业13 150家，合同外资金额 479.91 亿美元，实际投入外资金额 255.39 亿美元，分别占全国累计批准设立外商投资企业数、合同外资金额和实际使用外资金额总量的 2.58%、4.38%

和4.54%。以实际使用外资累计金额计，新加坡对华投资居第7位（欧盟除外）。

八、韩国对华投资情况

2004年韩国对华投资新设企业、合同外资金额和实际投入金额继续保持大幅度增长势头。

2004年韩商在华投资新设立企业5 625家，合同外资金额139.11亿美元，实际使用外资金额62.48亿美元，比2003年同期分别增长14.33%、51.58%、39.20%。2004年韩商新设外商投资企业、合同外资金额和实际投入金额分别占全国同期吸收外资总量的12.88%、9.06%和10.36%。以实际使用外资金额计，2004年韩国对华投资位居各国别/地区第3位。

截至2004年底，韩国在华投资累计设立韩资企业32 753家，合同外资金额505.64亿美元，实际投入外资金额259.35亿美元，分别占全国累计批准设立外商投资企业数、合同外资金额和实际使用外资金额总量的6.44%、4.61%和4.61%。以实际使用外资累计金额计，韩国对华投资居第6位（欧盟除外）。

对外经济合作
Foreign Economic Cooperation

2004 年我国实施“走出去”战略情况

商务部对外经济合作司副司长　吴喜林

2004 年，在党中央和国务院的领导下，我国实施“走出去”战略取得新进展。“走出去”业务的促进、服务、保障、监管体系日趋完善，境外投资进一步便利化。全年境外投资和对外承包工程业务高速增长，对外劳务合作业务保持健康发展，“走出去”业务进入良性、快速增长的轨道。

一、境外投资领域、地区日趋多元

2004 年，我国非金融类对外直接投资额为 36.2 亿美元，同比增长 27%，其中股本投资 25.06 亿美元，约占 69%；利润再投资 11.16 亿美元，占 31%。从核准和备案情况看，2004 年我国对外投资新设境外企业 829 家、中方协议投资额 37.1 亿美元、企业平均投资额 450 万美元，分别较上年增长 62.5%、77.8% 和 9.5%。从行业分布看，2004 年我国非金融类对外直接投资主要流向采矿业，投资额为 19.1 亿美元，占 52.8%；商务服务业 9.6 亿美元，占 26.5%；制造业 4.9 亿美元，占 13.5%；批发和零售业 1.1 亿美元，占 3%。从地区分布看，中方实际投资额主要分布在拉丁美洲（16.7 亿美元，占 46.2%）、亚洲（13.96 亿美元，占 38.6%）、欧洲（3.08 亿美元，占 8.5%）、非洲（1.35 亿美元，占 3.7%）。此外，中央管理企业及沿海地区在我对外投资中占的比重较高，跨国并购等投资方式继续发展。

二、对外承包工程业务发展增势迅猛

随着我国企业实力的不断增强，特别是近年来国家出台了一系列鼓励、扶持对外承包工程业务发展的政策措施，对外承包工程业务的促进体系基本形成，政策支持效应进一步显现。2004 年，我国对外承包工程完成营业额 174.7 亿美元，同比增长 26%；新签合同额 238.4 亿美元，同比增长 35%。新签合同额在5 000万美元以上的项目共 73 个，涉及金额 95.3 亿美元，占总金额的 55%，主要分布在香港、阿尔及利亚、苏丹、新加坡和巴基斯坦等国家和地区。

三、对外劳务合作业务经营秩序进一步好转，保持健康有序发展

通过加强属地管理，与公安、工商等部门开展“春雷”行动，联合整顿、规范经营秩序，对外劳务合作业务继续保持健康有序发展。2004 年，我国对外劳务合作完成营业额 37.5 亿美元，新签合同额 35 亿美元，同比增长均为 13%；派出各类劳务人员 24.8 万人，较上年同期增长 18%；年末在外各类劳务人员 53.5 万人。从地区分布上看，业务主要集中在日本、新加坡、韩国、香港、俄罗斯等，派往上述 5 个国家的劳务人员均超过 1 万人。

2004 年，我部在加强实施“走出去”战略主要做了以下工作。

一、深化改革，大力推进对外投资便利化

先后下发了《关于境外投资开办企业核准事项的规定》和《关于内地企业赴香港、澳门投资开办企业核准事项的规定》，在全国范围内下放了境外投资核准权限，简化了有关手续，鼓励各类所有制企业开展对外投资，切实落实了在市场化原则下国家投资体制改革的精神和转变政府职能的要求，为构建新型境外投资管理体制迈出了关键性步伐。

二、加强和完善“走出去”业务的管理

进一步完善了对外直接投资统计发布制度，联合国家统计局首次对社会公众发布了《2003 年度中国对外直接投资统计公报（非金融部分）》，填补了我国对外直接投资统计制度的空白，为政府加强对非金融类对外投资活动的宏观动态监管，保障境外投资的健康发展起到了重要作用。下发了《关于实行境外矿产资源开发网上备案的通知》和《关于中俄森林采伐、更新及木材加工合作备案管理有关问题的通知》，建立了境外矿产资源开发和对俄林业合作项目的备案制度。组织实施了 2004 年境外投资联合年检和综合绩效评价工作。联合有关部门对国外承包工程质量安全进

行了检查。出台了《对外劳务合作经营资格管理办法》及相关配套政策、措施。与公安部等七部（局）共同开展了打击非法出入境中介活动的“春雷行动”，整顿外派劳务市场经营秩序。加强与有关部门沟通和协调，推动《对外承包工程管理条例》和《对外劳务合作管理条例》尽快出台，以适应我国依法行政和加快实施“走出去”战略的迫切需要。

三、健全“走出去”的促进、服务和支持体系

召开“中国企业‘走出去’国际论坛”，组织中国贸易投资洽谈会“走出去”研讨会、项目对接会等系列活动，协助国内企业参加中国—东盟博览会等，为国内外相关政府部门和企业、学术机构等搭建了沟通和信息交流的平台，为中外企业寻找投资合作的新方式和新领域提供了良机。制定发布了《对外投资国别产业导向目录（一）》、《在拉美、亚洲地区开展纺织服装加工贸易类投资国别指导目录》，建立了国别投资经营障碍报告制度，引导和方便我国企业开展对外投资业务。积极推行电子政务，提高公共信息服务水平。要求我驻外使（领）馆经商参处（室）网站建立投资中介服务子栏目；利用“对外经济合作指南”网站，开通运行了对外经济合作业务统计系统、对外直接投资统计系统等8个管理系统。

四、利用高层互访及多双边经贸机制，积极推动各类大型项目的签约和实施

积极探讨境外资源开发的新模式，重点开发境外油气、固体矿产、森林、渔业、农业等重要战略资源项目。推动企业在罗马尼亚、伊朗、阿联酋、巴基斯坦、巴西、印尼等国承揽交通、电站、通讯等大型承包工程项目，特别是条件成熟的BOT项目。大力开拓国际劳务市场。推动中韩研修生合作，商签中韩劳务合作谅解备忘录；推动与毛里求斯、以色列、蒙古、阿联酋、英国等国家签署双边劳务合作协议；落实《中马劳务合作谅解备忘录》，尽早启动中马劳务合作。

五、加强对“走出去”的安全工作，切实维护我国企业和人员的权益

我部按照“以人为本”和“科学发展观”的要求，进一步加强对“走出去”的安全工作。正式建立了对外安全应急处置机制，下发了《商务部关于加强境外劳务人员安全保障工作的通知》，印发了《外派经贸人员对外安全工作须知》。同时要求我驻外经商机构相应建立应急反应机制，督促制订各项应急预案，加强安全检查，完善安全防范措施。我部还配合有关部门，妥善处理了我人员在阿富汗、巴基斯坦遇袭和被绑架事件。

2004 年中国对外援助情况

商务部对外援助司司长　王汉江

2004年，中国在致力于自己国家经济社会全面和可持续发展的同时，继续在平等互利原则的基础上向其他广大友好的发展中国家提供力所能及的帮助，切实履行自己的国际义务。随着中国经济的快速发展和综合国力的不断增强，中国政府在这一年里，加大了对外援助工作的力度，并适度增加了对外援助的整体规模。增长部分主要用于以建设社会福利性公共设施项目为主的项目合作、人道主义紧急救灾援助和对外人力资源开发合作等。同时，中国政府还加强援外工作的规范化、科学化和制度化管理，调整了援外项目执行企业资格准入的条件，进一步优化援外项目实施主体。加强对援外项目工程安全和人员安全的指导、监督和管理工作。通过以上工作，中国对外援助工作的质量和援外资金的使用效益得到了进一步提高。

一、2004 年中国对外援助的总体情况

全年，中国政府同104个国家和国际组织签署提供援助的协议共266笔，在广泛领域里开展了卓有成效的经济技术合作。在援款项下，在38个国家新承担了54个成套项目，主要有：加蓬广电中心，坦桑尼亚、塞拉利昂、巴哈马、多米尼克等国体育场，贝宁、也门外交部办公楼，缅甸和马达加斯加国际会议中心，多哥洛美医院，马尔代夫国家博物馆等。当年，新开工项目32个，主要有：援莱索托图书馆、安哥拉和刚果（金）医院、科特迪瓦议员之家等。如期竣工的项目22个，主要为：乌干达外交部办公楼、吉布提艺术中心等。在41个国家新承担了58个技术合作项目。向51个国家提供了75批一般物资援助。举办各类管理官员和技术人员培训班172期，培训135个国家4 355人。全年，中国进出口银行评估通过了13个优惠贷款项目，主要有：博茨瓦纳住房、多哥—贝宁阿贾哈拉水电站、老挝电信网改造三期、多哥移动网扩容与技术升级改造、圭亚那联合发电、安提瓜和巴布达医疗中心、委内瑞拉采购农业机械设备和也门集装箱检测系统等。

二、注重对发展中国家人力资源开发和能力建设，对外人力资源开发合作培训工作取得显著效果

温家宝总理在2003年12月召开的中非合作论坛第二届部长级会议上宣布，将在2004—2006年的3年内，为非洲国家培训、培养1万名各类人才。2004年，中国政府加强了与包括非洲在内的发展中国家的人力资源开发合作培训工作，培训规模迅速扩大。全年举办各类培训班172期，来自135个国家的4 355人参加了培训。其中，官员培训107期，培训2 455人，占总受训人员的56.4%，培训涉及经济、科技、教育、卫生等多个领域。同时，继续举办了农业、能源、环保、减灾等方面的专业和技术类培训。增加了派遣援外青年志愿者新方式，并在越南、埃塞俄比亚等8国进行尝试。通过培训，加强中国和广大发展中国家人员和技术的交流，增进了解和友谊，促进了经贸投资合作，受到广大发展中国家的普遍欢迎。

三、关注国际社会发生的人道主义严重灾难，及时提供紧急救援，取得了不同寻常的效果

中国本身是一个自然灾害频发的发展中国家，因此，当其他友好发展中国家遭受自然灾害或其他人道主义灾害时，中国政府和人民感同身受。随着中国经济发展和综合国力的增强，中国政府在力所能及的条件下，加大了对外救灾援助的力度。使对外人道主义救灾援助成为中国政府对外援助的重要内容之一。

2004年，中国政府先后向30个国家提供了36笔人道主义紧急救灾物资援助和现汇援助。2004年年底先后向印度洋地震海啸受灾国提供了5.26亿元的救灾援助，这是历史上中国政府对外一次性提供的最大规模的紧急人道主义救灾援助。此外，在2004年年初，为应对伊朗巴姆大地震造成的重大人道主义灾难，中国政府提供了1 500万元人道主义物资援助；2月24日，摩洛哥发生强烈地震，中国政府提供了价值500万元的紧急人道主义援助物资；前3个月，马达加斯加连续遭受“埃利塔”飓风和“加菲洛”强热带风暴的袭击，中国政府提供了人道主义物资援助；4月22日，朝鲜平安北道龙川郡火车站发生爆炸事故，中国政府提供了价值1 000万元的紧急救援物资。9月，俄罗斯发生了别斯兰人质事件，中国政府提供1 000万元的紧急物资援助。

此外，中国政府还在斯里兰卡发生旱灾、孟加拉国发生水灾和马里发生蝗灾时及时提供了人道主义援助；在泰国、老挝、越南、巴基斯坦、柬埔寨和印度尼西亚等6国发生禽流感时，向上述国家提供了现汇援助；在牙买加、巴哈马、纽埃、萨摩亚和密克罗尼西亚等5个国家遭受飓风或旋风袭击时提供了现汇援助；向多哥、塞拉利昂和尼日尔3国提供了药品援助。

中国政府对外提供的紧急人道主义援助犹如“雪中送炭”，对于帮助受灾国政府和人民缓解灾情、恢复正常生产和生活秩序，发挥了积极的作用，同时也增进了中国与受灾国的双边友好合作关系的发展。

四、加强援外工作的依法行政，援外制度建设取得阶段性成果

根据国家依法行政的总体要求，中国政府对援外工作管理的制度框架进行了全面规划，按照部门规章、部门规范性文件和内部业务规则具体设计援外工作。先后在规范援外项目实施主体、改进援外项目招标制度、规范援外志愿者服务、援外统计和计划管理等方面取得了阶段性成果。

（一）重新认定援外项目实施企业资格。2004年5月，中国商务部以部令形式公开颁布了《对外援助成套项目施工任务资格认定办法》（商务部2004年9号令）和《对外援助物资项目资格认定办法》（商务部2004年10号令），明确了援外成套项目和物资项目实施主体资格认定的规定。凡符合条件的企业都可提出申请。截至2004年底，先后有177家和133家企业分别通过了援外成套项目和物资项目资格审查。

（二）改进援外项目招标制度。根据《国务院办公厅关于进一步规范招投标活动的若干意见》（国办发［2004］56号）的精神，就进一步改革和完善援外项目施工任务的招评标工作进行了认真研究，主要从评标原则和评标组织形式两个方面对施工招投标制度进行了重大改革：采取无标底竞争的方式，鼓励合理低价中标；通过专家库随机抽取专家组织评标。目前，这项新的施工招标制度已开始实施。

（三）规范援外青年志愿者的选派和管理。2004年9月下旬，中国商务部以部令形式公开颁布《援外青年志愿者选派和管理暂行办法》（商务部2004年第18号令），就援外青年志愿者范围、主管部门和管理机构、志愿者的相应条件、招募录用方式、志愿服务期限、业绩考核和奖励等作出了明确规定，将援外青年志愿者服务纳入援外人员进行管理。对外派遣援外青年志愿者成为援外人力资源开发合作的新方式。

（四）强化援外项目的监督和管理。2004年8月完成了第二次援外项目奖惩评审，根据《行政处罚法》的规定，本次评审不再设立处罚项目；调整了援外工程贯彻ISO9000国际质量管理体系适用标准；组织召开援外物资检验联合协调会和援外工程保险联合协调会；在完成项目招标委员会的日常工作的同时，组织召开了32次援外招标委员会例会，对159个议题进行了审议。

（五）援外其他方面制度建设也取得了不同程度的进展。中国商务部起草的《援外物资项目管理办法》和《援外人力资源开发项目管理办法》已进入立法程序；《援外统计管理规定》和《援外计划办法》正在征求意见；《援外人员的管理办法》和《援外工程项目安全防护指导意见》等正在抓紧制订中。

（六）继续举办援外项目管理规章培训班，从源头上把好援外项目的质量关。组织对援外项目执行单位的国内负责人、技术组负责人、设计代表、监理工程师和项目质检员进行培训，切实把好援外项目质量关。全年共举办6期培训班，对38个项目的280多人进行了培训。

2004年国际承包劳务市场及中国对外承包劳务业务述评

中国对外承包工程商会

据国际货币基金组织测算，2004年世界经济增幅达到5%，为20年来最高。作为世界经济引擎的美国，生产和投资活动继续扩张，消费开支稳定增长，就业市场摆脱长期低迷的态势。日本在内需和出口的强劲推动下，经济状况继续改善，企业收益提高，各项投资增加。欧元区经济稳健复苏，投资、生产、消费和贸易不同程度的改善。发展中国家特别是亚洲发展中国家和地区成为世界经济最活跃的区域，吸收外资和对外投资均不断攀升，参与经济全球化的能力日益增强。总之，尽管目前仍存在着油价飙升、新的通胀压力、各主要经济体发展不平衡以及地缘政治等风险，但由于各种有利因素的支持，世界经济保持稳步增长势头。作为世界经济重要组成部分的国际工程承包和劳务合作行业，也在2004年取得了不凡的业绩。

一、国际工程承包和劳务合作市场的发展特点

（一）国际工程承包市场

随着整体经济环境的好转，世界建筑工程市场资金投入呈现快速增长的趋势。美国《工程新闻记录》（ENR）2004年8月评选出的2003年世界最大225家国际承包商在海外市场新签合同额总和为1 356亿美元，同比增长15.2%。其中，日本承包商国外营业额增加17.1%，欧洲的承包商国外营业额增加15.3%，美国承包商国外营业额平均猛增了41%。行业分布上，交通运输业项目占项目总额的27%，房屋建筑占25%，石油化工项目占18%，从发展态势上看，基础能源与基础设施、石油化工和供水、环保项目具有很大增长潜力。地区分布上看，亚太地区、欧洲地区和北美地区包揽了国际工程发包量的主要份额。主要特点有：

1. 承包商收购重组、并购活动频繁。国际工程承包市场发包大型、超大型项目增加。大项目、超大项目不断产生，又使大型的、超大型的承包商集团不断诞生。为了整合资源，应对日趋激烈的国际市场竞争，提升国际承包工程企业的本地化运作能力，众多国际工程承包商相继实施业内资产重组，不断扩大企业经营规模。

2. 承包和发包方式发生深刻变革，利润重心转移。随着国际工程承包市场的发展，传统的设计与施工分离的方式正在快速向总承包方式转变，EPC、PMC等一揽子式的交钥匙工程模式以及BOT、PPP等带资承包方式成为国际大型工程项目中广为采用的模式。从美国的情况看，2003年美

国有一半以上的工程采用EPC方式。单纯的工程施工业务利润逐渐降低，利润重心向产业链前端和后端转移。

3. 带资承包普遍，承包商强化融资能力。国际工程承包发展的另一个趋势是投资作用的加强，带资承包成为时尚。据专家初步估算，带资承包项目约占国际工程承包市场的65%。仅仅能够承揽国际金融机构项目的承包商，事实上就等于放弃了绝大部分的国际市场。与带资承包需求相适应，国外大的工程承包企业的融资能力不断增强。

4. 产业分工体系深化，承包商寻找新的市场定位。国际建筑业市场的产业分工体系深化，一些比较发达的国家正在向附加值高的领域升级。但随着中国等发展中国家建筑承包商不断进入国际市场，开始向技术密集型项目和知识密集型项目渗透。越来越多的国际工程承包商对经营计划做出大幅度的调整，寻找新的市场定位。

（二）国际劳务合作市场

国际劳工组织在其2004年的报告中估计，目前世界范围内的外来移民总数约为1.75亿人，其中活跃在各国的外籍劳工达8 090万人。在过去的20年中，包括外籍劳工在内的移民总数逐年递增，年均增长约600万人。随着经济全球化和地区经济一体化进程的加深，区域内各经济体将不断降低各类要素（商品、资本、人员和劳务）流通的壁垒，优化资源配置，实现区域内国家的共同繁荣。与这个趋势相适应，国际劳务合作将会进一步加强。

近年来，随着国际政治经济形势的发展变化，国际劳务合作市场发展呈现如下特点与趋势：

1. 跨国劳动力总量保持较快增长，国际劳务合作规模将继续扩大。国际劳务跨国流动量约为每年3 000万—3 500万人次，比20世纪80年代初的2 000万人增长了50%以上。资料显示，近年来经合组织成员国家的外籍劳工以每年3%—4%的速度增加。在亚洲，每年至少有200万的工人离开家园到其他国家从事短期工作。国际劳工组织认为“现象无疑证明跨国劳动力流量在逐年增长”。

2. 普通劳务在国际劳务大军中的比重逐步降低，中高级技术工人的比重不断攀升。根据经合组织发布的报告，其成员国引入的外籍劳动力的受教育程度呈由高到低逐渐减少的分布，其中受过高等教育的外籍工人的比例在各国都超过60%，而受过初级教育的外籍工人比例仅为10%左右。

3. 发展中国家间的市场竞争日益激烈，非技术工人的工资呈下降趋势。目前，劳动力资源相对丰富、经济发展水平相对落后的发展中国家均在采取各种办法鼓励本国劳动力的输出，但受到国内技术水平和劳动力素质的限制，发展中国家提供的劳动力同质现象严重，高度集中在非技术工人这一层次，竞争十分激烈，致使劳动力价格一再下跌。

4. 全球范围的人口老龄化加速，劳工短缺现象进一步加剧，老年人服务业将持续走俏。由于生育率和死亡率降低，发达国家的人口老龄化现象将更为严重，老龄人口的比例迅速增长。由于老龄人口比例高，潜在供养比低，将产生对医疗卫生工作者和护理者的巨大需求。

二、我国对外承包工程和劳务合作行业发展概况

（一）对外承包工程

近年来，在中央“走出去”战略指导下，我国对外承包工程行业实现了快速增长。特别是2004年，在阿富汗和巴基斯坦出现针对中国工程人员的恐怖袭击、海外市场安全形势恶化的情况下，我国对外承包工程企业克服不利影响，取得了前所未有的良好业绩。对外承包工程完成营业额174.7亿美元，同比增长26%；新签合同额首次突破200亿美元大关，达到238.4亿美元，同比增长35%。截至2004年底，我国对外承包工程累计完成营业额1 140.3亿美元，合同额1 562.9亿美元。主要特点有：

1. 大型工程承包企业迅速成长，影响日益突出。随着“走出去”战略的实施，我国对外工程承包企业迅速壮大，据美国《工程新闻纪录》2004年公布的结果，我国内地有47家工程承包企业进入全球最大225家国际承包商行列，比上年又增加了4家。这47家中国公司共完成国外营业额83.3亿美元，比上年增加了16.9%。47家企业的对外工程承包营业额占我国对外工程承包营业总额的约60%，其中前10家大企业对外工程承包营业额占总额的比重近40%，成为我国对外工程承包的主力军。

2. 传统行业增长平稳，工业项目、高科技项目和资源开采类项目增多。2004年我国对外工程承包在房屋建筑、交通运输、石油化工和电力工业等传统项目上保持了平稳增长。从发展趋势上看，我国企业在科技含量高、资金规模大的工业项目上呈现较快的增长，如总投资4.025亿美元的美国热、冷轧钢板厂项目。此外，在电子通讯类高科技项目也有很大的进展。随着中国能源需求的不断增长，石油化工行业在工程承包营业额中所占的比重逐步增长，如我国与安哥拉签订的20亿美元的“石油信贷和经贸一揽子合作项目”。铜矿、铁矿等资源开采类项目也呈快速增长趋势。

3. 市场多元发展，在发达国家市场和拉美国家市场有所突破。我国对外工程承包市场已经形成了以亚洲、非洲

为主的多元市场格局，并不断向发达国家市场和拉美市场发展。继中建公司在美国房建领域取得突破性进展后，中国冶金建设集团公司按EPC交钥匙模式总承包的美国热、冷轧钢板厂项目是我国公司首次在美国本土工业建设领域取得总承包项目，这标志着中国公司在开拓美国等发达工程承包市场方面又有了重大的进展。随着我国和拉美国家经济关系日益密切，拉美国家的工程市场机遇开始呈现，设计造价13亿美元的巴西里约州到巴伊亚州1 300公里的天然气管线工程（Gasena）将由中国企业承建，巴西还将在水力和火力电站及其他领域与我开展技术和生产合作。

4. 大型项目增多，承包方式不断创新。大型工程承包项目数量增长迅速。截至2004年11月底，新签合同额5 000万美元以上的承包工程项目64个，累计合同额84.8亿美元，占同期新签合同额的40.6%，其中上亿美元的大项目22个。大型项目的合同总额越来越高，如苏丹麦洛维大坝项目，合同额接近6.5亿美元，伊朗德黑兰地铁四号线项目合同总金额8.36亿美元。我国企业的承包方式也在不断创新，EPC总承包已成为我国对外工程承包的重要方式，并逐步向BOT等更高层次的方式发展。如伊朗德黑兰地铁四号线项目和美国热、冷轧钢板厂项目都是采取EPC总承包的方式，总投资金额约1亿美元印尼巨港电站项目采用BOOT方式。

（二）对外劳务合作

受全球经济发展形势和人口状况的影响，我国的对外劳务合作业务与当前国际劳务市场的大趋势一样，在2004年内保持了的平稳的增长势头，当年完成营业额37.5亿美元，同比增长13%；新签合同额35亿美元，同比增长13%；派出各类劳务人员24.8万人，较上年同期增长18%；年末在外各类劳务人员总数为53.5万人。截至2004年底，我国对外劳务合作累计完成营业额308.2亿美元，合同额361.1亿美元，累计派出各类劳务人员319.3万人。综观2004年对外劳务合作业务的总体情况，可归纳出如下主要特点：

1. 行业格局：传统行业增加较快，部分省市高级劳务派遣有所突破。最近的统计数字显示，从事制造业、建筑业和农林牧渔业的外派劳务人员仍然占据劳工大军的绝大多数，约为75%，其中又以制造业工人最多，近两年，制造业外派人数继续增长。与之形成巨大反差的是，科教文卫业、设计咨询业和IT服务业所占比重均不足1%。不过，在有些发达省市如上海市的海外高级劳务发展较快，软件工程师、高级厨师、医师等“三师”在海外劳务市场走俏，外派高级劳务量已超过该地区每年外派劳务总量的30%。

2. 市场分布：亚洲市场份额独大，非洲、拉美市场比重有所提高。1995年后，我国对外劳务合作在亚洲市场的份额一直保持在70%以上。截至2004年底，中国在亚洲市场外派劳务人员已达到约40万人，占总人数的72%。2003年中，一度暂停的新加坡建筑劳务市场对我国有条件开放，28家公司首批获准恢复开展对新建筑劳务合作业务，建筑劳务市场业务逐渐恢复，截至2004年底在新加坡的中国建筑劳务约为3万人。据日本国际研修协力机构（JITCO）统计，自2001年以来，中国在日本的研修生人数年均增长10%以上，2004年底总人数达到10万人左右。2004年，韩国按计划向我开放农业研修生业务，并且已经进入具体事务的运作阶段，正式派遣指日可待，此外，该国正在推行的“雇用许可制”将促使韩国市场进一步扩大。随着亚洲区域经济一体化程度加深，我国在日本、韩国、新加坡、香港等重要市场业绩将继续保持增长。

近两年来，欧洲市场业务出现可喜增长。截至2004年底，我在欧洲劳务人员将近4万人，较2003年末增长15%。主要原因是俄罗斯市场回暖迹象明显，1月—11月向俄派出人数1.18万人，合同额超过韩国位居第二。在意大利和匈牙利的中国制造业工人由2002年的400人，一跃增长到2004年的4 500人，可谓对欧业务的新增长点。非洲的市场份额近来呈现逐年扩大的趋势，截至2004年已达到14%左右，主要是得益于我国在非洲承包工程业务的增长，建筑劳务输出增多。在拉美国家的劳务合作业务增长较快，截至2004年底，我在拉美劳务人员达到1.8万人左右。随着拉美经济持续好转以及我国与拉美国家经济关系的日益密切，在拉美的劳务合作业务还会进一步增长。

3. 经营主体：数量增加较快，整体实力增长，地区差异明显。我国对外劳务合作经营主体增加较快。2003年，经过商务部年审的拥有各种类型对外劳务合作经营资格的企业已达到约1 600多家。近两年，地方外经企业的经营实力增强，业绩不断攀升，在我国对外劳务合作业务中的比重越来越大，成为我国对外劳务合作的主力军。其中，江苏、上海、浙江、福建、广东、山东等沿海地区的对外劳务合作企业利用地缘优势和灵活的政策，发展很快，业绩名列前茅。2004年《对外劳务合作经营资格管理办法》正式施行，新办法取消了对于企业所有制形式的限制，允许非国有企业开展对外劳务合作业务，同时新办法中获取“资格”的条件较以前有所提升。今后一段时间申请经营资格的企业数量会有所增加，对外劳务合作企业的整体实力将会得到进一步的提高。

4. 行业秩序：政府管理、行业自律的格局初步形成，经营秩序相对好转。近年来，在政府部门和中国对外承包商会分别出台了对外劳务合作管理政策和行业规范，逐步形成了劳务合作领域“商务部宏观管理、各部委协调合作、地方政府部门属地管理、行业组织协调自律、驻外经商机构一线监管、与有关劳务输入国共同管理”的基本框架。这个框架最显著的特点是对境外经营行为有有效的监管体系；对突发事件，有准确快速的反应和解决机制；对劳务人员合法权益，有投诉、救援等保护机制。近两年来，在政府部门、行业组织和企业的共同努力下，对外劳务合作行业企业自律意识逐步提高，经营秩序相对好转。

5. 劳务人员：对外劳务合作产业分工初步形成，外派劳务人员整体素质提高。伴随着劳务基地在全国各地的广泛建立，我国对外劳务合作基本形成了劳务培养和劳务外派分离的产业分工体系。外派劳务资源的建设，减少了经营公司的成本，提高了对外劳务合作业务的总体效率。近几年来，随着我国劳动力素质的整体提高，我国外派劳务人员的文化水平、技术能力和法律维权意识都有一定的提升，特别是我国的海员、缝纫工和建筑工人以他们娴熟的技术和吃苦耐劳的作风而受到各劳务引进国的欢迎，逐渐树立了中国劳务的品牌优势。

国别（地区）经贸

Foreign Economic Relations and Trade with Countries and Regions ↘

现代商务需要……
A MUST-HAVE FOR
INTERNATIONAL BUSINESS
中國商務年鑒
CHINA
COMMERCE
YEARBOOK
2005
政府年度出版物　中、英文分册出版
Published in separate Chinese and English editions
www.yearbook.org.cn 电话：(010)64246956

2004年中国内地与香港、澳门特别行政区的经济贸易关系

商务部台港澳司港澳处

随着外部经济形势的好转和中央政府一系列支持港澳经济发展措施的实施，2004年港澳地区经济发展良好，内地与港澳的经贸交流也呈现出合作领域不断扩大，层次不断提升，往来更为密切，渠道更为畅通的态势。

一、进出口贸易

据国家海关总署统计，2004年内地与香港的经贸交流与合作继续保持良好的发展态势。内地与香港进出口总额1 126.7亿美元，同比增长28.9%；其中对港出口1 008.7亿美元，同比增长32.2%；自港进口118.0亿美元，同比增长6.1%。2004年，香港为内地第四大贸易伙伴、第三大出口伙伴和最大的顺差来源地。内地与香港的贸易占内地整体外贸总额的9.8%。

据国家海关总署统计，2004年，内地与澳门进出口总额为18.3亿美元，其中内地对澳出口16.1亿美元，自澳进口2.2亿美元，分别比上年上升24.7%、25.9%和16.3%。目前，内地是澳门第一大进口来源地，是最重要的贸易伙伴。

2004年，内地与港澳进出口贸易总额及内地对港澳出口均呈现较快增长速度，与世界经济贸易的加快复苏有关，但内地与香港、澳门《关于建立更紧密经贸关系的安排》（以下简称《安排》）的签署和实施起到了重要的作用。《安排》的实施，减少和消除了内地与港澳间的贸易投资障碍，提高了内地与港澳经贸交流与合作的水平。

2004年内地从香港进口的前15种主要商品及金额

序号	商品名称	数量单位	数量	数量同比（%）	金额（万美元）	金额同比（%）
1	机电产品	–	0	0.6	631 537	1.1
2	高新技术产品	–	0	4.0	382 758	4.3
3	集成电路及微电子组件	万个	273 905	3.3	162 169	-1.2
4	电视、收音机及无线电讯设备的零附件	吨	3 433	-6.2	48 467	13.0
5	棉机织物	万米	46 310	6.9	45 539	12.8
6	初级形状的塑料	万吨	32	4.3	31 385	14.9
7	自动数据处理设备的零件	吨	6 841	-21.0	30 467	32.3
8	废钢	万吨	113	-31.3	29 201	10.1
9	通断及保护电路装置及零件	–	0	-20.8	27 968	-6.5
10	二极管及类似半导体器件	万个	1 111 461	-1.0	27 201	-15.4
11	印刷电路	吨	1 266 551	80.1	23 076	37.6
12	针织或钩编织物	吨	77 843	-13.2	19 624	-13.1
13	自动数据处理设备及其部件	台	5 067 547	-14.8	18 725	7.3
14	变压、整流、电感器及零件	–	0	-22.1	18 358	-3.8
15	废铜	吨	223 453	-25.2	17 971	19.1

2004 年内地从澳门进口的前 15 种主要商品及金额

序号	商品名称	数量单位	数量	数量同比（%）	金额（万美元）	金额同比（%）
1	针织或钩编织物	吨	7 937	-35.3	1 719	-35.9
2	未锻造的铜及铜材	吨	3 118	293.6	1 519	398.1
3	棉机织物	万米	1 093	-34.9	913	-26.4
4	机电产品	-	0	64.7	740	18.2
5	棉纱线	吨	2 073	4.6	518	9.4
6	废钢	万吨	2	57.5	483	142.8
7	合成纤维纱线	吨	1 597	25.3	422	31.2
8	玻璃纤维及其制品	吨	987	-25.5	286	1.6
9	毛纱线	吨	893	-47.3	275	-41.0
10	船舶	艘	90	373.7	267	77.9
11	变压、整流、电感器及零件	-	0	18.5	248	26.0
12	塑料制品	吨	1 536	-3.0	162	0.3
13	合成纤维长丝机织物	万米	235	-70.8	139	-69.4
14	高新技术产品	-	0	183.9	98	-17.2
15	初级形状的塑料	万吨	0	21.7	81	17.9

二、投资

2004 年内地吸收香港直接投资项目14 719个，同比增长 7.97%；合同港资金额 501.4 亿美元，同比增长 23.16%；实际使用港资金额 190 亿美元，同比增长 7.33%。截至 2004 年底，内地累计吸收香港直接投资项目239 228个，实际使用港资金额2 415.7亿美元，分别占内地累计吸收境外投资项目数和总金额的 47% 和 43%。

2004 年香港仍为内地吸收境外投资的最大来源地，但港商在内地新签投资项目数、合同金额和实际投入金额占全国比例呈下降态势，其中实际投入港资金额占全国 31.3%。

2004 年内地吸收澳门直接投资项目 715 个，同比增加 23.3%；合同澳资金额 18.8 亿美元，同比增加 45.3%；实际使用澳资 5.5 亿美元，同比增加 31.2%。截至 2004 年底，内地共吸收澳资项目9 122个，合同澳资金额 139.7 亿美元，实际使用澳资 57.4 亿美元。内地吸收澳资呈稳步上升趋势，2004 年内地吸收澳门直接投资项目数、合同金额和实际金额均为 1997 年以来最高。

三、承包工程和劳务合作

2004 年，内地在香港承包工程、劳务合作及设计咨询合同数共计1 271份，合同金额 20 亿美元，完成营业额 27.7 亿美元，年末在港人数21 913人。

2004 年，内地在澳门承包工程、劳务合作及设计咨询合同数共计1 100份，合同金额 6.5 亿美元，完成营业额 3.5 亿美元，年底在澳人数23 140人。

四、重要经贸往来及大事记

2004 年，内地与港澳经贸交流取得了丰硕成果。

（一）内地与香港、澳门《关于建立更紧密经贸关系的安排》正式实施

货物贸易领域，截至 2004 年底，香港发证机构共收到原产地证书申请3 211份，签发了3 008份原产地证书，涉及货品类别包括食品、化学产品、药品、塑胶及塑胶制品、纸品及印刷品、纺织及成衣制品、电机及电子产品、首饰及贵金属、金属制品、钟表、玩具等，总价值 11.5 亿港币，已通关 9.9 亿港币，实际免征关税额6 643.3万人民币。澳门经济局发出澳门原产地证明书 66 份，总价值 177.3 万澳门元，实际免征关税额 12.2 万人民币。

服务贸易领域，截至 2004 年底，香港工贸署核发香港服务提供者证明书 668 份，澳门经济局核发澳门服务提供者证明书 182 份。港澳服务提供者涵盖运输及物流、分销、银行、保险、电讯、广告、法律、建筑、医疗、视听、旅游等行业。其中银行、电信、视听、物流、货代等领域的许多

在内地的投资申请已获得批准。

截至2004年12月底，广东省共核准登记1 238户香港居民在广东省境内设立个体工商户的申请，注册资金5 377.9万元人民币；核准登记澳门个体工商户120户，注册资金355.7万元人民币。

（二）签署了内地与香港、澳门《〈关于建立更紧密经贸关系的安排〉补充协议》

2004年10月27日和10月29日，内地与香港、内地与澳门《安排》联合指导委员会高层会议分别在香港和澳门举行，商务部副部长安民与香港特区政府财政司司长唐英年、澳门经济财政司司长谭伯源分别主持了会议。会上，内地与香港、内地与澳门分别签署了《〈内地与香港关于建立更紧密经贸关系的安排〉补充协议》和《〈内地与澳门关于建立更紧密经贸关系的安排〉补充协议》。

货物贸易方面，内地将自2005年1月1日起，对新的713种（2004年税号，下同）原产香港的进口货物和190种原产澳门的进口货物实行零关税。加上已经实行零关税的原产港澳货物，至此，内地对1087个税目的香港产品和501个税目的澳门产品实行零关税。

服务贸易方面，内地同意法律、会计、医疗、视听、建筑、分销、银行、证券、运输、货代和个体工商户等11个领域在《安排》原有承诺的基础上，对香港、澳门进一步放宽市场准入的条件。同时，专利代理、商标代理、机场服务、文化娱乐、信息技术、职业介绍、人才中介机构和专业资格考试等8个领域对香港、澳门扩大开放。

（三）成功举办了首届“泛珠三角区域合作与发展论坛”

经中央批准，福建、江西、湖南、广东、广西、海南、四川、贵州、云南九省（区）政府与香港、澳门特别行政区政府于2004年6月1日—3日在香港、澳门和广州三地共同举办“泛珠三角”区域合作与发展论坛。商务部作为该论坛的指导单位之一，安民副部长率团参加了此次论坛的各项活动，并就“泛珠三角”区域合作与《安排》实施问题发表演讲。

内地各省（区）与会领导、港澳特别行政区行政长官共同签署了《泛珠三角区域合作框架协议》，确定了“9+2”合作宗旨、合作原则以及基础设施、产业投资、商务贸易等10个合作领域。与会各方一致认为，应进一步加强研究泛珠三角区域合作的思路和措施，进一步加快和深化泛珠三角区域合作与交流，消除地区间的制度性障碍，促进生产要素的自由流动，最终实现“合作发展，共创未来”。

（四）“走出去”步伐加快

2004年8月商务部、港澳办联合下发了《关于内地企业赴香港、澳门特别行政区投资开办企业核准事项的规定》，积极支持包括民营企业在内的有能力的各种所有制的内地企业赴香港、澳门投资，开办企业。该规定的出台在内地和港澳反映良好，一方面内地企业到港澳投资步伐加快，2004年9月—12月仅4个月里，经商务部核准备案赴港投资内地企业达75家，占全年赴港投资内地企业数的46.9%；投资金额达4.7亿美元，占全年投资金额的41.1%；另一方面这一措施也为香港提供了一定的就业机会。

2004年中国与日本的经济贸易关系

商务部亚洲司一处

一、双边贸易情况

（一）中日贸易统计

据中国海关统计，2004年中日双边贸易再创历史新高，达1 678.66亿美元，较上年增长31.1%，被扩大了的欧盟和美国超过，退居第三，此前，日本连续11年为中国第一大贸易伙伴。其中，我对日出口735.13亿美元，同比增长23.7%；自日进口943.53亿美元，同比增长27.2%。中方逆差208.4亿美元，中方逆差急剧扩大，为2002年的四倍。2004年中日贸易占中国对外贸易总额的14.5%。如按日方统计，2004年日中双边贸易额达1 680.48亿美元，较上年增长26.9%。其中，日对华出口605.51亿美元，增长31.6%；自华进口759.84亿美元，增长24.2%；日方逆差

154.33亿美元。中国是日本最大的进口来源地。

（二）主要进出口商品情况

2004年中国对日主要出口商品为：1. 机电产品（321.44亿美元，增长28.2%），主要包括：自动数据处理设备及其部件、零附件81.25亿美元；家电及消费类电子产品及零件61.25亿美元；电工器材30.58亿美元；通信设备及零件23.21亿美元；电子元器件19.26亿美元；机械基础件13.87亿美元；电动机、发电机及发电机组5.7亿美元。2. 轻纺类产品（207.50亿美元，增长13.65%），主要包括：服装及衣着附件140.51亿美元；纺织纱线、织物及制品25.43亿美元；鞋类11.94亿美元；塑料制品9.91亿美元；家具及其零件8.46亿美元；旅行用品及箱包7.33亿美元；玩具3.83亿美元。3. 农产品（73.92亿美元，增长22.31%），主要包括：肉、水产品的制品21.82亿美元；水海产品12.79亿美元；食用蔬菜9.89亿美元；蔬菜、水果制品8.95亿美元。4. 贱金属及其制品（44.55亿美元，增长60.18%），其中，钢铁及其制品24.24亿美元。5. 矿产品（33.05亿美元，增长20.05%），主要包括：原煤14.53亿美元；焦炭8.87亿美元；成品油4.51亿美元；原油1.17亿美元。6. 化工产品（26.18亿美元，增长31.18%）。7. 对日出口产品中，高新技术产品达158.01亿美元，增长33.51%，主要包括：计算机与通讯技术128.32亿美元；电子技术17.42亿美元；生命科学技术3.85亿美元；光电技术3.55亿美元；航空航天技术1.61亿美元。从上述情况看，2004年我对日机电产品、高科技产品、农产品、金属制品、化工厂品等出口继续保持快速增长势头。此外，2004年日本政府宣布停止对我输日毛巾制品进行的长达3年之久的设限调查；在农产品方面，仅对我27家菠菜出口企业解除了进口自肃（限制），对55家注册鳗鱼出口企业实施命令检查（批批检查），对蔺草实行开箱检查，大米进口招标程序仍缺乏透明度。

2004年我自日主要进口商品为：1. 机电产品（653亿美元，同比增长25.11%），主要包括：集成电路及微电子组件88.45亿美元；汽车零件24.81亿美元；二极管及类似半导体器件24.11亿美元；自动数据处理设备的零件23.76亿美元；通断及保护电路装置及零件22.98亿美元；汽车和汽车底盘20.41亿美元；自动数据处理设备及其部件9.39亿美元；印刷电路7.37亿美元。2. 贱金属及其制品（99.83亿美元，增长37.61%），主要包括：钢铁及其制品70.20亿美元。3. 化工产品（76.66亿美元，增长40.91%）。4. 塑料及其制品（45.25亿美元，增长23.8%）。5. 纺织品原料及其制品（38.4亿美元，增长10.83%）。6. 中国自日本高新技术产品进口298.39亿美元，增长25.57%，其中包括：电子技术131.35亿美元；计算机与通讯技术79.85亿美元；计算机集成制造技术61.43亿美元。2004年机电产品自日进口仍占主要地位，汽车零件进口增长明显。

（三）中日技术贸易情况

据商务部业务统计，2004年中国与日本签订技术引进合同2 219份，合同总金额29.38亿美元（其中技术费19.56亿美元），同比下降16.4%，占我技术引进总额的21.2%，居技术引进来源之首位。我国从日本技术引进集中在电子和通信设备制造业，黑色金属冶炼及压延加工业，化学原料及化学制品制造业，电力、蒸汽、热水的生产和供应业，交通运输设备制造业等。

二、中日资金合作情况

（一）日本企业对华直接投资

2004年日本企业对华直接投资重新出现活跃局面，但单年合同金额和实际到位金额均低于韩国对华投资，居对华投资国家/地区排位的第4位（前三位依次为香港、英属维尔京群岛、韩国），按累计实际到位金额看，日本仍居第3位。据商务部业务统计，2004年日本对华投资项目3 454项，合同金额91.62亿美元，实际投资金额54.52亿美元，分别增长15.17%和7.86%。截至2004年底，日本对华直接投资项目达31 855项，合同金额666.49亿美元，实际到位金额468.46亿美元。

此外，截至2004年底，日本公司在华设立投资性公司59家，累计注册资本总额41.4亿美元，在设立投资性公司的国别（地区）中均位居前列。欧姆龙、松下电器、日立、佳能、精工爱普生、三得利、丰田汽车等7家公司还在中国设立了地区总部。

（二）中日政府资金合作

2004年度日元贷款政府换文签字仪式于2005年3月29日在北京举行。2004年度对华日元贷款金额为858.75亿日元，将用于中西部地区8个项目的建设，贷款金额比上年度削减11%，中国的位次从2003年度的第3位下滑到第4位，贷款利率为0.75%（贷款期40年）和1.50%（贷款期30年，含宽限期10年）。2004年度贷款项目如下：陕西城镇供水11亿日元、西安环境综合治理（二期）195.64亿日元、内蒙古人才培养项目50.73亿日元、湖南长沙引水及水质环境工程199.64亿日元、新疆伊宁市环境综合治理64.62亿日元、内蒙古包头市大气环境治理工程84.69亿日元、四川生态建设工程65.03亿日元、贵州省贵阳市水环境治理工程121.40亿日元。截至2005年3月底，日本政府已累计向中国政府承诺提供日元贷款协议金额约31 330.56亿日元，用于232个项目的建设。截至2004年9月底，我国实际使用日元贷款约2万亿日元，已还本4 259.76亿日元，付息4 836.63亿日元，合计约9 096.39亿日元，债务余额约16 515.44亿日元。

2004年日本政府对华无偿援助金额为44.01亿日元，项目为8个。具体项目如下：人材培养讲学计划1.66亿日元、人材培养讲学计划（分两次换文）9.98亿日元、新疆维吾尔自治区人民医院医疗器材装备计划11.58亿日元、内陆地区感染症（结核病控制计划）对策四期4.05亿日元、山西黄河中游防护林建设计划三期4.27亿日元、中国生殖健康家庭保健培训中心器材完善计划2.79亿日元、大连中日人才培养中心建设计划9.68亿日元。这样，截至2004年，中国共接收日本无偿援助累计1 366亿日元，用于133个项目的建设，涉及环保、教育、扶贫、医疗等领域。

三、我对日投资及其他各类经济合作情况

根据商务部2004年中国非金融类对外投资核准和备案情况，我在日新设立公司企业26家，投资额2 782万美元；实际投资952亿日元。截至2004年底，我在日设立公司企业累计达276家，对日投资累计达9 883亿美元。

2004年我对日新签各类对外经济合作（对外承包、研修生、对外设计咨询）合同金额9.31亿美元，实际完成营业额8.59亿美元，年末在日人数99 087人。自1976年至2003年，我对日经济合作合同额累计59.8亿美元，完成营业额45.18亿美元。

四、中日主要经贸往来

1月12日　商务部同“在华日本商工会议所”在京联合举办“振兴东北老工业基地座谈会”，安民副部长出席座谈会并讲话。

2月19日　安民副部长会见了日本国际贸易促进协会中田庆雄理事长，双方就进一步发展中日经贸关系和2004年4月日本贸促大型代表团访华及在京举办协会成立50周年纪念活动等交换了意见。

3月2日　安民副部长会见了以中国委员会中国经贸政策研究组长筱原严为团长的日本经团联代表团。客人向安副部长汇报了经团联就“中国加入世贸组织后日本企业如何发展对华经贸关系”向日本企业进行问卷调查的结果。安副部长对经团联多年来为推动中日经贸关系作出的贡献给予了高度评价。

3月10日　薄熙来部长应约会见了丸红株式会社社长胜俣宣夫一行。胜俣介绍了丸红公司发展对华经贸合作的最新情况。薄部长鼓励该公司进一步扩大对华投资、贸易合作，为促进中日经贸合作不断发展作出新的贡献。

3月15日　安民副部长应约会见了日本日棉—日商岩井控股集团社长西村英俊一行。安副部长听取了日棉—日商岩井两大商社合并情况及集团下属最大综合商社双日公司的业务情况的介绍，鼓励合并后的集团公司继续积极开展对华合作。

3月22日　薄熙来部长会见日中经贸中心成立50周年大型访华团。薄部长高度评价日中经贸中心在50年的历程里为促进中日经贸合作发展所发挥的重要作用，并高度评价前会长木村一三等老一辈友好人士作出的特殊贡献。

4月6日　薄熙来部长会见了日本伊藤洋华堂集团CEO铃木敏文一行。薄部长欢迎该集团进一步扩大在华业务。铃木介绍了公司在华业务概况和今后发展计划。

4月6日　薄熙来部长会见了日本三菱电机公司社长野间口有一行。薄部长希望该公司和日本企业积极参与我国东北地区装备制造业的合作。

4月8日　魏建国副部长会见了日本日立制作所全球战略CEO兼大中华区总裁中西宏明一行。双方就日立制作所对华技术合作交换了意见。魏副部长鼓励日立加强对华合作，并欢迎日立参加“九八”洽谈会、深圳高交会、东京中国高科技展示洽谈会。

4月8日　薄熙来部长会见了日本松下电器株式会社社长中村邦夫一行。薄部长希望松下电器对华业务取得更大成绩，对带动日本企业提高对华合作层次起到积极作用。

4月12日　薄熙来部长会见了日本东芝公司社长冈村正一行。薄部长介绍中日经贸合作现状，祝东芝在华业务进一步发展。冈村介绍了东芝在华业务体系将实现生产——市场——研发三位一体发展的情况。

4月13日　薄熙来部长会见了日本外务省藤崎一郎外务审议官，双方就进一步发展中日经贸合作等问题交换了意见。薄部长呼吁双方共同努力，排除干扰，推动经贸合作的健康发展。

4月13日　易小准部长助理与日本外务省藤崎一郎外务审议官举行了工作会谈。

4月19日　安民副部长出席了我部与日本国际贸易促进协会访华团举行的座谈会。安副部长祝贺国贸促成立50周年，对国贸促一贯致力于促进中日两国经贸交流和友好往来所作出的积极贡献予以高度评价。国贸促会长桥本龙太郎感谢我部多年来对该协会和日本企业开展对华经贸合作的巨大支持。

4月30日　薄熙来部长会见了日本众议院议员竹下亘。双方就中国经济对日本经济的拉动作用、日本削减对华日元贷款等共同关心的问题交换了意见。

5月10日　安民副部长会见了以宗国旨英为团长的日本知识产权保护官民联合访华团。安部长强调中国政府高度重视知识产权保护，中日两国应加强合作，避免对抗，共同推进知识产权保护事业。

5月12日　安民副部长出席了中国贸促会和日本贸易振兴机构共同举办的中日商务联合研讨会。安部长希望中日两国企业家进一步深化合作，促进中日经贸合作再上新台阶。

5月17日　吴邦国委员长会见日本欧姆龙株式会社会长立石义雄。吴委员长向日方介绍了中国经济形势和中日经贸合作现状，鼓励欧姆龙公司继续扩大对华投资，为中日经贸合作多作贡献。

5月18日　薄熙来部长会见了日中经济协会会长渡里杉一郎。薄部长指出日本政府应尽早承认中国的完全市场经济地位，欢迎日本经济界积极参与西部开发、振兴东北及我部举办的一些重要活动。

5月20日　安民副部长与日本佐野忠克经济产业审议官共同主持了我部与日本经产省第十次副部级定期磋商。双方就中日经贸合作、区域合作以及WTO新一轮谈判等共同关心的问题坦率地交换了意见，并就解决两国经贸合作中存在的问题、继续扩大经贸领域合作等方面达成一些共识。

5月20日　薄熙来部长会见了来华出席我部与日本经产省第十次副部级定期磋商的日本佐野忠克经济产业审议官。双方就两国经济发展和中日经贸合作等问题交换了意见。

5月21日　薄熙来部长会见了日本伊藤忠商事株式会社社长丹羽宇一郎。薄部长希望日本大商社提高对华合作档次，积极参与中国振兴东北、中西部开发。

6月2日　魏建国副部长会见了以关西电力公司会长秋山喜久为团长的日本关西经济联合会访华团，就知识产权保护、FTA政策、WTO农业谈判、中国扩大对关西地区投资等日方关心的问题阐述了原则立场，并欢迎关西经贸界加强包括东北地区在内的广泛的对华经济交流和经贸合作。

6月21日　薄熙来部长会见了日本伊势湾海运公司社长伊藤正。薄部长希望该公司抓住机遇，进一步扩大对华合作。

7月28日　张志刚副部长主持我部与日本驻华使馆、在华日本商会、日资企业代表知识产权保护座谈会。

8月13日　安民副部长会见日本三井物产株式会社社长枪田松莹。安副部长指出中国经济的发展为外国企业开展对华合作提供了广阔舞台。枪田表示三井物产一直把中国业务放在重要的战略位置，将在能源合作和中国企业走出去方面进一步扩大对华合作。

8月20日　薄熙来部长会见了日本财产保险公司社长平野浩志。薄部长赞赏平野为促进中日经贸合作作出的贡献，同时欢迎外国保险公司进入中国。

8月30日　薄熙来部长出席我部与天津市政府共同主办的“环渤海中日韩经济合作发展论坛暨国际零部件配套经贸洽谈会”并讲话，指出环渤海区域是我国又一经济增长热点地区，欢迎三国企业利用此次论坛暨洽谈会开展广泛、务实的经贸交流，促进共同发展。日本国会议员海江田万里、经济产业省代表、韩国前总理李寿承等参加了论坛。

9月4日　中日韩经济贸易部长会议在印尼雅加达召开。薄熙来部长率商务部代表团参加。其间，中日韩三方就加强物流合作、软件合作、东北老工业基地振兴、知识产权保护和能源合作等问题交换了意见，达成了许多共识。日本经济产业大臣中川昭一和韩国外交通商部通商交涉本部长金铉宗出席了会议。

9月8日　魏建国副部长会见了来华出席中日农业部副部级磋商的日本农林水产省事务次官石原葵。双方就WTO农业谈判等问题交换了意见。

9月9日　魏建国副部长会见了日本精工电子有限公司副会长服部纯市。魏副部长鼓励该公司继续扩大在华业务，欢迎该公司投资我国商业领域并预祝成功。

9月14日　薄熙来部长会见了以日本经团联会长奥田硕、日中经济协会会长渡里杉一郎为团长的日本经团联及日中经济协会大型访华团。双方就两国经济、中日经贸合作关系等问题交换了意见。

9月15日　安民副部长出席了日本经团联及日中经济协会大型访华团同我部的座谈会并致辞。我部相关司局领导回答了保护知识产权和我“入世”后贸易权、流通权开放等日方代表团关心的问题。

9月21日　傅自应部长助理出席了第二届无锡太湖博览会及第二届东亚商务论坛并代表商务部致辞。傅助理对与会的日韩代表表示欢迎，并希望通过此次论坛进一步加强中日韩三国城市产业交流。

10月11日　易小准部长助理会见了日本农水省审议官伊藤健一，双方就两国WTO新一轮磋商中的农业合作等问题交换了意见。

10月15日　马秀红副部长会见了日本日立公司会长金井务。马副部长对日立公司积极开展对华投资合作表示欢迎，并期望日立公司在中国的合作事业不断发展。

10月20日　高虎城副部长出席了第一届日本企业在京发展研讨洽谈会开幕式并致辞。

10月26日　易小准部长助理会见了国贸促京都总局第七次访华团，双方就中日经贸合作、振兴东北老工业基地等问题交换了意见。

11月4日　张志刚副部长会见了日本经产省副大臣保坂三藏，双方就物流流通领域合作和知识产权保护等问题交换了意见。

11月4日　张志刚副部长会见了日本国土交通省审议官洞骏，双方就加强在物流流通领域合作等问题交换了意见。

11月8日　高虎城副部长会见了日本迅销公司CEO柳井正，就纺织品贸易等问题交换了意见。

11月18日　安民副部长会见了日本三菱商事社长小岛顺彦。安部长鼓励该公司在更广泛领域扩大对华投资合作。

12月21日　安民副部长和来访的日本外务省藤崎一郎外务审议官共同主持了第三次中日经济伙伴关系磋商会议。双方就两国经济形势和经贸合作中共同关心的问题交换了意见。

2004年中国与韩国的经济贸易关系

商务部亚洲司四处

2004年，中韩双边经贸合作继续呈现快速发展态势，双方互为重要经贸合作伙伴的关系更加紧密。

一、双边贸易

2004年，中韩贸易继续保持较快增长速度，全年双边进出口总额为900.67亿美元，同比增长42.5%；其中中方出口278.18亿美元，进口622.49亿美元，同比分别增长38.4%和44.3%；中方逆差344.31亿美元，同比增长49.6%。如不包括欧盟和东盟，韩是我当年第四大贸易伙伴、第四大出口市场和第三大进口来源。

二、韩国对华直接投资

据商务部统计，2004年，我共批准韩对华直接投资5 625项，同比增长14.3%；协议韩资金额139.11亿美元，实际利用62.48亿美元，同比分别增长51.6%和39.2%。截至2004年底，我共批准韩商来华投资3.28万项，协议韩资金额505.60亿美元，实际使用259.33亿美元。按照实际到位基准，2004年韩是已仅次于我国香港和英属维尔京群岛的我实际利用外资第三大来源。

据韩方统计（实际到位基准），2004年，韩国企业对华直接投资共1 940项、18亿美元，占同期韩对外投资总额的39%。我已连续多年成为韩最大的海外投资对象国。

三、劳务合作

据商务部统计，2004年，中韩劳务和工程承包合作合同金额3.96亿美元，完成营业额3.80亿美元，派出人数19 542人，年末在外人数46 153人。合同金额及完成营业额同比分别增长3.7%和19.3%。截至2004年底，中韩共签订劳务和工程承包合同金额29.91亿美元，完成营业额22.74亿美元。

四、中韩领导人就启动双边自由贸易区民间联合研究达成共识

2004年11月，胡锦涛主席与韩国总统卢武铉在出席APEC领导人会议期间就于2005年启动双边自贸区民间联合研究达成共识。

五、两国经贸合作中存在的主要问题

中方巨额贸易逆差是中韩经贸合作中最突出的问题。韩2004年，中方逆差344.31亿美元，同比增长49.6%。截至2004年底累计已达1 314亿美元。韩是仅次于台湾省的我第二大贸易逆差来源。

2004 年中国与东盟国家的经济贸易关系

商务部亚洲司二处

2004 年中国与东盟国家的友好关系进一步发展，双方在政治、经济、贸易、科技、文化等各领域的合作发展迅速。中国和东盟已形成了政治上相互尊重、经济上相互促进、安全上相互信任的良好态势。中国与东盟的经贸合作关系也取得了新的进展，双边贸易额实现历史性的跨越，达到 1 059 亿美元，提前一年实现了双方领导人确定的在 2005 年双边贸易额达到 1 000 亿美元的目标。

2004 年 11 月 29 日，在老挝万象召开的第八次中国—东盟领导人会议期间，商务部部长薄熙来与东盟 10 国经贸部长分别代表各自政府签署了中国—东盟自由贸易区《货物贸易协议》和《争端解决机制协议》。双方将从 2005 年 7 月 1 日起全面启动降税进程。中国和东盟六国至 2010 年将绝大多数产品关税削减为零。中国—东盟自由贸易区建设进入了实质性全面启动的阶段，对双边经贸关系的发展具有重大的意义，对亚洲区域经济一体化进程也将产生积极和深远的影响；同时，也将为中国与东盟企业创造更加公平、透明、便利的外部环境，进一步推动双边经贸合作关系稳步快速发展。

2004 年 11 月 3 日—6 日，在广西南宁举办的首届中国—东盟博览会获得了圆满成功。这是首个在中国举办的，由中国商务部与东盟 10 国经贸主管部门及东盟秘书处共同主办的展览会。首届博览会商品贸易成交 10.3 亿美元，签订投资项目 129 个，投资额近 50 亿美元。

随着中国与东盟经贸关系的持续发展以及中国—东盟自由贸易区的建立，双方在互惠双赢基础上的全面经贸合作将进入崭新的发展阶段，合作前景更加广阔。

一、双边贸易

自 1990 年以来，中国—东盟贸易额以年均约 20% 的速度递增。东盟已连续 12 年成为中国第五大贸易伙伴，是中国在发展中国家中最大的贸易伙伴。东盟已成为我第五大出口市场和第四大进口来源地。2004 年，中国—东盟贸易总额达到创纪录的 1 058.78 亿美元，同比增长 35.3%。其中我出口 429.02 亿美元，同比增长 38.7%；进口 629.76 亿美元，同比增长 33.1%。

20 世纪 90 年代以前，中国对东盟出口的主要是农副产品和轻纺产品，从东盟进口的主要是原料性商品。近年来，双边贸易的主要商品实现了由初级产品向工业制成品的转变，机电产品和高新技术产品进出口增长迅速，所占比重不断增加。

自 1993 年起，中国对东盟贸易由顺差变为逆差，2004 年达 200.8 亿美元，比上年增长 22%，东盟成为我第四大逆差来源地。主要逆差来源国为马来西亚（100.9 亿美元）、泰国（57.4 亿美元）和菲律宾（47.9 亿美元）。

按国家排列，2004 年，新加坡、马来西亚、泰国、印尼、菲律宾在中国前 20 大贸易伙伴中分别位居第七、八、十三、十七和十八位。

二、相互投资

东盟是我国吸引外资的重要地区之一。根据商务部统计，2004 年，东盟对华投资项目 2 438 项，合同外资金额 80.26 亿美元，实际投入金额 30.41 亿美元。截至 2004 年底，东盟国家对华投资项目24 513项，合同外资金额 726.21 亿美元，实际投入 354.13 亿美元。

在东盟对华投资不断增长的同时，中国政府也鼓励企业“走出去”。由于地理位置相邻，文化背景相似，东盟国家逐步成为中国企业对外投资的重要地区之一。2004 年中国有关公司在东盟设立企业 90 家，中方投资 2.24 亿美元，截至 2004 年底，中国在东盟国家直接投资额达 7.75 亿美元。

三、经济技术合作

2004 年中国公司在东盟国家开展的承包劳务合作继续取得积极成效。全年我在东盟国家新签承包工程合同金额 41.15 亿美元，完成营业额 22.32 亿美元。新签劳务合作合同金额 2.80 亿美元，完成营业额 5.37 亿美元。新签设计咨询合同金额 2 584 万美元，完成营业额 1 718 万美元。

截至 2004 年底，中国公司在东盟国家签订承包工程和劳务合作合同总金额292.37亿美元，完成营业额197.36亿美元。

新加坡、马来西亚、缅甸、泰国和越南是中国在东盟国家开展承包劳务合作的主要国家。2004年，新加坡成为我对外承包工程第四大目的地。

四、重要经贸往来

3月1日，马秀红副部长会见了新加坡外交部及贸工部政务部长林双吉。

3月15日，安民副部长和菲律宾贸工部副部长托马斯·阿基诺在京共同主持召开了中菲贸易联委会第23次会议，并签署了会议纪要。

3月16日，薄熙来部长会见了来京出席中菲贸易联委会第23次会议的菲律宾贸工部副部长托马斯·阿基诺。

3月17日—29日，陈健部长助理陪同吴仪副总理出访老挝、柬埔寨、缅甸和马尔代夫四国。

4月20日，温家宝总理与来访的柬埔寨首相洪森举行了会谈，安民副部长参加。

4月22日，廖晓淇副部长在大连出席由东北三省人民政府共同主办的“中国东北三省与新加坡振兴老工业基地研讨会”开幕式并发表讲话，还会见了率团参加研讨会的新加坡教育部长尚达曼。

4月23日，胡锦涛主席在博鳌会见了来华出席博鳌亚洲论坛年会的柬埔寨首相洪森，于广洲副部长参加。

4月26日，曾庆红副主席会见了来访的老挝副总理兼外长宋沙瓦。于广洲副部长参加了会见。

4月28日，曾庆红副主席与来访的老挝人民革命党中央政治局委员、国家副主席朱马里·赛亚颂举行了会谈，薄熙来部长参加了会谈。

4月29日，薄熙来部长会见了来访的新加坡交通部长姚照东一行。

5月14日，薄熙来部长参加了由吴仪副总理和新加坡副总理李显龙共同主持召开的中新双边合作联合委员会首次会议。会后，薄部长与新加坡贸工部长杨荣文共同签署了《中华人民共和国商务部和新加坡贸易与工业部关于成立“中国商贸中心”的谅解备忘录》，吴仪副总理与李显龙副总理出席了签字仪式。

5月20日，温家宝总理与来访的越南总理潘文凯举行了会谈，薄熙来部长参加了会谈。

5月28日，温家宝总理在人民大会堂与来访的马来西亚总理巴达维举行了会谈，安民副部长参加了会谈。

6月3日，出席APEC贸易部长会议的薄熙来部长在智利普贡分别会见了新加坡贸易与工业部长杨荣文和泰国商业部长瓦塔那。驻WTO代表团大使孙振宇和易小准部长助理会见时在座。会见后，薄熙来部长与瓦塔那和杨荣文共同签署了《新加坡共和国政府关于加入〈中华人民共和国政府和泰王国政府关于在“中国—东盟全面经济合作框架协议”早期收获方案下加速取消关税的协议〉的议定书》。

6月3日，易小准部长助理在智利普贡会见了印尼工业与贸易部国际合作总司长博斯·胡塔巴拉特。双方就中印尼经贸合作关系交换了意见。

6月8日，吴仪副总理在苏州市会见了来访的新加坡内阁资政李光耀，于广洲副部长参加了会见。

6月10日，吴仪副总理、李岚清同志与新加坡内阁资政李光耀共同出席了苏州工业园区成立十周年庆祝大会。于广洲副部长主持了会议。

6月10日，魏建国副部长在京会见了来访的泰国商业部长瓦塔那一行，并出席了泰方在北京举办的泰国水果节开幕式。

6月21日，温家宝总理在青岛会见了来华参加亚洲合作对话（ACD）第三次外长会议开幕式的泰国总理塔信，于广洲副部长参加了会见。

6月21日，安民副部长与老挝计划与合作委员会副主任兼老中合作委员会主席连·提乔在北京共同主持召开了中老经济贸易和技术合作委员会第二次会议。

6月24日，安民副部长与柬埔寨商业部国务秘书索·西潘纳共同主持召开了中柬经济贸易合作委员会第二次会议。

7月7日，胡锦涛总书记与应邀内部访华的老挝人民革命党主席、国家主席坎代举行会谈，薄熙来部长参加了会谈。

7月8日，温家宝总理和曾庆红副主席分别会见了坎代主席，薄熙来部长参加了会见。

7月12日，温家宝总理与来访的缅甸总理钦纽举行会谈，于广洲副部长参加了会谈。

7月15日，吴仪副总理与来访的泰国副总理差瓦立共同主持了中泰贸易、投资和经济合作联合委员会第一次会议，并签署了会议纪要。薄部长参加了会议。

7月19日，薄熙来部长在京会见了来访的东盟秘书长王景荣。

7月21日，胡锦涛主席会见了来访的文莱苏丹博尔基亚，安民副部长参加了会见。会后，安民副部长与文莱首相府常务秘书叶海亚签署了《中华人民共和国政府与文莱达鲁萨兰国政府关于促进贸易、投资和经济合作的谅解备忘录》。

8月30日，安民副部长在京会见了来华出席“印度尼西亚商品展”的印尼工贸部长丽妮·苏婉蒂。随后，安民副部长与丽妮共同出席了展览会开幕式并致开幕辞。

8月30日，薄熙来部长会见并宴请了来华出席“印度尼西亚商品展”的印尼工贸部长丽妮·苏婉蒂。

8月31日，温家宝总理会见出席亚洲政党国际会议并顺访北京的柬埔寨首相洪森，安民副部长参加了会见。

9月1日，胡锦涛主席与来京出席第三届亚洲政党国际会议并对华进行访问的菲律宾总统阿罗约举行了会谈，薄熙来部长参加了会谈。

9月1日，陈健部长助理会见了来访的菲律宾国家铁路公司总经理萨拉索拉。

9月2日，温家宝总理会见了来京出席第三届亚洲政党国际会议的柬埔寨首相洪森，安民副部长参加了会见。

9月2日，温家宝总理会见了来京出席第三届亚洲政党国际会议的泰国总理塔信，安民副部长参加了会见。

9月2日，温家宝总理会见了来京出席第三届亚洲政党国际会议并对华进行访问的菲律宾总统阿罗约，安民副部长参加了会见。

9月4日，薄熙来部长率中方代表团参加了在印尼首都雅加达举行的第七次10+3（东盟—中日韩）经贸部长会议和第三次10+1（东盟—中国）、中日韩经贸部长会议。会议期间，薄部长分别会见了越南贸易部长张庭选、柬埔寨国务兼商业大臣占蒲拉西、菲律宾贸工部长普利斯马。

9月5日，薄熙来部长与印尼工贸部长丽妮·苏婉蒂在雅加达共同主持召开了中国—印尼经济、贸易和技术合作联合委员会第六次会议。

9月21日，安民副部长参加了胡锦涛主席与文莱苏丹举行的会谈。会后，安民副部长与文莱首相府常务秘书叶海亚签署了《中华人民共和国政府与文莱达鲁萨兰国政府关于促进贸易、投资和经济合作的谅解备忘录》。

10月6日，薄熙来部长陪同温家宝总理开始对越南进行正式访问并出席亚欧会议。

10月7日，薄熙来部长参加了温家宝总理与越南总理潘文凯举行的正式会谈。会谈结束后，薄部长与越南计划投资部长武洪福共同签署了我向越南提供5 000万人民币无偿援助的经济技术合作协定和关于在中越经贸合作委员会框架下成立中越经贸合作专家组的谅解备忘录，与越南贸易部长张庭选签署了越承诺在加入WTO后不对中国使用“三项条款”的换文。温总理与越南总理潘文凯出席了签字仪式。同日，薄部长还分别参加了温总理与越南国家主席陈德良、国会主席阮文安和越共中央总书记农德孟的会见。

10月7日，薄部长陪同温总理先后出席了在河内举行的亚洲领导人会议、亚欧领导人会议和亚欧会议扩大仪式。

10月9日，陪同温家宝总理在越南河内出席亚欧首脑会议的薄熙来部长再次会见了越南贸易部长张庭选。

11月2日，吴仪副总理在南宁分别会见了前来出席首届中国—东盟博览会的柬埔寨首相洪森、老挝总理本扬和缅甸总理梭温。薄熙来部长、安民副部长参加了会见。

11月2日，吴仪副总理在南宁集体会见了前来出席首届中国—东盟博览会的越南副总理范加谦、东盟十国经贸部长（副部长）、东盟秘书长和东盟东部增长区的高级官员。薄熙来部长、安民副部长参加了会见。

11月2日下午，薄熙来部长在南宁会见了出席首届中国—东盟博览会的印尼贸易部长冯慧兰。

11月3日，薄熙来部长在南宁会见了前来出席首届中国—东盟博览会的文莱工业和初级资源大臣拉赫曼。

11月3日，薄熙来部长在南宁会见了前来出席首届中国—东盟博览会的泰国商业部副部长阿努廷·参威拉昆。

11月4日，安民副部长在南宁出席了在首届中国—东盟博览会期间召开的中国—东盟东部增长区经贸合作研讨会并致辞。东盟秘书长王景荣、马来西亚总理府部长伯纳德·东波、印尼经济统筹部副部长费曼·坦布和有关国家东盟东部增长区高官出席了会议并讲话。

11月19日，薄熙来部长在陪同胡锦涛主席访问智利期间，应约会见新加坡贸工部长林勋强。

11月28日，温家宝总理在老挝万象分别会见了马来西亚总理巴达维、印尼总统苏西诺、新加坡总理李显龙、文莱苏丹博尔基亚。薄熙来部长参加了会见。

11月28日，薄熙来部长参加了温家宝总理在万象与老挝总理本扬举行的会谈。

11月29日，薄熙来部长陪同温家宝总理在老挝万象出席了第八次10+3、10+1和第六次中日韩领导人会议。

11月29日，温家宝总理在老挝万象分别会见了老挝国家主席坎代、缅甸总理梭温、菲律宾总统阿罗约。薄熙来部长参加了会见。

11月30日，温家宝总理在老挝万象与泰国总理塔信共进工作早餐，薄熙来部长参加了会见。

11月30日，温家宝总理在万象会见了老挝国会主席沙曼，薄熙来部长参加了会见。

2004年中国与南亚及部分西亚国家的经济贸易关系

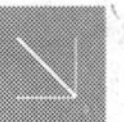

商务部亚洲司三处

一、双边贸易

2004年，中国与南亚七国（印度、巴基斯坦、孟加拉国、尼泊尔、斯里兰卡、马尔代夫和不丹）贸易总额为195.3亿美元，较上年增长62%。其中我出口111.7亿美元，进口83.6亿美元，分别比上年增长56%和71%。中国同南亚国家的贸易发展呈现出强劲的增长势头。2004年我同南亚国家贸易呈现如下几个特点：一是中印贸易潜力日益显现，达到136亿美元，首次突破100亿美元大关，全年增长了79%。且印方继续保持贸易顺差地位，2004年顺差额达到17.5亿美元；二是我同巴、孟、斯、尼等国贸易继续保持较快发展势头，双边贸易增长率都超过了20%，但我对印度以外的南亚国家出口增幅均超过进口增幅，我贸易顺差进一步扩大。

我对南亚国家的出口商品主要是机械、电子、纺织、化工、医药、生丝、煤炭、钢材、水泥等。中国从南亚进口的主要商品有铁矿砂、钢材、矿产、皮革、纺织原料等。

2004年我同部分西亚国家（土耳其、塞浦路斯、伊朗和阿富汗）的贸易额为107.1亿美元，其中我出口56.2亿美元，进口50.9亿美元，较上年分别增长26%、15%和32%。其中，我对伊朗贸易达到70.5亿美元，较上年增长25%，双边贸易互补性进一步体现，但我方贸易逆差继续扩大。中土贸易也迅速增长，较上年增长31%，但贸易不平衡问题仍然突出，我方贸易顺差达到30.9亿美元。

我对上述四国主要的出口商品有机电产品、成套设备、纺织品、五矿化工、仪器仪表等；主要进口商品有原油、石化产品、铬矿砂等。

二、经济技术合作

2004年，中国同南亚和部分西亚国家的经济技术合作得到较大发展。我同南亚国家新签经济技术合同21.9亿美元，营业额15亿美元，中印和中巴经济技术合作增长强劲，2004年我在巴基斯坦和印度分别新签经济技术合同13亿美元和5.1亿美元，分别较上年增长217%和63%。我同西亚四国新签经济技术合作合同额11.6亿美元，营业额4.7亿美元。其中，我在伊朗新签经济技术合同10.5亿美元，较上年增长220%。该地区是我对外经济技术合作尤其是承包工程的重要市场。

三、双向投资

2004年，我在南亚和部分西亚国家新投资项目共14个，其中中方投资额7 774万美元；南亚和部分西亚国家在华投资项目160个，协议投资金额3.7亿美元，实际投资5 117万美元。随着我企业加快实施“走出去”战略以及我国投资环境的不断改善和市场吸引力的扩大，双向投资呈现进一步扩大的趋势。

四、重要经贸往来

3月23日，商务部安民副部长在北京会见了印度储备银行副行长莫汗并共同启动了中国—印度经贸合作五年规划联合研究，期间，商务部薄熙来部长会见了莫汗副行长。4月8日，曾培炎副总理同伊朗副总统塞塔里法尔在北京共同主持召开了中国—伊朗经济、贸易和科技联委会第十二次会议，安民副部长参加了会议。5月25日，商务部于广洲副部长会见了来访的斯里兰卡农业部长迪萨奈克。5月25日—28日，商务部高虎城副部长访问伊朗，会见了伊商务部第一副部长瓦赫吉，并出席了中国商品与技术展和第二届中国—伊朗经贸研讨会。7月23日，薄熙来部长会见了来访的斯里兰卡工业、旅游和投资促进部长班达拉奈克。8月26日—9月1日，商务部黄海部长助理率团访问土耳其，会见了土贸工部长考斯昆，并出席了第73届伊兹米尔博览会。10月28日，薄熙来部长会见了来访的伊朗石油部长赞甘内。12月2日，安民副部长会见了来华参加中印经贸合作五年规划联合研究第三次会议的印度商工部辅秘皮莱。12月29日，薄熙来部长会见了访华的斯里兰卡外长卡迪加马。

2004年中国与非洲国家的经济贸易关系

商务部西亚非洲司协调处

2004年，中非高层往来密切，经贸合作不断加强。1月，胡锦涛主席访问加蓬、埃及、阿尔及利亚；5月，曾庆红副主席访问突尼斯、多哥、贝宁、南非，访南期间，南非政府宣布承认中国市场经济地位，并与我共同宣布启动南部非洲关税同盟与中国的自由贸易协定谈判；10月，吴邦国委员长访问肯尼亚、津巴布韦、赞比亚、尼日利亚；11月，黄菊副总理访问埃及。2004年，马里、中非、加蓬、莫桑比克、马达加斯加、乌干达、坦桑尼亚、纳米比亚总统、布隆迪、南非副总统、佛得角、埃塞俄比亚总理以及莱索托副首相等非洲13个国家领导人分别对我国进行了友好访问。

2004年，薄熙来等5位商务部部领导率团访问了15个非洲国家，商务部接待或参与接待了来自16个非洲国家的25个部级代表团。商务部同刚果（布）、莫桑比克、南非、津巴布韦、埃塞俄比亚等5个非洲国家召开了双边经贸混委会，与多哥、纳米比亚、利比里亚等3个非洲国家签署了关于成立经贸联委会的协定。14个非洲国家派出政府代表团参加了第八届中国投资贸易洽谈会。这些政府间的高层互访深化了中非传统友谊，增进了企业间的相互了解，极大地促进了中非互利合作关系的发展。南非、尼日利亚、刚果（布）、贝宁、多哥和吉布提等非洲国家已正式承认中国完全市场经济地位。中国与贝宁签订了《双边促进和保护投资协定》。

一、2004年中非进出口贸易持续快速增长

2004年，中非进口、出口额首次双双突破百亿美元大关，中非贸易总额达到294.6亿美元，同比增长58.9%，占我国外贸总额的2.6%。其中我出口138.2亿美元，同比增长35.7%；进口156.5亿美元，同比增长87.1%。

出口方面：2004年中国对非出口额为138.2亿美元，同比增长35.7%。其中，中国向北非出口46.3亿美元，增长48.6%；向东南非出口48.3亿美元，增长44.4%；向中西非出口42.6亿美元，增长16.5%。2004年，中国向非洲出口的十大商品是：机电产品、纺织品、服装、高新技术产品、钢铁及其制品、鞋类、新充气橡胶轮胎、茶叶、塑料制品和贱金属制品，出口金额128.2亿美元，占整个对非出口额的93%。其中，机电和高科技产品几乎占整个对非出口的半壁江山，达47.8%。传统产品出口继续保持优势，增长迅速。

向非洲出口10大商品占对非出口总额比重如下图：

2004年我对非洲主要出口10大商品所占比重

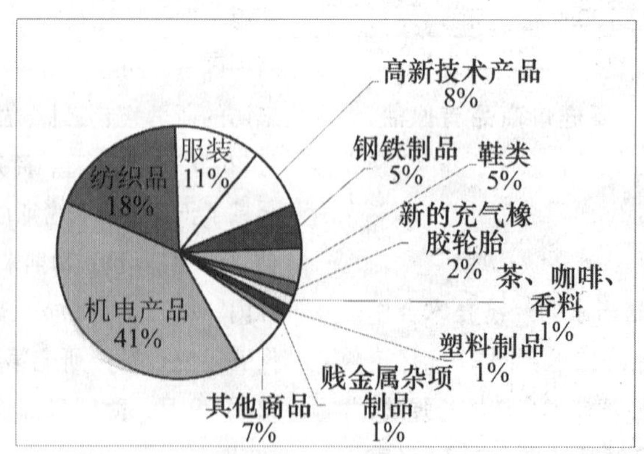

进口方面：2004年从非洲进口156.5亿美元，同比增长87.1%。中国从非洲进口十大商品是：原油、铁矿砂、棉花、钢铁制品、钻石、原木、锰矿砂、铜制品、电子技术和烟草制品，进口金额为135.3亿美元，占从非进口总额

的86.5%。从非洲进口10大商品占从非进口总额的比重如下图：

2004年我从非洲主要进口10大商品类别所占比重

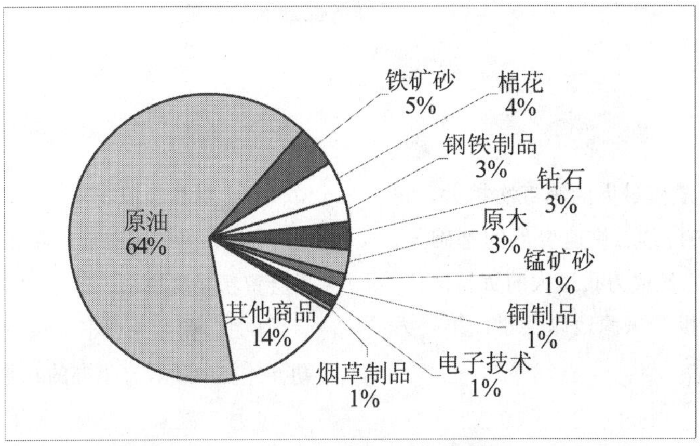

商品类别	比重
原油	64%
其他商品	14%
铁矿砂	5%
棉花	4%
钢铁制品	3%
钻石	3%
原木	3%
锰矿砂	1%
铜制品	1%
电子技术	1%
烟草制品	1%

二、对非投资保持增长，投资领域不断扩大

2004年，中国在非洲新设立非金融类企业达77家，中方协议投资额4.32亿美元，中方实际投资额1.35亿美元。截至2004年底，经商务部核准和备案的中国在非洲投资的非金融类企业已达715家，其中中方协议投资额13.6亿美元，中方在非直接投资额累计达6.25亿美元。中国对非投资项目分布在49个非洲国家，涉及贸易、生产加工、资源开发、交通运输、农业及农产品综合开发等多个领域。

三、中非经济技术合作取得进展

2004年，我在非洲新签承包劳务合同额67亿美元，完成营业额40亿美元。截至2004年底，中国在非承包劳务累计合同额326亿美元，完成营业额227亿美元，占我对外承包劳务总额的15%以上，在外总人数7万人。我对非承包工程和劳务合作涉及房屋建筑、石化、电力、交通运输、通讯、水利、冶金、铁路等国民经济各领域，大项目不断增多，技术含量日益提高。

四、对非援助进展顺利

2004年，中国先后向43个非洲国家提供各类援助127笔，在援款项下帮助非洲国家建成了16个成套项目。截至2004年底，中国在援款项下帮助48个非洲国家建成了730个成套项目，中国企业已在21个非洲国家启动实施了55个优惠贷款项目，形成了一定的生产能力和规模。

2004年，中国继续加强与非洲在人力资源开发方面的合作。全年共为非洲国家举办各类培训班100多期，来自非洲48个国家的2 400余名官员来华参加了培训，培训内容涉及贸易投资、经济管理、招商引资、网络通信、环境保护、中医保健、农业新技术等领域。

五、中非合作论坛后续行动稳步实施，机制不断完善

第二届中非合作论坛部长级会议以来，中方高度重视论坛的各项落实工作。2004年，我给予非洲最不发达国家部分对华出口商品免关税待遇的落实工作取得实质性进展。经国务院批准，自2005年1月1日起，中国政府开始对于2004年12月31日前就免关税已同我国政府办理了有关换文的25个非洲最不发达国家部分输华商品实施免关税政策，这25个国家是：贝宁共和国、布隆迪共和国、佛得角共和国、中非共和国、科摩罗联盟、刚果（金）、吉布提共和国、厄立特里亚国、埃塞俄比亚联邦民主共和国、几内亚共和国、几内亚比绍共和国、莱索托王国、利比里亚共和国、马达加斯加共和国、马里共和国、毛里塔尼亚伊斯兰共和国、莫桑比克共和国、尼日尔共和国、卢旺达共和国、塞拉利昂共和国、苏丹共和国、坦桑尼亚联合共和国、多哥共和国、乌干达共和国、赞比亚共和国。其余2个国家——安哥拉、赤道几内亚待完成相关手续后再择时实施。

2004年中国与欧洲联盟的经济贸易关系

商务部欧洲司四处

2004年，欧盟实现历史上规模最大的第五次扩大，我与欧盟双边经贸关系在近年来持续、快速发展的基础上，实现历史性突破，欧盟超过美、日成为我最大的贸易伙伴。欧盟同时也是中国累计第四大投资来源地以及累计第一大技术来源地。

一、双边贸易

目前，欧盟是我第一大贸易伙伴。中国是欧盟第二大贸易伙伴（仅次于美国）。据中方统计，2004年中欧（盟）贸易额达1 772.8亿美元，同比增长33.6%。其中中方出口为1 071.6亿美元，增长37%，进口为701.2亿美元，增长29%。德国、荷兰、英国、法国和意大利是中国在欧盟内的主要贸易伙伴，中国与这5个国家的贸易额占中欧双边贸易总额的72.5%。

二、对华投资

欧盟是中国累计第四大实际投资方，仅低于香港地区、美国和日本。截至2004年12月底，欧盟在华投资累计设立企业19 738家，合同外资金额753.8亿美元，实际投入425.2亿美元。其中2004年全年，欧盟在华投资2 530项，比上年增长22%，合同外资金额85.7亿美元，增长46.5%，实际投入43.3亿美元，增长10%。

三、技术引进

欧盟是我累计最大技术引进来源地。截至2004年12月底，我从欧盟累计引进技术19 008项，合同金额809.3亿美元。2004年全年，我从欧盟引进技术2 206项，合同金额55.3亿美元。

四、发展合作

中欧双方在培训、科技、发展援助等领域开展了广泛的合作，如欧盟为中方培养高级翻译人员、双方合资成立的中欧国际工商学院等项目运转良好。自1993年以来，中方共接受欧委会及其成员国对华无偿援助约4.66亿美元。

五、重要经贸往来

3月，吴仪副总理、商务部薄熙来部长会见了来访的欧委会贸易委员拉米，双方就双边重点经贸问题交换了意见。

3月，薄熙来部长会见了来访的欧委会农业委员费施勒，并在中欧联合举办的农业领域投资研讨会上致词。

4月，温家宝总理会见了来访的欧委会主席普罗迪，双方就包括中国完全市场经济地位问题在内的多项议题交换了意见。薄熙来部长参加了会见。

4月，商务部高虎城副部长访问欧盟总部，中欧双方就商签纺织品对话机制举行磋商。

5月，温家宝总理访问欧盟总部，商务部举办了“中欧投资贸易研讨暨洽谈会”，欧方逾500名企业家与会，中方也有100多名企业家参会，温家宝做主旨演讲，薄熙来致词。

5月，商务部张志刚副部长访问欧盟总部，与欧方就焦炭问题举行了磋商。

6月，第一次中欧贸易政策对话（副部级）在布鲁塞尔举行。商务部张志刚副部长与欧委会贸易总司总司长卡尔共同主持对话。这是与中欧经贸混委会的互为补充的又一重要工作机制。

12月，温家宝总理访荷出席第七次中欧领导人会晤，商务部主办了“中欧工商峰会”。温总理做主旨演讲，薄熙来部长致词，向欧盟企业家积极宣讲我外经贸政策，促进双方企业的直接对话与合作，受到欧盟业界的热烈欢迎。

六、对话机制

目前，中欧经贸混委会在经贸、环保、能源、科技和信息领域都建立了定期工作磋商机制，分别为经贸、环保、能源3个工作组、科技指导委员会以及中欧信息社会对话。近两年来，中欧又相继建立了知识产权、贸易政策、竞争政策和纺织品贸易四个对话机制，2004年均已正式启动。此外，双方还成立了市场经济问题专家工作组，上述对话与机制扩展和丰富了中欧经贸合作的渠道与内涵。

七、中欧经贸关系中的主要问题

（一）完全市场经济地位及欧盟对华反倾销政策

欧盟是最早对我国产品实行反倾销调查且数量仅次于美国的地区，截至2004年底，欧盟对华反倾销案件已达107起，其中2004年立案9起。

2003年6月，我正式向欧盟提出申请要求其承认我反倾销中的完全市场经济地位。此后，我先后三次向欧盟提交反映我国市场经济建设成就的材料，并积极地与欧方加强交流和研讨。2004年6月，欧委会向中方提交就我市场经济地位问题的初步评估报告，认为中方不符合欧盟评估市场经济地位五条标准中的四条。

随后，中欧联合建立技术工作组，并于2004年11月29日在北京召开第一次会议，就市场经济地位问题继续保持深入磋商和交流。欧方官员对中方的努力给予了积极评价，表明了推动技术问题尽早解决的积极愿望。中欧双方正在筹备召开第二次工作组会议。

（二）欧盟对华高技术出口限制问题

欧盟对华高科技产品出口限制问题与欧盟对华军售禁令密切相关。在2003年12月13日举行的欧盟首脑会议上，欧盟15个成员国领导人一致同意，重新审议欧盟对中国的军售政策；但欧洲议会于同月通过决议，决定维持对华军售禁令。2004年11月欧洲议会通过决议，主张在欧盟出台一项武器出口行为准则之前，继续维持禁令。同年12月17日，欧盟首脑会议重申继续为解除对华武器禁售努力的政治意愿，决定促请下任主席国卢森堡完成此项工作。

（三）欧盟扩大补偿谈判问题

2004年5月1日，欧盟进行了历史上第五次、也是规模最大的一次扩大。波、捷、匈等十国正式加入欧盟。一个拥有25个成员国、400万平方公里土地、4.6亿人口、GDP总值超过10万亿欧元的新欧盟正式问世。

从整体而言，欧盟扩大将推动欧洲的繁荣与稳定，有利于世界和平与发展。欧盟统一市场的容量和规模进一步扩大，新入盟国贸易秩序更为规范，关税总体水平进一步降低，投资环境日臻改善，国际化程度大大提高，在一定程度上有利于中国企业在这一地区开展投资和经贸合作，实施“走出去”战略。

但在另一方面，由于扩大后的欧盟实行“共同贸易政策”，在货物贸易（包括配额、关税、反倾销、反补贴、保障措施等）、服务贸易、投资、技术性贸易壁垒（TBT）、卫生与植物卫生措施（SPS）等方面将给中方造成一定的利益减损。

根据GATT 1994第24条第6款和第28条的有关规定，如果因欧盟扩大导致某项关税税率的提高或贸易措施的趋严对其他WTO成员造成经贸利益减损，则利益受损方有权要求欧盟进行补偿性调整。商务部早从2003年起就开始与欧方进行了各种形式的磋商和数据交换。目前相关谈判正在进行当中。

2004年中国与独联体及波罗的海国家的经济贸易关系

商务部欧洲司一处、二处

一、中国与独联体国家及波罗的海三国的经贸关系

1991年下半年至1992年上半年，中国分别与独联体国家和波罗的海三国建立了外交关系。截至目前，中国与这些国家都签订了政府间《经贸合作协定》（或《经济合作协定》）和《投资保护协定》，与大多数国家签订了《避免双重征税协定》。这些协定的签署为双边经贸关系的长期发展奠定了牢固的法律基础。

2004年，中国与上述国家高层往来和商务主管部领导接触频繁。俄罗斯总统普京访华并与胡锦涛主席举行会晤；温家宝总理、吴仪副总理访俄并举行两国总理第十次定期会晤和会晤委员会第九次会议；吴邦国委员长访俄，并与俄议会上下两院主席举行会晤，廖晓淇副部长随访并主持中俄边境和地区合作论坛。胡锦涛主席出席在塔什干召开的上海合作组织元首峰会并访问乌兹别克斯坦，温家宝总理赴比什凯克参加上合组织总理会晤并顺访吉尔吉斯斯坦，李长春同志访问哈萨克斯坦和乌克兰，于广洲副部长赴塔什干出席上合组织经贸部长非例行会议并顺访乌兹别克斯坦，廖晓淇副部长访问乌克兰，傅自应部长助理访问哈萨克斯坦、吉尔吉斯斯坦、乌兹别克斯坦三国；哈萨克斯坦总统纳扎尔巴耶夫访华并对新疆进行工作访问，拉脱维亚总统弗赖贝加、亚美尼亚总统科恰良访华；吴仪副总理与哈萨克斯坦副总理叶西莫夫在北京主持召开中哈合作委员会第一次会议，薄熙来部长赴俄访问并主持召开了中俄经贸合作分委会第七次会议；中国与吉尔吉斯斯坦、塔吉克斯坦、乌兹别克斯坦、白俄罗斯、立陶宛、拉脱维亚也分别召开双边政府间经贸合作委员会例会。上述高层互访和会议的成功举行有力地推动了我与有关国家经贸合作的进一步发展。

据中国海关统计，2004 年中国与独联体国家的贸易总额为300.6 亿美元，比上年增长 34.7%，其中，中国出口138.3 亿美元，增长 48.9%；进口 162.3 亿美元，增长23.6%。中方逆差 24 亿美元。

2004 年中国与波海三国贸易总额 7.1 亿美元，比上年增长 45.5%。其中，中国出口 6.5 亿美元，增长 55.6%；进口 5 397 万美元，下降 19.4%。

截至 2004 年底独联体国家及波海三国在华直接投资项目 1 948 个，合同外资金额 13.1 亿美元，实际使用外资金额 5.1 亿美元；我在独联体地区及波海三国投资企业数 826 家，中方投资金额 9 亿美元。其中，2004 年当年独联体国家及波海三国在华新增直接投资项目 187 个，合同外资金额 2.9 亿美元，实际使用 1.5 亿美元；2004 年当年我在独联体国家及波罗的海三国新增投资企业 97 个，中方投资额 1.9 亿美元。

2004 年中国与独联体国家及波海三国新签劳务和工程承包合同金额 11.3 亿美元，完成营业额 8.1 亿美元。1976 年—2004 年我与这一地区签订劳务及工程承包合同累计 74.5 亿美元，营业额 42 亿美元。

现将中国与独联体国家及波海三国经贸关系分述如下：

俄罗斯是我在独联体内第一大贸易伙伴。目前中俄经贸合作发展迅速，势头良好。2004 年双边贸易额取得阶段性突破，达到 212.3 亿美元，同比增长 34.7%，提前实现了胡锦涛主席和俄总统普京 2003 年 5 月提出的在近年内使双边贸易额提升到 200 亿美元的目标。其中我对俄出口 91 亿美元，进口 121.3 亿美元，分别增长 51% 和 24.7%。双边贸易中方逆差 30.3 亿美元，同比下降 22.1%。目前中俄已连续第六年保持增长，连续第五年创历史新高。

传统大宗商品仍在对俄出口中占主要地位，其中轻纺产品约占对俄出口的 60% 左右；机电和高科技产品出口增长较快，机电产品出口同比增长 55%，占对俄出口比重 21.5%，贸易结构有所改善。我自俄进口以能源、原材料和机电产品为主。2004 年自俄进口中，资源和原材料等初级产品比重进一步上升，其中，自俄进口原油 1077 万吨；进口额为 29.4 亿美元，同比增长 166.4%，占自俄进口总额的 24.2%，占全国进口该产品总额比重的 8.7%。机电产品进口继续呈下降趋势，2004 年较 2003 年同比下降 53.2%，占自俄进口比重由 2003 年的 12.9% 下降至 4.9%。

2004 年，我从事对俄经贸合作的主体进一步多元化，截至 2004 年底，非国有企业所占比重（55.5%）已超过国有企业（44.5%）。其中，私营企业增长 94.3%，完成双边贸易额达到 33.8%。

截至 2004 年底，经中国商务部批准或备案，中国在俄设立的企业共 575 家，直接对俄投资9 186万美元。其中，2004 年新批准和备案项目 52 个，直接投资额为 3 022 万美元。截至 2004 年底，俄罗斯累计在华投资设立企业 1 687 家，其中：制造业企业 1 303 家，农、林、牧、渔类企业 26 家，矿业企业 3 家，俄方实际投资金额 4.6 亿美元。2004 年，俄罗斯在华新设立企业 145 家，合同投资金额 2.25 亿美元，实际利用金额 1.26 亿美元。

2004 年，中俄双方新签订工程承包、劳务合作、设计咨询合同 49 586 万美元，完成营业额 3.4 亿美元，中方共派出劳务 14 759 人次。截至 2004 年底，双方累计签订工程承包、劳务合作、设计咨询合同 489 265 万美元，完成营业额 225 348 万美元，期末在俄劳务人员 16 464 名。

中亚五国（哈萨克斯坦、吉尔吉斯斯坦、乌兹别克斯坦、塔吉克斯坦、土库曼斯坦）是我实施“走出去”战略和实现能源进口渠道多元化的重要地区。2004 年我与五国贸易总额达 58.4 亿美元，比上年增长 43.5%。其中，我出口 30.2 亿美元，增长 46.6%；进口 28.3 亿美元，增长 40.5%。在贸易额大幅增长的同时，贸易商品结构进一步改善，我高新技术和机电产品出口呈现增长势头。

哈萨克斯坦是我在中亚最大、独联体内第二大贸易伙伴，2004 年中哈贸易额 45 亿美元。吉尔吉斯斯坦、乌兹别克斯坦是我在独联体内第四、第五大贸易伙伴，2004 年我与两国贸易额分别为 6 亿和 5.8 亿美元。

我国与中亚各国以油气、基础设施建设领域为主的双边经济技术合作获得快速发展。据不完全统计，截至目前我对该地区国家投资累计超过 18 亿美元，主要涉及油气勘探开发和管线建设、公路建设、化工、城市基础设施、电信等领域；中亚五国在华投资项目数 134 个，合同外资金额 9 889 万美元，实际使用 1 535 万美元。2004 年我与五国新签劳务、工程承包和对外设计咨询合同额4.2亿美元，完成营业额3.2亿美元。贸易与经济技术合作形成良性互动，全面提升了我与五国经贸合作的水平和规模。

乌克兰是中国在独联体国家中的第三大贸易伙伴。2004年中乌贸易额24.89亿美元，比上年增长14.4%，其中我出口14.44亿美元，增长55.5%，进口10.45亿美元，减少16.2%。我向乌主要出口轻纺产品、计算机及通讯产品、家电及消费类电子产品、农产品、化工产品、机械及电工器材等；自乌主要进口钢材及其制品、己内酰胺、矿产品、船舶等。截至2004年底，乌在华累计投资项目77个，合同外资金额5 033万美元，实际使用外资金额2 301万美元，2004年，经商务部批准或备案的在乌中国投资项目3个，中方投资额319万美元。2004年中乌新签劳务和工程承包合同额2 069万美元，完成营业额4 582万美元。

白俄罗斯是中国在独联体国家中的第六大贸易伙伴。2004年中白贸易额2.19亿美元，比上年增长69.8%，其中我出口6 497万美元，增长101.6%，进口1.54亿美元，增长59.2%。我向白主要出口计算机及通讯产品、家电及消费类电子产品、轻纺产品、电子元件等；自白主要进口己内酰胺、钢铁制品、钾肥、汽车及底盘等。截至2004年底，白在华累计投资项目21个，合同外资金额1 393万美元，实际使用外资金额491万美元。2004年中白新签劳务和工程承包合同额1 542万美元，完成营业额1 112万美元。

2004年中国与**外高加索三国**（阿塞拜疆、格鲁吉亚、亚美尼亚）贸易总额为2.5亿美元，比上年下降6.6%。其中，我出口为1.8亿美元，下降21.8%；进口7 653万美元，增长71.3%。我向外高加索三国主要出口纺织原料及制品、机电产品、鞋帽、贱金属及其制品、车辆等，自三国主要进口原油及制品、聚乙烯、塑料橡胶制品、金属、锯材、纺织原料等。我与外高三国双边经济技术合作取得较大进展，据不完全统计，截至目前我在该地区投资累计超过1亿美元，主要项目涉及油气资源开发和电站建设等。

2004年我与外高三国新签劳务和工程承包合同金额1.8亿美元，完成营业额9 472万美元。

2004年中国与**波罗的海三国**（爱沙尼亚、拉脱维亚、立陶宛）贸易额达7.1亿美元，比上年增长45.3%，其中我出口6.6亿美元，增长55.6%，进口5 397万美元，下降19.2%。我向波罗的海三国主要出口机电产品、贱金属及制品、纺织原料及制品、食品、化工产品、塑料、橡胶及制品等；自波罗的海三国进口计算机与通讯技术、机电产品、木及木制品、塑料、橡胶及制品、鱼等。

2004年，中国与**摩尔多瓦**贸易额2 410万美元，比上年增长63.5%，其中我出口2 391万美元，增长255.9%，进口19万美元，减少97.7%。我向摩主要出口农产品、家电及消费类电子产品、计算机及通讯产品，自摩主要进口纺织原料及制品。

二、经贸合作中存在的问题

（一）商品结构较为单一

中国出口商品仍以传统的轻纺产品和食品为主，进口以原材料性商品为主。双边贸易中高科技含量和高附加值的商品所占比重不大。商品结构单一导致双边贸易额易受市场需求变化及相关产业政策调整的影响。

（二）双方企业间缺乏相互了解和沟通

双方企业对对方国家优势行业和产品缺乏了解，各自优势尚未在双边经贸合作中得以体现。加之中国赴该地区经商人员“三难”（签证难、入境难、居留难）问题普遍，人为增加了开拓当地市场的难度，我许多企业对开展该地区业务热情不高。

（三）合作主体实力有限

独联体部分国家经济水平普遍不高，购买力相对较低。企业缺乏资金，技术和管理经验滞后，信誉不高，竞争力有限。中国企业在独联体、波海国家投资合作涉足不深，大型项目不多。

（四）对方国家投资经营环境欠佳

在独联体一些国家内法规多变，执法过程中有关部门各自为政，人为因素比较明显。加之社会治安、官员腐败等问题，中国企业及经贸人员财产、人身安全和合法权益得不到保障。开拓当地市场风险较大。

（五）双边贸易秩序问题突出

以俄罗斯为代表的许多独联体国家灰色清关盛行，中方企业和商人得不到货物合法来源凭证，自身利益难以得到保护，货物屡次受到执法部门的查抄。

（六）双边贸易服务体系较为薄弱

独联体国家商业银行信用较低、风险高，两国银行直接结算规模不大。同时，保险、信贷领域合作水平不高，一定程度上制约了双边经贸合作的健康发展。

2004年中国与欧洲其他国家的经济贸易关系

商务部欧洲司三处、六处

一、中国与中东欧国家的经济贸易关系

中东欧12国总人口1.2亿，面积117万平方公里。该地区工业部门齐全，农业基础较好，人口素质较高，市场和经济发展潜力大，是我实施市场多元化战略和“走出去”战略的重要地区之一。

2004年5月，波兰、捷克、匈牙利、斯洛伐克和斯洛文尼亚等中东欧国家正式加入欧盟，拉开了中东欧“回归欧洲”的序幕。罗马尼亚和保加利亚作为中东欧第二批入盟候选国已结束与欧盟的入盟谈判，并有望于2007年入盟。克罗地亚亦即将启动与欧盟的入盟谈判。中东欧国家入盟为我进一步发展与该地区的经贸关系带来了新的机遇和挑战。

（一）双边贸易

自1999年起，我与中东欧12国贸易年均增长29.6%。据我海关统计，2004年我与中东欧国家贸易首次突破100亿美元大关，达102.3亿美元，其中我出口82.2亿美元，进口20.1亿美元，分别比2003年增长24.8%、26.1%和19.7%。匈牙利继续成为我在该地区最大的贸易伙伴，双边贸易额为31.3亿美元，其次为波兰、捷克和罗马尼亚。上述四国与我的贸易额占我与中东欧12国贸易总额的84.4%。

2004年我与中东欧12国的进出口商品结构继续得到改善，机电产品和高新技术产品占比进一步增大。其中，我自匈牙利和捷克的进口中机电产品占到80%以上，而我对该两国的出口中机电产品的比重在50%和70%之间。

我与中东欧12国贸易的快速增长主要得益于以下几个方面：

1. 我与中东欧各国政治关系良好，双方高层互访不断，各国政府对双边经贸关系高度重视，为我与中东欧各国开展经贸合作创造了有利条件。

2. 中东欧各国经济增长加快，市场需求趋旺，为我扩大对该地区的出口提供了可能。

3. 在我政府主管部门的积极推动下，波兰、捷克等主要贸易伙伴对华的大型贸易与合作项目顺利开展，带动了这些国家的对华出口。

4. 为平衡贸易，我主动采取的扩大自中东欧国家进口的措施发挥了积极作用。

5. 跨国集团的内部采购对我与中东欧的贸易产生重要影响。

6. 在我“走出去”和“市场多元化”战略的引导和推动下，我企业加大了对中东欧市场的开拓力度并初见成效。

（二）相互投资与合作

据商务部外资司统计，截至2004年底，中东欧国家在华投资项目共1 424个，合同投资额13.2亿美元，实际使用外资额5.5亿美元。其中，山西神头电厂二期工程使用捷克、斯洛伐克共同生产的两台50万千瓦火电机组，合同金额2.68亿美元，捷克银行提供出口信贷。该项目于2002年8月开工，第一台机组已于2004年12月投产发电，第二台机组将于2005年年中投产发电。此外，波兰对华8 500万美元政府贷款项下的部分项目业已启动或正在报批中。

随着中东欧国家入盟进程的加快，该地区的投资环境得到进一步改善。在我“走出去”战略的引导和支持下，中国企业加大了在中东欧投资建厂、寻求合作的力度，并取得了一定成效。据商务部合作司统计，截至2004年底，我对中东欧12国的投资总额为9 841万美元，项目数139个。但据不完全估算，我在该地区的实际投资已超过3亿美元，投资领域涉及餐饮、商贸、机械、木材加工、纺织、卷烟、家用电器组装等。我在中东欧生产性项目投资开展得较好的国家为罗马尼亚、保加利亚和匈牙利。

在大型项目合作方面，在我政府相关部门的大力推动下，我企业参与罗马尼亚交通和通讯基础设施建设、中波（兰）铜矿开发合作等项目均取得重要进展。

2004年，由中国水利电力对外公司承建的马其顿科佳水电站竣工投产，这是目前我在中东欧地区承建的最大的成套设备项目。

（三）存在的问题

1. 贸易不平衡问题突出。2004年中东欧各国对我均有贸易逆差，总额达62.1亿美元，比上年增加了13.7亿美元。

2. 双边经贸合作形式单一，相互投资少，缺少大型生产性合作项目。我“走出去”战略除在罗马尼亚、匈牙利、捷克和保加利亚取得一定成果外，在其余国家还有待做进一步工作。

3. 中东欧国家对我商务人员发放工作签证和居留等方面普遍采取歧视政策，我人员申领签证遭拒绝及受到当地边防、海关和税务人员无理刁难的事件时有发生，成为我与这些国家开展双边经贸往来的一大障碍。

4. 双方企业相互了解不够。近十几年来，中国和中东欧各国的产业结构、技术水平、生产能力、市场供求、贸易主体、投资环境等均发生了巨大变化，而双方企业对此了解很少，对对方的认识甚至还停留在十几年前的水平上。

二、中国与瑞士的经济贸易关系

2004 年，中瑞两国经贸关系持续健康发展。6 月，曾培炎副总理访瑞期间与瑞联邦主席兼经济部长戴斯举行了会谈；10 月，中瑞经贸联委会第 16 次会议在瑞成功召开。双方积极评价了两国在经贸合作领域所取得的成就，并就进一步推动双边经贸关系向更深更广的层面发展充分交换了意见。

瑞是我在西欧除欧盟外最大的贸易伙伴。在双边贸易中，转口贸易占有一定比重。根据我海关统计，2004 年双边贸易额为 51.2 亿美元，比上年增长 45.6%，其中我出口 15.1 亿美元，进口 36.2 亿美元，分别增长 79.3% 和 35.0%。我主要出口商品包括机电产品、纺织品、化工原料、玩具、体育器材和皮革制品等，我主要进口商品包括机电产品、化工医药产品、光学和医疗设备及钟表等。

在双边贸易持续发展的同时，两国在投资领域的合作也不断加强。以 ABB、雀巢、罗氏为代表的一批瑞大企业纷纷加大对华合作力度，有力促进了中瑞经贸关系的深入发展。2004 年，新签瑞在华直接投资项目 88 个，协议瑞资金额为 3 042 万美元，实际利用瑞资 2 亿美元。截至 2004 年底，瑞对华直接投资项目累计 701 个，协议瑞资金额 28.1 亿美元，实际利用瑞资 21 亿美元。从投资的行业分布看，瑞士在华投资企业主要集中在制造业领域。瑞士在华投资设立的企业中制造业企业 498 家，合同外资金额 24.6 亿美元，实际投入外资金额 20 亿美元，占瑞士对华实际投资额的 95.5%。从投资的地区分布看，瑞士对华投资主要分布在沿海省市，其中在上海、天津、江苏、广东（不含深圳）四地的实际投资占其对华实际投资总额比重约为 49%。

为促进中瑞企业，尤其是中小企业间的合作，1997 年 12 月，我国家开发银行和瑞联邦经济部签署了成立中瑞合作基金（SSPF）的有关文件。基金的投资总额为 9 375 万瑞士法郎，其中首期规模 3 125 万瑞士法郎，中瑞双方分别持股 20% 和 80%。2003 年 12 月起，中瑞合作基金开始二期资金注资，资金规模仍然为 3 125 万瑞士法郎，中瑞出资比例为 40%:60%。目前，基金股东累计出资额为 3 958.33 万瑞士法郎，预计将在 2006 年 8 月 25 日之前全部完成注资。2002 年 7 月，中瑞双方筹划成立了首家中外合资风险基金管理公司—中瑞创业投资管理公司。截至 2004 年 12 月 31 日，中瑞合作基金共投资 7 个项目，投资额 1 448 万美元，折合人民币 1.2 亿元。

瑞一直是我国技术引进的主要来源国之一。据商务部统计，截至 2004 年，我从瑞技术引进合同累计 1 136 个，金额 28.4 亿美元。2004 年新签合同 94 个，金额 4 亿美元。

三、中国与挪威的经济贸易关系

近年来，中挪双边经贸关系发展顺利。挪威政府对全方位加强对华合作态度积极，2001 年出台了“对华关系新战略”。2002 年 1 月挪首相邦德维克率 100 多位挪工商企业家访华，2004 年 6 月吴邦国委员长应邀访挪，这些高层互访有力地促进了中挪经贸关系的发展。自 1981 年至今，中挪经贸联委会共召开 15 次会议。

据中国海关统计，2004 年中挪双边贸易额达创纪录的 24.3 亿美元，增长 37.5%。其中，我出口 10.3 亿美元，增长 14.4%；进口 14 亿美元，增长 61.5%。中国连续第三年超过日本成为当年挪在亚洲最大的贸易伙伴。中国对挪出口主要商品有船舶、纺织服装、机电产品、鞋类、箱包、焦炭、蘑菇罐头；从挪进口主要商品有原油、机电产品、肥料、建筑及采矿用机械、装卸设备及零件、铁矿砂。

挪企业对华投资也取得了长足的进展。截至 2004 年底，挪威对华直接投资项目 197 个，协议挪资金额 4.2 亿美元，挪方实际投资 2.3 亿美元。其中，2004 年挪对华直接投资项目 25 个，协议挪资金额 9 860 万美元，挪方实际投资 178 万美元。挪在华投资的主要领域有航运、电子、机械、通讯及化工等。

截至 2004 年底，中国与挪威共签订技术设备引进合同 202 个，合同金额 4.5 亿美元。其中，2004 年我与挪共签订技术设备引进合同 36 个，合同金额为 2 949.9 万美元。引进的技术和设备主要用于邮电、电子、机械、交通、轻工、农业、环保等领域。

此外，中挪在信息通讯、财政、造船、海员劳务等领域的合作不断扩大。

2004年中国与美国的经济贸易关系

商务部美洲大洋洲司三处

2004年，中美经贸关系稳定中有发展。中美双方通过多个层次、多种渠道，加强沟通、促进交流，为中美经贸关系在美大选年的健康稳定发展打下了基础。这对促进中美建设性合作关系的发展，促进两国在政治、经济、外交、安全等各领域的合作具有重要意义。

一、高层交往频繁，为中美经贸关系的健康发展奠定基础

2004年4月20日至25日，吴仪副总理率领中国政府代表团赴美，并与美国商务部长埃文斯和贸易代表佐立克在华盛顿共同主持了第十五届中美商贸联委会。在联委会会议上，中美双方在友好坦诚的气氛中进行了充分的交流与磋商，并在知识产权、服务贸易、农产品检验检疫、食品安全、消费者安全、第三代无线通讯标准、最终用户访问和促进美对华出口等若干问题上取得了进展。美方同意就承认中国市场经济地位、放松对华出口限制等问题采取积极行动，在纺织品贸易和贸易救济措施等中方特别关注的问题上建立磋商机制。双方还在中方关注的禽流感等检验检疫问题上达成了共识。

第十五届联委会的成功举行为中美经贸关系在美大选年的稳定发展创造了重要条件。双方各有关部门在中美商贸联委会框架下，为落实有关后续工作也开展了大量卓有成效的工作。

2004年11月，在智利亚太经合组织领导人非正式会议期间，中国国家主席胡锦涛与布什总统会晤，就包括中美经贸问题在内的中美关系及其他国际问题交换了意见。两国元首希望充分利用中美商贸联委会等对话机制，通过平等协商解决经贸分歧，推动中美经贸合作健康稳定发展。

年内，中美双方政府高层经贸官员也多次就双方关注的重大经贸议题交换看法。这些活动加强了双方的沟通与交流，增进了相互理解，为促进中美经贸关系继续健康稳定地向前发展创造了积极条件。

二、中美贸易和投资规模不断扩大，经贸合作保持迅速发展势头

2004年中美双边经贸关系保持了迅速发展的势头，合作规模不断扩大，合作领域不断拓宽，合作深度也有了进一步增强。美国仍为中国第二大贸易伙伴，第一大出口市场，第五大进口来源地和重要的外资来源地。而中国跃升为美国第三大贸易伙伴，第二大进口来源地，第五大出口市场。根据中国海关统计，2004年，中美贸易额1 696.2亿美元，同比增长34.3%；其中我对美出口1 249.5亿美元，同比增长35.1%；进口446.8亿美元，同比增长31.9%。中方顺差802.7亿美元，同比增长37.0%。据美国商务部统计，2004年中美贸易额2 314.2亿美元，同比增长2.0%；其中我对美出口1 967.0亿美元，同比增长29.0%；进口347.2亿美元，同比增长22.4亿美元。

在双向投资方面。美仍是中国外资重要的来源地之一。2004年，美对华投资项目3 925个，同比下降3.33%，合同美资121.65亿美元，同比增长19.72%，实际投入39.41亿美元，同比减少6.13%。截至2004年12月底，美对华投资项目累计达45 265个，合同美资金额986.08亿美元，美方实际投入480.29亿美元。美资企业特别是跨国公司对华直接投资有了更快的发展，规模逐渐增大，领域不断拓宽。从区域分布看，美资企业主要投资于中国沿海地区，有向中西部地区转移的趋势。

从中国对美投资看，中国在美国兴办的贸易型和非贸易型公司也呈增长趋势。2004年，中国在美直接投资额0.6亿美元。截至2004年底，中国在美直接投资达5.6亿美元。我在美投资企业范围广泛，涉及工业、科技、服装、农业、餐饮、食品加工、旅游、金融、保险、运输和承包等各领域。中美经贸合作方式朝多样化发展，两国在经贸领域的相互依赖进一步加强。

三、在推动解决双方关注的经贸重点问题方面取得进展

（一）知识产权保护

2004年，中国成立了吴仪副总理担任组长的国家知识产权保护工作组，就继续加大知识产权保护力度做了一系

列部署。2004年底，高法、高检出台了《关于办理侵犯知识产权刑事案件具体应用法律若干问题的解释》。13个知识产权保护工作相关部门开展了一系列专项整治行动，各相关部门、省、市、自治区也举办了形式多样、内容丰富、参与广泛的保护知识产权宣传教育活动。

（二）市场经济地位

在第15届中美商贸联委会（JCCT）上，中美两国政府同意就解决中国市场经济地位问题成立工作组，并着手启动相关工作。2004年7月17日至22日，美商务部助理部长约克姆率团访华，与公平贸易局王世春局长共同主持了JCCT市场经济地位工作组第一次会议。双方同意工作组建立定期会晤机制，每年召开两次会议，轮流在两国举行，每次会议的级别可提前由双方商定。

（三）出口管制

在2004年4月举行的第十五届中美商贸联委会上，中美两国就最终用户访问问题签署了《中美关于最终用户访问问题的换函》（简称《换函》）。换函签署后，双方目前合作氛围已显著改善。

（四）纺织品贸易

根据在第十五届中美商贸联委会上达成的共识，中美双方同意在中美商贸联委会框架下建立"中美纺织品贸易对话机制"（以下简称"对话机制"）。2004年6月22日，高虎城副部长在北京同美商务部副部长阿尔多纳斯就纺织品贸易交换了意见。

（五）经贸促进活动

2004年，中美双方组织了一系列贸易投资促进活动。2004年6月中旬，发展改革委与美能源部、商务部联合在上海举办了第五次中美石油天然气工业论坛活动。2004年9月，商务部在厦门组织举办了中美汽车零部件产业合作系列活动，来自中美汽车整车、零部件行业的有关机构和企业代表共160多人参加了此次活动，就中美汽车零部件合作问题进行了交流，活动取得了圆满成功。2004年6月，中美两国商务部在西安、上海分别举办了"中美企业家论坛"，促进了两国企业家的沟通、交流与合作。2004年11月，中美两国商务部在美国旧金山举办了"美西地区中美贸易投资促进研讨会暨洽谈会"，达成了一系列意向性项目合作合同，在美国商、政两界产生了积极的影响。

总体而言，目前的中美经贸关系已经不再是简单的双向货物贸易，而是包括货物和服务贸易以及双向投资在内的全面关系。简单的统计数据已经无法全面准确地衡量双边经贸关系的重要性。要解决中美经贸关系中的问题也只能从经济全球化的角度，从中美经贸关系的大局出发，避免将贸易问题政治化，促进双边贸易健康稳定发展。

2004年中国与加拿大的经济贸易关系

商务部美洲大洋洲司二处

2004年，中国和加拿大双边经贸合作发展顺利。中加双边贸易稳步增长，双向投资不断扩大，贷款合作和发展合作进展良好。

一、双边贸易

据中国海关统计，2004年中加双边贸易总额为155.1亿美元，比上年增长55%，继2003年后再创历史新高。其中，中国对加出口81.6亿美元，同比增长44.9%；中国从加进口73.5亿美元，同比增长68%。加拿大目前是中国第十大贸易伙伴。中国对加出口主要商品为机电产品（39.5亿美元，增长54.2%）、高新技术产品（12.8亿美元，增长63.0%）、服装（10.3亿美元，增长16.0%）、钢铁及其制品（6.0亿美元，增长120.8%）、纺织品（3.8亿美元，增长31.1%）、家具（3.1亿美元，增长60.6%）、鞋类（2.5亿美元，增长18.3%）等。中国从加进口主要商品仍为机电产品（15.2亿美元，增长10.4%）、纸浆（9.3亿美元，增长43.4%）、高新技术产品（6.7亿美元，增长15.0%）、肥料（3.3亿美元，增长65.8%）、汽车零件（2.1亿美元，下降21.8%）、塑料及其制品（2.4亿美元，增长53.4%）等。

二、双向投资

2004年，加对华投资新设立企业995个，同比增长10.4%；合同外资金额22.02亿美元，同比增长36.8%；加方实际投资6.14亿美元，同比增长8.9%。截至2004年12月底，中国累计批准加拿大在华投资项目7 936个，合同外资金额141.89亿美元，加方实际投资45.35亿美元。

加拿大在华投资的地区分布广泛，既有在沿海发达地区、中部地区的投资项目，也有在西部地区的投资项目，如内蒙古、新疆、山西、青海等。投资的行业主要有：电信设备制造、轻工机械设备制造、工程设计、软件开发、种植业、服装制造、房地产、娱乐服务等。

2004年，商务部新批18家在加投资企业，中方投资额2 347.7万美元。截至2004年12月底，经商务部批准或备案的中国在加拿大投资兴办的贸易和非贸易性企业共173家，中方投资额为6 965.7万美元，涉及的行业主要有资源开发、工业生产、建筑承包、农牧渔业、餐饮业、科技文化交流、交通运输、咨询服务等。

三、贷款合作与发展合作

自1986年起，加拿大政府开始向中国提供优惠贷款。截至目前，加拿大共向我承诺了六批贷款，承诺总金额达24.86亿加元（约合15.66亿美元）。其中，前五批贷款已基本执行完毕，实际使用贷款金额约8.22亿美元，共生效了185个项目。项目主要集中在邮电通讯、水电、能源、石化、纸浆造纸、轻工建材、城市建设等领域。

中加发展合作始于1982年。20多年来，双方进行的合作涉及农业、林业、能源、交通、教育、通讯、环保、人才开发、体制改革和扶贫等领域，项目总数达到106个，其中已完成的合作项目66个，正在执行的项目40个。据统计，加方对已签署备忘录的106个项目协议投入资金总额约为7.5亿加元（约合6.25亿美元）。

在中加双方的共同努力下，贷款及发展合作项目进展顺利，取得了较好的经济和社会效益。

2004年中国与拉丁美洲国家的经济贸易关系

商务部美洲大洋洲司一处

一、中拉双边贸易额再创历史新高

在全球经济全面好转和国际市场原材料价格上涨等因素带动下，2004年拉美地区经济走出近3年来的徘徊阶段，出现强劲增长势头，预计全年地区经济可增长5.5%，是1980年以来增幅最大的一年。2004年中拉贸易继续保持高速增长的趋势，贸易额再创历史新高，达到385亿美元（不含古巴外的其他加勒比地区国家，下同），比上年增长50%；其中中国对拉美出口171亿美元，增长55%；从拉美进口214亿美元，增长45%。中国与拉美双边贸易、中国对拉美出口以及中国从拉美进口的幅度均明显高于我国同期增长幅度。

巴西、墨西哥、智利、阿根廷和巴拿马仍是我在拉美地区的前五大贸易伙伴，双边贸易额分别达123.59亿美元、71.13亿美元、53.65亿美元、41.07亿美元和22.02亿美元。与我贸易超过10亿美元的还有秘鲁和委内瑞拉，分别达到19亿美元和13亿美元，绝大多数拉美国家与中国的贸易额均超过1亿美元。

2004年，我在拉美地区的前五大出口市场为墨西哥、巴西、巴拿马、智利和阿根廷，出口金额分别为49.73亿美元、36.75亿美元、21.87亿美元、16.89亿美元和8.52亿美元。我对拉美出口的主要商品有：计算机与通讯技术、非针织或钩编的服装、针织或钩编的服装、焦炭及半焦炭、电视、收音机及无线电讯设备的零附件、其他棉机织物、鞋类、自动数据处理设备的零附件、DVD、塑料制品、旅行用品及箱包等。

我在拉美的前五大进口来源国为巴西、智利、阿根廷、墨西哥和秘鲁，进口金额分别为86.84亿美元、36.76亿美元、32.55亿美元、21.4亿美元和15.24亿美元。我从拉美进口的主要商品有：大豆、铁矿砂及其精矿、未锻造的铜及铜材、豆油、铜矿砂及其精矿、电子技术、集成电路及微电子组件、纸浆、原油、饲料用鱼粉等。

二、双边经济技术合作稳步发展

根据商务部业务统计，截至2004年，经国家授权部门批准并在商务部备案的中国在拉美地区投资企业共296家，中方投资总额6.67亿美元。其中2004年经商务部批准和备案在拉美地区设立的境外非金融类中资企业16家，中方投资额5 355万美元，投资对象包括巴西、古巴、墨西哥、委内瑞拉等国。

2004年拉美国家在华投资项目141个，合同外资4.68亿美元，实际投资1.43亿美元。截至2004年12月底，拉美国家在华投资项目1 758个，合同外资金额32亿美元，实际使用外资金额10.75亿美元。

截至2004年底，中国企业共在拉美地区签订经济合作合同总金额35.64亿美元，完成营业额25.59亿美元。其中2004年我国企业在拉美地区共签订经济合作合同总金额6亿美元，完成营业额7.65亿美元。

2004年中国向古巴、厄瓜多尔、玻利维亚、哥伦比亚、乌拉圭、委内瑞拉等国家提供了各类经济技术援助。此外，还举办了"南共市经济管理研修班"、"拉美贸易与相互投资研讨班"、"拉美公务员培训班"、"安第斯五国经济增长模式研讨班"，向拉美各国提供多边技术援助。

三、高层互访频繁，双边联系进一步加强

2004年中拉高层互访频繁，极大地推动了中拉经贸合作关系的发展。胡锦涛主席11月访问了巴西、阿根廷、智利和古巴，并出席了智利APEC首脑会议；巴西总统卢拉、阿根廷总统基什内尔、委内瑞拉总统查维斯先后访华。高访期间，巴西、阿根廷、智利、秘鲁和委内瑞拉分别承认了中国市场经济地位，双方举办了多个贸易与投资研讨会，签署了许多企业合作协议，同时积极探讨了在诸多领域开展合作的可能性。此外，2004年我和拉美重要经贸团组互访也十分频繁，通过互访，双方就进一步发展双边经贸关系交换了意见，从而达到了增进了解、加深友谊、推动合作的目的。

2004年中国与加勒比地区的经济贸易关系

商务部美洲大洋洲司四处

以2003年1月吴仪副总理成功访问加勒比英语建交八国为开端，2004年，中国与加勒比地区各国双边关系及双边经贸关系不断深化，经贸交流不断，人员往来日益频繁。2004年3月，多米尼克与中国正式建立外交关系。目前，中加经贸合作处于历史最好时期。

为进一步加强中国和加勒比各国的经贸联系、实现共同发展，2004年3月，中国政府向加勒比各国政府倡议举办"中国—加勒比经贸合作论坛"，并得到了加各国的积极响应。2005年2月2日—3日，中国政府与牙买加政府在牙买加首都金斯敦共同举办首届"中国—加勒比经贸合作论坛"，论坛期间举行企业家大会、"中国—加勒比贸易展"，并签署《中国—加勒比经贸合作论坛2005年部长级会议经贸合作行动纲领》，为加强双方在贸易、投资、农渔业、旅游、金融、人力资源开发等领域的合作进行规划。

一、双边贸易

据中国海关统计，2004年中国与加勒比地区的贸易额达20亿美元，同比增长40.7%，其中中国出口14.2亿美元，同比增长30.7%；进口5.8亿美元，同比增长72.8%。2004年，中国在加勒比地区的贸易伙伴中，双边贸易额超过1亿美元的有5个，依次为古巴（5.3亿美元）、牙买加（4亿美元）、波多黎各（3亿美元）、多米尼加共和国（2.5亿美元）、安提瓜和巴布达（1.2亿美元）。

中国与加勒比地区的贸易中以中国出口为主，主要出口产品包括：机电产品、轻纺类产品、化工产品等。中国从加勒比地区进口的主要产品包括氧化铝、沥青、原木及海产品等。

二、相互投资及经济技术合作

根据商务部业务统计，截至2004年底，经国家授权部门批准并在商务部备案的中国在加勒比地区投资企业共有165家，中方投资总额为3.47亿美元。其中，2004年新批境外企业63家，中方投资总额为2.71亿美元。投资对象包括：苏里南、圭亚那、开曼群岛、英属维尔京群岛等，投资行业涉及资源开发、加工装配和贸易咨询等。2004年，以中信集团、中远集团、中国普天集团、中水远洋渔业有限责任公司、清华同方威视技术股份有限公司等为代表的中国企业纷纷派出考察小组与加勒比地区企业界建立联系，洽谈合作项目。

与此同时，加勒比地区在华投资继续保持良好发展势头。截至2004年底，该地区在华投资项目13 155个，合同外资977亿美元，实际使用外资444亿美元。2004年，加勒比地区在华新设项目2 982个，合同外资金额232亿美元，实际投资金额89亿美元。其中，英属维尔京群岛、开曼群岛金融地位特殊，许多国际游资通过这里投向中国市场，2004年在外国（地区）对华投资排名中分列第2位和第7位。

在开拓工程和劳务承包市场方面，2004年中国企业在加勒比地区新签承包劳务和技术咨询合同额1.3亿美元，完成营业额1.8亿美元。截至2004年底，中国企业在加勒比地区累计签订各类承包劳务合同金额13.2亿美元，完成营业额9.7亿美元。

2004年，中国同加勒比国家加强了国际经济技术合作，并举办了多期人力资源培训班。

2004年中国与澳大利亚、新西兰的经济贸易关系

商务部美洲大洋洲司二处

一、中国与澳大利亚的经济贸易关系

2004年，中国与澳大利亚的双边经贸关系继续保持良好发展势头。2004年2月，根据2003年10月签署的《中国—澳大利亚贸易与经济框架》，中澳两国正式启动自贸区联合可行性研究。

（一）双边贸易

据中国海关统计，2004年中澳双边贸易总额再创历史新高，达到203.9亿美元，比上年增长50.3%，是建交时的230多倍。其中中国对澳出口88.4亿美元，增长41%；从澳进口115.5亿美元，增长58.2%。澳大利亚为中国第九大贸易伙伴。

从进出口贸易的构成来看，机电产品为中国对澳出口的第一大类商品，其次为高新技术产品和纺织品服装。2004年中国对澳出口大项商品主要有：机电产品（42.1亿美元）、高新技术产品（18.7亿美元）、服装（14.5亿美元）、自动处理设备（9.4亿美元）、纺织品（4.46亿美元）和家具（2.9亿美元）等。2004年中国从澳进口的主要商品有：铁矿砂（33.5亿美元，7816万吨）、氧化铝（11亿美元，327万吨）、羊毛（9亿美元，16万吨）、原油（4.7亿美元，151万吨）、机电产品（4.8亿美元）等。

（二）经济技术合作

1. 双向投资

2004年，澳新设在华投资项目736个，协议金额20.53亿美元，实际投入6.64亿美元。截至2004年12月，中国累计批准澳在华直接投资项目6 709个，协议投资额120.45亿美元，实际投入40.85亿美元。投资行业分布在农业、建材、纺织、电子、服务业等领域。澳大利亚是中国吸收外资的主要来源地之一。

与此同时，中国在澳的投资也有了新的发展。截至2004年12月底，中国在澳的投资项目数已达256个，中方协议金额6.95亿美元。中国在澳投资以矿产和油气资源开发为主，如铁矿砂、有色金属和稀有金属等。中澳两国已互为重要的投资伙伴。

此外，中澳双方在技术援助、羊毛、有色金属、机电、冶金、能源等方面的合作也富有成效。

2. 技术合作

自1981年10月中澳两国政府正式签署《中澳技术合作促进发展计划协定》以来，由于两国政府的重视及双方的共同努力，中澳技术合作进展顺利，成果显著。近20年来，合作领域不断扩大，已涉及农业、林业、牧业、能源、矿

产、交通、纺织、建材、教育、卫生、审计、城市改造等方面。截至2004年12月底，中国利用澳援助完成合作项目113个，澳方投入2.4亿美元；正在执行项目20个，澳方预计投入1.64亿美元。

二、中国与新西兰的经济贸易关系

2004年，中新两国经贸合作关系继续呈良好发展势头。2004年5月28日，商务部薄熙来部长与新西兰贸易谈判部长萨顿在奥克兰共同签署了《中国—新西兰贸易经济合作框架》，根据《框架》，新西兰承认中国的市场经济地位，双方开展自贸协定可行性研究。

（一）双边贸易

据中国海关统计，2004年两国贸易额为24.9亿美元，比上年增长36.4%。其中中国从新进口14.1亿美元，对新出口10.8亿美元，同比分别增长38.1%和34.2%。

从商品结构看，2004年中国对新西兰的出口商品以机电轻纺产品为主，主要包括：机电产品（4.3亿美元）、服装（2.36亿美元）、高新技术产品（1.6亿美元）、纺织品（5 986万美元）等。近年来，机电产品、高新技术产品等对新出口增长迅速，对新出口商品结构得到进一步改善。

2004年中国从新西兰进口仍多为原料性产品，主要包括：乳制品（2.34亿美元）、纸浆（1.05亿美元，22.9万吨）、羊毛（0.99亿美元，3.12万吨）、原木（0.79亿美元，83.8万立方米）等。目前中国从新进口的商品中，虽然初级产品仍占较大比重，但高新技术产品等制成品也在不断扩大其市场份额。双边贸易的内容正在不断丰富。

（二）双向投资

2004年，新西兰在华新设投资项目144个，协议金额3.14亿美元，实际投入1.15亿美元。截至2004年底，中国共批准新西兰在华投资项目总数963个，协议金额11.24亿美元，实际投入4.73亿美元。在华投资主要分布在农林、轻工、纺织、冶金、食品加工、医药、计算机等领域。

截至2004年底，中国在新投资企业共有34家，中方协议投资5 282.48万美元。

（三）经济技术援助

中新技术合作始于1989年，截至2004年底，新方总共向中国提供了约1 850万新元（约1 100万美元）的无偿援款，用于对中国经济不发达地区的扶贫，并将其先进的农牧业技术和设备介绍到中国，收到了很好的经济和社会效益。

开发区建设

Development Zones ↘

增强竞争优势 
进一步提高国家级经济技术开发区发展水平

商务部外国投资管理司

目前，我国共批准设立国家级经济技术开发区和享受国家级经济技术开发区政策的其他国家级工业园区（以下简称“国家级经济技术开发区”）54个。其中：东部沿海地区27个，中部地区9个，西部地区13个；另有苏州工业园区、上海金桥出口加工区、厦门海沧出口加工区、宁波大榭开发区、海南洋浦经济开发区等5个享受国家级经济技术开发区政策的工业园区，形成了较为合理的全国布局。2004年，国家级经济技术开发区以建区20周年为契机，坚持以邓小平理论和“三个代表”重要思想为指导，按照“三为主，二致力，一促进”（以提高吸收外资质量为主，以发展现代制造业为主，以优化出口结构为主，致力于发展高新技术产业，致力于发展高附加值服务业，促进国家级经济技术开发区向多功能综合性产业区转变）的发展方针，树立和落实科学发展观，根据所在地区经济发展的特点和经济结构战略性调整的要求，充分发挥区位优势，加快产业结构调整和经济建设的步伐，以外资带动内资，增强自主创新能力，努力提高发展水平，全年经济发展呈现良好势头，各项主要经济指标实现全面增长，对所在地区的经济发展起到积极有效的窗口、辐射、示范和带动作用。

一、主要经济指标实现高速增长，带动所在地区经济发展

2004年，国家级经济技术开发区的经济总量、规模都获得较大增长，完成GDP 6 601.44亿元，同比增长32.43%，高于全国增幅（9.5%）22.93个百分点；其中，工业增加值4 855.62亿元，同比增长34.80%，高于全国工业增加值增幅（16.7%）20.22个百分点，占国家级经济技术开发区GDP的比重为73.55%，占全国工业增加值（54 805亿元）的比重为8.86%。工业产值（现价）达到12 957.13亿元，同比增长38.40%，国家级经济技术开发区已成为产出最高、拉动力最强、示范效应最明显的区域之一，充分发挥了对所在地区经济发展的促进作用。

1995年前批准的及东部沿海33家国家级开发区充分发挥在对外开放中的区位优势，不断提升在国际分工中的地位，经济发展更加突飞猛进。2004年实现GDP 4 830.52亿元，工业增加值3 577.41亿元，工业总产值（现价）13 485.07亿元，税收收入668.48亿元，出口604.92亿美元，进口606.77亿美元，合同外资金额159.97亿美元，外商实际投资101.02亿美元。除合同外资比上年下降3.10%外，其余指标依次分别比上年同期增长31.39%、32.64%、38.93%、19.79%、59.56%、64.55%和26.86%。

2000年后新批准的中西部16家国家级开发区积极发挥当地资源和特色产业优势，按照西部大开发战略和中部崛起的要求，成为中西部经济和产业发展的重要支撑点，2004年实现GDP 649.05亿元，工业增加值409.56亿元，工业总产值（现价）1 351.40亿元，税收收入68.79亿元，出口13.93亿美元，进口13.71亿美元，合同外资金额14.25亿美元，外商实际投资额7.08亿美元，依次分别比上年同期增长38.71%、40.99%、41.25%、37.05%、83.60%、29.89%、39.87%和5.12%。GDP、工业增加值、工业总产值、税收收入、出口及合同外资增幅均高于东部沿海33家国家级开发区。

其他5家国家级工业园区实现GDP 1 121.87亿元，工业增加值868.65亿元，工业总产值（现价）3 112.63亿元，税收收入195.77亿元，出口184.19亿美元，进口238.56亿美元，合同外资金额46.42亿美元，外商实际投资额27.98亿美元，依次比上年同期增长33.45%，41.34%、35.68%、31.94%、80.41%、69.72%、69.14%和65.28%。

二、积极吸收外资，扩大出口，外向型程度日益提高

国家级经济技术开发区注重借鉴国际先进管理经验，适应跨国公司的要求，吸引了一大批面向国际市场的先进制造业项目，推动了产业结构优化升级。不断完善投资环境，在利用外资，技术引进和扩大出口等方面都取得了长足进步，日益成为各地区发展外向型经济的重要基地。此外，台商在一些国家级经济技术开发区投资较集中，促进了两岸经贸合作交流。2004年，54个国家级经济技术开发

区进出口总额达1 662.08亿美元，同比增长64.78%，其中出口803.04亿美元，同比增长64.29%；进口总额859.04亿美元，同比增长65.24%。进出口额增幅分别高于全国进出口额增幅（35.40%、36.00%）28.89和29.24个百分点。国家级经济技术开发区出口额占其工业产值（现价）的比重达37.00%。合同外资金额220.64亿美元，同比增长8.85%；实际利用外资136.07亿美元，同比增长31.74%，高于全国增幅（13.32%）18.42个百分点。54个国家级经济技术开发区合同外资金额和实际使用外资金额分别占全国吸收外商直接投资总额的14.37%和22.44%，实际使用外资所占比重比2003年提高3.13个百分点。

沿海33个国家级经济技术开发区发展外向型经济的成效更为显著，实现进出口总额1 211.69亿美元，同比增长62.02%，高于全国增幅（35.69%）26.33个百分点，占全国国家级开发区进出口总额的72.90%。出口额604.92亿美元，同比增长59.56%，高于全国增幅（35.40%）24.16个百分点。出口额居前5位的开发区有昆山（113.91亿美元），同比增长80.53%；天津（111.75亿美元）、漕河泾（55.29亿美元）、广州（47.55亿美元）和大连（40.03亿美元）；吸收外商直接投资继续保持较快增长。2004年实现合同外资金额159.97亿美元，同比下降3.10%，实际使用外资101.02亿美元，同比增长26.86%，高于全国增幅（13.32%）13.54个百分点，33个国家级开发区实际使用外资占全国开发区实际使用外资总额的74.24%。33个国家级开发区中实际使用外资超过5亿美元的有8家，排名前5位的是青岛（12.04亿美元）、天津（9.49亿美元）、武汉（7.65亿美元）、昆山（6.72亿美元）、广州（6.55亿美元）。33个国家级经济技术开发区实际使用外资占全国开发区实际使用外资总额的74.24%。

16个中西部国家级经济技术开发区实现进出口额27.64亿美元，同比增长52.29%，出口额13.93亿美元，同比增长83.60%。出口总额高于全国出口增幅48.20个百分点。出口额超过1亿美元的有长沙（3.51亿美元）、合肥（3.19万美元）、西宁（1.18亿美元）、西安（1.17亿美元）和银川（1.09亿美元）。出口总额高于全国出口增幅48.2个百分点；实际利用外资金额7.08亿美元，同比增长5.12%。中西部开发区合同外资金额为14.24亿美元，增幅为39.87%，高于33家国家级经济技术开发区增幅42.97个百分点，高于全国增幅（33.38%）6.49个百分点。

其他5个国家级工业园区实现进出口总额422.75亿美元，同比增长74.21%，其中出口额184.19亿美元，同比增长80.41%，高于54个国家级开发区平均增幅（64.29%）16.12个百分点，高于全国增幅（35.40%）45.01个百分点。苏州工业园出口额居第1位，达162.51亿美元，同比增长99.30%，占5个国家级开发区出口总额的68.12%；合同外资金额46.42亿美元，同比增长69.14%，实际使用外资27.98亿美元，同比增长65.28%。苏州工业园区的实际使用外资和合同外资金额均居首位，分别为40.81亿美元、18.12亿美元，占5个国家级工业园区总额的87.91%和64.78%。

三、坚持集约、合理使用土地，土地利用效益明显

国家级经济技术开发区注重集约经营和合理开发利用土地等资源，取得较大经济、社会和环境效益，成为我国土地集约利用程度最高的区域之一。从建区之日起，国家级经济技术开发区就高度重视土地的规划、管理和利用，始终坚持滚动开发、少占耕地、有偿使用和工业用地为主的原则，在土地资源十分有限的情况上，坚持“节约用地、集约用地”以及市场化等原则的前提下，建立高效和“公开、公平、公正”的用地机制，科学规划、合理利用每一寸土地，走“滚动开发、成片开发”的路子，形成了“开发一片，建成一片，收益一片”的良性循环。最大限度地完善区域社会配套，增强土地承载力，提升土地的整体价值，有效地提高了集约用地水平。国家级经济技术开发区投资强度和投资密度逐渐加大，截至2004年底，49个国家级开发区经国务院批准的规划用地面积约580平方公里，已完成规划内工业用地开发约480平方公里，占全部规划用地面积的83%。已入区工业企业3.21万家，其中外商投资企业1.65万家，占全区工业企业总数的51.4%。平均每平方公里建成投产工业企业数约67个，2004年平均每平方公里工业用地的工业产值达30.9亿元，经济增长的质量和土地利用效益的不断提高，形成了良好的投入产出效益。

四、致力于发展高新技术，优化了产业结构

国家级经济技术开发区大力发展高新技术产业，成为现代制造业集中、产业集聚效应突出、经济高速增长、带动力强的外向型工业区。目前国家级经济技术开发区中已形成一批以电子信息产业、精细化工、生物技术、光机电一体化、创新农业、环保产业等为代表的高技术产业群，高科技产业研发中心不断增多，开发、生产、市场营销、资本运营为一体的新型工业基地已逐步形成，不少国家级经济技术开发区正在成为面向全球销售的高科技产品的出口生产基地。国家级经济技术开发区通过采取针对性的措施，有效发挥资本、信息、技术、人才等资源聚集的效应，

引进国际大型跨国公司投资建立高新技术项目、研发中心，为经济发展创造良好的运行环境，充分发挥这些项目的配套、带动和辐射作用。截至2004年，国家级经济技术开发区内高新企业数达到3 006个，2004年高新技术企业工业总产值（现价）为8 237.32亿元，占国家级经济技术开发区工业总产值（现价）的45.89%；高新技术企业产品销售收入达8 746.08亿元，占国家级经济技术开发区工业企业销售收入的47.79%；高新技术产品出口额达517.88亿美元，占国家级经济技术开发区出口总额的64.49%；机电产品出口额达575.96亿美元，占国家级经济技术开发区出口总额的71.72%。

五、产业集群快速成长，推动新的经济增长带形成

国家级经济技术开发区将承接国际制造业转移作为重点，不断优化外资结构，在促进产业链条迅速延伸的同时，产业聚集效应日益突显，形成了以电子信息、光机电一体化、生物医药、精细化工、汽车、环保等六大主导产业为代表的高技术产业群和研发基地，并成为国际产业分工和国际市场循环的重要环节。沿海和中西部国家级经济技术开发区通过完善产业发展环境、拉长产业链条、搭建企业协作平台，积极培育各类特色的产业集群，日益显现出对地区经济的强劲带动作用。广州国家级经济技术开发区由原来的简单加工贸易逐步调整形成了以化学原料及化学制品业、电子及通信设备制造业、电气机械及器材制造业、食品饮料制造业等四大主导产业。福州国家级经济技术开发区的电子产业集群聚集40多家企业；青岛国家级经济技术开发区依托港口和良好的环境优势，逐步培育了家电电子、石油化工、机械制造、生物医药等主导产业，此外，北京、昆山等国家级经济技术开发区初步形成了电子通讯产业集群，长春、烟台、芜湖、武汉等国家级经济技术开发区出现了汽车制造产业集群现象等。

六、优化综合投资环境，加强人力资源开发

国家级经济技术开发区将优化投资环境摆在突出位置，依照国际惯例建立完善地方法规，创造良好法制环境；积极推行全方位、高效服务理念，简化审批程序，促进吸收外资良性循环；规范各级职能部门的工作，实行政务公开和服务承诺，增强工作透明度，致力于将国家级经济技术开发区建成我国综合投资环境最优的经济发展区域。2004年国家级经济技术开发区共完成固定资产投资超过2 600亿元，其中土地开发投资468亿元。国家级经济技术开发区注重引进和培养高素质人才，已成为对外开放的大学校、实验室和人才加工厂，各类培训中心、技术交流中心、留学生创业园和孵化器不断涌现，吸引了一大批国内外优秀人才。同时也推动了思想的解放和观念的转变，就业规模不断扩大，成为安排就业的重要渠道。目前在国家级经济技术开发区从业人员中，10%以上具有中高级专业职称；有的国家级经济技术开发区聚集了所在城市1/3—1/2的海外留学人员。国家级经济技术开发区坚持“以人为本”，做好就业和再就业工作，不断扩大就业规模。截至2004年，国家级经济技术开发区内直接从业人员超过340万人。

国家级经济技术开发区经过20年的发展，已形成投资环境优势、管理体制优势、产业聚集优势、各类人才优势等不可替代的优势，初步形成了参与国际分工的开放型经济体系，在体制改革、制度创新等诸多方面进行了积极尝试，取得了明显成效，展望未来，国家级经济技术开发区将坚持“三为主，二致力，一促进”的发展方针，贯彻落实科学发展观，努力实现经济体制和经济增长方式的转变。认真总结经验，更加着重结构调整和优化升级，更加注重引进技术和开发创新，更加注重开发项目的质量和效益，更加珍惜和合理利用土地，开拓创新，扎实工作，进一步提高发展水平，成为新一轮国际生产要素重组和产业转移的承接地和重要载体，在推进开放型经济发展中发挥更大作用，在走新型工业化道路、切实转变经济增长方式、促进经济结构调整和区域经济协调发展、提高自主创新能力、大力发展节约型经济等方面创造新的经验，为促进国民经济发展和实现全面建设小康社会目标作出积极贡献。

2004 年国家级经济技术开发区主要经济指标

经济指标	全国同比增幅（%）	54 个国家级开发区			33 个国家级开发区		
	2004 年	2004 年	2003 年	增幅（%）	2004 年	2003 年	增幅（%）
国内生产总值（亿元）	9.50	6 601.44	4 985.01	32.43	4 830.52	3 676.45	31.39
其中：工业增加值（亿元）	11.50	4 855.62	3 602.08	34.80	3 577.41	2 697.02	32.64
工业总产值（现价）（亿元）		17 949.11	12 957.13	38.53	13 485.07	9 706.34	38.93
税收收入（亿元）	25.68	933.04	756.64	23.31	668.48	558.07	19.79
进出口总额（亿美元）	35.69	1 662.08	1 008.66	64.78	1 211.69	747.85	62.02
其中：出口（亿美元）	35.40	803.04	488.80	64.29	604.92	379.11	59.56
进口（亿美元）	36.00	859.04	519.86	65.24	606.77	368.74	64.55
合同外资金额（亿美元）	33.38	220.64	202.71	8.85	159.97	165.08	-3.10
外商实际投资（亿美元）	13.32	136.07	103.29	31.74	101.02	79.63	26.86

经济指标	16 个中西部国家级开发区			5 个其他特殊经济区域		
	2004 年	2003 年	增幅（%）	2004 年	2003 年	增幅（%）
国内生产总值（亿元）	649.05	467.91	38.71	1 121.87	840.66	33.45
其中：工业增加值（亿元）	409.56	290.49	40.99	868.65	614.57	41.34
工业总产值（现价）（亿元）	1 351.40	956.74	41.25	3 112.63	2 294.05	35.68
税收收入（亿元）	68.79	50.19	37.05	195.77	148.38	31.94
进出口总额（亿美元）	27.64	18.15	52.29	422.75	242.66	74.21
其中：出口（亿美元）	13.93	7.59	83.60	184.19	102.10	80.41
进口（亿美元）	13.71	10.56	29.89	238.56	140.56	69.72
合同外资金额（亿美元）	14.25	10.19	39.87	46.42	27.44	69.14
外商实际投资（亿美元）	7.08	6.74	5.12	27.98	16.93	65.28

2004年33个国家级经济技术开发区国内生产总值情况表

单位：万元

开发区名称	2004年	2003年	2004年增长率（%）
广　州	5 620 708	4 230 622	32.86
天　津	5 302 181	4 452 278	19.09
昆　山	4 113 729	2 722 788	51.09
大　连	3 610 120	3 002 340	20.24
青　岛	2 762 754	2 122 000	30.20
漕河泾	2 417 106	1 484 543	62.82
烟　台	2 023 434	1 400 097	44.52
长　春	1 920 102	1 601 254	19.91
宁　波	1 768 130	1 315 443	34.41
沈　阳	1 569 421	1 205 200	30.22
杭　州	1 300 341	985 383	31.96
北　京	1 270 700	854 300	48.74
福　州	1 173 499	1 010 833	16.09
武　汉	1 168 600	1 068 400	9.38
闵　行	958 078	692 023.50	38.45
芜　湖	958 000	754 000	27.06
南　沙	911 523	412 587	120.93
哈尔滨	907 356	736 875	23.14
福清融侨	855 904	500 259.29	71.09
营　口	800 000	601 000	33.11
南　京	795 172	611 472	30.04
重　庆	771 321	724 849	6.41
秦皇岛	732 138	520 043	40.78
威　海	710 265	505 500	40.51
温　州	663 500	545 000	21.74
南　通	622 152	464 661	33.89
虹　桥	533 639	470 108	13.51
连云港	524 165	451 304	16.14
萧　山	465 440	423 029	10.03
惠州大亚湾	446 230	350 231	27.41
湛　江	348 172	288 959	20.49
乌鲁木齐	159 547	144 890	10.12
东　山	121 757	112 182	8.54
合　计	**48 305 184**	**36 764 453.79**	**31.39**

2004年33个国家级经济技术开发区工业总产值（现价）情况表

单位：万元

开发区名称	2004年	2003年	2004年增长率（%）
天　津	18 221 439	12 513 994	45.61
广　州	13 384 948	8 958 698	49.41
昆　山	12 611 816	8 521 051	48.01
大　连	7 121 300	5 982 000	19.05
北　京	6 800 000	4 500 000	51.11
南　京	6 211 563	3 473 998	78.80
青　岛	6 061 136	4 693 000	29.15
漕河泾	5 634 222	3 906 693	44.22
杭　州	5 042 764	3 301 302	52.75
宁　波	5 037 677	3 800 000	32.57
沈　阳	4 595 920	3 401 650	35.11
长　春	4 560 410	3 800 250	20.00
烟　台	4 101 686	3 001 605	36.65
福清融侨	3 663 113	2 357 768.04	55.36
哈尔滨	3 318 000	2 644 000	25.49
芜　湖	2 914 000	2 183 000	33.49
闵　行	2 737 367	2 306 745	18.67
福　州	2 722 998	2 159 714	26.08
武　汉	2 596 000	2 447 100	6.08
重　庆	2 104 246	1 911 438	10.09
秦皇岛	2 028 668	1 349 673	50.31
萧　山	1 939 361	1 514 213	28.08
南　沙	1 701 290	764 783	122.45
温　州	1 657 474	1 324 590	25.13
营　口	1 642 232	1 243 761	32.04
南　通	1 603 953	1 228 780	30.53
连云港	1 483 236	1 251 631	18.50
威　海	1 409 700	911 801	54.61
湛　江	857 346	701 662	22.19
惠州大亚湾	515 954	372 873	38.37
乌鲁木齐	328 368	311 078	5.56
东　山	242 528	224 563	8.00
虹　桥	0	0	0
合　计	**134 850 715**	**97 063 414.04**	**38.93**

2004年33个国家级经济技术开发区工业增加值情况表

单位：万元

开发区名称	2004年	2003年	2004年增长率（%）
广　州	4 553 200	3 139 575	45.03
天　津	4 359 123	3 511 682	24.13
昆　山	3 342 131	2 241 036	49.13
大　连	2 062 001	1 730 000	19.19
漕河泾	1 971 978	1 367 342	44.22
青　岛	1 613 692	1 265 847	27.48
长　春	1 408 050	1 140 900	23.42
宁　波	1 308 100	980 660	33.39
烟　台	1 257 050	900 511	39.59
沈　阳	1 252 421	940 135	33.22
杭　州	1 073 244	843 334	27.26
北　京	1 072 000	747 000	43.51
闵　行	952 316	673 243.20	41.45
武　汉	886 800	851 200	4.18
芜　湖	876 000	643 000	36.24
福清融侨	835 778	495 131.29	68.80
哈尔滨	760 000	601 000	26.46
福　州	747 437	632 892	18.10
南　京	704 645	538 622	30.82
重　庆	619 375	627 580	-1.31
南　沙	579 659	310 717	86.56
威　海	482 728	307 700	56.88
温　州	452 490	358 932	26.07
秦皇岛	442 400	326 907	35.33
连云港	420 554	357 898	17.51
萧　山	414 269	385 041	7.59
南　通	370 204	255 656	44.81
营　口	354 400	284 000	24.79
湛　江	298 356	245 582	21.49
惠州大亚湾	122 818	94 939	29.37
乌鲁木齐	108 109	104 758	3.20
东　山	72 814	67 369	8.08
虹　桥	0	0	0
合　计	**35 774 142**	**26 970 189.49**	**32.64**

2004 年 33 个国家级经济技术开发区税收收入情况表

单位：万元

开发区名称	2004 年	2003 年	2004 年增长率（%）
广　州	1 119 669	752 634	48.77
天　津	733 904	868 222	-15.47
昆　山	359 750	259 428	38.67
大　连	332 681	382 500	-13.02
宁　波	312 237	205 500	51.94
北　京	304 000	285 748	6.39
青　岛	296 749	211 990	39.98
闵　行	248 304.80	197 575.40	25.68
烟　台	247 870	171 437	44.58
沈　阳	200 381	168 342	19.03
重　庆	187 404	152 066	23.24
哈尔滨	180 889	148 000	22.22
芜　湖	177 000	120 000	47.50
杭　州	174 961	183 546	-4.68
漕河泾	166 240	138 103	20.37
武　汉	164 575	182 885	-10.01
南　京	154 292	100 942	52.85
长　春	141 404	133 943	5.57
萧　山	140 283.20	71 468	96.29
南　沙	138 716	86 624	60.14
温　州	112 927	94 461	19.55
福　州	112 649	92 173	22.21
南　通	103 484	80 326	28.83
惠州大亚湾	83 609	68 488	22.08
连云港	78 208	65 089	20.16
营　口	77 540	56 617	36.96
秦皇岛	75 680	64 113	18.04
威　海	74 226	58 328	27.26
福清融侨	66 500	57 500	15.65
湛　江	39 190	37 286	5.11
乌鲁木齐	36 014	46 327	-22.26
虹　桥	33 877	30 110	12.51
东　山	9 624	8 912	7.99
合　计	**6 684 838**	**5 580 683.40**	**19.79**

2004 年 33 个国家级经济技术开发区出口总额情况表

单位：万美元

开发区名称	2004 年	2003 年	2004 年增长率（%）
昆　山	1 139 149	631 002	80.53
天　津	1 117 503	688 617	62.28
漕河泾	552 988	242 822	127.73
广　州	475 549	322 570	47.43
大　连	400 326	361 200	10.83
福清融侨	341 559	195 603.01	74.62
杭　州	254 136	116 435	118.26
北　京	232 482	159 265	45.97
南　京	231 533	96 456	140.04
宁　波	197 896	125 000	58.32
青　岛	177 059	95 470	85.46
烟　台	100 436	66 766	50.43
南　沙	95 849	41 047	133.51
萧　山	86 743	62 716	38.31
南　通	79 060	65 841	20.08
福　州	72 539	58 235	24.56
闵　行	54 211	45 343.30	19.56
温　州	52 647	38 750	35.86
沈　阳	49 382	26 991	82.96
秦皇岛	44 379	26 043	70.41
威　海	43 300	30 018	44.25
营　口	40 532	33 625	20.54
湛　江	37 022	33 505	10.50
惠州大亚湾	33 739	34 042	-0.89
长　春	31 641	61 930	-48.91
哈尔滨	22 861	19 374	18.00
连云港	20 137	16 850	19.51
芜　湖	19 388	6 108	217.42
乌鲁木齐	18 074	23 259	-22.29
武　汉	10 829	12 100	-10.50
东　山	8 948	8 100	10.47
重　庆	7 300	3 388	115.47
虹　桥	0	42 654	-100.00
合　计	**6 049 197**	**3 791 125.31**	**59.56**

2004 年 33 个国家级经济技术开发区进口总额情况表

单位：万美元

开发区名称	2004 年	2003 年	2004 年增长率（%）
天　津	1 000 228	690 456	44. 86
昆　山	847 470	528 533	60. 34
广　州	594 997	391 813	51. 86
漕河泾	548 259	251 569	117. 94
大　连	422 866	309 490	36. 63
北　京	386 279	201 634	91. 57
福清融侨	311 885	169 983. 95	83. 48
南　京	267 006	109 753	143. 28
宁　波	251 856	145 560	73. 03
杭　州	222 128	114 480	94. 03
青　岛	168 070	63 958	162. 78
烟　台	158 178	112 063	41. 15
福　州	134 730	104 171	29. 34
南　沙	130 380	33 474	289. 50
南　通	66 150	45 972	43. 89
闵　行	62 189	50 320. 50	23. 59
武　汉	55 580	40 861	36. 02
重　庆	54 700	26 017	110. 25
连云港	54 262	30 110	80. 21
秦皇岛	50 391	35 060	43. 73
沈　阳	45 200	28 800	56. 94
威　海	38 300	22 050	73. 70
芜　湖	32 530	23 409	38. 96
萧　山	31 887. 10	23 669	34. 72
长　春	29 625	11 372	160. 51
营　口	25 140	13 000	93. 38
哈尔滨	23 176	18 000	28. 76
湛　江	16 791	14 083	19. 23
惠州大亚湾	14 749	18 186	－18. 90
温　州	14 017	11 830	18. 49
乌鲁木齐	6 436	5 615	14. 62
东　山	2 239	2 166	3. 37
虹　桥	0	39 920	－100. 00
合　计	**6 067 694. 10**	**3 687 378. 45**	**64. 55**

2004年33个国家级经济技术开发区合同外资金额情况表

单位：万美元

开发区名称	2004年	2003年	2004年增长率（%）
天　津	192 171	127 432	50.80
青　岛	182 963	232 867	-21.43
广　州	131 709	128 367	2.60
北　京	114 283	41 829	173.21
昆　山	111 324	113 155	-1.62
宁　波	104 058	80 050	29.99
大　连	96 060	142 149	-32.42
烟　台	64 952	53 946	20.40
长　春	53 459.60	37 892.90	41.08
杭　州	52 026	40 222	29.35
南　京	51 078	60 448	-15.50
沈　阳	49 888	42 812	16.53
南　通	49 694	54 595	-8.98
南　沙	48 832	64 12	661.57
营　口	35 872	20 510	74.90
武　汉	34 567	228 273	-84.86
哈尔滨	30 435	22 500	35.27
秦皇岛	27 307	24 509	11.42
萧　山	26 061	21 148	23.23
连云港	23 961	24 841	-3.54
惠州大亚湾	22 726	21 764	4.42
威　海	20 906	28 171	-25.79
漕河泾	12 479	21 898	-43.01
重　庆	11 414	8 984	27.05
福　州	11 250	15 584.90	-27.81
温　州	10 118	8 050	25.69
福清融侨	9 289	14 038.09	-33.83
芜　湖	5 918	5 298	11.70
闵　行	5 892.84	1 708.85	244.84
湛　江	3 813	2 924	30.40
东　山	3 630	5 930	-38.79
虹　桥	989	11 424	-91.34
乌鲁木齐	580.80	1 083.70	-46.41
合　计	**1 599 706.24**	**1 650 816.44**	**-3.10**

2004年33个国家级经济技术开发区实际使用外资金额情况表

单位：万美元

开发区名称	2004年	2003年	2004年增长率（%）
青　岛	120 415	79 938	50.64
天　津	94 919	63 246	50.08
武　汉	76 596	47 000	62.97
昆　山	67 253	57 929	16.10
广　州	65 548	60 467	8.40
宁　波	58 005	50 252	15.43
北　京	57 160	26 356	116.88
大　连	54 000	59 600	-9.40
南　京	36 125	35 048	3.07
长　春	36 102.10	35 059.10	2.97
南　沙	31 003	8 170	279.47
沈　阳	30 715	26 003	18.12
惠州大亚湾	30 076	50 186	-40.07
杭　州	29 018	19 391	49.65
南　通	28 496	20 034	42.24
烟　台	25 469	22 071	15.40
福　州	21 028	9 514	121.02
威　海	20 448	13 435	52.20
漕河泾	17 310	11 941	44.96
哈尔滨	16 864	14 000	20.46
萧　山	14 726	12 600	16.87
营　口	14 514	7 395	96.27
秦皇岛	13 347	10 678	25.00
芜　湖	11 484	12 894	-10.94
福清融侨	9 225	10 139.82	-9.02
连云港	6 502	11 698	-44.42
闵　行	5 740.47	708.85	709.83
重　庆	5 028	3 465	45.11
温　州	4 538	2 610	73.87
湛　江	4 022	2 011	100.00
东　山	2 021.20	3 087.70	-34.54
虹　桥	1 985	9 134	-78.27
乌鲁木齐	472.80	240.40	96.67
合　计	**1 010 155.57**	**796 301.87**	**26.86**

2004 年 16 个中西部国家级经济技术开发区国内生产总值情况表

单位：万元

开发区名称	2004 年	2003 年	2004 年增长率（%）
合　肥	1 090 628	766 006	42. 38
长　沙	1 023 214	701 000	45. 96
南　昌	921 200	572 000	61. 05
西　安	710 413	565 160	25. 70
成　都	601 100	494 000	21. 68
呼和浩特	507 511	429 743. 60	18. 10
郑　州	312 892	239 000	30. 92
昆　明	266 135	200 334	32. 85
银　川	236 927	138 774	70. 73
贵　阳	217 415	173 937	25. 00
南　宁	200 674	132 961	50. 93
石河子	154 185	110 791	39. 17
太　原	86 782	34 805. 43	149. 33
西　宁	81 240	61 649	31. 78
兰　州	80 150	58 931	36. 01
合　计	**6 490 466**	**4 679 092. 03**	**38. 71**

2004 年 16 个中西部国家级经济技术开发区工业总产值（现价）情况表

单位：万元

开发区名称	2004 年	2003 年	2004 年增长率（%）
合　肥	2 810 088	2 010 096	39. 80
长　沙	2 178 752	1 470 663	48. 15
南　昌	1 963 500	1 013 000	93. 83
西　安	1 710 163	1 450 931	17. 87
呼和浩特	1 322 727	1 004 514	31. 68
成　都	663 240	534 200	24. 16
郑　州	464 174	313 850	47. 90
南　宁	434 887	306 496	41. 89
昆　明	424 380	335 660	26. 43
银　川	418 860	300 467	39. 40
石河子	380 147	287 458. 70	32. 24
贵　阳	327 655	241 951	35. 42
兰　州	176 812	150 683	17. 34
太　原	164 925	84 416. 71	95. 37
西　宁	73 724	63 012	17. 00
合　计	**13 514 034**	**9 567 398. 41**	**41. 25**

2004 年 16 个中西部国家级经济技术开发区工业增加值情况表

单位：万元

开发区名称	2004 年	2003 年	2004 年增长率（%）
合　肥	813 126	602 000	35.07
长　沙	638 517	431 198	48.08
南　昌	557 300	263 000	111.90
西　安	510 687	425 090	20.14
呼和浩特	454 180	396 493.80	14.55
成　都	232 210	180 000	29.01
昆　明	164 500	127 016	29.51
郑　州	148 167	110 255	34.39
银　川	132 714	47 609	178.76
南　宁	117 265	89 898	30.44
贵　阳	109 347	75 590	44.66
石河子	100 685	75 341	33.64
兰　州	53 044	43 698	21.39
太　原	44 733	21 324.80	109.77
西　宁	19 168	16 383	17.00
合　计	**4 095 643**	**2 904 896.60**	**40.99**

2004 年 16 个中西部国家级经济技术开发区税收收入情况表

单位：万元

开发区名称	2004 年	2003 年	2004 年增长率（%）
长　沙	114 571	83 158.80	37.77
合　肥	100 208	79 243	26.46
西　安	90 177	70 465	27.97
呼和浩特	86 637	68 039	27.33
昆　明	56 708	37 109	52.81
南　昌	50 258	31 527	59.41
郑　州	39 803	26 900	47.97
成　都	39 140	31 214	25.39
贵　阳	30 882	26 696	15.68
南　宁	24 049	13 825	73.95
银　川	20 545	15 021	36.78
石河子	13 790	10 079	36.82
兰　州	9 816	5 388	82.18
西　宁	7 443	2 381	212.60
太　原	3 878	885	338.19
合　计	**687 905**	**501 930.80**	**37.05**

2004 年 16 个中西部国家级经济技术开发区出口总额情况表

单位：万美元

开发区名称	2004 年	2003 年	2004 年增长率（%）
长　沙	35 094	17 141.03	104.74
合　肥	31 945	19 711	62.07
西　宁	11 841	412	2774.03
西　安	11 748	10 610	10.73
银　川	10 910	5 376	102.94
呼和浩特	8 369	4 149.57	101.68
南　昌	5 277	2 625	101.03
昆　明	4 820	2 370	103.38
贵　阳	4 634	3 750	23.57
成　都	3 439	2 192	56.89
南　宁	3 088	2 763	11.76
石河子	2 807.11	2 151.72	30.46
太　原	2 624	1 138.76	130.43
郑　州	2 297	800	187.13
兰　州	422	689	-38.75
合　计	**139 315.11**	**75 879.08**	**83.60**

2004 年 16 个中西部国家级经济技术开发区进口总额情况表

单位：万美元

开发区名称	2004 年	2003 年	2004 年增长率（%）
长　沙	48 934	35 592	37.49
合　肥	27 598	35 825	-22.96
西　宁	19 112	170	11 142.35
石河子	12 343.09	8 023.86	53.83
西　安	8 058	6 286	28.19
昆　明	4 944	3 621	36.54
南　昌	3 750	2 410	55.60
太　原	3 655	0.22	1 661 263.64
成　都	3 412	4 408	-22.60
银　川	2 507	4 251	-41.03
贵　阳	1 703	1 268	34.31
呼和浩特	744	8.61	8 541.11
兰　州	279	287	-2.79
郑　州	83	3 414	-97.57
南　宁	0	0	0
合　计	**137 122.09**	**105 564.69**	**29.89**

2004 年 16 个中西部国家级经济技术开发区合同外资金额情况表

单位：万美元

开发区名称	2004 年	2003 年	2004 年增长率（%）
西　安	24 193	26 896	-10. 05
南　昌	21 699	11 052	96. 34
郑　州	20 900	15 074	38. 65
长　沙	17 178	17 957	-4. 34
太　原	12 141	2 465. 86	392. 36
南　宁	11 827	9 062	30. 51
银　川	11 606	4 095	183. 42
呼和浩特	9 760	1 543	532. 53
合　肥	4 658	4 307	8. 15
成　都	2 160	3 178. 50	-32. 04
昆　明	1 604. 40	499	221. 52
西　宁	1 474	3 000	-50. 87
贵　阳	1 470	1 715	-14. 29
兰　州	1 000	100	900. 00
石河子	800	917. 50	-12. 81
合　计	**142 470. 40**	**101 861. 86**	**39. 87**

2004 年 16 个中西部国家级经济技术开发区实际使用外资金额情况表

单位：万美元

开发区名称	2004 年	2003 年	2004 年增长率（%）
南　昌	15 719	12 030	30. 67
西　安	10 709	9 103	17. 64
长　沙	10 110	12 006	-15. 79
合　肥	9 770	18 400	-46. 90
银　川	7 458	3 986	87. 10
郑　州	4 504	464	870. 69
呼和浩特	3 191	2 269. 30	40. 62
太　原	2 475	2 888. 18	-14. 31
成　都	2 461	1 976	24. 54
南　宁	1 257	2 709	-53. 60
兰　州	1 000	100	900. 00
贵　阳	753	705	6. 81
西　宁	596	65	816. 92
昆　明	432. 70	556. 70	-22. 27
石河子	400	125	220. 00
合　计	**70 835. 70**	**67 383. 18**	**5. 12**

2004年5个国家级工业园区国内生产总值情况表

单位：万元

开发区名称	2004年	2003年	2004年增长率（%）
苏州工业园区	5 027 000	3 651 000	37.69
金桥出口加工区	3 951 261	3 020 286	30.82
厦门海沧	1 334 700	1 015 000	31.50
宁波大榭	700 000	600 000	16.67
海南洋浦	205 780	120 284	71.08
合　计	**11 218 741**	**8 406 570**	**33.45**

2004年5个国家级工业园区工业总产值（现价）情况表

单位：万元

开发区名称	2004年	2003年	2004年增长率（%）
苏州工业园区	14 045 000	8 979 700	56.41
金桥出口加工区	12 340 731	10 381 938	18.87
厦门海沧	3 824 800	3 014 600	26.88
宁波大榭	801 485	483 679	65.71
海南洋浦	114 290	80 611	41.78
合　计	**31 126 306**	**22 940 528**	**35.68**

2004年5个国家级工业园区工业增加值情况表

单位：万元

开发区名称	2004年	2003年	2004年增长率（%）
金桥出口加工区	3 887 330	2 920 439	33.11
苏州工业园区	3 454 000	2 118 000	63.08
厦门海沧	1 113 000	922 000	20.72
宁波大榭	200 371	161 122	24.36
海南洋浦	31 753	24 183	31.30
合　计	**8 686 454**	**6 145 744**	**41.34**

2004年5个国家级工业园区税收收入情况表

单位：万元

开发区名称	2004年	2003年	2004年增长率（%）
金桥出口加工区	703 897	786 740	-10.53
苏州工业园区	690 893	449 931	53.56
厦门海沧	335 064	78 045	329.32
宁波大榭	163 817	125 019	31.03
海南洋浦	63 987	44 029	45.33
合　计	**1 957 658**	**1 483 764**	**31.94**

2004 年 5 个国家级工业园区出口总额情况表

单位：万美元

开发区名称	2004 年	2003 年	2004 年增长率（%）
苏州工业园区	1 188 487	596 302	99.31
金桥出口加工区	482 173	299 008	61.26
厦门海沧	138 800	100 900	37.56
宁波大榭	32 269	23 463	37.53
海南洋浦	183	1 292	-85.84
合　计	**1 841 912**	**1 020 965**	**80.41**

2004 年 5 个国家级工业园区进口总额情况表

单位：万美元

开发区名称	2004 年	2003 年	2004 年增长率（%）
苏州工业园区	1 625 093	839 328	93.62
金桥出口加工区	538 675	374 292	43.92
厦门海沧	115 700	105 700	9.46
宁波大榭	58 990	57 343	2.87
海南洋浦	47 157	28 966	62.80
合　计	**2 385 615**	**1 405 629**	**69.72**

2004 年 5 个国家级工业园区合同外资金额情况表

单位：万美元

开发区名称	2004 年	2003 年	2004 年增长率（%）
苏州工业园区	408 137	202 631	101.42
金桥出口加工区	32 385	37 746	-14.20
厦门海沧	22 215	20 076	10.65
海南洋浦	768	7 626	-89.93
宁波大榭	695	6 364	-89.08
合　计	**464 200**	**274 443**	**69.14**

2004 年 5 个国家级工业园区实际使用外资金额情况表

单位：万美元

开发区名称	2004 年	2003 年	2004 年增长率（%）
苏州工业园区	181 236	110 490	64.03
金桥出口加工区	50 652	17 684	186.43
海南洋浦	31 520	24 416	29.10
厦门海沧	15 047	14 936	0.74
宁波大榭	1 298	1 732	-25.06
合　计	**279 753**	**169 258**	**65.28**

中国对外贸易中心

CHINA FOREIGN TRADE CENTRE

主任:胡楚生
Chairman: Hu Chusheng

地　址:广州市流花路117号　　邮　编:510014
117 LIUHUA ROAD, GUANGZHOU,CHINA
电话:（020）86666920　　传 真:（020）86666920
网址: www.cantonfair.org.cn　　电子信箱: Msk2@cantonfair.org.cn

中国对外贸易中心是商务部直属事业单位，负责中国出口商品交易会（简称广交会）的组织、管理和承办工作。广交会创办于1957年春，由商务部和广东省人民政府联合主办，每年4月和10月在广州举行，在中国对外贸易的发展上发挥着十分重要的作用，是中国历史最长、格最高、规模最大、商品种类最齐全、到会采购商最多且国别地区分最广、效果最好的综合性国际经贸盛会之一。

广交会与时俱进，开拓创新，从2004年第95届广交会开始，形成琶洲展馆和流花路展馆同时分期办展的格局，使广交会展览总面积达56万平方米，展出净面积25万平方米。第96届广交会采购商来自2个国家和地区，达16.79万人，参展企业13330家，成交额超过272亿元。广交会展出规模、到会采购商和参展商人数均居国际大展前列。

广交会第一期（4月、10月15—20日）在琶洲展馆展出工业类商品在流花路展馆展出纺织服装类及食品医药类商品；第二期（4月、10 25—30日）在琶洲展馆展出日用消费品类商品，在流花路展馆展出礼类商品。

中国对外贸易中心下设企业集团——中国对外贸易中心（集团），要经营各种形式的展览（包括来华展览、出国/境展览和国内展览）、告、进出口贸易、旅游、宾馆、餐饮等业务。

China Foreign Trade Centre (CFTC), an organization unit directly l by the Ministry of Commerce of the People's Republic of China, is entirely charge of organization, management and undertaking of the Chinese Exp Commodities Fair (also known as Canton Fair). Co-hosted by the Minis of Commerce of the People's Republic of China and the People's Governme of Guangdong Province, the CECF is held in Guangzhou in every spring a autumn since its inauguration in the spring of 1957. With its characterist of the longest history, the highest level, the largest scale, the most compl variety of commodities, the biggest overseas attendance from the widest ra of countries and regions, and the best business turnover in China, the Fair, a comprehensive event of international importance, has played a very imp tant role in the development of China foreign trade.

The Canton Fair has been always keeping pace with the times by in vating and reforming. The 95th CECF conducted an important reform holding the Fair in two phases and in two complexes; expanding the Fair gross exhibition space to 560,000 M_, namely net exhibition space 250,000 M_. There were 13,330 Chinese enterprises and up to 167,900 ov seas buyers from 203 countries and regions attended this session participa the 96th CECF creating a total turnover of over USD27.2 billion. Now, w its exhibition scale, exhibitors and overseas attendance, the CECF is one the world best international exhibitions.

During the first phase in every April/October 15th 0th, Indust Products are exhibited in the Pazhou Complex, Garments and Medicine exhibited in the Liuhua Complex. During the second phase in ev April/October 25th-30th, Consumer Products are exhibited in Pazhou Co plex, Gifts are exhibited in the Liuhua Complex.

China Foreign Trade Centre has a subordinated company, China Fore Trade Centre (Group), which mainly handles a wide variety of business cluding conducting all kinds of foreign exhibitions in China and Chinese hibitions both at home and abroad; advertising; import and export busin tourism; hotel and restaurant, etc.

三联集团公司

三联商社

三联集团公司是山东省重点培植和实行省级计划单列的特大型企业，是一个以服务业为主导产业，以知识密集、技术密集和资金密集为特征的综合性经济组织。集团公司注册资本20亿元人民币，净资产近40亿元人民币。

1985年成立的三联，20年来，由成立之初资不抵债的小企业发展为中国现代服务业的领先者。目前，三联集团及其所投资的三联城市建设有限公司、三联商社股份有限公司、百灵信息科技公司、三联汇泉旅游股份有限公司和经济观察报业，已经在各自领域形成了山东乃至全国的竞争优势，打造出了“阳光舜城”、“三联家电”、“百灵宽带”、“汇泉”、“田横岛”、“经济观察报”等现代服务业知名品牌。

中国第一条商用宽带网—“百灵”信息网

Sanlian Group Corp. is a key super-huge enterprise supported by Shandong Provincial government and individual planned by the province. It is a comprehensive economic organization, with the service industry as the leading industry, and the knowledge-intensive, technology-intensive and fund-intensive as the character. The registered capital is 2 billion RMB, and the net capital is 4 billion RMB.

三联汇泉旅游旗下的国家AAA级旅游度假区—田横岛

Established in 1985, Sanlian has become a leader of the modern service industry in China from a small enterprise with the assets less than debt. At present, Sanlian Group and corporations invested by Sanlian, which are Sanlian Urban Construction Co., Ltd, Sanlian Commercial Co.,Ltd, Beelink Information & Science Co., Ltd, Sanlian Huiquan Tourism Co., Ltd and Economic Observer has won the competitive advantages in their own fields in Shandong and even in China. They have created the famous brands in service industry, such as the Sun City, Sanlian Household Electronic Appliance, Beelink Band, Huiquan, Tianheng Island, Economic Observe.

“橙色风暴”—经济观察报

三联城建开发的中国名盘—阳光舜城

上海市普陀区人民政府

由普陀区人民政府主办的上海国际花卉节每两年在长风公园举行

普陀区是上海的中心城区之一，位于上海西北部，区域面积55平方公里，户籍人口85万，地理位置优越，道路交通便利，是上海的陆上要津，有上海“西大堂”之美誉。

普陀区历史悠久，人文荟萃，旅游资源丰富，有闻名中外的玉佛寺、真如寺和沪西清真寺；有上海市区最大的山水公园——长风公园和华东地区最早的水族馆——大洋海底世界；有迄今为止我国最大的元代水利工程遗址志丹苑遗址等。

普陀区拥有良好的人居环境，住宅建设形成了“一线两区、五城”的新格局。全区公共绿地面积已达到217公顷绿化覆盖率达到21%，位居上海中心城区的前列。

普陀区是近代上海工业的发源地，也是现代上海重要的都市型工业基地。区内集聚了精细化工、生物制药、印刷包装、家具、食品等数十个行业的1500多家企业。

普陀区是上海新兴的商业中心，尤其以物资贸易和物资流通的功能更显突出。中山北路物贸街和长寿路商圈、梅川路商圈已基本形成，上海西北综合物流园区已初具规模，一大批宾馆、饭店和文化娱乐设施相继建成。

普陀区文化教育设施先进，医疗卫生条件完备。区内有华东师范大学、同济大学沪西分校、华东电力设计院、上海电器科学研究所等10余所大学和科研院所。

在新的世纪里，普陀区将遵循“全面建设新普陀”的宏伟目标，进一步发挥地理区位优越、道路交通便捷、经济辐射力强劲、规划建设布局合理等综合优势，优先发展现代服务业，继续提升房地产业、商业、工业三大支柱产业，全面展示上海“西大堂”之魅力。

Situated at the northwestern of Shanghai ,Putuo is a district within the city proper. There are 850,000 registered dwellers living on thi land coerving 55 km2. Putuo is boasting its excellent geographic location, convenient means of traffic. It is the key land post and honored as th "West hall " of Shanghai

Putuo hasa long history, assorted cultural forms and abundant tourist resources. It has the renowned Jade Buddle Temple, and Huxi Mosque, as well as the largest landscape park in Shanghai city proper-Changfeng Park, and the earliest aquarium in East China-the Great Ocea World. The relic of Zhidan Garden-the largest Chinese water control project in Yuan Dynasty is also located here.

Putuo is an excellent place for human habitation. The distribution of residential buildings is like a line divided into five pieces gathering i two regions. The public green space of Putuo has covered 217 hectare, making up to 21%of the total area. Its green coverage is one of the highest in Shanghai.

Putuo is the birthplace of modern Shanghai industry and a vital urban industrial base of Shanghai at present . It has gathered over 150 enterprises concerning more than 10 trades, such as fine chemical engineering, biopharmaceutics, printing and packing ,furniture and foodstuf

Putuo is a newly emerged business center with relatively complete functions of a city. It is recognzed as a trade center and commodity circulation center. The Zhongshan North Street and the business circle of Changshou Road and Meichuan Road has formed mature commercia atmosphere, and the Comprehensive Distribution Park in Shanghai Northwestern has basically taken into shape. A large naunber of hote ,restaurants, cultural and recreational facilities have been set up.

Putuo has advanced cultural and educational facilities and well-equipped medical and public health conditions. There are more than 1 universities and scientific research institutes in the district, such as East China Normal University, Branch School of Tongji University in wester Shanghai ,East China Electric Power Design Institute and Shanghai Scientific Research Center of Electric Apparatus.

In the new century, while wholly exerting its charm as the "Western Hall" of Shanghai, and aim at developing a renewed and well-established Putuo, Putuo will make fnll use of its location superiority and convenient transportat of traffic, powerfully improve it economy and city layout, give preference to modern service industry and make efforts to develop the 3 underpinning industries-realty industry, commerce and modern industry.

位于普陀区的上海万里城

中国冶金建设集团公司

CHINA METALLURGICAL CONSTRUCTION GROUP CORPORATION

董事长 党委书记 法人代表 杨长恒
Yang Changheng, Chairman of the Board, Party
Committee secretary and Corporate Legal Person

副董事长 党委副书记 马廷利
Mr.Ma Yanli, Vice Chairman, Deputy Party
Committee Secretary

董事 总经理 沈鹤庭
Mr.Shen Heting, Director, President

厦门国际会展中心 Xiamen International
Conference and Exhibition Center Project

中国冶金建设集团公司（中文简称中冶集团，英文简称MCC）是国家国资委监管的特大型企业集团，截止到2004年底，集团公司资产总额480亿元，拥有各类技术和管理人员45,000多人。集团拥有近70家全资和控股子公司。

中国冶金建设集团公司是多专业、跨行业、跨国经营、集科工贸于一体的综合性特大型企业集团，经营主业为EPC工程总承包、矿业资源开发、技术装备制造和房地产开发，涉及钢铁、市政、交通、电力、化工、矿山、轻工、环保、电子、有色、航天航空等多个领域。自1998年以来，中冶集团得到了快速发展，集团经营规模每年以近20%的速度增长，2004年集团营业收入达到537亿元，比1998年增长了335.5%。2004年，在中国企业500强中，中冶集团排名第41位；在全球最大工程承包商225强中排名第28位。2004年，中冶集团获得了“中国企业文化建设特殊贡献单位”、“中国企业文化建设十大杰出单位”荣誉称号。

中国冶金建设集团公司的发展目标是：工程为主、经营多样、技术密集、管理密集、资金密集、国内一流、世界驰名、跨国经营的现代化特大型企业集团。

China Metallurgical Construction Group Corporation (MCC Group) is a huge conglomerate under the direct guidance of SASAC of the State Council. By the end of 2004, the group company had an asset base amounting to RMB 48 billion yuan and a staff establishment of over 45,000 technical and managerial employees. MCC Group fully owns or controls about 70 subsidiaries.

MCC Group is a comprehensive multinational enterprise that is well recognized for its all round development in scientific research, manufacture and trading business. The company retains its focus on EPC engineering contraction, resources development, mechanical equipment fabrication and real estate property development. MCC Group has diversified business interests in steel industry, civic works, transportation, power generation, chemical industry, mining sector, environmental protection works, electronics, non-ferrous industry and aviation and space industry. The overall business turnover has been increasing rapidly at an annual rate of nearly 20% since 1998, and operational revenues hit a record of RMB 53.7 billion in 2004, a 335.5% increase compared with that of 1998.In year 2004, MCC Group was ranked the 41st of the top 500 major companies of China, and the American ENR record ranked the MCC Group as the 28th of the top 225 globally recognized contractors for the year. Again in 2004, MCC Group was honored as one of the best CI promoters in China, and became a national exemplary base for its outstanding corporate cultural establishment.

MCC Group is determined to keep on developing to become a recognized multinational conglomerate that engages in diversified business activities with a highlight in engineering contraction, and grows with integrated advantages in technical standing, management efficiency and financial resources.

宝钢三座容积为4000m³以上的特大现代化高炉及配套工程氧、氮、氩球罐群和大型高焦炉煤气柜
3 sets of extra large modernized BF of a capacity exceeding 4,000M³, with supporting oxygen, nitrogen and argon cylinders and large coke gas cabinet, Baosteel, Shanghai

缅甸大巴200t/d纸浆厂项目全景
bird-Eye View of 200t/d Thabaung
Paper Pulp Plant, Myanmar

郑州市人民政府

Zhengzhou Municipal People's Government

郑州市情简介

郑州，河南省省会，地处中国内陆经济腹地，九州之中、十省通衢，是全国重要的商贸中心和新亚欧大陆桥上的重要经济中心城市。郑州是国家开放城市、历史文化名城、卫生城市和科技进步先进城市，已跻身中国综合实力50强、投资硬环境40优行列。全市总面积7446.2平方公里，辖6区5市1县，全市总人口708.2万人。2004年，全市GDP达到1375亿元，全社会固定资产投资完成650亿元，社会消费品零售总额558.7亿元。近年来，郑州市实施开放带动战略，大力优化投资环境，对外开放步伐不断加快。截至2004年底，全市已设立外资企业2621家，实际使用外资22.37亿美元，日本日产、美国杜邦、德国曼、美国沃尔玛、法国家乐福等15家世界500强企业已在郑州投资兴业。目前，郑州正在加快发展，向中国区域性中心城市和商贸中心城市的目标迈进。

Zhengzhou, capital city of Henan province, is located at the hinterland of central China, center of central plains and passage of ten provinces. As an important national transportation hub and communication center as well as an important city in the Eurasian Continental Bridge. Zhengzhou is a national open city, historical cultural city , sanitary city and an advanced city in terms of science and technology ,and has ascened itself to be one of the state top 50 cities in comprehensive strength an top 40 in hard investment surroundings. Zhengzhou municipality with a population of 7.082 million consists of 6 districts and sub-cities and 1 county, covering the total area of 7446.2 square kilometers. In 2004 Zhengzhou garnered a gross product of 137. billion yuan, the fixed asset investment of the whole city amounted to 65 billion yuan, the total volume of the whole city reta sales of consumer goods reached 55.87 billion yuan. In the past years, Zhengzho has been active in optimizing the investment environment and carrying out th opening policy, which have accelerated its speed of opening to the outside worl By the end of 2004, 2621 foreign-invested enterprises have set up in Zhengzho with actual use of foreign capital of US 2.237 billion dollars, among which ther are 15 World 's Top 500 Enterprises , such as Japan's Nissan, US Do Port, Germa ny's MAN, US Walmart, France's Carreford and so on. At present, Zhengzhou fasterning its steps to achieve the goal of being a regional and commercial centr city in China.

郑州市人民政府
市长：王文超
地址：郑州市人民政府（中原西路233号
邮编：45000
电话：（0371）6718209
传真：（0371）6744639

武进区政府

武进位于长江三角洲的中心地带，地理条件优越，交通便捷。全区总面积1242平方公里，总人口93万人；下辖22个乡镇，设江苏省武进高新技术产业开发区和江苏省武进外向型农业综合开发区。

作为中国最具发展潜力、经济最活跃的长三角重要的制造业配套基地，武进民营经济发达，制造业基础雄厚。2004年完成国内生产总值388亿元，在全国百强县(区)中列第八位。

武进拥有悠久执着的人文传统，儒风蔚然，人才辈出。中国首家以高等职业教育为特色的大学城落户武进，专业培养高素质的制造业技术人才，为产业发展注入强大动力。

古淹城遗址

区委书记：杨建
区　　长：李小平
招商热线：(0519)6310191
网　　站：www.wj.gov.cn

Wujin, located in the central area of the Yangtze River Delta, is endowed with advantageous geographical position and convenient transportation. Wujin District covers an area of 1,242 square kilometers and has a population of 930,000, with 22 subsidiary towns, Wujin Hi-Tech Development Zone and Wujin Comprehensive Development Zone for Foreign-oriented Agriculture under its administration.

As a key manufacturing base in the Yangtze River Delta which owns the greatest potentiality and the most booming business, Wujin has a well-developed private economy and soud-based manufacturing industry. In the Year 2004, the GDP in Wujin District reached RMB38.8 billion, ranking the eighth among the Hundred Rowerful Counties (Districts) according to the comprehensive strength all over the country.

Wujin is bestowed with long and continual humane tradition, flourishing literary environment and a galaxy of talents. Changzhou University Town, the first of its kind in China featuring the advanced professional education, was set up in Wujin, with an aim to cultivate and train high-quality technicians in the manufacturing industry, which in turn will inject great power to the industrial development.

Party Secretary of Wujin District: Yang Jian
Head of Wujin District:Li Xiaoping
Government website:www.wj.gov.cn
Investment hot line:(0519)6310191

武进中心区全景

黄石市商务局

HUANG SHI MUNICIPAL PEOPLE GOVERNMENT

市长：肖旭明
Mayor:Xiao Xuming

黄石位于长江中游南岸，湖北省东南部，是我国中部重要的原材料工业基地，1993年被国家批准为沿江开放城市。改革开放以来，黄石坚定不移地实施外向带动战略，大力发展外向型经济，以提高黄石经济的开放度与城市国际化水平为目标，以增强城市综合实力为中心，以国际国内市场为导向，以武汉为依托， 以开发区为龙头，以开放引外资，以外资带外贸，以外贸促发展，初步形成了一、二、三产业全面开放开发，外贸、外资、外经、口岸同步协调发展，开放功能日趋完善，区域经济布局合理，企业国际化、多元化和集团化发展的全方位、多层次、宽领域的对外开放格局。

经过近几年的发展壮大，黄石的对外贸易稳步增长，出口创汇企业扩大到50多家，出口市场拓展到60余个国家和地区，出口产品发展到13大类84种，初步形成了服装、纺织品、鞋、电解铜、钢材、锻压机械、柠檬酸等大宗拳头产品。2004年全市出口创汇2.235亿美元，位居全省第三，获湖北省政府外贸出口突出贡献奖。

“十五”期间黄石对外开放向深层次扩大，利用外资向规模化、效益化拓展，实际利用外资水平和质量得到有效提高。“十五”期间截至2004年，全市累计实际利用外资总额达6.5559亿美元，全市实有外商投资企业160家，外商投资企业投产121家，投产率达75.6%。2004年，外商投资企业实现产值28.6亿元，上交税收8029万元，实现利润达6494万元，出口创汇1.568亿美元。全市利用外资总额位居全省第二。

发展中的黄石正在实施经济国际化战略，抢抓我国入世机遇，大力推动资本投入国际化，企业经营外向化，出口渠道立体化，国际市场多元化，商贸流通现代化。在新一轮扩大开放的大潮推动下，黄石的商务事业必将更加辉煌。

2004 MANUSCRIPT OF CHINA COMMERCIAL YEARBOOK
HUANG SHI MUNICIPAL BUREAU OF COMMERCE

Located at south bank of middle reaches of the Chanjiang River---southeast Hubei province, Huangshi is the key raw-material industrial base in middle China. It has been authorized to be an open city along the Changjiang River since 1993. Ever since reform and opening, Huangshi has always stably executed the out ward driving strategy, to greatly develop its outward-oriented economy. Aiming at promoting the opening degree of Huangshi economy and internationalization standard of our city, centralizing on strengthening city's general strength, taking the home and abroad markets as guidance, Huangshi is with Wuhan as support, with the development zone as pilot, with its opening to introduce foreign capital, with its foreign capital to promote foreign trade, and with its foreign trade to stimulate development, thus having primarily formed its omnibearing, multi-level and wide-pattern structure of opening to the outside world, with complete opening and development of primary, second and third industries, with the synchro and harmonized development of foreign functions, with reasonable regional economic structure and internationalized, multipleunit and collectivized development.

With latest several years' development and grandness, the foreign trade in Huangshi has been increasing stably. The enterprises with export for earning foreign currency have expanded to be over 50 ones; the export markets have extended to be over 60 countries and regions; the export products have developed to be 84 kinds into 12 categories. It has primarily formed many pillar products including garments, textiles, shoes, electrolytic copper, steel products, forging machines, citric acid and others. The citywide export for earning foreign currency was 223.5 million USD in 2004, staying at the third largest in whole province and having gained the award for outstanding contribution of foreign trade export in Hubei provincial government.

During the "10th Five-year Plan" period, Huangshi's opening to the outside world is expanding towards deeper level; foreign capital introduction is expanding towards large scale and high efficiency, both of which have efficiently promoted the actual standard and quality of foreign capital utilization. Till the end of 2004 during the "10th Five-year Plan" period, total amount of actual citywide foreign capital introduction reached 655.59 million USD.160 foreign-invested enterprises have existed in whole city, with 121 ones already in production, which stands 75.6% of all enterprises. In 2004 foreign-invested enterprises realized production value RMB 2.86 billion Yuan. The revenue paid was RMB 80.29 million Yuan; the profit reached RMB 64.94 million Yuan; the export for earning foreign currency was 156.8 million USD. The citywide total amount of foreign capital introduction stays at the second largest one in whole province.

The developing Huangshi is now active in implementing the strategy of economic internationalization. With seizing the opportunity of China's entry into WTO, it is greatly promoting the capital-input internationalization, the outward-oriented business operation, the stereo export channels, as well as the modernization of commercial & trade distribution. Under the new-round springtide's promotion of opening China wider to the outside world, the commercial business of Huangshi is expected to be more resplendent.

温州市对外贸易经济合作局

温州市对外贸易经济合作局，是主管对外贸易、外商投资和经济合作的市政府组成部门。机关内设9个职能处室，在编工作人员48人。多年来，该局始终坚持以改革的精神，求真务实，开拓创新，积极推动开放型经济发展，全市对外贸易不断扩大，利用外资快速推进，对外经济技术合作特色鲜明，促进全市经济社会持续快速发展。2004年，全市累计完成进出口总额59.7亿美元，同比增长33.3%，其中出口45.8亿美元，同比增长33.7%。合同外资5.1亿美元，同比增长71.5%；实际利用外资2.1亿美元，同比增长74.2%。新批设立境外机构74家，境外投资带动商品出口5.2亿美元。

Wenzhou Foreign Trade & Economic Cooperation Bureau, the one of the Wenzhou Municipal Governmental departments, is in charge of the administration of foreign trade, foreign investment and foreign economic cooperation. There are 9 departments and 48 workers in the bureau. In recent years, the bureau has been keeping on the truth-seeking and pioneering spirit of reform to actively promote the development of open economy. The rapid development of foreign trade, expanding of utilizing foreign funds and foreign economic and technological cooperation with striking characteristics have contributed to the stable and rapid development of Wenzhou's economy and society. In 2004, the total values of import and export reached US$5.97 billion, up 33.3% compared to the previous year. Of that, export value reached US$4.58 billion, up 33.7%. Contracted foreign funds amounted to US$510 million, up 71.5% and actual utilized foreign funds amounted to US$210 million, up 74.2%. Seventy-four institutions abroad were approved to establish, which led to US$520 million of export value.

新疆外经贸厅情况简介

外经贸厅主要工作职能

外经贸厅是归口管理全区对外贸易经济合作的职能部门，其主要职能包括：执行国家对外贸易、经济合作和外商投资的法律、法规和方针、政策，拟定地方性的相关政策，实施细则和管理办法并组织实施；负责全区进出口配额计划的编报、下达和组织实施及管理工作；归口管理全区吸引外资工作、对外经济合作工作及，管理技术出口贸易合同；会同有关部门实施科技兴贸战略及配套政策；协调有关部门运用法律、经济手段和必要的行政措施，规范外经贸活动，健全外经贸体系，为全区外经贸业务提供有关信息咨询服务；在国家商务部和自治区政府授权下，参与周边国家区域性经贸合作组织活动，负责与我国驻周边国家大使馆经商处有关业务联系工作等。外经贸厅已成功承办了13届由商务部批准、新疆人民政府主办的乌鲁木齐对外经济贸易洽谈会，多年来已在中亚区域经贸合作领域取得了丰厚的成果。

厅属单位机构设置情况：

厅机关内设处室12个，包括办公室、人事处、计划财务处、贸发处、贸管处、外国投资管理处、对外经济技术合作处、政策法规信息处、机电产品进出口处等，行政编制64名，事业编制10名，现有人员75人。

厅属事业单位情况：

边境贸易管理局、乌洽会办公室、机关服务中心、新疆国际博览中心

XINJIANG DEPARTMENT OF FOREIGN TRADE & ECONOMIC COOPERATION

Mission:

To implement law, regulation and guidolinoc, policico of foreign trade, economic cooperation and foreign investment; to formulate and implement regional concerning policies, implementation rules and administrative measures. To be responsible for the work of submitting and transmitting, organizing the implementation and managing the import and export quota plan; to manage the work of attracting foreign investment, foreign economic cooperation and technologyexport trade.To implement strategy and policies of reinvigorating trade by science and technology; Coordinating with concerned department, to regulate foreign trade and economic activities, improve foreign trade and economic system, provide information-consulting service;Authorized by the Ministry of Commerce and People Government of Xinjiang Autonomous Region, to participate activities of regional economic cooperation in bordering countries; to keep in touch with the Commercial Counselor office of the Embassy of China in bordering countries,Xinjiang Department of Foreign Trade & Economic Cooperation has been hosted Urumqi Foreign Economic Relations & Trade Fair for 13 times, and achieved good results in the section of economic & trade cooperation in Mid-Asian region.

Office Allocation

There are 12 offices in Department which are: General Office, Human Resource Office, Planning and Finance Office, Trade Development Office, Office of Trade Management, Office of Foreign Investment Administration, Office of ForeignEconomic Cooperation, Policy Researching Office, Office of Import & Export of Electromechanical Products.

Others

Bureau of Frontier Trade Administration, Urumqi Fair Office; Service Center, Xinjiang International Exhibition Center

中心主任王玉武（左二）、副主任李书敏（左一）、何静（右二）、谈亚军（右一）研究工作

Gansu Provincial Investment and Trade Promotion Centre

甘肃省投资贸易促进中心

甘肃省投资贸易促进中心隶属甘肃省商务厅，主要负责中国兰州投资贸易洽谈会组织委员会的日常工作和全省招商引资、投资贸易促进及会展服务工作等。负责每年一届兰洽会的策划、组织和实施工作，全省招商引资项目的推介、协调和服务。承担甘肃省对外投资贸易促进和会展工作的指导、协调和服务工作。归口管理各类商务交易会、展览会、展销会等活动。承办省政府、省商务厅确定组织参加的国内外大型节会。策划并组织实施省内外大型投资贸易促进活动，推介和培育甘肃名优产品，组织相关的专业培训、研讨会、洽谈会、展览会等。从事投资贸易促进与会展业务有关的咨询、策划和信息服务。

Gansu Provincial Investment and Trade Promotion Centre

Gansu Provincial Investment and Trade Promotion Centre is subordinate to the Commercial Department of Gansu Province.It mainly responsible for the routine work of the Office of the Organizing Committee of is Lanzhou Investment and Trade Fair,for inviting and absorbing foreign investment, for introducing projects and famous quality products of Gansu Province to the outside .The Center, under centralized management of the Commerce Department of Gansu Province,is aiso resporrsible for managing and organizing of variouo kinds of trade and commodity fairs and exhibitions held both at home and abroad,It plans,organizes and carries out China Lanzhou Investment and Trade Fair that is held every year in Lanzhou and otler important promotional investment and trade activitis both in or out of the province, organizes specialized training, forum ,negotiation and exhibition and engages in consulting,planning and information about investment and trade promotion and exhibition service work.

神舟五号载人飞船发射成功 郭振强 摄

Beijing 2008
AIR CHINA 中国国际航空公司
北京2008年奥运会航空客运合作伙伴
AIRLINE PARTNER OF THE BEIJING 2008 OLYMPIC GAMES

海尔集团

Haier 海尔

海尔集团创立于1984年，20年来持续稳定发展，已成为在海内外享有较高美誉的大型国际化企业集团。产品从1984年的单一冰箱发展到拥有白色家电、黑色家电、米色家电在内的96大门类15100多个规格的产品群，并出口到世界160多个国家和地区。2004年，海尔全球营业额实现1016亿元。2004年，海尔蝉联中国最有价值品牌首位，品牌价值高达616亿元。2004年1月31日，世界五大品牌价值评估机构之一的世界品牌实验室编制的《世界最具影响力的100个品牌》报告揭晓，中国海尔唯一入选，排在第95位，实现中国品牌零的突破。企业发展的同时，海尔首席执行官张瑞敏也赢得世界的尊敬。1999年12月7日，英国《金融时报》评出“全球30位最受尊重的企业家”，张瑞敏荣居第26位。2004 年 8 月美国《 财富 》杂志选出“亚洲25位最具影响力的商界领袖”，张瑞敏排名第六位，是入选的中国大陆企业家中排名最靠前的。

Haier was incorporated in 1984 only producing household refrigerators. Over the past 20 years, the company has witnessed significant prosperity and is now a transnational organization widely recognized in the world community.Haier currently manufactures a wide range of household electrical appliances, 15,100 varieties of items in 96 product lines, and exports products to more than 160 countries. In 2004, Haier's global sales hit RMB101.6 billion and Haier brand topped all Chinese trademarks at a nationwide survey. On January 31, 2004, Haier was named one of the World's 100 Most Recognizable Brands in a global name brand list edited by the World Brand Laboratory, one of 5 world's brand evaluation organizations. As the only Chinese brand on the list, Haier was ranked 95th . CEO Zhang Ruimin was placed 26th on the list of the World's 30 Most Respected Entrepreneurs issued by Finance Times on 7th December, 1999 and 6th among the Asia's 25 Most Powerful People in Business in Fortune publication August, 2004.

首席执行官：张瑞敏
CEO ： Zhang Ruimin

址：青岛市高科园海尔路1号（海尔工业园）
.1，Haier Road，Hi-tech Zone, Qingdao
话：0532-8939999　传真：0532-8938999
址：www.haier.com 电子信箱info@haier.com

海尔国际物流中心

青岛海尔工业园

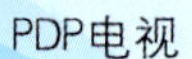

PDP电视

液晶电视

液晶显示器

地方商务
Local Commerce ↘

2004 年北京市商务发展概况

北京市商务局

北京市商务局局长

李昭　1967—1978 年期间先后在黑龙江生产建设兵团和北京第一无线电器材厂工作。1978—1982 年就读于中国人民大学工业经济系。毕业后就职于北京市政府，历任北京市计划委员会副主任、北京市宣武区区长、北京经济技术开发区管委会副主任等职。1999 年 9 月 16 日任北京市对外经济贸易委员会主任。2003 年 10 月任北京市商务局局长。

【国内贸易】

社会消费品零售总额　2004 年北京市社会消费品零售总额2 191.8亿元，比上年的1 916.7亿元增长 14.4%。其中，城镇消费品零售额1 855.9亿元；农村消费品零售额 336 亿元。分行业看，批发零售贸易业零售额1 778.7亿元，餐饮业零售额 190.2 亿元，其他行业零售额 222.9 亿元。

批发零售贸易业基本情况　截至 2004 年，共有限额以上（批发企业年销售额 2 000 万元以上；零售企业年销售额 500 万元以上）批发零售贸易企业 2 018 个，2004 年利税总额 218.8 亿元，比上年增长 70.5%；利润总额 167.4 亿元，增长 1.09 倍。连锁商业企业 152 个，比上年增加 6 个；连锁商业企业实现零售额 635.2 亿元，增长 32.6%。

批发零售贸易业商品购、销、存总额　批发零售贸易业商品销售总额 5 428.9 亿元，比上年的 4 587.3 亿元增长 18.4%，其中限额以上企业 5 028.8 亿元，限额以下企业 400.1 亿元。批发零售贸易业商品购进总额 5 446 亿元，其中市内购进 2 251 亿元，比上年的 1 745.6 亿元增长 29%；市外购进 2 019.4 亿元，比上年的 1 675.9 亿元增长 20.5%。批发零售贸易业年末库存总额 607.9 亿元。

市场物价　居民消费价格指数为 101（以上年价格为 100），其中食品类价格指数为 104.8，烟酒及用品 101.2，衣着 98.9，家庭设备用品及维修服务 96.9，医疗保健和个人用品 95.7，交通和通讯 95.7，娱乐教育文化用品和服务 101.5，居住 101.4。商品零售价格总水平比上年下降 0.8%。

【对外贸易】

进出口总额　2004 年北京市（地区）进出口总额 946.6 亿美元，比上年的 685.1 亿美元增长 38.2%；（地方）进出口总额 280.7 亿美元，比上年的 189.3 亿美元增长 48.3%。

出口总额　（地区）出口总额 205.7 亿美元，比上年的 168.6 亿美元增长 21.8%；（地方）出口总额 106.1 亿美元，比上年的 73.7 亿美元增长 44%，占全市 GDP4 283.3 亿元的 20.5%，占全国出口额 5 933.6 亿美元的 1.8%。

出口商品结构　（地区）初级产品出口额 49.4 亿美元，占出口总额的 24.8%；工业制成品出口额 149.7 亿美元，占出口总额的 75.2%。其中：机电产品出口额 97.3 亿美元，占出口总额的 47.1%；高技术产品出口额 58.2 亿美元，占出口总额的 28.1%。

出口商品市场　出口商品销往 205 个国家和地区。

进口总额　（地区）进口总额 740.8 亿美元，比上年的 516.6 亿美元增长 43.5%；（地方）进口总额 174.6 亿美元，比上年的 115.7 亿美元增长 51%。

进口商品结构　（地区）初级产品进口额 405.7 亿美元，占进口总额的 54.9%；工业制成品进口额 333 亿美元，占进口总额的 45.1%。

进口商品市场　进口商品来自 161 个国家和地区。

技术进出口 技术进出口总额28亿美元，比上年18.2 亿美元增长43%。

北京市2004年出口额1 000万美元以上商品情况表（地区企业）

金额分类	商品名称	出口金额（万美元）	占出口总额比重（%）
10 000万美元以上（26种）	电机、电气、音像设备及其零件；矿物燃料、矿物油及其产品，沥青物质，矿物蜡；核反应堆、锅炉、机械器具及其零件；非针织或非钩编的服装及衣着附件；特殊交易品及未分类商品；钢铁；钢铁制品；光学、照相、医疗等设备及零件；针织或钩编的服装及衣着附件；车辆及其零附件，但铁道及电车道车辆除外；船舶及浮动结构体；谷物；家具、寝具等，灯具，活动房屋；有机化学品；珠宝、贵金属及制品，仿首饰；杂项化学产品；铁道车辆，轨道装置，信号设备；航空器、航天器及其零件；肥料；塑料及其制品；蔬菜、水果等或植物其他部分的制品；橡胶及其制品；盐，硫磺，土及石料，石灰及水泥等；鞋靴、护腿和类似品及其零件；玩具、游戏或运动用品及其零件；肉、鱼及其他水生无脊椎动物	1 864 423	90.62
3 000万—10 000万美元（24种）	其他纺织制品，成套物品，旧衣着；皮革制品，旅行箱包，动物肠衣制品；其他贱金属、金属陶瓷及其制品；油籽，籽仁，工业用或药用植物，饲料；陶瓷产品；药品；食用蔬菜、根及块茎；铝及其制品；玻璃及其制品；地毯及纺织材料的其他铺地制品；棉花；木及木制品，木炭；贱金属器具、利口器、餐具及其零件；矿物材料的制品；羊毛等动物毛，马毛纱线及其机织物；乐器及其零件、附件；蚕丝；炸药，烟火，引火品，易燃材料制品；化学纤维短纤；贱金属杂项制品；纸及纸板，纸浆，纸或纸板制品；帽类及其零件；印刷品，手稿、打字稿及设计图纸；鱼及其他水生无脊椎动物	142 476	6.92
1 000万—3 000万美元（20种）	杂项制品；毛皮、人造毛皮及其制品；铝及其制品；编结材料制品，篮筐及柳条编结品；鞣料，着色料，涂料，油灰，墨水、油墨；化学纤维长丝；杂项食品；咖啡、茶、马黛茶及调味香料；可可及可可制品；锡及其制品；铜及其制品；特种机织物，簇绒织物，刺绣品等；其他动物产品；肉及食用杂碎；谷物粉、淀粉等或乳的制品，糕饼；食用水果及坚果，甜瓜等水果的果皮；洗涤剂、润滑剂、人造蜡、塑料膏等；絮胎、毡呢及无纺织物，线绳制品等；活动物	39 308	1.91
合　计	**70种**	**2 046 207**	**99.45**

北京市2004年主要出口市场情况表

国别（地区）	出口金额（万美元）	占出口总额比重（%）	国别（地区）	出口金额（万美元）	占出口总额比重（%）
日　本	281 333	13.67	德　国	84 411	4.10
美　国	256 454	12.46	印　度	60 174	2.92
韩　国	133 265	6.48	台湾省	55 358	2.69
香　港	130 695	6.35	新加坡	50 942	2.48
匈牙利	88 684	4.31	巴基斯坦	48 351	2.35
合　计				**1 189 668**	**57.82**

北京市2004年进口额1 000万美元以上商品情况表（地区企业）

金额分类	商品名称	进口金额（万美元）	占进口总额比重（%）
10 000万美元以上（34种）	矿物燃料、矿物油及其产品，沥青物质，矿物蜡；电机、电气、音像设备及其零件；核反应堆、锅炉、机械器具及其零件；钢铁；光学、照相、医疗等设备及零件；矿砂、矿渣及矿灰；谷物；肥料；有机化学品；航空器、航天器及其零件；棉花；动物、植物油、脂，蜡，精制食用油脂；车辆及其零附件，但铁道及电车道车辆除外；钢铁制品；无机化学品，贵金属等的化合物；塑料及其制品；化学纤维短纤；船舶及浮动结构体；油籽，籽仁，工业或药用植物；珠宝、贵金属及制品，仿首饰；羊毛等动物毛，马毛纱线及其机织物；木浆等纤维状纤维素浆，废纸；杂项化学产品；铜及其制品；药品；烟草、烟草及烟草代用品的制品；糖及糖食；食品工业的残渣及废料，配制的动物饲料；纸及纸板，纸浆，纸或纸板制品；橡胶及其制品；铝及其制品；活动物；特殊交易品及未分类商品；印刷品，手稿、打字稿及设计图纸；盐，硫磺，泥土及石料，石灰及水泥	7 259 289	97.99
3 000万—10 000万美元（16种）	玻璃及其制品；化学纤维长丝；鞣料，着色料，涂料，油灰，墨水、油墨；家具，寝具等，灯具，活动房屋；贱金属器具、利口器、餐具及其零件；贱金属杂项制品；铁道车辆，轨道装置，信号设备；镍及其制品；木及木制品，木炭；乳，蛋，蜂蜜，其他食用动物产品；食用水果及坚果，甜瓜等水果；可可及可可制品；钟表及其零件；食用蔬菜、根及块茎；其他贱金属、金属陶瓷及其制品；絮胎、毡呢及无纺织物，线绳索缆及其制品	97 753	1.32
1 000万—3 000万美元（21种）	特种机织物，簇绒织物，刺绣品；鱼及其他水生无脊椎动物；精油及香膏，芳香料制品及化合物；肉及食用杂碎；照相及电影用品；洗涤剂、润滑剂、人造蜡、塑料膏等；针织或钩编的服装及衣着附件；生皮（毛皮除外）及皮革；饮料、酒及醋；非针织或非钩编的服装及衣着附件；蛋白类物质，改性淀粉，胶，酶；陶瓷产品；杂项制品；鞋靴、护腿和类似品及其零件；蔬菜、水果等或植物其他部分的制品；其他植物纤维，纸纱线及其机织物；浸渍涂布包覆或层压的纺织工业用纺织制品；玩具、游戏或运动用品及其零件；矿物材料的制品；活植物，茎、根，插花、簇叶；针织物及钩编织物	42 785	0.58
合　计	**71种**	**7 399 827**	**99.89**

北京市2004年主要进口市场情况表

国别（地区）	进口金额（万美元）	占进口总额比重（%）	国别（地区）	进口金额（万美元）	占进口总额比重（%）
美　国	708 065	9.56	沙特阿拉伯	407 962	5.51
日　本	610 015	8.23	阿　曼	391 009	5.28
韩　国	471 092	6.36	德　国	365 782	4.94
俄罗斯	447 982	6.05	澳大利亚	236 509	3.19
安哥拉	411 614	5.56	新加坡	161 101	2.17
合　计				**4 211 131**	**56.85**

技术进口　北京地区企业登记技术进口合同1 615项，合同总金额21亿美元，增长26.4%。其中：技术费12.8亿美元，增长12.5%，占总金额的60.7%。地方企业登记技术进口合同1 093项，合同总金额9.2亿美元，下降5.5%。其

中：技术费8.3亿美元，增长0.48%，占总金额的91.3%。

技术出口 2004年经北京市技术市场管理办公室认定登记的技术出口合同370项，技术合同成交金额4.7亿美元，增长201.3%。

【利用外资】

北京市2004年批准外商投资企业基本情况一览表

（按投资方式分类）

金额单位：万美元

项目名称	项目数	投资总额	注册资本	合同外资
中外合资企业	569	548 817	291 028	133 700
中外合作企业	77	118 705	75 058	51 639
外资企业	1 160	584 163	428 048	433 304
外商投资股份有限公司		6 821	6 821	7 153
总 计	**1 806**	**1 258 506**	**800 955**	**625 796**

北京市截至2004年累计批准外商投资企业基本情况表

（按投资方式分类）

金额单位：万美元

投资方式	项目数	投资总额	注册资本	合同外资
中外合资企业	12 756	4 451 512	2 683 816	1 900 611
中外合作企业	1 696	1 933 416	929 357	1 185 597
外资企业	7 075	1 868 472	1 466 654	1 494 772
外商投资股份有限公司	20	264 371	265 764	104 464
其他	18	22 733	22 733	22 733
总 计	**21 565**	**8 540 503**	**5 368 323**	**4 708 177**

外商直接投资行业 外商直接投资项目中，按行业划分：农林牧渔业12个，采矿业6个，制造业558个，电力、煤气及水的生产和供应业8个，建筑业15个，交通运输、仓储及邮电通信业19个，信息传输、计算机服务和软件业370个，批发和零售业19个，住宿和餐饮业61个，金融业9个，房地产业69个，租赁和商务服务业414个，科学研究、技术服务和地质勘查业169个，水利、环境和公共设施管理业8个，居民服务和其他服务业27个，教育9个，文化、体育和娱乐业33个。

外商直接投资来源 截至2004年年底，共有114个国家和地区来北京市投资。在北京投资设立外商投资企业最多的仍是香港，共7 261家，合同外资187.2亿美元，占合同外资总额的39.8%；美国位居第二，共3 513家，52.3亿美元，占11.1%；欧洲各国1 613家，47.9亿美元，占10.2%；日本1 731家，42.5亿美元，占9.0%；英属维尔京群岛1 072家，40.8亿美元，占8.7%；韩国1 394家，18.2亿美元，占3.9%；台湾省2 013家，15.1亿美元，占3.2%。以下依次为新加坡、开曼群岛和加拿大。

外商直接投资企业生产经营情况 截至2004年底，已有5755家外商投资企业开业，共吸纳职工57.8万人。2004年实现销售收入4 128.2亿元，比上年增长32.4%；实现利润432.8亿元，增长64.6%；缴纳税金318.5亿元，增长29%。

【对外经济合作】

承包工程和劳务合作 签订对外承包劳务合作项目128个，合同金额8.1亿美元，比上年增长68.2%；完成营业额6亿美元，增长70.7%；外派劳务人数1 551人，增长15.5%。对外承包工程大项目增多，合同额1 000万美元以上项目有17个，合同额达38 496万美元，增长66.7%，占本年度新签合同总额的75.8%。同时，科技含量高的对外承包工程项目已占到对外承包工程合同额的19.5%。

对外经济技术援助 共有8家企业承担了援外项目39项，其中援外工程项目4项，援外物资项目8项，援外设计、咨询、工程监理项目7项，其他项目20项。受援国家包括巴布亚新几内亚、卢旺达、坦桑尼亚、赤道几内亚等30多个国家。北京建工集团有限责任公司承担的援坦桑尼亚国家体育场项目合同额达4 922万美元。

对外投资 批准境外投资项目共51个，投资总额为5.02亿美元，其中中方投资额为2.14亿美元，占投资总额的42.62%。新批项目中贸易项目4个，技贸项目8个，生产性项目6个，工程承包项目8个，办事处、联络处、技术研发、售后服务等项目25个。项目分布在美国、加拿大、香港、韩国、新加坡、埃塞俄比亚、日本、澳大利亚、英国、俄罗斯、孟加拉国、坦桑尼亚、赤道几内亚、安哥拉、尼泊尔等25个国家和地区。其中在发展中国家和地区投资的项目18个，占项目总数的35.29%；在发达国家和地区投资的项目33个，占项目总数的64.7%。

2004年天津市商务发展概况

天津市商务委员会

天津市商务委员会主任

李泉山 生于1952年2月。中共党员。研究生学历。1985年起先后任天津市日杂公司副经理、党委书记，1992年1月任天津市供销合作总社副主任，1994年7月任天津市集体经济办公室主任、党组书记，1996年7月任天津市体改委副主任，1997年12月任天津市商业委员会主任，2004年7月任天津市商务委员会主任。

【国内贸易】

社会消费品零售总额 2004年天津市社会消费品零售总额1 052.70亿元人民币，比上年的922.27亿元增长14.14 %。其中，城市消费品零售额982.87亿元，县消费品零售额39.35亿元，县以下消费品零售额30.5亿元。分行业看，批发零售贸易业零售额831.90亿元，餐饮业零售额132 .87亿元，其他行业零售额87.93亿元。

批发零售贸易、餐饮业基本情况 截至2004年，共有限额以上批发零售贸易、餐饮业法人企业773个。其中，批发业法人企业450个，零售业法人企业210个，餐饮业法人企业107个。

批发零售贸易业商品购、销、存总额 批发零售贸易业商品销售总额3 213.4亿元，比上年的2 470.02亿元增长30.00%。其中，限额以上企业2 331.6亿元，限额以下企业881.8亿元。限额以上批发零售贸易商品购进总额2 291.2亿元（其中进口161.8亿元）。商品销售总额2 331.6亿元（其中批发2 078.4亿元、零售253.2亿元、出口160.2亿元），年末库存总额108.5亿元。

市场物价 城市商品零售价格指数为100.80（以上年价格为100）；城市居民消费价格指数为102.30（以上年价格为100）。

市场体系建设 全年各类商品市场成交额实现929.33亿元，同比增长30.38%。各类商品市场成交规模进一步扩大，商品批发市场共计实现交易466.8亿元，占全市各类商品市场总成交额的50.24%；大型生产资料批发市场实现成交额308.48亿元，占全市各类商品市场总成交额的33.19%；综合消费品市场共计实际交易142.36亿元；大型农副产品批发市场共计实现交易61.12亿元；其他各类集贸市场实现成交额319.35亿元。

市内社区新增商业网点878个，早点店、便利店、物回点三业态齐全的社区达929个，同时安置下岗职工再就业8 000多人。农贸市场治理升级，农资超市及乡村连锁店达356家。

建立完善农村市场体系，积极推进商业下乡，连锁进镇，产加销一条龙，农工商一体化，着力促进农商联手，大力开拓农村市场，农村商品流通现代化进程不断加快，农村市场日益活跃。全市12个有农业区县共建立各类大型批发交易市场71个，大中型百货商场33个，大型超市44个，综合便利店218个。其中乡镇政府所在地建有大中型百货商场15个，大中型超市28个，综合便利店、小型连锁超市243个；全市各行政村建有综合便利店490个，农村消费品流通三级网络初步形成。

商业现代化建设步伐加快。各种商业连锁公司、专卖店、购物中心、社区商业中心等商业网点建设呈现齐头并进态势，成为推动消费品市场稳步增长的主要因素之一。2004年，全市已有各类连锁网点2 200多个，全年实现销售额245亿元，比上年增长16.7%。用于商业载体建设的固定资产投资达90亿元，新建竣工项目33个，总面积100万平方米，其中5 000平方米以上的大型商业设施27家，引进麦购休闲购物广场、伊都锦百货商厦一大批国内外高档品牌，进一步繁荣活跃了本市消费品市场，有利于促进销售规模的扩大。

商业改革与发展 流通领域改革初见成效。结合“打包销债”、资产重组，培育大型流通企业初见成效，市物资和家世界集团已进入商务部重点培育20家大型流通企业行列。市、区国有商业通过主辅分离辅业改制、多式联动退出改制等，改制率分别达50%和90%以上，并有15 000多人置换身份。65户市属商业企业共核销不良贷款111 738万元，使企业平均资产负债率由年初的75%下降到71%。市场监测监管步入健康轨道。针对非典、禽流感等引发的消费品市场波动，全市及时成立专门领导小组，完善积极应对的各种预案，并经市政府正式印发；建起了拥有478个主导业态监测点的消费市场运行监测网络，建起了煤炭、石油及米、面、油、盐、肉、蛋、糖等生活必需品市场预警及快速反应机制，应对突发事件及市场波动的能力显著增强。针对假冒伪劣商品、偷漏税及食品不安全隐患增多等突出问题，先后开展7次大型专项整治行动，进一步规范了市场经济秩序。

【对外贸易】

进出口总额 进出口总额420.19亿美元，比上年的293.71亿美元增长43.06%。

出口总额 出口总额208.65亿美元，比上年的143.74亿美元增长45.16%，占全市生产总值2 931.88亿元（354.52亿美元）的58.85%，占全国出口额的4%，居全国第7位。

出口商品结构 初级产品出口额18.35亿美元，占出口总额的8.79 %；工业制成品出口额190.30亿美元，占出口总额的91.21%。

天津市2004年出口额5 000万美元以上商品情况表

金额分类	商品名称	出口金额（亿美元）	占出口总额比重（%）
1亿美元以上（22种）	手持（包括车载）无线电话机，石油原油，手持无线电话机零件，集成电路，阴极射线管显示器，液晶显示器，数字化视频光盘（DVD）播放机，装置设备用零件，微波炉，其他磁带型录像机，锂离子电池，电动机，20英尺集装箱，激光唱机，独立窗式或壁式空气调节器，二极管，数字照相机，移动通讯基地站，家用型视频摄录一体机，钻探石油及天然气用无缝钢铁套管及导管，橡、塑或再生皮革外底皮革鞋面的鞋靴，打印机零件、附件	114.71	54.98
5 000万—1亿美元（25种）	照相机、投影仪、放大机及缩片机用物镜，自行车，通过电产生或扩大声音的键盘乐器，静止式变流器，镍氢电池，已装配的压电晶体，无烟煤，机动车辆用点火布线组及其他布线组，空气增湿器及减湿器，其他铁或普通钢圆截面焊管，真空吸尘器，山地自行车，餐匙、餐叉、勺等类似的厨房或餐桌用具，矩形截面的半制普通钢铁，卧室用木家具，半导体器件，化纤制针织钩编套头衫、开襟衫、外穿背心，电动机，家具的零件，皮革或再生皮革制的衣服，磁带型录像机，硅铁，金属家具，片式多层瓷介电容器，品目8517所列其他设备的零件	18.11	8.68
合　计	**47种**	**132.82**	**63.66**

出口商品市场　出口商品销往 195 个国家和地区。

进口总额　进口总额 211.54 亿美元，比上年的 149.97 亿美元增长 41.05%。

进口商品结构　初级产品进口额 23.37 亿美元，占进口总额的 11.05%；工业制成品进口额 188.17 亿美元，占进口总额的 88.95%。

进口商品市场　进口商品来自 138 个国家和地区。

进口总额　进口总额 211.54 亿美元，比上年的 149.97 亿美元增长 41.05%。

进口商品结构　初级产品进口额 23.37 亿美元，占进口总额的 11.05%；工业制成品进口额 188.17 亿美元，占进口总额的 88.95%。

进口商品市场　进口商品来自 138 个国家和地区。

天津市 2004 年主要出口市场情况表

国别（地区）	出口金额（亿美元）	占出口总额比重（%）	国别（地区）	出口金额（亿美元）	占出口总额比重（%）
美　国	59.59	28.56	香　港	12.15	5.82
日　本	23.85	11.43	印度尼西亚	5.50	2.64
韩　国	17.84	8.55	马来西亚	4.26	2.04
德　国	16.14	7.74	荷　兰	4.04	1.94
新加坡	15.73	7.54	墨西哥	3.34	1.60
合　计				**162.44**	**77.85**

天津市 2004 年进口额 5 000 万美元以上商品情况表

金额分类	商品名称	进口金额（亿美元）	占进口总额比重（%）
1 亿美元以上（32 种）	手持式无线电话机零件，0.18 < 线宽≤0.35 微米集成电路，线宽≤0.18 微米的集成电路，铜废碎料，排量 > 3000ml 汽油小轿车，液晶显示板，初榨的豆油，1500ml < 排量≤2500ml 汽油小轿车，四层以上的印刷电，2500ml < 排量≤3000ml 汽油小轿车，氯乙烯，独立功能的机器及机械器具，线宽 > 0.35 微米集成电路，手持（包括车载）无线电话机，未烧结的铁矿砂及其精矿，四层及以下的印刷电路，单片集成电路，已装配的压电晶体，2500ml < 排量≤3000ml 汽油越野车，排量 > 3000ml 汽油越野车，电视摄像机，荧光点间距 < 0.4mm 彩色数据/图形显示管，8541 所列货品的零件，棕榈液油（熔点 19—24℃），车身（包括驾驶室）零件、附件，8525 至 8528 所列装置或设备用零件，8471 所列机器的零件、附件，锂离子电池，未锻轧的非合金镍，混合集成电路，上部 360 度旋转的履带式挖掘机	104.08	49.20
5 000 万—1 亿美元（31 种）	润滑油基础油，机动车辆用装有差速器的驱动桥，线路 V≤1000V 连接用电气装置，棕榈硬脂液油（熔点 44—56℃），电视摄像机等及数字照相机的零件，点燃式活塞内燃发动机的零件，8535、8536 或 8537 所列装置的其他零件，光敏半导体器件和发光二极管，二极管（但光敏二极管或发光二极管除外），静止式变流器，化学工业及相关工业化学产品及配制品，塑料或橡胶用注模或压模，名塑料制品，线型低密度聚乙烯，测量或检验仪器、器具及机器，集成电路及微电子组件的零件，8701 至 8705 所列其他车辆用未列名零、附件，未装配的光学元件，彩色阴极射线电视显像管，钻探石油及天然气用无缝钢铁套管及导管，未梳的棉花，电镀锌的铁或非合金钢平板轧材，1500ml < 排量≤2500ml 汽油小客车，耗散功率小于 1 瓦的晶体管，片式多层瓷介电容器，其他柴油及其他燃料油，含有胰岛素的药品，1.5≤厚度 < 3mm 的其他热轧卷材，已烧结的铁矿砂及其精矿，铝废碎料，自动贴片机	21.81	10.31
合　计	**63 种**	**125.89**	**59.51**

天津市2004年主要进口市场情况表

国别（地区）	进口金额（亿美元）	占进口总额比重（%）	国别（地区）	进口金额（亿美元）	占进口总额比重（%）
韩　国	52.12	24.64	新加坡	8.91	4.21
日　本	50.96	24.09	香　港	8.18	3.87
美　国	17.27	8.16	马来西亚	5.57	2.63
台湾省	13.63	6.44	巴　西	2.63	1.24
德　国	13.25	6.26	英　国	2.29	1.08
合　计				**174.81**	**82.64**

技术进口　共签订技术进口合同项目489个，比上年增长28.35%；合同金额4.92亿美元，比上年下降49.12%；其中技术费4.28亿美元，占合同总金额的86.99%。按企业性质分类：外资企业313项，3.47亿美元；国有企业138项，1.27亿美元；其他企业30项，0.15亿美元；民营企业8项，0.04亿美元。按国别地区统计，前五位的是韩国36项，2.34亿美元；日本170项，0.69亿美元；美国73项，0.38亿美元；法国19项，0.42亿美元；德国19项，0.26亿美元。技术进口合同涉及的行业主要集中在制造业2.80亿美元和采掘业1.61亿美元。其中制造业中，电子及通信设备制造业1.26亿美元，黑色金属冶炼及压延加工业0.70亿美元；采掘业中，石油和天然气开采业1.55亿美元。

【利用外资】

天津市2004年利用外资情况表

利用外资方式	批准签订的合同			实际利用外资	
	项目数（个）	外资金额（亿美元）	金额比上年增长（%）	金　额（亿美元）	金额比上年增长（%）
对外借款	–	–	–	2.30	218.18
外商直接投资	1 102	55.89	59.09	24.72	51.37
合资企业	328	9.25	48.95	8.36	69.92
合作企业	30	2.09	41.22	1.00	233.33
外资企业	744	44.54	62.08	15.37	38.21
合　计	**1 102**	**55.89**	**59.09**	**27.02**	**58.48**

外商直接投资行业　外商直接投资项目中生产型项目668个，非生产型项目434个。按行业分：农业项目18个，制造业项目650个，建筑业项目21个，交通运输及仓储业项目17个，房地产业项目43个，批发零售及餐饮业项目213个，社会服务业139个，其他行业1个。

外商直接投资来源　外商直接投资来自54个国家和地区。投资额居前10位的是：香港187项，外资金额10.37亿美元；开曼群岛7项，7.18亿美元；英属维尔京群岛50项，7.08亿美元；美国141项，7.04亿美元；日本147项，5.05亿美元；韩国235项，4.10亿美元；台湾省61项，1.96亿美元；意大利15项，1.84亿美元；新加坡33项，1.70亿美元；德国27项，1.00亿美元。

外商直接投资企业生产经营情况　2004年已开业的三资企业总产值2 770.60亿元，比上年增长43.35%；工业总产值2 751.57亿元，比上年增长43%，占天津市工业总产值的51.2%；销售收入3 159.16亿元，比上年增长41.47%；利税总额366.65亿元，比上年增长85.76%（其中，利润总额230.90亿元，比上年增长136.58%；税金135.75亿元，比上年增长36.05%）；出口170.56亿美元，比上年增长49.26%，占全市出口总额的81.74%。

【对外经济合作】

承包工程和劳务合作 签订对外承包工程和劳务合作合同项目777个，金额5.47亿美元，比上年的4.04亿美元增长35.40%；完成营业额5.27亿美元，比上年的4.05亿美元增长30.12%。年末在外人数12 485人，派往的主要国家和地区：新加坡、美国、缅甸、韩国、印度尼西亚、日本、尼日利亚、台湾省、沙特阿拉伯、墨西哥等。对外承包工程的主要有：缅甸3万纱锭纺织厂交钥匙工程，马达加斯加公路项目、阿曼公路项目、尼日利亚修建公路项目、印度水坝项目、越南混凝土管道项目，以及委内瑞拉、突尼斯、苏丹和伊朗石油化工项目等，涉及建筑、石油化工、水利、交通、地质资源勘探和开发、工业生产线多个领域。

对外经济援助 承担国家对外经援项目16个，合同额1.44亿元，带动各类设备、物资出口达1 600万美元，包括水坝施工、援外物资、设计咨询和培训项目等，遍及俄罗斯、阿富汗、孟加拉国、越南、柬埔寨、蒙古等11个国家。其中天津建工集团总公司承包的援助汤加哈派中学项目和天津机械进出口有限公司承担的援助印尼农机具物资项目受到商务部通报表彰。

对外投资 批准设立海外企业和机构58家，其中企业50家，总投资0.62亿美元，比上年增长44.19%；其中中方投资0.48亿美元。投资的主要行业有：服装加工、食品生产、资源开发、生物制药等。这些企业遍布亚洲、欧洲、美洲、非洲的21个国家和地区。

【其他】

开发区 天津滨海新区实现生产总值1 250.2亿元，比上年增长20.1%；实现工业总产值3 030.75亿元，比上年增长42.07%；完成固定资产投资565.47亿元，比上年增长21.85%；外贸出口136.99亿美元，比上年增长53.27%，占全市出口总额的65.66%；实际直接利用外资17.44亿美元，比上年增长43.54%，占全市的70.55%。

天津经济技术开发区新批外商投资企业165家，合同外资额19.22亿美元，比上年增长50.51%；工业总产值1 822.14亿元，比上年增长45.62%；出口111.75亿美元，比上年增长62.29%；固定资产投入156.83亿元，比上年增长20.15%。

天津新技术产业园区实现技工贸总收入659.43亿元，比上年增长35.3%；技工贸总产值595.79亿元，比上年增长35.4%；利润总额23.19亿元，比上年增长35.6%；税金总额35.08亿元，比上年增长35.3%；新批外商投资企业73家，合同外资额2.46亿美元，比上年增长52.80%；出口销售收入16.34亿美元，比上年增长28.1%。

保税区 天津港保税区全年实现进出区货物总值131亿美元，比上年增长41.91%；新批外商投资企业257个，合同外资额15.24亿美元，比上年增长57.60%；固定资产投资52.82亿元，比上年增长69.29%；外贸出口总值7.09亿美元，比上年增长41.80%。

商务洽谈会 天津共举办国际大型展览会、洽谈会14个，累计展位6 385个，成交总额达76亿元，42.1万人次到会。大型商务洽谈会有：由天津市人民政府和中国商业联合会联合主办的“第十一届天津春季全国商品交易会”（2004年4月18日—22日）、由天津市人民政府和中国商业联合会共同举办，天津市商务委员会和天津市商业联合会共同承办的“中国·天津‘银联杯’第五届啤酒节”（2004年8月6日—15日）、“2004天津国际自行车展览会（第四届）”（3月26日—28日）、“2004天津国际制造业（手机）配套采购洽谈会”（5月17日—18日）、“环渤海区域中日韩经济合作发展论坛暨国际零部件配套经贸洽谈会”（8月30日—9月1日）、“2004中国国际（天津）建筑材料及设备博览会”（9月23日—26日）、“2004天津国际汽车贸易展览会”（9月29日—10月5日）。

港口运输 天津港共有各类生产型泊位96个，其中万吨级以上的深水泊位55个，年吞吐能力逾亿吨。2004年实际完成货物吞吐总量20 619万吨，比上年增长27.42%。其中完成外贸进出口货物吞吐总量10 791.82万吨，比上年增长23.22%；出口量5 610.14万吨，比上年增长9.15%；进口量5 181.68万吨，比上年增长43.20%。港口集装箱吞吐量累计完成381.5万国际标箱，比上年增长27.00%。空港货邮吞吐量7.08万吨，比上年增长25.75%。

涉外旅游 2004年入境的国际旅游人数为61.59万人；旅游外汇收入4.13亿美元，比上年的3.29亿美元增长25.53%。

2004年河北省商务发展概况

河北省商务厅

河北省商务厅厅长

崔江水　生于1953年10月，河北晋州人。大学学历，中共党员。1970年参加工作。历任河北省土产进出口公司总经理兼党委副书记，河北省对外贸易经济合作厅党组副书记、副厅长，河北省人民政府开放办公室（河北省招商合作局）党组书记、主任（局长）等职。2003年8月任河北省商务厅厅长、党组书记。

【国内贸易】

社会消费品零售总额　2004年河北省社会消费品零售总额2 522.9亿元，比上年的2 177.9亿元增长15.8%。其中，城市消费品零售额1 240.6亿元，县消费品零售额486.4亿元，县以下消费品零售额795.9亿元。分行业看，批发零售贸易业零售额1 816.9亿元，餐饮业零售额289.2亿元，其他行业零售额416.7亿元。

市场物价　商品零售价格指数为103.2（以上年价格为100），其中城市102.3，农村104.0；居民消费价格指数为104.3（以上年价格为100），其中城市103.7，农村104.8。

市场体系建设　2004年底，全省年交易额超亿元的市场有239个，年交易额2 112.2亿元，占全省消费品零售总额的83.7%；超10亿元的市场有43个，年交易额1 537.3亿元，占超亿元市场年交易额的72.8%。2004年底，全省共有旧机动车交易市场20家，报废汽车拆解企业14家，报废汽车回收网点48个；典当行40家，分支机构2家，办理典当业务27 077笔，比上年增长26.2%，典当余额3.65亿元，增长74.0%，典当总额16.79亿元，增长62.3%；拍卖企业121家，拍卖分公司34家，全年共举办各类拍卖会2 409场，成交额36.79亿元，增长28.6%；旧货市场35家；期货市场1家。

商业改革与发展　商贸流通企业改革步伐加快，省、市国有流通企业以产权制度改革为突破口，全部制定了改组、改制方案，全面开展了清产核资、财务审计、资产评估等基础性工作，县级企业改制面达95%左右。现代流通业发展较快，全省连锁经营总店196家，分店2 285家。开展了河北省商业名牌企业、名牌产品、商业服务名牌和商业服务明星的评比认定活动。举办了“第五届河北省服装节”，共有13家商场、超市和180家工业企业参会，展示国内外服装服饰品牌8 760个，到会客商和消费者125万人次，签订加工合同额1.2亿美元，现场销售3.68亿元。

【对外贸易】

进出口总额　进出口总额135.26亿美元，比上年的89.79亿美元增长50.7%。

出口总额　出口总额93.40亿美元，比上年的59.29亿美元增长57.6%，占全省GDP 8 836.9亿元（相当于1 067.65亿美元）的8.75%；占全国出口额的1.17%，居全国第10位。

出口商品结构　初级产品出口额18.57亿美元，占出口总额的19.9%；工业制成品出口额74.84亿美元，占出口总额的80.1%。

出口商品市场　出口商品销往206个国家（地区）。

进口总额　进口总额41.86亿美元，比上年的30.50亿美元增长37.2%。

进口商品结构　初级产品进口额20.85亿美元，占进口总额的49.8%；工业制成品进口额21.01亿美元，占进口总额的50.2%。

进口商品市场　进口商品来自100个国家（地区）。

技术进出口 技术进出口总额 11 152.1 万美元，比上年的 10 719.7 万美元增长 4.0%。签订引进技术和进口设备合同项目 59 个，比上年增加 18 个；合同金额 11 097 万美元，比上年的 10 629 万美元增长 4.4%；签订技术出口合同项目 7 个，合同金额 55.1 万美元，比上年的 90.7 万美元下降 39.2%。

河北省 2004 年出口额 1 000 万美元以上商品情况表

金额分类	商品名称	出口金额（万美元）	占出口总额比重（%）
1 亿美元以上（10 种）	服装及衣着附件，皮革、毛皮及其制品，煤，农产品，纺织纱线、织物及制品，钢材，医药品，钢坯及粗锻件，钢丝布、网、篱、格栅，家用陶瓷器	789 332	84.51
5 000 万—1 亿美元（11 种）	陶瓷卫生设备，汽车零件，山羊绒，植物榨油后的剩余物，平板玻璃，手用或机用工具，肠衣，水海产品，玻璃制品，鲜、干水果及坚果，家具及其零件	77 545	8.30
2 000 万—5 000 万美元（14 种）	汽车和汽车底盘，铝材，塑料制品，成套餐具，摩托车及自行车的零件，电动机及发电机，链轮等齿轮传动装置，纯碱，阀门零件，干豆，蔬菜，食用油籽，水泥，装饰用陶瓷制品	45 089	4.83

河北省 2004 年主要出口市场情况表

国别（地区）	出口金额（万美元）	占出口总额比重（%）	国别（地区）	出口金额（万美元）	占出口总额比重（%）
俄罗斯	174 037	18.63	东盟	56 553	6.05
欧盟	133 857	14.33	台湾省	55 830	5.98
日本	111 127	11.90	香港	32 603	3.49
美国	99 286	10.63	印度	13 254	1.40
韩国	98 191	10.51			

河北省 2004 年进口额 1 000 万美元以上商品情况表

金额分类	商品名称	进口金额（万美元）	占进口总额比重（%）
1 亿美元以上（6 种）	铁矿砂及其精矿，大豆，初级形状的塑料，金属轧机及零件，钢材，制造纸及纸制品用机械及零件	198 939	47.53
5 000 万—1 亿美元（3 种）	煤，纺织机械及零件，金属加工机床	20 355	4.86
2 000 万—5 000 万美元（19 种）	未锻造的铝及铝材，计量检测分析自控仪器及器具，食用植物油，棉花，机械提升搬运装设备及零件，香蕉，建筑及采矿用机械及零件，纺织用合成纤维，纸浆，纸及纸板（未切成形的），橡胶或塑料加工机械及零件，大麦，玻璃热加工机械及零件，自动数据处理设备及其部件，己内酰胺，变压、整流、电感器及零件，肥料，汽车零件，聚酯纤维	58 386	13.95

河北省2004年主要进口市场情况表

国别（地区）	进口金额（万美元）	占进口总额比重（%）	国别（地区）	进口金额（万美元）	占进口总额比重（%）
欧　盟	87 104	20.81	日　本	39 694	9.48
巴　西	50 340	12.03	韩　国	28 878	6.90
美　国	48 197	11.51	东　盟	18 779	4.49
印　度	46 365	11.08	台湾省	10 698	2.56
澳大利亚	43 913	10.49			

技术进口　引进项目按国民经济行业分类，主要集中在制造业，合同数51个，占技术进口合同数的86.4%；合同金额10 971.6万美元，占技术进口合同金额的98.9%。按引进方式或合同类别，主要是进口成套设备、关键设备、生产线等，合同数2个，合同金额6 032.9万美元，分别占技术进口合同数和合同金额的3.4%和54.4%；技术咨询、技术服务合同数32个，合同金额2 839.1万美元，分别占技术进口合同数和合同金额的54.2%和25.6%。按国别分类，来自17个国家和地区，主要是德国，合同数5个，合同金额6 737.4万美元；美国，合同数7个，合同金额1 766.6万美元；日本，合同数20个，合同金额642.0万美元。

技术出口　技术出口合同数7个，合同金额55.1万美元，全部为软件出口。

【利用外资】

河北省2004年利用外资情况表

利用外资方式	批准签订的合同			实际利用外资	
	项目数（个）	外资金额（万美元）	金额比上年增加（%）	金额（万美元）	金额比上年增加（%）
对外借款	9	2 614	-90.6	8 813	-48.5
外商直接投资	594	214 731	9.3	162 341	45.5
合资企业	286	72 300	9.1	92 758	83.2
合作企业	44	38 194	-4.1	5 952	-67.3
外资企业	264	104 117	17.6	60 799	44.9
股份有限公司		120	-93.7	2 832	258.5
外商其他投资				26 702	-1.5
国际租赁				180	
补偿贸易				453	
加工贸易				1 369	
对外发行股票				24 700	
合　计	**603**	**217 345**	**-3.1**	**197 856**	**27.0**

外商直接投资行业　新批外商直接投资项目中：生产型项目485个，合同外资金额166 933万美元；其中农、林、牧、渔业项目19个，采矿业11个，制造业431个，电力、燃气及水的生产和供应业14个，建筑业10个。非生产性项目109个，合同外资金额47 798万美元；其中交通运输、仓储和邮政业项目6个，信息传输、计算机服务和软件业4个，批发和零售业6个，住宿和餐饮业26个，金融业4个，房地产业28个，租赁和商务服务业12个，科学研究、技术服务和地质勘查业11个，水利、环境和公共设施管理业5个，居民服务和其他服务业3个，教育项目1个，文化、体育和娱乐业3个。

河北省2004年外商直接投资主要行业投向表

行　业	项目数（个）	合同外资额（万美元）	行　业	项目数（个）	合同外资额（万美元）
制造业	431	150 020	建筑业	10	4 930
房地产业	28	26 118	交通运输、仓储和邮政业	6	4 318
住宿和餐饮业	26	6 650	文化、体育和娱乐业	3	3 826
电力、燃气及水的生产和供应业	14	5 574	金融业	4	3 523

外商直接投资来源　外商直接投资中，来自亚洲的项目372个，合同外资金额144 201万美元；来自非洲项目6个，合同外资金额2 417万美元；来自欧洲项目41个，合同外资金额15 195万美元；来自拉丁美洲项目44个，合同外资金额25 379万美元；来自北美洲项目114个，合同外资金额21 710万美元；来自大洋洲项目17个，合同外资金额5 829万美元。

河北省2004年外商直接投资主要来源国别（地区）表

国别（地区）	项目数（个）	合同外资额（万美元）	国别（地区）	项目数（个）	合同外资额（万美元）
香　港	178	89 480	日　本	38	14 787
英属维尔京群岛	37	21 048	韩　国	80	14 208
美　国	82	17 477	欧　盟	34	13 898
东南亚联盟	34	16 731	台湾省	33	4 683

外商直接投资企业生产经营情况　全年投产项目135个。外商投资企业完成出口额26.57亿美元，比上年增长43.9%，在全省出口额中的比重为28.4%，比上年减少2.7个百分点。

【对外经济合作】

承包工程和劳务合作　签订对外承包工程和劳务合作合同项目148个，金额5.25亿美元，比上年的3.71亿美元增长41.6%；完成营业额2.66亿美元，比上年的2.03亿美元增长31.2%；当年派出劳务人员8 321人次，年末在外人数17 517人，派往的主要国家和地区有俄罗斯、香港、缅甸、日本、韩国、新加坡、阿拉伯联合酋长国等；承包工程的主要项目有：中国石油集团东方地球物理勘探有限责任公司在墨西哥、利比亚、伊朗、沙特阿拉伯的石油化工及其他项目，中国石油天然气管道工程有限公司在苏丹、哈萨克斯坦、莫桑比克的石油化工项目，中材建设有限公司在阿尔巴尼亚、突尼斯的房屋建筑项目，中国第二十二冶金建设公司在荷兰的房屋建筑项目，秦皇岛国际经济技术合作公司在印度尼西亚的矿山建设与在沙特阿拉伯的石油化工项目等。

对外经济技术援助　承担援外项目2个，分别是对格鲁吉亚的物资（镀锌板）援助项目，价值388万元，年内已完成；对朝鲜的玻璃厂工程总承包项目，价值1.84亿元，在建中。

接受经济援助　接受国际经济援助项目3个、金额15.7万美元。分别是：澳大利亚政府无偿援助河北省唐县东迷城村引水工程项目，金额3.5万美元；欧盟援助河北省商务厅培训中心河北省出口型企业社会责任战略试点及推广项目，金额10万欧元；及日本政府无偿援助的赴日留学生项目。

对外投资　2004年在海外举办非贸易性企业14家，投资总额2.74亿美元，中方投资金额4 189万美元，主要是唐山钢铁股份有限公司在澳大利亚的开采铁矿项目、石家庄三环阀门股份有限公司在乌克兰的机械组装加工项目、石家庄裕龙铸造有限公司在德国的高压管件加工项目、秦皇岛运泽钢结构建筑工程有限公司在南非的钢结构建材加工项目、秦皇岛秦冠弧度镜有限公司在南非的汽车后视镜加工生产项目等，中方投资额均在250万美元以上。

【其他】

开发区　秦皇岛经济技术开发区2004年基础设施投资完成6.26亿元。批准外资项目合同49个，合同总投资3.90

亿美元，合同外资金额2.73亿美元。实际利用外资1.33亿美元。GDP完成73.21亿元，工业总产值完成202.87亿元，工业销售收入完成215.28亿元，税收总额7.57亿元，财政收入8.40亿元。外贸出口完成4.44亿美元。

石家庄高新技术产业开发区2004年基础设施投资完成2.97亿元。批准外资项目15个，合同总金额6 142万美元，合同外资金额5 996万美元。实际利用外资2 213万美元。GDP完成80.63亿元，工业总产值完成230.83亿元，工业销售收入完成282.80亿元，税收总额7.56亿元，财政收入7.66亿元。外贸出口完成1.67亿美元。

保定高新技术产业开发区2004年基础设施投资完成6 000万元。批准外资项目15个，合同总金额7 089万美元，合同外资金额3 709万美元。实际利用外资1.08亿美元。GDP完成44.20亿元，工业总产值完成130.00亿元，工业销售收入完成130.00亿元，税收总额7.02亿元，财政收入4.30亿元。外贸出口完成1.30亿美元。

商务洽谈会 2004年5月在廊坊市举办了河北省对外经济贸易洽谈会，签订项目695个，总投资429.3亿元，合同利用省外资金374.1亿元。其中，签订利用外资项目72个，总投资18.3亿美元，合同利用外资15.5亿美元。

港口运输 港口吞吐量首次突破2亿吨，达22 515万吨，增长25.1%。其中，完成煤炭吞吐量1.9亿吨，占全国煤炭总发运量的一半以上。

涉外旅游 接待国际游客58.1万人次，比上年的28万人次增长1.1倍；旅游外汇收入1.9亿美元，比上年的8 459.8万美元增长1.3倍。

2004年秦皇岛市商务发展概况

秦皇岛市商务局

秦皇岛市商务局局长

闫树德　生于1953年3月25日，黑龙江省虎林县人。1985年毕业于哈尔滨师范大学中文系，大专学历。1973年参加工作，1976年加入中国共产党。历任黑龙江省虎林县团委副书记、中共河北省秦皇岛市委副秘书长、秦皇岛市北戴河区区长、秦皇岛市经济技术协作办公室主任、秦皇岛市人民政府副秘书长等职。2003年4月任秦皇岛市对外贸易经济合作局局长、党委书记。2004年2月任秦皇岛市商务局局长、党委书记。

【国内贸易】

社会消费品零售总额 2004年河北省秦皇岛市社会消费品零售总额135.08亿元，比上年的117.73亿元增长14.7%。其中，城市消费品零售额88.54亿元，县以下消费品零售额28.9亿元。分行业看，批发零售贸易业零售额102.10亿元，餐饮业零售额16.96亿元，其他行业零售额16.01亿元。

限额以上批发零售贸易、餐饮业基本情况 截至2004年，共有限额以上批发零售贸易、餐饮业法人企业1 982人，产业活动单位342个，从业人数6 350人。其中，批发业法人企业511个，产业活动单位103个，从业人数15 600人；零售业法人企业754个，产业活动单位239个，从业人数24 750人；餐饮业法人企业717个，产业活动单位86个，从业人数23 120人。

批发零售贸易业商品购、销、存总额 批发零售贸易业商品销售总额102.1亿元，比上年的85.05亿元增长20.1%。其中，限额以上企业70.9亿元（其中批发55.4亿元、零售15.5亿元），限额以下企业117.44亿元。

市场物价 商品零售价格指数为104.4（以上年价格为

100），其中城市 103.2，农村 106.5；居民消费价格指数为 104.0（以上年价格为 100），其中城市 103.6，农村 104.6。

市场体系建设 2004 年，秦皇岛市共有各类商品市场 242 个，其中消费品市场 206 个，生产资料市场 36 个，超亿元市场 12 个，其中农副产品市场 5 个。秦皇岛市农村有各类商品市场 134 个。商业网点建设规划已编制完成，并顺利通过专家论证，提交市政府审议。出台了《关于秦皇岛市农贸市场标准化建设的意见》。规范了秦皇岛市区农贸市场建设规模指标、规划与建设、配套工程设施、场内经营设施等标准。

秦皇岛市目前有报废汽车回收拆解企业 1 家、典当行 1 家、拍卖行 7 家、旧货市场 9 家。

商业改革与发展 2004 年，秦皇岛市共有零售、贸易企业、餐饮和服务业网点 33 415 个，其中专业店 4 651 个，专卖店 1 293 个，超市 138 家。各类连锁经营总店 62 个，分店 600 个，年销售额 15 亿元，占社会消费品零售总额的 11.1%，超 1 万米的批发、零售、餐饮企业共 16 家，年营业额 165 182 万元，年实现税金 7 602 万元，利润 141 万元。引进外资商贸流通企业 3 个，实际利用外资 500 万美元，营业额达 3 780 万元。

【对外贸易】

进出口总额 进出口总额 22.05 亿美元，比上年的 16.86 亿美元增长 30.08%。

出口总额 出口总额 16.09 亿美元，比上年增长 59.9%，占全市 GDP 453.44 亿元（相当于 54.82 亿美元）的 29.35%，占全省出口额的 17.2%。

出口商品结构 出口商品达 145 种。农产品出口额 1.24 亿美元，占出口总额的 7.7%；工业制成品出口额 14.9 亿美元，占出口总额的 92.3%。

秦皇岛市 2004 年出口额 100 万美元以上商品情况表

金额分类	商品名称	出口金额（万美元）	占出口总额比重（%）
1 000 万美元以上（10 种）	豆粕、钢板、玻璃、铝箔、煤炭、轮毂、冻鸡、甜菜粕、不锈钢丝、皮革服装	134 170	83.4
500 万—1 000 万美元（7 种）	轴承基础件、板栗、粉丝、空气泵、男西服套装、鲜活水产品、女套装	4 455	2.8
100 万—500 万美元（19 种）	淀粉、法兰盘、栗仁、铜管、化肥、木工机械、玻璃镜、木片、黄大豆、冻鱼、钢管、耐火砖、钢制玻璃、塑料制品、铅条、玩具、铁丝网、肠衣、木门制品	4 882	3.0
合 计	**36 种**	**143 570**	**89.19**

出口商品市场 出口商品销往 143 个国家和地区，主要分布在亚洲、非洲和欧洲。

秦皇岛市 2004 年主要出口市场情况表

国别（地区）	出口金额（万美元）	占出口总额比重（%）	国别（地区）	出口金额（万美元）	占出口总额比重（%）
日 本	47 198	29.3	香 港	3 046	1.9
台湾省	42 816	26.6	印 度	1 747	1.1
韩 国	31 238	19.4	俄罗斯	1 467	0.9
美 国	9 348	5.8	菲律宾	1 301	0.8
土耳其	4 481	2.8	沙特阿拉伯	1 246	0.8
合 计				**143 888**	**89.43**

进口总额 进口总额59 624万美元，比上年的67 931万美元下降12.2%。

进口商品结构 进口商品有79个品种。农产品进口22 127万美元，占进口总额的37.1%；工业制成品进口37 497万美元，占进口总额的62.9%；机电产品进口10 867万美元，占进口总额的18.2%；高新技术产品进口936万美元，占进口总额的1.6%。

秦皇岛市2004年主要进口商品情况表

商品名称	进口金额（万美元）	占进口总额比重（%）	商品名称	进口金额（万美元）	占进口总额比重（%）
大豆	12 306	20.6	加工机床	1 841	3.1
铁砂矿	4 372	7.3	化肥	1 588	2.7
丙烯氢	4 037	6.8	烟煤	1 341	2.2
香蕉	3 509	5.9	葡萄酒	1 323	2.2
棕榈油	2 917	4.9	铝锭	1 170	2.0
合　计				**34 404**	**57.7**

秦皇岛市2004年主要进口市场情况表

国别（地区）	进口金额（万美元）	占进口总额比重（%）	国别（地区）	进口金额（万美元）	占进口总额比重（%）
巴　西	9 392	15.8	印　尼	3 965	6.7
韩　国	6 883	11.5	菲律宾	3 285	5.5
美　国	6 327	10.6	德　国	2 628	4.4
日　本	6 191	10.4	台湾省	2 590	4.3
印　度	4 410	7.4	法　国	1 818	3.0
合　计				**47 489**	**79.6**

高新技术进出口 高新技术进出口总额6 536万美元，其中，签订引进技术和进口设备项目5个，合同金额6 243万美元；签订技术合同项目7个，合同金额293万美元。

【利用外资】

利用外资方式 批准外资项目89个，投资总额62 889万美元，比上年的57 283万美元增长9.97%；合同利用外资40 042万美元，比上年的30 579万美元增长30.95%；实际进入外资20 164万美元，比上年的15 443万元增长30.60%。其中直接利用外资20 020万美元，比上年的15 108万美元增长32.51%。合资企业38家，合同外资8 981万美元，实际利用外资9 144万美元；合作企业10家，合同外资11 498万美元，实际利用外资232万美元；独资企业41家，合同外资19 563万美元，实际利用外资10 644万美元。

外商直接投资行业 新批准的利用外资项目中，生产型项目49个，非生产型项目13个。

外商直接投资来源 外商直接投资来自14个国家和地区。

外商直接投资企业生产经营情况 2004年，外商投资企业已投产的196家，全年实际产值182.54亿元人民币，比上年增长51.81%；销售收入191.50亿元，增长57.67%；税金3.23亿元人民币，增长20.97%；累计利润8.20亿元人民币，增长62.11万元；出口创汇38 867万美元，比上年的24 202万美元增长60.59%，占全市出口总额的24.17%。

秦皇岛市2004年外商直接投资主要行业情况表

行业类型	项目数（个）	合同外资（万美元）	行业类型	项目数（个）	合同外资（万美元）
制造业	64	28 588	商务服务业	4	1 257
交通运输业	3	3 600	仓储业	1	603
金融业	1	2 000	住宿业	3	524
房地产业	2	1 602	环境管理业	1	313
餐饮业	5	1 280	其他行业	5	275
合　计				89	40 042

秦皇岛市2004年外商直接投资来源情况表

国别（地区）	项目数（个）	合同外资（万美元）	国别（地区）	项目数（个）	合同外资（万美元）
香　港	20	16 236	美　国	11	2 050
英　国	2	3 155	加拿大	9	1 393
新加坡	6	3 125	日　本	7	1 169
英属维尔京群岛	4	2 424	丹　麦	9	900
韩　国	17	2 327	台湾省	1	898
合　计				86	33 677

【对外经济合作】

承包工程和劳务合作　签订对外承包工程和劳务合作合同项目50个，合同金额8 235.6万美元，比上年的6 897万美元，增长19.4%；完成营业额2 583.7万美元，比上年的726.5万美元增长255.5%；当年派出劳务人员1 682人次，比上年的1 428人次增长17.8%，年末在外人数1 307人，比上年的916人增长14.9%，主要派往香港、沙特、利比里亚、巴拿马；承包工程的主要项目是国际经济合作公司承揽的印尼加里曼丹铁矿建设项目。

对外经济技术援助　承担援外项目1个，支援朝鲜日生产300吨浮法玻璃生产线，2004年7月1日开工，进展顺利，当年派出援外人员55人，年末在外人数23人。

对外投资　在海外举办企业3个，投资总额678万美元，全部是中资，投资国家是南非。项目已获得国家商务部正式批准证书，正在积极建设中。

【其他】

经济技术开发区　2004年，秦皇岛市经济技术开发区用于基础设施建设的投资达到6.26亿元，比上年新增2.5亿元。全年批准外商投资企业49家，总投资38 966万美元，比上年增长50.6%；合同外资27 307万美元，增长19.6%；实际利用外资13 347万美元，增长25%。批准内联企业418家，实际到位内资31亿元，增长47.3%。完成固定资产投资25.8亿元，增长32.4%。全年实现工业总产值203亿元，增长50.37%。出口创汇44 379万美元，增长70.41%。规模以上工业企业实现利税9.57亿元，增长51.32%。

港口运输　2004年秦皇岛有生产泊位45个，港口吞吐能力1.52亿吨。全年实际完成货物吞吐总量1.53亿吨，比上年增长20.0%。完成外贸进出口吞吐量6 310.4万吨，其中，出口5 358.5万吨，增长10.62%；进口951.9万吨，增长21%。

涉外旅游　全年接待国内旅客1 212万人次，比上年的592.78万人次增长104.46%。接待海外游客16.28万人次，比上年的8.2万人次增长98.5%。全年旅游外汇收入7 681万美元，比上年的3 373万美元增长127.8%。

2004 年山西省商务发展概况

山西省商务厅

山西省商务厅厅长

王淑珍　生于1951年11月。1975年毕业于山西大学外语系。历任山西省五矿化工机械进出口公司、山西省机械进出口公司、山西省五金矿产进出口公司等企业的副总经理、总经理等职。1994年11月任山西省对外贸易经济合作厅副厅长。2003年2月任山西省对外贸易经济合作厅厅长。2004年4月任山西省商务厅厅长。

【国内贸易】

社会消费品零售总额　2004年山西省社会消费品零售总额884.76亿元，比上年的729.30亿元增长21.32%。其中，城市消费品零售额563.47亿元，县消费品零售额168.85亿元。县以下消费品零售额152.43亿元。分行业看，批发零售贸易业零售额738.22亿元，餐饮业零售额102.40亿元，其他行业零售额44.14亿元。

市场物价　商品零售价格指数为103.1（以上年价格为100），其中城市102.4，农村104.2，居民消费价格指数为104.1（以上年价格为100），其中城市103.6，农村105.4。

市场体系建设　按照《全国商品市场体系建设纲要》精神，结合山西商品市场建设实际，加强了对全省商品市场体系建设的宏观管理，市场体系建设工作取得了一定进展。一是城市商业网点规划工作进展顺利。通过明确目标，责任到人，加强指导，推动各市商业网点规划工作进入实质性操作阶段。二是外商投资商业领域管理步入正轨。积极引导沃尔玛、百盛等大型跨国零售企业在太原设立分店，确保大型商业设施的建设符合城市商业网点规划。三是清理实行地区封锁规定取得阶段性成果。一批妨碍公平竞争、分割和封锁市场的规定和做法被取消或废止，促进了商品和各种要素的自由流动和充分竞争。四是农村市场建设工作扎实有效。以推进农民种养殖结构调整、完善交易和信息服务功能、促进经营机制和组织形式创新为重点，重点扶持了15家辐射领域广、带动作用强、对商品供求形势和价格形成机制具有较强调节作用的大型农产品批发市场，加强对消费品市场和农业生产资料市场的引导，积极探索建立新型农村流通网络和生产生活服务网络。五是汽车市场流通管理工作逐步深入。认真贯彻落实《汽车品牌销售管理实施办法》，加强对二手车交易和流通的宏观指导，规范二手车鉴定评估机构和评估行为，积极探索报废汽车分散回收、集中拆解的管理模式，引导汽车市场健康发展。六是典当、拍卖、旧货、租赁业监管职能得到整合。现有典当行37家，拍卖企业93家，旧货市场、租赁业的行业管理逐步理顺，监督管理机制逐步完善，特殊流通行业在搞活市场、方便群众、扩大内需、拉动经济增长等方面的作用逐步发挥出来。

商业改革与发展　本着“大市场、大商务、大流通”和“贯彻政府法规、服务流通企业、推进流通现代化”的指导思想，在积极探索和推进流通现代化发展方面取得了明显进展。一是深入大型流通企业进行调研，了解现代流通发展的现状及存在的问题。二是修改起草了《山西省人民政府关于大力推进流通现代化建设的若干意见》，提出了山西现代流通的指导思想、奋斗目标以及配套政策和支持措施。三是提出了连锁超市进乡村工程实施方案。四是尝试建立现代流通指标体系。五是正在筹备山西省连锁经营协会。据不完全统计，截至2004年底，山西省连锁经营企业167个，销售总额交易额101.8亿元，占本地社会消费品零售总额的11.5%；物流业企业294个，销售总额93.6亿元，占本地社会品零售总额的10.6%；电子商务销售总额交易额1.65亿元，占本地社会消费品零售总额的0.2%；特许经营企业销售总额交易额4.2亿元，占本地消费品总额的0.5%。限额以上批发企业的交易额为214.47亿元，比上年增长30.1%。

【对外贸易】

进出口总额 进出口总额53.82亿美元，比上年的30.84亿美元增长74.50%。

出口总额 出口总额40.35亿美元，比上年的22.66亿美元增长78.07%，占全省GDP 3 042.40亿元（相当于367.58亿美元）的10.98%，占全国出口额的0.68%。

出口商品结构 初级产品出口额25.53亿美元，占出口总额的63.27%；工业制成品出口额14.82亿美元，占出口总额的36.73%。

出口商品市场 出口商品销往144个国家和地区。出口额在1亿美元以上的国家和地区有9个，出口金额30.57亿美元，占出口总额的75.76%。

山西省2004年出口额500万美元以上商品情况表

金额分类	商品名称	出口金额（万美元）	占出口总额比重（%）
1亿美元以上（4种）	焦炭及半焦炭、其他烟煤、未锻轧镁、炼焦煤	266 507	66.05
1 000万—1亿美元（29种）	无烟煤、冷轧不锈钢板材、其他未锻轧镁、耐火黏土、未锻轧的非合金铝、其他钢铁制法兰、钢铁制钉、一般体育用品及设备、镁锉屑及颗粒、活性碳、可锻性铸铁及铸钢管子附件、锰铁、冷轧不锈钢板材、初级形状非合金生铁、无可锻性铸铁制品、玻璃陶瓷器皿、玻璃盥洗室及室内装饰等器皿、柠檬酸、热轧不锈钢卷材、6氨基青霉烷酸（6APA）、热轧不锈钢卷材、矩形截面半制普通钢铁、硝酸铵、未锻轧锰、工业用无可锻性铸铁制品、其他普通钢铁的半制成品、其他铸铁管及空心异型材、铁合金、热轧卷材螺钉及螺栓	86 650	21.48
500万—1 000万美元（19种）	锰铁、其他电气设备用石墨或碳精制品、硅、瓷餐具、碳电极、核桃仁、芦笋罐头、人造刚玉、餐桌或厨房用玻璃器皿、玉米、硅锰铁、硫化黑、高岭土、健身及康复器械、糠醇及四氢糠醇、铁道及电车道机车或车辆的轮及零件、不锈钢制法兰、烟花爆竹、装在蹄片上的制动磨擦片	12 725	3.15
合　计	**52种**	**365 792**	**90.66**

山西省2004年主要出口市场情况表

国别（地区）	出口金额（万美元）	占出口总额比重（%）	国别（地区）	出口金额（万美元）	占出口总额比重（%）
日　本	78 361	19.42	意大利	25 632	6.35
韩　国	49 926	12.37	比利时	18 065	4.48
美　国	48 823	12.10	印　度	16 315	4.04
巴　西	32 215	7.98	加拿大	10 447	2.59
荷　兰	25 934	6.43			
合　计				**305 718**	**75.77**

进口总额 进口总额13.47亿美元，比上年的8.18亿美元增长64.67%。

进口商品结构 初级产品进口额6.77亿美元，占进口总额的50.26%；工业制成品进口额6.70亿美元，占进口总额的49.74%。

进口商品市场 进口商品来自64个国家和地区，进口额在3 000万美元以上的国家和地区有9个，进口额10.55亿美元，占进口总额的78.32%。

山西省2004年进口额500万美元以上商品情况表

金额分类	商品名称	进口金额（万美元）	占进口总额比重（%）
1亿美元以上（2种）	未烧结的铁矿砂及精矿、未锻轧的非合金镍	58 440	43.39
1 000万—1亿美元（12种）	氧化铝、已烧结的铁矿砂及其精矿、镍铁、具有独立功能的机器及机械器具、铜矿砂及其精矿、乙酸乙烯酯、锰矿砂及其精矿、铬矿砂及其精矿、不锈钢废碎料、甲苯二异氰酸酯混合物（甲苯二异氰酸酯TDI）、固体矿物质的分类或洗涤机器、不饱和无环烃	41 312	30.67
500万—1 000万美元（13种）	化学木浆、自推进的截煤机凿岩机及隧道掘进机、液体过滤净化机器及装置、钴矿砂及其精矿、7氨基头孢烷酸及氨基脱乙酰氧基头孢烷酸、粉浆状产品粘聚或成型及铸造砂模成型机、离心机及离心干燥机、空气泵、气体压缩机及环气罩、冷室压铸机、数控装置、数控外圆磨床、自推进泥土矿物等运送及平整等机械	8 745	6.49
合 计	**27种**	**108 497**	**80.55**

山西省2004年主要进口市场情况表

国别（地区）	进口金额（万美元）	占进口总额比重（%）	国别（地区）	进口金额（万美元）	占进口总额比重（%）
澳大利亚	37 123	27.56	巴 西	5 903	4.38
印 度	25 271	18.76	俄罗斯	5 268	3.91
德 国	9 617	7.14	台湾省	3 661	2.72
美 国	9 005	6.69	哥伦比亚	3 268	2.43
日 本	6 408	4.76			
合 计				**105 524**	**78.35**

技术进出口 技术进出口总额2 735万美元，比上年的920万美元增长197.28%。其中，签订引进技术和进口设备合同项目22个，比上年的11个增加11个；合同金额2 735万美元，比上年的860万美元增长218.02%；引进技术和设备主要来自美国、加拿大、日本、欧盟等。

技术进口 引进项目中，化工类6项，金额1 944万美元；能源类5项，金额454万美元；建筑类2项，金额261万美元；软件类9项，金额76万美元。

【利用外资】

2004年全省共批准外商直接投资项目90个，比上年增加1.12%；项目总投资13.57亿美元，比上年增长46.70%；外商投资企业出口完成5.18亿美元，增长96.16%。

外商直接投资行业 外商直接投资项目中生产型项目69个，占76.67%，非生产型项目21个，占23.33%。

外商直接投资来源 外商直接投资主要来自香港、英属维尔京群岛、美国、利比里亚、巴哈马、萨摩亚、日本等国家和地区。

山西省2004年利用外资情况表

利用外资方式	批准签订的合同			实际利用外资	
	项目数（个）	外资金额（万美元）	金额比上年增长（%）	金　额（万美元）	金额比上年增长（%）
外商直接投资	90	40 439	1.12	9 021	-59.06
合资企业	41	13 576	2.50	5 150	-3.49
合作企业	21	13 003	5.00	227	-97.07
外资企业	28	13 860	-3.45	3 344	-61.30
合　计	**90**	**40 439**	**1.12**	**9 012**	**-59.06**

山西省2004年外商直接投资分行业情况表

行　业	外商直接投资合计		
	项目数（个）	合同外资（万美元）	实际投资（万美元）
农、林、牧、渔业	3	264	60
采矿业	6	2 456	428
制造业	60	26 474	7 625
电力、燃气及水的生产和供应业	0	0	198
建筑业	1	500	0
交通运输、仓储和邮政业	3	1 491	0
信息传输、计算机服务和软件业	0	0	2
批发和零售业	2	150	0
住宿和餐饮业	1	81	0
房地产业	2	-188	592
租赁和商务服务业	6	4 365	86
科学研究、技术服务和地质勘查业	5	4 546	30
居民服务和其他服务业	1	300	0
合　计	**90**	**40 439**	**9 021**

山西省2004年外商投资主要来源情况表

国别（地区）	项目数（个）	合同外资（万美元）	实际外资（万美元）
香　港	30	21 043	3 557
英属维尔京群岛	15	11 789	2 047
巴哈马	0	1 750	950
美　国	12	-628	467
澳大利亚	3	1 966	402
亚美尼亚	1	1 353	359
日　本	3	502	340
德　国	4	999	313
新加坡	3	740	286
伯利兹	1	70	70
马来西亚	1	60	60
韩　国	3	146	52
台湾省	3	-5 599	44
加拿大	3	268	33
奥地利	0	-270	30
合　计	**82**	**34 189**	**9 010**

【对外经济合作】

承包工程和劳务合作 签订对外承包工程和劳务合作合同项目23个，金额14 834万美元，比上年的3 030万美元增长389.57%；完成营业额15 141万美元，比上年的4 280万美元增长253.76%；当年派出劳务人员300人，年末在外人数1 834人，主要派往日本、毛里求斯、以色列、阿联酋、孟加拉国、柬埔寨等。

【其他】

开发区 全省有省级以上开发区16个（其中，国家级2个，省级14个）。

国家级开发区（太原高新技术产业开发区、太原经济技术开发区）共实现科工贸总收入340.76亿元，GDP 123.68亿元，工业总产值276.49亿元，税收收入17.49亿元，进出口1.78亿美元，引进国内资金40.53亿元，合同利用外资1.41亿美元，实际利用外资4 279.28万美元。

省级开发区共实现科工贸总收入299.91亿元，GDP 84.71亿元，工业总产值155.04亿元，税收收入9.82亿元，进出口1.26亿美元，引进国内资金52.89亿元，合同利用外资1.96亿美元，实际利用外资3 825.72万美元。

涉外旅游 2004年接待入境国外旅游者和港澳台同胞295 767人次，比上年增长154.87%。旅游外汇收入8 123.30万美元，比上年的3 627.41万美元增长123.94%。

2004年内蒙古自治区商务发展概况

内蒙古自治区商务厅

白盾

内蒙古自治区商务厅厅长

白盾 1977年任内蒙古自治区外贸局干部。1983年任内蒙古进出口公司副经理。1984年任内蒙古自治区外经贸厅业务处处长，1987年任内蒙古自治区外经贸厅副厅长，1998年任内蒙古自治区外经贸厅厅长。现任内蒙古自治区商务厅厅长、党组书记。

【国内贸易】

社会消费品零售总额 2004年内蒙古自治区社会消费品零售总额891.9亿元，比上年的726.7亿元增长22.7%。其中，城市消费品零售额563.8亿元，县消费品零售额200.3亿元，县以下消费品零售额127.7亿元。分行业看，批发零售贸易业零售额718.8亿元，餐饮业零售额134.5亿元，其他行业零售额38.5亿元。

市场体系建设 2004年内蒙古商品市场体系建设取得了显著成就。多元化的市场竞争格局已开始形成，市场化程度不断提高，多样化的现代流通形式和新型业态不断出现，市场的法规制度日趋完善，商品市场建设规模增势强劲，发展势头较猛，商业集聚效应逐渐趋强。初步形成了消费品市场与生产资料市场，批发市场与零售市场，城市市场与农村市场共同发展的商品市场体系。截至2004年底，全区已建成5 000m^2以上的大中型商业网点266个，其中：10 000m^2以上的商业网点164个，总营业面积达483万m^2，10 000m^2以上网点的平均单体面积2.95万m^2；批准设立拍卖企业90家，2004年拍卖成交额近15亿元；国家批准设立的典当行29家，分支机构2家，注册资本总额2.2亿元，为中小企业及个体经营户融资超过4亿元。

商业改革与发展 2004年区直商贸流通三大集团（商粮、外贸、物资）改革重组工作顺利完成，国有职工身份全部置换、国有资本全部退出、国有性质经营活动全部结束，三大集团103户企业全部退出国有序列，商贸流通企业改革取得较大进展。逐步建立市场运行调控体系，完善调控手段，准确监测、合理分析商品和生产资料供求状况；稳步推进流通企业改革，通过资产剥离、重组、股份制等形式培育大集团、大企业，促进投资主体多元化和民营经济作用的发挥。巨华商贸物流、小肥羊餐饮连锁及配送、兴发营销网络、绿太阳集团食品京津沪配送等一批现代流通项目建成，电子商务、特许经营、内贸代理制等现代物流方式进一步得到发展，物流园区建设水平进一步提高。

进出口总额 进出口总额37.2亿美元，比上年的28.29亿美元增长31.63%。

出口总额 出口总额13.56亿美元，比上年的11.56亿美元增长17.34%，占全区GDP 2 712亿元（相当于327.66亿美元）的4.14%，占全国出口额0.23%。

出口商品结构 初级产品出口额1.94亿美元，占出口总额的14.31%；工业制成品出口额11.62亿美元，占出口总额的85.69%。

出口商品市场 出口商品销往170个国家（地区）。

【对外贸易】

内蒙古自治区2004年出口额500万美元以上商品情况表

金额分类	商品名称	出口金额（亿美元）	占出口总额比重（%）
5 000万美元以上	纺织原料及纺织制品、未锻轧铝、钢铁卷材	7.09	52.25
1 000万—5 000万美元	玉米、番茄酱罐头、饲料添加剂、硅、碳酸氢钠、碳化钙、抗菌素、毛皮制品、未锻造银、硅铁、塑料制品、机电设备、稀土金属及混合物、肉食、蔬菜、鞋	3.44	25.40
500万—1 000万美元	活牛、乳及奶油、鲜苹果、荞麦、钠、钙、硫化钠、木及木制品、化纤布、玻璃制品、铝丝、皮革服装、干豆	0.83	6.09
合　计	**32种**	**11.36**	**83.78**

内蒙古自治区2004年主要出口市场情况表

国别（地区）	出口金额（万美元）	占出口总额比重（%）	国别（地区）	出口金额（万美元）	占出口总额比重（%）
日　本	28 808	21.24	蒙　古	8 464	6.24
韩　国	21 161	15.60	俄罗斯	7 752	5.72
香　港	14 264	10.52	马达加斯加	2 086	4.54
美　国	12 073	8.90	印　度	1 834	1.35
意大利	11 466	8.45	英　国	1 744	1.29
合　计				**109 652**	**80.85**

进口总额 进口总额23.67亿美元，比上年的16.73亿美元增长41.50%。

进口商品结构 初级产品进口额7.26亿美元，占进口总额的30.67%；工业制成品进口额16.41亿美元，占进口总额的69.33%。

进口商品市场 进口商品来自64个国家（地区）。

边境贸易 进出口额17.01亿美元，比上年的13.92亿美元增长22.53%。主要出口商品有：服装及衣着附件、机电音像设备、蔬菜水果、塑料制品、皮革制品、肉食等。主要进口商品有：原木、塑料、橡胶制品、化肥、铜矿砂等。

内蒙古自治区2004年进口额100万美元以上商品情况表

金额分类	商品名称	进口金额（亿美元）	占进口总额比重（%）
5 000万美元以上	铁矿砂及其精矿、铜矿砂及其精矿、塑料制品、橡胶制品、原木、锯材、木浆、机电设备、有机化学品、氯化钾	18.47	78.02
1 000万—5 000万美元	固态乳、炼焦煤、萘、原油、润滑油基础油、氧化铝、生皮及皮革、未漂白牛皮衬纸、废铁、角钢、未锻轧非合金镍、未锻轧非合金铝、车辆及其零件、光学仪器	3.30	13.93
100万—1 000万美元	种牛、乳清、原糖、硫磺、锌矿砂及其精矿、钼矿砂及其精矿、重络酸钠、耐火砖、压电石英、钢轨、废铝	0.5	2.09
合　计	**35种**	**22.26**	**94.04**

内蒙古自治区2004年主要进口市场情况表

国别（地区）	进口金额（万美元）	占进口总额比重（%）	国别（地区）	进口金额（万美元）	占进口总额比重（%）
俄罗斯	151 954	64.19	新西兰	5 177	2.19
蒙　古	22 255	9.40	意大利	4 208	1.78
澳大利亚	10 800	4.56	韩　国	3 297	1.39
德　国	10 679	4.51	美　国	2 555	1.08
印　度	5 550	2.34	智　利	2 455	1.04
合　计				**218 930**	**92.48**

【利用外资】

内蒙古自治区2004年利用外资情况表

利用外资方式	批准签订的合同			实际利用外资	
	项目数（个）	外资金额（万美元）	金额比上年增长（%）	金　额（万美元）	金额比上年增长（%）
外商直接投资	195	271 895	526	62 743	70
合资企业	80	63 058	632	32 730	234
合作企业	25	30 796	72	2 575	-29
外资企业	90	177 492	1 248	24 352	107
股份有限公司	-	549	-53	3 086	-68
合　计	195	271 895	526	62 743	70

外商直接投资行业　在外商直接投资项目中，生产型项目154个，非生产型项目41个。按行业分：制造业99个，农业35个，建筑业5个，房地产业7个，采掘业12个，科学研究和综合技术服务业2个，批发和零售贸易、餐饮业13个。

外商直接投资来源　外商直接投资主要来自27个国家和地区。合同外资额居前10位的是：香港64个，143 678万美元；英属维尔京群岛14个，78 900万美元；美国29

个，17 619万美元；毛里求斯3个，9 149万美元；泰国3个，3 617万美元；英国8个，3 453万美元；澳门2个，3 058万美元；台湾10个，2 327万美元；萨摩亚1个，2 230万美元；新加坡4个，1 737万美元。

实际利用外资额居前10位的是：香港31 750万美元；毛里求斯11 776万美元；美国3 352万美元；英属维尔京群岛3 055万美元；萨摩亚2 440万美元；澳大利亚1 727万美元；新加坡1 696万美元；加拿大1 162万美元；英国831万美元；德国658万美元。

【对外经济合作】

承包工程和劳务合作 签订对外承包工程和劳务合作合同项目120个，金额55 958万美元，比上年的7 510万美元增长745.1%；完成营业额6 082万美元，比上年的2 742万美元增长221.8%；当年派出劳务人员4 253人次，比上年的3 314人次增长64.15%。主要派往俄罗斯、蒙古国、日本；承包工程的主要项目是森林采伐、木材加工、农业种植、养殖、工程建筑，主要分布在俄罗斯、蒙古国。

对外经济技术援助 承担援外项目数2个，分别为：内蒙古贸发粮油食品进出口有限责任公司对蒙古国的5 000吨小麦援助项目；内蒙古电力（集团）公司承担的对蒙古国太阳能发电设备援助项目；涉及的行业：家电设备、物资项目；项目建成情况：已完成设备的交接和物资的运输任务；当年派出援外人员数：2人；年末在外人数：0。

接受经济援助 2004年新落实启动4个小项目，总金额264 855美元（折合人民币219万元）。这些项目分别是：日本国驻华大使馆利民工程无偿援助“阿拉善盟阿左旗巴润别立镇节水灌溉生态治理”、“莫力达瓦旗妇幼保健医疗设备配置”、“四子王旗红格尔苏木蒙古族小学建设”和澳大利亚政府援助“赤峰市克什克腾旗芝瑞镇自来水工程建设”项目。对列入在厅考核目标的3个项目澳援“阿拉善环境整治与管理”、“内蒙古草场管理”和联合国儿童基金援助“贫困地区儿童规划与发展（LPAC）”，我们加强监督管理和协调工作，目前这3个项目实施进展顺利。

对外投资 2004年举办境外投资企业共10家，总投资809.76万美元，其中中方投资712.84万美元。具体企业为：1. 呼伦贝尔盟天成建筑安装工程有限责任公司在俄罗斯投资房地产开发、工业与民用建筑工程、道路与桥梁施工；投资总额89.21万美元，全部为中方投资；2. 满洲里阿莫恩贸易有限责任公司在俄罗斯投资炼钢、炼铁及货物进出口业务；投资总额18.71万美元，其中中方投资11.19万美元；3. 集宁市熊猫皮业有限责任公司在吉尔吉斯斯坦投资加工生产兰湿皮项目，投资总额98万美元，全部为中方投资；4. 呼伦贝尔新弘基对外经济贸易有限责任公司在俄罗斯投资木材加工和销售，民用及工业产品的批发零售；投资总额85万美元，全部为中方投资；5. 包钢（集团）有限责任公司在蒙古国合资从事地质勘探和贸易业务；投资总额200万美元，其中中方投资120万美元；6. 内蒙古广电公司呼伦贝尔分公司在俄罗斯投资信息传播及有限电视声像传输服务；投资总额10万美元，其中中方投资0.6万美元；7. 内蒙古鲁能能源重化工投资有限公司在俄罗斯投资采矿、选矿和探矿项目；投资总额200万美元，全部为中方投资；8. 内蒙古小肥羊餐饮连锁有限责任公司在香港投资餐饮及食品加工项目；投资总额102.7万美元，全部为中方投资；9. 包头钢铁（集团）有限责任公司在香港投资进出口贸易，投资总额0.135万美元，全部为中方投资；10. 包头钢铁（集团）有限责任公司投资蒙古国独资从事地质勘探和贸易业务，投资总额6万美元，全部为中方投资。

【其他】

开发区 2004年呼和浩特经济技术开发区基础设施建设投资7 247.32万元。重点工业项目16个，总投资额48 371万元。新注册内资企业110家，注册资本68 918万元，其中工业企业19家，投资总额20 866万元。新批准设立的外商投资企业9家，合同外资金额9 760万美元，实际利用外资额3 191万美元，出口创汇12 762万美元。全年累计完成工业总产值132.27亿元，比上年的102.24亿元增长29.37%。引进国内资金15.48亿元。工业增加值达到45.42亿元，比上年的39.69亿元增长14.44%。财政收入达到8.58亿元，比上年的6.86亿元增长25.07%。

2004年包头稀土高新技术产业开发区基础设施建设投资1 498万美元。重点工业项目53个，总投资额5 481.26万美元。新注册内资企业420家，注册资本42 619万元。其中工业企业115家，投资总额12 176万元。新批准设立的外商投资企业11家，合同外资金额3 227.88万美元，实际利用外资额3 538.88万美元，出口创汇27 254万美元。全年技工贸总收入达241.14亿元，比上年的163.71亿元增长47.3%。全年累计完成工业总产值252.17亿元，比上年的161.13亿元增长56.5%。引进国内资金40.36亿元。工业增加值达到80.19亿元，比上年的48.22亿元增长67%。财政收入达到8.03亿元，比上年的5.04亿元增长59.3%。

出口加工区 呼和浩特出口加工区规划面积2.21平方公里，截至2004年底，累计完成投资15 308万元，建设完成出口加工区区内道路、海关巡逻通道和配套管网等基础设施建设，2005年7月进行初验。

港口运输 全区口岸过货量2 180万吨，比上年的1 523万吨增长43.12%。其中，进口货物2 017万吨，比上年的1 391万吨增长45.08%；出口货物163万吨，比上年的133万吨增长22.53%。按货运方式分：铁路运输1 934万吨，比上年的1 423万吨增长35.88%；公路运输242万吨，比上年的97万吨增长209.16%；水路运输3万吨，比上年的1.8万吨增长81.57%；航空运输0.8万吨，比上年的1万吨下降19.35%。

涉外旅游 入境的外国人及港澳台同胞79.98万人次，比上年的41万人次增长93.39%；旅游外汇收入2.53亿美元，比上年的1.38亿美元增长82.86%。

2004年辽宁省商务发展概况

辽宁省商业厅　辽宁省对外贸易经济合作厅

辽宁省商业厅厅长

赵颖奇　1970年参加工作。1981年任铁岭地区百货批发公司总经理；1983—1989年任铁岭地区商业局副局长、局长；1989年12月至今任辽宁省商业厅副厅长、辽宁省贸易厅副厅长、党组副书记、辽宁省商业局局长、辽宁省商业厅厅长。

辽宁省对外贸易经济合作厅厅长

陈晓琨　生于1955年11月。中共党员。1982年1月毕业于大连工学院机械系。曾任辽宁省对外贸易经济合作厅副厅长、中共辽宁省朝阳市委常委、辽宁省朝阳市常务副市长等职。

【国内贸易】

社会消费品零售总额 2004年辽宁省社会消费品零售总额2 642.8亿元，比上年增长13.4%。其中，城市消费品零售额2 223.6亿元，增长13.2%；农村消费品零售额419.3亿元，增长14.2%。分行业看，批发零售贸易业零售额2 184.6亿元，比上年增长12.9%；餐饮业零售额396.9亿元，增长17.1%；其他行业零售额61.3亿元，增长9.0%。分经济类型看，国有经济零售额197.8亿元，比上年下降5.5%；集体经济零售额127.7亿元，下降5.5%；股份制经济零售额295.2亿元，增长39.5%；私营经济零售额407.6亿元，增长24.9%；个体经济零售额1 509.2亿元，增长11.1%；外商投资经济零售额66.2亿元，增长28.0%；港澳台投资经济零售额30.1亿元，增长20.9%。

批发零售贸易业商品销售额 限额以上批发零售贸易业商品销售额2 982.2亿元，比上年增长27.8%。其中，商品批发额2 447.7亿元，增长28.7%；商品零售额534.5亿元，增长24.2%。从商品分类看，食品、饮料、烟酒类商品销售额335.4亿元，比上年增长20.1%；服装鞋帽、针纺织品类商品销售额141.4亿元，增长7.9%；化妆品类商品销售额13.4亿元，增长18.9%；日用品类商品销售额27.9亿元，增长11.1%；体育、娱乐用品类商品销售额4.1亿元，增长7.7%；书报杂志类商品销售额16.0亿元，增长12.2%；电子出版物及音像制品类商品销售额1.9亿元，增长5.8%；家用电器和音像器材类商品销售额85.9亿元，增长15.9%；中西药品类商品销售额88.2亿元，增长12.2%；文化办公用品类商品销售额76.1亿元，下降1.6%；家具类商品销售额2.7亿元，增长16.0%；建筑及装潢材料类商品销售额12.0亿元，增长16.6%；机电产品及设备类商品销售额204.7亿元，增长18.4%，其中，汽车类商品销售额151.9亿元，增长10.8%。

市场物价 受投资和消费需求拉动，市场价格回升。全年居民消费价格比上年上涨3.5%。其中，城市上涨2.8%，农村上涨6.3%。分类别看，食品类价格比上年上涨8.7%，其中：粮食价格上涨26.6%，油脂价格上涨11.7%，肉禽及其制品价格上涨15.4%，蛋、水产品和鲜果价格分别上涨22.8%、7.8%和1.4%；烟酒及用品类价格上涨0.2%；衣着类价格下降2.1%；家庭设备用品及服务类价格下降2.5%；医疗保健及个人用品类价格上涨2.8%；交通和通讯类价格下降1.5%；娱乐教育文化用品及服务类价格上涨1.5%；居住类价格上涨3.2%。农业生产资料价格比上年上涨13.3%。

全年工业品出厂价格比上年上涨7.1%。其中，重工业产品价格上涨9.3%；轻工业产品价格上涨3.1%。原材料、燃料、动力购进价格比上年上涨12.1%。固定资产投资价格比上年上涨4.8%。

【对外贸易】

进出口总额 进出口总额344.37亿美元，比上年的265.10亿美元增长29.9%。

出口总额 出口总额189.18亿美元，比上年的145.75亿美元增长29.8%，占全省GDP 6 872.65亿元（相当于831.03亿美元）的22.8%，占全国出口额的3.2%，居全国第9位。

出口商品结构 初级产品出口额39.52亿美元，占出口总额的20.9%；工业制成品出口额149.66亿美元，占出口总额的79.1%。

出口商品市场 出口商品销往190个国家和地区。

进口总额 进口总额155.19亿美元，比上年的119.03亿美元增长30.1%。

进口商品结构 初级产品进口额47.13亿美元，占进口总额的30.4%；工业制成品进口额108.06亿美元，占进口总额的69.6%。

进口商品市场 进口商品来自133个国家和地区。

辽宁省2004年出口额5 000万美元以上商品情况表

金额分类	商品名称	出口金额（万美元）	占出口总额比重（%）
1亿美元以上（42种）	水海产品，蔬菜，肉、鱼及水生无脊椎动物的制品，蔬菜、水果制品，黏土及其他耐火矿物，矿砂，原油，成品油，石蜡及其他矿物蜡，无机化学品，有机化学品，医药品，橡胶及制品，木制品，纺织纱线、织物及制品，耐火砖，铁合金，钢铁粉粒，钢坯及粗锻件，钢材，其他钢铁铸造制品，泵、压缩机及零件，电扇，空调，计算机及附属设备，计算机零件，阀门、旋塞及零件，电动机及发电机，传真机零件，视频录放设备，录放音像机及唱机零附件，录音机及收录（放）音组合机，电视机（包括整套散件），电视、收音机及无线电讯设备的零附件，集装箱，汽车零件，船舶，医疗仪器及器械，家具，服装及衣着附件，鞋类，塑料及制品	1 475 689	78.01
5 000万—1亿美元（25种）	谷物，干豆，水果及坚果，食用油籽，任何一边或面制成连续形状的木材，锯材，肥料，蜡烛，纸制品，玻璃制品，其他钢铁制品，未锻造的锌及锌合金，金属加工机床，发动机及零件，制冷设备，滚动轴承及零件，静止式变流器，电感器，通断及保护电路装置，电子管，半导体器件，集成电路，电线和电缆，碳电极、碳刷，光学元件	175 962	9.30
合　计	**67种**	**1 651 651**	**87.31**

辽宁省2004年主要出口市场情况表

国别（地区）	出口金额（万美元）	占出口总额比重（%）	国别（地区）	出口金额（万美元）	占出口总额比重（%）
日　本	546 263	28.88	新加坡	47 326	2.50
美　国	299 642	15.84	台湾省	46 705	2.47
韩　国	231 433	12.23	英　国	41 776	2.21
香　港	89 460	4.73	德　国	41 515	2.19
荷　兰	82 992	4.39	朝　鲜	41 125	2.17
合　计				**1 468 237**	**77.61**

辽宁省2004年进口额3 000万美元以上商品情况表

金额分类	商品名称	进口金额（万美元）	占进口总额比重（%）
1亿美元以上（24种）	水海产品，食用油籽，矿砂，原油，有机化学品，橡胶及制品，革皮，纺织纱线、织物及制品，钢材，金属加工机床，发动机及零件，泵、压缩机及零件，计算机及附属设备，计算机零件，电视、收音机及无线电通讯设备的零附件，通断及保护电路装置，印刷电路，电子管，半导体器件，集成电路，汽车和汽车底盘，汽车零件，飞机及零件，塑料及制品	1 072 475	69.11
3 000万—1亿美元（36种）	水果及坚果，锯材，无机化学品，成品油，染料，医药品，纸及纸板，纸制品，废钢，未锻造的铜及铜材，未锻造的铝及铝材，金属加工机床零件，印刷机及零件，矿石、石料处理机械，磁铁，录放音像机及唱机零附件，钢铁或钢制标准紧固件，纺织机械，焊接机，起重机，金属轧机，橡胶、塑料加工机械，铸造型模，阀门、旋塞及零件，滚动轴承及零件，传动装置，电动机及发电机，电动机及发电机零件，有线电话、电报设备，电容器，电阻器，电线和电缆，光学元件，医疗仪器及器械，自控仪器、装置，服装及衣着附件	208 874	13.46
合　计	**60种**	**1 281 349**	**82.56**

辽宁省2004年主要进口市场情况表

国别（地区）	进口金额（万美元）	占进口总额比重（%）	国别（地区）	进口金额（万美元）	占进口总额比重（%）
日　本	415 070	26.75	澳大利亚	42 348	2.73
韩　国	196 491	12.66	伊　朗	38 683	2.49
德　国	152 066	9.80	朝　鲜	37 487	2.42
美　国	99 063	6.38	俄罗斯	31 834	2.05
沙特阿拉伯	76 842	4.95	巴　西	30 635	1.97
合　计				**1 120 519**	**72.20**

边境贸易 与朝鲜的边境小额贸易额为10 010万美元，比上年增长57.7 %，其中出口5 864万美元，比上年增长52.7%；进口4 149万美元，比上年增长65.4%。出口的主要商品是面粉、豆粕、电视机、水果、电扇、润滑油、大豆等。进口的主要商品是废钢、煤、生铁、矿砂、电力、铅合金、铁合金等。

【利用外资】

辽宁省2004年利用外资情况表

利用外资方式	批准签订的合同			实际利用外资	
	项目数（个）	外资金额（亿美元）	金额比上年增长（%）	金　额（亿美元）	金额比上年增长（%）
合资企业	887	20.81	1.3	14.13	21.3
合作企业	114	8.28	-3.6	6.83	134.8
外资企业	1 486	56.93	62.9	32.53	138.3
股份有限公司				0.57	2 278.8
合　计	**2 491**	**86.62**	**33.8**	**54.07**	**91.5**

外商直接投资行业 在外商直接投资行业中生产型项目1 829个，非生产型项目662个。按行业分，农、林、牧、渔业81个，采矿业26个，制造业1 666个，电力、煤气及水的生产和供应业13个，建筑业43个，交通运输、仓储及邮电业20个，信息传输、计算机服务和软件业87个，批发和零售业107个，住宿和餐饮业108个，金融业5个，房地产业159个，租赁和商务服务业98个，科学研究、技术服务和地质勘查业26个，水利、环境和公共设施管理业13个，居民服务和其他服务业21个，教育3个，卫生、社会保障和社会福利业4个，文化、体育和娱乐业11个。

外商直接投资来源 外商直接投资来源于62个国家和地区。合同外资额居前10位的是：港澳411个，27.31亿美元；韩国859个，15.58亿美元；日本466个，9.64亿美元；美国231个，8.49亿美元；台湾省114个，4.29亿美元；新加坡57个，3.46亿美元；加拿大83个，2.45亿美元；英国26个，1.38亿美元；澳大利亚33个，1.33亿美元；德国31个，0.55亿美元。

外商直接投资企业生产经营情况 到2004年底，外商投资企业开业投产7 560家。2004年完成出口创汇108.98亿美元，占全省出口总额的57.6%；实现税收212.28亿元，占全省税收总额的19.1%。

【对外经济合作】

承包工程和劳务合作 签订对外承包工程和劳务合作合同917个，合同金额60 022万美元，比上年的49 749万美元增长20.6%；完成营业额55 715万美元，比上年的48 368万美元增长15.2%；派出劳务人数64 263人；年末在外人数66 575人，派往的主要国家有日本、韩国、新加坡和俄罗斯等。承包工程的主要项目有：斯里兰卡农村电网工程项目、中国驻朝使馆改造项目、俄罗斯办公楼、疗养院建筑装修项目、德国镀锌板厂房建设项目等。

对外经济技术援助 承担在建、新建项目67个，其中新建项目15个。受援国家有罗马尼亚、利比里亚、玻利维亚、巴基斯坦、马尔代夫、朝鲜、喀麦隆、科摩罗、斯里兰卡、委内瑞拉、苏丹、赤道几内亚、埃塞俄比亚、卢旺达等。当年派出援外人员250人，年末在外人数160人。

接受经济援助 接受国际无偿援助项目20个，其中新增14个，全年到位援款1 581万美元。主要项目有：欧盟援助兴城“亚洲城市计划”项目，德国援助本溪下岗女工再就业项目，德国援助朝阳生态造林项目等。

对外投资 2004年在海外举办企业35家，投资总额10 115万美元，其中中方投资金额7 781万美元，投资国家主要有蒙古、俄罗斯、朝鲜、日本、安哥拉、德国、加拿大、英国等。

【其他】

开发区

辽宁省2004年国家级开发区主要经济指标

指标＼开发区	大连经济技术开发区	沈阳经济技术开发区	营口经济技术开发区	丹东边境经济合作区	大连保税区	合　计
GDP（亿元）	361.00	144.10	80.00	20.01	65.20	**670.31**
工业总产值（亿元）	712.00	408.54	164.22	10.77	60.36	**1 355.90**
税收总额（亿元）	33.26	16.71	7.75	2.58	39.38	**99.68**
财政收入（亿元）	18.46	8.16	1.83	2.77	2.18	**33.40**
出口创汇（亿元）	40.00	4.20	4.05	1.75	11.34	**61.35**
批准进区项目（个）	442	124	199	24	467	**1 256**
三资企业项目（个）	144	55	40	13	141	**393**
500万美元以上项目（个）	51	34	15	3	10	**113**
进区项目投资总额（亿元）	148.76	118.70	52.53	2.84	53.80	**376.66**
合同外资额（亿美元）	9.61	3.79	3.59	0.32	3.30	**20.60**
外商实际投资额（亿美元）	5.40	3.07	1.45	0.14	2.46	**12.53**
固定资产投资（亿元）	63.00	45.20	50.14	3.59	15.62	**177.55**
基础设施投资额（亿元）	13.40	4.38	21.63	0.44	15.62	**55.47**
实际开发土地面积（平方公里）	-	-	6.00	-	-	**6.00**

港口运输　货物吞吐量24 334万吨，比上年增长25.9%。外贸进出口货运量7 847.2万吨，比上年增长5.5%，其中外贸进口4 511.1万吨，比上年增长39.6%，出口3336.1万吨，比上年下降20.7%。外贸进出口按货物运输方式分，海运完成7 688.8万吨，比上年增长5.5%；陆运完成149.1万吨，比上年增长7.2%；空运完成9.3万吨，比上年增长25.7%。

涉外旅游　2004年入境的外国人108.1万人次，港澳台同胞14.3万人次。旅游外汇收入6.1亿美元，比上年的4.5亿美元增长35.6%。

2004年沈阳市商务发展概况

沈阳市对外贸易经济合作局

沈阳市对外贸易经济合作局局长

张宁　生于1956年10月26日，辽宁沈阳人。1974年8月参加工作，1976年6月加入中国共产党。1982年2月毕业于南京航空航天大学飞机制造专业。1982年2月至1988年11月，在沈阳飞机制造公司工作，曾任工艺员、公司团委书记。1988年12月至1991年1月在沈阳团市委工作，任青工部长。1991年2月起在沈阳市政府工作，曾任市侨办、市外办、市口岸办副主任，2003年5月担任市政府副秘书长，2004年10月任市对外贸易经济合作局局长。

【对外贸易】

进出口总额　2004年辽宁省沈阳市进出口总额51.65美元，比上年的42.39亿美元增长21.84%。

出口总额　出口总额23.15亿美元，比上年的19.84亿美元增长16.68%，占全市GDP 1 900.7亿元（相当于229.83亿美元）的10.07%，占全省出口额的12.24%。

出口商品结构　初级产品出口额0.82亿美元，占出口总额的3.54 %；工业制成品出口额22.33亿美元，占出口总额的96.45%。

进口总额　进口总额28.59亿美元，比上年的22.56亿美元增长26.73%。

进口商品结构　初级产品进口额5.93亿美元，占进口总额的20.74%；工业制成品进口额22.66亿美元，占进口总额的79.26%。

技术进出口　技术进出口总额18.70亿美元，比上年的16.57亿美元增长12.85%。其中，进口8.12亿美元，比上年的7.37亿美元增长10.18%，出口10.58亿美元，比上年的9.20亿美元增长15.00%。

沈阳市2004年出口额100万美元以上商品情况表

金额分类	商品名称	出口金额（万美元）	占出口总额比重（%）
1 000万美元以上（21种）	自动数据处理设备及其部件、电视机、医药品、服装及衣着附物、汽车零件、自动数据处理设备的零件、空调器、二极管及类似半导体器、纺织纱线和织物及制品、电视机和收音机及无线电讯的零附件、蓄电池、家具、圣诞用品、鞋类、钢材、新充气橡胶轮胎、谷物及谷物粉、阴极射线电视显像管、金属加工机床、塑料制品、玻璃制品	168 326	72.71
500万—1 000万美元（7种）	防盗防火报警器及类似装置、黏土及其他耐火矿物、汽车及汽车底盘、人造花、电线及电缆、静电式变流器、床垫寝具及类似品	5 127	2.21
100万—500万美元（12种）	通断保护电路装置及零件、蔬菜、西服、电扇、录放机及唱机零附件、家用或装饰用木制品、干水果及坚果、未锻造的钢材、钢及铜紧固件、变压器、锁、茶叶	3 327	1.44
合计	**40种**	**176 780**	**76.36**

沈阳市 2004 年主要出口市场情况表

国别（地区）	出口金额（万美元）	占出口总额比重（%）	国别（地区）	出口金额（万美元）	占出口总额比重（%）
美　国	84 761	36.62	德　国	6 027	2.61
韩　国	27 340	11.81	俄罗斯	5 549	2.40
日　本	25 260	10.91	荷　兰	4 249	1.84
英　国	8 359	3.61	澳大利亚	3 474	1.50
香　港	6 565	2.83	新加坡	3 465	1.49
合　计				**175 049**	**75.62**

沈阳市 2004 年进口额 100 万美元以上商品情况表

金额分类	商品名称	进口金额（万美元）	占进口总额比重（%）
1 000 万美元以上（31 种）	汽车及汽车底盘、集成电路及微电子组件、自动数据设备及部件、自动数据设备的零件、飞机、活塞式内燃机零件、电视机和收录机及无线电设备的零附件、初级形状塑料、汽车零件、电视显像管、通断及保护电路装置、航空器零件、半导体器件、计量检测分析自控仪器及器具、钢材、医疗仪器及器具、合成橡胶、天然橡胶、对苯二甲酸、钢铁制标准坚固件、钢铁或铝制绞股线、电线和电缆、机械提升搬运装卸设备及零件、制冷压缩机、印刷装订机械、橡胶或塑料加工机械、电感器、印刷电路 、医药品、未锻造的铝及铝材、印刷电路	194 138	67.90
500 万—1 000 万美元（14 种）	成品油、钛白粉、乙二醇、液泵及液体提升机、棉花、建筑及采矿用机械、食品加工机械、纺织机械、阀门、电动机及发电机、纺织用合成纤维、纸浆、饲料用鱼粉、非泡沫塑料	9 376	3.28
100 万—500 万美元（14 种）	牛皮革及马皮革、棉机织物、未锻造的铜及铜材、鞋靴零件、针织及钩织物、合成纤维长丝织物、合成纤维纱线、电容器、电阻器、纸及纸板、涂覆浸渍塑料织物、金属冶炼设备、聚合物油漆及清漆、录放音像机及唱机	4 955	1.73
合　计	**59 种**	**208 469**	**72.91**

沈阳市 2004 年主要进口市场情况表

国别（地区）	进口金额（万美元）	占进口总额比重（%）	国别（地区）	进口金额（万美元）	占进口总额比重（%）
德　国	75 379	26.37	泰　国	5 850	2.05
韩　国	55 720	19.49	新加坡	4 989	1.75
日　本	39 253	13.73	台湾省	3 956	1.38
美　国	20 201	7.06	法　国	3 430	1.20
菲律宾	6 289	2.20	印度尼西亚	2 877	1.00
合　计				**217 944**	**76.23**

技术进口　引进技术和设备来自 13 个国家和地区。其中，从韩国引进计算机组件，金额 63 542 万美元；从韩国引

进光电开关，金额6 519万美元；从韩国引进电子接插件，金额4 723万美元；从日本引进空调，金额3 360万美元；从新加坡进口电子防窃器，金额1 487万美元。

技术出口 技术出口项目主要有：向美国出口电脑及主机板，共59 870万美元；向俄罗斯出口彩色电视机，共20 230万美元；向韩国出口光电开关，共5 514万美元；向欧洲、中东国家出口空调机，共3 365万美元；向印度出口蓄电池，共2 856万美元；向新加坡出口电子防窃器，共2 436万美元，向日本出口软件，共1 375万美元。

【利用外资】

沈阳市2004年利用外资情况表

利用外资方式	批准签订的合同			实际利用外资	
	项目数（个）	外资金额（亿美元）	金额比上年增长（%）	金　额（亿美元）	金额比上年增长（%）
对外借款					
外商直接投资	771	26.79	20.68	24.23	8.07
合资企业	186	4.96	15.52	4.24	-46.19
合作企业	35	3.89	30.98	3.94	97.00
外资企业	547	17.38	28.74	15.51	23.68
股份有限公司	3	0.56		0.54	
合　计	**771**	**26.79**	**20.68**	**24.23**	**8.07**

外商直接投资行业 外商直接投资项目中，生产型项目518个，非生产型项目253个。按行业分：农业12个；制造业518个；商业及餐饮业31个；建筑业710个；房地产业91个；社会服务业69个；其他行业40个。

外商直接投资来源 外商直接投资来源于34个国家和地区。投资额居前10位的是：香港116个，90 007万美元；韩国388个，58 052万美元；英属维尔京群岛20个，28 455万美元；美国65个，17 062万美元；日本63个，19 833万美元；澳大利亚12个，8 885万美元；台湾省21个，8 190万美元；列支敦士登2个，4 000万美元；荷兰3个，1 339万美元；泰国4个，1 135万美元。

外商直接投资企业生产经营情况 截至2004年底，已投产开业的外商投资企业2 980家，全年总产值434亿元，比上年的412亿元增长5.34%，出口创汇17.37亿美元，比上年的14.40亿美元增长20.63%。

【对外经济合作】

承包工程和劳务合作 对外工程承包和劳务合作营业额7 890万美元，比上年的7 162万美元增长10.16%；期末在外人数为17 091人。劳务人员分布韩国、日本、新加坡等58个国家和地区。主要对外工程承包项目有：科威特审计署项目，喀麦隆会议大厦项目，新加坡伊丽沙白医院项目，新加坡ICON项目，澳大利亚使馆项目，塞舌尔住宅项目等。

对外投资 在海外举投资项目7个，总投资额2 403万美元，其中中方投资1 721万美元，投资国别是德国、蒙古、埃塞俄比亚、俄罗斯、朝鲜等。

【其他】

经济开发区 沈阳经济技术开发区2004年实现GDP 204.13亿元，比上年的177.42亿元增长15.06%。实际利用外资4.68亿美元，比上年的4.15亿美元增长12.77%，占全市外资流入的19.31%。实现出口创汇21 111万美元，比上年的16 471万美元增长28.17%，占全市出口总额的9.15%。

沈阳高新技术产业开发区2004年实现技工贸总收入521亿元，比上年的500亿元增长4.20%。实际利用外资4.63亿美元，比上年的4.31亿美元增长7.42%，占全市实际利用外资总额的19.11%。实现出口创汇77 148万美元，比上年的65 892万美元增长17.08%，占全市出口总额的33.35%。

涉外旅游 接待涉外旅游者27.10万人次，比上年的18.41万人次增长47.20%。旅游外汇收入1.40亿美元，比上年的1.30亿美元增长7.69%。

2004年大连市商务发展概况

大连市对外贸易经济合作局

大连市对外贸易经济合作局局长

钟善恩　生于1949年12月2日。中共党员。1974年进入东北大学金属材料与轧钢专业学习。曾任大连市轧钢厂厂长。1978年4月—1981年4月在大连外国语学院英语专业学习。1993年12月任大连市外国企业服务总公司总经理。1994年3月任大连市对外经济贸易委员会副主任，2000年4月起主持工作。现任大连市对外贸易经济合作局局长。

【对外贸易】

进出口总额　2004年辽宁省大连市进出口总额194.35亿美元，比上年的155.41亿美元增长25.06%。

出口总额　出口总额101.53亿美元，比上年的82.90亿美元增长22.4%，占全市GDP 1 961亿元（相当于237亿美元）的42%，占全省出口额的54%。

出口商品结构　初级产品出口额25.10亿美元，占出口总额的24.72%；工业制成品出口额76.43亿美元，占出口总额的75.28%。

出口商品市场　出口商品销往178个国家（地区）。

进口总额　进口总额92.82亿美元，比上年的72.50亿美元增长28.02%。

进口商品结构　初级产品进口额29.42亿美元，占进口总额的31.69%；工业制成品进口额63.40亿美元，占进口总额的68.31%。

进口商品市场　进口商品来自169个国家（地区）。

大连市2004年出口额1亿美元以上商品情况表

金额分类	商品名称	出口金额（亿美元）	占出口总额比重（%）
1亿美元以上	服　装	9.85	9.71
	成品油	8.81	8.68
	自动处理设备零附件	4.17	4.10
	船　舶	4.16	4.10
	电动机	3.31	3.26
	鱼　类	3.02	2.97
	录放器材	2.93	2.88
	钢材	2.60	2.57
	通讯设备	2.02	1.99
	钢铁制品	2.01	1.98
	纺织品	1.99	1.96
	木制品	1.97	1.94
	家　具	1.96	1.93
	通讯设备零件	1.69	1.66
	电视机	1.68	1.66
	录放设备	1.67	1.65
	自动数据处理设备	1.43	1.41

大连市2004年出口额1亿美元以上商品情况表（续）

金额分类	商品名称	出口金额（亿美元）	占出口总额比重（%）
1亿美元以上	鞋	1.42	1.39
	无机化学品	1.37	1.35
	塑料制品	1.32	1.30
	医用仪器及器具	1.27	1.25
	蔬　菜	1.26	1.24
	有机化学品	1.25	1.23
	集装箱	1.15	1.13
	机动车辆零附件	1.15	1.13
	贝类	1.14	1.13
	风扇	1.13	1.11
	阀	1.10	1.08
合　计	**28种**	**68.83**	**67.81**

大连市2004年主要出口市场情况表

国别（地区）	出口金额（亿美元）	占出口总额比重（%）	国别（地区）	出口金额（亿美元）	占出口总额比重（%）
日　本	39.38	38.78	东　盟	9.08	8.87
欧　盟	12.70	12.51	韩　国	7.98	7.86
美　国	11.51	11.33	香　港	6.61	6.51

大连市2004年进口额1亿美元以上商品情况表

金额分类	商品名称	进口金额（亿美元）	占进口总额比重（%）
1亿美元以上	原油	18.54	19.97
	纺织品	4.46	4.81
	大豆	4.46	4.81
	集成电路	4.37	4.71
	钢材	2.98	3.22
	轿车	2.82	3.04
	自动处理设备零附件	2.38	2.57
	通讯设备零件	2.27	2.45
	鱼类	2.13	2.29
	越野车	1.83	1.97
	电子元器件	1.60	1.72
	有机化学品	1.56	1.68
	机动车辆零附件	1.35	1.45
	塑料制品	1.30	1.41
	金属加工机械	1.07	1.15
	印刷电路	1.03	1.11
	起重提升机器	1.01	1.09
	通讯设备	1.01	1.08
合　计	**18种**	**54.87**	**59.11**

大连市 2004 年主要进口市场情况表

国别（地区）	进口金额（亿美元）	占进口总额比重（%）	国别（地区）	进口金额（亿美元）	占进口总额比重（%）
日　本	31.40	33.83	香　港	5.39	5.81
中　东	17.26	18.59	美　国	4.97	5.36
韩　国	11.31	12.18	东　盟	3.81	4.10
欧　盟	8.59	9.25			

技术进出口　高新技术产品进出口总额 42.26 亿美元。其中出口 26.55 亿美元，比上年的 22.46 亿美元增长 18.21%，占全市外贸出口总额的 26.15%。高新技术产品进口 24.53 亿美元，比上年的 19.80 亿美元增长 23.89%，占全市外贸进口总额的 26.43%。

【利用外资】

大连市 2004 年利用外资情况表

利用外资方式	批准签订的合同		实际利用外资
	项目数（个）	外资金额（亿美元）	金　额（亿美元）
合资企业	293	5.24	5.37
合作企业	30	2.09	2.54
外资企业	640	24.31	14.12
合　计	**963**	**31.64**	**22.031**

外商直接投资行业　第一产业 22 个，第二产业 628 个，第三产业 313 个。

大连市 2004 年外商直接投资来源情况表

国别（地区）	投资项目数（个）	合同外资额（万美元）	国别（地区）	投资项目数（个）	合同外资额（万美元）
香　港	116	72 107	欧　洲	64	20 285
日　本	333	57 020	台湾省	37	15 989
韩　国	220	38 622	加拿大	30	10 539
美　国	92	36 820			

外商直接投资企业生产经营情况　累计开业外商投资企业3 970家，职工总数 31.1 万人。2004 年实现产值 988.2 亿元，营业收入 1 074.9 亿元，利润 50.4 亿元，税金 41.5 亿元，出口创汇 74.5 亿元。

【对外经济合作】

承包工程和劳务合作　签订对外承包工程和劳务合作合同项目 827 个，金额 26 500 万美元，比上年的 26 370 万美元增长 10%；完成营业额 24 227 万美元，比上年的 19 258万美元增长 25.8%；当年派出劳务人员 24 600 人，年末在外 30 641 人，主要派往的国家和地区是日本、韩国、香港；承包工程主要分布在中东、非洲等地区。

对外投资　在海外兴办企业（系指非贸易性企业）项目数 11 个，投资总额 1 641 万美元，其中中方投资金额 1 560万美元，投资国家主要为日本、德国、南非等。

【其他】

大连经济技术开发区　实现 GDP 367.6 亿元，增长

20.3%，占全市GDP的18.7%；实现工业总产值715亿元，增长19%；实现进出口总额82亿美元，增长24.2%，其中出口40亿美元，增长23.4%；全年实现合同外资9亿美元，增长28%；实际利用外资（新口径）5.4亿美元，增长139%。

大连保税区 实现GDP 65.2亿元，增长22.4%；市场交易额303.5亿元，增长28.6%；实现进出口总额22.2亿美元，增长19%，其中出口9.6亿美元，增长26.4%；实际使用外资2.46亿美元，增长32.3%；固定资产投资15.6亿元，增长43.6%；实现关税及代征税33.5亿元，增长12.8%。

商务洽谈会 全年在星海会展中心举办经贸展览会56个，展出面积33万平方米，60个国家和地区的8 105家企业、6.8万人次的参展商到会洽谈，参观人数403.6万人次。展会贸易成交额285亿元，其中外汇成交12.7亿美元。

港口运输 大连地区港口货物吞吐总量1.45亿吨，比上年的1.26亿吨增长15.1%；港口集装箱吞吐量221万标箱，比上年的167万标箱增长32.4%。

涉外旅游 共接待海外旅游者52万人次，旅游外汇收入3.5亿美元，比上年的2.54亿美元增长37.8%。全市拥有旅游宾馆饭店168家，其中星级宾馆（饭店）125家。从事国际旅游业务的旅行社28家。

2004年吉林省商务发展概况

吉林省商务厅

吉林省商务厅厅长

张大松 生于1953年11月，吉林省吉林市人。1968年参加工作，1974年10月加入中国共产党。吉林大学管理学院技术经济专业毕业，经济学博士。1988年9月—1992年3月任吉林省机械工业厅政策法规处处长，1992年3月—1993年3月任吉林省经济社会发展研究中心副主任，1993年3月—1998年3月任吉林省人民政府办公厅副主任，1998年3月—2002年11月任吉林省经济贸易委员会副主任，2002年11月—2004年2月任吉林省对外贸易经济合作厅党组书记、厅长，2004年2月任吉林省商务厅党组书记、厅长。

【国内贸易】

社会消费品零售总额 2004年吉林省社会消费品零售总额1 252.6亿元，比上年的1 110.3亿元增长12.8%。其中，城市消费品零售总额976.3亿元，县消费品零售额86.9亿元，县以下消费品零售额189.4亿元。分行业看，批发零售贸易业零售额1 065亿元，餐饮业零售额128.6亿元，其他行业零售额5亿元。

市场物价 商品零售价格指数为103.5（以上年价格为100），其中城市103.1，农村104.9；居民消费价格指数为104.1（以上年价格为100），其中城市103.6，农村105.1。

市场体系建设 商品市场空间布局得到优化，城市中心商业区、区域商业中心、居住区商业三级网络中心已经初步形成，专业特色商业街区得到规划改造，全省批发、零售、餐饮及服务业网点达54万个，其中：批发零售贸易业网点约35万个，餐饮业10万多个，服务业近9万个。各类商品交易市场1 700个，成交额近500亿元，其中消费品市场1 550个，生产资料市场150个。汽车等新兴消费市场得到培育和发展，物流配送能力进一步增强，农村商品流通更加活跃，区域一体、城乡互动、竞争有序、高效畅通的商品市场体系进一步完善。

商业改革与发展 连锁经营初具规模，全省连锁经营企业近300户，门店3 000余个，连锁经营销售额190亿元，占社会消费品零售总额的15%，基本实现了经营规模化、业种多元化、业态多样化、地域合理化。现代物流发展较快，依托省内中心城市形成了7个物流结点，主要城市依托优势建设了物流园区，传统的仓储运输企业正在向现代物流转变。初步构建了消费品配送体系，工业物资流通体系、农业生产资料体系、生产制造业物流体系。电子商务发展较快，流通企业的信息化水平不断提高，吉林电子交易中心、长春欧亚集团等大中型流通企业普遍建立健全了信息管理系统和商务交易平台，为进一步开展电子商务奠定了良好的基础。内贸代理制发展迅速，已成为流通领域普遍采用的营销手段，70%的商品通过这种营销方式进入了最终消费。

【对外贸易】

进出口总额 进出口总额679 045万美元，比上年增长10.5%。

出口总额 出口总额171 475万美元，同比下降21.4%，占全国出口额的0.3%。

出口商品结构 初级产品出口51 499万美元，占出口总额的30%；工业制成品出口119 975万美元，占出口总额的70%。

吉林省2004年出口额1 000万美元以上商品情况表

金额分类	商品名称	出口金额（万美元）	占出口总额比重（%）
1 000万美元以上	玉米	19 202	11.2
	服装及衣着附件	16 907	9.9
	纺织纱线、织物及制品	6 656	3.9
	钢材	5 917	3.5
	汽车和汽车底盘	5 302	3.1
	家具及其零件	4 177	2.4
	稻米和大米	2 660	1.6
	鲜、干水果及坚果	2 651	1.5
	鞋类	2 430	1.4
	干豆	2 408	1.4
	新的充气橡胶轮胎	2 349	1.4
	食用油籽	1 899	1.1
	塑料制品	1 887	1.1
	汽车零件	1 757	1.0
	水海产品	1 713	1.0
	锯材	1 496	0.9
	电线和电缆	1 266	0.7
	焦炭及半焦炭	1 205	0.7
	蔬菜	1 179	0.7
	医药品	1 168	0.7
	药材	1 060	0.6
500万—1 000万美元	未锻造的铜及铜材	872	0.5
	家用或装饰用木制品	744	0.4
	冻鸡	626	0.4
	鲜、冻牛肉	621	0.4
	填充用羽毛、羽绒	611	0.4
	煤	582	0.3
	二极管、晶体管及类似半导体器件	539	0.3

出口商品市场　出口商品销往153个国家和地区。

吉林省2004年主要出口市场情况表

国别（地区）	出口金额（万美元）	占出口总额比重（%）	国别（地区）	出口金额（万美元）	占出口总额比重（%）
日　本	36 376	21.2	荷　兰	5 310	3.1
韩　国	34 888	20.3	香　港	4 896	2.9
美　国	14 277	8.3	英　国	4 511	2.7
朝　鲜	13 112	7.6	马来西亚	3 923	2.3
俄罗斯	7 360	4.3	德　国	3 565	2.1

进口总额　进口总额507 570万美元，同比增长28.0%，占全国进口额的0.9%。

进口商品结构　初级产品进口48 373万美元，占进口总额的9.5%；工业制成品进口459 197万美元，占进口总额的90.5%。

进口商品市场　进口商品来自80个国家和地区。

吉林省2004年进口额1 000万美元以上商品情况表

金额分类	商品名称	进口金额（万美元）	占进口总额比重（%）
1 000万美元以上	汽车零件	141 703	27.9
	活塞式内燃机零件	29 755	5.9
	计量检测分析自控仪器及器具	26 263	5.2
	汽车和汽车底盘	23 802	4.7
	铁矿砂	14 933	2.9
	金属加工机床	11 268	2.2
	机械提升搬运装卸设备及零件	6 213	1.2
	钢材	5 906	1.2
	通断及保护电路装置	3 052	0.6
	橡胶或塑料加工机械	2 887	0.6
	纺织机械	2 565	0.5
	模型及金属铸造用型箱	2 539	0.5
	铬矿砂	2 468	0.5
	生铁及镜铁	2 456	0.5
	锰矿砂	2 452	0.5
	液泵及液体提升机	2 230	0.4
	发动机及发动机零件	1 705	0.3
	空气调节器	1 646	0.3
	金属冶炼铸造设备零件	1 569	0.3
	焊接机器及零件	1 359	0.3
	天然橡胶	1 349	0.3
	自动数据处理设备及其部件	1 338	0.3
	塑料制品	1 270	0.3
	制冷设备用压缩机	1 258	0.2
	电视、收音机及无线电讯设备的零附件	1 200	0.2
	初级形状塑料	1 046	0.2

吉林省2004年进口额1 000万美元以上商品情况表（续）

金额分类	商品名称	进口金额（万美元）	占进口总额比重（%）
500万—1000万美元	原木	985	0.2
	阀门	902	0.2
	钢坯及粗锻件	834	0.2
	原棉	737	0.1
	纸浆	737	0.1
	纺织用合成纤维	736	0.1
	医疗仪器及器械	728	0.1
	煤	702	0.1
	棉机织物	673	0.1
	合成纤维长丝机织物	612	0.1
	铝	586	0.1

吉林省2004年主要进口市场情况表

国别（地区）	进口金额（万美元）	占进口总额比重（%）	国别（地区）	进口金额（万美元）	占进口总额比重（%）
德国	277 551	54.7	韩国	12 507	2.5
日本	104 912	20.7	美国	10 827	2.1
朝鲜	15 207	3.0	意大利	5 868	1.2
巴西	13 120	2.6	墨西哥	5 791	1.1
匈牙利	12 524	2.5	法国	4 203	0.8

边境贸易 进出口额25 419万美元，增长72.46%。其中进口11 903万美元，增长84.32%，出口13 517万美元，增长63.21%。

吉林省2004年边境贸易主要商品情况表

出口主要商品	出口金额（美元）	同比（%）	进口主要商品	进口金额（美元）	同比（%）
服装及衣着附件	37 095 954	850.54	生铁及镜铁	24 555 653	122.85
鞋类	17 997 025	144.86	铁矿砂	21 288 950	1428.66
谷物及谷物粉	12 564 867	-42.88	原木	8 063 893	166.90
纺织纱线、织物及制品	6 010 269	16.44	钢坯及粗锻件	7 038 110	-20.77
塑料制品	5 448 423	21.19	钢材	3 805 834	53.65
煤	4 386 709	-39.66	煤	1 498 825	1913.39
汽车和汽车底盘	2 243 210	174.19	锯材	1 189 229	-5.06
焦炭及半焦炭	1 856 062	-45.04	铁矿砂	816 486	29.28
成品油	1 525 185	21.96	铝	179 600	-57.47
原电池	1 517 251	6.25	铜	82 117	229.62
钢材	1 355 402	95.98	牛皮革及马皮革	44 398	

技术进口 全年注册生效技术进口合同104项，合同金额4 776.31万美元，完成全年调控目标8 000万美元的59.70%，同比下降53.06%，技术引进主要集中在汽车及汽车零部件、机械制造、电子等行业，进口国别集中在德国、日本、韩国、美国等发达国家。

高新技术产品出口 出口额22 613万美元，完成全年计划目标1.5亿美元的150.75%。出口的大宗品种主要有新材料、生产医药、电子信息、光机电仪器、新能源等五大类，其中新材料占高新技术产品出口的56%；医药产品占12.98%；电子信息类产品占10.26%；光机电一体化产品占16.84%；其他占3.92%。从高新技术产品出口方式看，一般贸易出口占高新技术产品出口的45.12%；加工贸易占50.24%；三资企业出口占16.48%。

【利用外资】

外商直接投资情况 2004年新批外商投资企业306户，比上年下降10%；总投资43.3亿美元，增长232%；合同利用外资金额15.87亿美元，增长118.6%；实际利用外资4.53亿美元，增长42.3%。

外商直接投资行业 全省现存外商投资企业2 427户，其中食品加工行业232户，食品制造行业98户，交通运输设备制造行业150户，医药制造行业110户。

吉林省2004年利用外资情况表

利用外资方式	批准签订的合同			实际利用外资	
	项目数（个）	外资金额（万美元）	金额比上年增长（%）	金额（万美元）	金额比上年增长（%）
外商直接投资	306	158 717	118.6	45 266	42.3
合资企业	101	49 157	98.6	26 827	15.4
合作企业	40	20 158	87.6	3 318	85.9
外资企业	164	88 351	139.2	14 790	118.4
股份有限公司	1	1 051		331	

吉林省2004年外商投资主要来源情况表

国家（地区）	项目数（个）	合同外资金额（万美元）	国家（地区）	项目数（个）	合同外资金额（万美元）
韩国	120	13 747	日本	26	20 159
香港	50	36 232	台湾省	10	1 014
美国	25	13 766	新加坡	5	922

【对外经济合作】

承包工程和劳务合作 签订对外承包工程和劳务合作合同项目121个，金额26 824万美元，比上年的23 837万美元增长12.7%；完成营业额22 227万美元，下降4.8%；当年新派出劳务人员16 233人，期末在外31 561人，派出主要国家和地区是韩国、俄罗斯、塞班、新加坡、日本等；承包工程主要项目是阿尔及利亚60万吨炼油厂工程，合同额1.35亿美元。

对外经济技术援助 承担援外项目5个，除一个物资援助项目外，其他均属于人员培训项目。

接受经济援助 接受国际经济组织及双边援助项目5项，总金额800万人民币，分别是欧盟、意大利、日本和西班牙。

对外投资 在海外举办企业7个，投资总额2 715万美元，其中中方投资2 226万美元，主要集中在俄罗斯、朝鲜、港澳、法国和非洲。

【其他】

开发区 截至目前，吉林省共有开发区49个，其中国家级开发区4个，省级开发区44个，拟保留的市级开发区1个。国家开发区有：长春高新技术产业开发区、长春经济技术开发区、吉林高新技术产业开发区和珲春边境经济合作区。吉林省开发区大体分为：经济技术开发区、高新技术产业开发区、旅游经济开发区、农业经济开发区、贸易经济开发区和生态经济开发区等六大类型。2004 年，全省开发区实现 GDP 1 057.92 亿元，增长 35.1%，占全省 GDP 总量的 35.8%；实现工业增加值 678.32 亿元，增长 22.2%；完成固定资产投资 317.20 亿元，增长 21.0%。

出口加工区 吉林珲春出口加工区是 2000 年 4 月经国务院批准设立的全国第一批 15 个试点出口加工区之一，规划面积 2.44 平方公里，2001 年 5 月通过国家验收正式投入运营。目前，珲春出口加工区基础设施和监管设施建设已经完成，累计投入资金 1 290 万元；已建成 1 012 平方米的驻区海关、国检局办公楼和 37 500 平方米标准工业厂房；已有 14 家企业在该区登记注册，总投资 3.2 亿元，实际到位 8 000 万元，累计实现进出口总额 1 339 万美元，2004 年出口 600 万美元。

涉外旅游 入境外国旅游人数、港澳台同胞旅游人数总计 32.4 万人次，旅游外汇收入 9 600 万美元，比上年的 6 638.75 万美元增长 44.6%。

2004 年长春市商务发展概况

长春市商务局

长春市商务局局长

刘亚群　生于 1953 年。大专文化，中共党员。历任长春市计委处长、长春高新区管委会副主任、长春市对外贸易经济合作局局长。2004 年 8 月任长春市商务局局长。

【国内贸易】

社会消费品零售总额 2004 年吉林省长春市社会消费品零售总额 495.3 亿元，比上年的 483.3 亿元增长 13%。其中，城市消费品零售额 464 亿元，县消费品零售额 10 亿元，县以下消费品零售额 21.3 亿元。分行业看，批发零售贸易业零售额 427.2 亿元，餐饮业零售额 67.6 亿元，其他行业零售额 0.5 亿元。

批发零售贸易业商品购、销、存总额 限额以上企业商品销售总额 307.2 亿元。

市场物价 城市商品零售价格指数为 10.7，农村商品零售价格指数为 106；城市居民消费价格指数为 104.1，农村居民消费价格指数为 107.6。

市场体系建设 编制完成了《长春市城市商业网点规划》，审批新建（改建、扩建）市场 14 处，新增市场占地面积 21.2 万平方米、建筑面积 12.4 万平方米，增加建设投资 1.67 亿元；对我市 7 户拍卖、17 户典当特种行业及汽车市场进行了清理整顿。

商业改革与发展 制定了《长春市服务业工作发展计划》及《长春市“绿色早餐”工程实施方案》，筹建了社区服务信息平台。新增加各种连锁店铺 132 家，连锁经营的业态和业种已扩大到超市、便利店、餐饮、服务、医药、音像、图书、蔬菜、肉品等方面。

【对外贸易】

进出口总额 进出口总额 53.08 亿美元，比上年的 51.86 亿美元增长 2.53%。

出口总额 出口总额 8.16 亿美元，比上 年的 15.64 亿美元增长下降 47.7%

出口商品结构 初级产品出口额 3.27 亿美元，占出口总额的 40.07%；工业制成品出口额 4.89 亿美元，占出口总额的59.93%。

出口商品市场 出口商品销往143个国家和地区。其中日本20 335万美元，韩国17 369万美元，美国6 238万美元，马来西亚3 207万美元，荷兰1 870万美元，台湾省1 749万美元，越南1 359万美元，南非999万美元，俄罗斯960万美元。

长春市2004年出口额1 000万美元以上商品情况表

商品名称	出口金额（万美元）	占出口总额比重（%）	商品名称	出口金额（万美元）	占出口总额比重（%）
玉米	19 114	23.39	轮胎	1 691	2.07
鸡肉	3 629	4.04	接头电缆	1 219	1.49
赖氨酸	3 007	3.86			
合　计				**28 656**	**34.85**

进口总额 进口总额44.96亿美元，比上年的36.22美元增长24.01%。

进口商品结构 初级产品进口额1.37亿美元，占进口总额的3.05%；工业制成品进口额43.54亿美元，占进口总额的96.95%。

进口商品市场 进口商品来自66个国家和地区。其中，德国274 919万美元，日本101 016万美元，匈牙利12 524万美元，韩国8 265万美元，巴西6 813万元，美国6 430万美元，墨西哥5 791万美元，法国3 907万美元。

长春市2004年进口额1 000万美元以上商品情况表

商品名称	进口金额（万美元）	占进口总额比重（%）	商品名称	进口金额（万美元）	占进口总额比重（%）
车身零件	61 863	13.77	汽油越野车	13 847	3.08
发动机零件	26 956	6.00	汽车零件	13 841	3.08
机动车辆座具	13 991	3.11			
合　计				**130 498**	**29.04**

【利用外资】

长春市2004年利用外资情况表

利用外资方式	批准签订的合同			实际利用外资	
	项目数（个）	外资金额（万美元）	金额比上年增长（%）	金　额（万美元）	金额比上年增长（%）
对外借款				25 411.1	
外商直接投资	132	131 661.9	283.5	30 162	74.4
合资企业	59	45 963.8	316.5	19 617	47.0
合作企业	14	14 777.0	97.7	1 526	337.2
外资企业	56	69 864.2	242.7	8 688	141.4
股份有限公司	1	1 050.9		331	
外商其他投资					

长春市2004年利用外资情况表（续）

利用外资方式	批准签订的合同			实际利用外资	
	项目数（个）	外资金额（万美元）	金额比上年增长（%）	金额（万美元）	金额比上年增长（%）
补偿贸易				2 287.6	
加工贸易				1 866.4	
对外发行股票				23 500.0	
上年结转				9 988.4	
合　计				**90 196.1**	**20.1**

【对外经济合作】

承包工程和劳务合作　签订对外承包工程和劳务合作合同项目114个，金额2.9亿美元，完成营业额1.8亿美元，派出人数1.4万人次。

对外投资　2004年在海外举办企业5户，投资总金额1526万美元。其中，长春市利达科贸有限责任公司在朝鲜英超建材品合营会社项目，中方总投资为50万美元（贸易型）。中科英华高技术股份有限公司在香港独资设立中科英华（香港）商贸公司项目，总投资为300万美元。长春建工集团有限公司在马达加斯加独资设立长春建工集团（马达加斯加）投资有限公司项目，总投资为1030万美元。吉林省盛铭实业有限公司在俄罗斯独资设立俄罗斯巴尔机赞"阿尔马斯"木业有限公司项目，总投资为97万美元。长春建设股份有限公司在南非独资设立长春建工集团（南非）有限公司项目，总投资50万美元。

【其他】

长春高新技术产业开发区　2004年，区内企业实现技工贸总收入800亿元，实现工业总产值780亿元，实现GDP 235亿元，分别比上年增长28%、25%和28.42%；实现高新技术产品产值390亿元，增长40%；实现利税138亿元，完成全口径财政收入80亿元，分别增长26.61%和28.2%。全年完成社会固定资产投资61.28亿元，其中技术改造项目投资24.8亿元，分别比上年增长22.07%和12.72%。引进内资25.38亿元，引进外资24 899万美元。引进企业169户，其中内资企业125户，外商投资企业44户，区内外商投资企业累计470户。引进世界500强企业3户，国内500强企业1户。

长春经济技术开发区　2004年，全区完成工业总产值456亿元，比上年增长20%；完成GDP 192亿元，增长20%；完成财政收入20亿元，增长5.17%；实际利用外资完成3.61亿美元，增长20.5%；实际利用内资完成27.1亿元人民币，增长10.4%。2004年，全区招商引资工作实现了历史性突破，达到了建区以来的最好水平。全年共引进外商投资企业37户，投资总额8.6亿美元，同比增长64%。一批投资额超亿元的大项目落户开发区，其中世界500强企业7户。

涉外旅游　2004年入境人数8.72万人次，其中香港8 262人、澳门312人、台湾省8 378人，旅游外汇收入4 295.5万美元。

2004年黑龙江省商务发展概况

黑龙江省商务厅

黑龙江省商务厅厅长

叶晓峰　生于1951年。研究生毕业，硕士，教授。中共党员。1968年参加工作。1972年11月—1978年3月任哈尔滨冶金测量学校团委书记。1978年3月—1982年1月、1982年9月—1985年7月分别在黑龙江商学院商业经济系读大学本科和研究生。1990年10月—1991年11月由黑龙江商学院公派赴英国进修。曾任黑龙江商学院商业经济系副主任、院长助理、副院长、院长，中共黑龙江省委企业工作委员会副书记（正厅级）等职。2002年8月任黑龙江省对外贸易经济合作厅厅长、党组书记。现任黑龙江省商务厅厅长、党组书记。

【国内贸易】

社会消费品零售总额　2004年黑龙江省社会消费品零售总额1 555.40亿元，比上年的1 376.40亿元增长13%。其中，城市消费品零售额1 159.30亿元，县消费品零售额205.70亿元，县以下消费品零售额190.30亿元。分行业看，批发零售贸易业零售额1 341.40亿元，餐饮业零售额178.10亿元，其他行业零售额35.90亿元。

市场物价　商品零售价格指标为102.8，其中城市102.1，农村105；居民消费价格指数为103.8，其中城市103.5，农村105.2。

市场体系建设　共有各类商业网点59万户，从业人员200余万人。各类商品市场4 209处，其中日用消费品市场2 035处，生产资料市场430处，城乡集贸市场1 744个。中心城市的大型商业网点建设取得较大发展，建设了一批在省内有较大声誉大型商业企业和"龙头"批发市场，形成了批发与零售相结合的市场网络。

报废汽车回收拆解的13家认证企业和19家旧机动车交易市场进行了全面整顿。2004年报废汽车回收拆解企业回收报废汽车17 500余辆，增长14.4%；旧机动车交易50 000余辆，交易额约9亿元；80余户典当企业进行了年审，取缔了部分违规操作的典当企业，建立了黑龙江省典当网；拍卖企业125家，从业人员800多人，新培训拍卖从业人员150多人，现有国家注册拍卖师141名，全年拍卖成交额实现18.10亿元。

商业改革与发展　提出《黑龙江省关于推进商贸流通改革发展意见》，商贸流通企业产权制度改革面达到90%。连锁经营企业年销售额80.58亿元（不含外资企业），增长12.53%。起草了《关于加快发展黑龙江省现代物流业若干意见》，主办"东北老工业基地振兴与现代物流发展论坛"。制定并下发《黑龙江省新建加油站审批年审更名管理暂行办法》。开展成品油经营企业年审、换证和新建加油站审批工作。

【对外贸易】

进出口总额　进出口总额67.92亿美元，比上年的53.30亿美元增长27.44%。

出口总额　出口总额36.82亿美元，比上年的28.75亿美元增长28.10%，占全省GDP 5 303亿元（相当于640.50亿美元）的5.7%；占全国出口额的0.6%。

出口商品结构　初级产品出口额5.69亿美元，占出口总额的15.45%；工业制成品出口额31.14亿美元，占出口总额的84.55%。

出口商品市场　出口商品销往173个国家（地区）。

进口总额　进口总额31.09亿美元，比上年的24.55亿美元增长26.66%。

进口商品结构　初级产品进口额14.20亿美元，占进口总额的45.68%；工业制成品进口额16.89亿美元，占进口总额的54.32%。

进口商品市场 进口商品来自79个国家（地区）。

黑龙江省2004年出口额1 000万美元以上商品情况表

金额分类	商品名称	出口金额（万美元）	占出口总额比重（%）
5 000万美元以上（8种）	服装、鞋、家具、鲜及冻猪肉、计算机零件、亚麻织物、塑料制品、木制品	181 482	49.28
2 000万—5 000万美元（14种）	皮革服装、旅行用品及箱包、鲜蔬菜、煤、大米、大豆、鞋靴零件、汽车及底盘、玉米、石蜡、锯材、灯具及照明装置、铝材、工具	45 179	12.27
1 000万—2 000万美元（5种）	玩具、鲜苹果、抗菌素、裘皮服装、电子计算器	8 841	2.40
合　计	**27种**	**235 502**	**63.95**

黑龙江省2004年主要出口市场情况表

国别（地区）	出口金额（万美元）	占出口总额比重（%）	国别（地区）	出口金额（万美元）	占出口总额比重（%）
俄罗斯	215 353	58.48	美　国	15 913	4.32
日　本	26 270	7.13	东　盟	9 745	2.65
香　港	21 876	5.90	中　东	7 927	2.15
韩　国	21 544	5.85	德　国	4 084	1.11
欧　盟	18 309	4.97	海湾六国	2 967	0.81

黑龙江省2004年进口额1 000万美元以上商品情况表

金额分类	商品名称	进口金额（万美元）	占进口总额比重（%）
5 000万美元以上（9种）	原木、原油、纸浆、氯化钾、钢铁板材、气轮机零件、金属加工机床、初级聚乙烯、亚麻	149 002	47.92
2 000万—5 000万美元（15种）	计量检测分析自控仪器、航空器零件、合成像胶、氯乙烯、大麦、牛皮纸、对苯二甲酸、锯材、计算机零件、电力设备零件、阀门、豆油、铝及铝合金、己内酰胺、废钢	51 434	16.54
1 000万—2 000万美元（3种）	集成电路及微电子组件、成品油、活塞式内燃机零件	5 829	1.87
合　计	**27种**	**206 265**	**66.33**

黑龙江省2004年主要进口市场情况表

国别（地区）	进口金额（万美元）	占进口总额比重（%）	国别（地区）	进口金额（万美元）	占进口总额比重（%）
俄罗斯	166 945	53.69	德　国	13 202	4.25
欧　盟	36 733	11.81	东　盟	8 000	2.57
美　国	27 252	8.80	澳大利亚	4 686	1.51
日　本	21 720	7.00	巴　西	3 414	1.10
韩　国	17 673	5.68	台湾省	3 345	1.08

边境小额贸易　边境小额贸易进出口总额25.40亿美元，比上年的21.31亿美元增长19.20%，占全省进出口总额的37.40%，其中出口12.57亿美元，比上年的10.24亿美元增长22.74%。主要出口商品有服装、鞋类、蔬菜、水果、大米、猪肉、纺织品、机电产品、塑料制品等；进口12.83亿美元，比上年的11.07亿美元增长15.93%。主要进口商品有木材、纸浆、石油、化肥、钢材、初级塑料、合成橡胶、纸张纸板、铝、金属加工机床等。

技术进出口　技术进出口总额33 418万美元，比上年的17 238万美元增长94%。签订引进技术和进口设备合同项目53个，比上年增加23个；合同金额33 418万美元，比上年的17 238万美元增长94%。签订技术出口合同项目1个，合同金额20万美元。

技术进口　签订引进技术合同项目53个，金额33 418万美元。涉及食品加工、家具制造、造纸及纸制品业、石油加工、医药制造、普通机械制造、专业设备制造、交通运输设备制造业、化学原料、邮电通信、旅游业、电力、蒸汽、热水的生产和供应业、石油和天然气开采业、电气机械及器材制造业14大行业，技术来源分别为香港、日本、韩国、台湾省、奥地利、瑞士、德国、英国、意大利、列支敦士登、乌克兰、加拿大、美国等13个国家和地区。

技术出口　签订技术出口合同项目1个，合同金额20万美元。

【利用外资】

黑龙江省2004年利用外资情况表

利用外资方式	批准签订的合同			实际利用外资	
	项目数（个）	外资金额（万美元）	金额比上年增长（%）	金额（万美元）	金额比上年增长（%）
外商直接投资	276	83 325	47.14	33 918	4.24
合资企业	105	21 006	-3.31	12 541	-22.14
合作企业	31	16 198	134.08	1 256	-58.90
外资企业	140	45 902	81.07	18 671	46.80
股份有限公司	-	219	-91.80	1 450	149.14
合　计	**276**	**83 325**	**47.14**	**33 918**	**4.24**

外商直接投资行业 外商直接投资276个项目中，农、林、牧、渔业19项，合同外资额4 268万美元；制造业161项，49 056万美元；采矿业8项，2 130万美元；电力、燃气及水的生产和供应5项，2 149万美元；建筑业4项，898万美元；信息传输、计算机服务及软件行业7项，2 269万美元，批发和零售业2项，94万美元；住宿和餐饮业21项，3 302万美元；房地产业15项，9 919万美元；租赁和商务服务业12项，4 637万美元；科学研究、技术服务和地质勘查业6项，659万美元；水利、环境和公共设施管理业4项，2 568万美元；文化、体育娱乐业4项，665万美元；居民服务和其他服务业8项，711万美元。

外商直接投资来源 外商直接投资主要来源国家和地区是香港57项，合同外资金额22 085万美元；韩国49项，2 790万美元；美国48项，13 548万美元；英属维尔京群岛22项，20 629万美元；日本21项，482万美元；台湾省19项，1 776万美元；俄罗斯13项，837万美元；加拿大10项，1 383万美元。

【对外经济合作】

承包工程和劳务合作 签订对外承包工程和劳务合作合同项目117个，金额64 004万美元，比上年的21 088万美元增长203.51%；完成营业额25 964万美元，比上年的20 057万美元增长29.45%；当年派出劳务人员5 517人，年末在外8 746人，主要派往俄罗斯、韩国、日本、新加坡等16个国家和地区；承包工程的主要项目是哈尔滨电站工程公司越南高岸电站项目，合同额8 552万美元、苏丹吉利电站项目，合同额37 900万美元。

对外经济技术援助 承担援外项目2项，援助尼泊尔巴泥帕综合技校工程，金额3 000万元人民币；援助纳米比亚玉米，580万元人民币。

接受经济援助 接受国际援助项目4项，金额3 580万美元，其中欧盟援助资金10万欧元，用于黑龙江省监察厅加强行政体制改革，建设廉洁高效政府项目；欧盟援助资金10万欧元，用于扎龙自然保护区环境教育项目；加拿大援助资金20万加元，用于扎龙自然保护区立法项目；日本援助资金400万美元，用于振兴东北经济与企业可持续发展（专业人员培训）项目。

对外投资 在境外投资项目9个，投资总额3 638万美元。黑龙江省华福实业有限公司在蒙古兴建蒙古国忠巴音石油有限公司，总投资2 883万美元，主要兴建炼油厂及产品销售。黑龙江省国际公司与北京首钢矿业投资有限公司、奉龙国际实业有限公司、蒙古巴里图有限公司共同在蒙古合资设立图木尔泰铁矿有限责任公司，投资总额425万美元，其中中方投资298万美元。

【其他】

港口运输 全省口岸货运量823万吨，比上年增长11.20%，其中出口货运量117万吨，增长2.00%；进口货运量695万吨，增长13.10%。

涉外旅游 入境的外国人692 773人次，港澳台胞40 065人次，旅游收入3.02亿美元，比上年的2.44亿美元增长23.77%。

2004年哈尔滨市商务发展概况

哈尔滨市商务局

哈尔滨市商务局局长

朱绍清　1950年11月生。1973年12月加入中国共产党。研究生结业，经济管理专业。1969年6月参加工作，历任哈尔滨市农业生产资料公司副总经理、党委书记，哈尔滨市对外经济贸易委员会人劳处长、工委组织部长，哈尔滨市委党风廉政建设办公室副主任，哈尔滨市政府驻北京办副主任，哈尔滨三联集团公司总经理、党委书记，哈尔滨市对外贸易经济合作局常务副局长，哈尔滨市商务局局长、党组书记。

【国内贸易】

社会消费品零售总额　2004年哈尔滨市社会消费品零售总额707.4亿元，比上年的624.2亿元增长13.3%。其中，城市消费品零售额598.7亿元，县消费品零售额45亿元，县以下消费品零售额63.8亿元。分行业看，批发零售贸易业零售额626.5亿元，餐饮业零售额76.4亿元，其他行业零售额4.6亿元。

市场体系建设　商品市场建设格局发生了很大变化，呈现出新的特点。一是市场主体形成多元化。据不完全统计，全市现有商业网点总数比2000年约增加4 000个，其中大型商业网点增加17个，基本上是独资、合资、民营等非国有企业。二是新兴业态已成为发展重点。月亮连锁、波斯特超市等一批新兴企业快速兴起。2004年末，全市有限额以上连锁企业7个，连锁门店铺253个，超级市场11家，年销售额达15亿，比上年增长44%。三是载体功能不断增强。市级商业中心不断完善，果戈里大街辅街实施了改造，建成了印度风情街、女人街、儿童街、电子街等；中央大街两侧部分辅街进行了改造，建成了婚纱摄影、北方名吃、音乐文化等各具特色的专业街，成为了中外游客购物、观光、旅游的一大景点。家乐福、大福源、好又多、麦德龙等大型综合超市的建立，对区域商业中心起到了相互补充的作用，现已成为区域商业次中心。四是网点布局已形成新的走势。市委市政府通过大力招商引资和对行政区划的调整，给商业布局带来了新的变化。道里万达购物广场、爱建商城、动力巴黎广场和松北新区规划的商贸设施，这些都为进一步调整全市商业网点布局结构奠定了基础。

商业改革与发展　2004年，哈尔滨市以产权制度改革为重点，围绕深入贯彻市委、市政府关于产权制度改革的总体目标及市政府《关于哈尔滨市市属国有商业企业改革总体实施方案》，企业改革工作又取得了新的进展。产权制度改革取得新进展。采取引入战略投资者和招投标选择受让方等新举措积极推进产权制度改革。截至2004年，原市商业局所属企业156户，已有43户企业完成改制，退出国有，转为民营，48户企业进入改制程序。国有商业所有制结构调整取得突破性进展，实现了产权主体多元化，企业发展开始步入良性发展轨道。按照政企分开、转变政府职能的原则，市政府于2004年12月6日召开市长办公会议，决定将原市商业局所属156户国有、集体企业全部下放所在区实行属地化管理。连锁经营进一步发展。继2003年之后，沃尔玛、家乐福、好又多、黑天鹅等大型连锁超市进一步扩张，开设多家分店，又有麦德龙、苏宁电器等新的连锁企业不断抢滩布点，新型商业业态进一步成为商品流通的主流。规模性连锁经营企业已达30余家。

【对外贸易】

进出口总额　进出口总额164 207.06万美元，比上年的121 795.12万美元增长34.82%。

出口总额　出口总额64 540.40万美元，比上年的

44 407.94万美元增长45.34%，占全市GDP 1 680.5亿元（相当于203.2亿美元）的3.18%，占全省出口额的17.53%。

出口商品结构 初级产品出口额13 938.01万美元，占出口总额的21.60%；工业制成品出口额50 602.39万美元，占出口总额的78.40%。

哈尔滨市2004年出口额1 000万美元以上商品情况表

金额分类	商品名称	出口金额（万美元）	占出口总额比重（%）
3 000万美元以上	自动数据处理设备的零件，亚麻及苎麻机织物，鲜猪肉和冻猪肉	13 928.91	21.58
1 000万—3 000万美元	汽车和汽车底盘，铝材，家具，大豆，抗菌素（制剂除外），织物制服装，鞋	13 610.36	21.09
合　计	**10种**	**27 539.27**	**42.67**

出口商品市场 出口商品销往125个国家（地区）。主要出口市场是韩国、日本等10个国家和地区，金额48 358.27万美元，占出口总额的74.93%。

哈尔滨市2004年主要出口市场情况表

国别（地区）	出口金额（万美元）	国别（地区）	出口金额（万美元）
韩　国	11 298.34	越　南	3 338.89
日　本	9 216.12	德　国	2 769.04
美　国	6 166.96	俄罗斯	2 685.96
香　港	5 889.37	荷　兰	2 015.11
朝　鲜	3 433.34	阿尔及利亚	1 545.14
合　计			**48 358.27**

进口总额 进口总额99 666.66万美元，比上年的77 387.17万美元增长28.79%。

进口商品结构 初级产品进口额11 663.08万美元，占进口总额的11.70%；工业制成品进口额88 003.58万美元，占进口总额的88.30%。

哈尔滨市2004年进口额1 000万美元以上商品情况表

金额分类	商品名称	进口金额（万美元）	占进口总额比重（%）
4 000万美元以上	汽轮机零件、航空器零件	11 872.96	11.91
2 000万—4 000万美元	大麦、计量检测分析自控仪器及器具、金属加工机床、自动数据处理设备的零件、旋转式电力设备的零件、对苯二甲酸、亚麻、阀门、己内酰胺	25 390.79	25.48
1 000万—2 000万美元	集成电路及微电子组件、活塞式内燃机的零件、汽车零件、涡轮喷气发动机、焊接机器及零件、制造纸及纸制品用机械、建筑及采矿用机械、医疗仪器及器械	11 651.61	11.69
合　计	**19种**	**48 915.36**	**49.08**

进口商品市场 进口商品来自68个国家（地区）。主要进口市场是美国、日本、韩国等12个国家和地区，金额85 939.05万美元，占进口总额的86.23%。

哈尔滨市2004年主要进口市场情况表

国别（地区）	进口金额（万美元）	国别（地区）	进口金额（万美元）
美国	19 590.57	新加坡	3 870.44
日本	17 396.19	意大利	3 819.20
韩国	12 931.17	法国	3 526.28
德国	8 658.81	巴西	2 611.31
俄罗斯	5 284.78	台湾省	2 352.68
澳大利亚	3 896.87	英国	2 000.75
合计			85 939.05

【利用外资】

哈尔滨市2004年利用外资情况表

利用外资方式	批准签订的合同			实际利用外资	
	项目数（个）	外资金额（亿美元）	金额比上年增长（%）	金额（亿美元）	金额比上年增长（%）
外商直接投资	118	8.93	176.70	2.57	13.7
合资企业	38	0.76	-28.97	1.28	4.1
合作企业	16	1.20	126.41	0.42	90.9
外资企业	64	6.97	330.25	0.72	-4.0
股份有限公司				0.15	150.0

外商直接投资行业 外商直接投资项目中，生产型项目71个，非生产型项目47个。分行业的项目数：食品17个，服务15个，轻工14个，机械13个，饮食12个，电子8个，农业、化工、其他7个，纺织、房地产、建材4个，城市建设2个，医药、建筑装修、电信1个。

外商直接投资来源 外商直接投资主要来自香港、韩国、美国、台湾省、日本等20个国家和地区。投资项目118个，投资总额15.4亿美元。其中：投资100万美元以下项目60个，投资总额1 424.00万美元；投资100万美元以上500万美元以下项目29个，投资总额5 875.75万美元；投资500万美元以上1 000万美元以下项目7个，投资总额4 280.40万美元；投资1 000万美元以上项目22个，投资总额142 010.08万美元。

外商直接投资企业生产经营情况

哈尔滨市2004年八区、十一县外商投资企业开发投产项目

单位名称	销售收入（万元人民币）	净利润（万元人民币）	出口应收金额（万美元）
双城雀巢有限公司	215 785	42 884	754
哈尔滨大阳国际烟草有限公司	22 910	2 808	0
黑龙江正大实业有限公司	74 515	9 394	296
哈飞汽车股份有限公司	657 381	13 006	396
哈尔滨啤酒（松江）有限公司	12 303	1 414	0

哈尔滨市2004年八区、十一县外商投资企业开发投产项目（续）

单位名称	销售收入（万元人民币）	净利润（万元人民币）	出口应收金额（万美元）
黑龙江岁宝热电有限公司	14 119	1 047	0
哈尔滨啤酒有限公司	73 358	11 970	0
哈尔滨广丰汽车维修有限公司	11 367	126	0
哈尔滨光宇蓄电池有限公司	43 814	7 116	164
哈尔滨东安汽车发动机制造有限公司	97 186	5 196	0
哈尔滨家乐福超市有限公司	25 854.9	630	0
哈尔滨光宇电源有限公司	34 484	5 155	463
哈尔滨华润啤酒有限公司	27 563.95	-100	0
哈尔滨双城娃哈哈食品饮料公司	16 792.27	4 473.44	0
合　计	**1 327 526.12**	**86 331.44**	**2 073**

哈尔滨市2004年经济技术开发区投产项目

企业名称	销售收入（万元人民币）	净利润（万元人民币）	出口应收金额（万美元）
哈尔滨可口可乐饮料有限公司	18 768.869 9	55.59	0
顺益房地产开发建设有限公司	11 540	315	0
永久建设发展有限公司	10 256	59	0
阿斯宝化纤有限公司	40 482	-8.071	0
冠忠公共交通有限公司	13 179.299 9	195.699 9	0
华通丰田汽车服务有限公司	140 362	5 535	0
顶益食品有限公司	45 782	2 489	0
百顺房地产开发有限公司	19 357	-797	0
继佳纺织有限公司	211 141	46	759
合　计	**320 868.169 8**	**7 890.218 9**	**759**

【对外经济合作】

承包工程和劳务合作　签订对外承包工程和劳务合作合同项目23个，金额1.45亿美元，当年派出劳务人员644人，派往的主要国家有日本、韩国、俄罗斯远东地区；承包的主要项目有越南西山水电项目、巴基斯坦马兰三项目、俄罗斯远东地区建筑装修和木制品加工。

对外投资　2004年在海外举办企业3个，投资总额230万美元，投资国家和地区有香港、阿拉伯联合酋长国、乌兹别克斯坦。

【其他】

开发区　哈尔滨经济技术开发区2004年基础设施投入6.44亿元，新开工工业项目72个，实际利用外资额16 864万美元，进出口完成6.6亿美元。

商务洽谈会　2004年6月15日—6月19日第十五届哈尔滨经济贸易洽谈会在国际会展中心举行，到会外商人数1 580人，来自美国、日本、韩国、俄罗斯、菲律宾、马来西亚、泰国等，对外成交总额21.07亿美元。

港口运输　哈尔滨内河口岸：现设有13个千吨级泊位，年吞吐能力450万吨。从1998年至今口岸没有过货。

哈尔滨航空口岸：年旅客吞吐量666万人次。2004年入出境旅客238 736人次，同比增加22.83%。其中：入境旅客118 470人次，增长20.43%；出境旅客120 266人次，增长25.29%。进出口货运量1 383吨，同比增加36.10%。其中：进口766吨，增长27.88%；出口617吨，增长47.96%。进出境交通工具2 123架次，同比增长6.1%。其中：入境 1 063 架次，增长 7.05%；出境 1 060 架次，增长5.16%。

哈尔滨铁路货运口岸：总面积7万平方米，年吞吐量5万国际标准集装箱。2004 年完成货运到发总量236 650 吨，同比增长 6.13%，到发集装箱 23 665 标箱，同比增长6.13%。其中：进出口货物到发量205 340 吨，增长14.98%；到发国际标准集装箱20 534 标箱，增长14.98%。

涉外旅游 2004 年入境 18.4 万人次，比上年的 14.6 万人次增长26.0%。其中外国人14.7万人，增长38%；香港2.0万人，下降5%；澳门0.24万人，下降44%；台湾省1.4万人，增长4%。旅游外汇收入8 464.5万美元，比上年的6 066 万美元增长39.5%。

2004 年上海市商务发展概况

上海市经济委员会　上海市对外经济贸易委员会

上海市人民政府副秘书长
上海市经济委员会主任

徐建国　生于1951年3月，上海市人，汉族，中共党员。经济学硕士，高级经济师。1982 年毕业于上海财经大学。历任上海市轻工业局副局长、党委书记；上海市宝山区区委副书记、区长；黄浦区区委副书记、区长。2003年8月起任上海市人民政府副秘书长，上海市经济委员会党组书记、主任。

上海市对外经济贸易委员会主任

潘龙清　生于1949年，上海市人。大学毕业，高级工程师。历任上海市南汇县副县长，上海市金山县县长、县委书记，上海市农业委员会副主任，上海市松江区区长、区委书记。2003年4月任上海市对外经济贸易委员会主任、上海市外国投资委员会主任。

【国内贸易】

社会消费品零售总额 2004 年上海市社会消费品零售总额2 454.61 亿元，比上年的 2 220.64 亿元增长 10.5%。其中，市区消费品零售额2 117.74亿元，比上年增长11.1%；郊县消费品零售额 336.87 亿元，比上年增长7.0%。分行业看，批发零售贸易业零售额2137.46 亿元，比上年增长7.4%；餐饮业零售额300.17亿元，比上年增长39.7%；其他行业零售额16.98 亿元。

批发零售贸易业商品购、销、存总额 批发零售贸易业商品销售总额6 181.67 万元，比上年的5 555.30 亿元增长11.3%。

市场物价 全市商品零售价格指数为100.9（以上年价格为100）；居民消费价格指数为102.2（以上年价格为100）。

商业投资 全市商业完成固定资产投资 110.50 亿元，比上年增长28.6%。长桥物流基地、海烟物流中心和百联西郊购物中心、久百城市广场、世茂国际广场等一批重点项目相继建成。

商业吸引外资 全年外商直接投资商业的合同项目843个，其中，批发零售业、餐饮住宿业分别达到726个和117个；外商直接投资商业的合同金额达到6亿美元，比上年增长38.1%，占全市外商直接投资合同金额的5.1%，其中：批发零售业和餐饮住宿业分别完成合同金额5.4亿美元和0.6亿美元。

流通现代化建设 连锁超市、仓储式大卖场、专业专卖店、名牌折扣店等新型商业业态发展迅速，邮购、电视购物、网上购物、无人售货机等无店铺销售形式广泛进入市民生活。全市连锁商业业态达到80种，其中年内新增11种。全市共有连锁商业网点9 620家，比上年增长26.4%，其中，连锁超市门店1 803家、便利店4 159家。上海商业在市外开设的连锁销售网点达到4 057家。

规范市场秩序 食品流通安全体系建设得到加强。在年初禽流感疫情之后，从大城市特点和市民消费习惯出发，制定并实施了家禽流通长效管理办法，有序推进了全市3个活鸡批发市场和461个零售点建设。先后制定发布了《禽类屠宰加工技术规范》、《鲜、冰鲜、冻禽类商品流通技术规范》和《活鸡市场交易规范》等技术标准，推进了菜场标准化和生鲜食品超市试点建设，全市食品流通安全示范单位达到780家。粮食市场供应总体稳定。加强对粮油市场的监测和监管，建立完善粮食预警机制和应急预案。与黑龙江、吉林两省签订粮食购销协议，建立了粮源基地，同时，加快了储备粮库建设，保证地方储备粮质量，积极探索市场化粮食储备机制。汽车市场专项整治取得阶段性成果。认真贯彻落实国家有关部门“关于开展汽车市场专项整治”的工作要求，建立和完善本市汽车市场整顿工作机制。经过联手整治，使本市报废汽车回收拆解率达到90%左右，汽车维修基本规范，假冒汽配得到打击。

重点商业企业 全市商业限额以上企业实现销售收入6 388.4亿元，比上年增长26.9%；实现利润总额187.9亿元，比上年增长31.1%。百联集团全年实现销售收入首次突破1 000亿元，达到1 147.6亿元，比上年增长21.4%。市百一店、第一八佰伴和新世界城实现销售额均超过10亿元。

【对外贸易】

进出口总额 进出口总额1 600.26亿美元，比上年的1 123.97亿美元增长42.4%。

出口总额 出口总额735.2亿美元，比上年的484.82亿美元增长51.6%，占全国出口额的12.39%，居全国第三位。

出口商品结构 初级产品出口额21.38亿美元，占出口总额的2.91%；工业制成品出口额713.71亿美元，占出口总额的97.09%。

出口商品市场 亚洲占2004年上海市出口额的44.23%，北美洲占26.29%，欧洲占22.86%，拉丁美洲占2.86%，大洋洲占2.18%，非洲占1.57%。

上海市2004年出口额10亿美元以上商品情况表

商品名称	出口金额（亿美元）	占出口总额比重（%）
自动数据处理设备及其部件	100.29	13.64
服装及衣着附件	84.40	11.48
集成电路及微电子组件	61.76	8.40
自动数据处理设备的零件	33.44	4.55
纺织纱线、织物及制品	31.39	4.27
电视、收音机及无线电讯设备的零附件	16.24	2.21
集装箱	14.13	1.92
钢材	13.96	1.90
手持或车载无线电话机	13.13	1.79
合计	**368.74**	**50.16**

进口总额 进口总额865.13亿美元，比上年的638.97亿美元增长35.4%。

进口商品结构 初级产品进口额83.35亿美元，占进口总额的9.63%；工业制成品进口额781.78亿美元，占进口总额的90.37%。

技术进口 登记的技术进口合同共2 824项，比上年增长7.09%；合同金额36.27亿美元，比上年增长12.29%。其中，制造业的技术进口规模最大，合同数达1 670个，金额达26.95亿美元。

进口商品市场 亚洲占2004年上海市进口额的59.23%，欧洲占20.51%，北美洲占12.79%，拉丁美洲占4.50%，大洋洲占1.84%，非洲占1.12%。

上海市2004年进口额10亿美元以上的商品情况表

商品名称	进口金额（亿美元）	占进口总额比重（%）
成品油	11.02	1.27
纺织纱线、织物及制品	20.09	2.32
钢材	21.99	2.54
未锻造的铜及铜材	20.37	2.35
自动数据处理设备及其部件	44.49	5.14
自动数据处理设备的零件	25.56	2.95
电视、收音机及无线电讯设备的零附件	11.72	1.35
通断及保护电路装置	21.26	2.46
集成电路及微电子组件	115.56	13.36
汽车零件	17.49	2.02
初级形状的塑料	27.26	3.15
铁矿砂	17.23	1.99
计量检测分析自控仪器及器皿	20.18	2.33
飞机	11.65	1.35
合计	**385.87**	**44.58**

【利用外资】

上海市2004年利用外资情况表

利用外资方式	批准签订的合同			实际利用外资	
	项目数（个）	外资金额（亿美元）	金额比上年增长（%）	金额（亿美元）	金额比上年增长（%）
外商直接投资	4 334	116.9	12.6	65.41	11.8
合资企业	811	25.44	2	17.7	-3.9
合作企业	95	6.39	12.5	34.11	20.9
外资企业	3 422	82.97	5.7	44.17	18.7
股份有限公司				0.13	164

外商直接投资行业 第一产业项目数24个，合同外资0.59亿美元，分别占项目总数的0.55%和合同外资总额的0.51%，项目数和合同外资分别比上年增长71%和28%；第二产业项目数1 760个，合同外资70.66亿美元，分别占40.61%和60.43%，项目数和合同外资分别减少9%和3%；第三产业项目数2 550个，合同外资45.66亿美元，分别占

58.84% 和 39.06%，项目数和合同外资分别增长 7% 和23%。

外商直接投资来源 外商直接投资分国别（地区）情况前五位：第一位香港，项目数 884 个，合同外资 24.48 亿美元，分别占项目总数的 20.40% 和合同外资总额的 20.94%，项目数和合同外资分别比上年增长 2% 和 13%；第二位英属维尔京群岛，项目数 366 个，合同外资 23.07 亿美元，分别占 8.44% 和 19.73%，项目数减少 6%，合同外资增加 11%；第三位日本，项目数 730 个，合同外资 15.33 亿美元，分别占 16.84% 和 13.12%，项目数减少 7%，合同外资增加 20%；第四位美国，项目数 479 个，合同外资 7.97 亿美元，分别占 11.05% 和 6.82%，项目数增长 2%，合同外资减少 6%；第五位毛里求斯，项目数 75 个，合同外资 7.49 亿美元，分别占 1.73% 和 6.41%，项目数减少 15%，合同外资减少 62%。

【对外经济合作】

承包工程和劳务合作 签订对外承包工程和劳务合作合同项目 1 076 个，金额 20.1 亿美元，比上年的 16.64 亿美元增长 20.8%；完成营业额 14.96 亿美元，比上年的 13.26 亿美元增长 12.9%；当年派出劳务人员 12 801 人次，年末在外人数 25 022 人。

对外投资 2004 年批准对外投资项目 91 个，比上年增长 12.3%；总投资 32 824 万美元，增长 90.5%；其中，中方投资额 30 006 万美元，增长 85.7%。

【其他】

商务洽谈会

1. 2004 跨国采购洽谈会（中国上海）。9 月 22 日至 9 月 24 日，2004 跨国采购洽谈会（中国上海）在上海世贸商城顺利举行。本届洽谈会展会面积 8 200 平方米，分为消费品、工业品和配套服务三大功能区。参会的跨国采购商 92 家和跨国采购供应链服务企业 17 家，供应商 2230 余人次。本届跨国采购会采购产品范围涉及纺织、服装、玩具、日用消费品、家用电器、建材、汽车配件、通讯器材、机电、仪器仪表、化工、原材料等 10 多个领域，在网上公布的采购信息达 3 000 多条。

2. 第六届上海国际工业博览会。第六届上海国际工业博览会于 2004 年 11 月 4 日至 9 日在上海新国际博览中心隆重举行。本届“工博会”展览面积 8.05 万平方米，展位 3 359个，参展企业 1 286 个，专业观众 24.25 万人，其中境外的专业观众为 1.21 万人。

3. 第 14 届中国华东进出口商品交易会。2004 年 3 月 1 日至 3 月 7 日，第 14 届中国华东进出口商品交易会在上海新国际博览中心举行并取得圆满成功。本届华交会到会境外客商达到 18 915 人，比上届增长 20.1%。来自 150 个国家和地区。出口成交 255 918 万美元，比上届增长 25.43%。

4. 第二届上海软件外包国际峰会暨首届上海国际软件交易会。2004 年 11 月 9 日至 10 日，在喜来登豪达太平洋大饭店召开了第二届 2004 年上海软件外包国际峰会，于 2004 年 11 月 10 日至 12 日在上海国际展览中心隆重举行了首届 2004 上海国际软件交易会。峰会吸引了中外 19 位演讲嘉宾和近 200 位与会代表参与。首届上海国际软件交易会，展览面积约 6 000 平方米，展商近 100 家，参观者三天累计达到 4 500 人次，其中专业观众约占 95% 以上。

港口运输 2004 年实际完成的货物吞吐总量 37 896 万吨，其中完成外贸进出口货物吞吐量 15 836 万吨，集装箱吞吐量 1 455 万 TEU。

涉外旅游 全年接待国际旅游入境人数 491.92 万人次，比上年增长 53.8%。其中，入境外国人 339.11 万人次，增长 60.3%；港、澳、台同胞 120.7 万人次，增长 38.2%；华侨 32.11 万人次，增长 53%。在国际入境旅游者中，入境过夜旅游人数 385.45 万人次，比上年增长 57.5%。国际旅游外汇收入 30.89 亿美元，比上年增长 48.3%。

2004年江苏省商务发展概况

江苏省经济贸易委员会　江苏省对外贸易经济合作厅

韩庆华

江苏省人民政府副秘书长
江苏省经济贸易委员会主任

韩庆华　生于1949年12月，毕业于南京大学，博士生、高级经济师、高级政工师。现任南京大学、南京航空航天大学等7所大学客座和兼职教授。曾任南京市农垦局局长，浦口区区委书记，南京市委常委兼江宁县委书记，江苏省建材工业办公室主任，江苏省建材总公司党委书记、总经理，江苏省人民政府副秘书长。2004年3月任江苏省人民政府副秘书长兼江苏省经济贸易委员会主任、党组书记。中共十五大代表。

张　雷

江苏省对外贸易经济合作厅厅长

张雷　生于1961年7月，江苏省淮安市人。1982年毕业于南京航空航天大学。曾任苏州市团委副书记，苏州市电子工业局副局长，苏州电子控股集团公司总经理，苏州市科委主任兼苏州高新技术开发区管委会副主任，昆山市市长、人大常委会主任、市委书记等职。2003年4月任江苏省对外贸易经济合作厅厅长、党组书记。

【国内贸易】

社会消费品零售总额　2004年江苏省社会消费品零售总额4 159.7亿元，比上年的3 566.5亿元增长16.6%。其中，城市消费品零售额2 968.7亿元，县消费品零售额242.1亿元，县以下消费品零售额948.9亿元。分行业看，批发零售贸易业零售额3 543.0亿元，餐饮业零售额555.6亿元，其他行业零售额61.1亿元。

市场物价　商品零售价格指数102.2（以上年价格为100），其中城市101.7，农村103.5；居民消费价格指数104.1（以上年价格为100），其中城市103.7，农村104.6。

市场体系建设　2004年，全省商贸系统紧紧围绕城乡市场协调发展这个重点，全面推进城市商业网点规划编制工作，积极引导城乡市场体系建设，取得了积极成效。一是全面推进城市商业网点规划编制工作。到3月底，全省13个市中，1个市的规划已获市政府通过实施，8个市已报市政府待批，2个市已通过专家论证，另2个市正在对初稿进行修改。二是着力完善农村商贸流通体系。积极引导鼓励大型流通企业到农村开设连锁店，重点推进苏果超市和苏农农资两大连锁企业在农村发展加盟店。至2004年底，苏果超市有限公司已建县及县以下加盟店715家，占该公司店铺总数的53%。苏农集团已在农村建农资超市厂店646家，年销售额达到30亿元，比上年增长1倍。江苏五星电器公司在县城开设了19个家电商品专卖店，销售额占总公司总销售的三成以上。三是充分发挥批发市场的集散功能。一方面，依托当地的主打农产品积极培育产地交易市场，形成集散通道向中心城市辐射。另一方面，鼓励常州凌家塘、南京白云亭、无锡朝阳、徐州淮海等中心城市中心批发市场与产地批发市场对接，吸引农村经纪人、营销商、专业户进场交易，并到农村建立农产品生产基地。与此同时，发展壮大以传统手工业为基础的日用品批发市场，为日用小商品进入大市场开辟通道。2004 年全省建成各类商品交易市场 5 076 个，其中消费品市场 4 260 个。各类市场成交总额 3 804 亿元。

商业改革与发展 2004 年，全省各地继续认真贯彻落实党的十六大、十六届三中全会精神，按照进一步完善社会主义市场经济体制和深化国有企业改革等要求，积极推进流通企业改革，加快建立现代企业制度，完善公司法人治理结构，深化企业内部改革，流通企业改革和发展上了一个新台阶。据初步统计，截至 2004 年底，全省国有及集体企业改制面已达 90% 以上，投资主体多元化的格局基本形成。骨干流通企业通过兼并、重组、联合等方式，进一步做大做强，市场竞争力明显提高。以连锁经营、物流配送、电子商务等主要内容的流通现代化步伐进一步加快。截至 2004 年底，全省共有商贸连锁企业 134 家，连锁门店 7 024 个，全年实现销售额 990.3 亿元，比上年增长 45.6%，占全省社会消费品零售总额的 23.8%，比上年提高 4.8 个百分点。苏宁电器股份有限公司以年销售额 220 亿元业绩继续保持全省第一，苏果超市、文峰大世界、五星电器和时代超市等一批骨干连锁企业的经营规模均保持了较快的增长速度。连锁经营范围不断拓展，从百货、餐饮等向药品、建材、汽车、中介服务等行业发展。2004 年全省餐饮连锁也有了较快发展，餐饮连锁企业 17 家，连锁门店 1 130 个，销售额 23.32 亿元。

【对外贸易】

进出口总额 进出口总额 1 708.7 亿美元，比上年的 1 136.5 亿美元增长 50.4%。

出口总额 出口总额 875 亿美元，比上年的 591.2 亿美元增长 48.0%，占全省 GDP 15 512.35 亿元（相当于 1 875.7 亿美元）的 46.6%，占全国出口额的 14.7%，居全国第二位。

出口商品结构 初级产品出口额 13.9 亿美元，占出口总额的 1.6%；工业制成品出口额 861.1 亿美元，占出口总额的 98.4%。

出口商品市场 出口商品销往 220 个国家（地区）。

江苏省 2004 年出口额 5 000 万美元以上商品情况表

金额分类	商品名称	出口金额（亿美元）	占出口总额比重（%）
1 亿美元以上（69 种）	自动数据处理设备及其部件、服装及衣着附件、纺织纱线织物及制品、自动数据处理设备的零件、电视、收音机及无线电讯设备的零附件、液晶装置及零附件、集成电路及微电子组件、手持或车载无线电话机、电视机（包括整套散件）、手提式电动工具、摄像机、二极管、晶体管及类似半导体器件、印刷电路、家具及其零件、钢材、鞋类、录、放像机、塑料制品、汽车零件、玩具、静止式变流器集装箱、吸尘器、旅行用品及箱包、手用或机用工具钢坯及粗锻件、船舶、医药品、调制解调器等	726.92	83.08
5 000 万—1 亿美元（7 种）	植物榨油后的剩余物、肠衣、家用陶瓷器皿、汽车和汽车底盘、变压器、平板玻璃、水海产品	5.15	0.59
合　计	**76 种**	**732.07**	**83.67**

江苏省 2004 年主要出口市场情况表

国别（地区）	出口金额（万美元）	占出口总额比重（%）	国别（地区）	出口金额（万美元）	占出口总额比重（%）
美　国	1 911 606	21.85	韩　国	353 910	4.04
日　本	1 312 751	15.00	台湾省	328 301	3.75
香　港	924 010	10.56	英　国	257 863	2.95
德　国	516 113	5.90	新加坡	209 181	2.39
荷　兰	481 390	5.50	法　国	166 830	1.91

进口总额 进口总额833.7亿美元，比上年的545.2亿美元增长52.9%。

进口商品结构 初级产品进口额77.6亿美元，占进口总额的9.3%；工业制成品进口额756.1亿美元，占进口总额的90.7%。

进口商品市场 进口商品来自158个国家（地区）。

江苏省2004年进口额5 000万美元以上商品情况表

金额分类	商品名称	进口金额（亿美元）	占进口总额比重（%）
1亿美元以上（86种）	集成电路及微电子组件、液晶装置及零附件、钢材、自动数据处理设备的零件、苯乙烯、二极管、晶体管及类似半导体器件、初级形状的塑料、电视、收音机及无线电讯设备的零附件、光盘生产设备、通短及保护电路装置及零件、计量检测分析自控仪器及器具、印刷电路、大豆、自动数据处理设备及其部件、乙二醇、纺织机械及零件、金属加工机床、纸浆、对苯二甲酸、铁矿砂及其精矿、橡胶或塑料加工机械及零件、电容器及其零件、蓄电池及零件、羊毛、变压、整流、电感器及零件、未锻造的铜及铜材等	694.69	83.33
5 000万—1亿美元（23种）	金属冶炼铸造设备及零件、复印机零附件、异氰酸酯、汽车和汽车底盘、丙烯腈、钢铁制弹簧及弹簧片、电气音响或视觉信号装置、煤、废铝、手持或车载无线电话机、原油、电视摄像管、金属轧机及零件、聚合物油漆及清漆等	17.54	2.10
合 计	**109种**	**712.23**	**85.43**

江苏省2004年主要进口市场情况表

国别（地区）	进口金额（万美元）	占进口总额比重（%）	国别（地区）	进口金额（万美元）	占进口总额比重（%）
台湾省	1 788 010	21.45	马来西亚	263 479	3.16
日 本	1 698 740	20.38	新加坡	218 812	2.62
韩 国	1 397 870	16.77	菲律宾	181 211	2.17
美 国	545 360	6.54	泰 国	167 656	2.01
德 国	342 816	4.11	香 港	163 479	1.96

技术进出口 技术进出口总额644.04亿美元，比上年的414.14亿美元增长55.51%。其中，出口359.36亿美元，增长57.12%，占出口总额的41.07%；进口284.68亿美元，增长53.53%，占进口总额的34.15%。

技术进口 登记技术进口合同475份，比上年增长23.06%；合同总金额4.77亿美元，减少62.44%。其中引进专利技术、专有技术许可或转让项目221份，金额2.77亿美元，分别占技术进口合同项目总数、总金额的46.53%、58.07 %。技术咨询/技术服务合同183份，金额1.37亿美元，分别占技术进口合同总数、总金额的38.54%、26.73%。

技术出口 登记软件出口合同数量167份，金额2 336万美元，增长62%、134%。具有自主知识产权的软件产品出口有了突破，其中无锡永中科技的永中OFFICE出口387.74万美元。

【利用外资】

江苏省 2004 年利用外资情况表

利用外资方式	批准签订的合同			实际利用外资
	项目数（个）	外资金额（亿美元）	金额比上年增长（%）	金额（亿美元）
外商直接投资	7 187	390.6	26.8	102.72
合资企业	1 934	48.3	-13.1	22.50
合作企业	112	6.1	-46.5	2.5
外资企业	5 136	333.9	39.2	76.46
股份有限公司	5	2.2	633.3	1.27

外商直接投资行业 新批准设立的外商直接投资项目中，生产型项目6310个，非生产型项目877个。外商直接投资仍以制造业为主，新批协议注册外资325.9亿美元，占全年新批协议注册外资总额的83.4%；实际到账注册外资102.72亿美元，占全年实际到账外资的77.4%。电子及通信设备制造业是吸收外资最集中的领域，全年新批协议注册外资76.5亿美元。第三产业吸收外资保持了适度规模，全年新批协议注册外资51.6亿美元，实际到账注册外资16.9亿美元。

外商直接投资来源 外商直接投资来自103个国家和地区。

江苏省 2004 年外商直接投资前 10 位国别（地区）表

国别（地区）	项目数（个）	协议外资金额（亿美元）	国别（地区）	项目数（个）	协议外资金额（亿美元）
香　港	1 904	101.68	韩　国	448	18.50
英属维尔京群岛	518	54.18	萨摩亚	223	16.30
台湾省	1 064	42.27	新加坡	297	14.76
美　国	784	33.33	毛里求斯	72	8.04
日　本	647	26.48	澳大利亚	150	7.12

外商投资企业进出口 外商投资企业自营进出口总额1 344.17亿美元，比上年增长56.6%。其中，出口644.94亿美元，增长57.0%，占全省出口总额的73.71%。出口超过1亿美元的企业达89家。2004年确认产品出口企业122家，先进技术企业44家。

【对外经济合作】

承包工程和劳务合作 新签承包工程、劳务合作、设计咨询合同额24.51亿美元，比上年增长17.45%；完成营业额24.81亿美元，上升25.62%；新派35 225人次，上升16.66%；期末在外人数91 086人，上升15.22%。派往的主要国家和地区：日本、新加坡、毛里求斯、阿尔及利亚、香港、美国。

对外经济技术合作主体 新批对外承包工程、劳务合作、设计咨询企业15家，截至2004年底，共有对外承包工程、劳务合作、设计咨询经营企业183家，涉及建筑、交通、机电、纺织、电力、石化、水利、通讯、农业、渔业、煤炭、外贸等多个领域。从经营业绩看，完成营业额超过1 000万美元的达61家，其中有8家超过6 000万美元。超过1 000万美元的工程项目共有12个。

接受经济援助 2004年度，“中德生态城市规划管理项目”为扬州和常州两市的总体规划修订咨询、固体废物处置与管理、水管理、交通、生态卫生和城市绿化等方面完成了大量工作，为扬州市获得国家生态城市称号作出了贡献。

2004年是“中国加拿大江苏中小企业应用管理和环保项目”执行的第7个年度，当年选定周转金项目2个，发放周转金贷款累计450万元人民币；选定4个小额示范项目；组织中方企业家、核心教员共15人赴加拿大培训；中外专家、咨询工程师就ISO14000、清洁生产、中小企业管理及项目技术标准等课题为20多家企业提供了技术咨询，培训管理、技术人员2 800人次。项目还帮助南京理工大学建立了中小企业食品预检测培训项目。

对外投资 新批境外企业89家、境外机构14家、增资项目2家，中方协议投资首次超过1亿美元，达1 2558万美元，增长267%。其中，新批境外非贸易企业及机构66家、增资项目2家，中方协议投资11 570万美元，分属资源开发、电子、轻工、化学制品、机械制造、医药、纺织服装、建材、建筑、咨询等行业；新批境外贸易企业及机构37家，中方协议投资988万美元。在新批境外非贸易企业中，有境外加工贸易企业14家，另有2家增资、4家境外企业确认为境外加工贸易企业，新批中方协议投资额2 130万美元，增长12.2%。

非金融类境外直接投资主要分布在亚洲4 219.1万美元（主要流向也门、香港、越南等），占33.6%；拉丁美洲2 527.9万美元（主要流向阿根廷、英属维尔京群岛、开曼群岛等），占20.1%；北美洲2 025.7万美元（主要流向美国），占16.2%；大洋洲1 824万美元（全部流向澳大利亚），占14.5%；非洲1 130万美元（主要流向埃塞俄比亚、赤道几内亚等），占9%；欧洲831.9万美元（主要流向匈牙利、荷兰等），占6.6%。

【其他】

经济技术开发区 截至2004年底，经国务院批准的经济技术开发区5个，高新技术产业开发区4个。2004年9家开发区基础设施投入141.29亿元，比上年减少27.77%；新批外商投资企业1 266个，利用外资合同额106.4亿美元，增长22.72%，实际利用外资38.45亿美元；完成GDP 1 960.6亿元，增长34.4%；财政收入303.98亿元，增长47.27%；区内企业自营进出口867.64亿美元，增长66.53%，其中出口431.34亿美元，增长67.64%。

出口加工区 出口加工区基础设施投入8.18亿元，利用外资合同额8.48亿美元，实际利用外资2.72亿美元，区内企业自营进出口136.59亿美元，增长96.53%，其中出口80.85亿美元，增长116.18%。

保税区 完成GDP 49亿元，增长25.6%；业务总收入801.24亿元，增长31.4%，其中工业产品销售收入159.99亿元，增长32.63%；进出口贸易额32.56亿美元，增长63.62%，其中出口贸易额3.1亿美元，增长40.9%；财政收入11.37亿元，增长12.6%。

商务洽谈会 2004年5月江苏省在日本大阪举办了第九届“江苏出口商品展览会（日本）”，现场累计成交3 014万美元。2004年6月17日—23日，江苏省在香港举办“苏港合作促进周”，签约160个项目协议，总投资超过660亿港元。2004中国苏州电子信息博览会（eMEX 2004）于10月20日至23日在苏州国际博览中心成功举行，总计参展企业406家，使用展位1 300个。2004年9月19日，2004中国南京金秋经贸洽谈会在南京国际展览中心举办，对外发布招商项目206个，总投资超过100亿美元，仅南京市批准、确认的利用外资项目309个，投资总额25.1亿美元，合同利用外资13.4亿美元。

港口运输 港口泊位9 600个，吞吐能力4.0087亿吨。2004年实际完成货物吞吐总量3.5248亿吨；进出口吞吐量9 822.2万吨，其中出口吞吐量4 420万吨，进口吞吐量5 402.2万吨。本地区进出口吞吐量7 488万吨，比上年增长17%，其中出口量3 861万吨，进口量3 627万吨；按运输方式分，海运量7 454万吨，空运量12万吨，陆运量22万吨。

涉外旅游 接待入境旅游者306.6万人次，创汇17.6亿美元，分别比上年增长37.4%和55.8%；接待国内旅游者1.47亿人次，收入1 289.8亿元人民币，增长28.3%和32.3%；旅游总收入1 435.9亿元人民币，增长34.3%；旅游增加值641.2亿元，增长28.2%；旅行社组织公民自费出境旅游25万人次，增长110.5%。

2004年南京市商务发展概况

南京市对外贸易经济合作局

南京市对外贸易经济合作局局长

牟小玉　生于1953年，山东牟平人。中共党员。1970年参加工作，历任中共南京市委工业交通部秘书，南京市人民政府办公厅副处长、处长、副主任，南京市对外经济贸易委员会副主任、主任等职。

【国内贸易】

社会消费品零售总额　2004年江苏省南京市社会消费零售总额711.44亿元，比上年的600.24亿元增长18.53%。其中，城市消费品零售额661.89亿元，县消费品零售额25.19亿元，县以下消费品零售额24.36亿元。分行业看，批发零售贸易业零售额600.78亿元，餐饮业零售额98.15亿元，其他行业零售额12.51亿元。

限额以上批发零售贸易、餐饮业基本情况　截至2004年，共有限额以上批发零售贸易、餐饮业法人企业466个，产业活动单位31个，从业人数109 562人。其中，批发业法人企业161个，产业活动单位7个，从业人数29 685人；零售业法人企业145个，产业活动单位8个，从业人数51 443人；餐饮业法人企业160个，产业活动单位16个，从业人数28 434人。

批发零售贸易业商品购、销、存总额　批发零售贸易业商品销售总额2 626.71亿元，比上年的2 236.45亿元增长17.45%。其中，限额以上企业1 602.75亿元，限额以下企业1 023.96亿元。限额以上批发零售贸易业商品购进总额1 596.35亿元（其中进口185.41亿元），商品销售总额1 602.75亿元（其中批发1 218.37亿元、零售384.38亿元、出口498.57亿元），年末库存总额68.13亿元。

市场物价　商品零售价格指数为98.1（以上年价格为100）；居民消费价格指数为103.0（以上年价格为100）。

市场体系建设　加快商业连锁经营发展，2004年连锁商业网点总数达到3 087个；连锁业实现销售595亿元，增长61.8%。苏宁电器、苏果超市、五星电器分别列2004年全国连锁经营排名第4、第7、第16位。苏果超市建立了30 000个标准托盘储货位、存储总量可达150万箱，居国内先进水平的现代化物流中心。

商业改革与发展　国有商贸企业产权改革进一步深化，商贸业所有制结构进一步优化，在全市零售额中，非公有制所占比重已达到75%，成为市场的主导力量，推动了以混合所有制为主、以市场机制为主导的流通新体制初步建立。

【对外贸易】

进出口总额　进出口总额206.39亿美元，比上年的147.12亿美元增长40.29%。

出口总额　出口总额104.60亿美元，比上年的76.65亿美元增长36.46%；占全市GDP 1 910亿元的45.33%；占江苏省出口总额的11.95%。

出口商品结构　初级产品出口额2.58亿美元，占出口总额的2.47%；工业制成品出口额102.02亿美元，占出口总额的97.53%。

出口商品市场　出口商品销往196个国家和地区。

进口总额　进口总额101.79亿美元，比上年的70.47亿美元增长44.44%。

进口商品结构　初级产品进口额15.02亿美元，占进口总额的14.76%；工业制成品进口额86.77亿美元，占进口总额的85.24%。

进口商品市场　进口商品来自119个国家和地区。其中韩国29.27亿美元，占进口总额的28.76%；台湾省13.71

亿美元，占13.47%；日本10.08亿美元，占9.90%；瑞典6.29亿美元，占6.18%；香港5.49亿美元，占5.39%；德国5.02亿美元，占4.93%；美国4.42亿美元，占4.34%；澳大利亚2.66亿美元，占2.62%；比利时2.10亿美元，占2.07%；加拿大1.82亿美元，占1.79%。合计80.86亿美元，占79.45%。

南京市2004年出口额5 000万美元以上商品情况表

金额分类	商品名称	出口金额（万美元）	占出口总额比重（%）
1亿美元以上（7种）	液晶显示板、阴极射线管显示器、液晶显示器、填充的动物玩具、手持（包括车载）无线电话机、摩托车、彩色电视机	239 341	22.88
5 000万—1亿美元（19种）	棉制女裤、棉制男裤、化纤制套头衫、电动钻、收录（放）音组合机、电动砂磨工具、彩色视频投影机、化纤制男式防风衣、化纤制女式防风衣、帽类、棉制T恤衫、电动锯、汽油、棉制灯心绒、移动通信基地站、胶合板、纯桑蚕丝机织物、机动货运船舶、女式工装裤	128 849	12.32
合　计	**26种**	**368 190**	**35.20**

南京市2004年主要出口市场情况表

国别（地区）	出口金额（万美元）	占出口总额比重（%）	国别（地区）	出口金额（万美元）	占出口总额比重（%）
美　国	170 789	16.33	英　国	40 121	3.84
日　本	112 494	10.75	芬　兰	36 395	3.48
香　港	111 855	10.69	意大利	34 795	3.33
德　国	50 625	4.84	荷　兰	27 532	2.63
韩　国	43 352	4.14	加拿大	27 143	2.60
合　计				**655 101**	**62.63**

南京市2004年进口额5 000万美元以上商品情况表

金额分类	商品名称	进口金额（万美元）	占进口总额比重（%）
1亿美元以上（10种）	液晶显示板、程控电话零件、单片集成电路、未梳的含脂羊毛、彩色数据图形显示管、木浆、铁矿砂、煤油馏分产品、机械器具、设备零件等	402 664	39.56
5 000万—1亿美元（16种）	苯乙烯、手持式无线电话机零件、精铜的阴极及阳极型材、印刷电路、石油原油、对苯二甲酸、阀门、增压器、电视显像管零件、非针叶木原木、燃气轮机、聚乙烯、平张纸进料式胶印机、丙烯、机动车辆零附件、板材冷轧机等	113 391	11.14
合　计	**26种**	**516 055**	**50.70**

【利用外资】

外商直接投资行业　在外商直接投资的803个项目中，生产型项目613个，非生产型项目190个。按行业分，电子通信制造业129个，机械设备制造业99个，化工医药制造业

65个，其他制造业305个，房地产业57个，批发贸易、餐饮40个，农林牧渔业15个，交通运输仓储业8个，其他85个。

南京市2004年利用外资情况表

利用外资方式	批准签订的合同			实际利用外资	
	项目数（个）	外资金额（万美元）	金额比上年增长（%）	金　额（万美元）	金额比上年增长（%）
外商直接投资	803	451 544	12.62	256 636	27.20
合资企业	225	78 048	-28.67	80 668	-14.67
合作企业	27	18 000	-24.28	12 771	17.35
外资企业	550	355 194	33.01	162 733	41.42
股份有限公司	1	302	-57.10	464	-14.23

外商直接投资来源　外商直接投资来自53个国家和地区。主要有：香港248个，外资金额159 345万美元；英属维尔京群岛68个，51 962万美元；台湾省121个，51 068万美元；美国113个，50 929万美元；萨摩亚48个，27 814万美元；澳大利亚23个，12 500万美元；马来西亚10个，10 724万美元；加拿大30个，9 947万美元；日本37个，9 224万美元；新加坡19个，7 905万美元。

外商直接投资企业生产经营情况　截至2004年底，已开业投产的外商投资企业共3 616家，其中2004年开业的有195家。全年销售（营业）收入1 189.10亿元，比上年的820.00亿元增长45.01%；纳税总额88.40亿元，比上年的70.10亿元增长26.11%；出口36.96亿美元，比上年的19.579亿美元增长88.86%，占出口总额的35.33%。

【对外经济合作】

承包工程和劳务合作　签订对外承包工程和劳务合作合同170个，合同金额46 330万美元，比上年的43 445万美元增长6.64%；完成营业额45 805万美元，比上年的41 171万美元增长11.26%；当年派出劳务人员1 686人，年末在外4 468人。劳务人员分布在约旦、毛里求斯、新加坡、阿尔及利亚、日本、马来西亚等69个国家和地区。承包工程的主要项目有：阿尔及利亚2万套住宅工程项目、援助古巴成套电视设备项目、伊朗经商处馆舍新建项目、洋运输项目、苏丹电力铁塔工程项目。

对外投资　批准在香港、美国、澳大利亚、朝鲜、俄罗斯举办非贸易企业12家，总投资额1 414万美元，其中中方投资额834万美元。

【其他】

经济技术开发区　南京经济技术开发区全年投入基础设施建设资金2.98亿元，业务总收入636亿元，税收15.41亿元。2004年批准进区外商投资企业45家，合同外资金额51 079万美元，实际利用外资金额36 125万美元，出口额196 639万美元。

南京高新技术开发区全年投入基础设施建设资金5.03亿元，业务总收入522亿元，税收26.10亿元。2004年批准进区外商投资企业44家，合同利用外资金额35 277万美元，实际利用外资金额10 961万美元，出口额32 060万美元。

出口加工区　2004年南京出口加工区利用外资合同额4 500万美元，实际外资到账2 530万美元，区内自营进出口2.78亿美元，其中出口1.10亿美元。

商务洽谈会　2004年9月在南京举办“南京金秋经贸洽谈会”，来自美国、德国、法国、日本、韩国等48个国家和地区的1 878名客商参会。签订利用外资项目309个，投资总额25.10亿美元，协议外资金额13.80亿美元。

港口运输　南京港全年实际完成货物吞吐总量7 524万吨，其中外贸货物进出口吞吐量895万吨（出口量409万吨，进口量486万吨）。

涉外旅游　接待海外旅游者71.97万人次，比上年的51.51万人次增长39.72%。其中外国人47.17万人次，华侨和港澳台同胞24.8万人次。旅游收入3.20亿美元，比上年的3.17亿美元增长0.95%。

2004年连云港市商务发展概况

连云港市经济贸易委员会　连云港市对外贸易经济合作局

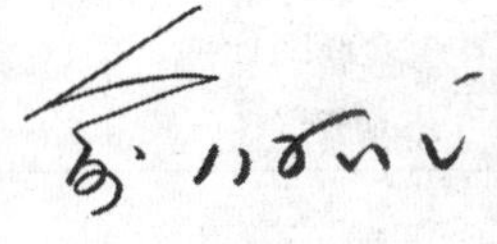

连云港市经济贸易委员会主任

俞向阳　生于1953年，江苏省连云港市人。中共党员。大学学历。历任连云港市灌云县副县长，连云港市乡镇企业局局长、党组书记，连云港市人民政府副秘书长等职。2002年12月任连云港市经济贸易委员会主任、党组书记。

连云港市对外贸易经济合作局局长

胡宝明　生于1952年，江苏省连云港市人。中共党员。毕业于南京师范大学经济管理系。1970年参加工作。历任连云港市人民政府副秘书长，连云港市口岸管理委员会主任、党组书记等职。2003年1月任连云港市对外贸易经济合作局局长、党委书记。

【国内贸易】

社会消费品零售总额　2004年江苏省连云港市社会消费品零售总额1 412 200万元，比上年增长14.22%。其中，城市消费品零售额720 168万元，县消费品零售额367 876万元，县以下消费品零售额324 156万元。分行业看，批发零售贸易业零售额1 227 517万元，餐饮业零售额166 700万元，其他行业零售额17 893万元。

市场物价　商品零售价格指数为101.3（以上年价格为100），居民消费价格指数为102.9（以上年价格为100，均为城市）。

【对外贸易】

进出口总额　进出口总额153 923万美元，比上年的95 167万美元增长61.73%。

出口总额　出口总额76 106万美元，比上年的57 747万美元增长31.79%，占全市GDP 416.36亿元人民币（合50.78亿美元）的14.98%。

出口商品结构　初级产品出口额30 038万美元，占出口总额的39.46%；工业制成品出口额46 069万美元，占出口总额的60.53%。出口额在1亿美元以上的有煤炭，金额15 146万美元，占出口总额的19.9 %；1 000万美元以上的有ABS刹车器、胶合板、豆粕、合成纤维毯、碳化硅、柠檬酸、运动鞋、木制门、食品，金额为20 993万美元，占27.48%。

出口商品市场　出口商品销往147个国家和地区。主要出口市场为：日本32 949万美元，占出口总额的43.29%；美国6 983万美元，占9.17%；韩国6 775万美元，占8.9%；德国2 508万美元，占3.29%；泰国2 179万美元，占2.86%；沙特阿拉伯1 622万美元，占2.13%；台湾省1 384万美元，占1.81%；阿联酋1 125万美元，占1.47%；马来西亚1 091万美元，占1.43%；新加坡1 055万美元，占1.38%。

进口总额 进口总额77 817万美元，比上年的37 420万美元增长107.95%。

进口商品结构 初级产品进口额58 857万美元，占进口总额的75.63%；工业制成品进口额18 959万美元，占进口总额的24.36%。

主要进口商品中，1亿美元以上的有黄大豆、氧化铝，金额为36 859万美元，占进口总额的47.36%；1 000万美元以上的有硫磺、棕榈液脂、铅矿砂、集装箱装卸桥、聚醚，金额为17 445万美元，占22.41%。

进口商品市场 进口商品来自20个国家和地区。主要是美国14 854万美元，占进口总额的19.08%；巴西11 043万美元、占14.19%；日本6 818万美元，占8.76%；印度尼西亚6 599万美元，占8.48%；澳大利亚6 277万美元，占8.06%；韩国3 306万美元，占4.24%；德国3 299万美元，占4.23%；印度2 477万美元，占3.18%；阿根廷2 379万美元，占3.05%；加拿大2 206万美元，占2.83%。

【利用外资】

连云港市2004年利用外资情况表

利用外资方式	批准签订的合同			实际利用外资	
	项目数（个）	外资金额（万美元）	金额比上年增长（%）	金额（万美元）	金额比上年增长（%）
外商直接投资	274	69 075	35.5	24 659	15.2
合资企业	62	14 895		5 101	
合作企业	4	2 138		0	
外资企业	208	52 042		19 558	
合　计	**274**	**69 075**	**35.5**	**24 659**	**15.2**

外商直接投资企业 在外商直接投资的项目中，生产型项目207个，非生产型项目67个。按行业分，工业制造业205个，采掘业2个，农林牧渔业30个，房地产业18个，其他22个。

外商直接投资来源 外商直接投资来自29个国家和地区，主要是香港74个，实际利用外资8 155万美元；台湾省38个，4 598万美元；新加坡7个，848万美元；法国4个，2 441万美元；美国28个，2 084万美元；韩国44个，1 894万美元；日本34个，1 669万美元。

外商直接投资企业生产经营情况 2004年全市外商投资企业出口创汇30 150万美元，比上年的22 121万美元增长36.29%，占全市出口总额39.61%。

【对外经济合作】

承包工程和劳务合作 签订对外承包工程合作项目213个，合同金额11 143万美元，比上年的9 328万美元增长19.45%；完成营业额13 003万美元，比上年的11 323万美元增长14.83%；当年派出劳务人员5 123人，年末在外12 088人，派往的主要国家和地区是新加坡、日本、科威特、韩国、马来西亚、俄罗斯、阿尔及利亚等20多个国家和地区。

【其他】

连云港经济技术开发区 全年完成固定资产投资11.8亿元，比上年的10.03亿元增长17.64%。新批利用外资项目48个，实际利用外资6 502万美元，比上年的10 160万美元下降36.01%。完成工业总产值148亿元，比上年的125亿元增长18.4%；实际财政收入8.01亿元，比上年的6.0024亿元增长33.44%；出口总额20 137万美元，比上年的13 840万美元增长45.49%。外商投资企业出口17 795万美元，比上年的12 513万美元增长42.21%。

港口运输 到2004年底，连云港港口共有37个泊位，其中生产泊位32个，非生产泊位5个。在生产泊位中，万吨级以上有27个，万吨级以下5个。港口吞吐能力3 185万吨，当年实际完成货物吞吐总量4 352.3万吨，比上年的3 751.7万吨增长16%，其中完成外贸进出口货物总量2 760.3万吨（出口963.6万吨，进口1 796.7万吨），比上年的2 409.4万吨增长14.56%。集装箱运输达到502 188个标准箱，比上年的301 108个增长66.78%。

涉外旅游 2004年入境的外国人以及台港澳同胞4.0298万人次，旅游收入3 519.73万美元，比上年的1 757万美元增长100.32%。

2004年南通市商务发展概况

南通市对外贸易经济合作局

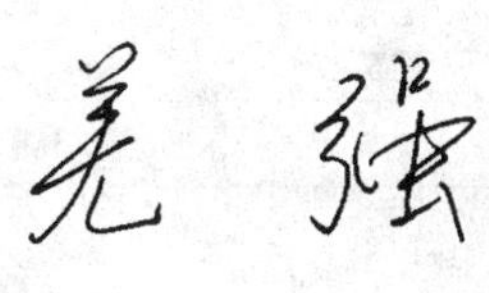

南通市对外贸易经济合作局局长

羌强　生于1964年10月，江苏省南通市人。中共党员。1981年7月参加工作，历任南通市人民政府办公室信息督办科副科长、经济贸易科科长、副主任。2003年3月任南通市对外贸易经济合作局局长、党组书记。

【对外贸易】

进出口总额　2004年江苏省南通市进出口总额67.93亿美元，比上年的51.64亿美元增长31.53%。

出口总额　出口总额43.49亿美元，比上年的32.85亿美元增长32.41%，占全市GDP 1 226亿元（相当于148.25亿美元）的29.33%，占江苏省出口总额的4.97%，在江苏省各市中居第5位。

出口商品结构　初级产品出口额1.15亿美元，占出口总额的2.64%；工业制成品出口额42.34亿美元，占出口总额的97.36%。

出口商品市场　出口商品销往164个国家和地区，比上年减少4个。

进口总额　进口总额24.43亿美元，比上年的18.8亿美元增长30%。

进口商品结构　初级产品进口额2.08亿美元，占进口总额的8.51%；工业制成品进口额22.35亿美元，占进口总额的91.49%。

南通市2004年出口额3 000万美元以上商品情况表

商品名称	出口金额（万美元）	占出口总额比重（%）
纺织原料及纺织制品	189 395	43.55
机器电器及零件	58 815	13.52
车辆、航空器、船舶及运输设备	50 718	11.65
杂项制品	29 382	6.76
贱金属及制品	28 512	6.55
化学工业及相关工业产品	26 076	6.00
塑料、橡胶及其制品	11 603	2.66
鞋、帽、伞等制品	10 418	2.39
生皮皮革、毛皮及制品	7 982	1.83
食品饮料、酒、烟草及制品	4 669	1.07
活动物、动物产品	4 668	1.07
木及木制品	3 900	0.89
石料、石膏、水泥、石棉、云母及陶瓷、玻璃制品	3 098	0.71
合计	**429 236**	**98.68**

南通市2004年主要出口市场情况表

国别（地区）	出口金额（万美元）	占出口总额比重（%）	国别（地区）	出口金额（万美元）	占出口总额比重（%）
日　本	142 252	32.72	澳大利亚	6 145	1.41
美　国	64 002	14.71	阿联酋	5 300	1.21
香　港	33 479	7.69	希　腊	5 174	1.18
英　国	22 280	5.12	意大利	4 900	1.12
德　国	13 310	3.06	印度尼西亚	4 672	1.07
韩　国	13 220	3.03	印　度	4 281	0.98
新加坡	9 081	2.08	巴拿马	4 107	0.94
荷　兰	8 808	2.02	墨西哥	4 023	0.92
南　非	7 815	1.79	比利时	3 913	0.89
台湾省	7 406	1.70	加拿大	3 854	0.88
合　计				**368 022**	**84.61**

南通市2004年进口额3 000万美元以上商品情况表

商　品　名　称	进口金额（万美元）	占进口总额比重（%）
机器电器及零件	62 770	25.69
化学工业及相关工业产品	58 147	23.80
纺织原料及纺织制品	38 315	15.68
贱金属及制品	21 759	8.90
塑料、橡胶及其制品	15 543	6.36
矿产品	7 658	3.13
光学照相、电影、计量等设备及制品	5 654	2.31
木浆及其他纤维素浆	5 088	1.08
动植物油脂及分解产品	3 944	1.61
生皮皮革、毛皮及制品	3 913	1.60
合　计	**222 791**	**91.19**

进口商品市场　进口商品来自80个国家和地区，比上年增加17个。

南通市2004年主要进口市场情况表

国别（地区）	进口金额（万美元）	占进口总额比重（%）	国别（地区）	进口金额（万美元）	占进口总额比重（%）
日　本	87 807	35.94	德　国	8 989	3.67
美　国	30 997	12.68	阿根廷	8 392	3.43
韩　国	29 496	12.07	香　港	7 878	3.22
台湾省	20 901	8.55	泰　国	7 568	3.09
新加坡	11 446	4.68	比利时	6 357	2.60
合　计				**219 831**	**89.98**

技术进出口 高新技术产品进出口总额5.07亿美元，比上年增长56%，占全市进出口总额的7.46%。其中出口2.4亿美元，增长66.67%，占全市总额的5.51%；进口2.67亿美元，增长47.51%，占全市总额的10.92%。

【利用外资】

南通市2004年利用外资情况表

利用外资方式	批准签订的合同		实际利用外资
	项目数（个）	外资金额（万美元）	金额（万美元）
外商直接投资	1 033	378 277	111 071
合资企业	313	55 136	24 577
合作企业	20	9 467	445
外资企业	696	31 3624	86 049
合　计	**1 033**	**378 277**	**111 071**

外商直接投资行业 外商直接投资1 033个项目中，生产型项目925个，占89.5%；非生产型项目108个，占10.5%。按行业分，主要有纺织服装、鞋、帽制造业217个，纺织业154个，化学原料及化学制品制造业51个，通用设备制造业63个，专用设备制造业36个，电子及通信设备制造业、文体用品制造业66个，电气机械及器材制造47个，批发和零售业4个，房地产业36个，商务服务业7个，居民服务和其他服务业4个等。外商实际投入资金主要在制造业，尤其是化学原料及化学制品制造业，纺织服装、鞋、帽制造业，纺织业，化学纤维制造业，造纸及纸制品业。

外商直接投资来源 外商直接投资来自702个国家和地区。主要有香港345个，金额125 172万美元；美国118个，47 500万美元，英属维尔京群岛34个，37 425万美元；日本133个，31 496万美元；台湾省106个，24 899万美元；新加坡26个，12 566万美元；澳大利亚15个，10 049万美元；韩国34个，11 820万美元；南非46个，5 442万美元；英国16个，4 476万美元。

外商直接投资企业生产经营情况 2004年全市开业投产外商投资企业1 424家，根据送报表的719家（上年883家）企业统计，销售收入293.157亿元，出口创汇23.829亿美元，实现净利润14.871亿元。净利润超千万元的企业有25家。

【对外经济合作】

承包工程和劳务合作 新签对外承包工程和劳务合作合同项目456个，合同金额4.75亿美元，比上年的4.58亿美元增长3.58 %；完成营业额6.09亿美元，比上年的4.75亿美元增长28.22%；当年派出劳务人员13 576人，增长40.99%；年末在外人数27 817人。全市实施的承包劳务项目分布于68个国家和地区，派往的主要国家及人员数为：日本3 944人，俄罗斯3 249人，新加坡2 296人，毛里求斯734人，阿联酋547人。

新签对外承包工程合同额3.80亿美元，占承包劳务总量的79.96 %，其中500万美元以上的项目7个。承包工程的主要项目及国别（地区）见附表。

对外投资 境外投资稳步推进。全市新批境外非贸易企业4家。

南通市2004年承包工程500万美元以上项目表

签约单位	合同额（万美元）	项目名称	项目所在国家	行业
江苏南通三建集团有限公司	1500	新加坡法律学院大楼	新加坡	建筑
南通远洋渔业有限公司	1407	几内亚渔业工程	几内亚	远洋捕捞
南通远洋渔业有限公司	924	冈比亚渔业工程	冈比亚	远洋捕捞
南通建工集团有限公司	800	维多利亚瀑布购物中心	津巴布韦	建筑

南通市2004年承包工程500万美元以上项目表（续）

签约单位	合同额（万美元）	项目名称	项目所在国家	行业
南通建工集团有限公司	724	津巴布韦宾杜拉大学楼	津巴布韦	建筑
江苏南通三建集团有限公司	689	阿尔及利亚107套住宅	阿尔及利亚	建筑
江苏南通三建集团有限公司	585	新加坡联合大学	新加坡	建筑

【其他】

经济技术开发区 国家级开发区南通经济技术开发区完成基本建设投资24.52亿元，经过国家批准的规划面积由5.02平方公里扩大为24.29平方公里，面积在全国52个国家级开发区中列第9位。全年区内新办外资项目52个，合同外资金额4.97亿美元，比上年下降8.98%；实际利用外资金额2.03亿美元，比上年增长39.4%。新办外资项目平均注册资本达2 174万美元，有4个项目的注册资本超过5 000万美元。

全区外贸外经高速增长，进出口总额达到14.04亿美元，增长26.4%，其中出口7.70亿美元，增长19.4%；实现对外劳务合同额1 748万美元，增长24.86%，对外劳务营业额2 206万美元，增长2.65%，新派人数1 832人，增加835人。

全年完成GDP 69.28亿元，增长35.48%；财政收入10.34亿元，占GDP的比重达到19.09%，增长28.83%。工业总产值达到170.63亿元，增长38.86%。其中161家规模以上企业完成工业产值115.05亿元，增长42.97%。

服务业稳定增长，全区共有各类服务企业4 971家，从业人员16 128人，期末固定资产21.18亿元。全年服务业实现增加值9.47亿元，占全区GDP总量的13.66%。

出口加工区 南通出口加工区累计用于基础建设投资1.3亿元，全年进区项目13个。

商务洽谈会 2004年9月25日—27日，南通市人民政府和博鳌亚洲论坛、中国市长协会联合主办了首届大城市带发展高层论坛，同时和中国港口协会联合主办了2004中国南通港口经济洽谈会。首届大城市带发展高层论坛吸引了26个国家61个城市（包括12个首都城市）的195位嘉宾，其中包括3位前外国元首、31位市长。2004年港洽会正逢南通对外开放20周年和南通建港100周年，邀请了365名客商，主要是在南通投资超过1 000万美元的外商。港洽会期间各类活动共计签约项目36个，总投资额21.7亿美元，其中外资项目31个，协议外资12.4亿美元。港洽会现场集中签约项目30个，单个项目的投资额全部在1 000万美元以上，总投资额达9.8亿美元。

港口运输 南通港年吞吐货物总量5 009.9吨，增长33.7%。全市口岸外贸进出口货物吞吐量1 056.74万吨，增长42.3%，其中进口797.99万吨，增长41.6%；出口258.75万吨，增长44.5%。国际集装箱运输总量24.66万标箱，增长22.2%。南通口岸进出口贸易总额60.77亿美元，增长49.75%；其中出口24.08亿美元，进口36.69亿美元，分别增长42.90%、54.59%。全市国际空运货物1.4万吨、国际快件31万余件、国际票务近1.9万张，分别比上年增长16.67%、14.82%和18.75%。国际空运通过京、沪、宁三条直通渠道进出口货物900余吨，比上年增长12.5%。口岸主要运输指标的攀升，使南通港保持位居全国内河港口运量第二的地位。列入国家“十五”发展建设项目的狼山港三期工程建设竣工，增加通过能力1 500万吨、集装箱20万标箱，将极大提高南通港口公用泊位的核心竞争力。经国务院批准，洋口港获得30平方公里海域使用权，10万—15万吨级的沿海深水港区正在加紧建设中。如皋港区已建成一座5万吨级石化码头，正在建设3座5万吨级石化码头。南通口岸对外开放泊位已达29座。

涉外旅游 2004年入境旅游者109 966人次，比上年增长30.52%，其中外国人93 812人次，港澳台同胞16 154人次；旅游外汇收入9 934.22万美元，增长24.61%。

2004年浙江省商务发展概况

浙江省经济贸易委员会　浙江省对外贸易经济合作厅

丁耀民

浙江省经济贸易委员会主任

丁耀民　中央党校研究生。1978 年起历任共青团江西省九江地委书记，共青团江西省委书记、党组书记，江西省新余市委副书记、市长、市委书记，江西省委台办主任，浙江省丽水地委书记、市委书记、市人大常委会主任。2003 年 2 月任浙江省经济贸易委员会主任、党委书记。

冯　明

浙江省对外贸易经济合作厅厅长

冯明　1987 年起历任浙江省二轻工业总公司处长（主管外经贸）、总经理助理、副总经理，浙江省二轻工业（集团）公司总经理、党委书记。2003 年 2 月任浙江省对外贸易经济合作厅厅长。十届全国人大代表。兼任中国国际贸易促进委员会浙江省分会、中国国际商会浙江商会党组书记、会长，浙江省海外交流协会副会长。

【国内贸易】

社会消费品零售总额　2004 年浙江省社会消费品零售总额 3 645.38 亿元，比上年的 3 157.09 亿元增长 15.5%。其中，城市消费品零售额 2 313.01 亿元，县消费品零售额 407.09 亿元，县以下消费品零售额 925.28 亿元。分行业看，批发零售贸易业零售额 3 087.72 亿元，餐饮业零售额 445.27 亿元，其他行业零售额 112.39 亿元。

批发零售贸易业商品购、销、存总额　批发零售贸易业商品销售总额 11 313.12 亿元，比上年增长 18.8 %。限额以上批发零售贸易业商品销售总额 6 020.05 亿元（其中批发 5 068.03亿元，零售 952.02 亿元），年末库存总额 237.11 亿元。限额以下批发零售贸易业商品销售总额5 293.07亿元。

市场物价　居民消费价格指数为 103.9（以上年价格为 100），其中城市 102.8，农村 104.6。

【对外贸易】

进出口总额　进出口总额 852.29 亿美元，比上年的 614.23 亿美元增长 38.76%。

出口总额　出口总额 581.59 亿美元，比上年的 416.03 亿美元增长 39.80%，占全省 GDP 11 243 亿元（相当于 1 359.49亿美元）的 42.78%，占全国出口额的 9.8%，居全国第 4 位。

出口商品结构　初级产品出口额 32.07 亿美元，占出口总额的 5.51%；工业制成品出口额 549.52 亿美元，占出口总额的 94.49%。

出口商品市场　出口商品销往 222 个国家和地区，比上年增加 4 个。

进口总额　进口总额 270.70 亿美元，比上年的 198.2 亿美元增长 36.58%。

进口商品结构 初级产品进口额51.61亿美元，占进口总额的19.07%；工业制成品进口额219.09亿美元，占进口总额的80.93%。

浙江省2004年出口额5 000万美元以上商品情况表

金额分类	商品名称	出口金额（万美元）	占出口总额比重（%）
1亿美元以上（49种）	服装及衣着附件，纺织纱线、织物及制品，鞋类，家具及其零件，塑料制品，自动数据处理设备及其部件，灯具、照明装置及类似品，旅行用品及箱包，汽车零件，手持或车载无线电话机，床垫、寝具及类似品，水海产品，医药品，电线和电缆，摩托车，通断及保护电路装置，钢铁或铜制标准紧固件，手用或机用工具，轴承，成品油，钢材，电动机及发电机，电视、收音机及无线电讯设备的零附件，集装箱，新的充气橡胶轮胎，玩具，未锻造的铜及铜材，合成有机染料，家用或装饰用木制品，摩托车及自行车的零件，茶叶，蔬菜，扬声器，伞，锁，填充用羽毛，羽绒，船舶，自行车，圣诞用品，原电池，医疗仪器及器械，不锈钢厨具、餐具等家用器具，玻璃制品，工业用缝纫机，自动数据处理设备的零件，集成电路及微电子组件，珍珠、宝石及半宝石，纺织机械及零件，钢坯及粗锻件	3 955 608	68.01
5 000万—1亿美元（10种）	手电筒，静止式变流器，金属加工机床，未锻造的铝及铝材，二极管、晶体管及类似半导体器件，肠衣，热水瓶，普通缝纫机，录放音、像机及唱机的零附件，餐桌、厨房及其他家用搪瓷器	75 666	1.30
合　计	**59种**	**4 031 274**	**69.31**

浙江省2004年主要出口市场情况表

国别（地区）	出口金额（万美元）	占出口总额比重（%）	国别（地区）	出口金额（万美元）	占出口总额比重（%）
美　国	1 125 791	19.36	英　国	192 446	3.31
日　本	611 622	10.52	韩　国	171 396	2.95
德　国	295 615	5.08	意大利	169 653	2.92
香　港	250 734	4.31	法　国	134 398	2.31
阿联酋	215 380	3.70	荷　兰	131 677	2.26
合　计				**3 298 712**	**56.72**

浙江省2004年进口额5 000万美元以上商品情况表

金额分类	商品名称	进口金额（万美元）	占进口总额比重（%）
1亿美元以上（42种）	钢材，初级形状的塑料，对苯二甲酸，集成电路及微电子组件，纺织机械及零件，废铜，乙二醇，电视、收音机及无线电讯设备的零附件，自动数据处理设备及其部件，原油，液化石油气及其他烃类气，苯乙烯，铁矿砂及其精矿，橡胶或塑料加工机械零件，金属加工机床，纸浆，通断及保护电路装置，原木，计量检测分析自控仪器及器具，成品油，大豆，制造纸及纸制品用机械及零件，合成纤维纱线，棉机织物，机械提升搬运装卸设备及零件，未锻造的铜及铜材，异氰酸酯，牛皮革及马皮革，己内酰胺，合成纤维长丝机织物，自动数据处理设备的零件，羊毛，船舶，纸及纸板（未切成形的），电动机及发电机，天然橡胶（包括胶乳），二极管及类似半导体器件，食用植物油（包括棕榈油），阀门，锯材，印刷、装订机械及零件，印刷电路	1 838 316	67.91

浙江省2004年进口额5 000万美元以上商品情况表（续）

金额分类	商品名称	进口金额（万美元）	占进口总额比重（%）
5 000万—1亿美元（23种）	变压、整流、电感器及零件，有线电话电报设备的零附件，废铝，废钢，液泵及液体提升机，纺织用合成纤维，合成橡胶（包括胶乳），医药品，金属轧机及零件，非泡沫塑料的板、片、膜、箔，型模及金属铸造用型箱，煤，医疗仪器及器械，钢胚及粗锻件，针织或钩编织物，塑料制品，涂覆浸渍塑料的织物，电线和电缆，棉花，旋转式电力设备的零件，饲料用鱼粉，发电机组及旋转变流机，汽车和汽车底盘	175 252	6.47
合　计	**65种**	**2 013 568**	**74.38**

进口商品市场　进口商品来自159个国家和地区，与上年持平。

浙江省2004年主要进口市场情况表

国别（地区）	进口金额（万美元）	占进口总额比重（%）	国别（地区）	进口金额（万美元）	占进口总额比重（%）
日　本	544 667	20.12	马来西亚	73 780	2.73
韩　国	309 467	11.43	新加坡	65 628	2.42
台湾省	273 531	10.10	法　国	62 139	2.30
美　国	232 862	8.60	沙特阿拉伯	56 193	2.08
德　国	165 896	6.13	意大利	54 758	2.02
合　计				**1 838 921**	**67.93**

技术进出口　技术进出口总额47 672万美元，比上年的56 277万美元下降15.3%。签订技术进口合同211个，比上年增加66个，合同金额47 572万美元，比上年的56 140.32万美元下降15.3%；签订技术出口合同1个，合同金额100万美元，比上年的136.68万美元下降26.84%（注：本条目中技术进出口总额、出口合同数及出口合同金额不包括宁波市）。

【利用外资】

浙江省2004年利用外资情况表

利用外资方式	批准签订的合同			实际利用外资	
	项目数（个）	外资金额（万美元）	金额比上年增长（%）	金　额（万美元）	金额比上年增长（%）
对外借款	–	106 407	–1.75	298 657	44.17
外国政府贷款	–	725	85.90	1 834	–67.21
国际金融组织贷款	–	18 998	9 794.79	5 447	308.32
贸易信贷	–	–	–	236 648	50.06
境外金融机构贷款	–	11 389	16.02	11 883	50.11
其他	–	75 295	–23.09	42 845	23.78
外商直接投资	3 824	1 456 066	20.83	668 128	22.61

浙江省2004年利用外资情况表（续）

利用外资方式	批准签订的合同			实际利用外资	
	项目数（个）	外资金额（万美元）	金额比上年增长（%）	金额（万美元）	金额比上年增长（%）
中外合资企业	1 641	365 174	-4.65	238 337	11.83
中外合作企业	62	29 053	23.35	10 398	-39.67
外资企业	2 114	1 058 228	33.29	416 840	34.37
股份有限公司	7	3 611	-20.67	2 553	-41.47
外商其他投资	-	5 118	22.94	7 846	36.98
对外发行股票	-	5 118	22.94	5 118	22.94
加工装配	-	-	-	2 728	74.31
合　计	**3 824**	**1 567 591**	**18.98**	**974 631**	**28.61**

外商直接投资行业　外商直接投资项目中，生产型项目3 302个，占86.3%；非生产型项目522个，占13.7%。

浙江省2004年外商直接投资行业情况表

行　业	项目数（个）	合同外资（万美元）	实际外资（万美元）
第一产业	39	7 876	3 148
第二产业	3 263	1 213 283	574 612
工业	3 238	1 203 987	570 322
制造业	3 197	1 172 975	557 828
电力、煤气及水的生产	32	22 532	6 381
建筑业	25	9 296	4 290
第三产业	522	234 907	90 368
交通运输仓储业	30	18 617	5 110
批发和零售贸易、餐饮业	72	27 677	9 586
房地产业	101	89 526	37 167
社会服务业	110	40 027	15 066
合　计	**3 824**	**1 456 066**	**668 128**

外商直接投资来源　外商直接投资来自135个国家和地区。

浙江省2004年外商直接投资主要来源情况表

国别（地区）	项目数（个）	合同外资（万美元）	实际外资（万美元）
香　港	1 399	594 800	264 503
英属维尔京群岛	287	211 467	68 786
美　国	431	137 557	51 282
日　本	279	61 419	54 092
台湾省	339	55 526	35 636
萨摩亚	59	37 113	15 927

浙江省2004年外商直接投资主要来源情况表（续）

国别（地区）	项目数（个）	合同外资（万美元）	实际外资（万美元）
新加坡	72	34 223	16 221
韩　国	170	33 718	16 318
意大利	111	30 339	13 629
加拿大	91	25 550	7 084
合　计	**3 238**	**1 221 712**	**543 478**

注：以上排序以合同外资额多少为序。实际外资中，第3—10位的排序分别是：日本、美国、台湾省、韩国、新加坡、萨摩亚、开曼群岛和意大利。

外商投资企业生产经营情况　截至2004年底，已开业投产的外商投资企业8 878家，全年销售收入3 666.59亿元，比上年增长31.15%；盈利总额290.51亿元，比上年增长13.95%；外商投资企业出口196.51亿美元，比上年增长50.58%。

【对外经济合作】

承包工程和劳务合作　签订对外承包工程和劳务合作项目573个，金额16.8亿美元，比上年的12.23亿美元增长37.4%；完成营业额15.25亿美元，比上年的12.5亿美元增长22%；当年派出劳务人员9 408人次，年末在外人数26 387人。劳务派往的主要国家和地区：日本、墨西哥、秘鲁、阿根廷、毛里求斯、阿尔及利亚、印度尼西亚、新加坡、香港和伊朗。承包工程主要项目有：希腊、法国的散货船项目、尼日利亚工程1、阿尔及利亚比杜达524套工程、sidi五星级酒店项目、菲律宾坎阿金C－A大坝、莱特岛联网工程、印度尼西亚油田钻井、马来西亚蒲种公主城、新加坡裕廊体育中心工程和泰国NHA仁爱屋二期、三期项目等。

对外投资　共批境外投资项目378个，比上年增长25.6%，其中产业性项目48个，市场及营销网络项目330个；投资总额1.68亿美元，比上年增长73.5%；.中方投资1.52亿美元，增长78.3%。至2004年底，浙江省境外投资累计前十位的国家和地区分别是：美国、香港、英属维尔京群岛、印度尼西亚、德国、澳大利亚、俄罗斯、泰国、意大利、越南。

【其他】

经济技术开发区　全省开发区实现工业增加值1 058.07亿元，占全省工业增加值5 381亿元的19.66%；出口额165.78亿美元，占全省出口总额581.59亿美元的28.50%，比上年增长50.1%；财政收入283.2亿元，比上年增长22.41%；新批外商投资企业1 333家，合同外资71.08亿美元，实际外资33.74亿美元，分别比上年下降12.3%、增长15.0%、20.9%，占浙江全省三项指标的34.85%、48.81%和50.5%。

出口加工区　杭州出口加工区新批外商投资企业5家，投资总额8 269万美元，合同外资3 923万美元，实际外资3 965万美元；进出口总额22.19亿美元，其中出口12.21亿美元，比上年增长1.75倍，进口9.98亿美元；工业销售额100.85亿元人民币。

宁波出口加工区新批外商投资企业16家，投资总额50 226万美元，合同外资39 537万美元，实际外资3 638万美元；进出口总额1.11亿美元，其中出口0.92亿美元，进口0.19亿美元；工业销售额8.17亿元人民币。

涉外旅游　2004年共接待入境旅游的外国人和台港澳同胞276.7万人次，比上年增长53.2%；旅游外汇收入13亿美元，比上年增长49.4%。

2004年宁波市商务发展概况

宁波市贸易局　宁波市对外贸易经济合作局

宁波市贸易局局长

刘猛进　生于1958年10月，浙江省余姚市人。大学学历。1975年7月参加工作。1980年12月加入中国共产党。先后担任过共青团余姚市委常委、余姚市人民政府副市长，宁波市人民政府驻杭州办事处党组书记、主任。2004年7月任中共宁波市委贸易工作委员会书记、宁波市贸易局局长。曾被评为浙江省新长征突击手、浙江省劳动模范，全国新长征突击手、全国商业劳动模范、共青团全国第十次代表大会代表。

宁波市对外贸易经济合作局局长

王仁洲　生于1957年4月，浙江鄞县人。大学学历。1974年7月参加工作。1978年12月加入中国共产党。1996年4月—1999年9月任中共浙江省象山县委副书记、象山县县长。

【国内贸易】

社会消费品零售总额　2004年浙江省宁波市社会消费品零售总额595.6亿元，比上年的521.0亿元增长14.2%。其中，城市消费品零售额352.3亿元，县消费品零售额53.1亿元，县以下消费品零售额190.2亿元。分行业看，批发零售贸易业零售额507.2亿元，餐饮业零售额83.4亿元，其他行业零售额5.0亿元。

市场物价　商品零售价格指数为102.0（以上年价格为100），其中城市102.0；居民消费价格指数为102.7（以上年价格指数为100），其中城市102.7，农村103.4。

市场体系建设　大力发展各类市场，努力构建统一、开放、竞争、有序的现代市场体系。年末拥有各类商品市场639家，年成交额达到912亿元，市场个数比上年649个减少10个，成交额比上年的738亿元增长23.6%。其中，年成交额超亿元的大型商品批发市场86家，比上年多4家；年成交额达到804.7亿元，比上年的603.6亿元增长33.3%。

积极发展网上交易市场，加快有形市场和无形市场的对接。中国塑料城建立了浙江省第一家网上交易市场，并在全国第六届塑博会期间投入运行。网上交易市场依托中国塑料城的强大现货市场交易的优势，组织交易商开展以塑料仓单交易为核心的网上市场交易活动，大大提高了塑料产销衔接和信息传播速度，突破传统交易方式在空间上的限制，拓宽了销售渠道，大幅度降低了交易成本。加快市场的更新改造和结构调整，利用港口优势，积极培育和发展钢铁、煤炭、液体化工等生产资料市场，全年亿元以上生产交易市场成交额达到428.7亿元，比上年增长33%。其中，中国塑料城市场成交额达到150.8亿元，华东物资城和镇海液体化工市场成交额分别达到56.7亿元和56.2亿元。

商业改革与发展　商贸流通企业通过产权制度和用工制度改革，国有资本基本退出了流通领域，多种经济成分、多元经济结构、多种经济主体的流通格局基本形成，商贸流通业已成为市场资源配置程度高、活力强、机制新、发展快的行业之一，并呈现良好的发展势头。

开拓市场成效显著。商贸企业利用“浙洽会”、“消博会”等大活动和黄金周的扩销效应，通过推进工贸结合、农贸结合、内外贸结合和工商、农商、商商联动，组织各种促销活动，大力开拓市场，促进商品销售。新型业态发展迅速。全市共有商贸连锁经营企业 54 家，连锁店铺 1 298 家，基本形成了覆盖中心城区的便民连锁网络。连锁企业实现零售额 141 亿元，比上年增长 20.5%，其中，三家本土连锁企业进入全国百强，新引进一批外资流通项目已开业或正在加紧落实。电子商务发展速度加快，商贸网网站和企业网页已达 350 多个，81 890 居民综合服务网站已吸收近千家网络成员单位，其成功运作经验，商务部已向全国推广。

【对外贸易】

进出口总额 进出口总额 261.12 亿美元，比上年的 188.10 亿美元增长 38.82%。

出口总额 出口总额 166.89 亿美元，比上年的 120.74 亿美元增长 38.23%，占全市 GDP 2 158.04 亿元（相当于 260.74 亿美元）的 64.01%，占全省出口额的 28.69%。

出口商品结构 初级产品出口额 8.41 亿美元，占出口总额的 5.04%；工业制成品出口额 158.48 亿美元，占出口总额的 94.96%。

出口商品市场 出口商品销往 203 个国家和地区，其中出口额在 1 000 万美元以上的国家和地区有 89 个，金额 165.05 亿美元，占出口总额的 98.89%。

宁波市 2004 年出口额 5 000 万美元以上商品情况表

金额分类	商品名称	出口金额（亿美元）	占出口总额比重（%）
1 亿美元以上（30 种）	服装及衣着附件、纺织纱线织物及制品、塑料制品、灯具照明装置及类似品、成品油、汽车零件、电线和电缆、阀门、集装箱、轴承、空气调节器、笔、手持或车载无线电话机、旅行用品及箱包、手用或机用工具、钢铁或铜制标准紧固件、家具、通断保护电路装置及零件、鞋类、未列名电气空间加热器、液体或粉末喷射散布等机械器具及零件、电熨斗、水海产品、原电池、真空吸尘器、打火机、自动数据处理设备零件、钢材、手提式各种电钻、床垫寝具及类似品	100.67	60.32
5 000 万—1 亿美元（31 种）	注塑机、未锻造的铜及铜材、玩具、电视收音机及无线电讯设备的零附件、钢铁结构体及其部件和所用的已加工钢材、龙头旋塞及类似装置的零件、电磁铁永磁铁及电磁永磁工件夹具、其他手提式电锯、摩托车及自行车零件、家用铝器具和铝制卫生器具及零件、家用型或洗衣房用洗衣机、手电筒、其他手提式电动工具、医药品、电热烤面包器、其他钢铁制品、自行车、快速式储存式电热水器及浸入式液体加热器、家用或装饰用木制品、其他回旋式排液泵及零件、蔬菜、其他内酯、传声器扬声器耳机音频扩大器等的零件、扬声器、齿轮及其他变速传动装置和滚珠螺杆传动轴、伞、热阴极荧光灯、阀门零件、电咖啡壶或茶壶、手提电动砂磨工具、船舶、橡胶或塑料及其产品的加工机器零件	22.47	13.46
合　计	**61 种**	**123.14**	**73.78**

宁波市 2004 年主要出口市场情况表

国别（地区）	出口金额（亿美元）	占出口总额比重（%）	国别（地区）	出口金额（亿美元）	占出口总额比重（%）
美　国	29.02	17.39	法　国	5.52	3.31
日　本	17.58	10.53	意大利	5.50	3.29
香　港	8.78	5.26	阿联酋	5.05	3.03
德　国	7.69	4.61	荷　兰	4.90	2.93
英　国	7.18	4.30	澳大利亚	4.78	2.86

进口总额 进口总额94.23亿美元，比上年的67.36亿美元增长39.89%。

进口商品结构 初级产品进口额22.76亿美元，占进口总额的24.16%；工业制成品进口额71.46亿美元，占进口总额的75.84%。

进口商品市场 进口商品来自133个国家和地区。其中进口额在1 000万美元以上的国家和地区有53个，金额93.33亿美元，占进口总额的99.06%。

宁波市2004年进口额3 000万美元以上商品情况表

金额分类	商品名称	进口金额（亿美元）	占进口总额比重（%）
1亿美元以上（21种）	初级形态的塑料、钢材、废铜、电视收音机及无线电讯设备零附件、原油、苯乙烯、集成电路及微电子组件、制造纸及纸制品用机械、液化石油气及其他烃类气、对苯二甲酸、纸浆、乙二醇、金属加工机床、纺织机械、铁矿砂、成品油、具有独立功能的机器及机械器具、已内酰胺、未锻轧镍、通断保护电路装置及零件、废塑料	57.20	60.71
3 000万—1亿美元（31种）	羊毛（包括羊毛条）、腈基化合物、合成纤维纱线、机械提升搬运装卸设备及零件、橡胶或塑料加工机械、计量检测分析自控仪器及器具、其他具有独立功能的机器或机械器具零件、未锻造的铜及铜材、金属轧机及零件、废纸、废钢、原木、纺织用合成纤维、阀门、纸及纸板（未切成形的）、二极管及类似半导体器件、合成橡胶（包括乳胶）、锌废碎料、丁二烯及异戊二烯、电动机及发电机、自动数据处理设备及部件、甲基环氧乙烷、变压整流电感器及零件、制冷设备用压缩机、甲苯、废铝、甲醇、印刷电路、液泵及液体提升机、谷物及谷物粉、胶合板及类似多层板	16.66	17.69
合 计	**52种**	**73.86**	**78.40**

宁波市2004年主要进口市场情况表

国别（地区）	进口金额（亿美元）	占进口总额比重（%）	国别（地区）	进口金额（亿美元）	占进口总额比重（%）
日 本	14.10	14.96	法 国	3.15	3.34
韩 国	12.45	13.21	香 港	3.02	3.21
台湾省	11.47	12.17	安哥拉	2.90	3.08
美 国	9.19	9.75	加拿大	2.65	2.81
德 国	4.82	5.11	印 度	2.51	2.67

技术进出口 签订技术引进合同项目119个，比上年增长1.3倍；合同金额9 826万美元，比上年下降31.55%。按引进方式分，其中专有技术的许可或转让项目25个，合同金额5 702.31万美元；技术咨询、技术服务项目82个，合同金额2 861.46万美元；专利技术的许可或转让项目5个，合同金额1 154.61万美元。按行业分，主要以引进制造业项目为主，达58个，合同金额8 077.20万美元，占82.20%。其中，电子及通信设备制造业项目14个，合同金额3 302.60万美元；化学原料及化学制品制造业项目10个，合同金额3 134.15万美元；交通运输设备制造业17笔，金额808.25万美元；其他制造业17笔，金额832.20万美元。技术引进主要来自欧盟、美国、日本、香港、韩国、新加坡等国家和地区。

【利用外资】

宁波市2004年利用外资情况表

利用外资方式	批准签订的合同			实际利用外资	
	项目数（个）	外资金额（亿美元）	金额比上年增长（%）	金额（亿美元）	金额比上年增长（%）
外商直接投资	1 098	41.14	15.30	19.11	39.86
合资企业	396	5.56	-39.22	5.70	41.93
合作企业	16	0.55	8.15	0.09	-80.10
外资企业	683	34.94	34.51	13.23	44.29
股份有限公司	3	0.09	76.48	0.09	247.13
合　计	**1 098**	**41.14**	**15.30**	**19.11**	**39.86**

外商直接投资行业　外商直接投资的1 098个项目中，生产型项目947个，非生产型项目151个。按行业分，主要有：制造业944项，实际到位外资166 131万美元；交通运输、仓储和邮政业16项，2 175万美元；房地产业25项，10 153万美元；批发和零售业55项，3 061万美元等。

外商直接投资来源　外商直接投资主要来自63个国家和地区，其中实际到位外资前10位的国家和地区是：香港415项，实际到位外资79 954万美元；英属维尔京群岛87项，22 265万美元；美国137项，16 211万美元；日本80项，14 790万美元；台湾省89项，12 701万美元；开曼群岛4项，7 518万美元；萨摩亚25项，6 805万美元；英国21项，3 331万美元；新加坡19项，3 178万美元；韩国51项，2 281万美元。

【对外经济合作】

承包工程和劳务合作　签订对外承包工程和劳务合作合同金额8.07亿美元，比上年的5.99亿美元增长34.72%；完成营业额4.84亿美元，比上年的3.71亿美元增长30.46%；当年派出劳务人员1 818人，比上年的1 453人减少25.12%；年末在外劳务人数7 123人，比上年的7 025人增加1.39%，主要派往日本、新加坡、毛里求斯、塞班、德国、牙买加、约旦等的国家和地区，主要从事的劳务职业有纺织、建筑、海员、厨师、电子等。

对外投资　2004年在海外设立企业82家，项目总投资3 559万美元，中方投资3 214万美元。在海外设立的企业中，生产性企业2家，贸易性企业21家，房地产企业2家，高新技术性企业1家，境外经贸办事处43家，境外加工企业10家，境外分公司1家，贸易中心1家，资源开发企业1家。企业分布在美国、日本、澳大利亚、德国、加拿大等27个国家和地区。2004年境外企业直接带动出口2.2亿美元，涉及机械电子、纺织、轻工等。

【其他】

宁波经济技术开发区　实现GDP 176.3亿元，比上年131.5亿元增长34.07%。工业总产值503亿元，比上年375亿元增长34.13%。外贸出口总额19.79亿美元，比上年14.96亿美元增长32.30%。财政收入28.12亿元，比上年21.10亿元增长33.27%。综合指标在全国49个国家级开发区中列第6位。新批外资企业129家，合同利用外资10.4亿美元，实际到位外资5.58亿美元；其中1 000万美元以上项目50个。宁波经济技术开发区已形成以临港大工业为主要特征的两大产业群：一是与北仑港相配套的石化、钢铁、轻纺、食品、汽配等临港产业群，其中不锈钢型材加工能力在华东地区规模最大；二是以注塑机及工业电脑为代表的高新技术产业群，目前已引进10家世界知名注塑机整机生产企业和30多家配套企业，成为全国重要的注塑机产业基地。

宁波保税区　实现GDP 48.8亿元，比上年40.1亿元增长21.69%。工业总产值56亿元，比上年34.7亿元增长61.85%。外贸出口总额10.45亿美元，比上年6.26亿美元增长66.92%。固定资产投资11.3亿元，与上年基本持平。财政收入12亿元，比上年10.1亿元增长18.81%。新批外资企业92家，合同利用外资5.58亿美元，实际到位外资1.81亿美元；其中1 000万美元以上项目12个。

大榭开发区　实现GDP 71亿元，比上年60.5亿元增长17.35%。工业总产值80.15亿元，比上年48.37亿元增长65.70%；财政收入16.68亿元，比上年12.53亿元增长33.12%；全社会固定资产投资完成29.5亿元，比上年27.6亿元增长6.88%；合同利用外资695万美元，比上年6 364万美元下降89.08%，进出口总额9.3亿美元，比上年8.08亿美元增长15.1%，其中出口3.23亿美元，比上年2.35

亿美元增长 37.45%，进口 6.07 亿美元，比上年 5.73 亿美元增长 5.93%。

商务洽谈会 第六届浙江投资贸易洽谈会和第三届中国国际日用消费品博览会（以下简称“两会”）于2004 年6 月8 日至12 日在宁波国际会展中心举行。“两会”开展投资、贸易、科技、人才洽谈合作和举行开放论坛等活动；期间共有来自 109 个国家和地区的 10 354 名投资贸易客商到会，比上届增长 11.8%；签订外商投资项目 251 个，总投资 58.53 亿美元，合同利用外资 28.35 亿美元；成交贸易额 6.5 亿美元。“两会”的贸易洽谈除国内展馆外，还专门设立了国际馆，有来自 14 个国家和地区的 32 个国外组织和机构设展；国内展馆有来自 18 个省、市、自治区和地区的 1 038 家企业到会参展。

第八届宁波国际服装节于 2004 年 10 月 19 日至 22 日在宁波国际会展中心举行。本届博览会共吸引海内外参展企业 351 家，参展品牌 264 个，设置展位数 2 200 个，到会国内外客商近 2 万人次；签订投资项目 21 个；其中，内资项目 12 个，协议引进资金 5.8 亿元；外资项目 9 个，合同利用外资 8 900 万美元，主要来自美国、日本、德国、韩国等地。

港口运输 全年港口货物吞吐量达到 2.26 亿吨，比上年的 1.85 亿吨增长 21.71%，继续位居我国沿海港口第 2 位；全年口岸进出口贸易总额达到 515.76 亿美元，同比增长 51.95%；其中进口 249.35 亿美元、出口 266.41 亿美元，同比分别增长 65.57% 和 41.09%。集装箱运输达到 400.5 万标箱，同比增长 44.48%，集装箱运输吞吐量位居大陆沿海港口第 4 位，增幅已连续 6 年保持全国第一位。目前宁波港已通航世界 100 多个国家和地区的 600 多个港口。

涉外旅游 全年接待境外游客 32.20 万人次，比上年增长 45.37%；旅游外汇收入 1.53 万美元，比上年的 9 976 万美元增长 53.37%。

2004 年温州市商务发展概况

温州市对外贸易经济合作局

温州市对外贸易经济合作局局长

刘周晰　生于 1953 年 2 月 2 日，浙江温州人。1975 年毕业于山东大学。1974 年 12 月加入中国共产党。历任浙江省瓯海县副县长、温州市对外经济贸易委员会副主任、香港雁荡有限公司总经理、温州市人民政府副秘书长等职。2001 年 11 月任温州市对外贸易经济合作局局长、党组书记。

【国内贸易】

社会消费品零售总额 2004 年浙江省温州市社会消费品零售总额 587.92 亿元，比上年的 522.54 亿元增长 12.5%。其中，城市消费品零售额 369.52 亿元，县消费品零售额 51.64 亿元，县以下消费品零售额 166.75 亿元。分行业看，批发零售贸易业零售额 480.81 亿元，餐饮业零售额 86.59 亿元，其他行业零售额 26.53 亿元。

限额以上批发零售贸易、餐饮业基本情况 截至 2004 年，共有限额以上批发零售贸易、餐饮业法人企业 384 个，产业活动单位 973 个，从业人数 24 841 人。其中，批发业法人企业 260 个，产业活动单位 562 个，从业人数 15 118 人；零售业法人企业 124 个，产业活动单位 411 个，从业人数 9 723 人；餐饮业法人企业 47 个，产业活动单位 188 个，从业人数 4 042 人。

批发零售贸易业商品购、销、存总额 批发零售贸易业商品销售总额 1 301.04 亿元（其中批发 821.02 亿元，零售 480.02 亿元，出口 128.55 亿元），比上年的1 166.30亿元增长 11.6%，年末库存总额 22.23 亿元。其中，限额以上企业617.27亿元，限额以下企业683.76亿元。

市场物价 商品零售价格指数为102.5（以上年价格为100），居民消费价格指数为103.4（以上年价格为100）。

【对外贸易】

进出口总额 进出口总额59.67亿美元，比上年的44.75亿美元增长33.34%。

出口总额 出口总额45.76亿美元，比上年的34.24亿美元增长33.66%，占全市GDP 1 400亿元的27.1%，占全省出口额的7.9%。

出口商品结构 初级产品出口额8 161万美元，占出口总额的1.8%；工业制成品出口额44.95亿美元，占出口总额的98.2%。

出口商品市场 出口商品销往世界上177个国家（地区）。主要出口市场（前10位）的出口金额21.85亿美元，占出口总额的47.9%。

温州市2004年出口额5 000万美元以上商品情况表

金额分类	商品名称	出口金额（亿美元）	占出口总额比重（%）
1亿美元以上	鞋类、服装、眼镜、通断器及电路装置、纺织品、汽摩配、生皮	28.37	62
5 000万—1亿美元	旅行用品及箱包、制笔、人造革、打火机、塑料制品、水产品、制锁	5.23	11
合计	**14种**	**33.6**	**73**

温州市2004年主要出口市场情况表

国别（地区）	出口金额（万美元）	占出口总额比重（%）	国别（地区）	出口金额（万美元）	占出口总额比重（%）
美国	47 974	10.5	西班牙	16 356	3.6
俄罗斯	30 579	6.7	摩洛哥	15 780	3.5
阿联酋	28 072	6.1	意大利	14 962	3.3
香港	20 069	4.4	日本	14 203	3.1
乌克兰	17 016	3.7	德国	13 514	3.0
合计				**218 525**	**47.9**

进口总额 进口总额13.9亿美元，比上年的10.51亿美元增长32.32%。

进口商品结构 初级产品进口额3.56亿美元，占进口总额的25.6%；工业制成品进口额10.35亿美元，占进口总额的74.5%。

温州市2004年进口额5 000万美元以上商品情况表

金额分类	商品名称	进口金额（亿美元）	占进口总额比重（%）
1亿美元以上	矿产品、有机化学品、机电音像设备、塑料及其制品	8.49	61
5 000万—1亿美元	钢铁	0.83	6
合计	**5种**	**9.32**	**67**

进口商品市场 进口商品来自80个国家（地区）。主要进口市场是：美国17 525万美元，占12.6%；日本15 555万美元，占11.2%；韩国15 257万美元，占11%；台湾省12 862万美元，占9.3%；德国11 272万美元，占8.1%。

【利用外资】

温州市2004年利用外资情况表

利用外资方式	批准签订的合同			实际利用外资	
	项目数（个）	外资金额（万美元）	金额比上年增长（%）	金 额（万美元）	金额比上年增长（%）
合资企业	93	21 351	35.7	11 248	68.6
合作企业	1	682	–	75	–
外资企业	63	28 587	109	9 593	86.6

外资直接投资行业 外商直接投资项目中，生产型项目135项，非生产型项目22项。按产业分，第二产业135项，第三产业22项。

外商直接投资来源 2004年共有40个国家和地区前来投资。

外商直接投资企业生产经营情况 外商投资企业2004年实现销售收入169.18亿元，比上年增长5%；利润总额11.94亿元，比上年增长3.8%。

【对外经济合作】

承包工程和劳务合作 签订对外承包工程合同额216.4万美元，比上年的784万美元下降72%；实际完成营业额822.5万美元，比上年的691万美元增长19%；全年派出劳务人员数128人次，年末在外劳务人员309人。

对外投资 全年新批境外投资项目74个，主要分布在美国、意大利、荷兰、尼日利亚、阿联酋等国，其中设立境外商品专业市场3个。

【其他】

温州经济技术开发区 引进项目22个，合同外资10 118万美元，比上年增长25.8%；实际利用外资4 538万美元，比上年增长73.9%。全年外贸进出口总额3.87亿美元，其中出口2.47亿美元，比上年增长47.9%。

港口运输 全年到港国际航行船舶1 598艘次，比上年增长4.2%；通过海港口岸全年共运输外贸货物140万吨，比上年减少21%，其中进口107万吨，比上年减少24.9%，出口33万吨，与上年减少5.4%；全年共运输国际集装箱70 796标箱，比上年增长8.9%。

涉外旅游 接待海外旅游者17.22万人次，比上年的10.91万人次增长57.8%；旅游外汇收入7 095.62万美元，比上年的4 770万美元增长48.8%。

2004年安徽省商务发展概况

安徽省商务厅

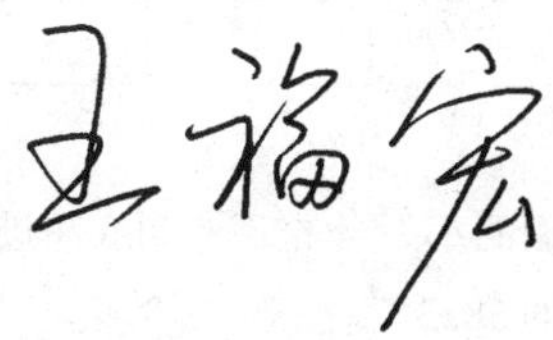

安徽省商务厅厅长

王福宏　生于1955年12月，山东省龙口市人。经济学硕士。历任安徽省计划委员会处长，安徽省证券管理办公室主任，安徽省人民政府办公厅副主任、发展研究中心主任、省政府副秘书长等职。2003年3月任安徽省对外贸易经济合作厅厅长、党组书记。现任安徽省商务厅厅长、党组书记。

【国内贸易】

社会消费品零售总额　全省社会消费品零售总额1 503.09亿元，比上年的1 331.25亿元增长12.91%。其中，城市消费品零售额768.89亿元，县消费品零售额319.75亿元，县以下消费品零售额414.44亿元。分行业看，批发零售贸易业零售额1 289.08亿元，餐饮业零售额184.14亿元，其他行业零售额29.87亿元。

批发零售贸易业商品销售总额　批发零售贸易业商品销售总额3 225.3亿元，比上年的2 867.3亿元增长12.5%。其中，限额以上企业1 160.3%亿元，限额以下企业2 065亿元。

市场物价　商品零售价格指数为102.7（以上年价格为100），其中城市102.2，农村103.3；居民消费价格指数为104.5（以上年价格100），其中城市104.3，农村104.8。

市场体系建设　为打破地方封锁，对全省县级以上地方政府制定的涉及地方保护和市场分割的规范性文件进行了清理废除；全省城市商业网点规划工作稳步推进，合肥市率先完成城市商业网点规划编制，巢湖市、芜湖市、马鞍山市、淮北市分别完成规划初稿，正在组织论证，待批准施行。商业利用外资迈出步伐，法国家乐福投资合肥，美国沃尔玛、泰国易初莲花、台湾省好又多进省洽谈。农资连锁经营发展迅速，徽商农家福公司和辉隆集团在全省的农资连锁店分别达到690个和800个，比上年增长1.3倍和1.2倍。全省汽车市场专项整治工作取得阶段性成果。省典当行业协会筹建工作基本完成。全省拍卖企业新增15个，累计达105个。

商业改革与发展　全省商务在五大行业（零售、餐饮、会展、住宿、成品油行业）、五个方面（企业改制、连锁经营、大型企业培育、会展品牌树立、人员素质提高方面）加快改革发展。列入省政府考核的156户国有、集体商业企业的改革已基本完成，企业活力增强。流通集中度显著提高，全省限额以上批发零售贸易企业销售额增长27.4%，高于全社会消费品零售总额14.6%个百分点。徽商集团被列入国家重点培育的20家大型流通企业集团。新型流通业态进一步发展，全社会连锁经营销售额达200亿元，占社会消费品零售总额的13%，比上年增长2个百分点。安徽参与主办第八届中国东西部合作与投资贸易洽谈会和第五届中国青海结构调整暨投资贸易洽谈会，在西部市场开拓中取得新进展。

【对外贸易】

进出口总额　进出口总额72.1亿美元，比上年的59.4亿美元增长21.3%。

出口总额　出口总额39.4亿美元，比上年的30.6亿美元增长28.5%，占全省GDP 4 812.7亿元（相当于581.5亿美元）的6.8%，占全国出口额5 933.6亿美元的0.7%。

出口商品结构　初级产品出口额3.1亿美元，占出口总额的7.9%；工业制成品出口额36.2亿美元，占出口总额的92.1%。

出口商品市场　出口商品销往200个国家（地区）。主要出口市场是欧盟85 807万美元，占出口总额的21.8%；北美71 825万美元，占18.3%；日本42 572万美元，占10.8%；东盟28 304万美元，占7.2%；香港22 723万美元，占5.8%；拉丁美洲21 003万美元，占5.3%。

安徽省2004年出口额1 000万美元以上商品情况表

金额分类	商 品 名 称	出口金额（亿美元）	占出口总额比重（%）
1亿美元以上	纺织品、服装、轮胎、空调器、鞋类、钢材、柠檬酸、电冰箱	17.0	43.1
5 000万—1亿美元	铜及铜材、箱包、玩具、汽车及汽车底盘、医药品	2.8	7.1
1 000万—5 000万美元	羽绒制品、蔬菜、玻璃制品、灯泡及灯管、阀门及零件、纸制品、羽毛、叉车、塑料制品、自行车、灯具及照明设备、电视机、茶叶、船舶、千斤顶、电线及电缆、芝麻、冻猪肉、花生仁、蜂蜜、柳编制品、柠檬酸盐及脂	5.9	15.0
合 计		**25.7**	**65.2**

进口总额 进口总额32.7亿美元，比上年的28.8亿美元增长13.8%。

进口商品结构 初级产品进口额13.6亿美元，占进口总额的41.7%；工业制成品进口额19.1亿美元，占进口总额的58.3%。

安徽省2004年进口额1 000万美元以上商品情况表

金额分类	商 品 名 称	进口金额（亿美元）	占进口总额比重（%）
1亿美元以上	铜矿砂、铁矿砂、钢材、机床、塑料原料、建筑及采矿用零件	15.3	46.7
5 000万—1亿美元	汽车零件、汽车及汽车底盘、纸浆、计量检测分析仪器、天然橡胶、橡胶及塑料加工机械、压缩机	4.5	13.7
1 000万—5 000万美元	废纸、内燃机零件、搬运装卸设备及零件、合成橡胶、纺织机械、印刷及装订机械、钢坯及粗锻件、保护电路装置、废钢、纸及纸板、阀门、金属轧机及零件、液泵及液体提升机、石油沥青、医疗仪器及器械、金属铸造用型箱、合成纤维、冶炼铸造设备及零件	3.8	11.8
合 计		**23.6**	**72.2**

进口商品市场 主要进口市场是拉丁美洲68 635万美元，占进口总额的21.0%；欧盟661 914万美元，占18.9%；日本51 471万美元，占15.72%；韩国30 822万美元，占9.4%；北美26 940万美元，占8.2%；澳大利亚21 715万美元，占6.6%；东盟16 158万美元，占4.9%。

高新技术产品进出口 高新技术产品进出口总额12.7亿美元，比上年的10.7亿美元增长18.7%。其中进口5.7亿美元，比上年的5.4亿美元增长6.25%；主要进口产品有光机电一体化产品、新材料、生物医药和医疗器械、新能源和节能产品等。出口7.0亿美元，比上年的5.3亿美元增长31.2%；主要出口产品有工业导电玻璃、磁性材料、全钢子午胎、高强高模聚乙烯纤维、集成电路用铜箔、高纯铝、履带式挖掘机、同轴电缆、汽车发动机及零部件、氨基酸、维生素及其衍生物等。

技术进口 签订技术进口合同115项，合同金额2.83亿美元；主要是黑色金属冶炼及压延加工业、交通运输设备制造业、普通机械制造业、化学纤维制造业和煤炭采选业。

技术出口 签订技术出口合同18个，合同金额6 000万美元；主要项目有化工成套设备、水泥成套设备、轿车和计算机软件。

【利用外资】

安徽省2004年利用外资情况表

利用外资方式	批准签订的合同			实际利用外资	
	项目数（个）	外资金额（万美元）	金额比上年增长（%）	金额（万美元）	金额比上年增长（%）
外商直接投资	472	120 709	19.61	54 654	40.0
合资企业	220	36 699	-3.08	21 205	17.47
合作企业	15	6 471	-29.75	487	-24.61
外资企业	237	77 456	43.85	27 005	32.68
股份有限公司	0	83	*	5 957	*

*上年金额为零。

外商直接投资行业 新批外商直接投资项目中：1. 生产型项目338项，合同外资额83 876万美元；其中农林牧渔业10项，采矿业19项，制造业295项，电力、煤气及水的生产和供应业14项。2. 服务型项目134项，合同外资额36 833万美元；其中建筑业3项，交通运输、仓储及邮政业7项，信息传输、计算机服务和软件业13项，批发和零售业4项，住宿和餐饮业20项，房地产业61项，租赁和商务服务业10项，科学研究、技术服务和地质勘查业2项，水利、环境和公共设施管理业6项，居民服务和其他服务业3项，卫生、社会保障和社会福利业1项，文化、体育和娱乐业4项。

安徽省2004年外商直接投资主要行业投向表

行业	新批项目数（个）	合同外资金额（万美元）
房地产业	58	21 200
化学原料及化学制品制造业	19	9 349
电力、燃气及水的生产和供应业	14	7 853
住宿和餐饮业	20	4 650
采矿业	19	4 356
水利、环境和公共设施管理业	6	4 262
通信设备、计算机及其他电子设备制造业	20	4 237
农业	18	5 190
通用设备制造业	25	3 645

安徽省2004年外商直接投资主要来源国别（地区）表

国别（地区）	项目数（个）	合同外资金额（万美元）
香港	177	55 825
投资性公司投资	2	14 787
英属维尔京群岛	28	10 951
美国	53	10 797
台湾省	56	7 304

外商投资企业出口 外商投资企业完成出口额9.7亿美元，比上年的5.8亿美元增长66.6%，在全省出口总额中的比重为24.5%，比上年的18.9%高5.6个百分点。

【对外经济合作】

承包工程和劳务合作 对外承包工程和劳务合作合同额23 558万美元，比上年的20 779万美元增长13.4%；完成营业额21 264万美元，比上年的16 208万美元增长31.1%；当年派出劳务人员5 982人次，年末在外10 003人。承包工程和劳务合作的主要市场是阿尔及利亚、阿联酋、蒙古、委内瑞拉、新加坡、日本。

【其他】

经济技术开发区　合肥高新技术开发区全年 GDP 88.2 亿元，比上年增长 32.8%；财政收入 5.9 亿元，比上年增长 37.2%；固定资产投资 25.2 亿元，比上年增长 37.7%。全年实际利用外资 7 123 万美元，比上年增长 274.9%；出口 2.1 亿美元，比上年增长 90.9%；进口 4 311 万美元，比上年减少 46.1%。

合肥经济技术开发区全年 GDP 95.2 亿元，比上年增长 24.3%；财政收入 10.0 亿元，比上年减少 25.4%；固定资产投资 46.5 亿元，比上年减少 49.5%。全年实际利用外资 9 770 万美元，比上年减少 45.7%；出口 2.7 亿美元，比上年增长 36.5%；进口 2.8 亿美元，比上年减少 22.1%。

芜湖经济技术开发区全年 GDP 95.8 亿元，比上年增长 27.1%；财政收入 20.8 亿美元，比上年增长 37.7%；固定资产投资 44.5 亿元，比上年增长 18.4%。全年实际利用外资 1.3 亿美元，与上年基本持平；出口 1.9 亿美元，比上年增长 217.4%；进口 3.3 亿美元，比上年增长 43.5%。

商务洽谈会　2004 年 5 月，举办了安徽（香港）招商会。安徽以高新技术、基础设施、国有资产并购、现代服务贸易、农业产业化、旅游等六个行业板块招商，签约 108 个投资项目，投资总额 41.4 亿美元。6 月，举办了 2004 年安徽省出口商品网上交易会，这在中西部尚属首次。有 1 100多家进出口企业、8 600 多家外商、5 000 多种出口商品参会，达成意向购销总额 7 000 多万美元。

涉外旅游　2004 年进入安徽的海外游客 50.1 万人次，旅游外汇收入 1.9 亿美元，比上年的 1.1 亿美元增长 68.6%。

2004 年福建省商务发展概况

福建省经济贸易委员会　福建省对外贸易经济合作厅

福建省经济贸易委员会主任

郑松岩　1951 年 8 月出生，福建省福州市人，1980 年 10 月加入中国共产党，研究生学历。1969 年上山下乡，1970 年至 1974 年为福建省上京煤矿工人，1977 年至 1979 年为福州大学学员，1979 年起历任福建省上京矿务局技术员、矿长、永定矿务局局长，1992 年起任福建省煤炭工业总公司副总经理、总经理。2003 年 8 月起任福建省经济贸易委员会主任、党组书记。

福建省对外贸易经济合作厅厅长

郑宗杰　生于 1945 年 7 月，广东汕头人。厦门大学经济系毕业。历任福建省泉州市税务局局长、政府办公室主任、财政局局长、财委主任、外经贸委主任、副市长，福建省人民政府办公厅副秘书长、侨务办公室主任等职。2000 年 4 月任福建省对外贸易经济合作厅厅长。

【国内贸易】

社会消费品零售总额 2004年福建省社会消费品零售总额1 995.82亿元，比上年的1 740.45亿元增长14.7%。其中，城市消费品零售额1 239.90亿元，县消费品零售额248.55亿元，县以下消费品零售额507.37亿元。分行业看，批发零售贸易业零售额1 638.39亿元，餐饮业零售额252.65亿元，其他行业零售额104.78亿元。

市场物价 商品零售价格指数为102.7（以上年价格为100），其中城市102.4，农村103.2；居民消费价格指数为104.0（以上年价格为100），其中城市103.8，农村104.3。

市场体系建设 推进商品交易市场升级改造，省经贸委下发了指导意见，确定了18个重点项目。各设区市加快制订商业网点规划，福州、厦门、泉州市的规划已经政府批准实施，南平、三明、漳州、宁德市已取得阶段性成果。推行南平经验，加快农村市场体系建设，涌现了南平天新、福建永辉、超大、平和大世界等一批新型农产品流通企业和农村连锁企业。稳步发展“农改超”和生鲜超市。全省已完成43个城市“农改超”项目，另有生鲜超市115个，营业面积20多万平方米。拍卖企业达139家，全年拍卖成交额约60亿元。典当企业达36家。

商业改革与发展 实施商贸业项目带动战略，推进流通现代化。确定商贸业十一大类重点项目，培育一批大商业集团、连锁企业、物流配送中心、电子商务平台、交易市场等重点企业。省级确定了70个重点商贸项目，运用各种手段给予扶持。汇集了621个项目，建立了全省商贸业项目库，并召开了福建省商贸行业项目投资合作洽谈会和福建省第二届网上投资贸易洽谈会（简称“网洽会”）。网洽会有3 619家企业、1 639个项目参加网上招商，日均点击量20万人次，最高日达40万人次。建立了项目责任制和进度统计制度，全省245个商贸建设项目至年底已投资45.89亿元，一批项目已开业。全省商业餐饮业连锁经营年销售额达300亿元以上，占社会消费品零售总额15%以上。

继续加快国有商贸企业改革步伐，努力实现产权改革和职工劳动关系改革两个到位。全省国有商贸企业978家，已改革769家，占78.6%，其中产权改革到位404家，占48%；劳动关系改革已到位4.1万人，占52.7%。

【对外贸易】

进出口总额 进出口总额475.46亿美元，比上年的353.37亿美元增长34.55%。

出口总额 出口总额293.96亿美元，比上年的211.43亿美元增长39.03%，占全省GDP 6 053.14亿元（相当于732.83亿美元）的40.11%，占全国出口额的4.95%，居全国第6位。

出口商品结构 初级产品出口额18.85亿美元，占出口总额的6.41%；工业制成品出口额239.20亿美元，占出口总额的81.37%；其他未分类产品35.91亿美元，占出口总额的12.22%。

福建省2004年出口额1亿美元以上商品情况表

金额分类	商品名称	出口金额（亿美元）	占出口总额比重（%）
5亿美元以上（9种）	织物制服装、鞋、数字式自动数据处理设备、电器及电子产品、花岗岩碑石或建筑用石及其制品、机械及设备、塑料制小雕塑品及其他装饰品、金属制品、塑料或纺织材料作面的提箱或小手袋	130.66	44.45
1亿—5亿美元（21种）	其他纺织纱线和织物及制品、仪器仪表、制作或保藏的（河）鳗鱼、运输工具、彩色电影机（包括整套散件）、其他金属家具、8471所列其他机器的零件或附件、其他服装及衣着附件、未列名塑料制品、未列名静止式变流器、其他雨伞及阳伞、其他金属框架坐具、40英尺集装箱、小白蘑菇（洋蘑菇）罐头、锂离子电池、其他黄金制首饰及其零件、折叠伞、机动小客车用新的充气橡胶轮胎、供运输或包装货物用的乙烯聚合物制袋及包、铝材、冻鱼	41.25	14.03
合计	**30种**	**171.91**	**58.48**

出口商品市场 出口商品销往214个国家和地区。主要出口市场：美国71.24亿美元、日本52.29亿美元、欧盟

50.03 亿美元、香港 30.78 亿美元、东盟 19.79 亿美元、台湾省 6.76 亿美元、阿联酋 5.34 亿美元、加拿大 5.09 亿美元、澳大利亚 4.88 亿美元、韩国 4.56 亿美元、墨西哥 4.11 亿美元、沙特阿拉伯 2.98 亿美元、南非 2.42 亿美元、巴西 2.25 亿美元、俄罗斯 2.16 亿美元、智利 2.12 亿美元、印度 2.04 亿美元、罗马尼亚 2.01 亿美元。对以上主要出口市场出口额合计为 270.85 亿美元，占出口总额的 92.14%。

进口总额　进口总额 181.50 美元，比上年的 141.94 亿美元增长 27.87%。

进口商品结构　初级产品进口额 27.17 亿美元，占进口总额的 14.97%；工业制成品进口额 119.79 亿美元，占进口总额的 66.16%；其他未分类产品 34.10 亿美元，占进口总额的 18.79%。

福建省 2004 年进口额 1 亿美元以上商品情况表

金额分类	商品名称	进口金额（亿美元）	占进口总额比重（%）
2 亿美元以上（11 种）	机械及设备、8471 所列其他机器的零件或附件、电器及电子产品、其他自动数据处理设备及其部件、黄大豆、钢铁板材、其他单片集成电路、饲料用鱼粉、飞机及直升机的其他零件、初级形状的聚乙烯、手持式无线电话机零件	44.18	24.34
1 亿—2 亿美元（13 种）	铝材、制阴极射线管用未封口玻璃外壳、5—7 号燃料油、1，2－乙二醇、初级形状的氯乙烯聚合物、初级形状的苯乙烯聚合物、初级形状的聚丙烯、苯乙烯、彩色数据/图形显示管、金属制品、其他的初级形态塑料、对苯二甲酸、仪器仪表	18.80	10.36
合　计	**24 种**	**62.98**	**34.70**

进口商品市场　进口商品来自 133 个国家和地区。主要进口市场：台湾省 36.80 亿美元、日本 27.57 亿美元、韩国 22.26 亿美元、美国 16.34 亿美元、马来西亚 7.80 亿美元、德国 5.79 亿美元、新加坡 4.88 亿美元、泰国 3.27 亿美元、印度 2.95 亿美元、菲律宾 2.71 亿美元、印度尼西亚 2.68 亿美元、香港 2.65 亿美元、巴西 2.23 亿美元、意大利 2.10 亿美元。从以上主要市场进口的商品金额合计 140.03 亿美元，占进口总额的 77.15%。

技术进出口　签订引进技术合同 157 项，合同金额 3 881.97万美元，比上年的 1.03 亿美元下降 62.31%，其中硬件 14.31 万美元，软件 3 867.67 万美元；签订技术出口合同 134 项，金额 811.00 万美元，比上年的 345.65 万美元增长 134.63%。

技术进口　引进技术设备来自美国、日本、德国、法国、韩国、新加坡、香港、台湾省等 17 个国家和地区。主要涉及纺织、皮革、石油加工、交通运输、电子通信、专用设备等制造业和餐饮、房地产开发、计算机应用服务等行业的生产技术或设备。

技术出口　出口市场为日本、美国、新加坡、马来西亚和台湾省，主要出口计算机软件。

【利用外资】

福建省 2004 年利用外资情况表

利用外资方式	批准签订的合同			实际利用外资	
	项目数（个）	外资金额（万美元）	金额比上年增长（%）	金　额（万美元）	金额比上年增长（%）
外商直接投资	2 277	537 299	12.57	474 801	16.51
合资企业	318	48 124	－24.06	84 361	17.91
合作企业	16	3 247	－47.35	12 359	106.43

福建省2004年利用外资情况表（续）

利用外资方式	批准签订的合同			实际利用外资	
	项目数（个）	外资金额（万美元）	金额比上年增长（%）	金额（万美元）	金额比上年增长（%）
外资企业	1 942	477 771	18.34	354 140	8.22
股份有限公司	1	8 157	99.78	23 941	773.12
合计	**2 277**	**537 299**	**12.57**	**474 801**	**16.51**

外商直接投资行业　在外商直接投资项目中，生产型项目1930个，非生产型347个。按行业分，农林牧渔业93项，采矿业11项，制造业1 794项，电力、煤气及水生产和供应业32项，建筑业11项，交通运输、仓储和邮政业26项，信息传输、计算机服务和软件业57项，批发和零售业49项，住宿和餐饮业51项，金融业3项，房地产业64项，租赁和商务服务业40项，科学研究、技术服务和地质勘查业3项，水利、环境和公共设施管理业6项，居民服务和其他服务业18项，卫生、社会保障和社会福利业1项，文化、体育和娱乐业18项。

外商直接投资来源　投资者主要来自港、澳、台、东南亚和欧、美、日等国家和地区。其中香港1 065项，合同外资金额30.04亿美元；台湾省418项，4.22亿美元；东盟237项，3.90亿美元；美国120项，2.48亿美元；英属维尔京群岛88项，5.29亿美元；澳门79项，1.20亿美元；日本77项，1.11亿美元；欧盟50项，1.15亿美元；萨摩亚35项，9 552万美元；开曼群岛4项，8 140万美元等。

外商直接投资企业生产经营情况　截至2004年底，全省累计已开业投产的外商投资企业17 521家，2004年实现工业产值3 995.00亿元，比上年增长26.80%，新增工业产值占全省新增工业产值的62.49%；出口184.19亿美元，比上年增长36.80%，占全省出口总额的62.66%。

【对外经济合作】

承包工程和劳务合作　签订对外承包工程和劳务合作合同1 265项，合同金额5.68亿美元，比上年的5.63亿美元增长0.90%。完成营业额5.04亿美元，比上年的5.02亿美元增长0.40%。当年派出劳务人数1.78万人次，年末在外劳务人数5.05万人。劳务人员分布在新加坡、澳门、香港、以色列、塞班岛、柬埔寨、约旦、毛里求斯等80个国家和地区。主要对外承包工程项目有肯尼亚基塞沙公路、赤道几内亚公路修复工程、菲律宾棉兰老岛公路项目等。

对外经济技术援助　承担对外经济技术援助项目3个，包括食用菌、花卉、服装、地毯等国际技术培训、首次承担国外政府官员培训（共3期培训越南政府官员30多人）等。

接受经济援助　接受来自日本的援助项目1个，即追加闽江流域洪水预警系统设备，金额200多万美元。

对外投资　新批准在阿根廷、澳大利亚、古巴、美国、德国、意大利、西班牙、埃及、坦桑尼亚、纳米比亚、越南、菲律宾、印度尼西亚、马来西亚和香港等地举办海外投资项目58项，中方投资3 550万美元。其中加工贸易型24项、进出口贸易型32项、设立代表处2项。

【其他】

开发区　福建省经国务院批准的经济技术开发区有福州经济技术开发区、福清融侨经济技术开发区和福建东山经济技术开发区等。其中东山经济技术开发区继续加强基础设施建设，新投资1 139.70万元用于建设区内环境设施。开发区重点开发海洋生物、水产品、体育用品、羽毛皮革、服装等项目。2004年新批外商投资项目10项，合同外资金额2 814.50万美元，外商实际到资2 021.20万美元；全区进出口贸易5 169.13万美元，其中出口4 756.33万美元，进口412.80万美元。

商务洽谈会　第八届中国投资贸易洽谈会（简称“9·8”投洽会），于2004年9月8日在厦门市举行。本届洽谈会由中华人民共和国商务部主办，联合国贸发会议、联合国工发组织、国际金融公司和世界投资促进机构协办，福建省人民政府、厦门市人民政府和商务部投资促进事务局共同承办。共有43个国家和地区的政府部门、国际友城、商协会以及跨国公司参展，吸引了来自全球118个国家和地区的11 841位境外客商到会。会上共签订外商投资合同项目1 110项，利用外资81.22亿美元；外贸进出口成交1.76亿美元。其中福建省签订外商投资合同项目801项，利用外资54.14亿美元；外贸出口成交8 871.99万美元。

2004年5月在福州召开了福建省商贸行业项目投资合

作洽谈会，各设区市和省直11个代表团在会上与国内外客商谈成合资、合作协议和意向共110项，签约投资金额达39.2亿元人民币，其中外商和港澳台资项目10个，省外商人投资项目7个；商铺销售7万平方米；连锁加盟项目达成协议30项。

港口运输 沿海港口货物吞吐量1.58亿吨，比上年增长26.70%。全年进出口货运总量5 639万吨，比上年增长15.20%。沿海港口国际标准集装箱吞吐量425.69万标箱，比上年增长24.40%。

涉外旅游 全年接待观光、探亲访友以及洽谈投资贸易的各类海外人士172.90万人次，比上年增长15.50%。其中港澳同胞59.18万人次，比上年增长18.80%；台湾同胞45.81万人次，比上年增长29.20%。国际旅游（外汇）收入10.65亿美元，比上年增长16.40%。

2004年厦门市商务发展概况

厦门市贸易发展局　厦门市外商投资局

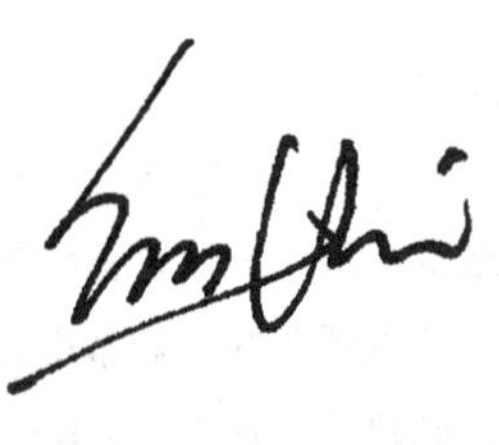

厦门市贸易发展局局长

熊衍良　生于1963年8月，福建省永定县人。博士研究生。1979年—1986年在厦门大学化学系读本科与硕士研究生，1988年—1994年在比利时鲁汶大学攻读博士学位。1994年后历任厦门市象屿保税区管委会副主任、厦门市贸易发展局副局长等职。现任厦门市贸易发展局局长、党组书记。

【国内贸易】

社会消费品零售总额 2004年福建省厦门市社会消费品零售总额260.31亿元，比上年的230.34亿元增长13%。其中，批发零售贸易业零售额207.14亿元，餐饮业零售额40.67亿元，其他行业零售额12.50亿元。

批发零售贸易业商品购、销、存总额 批发零售贸易业商品销售总额207.14亿元，比上年的183.52亿元增长12.9%。其中，限额以上企业97.79亿元，增长23.1%；限额以下企业109.35亿元。

市场物价 商品零售价格指数为100.8（以上年价格为100）；居民消费价格指数为103.1（以上年价格为100）。

市场体系建设 一是加强专业市场建设，已建成高崎畜禽蛋批发市场、同安闽南果蔬批发市场、中埔蔬菜农副产品交易中心、白泉消费品综合市场、江头蔬菜农副产品贸易中心、东渡水产品交易批发市场、马巷蔬菜批发市场、旧机动车交易综合市场、营平农副产品综合市场、同安城西消费品综合市场等十大专业批发市场，全年交易额突破15亿元；二是进一步丰富零售业态，商场规模逐步扩大。

厦门市主要零售业态及商场

零售业态	主要商场
大型购物中心	SM城市广场（12.8万平方米）、世贸商城（5.5万平方米），明发商业广场（40.8万平方米）即将开业
大型超市	沃尔玛、诚达购物广场（即好又多）、新华都购物广场，家乐福、易初莲花已签约即将进驻
超市	闽客隆、倍顺
仓储式会员店	麦德龙

厦门市主要零售业态及商场（续）

零售业态	主 要 商 场
百货店	巴黎春天、来雅百货、华联商厦、免税商场、天虹商场、裕丰联达、派对商场、新世界百货已签约即将进驻
电器专业店	思文电器、灿坤电通3C店、国美电器、育兴商场、永乐电器已签约即将进驻
家具建材商店	嘉年名华家居店、庄氏家居、拓福建材超市、百安居（B&Q）、东方家园已签约即将进驻
便利店	"88"便利、悦士等

商业改革与发展 一是继续推进流通领域对外开放。引进全市第一家24小时外资便利店——"88便利店"及第一家外资建材专业店——B&Q建材超市，拓宽商业利用外资范围，弥补了便利店、大型专业店商业业态在利用外资方面的空白。二是做好国有商贸企业改制工作。列入2004年改革改制的21家企业的改制工作全面铺开，并基本完成，全年共分流安置职工1 200人，解决职工安置资金3 500多万元。三是推进流通体制改革试点工作。启动"十一五"规划和商贸业发展白皮书及商业网点规划的编制工作，加强对商贸业的规划和引导；继续加大流通业招商引资力度，抓好项目储备，建立招商项目库，推进商贸业对外、对内开放，提高知名商业品牌和商业企业的聚集度。

【对外贸易】

进出口总额 进出口总额241.00亿美元，比上年的187.30亿美元增长28.67%。

出口总额 出口总额139.46亿美元，比上年的105.55亿美元增长32.12%，占全市GDP 883.21亿元（相当于106.80亿美元）的130.58%，占全省出口额的47.44%。

出口商品结构 出口额1 000万美元以上的商品（按8位HS编码分）209种，出口总额113.96亿美元，占全市出口比重81.71%。其中出口额5 000万美元以上的商品50种，出口总额80.04亿美元，占全市出口比重57.40%。

出口商品市场 出口商品销往203个国家（地区）。

进口总额 进口总额101.54亿美元，比上年的81.74亿美元增长24.22%。

厦门市2004年出口额3 000万美元以上商品情况表

金额分类	商 品 名 称	出口金额（万美元）	占出口总额比重（%）
5 000万美元以上（49种）	微型机，便携式数字自动数据处理设备，经简单切削或锯开的花岗岩及制品，其他数字式数据处理设备，飞机及直升机用其他零件，塑料作面的其他箱包，橡胶、塑料制底及面的其他运动鞋靴，塑料制小雕塑品及其他装饰品，其他未曝光窄长彩色胶卷，非幻灯片用彩色摄影胶卷，其他未列名的95章用品及设备，编号8471所列计算机的其他零附件，其他用途用热阴极荧光灯，合纤制针织或钩编女便服套装，高速电力机车的牵引变流器，野生动物皮革制鞋面其他运动鞋靴，手机专用锂离子电池芯，其他皮革制面的其他鞋靴，其他金属家具，未列名龙头、旋塞及类似装置，合成纤维制钩编女上衣，其他塑料制品，其他橡胶、塑料鞋靴，健身及康复器械，液晶显示器，制作或保藏的（河）鳗鱼，化纤制男式有填料无袖上衣，合纤针织或钩编护胸背带男工装裤，将鞋面条带栓塞在鞋底上的鞋，52<屏幕≤74厘米射线显像管彩电，合成纤维制针织或钩编男便服套装，激光唱机，野生动物皮革制的腰带或子弹带，继电器、线圈，其他收录（放）音组合机，其他电感器，太阳镜，其他伞，折叠伞，毛制针织或钩编T恤衫、汗衫等，乙烯聚合物制袋及包，合成纤维制护胸背带女工装裤、针织或钩编，纺织材料制鞋面胶底的其他鞋靴，小白蘑菇罐头，其他含硅量少于99.99%的硅，合成纤维制针织或钩编男式上衣，额定容量≤1千伏安的其他变压器，其他已加工花岗岩及制品，化纤制女式有填料无袖上衣	800 434	57.4

厦门市2004年出口额3 000万美元以上商品情况表（续）

金额分类	商品名称	出口金额（万美元）	占出口总额比重（%）
5 000万—3 000万美元（32种）	40英尺的集装箱，拉敏木制的未列名的木制品，自动数据处理设备的其他存储部件，以野生动物皮革作面的箱包，耳机、耳塞，助听器，大、中、小型计算机的零件，手持式无线电话机零件，陶塑像及其他装饰用陶制品，转盘或唱机用零件、附件，其他电子游戏机，可载6千标准箱及以下的集装箱船，其他坐具，抗辐射镜头，塑料制餐具及厨房用具，显示屏>52厘米的等离子彩电，其他扬声器，需外接电源汽车收录（放）音组合机，瓷塑像及其他装饰用瓷制品，20英尺的集装箱，干制香菇，其他非工业用钢铁制品，棉制针织或钩编男内裤及三角裤，塑料制其他家庭用具及盥洗用具，其他无衬背铝箔，其他电话机，成套的其他厨房或餐桌用具，其他车辆用车轮及其零附件，未曝光的彩色感光纸及纸板，含动植物性材料的圣诞用品，未曝光无齿孔宽长彩色胶卷，>37.5W交直流两用电动机	124 083	8.9
合　计	**81种**	**924 517**	**66.3**

厦门市2004年主要出口市场情况表

国别（地区）	出口金额（万美元）	占出口总额比重（%）	国别（地区）	出口金额（万美元）	占出口总额比重（%）
日　本	355 236	25.47	英　国	31 044	2.23
美　国	280 187	20.09	墨西哥	30 158	2.16
香　港	143 375	10.28	荷　兰	25 341	1.82
德　国	45 452	3.26	新加坡	24 906	1.79
台湾省	32 523	2.33	加拿大	23 839	1.71

进口商品结构　进口额1 000万美元以上的商品（按8位HS编码分）162种，进口总额77.80亿美元，占全市进口比重76.62%。其中进口额5 000万美元以上的商品36种，出口总额52.94亿美元，占全市出口比重52.14%。

进口商品市场　进口商品来自116个国家（地区）。

厦门市2004年进口额3 000万美元以上商品情况表

金额分类	商品名称	进口金额（万美元）	占进口总额比重（%）
5 000万美元以上（37种）	编号8471所列计算机的其他零附件，其他线宽≤0.18μm的集成电路、数字式单片集成电路，对二甲苯，其他线宽>0.35μm集成电路、数字式单片集成电路，计算机硬盘驱动器，飞机及直升机用其他零件，手持式无线电话机零件，原状或粗加修整花岗岩，5—7号燃料油，液晶显示板，初级形状比重≥0.94的聚乙烯，1，2-乙二醇，其他单片集成电路，非种用黄大豆，液晶显示器，编号8535、8536、8537装置的零件，具有刻录功能的光盘驱动器，网络接入卡（网卡），纯铝制矩形的中厚板、片及带，特大型飞机及其他航空器，对苯二甲酸，线型低密度聚乙烯，初级形状乙烯—乙酸乙烯酯共聚物，传真机，电工级初级形状聚丙烯树脂，用于光盘生产的金属母盘生产设备，原状或粗加修整大理石及石灰华，已烧结铁矿砂及其精矿，饲料用鱼粉，未烧结铁矿砂及其精矿，初级形状比重<0.94的聚乙烯，感光乳液，片式多层瓷介电容器，光敏半导体器件、发光二极管，其他蓄电池零件，初级形状未塑化的聚氯乙烯彩色阴极射线电视显像管，聚氯乙烯纯粉	52.94	52.14

厦门市 2004 年进口额 3 000 万美元以上商品情况表（续）

金额分类	商品名称	进口金额（万美元）	占进口总额比重（%）
5 000 万—3 000 万美元（19 种）	尼龙 11 切片，尼龙 12 切片（即聚酰胺 -11 切片，-12 切片），聚酰胺 -6，6 切片等，四层及以下的印刷电路，醋酸纤维素制板、片、膜、箔及扁条，履带式挖掘机，飞行数据记录器、报告器，无线广播电视用激励器，混合集成电路，邻苯二甲酸二辛酯，棕榈液油，其他烟煤，矩形大理石及石灰华，功率≥132.39KW 拖拉机用柴油机，漂白针叶木碱木浆或硫酸盐木浆，其他野牛马皮革，GSM 数字式手持无线电话整套散件、CDMA 数字式手持无线电话整套散件，1mm≥厚度≥0.5mm 小强度冷轧卷材，非幻灯片用彩色摄影胶卷，自动数据处理设备的其他存储部件	70 543	6.95
合　计	**56 种**	**599 959**	**59.09**

厦门市 2004 年主要进口市场情况表

国别（地区）	进口金额（万美元）	占进口总额比重（%）	国别（地区）	进口金额（万美元）	占进口总额比重（%）
日　本	157 275	15.49	马来西亚	55 069	5.42
台湾省	150 409	14.81	新加坡	38 089	3.75
韩　国	116 627	11.49	德国	36 976	3.64
美　国	103 595	10.20	印度	25 910	2.55
中　国	84 733	8.34	菲律宾	25 363	2.50

【利用外资】

2004 年累计新批外资项目 435 个，现有企业增资项目 226 个，分别比上年增长 16.3% 和 7.1%；合同利用外资 10.55 亿美元，增长 57.69%，完成市下达年计划的 142.6%，完成省下达年计划的 100.5%；实际利用外资 5.7 亿美元，增长 35.13%，完成市下达年计划的 128.4%，完成省下达年计划的 114.1%。

外商来自 38 个国家和地区，欧美日韩投资攀升。新增投资国别和地区 5 个，香港、英属维尔京群岛和台湾省仍是主要来源地，三地合同外资分别占总量的 41.64%、18.77% 和 10.82%。外资投资主体优化，欧、美、日、韩的合同外资 12 972 万美元，实际利用外资 6 850 万美元，两项指标增幅均大于全市增幅水平，分别达 80.5% 和 50.5%。

跨国公司及国际知名企业投资增多，促进引资水平提升。《财富》全球 500 强投资项目 8 个（新批 5 个，增资 3 个），合同外资 3 410 万美元，比上年增长 3.1%。新批《财富》全球 500 强投资项目为：日本丰田通商投资的协富光洋机械项目；法国达能公司投资的娃哈哈食品项目，英国翠丰集团投资的百安居装饰建材项目，瑞士 ABB 集团投资的 ABB 输配电自动化设备项目，美国戴尔公司投资的戴尔（厦门）有限公司。

外资带动产业升级，现代服务业发展迅速。引进外资产业结构变化明显，第一产业项目个数与合同外资都比上年增长 2 倍，比重分别上升 1 个和 0.2 个百分点；第二产业项目个数和合同外资分别增长 9.9% 和 44.2%，但比重分别下降 4 个和 7 个百分点；支柱产业是第二产业吸收外资的主力，吸收合同外资 54 108 万美元，增长 71.88%，占第二产业的 67.4%。第三产业项目和合同外资分别增长 25.8% 和 1.2 倍，比重分别上升 3 个和 7 个百分点。现代服务业吸收外资迅速推进，全年第三产业吸收合同外资 24 843 万美元，占总量的23.54%；物流、担保、旅游、会展、商贸、体育馆、软件业、图书零售、研发中心等行业成为外商投资的热点。

【对外经济合作】

承包工程和劳务合作 签订对外承包劳务合同金额12 276万美元，比上年的2 300万美元增长433.7%；完成营业额7 519万美元，比上年的7 568万美元下降0.65%；当年派出劳务人员3 583人，年末在外人数8 642人。派往的主要国家和地区是：新加坡、香港、台湾省等。

对外投资 在海外举办非贸易性企业2个，分别是：厦华电子（南非）公司（增资），投资国南非；PT BRILIAN DISCINDO，投资国印尼。2个项目总投资70万美元，中方投资70万美元。

【其他】

保税区 象屿保税区实现GDP 10.4亿元，增长45%；完成进出口总额20.3亿美元，增长23%（其中出口5.9亿美元，增长28%）。区内加工工业产值达8.2亿元，增长10%。港口集装箱吞吐量63万标箱，增长12.5%。实现税收收入1.4亿元，增长65%。固定资产投资2亿元。合同利用外资1 473万美元，实际利用外资962万美元。物流营运收入9.3亿元，增长22%。

商务洽谈会 第八届中国投资贸易洽谈会（简称投洽会）于2004年9月8日至11日在厦门举办。本届投洽会共吸引了来自全球118个国家和地区的11 841位境外各界人士参会，共签订各类投资项目1 496个，总投资金额149.04亿美元，利用外资115.84亿美元，其中合同项目1 110个，总投资101.92亿美元，利用外资81.22亿美元。进出口贸易成交总额1.76亿美元。此外，大会期间举办的“2004国际投资论坛”等62场论坛研讨会和150多场新闻发布会、投资说明会、项目对接会等活动都达到了预期目的，取得了令人满意的成果。

第八届海峡两岸机械电子商品交易会暨厦门对台出口商品交易会（简称台交会）于2004年4月12日—15日在厦门国际会展中心举行。本届台交会成果显著，主要体现在以下几方面：一是规模进一步扩大，展位规模超过1 200个标准展位，展览面积达2.6万平方米。二是参会境内外客商大幅增长，有来自39个国家和地区的13 269名专业客商参会，比上届增长26%，其中境外客商3 128人，比上届增长46%，其中台商达1 631人。三是参展企业中知名企业多、老客户多。本届台交会参展企业近900家，有10%为境内外知名企业，70%的企业是参加过两届以上台交会的老客户。四是参展产品中高科技产品多，除通用机械展区、专用机械展区、综合展区外，本届台交会首设光电子信息展区。

港口运输 厦门港货物吞吐量4621.4万吨，增长25.2%；港口集装箱吞吐量突破200万标箱，达287万标箱，增长23.2%，在全国沿海主要港口（未含香港、台湾港口）中位列第7。

涉外旅游 共接待过夜境外游客67.58万人次，增长39.54%。其中：外国人32.85万人次，香港同胞6.66万人次，澳门同胞0.54万人次，台湾同胞18.99万人次。旅游创汇4.16亿美元，增长37.75%。

2004年福州市商务发展概况

福州市对外贸易经济合作局

福州市对外贸易经济合作局局长

张献勇　生于1956年3月。厦门大学哲学系毕业，中共党员。1999年任福州市对外经济贸易委员会副主任。2002年2月至今任福州市对外贸易经济合作局局长。

【国内贸易】

社会消费品零售总额　2004年福建省福州市社会消费品零售总额580.04亿元，比上年的490.98亿元增长18.14%。其中，城市消费品零售额414.44亿元，县消费品零售额50.85亿元，县以下消费品零售额115.08亿元。分行业看，批发零售贸易业零售额485.22亿元，餐饮业零售额71.16亿元，其他行业零售额24.01亿元。

市场物价　商品零售价格指数为102.4（以上年价格为100）；居民消费价格指数为104.5（以上年价格为100），其中城市103.9。

【对外贸易】

进出口总额　进出口总额1 252 722万美元，比上年829 631万美元增长51.00%。

出口总额　出口总额744 391万美元，比上年464 279万美元增长60.33%，占福州市GDP（1 548亿元人民币）的39.80 %，占全省出口总值293.96亿美元的25.32%。

出口商品结构　初级产品出口额46 093万美元，占出口总额的6.19%；工业制成品的出口额698 298万美元，占出口总额的93.81%。

出口商品市场　出口商品销往186个国家和地区。

进口总额　进口总额498 331万美元，比上年365 352万美元增长36.40%。

进口商品市场　进口商品主要来自86个国家和地区。

福州市2004年出口额3 000万美元以上商品情况表

金额分类	商品名称	出口金额（万美元）	占出口总额比重（%）
1亿美元以上（7种）	液晶显示器，鞋，阴极射像管显示器，纺织制品，塑料及其制品，制作或保藏的鳗鱼，木制品	470 459	63.20
5 000万—1亿美元（10种）	制作或保藏的小虾及对虾，箱包，花岗岩碑石或建筑用石及其制品，车用层压安全玻璃，贵金属首饰及其制品，钢铁制品，发电机组，视频信号录像设备及零件，彩色数据或图形显示管，金属框架坐具	75 099	10.08
3 000万—5 000万美元（7种）	矿产品（天然砂），彩色视频投影机，热阴极荧光灯，机动车辆用点火布线组，载重量不超过15万吨的机动散货船，液晶显示板，玩具	25 850	3.47
合　计	**24种**	**571 409**	**76.76**

福州市2004年主要出口市场情况表

国别（地区）	出口金额（万美元）	占出口总额比重（%）	国别（地区）	出口金额（万美元）	占出口总额比重（%）
美　国	233 676	31.39	英　国	16 226	2.18
香　港	84 719	11.38	台湾省	14 868	2.00
日　本	81 891	11.00	澳大利亚	14 148	1.90
荷　兰	62 290	8.37	新加坡	12 528	1.68
德　国	36 411	4.89	马来西亚	12 069	1.62
合　计				**568 826**	**76.41**

福州市2004年进口额3 000万美元以上商品情况表

金额分类	商品名称	进口金额（万美元）	占进口总额比重（%）
1亿美元以上（7种）	液晶显示板，饲料用鱼粉，制阴极射线管用玻璃外壳及玻璃零件，彩色数据或图形显示管，单片集成电路，黄大豆，其他阴极射线管零件	233 714	46.90
5 000万—1亿美元（3种）	初级形状的丙烯腈－丁二烯－苯乙烯共聚物，光学元件，二极管	16 834	3.37
3 000万—5 000万美元（8种）	棕榈液油，苯乙烯，初级形状的未塑化聚氯乙烯，氨酯聚合物泡沫人造革及合成革，牛、马皮革，木浆及制品，耗散功率1瓦及以上的晶体管，铜制绕组电线	27 435	5.51
合　计	**18种**	**277 983**	**55.78**

福州市2004年主要进口市场情况表

国别（地区）	进口金额（万美元）	占进口总额比重（%）	国别（地区）	进口金额（万美元）	占进口总额比重（%）
台湾省	141 189	28.33	瑞　士	9 807	1.97
韩　国	90 041	18.07	德　国	8 499	1.70
日　本	81 783	16.41	阿根廷	6 572	1.32
美　国	23 762	4.77	印度尼西亚	6 377	1.28
马来西亚	16 683	3.35	智　利	4 713	0.95
合　计				**389 426**	**78.15**

【利用外资】

新批外商投资企业项目414项，比上年的359项增长15.32%；合同外资135 003万美元，比上年的120 722万美元增长11.83%。其中合资企业90项，合同外资10 651万美元；合作经营企业5项，合同外资－376万美元；外资企业319项，合同外资122 331万美元；股份有限公司合同外资2 397万美元。外商投资企业全年实际利用外资136 042万美元，同口径比上年的117 495万美元增长15.79%。

外商直接投资行业 外商直接投资的414项中，农、林、牧、渔业12项，金额3 887万美元；制造业308项，89 958万美元；电力、燃气及水的生产和供应业4项，1 359万美元；交通运输、仓储和邮政业9项，8 458万美元；信息传输、计算机服务和软件业23项，8 788万美元；批发和零售业8项，904万美元；住宿和餐饮业10项，2 055万美元；房地产业13项，16 242万美元；租赁和商务服务业18项，1 742万美元；水利、环保和公共设施管理业1项，436万美元；居民服务和其他服务业7项，585万美元；文化、体育和娱乐业1项，589万美元。

外商直接投资来源 投资者主要来自香港、澳门、台湾省、日本、马来西亚、新加坡、印度尼西亚、韩国、南非、匈牙利、荷兰、瑞典、阿根廷、加拿大、美国、澳大利亚、新西兰等37个国家和地区。其中香港82 905万美元；美国10 448万美元；英属维尔京岛14 590万美元；日本3 886万美元；台湾省3 638万美元；新加坡2 946万美元。

外商直接投资企业生产经营情况 全年有281家外商投资企业投产，截至2004年底已开业投产的外商投资企业4 110家，当年实现工业产值1 100亿元人民币，比上年增长21.30%，占福州市同期规模以上工业总产值1 661亿元的66.23%；外商投资企业出口555 672万美元，比上年371 231万美元增长49.68%，占全市出口总额的74.65%。

【对外经济合作】

承包工程和劳务合作 签订对外承包合同和劳务合作合同项目7个，比上年减少36.36%，合同金额7 290万美元，比上年增长38.70%；完成营业额6 218万美元，比上年减少21.50%；全年外派劳务人员2 224人次，比上年增长249.14%；年末在外劳务人员5 211人，比上年减少10.83%。主要派往台湾省、澳门、新加坡、香港、也门、日本、印度尼西亚、马来西亚、越南、柬埔寨、以色列、缅甸、泰国、俄罗斯、希腊、罗马尼亚、牙买加、阿根廷、马达加斯加、斐济、巴布亚新几内亚等国家和地区。主要从事渔工、海员、建筑、制衣、机械、针织、电子、餐饮等业务。

对外投资 全年新批境外投资项目13项，比上年增长235.00%，在外投资总额876万美元，比上年增长289.33%，其中中方投资781万美元，比上年增长671.11%。

【其他】

经济技术开发区 福州经济技术开发区集国家级经济技术开发区、台商投资区、高科技园区和地方行政区于一体。2004年新批外商投资项目28项，总投资23 036万美元，合同外资11 037万美元；实际利用外资21 029万美元；出口74 133万美元；实现工业产值272.3亿元。

福州保税区新批外商投资项目42项，总投资2 962万美元，合同外资633万美元；实际利用外资418万美元；进出口货物总值67 095万美元，其中出口6 314万美元，进口60 781万美元；实现工业产值1.6亿元。

融侨开发区、元洪投资区新批外商投资项目26项，合同外资15 375万美元，实际利用外资11 975万美元，外商投资企业出口30.7亿美元。

商务洽谈会 2004年5月在福州市举办的中国（福州）海峡科技成果交易暨经贸洽谈会，共签订外商投资项目357项，利用外资24.27亿美元，其中合同208项，利用外资10.05亿美元。9月福州市代表团参加第八届中国投资贸易洽谈会，共签约项目289项，利用外资15.82亿美元，其中合同202项，协议外资8.23亿美元。

港口运输 到2004年底福州港有生产性泊位131个，其中万吨级以上深水泊位21个。2004年港口年货物吞吐量5 938.63万吨，比上年增长25.79%，其中集装箱进出口量70.79万标箱，比上年增长18.45%。外贸吞吐量1 822.14万吨（出口1 531.28万吨，进口290.86万吨）。

涉外旅游 2004年福州市不断拓展客源市场，培育新的旅游经济增长点。全年共接待国内外游客885.9万人次，旅游总收入127.51亿元人民币；其中接待境外游客31.08万人次，旅游创汇2.18亿美元。

2004 年江西省商务发展概况

江西省国内贸易行业管理办公室　江西省对外贸易经济合作厅

江西省国内贸易行业管理办公室主任

徐新明　生于 1950 年 11 月，江西乐平人。大专学历。中共党员。1997 年当选为全国人民代表大会代表。历任江西鹰潭 851 厂党委书记，江西省鹰潭市计委副主任，中共鹰潭市委组织部副部长，江西省鹰潭市粮食局局长、党委书记，中共鹰潭市委常委、组织部长，江西省粮食局副局长、党组副书记，江西省粮食局局长、党组书记。2000 年 6 月起任江西省国内贸易行业管理办公室主任、党组书记。

江西省对外贸易经济合作厅厅长

杨洪基　生于 1947 年 11 月，江苏武进人。工学学士，高级工程师。1968 年参加工作。1981 年加入中国共产党。历任江西汽车制造厂党委书记，南昌市人民政府副秘书长、办公厅主任、秘书长，南昌高新技术产业开发区工委书记、管委会主任，南昌市人民政府副市长、市委常委、常务副市长等职。2003 年 2 月任江西省对外贸易经济合作厅厅长、党组书记。

【国内贸易】

社会消费品零售总额　2004 年江西省社会消费品零售总额 1 059.9 亿元，比上年的 923.2 亿元增长 14.8%。其中，城市消费品零售额 533.3 亿元，县消费品零售额 232.8 亿元，县以下消费品零售额 293.8 亿元。分行业看，批发零售贸易业零售额 934.8 亿元，餐饮业零售额 101.3 亿元，其他行业零售额 23.8 亿元。

批发零售贸易业商品销、存总额　批发零售贸易业商品销售总额 1 666.7 亿元，比上年的 1 547 亿元增长 7.7 %。其中，限额以上企业 549.9 亿元（其中批发 398.0 亿元、零售 151.9 亿元），限额以下企业及个体户1 116.8亿元。限额以上批发零售贸易业年末库存总额 30.8 亿元。

市场物价　商品零售价格指数为 103.0（以上年价格为 100），其中城市 101.9，农村 104.0；居民消费价格指数为 103.5（以上年价格为 100），其中城市 103.3，农村 103.5。

市场体系建设　2004 年，全省共有各类商品交易市场 2 239个，其中消费品市场 2 009 个，生产资料市场 148 个，生产要素市场 82 个。南昌深圳农产品中心批发市场列全国综合类农产品批发市场第 19 位，南昌肉联厂肉品批发市场、南昌佛塔生猪批发市场、南丰蜜橘批发市场、赣南南北果品批发市场进入全国同类专业农产品批发市场 50 强。全省共有生猪定点屠宰场 373 个，县城以上城区生猪定点屠宰率达到 90%。全省共有拍卖企业 112 个，全年累计成交金额 35.5 亿元。全省共有典当 26 家（含分支机构 1 家），全年累计典当总额 2.5 亿元。全省共有旧机动车交易中心 13 个，全年累计交易金额 8.7 亿元。全省共有报废汽车回收拆解企业 12 家，全年累计回收报废汽车 1.3 万辆。全省内贸系统招商引资项目 168 个，全年实际引进国外境外资金 1 869 万美元，实际引进内资 96 833 万元。对县以上生猪定点屠宰场进行了清理整顿，进一步完善了屠宰场的建设，总体合格率达到72.8%。对汽车市场进行了专项整治，捣毁假冒伪劣汽车配件窝点23个，查处无证经营汽车维修场所651个，取缔非法旧机动车交易场所49个，取缔非法报废汽车回收拆解场所34个，进一步改善了汽车流通和汽车消费的环境。

商业改革与发展 2004年，全省内贸行业紧紧围绕江西在全国中部地区崛起和全面建设小康社会的宏伟目标，大力加快改革发展步伐，取得了明显成效。省政府召开了全省商品流通工作会议，总结交流了新世纪以来全省商品流通工作，研究确定了加快全省商品流通业改革与发展的思路。省政府下发了《江西省人民政府关于进一步加快我省商品流通业改革与发展的意见》（赣府发［2004］8号），提出了全省商品流通业改革与发展的总体目标、工作重点和政策措施。全省国有内贸企业改革继续深化，企业改制面达到88%。全省共有限额以上连锁内贸企业25家，全年累计实现连锁经营销售额57.3亿元，占全省社会消费品零售总额的5.4%，比上年增加1.7个百分点。全省物流配送市场迅速扩大，南昌等地一批物流园区正在加紧规划建设，一批专业配送企业正在快速崛起。全省各类超市、购物中心、专业店、专卖店等新型商业业态发展势头强劲，消费市场的规模效应和巨大活力进一步显现，有力地促进了消费需求的增长。全省“三绿工程”和“农改超”试点工作已全面进入项目实施阶段，在全省各主要城市逐步推开。

【对外贸易】

进出口总额 进出口总额35.32亿美元，比上年的25.28亿美元增长39.72%。

出口总额 出口总额19.95亿美元，比上年的15.06亿美元增长32.47%，占全省GDP 3 500亿元（相当于423.08亿美元）的4.72%，占全国出口额的0.34%。

出口商品结构 初级产品出口额1.76亿美元，占出口总额的8.82%；工业制成品出口额18.19亿美元，占出口总额的91.18%。出口主要商品182种，出口金额在100万美元以上的有69种，计16.83亿美元，占出口总额的84.36%。

出口商品市场 出口商品销往177个国家和地区。出口金额在500万美元以上的有46个国家和地区，计18.67亿美元，占出口总额的93.58%。

江西省2004年出口额500万美元以上商品情况表

金额分类	商品名称	出口金额（万美元）	占出口总额比重（%）
5 000万美元以上（5种）	服装及衣着附件、纺织纱线及制品、机械设备、烤鳗、运输工具	94 104	47.17
1 000万—5 000万美元（23种）	铜及制品、铁合金、未锻造银、烟花爆竹、鞋类、稀土金属及化合物、钨及化合物、仪器仪表、金属碳化物、橡胶轮胎、塑料制品、大米、草酸钴、医药品、活猪、氟石、瓷器、铝及制品、玩具、玻璃制品、毛发制品、石材及制品、纸及纸板	59 492	29.82
500万—1 000万美元（12种）	钼及制品、箱包、松香及树脂酸、活性炭、茶叶、米粉干、蔬菜及罐头、智能卡、金属氧化物、灯具、氮化合物、人造花	8 572	4.30
合　计	**40种**	**162 168**	**81.29**

江西省2004年主要出口市场情况表

国别（地区）	出口金额（万美元）	占出口总额比重（%）	国别（地区）	出口金额（万美元）	占出口总额比重（%）
香　港	48 929	24.53	荷　兰	5 806	2.91
美　国	24 692	12.38	印度尼西亚	5 239	2.63
日　本	21 063	10.56	德　国	4 387	2.20
韩　国	6 518	3.26	阿联酋	4 295	2.15
台湾省	5 851	2.93	新加坡	4 293	2.15
合　计				**131 073**	**65.70**

进口总额 进口总额15.37亿美元，比上年的10.22亿美元增长50.39%。

进口商品结构 初级产品进口额6.93亿美元，占进口总额的45.09%；工业制成品进口额8.44亿美元，占进口总额的54.91%。进口主要商品165种，进口金额在100万美元以上的商品有58种，计14.88亿美元，占进口总额的96.82%。

江西省2004年进口额500万美元以上商品情况表

金额分类	商品名称	进口金额（万美元）	占进口总额比重（%）
1 000万美元以上（15种）	机械设备、铜矿砂、铁矿砂、铜及制品、钴矿砂、金属废碎料、仪器仪表、合成纤维织物、电力电气设备及装置、集成电路、纸浆、塑料制品、石油沥青、铅矿砂、废铜	132 532	86.21
500万—1 000万美元（9种）	天然橡胶、汽车零部件、金属加工机床、金属冶炼及铸造机器、模具、电子技术、内燃发动机、医疗器械、单晶硅切片	6 803	4.42
合　计	**24种**	**139 335**	**90.63**

进口商品市场 进口商品来自71个国家和地区。进口金额在100万美元以上的有43个国家和地区，计15.29亿美元，占进口总额的99.48%。

江西省2004年主要进口市场情况表

国别（地区）	进口金额（万美元）	占进口总额比重（%）	国别（地区）	进口金额（万美元）	占进口总额比重（%）
智　利	24 438	15.90	刚果（金）	5 649	3.68
德　国	17 739	11.54	瑞　典	5 080	3.31
日　本	13 420	8.73	巴　西	4 952	3.22
芬　兰	11 485	7.47	秘　鲁	4 852	3.16
台湾省	6 890	4.48	美　国	4 817	3.13
合　计				**99 320**	**64.62**

技术进出口 技术进出口总额9 699万美元，比上年的1.05亿美元下降7.62%。签订引进技术和进口设备合同项目48个，比上年减少22个；合同金额4 562万美元，比上年的5 154万美元下降11.49%；签订技术出口合同项目75个，合同金额5 137万美元，比上年的5 313万美元下降3.31%。

技术进口 引进技术和设备进口主要来自台湾省、日本、韩国、奥地利、德国、美国、意大利、英国、澳大利亚、英属维尔京群岛等10个国家和地区。引进项目的主要行业、项数及金额是：制造业43项，4 485万美元；采矿业1项，59万美元；社会福利业1项，46万美元；农、林、渔、牧业2项，9万美元。上述47个引进项目全部投产，经济效益较好。

技术出口 高新技术出口的主要产品有：生命技术1 582万美元、电子技术1 182万美元、材料技术1 002万美元、计算机及通信技术736万美元。高新技术出口到82个国家和地区，主要出口国别和地区是：香港1 349万美元、美国474万美元、韩国472万美元、德国377万美元、日本307万美元、印度尼西亚237万美元。

【利用外资】

江西省2004年利用外资情况表

利用外资方式	批准签订的合同			实际利用外资	
	项目数（个）	外资金额（万美元）	金额比上年增长（%）	金额（万美元）	金额比上年增长（%）
外商直接投资	964	311 289	33.12	205 238	26.62
合资企业	173	40 870	-9.32	41 677	-4.04
合作企业	23	17 427	-7.83	5 380	-43.05
外资企业	768	252 928	49.92	158 117	45.96
股份有限公司	1	64	-	64	-
合　计	**964**	**311 289**	**33.12**	**205 238**	**26.62**

外商直接投资行业　外商直接投资项目中，生产型753项，占78.12%；非生产型211项，占21.88%。

江西省2004年外商直接投资行业情况表

行　业	项目数（个）	合同外资（万美元）	占合同外资总额（%）
农、林、牧、渔业	49	13 909	4.47
采矿业	13	4 637	1.49
制造业	670	191 240	61.43
电力、燃气及水的生产和供应业	21	7 084	2.28
建筑业	15	6 935	2.23
交通运输、仓储及邮政业	9	5 627	1.81
批发和零售业	45	7 225	2.32
金融业	1	2 668	0.10
房地产业	86	51 774	16.63
租赁和商务服务业	8	2 381	0.76
科学研究、技术服务和地质勘查业	12	2 994	0.97
居民服务和其他区服务业	21	10 951	3.52
教育	4	3 085	0.98
卫生、社会保障和社会福利业	10	3 147	1.01
合　计	**964**	**311 289**	**100.00**

外商直接投资来源　外商直接投资来自51个国家和地区。投资额居前六位的是：香港110 617万美元，占利用外商直接投资总额的53.90%；台湾省18 296万美元，占8.91%；美国10 989万美元，占5.35%；日本7 336万美元，占3.57%；澳门7 120万美元，占3.47%；英属维尔京群岛6 688万美元，占3.26%。前六位的国家和地区投资总额为17.66亿美元，占全年利用外商直接投资的86.03%。

外商直接投资企业生产经营情况　全省有2 072家外商投资企业投产开业。截至2004年底，全省累计批准外商投资企业7 839家。外商投资企业2004年出口创汇5.30亿美元，比上年的2.77亿美元增长91.21%，占全省出口总额的比重为26.54%。1 873家外商投资企业，资产总额4 850.03亿元，负债总额1 530.58亿元，实现销售（营业）收入1 768.10亿元，缴纳税金26.85亿元，利润23.22亿元；从业人员25.30万人，其中外籍人员2 226人。

【对外经济合作】

承包工程和劳务合作 签订承包工程和劳务合作合同项目119个，比上年增加9项；合同金额14 201万美元，比上年的12 595万美元增长12.75%；完成营业额16 796万美元，比上年的14 825万美元增长13.29%；当年派出劳务人员2 654人，年末在外人数6 892人，比上年增加663人。劳务人员派往58个国家和地区，主要国家和地区是：日本、约旦、马里、马来西亚、新加坡、塞班、博茨瓦纳、津巴布韦、尼泊尔、印度尼西亚、斯里兰卡等。承包工程的主要国别及项目有：博茨瓦纳舍立比基础设施（三期）项目1 813万美元、博茨瓦纳乡村供水项目1 034万美元、埃塞俄比亚KOGR大坝项目877万美元、尼泊尔水电建设项目655万美元、马来西亚ABOK煤矿项目520万美元、阿尔及利亚市政排污项目504万美元。

接受经济援助 接受国际经济援助及双边援助项目5个，比上年增加2个，金额112万美元，比上年的107万美元增加4.67%。

【其他】

高新技术产业开发区 国家级南昌高新技术产业开发区，经济总量和经济效益再创新高。全年完成技工贸总收入150亿元，比上年增长17.18%；工业总产值130亿元，增长21.50%；财政总收入5.20亿元，增长38.67%；实现利税15.18亿元，增长24.63%；出口创汇6501万美元，增长76.95%；实际利用外资1.25亿美元，增长24.54%；利用内资21.85亿元，增长56.71%。

高新区基础设施建设不断加强，近三年来，累计完成基础设施投资25.8亿元，产业区面积由2001年的4.3平方公里迅速扩大到28.22平方公里。三年累计利用外资2.8亿美元，累计利用内资49亿元，引进了美国科勒、美国耶兹、台湾东元、法国泰耐克、日本前泽给装、德国德皇等一批国际同行业领先水平的知名跨国公司及深圳方大、TCL、矽谷学人、浙大科技园等一批国内知名企业。三年共有85个新建和续建项目开工建设，有52个项目建成投产；一批科技成果成功转化，全区累计研制开发国家863计划、国家火炬计划等各类高新技术项目305项，荣获国家和省市科技进步奖90项。已初步形成了以电子信息、光机电一体化、新型材料、生物医药、资源深加工为主导的五大支柱产业。

经济技术开发区 国家级南昌经济技术开发区，全年实现技工贸总收入71.2亿元，比上年增长24.5%；工业总产值183亿元，增长80.07%；实现工业增加值41.5亿元，增长57.52%；财政收入4.1亿元，增长33.2%；出口创汇3 379万美元，增长398.56%；实际利用外资1.58亿美元，增长76.34%；利用内资22.44亿元，增长124.12%。

开发区基础设施建设不断完善，全年完成基础设施建设投资19亿元，累计完成开发面积43平方公里；105国道、320国道、316国道交汇于开发区，昌九、昌樟、昌沪高速公路横贯开发区；京九铁路在开发区内建有客运、货运站，昌北国际机场距开发区仅15分钟车程。开发区全年引进落户项目41项，其中包括晨鸣纸业、奥克斯空调、晶湛8寸晶元等一批大型投资项目相继建成投产。全区已初步形成家用空调、汽车制造、电子信息、现代造纸等四大支柱产业。

商务洽谈会 2004年4月在香港展览中心成功举办了2004年江西（香港）招商引资项目推介会，来自香港、台湾省、日本、美国、澳大利亚、英国、德国、新加坡、马来西亚等20多个国家和地区的1 800多名嘉宾、客商参加了会议，签订利用外资合同125项，合同外资额12.45亿美元，涉及工业、基础设施、房地产、旅游业、农林等领域。2004年江西省还分别在北京举办了江西省与驻京外国公司经济合作恳谈会、在庐山举办了赣台经贸合作研讨会、在悉尼举办了江西（澳大利亚）招商引资洽谈会等。此外，还组团参加了华交会、广交会、厦门（中国）投资贸易洽谈会、深圳中国国际高新技术成果交易会以及日本神户、德国科隆、俄罗斯莫斯科和中东迪拜国际博览会，共签订利用外资合同211项，合同外资额28.31亿美元，成交出口商品额7.27亿美元，占全年出口总额的38.69%。

港口运输 九江港有24个泊位，港口年吞吐能力986万吨，2004年完成货物吞吐总量673万吨，比上年增长25.33%，其中外贸进出口货物吞吐量15.35万吨（出口量11.58万吨，增长85.28%；进口量3.77万吨，增长22.80%），比上年增长64.70%。2004年江西省外贸运输货物总量43.10万吨（出口量16.25万吨，增长78.77%；进口量26.85万吨，增长16.49%），比上年增长34.40%。按运输方式分，海运量13.42万吨，增长18.45%；空运量295吨，增长19.92%；陆运量29.65万吨，增长42.62%。

涉外旅游 接待旅游、参观、访问及从事各项交流活动的外国人、海外侨胞和港澳台同胞28.75万人次，比上年的16.56万人次增长73.61%；旅游外汇收入7 976万美元，比上年的4 746万美元增长68.06%。

2004年山东省商务发展概况

山东省贸易办公室　山东省对外贸易经济合作厅

山东省贸易办公室副主任

郭培田　出生于1950年。1969年—1985年在中国人民解放军服役。转业到地方后，在省级经济综合部门从事粮棉油及农用生产资料的综合协调工作。担任内贸流通机构的分管负责职务后，主要从事建立和推广现代流通方式、流通企业改革、培育大型流通企业、餐饮和住宿业综合协调、财务统计与分析等工作，参与了山东省一系列流通政策的研究、制订与贯彻实施工作。

山东省对外贸易经济合作厅厅长

周嘉宾　生于1947年2月，山东潍坊人。大学学历。中共党员。历任中共青岛市委农村工作委员会副书记，青岛市人民政府农业办公室主任，青岛市农业委员会主任、党委书记，中共青岛市委对外开放工作委员会书记，青岛市招商委主任、党组书记，青岛市副市长、党组成员。2003年4月任山东省对外贸易经济合作厅厅长、党组书记。

【国内贸易】

社会消费品零售总额　2004年山东省社会消费品零售总额4 483.4亿元，比上年的3 670.1亿元增长13.9%。其中，城市消费品零售额2 903.72亿元，县消费品零售额445.47亿元，县以下消费品零售额1 134.25亿元。分行业看，批发零售贸易业零售额3 695.22亿元，餐饮业零售额586.95亿元，其他行业零售额201.27亿元。

市场物价　商品零售价格指数为102.8，其中城市102.3，农村103.7；居民消费价格指数103.6，其中农村104.6（均以上年价格为100）。

市场体系建设　开拓农村市场有了新进展。各地抓住城乡居民消费结构升级的时机，工商联手开拓城乡市场，特别是在开拓农村市场上，部分企业采取超市下乡的做法，得到了商务部领导的充分肯定。威海家家悦超市公司的90多处连锁门店中，有42处设在县及乡镇、村，近40%的销售额是在农村实现的。潍百集团已在乡镇、村开办超市、便利店43处。新星集团已在农村开办超市84处，其中村级店12个。开拓省外市场迈出了新步子。参与山东省名牌产品万里行北线的组织工作，承担了天津和东北三省的市场调研、考察和当地参展商业企业的邀请等工作，为进一步开拓省外市场奠定了基础。招商引资有了新突破。2004年流通领域招商引资完成2亿美元以上。目前，已有沃尔玛、家乐福、麦德龙等11家外资零售企业的29个门店开业投入运营。

拍卖企业经营和旧机动车交易再上新水平。2004年，全省拍卖企业完成拍卖成交额164.9亿元，比上年增长10.5%；全省旧机动车交易量18.25万辆、实现交易额43.36亿元，同比分别增长35%和12.2%。

商业改革与发展　全省国有流通企业有995户，与上年相比，减少117户，产权制度改革面为83.7%。国有资本全部退出企业126户，依法破产企业76户。2004年，主要大类商品销售全面增长。与上年相比，移动电话增长95.8%、通讯器材类增长69.2%、家用电脑增长66.3%、家具类增长59.1%、大屏幕彩电增长24.9%、汽车增长24.8%，消费结构升级的趋势十分明显。全年全省连锁企业的店铺个数达到1.4万个，比上年增加2 700多个；连锁企业的经营额达到734亿元，比上年增长18.4%；物流配送企业配送额达到717亿元，比上年增长2.2倍。

【对外贸易】

进出口总额 进出口总额607.8亿美元，比上年的446.6亿美元增长36.1%。

出口总额 出口总额358.7亿美元，比上年的265.7亿美元增长35%，占全省GDP 15 490.7亿元人民币（相当于1 873.1亿美元）的19.2%，占全国出口额的6%，居全国第5位。

出口商品结构 初级产品出口额63.9亿美元，占出口总额的17.8%；工业制成品出口额294.8亿美元，占出口总额的82.2%。

出口商品市场 出口商品销往215个国家和地区。

山东省2004年20类大宗商品出口情况表

商品名称	出口金额（万美元）	增幅（%）	占出口总额比重（%）
服装	477 809	19.7	13.3
纺织品	408 843	17.5	11.4
电器及电子类产品	345 287	45.8	9.6
机械及设备	260 380	63.0	7.3
水产品	213 431	19.5	6.0
运输工具	185 973	47.0	5.2
蔬菜	104 166	30.5	2.9
鞋类	81 852	10.5	2.3
轮胎	74 054	57.1	2.1
钢材	61 094	109.9	1.7
煤炭	58 440	16.6	1.6
家具	56 783	51.0	1.6
箱包	51 666	14.3	1.4
塑料制品	51 266	30.3	1.4
肉食制品	50 944	5.8	1.4
水果及制品	49 116	22.7	1.4
花生及制品	47 329	9.0	1.3
玩具	30 329	7.6	0.8
生皮及皮革	26 626	79.7	0.7
医药品	23 777	17.8	0.7
合 计	**2 659 169**	**30.0**	**74.1**

山东省2004年主要出口市场情况表

国别（地区）	出口金额（万美元）	占出口总额比重（%）	国别（地区）	出口金额（万美元）	占出口总额比重（%）
日 本	724 336	20.2	香 港	204 945	5.7
美 国	602 194	16.8	俄罗斯	76 799	2.1
韩 国	553 228	15.4	台湾省	57 498	1.6
欧 盟	538 260	15.0	加拿大	56 133	1.6
东 盟	244 812	6.8	澳大利亚	46 838	1.3

进口总额 进口总额249.1亿美元，比上年的180.8亿美元增长37.7%。

进口商品结构 初级产品进口额94.4亿美元，占进口总额的37.5%；工业制成品进口额154.7亿美元，占进口总额的62.5%。

进口商品市场 进口商品来自147个国家和地区。

山东省2004年20类大宗商品进口情况表

商品名称	进口金额（万美元）	增幅（%）	占进口总额比重（%）
机械及设备	377 488	19.6	15.2
电器及电子产品	347 947	38.6	14.0
铁矿砂	177 837	228.3	7.2
计算机与通信产品	138 321	12.0	5.6
水产品	126 079	21.0	5.1
大豆	117 497	36.5	4.7
棉花	98 952	95.8	4.0
钢材	93 066	40.0	3.8
塑料原料	90 729	45.5	3.6
有机化学品	85 635	25.4	3.4
生皮及皮革	67 001	11.1	2.7
天然橡胶	59 138	27.5	2.4
化学纤维	58 648	-4.8	2.4
纸浆	58 029	49.8	2.3
仪器仪表	49 565	47.2	2.0
成品油	44 312	25.1	1.8
针织物品	39 056	12.5	1.6
金属制品	32 123	37.7	1.3
塑料制品	29 004	42.3	1.2
原油	19 699	300.2	0.8
合　计	**2 110 129**	**36.9**	**84.7**

山东省2004年主要进口市场情况表

国别（地区）	进口金额（万美元）	占进口总额比重（%）	国别（地区）	进口金额（万美元）	占进口总额比重（%）
韩　国	708 445	28.4	巴　西	97 446	3.9
日　本	304 732	12.2	俄罗斯	94 790	3.8
欧　盟	256 112	10.3	澳大利亚	75 762	3.0
美　国	250 064	10.0	印　度	75 006	3.0
东　盟	203 939	8.2	台湾省	73 123	2.9

高新技术产品进出口 高新技术产品进出口55.7亿美元，增长41.9%。其中出口24.9亿美元，增长62.1%；进口30.7亿美元，增长28.9%。全年批准技术引进合同87个，合同金额1.4亿美元，增长75%。高新技术机电产品出口23.5亿美元，占高新技术产品出口的94.4%；生命科学技术产品出口1.3亿美元，占5%。

【利用外资】

山东省 2004 年利用外资情况表

利用外资方式	批准签订的合同			实际利用外资	
	项目数（个）	外资金额（万美元）	金额比上年增长（%）	金额（万美元）	金额比上年增长（%）
外商直接投资	5 891	2 028 958	51.3	870 064	22.7
合资企业	1 467	278 209	-19.1	166 182	4.3
合作企业	121	54 975	-3.4	26 145	-21.6
外资企业	4 300	1 687 474	80.2	673 062	31.9
股份有限公司	3	4 963	9.9	1 338	-78.9
合作开发		3 337	-	3 337	-
外商其他投资		115 689	115.3	112 041	82.2
国际租赁		11 660	46.8	11 660	-22.0
补偿贸易		12 645	105.5	9 863	45.5
加工装配		13 983	2 057.9	12 717	469.3
对外发行股票		77 401	98.5	77 801	107.2
合　计	**5 891**	**2 144 647**	**53.7**	**982 105**	**32.4**

外商直接投资行业　在外商直接投资项目中，第一产业项目 181 个，第二产业项目 5 062 个，第三产业项目 648 个。其中采矿业项目 24 个，制造业项目 4 958 个，建筑业项目 38 个，交通运输、仓储和邮政业项目 22 个，信息传输、计算机服务和软件业项目 25 个，批发和零售业项目 159 个，住宿和餐饮业项目 140 个，房地产业项目 139 个，租赁和商业服务业项目 76 个，文化、体育和娱乐业项目 24 个。

外商直接投资来源　外商投资主要来源国和地区是：韩国，2 885 个项目，合同外资金额 821 136 万美元；香港，802 个项目，408 567万美元；台湾省，418 个项目，162 012 万美元；美国，474 个项目，160 761 万美元；日本，455 个项目，117 801 万美元。

外商投资企业生产经营情况　全省外商投资企业出口 184.1 亿美元，增长 33.7%，占出口总额的 51.3%。根据省统计局统计口径，2004 年全省规模以上外商投资工业企业实现销售收入 3 246 亿元、利税总额 310 亿元、利润总额 212 亿元。

【对外经济合作】

承包工程和劳务合作　签订对外承包工程和劳务合作合同项目 1 879 个，金额 14.7 亿美元，比上年的 12.4 亿美元增长 18%；完成营业额 15.2 亿美元，比上年的 9.9 亿美元增长 52.8%；当年派出劳务人员 31 675 人次，比上年的 22 944 人次增长 38.1%；年末在外人数 62 705 人。

对外投资　批准境外投资企业（机构）127 家，协议投资总额 2.96 亿美元，其中中方投资 2.68 亿美元。对外投资国别包括澳大利亚、俄罗斯、蒙古、尼日利亚等。

【其他】

经济技术开发区　全省各类经济开发区批准外商投资项目 1 394 个，合同外资金额 82.5 亿美元，实际利用外资 40.2 亿美元，分别比上年增长 20.3%、8% 和 27.6%。其中总投资 1 000 万美元以上的大项目 275 个，比上年增加 54 个；完成进出口额 170.5 亿美元，比上年增长 50.6%。其中进口 72.1 亿美元，增长 49.9%，出口 98.5 亿美元，增长 51.3%；完成固定资产投资 1 246.9 亿元，其中基础设施投资 244.4 亿元，分别增长 41.7% 和 54.7%；实现工业增加值1 162.7亿元，增长64.7%。

出口加工区 全省共有出口加工区5家。2004年，青岛出口加工区（2003年12月封关运作）批准外商投资项目3个、合同外资3 200万美元。烟台出口加工区批准项目24个、实际使用外资2 165万美元、出口9 042万美元，分别增长60%、26.2%和95%。威海出口加工区实际使用外资6 499万美元、出口1.4亿美元，分别增长8.1%和46.2%。济南、潍坊出口加工区加大基础设施建设力度，积极推进封关运作进程。

青岛保税区 2004年实现工业总产值70.51亿元，增长53.4%；进出口额12.3亿美元，增长39.6%，其中进口8.12亿美元，增长44.8%；出口4.16亿美元，增长30.4%。全年完成税收总额11.9亿元，增长35.5%，财政收入3.47亿元，增长35%。区港联动试点取得重大突破，与香港招商局集团合作，投资5亿美元，共同建设青岛前湾招商局国际码头与保税物流园区。

商务洽谈会 第五届中国（寿光）国际蔬菜科技博览会由农业部、商务部、科技部、中国国际贸易促进委员会、国家环保总局、国家质量监督检验检疫总局等11个部委和山东省人民政府共同主办，于2004年4月20日—5月7日在潍坊寿光市举行。共设1 000个摊位，来自美国、荷兰、韩国、日本等50多个国家和地区以及全国30多个省、市、自治区的客商到会。共签订合资、合作及独资项目77个，签约额52亿元，贸易额31亿元。

第三届APEC中小企业技术交流暨展览会由中华人民共和国国家发展和改革委员会主办，外交部、商务部、国务院台湾事务办公室支持，中国中小企业对外合作协调中心和青岛市人民政府共同承办，6月2日在青岛开幕。

由亚太经合组织、商务部、信息产业部和山东省人民政府联合主办的APEC电子商务博览会于2004年6月15日—19日在烟台召开。博览会主要包括电子商务高层论坛、电子政务市长论坛、CEO峰会、电子商务双边和多边合作与投资洽谈、电子商务技术与产品展示等。这是亚太经合组织在电子商务领域举办的首次重大经贸活动。参会参展客商共有4万多人，其中海外客商3 000多人。美国微软、韩国LG等21家世界500强企业，中国联通、海尔等30多家IT百强企业参展。博览会共签约利用外资项目58个，总投资6.26亿美元，协议外资额4.57亿美元。

由商务部、农业部、科技部、国家林业局、山东省人民政府等主办的第六届国际果蔬博览会于2004年9月23日—27日在烟台举行。来自日本、韩国、东南亚和欧美等近40个国家和地区的2 500多客商参会。共签订利用外资项目合同、协议64个，外资额4亿美元，进出口成交6.8亿美元。

由东北亚经济论坛、民盟中央、全国工商联、经济日报和山东省人民政府共同主办的2004东北亚经济合作论坛于10月8日—9日在威海举行。论坛的主题是“交流·合作·发展——加强东北亚区域经济合作，促进共同繁荣发展”，举办了主旨演讲、高峰论坛、东北亚企业总裁圆桌会议、东北亚经济合作学术研讨会等一系列活动，发表了《2004东北亚经济合作论坛（威海）宣言》。

由山东省人民政府主办的第十届鲁台经贸洽谈会于9月1日—3日在潍坊市举行。来自台湾工商界和日本、韩国等国的客商，以及大陆企业界人士1万多人参加了洽谈会，共签约台资项目242个。

第七届（大阪）中国山东出口商品展览会由山东省外经贸厅主办，于2004年3月22日—26日在日本大阪举行。洽谈会主要以纺织、服装、轻工、食品、工艺等五大类为主，共有100家省内企业参展，进出口成交总额10 274万美元，其中出口成交9 739万美元，进口成交535万美元。

港口运输 山东省对外开放口岸29个，沿海港口货物吞吐量3.1亿吨，比上年增长19.3%。

涉外旅游 全年共接待境外游客119.3万人次，比上年增长53.9%；实现旅游外汇收入5.7亿美元，增长54.5%。

2004年青岛市商务发展概况

青岛市经济贸易委员会　青岛市对外贸易经济合作局

青岛市对外贸易经济合作局局长

武铁军　生于1954年。中共党员。曾任山东省外经贸委、山东省计委主任科员、副处长、处长，并兼任副省长秘书。后任青岛市开发区管委会副主任（正局级）、黄岛区副区长，青岛市招商委副主任，青岛市对外经贸局副局长。现任青岛市外经贸局局长、党委书记，九届中共青岛市委候补委员。

【国内贸易】

社会消费品零售总额　2004年山东省青岛市社会消费品零售总额6 054 946万元，比上年的5 231 055（调整数）万元增长15.75%。其中，城市市场消费品零售额4 766 970万元，农村市场消费品零售额1 287 976万元。分行业看，批发零售贸易业零售额4 952 307万元，餐饮业零售额807 482万元，其他行业零售额295 157万元。

市场物价　商品零售价格指数101.3，其中城市101.3；居民消费价格指数102.1，其中城市102.1（均以上年价格为100）。

【对外贸易】

进出口总额　进出口总额243.32亿美元，比上年的174.62亿美元增长39.3%。

出口总额　出口总额139.12亿美元，比上年的101.31亿美元增长37.3%，占全市GDP 2 163.8亿元（相当于261.83亿美元）的53.1%；占全省出口额的38.8%，居省内各市首位。

出口商品结构　初级产品出口额19.28亿美元，占出口总额的13.9%；工业制成品出口额119.84亿美元，占出口总额的86.1%。

出口商品市场　出口商品销往204个国家（地区）。

青岛市2004年出口额1 000万美元以上商品情况表

金额分类	商品名称	出口金额（亿美元）	占出口总额比重（%）
5 000万美元以上（46种）	花生仁，炼焦煤，健康及康复器材，20英寸集装箱，40英寸集装箱，手持（包括）车载无线电话，填充的玩具动物，移动通讯基地站，激光视盘机的机芯等	62.03	44.6
2 000万—5 000万美元（90种）	辣椒干，烘焙花生，二氧化硅，柳条制篮筐及其他编结品，瓷餐具，棉制针织或钩编的女式上衣，毛制男式西服套装，音频扩大器，铝电解电容器，与电视接收机配套的电子游戏机，彩色电视接收机零件，机动车辆用点火布线组，家用型洗碟机等	27.64	19.9
1 000万—2 000万美元（136种）	钓鱼竿，龙头、旋塞及类似装置，家具的零件，圣诞节用品，软盘驱动器，激光唱机，混合集成电路，传声器（麦克风）及其座架，波轮式全自动洗衣机（干衣量≤10kg）阀门零件，棉制女裤，药棉、纱布、绷带，玻璃陶瓷器皿等	19.06	13.7
合　计	**272种**	**108.73**	**78.2**

青岛市2004年主要出口市场情况表

国别（地区）	出口金额（万美元）	占出口总额比重（%）	国别（地区）	出口金额（万美元）	占出口总额比重（%）
美　国	291 003	20.9	德　国	47 038	3.4
日　本	286 669	20.6	英　国	37 896	2.7
韩　国	194 518	14.0	加拿大	24 516	1.8
香　港	65 365	4.7	意大利	23 598	1.7

进口总额　进口总额104.20亿美元，比上年增长42.2%。

进口商品结构　初级产品进口额31.63亿美元，占进口总额的30.4%；工业制成品进口额72.57亿美元，占进口总额的69.6%。

进口商品市场　进口商品来自123个国家（地区）。

青岛市2004年进口额1 000万美元以上商品情况表

金额分类	商品名称	进口金额（亿美元）	占进口总额比重（%）
5 000万美元以上（35种）	冻鳕鱼（鱼肝及鱼卵除外），苯乙烯，液晶显示板，烟胶片，未梳的棉花等	46.10	44.2
2 000万—5 000万美元（45种）	冻鲽鱼，甲硫氨酸，铜制绕组电线，混合集成电路，手持（含车载）无线电话机，粒面剖层革（整张革除外）等	13.85	13.3
1 000万—2 000万美元（96种）	炼焦煤，轻柴油，注塑机，拔丝机，四层以上的印刷电路，已装配的压电晶体，化纤制机制花边，履带式起重机，自动贴片机，冻黑线鳕鱼等	13.73	13.2
合　计	**176种**	**73.68**	**70.7**

青岛市2004年主要进口市场情况表

国别（地区）	进口金额（万美元）	占进口总额比重（%）	国别（地区）	进口金额（万美元）	占进口总额比重（%）
韩　国	362 310	34.8	台湾省	32 911	3.2
日　本	149 825	14.4	巴　西	30 058	2.9
美　国	71 602	6.9	新加坡	25 809	2.5
俄罗斯	46 844	4.5	澳大利亚	23 196	2.2

技术进口　签订技术引进合同376项，比上年的379项下降0.8%；技术费8 333.74万美元，比上年的8 176.41万美元增长1.9%。主要引进行业及技术费是：电子及通信设备制造业102项，2 454.07万美元；化学原料及化学制品制造业11项，1 519.87万美元；其他制造业64项，1 346.53万美元。

【利用外资】

青岛市2004年利用外资情况表

利用外资方式	批准签订的合同			实际利用外资	
	项目数（个）	外资金额（万美元）	金额比上年增长（%）	金 额（万美元）	金额比上年增长（%）
外商直接投资	2 423	671 723	27.13	379 917	34.89
合资企业	318	47 772	67.77	54 798	3.59
合作企业	19	7 382	41.69	7 319	46.03
外资企业	2 086	616 473	68.6	317 088	42.95
股份有限公司	-	96	-82.85	712	59.28
外商其他投资	-	4 898	-	1 781	-
境外发行债券	-	-	-	700	-
加工装配	-	4 898	-	1 081	-
合　计	**2 423**	**676 621**	**27.22**	**381 698**	**33.11**

青岛市2004年外商直接投资行业情况表

行　业	项目数（个）	合同外资（万美元）
总　计	**2 423**	**671 723**
农、林、牧、渔业	58	18 809
农业	20	5 527
采矿业	5	1 115
制造业	2 038	584 428
纺织业	88	33 463
化学原料及化学制品制造业	54	10 302
医药制造业	18	4 700
通用设备制造业	168	57 268
专用设备制造业	106	35 121
通信设备其他电子设备制造业	160	53 925
电力、燃气及水的生产和供应业	4	1 720
建筑业	9	4 862
交通运输、仓储和邮政业	11	4 868
信息传输、计算机服务和软件业	9	1 167
批发和零售业	129	5 473
住宿和餐饮业	70	11 218
旅游饭店	2	916
房地产业	22	19 083
房地产开发经营	20	15 711
租赁和商务服务业	38	11 201
科学研究、技术服务和地质勘查业	11	1 104
水利、环境和公共设施管理业	2	357
居民服务和其他服务业	5	656
教育	3	311
文化、体育和娱乐业	9	5 351

外商直接投资来源　2004年外商直接投资来自57个国家和地区。合同投资额居前10位的是：韩国1 543项，376 130万美元；香港178项，67 312万美元；日本212项，59 418万美元；台湾省136项，41 978万美元；美国121

项，35 573 万美元；澳大利亚 32 项，17 803 万美元；英属维尔京群岛 18 项，11 179 万美元；德国 29 项，10 431 万美元；新加坡 19 项，9 425 万美元；加拿大 44 项，9 163 万美元。

2004 年新批总投资 1 000 万美元以上的项目 213 个，合同外资金额 21.48 亿美元，分别占全年新批外商投资项目和直接合同外资总额的 8.8% 和 32.3%。截至 2004 年底，累计有 76 家世界 500 强企业落户青岛，共投资项目 132 个，合同外资达 13.96 亿美元。

外商直接投资企业生产经营情况 截至 2003 年底，实有外商投资企业 5 853 家。在 2003 年年检的 5 015 家外商投资企业中，合资企业 1366 家，占 27.24%；合作企业 162 家，占 3.32%；外资企业 3 484 家，占 69.48%；股份有限公司 3 家，占 0.06%。投资总额 148.34 亿美元，注册资本 83.91 亿美元，其中中方占 20.42%，外方占 79.58%。投产开业企业 4 138 家，占 82.52%；筹建企业 845 家，占 16.85%；停业企业 32 家，占 0.64%。资产总额 1 177.04 亿元，销售收入 1 109.16亿元（比上年增长 34.44%），纳税总额 42.10 亿元（其中含关税 3.67 亿元），利润总额 22.19 亿元。

【对外经济合作】

承包工程和劳务合作 签订对外承包工程和劳务合作合同项目 710 个，合同额 21 016 万美元，比上年的 20 526 万美元增长 2.4%；完成营业额 20 629 万美元，比上年的 14 022 万美元增长 47.1%；派出劳务 4 761 人次，期末在外 10 245 人。主要派往日本、新加坡、阿尔及利亚、香港、毛里塔尼亚、哈萨克斯坦等国家和地区。主要承包工程项目有博茨瓦纳住宅工程项目，莱索托国家图书馆项目，阿尔及利亚会议中心项目，莱索托 C&Y 三 T 结构工程项目等。

对外经济技术援助 承担援外项目 3 个，主要涉及建筑施工和建筑设计行业，分别是援塞舌尔拉扎尔湾小学项目考察设计，援马达加斯加国际会议中心考察设计，援莱索托国家档案馆兼图书馆项目施工图设计。当年共派出援外人员 50 人次，年末在外 30 人。

对外投资 在海外举办生产企业 10 家，投资总额 728.6 万美元，中方投资额 427.2 万美元，分别投资于英属维尔京群岛、匈牙利、俄罗斯、赞比亚和墨西哥。

【其他】

青岛经济技术开发区 2004 年青岛经济技术开发区区属基础设施投资 462 558 万元，比上年的 339 385 万元增长 36.3%。全年新批利用外资项目 138 个，比上年的 148 个下降 6.7%；总投资 206 810 万美元，比上年的 282 326 万美元下降 26.7%；合同利用外资 182 963 万美元，比上年的 232 867万美元下降 21.3%；实际利用外资 120 415 万美元，比上年的 79 938 万美元增长 50.6%。完成出口 177 059 万美元，比上年的 95 470 万美元增长 85.5%。完成 GDP 276.3 亿元，比上年的 212.2 亿元增长 30.2%。完成地方性财政收入 18.6 亿元，比上年的 13.1 亿元增长 42.2%。

青岛高新技术产业开发区 2004 年青岛高新技术产业开发区完成 GDP 175.0 亿元，比上年增长 18.5%。地方财政收入 11.1 亿元，比上年增长 21.1%。全社会固定资产投资 46.3 亿元，比上年增长 2.0%。社会消费品零售总额 23.2 亿元，比上年增长 0.1%。完成出口 13.6 亿美元，比上年增长 31.4%。全年新批利用外资项目 65 个，比上年下降 13.3%；合同利用外资 1.57 亿美元，比上年增长 59.7%；实际利用外资 1.5 亿美元，比上年增长 143.7%。

青岛出口加工区 青岛出口加工区于 2003 年 12 月正式运行，2004 年固定资产投资 3.49 亿元。工业总产值 81 万元。进出口总额 128.2 万美元，其中出口 9.1 万美元，进口 119.1 万美元。批准外资项目 4 个，总投资 6 800 万美元，合同外资 2 650 万美元，实际外资 1 129 万美元。

青岛保税区 2004 年青岛保税区固定资产投资 6.29 亿元，比上年的 5.48 亿元增长 14.8%。税收总额 11.91 亿元，比上年的 8.79 亿元增长 35.5%。销售收入 78.92 亿元，比上年的 61.91 亿元增长 27.5%。工业总产值 70.51 亿元，比上年的 45.97 亿元增长 53.4%。商品销售额 95.00 亿元，比上年的 81.97 亿元增长 15.9%。进出口货物总值 12.28 亿美元，比上年的 8.80 亿美元增长 39.6%，其中出口 4.16 亿美元，比上年的 3.19 亿美元增长 30.4%；进口 8.12 亿美元，比上年的 5.61 亿美元增长 44.8%。批准企业 438 家，比上年的 422 家增长 3.79%。

商务洽谈会 第三届 APEC 中小企业技术交流暨展览会 2004 年 6 月 2 日至 6 日，第三届 APEC 中小企业技术交流暨展览会在青岛隆重举行。展会期间，共吸引国内外参观者 15 万人，其中境外客商 6 000 余人；出口成交 1.09 亿美元，国内贸易成交 2.67 亿元；签订外资项目 102 个，项目总投资 3.7 亿美元。经国家发改委正式确认，APEC 技展会今后将长期定点在青岛举办。

2004 中国国际电子家电博览会（青博会）2004 年 6 月 18 日至 21 日在青岛成功举办。展会期间，共吸引国内外参观者 6.1 万人次，其中境外客商 4 000 多人次；出口成交 5.8 亿美元，国内贸易成交 11 亿元。从 2005 年开始，中国国际电子家电博览会将更名为“中国国际消费电子博览会”。

2004中国青岛韩国周　2004年7月3日至9日举办的“2004中国青岛韩国周”活动吸引来宾30万人次，其中韩国来宾和在青岛韩国人士10万人次。与韩国企业签订投资合作协议59个，合同金额36 785万美元。

2004中国青岛日本周　2004年10月9日至15日举办的“2004中国青岛日本周”活动参加人数约12万人次，其中日本来宾近5 000人。签订投资合作协议10项，合同金额8 130万美元。

港口运输　2004年，青岛港拥有泊位73个，其中营运泊位49个，万吨级以上泊位32个。港口吞吐能力10 631万吨。当年实际完成货物吞吐总量16 165万吨，比上年增长15.4%。外贸吞吐量12 028万吨，比上年增长17.0%；集装箱吞吐量完成513.9万标准箱，比上年增长21.0%；铁矿石吞吐量完成5 610万吨，比上年增长24.0%。2004年，青岛地区进出口货运量10 464.4万吨，比上年的8 646.0万吨增长21.0%。其中，海运10 454.4万吨，比上年的8 639.1万吨增长21.0%；空运6.3万吨，比上年的4.7万吨增长34.7%；陆运3.6万吨，比上年的2.2万吨增长66.2%。进口货运量7 850.8万吨，比上年的6 246.4万吨增长25.7%。其中，海运7 848.8万吨，比上年的6 245.0万吨增长25.7%；空运1.6万吨，比上年的1.3万吨增长25.3%；陆运0.4万吨，比上年的0.1万吨增长233.0%。出口货运量2 613.6万吨，比上年的2 399.5万吨增长8.9%。其中海运2 605.6万吨，比上年的2 394.1万吨增长8.8%；空运4.7万吨，比上年的3.4万吨增长38.3%；陆运3.3万吨，比上年的2.1万吨增长56.9%。

涉外旅游　入境的外国人52.25万人次，港澳台同胞3.35万人次。旅游外汇收入2.88亿美元，比上年的1.81亿美元增长59.1%。

2004年烟台市商务发展概况

烟台市对外贸易经济合作局

烟台市对外贸易经济合作局局长

程显萃　生于1949年7月，山东海阳人。历任烟台师范学院教师、烟台行署办公室科长、烟台市政府副秘书长、龙口市副市长、蓬莱市副市长、烟台市对外经济贸易委员会副主任、中国烟台APEC贸易投资博览中心主任等职。

【国内贸易】

社会消费品零售总额　2004年山东省烟台市社会消费品零售总额440.42亿元，比上年的377.4亿元增长16.7%。其中，城市消费品零售额314.29亿元，农村消费品零售额126.13亿元。分行业看，批发零售贸易业零售额376.48亿元，餐饮业零售额45.91亿元。

市场物价　商品零售价格指数为101.1，居民消费价格指数为102.4。

市场体系建设　狠抓了商业网点和市场建设。全市各类市场发展到近600处，其中年交易额过10亿元的5个，城乡集市贸易成效额200多亿元。启动繁荣了市区夜间经济。在市区选择了10大零售商场、10大夜宵酒楼，规划建设了2条美食街、2处海鲜大排档，作为启动夜间经济的主要载体，加大政策扶持力度，带动市区各商场和餐饮业户调整策略，延时经营。突出抓了以放心菜、放心肉、放心面食为重点的放心工程建设。建设了2万亩蔬菜基地，投资250万元建立了无公害蔬菜检测点。整顿规范了市场经济秩序，查处打击不法商家。

商业改革与发展 实施了骨干带动战略。在全市流通行业组织实施了“三个十工程”，选择了10户重点商贸流通企业、10户品牌商办工业企业、10个大型批发市场进行重点培育。加快流通企业产权制度改革步伐，全市独立核算商贸流通企业，改制面达75%，资产负债率明显下降。加快推进了流通现代化建设，发展各类连锁企业40多家，全市流通企业建立不同规模的配送中心20个，以龙口胜通物流中心等物流企业和烟台开发区物流园区为重点的第三方物流快速发展。

【对外贸易】

进出口总额 进出口总额79.94亿美元，比上年的58.9亿美元增长35.7%。

出口总额 出口总额44.95亿美元，比上年的33.29亿美元增长35%，占全市GDP 1 638亿元（相当于198亿美元）的22.7%，占山东省出口额的12.5%，居全省第2位。

出口商品结构 出口商品有17大类600多个品种，其中初级产品出口额13.69亿美元，增长22.7%，占出口总额的30.4%；工业制成品出口额31.26亿美元，增长41.3%，占出口总额的69.6%。

出口商品市场 出口商品销往177个国家和地区，比上年增长15个。

烟台市2004年出口额3 000万美元以上商品情况表

金额分类	商品名称	出口金额（万美元）	占出口总额比重（%）
4亿美元以上（2种）	服装及衣着附件、水海产品	105 447	23.4
2亿—5亿美元（2种）	纺织品、汽车零配件	53 809	12
1亿—2亿美元（5种）	蔬菜、铝及铝材、手机、鲜干水果、电线电缆	68 657	15.3
5 000万—1亿美元（6种）	轮胎、石材及制品、船舶、塑料制品、铜材、家具	37 865	8.4
3 000万—5 000万美元（7种）	变压器、旅游品及箱包、粉丝、鞋类、锁、电子元器件、水泥	25 272	5.6
合　计	**22种**	**291 050**	**64.7**

烟台市2004年主要出口市场情况表

国别（地区）	出口金额（万美元）	占出口总额比重（%）	国别（地区）	出口金额（万美元）	占出口总额比重（%）
日　本	122 851	27.3	新加坡	9 877	2.2
韩　国	83 128	18.5	加拿大	9 097	2
美　国	78 183	17.4	印度尼西亚	7 871	1.8
欧　盟	50 277	11.2	马来西亚	6 031	1.3
香　港	17 607	3.9	澳大利亚	5 567	1.2
合　计				**390 489**	**86.8**

进口总额 进口总额34.99亿美元，比上年的25.6亿美元增长36.6%。

进口商品结构 初级产品进口额10.04亿美元，工业制成品进口额24.95亿美元，分别占进口总额的28.7%和71.3%。

进口商品市场 进口商品来自92个国家和地区，比上年增加4个。

烟台市2004年主要进口市场情况表

国别（地区）	进口金额（万美元）	占进口总额比重（%）	国别（地区）	进口金额（万美元）	占进口总额比重（%）
韩　国	144 247	41.2	巴　西	10 688	3.0
欧　盟	37 383	10.7	马来西亚	6 750	1.9
日　本	46 354	13.2	秘　鲁	6 252	1.8
美　国	30 993	8.9	台湾省	5 567	1.6
俄罗斯	12 500	3.6	挪　威	5 420	1.5
合　计				**306 154**	**87.5**

【利用外资】

烟台市2004年利用外资情况表

利用外资方式	批准签订的合同			实际利用外资	
	项目数（个）	外资金额（万美元）	金额比上年增长（%）	金　额（万美元）	金额比上年增长（%）
外商直接投资	987	405 625	81.4	174 068	61.5
外资企业	640	339 824	111.7	125 561	63.1
合资企业	321	50 362	-0.2	40 305	90.4
合作企业	26	15 223	31.8	7 743	2.2
股份有限公司		216	-79.8	459	-77.5
外商其他投资		14 375	206.1	11 593	225.2
补偿贸易		12 645	336.9	9 863	459.4
对外发行股票		1 730	-4.0	1 730	-4.0
合　计	**987**	**420 000**	**84**	**185 661**	**66.8**

外商直接投资行业　在外商直接投资的987个项目中，生产型项目881项，非生产型项目106项。按行业分，农业17项，工业899项，第三产业71项。

外商直接投资来源　外商投资来自41个国家和地区，比上年减少10个。主要有：韩国396项，合同外资额106 007万美元；香港174项，120 663万美元；美国104项，50 303万美元；台湾省80项，42 599万美元；日本73项，31 794万美元；加拿大26项，8 793万美元。

外商直接投资企业生产经营情况　全年共有210家外商投资企业投产，全市投产的外商投资企业达到2 180家，2004年完成销售收入511.2亿元人民币，实现利润35.4亿元，税收36.23亿元人民币，出口30.3亿美元。

【对外经济合作】

承包工程与劳务合作　签订对外承包工程与劳务合作项目114项，合同额16 671万美元，比上年的13 848万美元增长20.4%；完成营业额13 835万美元，比上年的10 838万美元增长27.6%；共派出各类劳务人员6 643人次，比上年的5 533人次增长20.1%；年末在外人数达到9 892人，比上年的8 247人增长20%。对外经济合作涉及的国家和地区主要有日本、韩国、香港、新加坡、台湾省、尼泊尔、以色列、也门、美国、南非、中非、乌干达等。

【其他】

烟台经济技术开发区　2004年实现GDP 202亿元，同比增长44.5%；地方财政收入5.76亿元，增长33.7%；新批利用外资项目133个，合同外资额5.1亿美元，增长78.9%，实际利用外资1.5亿美元，增长110%；外贸出口10.04亿美元，增长50.4%，进口15.8亿美元，增长41.2%；当年新投产企业50家。

烟台出口加工区　烟台出口加工区于2001年4月正式封关运作。目前，已有100家企业在区内投资运营。2004

年新批准成立10家，新批利用外资项目合同外资额1 320万美元，实际利用外资2 056万美元，增长20%。实现进出口总额17 603万美元，同比增长84%，其中出口9 260万美元，增长91.7%，进口8 343万美元，增长46.2%。

港口运输 烟台市有大中港口9个（其中烟台、龙口、蓬莱、莱州四个为一类对外开放港口），万吨级以上泊位30个，港口吞吐能力2 611万吨。烟台港现有万吨级以上泊位20个。2004年烟台市海港口岸完成货物吞吐量7 220万吨，增长49.6%，其中外贸进出口货运总量1 719万吨，增长253%；国际货运集装箱达33.5万标准箱，增长25.9%。

商务洽谈会 APEC电子商务博览会于2004年6月15日—19日在烟台市隆重举行。APEC 21个成员全部参会参展，参会的海内外重要代表团120个，客商4万多人，其中海外客商3 000多人；320家知名IT企业的4 000多个产品参会展示。会议期间，共签约利用外资项目58个，总投资6.26亿美元，合同、协议外资额4.57亿美元。签约利用内资项目合同、协议30个，总投资63亿元人民币。进出口贸易成交1.97亿美元，其中出口1.18亿美元，进口0.79亿美元；国内贸易成交3.1亿元人民币。

第六届国际果蔬博览会，于9月23日—27日在烟台市成功举办，共有来自40个国家和地区，以及国内28个省市自治区的政府机构、中介组织和果蔬企业参会参展，参会参展企业750多家，展位1 070个，参会重要代表团110个，其中海外代表团80个，参会海外客商2500多人。会议期间，共签订利用外资项目64个，总投资7.1亿美元，其中外资额4亿美元。进出口贸易成交6.8亿美元，其中出口5.04亿美元，进口1.76亿美元，国内贸易成交8.94亿元人民币。

涉外旅游 接待海内外游客1192.3万人次，同比增长27.79%；旅游总收入92.95亿元，增长29.89%。接待海外游客14.86万人次，增长30.8%；外汇收入1.05亿美元，增长45.1%。

2004年河南省商务发展概况

河南省商务厅

河南省商务厅厅长

李清树 生于1952年9月，河南柘城人。汉族。河南大学外语系毕业，中共党员，高级经济师。曾任河南省土产品进出口公司总经理；河南省对外贸易经济合作厅副厅长、常务副厅长、厅长，党组书记。2003年11月任河南省商务厅党组书记、厅长。

【国内贸易】

社会消费品零售总额 2004年河南省社会消费品零售总额2 808.2亿元，比上年的2 426.41亿元增长15.7%。其中，城市消费品零售额1 480.8亿元，县消费品零售额558.9亿元，县以下消费品零售额768.4亿元。分行业看，批发零售贸易业零售额2 303.2亿元，餐饮业零售额427.6亿元，其他行业零售额77.3亿元。

批发零售贸易、餐饮业基本情况 截至2004年，共有批发零售贸易、餐饮业法人企业26 357个，产业活动单位3 554个，从业人数87.9万人。其中，批发业法人企业13 121个，产业活动单位768个，从业人数560 887人；零售业法人企业10 576个，产业活动单位1 824个，从业人数362 553人：餐饮业法人企业2 660个，产业活动单位962个，从业人数11 203人。

批发零售贸易业商品购、销、存总额 批发零售贸易业商品销售总额3 013.66亿元，比上年的2 025.48亿元增长48.79%。其中，限额以上企业2 269.00万元，限额以下企业744.66亿元。限额以上企业商品销售总额中，批发1 710.00亿元、零售559.00亿元。

市场物价 商品零售价格指数为105.7（以上年价格为100）；居民消费价格指数为105.4（以上年价格为100），其中城市105.4，农村105.4。

【对外贸易】

进出口总额 2004年河南省进出口总额661 346万美元，比上年的471 640.07万美元增长40.22%。

出口总额 出口总额417 610万美元，比上年的298 041万美元增长40.11%，占全省GDP 8 815.09亿元（相当于1 049.51亿美元）的3.98%，占全国出口额5 933.7亿美元的0.70%。

出口商品结构 初级产品出口额43 914万美元，占出口总额的10.8%；工业制成品出口额363 848万美元，占出口总额的89.2%。

河南省2004年出口额500万美元以上商品情况表

金额分类	商品名称	出口金额（万美元）	占出口总额比重（%）
5 000万美元以上（18种）	玻壳，纺织品，农产品，人发制品，服装及衣着附件，未锻造的铝及铝材，棉机织物，人造刚玉，医药品，亚麻、黄麻及其他植物纺织纤维纱线，未锻轧铝，鞋，陶瓷产品，其他毛皮制品，鲜、冻猪肉，未锻造铜及铜材，银及银制品，钢材	323 815	77.54
1 000万—5 000万美元（30种）	猪，蔬菜，食用油籽，天然蜂蜜，果汁，饲料添加剂，肠衣，烟草及烟草代用品的制品，牛皮及皮革，锯材，焦碳、半焦碳，含氧基氨基化合物，肥料，棉纱线，地毯，棉浴巾，平板玻璃，珍珠、宝石及半宝石，硅铁，钼铁，钢胚及粗锻件，未锻轧镁，碳化物，轴承，蓄电池，汽车零件，汽车和底盘，摩托车及自行车的零件，家具，塑料制品	63 761	15.27
500万—1 000万美元（11种）	芦笋罐头，玻璃制品，餐桌、厨房及其他家用搪瓷器，原电池，旅行用品及箱包，通电及保护电路装置，电动机及发电机，纺织机械，冻鸡，黏土及其他耐火矿物，氢氧化铝	7 160	1.71
合　计	**59种**	**394 736**	**94.52**

出口商品市场 出口商品销往178个国家和地区。

河南省2004年主要出口市场情况表

国别（地区）	出口金额（万美元）	占出口总额比重（%）	国别（地区）	出口金额（万美元）	占出口总额比重（%）
韩　国	55 808	13.36	日　本	39 040	9.35
美　国	55 277	13.24	台湾省	15 507	3.71
香　港	54 365	13.02	印　度	10 907	2.61
欧　盟	51 768	12.40	俄罗斯	8 073	1.93
东　盟	41 028	9.82	澳大利亚	4 232	1.02
合　计				**336 032**	**80.46**

进口总额 进口总额243 736万美元，比上年的173 599万美元增长40.40%，占全国进口额5 614.23亿美元的0.43%。

进口商品结构 初级产品进口额139 757万美元，占进口总额的57.34%；工业制成品进口额101 460万美元，占进口总额的41.62%。

河南省2004年进口额500万美元以上商品情况表

金额分类	商品名称	进口金额（万美元）	占进口总额比重（%）
1亿美元以上（6种）	大豆，铅矿砂，氧化铝，机电产品，铁矿砂，绵羊或羔羊生皮	163 714	67.17
1 000万—1亿美元（21种）	橡胶及其制品，原棉，初级形状的塑料，经加工的人发，废钢，未锻造的铜及铜材，未锻造的铝及铝材，食品加工机械，纺织机械，金属加工机床，橡胶或塑料加工机械，通断及保护电路装置及零件，汽车零件，计量检测分析自控仪器及器具，纸浆，锰矿砂，其他腈基化合物，化学木浆及溶解液，印刷装订机械，金属轧机及零件，自动数据处理设备及其部件	74 487	30.56
500万—1 000万美元（6种）	化学纤维短丝，机械提升搬运装卸设备及零件，钢铁制标准坚固件，建筑及采矿用机械，型模及金属铸造用型箱，医疗仪器及器械	4 001	1.64
合　计	**33种**	**242 202**	**99.37**

进口商品市场 进口商品来自93个国家和地区。

河南省2004年主要进口市场情况表

国别（地区）	进口金额（万美元）	占进口总额比重（%）	国别（地区）	进口金额（万美元）	占进口总额比重（%）
美　国	46 218	18.96	印　度	15 444	6.34
欧　盟	40 281	16.53	东　盟	10 470	4.30
澳大利亚	39 020	16.01	韩　国	4 723	1.94
日　本	27 796	11.40	加拿大	3 496	1.43
巴　西	18 205	7.47	台湾省	2 632	1.08
合　计				**208 285**	**85.46**

高新技术产品进出口 高新技术产品进出口总额为130 300万美元，比上年的86 600万美元增长50.46%。

技术进口 签订引进技术合同项目35个；合同金额5 943万美元，比上年的3 799.85万美元增长56.40%。引进项目主要来自日本、德国、意大利、美国、英国等，涉及制造业、房地产、信息、咨询服务、生物医药、环境规划和科学研究等行业。2004年签订的35个项目，成功率达100%，当年投产后对提升企业产品档次和质量，对全省经济结构调整产生了较好的促进作用。

【利用外资】

河南省2004年利用外资情况表

利用外资方式	批准签订的合同			实际利用外资	
	项目数（个）	外资金额（万美元）	金额比上年增长（%）	金额（亿美元）	金额比上年增长（%）
外商直接投资	478	200 383	16.72	87 367	25.29
合资企业	204	58 345	46.32	36 071	-2.53
合作企业	69	40 189	0.79	11 430	52.79
外资企业	205	101 849	68.20	39 866	74.41
合　计	**478**	**200 383**	**16.72**	**87 367**	**25.29**

外商直接投资行业　外商直接投资项目涉及27个行业。按行业分：制造业329个，合同外资金额121 058万美元；农林牧渔业19个，合同外资金额10 150万美元；采掘业8个，合同外资金额2 498万美元；电力、煤气及水的生产和供应业26个，合同外资金额36 230万美元；建筑业4个，合同外资金额888万美元；批发和零售贸易、餐饮业5个，4 181万美元；房地产业48个，21 667万美元；社会服务业7个，2 387万美元；科学研究和综合技术服务业3个，1 044万美元；其他行业4个，3 150万美元。

外商直接投资来源　外商直接投资来源于53个国家和地区。主要国家和地区是：香港198个，实际利用外资金额35 600万美元；美国49个，7 027万美元；英国9个，3 113万美元；台湾省46个，18 881万美元；日本22个，3 556万美元。

【对外经济合作】

承包工程和劳务合作　签订对外承包工程和劳务合作项目138个，金额50 704万美元，比上年的34 852万美元增长45.48%；完成营业额27 105万美元，增长40.15%；当年派出劳务人数6 070人次，增长89.21%，年末在外人数12 298人，分布在新加坡、日本、韩国、苏丹、香港等74个国家和地区。承包工程金额在1 000万美元以上的项目主要有：厄瓜多尔钻井项目、沙特修井项目、苏丹物探项目、苏丹钻井项目、埃塞俄比亚物探项目、塞内加尔城市排污项目、赞比亚40公里道路项目、坦桑尼亚33公里道路项目。

接受经济援助　接受澳大利亚宁陵县小学项目、澳大利亚台前县人畜饮水项目、日本政府中等职业教育器材装备计划项目、联合国儿童基金会小额贷款项目、联合国儿童基金会改厕及妇女活动室项目等6个项目。受援资金1 316万人民币。全省7个贫困县地区（单位），受益人达到20多万人。

对外投资　在日本、阿尔及利亚、越南、韩国、尼日利亚、伊朗等8个国家和地区投资兴办企业12个，中方投资1 552万美元，比上年的787万美元增长97.20%。

【其他】

开发区　郑州高新技术产业开发区完成基础设施等固定资产投资3亿元。新批准成立企业1 005家，建成投产企业208家。实现技工贸总收入288亿元，比上年的221亿元增长30.32%；实现财税收入7.3亿元，增长20.86%。新批准外商投资企业20家，实际利用外资2 280万美元，比上年的1 707万美元增长33.56%。出口创汇3 780万美元，比上年的18 890万美元下降79.98%。

洛阳高新技术产业开发区完成基础设施等固定资产投资6.3亿元。新批准成立企业225家，实现技工贸总收入189亿元，比上年的135.79亿元增长39.19%。实现财税收入2.78万元，增长195.74%。新批准外商投资企业9家，实际利用外资1 833万美元，增长4.74%。出口创汇1.2亿美元，增长41.78%。

出口加工区　2004年6月1日郑州出口加工区顺利通过了国家九部委的联合验收。当年完成固定资产投资2.5亿元。其中基础设施投资约2亿元，企业固定资产投资5 000万元。全年实现登记注册项目18个，注册资金3.2亿元。其中，高新技术领域项目7个；新批外商投资企业7个，合同利用外资1 000万美元；开工工业项目3个，投产企业3家，出口创汇1 500万美元。

涉外旅游　接待境外旅游者45万人次，比上年的18.85万人次增长138.73%；旅游外汇收入16 000万美元，比上年的6 344万美元增长153.97%。

2004年湖北省商务发展概况

湖北省商务厅

湖北省商务厅厅长

尹汉宁　生于1955年1月，湖北鄂州人。中南财经大学毕业，经济学博士。中共党员。1975年参加工作，历任湖北省体改委副主任、主任，湖北省人民政府副秘书长，湖北省咸宁市委副书记、市长等职。2003年2月任湖北省外经贸厅厅长、党组书记，并兼任湖北省利用外资管理委员会办公室主任、中国国际贸易促进委员会湖北省分会会长。现任湖北省商务厅厅长、党组书记，湖北省利用外资管理委员会办公室主任，中国国际贸易促进委员会湖北省分会会长。

【国内贸易】

社会消费品零售总额　2004年，湖北省实现社会消费品零售总额2 667.48亿元，比上年增长13.1%。分城乡看，城市零售额1 829.43亿元，增长14.1%；县级零售额250.39亿元，增长12.4%；县以下零售额587.66亿元，增长10.4%。分行业看，批发零售贸易业实现零售额2 128.54亿元，增长12.9%；餐饮业353.82亿元，增长18.6%；其他185.12亿元，增长5.4%。全省消费品零售总额占GDP的比重为43.5%。全省商业从业人员约为360万人，占全省从业人员总数的10.4%，占第三产业从业人员总数的33%。全省商业实现税收78.2亿元，占全省税收总额的16%，仅次于制造业。

市场物价　全年居民消费价格总指数104.9，比上年上涨4.9%，其中，城市居民消费价格指数104.5，上涨4.5%；农村居民消费价格指数105.8，上涨5.8%。

市场建设和商业改革　流通领域呈现网络化、现代化的开放格局：一是商业网络基本形成。全省共有商业网点51万多个，有一定规模的商品市场4 700多家，其中生产资料市场1 400多家，生活资料市场3 000多家。二是流通支柱企业逐渐成长壮大。目前全省销售过亿元的商贸流通企业29家，商业上市公司5家，5 000平米以上的大卖场254个，其中：大型综合超市、仓储式商场、购物中心75个。三是流通现代化水平不断提高。目前，便民店、专卖店、仓储式商场、配送中心等现代流通方式已被城乡居民所接受。2004年现代流通方式实现的销售额458.8亿元，占社会消费品零售总额的17.2%，其中商业连锁店达1 118家，实现销售额352.1亿元，占社会消费品零售总额的13.2%，高于全国水平约4个百分点。

整顿和规范市场　据不完全统计，全省各地各部门共出动整规执法人员31.88万人次，车辆61 309台次，查处违法违规行为为15 715起，涉案金额6 799.64万元，端掉制售假窝点14个，吊销许可证、执照658个，罚没款2 994.17万元，移送司法机关处理的案件160余件，查补税款124 077.97万元。与此同时，社会信用体系建设也取得明显成效。

【对外贸易】

进出口总额　进出口总额67.72亿美元，比上年的51.1亿美元增长32.5%。

出口总额　出口总额33.84亿美元，比上年的26.56亿美元增长27.4%。

出口商品结构　初级产品出口额26 051万美元，占出口总额的7.7%；工业制成品出口额312 335万美元，占出口总额的92.3%。

进口总额　进口总额33.88亿美元，比上年的24.55亿美元增长38%。

进口商品结构　初级产品进口额107 317万美元，占进口总额的31.7%；工业制成品进口额为231 447万美元，占进口总额的68.3%。

湖北省2004年出口额1 000万美元以上商品情况表

金额分类	商品名称	出口金额（万美元）	占出口总额比重（%）
4 000万美元以上（11种）	服装及衣着附件	59 258.94	17.53
	钢材	32 354.40	9.58
	纺织纱线、织物及制品	26 112.23	7.72
	船舶	14 106.11	4.17
	无线电话机	11 101.15	3.28
	医药品	10 042.73	2.96
	蔬菜	5 051.33	1.51
	电子计算机	4 937.10	1.45
	鞋类	4 420.56	1.30
	蘑菇罐头	4 377.73	1.30
	钢坯及粗锻件	4 046.19	1.18
2 000万—4 000万美元（9种）	汽车零件	3 997.80	1.18
	家具	3 517.84	1.03
	活猪（种猪除外）	3 452.08	1.03
	塑料制品	3 169.02	0.95
	蓄电池	2 985.00	0.89
	硅铁	2 942.27	0.89
	旅行用品及箱包	2 336.03	0.68
	汽车和汽车底盘	2 209.45	0.65
	合成有机燃料	2 054.85	0.62
1 000万—2 000万美元（8种）	天然蜂蜜	1 797.73	0.53
	未锻造的铝及铝材	1 767.82	0.53
	床垫、卧具用品	1 278.14	0.38
	手用或手用工具	1 170.17	0.35
	植物榨油后的剩余物	1 155.13	0.34
	轴承	1 060.08	0.31
	金属加工机床	1 043.56	0.31
	玻璃制品	1 015.27	0.30

湖北省2004年主要出口市场情况表

国别（地区）	出口金额（万美元）	占出口总额比重（%）	国别（地区）	出口金额（万美元）	占出口总额比重（%）
欧盟	60 016.36	17.74	非洲	9 192	2.72
日本	40 310.03	11.91	印度	6 496.72	1.92
香港	38 303.88	11.32	沙特阿拉伯	6 025.84	1.78
美国	36 559.20	10.81	大洋洲	4 900.78	1.45
东盟	35 781.76	10.58	阿联酋	4 407.21	1.30
韩国	29 172.56	8.62	加拿大	3 875.52	1.16
拉美	23 606.83	6.98	澳大利亚	3 779.64	1.11
台湾省	11 831.40	3.50			

湖北省2004年进口额1 000万美元以上商品情况表

金额分类	商 品 名 称	进口金额（万美元）	占进口总额比重（%）
4000万美元以上（9种）	铁矿砂	59 302.27	17.51
	汽车零件	15 537.62	4.59
	铜矿砂	15 750.70	4.65
	氧化铝	10 085.57	2.98
	活塞式内燃机的零件	9 928.92	2.93
	对苯二甲酸	6 758.20	2.00
	无线电话机	5 717.61	1.69
	棉花	5 499.81	1.62
	光通信用石英材料	4 699.24	1.39
3 000万—4 000万美元以上（10种）	机动散货船	3 355.37	0.99
	锻压或冲压工具	3 332.96	0.98
	往复式活塞发动机	2 992.48	0.89
	钢铁废碎料	2 683.90	0.79
	机织物	2 510.63	0.74
	具有独立功能的机器及机械器具	2 468.73	0.73
	船舶用柴油机	2 435.52	0.72
	铝箔	2 424.35	0.72
	测量或检测仪器	2 070.09	0.61
	彩色数据/图形显示管	2 028.81	0.60
1 000万—2 000万美元（35种）	机械、大豆、沥青、纸、硫磺、集成电路、纺织机械、发电机零件、阀门、起重机、铝合金、钢材、聚丙烯、汽车零部件、内燃机、油菜籽、豆油等	50 341.73	14.86

湖北省2004年主要进口市场情况表

国别（地区）	进口金额（万美元）	占进口总额比重（%）	国别（地区）	进口金额（万美元）	占进口总额比重（%）
欧 盟	97 977.19	28.93	韩 国	14 471.40	4.27
日 本	51 795.96	15.29	台湾省	13 550.27	4.00
美 国	28 344.79	8.37	东 盟	11 359.02	3.35
澳大利亚	27 373.00	8.08	印 度	9 127.71	2.69
香 港	20 364.41	6.01	秘 鲁	7 464.05	2.20
巴 西	15 328.22	4.53	加拿大	6 384.33	1.88
南 非	14 620.96	4.32	智 利	4 264.50	1.26

【利用外资】

湖北省2004年利用外资情况表

利用外资方式	批准签订的合同			实际利用外资	
	项目数（个）	外资金额（万美元）	金额比上年增长（%）	金额（万美元）	金额比上年增长（%）
外商直接投资	568	188 534	-25.93	174 445	12.04
合资企业	239	75 209	-54.33	120 698	15.37
合作企业	30	15 931	13.32	3 330	-65.86
外资企业	297	96 937	28.82	47 235	15.49
股份有限公司	2	457	-12.28	762	78.04
外商其他投资	-	28 820	14.36	28 516	-29.88
加工装配	-	13 820	12.19	13 516	-51.36
国际租赁	-	3 600	-72.06	3 600	-72.06
对外发行股票	-	11 400	增长	11 400	
合　计	**568**	**217 354**	**-22.30**	**202 961**	**3.36**

外商直接投资行业　外商直接投资行业的分布为：生产性项目393个，非生产性项目175个。按行业分，农、林、牧、渔业项目13个，制造业项目377个，采矿业项目6个，建筑业项目15个，电力、燃气及水的生产和供应业10个，房地产业项目43个，居民服务和其他服务业项目6个。

湖北省2004年吸收外商直接投资分国别（地区）情况表

国别（地区）	实际利用外资（万美元）	所占比重（%）	国别（地区）	实际利用外资（万美元）	所占比重（%）
日　本	65 544	37.6	新加坡	3 648	2.1
香　港	42 583	24.4	台湾省	3 036	1.7
法　国	21 401	12.3	澳大利亚	2 202	1.3
英属维尔京群岛	19 195	11.0	泰　国	1 941	1.1
美　国	5 885	3.4	英　国	1 224	0.7

【对外经济合作】

承包工程和劳务合作　完成营业额27 384万美元，比上年增长34.7%；新签合同额31 141万美元，增长4.2%；外派劳务首次突破4 000人次，达到4 042人，增长28.2%；年底在外人数5 854人，增长18.9%。

对外投资　经商务部批准，2004年全省新设立境外生产性企业14家（其中境外加工贸易项目1个），项目分布在俄罗斯、巴西、美国、越南、孟加拉国、香港、澳大利亚、尼日利亚、乌兹别克斯坦、印度、伊朗等国家和地区，涉及国际贸易、工程承包、资源开发、医疗、电子家电和地球物理勘测等领域，项目总投资3 615.85万美元，其中中方投资3 394.35万美元。

【其他】

商务洽谈会　2004年4月11日至4月24日，湖北省经济代表团赴日、韩开展经贸活动，共签订投资贸易合作项目69个，其中投资项目48个，总投资额44 679万美元，协议外资27 526万美元；出口合同13 384万美元。

2004年6月20日至6月25日，湖北省人民政府在香港举办了2004年鄂港经济合作洽谈会，共签约417个项目，总投资69.22亿美元，外商拟投资56.04亿美元。其中签订项目合同220个，总投资46.96亿美元，合同外资26.25亿美元。

港口运输　武汉关区进出口散货货运量为243.9万吨，比上年增长52.4%。其中出口125.43万吨，增长53.1%；

进口 118.47 万吨，增长 68.3%。进出口集装箱量完成 94 874个标箱，增长 26.3%，其中出口 48 700 个标箱，增长23.1%；进口46 174 个标箱，增长30%。按运输方式分，海运量为238.28 万吨，陆运量为5.13 万吨，空运量为0.49 万吨。

涉外旅游 2004 年入境的外国及港澳台人员为 50.19 万人次，旅游外汇收入为 1.92 亿美元，比上年的 1.36 亿美元增长 41.18%。

2004 年武汉市商务发展概况

武汉市对外贸易经济合作局

杨德桢

武汉市对外贸易经济合作局局长

杨德桢 生于1950 年10 月，湖北武汉人。经济管理研究生毕业。1968 年12 月参加工作，1972 年4 月加入中国共产党。历任原电子工业部（机械电子部）第752 厂高级经济师、副厂长、武汉市外商投资办公室副主任、武汉市外经贸委副主任、武汉市外经贸局副局长，2003 年3 月任现职。曾先后荣获“电子工业部先进工作者”、“武汉市劳动模范”、武汉市“五一劳动奖章”称号。

【对外贸易】

进出口总额 2004 年湖北省武汉市进出口总额 42.98 亿美元，比上年的 31.36 亿美元增长 37.1%。

出口总额 出口总额 19.31 亿美元，比上年的 14.81 亿美元增长 30.39%，占全市 GDP 1 596亿元（相当于 235.66 亿美元）的 8.19%，占湖北省出口额的 57.06%。

出口商品结构 初级产品出口额 1.12 亿美元，占出口总额的 7.37%；工业制成品出口额 18.20 亿美元，占出口总额的 92.63%。

出口商品市场 出口商品销往 158 个国家（地区）。

进口总额 进口总额 236 707 万美元，比上年增长 43.04%。

进口商品结构 初级产品进口额 7.18 亿美元，占进口总额的 20.58%；工业制成品 16.49 亿美元，占进口总额的 79.42%。

进口商品市场 进口商品来自 79 个国家（地区）。

武汉市 2004 年出口额 1 000 万美元以上商品情况表

金额分类	商 品 名 称	出口金额（万美元）	占出口总额比重（%）
1 亿美元以上（5 种）	钢材、无线电话机、纺织纱线及制品、船舶、服装及衣着附件	93 319	48.33
1 000 万—5 000 万美元（13 种）	活猪、天然蜂蜜、植物榨油后的剩余物、医药品、钢坯及精锻件、蓄电池、汽车零件、家具、床垫、鞋类、塑料制品、光纤光缆、灯具及照明装置及类似品	28 298	11.90
合 计	**18 种**	**121 617**	**62.98**

武汉市 2004 年主要出口市场情况表

国别（地区）	出口金额（万美元）	占出口总额比重（%）	国别（地区）	出口金额（万美元）	占出口总额比重（%）
美　国	23 450	12.14	荷　兰	9 931	5.14
韩　国	19 220	9.95	安提瓜和巴布达	9 305	4.82
香　港	15 485	8.02	台湾省	9 139	4.73
日　本	14 764	7.65	越　南	5 043	2.61
德　国	10 233	5.30	英　国	4 225	2.19
合　计				**120 795**	**62.56**

武汉市 2004 年进口额 1 000 万美元以上商品情况表

金额分类	商品名称	进口金额（万美元）	占进口总额比重（%）
1 亿美元以上（2 种）	铁矿砂、汽车零件	82 021	34.65
3 000 万—8 000 万美元（7 种）	氧化铝、钢材、活塞式内燃机零件、金属加工机床、集成电路及微电子组件、计量检测分析自控仪器、初级形状的塑料	30 240	18.27
1 000 万—3 000 万美元（14 种）	食用植物油、纸浆、成品油、液泵及液体提升机、印刷装订机、纺织机械、金属冶炼铸造建设设备、金属轧机及零件、橡胶或塑料加工机械、型模及金属铸造用型箱、自动数据处理设备的零件、自动数据处理设备及部件、有线电话电报设备的零件、通断及保护电路装置	21 587	9.12
合　计	**23 种**	**133 848**	**56.55**

武汉市 2004 年主要进口市场情况表

国别（地区）	进口金额（万美元）	占进口总额比重（%）	国别（地区）	进口金额（万美元）	占进口总额比重（%）
日　本	33 120	13.99	巴　西	14 202	6.00
法　国	28 157	11.90	台湾省	10 159	4.29
澳大利亚	22 785	9.63	韩　国	9 535	4.03
德　国	20 908	8.83	西班牙	8 069	3.41
美　国	20 099	8.49	瑞　典	6 108	2.58
合　计				**173 142**	**73.15**

技术进出口　技术进出口总额 67 789 万美元，比上年的 58 100 万美元增长 16.68%，其中高技术产品出口31 039 万美元，比上年的 29 059 万美元增长 6.81%；高技术产品进口 36 750 万美元，比上年的 29 041 万美元增长 26.55%。

【利用外资】

武汉市2004年利用外资情况表

利用外资方式	批准签订的合同			实际利用外资	
	项目数（个）	外资金额（万美元）	金额比上年增长（%）	金额（万美元）	金额比上年增长（%）
外商直接投资	242	127 427		116 063	4.4
增资		27 810			
中外合资企业	112	30 714		86 270	
中外合作企业	9	6 721		11 663	
外资企业	121	62 909			
外商其他投资	25	39 141	21.9	39 141	28.7
境外融资	1	12 600		12 600	
国际租赁	1	3 600		3 600	
加工装配	23	22 941		22 941	
合　计	**267**	**166 568**		**155 204**	**9.6**

外商直接投资行业　242个直接利用外资项目中，生产型项目136个，非生产型项目106个。按行业分，工业项目128个，房地产公用服务业57个，科研技术服务事业25个，商业饮食供销仓储业16个，卫生体育福利事业4个，教育、文艺、广播电视业4个，农林牧渔水利业3个，建筑业3个，交通运输邮电业2个。

外商直接投资来源　外商直接投资来自17个国家（地区）。按实际到位外资金额排列前十位是：日本63 031万美元；香港22 307万美元；英国12 765万美元；法国8 256万美元；澳门2 350万美元；美国1 860万美元；德国1 658万美元；台湾省1 287万美元；加拿大884万美元；新加坡689万美元。

【对外经济合作】

承包工程和劳务合作　签订对外承包工程和劳务合作合同项目28个，金额14 381万美元，比上年的14 145万美元增长1.7%，完成营业额10 625万美元，比上年的8 780万美元增长21%，当年派出劳务人员数1 249人，比上年的2 316人下降46%。

【其他】

开发区　武汉经济技术开发区全年新批利用外资项目24个，合同外资22 019万美元，实际利用外资76 598万美元；外贸出口11 199万美元；实现规模以上工业增加值85.39亿元，比上年增长2.2%；全口径财政收入6.16亿元；固定资产投资52.46亿元，比上年增长42.98%。

东湖新技术开发区以“武汉·中国光谷”为建设中心，全年新批利用外资项目40个，合同外资11 842万美元，实际利用外资24 046万美元；外贸出口22 058万美元；实现规模以上工业增加值98.00亿元，比上年增长11.9%；全口径财政收入4.33亿元，比上年增长33.4%；固定资产投资47.13亿元，比上年增长17.24%。

商务洽谈会　2004年9月23日—26日，第五届中国国际机电产品博览会在武汉国际会展中心举行。本届武博会展出面积6万平方米，2 827个标准展位。共签约外资项目61项，投资总额9.8亿美元，合同外资6.9亿美元；签订外贸出口项目10项，合约总金额约2.8亿美元。

港口运输　武汉水运港口共有泊位530个。2004年口岸出入境人数12.6万人次，比上年上升31%；国际集装箱吞吐量16.8万标箱，比上年增长60%。

涉外旅游　入境的外国人以及港澳台同胞人数为30万人次，比上年增长47.1%；旅游外汇收入1.25亿美元，比上年增长32.5%。

2004年湖南省商务发展概况

湖南省商务厅

湖南省商务厅厅长

毛叙保　生于1949年12月。1969年参加工作，1978年11月加入中国共产党。先后担任过公司副经理、乡党委书记、县委办公室主任、县委常委、市外经贸委副主任、湖南省对外贸易经济合作厅副厅长、党组书记等职。2004年2月任湖南省商务厅党组书记，2004年3月任湖南省商务厅厅长。

【国内贸易】

社会消费品零售总额　2004年湖南省社会消费品零售总额2 069.84亿元，比上年的1 816.31亿元增长14%，为1996年来最高增幅。其中，城市消费品零售额1 145.59亿元，县消费品零售额382.08亿元，县以下消费品零售额542.16亿元。分行业看，批发零售贸易业零售额1 763.78亿元，餐饮零售额269.87亿元，其他行业零售额36.19亿元。

市场物价　商品零售价格指数为103.9（以上年价格指数为100），其中，城市103，农村105；居民消费价格指数105.1（以上年价格指数为100），其中，城市104.1，农村105.7。

市场体系建设　2004年，全省交易额过亿元商品市场129家，完成交易额689亿元，同比增长19.2%。交易额过10亿元市场12个，过百亿元市场3个（湖南高桥大市场、常德桥南市场群、株洲芦淞市场群）。营业面积5 000平方米以上的大型商业网点559个。全省共建商业步行街13条，另有5条正在开工建设。全省2 354个乡镇中，有890多个乡镇已建成农贸市场，约占40%。全省共有典当行40家，2004年实现典当总额83 280笔，涉及金额8.5亿元，其中为中小企业融资9 980笔，涉及金额7.5亿元，分别比上年增长179%和200%。报废汽车回收拆解企业15家，旧机动车交易市场24家。全省拍卖企业168家，注册拍卖师190人，从业人员2 000余人，2004年举行拍卖活动1 200多场次，成交总额25亿元，分别比上年增长35%和45%。

商业改革与发展　截至2004年底，全省商贸流通领域的国有资本在县一级基本退出，在市州一级的改制面达80%，国有资本绝大部分已经退出。14个市州中，长沙、常德、湘潭、株洲、永州、岳阳等市已经完成或基本完成企业改制任务。改制企业中，采取出售转让的占40%，资产重组的30%，实行股份制改造的20%，依法破产的5%。流通领域的结构调整和优化布局步伐加快。非公有经济占社会消费品销售总额的比重达75%，国有和国有控股企业占20%，其他成分的约占5%，其中外资商业企业占1.1%，并呈逐渐提高趋势。分销领域批发、零售两大类中，批发类仍以商品集贸市场为主，但厂家直销、现购自运式的集团批发、规模零售商的团体批发等现代批发业已有较快发展。

酒类产销管理　酒类生产呈现平稳发展态势。全年共生产酒类产品63.9万千升，比上年增长4%；实现销售收入26亿元，比上年增长11.5%；实现利税4.8亿元，比上年增长4.8%。酒类消费呈现稳中有升的良好势头。全年酒类销量达140.5万千升，比上年增长1.8%；酒类销售额158.5亿元，比上年增长2%；酒类流通实现税收近2.5亿元。

【对外贸易】

进出口总额　进出口总额543 866万美元，比上年的373 280万美元增长45.5%。

出口总额　出口总额309 816万美元，比上年的214 630万美元增长44.3%。

出口商品结构　初级产品出口额26 508万美元，占出口总额的8.55%；工业制成品出口额283 307万美元，占出口总额的91.44%，其中机电产品出口额60 659万美元，占出口总额的19.58%，比上年增长40.81%。

出口商品市场 出口商品销往176个国家（地区），比上年增加15个国家（地区）。前10位国家（地区）出口增幅平均超过40%。

湖南省2004年出口额500万美元以上商品情况表

金额分类	商品名称	出口金额（万美元）	占出口总额比重（%）
1亿美元以上（8种）	烟花爆竹、纺织纱线织物及制品、陶瓷、钢材、未锻造的锰、未锻造银、服装及衣着附件、织物制服装	154 558	49.89
1 000万—1亿美元（23种）	活猪（种猪除外）、鲜及冻猪肉、茶叶、葛头咸菜等蔬菜罐头、柑橘属水果罐头、天然石墨、硅、锑的氧化物、医药品、棉机织物、棉浴巾、陶瓷、铸铁制品、未锻造的锌及锌合金、未锻轧铅、手用或机用工具、彩色电视显像管、印刷电路、汽车零件、摩托车、旅行用品及箱包、皮革服装、鞋类	72 497	23.40
500万—1 000万美元（12种）	亚麻及苎麻纱线、猪鬃、纸烟、合成有机染料、锌钡白（立德粉）、纺织机械及零件、轴承、电视机、皮革手套、皮面鞋、仪器仪表、生命科学技术	9 295	3.00
合　计	**43种**	**233 627**	**76.29**

湖南省2004年主要出口市场情况表

国别（地区）	出口金额（万美元）	年增长率（%）	占出口总额比重（%）	国别（地区）	出口金额（万美元）	年增长率（%）	占出口总额比重（%）
中国香港	53 626	41.08	17.31	俄罗斯及东欧	17 266	55.65	5.57
欧　盟	47 592	44.39	15.36	韩　国	16 872	59.17	5.45
美　国	47 486	60.35	15.33	中　东	12 436	37.81	4.01
日　本	32 183	48.89	10.39	台湾省	9 761	46.47	3.15
东　盟	25 689	39.22	8.29	印　度	4 572	75.44	2.13

进口总额 进口总额234 050万美元，比上年的135 062万美元增长47.2%。

进口商品结构 初级产品进口额86 193万美元，占进口总额的36.82%；工业制成品进口额147 857万美元，占进口总额的63.17%，其中机电产品进口额113 626万美元，占进口总额的48.55%。

进口商品市场 进口商品来自81个国家（地区），比上年增加18个。

技术进出口 全省技术进口合同注册26份，合同金额6 254万美元，其中技术费4 846万美元，设备费1 408万美元。引进方式主要为专有技术的许可和转让，技术咨询、技术服务等。项目分布的行业主要是制造业，尤以黑色金属冶炼及压延加工业、交通运输设备制造业为主；进口的国家主要是日本、奥地利、意大利、荷兰、瑞典等。

全省高新技术产品出口总额102 754万美元，比上年的62 271万美元增加40 483万美元，增长65%，占全省出口总额的33.16%。高新技术出口超过1 000万美元的产品有高纯银12 072万美元、多晶硅及非晶硅5 809万美元、高纯铅4 249万美元、高纯锌4 214万美元、高纯二氧化二锑3 413万美元、电解二氧化锰2 843万美元、泡沫镍1 944万美元、高纯铋1 873万美元。高新技术产品出口主要市场情况：香港21 958万美元、日本16 860万美元、美国10 657万美元、荷兰9 443万美元、台湾省4 971万美元、韩国4 898万美元、印度4 739万美元、印尼4 138万美元、加拿大3 825万美元。一般贸易是高新技术产品的主要出口方式，全年高新技术产品一般贸易出口90 358万美元，增长61.32%，占高新技术产品出口总额的87.94%，进料加工出口10 527万美元，增长97.84%；来料加工出口1 868万美元，增长117.46%。

湖南省2004年进口额500万美元以上商品情况表

金额分类	商品名称	进口金额（万美元）	占进口总额比重（%）
1 000万美元以上（17种）	大豆、饲料用鱼粉、纸浆、锰矿砂及其精矿、铁矿砂及其精矿、乙二醇、制电灯泡及类似品用玻璃外壳、钢材、建筑及采矿用机械及零件、印刷装订机械及零件、金属加工机床、自动数据处理设备及其部件、阴极射线管零件、集成电路及微电子组件、汽车零件、医疗仪器及器械、计量检测分析自控仪器及器具	130 243	55.65
500万—1 000万美元（13种）	豆油、其他植物油、未锻造的铜及铜材、铜材、制冷设备用压缩机、机械提升搬运装卸设备及零件、玻璃热加工机械及零件、橡胶或塑料加工机械及零件、手持或车载无线电话机、阀门、变压整流电感器及零件、电线和电缆、航空航天技术	9 223	3.94
合 计	**30种**	**139 466**	**59.59**

湖南省2004年主要进口市场情况表

国别（地区）	进口金额（万美元）	年增长率（%）	占进口总额比重（%）	国别（地区）	进口金额（万美元）	年增长率（%）	占进口总额比重（%）
日本	46 420	28.83	19.83	澳大利亚	13 499	130.00	5.77
韩国	29 511	6.01	12.61	加拿大	10 916	96.54	4.66
德国	21 203	-11.24	9.06	巴西	8 708	120.96	3.72
美国	17 788	76.17	7.60	秘鲁	6 171	75.81	2.64
印度	16 027	352.36	6.85	台湾省	4 575	-31.35	1.95

【利用外资】

新批外商投资企业项目636个，比上年增长24.95%；合同外资260 743万美元，增长94.75%，高于全国水平61.37个百分点；实际使用外资141 803万美元，增长39.25%，高于全国水平25.93个百分点。

湖南省2004年利用外资情况表

利用外资方式	合同利用外资		实际利用外资	
	项目数（个）	外资金额（万美元）	外资金额（万美元）	所占份额（%）
对外借款	10		21 890	13.37
外商直接投资	636	260 728	141 806	86.63
合资企业	232	46 796	30 012	18.33
合作企业	48	30 900	10 389	6.35
外资企业	353	181 472	100 003	61.09
股份有限公司	3	1 560	1 402	0.86
合 计	**646**		**163 696**	**100**

外商直接投资行业 外商直接投资项目中，按产业分，第一产业项目43个，合同利用外资金额11 256万美元，占4.32%，实际利用外资金额5 537万美元，占3.91%；第二产业项目364个，合同外资金额121 398万美元，占46.56%，实际利用外资金额71 730万美元，占50.58%；第三产业项目229个，合同利用外资金额128 074万美元，占49.12%，实际利用外资金额64 539万美元，占45.51%。

外商直接投资来源 按实际到位外资金额排列前8位是：香港75 726万美元，占全省实际利用外资总额的53.08%；美国12 863万美元，占9.07%；台湾省12 084万美元，占8.52%；澳门6 367万美元，占4.49%；加拿大5 121万美元，占3.61%；英国4 872万美元，占3.44%；马来西亚3 654万美元，占2.58%；韩国3 500万美元，占2.47%。

外商直接投资生产经营情况 截至2004年底，全省共批准外商直接投资企业7 658家，合同外资金额143.52亿美元，实际使用外资金额99.91亿美元。2004年外商直接投资企业进出口额108 424万美元，其中出口51 505万美元。全年在湖南省落户的世界500强企业新增3家，世界500强在湖南省直接投资企业已达32家；中彩视讯、南方数码等一批投资额较大的外资企业相继开工投产；HEG、恒安纸业等一批现有外资企业纷纷增资扩股，全年现有外资企业增资扩股的到资额占全省实际使用外资总额的1/3。外商直接投资行业仍以制造业和房地产业为主。全年制造业的合同外资为91 279万美元，占全省合同外资的35%，同比增长19.20%；实际使用外资59 989万美元，占全省实际使用外资额的42.30%。房地产业的合同外资为69 787万美元，占全省合同外资的26.77%，同比增长94.06%；实际使用外资32 193万美元，占全省实际使用外资额的22.70%。

【对外经济合作】

承包工程与劳务合作 新签合同额61 442万美元，同比增加22 333万美元，同比增长幅度57%；完成营业额46 236万美元，同比增加7 643万美元，同比增长幅度20%；派出劳务6 503人，同比增加1 476人，同比增长幅度29%。年末在外劳务人数13 011人，同比增加3 993人，同比增长幅度44%。外经业务项目涉及的主要行业有房屋建筑、电力工业、交通运输和制造业、餐饮业等。新签合同额大幅增长。新签合同额在1 000万美元以上有7家。外经业务涉及到74个国家和地区，主要分布在亚洲、非洲、欧洲及境内四大市场。亚洲市场合同额16 737万美元，营业额8 369万美元，派出人数789人，年末在外人数5 699人；非洲市场合同额17 476万美元，营业额6 503万美元，派出人数219人，年末在外人数748人；欧洲市场合同额1 209万美元，营业额1 777万美元，派出人数128人，年末在外人数1 195人；境内的外资项目合同额15 846万美元，营业额22 322万美元。新签合同额前5位国家（地区）：中国澳门13 720万美元，喀麦隆10 500万美元，南非2 971万美元，沙特阿拉伯1 742万美元，德国1 203万美元。

对外经济技术援助 正在执行的援外项目有23个，新增2个。5家企业申请了援外资格认定，并已获批准。

接受经济援助 目前正在执行的项目17个，金额900万美元，执行期满结束4个，申报项目19个，获批准项目4个，金额614万美元。

对外投资 新批境外投资企业14家，合同总投资额4 318万美元，其中中方投资额3 268万美元，占76%，其中澳大利亚小肥羊专卖有限公司、莫斯科存瑞有限公司、肯尼亚湘晖工业制造有限公司、中泰三金有色金属有限公司等已进入实施阶段。对外投资所在国主要为：澳大利亚、泰国、肯尼亚、印度尼西亚、越南、泰国等，涉及行业主要为：餐饮业、机械制造业、有色金属冶炼业、服装制造业等。累计设立境外投资企业41家，合同投资额为9 444万美元，其中中方合同投资额为6 869万美元，占73%，阿尔及利亚神州龙、英国中联保路捷、越中恒丰、南非东方农业旅游、美国迈吉娱乐、乌干达岳阳林纸、澳大利亚小肥羊等20家企业运作情况良好。

【其他】

开发区 长沙经济技术开发区引进项目72个，项目总投资111.27亿元，新引进企业36家。其中引进外资项目14个，外资增资项目3个，总投资4.6亿美元，合同利用外资1.7亿美元，实际利用外资1亿美元。截至2004年，全区累计引进外资企业69家，其中世界500强企业9家，累计实际利用外资6.3亿美元，完成固定资产投资196亿元。全年出口3.5亿美元。

商务洽谈会 2004年6月30日在德国慕尼黑举办了2004年中国湖南（欧洲）投资洽谈活动周，共签订合同引资项目18个、合同利用外资10 861万美元；协议项目17个、协议利用外资11 732万美元；意向项目10个；出口成交5 300万美元。

10月21日至25日，2004年中国湖南投资贸易洽谈会（简称“湘洽会”）在省会长沙成功举办。“湘洽会”共签订外资项目246个，引进外资25.2亿美元（合同项目220个、合同利用外资19.6亿美元；协议项目20个，协议利用外资 1.8 亿美元；意向外资项目 6 个，意向利用外资 3.8 亿美元）。内资项目 362 个，引进省外境内资金 662.93 亿元（合同项目 311 个，引进资金 451.98 亿元；协议项目 45 个，协议引资 203.5 亿元；意向项目 6 个，意向引资 7.46 亿元）。出口成交 2.26 亿美元，内贸成交 83.64 亿元。

第八届“厦交会”上，湖南省共签约省级项目 12 个，签约外资 9 733 万美元，其中合同利用外资 6 733 万美元。

第六届“高交会”上，湖南省共有 19 个高新技术项目签约成交，其中外资项目 7 个，合同利用外资 14 748 万美元。

2004 年广东省商务发展概况

广东省经济贸易委员会　广东省对外贸易经济合作厅

广东省经济贸易委员会主任

陈冰　生于 1947 年 4 月，广东海丰人，汉族，中共党员，大专学历。现任广东省经济贸易委员会主任、党组书记。曾任广东省大宝山矿矿长、党委书记，广东省盐业总公司党组书记、总经理，广东省总工会主席、党组书记，中共潮州市委书记、潮州市人大常委会主任。

广东省对外贸易经济合作厅厅长

梁耀文　生于 1952 年 3 月，广东东莞人。中共中央党校世界经济专业研究生毕业，经济师，工艺美术师。1970 年 9 月参加工作。1974 年 6 月加入中国共产党。历任中国包装进出口总公司广东公司总经理、党委书记，广东省对外经济贸易委员会人事处处长、副主任、党组成员，广东省肇庆市副市长，广东省对外贸易经济合作厅副厅长、党组副书记等职。2003 年 3 月任广东省对外贸易经济合作厅厅长、党组书记。

【国内贸易】

社会消费品零售总额　2004 年广东省社会消费品零售总额 6 370.42 亿元，连续 22 年居全国首位，比上年的 5 606.02亿元增长 13.6%，扣除物价因素，实际增长 10.4%。其中，城市消费品零售额 4 268.24 亿元，县消费品零售额 310.53 亿元，县以下消费品零售额 1 791.65 亿元。分行业看，批发零售贸易业零售额 5 338.79 亿元，餐饮业零售额 997.51 亿元，其他行业零售额 34.12 亿元。

批发零售贸易业商品购、销、存总额　批发零售贸易业商品销售总额 14 051.24 亿元，比上年的 11 784.12 亿元增长 19.2%，其中，限额以上企业 7 405.45 亿元，限额以下企业 6 645.79 亿元。限额以上批发零售贸易业年末库存总额 343.56 亿元。

市场物价　商品零售价格指数为 103.7%（以上年价格为 100）；其中城市 109.4%，农村 111.7%，居民消费价格指数为 103.0%（以上年价格为 100），其中城市 102.6%；

农村103.7%。

市场体系建议 商品交易市场逐步走向规模化、专业化，促进消费作用不断增强。2004年末全省拥有各类商品交易市场6 902家，其中亿元以上商品交易市场293家，实现成交额1 589.88亿元，比上年增长6.1%。广东全面启动城市商业网点规划的编制工作，广州市已完成城市商业网规划并由市政府颁布实施，珠海市已完成城市商业网点规划编制工作，其他大部分城市在完成基础性调研后进入编制阶段。其他行业稳定发展。2004年末，广东拥有拍卖企业417家，增长14.9%，占全国1/9；拍卖成交总额300亿元，占全国的1/8。年末全省拥有典当行107家，占全国的8%，主要集中在广州、深圳、佛山、东莞等珠江三角洲地区。年末全省拥有各类旧货市场100多家，全年旧货交易总额逾50亿元。随着我国零售市场不断开放，国际零售巨头如沃尔玛、家乐福、吉之岛、易初莲花等纷纷抢滩登陆广东，以连锁超市、购物中心、便利店、专卖店等新兴零售业在广东各地大规模扩张，提升了广东零售业现代化水平，加快了现代流通业的进程。

商业改革与发展 广东国有流通企业改革迈出新步伐，劣势企业的退出，中小企业的改制，大型企业的重组取得成效。以连锁经营、物流配送为代表的现代流通方式发展迅速，各种适应消费需求和市场竞争的新业种、新业态方兴未艾，从珠江三角洲向全省推进。2004年末全省拥有连锁企业127家，分店4 657家，全年实现销售总额736.72亿元，增长42.1%。其中外资连锁企业实现销售额445.41亿元，增长53%。在中国连锁经营协会“2004中国连锁百强企业中”，广东入选的企业有7家；在国家商务部调查统计的“2004年全国连锁经营企业30强”中，广东有华润万家有限公司、新一佳超市有限公司、人人乐连锁商业（集团）有限公司等3家企业入选。现代物流发展迅速，全年广东完成货运周转量3 938.9亿吨公里，增长7.4%。涌现了一批第三方物流如广东宝供物流、深圳招商物流等企业。在全国物流100家“中国物流强势企业”中，广东有19家企业入选，排全国第二；在全国10家“中国物流近3年快速发展企业”中，广东有4家企业入选，排全国第一；在全国30家“中国民营物流精英企业”中，广东有9家企业入选，排全国第一。粤港物流合作迈上新台阶。广东与香港合作，先后举办了首届粤港物流合作洽谈会和2004佛山（国际）物流合作洽谈会，并分别在佛山、东莞、江门等市联合举办了现代物流论坛暨粤港现代物流服务巡回演讲系列活动，起到了积极的示范作用。全年在CEPA框架下，764个香港服务提供者中，有347个是运输服务和物流，占45.4%；粤港物流合作签约项目超过100个，金额达100亿元以上人民币。广东省人民政府培育的25家流通龙头企业保持良好的发展势头，全年实现营业额1 017.4亿元，增长11.4%。广东大型流通企业发展势头好，广东物资企业集团公司是广东省流通企业进入全国500强的首家企业。在国家商务部确定重点培育的20家大型流通企业中，广东物资企业集团公司、华润万家有限公司、新一佳超市有限公司入选。开拓国内市场成效显著。广东坚持“政府搭台、企业唱戏”的形式，大力推进区域经贸合作，开拓“广货”市场，一年来先后举办了首届泛珠三角区域（9+2）经贸合作洽谈会、首届中国中小企业博览会、广东省第三届珠江三角洲地区与山区经贸合作洽谈会等大型经贸活动，组织经贸代表团随广东省党政代表团赴广西、湖南和东北三省、云南、四川、贵州、江西、福建、海南、新疆等省区开展全方位、多层次经贸交流活动。据统计，全年广东共组织企业12 000人次，与20个省市区开展经贸活动，签订经贸合同总额5 000多亿元。

【对外贸易】

进出口总额 进出口总额3 571.33亿美元，比上年的2 836.46亿美元增长25.91%。

出口总额 出口总额1 915.58亿美元，比上年的1 529.44亿美元增长25.25%，占全国出口总额的32.28%，出口额全国排名第1。

出口商品结构 初级产品出口额47.87亿美元，占出口总额的2.50%；工业制成品出口额1 867.72亿美元，占出口总额的97.50%。

出口商品市场 出口商品销往222个国家（地区）。

进口总额 进口总额1 655.75亿美元，比上年的1 307.02亿美元增长26.68%。

进口商品结构 初级产品进口额185.13亿美元，占进口总额的11.18%；工业制成品进口额1 470.62亿美元，占进口总额的88.82%。

进口商品市场 进口商品来自175个国家和地区。

技术进口 对外签订技术进口合同466个，比上年增加84个；技术进口合同总金额为6.51亿美元，下降49.34%。其中技术费为6.45亿美元，下降46.16%，占合同总额的99.08%；设备费642.93万美元，下降92.57%，占合同总金额的0.99%。技术引进项目的技术含量继续保持较高水平。

专利、专有技术的许可或转让与技术咨询是引进的主要方式。全年签订专利、专有技术许可或转让合同219个，比上年增长19.02%，合同金额4.97亿美元，占合同总金额的76.34%；签订技术咨询、技术服务合同163个，占合同总数的34.98%，合同金额1.08亿美元，占合同总金额的16.59%。计算机软件进口也有较大增长，合同数量达到52个，比上年增长62.5%。

广东省2004年出口额5 000万美元以上商品情况表

金额分类	商品名称	出口金额（亿美元）	占出口总额比重（%）
1亿美元以上（323种）		**1 526.78**	**79.70**
	8471所列其他机器的零件、附件	112.98	
	重量≤10公斤的便携数字式自动数据处理设备	43.69	
	数字化视频光盘（DVD）播放机	41.01	
	液晶显示器	37.72	
	手持（包括车载）无线电话机	37.35	
	其他数字照相机	31.80	
	激光打印机	29.66	
	光盘驱动器	28.74	
	与电视接收机配套使用的电子游戏机	27.88	
	其他玩具等	25.16	
5 000万—1亿美元（204种）		**147.24**	**7.69**
	空气增湿器及减湿器	1.00	
	往复式内燃机摩托车等，50ml<排量≤100ml	1.00	
	硅锰铁	0.99	
	厨房用木家具	0.99	
	未列名化学工业及相关工业化学产品及配制品	0.99	
	带壳的保温瓶	0.99	
	16、18、20英寸越野自行车	0.98	
	瓷制固定卫生设备	0.98	
	其他手提式电动工具	0.98	
	印有个人问候、祝贺、通告的卡片等	0.97	

广东省2004年主要出口市场情况表

国别（地区）	出口金额（亿美元）	占出口总额比重（%）	国别（地区）	出口金额（亿美元）	占出口总额比重（%）
香港	686.39	35.83	英国	48.36	2.52
美国	457.93	23.91	韩国	41.11	2.15
日本	127.88	6.68	新加坡	35.39	1.85
德国	58.09	3.03	台湾省	27.93	1.46
荷兰	52.67	2.75	法国	25.87	1.35
合计				**1 561.61**	**81.52**

广东省2004年进口额5 000万美元以上商品情况表

金额分类	商品名称	进口金额（亿美元）	占进口总额比重（%）
1亿美元以上（258种）		**1 227.44**	**74.13**
	其他单片集成电路	112.72	
	其他线宽≤0.18微米数字单片集成电路	65.12	
	液晶显示板	45.63	
	8471所列其他机器的零件、附件	40.98	
	石油原油及从沥青矿物提取的原油	36.77	

广东省2004年进口额5 000万美元以上商品情况表（续）

金额分类	商品名称	进口金额（亿美元）	占进口总额比重（%）
1亿美元以上（258种）	其他0.18＜线宽≤0.35微米数字单片集成电路	28.43	
	其他线宽＞0.35微米数字式单片集成电路	26.70	
	5—7号燃料油	26.38	
	混合集成电路	26.07	
	手持式无线电话机零件等	23.08	
5 000万—1亿美元（214种）		**151.81**	**9.17**
	未列名塑料板、片、膜、箔、扁条	0.99	
	其他以橡胶或39章聚合物为基本成分的黏合剂	0.99	
	未缝制的整张水貂皮	0.99	
	未列名物镜	0.98	
	其他超过16公斤的整张牛皮	0.98	
	其他锻造或冲压机床及锻锤	0.97	
	其他初级形状聚酰胺-6、-11、-12、-6.6等	0.97	
	颜料及以其为基本成分的制品	0.97	
	未列名有线数字通讯设备	0.96	
	其他未涂未漂白牛皮纸（150g＜平方米重＜250g）等	0.96	

广东省2004年主要进口市场情况表

国别（地区）	进口金额（亿美元）	占进口总额比重（%）	国别（地区）	进口金额（亿美元）	占进口总额比重（%）
日本	281.56	17.01	香港	58.85	3.55
台湾省	274.01	16.55	泰国	51.32	3.10
韩国	140.74	8.50	新加坡	48.14	2.91
美国	89.24	5.39	德国	39.03	2.36
马来西亚	72.67	4.39	菲律宾	34.40	2.08
合计				**1 089.96**	**65.83**

技术进口仍集中于北美洲、亚洲和欧洲。2004年从北美洲、亚洲和欧洲引进的技术合同金额分别为3.25亿美元、2.72亿美元和0.39亿美元，占总额的49.92%、43.32%和5.99%。美国成为广东省最大的技术引进来源国，合同金额3.24亿美元，占合同总金额的49.77%。从美国、日本和韩国进口的技术项目286个，占合同总金额的86.94%。

制造业仍是技术引进的大头，主要集中于电子、化工等行业。制造业的技术引进合同金额占全部技术引进的88.48%。其中，电子及通信设备制造业是全省技术引进最为集中的领域，共签订技术引进合同102个，增长12.09%，合同金额2.94亿美元，占合同总金额的45.16%。社会服务业增长迅速。全年共签订社会服务业方面的技术引进合同85个，增长93.18%，合同金额0.28亿美元，增长40%。

【利用外资】

广东省2004年利用外资情况表

利用外资方式	批准签订的合同			实际利用外资	
	项目数（个）	外资金额（万美元）	金额比上年增长（%）	金额（万美元）	金额比上年增长（%）
外商直接投资	8 322	193.60	43.57	100.12	34.14
合资企业	1 215	30.38		22.52	
合作企业	206	9.16		8.37	

广东省 2004 年利用外资情况表（续）

利用外资方式	批准签订的合同			实际利用外资	
	项目数（个）	外资金额（万美元）	金额比上年增长（%）	金额（万美元）	金额比上年增长（%）
外资企业	6 898	152.33		67.92	
股份有限公司	3	1.72		1.31	
外商其他投资	2 208	28.18	78.78	28.88	27.2
加工装配	2 208	24.84	61.88	25.54	20.54
对外发行股票		3.34	700.43	3.34	120.14
合　计	**10 530**	**221.78**	**47.25**	**128.99**	**32.51**

外商直接投资行业　在新批准的 8 322 个外商直接投资项目中，生产性项目占 71.32%。按行业分，农林牧渔业 190 个，采矿业 16 个，制造业 5 935 个，电力、煤气及水的生产和供应业 58 个，建筑业 37 个，交通运输、仓储及邮政业 159 个，批发和零售业 218 个，房地产业 229 个，卫生、社会保障和社会福利业 2 个，教育业 4 个，文化、体育和娱乐业 27 个，科学研究、技术服务和地质勘查业 205 个。

外商直接投资来源　外商直接投资来自 97 个国家（地区）。其中香港 5 122 个，合同外资金额 95.2 亿美元；英属维尔京群岛 610 个，36.19 亿美元；日本 220 个，8.72 亿美元；台湾省 589 个，6.31 亿美元；澳门 418 个，6.10 亿美元；美国 309 个，5.66 亿美元；萨摩亚 234 个，4.84 亿美元；开曼群岛 28 个，3.82 亿美元；百慕大 3 个，3.16 亿美元；新加坡 137 个，2.95 亿美元；英国 38 个，2.20 亿美元；韩国 127 个，2.14 亿美元；毛里求斯 57 个，1.57 亿美元；文莱 112 个，1.44 亿美元；德国 28 个，1.35 亿美元。

外商直接投资企业生产经营情况　截至 2004 年底，全省经批准的外商直接投资企业累计 111 326 万家。大批技术和管理先进的外商投资企业取得较好的经济效益。当年全省外商投资企业出口总额 1 217.1 亿美元，占全省出口总额的 63.5%。

【对外经济合作】

承包工程和劳务合作　签订对外承包工程和劳务合作合同项目 12 294 宗，金额 19.60 亿美元，比上年的 12.03 亿美元增长 62.9%；完成营业额 19.00 亿美元，比上年的 10.92 亿美元增长 73.9%。当年派出劳务人员 9 794 人次，年末在外 17 948 人。主要派往的国家和地区包括中国澳门、香港。

广东省 2004 年承包工程的主要项目及国别

序号	项目名称	承建单位	序号	项目名称	承建单位
1	印度电信项目	深圳华为	6	赞比亚 GSM 项目	深圳中兴
2	1200TEU 集装箱船	省机械股份	7	俄罗斯电信项目	深圳华为
3	埃及电信项目	深圳华为	8	2500TEU 集装箱船	省机械股份
4	尼日利亚通讯部项目	深圳中兴	9	突尼斯电信项目	深圳华为
5	尼日利亚电信项目	深圳华为	10	津巴布韦电信项目	深圳华为

对外经济技术援助　承担援外项目 7 个，分别由广东新广国际集团有限公司承担的援巴基斯坦扩大植物检验项目、援阿富汗帕尔旺水利修复项目；由中兴通讯股份有限公司承担的援刚果（金）网络改造项目、援叙利亚高教网项目；由广东源大水利水电集团有限公司承担的援佛得角水坝项目；由广州万安建设监理有限公司承担的援刚果（布）维修项目施工监理、援柬埔寨公路修复项目施工监理，涉及的行业包括农业、水利、通讯、监理等。其中援巴基斯坦扩大植物检验项目已完成，其他项目正在执行。当年派出援外人数 60 人，年末在外人数 41 人。

对外投资　2004 年在海外举办企业（系指非贸易性企业）的项目数 16 个，投资总额 2.43 亿美元，中方投资金额

2.38 亿美元，投资国别（地区）主要包括柬埔寨、坦桑尼亚、越南、埃及、孟加拉国、印度尼西亚、英国、墨西哥、泰国、波兰、韩国。

【其他】

开发区 至 2004 年底，全省开发区共 102 个。其中，国家级开发区 18 个，省级开发区 56，省级以下开发区 28 个。

依据《广东省开发区统计制度》，对全省开发区进行调查统计。本次调查统计的有 69 个经济开发区。2004 年主要经济指标为：全年实现 GDP 1 858.36 亿元，占全省的 11.59%；工业总产值 6187.95 亿元，占 23.16%；外商直接投资项目 1 230 个，占 13.19%；合同外资 60.07 亿美元，占 31.28%；实际利用外资 30.10 亿美元，占 30.07%；进出口贸易额 683.21 亿美元，占 19.13%（其中进口额 261.49 亿美元，占 15.79%；出口额 421.72 亿美元，占 22.02%）财政收入 182.23 亿元，占 12.86%。

国家级开发区 全省 18 个国家级各类开发区（其中经济技术开发区 4 个，高新技术产业开发区 6 个，保税区 6 个，出口加工区 2 个）全年实现工业总产值 4 969.38 亿元，占全省开发区的 80.31%；外商直接投资项目 963 个，占 78.29%；合同外资 33.70 亿美元，占 56.10%；实际利用外资 20.90 亿美元，占 69.45%；进出口贸易总额 633.07 亿美元，占 92.66%；进口贸易额为 237.85 亿美元，占 90.96%；出口贸易额为 395.22 亿美元，占 93.72%；财政收入 160.66 亿元，占 88.16%。

经济技术开发区 全省 4 个国家级经济技术开发区，全年实现工业总产值 1 325.06 亿元；外商直接投资项目 239 个，合同外资 16.49 亿美元，实际利用外资 12.48 亿美元；进出口贸易总额 78.65 亿美元，进口贸易额为 39.71 亿美元，出口贸易额为 38.94 亿美元。

据《商务部关于国家级经济技术开发区 2003 年投资环境综合评价情况的通报》（商资函［2004］48 号），在全国 1995 年以前批准设立的 32 个国家级开发区和南京开发区（即 33 家）中，广州经济技术开发区以 555.1 分的指数分值，名列全国第 2；广州南沙经济技术开发区以 223.3 分的指数分值，排名 25；惠州大亚湾经济技术开发区以 196.6 分的指数分值，排名 27；湛江经济技术开发区以 177.1 分的指数分值，排名 30。

高新技术产业开发区 全省 6 个国家级高新技术产业开发区，全年实现工业总产值 3 506.68 亿元。外商直接投资项目 477 个，合同外资 13.86 亿美元；实际利用外资 5.96 亿美元。进出口贸易总额 275.01 亿美元，进口贸易额为 54.26 亿美元，出口贸易额 220.75 亿美元。

保税区 全省 6 个保税区，全年实现工业总产值 111.88 亿元。外商直接投资项目 229 个，合同外资 2.43 亿美元；实际利用外资 2.24 亿美元。进出口贸易总额 274.84 亿美元，进口贸易额为 141.94 亿美元，出口贸易额 132.90 亿美元。

出口加工区 全省 2 个出口加工区，全年实现工业总产值 25.76 亿元。外商直接投资项目 18 个，合同外资 0.92 亿美元；实际利用外资 0.22 亿美元。进出口贸易总额 4.57 亿美元，进口贸易额为 1.94 亿美元，出口贸易额 2.63 亿美元。

省级各类开发区 本次调查统计的 51 个省级各类开发区，其中经济开发试验区 41 个，高新技术产业开发区 10 个。全年实现工业总产值 1218.57 亿元，占全省开发区的 19.69%；外商直接投资项目 267 个，占 21.71%；合同外资 26.37 亿美元，占 43.90%；实际利用外资 9.19 亿美元，占 30.55%；进出口贸易总额 50.14 亿美元，占 7.34%（其中进口贸易额为 23.64 亿美元，占 9.04%；出口贸易额为 26.50 亿美元，占 6.28%）；财政收入 21.57 亿元，占 11.84%。

商务洽谈会 2004 粤港经济技术贸易合作交流会于 5 月 19 日在香港会议展览中心举行。交流会期间，共签订项目 378 个，吸收外资 43.70 亿美元，其中合同外资 31.14 亿美元，协议外资 4.48 亿美元，意向外资 8.08 亿美元。贸易成交 25.9 亿美元，其中出口 19.3 亿美元，进口 6.6 亿美元。

2004 年粤台经济技术贸易交流会于 7 月 7 日至 8 日在肇庆市成功举行。交流会共签订合同、协议、意向 231 个，外资总额 16.50 亿美元，其中合同外资 11.25 亿美元。

在第八届中国投资贸易洽谈会上，广东省代表团共签订合同、意向、协议 20 个，投资总额达 2 亿美元，外资金额 1.6 亿美元。

2004 粤港—欧洲经济技术贸易合作交流会和 2004 粤澳—葡萄牙经济技术贸易合作交流会分别于 10 月 19 日和 10 月 26 日在英国伦敦和葡萄牙里斯本举行，共签订各类投资和贸易金额 47.6 亿美元，其中外商投资项目 201 个，外资金额 26.2 亿美元；贸易成交金额 21.4 亿美元，其中出口 15.71 亿美元，进口 5.67 亿美元。

2004 非洲三国系列经贸活动由广东省委书记张德江率领中共代表团和包括 80 多名企业家在内的广东省经济贸易代表团参加，访问了南非、埃及和阿尔及利亚。共签订合作项目总金额24.3亿美元。其中，贸易成交12.4亿美元（出口6.4亿美元，进口6.0亿美元）；对外投资项目11个，金额1.1亿美元；签订承包工程项目16个，金额10.8亿美元。

港口运输 截至2004年12月31日，全省经国家批准对外开放的一类口岸有51个（其中陆路10个，港口口岸36个，航空口岸5个），占全国的22%；在36个港口口岸中，客运口岸25个，货运口岸19个（部分是客货运口岸）；经省政府批准对外开放的二类口岸有90个（其中水运84个，公路1个，铁路5个）；还有进出境货运车辆检查场59个。经过挖潜、更新、改造，现有口岸通过能力：入出境旅客2.2亿人次以上，进出口货物2.6亿吨以上，入出境交通运输工具1 500万辆（艘、列、架）次以上。

2004年，经广东口岸入出境的旅客21 874万人次，比上年增长22.5%；进出口货物25 350万吨，增长9.6%，其中进口15 656万吨，增长11.7%，出口9 694万吨，增长6.4%；按运输方式分，从水路口岸进出的货运量20 667万吨，增长12.3%，其中进口13 558万吨，增长14.1%，出口7 109万吨，减少8.9%；入出境交通工具1 323万（辆、艘、列、架）次，增长2.9%。

2004年广州市商务发展概况

广州市对外贸易经济合作局

广州市对外贸易经济合作局局长

肖振宇　生于1956年11月，江西吉安人。理学博士，美国麻州大学MBA研究生，教授级高级工程师。历任中国有色金属广东地质局总工程师、副局长，广东省旅游集团公司董事、副总经理等职。2003年5月任广州市对外贸易经济合作局局长、党委书记。

【对外贸易】

进出口总额 2004年广东省广州市（地区）进出口总额447.96亿美元，比上年的349.44美元增长28.19%；（地方）进出口总额381.13亿美元，比上年的285.44亿美元增长33.52%。

出口总额 （地区）出口总额214.73亿美元，比上年的168.89亿美元增长27.14%；（地方）出口总额184.37亿美元，比上年的140.31亿美元增长31.40%，占全市GDP 4 115.81亿元（相当于4.97亿美元）的4.48%，占全省出口总额1 915亿美元的9.62%。广州（地区）出口总额居全国各城市出口规模第5名。

出口商品结构 初级产品出口额32.10亿美元，占出口总额的17.41%；工业制成品出口额152.27亿美元，占出口总额的82.59%。

出口商品市场 出口商品销往205个国家和地区。

进口总额 （地区）进口总额233.23亿美元，比上年的180.55亿美元增长29.18%；（地方）进口总额196.76亿美元，比上年的145.14亿美元增长35.57%。

进口商品结构 初级产品进口额77.65美元，占进口总额的39.46%；工业制成品进口额119.11美元，占进口总额的60.54%。

进口商品市场 进口商品来自152个国家和地区。

技术进出口 技术进出口总额1.85亿美元，比上年的0.99亿美元增长85.77%。登记技术进口合同项目203个，比上年的154个增加31.82%；合同金额1.84亿美元，比上年的0.87亿美元增长111.52%；登记技术出口合同项目1个，合同金额35万美元，比上年的376.66万美元下降90.71%；登记软件出口合同32个，合同登记金额367万美元，比上年的849.65万美元下降131.51%。

广州市2004年出口额5 000万美元以上商品情况表

金额分类	商 品 名 称	进口金额（万美元）	占进口总额比重（%）
10亿美元以上（1种）	光盘驱动器	11.44	6.21
1亿—10亿美元（30种）	其他非工业用钻石，其他橡、塑或再生皮革外底，皮革鞋面的鞋靴，镶嵌钻石的黄金制首饰及其零件，其他数字照相机，四层及以下的印刷电路，棉制女裤，其他打印机零件、附件，四层以上的印刷电路，8471所列其他机器的零件、附件，制冷≤4000大卡/时分体窗式或壁式空调等	63.98	34.70
5000万—1亿美元（33种）	山地自行车，橡、塑或革外底，皮革制鞋面的其他运动鞋靴，客车或货运机动车辆用新的充气橡胶轮胎，棉≥85%染色三或四线斜纹布，平方米重>200g，其他橡胶或塑料外底，纺织材料鞋面的鞋靴，龙头、旋塞及类似装置，化纤制针织钩编套头衫、开襟衫、外穿背心等，增塑剂≥6%氯乙烯聚合物制非泡沫塑料板等，棉针织或钩编织物，机动小客车用新的充气橡胶轮胎等	22.37	12.13

广州市2004年主要出口市场情况表

国别（地区）	出口金额（亿美元）	占出口总额比重（%）	国别（地区）	出口金额（亿美元）	占出口总额比重（%）
香 港	60.97	33.07	德 国	5.52	2.99
美 国	43.84	23.78	英 国	3.95	2.14
日 本	12.53	6.80	新加坡	3.06	1.66
比利时	6.02	3.26	澳大利亚	3.02	1.64
荷 兰	5.77	3.13	法 国	2.45	1.33
合 计				**147.13**	**79.80**

广州市2004年进口额5 000万美元以上商品情况表

金额分类	商 品 名 称	进口金额（万美元）	占进口总额比重（%）
1亿—10亿美元（27种）	其他单片集成电路，未加工或简单锯开、劈开或粗磨的非工业钻石，5—7号燃料油，45 000≥空载重量>15 000公斤的飞机等航空器，单项记录价值≤人民币2 000元非税、证进口商品，8471所列其他机器的零件、附件，混合集成电路，初级形状的聚氯乙烯，未掺其他物质，初级形状的聚丙烯，未列名钢铁废碎料等	70.36	35.76
5 000万—1亿美元（34种）	车身（包括驾驶室）的未列名零件、附件，电镀锌的铁或非合金钢平板轧材，大、中、小型计算机及其部件的零件、附件，硬盘驱动器，未锻轧的非合金铝，衬背精炼铜箔，厚（除衬背）≤0.15mm，铜废碎料，其他打印机零件、附件，粒面剖层革（整张革除外），插头及插座，线路V≤1000V，手持式无线电话机零件等	22. 87	11.62

广州市2004年主要进口市场情况表

国别（地区）	进口金额（亿美元）	占进口总额比重（%）	国别（地区）	进口金额（亿美元）	占进口总额比重（%）
日　本	40.09	20.37	香　港	6.76	3.44
台湾省	24.03	12.21	比利时	6.59	3.35
美　国	22.44	11.41	马来西亚	6.51	3.31
韩　国	10.20	5.18	新加坡	6.29	3.19
德　国	7.35	3.74	泰　国	4.42	2.24
合　计				**134.68**	**68.44**

技术进口　登记技术进口合同来自18个国家和地区，按合同金额排在前5位的是日本、中国香港、韩国、英属维尔京群岛、德国，其中增幅较大的是日本，合同数93项，占合同总数45.81%，合同金额7346.08万美元，占合同金额总数39.87%。

技术出口　登记软件出口合同市场主要分布在10个国家和地区，按合同金额排在前5名的是中国台湾、中国香港、越南、英国、菲律宾。

广州市2004年技术引进市场情况表

序号	国家和地区	项目数（个）	合同金额（万美元）	比重（%）
1	日　本	93	7 346.08	39.87
2	香　港	37	705.54	3.83
3	韩　国	8	542.60	2.95
4	德　国	6	328.57	1.78
5	台湾省	5	115.03	0.62
6	瑞　士	3	13.67	0.07
7	英属维尔京群岛	2	350.00	1.90
8	英　国	2	92.80	0.50
9	荷　兰	2	71.42	0.39
10	西班牙	2	46.64	0.25
	合　计	**160**	**9612.35**	**52.17**

广州市2004年技术引进行业情况表

行　　业	合同数（个）	合同金额（万美元）	比重（%）
制造业	108	13 890.60	75.39
技术咨询服务业	43	1 501.38	8.15
房地产	34	901.23	4.89
计算机	14	618.88	3.36
批发零售贸易餐饮业	2	243.60	1.32
电力蒸汽热水生产业	1	1 243.03	6.75
建筑业	1	25.00	0.14
合　计	**203**	**18 423.88**	**100.00**

广州市2004年软件出口市场情况表

国家（地区）	合同数（个）	合同金额（万美元）	占软件出口总额比重（%）
香　港	17	141.73	38.65
台湾省	3	187.88	51.24
越　南	3	16.93	4.62
菲律宾	2	3.35	0.91
美　国	2	2.21	0.60
英　国	1	7.88	2.15
印度尼西亚	1	2.39	0.65
澳大利亚	1	2.30	0.63
伊　朗	1	1.30	0.36
德　国	1	0.70	0.19
合　计	**32**	**366.67**	**100.00**

广州市2004年软件出口商品情况表

商　品　名　称	合同数（个）	合同金额（万美元）	占软件出口总额比重（%）
教育软件	14	198.59	54.16
金融软件	11	131.64	35.90
通讯软件	3	8.69	2.37
办公自动化软件	2	18.85	5.14
系统安全软件	1	6.80	1.86
管理软件	1	2.10	0.57
合　计	**32**	**366.67**	**100.00**

【利用外资】

广州市2004年利用外资情况表

利用外资方式	批准签订的合同			实际利用外资	
	项目数（个）	外资金额（亿美元）	金额比上年增长（%）	金　额（亿美元）	金额比上年增长（%）
外商直接投资	1 046	32.05	25.58	24.01	64.37
合资企业	197	6.88	29.13	6.49	145.65
合作企业	29	2.27	-29.26	3.53	-32.36
外资企业	818	22.64	48.23	13.95	162.23
股份有限公司	2	0.26	-84.85	0.04	-97.62
外商其他投资	460	1.43	105.22	0.76	80.52
加工装配	460	1.43	105.22	0.76	80.52
合　计	**1 506**	**33.48**	**27.69**	**24.77**	**64.82**

外商直接投资行业　外商直接投资项目中生产型项目659个，占总数的63%；非生产型项目387个，占总数的37%。

广州市2004年外商直接投资行业情况表

行　业	项目数（个）	合同外资金额（万美元）	比上年增长（%）	实际利用外资金额（万美元）	比上年增长（%）
农、林、牧、渔业	7	1 233	-12.30	1 855	65.92
采矿业	0	28	27.27	0	-100.00
制造业	636	218 289	23.17	156 900	121.27
电力、燃气及水的生产和供应业	7	11 083	951.52	1 706	122.14
建筑业	9	8 843	184.80	2 815	-49.68
交通运输、仓储和邮政业	29	6 168	-62.94	1 293	-92.15
信息传输、计算机服务和软件业	59	5 904		3 426	
批发和零售业	15	2 439	-62.02	1 929	-31.57
住宿和餐饮业	30	5 099		7 439	
金融业	4	3 051	5.94	19	
房地产业	60	33 185	104.90	35 720	18.77
租赁和商务服务业	163	16 079	-18.06	20 490	360.86
科学研究、技术服务和地质勘查业	14	5 032	677.74	560	191.67
水利、环境和公共设施管理业	1	100		1 202	
居民服务和其他服务业	9	1 279	-87.18	1 385	-89.74
教育	0	0	-100.00	0	-100.00
卫生、社会保障和社会福利业	1	19		12	
文化、体育和娱乐业	2	2 663		3 311	
合　计	**1 046**	**320 494**	**25.58**	**240 062**	**64.37**

外商直接投资来源　外商直接投资来自15个国家和地区，其中香港和英属维尔京群岛占据了83.68%的比重。

广州市2004年外商直接投资来源情况表

国别（地区）	项目数		合同利用外资		实际利用外资	
	个数	比上年增长（%）	金　额（万美元）	比上年增长（%）	金　额（万美元）	比上年增长（%）
香　港	509	19.76	153 924	64.11	103 145	46.60
英属维尔京群岛	115	33.72	64 451	19.57	43 194	32.72
台湾省	83	-11.70	7 426	17.17	7 953	179.54
日　本	74	94.74	49 615	178.47	30 736	344.87
美　国	49	-22.22	-6 459	-157.56	6 137	-1.16
新加坡	32	77.78	5 248	-54.91	9 315	217.92
韩　国	21	-12.50	2 864	-71.94	1 582	-25.17
加拿大	18	5.88	690	9.00	506	31.09
澳大利亚	16	0.00	-661	-109.34	559	50.27
意大利	13	160.00	3 184	7 480.95	176	1 660.00
也　门	11	120.00	73	128.13	18	1 700.00

广州市2004年外商直接投资来源情况表（续）

国别（地区）	项目数		合同利用外资		实际利用外资	
	个数	比上年增长（%）	金　额（万美元）	比上年增长（%）	金　额（万美元）	比上年增长（%）
马来西亚	10	-23.08	1 720	38.04	797	160.46
萨摩亚	10	-28.57	2 757	69.87	4 284	794.36
投资性公司投资	6		17 309		15 134	
其　他	79	51.92	18 353	-53.71	16 526	-19.73
合　计	**1 046**	**20.23**	**320 494**	**25.58**	**240 062**	**64.37**

外商直接投资企业生产经营情况　至2004年底，广州市累计批准外商投资企业15 180家，合同利用外资512.97亿美元，实际利用外资309.36亿美元。2004年广州市外商投资企业出口额134.48亿美元，占全市出口总额的72.94%，比上年增长34.96%。

【对外经济合作】

承包工程和劳务合作　签订对外承包工程和劳务合作合同项目9 728个，金额1.30亿美元，比上年的1.07亿美元增长21.51%；完成营业额1.32亿美元，比上年的1.09亿美元增长21.32%。当年派出劳务人员3 530人次，比上年的3 237人次增长9.05%，年末在外人数4 456人，同比增长9.22%，派往日本、新加坡、孟加拉国、港澳等29个国家（地区）。承包工程的主要项目有广州国际经济技术合作公司的孟加拉国输变电项目、广州市建筑集团澳门运动场扩建钢结构工程。

对外投资　2004年广州市新批境外企业22家，分布在美国、英国、柬埔寨、香港等国家（地区）。截至2004年，广州市累计在境外举办非贸易性企业147家，投资总额3.57亿美元，中方投资金额2.64亿美元。

【其他】

开发区　2004年广州经济技术开发区、广州高新技术产业开发区、广州保税区、广州出口加工区外贸进出口总额98.37亿美元，比上年增长48.85%。进口额55.04亿美元，比上年增长50.78%；出口额43.33亿美元，比上年增长46.46%。其中加工贸易出口36.15亿美元，比上年增长54.72%；高新技术产品出口25.90亿美元，比上年增长52.35%；机电产品出口33.55亿美元，比上年增长43.76%。新批准外商投资项目（含增资项目）204个，合同利用外资10.53亿美元，比上年增长3.52%，实际利用外资6.41亿美元，比上年增长6.09%。

2004年南沙经济技术开发区外贸进出口总额21.52亿美元，比上年增长41.95%。进口额12.23亿美元，比上年增长37.60%；出口额9.29亿美元，比上年增长44.30%。新批准外商投资项目（含增资项目）44个，合同利用外资4.88亿美元，比上年增长1.5倍，实际利用外资3.10亿美元，比上年增长2倍。

商务洽谈会　粤港经济技术贸易合作交流会2004年5月19日在香港举行，广州市共有5个合作项目签约，投资总额共计65 986万美元，其中外资金额30 768万美元；贸易货单总额共计24 200万美元，其中出口16 000万美元、进口8 200万美元。粤台经济技术贸易交流会2004年7月7日至8日在肇庆市举办，广州市共有6个合作项目签约，投资总额22 260万美元，其中外商出资18 975万美元；贸易货单总额4 600万美元，其中出口1 800万美元、进口2 800万美元。“穗港合作 共同发展”系列活动2004年8月25日至29日在香港成功举办，共有50多个穗港合作项目签约，总额超过130亿港元。2004年，广州市还组织经贸代表团赴日本、美国、韩国、欧洲开展招商活动。

2004年深圳市商务发展概况

深圳市贸易工业局

深圳市贸易工业局局长

盛斌　生于1955年，安徽涡阳人。先后就读于南开大学、中央党校。毕业后在中央党校任副教授，从事教学和科研工作。1992年底在中共深圳市宝安区委挂职锻炼，曾任宝安区区长助理、深圳市投资管理公司副总裁等职。2001年3月起先后任深圳市经济发展局局长、深圳市经济贸易局局长、深圳市贸易工业局局长。

【国内贸易】

社会消费品零售总额　2004年深圳市社会消费品零售总额915.45亿元，比上年的801.77亿元增长14.2%。分行业看，批发零售贸易业零售额758.87亿元，餐饮业零售额156.58亿元。

批发零售贸易业商品销售总额　批发零售贸易业商品销售总额2 055.40亿元，比上年的1 676.30元增长22.6%。

市场物价　居民消费价格指数为101.3（以上年价格为100）。

市场体系建设　深圳已初步形成统一、开放、竞争、有序的现代化商品市场体系。百货、超市、折扣店、仓储会员店、建材超市以及各种类型的专卖店、专业店正在快速发展起来，取代传统的店铺式、摊位式模式，零售业态更加丰富，购物环境更加优美，商业布局更加协调。年内，占地面积18.8万平方米的华润购物中心第一期“万象城”、建筑面积12万平方米的金光华商业广场、中信城市广场二期与国际风情酒吧街等大型商贸设施建成开业。外商投资商业领域方面，永旺集团在中国内地的总部和采购中心——永旺（中国）商业有限公司年内落户深圳，成为CEPA出台后首批获准成立的外商独资大型综合百货超市企业。

商业改革与发展　连锁商业已发展成为深圳零售商业的主体。2004年是零售业全面对外开放前的最后一年，深圳大型连锁企业加速走出去布点，积极尝试通过国际合作寻求新的发展空间。年内，15家重点大型连锁企业在全国新开门店300家，其中深圳本地80家，连锁企业销售额占全市社会消费品零售总额的45%。深圳社会消费品零售总额占全国的比重不足2%，但却有华润万佳等15家企业在全国连锁百强榜上有名，合计销售额占百强销售总额的13%。物流配送在深圳商贸流通领域也得到广泛运用。目前已有沃尔玛、欧倍德、百安居、永旺、宜家家居、塔吉特家庭仓库、华润万家、天虹等在深圳设立采购或配送中心。刚刚落成的华南国际工业原料城等具有区域性商品集散和辐射能力的现代批发体系的形成，补充了深圳及周边地区缺失的产业链。

【对外贸易】

进出口总额　进出口总额1 472.8亿美元，比上年的1 174亿美元增长25.5%。

出口总额　出口总额778.5亿美元，比上年的629.6亿美元增长23.6%，占全国出口额的13.1%。出口总额连续12年位居全国大中城市首位。

出口商品结构　初级产品出口额17亿美元，占出口总额的2.2%；工业制成品出口额761.5亿美元，占出口总额的97.8%。

出口商品市场　出口商品销往226个国家（地区）。

进口总额　进口总额694.4亿美元，比上年的544.4亿美元增长33.84%。

进口商品结构　初级产品进口额38.7亿美元，占进口总额的5.6%；工业制成品进口额655.6亿美元，占进口总额的94.4%。

进口商品市场 进口商品来自164个国家（地区）。

深圳市2004年出口额5亿美元以上商品情况表

金额分类	商品名称	出口金额（万美元）	占出口总额比重（%）
10亿美元以上（11种）	8471所列其他机器的零件、附件	796 810	10.24
	重量≤10公斤的便携数字式自动数据处理设备	366 663	4.71
	手持（包括车载）无线电话机	178 507	2.29
	激光打印机	146 060	1.88
	与电视接收机配套使用的电子游戏机	137 945	1.77
	未列名自动数据处理设备其他部件	125 624	1.61
	手持式无线电话机零件	121 222	1.56
	微型机的数字式处理部件	114 601	1.47
	其他玩具	110 030	1.41
	液晶显示器	108 195	1.39
	其他数字照相机	107 695	1.38
5亿—10亿美元（12种）	其他打印机零件、附件	92 781	1.19
	喷墨打印机	90 896	1.17
	数字化视频光盘（DVD）播放机	88 163	1.13
	无绳电话机	75 342	0.97
	其他橡、塑或再生皮革外底，皮革鞋面的鞋靴	73 215	0.94
	未列名静止式变流器	69 808	0.90
	电力	59 353	0.76
	塑料或纺织材料作面的提箱、小手袋等	55 969	0.72
	彩色视频投影机	54 104	0.70
	锂离子电池	52 509	0.67
	电动仅有机械指示器的手表	52 424	0.67
	40英尺集装箱	50 987	0.65

深圳市2004年主要出口市场情况表

国别（地区）	出口金额（亿美元）	占出口总额比重（%）	国别（地区）	出口金额（亿美元）	占出口总额比重（%）
香　港	341.7	43.9	荷　兰	17.5	2.2
美　国	172.1	22.1	英　国	17.0	2.2
日　本	46.5	6.0	台湾省	12.7	1.6
新加坡	20.0	2.6	法　国	11.0	1.4
德　国	18.6	2.4	泰　国	8.0	1.0

深圳市2004年进口额5亿美元以上商品情况表

金额分类	商品名称	进口金额（万美元）	占进口总额比重（%）
10亿美元以上（8种）	其他线宽≤0.18微米数字单片集成电路	506 041	7.29
	其他单片集成电路	468 303	6.74
	8471所列其他机器的零件、附件	310 791	4.48
	液晶显示板	220 088	3.17
	混合集成电路	198 952	2.87
	其他0.18<线宽≤0.35微米数字单片集成电路	198 142	2.85
	其他线宽>0.35微米数字式单片集成电路	162 711	2.34
	手持式无线电话机零件	134 395	1.94
5亿—10亿美元（10种）	硬盘驱动器	96 739	1.39
	其他打印机零件、附件	93 554	1.35
	四层及以下的印刷电路	65 771	0.95
	光盘驱动器	59 014	0.85
	初级形状丙烯腈—丁二烯—苯乙烯共聚物	57 380	0.83
	其他数字照相机	56 815	0.82
	耗散功率小于1瓦的晶体管	56 473	0.81
	插头及插座，线路V≤1000V	53 503	0.77
	5—7号燃料油	53 192	0.77
	二极管，但光敏二极管或发光二极管除外	52 466	0.76

深圳市2004年主要进口市场情况表

国别（地区）	进口金额（亿美元）	占进口总额比重（%）	国别（地区）	进口金额（亿美元）	占进口总额比重（%）
日本	118.7	17.1	香港	24.6	3.5
台湾省	116.7	16.8	泰国	23.7	3.4
韩国	59.3	8.5	新加坡	22.8	3.3
马来西亚	36.7	5.3	菲律宾	22.4	3.2
美国	31.3	4.5	德国	13.1	1.9

技术进出口 技术进出口总额3.15亿美元，比上年2.72亿美元增长15.81%。签订引进技术和进口设备合同项目148个，比上年增加33个；合同金额3.12亿美元，比上年的2.71亿美元增长15.13%；签订技术出口合同项目28项，合同金额297.47万美元，比上年的156.36万美元增长90.25%。

深圳市2004年技术引进行业分布统计表

金额单位：万美元

行业	合同数（个）	合同金额	技术费	设备费
总计	**148**	**31 170.16**	**31 127.83**	**42.33**
采掘业	4	45.56	45.56	
石油和天然气开采业	4	45.56	45.56	

深圳市2004年技术引进行业分布统计表（续）

金额单位：万美元

行　业	合同数（个）	合同金额	技术费	设备费
制造业	110	30 314.52	30 273.96	40.56
食品加工业	3	226.05	226.05	
化学原料及化学制品制造业	4	149.56	149.56	
医药制造业	1	600	600	
橡胶制品业	1	155.13	155.13	
塑料制品业	1	192.35	192.35	
金属制品业	3	357.14	357.14	
普通机械制造业	2	41.68	41.68	
专用设备制造业	7	947.09	908.09	39
交通运输设备制造业	1	4.41	4.41	
电气机械及器材制造业	2	32.2	32.2	
电子及通信设备制造业	78	27 085.57	27 084.01	1.56
仪器仪表及文化、办公用机械制造业	2	171.6	171.6	
其他制造业	5	351.74	351.74	
交通运输、仓储及邮电通信业	3	248.47	248.47	
铁路运输业	1	16.88	16.88	
交通运输辅助业	2	231.59	231.59	
批发和零售贸易、餐饮业	1	44	44	
能源、材料和机械电子设备批发业	1	44	44	
社会服务业	22	366.08	365.78	0.3
信息、咨询服务业	4	26.2	26.2	
计算机应用服务业	17	238.08	237.78	0.3
其他社会服务业	1	101.8	101.8	
其他行业	8	151.53	150.06	1.47
商业经济与代理业	5	16.58	16.58	
其他行业	3	134.95	133.48	1.47

【利用外资】

深圳市2004年利用外资情况表

利用外资方式	批准签订的合同		实际利用外资
	项目数（个）	外资金额（万美元）	金　额（万美元）
外商直接投资	2 718	412 131	234 994
中外合资企业	356	103 316	48 868
中外合作企业	9	13 546	6 281
外资企业	2 352	281 272	169 650
股份有限公司	1	13 997	10 195
外商其他投资	236	71 913	126 232
加工装配	236	38 511	92 830
对外发行股票	0	33 402	33 402
合　计	**2 954**	**484 044**	**361 226**

外商直接投资行业 外商直接投资项目中，生产型项目1 521个，非生产型项目1 197个。

深圳市2004年外商直接投资行业情况表

行　业	项目数（个）	行　业	项目数（个）
总　计	**2 718**		
农、林、牧、渔业	2	信息传输、计算机服务和软件业	360
农业	1	批发和零售业	123
采矿业	1	住宿和餐饮业	44
石油和天然气开采业	1	旅游饭店	1
制造业	1 508	金融业	2
纺织业	18	房地产业	47
化学原料及化学制品制造业	28	房地产开发经营	18
医药制造业	2	租赁和商务服务业	346
通用设备制造业	40	科学研究、技术服务和地质勘查业	178
专用设备制造业	105	水利、环境和公共设施管理业	1
通信设备、计算机及其他电子设备制造业	351	居民服务和其他服务业	10
电力、燃气及水的生产和供应业	4	教育	0
建筑业	6	卫生、社会保障和社会福利业	0
交通运输、仓储和邮政业	78	文化、体育和娱乐业	8

外商直接投资来源

外商直接投资来源国别（地区）表

（按实际使用外资金额排序）

国别（地区）	项目数（个）	合同外资金额（万美元）	实际使用外资金额（万美元）
总　计	**2 718**	**412 131**	**234 994**
香　港	1 943	196 255	125 141
英属维尔京群岛	209	86 210	52 855
开曼群岛	14	10 053	12 523
美　国	84	14 007	8 189
萨摩亚	66	17 307	5 778
新加坡	44	6 479	4 576
毛里求斯	20	3 833	4 147
台湾省	122	9 276	4 002
日　本	51	6 025	3 215
英　国	15	11 263	3 014
投资性公司投资	2	13 926	2 749
荷　兰	6	7 154	2 266
马来西亚	10	3 838	1 394
百慕大	1	13	715

外商直接投资来源国别（地区）表（续）

（按实际使用外资金额排序）

实际使用外资金额（万美元）	国别（地区）	项目数（个）	合同外资金额（万美元）
巴拿马	0	900	658
文　莱	26	2 148	644
德　国	12	2 379	517
加拿大	22	434	436
韩　国	42	4 506	411
澳大利亚	14	745	345

外商直接投资企业生产经营情况　外商投资企业出口403.71亿美元，比上年增长26.27%，高出全市同期出口增幅（23.64%）2.63个百分点，占全市出口总值的65.49%，所占比重较上年提高了1.37个百分点。

【对外经济合作】

承包工程和劳务合作　新签对外承包工程和劳务合作项目合同251个，金额142 480万美元，比上年的73 281万美元增长94.43%；完成营业额130 628万美元，比上年的64 970万美元增长101.06%；派出劳务人员124人，年末在外人数300人，派往主要地区有美国、北非、中东等；承包主要工程项目有：中兴通讯有限公司的尼日利亚农网项目，华为技术有限公司埃及电讯业务，北方国际公司埃塞俄比亚变电站项目等。另外，中兴通讯有限公司承担的援埃及远程教学系统工程项目受到了商务部通报表扬。

对外投资　2004年批准境外企业和机构81家，增长47.27%，主要分布在亚洲、欧洲、非洲等地区，其中在香港新设企业15家，在亚洲（不含香港）新设企业和机构19家，欧洲11家，非洲6家。协议总投资2.49亿美元，比上年的1.13亿美元增长120.35%，其中中方协议投资额1.86亿美元，比上年增长102.28%。

经过20年发展，到2004年底，深圳市共有经批准的境外企业和机构289家，遍布6大洲60多个国家和地区，总投资9.03亿美元，中方投资额6.99亿美元。

【其他】

保税区　深圳沙头角、福田、盐田三个保税区的功能继续得到充分发展。2004年实现工业总产值685.23亿元，同比增长25.1%；进出口总额239.54亿美元，同比增长33.8%，其中出口总额122.07亿美元，同比增长26.4%。工业总产值和进出口总额分别占全市的10.5%和16.3%。2004年保税区共引进企业140家，其中工业企业30家，仓储物流企业23家，商贸企业74家。引进的企业中由3M、马石油、UPS等3家世界500强企业，使入驻保税区的世界500强企业增加到22家。

港口运输　深圳港2004年货物吞吐量达1.35亿吨，同比增长20.33%，其中外贸货物吞吐量8 850.21万吨，增长30.15%，集装箱吞吐量1 365.54万吨，增长28.22%。深圳港集装箱吞吐量继续位居国内港口第2位、世界港口第4位。为适应港口货运量不断增长的需要，2004年深圳港新建泊位5个，新增综合吞吐能力1 043万吨。

涉外旅游　2004年深圳市接待游客总人数呈全面恢复性增长，接待游客总人数5 444.16万人次，其中接待外国人105.19万人次；全年旅游总收入380.66亿元，其中旅游外汇收入17.87亿美元。

2004年珠海市商务发展概况

珠海市对外贸易经济合作局

珠海市对外贸易经济合作局局长

熊灿均　生于1953年，广东罗定人。大专文化，助理工程师。曾任珠海市平沙机械厂厂长，珠海经济特区珠平实业总公司副总经理，珠海市香洲区经济委员会主任、工业局局长、区长助理、副区长、区委副书记、区长等职。

【对外贸易】

进出口总额　2004年广东省珠海市进出口总额218亿美元，比上年的167.8亿美元增长29.9%。

出口总额　出口总额90.4亿美元，比上年的69.1亿美元增长30.8%，占全市GDP 546.28亿元（相当于65.81亿美元）的137%，占全国出口额的1.51%。

出口商品结构　初级产品出口额1.78亿美元，占出口总额的2%；工业制成品出口额88.6亿美元，占出口总额的98%。

出口商品市场　出口商品销往173个国家和地区。

进口总额　进口127.61亿美元，比上年的98.73亿美元增长29.3%。

进口商品结构　初级产品进口额45.7亿美元，占进口总额的35.8%；工业制成品进口额81.9亿美元，占进口总额的64.2%。

进口商品市场　进口商品来自101个国家和地区。

技术进出口　技术进出口总额1.47亿美元，签订引进技术进口合同27份，合同金额1.33亿美元，签订技术出口合同项目10个，合同金额1 375万美元，境外加工贸易带动出口金额2 600万美元。

珠海市2004年出口额5 000万美元以上商品情况表

金额分类	商品名称	出口金额（万美元）	占出口总额比重（%）
10亿美元以上	游戏机	100 222	11.06
1亿—10亿美元	自动数据处理设备的零件、自动数据处理设备及其部件、手持或车载无线电话机、服装及衣着附件、印刷电路、家用空调机、电动机及发电机、纺织纱线、织物及制品、静止或变流器、畜电池、鞋类、塑料制品、激光唱机、录放音、像机及唱机的零附件	454 531	5.3
5 000万—1亿美元	电视、收音机及无线电讯设备、普通缝纫机、有线电话机（包括无绳电话机）、集成电路及微电子组件、电线和电缆、录、放像机、通断及保护电路装置、珍珠、宝石及半宝石、电视机、变压器、灯具、照明装置及类似品	83 016	0.92

珠海市 2004 年主要出口市场情况表

国别（地区）	出口金额（万美元）	占出口总额比重（%）	国别（地区）	出口金额（万美元）	占出口总额比重（%）
美 国	261 765	28.96	荷 兰	25 550	2.83
香 港	213 610	23.63	爱尔兰	22 137	2.45
日 本	98 167	10.86	新加坡	19 748	2.18
德 国	48 065	5.32	澳大利亚	16 341	1.81
澳 门	43 108	4.77	意大利	14 219	1.57
合 计				**904 023**	**84.38**

珠海市 2004 年进口额 1 亿美元以上商品情况表

金额分类	商 品 名 称	进口金额（万美元）	占进口总额比重（%）
10 亿美元以上	原油、集成电路及微电子组件	484 109	37.94
3 亿—10 亿美元	成品油、自动数据处理设备及其部件、电视、收音机及无线电讯设备、液化石油气及其他烃类气、自动数据处理设备的零件	252 050	19.75
1 亿—3 亿美元	初级形状的塑料、印刷电路、钢材、二极管、晶体管及类似半导体、苯乙烯、变压、整流、电感器及零件、电池、通断及保护电路装置及零件、医药品、未锻造的铜及铜材、计量检测分析自控仪器及器具	186 558	14.62

珠海市 2004 年主要进口市场情况表

国别（地区）	进口金额（万美元）	占进口总额比重（%）	国别（地区）	进口金额（万美元）	占进口总额比重（%）
伊 朗	308 402	24.17	马来西亚	67 107	5.26
日 本	206 285	16.17	美 国	42 646	3.34
台湾省	100 081	7.84	新加坡	42 163	3.30
韩 国	82 843	6.49	印度尼西亚	27 760	2.18
合 计				**877 287**	**68.75**

【利用外资】

外商直接投资行业 外商直接投资的 472 个项目中，生产型项目 361 个，非生产型项目有 111 个。生产型项目集中在制造业，有 361 个项目，合同外资金额为 15.00 亿美元，占 85.13%。非生产型项目集中在居民服务和其他服务业，有 2 个项目，合同外资金额为 10 270 万美元，占 5.83%。

外商直接投资来源 外商直接投资来自 33 个国家和地区。

外商直接投资企业生产经营情况 截至 2004 年底，已开业投产的外商投资企业共 2 034 家，2004 年销售（营业）收入 1 081.76 亿元，比上年的 813.92 亿元增长 32.91%；出口额 73.24 亿美元，比上年的 54.92 亿美元增长 33.34%。

珠海市2004年利用外资情况表

利用外资方式	项目数（个）	投资总额（万美元）			实际利用外资（万美元）		
		本期	上年同期	同比±%	本期	上年同期	同比±%
外商直接投资	472	337 197	259 048	30.17	47 022	15 211	209.13
合资企业	69	43 632	42 932	1.63	9 548	3 342	185.70
合作企业	2	3 898	5 661	-31.14	716	-369	
外资企业	401	289 667	211 738	36.80	36 758	12 238	200.36
股份有限公司			-1 283				
外商其他投资	3	441	1 006		3 985	2 032	96.11
补偿贸易	0	0	0		0	0	
来料加工	3	441	1 006		3 985	2 032	96.11
合　计	**475**	**337 638**	**260 054**	**29.8**	**51 007**	**17 243**	**295.8**

珠海市2004年外商直接投资主要来源情况表

国别（地区）	项目数		合同外资金额	
	个数	比重（%）	金额（万美元）	比重（%）
香　港	180	36.44	76 814	43.60
百慕大	2	0.40	29 200	16.57
澳　门	160	32.39	28 568	16.22
英属维尔京群岛	21	4.25	11 852	6.73
美　国	29	5.87	10 479	5.95
新加坡	10	2.02	5 302	3.01
韩　国	1	0.20	5 004	2.84
合　计	**403**	**81.57**	**167 219**	**94.94**

【对外经济合作】

承包工程和劳务合作　签订对外承包工程和劳务合作完成营业额6 078万美元，比上年的4 250万美元增长43%；年末在外劳务人员3 278人，比上年的3 273人增加5人，主要派往港澳和东南亚地区，其中技术劳务比重呈增长态势。

【其他】

保税区　2004年，珠海保税区完成GDP 7.84亿元，比上年增长86.67%；工业总产值23.3亿元，增长42.12%；物流总值188.7亿元，增长56.39%；实际利用外资2 300万美元，增长136.87%；进出口总额10.85亿美元，增长64.68%；税收收入2.54亿元，增长49.84%，其中工商税收6 000万元，增长37.61%，海关关税1.94亿元，增长54.07%。

高新技术开发区　珠海高新技术开发区全年经济总量在2003年度高增长的基础上继续保持大幅度增长，实现工业总产值530亿元，工业增加值106亿元，出口创汇41亿美元，增长36.7%。招商引资取得了新的突破。新引进投资40亿元，其中合同利用外资4.1亿美元，使全区总项目达到907个。

港口运输　珠海港是华南沿海主枢纽港之一，已建成泊位16个，其中万吨级以上泊位12个。2004年全市完成货物进出口总值197.32亿美元，其中货物出口总值94.25亿美元，比上年增长29.6%；进口货物总值103.07亿美元，增长32.3%。集装箱进出口47.46万只，其中出口24.33万只，进口23.13万只。

涉外旅游　接待境外游客243.94万人次，比上年的189.95万人次增长28.49%，其中境外过夜游客140.32万人次，比上年的105.45万人次增长33.07%。国际旅游外汇收入5.63亿美元，比上年的4.62亿美元增长21.77%。

2004年汕头市商务发展概况

汕头市对外贸易经济合作局

汕头市对外贸易经济合作局局长

蔡佩侬 生于1964年9月，广东省汕头市人。在职研究生。中共党员。历任澄海市接待办主任、侨办主任、副市长等职。2003年3月至2003年12月任汕头市对外贸易经济合作局副局长、党组副书记。2003年12月起任汕头市对外贸易经济合作局局长、党组书记。

【国内贸易】

社会消费品零售总额 2004年广东省汕头市社会消费品零售总额292.05亿元，比上年的254.46亿元增长14.8%。其中，城市消费品零售额197.33亿元，县消费品零售额3.81亿元，县以下消费品零售额90.91亿元。分行业看，批发零售贸易业零售额263.48亿元，餐饮业零售额28.08亿元，其他行业零售额0.49亿元。

批发零售贸易业商品购、销、存总额 批发零售贸易业商品销售总额449.72亿元，比上年的399.56亿元增长12.6%。其中，限额以上企业7.80亿元，限额以下企业371.77亿元。

市场物价 商品零售价格指数为102.7%（以上年价格为100）；居民消费价格指数为103.0%（以上年价格为100）。

【对外贸易】

进出口总额 进出口总额417 939万美元，比上年的334 661万美元增长24.9%。

出口总额 出口总额254 491万美元，比上年的189 244万美元增长34.5%，占全市GDP 603.76亿元（相当于72.95亿美元）的34.89%，占全省出口额的1.33%。

出口商品结构 初级产品出口额35 588万美元，占出口总额的13.98 %；工业制成品出口额218 903万美元，占出口总额的86.02%。

出口商品市场 出口商品销往157个国家（地区）。

汕头市2004年出口额1 000万美元以上商品情况表

金额分类	商 品 名 称	出口金额（万美元）	占出口总额比重（%）
1亿美元以上	服装及衣着附件，汽车零件，玩具，塑料制品，旅行用品及箱包，纺织纱线、织物及制品	128 382	50.45
5 000万—1亿美元	家具及其零件，鞋类	14 051	5.52
1 000万—5 000万美元	圣诞用品，印刷电路，水海产品，录、放像机，人造花，电动机及发电机，二极管、晶体管及类似半导体器件，装饰用陶瓷制品，制作或保藏的河鳗（烤鳗），静止式变流器，家用陶瓷器皿，蔬菜	26 138	10.27
合 计		**168 571**	**66.24**

汕头市2004年主要出口市场情况表

国别（地区）	出口金额（万美元）	占出口总额比重（%）	国别（地区）	出口金额（万美元）	占出口总额比重（%）
香　港	72 278	28.40	加拿大	5 730	2.25
美　国	43 372	17.04	马来西亚	5 726	2.25
日　本	30 024	11.80	巴拿马	5 504	2.16
墨西哥	11 179	4.39	澳大利亚	4 809	1.89
新加坡	7 081	2.78	英　国	4 764	1.87
合　计				195 231	24.83

进口总额　进口总额163 448万美元，比上年的145 417万元增长12.4%。

进口商品结构　初级产品进口额41 234万美元，占进口总额的25.23%；工业制成品进口额122 214万美元，占进口总额的74.77%。

进口商品市场　进口商品来自67个国家（地区）。

汕头市2004年进口额1 000万美元以上商品情况表

金额分类	商品名称	进口金额（万美元）	占进口总额比重（%）
1亿美元以上	初级形状的塑料，液化石油气及其他烃类气	50 934	31.16
5 000万—1亿美元	塑料制品，发电机组及旋转式变流机，大豆，纺织机械及零件	30 486	16.64
1 000万—5 000万美元	电线和电缆，通断及保护电路装置及零件，纸及纸板（未切成形的），苯乙烯，变压、整流、电感器及零件，合成纤维纱线，棉机织物，橡胶或塑料加工机械及零件，合成纤维长丝机织物，非泡沫塑料的板、片、膜、箔，金属加工机床，未锻造的铜及铜材	32 241	19.73
合　计		113 661	69.54

汕头市2004年主要进口市场情况表

国别（地区）	进口金额（万美元）	占进口总额比重（%）	国别（地区）	进口金额（万美元）	占进口总额比重（%）
日　本	30 716	18.79	德　国	8 014	4.90
台湾省	16 201	9.91	英　国	7 867	4.81
韩　国	14 465	8.85	阿联酋	5 738	3.51
澳大利亚	13 219	8.09	香　港	4 785	2.93
美　国	12 549	7.68	阿根廷	4 593	2.81
合　计				118 147	72.28

技术进出口　签订引进技术和进口设备合同项目4个，比上年减少3个；合同金额746.7万美元，比上年的3 498.7万美元下降78.66%。

【利用外资】

汕头市2004年利用外资情况表

利用外资方式	批准签订的合同			实际利用外资	
	项目数（个）	外资金额（万美元）	金额比上年增长（%）	金额（万美元）	金额比上年增长（%）
外商直接投资	78	17 507	-11.4	7 828	50.6
合资企业	9	769	-73.2	264	-82.7
合作企业	2	1 692	-38.9	1 459	166.2
外资企业	67	15 046	6.5	6 105	95.5
外商其他投资	15	54	-78.0	73	-52.0
加工贸易	15	54	7 820	73	-52.0
合　计	**93**	**17 561**	**-12.2**	**7 901**	**47.7**

外商直接投资行业　外商直接投资项目中，生产型项目73个，非生产型项目5个；按行业划分：制造业73个，交通运输、仓储及邮电通信业1个，教育、文化艺术及广播电影电视业1个，批发和零售业2个，住宿和餐饮业1个。

外商直接投资来源　外商直接投资主要来源国别（地区）：香港51个项目、合同外资金额8 585万美元，台湾省7个、831万美元，马来西亚2个、33万美元，新加坡1个、116万美元，日本6个、1 198万美元，毛里求斯1个、103万美元，英国1个、34万美元，意大利1个、58万美元，西班牙1个、28万美元，英属维尔京群岛2个、3 568万美元，加拿大2个、292万美元，美国2个、514万美元，新西兰1个、13万美元。

【对外经济合作】

对外投资　2004年在海外举办企业（系指非贸易性企业）项目数1个，投资总额20万欧元，中方投资金额20万欧元，投资国别为西班牙。

【其他】

保税区　2004年，汕头保税区完成GDP 13.70亿元，增长15.13%。工业总产值22.00亿元，增长0.01%。进出区贸易总值4.62亿美元，增长84.65%，其中进出口货物总值3.40亿美元，增长112.73%。税收总额6.33亿元，其中海关税收5.90亿元，增长122.83%。地方财政收入13 335万元，增长18%。完成固定资产投资1.79亿元，下降4.27%，其中，基础设施投资1.11亿元，增长5.47%。

商务洽谈会　2004年5月19日，汕头市组团参加广东省政府在香港主办的“2004年粤港经济技术贸易合作交流会”，促成17个外商投资项目在交流会期间签约，项目投资总额1.14亿美元，合同（协议）外资金额1.02亿美元。7月7日，汕头市组团赴肇庆参加广东省政府主办的“2004年粤台经济技术贸易合作交流会”，促成14个外商投资项目签约，项目投资总额7 128万美元，合同（协议）外资金额5 142万美元。10月19日在汕头举行“2004年汕头市招商引资经贸活动”，共有208个项目分别签约、开工和投产，总投资136亿元。10月26日汕头市组团由黄志光市长带队参加广东省政府和香港特区行政区政府于在英国伦敦联合举办的“粤港——欧洲经贸合作会”，促成荷兰努安集团公司投资12 000万美元在南澳建设100MW海上风电场项目，以及威尔信（汕头保税区）动力设备有限公司与英国威尔信工程有限公司签订6 000万美元的柴油发电机组进口合同等两个项目。10月29日在法国巴黎举行汕头（巴黎）投资环境推介恳谈会，共签约13个项目，其中，对外经济合作项目1个，总投资额1.14亿美元，外商直接投资项目6个，投资总额4 206万美元，贸易项目6个，总成交金额3 972万美元，另外还有9个贸易项目和7个投资项目在会外签约。12月2日，在广东省政府和省外经贸厅的大力支持下，在汕头成功举办了“汕头——香港经贸合作交流会”，进一步加强汕头与香港的经贸合作。

港口运输　全市港口现有5 000吨以上泊位51个，其中万吨以上泊位13个，港口年吞吐能力2 400多万吨，集装箱年吞吐能力50多万个标箱。2004年实际完成货物吞吐量1 578万吨，比2003年1 468万吨增长7.4%，其中，完成外贸进出口货物吞吐量254.2万吨，同比下降3.8%，其中：进口163.4万吨，下降8.1%，出口90.8万美元，增长8.6%；进出口集装箱14.9万标准箱（TEU），增长9.1%，其中：进口集装箱7.23万标准箱（TEU），增长7.7%，出口7.67万标准箱（TEU），增长10.2%。

涉外旅游　2004年入境的国际游客人数19.25万人次。

2004年湛江市商务发展概况

湛江市对外贸易经济合作局

湛江市对外贸易经济合作局局长

黄光　生于1963年9月26日，广东省徐闻县人。大学学历。曾任广东省徐闻县大水桥糖厂厂长，徐闻县常务副县长。2002年起任湛江市人民政府副秘书长兼湛江市经济协作办公室主任、湛江市对外贸易经济合作局局长、党组书记。

【国内贸易】

社会消费品零售总额　2004年湛江市社会消费品零售总额231.7亿元，比上年的202.8亿元增长14.2%。其中，城市消费品零售额156.1亿元，县消费品零售额19.3亿元，县以下消费品零售额56.3亿元。分行业看，批发零售贸易业务零售额193.5亿元，餐饮业零售额36.6亿元，其他行业零售额1.6亿元。

批发零售贸易、餐饮业基本情况　截至2004年，共有批发零售贸易、餐饮业法人企业2 175个，产业活动单位1 214个，从业人数46 941人。其中批发法人企业1 233个，产业活动单位465个，从业人数24 179人；零售业法人企业859个，产业活动单位729个，从业人数15 055人；餐饮业法人企业83个，产业活动单位20个，从业人数7 707人。

批发零售贸易商品购、销、存总额　批发零售贸易业商品销售总额403.2亿元，比上年的378.9亿元增长6.4%。其中，限额以上企业103.3亿元，限额以下企业299.9亿元。

市场物价　商品零售价格指数为103.3（以上年价格为100）；居民消费价格指数为104（以上年价格为100），其中城市103.8，农村104.3。

【对外贸易】

进出口总额　进出口总额18.9亿美元，比上年的19.4亿美元下降2.5%。

出口总额　出口总额9.79亿美元，比上年的9.01亿美元增长8.6%，占全市GDP 608.16亿元（相当于73.48亿美元）的13.32%，占全国出口额的0.2%，占全省出口额的0.5%。

出口商品结构　初级产品出口额3.6亿美元，占出口总额的37.1%；工业制成品出口额6.2亿美元，占出口总额的63%。

出口商品市场　出口商品销往130个国家（地区）。

进口总额　进口总额9.09亿美元，比上年的10.34亿美元下降12.17%。

进口商品结构　初级产品进口额7.15亿美元，占进口总额的78.7%；工业制成品进口额1.93亿美元，占进口总额的21.3%。

湛江市2004年出口额3 000万美元以上商品情况表

金额分类	商品名称	出口金额	占出口总额比重（%）
3 000万—6 000万美元	桉木片3 328万美元 冻鱼、冻鱼片4 577万美元 电饭锅、电炉、电锅等5 444万美元	13 349	13.65
6 000万—12 000万美元	制作或保藏的小虾及对虾6 531万美元 硅锰铁及锰铁、硅铁6 899万美元 冻虾仁7 436万美元 鲜、冻对虾7 744万美元 家具及其零件10 226万美元	38 836	39.70

湛江市2004年主要出口市场情况表

国别（地区）	出口金额（万美元）	占出口总额比重（%）	比上年增长（%）	国别（地区）	出口金额（万美元）	占出口总额比重（%）	比上年增长（%）
美国	28 206	28.84	9.08	荷兰	3 180	3.25	140.18
香港	14 853	15.18	2.11	澳大利亚	2 612	2.67	9.38
日本	12 140	12.41	18.28	印度尼西亚	2 508	2.56	164.56
英国	4 289	4.38	14.37	加拿大	2 316	2.37	62.64
台湾省	3 321	3.40	36.05	墨西哥	1 884	1.93	1.02

湛江市2004年进口额3 000万美元以上商品情况表

金额分类	商品名称	进口金额（万美元）	占进口总额比重（%）
3 000万—10 000万美元	锰矿砂及其精矿3 175万美元 棉花4 240万美元	7 415	8.12
10 000万美元以上	大豆22 784万美元 原油27 377万美元	50 161	55.21

【利用外资】

湛江市2004年利用外资情况表

利用外资方式	批准签订的合同			实际利用外资	
	项目数（个）	外资金额（万美元）	金额比上年增长（%）	金额（万美元）	金额比上年增长（%）
外商直接投资	50	21 405	36.49	7 136	128.25
合资企业	17	5 891	178.01	2 561	109.58
合作企业	4	1 097	-84.24	25	-82.26
外资企业	29	14 417	118.34	4 550	158
合计	**50**	**21 405**	**36.49**	**7 136**	**128.25**

外商直接投资行业 外商直接投资的50个项目中，生产型项目37个，非生产型项目13个。按行业分，制造业

37个，农林牧渔业3个，交通运输、仓储及邮电通信业3个，房地产业2个，其他行业5个。

外商直接投资来源 外商直接投资来自9个国家和地区。居首位的是香港，项目28个，合同外资金额11 706万美元，实际使用外资金额4 176万美元。

湛江市2004年外商直接投资分国别（地区）表

国别（地区）	项 目		合同外资		实际使用外资	
	个数	占项目总数（%）	金 额（万美元）	占外资总额（%）	金 额（万美元）	占外资总额（%）
香 港	28	56	11 706	54.69	4 176	58.52
日 本	1	2	16	0.07	0	0
澳 门	1	2	100	0.47	13	0.18
马来西亚	1	2	500	2.34	0	0
新加坡	3	6	629	2.94	50	0.7
泰 国	0	0	0	0	107	1.5
台湾省	6	12	4 264	19.92	29	0.41
毛里求斯	0	0	25	0.12	25	0.35
德 国	0	0	0	0	0	0
巴拿马	0	0	0	0	52	0.73
英属维尔京群岛	3	6	2 001	9.35	1 534	21.5
加拿大	2	4	33	0.15	114	1.6
美 国	5	10	1 309	6.12	554	7.76
澳大利亚	0	0	32	0.15	0	0
投资性公司投资	2	4	790	3.69	482	6.75
合 计	**50**	**100**	**21 405**	**100**	**7 136**	**100**

【其他】

开发区 湛江经济技术开发区是国务院批准成立的全国首批14个沿海开放城市开发区之一，规划建设总面积为9.2平方公里，已开发的土地面积为8.53平方公里，2004国民生产总值34.82亿元，比上年增长20%，工业总产值85.73亿元，比上年增长23%。进出口总额4.49亿美元，其中出口金额为2.81亿美元，比上年减少5.62%，进口金额为1.68亿美元，比上年增长19%。实际利用外资3 895万美元，比上年增长323.88%。拥有固定资产9.13亿元，比上年增长61%。财政税收3.92亿元，比上年增长5%。

商务洽谈会 2004年4月，湛江市组织接待由省政府、香港特区政府、湛江市政府在湛江联合举办的湛江·香港经贸合作交流会，签订外商投资项目42个，总投资28 160万美元；5月份，组团参加省人民政府在香港举办的粤港经济技术贸易合作交流会，签订外商投资项目29宗，总投资20 593万美元；7月份参加省人民政府在肇庆市举办的粤台经济技术贸易交流会，签订外商投资项目13宗，总投资5 053万美元；10月份参加省人民政府和香港特区政府在英国伦敦举办的2004粤港——欧洲经济技术贸易合作交流会，签订外商投资项目34宗，总投资10 280万美元。

港口运输 湛江市共有港口企业16个，166个泊位。其中万吨级泊位29个，最大靠泊能力30万吨。年度通过能力为7 598万吨。2004年全市港口吞吐量为5 096万吨，比上年的3 985万吨增长28%。其中完成外贸进出口货物吞吐量为2 494万吨，比上年的2 033万吨增长23%。

涉外旅游 2004年入境的海外旅客人数为8 151人次，同比下降76.1%。其中外国人数4 221人次，同比增长2.62%；港澳台同胞入境人数为3 930人次，同比下降86.92%。旅游外汇收入1 071.66万美元，同比下降26.7%。

2004年广西壮族自治区商务发展概况

广西壮族自治区商务厅

广西壮族自治区商务厅厅长

刘树森　生于1954年11月，辽宁铁岭人。1982年毕业于辽宁师范大学中文系，1996年获南开大学工商管理硕士学位。历任辽宁省体改委副主任、辽宁省人民政府研究室副主任、广西壮族自治区党委研究室主任等职。2003年4月任广西壮族自治区对外贸易经济合作厅厅长、党组书记，广西壮族自治区外商投资管理办公室主任。2004年3月任广西壮族自治区商务厅厅长、党组书记。

【国内贸易】

社会消费品零售总额　2004年广西壮族自治区社会消费品零售总额973.41亿元，比上年的857.71亿元增长13.49%。其中，城市消费品零售额531.05亿元，县消费品零售额187.03亿元，县以下消费品零售额255.33亿元。分行业看，批发零售贸易业零售额811.38亿元，餐饮业零售额137.12亿元，其他行业零售额24.91亿元。

批发零售贸易业商品购、销、存总额　批发零售贸易业商品销售总额1 610.82亿元，比上年的1 416.17亿元增长13.74%。其中，限额以上企业627.02亿元，限额以下企业983.80亿元。

市场物价　商品零售价格指数为103.9（以上年价格为100），其中城市103.4，农村104.4；居民消费价格指数为104.4（以上年价格为100），其中城市104.1，农村104.9。

市场体系建设　截至2004年底，广西共有各类市场3 300多个，其中消费品市场3 200多个，生产资料市场75个，要素市场15个。亿元以上商品交易市场共有67家，累计成交额327.19亿元，占广西社会消费品零售总额的33.62%，其中10亿元以上商品交易市场7家，5亿元以上商品交易市场15家。

在建设有形市场的同时，广西积极探索和推动采用电子商务与现代物流相结合的新型流通方式的无形市场发展。广西糖网食糖批发市场和广西食糖中心批发市场两家大型批发市场近年取得快速发展，交易规模位居国内同类市场的前列。

截至2004年底，广西共有拍卖企业133家，有注册拍卖师163人，全年拍卖成交额达41亿元。通过指导广西拍卖协会开展拍卖从业人员和拍卖师培训工作，促进拍卖业的健康发展。

截至2004年底，广西共有典当企业32户，2004年典当总额1.36亿元。

商业改革与发展　2004年，广西通过推进国有企业产权制度改革，加快流通创新，促进新型流通组织与经营方式的发展，初步形成了多元化、多业态、开放式、竞争程度不断提高的新型商品流通格局，国有经济市场份额减至11%，集体经济占7%，私营和个体经济上升为66%。大力发展连锁经营，积极推进企业物流和信息化建设，稳妥进行电子商务试点，加快推进流通现代化。培育出年销售额超1亿元的大型零售企业20家，大型连锁企业（不含成品油、烟草行业）92家，连锁经营销售额占全区社会消费品零售总额比重超过8%，物流企业120多家。电子商务发展集中体现在广西糖网食糖批发市场，2004年交易额74.4亿元，成为影响全国食糖价格的主要市场。

【对外贸易】

进出口总额　进出口总额428 847万美元，比上年的319 173万美元增长34.30%。

出口总额　出口总额239 554万美元，比上 年的197 007

万美元增长 21.60%，占广西 GDP 3 320.10 亿元（相当于401.13 亿美元）的 5.97%，占全国出口额的 0.4%。

出口商品结构 初级产品出口额 37 898 万美元，占出口总额的 15.80%；工业制成品出口额 201 643 万美元，占出口总额的 84.20%。

出口商品市场 出口商品销往 163 个国家（地区）。

广西壮族自治区 2004 年出口额 500 万美元以上商品情况表

商 品 名 称	出口金额（万美元）	占出口总额比重（%）
服装及衣着附件	19 814	8.3
家用陶瓷器皿	9 549	4.0
未锻造的锡合金	7 777	3.2
松香及树脂酸	6 028	2.5
鲜、干水果及坚果	5 536	2.3
烟花、爆竹	4 872	2.0
纺织纱线、织物及制品	4 786	2.0
氧化锌及过氧化锌	4 299	1.8
钢材	4 072	1.7
重晶石	3 484	1.5
皮革手套	3 451	1.4
蔬菜	2 883	1.2
药材	2 824	1.2
电线和电缆	2 821	1.2
未锻造的锌及锌合金	2 383	1.0
原电池	2 368	1.0
家具	2 339	1.0
小海产品	2 243	0.9
塑料制品	2 239	0.9
滑石	2 210	0.9
草编织品	2 145	0.9
未锻造的铜及铜材	2 059	0.9
藤编织品	2 031	0.8
鞋类	2 030	0.8
未锻造的锰	2 007	0.8
手表	1 915	0.8
汽车和汽车底盘	1 753	0.7
蘑菇罐头	1 566	0.7
电视收音机及无线电讯设备	1 530	0.6
竹编织品	1 508	0.6
汽车零件	1 507	0.6
医药品	1 492	0.6
未锻造的铝及铝材	1 358	0.6
活猪	1 082	0.5
旅行用品及箱包	1 041	0.4
家用或装饰用木制品	969	0.4
干豆	938	0.4
灯具、照明装置及类似品	847	0.4
贵重金属或贵重金属的首饰	846	0.4
摩托车及自行车的零件	844	0.4
纸及纸板	758	0.3
珍珠、宝石及半宝石	731	0.3
摩托车	656	0.3
谷物及谷物粉	537	0.2
自动数据处理设备及部件	537	0.2
水泥	529	0.2
煤	520	0.2
合 计	**129 714**	**54.1**

广西壮族自治区2004年主要出口市场情况表

国别（地区）	出口金额（万美元）	占出口总额比重（%）	国别（地区）	出口金额（万美元）	占出口总额比重（%）
越　南	45 437	19	韩　国	8 660	3.6
香　港	28 564	11.9	台湾省	8 617	3.6
美　国	28 115	11.7	意大利	6 054	2.5
日　本	25 427	10.6	泰　国	5 499	2.3
荷　兰	9 924	4.1	澳大利亚	5 486	2.3
合　计				**171 783**	**71.7**

进口总额　进口总额189 293万美元，比上年的122 166万美元增长54.80%。

进口商品结构　初级产品进口额120 533万美元，占进口总额的63.70%；工业制成品进口额68 760万美元，占进口总额的36.30%。

进口商品市场　进口商品来自62个国家（地区）。

广西壮族自治区2004年进口额500万美元以上商品情况表

商　品　名　称	进口金额（万美元）	占进口总额比重（%）
大豆	42 018	22.2
铁矿砂	24 128	12.7
锰矿砂	11 948	6.3
煤	6 884	3.6
食用植物油	6 283	3.3
汽车和汽车底盘	5 386	2.8
金属加工机床	3 217	1.7
牛皮革及马皮革	2 897	1.5
有线电话电报设备零附件	1 705	0.9
初级形状的塑料	1 424	0.8
计量检测分析自控仪器及器具	1 357	0.7
自动数据处理设备及部件	1 327	0.7
制造纸及纸制品用机械	1 314	0.7
钟表机芯及钟表零件	1 245	0.7
铬矿砂	1 054	0.6
建筑及采矿用机械	1 021	0.5
钻石	1 015	0.5
氧化铝	946	0.5
电视、收音机及无线电讯设备的零附件	936	0.5
纺织机械	900	0.5
汽车零件	896	0.5
废铜	858	0.5
机械提升搬运装卸设备及零件	841	0.4
医疗仪器和器械	746	0.4
废铝	727	0.4
铝材	727	0.4
阀门	685	0.4
食糖	665	0.4

广西壮族自治区2004年进口额500万美元以上商品情况表（续）

商品名称	进口金额（万美元）	占进口总额比重（%）
纸浆	647	0.3
原木	600	0.3
天然橡胶	572	0.3
液泵及液体提升机	558	0.3
废钢	556	0.3
活塞式内燃机的零件	514	0.3
合计	**126 597**	**66.9**

广西壮族自治区2004年主要进口市场情况表

国别（地区）	进口金额（万美元）	占进口总额比重（%）	国别（地区）	进口金额（万美元）	占进口总额比重（%）
越南	29 816	15.8	阿根廷	11 317	6.0
美国	21 654	11.4	日本	10 688	5.6
澳大利亚	18 815	9.9	韩国	9 851	5.2
巴西	17 747	9.4	新加坡	9 851	5.2
印度	12 375	6.5	德国	9 064	4.8
合计				**151 178**	**79.9**

边境贸易 边境小额贸易进出口额为5.54亿美元，同比增长3.58%。其中：出口2.71亿美元，下降13.9%；进口2.83亿美元，增长27.9%。边境小额贸易出口的主要商品为：鲜苹果、化纤制胸罩及针织品、柑橘、中药材、蒜头、鲜鸭梨、雪梨、干绿豆。边境小额贸易进口的主要商品为：橡胶及其废碎料、木薯淀粉、煤炭、铁矿（砂）、鲜水果、钛矿（砂）、铬矿。

技术进出口 技术进出口总额1 443万美元，比上年的1 634万美元增长下降11.69%。签订引进技术和进口设备合同项目33个，比上年减少5个；合同金额2 237万美元，比上年的1 634美元增长36.9%。

技术进口 引进项目共33个，总金额2 237.09万美元。其中：制造业项目25个，金额1 835.03万美元；电力、煤气及水的生产和供应业3个，金额131.56万美元；房地产业2个，金额36.00万美元；其他行业3个，金额234.50万美元。

【利用外资】

广西壮族自治区2004年利用外资情况表

利用外资方式	批准签订的合同			实际利用外资	
	项目数（个）	外资金额（万美元）	金额比上年增长（%）	金额（万美元）	金额比上年增长（%）
外商直接投资	353	110 007	63.7	29 579	-35.2
合资企业	132	26 783	132.8	12 782	-20.5
合作企业	35	27 639	179	1 378	-67.3
外资企业	186	55 585	21.8	15 419	-37
合计	**353**	**110 007**	**63.7**	**29 579**	**-35.2**

外商直接投资行业　外商直接投资项目中，生产型与非生产型项目数分别为213个和140个。分行业的项目数为：农、林、牧、渔业29个，采矿业7个，制造业187个，电力、燃气及水的生产和供应业12个，建筑业7个，交通运输、仓储和邮政业4个，信息传输、计算机服务和软件业5个，批发和零售业2个，住宿和餐饮业21个，金融业1个，房地产业50个，租赁和商务服务业13个，科学研究、技术服务和地质勘查业3个，水利、环境和公共设施管理业5个，居民服务和其他服务业2个，文化、体育和娱乐业5个。

外商直接投资来源　外商直接投资主要来自：香港171项，金额54 707万美元；美国33项，金额20 748万美元；英属维尔京群岛17项，金额8 880万美元；法国4项，金额6 815万美元；萨摩亚4项，金额4 398万美元；日本7项，金额4 234万美元；台湾省40项，金额3 002万美元；投资性公司1项，金额2 810万美元；新加坡9项，金额2 650万美元。

【对外经济合作】

承包工程和劳务合作　签订对外承包工程和劳务合作合同项目26个，金额5 642万美元，比上年的3 872万美元增长45.74%；完成营业额2 705万美元，比上年的2 196万美元增长23.15%；2004年派出劳务人员189人，年末在外人数296人，派往的主要国家和地区为日本、澳门等；承包工程的主要项目有燃煤联合循环电厂项目、芒街中国商贸城二期A区项目、湄公河运输和防洪工程项目、班珠尔国际机场保税区项目。主要国家和地区涉及印度尼西亚、越南、冈比亚、纳米比亚等。

接受经济援助　接受国际经济组织及双边援助的项目9个，金额95.78万美元。

对外投资　2004年在海外举办企业（系指非贸易性企业）的项目为16个，投资总额1 128.86万美元，其中中方投资额879.27万美元。投资国家及地区涉及越南、委内瑞拉、意大利、美国、澳大利亚、印度。

【其他】

开发区　南宁经济技术开发区完成地区生产总值20.07亿元，同比增长50.93%；规模以上工业总产值43.49亿元，增长41.89%；全社会固定资产投资15.63亿元，增长68.50%；工业销售收入41.32亿元，增长44.87%；财政收入26 940万元，增长92.35%。引进项目159个，项目总投资64.39亿元，其中实际到位内资9.74亿元，合同利用外资11 827万美元。出口总额3 308万美元，增长11.76%。其中机电产品出口1 603万美元，增长292.89%；高新技术产品出口551万美元，增长48.92%。

到2004年底，南宁高新区累计入区企业达2 387家，其中高新技术企业175家。2004年，高新区实现技工贸总收入196.74亿元，同比增长32.3%；完成工业总产值147.58亿元，增长37.5%；完成工业增加值51.69亿元，增长44.6%；出口创汇10 133.6万美元，增长107.4%。新批三资企业15家，占全市新批外资企业21.4%，合同利用外资4 450万美元，实际利用外资3 500万美元。

桂林高新区完成投资3.2亿元。全年新认定高新技术企业5家，认定高新技术产品153个，新增孵化项目64个。2004年，入园开工建设的项目17个，项目总投资80亿元。其中有广西十三柴的发动机项目，总投资32亿元；河北中兴的年产10万辆SUV汽车项目，总投资20亿元；广东鸿瑞的光盘生产基地项目，总投资5.3亿元。实际到位外资400万美元，同比下降86%。进出口总额2.23亿美元，增长67.67%，其中进口额0.74亿美元，增长45%；出口额1.49亿美元，增长83.22%。

北海出口加工区于2003年3月10日经国务院批准设立，同年7月1日正式启动封关建设，12月26日通过国家验收启动运作，是我国西部地区唯一临海的最接近东盟的国家级出口加工区。截至2004年底，入区企业有6家。

商务洽谈会　2004年11月，首届中国东盟博览会在广西南宁国际会展中心举办，有34个国家和地区参加，到会外商4 000多人。商品贸易累计交易额达10.84亿美元，其中：出口8.75亿美元，进口1.10亿美元，国内贸易0.99亿美元。共签订投资合同金额约1 000亿元人民币。其中：涉外项目129个，总投资49.68亿美元（含中国对外投资项目46个，投资额4.93亿美元）；国内合作项目110个，总投资565.4亿元人民币。

港口运输　进出口货物量2 241.86万吨，同比增长32.04%，其中：进口货物量1 465.85万吨，增长43.38%；出口货物量776.01万吨，增长14.88%。

涉外旅游　入境旅游人数为117.58万人次（外国人及香港、澳门、台湾同胞），旅游外汇收入2.88亿美元，比上年的1.64亿美元增长75.2%。

2004 年北海市商务发展概况

北海市商务局

北海市商务局局长

黄平西　生于 1959 年 3 月，壮族，广西壮族自治区横县人。1979 年 9 月—1983 年 7 月在广西大学外语系学习。1983 年 8 月—1986 年 2 月在南宁师专任教师。1986 年 2 月—2000 年 11 月在广西壮族自治区外事办公室工作，历任副处长、调研员等职。2001 年 11 月任北海市对外贸易经济合作局局长、党委副书记。2004 年 7 月任北海市商务局局长、党委副书记。

【国内贸易】

社会消费品零售总额　2004 年广西壮族自治区北海市社会消费品零售总额381 278万元，比上年的338 002.94万元增长 11.35%。其中，城市消费品零售额 256 960 万元，县消费品零售额 63 609 万元，县以下消费品零售额 60 709 万元。分行业看，批发零售贸易业零售额 285 773 万元，餐饮业零售额 62 834 万元，其他行业零售额 32 671 万元。

批发零售贸易、餐饮业基本情况　截至 2004 年，共有限额以上批发零售贸易、住宿餐饮业法人企业 49 个，产业活动单位 127 个。其中，批发业法人企业 7 个，产业活动单位 33 个；零售业法人企业 6 个，产业活动单位 57 个；住宿餐饮业法人企业 36 个，产业活动单位 37 个。

批发零售贸易业商品销售总额　批发零售贸易业商品销售总额686 893万元，比上年的621 151万元增长 10.58%，其中，限额以上企业163 149万元（其中批发144 700万元，零售 18 449 万元），限额以下企业 523 744 万元。

市场物价　居民消费价格指数为 104.7，消费品价格指数为 106.2（均以上年价格为 100）。

【对外贸易】

进出口总额　进出口总额 14 048.57 万美元，比上年的 13 212.22 万美元增长 7.6%。

出口总额　出口总额 9 788.05 万美元，比上年的 7 681.29万美元增长 27.43%，占全市 GDP 158.10 亿元（相当于 19.10 亿美元）的 5.40%，占全自治区出口额 23.96 亿美元的 4.01%。

出口商品结构　初级产品出口额 1 484.47 万美元，占出口总额的 15.17%；工业制成品出口额 8 303.58 万美元，占出口总额的 84.83%。

北海市 2004 年出口额 100 万美元以上商品情况表

金额分类	商 品 名 称	出口金额（万美元）	占出口总额比重（%）
1 000 万美元以上(3 种)	烟花炮竹、水海产品、皮革及其制品	7146.72	73.01
100 万—1 000 万美元（8 种）	农药、纺织制品、铁合金、食品饮料、机电产品、芒编制品、珍珠、矿产品	2 471.92	25.25
合　计	**11 种**	**9 618.64**	**98.26**

北海市 2004 年主要出口市场情况表

国别（地区）	出口金额（万美元）	占出口总额比重（%）	国别（地区）	出口金额（万美元）	占出口总额比重（%）
美国	3 542.77	36.19	意大利	502.10	5.13
日本	1 840.60	18.80	瑞典	470.30	4.80
香港	806.60	8.24			
合计				**7 162.37**	**73.16**

进口总额 进口总额 4 260.52 万美元，比上年的 5 526.68 万美元下降 22.91%。

进口商品结构 初级产品进口额1 104.72万美元，占进口总额的 25.93%；工业制成品进口额 3 155.79 万美元，占进口总额的 74.07%。

边境贸易 边境小额贸易进口总额 2 750.71 万元人民币，同比增长 46.64%，进口主要商品为泥煤、化工燃料、钛铁原矿、虾壳碎料；出口总额 71 万元人民币，出口主要商品为化肥。

北海市 2004 年进口额 100 万美元以上商品情况表

金额分类	商品名称	进口金额（万美元）	占进口总额比重（%）
1 000 万美元以上（1 种）	皮革	2 885.07	67.72
100 万—1 000 万美元（4 种）	矿产品、化工产品、煤、机电产品	1269.57	29.80
合计	**5 种**	**4 154.64**	**97.52**

北海市 2004 年主要进口市场情况表

国别（地区）	进口金额（万美元）	占进口总额比重（%）	国别（地区）	进口金额（万美元）	占进口总额比重（%）
台湾省	2 587.70	60.74	南非	310.56	8.95
香港	622.82	14.62	荷兰	107.07	2.51
越南	314.45	7.38			
合计				**3 942.60**	**94.20**

【利用外资】

北海市 2004 年利用外资情况表

利用外资方式	批准签订的合同			实际利用外资	
	项目数（个）	外资金额（万美元）	金额比上年增长（%）	金额（万美元）	金额比上年增长（%）
外商直接投资	22	18 974	254.79	1 973	-34.28
合资企业	8	1 485	-57.55	1 446	5.74
合作企业	4	13 327	73 938.89	211	224.62
外资企业	10	4 162	127.18	316	-77.48
合计	**22**	**18 974**	**254.79**	**1 973**	**-34.28**

外商直接投资行业　外商直接投资项目中，生产型12个，非生产型10个。按行业划分：制造业12个，农、林、牧、渔业3个，电力燃气供应业2个，交通运输业2个，餐饮业1个，房地产业2个。

北海市2004年外商直接投资来源情况表

国别（地区）	项目数（个）	合同外资额（万美元）	实际利用外资（万美元）
香　港	5	2 367	760
台湾省	5	1 869	154
泰　国	–	–	70
新加坡	1	855	38
印　尼	–	–	2
英属维尔京群岛	2	571	771
加拿大	–	–	4
美　国	4	12 150	–
澳大利亚	1	6	–
韩　国	1	24	24
法属波利尼西亚	1	6	–
荷　兰	1	1 000	150
德　国	1	126	–
合　计	**22**	**18 974**	**1 973**

外商直接投资企业生产经营情况　在2004年1月—5月进行的外商投资企业联合年检中，北海市参加年检的企业146家，投产开业的100家，筹建的30家，停业的16家。2004年全市外商直接投资企业销售（营业）收入总额50 974万元，其中服务营业收入总额为6 596万元，占销售（营业）收入总额13%；销售（营业）收入超过1 000万元的企业有12家。企业利润总额为－13 702万元，净利润总额为2 499万元，其中盈利的企业10家，盈利总额2 450万元。2004年外商直接投资企业出口总额1 842.32万美元，占全市出口总额的18.82%。

【其他】

北海出口加工区　北海出口加工区于2003年3月10日经国务院批准设立，于2003年12月26日通过国家验收启动运作，是我国西部地区唯一临海的最接近东盟的国家级出口加工区。北海出口加工区的“七通一平”建设已基本完成，基本具备了投资者随时入区开工的条件。其他配套设施建设也在同步推进。建筑面积8 660平方米的1#标准厂房已完工交付使用，另有7栋标准厂房正在动工兴建。2004年底，已有北海味莱鲜海洋生物科技有限公司、北海恒生油脂有限公司、北海晓峰电子有限公司、北海顶业电子有限公司、北海爱飞数码科技有限公司等从事海产品深加工和电子信息产品加工的企业入驻，初步形成了加工贸易产业框架。

港口运输　港口吞吐量达654.06万吨，比上年的613.55万吨增长6.60%，其中完成外贸进出口货物吞吐量324.81万吨，比上年的206.66万吨增长57.17%。进出口集装箱为27 896个标箱，箱载货物总重量达330 300吨，其中出口货物量189 626吨，比上年的139 004吨增长14.97%；进口货物量140 674吨，比上年的220 155吨下降36.10%。

涉外旅游　接待境外游客2.53万人次，比上年的1.32万人次增长91.67%；旅游外汇收入553.34万美元，比上年的279.94万美元增长97.66%。

2004年海南省商务发展概况

海南省商务厅

海南省商务厅厅长

彭瑞林　生于1950年10月，湖南常德人。硕士研究生学历。中共党员。1968年2月参加工作。曾任对外贸易经济合作部监察局副处长、计划财务司副处长、计划财务司处长、驻海南特派员办事处副特派员等职。2002年4月任海南省对外贸易经济合作厅副厅长、党组副书记（主持全面工作）。2003年6月任海南省商务厅厅长、党组书记。

【国内贸易】

社会消费品零售总额　2004年海南省社会消费品零售总额2 192 308万元，比上年的1 916 353万元增长14.4%。其中，城市消费品零售额1 479 377万元，县消费品零售额196 166万元，县以下消费品零售额516 765万元。分行业看，批发零售贸易业零售额1 733 937万元，餐饮业零售额354 311万元，其他行业零售额104 060万元。

限额以上批发零售贸易、餐饮业基本情况　截至2004年，共有批发零售贸易、餐饮业法人企业170个，产业活动单位170个，从业人数11 899人。其中，批发业法人企业87个，产业活动单位87个，从业人数5 873人；零售业法人企业83个，产业活动单位83个，从业人数6 026人；餐饮业法人企业52个，产业活动单位52个，从业人数9 683人。

批发零售贸易业商品购、销、存总额　批发零售贸易业商品销售总额3 796 954万元，比上年的3 242 288万元增长17.1%。限额以上批发零售贸易业商品购进总额1 467 821万元（其中进口105 933万元），商品销售总额1 533 653万元（其中批发1 265 409万元、零售268 244万元、出口126 255万元），年末库存总额77 923万元。

市场物价　商品零售价格指数为101.4（以上年价格为100），其中城市103.0，农村103.8；居民消费价格指数为101.8（以上年价格为100），其中城市上升3.8%，农村上升6.4%。

【对外贸易】

进出口总额　进出口总额34.02亿美元，比上年增长49.4%。

出口总额　出口总额10.93亿美元，增长26%；进口总额23.09亿美元，增长63.8%。出口总额中，一般贸易出口（含天然气）9.63亿美元，增长25.9%；加工贸易出口1.29亿美元，增长28%。外商投资企业出口3.50亿美元，增长27.2%。

出口商品结构　出口商品共2 281个品种，其中出口额在1 000万美元以上的大宗商品10种，出口额共4.74亿美元，占出口总额43.4%。主要出口商品中，天然气、肥料、水海产品、钢铁及制品等4种商品出口额在6 000万美元以上。本省产品出口6.32亿美元，占72.7%，主要有天然气、肥料、水海产品、钢铁及制品等。出口商品中初级产品与工业制成品的比重为30.12∶69.88。

进口商品结构　初级产品进口额2.54亿美元，占11.02%；工业制成品进口20.55亿美元，占88.98%。进口商品有1 512种，其中进口额在2 000万美元以上的商品14种，分别是运输工具、钢铁及制品、电器及电子设备、其他矿产品、医药品、仪器仪表、塑料及制品、铝及制品、纺织品、铜及制品、液化石油气、木及木制品、动植物油脂及分离品、有机化学品。

进口商品市场　进口商品来自54个国家（地区），进口额在2 000万美元以上的国家（地区）16个，依次为美国、日本、德国、芬兰、瑞典、香港、台湾省、韩国、越南、澳大利亚、马来西亚、泰国、加拿大、新加坡、意大利、西班牙。

海南省 2004 年出口商品结构表

商品类别	出口金额（万美元）	占出口总额比重（%）
初级产品	32 903	30.12
工业制成品	76 351	69.89
其中：机电产品	13 582	12.43

海南省 2004 年主要进出口市场情况表

序号	出口			进口		
	国别（地区）	出口额（万美元）	占出口总额比重（%）	国别（地区）	进口额（万美元）	占进口总额比重（%）
1	香港	31 649	28.97	美国	77 523	33.57
2	美国	13 671	12.51	日本	48 162	20.86
3	日本	11 992	10.98	德国	22 676	9.82
4	韩国	4 591	4.20	芬兰	9 387	4.07
5	澳大利亚	3 687	3.37	瑞典	7 783	3.37
6	马来西亚	2 863	2.62	香港	6 920	3.00
7	台湾省	2 576	2.36	台湾省	6 730	2.91
8	泰国	2 480	2.27	韩国	5 145	2.23
9	英国	2 291	2.10	越南	4 944	2.14
10	德国	1 689	1.55	澳大利亚	4 300	1.86
11	意大利	1 597	1.46	马来西亚	3 828	1.66
12	菲律宾	1 547	1.42	泰国	3 328	1.44
13	孟加拉国	1 515	1.39	加拿大	2 477	1.07
14	印度尼西亚	1 481	1.36	新加坡	2 266	0.98

【利用外资】

批准设立外商投资企业（项目）169 家，比上年增长 3.05%；合同外资额 7.03 亿美元，增长 140.83%，外商直接投资 6.43 亿美元，增长 10.82%。新批企业按企业类型分，中外合资经营企业 51 家，占 30.18%，合同外资金额 1.09 亿美元；中外合作经营企业 6 家，占 3.55%，合同外资金额 2 357 万美元；外资企业 112 家，占 66.27%，合同外资金额 5.7 亿美元。按产业分，第一产业企业 32 家，占 18.93%，合同外资金额 4 626 万美元；第二产业企业 58 家，占 24.32%，合同外资金额 51 302 万美元；第三产业企业 79 家，占 46.75%，合同外资金额 14 357 万美元。从投资国别看，亚洲国家和地区仍是海南省最大的投资来源地，共投资设立企业 132 家，占全部新批企业的 78.11%；合同外资金额 5.75 亿美元，占总数的 81.79%；外商实际投资 1.58 亿美元。占 73.17%。

【对外经济合作】

签订对外承包工程和劳务合作合同 69 份，合同额 238 万美元，比上年增加 49.7%；完成营业额 68 万美元，减少 90.8%。外派劳务 122 人次，减少 17%；年末在外人数 385 人，增长 23.8%。签订技术引进合同共 25 项，金额 9 854 万美元，分别增长 1.5 倍和 40 倍；高技术产品出口 2 000 万美元，增长 42.8%。争取国际无偿援助项目 3 个，金额 601 万美元；执行国际无偿援助项目 2 个，金额 338 万美元。设立海外非贸易性企业 2 家，投资额 551.5 万美元。

【其他】

港口运输 2004 年海南省海港出入境人数为 4.8 万人次，比上年减少 67.7%；出入境船舶 2 844 艘次，增长 12.1%；出入境外贸货物 219.54 万吨，增长 47.9%。

涉外旅游 2004 年，海南省空港出入境旅客 27.7 万人次，比上年同期增长 43.1%；出入境飞机 2 914 架次，增长 34.3%。

商务洽谈会 2004 年 7 月 14 日—17 日，在广州举办了

"首届泛珠三角区域产品展示暨经济技术合作洽谈会"，参加省、市、区的有：广东、广西、湖南、海南、江西、福建、云南、贵州、四川、香港、澳门，海南省政府和企业代表团共700人参会，共签约99项，签约金额293.6亿元。

2004年11月15日—17日，在香港举办了"2004年（香港）海南贸易与投资合作洽谈会"，与境外企业正式签署投资合同81项，外方投资总额346亿元人民币；签署投资意向17项，外方投资总额120多亿元人民币；签署政府部门与行业间合作框架协议5项，涵盖经贸、旅游、药业、体育等多个方面。

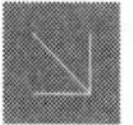

2004年重庆市商务发展概况

重庆市对外贸易经济委员会

重庆市对外贸易经济委员会主任

李建春　生于1959年2月，山西偏关人。工商管理硕士，高级经济师。中共党员。历任重庆红岩机器厂总经济师、重庆机械设备进出口公司总经理、重庆市机械工业管理局副局长等职。现任重庆市对外贸易经济委员会主任、党组书记。

【对外贸易】

进出口总额　2004年重庆市进出口总额385 735万美元，比上年的259 489万美元增长48.7%。

出口总额　出口总额209 119万美元，比上年的158 509万美元增长31.9%，占全市GDP 2 650亿元（相当于320亿美元）的6.53%，占全国出口额的0.28%。

出口商品结构　初级产品出口额11 623万美元，占出口总额的5.56%；工业制成品出口额197 496万美元，占出口总额的94.44%。

出口商品市场　出口商品销往173个国家和地区。

进口总额　进口总额176 616万美元，比上年的100 979万美元增长74.9%。

进口商品结构　初级产品进口额25 509万美元，占进口总额的14.44%；工业制成品进口额151 107万美元，占进口总额的85.56%。

进口商品市场　进口商品来自55个国家和地区。

重庆市2004年出口额1 000万美元以上商品情况表

金额分类	商品名称	出口金额（万美元）	占出口总额比重（%）
5000万美元以上（9种）	摩托车、合成药及中间体、摩托车零部件、通机发动机、铝材、钢材、汽车、工具、硅	123 260	58.94
1 000万—5 000万美元（15种）	耐火黏土、人造刚玉、染料和颜料、聚乙烯醇、桑蚕丝及机织物、苎麻及其机织物、服装、玻璃器皿、瓷餐具、电机及电器产品、肠衣、坯绸、鞋、仪器仪表、卫生洁具	29 943	14.32
合　计	**24种**	**153 203**	**73.26**

重庆市2004年主要出口市场情况表

国别（地区）	出口金额（万美元）	占出口总额比重（%）	国别（地区）	出口金额（万美元）	占出口总额比重（%）
美　国	20 546	9.8	印度尼西亚	9 607	4.6
日　本	17 505	8.4	韩　国	7 719	3.7
香　港	14 930	7.1	印　度	7 687	3.7
德　国	13 028	6.2	伊　朗	7 491	3.6
越　南	12 566	6.0	缅　甸	7 209	3.4
合　计				**118 288**	**56.56**

重庆市2004年进口额1 000万美元以上商品情况表

金额分类	商　品　名　称	进口金额（万美元）	占进口总额比重（%）
5 000万美元以上（5种）	自动变速箱、发动机零件、汽车车身零部件、引擎、铁矿砂	47 512	26.90
1 000万—5 000万美元（13种）	密封垫、金属压模、纯铝、照明装置、铬矿砂、螺钉、金属机械、气体检测仪、车用零件、车身零部件、机械器具、硫磺、黄大豆	42 475	24.05
合　计	**18种**	**89 987**	**50.95**

重庆市2004年主要进口市场情况表

国别（地区）	进口金额（万美元）	占出口总额比重（%）	国别（地区）	进口金额（万美元）	占出口总额比重（%）
日　本	58 190	32.9	印　度	9 098	5.2
德　国	19 833	11.2	韩　国	6 576	3.7
美　国	16 928	9.6	秘　鲁	5 257	3.0
台湾省	10 217	5.8	西班牙	4 943	2.8
香　港	9 253	5.2	比利时	4 795	2.7
合　计				**145 090**	**82.15**

【利用外资】

重庆市2004年利用外资情况表

利用外资方式	批准签订的合同			实际利用外资	
	项目数（个）	外资金额（万美元）	金额比上年增长（%）	金　额（万美元）	金额比上年增长（%）
对外借款				27 462	8.20
外商直接投资	281	66 621	19.71	40 752	30.31
合资企业	109	23 280	2.04	25 315	45.51
合作企业	13	2 331	-82.10	3 842	-2.76

重庆市2004年利用外资情况表（续）

利用外资方式	批准签订的合同			实际利用外资	
	项目数（个）	外资金额（万美元）	金额比上年增长（%）	金　额（万美元）	金额比上年增长（%）
外资企业	135	36 346	88.17	10 032	49.13
股份有限公司	1	658	335.76	495	227.81
其他		3 700		824	-71.44
加工贸易	23	306	-14.53	244	51.55
合　计	**217**	**66 621**	**19.71**	**68 214**	**20.41**

外商直接投资行业　在外商投资项目中，生产型项目166个，非生产型项目92个。合同外资在1 000万美元以上的行业分布为：制造业136个，合同外资金额33 898万美元；采矿业4个，1 396万美元；租赁和商务服务业22个，1 082万美元；房地产业37个，18 917万美元；水电气生产和供应业5个，4 396万美元；建筑业10个，3 061万美元；交通运输、仓储及邮电通信业8个，1 502万美元；住宿和餐饮业15个，1 325万美元。

外商直接投资来源　外商直接投资来自33个国家和地区。投资额居前5位的国家和地区是：香港90项，26 337万美元；英属维尔京群岛16项，9 815万美元；美国33项，9 563万美元；菲律宾3项，2 984万美元；韩国9项，2 710万美元。

外商直接投资企业生产经营情况　2004年外商投资企业出口创汇3.5亿美元，比上年增长58.4%，实现利润58亿元，增长135.77%。

【对外经济合作】

承包工程与劳务合作　签订对外承包工程、劳务合作和设计咨询合同金额1.48亿美元，比上年的1.35亿美元增长10.2%；完成营业额10 078万美元，比上年的8 810万美元增长14%；当年派出劳务人员2 751人，年末在外人数6 269人。对外承包工程、劳务合作和设计咨询分布在45个国家和地区，比上年减少5个。外派劳务工种为26种，比上年减少1种，外派劳务最多的工种是渔工和缝纫工。

接受经济援助　接受国外经济援助项目有18个，金额4 580万美元，分别来自联合国儿童基金会、人口基金会以及澳大利亚、加拿大、德国和荷兰等国政府。

对外投资　在海外举办企业13家，中方投资金额2 355万美元，投资国别（地区）9个，投资额最大的是重庆力帆威力电器有限公司与保加利亚合资组建的境外加工贸易企业——力帆电器合资股份有限公司，总投资额达585万美元。

【其他】

经济技术开发区　重庆经济技术开发区完成外贸进出口62 582万美元，其中出口8 017万美元；兴办外商投资企业26家，合同外资金额9 880万美元，实到外资金额5 029万美元。截至2004年底，开发区累计兴办外商投资企业381家。

高新技术产业开发区　重庆高新技术产业开发区完成外贸进出口5 951万美元，其中出口3 976万美元；兴办外商投资企业19家，合同外资金额8 284万美元，实到外资金额8 672万美元。截至2004年底，开发区累计兴办外商投资企业361家。

商务洽谈会　2004年4月下旬，重庆投资贸易洽谈会举行。来自美国、德国、加拿大、新加坡、韩国、英国、匈牙利、俄罗斯、日本、香港、澳门、台湾省等22个国家和地区的客商及西部11个省区市和福建、天津、吉林、厦门、兄弟省市的代表1万余人参加了这次贸洽会，大会签约引资项目169个，拟引进国外资金13.9亿美元，国内资金160.6亿元人民币。

港口运输　进出口货物运输总量为368万吨，比上年增长86.80%；其中进口运量250万吨，增长107%，出口运量118万吨，增长35%。

涉外旅游　接待旅游、参观访问及从事各项活动的海外游客43.44万人次，比上年的23.46万人次增长85.17%；旅游外汇收入2.03亿美元，比上年的1.13亿美元增长79.65%。

2004年四川省商务发展概况

四川省商务厅

四川省商务厅厅长

谢开华　毕业于四川大学中文系。历任四川省对外贸易经济合作厅办公室副主任、基地货源处副处长，中国出口商品基地建设四川公司副总经理，四川省轻工工艺品进出口公司总经理，四川省对外经济贸易委员会副主任，四川省对外贸易经济合作厅党组副书记、副厅长。四川省对外贸易经济合作厅厅长、党组书记等职。现任四川省商务厅厅长、党组书记。

【国内贸易】

社会消费品零售总额　2004年四川省社会消费品零售总额2 384亿元，比上年的2 091亿元增长14%。其中，城市消费品零售额1 130亿元，县消费品零售额426亿元，县以下消费品零售额828亿元。分行业看，批发零售贸易业零售额1 834亿元，餐饮业零售额436亿元，其他行业零售额114亿元。

批发零售贸易业商品购、销、存总额　批发零售贸易业商品销售总额3 396亿元，比上年的2 794亿元增长14.2%。其中，限额以上企业1 196亿元，限额以下企业2 200亿元。限额以上企业年末库存总额78亿元。

市场物价　商品零售价格指数为103.7（以上年价格为100），其中城市102.8，农村104.6；居民消费价格指数为104.9（以上年价格为100），其中城市104.6，农村105.2。

市场体系建设　随着四川省国民经济持续快速增长，商品市场体系建设有了长足的发展。以成都市为全省和西部地区的商贸中心，以绵阳、南充、达州、宜宾和乐山为省内区域性商贸中心的商品市场格局初步形成；多样化的现代流通组织形式和新型经营业态不断出现，电子商务、现代物流配送和相关技术得到重视和推广，流通现代化水平明显提高；市场配置资源的基础性作用得到有效发挥，多元化的市场竞争格局已经形成。到2010年四川省将以商贸中心城市为点，以平原、丘陵、山区为面，以成渝、成绵广、成南广、成乐、成雅等高速公路经济带为线，加快四川省商品市场体系建设，促进统一、开放、竞争、有序的市场体系形成。截至2004年底，四川已有典当行80家；有拍卖企业136家，从事拍卖业人员1 100人，全省拍卖企业年成交金额91.06亿元，名列西部地区第一。

商业改革与发展　2004年四川省商业改革与发展工作取得了新的进展，流通业继续呈现快速增长态势，在促进生产、扩大内需、拉动经济增长、促进就业等方面发挥着越来越重要的作用，成为国民经济的重要增长点。在国有流通企业改革方面，坚持以产权制度改革为核心，通过拍卖、出售、联合、兼并、租赁、承包和股份合作等各种形式，调整优化所有制结构和组织结构，创新企业机制，增强企业活力，建立现代企业制度，使企业真正成为市场主体。国有流通企业已完成改制比例达80.92%（据17个市州上报数据测算），其中遂宁市、阿坝州国有流通企业已完成改制比例达100%。在流通业发展方面，通过优化消费环境，创新消费方式，升级消费结构，拓宽消费领域，流通产业市场化、社会化、现代化水平进一步提高。连锁经营迅猛发展，业态更为丰富，经营领域不断拓宽，并加速向二、三级城市和农村市场发展。现代物流快速发展，连锁企业配送中心建设加快，生产企业开始重视物流管理，专业化的物流企业正在形成。特许经营、电子商务处于起步阶段。流通产业信息化有了良好的开端。

【对外贸易】

进出口总额　进出口总额68.72亿美元，比上年的56.34亿美元增长22%。

出口总额　出口总额39.84亿美元，比上年的32.09亿美元增长24.2%，占全省GDP 6 556亿元（相当于792亿美元）的5%；占全国出口额的0.7%。

出口商品结构　初级产品出口额4.78亿美元，占出口总额的12%；工业制成品出口额35.06亿美元，占出口总额的88%。

四川省2004年出口额1 000万美元以上商品情况表

金额分类	商品名称	出口金额（万美元）	占出口总额比重（%）
1亿美元以上（9种）	服装、电视机及零件、纺织品、铝及其制品、半导体器件、钢材、冻猪肉、铁合金、丝织品	175 221	44
5 000万—1亿美元（9种）	丝类、视频信号录制或重放设备及零件、钢坯及粗锻件、鞋类、肥料、酒类、塑料及其制品、西医药品、玻璃及制品	60 274	15
1 000万—5 000万美元（36种）	显示器、生皮及皮革制品、手工具、空调、家具、硫酸二钠、蔬菜、正磷酸氢钙、汽车等机动车辆及其零件、铁道、电车及零件、贱金属杂项制品、罐头、羽毛绒、陶瓷产品、三磷酸钠、黄磷、其他硅、烟草及制品、磁性材料、肠衣、五氧化二钒、电池、锯材、自推进的石油及天然气钻机、阀门及零件、中药材、珠宝首饰类、未锻造的锰、涡轮发动机的零件、锌及其制品、灯具及照明装置、矿产品、猪鬃、炉用碳电极、绝缘电线、电缆及其他绝缘电导体、人发制品	82 456	24.4
合　计	**54种**	**317 951**	**83.4**

出口商品市场　出口商品销往183个国家（地区）。

四川省2004年主要出口市场情况表

国别（地区）	出口金额（万美元）	占出口总额比重（%）	国别（地区）	出口金额（万美元）	占出口总额比重（%）
香　港	60 149	15.1	台湾省	14 876	3.7
美　国	48 736	12.2	新加坡	14 607	3.7
日　本	33 499	8.4	印度尼西亚	12 504	3.1
韩　国	20 414	5.1	荷　兰	10 299	2.6
印　度	18 408	4.6	越　南	10 015	2.5
合　计				**243 507**	**61**

进口总额　进口总额28.88亿美元，比上年的24.26亿美元增长19.1%。

进口商品结构　初级产品进口额5.54亿美元，占进口总额的19.2%；工业制成品进口额23.34亿美元，占进口总额的80.8%。

进口商品市场　进口商品来自92个国家（地区）。

技术进出口　技术进出口总额20 446.6万美元，比上年的16 673.8万美元增长31.6%。签订引进技术和进口设备合同项目233个，比上年增加56个；合同金额20 446.6万美元，比上年的16 673.8万美元增长31.6%。

技术进口　进口金额20 446.6万美元，行业主要有：电子及通信设备制造业3 805.0万美元，占18.6%；电子机械及器材制造业3 186.2万美元，占15.6%。

四川省2004年进口额1 000万美元以上商品情况表

金额分类	商品名称	进口金额（万美元）	占进口总额比重（%）
1亿美元以上（5种）	矿产品、航空设备及零件、集成电路及微电子组件、汽车等机动车辆及其零件、钢材	101 798	35.2
5000万—1亿美元（7种）	半导体器件、电视机及零件、对苯二甲酸、计量检测分析自控仪器及器具、黄大豆、金属加工机床、液晶显示板	55 195	19.2
1 000万—5 000万美元（28种）	阀门及零件、汽轮机及零件、氧化铝、塑料及其制品、大中小微型计算机、医疗仪器及器械、纸、纸浆及纸制品、视频信号录制或重放设备及零件、挤出机、玻璃及制品、履带式挖掘机、橡胶或塑料及其产品的加工机器、服装、生皮及皮革制品、锌及其制品、压燃活塞内燃机、1,2－乙二醇、光纤、光纤束及光缆、交流发电机的零件、型钢轧机、铝及其制品、铜及其制品、平张纸进料式胶印机、食用植物油（包括棕榈油）、纺织品、卷取进料式胶印机、废钢、泵及零件	62 069	21
合　计	**40种**	**219 062**	**75.4**

四川省2004年主要进口市场情况表

国别（地区）	进口金额（万美元）	占进口总额比重（%）	国别（地区）	进口金额（万美元）	占进口总额比重（%）
日　本	56 487	19.6	韩　国	16 014	5.5
德　国	40 627	14.1	法　国	15 338	5.3
美　国	37 308	12.9	马来西亚	7 608	2.6
印　度	19 059	6.6	意大利	7 287	2.5
台湾省	18 766	6.5	巴　西	7 048	2.4
合　计				**225 542**	**78**

【利用外资】

四川省2004年利用外资情况表

利用外资方式	批准签订的合同			实际利用外资	
	项目数（个）	外资金额（万美元）	金额比上年增长（%）	金额（万美元）	金额比上年增长（%）
外商直接投资	389	130 814	16.5	70 129	26.8
合资企业	162	33 402	45.4	30 596	51.2
合作企业	17	7 128	-46.6	5 240	-9.2
外资企业	209	87 653	15.7	31 663	7.0
股份有限公司	1	2 631	1.2	2 630	1.2
加工贸易		2 835		3 696	11.4
合　计	**389**	**133 649**	**15.7**	**73 825**	**61.6**

外商直接投资行业　外商投资生产型企业250个，非生产型企业139个。合同外资金额共133 649万美元。主要行业：农林牧渔业25个，9 648万美元；制造业202个，64 256万美元；房地产业25个，24 258万美元；电力、煤气及水的生产和供应业14个，6 267万美元；租赁和商务服务业32个，6 014万美元；交通运输、仓储及邮政业4个，3 675万美元；采矿业9个，3 313万美元。

外商直接投资来源　外商直接投资来自42个国家和地

区，合同外资居前10位的是：香港125项，金额48 453万美元；美国60项，18 577万美元；英属维尔京群岛39项，17 974万美元；马来西亚5项，7 951万美元；开曼群岛4项，6 705万美元；台湾省38项，4 989万美元；新加坡24项，4 862万美元；萨摩亚7项，4 345万美元；法国4项，4 022万美元；日本11项，3 729万美元。

【对外经济合作】

承包工程和劳务合作 签订对外承包工程和劳务合作合同项目436个，金额11.13亿美元，比上年的10.02亿美元增长11%；完成营业额4.87亿美元，比上年的4.32亿美元增长12.8%；年末在外人数13 752人，派往的主要国家和地区为：俄罗斯、日本、韩国、新加坡、以色列、阿联酋、阿尔及利亚、德国等；承包工程的主要项目及国别（地区）是：印度西孟加拉邦电站项目、越南洛富平电站项目、印尼芝拉扎电站项目、印度西孟加拉邦杜家邦撒佳迪电站项目、巴基斯坦真纳水电站项目、安哥拉罗安达环城公路项目、埃塞俄比亚道路项目和坦桑尼亚道路项目。

接受经济援助 接受国际无偿援助8个，受援金额1 078万美元。主要项目有：南充人畜饮水项目、广安区卫生院建设项目、剑阁医院建设项目、中日友好会馆阅览室装备建设项目、加强中国西部地区基础教育能力项目、支持中国西部地区基础教育项目、小农户适应全球市场发展项目、"四川多步分离中试装置"项目。

对外投资 2004年在海外举办企业（系指非贸易性企业）的项目数11个，投资总额10 677.3万美元、中方投资金额1 237.5万美元。主要国别：印尼、南非、老挝、俄罗斯、印度、美国、英国、埃及、肯尼亚。截至2004年底，四川省经批准建立的境外投资企业共65家，境外非贸易型代表机构已达39个。

2004年成都市商务发展概况

成都市对外贸易经济合作局

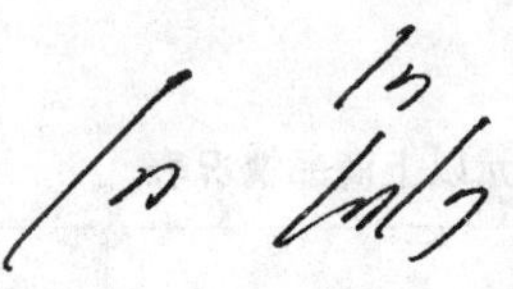

成都市对外贸易经济合作局局长

石磊 生于1963年，四川宣汉人。MBA学位高级工程师。1984年参加工作。1986年加入中国共产党。历任402厂项目主任，成都艾特航空制造有限公司中方副总经理，成都高新技术产业开发区招商局局长、管委会主任助理、投资服务局局长等职。2003年任成都市对外贸易经济合作局局长、党组书记。

【国内贸易】

社会消费品零售总额 2004年四川省成都市社会消费品零售总额875.28亿元，比上年的771.5亿元增长13.5%。其中，城市消费品零售额577.86亿元，县消费品零售额63.84亿元，县以下消费品零售额233.58亿元。分行业看，批发零售贸易业零售额683.44亿元，餐饮业零售额179.41亿元，其他行业零售额12.43亿元。

批发零售贸易业商品购、销、存总额 批发零售贸易业商品销售总额875.28亿元，比上年的577.45亿元增长13.5%。其中，商品销售总额691.57亿元（其中批发513.25亿元、零售178.33亿元、出口43.7亿元），年末库存总额44.39亿元。

市场物价 消费品价格指数为102.7（以上年价格为100），居民消费价格指数为103.9（以上年价格为100）。

【对外贸易】

进出口总额 进出口总额33.68亿美元，比上年的25.17亿美元增长33.79%。

出口总额 出口总额18.71亿美元，比上年的13.55亿美元增长38.12%，占全市GDP 2 185.7亿元（相当于264.09亿美元）的7.09%，占全省出口额的46.97%。

出口商品结构 初级产品出口额8 959万美元，占出口总额的4.79%；工业制成品出口额17.81亿美元，占出口总额的95.21%。

出口商品市场 出口商品销往165个国家（地区）。

成都市2004年出口额1 000万美元以上商品情况表

金额分类	商品名称	出口金额（万美元）	占出口总额比重（%）
3 000万美元以上（13种）	机电产品、钢铁及其制品、蚕丝、服装、皮革制品、纺织品、车辆及零件、有机化学品、矿产品、无机化学品、塑料制品、棉制品、鞋靴	141 774	75.77
1 000万—3 000万美元（9种）	光学及医疗仪器、化学纤维、木制品、橡胶制品、烟草、药品、化学肥料、贵金属、簇绒织物	17 412	9.31
合　计	**22种**	**159 186**	**85.08**

成都市2004年主要出口市场情况表

国别（地区）	出口金额（万美元）	占出口总额比重（%）	国别（地区）	出口金额（万美元）	占出口总额比重（%）
香　港	30 962	16.54	台湾省	5 538	2.95
美　国	24 053	12.85	德　国	5 498	2.93
日　本	18 679	9.98	印度尼西亚	5 314	2.84
印　度	9 632	5.15	巴基斯坦	4 385	2.35
韩　国	7 155	3.85	越　南	4 359	2.33
合　计				**115 575**	**61.77**

进口总额 进口总额14.97亿美元，比上年的11.62亿美元增长28.83%。

进口商品结构 初级产品进口额2 286万美元，占进口总额的1.53%；工业制成品进口额14.74亿美元，占进口总额的98.47%。

进口商品市场 进口商品主要来自美国、日本、德国、意大利、法国等国家（地区）。

成都市2004年进口额500万美元以上商品情况表

金额分类	商品名称	进口金额（万美元）	占进口总额比重（%）
2 000万美元以上（11种）	车辆、航空器及零件、音像设备、钢铁制品、化工产品、矿产品、光学仪器、医疗仪器、锅炉、机械器、塑料制品	135 270	90.36
1 000万—2 000万美元（5种）	铝制品、动植物油、服装、锌制品、木浆	7 610	5.08
500万—1 000万美元（6种）	玻璃制品、食品及饮料、铜制品、金属工具、皮革制品、植物产品	4 322	2.89
合　计	**22种**	**147 202**	**98.33**

成都市2004年主要进口市场情况表

国别（地区）	进口金额（万美元）	占进口总额比重（%）	国别（地区）	进口金额（万美元）	占进口总额比重（%）
日　本	41 222	27.54	意大利	3 921	2.62
德　国	29 045	19.40	韩　国	3 630	2.42
美　国	20 639	13.79	澳大利亚	2 492	1.66
法　国	13 980	9.34	台湾省	2 368	1.58
印　度	6 902	4.62	英　国	2 174	1.45
合　计				**126 373**	**84.42**

【利用外资】

成都市2004年利用外资情况表

利用外资方式	批准签订的合同			实际利用外资	
	项目数（个）	外资金额（万美元）	金额比上年增长（%）	金　额（万美元）	金额比上年增长（%）
外商直接投资	239	146 069	150.08	68 936	147.33
合资企业	98	18 333	104.02	19 621	166.45
合作企业	7	4 461	-28.64	2 087	-54.57
外资企业	133	120 644	179.45	44 942	182.41
股份有限公司	1	2 631	100	2 286	100
合　计	**239**	**146 069**		**68 936**	

外商直接投资行业　外商直接投资项目中，生产型项目126个，非生产型项目113个。

成都市2004年外商直接投资行业情况表

行　业	项目数（个）	合同外资		实际利用外资	
		金　额（万美元）	比重（%）	金　额（万美元）	比重（%）
农　　业	4	3 180	3.94	99	0.30
制 造 业	122	42 252	52.34	14 458	43.58
房地产业	18	21 114	26.16	12 363	37.27
城市基础设施	4	1 534	1.90	467	1.41
贸易、餐饮业	17	354	0.44	1 680	5.06
社会服务业	71	12 231	15.15	3 309	9.97
其　　他	3	57	0.07	794	2.40

外商直接投资来源　外商直接投资来自亚洲、欧洲、北美洲、大洋洲、非洲、拉丁美洲的33个国家（地区）。

成都市2004年外商直接投资来源情况表

国别（地区）	项目数（个）	合同外资		实际利用外资	
		金 额（万美元）	比重（%）	金 额（万美元）	比重（%）
香 港	66	61 228	41.92	28 945	41.99
英属维尔京群岛	23	16 932	11.59	11 464	16.63
新加坡	20	15 364	10.52	4 675	6.78
法 国	2	11 745	8.04	2 587	3.75
美 国	33	7 647	5.24	4 113	5.97
百慕大	1	4 737	3.24	4 100	5.95
台湾省	23	4 702	3.22	4 035	5.85
日 本	10	4 265	2.92	4 266	6.19
萨摩亚	5	3 791	2.60	647	0.94
英 国	8	267	0.18	862	1.25

外商直接投资企业生产经营情况 截至2004年，全市已累计批准外商投资企业3 436家，合同外资金额70.65亿美元，实际使用外资金额37.17亿美元。2003年，全市外商投资企业完成出口额1.76亿美元，纳税总额30.11亿元。

【对外经济合作】

承包工程和劳务合作 签订对外承包工程和劳务合作合同项目25个，金额10 528万美元，比上年增长119.80%；完成营业额1 142万美元；当年派出劳务人员1 620人，主要派往日本、韩国、阿联酋、德国等国家。

【其他】

经济技术开发区 成都经济技术开发区实现GDP 60.5亿元，增长23.12%；完成固定资产投资25亿元，增长8.7%；实现税收1.75亿元，增长40%；完成出口额3 342万美元，增长50.07%。完成合同外资2 113万美元，实际利用外资2 461万美元。目前，开发区已投入20亿元用于道路、通信、供水、供电、供气等基础设施和市政服务设施建设，投资环境日臻完善，已具备了大规模招商引资的良好条件。

涉外旅游 入境的外国游客40.9万人次，比上年增长80.6%，旅游外汇收入1.4亿美元，增长39.3%。

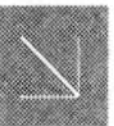

2004年贵州省商务发展概况

贵州省商务厅

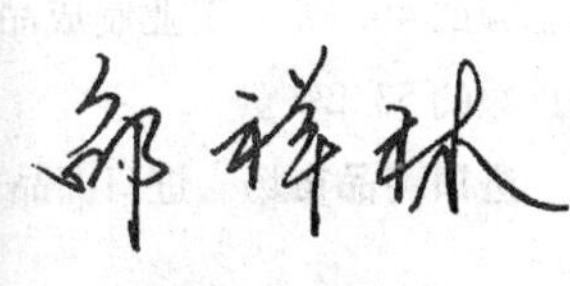

贵州省商务厅厅长

邵祥林　博士，中共党员。1977年3月—1979年在长春日报社工作。1983—2000年9月在对外贸易经济合作部工作，历任副处长、处长、副司级干部。2000年9月挂职任贵阳市副市长。2002年2月任贵州省贸易合作厅厅长、党组书记。现任贵州省商务厅厅长、党组书记。

【国内贸易】

社会消费品零售总额　2004年贵州省社会消费品零售总额517.56亿元，比上年的458.76亿元增长12.8%。其中，城市消费品零售额308.07亿元，县消费品零售额98.62亿元，县以下消费品零售额110.87亿元。分行业看，批发零售贸易业零售额405.86亿元，餐饮业零售额102.31亿元，其他行业零售额9.39亿元。

批发零售贸易业商品购、销、存总额　批发零售贸易业商品销售总额954.53亿元，比上年的830.87亿元增长14.9%。

市场物价　居民消费价格指数为103.3，其中消费品价格指数为97.9，服务项目价格指数为122.1（均以上年价格为100）。

【对外贸易】

进出口总额　进出口总额151 442万美元，比上年的98 477万美元增长53.8%。

出口总额　出口总额86 709万美元，比上年的58 834万美元增长47.4%。

出口商品结构　初级产品出口额16 980万美元，占出口总额的19.6%；工业制成品出口额69 729万美元，占出口总额的80.4%。

出口商品市场　出口商品销往124个国家和地区。

贵州省2004年出口额1 000万美元以上商品情况表

金额分类	商 品 名 称	出口金额（万美元）	占出口总额比重（%）
3 000万美元以上（7种）	磷酸氢二铵、硬盘驱动器、未碾磨磷灰石、手持（包括车载）无线电话机、硅锰铁、未锻轧锰、部分或全部去梗的烤烟	38 643	44.57
2 000万—3 000万美元（4种）	人造刚玉、过磷酸钙、碳酸钡、未改性乙醇及酒精饮料	9 129	10.53
1 000万—2 000万美元（7种）	硅铁、新的充气橡胶轮胎、其他硅、三磷酸钠等	9 743	11.24
合　计	**18种**	**57 515**	**66.33**

贵州省2004年主要出口市场情况表

国别（地区）	出口金额（万美元）	占出口总额比重（%）	国别（地区）	出口金额（万美元）	占出口总额比重（%）
香　港	11 397	13.14	台湾省	4 636	5.35
日　本	10 770	12.42	泰　国	3 882	4.48
美　国	8 574	9.89	菲律宾	3 555	4.10
韩　国	6 711	7.74	荷　兰	2 845	3.28
越　南	6 562	7.57	澳大利亚	2 608	3.01
合　计				**61 540**	**70.97**

进口总额　进口总额64 734万美元，比上年的39 643万美元增长63.3％。

进口商品结构　初级产品进口额30 293万美元，占进口总额的46.8％；工业制成品进口额34 440万美元，占进口总额的53.2％。

进口商品市场　进口商品来自45个国家和地区。

贵州省2004年进口额1 000万美元以上商品情况表

金额分类	商品名称	进口金额（万美元）	占进口总额比重（%）
2 000万美元以上（6种）	未烧结的铁矿砂、计算机部件、各种硫磺、锰矿砂及其精矿、手持式无线电话机零件、其他未硫化的初级形状复合橡胶	38 026	58.74
1 000万—2 000万美元（5种）	硬盘驱动器、氨、烟胶片、手持无线电话机、非绝缘的钢铁绞股线	6 614	10.22
合　计	**11种**	**44 640**	**68.96**

贵州省2004年主要进口市场情况表

国别（地区）	进口金额（万美元）	占进口总额比重（%）	国别（地区）	进口金额（万美元）	占进口总额比重（%）
印　度	15 428	23.83	台湾省	3 620	5.59
日　本	6 351	9.81	德　国	3 487	5.39
加拿大	5 970	9.22	美　国	3 419	5.28
泰　国	4 576	7.07	新加坡	2 512	3.88
中　国	4 448	6.87	澳大利亚	2 490	3.85
合　计				**52 301**	**80.79**

技术进口　技术引进项目有：贵州宏福实业开发有限公司10万吨湿法磷酸净化技改项目、南方汇通微硬盘科技股份有限公司一英寸微硬盘技术咨询服务等23个技术引进项目，合同金额共计4 234万美元，其中技术费3 540万美元，设备费694万美元。

【利用外资】

贵州省2004年利用外资情况表

利用外资方式	批准签订的合同			实际利用外资	
	项目数（个）	外资金额（万美元）	金额比上年增长（%）	金　额（万美元）	金额比上年增长（%）
外商直接投资	61	12 649	-36.59	6 533	16.12
合资企业	28	6 331	-16.43	4 356	27.00
合作企业	7	3 839	4.17	331	688.10
外资企业	26	2 425	-71.91	1 846	-14.30
合　计	**61**	**12 649**	**-36.59**	**6 533**	**16.12**

外商直接投资行业　外商直接投资的61个项目中，生产型项目35个，非生产型项目26个。按行业分：农、林、牧、渔业2个；采矿业4个；制造业35个；电力、燃气及水的生产和供应业4个；建筑业1个；房地产业2个；社会服务业8个。

外商直接投资来源　外商直接投资来自25个国家和地区。主要投资国家和地区有：香港1 700万美元、美国1 485万美元、台湾省210万美元、英属维尔京群岛1 014万美元、加拿大170万美元。

外商直接投资企业生产经营情况　外商直接投资企业出口额18 878万美元，进口额19 876万美元。

【对外经济合作】

承包工程和劳务合作　签订对外承包工程和劳务合作合同份数5个，合同金额5 624万美元（含单独和联合投标），比上年的5 006万美元增长12%；完成营业额6 555万美元，比上年的6 435万美元增长1.8%；年末在外人数324人，派往的主要国家和地区有加纳、库克群岛、汤加、印度。

接受经济援助　接受澳大利亚、新西兰、孟加拉国、韩国提供无偿援助1 859万元人民币的项目。

【其他】

经济技术开发区　全省开发区完成GDP 175.2亿元，比上年增长17.68%（不含贵阳国家级高新技术开发区）。财政总收入21.5亿元，地方财政收入10.5亿元，分别比上年增长28.55%、27.68%。全年进出口总额15 022万美元，比上年增长24.94%，其中，进口3 833万美元，出口6 620万美元，分别比上年增长17.89%、9.99%。全年招商引资项目746个，合同资金总额179亿元，实际到位资金89.37亿元，分别比上年增长2.1%、42.5%、33.17%。其中，省外投资项目292个，实际到位资金58.23亿元，分别比上年增长6.96%、58.88%；外商投资企业15个，实际到位资金0.43亿美元，分别比上年增长42.3%、25.1%。

商务洽谈会　由贵州省商务厅组织企业参加了美国拉斯维加斯汽车配件展、法国工业配件展、澳大利亚机械制造周、巴西国际机械展览、欧洲精细化工展览会、西班牙国际五金工具展览会、法国国际食品展览会等7个大型国外展销会。

港口运输　外贸货物运输总量为310万吨。

涉外旅游　接待海外旅游23.1万人次，比上年的7.7万人次增长199.85%。其中外国人7.63万人次，港澳同胞6.69万人次，台胞8.77万人次，分别比上年增长218.10%、136.39%、255.36%。旅游外汇收入8 020.27万美元，比上年的2 893.91万美元增长177.14%。

2004年云南省商务发展概况

云南省商务厅

云南省商务厅厅长

孙小虹　生于1951年1月21日，山西省人。研究生学历。1979年—1998年1月在昆明市中级人民法院工作，1984年3月—1991年3月任副院长，1991年3月—1998年1月任院长。1998年1月—1999年11月任云南省高级人民法院院长。2000年9月—2003年1月任云南省贸促会会长、云南省外经贸厅副厅长。2003年1月任云南省对外贸易经济合作厅厅长、云南省贸促会会长。2004年2月任云南省商务厅厅长。

【国内贸易】

社会消费品零售总额　2004年云南省社会消费品零售总额884.87亿元，比上年的782.46亿元增长13.10%。其中，城市消费品零售额482.05亿元，县消费品零售额204.1亿元，县以下消费品零售额198.71亿元。分行业看，批发零售贸易业零售额707.52亿元，餐饮业零售额149.91亿元，其他行业零售额27.44亿元。

批发零售贸易、餐饮业基本情况　截至2003年，共有限额以上批发零售贸易、餐饮业法人企业827个，产业活动单位3 036个，从业人数98 665人。其中，批发业法人企业497个，产业活动单位1 689个，从业人数53 354人；零售业法人企业266个，产业活动单位1 194个，从业人数34 722人；餐饮业法人企业64个，产业活动单位153个，从业人数10 589人。

批发零售贸易业商品购、销、存总额　批发零售贸易业商品销售总额2 058.03亿元，比上年的1 968.48亿元增长4.55%。其中，限额以上企业1 287.72亿元，限额以下企业770.31亿元。

市场物价　商品零售价格指数为104.70（以上年价格为100），其中城市104.50，农村105；居民消费价格指数为106（以上年价格为100），其中城市106.10，农村105.90。

市场体系建设　截至2004年底，全省共有各类市场3 821个，其中城市市场812个，农村市场3 009个。按市场类型分，消费品市场3 637个，其中城市711个，农村2 926个。有消费品综合市场2 769个，农副产品市场650个，工业消费品市场218个。生产资料市场170个，其中市场资料综合市场59个，工业生产资料市场101个，农业生产资料市场10个。生产要素市场14个，其中城市11个，农村3个。

商业改革与发展　通过推进市场化改革和流通主体多元化发展，推进了跨地区、跨部门、跨所有制、跨行业的资产组合和企业之间的兼并与联合。现已基本形成了一批主力业态集中、具有市场竞争力的大型流通企业集团。如螺蛳湾日用商品批发市场、昆明卷烟、烤烟批发市场以及“家乐福”、“普尔斯马特”等国际连锁经营超市。

【对外贸易】

进出口总额　进出口总额374 777万美元，比上年的266 848万美元增长40.40%。

出口总额　出口总额223 882万美元，比上年的167 633万美元增长33.60%，占全省GDP 2 959亿元（相当于3 578 000万美元）的6.26%，占全国出口额的0.37%。

出口商品结构　初级产品出口额48 279万美元，占出口总额的21.56%；工业制成品出口额175 602万美元，占出口总额的78.44%。

出口商品市场　出口商品销往114个国家和地区。

进口总额　进口总额150 895万美元，比上年的99 215万美元增长52.10%。

进口商品结构 初级产品进口额106 178万美元，占进口总额的70.37%；工业制成品进口额44 717万美元，占进口总额的29.63%。

进口商品市场 进口商品来自62个国家和地区。

云南省2004年出口额100万美元以上商品情况表

金额分类	商品名称	出口金额（万美元）	占出口总额比重（%）
1 000万美元以上（37种）	锡、黄磷、烤烟、未锻造银、钢材等	164 579	73.51
500万—1 000万美元（21种）	磷矿石、各类机床、锡制品等	13 888	6.20
100万—500万美元（109种）	多项交流电动机、内燃机、铝及铝合金制品等	26 913	12.02

云南省2004年主要出口市场情况表

国别（地区）	出口金额（万美元）	占出口总额比重（%）	国别（地区）	出口金额（万美元）	占出口总额比重（%）
缅　甸	38 661	23	泰　国	11 032	6.57
香　港	31 391	18.70	荷　兰	6 598	3.93
越　南	28 682	17	印度尼西亚	5 363	3.20
日　本	24 808	14.78	菲律宾	5 169	3.08
美　国	11 099	6.61	孟加拉国	5 035	3

云南省2004年进口额100万美元以上商品情况表

金额分类	商品名称	进口金额（万美元）	占进口总额比重（%）
1 000万美元以上（18种）	铜矿砂、铁矿砂、硫磺、原木、氧化铝等	116 505	77.21
500万—1 000万美元（16种）	聚丙烯、漂白牛皮纸、非合金铝板等	10 289	6.81
100万—500万美元（69种）	木浆、天然橡胶、系统形式的小型机等	14 284	9.47

云南省2004年主要进口市场情况表

国别（地区）	进口金额（万美元）	占进口总额比重（%）	国别（地区）	进口金额（万美元）	占进口总额比重（%）
缅　甸	16 471	17.37	印　度	9 109	9.61
加拿大	13 782	14.53	德　国	8 709	9.18
香　港	10 094	10.65	墨西哥	6 942	7.32
澳大利亚	9 922	10.46	越　南	5 176	5.46
智　利	9 535	10.06	印度尼西亚	5 082	5.36

边境贸易 边境小额贸易进出口总额52 407万美元，比上年的41 927万美元增长25%。其中，出口30 876万美元，比上年的25 278万美元增长22.10%；进口21 531万美元，比上年的16 649万美元增长29.30%。主要出口商品有：石蜡、纺织品、化工材料、钢及钢铁制品、种用稻谷、食品、各类机械、家电产品、烤烟、水果、非合金属等；主要进口商品有：木材、食品、各类矿产品、甘蔗、烟胶片、硫化橡胶制品、农产品、天然橡胶、藤条等。

技术进出口 技术进出口总额7 383万美元，比上年的3 716万美元增长98.70%。其中，签订技术引进合同55

个，合同金额 6 290 万美元，比上年的 3 686 万美元增长 70.60%；签订技术出口合同 1 个，合同金额 1 093 万美元，比上年的 30 万美元增长 35 倍。

【利用外资】

云南省 2004 年利用外资情况表

利用外资方式	批准签订的合同			实际利用外资	
	项目数（个）	外资金额（万美元）	金额比上年增长（%）	金额（万美元）	金额比上年增长（%）
外商直接投资	167	31 818	-28.63	14 152	68.80
合资企业	53	10 988	-50.56	7 227	91.65
合作企业	26	5 706	19.42	1 045	352.38
外资企业	88	15 124	-13.29	5 880	38.45
股份有限公司	0	0	-100	0	-100

外商直接投资行业 外商直接投资按行业分，农林牧渔业 23 项，采掘业 17 项，制造业 65 项，电力、煤气及水的生产和供应业 6 项，建筑业 1 项，批发和零售贸易、餐饮业 15 项；信息传输、计算机服务和软件业 2 项；房地产业 5 项，租赁和商务服务 17 项，科研 3 项，其他行业 13 项。

外商直接投资来源 外商直接投资来自香港、澳门、台湾省、泰国、马来西亚、新加坡、日本、缅甸、韩国、法国、意大利、英国、瑞士、英属维尔京群岛、开曼群岛、加拿大、美国、澳大利亚等 34 个国家和地区，合同外资额居前 10 位的国家及地区依次为：香港 42 项，12 911 万美元；澳门 6 项，5 396万美元；英属维尔京群岛 11 项，3 950万美元；马来西亚 6 项，1 172万美元；加拿大 11 项，1 083万美元；美国 18 项，990 万美元；柬埔寨 1 项，875 万美元；泰国 5 项，727 万美元；日本 7 项，691 万美元；印尼 1 项，634 万美元。

外商直接投资企业生产经营情况 截至 2003 年底（2004 年统计数据 5 月份才能出来），已开业投产的外商投资企业 620 家，销售收入 146.17 亿元，盈利总额 6.36 亿元。

【对外经济合作】

承包工程和劳务合作 2004 年对外签订合同 85 项，总金额 31 604 万美元，比上年的 30 770 万美元增长 2.71%。完成营业额 33 648 万美元，比上年的 24 424 万美元增长 37.70%。当年派出劳务人员 3 014 人，年末在外人数 4 205 人。派往主要国家和地区为缅甸、老挝、越南等；承包工程项目主要为：越南容桔船厂项目、老挝昆曼公路、老挝万象东昌酒店、缅甸腾密公路、越南电力设备制造厂改造项目等。

对外经济技术援助 2004 年承担援外项目 4 个，项目为：援助昆曼公路老挝境内部分路段、提供东盟峰会车辆及安检设备、老挝档案管理培训、越南干部培训等。

接受经济援助 2004 年接受国际组织及双边政府援助项目 6 个，金额 759.36 万美元，主要来自美国、日本、加拿大、欧盟、新西兰等国家和社会组织。主要项目为：美国国际发展署援助的艾滋病防治项目；联合国教科文组织、亚洲开发银行、日本 JACA 共同援助的艾滋病预防教育技援项目；加拿大国际发展署援助的土地合理规划发展项目；欧盟援助的城市下岗女工再就业培训项目；新西兰政府援助的贫困社区苗族妇女医疗卫生互助组织建设项目和社区科技服务项目。

对外投资 2004 年在海外举办投资的项目 14 项，投资总额为 2 691.05 万美元，投资国别为：缅甸、越南、老挝、英国、澳大利亚、泰国和香港等国家和地区。

【其他】

开发区 2004 年昆明经济技术开发区固定资产投资 6.20 亿元，全年区内新办外资项目 7 个，合同外资金额 1 485万美元，实际利用外资金额为 211 万美元。2004 年工业总产值 40.54 亿元，比上年的 33.56 亿元增长 20.80%。财政收入 5.45 亿元，比上年的 3.69 亿元增长 47.70%。

2004 年昆明高新技术开发区新批外资项目 16 个，合同外资金额 2 144 万美元，比上年增长 210.88%；实际利用外资金额为 620 万美元，比上年增长 51.22%。2004 年工业总产值 117 亿元，比上年的 97.01 亿元增长 20.60%。财政收入6.50亿元，比上年的5.60亿元增长16%。

商务洽谈会 2004年6月6日—10日，在昆明举办了"2004年中国昆明进出口商品交易会"，国内有来自24个省区市组成24个交易团，共1 100多家企业参展。共有18个国家和地区的10 000多位海外客商前来参会，其中有政府代表团17个，商务代表团42个。交易会各项业务成交总额20.66亿美元，其中出口5.47亿美元，进口9.39亿美元；协议利用外资10.72亿美元；对外承包工程和劳务合作1项，金额5 500万美元。

涉外旅游 2004年入境的外国人及港澳台同胞110.1万人次，旅游外汇收入4.22亿美元，分别比上年增长10.10%和24.1%。

2004年西藏自治区商务发展概况

西藏自治区商务厅

西藏自治区商务厅党组书记

索朗多吉 生于1954年11月，西藏琼结人，藏族。大专文化。中共党员。1971年参加工作。历任拉萨市粮油加工厂技术员、副厂长、厂长，拉萨市经济委员会党组副书记、主任，拉萨市计划委员会党组书记、主任，拉萨市副市长，拉萨市大庆工程指挥部副指挥长兼办公室主任，西藏自治区经济贸易委员会副主任兼西藏自治区口岸办公室主任，中共那曲地委副书记、那曲地区行署专员。现任西藏自治区商务厅党组书记。

【对外贸易】

进出口总额 2004年，西藏自治区进出口总额首次突破2亿美元，达到22 353万美元，比上年增长38.72%。按贸易方式分，一般贸易进出口总额13 236万美元，增长60.18%（出口4 419万美元，下降10.29%；进口8 817万美元，增长163.82%）；边境贸易进出口总额9 066万美元，增长16.91%（出口8 560万美元，增长18.23%；进口506万美元，下降1.75%）；其他贸易进出口总额51万美元，下降43.96%。

出口总额 出口总额13 008万美元，比上年增长6.92%

进口总额 进口总额9 345万美元，比上年增长136.70%。

进出口商品结构 工业制成品进出口占主要份额，初级产品出口额占出口总额的15.66%。

进出口市场 出口市场达63个国家和地区。

出口企业 截至2004年12月30日，西藏自治区已有170家企业获得进出口经营权。2004年出口额超过1 000万美元的企业有4家，这些企业的出口额占全区出口总额的61.59%。

西藏自治区2004年进出口商品结构情况表

项　目	出口金额（万美元）	占出口总额比重（%）	进口金额（万美元）	占进口总额比重（%）
初级产品	2 037	15.66	500	5.35
工业制成品	10 971	84.34	8 845	94.65

西藏自治区2004年主要进出口市场情况表

出口			进口		
国别（地区）	出口金额（万美元）	占出口总额比重（%）	国别（地区）	进口金额（万美元）	占进口总额比重（%）
尼泊尔	8 477	65.16	日　本	8 190	87.64
香　港	2 304	17.71	尼泊尔	535	5.72
印　度	513	3.95	德　国	333	3.56
美　国	240	1.85	韩　国	62	0.66
日　本	208	1.60	美　国	58	0.62

西藏自治区2004年出口额超过1 000万美元的企业

序号	企业名称	出口金额（万美元）
1	西藏银涛贸易有限公司	3 233
2	西藏自治区对外贸易进出口公司	1 645
3	西藏自治区国际经济技术合作公司	1 626
4	西藏唐蕃实业有限公司	1 507
	合　计	**8 011**

【利用外资】

2004年西藏自治区共批准外商直接投资项目12个，合同利用外资3 240.65万美元，比上年增长273%；实际到位资金2 699.45万美元，增长478%。成功地引进了世界500强企业之一丹麦嘉仕伯集团与拉萨啤酒厂进行合资合作，不断引导外资投向优势产业，使利用外资的质量和水平又上新台阶。还成功地举办了中国西藏与周边国家贸易发展国际研讨会，推进了与周边国家的贸易发展与经济技术合作，开创了西藏自治区参与区域经济合作的新局面。

【对外经济合作】

签署和批准国际多双边无偿援助项目3个，受援金额10 554.2万元人民币，比上年增长7%。无偿援助项目范围已扩大到再生能源研究和示范、扶贫、医疗卫生、草场保护、职业技术培训等领域。

【其他】

开发区　拉萨经济技术开发区是2001年9月19日经国务院批准设立的第47家国家级经济技术开发区，是西藏唯一的国家级经济技术开发区，是西藏对外开放、吸引外商投资的重要平台。拉萨经济技术开发区位于拉萨市西郊，规划占地面积5.46平方公里，距离市中心9公里，距拉萨贡嘎国际机场85公里，正在建设的青藏铁路从开发区内穿过，铁路货运站与开发区相邻，中尼、青藏公路临区而过，交通便捷。区内现已注册企业40家，注册资金2.8亿元人民币。

商务洽谈会　参加了广交会、昆交会、西部博览会、厦交会、首届青海藏毯国际展览会、日本东京投资贸易洽谈会、大阪世界商务大会、韩国汉城投资洽谈会、中国—东盟博览会、印度新德里国际博览会、中国泰国商品博览会等展会，与国内外客商总计签订合同、协议1 117万美元。

2004年9月21日—23日，西藏自治区人民政府、商务部、联合国开发计划署主办，西藏自治区商务厅和中国国际经济技术交流中心承办的“中国西藏与周边国家贸易发展国际研讨会”在拉萨成功举办。会议接待了来自尼泊尔、缅甸、巴基斯坦、印度、孟加拉国等邻国驻华使馆和贸易发展促进机构的代表，以及与西藏相邻的青海、新疆、四川、云南、重庆等省区的代表。这是西藏历史上第一次召开研讨多边贸易和地区发展的盛会，建起了西藏与周边国家贸易交往、地区合作和共同发展的交流平台，不仅促进了西藏和周边国家的贸易合作，而且有利于建立跨喜马拉雅地区的多边区域合作。

2004年陕西省商务发展概况

陕西省商务厅

陕西省商务厅厅长

陈强　生于1957年11月22日。1982年毕业于北京理工大学化学工程系，硕士研究生，研究员。曾被评为陕西省有突出贡献中青年专家。历任中国兵器工业第204研究所副所长，陕西省专利局局长，陕西省药品监督管理局局长、党组书记。2002年8月任陕西省对外贸易经济合作厅厅长、党组书记。2004年8月任陕西省商务厅厅长、党组书记。

【国内贸易】

社会消费品零售总额　2004年陕西省社会消费品零售总额966.49亿元，比上年的835.2亿元增长13.27%。其中，城市消费品零售额647.76亿元，县消费品零售额163.70亿元，县以下消费品零售额155.03亿元。分行业看，批发零售贸易业零售额724.87亿元，餐饮业零售额216.93亿元，其他行业零售额24.69亿元。

批发零售贸易业商品购、销、存总额　批发零售贸易业商品销售总额724.87亿元，比上年的609.47亿元增长12.16%。其中，限额以上企业174.95亿元。

市场物价　商品零售价格指数为102.5（以上年价格为100），其中城市101.9，农村103.7；居民消费价格指数为103.1（以上年价格为100），其中城市103，农村103.2。

市场体系建设　2004年全省已建成投入使用和在建的5 000平方米以上大型商业网点有128个，建筑面积达295万平方米，累计建设投资总额达69亿元，年交易额为107亿元。特别是大中城市的大型综合超市、大卖场的相继建成投入使用，改善了城乡居民消费环境，带动了商贸业的发展，对消费品市场也有较强的拉动作用。

全省消费品市场网点中非国有商业批发贸易业网点所占比重已由“九五”末的83.1%上升为88.5%，非国有商业零售贸易业网点所占比重已由“九五”末的97.2%上升为97.5%，非国有商业餐饮业网点所占比重已由“九五”末的99.1%上升为99.5%；全省社会消费品零售总额中，国有经济占16.5%，集体经济占10.3%，个体、私营经济占52.8%，股份有限公司、有限责任公司、港澳台投资企业、外商投资企业、股份合作企业等占20.3%，其他经济占0.1%。

2004年底，全省商品交易市场达2 920个，成交金额685.8亿元，分别比“九五”末增加8.1%和63.5%。

全省各类消费品批发、零售以及餐饮业网点已发展到48.27万个，从业人员达到181.65万人，从业人数比“九五”末增加1.8%。

2004年底，全省农产品综合市场数量达到了1 840个，交易额达157.7亿元，比“九五”末分别增加9.4%和79.6%。部分农产品批发市场交易额超过亿元，成为西北重要的农产品集散地，如2004年西安朱雀农产品交易中心交易额达7亿元，西安胡家庙蔬菜批发市场交易额达到5亿元。

2004年，全省现有典当行39户，拍卖行85户，大型经营性租赁企业64户、融资租赁企业一户。外商在陕商业领域投资主要麦德龙批发大卖场外，家乐福在西安设店已经通过听证，正在履行报批程序。

商业改革与发展　连锁经营等现代流通方式发展迅速。现代流通组织形势和业态方式不断发展，连锁经营发展迅速。连锁经营企业的店铺设施、条形码的普及、自动销售管理系统（POS）的应用、仓储设施和现代物流配送设施建设都取得了较快发展。2004年全省连锁经营企业已达185家，连锁门店2 228户，连锁经营已涉及23个行业，连锁经营营业额达到80亿元，约占全省社会消费品零售总额的8.28%。

成品油市场监督管理工作进一步加强。修订完善了加油站行业发展规划，保证了成品油零售市场开放后加油站行业的规范有序发展。由商务部开发完成的全国成品油市场管理信息系统总网和我省成品油市场管理信息系统子网投入试运行，做到对成品油经营企业信息的公示、加油站和油库建设规划展示和成品油市场运行的监测，实现了政务公开和依法行政，推动我省成品油经营管理现代化，完成全省84户成品油批发企业和2 968户零售企业经验批准证书的换证工作，取缔吊销加油站198户，进一步规范了成品油市场批发、零售企业的经营行为。

推进国有内外贸企业股份制改造。以产权为重点，按照成熟一户改造一户的原则，完成了陕西省印刷厂、陕西省信友进出口公司、陕西省粮油进出口公司等相关企业的改制工作，将省属的8户内贸流通企业划归省国资委管理。

【对外贸易】

进出口总额 进出口总额36.43亿美元，比上年的27.84亿美元增长38.14%。

出口总额 出口总额23.97亿美元，比上年的17.35亿美元增长38.14%，占全省GDP 2 883.5亿元（相当于347.41亿美元）的6.9%，占全国出口额的0.40%。

出口商品结构 初级产品出口额1.29亿美元，占出口总额的5.38%；工业制成品出口额22.68亿美元，占出口总额的94.62%。

出口商品市场 出口商品销往187个国家和地区。

陕西省2004年出口额1 000万美元以上商品情况表

金额分类	商 品 名 称	出口金额（万美元）	占出口总额比重（%）
1亿美元以上（4种）	工业氧化铝，服装，苹果汁，纺织纱线	73 096	30.49
5 000万—1亿美元（3种）	船舶，玻璃制品，工业用缝纫机	21 994	9.18
1 000万—5 000万美元（20种）	干豆，干鲜水果及坚果，山羊绒，焦炭半焦炭，医药品，硅铁，钢材，未锻造铜，手用和机用工具，轴承，变压器，电视机、收音机及无线电讯设备的零附件，通断保护电路装置及零件，二极管及类似半导体器件，汽车零件，家具及其零件，灯具及类似品，鞋，塑料制品	46 671	19.47
合 计	**27种**	**141 761**	**59.14**

陕西省2004年主要出口市场情况表

国别（地区）	出口金额（万美元）	占出口总额比重（%）	国别（地区）	出口金额（万美元）	占出口总额比重（%）
美 国	35 091	14.64	韩 国	10 341	4.31
荷 兰	25 130	10.48	英 国	6 044	2.52
日 本	20 717	8.64	俄罗斯	5 956	2.48
香 港	16 059	6.70	印 度	5 723	2.39
德 国	15 304	6.38	马来西亚	5 646	2.36

进口总额 进口总额12.46亿美元，比上年的10.49亿美元增长18.82%。

进口商品结构 初级产品进口额0.22亿美元，占进口总额的1.73%；工业制成品进口额12.24亿美元，占进口总额的98.27%。

进口商品市场 进口商品来自94个国家和地区。

陕西省2004年进口额1 000万美元以上商品情况表

金额分类	商品名称	进口金额（万美元）	占进口总额比重（%）
5 000万美元以上（1种）	计量检测分析自控仪器及器具	7 525	6.04
1 000万美元以上（21种）	食用植物油，锯材，棉花，铁矿砂及其精矿，锰矿砂及其精矿，医药品，初级塑料，钢材，铝材，机械提升搬运装卸设备，印刷装订机械及其零件，金属加工机床，玻璃热加工机械及其零件，阀门，自动数据处理设备及其部件，变压、整流、电感器及零件，断路保护电路装置及零件，二极管及类似半导体器件，集成电路及微电子组件，汽车零件，医药仪器及器械	39 852	31.99
合　计	**22种**	**47 377**	**38.03**

陕西省2004年主要进口市场情况表

国别（地区）	进口金额（万美元）	占进口总额比重（%）	国别（地区）	进口金额（万美元）	占进口总额比重（%）
日　本	23 408	18.79	法　国	4 408	3.54
德　国	22 142	17.77	意大利	3 250	2.61
美　国	17 854	14.33	瑞　典	3 234	2.6
比利时	11 088	8.90	韩　国	3 002	2.41
爱尔兰	4 519	3.63	奥地利	2 996	2.4

技术进口 签订引进技术和进口设备合同项目43个，比上年增加2个；合同金额4764万美元，比上年的4937万美元增长3.5%。

【利用外资】

陕西省2004年利用外资情况表

利用外资方式	批准签订的合同			实际利用外资	
	项目数（个）	外资金额（万美元）	金额比上年增长（%）	金　额（万美元）	金额比上年增长（%）
外商直接投资	271	104 877	25.71	52 664	13.01
合资企业	95	19 114	71.25	18 980	-16.31
合作企业	29	22 054	-50.18	6 164	-28.31
外资企业	144	62 113	121.8	27 216	100.56
股份有限公司	3	1 596		394	
其他				1 797	
合　计	**271**	**104 877**	**25.71**	**52 664**	**13.01**

外商直接投资行业　外商直接投资项目中，农、林、牧、渔业项目9个；采掘业项目8个；制造业项目160个；电力、煤气及水的生产和供应业项目7个；建筑业项目5个；交通运输、仓储及邮电通信业项目2个；批发和零售贸易、餐饮业项目15个；房地产业项目20个；社会服务业项目2个。

外商直接投资来源　外商直接投资来自26个国家（地区），主要有：香港91项，合同外资额35 782万美元；美国50项，18 391万美元；新加坡17项，14 750万美元；英属维尔京群岛24项，14 610万美元；泰国2项，3 298万美元；开曼群岛3 238万美元；意大利5项，2 746万美元；萨摩亚4项，2 268万美元；台湾省16项，1 851万美元；日本13项，1 524万美元。

外商直接投资企业生产经营情况　2004年，已开业的外商直接投资企业实现销售收入210亿元，纳税总额18亿元，直接就业人员7万人，完成进出口总额6.2亿美元，其中进口3.9亿美元，出口2.27亿美元。

【对外经济合作】

承包工程和劳务合作　签订对外承包工程和劳务合作合同金额9 800万美元，比上年的7 320万美元上升32.8%；完成营业额12 700万美元，比上年的11 500万美元增长10.4%；当年年末在外3 370人，派往的主要国家和地区有日本、新加坡、马来西亚、博茨瓦纳、几内亚等；承包工程正在执行的主要项目有厄瓜多尔石油勘探项目、几内亚LP公路项目、尼日尔供水项目等。

对外经济援助　承担援外项目3个，为尼日利亚供水项目、佛得角会议堂项目、桑给巴尔电台项目。

接受国际无偿援助　累计接受国际经济组织及双边援助的项目数158个，接受援助金额19 000万美元。

对外投资　在海外举办企业及设立办事处（系指非贸易性企业）8个，投资国别（地区）分别为美国、香港、新加坡、越南，经济效益良好。

【其他】

商务洽谈会　2004年4月6日—8日，在西安举行第八届“东西部贸易与投资洽谈会”及“第三届中国西部吸收外商投资洽谈会”，共有来自25个国家和地区的5 000名客商参会，达成外资签约项目73个，合同外资额5.9亿美元。

11月22日—28日，在香港举办“陕西——香港经贸合作周”，参观经贸展和出席各类投资贸易促进活动的海内外人士逾1万人次。签订招商引资项目114个，总投资约40亿美元，引资额33亿美元。

涉外旅游　接待境外游客80万人次，外汇收入3.6亿美元，分别比上年增长73.91%和81.82%。

2004年西安市商务发展概况

西安市对外贸易经济合作局

西安市对外贸易经济合作局
西安市人民政府招商局 局长

王毅　生于1959年2月，陕西省西安市人，中共党员，博士研究生学历。1976年2月参加工作，曾任中国国际贸易促进委员会陕西分会副处长、处长；西安市对外贸易经济合作局、西安市对外开放办公室党委副书记、副局长、副主任；西安市对外开放办公室副主任（正局级）；西安市人民政府招商局党组书记、局长等职。2005年1月任西安市对外贸易经济合作局、西安市人民政府招商局党委书记、局长。

【国内贸易】

社会消费品零售总额　2004年陕西省西安市社会消费品零售总额506.51亿元，比上年的440.05亿元增长15.10%。其中，城市消费品零售额456.32亿元，县消费品零售额24.05亿元，县以下消费品零售额26.14亿元。分行业看，批发零售贸易业零售额373.12亿元，餐饮业零售额120.21亿元，其他行业零售额13.18亿元。

限额以上批发零售贸易、餐饮业基本情况　截至2004年，共有限额以上批发零售贸易、餐饮业法人企业和产业活动单位434个。其中，批发业法人企业和产业活动单位230个；零售业法人企业和产业活动单位84个；餐饮业法人企业和产业活动单位120个。

批发零售贸易业商品销售总额　批发零售贸易业商品销售总额728.44亿元，比上年的710.86亿元增长2.47%。其中，限额以上企业360.13亿元，限额以下企业368.31亿元。

市场物价　商品零售价格指数为101.9，其中城市101.9；居民消费价格指数为102.3，其中城市102.3。

【对外贸易】

进出口总额　西安地区进出口总额30.93亿美元，比上年的23.09亿美元增长34%。

出口总额　西安地区出口总额20.35亿美元，比上年的14.03亿美元增长45%，占西安市GDP 1 095.87亿元（相当于132.41亿美元）的15.37%，占全省出口额的84.9%。

西安市2004年出口额200万美元以上商品情况表

商品名称	出口金额（万美元）	占出口总额比重（%）
苹果汁	454	0.59
服装及衣着附件	368	0.48
玻璃制品	362	0.47
汽车配件	243	0.32

出口商品市场　出口商品销往159个国家（地区）。

西安市 2004 年主要出口市场情况表

国别（地区）	出口金额（万美元）	占出口总额比重（%）	国别（地区）	出口金额（万美元）	占出口总额比重（%）
美　国	16 623	61.71	俄罗斯	3 795	345.24
日　本	5 688	58.20	意大利	2 390	-1.97
香　港	5 433	37.27	英　国	2 005	0.14
新加坡	4 254	24.37	荷　兰	1 993	-2.50
德　国	3 824	42.16	加拿大	1 767	51.00

进口总额　西安地区进口总额 10.58 亿美元，比上年的 9.06 亿美元增长 16.7%。

进口商品市场　进口商品来自 51 个国家（地区）。

西安市 2004 年进口额 200 万美元以上商品情况表

商　品　名　称	进口金额（万美元）	占进口总额比重（%）
二极管及类似半导器件	242	0.60
计量检测分析自控仪器及器具	234	0.58

西安市 2004 年主要进口市场情况表

国别（地区）	进口金额（万美元）	占进口总额比重（%）	国别（地区）	进口金额（万美元）	占进口总额比重（%）
日　本	12 385	48.97	瑞　士	1 370	20.72
德　国	6 506	80.35	韩　国	1 229	52.93
美　国	5 197	4.71	英　国	996	33.53
意大利	2 097	-18.20	台湾省	881	1.44
奥地利	2 096	340.75	马来西亚	878	73.56

技术进出口　技术进出口总额2 282万美元，比上年的 2 250万美元略有增长。签订引进技术合同项目 28 个，比上年增加 2 个；合同金额 2 282 万美元，比上年的 2 250 万美元略有增长。

技术进口　引进项目涉及的行业有电子信息、加工制造业、建筑设计业等。

【利用外资】

西安市 2004 年利用外资情况表

利用外资方式	批准签订的合同			实际利用外资	
	项目数（个）	外资金额（万美元）	金额比上年增长（%）	金　额（万美元）	金额比上年增长（%）
外商直接投资	159	80 158	26	27 595	8
合资企业	50	18 528.70	73	11 791	11
合作企业	17	15 765	-43	5 805	-5
外资企业	92	45 864.20	82	9 999	14
合　计	**159**	**80 158**	**26**	**27 595**	**8**

外商直接投资行业 外商直接投资项目中生产型企业99家，非生产型企业60家。

西安市2004年外商直接投资分行业情况表

名称	项目数（个）	总投资（万美元）	外资额（万美元）
工业	99	60 060.3	42 721.9
其中：			
食品制造	2	1 474	818.7
饮料制造	3	5 906	5 906
饲料工业	1	1 000	1 000
纺织工业	2	220	122
缝纫业	4	151.3	116.1
皮革工业	1	44.9	32.1
木材加工	1	12.1	2.4
造纸及纸制品	1	420	210
工艺美术业	1	24.2	7.5
化学工业	1	160	120
医药工业	2	5 225.1	2 378.9
塑料制品业	2	114	130.9
建材制品	1	193.3	84.1
有色金属	1	1 200	200
金属制品业		10	10
机械工业	3	1 171.4	1 579.4
电气机械	2	2 488.7	1 028.6
电子通信	2	4 142.6	3 051.7
仪器仪表	3	3 145.5	2 470.2
其他工业	66	32 957.2	23 453.3
农林牧渔水利业	9	8 453.8	5 676.2
交通运输业		123.1	77.2
公共饮食业	6	53.3	26.1
房地产管理业	15	35 177.7	18 697.5
服务业	10	7 581.7	4 968.7
咨询服务业	13	2 886.5	1 462.2
文化艺术事业	1	1 933	833.6
其他行业	6	10 562.9	5 694.5
合计	**159**	**126 832.3**	**80 157.9**

西安市2004年外商直接投资来源情况表

国家（地区）	项目数（个）	总投资（万美元）	合同外资（万美元）
香港	49	44 661.5	27 247.7
台湾省	10	3 278.4	1 885.1
日本	10	3 050.7	2 555.6
泰国	2	5 960	3 298
马来西亚	1	1 187.4	88
新加坡	11	16 345.7	9 287.5
韩国	3	113.3	105.6

西安市2004年外商直接投资来源情况表（续）

国家（地区）	项目数（个）	总投资（万美元）	合同外资（万美元）
捷　克	1	2 980	2 800
德　国	6	255	150.2
法　国	1	595.6	333.5
意大利	2	2 707.3	3 154.6
英　国	5	1 010.3	505.6
瑞　典	1	90.6	24.2
西班牙	1	100	35
加拿大	6	125.1	117.3
美　国	28	18 082	13 164.6
澳大利亚	3	374.7	303.7
新西兰	3	2 925.8	1 259.4
萨摩亚	1	700	380
东萨摩亚	2	417	208
英属维尔京群岛	11	21 491.9	12 967.3
南　非	1	230	165
毛里求斯	1	150	122
合　计	**159**	**126 832.3**	**80 157.9**

【对外经济合作】

承包工程和劳务合作　签订对外承包工程和劳务合作合同项目62个，金额6 207万美元，比上年的3 659万美元增长69.63%；完成营业额5 089万美元，比上年的4 208万美元增长20.93%；当年派出劳务人员718人，年末在外2 009人，派往的主要国家和地区：日本、新加坡、毛里求斯、纳米比亚；承包工程的主要项目及国别（地区）分别为：（1）香港中华电力输变电站项目；（2）菲律宾输变电站项目；（3）马来西亚输变电站项目；（4）中国三峡直流输变电站项目。

接受经济援助　接受国际经济组织及双边援助项目3个，总金额1 461万美元，2个已执行完毕，1个正在执行。

对外投资　2004年在越南投资举办企业1个，投资总额为126万美元，其中中方投资金额62万美元，正在筹建。

【其他】

西安高新技术产业开发区　2004年，全年实现营业收入800.94亿元，同比增长31%；实现生产总值208亿元，同比增长31%；完成合同外资3.09亿美元，占全市的39%，实际引进外资1.43亿美元，占全市的37%；完成固定资产投资80亿元，同比增长43%，创历史最高水平。全年新注册企业1 067户，新增孵化企业115家，引进留学人员138人，留学人员企业达到364家。

西安经济技术开发区　2004年，入区项目74个，总投资68.9亿元。其中工业项目55个，并呈现出按照泾渭工业园、草滩生态产业、出口加工区和中央商务区4个专业园区功能定位聚集的态势。全年开工项目71个，开工面积178万平方米，同比增长100%，两年来的项目开工面积超过了前10年的总和。2004年实现技工贸收入270亿元，同比增长40%；完成工业总产值171亿元，增长40%；完成生产总值71亿元，增长41%；完成工业增加值51亿元，增长40%；实现自营外贸出口9 200万美元，增长105%；完成固定资产投资45.1亿元，增长91%；完成合同外资额24 804万美元；实际引进外资额10 522万美元，增长25%；实际引进内资额107 350万元，为年目标任务的109.54%；实现地方财政收入24 740万元，增长28%，在中西部经济开发区综合排名第3位。

陕西西安出口加工区　2004年4月5日正式封关运行。2004年实现进出口总额3 842万美元，其中进口621万美元，出口3 221万美元。2004年批准入区项目12个，投资额3.846亿元人民币。项目主要涉及电子及电子零部件、精密机械及航空零部件、新能源、新材料、生物医药等产业。

涉外旅游　2004年入境的涉外旅游者650 325人次，同比增长93.2%。其中，外国人527 480人次，增长106.4%；香港游客55 340人次，增长70.2%；澳门游客3 296人次，增长78%；台湾省游客64 209人次，增长37.3%。旅游外汇收入3.3亿美元，增长126%。

2004年甘肃省商务发展概况

甘肃省商务厅

陳有安

甘肃省省长助理
甘肃省商务厅厅长

陈有安　生于1958年3月，吉林人。天津大学毕业，博士研究生学历。1974年7月参加工作，1976年1月入党。曾任国家开发银行华东地区信贷局副局长，国家开发银行兰州分行行长、党委书记。现任甘肃省人民政府党组成员、省长助理兼甘肃省商务厅厅长、党组书记。

【国内贸易】

社会消费品零售总额　2004年甘肃省社会消费品零售总额535.84亿元，比上年的474.60亿元增长12.9%。其中，城市消费品零售额349.52亿元，县消费品零售额84.88亿元，县以下消费品零售额101.44亿元。分行业看，批发零售贸易业零售额435.62亿元，餐饮业零售额79.27亿元，其他行业零售额20.95亿元。

市场物价　商品零售价格指数为102.1（以上年价格为100），其中城市102，农村102.1；居民消费价格指数为102.3（以上年价格为100），其中城市101.3，农村104.3。

市场体系建设　截至2004年底，全省登记在册的各类商品交易市场1 328个，其中生活资料市场1 243个，生产资料市场85个，已形成农副产品、日用工业品、生产资料等多门类，大、中、小型批发市场等多层次，大型超市、购物广场、专卖店等多业态的商品市场体系，市场规模不断扩大，市场功能不断完善，流通中介组织发展迅速，市场营销协会、农产品流通协会、饭店协会、肉类食品协会、商业联合会等积极参与流通，成为搞活流通健全市场体系的重要力量。全省典当企业18家，为民间融资发挥了重要作用。全省拍卖企业38家，拍卖标的范围由最初的罚没物品、文化艺术品等，扩大到房地产、银行不良金融资产、无形资产等多个方面，2004年全省拍卖企业拍卖成交额近10亿元。

商业改革与发展　超市、品牌专卖店、便利连锁店、社区商品服务中心等新型营销业态的销售额占到全社会商品零售额的7%，已成为流通经济新的增长点，也成为提高城乡居民生活质量的重要载体，为开拓市场、促进消费升级换代起到了重要的示范和引导作用。流通企业改革进展顺利，2004年，对原厅直属46户内外贸企业进行彻底的脱钩改制，实现了产权的根本转变，职工得到妥善安置，改制后的企业活力明显增强，成为商务领域一支开拓国内外市场的强大队伍。

【对外贸易】

进出口总额　进出口总额17.7亿美元，比上年的13.3亿美元增长33.6%。

出口总额　出口总额9.96亿美元，比上年的8.78亿美元增长13.6%，占全省GDP 1 559亿元（相当于188亿美元）的5.3%，占全国出口额的0.16%。

出口商品结构　初级产品出口额13 710万美元，占出口总额的13.7%；工业制成品出口额85 924万美元，占出口总额的86.2%。

出口商品市场　出口商品销往141个国家和地区。

进口总额　进口总额77 644万美元，比上年的45 000万美元增长72.6%。

进口商品结构　初级产品进口额61 388万美元，占进口总额的79%；工业制成品进口额16 276美元，占进口总额的21%。

进口商品市场　进口商品来自51个国家和地区。

技术进出口　技术进出口总额4 303万美元，比上年的3 946.80万美元增长9%。签订引进技术和进口设备合同项目15个，比上年增加3个；合同金额4 303万美元，比上年的3 652万美元增长17.8%。

技术进口 引进石油加工项目3个，金额68.77万美元；黑色金属冶炼项目10个，金额4 191.32万美元；电气机械及器材制造业项目2个，金额43.19万美元。

甘肃省2004年出口额1 000万美元以上商品情况表

金额分类	商品名称	出口金额（万美元）	占出口总额比重（%）
10 000万美元以上	铝	16 753	16.81
	硅铁	16 198	16.26
	镍	10 327	10.36
	钢材	10 320	10.36
2 000万—10 000万美元	机电产品	8 350	8.38
	锌	3 295	3.31
	焦炭	2 308	2.32
	苹果汁	2 174	2.18
1 000万—2 000万美元	酪蛋白	1 839	1.85
	钴	1 558	1.56
	电极	1 518	1.52
	铅	1 040	1.04
合计		**75 680**	**75.95**

甘肃省2004年主要出口市场情况表

国别（地区）	出口金额（万美元）	占出口总额比重（%）	国别（地区）	出口金额（万美元）	占出口总额比重（%）
日本	24 759	24.85	德国	3 013	3.02
韩国	22 228	22.31	荷兰	2 857	2.87
美国	10 650	10.69	菲律宾	2 446	2.45
香港	5 908	5.93	印度尼西亚	2 029	2.04
台湾省	3 787	3.80			
合计				**77 677**	**77.96**

甘肃省2004年进口额3 000万美元以上商品情况表

金额分类	商品名称	进口金额（万美元）	占进口总额比重（%）
10 000万美元以上	铜精矿	36 000	46.37
	机电产品	12 494	16.09
5 000万—10 000万美元	氧化铝	5 840	7.52
	铁矿砂	5 125	6.60
2 000万—5 000万美元	钴矿砂	4 888	6.30
	镍锍	4 248	5.47
	镍矿砂	3 193	4.11
合计		**71 788**	**92.46**

甘肃省2004年主要进口市场情况表

国别（地区）	进口金额（万美元）	占进口总额比重（%）	国别（地区）	进口金额（万美元）	占进口总额比重（%）
澳大利亚	13 984	18.01	美　国	4 799	6.18
智　利	9 560	12.31	德　国	4 057	5.23
秘　鲁	8 820	11.36	蒙　古	3 878	4.99
哈萨克斯坦	7 628	7.66			
合　计				**52 726**	**65.74**

【利用外资】

甘肃省2004年利用外资情况表

利用外资方式	批准签订的合同			实际利用外资	
	项目数（个）	外资金额（万美元）	金额比上年增长（%）	金　额（万美元）	金额比上年增长（%）
外商直接投资	63	32 563	33.11	3 540	-8.93
合资企业	30	4 720	-30.95	1 629	54.26
合作企业	9	7 720	153.78	555	7.56
外资企业	24	20 123	37.97	1 356	-41.43

外商直接投资行业　外商直接投资项目63项，其中生产型企业42项，非生产型企业21项。

甘肃省2004年利用外资行业分析表

行　业	项目数（个）	合同外资金额（万美元）	实际使用外资金额（万美元）
农业	5	4514	3
采矿业	2	2305	555
制造业	35	16534	1695
电力、燃气及水的生产供应业	5	5919	
建筑业		4	344
交通运输、仓储和邮政业			24
信息传输、计算机服务和软件	1	6	19
住宿和餐饮业	2	41	489
房地产业	8	2432	270
租赁和商业服务业			8
科学研究、技术服务和地质勘查业	3	354	
水利、环境和公共设施管理业	1	23	
居民服务和其他服务业	1	31	
教育		400	
文化、体育和娱乐业			133

外商直接投资来源　外商直接投资来自63个国家和地区。

甘肃省 2004 年利用外资主要来源情况表

国别（地区）	项目数（个）	合同外资金额（万美元）	实际使用外资金额（万美元）
香　港	28	10 430	1 874
澳　门	1	24	18
台湾省	1	-87	81
文　莱	1	46	46
马来西亚			20
新加坡	1	6	
以色列	1	370	
日　本	1	20	76
老　挝		16	
韩　国	3	1 999	4
丹　麦	3	1 355	
英　国	2	217	
德　国	2	52	11
荷　兰	1	13	50
奥地利	1	121	
匈牙利	1	121	
瑞　士		16	
捷　克	1	339	
开曼群岛		400	
英属维尔京群岛	2	8 400	
加拿大	2	820	133
美　国	10	6 185	797
澳大利亚	1	1 200	30
投资性公司投资	1	500	400

【对外经济合作】

承包工程和劳务合作　新签外经合同 23 份，新签合同额 4 004 万美元，比上年的 3 963 万美元增长 2%；完成营业额 5 175 万美元，比上年的 4 221 万美元增长 22.6%；当年派出劳务人员 310 人，年末在外劳务人员 845 人，派往的主要国家和地区有：赞比亚、津巴布韦、马拉维、喀麦隆、加纳、南非、莫桑比克、苏丹、阿尔及利亚、也门、沙特、阿联酋、新加坡和港澳地区等。

2004 年新签的主要项目及国别（地区）：甘肃省国际公司分包的阿尔及利亚阿尔泽海水淡化厂及电厂项目，合同额 1 100 多万美元，预计派出劳务人员 300 多人；承包的也门阿姆兰水泥厂设备、钢结构和电气安装工程，合同额 845 万美元，预计派出劳务人员 150 多人。甘肃省海外工程总公司承包的加纳行政管理学院招待所项目，合同额 112 万美元，完成营业额 14 万美元，新派出劳务 5 名；津巴布韦奇诺伊法庭项目，合同额 400 万美元。甘肃省地质工程总公司承包的赞比亚水井项目，合同额 130 万美元，完成营业额 111 万美元。

对外经济技术援助　援助瓦努阿图农学院建筑项目，合同额 300 万美元，于 2005 年 3 月底完工，派出援助人员 6 人，年末在外 27 人；援助几内亚人民宫和总统府二期技术合作项目，属建筑类工程项目，合同额 51 万美元，目前尚未完工，派出援外人员 5 人，年末在外 6 人。

接受经济援助　到 2004 年底，共执行项目 47 项，其中，多边无偿援助项目 22 项，双边无偿援助项目 19 项，国际民间组织援助项目 6 项，完成执行额 929 万美元。主要项目有：

联合国儿童基金援助的“贫困地区社会发展项目”、联合国开发计划署援助的“农村扶贫项目”、联合国人口基金援助的“妇女参与发展项目”、英国政府援助的“甘肃省基础教育项目”、日本援助“兰州职业技术学校器材装备项目”、“兰州急救中心急救医疗器材装备项目”、“敦煌市人民医院急救医疗器材装备项目”、加拿大国际发展署援助“甘肃省妇女就业项目”、欧盟援助的“甘肃省基础教育项目”、新西兰援助“甘肃省农村综合扶贫发展项目”、德国援助“农村再生能源项目”、希腊援助“油橄榄种植和加工项目”、新西兰扶贫基金援助“天水市秦城区马尧村人畜饮水项目”、“宁县苏韩村小学教师培训项目”、福特基金援助“甘南州藏族中小学女教师培训项目”等。

对外投资　在海外举办非贸易性企业 2 家，总投资额

8 065万美元，其中中方投资8 050 万美元。境外企业均设在南非，目前正处在设计和建设阶段。

【其他】

开发区 兰州经济技术开发区是经国务院批准的经济技术开发区。2004 年，兰州经济技术开发区完成技工贸总收入35.14 亿元，增长 39.37%；实现全部经济增加值 8.02 亿元，增长 29.08%，其中：实现工业增加值 5.30 亿元，增长 14.84%；完成社会固定资产投资 7.02 亿元，增长 1.27 倍；完成财政收入 9 816 万元，增长 13.34%；实现出口创汇 422 万美元。截至 2004 年底，新签合同项目 33 项，其已建成投产的项目 13 项，在建和准备建设的项目 10 项，正在洽谈跟踪项目 9 项。实际引进资金到位额 4.1 亿元。新签外资合同项目 2 项，合同引进外资额 1 000 万美元。加强规划路段的绿化改造工作，建设玉兰广场等高标准园林景点，工程完成后，可新增公共绿地面积 1.53 公顷。

商务洽谈会 第十二届中国兰州投资贸易洽谈会于 2004 年 8 月 26 日至 8 月 29 日在兰州举办，来自境内外的 96 个代表团参加了本届洽谈会，其中包括：美国、新西兰、日本、埃及、韩国、港澳等 10 多个国家和地区的 48 个代表团 300 多名外商。本届洽谈会以项目洽谈、促进投资为重点，共签约合同项目 36 个，签约总额 48.73 亿元，引进国内外资金 45.94 亿元，其中内资（外省市）41.7 亿元，外资 5 622 万美元。

2004 年青海省商务发展概况

青海省商务厅

青海省商务厅厅长

何少民 生于 1953 年 6 月，陕西合阳人。1978 年毕业于华东化工学院无机化学专业。历任青海第一化肥厂副厂长、厂长，青海省重工业厅副处长、处长、副厅长，青海省经济贸易委员会副主任，中共海西州委副书记。2002 年 1 月任青海省对外贸易经济合作厅厅长、党委书记。2004 年 3 月任青海省商务厅厅长、党组书记。

【国内贸易】

社会消费品零售总额 2004 年青海省社会消费品零售总额 115.6 亿元，比上年的 102.7 亿元增长 12.6%。其中，城市消费品零售额 75 亿元，县消费品零售额 27.4 亿元，县以下消费品零售额 13.2 亿元。分行业看，批发零售贸易业零售额 94.5 亿元，餐饮业零售额 18.1 亿元，其他行业零售额 3 亿元。

市场物价 商品零售价格指数为 102.6（以上年价格为 100），其中城市 102.7，农村 102.2；居民消费价格指数为 103.2（以上年价格为 100），其中城市 102.1，农村 105.5。

市场体系建设 2004 年青海省商品交易市场 333 个，商品市场成交额 64.9 亿元。基本形成了包括生产资料和生活资料在内的、综合性市场与专业性市场、批发市场与零售市场为主体的多层次、多门类的商品市场体系和遍布城乡的流通网络和商业网点。全省拍卖企业已发展到 11 家，年成交额 3 亿元。

商业改革与发展 2004 年，青海省商贸流通企业通过实施股份合作制、兼并联合、资产重组等多种形式，新型的股权多元化流通企业体制已经形成。全省非国有经济占社会消费品零售额比重达 77.2%。综合超市、连锁店、便民店等多种业态迅速发展，全省大中型综合超市10家、连锁经营发展到15家，实现销售额8.7亿元，占同期全社会消费品零售总额的8.5%。各类专业店、专卖店不断增加，国内知名连锁企业相继进驻。

【对外贸易】

进出口总额 进出口总额57 552万美元，比上年的33 914万美元增长69.7%。

出口总额 出口45 476万美元，比上年的27 388万美元增长66%，占全省GDP 455亿元（相当于54.97亿美元）的8.3%；占全国出口额的0.08%。

出口商品结构 初级产品出口额950万美元，占出口总额的2.09 %，工业制成品出口额44 526万美元，占出口总额的97.9%。

出口商品市场 出口商品销往105个国家和地区。

青海省2004年出口额1 000万美元以上商品情况表

金额分类	商品名称	出口金额（万美元）	占出口总额比重（%）
1亿美元以上（1种）	铝锭	26 633	58.6
2 000万—5 000万美元（2种）	硅铁	4 303	9.5
	服装及衣着附件	2 248	4.9
1 000万—2 000万美元（4种）	铅	1 855	4.1
	地毯	1 824	4.0
	碳化硅	1 570	3.5
	金属硅	1 239	2.7
合计	**7种**	**39 627**	**87.2**

青海省2004年主要出口市场情况表

国别（地区）	出口金额（万美元）	占出口总额比重（%）	国别（地区）	出口金额（万美元）	占出口总额比重（%）
日本	12 905	28.4	阿联酋	2 276	5.0
韩国	8 390	18.4	泰国	1 773	3.9
香港	5 084	11.2	马来西亚	720	1.6
台湾省	4 162	9.2	印度尼西亚	677	1.5
美国	2 912	6.4	印度	597	1.3
合计				**41 500**	**91.3**

进口总额 进口总额12 075万美元，比上年的6 526万美元增长85%。

进口商品结构 初级产品进口额7 028万美元，占进口总额的58.2%，工业制成品进口额5 047万美元，占进口总额的41.8%。

进口商品市场 进口商品来自40个国家和地区。

青海省2004年进口额100万美元以上商品情况表

金额分类	商品名称	进口金额（万美元）	占进口总额比重（%）
5 000万美元以上(1种)	氧化铝	6 575	54.5

青海省2004年进口额100万美元以上商品情况表（续）

金额分类	商品名称	进口金额（万美元）	占进口总额比重（%）
1 000万—2 000万美元（1种）	机械提升搬运装卸设备及零件	1 331	11.0
500万—1 000万美元（1种）	金属加工机床	543	4.5
100万—500万美元（10种）	发电机组及旋转式变流机	471	3.9
	旋转式电力设备的零件	265	2.2
	液泵及液体提升机	191	1.6
	金属冶炼铸造设备及零件	185	1.5
	建筑及采矿用机械及零件	162	1.3
	自动数据处理设备及其部件	128	1.1
	数字式自动数据处理设备	124	1.03
	电动机及发电机	124	1.03
	阀门	118	1.00
	计量检测分析自控仪器及器具	106	0.9
合计	**12种**	**10 323**	**85.5**

青海省2004年主要进口市场情况表

国别（地区）	进口金额（万美元）	占进口总额比重（%）	国别（地区）	进口金额（万美元）	占进口总额比重（%）
澳大利亚	2 785	23.1	牙买加	874	7.2
美　国	1 774	14.7	瑞　典	557	4.6
德　国	1 582	13.1	印　度	519	4.3
法　国	1 503	12.4	伊　朗	346	2.9
委内瑞拉	1 381	11.4	加拿大	271	2.2
合　计				**11 592**	**96**

【利用外资】

青海省2004年利用外资情况表

利用外资方式	批准签订的合同			实际利用外资	
	项目数（个）	外资金额（万美元）	金额比上年增长（%）	金额（万美元）	金额比上年增长（%）
外商直接投资	52	35 330.3	23.6	22 500	32.8
合资企业	23	5 036.2	-34.4	3 207.3	-29.5
合作企业	8	5 354.1	956.4	3 409.7	1 035
外资企业	15	19 783.3	19.8	12 599	28.7
股份有限公司	1	851.8	288.2	542.5	217
其他	5	4 304.8	17.4	2 741.5	26.1
合　计	**52**	**35 330.3**	**23.6**	**22 500**	**32.8**

外商直接投资行业 生产型项目46个，非生产型项目6个。按行业分，农林牧渔业6个，采矿业6个，制造业16个，房地产业9个，电力、燃气及水的生产和供应业5个，交通运输、仓储和邮政业3个，居民服务和其他服务业3个等。

外商直接投资来源 外商直接投资来自52个国家和地区。

青海省2004年外商直接投资来源情况表

国别（地区）	项目数（个）	合同外资额（万美元）	国别（地区）	项目数（个）	合同外资额（万美元）
亚　洲	30	15 479.3	**欧　洲**	3	2 340.1
香　港	15	7 567	德　国	1	1 192
泰　国	2	3 304	英　国	1	906.4
台湾省	6	3 242.2	丹　麦	1	241.7
日　本	4	840.5	**大洋洲**	4	11 431.7
新加坡	1	367.8	英属维尔京群岛	3	11 349.7
韩　国	1	150	澳大利亚	1	82
澳　门	1	7.8			
北美洲	10	1 774.4			
美　国	7	1 065.7			
加拿大	3	708.7			
合　计				**47**	**31 025.5**

【对外经济合作】

劳务合作 当年派出劳务63人，派往国别为蒙古、沙特阿拉伯。

接受经济援助 接受国际多双边援助的项目57个，金额882.8万美元。其中，意大利援助的“青海畜牧兽医学院项目”受援额375.5万美元。

对外投资 境外投资项目2个，投资总额1 233万美元，其中中方投资242万美元，投资国别为委内瑞拉、哈萨克斯坦。

【其他】

经济技术开发区 2004年西宁国家级经济技术开发区完成固定资产投资7.28亿元，同比增长40%；完成工业总产值5.04亿元，同比增长104%；完成财政地方一般预算收入2 156万元，同比增长77%；新批准入驻企业和项目49家，投产企业15家；引进省外到位资金2.5亿元；新批准设立外商投资企业9家，合同利用外资额1 474万美元，其中生产型企业8家，非生产型企业1家。全年外商投资企业实现工业总产值2 064.3万元。开发区企业完成出口交货值5 614.9万元，其中机电产品出口交货值3 021.9万元。

商务洽谈会 2004年7月9日—12日，由青海省人民政府、西藏自治区人民政府、中国食品土畜进出口商会共同主办的’2004青海藏毯国际展览会在青海省西宁市举行。有1 500余名国内外客商到会，其中外商300余人。展会共实现成交额800万美元。组织省内企业分别参加了第95、96届广交会、第八届厦门“台交会”等，取得了一定成效。

涉外旅游 2004年入境的境外人数为2.89万人次，全年旅游外汇收入912万美元，比上年的472万美元增长93.2%。

2004 年宁夏回族自治区商务发展概况

宁夏回族自治区商务厅

宁夏回族自治区商务厅厅长

黑良杰　生于 1948 年 3 月，山东省人，回族。1976 年毕业于北京大学无线电系水声物理专业。中共党员。曾在北京大学、国务院上海经济区规划办公室、中国新兴集团总公司、中国四达国际经济技术有限公司、最高人民法院任职。2001 年 7 月到宁夏回族自治区对外贸易经济合作厅工作。现任宁夏回族自治区商务厅厅长、党组书记。

【国内贸易】

社会消费品零售总额　2004 年宁夏社会消费品零售总额 137.8 亿元，比上年增长 14.1%，扣除价格因素实际增长 11%。其中：城市消费品零售额 94.7 亿元，县消费品零售额 22.9 亿元，县以下消费品零售额 20.2 亿元。分行业看，批发零售贸易业零售额 110.1 亿元，餐饮业零售额 25.2 亿元，其他行业零售额 2.5 亿元。

整顿和规范市场经济秩序　大力开展食品安全、打击非法彩供血液和单采血浆、保护知识产权、酒类商品、肉及肉制品、汽车市场、成品油市场等专项整治行动，据不完全统计，2004 年在各专项整治活动中，全区各职能部门以及各市、县共出动检查执法人员 13 万多人次，出动车辆近 3 万台（辆）次，对 4 万多个单位（市场）进行检查。查封假冒伪劣商品价值 4 000 多万元，端掉造假售假窝点 1 000多个，查封违法经营场所 150 多处，罚没款 1 500 多万元。通过专项整治，一些重点地区、重点领域、重点商品的市场秩序得到了有效整治，一些群众反映强烈的市场难点、势点问题得到了有效解决，一批违法犯罪分子依法得到了严厉制裁。总体上看，全区市场经济秩序明显好转，市场环境有所改善，投资、消费需求明显上升，人民群众对市场的满意度正在提高。2004 年 10 月 17 日—20 日，国务院整顿和规范市场经济秩序督察组听取了自治区政府有关整规工作情况的汇报，并对我区银川、石嘴山、吴忠、中卫市进行了为期 4 天的督查，对宁夏整顿和规范市场经济秩序工作表示满意，给予了充分肯定。

【对外贸易】

进出口总额　进出口总额 90 820 万美元，比上年增长 39.03%，占全区 GDP 的 16.33%。

出口总额　出口总额 64 625 万美元，比上年增长 26.23%。

出口商品结构　初级产品出口额 8 272 万美元，占出口总额的 12.8%；工业制成品出口额 56 353 万美元，占出口总额的 87.2%。出口商品品种达 830 多种，比上年增加 290 多种。

出口商品市场　出口商品市场达 109 个国家和地区，出口额超过 1 000 万美元的市场有 11 个。欧盟和日本成为宁夏出口史上首次超亿美元的大市场。

出口企业　截至 2004 年底，全区拥有进出口经营权的各类企业 473 家（不含外商投资企业），比 2003 年增加 147 家，有出口实绩的企业（含外商投资企业）达到 165 家，其中有 46 家企业为首次出口。

进口总额　进口总额 26 195 万美元，比上年增长 85.41%。

进口商品结构　初级产品进口额 12 757 万美元，占进口总额 48.7 的%；工业制成品进口额 13 438 万美元，占进口总额的 51.30%。

进口商品市场　进口商品来自 37 个国家和地区。

宁夏回族自治区2004年出口额500万美元以上商品情况表

金额分类	商品名称	出口金额（万美元）	占出口总额比重（%）
2 000万美元以上	硅铁	15 349	23.75
	金属镁	7 716	11.94
	无毛绒	5 213	8.07
	钽制品	4 455	6.89
	铝锭	4 273	6.61
	轮胎	2 438	3.77
	机床铸件	2 244	3.47
	双氰胺	2 062	3.19
1 000万—2 000万美元	碳化硅	1 501	2.32
	羊绒衫	1 435	2.22
	焦炭	1 261	1.95
	高纯银	1 188	1.84
	四环素及盐	1 185	1.83
	活性炭	1 153	1.78
500万—1 000万美元	增碳剂	941	1.46
	石墨制品	740	1.15
	脱水蔬菜	544	0.87
	硅渣球	507	0.78
合计		**54 704**	**83.88**

宁夏回族自治区2004年主要出口市场情况表

国别（地区）	出口金额（万美元）	占出口总额比重（%）	国别（地区）	出口金额（万美元）	占出口总额比重（%）
日本	12 804	19.81	英国	2 729	4.22
美国	7 932	12.27	台湾省	2 040	3.16
韩国	7 278	11.26	德国	1 586	2.45
香港	5 234	8.10	印度	1 520	2.35
意大利	4 330	6.70	挪威	1 100	1.70
荷兰	3 634	5.62			
合计				**50 187**	**77.66**

宁夏回族自治区2004年进口额100万美元以上商品情况表

金额分类	商品名称	进口金额（万美元）	占进口总额比重（%）
500万美元以上	氧化铝	8 912	34.02
	风力发电机组	2 541	9.70
	天然橡胶	1 587	6.06
	铌钽钒矿砂	1 498	5.72
	挖掘机	1 260	4.81
	发电机组零配件	1 258	4.80
	电力控制分配盘	702	2.68
	固体矿物分选处理机器	686	2.62
	未列名具有独立功能机器	651	2.49
	专门用于8456至8465机器的零件	594	2.27

宁夏回族自治区2004年进口额100万美元以上商品情况表（续）

金额分类	商品名称	进口金额（万美元）	占进口总额比重（%）
100万—500万美元	工业用电炉及烘箱	484	1.85
	合成橡胶及油膏	375	1.43
	起重机	334	1.28
	平型针织机	272	1.04
	无毛绒	245	0.94
	自动数据处理设备	210	0.81
	纸及纸板整理机器	206	0.81
	升降机	206	0.81
	理化分析仪	202	0.77
	橡胶促进剂	150	0.55
	离心机	177	0.68
	无缝钢铁管	134	0.51
	钽废料	124	0.47
	电动机	119	0.45
	变压器	118	0.45
	热水锅炉	118	0.45
	机械加煤机	113	0.44
	医用X射线设备	106	0.40
	金属切削加工中心	106	0.40

宁夏回族自治区2004年主要进口市场情况表

国别（地区）	进口金额（万美元）	占进口总额比重（%）	国别（地区）	进口金额（万美元）	占进口总额比重（%）
澳大利亚	3 979	15.19	法国	1 549	5.91
日本	3 467	13.24	牙买加	1 495	5.71
美国	3 202	12.22	德国	1 439	5.49
印度	2 478	9.46	意大利	852	3.25
西班牙	2 117	8.08	马来西亚	847	3.23
丹麦	1 800	6.87	印度尼西亚	669	2.55

【利用外资】

宁夏回族自治区2004年利用外资情况表

利用外资方式	批准签订的合同			实际利用外资	
	项目数（个）	外资金额（万美元）	金额比上年增长（%）	金额（万美元）	金额比上年增长（%）
对外借款	4	10 850	-60.9	5 800	44.7
外商直接投资	41	28 370	754.9	6 689	111.0
合资企业	25	10 926	374.1	6 221	114.8
合作企业	2	550	444.6	19	-84.2
外资企业	14	16 894	16.4	449	121.2
外商其他投资	4	46	475	46	475.0
加工贸易	4	46	475	46	475.0
合计	**49**	**39 266**	**20.3**	**12 535**	**74.4**

外商直接投资行业　41个外商投资项目中，生产型项目有25个，非生产型项目有16个。41个项目分别归属于以下行业：农业4个，畜牧业2个，食品加工业7个，造纸业1个，化学原料及化学制品制造业4个，非金属矿物制品业2个，金属冶炼业7个，仪表及办公设备制造业1个，软件业1个，餐饮娱乐业2个，毛纺织3个，房地产2个，印刷业2个，燃料零售1个，电信1个。

外商直接投资来源　外商直接投资分别来自以下国家和地区：台湾省35万美元，香港172万美元，日本570万美元，韩国110万美元，美国3 356万美元，英属维尔京群岛12 955万美元，新西兰984万美元。

【对外经济合作】

承包工程和劳务合作　新签境外工程承包、劳务输出合同金额211万美元，较上年略有增长；完成营业额455万美元，增长22%；全年派出劳务人数188人，派往的国家有日本等13个国家。

对外经济技术援助　承担外援援助金额10万美元。

接受经济技术援助　努力争取国际无偿援助项目，落实了澳大利亚援助贺兰县民乐小学教学楼建设等5个新的受援项目，受援金额为400万元人民币。

对外投资　新批准青铝集团、宁煤集团、银川隆祥轻体墙材公司、宁夏东辉运动器械公司等企业的4个境外投资项目，中方投资额320万美元。

2004年新疆维吾尔自治区商务发展概况

新疆维吾尔自治区对外贸易经济合作厅

新疆维吾尔自治区
对外贸易经济合作厅厅长

钱勇　生于1958年5月，山东商河人。大学学历。1987年6月加入中国共产党。曾任新疆维吾尔自治区人民政府办公厅农牧处副处长、专职秘书（处级），新疆维吾尔自治区对外贸易经济合作厅副厅长等职。现任新疆维吾尔自治区对外贸易经济合作厅厅长、党组副书记。

【国内贸易】

社会消费品零售总额　2004年新疆维吾尔自治区社会消费品零售总额4 820 745万元，比上年的4 211 679.90万元增长14.46%。其中，城市消费品零售额3 627 852.50万元，县消费品零售额540 681.80万元，县以下消费品零售额652 210.7万元。分行业看，批发零售贸易业零售额3 843 893.8万元，餐饮业786 108.9万元，其他行业零售额190 742.3万元。

批发零售贸易业商品购、销、存总额　批发零售贸易业商品销售总额12 075 227.20万元，比上年的11 170 648.60万元增长8.10%。其中，限额以上企业7 342 613.0万元，限额以下企业4 732 614.2万元。商品销售总额12 075 227.20万元（其中批发8 231 333.4万元、零售3 843 893.8万元），年末库存总额1 244 568.3万元。

市场物价　商品零售价格指数为100.7（以上年价格为100），其中城市99.4，农村103.2；居民消费价格指数为102.7（以上年价格为100），其中城市102.1，农村104.5。

【对外贸易】

进出口总额　进出口总额563 563万美元，比上年的477 198万美元增长18.10%。

出口总额　出口总额304 658万美元，比上年的254 221

万美元增长 19.84%，占全区 GDP 2 203 亿元（相当于266.17 亿美元）的 11.45%，占全国出口总额的 0.51%。

出口商品结构 初级产品出口额 37 709 万美元，占出口总额的 12.38%；工业制成品出口额 266 948 万美元，占出口总额的 87.62%。

出口商品市场 出口商品销往 140 个国家和地区。

新疆维吾尔自治区 2004 年出口额 2 000 万美元以上商品情况表

金额分类	商品名称	出口金额（万美元）	占出口总额比重（%）
1 亿美元以上（7 种）	服装、机电产品、鞋类、番茄酱罐头、纺织纱线及织物、塑料制品、家具	249 057	81.75
6 000 万—1 亿美元（1 种）	焦炭	7 673	2.52
2 000 万—6 000 万美元（3 种）	电视机、高新技术产品、铝材	11 678	3.83
合 计	**11 种**	**268 408**	**88.10**

新疆维吾尔自治区 2004 年主要出口市场情况表

国别（地区）	出口金额（万美元）	占出口总额比重（%）	国别（地区）	出口金额（万美元）	占出口总额比重（%）
哈萨克斯坦	178 166	58.48	日 本	5 664	1.86
吉尔吉斯斯坦	35 771	11.74	俄罗斯联邦	4 789	1.57
巴基斯坦	16 159	5.30	香 港	4 596	1.51
美 国	10 387	3.41	意大利	4 393	1.44
阿塞拜疆	9 046	2.97	苏 丹	2 884	0.95
合 计				**271 855**	**89.23**

进口总额 进口总额258 905万美元，比上年的222 977万美元增长 16.11%。

进口商品结构 初级产品进口额 70 535 万美元，占进口总额的 27.24%；工业制成品进口额 188 370 万美元，占进口总额的 72.76%。

进口商品市场 进口商品来自 67 个国家和地区。

新疆维吾尔自治区 2004 年进口额 4 000 万美元以上商品情况表

金额分类	商品名称	进口金额（万美元）	占进口总额比重（%）
1 亿美元以上（3 种）	铜及铜材、废钢、钢材	122 807	47.43
6 000 万—1 亿美元（4 种）	铁矿砂、高新技术产品、原油、初级塑料	33 502	12.94
4 000 万—6 000 万美元（5 种）	铝材、肥料、纺织机械及零件、棉花、对苯二甲酸	23 520	9.08
合 计	**12 种**	**179 829**	**69.45**

新疆维吾尔自治区2004年主要进口市场情况表

国别（地区）	进口金额（万美元）	占进口总额比重（%）	国别（地区）	进口金额（万美元）	占进口总额比重（%）
哈萨克斯坦	150 441	58.11	乌兹别克斯坦	6 927	2.68
俄罗斯联邦	17 525	6.77	德　国	6 851	2.65
智　利	15 398	5.95	意大利	6 014	2.32
美　国	12 424	4.80	台湾省	4 422	1.70
吉尔吉斯斯坦	10 434	4.03	日　本	3 326	1.28
合　计				**233 762**	**90.29**

边境贸易　进出口额370 839万美元，比上年的303 915万美元增长22.02%，占全区进出口总额的65.80%。其中出口额223 782万美元，比上年的160 411万美元增长39.51%。出口的主要商品有：服装服饰、鞋靴、塑料餐具、家居用品、自来水笔、家具、灯具、铝箔、家具附件、电视机、工程设备、焦炭、建筑用石、瓷餐具、客货车、婴儿车、革、毛皮及制品、箱包等。进口额147 057万美元，比上年的143 504万美元增长2.48%。进口的主要商品有：废钢、铜材、锌铝材、铁矿砂、原油、氧化铝、化肥、初级形状聚乙烯、羊毛、棉花、棉短绒、油籽、原木、羊皮、收割机零件等。

技术进出口　2004年，新疆签订引进技术和进口设备合同项目17个，比上年14个增加3个，合同金额2 050万美元，比上年的705万美元增长191.63%。引进技术和设备来自以色列、日本、新加坡、德国、荷兰、加拿大、美国等国家和地区，涉及的行业有农林牧业、石油和天然气开采业、食品加工业、石油加工及炼焦业、金属制品业、电气机械及器材制造业、科学研究业等。

【利用外资】

新疆维吾尔自治区2004年利用外资情况表

利用外资方式	批准签订的合同			实际利用外资	
	项目数（个）	外资金额（万美元）	金额比上年增长（%）	金　额（万美元）	金额比上年增长（%）
外商直接投资	74	25 786	45.53	4 065	74.76
合资企业	31	9 764	38.01	2 531	72.65
合作企业	16	7 820	55.62	25	8.70
外资企业	27	8 202	56.41	1 248	65.74
股份有限公司	增资			261	210.71
合　计	**74**	**25 786**	**45.53**	**4 065**	**74.76**

外商直接投资行业　外商直接投资的74个项目中，生产型项目43个；非生产型项目31个。按行业划分为制造业28项、社会服务业22项、农业10项、采矿业14项。

外商直接投资来源　外商直接投资分别来自18个国家和地区。主要有香港特别行政区25项，金额13 604万美元；美国6项，2 280万美元；澳大利亚8项，2 429万美元；韩国3项，1 903万美元；新加坡4项，1 497万美元；加拿大3项，1 444万美元；荷兰1项，650万美元；英属维尔京群岛4项，594万美元；拉丁美洲其他1项，501万美元；哈萨克斯坦5项，306万美元；萨摩亚1项，240万美元；土耳其2项，155万美元；阿根廷1项，91万美元；英国3项，57万美元；德国1项，44万美元；日本1项，26万美元；巴基斯坦1项，10万美元；新西兰1项，1万美元；开曼群岛1项，减资194万美元；台湾省2项，金额减资 268 万美元；比利时减资 21 万美元；印度尼西亚减资 2 万美元；丹麦增资 439 万美元。

【对外经济合作】

承包工程和劳务合作　签订对外承包工程和劳务合作合同金额 3 456 万美元，比上年的 15 376 万美元下降 77.52%；完成营业额 6 538 万美元，比上年的 6 140 万美元增长 6.48%。

对外投资　批准在哈萨克斯坦、乌兹别克斯坦、俄罗斯联邦、吉尔吉斯斯坦、巴基斯坦、阿尔及利亚兴办项目 20 个，协议总投资额 1 259.70 万美元，其中中方协议投资额 1 114.2 万美元，比上年下降 23.75%。

【其他】

经济技术开发区　乌鲁木齐高新技术产业开发区 2004 年完成基础设施投资额 5 125 万元。新批生产型项目 18 个，总投资额 39.38 亿元，注册资本 39.38 亿元，其中：三资企业 5 家，投资额 4.13 亿元，注册资本 2.25 亿元。项目涉及生物医药、石油化工、机械电子、勘探、服务业、商业、房地产、信息、投资、管道投资等行业。整个开发区内 1 306家企业全年共实现工业总产值 26.80 亿元；税收收入 6.62 亿元；财政收入 3.30 亿元；进出口总额 7.82 亿美元，其中进口 1.31 亿美元，出口 6.51 亿美元；国内贸易销售额 27.40 亿元。

乌鲁木齐经济技术开发区 2004 年完成基础设施投资额 1.6 亿元。新批生产型项目 40 个，总投资额 17.2 亿元，其中：三资企业 9 个，投资额 4 776.7 万美元，注册资本1 635 万美元。项目涉及啤酒、钢结构、食品等行业。整个开发区内 109 个企业全年共实现工业总产值 22.3 亿元；税收收入 4.6 亿元；财政收入 4.7 亿元；进出口总额 1.2 亿美元，其中进口 0.4 亿美元，出口 0.8 亿美元；国内贸易销售额 35.6 亿元。

乌鲁木齐出口加工区 2004 年完成基础设施投资额 6 699 万元。新批生产型项目 3 个，总投资额 1.1 亿元。

伊宁边境经济合作区 2004 年完成基础设施投资额 7 500 万元。新批生产型项目 9 个，总投资额 7.62 亿元，到位资金 3.10 亿元。项目涉及食品、生物制药、玻璃管材等行业。整个合作区全年共实现工业总产值 32 808.70 万元；税收收入 4 266.70 万元；财政收入 4 316.70 万元；进出口总额 7 661.58万美元，其中进口 8.19 万美元，出口 7 653.39 万美元；国内贸易销售额 71 237.90 万元。

塔城边境合作区 2004 年完成基础设施投资额 400 万元。新批生产型项目 1 个，总投资额 1 567 万元，注册资金 888 万元。整个合作区 30 家企业全年共实现工业总产值 3 561.21万元；税收收入3 220万元；进出口总额9 563.25 万美元，其中进口 6 286.74 万美元，出口 3 276.51 万美元。

博乐边境合作区 2004 年完成基础设施投资额 360 万元。新批生产型项目 2 个，总投资额 400 万元。整个合作区 61 家企业全年共实现工业总产值 17 200 万元；税收收入 4 000 万元；财政收入 2 300 万元。

商务洽谈会　2004 年 9 月 1 日—8 日在乌鲁木齐举办的 2004 年乌鲁木齐对外经济贸易洽谈会，有俄罗斯、哈萨克斯坦、吉尔吉斯斯坦等 46 个国家和地区的外商 3 500 人参会。共签订对外经济贸易合同总额 19.2 亿美元，其中：出口成交总额 9.43 亿美元，进口订货 9.77 亿美元；对外经济技术合作项目及利用外资成交 6.88 亿美元。国内贸易和经济技术合作项目成交 568.1 亿元人民币，其中：国内贸易成交 60.70 亿元人民币，国内经济技术合作项目成交 507.40 亿元人民币。

港口运输　全区已经国家批准开放的一类口岸 16 个，其中航空港 2 个，陆路口岸 14 个。已建成开通的 14 个，2004 年监管进出口货物 977.10 万吨，比上年的 798.20 万吨增长 22.4%，其中出口 179.42 万吨，进口 797.68 万吨。按运输方式分：陆运 975.72 万吨，空运 1.38 万吨。

涉外旅游　2004 年入境游客 31.69 万人次，比上年的 17.05 万人增加 85.87 %。旅游外汇收入 9 108.3 万美元，比上年的 4 857.63 万美元增加 87.51 %。

2004年新疆生产建设兵团商务发展概况

新疆生产建设兵团商务局

新疆生产建设兵团商务局局长

何若群　生于1953年11月，湖南平江人。大专文化，中共党员。历任连队政治指导员、党支部书记，团办公室秘书，师纪检委专职检查员、专职常委，师商业处处长、外经处处长、外贸公司总经理，副师长、师党委常委，新疆生产建设兵团对外贸易经济合作局副局长（主持工作）、党委副书记，局长、党组书记。现任新疆生产建设兵团商务局局长、党组副书记。

【国内贸易】

社会消费品零售总额　2004年新疆生产建设兵团社会消费品零售总额81.38亿元，比上年的72.35亿元增长12.4%。其中，城市消费品零售额46.36亿元，县消费品零售额2.2亿元，县以下消费品零售额32.82亿元。分行业看，批发零售贸易额62.02亿元，餐饮业零售额11.11亿元，其他行业零售额8.25亿元。

限额以上批发零售贸易、餐饮业基本情况　截至2004年，共有限额以上批发零售贸易、餐饮业法人企业170个，产业活动单位371个，从业人数11 849人。其中，批发业法人企业119个，产业活动单位228个，从业人数5 685人；零售业法人企业26个，产业活动单位103个，从业人数2 283人；餐饮业法人企业25个，产业活动单位40个，从业人数3 881人。

批发零售贸易业商品购、销、存总额　批发零售贸易业商品销售总额329.71亿元，比上年276.66亿元增长19.2%。其中，限额以上企业262.78亿元，限额以下企业66.93亿元。限额以上批发零售贸易业商品购进总额235.34亿元（其中进口94.05亿元），商品销售总额262.79亿元（其中批发179.2亿元、零售13.97亿元、出口69.05亿元），年末库存总额84.25亿元。

市场物价　商品零售价格指数为100.7（以上年价格为100），居民消费价格指数为102.7（以上年价格为100），其中城市102.1，农村104.5。

市场体系建设　截至2004年底，兵团有商业网点52 320个，其中，个体经营网点42 000多个；各类商品市场232个，其中，综合农贸市场190个，工业消费品市场28个，蔬菜农副产品批发市场7个，其他市场7个，典当行2家，旧货流通企业1家。

商业改革与发展　截至2004年底，全兵团连锁经营企业1 860家，其中，农资类800家，石油类160家，日用百货类和餐饮业600家，医药类300家。

经过改革，资产联合、兼并、重组，兵团商贸流通领域最大的企业有两家，一是兵团农资集团公司已建立450多个连锁经营网点，年销售额14亿元；二是兵团石油有限责任公司已建立150多个直营加油站经营网点，年销售额12亿元。

综合农贸市场销售额1亿元以上的企业4家，分别是农八师石河子蔬菜瓜果批发市场，农八师石河子中心农贸市场，农五师三和农副产品批发市场，农二师孔雀综合农贸市场。

【对外贸易】

进出口总额　进出口总额19.72亿美元，比上年的16.18亿美元增长21.9%。

出口总额　出口总额8.35亿美元，比上年的8.65亿美元下降3.5%，占全兵团GDP 302.15亿元（相当于36.53亿美元）的22.85%，占全自治区GDP 2 200.15亿元的3.14%；占全自治区出口额30.4亿美元（相当于266.04亿美元）的27.5%。

出口商品结构 初级产品出口额1.2亿美元，占出口总额的14.4%；工业制成品出口额7.15亿美元，占出口总额的85.6%。

出口商品市场 出口商品销往122个国家和地区。

新疆生产建设兵团2004年出口额1 000万美元以上商品情况表

金额分类	商品名称	出口金额（万美元）	占出口总额比重（%）
1亿美元以上（1种）	服　装	35 590	42.6
5 000万—1亿美元（3种）	机电产品	9 675	11.6
	鞋　类	8 989	10.7
	番茄酱	8 655	10.4
1 000万—5 000万美元（6种）	棉纱及制品	3 658	4.4
	塑料制品	2 758	3.3
	焦　炭	1 301	1.6
	家　具	1 300	1.6
	原　棉	1 029	1.2
	电视机	1 020	1.2
合　计	**10种**	**73 975**	**88.6**

新疆生产建设兵团2004年主要出口市场情况表

国别（地区）	出口金额（万美元）	占出口总额比重（%）	国别（地区）	出口金额（万美元）	占出口总额比重（%）
哈萨克斯坦	45 897	55.0	坦吉克斯坦	1 430	1.7
吉尔吉斯斯坦	8 185	9.8	日　本	1 281	1.5
阿塞拜疆	6 618	7.9	阿联酋	1 046	1.3
巴基斯坦	5 714	6.8	俄罗斯	949	1.1
意大利	1 993	2.4			
合　计				**73 113**	**87.5**

进口总额 进口总额11.37亿美元，比上年的7.53亿美元增长51.0%。

进口商品结构 初级产品进口额1.4亿美元，占进口总额的12.3%；工业制成品进口额10亿美元，占进口总额的87.7%。

进口商品市场 进口商品来自50个国家和地区。

新疆生产建设兵团2004年进口额1 000万美元以上商品情况表

金额分类	商品名称	进口金额（万美元）	占进口总额比重（%）
1亿美元以上（2种）	铜　材	47 728	42.0
	钢　材	16 253	14.3
4000万—1亿美元（4种）	废　钢	8 969	7.9
	机电产品	8 902	7.8
	塑料原料	4 867	4.3
	棉　花	4 106	3.6
1 000万—4 000万美元（6种）	肥　料	2 443	2.1
	铝　材	2 222	1.9
	高新技术产品	1 688	1.5
	成品油	1 557	1.4
	食品加工机械	1 517	1.3
	医疗仪器及器械	1 100	1.0
合　计	**12种**	**101 352**	**89.1**

新疆生产建设兵团2004年主要进口市场情况表

国别（地区）	进口金额（万美元）	占进口总额比重（%）	国别（地区）	进口金额（万美元）	占进口总额比重（%）
哈萨克斯坦	72 700	63.9	吉尔吉斯斯坦	2 865	2.5
俄罗斯	8 969	7.9	日　本	2 053	1.8
乌兹别克斯坦	4 325	3.8	美　国	1 368	1.2
智　利	3 543	3.1	韩　国	1 059	0.9
意大利	3 355	3.0			
合　计				**100 237**	**88.1**

边境贸易　边境贸易进出口额11.8美元，占全兵团进出口总额的59.9%，比上年的9.74亿美元增长22.7%。其中，出口额6亿美元，增长9.6%；出口的主要商品有：服装、箱包、鞋帽、番茄酱、棉纱及制品、日用品、焦炭、汽车及零配件、家用电器、家具、棉花、塑料制品、建材、金属焊条、电视机、灯具、玩具等。进口额5.8亿美元，增长39.3%；进口的主要商品有：铜材、钢材、铝材、废旧金属、塑料原料、原油、成品油、棉花、棉短绒、化肥、食品加工机械、木材、纸浆、纸张、毛皮产品等。

【利用外资】

新疆生产建设兵团2004年利用外资情况

利用外资方式	批准签订的合同			实际利用外资	
	项目数（个）	外资金额（万美元）	金额比上年增长（%）	金　额（万美元）	金额比上年增长（%）
对外借款	4	1 160	-51.84	844	-34.1
外商直接投资	5	3 879.26	73.4	3 377.27	84.7
合作企业	4	3 479.26	556.3	2 977.27	2 101.9
外资企业	1	400	-81.3	400	-68.7
合　计	**9**	**5 039.26**	**8.45**	**4 221.27**	**35.8**

外商直接投资行业　外商直接投资的5个项目中，按行业划分为乳制品加工2项、纺织1项、酒店1项、轻工产品出口基地建设1项。

外商直接投资来源　外商直接投资分别来自4个国家和地区，主要是新加坡2项，金额581万美元；哈萨克斯坦1项，61.62万美元；古巴1项，1 714.65万美元；台湾省1项，1 020万美元。

【对外经济合作】

承包工程和劳务合作　签订对外承包工程和劳务合作合同5个，金额6 739万美元；营业额2 030万美元，当年派出劳务人员740人，派往的主要国家是：巴基斯坦、吉尔吉斯斯坦、蒙古、阿联酋、阿尔及利亚；承包的主要项目是：公路、水电工程、住宅建设。

对外经济技术援助　承担援外项目3个，总金额5 550万元人民币。受援国家是：乌兹别克斯坦5 000万元、吉尔吉斯斯坦500万元、玻利维亚50万元；涉及的行业有：农业机械、建筑机械、电脑设备；当年派出援外人员11人。

接受经济援助　接受欧盟对新疆塔里木大学的“塔里木河流域生态环境保护与持续发展”项目赠款10万欧元。

对外投资　批准在哈萨克斯、乌兹别克斯坦、蒙古、法国投资设立企业13家，总投资额1 972万美元；其中，中方投资1 215.49万美元。涉及的行业有：贸易、机械制造、炼钢、食品加工、畜产品加工。

【其他】

经济技术开发区　2004年，石河子经济技术开发区完成基础设施投资额1 789万元。新批准注册企业106家，注册资本6.3亿元。其中，三资企业1个，投资额800万美元，注册资本400万美元。项目涉及农产品深加工、生物农药、新型建筑材料、食品加工、节水器材、食品机械等。全年实现工业总产值38.01亿元，增长27%；实现税收1.38亿元，增长36.6%；财政收入1.96亿元，增长21.77%。完成外贸进出口总额1.5亿美元，增长48.9%；其中，出口2 807.11万美元，增长30.4%；进口1.23亿美元，增长53.8%。

涉外旅游 接待入境旅游者7.85万人次，增长3.7%；旅游及旅游购物创汇1.11亿美元，比2003年的2.8亿美元下降60.36%。

2004年香港特别行政区商务发展概况

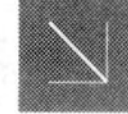

商务部国际贸易经济合作研究院

2004年，香港经济走上了全面复苏的快车道。在国际经济贸易强劲增长、中国内地经济快速发展的带动下，香港外部需求畅旺。2004年1月1日起，香港与内地"更紧密经贸关系安排"实施，内地居民"香港自由行"活动持续扩大，带动了香港投资、消费及服务贸易的全面发展，刺激了香港内部需求的增长。内部及外部市场需求转强，促进香港经济活动全面上扬，2004年，预计香港经济将实现7%左右的快速增长。

【对外贸易】

香港是一个外向型经济体，贸易发展受外部环境影响较大。2004年，在世界经济增势强劲、中国内地经济贸易持续快速发展的带动下，香港对外贸易发展取得了良好的业绩。

2004年，香港对外贸易总额为41 302.37亿港元，较上年的35 482.06亿港元增长16.4%。其中出口贸易总额为20 191.14亿港元，较上年的17 424.36亿港元增长15.9%；进口贸易总额为21 111.23亿港元，较上年增长16.9%。在香港总体出口中，港产品出口总值为1 259.82亿港元，较上年增长3.5%；转口贸易总额为18 931.32亿港元，较上年增长16.8% 。

2004年香港对外贸易

	2004年		2003年	
	金额（亿港元）	比上年增长（%）	金额（亿港元）	比上年增长（%）
贸易总额	41 302.37	16.4	35 482.06	11.6
总出口	20 191.14	15.9	17 424.36	11.6
港产品出口	1 259.82	3.5	1 216.87	-7.0
转口	18 931.32	16.8	16 207.49	13.4
进口	21 111.23	16.9	18 057.70	11.5

资料来源：《香港统计月刊》，2005年4月。

港产品出口 中国内地与香港更紧密经贸关系安排实施后，内地对香港市场开放度进一步扩大，使港产品竞争力有所增强。在主要贸易伙伴经济快速增长的带动下，2004年港产品出口摆脱了上年的颓势，全年出口1 259.82亿港元，较上年增长3.5%。2004年，港产品对其主要市场美国、中国内地及中国台湾出口止跌回升，对上述国家和地区出口依次增长7%、4%及28%。港产品对英国及德国出口则在上年增长的基础上，分别持续增长6%及3%。

2004 年港产品五大出口市场

国别（地区）	金额（亿港元）		比上年增长（%）		占港产品出口总额比重（%）	
	2004 年	2003 年	2004 年	2003 年	2004 年	2003 年
美　国	386.86	361.30	7	-6.6	31	32.2
中国内地	378.98	367.57	4	-11.2	30	30.2
英　国	81.90	77.62	6	2.3	7	6.4
德　国	49.85	48.53	3	13.6	4	4.0
台湾省	46.64	36.53	28	-16.7	4	3.0

资料来源：《香港统计月刊》，2005 年 4 月。

转口贸易　2004 年，香港转口贸易呈现快速增长态势，全年转口额为 18 931.32 亿港元，较上年增长 16.8% 。中国内地经济、贸易持续快速增长，使其仍是香港转口货物的最大来源地和目的地。内地大量货物经香港转口，提升了香港国际转口港的地位，对香港转口贸易发展起着重要的拉动作用。2004 年全年内地货物经香港转口占其转口总值 60%，较上年增长 17.4%。其他主要转口市场为：日本（占 10.3%）增长 20.5%、台湾省（占 7.1%）增长 24.9%、韩国（占 3.4%）增长 12.9% ，美国（占 3.3%）下降 2.2%。从转口货物的用途类别来看，香港转口总值中消费品所占比重最大达 35.9%，较上年增长 10%；其次是原料及半成品（占 34.9%），较上年增长 24.2%；资本品（占 28.4%），增长 18.3%。香港输往祖国内地及台湾省的转口货物主要是机电产品、加工用原料及半成品，转往美国及其他市场主要为消费品。

2004 年香港主要转口来源地

国别（地区）	金　额（亿港元）	比上年增长（%）	占转口总额比重（%）	
			2004 年	2003 年
中国内地	11 354.69	17.4	60.0	59.7
日　本	1 942.47	20.5	10.3	9.9
台湾省	1 338.74	24.9	7.1	6.6
韩　国	643.58	12.9	3.4	3.5
美　国	617.71	-2.2	3.3	3.9

资料来源：《香港统计月刊》，2005 年 4 月。

进口　2004 年，香港进口贸易总额为 21 111.23 亿港元，较上年增长 16.9%。祖国内地仍是香港最大的进口来源地，自内地进口额为 9 182.75 亿港元，较上年增长 16.9%，占香港进口总额的 43.5%。2004 年，香港经济步入快速恢复增长的轨道，复苏层面几乎扩展至各个行业，带动整体经济全面上扬。全球经济贸易快速增长引发的外需畅旺，刺激了香港内需增长。“内地与香港更紧密经贸关系安排”的实施，内地居民“香港自由行”活动的进一步扩大，带动了香港贸易业、物流业、旅游业等服务行业的发展，加之房地产业稳步复苏，失业率下降，香港走出多年的通货紧缩局面，投资与消费显著增长，本地需求持续走强。因此，2004 年，香港的进口贸易呈现上升趋势。2004 年香港进口留用的产品按用途划分，资本品进口较上年增长 13.8%，消费品进口增加了 8.6%，而原料及半成品、燃料等商品的进口值则较上年增长 19.9% 和 37.6%。

2004 年香港五大进口来源地

国别（地区）	金　额（亿港元）	比上年增长（%）	占进口总额比重（%）	
			2004 年	2003 年
中国内地	9 182.75	17	44	43.5
日　本	2 561.41	20	13	11.8
台湾省	1 538.12	23	8	6.9
美　国	1 119.94	14	6	5.5
新加坡	1 109.86	23	6	5.0
其　他	2 739.24	17	13	13.8

资料来源：《香港统计月刊》，2005 年 4 月。

【旅游】

旅游业是香港重要的支柱产业之一，在香港经济发展中具有重要的地位及作用。2004 年，随着中央政府开放内地城市居民“香港自由行”的扩展，内地赴香港旅游人数大幅上升，有力地刺激了香港旅游业发展。到 2004 年 7 月，内地已开放 32 个城市居民赴港旅游。内地游客购买力强，平均每人在港消费金额达 6 000 港元左右，其中，购物占了约 60%。据香港统计，仅从 2003 年 7 月至 2004 年 6 月，以“自由行”前往香港旅游的内地游客已达 260 万人次，为香港带来 158.6 亿港元的收益。在内地游客赴港旅游增加的同时，其他国家及地区居民赴港旅游也急剧增长。2004 年访港旅客总计 2 181.06 万人次，以旅游人次计，较上年增长了 40.4%。酒店及旅店入住率达 88%，创历年新高。从访港旅客来源地来看，祖国内地赴港旅游人数仍位居榜首，达1 224.59万人次，较上年增长 44.6%，内地赴港旅游人数占赴港游客总数的 56.1%。2004 年，台湾省及东南亚、美洲、欧洲、非洲及中东等地区访港人数均有大幅增长，分别依次增长 12%、52.8%、44.7%、45.8%。旅游业的发展激活了香港酒店、餐饮、商业与零售、娱乐等行业的景气，带动消费与投资的增加，促进了香港经济发展。

随着香港经济的全面改善，2004 年香港居民出外旅游的人数急剧上升，全年达 6 890.34 万人次，由上年的负增长转为增长 13.1%。其中赴内地旅游人数仍为最多，达 5 967.55万人次，较上年增长 13.5%，占香港居民外出旅游总人数的 86.6%。赴中国台湾及中国澳门地区的香港游客也一改上年人数下降的局面，分别较上年增长 29.3% 及 6.8%。另外，2004 年赴日本、美国、加拿大及德国等国旅游的香港游客激增，分别比 2003 年增长 22.2%、20.9%、18% 及 28.5%。

2004 年澳门特别行政区商务发展概况

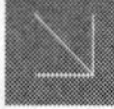

商务部国际贸易经济合作研究院

2004 年，在澳门特区政府有效施政和中央政府政策支持的共同作用下，澳门经济呈现持续健康快速发展的良好态势。5 年前，特区政府制定了“固本扶元、健康发展”的总体战略，实施了“以旅游博彩业为龙头、服务业为主体、其他行业协调发展”的产业政策，使澳门经济摆脱了回归前连续 4 年的负增长，经济景气迅速好转。从 2003 年 7 月起，中央政府实施了港澳个人游政策，2004 年 1 月 1 日起，内地与澳门实施了“更紧密经贸关系安排”。这些支持政策推动了澳门旅游博彩业的发展，促进了澳门货物贸易及服务贸易的增长。澳门支柱产业的兴旺，带动了商务领域其他行业的持续发展，2004 年，澳门房地产价格飚升，酒店、餐饮、运输及零售等行业生意兴隆，投资增长，失业率下降。2004年澳门全年经济实质增长率高达28%，成为回归以来第五个经济增长年。

【对外贸易】

概况 2004年，在中国内地经济快速发展、美日欧等主要发达国家经济持续增长的带动下，澳门外部市场需求强劲。中国内地、香港及其他地区访澳门游客的持续大幅增长，推动了澳门以旅游博彩业为主的服务贸易快速发展及消费增长。澳门房地产市场走出低谷，带动多项楼宇、住宅、酒店等项目动工，澳门跨境工业园区基础设施建设及其他公共工程的建设力度加大，推动澳门投资及消费需求快速增长。在外部及内部需求共同增长的促进下，2004年澳门货物贸易进出口继续保持上年快速增长的态势，对外贸易额再创历史新高。据澳门特区政府统计，2004年澳门对外贸易总值为504.65亿元（澳门元，下同），较上年的427.97亿元增长17.9%。其中出口总值225.61亿元，较上年上升9.0%；进口总值为279.04亿元，较上年增长26.3%。在总出口中，澳门本地的产品出口继续保持增长，出口值达173.23亿元，较上年增长6.5%；转口货值52.38亿元，较上年增长18.0%。全年贸易逆差为53.43亿元，较2003年激增282.4%。

2004年澳门对外贸易主要指标

	2004年（亿澳门元）	2003年（亿澳门元）	2004年增长率（%）
总出口	225.61	207.00	9.0
本地产品出口	173.23	162.61	6.5
转口	52.38	44.39	18.0
进口	279.04	220.97	26.3
贸易差额	-53.43	-13.97	-282.4

资料来源：澳门统计暨普查局《澳门经济季刊》2004年第四季。

出口 2004年世界经济复苏强劲，国际市场需求旺盛，澳门主要贸易伙伴美国、欧盟及日本等国家及地区经济增长态势良好，对澳门产品进口需求增加，带动澳门货物出口持续增长。从出口货物类别来看，占总出口货值八成的"纺织品及成衣"类别，出口增幅为5.02%。

按出口目的地统计，2004年，美国与欧盟仍是澳门出口的主要市场，共占澳门总出口货值的70.5%。其中美国占澳门总出口额的48.6%，欧盟占21.9%，对这两个市场的出口额，分别较2003年上升6.5%及3.4%。祖国内地和香港分别为澳门的第三与第四大出口市场，其中祖国内地占澳门出口总额的14.1%，比重较上年扩大了2个百分点；香港占澳门出口总额的6.3%。2004年澳门对香港出口继续保持上年的快速增长态势，增长速度为25.1%。2004年澳门对祖国内地出口快速发展，从上年的负增长转为大幅增长10.4%。

2004年澳门主要出口商品

	2004年出口额（亿澳门元）	比重（%）	2003年出口额（亿澳门元）	比重（%）	2004年增长率（%）
纺织品及成衣	180.70	83.9	172.06	83.1	5.0
成衣：	156.02	70.3	146.40	70.7	6.6
针织	87.76	39.0	84.42	40.9	3.9
梭织	68.26	31.4	61.98	30.0	10.1
其他纺织品	24.68	9.5	25.66	12.4	-3.8
非纺织品	44.91	8.7	34.94	7.0	28.5
其中：机器设备及零件	11.35	5.4	6.85	16.8	65.7
鞋类	8.35	2.3	7.56	3.7	10.4

资料来源：澳门统计暨普查局《澳门经济季刊》2004年第四季。

2004 年澳门主要出口市场

国别（地区）	2004 年出口额（亿澳门元）	比 重（%）	2003 年出口额（亿澳门元）	比 重（%）	2004 年增长率（%）
美 国	109.90	48.6	103.20	49.8	6.5
欧 盟	48.83	21.9	47.25	24.1	3.4
中国内地	31.40	14.1	28.44	12.7	10.4
日 本	1.84	0.9	1.50	0.6	22.8
台湾省	2.02	1.2	1.53	1.0	32.6
香 港	17.04	6.3	13.62	6.1	25.1
其 他	14.58	6.5	11.46	5.7	27.2

资料来源：澳门统计暨普查局《澳门经济季刊》2004 年第四季。

进口 在经济快速增长、旅游博彩业景气兴旺、旅客人数大幅增加等有利因素影响下，2004 年澳门消费需求增长强劲，加上区内固定资本形成总额增长 36.8%，私人消费支出 8.6%，政府最终消费支出增长 2.8%，进而使内部需求激增，2004 年进口贸易额 279.04 亿澳门元，较上年增长 26.3%，创近年来新高。在整体进口货物大类中，消费品和资本货物进口分别上升 32.8% 及 53.1%。燃料及润滑油、原料及半成品的进口货值则分别在上年低速增长的基础上，大幅增长 35.4% 及 9.5%。

澳门的进口市场主要集中在亚洲地区。2004 年，祖国内地与香港仍是澳门最重要的进口来源地，共占澳门进口总值的 54.7%。2004 年澳门从内地进口较 2003 年大幅增长了 30.6%，从香港进口则由上年的负增长转为增长 5.6%。

2004 年澳门主要进口商品

	2004 年进口额（亿澳门元）	比 重（%）	2003 年进口额（亿澳门元）	比 重（%）	2004 年增长率（%）
消费品	109.67	40.2	82.56	37.4	32.8
原料及半成品	99.84	32.8	91.18	41.3	9.5
燃料及润滑油	21.46	8.1	15.84	7.2	35.4
资本货物	48.07	18.8	31.39	14.2	53.1

资料来源：澳门统计暨普查局《澳门经济季刊》2004 年第四季。

2004 年澳门主要进口市场

国别（地区）	2004 年进口额（亿澳门元）	比 重（%）	2003 年进口额（亿澳门元）	比 重（%）	2004 年增长率（%）
中国内地	123.94	43.4	94.90	42.9	30.6
香 港	29.50	11.3	27.94	12.64	5.6
欧 盟	34.76	12.0	26.43	11.96	31.5
台湾省	13.54	4.4	12.82	5.80	5.7
日 本	26.84	10.2	19.87	9.0	35.1
美 国	11.31	3.9	8.72	3.9	29.7
其 他	39.15	14.0	30.29	13.7	29.2

资料来源：澳门统计暨普查局《澳门经济季刊》2004 年第四季。

【旅游】

2004年，受惠于澳门经济持续增长，中国内地居民"自由行"政策的深化，以及博彩业市场的开放，澳门旅游业总体增势强劲，入境游客、酒店入住率均创历史新高，据澳门统计，2004年入境旅客总人数为1 667.26万人次，全年升幅达40.3%；2004年酒店平均入住率为75.6%，较上年高出11.3个百分点。旅游业发展刺激了澳门消费的增长，2004年零售业消费总额较上年增长19.9%，进而对澳门经济增长起着重要的拉动作用。

2004年祖国内地赴澳门旅客人数再次创下历史新高，达952.97万人次，较上年增长66.0%，居澳门客源市场排名的第1位，占澳门入境旅客总数的57.3%。香港仍是澳门客源的第二大市场，赴澳门游客达505.1万人次，较上年增长9.3%。欧洲、美洲、日本及台湾省等国家及地区居民赴澳门旅游，改变了上年的颓势，分别增长47.0%、65.6%、42.7%及25.8%。

2004年台湾省商务发展概况

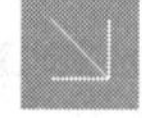

商务部国际贸易经济合作研究院

在世界经济强劲增长和两岸经贸关系快速发展的带动下，2004年，台湾省经济呈现恢复性增长。2004年上半年台湾经济平均增长7.2%，下半年因石油及原料价格上涨、电子产品外需减缓等因素影响，经济增长速度明显回落，但全年经济增长率仍接近6%，创近年来新高。但相对于外需增长强劲和民间投资增幅较快，岛内需求却增长乏力，当局投资不足，因而，台湾省总体经济形势呈现出"外热内温"的发展态势。

【对外贸易】

概况 在全球经济快速发展，国际市场需求旺盛，尤其是祖国大陆经济持续高速增长的影响下，2004年台湾省进出口贸易增长速度快于上年。据台湾省"行政院主计处"统计，台湾省全年对外贸易总额为3 419.04亿美元，比上年的2 714.90亿美元增长26%，其中，出口1 740.14亿美元，较上年的1 442.4亿美元增长20.6%；进口1 678.90亿美元，较上年的1 272.58亿美元增长31.9%。贸易顺差额为61.24亿美元，较上年的169.82亿美元减少108.58亿美元，降幅为63.9%。

2004年台湾省出口总额及主要出口商品

	2004年		2003年		2004年增减	
	出口额（亿美元）	占出口总额比重（%）	出口额（亿美元）	占出口总额比重（%）	出口额增加值（亿美元）	年增长率（%）
出口总额（含其他）	**1 740.14**	**100**	**1 442.40**	**100**	**297.74**	**20.6**
机械及电机设备	878.71	50.5	753.89	53.3	124.8	16.6
基本金属及其制品	183.25	10.5	143.35	9.9	39.9	27.8
车辆及运输设备	64.88	3.7	56.74	3.9	8.1	14.3
精密仪器	115.16	6.6	74.29	5.1	40.9	55.1
化学品	77.16	4.4	56.62	3.9	20.5	36.3
纺织品	125.40	7.2	118.79	8.2	6.6	5.6
塑胶橡胶及其制品	125.40	7.2	99.87	6.9	25.5	25.6

资料来源：台湾省"行政院主计处"《统计月报》第470期。

2004 年台湾省进口总额及主要进口商品

	2004 年		2003 年		2004 年增减	
	进口额（亿美元）	占进口总额比重（%）	进口额（亿美元）	占进口总额比重（%）	进口额增加值（亿美元）	年增长率（%）
进口总额（含其他）	**1 678.90**	**100**	**1 272.58**	**100**	**406.32**	**31.9**
电子产品	305.92	18.2	253.99	20.0	51.93	20.4
机械	75.88	10.5	115.52	9.1	60.36	52.3
化学品	175.78	10.5	134.95	10.6	40.83	30.3
塑胶及其制品	45.57	2.7	33.97	2.7	11.60	34.1
基本金属及其制品	184.13	11.0	112.92	8.9	71.21	63.1
车辆及运输设备	53.12	3.2	38.90	2.1	14.22	36.6
精密仪器	125.45	7.4	86.27	6.8	39.18	45.4

资料来源：台湾省“行政院主计处”《统计月报》第 470 期。

出口商品结构　2004 年在全球贸易快速扩张，外部需求强劲，尤其是祖国大陆经济稳定发展、进口需求高速增长的带动下，台湾省出口贸易较上年增长了 20.6%。台湾省的重化工业品、非重化工业品、农产品及农产加工品出口均出现了良好的发展态势，分别较上年增长 23.6%、11.5%、0.7% 及 17.7%。其中台湾省出口的主导产品机械及电机设备增长了 16.6%，而精密仪器，化学品、车辆及运输设备、基本金属及其制品、塑胶及其制品出口出现了两位数字的增长。纺织品出口则扭转了上年的下降态势，增长 5.6%。

进口商品结构　2004 年，台湾省经济增长态势基本向好，通货紧缩局面得到一定改善，失业率有所下降，民间投资在 2003 年负增长的基础上实现了 24.9% 的高增长。外需强劲带动了岛内资本设备、农工原料及消费品进口的增长，其增长率分别为 38.2%、31.8% 及 19.1%，其中，除电子产品增长 20.9% 之外，化学品、车辆及运输设备、精密仪器等主要产品进口均增长 30% 以上，而基本金属及其制品增长幅度则高达 63.1%。

2004 年台湾省出口商品结构

商品类别	2004 年		2003 年		2004 年增减	
	出口额（亿美元）	占出口总额比重（%）	出口额（亿美元）	占出口总额比重（%）	出口额增加值（亿美元）	年增长率（%）
农产品	3.84	0.2	3.82	0.3	0.02	0.5
农产加工品	20.78	1.2	17.66	1.2	3.12	17.7
重化工业品	1 342.64	77.2	1 086.41	75.3	256.23	23.6
非重化工业品	372.98	21.4	334.52	23.2	38.46	11.5

资料来源：台湾省“行政院主计处”《统计月报》第 470 期。

2004 年台湾省进口商品结构

商品类别	2004 年		2003 年		2004 年增减	
	进口额（亿美元）	占进口总额比重（%）	进口额（亿美元）	占进口总额比重（%）	进口额增加值（亿美元）	年增长率（%）
资本设备	359.83	21.4	260.35	20.5	99.48	38.2
农工原料	1 181.57	70.4	901.17	70.8	280.40	31.1
消费品	137.54	8.2	111.06	8.7	26.48	23.8

资料来源：台湾省“行政院主计处”《统计月报》第 470 期。

进出口贸易市场 2004年台湾省的主要出口市场依次是祖国大陆、美国、东盟六国（新加坡、马来西亚、泰国、印尼、菲律宾及越南，下同）、日本及韩国。据台湾省统计，上述国家及地区分别占台湾省出口总额的20.3%、16.8%、13.6%、7.9%及3.2%。2004年在台湾省主要的出口市场中，对祖国大陆出口增长58.8%，对东盟六国出口增长33.7%，对韩国出口增长17.0%。2004年台湾省对美国及日本出口扭转了上年的下降趋势，出口增幅分别为8.4%及10.8%。

据台湾省统计，2004年台湾省前五大进口市场依次为日本、美国、东盟、祖国大陆及韩国。其中自日本和美国进口金额分别为436.32亿美元及216.32亿美元，分别占台进口总额的26.0%及12.9%。自祖国大陆进口额为166.79亿美元，比上年增长52.1%，祖国大陆为台湾第四大进口来源地。

2004年台湾省贸易顺差的主要来源地是祖国大陆、香港及美国，顺差额分别为324.34亿美元、277.77亿美元及64.90亿美元。前三大逆差来源地是日本、韩国和德国，2004年逆差额分别达304.30亿、62.76亿和13.18亿美元，比上年增长46.9%、52.5%和74.3%。

【投资】

海外华侨和外国人在台湾省投资 根据台湾省有关统计，2004年，台湾当局共核准侨外直接投资金额39.5亿美元，较上年增长10.6%，低于历年平均水平。据联合国对各地区实际到位外商直接投资的统计，台湾省远远落后于祖国大陆、香港、新加坡、韩国等地区，反映岛内投资环境持续恶化。从2003年的情况来看，对台投资居前五位的分别为加勒比海英国属地（占30%）、美国（占24.3%）、日本（占11.1%）、荷兰（占6.5%）与德国（占6.2%），合计占了78%。外商对台投资仍以电子电器制造业为主，占28.9%；金融保险业占22.3%，居第二位，两者合计占了50%以上。其他依次为服务业13.8%、批发零售业占13.7%、化学品制造业占6%。前五项合计占84.7%。

台湾省对外投资 台湾省对大陆以外地区投资继续衰退，2004年对外投资金额33.8亿美元（不含祖国大陆），较上年下降14.8%。对外投资，除大陆外，大多集中在加勒比地区。

台湾省对祖国大陆投资情况 祖国大陆经济持续稳健快速增长及投资环境不断改善，吸引台商继续赴大陆投资。据商务部统计，2004年，祖国大陆共批准台资项目4 020个，合同台资金额93亿美元，增长9%；实际使用台资金额31亿美元，同比下降8%。按实际使用金额统计，台资居祖国大陆吸收境外投资排名的第6位。截至2004年底，祖国大陆累计批准台资项目6 042万个，实际使用台资金额396.1亿美元（未含台商经第三地的转投资）。

台商投资区域仍集中在东部沿海省市，长江三角洲与珠江三角洲仍是台商投资的热点地区。据台湾省统计，台商在江苏、上海、广东与浙江等地投资额合计占对大陆投资总额的85%。但是，由于长江三角洲与珠江三角洲地区电力供应紧张等原因，台商投资增长速度有所减缓。而在能源电路有保障，且劳动力与土地成本相对偏低的辽东半岛、山东半岛、四川、重庆等地区，台商投资则明显增加。

台商在大陆投资领域仍以制造业为主，2004年，台商投资产业居前五位分别为电子电器制造、基本金属制造、非金属制造、化学品制造与塑胶制品制造等，合计占投资总额的72%。此外，随着大陆服务贸易市场扩大开放，台商对商业、物流、教育、医疗等服务领域投资增多，但投资规模相对较小。

法　规
Laws and Regulations

对外贸易经营者备案登记办法

中华人民共和国商务部令

2004 年第 14 号

《对外贸易经营者备案登记办法》已于 2004 年 6 月 19 日经商务部第九次部务会议讨论通过，现予发布，自 2004 年 7 月 1 日起施行。

部长　薄熙来

2004 年 6 月 25 日

第一条　为促进对外贸易发展，根据《中华人民共和国对外贸易法》(以下简称《外贸法》) 第九条的有关规定，制订本办法。

第二条　从事货物进出口或者技术进出口的对外贸易经营者，应当向中华人民共和国商务部（以下简称商务部）或商务部委托的机构办理备案登记；但是，法律、行政法规和商务部规定不需要备案登记的除外。

对外贸易经营者未按照本办法办理备案登记的，海关不予办理进出口的报关验放手续。

第三条　商务部是全国对外贸易经营者备案登记工作的主管部门。

第四条　对外贸易经营者备案登记工作实行全国联网和属地化管理。

商务部委托符合条件的地方对外贸易主管部门（以下简称备案登记机关）负责办理本地区对外贸易经营者备案登记手续；受委托的备案登记机关不得自行委托其他机构进行备案登记。

备案登记机关必须具备办理备案登记所必需的固定的办公场所，管理、录入、技术支持、维护的专职人员以及连接商务部对外贸易经营者备案登记网络系统（以下简称“备案登记网络”）的相关设备等条件。

对于符合上述条件的备案登记机关，商务部可出具书面委托函，发放由商务部统一监制的备案登记印章，并对外公布。备案登记机关凭商务部的书面委托函和备案登记印章，通过商务部备案登记网络办理备案登记手续。对于情况发生变化、不符合上述条件的以及未按本办法第六、七条规定办理备案登记的备案登记机关，商务部可收回对其委托。

第五条　对外贸易经营者备案登记的程序

对外贸易经营者在本地区备案登记机关办理备案登记。

对外贸易经营者备案登记程序如下：

（一）领取《对外贸易经营者备案登记表》（以下简称《登记表》）。对外贸易经营者可以通过商务部政府网站（http://www.mofcom.gov.cn）下载，或到所在地备案登记机关领取《登记表》（样式附后）。

（二）填写《登记表》。对外贸易经营者应按《登记表》要求认真填写所有事项的信息，并确保所填写内容是完整的、准确的和真实的；同时认真阅读《登记表》背面的条款，并由企业法定代表人或个体工商负责人签字、盖章。

（三）向备案登记机关提交如下备案登记材料：

1. 按本条第二款要求填写的《登记表》；

2. 营业执照复印件；

3. 组织机构代码证书复印件；

4. 对外贸易经营者为外商投资企业的，还应提交外商投资企业批准证书复印件；

5. 依法办理工商登记的个体工商户（独资经营者），须提交合法公证机构出具的财产公证证明；依法办理工商登记的外国（地区）企业，须提交经合法公证机构出具的资金信用证明文件。

第六条　备案登记机关应自收到对外贸易经营者提交的上述材料之日起 5 日内办理备案登记手续，在《登记表》上加盖备案登记印章。

第七条　备案登记机关在完成备案登记手续的同时，应当完整准确地记录和保存对外贸易经营者的备案登记信息和登记材料，依法建立备案登记档案。

第八条　对外贸易经营者应凭加盖备案登记印章的《登记表》在 30 日内到当地海关、检验检疫、外汇、税务等部门办理开展对外贸易业务所需的有关手续。逾期未办理的，《登记表》自动失效。

第九条　《登记表》上的任何登记事项发生变更时，对外留易经营者应比照本办法第五条和第八条的有关规定，在 30 日内办理《登记表》的变更手续，逾期未办理变更手续的，其《登记表》自动失效。

备案登记机关收到对外贸易经营者提交的书面材料后，应当即时予以办理变更手续。

第十条　对外贸易经营者已在工商部门办理注销手续或被吊销营业执照的，自营业执照注销或被吊销之日起，《登记表》自动失效。

根据《外贸法》的相关规定，商务部决定禁止有关对外贸易经营者在一年以上三年以下的期限内从事有关货物或者技术的进出口经营活动的，备案登记机关应当撤销其《登记表》；处罚期满后，对外贸易经营者可依据本办法重新办理备案登记。

第十一条　备案登记机关应当在对外贸易经营者撤销备案登记后将有关情况及时通报海关、检验检疫、外汇、税务等部门。

第十二条　对外贸易经营者不得伪造、变造、涂改、出租、出借、转让和出卖《登记表》。

第十三条　备案登记机关在办理备案登记或变更备案登记时，不得变相收取费用。

第十四条　本办法实施前，已经依法取得货物和技术进出口经营资格、且仅在原核准经营范围内从事进出口经营活动的对外贸易经营者，不再需要办理备案登记手续；对外贸易经营者如超出原核准经营范围从事进出口经营活动，仍需按照本办法办理备案登记。

第十五条 本办法由商务部负责解释。

第十六条 本办法自2004年7月1日起实施。凡与本办法不一致的规定，自本办法发布之日起废止。

附：《对外贸易经营者备案登记表》（略）

关于公布商务部委托的《对外贸易经营者备案登记办法》备案登记机关名单的通知

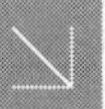

根据商务部2004年第14号部令公布的《对外贸易经营者备案登记办法》，现将商务部委托的对外贸易经营者备案登记机关名单公布如下：

1. 北京市商务局（北京商务局）
2. 天津市对外经济贸易委员会（天津外经贸委）
3. 河北省商务厅（河北商务厅）
4. 山西省商务厅（山西商务厅）
5. 内蒙古自治区商务厅（内蒙古商务厅）
6. 辽宁省对外贸易经济合作厅（辽宁外经贸厅）
7. 大连市对外贸易经济合作局（大连外经贸局）
8. 吉林省商务厅（吉林商务厅）
9. 黑龙江省商务厅（黑龙江商务厅）
10. 上海市对外经济贸易委员会（上海外经贸委）
11. 江苏省对外贸易经济合作厅（江苏外经贸厅）
12. 浙江省对外贸易经济合作厅（浙江外经贸厅）
13. 宁波市对外贸易经济合作局（宁波外经贸局）
14. 安徽省商务厅（安徽商务厅）
15. 福建省对外贸易经济合作厅（福建外经贸厅）
16. 厦门市贸易发展局（厦门贸发局）
17. 江西省对外贸易经济合作厅（江西外经贸厅）
18. 山东省对外贸易经济合作厅（山东外经贸厅）
19. 青岛市对外贸易经济合作局（青岛外经贸局）
20. 河南省商务厅（河南商务厅）
21. 湖北省商务厅（湖北商务厅）
22. 湖南省商务厅（湖南商务厅）
23. 广东省对外贸易经济合作厅（广东外经贸厅）
24. 深圳市贸易工业局（深圳贸易工业局）
25. 广西壮族自治区商务厅（广西商务厅）
26. 海南省商务厅（海南商务厅）
27. 重庆市对外贸易经济委员会（重庆外经贸委）
28. 四川省商务厅（四川商务厅）
29. 贵州省商务厅（贵州商务厅）
30. 云南省商务厅（云南商务厅）
31. 西藏自治区商务厅（西藏商务厅）
32. 陕西省商务厅（陕西商务厅）
33. 甘肃省商务厅（甘肃商务厅）
34. 青海省商务厅（青海商务厅）
35. 宁夏回族自治区商务厅（宁夏商务厅）
36. 新疆维吾尔自治区对外贸易经济合作厅（新疆外经贸厅）
37. 新疆生产建设兵团商务局（建设兵团商务局）
38. 武汉市对外贸易经济合作局（武汉市外经贸局）
39. 沈阳市对外贸易经济合作局（沈阳市外经贸局）
40. 广州市对外贸易经济合作局（广州市外经贸局）
41. 哈尔滨市对外贸易经济合作局（哈尔滨市外经贸局）
42. 西安市对外贸易经济合作局（西安市外经贸局）
43. 成都市对外贸易经济合作局（成都市外经贸局）
44. 长春市对外贸易经济合作局（长春市外经贸局）
45. 南京市对外贸易经济合作局（南京市外经贸局）
46. 珠海市对外贸易经济合作局（珠海市外经贸局）
47. 汕头市对外贸易经济合作局（汕头市外经贸局）
48. 苏州工业园区经济贸易发展局

商务部对外贸易司
2004年6月30日

国务院对确需保留的行政审批项目设定行政许可的决定

中华人民共和国国务院令

第 412 号

现公布《国务院对确需保留的行政审批项目设定行政许可的决定》，自 2004 年 7 月 1 日起施行。

总理　温家宝

2004 年 6 月 29 日

依照《中华人民共和国行政许可法》和行政审批制度改革的有关规定，国务院对所属各部门的行政审批项目进行了全面清理。由法律、行政法规设定的行政许可项目，依法继续实施；对法律、行政法规以外的规范性文件设定，但确需保留且符合《中华人民共和国行政许可法》第十二条规定的行政审批项目，根据《中华人民共和国行政许可法》第十四条第二款的规定，现决定予以保留并设定行政许可，共 500 项。

为保证本决定设定的行政许可依法、公开、公平、公正实施，国务院有关部门应当对实施本决定所列各项行政许可的条件等作出具体规定，并予以公布。有关实施行政许可的程序和期限依照《中华人民共和国行政许可法》的有关规定执行。

附件：国务院决定对确需保留的行政审批项目设定行政许可的目录（略）

商务部行政复议实施办法

中华人民共和国商务部令

2004 年第 7 号

《商务部行政复议实施办法》已于 2004 年 4 月 9 日经中华人民共和国商务部第 6 次部会议审议通过，现予以公布，自 2004 年 7 月 1 日起施行。

部长　薄熙来

2004 年 5 月 20 日

第一条　为防止和纠正违法的或者不当的具体行政行为，保护公民、法人和其他组织的合法权益，保障和监督国内外贸易和国际经济合作管理机关依法行使职权，根据《中华人民共和国行政复议法》（以下简称《行政复议法》），制定本办法。

第二条　商务部依据《行政复议法》及本办法的规定履行行政复议职责。商务部法制工作机构（条约法律司）具体办理商务部的行政复议事项，并履行《行政复议法》第三条规定的职责。

第三条　对下列具体行政行为不服的，可以向商务部申请行政复议：

（一）商务部的具体行政行为；

（二）商务部的派出机构依照法律、法规或者规章的规定，以自己的名义作出的具体行政行为；

（三）法律、法规授权并由商务部直接管理的组织的具体行政行为；

（四）对省、自治区、直辖市国内外贸易和国际经济合作管理机关的具体行政行为不服的，可以向商务部申请行政复议，也可以向该省、自治区、直辖市人民政府申请行政复议。

第四条　当事人以书面方式申请行政复议的，应当提交行政复议申请书正本一份，并按照被申请人的数目提交副本。复议申请书应当载明下列内容：

（一）申请人及委托代理人的姓名、职业、住址（法人或者其他组织的名称、地址、法定代表人的姓名）；

（二）被申请人的名称、地址；

（三）申请复议的具体要求；

（四）主要事实和理由（包括知道具体行政行为的时间）；

（五）提出行政复议申请的日期。

复议申请书应当由申请人或申请人的法定代表人（或其授权委托人）签字并盖章，并附有必要的证据。申请人为自然人的，应当提交居民身份证或其他有效证件的复印件；申请人为法人或其他组织的，应当提交营业执照或其他有效证件的复印件、法定代表人身份证明等。

第五条　同申请行政复议的具体行政行为有利害关系的其他公民、法人或者其他组织要求作为第三人参加行政复议，应当以书面形式提出申请，经商务部审查同意，可以作为第三人参加行政复议。

商务部认为必要时，也可以通知同申请复议的具体行政行为有利害关系的其他公民、法人或者其他组织作为第三人参加行政复议。

第六条 申请人向商务部申请复议的，向商务部法制工作机构办理申请手续。法制工作机构应当在申请书上注明收到日期，并由递交人签字确认。

第七条 商务部法制工作机构收到行政复议申请后，应当在5个工作日内按照《行政复议法》的有关规定进行审查，并依法作出是否受理的决定。

除依法决定不予受理或告知申请人应当向其他复议机关申请复议的外，行政复议申请自商务部法制工作机构收到之日起即为受理。

第八条 行政复议申请有下列情形之一的，不予受理，并以书面形式告知申请人：

（一）申请复议的事项不属于《行政复议法》第六条规定的范围的；

（二）申请人不具备复议申请主体资格的；

（三）申请人错列被申请人且拒绝变更的；

（四）申请复议超过了法定的申请期限且无正当理由的；

（五）申请人提起行政诉讼，法院已经受理或尚未决定是否受理，又申请行政复议的；

（六）申请人向其他有管辖权的行政机关申请复议，该复议机关已经依法受理的；

（七）申请人撤回复议申请，无正当理由再行申请复议的；

（八）申请人超越复议管辖权限、越级申请的（《行政复议法》第二十条规定的情形除外）；

（九）行政复议申请不具备其他法定要件的。

第九条 商务部法制工作机构应当自行政复议申请受理之日起7个工作日内，将行政复议申请书副本或者行政复议申请笔录复印件发送被申请人。被申请人应当自收到申请书副本或者申请笔录复印件之日起10日内提出书面答复，并提交当初作出具体行政行为的证据、依据和其他有关材料。

被申请人的书面答复应当载明以下内容：

（一）被申请人的基本情况（被申请人为商务部的除外）；

（二）进行答辩的事由，案件的基本过程和情况；

（三）做出具体行政行为的事实依据和有关证据材料；

（四）做出具体行政行为所依据的法律、法规、规章和规范性文件的具体条款和内容；

（五）做出答复的时间。

书面答复应当加盖被申请人单位公章；被申请人为商务部的，加盖作出该具体行政行为的部门的印章。

第十条 被申请人不按照《行政复议法》第二十三条和本办法第十条的规定提出书面答复、提交当初作出具体行政行为的证据、依据和其他有关材料的，视为该具体行政行为没有证据、依据，决定撤销该具体行政行为。

第十一条 行政复议原则上采取书面审查的方式，如案情复杂、书面审查无法查明案情的，也可以采取听取当事人的意见、实地调查，邀请专门机构进行检验、鉴定等方式。

第十二条 在行政复议过程中，被申请人及其代理人均不得自行向申请人或其他有关组织或者个人收集证据，也不得以做出具体行政行为之后发现的事实或情况作为具体行政行为的事实依据。

第十三条 法制工作机构应当对被申请人做出的具体行政行为进行审查，提出意见，经商务部负责人同意或集体讨论通过后，按照《行政复议法》第二十八条的规定作出行政复议决定。

第十四条 申请人在申请行政复议时一并提出行政赔偿请求的，应当按照《中华人民共和国国家赔偿法》第十二条的规定写明具体的赔偿要求、事实根据和理由。行政复议机关对符合国家赔偿法的有关规定应当给予赔偿的，在决定撤销、变更具体行政行为或者确认具体行政行为违法时，应当同时决定被申请人依法给予赔偿。

第十五条 本办法由商务部负责解释，自2004年7月1日起施行。

商务部决定废止的规章和规范性文件目录（第二批）

商务部关于废止第二批规章和规范性文件的决定

自1993年以来，国务院管理国内贸易的部门历经沿革。2003年国务院机构改革后，管理国内贸易的职能划入新组建的商务部。为促进国内贸易发展和市场流通法律体系的建立，推动依法行政，商务部对1993年以来由原物资部、原商业部、原国内贸易部、原国内贸易局、原国家经贸委发布的规章和规范性文件进行了全面清理。经过清理，经商国务院有关部门同意，商务部决定：第二批废止部门规章和规范性文件33件（目录见附件）。

附件：商务部决定废止的规章和规范性文件目录（第二批）

部长　薄熙来

2004年10月15日

序号	法律文件名称	发布机关	文　号	发布时间	废止原因
1	关于颁发《物资行业工人技术等级标准》的通知	物资部、劳动部	［1993］物人字13号	1993.02.08	已被《关于印发第六批国家职业标准的通知》（劳社厅发［2003］14号）规定的新标准替代
2	物资部、国家工商行政管理局关于广东三洋“GD-SANYO”空调器销往省外免办出省“准运证”的通知	物资部、国家工商局	［1993］物机字38号	1993.02.15	调整对象已不存在，实际上已经失效
3	冶金部、国内贸易部、国家经贸委、建设部、农业部、技术监督局联合通知严禁产、销伪劣钢材	冶金部、国内贸易部、国家经贸委、建设部、农业部、技术监督局	［1993］冶质字第256号	1993.06.09	适用期已过，实际上已经失效
4	关于确保完成国家重点生产建设及救灾用木材调运任务的紧急通知	国内贸易部、林业部、铁道部、交通部	［1993］内贸木字89号	1993.08.25	适用期已过，实际上已经失效
5	国内贸易部、国家工商局关于广东、福建、海南省进口商品管理问题的通知	国内贸易部、国家工商局	内贸办联字［1993］第300号	1993.11.23	适用期已过，实际上已经失效
6	国家经贸委、外经贸部、海关总署关于印发《特定产品进口管理实施细则》的通知	国家经贸委、外经贸部、海关总署	国经贸［1993］564号	1994.01.12	已被《特定机电产品进口管理实施细则》（外经贸部、海关总署2001年第24号令）替代
7	国内贸易部关于加强信用卡管理的若干规定	国内贸易部	［1994］内贸函财字945号	1994.11.28	适用期已过，实际上已经失效
8	全国散装水泥专项资金办法	国内贸易部、财政部	内贸散联字［1995］第13号	1995.02.27	适用期已过，实际上已经失效
9	国家经贸委、国家计委、外经贸部、工商局关于加强桑蚕茧统一收购经营管理工作的通知	国家经贸委、国家计委、外经贸部、国家工商局	国经贸贸［1995］235号	1995.05.29	适用期已过，实际上已经失效

续表

序号	法律文件名称	发布机关	文　号	发布时间	废止原因
10	国内贸易部、中国工商银行关于共同做好连锁商业发展工作的通知	国内贸易部、中国工商银行	内贸行联字［1995］第33号	1995.05.31	适用期已过，实际上已经失效
11	关于印发《成品油市场管理暂行办法》的通知	国家经贸委、国家工商局、解放军总后勤部	国经贸市［1995］758号	1995.11.30	适用期已过，实际上已经失效
12	关于印发《关于进一步加强成品油市场整顿与管理工作的意见》的通知	国家经贸委、国家工商局、总后勤部	国经贸市［1995］757号	1995.11.30	适用期已过，实际上已经失效
13	关于印发《钢材、汽车代理制试点总体方案》的通知	国家经贸委、国内贸易部、冶金部、机械部	国经贸市［1995］854号	1995.12.26	适用期已过，实际上已经失效
14	印发《关于设备维修市场管理试点工作的指导意见》的通知	国家经贸委、国家工商局、技监局	国经贸资［1996］200号	1996.04.03	适用期已过，实际上已经失效
15	国内贸易部、国家计委、国家经贸委、财政部、国家工商局关于印发《加强民用煤市场管理进一步做好民用煤供应工作的意见》的通知	国内贸易部、国家计委、国家经贸委、财政部、国家工商局	内贸非金联字［1996］第24号	1996.05.21	适用期已过，实际上已经失效
16	关于加强蚕茧统一收购和价格管理工作的通知	国家经贸委、国家计委	国经贸贸［1996］311号	1996.05.22	适用期已过，实际上已经失效
17	国家经贸委、国家计委关于加强蚕茧统一收购和价格管理工作的通知的通知	国家经贸委、国家计委	［1996］外经贸管字第177号	1996.06.07	适用期已过，实际上已经失效
18	国内贸易部、国家工商行政管理局关于民用煤经营企业基本条件的通知	国内贸易部、国家工商局	内贸非金联字［1996］第41号	1996.08.09	适用期已过，实际上已经失效
19	照相业国家级评委资格管理试行办法	国内贸易部	内贸饮字［1996］第97号	1996.09.06	适用期已过，实际上已经失效
20	美发美容业国家级评委资格管理试行办法	国内贸易部	内贸饮字［1996］第98号	1996.09.06	适用期已过，实际上已经失效
21	关于检查进口预包装食品标签的通知	国家经贸委、卫生部、技术监督局	国经贸市［1996］741号	1996.10.29	适用期已过，实际上已经失效
22	国有大中型商业零售企业实行商品监督员持证上岗制度的暂行规定	国内贸易部、技监局	内贸行一联字［1997］第20号	1997.05.15	适用期已过，实际上已经失效
23	关于加强国有企业市场营销工作的意见	国家经贸委	国经贸市［1997］415号	1997.06.25	适用期已过，实际上已经失效
24	国家经贸委、卫生部、技术监督局《关于进口预包装食品中文标签有关问题的补充通知》	国家经贸委、卫生部、技术监督局	国经贸市［1997］690号	1997.10.28	适用期已过，实际上已经失效
25	关于严厉打击制售假冒伪劣酒类产品违法行为的通知	国家经贸委、国家技术监督局、国家工商局、中国轻工总会、国内贸易部、公安部、卫生部、国务院法制局	国经贸市［1998］82号	1998.02.12	适用期已过，实际上已经失效
26	关于印发《关于实施“金贸”工程，推进我国电子贸易体系建设与应用的意见》的通知	国家经贸委、信息产业部	国经贸贸易［1998］652号	1998.10.15	适用期已过，实际上已经失效

续表

序号	法律文件名称	发布机关	文　　号	发布时间	废止原因
27	国家国内贸易局、国家工商行政管理局、卫生部关于进一步加强屠宰管理，整顿肉品流通秩序，提高肉品卫生质量的通知	国内贸易部、工商局、卫生部	内贸局联发消费字［1999］第7号	1999.02.10	适用期已过，实际上已经失效
28	关于确定国家经贸委企业营销工作重点联系城市和企业（第一批）的通知	国家经贸委	国经贸企业［1999］446号	1999.05.18	适用期已过，实际上已经失效
29	国家经贸委印发《关于当前加强营销促进企业脱困工作的意见》的通知	国家经贸委		1999.09.23	适用期已过，实际上已经失效
30	关于进一步健全重点商品批发市场联系制度的通知	国家经贸委	国经贸贸易［2001］221号	2001.03.12	适用期已过，实际上已经失效
31	关于典当业清理整顿的通知	国家经贸委、公安部	国经贸综合［2001］861号	2001.08.29	适用期已过，实际上已经失效
32	关于公布获得全国缫丝企业生产准产证企业名单的通知	经贸委	国经贸外经［2001］1072号	2001.10.24	已被我部2004年1号公告替代
33	关于公布部分获得全国缫丝企业生产准产证企业名单的通知	经贸委	国经贸外经［2002］391号	2002.06.05	已被我部2004年1号公告替代

商务部办公厅关于转发《财政部转发国务院法制办关于清理行政许可收费若干问题复函的通知》的通知

商规字［2004］93号

本部各直属单位：

现将《财政部转发国务院法制办关于清理行政许可收费若干问题复函的通知》（财综［2004］47号，附后）转发给你们，请认真学习并严格遵照执行。此前商务部办公厅下发了《关于转发〈国家发改委、财政部关于清理行政机关和事业单位有关收费的通知〉的通知》（商规字［2004］86号），已对各单位清理收费工作进行了部署。请各单位按47号通知精神，进一步做好行政许可收费的清理工作。

特此通知

附件：如文

中华人民共和国商务部
2004年7月15日

财政部转发国务院法制办关于清理行政许可收费若干问题复函的通知

各省、自治区、直辖市财政厅（局），国务院各部委、各直属机构：

为贯彻落实《中华人民共和国行政许可法》的有关规定，做好清理行政许可收费工作，我部曾就清理行政许可收费的有关问题请国务院法制办帮助研究解决。最近，国务院法制办以《对〈关于清理行政许可收费若干问题的函〉的复函》（国法函［2004］253号，以下简称《复函》）对行政许可收费问题作了解答。现就有关事项通知如下：

一、《中华人民共和国行政许可法》实施后，对于一些没有法律、行政法规依据的行政许可收费，应当予以清理。各地区、各部门在清理行政许可收费时，除按照《国家发展改革委财政部关于清理行政机关和事业单位有关收费的通知》（发改价格［2004］1196号）规定执行外，应结合《复函》对行政许可收费问题的解答，做好相关收费清理工作。

二、在清理行政许可收费过程中，对于已经财政部、国家发展改革委批准，但没有相应法律、行政法规依据的行政许可收费，如果符合国际通行做法或与有关行政许可收费性质相同需要保留的，中央有关部门和单位应当通过修订法律、行政法规明确收费依据。在修订法律、行政法规前，可提出保留意见（包括保留的收费项目及理由），报财政部、国家发展改革委，由财政部会同国家发展改革委审核后统一报国务院批准发布执行。

附件：国务院法制办对《关于清理行政许可收费若干问题的函》的复函

中华人民共和国财政部
2004年6月28日

对《关于清理行政许可收费若干问题的函》的复函

国法函［2004］253号

财政部：

你部《关于清理行政许可收费若干问题的函》（财综函［2004］2号）收悉。经认真研究并征求全国人大常委会法工委意见，现函复如下：

一、关于判断行政许可的标准以及行政许可与行政审批的关系问题。我办于2004年1月2日公布的《行政许可法有关问题解答》（见国务院法制办公室《全国贯彻实施行政许可工作简报》第1期）已经对此作了解答。各部门实施的具体行政许可项目，应当以法律、行政法规的规定和国务院决定确认的项目为准。

二、关于确定资格、资质举行的国家考试是不是行政许可问题。国家考试本身不是行政许可，而是行政机关在作出行政许可决定前判定申请人是否符合法定条件的一种审查程序。但这些国家考试需要按照行政许可法的要求进行规范。

三、关于检验、检测、检疫是不是行政许可的问题。检验、检测、检疫不是行政许可，但属于实施行政许可的方式和手段或者是取得行政许可的条件。凡是为决定是否批准行政许可申请或者对被许可行为进行监督、检查所进行的检验、检测、检疫，应当遵守行政许可法关于实施行政许可收取费用的限制性规定。但是行政机关以外的专业技术组织不是作为实施行政许可主体的，其进行的检验、检测、检疫的收费除外。

四、关于行政许可收费的清理和同类行政许可收费政策的协调问题。《行政许可法》第58条规定："行政机关实施行政许可和对行政许可事项进行监督检查，不得收取任何费用。但是，法律、行政法规另有规定的，依照其规定。"《行政许可法》实施后，一些行政许可收费没有法律、行政法规依据的，应当予以清理。对性质相同的许可事项实施相同收费政策，却没有相应的法律、行政法规依据的收费，或者为与国际通行做法接轨确有必要保留的收费，应当通过修订法律、行政法规明确收费依据。在修订法律行政法规前，可以暂由国务院财政、价格主管部门审核后报经国务院批准后发布执行。

五、关于法律、行政法规有关收费内容的表述问题。2004年7月1日后，拟设定行政许可的法律草案、行政法规草案，规定行政机关实施行政许可和对行政许可事项进行监督检查可以收费的，起草机关在确定收费项目、标准和方式前，应当征求国务院财政、价格主管部门的意见。

国务院法制办公室
2004年6月23日

商务部、外交部《关于简化机电产品出口企业人员出国（境）审批管理办法》的通知

为适应加入世界贸易组织后的新形势，进一步方便机电产品出口企业相关人员出国（境），保证市场开拓工作的顺利进行，推动机电产品出口持续协调发展，依据《中华人民共和国对外贸易法》和国家有关政策，商务部、外交部制定了《关于简化机电产品出口企业人员出国（境）审批管理办法》（见附件），现印发给你们，请遵照执行。有关执行中出现的问题，请及时报告商务部、外交部。

特此通知

附件：如文

商务部　外交部
2004年7月

附件

关于简化机电产品出口企业人员出国（境）审批管理办法

为适应加入世界贸易组织后的新形势，进一步方便机电产品出口企业从事商务、技术、售后服务和反倾销应诉人员出国（境），保证市场开拓工作的顺利进行，促进机电产品出口持续协调发展，依据《对外贸易法》和国家有关政策，特制定本办法。

一、依法享有进出口经营权、年出口创汇额在1 000万美元以上的国有或国有股本逾50%的国有控股的股份制机电产品生产企业，可申办一定的外事审批权。申办此项审批权需经省、自治区、直辖市人民政府按规定条件审核并报国务院批准。根据此项权利，企业可在业务范围内，根据人员管理权限，自行审批本企业人员临时出国和邀请外国经贸人员来华事项。企业的正、副职领导临时出国，按隶属关系报有出国任务审批权的地方人民政府审批。

二、依法享有进出口经营权且经所在省、自治区、直辖市及计划单列市商务部门确定的机电产品出口企业，可根据对外业务需要，确定本企业10名以内经常出国（境）从事商务、技术、售后服务及反倾销应诉的人员，由所在省、自治区、直辖市及计划单列市外事办公室报人民政府审批，一次审批、一年内多次有效。

三、对符合下列条件之一的，办理出国任务审批优先：年出口额达到500万美元的机电出口企业人员；参加国外大型洽谈会、展销会、博览会、海外项目招投标、对外签约、产品推广、设备验收、售后服务、反倾销应诉等活动时间紧迫的。

四、赴香港、澳门特区和台湾地区开展有关业务，请按国务院港澳办、国务院台办有关规定办理。赴未建交国家或涉及敏感或热点问题，按现行规定办理。

五、各地外事主管部门可据此视情商商务主管部门制定具体操作办法。

外国人在中国永久居留审批管理办法

第一条 为规范外国人在中国永久居留审批管理工作，根据《中华人民共和国外国人入境出境管理法》及其实施细则的有关规定，制定本办法。

第二条 外国人在中国永久居留是指外国人在中国居留期限不受限制。

第三条 《外国人永久居留证》是获得在中国永久居留资格的外国人在中国境内居留的合法身份证件，可以单独使用。

第四条 获得在中国永久居留资格的外国人，凭有效护照和《外国人永久居留证》出入中国国境。

第五条 受理外国人在中国永久居留申请的机关是设区的市级人民政府公安机关，直辖市公安分局、县局；审核外国人在中国永久居留申请的机关是各省、自治区、直辖市公安厅、局；审批外国人在中国永久居留申请的机关是公安部。

第六条 申请在中国永久居留的外国人应当遵守中国法律，身体健康，无犯罪记录，并符合下列条件之一：

（一）在中国直接投资、连续三年投资情况稳定且纳税记录良好的；

（二）在中国担任副总经理、副厂长等职务以上或者具有副教授、副研究员等副高级职称以上以及享受同等待遇，已连续任职满四年、四年内在中国居留累计不少于三年且纳税记录良好的；

（三）对中国有重大、突出贡献以及国家特别需要的；

（四）本款第一项、第二项、第三项所指人员的配偶及其未满18周岁的未婚子女；

（五）中国公民或者在中国获得永久居留资格的外国人的配偶，婚姻关系存续满五年、已在中国连续居留满五年、每年在中国居留不少于九个月且有稳定生活保障和住所的；

（六）未满18周岁未婚子女投靠父母的；

（七）在境外无直系亲属，投靠境内直系亲属，且年满60周岁、已在中国连续居留满五年、每年在中国居留不少于九个月并有稳定生活保障和住所的。

本条所指年限均指申请之日前连续的年限。

第七条 本办法第六条第一款第一项所指的外国人，其在中国投资实际缴付的注册资本金应当符合下列条件之一：

（一）在国家颁布的《外商投资产业指导目录》鼓励类产业投资合计50万美元以上；

（二）在中国西部地区和国家扶贫开发工作重点县投资合计50万美元以上；

（三）在中国中部地区投资合计100万美元以上；

（四）在中国投资合计200万美元以上。

第八条 本办法第六条第一款第二项所指的外国人，其任职单位应当符合下列条件之一：

（一）国务院各部门或者省级人民政府所属的机构；

（二）重点高等学校；

（三）执行国家重点工程项目或者重大科研项目的企业、事业单位；

（四）高新技术企业、鼓励类外商投资企业、外商投资先进技术企业或者外商投资产品出口企业。

第九条 申请人申请时需如实填写《外国人在中国永久居留申请表》，并提交下列材料：

（一）有效的外国护照或者能够代替护照的证件；

（二）中国政府指定的卫生检疫部门出具的或者经中国驻外使、领馆认证的外国卫生医疗机构签发的健康证明书；

（三）经中国驻外使、领馆认证的国外无犯罪记录证明；

（四）四张二英寸近期正面免冠彩色照片；

（五）本办法规定的其他有关材料。

第十条 本办法第六条第一款第一项所指人员申请时还需提交外商投资企业批准证书、登记证明以及联合年检证明、验资报告、个人完税证明。

鼓励类外商投资企业还应当提交国家鼓励发展的外商投资项目确认书。

第十一条 本办法第六条第一款第二项所指人员申请时还需提交下列材料：

（一）任职单位出具的本人职务或者职称证明；

（二）《外国专家证》或者《外国人就业证》；

（三）任职单位的登记证明以及年检证明、个人完税证明；任职单位是外商投资企业的，还需提交外商投资企业批准证书和联合年检证明；

（四）在执行国家重点工程项目或者重大科研项目的企业、事业单位中任职的人员需提交省、部级政府主管部门出具的项目证明文件；在高新技术企业中任职的人员需提交高新技术企业证书；在鼓励类外商投资企业、外商投资先进技术企业或者外商投资产品出口企业中任职的人员需提交国家鼓励发展的外商投资项目确认书或者外商投资先进技术企业确认书或者外商投资产品出口企业确认书。

第十二条 本办法第六条第一款第三项所指人员申请时还需提交中国政府主管部门出具的推荐函及有关证明。

第十三条 本办法第六条第一款第四项所指人员申请时，属于配偶的，还需提交婚姻证明；属于未满18周岁未婚子女的，还需提交本人出生证明或者亲子关系证明；属收养关系的，还需提交收养证明。外国有关机构出具的上述证明需经中国驻该国使、领馆认证。

第十四条 本办法第六条第一款第五项所指人员申请时还需提交其中国籍配偶的常住户籍证明或者其外国籍配偶的《外国人永久居留证》、婚姻证明、经公证的生活保障证明及房屋租赁或者产权证明。外国有关机构出具的上述证明需经中国驻该国使、领馆认证。

第十五条 本办法第六条第一款第六项所指人员申请时还需提交其中国籍父母的常住户籍证明或者外国籍父母的《外国人永久居留证》、本人出生证明或者亲子关系证明；属收养关系的，还需提交收养证明。外国有关机构出具的上述证明需经中国驻该国使、领馆认证。

第十六条 本办法第六条第一款第七项所指人员申请时还需提交被投靠的中国公民常住户籍证明或者外国人的《外国人永久居留证》、经公证的亲属关系证明以及投靠人国外无直系亲属关系证明、经公证的投靠人经济来源证明或者被投靠人经济担保证明、经公证的投靠人或者被投靠人的房屋租赁或者产权证明。外国有关机构出具的上述证明需经中国驻该国使、领馆认证。

第十七条 外国人申请在中国永久居留，由本人或者未满18周岁未婚子女的父母或者被委托人向主要投资地或者长期居留地的设区的市级人民政府公安机关或者直辖市公安分局、县局提出申请。

由被委托人代为申请的，需提交申请人出具的委托书。申请人在国外出具的委托书，需经中国驻该国使、领馆认证。

第十八条 公安机关自受理外国人在中国永久居留的申请之日起六个月以内作出批准或者不批准的决定。

第十九条 被批准在中国永久居留的外国人，由公安部签发《外国人永久居留证》；申请人在境外的，由公安部发给《外国人永久居留身份确认表》，申请人持《外国人永久居留身份确认表》到中国驻外使、领馆办理“D”字签证，入境后30日以内向受理其申请的公安机关领取《外国人永久居留证》。

第二十条 被批准在中国永久居留的外国人，每年在中国累计居留不得少于三个月。确因实际需要每年不能在中国累计居留满三个月的，需经长期居留地省、自治区、直辖市公安厅、局批准，但五年内在中国累计居留不得少于一年。

第二十一条 《外国人永久居留证》的有效期为五年或者十年。

被批准在中国永久居留的未满十八周岁的外国人，发给有效期为五年的《外国人永久居留证》；被批准在中国永久居留的十八周岁以上的外国人，发给有效期为十年的《外国人永久居留证》。

第二十二条 《外国人永久居留证》有效期满、内容变更、损坏或者遗失的，持证人应当向其长期居留地的设区的市级人民政府公安机关或者直辖市公安分局、县局申请换发或者补发。公安机关经审核对没有丧失在中国永久居留资格规定情形的，一个月以内换发或者补发证件。

第二十三条 持有《外国人永久居留证》的外国人应当在证件有效期满前一个月以内申请换发；证件内容变更的，应当在情况变更后一个月以内申请换发；证件损坏或者遗失的，应当及时申请换发或者补发。

第二十四条 具有在中国永久居留资格的外国人有下列情形之一的，公安部可以取消其在中国永久居留资格，同时收缴其所持《外国人永久居留证》或者宣布作废：

（一）可能对国家安全和利益造成危害的；

（二）被人民法院判处驱逐出境的；

（三）通过提供虚假材料等非法手段骗取在中国永久居留资格的；

（四）未经批准每年在中国累计居留不满三个月或者五年内在中国累计居留不满一年的。

第二十五条 本办法实施前被批准在中国永久居留的外国人，应当在本办法实施之日起六个月以内到原居留证件签发地或者长期居留地的设区的市级人民政府公安机关或者直辖市公安分局、县局换领《外国人永久居留证》。

第二十六条 申请在中国永久居留以及签发、换发、补发《外国人永久居留证》，有关收费项目和标准按照国务院价格和财政主管部门的规定执行。

第二十七条 本办法中下列用语的含义：

（一）“直系亲属”指父母（配偶的父母）、祖父母（外祖父母）、已满18周岁的成年子女及其配偶、已满18周岁的成年孙子女（外孙子女）及其配偶；

（二）“以上”、“以内”皆包括本数。

第二十八条 本办法由公安部、外交部负责解释。

第二十九条 本办法自发布之日起施行。

（国务院2003年12月13日批准，2004年8月15日公安部、外交部第74号令发布）

全国商品市场体系建设纲要

商务部关于印发《全国商品市场体系建设纲要》的通知

商建发［2004］267号

各省、自治区、直辖市及计划单列市商务厅（局）、经贸委（商委、内贸办、财贸办）：

为进一步发展和完善商品市场体系，根据党的十六届三中全会《关于完善社会主义市场经济体制若干问题的决定》精神，我部在调查研究和广泛征求各方面意见的基础上，制定了《全国商品市场体系建设纲要》（见附件）。现印发你们，请结合本地实际贯彻执行。

附件：全国商品市场体系建设纲要

2004年5月25日

改革开放以来，我国商品市场建设取得了显著成就。多元化市场竞争格局已经形成，多样化的市场流通形式和新型业态不断出现，流通现代化水平显著提高，市场的法律制度逐步完善，初步形成了有形市场与无形市场、批发市场与零售市场、现货市场与期货市场、城市市场与农村市场共同发展的商品市场体系。

但是，商品市场体系还不适应国民经济发展的要求，市场总量不足和结构不合理的矛盾并存，城乡市场、区域市场发展极不平衡；传统的流通组织与经营形式仍然占据主导地位，流通的现代化水平与发达国家相比还有较大差距；商品市场法律体系不健全，信用体系尚待建立，交易行为不规范，交易成本高；地区封锁、市场分割的问题突出，市场秩序比较混乱。商品市场在社会经济生活中的重要作用尚未充分发挥出来。

新世纪前十年，是我国全面建设小康社会的关键时期，国内生产总值将比2000年翻一番，消费规模迅速扩大，消费结构从温饱向小康升级，国内市场全方位对外开放，新型工业化迅速推进，西部大开发、振兴东北老工业基地及促进农民增收等重大战略的实施，都需要加快建立全国统一的现代化商品市场体系。为此，特制定本纲要。

一、商品市场体系建设的指导思想、目标和任务

商品市场是现代市场体系的重要组成部分，是国民经济中商品与服务交换的基本场所和主要形式。大力发展商品市场有利于引导消费、扩大消费，提高人民群众的生活水平；有利于引导生产，降低交易成本，加快流通速度，提高国民经济运行的质量和效率；有利于增加就业，改善居民生活环境，加快城市化进程，促进城市繁荣。因此，要从战略高度充分认识发展和完善商品市场体系的重要意义，采取切实措施抓紧抓好。

商品市场体系建设的指导思想是：以邓小平理论和“三个代表”重要思想为指导，全面落实党的十六大和十六届三中全会精神，树立和贯彻科学发展观，坚持服务于国民经济全局，发挥流通的先导性作用，促进经济增长方式的转变；坚持以人为本，满足人民群众不断增长的消费需求；坚持市场化取向，充分发挥市场机制的作用；坚持市场的统一性，消除阻碍全国统一市场形成的各种障碍；坚持城乡、区域、国内外市场统筹发展，更好地利用国内外两个市场、两种资源。

商品市场体系建设的目标是：按照建立统一开放竞争有序的现代市场体系的要求，到2010年，初步形成布局合理、结构优化、功能齐备、制度完善、现代化水平较高的商品市场体系，进一步提高商品市场在国民经济中的地位和作用。

商品市场体系建设的任务是：

在优化结构的基础上，努力扩大市场规模，完善市场功能，建立现代化的商品流通网络；健全商品市场的法律体系，完善市场规则，整顿市场秩序，建立良好的市场运行机制；打破地区封锁，建立全国统一市场，实现商品在全国范围内的自由流动；培育市场主体，增强流通企业活力，促进市场竞争；转变政府职能，加强对商品市场的引导和调控，建立适合市场经济要求的管理体制。

二、商品市场体系建设的重点

消费品市场、生产资料市场和农产品市场是商品流通的主渠道，是建设的重点。要以促进最终消费在国民经济中的比重为目标，迅速扩大消费品市场的规模，完善其在引导消费、拉动需求、扩大内需中的功能；适应我国新型工业化和全球产业分工的要求，加快生产资料流通方式创新，促进经济运行的速度和效率不断提高；围绕农民增收，加快农产品市场建设，健全农产品流通网络。

（一）大力发展消费品市场

适应消费需求的发展变化趋势，搞好城乡零售市场的规划布局。以增强和完善城市商业功能为核心，对中心商业区、区域商业中心、社区商业及专业特色街进行合理定位，形成功能明确、分工合理的多层次的城市商业格局，发挥城市在扩大消费中的主导作用。把方便居民日常生活的社区商业作为发展重点，不断增强社区商业服务功能，重视社区商业设施配套，建设集购物、餐饮、生活服务和休闲等多功能的社区商业体系。合理布局城市商业中心，形成具有一定商业特色、功能相对完善、能够带动消费升级和创造都市商业氛围的消费中心。以小城镇建设为依托开拓农村消费品市场，鼓励各类投资主体投资农村商业设施建设，支持国内外大中型流通企业向小城镇延伸经营网络，采取直营连锁和特许经营等方式改造提升农村集贸市场和代销店，形成以县城为重点、乡镇为骨干、村为基础的农村消费品零售网络。

重点发展新型零售业态，改造和调整传统零售业态。加快发展

贴近和方便居民生活的便利店、折扣店和中小型综合超市。积极发展专业性较强的家电、食品、建材等专业连锁超市。重视发展仓储式商场、专业店、专卖店等新的业态形式。在合理布局的前提下，适度发展大型综合超市，力争使其成为城市消费品市场的主力业态。控制发展大型购物中心。鼓励大型百货企业的改造与整合，形成若干以优势品牌为龙头的大型百货业连锁集团；引导中小型百货商场进行业态调整，逐步向专业商店方向转变。规范发展小商品市场、日用工业品零售交易市场，引导其向专业化商场、品牌展示中心等新型经营方式转型升级。

加快培育新的消费热点。加强对汽车交易市场的规范，发展以品牌为主导，以特许经营为主要方式，集展示、销售、维修服务为一体的汽车销售服务体系；加快发展规范的汽车金融服务、租赁、配件及维修市场。家用电器、电子信息和通讯产品应逐步形成以品牌专业代理商和专业卖场为主导，以全面技术服务为支撑的专业化市场格局。鼓励国内企业引进国外建材家居超市经营模式，促进建材装饰和家居用品交易市场向主题购物中心和大型专业店、专卖店等新型业态转变，增加设计咨询等服务功能。适应居民生活水平不断提高趋势，大力发展生活服务市场，在推动餐饮、住宿、洗浴等传统服务业升级的同时，加快家政、看护、快递、家庭设备维护、保洁等新型服务业发展，大力开拓运动、健身、教育、文化、娱乐等享受发展型的消费市场，倡导健康的休闲方式，努力为居民提供更多的休闲空间。

适应不同层次消费需求发展的需要，不断完善市场功能。促进消费品批发企业和批发市场转型，努力使批发环节成为消费品设计中心、展示中心、信息发布中心和交易中心，发挥其引导消费、拉动生产的作用。要重视发展会展业，大力发展旧货业，鼓励发展租赁业，稳步发展拍卖业，规范发展典当业。

（二）推进生产资料市场创新

按照现代生产方式要求，发展多样化生产资料经营方式。运用信息和物流技术改造生产资料的流通链，对生产环节集中、标准化程度高的钢材、煤炭、石油等大宗生产资料，鼓励企业采用以直达供货为基础的多样化分销方式。对大型工程项目所需原材料和设备，推行招标采购制度；推动大型企业建立集中统一的采购中心。整合传统生产资料流通渠道，加快组织形式和营销模式创新，发挥其规模、网络、设施和人才等优势。鼓励生产资料批发企业开拓和延伸流通加工、物流配送等服务功能。在进一步推广买断代理的基础上，积极发展佣金代理。

加强对生产资料现货批发市场的规范，引导交易方式和交易手段的升级。东部地区主要是改造和提升摊位制的专业批发市场，实现批发市场的功能创新；中西部地区重点是加强对批发市场的规范和调整，更好地发挥商品集散和衔接产销的功能。鼓励生产资料市场建立信息体系，探索网上交易等新型交易模式，在严格执行国家法律法规的前提下，稳妥探索生产资料批发市场的电子化交易，拓展交易范围。

大力推广农业生产资料的连锁经营，加强农业生产资料流通网络建设。推动国有农资企业更多地吸收社会资本进行改组，转变经营机制。鼓励各类投资主体投资农业生产资料流通，尽快形成多种所有制并存，覆盖面广的农资销售网络。农资经营企业要强化配送、加工、技术服务及农机具租赁等多样化服务功能，为农民提供产前、产中和产后服务和指导。下大力气整顿和规范农资市场秩序，建立健全长效监管机制。

推动期货市场和现货市场协调发展。完善现有上市品种的交易制度，强化风险防范机制，发挥期货市场发现价格、套期保值、规避风险和调节供求功能，促进生产资料的生产和流通。在做好与现货市场衔接的前提下，审慎推出新的期货交易品种。加强期货市场对现货流通的预测性和导向性，促进现货与期货市场的联动。

（三）加快农产品流通体系建设

尽快改变农产品流通环节多、流通成本高、市场秩序混乱的状况，建立畅顺高效、便捷安全的农产品流通体系。大力推动农产品零售市场改造升级，努力提高连锁超市、食品超市、大型综合超市等新型零售业态中农产品的经营规模，力争使其销售份额占全部农产品零售额的三分之一。规范传统的农产品零售渠道，加快农产品集贸市场的退路进场，改善经营设施，强化管理，大中城市逐步取消露天摊档式农贸市场。积极鼓励和引导农产品批发市场和农产品加工企业直接向综合超市、食品超市、社区菜市场、便利店配送产品。鼓励有条件的大型超市、食品超市和便利店的经营企业直接从产地采购，与农产品生产基地建立长期的产销联盟。大力推行食品放心工程，抓紧完善农产品流通领域的标准体系和监测体系，实行采购、储存、加工、运输、销售等全过程质量安全控制。

加大对农产品批发市场建设的支持力度，更好地发挥农产品流通的主渠道作用。大中城市应重点培育和完善发挥骨干作用的全国性或区域性批发市场，县、乡应加快建设服务于当地农产品生产、方便农民销售的专业批发市场。加强批发市场的信息化建设，使其逐步成为农产品的信息中心、咨询中心。有条件的农产品批发市场要积极探索拍卖式、竞价式和对手交易相结合的交易方式，逐步实行电子统一结算。农产品批发市场应向上下游延伸经营链条。一方面建立农产品基地，发展专业化、工厂化生产；另一方面向零售领域延伸，细化加工和配送功能，形成农产品批发市场与零售店之间配送——销售——消费的有机链条。加强对农产品批发市场的监管，尽快出台农产品批发市场管理规定，完善交易规则。

消除各种影响农民进入市场的障碍，制止乱收费、乱罚款、乱检查，逐步降低税费负担。提高农民进入市场的组织化程度。积极推广公司加农户等贸工农一体化组织形式，鼓励在自愿的基础上，建立各类农产品购销合作组织、行业协会，发展运销大户和农村经纪人队伍，为农民提供信息、运销、技术推广等综合性服务。制定并落实对各类农民合作经济组织的扶持政策。

三、完善商品市场体系的主要措施

（一）健全商品市场的法律体系

完善的法律制度是规范交换关系的关键，是商品市场健康运行的核心。要大力加强商品市场的法制建设，进一步清理不符合社会主义市场经济要求和国际贸易通行规则的法律、法规和规章，促进建立以反对垄断和促进市场充分竞争为核心、与国际市场接轨、内外贸统一的商品市场法律体系，重点推进规范市场主体、市场交易行为和市场监管的立法进程。在市场管理、行业准入、网点建设、商品质量安全、消费者权益保护等方面，为商品市场的健康发展提供法律保障。

按照党的十六届三中全会提出的“加快建设全国统一市场”的要求，把打破地区封锁作为重要任务来抓。各地要树立大局意识，强化全国市场的统一性，认真清理和取消各种阻碍商品在全国范围内顺畅流通的规定。贯彻依法行政，不得以任何方式阻碍外地企业和产品进入本地市场，实现区域之间商品的自由流动。

各级商务部门要重视对市场的监督管理，加强与工商、质检、物价等部门的协调合作，做好与司法和行政执法部门的衔接，建立稳定的工作机制。建立重要敏感商品的市场准入制度，切实保护消费者合法权益。加快全社会商务信用建设，大力倡导诚信经营、诚信消费，强化信用意识和契约意识，为商品市场健康发展提供信用基础。

（二）加快市场主体的改革步伐

加快政府职能转变，改革和规范行政审批制度，减少对企业的行政干预，更多地发挥市场机制的作用。政府部门应以产业政策为导向，做好商品市场体系的发展规划，为各类市场主体提供良好的服务，实行有效的市场监控，营造公平竞争的氛围，创造宽松的投资和经营环境。

进一步深化流通企业改革，实现投资主体多元化，加快建立现代企业制度，支持有实力的流通企业在市场竞争中做强做大。进一步放开搞活中小流通企业，鼓励民营、私营流通企业发展，积极推进中小流通企业体制创新，促进其发展“专、精、特、新”经营。推进垄断行业改革，有步骤地放开行业准入限制，促进不同所有者公平竞争。

加快发展商品市场体系相关的各类行业组织，加强协会的组织建设和功能转换，增强服务意识、自律意识和市场意识，提高为行业和企业服务的能力，发挥桥梁和纽带作用。扩大行业协会的覆盖面，加强对会员的协调、服务、监督，强化行业自律，更好地发挥其在商品市场体系建设中的作用。

（三）加强对商品市场体系建设的宏观管理

各级商务主管部门要会同有关部门加强对商品市场发展规律性的研究，根据国民经济和社会发展的变化趋势，提出商品市场发展的方向和建设布局，以及相关政策措施。各地要从本地实际出发，制定商品市场发展规划，明确建设重点，加强对投资方向的引导。地级以上城市要制定和完善商业网点规划，规范商业设施建设、开业程序，大型商业设施建设应进行听证，避免重复建设。

各级商务主管部门要积极协调当地有关部门，采取有效措施加大对市场建设的投入，一方面要将重要商品的储备设施、大型农产品流通设施、社会性物流配送中心、市场信息网络和电子商务平台等列入基础设施范围，在资金上重点予以支持。另一方面，运用财政贴息、税收调节等措施引导社会资金投向市场建设，重点是农村市场网络和社区商业设施等的更新改造。

各省（自治区、直辖市及计划单列市）商务主管部门要结合城市商业网点规划，对流通设施的总量、布局结构和市场需求进行全面调查，并建立商业资源信息系统，为加强商品市场建设的科学管理提供依据。建立国内外市场相统一的监测调控机制，加强对重要商品、重点企业及重点市场的监测分析，适时运用进出口、储备等手段对国内市场进行调控，提高应对突发事件及市场异常波动的能力和水平。

（四）提高商品市场的现代化水平

大力提高商品市场信息化水平，用信息技术推动交易方式创新，加强流通领域信息技术的研究、开发和应用。大中型流通企业要逐步实现采购、营销、物流配送、服务管理全过程的自动化、网络化、数字化；促进中小流通企业应用和普及成熟的商业信息技术。加强公共信息资源的开发和利用，建立全国及地方的商品市场信息平台及商业基础数据库、健全商业信息采集标准，增强政府的公共信息服务功能。

要高度重视商品市场的标准化建设，尽快改变流通领域标准体系不完善、标准水平低的状况，以标准化带动现代化。尽快制订完成各类商品市场的技术标准和技术规范，并通过推行普及标准加速市场的改造升级。物流系统应更多地采用国际通行的技术标准，加速推进仓储、运输、包装、代码等方面的标准化。加强商品的标准化管理，特别是要对食品等关系人民群众健康安全的重要商品，加快实施质量安全、质量等级、计量、包装标识的标准化。

根据我国居民消费的发展趋势，研究采用新型营销方式和营销手段，刺激消费、扩大消费。商业企业要加强与银行的合作，发挥现代金融在商品流通中的重要作用，普及现代支付、结算和交割方式，大力推广消费信贷，发展信用消费。制定融资租赁政策，鼓励租赁消费。稳步推进无店铺销售。以加快流通速度、提高流通效率为目标，整合物流资源，培育物流市场，加强物流体系建设。针对农产品流通的特殊要求，加快建设以冷藏和低温仓储、运输为主的农产品冷链配送系统。

（五）有序推进商品市场扩大开放

进一步扩大商品市场对外开放的广度和深度，全面引进、消化、吸收和嫁接国际先进的商品流通模式、经营理念和营销方式，加强对国际先进流通技术的跟踪研究，并结合我国国情开发创新，实现商品市场的交易规则、交易方式和交易手段与国际市场接轨，使我国商品市场体系建设融入国际市场的发展潮流。建立符合国际规范的商务环境，不断提高我国商品市场的国际化水平。

促进国内商业与国际商业的合资合作，在竞争中提高国内商业的竞争力，加速我国商品市场现代化进程。不断优化商业利用外资的布局和结构，东部地区要加强商业利用外资的规划，保持适度规模，促进内外资企业协调发展，避免盲目引进，重复建设。引导和鼓励外商到中西部地区发展，促进中西部地区和农村的商品市场建设。

要抓住机遇，促进国内流通企业走向国际市场，在参与国际竞争中发展壮大。支持国内大型流通企业在境外建立营销网络，带动国内商品出口，提高企业利用两个市场、两种资源的能力和水平。支持跨国零售集团设立出口采购中心，促进国内生产企业与跨国零售集团建立直接的长期稳定供货关系，通过其全球营销网络扩大出口。

流通业改革发展纲要

随着我国社会主义市场经济体制的逐步完善和全面建设小康社会目标的确立，流通业在引导生产、促进消费、扩大内需、增加就业等方面的作用日趋显著，已逐渐成为促进国民经济持续健康发展的先导型产业。为贯彻党的十六届三中全会精神，进一步深化流通体制改革，完善市场体系，促进流通业结构调整和流通现代化，特制定本纲要。

本纲要涉及的流通业，主要指批发业、零售业、物流业、餐饮业及居民服务业。

一、我国流通业的现状与面临的形势

（一）现状

1. 流通规模不断扩大：1978 年至 2003 年，全社会消费品零售总额从 1 558.6 亿元增长到 45 842 亿元，增长 28 倍，平均每年增长 15% 左右，扣除物价因素，平均年实际增长率 9% 以上。2003 年社会生产资料销售总额达到 87 200 亿元，比上年增长 19.5%。2002 年末，我国共有各种不同经济类型商业网点 1 700 万多个，全国批发零售贸易和餐饮业从业人员 4 969 万人，吸纳就业人数在国民经济各行业中排第三位。但总体上看，流通产业对国民经济的贡献度仍然较低，对经济增长的拉动作用比国际水平尚有差距。2002 年我国第三产业增加值占 GDP 的比重为 33.5%，其中，批发和零售贸易及餐饮业增加值占 GDP 的比重为 7.8%，比 2001 年低 0.4 个百分点，比 1978 年以来的历史最高水平 1988 年低 3 个百分点。从就业看，2002 年我国第三产业的就业比重只有 28.6%，其中，批发和零售贸易及餐饮业的就业比重为 6.7%，低于世界多数低收入国家和中等发达国家的平均水平，远低于发达国家的平均水平。

2. 流通现代化水平显著提高：流通现代化是以电子信息、自动化、现代营销和管理等技术在流通领域的广泛应用为基础，以流通设施、流通体制、流通方式和组织形式创新为主要内容的流通结构优化和产业升级过程或目标。近年来，我国流通现代化步伐加快，水平显著提高：一是现代流通方式和新型业态发展较快。随着连锁经营、物流配送、电子商务、特许经营等新型流通方式和超市、大卖场、便利店、购物中心等新型业态的发展，流通领域各项改革逐步深化，部分流通企业走向集团化、规模化、品牌化发展道路。据国家统计局统计，到 2002 年底，我国零售业和餐饮业限额以上连锁企业 1 232 家，共有连锁门店34 551个，年销售额达到 2 469 亿元，占同期全国社会消费品零售总额（40 911 万元）的 6.04%，比 2000 年提高 2.3 个百分点；占批发零售贸易和餐饮业零售总额（32 952万元）的 7.49%，比 2000 年提高 2.7 个百分点。2003 年，全国前 30 家连锁企业销售额为 2 704.2 亿元，比 2002 年增长 29.9%。30 家连锁企业的店铺总数为 10 321 个，比 2002 年增长 35.1%。二是先进流通经营与管理技术得到快速推广。近年来，上海、广东等地以信息化带动传统商业的改造，推广先进流通经营与管理技术，发展现代流通，大中型商场 90% 以上都建立了销售时点管理系统（POS），50% 以上大中型商场应用了条形码技术，一大批流通企业建立了管理信息系统（MIS），积极应用电子数据交换系统（EDI）、全球卫星定位系统（GPS）和互联网（INTERNET）等现代信息技术，推进企业信息化建设和电子商务，管理水平提高了，流通费用降下来了，面貌大为改观。出现一批现代化水平较高的大型流通企业。但发展不平衡、经营不规范等问题仍较突出。反映在沿海发达地区与中西部地区流通现代化水平差距较大并呈继续拉大的态势，零售企业在规模扩张的同时，资金、管理、人才等跟不上发展的需要，与供应商的关系亟待改进。

3. 流通体制改革逐步深化：一是多种所有制共同发展的格局已经形成。目前，随着国有经济的战略性调整和非公有制经济的快速发展，县以下商业已基本由个体私营经济主导。据统计，2002 年限额以上批发零售贸易、餐饮业企业销售收入 35 751 亿元，其中，国有企业及国有独资公司销售收入 14 374 亿元，占 40.2%；集体企业 1582 亿元，占 4.4%；私营企业 2 634 亿元，占 7.4%；港澳台及外商投资企业 2 357 亿元，占 6.6%；其他混合所有制公司、联营企业等占 41.4%。1978 年，国有企业销售收入占 54.6%，加上集体企业共占 97.9%。二是国有流通企业改制、改组、改造、建立现代企业制度取得积极进展。流通服务业是最早进行市场化改革的领域，自 20 世纪 80 年代初就开始进行企业改制，到 2000 年底已有 73% 的国有内贸企业进行股份制改造，有 98 家上市企业。一些国有中小内贸企业通过股份合作制、承包租赁、售卖等方式，已经基本放开搞活。总的说来，流通体制改革得到了进一步的深化，多种所有制格局已经形成，适应市场经济的流通宏观调控机制和市场调节机制逐步建立。但批发和物资等行业的改革仍比较困难，相当一部分国有及国有控股流通企业尚未进行现代产权制度改革，未建立规范的法人治理结构，统一的国内市场尚未形成，流通领域的市场秩序有待于进一步整顿和规范，流通业的社会信用体系建设需要加快推进，规范市场经济秩序和完善信用体系任重而道远。

4. 对外开放格局已经形成。我国商业领域利用外资从 1992 年开始，截至 2003 年 9 月，累计实际利用外资约 30 亿美元，外资商业企业 234 家，分店 3 800 多个，其中绝大部分为新型流通业态。外资的进入，对于迅速提高我国流通现代化水平起到了重要的带动作用。但与制造业相比，我国商业利用外资处于较低水平。到 2002 年底，外资商业企业数量占全国批发零售餐饮企业的比重仅为 0.1%，实际利用外资金额占全国利用外资总额的 0.6% 左右，外商投资商业企业销售收入占社会消费品零售总额的比重不足 3.5%。在地域和业态结构上，外资商业以东部发达地区中心城市和大型综合超市等有较大市场影响力的业态为主要投资方向，对国内零售企业有较大影响。

（二）面临形势

1. 全面建设小康社会目标对流通业改革与发展提出新的要求。党的十六大提出全面建设小康社会的战略目标，对流通业的规模、结构、现代化水平都提出新的更高要求，流通在国民经济中的先导作用将日益突出。内外贸一体化加快发展给国内流通企业提供了更为广泛的空间。从中长期看，为完成GDP翻两番的目标，市场规模、市场容量也需要相应扩大，扩大内需成为拉动经济增长的关键因素。国家将继续实施积极的财政政策和稳健的货币政策，但政策着力点将有所调整，更加注重解决结构性问题，促进经济社会协调发展，投资拉动经济增长的驱动力将有所减弱。同时，由于世界主要经济体经济增长依然乏力，贸易保护主义加剧，以及出口退税政策调整等因素的影响，外贸出口形势不容乐观，开拓市场、扩大内需任务艰巨，迫切要求加快流通业的发展和提高流通现代化水平。

2. 社会主义市场经济体制不断完善要求进一步加快和深化流通体制改革。从现在起到2010年，是我国完善社会主义市场经济体制和完成国有经济战略性改组的关键时期。流通体制和流通企业的改革是经济体制改革的重点和难点之一，很多深层次的矛盾和问题将充分暴露并加大改革的难度，迫切需要新思路、新举措实现流通体制改革和流通企业改革的新突破。

3. 全面对外开放后新的竞争格局使国内流通企业面临更多的机遇和挑战。2004年底，我国流通领域加入WTO的过渡期将基本结束，外资进入的力度、方式和领域等都将呈现新的特点，市场竞争日趋激烈，企业兼并重组的频度和力度加大，大企业作用日益突出。同时，随着经济全球化步伐加快，中国日益成为世界制造业基地及主要的商品采购市场和销售市场，我国流通业将成为全球供应链中的重要一环。国内流通企业既面临机遇，也面临挑战。

二、流通业改革发展指导思想和目标

（一）指导思想

以“三个代表”重要思想和党的十六届三中全会《中共中央关于完善社会主义市场经济体制若干问题的决定》为指导，按照国家改革开放和现代化建设总体战略的要求，以市场为导向，以企业为主体，深化流通体制改革；充分利用国内国际两个市场、两种资源，提高流通现代化水平和对外开放水平；积极创造条件，鼓励重点领域、重点企业实现跨越式发展；加大对广大中小流通企业的扶持力度，全面推进流通产业升级。

（二）目标

按照到2020年国内生产总值翻两番和2010年完成国有经济战略性改组总体目标的要求，流通业改革发展阶段性目标是：

1. 2007年：按照年均8.5%的增速，社会消费品零售总额达到6万亿元。批发零售贸易和餐饮业对GDP的贡献率达到8.7%，比2002年提高0.9个百分点。流通企业基础设施和技术水平明显提高，东部发达地区大中型流通企业基本建立销售时点管理系统（POS）、管理信息系统（MIS）等，中西部地区部分流通企业建立POS系统、MIS系统等。连锁商业占全社会消费品零售额的比重由2002年的6%提高到10%。商品电子商务交易额占社会消费品零售总额的比重由2002年的11%提高到15%。国有流通企业基本建立现代企业制度。有1至2家内贸流通企业进入世界500强。流通领域的市场秩序明显好转，流通业社会信用的框架和运行机制初步建立。

2. 2010年：全社会消费品零售总额达到8万亿元。批发零售贸易和餐饮业对GDP的贡献率达到9%。流通企业基础设施和技术水平大幅提高，东部发达地区多数大中型流通企业建立以顾客分析为核心、以互联网技术为基础的供应链管理系统、财务管理系统、客户关系管理系统及商业智能、决策分析系统和企业资源计划（ERP）。中西部地区多数流通企业建立POS系统、MIS系统等。连锁商业占社会消费品零售额的比重达到12%。商品电子商务交易额占社会消费品零售总额的比重达到18%。国有经济在流通产业完成战略性改组。有2至4家内贸流通企业进入世界500强。流通领域的市场秩序在总体上有根本好转，流通业社会信用体系建设初见成效，在全行业形成“失信可耻，守信光荣”的良好风气。

三、流通业改革发展的主要任务

（一）以培育具有国际竞争能力的大型流通企业为重点，尽快发展壮大我国流通企业

培育具有国际竞争力的和有中国特色的大型流通企业是我国流通业改革和发展面临的紧迫任务。要加快国有大型流通企业改革步伐，按照现代企业制度要求，推进产权制度改革。鼓励大型流通企业通过参股、控股、承包、兼并、收购、特许经营、托管等方式，快速实现规模扩张。要引导企业完善公司法人治理结构，深化企业内部人事、劳动、分配制度改革；优化业务流程，不断提高企业经营能力。要加快国内大型流通企业与外资零售业的合资合作，支持有优势的企业到境外发展，多途径促进企业做强做大。要切实采取措施，力争在5至8年的时间内，培育出15至20家拥有品牌和自主知识产权、主业突出、核心竞争能力强、初步具有国际竞争能力的大型流通企业。

（二）深化流通企业改革，促进中小流通企业健康发展

要以产权制度改革为重点，发挥市场机制作用，大力推进国有流通企业股份制改造，鼓励各种资本参与国有流通企业改革，实现投资主体多元化，建立现代企业制度。中小流通企业是我国流通企业的主体和就业的主要渠道。要积极推进中小流通企业体制创新，引导中小流通企业进行技术创新，加大流通基础设施建设投入力度，积极运用信息技术和现代流通技术、营销方式及管理经验，全面提高中小流通企业现代化水平。

（三）加快推进以连锁经营、物流配送和电子商务为代表的现代流通组织形式的发展

进一步提高连锁经营的规模化和规范化水平。一是在对超市、百货、便利店等目前已普遍发展的业态进行规范和完善的基础上，创新业态；以传统零售、餐饮服务业为基础，向石化、烟草、电信等行业及教育培训、旅游、租赁等多业种拓展；推动中西部欠发达地区和东北老工业基地连锁经营的发展，逐步缩小东西部差距，提高连锁经营的总体规模和水平。二是以规范化管理、规模化经营和标准化服务为核心，提高连锁企业经营管理水平及核心竞争力。

塑造多层次的物流配送体系。一是加强连锁企业内部物流配送中心的建设和管理。二是整合物流资源，推动“第三方物流”的发展。三是鼓励生产资料分销企业完善服务功能，逐步建立钢材、混凝土、玻璃等生产资料和日用化工产品、食品等专业化加工配送中心。

积极稳妥地推进电子商务发展。一是做好电子商务发展的基础性工作，加快流通企业信息化建设。二是开展电子商务应用的试点和示范工程，探索传统产业与电子商务相结合的模式，有形市场与电子商务相结合的模式，连锁经营与电子商务相结合的模式，现代物流与电子商务相结合的模式。三是研究制定电子商务管理制度，

建立健全网上交易规则，规范网上交易秩序。

（四）进一步加大开拓市场力度，努力扩大国内消费需求

大力开拓市场，扩大国内消费需求是促进国民经济持续健康发展的长期战略方针。流通部门要始终把开拓市场工作作为一项中心任务抓紧抓好。要深入分析研究市场出现的新情况新问题，把握居民消费发展变化及市场运行的新趋势、新特点，改善消费环境，拓宽消费领域，引导消费观念更新，促进消费结构升级，培育新的消费热点。

（五）稳步推进成品油等重要商品流通体制改革

根据重要商品流通体制现状和我国加入世贸组织的承诺，积极推进成品油等重要商品流通体制改革。自1999年成品油市场清理整顿以来，国内成品油市场秩序明显好转，多头批发现象得到改变，乱批滥建加油站的风潮得到遏制，成品油流通企业规范化程度有所提高，连锁经营、特许经营、物流配送等现代流通方式有了较快发展。根据成品油流通管理面临的新形势，下一步成品油市场管理工作要由集中整治转向正常管理，通过制定成品油分销网络发展规划和市场准入标准，大力发展连锁经营、特许经营和物流配送，加快成品油流通方式的现代化步伐，尽快形成具有较强市场竞争能力，与国际接轨的成品油现代流通体系。同时，在保证成品油市场秩序良好和国家经济安全的情况下，稳步推进成品油市场的对内对外开放。深化食糖流通体制改革，要根据食糖的季节性特点发展食糖期货市场，并通过进出口杠杆调控食糖市场。推动农产品、农资流通体制改革，发展农资连锁经营，建立健全农产品流通领域质量卫生安全检测体系，保障食品安全。

（六）加快发展服务业，提高服务质量和经营效益

按照全面建设小康社会要求，加快发展服务业，扩大总量，优化结构，拓宽服务领域，提高服务水平。把加快发展服务业作为扩大就业、优化产业结构、提高国民经济整体效益和促进经济社会协调发展的重大举措，积极创造有利于服务业加快发展的政策和体制环境，使服务业增加值占GDP的比重不断上升，服务质量明显改善。积极探索建立具有中国特色的服务业管理体制，在规范的基础上进一步发挥行业协会等中介机构的作用。加快服务业市场化、社会化步伐，放开市场准入，促进竞争合作，鼓励企业优化重组，鼓励、支持和引导服务业中非公有制经济的发展。在发展现代服务业的同时，运用现代经营方式和服务技术改造传统服务业，促进居民服务业和商务服务业的改革和发展。加强对餐饮业和住宿业的行业管理，以推动经济性连锁酒店为重点促进住宿业的结构调整。加大法规建设和标准建设力度，强化对餐饮、美容美发和会展市场的规范，建立健全服务业市场信用体系。积极引导和促进洗染、修理、照相、洗印彩扩、印章刻字及家庭服务等行业的发展。

（七）培育和改革流通领域的行业组织，提高行业自律和规范程度

一方面，政府部门要加快观念和职能转变，实现政社分开，积极创造有利于行业组织成长的体制环境，根据市场经济规律落实政府部门与行业协会的各自定位，使行业协会成为真正的社团法人发挥其应有的作用；另一方面，要针对当前行业协会普遍存在的“二政府”现象，加大对现有协会的改造力度，加强行业协会的自身建设，健全协会的机构建设和运行机制，按市场化原则规范和发展流通领域的行业协会、商会等自律性组织，使之真正成为全体会员利益和行业利益代表，发挥它们在参与政策制订、信息交流、价格协调、资质认定、专业培训等方面的积极作用，促进流通业行业自律和经营规范。

（八）实施人才战略，加快人才储备和培养

人才的竞争将日益成为中外企业之间的竞争焦点；同时，符合现代流通业发展要求的人才资源的短缺，也是中外企业发展普遍的“瓶颈”。未来几年，要将培养人才作为一项战略任务抓紧抓好。一是在高等院校中设立物流配送、电子商务、特许经营等专业，为流通现代化培养后备人才；二是设立流通现代化人才培养基金，为人才培养提供保障；三是在连锁经营、物流配送领域进行执业资格认证，并纳入劳动部的从业人员执业资格系列。

四、积极创造有利于流通业健康发展的外部环境

（一）加快流通业的法制体系及标准体系建设

根据我国社会主义市场经济的要求和目前流通体制的基本情况，从三个方面加强立法工作：一是调整产业组织结构，二是规范企业竞争行为，三是保护消费者合法权益。要加快流通行业标准的建设。力争用五年的时间建立较为完备的商品流通法律体系和标准体系。

（二）加大流通体制改革和政策协调力度，消除流通现代化发展中的体制性和政策性障碍

要打破地区封锁和行业垄断，切实解决各类企业在竞争环境上的不平等问题，促进流通现代化，促进商品和各种要素在全国范围自由流动和充分竞争。

（三）加强行业精神文明建设，建立健全商业信用体系

要以贯彻《公民道德建设实施纲要》为中心任务，不断加强商业职业道德建设，努力促进内贸行业精神文明建设的形成和发展。要以强化信用意识、促进诚信经营、防范交易风险为目标，引导各类流通企业建立起以信用状况调查、信用评价、信用自律、信用档案管理和信用信息互通为主要内容，适合自身行业特点的内部管理制度，不断加以完善，逐步使企业内部的信用管理工作规范化、制度化。支持和鼓励各行业协会（商会）制定信用方面的行规行约，强化会员的守信意识和诚信自律。鼓励行业协会在行业内部开展信用活动，对失信行为进行评议。支持行业协会配合政府制定行业信用发展规划，开展信用监管和公共服务。

（商务部2004年6月颁布）

三绿工程五年发展纲要

商务部、科技部、财政部、铁道部、交通部、卫生部、工商总局、环保总局、食品药品监管局、国家认监委、国家标准委关于印发《三绿工程五年发展纲要》的通知

各省、自治区、直辖市及计划单列市商务主管部门、科技厅（局）、财政厅（局）、铁路局、交通厅（委、局）、卫生厅（局）、工商局、质量技术监督厅（局）、环保局、食品药品监管（药品监管）厅（局）、直属出入境检验检疫局：

为贯彻落实国务院第59次常务会议精神和《国务院关于进一步加强食品安全工作的决定》（国发［2004］23号）要求，我们拟定了《三绿工程五年发展纲要》，现印发你们，请遵照执行。

附件：三绿工程五年发展纲要

2004年11月15日

一、三绿工程概况

三绿工程是由商务部、科技部、财政部、铁道部、交通部、卫生部、工商总局、环保总局、食品药品监管局、国家认监委、国家标准委等十一个部门联合实施的，以建立健全流通领域和畜禽屠宰加工行业食品安全保障体系为目的，以严格市场准入制度为核心，以“提倡绿色消费、培育绿色市场、开辟绿色通道”为主要内容的系统工程。

三绿工程自1999年实施以来，取得明显成效。主要表现在：一是绿色消费影响广泛，深入人心。老百姓选择购买食品的标准发生了变化，从价格优先向价格与安全并重方向转变，而且感官鉴别能力有所提高；企业的经营理念发生了变化，原来认为加强检测会赶走客户，影响效益，现在认为严格检测会树立品牌，吸引客户，提高效益，有些企业自筹资金购买检测设备；各级政府机关都从执政为民高度，把食品安全工作摆到了重要位置；新闻媒体高度关注，形成了推动绿色消费的良好社会舆论监督氛围；理论界从体制、理论等方面对食品安全进行了深入思考；科技部门高度重视，集中力量研究开发解决食品安全问题的新技术，一些成果已用于实践。二是绿色市场发展迅速，把关作用增强。制定了绿色批发市场、绿色零售市场标准，同时颁发了绿色市场认证管理办法及实施规则。各地按要求认真贯彻落实，大力培育创建绿色市场。加强硬件建设，实现设施设备现代化，购物环境也得到了改善；建立索证、索票、检测、认定、认证等市场准入制度，有的还建立了业户档案，加强了市场把关；大力发展连锁经营，统一采购，竞价销售，特别是农改超步伐加快，改变了千家万户进货，千家万户销售，食品安全难以控制的局面。三是绿色通道的数量不断增加，流通效率得到提高。各部门、各地区积极采取措施扶持绿色通道的发展，目前全国性的绿色通道达10多条，省际绿色通道达100余条。绿色通道各有特点，有的突出了物流配送、多式联运的特点；有的在改进运输方式上下功夫，积极采用卫生、保鲜的运输方式。绿色通道对提高运输效率，减少损耗，保障食品安全发挥了重要作用。四是食品安全总体状况逐步好转。据卫生部检测，2001年全国食品卫生抽样检测平均合格率为88.6%，2002年为89.5%，2003年为90.45%。

三绿工程得到了国务院的认可和充分肯定，《国务院关于加强新阶段“菜篮子”工作的通知》（国发［2002］15号）要求国务院有关部门和地方各级人民政府支持三绿工程，通过实施三绿工程等工作提高“菜篮子”产品的卫生质量安全水平；《国务院办公厅关于实施食品药品放心工程的通知》（国办发［2003］65号）肯定三绿工程取得一定成效，要求继续实施三绿工程；最近召开的国务院第59次常务会议再次对三绿工程给予充分肯定。《国务院关于进一步加强食品安全工作的决定》（国发［2004］23号）进一步要求：狠抓薄弱环节，进一步加强食品流通、消费领域的监管，深入实施以“提倡绿色消费、培育绿色市场、开辟绿色通道”为主要内容的“三绿工程”。

二、深入推进三绿工程的重要意义

三绿工程虽然取得一定成效，但也必须清醒地认识到：各地区工作发展不平衡，一些地方对实施三绿工程的重要意义认识不足，有的地区食品安全形势仍比较严峻。各部门、各地区必须进一步提高对深入推进三绿工程重要性的认识，增强做好这项工作的责任感和紧迫感。

（一）是实践“三个代表”的具体行动。近年来，食品安全形势出现了一些新变化，如浪费资源现象严重，大量废弃物排放到环境中，对食品安全构成威胁；制售假冒伪劣食品的案件时有发生，作案手法隐蔽；有害投入品的功能花样翻新，危害面较大；不法分子不断变换有害投入品的投入手法，给检测工作带来了难度；打着金字招牌制售污染食品，具有欺骗性；以低营养食品原料替代生产假冒高营养食品，销售重点由城市转向农村。加强食品安全工作是个永恒的主题。深入实施三绿工程，是实施食品放心工程的重要内容，不仅是一项经济工作，而且是一个社会问题，还是一项政治任务，必须从立党为公、执政为民的高度，采取切实有效措施务必抓出更大成效。

（二）是治理食品污染的一种方法创新。欧美等经济发达国家的食品，实行公司化、规模化、集约化生产，品牌化、包装化经营，产业化程度比较高，从生产、运输、销售直至消费者手里，都能找到责任人。但在我国，农产品是千家万户生产，产业化程度很低，再加上品牌化经营刚刚开始，从生产环节监管难度非常大。发现了污染超标食品，很难找到直接责任人。在这种情况下，虽然源头治理非常重要，但是很难操作。为此，三绿工程运用现代流通指导生产、引导消费的理论，实行了“反弹琵琶”思路，先从提倡绿色消费抓起，然后培育绿色市场，开辟绿色通道，从而引导绿色生产，实行全程质量控制。实践证明，这是从我国实际出发，解决食品安全问题的一种方法创新。

（三）是促进可持续消费的一种方式。目前，我国能源消耗量非常大，1亿美元GDP消耗能源11.6万吨左右标准煤，分别是美国、日本的3.65倍和6.58倍。其中大量未充分利用的能源被作为废弃物排放到空气中，严重污染环境，这不仅影响到我国可持续发展，也对食品安全构成威胁。节约和合理使用资源是我国当前面临的紧迫任务，关键是推进有利于环境保护和生态平衡的消费，以科学的消费方式保护自然环境，最终达到保障食品安全的目的，实现人与自然和谐发展。节约资源，保护环境，直接关系到食品安全。提倡绿色消费，既包括保障食品安全，也包括节约资源和保护环境。因此，实施三绿工程，是贯彻落实科学发展观的一项重要措施，是促进可持续消费的有效方式，对我国社会经济全面协调持续发展，全面建设小康社会具有重要意义。

三、三绿工程的指导思想、基本思路和工作目标

（一）指导思想：以保障食品安全为目的，以“三个代表”重要思想和科学发展观为指导，全面贯彻落实党的十六大和十六届二中、三中全会精神，树立科学的消费观，统筹实施食品安全、人类健康、社会信用、企业文化、资源节约、环境保护等综合措施，全面推行包装、标签、标识、索证、索票、检测、认定、认证等市场准入制度，按照“反弹琵琶”的思路，从提倡绿色消费抓起，积极培育绿色市场，加强绿色通道建设，引导绿色生产，建设资源节约型社会，发展循环经济，实现人与自然、经济与社会的和谐发展。

（二）基本思路：一是“反弹琵琶”，从消费抓起，通过引导消费者增强食品安全意识，改变购物选择标准，由过去价格优先向价格与质量并重转变，并在市场提供简单易行的食品检测手段，使污染超标的食品无法销售，从而引导生产；二是实行全程卫生质量控制，运用法制、经济、行政手段，在每个环节都建立食品安全保障体系；三是政府、企业、消费者共同参与，明确职责，分工合作，形成合力，齐抓共管；四是将食品安全、人类健康、社会信用、企业文化、环境保护、资源节约、科学消费等统筹考虑，协同推进；五是突出重点，因地制宜，循序渐进，分步实施。先以抓好肉、菜、酒商品卫生质量为重点，再逐步扩大到所有食品；先确保人民群众消费安全放心食品，同时提倡消费有机食品等取得国家质量安全认证的食品。

（三）工作目标：总体上是建立健全保障食品安全、合理使用和节约资源、保护环境、促进可持续消费的法制保障、技术支撑、政策扶持、社会信用、组织保障和舆论监督六大体系。具体目标：一是通过宣传和政策引导，使政府、企业、消费者增强食品安全、资源节约和环境保护意识，树立科学的消费观，确立人与自然、经济与社会的和谐发展的科学消费模式。力争用5年左右时间，使绝大多数城镇居民形成有利于食品安全、资源节约和环境保护的消费方式，自觉地购买安全放心食品和绿色环保产品。二是加快培育和发展绿色市场，严把市场关，尽快形成具有保障食品卫生质量、有利于合理使用和节约资源、符合环保要求的销售网络体系。力争用5年左右时间，使绝大多数农副产品批发市场和生鲜食品超市达到绿色市场标准，其中通过绿色市场认证的市场达到500家；大中城市的60%农贸市场退路进厅或改为连锁超市，连锁超市销售生鲜食品的比重大幅上升；绝大多数屠宰加工企业达到生猪屠宰加工企业资质等级要求的三星级以上标准，大中城市的定点屠宰率达到100%。三是继续开辟绿色通道，形成全国范围内高效率鲜活农产品流通网络。力争用5年左右时间，使进入绿色通道的食品都能符合卫生质量标准要求，鲜活食品运输采取保鲜措施，公路运输的白条肉实行吊挂、封闭运输，冷却肉实行冷链运输，面向社会的生鲜食品物流配送中心得到较大发展。

四、深入推进三绿工程的主要工作和措施

（一）理顺部门职责。全国三绿工程工作领导小组负责统一组织实施三绿工程工作。领导小组下设办公室，具体承担三绿工程的日常工作。各地也要建立相应的组织机构，加强对三绿工程的组织领导。根据《国务院关于进一步加强食品安全工作的决定》（国办发［2004］23号）确定的部门分工原则，进一步理顺食品流通、消费和畜禽屠宰加工环节的管理职能，明确责任。商务部门负责食品流通、消费和畜禽屠宰加工环节的行业管理和屠宰执法工作，牵头组织实施三绿工程，重点负责培育绿色市场、提倡绿色消费工作；科技部门负责组织研究开发和推广食品安全的新技术、新产品；财政部门负责对三绿工程的财政扶持政策；铁道、交通部门重点负责开辟鲜活农产品流通绿色通道工作，以改进运输方式，提高运输效率；工商部门负责食品流通环节的监管，规范市场主体经营行为，查处侵犯消费者权益的案件；卫生部门负责食品生产经营企业的卫生许可和餐饮业、食堂等消费环节的监管，调查和处理食物中毒事故及相关技术鉴定；环保部门重点负责组织对农产品生产基地、生产加工企业及其周边地区的环境监测和环境质量评价工作，会同有关部门对影响农产品质量的生产环境及污染源进行监督管理，对造成农业生态环境污染事故的，依法进行查处；食品药品监管部门负责对食品安全的综合监督、组织协调和依法组织查处重大事故；国家认监委会同商务部负责绿色市场认证及其监督管理工作；国家标准委重点负责建立健全三绿工程的标准体系。各部门要密切配合，形成合力，共同做好三绿工程工作。

（二）加强法制建设。抓紧修改《生猪屠宰管理条例》，依法加强畜禽屠宰管理，严厉打击制售注水肉、病害肉和私屠滥宰等不法行为；研究制定《农产品市场准入管理办法》，严格包装、标签、标识、索证、索票、检测、认定、认证等市场准入制度；进一步加强三绿工程标准体系建设，在对蔬菜、肉类、酒类的加工、包装、储藏、运输、销售过程中有关标准清理评估的基础上，制修订一批当前急需标准。贯彻落实农副产品绿色市场和生猪屠宰加工企业资质等级要求等标准，加强硬件建设，积极采用节能技术和环保设施，逐步实现设施现代化；借鉴欧盟做法，抓紧制定食品及电气、电子等产品不得含有铅、汞、镉、六价铬、多溴联苯和多溴联苯醚等有害物质的国家强制性标准，逐步实行含有有害物质的食品及电气、电子等产品市场退出机制，同时建立完善废旧物资的分类清运回收系统，在投放市场的电气和电子等产品上加贴回收标识，明确生产者和经销商负责废旧物资的回收、处理责任。

（三）加强政策引导。通过制定科学的政策措施，积极实施政府绿色采购计划，细化政府采购的环保要求，营造绿色购物环境，培养消费者对绿色环保产品的消费偏好；健全社区食品加工流通服

务体系，大力发展连锁经营、冷链配送和电子商务，特别是加快“农改超”和“超改连”步伐，提高生鲜食品在便民超市等现代营销方式中的销售比重；推行“场厂挂钩”、“场地挂钩”，鼓励质量优、信誉好、品牌知名度高的食品在全国流通，大力发展安全放心食品、绿色食品、有机食品和绿色环保产品的专区、专柜、专卖店；禁止含有有害物质的产品进入市场，限制某些消费对资源的过度消耗和对环境的破坏，改进产品生产工艺，降低对稀有资源使用，减少产品生产和使用过程中的环境污染，开发高效低毒低残留农药、方便快捷的食品安全检测设备、资源节约型产品和高消耗、高污染产品的替代品；推动节省水源、净化空气、珍惜纸张、重复使用、分类回收的新型生活方式，鼓励使用可循环使用的包装箱，严禁或限制使用不可降解的塑料盒和塑料袋等影响环境的制品，减少一次性包装材料的使用，提倡使用菜篮子、布袋子；积极发展鲜活食品保鲜运输和冷链运输，实行多式联运和直达运输，建立公路、铁路、水路等多种运输工具合理联接，严格控制运输车辆的废气排放标准，大力发展公共交通，减少能耗和温室气体排放，加快淘汰能耗高、污染重的交通工具。

（四）推进市场认证。贯彻落实《绿色批发市场认证管理办法》及有关实施规则，加快推进绿色市场认证步伐。国家认监委、商务部将按照《认证认可条例》有关规定，定期组织对认证机构绿色市场认证审核员的培训，并进行严格的资格考试，对通过资格考试的绿色市场认证审核员进行国家认证人员注册。具备资质的认证机构及其审核员，应按绿色市场标准和有关认证管理要求，遵循客观、独立、公正、公开、诚实、信用的原则，开展绿色市场认证业务。国家认监委和商务部对具备资质的认证机构及其认证的绿色市场对外公告，并进行动态管理。为加快推进这项工作，全国三绿工程工作办公室近期将委托有关认证机构对各地“争创绿色市场示范单位”进行“绿色市场认证”，并在通过认证的绿色市场中，择优选择一批授予“绿色市场示范单位”称号。

（五）加强市场检测。一是进一步加强企业自检体系建设。大型畜禽屠宰加工和农产品经销企业要建立严格的进货检验制度，配备必要的有害物残留检测设备，按照有关标准和技术规范进行检测，形成有害物超标食品市场退出机制；二是进一步完善委托检验制度。没有自检能力的企业，要向依法设立的社会中介检测机构主动送检；三是进一步完善食品运输源头检测制度，严把卫生质量安全关，未经检测机构抽测或检测不合格的产品不得进入市场流通；四是建立健全市场卫生质量安全例行监测制度。全国三绿工程工作办公室已认定了50多家食品安全定点检测机构，将重点对36个大中城市各级市场上的酒类、肉类、蔬菜等主要食品的有害物残留状况进行抽检监测，并将监测结果向国务院报告，同时反馈当地人民政府。各地也要积极采取措施，加强对本地区上市销售食品卫生质量安全监测。

（六）完善信用档案。商务部以其电子政务系统为依托，运用信息技术，以酒类、肉类、蔬菜三种商品为重点，建立了全国流通领域食品安全信用档案管理系统，对各地商务主管部门的食品安全工作进展和畜禽屠宰加工、食品经销企业的资信状况、良好信用、不良信用和产品信用等信息进行连续记录，供消费者查询，从而构建信用监督和失信警戒机制。该工作先在全国十大城市试点，取得经验后将在全国推开。为加快推进这项工作，该系统已在商务部市场运行司子站上运行，不仅为十大试点城市，也为各省级及其他大中城市商务部门设置了管理窗口。各地可根据当地的实际情况，因地制宜推进这项工作。

（七）加大宣传力度。一是设立“三绿工程宣传月”。把每年十月份定为三绿工程宣传月，通过商务部网站、地方有关部门上街咨询和新闻媒体集中报道等多种形式，开展丰富多彩的宣传活动，系统宣传食品安全、资源节约、环境保护等三绿工程知识，形成良好的绿色环保消费氛围；二是从2005年起，每两年举办一次“中国三绿工程博览会”，全面展示三绿工程成果，包括工作成果展、优质产品展、检测设备展、保鲜技术展、防伪技术展等，增强人民群众对食品消费的信心；三是积极推进绿色消费进社区，及时向消费者宣传科学消费的有关知识及好企业、好产品，反对铺张浪费的陋习和显富比阔、追求奢华的生活方式，不提倡盲目超前消费和过度消费，提高消费者鉴别、选购等消费技能，形成健康的消费心理和理性的消费行为。

（八）加强监督检查。加强食品流通、消费和畜禽屠宰行业管理，积极推进落实进货检查验收、索证索票、购销台账和质量承诺制度，实行市场开办者质量责任制；全面落实市场巡查制度，严格实行不合格食品的退市、召回、销毁、公布制度；推进餐饮业、食堂全面实施食品卫生监督量化分级管理制度，完善和加强食品污染物监测和食源性疾病监测体系建设；强化食品安全标识和包装管理，集中力量整治食品假包装、假标识、假商标印制品；加强农产品产地环境监管，抓紧建立农村生态环境监测体系。把儿童及农村食品市场整治作为重中之重，切实维护未成年人、农民和低收入者的利益。各地应加强对本地区食品安全工作的经常性督促检查，对照工作目标做好自我检查验收，发现问题及时提出整改意见，并将工作进展情况及时向全国三绿工程工作办公室报告。充分发挥新闻媒体、社会中介组织等社会各界在保障食品安全、合理使用和节约资源、保护环境等方面的重要作用，形成有效的社会舆论监督机制。全国三绿工程工作办公室每年也将不定期地对各地三绿工程工作进行专项督查，并将督查结果向社会公告。

汽车产业发展政策

中华人民共和国国家发展和改革委员会令

第8号

《汽车产业发展政策》业经国家发展和改革委员会主任办公会议讨论通过，并报国务院批准，现予以发布，并于发布之日起施行。1994年颁布的《汽车工业产业政策》根据国务院国函［2004］30号文件批复从即日起停止执行。

国家发展和改革委员会主任　马　凯

2004年5月21日

为适应不断完善社会主义市场经济体制的要求以及加入世贸组织后国内外汽车产业发展的新形势，推进汽车产业结构调整和升级，全面提高汽车产业国际竞争力，满足消费者对汽车产品日益增长的需求，促进汽车产业健康发展，特制定汽车产业发展政策。通过本政策的实施，使我国汽车产业在2010年前发展成为国民经济的支柱产业，为实现全面建设小康社会的目标做出更大的贡献。

第一章　政策目标

第一条　坚持发挥市场配置资源的基础性作用与政府宏观调控相结合的原则，创造公平竞争和统一的市场环境，健全汽车产业的法制化管理体系。政府职能部门依据行政法规和技术规范的强制性要求，对汽车、农用运输车（低速载货车及三轮汽车，下同）、摩托车和零部件生产企业及其产品实施管理，规范各类经济主体在汽车产业领域的市场行为。

第二条　促进汽车产业与关联产业、城市交通基础设施和环境保护协调发展。创造良好的汽车使用环境，培育健康的汽车消费市场，保护消费者权益，推动汽车私人消费。在2010年前使我国成为世界主要汽车制造国，汽车产品满足国内市场大部分需求并批量进入国际市场。

第三条　激励汽车生产企业提高研发能力和技术创新能力，积极开发具有自主知识产权的产品，实施品牌经营战略。2010年汽车生产企业要形成若干驰名的汽车、摩托车和零部件产品品牌。

第四条　推动汽车产业结构调整和重组，扩大企业规模效益，提高产业集中度，避免散、乱、低水平重复建设。

通过市场竞争形成几家具有国际竞争力的大型汽车企业集团，力争到2010年跨入世界500强企业之列。

鼓励汽车生产企业按照市场规律组成企业联盟，实现优势互补和资源共享，扩大经营规模。

培育一批有比较优势的零部件企业实现规模生产并进入国际汽车零部件采购体系，积极参与国际竞争。

第二章　发展规划

第五条　国家依据汽车产业发展政策指导行业发展规划的编制。发展规划包括行业中长期发展规划和大型汽车企业集团发展规划。行业中长期发展规划由国家发展改革委会同有关部门在广泛征求意见的基础上制定，报国务院批准施行。大型汽车企业集团应根据行业中长期发展规划编制本集团发展规划。

第六条　凡具有统一规划、自主开发产品、独立的产品商标和品牌、销售服务体系管理一体化等特征的汽车企业集团，且其核心企业及所属全资子企业、控股企业和中外合资企业所生产的汽车产品国内市场占有率在15%以上的，或汽车整车年销售收入达到全行业整车销售收入15%以上的，可作为大型汽车企业集团单独编报集团发展规划，经国家发展改革委组织论证核准后实施。

第三章　技术政策

第七条　坚持引进技术和自主开发相结合的原则。跟踪研究国际前沿技术，积极开展国际合作，发展具有自主知识产权的先进适用技术。引进技术的产品要具有国际竞争力，并适应国际汽车技术规范的强制性要求发展的需要；自主开发的产品力争与国际技术水平接轨，参与国际竞争。国家在税收政策上对符合技术政策的研发活动给予支持。

第八条　国家引导和鼓励发展节能环保型小排量汽车。汽车产业要结合国家能源结构调整战略和排放标准的要求，积极开展电动汽车、车用动力电池等新型动力的研究和产业化，重点发展混合动力汽车技术和轿车柴油发动机技术。国家在科技研究、技术改造、新技术产业化、政策环境等方面采取措施，促进混合动力汽车的生产和使用。

第九条　国家支持研究开发醇燃料、天然气、混合燃料、氢燃料等新型车用燃料，鼓励汽车生产企业开发生产新型燃料汽车。

第十条　汽车产业及相关产业要注重发展和应用新技术，提高汽车的燃油经济性。2010年前，乘用车新车平均油耗比2003年降低15%以上。要依据有关节能方面技术规范的强制性要求，建立汽车产品油耗公示制度。

第十一条　积极开展轻型材料、可回收材料、环保材料等车用新材料的研究。国家适时制定最低再生材料利用率要求。

第十二条　国家支持汽车电子产品的研发和生产，积极发展汽车电子产业，加速在汽车产品、销售物流和生产企业中运用电子信息技术，推动汽车产业发展。

第四章　结构调整

第十三条　国家鼓励汽车企业集团化发展，形成新的竞争格局。在市场竞争和宏观调控相结合的基础上，通过企业间的战略重组，实现汽车产业结构优化和升级。

战略重组的目标是支持汽车生产企业以资产重组方式发展大型汽车企业集团，鼓励以优势互补、资源共享合作方式结成企业联盟，形成大型汽车企业集团、企业联盟、专用汽车生产企业协调发展的产业格局。

第十四条　汽车整车生产企业要在结构调整中提高专业化生产水平，将内部配套的零部件生产单位逐步调整为面向社会的、独立的专业化零部件生产企业。

第十五条　企业联盟要在产品研究开发、生产配套协作和销售服务等领域广泛开展合作，体现调整产品结构，优化资源配置，降低经营成本，实现规模效益和集约化发展。参与某一企业联盟的企业不应再与其他企业结成联盟，以巩固企业联盟的稳定和市场地位。国家鼓励企业联盟尽快形成以资产为纽带的经济实体。企业联盟的合作发展方案中涉及新建汽车生产企业和跨类别生产汽车的项目，按本政策有关规定执行。

第十六条　国家鼓励汽车、摩托车生产企业开展国际合作，发挥比较优势，参与国际产业分工；支持大型汽车企业集团与国外汽车集团联合兼并重组国内外汽车生产企业，扩大市场经营范围，适应汽车生产全球化趋势。

第十七条　建立汽车整车和摩托车生产企业退出机制，对不能维持正常生产经营的汽车生产企业（含现有改装车生产企业）实行特别公示。该类企业不得向非汽车、摩托车生产企业及个人转让汽车、摩托车生产资格。国家鼓励该类企业转产专用汽车、汽车零部件或与其他汽车整车生产企业进行资产重组。汽车生产企业不得买卖生产资格，破产汽车生产企业同时取消公告名录。

第五章　准入管理

第十八条　制定《道路机动车辆管理条例》。政府职能部门依据《条例》对道路机动车辆的设计、制造、认证、注册、检验、缺陷管理、维修保养、报废回收等环节进行管理。管理要做到责权分明、程序公开、操作方便、易于社会监督。

第十九条　制定道路机动车辆安全、环保、节能、防盗方面的技术规范的强制性要求。所有道路机动车辆执行统一制定的技术规范的强制性要求。要符合我国国情并积极与国际车辆技术规范的强制性要求衔接，以促进汽车产业的技术进步。不符合相应技术规范的强制性要求的道路机动车辆产品，不得生产和销售。农用运输车仅限于在3级以下（含3级）公路行驶，执行相应制定的技术规范的强制性要求。

第二十条　依据本政策和国家认证认可条例建立统一的道路机动车辆生产企业和产品的准入管理制度。符合准入管理制度规定和相关法规、技术规范的强制性要求并通过强制性产品认证的道路机动车辆产品，登录《道路机动车辆生产企业及产品公告》，由国家发展改革委和国家质检总局联合发布。公告内产品必须标识中国强制性认证（3C）标志。不得用进口汽车和进口车身组装汽车替代自产产品进行认证，禁止非法拼装和侵犯知识产权的产品流入市场。

第二十一条　公安交通管理部门依据《道路机动车辆生产企业及产品公告》和中国强制性认证（3C）标志办理车辆注册登记。

第二十二条　政府有关职能部门要按照准入管理制度对汽车、农用运输车和摩托车等产品分类设定企业生产准入条件，对生产企业及产品实行动态管理，凡不符合规定的企业或产品，撤销其在《道路机动车辆生产企业及产品公告》中的名录。企业生产准入条件中应包括产品设计开发能力、产品生产设施能力、产品生产一致性和质量控制能力、产品销售和售后服务能力等要求。

第二十三条　道路机动车辆产品认证机构和检测机构由国家质检总局商国家发展改革委后指定，并按照市场准入管理制度的具体规定开展认证和检测工作。认证机构和检测机构要具备第三方公正地位，不得与汽车生产企业存在资产、管理方面的利益关系，不得对同一产品进行重复检测和收费。国家支持具备第三方公正地位的汽车、摩托车和重点零部件检测机构规范发展。

第六章　商标品牌

第二十四条　汽车、摩托车、发动机和零部件生产企业均要增强企业和产品品牌意识，积极开发具有自主知识产权的产品，重视知识产权保护，在生产经营活动中努力提高企业品牌知名度，维护企业品牌形象。

第二十五条　汽车、摩托车、发动机和零部件生产企业均应依据《商标法》注册本企业自有的商品商标和服务商标。国家鼓励企业制定品牌发展和保护规划，努力实施品牌经营战略。

第二十六条　2005年起，所有国产汽车和总成部件要标示生产企业的注册商品商标，在国内市场销售的整车产品要在车身外部显著位置标明生产企业商品商标和本企业名称或商品产地，如商品商标中已含有生产企业地理标志的，可不再标明商品产地。所有品牌经销商要在其销售服务场所醒目位置标示生产企业服务商标。

第七章　产品开发

第二十七条　国家支持汽车、摩托车和零部件生产企业建立产品研发机构，形成产品创新能力和自主开发能力。自主开发可采取自行开发、联合开发、委托开发等多种形式。企业自主开发产品的科研设施建设投资凡符合国家促进企业技术进步有关税收规定的，可在所得税前列支。国家将尽快出台鼓励企业自主开发的政策。

第二十八条　汽车生产企业要努力掌握汽车车身开发技术，注重产品工艺技术的开发，并尽快形成底盘和发动机开发能力。国家在产业化改造上支持大型汽车企业集团、企业联盟或汽车零部件生产企业开发具有当代先进水平和自主知识产权的整车或部件总成。

第二十九条　汽车、摩托车和零部件生产企业要积极参加国家组织的重大科技攻关项目，加强与科研机构、高等院校之间的合作研究，注重科研成果的应用和转化。

第八章　零部件及相关产业

第三十条　汽车零部件企业要适应国际产业发展趋势，积极参与主机厂的产品开发工作。在关键汽车零部件领域要逐步形成系统开发能力，在一般汽车零部件领域要形成先进的产品开发和制造能力，满足国内外市场的需要，努力进入国际汽车零部件采购体系。

第三十一条 制定零部件专项发展规划，对汽车零部件产品进行分类指导和支持，引导社会资金投向汽车零部件生产领域，促使有比较优势的零部件企业形成专业化、大批量生产和模块化供货能力。对能为多个独立的汽车整车生产企业配套和进入国际汽车零部件采购体系的零部件生产企业，国家在技术引进、技术改造、融资以及兼并重组等方面予以优先扶持。汽车整车生产企业应逐步采用电子商务、网上采购方式面向社会采购零部件。

第三十二条 根据汽车行业发展规划要求，冶金、石化化工、机械、电子、轻工、纺织、建材等汽车工业相关领域的生产企业应注重在金属材料、机械设备、工装模具、汽车电子、橡胶、工程塑料、纺织品、玻璃、车用油品等方面，提高产品水平和市场竞争能力，与汽车工业同步发展。

重点支持钢铁生产企业实现轿车用板材的供应能力；支持设立专业化的模具设计制造中心，提高汽车模具设计制造能力；支持石化企业技术进步和产品升级，使成品油、润滑油等油品质量达到国际先进水平，满足汽车产业发展的需要。

第九章 营销网络

第三十三条 国家鼓励汽车、摩托车、零部件生产企业和金融、服务贸易企业借鉴国际上成熟的汽车营销方式、管理经验和服务贸易理念，积极发展汽车服务贸易。

第三十四条 为保护汽车消费者的合法权益，使其在汽车购买和使用过程中得到良好的服务，国内外汽车生产企业凡在境内市场销售自产汽车产品的，必须尽快建立起自产汽车品牌销售和服务体系。该体系可由国内外汽车生产企业以自行投资或授权汽车经销商投资方式建立。境内外投资者在得到汽车生产企业授权并按照有关规定办理必要的手续后，均可在境内从事国产汽车或进口汽车的品牌销售和售后服务活动。

第三十五条 2005年起，汽车生产企业自产乘用车均要实现品牌销售和服务；2006年起，所有自产汽车产品均要实现品牌销售和服务。

第三十六条 取消现行有关小轿车销售权核准管理办法，由商务部会同国家工商总局、国家发展改革委等有关部门制定汽车品牌销售管理实施办法。汽车销售商应在工商行政管理部门核准的经营范围内开展汽车经营活动。其中不超过九座的乘用车（含二手车）品牌经销商的经营范围，经国家工商行政管理部门依照有关规定核准、公布。品牌经销商营业执照统一核准为品牌汽车销售。

第三十七条 汽车、摩托车生产企业要加强营销网络的销售管理，规范维修服务；有责任向社会公告停产车型，并采取积极措施保证在合理期限内提供可靠的配件供应用于售后服务和维修；要定期向社会公布其授权和取消授权的品牌销售或维修企业名单；对未经品牌授权和不具备经营条件的经销商，不得提供产品。

第三十八条 汽车、摩托车和零部件销售商在经营活动中应遵守国家有关法律法规。对销售国家禁止或公告停止销售的车辆的，伪造或冒用他人厂名、厂址、合格证销售车辆的，未经汽车生产企业授权或已取消授权仍使用原品牌进行汽车、配件销售和维修服务的，以及经销假冒伪劣汽车配件并为客户提供修理服务的，有关部门要依法予以处罚。

第三十九条 汽车生产企业要兼顾制造和销售服务环节的整体利益，提高综合经济效益。转让销售环节的权益给其他法人机构的，应视为原投资项目可行性研究报告重大变更，除按规定报商务部批准外，需报请原项目审批单位核准。

第十章 投资管理

第四十条 按照有利于企业自主发展和政府实施宏观调控的原则，改革政府对汽车生产企业投资项目的审批管理制度，实行备案和核准两种方式。

第四十一条 实行备案的投资项目：

1. 现有汽车、农用运输车和车用发动机生产企业自筹资金扩大同类别产品生产能力和增加品种，包括异地新建同类别产品的非独立法人生产单位。

2. 投资生产摩托车及其发动机。

3. 投资生产汽车、农用运输车和摩托车的零部件。

第四十二条 实行备案的投资项目中第1款由省级政府投资管理部门或计划单列企业集团报送国家发展改革委备案；第2、3款由企业直接报送省级政府投资管理部门备案。备案内容见附件二。

第四十三条 实行核准的投资项目：

1. 新建汽车、农用运输车、车用发动机生产企业，包括现有汽车生产企业异地建设新的独立法人生产企业。

2. 现有汽车生产企业跨产品类别生产其他类别汽车整车产品。

第四十四条 实行核准的投资项目由省级政府投资管理部门或计划单列企业集团报国家发展改革委审查，其中投资生产专用汽车的项目由省级政府投资管理部门核准后报国家发展改革委备案，新建中外合资轿车项目由国家发展改革委报国务院核准。

第四十五条 经核准的大型汽车企业集团发展规划，其所包含的项目由企业自行实施。

第四十六条 2006年1月1日前，暂停核准新建农用运输车生产企业。

第四十七条 新的投资项目应具备以下条件：

1. 新建摩托车及其发动机生产企业要具备技术开发的能力和条件，项目总投资不得低于2亿元人民币。

2. 专用汽车生产企业注册资本不得低于2 000万元人民币，要具备产品开发的能力和条件。

3. 跨产品类别生产其他类汽车整车产品的投资项目，项目投资总额（含利用原有固定资产和无形资产等）不得低于15亿元人民币，企业资产负债率在50%之内，银行信用等级AAA。

4. 跨产品类别生产轿车类、其他乘用车类产品的汽车生产企业应具备批量生产汽车产品的业绩，近三年税后利润累计在10亿元以上（具有税务证明）；企业资产负债率在50%之内，银行信用等级AAA。

5. 新建汽车生产企业的投资项目，项目投资总额不得低于20亿元人民币，其中自有资金不得低于8亿元人民币，要建立产品研究开发机构，且投资不得低于5亿元人民币。新建乘用车、重型载货车生产企业投资项目应包括为整车配套的发动机生产。

新建车用发动机生产企业的投资项目，项目投资总额不得低于15亿元人民币，其中自有资金不得低于5亿元人民币，要建立研究开发机构，产品水平要满足不断提高的国家技术规范的强制性要求的要求。

6. 新建下列投资项目的生产规模不得低于：

重型载货车 10 000 辆；

乘用车：装载4缸发动机50 000辆；装载6缸发动机30 000辆。

第四十八条 汽车整车、专用汽车、农用运输车和摩托车中外合资生产企业的中方股份比例不得低于 50%。股票上市的汽车整车、专用汽车、农用运输车和摩托车股份公司对外出售法人股份时，中方法人之一必须相对控股且大于外资法人股之和。同一家外商可在国内建立两家（含两家）以下生产同类（乘用车类、商用车类、摩托车类）整车产品的合资企业，如与中方合资伙伴联合兼并国内其他汽车生产企业可不受两家的限制。境外具有法人资格的企业相对控股另一家企业，则视为同一家外商。

第四十九条 国内外汽车生产企业在出口加工区内投资生产出口汽车和车用发动机的项目，可不受本政策有关条款的约束，需报国务院专项审批。

第五十条 中外合资汽车生产企业合营各方延长合营期限、改变合资股比或外方股东的，需按有关规定报原审批部门办理。

第五十一条 实行核准的项目未获得核准通知的，土地管理部门不得办理土地征用，国有银行不得发放贷款，海关不办理免税，证监会不核准发行股票与上市，工商行政管理部门不办理新建企业登记注册手续。国家有关部门不受理生产企业和产品准入申请。

第十一章 进口管理

第五十二条 国家支持汽车生产企业努力提高汽车产品本地化生产能力，带动汽车零部件企业技术进步，发展汽车制造业。

第五十三条 汽车生产企业凡用进口零部件生产汽车构成整车特征的，应如实向商务部、海关总署、国家发展改革委报告，其所涉及车型的进口件必须全部在属地海关报关纳税，以便有关部门实施有效管理。

第五十四条 严格按照进口整车和零部件税率征收关税，防止关税流失。国家有关职能部门要在申领配额、进口报关、产品准入等环节进行核查。

第五十五条 汽车整车特征的认定范围为车身（含驾驶室）总成、发动机总成、变速器总成、驱动桥总成、非驱动桥总成、车架总成、转向系统、制动系统等。

第五十六条 汽车总成（系统）特征的认定范围包括整套总成散件进口，或将总成或系统逐一分解成若干关键件进口。凡进口关键件达到或超过规定数量的，即视为构成总成特征。

第五十七条 按照汽车整车特征的认定范围达到下述状态的，视为构成整车特征：

1. 进口车身（含驾驶室）、发动机两大总成装车的；

2. 进口车身（含驾驶室）和发动机两大总成之一及其余三个总成（含）以上装车的；

3. 进口除车身（含驾驶室）和发动机两大总成以外其余五个总成（含）以上装车的。

第五十八条 国家指定大连新港、天津新港、上海港、黄埔港四个沿海港口和满洲里、深圳（皇岗）两个陆地口岸，以及新疆阿拉山口口岸（进口新疆自治区自用、原产地为独联体国家的汽车整车）为整车进口口岸。进口汽车整车必须通过以上口岸进口。2005年起，所有进口口岸保税区不得存放以进入国内市场为目的的汽车。

第五十九条 国家禁止以贸易方式和接受捐赠方式进口旧汽车和旧摩托车及其零部件，以及以废钢铁、废金属的名义进口旧汽车总成和零件进行拆解和翻新。对维修境外并复出境的上述产品可在出口加工区内进行，但不得进行旧汽车、旧摩托车的拆解和翻新业务。

第六十条 对进口整车、零部件的具体管理办法由海关总署会同有关部门制订，报国务院批准后实施。对国外送检样车、进境参展等临时进口的汽车，按照海关对暂时进出口货物的管理规定实施管理。

第十二章 汽车消费

第六十一条 培育以私人消费为主体的汽车市场，改善汽车使用环境，维护汽车消费者权益。引导汽车消费者购买和使用低能耗、低污染、小排量、新能源、新动力的汽车，加强环境保护。实现汽车工业与城市交通设施、环境保护、能源节约和相关产业协调发展。

第六十二条 建立全国统一、开放的汽车市场和管理制度，各地政府要鼓励不同地区生产的汽车在本地区市场实现公平竞争，不得对非本地生产的汽车产品实施歧视性政策或可能导致歧视性结果的措施。凡在汽车购置、使用和产权处置方面不符合国家法规和本政策要求的各种限制和附加条件，应一律予以修订或取消。

第六十三条 国家统一制定和公布针对汽车的所有行政事业性收费和政府性基金的收费项目和标准，规范汽车注册登记环节和使用过程中的政府各项收费。各地在汽车购买、登记和使用环节，不得新增行政事业性收费和政府性基金项目和金额，如确需新增，应依据法律、法规或国务院批准的文件按程序报批。除国家规定的收费项目外，任何单位不得对汽车消费者强制收取任何非经营服务性费用。对违反规定强制收取的，汽车消费者有权举报并拒绝交纳。

第六十四条 加强经营服务性收费管理。汽车使用过程中所涉及的维修保养、非法定保险、机动车停放费等经营服务性收费，应以汽车消费者自愿接受服务为原则，由经营服务单位收取。维修保养等竞争性行业的收费及标准，由经营服务者按市场原则自行确定。机动车停放等使用垄断资源进行经营服务的，其收费标准和管理办法由国务院价格主管部门或授权省级价格主管部门制定、公布并监督实施。经营服务者要在收费场所设立收费情况动态告示牌，接受公众监督。

公路收费站点的设立必须符合国家有关规定。所有收费站点均应在收费站醒目位置公布收费依据和收费标准。

第六十五条 积极发展汽车服务贸易，推动汽车消费。国家支持发展汽车信用消费。从事汽车消费信贷业务的金融机构要改进服务，完善汽车信贷抵押办法。在确保信贷安全的前提下，允许消费者以所购汽车作为抵押获取汽车消费贷款。经核准，符合条件的企业可设立专业服务于汽车销售的非银行金融机构，外资可开展汽车消费信贷、租赁等业务。努力拓展汽车租赁、驾驶员培训、储运、救援等各项业务，健全汽车行业信息统计体系，发展汽车网络信息服务和电子商务。支持有条件的单位建立消费者信用信息体系，并实现信息共享。

第六十六条 国家鼓励二手车流通。有关部门要积极创造条件，统一规范二手车交易税费征管办法，方便汽车经销企业进行二手车交易，培育和发展二手车市场。

建立二手车自愿申请评估制度。除涉及国有资产的车辆外，二手车的交易价格由买卖双方商定；当事人可以自愿委托具有资质证书的中介机构进行评估，供交易时参考；任何单位和部门不得强制或变相强制对交易车辆进行评估。

第六十七条 开展二手车经营的企业，应具备相应的资金、场地和专业技术人员，经工商行政管理部门核准登记后开展经营活动。汽车销售商在销售二手车时，应向购车者提供车辆真实情况，不得隐瞒和欺诈。所销售的车辆必须具有《机动车登记证书》和《机动车行驶证》，同时具备公安交通管理部门和环境保护管理部门的有效年检证明。购车者购买的二手车如不能办理机动车转出登记和转入登记时，销售商应无条件接受退车，并承担相应的责任。

第六十八条 完善汽车保险制度。保险制度要根据消费者和投保汽车风险程度的高低来收取保费。鼓励保险业推进汽车保险产品多元化和保险费率市场化。

第六十九条 各城市人民政府要综合研究本市的交通需求和交通方式与城市道路和停车设施等交通资源平衡发展的政策和方法。制定非临时性限制行驶区域交通管制方案要实行听证制度。

第七十条 各城市人民政府应根据本市经济发展状况，以保障交通通畅、方便停车和促进汽车消费为原则，积极搞好停车场所及设施的规划和建设。制定停车场所用地政策和投资鼓励政策，鼓励个人、集体、外资投资建设停车设施。为规范城市停车设施的建设，建设部应制定相应标准，对居住区、商业区、公共场所及娱乐场所等建立停车设施提出明确要求。

第七十一条 国家有关部门统一制定和颁布汽车排放标准，并根据国情分为现行标准和预期标准。各省、自治区、直辖市人民政府根据本地实际情况，选择实行现行标准或预期标准。如选择预期标准为现行标准的，至少提前一年公布实施日期。

第七十二条 实行全国统一的机动车登记、检验管理制度，各地不得自行制定管理办法。在申请办理机动车注册登记和年度检验时，除按国家有关法律法规和国务院规定或授权规定应当提供的凭证（机动车所有人的身份证明、机动车来历证明、国产机动车整车出厂合格证或进口机动车进口证明、有关税收凭证、法定保险的保险费缴费凭证、年度检验合格凭证等）外，公安交通管理部门不得额外要求提交其他凭证。各级人民政府和有关部门也不得要求公安交通管理部门在注册登记和年度检验时增加查验其他凭证。汽车消费者提供的手续符合国家规定的，公安交通管理部门不得拒绝办理注册登记和年度检验。

第七十三条 公安交通和环境保护管理部门要根据汽车产品类别、用途和新旧状况商有关部门制定差别化管理办法。对新车、非营运用车适当延长检验间隔时间，对老旧汽车可适当增加检验频次和检验项目。

第七十四条 公安交通管理部门核发的《机动车登记证书》在汽车租赁、汽车消费信贷、二手车交易时可作为机动车所有人的产权凭证使用，在汽车交易时必须同时将《机动车登记证书》转户。

第十三章 其　　他

第七十五条 汽车行业组织、中介机构等社会团体要加强自身建设，增强服务意识，努力发挥中介组织的作用；要积极参与国际间相关业界的交流活动，在政府与企业间充分发挥桥梁和纽带作用，促进汽车产业发展。

第七十六条 香港特别行政区、澳门特别行政区和台湾地区的投资者在中国内地投资汽车工业的，从本政策的有关规定执行。

第七十七条 在道路机动车辆产品技术规范的强制性要求出台之前，暂行执行国家强制性标准。

第七十八条 本政策自发布之日起实施，由国家发展改革委负责解释。

附件一

名　词　解　释

一、道路机动车辆——在道路上行驶的，至少有两个车轮，且最大设计车速超过每小时6公里的各类机动车及其挂车。主要包括汽车、农用运输车、摩托车和其他道路运输机械及挂车。不包括利用轨道行驶的车辆，以及农业、林业、工程等非道路用各种机动机械和拖拉机。

二、汽车、专用汽车、农用运输车、摩托车——《汽车产业发展政策》所称汽车是指国家标准（GB/T 3730.1—2001）2.1款定义的车辆，包括汽车整车和专用汽车；所称专用汽车是指国家标准（GB/T 3730.1—2001）2.1.1.11，2.1.2.3.5，2.1.2.3.6款定义的车辆；所称农用运输车是指国家标准（GB18320—2001）中定义的车辆；所称摩托车是指国家标准（GB/T5359.1—1996）中定义的车辆。

三、产品类别——按照国家标准定义的乘用车、商用车和摩托车及其细分类，其中：

（一）乘用车细分类为：

轿车类：国家标准GB/T 3730.1—2001中2.1.1.1—2.1.1.6

其他乘用车类（包括多用途车和运动用车）：国家标准GB/T 3730.1—2001中2.1.1.7—2.1.1.11

（二）商用车细分类为：

客车类：国家标准GB/T 3730.1—2001中2.1.2.1

半挂牵引车及货车类：国家标准GB/T 3730.1—2001中2.1.2.2，2.1.2.3

四、新建汽车、农用运输车、车用发动机投资项目——新建汽车整车、专用汽车、农用运输车、车用发动机生产企业（含中外合资企业），现有汽车整车、专用汽车、农用运输车、车用发动机生产企业（含中外合资企业）变更法人股东以及异地建设新的独立法人生产企业。异地是指企业所在市、县之外。

五、项目投资总额——投资项目所需的全部固定资产（含原有固定资产和新增固定资产）投资、无形资产和流动资金的总和。

六、自主产权（自主知识产权）——通过自主开发、联合开发或委托开发获得的产品，企业拥有产品工业产权、产品改进及认可权以及产品技术转让权。

七、汽车生产企业——按照国家规定的审批程序在中国关境内合法注册的汽车整车、专用汽车生产企业（包括中外合资、合作企业）。

八、国内市场占有率——某一集团（企业）全年在国内市场整车销售量占全部国产汽车销售量的比例。

附件二

汽车投资项目备案内容

备案内容应包括：

一、汽车生产企业或项目投资者的基本情况、法定地址，法定代表姓名。近三年企业经营业绩和银行资信。

二、投资项目建设的必要性和国内外市场分析；产品技术水平分析和技术来源（产品知识产权说明）；项目投资总额、注册资本和资金来源；生产（营业）规模、项目建设内容；建设方式、建设进度安排。

三、中外合资、合作企业外方合资、合作者基本情况，包括外商名称，注册国家、法定地址和法定代表、国籍。外方在华投资情况及经营业绩。本投资项目中外各方股份比例，投资方式和资金来源，合资期限。

四、外方技术转让、技术合作合同。

五、投资项目的经济效益分析。

六、环保、土地、银行承诺文件及所在地政府核准建设文件。

七、地方政府配套条件及优惠政策。

关于进一步做好农村商品流通工作的意见

商务部　发展改革委　财政部　农业部　人民银行　税务总局　工商总局　供销总社

（2004年6月29日）

国务院办公厅转发商务部等部门关于进一步做好农村商品流通工作意见的通知

国办发［2004］57号

各省、自治区、直辖市人民政府，国务院各部委、各直属机构：

商务部等部门《关于进一步做好农村商品流通工作的意见》已经国务院同意，现转发给你们，请认真贯彻执行。

国务院办公厅

2004年7月14日

做好农村商品流通工作，大力开拓农村市场，既是促进农村经济全面发展和农民增收的现实需要，也是统筹城乡协调发展、完善社会主义市场经济体制的客观要求。近年来，随着我国改革开放不断深入和社会主义市场经济体制的逐步建立，农村商品流通总体上势头较好，多形式、多渠道的农产品购销体系初步建立，农村市场日趋活跃。但长期以来，由于受城乡二元经济结构影响和农村生产力水平较低的制约，当前农村商品流通存在着设施不足、方式陈旧、成本较高、农民进入市场较难的问题，不仅影响了农业生产和农民增收，也抑制了农民消费，延缓了农村的市场化进程。为贯彻落实《中共中央关于完善社会主义市场经济体制若干问题的决定》和《中共中央国务院关于促进农民增加收入若干政策的意见》（中发［2004］1号）精神，进一步做好农村商品流通工作，特提出以下意见：

一、农村商品流通工作的指导思想和方针

农村商品流通工作的指导思想是：以“三个代表”重要思想为指导，贯彻党的十六大提出的全面建设小康社会和完善社会主义市场经济体制的战略部署，按照统筹城乡经济发展的要求，通过健全法律法规、完善市场机制、培育市场主体、规范市场秩序，加快农村商品流通发展，促进农民增收和农村经济全面发展。

农村商品流通工作的方针是：政府推动与发挥市场机制相结合；城乡市场统一规划建设与积极培育农民的市场主体地位相结合；农村市场建设与农业生产、农民消费互动发展。

二、当前农村商品流通工作的重点

（一）努力搞活农产品流通

1. 加强农产品批发市场建设。制订农产品产地和销地批发市场建设规划，加强农产品批发市场信息、检验检测系统及仓储、运输等基础设施建设和改造，发展和创新农产品拍卖、经纪人代理、网上交易等新型交易方式，推进农产品批发市场标准化建设，三年内培育2000个实行标准化、规范化管理的农产品批发市场，抓紧制订农产品批发市场的法律法规。鼓励外商参与农产品批发市场的建设和改造。

2. 积极发展农产品零售市场。支持农业龙头企业到城市开办农产品超市，逐步把网络延伸到城市社区。鼓励有条件的地方将城市农贸市场改建成超市，城市农贸市场逐步退路进场，改善经营条件和设施。引导农产品批发市场和加工企业直接向超市、社区菜市场、便利店等配送产品。有条件的超市和便利店可直接从产地采购，与农产品生产基地建立长期的产销联盟。努力提高农产品在连锁超市、便利店等新型零售业态中的经营比重，力争五年内其销售额占全部农产品零售额的1/3以上。鼓励国内外企业投资建设和改造农产品零售市场，外商投资设立农产品经营企业不受地域、股权和投资额限制。

3. 千方百计扩大农产品出口。支持企业调整农产品出口结构，扩大深加工、高附加值、特色农产品和绿色食品、有机农产品出口，培育新的出口增长点。重点扶持园艺产品、水产品、畜禽产品等具有比较优势的劳动密集型农产品出口。大力推动农产品出口基地建设，抓紧研究支持农产品出口的政策措施。密切监测和及时通报国内外农产品市场供求等动态，为农产品出口企业提供信息服务。改进农产品出口信用保险制度，加强农产品出口信用保险宣传力度。强化出口农产品检验检疫，提高农产品安全质量，加强对外谈判和交涉，打破国外技术性贸易壁垒。

4. 大力发展农产品物流。引导现有农产品物流企业改造升级，推动其向专业化、规模化方向发展，针对农产品流通特点，加快建设以冷藏和低温仓储、运输为主的农产品冷链系统。制定合理的农产品铁路运输价格，降低公路运输的车辆通行费收费标准，杜绝对农产品运输的乱收费、乱罚款。加快建立全国统一高效的鲜活农产品运输绿色通道，努力改善农产品物流环境。

粮食、棉花流通工作分别按照《国务院关于进一步深化粮食流通体制改革的意见》（国发［2004］17号）和《国务院关于进一步深化棉花流通体制改革的意见》（国发［2001］27号）精神执行。

（二）大力培育农村消费品市场

1. 加强农村消费品流通网络建设。认真总结和推广近年来开拓农村市场试点工作经验，加快农村消费品市场建设，大力培育农村新型流通方式，积极引导和扩大农民消费。以县城和中心城镇为重点，积极发展连锁超市、便利店等新型流通业态。通过示范引导、自愿进入的方式，逐步以连锁经营、统一配送等经营方式改造农村传统的集贸市场。鼓励有实力的零售企业运用特许经营、销售代理等方式，改造“夫妻店”、“代销店”。力争用五年左右的时间，初步形成以县城为重点、乡镇为骨干、村为基础的农村消费品零售网络。

2. 积极开发生产适合农村消费特点的工业品。工商企业要加强对农村商品市场的调查研究，深入分析农村需求和农民消费的特点，开发生产适合农村和农民消费需求的价廉物美的产品，着重发展操作简单、价格适中、不易损坏和适用面广的工业消费品。鼓励大型零售企业开发适合农村消费的自有品牌商品，建立和完善农村商品售后服务体系，让农民放心消费。

3. 大力改善农村消费环境。加大农村交通、电力、通讯、自来水等基础设施建设，为家用电器和电信等产品进入农村市场创造良好的消费环境。积极开展符合农村特点的假日消费、节日消费和旅游消费活动，不断创新消费形式和消费内容。探索发展农村消费信贷，活跃农村消费市场。

（三）规范发展农业生产资料市场

1. 建立健全新型农资流通组织。积极发展农资连锁经营，建立以集中采购、统一配送为核心的新型营销体系。鼓励有条件的农资企业采取特许经营方式，吸引小型农资经营企业加盟，扩大经营规模。推进国有及供销合作社农资流通企业公司制改革，完善法人治理结构，更好地发挥农资流通主渠道作用；鼓励各类投资主体通过新建、兼并、联合等方式参与农资经营；允许农资生产企业建立销售网络。引进国外资金、技术和管理经验改造提升农资经营网络，加快农资流通现代化步伐。

2. 健全农业生产资料服务体系。农资流通企业要将农资销售与服务紧密结合起来，开展配送、加工、采购服务和技术服务及农机具租赁等多样化服务，为农民提供产前、产中、产后技术服务，大力推广有利于保护生态环境和提高农产品质量、科技含量较高的新型农资产品。农资生产企业要加强与农资流通企业协调合作，研制生产适合不同地区、不同季节和不同农产品种植特点的新型农资产品。

3. 整顿和规范农业生产资料市场秩序。建立健全农资价格监控机制，防止生产和流通环节随意抬高价格，保证农民能够得到各种政策优惠。加快建立种子、农药、化肥、农机具等产品经营的市场准入制度，健全农资损害赔偿机制，为保护农民利益提供制度保障。加大执法检查力度，严厉打击制售假冒劣质农资产品等坑农行为。完善农资市场监督体系，加快农资信用体系建设，建立长效监管机制。

（四）积极引导农民进入市场

1. 为农民进入市场创造良好环境。要把农村流通设施纳入农村基础设施建设范围，进一步健全农村市场供求、价格等信息网络，为农民提供及时准确的市场信息，降低生产和经营风险。加强对农村市场的执法监督，规范农村市场秩序，防止假冒伪劣产品流入农村，严厉查处不正当交易和竞争行为，打击欺行霸市、强买强卖等不法行为，健全市场投诉受理机制，保护农民合法权益。在政策上对农民进入市场加以引导，调动农民进入市场的积极性，使农民真正成为市场主体。

2. 鼓励农民从事商品流通。除法律法规禁止的领域外，农村个体工商户和私营企业都可以进入。在工商登记和税费方面对农民从事农产品、农业生产资料及消费品等流通给予支持。鼓励农业生产大户、运销大户注册为法人，从事农产品运销。

3. 大力发展农民流通合作组织。通过多种方式加强宣传，提高农民对建立各类流通合作组织重要性的认识。供销合作社改革，要按照《中共中央国务院关于深化供销合作社改革的决定》（中发［1995］5号）和《国务院关于解决当前供销合作社几个突出问题的通知》（国发［1999］5号）精神继续推进，通过体制和机制创新，把供销合作社真正办成农民自己的合作组织。支持在农村建立以产品为联系或纽带的各类协会、商会，鼓励发展农村经纪人队伍。加快研究制定农村流通合作组织的有关法规。中央和地方政府要安排专门资金，支持各类农民专业合作组织开展信息、技术、培训、质量标准与认证、市场营销等服务，有关金融机构要支持农民专业合作组织建设标准化生产基地、兴办仓储设施和加工企业、购置农产品运销设备，财政要适当予以贴息。

三、加强对农村商品流通工作的领导

各地区和有关部门要以“三个代表”重要思想为指导，牢固树立科学发展观和正确的政绩观，充分认识搞好农村商品流通工作对农民增收、农村经济发展和全面建设小康社会的重要意义，按照统筹城乡经济发展的要求，把农村商品流通工作作为解决“三农”问题、促进农民增收的一项重要任务，摆到重要议事日程，加强领导，落实措施，切实抓紧抓好，更好地发挥流通对农业生产和农民消费的带动作用。商务、发展改革、农业等部门和供销合作社要按照各自职能积极开展工作，加强业务指导和督促检查。发展改革、农业、财政、金融、税务、工商行政管理、质检等部门要从资金、税收、市场准入等方面积极支持。各有关方面要通力协作，共同做好农村商品流通工作。

关于促进我国现代物流业发展的意见

印发关于促进我国现代物流业发展的意见的通知

发改运行［2004］1617号

各省、自治区、直辖市及计划单列市人民政府，新疆生产建设兵团：

国家发展改革委、商务部、公安部、铁道部、交通部、海关总署、税务总局、民航总局、工商总局联合制定的《关于促进我国现代物流业发展的意见》（附后）已经国务院批准，现印发给你们，请结合实际，认真贯彻执行。

促进现代物流业发展是一项跨行业、跨地区、跨部门的综合性工作，涉及面广、政策性强，需要各地政府和各有关部门协同配合，形成合力。大力发展现代物流业，对于推动和提升相关产业的发展，提高经济运行质量和效益，增强综合国力和企业竞争力具有十分重要的意义。各地区、各部门要高度重视，努力探索，结合实际，制定相应的政策措施，加快促进我国现代物流业的协调健康发展。

附：《关于促进我国现代物流业发展的意见》

国家发展改革委 商务部 公安部 铁道部 交通部
海关总署 税务总局 民航总局 工商总局
2004年8月5日

加快发展现代物流业，是我国应对经济全球化和加入世界贸易组织的迫切需要，对于提高我国经济运行质量和效益，优化资源配置，改善投资环境，增强综合国力和企业竞争力具有重要意义。为进一步推进我国现代物流业的发展，在全国范围内尽快形成物畅其流、快捷准时、经济合理、用户满意的社会化、专业化的现代物流服务体系，特提出以下意见。

一、营造有利于现代物流业发展的良好环境

（一）调整现行行政管理方式

1. 规范企业登记注册前置性审批。工商行政管理部门在为物流企业办理登记注册时，除国家法律、行政法规和国务院发布决定规定外，其他前置性审批事项一律取消。

2. 改革货运代理行政性管理。取消经营国内铁路货运代理、水路货运代理和联运代理的行政性审批，加强对货运代理经营资质和经营行为的监督检查。取消国际货运代理企业经营资格审批，加强后续监督和管理。改革民航货运销售代理审批制度，由民航总局会同有关部门制定新的民航货运代理管理办法。对危险品等特种货物的运输代理严格按照国家有关规定办理。

（二）完善物流企业税收管理

1. 合理确定物流企业营业税计征基数。物流企业将承揽的运输、仓储等业务分包给其他单位并由其统一收取价款的，应以该企业取得的全部收入减去其他项目支出后的余额，为营业税的计税的基数。具体办法由国家税务总局制定。

2. 允许符合条件的物流企业统一缴纳所得税。物流企业在省、自治区、直辖市范围内设立的跨区域分支机构，凡在总部领导下统一经营、统一核算，不设银行结算账户、不编制财务报表和账簿的，并与总部微机联网、实行统一规范管理的企业，其企业所得税由总部统一缴纳。

（三）整顿规范市场秩序，加强收费管理

1. 加快引入竞争机制，建立统一开放、公平竞争、规范有序的现代物流市场体系。废除各类不符合国家法律、法规规定的由部门或地方制定的地区封锁、行业垄断、市场分割的有关规定，为物流企业的经营和发展创造宽松的外部环境。

2. 加强收费管理，全面清理向货运车辆收取的行政事业性收费、政府性集资、政府性基金、罚款项目，取消不符合国家规定的各种收费项目。全面整顿道路收费站点。对违反国家规定设置的收费站点，要立即停止收费并限期拆除相应设施。严禁向物流企业乱检查、乱收费、乱摊派、乱罚款、乱评比。凡违规设置站点，擅立收费项目，向货运车辆及物流企业等乱收费用的，要依法予以严处。

二、采取切实有效措施，促进现代物流业发展

1. 鼓励工商企业逐步将原材料采购、运输、仓储等物流服务业务分离出来，利用专业物流企业承担。鼓励交通运输、仓储配送、货运代理、多式联运企业通过兼并、联合等形式进行资产重组，发展具有一定规模的物流企业。对被兼并、重组的国有企业，当地政府和有关部门要给予积极支持。

2. 积极拓宽融资渠道。支持物流企业利用境内外资本市场融资或募集资金发展社会化、专业化的物流企业。对资产质量好、经营管理好、具有成长潜力的物流企业要支持鼓励上市。各类金融机构应对效益好、有市场的物流企业给予重点支持。

3. 积极推进物流市场的对外开放。按照我国加入世界贸易组织的承诺，扩大物流领域的对外开放。鼓励国外大型物流企业根据我国法律、法规的有关规定到国内设立物流企业。鼓励利用国外的资金、设备和技术，参与国内物流设施的建设或经营。

4. 支持工商企业优化物流管理。鼓励有条件的国有大中型工商企业将企业的物流资产从主业中分离出来，整合资源，优化流程，创新物流管理模式，特别是商业连锁企业要提高商品统一配送率。对实行主辅分离、辅业改制的企业，符合有关条件的，可享受国务院八部门联合下发的《国有大中型企业主辅分离、辅业改制、分流安置富余人员的实施办法》中的扶持政策。

5. 加快物流设施整合和社会化区域物流中心建设。采取必要的调控措施，推动各地区工业、商业、运输、货代、联运、物资、仓储等行业物流资源的整合，合理规划建设区域物流中心，开展社会化、专业化的公共服务。对符合条件的此类项目，各级政府要给予重点支持。

6. 简化通关程序。优化口岸通关作业流程，完善口岸快速通关改革，推行物流企业与口岸通关监管部门信息联网，对进出口货物实施“提前报检、提前报关、货到验放”的通关新模式，提高信息化应用和管理水平。边防、海关、检验检疫、税务、外汇管理等部门要在有效监管的前提下简化作业程序，实现信息共享，加快通关速度。鼓励建立集海关监管、商品检疫、地面服务一体化的货物进出境快速处理机制。

7. 优化城市配送车辆交通管理。公安交通管理部门要加强对道路交通流的科学组织，根据当地的交通状况和物流业务发展情况，研究制定配送车辆在市区通行和停靠的具体措施，提供在市区通行、停靠的便利。

三、加强基础性工作，为现代物流发展提供支撑和保障

1. 建立和完善物流技术标准化体系。加快制定和推进物流基础设施、技术装备、管理流程、信息网络的技术标准，尽快形成协调统一的现代物流技术标准化体系。广泛采用标准化、系列化、规范化的运输、仓储、装卸、包装机具设施和条形码、信息交换等技术。

2. 推广先进适用的物流专用车辆和设备。大力发展集装箱运输，广泛采用厢式货车、专用车辆和物流专用设备，积极开发推广先进适用的仓储、装卸等标准化专用设备。

3. 提高物流信息化水平。鼓励建设公共的网络信息平台，支持工商企业和物流企业采用互联网等先进技术，实现资源共享、数据共用、信息互通。推广应用智能化运输系统，加快构筑全国和区域性物流信息平台，优化供应链管理。

4. 提高从业人员素质。加强对物流企业从业人员的岗前培训、在职培训等，通过不同方式和各种渠道，培育市场急需的物流管理人才。要采取多种形式，加速人力资源的开发和培养，加快发展学历教育，鼓励高等院校开展物流专业本科、硕士、博士等多层次的专业学历教育。积极探索物流职业资格认证工作，借鉴或引进国外成熟的相应职业资格认证系统。

四、加强对现代物流工作的综合组织协调

现代物流是一个新兴的复合性产业，涉及运输、仓储、货代、联运、制造、贸易、信息等行业，政策上关联许多部门。为加强综合组织协调，建立由国家发展改革委牵头，商务部等有关部门和协会参加的全国现代物流工作协调机制。成员由国家发展改革委、商务部、铁道部、交通部、信息产业部、民航总局、公安部、财政部、工商总局、税务总局、海关总署、质检总局、国家标准委等部门及有关协会组成。主要职能是提出现代物流发展政策、协调全国现代物流发展规划、研究解决发展中的重大问题，组织推动现代物流业发展等。

本文所称物流企业是指具备或租用必要的运输工具和仓储设施，至少具有从事运输（或运输代理）和仓储两种以上经营范围，能够提供运输、代理、仓储、装卸、加工、整理、配送等一体化服务，并具有与自身业务相适应的信息管理系统，经工商行政管理部门登记注册，实行独立核算、自负盈亏、独立承担民事责任的经济组织。

国务院关于进一步加强食品安全工作的决定

国发［2004］23号

各省、自治区、直辖市人民政府，国务院各部委、各直属机构：

食品安全关系到广大人民群众的身体健康和生命安全，关系到经济健康发展和社会稳定，关系到政府和国家的形象。党中央、国务院历来高度重视食品安全，近几年一直把打击制售假冒伪劣食品等违法犯罪活动作为整顿和规范市场经济秩序的重点，采取了一系列措施加强食品安全工作。各地区、各部门做了大量工作，取得一定成效。总的看，生产销售假冒伪劣食品案件多发的势头有所遏制，食品安全形势趋于好转。但是食品安全问题仍然比较严重，种植养殖、生产加工、市场流通、餐饮消费等方面存在的问题还很突出，食品安全监管体制、法制、标准等方面存在缺陷，地方保护、有法不依、执法不严、监管不力的现象时有发生。为恢复和提高我国食品信誉，确保人民身体健康和生命安全，国务院决定采取切实有效措施，进一步加强食品安全工作。

一、指导思想、工作原则和工作目标

（一）指导思想和工作原则。坚持以邓小平理论和“三个代表”重要思想为指导，认真贯彻党的十六大精神，牢固树立以人为本、执政为民的思想，全面履行人民政府的职责，切实把食品安全工作放在突出位置抓紧抓好。继续坚持“全国统一领导、地方政府负责、部门指导协调、各方联合行动”的食品安全工作机制，加强协调配合，落实责任，加大执法力度；坚持集中整治与制度建设、严格执法与科学管理、打假治劣与扶优扶强相结合，突出重点，在注重抓好专项整治的同时，强化日常监管；建立食品安全信用体系和失信惩戒机制，引导企业诚信守法；强化舆论监督，加大正面宣传力度，加强社会监督，保障人民群众的饮食安全和身体健康。

（二）工作目标。通过艰苦细致的工作，使食品生产经营秩序得到明显好转，生产、销售假冒伪劣和有毒有害食品的违法犯罪活动得到有效遏制，大案要案得到及时查处，食品安全事故大幅度下降，人民群众食品消费安全感增强，我国食品信誉得到恢复和提高。在此基础上，经过不懈努力，使食品安全法律法规和监管体制更加完善，标准体系、检验检测体系、信用体系更加科学有效，行业协会和中介组织的作用充分发挥，企业的安全责任和意识进一步增强，食品产业持续健康快速发展，人民群众日益增长的食品安全和健康需求不断得到满足。

二、近期工作重点

（一）大力整顿食品生产加工业，切实提高食品工业水平。按照食品专项整治确定的重点食品，严厉查处无卫生许可证、无营业执照、无生产许可证的生产经营行为，不具备生产条件的要坚决予以取缔；严格实施食品质量安全市场准入制度，严格审查企业生产条件，严格按标准组织生产，严格产品出厂检验，今年基本完成肉制品、乳制品、饮料、调味品、冷冻饮品、方便面、饼干、罐头、速冻米面食品、膨化食品等10类产品实施食品质量安全市场准入工作，启动其余13类食品市场准入工作；加强食品生产加工企业监管，实行生产企业巡查、回访、年审、监督抽查等监管制度；强化企业法人作为食品安全第一责任人的责任；强化新资源食品、食品添加剂和食品包装材料等的安全性评价，严厉打击滥用添加剂、使用非食品原料生产加工食品、保健食品添加违禁药物等违法行为。

食品生产加工业的整顿由地方政府统一组织实施。通过整顿，扶持一批名优企业，关闭一批不具备产品质量安全条件的食品生产加工企业，严厉惩处一批制售假冒劣质食品的违法犯罪分子。

（二）加大农业投入品专项整治力度，从源头上防止农产品污染。继续推进“无公害食品行动计划”，深入开展农药残留、禽畜产品违禁药物滥用、水产品药物残留专项整治，向农民普及安全使用化肥、农药、兽药、饲料添加剂和动植物生长激素等知识，推广使用低残高效农药、兽药和无污染添加剂，规范种植、养殖行为；建立统一规范的农产品质量安全标准体系，建立农产品质量安全例行监测制度和农产品质量安全追溯制度，开展农产品产地环境、农业投入品和农产品质量安全状况的检测；推进无公害农产品标准化生产综合示范区、养殖小区、示范农场、无规定动物疫病区和出口产品生产基地的建设，积极开展农产品和食品认证工作，推广“公司＋基地”模式，加快对高毒、高残留农业投入品禁用、限用和淘汰进程。

（三）狠抓薄弱环节，进一步加强食品流通、消费领域的监管。深入实施以“提倡绿色消费、培育绿色市场、开辟绿色通道”为主要内容的“三绿工程”，倡导现代流通组织方式和经营方式，大力发展连锁经营和物流配送；积极推进经销企业落实进货检查验收、索证索票、购销台账和质量承诺制度，以及市场开办者质量责任制，继续推行“厂场挂钩”、“场地挂钩”等有效办法；全面落实市场巡查制度，完善监督抽查和食品卫生例行监测制度，严格实行不合格食品的退市、召回、销毁、公布制度；推进餐饮业、食堂全面实施食品卫生监督量化分级管理制度，完善和加强食品污染物监测和食源性疾病监测体系建设；加强畜禽屠宰行业管理，打破地方封锁，鼓励质量优、信誉好、品牌知名度高的食品在全国流通；健全社区食品加工流通服务体系。强化食品安全标识和包装管理，集中力量整治食品假包装、假标识、假商标印制品。

（四）把儿童及农村食品市场整治作为重中之重，切实维护未成年人、农民和低收入者的利益。采取综合措施，有效遏制制售假冒伪劣儿童食品行为。将监管的重点和工作重心下移，加强农村市场监管，加大对分散在社区、城乡接合部和村镇的各类食品批发市场、集贸市场、个体商贩、小加工作坊、小食品店、小餐馆的监管力度，强化对餐饮业、学校食堂和建筑工地食堂的检查监督。

（五）依法彻查大案要案，震慑违法犯罪分子。集中力量及时查处食品安全大案要案，依法严惩违法犯罪团伙和首恶分子。对发案率高、重大案件久拖不结的地区和单位，上级政府和有关行政执法、司法部门要组织力量直接查办，严肃追究有关人员责任。重大典型案件查处结果及时向社会公布。

（六）搞好食品安全宣传，服务发展大局。大力宣传党中央、国务院有关加强食品安全工作的精神，充分报道各地区、各有关部门加强食品安全所做的工作，宣传法律法规和食品安全知识，继续揭露、曝光食品安全方面的违法犯罪行为，及时跟踪报道采取的措施及效果；报道重视质量、讲求信誉的典型，大力宣传优质食品、优良品牌和优秀企业，增强群众消费信心，提高我国食品信誉；对外积极宣传介绍我国食品监管工作及其取得的实效。适时组织编写《中国食品安全状况》白皮书。

各地区、各有关部门要狠抓落实，明确任务和责任，实行“首问负责制”，确保各项重点工作有序开展。食品药品监管部门要进一步强化食品安全管理的综合监督、组织协调和组织开展对重大事故查处的职能，努力提高食品安全综合监管工作水平。

三、几项重要措施

加强食品安全管理是一项长期艰巨的任务，必须立足当前，规划长远，标本兼治，着力治本，建立健全监管制度和长效机制。

（一）进一步理顺有关监管部门的职责。按照一个监管环节由一个部门监管的原则，采取分段监管为主、品种监管为辅的方式，进一步理顺食品安全监管职能，明确责任。农业部门负责初级农产品生产环节的监管；质检部门负责食品生产加工环节的监管，将现由卫生部门承担的食品生产加工环节的卫生监管职责划归质检部门；工商部门负责食品流通环节的监管；卫生部门负责餐饮业和食堂等消费环节的监管；食品药品监管部门负责对食品安全的综合监督、组织协调和依法组织查处重大事故。按照责权一致的原则，建立食品安全监管责任制和责任追究制。具体由中央编办会同有关部门组织落实。这次职责调整任务繁重，各有关部门要从大局出发，认真细致地做好各项准备工作，确保2005年1月1日顺利实施。

农业、发展改革和商务等部门按照各自职责，做好种植养殖、食品加工、流通、消费环节的行业管理工作。进一步发挥行业协会和中介组织的作用。

（二）强化地方政府对食品安全监管的责任。地方各级人民政府对当地食品安全负总责，统一领导、协调本地区的食品安全监管和整治工作。建立健全食品安全组织协调机制，统一组织开展食品安全专项整治和全面整顿食品生产加工业；进一步搞好与有关监管执法部门的协调和配合，加强综合执法、联合执法和日常监管，尤其要解决执法监督中的不作为和乱作为问题；切实落实责任制和责任追究制，明确直接责任人和有关负责人的责任，一级抓一级，层层抓落实，责任到人；坚决克服地方保护主义，增强大局意识，不得以任何形式阻碍监管执法，决不能充当不法企业和不法分子的“保护伞”。

（三）加强基层执法队伍建设。基层食品安全监管是基础和重点，直接关系着食品安全监管的法律法规和各项工作部署能否落到实处。要加强基层执法队伍的思想建设、业务建设和作风建设，强化法律法规培训，提高队伍整体素质和依法行政的能力，做到严格执法、公正执法、文明执法；充实基层执法人员力量，严把人员“入口”，畅通“出口”，加强监督，严肃法纪；地方政府要切实改善执法装备和检验监测技术条件，保证办公办案和监督抽查等经费。

（四）完善食品安全法律法规和部门规章。国务院法制办要抓紧组织修订《食品卫生法》和《工业产品生产许可证管理条例》，加快《农产品质量安全法（送审稿）》的审查工作。商务部要研究修订《生猪屠宰管理条例》。农业部、商务部、卫生部、工商总局、质检总局等部门要根据职责调整，尽快清理、修订涉及食品安全方面的部门规章，力争2004年年底前完成。

（五）建立健全食品安全标准和检验检测体系。尽快清理与食品安全有关的产品和卫生标准，构建食品安全标准体系，由质检总局会同发展改革委、农业部、卫生部、商务部、食品药品监管局等部门，提出制定和修订意见并抓紧实施。充分发挥农业、质检、卫生、商务等部门检测机构的作用，完善检验检测体系，严格资质审核，逐步面向社会，实现资源共享，不搞重复建设；实现检测信息共享，避免不必要的重复检测。食品检验检测体系建设由质检总局会同农业部、卫生部、商务部、工商总局等部门研究提出具体意见。

（六）加快食品安全信用体系和信息化建设。以加强食品生产经营企业信用建设为核心，通过政府监管、行业自律和社会监督，加大失信惩戒力度，综合抓好食品安全制度规范、管理服务系统与运行机制建设。继续抓好厦门、辽源、大庆、常德、银川5个城市，肉类、粮食、儿童食品3个行业的食品安全信用建设试点，建立健全食品生产、经营企业质量档案和食品安全监管信用档案，强化食品生产经营者的责任意识。力争用5年左右时间，逐步建立起我国食品安全信用体系的基本框架和运行机制。

加强食品安全信息管理和综合利用，构建部门间信息沟通平台，实现互联互通和资源共享。农业部门发布有关初级农产品农药残留、兽药残留等检测信息。质检、工商、卫生和食品药品监管4个部门联合发布市场食品质量监督检查信息。食品药品监管局负责收集汇总、及时传递、分析整理，定期向社会发布食品安全综合信息。建立畅通的信息监测和通报网络体系，逐步形成统一、科学的食品安全信息评估和预警指标体系，及时研究分析食品安全形势，对食品安全问题做到早发现、早预防、早整治、早解决。食品药品监管局要会同有关部门，拟定《食品安全监管信息发布暂行管理办法》，选择奶制品和蔬菜两个品种作为规范信息发布的试点。

国务院责成食品药品监管局会同有关部门抓好本决定的落实工作，并于2005年春节前组织开展一次食品安全工作综合检查，适时将检查情况向国务院汇报。

中华人民共和国国务院
2004年9月1日

关于加强食品安全标准体系建设的意见

国标委农轻联［2004］99号

各省、自治区、直辖市质量技术监督局、发展和改革委员会、农业厅（局）、商务厅（局）、卫生厅（局）、食品药品监督管理局，各有关标准化技术委员会：

食品安全关系到广大人民群众的生命健康，关系到我国经济发展和社会稳定。建立健全食品安全标准体系，既是加强食品安全管理，遏制假冒伪劣行为，保证消费者权益的需要，也是满足经济和社会发展的需要。经过各部门多年努力，目前食品标准体系已初步建立，但随着食品工业的发展和人民生活水平的提高，食品标准化工作面临严峻的挑战，暴露出诸多亟待解决的问题，如标准总体水平偏低；部分标准之间存在交叉、矛盾；重要标准短缺；标准的前期研究薄弱；部分标准的实施状况较差，甚至强制性标准也未得到很好的实施。

《国务院关于进一步加强食品安全工作的决定》（国发［2004］23号，以下简称《决定》），对加强食品安全工作作出了重大部署，明确提出要“尽快清理与食品安全有关的产品和卫生标准，构建食品安全标准体系”。为贯彻落实国务院《决定》精神，决定采取切实有效措施，加强食品安全标准体系建设。

一、指导思想和工作目标

（一）指导思想。坚持以邓小平理论和“三个代表”重要思想为指导，适应我国加入WTO新形势和满足当前经济结构战略性调整的要求，以市场为导向，认真落实国务院《决定》精神；尽快清理现行食品标准，理顺标准体系结构，构建食品安全标准体系。要注重标准的基础性研究，积极采用国际标准和国外先进标准，加快标准制修订步伐，加强标准的宣贯和培训，提高企业标准化意识，提升我国食品标准化的整体水平，确保食品安全。

（二）工作目标。通过各有关部门的共同努力，力争于2005年3月底前，完成食品国家标准、行业标准和地方标准的全面清理，基本解决现行食品标准的交叉、重复和矛盾，并完成已备案食品企业产品标准的清理。

到2005年底前，完成《全国食品标准2004－2005年发展计划》所确定的食品国家标准和行业标准制修订项目，食品标准采用国际标准的比例由目前的23%提高到55%。

到2007年底前，参与6－8项国际标准、指南等技术文件的制定工作，力争承担有关国际标准化组织技术委员会秘书处的工作。

通过3年的努力，建立健全重点突出，强制性标准与推荐性标准定位准确；国家标准、行业标准和地方标准符合《标准化法》的要求；基础标准、产品标准、方法标准和管理标准配套，与国际食品标准体系基本接轨，能适应食品行业发展，保障消费者安全健康，满足进出口贸易需要，科学、合理的食品标准体系。

加强标准的宣贯、实施和监督，使食品企业严格按标准组织生产；强化食品流通领域标准化工作，使绝大部分食品流通企业实现标准化管理。

二、近期工作重点

（一）全面清理现行食品标准，解决标准之间的交叉、重复和矛盾问题。组织开展对现行国家标准、行业标准、地方标准的清理，通过清理，解决标准之间交叉、重复、矛盾以及强制性标准和推荐性标准定位不合理的问题，使食品标准体系结构合理，各类标准协调配套，标准水平普遍提高；对已备案的企业产品标准进行清理，凡与国家法律法规、强制性标准要求相矛盾，或低于国家强制性标准要求的企业产品标准一律取消备案，针对食品生产企业制定低于相应推荐性标准的企业产品标准问题，研究强化企业产品标准备案的具体措施，以提高企业产品标准水平。

（二）突出重点，调整标准体系结构。以食品安全标准为重点，在吸收国家“十五”标准专项研究成果和组织专家论证的基础上，调整食品标准体系结构。今后，食品卫生标准的技术要求主要涉及农兽药残留限量、有害重金属限量、有害微生物和真菌毒素限量以及食品添加剂使用限量等方面要求；食品卫生标准参照国际食品法典委员会（CAC）等国际标准，原则上分类制定为国家强制性标准，以进一步提高通用性，便于其他标准引用；具体产品标准原则上不再单独制定卫生指标，所涉及的卫生要求引用相应的强制性国家卫生标准。

（三）加快食品标准的制修订，确保消费者的安全健康，满足市场需求。发布《全国食品标准2004—2005年发展计划》，并按照各部门职责对《计划》进行分解和落实。启动一批重要标准的修订，今明两年重点安排食品卫生、食品生产安全控制、重要产品等约400项标准的修订工作；安排约200项急需标准的制定计划，重点补充完善农药、兽药、生物激素、有害重金属元素、有害微生物限量和检验方法标准。

（四）加强标准的基础性研究和危险性评估等科学方法研究，提高标准的科学性和合理性。加强食品质量安全标准的前期研究，特别是开展食品中有毒有害物质残留限量、转基因产品安全评价以及检验方法等方面的标准研究，提高标准的科学性；根据国际国内食品市场发展的需要，加强食品标识、物流标准的前期研究，为规范食品流通领域正常秩序和保护消费者的安全创造条件；研究建立食品安全检测数据库，为标准的制修订提供依据；大力开展危险性评估等科学方法在标准制修订过程中应用的研究，以提高标准的合理性和有效性；积极开展利用标准手段保护国内食品市场的技术性贸易措施和跨越国外技术性贸易壁垒的研究，提高我国食品行业竞争力。

（五）加强对国际标准和国外先进标准的跟踪、研究和转化，提高标准的整体水平。加强对国际食品法典委员会（CAC）、国际标准化组织食品标准化技术委员会（ISO/TC34）、国际制酪业联合会（IDF）、国际葡萄酒局（OIV）等国际标准化组织发布的标准、指南等技术文件的搜集、分析和研究，对适合我国国情和发展需要的国际标准，要尽快转化为我国的标准；加大参与国际标准化活动的力度，增强我国对国际标准制定的影响力；积极引导企业实质性参与国际标准化活动，鼓励企业大力推行和使用采标标志，提高我国食品标准的整体水平。

（六）加强标准的宣贯和培训，强化食品安全标准的实施。加强标准的宣贯和培训工作，大力普及食品安全标准知识，通过开展各种类型的标准宣贯和标准化知识培训，使企业负责人和技术人员了解、熟悉标准，提高企业负责人标准化意识和质量意识；食品标准信息应及时向社会公开，便于企业和社会各方面查询，以提高食品生产企业的标准水平，加强对食品生产加工企业产品标准的备案管理，提高食品生产企业的标准水平；推动食品行业开展创建“标准化良好行为企业”工作，引导企业建立企业标准体系，促进企业管理水平和产品质量水平的提高；加强食品标准实施的监督检查，促使企业严格按照标准组织生产，提高企业执行标准的自觉性。

三、主要工作措施

（一）成立食品安全标准体系建设领导小组。由标准委牵头会同发展改革委、农业部、商务部、卫生部、食品药品监管局等部门成立的食品安全标准体系建设领导小组，统一领导食品安全标准体系建设工作；负责协调体系建设工作中的重大问题，并提出解决意见；督促和检查体系建设的进展情况。

（二）强化各部门食品安全标准体系建设的责任。食品安全标准体系建设需要各部门密切配合，各负其责。国家标准委负责对“清理与食品安全有关的产品和卫生标准，构建食品安全标准体系”工作的组织和协调；国务院各有关行业管理部门负责行业标准的清理。制修订和管理工作，协助做好国家标准的清理和制修订工作；各地标准化行政主管部门负责地方标准的清理、制修订和企业产品标准的备案管理工作，推动食品标准的实施，并对标准的实施情况进行监督。各部门开展上述工作，要在人员和资金等方面尽力提供保障，共同做好食品安全标准清理和体系建设工作。

（三）创新标准化工作机制。提高标准制修订工作的透明度和公众的参与程度，吸收有条件的社团、企业和专家参加标准的制修订工作，对于市场急需的重要标准要充分听取企业和社会各方面的意见；引导企业实质性参与国际标准化活动，鼓励有条件的企业参与国际标准的制修订工作；食品标准的计划立项、起草、审查等全过程要公开透明、协调一致；建立标准的反馈机制，对标准制修订和实施全过程的信息进行收集并处理。

（四）调整和组建与食品安全有关的标准化技术委员会。针对当前我国食品安全标准化工作发展的要求，在充分研究相关国际食品标准化组织构架的基础上，按照科学合理、分工明确的原则，建立健全相应的食品安全标准化技术委员会，标准化技术委员会要广泛吸收企业和社会各界专家参加。

（五）提高食品安全标准化工作人员素质。在全国范围内对标准化技术委员会、各级标准化行政主管部门和食品生产企业标准化技术人员开展标准化法律法规、标准化基本理论知识以及重要标准的宣传与培训工作。培训分层次进行，国家标准委主要负责标准化技术委员会和省级标准化机构的培训，各省组织所辖地区标准化行政管理人员和食品企业负责人、标准化技术人员的培训，争取经过3至5年的努力，培养出一批既有标准化知识又具备专业知识的业务骨干。

（六）加大对食品安全标准体系建设的投入。建立健全食品安全标准体系，任务繁重、工作量大，需要充足的经费支持。应积极争取国家财政支持，重点开展食品安全标准的制修订和基础性研究，同时多方开辟渠道，保障资金投入。

各有关部门要充分认识加强食品安全标准体系建设对于保障食品安全的重大意义，增强使命感和责任感，齐心协力，尽快建立健全食品安全标准体系，为确保我国食品安全和提高我国食品行业质量和竞争力打好技术基础。

国家标准化管理委员会 国家发展和改革委员会
农业部 商务部 卫生部 国家质量监督检验检疫总局
国家食品药品监督管理局
2004年12月15日

深化流通体制改革试点方案

商务部　中央编办　发展改革委　财政部　人民银行　税务总局　银监会
（2004年12月31日）

商务部、中央编办、发展改革委、财政部、人民银行、税务总局、银监会关于印发《深化流通体制改革试点方案的通知》

商改发［2004］654号

辽宁、江苏、福建、山东、湖北、四川、厦门、南京、成都省（市）商务主管部门、编办、发展改革委（局）、财政厅（局）、人民银行分行、国家税务局、地方税务局、银监局：

为继续深化流通体制改革，推进市场开放，加快流通业发展，经国务院同意，决定选择辽宁省、湖北省、厦门市、南京市、成都市、潍坊市、绵阳市进行深化流通体制改革试点。现将《深化流通体制改革试点方案》印发你们，请结合试点地区实际情况，选准改革突破口，突出重点和特色，采取切实可行的配套政策措施，抓紧制定试点实施方案并组织实施。

特此通知

2004年12月8日

一、深化流通体制改革的必要性

（一）流通在国民经济发展中的地位和作用日益突出。流通是国民经济运行的重要环节，消费通过流通决定生产，现代化的流通带动现代化的生产。随着我国社会主义市场经济体制的不断完善，流通业在引导生产、拉动消费、稳定物价、吸纳就业等方面的作用日益突出，已成为促进国民经济发展的先导性产业。

（二）我国流通业的现状还不适应经济全球化发展和全面建设小康社会的要求。目前，我国流通体制尚未完全理顺，内外贸一体化还需要向更广领域更深层次发展，生产与流通的有机结合还需要加强，中介组织作用发挥不够；流通领域法律、行政法规和标准体系不健全；部门分割、行业垄断、地区封锁依然严重，社会信用体系缺失，市场秩序不规范；城乡之间与区域之间发展不平衡，产业组织化程度低，现代流通业发展滞后；流通企业改革缺乏政策支持，劣势企业难以退出市场，优势企业难以发展壮大；流通业对国民经济增长的贡献度不足，消费率偏低，吸纳就业的潜力没有得到充分发挥。

（三）党的十六大、十六届三中全会对进一步深化流通体制改革提出了明确的要求。党的十六大明确提出，要“在更大程度上发挥市场在资源配置中的基础性作用，健全统一、开放、竞争、有序的现代市场体系”，“深化流通体制改革，发展现代流通方式”。《中共中央关于完善社会主义市场经济体制若干问题的决定》进一步提出，要"大力推进市场对内对外开放，加快要素价格市场化，发展电子商务、连锁经营、物流配送等现代流通方式，促进商品和各种要素在全国范围内自由流动和充分竞争"，"按照市场经济和世贸组织规则的要求，加快内外贸一体化进程"。

二、试点的指导思想和原则

（一）指导思想

以邓小平理论和"三个代表"重要思想为指导，贯彻落实党的十六大、十六届三中全会精神，围绕全面建设小康社会的宏伟目标和发展战略，适应经济全球化发展需要，贯彻落实科学发展观，以市场为导向，以企业为主体，以改革为动力，以信息为先导，推进流通现代化，健全统一、开放、竞争、有序的现代市场体系，建立符合市场经济和经济全球化发展要求的新型流通体制，提高流通业的活力、效率和竞争力，扩大消费，增加就业，增强流通业对国民经济增长的贡献度。

（二）试点原则

一是坚持社会主义市场经济的改革方向，注重制度建设和体制、机制创新；二是坚持尊重群众的首创精神，充分发挥中央和地方两个积极性；三是坚持分类指导，有所侧重；四是坚持发挥市场机制的基础性作用，正确处理政策引导和企业自主发展的关系；五是坚持统筹兼顾，有重点、有步骤地推进改革，处理好改革发展进程中的各种利益关系；六是坚持以人为本，实现全面、协调、可持续发展。

三、主要任务

（一）深化流通体制改革，推进内外贸一体化。在政府、中介组织和企业全面推进内外贸资源整合、业务重组，统筹国内发展与对外开放。按照建设大市场、搞活大流通、发展大贸易的要求，深化流通管理体制改革，健全和完善流通管理职能，积极整合流通管理资源，构建内外贸一体化、生产与流通有机结合、符合国际通行做法的新型流通管理体制。进一步转变政府职能，抓好流通发展战略、产业政策、行业规划、行业标准的制定和组织实施工作，加强政策和信息引导，搞好宏观调控，全面实施行业指导、规范、监督、管理和服务。打破内外贸分割局面，以企业为主体，以产业为平台，培育规范化的市场中介组织，切实履行服务、沟通、协调、自律等职能，发挥联系政府和企业的桥梁和纽带作用。有选择地进行内外贸企业改革重组试点，把内贸企业的国内市场经营设施、网络渠道、客户资源、经营管理人才等优势与外贸企业开展国际市场经营的相应优势有机结合，培育内外贸一体化、拥有品牌和自主知识产权、主业突出、核心竞争能力强、初步具有国际竞争力的流通领域大公司大企业集团。积极引导具备一定条件的内贸企业开展外贸业务和"走出去"开展经营活动。鼓励外贸企业开拓国内市场，发展国内销售网络和物流体系，建立产品生产加工基地，走产业化经营道路。

（二）大力发展现代流通业。推进流通方式创新，重点发展连锁经营、特许经营、物流配送、电子商务、贸工农一体化、代理制等现代流通方式和组织形式，优化供应链体系，推进超市、便利店、折扣店、专业店、专卖店、无固定地点销售等新型业态的发展，加大对传统流通服务业特别是社区商业服务业的改造力度，优化业态结构。推广先进流通技术，加强流通信息化建设。搞好商业网点规划，合理布局，有效整合社会商业资源。加快发展农产品流通、加工和物流业，支持农业产业化龙头企业到城市开办农产品超市，鼓励有条件的地方将城市农贸市场改建成超市。加强农村市场体系培育建设，鼓励城市连锁和超市、便利店、专业店、专卖店等现代流通方式和新型业态经营企业到农村开设网点，创新农资流通方式和经营业态。支持流通企业做强做大，提高流通组织化、规模化、现代化、国际化程度和竞争力。

（三）加强流通领域立法和执法工作。在试点省市进行流通立法项目的前期调研论证工作，加快商品流通领域法律法规的立法进程。重点探索规范市场秩序、维护公平竞争关系、发展新型营销方式、加强商业网点布局规划等领域的立法和执法改革试点，局部试行，总结经验，完善规则，推进适用于全国的流通领域法律法规的制定工作，实现依法行政，加强流通执法体系建设。

（四）深化国有流通企业改革。以产权制度改革为重点，发挥市场机制作用，推进国有流通企业股份制改造。支持优势企业跨地区、跨行业、跨所有制进行资产重组，鼓励国内外各种资本参与流通企业改革和流通产业结构调整。建立现代企业制度，完善法人治理结构，深化企业内部人事、劳动、分配制度改革，建立健全科学的决策程序和激励约束机制。引导企业加强采购、销售、物流、资金和财务等方面的管理，积极运用现代信息技术，提高管理效率和水平。妥善解决企业的历史包袱，处置不良资产，保护职工合法权益和银行信贷资产安全。

（五）开拓市场，扩大消费。深入开展工商联手、农商联手、商商联手、银商联手开拓市场系列主题活动。不断创新培育市场、开拓市场的新方式新途径，逐步建立开拓市场、扩大消费、促进产销衔接和供需平衡的长效机制。大力发展服务业，规范服务业经营秩序，保障服务消费安全，拓宽服务消费的空间和领域，扩大服务消费品种和规模。规范发展消费信贷，引导居民消费结构升级。推进"三绿工程"建设，加强食品安全工作。

（六）搞好商业信用体系建设。加强商业职业道德建设，开展多种形式的"诚信兴商"创建活动，树立"诚信兴商"的经营理念。选择食品、药品、成品油、商品批发和零售、餐饮服务、美发美容等与人民群众生活密切相关的重点商品、重点行业和重点企业进行商业信用体系建设试点，探索建立重点行业、重点企业的商业信用档案体系，建立商业信用公告制度和失信惩戒机制。

四、为流通改革发展创造良好的制度环境

（一）综合运用现有政策。有关部门要密切配合，加强对试点地区流通改革发展工作的联系指导，国家促进流通改革发展、加强商品市场体系建设、搞好市场运行监测调控、推进内外贸一体化的有关政策优先适用于试点地区，支持试点地区搞好流通领域全国性、国际性重大活动。

（二）建立健全多层次的流通促进体系。按国家有关政策引导国内外资金投入试点地区流通设施建设改造，鼓励发展现代流通方式，推广应用先进流通技术，提高流通领域信息化水平，开拓国内外市场。进一步放宽流通服务业领域市场准入限制，大力发展非公有制经济。采取多种方式，利用多种渠道，加强流通领域经营管理培训和信息交流，大力培养多层次的现代流通经营管理人才。

（三）建立健全流通政策支持体系。积极运用财政、税收等经济的和法律的手段，采取有效措施，建立健全流通政策支持体系。

（四）建立有利于流通服务业发展的公平经营环境。参照国家对工业企业、外资企业的政策，研究制定流通服务业在用电、用水、土地使用、网点选址、金融服务等方面的优惠政策。

（五）妥善解决大型国有流通企业的历史包袱。试点地区要积极研究探索通过债务重组等方式解决流通企业历史包袱的办法。对企业因政策性原因形成的亏损，试点地区商务主管部门要会同财政、国有资产管理、债权银行等部门在分清责任的基础上，积极采取措施予以解决，同时要防止国有资产流失和逃废银行债务。

（六）优化市场环境。试点地区要认真贯彻落实《国务院关于禁止在市场经济活动中实行地区封锁的规定》（国务院第303号令）、《国务院关于整顿和规范市场经济秩序的决定》（国发［2001］11号）、《国务院办公厅转发国务院体改办国家经贸委关于促进连锁经营发展若干意见的通知》（国办发［2002］49号）、《国务院办公厅关于印发2004年全国整顿和规范市场经济秩序工作要点的通知》（国办发［2004］42号）等文件精神，加大市场经济秩序整顿规范力度，打破地区封锁，纠正设置行政壁垒、分割市场、妨碍公平竞争的做法，简化行政审批手续，促进具备条件的流通企业实现统一纳税，避免对企业进行重复检查，强化收费监督管理，为发展大流通、建设大市场创造有利的市场环境。

五、试点地区和时间

选择辽宁省、湖北省、厦门市、南京市、成都市、潍坊市、绵阳市进行试点。试点时间从2005年1月开始，2007年底前结束。

六、组织实施

建立由商务部、中央编办、发展改革委、财政部、人民银行、税务总局、银监会等有关部门参加的部际协调机制，负责组织落实试点方案，研究试点工作中的重大问题，协调出台试点政策措施。试点日常工作由商务部负责。

试点地区要在当地人民政府的领导下，建立相应的工作机制，从实际情况出发，突出地方特色，选准改革突破口（粮食、棉花流通体制改革不属于此次改革试点内容），采取切实可行的配套政策措施，抓紧制定试点实施方案，适时组织实施，积极探索深化流通体制改革的好做法好经验，推进改革，扩大开放，加快流通业发展。

整顿棉花流通秩序工作方案

关于印发整顿棉花流通秩序工作方案的通知

发改经贸［2004］2123号

天津、河北、山西、辽宁、上海、江苏、浙江、安徽、江西、山东、河南、湖北、湖南、四川、陕西、甘肃、新疆等省区和新疆生产建设兵团、宁波、青岛、武汉发展改革委（计委）、农业厅（局）、工商管理局、质量监督局及纤维检验局、供销社：

为规范棉花流通秩序，特制定《整顿棉花流通秩序工作方案》（以下简称《工作方案》），现印发给你们，并就有关问题通知如下：

一、提高对整顿棉花流通秩序必要性的认识

近几年来，各地认真贯彻国务院棉花流通体制改革精神，放开棉花收购和加工市场，鼓励市场主体的竞争，促进了棉花生产发展和质量的提高。但棉花加工企业增加过多，加工能力严重过剩；有的企业违反《棉花质量监督管理条例》的有关规定，收购加工超水分和混等混级棉花，不排除异性纤维，造成棉花质量下降；有的企业违反《棉花收购加工和市场管理暂行办法》的有关规定，未取得资格认定，非法收购加工棉花，严重干扰了棉花流通的正常秩序。整顿棉花市场流通秩序，是整顿市场经济秩序的重要组成部分，也是促进棉花流通体制改革进一步深化的重要措施，各级发展改革、农业、工商行政管理、质量监督部门和供销社要在当地人民政府统一领导下，按照整顿工作方案的要求，认真部署并切实抓好清理整顿工作。

二、妥善处理整顿中的矛盾和问题

我国放开棉花市场的时间不长，棉花市场正在发育过程中。整顿棉花流通秩序，必须从实际情况出发，严格按照《工作方案》要求进行清理，严格把握政策，既要打击各种违法违规的行为，又要有利于市场的竞争，促进市场体系的发育和完善。要处理好整顿流通秩序与做好棉花收购工作的关系。通过清理整顿，促进棉花收购，促进棉花质量的提高。

三、切实加强对整顿棉花市场流通秩序的领导

各地要成立棉花流通秩序整顿工作领导小组，并抽调得力人员组成整顿办公室，密切配合，齐心协力，联合开展执法行动，及时发现和纠正清理整顿工作中存在的问题，及时反馈信息和沟通情况，重大问题要及时上报。对各地的进展情况，国家发展改革委将会同有关部门组织检查。

请各产棉省（区、市）于10月20日前，将清理整顿工作领导小组及联络人员名单报送国家发展改革委等有关部门。

附：《整顿棉花流通秩序工作方案》

国家发展和改革委员会 农业部 国家工商行政管理总局

国家质量监督检验检疫总局 中华全国供销合作总社

2004年9月30日

一、棉花流通秩序整顿的必要性

随着棉花流通体制改革的不断深化，我国棉花市场化程度逐步提高，子棉收购、皮棉加工多渠道竞争的局面已经形成。但是，棉花收购加工企业数量增长过快，加工能力严重过剩。在棉花收购加工过程中，没有通过资格认定的企业非法收购加工棉花的现象屡禁不止，严重干扰了棉花流通的正常秩序，加剧了在资源短缺的情况下企业盲目抬价抢购的矛盾。为了规范棉花流通秩序，根据《国务院关于整顿和规范市场经济秩序的决定》、《棉花质量监督管理条例》和《棉花收购加工和市场管理暂行办法》，决定今年四季度在全国开展棉花流通秩序整顿工作。

二、清理整顿的基本任务和主要内容

整顿棉花流通秩序工作的主要任务是：清理棉花市场，规范经营行为，打击非法经营，维护正常的流通秩序，促进棉花产业的健康发展。

清理整顿的主要内容是：

（一）对所有收购加工企业的资质条件进行一次全面检查。检查的主要内容是，棉花收购加工企业是否具备固定的收购加工场所，在生产线上使用的主机设备、配套设备、生产工艺和主要技术要求及企业质量保证体系是否符合国家标准的有关规定，是否具备符合国家规定的棉花质量检验环境条件、棉花品级实物标准、仪器设备、仓储和消防设施，是否具备经国家劳动人事部门考核合格的专职棉花品质检验人员，是否切实履行国家棉花质量法规规定的质量义务等。

对丧失资质条件的要限期整改，整改期间不得从事新的棉花收购加工业务。整改验收不合格的，责令停业整顿，停业整顿后仍达不到要求的，收回棉花收购加工资格证书。

（二）整顿棉花收购加工企业的经营行为。棉花收购加工企业收购棉花必须明码标价，按照国家规定的标准和规程进行；必须加强对异性纤维的挑拣；不得压级压重、抬级抬重；不得购买、使用国家明令禁止的棉花加工设备；不得收购加工超水分棉花，混等加工子棉。要严厉打击通过挂靠、联营、转包等手段为没有通过资格认定的企业从事棉花收购加工活动提供便利、从中牟利的行为，严禁“一证多厂”。对不履行质量义务、丧失质量保证能力的棉花收购加工企业，要撤销其收购加工资格证书。

（三）严厉打击非法经营行为。对无营业执照的棉花收购加工企业，要按照《无照经营查处取缔办法》坚决取缔。对未通过资格认定的棉花收购加工企业，工商行政管理部门不予颁发营业执照。对已取得营业执照但未通过资格认定的棉花收购加工企业，吊销其营业执照。严厉打击掺杂使假、以次充好、混等混级、质量与标识不符等违法行为。对有严重违法违规经营行为的企业，依法严肃处理。

（四）规范棉花市场。所有进行棉花交易的市场必须具备以下基本条件：（1）具备固定的交易场所；（2）建立法人治理结构；（3）建立公开、公平、透明、规范的交易规则；（4）对市场参与者要有明确的行为规范；（5）市场法人不得参与市场交易；（6）市场交易的棉花必须附有质量凭证和符合国家标准的包装标识；（7）市场法人和市场交易者要接受工商、质监、税务等部门的监管，照章纳税、诚信经营。凡不具备上述条件的，要限期整改。

（五）清理棉花流通规章。按照《反不正当竞争法》、《国务院关于禁止在市场经济活动中实行地方封锁的规定》等有关规定，各地要全面清理地方政府及有关部门涉及棉花流通的规章制度。凡有限制或歧视外埠企业、排斥外地产品和服务、限制棉花自由流通、妨碍公平竞争、设置行政壁垒条款的，要限期修改或废止。

三、时间安排

整顿棉花流通秩序工作分为四个阶段进行：

第一阶段，动员部署。10 月 20 日前，各地要把清理整顿的内容、要求传达到产棉区县级有关部门及所有收购加工企业和棉花市场。

第二阶段，自查自纠。10 月 20 日至 11 月 20 日，产棉区各级有关部门、各棉花收购加工企业和棉花市场对照清理整顿的要求进行自查自纠，发现问题，主动整改。

第三阶段，检查复查。11 月 20 日至 12 月 10 日，以县为单位对本地棉花流通规章、所有棉花加工企业和棉花市场，进行现场检查。不符合要求的要限期整改。

第四阶段，抽查验收。12 月 31 日前，各省（区、市）要对各县清理整顿情况进行抽查，并在抽查的基础上，以省为单位组织验收。2005 年 1 月 31 日前，各省将清理整顿结果报国家发展改革委等有关部门。

四、组织领导

产棉区各级发展改革委要会同农业、工商、质监部门和供销社成立棉花流通秩序整顿领导小组，有关部门要抽调人员组成棉花流通秩序整顿领导小组办公室，制定整顿工作方案，明确目标和责任。各有关部门要各负其责，密切协作，积极做好清理整顿工作。清理整顿过程中出现的问题要及时协调解决，重大问题及时上报。各级棉花流通秩序整顿领导小组办公室要设立举报电话，建立值班制度，认真受理投诉举报。对提供重要线索的举报人予以奖励。要将清理整顿、验收合格后的棉花收购加工企业、棉花市场和流通法规向社会公示，实行社会监督。

商业特许经营管理办法

第一章 总 则

第一条 为规范商业特许经营行为，保护当事人的合法权益，促进商业特许经营健康有序发展，制定本办法。

第二条 本办法所称商业特许经营（以下简称特许经营），是指通过签订合同，特许人将有权授予他人使用的商标、商号、经营模式等经营资源，授予被特许人使用；被特许人按照合同约定在统一经营体系下从事经营活动，并向特许人支付特许经营费。

第三条 在中华人民共和国境内开展特许经营活动适用本办法。

第四条 特许人可以按照合同约定，将特许经营权直接授予被特许人，被特许人投资设立特许经营网点，开展经营活动，但不得再次转授特许经营权；或者将一定区域内的独家特许经营权授予被特许人，该被特许人可以将特许经营权再授予其他申请人，也可以在该区域内设立自己的特许经营网点。

第五条 开展特许经营应当遵守中华人民共和国的法律、法规，遵循自愿、公平、诚实、信用的原则，不得损害消费者合法权益。

特许人不得假借特许经营的名义，非法从事传销活动。

特许人以特许经营方式从事商业活动不得导致市场垄断、妨碍公平竞争。

第六条 商务部对全国特许经营活动实施监督管理，各级商务主管部门对辖区内的特许经营活动实施监督管理。

第二章 特许经营当事人

第七条 特许人应当具备下列条件：

（一）依法设立的企业或者其他经济组织；

（二）拥有有权许可他人使用的商标、商号和经营模式等经营资源；

（三）具备向被特许人提供长期经营指导和培训服务的能力；

（四）在中国境内拥有至少两家经营一年以上的直营店或者由其子公司、控股公司建立的直营店；

（五）需特许人提供货物供应的特许经营，特许人应当具有稳定的、能够保证品质的货物供应系统，并能提供相关的服务。

（六）具有良好信誉，无以特许经营方式从事欺诈活动的记录。

第八条 被特许人应当具备下列条件：

（一）依法设立的企业或者其他经济组织；

（二）拥有与特许经营相适应的资金、固定场所、人员等。

第九条 特许人享有下列权利：

（一）为确保特许经营体系的统一性和产品、服务质量的一致性，按照合同约定对被特许人的经营活动进行监督；

（二）对违反特许经营合同规定，侵犯特许人合法权益，破坏特许经营体系的被特许人，按照合同约定终止其特许经营资格；

（三）按照合同约定收取特许经营费和保证金；

（四）合同约定的其他权利。

第十条 特许人应当履行下列义务：

（一）按照本办法有关规定及时披露信息；

（二）将特许经营权授予被特许人使用并提供代表该特许经营体系的营业象征及经营手册；

（三）为被特许人提供开展特许经营所必需的销售、业务或者技术上的指导、培训及其他服务；

（四）按照合同约定为被特许人提供货物供应。除专卖商品及为保证特许经营品质必须由特许人或者特许人指定的供应商提供的货物外，特许人不得强行要求被特许人接受其货物供应，但可以规定货物应当达到的质量标准，或提出若干供应商供被特许人选择；

（五）特许人对其指定供应商的产品质量应当承担保证责任；

（六）合同约定的促销及广告宣传；

（七）合同约定的其他义务。

第十一条 被特许人享有下列权利：

（一）获得特许人授权使用的商标、商号和经营模式等经营资源；

（二）获得特许人提供的培训和指导；

（三）按照合同约定的价格，及时获得由特许人提供或安排的货物供应；

（四）获得特许人统一开展的促销支持；

（五）合同约定的其他权利。

第十二条 被特许人应当履行下列义务：

（一）按照合同的约定开展营业活动；

（二）支付特许经营费、保证金；

（三）维护特许经营体系的统一性，未经特许人许可不得转让特许经营权；

（四）向特许人及时提供真实的经营情况，财务状况等合同约定的信息；

（五）接受特许人的指导和监督；

（六）保守特许人的商业秘密；

（七）合同约定的其他义务。

第三章 特许经营合同

第十三条 特许经营合同的内容由当事人约定，一般包括以下内容：

（一）当事人的名称、住所；

（二）授权许可使用特许经营权的内容、期限、地点及是否具有独占性；

（三）特许经营费的种类、金额、支付方式以及保证金的收取和返还方式；

（四）保密条款；

（五）特许经营的产品或服务质量控制及责任；

（六）培训和指导；

（七）商号的使用；

（八）商标等知识产权的使用；

（九）消费者投诉；

（十）宣传与广告；

（十一）合同的变更和解除；

（十二）违约责任；

（十三）争议解决条款；

（十四）双方约定的其他条款。

第十四条 特许经营费是指被特许人为获得特许经营权所支付的费用，包括下列几种：

（一）加盟费：是指被特许人为获得特许经营权而向特许人支付的一次性费用；

（二）使用费：是指被特许人在使用特许经营权过程中按一定的标准或比例向特许人定期支付的费用；

（三）其他约定的费用：是指被特许人根据合同约定，获得特许人提供的相关货物供应或服务而向特许人支付的其他费用。

保证金是指为确保被特许者履行特许经营合同，特许人向被特许人收取的一定费用。合同到期后，保证金应退还被特许人。

特许经营双方当事人应当根据公平合理的原则商定特许经营费和保证金。

第十五条 特许经营合同的期限一般不少于三年。

特许经营合同期满后，特许人和被特许人可以根据公平合理的原则，协商确定特许经营合同的续约条件。

第十六条 特许经营合同终止后，原被特许人未经特许人同意不得继续使用特许人的注册商标、商号或者其他标志，不得将特许人的注册商标申请注册为相似类别的商品或者服务商标，不得将与特许人注册商标相同或近似的文字申请登记为企业名称中的商号，不得将与特许人的注册商标、商号或门店装潢相同或近似的标志用于相同或类似的商品或服务中。

第四章 信息披露

第十七条 特许人和被特许人在签订特许经营合同之前和特许经营过程中应当及时披露相关信息。

第十八条 特许人应当在正式签订特许经营合同之日20日前，以书面形式向申请人提供真实、准确的有关特许经营的基本信息资料和特许经营合同文本。

第十九条 特许人披露的基本信息资料应当包括以下内容：

（一）特许人的名称、住所、注册资本、经营范围、从事特许经营的年限等主要事项，以及经会计师事务所审计的财务报告内容和纳税等基本情况；

（二）被特许人的数量、分布地点、经营情况以及特许经营网点投资预算表等，解除特许经营合同的被特许人占被特许人总数比例；

（三）商标的注册、许可使用和诉讼情况；商号、经营模式等其他经营资源的有关情况；

（四）特许经营费的种类、金额、收取方法及保证金返还方式；

（五）最近五年内所有涉及诉讼的情况；

（六）可以为被特许人提供的各种货物供应或者服务，以及附加的条件和限制等；

（七）能够给被特许人提供培训、指导的能力证明和提供培训或指导的实际情况；

（八）法定代表人及其他主要负责人的基本情况及是否受过刑事处罚，是否曾对企业的破产负有个人责任等；

（九）特许人应被特许人要求披露的其他信息资料。

由于信息披露不充分、提供虚假信息致使被特许人遭受经济损失的，特许人应当承担赔偿责任。

第二十条 被特许人应当按照特许人的要求如实提供有关自己经营能力的资料，包括主体资格证明、资信证明、产权证明等。在特许经营过程中，应当按照特许人的要求及时提供真实的经营情况等合同约定的资料。

第二十一条 在特许经营期间及特许经营合同终止后，被特许人及其雇员未经特许人同意，不得披露、使用或者允许他人使用其所掌握的特许人的商业秘密。

第二十二条 未与特许人签订特许经营合同，但通过特许人的信息披露而知悉特许人商业秘密的人和申请人，应当承担保密义务。未经特许人同意，不得泄露、向他人透露或转让特许人的商业秘密。

第五章 广告宣传

第二十三条 特许人在宣传、促销、出售特许经营权时，广告宣传内容应当准确、真实、合法，不得有任何欺骗、遗漏重要事实或者可能发生误导的陈述。

第二十四条 特许人和被特许人在广告宣传材料中直接或者间接含有特许人的经营收入或者收益的记录、数字或者其他有关资料，应当真实，涉及的地区及时间应当明确。

第二十五条 特许人和被特许人不得以任何可能误导、欺骗、导致混淆的方式模仿他人商标、广告画面及用语或者其他辨识标记。

第二十六条 在特许经营推广活动中，特许人不得人为夸大特许经营所带来的利益或者有意隐瞒特许经营客观上可能出现的影响他人利益的情况。

第六章 监督管理

第二十七条 各级商务主管部门应当加强对本行政区域内特许经营活动的管理和协调，指导当地行业协会（商会）开展工作。

各级商务主管部门应当建立特许人、被特许人信用档案，及时公布违规企业名单。

第二十八条 特许经营行业协会（商会）应当根据本办法制定行业规范，开展行业自律，为特许经营当事人提供相关服务，促进行业发展。

第二十九条 特许人应当在每年1月份将上一年度签订的特许经营合同的情况报其所在地商务主管部门和被特许人所在地商务主

管部门备案。所在地商务主管部门应将备案情况报上一级商务主管部门。

第三十条 在特许经营活动中涉及专利许可的，应当按照《中华人民共和国专利法》及其实施细则的有关规定签订专利许可合同，并按《专利实施许可合同备案管理办法》规定办理备案事宜。

第三十一条 在开展特许经营活动之前，特许人应按《中华人民共和国商标法》及其实施条例的规定办理商标使用许可合同备案事宜。

第七章　外商投资企业的特别规定

第三十二条 外商投资企业不得以特许经营方式从事《外商投资产业指导目录》中的禁止类业务。

第三十三条 外商投资企业以特许经营方式从事商业活动的，应向原审批部门提出申请增加“以特许经营方式从事商业活动”的经营范围，并提交下列材料：

（一）申请书及董事会决议；

（二）企业营业执照及外商投资企业批准证书（复印件）；

（三）合同、章程修改协议（外资企业只报送章程修改）；

（四）证明符合本办法第七条规定的有关文件资料；

（五）反映本办法第十九条规定的基本信息资料；

（六）特许经营合同样本；

（七）特许经营操作手册。

审批部门应当在收到上述全部申请材料之日起30日内做出批准或者不批准的书面决定。

申请人获得批准后，应在获得审批部门换发的《外商投资企业批准证书》后1个月内向工商行政管理机关办理企业登记变更手续。

第三十四条 外商投资企业经批准以特许经营方式从事商业活动的，应在每年1月份将上一年度签订的特许经营合同的情况报原审批部门和被特许人所在地商务主管部门备案。

第三十五条 外国投资者设立专门以特许经营方式从事商业活动的外商投资企业时，除符合本办法外，还须符合外商投资有关法律、法规及规章的规定。

第三十六条 本办法施行前已经以特许经营方式从事商业活动的外商投资企业，应将已开展业务的情况向原审批部门备案，继续以特许经营方式从事商业活动的，应按本章规定的程序办理相关手续。

第三十七条 港、澳、台投资企业在内地以特许经营方式从事商业活动参照本章规定执行。

第八章　法律责任

第三十八条 违反本办法第七条、第八条规定的，由商务主管部门责令改正，并可处以3万元以下罚款；情节严重的，提请工商行政管理机关吊销营业执照。

第三十九条 未按本办法规定进行信息披露的，由商务主管部门责令改正，并处以3万元以下罚款；情节严重的，提请工商行政管理机关吊销营业执照。

第四十条 特许人违反本办法规定进行广告宣传的，按照《中华人民共和国广告法》及其他有关法律、行政法规及规章的规定处理。

第九章　附　　则

第四十一条 本办法由商务部负责解释。

第四十二条 本办法自2005年2月1日起施行，原国内贸易部发布的《商业特许经营管理办法（试行）》同时废止。

（商务部2004年第25号令发布）

成品油市场管理暂行办法

中华人民共和国商务部令

2004 年第 23 号

《成品油市场管理暂行办法》已经 2004 年 11 月 15 日商务部第 14 次部务会议审议通过，现予公布，自 2005 年 1 月 1 日起施行。

部长 薄熙来

2004 年 12 月 2 日

第一章 总 则

第一条 为加强成品油市场监督管理，规范成品油经营行为，维护成品油市场秩序，根据《国务院对确需保留的行政审批项目设定行政许可的决定》（国务院令第 412 号）和有关法律法规，制定本办法。

第二条 在中华人民共和国境内从事成品油批发、仓储及零售经营活动的企业，应当遵守有关法律法规和本办法。

第三条 商务部依法对全国成品油市场进行监督管理。

省、自治区、直辖市及计划单列市人民政府商务行政主管部门（以下简称省级人民政府商务行政主管部门）负责制定本辖区内加油站和仓储行业发展规划，负责组织和协调本辖区内成品油经营活动的监督管理。

第四条 本办法所称成品油是指汽油、煤油、柴油。

第二章 成品油经营许可的申请与受理

第五条 申请从事成品油批发经营的企业，应当向所在地省级人民政府商务行政主管部门提出申请。省级人民政府商务行政主管部门审查后，将初步审查意见及申请材料上报商务部，由商务部决定是否给予成品油批发经营许可。

第六条 申请从事成品油仓储、零售经营的企业，应当向所在地市级（设区的市，下同）人民政府商务行政主管部门提出申请。市级人民政府商务行政主管部门审查后，将初步审查意见及申请材料报省级人民政府商务行政主管部门，由省级人民政府商务行政主管部门决定是否给予成品油仓储或零售经营许可。

第七条 申请从事成品油批发经营的企业，应当具备下列条件：

（一）具有稳定的成品油供应渠道；

（二）具有全资或控股的、库容不低于 4 000 立方米的成品油油库，油库建设符合《石油库设计规范》（GB50074－2002）；

（三）具备接卸成品油的输送管道、铁路专用线或成品油水运码头等设施；

（四）油库及其他设施符合国家安全生产、环境保护的有关规定；

（五）具备成品油检验、计量、储存、消防安全等专业技术人员；

（六）符合成品油批发网络发展规划的要求；

（七）各项管理制度健全。

第八条 申请从事成品油仓储经营的企业，应当具备下列条件：

（一）储油设施符合油库布局规划要求；

（二）油库容量不低于 4 000 立方米，油库建设符合《石油库设计规范》（GB50074－2002）；

（三）具备接卸成品油的输送管道、铁路专用线或成品油水运码头等设施；

（四）油库设计和建设符合安全生产及环境保护的规定；

（五）具备成品油检验、计量、储存、消防安全等知识的专业技术人员；

（六）各项管理制度健全。

第九条 申请从事成品油零售经营的企业，应当具备下列条件：

（一）具有稳定的成品油供应渠道，与具有批发经营资格的成品油经营企业签订供油协议；

（二）符合当地加油站行业发展规划；

（二）加油站的设计、施工符合相应的国家标准；

（四）加油站建设符合国家土地管理、消防安全、环境保护等有关规定；

（五）具备成品油检验、计量、储存、消防安全等知识的专业技术人员；

（六）从事船用成品油供应经营的水上加油站（船），除符合上述规定外，还应当符合港口、水上交通安全和防止水域污染等有关规定。

面向农村、只销售柴油的加油点，由省级人民政府商务行政主管部门根据当地情况自行制定设立条件和管理办法。

第十条 商务行政主管部门应当在办公场所公示成品油经营许可申请的条件、程序、期限以及需提交的材料目录和申请书规范文本。

第十一条 接受申请的商务行政主管部门认为申请材料不齐全或者不符合规定的，应当当场或在收到申请 5 个工作日内一次告知申请人所需补正的全部内容。逾期不告知的，自收到申请材料之日起即为受理。

第十二条 商务行政主管部门在申请人申请材料齐全、符合法定形式，或者申请人按照要求提交全部补正申请材料时，应当受理成品油经营许可申请。

商务行政主管部门受理成品油经营许可申请，应当出具加盖本行政机关专用印章和注明日期的书面凭证。

不受理成品油经营许可申请，应当出具加盖本行政机关专用印章、说明不受理理由和注明日期的书面凭证，并告知申请人享有依法申请行政复议或者提起行政诉讼的权利。

第十三条 受理申请的商务行政主管部门应当对申请人提交的材料认真审核，提出处理意见，需报上级商务行政主管部门审核的，将初步审查意见及申请材料上报上级商务行政主管部门。

第三章 成品油经营许可审查的程序与期限

第十四条 省级人民政府商务行政主管部门收到成品油批发经营申请后，应当指派两名以上工作人员，在20个工作日内完成审查，并将初步审查意见及申请材料上报商务部。

商务部自收到省级人民政府商务行政主管部门上报的材料之日起，20个工作日内完成审核。对符合第七条规定条件的申请人，应当给予成品油批发经营许可，并颁发《成品油批发经营批准证书》；对不符合条件的，将不予许可的决定及理由书面通知申请人。

第十五条 市级人民政府商务行政主管部门收到成品油仓储经营申请后，应当指派两名以上工作人员，在20个工作日内完成审查，并将初步审查意见及申请材料上报省级人民政府商务行政主管部门。

省级人民政府商务行政主管部门自收到市级人民政府商务行政主管部门上报的材料之日起，20个工作日内完成审核。对符合第八条规定条件的申请人，应当给予成品油仓储经营许可，报商务部备案后颁发《成品油仓储经营批准证书》；对不符合条件的，将不予许可的决定及理由书面通知申请人。20个工作日内不能作出决定的，经本部门负责人批准，可以延长10个工作日，并将延长期限的理由通知申请人。

第十六条 市级人民政府商务行政主管部门收到成品油零售经营申请后，应当指派两名以上工作人员，在20个工作日内完成审查，并将初步审查意见及申请材料上报省级人民政府商务行政主管部门。

省级人民政府商务行政主管部门自收到市级人民政府商务行政主管部门上报的材料之日起，20个工作日内完成审核。对符合第九条规定条件的申请人，应当给予成品油零售经营许可，并颁发《成品油零售经营批准证书》；对不符合条件的，将不予许可的决定及理由书面通知申请人。在20个工作日内不能做出决定的，经本部门负责人批准，可以延长10个工作日，并将延长期限的理由通知申请人。

第十七条 对申请人提出的成品油经营许可申请，接受申请的商务行政主管部门认为需要举行听证的，应当向社会公告并举行听证。

第十八条 成品油经营企业设立分支机构，应按照本办法规定，另行办理申请手续。

成品油经营企业歇业或终止经营的，应当到发证机关办理经营资格暂停或注销手续。

第四章 成品油经营批准证书的颁发与变更

第十九条 成品油经营批准证书由商务部统一印制。《成品油批发经营批准证书》由商务部颁发；《成品油仓储经营批准证书》和《成品油零售经营批准证书》由省级人民政府商务行政主管部门颁发。

第二十条 成品油批发经营企业要求变更《成品油批发经营批准证书》事项的，凭相关证明材料及原批准证书，由省级人民政府商务行政主管部门统一向商务部提出申请。属法人名称变更的，应当提供工商行政管理部门的企业法人名称变更证明；属法定代表人变更的，应当提供相应的证明文件。对具备继续从事成品油批发经营条件的，由商务部换发变更的《成品油批发经营批准证书》。

第二十一条 成品油仓储和零售企业要求变更有关事项的，向省级人民政府商务行政主管部门提出申请，并提供变更事项的证明文件。属法人名称变更的，应当提供工商行政管理部门的企业法人名称变更证明；属法定代表人变更的，应当提供相应的证明文件。省级人民政府商务行政主管部门审核后，对具备继续从事成品油仓储经营条件的，换发变更的《成品油仓储经营批准证书》；对具备继续从事成品油零售经营条件的，换发变更的《成品油零售经营批准证书》。

第二十二条 因主管机关变化引起的《成品油批发经营批准证书》、《成品油仓储经营批准证书》和《成品油零售经营批准证书》的变更另行规定。

第五章 监督管理

第二十三条 上级商务行政主管部门应当加强对下级商务行政主管部门实施成品油市场管理工作的监督检查，及时纠正成品油市场管理中的违规行为。

第二十四条 各级人民政府商务行政主管部门应当加强对本辖区成品油市场的监督检查，对成品油经营企业的违规行为进行查处。

第二十五条 商务行政主管部门实施成品油经营许可及后续监督管理，不得收取费用。成品油市场管理经费由商务行政主管部门向同级财政部门申请。

第二十六条 商务部和省级人民政府商务行政主管部门应当将取得成品油经营许可的企业名单和变更、撤销的成品油经营企业名单进行公示。

第二十七条 成品油经营批准证书不得伪造，不得买卖、出租、转借或者以任何其他形式转让。

第二十八条 成品油专项用户的专项用油，应当按照国家规定的用量、用项及供应范围使用，不得对外销售。

第二十九条 成品油经营企业应当依法经营，禁止下列行为：

（一）无证无照、证照不符或超范围经营的；

（二）加油站不使用加油机等计量器具加油或不按照规定使用税控装置；

（三）使用未经检定或超过检定周期和不符合防爆要求的加油机，擅自改动加油机或利用其他手段克扣油量；

（四）掺杂掺假、以假充真、以次充好；

（五）销售国家明令淘汰或质量不合格的成品油；

（六）经营走私或非法炼制成品油；

（七）违反国家成品油价格政策，哄抬油价或低价倾销的；

（八）国家法律法规禁止的其他经营行为。

第三十条 成品油零售企业应当从具有成品油批发经营资格的企业购进成品油。

成品油零售企业不得为不具备成品油批发经营资格的单位代销成品油。

成品油批发企业不得向不具备成品油经营资格的企业销售成品油。

成品油仓储企业为其他单位代储成品油，应当验证成品油的合法来源。

第三十一条 有下列情况之一的，作出成品油经营许可决定的商务行政主管部门或者上一级商务行政主管部门，根据利害关系人的请求或依据职权，可以撤销许可决定：

（一）行政机关工作人员滥用职权、玩忽职守对不符合法定条件的申请作出准予许可决定的；

（二）超越法定职权作出准予许可决定的；

（三）对不具备资格或者不符合法定条件的申请人作出准予许可决定的；

（四）依法可以撤销行政许可的其他情形。

第六章　法律责任

第三十二条 商务行政主管部门及其工作人员违反本办法规定，有下列情形之一的，由其上级行政机关责令改正；情节严重的，对直接负责的主管人员和其他直接责任人员给予行政处分：

（一）对符合法定条件的申请不予受理的；

（二）未向申请人说明不受理申请或者不予许可理由的；

（三）对不符合条件的申请者予以许可或者超越法定职权作出许可的；

（四）对符合法定条件的申请者不予批准或无正当理由不在法定期限内作出批准决定的；

（五）不依法履行监督职责或监督不力，造成严重后果的。

第三十三条 商务行政主管部门在实施成品油经营许可过程中，擅自收费的，由其上级行政机关责令退还非法收取的费用，并对直接责任人员给予行政处分。

第三十四条 成品油经营企业有下列行为之一的，商务行政主管部门应当依法给予行政处罚；情节严重的，吊销其成品油经营批准证书：

（一）涂改、倒卖、出租、出借或者以其他形式非法转让成品油经营批准证书的；

（二）成品油专项用户违反规定，擅自将专项用油对外销售的；

（三）违反本办法规定的条件和程序，未经许可擅自新建加油站或油库的；

（四）采取掺杂掺假、以假充真、以次充好或者以不合格产品冒充合格产品等手段销售成品油，或者销售国家明令淘汰并禁止销售的成品油的；

（五）销售走私成品油的；

（六）成品油批发企业向不具备成品油经营资格的企业销售成品油的；

（七）成品油零售企业从不具有成品油批发经营资格的企业购进成品油的；

（八）以欺骗、贿赂等不正当手段取得经营许可的；

（九）超越经营范围进行经营活动的；

（十）向负责监督检查的行政机关隐瞒有关情况、提供虚假材料或者拒绝提供反映其经营活动真实材料的；

（十一）法律、法规、规章规定的其他违法行为。

第三十五条 申请成品油经营许可时，隐瞒真实情况或者提供虚假材料的，商务行政主管部门应当作出不予受理或者不予许可的决定，并给予警告。

第三十六条 公民、法人或其他组织未经商务行政主管部门许可，擅自从事成品油经营活动的，由所在地商务行政主管部门会同有关部门予以制止，并给予行政处罚。

第七章　附　　则

第三十七条 本办法由商务部负责解释。

第三十八条 本办法自2005年1月1日起施行。

拍卖管理办法

中华人民共和国商务部令

2004 年第 24 号

《拍卖管理办法》已经 2004 年 11 月 15 日商务部第 14 次部务会议审议通过，现予公布，自 2005 年 1 月 1 日起施行。

部长　薄熙来

2004 年 12 月 2 日

第一章　总　　则

第一条　为规范拍卖行为，维护拍卖秩序，推动拍卖业的对外开放，促进拍卖业健康发展，根据《中华人民共和国拍卖法》（以下简称《拍卖法》）和有关外商投资的法律、行政法规和规章，制定本办法。

第二条　本办法适用于中华人民共和国境内拍卖企业进行的拍卖活动。

各种经营性拍卖活动，应当由依法设立的拍卖企业进行。

第三条　本办法所称拍卖企业，是指依法在中国境内设立的从事经营性拍卖活动的有限责任公司或者股份有限公司。

第四条　商务部是拍卖行业主管部门，对全国拍卖业实施监督管理。

省、自治区、直辖市人民政府（以下简称省级）和设区的市人民政府（以下简称市级）商务主管部门对本行政区域内的拍卖业实施监督管理。

第五条　拍卖企业从事拍卖活动，应当遵守《拍卖法》及其他有关法律、行政法规、规章的规定，遵循公开、公平、公正、诚实信用的原则。

第二章　拍卖企业的设立、变更和终止

第六条　申请设立拍卖企业的投资者应有良好的信誉，无违反中国法律、行政法规、规章的行为。

第七条　设立拍卖企业，应当具备下列条件：

（一）有一百万元人民币以上的注册资本；

（二）有自己的名称、组织机构和章程；

（三）有固定的办公场所；

（四）有三名以上取得拍卖业从业资格的人员，其中至少有一名是拍卖师；并有与主营业务密切联系的行业从业资格的专职或兼职人员；

（五）有符合有关法律、行政法规及本办法规定的拍卖业务规则；

（六）符合商务主管部门有关拍卖行业发展规划。

第八条　申请设立拍卖企业，应当提交下列材料：

（一）申请书；

（二）公司章程、拍卖业务规则；

（三）工商行政管理机关核发的《企业名称预先核准通知书》；

（四）拟任法定代表人简历和有效身份证明；

（五）拟聘任的拍卖师执业资格证书及从业人员的相关资质证明；

（六）固定办公场所产权证明或租用合同。

第九条　拍卖企业从事文物拍卖的，应当遵循有关文物拍卖的法律、行政法规的规定。

国家行政机关依法没收的物品，充抵税款、罚款的物品、人民法院依法没收的物品，充抵罚金、罚款的物品以及无法返还的追回物品和其他特殊国有资产等标的的拍卖应由具有相应拍卖资格的拍卖企业承担，具体资格条件由省级商务主管部门会同有关部门依据规范管理、择优选用的原则制定，并报商务部备案。

第十条　拍卖企业的名称应当符合企业名称登记管理的有关规定。拍卖企业名称中的行业表述应当标明“拍卖”字样。

第十一条　拍卖企业申请设立分公司，应当符合下列条件：

（一）符合拍卖业发展规划；

（二）年检合格；

（三）企业的注册资本不少于五百万元人民币且全部缴清，拍卖企业对每个分公司，需拨付不少于一百万元人民币的资金或实物；

（四）分公司应有两名以上取得拍卖业从业资格的人员，并有与主营业务密切联系的行业从业资格的专职或兼职人员；

（五）有固定的办公场所；

（六）经营拍卖业务三年以上，最近两年连续盈利，其上年拍卖成交额超过五千万元人民币；或者上年拍卖成交额超过二亿元人民币。

第十二条　拍卖企业设立分公司，申请人需要提交下列材料：

（一）拟设立分公司的申请报告；

（二）企业法人营业执照副本（复印件）；

（三）最近两年经会计师事务所审计的年度财务会计报表；

（四）拟任分公司负责人简历及有效身份证明；

（五）拟聘任的拍卖师执业资格证书及从业人员的相关资质证明；

（六）固定办公场所的产权证明或租用合同。

第十三条　设立拍卖企业及分公司，按照下列程序办理：

申请设立拍卖企业及分公司，应当先经企业或分公司所在地市级商务主管部门审查后，报省级商务主管部门核准并颁发拍卖经营

批准证书。申请人持拍卖经营批准证书向所在地工商行政管理机关办理登记手续。

省级商务主管部门对拍卖企业及分公司的设立许可可以采取听证方式。

拍卖经营批准证书由商务部统一印制。

第十四条 拍卖企业向工商行政管理机关申请变更注册登记项目前，应当先报省级商务主管部门核准，并由其换发拍卖经营批准证书。

第十五条 拍卖企业及分公司自领取拍卖经营批准证书之日起，六个月内未领取营业执照，其拍卖经营批准证书自动失效。

拍卖企业及分公司成立后六个月未开业，或开业后连续六个月无正当理由未举办拍卖会或没有营业纳税证明的，由有关部门依法吊销其营业执照，商务主管部门收回拍卖经营批准证书。

第十六条 拍卖企业根据章程规定事由、股东会决议或其他事由解散的；或者因违反法律、行政法规及本办法规定被责令关闭的；或者因不能清偿到期债务，被依法宣告破产的，由有关部门依法注销。

第三章 外商投资拍卖企业的设立、变更和终止

第十七条 外商投资拍卖企业可以从事经营性拍卖活动，法律、行政法规另有规定的除外。

第十八条 鼓励具有较强的经济实力、先进的拍卖技术和经营管理经验、广泛的国际拍卖营销网络的外国投资者设立外商投资拍卖企业。

第十九条 设立外商投资拍卖企业除应符合本办法第七条的规定外还应当符合下列条件：

（一）符合外商投资企业注册资本和投资总额的有关规定；

（二）外商投资拍卖企业的经营期限一般不超过三十年，在中西部设立外商投资拍卖企业的经营期限一般不超过四十年。

第二十条 已批准设立的外商投资拍卖企业申请设立分公司的，除符合本办法第十一条外，还应按时参加外商投资企业联合年检并年检合格。

第二十一条 设立外商投资拍卖企业，申请人除提交本办法第八条规定的材料外，还应提交下列材料：

（一）合同、章程（外资拍卖企业只报送章程）及其附件等；

（二）投资各方的银行资信证明、登记注册证明（复印件）；

（三）投资各方经会计师事务所审计的最近一年的审计报告；

（四）中国投资者拟投入到中外合资、合作拍卖企业的国有资产的评估报告；

（五）拟设立外商投资拍卖企业董事会成员名单及投资各方董事委派书。

外商投资拍卖企业设立分公司，申请人除提交本办法第十二条规定的材料外，还应提交企业验资报告。

第二十二条 设立外商投资拍卖企业及分公司，按照下列程序办理：

申请人应向商务部报送第二十一条规定的申请材料。商务部应自收到全部申请材料之日起在规定时间内作出是否批准的决定，对于批准设立的，颁发外商投资企业批准证书和拍卖经营批准证书，对于不批准的，应说明原因。

申请人应当自收到外商投资企业批准证书和拍卖经营批准证书之日起一个月内，向所在地工商行政管理机关办理登记手续。

商务部对外商投资拍卖企业及分公司的设立许可可以采取听证方式。

第二十三条 外商投资拍卖企业向工商行政管理机关申请变更注册登记项目前，应当报商务部核准，并换发拍卖经营批准证书和外商投资企业批准证书。

第二十四条 外商投资拍卖企业及分公司成立后六个月未开业，或开业后连续六个月无正当理由未举办拍卖会或没有营业纳税证明的，由有关部门依法吊销其营业执照，商务部收回拍卖经营批准证书。

第二十五条 外商投资拍卖企业根据章程规定事由、股东会或董事会决议或其他事由解散的；或者因违反法律、行政法规及本办法规定被责令关闭的；或者因不能清偿到期债务，被依法宣告破产的，由有关部门依法注销。

第四章 拍卖从业人员及拍卖活动

第二十六条 国家对拍卖专业技术人员实行执业资格制度，获得拍卖师执业资格证书的人员，经注册后，方可主持拍卖活动。

本办法所称拍卖师是指经全国统一考试合格，取得人事部、商务部联合用印的，由中国拍卖行业协会颁发的《中华人民共和国拍卖师执业资格证书》，并经注册登记的人员。

第二十七条 拍卖师只能在一个拍卖企业注册执业且不得以其拍卖师个人身份在其他拍卖企业兼职。

拍卖师不得将《中华人民共和国拍卖师执业资格证书》借予他人或其他单位使用。

第二十八条 拍卖师可以变更执业注册单位。拍卖师变更执业注册单位的，应当向中国拍卖行业协会办理注册变更手续。

中国拍卖行业协会应将拍卖师注册登记及变更情况每月定期报商务部备案。

第二十九条 下列物品或者财产权利禁止拍卖：

（一）法律、法规禁止买卖的；

（二）所有权或者处分权有争议，未经司法、行政机关确权的；

（三）尚未办结海关手续的海关监管货物。

第三十条 拍卖企业应当依法开展拍卖活动，不得有下列行为：

（一）出租、擅自转让拍卖经营权；

（二）对拍卖标的进行虚假宣传，给买受人造成经济损失；

（三）雇佣未依法注册的拍卖师或其他人员充任拍卖师主持拍卖活动的；

（四）采用恶意降低佣金比例或低于拍卖活动成本收取佣金，甚至不收取佣金（义拍除外）或给予委托人回扣等手段进行不正当竞争的；

（五）其他违反法律法规的行为。

第三十一条 拍卖企业发现拍卖标的中有公安机关通报协查物品或赃物，应当立即向所在地公安机关报告。

第三十二条 竞买人委托他人代理竞买的，应当出具授权委托书和竞买人、代理人的身份证明复印件。

授权委托书应载明代理人的姓名或者名称、代理事项、代理权

限和期间。

第三十三条 拍卖实施前，拍卖企业与委托人应当就拍卖未成交的有关事宜或因委托人中止或终止拍卖所造成损失的赔偿责任等事项达成书面协议。

第三十四条 对委托人送交的拍卖物品，拍卖企业应当由专人负责，妥善保管，建立拍卖品保管、值班和交接班制度，并采取必要的安全防范措施。

第三十五条 拍卖企业举办拍卖活动，应当根据拍卖标的物的属性及拍卖的性质，按照《拍卖法》及相关法律、行政法规规定的日期进行公告。公告应当发布在拍卖标的所在地以及拍卖会举行地商务主管部门指定的发行量较大的报纸或其他有同等影响的媒体。

第三十六条 拍卖企业应当在拍卖会前展示拍卖标的，为竞买人提供查看拍卖标的的条件并向竞买人提供有关资料。

展示时间应不少于两日，鲜活物品或其他不易保存的物品除外。

第三十七条 拍卖企业有权查明或者要求委托人书面说明拍卖标的的来源和瑕疵。

拍卖企业应当向竞买人说明其知道或者应当知道的拍卖标的的瑕疵。

第三十八条 法律、行政法规和规章对拍卖标的的受让人有特别规定的，拍卖企业应当将标的拍卖给符合法律、行政法规和规章要求的竞买人。

拍卖标的是依照法律、行政法规和规章规定需要行政许可的经营资格且依法可以转让的，委托人应在拍卖前应当征得行政许可机关的同意。

第三十九条 拍卖企业可以在拍卖会现场设立委托竞买席，并在拍卖会开始时对全体竞买人作出说明。

第四十条 有下列情形之一的，应当中止拍卖：

（一）没有竞买人参加拍卖的；

（二）第三人对拍卖标的所有权或处分权有争议并当场提供有效证明的；

（三）委托人在拍卖会前以正当理由书面通知拍卖企业中止拍卖的；

（四）发生意外事件致使拍卖活动暂时不能进行的；

（五）出现其他依法应当中止的情形的。

中止拍卖由拍卖企业宣布。中止拍卖的事由消失后，应恢复拍卖。

第四十一条 有下列情形之一的，应当终止拍卖：

（一）人民法院、仲裁机构或者有关行政机关认定委托人对拍卖标的无处分权并书面通知拍卖企业的；

（二）拍卖标的被认定为赃物的；

（三）发生不可抗力或意外事件致使拍卖活动无法进行的；

（四）拍卖标的在拍卖前毁损、灭失的；

（五）委托人在拍卖会前书面通知拍卖企业终止拍卖的；

（六）出现其他依法应当终止的情形的。

终止拍卖由拍卖企业宣布。拍卖终止后，委托人要求继续进行拍卖的，应当重新办理拍卖手续。

第四十二条 外商投资拍卖企业与内资拍卖企业联合在中华人民共和国境内举办拍卖会的，其拍卖标的应符合法律、行政法规及本办法的有关规定。

第五章　监督管理

第四十三条 商务部组织制定有关拍卖行业规章、政策，指导各地制定拍卖行业发展规划，依法建立拍卖业监督核查、行业统计和信用管理制度；负责拍卖行业利用外资的促进与管理；对拍卖行业自律组织进行业务指导。

第四十四条 省级商务主管部门负责制定和实施本地区拍卖行业发展规划，并将规划报商务部备案。

省级商务主管部门应建立本地区拍卖企业和从业人员的监督核查和行业统计及信用管理制度；负责设立拍卖企业和分公司的审核许可；管理与指导本地区的拍卖行业自律组织。

省级商务主管部门应当创造条件，建立与拍卖企业、其他有关行政机关计算机档案系统互联网络，对拍卖经营活动监督检查的情况和处理结果应当予以记录。每年度应当出具对拍卖企业的监督核查意见。对核查不合格的拍卖企业，应当责令限期整改，并将核查情况通报有关部门。

第四十五条 拍卖行业协会依法并根据章程，对拍卖企业和拍卖师进行监督。拍卖行业协会应当制定拍卖行业规范，加强行业自律管理，协调会员企业与政府有关部门及会员企业之间的关系，为会员企业提供服务，维护会员企业的合法权益。

中国拍卖行业协会在商务部的指导下，具体实施全国拍卖企业信用管理制度和组织拍卖师考试、考核和资格认定工作。

第六章　法律责任

第四十六条 未经许可从事经营性拍卖活动的企业，应依照国家有关规定予以取缔。

第四十七条 拍卖师违反本办法第二十六条、第二十七条规定或有向监管部门隐瞒情况、提供虚假材料等其他违规行为的，省级商务主管部门可将其违规事实及处理建议通告中国拍卖行业协会，中国拍卖行业协会应依照有关规定对违规拍卖师进行处理，并将处理结果在十个工作日内书面抄送拍卖师执业地省级商务主管部门和行业协会。

第四十八条 拍卖企业违反本办法第二十九条规定，对买受人造成损失的，拍卖企业应当给予赔偿；属于委托人责任的，拍卖企业有权向委托人追偿。

第四十九条 拍卖企业违反第三十条第（一）项，由省级商务主管部门责令其改正，并处三万元以下罚款。

第五十条 拍卖企业违反本办法第三十条第（三）项的规定，由省级商务主管部门视情节轻重予以警告，并处以非法所得额一倍以上的罚款，但最高不超过三万元；没有非法所得的，处以一万元以下的罚款。造成委托人和买受人损失的，拍卖企业应当依法给予赔偿。

第五十一条 拍卖企业违反本办法第三十条第（二）项、第（四）项规定的，由有关行政机关依法进行处罚。

第五十二条 拍卖企业违反本办法第三十五条、第三十六条规定，拍卖前违规进行公告或展示的，由省级商务主管部门视情节轻重予以警告，责令改正，延期拍卖或处以一万元以下罚款。

第五十三条 拍卖企业、委托人违反本办法第三十七条规定，未说明拍卖标的的瑕疵，给买受人造成损害的，买受人有权要求拍卖企业给予赔偿；属于委托人责任的，拍卖企业有权向委托人追偿。

拍卖企业、委托人在拍卖前声明不能保证拍卖标的的真伪或者品质的，不承担瑕疵担保责任（以下简称免责声明）。但是拍卖企业、委托人明确知道或应当知道拍卖标的有瑕疵时，免责声明无效。

第五十四条 拍卖成交后，委托人没有协助买受人依法办理证照变更、产权过户手续，造成买受人或拍卖企业损失的，委托人应当依法给予赔偿。

委托人提出中止或者终止拍卖，给拍卖企业或者竞买人造成损失的，应当依法给予赔偿。

第五十五条 有下列情形之一的，省级商务主管部门或商务部可以撤销有关拍卖企业及分公司设立的许可决定：

（一）工作人员滥用职权、玩忽职守作出准予设立决定的；

（二）违反《拍卖法》和本办法规定的设立条件作出准予设立决定的；

（三）超越法定职权作出准予设立决定的。

第五十六条 商务主管部门以及行业协会的工作人员在工作中滥用职权、徇私舞弊、玩忽职守、索贿受贿的，对负有责任的主管人员和直接责任人员依法给予行政处分；构成犯罪的，依法追究刑事责任。

第五十七条 商务主管部门工作人员对在执行公务中获知的有关拍卖企业、委托人、竞买人、买受人要求保密的内容，应当按保密规定为其保密，造成泄密的，按有关规定处理。拍卖企业认为向管理机关报送的材料有保密内容的，应注明“保密”字样并密封。

第七章 附 则

第五十八条 农产品批发市场、机动车交易市场等商品交易市场引入拍卖方式及利用互联网经营拍卖业务的管理，原则上参照本办法执行，具体办法另行制定。

第五十九条 国有独资拍卖企业应按照国家有关规定进行改制。

第六十条 本办法由商务部负责解释。

第六十一条 本办法自2005年1月1日起施行。

典当管理办法

商务部、公安部令

2005年第8号

《典当管理办法》已经商务部部务会议审议通过，并经公安部同意，现予公布，自2005年4月1日起施行。

商务部部长 薄熙来
公安部部长 周永康
2005年2月5日

第一章 总 则

第一条 为规范典当行为，加强监督管理，促进典当业规范发展，根据有关法律规定，制定本办法。

第二条 在中华人民共和国境内设立典当行，从事典当活动，适用本办法。

第三条 本办法所称典当，是指当户将其动产、财产权利作为当物质押或者将其房地产作为当物抵押给典当行，交付一定比例费用，取得当金，并在约定期限内支付当金利息、偿还当金、赎回当物的行为。

本办法所称典当行，是指依照本办法设立的专门从事典当活动的企业法人，其组织形式与组织机构适用《中华人民共和国公司法》的有关规定。

第四条 商务主管部门对典当业实施监督管理，公安机关对典当业进行治安管理。

第五条 典当行的名称应当符合企业名称登记管理的有关规定。典当行名称中的行业表述应当标明“典当”字样。其他任何经营性组织和机构的名称不得含有“典当”字样，不得经营或者变相经营典当业务。

第六条 典当行从事经营活动，应当遵守法律、法规和规章，遵循平等、自愿、诚信、互利的原则。

第二章 设 立

第七条 申请设立典当行，应当具备下列条件：

（一）有符合法律、法规规定的章程；

（二）有符合本办法规定的最低限额的注册资本；

（三）有符合要求的营业场所和办理业务必需的设施；

（四）有熟悉典当业务的经营管理人员及鉴定评估人员；

（五）有两个以上法人股东，且法人股相对控股；

（六）符合本办法第九条和第十条规定的治安管理要求；

（七）符合国家对典当行统筹规划、合理布局的要求。

第八条 典当行注册资本最低限额为300万元；从事房地产抵押典当业务的，注册资本最低限额为500万元；从事财产权利质押典当业务的，注册资本最低限额为1 000万元。

典当行的注册资本最低限额应当为股东实缴的货币资本，不包括以实物、工业产权、非专利技术、土地使用权作价出资的资本。

第九条 典当行应当建立、健全以下安全制度：

（一）收当、续当、赎当查验证件（照）制度；

（二）当物查验、保管制度；

（三）通缉协查核对制度；

（四）可疑情况报告制度；

（五）配备保安人员制度。

第十条 典当行房屋建筑和经营设施应当符合国家有关安全标准和消防管理规定，具备下列安全防范设施：

（一）经营场所内设置录像设备（录像资料至少保存2个月）；

（二）营业柜台设置防护设施；

（三）设置符合安全要求的典当物品保管库房和保险箱（柜、库）；

（四）设置报警装置；

（五）门窗设置防护设施；

（六）配备必要的消防设施及器材。

第十一条 设立典当行，申请人应当向拟设典当行所在地设区的市（地）级商务主管部门提交下列材料：

（一）设立申请（应当载明拟设立典当行的名称、住所、注册资本、股东及出资额、经营范围等内容）及可行性研究报告；

（二）典当行章程、出资协议及出资承诺书；

（三）典当行业务规则、内部管理制度及安全防范措施；

（四）具有法定资格的验资机构出具的验资证明；

（五）档案所在单位人事部门出具的个人股东、拟任法定代表人和其他高级管理人员的简历；

（六）具有法定资格的会计师事务所出具的法人股东近期财务审计报告及出资能力证明、法人股东的董事会（股东会）决议及营业执照副本复印件；

（七）符合要求的营业场所的所有权或者使用权的有效证明文件；

（八）工商行政管理机关核发的《企业名称预先核准通知书》。

第十二条 具备下列条件的典当行可以跨省（自治区、直辖市）设立分支机构：

（一）经营典当业务三年以上，注册资本不少于人民币1 500万元；

（二）最近两年连续盈利；

（三）最近两年无违法违规经营记录。

典当行的分支机构应当执行本办法第九条规定的安全制度，具备本办法第十条规定的安全防范设施。

第十三条 典当行应当对每个分支机构拨付不少于500万元的营运资金。

典当行各分支机构营运资金总额不得超过典当行注册资本的50%。

第十四条 典当行申请设立分支机构，应当向拟设分支机构所在地设区的市（地）级商务主管部门提交下列材料：

（一）设立分支机构的申请报告（应当载明拟设立分支机构的名称、住所、负责人、营运资金数额等）、可行性研究报告、董事会（股东会）决议；

（二）具有法定资格的会计师事务所出具的该典当行最近两年的财务会计报告；

（三）档案所在地人事部门出具的拟任分支机构负责人的简历；

（四）符合要求的营业场所的所有权或者使用权的有效证明文件；

（五）省级商务主管部门及所在地县级人民政府公安机关出具的最近两年无违法违规经营记录的证明。

第十五条 收到设立典当行或者典当行申请设立分支机构的申请后，设区的市（地）级商务主管部门应当报省级商务主管部门审核，省级商务主管部门将审核意见和申请材料报送商务部，由商务部批准并颁发《典当经营许可证》。省级商务主管部门应当在收到商务部批准文件后5日（工作日，下同）内将有关情况通报同级人民政府公安机关。省级人民政府公安机关应当在5日内将通报情况通知设区的市（地）级人民政府公安机关。

第十六条 申请人领取《典当经营许可证》后，应当在10日内向所在地县级人民政府公安机关申请典当行《特种行业许可证》，并提供下列材料：

（一）申请报告；

（二）《典当经营许可证》及复印件；

（三）法定代表人、个人股东和其他高级管理人员的简历及有效身份证件复印件；

（四）法定代表人、个人股东和其他高级管理人员的户口所在地县级人民政府公安机关出具的无故意犯罪记录证明；

（五）典当行经营场所及保管库房平面图、建筑结构图；

（六）录像设备、防护设施、保险箱（柜、库）及消防设施安装、设置位置分布图；

（七）各项治安保卫、消防安全管理制度；

（八）治安保卫组织或者治安保卫人员基本情况。

第十七条 所在地县级人民政府公安机关受理后应当在10日内将申请材料及初步审核结果报设区的市（地）级人民政府公安机关审核批准，设区的市（地）级人民政府公安机关应当在10日内审核批准完毕。经批准的，颁发《特种行业许可证》。

设区的市（地）级人民政府公安机关直接受理的申请，应当在20日内审核批准完毕。经批准的，颁发《特种行业许可证》。

设区的市（地）级人民政府公安机关应当在发证后5日内将审核批准情况报省级人民政府公安机关备案；省级人民政府公安机关应当在5日内将有关情况通报同级商务主管部门。

申请人领取《特种行业许可证》后，应当在10日内到工商行政管理机关申请登记注册，领取营业执照后，方可营业。

第三章 变更、终止

第十八条 典当行变更机构名称、注册资本（变更后注册资本在5 000万元以上的除外）、法定代表人、在本市（地、州、盟）范围内变更住所、转让股份（对外转让股份累计达50%以上的除外）的，应当经省级商务主管部门批准。省级商务主管部门应当在批准后20日内向商务部备案。商务部于每年6月、12月集中换发《典当经营许可证》。

典当行分立、合并、跨市（地、州、盟）迁移住所、对外转让股份累计达50%以上、以及变更后注册资本在5 000万元以上的，应当经省级商务主管部门同意，报商务部批准，并换发《典当经营许可证》。

申请人领取《典当经营许可证》后，依照本办法第十七条的有关规定申请换发《特种行业许可证》和营业执照。

第十九条 典当行增加注册资本应当符合下列条件：

（一）与开业时间或者前一次增资相隔的时间在一年以上；

（二）一年内没有违法违规经营记录。

第二十条 典当行变更注册资本或者调整股本结构，新进入的个人股东和拟任高级管理人员应当接受资格审查；新进入的法人股东及增资的法人股东应当具备相应的投资能力与投资资格。

第二十一条 无正当理由未按照规定办理《特种行业许可证》及营业执照的，或者自核发营业执照之日起无正当理由超过6个月未营业，或者营业后自行停业连续达6个月以上的，省级商务主管部门、设区的市（地）级人民政府公安机关应当分别收回《典当经营许可证》、《特种行业许可证》，原批准文件自动撤销。收回的《典当经营许可证》应当交回商务部。

省级商务主管部门收回《典当经营许可证》，或者设区的市（地）级人民政府公安机关收回《特种行业许可证》的，应当在10日内通过省级人民政府公安机关相互通报情况。

许可证被收回后，典当行应当依法向工商行政管理机关申请注销登记。

第二十二条 典当行解散应当提前3个月向省级商务主管部门提出申请，经批准后，应当停止除赎当和处理绝当物品以外的其他业务，并依法成立清算组，进行清算。

第二十三条 典当行清算结束后，清算组应当将清算报告报省级商务主管部门确认，由省级商务主管部门收回《典当经营许可证》，并在5日内通报同级人民政府公安机关。

省级人民政府公安机关应当在5日内通知作出原批准决定的设区的市（地）级人民政府公安机关收回《特种行业许可证》。

典当行在清算结束后，应当依法向工商行政管理机关申请注销登记。

第二十四条 省级商务主管部门对终止经营的典当行应当予以公告，并报商务部备案。

第四章 经营范围

第二十五条 经批准，典当行可以经营下列业务：

（一）动产质押典当业务；

（二）财产权利质押典当业务；

（三）房地产（外省、自治区、直辖市的房地产或者未取得商品房预售许可证的在建工程除外）抵押典当业务；

（四）限额内绝当物品的变卖；

（五）鉴定评估及咨询服务；

（六）商务部依法批准的其他典当业务。

第二十六条 典当行不得经营下列业务：

（一）非绝当物品的销售以及旧物收购、寄售；

（二）动产抵押业务；

（三）集资、吸收存款或者变相吸收存款；

（四）发放信用贷款；

（五）未经商务部批准的其他业务。

第二十七条 典当行不得收当下列财物：

（一）依法被查封、扣押或者已经被采取其他保全措施的财产；

（二）赃物和来源不明的物品；

（三）易燃、易爆、剧毒、放射性物品及其容器；

（四）管制刀具，枪支、弹药，军、警用标志、制式服装和器械；

（五）国家机关公文、印章及其管理的财物；

（六）国家机关核发的除物权证书以外的证照及有效身份证件；

（七）当户没有所有权或者未能依法取得处分权的财产；

（八）法律、法规及国家有关规定禁止流通的自然资源或者其他财物。

第二十八条 典当行不得有下列行为：

（一）从商业银行以外的单位和个人借款；

（二）与其他典当行拆借或者变相拆借资金；

（三）超过规定限额从商业银行贷款；

（四）对外投资。

第二十九条 典当行收当国家统收、专营、专卖物品，须经有关部门批准。

第五章 当　票

第三十条 当票是典当行与当户之间的借贷契约，是典当行向当户支付当金的付款凭证。

典当行和当户就当票以外事项进行约定的，应当补充订立书面合同，但约定的内容不得违反有关法律、法规和本办法的规定。

第三十一条 当票应当载明下列事项：

（一）典当行机构名称及住所；

（二）当户姓名（名称）、住所（地址）、有效证件（照）及号码；

（三）当物名称、数量、质量、状况；

（四）估价金额、当金数额；

（五）利率、综合费率；

（六）典当日期、典当期、续当期；

（七）当户须知。

第三十二条 典当行和当户不得将当票转让、出借或者质押给第三人。

第三十三条 典当行和当户应当真实记录并妥善保管当票。

当票遗失，当户应当及时向典当行办理挂失手续。未办理挂失手续或者挂失前被他人赎当，典当行无过错的，典当行不负赔偿责任。

第六章 经营规则

第三十四条 典当行不得委托其他单位和个人代办典当业务，不得向其他组织、机构和经营场所派驻业务人员从事典当业务。

第三十五条 办理出当与赎当，当户均应当出具本人的有效身份证件。当户为单位的，经办人员应当出具单位证明和经办人的有效身份证件；委托典当中，被委托人应当出具典当委托书、本人和委托人的有效身份证件。

除前款所列证件外，出当时，当户应当如实向典当行提供当物的来源及相关证明材料。赎当时，当户应当出示当票。

典当行应当查验当户出具的本条第二款所列证明文件。

第三十六条 当物的估价金额及当金数额应当由双方协商确定。

房地产的当金数额经协商不能达成一致的，双方可以委托有资质的房地产价格评估机构进行评估，估价金额可以作为确定当金数额的参考。

典当期限由双方约定，最长不得超过6个月。

第三十七条 典当当金利率，按中国人民银行公布的银行机构6个月期法定贷款利率及典当期限折算后执行。

典当当金利息不得预扣。

第三十八条 典当综合费用包括各种服务及管理费用。

动产质押典当的月综合费率不得超过当金的42‰。

房地产抵押典当的月综合费率不得超过当金的27‰。

财产权利质押典当的月综合费率不得超过当金的24‰。

当期不足5日的，按5日收取有关费用。

第三十九条 典当期内或典当期限届满后5日内，经双方同意可以续当，续当一次的期限最长为6个月。续当期自典当期限或者前一次续当期限届满日起算。续当时，当户应当结清前期利息和当期费用。

第四十条 典当期限或者续当期限届满后，当户应当在5日内赎当或者续当。逾期不赎当也不续当的，为绝当。

当户于典当期限或者续当期限届满至绝当前赎当的，除须偿还当金本息、综合费用外，还应当根据中国人民银行规定的银行等金融机构逾期贷款罚息水平、典当行制定的费用标准和逾期天数，补交当金利息和有关费用。

第四十一条 典当行在当期内不得出租、质押、抵押和使用当物。

质押当物在典当期内或者续当期内发生遗失或者损毁的，典当行应当按照估价金额进行赔偿。遇有不可抗力导致质押当物损毁的，典当行不承担赔偿责任。

第四十二条 典当行经营房地产抵押典当业务，应当和当户依法到有关部门先行办理抵押登记，再办理抵押典当手续。

典当行经营机动车质押典当业务，应当到车辆管理部门办理质押登记手续。

典当行经营其他典当业务，有关法律、法规要求登记的，应当依法办理登记手续。

第四十三条 典当行应当按照下列规定处理绝当物品：

（一）当物估价金额在3万元以上的，可以按照《中华人民共和国担保法》的有关规定处理，也可以双方事先约定绝当后由典当行委托拍卖行公开拍卖。拍卖收入在扣除拍卖费用及当金本息后，剩余部分应当退还当户，不足部分向当户追索。

（二）绝当物估价金额不足3万元的，典当行可以自行变卖或者折价处理，损溢自负。

（三）对国家限制流通的绝当物，应当根据有关法律、法规，报有关管理部门批准后处理或者交售指定单位。

（四）典当行在营业场所以外设立绝当物品销售点应当报省级商务主管部门备案，并自觉接受当地商务主管部门监督检查。

（五）典当行处分绝当物品中的上市公司股份应当取得当户的同意和配合，典当行不得自行变卖、折价处理或者委托拍卖行公开拍卖绝当物品中的上市公司股份。

第四十四条 典当行的资产应当按照下列比例进行管理：

（一）典当行自初始营业起至第一次向省级商务主管部门及所在地商务主管部门报送年度财务会计报告的时期内从商业银行贷款的，贷款余额不得超过其注册资本。典当行第一次向省级商务主管部门及所在地商务主管部门报送财务会计报告之后从商业银行贷款的，贷款余额不得超过上一年度向主管部门报送的财务会计报告中的所有者权益。典当行不得从本市（地、州、盟）以外的商业银行贷款。典当行分支机构不得从商业银行贷款。

（二）典当行对同一法人或者自然人的典当余额不得超过注册资本的25%。

（三）典当行对其股东的典当余额不得超过该股东入股金额，且典当条件不得优于普通当户。

（四）典当行净资产低于注册资本的90%时，各股东应当按比例补足或者申请减少注册资本，但减少后的注册资本不得违反本办法关于典当行注册资本最低限额的规定。

（五）典当行财产权利质押典当余额不得超过注册资本的50%。房地产抵押典当余额不得超过注册资本。注册资本不足1 000万元的，房地产抵押典当单笔当金数额不得超过100万元。注册资本在1 000万元以上的，房地产抵押典当单笔当金数额不得超过注册资本的10%。

第四十五条 典当行应当依照法律和国家统一的会计制度，建立、健全财务会计制度和内部审计制度。

典当行应当按照国家有关规定，真实记录并全面反映其业务活动和财务状况，编制月度报表和年度财务会计报告，并按要求向省级商务主管部门及所在地设区的市（地）级商务主管部门报送。

典当行年度财务会计报告须经会计师事务所或者其他法定机构审查验证。

第七章　监督管理

第四十六条 商务部对典当业实行归口管理，履行以下监督管理职责：

（一）制定有关规章、政策；

（二）负责典当行市场准入和退出管理；

（三）负责典当行日常业务监管；

（四）对典当行业自律组织进行业务指导。

第四十七条 商务部参照省级商务主管部门拟定的年度发展规划对全国范围内典当行的总量、布局及资本规模进行调控。

第四十八条 《典当经营许可证》由商务部统一印制。《典当经营许可证》实行统一编码管理，编码管理办法由商务部另行制定。

当票由商务部统一设计，省级商务主管部门监制。省级商务主管部门应当每半年向商务部报告当票的印制、使用情况。任何单位和个人不得伪造和变造当票。

第四十九条 省级商务主管部门应当按季度向商务部报送本地典当行经营情况。具体要求和报表格式由商务部另行规定。

第五十条 典当行的从业人员应当持有有效身份证件；外国人及其他境外人员在典当行就业的，应当按照国家有关规定，取得外国人就业许可证书。

典当行不得雇佣不能提供前款所列证件的人员。

第五十一条 典当行应当如实记录、统计质押当物和当户信息，并按照所在地县级以上人民政府公安机关的要求报送备查。

第五十二条 典当行发现公安机关通报协查的人员或者赃物以及本办法第二十七条所列其他财物的，应当立即向公安机关报告有关情况。

第五十三条 对属于赃物或者有赃物嫌疑的当物，公安机关应当依法予以扣押，并依照国家有关规定处理。

第五十四条 省级商务主管部门以及设区的市（地）级商务主管部门应当根据本地实际建立定期检查及不定期抽查制度，及时发现和处理有关问题；对于辖区内典当行发生的盗抢、火灾、集资吸储及重大涉讼案件等情况，应当在24小时之内将有关情况报告上级商务主管部门和当地人民政府，并通报同级人民政府公安机关。

第五十五条 全国性典当行业协会是典当行业的全国性自律组织，经国务院民政部门核准登记后成立，接受国务院商务、公安等部门的业务指导。

地方性典当行业协会是本地典当行业的自律性组织，经当地民政部门核准登记后成立，接受所在地商务、公安等部门的业务指导。

第五十六条 商务部授权省级商务主管部门对典当行进行年审。具体办法由商务部另行制定。

省级商务主管部门应当在年审后10日内将有关情况通报同级人民政府公安机关和工商行政管理机关。

第五十七条 国家推行典当执业水平认证制度。具体办法由商务部会同国务院人事行政部门制定。

第八章　罚　　则

第五十八条 非法设立典当行及分支机构或者以其他方式非法经营典当业务的，依据国务院《无照经营查处取缔办法》予以处罚。

第五十九条 典当行违反本办法第二十六条第（三）、（四）项规定，构成犯罪的，依法追究刑事责任。

第六十条 典当行违反本办法第二十八条第（一）、（二）、（三）项或者第四十四条第（一）、（二）、（五）项规定的，由省级商务主管部门责令改正，并处5 000元以上3万元以下罚款；构成犯罪的，依法追究刑事责任。

第六十一条 典当行违反本办法第三十七条第一款或者第三十八条第二、三、四款规定的，由省级商务主管部门责令改正，并处5 000元以上3万元以下罚款；构成犯罪的，依法追究刑事责任。

第六十二条 典当行违反本办法第四十五条规定，隐瞒真实经营情况，提供虚假财务会计报告及财务报表，或者采用其他方式逃避税收与监管的，由省级商务主管部门责令改正，并通报相关部门依法查处；构成犯罪的，依法追究刑事责任。

第六十三条 典当行违反本办法第二十七条规定的，由县级以上人民政府公安机关责令改正，并处5 000元以上3万元以下罚款；构成犯罪的，依法追究刑事责任。

第六十四条 典当行违反本办法第二十六条第（一）、（二）、（五）项，第二十八条第（四）项或者第三十四条规定的，由所在地设区的市（地）级商务主管部门责令改正，单处或者并处5 000元以上3万元以下罚款。

典当行违反本办法第二十九条或者第四十三条第（三）、（五）项的规定，收当限制流通物或者处理绝当物未获得相应批准或者同意的，由所在地设区的市（地）级商务主管部门责令改正，并处1 000元以上5 000元以下罚款。

典当行违反本办法第四十四条第（三）、（四）项规定，资本不实，扰乱经营秩序的，由所在地设区的市（地）级商务主管部门责令限期补足或者减少注册资本，并处以5 000元以上3万元以下罚款。

第六十五条 典当行违反本办法第三十五条第三款或者第五十一条规定的，由县级以上人民政府公安机关责令改正，并处200元以上1 000元以下罚款。

第六十六条 典当行违反本办法第五十二条规定的，由县级以上人民政府公安机关责令改正，并处2 000元以上1万元以下罚款；造成严重后果或者屡教不改的，处5 000元以上3万元以下罚款。

对明知是赃物而窝藏、销毁、转移的，依法给予治安管理处罚；构成犯罪的，依法追究刑事责任。

第六十七条 典当行采用暴力、威胁手段强迫他人典当，或者以其他不正当手段侵犯当户合法权益，构成违反治安管理行为的，由公安机关依法给予治安管理处罚；构成犯罪的，依法追究刑事责任。

第六十八条 在调查、侦查典当行违法犯罪行为过程中，商务主管部门与公安机关应当相互配合。商务主管部门和公安机关发现典当行有违反本办法行为的，应当进行调查、核实，并相互通报查处结果；涉嫌构成犯罪的，商务主管部门应当及时移送公安机关处理。

第六十九条 商务主管部门、公安机关工作人员在典当行设立、变更及终止审批中违反法律、法规和本办法规定，或者在监督管理工作中滥用职权、徇私舞弊、玩忽职守的，对直接负责的主管人员和其他直接责任人员依法给予行政处分；构成犯罪的，依法追究刑事责任。

第九章　附　　则

第七十条 各省、自治区、直辖市商务主管部门、公安机关可以依据本办法，制定具体实施办法或者就有关授权委托管理事项作出规定，并报商务部、公安部备案。

第七十一条 外商及港、澳、台商投资典当行的管理办法由商务部会同有关部门另行制定。

第七十二条 本办法由商务部、公安部负责解释。

第七十三条 本办法自2005年4月1日起施行。《典当行管理办法》（国家经贸委令第22号）、《典当业治安管理办法》（公安部第26号令）同时废止。

美容美发业管理暂行办法

中华人民共和国商务部令

2004年第19号

《美容美发业管理暂行办法》已于2004年9月23日经中华人民共和国商务部第11次部务会议审议通过，现予以公布，自2005年1月1日起施行。

部长　薄熙来

2004年11月8日

第一条　为了促进美容美发业的健康发展，规范美容美发服务行为，维护美容美发经营者和消费者的合法权益，根据国家有关法律、行政法规，制定本办法。

第二条　在中华人民共和国境内从事美容美发经营活动，适用本办法。

本办法所称美容，是指运用手法技术、器械设备并借助化妆、美容护肤等产品，为消费者提供人体表面无创伤性、非侵入性的皮肤清洁、皮肤保养、化妆修饰等服务的经营性行为。

本办法所称美发，是指运用手法技艺、器械设备并借助洗发、护发、染发、烫发等产品，为消费者提供发型设计、修剪造型、发质养护等服务的经营性行为。

第三条　商务部主管全国美容美发业工作，各级商务主管部门在本行政区域内对美容美发业进行指导、协调、监督和管理。

第四条　从事美容美发经营活动的经营者，应当符合下列基本条件：

（一）具有承担民事责任的能力；

（二）具有固定的经营场所；

（三）具有与所经营的服务项目相适应的设施设备；

（四）具有取得相应资格证书的专业技术人员。

第五条　美容美发经营者应当具有明确的服务项目范围，并按照其服务项目范围提供服务，同时从事医疗美容服务的，应当符合卫生管理部门的有关规定。

第六条　国家鼓励美容美发经营者采用国际上先进的服务理念、管理方式和经营方式，为消费者提供优质服务。

第七条　国家在美容美发业推行分等定级标准，实行等级评定制度，促进美容美发行业的规范化和专业化。

第八条　美容美发经营者及从业人员应当遵守国家法律、法规和相关的职业道德规范，不得从事色情服务等违法活动。

第九条　美容美发经营者应当执行本行业的专业技术条件、服务规范、质量标准和操作规程。

第十条　从事美容美发服务的美容师、美发师及其他专业技术人员，应当取得国家有关部门颁发的资格证书，其他从业人员应当经过有关专业组织或机构进行的培训并取得合格证书。

第十一条　美容美发经营者应当在经营场所醒目位置上明示营业执照、卫生许可证、服务项目和收费标准等。

第十二条　美容美发经营者在提供服务时应当向消费者说明服务价格。对在服务过程中销售的美容美发用品应当明码标价。对所使用的美容美发用品和器械应当向消费者展示，供消费者选择使用。

美容美发经营者在提供服务后，应当向消费者出具相应的消费凭证或者服务单据。

第十三条　美容美发经营者在提供服务时，应当询问消费者的要求，向消费者提供与服务有关的真实信息，对消费者提出的有关产品、服务等方面的问题，应当做出真实明确的答复，不得欺骗和误导消费者。

第十四条　美容美发服务所使用和销售的各种洗发、护发、染发、烫发和洁肤、护肤、彩妆等用品以及相应器械，应当符合国家有关产品质量和安全卫生的规定和标准，不得使用和销售假冒伪劣产品。

第十五条　美容美发经营场所应当符合有关卫生规定和标准，具有相应的卫生消毒设备和措施；从业人员必须经过卫生部门的健康检查，持健康证明上岗。

第十六条　各级商务主管部门应当加强对本行政区域内的美容美发业的管理与协调，指导当地行业协会（商会），在信息、标准、培训、信用、技术等方面开展服务工作。

第十七条　美容美发行业协会（商会）应当积极为经营者提供服务，维护经营者的合法权益，加强对美容美发行业发展的引导和监督，做好行业自律工作。

美容美发经营者应当向当地美容美发协会（商会）进行企业信息备案登记。

第十八条　各级商务主管部门对于违反本办法的美容美发经营者可以予以警告，令其限期改正；必要时，可以向社会公告。对依据有关法律、法规应予以处罚的，各级商务主管部门可以提请有关部门依法处罚。

第十九条　各省、自治区、直辖市商务主管部门可以依据本办法，结合本行政区域内的美容美发业实际情况，制定有关实施办法。

第二十条　本办法由商务部负责解释。

第二十一条　本办法自2005年1月1日起实施。

流通领域商品质量监测办法

第一章　总　　则

第一条　为加强流通领域商品质量监督管理，保护消费者合法权益，根据《中华人民共和国消费者权益保护法》、《中华人民共和国产品质量法》等法律和《国务院关于进一步加强食品安全工作的决定》以及国务院关于国家工商行政管理总局“三定”规定的要求，制定本办法。

第二条　本办法所称流通领域商品质量监测（以下简称监测），是指工商行政管理机关有计划地组织工商行政管理执法人员和法定检验机构，开展的对流通领域的商品进行抽样检测、质量判定，公布商品质量信息，指导消费，并对销售不合格商品等违法行为依法进行处理的商品质量监督检查活动。

第三条　监测包括定向监测和不定向监测。

定向监测是指按计划对选定的商品定期进行监测。不定向监测是指根据流通领域商品质量状况和消费者申诉举报情况，适时确定具体商品进行监测。

第四条　国家工商行政管理总局负责组织实施全国范围内的监测工作。

省级工商行政管理机关负责组织实施本辖区范围内的监测工作。

市、县级工商行政管理机关经省级工商行政管理机关批准，可以在本辖区范围内组织实施监测工作。

第五条　工商行政管理机关委托承担检测任务的检验机构（以下简称承检单位）必须依法设立，具备与检测商品质量工作相适应的检测条件和能力。

第六条　国家工商行政管理总局组织实施的监测，所需经费按照国务院规定列支；地方工商行政管理机关组织实施的监测，所需经费按照地方政府规定列支。

第七条　工商行政管理机关依法开展监测时，被监测的经营者（以下简称被监测人）不得拒绝。

第二章　监测的范围及判定

第八条　工商行政管理机关对下列场所的商品进行监测：

（一）各类商品交易场所；

（二）提供商品的各类服务消费场所；

（三）商品物流服务场所。

第九条　工商行政管理机关重点监测下列商品：

（一）可能危及人体健康和人身、财产安全的商品；

（二）消费者、有关组织反映有质量问题的商品；

（三）影响国计民生的重要工业品；

（四）与消费者日常生活密切相关的农产品、水产品、畜产品；

（五）工商行政管理机关认为需要监测的其他商品。

第十条　工商行政管理机关在商品质量监测中，判定商品是否符合以下要求：

（一）不存在危及人身、财产安全的不合理危险，有保障人体健康和人身、财产安全的国家标准、行业标准的，应当符合该标准；

（二）具备商品应当具备的使用性能；

（三）符合在商品或者其包装上注明采用的产品标准，符合以商品说明、实物样品等方式表明的质量状况。

第十一条　监测的商品质量判定依据是被检商品的国家标准、行业标准、地方标准和国家有关规定，以及商品包装明示的企业标准或者质量承诺。

当商品包装明示采用的企业标准或者质量承诺中的安全、卫生等指标低于强制性国家标准、强制性行业标准、强制性地方标准或者国家有关规定时，以强制性国家标准、行业标准、地方标准或者国家有关规定作为质量判定依据。除强制性标准或者国家有关规定要求之外的指标，可以将商品包装明示采用的标准或者质量承诺作为质量判定依据。

没有相应强制性标准、商品包装明示的企业标准和质量承诺的，以相应的推荐性国家标准、行业标准作为质量判定依据。

第三章　监测程序

第十二条　工商行政管理机关根据流通领域商品质量状况，制订监测计划。监测计划应当包括监测的场所、监测的商品品种、时间安排、承检单位、经费预算等内容。

国家工商行政管理总局负责制定全国范围内的监测计划；省级工商行政管理机关负责制订辖区范围内的监测计划。

经批准组织实施监测工作的市、县级工商行政管理机关的监测计划应当报上级工商行政管理机关备案。

第十三条　根据监测计划，组织监测的工商行政管理机关可以自行或者委托下级工商行政管理机关具体实施监测工作。

承检单位应当根据承担的检测任务制订检测实施方案。

第十四条　被监测人以及相关组织和个人应当积极配合监测工作，如实提供被监测商品的相关票证账簿、货源、数量、存货地点、存货量、销售量等信息。

组织实施监测的工商行政管理机关对被监测人提供的信息应当记录在案，并由被监测人签字确认。

第十五条　监测所需样品由承检单位抽样人员会同工商行政管理执法人员按照规定抽取。

抽取的样品应当场封样，并由抽样人员、工商行政管理执法人员、被监测人签字确认。

第十六条　监测所需检验用样品，按被监测人进货价格购买。

检验不进行破坏性测试且对样品质量不造成实质影响的，经被监测人同意，可以由被监测人无偿提供。

监测所需备份样品由被监测人无偿提供。

无偿提供的样品，检测合格的，退回被监测人；检测不合格的，由组织实施监测的工商行政管理机关按照有关规定处理。

第十七条 监测所需备份样品可以由承检单位带回，也可以封存于被监测人处保管；被监测人不得私自拆封、调换、毁损样品。

第十八条 承检单位应当严格按照检测工作规范和检测实施方案开展检测工作。

检测结束后，承检单位应当及时将检测结果报组织实施监测的工商行政管理机关，同时通知样品标称的生产企业。

第十九条 组织实施监测的工商行政管理机关应当自收到检测结果后5个工作日内通知被监测人，并对不合格商品依法采取相应措施。

第二十条 被监测人或者标称生产企业对检测结果有异议的，应当自收到检测结果确认书之日起15日内，向组织实施监测的工商行政管理机关提出书面复检申请。

逾期未提出申请的，视为承认检测结果。

被监测人私自拆封、调换或者毁损备份样品的，视为放弃复检。

第二十一条 组织实施监测的工商行政管理机关收到复检申请后，经审查，认为有必要复检的，应当及时通知承检单位和复检申请人。

第二十二条 复检应当对原样品或者备份样品进行检验。

复检工作原则上由原承检单位承担。复检结果与初次检测结果不一致的，复检费用由原承检单位承担。

组织实施监测的工商行政管理机关根据需要，可以另行委托符合法定条件的检验机构进行复检。

第四章　监测信息的利用和处理

第二十三条 组织实施监测的工商行政管理机关应当及时汇总分析监测数据，按照规定公布监测信息，并对监测信息的科学性、公正性和准确性负责。

有关食品质量的监测信息按照国家食品药品监督管理局等八部门印发的《食品安全监管信息发布暂行管理办法》和地方政府的有关规定发布。

第二十四条 省级工商行政管理机关组织实施的监测的信息应当自公布之日起5个工作日内，上报国家工商行政管理总局。

经批准组织实施监测工作的市、县级工商行政管理机关应当在公布监测信息之日起5个工作日内，将监测信息上报省级工商行政管理机关，经省级工商行政管理机关审核后上报国家工商行政管理总局。

第二十五条 国家工商行政管理总局对地方上报的监测信息和有关部门公布的商品质量监督检查信息进行收集、分类和汇总，并在指定的网络和媒体上通报。

第二十六条 对经监测判定为不合格的商品，被监测人应当立即停止销售，对已经销售的，应当采取有效措施告知消费者退换商品；对不符合强制性标准的，应当及时追回。

第二十七条 有关经营者应当依据工商行政管理机关公布的监测公示信息，主动停止销售不符合法律、法规及标准规定的商品，并及时报告当地工商行政管理机关。

第二十八条 地方工商行政管理机关可以根据国家工商行政管理总局公布或者通报的监测信息和监督检查信息，对市场上的相关商品组织清查，对销售的不合格商品依法进行处理。

组织实施监测的工商行政管理机关对监测中发现的不属于自己管辖的商品质量案件线索，应当及时通报有管辖权的工商行政管理机关或者有关执法机关处理。

第二十九条 对监测中反映出具有普遍性的商品质量问题，或者商品质量问题严重的，组织实施监测的工商行政管理机关应当有针对性地加强此类商品质量的监管，可以会同有关行业协会召开质量分析会，通报监测结果，解决质量问题。

组织实施监测的工商行政管理机关应当及时汇总监测数据，动态分析监测信息，并适时发布消费提示，指导消费。

第三十条 被监测人拒绝接受依法进行的监测的，依据《中华人民共和国产品质量法》第五十六条的规定处理。

第三十一条 监测信息未经组织实施监测的工商行政管理机关公布，任何单位和个人不得对外公布或者透露。

监测结果及有关数据不得用作商业用途。

第三十二条 组织实施监测的工商行政管理机关公布的监测信息不当的，应当在原公布范围内予以更正。

第三十三条 接受委托承担检测任务的承检单位出具虚假、错误检测数据和结论的，扣除相应的检测费用；由于虚假、错误检测数据和结论而给被监测人造成损失的，或者给社会带来不良影响的，承检单位应当负责赔偿，并承担相应的法律责任。

第五章　附　　则

第三十四条 监测相关表格文书由国家工商行政管理总局统一制定。

第三十五条 本办法由国家工商行政管理总局负责解释。

第三十六条 本办法自2005年2月1日起实施。本办法施行前制定的有关流通领域商品质量抽查和监督管理的相关规定，与本办法不符的，以本办法为准。2001年10月国家工商行政管理总局印发的《商品质量监督抽查暂行办法》同时废止。

国家工商行政管理总局2005年1月6日发布

汽车品牌销售管理实施办法

商务部、发改委、国家工商总局令

2005 年第 10 号

《汽车品牌销售管理实施办法》已经2004 年12 月8 日商务部第17 次部务会议审议通过，现予公布，自2005 年4 月1 日起施行。

部长 薄熙来

主任 马 凯

局长 王众孚

2005 年2 月21 日

第一章 总 则

第一条 为规范汽车品牌销售行为，促进汽车市场健康发展，保护消费者合法权益，根据国家有关法律、行政法规，制定本办法。

第二条 在中华人民共和国境内从事汽车品牌销售活动，适用本办法。

第三条 本办法所称汽车品牌销售，是指汽车供应商或经其授权的汽车品牌经销商，使用统一的店铺名称、标识、商标等从事汽车经营活动的行为。

汽车供应商是指为汽车品牌经销商提供汽车资源的企业，包括汽车生产企业、汽车总经销商。

汽车品牌经销商是指经汽车供应商授权、按汽车品牌销售方式从事汽车销售和服务活动的企业。

汽车总经销商是指经境内外汽车生产企业授权、在境内建立汽车品牌销售和服务网络，从事汽车分销活动的企业。

第四条 境内外汽车生产企业在境内销售自产汽车的，应当建立完善的汽车品牌销售和服务体系，提高营销和服务水平。

第五条 汽车供应商应当制定汽车品牌销售和服务网络规划(以下简称网络规划)。网络规划包括：经营预测、网点布局方案、网络建设进度及建店、软件和硬件、售后服务标准等。

第六条 同一汽车品牌的网络规划一般由一家境内企业制定和实施。境内汽车生产企业可直接制定和实施网络规划，也可授权境内汽车总经销商制定和实施网络规划；境外汽车生产企业在境内销售汽车，须授权境内企业或按国家有关规定在境内设立企业作为其汽车总经销商，制定和实施网络规划。

第七条 国务院商务主管部门负责全国汽车品牌销售管理工作，国务院工商行政管理部门在其职责范围内负责汽车品牌销售监督管理工作。

省、自治区、直辖市、计划单列市商务主管部门（以下简称省级商务主管部门)、地方工商行政管理部门分别在各自的职责范围内，负责辖区内汽车品牌销售有关监督管理工作。

第二章 汽车总经销商、品牌经销商的设立

第八条 汽车总经销商应当符合下列条件：

（一）具备企业法人资格；

（二）获得汽车生产企业的书面授权，独自拥有对特定品牌汽车进行分销的权利；

（三）具备专业化汽车营销能力。主要包括市场调研、营销策划、广告促销、网络建设及其指导，产品服务和技术培训与咨询、配件供应及物流管理。

外商投资设立汽车总经销商除符合上述条件外，还应当符合外商投资管理的有关规定。

第九条 汽车品牌经销商应当符合下列条件：

（一）具备企业法人资格；

（二）获得汽车供应商品牌汽车销售授权；

（三）使用的店铺名称、标识及商标与汽车供应商授权的相一致；

（四）具有与经营范围和规模相适应的场地、设施和专业技术人员；

（五）新开设店铺符合所在地城市发展及城市商业发展的有关规定。

外商投资设立汽车品牌经销商除符合上述条件外，还应当符合外商投资管理的有关规定。

第十条 申请设立汽车总经销商、品牌经销商应当按下列程序办理：

（一）汽车总经销商申请人将符合第八条规定的相关材料报送国务院工商行政管理部门备案。

（二）汽车供应商将符合第九条规定的汽车品牌经销商申请人的相关材料报送国务院工商行政管理部门备案。

（三）外商投资设立汽车总经销商、品牌经销商的申请人分别将符合第八条、第九条规定和外商投资管理有关规定的相关材料，报送拟设立汽车总经销商、品牌经销商所在地省级商务主管部门。省级商务主管部门对报送材料进行初审后，自收到全部申请材料1 个月以内上报国务院商务主管部门。合资中方有国家计划单列企业集团的，可直接将申请材料报送国务院商务主管部门。国务院商务主管部门自收到全部申请材料3 个月内会同国务院工商行政管理部门，作出是否予以批准的决定，对予以批准的，向申请人颁发或换发《外商投资企业批准证书》；不予批准的，应当说明理由。

外商并购汽车总经销商、品牌经销商及已设立的外商投资企业增加汽车品牌销售经营范围的，按前款程序办理。

第十一条 国务院商务主管部门、工商行政管理部门可以委托汽车行业协会，组织专家委员会对申请设立汽车总经销商、品牌经销商的资质条件进行评估，评估意见作为审批、备案的参考。

第十二条 国务院工商行政管理部门受理申请后，查验有关证明材料，符合条件的，予以备案。

第十三条 汽车总经销商、品牌经销商申请人应当持予以备案文件或《外商投资企业批准证书》到所在地工商行政管理部门办理登记手续。

工商行政管理部门将汽车总经销商、品牌经销商的经营范围核定为“品牌汽车销售”。

第十四条 汽车总经销商、品牌经销商涉及经营品牌变更的，应当按第十条、第十三条规定的程序办理变更登记。

第十五条 汽车品牌经销商开展连锁经营应当取得汽车供应商授权，并按第十条、第十三条规定的程序办理。

汽车总经销商、品牌经销商设立从事汽车品牌销售活动的非法人分支机构，应当持汽车供应商对其授权和同意设立的书面材料，到当地工商行政管理部门办理登记。

外商投资汽车总经销商、品牌经销商设立非法人分支机构，应当按第十条规定的程序办理。

第十六条 2006年12月11日以前，同一境外投资者在境内从事汽车品牌销售活动且累计开设店铺超过30家以上的，出资比例不得超过49%。

第三章 汽车供应商的行为规范

第十七条 汽车供应商应当为授权的汽车品牌经销商提供汽车资源及汽车生产企业自有的服务商标，实施网络规划。

第十八条 汽车供应商应当加强品牌销售和服务网络的管理，规范销售和售后服务，并及时向社会公布其授权和取消授权的汽车品牌销售和服务企业名单。对未经汽车品牌销售授权或不具备经营条件的企业，不得提供汽车资源。

第十九条 汽车供应商应当向消费者提供汽车质量保证和服务承诺，及时向社会公布停产车型，并采取积极措施在合理期限内保证配件供应。

汽车供应商不得供应和销售不符合机动车国家安全技术标准、未列入《道路机动车辆生产企业及产品公告》的汽车。

第二十条 汽车供应商应当合理布局汽车品牌销售和服务网点。汽车品牌销售和与其配套的配件供应、售后服务网点相距不得超过150公里。

第二十一条 汽车供应商应当与汽车品牌经销商签订授权经营合同。授权经营合同应当公平、公正，不得有对汽车品牌经销商的歧视性条款。

第二十二条 除授权合同另有约定，汽车供应商在对汽车品牌经销商授权销售区域内不得向用户直接销售汽车。

第二十三条 汽车供应商应当根据汽车品牌经销商的服务功能向其提供相应的营销、宣传、售后服务、技术服务等业务培训及必要的技术支持。

第二十四条 汽车供应商不得干预汽车品牌经销商在授权经营合同之外的施工、设备购置及经营活动，不得强行规定经销数量及进行品牌搭售。

第四章 汽车品牌经销商的行为规范

第二十五条 汽车品牌经销商应当在汽车供应商授权范围内从事汽车品牌销售、售后服务、配件供应等活动。

第二十六条 汽车品牌经销商应当严格遵守与汽车供应商的授权经营合同，使用汽车供应商提供的汽车生产企业自有的服务商标，维护汽车供应商的企业形象和品牌形象，提高所经营品牌汽车的销售和服务水平。

第二十七条 汽车品牌经销商必须在经营场所的突出位置设置汽车供应商授权使用的店铺名称、标识、商标等，并不得以任何形式从事非授权品牌汽车的经营。

第二十八条 除非经授权汽车供应商许可，汽车品牌经销商只能将授权品牌汽车直接销售给最终用户。

第二十九条 汽车品牌经销商应当在经营场所向消费者明示汽车质量保证及售后服务内容，按汽车供应商授权经营合同的约定和服务规范要求，提供相应的售后服务，并接受消费者监督。

第三十条 汽车品牌经销商应当在经营场所明示所经营品牌汽车的价格和各项收费标准，遵守价格法律法规，实行明码标价。

第三十一条 汽车品牌经销商不得销售不符合机动车国家安全技术标准、未列入《道路机动车辆生产企业及产品公告》的汽车。

第三十二条 汽车品牌经销商应当建立销售业务、用户档案等信息管理系统，准确、及时地反映本区域销售动态、用户要求和其他相关信息。

第五章 监督管理

第三十三条 境内汽车生产企业转让销售环节的权益给其他法人机构的，除按规定报商务部批准外，需报请原项目审批单位核准。

第三十四条 建立汽车总经销商、品牌经销商备案制度。凡符合设立条件并取得营业执照的汽车总经销商，应当自取得营业执照之日起2个月内向国务院商务主管部门备案；凡符合设立条件并取得营业执照的汽车品牌经销商，应当自取得营业执照之日起2个月内向所在地省级商务主管部门备案。省级商务主管部门应当将汽车品牌经销商有关备案情况定期报送国务院商务主管部门。

第三十五条 汽车供应商应当将授权汽车品牌经销商使用的店铺名称、标识、商标等有关材料报国务院商务主管部门、工商行政管理部门备案。进口汽车品牌使用的中文签注名称应当与国家质量技术监督等部门备案的相一致。

第三十六条 2005年10月1日之前，汽车供应商应当对在本办法实施之前设立的汽车销售企业进行确认，并将确认的汽车总经销商、品牌经销商名单及品牌授权、企业登记情况报国务院商务主管部门和工商行政管理部门备案。经确认的汽车总经销商、品牌经销商到所在地工商行政管理部门办理变更登记手续。工商行政管理部门将其经营范围核定为“品牌汽车销售”。

未经确认的汽车销售企业申请从事汽车品牌销售活动的，应当按本办法第十条、第十三条规定的程序办理。

第三十七条　对违反本办法第十八条、第二十八条规定的，由工商行政管理部门责令改正，并暂停汽车供应商新设品牌销售网点的审核。

对违反本办法其他规定的，工商行政管理部门依据有关法律、法规予以查处。

第三十八条　国务院工商行政管理部门应当将按第十条、第十三条、第三十六条规定，办理完手续的汽车总经销商、品牌经销商名单及时向社会公布。

第三十九条　商务主管部门、工商行政管理部门要在各自的职责范围内采取有效措施，加强对汽车交易行为、汽车交易市场的监督管理，依法查处违法经营行为，维护市场秩序，保护消费者和汽车供应商、品牌经销商的合法权益。

第四十条　国务院工商行政管理部门会同商务主管部门建立汽车供应商、品牌经销商信用档案，及时公布违规企业名单。

第四十一条　汽车行业协会要制定行业规范，加强引导和监督，做好行业自律工作。

第四十二条　国务院商务主管部门要加强对汽车行业协会组织的专家委员会有关评估工作的监督管理，对专家委员会评估工作中的违规行为要严厉查处。

第六章　附　　则

第四十三条　本办法自施行之日起适用于乘用车；自2006年12月1日起，适用于除专用作业车以外的所有汽车。

第四十四条　本办法所称“汽车”、“乘用车”、“专用作业车”是指中华人民共和国国家标准《汽车和挂车类型的术语和定义》（GB/T 3730.1－2001）定义的车辆。

第四十五条　汽车行业协会组织的专家委员会组成及汽车总经销商、品牌经销商资质条件评估实施细则由汽车行业协会制定，报国务院商务主管部门批准后实施。

第四十六条　本办法自2005年4月1日起施行。

商务部关于加快旧货行业发展的通知

各省、自治区、直辖市商务厅（局）、经贸委（商委、内贸办、财贸办）：

为进一步加快旧货行业的发展，现将有关事项通知如下：

一、加强对旧货行业发展的支持和指导。发展旧货行业是我国市场体系建设的重要内容。各地商务主管部门要充分认识旧货行业在社会经济发展中的重要作用，把推动旧货行业发展作为扩大内需、增加就业、保护环境、满足低收入消费者需求的重要工作抓紧抓好。要根据本地区经济发展水平、消费需求变化趋势及旧货供求情况，制定旧货行业发展规划。将旧货市场（含“跳蚤市场”）和网点建设纳入城市商业规划，在城市改造和发展中要给旧货市场留出发展空间，大中城市应鼓励在城乡接合部发展旧货市场。要切实加强同公安、工商等部门的协调，形成合力，加强指导，加大支持力度。

二、大力培育旧货流通主体。要为旧货市场、旧货企业、旧货个体经营户创造良好环境。各地商务主管部门要积极协调落实《财政部、国家税务总局关于旧货和旧机动车增值税政策的通知》中关于经营旧货按4%减半征收增值税的优惠政策。从本地实际出发，在不违反国家法律法规的情况下，对旧货企业的建设用地、行政收费等给予支持。加强龙头企业培育，促进形成现代化的大型旧货市场、旧货企业，充分发挥龙头的带动、示范作用。要保护中小旧货经营者（包括个体经营户在内）的合法权益，促进其向规模化方向发展。要根据消费需求发展变化趋势，鼓励旧货经营者积极拓展旧货经营范围，按照法律和行政法规的有关规定，将旧机动车（含配件）、旧机械设备、旧仪器仪表、旧移动电话、旧计算机、旧自行车、旧图书、收藏品及法律法规没有明令禁止的物品纳入旧货经营范围。支持旧货经营者开展旧货维修、改造和加工业务，提高旧货的附加值，扩大旧货的使用范围，并积极支持开展旧货出口业务。要创造条件帮助旧货经营企业参与处理和调剂积压商品及闲置物资，为盘活社会资产存量提供服务。

三、加强行业管理，规范流通秩序。旧货行业既对经济社会发展具有重要作用，同时又容易成为赃物、走私物的流通渠道，必须作为特种行业进行严格管理。各地商务主管部门要根据《关于促进我国旧货行业发展的意见》（国经贸贸易［2003］142号）要求，结合本地实际，抓紧制定包括旧货市场、旧货企业（含库存调剂、寄卖店）、固定旧货经营户、流动旧货收购人员等具体准入条件，并应于2004年上半年向社会公布。符合准入条件的企业和个人，要主动到工商行政管理部门申请登记注册，在所在地区（县）公安机关备案，按照核定的经营范围开展经营活动。旧货经营者要严格履行物品登记制度。对出售或寄卖的重要物品，要如实登记其名称、规格和来源。销售经过清理、维修和加工的商品，应在商品的明显部位张贴中国旧货业协会统一印制的“旧货”标识，不得以旧货冒充新货，欺骗消费者。批量销售、出口和长途运输旧货，应具有中国旧货业协会出具的销售证明。

四、努力提高旧货从业人员素质。旧货从业人员的素质决定旧货行业发展的水平和健康程度。各地商务主管部门要切实抓好旧货从业人员的培训工作，逐步推行旧货从业人员上岗许可证和旧货评估员、评估师制度。尽快研究编写实用培训教材和从业人员规范。各地要根据本地实际制订旧货从业人员培训计划，力争用三到五年时间使旧货从业人员都得到一次培训。要采取有效措施大力普及旧货业务知识。

五、加强信息服务和引导。信息不对称是旧货流通中的一大弊病，也是消费者惜售的主要原因。各地商务部门要充分重视信息服务体系的建设工作，鼓励和支持地方协会、旧货市场、旧货企业运用各种媒介创建信息发布平台，选择部分有条件的市场和企业，通过中国旧货网对二手手机等贵重及易盗物品实行网上公示。在旧货行业推行条型码和电子商务。

六、充分发挥行业协会的作用。各地商务主管部门要把行业协会建设作为促进行业发展、规范行业经营秩序的重要工作，积极推动地方成立旧货行业协会，支持和指导协会开展工作。协会要做好行业自律，加强行业统计与信息的收集、整理、分析及从业人员的培训工作，及时反映存在的问题及要求，充分发挥桥梁纽带作用。

2004年3月

商务部办公厅关于进一步完善加油站行业发展规划的通知

商改字［2004］14号

各省、自治区、直辖市及计划单列市商务厅（局）、经贸委（商委、内贸办、财贸办），新疆生产建设兵团商务局：

自《国务院办公厅转发国家经贸委等部门关于清理整顿小炼油厂和规范原油成品油流通秩序意见的通知》（国办发［1999］38号）下发以来，各地成品油流通主管部门按照国务院的统一部署，对成品油市场进行了清理整顿。经过几年的努力，成品油流通秩序明显好转，多头批发现象得到改变，乱批滥建加油站的风潮得到遏制。在整顿成品油流通秩序的同时，各地经贸、建设部门密切配合，编制了加油站行业发展规划。根据我国加入世界贸易组织的承诺，我国将于2004年12月11日前向外商开放成品油零售市场。为保证成品油零售市场开放后加油站行业的规范有序发展，当前需要进一步做好加油站行业发展规划的制定和完善工作。现就有关事项通知如下：

一、各地商务（经贸）主管部门要会同建设规划部门，按照原国家经贸委和建设部联合下发的《关于完善加油站行业发展规划的意见》（国经贸贸易［2003］147号，附后）中关于加油站发展规划的总体要求、指标标准、基本格式和主要内容，以及建立布局合理、竞争有序、功能完善的加油站销售服务网络体系的要求，进一步修订和完善加油站行业发展规划。已经当地人民政府批准发布的规划，需要修订调整的，由当地商务（经贸）、建设部门组织专家对需要调整的内容进行论证，报原批准机关审批后实施。

二、为保证加油站行业发展规划制定的科学性和可操作性，各地商务（经贸）主管部门要会同建设规划部门尽快将已经制定或经过修订的规划方案落实到加油站布点现状图和规划实施图上。地（市）级加油站行业发展规划要制定出2010年前的加油站布点分布图（包括现状图和分年度布点规划实施图）。有条件的省（自治区、直辖市）应制定省级加油站布点分布图。

三、为做好成品油零售市场开放的准备工作，各地商务（经贸）主管部门要会同建设规划部门加快地（市）级加油站行业发展规划图制定工作进度，力争于2004年6月底前完成。全国成品油市场管理信息系统开始运行后，各地即通过该系统提供的软件，将经批准的加油站行业发展规划图复制到电子地图上，向社会公布，接受公众监督。

各地商务（经贸）主管部门在加油站规划修订、完善以及规划图的制定过程中，可随时就有关问题与商务部商业改革发展司联系。规划修订完善后，于2004年6月底前报商务部商业改革发展司。

特此通知

附件：如文

商务部办公厅

2004年4月20日

附件

关于完善加油站行业发展规划的意见

国经贸贸易［2003］147号

各省、自治区、直辖市、计划单列市及新疆生产建设兵团经贸委（经委）、建设厅（规划局、委、局），有关地方商委（行业办）：

按照《国务院办公厅关于开展加油站专项整治工作的通知》（国办发［2002］18号）要求，各地经贸、建设规划部门密切配合，编制了加油站行业发展规划（以下简称规划），提出了总量控制、合理布局的目标和实施措施。但是，由于前期基础工作时间要求紧，各地在规划编制的工作方法、指标标准、发布形式等诸多方面都不尽相同，水平参差不齐，有的操作性不强，存在着加油站规划数量偏多、基础数据不够完整和准确、规划指标和标准不统一等问题。为促进各地进一步完善加油站行业发展规划，确保规划编制科学、合理，便于实施，现提出以下意见：

一、编制规划的指导思想

编制规划的指导思想：以国家有关成品油市场整顿和规范的要求为指导，通过编制和实施规划，加强加油站行业发展的宏观调控和管理，严格控制总量，合理优化布局，逐步建立起与国民经济发展相适应、满足广大消费者需要、布局科学合理、竞争有序、功能完善的现代化加油站销售服务网络体系。

二、编制规划的总体要求

（一）各地经贸、建设规划部门要根据《加油站行业发展规划的基本格式和主要内容》（见附件一）要求，按照高起点、高标准，设定中长期目标，分步实施的原则编制规划。规划分为省（自治区、直辖市）、地（市、州、盟，下同）两级。省级规划应明确规定本行政区域内各地加油站控制总量指标、加油站设置的基本指标标准；地级规划应根据上一级规划要求进行编制，制定本行政区域内加油站分区布点规划（包括绘制现状图和分年度布点规划实施图）。

（二）规划应列出所依据的国家和地方的有关法律法规、政策文件及标准规范，以及本地区建设发展规划和道路发展规划。要明确列出规划期限。

重要国家标准规范有：《汽车加油加气站设计与施工规范》（GB50156－2002）、《城市居住区规划设计规范》（GB50180－93）、《建筑设计防火规范》（GBJ16－87）、《高层民用建筑设计防火规范》（GB50045－95）、《城市道路交通规划设计规范》（GB50220－95）等。

三、分析加油站现状及存在问题

规划应简述本行政区域面积、人口、主要国民经济发展指标等社会经济发展现状；现有高速公路、国道、省道、县乡公路里程，主要道路机动车口平均交通流量；按照机动车类型列出机动车保有量和过境机动车数量，现有加油站数量、销售总量、分布等基本情况，并将加油站按等级、用地面积、销售规模予以分类。对加油站建设、经营、管理中存在的问题进行简要分析。

四、预测加油站需求，提出具有一定前瞻性的总量控制指标

（一）加油站需求预测应根据本地区社会经济发展趋势预测分析、道路发展规划、机动车保有量及过境机动车发展趋势预测分析、不同类型车辆公里耗油量换算系数和日均行驶里程数，采用科学的预测方法，预测加油站销售量增长趋势，并在加油站经济效益评价的基础上，测算加油站需求。

（二）加油站设置的基本指标标准，既要符合国情，又要有一定的先进性。国道、省道百公里加油站数量原则上不得超过6对；高速公路加油站按照国家相关规定执行，原则上每百公里不超过2对；县乡道由各省（自治区、直辖市）根据实际情况另行制定指标标准；城区加油站服务半径应控制在不低于0.9公里。

（三）加油站规划总量控制指标应保证平均单站加油量不低于目前平均水平，并逐年有所提高。

五、制定措施，确保规划实施

规划应列出实施的步骤和措施。新建、改建、迁建、扩建加油站必须严格按照加油站行业发展规划和国家规定的审批程序进行审批，任何部门不得越权擅自审批，对违反规定的要追究审批部门负责人和有关人员的责任。

六、规划发布形式

（一）规划应报经地方人民政府批准发布实施。

（二）规划一经批准即向社会公布，接受公众监督。

（三）任何部门不得随意更改经政府批准公布的加油站行业发展规划中有关布点的规划内容。确需调整的，由当地经贸、规划部门组织专家对当前规划的实施情况进行总结，对需调整内容进行论证，报原批准机关审批同意后实施。

各地经贸、建设规划部门要根据本《意见》，进一步修订和完善加油站行业发展规划，对规划格式及内容进行适当调整。有条件的地区要在规划中对水上加油船（站）的现状、问题及需求情况进行分析，提出规划布局的意见。尚未经政府批准发布规划的地区要尽快按照本地区《加油站行业发展规划专家评审组评审意见》（见附件二）完成规划修订工作，上报政府批准后发布。

附件：

一、加油站行业发展规划的基本格式和主要内容（略）

二、加油站行业发展规划专家评审组评审意见（略）

2003年2月18日

商务部关于加强牛羊屠宰管理工作的指导意见

各省、自治区、直辖市及计划单列市商务厅（局），经贸委（商委、内贸办、财贸办）：

近年来，随着国内肉类生产结构的调整和居民生活水平的提高，我国牛羊肉的产量和消费量逐年增长。但同时产品质量安全问题也日益突出，一些地方注水牛羊肉上市，病害肉引起的人身伤害事件时有发生，社会反映强烈。为规范牛羊屠宰经营秩序，现提出以下意见。

一、充分认识加强牛羊屠宰管理工作的重要意义

牛羊肉约占我国肉类产销量的15%，是重要的民生食品，消费区域遍及全国，特别是我国有10多个少数民族禁食猪肉，以牛羊肉为主要肉食来源。因此，搞好牛羊肉的生产供应和屠宰环节的管理不仅是保护广大消费者权益和健康的要求，也是贯彻落实党的民族宗教政策，促进民族团结和社会稳定的一项基础工作。各级商务主管部门要按照“三个代表”重要思想和执政为民的要求，深刻认识搞好牛羊屠宰管理的重要性和紧迫性，切实履行好行业管理职能，把加强牛羊屠宰管理的工作开展起来，务求取得明显效果。

二、在地方政府统一领导下，积极稳妥地推进牛羊屠宰管理工作

根据我国现行法规，牛羊的定点屠宰由省级人民政府参照《生猪屠宰管理条例》，确定管理办法。省级商务主管部门要在政府的统一领导下，负责牛羊屠宰的行业管理工作，进行归口管理。

（一）积极推动牛羊屠宰管理办法和定点厂（场）设置规划的制定

各级商务主管部门要将牛羊定点屠宰列入重要工作日程，制定工作计划并组织实施。已开展牛羊定点屠宰的地区，要认真总结经验，完善管理办法，加强日常监督，巩固和发展牛羊定点屠宰的成果。尚未实施牛羊屠宰管理的地区，省级商务主管部门要向当地政府建议，抓紧制定管理办法。牛羊屠宰厂（场）设置规划是实施定点屠宰的重要依据，省级商务主管部门要在政府统一领导下，提供行业发展现状等基础资料，宣传先进地区行之有效的管理经验，积极参加规划的制定。可以结合生猪定点屠宰厂（场）设置规划的修编，将牛羊、家禽定点屠宰的内容纳入其中，制定统一的畜禽定点厂（场）设置规划；也可以按照“统一规划、合理布局、有利流通、方便群众、便于检疫和管理的原则”，结合各地实际情况，制定单独的牛羊屠宰厂（场）设置规划。

（二）抓紧制定牛羊屠宰厂（场）行业准入标准

商务部经过调查研究，在集中专家、相关管理部门和屠宰企业意见的基础上，提出以下牛羊屠宰厂（场）行业准入的基本条件，供各地实施牛羊定点屠宰及整顿屠宰市场时参考。牛羊屠宰厂（场）行业准入的基本条件是：

1. 符合省级人民政府制定的牛羊屠宰厂（场）设置规划，并经市县人民政府批准的牛羊定点屠宰厂（场）。从事清真屠宰的企业还应同时符合少数民族的风俗习惯和宗教礼仪。

2. 厂区选址应远离居民住宅区和城市上游，周边应有良好的环境卫生条件，避开产生有害气体、烟雾、粉尘的工业企业和其他污染源。具备符合国家标准要求的生产水源和电源。

3. 进入厂区及厂区内的主要道路，应铺设坚硬路面并保持平整，厂区道路两侧和建筑物周围均应绿化。

4. 建有符合国家标准要求，与牛羊屠宰规模相适应，具备清扫、冲洗和消毒条件的屠宰、加工、储藏等基础设施。包括待宰间、病畜隔离间、屠宰车间、急宰间、无害化处理间、冷藏冷冻设施、排污设施，以及各类易于清洗消毒的容器和运输工具。

5. 实验室和检验设备的配置应符合国家有关标准规定。有完善的企业管理制度和检疫检验制度。

6. 拥有与屠宰规模相适应，具备兽医专业中专以上水平，取得专业资格培训合格证书，并持有健康证明的兽医卫生检验人员。屠宰技术人员和屠宰工人应持有健康证明，经专业培训合格后持证上岗。

7. 牛羊屠宰厂（场）设置布局和屠宰工艺流程，应符合国家《肉类加工厂卫生规范》（GB12694－1990）、《畜类屠宰加工通用技术》、（GB/T17237－1998）和《家畜屠宰加工企业兽医卫生规范》要求。

各省级商务主管部门可结合当地实际，对上述牛羊屠宰厂（场）行业准入基本条件进行调整，但必须确保定点屠宰企业生产的牛羊肉在品质和基本卫生指标上合格。

三、结合实施食品放心工程，大力清理不合格的牛羊屠宰厂（点）

2004年将把食品卫生专项整治作为整顿和规范市场经济秩序的重点。各级商务主管部门要抓住这一有利时机，联合相关部门，大力清理整顿牛羊屠宰场，创造确保居民吃上“放心肉”的生产环境。

要积极争取将清理整顿牛羊屠宰厂（点）纳入地方政府对食品市场的整治行动，把关闭不合格的牛羊屠宰场（点）作为整治的重点内容之一，加大清理力度。要按照既整顿混乱的屠宰市场，又保障正常生产供应的原则，重点打击各类注水肉窝点，认真督查屠宰企业的卫生环境及生产检验工作。要坚决取缔私屠滥宰，严厉处罚生产过程中的注水行为，限期整改生产条件和产品检验存在隐患的屠宰厂（场）。商务主管部门要会同有关方面进行技术指导，帮助企业达到符合标准的屠宰条件。

整顿牛羊屠宰市场的工作涉及面宽，政策性强，必须紧紧依靠地方政府和各有关部门的配合才能取得实效。各级商务主管部门要加强与工商、卫生、质监、公安、规划、环保、城建、农牧、财税等部门的协调配合，各负其责，密切协同，相互支持，把整顿牛羊屠宰市场的工作扎实有效地开展下去，实现让人民群众吃上“放心牛羊肉”的目标。

四、标本兼治，依法开展对牛羊屠宰的行业管理

在省级人民政府牛羊屠宰管理办法和定点屠宰厂（场）设置规划颁布后，各级商务主管部门要依法加强行业管理，形成有效的管理办法，建立牛羊屠宰管理的长效机制。

（一）规范牛羊屠宰项目的审核及项目验收程序

今后新建或改扩建的牛羊屠宰项目，申请方应向地市、县人民政府商务主管部门提出书面申请，经初审同意后，到规划、城建、环保、畜牧兽医等有关部门申请相应的许可，取得各项专业许可后，报省级商务主管部门依据规划进行审核，经核准后项目方可开工。牛羊屠宰厂（场）建设工程竣工后，由畜牧兽医监督机构和食品卫生监督机构进行验收，合格者发给动物防疫合格证和卫生许可证，清真牛羊屠宰企业还须取得县级以上民委（民族事务局）颁发的《清真食品生产准营证》。对验收合格的牛羊屠宰项目，由省级商务主管部门颁发《牛羊屠宰厂（场）许可证》和标志牌，同时对所有运营的定点屠宰厂（场）通过年审制度实行动态管理。

（二）开展对牛羊屠宰厂（场）的日常监督

各级商务主管部门要联合有关部门，监督检查定点屠宰企业执行《动物防疫法》、《食品卫生法》、《产品质量法》、《牛羊屠宰产品品质检验规范》，以及执行省市《牛羊屠宰管理办法》的情况；查处冒用、伪造、涂改、出借和转让《牛羊屠宰厂（场）资格证》

以及屠宰检验证、章、标志等非法行为；查处牛羊屠宰活动中注水（或注入其他物质）及加工病死、毒死或死因不明牛羊的非法行为；检查屠宰企业对患病牛羊是否按照国家规定进行处置，对病害肉尸是否进行无害化处理；检查进厂屠宰的活畜是否来自疫区，并合法取得动物产地检疫证明等。

（三）加强牛羊肉的物流和零售环节管理

牛羊产品应实行定点屠宰和卫生监管下的自由流通。各地实行的牛羊产品市场准入制度，对本地和外地企业的产品应一视同仁，不得采取歧视性政策，限制外地产品进入。商务主管部门应按照《反不正当竞争法》和《行政许可法》，打破地区封锁的有关条款，废除本部门与法律规定相抵触的政策规章，同时提请地方人民政府应抓紧清理阻碍肉类产品自由流通的文件和法规。牛羊产品的运输应执行国家有关的技术规定，商务主管部门应会同有关部门监督企业执行牛羊肉运输标准和查验程序的情况。要积极推动封闭吊挂运输和“冷链”保鲜运输，清真肉品必须使用专用的运输工具。对经营牛羊肉的超市、农贸市场和批发市场，应严格开业经营的基本条件：（1）拥有肉品储藏间和冷藏设备；（2）营业间与储肉间的墙壁、地面符合卫生要求，便于清洗消毒；（3）有专用的销售柜台和防蝇、防尘、洗涤、消毒及排水设施；（4）有健全的肉品卫生销售管理制度，经营者持有健康证明。商务主管部门应会同卫生、质量、环保等部门，对牛羊肉零售环节的卫生状况和营业设施开展经常性的检查。

（四）积极建立肉类食品行业的社会信用体系

各级商务主管部门要把建立肉类食品行业的社会信用体系，作为规范肉类市场经营秩序的一项治本之策，下力量开展各类社会诚信教育、行业诚信自律和企业征信活动。要综合运用免疫耳标跟踪、屠宰档案追溯、信用信息联网共享、行政及协会黑名单公示等各种方法，大力推动肉类食品行业的信用制度建设，逐步建立诚信守法者受益、失信造假者受罚的良好肉类经营秩序。

各地商务主管部门对牛羊屠宰管理工作要抓紧组织，尽快启动，工作中遇到的重大问题及时向商务部报告。

中华人民共和国商务部

2004年5月10日

商务部、监察部、国务院法制办、财政部、交通部、税务总局、质检总局关于清理在市场经济活动中实行地区封锁规定的通知

商建发［2004］309号

各省、自治区、直辖市商务主管部门、监察厅（局）、法制办、财政厅（局）、交通厅（局）、国税局、地税局、质检局：

为了贯彻落实国务院《关于禁止在市场经济活动中实行地区封锁的规定》（国务院第303号令）和《国务院关于印发2004年工作要点的通知》（国发［2004］11号）的要求，加快建设全国统一市场，打破地区封锁，纠正设置行政壁垒、分割市场、妨碍公平竞争的做法，根据《国务院办公厅关于印发2004年全国整顿和规范市场经济秩序工作要点的通知》（国办发［2004］42号），决定对市场经济活动中实行地区封锁的各种规定进行清理，现就有关问题通知如下：

一、清理的范围和重点

县级（含县级，下同）以上地方各级人民政府所属商务、财政、交通、国税、地税、质检等部门制定的属于排斥外地产品和服务、对本地产品和服务予以特殊保护的各种分割市场的规范性文件以及其他文件，均应纳入清理范围。清理重点是含有以下内容的各种规定：直接限制外地产品和服务进入本地市场的；限制本地产品和服务进入外地市场的；专门针对外地产品和服务进入本地市场收取费用的；专门针对外地产品而且阻碍外地产品进入本地市场的技术、检验、认证措施；对外地产品和服务进入本地设定许可或审批的；指定经营、购买、使用本地产品的。

二、清理原则

（一）纳入此次清理范围的规范性文件以及其他文件，按以下原则处理：主要内容违背国务院第303号令的，予以废止；个别条款违背国务院第303号令的，予以修改。

（二）县级以上地方人民政府所属有关部门制定的规范性文件以及其他文件的废止或者修改，由制定机关按照法定权限和程序作出决定。在清理工作中发现地方人民政府制定的规章、规范性文件以及其他文件存在违反国务院第303号令的，由当地政府法制机构商有关部门提出初步清理意见，报告同级人民政府按照法定权限和程序作出处理决定。在清理工作中发现地方性法规存在违反国务院第303号令的，由当地政府法制机构报请同级人民政府依照法定程序向制定有关地方性法规的人民代表大会及其常委会提出废止或者修改建议。

三、清理工作的组织实施

省级人民政府商务、法制、监察部门会同省级人民政府财政、交通、国税、地税、质检等部门成立清理工作领导机构，负责统一组织、协调、指导本地区清理工作，督促检查地（市）、县（市）及省级各有关部门的清理工作。国务院有关部门根据各地清理工作的进展情况，适时成立联合督查组，对清理工作进行督查。各省、

自治区、直辖市清理工作完成后，统一由省级人民政府法制机构向社会公布清理结果。

清理工作要发挥群众监督和舆论监督的重要作用。鼓励企事业单位和个人对商品流通中实行地区封锁的各种规定进行举报。省级人民政府商务、法制、监察部门和有关部门应建立监督受理机制，必要时可设立举报电话。各地商务、法制、监察部门要加强与新闻宣传部门协调合作，加大清理工作的宣传力度，对清理不力的地区和典型案例予以曝光。

四、清理工作要求

清理工作是打破地区封锁，建设全国统一市场的基础和前提。做好清理工作，对于行政机关依法行政，维护社会主义法制的统一性和严肃性具有重要意义。各地要从大局出发，充分认识清理工作的重要性，加强领导，认真部署，精心组织。各有关部门要密切配合，通力合作，按照各自职责权限，分工负责，确保清理工作顺利进行。

县级以上地方各级人民政府有关部门要按照本通知的要求做好清理工作。清理的结果要逐级上报其上级主管部门汇总后，送省级人民政府商务主管部门。省级人民政府商务主管部门会同法制机构共同汇总本地区清理结果，并于2005年1月底之前将清理工作总结报送商务部、国务院法制办公室。

商务部 国务院法制办 监察部 财政部
交通部 税务总局 质检总局
2004年6月18日

商务部关于加强国内贸易标准化工作的通知

商建发［2004］297号

近日来，国家标准化管理委员会发出了《关于调整国内外贸易标准化归口管理部门的复函》（国标委农轻函［2004］19号），明确商务部为国内贸易标准化归口管理部门，将原国家质量技术监督局、原国家国内贸易局《关于加强商业标准化管理工作的通知》（质技监局标函［2001］36号）和《关于加强物资流通标准化管理工作的通知》（质技监局标函［2001］37号）所确定的国内贸易标准化管理工作，一并调整由商务部管理。为贯彻国家标准委文件精神，做好国内贸易标准化工作，现将有关问题通知如下：

一、要把标准化工作作为加强市场体系建设的重要任务来抓

国内贸易标准化工作是提高流通现代化水平的重要技术基础，是规范市场经济秩序、保障人民群众消费安全的有效措施，也是市场经济条件下政府部门行使职能的重要手段。目前，我国商品经营场所、储运设施、流通信息、商品质量、检验检测以及服务规范等的标准化水平很低，标准不统一、体系不健全、结构不合理等问题十分突出，不适应流通现代化发展的需要。

各地商务主管部门要充分认识国内贸易标准化工作的重要性和紧迫性，把这项工作列入重要议事日程，切实抓紧抓好。要给予标准化工作必要的资金支持，争取将标准化工作经费列入财政预算。要结合本地实际，不断研究探索新形势下如何通过标准化手段规范和促进市场的发展，建立和完善国内贸易标准化的工作机制，明确分管领导，指定具体负责的机构和人员，并于2004年7月31日前将分管领导、业务处室及工作人员名单、联系方式报商务部市场建设司。

二、做好国内贸易标准化的调查摸底

各地商务主管部门要在近期内对本地区国内贸易标准化工作的现状做深入调查分析，对涉及国内贸易的国家标准、行业标准在本地区的管理实施情况进行一次检查；对现行地方标准，要从市场适用性、技术水平、质量、范围以及实施情况等方面进行分析；对企业标准作出评估。在对本地区标准化工作现状进行全面总结的基础上，进一步明确加强国内贸易标准化的目标和任务。在开展国内贸易标准化过程中，要加强与当地质量技术监督部门的协调和合作，取得标准化主管部门的支持和帮助。各地商务主管部门应于2004年9月30日前完成地方标准摸底工作，并于10月20日前将本地区国内贸易标准化工作情况报送商务部市场体系建设司。

三、做好标准制修订项目计划申报工作

按照党的十六届三中全会关于建立统一开放竞争有序的现代市场体系的要求，近期国内贸易标准化建设的重点是有利于加速商品市场现代化的流通设施和信息的各类技术标准，有利于维护市场秩序的技术规范，有利于保障食品安全和消费安全的质量体系，以及能够促进扩大消费、满足人民群众不断增长的生活需求和服务的各类标准。各地商务主管部门应根据上述重点，从本地实际出发，积极做好国家标准和行业标准制定的申报工作，并对不适应市场发展的标准提出修订建议，按照国标、行标滚动申报的要求，及时报送标准制修订计划。从本地区的经济特点出发，认真做好地方标准的制修订工作。要坚决杜绝利用制定地方标准的方式设置区域壁垒的现象。

四、大力加强国内贸易标准实施推广工作

地方商务主管部门要把国内贸易标准的实施推广放在标准化工作的首位，尽快建立起由政府推动、市场引导、企业参与的标准化实施和监督机制。通过各种有效途径宣传标准化的重要意义。要制定国内贸易各项标准的实施推广方案，明确职责分工，推动各类市场主体开展采标和达标活动。要注重标准实施过程中的监督检查和信息反馈，建立健全标准实施跟踪和监督检查工作制度。充分发挥龙头企业在国内贸易标准化工作中的示范和辐射效应，积极发挥行业协会、科研机构及企事业单位在标准化实施中的作用，逐步形成科学合理的标准化推广和服务体系。

五、尽快建立标准化工作队伍

各级商务主管部门要加强协调与组织，尽快完善以各专业技术委员会、行业协会、科研机构和企事业单位等为主的标准研究和制修订队伍；建立以政府与行业协会、流通企业及消费者共同推动的标准化实施队伍。要加强对从事标准化工作的研究管理人员、标准制修订人员和推广应用人员的专业知识培训。加强流通领域标准化工作的国际合作和交流，争取更多的从事标准化工作人员参与国际标准化组织机构的活动和国际标准制修订工作。通过不断增强商务系统全员标准化意识，使国内贸易标准的采用、实施和推广成为各类市场主体的自觉行动。

附件：关于调整国内外贸易标准化归口管理部门的复函（国标委农轻函［2004］19号）

商　务　部

2004年6月28日

附件

关于调整国内外贸易标准化归口管理部门的复函

国际委农轻函［2004］19号

商务部：

你部《关于明确商务部科技发展和技术贸易司、市场体系建设司为国内外贸易标准化部门的函》（商建函［2003］20号）收悉。经研究，现复函如下：

一、根据《中华人民共和国标准化法》以及国务院办公厅《关于印发商务部主要职责内设机构和人员编制规定的通知》（国办发［2003］29号）的有关规定，为适应标准化工作改革与发展的需要，同意你部为国内外贸易标准化的归口部门，分工管理本部门、本行业的标准化工作。

二、原国家质量技术监督局、原国家国内贸易局《关于加强商业标准化管理工作的通知》（质技监局标函［2001］36号）和《关于加强物资流通标准化管理工作的通知》（质技监局标函［2001］37号）所确定的国内贸易标准化管理工作一并调整为由商务部管理。其中，科技发展和技术贸易司负责进出口贸易方面的标准化管理工作，保留外经贸行业标准代号WM；市场体系建设司负责国内贸易方面的标准化管理工作，国内贸易行业标准化号统一为SB。

三、国内外贸易标准化管理工作涉及范围广，专业性、技术性强，在贸易标准制修订、宣贯、培训、实施与推广等标准化工作中应充分利用中国商业联合会、中国物流与采购联合会，以及相关的专业协会、商会等专业组织的技术优势，发挥其积极作用，共同做好标准化工作，促进我国国内外贸易事业的发展。

中国国家标准化管理委员会

2004年4月28日

商务部关于贯彻实施《零售业态分类》国家标准的通知

商建发［2004］390号

各省、自治区、直辖市及计划单列市商务主管部门：

零售业态是零售企业为满足不同的消费需求进行相应的要素组合而形成的不同经营形态。为发挥新型零售业态对商品流通的促进作用，指导各地做好商业网点规划工作，我部根据近年来我国零售业发展的趋势，并借鉴发达国家对零售业态划分方式，组织有关单位对原国家标准《零售业态分类》（GB/T18106－2000）进行了修订。国家质量监督检验检疫总局、国家标准化管理委员会已联合颁布新国家标准《零售业态分类》（GB/T18106－2004）（国标委标批函［2004］102号），新标准将于2004年10月1日起开始实施。为更好地贯彻新标准，现将有关问题通知如下：

一、做好对新的零售业态分类标准的宣传工作

零售业态分类标准是科学地规范和引导零售业发展的前提，是形成结构合理、功能完善、层次分明、体系完整的商品市场格局的重要技术基础。新标准按照零售店铺的结构特点，根据其经营方式、商品结构、服务功能，以及选址、商圈、规模、店堂设施、目标顾客和有无固定营业场所等因素将零售业分为食杂店、便利店、折扣店、超市、大型超市、仓储会员店、百货店、专业店、专卖店、家居建材店、购物中心、厂家直销中心、电视购物、邮购、网上商店、自动售货亭、电话购物等17种业态，并规定了相应的条件。这种分类方式符合国内外零售业发展的趋势。各地商务主管部门要切实做好对新标准的宣传工作，通过专题培训、新闻宣传等方式，使政府部门、企业及消费者广泛了解新标准的业态、分类条件以及各业态的功能，为贯彻实施标准奠定基础。

二、要把新标准作为商业网点规划工作的重要依据

零售业态是构成城市商业网点的基础。新标准对零售业态的条件和功能作了明确界定，各地应以此为依据，规划城市商业网点的布局和结构，使网点建设与经济社会发展、居民消费的变化趋势相一致，使各类业态互为补充，协调发展。已经完成商业网点规划的城市，应根据新的业态标准对规划加以修订和完善。在规划中，要注意发展新型业态与提升、改造传统商业相结合，主力业态与特色经济相协调。围绕业态结构调整的重点，鼓励发展贴近居民生活的便利店、折扣店和中小型综合超市。重视发展仓储式商场、专业店、专卖店等新型业态。

三、用新标准引导和规范商业投资方向

各地商务主管部门要在科学分析和充分论证的基础上，用新标准指导商业领域的投资和经营。通过新标准的贯彻，使企业深入了解各类零售业态的开设条件及其内涵，充分认识各类业态的经营规律，促进企业理性投资，减少盲目重复投资，避免资源浪费；根据不同业态的特点，实行差别化经营，防止无序竞争。有条件的地方可通过动态跟踪零售业态发展状况，分析预测各种零售业态的发展趋势，制定鼓励和限制的业态发展目录，引导商业企业投资，从宏观上调控商业网点布局及业态结构的平衡，促进多业态共同繁荣。

商务部办公厅关于规范旧机动车鉴定评估管理工作的通知

商建字［2004］70号

各省、自治区、直辖市及计划单列市商务主管部门：

根据2004年6月29日颁布的《国务院对确需保留的行政审批项目设定行政许可的决定》（国务院第412号令），由商务部和省级商务主管部门负责实施旧机动车鉴定评估机构的设立审批，为规范和加强对旧机动车鉴定评估机构的管理，特通知如下：

一、从事旧机动车鉴定评估工作的人员，必须取得劳动和社会保障部颁发的旧机动车鉴定估价师职业资格证书。没有取得职业资格证书的人员，不得从事旧机动车鉴定评估工作。

二、旧机动车鉴定评估机构的设立由各省、自治区、直辖市、计划单列市商务主管部门审批，未经商务主管部门批准，任何机构和企业不得设立旧机动车鉴定评估机构，不得从事旧机动车鉴定评估业务（从事涉案物品价格鉴证的除外）。

三、各地商务主管部门应将批准设立的旧机动车鉴定评估机构名单报商务部（市场体系建设司）备案公告。

特此通知

商务部办公厅

2004年8月16日

商务部办公厅关于启动全国成品油市场管理信息系统的通知

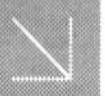

商改字［2004］59号

各省、自治区、直辖市、计划单列市商务主管部门，中国石油天然气集团公司，中国石油化工集团公司：

为了充分利用现代信息技术加强成品油市场监管，我部开发完成全国成品油市场管理信息系统，并将于近期投入使用。现就启动全国成品油市场管理信息系统工作通知如下。

一、系统建立的必要性

成品油是关系国民经济稳定运行和健康发展的重要商品。经过几年的清理整顿，成品油市场秩序明显好转，成品油市场监管工作正在由集中整治向建立长效监管机制转变。根据我国加入世贸组织的承诺，我国将于2004年12月11日和2006年12月11前分别向外商开放成品油零售及批发市场，成品油市场经营主体将呈现多元化格局。按照《行政许可法》的要求，行政许可行为必须体现公开、公平、公正的原则。为实现政务公开和接受社会监督，提高工作效率和工作质量，必须充分运用现代信息技术加强成品油市场管理。建立全国成品油市场管理信息系统是完善成品油市场管理，改进成品油市场管理方式、提高管理水平和工作效率的有效手段。各地商务主管部门要对建立和启用全国成品油市场管理信息系统予以高度重视，按照系统运行要求提供相应的条件，保证系统的正常运行。

二、系统的基本功能

全国成品油市场管理信息系统（www. oil. gov. cn）由国家总网、省级人民政府商务行政主管部门子网和企业会员三层结构组成。基本功能包括：

（一）经营企业信息公示。向社会公开发布取得成品油经营资质的企业，包括从事成品油批发、仓储和零售经营的企业名录及基本信息，接受社会监督，并为工商、税务、质检等部门提供执法依据。

（二）市场运行监测。省级人民政府商务行政主管部门负责本地区成品油供应、销售、库存及价格变化情况的监测，并将数据及分析报告上报国家总网。国家总网根据各地商务行政主管部门提供的数据，实现对各省、自治区、直辖市及计划单列市以及全国成品油市场的监测，及时发现成品油市场运行中出现的问题，为实施成品油市场调控提供依据。

（三）加油站和油库建设规划展示。采用电子地图的形式标注设区的市加油站、油库现有分布图和2010年前加油站、油库建设规划图，向社会公布，对国内外资本进入成品油经营领域实施引导。同时，为各地商务主管部门实施成品油零售和仓储的准入管理提供依据。

（四）电子信息交换。向社会公布成品油市场监管的有关法律法规，许可的申请及办理程序，为成品油经营企业和用户提供指导性信息；逐步实现各级商务主管部门的网上办公和相关部门的网上信息交换，以提高行政效率，降低行政成本，形成运转协调、公正透明、廉洁高效的电子政务系统。

三、系统的运行条件

（一）硬件要求。按照系统设计和运行要求，各省、自治区、直辖市及计划单列市商务主管部门子网要实现与国家总网的链接，需要配置专用的计算机设备，连接互联网并加载CA证书。

（二）软件要求。配置win2000以上的操作系统，IE版本6.0以上及其他相应的软件支持。

（三）人员配备。指派政治素质高、业务能力强、熟悉计算机应用技术和成品油市场管理业务的专职人员作为各省、自治区、直辖市及计划单列市商务行政主管部门的网站管理员。

四、系统启动的工作要求

系统完成初步调试后，由我部相关司局组织对各省、自治区、直辖市及计划单列市商务行政主管部门成品油市场管理信息系统操作人员进行业务培训。9月底以前实现系统试运行。为保证系统的顺利启动和正常运行，各省、自治区、直辖市及计划单列市商务行政主管部门要做好以下几项工作：

（一）成品油经营企业信息汇总上网。各省、自治区、直辖市及计划单列市商务行政主管部门系统管理员要根据《商务部、工商总局、税务总局关于更换成品油经营证书和建立成品油市场信息交换制度的通知》（商改发［2003］512号）要求，9月底以前将已更换经营证书的成品油批发、仓储和零售企业基本信息汇总上网。

（二）建立市场监测数据和分析报告月报制度。各省级人民政府商务行政主管部门建立成品油市场运行监测制度，安排专人负责本区域内成品油市场运行监测。要合理确定信息采集点，每月10日以前将获取的各种市场信息加以汇总，并进行认真分析。要及时了解和把握市场动态，对市场需求变化情况做出科学预测。每月15日之前将当地成品油市场运行分析报告上报国家总网。商业改革发展司将定期发布各地市场监测和信息报送情况。

（三）抓紧完成加油站行业和仓储企业发展规划制定工作。根据规划制定的总体安排，各地应在九月底之前完成当地加油站行业和仓储企业发展规划的制定工作，并将加油站、油库现有布局和2010年前规划布局标注在以设区的市为单位的地图上。目前已有部分地区完成了规划制定工作。没有完成规划制定工作的地区要加快工作进度，使本地加油站行业和仓储企业发展规划尽快在全国成品油市场管理信息系统上公开展示。

（四）启动政务信息的网上传输。首先在商务部和省级人民政府商务行政主管部门之间开展信息网上传送。凡在以往采用纸质方式上报和下发的公文，在采取加密措施后均可利用成品油市场管理信息系统实行网上传送。待成品油市场管理信息系统进一步向下级商务行政主管部门延伸后，再逐步扩大网上公文传输范围。

（五）逐步推进系统延伸。为扩大成品油市场管理信息系统的使用范围，各省级人民政府商务行政主管部门要在系统启动运行后，即抓紧进行系统延伸的准备工作。为使系统延伸稳步进行，可采取分步实施，逐渐联网的办法。首先实现与设区的市级人民政府商务行政主管部门和成品油批发企业的联网，在确保延伸网络运行正常后，再推进系统进一步延伸。

商务部办公厅

2004年9月10日

商务部、国家税务总局关于从事融资租赁业务有关问题的通知

商建发［2004］560号

各省、自治区、直辖市、计划单列市商务主管部门、国家税务局、地方税务局：

为了更好地发挥租赁业在扩大内需、促进经济发展中的作用，支持租赁业快速健康发展，现就开展融资租赁业务有关问题通知如下：

一、根据国务院办公厅下发的商务部“三定”规定，原国家经

贸委、外经贸部有关租赁行业的管理职能和外商投资租赁公司管理职能划归商务部，今后凡《财政部、国家税务总局关于营业税若干政策问题的通知》（财税［2003］16号）中涉及原国家经贸委和外经贸部管理职能均改由商务部承担。

二、外商投资租赁公司的市场准入及行业监管工作继续按照商务部出台的有关规定执行。

三、商务部将对内资租赁企业开展从事融资租赁业务的试点工作。各省、自治区、直辖市、计划单列市商务主管部门可以根据本地区租赁行业发展的实际情况，推荐1－2家从事各种先进或适用的生产、通信、医疗、环保、科研等设备，工程机械及交通运输工具（包括飞机、轮船、汽车等）租赁业务的企业参与试点工作。被推荐的企业经商务部、国家税务总局联合确认后，纳入融资租赁试点范围。

四、从事融资租赁业务试点企业（以下简称融资租赁试点企业）应当同时具备下列条件：

（一）2001年8月31日（含）前设立的内资租赁企业最低注册资本金应达到4 000万元，2001年9月1日至2003年12月31日期间设立的内资租赁企业最低注册资本金应达到17 000万元；

（二）具有健全的内部管理制度和风险控制制度；

（三）拥有相应的金融、贸易、法律、会计等方面的专业人员，高级管理人员应具有不少于三年的租赁业从业经验；

（四）近两年经营业绩良好，没有违法违规记录；

（五）具有与所从事融资租赁产品相关联的行业背景；

（六）法律法规规定的其他条件。

五、省级商务主管部门推荐融资租赁试点企业除应上报推荐函以外，还应提交下列材料：

（一）企业从事融资租赁业务的申请及可行性研究报告；

（二）营业执照副本（复印件）；

（三）公司章程，企业内部管理制度及风险控制制度文件；

（四）具有资格的会计师事务所出具的近三年财务会计报告；

（五）近两年没有违法违规记录证明；

（六）高级管理人员的名单及资历证明。

六、本通知第二、三条所列的融资租赁公司（即内资融资租赁试点企业、外商投资融资租赁公司）可按照《财政部、国家税务总局关于营业税若干政策问题的通知》（财税［2003］16号）的规定享受融资租赁业务的营业税政策。

七、融资租赁公司应严格按照国家有关规定按时交纳各种税款，若违反国家税收法律法规，偷逃税款，税务机关将依据《中华人民共和国税收征收管理法》及有关税收法律法规的规定予以处罚，同时取消对该企业执行的融资租赁税收政策。

融资租赁公司在向有关联生产企业采购设备时，有关设备的结算价格不得低于该生产企业向任何第三方销售的价格（或同等批量设备的价格）。

八、融资租赁试点企业应严格遵守国家有关法律法规，不得从事下列业务：

（一）吸收存款或变相存款；

（二）向承租人提供租赁项下的流动资金贷款和其他贷款；

（三）有价证券投资、金融机构股权投资；

（四）同业拆借业务；

（五）未经中国银行业监督管理委员会批准的其他金融业务。

九、融资租赁试点企业的风险资产（含担保余额）不得超过资本总额的10倍。

十、融资租赁试点企业应在每季度15日前将其上一季度的经营情况上报省级商务主管部门，并抄报商务部。商务部和国家税务总局将采取定期或不定期方式，抽查试点企业经营情况。对违反有关法律法规和上述管理规定的企业，商务部将取消其融资租赁试点企业的资格。

十一、各地商务、税务主管部门要加强对融资租赁试点企业的监督，及时研究试点中存在的问题，发现重大问题应立刻上报商务部、国家税务总局，同时，要不断总结试点经验，采取有效措施，促进租赁业的健康发展。

商　务　部
国家税务总局
2004年10月22日

商务部关于建立重点商品交易市场联系制度的通知

商建发［2004］581号

各省、自治区、直辖市及计划单列市商务主管部门：

为加强商品交易市场建设管理与分类指导，促进商品交易市场规范、协调与可持续发展，经研究，决定建立重点商品交易市场联系制度。现将有关事项通知如下：

一、建立重点商品交易市场联系制度的重要意义

改革开放以来，我国商品交易市场发展迅速，其规模化、规范化、专业化及现代化水平不断提高，在引导消费、促进生产、扩大就业以及优化资源配置等方面发挥了积极的作用，对国民经济发展做出了贡献。在市场体系建设工作中，建立重点商品交易市场联系制度，发挥其引导和示范作用，有利于进一步推进商品交易市场交易方式、管理方式与制度创新，完善其集散商品、传播信息、形成价格、统一结算等服务功能；有利于提高流通效率，降低市场交易成本；有利于规范商品交易秩序，引导和促进有序竞争；有利于扩大内需、开拓市场，促进国民经济健康发展；有利于在更大程度上发挥市场在资源配置中的基础作用，健全和完善全国统一、开放、竞争、有序的现代市场体系。

二、重点商品交易市场联系制度的基本内容

（一）建立商务部与重点联系商品交易市场（以下简称重点联系市场）信息互通渠道。重点联系市场可以通过有关行业协会、省级商务主管部门或者直接向商务部反映其运行管理中出现的情况和问题。商务部委托有关行业协会每年组织1-2次重点联系市场座谈会，沟通信息，听取意见和建议，总结推广重点市场好的运行模式和成功的管理经验；利用有关刊物或以简报形式不定期向重点联系市场提供国家有关政策信息，加强政策引导。

（二）推进重点联系市场交易升级和管理创新。重点联系市场要在遵守有关法律、法规的前提下，积极探索和推广代理、配送、电子商务等新型交易方式。不断完善公司法人治理结构，大力提高规范化管理水平。

（三）促进重点联系市场改造升级。商务部将会同有关部门采取相应的政策措施，引导和促进重点联系市场基础设施和配套设施建设与改造。

（四）商务部鼓励重点联系市场在有关行业协会的统一组织下，实行准入制度和健全交易监督机制，在加强商品质量管理、打击伪劣商品以及建立重点联系市场信用联盟机制和市场自律机制方面进行积极探索。

三、重点联系市场应当具备下列条件

（一）经省、自治区、直辖市、计划单列市人民政府及新疆生产建设兵团市场建设管理部门批准设立，并且设立时间在3年以上；

（二）以批发交易为主，能够跨区域吸引生产商、批发商和大宗用户，交易商品辐射全国或者主要产销区，能逐步实现与国际市场在信息、价格等方面接轨，对所在行业产销影响较大，并发挥导向作用；

（三）年交易额在全国同类商品交易市场中位居前5名；

（四）组织机构、规章制度健全，运作规范；

（五）自觉贯彻执行国家的方针政策，近2年没有违法违纪行为。

四、申报重点联系市场应当提交下列材料

（一）市场申请报告和省级商务主管部门的初审意见；

（二）申报单位基本情况表（附件）；

（三）市场章程、交易规则和内部管理制度等文件；

（四）各地市场建设管理部门批准设立的文件（复印件）。

五、申报重点联系市场的程序

（一）地方开办的具备上述条件的商品交易市场，可以向市场所在地的省级商务主管部门申请，由省级商务主管部门初审后向商务部申报。

（二）原国家经贸委、原国家国内贸易局、中国物流与采购联合会公布的重点联系市场，统一纳入商务部重点联系市场，并按照上述程序重新申报。

（三）生产资料批发交易市场，可以向中国物流与采购联合会申请，由中国物流与采购联合会初审后，向商务部申报。

（四）商务部根据各地申报情况，在严格筛选、综合平衡及征求中国物流与采购联合会等行业协会意见的基础上，确定并公布商务部联系的重点联系市场名单。

各省级商务主管部门应于2004年12月15日前将申报单位基本情况表及推荐函报商务部市场体系建设司。

联系人：孙勇、李党会

电话：010-85226396、85186397

传真：65121070

附件：申报单位基本情况表（略）

2004年10月25日

商务部关于开展“万村千乡”市场工程试点的通知

商建发［2005］45号

各省、自治区、直辖市、计划单列市及新疆生产建设兵团商务主管部门：

根据《国务院办公厅转发商务部等部门关于进一步做好农村商品流通工作意见的通知》（国办发［2004］57号）精神，为扩大农村消费，提高农村流通的商品质量，更好地为“三农”服务，决定从2005年起在全国选择部分县市开展“万村千乡”市场工程建设试点。现就有关事项通知如下：

一、“万村千乡”市场工程的指导思想、方针和目标

“万村千乡”市场工程的指导思想是：以党的十六大、十六届三中、四中全会精神和“三个代表”重要思想为指导，按照统筹城乡经济发展要求，运用现代流通方式，建立新型农村市场流通网络，改善农村消费环境，保障农民方便消费、放心消费，促进国民经济持续、快速、健康发展。

“万村千乡”市场工程的方针是：坚持以企业为主体，政府推动与市场机制相结合；坚持以市场为导向，“农家店”建设与当地实际相结合；坚持以效益为中心，企业长效发展与农民受益相结合。

“万村千乡”市场工程的目标是：从2005年开始，力争用三年时间，在试点区域内培育出25万家左右“农家店”，形成以城区店为龙头、乡镇店为骨干、村级店为基础的农村消费经营网络，逐步缩小城乡消费差距。

二、"万村千乡"市场工程建设试点的主要内容及方式

主要内容是：引导城市连锁和超市向农村延伸发展"农家店"。乡镇级"农家店"原则上以批零结合的综合性服务为主，鼓励其从事农资、日用小商品的批发与零售经营，以及政策允许的农副产品购销业务等。村级"农家店"以零售服务为主。

"农家店"的具体建立和改造，将按商务部印发的标准执行。此外，倡导大型流通企业与生产企业进行"工商联手"，研发并生产适合当地消费特点的自有品牌消费品。

具体建设方式是：(1) 引导各类大中型流通企业直接到试点县市的乡村投资建立、改造连锁"农家店"。(2) 鼓励各类大中型连锁企业通过吸引小型企业加盟的方式到乡村建立、改造"农家店"。(3) 支持各类中小型企业通过自愿连锁，即企业自愿结合，统一采购、统一建立销售网络的方式建设"农家店"。

三、"万村千乡"市场工程建设试点的实施步骤

（一）科学规划

各省、自治区、直辖市、计划单列市及新疆生产建设兵团（以下简称各地）商务主管部门根据本地经济状况制定"万村千乡"市场工程试点规划。该规划应包括目前当地农村流通网络建设的状况、存在的主要问题和"万村千乡"市场工程试点总体思路、发展目标、工作重点、政策措施及建议等。

（二）分级推荐

各地商务主管部门推荐的试点县市应符合以下基本条件：一是该县市的经济状况居于全省（区、市）中等以上水平；二是该县市人口密集度较大，在全省（区、市）居于中等以上水平；三是该县市政府积极性高，并制定出有力的推动措施；四是该县市已有大中型流通企业进入农村市场并取得成效，或有意到该县市拓展农村流通网络。

申请试点的县市按每县1－3家流通企业（企业不受地域限制）负责落实的原则，向各地商务主管部门推荐实施"万村千乡"市场工程的试点企业。

（三）核准试点

2005年4月底前各地商务主管部门依据相关规划及选报条件，在县市自愿申请的前提下，向商务部（市场体系建设司，下同）报送试点县市推荐名单（附理由及试点规划、试点县市选报条件），中西部地区试点县市不超过县市总数的20%，东部地区不超过30%。

各地商务主管部门根据商务部确定的试点县市，核准其推荐的试点企业，报商务部备案，并积极组织试点县市进行"万村千乡"市场工程建设试点，支持和引导试点企业建立、改造"农家店"。

四、"万村千乡"市场工程建设试点的保证措施

（一）加强组织落实工作

各地商务主管部门对"万村千乡"市场建设工程应予以高度重视，主动同有关部门进行沟通、协调，着力争取有关部门支持；同时，对试点县市和试点企业，各地商务主管部门应建立工作档案，加强跟踪研究，早发现问题，早提出建议，善于总结经验教训，及时向商务部上报试点情况，促进该工程扎扎实实地向前推进。

（二）打破地区封锁

坚持内引外联，引导社会各方资金参与"农家店"建设。各试点县市应优先选择具有实力和连锁经营管理经验的优势企业作为实施主体，确保"农家店"健康发展。

（三）出台专项扶持政策

商务部扶持"万村千乡"市场工程的具体政策，将另行制定管理办法。

商　务　部

2005年2月6日

商务部、劳动保障部关于在旧货行业推行鉴定估价师职业资格制度的通知

商建发［2005］73号

旧货鉴定估价是旧货流通的重要环节，关系到旧货交易的公正、消费者权益的保护。目前，我国旧货从业人员近500万人，但大多数从业人员没有经过正规培训，旧货鉴定估价专业技术人员少，与旧货行业的发展和旧货市场的需求差距很大。为进一步落实《商务部关于加快旧货行业发展的通知》（商建发［2004］92号）关于逐步推行旧货评估员、评估师制度的要求，全面实施劳动和社会保障部批准的《鉴定估价师国家职业标准》，决定在旧货行业实行鉴定估价师职业资格证书制度，提高旧货从业人员素质，提升旧货行业整体水平。现将有关事项通知如下：

一、商务部、劳动保障部负责全国旧货鉴定估价师职业资格制度的政策制定、组织协调和监督管理，各省、自治区、直辖市、计划单列市及新疆生产建设兵团商务主管部门、劳动保障部门共同制定实施办法并组织实施。

二、鼓励旧货从业人员参加旧货鉴定估价的专业技能培训，取得相应的鉴定估价师职业资格证书。获得鉴定估价师的人员可优先推荐在旧货行业就业。旧货鉴定估价人员必须严格执行国家法律法规，遵守职业道德规范。旧货鉴定估价人员要对其出具的鉴定评估报告的真实性、客观性、合法性负责，并承担相应的经济和法律责任。

商务主管部门、各地劳动保障部门要密切配合，加强对旧货鉴定估价人员的管理工作，积极推进鉴定估价师职业资格制度在旧货行业的有序开展。

鉴定估价师职业资格分为鉴定估价员（国家职业资格四级，以下同）和鉴定估价师（国家职业资格三级，以下同）。

三、鉴定估价师与估价员的培训指导：鉴定估价师的培训指导由中国旧货业协会组织，鉴定估价员的培训指导工作由各地商务主管部门及同级旧货协会组织实施。同时，鼓励社会具备相应资质的培训机构举办旧货鉴定估价知识与技能的培训。

四、鉴定估价师与估价员的考核鉴定：鉴定估价师与估价员职业资格实行全国统一标准、统一命题、统一考务管理和统一证书。鉴定估价师的考核鉴定工作由劳动保障部职业技能鉴定中心、中国旧货业协会共同组织，实行统一考试时间，统一阅卷评分；鉴定估价员的鉴定形式，由各省、自治区、直辖市、计划单列市及新疆生产建设兵团商务主管部门、劳动保障部门研究确定。有条件的地方旧货协会，可向当地劳动保障部门申请设立旧货职业技能鉴定所，面向社会开展考核鉴定工作。中国旧货业协会受商务部委托组织编写旧货估价培训教材，并按照劳动保障部统一安排参与国家题库开发、考试技术支持等工作。

五、鉴定估价师与估价员的申报程序。凡在旧货行业从事鉴定估价的人员，均可在自愿的基础上分别向中国旧货业协会和所在省（市）旧货业协会（尚未成立旧货协会的其工作暂时由商务主管部门承担）申报所要考试鉴定的等级。申报职业资格时应准备照片、身份证以及证明自己资历、工作年限的材料，经旧货业协会或旧货职业技能鉴定所审核并经当地职业技能鉴定指导中心复核后，颁发准考证。

六、鉴定估价师、估价员职业资格证书的办理程序。鉴定估价师：中国旧货业协会将考试、鉴定合格人员名单送报考人员所在地商务主管部门审核后，由商务主管部门报送当地劳动保障部门，由劳动保障部门核发职业资格证书。鉴定估价员：各地旧货业协会将考试鉴定合格人员名单报当地商务主管部门审核后，由当地商务主管部门报送当地劳动保障部门，由劳动保障部门核发职业资格证书。各地商务主管部门应将获得《鉴定估价师》职业资格证书的人员名单报商务部与劳动保障部备案，商务部、劳动保障部将在各自的政府网站予以公布。

七、各地要严格按《鉴定估价师国家职业标准》的要求组织旧货鉴定估价师职业资格的考核与鉴定。要加强对职业资格证书的核发与管理。规范职业资格证书的核发程序，不得超标准收费。

八、各级商务主管部门要加快本地区旧货业协会的培育与发展，指导条件成熟的协会建立职业技能鉴定所。各级商务主管部门与劳动保障部门要加强对旧货鉴定估价师的培训、考核、鉴定的监督与检查，建立群众举报制度，设立并公布监督电话，加强监督管理。对违规行为，劳动保障部门与商务部门按有关规定进行查处并取消该单位鉴定估价师的培训、考核鉴定资格。

商 务 部
劳动保障部
2005 年 3 月 7 日

商务部关于加强对特许经营活动管理的通知

各省、自治区、直辖市、计划单列市及新疆生产建设兵团主管部门：

近年来，特许经营作为一种新型流通方式在我国快速发展，成为企业规模扩张的有效方式。实践证明，特许经营在扩大消费、促进中小企业发展、吸纳民间资本、扩大就业等方面起到了积极作用。但由于相关立法和监管滞后，出现了少数不法分子借特许经营之名进行商业欺诈、损害投资者利益的现象。为进一步加强对特许经营活动的管理，规范特许经营行为，促进特许经营健康有序地发展，现就有关问题通知如下：

一、认真贯彻落实《商业特许经营管理办法》，提高依法管理的水平和能力

《商业特许经营管理办法》（以下简称《办法》）是当前规范特许经营活动的重要部门规章。《办法》对特许经营当事人资质、特许经营合同、信息披露、广告宣传、监督管理、外商投资企业从事特许经营、法律责任等做出了明确规定。《办法》的颁布和实施，是规范商业特许经营行为，保护当事人的合法权益，促进商业特许经营健康有序发展和实现商业特许经营管理规范化、法制化的基础和保证。各级商务主管部门要提高对《办法》的认识，认真组织学习和培训，保证《办法》的贯彻落实。同时，要结合本地实际，研究制定切实可行的配套政策和具体措施，提高依法管理特许经营活动的水平和能力。

二、坚持分类指导，加强对特许经营活动的监管

针对特许经营发展速度快、涉及行业广、监管难度较大等特点，各级商务主管部门要遵循现代流通发展规律和企业发展实际，坚持分类指导的原则，管理和指导全社会的特许经营活动。对重点地区、重点企业特许经营发展情况，要加强调查研究，掌握特许经营发展的第一手资料。建立“预警”机制，及时发现带有倾向性的问题，对有违规行为的企业实施动态管理。要加强与工商、税务、公安等部门的合作，对涉嫌商业欺诈，借特许经营之名从事传销和变相传销等行为的特许经营企业，要及时通报有关部门。指导企业提高管理水平，集聚发展后劲，增强扩张能力。

各地特许经营发展情况及《2004 年商业特许经营情况调查表》（见附表）请于 2005 年 3 月底以前报我部商业改革发展司。

三、规范特许经营展会，防止利用展会进行商业欺诈

当前，各类展会是特许经营推介活动的有效平台，但也有不法分子利用展会从事诈骗、圈钱等非法活动，各级商务部门必须加强对各类特许经营展会的监督管理。展会组织者要按照国家有关规定，对特许经营参展商的资格严格把关，保证参展企业的合法性和推广活动的真实性。商务主管部门要加强对涉及特许经营的对外经济技术展览会的管理，对发现利用展会进行商业欺诈的参展企业，要会同工商行政主管部门予以查处。

四、加强宣传，创造有利于特许经营发展的良好氛围

特许经营在我国尚属新生事物，社会各有关方面对特许经营了解不多，各级商务主管部门要加大对特许经营的宣传力度。通过各种渠道和途径，广泛宣传特许经营在促进中小企业发展、扩大就业等方面起到的积极作用，提高全社会对发展和规范特许经营重要意义的认识。利用网站、报纸、刊物开展对特许经营的专题宣传，重点宣传特许经营基本知识、国外特许经营立法和发展情况、我国特许经营发展情况，对守法经营的特许企业给予表彰，对违规经营的特许企业及时曝光等。通过集中宣传和经常性宣传相结合，提高特许经营企业的守法意识，创造发展特许经营的良好社会氛围。

五、充分发挥行业协会的作用，加强行业自律

结合政府职能转变，各级商务主管部门要充分发挥协会在政府与企业之间的桥梁和纽带作用。引导协会倡导诚信经商的理念，通过开展商业信用教育、培训及典型示范，强化信用观念和信用意识，逐步建立特许企业的信用评估体系。加强培训工作，利用多种形式和途径，开展对特许经营从业人员培训，引导特许企业实现规范化、科学化管理，提高企业的核心竞争力。依据有关法规、政策制定特许经营的行规、行约和道德规范，发挥行业协会的协调、服务、监督的职能，加强行业自律，促进特许经营健康发展。

附件：商业特许经营情况调查表（略）

商 务 部

2005年3月10日

商务部办公厅关于贯彻实施《美容美发业管理暂行办法》的通知

商改字［2005］6号

各省、自治区、直辖市商务主管部门：

商务部制定的《美容美发业管理暂行办法》（2004年第19号令，以下简称《办法》）已经实施，为更好地推进各地对美容美发业的指导、协调、监督和管理，现就《办法》贯彻实施的有关事项通知如下：

一、以科学发展观为指导促进行业发展

美容美发业是我国居民服务业的重要组成部分，对提高人民生活水平、增加社会就业岗位、扩大居民服务消费具有重要作用。经过改革开放以来二十几年的发展，美容美发行业服务水平不断提高，市场发展具有很大潜力和空间。但是，部分企业经营行为不规范，行业管理不到位，已经影响到美容美发行业健康有序发展。各地商务主管部门要以科学发展观为指导，坚持执政为民，提高对美容美发行业管理重要性的认识，加大促进行业发展的引导和监督力度，研究建立以地方为主的美容美发业发展促进体系，以发展促进规范，引导行业向规范化、产业化方向发展。各省、自治区、直辖市商务主管部门要依据《办法》，并结合本行政区域的实际情况，尽快研究制定实施细则，规范与促进行业发展。

二、加大对行业发展的指导力度

各地商务主管部门要加大对美容美发行业发展的指导力度，研究制定行业发展规划，发展新型服务方式，引导企业发展连锁经营等现代经营方式，开拓社区服务，培育服务品牌，不断促进行业经营、服务和技术水平的提高；指导行业建立信息服务体系，发布市场经营信息，开展投资咨询，引导科学消费；组织建立行业专家队伍，引导发展科学的经营理念和新技术，开展专业技术培训，规范服务技术、服务程序，促进服务质量的提高；引导行业建立信用规范，形成自律机制，推动行业诚信服务，对于经营规范、诚信服务的企业要扩大其社会影响力；加强服务，切实为企业发展创造良好的环境。

三、开展标准化建设工作

美容美发服务质量关系到消费者的健康安全，各地商务主管部门要指导和开展标准化建设工作，逐步建立起美容美发行业服务技术、操作规程、服务质量等方面的标准体系，指导和组织行业贯彻实施标准。我部正在依据《标准化法》的规定，抓紧组织制订美容美发业开业专业条件和美容美发业分等定级的行业标准，标准公布后将做统一部署实施。

四、规范市场秩序

各地商务主管部门应当积极与有关部门进行联系与沟通，建立协调机制，联合开展规范美容美发市场秩序和企业经营行为的工作，重点整治消费者反映强烈的商业欺诈行为，坚决打击无证经营、使用假冒伪劣产品和虚假广告宣传等违法行为；要指导行业建立“黑名单”制度，对失信违规企业及人员应当进行社会公示，对于违反有关法律、法规的应当提请有关部门依法处罚，形成对失信违规行为的惩戒机制。

五、充分发挥行业组织的作用

各地商务主管部门要充分发挥行业协会（商会）的作用，指导行业协会（商会）开展信息、咨询等多种服务工作，促进企业发展；依托行业协会（商会）建立行业自律机制，监督企业依法经营，维护经营者的合法权益；支持行业协会（商会）根据企业要求，开展各种专业技术培训，提高行业从业人员素质；引导行业协会（商会）建立技术委员会，调解消费纠纷，保护消费者的合法权益，促进行业服务水平的提高。

各地实施《办法》的情况和建议，请及时报我部商业改革发展司。

2005年3月19日

中华人民共和国进出口货物原产地条例

中华人民共和国国务院令

第 416 号

《中华人民共和国进出口货物原产地条例》已经 2004 年 8 月 18 日国务院第 61 次常务会议通过，现予公布，自 2005 年 1 月 1 日起施行。

总理　温家宝

2004 年 9 月 3 日

第一条　为了正确确定进出口货物的原产地，有效实施各项贸易措施，促进对外贸易发展，制定本条例。

第二条　本条例适用于实施最惠国待遇、反倾销和反补贴、保障措施、原产地标记管理、国别数量限制、关税配额等非优惠性贸易措施以及进行政府采购、贸易统计等活动对进出口货物原产地的确定。

实施优惠性贸易措施对进出口货物原产地的确定，不适用本条例。具体办法依照中华人民共和国缔结或者参加的国际条约、协定的有关规定另行制定。

第三条　完全在一个国家（地区）获得的货物，以该国（地区）为原产地；两个以上国家（地区）参与生产的货物，以最后完成实质性改变的国家（地区）为原产地。

第四条　本条例第三条所称完全在一个国家（地区）获得的货物，是指：

（一）在该国（地区）出生并饲养的活的动物；

（二）在该国（地区）野外捕捉、捕捞、搜集的动物；

（三）从该国（地区）的活的动物获得的未经加工的物品；

（四）在该国（地区）收获的植物和植物产品；

（五）在该国（地区）采掘的矿物；

（六）在该国（地区）获得的除本条第（一）项至第（五）项范围之外的其他天然生成的物品；

（七）在该国（地区）生产过程中产生的只能弃置或者回收用作材料的废碎料；

（八）在该国（地区）收集的不能修复或者修理的物品，或者从该物品中回收的零件或者材料；

（九）由合法悬挂该国旗帜的船舶从其领海以外海域获得的海洋捕捞物和其他物品；

（十）在合法悬挂该国旗帜的加工船上加工本条第（九）项所列物品获得的产品；

（十一）从该国领海以外享有专有开采权的海床或者海床底土获得的物品；

（十二）在该国（地区）完全从本条第（一）项至第（十一）项所列物品中生产的产品。

第五条　在确定货物是否在一个国家（地区）完全获得时，不考虑下列微小加工或者处理：

（一）为运输、贮存期间保存货物而做的加工或者处理；

（二）为货物便于装卸而做的加工或者处理；

（三）为货物销售而做的包装等加工或者处理。

第六条　本条例第三条规定的实质性改变的确定标准，以税则归类改变为基本标准；税则归类改变不能反映实质性改变的，以从价百分比、制造或者加工工序等为补充标准。具体标准由海关总署会同商务部、国家质量监督检验检疫总局制定。

本条第一款所称税则归类改变，是指在某一国家（地区）对非该国（地区）原产材料进行制造、加工后，所得货物在《中华人民共和国进出口税则》中某一级的税目归类发生了变化。

本条第一款所称从价百分比，是指在某一国家（地区）对非该国（地区）原产材料进行制造、加工后的增值部分，超过所得货物价值一定的百分比。

本条第一款所称制造或者加工工序，是指在某一国家（地区）进行的赋予制造、加工后所得货物基本特征的主要工序。

世界贸易组织《协调非优惠原产地规则》实施前，确定进出口货物原产地实质性改变的具体标准，由海关总署会同商务部、国家质量监督检验检疫总局根据实际情况另行制定。

第七条　货物生产过程中使用的能源、厂房、设备、机器和工具的原产地，以及未构成货物物质成分或者组成部件的材料的原产地，不影响该货物原产地的确定。

第八条　随所装货物进出口的包装、包装材料和容器，在《中华人民共和国进出口税则》中与该货物一并归类的，该包装、包装材料和容器的原产地不影响所装货物原产地的确定；对该包装、包装材料和容器的原产地不再单独确定，所装货物的原产地即为该包装、包装材料和容器的原产地。

随所装货物进出口的包装、包装材料和容器，在《中华人民共和国进出口税则》中与该货物不一并归类的，依照本条例的规定确定该包装、包装材料和容器的原产地。

第九条　按正常配备的种类和数量随货物进出口的附件、备件、工具和介绍说明性资料，在《中华人民共和国进出口税则》中与该货物一并归类的，该附件、备件、工具和介绍说明性资料的原产地不影响该货物原产地的确定；对该附件、备件、工具和介绍说明性资料的原产地不再单独确定，该货物的原产地即为该附件、备件、工具和介绍说明性资料的原产地。

随货物进出口的附件、备件、工具和介绍说明性资料在《中华人民共和国进出口税则》中虽与该货物一并归类，但超出正常配备的种类和数量的，以及在《中华人民共和国进出口税则》中与该货物不一并归类的，依照本条例的规定确定该附件、备件、工具和介绍说明性资料的原产地。

第十条 对货物所进行的任何加工或者处理，是为了规避中华人民共和国关于反倾销、反补贴和保障措施等有关规定的，海关在确定该货物的原产地时可以不考虑这类加工和处理。

第十一条 进口货物的收货人按照《中华人民共和国海关法》及有关规定办理进口货物的海关申报手续时，应当依照本条例规定的原产地确定标准如实申报进口货物的原产地；同一批货物的原产地不同的，应当分别申报原产地。

第十二条 进口货物进口前，进口货物的收货人或者与进口货物直接相关的其他当事人，在有正当理由的情况下，可以书面申请海关对将要进口的货物的原产地作出预确定决定；申请人应当按照规定向海关提供作出原产地预确定决定所需的资料。

海关应当在收到原产地预确定书面申请及全部必要资料之日起150天内，依照本条例的规定对该进口货物作出原产地预确定决定，并对外公布。

第十三条 海关接受申报后，应当按照本条例的规定审核确定进口货物的原产地。

已作出原产地预确定决定的货物，自预确定决定作出之日起3年内实际进口时，经海关审核其实际进口的货物与预确定决定所述货物相符，且本条例规定的原产地确定标准未发生变化的，海关不再重新确定该进口货物的原产地；经海关审核其实际进口的货物与预确定决定所述货物不相符的，海关应当按照本条例的规定重新审核确定该进口货物的原产地。

第十四条 海关在审核确定进口货物原产地时，可以要求进口货物的收货人提交该进口货物的原产地证书，并予以审验；必要时，可以请求该货物出口国（地区）的有关机构对该货物的原产地进行核查。

第十五条 根据对外贸易经营者提出的书面申请，海关可以依照《中华人民共和国海关法》第四十三条的规定，对将要进口的货物的原产地预先作出确定原产地的行政裁定，并对外公布。

进口相同的货物，应当适用相同的行政裁定。

第十六条 国家对原产地标记实施管理。货物或者其包装上标有原产地标记的，其原产地标记所标明的原产地应当与依照本条例所确定的原产地相一致。

第十七条 出口货物发货人可以向国家质量监督检验检疫总局所属的各地出入境检验检疫机构、中国国际贸易促进委员会及其地方分会（以下简称签证机构），申请领取出口货物原产地证书。

第十八条 出口货物发货人申请领取出口货物原产地证书，应当在签证机构办理注册登记手续，按照规定如实申报出口货物的原产地，并向签证机构提供签发出口货物原产地证书所需的资料。

第十九条 签证机构接受出口货物发货人的申请后，应当按照规定审查确定出口货物的原产地，签发出口货物原产地证书；对不属于原产于中华人民共和国境内的出口货物，应当拒绝签发出口货物原产地证书。

出口货物原产地证书签发管理的具体办法，由国家质量监督检验检疫总局会同国务院其他有关部门、机构另行制定。

第二十条 应出口货物进口国（地区）有关机构的请求，海关、签证机构可以对出口货物的原产地情况进行核查，并及时将核查情况反馈进口国（地区）有关机构。

第二十一条 用于确定货物原产地的资料和信息，除按有关规定可以提供或者经提供该资料和信息的单位、个人的允许，海关、签证机构应当对该资料和信息予以保密。

第二十二条 违反本条例规定申报进口货物原产地的，依照《中华人民共和国对外贸易法》、《中华人民共和国海关法》和《中华人民共和国海关行政处罚实施条例》的有关规定进行处罚。

第二十三条 提供虚假材料骗取出口货物原产地证书或者伪造、变造、买卖或者盗窃出口货物原产地证书的，由出入境检验检疫机构、海关处5 000元以上10万元以下的罚款；骗取、伪造、变造、买卖或者盗窃作为海关放行凭证的出口货物原产地证书的，处货值金额等值以下的罚款，但货值金额低于5 000元的，处5 000元罚款。有违法所得的，由出入境检验检疫机构、海关没收违法所得。构成犯罪的，依法追究刑事责任。

第二十四条 进口货物的原产地标记与依照本条例所确定的原产地不一致的，由海关责令改正。

出口货物的原产地标记与依照本条例所确定的原产地不一致的，由海关、出入境检验检疫机构责令改正。

第二十五条 确定进出口货物原产地的工作人员违反本条例规定的程序确定原产地的，或者泄露所知悉的商业秘密的，或者滥用职权、玩忽职守、徇私舞弊的，依法给予行政处分；有违法所得的，没收违法所得；构成犯罪的，依法追究刑事责任。

第二十六条 本条例下列用语的含义：

获得，是指捕捉、捕捞、搜集、收获、采掘、加工或者生产等。

货物原产地，是指依照本条例确定的获得某一货物的国家（地区）。

原产地证书，是指出口国（地区）根据原产地规则和有关要求签发的，明确指出该证中所列货物原产于某一特定国家（地区）的书面文件。

原产地标记，是指在货物或者包装上用来表明该货物原产地的文字和图形。

第二十七条 本条例自2005年1月1日起施行。1992年3月8日国务院发布的《中华人民共和国出口货物原产地规则》、1986年12月6日海关总署发布的《中华人民共和国海关关于进口货物原产地的暂行规定》同时废止。

货物自动进口许可管理办法

商务部、海关总署令

2004 年第 26 号

《货物自动进口许可管理办法》已由商务部第 17 次部务会议于 2004 年 12 月 9 日通过，现予公布，自 2005 年 1 月 1 日起施行。

部长　薄熙来

署长　牟新生

2004 年 11 月 10 日

第一条　为了对部分货物的进口实行有效监测，规范货物自动进口许可管理，根据《中华人民共和国对外贸易法》和《中华人民共和国货物进出口管理条例》，制定本办法。

第二条　从事货物进口的对外贸易经营者或者其他单位，将属于《自动进口许可管理货物目录》内的商品，进口到中华人民共和国境内，适用本办法。

第三条　中华人民共和国商务部（以下简称商务部）根据监测货物进口情况的需要，对部分进口货物实行自动许可管理，并至少在实施前 21 天公布其目录。现行的《自动进口许可管理货物目录》附后（见附件一）。

第四条　实行自动进口许可管理的货物目录，包括具体货物名称、海关商品编码，由商务部会同海关总署等有关部门确定和调整。该目录由商务部以公告形式发布。

第五条　商务部授权配额许可证事务局、商务部驻各地特派员办事处、各省、自治区、直辖市、计划单列市商务（外经贸）主管部门以及部门和地方机电产品进出口机构（以下简称发证机构）负责自动进口许可货物管理和《自动进口许可证》的签发工作。《自动进口许可分级发证机构名单》附后（见附件二）。

第六条　《自动进口许可证》（样表见附件三）和自动进口许可证专用章（样章见附件四）由商务部负责统一监制并发放至发证机构。各发证机构必须指定专人保管，专管专用。

第七条　进口属于自动进口许可管理的货物，收货人（包括进口商和进口用户）在办理海关报关手续前，应向所在地或相应的发证机构提交自动进口许可证申请，并取得《自动进口许可证》。

凡申请进口法律法规规定应当招标采购的货物，收货人应当依法招标。

海关凭加盖自动进口许可证专用章的《自动进口许可证》办理验放手续。银行凭《自动进口许可证》办理售汇和付汇手续。

第八条　收货人申请自动进口许可证，应当提交以下材料：

1. 收货人从事货物进出口的资格证书、备案登记文件或者外商投资企业批准证书（以上证书、文件仅限公历年度内初次申领者提交）；

2. 自动进口许可证申请表（式样见附件五）；

3. 货物进口合同；

4. 属于委托代理进口的，应当提交委托代理进口协议（正本）；

5. 对进口货物用途或者最终用户法律法规有特定规定的，应当提交进口货物用途或者最终用户符合国家规定的证明材料；

6. 针对不同商品在《目录》中列明的应当提交的材料；

7. 商务部规定的其他应当提交的材料。

收货人应当对所提交材料的真实性负责，并保证其有关经营活动符合国家法律规定。

第九条　收货人可以直接向发证机构书面申请《自动进口许可证》，也可以通过网上申请。

书面申请：收货人可以到发证机构领取或者从相关网站下载《自动进口许可证申请表》（可复印）等有关材料，按要求如实填写，并采用送递、邮寄或者其他适当方式，与本办法规定的其他材料一并递交发证机构。

网上申请：收货人应当先到发证机构申领用于企业身份认证的电子钥匙。申请时，登录相关网站，进入相关申领系统，按要求如实在线填写《自动进口许可证申请表》等资料。同时向发证机构提交本办法规定的有关材料。

第十条　许可申请内容正确且形式完备的，发证机构收到后应当予以签发《自动进口许可证》，最多不超过 10 个工作日。

第十一条　收货人符合国家关于从事自动进口许可货物有关法律法规要求的，可申请和获得《自动进口许可证》。

第十二条　以下列方式进口自动许可货物的，可以免领《自动进口许可证》。

1. 加工贸易项下进口并复出口的（原油、成品油除外）；

2. 外商投资企业作为投资进口或者投资额内生产自用的；

3. 货样广告品、实验品进口，每批次价值不超过 5 000 元人民币的；

4. 暂时进口的海关监管货物；

5. 国家法律法规规定其他免领《自动进口许可证》的。

第十三条　进入中华人民共和国保税区、出口加工区等海关特殊监管区域及进入保税仓库、保税物流中心的属自动进口许可管理的货物，不适用本办法。如从保税区、出口加工区等海关特殊监管区域及保税仓库、保税物流中心进口自动进口许可管理货物，除本办法第十二条规定外，仍应当领取《自动进口许可证》。

第十四条　加工贸易进口自动许可管理货物，应当按有关规定复出口。因故不能复出口而转内销的，按现行加工贸易转内销有关审批程序申领《自动进口许可证》，各商品具体申领规定详见《自动进口许可管理货物目录》。

第十五条　国家对自动进口许可管理货物采取临时禁止进口或

者进口数量限制措施的，自临时措施生效之日起，停止签发《自动进口许可证》。

第十六条 收货人已申领的《自动进口许可证》，如未使用，应当在有效期内交回原发证机构，并说明原因。发证机构对收货人交回的《自动进口许可证》予以撤销。

《自动进口许可证》如有遗失，收货人应当立即向原发证机构以及自动进口许可证证面注明的进口口岸地海关书面报告挂失。原发证机构收到挂失报告后，经核实无不良后果的，予以重新补发。

《自动进口许可证》自签发之日起1个月后未领证的，发证机构可予以收回并撤销。

第十七条 海关对散装货物溢短装数量在货物总量正负5%以内的予以免证验放。对原油、成品油、化肥、钢材四种大宗货物的散装货物溢短装数量在货物总量正负3%以内予以免证验放。

第十八条 商务部对《自动进口许可证》项下货物原则上实行"一批一证"管理，对部分货物也可实行"非一批一证"管理。

"一批一证"指：同一份《自动进口许可证》不得分批次累计报关使用。同一进口合同项下，收货人可以申请并领取多份《自动进口许可证》。

"非一批一证"指：同一份《自动进口许可证》在有效期内可以分批次累计报关使用，但累计使用不得超过六次。海关在《自动进口许可证》原件"海关验放签注栏"内批注后，海关留存复印件，最后一次使用后，海关留存正本。

对"非一批一证"进口实行自动进口许可管理的大宗散装商品，每批货物进口时，按其实际进口数量核扣自动进口许可证额度数量；最后一批货物进口时，其溢装数量按该自动进口许可证实际剩余数量并在规定的允许溢装上限内计算。

第十九条 《自动进口许可证》在公历年度内有效，有效期为6个月。

第二十条 《自动进口许可证》需要延期或者变更，一律在原发证机构重新办理，旧证同时撤销，并在新证备注栏中注明原证号。

实行"非一批一证"的自动进口许可证需要延期或者变更，核减原证已报关数量后，按剩余数量发放新证。

第二十一条 未申领《自动进口许可证》，擅自进口自动进口许可管理货物的，由海关依照有关法律、行政法规的规定处理、处罚；构成犯罪的，依法追究刑事责任。

第二十二条 伪造、变造、买卖《自动进口许可证》或者以欺骗等不正当手段获取《自动进口许可证》的，依照有关法律、行政法规的规定处罚；构成犯罪的，依法追究刑事责任。

第二十三条 自动进口许可证发证管理实施细则由商务部依据本办法另行制定。

第二十四条 本办法由商务部、海关总署负责解释。

第二十五条 本办法自2005年1月1日起施行。此前有关管理规定与本办法不一致的，以本办法为准。

附件一：《自动进口许可管理货物目录》

（附件二、三、四、五略）

附件一

自动进口许可管理货物目录

目录一

商品类别	商品编号	商品名称	备　注
肉鸡	0207110010	鲜的整只鸡	
	0207110090	冷的整只鸡	
	0207120000	冻的整只鸡	
	0207131110	鲜的带骨的鸡块	
	0207131190	冷的带骨的鸡块	
	0207131910	其他鲜的鸡块	
	0207131990	其他冷的鸡块	
	0207132110	鲜的鸡翼	不包括翼尖
	0207132190	冷的鸡翼	不包括翼尖
	0207132910	其他鲜的鸡杂碎	
	0207132990	其他冷的鸡杂碎	
	0207141100	冻的带骨鸡块	包括鸡胸脯、鸡大腿等
	0207141900	冻的不带骨鸡块	包括鸡胸脯、鸡大腿等
	0207142100	冻的鸡翼	不包括翼尖
	0207142200	冻的鸡爪	

续表

商品类别	商品编号	商品名称	备　注
肉鸡	0207142900	冻的其他食用鸡杂碎	包括鸡翼尖、鸡肝等
	0504002100	冷、冻的鸡胗	即鸡胃
酒	2205100000	小包装的味美思酒及类似酒	两升及以下容器包装，加植物或香料的用鲜葡萄酿造的酒
	2205900000	其他包装的味美思酒及类似酒	两升以上容器包装，加植物或香料的用鲜葡萄酿造的酒
	2207100000	浓度在 80% 及以上的未改性乙醇	指酒精浓度
	2208200000	蒸馏葡萄酒制得的烈性酒	
	2208300000	威士忌酒	
	2208400000	朗姆酒及其他甘蔗蒸馏酒	
	2208500000	杜松子酒	
	2208700000	利口酒及柯迪尔酒	
	2208901000	龙舌兰酒	
	2208909010	酒精浓度在 80% 以下的未改性乙醇	
	2208909020	薯类蒸馏酒	
	2208909090	其他蒸馏酒及酒精饮料	
烟草	2401101000	未去梗的烤烟	
	2401109000	其他未去梗的烟草	
	2401201000	部分或全部去梗的烤烟	
	2401209000	部分或全部去梗的其他烟草	
	2401300000	烟草废料	
	2402100000	烟草制的雪茄烟	
	2402200000	烟草制的卷烟	
	2402900010	烟草代用品制的卷烟	
	2402900090	烟草代用品制的雪茄烟	
	2403100000	供吸用的烟丝	不论是否含有任何比例的烟草代用品
	2403910010	再造烟草	
	2403910090	均化烟草	
	2403990010	烟草精汁	
	4813100000	成小本或管状的卷烟纸	
	4813200000	宽度≤5cm 成卷的卷烟纸	
	4813900000	其他卷烟纸	不论是否切成一定尺寸，编号 4813 未具体列名的
	5601221000	化学纤维制的卷烟滤嘴	
二醋酸纤维丝束	5502001000	二醋酸纤维丝束	
石棉	2524001090	其他长纤维石棉	
	2524009090	其他石棉	
彩色感光材料	3701309000	未曝光其他用途的感光硬片及软片	平面软片，任何一边 >255 毫米
	3701910000	其他用未曝光彩色硬片及平面软片	边长≤255mm
	3702310000	未曝光无齿孔彩色窄胶卷	窄胶卷指宽度≤105 毫米，彩色摄影用
	3702410000	未曝光无齿孔宽长彩色胶卷	宽长胶卷指宽度 >610 毫米，长度 >200 米
	3702439000	其他用未曝光无齿孔中长胶卷	中长胶卷指宽度 >610 毫米，长度≤200 米

续表

商品类别	商品编号	商品名称	备　注
彩色感光材料	3702449000	其他用无齿孔未曝光中宽胶卷	中宽胶卷指宽度 >105 毫米，但≤610 毫米
	3702510000	未曝光窄短彩色胶卷	窄短胶卷指宽度≤16 毫米，长度≤14 米
	3702520000	未曝光中窄彩色胶卷	中窄胶卷指宽度≤16 毫米，长度 >14 米
	3702541000	非幻灯片用彩色摄影胶卷	宽度 =35 毫米，长度≤2 米
	3702549000	其他非幻灯片用彩色摄影胶卷	宽度 >16 毫米，但≤35 毫米，长度≤30 米
	3702559000	其他未曝光窄长彩色胶卷	窄长胶卷指宽度 >16 毫米，但≤35 毫米，长度 >30 米
	3702569000	其他未曝光的中宽彩色胶卷	中宽胶卷指宽度 >35 毫米
	3702910000	未曝光窄短非彩色胶卷	窄短胶卷指宽度≤16 毫米
	3703101000	成卷未曝光的宽幅感光纸及纸板	宽幅指成卷宽度 >610 毫米
	3703201000	未曝光的彩色感光纸及纸板	成卷的宽幅感光纸及纸板除外
塑料原料	3901100010	初级形状比重 <0.94 的聚乙烯	进口到岸价格高于 1 500 美元/吨
	3901100090	初级形状比重 <0.94 的聚乙烯	进口到岸价格不超过 1 500 美元/吨
	3901200010	初级形状比重≥0.94 的聚乙烯	进口 CIF 价高于 1 500 美元/吨
	3901200090	初级形状比重≥0.94 的聚乙烯	进口 CIF 价不超过 1 500 美元/吨
	3901902000	线型低密度聚乙烯	初级形状
	3902100010	电工级初级形状聚丙烯树脂	灰分含量不大于 30ppm
	3902100090	其他初级形状的聚丙烯	
	3903110000	初级形状的可发性聚苯乙烯	
	3903190000	初级形状的其他聚苯乙烯	
	3904100010	聚氯乙烯纯粉	纯指未掺其他物质
	3904100090	其他初级形状的纯聚氯乙烯	纯指未掺其他物质
	3904210000	初级形状未塑化的聚氯乙烯	
	3904220000	初级形状已塑化的聚氯乙烯	
天然橡胶	4001100000	天然胶乳	不论是否预硫化
	4001210000	天然橡胶烟胶片	
	4001220000	技术分类天然橡胶（TSNR）	初级形状（胶乳、烟胶片除外）或板、片、带
	4001290000	其他初级形状的天然橡胶	胶乳除外的初级形状或板、片、带状
合成橡胶	4002111000	羧基丁苯橡胶胶乳	
	4002119000	其他胶乳	
	4002191100	初级形状未经任何加工丁苯橡胶	胶乳除外
	4002191200	初级形状充油丁苯橡胶	胶乳除外
	4002191300	初级形状热塑丁苯橡胶	胶乳除外
	4002191400	初级形状充油热塑丁苯橡胶	胶乳除外
合成橡胶	4002191900	其他初级形状羧基丁苯橡胶等	胶乳除外
	4002199000	丁苯橡胶及羧基丁苯橡胶板、片、带	
	4002201000	初级形状的丁二烯橡胶	
	4002209000	丁二烯橡胶板、片、带	
	4002311000	初级形状的异丁烯－异戊二烯橡胶	
	4002319000	异丁烯－异戊二烯橡胶板、片、带	

续表

商品类别	商品编号	商品名称	备　注
合成橡胶	4002391000	初级形状的其他卤代丁基橡胶	
	4002399000	卤代丁基橡胶板、片、带	
	4002410000	氯丁二烯橡胶胶乳	
	4002491000	初级形状的氯丁二烯橡胶	胶乳除外
	4002499000	氯丁二烯橡胶板、片、带	
	4002510000	丁腈橡胶胶乳	
	4002591000	初级形状的丁腈橡胶	胶乳除外
	4002599000	丁腈橡胶板、片、带	
	4002601000	初级形状的异戊二烯橡胶	
	4002609000	异戊二烯橡胶板、片、带	
	4002701000	初级形状的乙丙非共轭二烯橡胶	
	4002709000	乙丙非共轭二烯橡胶板、片、带	
	4002800000	天然橡胶与合成橡胶的混合物	
	4002910000	本税号其他未列名的胶乳	
	4002991100	其他初级形状的合成橡胶	
	4002991900	其他合成橡胶板、片、带	胶乳除外
	4002999000	从油类提取的油膏	
胶合板	4412130010	有一表层为桃花心木薄板制胶合板	至少有一表层是桃花心木，每层厚度≤6mm
	4412130020	有一表层为拉敏木薄板制胶合板	至少有一表层为拉敏木薄板，每层厚度≤6mm
	4412130030	一表层为濒危热带木薄板制胶合板	热带木指本章子目注释一所列木材，每层厚度≤6mm
	4412130090	有一表层为热带木薄板制的胶合板	热带木指本章子目注释所列木材，每层厚度不超过6mm
	4412141010	一表层为濒危非针叶木薄板胶合板	至少有一表层为温带非针叶木制，每层厚度≤6mm
	4412141090	其他一表层为非针叶木薄板胶合板	至少有一表层为温带非针叶木制，每层厚度≤6mm
	4412142010	濒危竹地板层叠胶合而成的多层板	两层及两层以上，每层厚度≤6mm
	4412142090	其他竹地板层叠胶合而成的多层板	两层及两层以上，每层厚度≤6mm
	4412149010	一表层为濒危非针叶木薄板胶合板	所称非针叶木不包括热带木，每层厚度≤6mm
	4412149090	有一表层为非针叶木薄板制胶合板	所称非针叶木不包括热带木，每层厚度≤6mm
	4412190010	其他仅由濒危薄木板制胶合板	每层厚度≤6mm
	4412190090	其他仅由薄木板制胶合板	每层厚度≤6mm
化纤布	5407101000	高强力纱纺制机织物	由尼龙或其他聚酰胺高强力纱纺制的
	5407102000	聚酯高强力纱纺制机织物	
	5407200000	合纤长丝扁条及类似品的机织物	
	5407410010	未漂或漂白的打字机带用机织物	尼龙或其他聚酰胺长丝含量≥85%
	5407410020	未漂白纯尼龙机织物	含尼龙量≥85%
	5407410090	未漂白的或漂白的其他机织物	其他聚酰胺长丝含量≥85%
	5407420000	染色的纯尼龙机织物	按重量计尼龙或其他聚酰胺长丝含量≥85%
	5407430000	色织的纯尼龙机织物	按重量计尼龙或其他聚酰胺长丝含量≥85%
	5407440000	印花的纯尼龙机织物	按重量计尼龙或其他聚酰胺长丝含量≥85%
	5407510010	未漂白或漂白纯聚酯变形长丝布	聚酯变形长丝含量≥85%，重量≤170克/平方米

续表

商品类别	商品编号	商品名称	备　注
化纤布	5407510021	未漂白纯聚酯变形长丝机织物	聚酯变形长丝含量≥85%，重量大于170克/平方米
	5407510029	漂白纯聚酯变形长丝机织物	聚酯变形长丝含量≥85%，重量大于170克/平方米
	5407520000	染色的聚酯变形长丝机织物	聚酯变形长丝含量≥85%
	5407530000	色织的聚酯变形长丝机织物	聚酯变形长丝含量≥85%
	5407540000	印花的聚酯变形长丝机织物	聚酯变形长丝含量≥85%
	5407610000	聚酯非变形长丝机织物	聚酯变形长丝含量≥85%
	5407690000	其他聚酯长丝机织物	聚酯长丝含量≥85%
	5407710010	未漂白其他纯合纤长丝机织物	按重量计其他合成纤维长丝含量≥85%
	5407710090	漂白其他纯合纤长丝机织物	按重量计其他合成纤维长丝含量≥85%
	5407720000	染色的其他纯合纤长丝布	纯合纤布指按重量计其他合成纤维长丝含量≥85%
	5407730000	色织的其他纯合纤长丝布	纯合纤布指按重量计其他合成纤维长丝含量≥85%
	5407740000	印花的其他纯合纤长丝布	纯合纤布指按重量计其他合成纤维长丝含量≥85%
	5407810000	染色的与棉混纺机织物	混纺合纤布指按重量计其他合成纤维长丝含量在85%以下
	5407820000	染色的与棉混纺机织物	混纺合纤布指按重量计其他合成纤维长丝含量在85%以下
	5407830000	色织的与棉混纺机织物	混纺合纤布指按重量计其他合成纤维长丝含量在85%以下
	5407840000	印花的与棉混纺机织物	混纺合纤布指按重量计其他合成纤维长丝含量在85%以下
	5407910000	未漂白或漂白的其他混纺合纤机织物	
	5407920000	染色的其他混纺合纤机织物	
	5407930000	色织的其他混纺合纤机织物	
	5407940000	印花的其他混纺合纤机织物	
	5408100000	黏胶纤维高强力纱的机织物	
	5408211010	未漂白黏胶长丝机织物	按重量计黏胶纤维长丝、扁条或类似品含量≥85%
	5408211090	漂白黏胶长丝机织物	按重量计黏胶纤维长丝、扁条或类似品含量≥85%
	5408212000	未漂白或漂白醋酸长丝机织物	按重量计醋酸纤维长丝、扁条或类似品含量≥85%
	5408219000	未漂白或漂白其他纯人纤长丝机织物	包括扁条布，按重量计其他人造纤维长丝含量≥85%
	5408221000	染色的黏胶长丝机织物	按重量计黏胶纤维长丝、扁条或类似品含量≥85%
	5408222000	染色的醋酸长丝机织物	按重量计醋酸纤维长丝、扁条或类似品含量≥85%
	5408229000	染色的其他人纤长丝机织物	按重量计其他人造纤维长丝，扁条含量≥85%
	5408231000	色织的黏胶长丝机织物	按重量计黏胶纤维长丝、扁条或类似品含量≥85%
	5408232000	色织的醋酸长丝机织物	按重量计醋酸纤维长丝、扁条或类似品含量≥85%
	5408239000	色织的其他人纤长丝机织物	按重量计其他人造纤维长丝、扁条含量≥85%
	5408241000	印花的黏胶长丝机织物	按重量计黏胶纤维长丝、扁条或类似品含量≥85%
	5408242000	印花的醋酸长丝机织物	按重量计醋酸纤维长丝、扁条或类似品含量≥85%
	5408249000	其他印花人纤长丝、扁条机织物	按重量计人造纤维长丝、扁条或类似品含量≥85%
	5408310000	未漂白或漂白人纤长丝机织物	按重量计人纤长丝、扁条或类似品含量<85%
	5408320000	染色的人纤长丝机织物	按重量计人纤长丝、扁条或类似品含量<85%
	5408330000	色织的人纤长丝机织物	按重量计人纤长丝、扁条或类似品含量<85%
	5408340000	印花的人纤长丝机织物	按重量计人纤长丝、扁条或类似品含量<85%
	5512190000	其他聚酯短纤的机织物	聚酯短纤含量在85%及以上

续表

商品类别	商品编号	商品名称	备　注
化纤布	5512210000	未漂白或漂白腈纶短纤机织物	含聚丙烯腈或变性聚丙烯腈短纤含量在85%及以上
	5512290000	其他腈纶短纤机织物	含聚丙烯腈或变性聚丙烯腈短纤含量在85%及以上
	5512910000	未漂白或漂白其他合纤短纤机织物	合纤短纤含量在85%及以上
	5512990000	其他合纤短纤机织物	合纤短纤含量≥85%
	5513111000	与棉混纺未漂白的聚酯短纤平纹布	聚酯短纤85%以下，每平方米重量≤170克
	5513112000	与棉混纺的漂白的聚酯短纤平纹布	聚酯短纤85%以下，每平方米重量≤170克
	5513121000	与棉混纺未漂白的聚酯短纤斜纹布	混纺为含聚酯短纤85%以下，轻质指每平方米重量≤170克
	5513122000	与棉混纺漂白的轻质聚酯斜纹布	混纺为含聚酯短纤85%以下，轻质指每平方米重量≤170克
	5513131000	与棉混纺未漂白聚酯短纤其他织物	聚酯短纤<85%，每平方米重量≤170克
	5513132000	与棉混纺漂白聚酯短纤其他机织物	含聚酯短纤85%以下，每平方米重量≤170克
	5513190000	棉混纺未漂白或漂白其他合纤短纤布	合短纤<85%，每平方米重量≤170克
	5513210000	与棉混纺染色聚酯短纤平纹机织物	聚酯短纤85%以下，每平方米重量≤170克
	5513220000	与棉混纺染色的聚酯短纤斜纹布	含聚酯短纤85%以下，每平方米重量≤170克
	5513230000	与棉混纺染色聚酯短纤其他机织物	聚酯短纤85%以下，每平方米重量≤170克
	5513290000	与棉混纺染色其他合纤短纤机织物	含其他合纤短纤<85%，每平方米重量≤170克
	5513310000	与棉混纺色织的轻质聚酯平纹布	混纺为含聚酯短纤85%以下，轻质指每平方米重量≤170克
	5513320000	与棉混纺色织的轻质聚酯斜纹布	混纺为含聚酯短纤85%以下，轻质指每平方米重量≤170克
	5513330000	与棉混纺色织聚酯短纤其他机织物	含聚酯短纤85%以下，每平方米重量≤170克
	5513390000	与棉混纺色织其他合纤短纤机织物	含其他合短纤<85%，每平方米重量≤170克
	5513410000	与棉混纺印花聚酯短纤平纹机织物	聚酯短纤85%以下，每平方米重量≤170克
	5513420000	与棉混纺印花的轻质聚酯斜纹布	混纺为含聚酯短纤85%以下，轻质指每平方米重量≤170克
	5513430000	与棉混纺印花聚酯短纤其他机织物	聚酯短纤85%以下，每平方米重量≤170克
	5513490000	与棉混纺印花其他合纤短纤机织物	含合成短纤<85%，每平方米重量≤170克
	5514111000	与棉混纺未漂白聚酯短纤平纹织物	聚酯短纤85%以下，每平方米重量>170克
	5514112000	与棉混纺漂白聚酯短纤平纹织物	聚酯短纤85%以下，每平方米重量>170克
	5514121000	与棉混纺未漂白的聚酯短纤斜纹布	含聚酯短纤85%以下，每平方米重量>170克
	5514122000	与棉混纺漂白的重质聚酯斜纹布	混纺为含聚酯短纤85%以下，重质指每平方米重量>170克
	5514131000	与棉混纺未漂白聚酯短纤其他织物	聚酯短纤85%以下，每平方米重量>170克
	5514132000	与棉混纺漂白聚酯短纤其他机织物	聚酯短纤85%以下，每平方米重量>170克
	5514190000	棉混纺未漂或漂白其他合纤短纤布	含其他合纤短纤<85%，每平方米重>170克
	5514210000	与棉混纺染色聚酯短纤平纹机织物	聚酯短纤85%以下，每平方米重量>170克
	5514220000	与棉混纺染色的重质聚酯斜纹布	混纺为含聚酯短纤85%以下，重质指每平方米重量>170克
	5514230000	与棉混纺染色聚酯短纤其他机织物	聚酯短纤85%以下，每平方米重量>170克
	5514290000	与棉混纺染色其他合纤短纤机织物	含其他合纤短纤<85%，每平方米重>170克
	5514310000	与棉混纺色织的聚酯短纤平纹布	混纺为含聚酯短纤85%以下，重质指每平方米重量>170克
	5514320000	与棉混色织聚酯短纤三四线斜纹布	聚酯短纤<85%，重>170克/平方米，含双面斜纹
	5514330000	与棉混纺色织聚酯短纤其他机织物	含聚酯短纤85%以下，每平方米重量>170克，含双面斜纹
	5514390000	与棉混纺色织其他合纤短纤机织物	含其他短纤85%以下，每平方米重量>170克
	5514410000	与棉混纺印花聚酯短纤平纹机织物	聚酯短纤85%以下，每平方米重量>170克

续表

商品类别	商品编号	商品名称	备　注
化纤布	5514420000	与棉混纺印花的聚酯短纤斜纹布	含聚酯短纤 85% 以下，每平方米重量 >170 克
	5514430000	与棉混纺印花聚酯短纤其他机织物	聚酯短纤 85% 以下，每平方米重量 >170 克
	5514490000	与棉混纺印花其他合纤短纤机织物	其他合纤短纤 <85%，每平方米重量 >170 克
	5515110000	与黏胶纤维短纤混纺聚酯短纤织物	聚酯短纤含量在 85% 以下
	5515120000	与化学纤维长丝混纺聚酯短纤织物	聚酯短纤含量在 85% 以下
	5515130000	与羊毛动物细毛混纺聚酯短纤织物	聚酯短纤含量在 85% 以下
	5515190000	与其他纤维混纺聚酯短纤机织物	但聚酯短纤含量在 85% 以下
	5515210000	与化纤长丝混纺聚丙烯腈短纤织物	聚丙烯腈短纤含量在 85% 以下，包括变性聚丙烯腈短纤
	5515220000	与羊毛动物细毛混纺聚丙烯腈织物	聚丙烯腈短纤含量在 85% 以下，包括变性聚丙烯腈短纤
	5515290000	与其他纤维混纺聚丙烯腈短纤织物	聚丙烯腈短纤含量在 85% 以下，包括变性聚丙烯腈短纤
	5515910000	与化纤长丝混纺其他合纤短纤织物	合成纤维短纤含量 <85%
	5515920000	与毛混纺其他合纤短纤织物	合成纤维短纤含量 <85%
	5515990000	与其他纤维混纺其他合纤短纤织物	合成纤维短纤含量 <85%
	5516110010	未漂白的纯人纤短纤机织物	按重量计人造纤维短纤含量在 85% 及以上
	5516110090	漂白的纯人纤短纤机织物	按重量计人造纤维短纤含量在 85% 及以上
	5516120000	染色的纯人纤短纤布	纯人纤布指按重量计人造纤维短纤含量在 85% 及以上
	5516130000	色织的纯人纤短纤布	纯人纤布指按重量计人造纤维短纤含量在 85% 及以上
	5516140000	印花的纯人纤短纤布	纯人纤布指按重量计人造纤维短纤含量在 85% 及以上
	5516210010	未漂白或漂白人纤短纤缎纹或斜纹布	人造纤维短纤含量在 85% 以下，与化纤长丝混纺
	5516210090	未漂白或漂白人纤短纤其他机织物	人造纤维短纤含量在 85% 以下，与化纤长丝混纺
	5516220000	染色人纤短纤机织物	人造纤维短纤含量在 85% 以下，与化纤长丝混纺
	5516230000	色织人纤短纤机织物	人造纤维短纤含量在 85% 以下，与化纤长丝混纺
	5516240000	印花人纤短纤机织物	人造纤维短纤含量在 85% 以下，与化纤长丝混纺
	5516310000	未漂白或漂白人纤短纤与毛混纺织物	人造纤维短纤含量 <85%
	5516320000	染色人造纤维短纤与毛混纺机织物	人造纤维短纤含量 <85%
	5516330000	色织人造纤维短纤与毛混纺机织物	人造纤维短纤含量 <85%
	5516340000	印花人造纤维短纤与毛混纺机织物	人造纤维短纤含量 <85%
	5516410000	未漂白或漂白人纤短纤与棉混纺织物	人造纤维短纤含量在 85% 以下
	5516420000	染色人造纤维短纤与棉混纺机织物	人造纤维短纤含量在 85% 以下
	5516430000	与棉混纺色织人造纤维短纤机织物	人造纤维短纤含量在 85% 以下
	5516440000	印花人造纤维短纤与棉混纺机织物	人造纤维短纤在 85% 以下
	5516910000	未漂白或漂白人造纤维短纤其他织物	与其他纤维混纺，人造纤维短纤含量在 85% 以下
	5516920000	染色人造纤维短纤其他机织物	与其他纤维混纺，人造纤维短纤含量在 85% 以下
	5516930000	色织人造纤维短纤其他机织物	与其他纤维混纺，人造纤维短纤含量在 85% 以下
	5516940000	印花人造纤维短纤其他机织物	与其他纤维混纺，按重量计人造纤维短纤含量在 85% 以下
	5801310000	不割绒的化纤制纬起绒织物	品目 5802 或 5806 的织物除外
	5801320000	割绒的化纤制灯心绒	品目 5802 或 5806 的织物除外
	5801330000	其他化纤纬起绒织物	品目 5802 或 5806 的织物除外
	5801340000	不割绒的化纤经起绒织物（棱纹绸）	品目 5802 或 5806 的织物除外

续表

商品类别	商品编号	商品名称	备　注
化纤布	5801350000	割绒的化纤制经起绒织物	品目 5802 或 5806 的织物除外
	5801360000	化纤绳绒织物	品目 5802 或 5806 的织物除外
	6201139000	化纤制男式其他大衣斗篷及类似品	包括短大衣、短斗篷、雨衣
	6201939000	化纤制男式其他带风帽防寒短上衣	包括防风衣、防风短上衣及类似品
	6202139000	化纤制女式其他大衣雨衣斗篷等	包括短大衣、短斗篷及类似品
	6202939000	化纤女式其他带风帽的防寒短上衣	包括防风衣、防风短上衣及类似品
	6203120000	合纤制男式西服套装	
	6203230000	合纤制男式便服套装	
	6203330000	合纤制男式上衣	
	6203439000	合纤制其他男裤	含长裤、童长裤、护胸背带工装裤、马裤及短裤
	6204130000	合纤制女式西服套装	
	6204230000	合纤制女式便服套装	
	6204330000	合纤制女式上衣	
	6204430000	合纤制女式连衣裙	
	6204440000	人纤制女式连衣裙	
	6204530000	合成纤维制女式裙子及裙裤	
	6204630000	合纤制女裤	包括长裤、女童长裤、护胸背带工装裤、马裤及短裤
	6205300000	化纤制男式衬衫	
	6206400000	化纤制女衬衫	
	6211339000	化纤制其他男式服装	
	6211430000	化纤制其他女式服装	含衬衫、马甲、上衣、无袖罩衫
铜	7402000000	未精炼铜、电解精炼用铜阳极	
	7403110000	精炼铜的阴极及阴极型材	未锻轧的
	7403120000	精炼铜的线锭	未锻轧的
	7403130000	精炼铜的坯段	未锻轧的
	7403190000	其他未锻轧的精炼铜	
	7403210000	未锻轧的黄铜	
	7403220000	未锻轧的青铜	
	7403230000	未锻轧的白铜或德银	
	7403290000	未锻轧的其他铜合金	铜母合金除外
	7404000010	以回收铜为主的废电机等	包括废电机、电线、电缆、五金电器
	7404000090	铜废碎料	
	7406101000	精炼铜制非片状粉末	
	7406102000	白铜或德银制非片状粉末	
	7406109000	其他铜合金制非片状粉末	
	7406201000	精炼铜制片状粉末	
	7406202000	白铜或德银制片状粉末	
	7406209000	其他铜合金制片状粉末	
	7407100000	精炼铜条、杆及型材	

续表

商品类别	商品编号	商品名称	备　注
铜	7407210000	黄铜条、杆及型材	
	7407220000	白铜或德银的条、杆及型材	
	7407290000	其他铜合金条、杆及型材	
	7408110000	最大截面尺寸>6mm 的精炼铜丝	
	7408190000	截面尺寸≤6mm 的精炼铜丝	
	7408210000	黄铜丝	
	7408220000	白铜丝或德银丝	
	7408290000	其他铜合金丝	
	7409110000	成卷的精炼铜板、片、带	厚度>0. 15mm
	7409190000	其他精炼铜板、片、带	厚度>0. 15mm
	7409210000	成卷的黄铜板、片、带	厚度>0. 15mm
	7409290000	其他黄铜板、片、带	厚度>0. 15mm
	7409310000	成卷的青铜板、片、带	厚度>0. 15mm
	7409390000	其他青铜板、片、带	厚度>0. 15mm
	7409400000	白铜或德银制板、片、带	厚度>0. 15mm
	7409900000	其他铜合金板、片、带	厚度>0. 15mm
	7410110010	覆铜板及印刷线路板用铜箔	厚度不超过0. 15mm
	7410110090	其他无衬背的精炼铜箔	厚度不超过0. 15mm
	7410121000	无衬背铜镍合金箔或铜镍锌合金箔	厚度不超过0. 15mm
	7410129000	无衬背的其他铜合金箔	厚度不超过0. 15mm
	7410210000	有衬背的精炼铜箔	厚度（衬背除外）不超过0. 15mm
	7410221000	有衬背铜镍合金箔或铜镍锌合金箔	厚度（衬背除外）不超过0. 15mm
	7410229000	有衬背的其他铜合金箔	厚度（衬背除外）不超过0. 15mm
	7411100000	精炼铜管	
	7411210000	铜锌合金（黄铜）管	
	7411220000	白铜或德银管	
	7411290000	其他铜合金管	
铝	7601100000	未锻轧纯铝	
	7601200000	未锻轧铝合金	
	7602000010	以回收铝为主的废电线等	包括废电线、电缆、五金电器
	7602000090	铝废碎料	
	7603100010	颗粒<500μm 的微细球形铝粉	颗粒均匀，铝含量≥97%
	7603100090	其他非片状铝粉	
	7603200000	片状铝粉末	
	7604100000	纯铝条、杆、型材	
	7604210000	铝合金制空心异型材	
	7604290000	铝合金制条、杆、其他型材	
	7605110000	纯铝制的粗丝	粗丝指铝丝最大截面尺寸>7mm
	7605190000	纯铝制的细丝	细丝指铝丝最大截面尺寸≤7mm

续表

商品类别	商品编号	商品名称	备　注
铝	7605210000	铝合金制的粗丝	粗丝指铝丝最大截面尺寸 >7mm
	7605290000	铝合金制的细丝	细丝指铝丝最大截面尺寸≤7mm
	7606112000	纯铝制矩形的中厚板、片及带	中厚板指厚度≥0.3mm，但≤0.36mm
	7606119000	纯铝制矩形的其他板、片及带	指厚度 <0.3mm 或 >0.36mm
	7606122000	铝合金制矩形的薄板、片及带	薄板指厚度 <0.28mm，但 >0.2mm
	7606123000	铝合金制矩形的中厚板、片及带	中厚板指厚度≥0.28mm，但≤0.35mm
	7606124000	铝合金制矩形的厚板、片及带	厚板指厚度 >0.35mm
	7606910000	纯铝制非矩形的板、片及带	厚度 >0.2mm
	7606920000	铝合金制非矩形的板、片及带	厚度 >0.2mm
	7607111000	轧制后未进一步加工的无衬背铝箔	厚度不超过 0.007mm
	7607119000	其他无衬背铝箔	厚度≤0.2mm
	7607190000	其他无衬背铝箔	厚度≤0.2mm
	7607200000	有衬背铝箔	厚度≤0.2mm
	7608100000	纯铝管	
	7608200000	合金铝管	

备注：

1. 申领本《目录》天然橡胶自动进口许可证，除应提交《货物自动进口许可管理办法》第五条所列材料外，还需提交《天然橡胶进口申报单》。

2. 肉鸡加工贸易转内销，由省级商务主管部门按加工贸易有关规定报商务部，发证机构凭商务部批复发放《自动进口许可证》。本《目录》中其他商品加工贸易转内销，除国家另有规定外，由省级商务主管部门依据加工贸易有关规定发放自动进口许可证。

货物出口许可证管理办法

中华人民共和国商务部令

2004 年第 28 号

《货物出口许可证管理办法》已由商务部第 17 次部务会议于 2004 年 12 月 9 日通过，现予公布，自 2005 年 1 月 1 日起施行。

部长　薄熙来

2004 年 12 月 10 日

第一章　总　　则

第一条　为了合理配置资源，规范出口经营秩序，营造公平透明的贸易环境，履行我国加入的国际公约和条约，维护国家经济利益和安全，根据《中华人民共和国对外贸易法》和《中华人民共和国货物进出口管理条例》，制定本办法。

第二条　国家实行统一的货物出口许可证制度。国家对限制出口的货物实行出口许可证管理。

第三条　商务部是全国出口许可证的归口管理部门，负责制定出口许可证管理办法及规章制度，监督、检查出口许可证管理办法的执行情况，处罚违规行为。

商务部会同海关总署制定、调整和发布年度《出口许可证管理货物目录》。商务部负责制定、调整和发布年度《出口许可证管理货物分级发证目录》。

《出口许可证管理货物目录》和《出口许可证管理分级发证目录》由商务部以公告形式发布。

第四条　商务部授权配额许可证事务局（以下简称许可证局）统一管理、指导全国各发证机构的出口许可证签发工作，许可证局对商务部负责。

第五条 许可证局及商务部驻各地特派员办事处（以下简称各特办）和各省、自治区、直辖市、计划单列市以及商务部授权的其他省会城市商务厅（局）、外经贸委（厅、局）（以下简称各地方发证机构）为出口许可证发证机构，在许可证局统一管理下，负责授权范围内的发证工作。

第六条 本办法所称出口许可证包括出口配额许可证和出口许可证。凡实行出口配额许可证管理和出口许可证管理的货物，对外贸易经营者（以下简称经营者）应当在出口前按规定向指定的发证机构申领出口许可证，海关凭出口许可证接受申报和验放。

第七条 出口许可证不得买卖、转让、涂改、伪造和变造。

第二章　申领出口许可证应当提交的文件

第八条 经营者申领出口许可证时，应当认真如实填写出口许可证申请表（正本）1份，并加盖印章。实行网上申领的，应当认真如实地在线填写电子申请表并传送给相应的发证机构。

第九条 经营者申领出口许可证时，应当向发证机构提交有关出口货物配额或者其他有关批准文件。

第十条 经营者申领出口许可证时，应当向发证机构提交加盖对外贸易经营者备案登记专用章的《对外贸易经营者备案登记表》或者《中华人民共和国进出口企业资格证书》或者外商投资企业批准证书（复印件）。

第三章　出口许可证发证依据

第十一条 各发证机构按照商务部制定的《出口许可证管理货物目录》和《出口许可证管理分级发证目录》范围，依照下列规定签发出口许可证：

（一）实行配额许可证管理的出口货物，凭商务部或者各省、自治区、直辖市、计划单列市以及商务部授权的其他省会城市商务厅（局）、外经贸委（厅、局）（以下简称各地商务主管部门）下达配额的文件和经营者的出口合同（正本复印件）签发出口许可证。

（二）实行配额招标的出口货物，凭商务部发布的中标经营者名单、中标数量、《申领配额招标货物出口许可证证明书》或者《配额招标货物转受让证明书》以及中标经营者的出口合同（正本复印件）签发出口许可证。

（三）易制毒化学品的出口，凭《商务部易制毒化学品出口批复单》和经营者的出口合同（正本复印件）签发出口许可证。

（四）计算机的出口，凭商务部批准的《出口计算机技术审查表》和经营者的出口合同（正本复印件）签发出口许可证。

（五）监控化学品的出口，凭国家履行禁止化学武器公约工作领导小组办公室批准文件和经营者的出口合同（正本复印件）签发出口许可证。

（六）消耗臭氧层物质的出口，凭国家消耗臭氧层物质进出口管理办公室下发的批准文件和经营者的出口合同（正本复印件）签发出口许可证。

（七）其他实行出口许可证管理的出口货物，凭商务部批准文件及经营者的出口合同（正本复印件）签发出口许可证。

第十二条 加工贸易项下属于出口许可证管理的货物，发证机构按照商务部制定的《出口许可证管理货物目录》和《出口许可证管理分级发证目录》，凭商务部授权的加工贸易审批机关签发的《加工贸易业务批准证》及本办法第十一条规定的出口批准文件（属于出口配额管理但不使用配额数量的商品凭商务部批件）、海关加工贸易进口报关单和经营者的出口合同（正本复印件）签发出口许可证。

以加工贸易方式出口监控化学品、易制毒化学品、消耗臭氧层物质以及其他国际公约管辖的货物，按照本办法第十一条签发出口许可证。

第十三条 外商投资企业出口自产的属于出口许可证管理货物（含进料加工复出口），应当按以下规定办理：

（一）对经批准的外商投资企业出口，发证机构凭商务部下达的外商投资企业出口配额数量签发出口许可证，出口配额招标的货物，应当附带第十一条规定的有关批准文件。

（二）在出口许可证管理货物目录调整前已被批准的外商投资企业，其出口产品因调整后成为新的出口许可证管理货物，商务部可根据批准的经营范围、生产出口规模核定外商投资企业出口配额，发证机构凭商务部下达的外商投资企业出口配额数量签发出口许可证。

（三）外商投资企业投资项目涉及出口许可证管理货物出口，应当在项目立项阶段报商务部批准同意后，方可按审批程序进行审批。对未经上述批准的项目，商务部不予下达出口配额，发证机构不予签发出口许可证。

第十四条 我国企业在国外及香港、澳门投资设立的独资、合资和合作企业，需国内供应属于出口许可证管理的货物，发证机构凭商务部批准文件和商务部境外企业批准证书或者商务部境外带料加工装配企业批准证书，按照本办法第十一条签发出口许可证。

第十五条 经商务部批准具有对外经济技术合作经营资格的企业为履行国（境）外承包工程、劳务合作、设计咨询等项目合同出口的设备（含成套设备）、材料、施工器械及人员自用的生活物资属于出口许可证管理的货物，按照本办法第十一条签发出口许可证。

第十六条 出口成套设备需运出境外项目自用属于出口许可证管理的货物，按照本办法第十一条签发出口许可证。

第十七条 偿还国外贷款或者补偿贸易项下属于出口许可证管理的货物，发证机构按商务部制定的《出口许可证管理货物目录》和《出口许可证管理分级发证目录》，凭商务部下达的偿还国外贷款或者补偿贸易的出口配额签发出口许可证。未办理备案登记的法人、其他组织或者个人从事偿还国外贷款或者补偿贸易业务时，应当委托经营者代理出口，并由该经营者办理出口许可证。

第十八条 经营者申领出口许可证时，应当按本办法如实申报，不得弄虚作假，严禁以假合同、假文件等手段骗领出口许可证。

第四章　出口许可证的签发

第十九条 各发证机构应当严格按照年度《出口许可证管理货物目录》和《出口许可证管理分级发证目录》的要求，自收到符合规定的申请之日起3个工作日内签发相关出口货物的出口许可证，不得违反规定发证。经营者出口《出口许可证管理货物目录》中的货物，应当到《出口许可证管理分级发证目录》指定的发证机构申领出口许可证。

第二十条 许可证局、各特办和各地方发证机构应当严格按照商务部发布的《出口许可证管理分级发证目录》签发出口许可证。实行网上申领出口许可证的，按照有关程序和规定办理。

（一）许可证局发证范围：

1. 按照商务部规定的《出口许可证管理分级发证目录》，签发《出口许可证管理分级发证目录》授权范围内的出口许可证。

2. 在京的中央管理企业的出口许可证。

（二）各特办发证范围：

1. 按照商务部规定的《出口许可证管理分级发证目录》，签发联系地区内经营者、联系地区内中央管理企业及配额由地方管理的在京中央管理企业子公司的出口许可证；

2. 按商务部规定的《出口许可证管理分级发证目录》，签发联系地区内经营者配额招标货物出口许可证；

3. 签发商务部规定的其他货物的出口许可证。

（三）各地方发证机构发证范围：

1. 按商务部规定的《出口许可证管理分级发证目录》签发本地经营者出口许可证；

2. 签发商务部规定的其他货物的出口许可证。

（四）指定发证机构发证的货物：

凡属于《出口许可证管理分级发证目录》中指定发证机构发证的货物，经营者一律到指定的发证机构办理出口许可证。

第二十一条 各发证机构不得无配额、超配额、越权或者超发证范围签发出口许可证。发证机构的工作人员在履行职责过程中，不得玩忽职守、徇私舞弊或者滥用职权，不得利用职务上的便利索取他人财物，或者非法收受他人财物为他人谋取利益。

第二十二条 出口许可证管理实行“一证一关”制、“一批一证”制和“非一批一证”制。“一证一关”指出口许可证只能在一个海关报关；“一批一证”指出口许可证在有效期内一次报关使用。

下列情况实行“非一批一证”制，签发出口许可证时应在备注栏内注明“非一批一证”：

（一）外商投资企业出口许可证管理的货物；

（二）补偿贸易项下出口许可证管理的货物；

（三）其他在《出口许可证管理货物目录》中规定实行“非一批一证”的出口许可证管理货物。

“非一批一证”指出口许可证在有效期内可以多次报关使用，但最多不超过12次，由海关在“海关验放签注栏”内逐批签注出运数。

第五章　例外情况的处理

第二十三条 溢装货物应当为大宗、散装货物。溢装数量按照国际贸易惯例办理，即报关出口的大宗、散装货物的溢装数量不得超过出口许可证所列出口数量的5%。不实行“一批一证”制的大宗、散装货物，每批货物出口时，按其实际出口数量进行核扣，最后一批出口货物出口时，其溢装数量按该许可证实际剩余数量并在规定的溢装上限5%内计算。

发证机构在签发此类出口货物许可证时，应当严格按照出口配额数量及批准文件核定的数量签发，并按许可证实际签发数量核扣配额数量，不在出口配额数量或者批准文件核定的数量基础上加上按国际贸易惯例允许的溢装数量签发许可证。

第二十四条 对外经援项目出口实行出口许可证管理的货物免领出口许可证。有关验放凭证的规定，由商务部、海关总署和国家质检总局另行制定和发布。

第二十五条 赴国（境）外参加或者举办展览会运出境外展品、展卖品、小卖品的规定：

（一）赴国（境）外参加或者举办展览会所带属于出口许可证管理的非卖展品，免领出口许可证，海关凭出国（境）经济贸易展览会审批部门批准办展的文件和出口货物报关单监管验放。参展单位应当在展览会结束后6个月内，将非卖展品如数运回，由海关核销。在特殊情况下，经海关同意，可以延期。

（二）赴国（境）外参加或者举办展览会带出的展卖品、小卖品，属于出口许可证管理的，参展单位凭出国（境）经济贸易展览会审批部门的批准文件及出国（境）经济贸易展览会组展单位提供的参展证明，向《分级发证目录》规定的发证机构申领出口许可证，不占用出口配额。

（三）监控化学品、易制毒化学品、消耗臭氧层物质以及其他国际公约管辖的货物，按正常出口办理，不适用本条第（一）、（二）项规定。

第二十六条 出口货物样品和文化交流或者技术交流需对外提供属于出口许可证管理货物的货样的规定：

（一）经营者运出国（境）外属于出口许可证管理货物的货样或者实验用样品，每批货物价值在人民币3万元（含3万元）以下者，免领出口许可证，海关凭经营者填写的出口货样报关单查验放行；超过3万元者，视为正常出口，经营者按规定申领出口许可证。出口许可证备注栏内应当注明“货样”字样。

（二）监控化学品、易制毒化学品、消耗臭氧层物质以及其他国际公约管辖的货物对外提供货样，按正常出口办理，不适用本条第（一）项规定。

第二十七条 中国政府根据两国政府间的协议或者临时决定，对外提供捐赠品或者中国政府、组织基于友好关系向对方国家政府、组织赠送的物资，涉及出口许可证管理的货物，凭有关协议或者决定签发出口许可证，不占用出口配额。

其他捐赠，涉及出口许可证管理的，按本办法第十一条签发出口许可证。

第六章　出口许可证的有效期

第二十八条 出口配额的有效期为当年12月31日前（含12月31日），另有规定者除外，经营者应当在配额有效期内向发证机构申领出口许可证。

第二十九条 各发证机构可自当年12月16日起，根据商务部或者各地方商务主管部门下发的下一年度出口配额签发下一年度的出口许可证。

第三十条 出口许可证的有效期不得超过6个月。出口许可证需要跨年度使用时，出口许可证有效期的截止日期不得超过次年2月底。

以加工贸易方式出口属于配额许可证管理的货物，其出口许可证有效期按《加工贸易业务批准证》核定的出口期限核发，但不得超过次年2月底。《加工贸易业务批准证》核定的出口期限超过次年2月底的，经营者应当于2月底前向原发证机构提出延期申请，发证机构收回原证，在发证系统中对原证进行核销，扣除已使用的数量后，按《加工贸易业务批准证》核定的出口期限重新签发出口许可证，并在备注栏中注明延期使用和原证证号。

商务部可视具体情况，调整某些货物出口许可证的有效期和申领时间。

出口许可证应当在有效期内使用，逾期自行失效，海关不予放行。

第三十一条 出口许可证因故在有效期内未使用，经营者应当在出口许可证有效期内向原发证机构提出延期申请，发证机构收回原证，在发证计算机管理系统中注销原证后，重新签发出口许可证，并在备注栏中注明延期使用和原证证号。

出口许可证因故在有效期内未使用完，经营者应当在出口许可证有效期内向原发证机构提出未使用部分的延期申请，发证机构收回原证，在发证系统中对原证进行核销，扣除已使用的数量后，重新签发出口许可证，并在备注栏中注明延期使用和原证证号。

使用当年出口配额领取的出口许可证办理延期，其延期最长不得超过当年出口配额有效期次年2月底，有效期已为当年出口配额有效期次年2月底的不得延期。

未在出口许可证有效期内提出延期申请，出口许可证逾期自行失效，发证机构不再办理延证手续，该出口许可证货物数量视为配额持有者自动放弃。

第三十二条 出口许可证签发后，任何单位和个人不得擅自更改证面内容；如需要对证面内容进行更改，经营者应当在出口许可证有效期内将出口许可证退回原发证机构，重新申领出口许可证。

第三十三条 已领取的出口许可证如遗失，经营者应当立即向许可证证面注明的出口口岸地海关及相关发证机构书面报告，并在全国性经济类报刊中登载“遗失声明”，发证机构凭遗失声明，并经核实该证确未通关后，可注销该证，并核发新证。

第三十四条 海关、工商、公安、纪检、法院等单位需要向发证机构查询或者调查出口许可证，应当依法出示有关证件，发证机关方可接受查询。

第三十五条 出口许可证管理货物在发证机构调整时，自调整之日起，原发证机构不得再签发该货物的出口许可证，并将经营者在调整前的申领情况报调整后的发证机构。经营者在调整前申领的许可证在有效期内继续有效。有效期内未使用或者未完全使用的许可证按规定到调整后的发证机构办理延期手续。

第七章　检查和处罚

第三十六条 商务部授权许可证局对各发证机构进行定期检查。检查的内容为发证机构执行本办法的情况，重点是检查是否有超配额、无配额或者越权越级违章发证以及其他违反本办法的问题。检查的方式，实行各发证机构定期或者不定期自查与许可证局抽查相结合的办法。

许可证局应当将检查的情况向商务部报告。

第三十七条 各发证机构应当按照商务部许可证联网核查的规定及时传送发证数据，以保证经营者顺利报关和海关核查；对海关反馈的核查数据应当认真核对，及时检查许可证的使用情况并找出存在的问题。许可证局应当定期将核对后的海关反馈核查数据报商务部。

第三十八条 对违反本办法第二十一条，超配额，无配额和越权越级发证的发证机构，商务部将视情节轻重给予其警告、暂停或者取消发证权等处分。

第三十九条 对伪造、变造或者买卖出口许可证的经营者，依照刑法关于非法经营罪或者伪造、变造、买卖国家机关公文、证件、印章罪的规定，依法追究刑事责任；尚不够刑事处罚的，依照海关法等相关法律法规的有关规定处罚。

对以欺骗或者其他不正当手段获取出口许可证的，商务部依法收缴其出口许可证。

商务部可以禁止违法行为人自前两款规定的行政处罚决定生效之日或者刑事处罚判决生效之日起一年以上三年以下的期限内从事有关的对外贸易经营活动。在禁止期限内，海关根据商务部依法作出的禁止决定，对该经营者的有关出口货物不予办理报关验放手续，外汇管理部门或者外汇指定银行不予办理有关结汇、售汇手续。

第四十条 超配额，无配额和越权越级发放的许可证无效。对第三十七条、第三十八条所涉出口许可证，一经查实，商务部予以吊销处理。对海关在实际监管或者案件处理过程中发现的涉及上述许可证的问题，发证部门应当给予明确回复。

第四十一条 对违反第二十五条第（一）款有关规定，未将属于出口许可证管理的非卖展品如数运回由海关核销的，由海关通知商务部，商务部和出国（境）经济贸易展览会审批部门视情节轻重给予该组展单位和参展单位警告、暂停审批其出国（境）展览项目一至两年等处分。

第四十二条 对发证机构工作人员违反本办法第二十一条构成犯罪的，依照《中华人民共和国刑法》的有关规定追究其刑事责任。对发证机构工作人员违反本办法尚不构成犯罪的，应当调离工作岗位，并根据《国家公务员暂行条例》第三十二、第三十三条给予行政处分。

第八章　附　　则

第四十三条 中国关境内其他地区货物进入到保税仓库、保税区和出口加工区的，按照现行有关规定执行。出口监管仓库、保税区、出口加工区的货物出口到境外，按现行规定执行。

第四十四条 边境贸易项下出口许可证管理仍按照现行有关规定执行。

第四十五条 《敏感物项和技术出口许可证》管辖货物不适用本办法。

第四十六条 本办法由商务部负责解释。

第四十七条 本办法自2005年1月1日起施行。原对外贸易经济合作部印发的《出口许可证管理规定》（对外贸易经济合作部令2001年第9号）同时废止。

货物进口许可证管理办法

中华人民共和国商务部令
2004年第27号

《货物进口许可证管理办法》已由商务部第17次部务会议于2004年12月9日通过，现予公布，自2005年1月1日起施行。

部长　薄熙来
2004年12月10日

第一章　总　　则

第一条　为了规范进口许可证管理，维护货物进口秩序，促进对外贸易健康发展，根据《中华人民共和国对外贸易法》和《中华人民共和国货物进出口管理条例》的规定，制定本办法。

第二条　国家实行统一的货物进口许可证制度。国家对限制进口的货物实行进口许可证管理。

第三条　商务部是全国进口许可证的归口管理部门，负责制定进口许可证管理办法及规章制度，监督、检查进口许可证管理办法的执行情况，处罚违规行为。

商务部会同海关总署制定、调整和发布年度《进口许可证管理货物目录》。商务部负责制定、调整和发布年度《进口许可证管理货物分级发证目录》。

《进口许可证管理货物目录》和《进口许可证管理分级发证目录》由商务部以公告形式发布。

第四条　商务部授权配额许可证事务局（以下简称许可证局）统一管理、指导全国各发证机构的进口许可证签发工作，许可证局对商务部负责。

第五条　许可证局及商务部驻各地特派员办事处（以下简称各特办）和各省、自治区、直辖市、计划单列市以及商务部授权的其他省会城市商务厅（局）、外经贸委（厅、局）（以下简称各地方发证机构）为进口许可证发证机构，在许可证局统一管理下，负责授权范围内的发证工作。

第六条　进口许可证是国家管理货物进口的法律凭证。凡属于进口许可证管理的货物，除国家另有规定外，对外贸易经营者（以下简称经营者）应当在进口前按规定向指定的发证机构申领进口许可证，海关凭进口许可证接受申报和验放。

第七条　进口许可证适用于《进口许可证管理货物目录》内货物的进口。

第八条　进口许可证不得买卖、转让、涂改、伪造和变造。

第二章　申请进口许可证应当提交的文件

第九条　经营者申领进口许可证时，应当认真如实填写进口许可证申请表，并加盖印章。

第十条　经营者应当根据进口货物情况，向发证机构提交本办法第三章进口许可证发证依据所规定的进口批准文件及相关材料。

第十一条　经营者应当提交经年检合格的《企业法人登记营业执照》及加盖对外贸易经营者备案登记专用章的《对外贸易经营者备案登记表》或者进出口企业资格证书。经营者为外商投资企业的，还应当提交外商投资企业批准证书。进口货物属国家实行国营贸易或者有其他资质管理要求的，应当提供商务部或者相关部门的有关文件。

第三章　进口许可证发证依据

第十二条　各发证机构按照商务部制定的《进口许可证管理货物目录》和《进口许可证管理货物分级发证目录》范围，依下列规定签发进口许可证：

（一）对监控化学品，发证机构凭国家履行禁止化学武器公约工作领导小组办公室批准的《监控化学品进口核准单》和进口合同（正本复印件）签发进口许可证。

（二）对易制毒化学品，发证机构凭商务部《易制毒化学品进口批复单》签发进口许可证。

（三）对消耗臭氧层物质，发证机构凭国家消耗臭氧层物质进出口管理办公室批准的《受控消耗臭氧层物质进口审批单》签发进口许可证。

（四）对依照法律、行政法规的规定，其他需要限制进口的商品，发证机构按照国务院商务主管部门或者由其会同国务院其他有关部门签发的许可文件签发进口许可证。

第十三条　加工贸易方式进口监控化学品、易制毒化学品和消耗臭氧层物质需领取进口许可证，发证机构分别按第十二条第（一）、（二）、（三）款规定办理。

第十四条　外商投资企业进口监控化学品、易制毒化学品和消耗臭氧层物质需领取进口许可证，发证机构分别按第十二条第（一）、（二）、（三）款规定办理。

第十五条　经营者申领进口许可证时，应当按本办法规定如实申报，不得弄虚作假，严禁以假文件、假合同等手段骗领进口许可证。

第四章　进口许可证的签发

第十六条　发证机构应当严格按照商务部发布的年度《进口许

可证管理货物目录》和《进口许可证管理货物分级发证目录》的规定，签发相关商品的进口许可证。经营者进口《进口许可证管理货物目录》中的商品，必须到《进口许可证管理货物分级发证目录》指定的发证机构申领进口许可证。

第十七条 各发证机构应当凭本办法第三章规定的发证依据发放进口许可证，不得越权或者超发证范围签发进口许可证。

第十八条 进口许可证管理实行“一证一关”管理。一般情况下进口许可证为“一批一证”，如要实行“非一批一证”，应当同时在进口许可证备注栏内打印“非一批一证”字样。

“一证一关”指进口许可证只能在一个海关报关；“一批一证”指进口许可证在有效期内一次报关使用；“非一批一证”指进口许可证在有效期内可多次报关使用，但最多不超过十二次，由海关在许可证背面“海关验放签注栏”内逐批签注核减进口数量。

对进口实行许可证管理的大宗、散装货物，溢装数量按照国际贸易惯例办理，即报关进口的大宗、散装货物的溢装数量不得超过进口许可证所列进口数量的5%。不实行“一批一证”制的大宗、散装货物，每批货物进口时，按其实际进口数量进行核扣，最后一批进口货物进口时，其溢装数量按该许可证实际剩余数量并在规定的溢装上限5%内计算。

发证机构在签发此类进口货物许可证时，应当严格按照进口配额数量及批准文件核定的数量签发，并按许可证实际签发数量核扣配额数量，不在进口配额数量或者批准文件核定的数量基础上加上按国际贸易惯例允许的溢装数量签发许可证。

第十九条 申请符合要求的，发证机构应当自收到申请之日起3个工作日内发放进口许可证。特殊情况下，最多不超过10个工作日。

第五章 进口许可证的有效期

第二十条 进口许可证的有效期为一年。

（一）进口许可证应当在进口管理部门批准文件规定的有效期内签发。

（二）进口许可证当年有效。特殊情况需要跨年度使用时，有效期最长不得超过次年3月31日。

（三）进口许可证应当在有效期内使用，逾期自行失效，海关不予放行。

第二十一条 进口许可证因故在有效期内未使用的，经营者应当在进口许可证有效期内向原发证机构提出延期申请。发证机构应当将原证收回，在进出口许可证计算机管理系统中注销原证后，重新签发进口许可证，并在备注栏中注明延期使用和原证证号。

进口许可证因故在有效期内未使用完的，经营者应当在进口许可证有效期内向原发证机构提出未使用部分的延期申请，发证机构收回原证，在发证系统中对原证进行核销，扣除已使用的数量后，重新签发进口许可证，并在备注栏内注明延期使用和原证证号。

进口许可证只能延期一次，延期最长不超过三个月。

未在进口许可证有效期内提出延期申请的，进口许可证自行失效，发证机构不再受理延证手续，该进口许可证则视为持有者自动放弃。

第二十二条 进口许可证一经签发，不得擅自更改证面内容。如需更改，经营者应当在许可证有效期内提出更改申请，并将许可证交回原发证机构，由原发证机构重新换发许可证。

许可证更改内容如涉及经营者，进口商品税号、数量、金额、价格、原产地、进口用途、外汇来源，贸易方式，报关口岸等栏目，如原批准机构有相应限制，经营者应当提供原批准机构同意更改的文件。

第二十三条 已领取的进口许可证如果丢失，经营者应当立即向许可证证面注明的进口口岸地海关及相关发证机构书面报告挂失，声明作废，并及时向公安机关报案。发证机构收到经营者遗失报告，经核实该证确未通关使用后，可撤销原进口许可证并核发新证。

第二十四条 海关、工商、公安、纪检、法院等单位需要向发证机构查询或者调查进口许可证，应当依法出示有关证件，发证机关应当接受查询。

第二十五条 进口许可证管理商品在调整发证机构时，自调整之日起，原发证机构不得再签发该商品的进口许可证，并将经营者在调整前的申领情况报调整后的发证机构。经营者在调整前申领的许可证在有效期内继续有效。有效期内未使用或者未全部使用的进口许可证，按规定到调整后的发证机构办理延期手续。

第六章 检查和处罚

第二十六条 商务部授权许可证局对各发证机构进行定期检查。检查的内容为发证机构执行本办法的情况，重点检查是否有越权越级或者无批件发证等违规行为。检查的方式，实行各发证机构定期或者不定期自查与许可证局抽查相结合的办法。许可证局应当将检查情况向商务部报告。

第二十七条 各发证机构应当按照商务部许可证联网核查的规定及时传送发证数据，以保证经营者顺利报关和海关核查；对海关反馈的核查数据应当认真核对，及时检查许可证的使用情况并找出存在的问题。许可证局应当定期将核对后的海关反馈核查数据报商务部。

第二十八条 越权越级或者无有效批件发放的进口许可证无效。对违反规定的发证机构，商务部将视情节轻重给予其警告、暂停或者取消发证权等处分。

第二十九条 对违反本办法，以欺骗或者其他不正当手段骗领进口许可证的，依法收缴其进口许可证，商务部可以在三年内不受理违法行为人提出的进口许可证申请，或者禁止违法行为人在一年以上三年以下的期限内从事有关货物进口经营活动。

第三十条 对伪造、变造或者买卖进口许可证的，依照刑法关于非法经营罪或者伪造、变造、买卖国家机关公文、证件、印章罪的规定，依法追究刑事责任；尚不够刑事处罚的，依照海关法的有关规定处罚；商务部可以禁止违法行为人在一年以上三年以下的期限内从事有关货物进口经营活动。

第三十一条 对第二十八条、第二十九条、第三十条所涉及进口许可证，一经查实，商务部予以收缴、吊销。对海关在实际监管或者案件处理过程中发现的涉及上述许可证的问题，发证机构应当给予明确答复和积极配合。

第三十二条 对发证机构工作人员出现违规行为但尚未构成犯罪的，应当调离工作岗位，并视情节轻重分别给予行政处分；构成犯罪的，依法移交司法机关追究其刑事责任。

第七章 附　　则

第三十三条 法律、行政法规对保税仓库、保税区和出口加工区的货物进口管理另有规定的，依照其规定办理。

第三十四条 本办法由商务部负责解释。

第三十五条 本办法自2005年1月1日起施行。原对外贸易经济合作部印发的《货物进口许可证管理办法》（对外贸易经济合作部令2001年第22号）同时废止。

汽车产品自动进口许可证签发管理实施细则

中华人民共和国商务部公告

2004年第92号

根据《机电产品进口管理办法》、《货物自动进口许可管理办法》，制定《汽车产品自动进口许可证签发管理实施细则》，现予发布，自2005年1月1日起施行。

特此公告

2004年12月17日

第一条 为了有效监测汽车产品进口情况，维护和规范国内汽车市场正常秩序，根据《机电产品进口管理办法》和《货物自动进口许可管理办法》，特制定本细则。

第二条 本细则中所指汽车产品是：汽车整车、汽车成套散件及构成汽车整车特征的散件总成或系统、汽车部件总成或系统和汽车关键零部件。具体商品名称及商品编码见《货物自动进口许可商品目录》。

第三条 汽车产品自动进口许可管理工作由商务部负责。《货物自动进口许可商品目录》中属商务部管理的汽车产品由商务部签发《自动进口许可证》，其他汽车产品由各地方、部门机电产品进出口办公室签发《自动进口许可证》。

第四条 一般贸易、易货贸易、边境小额贸易、租赁、援助与赠送、捐赠等方式进口列入《货物自动进口许可商品目录》的汽车产品，进口单位在向海关申报前，须向商务部或其授权的地方、部门机电办（以下简称发证机构）申领《自动进口许可证》。

第五条 申请进口汽车产品的单位，除需提交符合《货物自动进口许可管理办法》第八条规定的材料外，属下列情形还需提交以下相应材料：

（一）申请进口汽车用于销售的，需提交汽车品牌经销授权证明材料（公历年度首次申请时提供）。

（二）以一般贸易方式申请进口自用的，申请进口单位需提交企业营业执照或组织机构证书（复印件）；以援助、捐赠、赠送等方式申请进口汽车用于自用的，需提交企业营业执照或组织机构证书（复印件）和相关的援助、捐赠、赠送的证明文件。

（三）汽车生产企业申请进口成套散件（含SKD和CKD）、部件总成（系统）用于生产汽车的，需提交所生产车型列入的《道路机动车辆生产企业及产品公告》。

进口单位应当对所提交材料的真实性负责，并保证其有关经营活动符合国家法律、行政法规的规定。

第六条 申请汽车产品《自动进口许可证》可通过计算机网络，也可以以书面形式向发证机构提交申请。

网上申请：申请进口单位登录商务部授权网站（www.chinabidding.com），进入进口许可证联网申领系统，按要求如实在线填写《机电产品进口申请表》等资料，同时向相应的发证机构提交本细则第五条要求的相关材料。

书面申请：申请进口单位可到发证机构领取或从商务部授权网站（www.chinabidding.com）下载（可复印）《机电产品进口申请表》，按要求如实填写，并采用送递、邮寄或其他适当方式，与本细则规定的其他材料一并递交发证机构。

第七条 申请进口列入《货物自动进口许可商品目录》中属商务部管理的汽车产品，申请材料须经地方、部门机电办核实。地方、部门机电办收到齐备的申请材料后，应当立即核实，最长不超过3个工作日。核实后将申请材料递交商务部。商务部在收到内容正确、形式完备的申请后，应当立即签发《自动进口许可证》；在特殊情况下，最长不超过10个工作日。

第八条 申请进口列入《货物自动进口许可目录》中属地方、部门机电办管理的汽车产品，地方、部门机电办在收到内容正确、形式完备的申请后，应当立即签发《自动进口许可证》；在特殊情况下，最长不超过10个工作日。

第九条 经有关部门核定，进口属于构成整车特征的汽车零部件，商务部在签发的《自动进口许可证》的备注栏中打印标注“构成整车特征”。

第十条 加工贸易进口汽车产品，应按规定复出口。如因故不能出口需内销的，属商务部管理的汽车产品，由经营企业按一般贸易的有关规定向商务部申请，商务部签发《自动进口许可证》；其他汽车产品，由经营企业向所在地机电办或所属部门机电办申请，由地方、部门机电办签发《自动进口许可证》。各省级商务加工贸易主管机构按照《汽车加工贸易审批和内销管理办法》的有关规定，凭《自动进口许可证》签发《加工贸易保税进口料件内销批准证》。

出口加工区内汽车产品需销往区外境内的，进口单位须按本细则办理《自动进口许可证》。

第十一条 外商投资企业进口自用汽车（整车）按照有关规定办理进口手续。

第十二条 海关凭加盖机电产品自动进口许可证专用章的《自动进口许可证》办理验放手续，银行凭《自动进口许可证》办理售汇和付汇手续。

第十三条 汽车产品《自动进口许可证》实行“一批一证”或“非一批一证”管理。

第十四条 汽车产品《自动进口许可证》有效期为六个月，且仅在本公历年度内有效。

《自动进口许可证》证面内容不得更改。

《自动进口许可证》需要延期或变更，一律重新办理，旧证应交还原发证机关并同时撤销。

第十五条 汽车产品《自动进口许可证》如在有效期内无法使用或未使用完，应在《自动进口许可证》有效期内退回原发证机关。

第十六条 《自动进口许可证》如有遗失，申请进口单位应当立即向原发证机关以及自动进口许可证上注明的进口口岸地海关书面报告挂失。经核实无不良后果，原发证机关可予重新补发；如造成不良后果，视其影响予以警告直至暂停发放其《自动进口许可证》。

第十七条 未按本《细则》申领《自动进口许可证》，擅自进口实行自动进口许可管理的汽车产品的，由海关依照有关法律、行政法规的规定处理、处罚；构成犯罪的，依法追究刑事责任。

第十八条 伪造、变造、买卖汽车产品《自动进口许可证》或者以欺骗等不正当手段获取《自动进口许可证》的，依照有关法律、行政法规的规定处罚；构成犯罪的，依法追究刑事责任。

第十九条 本《细则》由商务部负责解释。

第二十条 本《细则》自2005年1月1日起施行。

构成整车特征的汽车零部件进口管理办法

海关总署、国家发展和改革委员会、财政部、商务部令
第125号

根据《汽车产业发展政策》及有关规定，海关总署、国家发展改革委、财政部、商务部制定了《构成整车特征的汽车零部件进口管理办法》，现予发布，自2005年4月1日起执行。

海关总署署长 牟新生
国家发展改革委主任 马 凯
财政部部长 金人庆
商务部部长 薄熙来
2005年2月28日

第一章 总 则

第一条 为规范和加强对汽车零部件的进口管理，促进汽车产业健康发展，依据有关法律法规规定，制定本办法。

第二条 本办法适用于对经国家有关部门核准或备案的汽车生产企业，生产组装汽车所需的构成整车特征的汽车零部件进口的监督管理。

汽车生产企业进口全散件（CKD）或半散件（SKD）的，可在企业所在地海关办理报关手续并缴纳税款，不适用本办法。

第三条 本办法所称汽车，是指《机动车辆及挂车分类》（中华人民共和国国家标准GB/T 15089－2001）中规定的M类和N类机动车辆。

M类机动车辆是指，至少有4个车轮并且用于载客的机动车辆；N类机动车辆是指，至少有4个车轮并且用于载货的机动车辆。

第四条 本办法所称汽车总成（系统），包括车身（含驾驶室）总成、发动机总成、变速器总成、驱动桥总成、非驱动桥总成、车架总成、转向系统、制动系统等。

第五条 本办法所称构成整车特征和构成总成（系统）特征，是指汽车生产企业使用的进口汽车零部件在装车状态时已经构成整车特征、或在装机状态时已经构成总成（系统）特征。

第六条 海关总署、国家发展和改革委员会（以下简称发展改革委）、商务部、财政部按照本办法规定对构成整车特征的进口汽车零部件实施管理。

海关总署、发展改革委、商务部、财政部成立构成整车特征的汽车零部件进口管理领导小组（以下简称领导小组）。领导小组办公室设在海关总署，负责领导小组的日常事务。整车特征国家专业核定中心（以下简称核定中心）接受海关总署委托，负责对进口零部件是否构成整车或总成（系统）特征进行核定。

第二章 备案管理

第七条 汽车生产企业以在国内市场销售为目的使用进口汽车零部件生产汽车，应当依据本办法对所生产车型中使用的进口零部件是否构成整车特征进行自测。经自测确定构成整车特征的，生产企业应当在汽车零部件进口前，将有关车型向海关总署备案。同一汽车生产企业的不同车型，应当分别备案。

生产企业自测后认为不构成整车特征的，应当向海关总署申请复审。海关总署应当委托核定中心进行简单复审或现场复审。经复审，构成整车特征的，由生产企业补充备案；不构成整车特征的不需备案。

汽车生产企业在向发展改革委申请《道路机动车辆生产企业及产品公告》和向商务部申请自动进口许可证时，应当提供有关车型的自测结果；如进口零部件不构成整车特征，还应提供海关总署的复审意见。

发展改革委在《道路机动车辆生产企业及产品公告》中对使用构成整车特征的进口零部件生产的车型标注“整车特征”字样，商务部在构成整车特征的进口零部件的自动进口许可证上标注“整车特征”字样。

第八条 备案车型应当是已经列入发展改革委《道路机动车辆生产企业及产品公告》的产品。

第九条 生产企业在申请备案时应当提供以下材料：

（一）企业基本概况；

（二）备案车型年度生产计划；

（三）备案车型的零部件分类和价格比例清单；备案车型的总价和国产件、进口件的分项价格（均以不含税价格计算）；

（四）备案车型全部采购件的国内和国外供应商及供货品种清单；

（五）列入《道路机动车辆生产企业及产品公告》的证明。

第十条 海关总署在收到申请备案的材料后向发展改革委、商务部和企业所在地直属海关分送有关备案材料。发展改革委、商务部和企业所在地海关在收到备案材料后分别按各自职责实施备案管理。

第十一条 企业所在地直属海关收到海关总署发来的企业备案材料后，应当进行审核，对符合条件的汽车生产企业及生产车型给予登记备案，并通知该汽车生产企业。

第十二条 汽车生产企业在登记备案后，应当根据汽车零部件的进口计划，在汽车零部件进口前向企业所在地海关提供税款总担保。税款总担保的担保数额应当不低于企业月平均进口零部件需缴纳的税款总额。

汽车生产企业应当根据备案车型数量及进口计划的调整，及时向其所在地海关申请变更税款总担保的担保数额，经核实无误后，海关办理相关的担保数额变更手续。

第三章　通关管理

第十三条 汽车生产企业进口构成整车特征的汽车零部件，应当在企业所在地海关办理报关手续并缴纳税款。

汽车生产企业从其所在地以外口岸进口构成整车特征的汽车零部件，须在完成备案登记和税款总担保手续后，向企业所在地海关申请办理转关运输，海关按照转关运输的有关规定办理转关手续。

其他未构成整车特征的汽车零部件进口，不适用前款规定。

第十四条 企业在办理报关手续时应当向海关递交进口货物报关单、标明“整车特征”的汽车零部件自动进口许可证、其他有关许可证件以及海关要求的随附单证等。

第十五条 构成整车特征的汽车零部件进口时，涉及许可证件的，在通关环节验核证件。进口货物报关单征免性质栏应当填写“整车特征”；收货单位栏应当填写汽车生产企业名称。

不同车型的汽车零部件，应当分别填写报关单。

第十六条 构成整车特征的汽车零部件进口时，海关比照保税货物管理的有关规定办理相关进口手续，并按照进口状态列入海关统计。

第四章　整车特征核定标准及核定

第十七条 整车特征核定由汽车生产企业向海关总署提出申请，海关总署委托核定中心核定。海关依据核定中心出具的《核定报告》确定适用税率和完税价格，办理征税手续。进口汽车零部件整车特征核定办法由海关总署另行制定发布。

第十八条 核定中心依据海关总署的指令，对汽车生产企业的有关车型开展核定工作，出具核定报告。

第十九条 备案车型生产组装成第一批整车后10日内，汽车生产企业应当向海关总署申请进行整车特征核定。核定中心应当在接受海关总署指令后的1个月内，完成对有关车型的核定并出具核定报告。

本办法实施前已经投产的车型，汽车生产企业应当在本办法实施后1个月内完成自测，并将自测结果报海关总署。自测结果为构成整车特征的，汽车生产企业应当在完成自测后10日内向海关总署备案，并向海关总署申请进行整车特征核定；不构成整车特征的，应当向海关总署申请复审。复审结果为构成整车特征的，汽车生产企业应当在复审结果公布后10日内向海关总署补充备案，并向海关总署申请进行整车特征核定。核定中心依据海关总署的指令，应当在3个月内完成对已经投产的备案车型的核定，并出具核定报告。

第二十条 核定中心核定的车型为基型车。在经过核定的基型车基础上选装进口部件的，汽车生产企业应当向所在地海关和核定中心提供选装类型，并在实际选装时如实申报。经核定中心复核并提出报告后，海关在核定完税价格计税时做出调整。

汽车生产企业在生产过程中，构成整车特征的状况发生改变的，可向海关总署申请对基型车重新核定。海关根据核定中心出具的新的核定报告，确定计税的完税价格。经核定，不再构成整车特征的，海关不再按照本办法对该车型实施管理。

第二十一条 有下列情形之一的，进口汽车零部件构成整车特征：

（一）进口全散件（CKD）或半散件（SKD）组装汽车的；

（二）在本办法第四条规定的认定范围内：

1. 进口车身（含驾驶室）、发动机两大总成装车的；

2. 进口车身（含驾驶室）和发动机两大总成之一及其他3个总成（系统）（含）以上装车的；

3. 进口除车身（含驾驶室）和发动机两大总成以外其他5个总成（系统）（含）以上装车的。

（三）进口零部件的价格总和达到该车型整车总价格的60%及以上的。本项整车特征核定标准自2006年7月1日起开始生效。

第二十二条 有下列情形之一的，进口汽车零部件构成汽车总成（系统）特征：

（一）进口整套散件组装总成（系统）的；

（二）进口关键零部件或分总成组装总成（系统），其进口关键零部件或分总成达到及超过规定数量标准的（详见附件1、2）；

（三）进口零部件的价格总和达到该总成（系统）总价格的60%及以上的。

第二十三条 国内汽车总成（系统）生产企业生产的总成（系统）所使用的进口零部件不构成总成（系统）特征的，该总成（系统）视为国产总成（系统）。

第二十四条 国内汽车及零部件生产企业，对进口零部件（不含总成、分总成）及生产零部件用的毛坯件进行实质性加工的，所生产的配套零部件视为国产件。

所称“实质性加工”是指，产品加工后，达到《中华人民共和国进出口货物原产地条例》规定的实质性改变确定标准。

第二十五条 核定中心对备案车型进行整车特征核定时，汽车生产企业应当积极配合，并提交以下单证：

（一）核定申请报告；

（二）企业自测报告；

（三）《备案车型零部件采购清单》（详见附件3）；

（四）核定中心认为需要的其他资料。

第二十六条 汽车生产企业应当申请备案或者整车特征核定而未申请的，海关总署可以指令核定中心进行核定。

第五章 征税原则及税款计征

第二十七条 构成整车特征的进口汽车零部件从报关放行到纳税前，由企业所在地海关比照保税货物实施监管。为提高管理效能，有条件的汽车生产企业，应当与所在地海关进行电子联网。

第二十八条 进口汽车零部件生产组装成整车后，汽车生产企业向海关作纳税申报，海关按照《中华人民共和国海关法》（以下简称《海关法》）、《中华人民共和国进出口关税条例》及《中华人民共和国进出口税则》的有关规定，进行归类和征税。

对经核定中心核定为构成整车特征的进口零部件，海关按照整车归类，并按照整车税率计征关税和进口环节增值税；对核定为不构成整车特征的，海关按照零部件归类，并按照相应的适用税率计征关税和进口环节增值税。

第二十九条 海关在对构成整车特征的进口零部件按照整车归类征税时，如果其中由配套厂家提供的零部件在进口时已经缴纳了进口关税和进口环节增值税，并且汽车生产企业能够提供进口纳税证明的，已经缴纳的税款应当扣除。

企业按照本办法规定进口的汽车零部件，1年之内未用于生产汽车整车的，应当在1年届满之日起30日内向海关作纳税申报，海关按照有关规定办理征税手续。

第三十条 加工贸易项下生产的汽车转内销的，适用本办法。

加工贸易汽车生产企业在申请对其使用构成整车特征的进口汽车零部件生产组装的汽车产品内销前，应当按照本办法的规定向海关总署补办备案手续，并接受核定中心的核定。海关根据核定的结果，对构成整车特征的，凭企业提交的《加工贸易保税进口料件内销批准证》和相应的进口许可证件，按照本办法规定适用的税率计征税款，并补征全部进口零部件的缓税利息。

保税区、出口加工区等海关特殊监管区域汽车生产企业在申请对其使用构成整车特征的进境入区汽车零部件生产组装的汽车产品内销前，应当按照本办法的规定向海关总署补办备案手续，并接受核定中心的核定。海关根据核定的结果，对构成整车特征的，凭相关进口许可证件办理有关手续，按照内销实际状态征税。

第三十一条 汽车生产企业应当自核定中心出具构成整车特征的核定报告后的次月起，每月第10个工作日前，向企业所在地海关作纳税申报。海关对汽车生产企业上个月生产有关车型所使用的进口零部件按照整车税率集中计征关税和进口环节增值税。

汽车生产企业在作首次纳税申报时，应当将核定报告出具前已用于生产整车的进口零部件一并向海关申报纳税。

第三十二条 汽车生产企业应当自核定中心出具不构成整车特征的核定报告后30日内，向所在地海关申报其已进口但尚未缴纳税款的汽车零部件。海关按照汽车零部件税率计征关税和进口环节增值税，并对有关车型不再按照本办法规定实施管理。

第三十三条 汽车生产企业的所有备案车型经核定中心核定均不构成整车特征，并且企业缴清有关税款的，海关应当通知企业办理解除税款总担保手续。

第三十四条 汽车生产企业向所在地海关申报纳税时应当提交以下单证和资料：

（一）核定中心的核定报告；

（二）企业上月有关车型的整车生产数量（核定结果为不构成整车特征的除外）；

（三）企业上月进口的已用于生产组装整车的有关车型汽车零部件清单（核定结果为不构成整车特征的除外）；

（四）海关认为需要提供的其他单证。

第三十五条 企业向海关申报构成整车特征的汽车零部件时，征免性质栏填报“整车征税”，成交方式栏填报“CIF”；企业向海关申报不构成整车特征的汽车零部件时，征免性质栏填报“零部件征税”，成交方式栏填报“CIF”。

第六章 法律责任

第二丨六条 对违反本办法规定，构成走私或者违反海关监管规定行为的，海关依照《海关法》、《中华人民共和国海关行政处罚实施条例》予以处罚。构成犯罪的，依法追究刑事责任。

第三十七条 汽车生产企业申报《道路机动车辆生产企业及产品公告》和备案时，违反本办法的有关规定，未如实申报进口零部件构成整车特征的，或者采用分散进口方式进口的零部件构成整车特征，进口前未向海关总署申请备案的，由发展改革委暂停有关车型的《道路机动车辆生产企业及产品公告》，待汽车生产企业纠正后，再予以恢复。

第七章 附 则

第三十八条 本办法自2005年4月1日起施行。

附件：

1. 总成（系统）界定表
2. 汽车总成（系统）所属零部件界定范围
3. 备案车型零部件采购清单

附件 1

总成（系统）界定表

总成名称			关键件或分总成名称	进口件界定数量（单位：件）A类件	总界定数量	备注
车身(驾驶室)	M_1 类	A 类件	侧围、车门、发动机罩盖	2	5	M_1 类分总成中，如有进口的外覆盖件冲压件，则该分总成视为进口分总成
		B 类件	顶盖、前围、座舱地板、行李箱盖（或背门）、后围、翼子板	–		
	M_2 类	A 类件	顶盖、侧围	2	4	
		B 类件	发动机罩盖、前围、车门、后围、地板	–		
	M_3 类	A 类件	顶盖、侧围、车身骨架	2	4	
		B 类件	前围、车门、后围、地板	–		
	N 类	A 类件	顶盖、车门、侧围	2	5	
		B 类件	发动机罩盖、前围、后围、翼子板、地板	–		
发动机总成	柴油机	A 类件	缸体、缸盖、高压油泵	2	6	不含散热器、风扇、空滤器、消声器、燃油箱、离合器
		B 类件	曲轴、增压器、凸轮轴、连杆、起动机、发电机、柴油喷射器	–		
	汽油机	A 类件	缸体、缸盖、EFI 装置（包括 ECU、节流阀体、喷油器、传感器）	2	6	
		B 类件	曲轴、凸轮轴、燃油泵、连杆、起动机、发电机、增压器	–		
变速器总成	手动变速器	A 类件	壳体、齿轮、离合器	2	4	1. 不含远程变速操纵系统 2. 全轮驱动车辆的分动器单列为总成考核时，变速器总成总界定数量相应的变为 3
		B 类件	轴类、换挡机构组件、同步器、分动器	–		
	自动变速器	A 类件	壳体、离合器（自动变速器用液体耦合器）、自动变速器控制模块（ECU）	2	4	
		B 类件	分动器、齿轮（或摩擦轮与钢带）、轴类、换挡机构组件	–		
M_1 类车桥	驱动桥		壳体、左右半轴（含等速万向节）、转向节、差速器、摆臂、轮毂、轴承、主减速器、悬架弹簧、减振器	–	6	
	非驱动桥		车轴（含拖臂总成）、轮毂、轴承、悬架弹簧、减振器	–	4	
M_2、M_3、N 类车桥	驱动桥		桥壳、差速器、半轴、传动轴、主减速器、轮毂、轴承、减振器、悬架弹簧	–	5	独立悬架的前桥增加摆臂、转向节，总界定数为 6
	非驱动桥		转向节、减振器、前轴、悬架弹簧、轮毂、轴承	–	4	
车架			纵梁（或前副车架及发动机托架）、横梁（或后副车架）	–	2	
制动系统			制动主缸（或气制动阀）、助力器总成、前制动器总成、后制动器总成、防抱制动系统（ABS）的阀体和 ECU 总成	–	4	
转向器系统	动力转向		转向器总成、转向控制阀总成、转向助力油泵、转向盘、转向轴及万向节	–	3	转向盘中包括气囊
	非动力转向		转向器总成、转向轴及万向节、转向盘	–	2	

注：

1. 进口 A 类件、B 类件之和达到或超过进口件总界定数量即视为构成总成（系统）特征；但是，如果进口 A 类件的数量达到或超过 A 类件界定数量亦视为构成总成（系统）特征。

2. 当关键零部件或分总成的进口价格比率超过 60% 时，则该关键零部件或分总成按进口件计算。关键件或分总成原则上只计算到整车厂的第二级供应商。

3. 全轮驱动车辆的分动器单列为总成，代替非驱动桥，分动器的 A 类件为壳体、齿轮（或链条）、接合器，界定数量为 2；B 类件为轴类、轴承、同步器、电控装置；总界定数量为4。

4. 两个驱动桥及多桥车辆按照实际桥数分别判定总成特征，并相应增加总成和构成整车特征界定数量。

5. 从2005年4月1日至2006年6月30日，A、B类关键件合并在一起按照总界定数量进行考核。自2006年7月1日起，所有车型均按照区分了A、B类关键件的标准进行考核。

6. 如果某车型确实没有在本总成（系统）界定表中规定的功能相符的关键件或分总成，则相应地减少其界定数量或总成（系统）数量。

附件2

汽车总成（系统）所属零部件界定范围

本总成（系统）所属零部件范围界定主要用于汽车整车特征认定的总成和系统，总成（系统）所属零部件范围界定的原则：一、功能的完整性；二、装配阶段划分明确。同时参照标准QC/T265－2004《汽车产品零部件编号规则》、QC/T514－1999《轿车车身名词术语》、GB/T4780－2000《汽车车身术语》、GB/T5727－1985《汽车液力变速器术语及定义》、GB/T5333－1985《汽车驱动桥术语及定义》、GB/5620．2－1985《汽车和挂车制动名词术语及其定义》、GB/T5179－1985《汽车转向系术语和定义》。

车身（驾驶室）：油漆工艺前的车身本体（白车身），不包括车身附件及装饰件。主要由车身结构件及覆盖件（非承载式车身）焊接组成。M_1类包括前围、侧围、后围、顶盖、车身地板、翼子板、车门、发动机罩盖、行李箱盖（或背门总成）等。M_1以外的其他类包括前围、侧围、后围、顶盖、车身地板、地板盖板（金属件）、顶盖通风窗、翼子板、车门、发动机罩盖、车身骨架（非承载式车身）等。

发动机总成：包括气缸体、气缸盖、正时齿轮室、气门罩、曲轴、飞轮、连杆、活塞、轴瓦、凸轮轴、正时机构、进排气门、驱动机构、进排气歧管、点火系统、水泵、润滑油泵、机油滤清器、曲轴箱通风装置、燃油泵、EFI装置（含ECU、节流阀体、喷油器、传感器）、增压器、起动机、发电机、燃油管路、燃油滤清器、传感器及报警装置等；柴油发动机还包括高压油泵、中冷器等。不含散热器、风扇、空气滤清器、消声器、风扇离合器、排放污染物控制装置（微粒捕集器、三元催化器等）。

变速器总成：自动变速器包括壳体、齿轮机构（或磨擦轮与钢带）、轴类、轴承、换挡机构组件、液力变矩器、自动变速器控制模块（ECU）、油泵、液力控制盒、传感器、分动器等。

手动变速器包括壳体、齿轮、同步器、轴类、轴承、换挡机构组件、传感器、离合器、分动器等。

不含远程操纵机构。

驱动桥总成：包括主减速器、差速器、桥壳、半轴（含等速万向节）、转向节、摆臂、轮毂、轴承、悬架弹簧、减震器等。

非驱动桥总成：包括车轴（拖臂总成）、轮毂、轴承、悬架弹簧、减震器等。

车架总成：包括纵梁（或承载式车身的前副车架及发动机托架）、横梁（或承载式车身的后副车架）等。

制动系统：包括制动踏板、回位弹簧、制动主缸、轮缸、助力器、制动器、ABS系统（ECU、阀体、传感器）、制动管路、储液罐、缓速器、制动力调节装置、行车制动踏板装置、驻车制动操纵装置、三通路控制阀、传感器、报警装置等。

气压制动系统还包括制动气室、制动蹄促动器、空压机、储气筒、滤清器、气制动阀、双止回阀、继动阀、快放阀等。

转向系统：包括转向盘（含安全气囊）、转向管柱、转向柱支架、转向轴、万向节、转向器、转向器支架、转向摇臂、转向拉杆、转向节臂、梯形机构等。助力转向还包括转向控制阀、转向动力缸、转向油泵、转向动力油罐、转向电机及控制模块等。

分动器总成：包括壳体、轴类、轴承、齿轮（或链条）、接合器、换挡机构组件、电控装置等。

说明：

1. 由于各总成结构的多样性，上述的界定范围并不是唯一的，不同的结构将主要依据其零部件的功能来判定。

2. 对于有一种以上功能的部件，将以其最主要的功能划分到所属的总成。

3. 对于构成总成（除车身总成、车架总成）、分总成完整性的连接件（如管线、螺栓、螺母、螺钉、卡箍、粘接剂等）、密封件和固定件等包含在总成内。

4. 各总成不包括与其加工、装配过程无关的燃油、润滑油、润滑脂、冷却液、制动液、动力油等。

附件3

备案车型零部件采购清单

序号	商品HS税号	总成编码	所属总成名称	零部件号	品名	单价	每车用量	每车零部件价格	占整车比例	零部件来源	国内外生产厂家名称

注：零部件来源指进口件或国产配套件。

纺织品出口自动许可暂行办法

中华人民共和国商务部令

2005年第3号

《纺织品出口自动许可暂行办法》已经2005年1月30日商务部第2次部务会议审议通过，现予公布，自2005年3月1日起施行。

部长　薄熙来

2005年2月6日

第一条　为加强对纺织品出口的统计分析和监测，及时向出口经营者发布纺织品出口预警信息，根据《中华人民共和国对外贸易法》，制定本办法。

第二条　商务部是纺织品出口自动许可的管理机关，会同海关总署负责制定、调整《纺织品出口自动许可目录》，并在实施前30天，特殊情况下不迟于实施前21天以商务部公告等形式对外公布。对列入《纺织品出口自动许可目录》的纺织品通过《纺织品出口自动许可证》实施出口自动许可管理。

第三条　商务部授权配额许可证事务局统一管理、指导全国各发证机构（发证机构名单见附件1）的《纺织品出口自动许可证》发证工作，配额许可证事务局对商务部负责。

配额许可证事务局及各地方商务主管部门为《纺织品出口自动许可证》的发证机构，在配额许可证事务局统一管理下，负责授权范围内的发证工作。

第四条　《纺织品出口自动许可证》（证书样本见附件2）和出口自动许可证专用章（样章见附件3）由商务部负责统一监制并发放至发证机构。各发证机构必须指定专人保管，专管专用。

第五条　列入《纺织品出口自动许可目录》的商品，出口经营者在办理海关出口报关手续前，须向发证机构提出自动许可申请并提供以下书面材料：

（一）纺织品出口自动许可证申请表（样表见附件4，出口经营者可到发证机构领取或从商务部网站下载打印）；

（二）货物出口合同。

首次申请《纺织品出口自动许可证》的出口经营者，除上述材料外，还应向各发证机构提供以下材料的复印件：

（一）营业执照；

（二）进出口企业资格证书或对外贸易经营者备案登记表或外商投资企业批准证书；

（三）企业年检或外商投资企业联合年检合格证明材料（新设企业可不提交）。

上述材料在备案后如发生变化，出口经营者须及时向各发证机构再次提供。

出口经营者应当对所提交材料的真实性负责，并保证其有关经营活动符合国家法律规定。如果发证机构发现上述材料有错误的，可以责令出口经营者作出修改。

第六条　出口经营者可通过网上申请《纺织品出口自动许可证》。网上申请时，出口经营者可登录指定网站，进入相关申领系统，并按要求在线填写纺织品出口自动许可证申请表（电子表格）。

凡通过网上申请的，出口经营者在领取证书时，须向发证机构提供第五条规定的书面材料。

第七条 各发证机构收到内容正确且形式完备的自动许可申请后，应当予以签发《纺织品出口自动许可证》，最多不超过10个工作日。

第八条 海关在办理相关纺织品出口手续时，须验核加盖出口自动许可证专用章的《纺织品出口自动许可证》。

第九条 商务部将定期在政府网站上公布《纺织品出口自动许可目录》所涉商品的信息。

第十条 《纺织品出口自动许可证》实行"一批一证"、"一证一关"，在公历年度内有效，有效期3个月，逾期作废。《纺织品出口自动许可证》不得买卖、转让、涂改、伪造和变卖。

第十一条 《纺织品出口自动许可证》如有遗失，出口经营者应立即向原发证机构和《纺织品出口自动许可证》证面注明的报关口岸海关书面报告挂失，原发证机构收到挂失报告后，经核实无不良后果的，予以重新补发。

第十二条 未申领《纺织品出口自动许可证》，擅自出口纺织品出口自动许可管理货物的，由海关依照有关法律、行政法规的规定处理。

第十三条 伪造、变造、买卖《纺织品出口自动许可证》或者以欺骗等不正当手段获取《纺织品出口自动许可证》的，依照有关法律、行政法规的规定处理。

第十四条 纺织品出口自动许可适用于所有贸易方式下对全球或者重点国家、地区的出口。具体监管方式见附件5。

第十五条 对从境内区外进入保税区、出口加工区等海关特殊监管区域的列入《纺织品出口自动许可目录》的纺织品，按《保税区海关监管办法》（国函［1997］48号）和《中华人民共和国海关对出口加工区监管的暂行办法》（国务院令第389号）的规定办理。

第十六条 本办法由商务部负责解释。

第十七条 本办法自2005年3月1日起施行。

附件1

纺织品出口自动许可证发证机构名单

1. 商务部配额许可证事务局
2. 北京市商务局
3. 天津商务委
4. 河北省商务厅
5. 山西省商务厅
6. 内蒙古自治区商务厅
7. 辽宁省外经贸厅
8. 吉林省商务厅
9. 长春市对外贸易经济委员会
10. 黑龙江省商务厅
11. 上海市对外经济贸易委员会
12. 江苏省对外贸易经济合作厅
13. 南京市外经贸局
14. 浙江省对外贸易经济合作厅
15. 安徽省商务厅
16. 福建省对外贸易经济合作厅
17. 江西省外经贸厅
18. 山东省对外贸易经济合作厅
19. 河南省商务厅
20. 湖北省商务厅
21. 湖南省商务厅
22. 广东省对外贸易经济合作厅
23. 广西壮族自治区商务厅
24. 四川省商务厅
25. 贵州省商务厅
26. 云南省商务厅
27. 西藏自治区商务厅
28. 陕西省商务厅
29. 甘肃省商务厅
30. 青海省商务厅
31. 宁夏回族自治区商务厅
32. 新疆维吾尔自治区对外贸易经济合作厅
33. 重庆市外经贸委
34. 武汉市外经贸局
35. 大连市外经贸局
36. 沈阳市外经贸局
37. 哈尔滨市外经贸局
38. 广州市外经贸局
39. 西安市外经贸局
40. 青岛市外经贸局
41. 宁波市外经贸局
42. 海南省商务厅
43. 成都市外经贸局
44. 厦门市贸易发展局
45. 深圳市贸易工业局
46. 新疆生产建设兵团外经贸局

（附件2—4略）

取消进口配额管理措施机电产品目录

中华人民共和国商务部公告

2004 年第 95 号

根据我国加入 WTO 议定书的承诺和《中华人民共和国对外贸易经济合作部、海关总署、国家质量监督检验检疫总局2001 年第10 号令》，决定自2005 年1 月1 日起，取消35 种机电产品的进口配额管理措施（具体目录见附件）。

特此公告

附件：取消进口配额管理措施机电产品目录

商　务　部

2004 年 12 月 10 日

序号	商品编码	商　品　名　称
1	87021092	20 座及以上至 29 座的装有柴油发动机的机动客车
2	87021093	10 座及以上至 19 座的装有柴油发动机的机动客车
3	87029020	其他 20 座及以上至 29 座的机动客车
4	87029030	其他 10 座及以上至 19 座的机动客车
5	87032130	排气量不超过 1 000 毫升的汽油型小轿车
6	87032190	排气量不超过 1 000 毫升的汽油型其他载人机动车辆
7	87032230	排气量超过 1 000 毫升，但不超过 1 500 毫升的汽油型小轿车
8	87032240	排气量超过 1 000 毫升，但不超过 1 500 毫升的汽油型越野车（4 轮驱动）
9	87032250	排气量超过 1 000 毫升，但不超过 1 500 毫升的汽油型小客车（9 座及以下）
10	87032290	排气量超过 1 000 毫升，但不超过 1 500 毫升的汽油型其他主要用于载人的机动车
11	87032314	排气量超过 1 500 毫升，但不超过 2 500 毫升的汽油型小轿车
12	87032315	排气量超过 1 500 毫升，但不超过 2 500 毫升的汽油型越野车（4 轮驱动）
13	87032316	排气量超过 1 500 毫升，但不超过 2 500 毫升的汽油型小客车（9 座及以下）
14	87032319	排气量超过 1 500 毫升，但不超过 2 500 毫升的汽油型其他主要用于载人的机动车
15	87032334	排气量超过 2 500 毫升，但不超过 3 000 毫升的汽油型小轿车
16	87032335	排气量超过 2 500 毫升，但不超过 3 000 毫升的汽油型越野车（4 轮驱动）
17	87032336	排气量超过 2 500 毫升，但不超过 3 000 毫升的汽油型小客车（9 座及以下）
18	87032339	排气量超过 2 500 毫升，但不超过 3 000 毫升的汽油型其他主要用于载人的机动车
19	87032430	排气量超过 3 000 毫升的汽油型小轿车
20	87032440	排气量超过 3 000 毫升的汽油型越野车（4 轮驱动）
21	87032450	排气量超过 3 000 毫升的汽油型小客车（9 座及以下）
22	87032490	排气量超过 3000 毫升的汽油型其他载人车辆

续表

序号	商品编码	商　品　名　称
23	87033130	排气量不超过 1 500 毫升的柴油型小轿车
24	87033140	排气量不超过 1 500 毫升的柴油型越野车（4 轮驱动）
25	87033150	排气量不超过 1 500 毫升的柴油型小客车（9 座及以下）
26	87033190	排气量不超过 1 500 毫升的柴油型其他载人车辆
27	87033230	排气量超过 1 500 毫升，但不超过 2 500 毫升的柴油型小轿车
28	87033240	排气量超过 1 500 毫升，但不超过 2 500 毫升的柴油型越野车（4 轮驱动）
29	87033250	排气量超过 1 500 毫升，但不超过 2 500 毫升的柴油型小客车
30	87033290	排气量超过 1 500 毫升，但不超过 2 500 毫升的柴油型其他主要用于载人的机动车
31	87033330	排气量超过 2 500 毫升的柴油型小轿车
32	87033340	排气量超过 2 500 毫升的柴油型越野车（4 轮驱动）
33	87033350	排气量超过 2 500 毫升的柴油型小客车（9 座及以下）
34	87033390	排气量超过 2 500 毫升的柴油型其他载人机动车
35	87039000	未列名主要用于载人的机动车

关于扩大农产品出口的指导性意见

商务部、财政部、农业部、中国人民银行、国家税务总局、国家质检总局、国家认监委关于印发《关于扩大农产品出口的指导性意见》的通知

商贸发［2004］491 号

为贯彻落实中央一号文件关于扩大农产品出口的精神，商务部、财政部、农业部、中国人民银行、国家税务总局、国家质检总局、国家认监委等部门联合发布《关于扩大农产品出口的指导性意见》，请各地结合实际贯彻落实，共同推动我国农产品出口。

特此通知

附件：关于扩大农产品出口的指导性意见

商务部 财政部 农业部 中国人民银行

国家税务总局 国家质检总局 国家认监委

2004 年 10 月 18 日

我国是农业大国，解决好“三农”问题是今后相当长一个时期我们党和政府的重要工作。发展农产品出口是落实党的十六届三中全会提出的科学发展观，统筹城乡发展、统筹区域发展、统筹经济社会发展、统筹人与自然和谐发展、统筹国内发展和对外开放的重要体现；发展农产品出口对全面建设小康社会具有重大意义。实践证明，扩大农产品出口是增加农民就业、促进农民增收和推动农业产业结构调整、提高农业竞争力的重要途径。

近年来，我国农产品出口发展迅速，我国农产品出口由1990 年的不到100 亿美元增长到2003 年的212.4 亿美元，特别是自2000 年以来农产品出口快速增长，年均增长率达13%，目前我国农产品出口居世界第六位。同时，农产品出口经营队伍不断优化，贸工农一体化的企业成为农产品出口的主力军；劳动密集型农产品的比较优势和国际竞争力日益增强，市场占有率不断提高；出口渠道进一步拓宽，出口品种不断增加，贸易方式不断拓展，多元化的市场格局初步显现。这预示着我国农产品出口已经进入了新的发展阶段。

但是也应看到，在农产品出口中仍然存在着质量安全问题突出、加工水平落后、缺乏品牌产品、出口企业规模小、实力弱，国际竞争力不强、行业组织发展滞后、缺乏有效的出口服务等问题，亟待加强政策支持力度，提高市场竞争力。根据《中共中央国务院关于促进农民增加收入若干政策的意见》（中发［2004］1 号）“要进一步完善促进我国优势农产品出口的政策措施”的要求，各有关部门在综合分析我国农产品出口的现状和发展潜力的基础上，确定了今后扩大农产品出口的目标：力争在未来 4—5 年农产品出口达到或超过 300 亿美元，到 2013 年农产品出口达到或超过 400 亿美元，产品质量和卫生安全有较大改善，企业规模和竞争力有较大提高，市场布局更加合理，培育一批重点企业和知名品牌，为迈进小康社会和提前实现翻两番的目标发挥更大作用。为实现上述战略目标，在今后5—10年，要选择有一定竞争优势和发展潜力的水海、园艺、畜禽等劳动密集型农产品及其加工品作为扩大农产品出口的重点，同时大力发展特色农产品、有机农产品和原产地标记注册农产品的出口，带动农业产业结构调整和整体竞争力的提高。根据这一要求，现提出具体指导性意见如下：

一、按照统筹的要求，规划农产品出口发展目标。要认真学习、贯彻落实十六届三中全会提出的科学发展观，用科学发展观来指导我们的农产品出口工作。研究利用农产品出口带动本地区农业产业结构调整、增加农民就业和促进农民增收的目标和规划，提出本地区具有竞争优势和市场潜力的出口农产品，制定扶持政策，鼓励有条件的地方设立支持本地区农产品出口的支持政策。

二、强化农产品质量安全管理，提高农产品出口的竞争力。质量安全问题是现阶段制约我农产品出口的主要障碍。加强质量安全管理，是提高出口农产品竞争力的有效手段。今后，应逐步实施动植物病虫害区域化管理，加强无规定动物疫病示范区建设，切实提高动植物卫生水平；进一步推广“公司＋基地”的农产品出口经营模式，支持农产品出口企业建立自有种植、养殖基地，开展农产品和食品认证，进一步推进标准化生产，建立质量监控体系；鼓励出口企业获得符合进口市场要求的有机产品认证和其他国际认证，取得卫生注册和原产地标记注册，建立农产品种植、养殖履历和质量可追溯体系；进一步完善出口农产品的检验检测、安全监测体系，鼓励检验检测机构取得实验室国家认可，重点加强和完善出口优势农产品及相关农业投入品的检验检测工作，加快农业生态环境检验检测中心的建设，提高我国农产品的国际市场竞争力。

三、优化出口商品结构，培育农产品出口品牌。鼓励企业发展深加工农产品出口，提高农产品附加值；支持企业培育农产品出口品牌，优先支持农产品出口品牌建设；推动企业以引进国外先进技术和优良品种与国内自主研发并重的方式，开发自主知识产权产品，提高核心竞争力；积极推进农产品原产地标记注册制度，对符合出口免检有关规定的原产地标记保护的农产品依法优先予以免检；对信誉良好的原产地标记保护的农产品出口企业实行便捷通关。

四、培育一批农产品出口重点企业，加快出口农产品的行业组织建设。在我国具有比较优势的农产品领域培育一批国际竞争力较强、出口规模大、效益好、带动农民就业、促进农民增收效果明显的农产品出口企业；适应农产品国际贸易的新形势，选择水海、禽肉、蔬菜、水果等重点出口产品建立健全行业组织和商品协会；支持各地建立特色农产品出口行业组织；推动企业在自愿基础上组建行业协会，实行企业自主管理、自我服务和自我监督；充分发挥行业组织的作用，提高行业组织化程度，规范农产品出口秩序，积极应对国际贸易纠纷。

五、大力开拓国际市场，加强农产品出口促进工作。逐步调整农产品出口市场结构，建立以“市场多元化”为特征的全球农产品出口市场体系。在稳定和扩大日、韩、美、东盟等传统市场的同时，积极开拓欧洲、中东、独联体等新兴市场，努力发展拉美、非洲和大洋洲市场。鼓励农产品企业开展国际营销，举行农产品推介活动；利用中小企业国际市场开拓资金优先支持农产品出口企业参加国际专业展览和新市场、新产品的推销活动；加强与国际认证认可相关组织的技术交流与合作，推进我国农产品、食品认证的国际互认工作，支持国内认证机构开展符合进口市场要求的认证；借鉴国外先进经验，提高信息服务水平，有效整合信息资源，加快公共信息产品的开发，为农产品出口企业提供国外市场、商品、技术标准、贸易政策等各类信息，帮助企业开拓国际市场。

六、完善促进农产品出口的政策体系。落实中央一号文件关于扩大优势农产品出口，进一步完善促进我国农产品出口政策措施的要求，建立健全促进农产品出口的一揽子政策措施。对符合信贷条件的农产品出口企业，要积极提供信贷支持；税务部门要认真贯彻国务院关于出口退税新账不欠决定，及时审批农产品的出口退税；运用中央外贸发展基金中已安排的农产品出口促进专项资金，并在中小企业国际市场开拓资金的使用上优先支持农产品出口。各地也要积极制定相关支持政策，扶持农产品出口企业，推动优势农产品出口。要采取有效措施，加强资金监管，提高资金使用效率。进一步加强部门间协调与合作，形成合力，共同促进农产品出口。

七、健全农产品出口信用保险制度，增强农产品出口企业的风险防范能力。加强农产品出口信用保险的宣传力度，针对农产品出口的特点和需要，研究开发农产品出口信用保险的新险种；提高农产品出口信用保险的保费扶持比例，对企业投保农产品短期出口信用保险的，西部地区的保费扶持比例提高到50%，其他地区的保费扶持比例提高到40%；大力推广出口信用保险，鼓励农产品出口企业积极参加出口信用保险，提高风险管理水平。

各级商务、财政、农业、金融、税务和检验检疫部门要认真贯彻十六届三中全会精神，落实中央一号文件的各项要求和措施，统一认识，密切配合，开拓创新，千方百计地做好农产品出口工作，为解决“三农”问题做出新的贡献。

商务部关于2004年核定新增蚕丝类商品出口经营企业资格的函

商贸函［2004］33号

江苏、浙江、安徽、山东、青岛、广西、四川、重庆商务厅（局）、外经贸厅（委、局）：

根据我部《关于做好2004年度蚕丝类商品出口经营企业审核工作有关问题的通知》（商贸函［2004］9号）和各地方外经贸主管部门的申请，商务部对各申请企业蚕丝类商品出口经营资格进行了审核。现将新增蚕丝类出口经营资格的15家企业名单（见附件）印发给你们，并就有关事项通知如下：

一、本通知所称蚕丝类商品包括蚕茧和蚕丝，即海关商品编码前四位为5001－5005的商品。

二、蚕丝类商品出口由商务部核定的具有蚕丝类经营资格的企业按照有关规定经营。

三、出口许可证发证机构要严格审核出口企业的经营资格，按照有关规定签发出口许可证。

四、中国纺织品进出口商会丝绸分会负责蚕丝类商品出口协调工作，跟踪研究国际、国内茧丝绸市场动态，及时了解、反映蚕丝类商品出口中存在的问题。

特此通知

商　务　部

2004年4月4日

附件

新增蚕丝类出口经营资格企业名单（15家）

江苏：江苏省纺织品进出口集团股份有限公司
南京市江宁区顺达实业公司
海安县苏豪制丝有限公司
浙江：浙江华芝丝绸有限责任公司
安徽：黄山市信达丝线有限公司
山东：山东华冠丝绸有限公司
泰安市泰银制丝有限责任公司
青岛：青岛益佳经贸实业进出口有限公司
广西：合浦县常乐茧丝贸易有限公司
四川：南部县绿神丝绸有限责任公司
武胜县安泰丝业有限公司
成都川投进出口有限公司
成都锦润实业发展有限公司
四川省宜宾五粮液集团进出口有限公司
重庆：重庆市新盛企业发展有限公司

财政部、商务部关于调整丝类商品出口配额有偿使用政策的通知

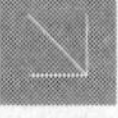

财综［2004］40号

各省、自治区、直辖市、计划单列市财政厅（局）、商务厅（局）（外经贸委、厅、局），商务部各特派员办事处，中国纺织品进出口商会：

为维护我国丝类商品出口正常贸易秩序，营造公平竞争贸易环境，防止低价竞销，防范茧丝绸风险，促进我国茧丝绸产业的健康发展，根据《中华人民共和国对外贸易法》、《国务院办公厅转发财政部关于深化收支两条线改革进一步加强财政管理意见的通知》（国办发［2001］93号）有关规定，现对调整丝类商品出口配额有偿使用政策等事项通知如下：

一、取消厂丝出口配额有偿使用费先征后返政策，将厂丝出口配额有偿使用费标准调整为每吨1 000元。

二、除废丝（海关税号5003）外，对其他丝类商品（海关税号5002、5004、5005、5006）出口统一征收出口配额有偿使用费，征收标准为每吨1 000元。

三、将丝类商品出口配额有偿使用收入全额列入国家茧丝绸发展风险基金，征收时使用财政部统一印制的《国家茧丝发展风险基金专用收据》。

四、为防止以废丝出口配额串证出口其他类商品，商务部根据

国际市场需求和国内茧丝生产情况制定废丝出口配额年度总量；商务部发放出口配额许可证机关和各地特派办凭中国纺织品进出口商会开具的《国家茧丝绸发展风险基金专用收据》发放丝类商品出口配额许可证。对于在本通知执行之日前已领取出口配额许可证、而在执行之日以后出口的丝类商品（凭企业海关出口报关单认定），要按上述规定全额补缴丝类商品出口配额有偿使用费。

五、国家茧丝绸发展风险基金征缴入库、财务管理及使用仍按《国家茧丝绸协调小组、财政部关于印发〈国家茧丝绸发展风险基金管理暂行办法〉的通知》（国茧协［1997］11号）及《财政部关于印发〈国家茧丝绸发展风险基金财务管理实施细则（试行）〉的通知》（财商字［1997］728号）的有关规定执行。

六、本通知自2004年7月1日起实施。原财政部《厂丝出口配额有偿使用费先征后返暂行办法》（财外字［1999］36号）同时废止。

财政部　商务部

2004年6月10日

交通部关于规范进口二手工程船舶有关事宜的公告

交通部公告［2004］第27号

为保证水运建设市场的健康有序，加强老旧工程船舶管理，保障工程船舶施工安全，规范进口工程船舶的行为，依据《关于公布第二批已取消和改变管理方式的交通行政项目后续监管措施的通知》（交体法发［2004］471号），进口工程船舶实行登记备案制管理，现将具体程序公告如下：

一、登记事项：购买二手外籍工程船舶、光租外籍工程船舶

二、登记受理机关：交通部（水运司）

三、登记条件

（一）购置（光租）人应具备与进口船舶国家认可的相应工程施工资质；

（二）工程船舶船龄和技术条件应符合进口要求；

（三）船舶应用于大型工程项目的投标或施工；

（四）其他证明材料。

四、提交登记的文件

（一）登记表（见附表一）一式四份。

（二）提交人的资质复印件。

（三）建造、购买、光租船舶可行性论证报告。

（四）拟购买、光租船舶的主要技术参数，或拟进口船舶的有效船舶资料。

（五）参与水运工程投标的证明文件或施工合同。

五、登记程序及登记证明文件

（一）提交人应将按要求填写的《进口工程船舶登记表》连同有关材料报交通部（水运司）。

（二）对符合登记条件的，登记受理机关应在20个工作日内出具《登记事项证明书》；对不符合登记条件的，登记受理机关应在10个工作日内给予书面答复。

（三）购买、光租工程船舶的经营人，可持《进口工程船舶登记事项证明书》向船舶检验、海关、海事等部门办理相关手续。

六、登记表格的填写与印制

《进口工程船舶登记表》样式见附件一，由申请人填写。

《进口工程船舶登记事项证明书》样式见附件二，由交通部统一印制。

附件：

一、进口工程船舶登记表（略）

二、进口工程船舶登记事项证明书（略）

交　通　部

2004年9月15日

财政部、国家税务总局关于取消未锻轧镍出口退税的通知

财税［2004］224 号

各省、自治区、直辖市、计划单列市财政厅（局）、国家税务局、新疆生产建设兵团财务局：

经国务院批准，自 2005 年 1 月 1 日起取消税则号为 75021000 和 75022000 未锻轧镍的出口退（免）税政策。具体执行时间按《出口货物报关单［出口退税联］》上海关注明的出口日期为准。

特此通知

财政部　国家税务总局

2004 年 12 月 28 日

商务部、海关总署、国家质检总局公告

2004 年第 70 号

为加强对轻（重）烧镁出口管理，维护正常的经营秩序，现将有关问题公告如下：

一、轻（重）烧镁的管理范围

轻（重）烧镁包括菱镁矿、电熔镁、轻烧镁、重烧镁、镁制喷补料以及其他氧化镁含量在 70%（含 70%）以上的矿产品，对应海关商品 HS 编码见附件 1。凡属附件 1 范围的产品均实行出口配额有偿招标管理。

二、大连（大窑湾、营口、鲅鱼圈、丹东、东港）、青岛（青岛港）、天津（东港、新港）、长春（图们）、满洲里为轻（重）烧镁指定出口口岸。

三、附件 1 范围产品，必须经出入境检验检疫机构进行氧化镁含量检验并出具检验证书（检验证书格式见附件 2），海关凭商务部授权的出口许可证发证机构签发的出口许可证和出入境检验检疫机构出具的检验证书办理出口手续。

四、由于部分含氧化镁的矿产品（如高岭土、煅烧水镁石、重烧水镁石、白云石、硅灰石、火泥、第纳斯土及其他氧化镁等）极易与轻（重）烧镁混淆，难以区分，为防止走私轻（重）烧镁，企业在出口上述产品时，必须经出入境检验检疫机构进行氧化镁含量检验，同时凭出入境检验检疫机构出具的检验证书向海关报关。凡上述氧化镁含量在 70% 以上（含 70%）的矿产品，应纳入轻（重）烧镁管理范畴，归入 HS 商品编码 25199099.10，实行出口许可证管理。

五、本公告自 2005 年 1 月 1 日起执行。原外经贸部、海关总署、国家进出口商品检验局联合发布的《关于加强轻（重）烧镁出口管理的通知》（［1996］外经贸管发第 118 号）同时废止。

特此公告

附件：

1. 轻（重）烧镁的管理范围
2. 检验证书样本（略）

商务部 海关总署 国家质检总局

2004 年 11 月 10 日

附件 1

轻（重）烧镁的管理范围

25191000　天然碳酸镁（菱镁矿）

25199010　熔凝镁氧矿（电熔镁、包括喷补料）

25199020　烧结镁氧矿（重烧镁、包括喷补料）

25199030　碱烧镁（轻烧镁）

25309090.10　废镁砖

25199099.10　其他氧化镁含量在 70%（含 70%）以上的矿产品

商务部、海关总署、国家林业局公告

2004 年第 40 号

根据《中华人民共和国对外贸易法》和《中华人民共和国货物进出口管理条例》，现公布《禁止出口货物目录（第二批）》（见附件），自 2004 年 10 月 1 日起施行。商务部、海关总署、林业局联合发布的 2003 年第 27 号公告同时废止。

附件：禁止出口货物目录（第二批）

中华人民共和国商务部
中华人民共和国海关总署
中华人民共和国国家林业局
2004 年 8 月 26 日

附件

禁止出口货物目录（第二批）

商品编码	商品名称	备　注
44020000.10	木炭	原料为不为竹子的木材，不包括果壳炭、果核炭、机制炭等不以木材为原料直接烧制的木炭

中华人民共和国商务部、中华人民共和国海关总署公告

2004 年第 14 号

由于欧盟将于 2004 年 5 月 1 日进行第五次扩大，从当日起，我现行输往欧盟纺织品配额类别产品出口到波兰、匈牙利、捷克、斯洛文尼亚、塞浦路斯、爱沙尼亚、拉脱维亚、立陶宛、斯洛伐克和马耳他（以下简称“新增十国”）将受到中欧双边纺织品配额限制。根据我与欧盟贸易补谈判的结果，现将对上述新增十国的纺织品被动配额类别情况、配额数量和相关管理措施公布如下：

一、输往新增十国的纺织品配额类别以及配额类别 HS 分类编码项下产品与扩盟前我现行输往欧盟纺织品类别情况一致（具体类别见附件 1）。

二、对我输往新增十国的纺配补偿数量见附件 2。该补偿数量将纳入 2004 年输往欧盟纺织品配额协议数量。

三、对于附件 1 所列的向新增十国出口的纺织品配额类别产品，自 2004 年 5 月 1 日起从我国出运的纺织品，将实施中欧双边纺织品许可证管理。各地纺织品配额发证机构根据商务部确定的配额数量方案为各相关企业出口到新增十国所实施配额限制的 HS 分类编码项下产品签发纺织品出口许可证和纺织品原产地证（以下简称“纺织品出口证书”）；出口企业凭纺织品出口证书在出口口岸向中国海关申报出口；进口国海关将查验我主管部门出具的纺织品出口证书和进口国出具的纺织品进口许可证。

四、对于附件 1 所列的向新增十国出口的纺织品配额类别产品（包括进口欧盟新增十国原料加工后复出口到同一国家的产品），在 2004 年 5 月 1 日之前自国内出运的纺织品，不纳入双边配额管理。但在 2004 年 5 月 1 日前出运，在 2004 年 5 月 1 日后运抵新增十国的纺织品，按照欧盟要求，须向新增十国的进口主管部门提交足够的证据（如装运提单）证明该笔货物出运日在 5 月 1 日之前，方可进入新增十国。

五、对于附件 2 所列补偿数量以及 2004 年度商务部通过招标、业绩分配和自主申领等形式已经下达的输欧纺织品配额数量，自 2004 年 5 月 1 日起，可在对欧盟任一成员国（包括新增十国）出口时使用。

六、对于附件 2 所列补偿数量，商务部将继续按照《纺织品被动配额管理办法》（2001 年第 28 号部令）和《纺织品被动配额招标实施细则》（2001 年第 688 号部文件）的有关规定进行国内管理工作，有关配额招标、下达分配方案等事宜将另文通知。

附件：

1. 欧盟对我纺织品设限配额类别清单

2. 欧盟扩大对我纺织品配额补偿方案

商务部

海关总署

2004年3月31日

附件

1. 欧盟对我纺织品设限配额类别清单

类别	产品描述	类别	产品描述
1	棉纱（非供零售）	26	连衣裙
2	棉梭织布	28	男女针织长裤
3	合纤短纤梭织布	29	女梭织套装
4	针织衬衫、T恤衫、轻质圆领衫	31	胸衣
5	毛衫、针织夹克、针织防风上衣	78	男女梭织连衣装、梭织涂胶服装、其他梭织服装
6	男女梭织长裤	83	针织长外套、西装式夹克、滑雪套装、其他针织成衣
7	女梭织衬衫	97	渔网
8	男梭织衬衫	115	亚麻或苎麻纱
9	棉制毛巾布、毛巾	117	亚麻或苎麻梭织织物
12	袜类	118	亚麻或苎麻梭织床上、餐桌、盥洗及厨房用织物制品
13	针织内裤	122	亚麻制货包装袋
14	男梭织长短外套、雨衣等	136A	花色绸
15	女梭织长短外套、雨衣等女西式上衣	156	丝制女针织衬衫、套头衫
16	男梭织套装（不包括滑雪套装）	157	男女针织长短外套、厚夹克、西装式上衣、衬衣、浴衣等（除棉、毛、化纤制以外）
17	男梭织西装式上衣（不含背心）	159	丝制梭织连衣裙、女衬衫、头巾、领带
20/39	梭织床单桌布等	163	纱布及纱布制品（医用）
22	合成短纤纱（非供零售）	EX20	梭织床单枕套等
23	人造短纤纱（非供零售）		

2. 欧盟扩大对我纺织品配额补偿方案

类别	单位	2004年补偿数量	类别	单位	2004年补偿数量
1	公斤	24 000	9	公斤	780 000
2	公斤	1 321 000	12	件	97 571 000
2A	公斤	580 000	13	件	55 380 000
3	公斤	2 142 000	14	件	1 828 000
3A	公斤	1 987 000	15	件	1 804 000
4	件	42 075 000	16	件	755 000
5	件	12 379 000	17	件	183 000
6	件	11 834 000	20/39	公斤	1 537 000
7	件	3 462 000	22	公斤	581 000
8	件	8 569 000	23	公斤	43 000
26	件	974 000	118	公斤	63 000
28	件	4 794 000	122	公斤	17 000
29	件	759 000	136A	公斤	9 000
31	件	5 500 000	156	公斤	461 000
78	公斤	915 000	157	公斤	937 000
83	公斤	386 000	159	公斤	30 000
97	公斤	98 000	163	公斤	717 000
115	公斤	137 000	EX20	公斤	6 000
117	公斤	78 000			

中华人民共和国商务部、中华人民共和国海关总署公告

2004 年第 27 号

根据《中华人民共和国对外贸易法》、《中华人民共和国核出口管制条例》、《中华人民共和国核两用品及相关技术出口管制条例》、《中华人民共和国导弹及相关物项和技术出口管制条例》、《有关化学品及相关设备和技术出口管制办法》及《敏感物项和技术出口许可证暂行管理办法》，根据管理工作需要，现就涉及商务部、海关总署 2003 年第 64 号和第 74 号公告部分商品出口许可证管理范围调整明确如下：

一、“铈”出口

凡获得稀土出口配额的企业出口海关编码 28053019.21 的铈及其合金，须向商务部申领“敏感物项和技术出口许可证”，不再申领“出口许可证”，海关凭“敏感物项和技术出口许可证”验放。

出口海关编码 28053019.11、28053019.12、28053019.13、28053019.14、28053019.15、28053019.16、28053019.29、28053019.90 的其他商品，仍应按规定申领“出口许可证”，海关凭“出口许可证”验放。

二、“钨粉”出口

凡具有钨及钨制品国营贸易资格并获得出口配额的企业出口海关编码 81011000.11 和 81011000.19 的钨粉，须向商务部申领“敏感物项和技术出口许可证”，不再申领“出口许可证”，海关凭“敏感物项和技术出口许可证”验放。

出口海关编码 81011000.90 的其他钨粉末，仍应按规定申领“出口许可证”，海关凭“出口许可证”验放。

三、“重水”出口

凡申请“重水”（又名“氧化氘”，74 号公告海关编码由 28451000.10 更改为 28451000）出口，须向商务部申领“敏感物项和技术出口许可证”，不再申领“出口许可证”，海关凭“敏感物项和技术出口许可证”验放。

四、74 号公告管理目录的部分商品编码及名称调整如下

75040010 镍纯度为 99.0% 或更高，平均粒度按标准测量小于 10 微米的粉末

调整为：

75040010.10 Ni + Co≥99.6% 的超细镍粉（费氏粒度 0.9—4.5 微米，松装密度 0.7—1.3g/立方厘米）

75040010.90 其他非合金镍粉及片状粉末

耐腐蚀单向阀（带有检漏孔，接触表面由特种材料制成），其商品编码由 84818010.30 调整为 84813000.10。

本公告自发布之日起执行。

商务部　海关总署

2004 年 5 月 11 日

中华人民共和国商务部、中华人民共和国海关总署公告

2004 年第 54 号

美国政府自 2004 年 8 月 2 日起将原输美纺织品被动配额 220 类别项下部分产品作为 220 - L 类别单独管理，并已为 220 - L 类别调增部分配额数量。为此，我方已对许可证电子核查系统（ELVIS）做相应调整。自本公告发布之日起，中国海关 HS 编码为 58039020.11、58039020.19、58039020.91、58039020.99 的四种产品归入 220 - L 类别管理。有关事项公告如下：

一、自本公告发布之日起，上述编码产品对美出口需出具 220 - L 类纺织品出口证书，不再出具 220 类纺织品出口证书。原属 220 类别项下的其他产品管理方式不变，仍需出具 220 类纺织品出口证书。各地纺织品配额发证机构根据商务部确定的配额数量方案为各相关企业出口到美国的220 - L类产品签发相关纺织品出口证书；出口企业凭纺织品出口证书在出口口岸向中国海关申报出口；美国海关将查验我主管部门出具的纺织品出口证书。

二、2004 年 220 - L 类别调增配额数量为 25 000 000 平方米。

三、有关 220 - L 类别配额下达的具体事宜将另行通知。

商务部　海关总署

2004 年 9 月 9 日

中华人民共和国商务部、中华人民共和国海关总署公告

2004 年第 103 号

根据世贸组织《纺织品与服装协定》，自 2005 年 1 月 1 日起，现行纺织品被动配额将全部取消，全球纺织品贸易实现一体化。为实现一体化的平稳过渡，确保统计信息的准确，一体化后企业在向海关申报出口有关纺织品服装时，仍须继续按海关十位编码填报。具体代码以“海关通关系统参数库”为准，可参见《中国海关报关实用手册》和商务部政府网站。

特此公告

商务部　海关总署

2004 年 12 月 29 日

中华人民共和国商务部、中华人民共和国海关总署公告

2005 年第 9 号

根据《中华人民共和国货物进出口管理条例》和《货物自动进口许可管理办法》的规定，自 2005 年 3 月 1 日起，对铁矿砂实行自动进口许可管理（列入自动进口许可管理货物目录三，见商务部、海关总署令 2004 年第 26 号附件一）。铁矿砂商品编号包括：2601110000、2601120000、2601200000。凡铁矿砂进口企业，须按《货物自动进口许可管理办法》和有关规定，办理自动进口许可手续。海关凭商务部门发证机构签发的《自动进口许可证》办理进口铁矿砂的报关验放手续。

商务部　海关总署

2005 年 2 月 21 日

中华人民共和国商务部、中华人民共和国海关总署公告

2005 年第 11 号

根据《纺织品出口自动许可暂行办法》的有关规定，现对第一批《纺织品出口自动许可目录》（商务部、海关总署 2005 年第 7 号公告）做如下调整，对目录所列商品编号为 6117900032、6117900034、6117900042、6117900044、6217900024、6217900034 的商品不再实施纺织品出口自动许可。

中华人民共和国商务部

中华人民共和国海关总署

2005 年 2 月 25 日

中华人民共和国国家发展和改革委员会公告

2004 年第 58 号

根据《农产品进口关税配额管理暂行办法》，制定了《2005 年粮食、棉花进口关税配额数量、申请条件和分配原则》，现予以公告。

附：2005 年粮食、棉花进口关税配额数量、申请条件和分配原则

国家发展和改革委员会
2004 年 9 月 30 日

2005 年粮食、棉花进口关税配额数量、申请条件和分配原则

根据《农产品进口关税配额管理暂行办法》（商务部、国家发展和改革委员会令 2003 年第 4 号），现将 2005 年粮食、棉花进口关税配额数量、申领条件和分配原则公布如下：

一、2005 年粮食、棉花进口关税配额量为：小麦 963.6 万吨，国营贸易比例 90%；玉米 720 万吨，国营贸易比例 60%；大米 532 万吨（其中：长粒米 266 万吨，中短粒米 266 万吨），国营贸易比例 50%；棉花 89.4 万吨，国营贸易比例 33%。

二、企业通过一般贸易、加工贸易、易货贸易、边境小额贸易、援助、捐赠等贸易方式进口上述农产品均需申请农产品进口关税配额，并凭农产品进口关税配额证办理通关手续。由境外进入保税仓库、保税区、出口加工区的产品，免予申领农产品进口关税配额证。

三、农产品进口关税配额申请者的基本条件为：2004 年 10 月 1 日前在国家工商管理部门登记注册（需提供企业法人营业执照副本）；具有良好的财务状况和纳税记录（需提供 2003 年及 2004 年有关资料）；2002 至 2004 年在海关、工商、税务、检验检疫方面无违规记录；2003 年企业年检合格；没有违反《农产品进口关税配额管理暂行办法》的行为。

在具备上述条件的前提下，进口关税配额申请者还必须符合下列条件之一：

（一）小麦

1. 国营贸易企业；

2. 具有国家储备职能的中央企业；

3. 2004 年有进口实绩的企业；

4. 日加工小麦 400 吨以上的生产企业；

5. 2004 年无进口实绩，但具有进出口经营权并由所在地外经贸主管部门出具加工贸易生产能力证明、以小麦为原料从事加工贸易的企业。

（二）玉米

1. 国营贸易企业；

2. 具有国家储备职能的中央企业；

3. 2004 年有进口实绩的企业；

4. 以玉米为原料，年需要玉米 5 万吨以上的配合饲料生产企业；

5. 以玉米为原料，年需要玉米 10 万吨以上的其他生产企业；

6. 2004 年无进口实绩，但具有进出口经营权并由所在地外经贸主管部门出具加工贸易生产能力证明、以玉米为原料从事加工贸易的企业。

（三）稻谷和大米（长粒米和中短粒米需分别申请）

1. 国营贸易企业；

2. 具有国家储备职能的中央企业；

3. 2004 年有进口实绩的企业；

4. 具有粮食批发零售资格，年销售额 1 亿元人民币以上的粮食企业；

5. 粮食年进出口额 2 500 万美元以上的贸易企业；

6. 2004 年无进口实绩，但具有进出口经营权并由所在地外经贸主管部门出具加工贸易生产能力证明、以稻谷和大米为原料从事加工贸易的企业。

（四）棉花

1. 国营贸易企业；

2. 2004 年有进口实绩的企业；

3. 纺纱设备 5 万锭以上的棉纺企业。

四、上述农产品进口关税配额将根据申请者的申请数量、历史进口实绩、生产能力和其他相关商业标准进行分配。

（一）如进口关税配额量能够满足符合条件申请者的申请总量，则按申请者申请数量分配关税配额量。

（二）如进口关税配额量不能满足符合条件申请者的申请总量，则有进口实绩的申请者，可优先获得配额；无进口实绩的申请者，将以其加工能力或经营数量等为主要依据，按比例分配进口关税配额量。其中申请数量低于按比例分配数量的，则按申请数量分配。

五、2005 年粮食、棉花进口关税配额申请时间为 2004 年 10 月 15 日至 30 日。申请者可到国家发展改革委授权机构领取，或从国家发展改革委网站（http://www.ndrc.gov.cn）下载《农产品进口关税配额申请表》（见附件），并如实填写。

六、国家发展改革委授权机构负责受理属地范围内的企业申请，并于 2004 年 11 月 30 日前将符合公布条件的申请送达国家发展改革委，同时抄报商务部。

七、国家发展改革委于 2005 年 1 月 1 日前通过授权机构将农产

品进口关税配额分配给最终用户。

附件：农产品进口关税配额申请表（略）

中华人民共和国商务部公告

2004年第46号

根据《中华人民共和国货物进出口条例》和《原油、成品油、化肥国营贸易进口经营管理试行办法》，经审核，现公布原油、成品油（燃料油）非国营贸易进口经营备案企业名单（第三批）。

原油

湖北天发股份有限公司

黑龙江联合石油化工有限公司

成品油（燃料油）

北京中宝纳投资管理公司

大连实德集团有限公司

山东省裕丰化工进出口有限公司

威海华岳建设发展有限公司

上海埃力生进出口股份有限公司

湖北天发股份有限公司

福建省闽南能源发展有限公司

厦门象屿集团有限公司

东莞市电力燃料有限公司

宁夏兰星石油销售公司

新疆亚鑫国际经贸股份有限公司

新天国际经贸股份有限公司

中国远大集团公司

中海供贸有限公司

中国国旅贸易有限公司

中华人民共和国商务部

2004年8月13日

中华人民共和国商务部公告

2004年第88号

根据中国加入世界贸易组织议定书有关加入后三年内放开指定经营的规定，自2004年12月11日起，取消钢材、天然橡胶、羊毛、腈纶及胶合板的进口指定经营（木材进口指定经营已于1999年先行取消），此前发布的《货物进口指定经营管理办法》（原对外贸易经济合作部2001年第21号令）、《进口指定经营管理货物目录》和《进口指定经营企业名录》（原对外贸易经济合作部2001年第28号公告）以及2001年以后核准的进口指定经营企业名单同时废止。

特此公告

商　务　部

2004年12月8日

全国人民代表大会常务委员会关于批准《统一国际航空运输某些规则的公约》的决定

2005年2月28日通过

第十届全国人民代表大会常务委员会第十四次会议决定：批准国务院提请审议批准的1999年5月28日经国际民航组织在蒙特利尔召开的航空法国际会议通过的《统一国际航空运输某些规则的公约》；同时声明：在中华人民共和国政府另行通知前，《统一国际航空运输某些规则的公约》暂不适用于中华人民共和国香港特别行政区。

港口经营管理规定

中华人民共和国交通部令

［2004］第4号

《港口经营管理规定》已于2003年12月26日经第18次部务会议通过，现予公布，自2004年6月1日起施行。

部长　张春贤

2004年4月15日

第一章　总　　则

第一条　为规范港口经营行为，维护港口经营秩序，依据《中华人民共和国港口法》和其他有关法律、法规，制定本规定。

第二条　本规定适用于港口经营及相关活动。

第三条　本规定下列用语的含义是：

（一）港口经营，是指港口经营人在港口区域内为船舶、旅客和货物提供港口设施或者服务的活动，主要包括下列各项：

1. 为船舶提供码头、过驳锚地、浮筒等设施；

2. 为旅客提供候船和上下船舶设施和服务；

3. 为委托人提供货物装卸（含过驳）、仓储、港内驳运、集装箱堆放、拆拼箱以及对货物及其包装进行简单加工处理等；

4. 为船舶进出港、靠离码头、移泊提供顶推、拖带等服务；

5. 为委托人提供货物交接过程中的点数和检查货物表面状况的理货服务；

6. 为船舶提供岸电、燃物料、生活品供应、船员接送及提供垃圾接收、压舱水（含残油、污水收集）处理、围油栏供应服务等船舶港口服务；

7. 从事港口设施、设备和港口机械的租赁、维修业务。

（二）港口经营人，是指依法取得经营资格从事港口经营活动的组织和个人。

（三）港口设施，是指为从事港口经营而建造和设置的建（构）筑物。

第四条　交通部负责全国港口经营管理工作。

省、自治区、直辖市人民政府交通（港口）主管部门负责本行政区的港口经营管理工作。

省、自治区、直辖市人民政府、港口所在地设区的市（地）、县人民政府确定的具体实施港口行政管理的部门负责该港口经营管理工作。本款上述部门统称港口行政管理部门。

第五条　国家鼓励港口经营性业务实行多家经营、公平竞争。港口经营人不得实施垄断行为。任何组织和部门不得以任何形式实施地区保护和部门保护。

第二章　资质管理

第六条　从事港口经营，应当申请取得港口经营许可。

实施港口经营许可，应当遵循公平、公正和公开透明的原则，不得收取费用，并应当接受社会监督。

第七条　从事港口经营（港口理货除外），应当具备下列条件：

（一）有固定的经营场所；

（二）有与经营范围、规模相适应的港口设施、设备，其中：

1. 码头、客运站、库场、储罐、污水处理设施等固定设施应当符合港口总体规划和法律、法规及有关技术标准的要求；

2. 为旅客提供上、下船服务的，应当具备至少能遮蔽风、雨、雪的候船和上、下船设施；

3. 为国际航线船舶服务的码头（包括过驳锚地、浮筒），应当具备对外开放资格；

4. 为船舶提供码头、过驳锚地、浮筒等设施的，应当有相应的船舶污染物、废弃物接收能力和相应污染应急处理能力，包括必要的设施、设备和器材。

（三）有与经营规模、范围相适应的专业技术人员、管理人员。

第八条 从事港口理货，应当具备下列条件：

（一）与经营范围、规模相适应的组织机构和管理人员、理货员；

（二）有固定的办公场所和经营设施；

（三）有业务章程和管理制度。

第九条 从事港口装卸和仓储业务的经营人不得兼营理货业务。理货业务经营人不得兼营港口货物装卸经营业务和仓储经营业务。

第十条 申请从事港口经营，应当提交下列相应文件和资料：

（一）港口经营业务申请书；

（二）经营管理机构的组成及其办公用房的所有权或者使用权证明；

（三）港口码头、库场、储罐、污水处理等固定设施符合国家有关规定的竣工验收证（明）书及港口岸线使用批准文件；

（四）使用港作船舶的，港作船舶的船舶证书；

（五）负责安全生产的主要管理人员通过安全生产法律法规要求的培训证明材料；

（六）证明符合第七条规定条件的其他文件和资料。

从事港口理货业务的，应当提供上述（一）、（二）项规定的材料和理货人员名录以及表明其理货员身份的相应证明材料。

第十一条 申请从事港口经营（申请从事港口理货除外），申请人应当向港口行政管理部门提出书面申请（式样附后）和第十条第一款规定的相关文件资料。港口行政管理部门应当自受理申请之日起三十个工作日内作出许可或者不许可的决定。符合资质条件的，由港口行政管理部门发给《港口经营许可证》（式样附后），并在因特网或者报纸上公布；不符合条件的，不予行政许可，并应当将不予许可的决定及理由书面通知申请人。《港口经营许可证》应当明确许可经营的港口业务种类。

第十二条 申请从事港口理货，应当向交通部提出书面申请和第十条第二款规定的相关文件资料。交通部在收到申请和相关材料后，可根据需要征求地方交通（港口）主管部门和相关港口行政管理部门意见。上述部门应当在七个工作日内提出反馈意见。交通部应当在受理申请人的申请之日起二十个工作日内作出许可或者不许可的决定。予以许可的，核发《港口经营许可证》，并在交通部网站或者报纸上公布；不予许可的，应当将不予许可的决定及理由书面通知申请人。交通部在作出许可决定的同时，应当将许可情况通知相关港口的港口行政管理部门。

第十三条 交通部和港口行政管理部门对申请人提出的港口经营许可申请，应当根据下列情况分别做出处理：

（一）申请事项依法不需要取得行政许可的，应当即时告知申请人不受理；

（二）申请事项依法不属于交通部或者港口行政管理部门职权范围的，应当即时告知申请人向有关行政机关申请；

（三）申请材料存在可以当场更正的错误的，应当允许申请人当场更正；

（四）申请材料不齐全或者不符合法定形式的，应当当场或者在五日内一次告知申请人需要补正的全部内容，逾期不告知的，自收到申请材料之日起即为受理；

（五）申请事项属于交通部或者港口行政管理部门职权范围，申请材料齐全、符合法定形式，或者申请人按照要求提交全部补正申请材料的，应当受理经营业务许可申请。

受理或者不受理经营业务许可申请，应当出具加盖许可机关专用印章和注明日期的书面凭证。

第十四条 申请人凭港口行政管理部门或者交通部核发的《港口经营许可证》到工商管理部门办理工商登记，取得营业执照后方可从事港口业务。

第十五条 港口经营人应当按照港口行政管理部门许可的经营范围从事港口经营活动。

第十六条 港口经营人变更经营范围的，应当就变更事项按照本规定第十一条或者第十二条规定办理许可手续，并到工商部门办理相应的变更登记手续。

港口经营人变更企业法定代表人或者办公地点的，应当向港口行政管理部门备案。

第十七条 港口经营人停业或者歇业，应当提前三十个工作日告知原许可机关。原许可机关应当收回并注销其《港口经营许可证》，并以适当方式向社会公布。

第三章　经营管理

第十八条 港口行政管理部门及相关部门应当保证港口公用基础设施的完好、畅通。

港口经营人应当按照核定的功能使用和维护港口经营设施、设备，并使其保持正常状态。

第十九条 港口经营人变更或者改造码头、堆场、仓库、储罐和污水垃圾处理设施等固定经营设施，应当依照有关法律、法规和规章的规定履行相应手续。依照有关规定无需经港口行政管理部门审批的，港口经营人应当向港口行政管理部门备案。

第二十条 从事港口旅客运输服务的经营人，应当采取必要措施保证旅客运输的安全、快捷、便利，保证旅客基本生活用品的供应，保持良好的候船条件和环境。

第二十一条 港口经营人应当优先安排抢险、救灾和国防建设急需物资的港口作业。

政府在紧急情况下征用港口设施，港口经营人应当服从行政指挥。港口经营人因此而产生费用或者遭受损失的，下达行政任务的机关应当依法给予相应的经济补偿。

第二十二条 在旅客严重滞留或者货物严重积压阻塞港口的紧急情况下，港口行政管理部门应当采取措施进行疏港。港口所在地的市、县人民政府认为必要时，可以直接采取措施，进行疏港。港口内的单位、个人及船舶、车辆应当服从疏港指挥。

第二十三条 港口行政管理部门应当依法制定可能危及社会公共利益的港口危险货物事故应急预案、重大生产安全事故的旅客紧急疏散和救援预案以及预防自然灾害预案，建立健全港口重大生产安全事故的应急救援体系。

港口行政管理部门按照前款规定制定的各项预案应当予以公布，并报送交通部和上级交通（港口）主管部门备案。

第二十四条 港口经营人应当依照有关法律、法规和交通部有关港口安全作业的规定，加强安全生产管理，完善安全生产条件，建立健全安全生产责任制等规章制度，确保安全生产。

港口经营人应当依法制定本单位的危险货物事故应急预案、重大生产安全事故的旅客紧急疏散和救援预案以及预防自然灾害预案，并保障组织实施。

港口经营人按照前款规定制定的各项预案应当报送港口行政管理部门和港口所在地海事管理机构备案。

第二十五条 港口经营人从事港口经营业务，应当遵守有关法律、法规和交通部规章的规定，依法履行合同约定的义务，为客户提供公平、良好的服务。

第二十六条 港口经营人应当遵守国家有关港口经营价格和收费的规定，应当在其经营场所公布经营服务收费项目和收费标准，使用国家规定的港口经营票据。

第二十七条 港口经营人不得采取不正当手段，排挤竞争对手，限制或者妨碍公平竞争；不得对具有同等条件的服务对象实行歧视；不得以任何手段强迫他人接受其提供的港口服务。

第二十八条 港口经营人应当按照有关规定及时足额交纳港口行政性收费。

港口经营人的合法权益受法律保护。任何单位和个人不得向港口经营人摊派或者违法收取费用。

港口经营人有权拒绝违反规定收取或者摊派的各种费用。

第二十九条 港口行政管理部门应当依法做好港口行政性收费的征管工作，保证港口行政性收费征收到位，并及时足额解缴。

港口行政性收费实行专户管理，专款专用。

第三十条 港口经营人应当按照国家有关规定，及时向港口行政管理部门如实提供港口统计资料及有关信息。

各级交通（港口）主管部门和港口行政管理部门应当按照有关规定向交通部和上级交通（港口）主管部门报送港口统计资料和相关信息，并结合本地区的实际建设港口管理信息系统。

上述部门的工作人员应当为港口经营人保守商业秘密。

第四章 监督检查

第三十一条 港口行政管理部门应当依法对港口安全生产情况和本规定执行情况实施监督检查。并将检查的结果向社会公布。港口行政管理部门应当对旅客集中、货物装卸量较大或者特殊用途的码头进行重点巡查。检查中发现安全隐患的，应当责令被检查人立即排除或者限期排除。

各级交通（港口）主管部门应当加强对港口行政管理部门实施《中华人民共和国港口法》和本规定的监督管理，切实落实法律规定的各项制度，及时纠正行政执法中的违法行为。

第三十二条 港口行政管理部门的监督检查人员依法实施监督检查时，有权向被检查单位和有关人员了解情况，并可查阅、复制有关资料。

监督检查人员对检查中知悉的商业秘密，应当保密。

监督检查人员实施监督检查，应当两个人以上，并出示执法证件。

第三十三条 监督检查人员应当将监督检查的时间、地点、内容、发现的问题及处理情况作出书面记录，并由监督检查人员和被检查单位的负责人签字；被检查单位的负责人拒绝签字的，监督检查人员应当将情况记录在案，并向港口行政管理部门报告。

第三十四条 被检查单位和有关人员应当接受港口行政管理部门依法实施的监督检查，如实提供有关情况和资料，不得拒绝检查或者隐匿、谎报有关情况和资料。

第五章 法律责任

第三十五条 有下列行为之一的，由港口行政管理部门责令停止违法经营，没收违法所得；违法所得十万元以上的，并处违法所得二倍以上五倍以下罚款；违法所得不足十万元的，处五万元以上二十万元以下罚款：

（一）未依法取得港口经营许可证，从事港口经营的；

（二）未经依法许可，经营港口理货业务的；

（三）港口理货业务经营人兼营货物装卸经营业务、仓储经营业务的。

有前款第（三）项行为，情节严重的，由交通部吊销港口理货业务经营许可证，并以适当方式向社会公布。

第三十六条 经检查或者调查证实，港口经营人在取得经营许可后又不符合本规定第七、八条规定一项或者几项条件的，由港口行政管理部门责令其停止经营，限期改正；逾期不改正的，由作出行政许可决定的行政机关吊销《港口经营许可证》，并以适当方式向社会公布。

第三十七条 港口经营人不优先安排抢险物资、救灾物资、国防建设急需物资的作业的，由港口行政管理部门责令改正；造成严重后果的，吊销《港口经营许可证》，并以适当方式向社会公布。

第三十八条 港口经营人违反本规定第二十四条关于安全生产规定的，由港口行政管理部门或者其他依法负有安全生产监督管理职责的部门依法给予处罚；情节严重的，由港口行政管理部门吊销《港口经营许可证》；构成犯罪的，依法追究刑事责任。

第三十九条 港口经营人违反本规定第二十五条、第二十六条规定，港口行政管理部门应当进行调查，并协助相关部门进行处理。

第四十条 港口经营人违反本规定第三十条规定不及时和不如实向港口行政管理部门提供港口统计资料及有关信息的，由港口行政管理部门按照有关法律、法规的规定予以处罚。

第四十一条 港口行政管理部门不依法履行职责，有下列行为之一的，对直接负责的主管人员和其他直接责任人员依法给予行政处分；构成犯罪的，依法追究刑事责任：

（一）对不符合法定条件的申请人给予港口经营许可的；

（二）发现取得经营许可的港口经营人不再具备法定许可条件而不及时吊销许可证的；

（三）不依法履行监督检查职责，对未经依法许可从事港口经营的行为，不遵守安全生产管理规定的行为，危及港口作业安全的行为，以及其他违反本法规定的行为，不依法予以查处的。

第四十二条 港口行政管理部门违法干预港口经营人的经营自主权的，由其上级行政机关或者监察机关责令改正。向港口经营人摊派财物或者违法收取费用的，责令退回；情节严重的，对直接负责的主管人员和其他直接责任人员依法给予行政处分。

第六章 附　　则

第四十三条 港口行政管理部门按照《中华人民共和国港口

法》制定的港口章程应当在公布的同时送上级交通（港口）主管部门和交通部备案。

第四十四条 港口引航适用交通部公布的《船舶引航管理规定》。从事危险货物港口作业的，应当同时遵守交通部公布的《港口危险货物管理规定》。

第四十五条 本规定由交通部负责解释。

第四十六条 本规定自2004年6月1日起施行。

港口经营业务申请书（略）

商务部、国家工商行政管理总局关于国际货物运输代理企业登记和管理有关问题的通知

商贸发［2005］32号

各省、自治区、直辖市及计划单列市商务主管部门、工商行政管理局，深圳市交通局：

《国务院关于第三批取消和调整行政审批项目的决定》（国发［2004］16号）取消了国际货运代理企业经营资格审批，为做好取消经营资格审批项目的落实工作，切实加强后续监督和管理，保障我国国际货运代理业的健康有序发展，现将有关问题通知如下：

一、取消国际货物运输代理经营资格审批后，企业申请从事国际货物运输代理业务，商务主管部门不再对其进行资格审批，申请人可直接向所在地工商行政管理部门办理登记注册，未经登记注册不得从事相关业务。

二、工商行政管理部门在登记注册时，要严格执行《中华人民共和国国际货物运输代理业管理规定》（经国务院批准，原外经贸部1995年第5号部令发布，以下简称《规定》）第八条关于经营海上、航空、陆路国际货运代理业务最低注册资本限额的规定。以从事国际货运代理为主要业务的，企业名称中应当体现“国际货运代理”类似字样；企业的经营范围原则上按“××国际货运代理业务”核定，需要具体核定的，按照《规定》第十七条规定的相关业务核定，其中依据有关法律、行政法规的规定，需经有关主管机关审批的，还应当提交有关主管机关批准文件。在经营资格审批取消后，已登记注册的企业不符合上述要求的，应当按上述要求予以规范。

三、商务主管部门要积极探索对国际货运代理行业管理的方式和方法，切实加强行业的规范和管理。在行业管理中，要积极支持行业协会工作，充分发挥行业协会作用，加强行业自律，规范会员的经营行为，维护会员的合法权益。

四、各级商务主管部门和工商行政管理部门要加强信息沟通和协调配合，认真履行职责，严格依法行政，积极支持依法经营、公平竞争，打击违法经营，进一步规范国际货运代理市场秩序，共同促进我国对外贸易的发展。

各地在执行中如有问题，请及时报告商务部（对外贸易司）和国家工商行政管理总局（企业注册局）。

商务部
国家工商行政管理总局
2005年2月1日

外资银行并表监管管理办法

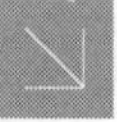

第一章 总 则

第一条 为贯彻《中华人民共和国银行业监督管理法》、《中华人民共和国外资金融机构管理条例》等法律法规，规范并表监管工作，有效实施风险监管，特制定本办法。

第二条 中国银行业监督管理委员会（以下简称银监会）负责指导外资银行并表监管工作。

第三条 银监会对设立营业性分支机构或附属机构的独资、合资银行，以及在华设立两家以上（含两家）营业性分支机构的外国银行实行并表监管。

通过并表方式，银监会全面监管在华注册外资法人机构的全球经营和风险状况；监管外国银行在华总体经营和风险状况，并关注该机构全球经营风险和市场表现。

第四条 以下所称主报告行是指独资、合资银行的总行，以及经外国银行总行或授权的地区管理部指定、向银监会派出机构备案的合并财务报表和综合信息上报机构。并表监管局是指外资银行主报告行所在地银监会派出机构；属地监管局是指外资银行其他营业

性分支机构所在地银监会派出机构。

第五条 本办法所称年度是指1月1日至12月31日的公历年度，会计年度是指各国法定的会计年度。

第二章 主报告行的确定及其职责

第六条 符合本办法第三条规定的并表监管条件的外资银行应确定主报告行。

第七条 由于机构增设或并购符合并表监管条件的外资法人机构，应在条件成立后一个月内向总行所在地银监会派出机构备案。

由于机构增设符合并表监管条件的外国银行，其总行或授权的地区管理部应在获银监会正式批准后一个月内指定主报告行，由该主报告行向所在地银监会派出机构备案，并抄报相关属地监管局。

第八条 需要更改主报告行的外国银行，其总行或授权的地区管理部应在会计年度结束前一个月变更主报告行，由原主报告行和新指定主报告行将变更情况分别向所在地银监会派出机构备案，并抄报相关属地监管局。

新拟定的主报告行自下一会计年度起承担主报告行的职责。

第九条 主报告行应视情况配备专职或兼职的中国区合规经理。合规经理的任职资格审核适用于《中华人民共和国外资金融机构管理条例实施细则》规定的外资金融机构高级管理人员备案制。

第十条 主报告行是外资银行合并财务报表和综合信息汇总机构，履行以下职责：

（一）主报告行应根据监管要求向并表监管局报送或备案监管报表、重大事项说明、报告和其他监管资料。主报告行应对报送和备案内容的真实性、准确性和及时性负责。

主报告行还负责向并表监管局统一提交涉及多家境内分行的业务申请，并抄报相关属地监管局。

（二）主报告行可代表所属外资银行参加银监会召开的工作或研讨会议，并以该外资银行的名义提出意见和建议。参加会议的主报告行应及时将会议情况向母行（总行）或地区管理部报告，并及时通报境内其他营业性分支机构。

外资银行对中国相关监管法规的意见和建议应由主报告行汇总后统一向并表监管局提出。获得反馈意见后，主报告行应及时传达给境内其他营业性分支机构。

（三）主报告行应按照监管要求报告母行（总行）和母国（地区）经济金融方面的相关信息。

（四）主报告行负责外资银行境内营业性分支机构的信息披露工作。

（五）执行监管当局的其他要求。

主报告行在报送书面材料的同时应附电子文档。

第十一条 主报告行的法定负责人对主报告行承担的并表工作职责负责。

第三章 非现场监管

第十二条 银监会负责指导和监督派出机构对外资银行的非现场并表监管工作。

第十三条 并表监管局应监督主报告行按季上报境内机构合并财务报表。其中，独资、合资银行境外分支机构和附属机构的财务报表和集团合并财务报表按年度上报书面材料。

第十四条 并表监管局应监督主报告行及时备案下列事项：

（一）已公布的年报和境内营业性分支机构会计年度信息披露。

（二）外部评级机构评级。

（三）母行（总行）对外发布的重要新闻稿。

（四）涉嫌被调查事件的说明文件。

（五）母国（地区）监管当局评价和重大监管措施。

（六）母国（地区）金融、经济政策的重大调整说明。

（七）《中华人民共和国外资金融机构管理条例实施细则》规定的其他相关材料。

第十五条 并表监管局应要求主报告行每半年度提交一份《外资银行经营情况汇总报告》，包括基本信息（营业性机构数量、员工数、业务范围变动等）、授信集中度说明、贷款损失准备金分析、大额资产划转情况、资金流出入分析、关联交易情况、境外贷款/投资清单，以及营业性分支机构经营动态等内容。报告还应就母行（总行）组织结构、业务策略、资本充足水平、财务状况及市场信誉等变动情况作出说明。

第十六条 并表监管局负责按季监测并表考核的合规监管指标，并对风险监管指标走势和总体经营表现进行分析。

第十七条 并表监管局应收集外资银行业务管理制度，并与主报告行或地区管理部高级管理人员就外资银行区域管理模式、管理信息系统、风险及授权管理、合规管理、信贷管理和财务管理等风险管理内容进行沟通。

第十八条 并表监管局应依据相关规定向银监会上报下列事项：

（一）外资银行备案的重大事项和各项管理制度。

（二）并表数据上报错误情况。

（三）并表考核指标违规及异常变动情况。

（四）并表监管意见。

第十九条 并表监管局应在综合分析各项监管信息和现场检查情况的基础上，完成半年度和年度并表监管报告。

第二十条 银监会负责与外资法人机构东道国（地区）监管当局和外国银行母国（地区）监管当局就共同关心的监管问题进行沟通，并在监管信息交流方面展开合作。

第二十一条 银监会负责促进系统内综合监管信息交流和共享，并向外界提供或披露外资银行境内经营情况。

第二十二条 银监会负责统一并表监管工作的程序和要求。

第四章 现场检查

第二十三条 银监会负责组织、指导和协调外资银行并表现场检查。

第二十四条 并表现场检查的组织方式分为两种：

（一）委托并表监管局和属地监管局派出检查组，根据检查计划分别实施并表现场检查。

（二）由银监会组织外资银行监管人员组成检查组，对并表机构实施并表现场检查。

第二十五条 银监会每年根据风险监管情况和现场检查周期确定外资银行并表现场检查计划，并对检查形式、检查内容和检查重点提出指导性要求。

第二十六条 银监会将根据实际情况调整并表现场检查内容，协调检查项目时间和进度。检查组在检查过程中如发现重大问题，也应及时报告银监会。

第二十七条 在银监会组织的并表现场检查中，银监会将统一制定检查方案。检查组应按照检查手册和检查方案中的程序及要求实施现场检查，并在规定的时间内完成检查任务。

结束现场部分的作业后，检查组应完成《检查事实与评价》和相应的CAMELs/ROCA评级，并就所涉及的事实与被检查机构高级管理人员进行最后确认。检查结束后，检查组应将《检查事实与评价》、CAMELs/ROCA评级结果和检查档案移交给所在地银监会派出机构。

全部检查计划完成后，检查组应汇总并表现场检查报告，连同单家机构的《检查事实与评价》和评级情况一并上报银监会。

第二十八条 并表现场检查的监管意见由银监会统一协调。银监会将根据《检查事实与评价》做出建议，反馈给相应的银监会派出机构。

第二十九条 银监会派出机构负责并表现场检查的跟进和处理。

银监会派出机构应根据《检查事实与评价》和银监会建议，向所在地并表机构出具现场检查意见书，要求其整改。对于违规行为，银监会派出机构也应根据有关规定依法处罚。

银监会派出机构应在并表现场检查结束后3个月对整改措施执行情况进行跟踪，或对所在地并表机构实施后续现场检查，并及时将整改情况上报银监会。

第三十条 银监会负责受理外国银行母国（地区）监管当局跨境现场检查申请，并委托当地银监会派出机构与检查组就被检查机构的监管情况进行交流。

会晤结束后，银监会派出机构应将掌握的情况及时上报银监会，并对检查组提及的问题进行跟进。

第五章 外部审计和三方会谈

第三十一条 符合并表监管条件的外资银行原则上应聘请同一会计师事务所，负责对其境内营业性分支机构和附属机构进行审计和并表审计。

第三十二条 主报告行应在会计年度结束前一个月向并表监管局备案本会计年度聘请的外部审计师和审计组，同时抄报相应的属地监管局。如更换会计师事务所，主报告行还应提交书面说明。

银监会派出机构如对外资银行聘请的外部审计师的审计质量持有负面意见，可以在收到备案书后14个工作日内建议外资银行更换审计组或会计师事务所。

第三十三条 外部审计师应在并表审计前，就审计要求与并表监管局进行沟通。

第三十四条 主报告行应在会计年度结束后五个月内将《并表审计报告》和《并表管理建议书》报并表监管局。

第三十五条 属地监管局应在收到《外部审计报告》和《管理建议书》后30个工作日内，向并表监管局反馈对外部审计质量的评价意见。

并表监管局负责结合各属地监管局反馈意见、《并表审计报告》和《并表管理建议书》中反映的问题，对外部审计质量作出综合评价。

第三十六条 并表监管局负责根据外资银行综合监管情况，提出并表三方会谈计划。

并表三方会谈由银监会组织，参加方为银监会、并表监管局、属地监管局、外部审计师和主报告行。会谈结束后，并表监管局应完成并表三方会议纪要，并监督主报告行及时反馈整改意见的落实情况。

第六章 附 则

第三十七条 本办法由银监会负责解释。

第三十八条 有关并表监管意见将作为审查外资银行机构增设和业务准入等申请的依据。

第三十九条 本办法自2004年4月1日起执行。其他有关外资银行并表监管规定与本办法抵触的，同时失效。

（中国银行业监督管理委员会2004年3月8日颁布）

境内外资银行外债管理办法 

中华人民共和国国家发展和改革委员会、中国人民银行、中国银行业监督管理委员会令
第9号

为加强外债的全口径管理，有效调控外债总量，规范境内外资银行外债管理，经国务院批准，特制定《境内外资银行外债管理办法》，现予以发布，自颁布之日起30日后施行。

国家发展和改革委员会主任 马凯
中国人民银行行长 周小川
中国银行业监督管理委员会主席 刘明康
2004年5月27日

第一条 为促进境内中、外资银行公平竞争，有效控制外债规模，防范外债风险，根据《中华人民共和国外资金融机构管理条例》、《中华人民共和国外汇管理条例》和有关外债管理规定，制定本办法。

第二条 本办法所称外资银行是指按照《中华人民共和国外资金融机构管理条例》及相关法律法规在中国境内设立的外资独资银行、中外合资银行和外国银行分行。

第三条 国家对境内外资银行的外债实行总量控制。境内外资银行的外债包括境外借款、境外同业拆入、境外同业存款、境外联行和附属机构往来（负债方）、非居民存款和其他形式的对外负债。

第四条 国家发展和改革委员会（下称"国家发展改革委"）会同中国银行业监督管理委员会（下称"银监会"）、国家外汇管理局（下称"外汇局"），根据国民经济和社会发展需要、国际收支状况和外债承受能力，以及境内外资银行的资产负债状况和运营资金需求等，合理确定境内外资银行外债总量以及中长期和短期外债结构调控目标。

第五条 境内外资银行借用外债，签约期限在1年期以上（不含1年期）的中长期外债，由国家发展改革委按年度核定发生额；签约期限在1年期以下的短期外债，由外汇局核定余额。

第六条 每年2月底之前，境内外资银行须分别向国家发展改革委或外汇局提出关于本年度中长期外债发生额或短期外债余额的申请。其中，外资独资银行、中外合资银行分别通过商业注册所在地的发展改革委或外汇局的分支机构逐级向国家发展改革委或外汇局提出申请；外国银行分行由在中国境内的主报告行直接向国家发展改革委或外汇局提出申请。没有主报告行的，应通过商业注册所在地的发展改革委或外汇局的分支机构逐级向国家发展改革委或外汇局提出申请。

第七条 境内外资银行申请年度外债总额，需分别向国家发展改革委或外汇局提供下列材料：

（一）借用中长期或短期外债的申请报告，内容包括上年度的业务经营状况、资金来源和运用情况、所申请外债额度的依据和资金用途等。

（二）境外总行或地区管理部批准的对中国境内债务人的年度授信限额文件。

（三）外资独资银行、中外合资银行应提供报送银监会的上年度境内合并资产负债表和损益表。外国银行分行应提供报送银监会的分行上年度资产负债表和损益表，以及境内营业性分支机构上年度合并资产负债表和损益表。

（四）与申请人流动性需要或资金用途有关的证明材料。

第八条 国家发展改革委、外汇局根据境内外资银行的上年度外债借用情况、其境外总行或地区管理部批准的本年度对中国境内债务人的年度授信限额、境内贷款项目需求（中长期外债）及流动性需要（短期外债），分别核定境内外资银行本年度中长期外债发生额和短期外债余额。境内外资银行在本年度新借入的中长期外债不得超过国家发展改革委核定的额度；本年度内任一时点的短期外债余额不得超过外汇局核定的余额。

第九条 外债总额确定后，境内外资银行可以根据业务需要在年度内向国家发展改革委或外汇局申请进行一次调整。国家发展改革委或外汇局根据情况决定是否批准。

第十条 境内外资银行向境内机构发放外汇贷款按照国内外汇贷款方式管理。除出口押汇外，境内外资银行向境内机构发放的外汇贷款不得结汇。

第十一条 境内外资银行对外提供担保，按对外担保进行管理；境内机构为境内债务人向境内外资银行提供担保按国内担保进行管理。

第十二条 境内外资银行借用的外债资金不得结汇，还本付息不得购汇。境内外资银行办理其外债项下还本付息不需要外汇局核准。

经外汇局批准，境内机构可以选择境内外资银行开立外债项下专用账户。

第十三条 外汇局负责对境内外资银行外债和国内外汇贷款的统计、监测工作。境内外资银行应于每月初5个工作日内向注册地外汇局分支机构报送外债统计数据，并按照国内外汇贷款的有关规定向当地外汇局报送国内外汇贷款相关信息。

第十四条 外汇局对境内外资银行借用外债情况和发放外汇贷款情况进行定期和不定期现场或非现场检查。凡违反本办法规定的，外汇局可根据《中华人民共和国外汇管理条例》及相关法律法规进行处罚。

第十五条 本办法由国家发展改革委、人民银行负责解释。此前其他规定与本办法有抵触的，以本办法为准。

第十六条 本办法自颁布之日起30日后施行。

商务部办公厅、国资委办公厅关于上市公司国有股向外国投资者及外商投资企业转让申报程序有关问题的通知

商资字［2004］1号

各省、自治区、直辖市和计划单列市外经贸委厅（局）、商务厅（局）、国资委：

为了引进国外先进管理经验、技术和资金，加快经济结构调整步伐，改进上市公司法人治理结构，保护投资者的合法权益，促进证券市场的健康发展，规范外国投资者及外商投资企业进入证券市场的行为，根据原对外贸易经济合作部、国家税务总局、国家工商行政管理总局、国家外汇管理局《外国投资者并购境内企业暂行规定》以及商务部、财政部、国务院国有资产监督管理委员会、中国证券监督管理委员会2003年第25号公告，现就非金融类企业所持有上市公司国有股向外国投资者及外商投资企业转让的有关申报程序问题通知如下：

一、非金融类企业所持有上市公司国有股向外国投资者及外商投资企业转让，属地方企业的，由国有股持有人通过省级国有资产监管部门向国务院国有资产监督管理委员会（以下简称国资委）提出申请，同时抄报商务部；属中央企业的，由中央企业母公司（未脱钩企业由其主管部门）向国资委提出申请，同时抄报商务部。

二、国资委在接到相关申请后，以国资委司局函征求商务部意见，商务部就非金融类企业所持有上市公司国有股向外国投资者及外商投资企业转让是否符合吸收外商投资政策提出意见，并以商务部司局函回复。

三、国资委在接到商务部同意意见后，按规定办理非金融类企业所持有上市公司国有股向外国投资者及外商投资企业转让审核手续。

四、国有股转让申请获国资委核准后，上市公司根据有关规定拟订有关法律文件，并按规定程序向商务部申请办理向外国投资者及外商投资企业转让股份及上市公司章程变更的核准手续。商务部按外商投资相关规定进行审核后予以批复，并抄送国资委、国家工商总局、中国证监会等部门。

商务部办公厅

国务院国有资产监督管理委员会办公厅

2004年1月21日

中国证券监督管理委员会关于规范境内上市公司所属企业到境外上市有关问题的通知

证监发［2004］第67号

各上市公司：

根据《公司法》、《证券法》、《国务院关于股份有限公司境外募集股份及上市的特别规定》等法律、行政法规的规定，现就规范境内上市公司（以下简称“上市公司”）所属企业到境外上市有关问题通知如下：

一、上市公司所属企业到境外上市，是指上市公司有控制权的所属企业（以下简称“所属企业”）到境外证券市场公开发行股票并上市的行为。

二、所属企业申请到境外上市，上市公司应当符合下列条件：

（一）上市公司在最近三年连续盈利。

（二）上市公司最近三个会计年度内发行股份及募集资金投向的业务和资产不得作为对所属企业的出资申请境外上市。

（三）上市公司最近一个会计年度合并报表中按权益享有的所属企业的净利润不得超过上市公司合并报表净利润的50%。

（四）上市公司最近一个会计年度合并报表中按权益享有的所属企业净资产不得超过上市公司合并报表净资产的30%。

（五）上市公司与所属企业不存在同业竞争，且资产、财务独立，经理人员不存在交叉任职。

（六）上市公司及所属企业董事、高级管理人员及其关联人员持有所属企业的股份，不得超过所属企业到境外上市前总股本的10%。

（七）上市公司不存在资金、资产被具有实际控制权的个人、法人或其他组织及其关联人占用的情形，或其他损害公司利益的重大关联交易。

（八）上市公司最近三年无重大违法违规行为。

三、所属企业到境外上市事项，上市公司应当按照本通知的要求，依法就下列事项做出决议：

（一）董事会应当就所属企业到境外上市是否符合本通知、所

属企业到境外上市方案、上市公司维持独立上市地位承诺及持续盈利能力的说明与前景做出决议，并提请股东大会批准。

（二）股东大会应当就董事会提案中有关所属企业境外上市方案、上市公司维持独立上市地位及持续盈利能力的说明与前景进行逐项审议并表决。

（三）上市公司董事、高级管理人员在所属企业安排持股计划的，独立董事应当就该事项向流通股（社会公众股）股东征集投票权，该事项独立表决并须获得出席股东大会的流通股（社会公众股）股东所持表决权的半数以上通过。

四、上市公司应当聘请经中国证监会注册登记并列入保荐机构名单的证券经营机构担任其维持持续上市地位的财务顾问（以下简称“财务顾问”）。财务顾问承担以下职责：

（一）财务顾问应当按照本通知，对上市公司所属企业到境外上市申请文件进行尽职调查、审慎核查，出具财务顾问报告，承诺有充分理由确信上市公司申请文件不存在虚假记载、误导性陈述或者重大遗漏，确信上市公司在所属企业到境外上市后仍然具备独立的持续上市地位、保留的核心资产与业务具有持续经营能力。

（二）财务顾问应当在所属企业到境外上市当年剩余时间及其后一个完整会计年度，持续督导上市公司维持独立上市地位，并承担下列工作：

1. 持续关注上市公司核心资产与业务的独立经营状况、持续经营能力等情况；

2. 针对所属企业发生的对上市公司权益有重要影响的资产、财务状况变化，以及其他影响上市公司股票价格的重要信息，督导上市公司依法履行信息披露义务；

3. 财务顾问应当自持续督导工作结束后十个工作日内向中国证监会、证券交易所报送“持续上市总结报告书”。

五、所属企业到境外上市，上市公司应当在下述事件发生后次日履行信息披露义务：

（一）所属企业到境外上市的董事会、股东大会决议。

（二）所属企业向中国证监会提交的境外上市申请获得受理。

（三）所属企业获准境外发行上市。

（四）上市公司应当及时向境内投资者披露所属企业向境外投资者披露的任何可能引起股价异常波动的重大事件。上市公司应当在年度报告的重大事项中就所属企业业务发展情况予以说明。

六、财务顾问应当参照《证券发行上市保荐制度暂行办法》的规定，遵守法律、行政法规、中国证监会的规定和行业规范，诚实守信，勤勉尽责，尽职出具相关财务顾问报告，持续督导上市公司维持独立上市地位。中国证监会比照《证券发行上市保荐制度暂行办法》对财务顾问执业情况实施监管。

七、上市公司所属企业申请到境外上市，应当按照中国证监会的要求编制并报送申请文件及相关材料。中国证监会对上市公司所属企业到境外上市申请实施行政许可。

八、同时发行境内上市内资股和境内上市外资股的上市公司不适用本通知。

中国证券监督管理委员会

2004年8月10日

保险公司管理规定

中国保险监督管理委员会令

［2004］第3号

《保险公司管理规定》已经2004年3月15日中国保险监督管理委员会主席办公会审议通过，现予公布，自2004年6月15日起施行。

主席　吴定富

2004年5月13日

目　　录

第一章　总　　则

第一条　为了加强对保险公司的监督管理，维护保险市场的正常秩序，保护被保险人的合法权益，促进保险业健康发展，根据《中华人民共和国保险法》（以下简称《保险法》）、《中华人民共和国公司法》（以下简称《公司法》）等法律、行政法规，制定本规定。

第二条 中国保险监督管理委员会（以下简称中国保监会）根据法律和国务院授权，对保险公司实行统一监督管理。

中国保监会的派出机构，在中国保监会授权范围内行使职权。

第三条 本规定所称保险公司，是指经保险监督管理机构批准设立，并依法登记注册的商业保险公司。

本规定所称保险公司的分支机构，是指保险公司依法设立的营业性机构和营销服务机构，包括分公司、中心支公司、支公司、营业部和营销服务部。

本规定所称保险机构，是指保险公司及其分支机构。

第二章 保险机构

第一节 机构设立

第四条 设立保险机构应当经中国保监会批准。

未经中国保监会批准，任何单位、个人不得在中华人民共和国境内经营或者变相经营商业保险业务。

第五条 设立保险公司，应当遵循下列原则：

（一）遵守法律、行政法规；

（二）符合国家宏观经济政策和保险业发展战略；

（三）有利于保险业的公平竞争和健康发展。

第六条 设立保险公司应当具备下列条件：

（一）具有合格的投资者，股权结构合理；

（二）章程符合《保险法》和《公司法》的规定；

（三）注册资本最低限额为人民币2亿元，注册资本应当为实缴货币资本；

（四）高级管理人员应当符合中国保监会规定的任职资格条件；

（五）具有健全的组织机构和管理制度；

（六）具有与其业务发展相适应的营业场所、办公设备。

第七条 设立保险公司，申请人应当向中国保监会提出书面申请，并提交下列材料一式三份：

（一）设立申请书，其中应当载明拟设公司的名称、注册资本、业务范围等；

（二）可行性报告，其中应当包括业务发展规划、公司章程草案和经营管理策略等；

（三）筹建方案；

（四）投资人股份认购协议书及其董事会或者主管机关同意其投资的证明材料；

（五）投资人的营业执照或者其他背景资料，上一年度的经注册会计师审计的资产负债表、损益表；

（六）投资人认可的筹备组负责人和拟任公司董事长、总经理名单及本人认可证明；

（七）中国保监会规定提交的其他材料。

第八条 中国保监会应当对设立保险公司的申请进行审查，自收到完整的申请材料之日起6个月内作出批准或者不批准筹建的决定。决定不批准的，应当书面通知申请人并说明理由。

第九条 中国保监会在对设立保险公司的申请进行审查期间，应当对投资人进行投资保险业的风险提示教育。

中国保监会应当听取拟任董事长、总经理对拟设公司市场发展战略、业务发展规划、内控制度建设等方面的工作思路，并将其作为是否批准筹建的参考。

第十条 申请人经中国保监会批准筹建保险公司的，应当在1年内完成筹建工作。在规定期限内未完成筹建工作，有正当理由的，经中国保监会批准，筹建期可延长3个月。在延长期内仍未完成筹建工作的，中国保监会作出的原批准筹建文件自动失效。

筹建机构不得从事任何保险业务经营活动。

筹建期间原则上不得变更投资人。未经批准变更投资人的，原批准筹建文件自动失效。

第十一条 筹建工作完成后，申请人应当向中国保监会提出开业申请，并提交下列材料一式三份：

（一）开业申请书；

（二）创立大会的会议记录；

（三）公司章程；

（四）股东名称及其所持股份比例，资信良好的验资机构出具的验资证明，资本金人账原始凭证复印件；

（五）股东的营业执照或者其他背景资料，上一年度的资产负债表、损益表；

（六）拟任该公司高级管理人员简历及有关证明材料，公司部门设置及人员基本构成情况，公司精算师的简历及有关证明材料；

（七）营业场所所有权或者使用权的证明文件；

（八）3年经营规划和再保险计划；

（九）拟经营保险险种的计划书；

（十）计算机设备配置和网络建设情况的报告。

第十二条 中国保监会应当自收到完整的开业申请文件之日起60日内，作出核准或者不予核准的决定。决定核准的，颁发经营保险业务许可证；决定不予核准的，应当书面通知申请人并说明理由。

经核准开业的保险公司，应当持核准文件及保险许可证，向工商行政管理部门办理登记注册手续，领取营业执照后方可营业。

第十三条 保险公司可以根据业务发展需要申请设立分支机构。

保险公司在其住所地以外的各省、自治区、直辖市开展业务，应当设立分公司。中心支公司、支公司、营业部或者营销服务部，由保险公司根据实际情况申请设立。

保险公司营销服务部的设立和管理，中国保监会另有规定的，适用其规定。

第十四条 保险公司以本规定第六条第（三）项规定的最低资本金额设立的，在其住所地以外的每一省、自治区、直辖市首次申请设立分公司，应当增加不少于人民币2 000万元的注册资本。

申请设立分公司时，保险公司注册资本已达到前款规定的增资后额度的，可以不再增加相应的注册资本。

保险公司注册资本达到人民币5亿元，在偿付能力充足的情况下，设立分公司不需要增加注册资本。

第十五条 保险公司申请设立分支机构，应当具备下列条件：

（一）偿付能力额度符合中国保监会有关规定；

（二）内控制度健全，无受处罚的记录；经营期限超过2年的，最近2年内无受处罚的记录；

（三）具有符合中国保监会规定任职资格条件的分支机构高级管理人员。

第十六条 设立分支机构，应当由保险公司向中国保监会提出申请，并提交下列材料一式三份：

（一）设立申请书；

（二）上一年度末和最近季度末经审计的偿付能力状况报告；

（三）拟设机构3年业务发展规划和市场分析；

（四）拟设机构筹建负责人的简历及相关证明材料。

第十七条 中国保监会应当对设立分支机构的申请进行审查，自收到完整的申请材料之日起20日内作出批准或者不批准筹建的决定。决定不批准的，应当书面通知申请人并说明理由。

申请被批准后，申请人应当在6个月内完成分支机构的筹建。在规定期限内未完成筹建工作，有正当理由的，经中国保监会批准，筹建期可延长3个月。在延长期内仍未完成筹建工作的，中国保监会作出的原批准文件自动失效。

筹建机构不得从事任何保险业务经营活动。

第十八条 分支机构筹建工作完成后，申请人应当向中国保监会提出开业申请，并提交下列材料一式三份：

（一）开业申请书；

（二）筹建工作完成情况报告；

（三）拟任高级管理人员简历及有关证明；

（四）拟设机构办公场所所有权或者使用权的有关证明，计算机设备配置及网络建设情况，内部机构设置及从业人员情况等。

第十九条 中国保监会应当自收到设立分支机构完整的开业申请文件之日起20日内，作出核准或者不予核准的决定。决定核准的，颁发分支机构经营保险业务许可证；决定不予核准的，应当书面通知申请人并说明理由。

经核准开业的保险公司分支机构，应当持核准文件及保险许可证，向工商行政管理部门办理登记注册手续，领取营业执照后方可营业。

第二十条 保险机构高级管理人员的任职资格审核与管理，按照中国保监会的有关规定执行。

第二十一条 保险公司在境内设立代表处，应当经中国保监会核准。代表处不得从事保险经营活动。

第二十二条 保险公司在境外设立经营机构或者代表处，应当经中国保监会批准。

第二节 机构变更

第二十三条 保险公司下列变更事项，应当报中国保监会批准：

（一）改变组织形式；

（二）变更注册资本；

（三）分立、合并；

（四）变更出资人或者持有公司股份10%以上（含10%）的股东；

（五）撤销分支机构。

第二十四条 保险公司下列变更事项，应当报中国保监会核准：

（一）变更公司名称；

（二）修改章程；

（三）调整业务范围；

（四）变更住所。

第二十五条 保险公司下列变更事项，应当报中国保监会备案：

（一）变更持有公司股份10%以下的股东，上市保险公司的股东变更除外；

（二）分支机构变更营业场所。

第二十六条 保险机构下列变更事项，应当自发生之日起15日内向中国保监会书面报告：

（一）保险公司的股东变更名称，上市保险公司的股东除外；

（二）保险公司分支机构合并、变更名称。

第二十七条 保险公司撤销分支机构，应当向中国保监会说明理由，并提交该机构业务后续处理方案。

保险公司合并、撤销分支机构的，应当进行公告，并书面通知有关投保人、被保险人或者受益人，对交付保险费、领取保险金等事宜充分告知。

保险公司撤销分支机构的，自获得批准之日起其保险许可证自动失效，并应当于15日内上缴。

第二十八条 保险机构发生涉及保险许可证记载内容的变更事项，应当持有关文件和保险许可证，自获得批准、核准、备案或者报告之日起1个月内到发证机关更换其许可证。

第三节 保险许可证

第二十九条 本规定所称保险许可证，是指保险公司或者其分支机构经营保险业务许可证。

保险许可证是中国保监会依法颁发的准许保险机构经营保险业务的法律文件，是保险机构依法经营保险业务的证明。

第三十条 中国保监会依法统一设计、印制、发放、扣缴、收缴或者吊销保险许可证。

保险机构不得伪造、涂改、出租、出借、转让保险许可证。

第三十一条 保险机构应当将保险许可证放置于营业场所显著位置，以备查验。

第三十二条 保险许可证如有丢失，应当自发现之日起10日内在中国保监会指定的报纸上声明作废，并同时向发证机关说明情况，重新申领。

第四节 终止与清算

第三十三条 保险公司解散的，应当成立清算组。清算工作由中国保监会监督指导。

保险公司依法被撤销，由中国保监会及时组织股东、有关部门及有关专业人士成立清算组。

保险公司被依法宣告破产的，由人民法院依法组织清算组。

第三十四条 清算组应当自成立之日起10日内通知债权人，并于60日内在中国保监会指定的报纸上至少公告3次。公告内容应当经中国保监会核准。

清算组应当委托资信良好的会计师事务所、律师事务所，对公司债权债务和资产进行评估。

第三十五条 保险公司根据章程或者股东大会决议解散，应当经中国保监会批准，并报送下列材料一式三份：

（一）解散申请书；

（二）股东会决议；

（三）清算组织及其负责人；

（四）清算程序；

（五）债权债务安排方案；

（六）资产分配计划和资产处分方案；

（七）中国保监会规定提交的其他材料。

第三十六条 保险公司解散或者依法被撤销的，应当立即停止接受新业务，并上缴保险许可证。

第三十七条 保险公司解散或者依法被撤销的，其资产处分应当采取公开拍卖、协议转让或者中国保监会认可的其他方式。

第三十八条 保险公司解散、依法被撤销或者被依法宣告破产，保险合同转让方案应当报中国保监会批准。

第三十九条 保险公司解散，在保险合同责任清算完毕之前，公司股东不得分配公司资产，或者从公司取得任何利益。

第四十条 保险公司解散，在清算中发现已资不抵债的，应当提出破产申请，其财产清算与债权债务处理，按照法定破产程序进行。

第五节 向保险公司投资

第四十一条 企业法人或者法律、行政法规许可的其他组织可以向保险公司投资入股。

第四十二条 向保险公司投资入股的企业法人应当符合下列条件：

（一）符合法律、行政法规的规定；

（二）投资资金来源合法，且经营状况良好；

（三）中国保监会基于审慎监管原则规定的其他条件。

第四十三条 除中国保监会批准的保险控股公司或者保险公司外，单个企业法人或者其他组织（包括其关联方）投资保险公司的，持有的股份不得超过保险公司股份总额的20%。

第四十四条 保险公司股东之间具有关联关系的，保险公司应当向中国保监会书面报告。

第四十五条 符合本规定第四十二条规定条件的境外金融机构，经中国保监会批准，可以向保险公司投资入股。全部境外股东参股比例应当低于保险公司股份总额的25%。全部境外股东投资比例占保险公司股份总额25%以上的，适用外资保险公司管理的有关规定。

境外股东投资上市保险公司的，不受前款规定的限制。

第四十六条 保险公司在境内公开发行股票上市的，应当遵守本规定第四十三条有关股东投资比例限制的规定。

第三章 保险经营

第四十七条 经中国保监会核定，财产保险公司可以经营下列全部或者部分保险业务：

（一）财产损失保险；

（二）责任保险；

（三）法定责任保险；

（四）信用保险和保证保险；

（五）农业保险；

（六）其他财产保险业务；

（七）短期健康保险和意外伤害保险；

（八）上述保险业务的再保险业务。

第四十八条 经中国保监会核定，人寿保险公司可以经营下列全部或者部分保险业务：

（一）意外伤害保险；

（二）健康保险；

（三）传统人寿保险；

（四）人寿保险新型产品；

（五）传统年金保险；

（六）年金新型产品；

（七）其他人身保险业务；

（八）上述保险业务的再保险业务。

第四十九条 保险公司申请扩大业务经营范围的，其注册资本、偿付能力等应当符合中国保监会的有关规定。

第五十条 保险机构经营外汇保险业务，应当遵守中国保监会和国家外汇管理部门有关外汇保险业务管理的规定。

第五十一条 除本规定第五十二条规定的情形外，保险公司的分支机构不得跨省、自治区、直辖市经营保险业务。

第五十二条 保险机构参与共保、经营大型商业保险或者统括保单业务以及通过互联网等方式跨省、自治区、直辖市承保业务，应当符合中国保监会的有关规定。

第五十三条 保险公司应当依法确定保险业务的自留保险费，确定每一危险单位可能造成损失的自留责任；超过法定限额的部分，应当办理再保险。

第五十四条 保险公司需要办理再保险分出业务的，在同等条件下，应当优先向中国境内的保险公司分保。

第五十五条 保险机构不得以任何方式强制或者变相强制投保人投保。

第五十六条 保险机构不得委托非法的保险代理人为其展业；不得接受非法的保险经纪人介绍的保险业务；不得向任何非法的保险代理人或者保险经纪人支付手续费、佣金或者类似的费用。

第五十七条 保险机构不得捏造、散布虚伪事实，损害其他保险机构的信誉。

第五十八条 保险机构不得劝说诱导投保人或者被保险人解除与其他保险机构的保险合同。

第五十九条 保险机构不得利用政府及其所属部门、垄断性企业或者组织，排挤、阻碍其他保险机构开展保险业务。

第六十条 保险机构不得向投保人、被保险人、受益人或者其利害关系人提供或者承诺提供保险费回扣或者违法、违规的其他利益。

第六十一条 保险机构应当设立专门的客户服务部门或者咨询投诉部门，并向社会公开咨询投诉电话。

保险机构对于投保人、被保险人或者受益人的保险投诉，应当认真处理，并将处理意见及时告知投诉人。

第六十二条 保险机构的保险业务宣传资料应当客观、完整、真实，并应当载有保险机构的名称、地址以及咨询投诉电话。

第六十三条 保险广告或者业务宣传资料不得预测公司的盈利以及保单分红、利差返还等不确定的保单利益。

保险机构不得利用广告宣传或者其他方式，对其保险条款内容、服务质量等做引人误解的宣传。

第六十四条 保险机构对保险合同中的除外责任或者责任免除、退保及其他费用扣除、现金价值、犹豫期等事项应当采取明确的方式特别提示。

保险机构不得将其保险条款、保险费率与其他保险公司的类似保险条款、保险费率或者金融机构的存款利率等进行片面比较。

第六十五条 保险机构应当对其保险代理人的业务代理行为进行监督管理，发现保险代理人有违法、违规行为的，应当立即予以制止或者纠正。

保险机构对其保险代理人在展业过程中出现的虚假陈述、误导等损害被保险人利益的行为，依法承担责任。

第六十六条 保险公司应当建立控制和管理关联交易的相关制度。保险公司的重大关联交易应当按照规定于发生后15日内向中国保监会报告。

前款规定的关联交易是指保险公司与其关联方之间的下列交易活动：

（一）再保险分出或者分入业务；

（二）资产管理、担保和代理业务；

（三）固定资产买卖或者债权债务转移。

与保险公司有下列关系之一的企业，视为与保险公司有关联关系：

（一）在股份、出资方面存在控制关系；

（二）在股份、出资方面同为第三人所控制；

（三）为保险公司高级管理人员或者与其关系密切的家庭成员直接控制。

保险公司高级管理人员或者与其关系密切的家庭成员，视为与保险公司有关联关系。

第六十七条 保险公司应当建立健全公司治理结构，加强内部管理，建立严格的内部控制制度。

第六十八条 拟上市的保险公司，应当取得中国保监会出具的监管意见书。

第四章　保险条款和保险费率

第六十九条 保险公司使用的保险条款和保险费率应当依法报经中国保监会审批或者备案。

第七十条 下列保险险种的保险条款和保险费率应当报经中国保监会审批：

（一）依法实行强制保险的险种；

（二）新开发的人寿保险险种；

（三）中国保监会认定的其他关系社会公众利益的险种。

保险险种的审批目录由中国保监会制定和调整。

第七十一条 除前条规定外，保险公司使用的其他险种的保险条款和保险费率，应当报中国保监会备案。

第七十二条 中国保监会在对保险条款和保险费率进行审批或者备案时，遵循保护社会公众利益和防止不正当竞争的原则。

有下列情形之一的，中国保监会可以要求保险公司对保险条款和保险费率进行修改，也可以责令保险公司停止使用：

（一）违反法律、行政法规或者中国保监会的禁止性规定；

（二）违反国家有关财政金融政策；

（三）损害社会公共利益；

（四）内容显失公平或者形成价格垄断，侵害投保人、被保险人或者受益人的合法权益；

（五）条款设计或者厘定费率、预定利率不当，可能危及保险公司偿付能力；

（六）中国保监会基于审慎监管原则认定的其他事由。

第七十三条 保险公司对已经获得批准或者备案的保险条款和保险费率进行变更的，应当按照规定重新申报审批或者备案。

保险公司在订立具体保险合同时，可以就特定事项与当事人订立补充协议，但是不得具有前条第二款第（一）至（六）项规定的情形。

第七十四条 保险公司拟订的长期人身保险条款保单预定利率等定价因素，应当符合中国保监会的有关规定。

第七十五条 保险公司应当积极开发适应社会需求的保险产品，努力进行产品和服务创新。

保险公司使用的保险条款和保险费率所采用的语言应当通俗易懂、明确清楚，便于理解。

第七十六条 保险行业协会可以颁布财产保险或者人身保险条款示范文本。

保险行业协会可以根据实际情况，公布指导性保险费率。

第五章　保险资金及保险公司偿付能力

第七十七条 保险公司应当依法提取保证金。除清算时依法用于清偿债务外，保险公司不得擅自动用或处置保证金。

第七十八条 保险公司应当依法提取保险保障基金。保险保障基金依据中国保监会有关规定集中管理，统筹使用。

第七十九条 保险公司应当根据中国保监会有关规定提取各项保险责任准备金。保险公司提取的各项责任准备金必须真实、充足。

第八十条 保险资金运用方式限于：

（一）银行存款；

（二）买卖政府债券；

（三）买卖金融债券；

（四）买卖企业债券；

（五）买卖证券投资基金；

（六）国务院规定的其他资金运用方式。

保险公司运用保险资金投资的具体方式、具体品种的比例以及认定的最低评级，应当符合中国保监会有关规定。

第八十一条 保险公司在境外的资金运用，应当符合国家有关规定。

第八十二条 保险公司可以设立保险资产管理公司；可以委托保险资产管理公司运用保险资金。

第八十三条 保险公司应当根据保护被保险人利益、保障偿付能力的原则，稳健经营，确保实际偿付能力额度任何时点不低于最低偿付能力额度。

第八十四条 保险公司的实际偿付能力额度为认可资产减去认可负债的差额。

认可资产和认可负债的确认、计量和报告应当符合中国保监会有关规定。

第八十五条 保险公司最低偿付能力额度标准由中国保监会规定和调整。

第八十六条 保险公司实际偿付能力额度低于最低偿付能力额度的，应当采取有效措施，改善偿付能力状况，并将其有关整改方案、具体措施和到期成效等情况向中国保监会报告。

第八十七条 保险公司偿付能力充足率等于实际偿付能力额度除以最低偿付能力额度。对偿付能力充足率小于100%的保险公司，中国保监会可以将该公司列为重点监管对象，根据具体情况采取下列监管措施：

（一）对偿付能力充足率在70%以上的公司，中国保监会可以要求公司提出整改方案并限期达到最低偿付能力额度要求；逾期仍未达到要求的，可以采取要求公司增加资本，责令办理再保险、限制业务范围、限制向股东分红、限制固定资产购置、限制经营费用规模、限制增设分支机构等监管措施，直至其达到最低偿付能力额度要求。

（二）对偿付能力充足率在30%到70%之间的公司，中国保监会除采取前项措施外，还可以责令其拍卖不良资产、转让保险业务、限制高级管理人员薪酬水平和在职消费水平、限制公司商业性广告、调整资金运用、停止开展新业务等监管措施。

（三）对偿付能力充足率在30%以下的公司，中国保监会除采取前项措施外，可以对该保险公司依法实行接管。

第六章 监督检查

第八十八条 中国保监会对保险公司的监督管理，遵循偿付能力监管和市场行为监管相结合的原则。

保险公司应当依法接受中国保监会的监督管理。

第八十九条 中国保监会对保险机构的监督管理，采取现场监管与非现场监管相结合的方式。

第九十条 保险机构有下列情形之一的，中国保监会可以将其列为重点检查对象：

（一）严重违法、违规；

（二）偿付能力不足；

（三）财务状况异常；

（四）提供虚假的报告、报表、文件和资料；

（五）中国保监会认为需要重点检查的其他情形。

第九十一条 中国保监会对保险机构的现场检查包括下列全部或者部分事项：

（一）机构设立或者变更事项的审批或者报备手续是否完备；

（二）申报材料的内容与实际情况是否相符；

（三）资本金、各项准备金是否真实、充足；

（四）偿付能力是否充足；

（五）资金运用是否合法；

（六）业务经营和财务情况是否良好，报表是否齐全、真实；

（七）是否按规定对使用的保险条款和保险费率报请审批或者备案；

（八）与保险中介的业务往来是否合法合规；

（九）高级管理人员的任用或者变更手续是否完备；

（十）需要事后报告的事项是否及时报告；

（十一）中国保监会认为需要检查的其他事项。

第九十二条 中国保监会对保险机构进行现场检查，保险机构应当予以配合，并按中国保监会要求提供有关文件、材料。

第九十三条 中国保监会工作人员进行现场检查时，检查人员不得少于2人，并应当出示有关证件和检查通知书。中国保监会委托会计师事务所等社会中介机构代其检查时，应当采用书面委托的形式。

第九十四条 保险机构应当按照规定及时向中国保监会报送营业报告、精算报告、财务会计报告、偿付能力报告和有关监管报表。

第九十五条 保险机构向中国保监会报送的各类报表、报告应当完整、真实、准确。

第九十六条 保险公司的营业报告、财务会计报告、偿付能力报告和有关报表应当由公司法定代表人或者总经理签名，年度财务报告和偿付能力报告还应当经注册会计师审计。保险公司的精算报告应当由中国保监会认可的精算人员签名。保险公司分支机构的报告和报表应当由机构负责人签名和分支机构签章。

第九十七条 保险公司的股东会、董事会的重大决议，应当于决议作出后30日内向中国保监会报告。

第九十八条 中国保监会根据监管职责的需要，可以对保险机构的高级管理人员进行监管谈话或者质询，要求其就保险业务经营活动和风险管理的重大事项作出说明。

第九十九条 保险机构或者其工作人员违反本规定，由中国保监会给予警告，责令改正，并根据有关法律、行政法规给予行政处罚；涉嫌犯罪的，依法移交司法机关追究其刑事责任。

第七章 附 则

第一百条 外资保险公司、再保险公司适用本规定；法律、行政法规或者中国保监会另有规定的，适用其规定。

第一百零一条 出口信用保险等政策性保险公司，在国家有关规定颁布以前，比照适用本规定。

第一百零二条 保险机构向中国保监会报送的各项报表、材料，应当用中文书写。原件为外文的，应当附中文译本；中文与外文意思不一致的，以中文表述为准。

第一百零三条 本规定中的有关期限，除以年、月表示的以外，均以工作日计算，不含法定节假日。

第一百零四条 本规定由中国保监会解释。

第一百零五条 本规定自2004年6月15日起施行。中国保监会2000年1月3日发布的《保险公司管理规定》（保监发［2000］2号）以及2002年3月15日发布的《关于修改〈保险公司管理规定〉有关条文的决定》（保监会令［2002］3号）同时废止。

中华人民共和国外资保险公司管理条例实施细则

中国保险监督管理委员会令

［2004］第4号

《中华人民共和国外资保险公司管理条例实施细则》已经2004年3月15日中国保险监督管理委员会主席办公会审议通过，现予公布，自2004年6月15日起施行。

主席　吴定富

2004年5月13日

第一条　根据《中华人民共和国保险法》和《中华人民共和国外资保险公司管理条例》（以下简称《条例》），制定本细则。

第二条　《条例》所称外国保险公司，是指在中国境外注册、经营保险业务的保险公司。

第三条　外国保险公司与中国的公司、企业合资在中国境内设立经营人身保险业务的合资保险公司（以下简称合资寿险公司），其中外资比例不得超过公司总股本的50%。

外国保险公司直接或者间接持有的合资寿险公司股份，不得超过前款规定的比例限制。

第四条　《条例》生效前在中国境内设立的外资保险公司，其注册资本或者营运资金不足2亿元人民币或者其等值的自由兑换货币的，应当在本细则生效后2年内缴足；未缴足注册资本或者营运资金的，对于其开展新业务的申请，中国保监会不予批准。

第五条　外资保险公司的注册资本或者营运资金应当为实缴货币。

第六条　外国保险公司分公司成立后，外国保险公司不得以任何形式抽回营运资金。

第七条　《条例》第八条第一项所称经营保险业务30年以上，是指外国保险公司持续经营保险业务30年以上，外国保险公司吸收合并其他机构或者与其他机构合并设立新保险公司的，不影响其经营保险业务年限的计算。

外国保险公司子公司的经营保险业务年限，从该子公司设立时开始计算。

第八条　《条例》第八条第二项所称代表机构，是指经中国保险监督管理委员会（以下简称中国保监会）批准的下列代表机构：

（一）外国保险公司设立的代表机构；

（二）外国保险公司所在的集团公司设立的代表机构。

第九条　外国保险公司或者其所在的集团公司设立的代表机构，只能适用于申请设立一家外资保险公司。

第十条　《条例》第八条第三项所称设立申请前1年年末，是指申请日的上一个会计年度末。

第十一条　《条例》第八条第七项所称其他审慎性条件，至少包括下列条件：

（一）法人治理结构合理；

（二）风险管理体系稳健；

（三）内部控制制度健全；

（四）管理信息系统有效；

（五）经营状况良好，无重大违法违规记录。

第十二条　申请人不能提供《条例》第九条第二项要求的营业执照（副本）的，可以提供营业执照的有效复印件或者有关主管当局出具的该申请人有权经营保险业务的书面证明。

第十三条　《条例》第九条第二项所称外国申请人所在国家或者地区有关主管当局对其符合偿付能力标准的证明，应当包括下列内容之一：

（一）在有关主管当局出具证明之日的上一个会计年度，该申请人的偿付能力符合该国家或者地区的监管要求；

（二）在有关主管当局出具证明之日的上一个会计年度中，该申请人没有不符合该国家或者地区偿付能力标准的记录。

第十四条　《条例》第九条第二项所称外国申请人所在国家或者地区有关主管当局对其申请的意见书，应当包括下列内容：

（一）该申请人申请在中国境内设立保险机构是否符合该国家或者地区的法律规定；

（二）是否同意该申请人的申请；

（三）在有关主管当局出具意见之日的前3年，该申请人受处罚的记录。

第十五条　《条例》第九条第三项所称年报，应当包括申请人在申请日的前3个会计年度的资产负债表、利润表和现金流量表。

前款所列报表应当附由申请人所在国家或者地区认可的会计师事务所或者审计师事务所出具的审计意见书。

第十六条　除法律、行政法规另有规定或者经国务院批准外，《条例》第九条第四项所称中国申请人应当符合下列条件：

（一）经工商行政管理部门登记注册的具有法人资格的公司或者企业，商业银行、证券机构以及《中华人民共和国外资企业法》规定的外资企业除外；

（二）经企业行政主管机关或者其股东会批准；

（三）经营状况良好，且申请日的上一个会计年度为盈利；

（四）以自有资金出资，来源合法。

第十七条　设立合资保险公司的中国申请人，应当提交的有关资料包括营业执照（副本）、公司或者企业的章程、业务结构、经营历史、最近3年的年报以及最近3年受处罚的记录。

第十八条　拟设外资保险公司的筹建负责人应当具备下列条件：

（一）大专以上学历；

（二）从事保险或者相关工作2年以上；

（三）无违法犯罪记录。

第十九条 申请人根据《条例》第十一条规定申请延长筹建期的，应当在筹建期期满之日的前1个月以内向中国保监会提交书面申请，并说明理由。

第二十条 《条例》第十一条第一项所称筹建报告，应当对该条其他各项的内容作出综述。

第二十一条 《条例》第十一条第四项所称法定验资机构，是指符合中国保监会要求的会计师事务所。

第二十二条 《条例》第十一条第四项所称验资证明，应当包括下列内容：

（一）法定验资机构出具的验资报告；

（二）注册资本或者营运资金的银行原始入账凭证的复印件。

第二十三条 《条例》第十一条第五项所称主要负责人，是指拟设外国保险公司分公司的总经理。

对拟任外国保险公司分公司主要负责人的授权书，是指由外国保险公司董事长或者总经理签署的、对拟任外国保险公司分公司总经理的授权书。

授权书应当明确记载被授权人的权限范围。

第二十四条 《条例》第十一条第六项所称拟设公司的高级管理人员，应当符合中国保监会规定的任职资格条件。

外国保险公司分公司的高级管理人员，应当具备保险公司总公司高级管理人员的任职资格条件。

第二十五条 《条例》第十一条第九项所称拟设公司的营业场所的资料，是指营业场所所有权或者使用权的证明文件。

《条例》第十一条第九项所称与业务有关的其他设施的资料，至少包括计算机设备配置、网络建设情况以及信息管理系统情况。

第二十六条 《条例》和本细则要求申请设立外资保险公司的外国保险公司提供的下列文件或者资料，应当经所在国家或者地区依法设立的公证机构公证，或者经中国驻该国使、领馆认证：

（一）营业执照（副本）或者营业执照的有效复印件；

（二）对拟任外国保险公司分公司主要负责人的授权书；

（三）外国保险公司对其中国境内分公司承担税务、债务的责任担保书。

第二十七条 外资保险公司可以根据业务发展需要申请设立分支机构。

外国保险公司分公司只能在其所在省、自治区或者直辖市的行政辖区内开展业务。合资保险公司、独资保险公司在其住所地以外的各省、自治区、直辖市开展业务的，应当设立分公司。

外资保险公司可以根据实际情况申请设立中心支公司、支公司、营业部或者营销服务部。营销服务部的设立和管理，中国保监会另有规定的，适用其规定。

第二十八条 合资保险公司、独资保险公司以最低注册资本人民币2亿元设立的，在其住所地以外的每一省、自治区、直辖市首次申请设立分公司，应当增加不少于人民币2000万元的注册资本。

申请设立分公司时，合资保险公司、独资保险公司注册资本达到前款规定的增资后额度的，可以不再增加相应的注册资本。

合资保险公司、独资保险公司注册资本达到人民币5亿元，在偿付能力充足的情况下，设立分公司不需要增加注册资本。

第二十九条 外资保险公司申请设立分支机构，应当具备下列条件：

（一）偿付能力额度符合中国保监会有关规定；

（二）内控制度健全，无受处罚的记录；经营期限超过2年的，最近2年内无受处罚的记录；

（三）具有符合中国保监会规定任职资格条件的分支机构高级管理人员。

第三十条 设立分支机构，应当由外资保险公司向中国保监会提出申请，并提交下列材料一式三份：

（一）设立申请书；

（二）上一年度末和最近季度末经审计的偿付能力状况报告；

（三）拟设机构3年业务发展规划和市场分析；

（四）拟设机构筹建负责人的简历及相关证明材料。

第三十一条 中国保监会应当对设立分支机构的申请进行审查，自收到完整的申请材料之日起20日内作出批准或者不批准筹建的决定；决定不批准的，应当书面通知申请人并说明理由。

申请被批准后，申请人应当在6个月内完成分支机构的筹建。在规定期限内未完成筹建工作，有正当理由的，经中国保监会批准，筹建期可延长3个月。在延长期内仍未完成筹建工作的，中国保监会作出的原批准文件自动失效。

筹建机构不得从事任何保险业务经营活动。

第三十二条 分支机构筹建工作完成后，申请人应当向中国保监会提出开业申请，并提交下列材料一式三份：

（一）开业申请书；

（二）筹建工作完成情况报告；

（三）拟任高级管理人员简历及有关证明；

（四）拟设机构办公场所所有权或者使用权的有关证明，计算机设备配置及网络建设情况，内部机构设置及从业人员情况等。

第三十三条 中国保监会应当自收到设立分支机构完整的开业申请文件之日起20日内，作出核准或者不予核准的决定。决定核准的，颁发分支机构经营保险业务许可证；决定不予核准的，应当书面通知申请人并说明理由。

经核准开业的保险公司分支机构，应当持核准文件及保险许可证，向工商行政管理部门办理登记注册手续，领取营业执照后方可营业。

第三十四条 外资保险公司及其分支机构的高级管理人员，其任职资格审核与管理，按照中国保监会的有关规定执行，本细则另有规定的除外。

第三十五条 合资、独资财产保险公司因分立、合并或者公司章程规定的解散事由出现，申请解散的，应当报中国保监会批准，并提交下列资料：

（一）公司董事长签署的申请书；

（二）公司股东会的决议；

（三）拟成立的清算组人员构成及清算方案；

（四）未了责任的处理方案。

第三十六条 经中国保监会批准解散的合资、独资财产保险公司，应当自收到中国保监会批准文件之日起，停止新的业务经营活动，向中国保监会缴回经营保险业务许可证，并在15日内成立清算组。

第三十七条 清算组应当自成立后5日内将公司开始清算程序的情况书面通知工商行政管理、税务、劳动与社会保障等有关部门。

第三十八条 清算组应当自成立之日起1个月内聘请符合中国保监会要求的会计师事务所进行审计；自聘请之日起3个月内向中国保监会提交审计报告。

第三十九条 清算组应当在每月10号前向中国保监会报送有关债务清偿、资产处置等最新情况报告。

第四十条 《条例》第二十八条所称报纸，是指中国保监会指定的报纸。

第四十一条 外国财产保险公司申请撤销其在中国境内分公司的，应当报中国保监会批准，并提交下列资料：

（一）外国财产保险公司董事长或者总经理签署的申请书；

（二）拟成立的清算组人员构成及清算方案；

（三）未了责任的处理方案。

外国财产保险公司撤销其在中国境内分公司的具体程序，适用《条例》及本细则有关合资、外资财产保险公司申请解散的程序。

外国财产保险公司分公司的总公司解散、依法被撤销或者宣告破产的，外国财产保险公司分公司的清算及债务处理适用《条例》第三十条及本细则有关合资、独资财产保险公司解散的相应规定。

第四十二条 外资保险公司违反本细则有关规定的，由中国保监会依据《保险法》、《条例》等法律、行政法规进行处罚。

第四十三条 《条例》及本细则要求提交、报送的文件、资料和书面报告，应当提供中文本，中外文本表述不一致的，以中文本的表述为准。

第四十四条 《条例》及本细则规定的期限，从有关资料送达中国保监会之日起计算。申请人申请文件不全、需要补交资料的，期限应当从申请人的补交资料送达中国保监会之日起重新计算。

本细则有关批准、报告期间的规定是指工作日。

第四十五条 对外资保险公司的管理，《条例》和本细则未作规定的，适用其他法律、行政法规与中国保监会的有关规定。

外资再保险公司的设立适用《再保险公司设立规定》，《再保险公司设立规定》未作规定的，适用本细则。

第四十六条 香港特别行政区、澳门特别行政区和台湾地区的保险公司在内地设立和营业的保险公司，比照适用《条例》和本细则；法律、行政法规或者行政协议另有规定的，适用其规定。

第四十七条 本细则自2004年6月15日起施行。

保险外汇资金境外运用管理暂行办法

中国保险监督管理委员会令

［2004］第9号

中国保险监督管理委员会和中国人民银行共同制定了《保险外汇资金境外运用管理暂行办法》，现予公布，自公布之日起施行。

中国保险监督管理委员会主席　吴定富
中国人民银行行长　周小川
2004年8月9日

第一章　总　则

第一条 为了加强管理保险外汇资金的境外运用，防范风险，保障被保险人的利益，根据《中华人民共和国保险法》、《中华人民共和国外汇管理条例》等法律、行政法规，制定本办法。

第二条 本办法所称保险公司是指在中华人民共和国境内，经中国保险监督管理委员会（以下简称中国保监会）批准设立并依法登记注册的中资保险公司、外资独资保险公司、中外合资保险公司和外国保险公司分公司。

本办法所称保险外汇资金是指保险公司以外币计价的资本金、公积金、未分配利润、各项准备金和存入保证金的总和。

第三条 保险公司从事外汇资金的境外运用应当遵循安全性、流动性和盈利性原则，谨慎投资，自主经营，自担风险。

第四条 保险公司从事外汇资金的境外运用应当遵守有关保险和外汇管理的法律、行政法规及本办法，遵守境外的相关法律及规定。

第五条 中国保监会和国家外汇管理局（以下简称国家外汇局）依法对保险外汇资金的境外运用实施监督管理。

第二章　资格条件

第六条 保险公司从事外汇资金的境外运用，应当具备下列条件：

（一）具有经营外汇业务许可证；

（二）上年末总资产不低于50亿元人民币；

（三）上年末外汇资金不低于1 500万美元或者其等值的自由兑换货币；

（四）偿付能力额度符合中国保监会有关规定；

（五）设有专业的资金运用部门或者相关的保险资产管理公司；

（六）内部管理制度和风险控制制度符合《保险资金运用风险控制指引》的规定；

（七）拥有2年以上境外投资经历的专业管理人员的数量符合有关规定；

（八）中国保监会和国家外汇局规定的其他条件。

第七条 保险公司从事外汇资金的境外运用，应当在公司上年末外汇资金余额内，向国家外汇局提出汇出境外的投资付汇申请，并提交下列文件和材料一式三份：

（一）申请书，至少应当包括申请人的基本情况、拟申请投资付汇额度以及投资计划；

（二）上一年度经会计事务所审计的公司财务报表及外币资产负债表；

（三）上一年度末和最近季度末经会计事务所审计的偿付能力状况报告及其说明；

（四）内设的专业资金运用部门或者相关的保险资产管理公司情况介绍；

（五）内部管理制度和风险控制制度；

（六）从事境外投资的专业人员简历；

（七）境内托管人的有关材料和托管协议草案；

（八）境外受托人的有关材料和资产委托管理协议草案，没有境外受托人的除外；

（九）中国保监会和国家外汇局规定的其他材料。

国家外汇局应当自收到完整的申请文件之日起 20 日内，作出核准或者不予核准的决定。决定核准的，应当书面通知申请人核准的投资付汇额度；决定不予核准的，应当书面通知申请人并说明理由。核准或者不予核准的决定同时抄送中国保监会。

第八条 保险公司因增资扩股、海外上市等因素外汇资金增加的，可以向国家外汇局提交有关文件和材料申请增加当年的投资付汇额度。

国家外汇局应当按照本办法第七条的规定进行核准。

第三章　投资范围和比例

第九条 保险外汇资金的境外运用限于下列投资品种或者工具：

（一）银行存款；

（二）外国政府债券、国际金融组织债券和外国公司债券；

（三）中国的政府或者企业在境外发行的债券；

（四）银行票据、大额可转让存单等货币市场产品；

（五）国务院规定范围内的其他投资品种和工具。

前款第（一）项所称银行是指中资商业银行的境外分行和国际公认评级机构最近 3 年对其长期信用评级在 A 级或者相当于 A 级以上的外国银行。

前款第（二）项所称债券是指国际公认评级机构对其评级在 A 级或者相当于 A 级以上的债券。

前款第（四）项所称货币市场产品是指国际公认评级机构对其评级在 AAA 级或者相当于 AAA 级的货币市场固定收益产品。

第十条 保险外汇资金的境外运用，其比例应当符合下列规定：

（一）保险公司的可投资总额，不得超过公司上年末外汇资金余额的 80%，保险公司出现本办法第八条规定情形的，其可投资总额不得超过其上年末外汇资金余额与增加资金合计的 80%；

（二）保险公司的实际投资总额，不得超过国家外汇局核准的投资付汇额度；

（三）保险公司在同一银行的存款，不得超过国家外汇局核准投资付汇额度的 30%，其在境外外汇资金运用结算账户的资金余额不受本项规定限制；

（四）除中国的政府或者企业在境外发行的债券外，保险公司投资信用评级在 A 级的所有债券余额，按成本价格计算，不得超过国家外汇局核准投资付汇额度的 30%；

（五）除中国的政府或者企业在境外发行的债券外，保险公司投资信用评级在 AA 级以下的所有债券余额，按成本价格计算，不得超过国家外汇局核准投资付汇额度的 70%；

（六）保险公司投资同一公司或者企业发行债券的余额，按成本价格计算，不得超过国家外汇局核准投资付汇额度的 10%；

（七）保险公司投资中国的政府或者企业在境外发行债券的余额，按成本价格计算，不得超过国家外汇局核准的投资付汇额度。

第四章　投资管理

第十一条 保险外汇资金的境外运用业务应当由总公司统一进行资产战略配置，内设的专业资金运用部门或者相关保险资产管理公司负责业务管理。

保险公司分支机构不得从事外汇资金的境外运用业务。

第十二条 保险外汇资金的境外运用必须依据《保险资金运用风险控制指引》，建立完善的风险控制制度。

风险控制制度至少应当包括投资决策流程、投资授权制度、研究报告制度、风险评估和绩效考核指标体系。

第十三条 保险公司从事外汇资金境外运用，可以委托符合本办法第十四条规定条件的境外专业投资机构进行投资管理。

第十四条 受托管理保险外汇资金的境外专业投资机构，应当具备下列条件：

（一）依照所在国家或者地区的法律，可以经营资产管理业务；

（二）风险监控指标符合所在国家或者地区的法律和监管部门的相关规定；

（三）实收资本和净资产均不低于 6 000 万美元或者其等值的自由兑换货币，管理资产规模不低于 500 亿美元或者其等值的自由兑换货币；

（四）法人治理结构健全，内部管理制度和风险控制机制完善，最近 3 年在所在国家或者地区，无重大违法、违规行为的记录；

（五）具有 10 年以上国际资产管理业务经验，并有相应数量的专业投资人员；

（六）书面承诺在必要时，根据中国保监会的要求，如实提供有关保险外汇资金境外运用的交易情况；

（七）所在国家或者地区的金融监管制度完善，金融监管部门与中国金融监管机构已签订监管合作谅解备忘录，并保持着有效的监管合作关系；

（八）中国保监会规定的其他审慎条件。

境内金融机构在境外设立的专业投资机构，受托管理保险外汇资金的规定，由中国保监会另行制定。

第十五条 保险公司委托境外受托人进行投资管理的，应当由内设的专业资金运用部门或者相关的保险资产管理公司负责委托事务，评价委托资产的风险状况、境外受托人的投资业绩和管理能力。

选择境外受托人管理保险外汇资金，应当充分考虑管理风险，委托管理的外汇资金应当适度分散。

第十六条 保险外汇资金的境外运用应当注重在期限结构、币种结构等方面与外汇资金的负债相匹配。

保险外汇资金的境外运用应当优先购买中国的政府和企业在境外发行的债券。

第五章 资产托管

第十七条 保险公司从事外汇资金的境外运用，应当委托境内商业银行托管其境外运用的全部资产。

前款所称商业银行是指中国境内的中资银行、外国银行分行、中外合资银行和外资独资银行。

第十八条 作为保险公司境内托管人的商业银行，应当具备下列条件：

（一）取得外汇指定银行资格3年以上；

（二）实收资本不低于80亿元人民币，其中中资银行的外汇资本金不低于10亿元人民币等值的自由兑换货币，外国银行分行的实收资本按其总行计算；

（三）取得境内证券投资基金托管业务资格；

（四）法人治理结构健全，内部管理制度和风险控制机制完善；

（五）设有专门的托管部门和相应数量熟悉全球托管业务的专职人员；

（六）具备安全、高效的清算交割系统及灾难应变机制；

（七）最近3年无重大违法、违规行为的记录，且其总行或者分行未受所在国家或者地区监管部门的重大处罚；

（八）中国保监会和国家外汇局规定的其他条件。

外国银行分行，其总行托管规模在1 000亿美元以上的，可以不受前款第（三）项规定条件的限制。

第十九条 保险公司的境内托管人，应当履行下列义务：

（一）保管保险公司托管的外汇资金和证券；

（二）开设保险外汇资金的境内托管账户、境外外汇资金运用结算账户和证券托管账户；

（三）办理外汇资金的汇出、汇入以及相关汇兑手续；

（四）与境外托管代理人共同监督保险公司、保险资产管理公司、境外受托人的境外投资运作；

（五）发现保险公司、保险资产管理公司或者境外受托人投资指令违法、违规的，及时通知保险公司；

（六）监督境外托管代理人，确保保险外汇资金被安全托管；

（七）保存保险公司境外运用的外汇资金汇入、汇出、资金往来及证券交易的记录、凭证等相关资料，不少于15年；

（八）按照《国际收支统计申报办法》、《金融机构进行国际收支统计申报的业务操作规程》、《金融机构对境外资产负债及损益申报业务操作规定》等规定，办理国际收支统计申报；

（九）协助中国保监会和国家外汇局检查保险外汇资金的境外运用情况；

（十）中国保监会和国家外汇局规定的其他义务。

第二十条 保险公司的境内托管人应当按照下列要求提交有关报告：

（一）自开设保险公司的境内托管账户、境外外汇资金运用结算账户和证券托管账户之日起5日内，报告中国保监会和国家外汇局；

（二）自保险公司汇出本金或者汇回本金、收益之日起2日内，向国家外汇局报告有关资金的汇出、汇入情况，并抄送中国保监会；

（三）每月结束后5日内，向中国保监会和国家外汇局报告有关保险公司境内托管账户的收支情况；

（四）每一季度结束后10日内，向中国保监会和国家外汇局报送保险外汇资金的境外运用情况报表；

（五）每一会计年度结束后1个月内，向中国保监会和国家外汇局报送保险公司上一年度外汇资金的境外运用情况报表；

（六）发现保险公司、保险资产管理公司或者境外受托人投资指令违法、违规的，及时向中国保监会和国家外汇局报告；

（七）中国保监会和国家外汇局规定的其他报告事项。

第二十一条 保险公司在收到国家外汇局有关投资付汇额度的核准文件后，应当持核准文件，与境内托管人签订托管协议，并开立境内托管账户。

第二十二条 保险公司应当自境内托管账户开设之日起5日内，向中国保监会和国家外汇局报送下列文件：

（一）托管协议；

（二）境内托管人按规定监督保险公司使用境内托管账户、境外外汇资金运用结算账户和证券托管账户的书面承诺。

托管协议必须载明本办法第十九条、第二十条规定的境内托管人义务，境内托管人违反上述义务，中国保监会或者国家外汇局要求保险公司更换境内托管人的，保险公司有权提前终止合同。

第二十三条 下列资金属于保险公司境内托管账户的收入范围：

（一）保险公司划入的外汇资金；

（二）境外汇回的保险外汇资金；

（三）银行存款本金及利息收入；

（四）债券利息收入及卖出债券所得价款；

（五）货币市场产品的利息收入及卖出货币市场产品的所得价款；

（六）其他收入。

第二十四条 下列支出属于保险公司境内托管账户的支出范围：

（一）划入境外外汇资金运用结算账户的资金；

（二）汇回保险公司的保险外汇资金；

（三）银行存款；

（四）买入债券支付的价款，包括支付的印花税、资本利得税等税费；

（五）货币兑换费、托管费以及资产管理费；

（六）各类手续费；

（七）其他支出。

第二十五条 境内托管人选择境外商业银行作为其境外托管代理人的，应当满足托管协议规定的条件。

境内托管人应当在境外托管代理人处，开设保险外汇资金的境外外汇资金运用结算账户和证券托管账户，用于与境外证券登记结算机构之间的资金结算业务和证券托管业务。

第二十六条 境内托管人应当选择满足下列条件的境外商业银行，作为其境外托管代理人：

（一）实收资本不低于25亿美元或者其等值的自由兑换货币；

（二）国际公认评级机构最近3年对其长期信用评级在A级或者相当于A级以上；

（三）具有所在国家或者地区监管部门认定的托管资格，或者与境内托管人具有合作关系；

（四）法人治理结构健全、内部管理制度和风险控制机制完善；

（五）设有专门的托管部门，拥有相应数量熟悉所在国家或者地区托管业务的专职人员；

（六）具备安全、高效的清算交割系统及灾难应变机制；

（七）最近3年在所在国家或者地区，无受重大处罚记录；

（八）所在国家或者地区的金融监管制度完善，金融监管部门与中国金融监管机构已签订监管合作谅解备忘录，并保持着有效的监管合作关系；

（九）中国保监会和国家外汇局规定的其他审慎条件。

第二十七条 保险公司的境内托管人和境外托管代理人必须将其自有资产和受托资产严格分开，必须为不同保险公司境外运用的外汇资金分别设置账户、分别管理。

第六章 监督管理

第二十八条 国家外汇局可以根据国际收支总体状况，调整保险外汇资金境外运用的投资付汇额度。

第二十九条 保险公司从事外汇资金的境外运用，不得超出本办法第九条、第十条的规定，且不得有下列行为：

（一）向他人发放贷款或者提供担保；

（二）洗钱；

（三）与境外受托人、境内托管人和境外托管代理人合谋获取非法利益；

（四）中国和境外的相关法律及规定禁止的行为。

第三十条 保险公司与境外受托人、境内托管人签订相关协议时，应当明确要求境外受托人、境内托管人及时向中国保监会和国家外汇局提供有关报表及相关资料。

第三十一条 中国保监会和国家外汇局可以要求保险公司、境内托管人提供保险外汇资金境外运用的有关资料；必要时，可以对保险公司进行现场检查或者委托专业中介机构进行现场检查。

第三十二条 受托管理保险外汇资金的境外商业银行，不得兼任境内托管人和境外托管代理人。

第三十三条 保险公司发生下列情形之一的，应当在发生后5日内向国家外汇局报告：

（一）变更境外受托人、境内托管人或者境外托管代理人的；

（二）公司注册资本和股东结构发生重大变化的；

（三）涉及重大诉讼、受到重大处罚和其他重大事项的；

（四）国家外汇局规定的其他情形。

保险公司发生前款规定的第（一）项、第（三）项情形的，应当同时报告中国保监会。

第三十四条 保险公司的境内托管人发生下列情形之一的，应当在发生后5日内报告中国保监会和国家外汇局：

（一）注册资本和股东结构发生重大变化的；

（二）涉及重大诉讼、受到重大处罚的；

（三）中国保监会和国家外汇局规定的其他事项。

第三十五条 保险公司和保险公司的境内托管人违反本办法和其他有关保险及外汇管理规定的，由有关监管部门按照各自的权限和监管职责给予行政处罚。

保险公司违反本办法情节严重的，中国保监会可以限制其业务范围、责令其停止接受新业务或者吊销其经营保险业务许可证。

境内托管人违反本办法情节严重的，中国保监会可以责令保险公司予以更换。

第三十六条 受托管理保险外汇资金的境外受托人违反有关规定时，中国保监会和国家外汇局可以要求保险公司更换境外受托人。

第七章 附 则

第三十七条 本办法所称上报中国保监会和国家外汇局的材料，以中文文本为准。

第三十八条 保险公司在香港特别行政区、澳门特别行政区运用外汇资金，参照本办法相关条款执行。

第三十九条 保险资产管理公司外汇资金境外运用参照本办法执行。

第四十条 本办法所称的“日”是指工作日，不含法定节假日。

第四十一条 本办法由中国保监会和中国人民银行负责解释。

第四十二条 本办法自公布之日起施行。

电影企业经营资格准入暂行规定

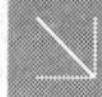

国家广播电影电视总局、中华人民共和国商务部令
第 43 号

《电影企业经营资格准入暂行规定》经国家广播电影电视总局2004年6月15日局务会议审议通过、中华人民共和国商务部审议通过，现予发布，自2004年11月10日起施行。

国家广播电影电视总局局长　徐光春
中华人民共和国商务部部长　薄熙来
2004年10月10日

第一章　总　　则

第一条　为了充分调动社会力量，加快发展电影产业，培育市场主体，规范市场准入，增强电影业的整体实力和竞争力，促进社会主义电影业繁荣，满足广大人民群众的精神文化生活需求，根据《中华人民共和国中外合资经营企业法》、《中华人民共和国中外合作经营企业法》、《电影管理条例》，制定本规定。

第二条　本规定适用于境内公司、企业和其他经济组织经营电影制作、发行、放映、进出口业务及境外公司、企业和其他经济组织参与经营电影制作、放映业务的资格准入管理。

第三条　国家对电影制作、发行、放映、进出口经营资格实行许可制度。

第四条　国家广播电影电视总局（以下简称广电总局）为全国电影制片、发行、放映、进出口经营资格准入的行业行政管理部门。

第二章　电影制作

第五条　国家允许境内公司、企业和其他经济组织（不包括外商投资企业）设立电影制片公司。申请设立电影制片公司，由境内公司、企业和其他经济组织向广电总局提出申请。

（一）已取得《摄制电影许可证》的境内公司、企业和其他经济组织（不包括外商投资企业）联合设立电影制片公司的，申报条件及程序如下：

1. 公司注册资本不少于100万元人民币；

2. 提交申请书、合同、章程、工商行政管理部门颁发的各方营业执照复印件、公司名称预核准通知书。

（二）未取得《摄制电影许可证》的境内公司、企业和其他经济组织（不包括外商投资企业），首次拍摄电影片时须设立影视文化公司，由影视文化公司申请领取《摄制电影片许可证（单片）》。取得《摄制电影片许可证（单片）》的申报条件及程序如下：

1. 地（市）级以上工商行政管理部门注册的各类影视文化单位，均有资格申领《摄制电影片许可证（单片）》；

2. 提交申请书、工商行政管理部门颁发的营业执照复印件、制作影片的资金来源证明、拟摄制影片的文学剧本（故事梗概）一式三份；

3. 广电总局在20个工作日内对申报的摄制资格及电影文学剧本（故事梗概）进行审查。审查合格的，发给《摄制电影片许可证（单片）》。申报单位持广电总局出具的批准文件到所在地工商行政管理部门办理相关手续；不批准的，书面回复理由；

4. 取得《摄制电影片许可证（单片）》的单位，享有影片一次性出品权。出品人可独立出品，也可与其他制片单位（含影视文化单位）联合出品；

5.《摄制电影片许可证（单片）》实行一片一报制度。

（三）已取得《摄制电影片许可证（单片）》的境内公司、企业和其他经济组织（不包括外商投资企业）单独或联合设立电影制片公司的申报条件及程序如下：

1. 已经以《摄制电影片许可证（单片）》的形式投资拍摄了两部以上电影片；

2. 注册资本不少于100万元人民币；

3. 提交申请书、工商行政管理部门颁发的营业执照（联合设立电影制片公司的，还要提供合同、章程、工商行政管理部门颁发的各方营业执照复印件）、公司名称预核准通知书；

4. 投资摄制两部电影片的《摄制电影片许可证（单片）》、《电影片公映许可证》等相关材料。

（四）符合（一）、（三）项的，广电总局在20个工作日内颁发《摄制电影许可证》。申报单位持广电总局出具的批准文件到所在地工商行政管理部门办理相关手续，并报广电总局备案；不批准的，书面回复理由。

第六条　允许境内公司、企业和其他经济组织（以下简称中方）与境外公司、企业和其他经济组织（以下简称外方）合资、合作设立电影制片公司（以下简称合营公司）。申请设立合营公司，由中方向广电总局提出申请。申报条件及程序如下：

（一）中方已取得《摄制电影许可证》的或已取得两个《摄制电影片许可证（单片）》的；

（二）合营公司注册资本不少于500万元人民币；

（三）外资在注册资本中的比例不得超过49%；

（四）符合（一）、（二）、（三）项的，由中方向广电总局提交项目申请书、可行性研究报告、合同、章程、合营各方注册登记证明（或身份证明）、资信证明、公司名称预核准通知书等。广电总局依法予以审核。经审核合格的，出具核准文件并颁发《摄制电影许可证》；

（五）符合（一）、（二）、（三）、（四）项的，由中方持广电总局出具的核准文件及本条（四）中所列文件，报商务部审批。商务部依法做出批准或不批准的决定。经批准的，颁发《外商投资企业批准证书》；不予批准的，书面回复理由；

（六）申报单位持广电总局、商务部的批准文件，到所在地工商行政管理部门办理相关手续。

第七条 按照本规定第五条、第六条，取得《摄制电影许可证》的电影制片公司，依照《电影管理条例》享有与国有电影制片单位同等的权利和义务。

第八条 允许境内公司、企业和其他经济组织（不包括外商投资企业）设立电影技术公司，改造电影制片、放映基础设施和技术设备。申报条件及程序如下：

（一）注册资本不少于500万元人民币；

（二）提交申请书、工商行政管理部门颁发的营业执照（联合设立电影技术公司的还要提供合同、章程、各方营业执照复印件）、公司名称预核准通知书；

（三）符合（一）、（二）项的，申报单位持广电总局出具的批准文件到所在地工商行政管理部门办理相关手续，并报广电总局备案；不批准的，书面回复理由。

第九条 允许境内公司、企业和其他经济组织（以下简称中方）与境外公司、企业和其他经济组织（以下简称外方）合资、合作设立电影技术公司，改造电影制片、放映基础设施和技术设备。申报条件及程序如下：

（一）注册资本不少于500万元人民币；

（二）外资在注册资本中的比例不得超过49%，经国家批准的省市可以控股；

（三）符合（一）、（二）项的，由中方向广电总局提交项目申请书、可行性研究报告、合同、章程、合营各方注册登记证明（或身份证明）、资信证明、公司名称预核准通知书等。广电总局依法予以审核。经审核合格的，出具核准文件；

（四）符合（一）、（二）、（三）项的，由中方持广电总局出具的核准文件及本条（三）中所列文件，报商务部审批。商务部依法做出批准或不批准的决定。经批准的，颁发《外商投资企业批准证书》；不予批准的，书面回复理由；

（五）申报单位持广电总局、商务部的批准文件，到所在地工商行政管理部门办理相关手续。

第三章 电影发行、放映

第十条 鼓励境内公司、企业和其他经济组织（不包括外商投资企业）设立专营国产影片发行公司。申报条件及程序如下：

（一）注册资本不少于50万元人民币；

（二）受电影出品单位委托代理发行过两部电影片或受电视剧出品单位委托发行过两部电视剧；

（三）提交申请书、工商行政管理部门颁发的营业执照复印件、公司名称预核准通知书、已代理发行影视片的委托证明等材料；

（四）符合（一）、（二）、（三）项并向广电总局申请设立专营国产影片发行公司的，由广电总局在20个工作日内颁发全国专营国产影片的《电影发行经营许可证》；向当地省级电影行政管理部门申请设立专营国产影片发行公司的，由当地省级电影行政管理部门在20个工作日内颁发本省（区、市）专营国产影片的《电影发行经营许可证》。申报单位持电影行政管理部门出具的批准文件到所在地工商行政管理部门办理相关手续。不批准的，书面回复理由。

第十一条 广电总局依照关于发行放映国产影片的年度考核的有关规定，对取得《电影发行经营许可证》的公司进行年度考核。

第十二条 允许电影院线公司以紧密型或松散型进行整合。鼓励以跨省院线为基础，按条条管理的原则重新整合。不允许按行政区域整体兼并院线。院线整合报广电总局审批。

鼓励境内公司、企业和其他经济组织（不包括外商投资企业）投资现有院线公司或单独组建院线公司。

（一）以参股形式投资现有院线公司的，参股单位须在三年内投资不少于3 000万元人民币，用于本院线中电影院的新建、改造；以控股形式投资现有院线公司的，控股单位须在三年内投资不少于4 000万元人民币，用于本院线中电影院的新建、改造；单独组建省内或全国电影院线公司的，组建单位须在三年内投资不少于5 000万元人民币用于本院线中电影院的新建、改造；

（二）组建省（区、市）内院线公司的，由所在地省、自治区、直辖市人民政府电影行政管理部门在20个工作日内审批，并报广电总局备案；组建跨省院线公司的，由广电总局在20个工作日内审批。申报单位持电影行政管理部门出具的批准文件到所在地工商行政管理部门办理相关手续。不批准的，书面回复理由。

第十三条 鼓励境内公司、企业和其他经济组织（不包括外商投资企业）组建少年儿童电影发行放映院线。

（一）凡在省（区、市）内与20家以上中小学校、少年宫、儿童活动中心、影剧院、礼堂等签订电影供片协议的，可向当地省级电影行政管理部门申请，设立一条省（区、市）内少年儿童电影发行放映院线；

（二）凡在不同省（区、市）与30家以上中小学校、少年宫、儿童活动中心、影剧院、礼堂等签订电影供片协议的，可向广电总局提出申请，设立一条跨省（区、市）的少年儿童电影发行放映院线；

（三）组建省（区、市）内院线公司的，由所在地省、自治区、直辖市人民政府电影行政管理部门在20个工作日内审批，并报广电总局备案；组建跨省院线公司的，由广电总局在20个工作日内审批。申报单位持电影行政管理部门出具的批准文件到所在地工商行政管理部门办理相关手续。不批准的，书面回复理由。

第十四条 鼓励境内公司、企业和其他经济组织及个人依照《电影管理条例》在全国农村以多种方式经营电影发行、放映业务，在城市社区、学校经营电影放映业务。

第十五条 鼓励境内公司、企业和其他经济组织及个人投资建设、改造电影院。经营电影放映业务，须报县级以上地方电影行政管理部门批准，到所在地工商行政管理部门办理相关手续。

外商投资电影院依照《外商投资电影院暂行规定》管理。

第四章 电影进出口

第十六条 电影进口经营业务由广电总局批准的电影进口经营企业专营。进口影片全国发行业务由广电总局批准的具有进口影片全国发行权的发行公司发行。

第十七条 鼓励影片摄制单位多渠道出口取得《电影片公映许可证》的国产影片。

第五章 附 则

第十八条 广电总局颁发的《摄制电影许可证》、《电影发行经营许可证》实行隔年检验制度。地方电影行政管理部门按照管理权限，对颁发的《电影发行经营许可证》、《电影放映经营许可证》实行年检制度。

第十九条 本办法未作规定的，依照《电影管理条例》及有关规定执行。

第二十条 本规定由广电总局、商务部负责解释。

第二十一条 本规定自2004年11月10起施行。广电总局《电影制片、发行、放映经营资格准入暂行规定》（广电总局令第20号）、《关于取得〈摄制电影许可证（单片）〉资格认证制度的实施细则（试行）》（广发办字［2001］1483号）同时废止。

中外合作制作电视剧管理规定

国家广播电影电视总局令

第41号

《中外合作制作电视剧管理规定》经2004年6月15日局务会议通过，现予发布，自2004年10月21日起施行。

局长 徐光春

2004年9月21日

第一条 为促进中外文化交流，繁荣电视剧创作，加强中外合作制作电视剧管理，保护制作者的合法权益，制定本规定。

第二条 本规定适用于境内广播电视节目制作机构（以下称中方）与外国法人及自然人（以下称外方）合作制作电视剧（含电视动画片）的活动。

第三条 国家广播电影电视总局（以下称广电总局）负责全国中外合作制作电视剧（含电视动画片）的管理工作，对境外合作方、数量和中外联合制作电视剧（含电视动画片）题材实施调控。

省级广播电视行政部门负责本行政区域内中外合作制作电视剧（含电视动画片）的具体管理工作。

第四条 国家对中外合作制作电视剧（含电视动画片）实行许可制度。

未经批准，不得从事中外合作制作电视剧（含电视动画片）活动；未经审查通过的中外合作制作电视剧（含电视动画片）完成片，不得发行和播出。

第五条 中外合作制作电视剧可以采取下列形式：

（一）联合制作，系指中方与外方共同投资、共派主创人员、共同分享利益及共同承担风险的电视剧（含电视动画片）制作方式；

（二）协作制作，系指由外方出资并提供主创人员，在境内拍摄全部或部分外景，中方提供劳务或设备、器材、场地予以协助的电视剧制作方式；

（三）委托制作，系指外方出资，委托中方在境内制作的电视剧制作方式。

第六条 申请中外联合制作电视剧立项，应符合下列条件：

（一）中方机构须持有《电视剧制作许可证（甲种）》；

（二）中方机构应对联合制作的电视剧向广电总局同时申报合拍电视剧题材规划；

（三）双方共同投资，包括以货币直接投资，或以劳务、实物、广告时间等折价作为投资；

（四）前期创意、剧本写作等主要创作要素由双方共同确定；

（五）共派创作人员、技术人员参与全程摄制。电视剧主创人员（编剧、制片人、导演、主要演员）中，中方人员不得少于三分之一；

（六）电视剧的国内外版权归中方及外方共同所有。

第七条 申请中外联合制作电视剧立项，应提交下列书面材料：

（一）申请书；

（二）《电视剧制作许可证（甲种）》复印件；

（三）省级广播电视行政部门的初审意见（直接从广电总局申领《电视剧制作许可证（甲种）》的中方制作机构除外）；

（四）每集不少于5 000字的分集梗概或完整的剧本；

（五）境内外主创人员（编剧、制片人、导演、主要演员）名单及履历；

（六）制作计划、境内拍摄景点及详细拍摄日程；

（七）合作协议意向书；

（八）外方法人注册登记证明（外方为自然人的，应提交履历）、资信证明。审批机关可以要求外方提交经过公证的境外第三者担保书。

第八条 申请中外联合制作电视动画片立项，应符合下列条件：

（一）中方机构须持有《广播电视节目制作经营许可证》；

（二）中方机构应对联合制作的电视动画片向广电总局同时申报合拍电视动画片题材规划；

（三）双方共同投资，包括以货币直接投资，或以劳务、实物、广告时间等折价作为投资；

（四）前期创意、剧本写作等主要创作要素由双方共同确定；

（五）电视动画片的国内外版权归中方及外方共同所有。

第九条 申请中外联合制作电视动画片立项，应提交以下材料：

（一）申请书；

（二）《广播电视节目制作经营许可证》复印件；

（三）省级广播电视行政部门的初审意见（直接从广电总局申领《电视剧制作许可证（甲种）》的中方制作机构除外）；

（四）每集不少于500字的分集梗概或完整的剧本；

（五）合作协议意向书；

（六）外方法人注册登记证明（外方为自然人的，应提交履历）、资信证明。审批机关可以要求外方提交经过公证的境外第三者担保书。

第十条 申请中外协作制作、委托制作电视剧（含电视动画片），应提交下列文件：

（一）申请书；

（二）每集不少于1 500字的分集梗概或完整的剧本；

（三）主创人员（编剧、制片人、导演、主要演员）名单；

（四）境内拍摄景点及拍摄计划；

（五）合作协议意向书；

（六）审批机关可以要求外方提供的相关资信证明。

第十一条 直接从广电总局申领《电视剧制作许可证（甲种）》的中方制作机构申请与外方合作制作电视剧（含电视动画片），向广电总局申报。

其他中方制作机构申请与外方合作制作电视剧（含电视动画片），经所在地省级广播电视行政部门同意，报广电总局审批。

第十二条 广电总局在正式受理中外合作制作电视剧（含电视动画片）申请后，应当在法定期限内作出是否准予拍摄的决定。其中中外联合制作电视剧（含电视动画片）的审查时间为五十日（含专家评审时间三十日）；中外协作制作、委托制作的电视剧（含电视动画片）的审查时间为二十日。符合条件的，由广电总局作出准予拍摄的批复；不符合条件的，应当书面通知申请人并说明理由。

送审单位对不准予拍摄的决定不服的，可以在收到决定之日起六十日内，向广电总局提出复审申请。广电总局应当在五十日内作出复审决定，其中组织专家评审的时间为三十日，并将决定书面通知送审机构。

第十三条 中外联合制作电视剧（含电视动画片）完成后，应当按照本规定第十一条规定的程序报省级以上广播电视行政部门审查。

第十四条 申报中外联合制作电视剧（含电视动画片）完成片审查，应提交以下材料：

（一）省级广播电视行政部门的初审意见（直接从广电总局申领《电视剧制作许可证（甲种）》的中方制作机构除外）；

（二）广电总局准予拍摄的批复和合拍电视剧（电视动画片）题材规划的复印件；

（三）图像、声音、时码等符合审查要求的大1/2完整录像带一套；

（四）每集不少于300字的剧情梗概；

（五）与样带字幕相同的片头片尾字幕。

第十五条 广电总局在正式受理中外联合制作的电视剧（含电视动画片）完成片审查申请后，应当在五十日内作出是否准予行政许可的决定，其中组织专家评审的时间为三十日。符合条件的，由广电总局颁发《电视剧（电视动画片）发行许可证》；不符合条件的，应当书面通知申请人并说明理由。

送审单位对不准予行政许可的决定不服的，可以在收到决定之日起六十日内，向广电总局提出复审申请。广电总局应当依前款规定的审查期限作出复审决定，并将行政许可决定书面通知送审机构。复审合格的，由广电总局核发《电视剧（电视动画片）发行许可证》。

第十六条 已经取得广电总局准予拍摄批复的剧本和已经取得《电视剧（电视动画片）发行许可证》的完成片，不得随意进行实质性的改动。确需对剧名、主要人物、主要情节和剧集长度等进行改动的，应当按照本规定重新报批。

第十七条 国家鼓励中外合作制作体现中华民族优良传统和人类文明进步内容的电视剧，鼓励中外合作制作旨在塑造中国动画品牌形象的电视动画片。

中外合作制作的电视剧（含电视动画片）中不得含有下列内容：

（一）反对宪法确定的基本原则的；

（二）危害国家统一、主权和领土完整的；

（三）泄露国家秘密、危害国家安全或者损害国家荣誉和利益的；

（四）煽动民族仇恨、民族歧视，破坏民族团结，或者侵害民族风俗、习惯的；

（五）宣扬邪教、迷信的；

（六）扰乱社会秩序，破坏社会稳定的；

（七）宣扬淫秽、赌博、暴力或者教唆犯罪的；

（八）侮辱或者诽谤他人，侵害他人合法权益的；

（九）危害社会公德或者民族优秀文化传统的；

（十）有法律、行政法规和国家规定禁止的其他内容的。

第十八条 凡以中国特色为表现主题的中外联合制作的电视动画片，可视同国产电视动画片播出。

第十九条 中外联合制作电视剧（含电视动画片）应制作普通话语言版本。根据发行需要，经合作方同意，可以制作相应国家、地区、少数民族的语言文字版本。

第二十条 违反本规定的，依据《广播电视管理条例》的规定予以处罚。构成犯罪的，依法追究刑事责任。

第二十一条 与香港特别行政区、澳门特别行政区、台湾地区的法人与自然人合作制作电视剧（含电视动画片），参照本规定执行。

第二十二条 本规定自2004年10月21日起施行，广播电影电视部《中外合作制作电视剧（录像片）管理规定》（广播电影电视部令第15号）同时废止。

广告管理条例施行细则

中华人民共和国国家工商行政管理总局令

第18号

《广告管理条例施行细则》已经中华人民共和国国家工商行政管理总局局务会议决定修改，现予公布，自2005年1月1日起施行。

局长 王众孚

2004年11月30日

第一条 根据《广告管理条例》（以下简称《条例》）第二十一条的规定，制定本细则。

第二条 《条例》第二条规定的管理范围包括：

（一）利用报纸、期刊、图书、名录等刊登广告。

（二）利用广播、电视、电影、录像、幻灯等播映广告。

（三）利用街道、广场、机场、车站、码头等的建筑物或空间设置路牌、霓虹灯、电子显示牌、橱窗、灯箱、墙壁等广告。

（四）利用影剧院、体育场（馆）、文化馆、展览馆、宾馆、饭店、游乐场、商场等场所内外设置、张贴广告。

（五）利用车、船、飞机等交通工具设置、绘制、张贴广告。

（六）通过邮局邮寄各类广告宣传品。

（七）利用馈赠实物进行广告宣传。

（八）利用其他媒介和形式刊播、设置、张贴广告。

第三条 申请经营广告业务的企业，除符合企业登记等条件外，还应具备下列条件：

（一）有负责市场调查的机构和专业人员。

（二）有熟悉广告管理法规的管理人员及广告设计、制作、编审人员。

（三）有专职的财会人员。

（四）申请承接或代理外商来华广告，应当具备经营外商来华广告的能力。

第四条 广播电台、电视台、报刊出版单位，事业单位以及法律、行政法规规定的其他单位办理广告经营许可登记，应当具备下列条件：

（一）具有直接发布广告的媒介或手段。

（二）设有专门的广告经营机构。

（三）有广告经营设备和经营场所。

（四）有广告专业人员和熟悉广告法规的广告审查员。

第五条 中外合资经营企业、中外合作经营企业以及外资企业申请经营广告业务，按照《外商投资广告企业管理规定》，参照《条例》、本细则和其他有关规定办理。

第六条 申请经营广告业务的个体工商户，除应具备《城乡个体工商户管理暂行条例》规定的条件外，本人还应具有广告专业技能，熟悉广告管理法规。

第七条 根据《条例》第六条的规定，按照下列程序办理广告经营者登记手续：

（一）设立经营广告业务的企业，向具有管辖权的工商行政管理局申请办理企业登记，发给营业执照。

（二）广播电台、电视台、报刊出版单位，事业单位以及其他法律、行政法规规定申请兼营广告业务应当办理广告经营许可登记的单位，向省、自治区、直辖市、计划单列市或其授权的县级以上工商行政管理局申请登记，发给《广告经营许可证》。

（三）经营广告业务的个体工商户，向所在地工商行政管理局申请，经所在地工商行政管理局依法登记，发给营业执照。

第八条 广告客户申请利用广播、电视、报刊以外的媒介为卷烟做广告，须经省、自治区、直辖市工商行政管理局或其授权的省辖市工商行政管理局批准。

第九条 根据《条例》第七条的规定，广告客户申请发布广告，应当出具相应的证明：

（一）企业和个体工商户应当交验营业执照。

（二）机关、团体、事业单位提交本单位的证明。

（三）个人提交乡、镇人民政府、街道办事处或所在单位的证明。

（四）外国企业常驻代表机构，应当交验国家工商行政管理总局颁发的《外国企业在中国常驻代表机构登记证》。

第十条 根据《条例》第十一条第（一）项的规定，申请发布商品广告，应当交验符合国家标准、部标准（专业标准）、企业标准的质量证明。

第十一条 根据《条例》第十一条第（七）项的规定，申请发布下列广告应当提交有关证明：

（一）报刊出版发行广告，应当交验省、自治区、直辖市新闻出版机关核发的登记证。

（二）图书出版发行广告，应当提交新闻出版机关批准成立出版社的证明。

（三）各类文艺演出广告，应当按照有关规定提交证明文件。

第十二条 根据《条例》第十一条第（八）项的规定，申请刊播下列内容的广告，应当提交有关证明：

（一）各类展销会、订货会、交易会等广告，应当提交主办单位主管部门批准的证明。

（二）个人启事、声明等广告，应当提交所在单位、乡（镇）人民政府或街道办事处出具的证明。

第十三条 广告客户申请刊播、设置、张贴广告，应当提交各类证明的原件或有效复制件。

第十四条 广告代理收费标准为广告费的15%。

第十五条 国内企业在境外发布广告，外国企业（组织）、外籍人员在境内承揽和发布广告，应当委托在中国注册的具有广告经营资格的企业代理。违反规定者，处以违法所得额三倍以下的罚款，但最高不超过三万元，没有违法所得的，处以一万元以下的罚款。

第十六条 根据《条例》第十二条的规定，代理和发布广告，代理者和发布者均应负责审查广告内容，查验有关证明，并有权要求广告客户提交其他必要的证明文件。对于无合法证明、证明不全或内容不实的广告，不得代理、发布。

广告经营者必须建立广告的承接登记、复审和业务档案制度。广告业务档案保存的时间不得少于一年。

第十七条 广告客户违反《条例》第三条、第八条第（五）项规定，利用广告弄虚作假欺骗用户和消费者的，责令其在相应的范围内发布更正广告，并视其情节予以通报批评、处以违法所得额三倍以下的罚款，但最高不超过三万元，没有违法所得的，处以一万元以下的罚款；给用户和消费者造成损害的，承担赔偿责任。

广告经营者帮助广告客户弄虚作假的，视其情节予以通报批评、没收非法所得、处以违法所得额三倍以下的罚款，但最高不超过三万元，没有违法所得的，处以一万元以下的罚款；情节严重的，可责令停业整顿，吊销营业执照或者《广告经营许可证》；给用户和消费者造成损害的，负连带赔偿责任。

发布更正广告的费用分别由广告客户和广告经营者承担。

第十八条 违反《条例》第四条、第八条第（六）项规定的，视其情节予以通报批评、没收非法所得、处五千元以下罚款或责令停业整顿。

第十九条 广告经营者违反《条例》第六条规定，无证照经营广告业务的，按照《无照经营查处取缔办法》有关规定予以处罚；超越经营范围经营广告业务的，按照企业登记管理法规有关规定予以处罚。

第二十条 广告客户违反《条例》第七条规定的，视其情节予以通报批评、处五千元以下罚款。

第二十一条 违反《条例》第八条第（一）、（二）、（三）、（四）项规定的，对广告经营者予以通报批评、没收非法所得、处一万元以下罚款；对广告客户视其情节予以通报批评、处一万元以下罚款。

第二十二条 新闻单位违反《条例》第九条规定的，视其情节予以通报批评、没收非法所得、处一万元以下罚款。

第二十三条 广告经营者违反《条例》第十条规定的，视其情节予以通报批评、没收非法所得、处一万元以下罚款。

第二十四条 广告客户违反《条例》第十一条规定，伪造、涂改、盗用或者非法复制广告证明的，予以通报批评、处五千元以下罚款。

广告经营者违反《条例》第十一条第（三）项规定的，处一千元以下罚款。

为广告客户出具非法或虚假证明的，予以通报批评、处五千元以下罚款，并负连带责任。

第二十五条 广告经营者违反《条例》第十二条规定的，视其情节予以通报批评、没收非法所得、处三千元以下罚款；由此造成虚假广告的，必须负责发布更正广告，给用户和消费者造成损害的，负连带赔偿责任。

第二十六条 违反《条例》第十三条规定，非法设置、张贴广告的，没收非法所得、处五千元以下罚款，并限期拆除。逾期不拆除的，强制拆除，其费用由设置、张贴者承担。

第二十七条 违反《条例》第十四条、第十五条规定的，视其情节予以通报批评、责令限期改正、没收非法所得、处五千元以下罚款。

第二十八条 本细则自2005年1月1日起施行。

广告经营许可证管理办法

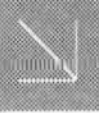

中华人民共和国国家工商行政管理总局令

第16号

《广告经营许可证管理办法》已经中华人民共和国国家工商行政管理总局局务会议审议通过，现予公布，自2005年1月1日起施行。

局长　王众孚

2004年11月30日

第一条 为加强广告经营活动的监督管理，规范广告经营审批登记，根据《中华人民共和国广告法》、《中华人民共和国行政许可法》、《广告管理条例》，制定本办法。

第二条 从事广告业务的下列单位，应依照本办法的规定向广告监督管理机关申请，领取《广告经营许可证》后，方可从事相应的广告经营活动：

（一）广播电台、电视台、报刊出版单位；

（二）事业单位；

（三）法律、行政法规规定应进行广告经营审批登记的单位。

第三条 本办法所称广告监督管理机关，为县级以上工商行政管理机关。

本办法所称广告经营单位，为依照本办法申请从事广告业务、并取得《广告经营许可证》的第二条所列明的各类单位。

第四条 《广告经营许可证》是广告经营单位从事广告经营活动的合法凭证。

《广告经营许可证》分为正本、副本，正本、副本具有同样法律效力。

《广告经营许可证》载明证号、广告经营单位（机构）名称、经营场所、法定代表人（负责人）、广告经营范围、发证机关、发证日期等项目。

第五条 在《广告经营许可证》中，广告经营范围按下列用语核定：

（一）广播电台：设计、制作广播广告，利用自有广播电台发布国内外广告。

（二）电视台：设计、制作电视广告，利用自有电视台发布国内外广告。

（三）报社：设计、制作印刷品广告，利用自有《××报》发布国内外广告。

（四）期刊杂志社：设计和制作印刷品广告，利用自有《××》杂志发布广告。

（五）兼营广告经营的其他单位：利用自有媒介（场地）发布××广告，设计、制作××广告。

第六条 国家工商行政管理总局主管《广告经营许可证》的监督管理工作。

各级广告监督管理机关，分级负责所辖区域内《广告经营许可证》发证、变更、注销及日常监督管理工作。

第七条 申请《广告经营许可证》应当具备以下条件：

（一）具有直接发布广告的媒介或手段；

（二）设有专门的广告经营机构；

（三）有广告经营设备和经营场所；

（四）有广告专业人员和熟悉广告法规的广告审查员。

第八条 申请《广告经营许可证》，应按下列程序办理：

由申请者向所在地有管辖权的县级以上广告监督管理机关呈报第九条规定的申请材料。

广告监督管理机关自受理之日起二十日内，作出是否予以批准的决定。批准的，颁发《广告经营许可证》；不予批准的，书面说明理由。

第九条 申请《广告经营许可证》，应当向广告监督管理机关报送下列申请材料：

（一）《广告经营登记申请表》。

（二）广告媒介证明。广播电台、电视台、报纸、期刊等法律、法规规定经批准方可经营的媒介，应当提交有关批准文件。

（三）广告经营设备清单、经营场所证明。

（四）广告经营机构负责人及广告审查员证明文件。

（五）单位法人登记证明。

第十条 广告经营单位应当在广告监督管理机关核准的广告经营范围内开展经营活动，未申请变更并经广告监督管理机关批准，不得改变广告经营范围。

单位名称、法定代表人（负责人）、经营场所发生变化，广告经营单位应当自该事项发生变化之日起一个月内申请变更《广告经营许可证》。

第十一条 广告经营单位申请变更《广告经营许可证》应提交下列申请材料：

（一）《广告经营变更登记申请表》；

（二）原《广告经营许可证》正本、副本；

（三）与变更广告经营范围、单位名称、法定代表人（负责人）、经营场所事项相关的证明文件。

第十二条 广告监督管理机关自受理变更《广告经营许可证》申请之日起，十日内作出是否准予变更的决定。经审查批准的，颁发新的《广告经营许可证》；不予批准的，书面说明理由。

第十三条 广告经营单位由于情况发生变化不具备本办法第七条规定的条件或者停止从事广告经营的，应及时向广告监督管理机关办理《广告经营许可证》注销手续。

第十四条 广告经营单位注销《广告经营许可证》的，应提交下列申请材料：

（一）《广告经营注销登记申请表》；

（二）《广告经营许可证》正本、副本；

（三）与注销《广告经营许可证》相关的证明文件。

第十五条 广告经营单位在取得《广告经营许可证》后，情况发生变化不具备本办法第七条规定条件，又未按本办法规定办理《广告经营许可证》注销手续的，由发证机关撤回《广告经营许可证》。

第十六条 广告经营单位违反《广告法》规定，被广告监督管理机关依照《广告法》第三十七条、第三十九条、第四十一条规定停止广告业务的，由发证机关缴销《广告经营许可证》。

第十七条 广告经营单位应当将《广告经营许可证》正本置放在经营场所醒目位置。

任何单位和个人不得伪造、涂改、出租、出借、倒卖或者以其他方式转让《广告经营许可证》。

第十八条 广告经营单位《广告经营许可证》发生损毁、丢失的，应当在报刊上声明作废，并及时向广告监督管理机关申请补领。

第十九条 广告监督管理机关应当加强日常监督检查，并定期对辖区内取得《广告经营许可证》的广告经营单位进行广告经营资格检查。广告经营资格检查的具体时间和内容，由省级以上广告监督管理机关确定。

广告经营单位应接受广告监督管理机关对其广告经营情况进行的日常监督，并按规定参加广告经营资格检查。

第二十条 违反本办法规定的，由广告监督管理机关按照如下规定处罚：

（一）未取得《广告经营许可证》从事广告经营活动的，依据国务院《无照经营查处取缔办法》的有关规定予以处罚。

（二）提交虚假文件或采取其他欺骗手段取得《广告经营许可证》的，予以警告，处以五千元以上一万元以下罚款，情节严重的，撤销《广告经营许可证》。被广告监督管理机关依照本项规定撤销《广告经营许可证》的，一年内不得重新申领。

（三）《广告经营许可证》登记事项发生变化未按本办法规定办理变更手续的，责令改正，处以一万元以下罚款。

（四）广告经营单位未将《广告经营许可证》正本置放在经营场所醒目位置的，责令限期改正；逾期不改的，处以三千元以下罚款。

（五）伪造、涂改、出租、出借、倒卖或者以其他方式转让

《广告经营许可证》的，处以三千元以上一万元以下罚款。

（六）广告经营单位不按规定参加广告经营资格检查、报送广告经营资格检查材料的，无正当理由不接受广告监督管理机关日常监督管理的，或者在检查中隐瞒真实情况或提交虚假材料的，责令改正，处以一万元以下罚款。

第二十一条 广告监督管理机关工作人员在广告经营许可证管理过程中玩忽职守、滥用职权、徇私舞弊的，给予行政处分。构成犯罪的，依法追究刑事责任。

第二十二条 《广告经营许可证》正本、副本式样，以及《广告经营登记申请表》、《广告经营变更登记申请表》、《广告经营注销登记申请表》式样，由国家工商行政管理总局统一制定。

第二十三条 各级广告监督管理机关依据第五条规定核定的申请者广告经营范围、广告经营项目或业务类别，应与其具备的条件相适应。

国家有特别规定对广告经营单位的广告经营范围、经营项目、业务类别予以限制的，依照其规定。

第二十四条 有关广告经营许可的实施程序，除适用本办法具体规定外，还应当遵守《行政许可法》有关行政许可实施程序的一般规定。

第二十五条 本办法自2005年1月1日起施行。

中华人民共和国民办教育促进法实施条例

中华人民共和国国务院令

第399号

《中华人民共和国民办教育促进法实施条例》已经2004年2月25日国务院第41次常务会议通过，现予公布，自2004年4月1日起施行。

总理　温家宝

2004年3月5日

第一章　总　　则

第一条 根据《中华人民共和国民办教育促进法》（以下简称民办教育促进法），制定本条例。

第二条 国家机构以外的社会组织或者个人可以利用非国家财政性经费举办各级各类民办学校；但是，不得举办实施军事、警察、政治等特殊性质教育的民办学校。

民办教育促进法和本条例所称国家财政性经费，是指财政拨款、依法取得并应当上缴国库或者财政专户的财政性资金。

第三条 对于捐资举办民办学校表现突出或者为发展民办教育事业做出其他突出贡献的社会组织或者个人，县级以上人民政府给予奖励和表彰。

第二章　民办学校的举办者

第四条 国家机构以外的社会组织或者个人可以单独或者联合举办民办学校。联合举办民办学校的，应当签订联合办学协议，明确办学宗旨、培养目标以及各方的出资数额、方式和权利、义务等。

第五条 民办学校的举办者可以用资金、实物、土地使用权、知识产权以及其他财产作为办学出资。

国家的资助、向学生收取的费用和民办学校的借款、接受的捐赠财产，不属于民办学校举办者的出资。

第六条 公办学校参与举办民办学校，不得利用国家财政性经费，不得影响公办学校正常的教育教学活动，并应当经主管的教育行政部门或者劳动和社会保障行政部门按照国家规定的条件批准。公办学校参与举办的民办学校应当具有独立的法人资格，具有与公办学校相分离的校园和基本教育教学设施，实行独立的财务会计制度，独立招生，独立颁发学业证书。

参与举办民办学校的公办学校依法享有举办者权益，依法履行国有资产的管理义务，防止国有资产流失。

实施义务教育的公办学校不得转为民办学校。

第七条 举办者以国有资产参与举办民办学校的，应当根据国家有关国有资产监督管理的规定，聘请具有评估资格的中介机构依法进行评估，根据评估结果合理确定出资额，并报对该国有资产负有监管职责的机构备案。

第八条 民办学校的举办者应当按时、足额履行出资义务。民办学校存续期间，举办者不得抽逃出资，不得挪用办学经费。

民办学校的举办者不得向学生、学生家长筹集资金举办民办学校，不得向社会公开募集资金举办民办学校。

第九条 民办学校的举办者应当依照民办教育促进法和本条例的规定制定学校章程，推选民办学校的首届理事会、董事会或者其他形式决策机构的组成人员。

民办学校的举办者参加学校理事会、董事会或者其他形式决策机构的，应当依据学校章程规定的权限与程序，参与学校的办学和管理活动。

第十条 实施国家认可的教育考试、职业资格考试和技术等级考试等考试的机构，不得举办与其所实施的考试相关的民办学校。

第三章　民办学校的设立

第十一条　设立民办学校的审批权限，依照有关法律、法规的规定执行。

第十二条　民办学校的举办者在获得筹设批准书之日起3年内完成筹设的，可以提出正式设立申请。

第十三条　申请正式设立实施学历教育的民办学校的，审批机关受理申请后，应当组织专家委员会评议，由专家委员会提出咨询意见。

第十四条　民办学校的章程应当规定下列主要事项：

（一）学校的名称、地址；

（二）办学宗旨、规模、层次、形式等；

（三）学校资产的数额、来源、性质等；

（四）理事会、董事会或者其他形式决策机构的产生方法、人员构成、任期、议事规则等；

（五）学校的法定代表人；

（六）出资人是否要求取得合理回报；

（七）学校自行终止的事由；

（八）章程修改程序。

第十五条　民办学校只能使用一个名称。

民办学校的名称应当符合有关法律、行政法规的规定，不得损害社会公共利益。

第十六条　申请正式设立民办学校有下列情形之一的，审批机关不予批准，并书面说明理由：

（一）举办民办学校的社会组织或者个人不符合法律、行政法规规定的条件，或者实施义务教育的公办学校转为民办学校的；

（二）向学生、学生家长筹集资金举办民办学校或者向社会公开募集资金举办民办学校的；

（三）不具备相应的办学条件、未达到相应的设置标准的；

（四）学校章程不符合本条例规定要求，经告知仍不修改的；

（五）学校理事会、董事会或者其他形式决策机构的人员构成不符合法定要求，或者学校校长、教师、财会人员不具备法定资格，经告知仍不改正的。

第十七条　对批准正式设立的民办学校，审批机关应当颁发办学许可证，并将批准正式设立的民办学校及其章程向社会公告。

民办学校的办学许可证由国务院教育行政部门制定式样，由国务院教育行政部门、劳动和社会保障行政部门按照职责分工分别组织印制。

第十八条　民办学校依照有关法律、行政法规的规定申请登记时，应当向登记机关提交下列材料：

（一）登记申请书；

（二）办学许可证；

（三）拟任法定代表人的身份证明；

（四）学校章程。

登记机关应当自收到前款规定的申请材料之日起5个工作日内完成登记程序。

第四章　民办学校的组织与活动

第十九条　民办学校理事会、董事会或者其他形式决策机构的负责人应当品行良好，具有政治权利和完全民事行为能力。

国家机关工作人员不得担任民办学校理事会、董事会或者其他形式决策机构的成员。

第二十条　民办学校的理事会、董事会或者其他形式决策机构，每年至少召开一次会议。经1/3以上组成人员提议，可以召开理事会、董事会或者其他形式决策机构临时会议。

民办学校的理事会、董事会或者其他形式决策机构讨论下列重大事项，应当经2/3以上组成人员同意方可通过：

（一）聘任、解聘校长；

（二）修改学校章程；

（三）制定发展规划；

（四）审核预算、决算；

（五）决定学校的分立、合并、终止；

（六）学校章程规定的其他重大事项。

民办学校修改章程应当报审批机关备案，由审批机关向社会公告。

第二十一条　民办学校校长依法独立行使教育教学和行政管理职权。

民办学校内部组织机构的设置方案由校长提出，报理事会、董事会或者其他形式决策机构批准。

第二十二条　实施高等教育和中等职业技术学历教育的民办学校，可以按照办学宗旨和培养目标，自行设置专业、开设课程，自主选用教材。但是，民办学校应当将其所设置的专业、开设的课程、选用的教材报审批机关备案。

实施高级中等教育、义务教育的民办学校，可以自主开展教育教学活动。但是，该民办学校的教育教学活动应当达到国务院教育行政部门制定的课程标准，其所选用的教材应当依法审定。

实施学前教育的民办学校可以自主开展教育教学活动，但是，该民办学校不得违反有关法律、行政法规的规定。

实施以职业技能为主的职业资格培训、职业技能培训的民办学校，可以按照国家职业标准的要求开展培训活动。

第二十三条　民办学校聘任的教师应当具备《中华人民共和国教师法》和有关行政法规规定的教师资格和任职条件。

民办学校应当有一定数量的专职教师；其中，实施学历教育的民办学校聘任的专职教师数量应当不少于其教师总数的1/3。

第二十四条　民办学校自主聘任教师、职员。民办学校聘任教师、职员，应当签订聘任合同，明确双方的权利、义务等。

民办学校招用其他工作人员应当订立劳动合同。

民办学校聘任外籍人员，按照国家有关规定执行。

第二十五条　民办学校应当建立教师培训制度，为受聘教师接受相应的思想政治培训和业务培训提供条件。

第二十六条　民办学校应当按照招生简章或者招生广告的承诺，开设相应课程，开展教育教学活动，保证教育教学质量。

民办学校应当提供符合标准的校舍和教育教学设施、设备。

第二十七条　民办学校享有与同级同类公办学校同等的招生权，可以自主确定招生的范围、标准和方式；但是，招收接受高等学历教育的学生应当遵守国家有关规定。

县级以上地方人民政府教育行政部门、劳动和社会保障行政部门应当为外地的民办学校在本地招生提供平等待遇，不得实行地区封锁，不得滥收费用。

民办学校招收境外学生，按照国家有关规定执行。

第二十八条 民办学校应当依法建立学籍和教学管理制度，并报审批机关备案。

第二十九条 民办学校及其教师、职员、受教育者申请国家设立的有关科研项目、课题等，享有与公办学校及其教师、职员、受教育者同等的权利。

民办学校的受教育者在升学、就业、社会优待、参加先进评选、医疗保险等方面，享有与同级同类公办学校的受教育者同等的权利。

第三十条 实施高等学历教育的民办学校符合学位授予条件的，依照有关法律、行政法规的规定经审批同意后，可以获得相应的学位授予资格。

第三十一条 教育行政部门、劳动和社会保障行政部门和其他有关部门，组织有关的评奖评优、文艺体育活动和课题、项目招标，应当为民办学校及其教师、职员、受教育者提供同等的机会。

第三十二条 教育行政部门、劳动和社会保障行政部门应当加强对民办学校的日常监督，定期组织和委托社会中介组织评估民办学校办学水平和教育质量，并鼓励和支持民办学校开展教育教学研究工作，促进民办学校提高教育教学质量。

教育行政部门、劳动和社会保障行政部门对民办学校进行监督时，应当将监督的情况和处理结果予以记录，由监督人员签字后归档。公众有权查阅教育行政部门、劳动和社会保障行政部门的监督记录。

第三十三条 民办学校终止的，由审批机关收回办学许可证，通知登记机关，并予以公告。

第五章 民办学校的资产与财务管理

第三十四条 民办学校应当依照《中华人民共和国会计法》和国家统一的会计制度进行会计核算，编制财务会计报告。

第三十五条 民办学校对接受学历教育的受教育者收取费用的项目和标准，应当报价格主管部门批准并公示；对其他受教育者收取费用的项目和标准，应当报价格主管部门备案并公示。具体办法由国务院价格主管部门会同教育行政部门、劳动和社会保障行政部门制定。

第三十六条 民办学校资产中的国有资产的监督、管理，按照国家有关规定执行。

民办学校接受的捐赠财产的使用和管理，依照《中华人民共和国公益事业捐赠法》的有关规定执行。

第三十七条 在每个会计年度结束时，捐资举办的民办学校和出资人不要求取得合理回报的民办学校应当从年度净资产增加额中、出资人要求取得合理回报的民办学校应当从年度净收益中，按不低于年度净资产增加额或者净收益的25%的比例提取发展基金，用于学校的建设、维护和教学设备的添置、更新等。

第六章 扶持与奖励

第三十八条 捐资举办的民办学校和出资人不要求取得合理回报的民办学校，依法享受与公办学校同等的税收及其他优惠政策。

出资人要求取得合理回报的民办学校享受的税收优惠政策，由国务院财政部门、税务主管部门会同国务院有关行政部门制定。

民办学校应当依法办理税务登记，并在终止时依法办理注销税务登记手续。

第三十九条 民办学校可以设立基金接受捐赠财产，并依照有关法律、行政法规的规定接受监督。

民办学校可以依法以捐赠者的姓名、名称命名学校的校舍或者其他教育教学设施、生活设施。捐赠者对民办学校发展做出特殊贡献的，实施高等学历教育的民办学校经国务院教育行政部门按照国家规定的条件批准，其他民办学校经省、自治区、直辖市人民政府教育行政部门或者劳动和社会保障行政部门按照国家规定的条件批准，可以以捐赠者的姓名或者名称作为学校校名。

第四十条 在西部地区、边远贫困地区和少数民族地区举办的民办学校申请贷款用于学校自身发展的，享受国家相关的信贷优惠政策。

第四十一条 县级以上人民政府可以根据本行政区域的具体情况，设立民办教育发展专项资金。民办教育发展专项资金由财政部门负责管理，由教育行政部门或者劳动和社会保障行政部门报同级财政部门批准后使用。

第四十二条 县级人民政府根据本行政区域实施义务教育的需要，可以与民办学校签订协议，委托其承担部分义务教育任务。县级人民政府委托民办学校承担义务教育任务的，应当根据接受义务教育学生的数量和当地实施义务教育的公办学校的生均教育经费标准，拨付相应的教育经费。

受委托的民办学校向协议就读的学生收取的费用，不得高于当地同级同类公办学校的收费标准。

第四十三条 教育行政部门应当会同有关行政部门建立、完善有关制度，保证教师在公办学校和民办学校之间的合理流动。

第四十四条 出资人根据民办学校章程的规定要求取得合理回报的，可以在每个会计年度结束时，从民办学校的办学结余中按一定比例取得回报。

民办教育促进法和本条例所称办学结余，是指民办学校扣除办学成本等形成的年度净收益，扣除社会捐助、国家资助的资产，并依照本条例的规定预留发展基金以及按照国家有关规定提取其他必须的费用后的余额。

第四十五条 民办学校应当根据下列因素确定本校出资人从办学结余中取得回报的比例：

（一）收取费用的项目和标准；

（二）用于教育教学活动和改善办学条件的支出占收取费用的比例；

（三）办学水平和教育质量。

与同级同类其他民办学校相比较，收取费用高、用于教育教学活动和改善办学条件的支出占收取费用的比例低，并且办学水平和教育质量低的民办学校，其出资人从办学结余中取得回报的比例不得高于同级同类其他民办学校。

第四十六条 民办学校应当在确定出资人取得回报比例前，向社会公布与其办学水平和教育质量有关的材料和财务状况。

民办学校的理事会、董事会或者其他形式决策机构应当根据本条例第四十四条、第四十五条的规定作出出资人取得回报比例的决定。民办学校应当自该决定作出之日起15日内，将该决定和向社会公布的与其办学水平和教育质量有关的材料、财务状况报审批机关备案。

第四十七条 民办学校有下列情形之一的，出资人不得取得回报：

（一）发布虚假招生简章或者招生广告，骗取钱财的；

（二）擅自增加收取费用的项目、提高收取费用的标准，情节严重的；

（三）非法颁发或者伪造学历证书、职业资格证书的；

（四）骗取办学许可证或者伪造、变造、买卖、出租、出借办学许可证的；

（五）未依照《中华人民共和国会计法》和国家统一的会计制度进行会计核算、编制财务会计报告，财务、资产管理混乱的；

（六）违反国家税收征管法律、行政法规的规定，受到税务机关处罚的；

（七）校舍或者其他教育教学设施、设备存在重大安全隐患，未及时采取措施，致使发生重大伤亡事故的；

（八）教育教学质量低下，产生恶劣社会影响的。

出资人抽逃资金或者挪用办学经费的，不得取得回报。

第四十八条 除民办教育促进法和本条例规定的扶持与奖励措施外，省、自治区、直辖市人民政府还可以根据实际情况，制定本地区促进民办教育发展的扶持与奖励措施。

第七章 法律责任

第四十九条 有下列情形之一的，由审批机关没收出资人取得的回报，责令停止招生；情节严重的，吊销办学许可证；构成犯罪的，依法追究刑事责任：

（一）民办学校的章程未规定出资人要求取得合理回报，出资人擅自取得回报的；

（二）违反本条例第四十七条规定，不得取得回报而取得回报的；

（三）出资人不从办学结余而从民办学校的其他经费中提取回报的；

（四）不依照本条例的规定计算办学结余或者确定取得回报的比例的；

（五）出资人从办学结余中取得回报的比例过高，产生恶劣社会影响的。

第五十条 民办学校未依照本条例的规定将出资人取得回报比例的决定和向社会公布的与其办学水平和教育质量有关的材料、财务状况报审批机关备案，或者向审批机关备案的材料不真实的，由审批机关责令改正，并予以警告；有违法所得的，没收违法所得；情节严重的，责令停止招生、吊销办学许可证。

第五十一条 民办学校管理混乱严重影响教育教学，有下列情形之一的，依照民办教育促进法第六十二条的规定予以处罚：

（一）理事会、董事会或者其他形式决策机构未依法履行职责的；

（二）教学条件明显不能满足教学要求、教育教学质量低下，未及时采取措施的；

（三）校舍或者其他教育教学设施、设备存在重大安全隐患，未及时采取措施的；

（四）未依照《中华人民共和国会计法》和国家统一的会计制度进行会计核算、编制财务会计报告，财务、资产管理混乱的；

（五）侵犯受教育者的合法权益，产生恶劣社会影响的；

（六）违反国家规定聘任、解聘教师的。

第八章 附 则

第五十二条 本条例施行前依法设立的民办学校继续保留，并在本条例施行之日起1年内，由原审批机关换发办学许可证。

第五十三条 本条例规定的扶持与奖励措施适用于中外合作办学机构。

第五十四条 本条例自2004年4月1日起施行。

香港、澳门服务提供者在内地开展商标代理业务暂行办法

关于印发《香港、澳门服务提供者在内地开展商标代理业务暂行办法》的通知

工商标字［2004］第192号

各省、自治区、直辖市及计划单列市工商行政管理局：

根据国务院批准的《〈内地与香港关于建立更紧密经贸关系的安排〉补充协议》和《〈内地与澳门关于建立更紧密经贸关系的安排〉补充协议》，国家工商行政管理总局制定了《香港、澳门服务提供者在内地开展商标代理业务暂行办法》。现印发给你们，请遵照执行。

国家工商行政管理总局
2004年11月24日

第一条 自2005年1月1日起，允许香港、澳门服务提供者在内地以合资、合作、独资的形式设立有限责任公司，从事商标代理业务。

第二条 香港、澳门服务提供者取得审批机构的批准证书后，应当向企业设立所在地的省、自治区、直辖市工商行政管理局办理登记手续。

香港、澳门服务提供者办理登记手续提交的文件中应包括符合《内地与香港关于建立更紧密经贸关系的安排》附件5和《内地与澳门关于建立更紧密经贸关系的安排》附件5关于“服务提供者”的定义及相关规定的身份证明文件。

第三条 各省、自治区、直辖市工商行政管理局应当每月一次将依照本办法登记的商标代理组织的有关信息报送商标局，报送的内容包括：机构名称、住所、法定代表人、联系电话、邮政编码。

第四条 香港、澳门服务提供者在内地设立商标代理组织的其他事项，按照外资登记的法律、法规、规章和有关规定办理。

香港、澳门服务提供者在内地设立的商标代理组织从事商标代理事宜，按照商标代理的法律、法规、规章和有关规定办理。

第五条 本办法自2005年1月1日起施行。

关于外国企业在中华人民共和国境内从事建设工程设计活动的管理暂行规定

建设部关于印发《关于外国企业在中华人民共和国境内从事建设工程设计活动的管理暂行规定》的通知

建市［2004］78号

各省、自治区建设厅，直辖市建委（北京市规委），国务院有关部门建设司，国资委管理的有关企业，总后基建营房部工程管理局，新疆生产建设兵团建设局：

现将《关于外国企业在中华人民共和国境内从事建设工程设计活动的管理暂行规定》印发给你们，请遵照执行。

附件：关于外国企业在中华人民共和国境内从事建设工程设计活动的管理暂行规定

建　设　部
2004年5月10日

第一条 为了规范在中华人民共和国境内从事建设工程设计活动的外国企业的管理，根据《中华人民共和国建筑法》、《建设工程勘察设计管理条例》、《建设工程质量管理条例》、《工程建设项目勘察设计招标投标办法》等法律、法规和规章，制定本规定。

第二条 本规定所称外国企业是指在中华人民共和国境外注册登记的、从事建设工程设计活动的企业。

第三条 外国企业以跨境交付的方式在中华人民共和国境内提供编制建设工程初步设计（基础设计）、施工图设计（详细设计）文件等建设工程设计服务的，应遵守本规定。

提供建设工程初步设计（基础设计）之前的方案设计不适用本规定。

第四条 外国企业承担中华人民共和国境内建设工程设计，必须选择至少一家持有建设行政主管部门颁发的建设工程设计资质的中方设计企业（以下简称中方设计企业）进行中外合作设计（以下简称合作设计），且在所选择的中方设计企业资质许可的范围内承接设计业务。

第五条 合作设计项目的工程设计合同，应当由合作设计的中

方设计企业或者中外双方设计企业共同与建设单位签订，合同应明确各方的权利、义务。工程设计合同应为中文文本。

第六条 建设单位负责对合作设计的外国企业是否具备设计能力进行资格预审，符合资格预审条件的外国企业方可参与合作设计。

第七条 建设单位在对外国企业进行设计资格预审时，可以要求外国企业提供以下能满足建设工程项目需要的有效证明材料，证明材料均要求有外国企业所在国官方文字与中文译本两种文本。

（一）所在国政府主管部门核发的企业注册登记证明；

（二）所在国金融机构出具的资信证明和企业保险证明；

（三）所在国政府主管部门或者有关行业组织、公证机构出具的企业工程设计业绩证明；

（四）所在国政府主管部门或者有关行业组织核发的设计许可证明；

（五）国际机构颁发的ISO9000系列质量标准认证证书；

（六）参与中国项目设计的全部技术人员的简历、身份证明、最高学历证明和执业注册证明；

（七）与中方设计企业合作设计的意向书；

（八）其他有关材料。

第八条 外国企业与其所选择的中方设计企业进行合作设计时，必须按照中国的有关法律法规签订合作设计协议，明确各方的权利、义务。合作设计协议应有中文文本。

合作设计协议应包括以下内容：

（一）合作设计各方的企业名称、注册登记所在地和企业法定代表人的姓名、国籍、身份证明登记号码、住所、联系方式；

（二）建设工程项目的名称、所在地、规模；

（三）合作设计的范围、期限和方式，对设计内容、深度、质量和工作进度的要求；

（四）合作设计各方对设计任务、权利和义务的划分；

（五）合作设计的收费构成、分配方法和纳税责任；

（六）违反协议的责任及对协议发生争议时的解决方法；

（七）协议生效的条件及协议签订的日期、地点；

（八）各方约定的其他事项。

第九条 工程设计合同（副本）、合作设计协议（副本）和本规定第七条所规定的材料（复印件）应报项目所在地省级建设行政主管部门备案。

第十条 外国设计企业在中国境内承接建设工程设计，必须符合中国政府颁布的工程建设强制性标准和工程设计文件编制规定的要求。

无相应的工程建设强制性标准时，按照《实施工程建设强制性标准监督规定》（建设部令第81号）第五条的规定执行。

第十一条 根据《中华人民共和国建筑法》、《中华人民共和国城市规划法》等有关法律法规的规定，需报中国政府有关部门审查的中外合作设计文件应符合以下要求：

（一）提供中文文本；

（二）符合中国有关建设工程设计文件的编制规定；

（三）采用中国法定的计量单位；

（四）初步设计（基础设计）文件封面应注明项目及合作各方企业名称、首页应注明合作各方企业名称及法定代表人、主要技术负责人、项目负责人名称并签章；

（五）施工图设计（详细设计）文件图签中应注明合作设计各方的企业名称，应有项目设计人员的签字，其他按中国有关工程设计文件出图规定办理；

（六）初步设计（基础设计）文件、施工图设计（详细设计）文件应按规定由取得中国注册建筑师、注册工程师等注册执业资格的人员审核确认、在设计文件上签字盖章，并加盖中方设计企业的公章后方为有效设计文件；未实施工程设计注册执业制度的专业，应由中方设计企业的专业技术负责人审核确认后，在设计文件上签字，并加盖中方设计企业的公章后方为有效设计文件。

第十二条 外国设计企业在中国境内承接建设工程设计收取设计费用，应参照执行中国的设计收费标准，并按中国有关法律规定向中国政府纳税。

由外国企业提供设计文件，需要中方设计企业按照国家标准规定审核并签署确认意见的，按照国际通行做法或者实际发生的工作量，由双方协商确定审核确认费用。

第十三条 香港、澳门特别行政区和台湾地区的设计机构在中国内地从事建设工程设计活动参照本规定执行。

第十四条 外国企业违反本规定的，由中国政府有关部门按有关的法律、法规、规章处罚，并在有关媒体上公布其不良记录，向其所在国政府和相关行业组织通报。

第十五条 保密工程、抢险救灾工程和我国未承诺对外开放的其他工程，禁止外国企业参与设计。

第十六条 本规定自发布之日起30日后施行。

中国人民银行、中国银行业监督管理委员会公告

［2004］第20号

根据《中华人民共和国中国人民银行法》、《中华人民共和国银行业监督管理法》和《中华人民共和国商业银行法》，中国人民银行和中国银行业监督管理委员会对原由中国人民银行发布的部分金融规章和规范性文件进行了清理。现将第一批共计110件规章和规范性文件的清理结果公告如下：

一、原由中国人民银行发布的《中国人民银行关于切实加强商

业汇票承兑贴现和再贴现业务管理的通知》等11件规章和规范性文件（附件1），由中国人民银行和中国银行业监督管理委员会按照各自的法定职责对规章和规范性文件中的有关事项负责监督实施、解释，中国人民银行和中国银行业监督管理委员会共同修改、废止。

二、原由中国人民银行发布的《商业银行设立同城营业网点管理办法》等61件规章和规范性文件（附件2），由中国银行业监督管理委员会负责监督实施、解释、修改。

三、原由中国人民银行发布的《中国人民银行关于授权分行、营业管理部审核批准外资银行驻华代表处展期申请的通知》等38件规章和规范性文件（附件3），自公告之日起废止。

中国人民银行

中国银行业监督管理委员会

2004年12月17日

附件1

中国人民银行和中国银行业监督管理委员会共同监督实施的规章和规范性文件（共计11件）

01 中国人民银行执行《国务院关于取消第一批行政审批项目的决定》的通知　银发［2002］388号

02 中国人民银行转发《国务院关于取消第二批行政审批项目和改变一批行政审批项目管理方式的决定》和国务院行政审批制度改革工作领导小组《关于印发〈关于搞好已调整行政审批项目后续工作的意见〉的通知》的通知　银发［2003］67号

03 关于印发《支付结算办法》的通知　银发［1997］393号

04 中国人民银行关于切实加强商业汇票承兑贴现和再贴现业务管理的通知　银发［2001］236号

05 关于下发《银行卡业务管理办法》的通知　银发［1999］17号

06 关于禁止银行资金违规流入股票市场的通知　银发［1997］245号

07 关于商业银行国际结算远期信用证业务经营风险管理的通知　银发［1997］430号

08 关于印发《离岸银行业务管理办法》的通知　银发［1997］438号

09 合格境外机构投资者境内证券投资管理暂行办法中国证券监督管理委员会　中国人民银行令第12号

10 中国人民银行关于印发《银行会计档案管理办法》的通知　银发［2002］374号

11 关于印发《关于对金融系统工作人员违反金融规章制度行为处理的暂行规定》的通知　银发［1997］167号

附件2

中国银行业监督管理委员会监督实施的规章和规范性文件（共计61件）

01 印发《关于向金融机构投资入股的暂行规定》的通知　银发［1994］186号

02 关于印发《金融机构管理规定》的通知　银发［1994］198号

03 关于股份制商业银行及城市商业银行股东资格审核有关问题的通知　银办发［2000］246号

04 商业银行设立同城营业网点管理办法　中国人民银行令［2002］第3号

05 关于取消银行分支机构外汇营运资金限制的通知　银发［2000］9号

06 中国人民银行关于进一步规范股份制商业银行分支机构准入管理的通知　银发［2001］173号

07 关于股份制商业银行市场准入和高级管理人员任职资格管理有关问题的通知　银办发［2000］192号

08 中国人民银行关于调整股份制商业银行新设分行审批制度有关问题的通知　银发［2002］244号

09 关于城市合作银行变更名称有关问题的通知　银发［1998］94号

10 关于印发《外资银行外部审计指导意见》的通知　银发［1999］157号

11 外资金融机构驻华代表机构管理办法　中国人民银行令［2002］第8号

12 中国人民银行关于印发《商业银行境外机构监管指引》的通知　银发［2001］257号

13 中国人民银行关于信托投资公司重新登记过程中股东资格审查问题的通知　银发［2001］423号

14 中国人民银行关于信托投资公司重新登记工作有关问题的通知　银发［2001］148号

15 中国人民银行关于清理规范信托投资公司业务问题的通知　银发［2002］128号

16 信托投资公司资金信托管理暂行办法　中国人民银行令［2002］第7号

17 中国人民银行办公厅关于清理整顿信托投资公司工作有关法律问题的通知　银办发［2002］169号

18 关于印发《城市信用合作社资产负债比例管理暂行办法》的通知　银发［1994］132号

19 关于印发《城市信用合作社管理办法》的通知　银发［1997］369号

20 关于印发《关于县（市）城市信用合作社归口农村信用合作社县级联合社管理的具体意见》的通知 银发［1999］168 号

21 关于印发《农村信用合作社管理规定》和《农村信用合作社县级联合社管理规定》的通知 银发［1997］390 号

22 关于印发《农村信用合作社章程（范本）》和《农村信用合作社县级联合社章程（范本）》的通知 银发［1997］474 号

23 关于印发《农村信用合作社机构管理暂行办法》的通知 银发［1998］165 号

24 关于印发《关于组建农村信用合作社市（地）联合社的试点工作方案》等三个文件的通知 银发［1999］210 号

25 关于免缴农村信用社接收农村合作基金会财产产权过户税费的通知 银发［2000］21 号

26 中国人民银行办公厅关于加快农村信用社基本养老保险统筹移交地方有关问题的通知 银办发［2001］357 号

27 关于严格控制农村信用社员工增长的通知 银发［1998］164 号

28 关于印发《农村信用合作社会计基本制度》和《农村信用合作社出纳制度》的通知 银发［1998］524 号

29 中国人民银行、国家税务总局关于调整农村信用社应收利息核算办法的通知 银发［2001］278 号

30 中国人民银行关于农村信用社应收利息核算期限等若干会计财务问题的通知 银发［2002］356 号

31 关于印发《农村信用合作社财务管理实施办法》的通知 国税发［2000］101 号

32 关于印发《农村信用合作社农户联保贷款管理指导意见》的通知 银发［2000］27 号

33 关于剥离不良贷款相应的表内应收利息处置问题的通知 银发［2000］145 号

34 金融机构高级管理人员任职资格管理办法 中国人民银行令［2000］第 1 号

35 中国人民银行关于加强高级管理人员任职管理的通知 银发［2001］431 号

36 关于建立金融机构高级管理人员任职期间重大事项报告制度的通知 银发［2000］380 号

37 关于认真贯彻执行《金融机构高级管理人员任职资格管理办法》的通知 银办发［2000］120 号

38 关于印发商业银行非现场监管指标报表填报说明和商业银行非现场监管报表报告书的通知 银发［1997］549 号

39 商业银行信息披露暂行办法 中国人民银行令［2002］第 6 号

40 中国人民银行关于落实《股份制商业银行公司治理指引》和《股份制商业银行独立董事和外部监事制度指引》有关问题的通知 银发［2002］330 号

41 关于印发《商业银行实施统一授信制度指引》（试行）的通知 银发［1999］31 号

42 关于印发《商业银行授权、授信管理暂行办法》的通知 银发［1996］403 号

43 商业银行内部控制指引 中国人民银行公告［2002］第 19 号

44 关于印发《商业银行表外业务风险管理指引》的通知 银发［2000］344 号

45 关于印发《加强金融机构依法收贷、清收不良资产的法律指导意见》的通知 银办发［2000］170 号

46 关于印发《不良贷款认定暂行办法》的通知 银发［2000］303 号

47 关于明确呆滞贷款划分标准的通知 银发［2000］363 号

48 关于执行《不良贷款认定暂行办法》的补充通知 银发［2000］359 号

49 中国人民银行关于全面推行贷款质量五级分类管理的通知 银发［2001］416 号

50 中国人民银行关于印发《银行贷款损失准备计提指引》的通知 银发［2002］98 号

51 中国人民银行关于印发《城市商业银行贷款质量五级分类实施意见》和有关工作的通知 银发［2002］355 号

52 中国人民银行关于商业银行申请从事合格境外机构投资者境内证券投资托管业务有关问题的通知 银发［2002］371 号

53 关于印发《中国人民银行现场稽核规程（试行）》的通知 银发［1997］497 号

54 关于印发《中国人民银行对农村信用社现场检查操作程序》的通知 银发［2000］222 号

55 关于印发《进一步加强银行会计内部控制和管理的若干规定》的通知 银发［1997］318 号

56 关于印发《对金融机构违反会计制度规定等问题定性的说明》的通知 银发［1998］273 号

57 关于印发《国有独资商业银行合并会计报表暂行办法》的通知 银发［2000］172 号

58 关于取缔非法金融机构和非法金融业务活动中有关问题的通知 银发［1999］41 号

59 关于加强金融债权管理，建立防范和制裁逃废金融债务行为制度的通知 银发［1999］10 号

60 关于发布《实施〈全国企业兼并破产和职工再就业工作计划〉银行呆、坏账准备金核销办法》的通知 银发［1997］410 号

61 关于印发《企业集团财务公司、金融租赁公司非现场监管指标及填报说明》的通知 银发［2000］398 号

附件 3

废止的规章和规范性文件（共计 38 件）

01 中国人民银行关于授权分行营业管理部审核批准外资银行驻华代表处展期申请的通知 银发［2001］402 号

02 中国人民银行关于《中华人民共和国外资金融机构管理条例实施细则》颁布后外资金融机构市场准入有关问题的通知 银发

[2002] 22号

03 关于印发《城市信用合作社联合社管理办法》的通知　银发［1998］1号

04 关于印发《关于进一步做好农村信用社规范工作的意见》的通知　银发［1998］272号

05 关于不得将城市郊区的农村信用合作社并入城市合作银行的通知　银发［1996］261号

06 关于印发《农村信用合作社年检暂行办法》和开展1997年度农村信用合作社年检工作的通知　银发［1997］532号

07 关于印发《加强联社建设问题的若干意见》的通知　银发［1998］163号

08 关于加强农村信用社市（地）联社管理有关问题的紧急通知　银发［2000］264号

09 关于印发《中国人民银行金融监管责任制》（暂行）的通知　银发［1999］140号

10 关于对非银行金融机构实施非现场检查的通知　银发［1996］315号

11 关于农村信用合作社市（地）联社部分变更事项审批问题的通知　银办发［2000］292号

12 关于印发《加强农村信用社监管工作的意见》的通知　银发［1998］184号

13 关于印发《农村信用社非现场监管基本工作程序》的通知　银发［1998］556号

14 关于进一步落实农村信用社监管工作责任的通知　银发［1998］357号

15 中国人民银行关于印发《农村信用社监管工作责任制实施办法（试行）》的通知　银发［2001］296号

16 中国人民银行稽核程序　银发［1992］265号

17 关于印发《城市合作银行信贷资金管理暂行办法》的通知　银发［1996］463号

18 关于印发《金融信托投资机构资产负债比例管理暂行办法》的通知　银发［1994］143号

19 关于印发《农村信用合作社资产负债比例管理暂行办法》的通知　银发［1997］491号

20 关于修改农村信用合作社资产负债比例管理指标的通知　银发［1998］528号

21 关于印发《农村信用社分类指导和处置意见》的通知　银发［1999］366号

22 关于印发《农村信用社农户小额信用贷款管理暂行办法》的通知　银发［1999］245号

23 关于印发《农村信用社改进加强信贷管理和服务支持农村经济全面发展的意见》的通知　银发［1998］446号

24 关于《银行卡业务管理办法》跨行交易收费条款补充规定的通知　银发［2000］72号

25 中国人民银行关于调整银行卡跨行交易收费及分配办法的通知　银发［2001］144号

26 关于发布《关于对各级银行外汇业务范围的规定》的通知（98）汇管函字第048号

27 关于非银行金融机构办理境外外币信托存款业务的若干规定（87）汇管字第763号

28 关于办理国有独资商业银行外汇业务审批手续有关问题的通知　银办发［2000］83号

29 关于印发《外资银行并表监管指导意见》的通知　银办发［2000］263号

30 关于印发《企业集团财务公司设立审批程序（试行）》的通知　银办发［2000］358号

31 关于印发《外资金融机构中、高级管理人员任职资格暂行规定》的通知　银发［1997］197号

32 关于银行工作人员不得在企业或经济实体任（兼）职的通知　银发［1999］391号

33 中国人民银行办公厅关于审核金融资产管理公司高级管理人员任职资格的补充通知　银办发［2001］53号

34 中国人民银行关于资本充足率计算口径有关问题的通知　银发［2001］74号

35 关于印发《外国银行撤销在华营业性分支机构操作指引》的通知　银发［1999］138号

36 关于当前农村信用社财务管理有关问题的通知　银发［1998］427号

37 企业集团财务公司管理办法　中国人民银行令［2000］第3号

38 关于实施《企业集团财务公司管理办法》有关问题的通知　银发［2000］218号

外商投资产业指导目录（2004年修订）

中华人民共和国国家发展和改革委员会、中华人民共和国商务部令

第24号

为适应国民经济社会发展和产业结构调整的需要，《外商投资产业指导目录》及其附件业已修订，现予以发布，自2005年1月1日起施行。2002年3月11日原国家发展计划委员会、原国家经济贸易委员会、原对外贸易经济合作部发布的《外商投资产业指导目录》同时废止。

国家发展和改革委员会主任　马　凯

商　务　部　部　长　薄熙来

2004年11月30日

鼓 励 外 商 投 资 产 业 目 录

一、农、林、牧、渔业

1. 中低产农田改造

2. 蔬菜（含食用菌、西甜瓜）、水果、茶叶无公害栽培技术及产品系列化开发、生产

3. 糖料、果树、花卉、牧草等农作物优质高产新技术、新品种（转基因品种除外）开发、生产

4. 花卉生产与苗圃基地的建设、经营

5. 农作物秸秆还田及综合利用、有机肥料资源的开发生产

6. 中药材种植、养殖（限于合资、合作）

7. 林木（竹）营造及良种培育

8. 天然橡胶、剑麻、咖啡种植

9. 优良种畜种禽、水产苗种繁育（不含我国特有的珍贵优良品种）

10. 名特优水产品养殖、深水网箱养殖

11. 防治荒漠化及水土流失的植树种草等生态环境保护工程建设、经营

二、采掘业

*1. 石油、天然气的风险勘探、开发

*2. 低渗透油气藏（田）的开发

*3. 提高原油采收率的新技术开发与应用

*4. 物探、钻井、测井、井下作业等石油勘探开发新技术的开发与应用

5. 煤炭及伴生资源勘探、开发

6. 煤层气勘探、开发

7. 低品位、难选冶金矿开采、选矿（限于合资、合作）

8. 铁矿、锰矿勘探、开采及选矿

9. 铜、铅、锌矿勘探、开采（限于合资、合作，在西部地区外商可独资）

10. 铝矿勘探、开采（限于合资、合作，在西部地区外商可独资）

11. 硫、磷、钾等化学矿开采、选矿

三、制造业

（一）食品加工业

1. 粮食、蔬菜、水果、禽畜产品的储藏及加工

2. 水产品加工、贝类净化及加工、海藻功能食品开发

3. 果蔬饮料、蛋白饮料、茶饮料、咖啡饮料的开发、生产

4. 婴儿、老年食品及功能食品的开发、生产

5. 乳制品生产

6. 生物饲料、蛋白饲料的开发、生产

（二）烟草加工业

1. 二醋酸纤维素及丝束加工

2. 造纸法烟草薄片生产

（三）纺织业

1. 工程用特种纺织品生产

2. 高档织物面料的织染及后整理加工

（四）皮革、皮毛制品业

1. 猪、牛、羊蓝湿皮新技术加工

2. 皮革后整饰新技术加工

（五）木材加工及竹、藤、棕、草制品业

1. 林区“次、小、薪”材和竹材的综合利用新技术、新产品开发与生产

（六）造纸及纸制品业

1. 按林纸一体化模式建设的年产30万吨及以上规模化学木浆和年产10万吨及以上规模化学机械木浆（限于合资、合作）

2. 高档纸及纸板生产（限于合资、合作）

（七）石油加工及炼焦业

1. 针状焦、煤焦油深加工

2. 重交通道路沥青生产

（八）化学原料及化学品制造业

1. 重油催化裂化制烯烃生产

2. 年产60万吨及以上规模乙烯生产（中方相对控股）

3. 乙烯副产品C5－C9产品的综合利用

4. 大型聚氯乙烯树脂生产（乙烯法）

5. 有机氯系列化工产品生产（高残留有机氯产品除外）

6. 苯、甲苯、二甲苯、乙二醇等基本有机化工原料及其衍生物生产

7. 合成材料的配套原料：双酚A、4.4′二苯基甲烷二异氰酸酯、甲苯二异氰酸酯生产

8. 合成纤维原料：精对苯二甲酸、丙烯腈、己内酰胺、尼龙66盐生产

9. 合成橡胶：溶液丁苯橡胶、丁基橡胶、异戊橡胶、丁二烯法氯丁橡胶、聚氨酯橡胶、丙烯酸橡胶、氯醇橡胶生产

10. 工程塑料及塑料合金生产

11. 精细化工：催化剂、助剂及石油添加剂新产品、新技术，染（颜）料商品化加工技术，电子、造纸用高科技化学品，食品添加剂、饲料添加剂，皮革化学品、油田助剂，表面活性剂，水处理剂，胶黏剂，无机纤维、无机粉体填料生产

12. 纺织及化纤抽丝用助剂、油剂、染化料生产

13. 汽车尾气净化剂、催化剂及其他助剂生产

14. 天然香料、合成香料、单离香料生产

15. 高性能涂料生产

16. 氯化法钛白粉生产

17. 氟氯烃替代物生产

18. 大型煤化工产品生产

19. 林业化学产品新技术、新产品开发与生产

20. 烧碱用离子膜生产

21. 生物肥料、高浓度化肥（钾肥、磷肥）、复合肥料生产

22. 高效、低毒和低残留的化学农药原药新品种开发与生产

23. 生物农药开发与生产

24. 环保用无机、有机和生物膜开发与生产

25. 废气、废液、废渣综合利用和处理、处置

（九）医药制造业

1. 我国专利或行政保护的原料药及需进口的化学原料药生产

2. 维生素类：烟酸生产

3. 氨基酸类：丝氨酸、色氨酸、组氨酸等生产

4. 采用新技术设备生产解热镇痛药

5. 新型抗癌药物及新型心脑血管药生产

6. 新型、高效、经济的避孕药具生产

7. 采用生物工程技术生产的新型药物生产

8. 基因工程疫苗生产（艾滋病疫苗、丙肝疫苗、避孕疫苗等）

9. 海洋药物开发与生产

10. 艾滋病及放射免疫类等诊断试剂生产

11. 药品制剂：采用缓释、控释、靶向、透皮吸收等新技术的新剂型、新产品生产

12. 新型药用佐剂的开发应用

13. 中药材、中药提取物、中成药加工及生产（中药饮片传统炮制工艺技术除外）

14. 生物医学材料及制品生产

15. 兽用抗菌原料药生产（包括抗生素、化学合成类）

16. 兽用抗菌药、驱虫药、杀虫药、抗球虫药新产品及新剂型开发与生产

（十）化学纤维制造业

1. 差别化化学纤维及芳纶、年产5 000吨及以上功能化环保型氨纶、碳纤维、高强高模聚乙烯等高新技术化纤生产

2. 黏胶无毒纺等环保型化纤的生产

3. 日产500吨及以上非纤维用聚酯生产，纤维及非纤维用新型聚酯（聚对苯二甲酸丙二醇酯、聚萘二酸乙二醇酯、聚对苯二甲酸丁二醇酯等）生产

（十一）塑料制品业

1. 聚酰胺保鲜薄膜生产

2. 农膜新技术及新产品（光解膜、多功能膜及原料等）开发与生产

3. 废旧塑料的消解和再利用

（十二）非金属矿物制品业

1. 日熔化500吨级及以上优质浮法玻璃生产（限于中西部地区）

2. 日产2 000吨及以上水泥熟料新型干法水泥生产（限于中西部地区）

3. 年产1万吨及以上玻璃纤维（池窑拉丝工艺生产线）及玻璃钢制品生产

4. 年产50万件及以上高档卫生瓷生产

5. 陶瓷原料的标准化精制、陶瓷用高档装饰材料生产

6. 玻璃、陶瓷、玻璃纤维窑炉用高档耐火材料生产

7. 无机非金属材料及制品生产（人工晶体、高性能复合材料、特种玻璃、特种陶瓷、特种密封材料、特种胶凝材料）

8. 新型建筑材料生产（轻质高强多功能墙体材料、高档环保型装饰装修材料、优质防水密封材料、高效保温材料）

9. 非金属矿深加工（超细粉碎、高纯、精制、改性）

（十三）黑色金属冶炼及压延加工业

1. 直接还原铁和熔融还原铁生产

（十四）有色金属冶炼及压延加工业

1. 低品位、难选冶金矿冶炼（限于合资、合作，在西部地区外商可独资）

2. 硬质合金、锡化合物、锑化合物生产

3. 有色金属复合材料、新型合金材料生产

4. 稀土应用

（十五）金属制品业

1. 非金属制品模具设计、制造

2. 汽车、摩托车模具（含冲模、注塑模、模压模等）、夹具（焊装夹具、检验夹具等）设计、制造

3. 高档建筑五金件、水暖器材及五金件开发、生产

（十六）普通机械制造业

1. 三轴以上联动的数控机床、数控系统及伺服装置制造

2. 高性能焊接机器人和高效焊装生产设备制造

3. 耐高温绝缘材料（绝缘等级为F、H级）及绝缘成型件生产

4. 比例、伺服液压技术，低功率气动控制阀，填料静密封生产

5. 精冲模、精密型腔模、模具标准件生产

6. 精密轴承及各种主机专用轴承制造

7. 汽车、摩托车用铸锻毛坯件制造

（十七）专用设备制造业

1. 粮食、棉花、油料、蔬菜、水果、花卉、牧草、肉食品、水产品的贮藏、保鲜、分级、包装、干燥、运输、加工的新技术、新设备开发与制造

2. 设施农业设备制造

3. 农业、林业机具新技术设备制造

4. 拖拉机、联合收割机等农用发动机设计与制造

5. 农作物秸秆还田及综合利用设备制造

6. 农用废物的综合利用及规模化畜禽养殖废物的综合利用设备制造

7. 节水灌溉新技术设备制造

8. 湿地土方及清淤机械制造

9. 水生生态系统的环境保护技术、设备制造

10. 长距离调水工程的调度系统设备制造

11. 特种防汛抢险机械和设备制造

12. 食品行业的高速、无菌灌装设备、贴标机等关键设备制造

13. 氨基酸、酶制剂、食品添加剂等生产技术及关键设备制造

14. 10吨/小时及以上的饲料加工成套设备、关键部件生产

15. 卷筒纸和对开以上单纸张多色胶印机制造

16. 皮革后整饰新技术设备制造

17. 高技术含量的特种工业缝纫机制造

18. 新型纺织机械、新型造纸机械（含纸浆）等成套设备制造

19. 公路、港口新型机械设备设计与制造

20. 公路桥梁养护、自动检测设备制造

21. 公路隧道营运监控、通风、防灾和救助系统设备制造

22. 铁路大型施工及养护设备设计与制造

23. 园林机械、机具新技术设备制造

24. 城市环卫特种设备制造

25. 路面铣平、翻修机械设备制造

26. 隧道挖掘机、城市地铁暗挖设备制造

27. 8万吨/日及以上城市污水处理设备，工业废水膜处理设备，上流式厌氧流化床设备和其他生物处理废水设备，废塑料再生处理设备，工业锅炉脱硫脱硝设备，大型耐高温、耐酸袋式除尘器制造，垃圾焚烧处理设备制造

28. 年产30万吨及以上合成氨、48万吨及以上尿素、45万吨及以上乙烯成套设备中的透平压缩机、混合造粒机制造

29. 火电站脱硫技术及设备制造

30. 薄板连铸机制造

31. 平板玻璃深加工技术及设备制造

32. 井下无轨采、装、运设备，100吨及以上机械传动矿用自卸车，移动式破碎机，3 000立方米/小时及以上斗轮挖掘机，5立方米及以上矿用装载机，全断面巷道掘进机制造

33. 石油勘探开发新型仪器设备设计与制造

34. 机电井清洗设备制造和药物生产

35. 电子内窥镜制造

36. 具有高频技术、直接数字图像处理技术、辐射剂量小的80千瓦及以上医用X线机组制造

37. 高场强超导型磁共振成像装置（MRI）的制造

38. 单采血浆机制造

39. 全自动酶免系统（含加样、酶标、洗板、孵育、数据后处理等部分功能）设备制造

40. 药产品质量控制新技术、新设备制造

41. 中药有效物质分析的新技术、提取的新工艺、新设备开发与制造

42. 新型药品包装材料、容器及先进的制药设备制造

（十八）交通运输设备制造业

*1. 汽车整车制造（包括研发）

2. 汽车发动机制造（包括研发）

3. 汽车关键零部件制造：盘式制动器总成、驱动桥总成、自动变速箱、柴油机燃油泵、发动机进气增压器、发动机排放控制装置、电动助力转向系统、粘性连轴器（四轮驱动用）、充气减震器、空气悬架、液压挺杆、组合仪表

4. 汽车电子装置制造（含发动机控制系统、底盘控制系统、车身电子控制系统）

5. 石油工业专用沙漠车等特种专用车制造

6. 铁路运输技术设备：机车车辆及主要部件设计与制造，线路、桥梁设备设计与制造，高速铁路有关技术与设备制造，通信信号和运输安全监测设备制造，电气化铁路设备和器材制造

7. 城市快速轨道交通运输设备：地铁、城市轻轨的动车组及主要部件设计与制造

8. 民用飞机设计与制造（中方控股）

9. 民用飞机零部件制造

10. 民用直升机设计与制造（中方控股）

11. 航空发动机设计与制造（中方控股）

12. 民用航空机载设备设计与制造（中方控股）

13. 轻型燃气轮机制造

14. 船舶低速柴油机的曲轴设计与制造

15. 特种船、高性能船舶的修理、设计与制造（中方相对控股）

16. 船舶中高速柴油机、辅机、无线通讯、导航设备及配件设计与制造（中方相对控股）

17. 玻璃钢渔船、游艇制造

（十九）电气机械及器材制造业

1. 火电设备：60万千瓦及以上超临界机组、大型燃气轮机、10万千瓦及以上燃气－蒸汽联合循环发电设备、煤气化联合循环技术及装备（IGCC）、增压循环硫化床（PFBC）、60万千瓦及以上大型空冷机组、30万千瓦大型循环流化床（CFB）锅炉（限于合资、合作）

2. 水电设备：15万千瓦及以上大型抽水蓄能机组、15万千瓦及以上大型贯流式机组制造（限于合资、合作）

3. 核电机组：60万千瓦及以上机组制造（限于合资、合作）

4. 输变电设备：500千伏及以上超高压直流输变电设备制造（限于合资、合作）

（二十）电子及通信设备制造业

1. 数字电视机、数字摄录机、数字录放机、数字放声设备制造

2. 新型平板显示器件、中高分辨率彩色显像管/显示管及玻壳生产

3. 大屏幕彩色投影显示器用光学引擎、光源、投影屏、高清晰度投影管和LCOS模块等关键件制造

4. 数字音、视频编解码设备，数字广播电视演播室设备，数字有线电视系统设备，数字音频广播发射设备制造

5. 集成电路设计与线宽0.35微米及以下大规模集成电路生产

6. 大中型电子计算机、便携式微型计算机、高档服务器制造

7. 大容量光、磁盘驱动器及其部件开发与制造

8. 计算机辅助设计（三维CAD）、辅助测试（CAT）、辅助制造（CAM）、辅助工程（CAE）系统及其他计算机应用系统制造

9. 软件产品开发、生产

10. 半导体、元器件专用材料开发、生产

11. 电子专用设备、测试仪器、工模具制造

12. 新型电子元器件（片式元器件、敏感元器件及传感器、频率控制与选择元件、混合集成电路、电力电子器件、光电子器件、新型机电元件）生产

13. 无汞碱锰电池、动力镍氢电池、锂离子电池、高容量全密封免维护铅酸蓄电池、燃料电池、圆柱型锌空气电池等高技术绿色电池生产

14. 高密度数字光盘机用关键件开发与生产

15. 只读类光盘复制和可录类光盘生产

16. 民用卫星设计与制造（中方控股）

17. 民用卫星有效载荷制造（中方控股）

18. 民用卫星零部件制造

19. 民用运载火箭设计与制造（中方控股）

20. 卫星通信系统设备制造

21. 卫星导航定位接收设备及关键部件制造（限于合资、合作）

22. 光纤预制棒制造

23. 622兆比/秒及以上数字微波同步系列传输设备制造

24. 10千兆比/秒以上光同步系列传输设备制造

25. 宽带接入网通信系统设备制造

26. 光交叉连接设备（OXC）制造

27. 异步转移模式（ATM）及IP数据通信系统制造

28. 移动通信系统（含GSM、CDMA、DCS1800、DECT、IMT2000等）手机、基站、交换设备及数字集群系统设备制造

29. 高端路由器、千兆比以上网络交换机开发、制造

30. 空中交通管制系统设备制造（限于合资、合作）

（二十一）仪器仪表及文化、办公用机械制造业

1. 数字照相机及关键件开发与生产

2. 精密在线测量仪器开发与制造

3. 安全生产及环保检测仪器新技术设备制造

4. 水质及烟气在线监测仪器的新技术设备制造

5. 水文数据采集、处理与传输和防洪预警仪器及设备制造

6. 新型仪表元器件和材料（主要指智能型仪用传感器、仪用接插件、柔性线路板、光电开关、接近开关等新型仪用开关、仪用功能材料等）生产

7. 新型打印装置（激光、喷墨打印机）制造

8. 精密仪器、设备维修与售后服务

（二十二）其他制造业

1. 洁净煤技术产品的开发利用（煤炭气化、液化、水煤浆、工业型煤）

2. 煤炭洗选及粉煤灰（包括脱硫石膏）、煤矸石等综合利用

四、电力、煤气及水的生产及供应业

1. 单机容量30万千瓦及以上火电站的建设、经营

2. 煤洁净燃烧技术电站的建设、经营

3. 热电联产电站的建设、经营

4. 天然气发电站的建设、经营

5. 发电为主水电站的建设、经营

6. 核电站的建设、经营（中方控股）

7. 新能源电站的建设、经营（包括太阳能、风能、磁能、地热能、潮汐能、生物质能等）

8. 城市供水厂建设、经营

五、水利管理业

1. 综合水利枢纽的建设、经营（中方相对控股）

六、交通运输、仓储及邮电通信业

1. 铁路干线路网的建设、经营（中方控股）

2. 支线铁路、地方铁路及其桥梁、隧道、轮渡设施的建设、经营（限于合资、合作）

3. 公路、独立桥梁和隧道的建设、经营

4. 港口公用码头设施的建设、经营

5. 民用机场的建设、经营（中方相对控股）

6. 航空运输公司（中方控股）

7. 农、林、渔业通用航空公司（限于合资、合作）

*8. 定期、不定期国际海上运输业务

*9. 国际集装箱多式联运业务

*10. 公路货物运输公司

11. 输油（气）管道、油（气）库及石油专用码头的建设、经营

12. 煤炭管道运输设施的建设、经营

13. 运输业务相关的仓储设施建设、经营

七、批发和零售贸易业

*1. 一般商品的批发、零售、物流配送

八、房地产业

1. 普通住宅的开发建设

九、社会服务业

（一）公共设施服务业

1. 城市封闭型道路建设、经营

2. 城市地铁及轻轨的建设、经营（中方控股）

3. 污水、垃圾处理厂，危险废物处理处置厂（焚烧厂、填埋场）及环境污染治理设施的建设、经营

（二）信息、咨询服务业

1. 国际经济、科技、环保信息咨询服务

*2. 会计、审计

十、卫生、体育和社会福利业

1. 老年人、残疾人服务

十一、教育、文化艺术及广播电影电视业

1. 高等教育机构（限于合资、合作）

十二、科学研究和综合技术服务业

1. 生物工程与生物医学工程技术

2. 同位素、辐射及激光技术

3. 海洋开发及海洋能开发技术

4. 海水淡化及利用技术

5. 海洋监测技术

6. 节约能源开发技术

7. 资源再生及综合利用技术

8. 环境污染治理及监测技术

9. 防沙漠化及沙漠治理技术

10. 民用卫星应用技术

11. 研究开发中心

12. 高新技术、新产品开发与企业孵化中心

十三、产品全部直接出口的允许类外商投资项目

限制外商投资产业目录

一、农、林、牧、渔业

1. 粮食（包括马铃薯）、棉花、油料种子开发生产（中方控股）

2. 珍贵树种原木加工（限于合资、合作）

二、采掘业

1. 钨、锡、锑、钼、重晶石、萤石等矿产勘查、开采（限于合资、合作）

2. 贵金属（金、银、铂族）勘查、开采

3. 金刚石等贵重非金属矿的勘查、开采

4. 特种、稀有煤种勘查、开发（中方控股）

5. 硼镁石及硼镁铁矿石开采

6. 天青石开采

三、制造业

（一）食品加工业

1. 黄酒、名优白酒生产

2. 外国牌号碳酸饮料生产

3. 糖精等合成甜味剂生产

4. 油脂加工

（二）烟草加工业

1. 卷烟、过滤嘴棒生产

（三）纺织业

1. 毛纺、棉纺

2. 缫丝

（四）印刷及复制业

1. 出版物印刷（中方控股，包装装潢印刷除外）

（五）石油加工及炼焦业

1. 炼油厂建设、经营

（六）化学原料及化学制品制造业

1. 离子膜烧碱生产

2. 感光材料生产

3. 联苯胺生产

4. 易制毒化学品生产（麻黄素、3，4-亚基二氧苯基-2-丙酮、苯乙酸、1-苯基-2-丙酮、胡椒醛、黄樟脑、异黄樟脑、醋酸酐）

5. 硫酸法钛白粉生产

6. 硼镁铁矿石加工

7. 钡盐生产

（七）医药制造业

1. 氯霉素、青霉素G、洁霉素、庆大霉素、双氢链霉素、丁胺卡那霉素、盐酸四环素、土霉素、麦迪霉素、柱晶白霉素、环丙氟哌酸、氟哌酸、氟嗪酸生产

2. 安乃近、扑热息痛、维生素 B_1、维生素 B_2、维生素C、维生素E生产

3. 国家计划免疫的疫苗、菌苗类及抗毒素、类毒素类（卡介苗、脊髓灰质炎、白百破、麻疹、乙脑、流脑疫苗等）生产

4. 成瘾性麻醉药品及精神药品原料药生产（中方控股）

5. 血液制品的生产

6. 非自毁式一次性注射器、输液器、输血器及血袋生产

（八）化学纤维制造业

1. 常规切片纺的化纤抽丝生产

2. 单线能力在2万吨/年以下黏胶短纤维生产

3. 日产400吨以下纤维及非纤维用聚酯生产，氨纶生产

（九）橡胶制品业

1. 斜交轮胎、旧轮胎翻新（子午线轮胎除外）及低性能工业橡胶配件生产

（十）有色金属冶炼及压延加工业

1. 稀土冶炼、分离（限于合资、合作）

（十一）普通机械制造业

1. 集装箱生产

2. 中小型普通轴承制造

3. 50吨以下汽车起重机制造（限于合资、合作）

（十二）专用设备制造业

1. 中低档B型超声显像仪制造

2. 一般涤纶长丝、短纤维设备制造

3. 320马力以下履带式推土机、3立方米以下轮式装载机制造

（限于合资、合作）

（十三）电子及通信设备制造业

1. 卫星电视接收机及关键件生产

四、电力、煤气及水的生产和供应业

1. 单机容量30万千瓦以下以发电为主的常规燃煤火电厂的建设、经营（小电网除外）

五、交通运输、仓储及邮电通信业

1. 公路旅客运输公司

*2. 出入境汽车运输公司

*3. 水上运输公司

*4. 铁路货物运输公司

5. 铁路旅客运输公司（中方控股）

6. 摄影、探矿、工业等通用航空公司（中方控股）

*7. 电信公司

六、批发和零售贸易业

*1. 商品交易、直销、邮购、网上销售、特许经营、委托经营、销售代理、商业管理等各类商业公司，以及粮、棉、植物油、食糖、药品、烟草、汽车、原油、农业生产资料的批发、零售、物流配送

*2. 图书、报纸、期刊的批发、零售业务

*3. 音像制品（除电影外）的分销

4. 商品拍卖

*5. 货物租赁公司

*6. 代理公司（船舶、货运、外轮理货、广告等）

*7. 成品油批发及加油站建设、经营

8. 对外贸易公司

七、金融、保险业

1. 银行、财务公司、信托投资公司

*2. 保险公司

*3. 证券公司、证券投资基金管理公司

4. 金融租赁公司

5. 外汇经纪

*6. 保险经纪公司

八、房地产业

1. 土地成片开发（限于合资、合作）

2. 高档宾馆、别墅、高档写字楼和国际会展中心的建设、经营

3. 大型主题公园的建设、经营

九、社会服务业

（一）公共设施服务业

1. 大中城市燃气、热力和供排水管网的建设、经营（中方控股）

（二）信息、咨询服务业

1. 法律咨询

2. 市场调查（限于合资、合作）

十、卫生、体育和社会福利业

1. 医疗机构（限于合资、合作）

2. 高尔夫球场的建设、经营

十一、教育、文化艺术及广播电影电视业

1. 高中阶段教育机构（限于合资、合作）

2. 电影院的建设、经营（中方控股）

3. 广播电视节目制作、发行，电影制作（中方控股）

十二、科学研究和综合技术服务

1. 测绘公司（中方控股）

*2. 进出口商品检验、鉴定、认证公司

十三、国家和我国缔结或者参加的国际条约规定限制的其他产业

禁止外商投资产业目录

一、农、林、牧、渔业

1. 我国稀有的珍贵优良品种的养殖、种植（包括种植业、畜牧业、水产业的优良基因）

2. 转基因植物种子生产、开发

3. 我国管辖海域及内陆水域水产品捕捞

二、采掘业

1. 放射性矿产的勘查、开采、选矿

2. 稀土勘查、开采、选矿

三、制造业

（一）食品加工业

1. 我国传统工艺的绿茶及特种茶加工（名茶、黑茶等）

（二）医药制造业

1. 列入国家保护资源的中药材加工（麝香、甘草、黄麻草等）

2. 传统中药饮片炮制技术的应用及中成药秘方产品的生产

（三）有色金属冶炼及压延加工业

1. 放射性矿产的冶炼、加工

（四）武器弹药制造业

（五）其他制造业

1. 象牙雕刻

2. 虎骨加工

3. 脱胎漆器生产

4. 珐琅制品生产

5. 宣纸、墨锭生产

6. 致癌、致畸、致突变产品和持久性有机污染物产品生产

四、电力、煤气及水的生产和供应业

1. 电网的建设、经营

五、交通运输、仓储及邮电通信业

1. 空中交通管制公司
2. 邮政公司

六、金融、保险业

1. 期货公司

七、社会服务业

1. 国家保护的野生动植物资源开发
2. 动植物自然保护区的建设、经营
3. 社会调查
4. 博彩业（含赌博类跑马场）
5. 色情业

八、教育、文化艺术及广播电影电视业

1. 基础教育（义务教育）机构
2. 图书、报纸、期刊的出版、总发行和进口业务
3. 音像制品和电子出版物的出版、制作、总发行和进口业务
4. 新闻机构
5. 各级广播电台（站）、电视台（站）、广播电视传输覆盖网（发射台、转播台、广播电视卫星、卫星上行站、卫星收转站、微波站、监测台、有线广播电视传输覆盖网）
6. 广播电视节目出版及播放公司
7. 电影发行公司
8. 录像放映公司

九、其他行业

1. 危害军事设施安全和使用效能的项目

十、国家和我国缔结或者参加的国际条约规定禁止的其他产业

注：

1.《内地与香港关于建立更紧密经贸关系的安排》及其补充协议和《内地与澳门关于建立更紧密经贸关系的安排》及其补充协议另有规定的，从其规定。

2. 标＊的条目与我国加入世界贸易组织的承诺有关，具体内容见附件。

《外商投资产业指导目录》附件

一、鼓励类

1. 石油、天然气的风险勘探、开发：限于合作

2. 低渗透油气藏（田）的开发：限于合作

3. 提高原油采收率的新技术开发与应用：限于合作

4. 物探、钻井、测井、井下作业等石油勘探开发新技术的开发与应用：限于合作

5. 汽车、摩托车整车制造：外资比例不超过50%

6. 定期、不定期国际海上运输业务：外资比例不超过49%

7. 国际集装箱多式联运：外资比例不超过50%；不迟于2002年12月11日允许外方控股；不迟于2005年12月11日允许外方独资

8. 公路货物运输公司：不迟于2002年12月11日允许外方控股；不迟于2004年12月11日允许外方独资

9. 一般商品的批发、零售、物流配送：限定条件见限制类第（五）

10. 会计、审计：限于合作、合伙

二、限制类

（一）出入境汽车运输公司：不迟于2002年12月11日允许外方控股，不迟于2004年12月11日允许外方独资

（二）水上运输公司：外资比例不超过49%

（三）铁路货物运输公司：外资比例不超过49%；不迟于2004年12月11日允许外方控股；不迟于2007年12月11日允许外方独资

（四）电信公司

1. 增值电信、基础电信中的寻呼服务：自2001年12月11日起允许外商投资，外资比例不超过30%；不迟于2002年12月11日允许外资比例不超过49%；不迟于2003年12月11日允许外资比例达50%

2. 基础电信中的移动话音和数据服务：自2001年12月11日起允许外商投资，外资比例不超过25%；不迟于2002年12月11日外资比例不超过35%；不迟于2004年12月11日允许外资比例达49%

3. 基础电信中的国内业务、国际业务：不迟于2004年12月11日允许外商投资，外资比例不超过25%；不迟于2006年12月11日允许外资比例达35%；不迟于2007年12月11日允许外资比例达49%

（五）商品交易、直销、邮购、网上销售、特许经营、委托经营、销售代理、商业管理等各类商业公司，以及粮、棉、植物油、食糖、药品、烟草、汽车、原油、农业生产资料的批发、零售、物流配送；图书、报纸、期刊的批发、零售业务；成品油批发及加油站建设、经营

1. 佣金代理、批发（不包括盐、烟草）：不迟于2002年12月11日允许外商投资，外资比例可达50%，但不允许经营书报杂志、药品、农药、农膜、化肥、成品油、原油；不迟于2003年12月11日允许外方控股；不迟于2004年12月11日允许外方独资，允许经营书报杂志、药品、农药、农膜；不迟于2006年12月11日允许经营化肥、成品油、原油

2. 零售（不包括烟草）：允许外商投资，但不允许经营书报杂志、药品、农药、农膜、化肥、成品油；不迟于2002年12月11日允许外资比例可达50%，允许经营书报杂志；不迟于2003年12月11日允许外方控股；不迟于2004年12月11日允许外方独资，允

许经营药品、农药、农膜、成品油；不迟于2006年12月11日允许经营化肥。经营产品包括汽车（不迟于2006年12月11日取消限制）、书报杂志、药品、农药、农膜、成品油、化肥、粮食、植物油、食糖、烟草、棉花的超过30家分店的连锁店不允许外方控股

3. 特许经营和无固定地点的批发、零售：不迟于2004年12月11日允许外商投资

（六）音像制品（除电影外）的分销：限于合作，中方控股

（七）货物租赁公司：不迟于2002年12月11日允许外方控股，不迟于2004年12月11日允许外方独资

（八）代理公司

1. 船舶：外资比例不超过49%

2. 货运（不包括邮政部门专营服务的业务）：外资比例不超过50%（速递服务不超过49%）；不迟于2002年12月11日允许外方控股；不迟于2005年12月11日允许外方独资

3. 外轮理货：限于合资、合作

4. 广告：外资比例不超过49%；不迟于2003年12月11日允许外方控股；不迟于2005年12月11日允许外方独资

（九）保险公司

1. 非寿险保险公司：外资比例不超过51%；不迟于2003年12月11日允许外方独资

2. 寿险保险公司：外资比例不超过50%

（十）证券公司、证券投资基金管理公司

1. 证券公司：不迟于2004年12月11日允许外商投资，外资比例不超过1/3

2. 证券投资基金管理公司：允许外商投资，外资比例不超过33%；不迟于2004年12月11日允许外资比例达49%

（十一）保险经纪公司：外资比例不超过50%；不迟于2004年12月11日允许外资比例达51%；不迟于2006年12月11日允许外方独资

（十二）进出口商品检验、鉴定、认证公司：不迟于2003年12月11日允许外方控股；不迟于2005年12月11日允许外方独资

中西部地区外商投资优势产业目录（2004年修订）

国家发展和改革委员会、商务部令

［2004］第13号

《中西部地区外商投资优势产业目录（2004年修订）》已经国务院批准，现予以发布，自2004年9月1日起施行。2000年6月由原国家经贸委、原国家计委、原外经贸部发布的《中西部地区外商投资优势产业目录》同时停止执行。

国家发展和改革委员会主任　马　凯

商　务　部　部　长　薄熙来

2004年7月23日

根据2002年2月发布的《指导外商投资方向规定》（国务院令第346号），为实施国家西部大开发战略，鼓励中西部地区利用外资，引进先进技术、设备，发展中西部地区比较优势产业和技术先进的企业，促进产业结构的优化升级，带动中西部地区经济整体素质的提高，依据国家产业政策，对2000年6月公布的《中西部地区外商投资优势产业目录》进行修订。

属于本目录的外商投资项目，享受《指导外商投资方向规定》的鼓励类项目的相关政策及《国务院办公厅转发外经贸部等部门关于当前进一步鼓励外商投资意见的通知》（国办发［1999］73号）中的有关优惠政策。

本目录生效前按原目录批准的项目，仍按原目录规定享受有关政策。符合本目录规定的在建项目，可按照本目录的有关政策执行。

各有关方面依据本目录审批外商向中西部地区投资的项目时，要全面贯彻国家产业政策，严格执行国家有关法律、法规，按照现行的审批权限和程序进行审核，要注重生产技术水平的提高和产品结构的改善，注重资源的合理利用和对生态环境的保护，防止重复建设和盲目扩大生产能力。国家将根据经济发展和国内外市场环境变化的需要，适时对此目录进行调整、修订。

山西省

1. 牧草饲料作物种植及深加工

2. 退耕还林还草、天然林保护等国家重点生态工程后续产业开发

3. 节水灌溉技术开发及应用

4. 煤炭加工应用技术开发和产品生产

5. 高岭土勘查、开发及综合利用

6. 钡盐生产（中方控股）

7. 大麻、亚麻纺织品生产

8. 液压技术系统及模具生产

9. 旱地、山地中小农业机械及配套机具制造

10. 大型建筑钢结构件技术开发及生产

11. 煤矸石、洗中煤、焦炉煤气余热发电、供热等综合利用

12. 城市供气、供热、供排水管网建设、经营（大中城市中方控股）

13. 旅游景区（点）开发及其配套设施建设、保护和经营

14. 公路旅客运输

吉林省

1. 长白山生态可食资源的开发、培育养殖和加工

2. 退耕还林还草、天然林保护等国家重点生态工程后续产业开发

3. 节水灌溉技术开发及应用

4. 镍矿勘探开发

5. 动植物药材资源开发生产（列入国家保护的资源除外）

6. 油页岩资源开发及综合利用

7. 汽车零部件制造

8. 大规格超高功率石墨电极及特种石墨开发生产

9. 城市供气、供热、供排水管网建设、经营（大中城市中方控股）

10. 冰雪旅游资源开发及滑雪场建设、经营

11. 旅游景区（点）开发及其配套设施建设、保护和经营

12. 公路旅客运输

黑龙江省

1. 亚麻纺织品及制品生产

2. 退耕还林还草、天然林保护等国家重点生态工程后续产业开发

3. 节水灌溉技术开发及应用

4. 煤炭加工应用技术开发和产品生产

5. 石墨产品深加工

6. 中药冻干粉针制剂生产

7. 电工仪表及电网智能管理控制系统设备制造

8. 城市供气、供热、供排水管网建设、经营（大中城市中方控股）

9. 冰雪旅游资源及森林旅游资源开发

10. 旅游景区（点）开发及其配套设施建设、保护和经营

11. 公路旅客运输

安徽省

1. 粮食、马铃薯、棉花、油料种子开发生产（中方控股）

2. 退耕还林还草等国家重点生态工程后续产业开发

3. 茶叶综合加工（不含我国传统工艺的绿茶和特种茶）

4. 节水灌溉技术开发及应用

5. 煤炭加工应用技术开发和产品生产

6. 电工薄膜生产

7. 塑料复合包装材料生产

8. 新工艺软质湿法造粒碳黑生产

9. 大型散装水泥装备制造

10. 平板玻璃深加工

11. 农用塑料节水器材制造

12. 叉车等工程机械、自动化立库及其仓储物流系统开发与制造

13. 城市供气、供热、供排水管网建设、经营（大中城市中方控股）

14. 旅游景区（点）开发及其配套设施建设、保护和经营

15. 公路旅客运输

江西省

1. 退耕还林还草等国家重点生态工程后续产业开发

2. 节水灌溉技术开发及应用

3. 稀土深加工及应用产品生产

4. 钨、钼矿深加工

5. 高档日用陶瓷生产

6. 粉石英、硅灰石、海泡石、黑滑石、化工用白云石等非金属矿选冶

7. 有机硅开发与应用

8. 氯化亚砜生产及应用、AC发泡剂生产

9. 赤霉素生产

10. 城市供气、供热、供排水管网建设、经营（大中城市中方控股）

11. 旅游景区（点）开发及其配套设施建设、保护和经营

12. 公路旅客运输

河南省

1. 退耕还林还草、天然林保护等国家重点生态工程后续产业开发

2. 节水灌溉技术开发及应用

3. 天然碱矿开采、加工

4. 煤炭加工应用技术开发和产品生产

5. 平板玻璃深加工

6. 钨、钼矿深加工

7. 洁霉素

8. 电能综合管理自动化及电工仪表制造

9. 城市供气、供热、供排水管网建设、经营（大中城市中方控股）

10. 旅游景区（点）开发及其配套设施建设、保护和经营

11. 公路旅客运输

湖北省

1. 退耕还林还草、天然林保护等国家重点生态工程后续产业开发

2. 节水灌溉技术开发及应用

3. 动植物药材资源的开发生产（列入国家保护的资源除外）

4. 麻纺织及高档服装面料生产

5. 石英玻璃深加工

6. 激光工业加工设备、激光医用设备开发与制造

7. 光电子技术和产品开发

8. 数控机床关键零部件（高速主轴、刀库、动力卡盘）

9. 热灌装PET瓶及瓶坯生产

10. 汽车零部件制造

11. 城市供气、供热、供排水管网建设、经营（大中城市中方控股）

12. 旅游景区（点）开发及其配套设施建设、保护和经营

13. 公路旅客运输

湖南省

1. 退耕还林还草等国家重点生态工程后续产业开发
2. 节水灌溉技术开发及应用
3. 苎麻纺织品及制品生产
4. 钨、钼矿深加工
5. 铋化合物生产
6. 钡盐生产（中方控股）
7. 激素类药物深度开发
8. 新型橡胶机械成套设备制造
9. 城市供气、供热及供排水管网建设、经营（大中城市中方控股）
10. 旅游景区（点）开发及其配套设施建设、保护和经营
11. 公路旅客运输

重庆市

1. 天然香料的种植和加工
2. 退耕还林还草、天然林保护等国家重点生态工程后续产业开发
3. 高产优质蚕桑基地建设
4. 节水灌溉技术开发及应用
5. 苎麻纺织品及制品生产
6. 天然气下游化工产品生产和开发
7. 动植物药材资源开发生产（列入国家保护资源的除外）
8. 新型医疗器械产品开发及生产
9. 汽车零部件制造
10. 城市供气、供热、供排水管网建设、经营（大中城市中方控股）
11. 旅游景区（点）开发及其配套设施建设、保护和经营
12. 公路旅客运输

四川省

1. 退耕还林还草、天然林保护等国家重点生态工程后续产业开发
2. 节水灌溉技术开发及应用
3. 稀土深加工及应用产品生产
4. 高产优质蚕桑基地建设及丝绸产品加工
5. 苎麻纺织品及制品生产
6. 动植物药材资源开发生产（列入国家保护资源的除外）
7. 天然气下游化工产品生产和开发
8. 电工薄膜生产
9. 城市供气、供热、供排水管网建设、经营（大中城市中方控股）
10. 旅游景区（点）开发及其配套设施建设、保护和经营
11. 公路旅客运输

贵州省

1. 退耕还林还草、天然林保护等国家重点生态工程后续产业开发
2. 节水灌溉技术开发及应用
3. 煤炭加工应用技术开发和产品生产
4. 马铃薯、魔芋等产品深加工
5. 特色食用资源开发
6. 磨料磨具产品生产
7. 钛冶炼
8. 钡盐生产（中方控股）
9. 苎麻产品深加工
10. 动植物药材资源开发生产（列入国家保护资源的除外）
11. 磷化工产品生产
12. 城市供气、供热、供排水管网建设、经营（大中城市中方控股）
13. 旅游景区（点）开发及其配套设施建设、保护和经营
14. 公路旅客运输

云南省

1. 优质桑、蚕的种植、养殖及产品的开发生产
2. 退耕还林还草、天然林保护等国家重点生态工程后续产业开发
3. 节水灌溉技术开发及应用
4. 煤炭加工应用技术开发和产品生产
5. 特色食用资源开发
6. 马铃薯产品深加工
7. 天然橡胶、亚麻的加工及开发
8. 动植物药材资源开发生产（列入国家保护资源的除外）
9. 铜、铅、锌、镍有色金属矿的勘探及开发
10. 磷化工产品生产
11. 轻型车用柴油发动机及零部件制造
12. 城市供气、供热、供排水管网建设、经营（大中城市中方控股）
13. 旅游景区（点）开发及其配套设施建设、保护和经营
14. 公路旅客运输

西藏自治区

1. 高原生态特色农牧业产业化经营、蔬菜基地、商品粮油基地、禽类养殖基地及草场建设
2. 退耕还林还草、天然林保护等国家重点生态工程后续产业开发
3. 农畜产品加工
4. 节水灌溉技术开发及应用
5. 硼砂、硼镁石开采，加工（限于合资、合作）
6. 铬矿的开采与加工（中方控股）
7. 毛纺产品加工制造
8. 盐湖资源的开发利用
9. 藏药新品种、新剂型产品生产
10. 民族特需产品、工艺美术品、包装容器材料及日用玻璃制品生产
11. 城市供气、供热、供排水管网建设、经营（大中城市中方控股）
12. 旅游景区（点）开发及其配套设施建设、保护和经营
13. 公路旅客运输

11. 旅游景区（点）开发及其配套设施建设、保护和经营

12. 公路旅客运输

陕西省

1. 粮食、马铃薯、棉花、油料种子开发生产（中方控股）

2. 退耕还林还草、天然林保护等国家重点生态工程后续产业开发

3. 节水灌溉技术开发及应用

4. 煤炭加工应用技术开发和产品生产

5. 优质酿酒葡萄基地建设及优质葡萄酒酿制

6. 钼、钛等金属矿产开发及深加工

7. 金属功能材料生产

8. 动植物药材资源开发生产（列入国家保护资源的除外）

9. 天然气下游化工产品生产和开发

10. 现场总线智能仪表制造

11. 数控机床、数控刀具及关键零部件设计与制造

12. 高炉煤气能量回收透平装置设计制造

13. 城市供气、供热和供排水管网的建设、经营（大中城市中方控股）

14. 旅游景区（点）开发及其配套设施建设、保护和经营

15. 公路旅客运输

甘肃省

1. 退耕还林还草、天然林保护等国家重点生态工程后续产业开发

2. 节水灌溉技术开发及应用

3. 马铃薯产品深加工

4. 优质酿酒葡萄基地建设及优质葡萄酒酿制

5. 优质啤酒原料种植、加工

6. 稀土深加工及应用产品生产

7. 天然气化工、管道

8. 集成电路封装

9. 港口及船舶用毫米波导航设备

10. 钻机及油田设备制造

11. 城市供气、供热、供排水管网建设、经营（大中城市中方控股）

12. 旅游景区（点）开发及其配套设施建设、保护和经营

13. 公路旅客运输

青海省

1. 有机天然农畜产品基地建设和产品精深加工

2. 高原动植物资源保护、种养与加工利用（列入国家保护的资源除外）

3. 退耕还林还草、天然林保护等国家重点生态工程后续产业开发

4. 节水灌溉技术开发及应用

5. 碳酸锶、金属锶等锶盐生产（限于合资、合作）

6. 盐湖资源开发和综合利用

7. 天然气下游化工产品生产和开发

8. 牛羊绒产品深加工及藏毯生产

9. 中药、藏药新品种、新剂型产品生产

10. 城市供气、供热、供排水管网建设、经营（大中城市中方控股）

宁夏回族自治区

1. 枸杞种植及其深加工

2. 退耕还林还草、天然林保护等国家重点生态工程后续产业开发

3. 节水灌溉技术开发及应用

4. 煤炭加工应用技术开发和产品生产

5. 碳基材料生产

6. 优质酿酒葡萄基地建设及优质葡萄酒酿制

7. 马铃薯产品深加工

8. 天然气下游化工产品生产和开发

9. 聚氯乙烯树脂生产

10. 子午线轮胎生产

11. 片式固体钽电解电容器生产

12. 城市供气、供热、供排水管网建设、经营（大中城市中方控股）

13. 旅游景区（点）开发及其配套设施建设、保护和经营

14. 公路旅客运输

新疆维吾尔自治区（含新疆生产建设兵团）

1. 优质番茄、枸杞种植及深加工

2. 退耕还林还草、天然林保护等国家重点生态工程后续产业开发

3. 节水灌溉技术开发及应用

4. 甜菜糖加工及副产品综合利用

5. 天然香料、食用菌的种植、加工

6. 优质酿酒葡萄基地建设及优质葡萄酒酿制

7. 棉籽、葵花子、红花油脂深加工

8. 亚麻种植及其制品生产

9. 高档棉毛产品升级改造

10. 铜、铅、锌、镍有色金属矿的勘探及开发

11. 蛭石、钠硝石、云母、石棉、膨润土等非金属矿产的综合利用

12. 煤炭加工应用技术开发和产品生产

13. 高档皮革产品制造

14. 乙烯下游深加工产品及精细化工产品生产

15. 天然气下游化工产品生产和开发

16. 维吾尔族特色药用植物种植、加工和制药新工艺开发

17. 以牛羊内脏为原料的生物制药产品的开发利用

18. 民族特需产品、工艺美术品、包装容器材料及日用玻璃制品生产

19. 城市供气、供热、供排水管网建设、经营（大中城市中方控股）

20. 旅游景区（点）开发及其配套设施建设、保护和经营

21. 公路旅客运输

内蒙古自治区

1. 煤炭加工应用技术开发和产品生产

2. 退耕还林还草、天然林保护等国家重点生态工程后续产业开发

3. 草原生态旅游资源开发、建设和经营

4. 节水灌溉技术开发及应用

5. 毛纺织、针织品高新技术产品开发

6. 饲料加工业

7. 天然气下游化工产品开发和利用

8. 蒙药材加工

9. 以牛羊内脏为原料的生物制药产品的开发利用

10. 稀土深加工及应用产品生产

11. 民族特需产品、工艺美术品、包装容器材料及日用玻璃制品生产

12. 煤矸石、洗中煤、焦炉煤气余热发电、供热等综合利用

13. 城市供气、供热、供排水管网建设、经营（大中城市中方控股）

14. 旅游景区（点）开发及其配套设施建设、保护和经营

15. 公路旅客运输

广西壮族自治区

1. 木薯综合开发利用

2. 天然香料种植和加工

3. 退耕还林还草等国家重点生态工程后续产业开发

4. 节水灌溉技术开发及应用

5. 蔗糖加工及副产品综合利用

6. 动植物药材资源开发生产（列入国家保护资源的除外）

7. 铟、铅、锌的深加工及应用

8. 锰的深加工

9. 滑石和重晶石采选和深加工

10. 松香深加工

11. 氟化盐生产

12. 城市供气、供热、供排水管网建设、经营（大中城市中方控股）

13. 旅游景区（点）开发及其配套设施建设、保护和经营

14. 公路旅客运输

国家发展改革委核报国务院核准或审批的固定资产投资项目目录（试行）

关于印发国家发展改革委核报国务院核准或审批的固定资产投资项目目录（试行）的通知

发改投资［2004］1927号

各省、自治区、直辖市、计划单列市及新疆生产建设兵团发改委（计委）、经贸委（经委），国务院各部门、直属机构、各计划单列企业集团：

为贯彻落实《国务院关于投资体制改革的决定》，现将经国务院批准的《国家发展改革委核报国务院核准或审批的固定资产投资项目目录（试行）》（以下简称《目录》）印发你们，请按此办理，并就有关事项通知如下：

一、对列入国务院批准的发展建设规划的企业投资项目，由国家发展改革委核准后报国务院备案。

二、《目录》中规定需报国务院审批的政府投资项目，原则上由国务院审批可行性研究报告。

特此通知

附件：《国家发展改革委核报国务院核准或审批的固定资产投资项目目录（试行）》

中华人民共和国国家发展和改革委员会

2004年9月6日

按照《国务院关于投资体制改革的决定》（国发［2004］20号）精神，以下固定资产投资项目，由国家发展改革委核报国务院核准或审批。

一、企业投资项目

（一）核电站项目；

（二）新建机场项目；

（三）城市快速轨道交通项目；

（四）大型主题公园项目；

（五）库容10亿立方米及以上的国际及跨省（区、市）河流上的水库项目和总投资10亿元及以上的需中央政府协调的水资源配置调整项目；

（六）总装机容量100万千瓦及以上的水电站、抽水蓄能电站项目；

（七）总装机容量120万千瓦及以上的火电站项目；

（八）国家规划矿区内年产500万吨及以上的煤炭开发项目；

（九）年产100万吨及以上的煤炭液化项目；

（十）年产200万吨及以上的新油田开发项目；

（十一）年产30亿立方米及以上新气田开发项目；

（十二）进口液化天然气接收、储运设施项目；

（十三）国家原油存储设施项目；

（十四）总投资50亿元及以上的跨省（区、市）输油（气）管道干线项目；

（十五）跨境、跨海湾公路桥梁、隧道项目；

（十六）300公里及以上的新建铁路项目；

（十七）新建集装箱、煤炭、矿石、油气港区项目；

（十八）总投资50亿元及以上的钢铁、有色、稀土矿山开发项目；

（十九）年加工原油500万吨及以上的炼油项目、年产量60万吨及以上的乙烯项目；

（二十）总投资50亿元及以上的造船基础设施项目；

（二十一）总投资50亿元及以上的《政府核准的投资项目目录》（2004年本）中的社会事业项目；

（二十二）中方投资2亿美元及以上资源开发类境外投资项目，中方投资用汇额5 000万美元及以上的非资源类境外投资项目；

（二十三）《外商投资产业指导目录》中总投资5亿美元及以上的鼓励类、允许类项目和总投资1亿美元及以上的限制类项目。

二、政府投资项目

（一）使用中央预算内投资、中央专项建设基金、中央统还国外贷款5亿元及以上项目；

（二）使用中央预算内投资、中央专项建设基金、统借自还国外贷款的总投资50亿元及以上项目。

三、有国务院专项规定或经国务院批准的专项规定的，按专项规定执行

设立外商投资会议展览公司暂行规定

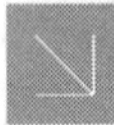

中华人民共和国商务部令

2004年第1号

《设立外商投资会议展览公司暂行规定》已经于2004年1月12日中华人民共和国商务部第一次部务会议审议通过，现予以公布，自公布之日起30日后施行。

部长　吕福源

2004年1月13日

第一条　为鼓励外国公司、企业和其他经济组织（以下简称外国投资者）在中国境内设立外商投资会议展览公司，举办具有国际规模和影响的对外经济技术展览会和会议，根据《中华人民共和国中外合资经营企业法》、《中华人民共和国中外合作经营企业法》、《中华人民共和国外资企业法》及其他相关法律法规，特制定本规定。

第二条　国家鼓励引进国际上先进的组织会议展览和专业交流方面的专有技术设立外商投资会议展览公司，促进我国会展业的发展，创造良好的社会和经济效益。外商投资会议展览公司在中国境内的正当经营活动和合法权益受中国法律的保护。

第三条　中华人民共和国商务部（以下简称商务部）及其授权商务主管部门是外商投资会议展览公司的审批和管理机关。

第四条　经批准设立的外商投资会议展览公司可以按规定经营以下业务：

（一）在中国境内主办、承办各类经济技术展览会和会议；

（二）在境外举办会议。

在境内外举办展览、会议，国家另有规定的，从其规定。

第五条　允许外国投资者根据本规定，在中国境内以外商独资的形式设立外商投资会议展览公司或与中国的公司、企业或其他经济组织（以下简称中国投资者）按照平等互利的原则在中国境内以合资、合作的形式设立外商投资会议展览公司。

第六条　申请设立外商投资会议展览公司的外国投资者应有主办国际博览会、专业展览会或国际会议的经历和业绩。

第七条　申请设立外商投资会议展览公司，申请者应向拟设立公司所在地省级商务主管部门报送以下文件：

（一）投资者签署的设立外商投资会议展览公司申请书；

（二）投资者签署的外商投资会议展览公司合同和章程（以独资形式设立外商投资会议展览公司的仅需报送章程）；

（三）投资者的注册登记证明（复印件）、法定代表人证明（复印件）、董事会成员委派书和银行资信证明；

（四）工商行政管理机构出具的拟设立外商投资会议展览公司名称预先核准通知书（复印件）；

（五）外国投资者已主办过国际博览会、国际专业展览会或国际会议的证明文件。

第八条　省级商务主管部门应当自收到本规定第七条规定的全部文件之日起30日内决定批准或不批准。决定批准的，向申请者颁发《外商投资企业批准证书》；决定不批准的，应当说明理由，并告知申请人享有依法申请行政复议或者提起行政诉讼的权利。

第九条　申请人应自收到颁发的《外商投资企业批准证书》之后起一个月内，按照国家有关规定，向工商行政管理机关申请办理登记手续。

第十条　外商投资会议展览公司申请在中国境内主办对经济技术展览会，按照国家有关规定办理。

外商投资会议展览公司在中国境内招展参加境外举行的国际经济贸易展览会或在境外举办国际经济贸易展览会的管理办法另行规定。

第十一条　外商投资会议展览公司中外投资者变更、股权变更或设立分支机构，应按本规定报省级商务主管部门批准后，到工商行政管理机构办理营业执照变更登记手续。

第十二条 外商投资会议展览公司进口展览品，按照海关对进口展览品有关监管办法办理进口手续并进行监管。

第十三条 香港特别行政区、澳门特别行政区、台湾地区的公司、企业和其他经济组织在大陆设立会议展览公司，参照本规定执行。

第十四条 本规定由商务部负责解释。

第十五条 本规定自颁布之日起30日后生效。

外商投资国际海运业管理规定

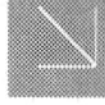

中华人民共和国交通部、中华人民共和国商务部令

［2004］第1号

现公布《外商投资国际海运业管理规定》，自2004年6月1日起施行。

交通部部长　张春贤

商务部部长　薄熙来

2004年2月25日

第一条 为规范对外商在中国境内设立外商投资企业从事国际海上运输业务以及与国际海上运输相关的辅助性经营业务的管理，保护中外投资者的合法权益，根据《中华人民共和国国际海运条例》（以下简称《海运条例》）和中华人民共和国外商投资的有关法律、行政法规，制定本规定。

第二条 外商在中国境内投资经营国际海上运输业务以及与国际海上运输相关的辅助性经营业务（以下简称国际海运业），适用本规定。

第三条 中华人民共和国交通部和商务部及其授权的部门负责外商在中华人民共和国境内投资设立经营国际海运业的外商投资企业的审批和管理工作。

第四条 经交通部和商务部批准，允许外商采用以下形式投资经营国际海运业：

（一）设立中外合资、中外合作企业经营国际船舶运输、国际船舶代理、国际船舶管理、国际海运货物装卸、国际海运集装箱站和堆场业务；

（二）设立中外合资、中外合作、外商独资企业经营国际海运货物仓储业务；

（三）设立中外合资、中外合作、外商独资企业为投资者拥有或者经营的船舶提供日常业务服务。

第五条 设立外商投资国际船舶运输企业，需符合如下条件：

（一）有与经营国际海上运输业务相适应的船舶，其中必须有中国籍船舶；

（二）投入运营的船舶符合国家规定的海上交通安全技术标准；

（三）有提单、客票或者多式联运单证；

（四）有具备交通部规定的从业资格的高级业务管理人员；

（五）以中外合资或中外合作企业形式设立，外商的出资比例不得超过49%；

（六）企业的董事长和总经理，由投资各方协商后由中方指定；

（七）法律、行政法规规定的其他条件。

第六条 设立外商投资企业经营国际船舶运输业务，应当首先根据《海运条例》及《中华人民共和国海运条例实施细则》（以下简称《海运条例实施细则》）的规定向交通部提出申请，经交通部许可后，申请人应根据国家外商投资法律、行政法规的规定，凭交通部的许可文件向商务部提交本规定第十五条规定的文件，到商务部办理外商投资企业的设立审批手续，取得《外商投资企业批准证书》。

申请人应当持交通部的许可文件和商务部颁发的《外商投资企业批准证书》等有关文件，依法向工商行政管理机关办理工商登记，领取营业执照。

外商投资国际船舶运输企业依法设立后，申请人应当持工商行政管理机关颁发的营业执照向交通部申领《国际船舶运输经营许可证》，取得许可证书后方可从事国际船舶运输经营活动。

第七条 设立外商投资国际船舶代理企业，需符合如下条件：

（一）高级业务管理人员中至少2人具有3年以上从事国际海上运输经营活动的经历。高级业务管理人员是指具有中级或中级以上职称、在国际海运企业或者国际海运辅助企业任部门经理以上职务的中国公民；

（二）有固定的营业场所和必要的营业设施，包括具有同港口和海关等部门进行电子数据交换的能力；

（三）以中外合资或中外合作企业形式设立，外商出资比例不得超过49%；

（四）法律、行政法规规定的其他条件。

第八条 设立外商投资企业经营国际船舶代理业务，应当首先根据《海运条例》及《海运条例实施细则》的规定向交通部提出申请，经交通部许可后，申请人应根据国家外商投资法律、行政法规的规定，凭交通部的许可文件向商务部提交本规定第十五条规定的文件，到商务部办理外商投资企业的设立审批手续，取得《外商投资企业批准证书》。

申请人应当持交通部的许可文件和商务部颁发的《外商投资企业批准证书》等有关文件，依法向工商行政管理机关办理工商登记，领取营业执照。

外商投资国际船舶代理企业依法设立后，申请人应当持工商行政管理机关颁发的营业执照向交通部申领《国际船舶代理经营资格登记证》，取得资格登记证后方可从事国际船舶代理经营活动。

第九条 设立外商投资国际船舶管理企业，需具备下列条件：

（一）高级业务管理人员中至少2人具有3年以上从事国际海上运输经营活动的经历；

（二）有持有与所管理船舶种类和航区相适应的船长、轮机长适任证书的人员；

（三）有与国际船舶管理业务相适应的设备、设施。

第十条 设立外商投资企业经营国际船舶管理业务，应当根据《海运条例》及《海运条例实施细则》的规定向交通部提出申请，经交通部许可后，申请人凭交通部的许可文件并提交本规定第十五条规定的材料，根据国家有关外商投资的法律、行政法规的规定向企业所在地省级人民政府商务主管部门办理《外商投资企业批准证书》。

外商投资国际船舶管理企业依法设立后，申请人应当持工商行政管理机关颁发的营业执照向企业所在地的省级人民政府交通主管部门申领《国际海运辅助业经营资格登记证》，取得登记证书后方可从事国际船舶管理经营活动。

第十一条 设立外商投资企业经营国际海运集装箱站和堆场业务、国际海运货物仓储，应当根据《海运条例》及《海运条例实施细则》的规定向交通部提出申请，经交通部许可后，申请人凭交通部的许可文件并提交本规定第十五条规定的材料，根据国家有关外商投资的法律、行政法规的规定向企业所在地省级人民政府商务主管部门办理《外商投资企业批准证书》。

外商投资国际海运集装箱站和堆场企业、国际海运货物仓储企业依法设立后，申请人应当持工商行政管理机关颁发的营业执照向企业所在地的省级人民政府交通主管部门申领《国际海运辅助业经营资格登记证》，取得登记证书后方可从事相关业务。

外商投资设立国际海运货物装卸企业，依照国家有关规定办理。

第十二条 对已经设立的外商投资企业申请增加经营国际海运或国际海运辅助性业务，应当按照本规定中设立相关外商投资国际海运企业的程序办理相应手续。

已经设立的外商投资国际海运企业设立分支机构，应当按照有关外商投资法律、行政法规的规定和《海运条例》及《海运条例实施细则》的规定分别到交通部和商务部或其授权的部门办理相应手续。

已经设立的外商投资国际海运企业的合营合同、公司章程中有关出资、股权结构、经营范围等重要内容进行变更的，应当按照有关外商投资法律、行政法规的规定到商务部或其授权部门办理相关手续。变更《海运条例实施细则》第二十一条规定事项的，应当向交通部备案。

第十三条 外国航运公司可以设立中外合资、中外合作、外商独资企业，为投资者拥有或者经营的船舶提供承揽货物、代签提单、代结运费、代签服务合同等日常业务服务，其申请设立程序依照交通部与商务部联合发布的外商独资船务公司审批管理的有关规定办理。

第十四条 在中国境内的外商投资企业经营无船承运业务，应依照《海运条例》及《海运条例实施细则》的规定，向交通部申请登记取得《无船承运业务经营资格登记证》，并依照外商投资的有关法律、行政法规的规定，到商务部办理审批手续。

第十五条 申请人向交通部提出申请，应当提交《海运条例》及《海运条例实施细则》规定的材料；向商务部或其授权部门提出申请的，应向审批机关提交如下材料：

（一）申请书；

（二）可行性研究报告；

（三）合营合同和合营公司章程（独资企业只报送章程）；

（四）投资者注册登记证明文件及资信证明文件；

（五）拟设立企业董事长和总经理的身份证明；

（六）法律、行政法规要求的其他文件。

第十六条 中国香港特别行政区、澳门特别行政区和台湾地区的投资者在中国其他省、自治区和直辖市投资设立国际海运及其国际海运辅助企业，参照本规定办理。

第十七条 根据国务院批准的《内地与香港关于建立更紧密经贸关系的安排》、《内地与澳门关于建立更紧密经贸关系的安排》及其附件的有关规定，自2004年1月1日起，允许香港和澳门的服务提供者在内地设立独资企业经营国际船舶管理、国际海运货物仓储、国际海运集装箱站和堆场、无船承运业务；允许香港和澳门的服务提供者在内地设立独资船务公司，为其拥有或者经营的船舶提供揽货、签发提单、结算运费、签订服务合同等日常业务服务。

第十八条 本规定由交通部和商务部负责解释。

第十九条 本规定自2004年6月1日起施行。

外商投资项目核准暂行管理办法

第一章 总 则

第一条 根据《中华人民共和国行政许可法》和《国务院关于投资体制改革的决定》，为规范对外商投资项目的核准管理，特制定本办法。

第二条 本办法适用于中外合资、中外合作、外商独资、外商购并境内企业、外商投资企业增资等各类外商投资项目的核准。

第二章　核准机关及权限

第三条　按照《外商投资产业指导目录》分类，总投资（包括增资额，下同）1亿美元及以上的鼓励类、允许类项目和总投资5 000万美元及以上的限制类项目，由国家发展改革委核准项目申请报告，其中总投资5亿美元及以上的鼓励类、允许类项目和总投资1亿美元及以上的限制类项目由国家发展改革委对项目申请报告审核后报国务院核准。

第四条　总投资1亿美元以下的鼓励类、允许类项目和总投资5 000万美元以下的限制类项目由地方发展改革部门核准，其中限制类项目由省级发展改革部门核准，此类项目的核准权不得下放。

地方政府按照有关法规对上款所列项目的核准另有规定的，从其规定。

第三章　项目申请报告

第五条　报送国家发展改革委的项目申请报告应包括以下内容：

（一）项目名称、经营期限、投资方基本情况；

（二）项目建设规模、主要建设内容及产品，采用的主要技术和工艺，产品目标市场，计划用工人数；

（三）项目建设地点，对土地、水、能源等资源的需求，以及主要原材料的消耗量；

（四）环境影响评价；

（五）涉及公共产品或服务的价格；

（六）项目总投资、注册资本及各方出资额、出资方式及融资方案，需要进口设备及金额。

第六条　报送国家发展改革委的项目申请报告应附以下文件：

（一）中外投资各方的企业注册证（营业执照）、商务登记证及经审计的最新企业财务报表（包括资产负债表、损益表和现金流量表）、开户银行出具的资金信用证明；

（二）投资意向书，增资、购并项目的公司董事会决议；

（三）银行出具的融资意向书；

（四）省级或国家环境保护行政主管部门出具的环境影响评价意见书；

（五）省级规划部门出具的规划选址意见书；

（六）省级或国家国土资源管理部门出具的项目用地预审意见书；

（七）以国有资产或土地使用权出资的，需由有关主管部门出具的确认文件。

第四章　核准程序

第七条　按核准权限属于国家发展改革委和国务院核准的项目，由项目申请人向项目所在地的省级发展改革部门提出项目申请报告，经省级发展改革部门审核后报国家发展改革委。计划单列企业集团和中央管理企业可直接向国家发展改革委提交项目申请报告。

第八条　国家发展改革委核准项目申请报告时，需要征求国务院行业主管部门意见的，应向国务院行业主管部门出具征求意见函并附相关材料。国务院行业主管部门应在接到上述材料之日起7个工作日内，向国家发展改革委提出书面意见。

第九条　国家发展改革委在受理项目申请报告之日起5个工作日内，对需要进行评估论证的重点问题委托有资质的咨询机构进行评估论证。接受委托的咨询机构应在规定的时间内向国家发展改革委提出评估报告。

第十条　国家发展改革委自受理项目申请报告之日起20个工作日内，完成对项目申请报告的核准，或向国务院报送审核意见。如20个工作日内不能作出核准决定或报送审核意见的，由国家发展改革委负责人批准延长10个工作日，并将延长期限的理由告知项目申请人。

前款规定的核准期限，不包括委托咨询机构进行评估的时间。

第十一条　国家发展改革委对核准的项目向项目申请人出具书面核准文件；对不予核准的项目，应以书面决定通知项目申请人，说明理由并告知项目申请人享有依法申请行政复议或者提起行政诉讼的权利。

第五章　核准条件及效力

第十二条　国家发展改革委对项目申请报告的核准条件是：

（一）符合国家有关法律法规和《外商投资产业指导目录》、《中西部地区外商投资优势产业目录》的规定；

（二）符合国民经济和社会发展中长期规划、行业规划和产业结构调整政策的要求；

（三）符合公共利益和国家反垄断的有关规定；

（四）符合土地利用规划、城市总体规划和环境保护政策的要求；

（五）符合国家规定的技术、工艺标准的要求；

（六）符合国家资本项目管理、外债管理的有关规定。

第十三条　项目申请人凭国家发展改革委的核准文件，依法办理土地使用、城市规划、质量监管、安全生产、资源利用、企业设立（变更）、资本项目管理、设备进口及适用税收政策等方面手续。

第十四条　国家发展改革委出具的核准文件应规定核准文件的有效期。在有效期内，核准文件是项目申请人办理本办法第十三条所列相关手续的依据；有效期满后，项目申请人办理上述相关手续时，应同时出示国家发展改革委出具的准予延续文件。

第十五条　未经核准的外商投资项目，土地、城市规划、质量监管、安全生产监管、工商、海关、税务、外汇管理等部门不得办理相关手续。

第十六条　项目申请人以拆分项目或提供虚假材料等不正当手段取得项目核准文件的，国家发展改革委可以撤销对该项目的核准文件。

第十七条　国家发展改革委可以对项目申请人执行项目情况和地方发展改革部门核准外商投资项目情况进行监督检查，并对查实问题依法进行处理。

第六章　变更及其核准

第十八条　经国家发展改革委核准的项目如出现下列情况之一的，需向国家发展改革委申请变更：

（一）建设地点发生变化；

（二）投资方或股权发生变化；

（三）主要建设内容及主要产品发生变化；

（四）总投资超过原核准投资额20%及以上；

（五）有关法律法规和产业政策规定需要变更的其他情况。

第十九条 变更核准的程序比照本办法第四章的规定执行。

第七章 附 则

第二十条 为及时掌握核准项目信息，地方核准的总投资3 000万美元以上的外商投资项目，由省级发展改革部门在项目核准之日起20个工作日内，将项目核准文件抄报国家发展改革委。

第二十一条 各省级发展改革部门应依据《指导外商投资方向规定》（国务院令第346号）和本办法的规定，制定相应的管理办法。

第二十二条 香港特别行政区、澳门特别行政区和台湾地区的投资者在祖国大陆举办的投资项目，参照本办法执行。

第二十三条 本办法由国家发展改革委负责解释。

第二十四条 本办法自2004年10月9日起施行。此前有关外商投资项目审批的规定，凡与本办法有抵触的，均按本办法执行。

（2004年10月9日国家发展和改革委员会令第22号发布）

关于外商投资举办投资性公司的规定

第一条 为了促进外国投资者来华投资，引进国外先进技术和管理经验，允许外国投资者根据中国有关外国投资的法律、法规及本规定，在中国设立投资性公司。

第二条 本规定中投资性公司系指外国投资者在中国以独资或与中国投资者合资的形式设立的从事直接投资的公司。公司形式为有限责任公司。

第三条 申请设立投资性公司应符合下列条件：

（一）1. 外国投资者资信良好，拥有举办投资性公司所必需的经济实力，申请前一年该投资者的资产总额不低于四亿美元，且该投资者在中国境内已设立了外商投资企业，其实际缴付的注册资本的出资额超过一千万美元，或者；2. 外国投资者资信良好，拥有举办投资性公司所必需的经济实力，该投资者在中国境内已设立了十个以上外商投资企业，其实际缴付的注册资本的出资额超过三千万美元；

（二）以合资方式设立投资性公司的，中国投资者应为资信良好，拥有举办投资性公司所必需的经济实力，申请前一年该投资者的资产总额不低于一亿元人民币；

（三）投资性公司的注册资本不低于三千万美元。

申请设立投资性公司的外国投资者应为一家外国的公司、企业或经济组织，若外国投资者为两个以上的，其中应至少有一名占大股权的外国投资者符合本条第一款第（一）项的规定。

第四条 符合本规定第三条第一款第（一）项规定的条件的外国投资者可以其全资拥有的子公司的名义投资设立投资性公司。

第五条 申请设立投资性公司的外国投资者符合本规定第三条第一款第（一）项规定的条件的，该外国投资者须向审批机关出具保证函，保证其所设立的投资性公司在中国境内投资时注册资本的缴付和属于该外国投资者或关联公司的技术转让。

以全资拥有的子公司的名义投资设立投资性公司的，其母公司须向审批机关出具保证函，保证其子公司按照审批机关批准的条件完成对所设立的投资性公司的注册资本的缴付，并保证该投资性公司在中国境内投资时的注册资本的缴付和属于该母公司及其所属公司的技术转让。

第六条 申请设立投资性公司，投资者应将下列文件经拟设立投资性公司所在地的省、自治区、直辖市、计划单列市商务主管部门审核同意后，报商务部审查批准。

（一）设立合资的投资性公司投资各方签署的申请报告、合同、章程；

设立独资的投资性公司外国投资者签署的外资企业申请表、可行性研究报告、章程；

（二）投资各方的资信证明文件、注册登记证明文件（复印件）和法定代表人证明文件（复印件）；

（三）外国投资者已投资企业的批准证书（复印件）、营业执照（复印件）和中国注册会计师出具的验资报告（复印件）；

（四）依法审计的投资各方近三年的资产负债表；

（五）依据本规定第五条应提交的保证函；

（六）商务部要求的其他文件。

上述文件除已注明为复印件的，一律应为正式文件。

非法定代表人签署文件的，应出具法定代表人的委托授权书。

委托依法设立的中介机构代为办理申请手续的，应出具由投资者法定代表人签署的委托授权书。

第七条 外国投资者须以可自由兑换的货币或其在中国境内获得的人民币利润或因转股、清算等活动获得的人民币合法收益作为其向投资性公司注册资本的出资。中国投资者可以人民币出资。外国投资者以其人民币合法收益作为其向投资性公司注册资本出资的，应当提交相关证明文件及税务凭证。出资应在营业执照签发之日起两年内全部缴清。

第八条 投资性公司的注册资本中至少应有三千万美元作为向其投资新设立的外商投资企业的出资，或作为向其母公司或关联公司已投资设立外商投资企业（已依法办理完毕股权转让手续）未缴付完毕的出资额的出资，或增资部分的出资，或用于设立研发中心等机构的投资，或用于购买中国境内公司股东的股权（不包括投资性公司母公司或其关联公司已缴付完毕的出资额形成的股权）。

第九条 投资性公司的注册资本不低于三千万美元，其贷款额不得超过已缴付注册资本额的四倍。投资性公司的注册资本不低于一亿美元，其贷款额不得超过已缴付注册资本额的六倍。投资性公司因经营需要，贷款额拟超过上述规定，应当报商务部批准。

第十条 投资性公司经商务部批准设立后，可以依其在中国从事经营活动的实际需要，经营下列业务：

（一）在国家允许外商投资的领域依法进行投资；

（二）受其所投资企业的书面委托（经董事会一致通过），向其所投资企业提供下列服务：

1. 协助或代理其所投资的企业从国内外采购该企业自用的机器设备、办公设备和生产所需的原材料、元器件、零部件和在国内外销售其所投资企业生产的产品，并提供售后服务；

2. 在外汇管理部门的同意和监督下，在其所投资企业之间平衡外汇；

3. 为其所投资企业提供产品生产、销售和市场开发过程中的技术支持、员工培训、企业内部人事管理等服务；

4. 协助其所投资企业寻求贷款及提供担保。

（三）在中国境内设立科研开发中心或部门，从事新产品及高新技术的研究开发，转让其研究开发成果，并提供相应的技术服务；

（四）为其投资者提供咨询服务，为其关联公司提供与其投资有关的市场信息、投资政策等咨询服务；

（五）承接其母公司和关联公司的服务外包业务。

第十一条 投资性公司从事货物进出口或者技术进出口的，应符合商务部《对外贸易经营者备案登记办法》的规定；

投资性公司从事佣金代理、批发、零售和特许经营活动的，应符合商务部《外商投资商业领域管理办法》的相关规定，并依法变更相应的经营范围。

第十二条 本规定所称投资性公司所投资企业系指符合下列条件的企业：

（一）投资性公司直接投资或与其他外国投资者和/或中国投资者共同投资，投资性公司中折算出的外国投资者的投资单独或与其他外国投资者一起投资的比例占其所投资设立企业注册资本的25%以上的企业；

（二）投资性公司将其投资者或其关联公司、其他外国投资者以及中国境内投资者在中国境内已投资设立的企业的股权部分或全部收购，投资性公司中折算出的外国投资者的投资单独或与其他外国投资者的投资额共同占该已设立企业的注册资本25%以上的企业；

（三）投资性公司的投资额不低于其所投资设立企业的注册资本的10%。

第十三条 经中国银行业监督管理委员会批准，投资性公司可向其所投资设立的企业提供财务支持。

第十四条 投资性公司可以作为发起人发起设立外商投资股份有限公司或持有外商投资股份有限公司未上市流通的法人股。投资性公司也可以根据国家有关规定持有境内其他股份有限公司未上市流通的法人股。投资性公司应视为股份有限公司境外发起人或股东。

第十五条 投资性公司设立后，依法经营，无违法纪录，注册资本按照章程的规定按期缴付，投资者实际缴付的注册资本额不低于三千万美元且已用于本规定第八条所规定的用途，投资性公司经所在地的省、自治区、直辖市或计划单列市商务主管部门审核同意，向商务部提出申请，并获批准的，还可依其在中国从事经营活动的实际需要，依照国家有关规定，经营下列业务：

（一）受所投资企业的书面委托（经董事会一致通过），开展下列业务：

1. 在国内外市场以经销的方式销售其所投资企业生产的产品；

2. 为其所投资企业提供运输、仓储等综合服务。

（二）以代理、经销或设立出口采购机构（包括内部机构）的方式出口境内商品，并可按有关规定办理出口退税；

（三）购买所投资企业生产的产品进行系统集成后在国内外销售，如所投资企业生产的产品不能完全满足系统集成需要，允许其在国内外采购系统集成配套产品，但所购买的系统集成配套产品的价值不应超过系统集成所需全部产品价值的50%；

（四）为其所投资企业的产品的国内经销商、代理商以及与投资性公司、其母公司或其关联公司签有技术转让协议的国内公司、企业提供相关的技术培训；

（五）在其所投资企业投产前或其所投资企业新产品投产前，为进行产品市场开发，允许投资性公司从其母公司进口与其所投资企业生产产品相关的母公司产品在国内试销；

（六）为其所投资企业提供机器和办公设备的经营性租赁服务，或依法设立经营性租赁公司；

（七）为其进口的产品提供售后服务；

（八）参与有对外承包工程经营权的中国企业的境外工程承包；

（九）在国内销售（不含零售）投资性公司进口的母公司产品。

第十六条 投资性公司根据第十五条第三款和第五款规定进口产品应依照国家有关规定办理手续。上述进口金额每年累计不超过公司已缴付的注册资本额。

第十七条 投资性公司申请经营本规定第十五条规定业务的，应当向商务部报送下列文件：

（一）投资性公司法定代表人签署的申请书；

（二）投资性公司董事会决议；

（三）修改后的投资性公司章程；

（四）投资性公司的批准证书（复印件）、营业执照（复印件）和中国注册会计师出具的验资报告；

（五）中国注册会计师出具的所投资企业的验资报告；

（六）商务部要求的其他文件。

第十八条 根据投资性公司拟设立的项目性质，按照国家有关外商投资企业经营期限的规定核定投资性公司的期限。

第十九条 投资性公司投资设立企业，按外商投资企业的审批权限及审批程序另行报批。

第二十条 投资性公司投资设立企业，投资性公司中折算出的外国投资者的投资单独或与其他外国投资者一起投资的比例一般不低于其所投资设立企业的注册资本的25%，其投资设立的企业享受外商投资企业待遇，发给外商投资企业批准证书和外商投资企业营业执照；出资比例低于25%的，除法律、行政法规另有规定外，均应按照现行设立外商投资企业的审批登记程序进行审批和登记。

第二十一条 投资性公司设立分支机构应报商务部审批。投资性公司申请设立分公司，必须符合以下条件：

（一）投资性公司的注册资本已按照合同、章程的规定按期缴付并且已缴付的出资额不低于三千万美元；或投资性公司已投资设立或拥有十个以上外商投资企业；

（二）拟设立分公司的地区应为投资性公司投资集中地区或产品销售集中的地区。

第二十二条 符合条件的投资性公司可申请被认定为跨国公司地区总部（以下简称地区总部），并依法办理变更手续。

（一）投资性公司申请被认定为地区总部应符合下列条件：

1. 已缴付注册资本不低于一亿美元，或者；已缴付注册资本不低于五千万美元，申请前一年其所投资企业资产总额不低于三十亿元人民币，且利润总额不低于一亿元人民币（按合并报表相关规定计）；

2. 符合本规定第八条的规定；

3. 根据有关规定，已设立研发机构。

（二）被认定为地区总部的投资性公司，可依其在中国从事经营活动的实际需要，经营下列业务：

1. 本规定第十条、第十五条所规定的业务；

2. 进口并在国内销售（不含零售）跨国公司及其控股的关联公司的产品；

3. 进口为所投资企业、跨国公司的产品提供维修服务所需的原辅材料及零、配件；

4. 承接境内外企业的服务外包业务；

5. 根据有关规定，从事物流配送服务；

6. 经中国银行业监督管理委员会批准，设立财务公司，向投资性公司及其所投资企业提供相关财务服务；

7. 经商务部批准，从事境外工程承包业务和境外投资，设立融资租赁公司并提供相关服务；

8. 委托境内其他企业生产/加工其产品或其母公司产品并在国内外销售；

9. 经批准的其他业务。

（三）申请程序：

1. 投资性公司向所在地的省、自治区、直辖市和计划单列市商务主管部门提出申请，经初核后报商务部；

2. 商务部自收到全部申请文件之日起三十日内批复，对被认定为地区总部的，换发外商投资企业批准证书（加注“地区总部”）；

3. 投资性公司凭批准证书在三十日内，向工商行政管理部门申请办理变更登记手续。

（四）申请文件：

1. 投资性公司法定代表人签署的申请书；

2. 投资性公司及其跨国公司董事会或股东会决议；

3. 修改后的投资性公司章程/合同；

4. 投资性公司的批准证书（复印件）、营业执照（复印件）和中国注册会计师出具的验资报告；

5. 所投资企业的批准证书（复印件）和营业执照（复印件）；

6. 中国注册会计师出具的所投资企业的验资报告；

7. 经中国注册会计师审计的投资性公司的主要财务报表；

8. 商务部要求的其他文件。

上述文件除已注明为复印件的，一律应为正式文件。

本条中跨国公司系指设立投资性公司的外国投资者所属公司集团的母公司。

第二十三条 投资性公司在中国境内的投资活动不受公司注册地点的限制。

第二十四条 投资性公司的税收按中国有关法律、法规办理。

第二十五条 投资性公司应切实履行项目投资计划，并将第一年度的投资、经营情况于下一年度的前三个月内，按照规定的内容和格式报商务部备案。上述材料将作为投资性公司参加联合年检申报的必备材料之一。

第二十六条 投资性公司与其所投资设立的企业是彼此独立的法人或实体，其业务往来应按独立企业之间业务往来关系处理。

第二十七条 投资性公司与其投资设立的企业应遵守中国的法律、法规和规章，不得采用任何手段逃避管理和纳税。

第二十八条 投资性公司不得直接从事生产活动。

第二十九条 台湾、香港和澳门地区的投资者在大陆投资举办投资性公司的，准用本规定。

第三十条 本规定由商务部负责解释。

第三十一条 本规定自公布之日起三十日后施行。

（2004年11月17日商务部2004年第22号令发布）

外商投资租赁业管理办法

中华人民共和国商务部令

2005年第5号

《外商投资租赁业管理办法》已经2005年1月21日商务部第1次部务会议审议通过，自2005年3月5日起施行。

部长　薄熙来

2005年2月3日

第一条　为促进外商投资租赁业的健康发展，规范外商投资租赁业的经营行为，防范经营风险，根据《中华人民共和国合同法》、《中华人民共和国公司法》、《中华人民共和国外资企业法》、《中华人民共和国中外合资经营企业法》、《中华人民共和国中外合作经营企业法》等有关法律、法规，制定本办法。

第二条　外国公司、企业和其他经济组织（以下简称外国投资者）在中华人民共和国境内以中外合资、中外合作以及外商独资的形式设立从事租赁业务、融资租赁业务的外商投资企业，开展经营活动，适用本办法。

第三条　外商投资租赁业可以采取有限责任公司或股份有限公司的形式。

从事租赁业务的外商投资企业为外商投资租赁公司；从事融资租赁业务的外商投资企业为外商投资融资租赁公司。

第四条　外商投资租赁公司及外商投资融资租赁公司应遵守中华人民共和国有关法律、法规及规章的规定，其正当经营活动及合法权益受中国法律保护。

商务部是外商投资租赁业的行业主管部门和审批管理部门。

第五条　本办法所称租赁业务系指出租人将租赁财产交付承租人使用、收益，并向承租人收取租金的业务。

本办法所称融资租赁业务系指出租人根据承租人对出卖人、租赁物的选择，向出卖人购买租赁财产，提供给承租人使用，并向承租人收取租金的业务。

外商投资融资租赁公司可以采取直接租赁、转租赁、回租赁、杠杆租赁、委托租赁、联合租赁等不同形式开展融资租赁业务。

第六条　本办法所称租赁财产包括：

（一）生产设备、通信设备、医疗设备、科研设备、检验检测设备、工程机械设备、办公设备等各类动产；

（二）飞机、汽车、船舶等各类交通工具；

（三）本条（一）、（二）项所述动产和交通工具附带的软件、技术等无形资产，但附带的无形资产价值不得超过租赁财产价值的二分之一。

第七条　外商投资租赁公司和外商投资融资租赁公司的外国投资者的总资产不得低于500万美元。

第八条　外商投资租赁公司应当符合下列条件：

（一）注册资本符合《公司法》的有关规定；

（二）符合外商投资企业注册资本和投资总额的有关规定；

（三）有限责任公司形式的外商投资租赁公司的经营期限一般不超过30年。

第九条　外商投资融资租赁公司应当符合下列条件：

（一）注册资本不低于1 000万美元；

（二）有限责任公司形式的外商投资融资租赁公司的经营期限一般不超过30年；

（三）拥有相应的专业人员，高级管理人员应具有相应专业资质和不少于三年的从业经验。

第十条　设立外商投资租赁公司和外商投资融资租赁公司应向审批部门报送下列材料：

（一）申请书；

（二）投资各方签署的可行性研究报告；

（三）合同、章程（外资企业只报送章程）；

（四）投资各方的银行资信证明、注册登记证明（复印件）、法定代表人身份证明（复印件）；

（五）投资各方经会计师事务所审计的最近一年的审计报告；

（六）董事会成员名单及投资各方董事委派书；

（七）高级管理人员的资历证明；

（八）工商行政管理部门出具的企业名称预先核准通知书；申请成立股份有限公司的，还应提交有关规定要求提交的其他材料。

第十一条　设立外商投资租赁公司和外商投资融资租赁公司，应按照以下程序办理：

（一）设立有限责任公司形式的外商投资租赁公司，应由投资者向拟设立企业所在地的省级商务主管部门报送本办法第十条规定的全部材料，省级商务主管部门应自收到全部申请材料之日起45个工作日内作出是否批准的决定，批准设立的，颁发《外商投资企业批准证书》，不予批准的，应书面说明原因。省级商务主管部门应当在批准外商投资租赁公司设立后7个工作日内将批准文件报送商务部备案。股份有限公司形式的外商投资租赁公司的设立按照有关规定办理。

（二）设立外商投资融资租赁公司，应由投资者向拟设立企业所在地的省级商务主管部门报送本办法第十条规定的全部材料，省级商务主管部门对报送的申请文件进行初审后，自收到全部申请文件之日起15个工作日内将申请文件和初审意见上报商务部。商务部应自收到全部申请文件之日起45个工作日内作出是否批准的决定，批准设立的，颁发《外商投资企业批准证书》，不予批准的，应书面说明原因。

（三）已设立的外商投资企业申请从事租赁业务的，应当符合本办法规定的条件，并按照本条第（一）项规定的程序，依法变更相应的经营范围。

第十二条 外商投资租赁公司和外商投资融资租赁公司应当在收到《外商投资企业批准证书》之日起30个工作日内到工商行政管理部门办理登记注册手续。

第十三条 外商投资租赁公司可以经营下列业务：

（一）租赁业务；

（二）向国内外购买租赁财产；

（三）租赁财产的残值处理及维修；

（四）经审批部门批准的其他业务。

第十四条 外商投资融资租赁公司可以经营下列业务：

（一）融资租赁业务；

（二）租赁业务；

（三）向国内外购买租赁财产；

（四）租赁财产的残值处理及维修；

（五）租赁交易咨询和担保；

（六）经审批部门批准的其他业务。

第十五条 外商投资融资租赁公司根据承租人的选择，进口租赁财产涉及配额、许可证等专项政策管理的，应由承租人或融资租赁公司按有关规定办理申领手续。

外商投资租赁公司进口租赁财产，应按现行外商投资企业进口设备的有关规定办理。

第十六条 为防范风险，保障经营安全，外商投资融资租赁公司的风险资产一般不得超过净资产总额的10倍。风险资产按企业的总资产减去现金、银行存款、国债和委托租赁资产后的剩余资产总额确定。

第十七条 外商投资融资租赁公司应在每年3月31日之前向商务部报送上一年业务经营情况报告和上一年经会计师事务所审计的财务报告。

第十八条 中国外商投资企业协会租赁业委员会是对外商投资租赁业实行同业自律管理的行业性组织。鼓励外商投资租赁公司和外商投资融资租赁公司加入该委员会。

第十九条 外商投资租赁公司及外商投资融资租赁公司如有违反中国法律、法规和规章的行为，按照有关规定处理。

第二十条 香港特别行政区、澳门特别行政区、台湾地区的公司、企业和其他经济组织在内地设立外商投资租赁公司和外商投资融资租赁公司，参照本办法执行。

第二十一条 本办法中所称省级商务主管部门是指各省、自治区、直辖市、计划单列市及新疆生产建设兵团商务主管部门。

第二十二条 本办法由商务部负责解释。

第二十三条 本办法自2005年3月5日起施行。原外经贸部2001年第3号令《外商投资租赁公司审批管理暂行办法》同时废止。

移动通信系统及终端投资项目核准的若干规定

国家发展改革委关于印发
《移动通信系统及终端投资项目核准的若干规定》的通知
发改高技［2005］265号

各省、自治区、直辖市、计划单列市及新疆生产建设兵团发展改革委（计委）、经贸委（经委），国务院有关部门、直属机构，各计划单列企业集团：

为规范移动通信系统及终端投资项目核准工作，促进我国移动通信产业的持续、健康发展，依据《国务院对确需保留的行政审批项目设定行政许可的决定》（国务院第412号令）、《国务院关于投资体制改革的决定》（国发［2004］20号），以及《企业投资项目核准暂行办法》（国家发展改革委第19号令）和《外商投资项目核准暂行管理办法》（国家发展改革委第22号令）等有关管理规定，并按照国务院关于加快移动通信产业发展的有关文件精神，我委制定了《移动通信系统及终端投资项目核准的若干规定》，现印发你们，请按照执行。

特此通知

附件：《移动通信系统及终端投资项目核准的若干规定》

中华人民共和国国家发展和改革委员会
2005年2月19日

第一条 为了规范国家特殊规定的移动通信系统及终端投资项目核准活动，促进移动通信产业持续健康发展，根据《国务院对确需保留的行政审批项目设定行政许可的决定》、《国务院关于投资体制改革的决定》及《政府核准的投资项目目录》，特制定本规定。

第二条 本规定适用于在中华人民共和国境内申请投资移动通信系统及终端生产项目的核准。

第三条 本规定所指移动通信系统及终端是指基于GSM、CDMA、CDMA2000、WCDMA、TD-SCDMA等第二代移动通信、第三代移动通信标准制式的交换设备、基站设备、终端（手机）。

第四条 项目申报单位应向项目所在地的省级发展改革部门提交项目申请报告一式五份，经省级发展改革部门初审后报国家发展和改革委员会。计划单列企业集团可直接向国家发展和改革委员会提交项目申请报告。

第五条 项目申请报告应主要包括以下内容：

（一）项目名称、经营期限、项目申报单位和投资方基本情况；

（二）项目建设规模、主要建设内容及产品，采用的主要技术和工艺，产品目标市场，计划用工人数；

（三）项目建设地点，对土地、水、能源等资源的需求，以及主要原材料的消耗量；

（四）环境影响评价；

（五）项目总投资、注册资本及各方出资额、出资方式及融资方案，需要进口设备及金额；

（六）产品技术来源及项目研发中心建设方案；

（七）售后服务体系建设方案。

第六条 项目申请报告应附以下文件：

（一）项目申报单位及投资方的企业注册证明（营业执照）、商务登记证及经审计的最近三年企业财务报表（包括资产负债表、损益表和现金流量表）、有关金融机构出具的银行信用等级证明、开户银行出具的资金信用证明；

（二）项目申报单位投资方的投资意向书，增资、购并项目的公司董事会决议；

（三）银行出具的贷款承诺；

（四）按有关规定由环境保护行政主管部门出具的环境影响评价审批意见；

（五）城市规划部门出具的选址意见书；

（六）按有关规定由国土资源管理部门出具的项目用地预审意见书；

（七）以国有资产或土地使用权出资的，须有有关主管部门出具的确认文件；

（八）项目申报单位通过电子信息行业 ISO9000 质量管理体系认证，ISO14001 环境管理体系认证，及 OHSAS18000 职业安全卫生管理体系认证的相关证明材料复印件。

第七条 对项目申请报告的核准条件是：

（一）符合产业政策；

（二）符合公共利益和国家反垄断的有关规定；

（三）符合土地利用规划、城市总体规划和环境保护政策的要求；

（四）符合国家规定的技术、工艺标准的要求；

（五）符合国家资本项目管理、外债管理的有关规定；

（六）项目申报单位应为专业从事电子信息产品研究开发、生产及销售的企业，具备三年以上经营历史，具有较强的经济实力，能够建立有效的售后服务保障体系；

（七）申请移动通信系统投资项目的项目申报单位注册资本不低于 3 亿元人民币；

（八）申请移动通信终端投资项目的项目申报单位注册资本不低于 2 亿元人民币；

（九）申请移动通信终端投资项目的项目申报单位应建立研发中心，具有完善的开发平台和研究环境，具备完整的整机、单元电路硬件设计能力，基于芯片组和协议栈的软件开发能力，结构外观设计能力。

第八条 国家发展和改革委员会在受理项目申请报告后，应征求信息产业部的意见，并可对需要进行评估论证的重点问题委托有资质的咨询机构进行评估论证。

第九条 未经核准的投资项目，土地、城市规划、工商、海关、税务、外汇管理等部门不予办理相关手续，信息产业部不予办理其产品的进网许可。

第十条 经核准的项目如出现下列情况之一的，项目单位须向国家发展和改革委员会申请办理变更手续：

（一）建设地点发生变化；

（二）投资方或股权发生变化；

（三）主要建设内容发生变化；

（四）总投资超过原核准投资额 20% 及以上；

（五）经核准（批准）的移动通信终端生产企业，生产原核准（批准）范围外的其他标准制式的终端；

（六）有关法律法规和产业政策规定需要变更的其他情况。

第十一条 除本规定特殊明确的有关内容外，其他事项按《企业投资项目核准暂行办法》和《外商投资项目核准暂行管理办法》执行。

第十二条 本规定由国家发展和改革委员会负责解释。

第十三条 本规定自发布之日起施行。

国际金融组织和外国政府贷款投资项目管理暂行办法

中华人民共和国国家发展和改革委员会令

第28号

《国际金融组织和外国政府贷款投资项目管理暂行办法》业经国家发展和改革委员会主任办公会讨论通过，现予以发布，自2005年3月1日起施行。

国家发展和改革委员会主任　马　凯

2005年2月28日

第一章　总　　则

第一条　为加强国际金融组织和外国政府贷款（以下简称国外贷款）投资项目管理，提高国外贷款使用效益，根据《国务院关于投资体制改革的决定》和国家有关外债管理规定，制定本办法。

第二条　借用世界银行、亚洲开发银行、国际农业发展基金会等国际金融组织贷款和外国政府贷款及与贷款混合使用的赠款、联合融资等投资项目的管理，适用本办法。

第三条　境内企业、机构、团体均可申请借用国外贷款。

第四条　国外贷款属于国家主权外债，按照政府投资资金进行管理。国外贷款主要用于公益性和公共基础设施建设，保护和改善生态环境，促进欠发达地区经济和社会发展。

第二章　国外贷款备选项目规划

第五条　国外贷款备选项目规划是项目对外开展工作的依据。借用国外贷款的项目必须纳入国外贷款备选项目规划。

未纳入国外贷款备选项目规划的项目，国务院各有关部门、地方各级政府和项目用款单位不得向国际金融组织或外国政府等国外贷款机构正式提出贷款申请。

第六条　国务院发展改革部门按照国民经济和社会发展规划、产业政策、外债管理及国外贷款使用原则和要求，编制国外贷款备选项目规划，并据此制定、下达年度项目签约计划。

世界银行、亚洲开发银行贷款和日本政府日元贷款备选项目规划由国务院发展改革部门提出，商国务院财政部门后报国务院批准。

第七条　国务院行业主管部门、省级发展改革部门、计划单列企业集团和中央管理企业向国务院发展改革部门申报纳入国外贷款规划的备选项目。

国务院行业主管部门申报的项目，由地方政府安排配套资金、承担贷款偿还责任或提供贷款担保的，应当同时出具省级发展改革部门及有关部门意见。

第八条　申报纳入国外贷款规划的备选项目材料包括以下内容：

（一）项目简要情况；

（二）项目建设必要性；

（三）拟申请借用国外贷款的类别或国别；

（四）贷款金额及用途；

（五）贷款偿还责任。

第九条　已纳入国际金融组织贷款、日本政府日元贷款备选项目规划的项目，如需调整贷款来源或撤销贷款的，应当将调整内容按照本办法第七条规定的程序报国务院发展改革部门。

纳入其他外国政府贷款备选项目规划的项目，如需调整贷款来源的，应当将调整内容在项目资金申请报告审批阶段一并报批。

第十条　原批准使用其他资金的项目，拟申请转用国外贷款；或已批准使用国外贷款的项目，拟申请转用其他资金的，应当按照本办法第七条规定的程序报国务院发展改革部门。

第十一条　国务院发展改革部门、省级发展改革部门参与项目的有关对外工作，指导和督促国外贷款规划及年度项目签约计划的落实。

第十二条　纳入国外贷款备选项目规划的项目，应当区别不同情况履行审批、核准或备案手续：

（一）由中央统借统还的项目，按照中央政府直接投资项目进行管理，其项目建议书、可行性研究报告由国务院发展改革部门审批或审核后报国务院审批。

（二）由省级政府负责偿还或提供还款担保的项目，按照省级政府直接投资项目进行管理，其项目审批权限，按国务院及国务院发展改革部门的有关规定执行。除应当报国务院及国务院发展改革部门审批的项目外，其他项目的可行性研究报告均由省级发展改革部门审批，审批权限不得下放。

（三）由项目用款单位自行偿还且不需政府担保的项目，参照《政府核准的投资项目目录》规定办理：凡《政府核准的投资项目目录》所列的项目，其项目申请报告分别由省级发展改革部门、国务院发展改革部门核准，或由国务院发展改革部门审核后报国务院核准；《政府核准的投资项目目录》之外的项目，报项目所在地省级发展改革部门备案。

第三章　项目资金申请报告

第十三条　项目纳入国外贷款备选项目规划并完成审批、核准或备案手续后，项目用款单位须向所在地省级发展改革部门提出项目资金申请报告。

项目资金申请报告由省级发展改革部门初审后，报国务院发展改革部门审批。

国务院行业主管部门、计划单列企业集团和中央管理企业的项目资金申请报告，直接报国务院发展改革部门审批。

第十四条 由国务院及国务院发展改革部门审批的项目可行性研究报告，可行性研究报告中应当包括项目资金申请报告内容，不再单独审批项目资金申请报告。

第十五条 项目资金申请报告应当具备以下内容：

（一）项目概况，包括项目建设规模及内容、总投资、资本金、国外贷款及其他资金、项目业主、项目执行机构、项目建设期；

（二）国外贷款来源及条件，包括国外贷款机构或贷款国别、还款期、宽限期、利率、承诺费等；

（三）项目对外工作进展情况；

（四）贷款使用范围，包括贷款用于土建、设备、材料、咨询和培训等的资金安排；

（五）设备和材料采购清单及采购方式，包括主要设备和材料规格、数量、单价；

（六）经济分析和财务评价结论；

（七）贷款偿还及担保责任、还款资金来源及还款计划。

第十六条 项目资金申请报告应当附以下文件：

（一）项目批准文件（项目可行性研究报告批准文件、项目申请报告核准文件或项目备案文件）。

（二）国际金融组织和日本国际协力银行贷款项目，提供国外贷款机构对项目的评估报告。

（三）国务院行业主管部门提出项目资金申请报告时，如项目需地方政府安排配套资金、承担贷款偿还责任或提供贷款担保的，出具省级发展改革部门及有关部门意见。

（四）申请使用限制性采购的国外贷款项目，出具对国外贷款条件、国内外采购比例、设备价格等比选结果报告。

第十七条 国务院发展改革部门审批项目资金申请报告的条件是：

（一）符合国家利用国外贷款的政策及使用规定；

（二）符合国外贷款备选项目规划；

（三）项目已按规定履行审批、核准或备案手续；

（四）国外贷款偿还和担保责任明确，还款资金来源及还款计划落实；

（五）国外贷款机构对项目贷款已初步承诺。

第十八条 项目资金申请报告批准后，项目建设内容、贷款金额及用途等发生变化的，须按本办法第十三条规定的程序将调整方案报国务院发展改革部门批准。

第十九条 国务院及国务院发展改革部门对项目可行性研究报告或资金申请报告的批准文件，是对外谈判、签约和对内办理转贷生效、外债登记、招标采购和免税手续的依据。

第二十条 未经国务院及国务院发展改革部门审批可行性研究报告或资金申请报告的项目，有关部门和单位不得对外签署贷款协定、协议和合同，外汇管理、税务、海关等部门及银行不予办理相关手续。

第二十一条 项目资金申请报告自批准之日起两年内，项目未签订国外贷款转贷协议的，该批准文件自动失效。

第四章 项目实施管理

第二十二条 国务院发展改革部门、省级发展改革部门指导和协调项目实施工作，监督有关招投标活动。

第二十三条 国外贷款项目出现余款时，项目用款单位应当及时办理有关余款取消手续，并按本办法第十三条规定的程序抄报国务院发展改革部门。

如将余款继续用于完善原项目建设的，应当参照项目资金申请报告的要求，编制余款使用方案，并按本办法第十三条规定的程序报国务院发展改革部门批准。

第二十四条 负责将国外贷款进行转贷的转贷机构，应当根据国务院及国务院发展改革部门对项目可行性研究报告或资金申请报告的批准文件，对项目的国外贷款进行转贷，并于每年六月底和十二月底向国务院发展改革部门报送国外贷款支付和偿还情况。

由各级政府负责偿还国外贷款或提供还款担保的项目，转贷机构原则上应当按贷款方提供的贷款条件进行转贷。如以规避外债风险为目的需对上述项目转贷条件进行调整的，转贷机构应当事先征得国务院发展改革部门同意。

第二十五条 项目用款单位要依法履行国外贷款偿还责任，及时进行外债登记，加强国外贷款债务风险管理。

项目用款单位要建立项目信息反馈制度，并于每年六月底和十二月底向批准项目的发展改革部门提交项目进度报告。

第二十六条 国务院发展改革部门应当对项目实施情况和省级发展改革部门批准及管理项目情况进行监督检查，并对查实的问题提出处理意见。

第二十七条 为确保对外还款，防止逃废债务，尚未偿还全部国外贷款的项目用款单位，在进行资产重组、产权变更或破产申请前，应当事先征得转贷机构对剩余债务偿还安排的书面认可，落实还贷责任，并将有关结果抄报国务院发展改革部门。

第五章 附 则

第二十八条 省级发展改革部门依据本办法的规定，制定相应的管理办法。

第二十九条 本办法由国家发展改革委负责解释。

第三十条 本办法自2005年3月1日起施行。此前有关国外贷款投资项目管理的规章和其他规范性文件，与本办法不一致的，按本办法规定执行。

财政部关于外商投资企业对外投资资产评估增减值财务处理问题的补充通知

各省、自治区、直辖市、计划单列市财政厅（局）：

《财政部关于外商投资企业对外投资资产评估增减值财务处理问题的通知》（财企［2003］181号）下发以后，有些地方、企业反映、外商投资企业对外投资资产评估增值形成的以前年度未分配利润是否可以继续用于股东分红不明确，在执行中存在较大的争议。为了有利于外商投资企业稳健发展，维护中外各方的长期利益，现进一步明确如下：

一、外商投资企业对外投资资产评估增值形成的以前年度未分配利润，连同尚未摊销转入利润的资产评估增值余额，不再用于股东分红，全部转作资本公积金。

在《财政部关于外商投资企业对外投资资产评估增减值财务处理问题的通知》（财企［2003］181号）下发执行以后，外商投资企业已将以前年度对外投资资产评估增值转作利润并已分配的，不再追溯调整。

二、中外各方股东依法有权要求企业分配利润，但在决定企业利润分配方案时，应当遵循法律、行政法规和国务院财政部门的有关规定，并进行充分协商。

三、本通知自发布之日起施行。

中华人民共和国财政部
2004年8月10日

关于公布《〈外商投资道路运输业管理规定〉补充规定二》的公告

中华人民共和国交通部、中华人民共和国商务部公告第35号

现公布《〈外商投资道路运输业管理规定〉补充规定二》，自公告之日起施行。

中华人民共和国交通部
中华人民共和国商务部
2004年12月28日

附件

《〈外商投资道路运输业管理规定〉补充规定二》

根据我国加入世界贸易组织的有关承诺、《内地与香港关于建立更紧密经贸关系的安排》补充协议和《内地与澳门关于建立更紧密经贸关系的安排》补充协议，现对《外商投资道路运输业管理规定》（交通部、对外贸易经济合作部令2001年第9号）作出如下补充规定：

一、允许世界贸易组织成员的企业、其他经济组织或个人采用独资形式（包括并购形式）在我国境内设立道路运输企业，从事道路货物运输经营、道路货物运输站（场）经营以及机动车维修经营。

在我国境内已经依法设立的其他外商独资企业、中外合资企业，注册资本已经全部缴齐满1年的，允许其申请从事上述道路运输经营活动。

二、自2005年1月1日起，允许香港、澳门地区经营专营公共汽车（巴士）的客运公司和经营粤港或粤澳客运“直通车”业务的非专营公共汽车（巴士）公司，在广东、广西、湖南、海南、福建、江西、云南、贵州和四川省（自治区）设立合资企业，从事香港或澳门与该九省（自治区）之间的道路客运“直通车”业务；允许香港、澳门地区经营公共汽车（巴士）的客运公司在内地市级城市设立独资企业，从事城市公共汽车客运和出租车客运业务。

此项服务的提供应满足《内地与香港关于建立更紧密经贸关系的安排》及《内地与澳门关于建立更紧密经贸关系的安排》关于“服务提供者”的定义，取得《香港服务提供证明书》或《澳门服务提供者证明书》。

三、上述外商独资企业和中外合资经营应符合我国相关法律、行政法规、行政规章的规定，申请程序按照《外商投资道路运输业管理规定》相关规定办理。

商务部办公厅关于进一步明确外商投资商业企业申报和审批程序的通知

商资字［2004］84号

《外商投资商业领域管理办法》（以下简称《办法》）颁布后，一些地方商务主管部门向我部询问，在省（自治区、直辖市及计划单列市）外经贸委（厅、局）未与经贸委（商委、商业局、内贸办等）合并的情况下，如何申报外商投资商业企业的相关申请。为明确上述问题，现就有关问题通知如下：

按照《办法》的规定，由商务部审批设立的申请，由省（自治区、直辖市及计划单列市）外经贸委（厅、局）归口受理，征求同级经贸委（商委、商业局、内贸办等）对可行性研究报告的同意意见后，报商务部审批。商务部对可行性研究报告和企业设立下发一个批准文件，并颁发外商投资企业批准证书。涉及在多个省级区域开设分店的申请，由商务部征求分店所在地外经贸委（厅、局）意见，后者在征求同级经贸委（商委、商业局、内贸办等）同意意见后，于收到商务部征求意见函一个月内答复。

按照《办法》，由省级商务部门审批设立的企业申请，由省（自治区、直辖市及计划单列市）外经贸委（厅、局）归口受理，征求同级经贸委（商委、商业局、内贸办等）对可行性研究报告的同意意见后进行审批，下发一个批准文件，会签同级经贸委（商委、商业局、内贸办等）后由外经贸厅（局）颁发外商投资企业批准证书。涉及在多个省级区域开设分店的申请，由企业注册地外经贸委（厅、局）征求分店所在地外经贸委（厅、局）意见，后者在征求同级经贸委（商委、商业局、内贸办等）同意意见后，于收到征求意见函一个月内答复。

遇有问题，请及时与我部（外资司、市场建设司）联系。

商务部办公厅

2004年11月12日

商务部关于依法行政做好外商投资企业审批工作的通知

商资函［2005］3号

各省、自治区、直辖市及计划单列市商务主管部门，上海外资委，各国家级经济技术开发区：

为落实温家宝总理在全国依法行政工作电视电话会议上关于“严格执行《行政许可法》，并以实施这部法律为契机，积极推进行政管理体制改革和创新，提高依法行政的水平”的指示和会议精神，商务部于会后下文通知各地外经贸（商务）主管部门认真学习，在吸收外商投资工作中严格依法行政提出具体要求。为进一步加大依法行政的力度，指导全国外经贸（商务）系统做好外商投资工作，现就有关事项通知如下：

一、自1979年颁布和实施《中外合资经营企业法》以来，经过25年的努力，我国已形成完善的吸收外商投资法律体系。全国人大颁布/修订的《中外合资经营企业法》、《中外合作经营企业法》、《外资企业法》以及国务院颁布/修订的《中外合资经营企业法实施条例》、《中外合作经营企业法实施细则》、《外资企业法实施细则》是我国吸收外商投资法律体系的基础，也是所有涉及外商投资及港澳台投资审批规定的上位法，任何部门、地方政府制定的法规规章必须符合上述法律法规。

二、外商投资三个法律及其实施条例（细则）对设立外商投资企业和港澳台投资企业的法定审批程序以及相应注册登记（包括变更审批和变更登记）程序和相关要求作出明确规定，各级外经贸（商务）主管部门要严格遵照执行，并应按照20多年来法律实践中已形成的依法行政的具体操作程序，继续与各相关部门密切配合，依法做好各项工作。

三、根据国务院2003年下发的商务部三定方案，商务部是全国吸收外商投资工作的主管部门，负责宏观指导全国外商投资工作；分析研究全国外商投资情况，定期向国务院报送有关动态和建议，拟订外商投资政策，拟订和贯彻实施改革方案，参与拟订利用外资的中长期发展规划；依法核准国家规定的限额以上、限制投资和涉及配额、许可证管理的外商投资企业的设立及其变更事项；依法核准大型外商投资项目的合同、章程及法律特别规定的重大变更事项（增资减资、转股、合并）；监督外商投资企业执行有关法律法规、规章及合同、章程的情况；指导和管理全国招商引资、投资促进及外商投资企业的审批和进出口工作；综合协调和指导国家级经济技术开发区的有关具体工作，指导并协调苏州工业园区工作；负责外商投资统计工作。《外商投资产业指导目录》由国家发展和改革委员会会同商务部等部门拟订，由国家发展和改革委员会与商务部联合发布。

四、国务院根据《行政许可法》和行政审批制度改革有关规定，2004年下发文件，明确核定了商务部外商投资行政许可（审批）事项，主要有：依法由商务部和原外经贸部负责审批的外商投资企业设立及企业变更审批；地方政府批准设立的外商投资企业及企业变更的备案；石油、天然气、煤层气对外合作开采合同、物探协议、联合研究协议及变更的审批及备案；外国（地区）企业承包经营中外合资经营企业、受托经营管理合营企业的审批；外商投资企业出口配额、许可证项目的立项审批；外商投资企业在境外设立非独立法人的分支机构的审批；外商投资企业部分进口货物配额、许可证的审批等。

五、2003年根据十六届二中全会决议组建商务部后，国务院办公厅下发通知，明确规定：现行行政法规、国务院文件以及经国务院批准的部门规章和规范性文件中涉及原对外贸易经济合作主管部门的职责，均由新组建的商务部履行［《国务院办公厅关于商务部履行现行行政法规、国务院文件中相应职责的通知》（国办发［2003］87号文）见附件1］。

六、为履行我国加入世界贸易组织承诺，依据外商投资三个法律及其实施条例（细则），我国已陆续制订并公布实施金融、保险、证券、商业流通、旅游、电信、建筑、医疗卫生、交通运输、广告、会展、电影电视制作等40多项服务贸易领域外商投资及港澳台的法规、规章（详见附件2），并已按要求通报WTO。内地与香港、澳门分别签订的《关于建立更紧密经贸合作的安排》（CEPA）涉及多个服务贸易领域，CEPA的相关承诺也已根据国务院的要求纳入上述法规及规章。在服务贸易领域设立外商投资企业和港澳台投资企业，要严格按照附件1列明的法规规章确定的审批原则、审批权限和审批程序，由国务院相应部门或其地方机构审批。外商投资及港澳台投资举办投资性公司、股份有限公司、创业投资企业，以及外商投资企业和港澳台投资企业的合并分立、外资并购境内企业和上市公司法人股向外商转让等领域，均已依外商投资三个法律及其实施条例（细则）制订了相应规定。这些领域的外商投资及港澳台投资均应按现行相关规定（见附件3）进行审批。

七、各级外经贸（商务）主管部门要严格按照法律规定的程序和国务院授权的权限，对外商投资和港澳台投资进行审批。已设立的外商投资企业和港澳台投资企业的变更手续原则上由原企业设立审查批准部门审查批准；已设立的鼓励类、允许类外商投资企业和港澳台投资企业新增投资额1亿美元及以上的，以及限制类外商投资企业和港澳台投资企业新增投资额5 000万美元及以上的，由商务部办理审查批准手续；原经地方外经贸（商务）主管部门或国务院授权部门审查批准的外商投资企业和港澳台投资企业增加经营范围等事项涉及国家专项规定须报商务部审查批准的，应由商务部办理变更手续。

八、各级外经贸（商务）主管部门应贯彻《行政许可法》的精神，遵循合法、公开、公平、透明、便民的原则，按照国务院关于行政审批制度改革的要求，在已取得成果的基础上，不断推进政府职能的转变，依法规范审批、许可行为。

九、其他事项：

外商投资企业及港澳台投资企业经外经贸部门（商务部门）批准设立或批准变更后，应在30天之内凭外经贸部门（商务部门）颁发的《外商投资企业批准证书》或《港澳台投资企业批准证书》到工商行政管理部门办理企业注册登记或变更登记手续，并依法办理外汇登记、海关登记等有关手续；根据国务院关于行政审批改革的部署和要求，各地在简化外商投资审批环节方面已取得积极进展，各地应继续坚持一条龙办公、一个窗口对外等行之有效的做法；地方外经贸（商务）主管部门应按《中外合资经营企业法》、《中外合作经营企业法》、《外资企业法》及实施条例（细则）的规定，就外商投资企业及港澳台投资企业的设立及变更事项及时向商务部备案；外商及港澳台投资的各项核准事项，包括需由审批机关出具确认书的企业申请设备免税、采购国产设备退税等事项，按各省市现行有关办法办理，其中，鼓励类外商独资企业、服务贸易领域鼓励类外商投资企业及已设立鼓励类外商投资企业增资，继续依照自1998年以来下发的相关规定及现行做法出具确认书。

为全面深入推进依法行政，方便各级商务主管部门从事外资工作的同志学习、熟悉吸收外商投资的法律法规，商务部编辑了《新编利用外资法规文件汇编（1979—2003）》，收录了自改革开放至今我国颁布并仍在实施的与外商投资相关的法律、法规、规章和规范性文件共12类1 000余项，今后还将根据情况编印增订本。各地应加强对外商投资法律法规规定的学习，不断提高依法行政水平。

中华人民共和国商务部

2005年1月21日

附件1

国务院办公厅关于商务部履行现行行政法规、国务院文件中相应职责的通知

国办发［2003］87号

国务院各部委、各直属机构：

十届全国人大一次会议批准的国务院机构改革方案及《国务院关于机构设置的通知》（国发［2003］8号）决定组建商务部。商务部“三定”规定进一步明确了其职责范围，将原对外贸易经济合作部的全部职责以及原国家经济贸易委员会和原国家发展计划委员会的部分职责划入商务部。为了便于商务部依法履行职责，有利于世界贸易组织规则的实施，经国务院同意，现通知如下：

现行行政法规、国务院文件以及经国务院批准的部门规章和规范性文件中涉及原对外贸易经济合作主管部门的职责，均由新组建的商务部履行，涉及条文中“对外经济贸易部”或“对外贸易经济合作部”的表述均指“商务部”；现行行政法规、国务院文件以及经国务院批准的部门规章和规范性文件中，涉及原国家经济贸易委员会和原国家发展计划委员会划入商务部的职责，由商务部按照十

届全国人大批准的国务院机构改革方案以及《国务院关于机构设置的通知》（国发［2003］8号）和国务院批准的商务部“三定”规定履行。

国务院办公厅
2003年10月20日

附件2

1. 中华人民共和国国际海运条例（国务院令［2001］第335号）

中华人民共和国国际海运条例实施细则（交通部令［2003］第1号）

2. 外商独资船务公司审批管理暂行办法（交通部、对外贸易经济合作部令［2000］第1号）

3. 中华人民共和国对外合作开采陆上石油资源条例（国务院令［2001］第317号）

4. 中华人民共和国对外合作开采海洋石油资源条例（国务院令［2001］第318号）

5. 外商投资城市规划服务企业管理规定（建设部、对外贸易经济合作部令［2003］第116号）

6. 中华人民共和国外资金融机构管理条例（国务院令［2001］第340号）

7. 中华人民共和国外资保险公司管理条例（国务院令［2001］第336号）

8. 外资参股证券公司设立规则（中国证券监督管理委员会令［2002］第8号）

9. 外资参股基金管理公司设立规则（中国证券监督管理委员会令［2002］第9号）

10. 外商投资电信企业管理规定（国务院令［2001］第333号）

11. 外商投资铁路货物运输业审批与管理暂行办法（交通部、对外贸易经济合作部令［2000］第4号）

12. 外商投资道路运输业管理规定（交通部、对外贸易经济合作部令［2001］第9号）

13. 外商投资民用航空业规定（中国民用航空总局、对外贸易经济合作部、国家发展计划委员会令［2002］第110号）

14. 外商投资国际货物运输代理企业管理办法（对外贸易经济合作部令［2002］第36号）

15. 关于开展试点设立外商投资物流企业工作有关问题的通知（对外贸易经济合作部外经贸资一函字［2002］第615号）

16. 外商投资商业领域管理办法（商务部令［2004］第8号）

17. 外商投资国际海运企业管理规定（交通部、商务部令［2004］第1号）

18. 中外合资、合作医疗机构管理暂行办法（卫生部、对外贸易经济合作部令［2000］第11号）

19. 外商投资电影院暂行规定（国家广播电影电视总局、商务部、文化部令［2003］第21号）

20. 旅行社管理条例（国务院，2001年12月11日）

21. 设立外商控股、外商独资旅行社暂行规定（国家旅游局、商务部令［2003］第19号）

22. 关于设立外商投资广告企业的若干规定（国家工商行政管理总局、商务部令［2004］第8号）

23. 设立外商投资资产评估机构若干暂行规定（国有资产管理委员会、对外贸易经济合作部国资办发［1997］第26号）

24. 设立外商投资进出口商品检验鉴定公司的审批规定（国家进出口商品检验局、对外贸易经济合作部）

25. 认证机构及认证培训、咨询机构审批登记与监督管理办法（国家认证认可监督管理委员会、国家质量监督检验检疫总局、国家工商行政管理总局、对外贸易经济合作部国认可联［2002］21号）

26. 中外合作会计师事务所管理暂行办法（财政部财会协字［1996］第24号）

27. 外商投资租赁公司审批管理暂行办法（对外贸易经济合作部令［2001］第3号）

28. 外商投资建筑业企业管理规定（建设部、对外贸易经济合作部令［2002］113号）

29. 外商投资建设工程设计企业管理规定（建设部、对外贸易经济合作部令［2002］114号）

30. 中外合资、中外合作职业介绍机构设立管理暂行规定（劳动和社会保障部、国家工商行政管理总局令［2001］第14号）

31. 关于设立中外合资对外贸易公司暂行办法（对外贸易经济合作部［2003］第1号令）

32. 设立外商投资印刷企业暂行规定（新闻出版署、对外贸易经济合作部令［2002］第16号）

33. 中外合作音像制品分销企业管理办法（文化部、商务部令［2003］第28号）

34. 外商投资图书、报纸、期刊分销企业管理办法（新闻出版署、对外贸易经济合作部令［2003］第18号）

35. 关于严格控制吸收外资兴建殡葬服务设施的通知（民政部、国家计划委员会、对外贸易经济合作部民事发［1995］第6号）

36. 中外合资人才中介机构管理暂行规定（人事部、商务部、国家工商行政管理总局令［2003］第2号）

37. 关于设立外商投资出口采购中心管理办法（商务部、海关总署、国家税务总局、国家外汇管理局令［2003］第3号）

38. 设立外商投资会议展览公司暂行规定（商务部令［2004］第1号）

39. 中外合资、合作广播电视节目制作经营企业管理暂行规定（国家广播电影电视总局、中华人民共和国商务部令［2004］第44号）

40. 电影企业经营资格准入暂行规定（国家广播电影电视总局、商务部［2004］第43号）

41. 其他服务贸易领域利用外资的法律法规规章

附件 3

1. 外商投资举办投资性公司规定
2. 外商投资股份有限公司暂行规定
3. 外国投资者并购境内企业暂行规定
4. 外商投资企业合并与分立的规定
5. 外商投资创业投资企业暂行规定
6. 上市公司国有股向外国投资者及外商投资企业转让申报程序有关问题的通知
7. 金融资产管理公司吸收外资参与资产重组与处置的暂行规定

商务部关于外商投资企业在清算过程中终止清算、恢复经营问题答复的函

商法函［2004］45 号

广州市对外贸易经济合作局：

你局《关于广州安旺橡胶轮胎有限公司申请继续经营有关问题的请示》（穗外经贸资［2004］第 28 号）悉。现就有关问题答复如下：

如果外商投资企业在经营期限内提出提前终止合同章程并解散企业，获得审批机关批准后进入清算程序，在清算过程中又向审批机关提出终止清算、恢复经营的申请，审批机关应在不损害企业债权人、第三人和社会公共利益，不违背利用外资产业政策的前提下，允许清算过程中的企业终止清算、恢复经营。

申请终止清算恢复经营的企业必须遵循中国有关法律、法规并符合以下条件：

一、企业投资者一致同意终止清算、恢复经营；

二、企业权力机构决议终止清算、恢复经营；

三、清算委员会同意终止清算、恢复经营，并提交清算活动进展情况说明；

四、企业尚未注销工商登记；

五、企业经营期限尚未届满；

六、符合法律法规对法人经营场所的要求；

七、企业财产尚未分配，或者已获分配的股东已经或承诺在一定期限内返还企业财产；

八、投资者和企业无违反法律、法规以及规章的行为。

鉴此，审批机关应当要求申请人提供下列文件：

一、经全体投资者签字盖章的关于终止清算、恢复经营的申请函；

二、企业权力机构关于终止清算、恢复经营的决议；

三、清算委员会关于终止清算、恢复经营的同意函；

四、清算委员会关于清算活动进展情况的说明；

五、企业的章程、合同、批准证书和营业执照；

六、已获分配的股东已返还所得财产的证明或其承诺在一定期限内返还企业财产的函；

七、商务部门要求的其他文件。

审批机关在对上述文件审核无误后，可根据企业提出的终止清算、恢复经营的申请，直接做出是否同意的批复。做出终止清算，恢复经营批复的，不必撤销此前做出的同意提前终止合同章程并解散企业的批复。同意批复应同时抄报企业主管部门、海关、外汇管理机关、企业登记机关、税务机关等。

特此复函

中华人民共和国商务部

2004 年 7 月 15 日

商务部关于外商投资企业申请延期有关问题的意见

商法函［2004］71 号

各省、自治区、直辖市及计划单列市商务主管部门：

鉴于如何处理外商投资企业超过法定期限申请延长经营期限问题在实践中较为普遍，为正确贯彻立法本意，保障外商投资企业稳定经营，现提出我部对该问题的处理意见，请遵照执行。

一、根据《中华人民共和国中外合资经营企业法》第十三条、《中华人民共和国中外合作经营企业法》第二十四条、《中华人民共和国外资企业法》第二十条及《中华人民共和国行政许可法》相关规定，外商投资企业的经营期限需要延长的，企业应当在企业经营

期限届满一百八十日之前（以下简称“规定期限”）向审批机关提出申请。审批机关应自接到申请之日起三十日内决定批准或不批准；超过企业经营期限未作决定的，视为准予延期。

二、外商投资企业迟于“规定期限”提出延长经营期限申请的，审批机关按以下原则处理：

（一）企业在经营期届满三十日之前（含三十日）提出申请的，审批机关可以受理其申请。

（二）企业在经营期届满前三十日内及企业经营期届满后提出申请的，审批机关不予受理，但由于不可抗力导致的情形除外。

三、延期申请应符合以下条件：

（一）全体投资者一致同意期限届满后延长经营期限；

（二）企业董事会决议同意期限届满后延长经营期限；

（三）符合申请提出之时有关利用外资法律、法规和产业政策。

中华人民共和国商务部

2004年11月11日

商务部办公厅关于转发国务院法制办公室对于外商投资企业投资者出资及清算具体应用问题的复函的通知

商法字［2005］32号

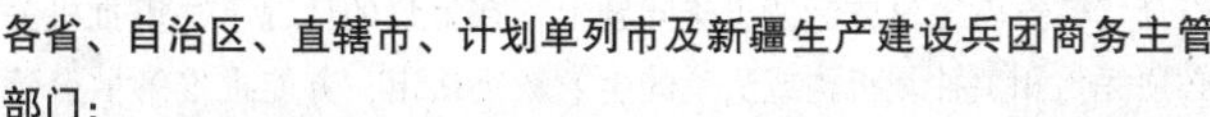

各省、自治区、直辖市、计划单列市及新疆生产建设兵团商务主管部门：

《中外合资经营企业合营各方出资的若干规定》（1987年12月30日国务院批准，以下简称《出资规定》）、《〈中外合资经营企业合营各方出资的若干规定〉的补充规定》（1997年9月2日国务院批准，对外贸易经济合作部、国家工商行政管理局令［1997］第2号）和《外商投资企业清算办法》（1996年6月15日国务院批准，对外贸易经济合作部令［1996］第2号）三部行政法规在规范我国利用外资工作、促进外商在华投资企业健康发展方面起到了极其重要的作用，但在我部及地方各级商务主管部门的实践工作中，尚存在一些与执行上述法条相关的棘手问题。例如，当外商投资企业合营各方就缴付或缴清出资问题存在争议的情况下，审批机关应如何适用《出资规定》第七条的相关规定；如何适用《外商投资企业清算办法》第七条，避免清算中的企业因停顿原有日常经营活动而减损财产。我部对这些问题进行了归纳，并致函国务院法制办公室，请其予以解释。日前，国务院法制办公室复函我部，对上述问题作了进一步明确。

复函对于地方各级商务主管部门正确执行相关行政法规、严格依法行政具有非常重要的指导意义。为便于地方各级商务主管部门准确了解和掌握复函的精神，现将《商务部关于请对中外合资经营企业合营各方出资及外商投资企业清算相关行政法规条文具体应用问题予以解释的函》（商法函［2004］27号，见附件2）和《对〈商务部关于请对中外合资经营企业合营各方出资及外商投资企业清算相关行政法规条文具体应用问题予以解释的函〉的复函》（国法函［2005］10号，见附件1）一并转发给你们。地方商务主管部门应对上述文件进行认真学习，不断提高依法行政水平。在执行中有何问题，请及时向我部反映。

中华人民共和国商务部办公厅

2005年3月18日

附件1

对《商务部关于请对中外合资经营企业合营各方出资及外商投资企业清算相关行政法规条文具体应用问题予以解释的函》的复函

国法函［2005］10号

商务部：

《商务部关于请对中外合资经营企业合营各方出资及外商投资企业清算相关行政法规条文具体应用问题予以解释的函》（商法函［2004］27号）收悉。经研究，我们对你部有关《中外合资经营企业合营各方出资的若干规定》（以下简称出资规定）、《〈中外合资经营企业合营各方出资的若干规定〉的补充规定》（以下简称补充规定）、《外商投资企业清算办法》（以下简称清算办法）的请示问题，答复如下：

一、关于合营者以自己名义通过贷款等方式筹措的资金是否属于出资规定第二条所称“合营者自己所有的现金”的问题。我们认为，合营者以自己的名义通过贷款筹措的资金，应当理解为合营者自己所有的现金。

二、关于原审批机关如何认定合营一方违反出资规定第七条规定，构成违约行为的问题。我们认为，当合营一方根据出资规定第七条规定，要求原审批机关批准解散合营企业或者申请批准另找合营者时，原审批机关应当根据法院或者相关仲裁机构的生效裁决，认定合营的另一方构成出资规定第七条所称的违约行为，批准解散合营企业或者批准守约方另找合营者承担违约方在合营合同中的权利和义务。

三、关于补充规定中所称“企业决策权”具体应当包括哪些权利的问题。我们认为，补充规定中所称的“企业决策权”是指作为企业出资人的所有决策权。

四、关于违反清算办法第六条规定，逾期提交清算报告的问题。我们认为，外商投资企业自行组织的清算委员会应当严格依照清算办法第六条和第三十二条规定，如期向原审批机关提交清算报告。如果清算委员会未能如期提交清算报告，原审批机关应当依照清算办法第四十七条第一款规定予以处理。

五、关于企业是否可以在清算期间，以不减少企业财产为原则，继续开展日常经营活动的问题。我们认为，对此问题清算办法第七条的规定是清楚的，即企业在清算期间，不得开展任何新的经营活动。

国务院法制办公室

2005年1月20日

附件2

商务部关于请对中外合资经营企业合营各方出资及外商投资企业清算相关行政法规条文具体应用问题予以解释的函

商法函［2004］27号

国务院法制办：

我部及地方各级商务主管部门在执行《中外合资经营企业合营各方出资的若干规定》（1987年12月30日国务院批准，以下简称《出资规定》）、《〈中外合资经营企业合营各方出资的若干规定〉的补充规定》（1997年9月2日国务院批准，对外贸易经济合作部、国家工商行政管理局令［1997］第2号，以下简称《出资补充规定》）和《外商投资企业清算办》（1996年6月15日国务院批准，以下简称《清算办法》）过程中，发现上述行政法规的一些条文本身需要进一步明确，主要包括：

一、关于《出资规定》第二条“合营各方按照合营合同的规定向合营企业认缴的出资，必须是合营者自己所有的现金……”

在实践中，一些合营者为履行出资义务，往往以自己名义通过贷款等方式筹措相应资金投入企业。对此，有关部门认为该类资金不属于“合营者自己所有的现金”。我们认为，现金属于种类物，作为动产中的特别动产，其所有权是以实际占用为表现特征的，占有即视为所有。因此，对于合营者能够占有和支配的现金，无论其系盈利、贷款或其他方式所得，均属于自有资金的范畴，为“合营者自己所有的现金”。为避免由于法律条文理解上的偏差导致行政执法不统一，对该规定中“自己所有的现金”如何理解，请予明确解释。

二、关于《出资规定》第七条“合营一方未按照合营合同的规定如期缴付或者缴清出资的，即视为违约。守约方应当催告违约方在一个月内缴付或者缴清出资。……守约方应当在逾期后一个月内，向原审批机关申请解散合营企业或者申请批准另找合营者承担违约方在合营合同中的权利和义务。”

在实践中，经常有合营一方单方向原审批机关主张另一方未如期缴付或缴清出资，故其作为“守约方”向原审批机关申请解散合营企业或者申请批准其另找合营者承担“违约方”（另一方）在合营合同中的权利和义务。对此，我们认为，审批机关无权仅凭合营一方的单方主张，径行判断另一方未“如期缴付或者缴清出资”，也无权判断谁是为“守约方”或“违约方”。在对“合营一方未按照合营合同的规定如期缴付或者缴清出资”的认定上，我们认为，当合营各方就缴付或缴清出资问题上存在争议的情况下，审批机关必须凭借相关仲裁机构或法院的生效裁决认定，方能批准解散合营企业或者批准守约方另找合营者承担违约方在合营合同中的权利和义务。

三、关于《出资补充规定》第一条“对通过收购国内企业资产或股份设立外商投资企业的外国投资者，应自外商投资企业营业执照颁发之日起3个月内支付全部购买金。……控股投资者在付清全部购买金额之前，不能取得企业决策权……”和第二条“……中外合资经营企业中控股（包括相对控股）的投资者，在其实际缴付的投资额未达到其认缴的全部出资额前，不能取得企业决策权……”

上述条款中的“企业决策权”具体包括哪些权利，应予以明确。在该情形下，既然控股投资者无“企业决策权”，则产生了谁应有实际的决策权的问题。如对前述问题不予以明确，容易产生企业出现管理真空、投资各方发生争议等问题。

四、关于《清算办法》第六条“企业清算期限自清算开始之日起至向企业审批机关提交清算报告之日止，不得超过180天。因特殊情况需要延长清算期限的，由清算委员会在距清算期限届满的15日前，向企业审批机关提出延长清算期限的申请。延长的期限不得超过90日。”

在实践中，时常有企业的清算委员会在180日后，有的甚至远远超过270日，方向审批机关提交清算报告，且此前未提出延期申请。对于此类清算报告，其法律效力如何？我们认为，在不侵犯企业债权人和投资者权益的前提下，对企业清算报告的法律效力应予以认可。

五、关于《清算办法》第七条“企业的清算期间，不得开展新的经营活动。”

在实践中，由于一些企业（如宾馆、冶炼厂、冷冻厂、化工厂等）的经营活动具有持续性，一旦停止运作将引发巨大损失，进而可能损害企业、投资者及债权人的利益。我们认为，在清算期间，以不减少企业财产为原则，允许企业继续开展日常经营活动有其合理性，并不违反“不得开展新的经营活动”的规定。

以上是在实践中具体执行《出资规定》、《出资补充规定》及《清算办法》这三个行政法规时经常遇到的问题。为维护行政法规的权威性，指导企业遵守法律、各级审批机关正确执行法律，根据《行政法规制定程序条例》（国务院令第321号）第三十一条、第三十二条、第三十三条以及《国务院办公厅关于行政法规解释权限和程序问题的通知》（1999年5月10日）的规定，我部提出有关规定的五个具体适用问题，请你办研究并函复我部。

特此函达

中华人民共和国商务部
2004年4月29日

对外劳务合作经营资格管理办法

中华人民共和国商务部、
中华人民共和国国家工商行政管理总局令
［2004］第3号

《对外劳务合作经营资格管理办法》已于2004年1月12日经商务部第1次部务会议和2004年7月15日经国家工商行政管理总局局务会议审议通过，现予以公布，自公布后30日起施行。

商务部部长 薄熙来
国家工商行政管理总局局长 王众孚
2004年7月26日

第一条 为加强对外劳务合作管理，规范对外劳务合作市场经营秩序，维护外派劳务人员合法权益，提高对外劳务合作质量和管理水平，促进对外劳务合作健康发展，根据《中华人民共和国对外贸易法》和相关法规，制订本办法。

第二条 本办法适用于在中国境内注册的企业从事对外劳务（含研修生）合作的经营资格管理。

第三条 对外劳务合作是指符合本办法规定的境内企业法人与国（境）外允许招收或雇佣外籍劳务人员的公司、中介机构或私人雇主签订合同，并按合同约定的条件有组织地招聘、选拔、派遣我国公民到国（境）外为外方雇主提供劳务服务并进行管理的经济活动。

第四条 从事对外劳务合作的企业须经商务部许可，依据本办法取得对外劳务合作经营资格，并在领取《中华人民共和国对外劳务合作经营资格证书》（以下简称《资格证书》）后，方可开展对外劳务合作经营活动。

境外企业、自然人及外国驻华机构不得直接在中国境内招收劳务人员。

第五条 申请对外劳务合作经营资格的企业须符合以下条件：

（一）依法登记注册的企业法人，注册3年以上，注册资本金不低于500万元人民币，中西部地区企业不低于300万元人民币。

（二）具有相当经营能力，资产负债率不超过50%，无不良行为记录。

（三）拥有固定的经营场所，办公面积不低于300平方米。

（四）具备健全的管理制度，通过ISO9000质量管理体系认证。

（五）具有足额交纳对外劳务合作备用金的能力。

（六）具有大专以上学历或中级以上职称的对外劳务合作专业人员不少于5人，专职培训管理人员和财务人员均不少于2人，法律人员不少于1人。

（七）具有相应市场开拓能力和现场管理能力。

（八）具有一定工作基础，近3年向具有对外劳务合作经营资格的企业提供外派劳务人员不少于300人。

第六条 申请对外劳务合作经营资格的企业须提交以下材料：

（一）企业的申请报告。

（二）企业法人营业执照复印件、银行资信证明原件。

（三）会计师事务所出具的企业验资报告、财务年度报告、资产负债表复印件，税务机关出具的完税证明原件。

（四）经营场所产权证明或固定场所租赁证明复印件。

（五）公司章程、经营管理制度、ISO9000质量管理体系认证证书复印件。

（六）本办法第五条第六项规定的相关专业人员证书复印件。

（七）拟开展对外劳务合作的国别及地区可行性报告。

（八）具有对外劳务合作经营资格的企业出具的提供外派劳务人数证明原件。

（九）法律法规要求的其他材料。

第七条 企业申请对外劳务合作经营资格，应向注册地省、自治区、直辖市或计划单列市商务主管部门（以下简称“地方商务主管部门”）提出书面申请。

第八条 地方商务主管部门在收到企业的全部申请材料后，应在10个工作日内完成初审，并将初审意见连同企业全部申请材料一并报商务部。

第九条 商务部在收到地方商务主管部门的初审意见和企业的全部申请材料后，在15个工作日内，做出是否许可对外劳务合作经营资格的批复，抄送相关部门。不予许可的，应说明理由。

第十条 企业自取得对外劳务合作经营资格许可之日起30日内，根据原外经贸部、财政部发布的《对外劳务合作备用金暂行办法》（2001年第7号令）和商务部、财政部发布的《关于修改〈对外劳务合作备用金暂行办法〉的决定》（2003年第2号令）的规定，办理交纳对外劳务合作备用金手续，到地方商务主管部门领取《资格证书》。

第十一条 企业在领取《资格证书》30日内，向原企业登记主管机关办理变更登记。

第十二条 具有对外劳务合作经营资格的企业变更企业名称、注册资本和经营场所的，应依法向原企业登记主管机关申请办理登记。经登记后30个工作日内，报地方商务主管部门及商务部备案。

第十三条 经商务部批准具有对外承包工程经营资格的企业，可向其对外签约的境外承包工程项目派遣所需劳务人员。

第十四条 经批准设立的外商投资职业介绍机构或中外合资人才中介机构开展招聘人才出境业务，除按本办法第六条规定提交有关材料外，还应提交外商投资企业批准证书和外商投资企业营业执照复印件。

第十五条 被国家列为特殊专业的行业，由商务部会同有关部门另行制订经营资格条件。

第十六条 已取得对外劳务合作经营资格的企业，须自本办法实施之日起的一年内，达到本办法规定的条件。

第十七条 具有对外劳务合作经营资格的企业被依法吊销、注销后，其经营资格自动丧失。

第十八条 地方商务主管部门应加强对具有对外劳务合作经营资格的企业的监督管理，对不符合本办法第五条第（一）至（七）项规定的，应要求其在一个月内达到相应的条件，不能达到的，可报请商务部撤销其经营资格。

第十九条 具有对外劳务合作经营资格的企业在经营活动中违反国家对外劳务合作管理规定，由商务部给予警告或罚款，构成犯罪的，依法追究刑事责任。

第二十条 具有对外劳务合作经营资格的企业在经营活动中，违反国家工商行政管理规定和国家出入境管理规定，被工商行政管理机关和公安机关依法查处的，由商务部给予警告。

第二十一条 未取得对外劳务合作经营资格，未依法办理工商登记，擅自从事对外劳务合作经营活动的，由各级商务主管部门和工商行政管理机关依法查处，构成犯罪的，依法追究刑事责任。

第二十二条 商务部定期或不定期公布具有对外劳务合作经营资格的企业名单和处罚信息。

第二十三条 本办法自发布之日起30日后实施。原外经贸部发布的《关于调整企业申请对外承包劳务经营权的资格条件及加强后期管理等问题的通知》（［1999］外经贸政审函字748号）和《关于部分调整对外承包工程、对外劳务合作经营资格条件的通知》（［2001］外经贸发展字735号）中有关对外劳务合作经营资格许可的规定同时废止。

第二十四条 本办法由商务部会同国家工商总局解释。

境外投资项目核准暂行管理办法

中华人民共和国国家发展和改革委员会令

第21号

《境外投资项目核准暂行管理办法》业经国家发展和改革委员会主任办公会讨论通过，现予以发布，并于发布之日起施行。

国家发展和改革委员会主任 马 凯

2004年10月9日

第一章 总 则

第一条 根据《中华人民共和国行政许可法》和《国务院关于投资体制改革的决定》，为规范对境外投资项目的核准管理，特制定本办法。

第二条 本办法适用于中华人民共和国境内各类法人（以下称“投资主体”），及其通过在境外控股的企业或机构，在境外进行的投资（含新建、购并、参股、增资、再投资）项目的核准。

投资主体在香港特别行政区、澳门特别行政区和台湾地区进行的投资项目的核准，适用本办法。

第三条 本办法所称境外投资项目指投资主体通过投入货币、有价证券、实物、知识产权或技术、股权、债权等资产和权益或提供担保，获得境外所有权、经营管理权及其他相关权益的活动。

第二章 核准机关及权限

第四条 国家对境外投资资源开发类和大额用汇项目实行核准管理。

资源开发类项目指在境外投资勘探开发原油、矿山等资源的项目。此类项目中方投资额3 000万美元及以上的，由国家发展改革委核准，其中中方投资额2亿美元及以上的，由国家发展改革委审核后报国务院核准。

大额用汇类项目指在前款所列领域之外中方投资用汇额1 000万美元及以上的境外投资项目，此类项目由国家发展改革委核准，其中中方投资用汇额5 000万美元及以上的，由国家发展改革委审核后报国务院核准。

第五条 中方投资额3 000万美元以下的资源开发类和中方投资用汇额1 000万美元以下的其他项目，由各省、自治区、直辖市及计划单列市和新疆生产建设兵团等省级发展改革部门核准，项目核准权不得下放。为及时掌握核准项目信息，省级发展改革部门在核准之日起20个工作日内，将项目核准文件抄报国家发展改革委。

地方政府按照有关法规对上款所列项目的核准另有规定的，从其规定。

第六条 中央管理企业投资的中方投资额3 000万美元以下的资源开发类境外投资项目和中方投资用汇额1 000万美元以下的其他境外投资项目，由其自主决策并在决策后将相关文件报国家发展改革委备案。国家发展改革委在收到上述备案材料之日起7个工作日内出具备案证明。

第七条 前往台湾地区投资的项目和前往未建交国家投资的项目，不分限额，由国家发展改革委核准或经国家发展改革委审核后报国务院核准。

第三章 核准程序

第八条 按核准权限属于国家发展改革委或国务院核准的项目，由投资主体向注册所在地的省级发展改革部门提出项目申请报告，经省级发展改革部门审核后报国家发展改革委。计划单列企业集团和中央管理企业可直接向国家发展改革委提交项目申请报告。

第九条 国家发展改革委核准前往香港特别行政区、澳门特别行政区、台湾地区投资的项目，以及核准前往未建交国家、敏感地区投资的项目前，应征求有关部门的意见。有关部门在接到上述材料之日起7个工作日内，向国家发展改革委提出书面意见。

第十条 国家发展改革委在受理项目申请报告之日起5个工作日内，对需要进行评估论证的重点问题委托有资质的咨询机构进行评估。接受委托的咨询机构应在规定的时间内向国家发展改革委提出评估报告。

第十一条 国家发展改革委在受理项目申请报告之日起20个工作日内，完成对项目申请报告的核准，或向国务院提出审核意见。如20个工作日不能作出核准决定或提出审核意见，由国家发展改革委负责人批准延长10个工作日，并将延长期限的理由告知项目申请人。

前款规定的核准期限，不包括委托咨询机构进行评估的时间。

第十二条 国家发展改革委对核准的项目向项目申请人出具书面核准文件；对不予核准的项目，应以书面决定通知项目申请人，说明理由并告知项目申请人享有依法申请行政复议或者提起行政诉讼的权利。

第十三条 境外竞标或收购项目，应在投标或对外正式开展商务活动前，向国家发展改革委报送书面信息报告。国家发展改革委在收到书面信息报告之日起7个工作日内出具有关确认函件。信息报告的主要内容包括：

（一）投资主体基本情况；

（二）项目投资背景情况；

（三）投资地点、方向、预计投资规模和建设规模；

（四）工作时间计划表。

第十四条 投资主体如需投入必要的项目前期费用涉及用汇数额的（含履约保证金、保函等），应向国家发展改革委申请核准。经核准的该项前期费用计入项目投资总额。

第十五条 已经核准的项目如出现下列情况之一的，需向国家发展改革委申请变更：

（一）建设规模、主要建设内容及主要产品发生变化；

（二）建设地点发生变化；

（三）投资方或股权发生变化；

（四）中方投资超过原核准的中方投资额20%及以上。

变更核准的程序比照本章的相关规定执行。

第四章 项目申请报告

第十六条 报送国家发展改革委项目申请报告应包括以下内容：

（一）项目名称、投资方基本情况；

（二）项目背景情况及投资环境情况；

（三）项目建设规模、主要建设内容、产品、目标市场，以及项目效益、风险情况；

（四）项目总投资、各方出资额、出资方式、融资方案及用汇金额；

（五）购并或参股项目，应说明拟购并或参股公司的具体情况。

第十七条 报送国家发展改革委项目申请报告应附以下文件：

（一）公司董事会决议或相关的出资决议；

（二）证明中方及合作外方资产、经营和资信情况的文件；

（三）银行出具的融资意向书；

（四）以有价证券、实物、知识产权或技术、股权、债权等资产权益出资的，按资产权益的评估价值或公允价值核定出资额。应提交具备相应资质的会计师、资产评估机构等中介机构出具的资产评估报告，或其他可证明有关资产权益价值的第三方文件；

（五）投标、购并或合资合作项目，中外方签署的意向书或框架协议等文件；

（六）境外竞标或收购项目，应按本办法第十三条规定报送信息报告，并附国家发展改革委出具的有关确认函件。

第五章 核准条件及效力

第十八条 国家发展改革委核准项目的条件为：

（一）符合国家法律法规和产业政策，不危害国家主权、安全和公共利益，不违反国际法准则；

（二）符合经济和社会可持续发展要求，有利于开发国民经济发展所需战略性资源；符合国家关于产业结构调整的要求，促进国内具有比较优势的技术、产品、设备出口和劳务输出，吸收国外先进技术；

（三）符合国家资本项目管理和外债管理规定；

（四）投资主体具备相应的投资实力。

第十九条 投资主体凭国家发展改革委的核准文件，依法办理外汇、海关、出入境管理和税收等相关手续。本办法第六条规定的中央管理企业凭国家发展改革委出具的备案证明，办理上述有关手续。

第二十条 投资主体就境外投资项目签署任何具有最终法律约束力的相关文件前，须取得国家发展改革委出具的项目核准文件或备案证明。

第二十一条 国家发展改革委出具的核准文件应规定核准文件的有效期。在有效期内，核准文件是投资主体办理本办法第十九条所列相关手续的依据；有效期满后，投资主体办理上述相关手续时，应同时出示国家发展改革委出具的准予延续文件。

第二十二条 对未经有权机构核准或备案的境外投资项目，外汇管理、海关、税务等部门不得办理相关手续。

第二十三条 投资主体以提供虚假材料等不正当手段，取得项目核准文件或备案证明的，国家发展改革委可以撤销对该项目的核准文件或备案证明。

第二十四条 国家发展改革委可以对投资主体执行项目情况和省级发展改革部门核准境外投资项目情况进行监督检查，并对查实问题依法进行处理。

第六章　附　　则

第二十五条　各省级发展改革部门依据本办法的规定，制定相应的核准管理办法。

第二十六条　自然人和其他组织在境外进行的投资项目的核准，参照本办法执行。

第二十七条　本办法由国家发展改革委负责解释。

第二十八条　本办法自2004年10月9日起施行。此前有关境外投资项目审批的规定，凡与本办法有抵触的，均按本办法执行。

关于境外投资开办企业核准事项的规定

中华人民共和国商务部令

2004年第16号

《关于境外投资开办企业核准事项的规定》已于2004年9月23日经中华人民共和国商务部第11次部务会议审议通过，现予以公布，自公布之日起施行。

部长　薄熙来

2004年10月1日

第一条　为促进境外投资发展，根据《中华人民共和国行政许可法》、《国务院对确需保留的行政审批项目设定行政许可的决定》及有关规定，制定本规定。

第二条　国家支持和鼓励有比较优势的各种所有制企业赴境外投资开办企业。

第三条　境外投资开办企业，是指我国企业通过新设（独资、合资、合作等）、收购、兼并、参股、注资、股权置换等方式在境外设立企业或取得既有企业所有权或管理权等权益的行为。

第四条　商务部核准国内企业在境外投资开办企业（金融类企业除外）。商务部委托各省、自治区、直辖市及计划单列市人民政府商务行政主管部门（以下简称"省级商务主管部门"），核准中央企业之外的其他企业在附件所列国家投资开办企业。

商务部将根据情况对附件所列国别适时调整并公布。

第五条　对于国内企业在境外投资开办企业，商务部和省级商务主管部门从以下方面进行审查、核准：

（一）国别（地区）投资环境；

（二）国别（地区）安全状况；

（三）投资所在国（地区）与我国的政治经济关系；

（四）境外投资导向政策；

（五）国别（地区）合理布局；

（六）履行有关国际协定的义务；

（七）保障企业合法权益。

国内企业境外投资开办企业在经济、技术上是否可行，由企业自行负责。

第六条　国内企业境外投资涉及下列情形的，不予核准：

危害国家主权、安全和社会公共利益的；违反国家法律法规和政策的；可能导致中国政府违反所缔结的国际协定的；涉及我国禁止出口的技术和货物的；东道国政局动荡和存在重大安全问题的；与东道国或地区的法律法规或风俗相悖的；从事跨国犯罪活动的。

第七条　核准程序

（一）中央企业径向商务部提出申请；其他企业向省级商务主管部门提出申请。

（二）商务部和省级商务主管部门收到申请材料后，对于申请材料不齐全或者不符合法定形式的，应当在5个工作日内一次告知申请人需要补正的全部内容，逾期不告知的，自收到申请材料之日起即为受理。对于申请材料齐全、符合法定形式，或者申请人按照要求补正申请材料的，应当予以受理。

（三）省级商务主管部门应征求我驻外使（领）馆经济商务参赞处（室）的意见。中央企业径向我驻外经济商务参赞处（室）征求意见。我驻外经济商务参赞处（室）自收到征求意见函之日起5个工作日内予以回复。

（四）省级商务主管部门按照委托核准的权限，自受理之日起15个工作日内作出是否予以核准的决定；需报商务部核准的，自受理之日起5个工作日内进行初审，同意后上报商务部。

（五）商务部自受理之日起15个工作日内作出是否予以核准的决定。

（六）商务部和省级商务主管部门对予以核准的，应出具书面核准决定；不予核准的，出具不予核准决定书。

第八条　申请材料

（一）企业提交的申请材料包括：

1. 申请书（主要内容包括开办企业的名称、注册资本、投资金额、经营范围、经营期限、组织形式、股权结构等）；

2. 境外企业章程及相关协议或合同；

3. 外汇主管部门出具的境外投资外汇资金来源审查意见（需购汇或从境内汇出外汇的）；我驻外经济商务参赞处（室）的意见（仅对中央企业）；

4. 国内企业营业执照以及法律法规要求具备的相关资格或资质证明；

5. 法律法规及国务院决定要求的其他文件。

（二）省级商务主管部门向商务部提交的材料包括：

1. 本部门初步审查意见；

2. 我驻外经济商务参赞处（室）意见；

3. 企业提交的全部申请材料。

第九条 中央企业的申请获得核准后，由商务部颁发《中华人民共和国境外投资批准证书》（以下简称《批准证书》）。其他企业，由省级商务主管部门代发《批准证书》。

国内企业凭《批准证书》办理外汇、银行、海关、外事等相关事宜。

第十条 获得批准的国内企业，应按国家有关规定报送统计资料、参加境外投资联合年检和境外投资综合绩效评价；经批准开办的境外企业，在当地注册后，应将注册文件报商务部备案，并向我驻外经济商务参赞处（室）报到登记。

第十一条 本规定第八条第（一）款申请书中所列事项发生变更，须报原核准机关核准。

第十二条 外商投资企业境外投资开办企业须遵守有关法律法规。外商投资企业赴境外投资开办企业须经省级以上商务主管部门核准，其中经商务部批准的外商投资企业赴境外投资开办企业由商务部核准，其他外商投资企业赴境外投资开办企业由省级商务主管部门核准。有关具体要求，商务部另文下发。

第十三条 商务部运用电子政务手段实行网上申报和批准证书发放的有关办法，将另行制定下发。

第十四条 省级商务主管部门不得向下级地方商务主管部门委托境外投资开办企业的核准事宜及增加核准环节、申报材料和核准内容。

第十五条 内地企业赴香港、澳门特别行政区投资开办企业，按有关规定办理核准。

第十六条 此前管理办法与本规定不符的，以本规定为准。

第十七条 本规定由商务部负责解释。

第十八条 本规定自发布之日起施行。

附件：商务部委托地方省级商务主管部门核准境外投资开办企业的国家名单

附件

商务部委托地方省级商务主管部门核准境外投资开办企业的国家名单

洲　别	国　别	洲　别	国　别	洲　别	国　别
亚洲（38）	泰国	亚洲（38）	孟加拉国	欧洲（37）	斯洛伐克
	科威特		叙利亚		葡萄牙
	斯里兰卡		也门		西班牙
	马尔代夫		卡塔尔		希腊
	马来西亚		巴林		俄罗斯
	巴基斯坦		伊朗		乌克兰
	土耳其		文莱		摩尔多瓦
	蒙古		塞浦路斯		白俄罗斯
	印度		约旦		阿尔巴尼亚
	尼泊尔		缅甸		克罗地亚
	乌兹别克斯坦	欧洲（37）	瑞典		爱沙尼亚
	吉尔吉斯斯坦		德国		斯洛文尼亚
	亚美尼亚		法国		立陶宛
	菲律宾		比利时		冰岛
	哈萨克斯坦		卢森堡		罗马尼亚
	韩国		芬兰		塞黑
	土库曼斯坦		马耳他		马其顿
	越南		挪威		波黑
	老挝		意大利		拉脱维亚
	塔吉克斯坦		丹麦	非洲（42）	加纳
	阿联酋		荷兰		埃及
	阿塞拜疆		奥地利		摩洛哥
	印度尼西亚		英国		毛里求斯
	阿曼		瑞士		津巴布韦
	以色列		波兰		赞比亚
	沙特阿拉伯		保加利亚		阿尔及利亚
	黎巴嫩		匈牙利		加蓬
	柬埔寨		捷克		马里

续表

洲　别	国　别	洲　别	国　别	洲　别	国　别
非洲（42）	利比亚	非洲（42）	几内亚	美洲（14）	波利维亚
	安哥拉		几内亚比绍		阿根廷
	喀麦隆		马达加斯加		乌拉圭
	尼日利亚		中非		厄瓜多尔
	苏丹		坦桑尼亚		智利
	刚果（金）		多哥		秘鲁
	南非		莱索托		牙买加
	佛得角		厄里特立亚		古巴
	埃塞俄比亚		佛得角		巴巴多斯
	刚果（布）		赤道几内亚		特立尼达多巴哥
	博茨瓦纳		塞舌尔		圭亚那
	塞拉利昂		科摩罗	大洋洲（4）	澳大利亚
	莫桑比克		利比里亚		新西兰
	肯尼亚		尼日尔		巴布亚新几内亚
	肯尼亚		突尼斯		斐济
	贝宁	美洲（14）	加拿大		
	乌干达		墨西哥		
	毛里塔尼亚		巴西		

关于内地企业赴香港、澳门特别行政区投资开办企业核准事项的规定

商务部、国务院港澳办关于印发《关于内地企业赴香港、澳门特别行政区投资开办企业核准事项的规定》的通知

为落实《内地与香港关于建立更紧密经贸关系的安排》和《内地与澳门关于建立更紧密经贸关系的安排》，进一步鼓励和支持内地企业赴港澳投资发展，根据《中华人民共和国行政许可法》和《国务院对确需保留的行政审批项目设定行政许可的决定》及有关规定，商务部、国务院港澳办制定了《关于内地企业赴香港、澳门特别行政区投资开办企业核准事项的规定》（见附件）。现予印发，请遵照执行。

特此通知

附件：如文

商务部　国务院港澳办

2004年8月13日

第一条　根据《中华人民共和国行政许可法》和《国务院对确需保留的行政审批项目设定行政许可的决定》及有关规定，制定本规定。

第二条　国家鼓励和支持内地各种所有制企业在港澳地区投资开办企业。

第三条　内地企业赴港澳地区投资开办企业是指：内地企业在港澳地区投资开办具有当地法人资格的贸易、工程承包、劳务合作、生产制造、交通运输、旅游、服务、研发、投资、科技等企业，以及内地企业在港澳地区或其他国家、地区设立的企业在港澳地区投资开办企业。

第四条　投资开办企业的方式包括：新设（包括独资、合资、合作等）、收购、兼并、参股、注资、股权置换等。

第五条　商务部是核准内地企业赴港澳地区投资开办企业（金融类除外）的实施机关。省级人民政府商务行政主管部门（以下简称“省级商务主管部门”）根据商务部委托，对本地区企业赴港澳地区投资开办企业进行初步审查或核准。核准时，如有必要，应事先征求国务院港澳办、中央政府驻香港、澳门联络办意见。

第六条　核准机关应从以下方面对企业申请进行核准：是否有利于内地改革开放和现代化建设；是否有利于港澳地区的繁荣稳定；是否能够发挥港澳地区的有利条件，扩大对外贸易和引进资金、先进技术及管理经验；是否有利于加强内地与港澳地区的经济技术合作。

赴港澳地区投资开办企业在经济、技术上是否可行，由企业自行负责。

第七条　以下赴港澳投资不予核准：危害国家主权、安全和社会公众利益；违反国家法律法规和政策，与香港、澳门地区的法律

法规相悖；违反中国所缔结或参加的国际或多双边协定、条约；利用赴港澳地区投资开办企业从事国际犯罪活动；其他不适宜赴港澳地区投资开办企业的情形。

第八条　核准程序

（一）地方企业在港澳地区投资开办企业为从事境外间接上市、开展投资性业务在港澳地区投资开办的企业由商务部核准，其余由商务部委托省级商务主管部门核准。

须经商务部核准的，由地方企业向省级商务主管部门提出申请。省级商务主管部门对申请材料进行初步审查后，应在5个工作日内将符合条件的申请上报商务部。商务部在接到省级商务主管部门申请材料后，对于申请材料不齐全或者不符合规定形式的，应当在5个工作日内一次告知申请人需要补正的全部内容，逾期不告知的，自收到申请材料之日起即为受理。对于申请材料齐全、符合法定形式，或者申请人按照要求补正申请材料的，应当予以受理。受理后，须在15个工作日内作出是否核准的决定。

由省级商务主管部门核准的，核准机关在接到地方企业的申请材料后，对于申请材料不齐全或者不符合规定形式的，应当在5个工作日内一次告知申请人需要补正的全部内容，逾期不告知的，自收到申请材料之日起即为受理。对于申请材料齐全、符合规定形式，或者申请人按照要求补正申请材料的，应当予以受理。受理后，须在15个工作日内作出是否核准的决定。

（二）中央企业在港澳地区投资开办企业，由商务部核准。商务部在接到中央企业的申请材料后，对于申请材料不齐全或者不符合法定形式的，应当在5个工作日内一次告知申请人需要补正的全部内容，逾期不告知的，自收到申请材料之日起即为受理。对于申请材料齐全、符合法定形式，或者申请人按照要求补正申请材料的，应当予以受理。受理后，须在15个工作日内作出是否核准的决定。

（三）地方企业的申请获得核准后，由省级商务主管部门代发《内地企业赴港澳地区投资批准证书》（以下简称“批准证书”）。中央企业，由商务部颁发批准证书。

第九条　赴港澳地区投资开办企业的内地企业应提供以下申请材料：

（一）申请书（主要内容包括开办企业的名称、注册资本、投资金额、经营范围、经营期限、组织形式、股权结构及人员构成等）；

（二）拟投资开办企业的章程，相关协议或合同；

（三）内地企业营业执照及法律法规要求具备的相关资格或资质证明；

（四）外汇主管部门出具的外汇资金来源审查的批复（需以外汇出资的）；

（五）法律法规及国务院决定要求的其他文件。

第十条　企业获得核准后，须凭批准证书和核准文件办理外汇、银行、海关、外事等相关事宜；并按有关规定报送统计资料、参加境外投资联合年检和境外投资综合绩效评价。

第十一条　获得核准的企业在当地注册后，应将有关注册文件报商务部和国务院港澳办备案，并向中央政府驻香港、澳门联络办报到登记。

第十二条　省级商务主管部门未经商务部批准，不得向下级地方行政主管部门委托核准事宜。各级主管部门未经商务部授权，不得增加核准内容和环节，不得越权审批。

第十三条　本规定第九条第（一）款申请书中所列事项发生变更，须报原核准机关核准。

第十四条　此前管理办法与本规定不符的，以本规定为准。

第十五条　本规定由商务部负责解释。

第十六条　本规定自下发之日起实施。

商务部关于执行《对外劳务合作经营资格管理办法》有关问题的通知

各省、自治区、直辖市及计划单列市商务主管部门，中国对外承包工程商会：

2004年7月26日，商务部、工商总局联合发布第3号部令，公布了《对外劳务合作经营资格管理办法》（以下简称《办法》）。该《办法》将自2004年8月26日起施行。为更好地贯彻执行《办法》，切实加强对外劳务合作管理，促进对外劳务合作规范有序发展，现就有关问题通知如下：

一、对外劳务合作经营资格核准问题

（一）根据《办法》第五条和第六条的规定，各省、自治区、直辖市及计划单列市商务主管部门（以下简称“地方商务主管部门”）对企业申请对外劳务合作经营资格，应严格进行初审，对其上报的经营场所、从业人员、经营管理制度（须包括境外劳务纠纷或突发事件应急办法）等情况，可根据需要进行实地检查，如发现有弄虚作假行为，应不予通过初审和上报，且1年内不再受理其经营资格申请。对已取得对外劳务经营资格的企业（以下简称“经营公司”）为申请企业开具提供外派劳务人数的证明，应根据业务统计情况进行认真核实，并可要求经营公司出示相关合同或协议，如发现经营公司虚开证明材料，不予通过其当年《对外劳务合作经营资格证书》（以下简称《经营资格证书》）年审。

（二）根据《办法》第十六条的规定，已取得全方位对外劳务合作经营资格和本行业对外劳务合作经营资格的企业，如已达到《办法》第五条第（一）至（七）项规定的条件，可自2004年8月26日起，按程序申请换发新的《经营资格证书》；如至2005年8月26日仍不能达到《办法》规定的标准要求，其经营资格将自动丧失。

（三）根据《办法》第十三条的规定，已取得对外承包工程经营资格的企业，自然拥有向其签约的境外承包工程项目派遣所需劳务人员的资格，但不得从事单纯的劳务分包，上述劳务人员纳入对外承包工程的统一管理；如开展工程项下劳务以外的对外劳务合作业务，须按《办法》第五条的规定取得对外劳务合作经营资格。

（四）企业申请对外劳务合作经营资格或经营公司申请换发新的《经营资格证书》，如已具有其他类似的外派劳务资格，地方商务主管部门可不予受理。

（五）企业申请对港澳台地区的劳务合作经营资格，按国家对港澳台地区劳务合作政策执行。边境小额贸易企业开展对外劳务合作业务的经营资格，仍按国家现行的有关规定，由地方商务主管部门核准，报商务部备案。

（六）根据《办法》第十五条的规定，商务部将商有关部门另行制订特殊行业的外派劳务经营资格管理办法，在新办法出台前，经营公司已取得的外派海员劳务经营资格依然有效。

二、加强对外劳务合作管理问题

（一）根据《办法》第十八条的规定，地方商务主管部门应按照属地原则和“谁对外签约，谁负责”的原则，切实加强对本地区对外劳务合作业务的管理，指导和监督经营公司规范经营。

（二）根据《办法》第四条的规定，对外劳务合作经营资格由商务部核准，地方商务主管部门不得越权审批和赋予本地区企业对外劳务合作经营资格及与此相关的外派劳务咨询、为经营公司提供外派劳务人员等资格。

（三）经营公司应有组织地招聘、选拔、培训和派遣劳务人员，并承担派出后的管理责任，不得为其他企业、单位或个人代理外派劳务业务，也不得接受其他企业、单位或个人“挂靠”经营或承包经营。

（四）经营公司委托其他企业或单位代为招收劳务人员，可根据《合同法》的规定，与受托企业或单位签订《委托招收外派劳务人员协议》，并向其出具《授权书》，报地方商务主管部门备案。受托企业或单位不得直接对外签约，也不得向劳务人员收取任何费用，其代为招收劳务人员发生的费用由经营公司根据委托协议支付。经营公司不得授权或委托个人代为招收外派劳务人员。边境小额贸易企业开展对外经济合作业务外派所需劳务人员及对外承包工程企业向其签约的境外承包工程派遣所需劳务人员，不得委托其他企业或单位代为招收。

（五）经营公司跨地区（省、自治区、直辖市及计划单列市）直接招收劳务人员，须将经营公司所在地的地方商务主管部门出具的项目审查意见（具有自办签证权的企业自行出具项目审查意见）报劳务人员所在地的地方商务主管部门备案；按规定须由商务部立项审查的项目，应将商务部批准文件的复印件报劳务人员所在地的地方商务主管部门备案。如委托其他企业或单位跨地区代为招收劳务人员，还须提交《委托招收外派劳务人员协议》和《授权书》。

（六）对未经经营公司授权并与之签订《委托招收外派劳务人员协议》而私自招收或外派劳务人员的企业、单位或个人，地方商务主管部门应及时通报有关部门，请其依法予以查处和打击。

（七）劳务人员出境前，经营公司应根据与境外雇主签订的《对外劳务合作合同》，直接与劳务人员签订《外派劳务合同》，并为劳务人员取得合法的工作准证，不得以旅游、商务签证等形式外派劳务人员。劳务人员出境后，经营公司须协助其与雇主签订《雇佣合同》，并承担境外管理责任，及时妥善处理劳务纠纷或突发事件。

（八）地方商务主管部门应主动加强同有关部门的协调与合作，建立和完善对外劳务合作管理的长期协作机制，共同维护经营秩序。

请地方商务主管部门和中国对外承包工程商会分别将本《通知》尽快转发给本地区的经营公司及中央企业会员，并督促其认真执行。

特此通知

商务部

2004年9月2日

商务部办公厅关于启用《中华人民共和国境外投资批准证书》的通知

根据《关于境外投资开办企业核准事项的规定》，现将启用《中华人民共和国境外投资批准证书》（以下简称《批准证书》）的有关事项通知如下：

一、《批准证书》是国内企业境外投资已经国家对外投资主管部门最终核准的书面凭证，由商务部统一印制。

二、为推进境外投资便利化，商务部实行批准证书网上发放，地方商务主管部门可向本地方企业代发《批准证书》。《批准证书》网上发放的具体办法另行通知。

三、国内企业凭《批准证书》办理外汇、银行、海关、外事等境外投资相关事宜。

四、《批准证书》中有关事项发生变更时，企业应及时向原核准机关办理变更手续，并持原《批准证书》换领新的《批准证书》。

五、《批准证书》于2004年11月1日起启用，样本附后。

特此通知

附件：《批准证书》样本（略）

商务部

2004年9月30日

商务部关于继续做好对外直接投资统计工作的通知

各省、自治区、直辖市及计划单列市商务厅（局）、外经贸委（厅、局），新疆生产建设兵团商务局：

原外经贸部、国家统计局联合制发的《对外直接投资统计制度》实施已一年有余，在各有关单位的积极配合下，2002年度对外直接投资统计工作已顺利完成。现结合上年度对外直接投资统计工作中存在的问题，就认真贯彻执行《对外直接投资统计制度》，进一步做好对外直接投资统计工作提出如下要求：

一、对外直接投资统计事关外交、经济宏观决策和国家经济安全，十分重要。各级商务主管部门的领导应高度重视对外直接投资统计工作，明确具体负责对外直接投资统计工作的部门，做好业务处室与统计处室的协调工作，指定统计人员（专职或兼职），建立统计资料档案和工作交接制度。

二、未参加商务部组织的对外直接投资统计培训，或尚未按照商务部的要求对区内相关企业进行统计培训的商务主管部门，应尽快登录我部“对外直接投资统计系统”，查询相关的培训材料并组织落实。

三、为帮助各级商务主管部门做好对外直接投资统计工作，我部已将驻外商务机构报回的境外企业资料反馈有关省、区、市，请参照上述资料中的企业信息，督促相关企业及时报送对外直接投资统计资料。

四、经商国家统计局，我部办公厅印发了《商务部办公厅关于进一步做好对外直接投资统计工作有关事项的通知》（商合字［2004］24号），取消了“对外直接投资统计季报表”（FDI205表、FDI305表），增设“对外直接投资月度快报表”。

五、请各级商务主管部门对照商务部提供的资料，认真排查，及时、全面、准确地做好2003年度对外直接投资统计年报和2004年月度快报的报送工作，对本地区《对外直接投资统计制度》执行情况和统计工作完成情况进行总结，重点说明2001年至2003年期间经由各级商务主管部门上报核准设立境外企业（是否开办等）动态情况，并将书面材料于2004年7月31日前报商务部（合作司）。

六、根据部领导的指示精神，我部将定期对各单位《对外直接投资统计制度》执行情况和统计工作完成情况进行通报，请各单位认真做好统计数据的收集、审核和汇总分析工作，执行中有何问题，请与商务部（合作司）联系。

联系人：陈明霞

联系电话：010－65197172

中华人民共和国商务部

2004年6月7日

国家发展改革委、中国进出口银行关于对国家鼓励的境外投资重点项目给予信贷支持政策的通知

发改外资［2004］2345号

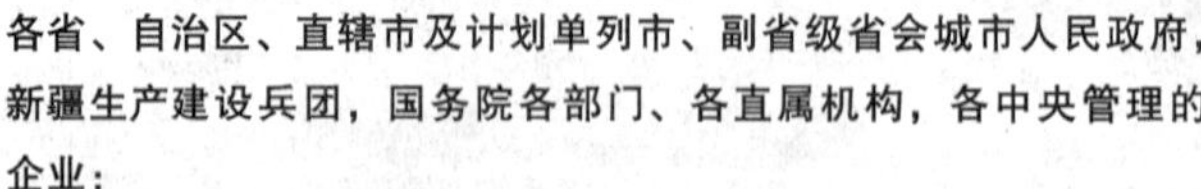

各省、自治区、直辖市及计划单列市、副省级省会城市人民政府，新疆生产建设兵团，国务院各部门、各直属机构，各中央管理的企业：

自国家发展改革委、中国进出口银行下发《关于对国家鼓励的境外投资重点项目给予信贷支持有关问题的通知》（发改外资［2003］226号）以来，为国内企业对外投资提供了信贷支持，有效地鼓励和促进了企业“走出去”，取得了良好成果。根据《国务院关于投资体制改革的决定》（国发［2004］20号）和《境外投资项目核准暂行管理办法》（发展改革委令第21号），对发改外资［2003］226号文件有关内容需进行适当调整，现就有关事项通知如下：

一、国家发展改革委和中国进出口银行共同建立境外投资信贷支持机制。根据国家境外投资发展规划，中国进出口银行在每年的出口信贷计划中，专门安排一定规模的信贷资金（以下称“境外投资专项贷款”）用于支持国家鼓励的境外投资重点项目。境外投资专项贷款享受中国进出口银行出口信贷优惠利率。

二、境外投资专项贷款主要用于支持下列境外投资重点项目：

（一）能弥补国内资源相对不足的境外资源开发类项目；

（二）能带动国内技术、产品、设备等出口和劳务输出的境外生产型项目和基础设施项目；

（三）能利用国际先进技术、管理经验和专业人才的境外研发中心项目；

（四）能提高企业国际竞争力、加快开拓国际市场的境外企业收购和兼并项目。

三、拟申请使用境外投资专项贷款的项目，须按《国务院关于投资体制改革的决定》和《境外投资项目核准暂行管理办法》的规

定获得核准，并由中国进出口银行遵循独立审贷的原则对项目的贷款条件进行审查。

四、申请使用境外投资专项贷款的程序如下：

（一）在中华人民共和国境内注册的企业法人（以下称“境内投资主体”）按规定向国家发展改革委或省级发展改革部门上报项目申请报告，并抄送中国进出口银行总行及相应的营业性分支机构。同时，境内投资主体向中国进出口银行提出贷款申请；

（二）中国进出口银行就项目使用境外投资专项贷款问题出具意见函，作为国家发展改革委或省级发展改革部门审核项目申请报告的参考依据；

（三）国家发展改革委或省级发展改革部门对项目进行审核，并将审核意见抄送中国进出口银行。项目获得核准后，由中国进出口银行对项目的贷款条件进行最终确定。

对国别风险较大的项目，要求境内投资主体充分利用现有的境外投资保险机制，办理有关投保手续，积极规避境外投资风险。

五、国家发展改革委对符合使用境外投资专项贷款条件的项目，加强政策指导，强化必要协调，加快核准进度。同时，促成有关单位完善境外投资风险保障机制，进一步做好境外投资保险工作。

六、中国进出口银行对境外投资专项贷款依照有关规定加快贷款审查速度，并视具体情况提供以下便利：

（一）根据贷款企业信用等级和境外投资项目的经济效益情况授予一定的信用放款额度；

（二）对风险小、投资收益稳定且效益较好的项目，可考虑直接对境外项目公司提供贷款，由项目的境内投资主体提供担保和/或以项目形成的资产或其他权益作为抵押；

（三）对一些投资期较长的战略性项目，可视情况适当延长贷款期限。

七、中国进出口银行还将对拟使用境外投资专项贷款的项目，提供与项目相关的投标保函、履约保函、预付款保函、质量保函以及国际结算等方面的金融服务，并根据境内投资主体和项目情况在反担保和保证金方面给予一定优惠。

八、本通知由国家发展改革委和中国进出口银行负责解释，自发布之日起执行。国家发展改革委的发改外资［2003］226号文件自本通知发布之日起失效。

国家发展和改革委员会
中国进出口银行
2004年10月27日

国别投资经营障碍报告制度

商务部关于印发《国别投资经营障碍报告制度》的通知

各省、自治区、直辖市及计划单列市商务主管部门，各中央企业，各驻外经济商务机构：

为全面了解我国企业境外投资经营的总体状况及遇到的各类问题，做好境外投资的后续管理工作，加强宏观协调和指导，保护投资者的合法权益，促进境外投资发展，现将《国别投资经营障碍报告制度》印发给你们，请遵照执行。

特此通知

商 务 部
2004年11月11日

第一章　制定报告制度的目的

第一条　为加快实施“走出去”战略，做好境外投资经营的后续管理服务工作，保护投资者的合法权益，创造良好环境，促进境外投资发展，依照《对外贸易法》和《对外贸易壁垒调查暂行规则》及有关规定，特制定本制度。

第二条　实行国别投资经营障碍报告制度是指我驻外经济商务机构、商会及企业等以撰写年度报告和不定期报告的形式，反映境外中资企业在东道国（地区）投资经营中遇到的各类障碍、壁垒及相关问题，作为商务部制定并发布年度《国别贸易投资环境报告》的基础材料之一，并供国内主管部门及有关部门参考；国内有关部门在全面跟踪了解我国企业境外投资经营遇到的各类问题基础上，通过多双边机制，维护我国企业的合法权益。

第二章　报告的主体

第三条　各驻外经济商务机构、境外中资企业商会、协会、境外中资企业和分支机构（以下简称“中资企业”）及其国内投资者是报告的主体，须按要求向商务部报告。

第四条　各驻外经济商务机构、境外中资企业商会、协会应定期组织中资企业对报告内容进行沟通和研讨，全面听取中资企业的意见，认真履行年度报告制度，即每年12月31日以前应将本年度我国企业在境外投资和经营中实际遇到的问题，按要求报商务部。重大情况应随时报告（报告格式可参考附表1）。

第五条　境外中资企业及其国内投资者可以结合境外投资经营活动中实际遇到的问题，针对报告要求的一项或几项内容随时或不定期提出报告（报告格式可参考附表2）。

第六条 报告的撰写和签发采用署名制。

第三章 报告的主要内容

第七条 报告应如实反映我国企业在东道国（地区）开展投资经营和服务贸易（包括工程承包、劳务合作、设计咨询等）活动的实际情况和遇到的问题。

（一）中资企业投资经营总体情况

1. 中资企业在数量、投资规模、行业分布、经营状况等方面的总体情况及面临的普遍性问题；

2. 中资企业主要投资项目简况，包括企业名称、国内投资者名称（如属经第三国或地区转投资的，请注明）、投资规模、投资方式、主营业务及产品、经营状况、存在主要问题等。

（二）投资环境障碍和风险

1. 东道国政府颁布的法律法规中不利于我国投资的；

2. 东道国存在的一些给企业经营带来成本负担的非经营性障碍和风险，如公共治安和安全、企业诚信、政府廉政、工会、罢工、公众对外资企业的态度、节假日规定等方面存在的问题；

3. 东道国在交通、水、电、气、通讯等基础设施供应和价格方面影响企业投资经营的缺陷或不足。

（三）投资壁垒和服务贸易壁垒

东道国政府实施或支持实施的下列违反多边、双边协定，对我国企业开展投资经营和服务贸易造成或可能造成不合理的阻碍、限制或损害的措施，视为投资壁垒或服务贸易壁垒，主要分为：

1. 准入壁垒，如不合理地限制我国投资的进入，WTO 成员未按照其承诺向我国投资开放某些特定领域；工程承包招标中，政府规定我国公司必须同当地企业联合投标或承诺分包给当地公司才允许参加投标等。

2. 经营壁垒，如从产、供、销、人、财、物等多方面，对中资企业的经营活动设置不合理限制；工作签证难；政府部门办事程序不透明或手续繁冗复杂等。

3. 退出壁垒，如限制我国投资退出或限制中资企业将经营利润汇出境。

（四）应对措施建议

报告主体对上述问题、障碍和投资壁垒的应对措施建议。

第四章 报告的报送和公布

第八条 报告应统一以书面和网上报送形式报送商务部（合作司、相关地区司、公平贸易局）。

有条件的机构，应充分利用商务部政务信息互送处理系统报送报告材料；也可以在商务部网站（www. mofcom. gov. cn）合作指南子站“国别投资经营障碍报告”栏目上直接填表发送，或通过电子邮箱发送（合作司加工处：hzjg@ mofcom. gov. cn；公平贸易局壁垒调查处：boft_tbi@ mofcom. gov. cn）。

第九条 在保护企业利益及其商业秘密的前提下，商务部将定期通过《国别贸易投资环境报告》等方式公布有关报告内容，表达对东道国投资环境中存在问题的关注，提醒投资企业规避风险。

第五章 报告问题的解决机制

第十条 商务部在接到报告后，将根据报告反映的问题，及时会同有关部门进行沟通和协商，提出处理意见和解决办法。

第十一条 对报告反映的有关问题，可通过高层互访、双边经贸混委会或其他外交途径进行磋商，帮助企业寻求尽快解决问题的途径。

第十二条 如报告反映的问题涉及投资壁垒或服务贸易壁垒，依照《对外贸易壁垒调查暂行规则》的规定，商务部可以进行立案调查。

第六章 附　　则

第十三条 本制度由商务部负责解释。

第十四条 本制度从发布之日起施行。

附表：

1. 驻外经济商务机构、中资企业商会、协会国别（地区）投资经营障碍报告格式表（略）

2. 中资企业、国内投资者国别（地区）投资经营障碍报告格式表（略）

对外投资国别产业导向目录（一）

商务部、外交部关于发布《对外投资国别产业导向目录》的通知

各省、自治区、直辖市及计划单列市商务主管部门、外事办公室，各中央企业，各驻外使（领）馆：

为贯彻落实党的十六大和十六届三中全会关于“鼓励和支持有比较优势的各种所有制企业对外投资”、“完善对外投资服务体系”的精神，加快实施“走出去”战略，根据国务院关于“加强对境外投资的协调和指导”的指示，商务部、外交部联合制订了《对外投资国别产业导向目录（一）》（见附件），现予以发布，并就有关事项通知如下，请遵照执行。

一、各地方、各部门要高度重视对外投资工作，按照《对外投资国别产业导向目录（一）》确定的鼓励方向和重点，加强对我国企业开展对外投资的协调和指导，鼓励、支持、引导企业充分利用国内外两个市场，优化资源配置，在更大范围、更广领域和更高层次上参与国际经济技术合作和竞争，推动我国货物、技术和服务贸易的增长，促进与东道国的共同发展。

二、各级对外经济合作主管部门要转变观念，深化对外投资管理体制改革，推进对外投资便利化进程，依法履行对外投资设立企业的审批、监管和服务职能，切实从微观项目审批转变到主要从维护国家利益、促进对外经贸关系、优化国别地区布局、利用两个市场两种资源、保障企业合法权益、履行国际协定、防止在境外盲目投资与自相竞争等方面进行把握与核准。

三、《对外投资国别产业导向目录（一）》是各级对外经济合作主管部门指导与核准我国企业对外投资的重要依据。凡符合导向目录，并经核准持有对外投资批准证书的企业，优先享受国家在资金、外汇、税收、海关、出入境等方面的优惠政策。

四、商务部、外交部分批发布《对外投资国别产业导向目录》，并将根据国家对外投资的方针政策和国外投资环境的发展变化，及时对有关内容进行更新、调整和补充。

特此通知

附件：对外投资国别产业导向目录（一）

商务部　外交部
2004年7月8日

对外投资国别产业导向目录（一）

国别	农、林、牧、渔业	采矿业	制造业	服务业	其他
泰国	薯类种植	钾盐矿、钨矿、锑矿	纺织业	贸易、分销	
	森林开发		电动机、空调器、冰箱等电气机械及器材制造	建筑	
			农业机械制造	旅游	
			化学原料及化学制品		
			造纸及纸制品		
			橡胶制品制造		
新加坡			生物制药	贸易、分销	
			电子和精密工程	仓储	
			石油加工炼制	交通运输	

续表

国别	农、林、牧、渔业	采矿业	制造业	服务业	其他
				金融	
				建筑	
				研发	
老挝	森林开发	钾盐矿	发电机等电气机械制造		电力的生产和供应
	谷物种植		电动工具制造		
			摩托车等交通运输设备及零部件制造		
			造纸及纸制品制造		
			农副食品加工		
缅甸	森林开发	石油、天然气	农业机械制造	建筑	
	谷物种植	钨矿、镍矿、铜矿	电气机械及器材制造		
	渔业捕捞	宝石	汽车、摩托车等交通运输设备及零部件制造		
			造纸及纸制品业		
			化学原料及化学制品		
			木材加工、竹藤制品		
越南	茶叶种植	铝土矿、煤炭、铁矿、铬矿	发电机、空调器、冰箱等电气机械及器材制造	贸易、分销	电力的生产和供应，铁路通讯网络和信号改造
	水产养殖		汽车、摩托车等交通运输设备及零部件制造	建筑	
			水泥等建筑材料的制造	旅游	
			农业和农副产品加工机械制造		
			造纸及纸制品		
			饲料加工		
			食品加工		
柬埔寨	森林开发		纺织服装、鞋帽制造	建筑	
	谷物种植		拖拉机、柴油机的制造	旅游	
			烟草制品业		
			摩托车、自行车等交通运输设备及零部件制造		
菲律宾	渔业捕捞	铜矿、镍矿	制冷设备与空调等电力机械制造	建筑	电力的生产和供应
	水稻种植		电视机等电子设备制造	交通运输	
			电动工具制造		
			汽车、摩托车等交通运输设备及零部件制造		
			农业机械制造		
马来西亚	森林开发	金矿、煤矿	农业机械、园林设备制造	分销	
			造纸及纸制品制造	建筑	
			钢铁压延加工	旅游	
			电气机械及器材制造	基础设施	

续表

国别	农、林、牧、渔业	采矿业	制造业	服务业	其他
			橡胶制品制造		
			棕油生产		
			化学原料及化学制品		
			金属冶炼		
印度尼西亚	渔业捕捞	石油、天然气	电气机械及器材制造	交通运输	电力的生产和供应
	森林开发		电视机、显示器等电子设备制造	建筑	
			摩托车等交通运输设备及零部件制造	旅游	
			化学原料及化学制品制造		
			竹制品		
文莱	水稻种植	石油、天然气			
	渔业捕捞				
印度	农作物种植	煤炭、铁矿	各类仪器仪表及文化办公设备制造	贸易	电力的生产和供应
			高低压开关设备、发电机等电力机械制造	软件开发	
			制冷设备与空调等机械制造	建筑	
			电视机等电子设备制造	交通运输	
			塑料制品制造	旅游	
			医药制造	基础设施	
巴基斯坦	渔业捕捞	煤炭、铜矿	制冷设备与空调等机械制造	分销	电力的生产和供应
			汽车、摩托车等交通运输设备及其零部件的制造	建筑	
			医药制造		
			农业机械		
			电子通讯设备制造		
			纺织服装、鞋帽制造		
孟加拉国	黄麻种植	煤炭、天然气	纺织服装、鞋帽制造		
			电气机械及器材制造		
			农业机械		
			摩托车、自行车等交通运输设备及零部件制造		
阿富汗		铜矿			
东帝汶	渔业捕捞	石油、天然气			
朝鲜			纺织服装制造		
			食品制造		
蒙古		煤炭、铅锌矿、铜矿、金矿、铁矿	纺织服装制造	地质勘查	
			皮革及其制品	建筑	
			建筑材料		

续表

国别	农、林、牧、渔业	采矿业	制造业	服务业	其他
日本			电气机械及器材制造	贸易、分销	
			印刷机械制造	研发	
			仪器仪表及文化、办公用机械制造	软件开发	
				交通运输	
韩国			汽车等交通运输设备的制造	贸易、分销	
			化工原料制造	研发、建筑	
			通信设备、计算机及其他电子设备制造	交通运输	
伊朗		石油、天然气	电气机械及器材制造	建筑	
		铜矿等有色金属	汽车、摩托车等交通运输设备及零部件制造	电信服务	
			仪器仪表及办公用机械制造		
			塑料制品制造		
阿联酋		石油、天然气	石油化工及化工机械制造	贸易、分销	
			制冷设备与空调等机械制造	仓储	
			电动工具制造	交通运输	
			纺织服装制造	建筑	
沙特阿拉伯		石油、天然气	制冷设备与空调等机械制造		
			电动机、发电机、电动工具制造		
			化学原料及化学制品制造		
			塑料制品制造		
土耳其			注塑机械制造	贸易	
			皮革、毛皮加工	建筑	
			纺织服装制造		
			电视机等电子设备制造		
埃及	棉花种植	石油、天然气	冰箱、空调等电气机械及器材制造	贸易、分销	
			汽车、摩托车等交通运输设备及其零部件制造	建筑	
			纺织业	旅游	
			塑料制品制造		
			医药制造		
			金属制品制造		
			化学原料及化学制品制造		
苏丹		石油、天然气	拖拉机、柴油机、农业机械制造	地质勘查	
			石油炼制	建筑	
			医药制造		
阿尔及利亚		石油、天然气	制冷设备与空调等电气机械制造	建筑	
			食品制造		

续表

国别	农、林、牧、渔业	采矿业	制造业	服务业	其他
			医药制造		
毛里塔尼亚	渔业捕捞		农副产品加工		
			皮革、毛皮、羽毛（绒）及其制品		
马里		金矿	农副食品加工	电信服务	
			纺织服装		
			化学原料及化学制品制造		
			建筑材料		
尼日利亚	水果、坚果种植	石油、天然气	冰箱、空调等电气机械及器材制造	贸易、分销	
			拖拉机、柴油机制造	建筑	
			摩托车、自行车等交通设备及零部件制造		
			钢铁冶炼		
			塑料制品制造		
			各类金属制品制造		
			医药制造		
肯尼亚			交通运输设备及其零部件制造	贸易、分拨	
			农业机械制造	建筑	
			医药制造		
坦桑尼亚	剑麻种植		拖拉机、柴油机、农业机械制造		
			日用搪瓷、陶瓷制品		
			塑料制品		
			医药制造		
赞比亚	农作物种植	铜矿、金矿	农副产品加工机械制造		
			摩托车、自行车及三轮车等交通运输设备及其零部件制造		
			医药制造		
			日用搪瓷、陶瓷制品		
莫桑比克	水产养殖		摩托车、自行车等交通运输设备及零部件制造		
			医药制造		
			日用搪瓷、陶瓷制品		
纳米比亚	渔业捕捞	铅锌矿	农副食品加工		
			纺织服装制造		
			仪器仪表制造		
			塑料制品制造		
马达加斯加	水产养殖		纺织服装制造		
	渔业捕捞		农副产品加工		
			医药制造		

续表

国别	农、林、牧、渔业	采矿业	制造业	服务业	其他
南非		铬矿、铁矿	冰箱、空调等电气机械及器材制造	贸易、分销	
			各类仪器仪表制造	交通运输	
			激光影碟机、收音机等电子设备制造	旅游	
			金属制品制造	金融	
			塑料制品制造		
			纺织服装制造		
			食品制造		
			建筑材料		
瑞典			计算机等电子设备制造	研发	
			建筑材料	旅游	
			精密仪器制造		
法国			工艺品制造	贸易、分销	
			计算机制造	研发	
			空调、微波炉、吸尘器等家用电器制造		
英国			生物制药	贸易、分销	
			计算机制造	仓储	
				交通运输	
				研发	
				金融	
				法律咨询	
爱尔兰			生物制药	软件开发	
			金属制品制造	基础设施	
德国			电气机械及器材制造	贸易、分销	
			医药制造	交通运输	
			化学原料及化学制品制造	金融	
			电子设备制造	研发	
荷兰			各类仪器仪表及文化办公用品制造	贸易、分销	
			计算机制造	交通运输	
				仓储	
波兰		铜矿	电气机械及器材制造	计算机服务	
			计算机、电视机等电子设备制造	基础设施	
			纺织服装制造		
			医疗用品和器械制造		
捷克	森林开发		纺织服装制造	计算机服务	
			船舶、摩托车等交通运输设备及零部件制造		

续表

国别	农、林、牧、渔业	采矿业	制造业	服务业	其他
			工艺品制造		
			注模和浇铸设备制造		
			电力设备制造		
匈牙利			家用电器等电子设备制造	贸易、分销	
			电动工具制造	旅游	
			金属制品制造		
			箱包制造		
罗马尼亚			家用电器等电子设备制造	贸易、分销	
			纺织服装制造	电信服务	
			自行车及零部件制造	基础设施	
			木材加工		
			塑料制品制造		
			计算机制造		
俄罗斯	森林开发	石油、天然气	印刷等电气机械及器材制造	贸易、分销	
	果蔬种植	煤矿、铁矿、铜矿、铝土矿、镍矿、铅锌矿等矿产资源	计算机、电视机等电子设备及通讯设备制造	电信服务	
			木材加工和家具制造	交通运输	
			纺织服装制造	餐饮、建筑	
			造纸及纸制品制造	旅游、教育	
			烟草制品	医疗、金融	
			金属制品制造	计算机服务	
			塑料制品制造		
			船舶等交通运输工具制造		
吉尔吉斯斯坦		金矿、煤炭	造纸及纸制品制造	电信服务	
			农副食品加工	计算机服务	
			饮料制造		
			塑料制品		
哈萨克斯坦		石油、天然气	电气机械及器材制造	贸易、分销	
		铜矿、铝土矿、铁矿	汽车、摩托车、自行车等交通运输设备及零部件制造	交通运输	
			塑料制品制造	电信服务	
			烟草制品制造	建筑	
			食品制造		
乌兹别克斯坦		石油、天然气	电气机械及器材制造	基础设施	
			纺织业		
			化学原料及化学制品制造		
阿塞拜疆		石油、天然气	纺织业		
澳大利亚	果蔬种植	铁矿、天然气	乳制品等农副产品加工	贸易、分销	
	水产养殖	煤矿、铝土矿等	饲料加工	交通运输	

续表

国别	农、林、牧、渔业	采矿业	制造业	服务业	其他
	牲畜饲养	油页岩	医药制造	研发	
			炼铝	金融	
				电信服务	
				旅游	
新西兰	森林开发		木材加工	研发	
	牲畜饲养		乳制品等农副产品加工	旅游	
			皮革、毛皮制品制造		
巴布亚新几内亚	森林开发	石油、天然气	食盐加工		
	渔业捕捞	铜矿	木材加工		
斐济	渔业捕捞		纺织服装、鞋帽制造	仓储、旅游	
				电信服务	
瓦努阿图	渔业捕捞		木材加工	旅游	
			农副食品加工		
加拿大	森林开发	石油、天然气	纺织业	贸易、分销	
			造纸和纸制品业		
			工艺品制造		
			乳制品等农副产品加工		
			化学原料及化学制品制造		
美国			汽车零部件等交通运输设备制造	贸易、分销	
			家用电器制造	仓储、研发	
			纺织服装制造	软件开发	
			园艺设备	电信服务	
			电动工具	交通运输	
				金融	
墨西哥	农作物种植		纺织服装制造	石油技术服务	
			电子设备制造		
古巴	水稻种植	石油	食品制造	电信服务	
		镍矿	电子设备制造	旅游	
			纺织服装、鞋帽制造		
特立尼达和多巴哥		石油、天然气	化学原料及化学制品制造	交通运输	电力的生产和供应
			电子设备制造	电信服务	

国别	农、林、牧、渔业	采矿业	制造业	服务业	其他
			食品制造		
巴西	森林开发	石油	冰箱、空调等电气机械及器材制造	贸易、分销	电力的生产和供应
		铁矿、铝土矿	电视机、激光影碟机、收音机等电子设备制造	交通运输	
		铜矿	金属制品制造	建筑	
			塑料制品制造		
委内瑞拉	农作物种植	石油、天然气	冰箱、空调等电气机械及器材制造	基础设施	
			电视机、激光影碟机、收音机等电子设备制造		
			食品制造		
			纺织服装制造		
			农业机械制造		
阿根廷	牲畜饲养		园林设备制造		
	谷物种植		电动工具等电气机械及器材制造		
			摩托车等交通设备及零部件制造		
			农副食品加工业		
			农业机械制造		
智利	渔业捕捞	铜矿	农副产品加工机械	贸易、分销	
			电动工具等电气机械及器材制造		
			玩具制造		
			食品制造业		
牙买加		铝土矿		电信服务	旅游业
苏里南	森林开发	石油、铝土矿			

在亚洲地区开展纺织服装加工贸易类投资国别指导目录

商务部关于印发《在亚洲地区开展纺织服装加工贸易类投资国别指导目录》的通知

各省、自治区、直辖市及计划单列市商务厅（局）、外经贸委（厅、局），新疆生产建设兵团商务局，各中央管理的企业：

为加快实施“走出去”战略，引导企业在投资前期进行科学合理的国别地区选择和行业选择，促进我国境外加工贸易的发展，我部在征求我驻外经商机构及企业意见的基础上，制定了《在亚洲地区开展纺织服装加工贸易类投资国别指导目录》（以下简称《目录》，见附件）。

亚洲地区共有49个国家和地区，人口32.4亿。该地区市场容量较大，部分国家与欧美国家有优惠贸易安排。2003年我与亚洲地区外贸总额达4 687亿美元，比上年增长40%。其中我纺织品服装出口达456亿美元，进口达164亿美元。截止到2003年，经批准我在该地区共有境外投资企业4 023家，中方投资额18亿美元，其中纺织服装类加工贸易企业52个，中方投资额2.15亿美元。

根据我纺织服装产品进出口形势分析，以下表格中所列20个类别的产品国内生产和出口竞争激烈，建议我国企业在亚洲地区开展包括表格中所涉及的纺织服装产品在内的加工贸易类投资。

棉贡缎	棉制短裙	毛制其他男、男童外衣	化纤制男、男童衬衫，非针织
棉制女、女童外衣	棉制套衫	毛制男及男童、女及女童毛衫	化纤制男、男童毛衫
棉制男及男童、女及女童针织衬衫	棉制女、女童长裤、便裤、外短裤	化纤制其他男、男童外衣	化纤制女、女童毛衫
棉制男、男童针织衬衫，非针织	棉制夜衣、睡衣	化纤制其他女、女童外衣	化纤制女、女童长裤、便裤、外短裤
棉制女、女童针织衬衫，非针织	棉制内衣	化纤制男、男童针织衬衫	化纤制夜衣、睡衣

《目录》推荐了在亚洲地区开展纺织服装加工贸易类投资的重点国别名单：巴基斯坦、尼泊尔、泰国、越南、柬埔寨、土耳其。上述国家都制定了吸引外资的优惠政策和相关法规，政局稳定，文化包容，与我关系友好。《目录》列举了各国投资环境的主要内容，并提供了查询详细内容的网址索引。

《目录》是指导性的，企业在做出决策前还须根据项目具体情况进行更有针对性的可行性研究。现将《目录》印发给你们，供各地方及企业参考。

特此通知

附件：在亚洲地区开展纺织服装加工贸易类投资国别指导目录

商　务　部

2004年5月19日

一、巴基斯坦

（一）投资环境简况

1. 外资政策：对外商投资实行鼓励政策[1]。除禁止领域外，设立工业项目无需政府审批；用于生产出口产品的原材料进口免关税；高附加值、高科技产业项目所需机械设备进口享受关税优惠。出口加工区项目设备、材料可免税进口。

2. 纺织业基础和劳动力市场：纺织业是巴支柱产业，就业人数1 500万人。目前拥有纺织类企业9 000多家。巴劳动力资源丰富，半熟练和熟练工的工资水平约为每月80—150美元。

3. 双边合作：中巴两国签有《关于相互鼓励和保护投资协定》、《避免双重征税和防止偷漏税的协定》和《中巴优惠贸易安排》[2]，并成立了中巴经济贸易联委会。2003年，我对巴出口纺纱、织物、制成品及相关产品1.19亿美元，自巴进口该类产品4.6亿美元。目前我在巴投资设立生产纺织设备和配件的合资企业1家，投资生产床用织物的企业2家。

4. 加入区域组织和优惠贸易安排情况：世界贸易组织[3]、伊斯兰会议组织[4]、经济合作组织[5]、南亚区域合作联盟[6]。与南盟国家签有《南亚自由贸易协定》，与美国签有《贸易和投资框架协议》。

（二）推荐投资行业

1. 纺织业：生产高支纱和增加混纺比例的项目、纺织品深加工项目。

2. 服装制造业：利用当地丰富的布匹和服装原材料，进行成衣、机织和针织服装、丝绸服装、衬衣、休闲装、运动装等的生产和加工。

3. 关联行业：纺织机械设备制造、纺织染化料、服装辅配料、刺绣、印染和后整理环节。

二、尼泊尔

（一）投资环境简况

1. 外资政策：外资政策包括《外国投资及一个窗口政策法案》、《外国投资及技术转让法》、《工业法》、《涉外雇佣法》等。政府对外资和合资企业在审批、税收和利润汇出方面有优惠措施。“一个窗口委员会”负责办理外商投资事宜，工业局是窗口服务的具体执行机构[7]。

2. 纺织业基础和劳动力市场：尼泊尔视纺织业为基础工业，全国纺织品生产能力约为每年1 830万米。市场上棉布、合成纤维和混纺纤维较畅销。尼泊尔劳动力价格低廉，生产成本较低。

3. 双边合作：中尼两国已签署投资保护协定，建立了双边经贸联委会机制。我国西藏地区同尼泊尔自1962年开始进行边境贸易。2002年，我向尼泊尔出口纺织服装类商品3 202万美元。

4. 加入区域组织和优惠贸易安排情况：南亚区域合作联盟。根据印度和尼泊尔达成的双边协议，尼泊尔可免税出口商品到印度。

（二）推荐投资行业

1. 纺织业：兴建集纺纱、编织和成品制作于一体的综合性纺织品厂。

2. 服装制造业：采用“两头在外”方式，进口原材料在尼泊尔加工羊绒制品并出口到欧、美、日、印等国。

三、泰国

（一）投资环境简况

1. 外资政策：政府对纺织业支持力度大，对进口原料及有关化学原料制订了优惠税率。投资促进委员会（BOI）[8]负责税收、关税、用地等方面优惠政策的制订和实施，公布给予奖励投资的行业。投资促进委员会将全国划分成三个投资区，享受不同的项目和税收优惠待遇。在第三区的企业可免缴机械进口税，免缴所得税8年，生产出口产品的企业进口原料可免进口税5年。

2. 纺织业基础和劳动力市场：纺织业已形成上、中、下游产业及集散业务网络。纺织业队伍108万人，平均每小时工资约1.18美元。

3. 双边合作：中泰签有《中泰两国政府关于促进保护投资的协定》，成立了贸易投资和经济合作联合委员会。2003年我对泰针织服装出口约5 900万美元。我在泰已投资设立三家纺织服装企业，生产单色、彩色棉纱、家纺制品以及聚丙烯长纤维等。

4. 加入区域组织和优惠贸易安排情况：世界贸易组织、东盟自由贸易区、亚太经合组织、东盟工业互补计划、印尼——马来西亚——泰国发展三角区、湄公河计划。

（二）推荐投资的行业

1. 纺织业：生产天然纤维纱或人造纤维纱、纺纱，生产布料、纺织品漂染、印刷及修饰。

2. 服装制造业：成衣及成衣部件。

3. 关联产业：家用纺织品、地毯。

四、越南

（一）投资环境简况

1. 外资政策：越政府鼓励外商投资纺织服装业，尤其鼓励投资各种纱丝类、工业专用布料、高级布料和辅料生产。行业主管部门为工业部，外资主管部门为计划投资部，投资法规有《越南外国投资法》及《越南外国投资法实施细则》[9]，在该行业投资，政府会在地租、税收等方面提供优惠政策。

2. 纺织业基础和劳动力市场：现有纺织服装企业1 500个，其中有近1 000家成衣加工企业，外资企业200多家。越纺织服装企业共使用劳动力约180万人，工人平均工资约60美元/月。

3. 双边合作：中越两国已签投资保护协定，已建立双边经贸合委会机制。2002年我对越出口纺织纱线、织物及制品3.63亿美元，出口服装及辅料1.2亿美元。据越方统计，目前我已在越投资8家企业从事服装加工业，协议投资总额1 543万美元，产品主要出口到欧美等国。

4. 加入区域组织和优惠贸易安排情况：越南与世界各国和地区签署了86项双边贸易协定，46项鼓励和保护投资协定，与美国签有纺织品方面的协议[10]。是东盟、亚欧会议、亚太经合组织、东盟自由贸易区及建设中的中国—东盟自由贸易区成员。目前正谈判并争取2005年加入世界贸易组织。

（二）推荐投资行业

1. 纺织业：兴建集纺纱、编织和成品制作于一体的综合性纺织厂。

2. 服装制造业：设立出口型服装加工厂，成衣加工所需原辅料由国内进口，产品可向第三国出口。

3. 关联行业：利用越政府提供的优惠政策，设立服装原辅料生产厂。

五、柬埔寨

（一）投资环境简况

1. 外资政策：柬发展理事会为负责投资工作的部门[11]。柬在投资领域实行国民待遇，但法律规定外国人不允许购买土地。纺织、服装业被视为优先发展的行业，出口型纺织服装业可享受免进口税、出口税和较低所得税待遇；无外汇管制。

2. 纺织业基础和劳动力市场：交通、水电、通讯条件较差，费用高；现有200余家纺织服装厂。劳动力资源丰富，劳工素质不高，纺织服装业法定月最低工资为45美元，实际平均工资约75美元。柬工会势力较大。

3. 双边合作：中柬两国已签署投资保护协定，并建立了双边经贸联委会。自1994年以来，我在柬协议投资额达3.8亿美元（不含港澳台地区）。2002年我对柬出口2.5亿美元，其中纺织服装原料约1.6亿美元。目前我在柬已设有各类纺织服装企业18家。

4. 加入区域组织与优惠贸易安排情况：世界贸易组织、东盟自由贸易区和湄公河委员会，获美国、欧盟、加拿大等28个发达国家给予的最惠国待遇，特别是在纺织、服装出口方面获特别优惠待遇。

（二）推荐投资行业服装制造业：成衣、牛仔服、衬衣等的生产，产品出口到欧、美等国

六、土耳其

（一）投资环境简况

1. 外资政策：外资法律体系较完整，外资享有国民待遇。在鼓励地区投资、且投资额达到一定数量的外资可获得政府颁发的“优惠证书”，享受海关免税、酌免税收、补助信贷、优惠住房基金和能源等方面的优惠待遇。

2. 纺织业基础和劳动力市场：纺织、服装行业占土耳其国内生产总值的5.5%，占土出口总值的39%。土纺织工业主要依赖出口。政府规定最低工资为90美元/月。

3. 双边合作：中土两国已签投资保护协定及避免双重征税协定，成立了中土经济贸易联合混委会，建立了贸易磋商机制。因两国都是资本净输入国，相互投资规模较小。

4. 加入区域组织和优惠贸易安排情况：欧洲关税同盟、经济合作发展组织（OECD）[12]成员国和欧盟候选国。土产品可在欧盟内部自由流通。

（二）推荐投资行业投资高附加值的服装加工业[13]

注　释：

［1］巴基斯坦对外商投资实行的鼓励政策详见巴基斯坦投资委员会（BOI）网站：http://www.pakboi.gov.pk

［2］详见中国驻巴基斯坦使馆经商参处网站介绍，网址为：http://pk.mofcom.gov.cn

［3］世界贸易组织，详见该组织网站：http://www.wto.org

［4］伊斯兰会议组织于1970年5月正式成立，共有57个成员国，详见网站：http://www.oic-oci.org/

［5］经济合作组织是一个政府间的区域组织，1985年由伊朗、巴基斯坦、土耳其等率先发起成立，目前共有10个成员国，详见网站：http://www.ecosecretariat.org/

［6］南盟于1985年12月成立，包括有巴基斯坦、孟加拉国、印度等7个国家，详见网站：http://www.saarc-sec.org/

［7］详见中国驻尼泊尔使馆经商参处网站介绍，网址为：http://np.mofcom.gov.cn/

［8］泰国投资促进委员会是该国负责投资的主管部门，详见其官方网站：http://www.boi.go.th

［9］《越南外国投资法实施细则》详见中国驻越南使馆经商参处网站介绍，网址为：http://vn.mofcom.gov.cn

［10］详见中国驻柬埔寨使馆经商参处网站介绍，网址为：http://cb.mofcom.gov.cn

［11］详见美国商务部纺织品服装办公室网站：http://otexa.ita.doc.gov

［12］经济合作发展组织于1960年成立，共30个成员国，详见经济合作发展组织网站：http://www.oecd.org

［13］详见中国驻土耳其使馆经商参处网站 http://tr.mofcom.gov.cn 及中国纺织网 http://www.texnet.com.cn.

在拉美地区开展纺织服装加工贸易类投资国别指导目录

商务部关于印发《在拉美地区开展纺织服装加工贸易类投资国别指导目录》的通知

各省、自治区、直辖市及计划单列市商务厅（局）、外经贸委（厅、局），新疆生产建设兵团商务局，各中央管理的企业：

为加快实施“走出去”战略，帮助企业在投资前期进行科学合理的国别地区选择和行业选择，我部在征求我驻外经商机构及企业意见的基础上，制定了《在拉美地区开展纺织服装加工贸易类投资国别指导目录》（以下简称《目录》，见附件）。

拉丁美洲共有33个国家和13个地区，面积2 054万平方公里，人口约5亿，预计2003年货物与服务贸易总额为8 147亿美元。拉美地区自然资源丰富，经济较为发达，对外开放程度较高，各国普遍实行外贸体制改革，在降低关税、放松外汇管制、汇率市场化、金融自由化、贸易集团化等方面采取了一系列政策措施，促进了地区经济贸易的发展。拉美国家与美国、加拿大、欧盟签署了一系列优惠贸易安排，各国之间也签署了一些区域性贸易自由化协议，促进了经济的发展。2003年，我国同拉美地区之间的贸易总额为268亿美元，创历史最高记录，但占该地区贸易总额的比例很小（2002年仅为2.3%）。截至2003年底，经批准我在该地区直接投资项目384个，中方投资额8.22亿美元，其中，纺织服装类加工贸易项目8个，中方投资额1.89亿美元。

经过综合评估，《目录》推荐了在拉美地区开展纺织服装加工贸易类投资的重点国别名单：墨西哥、哥伦比亚、特立尼达和多巴哥、牙买加、智利、阿根廷、厄瓜多尔、乌拉圭。这八个国家基本具备政局稳定、文化包容、对华友好、市场比较规范的投资环境，都制定有吸引外资的政策法规。《目录》列举了这些投资环境的主要内容，并提供了查询详细内容的网址索引注释。

根据我国纺织服装产品进出口形势分析，我们认为，下列表格中所列20个类别的产品国内生产和出口竞争激烈，建议我国企业在拉美地区开展包括表格中所涉及的纺织服装产品在内的加工贸易类投资。

棉贡缎	棉制短裙	毛制其他男、男童外衣	化纤制男、男童衬衫，非针织
棉制女、女童外衣	棉制套衫	毛制男及男童、女及女童毛衫	化纤制男、男童毛衫
棉制男及男童、女及女童针织衬衫	棉制女、女童长裤、便裤、外短裤	化纤制其他男、男童外衣	化纤制女、女童毛衫
棉制男、男童衬衫，非针织	棉制夜衣、睡衣	化纤制其他女、女童外衣	化纤制女、女童长裤、便裤、外短裤
棉制女、女童衬衫，非针织	棉制内衣	化纤制男、男童针织衬衫	化纤制夜衣、睡衣

《目录》是指导性的，企业在做出投资决策前还须根据项目具体情况进行更有针对性的可行性研究。现将《目录》印发给你们，供各地方及企业参考。

附件：在拉美地区开展纺织服装加工贸易类投资国别指导目录

中华人民共和国商务部
2004年4月16日

一、墨西哥

（一）投资环境简况

1. 外资政策：外国投资者可在墨从事任何一种行业，纺织服装属于完全开放的产业，外国投资者可独资经营。外国投资者可任意添购固定资产，扩充或迁移厂房，同时还可投资其他新的产业或新生产线等[1]。

2. 纺织业基础和劳动力市场：纺织服装行业是墨具有优势的传统产业之一，自1994年后发展较快，2000年以来有所下滑，纺织服装行业产值约占墨GDP的2%。2001年，纺织服装企业有1.3万家，其中大型企业234家，有7家企业进入墨全国500强。劳动力资源丰富，技术水平较高。

3. 双边合作[2]：中墨已签订双边贸易协定，建立了双边经贸混委会机制。2003年，我对墨纺织品服装出口5.94亿美元，其中纺织品出口4.09亿美元，服装出口1.85亿美元。截至2003年底，已批准设立2家中资纺织服装企业。

4. 加入区域组织和优惠贸易安排情况：世界贸易组织[3]，拉丁美洲一体化协会[4]，联合国经济合作与发展组织[5]，北美自由贸易区[6]，亚太经合组织[7]。墨还与33个国家签订了自由贸易协定。

（二）推荐投资行业

纺织业：棉纺和布料、合成或人造纤维产品制造业。

二、哥伦比亚

（一）投资环境简况

1. 外资政策：对外资实行国民待遇。《巴列霍计划》规定，产品全部出口国外的企业，资本货物进口免征关税，免征生产和出口环节中的增值税。在保税区内建立的企业免征所得税和增值税。根据《安第斯根除毒品和贸易促进法》[8]的规定，符合原产地规则的服装、鞋类等6 000多种商品对美国出口享受优惠关税待遇。

2. 纺织业基础和劳动力市场：纺织业基础较好，在南美国家中占据重要地位，现有纺织厂50多家，服装厂5 000多家。2002年纺织品出口总额1.59亿美元，服装出口5.69亿美元，两项合计占出口总额的6.12%；服装主要出口美国，纺织品部分出口到周边安第斯国家和中美洲地区。2003年法定最低基本工资为130美元，纺织业平均工资为150—160美元（含企业须交纳的各种费用在内）。

3. 双边合作：中哥已签双边贸易协定、经济技术合作协定，建立了双边经贸混委会机制。2003年我对哥出口纺织品4 946万美元，服装3 712万美元。截至2003年11月，尚未批准设立中资纺织服装企业。

4. 加入区域组织和优惠贸易安排情况：世界贸易组织，拉丁美洲一体化协会，美国《安第斯根除毒品和贸易促进法》，安第斯共同体[9]，三国集团[10]，与智利、加勒比和部分中美洲国家签有优惠贸易安排协定，与南方共同市场签有优惠贸易协定。

（二）推荐投资行业

1. 纺织业：棉纺印染和梭织、化纤印染和梭织。

2. 服装制造业：毛衣、休闲服、内衣、泳装、童装、衬衫、裤子、西服。

3. 关联行业：辅料生产。

三、特立尼达和多巴哥

（一）投资环境简况

1. 外资政策：特是加勒比地区的经济和金融中心，经济基础较为稳固，民主法律制度比较健全，基础设施相对完善，市场和金融等服务业发育良好。奉行自由的市场经济原则，对一般贸易没有限制，本外币自由汇兑，能源成本低廉。特政府积极鼓励外国投资，并在全国设立了多处自由加工区，在自由区设立企业，可享受以下优惠政策：（1）货物进出口免税，（2）企业免缴营业税，（3）员工免交个人所得税，（4）项目用原材料和设备进口免税。

2. 纺织业基础和劳动力市场：纺织业尚不成规模，有服装厂2—3家，因外国纺织品冲击，已处于破产边缘。劳动力资源丰富，各工种齐备，效率较低，最低小时工资为1.7美元，劳动法和工会组织较完善。

3. 双边合作：中特已签贸易协定、投资保护协定和避免双重征税协定。2003年我对特出口纺织品2 009万美元，出口服装795万美元。目前在特尚无我纺织服装生产企业。

4. 加入区域组织和优惠贸易安排情况：世界贸易组织，加勒比共同体[11]，美洲自由贸易区[12]，欧盟《科托努协定》[13]，美国《加勒比盆地发展计划》[14]，与加拿大、委内瑞拉、哥伦比亚和古巴等国签有互惠贸易协定。

（二）推荐投资行业

特政府鼓励发展所有能创造就业机会、增加税收的行业，包括纺织品服装制造加工业，但不包括可能造成严重污染和涉及渔业等自然资源的行业。

四、牙买加

（一）投资环境简况

1. 外资政策：市场比较开放，政府鼓励外来投资，针对不同行业制定了多种鼓励政策和措施。如，出口鼓励法规定，若制成品全部出口，制造商不仅可以取得10年所得税减免，且免除原材料和机械进口税。出口自由区法规定，制造商和服务商获得银行批准“自由区地位”享有免征利润所得税和进口税待遇。

2. 纺织业基础和劳动力市场：纺织服装业为非优势和非传统产业，规模不大，国内企业大部分为小手工作坊，近10多年来，由于外资企业增多，纺织服装业有了一定发展。目前较有规模的有美国投资的2家企业。牙每年纺织和服装业出口约1亿美元左右。纺织和服装业所需原材料全部依赖进口。最低工资标准为每小时50牙元（约合1美元）。

3. 双边合作：中牙签有贸易协定、投资保护协定和避免双重征税协定。我先后有2家国内企业和3家香港企业在自由区建立了4家制衣厂，目前仅有2家香港企业的制衣厂尚在经营。2003年我对牙出口纺织品2 184万美元，出口服装2 715万美元。

4. 加入区域组织和优惠贸易安排情况：加勒比共同体，世界贸易组织，美洲自由贸易区，美国《加勒比盆地发展计划》，欧盟《科托努协定》，加拿大《加拿大援助加勒比地区计划》[15]等。牙服装对欧盟出口没有配额限制，对美国出口虽有配额限制，但每年均有5%左右剩余。

（二）推荐投资行业

鼓励发展制造业，有意寻求与外商合作，鼓励外商在纺织和服装业投资。

五、智利

（一）投资环境简况

1. 外资政策：《外国投资法》规定国内外企业一视同仁，享受同等国民待遇。智税法规定外资利润汇回应交纳35%的利润税。

2. 纺织业基础和劳动力市场：受大量亚洲国家出口纺织品的冲击，纺织和服装工业日益萎缩。2002 年与 1989 年相比，智成衣生产下降了66%，纺织品原料生产能力减少了 33%。现仅存企业 100 来家，具有一定规模的只有 20 家。2002 年纺织品服装出口 1.24 亿美元，进口 8.564 亿美元。纺织服装业劳动力价格目前为 2 美元/小时。

3. 双边合作：中智已签政府贸易协定、经济技术合作协定和投资保护协定，建立双边经贸混委会机制。2003 年我对智出口服装 3.87 亿美元，纺织品 1.68 亿美元。截至 2003 年底，尚未批准中资纺织品和服装制造企业。

4. 加入区域组织和优惠贸易安排情况：拉丁美洲一体化协会，与欧盟、美国和墨西哥等国签有自由贸易协定，只要符合协定中有关原产地规则的规定，纺织品服装可零关税进入上述市场。

（二）推荐投资行业

以合资方式兴建纺纱和服装加工厂。利用智利与欧美签有自由贸易协定和原产地在智利的优势，零关税进入欧美市场。

六、阿根廷

（一）投资环境简况

1. 外资政策：外国公司在阿投资无须事先审批，享受国民待遇，有权利用阿法律承认的任何法人组织，通过企业兼并、购买或合资等形式进入市场。政府允许外国企业同本国企业平等竞争市场和信贷。外国投资者有权将其资本及所得利润随时汇到境外，但当外资企业收支平衡出现问题时，向境外汇款会受到一定的限制[16]。

2. 纺织业基础和劳动力市场：纺织工业原有基础较好，但在 20 世纪 90 年代经历了严重的衰退。2002 年下半年始，阿纺织业开始复苏，产业结构发生变化，进口减少，出口比重增加。现有纺织厂 2 700 家，经营纺织服装的企业约 3 800 家。劳动力资源丰富、素质较高。阿劳动部 2003 年统计的劳动力工资平均水平为 348 美元/月。

3. 双边合作：中阿已签投资保护协定，建立双边经贸混委会机制。由于阿对我纺织品征收特别关税，使我纺织产品出口受到很大影响。2003 年我对阿纺织品出口 1 277 万美元，服装出口 1 056 万美元。截至 2003 年底，在阿尚未批准中资纺织服装制造企业。

4. 加入区域组织和优惠贸易安排情况：世界贸易组织，拉丁美洲一体化协会，南方共同市场[17]，多边投资保障协议（MIGA）[18]，私人海外投资组织（OPIC）[19]。

（二）推荐投资行业

1. 纺织业：毛纺。

2. 服装制造业：成衣加工。

3. 相关产业：纺织生产设备（纺纱、织布及印染设备）、纺织化工产品（脂肪酸、对苯二甲酸、丙烯腈、乙二醇等）人造纤维。

七、厄瓜多尔

（一）投资环境简况

1. 外资政策：外国投资者享受安第斯共同体国家所规定的权利以及第三国给予厄瓜多尔的特别优惠关税政策；进口用于投资项目的生产设备等资本货物，如安共体地区不能生产，可以免除关税；产品和服务的出口免征出口关税；企业资产和利润可通过流通货币自由汇出；对投资超过 50 万美元的企业在享受固定赋税待遇和再次投资方面有优惠规定，保税区的外国企业用于投资的资本货及原材料等免征关税。

2. 纺织业基础和劳动力市场：纺织服装业为厄第二大加工业，近年来平均增长率为 0.2%，目前有规模较大的纺织厂 29 家、服装厂 4 家。劳动力资源丰富，2003 年统计工资约为 2—2.5 美元/小时。

3. 双边合作：中厄已签投资保护协定。2003 年，我对厄纺织品出口 1 721 万美元，服装出口 3 897 万美元。截至 2003 年底，在厄尚未批准中资纺织服装制造企业。

4. 加入区域组织和优惠贸易安排情况：拉丁美洲一体化协会，安第斯共同体，南美自由贸易区，美国《安第斯优惠关税协定》（ATPDEA）[20]，与哥伦比亚、委内瑞拉建立零关税同盟，与秘鲁实现 80% 以上的商品零关税贸易，与欧盟正在商谈《安第斯优惠贸易政策》，目前对欧盟成衣出口享受零关税，无配额限制。

（二）推荐投资行业

服装制造业：成衣加工。

八、乌拉圭

（一）投资环境简况

1. 外资政策：外资可以享受完全的国民待遇；用于投资项目的资本货物免征进口关税、增值税、特别消费税；资金和利润可以自由汇进汇出，没有限制；对出口型企业，进口生产使用的原材料免除关税；投资比例无限制，可以合资或独资；如取得“国家利益项目”地位，可享受特殊优惠。

2. 纺织业基础和劳动力市场：纺织业近年来不断萎缩，厂家和就业人员大幅减少，国内市场已基本被进口产品占领，目前幸存的企业主要产品出口到南方共同市场、美国、墨西哥和德国。现有纺织厂 10 多家，服装厂 30 多家，大部分为中小企业，从业人员 3 000 多人。劳动力价格同周边国家比较没有明显优势。

3. 双边合作：中乌已签投资保护协定，建立双边经贸混委会机制。2003 年，我对乌纺织品出口 1 963 万美元，服装出口 1 567 万美元。截至 2003 年底，尚未批准在乌建立中资纺织服装制造企业。

4. 加入区域组织和优惠贸易安排情况：世贸组织，拉丁美洲一体化协会，南方共同市场，与墨西哥签有自由贸易协议。

（二）推荐投资行业

1. 纺织业：中高档的毛纺厂。

2. 服装制造业：中高档各类成衣加工厂。

注　释：

［1］详见中国驻墨西哥经商参处网站，http://mx.mofcom.gov.cn/static/column/ddfg/tzzhch.html/1

［2］双边合作：详见商务部网站驻外经商机构子站，http://www.mofcom.gov.cn/mofcom/guobiebaogao.shtml

［3］世界贸易组织：详见该组织网站，www.wto.org

［4］拉丁美洲一体化协会，详见该协会网站，www.aladi.org

［5］联合国经济合作与发展组织：详见该组织网站，www.sts.org

［6］北美自由贸易区：详见 www.nafta-sec-alena.org，http://www.americamember.org/usavip/service/nafta.htm

[7] 亚太经合组织：详见该组织网站，www. apecsec. org. sg

[8] 美国《安第斯根除毒品和贸易促进法》：详见中国驻哥伦比亚经商参处网站：http://co. mofcom. gov. cn/article/200311

[9] 安第斯共同体：详见外交部网站，http://www. fmprc. gov. cn/chn/wjb/zzjg/gjs/gjzzyhy/1140/default. htm 或安第斯共同体网站，www. comunidadandina. org

[10] 三国集团：由哥伦比亚、委内瑞拉和墨西哥组成，详见 http://myweb. hinet. net/home7/olac/showcase. htm

[11] 加勒比共同体：详见该组织网站，http://www. caricom. org

[12] 美洲自由贸易区：详见该组织网站，www. ftaa-alca. org

[13] 欧盟《科托努协定》：《洛美协定》的继续和发展，对非、加、太地区国家的制成品进入欧盟市场提供优惠待遇，详见欧盟在线：http://europa. eu. int/comm/development/body/cotonou

[14] 美国《加勒比盆地发展计划》：详见中国驻特立尼达和多巴哥经商参处网站：http://tt. mofcom. gov. cn/article/200210

[15] 加拿大《加拿大援助加勒比地区计划》：详见中国驻牙买加经商参处网站：http://jm. mofcom. gov. cn/article/200312

[16] 详见中国驻阿根廷经商参处网站，http://ar. mofcom. gov. cn/static/column/ddfg/tzzhch. html/1 或阿根廷驻上海总领馆网站，www. consuargensh. com

[17] 南方共同市场：详见外交部网站，http://www. fmprc. gov. cn/chn/wjb/zzjg/gjs/gjzzyhy 或南方共同市场网站，www. mercosur. org. uy

[18] 多边投资保障协议：详见该组织网站，www. miga. org

[19] 私人海外投资组织：详见该组织网站，www. opic. gov

[20] 美国《安第斯优惠关税协定》：详见中国驻厄瓜多尔经商参处网站，http://ec. mofcom. gov. cn

在中东欧地区开展家用电器加工贸易类投资国别指导目录

商务部关于印发《在中东欧地区开展家用电器加工贸易类投资国别指导目录》的通知

各省、自治区、直辖市及计划单列市外经贸委（厅、局）、商务厅（局），新疆生产建设兵团外经贸局，各中央管理的企业：

为加快实施“走出去”战略，引导企业在投资前期进行科学合理的国别地区选择和行业选择，促进我国境外加工贸易的发展，我部在征求我驻外经商机构及企业意见的基础上，制定了《在中东欧地区开展家用电器加工贸易类投资的国别指导目录》（以下简称《目录》，见附件）。

中东欧地区共有12个国家，人口1.2亿，2002年国内生产总值为4 538亿美元，外贸总额为3 749亿美元。

中东欧国家实行多党议会民主政体，政局基本稳定，经济大多呈稳步增长态势。目前中东欧国家均在积极致力于加入欧盟，并已经与欧盟实现了贸易准自由化。联合国贸发会议认为，成为欧盟成员一方面将促使这些国家加快国内改革，提高行政效率，改善投资环境，另一方面将消除商品、人员、资本流动的限制，推动跨国公司在这些国家设立面向欧盟的生产基地。

中国同中东欧国家经贸合作历史悠久。2002年，我与中东欧12国贸易再创新高，达53.2亿美元，比上年增长35.5%，其中我出口42.9亿美元，进口10.3亿美元。根据我部统计，截至2002年底，我在中东欧国家的直接投资约为5 219万美元，项目数124个，主要涉及木材加工、家电组装、服装生产等行业。

《目录》推荐了在中东欧地区开展家用电器加工贸易类投资的重点国别名单：波兰、罗马尼亚、捷克、匈牙利和斯洛伐克，列举了这些国家投资环境的主要内容，并提供了相关注释和查询有关详细内容的网址索引。现将《目录》印发给你们，供各地方和企业参考。

附件：在中东欧地区开展家用电器加工贸易类投资国别指导目录

商 务 部

2003年12月10日

一、波兰

（一）外资政策：外国投资者与波国内投资者享受同等待遇。投资不需行政审批，只需登记注册。波兰将于2004年5月1日加入欧盟[1]，将实行欧盟统一的贸易政策，但经济特区的税收优惠和劳工培训补贴等政策将保留到2017年。波有14个经济特区，面积6 000多公顷[2]。

（二）家电业基础和劳动力市场：家电市场潜力大，对洗衣机、电冰箱、灶具等产品需求较大。波国内家电生产企业数量少，规模小，竞争力不强。部分世界知名企业在波设立了电视机、冰箱、吸尘器和其他小家电生产企业，但尚无生产音响设备和空调的外资企业。劳动力素质高，2002年人均月收入550美元，失业率为18.1%。

（三）双边合作：两国政府签署了投资保护协定和避免双重征税协定，相互给予最惠国待遇，建立了副部级经贸混委会机制。在波兰尚未设立中资家电企业[3]。

（四）优惠贸易安排情况：世界贸易组织、中欧自由贸易协定组织[4]，与欧盟和欧洲自由贸易联盟[5]国家签订了自由贸易协定。

（五）主要家电产品进口税率（%）

税率 \ 产品	等离子彩电	DVD 播放机	电冰箱	洗衣机	音响	空调	吸尘器	电熨斗	电吹风
整机关税	21	21	12	2.4	21	7.2	7.2	12	12
零配件关税	6	7.2	2.4	0	4	7.2	7.2	12	12
增值税	22	22	22	22	22	22	22	22	22

二、罗马尼亚

（一）外资政策：罗预计于2007年加入欧盟。罗政府对100万美元以上的外国直接投资、困难地区投资、自由区投资和工业园区投资等专门制定了优惠政策，如企业所得税减免、进口设备免征关税、增值税交纳延迟等[6]。

（二）家电业基础和劳动力市场：罗家电拥有量较低，除冰箱和洗衣机外，罗不具备其他家电产品的生产能力，市场缺口较大，依赖进口成品或散件国内组装生产。世界知名企业如惠而浦、大宇、伊莱克斯等已设立生产企业。劳动力素质较高，工资水平相对较低，月均116美元。

（三）双边合作：两国政府间签署了投资保护协定和避免双重征税协定，相互给予最惠国待遇，建立了正部级经贸混委会机制。国内少数企业已开始委托当地企业组装彩电[7]。

（四）优惠贸易安排情况：世界贸易组织、发展中国家贸易普惠制协定组织[8]、中欧自由贸易协定组织，与欧盟、欧洲自由贸易联盟以及相关国家签订了自由贸易协定。

（五）主要家电产品进口税率（%）

税率 \ 产品	电视机	洗衣机	电冰箱	微波炉	空调
整机关税	42	20	20	15	5
零配件关税	8	20	20	15	5
增值税	19	19	19	19	19

三、捷克

（一）外资政策：捷克将于2004年5月1日加入欧盟，已同欧盟委员会商定现有的投资优惠政策基本保持不变，个别优惠政策将按照欧盟标准在入盟前调整到位。捷对在投资额、创造就业、技术改造扩建等方面达到标准的投资者给予所得税减免、创造就业奖励、培训奖励、提供廉价厂房、提供低成本土地、免征所需机械设备进口税等优惠[9]。

（二）家电业基础和劳动力市场：捷家电产品市场主要以外国品牌为主，主要是电视机、洗衣机和冰箱等。国内家电生产企业规模小，竞争力不强。大型跨国公司的投资，使捷成为欧洲重要的生产基地。捷劳动力素质高，人均月工资近600美元。

（三）双边合作：两国政府间签署了投资保护协定和避免双重征税协定，相互给予最惠国待遇，建立了副部级经贸混委会机制。在家电生产组装领域尚未设立中资企业[10]。

（四）优惠贸易安排情况：世界贸易组织、中欧自由贸易协定组织，与欧盟和欧洲自由贸易联盟国家签订了自由贸易协定。

（五）主要家电产品进口税率（%）

税率 \ 产品	电视机	电冰箱	洗衣机	微波炉、电热水器、电吹风等	吸尘器、榨汁机
整机关税	13.2	5.8	4.4	4.6	4.4
零配件关税	2.2	3.8	2.3	–	–
增值税	22	22	22	22	22

税率 \ 产品	电话机、传真机	音响	DVD 机	数码相机、家用摄像机
整机关税	0	4.6	2.3	2.7
零配件关税	–	3.5	2.3	–
增值税	22	22	22	22

四、匈牙利

（一）外资政策：《外国企业投资法》规定，外资企业享受国民待遇。某些领域的外资企业可享受所得税减免。匈牙利将于2004年5月1日加入欧盟，现有的一些鼓励投资的优惠政策将逐步取消。在欠发达地区或高失业率地区投资的生产型企业，投资额在1 300万美元以上的，可享受企业所得税减免、低息贷款、补贴等待遇，有效期至2011年[11]。

（二）家电业基础和劳动力市场：绝大部分家电产品从国外进口，国际知名品牌随处可见。世界知名公司如菲利浦、通用电气、三星等在匈设立了生产企业。匈劳动力素质高，人均月收入227美元。

（三）双边合作：两国政府间签署了投资保护协定和避免双重征税协定，相互给予最惠国待遇，建立了副部级经贸混委会机制[12]。

（四）优惠贸易安排情况：世界贸易组织、中欧自由贸易协定组织，与欧盟和欧洲自由贸易联盟国家签订了自由贸易协定。

（五）主要家电产品进口税率（%）

税率 \ 产品	冰箱	空调	洗碗机	洗衣机	彩电	小家电
整机关税	6	8.5	9.5	7	5—15	11
零配件关税	6	8.5	–	–	5—9.5	–
增值税	25	25	25	25	25	25

五、斯洛伐克

（一）外资政策：斯将于2004年5月1日加入欧盟，现有的一些鼓励投资的优惠政策将逐步取消，实行欧盟统一的贸易政策。现行的减免所得税、免征设备进口税等优惠政策主要是为了鼓励高新技术、出口型生产企业[13]。

（二）家电业基础和劳动力市场：电子工业历史悠久。1989年后，外资大量进入家电领域，菲利浦、索尼等设立了生产企业，可生产电视机、冰箱、电话机等。劳动力素质较高，人均月工资为260美元。

（三）双边合作：两国政府间签署了投资保护协定和避免双重征税协定，相互给予最惠国待遇，建立了司局级经贸混委会机制[14]。

（四）优惠贸易安排情况：世界贸易组织、中欧自由贸易协定组织、与欧盟和欧洲自由贸易联盟国家签订了自由贸易协定。

（五）主要家电产品进口税率（%）

税率＼产品	液晶彩电	等离子彩电	DVD	数码像机	个人电脑及配件
整机关税	13.2	13.2	1.3	1.6	0
零配件关税	13.2	13.2	1.3	1.6	0
增值税	20	20	20	20	20

注　释：

［1］详见欧盟委员会网站：http://ue.en.int/en/summ.htm 或中国驻欧洲共同体经商处网站：http://www.chinacomeu.org

［2］详见波兰信息和外国投资局网站：http://www.paiz.gov.pl

［3］详见中国驻波兰使馆经商处网站：http://pl.mofcom.gov.cn

［4］中欧自由贸易协定组织：由波兰、匈牙利、捷克、斯洛伐克、斯洛文尼亚、罗马尼亚、保加利亚七国组成。成员间取消大部分工业品的关税，实行统一的商检标准。

［5］欧洲自由贸易联盟成员国为冰岛、芬兰、挪威、瑞典、匈牙利、瑞士六国，详见其秘书处网站：http://secretariat.efta.int

［6］详见罗马尼亚投资网站：http://www.investromania.ro

［7］详见中国驻罗马尼亚使馆经商处网站：http://ro.mofcom.gov.cn

［8］发展中国家贸易普惠制协定：1968年签订。是发达国家给予发展中国家出口制成品和半制成品普遍的、非歧视的、非互惠的一种关税制度。

［9］详见捷克投资网站：http://www.czechinvest.org

［10］详见中国驻捷克使馆经商处网站：http://cz.mofcom.gov.cn

［11］详见匈牙利投资和贸易促进局网站：http://www.business2hungary.com

［12］详见中国驻匈牙利使馆经商处网站：http://hu.mofcom.gov.cn

［13］详见斯洛伐克网站：http://www.sario.sk

［14］详见中国驻斯洛伐克使馆经商处网站：http://sk.mofcom.gov.cn

统 计

Statistics ↘

中国商务年鉴
CHINA COMMERCE YEARBOOK
政府年度出版物　中、英文分册出版
Published in separate Chinese and English editions
www.yearbook.org.cn 电话：(010)64246856
以史为鉴　可以明智
以之为鉴　可筹大略
中国商务年鉴
中国商务年鉴编辑委员会
2005 · 总第二十二期

中国国内贸易基本情况

指　标	单位	1999年	2000年	2001年	2002年	2003年	2004年
一、批发零售贸易业商品购销存总额							
商品购进总额	亿元	24 581	29 784	32 489	36 886	45 384	
商品销售总额	亿元	58 780	66 360	72 415	81 266	99 446	114 071
限额以上	亿元	27 448	32 266	35 153	40 090	48 613	55 390
限额以下	亿元	31 332	34 094	37 262	41 176	50 833	58 682
商品库存总额	亿元	3 630	3 570	3 618	3 578	3 898	3 528
二、社会消费品零售总额	**亿元**	**31 135**	**34 153**	**37 595**	**42 027**	**45 842**	**53 950**
按销售单位所在地分							
市	亿元	19 092	21 110	23 543	26 986	29 777	35 573
县	亿元	3 893	4 217	4 583	4 860	5 248	6 161
县以下	亿元	8 151	8 825	9 469	10 181	10 817	12 216
按行业分							
批发零售贸易业	亿元	20 552	23 042	25 511	34 514	37 693	44 840
餐饮业	亿元	3 200	3 753	4 369	5 433	6 066	7 486
其他	亿元	7 383	7 358	7 716	2 080	2 084	1 624
三、城乡消费品市场情况							
市场数	个	88 576	88 811	86 454	82 498	81 017	71 552
城市	个	24 983	26 395	26 699	26 529	27 006	25 404
乡村	个	63 593	62 416	59 755	55 969	54 011	46 148
成交额	亿元	21 708	24 280	24 949	25 976	26 498	
城市	亿元	12 326	13 800	14 320	15 140	15 448	
乡村	亿元	9 382	10 479	10 630	10 836	11 050	
在成交额中							
#粮油类	亿元	1 591	1 960	1 869	2 096	2 325	
肉禽蛋类	亿元	3 802	4 202	4 185	4 468	4 541	
水产品类	亿元	1 801	2 073	2 077	2 205	2 246	
蔬菜类	亿元	2 426	2 662	2 695	2 888	2 938	
干鲜果类	亿元	1 398	1 546	1 584	1 692	1 709	
工业品	亿元	8 767	9 559	10 001	9 987	9 799	

注：1. 批发零售贸易业商品购进总额和商品库存总额为限额以上批发零售贸易业数据。

2. 表内2003年社会消费品零售总额数据为调整前的数据，初步调整后数据为47 602.1亿元。历史数据要等到第一次经济普查数据正式认定后统一调整（下表同）。

中国社会消费品零售总额（按销售单位所在地分）

年 份	社会消费品零售总额（亿元）				社会消费品零售总额比上年增长（%）
		市	县	县以下	
1978	1 558.6	505.2	380.4	673.0	8.8
1979	1 800.0	584.7	347.5	867.8	15.5
1980	2 140.0	733.6	399.4	1 007.0	18.9
“六五”时期	**15 450.8**	**6 044.3**	**2 747.6**	**6 658.9**	**15.0**
1981	2 350.0	843.3	431.9	1 074.8	9.8
1982	2 570.0	920.5	471.3	1 178.2	9.4
1983	2 849.4	1 057.3	520.8	1 271.3	10.9
1984	3 376.4	1 348.7	586.4	1 441.3	18.5
1985	4 305.0	1 874.5	737.2	1 693.3	27.5
“七五”时期	**34 611.5**	**15 261.2**	**5 863.2**	**13 487.1**	**14.0**
1986	4 950.0	2 018.0	902.0	2 030.0	15.0
1987	5 820.0	2 427.0	1 030.0	2 363.0	17.6
1988	7 440.0	3 260.8	1 264.3	2 914.9	27.8
1989	8 101.4	3 666.8	1 329.5	3 105.1	8.9
1990	8 300.1	3 888.6	1 337.4	3 074.1	2.5
“八五”时期	**69 756.1**	**39 262.9**	**10 547.3**	**19 945.9**	**23.2**
1991	9 415.6	4 529.8	1 491.2	3 394.6	13.4
1992	10 993.7	5 470.3	1 689.8	3 833.6	16.8
1993	12 462.1	7 224.9	2 039.5	3 197.7	28.4
1994	16 264.7	9 661.2	2 407.2	4 196.3	30.5
1995	20 620.0	12 376.7	2 919.6	5 323.7	26.8
“九五”时期	**146 512.8**	**89 628.7**	**18 571.7**	**38 312.4**	**10.6**
1996	24 774.1	14 951.2	3 280.0	6 542.9	20.1
1997	27 298.9	16 650.4	3 500.1	7 148.4	10.2
1998	29 152.5	17 825.2	3 681.9	7 645.4	6.8
1999	31 134.7	19 091.6	3 892.5	8 150.6	6.8
2000	34 152.6	21 110.3	4 217.2	8 825.1	9.7
“十五”时期					
2001	37 595.2	23 543.4	4 583.2	9 468.6	10.1
2002	42 027.1	26 986.3	4 860.0	10 180.8	11.8
2003	45 842.0	29 777.3	5 247.8	10 816.9	9.1
2004	53 950.1	35 573.2	6 161.4	12 215.5	13.3

注：1. 1992 年及以前为社会商品零售总额（下表同），农业生产资料零售额包括在县以下零售额之中。

2. 1997 年起社会消费品零售总额不含居民购买住房（下表同）。

3. 本表绝对数和增长速度均按当年价格计算，各计划时期增长速度为该时期平均增长速度，其中“八五”时期和 1993 年按可比口径计算。

中国社会消费品零售总额（按行业分）

单位：亿元

年份	社会消费品零售总额	批发零售贸易业	餐饮业	其他行业
1978	1 558.6	1 363.7	54.8	140.1
1979	1 800.0	1 540.5	63.7	195.8
1980	2 140.0	1 768.0	80.0	292.0
“六五”时期	**15 450.8**	**12 170.3**	**632.1**	**2 648.4**
1981	2 350.0	1 915.4	87.6	347.0
1982	2 570.0	2 068.1	98.4	403.5
1983	2 849.4	2 269.1	112.1	468.2
1984	3 376.4	2 645.5	137.1	593.8
1985	4 305.0	3 272.2	196.9	835.9
“七五”时期	**34 611.5**	**25 742.8**	**1 707.2**	**7 161.5**
1986	4 950.0	3 717.8	232.8	999.4
1987	5 820.0	4 343.5	283.0	1 193.5
1988	7 440.0	5 544.6	366.5	1 528.9
1989	8 101.4	6 009.5	405.1	1 686.8
1990	8 300.1	6 127.4	419.8	1 752.9
“八五”时期	**69 756.1**	**48 394.0**	**4 636.1**	**16 726.0**
1991	9 415.6	6 903.9	492.0	2 019.7
1992	10 993.7	7 922.2	589.7	2 481.8
1993	12 462.1	8 726.9	800.1	2 935.1
1994	16 264.7	11 039.7	1 175.1	4 049.9
1995	20 620.0	13 801.3	1 579.2	5 239.5
“九五”时期	**146 512.8**	**97 093.3**	**14 226.8**	**35 192.7**
1996	24 774.1	16 205.1	2 024.9	6 544.1
1997	27 298.9	18 108.3	2 433.3	6 757.3
1998	29 152.5	19 185.8	2 816.4	7 150.3
1999	31 134.7	20 551.8	3 199.6	7 383.3
2000	34 152.6	23 042.3	3 752.6	7 357.7
“十五”时期				
2001	37 595.2	25 510.8	4 368.9	7 715.5
2002	42 027.1	34 514.2	5 433.3	2 079.6
2003	45 842.0	37 692.5	6 065.7	2 083.8
2004	53 950.1	44 839.9	7 486.0	1 624.2

2004年中国各地区社会消费品零售总额（按销售单位所在地分）

地 区	社会消费品零售总额（亿元）	市	县	县以下	社会消费品零售总额比上年增长（%）
全国总计	**53 950.1**	**35 573.2**	**6 161.4**	**12 215.5**	**13.3**
北 京	2 191.8	1 746.4	109.5	335.9	14.4
天 津	1 052.7	982.9	39.3	30.5	14.1
河 北	2 522.9	1 240.6	486.4	795.9	15.8
山 西	884.8	563.5	168.9	152.4	21.3
内蒙古	892.0	563.8	200.4	127.8	22.7
辽 宁	2 642.8	2 223.6	127.6	291.6	13.4
吉 林	1 252.6	976.3	86.9	189.4	12.8
黑龙江	1 555.4	1 159.3	205.7	190.3	13.0
上 海	2 454.6	2 117.7	18.7	318.2	10.5
江 苏	4 159.7	2 968.6	242.1	949.0	16.6
浙 江	3 645.4	2 313.0	407.1	925.3	15.5
安 徽	1 503.1	768.9	319.7	414.4	12.9
福 建	1 995.8	1 239.9	248.6	507.4	14.7
江 西	1 059.9	533.3	232.8	293.8	14.8
山 东	4 483.4	2 903.7	445.5	1 134.3	13.9
河 南	2 808.2	1 480.8	558.9	768.4	15.7
湖 北	2 667.5	1 829.4	250.4	587.7	13.1
湖 南	2 069.8	1 145.6	382.1	542.2	14.0
广 东	6 370.4	4 268.2	310.5	1 791.6	13.6
广 西	973.4	531.0	187.0	255.3	13.5
海 南	220.2	148.6	19.9	51.7	14.9
重 庆	955.0	555.1	129.5	270.4	14.3
四 川	2 384.0	1 130.1	425.9	827.9	14.0
贵 州	517.6	308.1	98.6	110.9	12.8
云 南	884.9	482.1	204.1	198.7	13.1
西 藏	63.7	28.2	27.4	8.1	9.3
陕 西	966.5	647.8	163.7	155.0	13.3
甘 肃	535.8	349.5	84.9	101.4	12.9
青 海	115.6	75.0	27.4	13.2	12.6
宁 夏	137.8	94.7	22.9	20.2	14.1
新 疆	482.1	362.8	54.1	65.2	14.5

注： 1. 社会消费品零售总额按当年价格计算。

2. 各地区相加不等于全国总计，原因是全国数据进行了修正（下二表同）。

2004 年中国各地区社会消费品零售总额（按行业分）

单位：亿元

地区	社会消费品零售总额	批发零售贸易业	餐饮业	其他行业
全国总计	**53 950.1**	**44 839.9**	**7 486.0**	**1 624.2**
北京	2 191.8	1 778.7	190.2	222.9
天津	1 052.7	831.9	132.9	87.9
河北	2 522.9	2 178.0	289.2	55.7
山西	884.8	738.2	102.4	44.1
内蒙古	892.0	718.9	134.5	38.5
辽宁	2 642.8	2 184.6	396.9	61.3
吉林	1 252.6	1 065.0	182.6	5.0
黑龙江	1 555.4	1 341.4	178.1	35.9
上海	2 454.6	2 137.5	300.2	17.0
江苏	4 159.7	3 543.0	555.6	61.0
浙江	3 645.4	3 087.7	445.3	112.4
安徽	1 503.1	1 289.1	184.1	29.9
福建	1 995.8	1 638.4	252.6	104.8
江西	1 059.9	934.8	101.3	23.8
山东	4 483.4	3 695.2	587.0	201.3
河南	2 808.2	2 303.2	427.6	77.3
湖北	2 667.5	2 128.5	353.8	185.1
湖南	2 069.8	1 763.8	269.9	36.2
广东	6 370.4	5 338.8	997.5	34.1
广西	973.4	811.4	137.1	24.9
海南	220.2	174.4	35.4	10.4
重庆	955.0	812.9	132.1	10.0
四川	2 384.0	1 834.1	436.3	113.6
贵州	517.6	405.9	102.3	9.4
云南	884.9	707.5	149.9	27.4
西藏	63.7	50.4	9.7	3.6
陕西	966.5	724.9	216.9	24.7
甘肃	535.8	435.6	79.3	21.0
青海	115.6	94.5	18.1	3.0
宁夏	137.8	110.1	25.2	2.4
新疆	482.1	384.4	78.6	19.1

中国各地区社会消费品零售总额（1999—2004年）

单位：亿元

地区	1999年	2000年	2001年	2002年	2003年	2004年
全国总计	**31 134.7**	**34 152.6**	**37 595.2**	**42 027.1**	**45 842.0**	**53 950.1**
北京	1 313.3	1 443.3	1 593.5	1 673.3	1 916.7	2 191.8
天津	657.3	736.6	832.7	831.8	922.3	1 052.7
河北	1 458.8	1 613.9	1 778.3	1 968.3	2 177.9	2 522.9
山西	587.1	629.1	679.9	641.4	729.3	884.8
内蒙古	437.4	484.0	537.3	599.0	726.8	892.0
辽宁	1 696.1	1 847.6	2 034.9	2 074.9	2 330.8	2 642.8
吉林	734.0	810.9	909.1	1 008.1	1 110.3	1 252.6
黑龙江	1 016.2	1 094.0	1 198.9	1 250.4	1 376.5	1 555.4
上海	1 590.4	1 722.3	1 861.3	2 035.2	2 220.6	2 454.6
江苏	2 394.1	2 604.1	2 869.0	3 138.1	3 566.5	4 159.7
浙江	2 075.8	2 298.8	2 555.5	2 847.7	3 157.1	3 645.4
安徽	979.1	1 054.3	1 142.8	1 212.4	1 331.2	1 503.1
福建	1 246.3	1 372.8	1 499.5	1 538.7	1 740.4	1 995.8
江西	650.5	704.9	763.3	826.3	923.2	1 059.9
山东	2 310.1	2 545.9	2 834.9	3 222.5	3 936.5	4 483.4
河南	1 616.0	1 786.7	1 979.8	2 189.8	2 426.4	2 808.2
湖北	1 617.1	1 789.4	1 975.2	2 129.4	2 358.7	2 667.5
湖南	1 229.2	1 364.7	1 511.1	1 638.6	1 816.3	2 069.8
广东	3 656.0	4 071.9	4 515.3	5 013.6	5 606.0	6 370.4
广西	791.3	859.2	935.9	764.5	857.7	973.4
海南	157.7	172.5	187.5	172.8	191.6	220.2
重庆	596.3	643.4	699.3	763.1	835.5	955.0
四川	1 382.6	1 523.7	1 680.4	1 850.1	2 091.1	2 384.0
贵州	313.8	343.7	378.0	416.2	458.8	517.6
云南	539.0	583.2	655.4	711.3	782.5	884.9
西藏	37.9	42.9	49.0	53.4	58.3	63.7
陕西	557.1	607.6	665.1	728.2	853.2	966.5
甘肃	331.6	362.7	395.4	433.5	474.6	535.8
青海	75.2	82.1	90.4	92.1	102.7	115.6
宁夏	82.7	90.2	98.9	104.9	120.8	137.8
新疆	347.4	374.5	406.3	378.9	421.2	482.1

2004 年中国社会消费品零售总额（按月份统计）

月度 / 项目	1月		2月		3月		4月		5月		6月		1—6月	
	销售额（亿元）	增长率（%）	销售额（亿元）	增长率（%）	销售额（亿元）	增长率（%）	销售额（亿元）	增长率（%）	销售额（亿元）	增长率（%）	销售额（亿元）	增长率（%）	销售额（亿元）	增长率（%）
社会消费品零售总额	4 569.4	11.8	4 211.4	9.2	4 049.8	11.1	4 001.8	13.2	4 166.1	17.8	4 250.7	13.9	25 249.2	12.8
市	3 039.6	14.0	2 805.0	10.2	2 680.6	12.8	2 649.5	15.0	2 813.4	21.1	2 827.7	15.7	16 815.8	14.7
县及县以下	1 529.8	7.7	1 406.4	7.3	1 369.2	7.9	1 352.3	9.8	1 352.7	11.5	1 423	10.5	8 433.4	9.1
县	518.9	8.9	463.3	8.4	456.3	9.4	448.0	11.6	444.8	14.4	473.9	12.6	2 805.2	10.8
县以下	1 010.9	7.1	943.1	6.7	912.9	7.2	904.3	9.0	907.9	10.1	949.1	9.5	5 628.2	8.2
批发零售贸易业	3 810.3	11.4	3 512.1	8.7	3 368.1	10.4	3 356.4	11.6	3 502.4	14.9	3 554.9	12.3	21 104.2	11.5
餐饮业	627.0	16.2	566.8	14.9	548.5	18.9	524.0	28.3	539.3	47.2	568.1	28.9	3 373.7	24.5
其他行业	132.1	2.7	132.5	0.2	133.2	0.1	121.4	1.8	124.4	2.0	127.7	1.5	771.3	1.3

月度 / 项目	7月		8月		9月		10月		11月		12月		1—12月	
	销售额（亿元）	增长率（%）	销售额（亿元）	增长率（%）	销售额（亿元）	增长率（%）	销售额（亿元）	增长率（%）	销售额（亿元）	增长率（%）	销售额（亿元）	增长率（%）	销售额（亿元）	增长率（%）
社会消费品零售总额	4 209.2	13.2	4 262.7	13.1	4 717.7	14.0	4 983.2	14.2	4 965.6	13.9	5 562.5	14.5	53 950.1	13.3
市	2 799.0	14.5	2 820.3	14.2	3 095.5	14.6	3 267.6	14.7	3 202.3	14.7	3 572.7	15.5	35 573.2	14.7
县及县以下	1 410.0	10.7	1 442.4	11.0	1 622.2	12.8	1 716.0	13.0	1 763.3	12.5	1 989.8	12.6	18 376.9	10.7
县	466.2	12.7	474.3	12.6	544.5	15.0	580.0	14.9	604.4	14.5	686.8	13.5	6 161.4	12.5
县以下	944.0	9.7	968.1	10.2	1 077.7	11.7	1 135.6	12.1	1 158.9	11.4	1 303.0	12.2	12 215.5	9.9
批发零售贸易业	3 497.9	12.4	3 528.8	12.5	3 902.2	13.6	4 117.2	13.9	4 106	13.6	4 584.4	14.2	44 839.9	12.5
餐饮业	581.3	21.4	606.0	19.6	679.7	19.0	726.4	18.5	713.1	18.8	805.8	19.0	7 486.0	21.6
其他行业	130.0	1.3	127.9	1.8	135.8	1.2	139.6	1.6	146.5	1.4	172.3	1.8	1 624.2	1.5

2004年中国限额以上批发零售贸易业商品销售类值

单位：亿元，%

	绝对数	增长率	比重
合　计	**55 389.7**	**21.6**	**100.0**
食品、饮料、烟酒类	10 029.6	13.2	18.1
肉禽蛋类	567.8	20.4	1.0
其他食品类	2 915.8	6.6	5.3
饮料类	380.6	15	0.7
烟酒类	6 165.4	15.9	11.1
服装鞋帽、针、纺织品类	4 133.1	13.4	7.5
服装类	2 395.5	13.6	4.3
鞋帽类	549.4	15.1	1.0
针、纺织品类	1 188.2	12.1	2.1
化妆品类	349.1	24.6	0.6
金银珠宝类	255	32.8	0.5
日用品类	1 284.7	13.6	2.3
洗涤用品类	293.1	12.6	0.5
儿童玩具类	74.8	27.9	0.1
五金、电料类	427.1	18.6	0.8
体育、娱乐用品类	172.9	17.9	0.3
书报杂志类	712.9	4.8	1.3
电子出版物及音像制品类	46.6	10.2	0.1
家用电器和音像器材类	2 528.6	14.9	4.6
中西药品类	2 522.2	10.5	4.6
西药	1 785.5	13.7	3.2
中草药及中成药	630.4	5.1	1.1
文化办公用品类	810.8	26	1.5
家具类	176.5	29.6	0.3
通信器材类	1 005.5	32.4	1.8
煤炭及制品类	1 413.6	76.5	2.6
木材及制品类	107.6	8.9	0.2
石油及制品类	11 754.7	35.3	21.2
化工材料及制品类	2 553	19.7	4.6
金属材料类	5 473.4	41.9	9.9
建筑及装潢材料类	463.1	28.2	0.8
机电产品及设备类	5 874.7	13.1	10.6
汽车类	3 832.3	12.3	6.9
其他类	3 295	7.9	5.9

2004年中国限额以上批发零售贸易业商品零售类值

单位：亿元,%

	绝对数	增长率	比重
合　计	**12 456.4**	**20.6**	**100.0**
食品、饮料、烟酒类	2 224.7	17.9	17.9
肉禽蛋类	289.9	22.2	2.3
其他食品类	1 240.9	18.6	10.0
饮料类	232.5	14.6	1.9
烟酒类	461.4	15.3	3.7
服装鞋帽、针、纺织品类	1 580.7	18.7	12.7
服装类	1 020.5	19.4	8.2
鞋帽类	288.5	16.5	2.3
针、纺织品类	271.7	18.9	2.2
化妆品类	261.6	25.3	2.1
金银珠宝类	208.8	27.5	1.7
日用品类	594.7	10.6	4.8
洗涤用品类	186	14.5	1.5
儿童玩具类	33.4	15.2	0.3
五金、电料类	82.5	16.9	0.7
体育、娱乐用品类	91.4	15.3	0.7
书报杂志类	325.8	9.4	2.6
电子出版物及音像制品类	26.9	3.9	0.2
家用电器和音像器材类	1 297.5	13.7	10.4
中西药品类	941.1	4.6	7.6
西药	679.3	7.8	5.5
中草药及中成约	231.2	0.1	1.9
文化办公用品类	233.3	22.7	1.9
家具类	97.6	21.8	0.8
通信器材类	302	41.7	2.4
煤炭及制品类	12.7	-7.3	0.1
木材及制品类	8.2	49.1	0.1
石油及制品类	1 757.9	45.9	14.1
化工材料及制品类	18.9	0	0.2
金属材料类	35.8	30.2	0.3
建筑及装潢材料类	121.3	27.1	1.0
机电产品及设备类	1 978.1	21.6	15.9
汽车类	1 860.7	23.4	14.9
其他类	254.9	18.8	2.0

2004年中国30种主要生产资料新增资源情况

品种	单位	新增资源量					
		总计	同比增长（%）	生产量	同比增长（%）	进口量	同比增长（%）
煤炭	万吨	199 098	15.36	197 200	15.0	1 898	72.1
焦炭	万吨	17 749	25.80	17 749	25.8		
原油	万吨	29 722	14.04	17 450	2.9	12 272	34.8
汽油	万吨	5 250	10.20	5 250	10.2		
煤油	万吨	1 252	20.40	970.8	14.1	282	48.7
柴油	万吨	10 437	21.52	10 162	19.5	275	224.1
燃料油	万吨	5 141	18.73	2 082	7.6	3 059	27.7
钢	万吨	27 632	21.71	27 246	23.2	386	-34.4
钢材	万吨	32 669	17.53	29 739	23.5	2 930	-21.2
铁矿石	万吨	51 819	29.14	31 010	22.5	20 809	40.5
生铁	万吨	25 267	24.19	25 185	24.1	81.7	59.3
铜	万吨	341.61	3.89	203.50	17.9	138.11	-11.6
铝	万吨	759.09	19.80	655.75	20.2	103.34	17.3
氧化铝	万吨	1 289.38	9.39	702.38	13.7	587.0	4.6
铅	万吨	184.11	9.67	175.35	8.2	8.76	50.6
锌	万吨	299.60	14.67	253.70	10.2	45.90	47.8
锡	万吨	13.56	19.73	11.72	13.7	1.83	81.2
镍	万吨	13.72	-1.74	7.15	20.8	6.57	-18.3
铜材	万吨	558.64	20.62	439.10	22.8	119.54	13.2
铝材	万吨	509.71	22.81	448.40	23.9	61.31	15.4
水泥	万吨	93 636	15.67	93 369	15.7	266.9	5.2
硫酸	万吨	4 005	16.68	3 825	18.1	180.3	-7.0
烧碱	万吨	1 065.3	13.47	1 060.3	13.6	5.03	-8.4
纯碱	万吨	1 286.5	13.58	1 266.8	14.9	19.72	-34.5
塑料原料	万吨	3 627	8.92	1 791	10.1	1 836.0	7.8
天然橡胶	万吨	185.4	5.36	57.4	2.5	128.0	6.7
合成橡胶	万吨	257.2	10.47	147.8	11.7	109.5	8.8
轮胎	万条	24 356	19.01	23 926	18.7	429.6	38.9
纸及纸板	万吨	5 474	16.75	4 863	20.0	611	-3.9
汽车	万辆	524.6	13.56	507.0	14.0	17.6	2.1

2004年中国30种主要生产资料需求增长情况

单位:%

品种	需求总计	国内消费	出口
煤炭	17.28	18.75	-7.7
焦炭	20.33	22.43	2.0
原油	15.02	16.59	-32.5
汽油	11.82	19.56	-28.3
煤油	19.16	21.29	9.5
柴油	16.69	18.98	-71.6
燃料油	20.38	18.24	139.5
钢	22.42	20.50	312.2
钢材	20.43	18.19	104.6
铁矿石	20.85	20.85	
生铁	23.20	23.00	80.6
铜	17.74	16.11	88.2
铝	23.45	20.50	34.8
氧化铝	8.85	9.21	-64.2
铅	12.96	17.05	2.6
锌	9.18	21.30	-45.7
锡	7.95	15.34	-5.6
镍	5.62	1.76	45.9
铜材	21.70	19.20	67.5
铝材	24.32	21.90	57.7
水泥	16.01	15.90	32.1
硫酸	17.31	17.32	-6.7
烧碱	12.05	13.00	-15.7
纯碱	17.51	18.01	13.7
塑料原料	9.08	9.00	22.7
天然橡胶	3.86	3.93	-54.5
合成橡胶	13.27	13.31	12.1
轮胎	22.24	7.49	26.6
纸及纸板	13.52	14.15	-11.4
汽车	14.13	8.24	209.3

2004年中国商品零售价格增长率

（分月，与上年同期比）

月　份	1月	2月	3月	4月	5月	6月	7月	8月	9月	10月	11月	12月	全年
商品零售价格增长率（%）	1.7	0.9	1.7	2.6	3.3	4.1	4.4	4.4	4.3	3.4	1.9	1.3	2.8

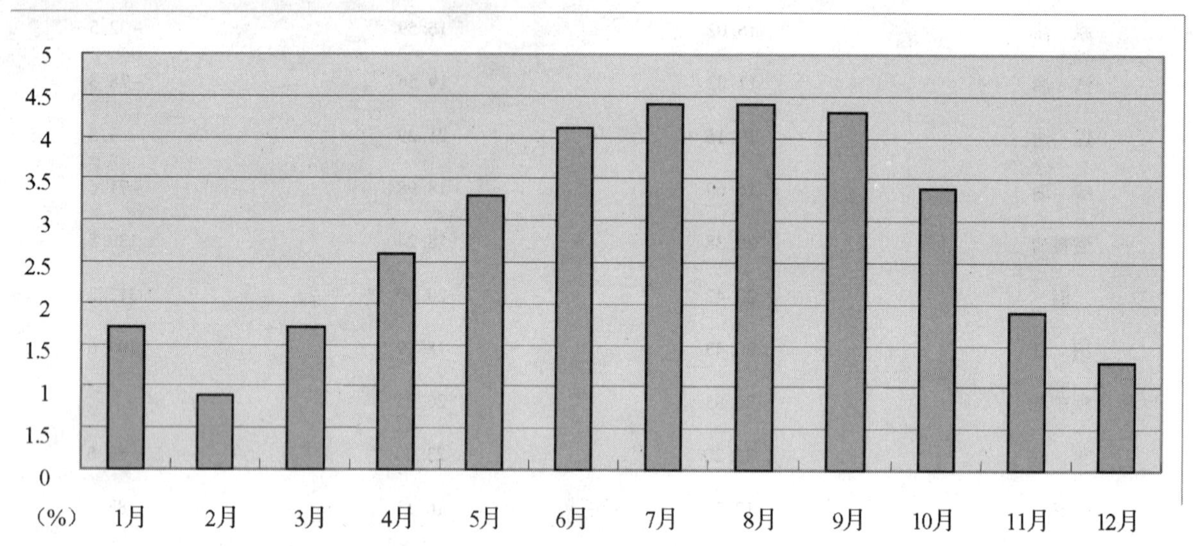

2004年中国居民消费价格增长率

（分月，与上年同期比）

月　份	1月	2月	3月	4月	5月	6月	7月	8月	9月	10月	11月	12月	全年
居民消费价格增长率（%）	3.2	2.1	3	3.8	4.4	5	5.3	5.3	5.2	4.3	2.8	2.4	3.9

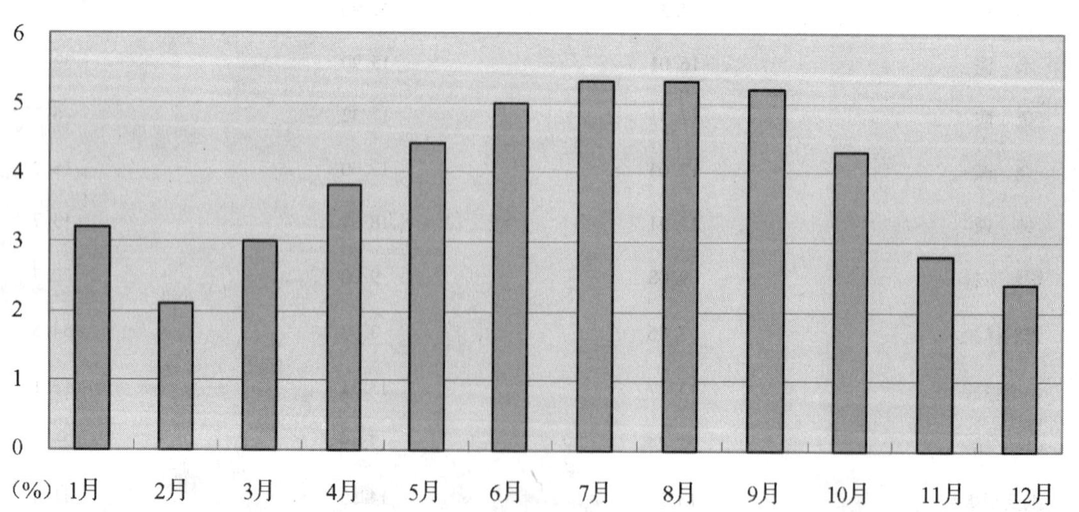

2004 年中国限额以上连锁零售业集团（企业）数（按登记注册类型、业态分）

单位：个

登记注册类型	合计	百货店	超级市场	专业店	专卖店	便利店	其他
合　计	**1 055**	**69**	**391**	**471**	**62**	**58**	**4**
内资企业	971	62	343	456	53	53	4
国有企业	129	7	32	73	3	13	1
集体企业	36	6	13	9	5	3	
股份合作企业	33	4	12	12	4	1	
联营企业	4			4			
国有联营企业	2			2			
集体联营企业							
国有与集体联营企业	1			1			
其他联营企业	1			1			
有限责任公司	370	14	125	185	19	25	2
国有独资公司	10	2	2	6			
其他有限责任公司	351	11	121	174	19	24	2
股份有限公司	124	20	39	57	5	3	
私营企业	267	11	119	112	16	8	1
私营独资企业	19	1	10	6	2		
私营合伙企业	4		4				
私营有限责任公司	220	9	95	95	13	7	1
私营股份有限公司	20	1	9	8	1	1	
其他企业	8		3	4	1		
港澳台商投资企业	34	3	19	5	5	2	
港澳台商合资经营企业	22	3	13	3	1	2	
港澳台商合作经营企业	6		4	1	1		
港澳台商独资经营企业	4			1	3		
港澳台商投资股份有限公司	1		1				
外商投资企业	50	4	29	10	4	3	
中外合资经营企业	26	4	13	6		3	
中外合作经营企业	19		14	2	3		
外资企业	5		2	2	1		
外商投资股份有限公司							

2004 年中国限额以上连锁零售业基本情况

指　标	计量单位	合　计			直营店			加盟店		
		2004 年	2003 年	± %	2004 年	2003 年	± %	2004 年	2003 年	± %
（一）门店总数	个	54 891	46 517	18. 0	34 590	31 407	10. 1	20 301	15 110	34. 4
（二）营业面积	平方米	35 170 643	27 801 905	26. 5	31 441 148	24 651 355	27. 5	3 729 495	3 150 550	18. 4
（三）从业人员	人	1 055 978	924 060	14. 3	854 271	753 232	13. 4	201 707	170 828	18. 1
（四）销售额	万元	55 806 958	42 586 343	31. 0	45 660 350	34 944 578	30. 7	10 146 609	7 641 766	32. 8
（五）零售额	万元	45 099 029	34 641 232	30. 2	35 635 247	27 251 194	30. 8	9 463 782	7 390 039	28. 1
（六）统一配送比重	%	75. 9	73. 3		80. 0	78. 7		50. 5	42. 7	
1. 自有配送比重	%	50. 2	47. 8		53. 3	51. 8		32. 9	27. 1	
2. 非自有配送比重	%	25. 7	25. 5		26. 7	26. 9		17. 6	15. 5	
（七）利润总额	万元	787 328	573 345	37. 3	787 328	573 345	37. 3			
（八）资产总额	万元	18 005 588	14 507 088	24. 1	18 005 588	14 507 088	24. 1			
（九）负债总额	万元	13 093 718	10 637 667	23. 1	13 093 718	10 637 667	23. 1			
（十）配送中心数	个	1 925	1 747	10. 2	1 270	1 184	7. 3	655	563	16. 3

2004年中国限额以上连锁零售业情况（按业态分）

指　　标	计量单位	合　计			直营店			加盟店		
		2004年	2003年	±%	2004年	2003年	±%	2004年	2003年	±%
（一）门店总数	个	54 891	46 517	18.0	34 590	31 407	10.1	20 301	15 110	34.4
百货店	个	2 637	2 129	23.9	997	908	9.8	1 640	1 221	34.3
超级市场	个	14 073	11 717	20.1	9 107	8 041	13.3	4 966	3 676	35.1
专业店	个	25 867	22 132	16.9	16 607	15 344	8.2	9 260	6 788	36.4
专卖店	个	4 493	3 648	23.2	1 797	1 515	18.6	2 696	2 133	26.4
便利店	个	7 755	6 799	14.1	6 027	5 524	9.1	1 728	1 275	35.5
其他	个	66	92	-28.3	55	75	-26.7	11	17	-35.3
（二）营业面积	平方米	35 170 643	27 801 905	26.5	31 441 148	24 651 355	27.5	3 729 495	3 150 550	18.4
百货店	平方米	6 110 570	4 559 992	34.0	5 752 050	4 330 505	32.8	358 520	229 487	56.2
超级市场	平方米	15 943 112	13 314 138	19.7	13 848 327	11 613 462	19.2	2 094 785	1 700 676	23.2
专业店	平方米	11 874 235	8 878 710	33.7	10 904 875	7 895 261	38.1	969 360	983 449	-1.4
专卖店	平方米	393 422	320 300	22.8	244 183	192 035	27.2	149 239	128 265	16.4
便利店	平方米	832 725	690 308	20.6	678 956	590 803	14.9	153 769	99 505	54.5
其他	平方米	16 579	38 457	-56.9	12 757	29 289	-56.4	3 822	9 168	-58.3
（三）从业人员	人	1 055 978	924 060	14.3	854 271	753 232	13.4	201 707	170 828	18.1
百货店	人	139 048	121 640	14.3	124 600	114 170	9.1	14 448	7 470	93.4
超级市场	人	510 827	444 362	15.0	405 616	352 476	15.1	105 211	91 886	14.5
专业店	人	317 156	275 912	14.9	259 826	222 666	16.7	57 330	53 246	7.7
专卖店	人	32 588	27 272	19.5	17 714	15 092	17.4	14 874	12 180	22.1
便利店	人	55 441	52 591	5.4	45 917	47 225	-2.8	9 524	5 366	77.5
其他	人	918	2 283	-59.8	598	1 603	-62.7	320	680	-52.9
（四）销售额	万元	55 806 958	42 586 343	31.0	45 660 350	34 944 578	30.7	10 146 609	7 641 766	32.8
百货店	万元	7 447 315	5 965 183	24.8	7 076 311	5 782 967	22.4	371 004	182 216	103.6
超级市场	万元	24 099 401	19 255 550	25.2	20 049 523	16 339 419	22.7	4 049 879	2 916 131	38.9
专业店	万元	22 066 942	15 814 125	39.5	16 813 226	11 597 070	45.0	5 253 716	4 217 055	24.6
专卖店	万元	796 661	690 273	15.4	575 722	480 284	19.9	220 939	209 989	5.2
便利店	万元	1 382 632	835 421	65.5	1 134 727	736 226	54.1	247 905	99 195	149.9
其他	万元	14 007	25 792	-45.7	10 841	8 612	25.9	3 166	17 180	-81.6
（五）零售额	万元	45 099 029	34 641 232	30.2	35 635 247	27 251 194	30.8	9 463 782	7 390 039	28.1
百货店	万元	6 638 207	5 242 786	26.6	6 313 218	5 077 570	24.3	324 989	165 216	96.7
超级市场	万元	20 072 011	16 101 955	24.7	16 125 789	13 191 818	22.2	3 946 222	2 910 137	35.6
专业店	万元	16 444 613	11 938 604	37.7	11 692 321	7 927 610	47.5	4 752 291	4 010 994	18.5
专卖店	万元	639 015	553 969	15.4	430 953	356 806	20.8	208 063	197 163	5.5
便利店	万元	1 293 034	783 982	64.9	1 063 983	688 778	54.5	229 051	95 205	140.6
其他	万元	12 149	19 937	-39.1	8 983	8 612	4.3	3 166	11 325	-72.0
（六）统一配送比重	%	75.9	73.3		80.0	78.7		50.5	42.7	
百货店	%	70.6	69.4		71.6	70.7		41.0	38.6	
超级市场	%	81.0	79.2		80.6	79.6		69.4	65.5	
专业店	%	70.7	65.9		82.0	80.6		33.4	24.0	
专卖店	%	88.1	88.8		82.0	81.4		77.4	75.5	
便利店	%	93.2	91.5		91.8	89.8		94.3	98.0	
其他	%	95.4	91.7		94.0	90.5		100.0	87.1	

2004 年中国限额以上连锁零售业情况（按业态分）（续）

指　　标	计量单位	合　计			直营店			加盟店		
		2004 年	2003 年	±%	2004 年	2003 年	±%	2004 年	2003 年	±%
1. 自有配送比重	%	50.2	47.8		53.3	51.8		32.9	27.1	
百货店	%	46.0	42.7		46.2	43.5		37.4	33.6	
超级市场	%	42.0	38.8		42.6	39.8		34.0	30.6	
专业店	%	60.7	59.3		69.2	72.0		32.1	23.0	
专卖店	%	72.9	75.3		71.3	70.8		51.5	57.7	
便利店	%	37.8	48.9		41.2	51.1		9.0	14.1	
其他	%	47.6	67.2		61.5	55.3			68.1	
2. 非自有配送比重	%	25.7	25.5		26.7	26.9		17.6	15.5	
百货店	%	24.6	26.7		25.4	27.2		3.2	5.0	
超级市场	%	39.0	40.4		38.0	39.7		35.4	34.9	
专业店	%	10.0	6.5		12.7	8.5		1.3	0.8	
专卖店	%	15.2	13.5		10.6	10.6		25.9	17.8	
便利店	%	55.2	42.7		50.4	38.7		85.3	83.8	
其他	%	47.8	24.5		32.5	35.3		100.0	19.0	
（七）利润总额	万元	787 328	573 345	37.3	787 328	573 345	37.3			
百货店	万元	126 870	101 630	24.8	126 870	101 630	24.8			
超级市场	万元	204 744	123 700	65.5	204 744	123 700	65.5			
专业店	万元	462 466	354 255	30.5	462 466	354 255	30.5			
专卖店	万元	19 189	18 304	4.8	19 189	18 304	4.8			
便利店	万元	-26 042	-24 666		-26 042	-24 666				
其他	万元	101	122	-17.2	101	122	-17.2			
（八）资产总额	万元	18 005 588	14 507 088	24.1	18 005 588	14 507 088	24.1			
百货店	万元	3 170 432	2 820 893	12.4	3 170 432	2 820 893	12.4			
超级市场	万元	7 409 390	6 241 062	18.7	7 409 390	6 241 062	18.7			
专业店	万元	6 699 685	4 904 781	36.6	6 699 685	4 904 781	36.6			
专卖店	万元	342 893	254 116	34.9	342 893	254 116	34.9			
便利店	万元	379 415	276 734	37.1	379 415	276 734	37.1			
其他	万元	3 774	9 502	-60.3	3 774	9 502	-60.3			
（九）负债总额	万元	13 093 718	10 637 667	23.1	13 093 718	10 637 667	23.1			
百货店	万元	2 340 159	2 081 110	12.4	2 340 159	2 081 110	12.4			
超级市场	万元	5 678 246	4 880 112	16.4	5 678 246	4 880 112	16.4			
专业店	万元	4 579 886	3 285 729	39.4	4 579 886	3 285 729	39.4			
专卖店	万元	185 822	120 495	54.2	185 822	120 495	54.2			
便利店	万元	304 874	263 010	15.9	304 874	263 010	15.9			
其他	万元				4 731	7 211	-34.4			
（十）配送中心数	个	1 925	1 747	10.2	1 270	1 184	7.3	655	563	16.3
百货店	个	81	71	14.1	71	62	14.5	10	9	11.1
超级市场	个	755	673	12.2	339	325	4.3	416	348	19.5
专业店	个	780	712	9.6	595	541	10.0	185	171	8.2
专卖店	个	230	220	4.5	219	210	4.3	11	10	10.0
便利店	个	75	67	11.9	42	42		33	25	32.0
其他	个	4	4		4	4				

2004年中国限额以上连锁零售业情况（按登记注册类型分）

注册类型	门店数（个）			营业面积（平方米）			从业人员（人）		
	2004年	2003年	±%	2004年	2003年	±%	2004年	2003年	±%
合　计	**54 891**	**46 517**	**18.0**	**35 170 643**	**27 801 905**	**26.5**	**1 055 978**	**924 060**	**14.3**
内资企业	51 110	43 256	18.2	30 213 516	23 794 846	27.0	892 342	782 733	14.0
国有企业	6 999	6 571	6.5	5 341 757	4 358 430	22.6	81 315	81 142	0.2
集体企业	1 023	846	20.9	414 968	360 127	15.2	15 767	14 290	10.3
股份合作企业	909	750	21.2	406 644	300 128	35.5	10 893	9 603	13.4
联营企业	287	269	6.7	233 008	200 181	16.4	12 690	11 670	8.7
国有联营企业	115	108	6.5	9 441	8 881	6.3	848	808	5.0
集体联营企业									
国有与集体联营企业	163	155	5.2	192 067	171 300	12.1	11 122	10 162	9.4
其他联营企业	9	6	50.0	31 500	20 000	57.5	720	700	2.9
有限责任公司	19 834	16 933	17.1	9 993 528	7 590 476	31.7	323 054	279 629	15.5
国有独资公司	508	277	83.4	403 880	339 235	19.1	10 257	9 573	7.1
其他有限责任公司	18 021	15 360	17.3	9 407 465	7 065 071	33.2	302 602	258 323	17.1
股份有限公司	14 344	10 783	33.0	9 734 746	7 376 978	32.0	291 243	242 879	19.9
私营企业	7 628	7 047	8.2	4 064 145	3 586 016	13.3	156 182	142 576	9.5
私营独资企业	864	857	0.8	226 061	305 180	-25.9	12 497	11 653	7.2
私营合伙企业	25	24	4.2	20 322	17 602	15.5	930	810	14.8
私营有限责任公司	6 023	5 406	11.4	3 362 815	2 889 040	16.4	128 790	118 269	8.9
私营股份有限公司	525	516	1.7	343 884	291 237	18.1	9 941	8 472	17.3
其他企业	86	57	50.9	24 720	22 510	9.8	1 198	944	26.9
港澳台商投资企业	1 396	1 237	12.9	2 428 021	1 854 556	30.9	64 150	55 997	14.6
港澳台合资经营企业	1 138	1 027	10.8	2 091 609	1 641 743	27.4	54 610	47 679	14.5
港澳台合作经营企业	151	126	19.8	235 325	111 951	110.2	7 120	6 405	11.2
港澳台独资经营企业	97	79	22.8	6 227	6 002	3.7	943	992	-4.9
港澳台商投资股份有限公司	1	1		18 088	18 088		446	379	17.7
外商投资企业	2 385	2 024	17.8	2 505 094	2 132 945	17.4	98 342	84 238	16.7
中外合资经营企业	1 743	1 491	16.9	1 606 697	1 359 428	18.2	60 878	52 761	15.4
中外合作经营企业	573	484	18.4	838 982	729 097	15.1	35 350	29 711	19.0
外资企业	69	49	40.8	59 415	44 420	33.8	2 114	1 766	19.7
外商投资股份有限公司									

2004年中国限额以上连锁零售业情况（按登记注册类型分）（续）

注册类型	销售额（万元）			#零售额（万元）			利润总额（万元）		
	2004年	2003年	±%	2004年	2003年	±%	2004年	2003年	±%
合　计	**55 806 958**	**42 586 343**	**31.0**	**45 099 029**	**34 641 232**	**30.2**	**787 328**	**573 345**	**37.3**
内资企业	46 365 634	35 274 892	31.4	36 868 594	28 179 565	30.8	679 029	516 534	31.5
国有企业	5 044 732	3 750 154	34.5	3 044 573	2 288 975	33.0	231 424	160 746	44.0
集体企业	487 216	377 867	28.9	458 797	347 802	31.9	4 379	4 834	-9.4
股份合作企业	268 053	268 863	-0.3	246 817	246 625	0.1	423	874	-51.6
联营企业	1 327 829	904 314	46.8	934 849	660 195	41.6	9 499	7 522	26.3
国有联营企业	24 983	22 192	12.6	22 099	19 423	13.8	645	504	28.0
集体联营企业									
国有与集体联营企业	1 282 658	857 778	49.5	892 562	616 428	44.8	9 262	7 251	27.7
其他联营企业	20 188	24 343	-17.1	20 188	24 343	-17.1	-408	-233	75.1
有限责任公司	13 056 680	10 170 171	28.4	10 720 262	8 231 260	30.2	133 326	66 255	101.2
国有独资公司	733 743	580 956	26.3	621 741	500 979	24.1	10 864	2 082	421.8
其他有限责任公司	12 028 422	9 393 175	28.1	9 815 564	7 539 622	30.2	129 031	70 918	81.9
股份有限公司	17 526 977	13 067 449	34.1	13 167 923	9 960 638	32.2	282 205	245 809	14.8
私营企业	8 589 672	6 674 166	28.7	8 232 172	6 384 898	28.9	17 442	30 024	-41.9
私营独资企业	146 876	122 162	20.2	133 950	109 676	22.1	1 603	1 402	14.3
私营合伙企业	6 528	5 535	17.9	6 528	5 535	17.9	29	69	-58.0
私营有限责任公司	7 724 855	6 011 892	28.5	7 431 625	5 754 657	29.1	27 545	34 404	-19.9
私营股份有限公司	454 374	352 400	28.9	408 575	332 852	22.7	735	-953	
其他企业	64 475	61 909	4.1	63 202	59 173	6.8	331	469	-29.4
港澳台商投资企业	3 395 424	2 650 428	28.1	3 183 605	2 503 397	27.2	2 129	9 892	-78.5
港澳台合资经营企业	2 846 011	2 257 989	26.0	2 736 540	2 181 994	25.4	4 657	8 411	-44.6
港澳台合作经营企业	447 801	301 948	48.3	358 987	234 616	53.0	-348	6 668	
港澳台独资经营企业	23 973	21 607	11.0	23 973	21 607	11.0	-104	-409	-74.6
港澳台商投资股份有限公司	33 563	14 368	133.6	33 563	14 368	133.6	-1 632	-2 281	-28.5
外商投资企业	6 003 559	4 624 420	29.8	5 004 488	3 921 667	27.6	104 602	45 991	127.4
中外合资经营企业	2 678 955	1 999 318	34.0	2 549 135	1 894 972	34.5	49 097	31 524	55.7
中外合作经营企业	3 235 355	2 565 876	26.1	2 366 185	1 967 733	20.2	48 428	12 690	281.6
外资企业	89 249	59 226	50.7	89 169	58 963	51.2	7 077	1 777	298.3
外商投资股份有限公司									

注：利润总额增减%空，为利润由盈转亏或由亏转盈。

2004年中国限额以上连锁零售业情况（按登记注册类型分）（续）

注册类型	资产总额（万元）			负债总额（万元）		
	2004年	2003年	±%	2004年	2003年	±%
合　计	**18 005 588**	**14 507 088**	**24.1**	**13 093 718**	**10 637 667**	**23.1**
内资企业	14 912 704	11 857 909	25.8	10 817 991	8 597 194	25.8
国有企业	1 522 587	1 183 731	28.6	1 011 133	653 011	54.8
集体企业	194 481	181 690	7.0	130 035	121 796	6.8
股份合作企业	268 380	224 332	19.6	208 727	166 223	25.6
联营企业	271 410	240 155	13.0	187 572	165 060	13.6
国有联营企业	9 052	7 878	14.9	3 868	4 413	-12.3
集体联营企业						
国有与集体联营企业	245 869	215 913	13.9	168 072	144 209	16.5
其他联营企业	16 489	16 364	0.8	15 632	16 438	-4.9
有限责任公司	5 211 229	4 097 921	27.2	4 031 700	3 247 771	24.1
国有独资公司	315 343	242 983	29.8	283 577	216 083	31.2
其他有限责任公司	4 824 338	3 794 609	27.1	3 666 703	2 968 342	23.5
股份有限公司	4 966 326	4 162 394	19.3	3 233 083	2 793 538	15.7
私营企业	2 454 631	1 751 113	40.21	987 148	1 433 877	38.6
私营独资企业	35 780	31 314	14.3	29 694	25 702	15.5
私营合伙企业	3 346	2 866	16.7	2 087	2 001	4.3
私营有限责任公司	2 130 799	1 507 883	41.3	1 700 059	1 223 597	38.9
私营股份有限公司	165 840	139 108	19.2	123 433	107 529	14.8
其他企业	23 661	16 572	42.8	28 593	15 918	79.6
港澳台商投资企业	1 160 281	1 085 180	6.9	913 088	875 475	4.3
港澳台合资经营企业	1 015 489	929 667	9.2	812 257	754 470	7.7
港澳台合作经营企业	97 823	119 217	-17.9	69 274	99 451	-30.3
港澳台独资经营企业	10 763	12 986	-17.1	7 487	10 388	-27.9
港澳台商投资股份有限公司	11 428			8 663		
外商投资企业	1 889 957	1 545 662	22.3	1 325 825	1 151 380	15.2
中外合资经营企业	922 942	723 088	27.6	595 194	525 133	13.3
中外合作经营企业	911 475	779 277	17.0	697 047	601 023	16.0
外资企业	55 541	43 297	28.3	33 583	25 224	33.1
外商投资股份有限公司						

2004年中国各地区限额以上连锁零售业集团（企业）数（按业态分）

单位：个

地区	合计	百货商店	超级市场	专业店	专卖店	便利店	其他
全国	**1 055**	**69**	**391**	**471**	**62**	**58**	**4**
北京	100	3	29	39	16	13	
天津	14		7	5	1	1	
河北	29	2	14	8	1	4	
山西	48	1	17	26	2	2	
内蒙古	11	1	2	8			
辽宁	27	2	7	12	2	4	
吉林	14	2	3	9			
黑龙江	8	2	2	4			
上海	70		32	23	6	8	1
江苏	85	3	40	33	5	4	
浙江	101	3	44	41	7	6	
安徽	30	1	15	13	1		
福建	44	6	13	24	1		
江西	13	3	4	5	1		
山东	60	13	15	30	1	1	
河南	49	2	26	12	6	2	1
湖北	56	4	17	28	5	2	
湖南	37	2	19	14	1	1	
广东	105	10	37	51	2	4	1
广西	14		4	10			
海南	6		2	4			
重庆	19	2	3	11		2	1
四川	22	1	10	9	2		
贵州	12	1	5	6			
云南	26		8	16		2	
西藏							
陕西	14	1	4	6	1	2	
甘肃	10		2	8			
青海	6	2	1	3			
宁夏	4		3	1			
新疆	21	2	6	12	1		

2004 年中国各地区限额以上连锁零售业门店数（按业态分）

单位：个

地　区	2004 年	2003 年	± %	百货商店			超级市场		
				2004 年	2003 年	± %	2004 年	2003 年	± %
全　国	**54 891**	**46 517**	**18.0**	**2 637**	**2 129**	**23.9**	**14 073**	**11 717**	**20.1**
北　京	3 759	3 062	22.8	16	19	-15.8	1 110	819	35.5
天　津	613	497	23.3	4	2		449	354	26.8
河　北	943	1 013	-6.9	16	14	14.3	213	180	18.3
山　西	833	762	9.3	2	2		212	172	23.3
内蒙古	166	170	-2.4	18	15	20.0	17	16	6.3
辽　宁	1 640	1 311	25.1	4	4		54	43	25.6
吉　林	455	420	8.3	76	75	1.3	47	47	
黑龙江	268	263	1.9	163	171	-4.7	20	15	33.3
上　海	9 709	8 938	8.6	3	1		1 959	1 596	22.7
江　苏	7 094	5 985	18.5	514	334	53.9	3 669	3 182	15.3
浙　江	5 540	4 384	26.4	34	26	30.8	1 489	1 070	39.2
安　徽	926	807	14.7	9	8	12.5	543	472	15.0
福　建	631	557	13.3	44	43	2.3	136	135	0.7
江　西	864	1 109	-22.1	18	14	28.6	51	46	10.9
山　东	2 860	2 659	7.6	1 289	1 030	25.1	550	507	8.5
河　南	1 198	1 035	15.7	27	18	50.0	489	413	18.4
湖　北	1 959	1 582	23.8	98	83	18.1	534	447	19.5
湖　南	766	561	36.5	32	29	10.3	289	206	40.3
广　东	3 350	2 885	16.1	59	48	22.9	732	676	8.3
广　西	617	658	-6.2	2			144	138	4.3
海　南	70	61	14.8				11	6	83.3
重　庆	4 048	3 228	25.4	94	89	5.6	44	42	4.8
四　川	3 102	1 686	84.0	36	32	12.5	798	677	17.9
贵　州	259	223	16.1	16	13	23.1	36	30	20.0
云　南	1 307	758	72.4				51	49	4.1
西　藏	7	1					6	1	
陕　西	959	1 015	-5.5	17	16	6.3	156	137	13.9
甘　肃	271	271					77	50	54.0
青　海	88	71	23.9	18	7	157.1	25	22	13.6
宁　夏	119	130	-8.5				39	49	-20.4
新　疆	384	333	15.3	28	36	-22.2	37	38	-2.6
港澳台	86	82	4.9				86	82	4.9

2004年中国各地区限额以上连锁零售业门店数（按业态分）（续）

单位：个

地区	专业店			专卖店			便利店		
	2004年	2003年	±%	2004年	2003年	±%	2004年	2003年	±%
全国	**25 867**	**22 132**	**16.9**	**4 493**	**3 648**	**23.2**	**7 755**	**6 799**	**14.1**
北京	1 717	1 514	13.4	371	288	28.8	545	422	29.1
天津	82	76	7.9	58	39	48.7	20	26	-23.1
河北	199	395	-49.6	199	151	31.8	316	273	15.8
山西	342	353	-3.1	150	117	28.2	127	118	7.6
内蒙古	113	130	-13.1	18	9				
辽宁	966	773	25.0	80	66	21.2	536	425	26.1
吉林	306	282	8.5	26	16				
黑龙江	47	39	20.5	38	38				
上海	2 953	2 859	3.3	528	401	31.7	4 234	4 050	4.5
江苏	1 850	1 747	5.9	468	358	30.7	593	364	62.9
浙江	3 088	2 531	22.0	400	365	9.6	529	392	34.9
安徽	291	251	15.9	83	76	9.2			
福建	402	346	16.2	49	33	48.5			
江西	681	950	-28.3	114	99	15.2			
山东	955	1 052	-9.2	40	44	-9.1	26	26	
河南	222	226	-1.8	423	343	23.3	18	15	20.0
湖北	972	774	25.6	227	184	23.4	128	94	36.2
湖南	370	274	35.0	60	38	57.9	15	14	7.1
广东	1 678	1 560	7.6	349	192	81.8	522	381	37.0
广西	459	511	-10.2	12	9				
海南	53	50	6.0	6	5				
重庆	3 780	2 988	26.5	45	22		80	74	8.1
四川	2 103	839	150.7	165	138	19.6			
贵州	202	176	14.8	5	4				
云南	1 214	654	85.6	6	4		36	51	-29.4
西藏				1					
陕西	234	222	5.4	522	566	-7.8	30	74	-59.5
甘肃	183	215	-14.9	11	6				
青海	39	38	2.6	6	4				
宁夏	79	79		1	2				
新疆	287	228	25.9	32	31	3.2			
港澳台									

2004年中国各地区限额以上连锁零售业销售额（按业态分）

单位：万元

地　区	2004年	2003年	±%	百货商店			超级市场		
				2004年	2003年	±%	2004年	2003年	±%
全　国	**55 806 959**	**42 586 344**	**31.0**	**7 447 315**	**5 965 183**	**24.8**	**24 099 402**	**19 255 550**	**25.2**
北　京	9 737 229	8 014 694	21.5	602 396	505 613	19.1	2 796 636	2 014 309	38.8
天　津	619 135	435 338	42.2				365 601	289 106	26.5
河　北	342 289	282 812	21.0	39 996	37 903	5.5	232 716	188 034	23.8
山　西	370 160	320 831	15.4	11 897	7 742	53.7	280 578	251 004	11.8
内蒙古	65 387	52 869	23.7	34 910	28 348	23.1	3 040	1 871	62.5
辽　宁	497 923	380 574	30.8	18 775	18 247	2.9	138 222	109 204	26.6
吉　林	127 680	117 561	8.6	5 192	8 768	-40.8	77 475	66 925	15.8
黑龙江	283 144	253 358	11.8	155 966	148 934	4.7	17 093	15 501	10.3
上　海	12 959 450	9 800 862	32.2				10 235 099	8 321 609	23.0
江　苏	8 198 081	5 500 451	49.0	978 215	742 569	31.7	2 557 274	1 936 018	32.1
浙　江	4 809 418	3 543 022	35.7	25 895	24 472	5.8	698 856	563 923	23.9
安　徽	508 270	325 227	56.3	265 045	192 131	38.0	108 312	63 762	69.9
福　建	457 067	253 421	80.4	32 322	33 899	-4.7	149 374	98 828	51.1
江　西	387 852	315 671	22.9	323 540	248 163	30.4	2 703	2 191	23.4
山　东	3 736 900	2 700 532	38.4	1 352 039	967 205	39.8	564 516	466 618	21.0
河　南	441 650	385 628	14.5	21 562	18 227	18.3	188 294	147 299	27.8
湖　北	2 715 083	2 200 145	23.4	1 250 573	1 077 732	16.0	869 721	690 423	26.0
湖　南	732 457	550 615	33.0	25 574	21 982	16.3	588 029	466 510	26.0
广　东	6 236 910	4 886 407	27.6	1 638 331	1 246 952	31.4	3 246 871	2 726 308	19.1
广　西	159 187	133 119	19.6				132 103	105 097	25.7
海　南	30 785	19 371	58.9				21 971	10 546	108.3
重　庆	731 341	683 433	7.0	551 965	522 773	5.6	29 471	12 359	138.5
四　川	589 680	508 358	16.0	8 789	9 516	-7.6	315 947	275 342	14.7
贵　州	211 528	186 956	13.1	12 387	8 822	40.4	64 721	71 509	-9.5
云　南	396 734	328 453	20.8				219 386	203 355	7.9
西　藏									
陕　西	170 885	175 536	-2.6	32 000	43 000	-25.6	100 830	86 974	15.9
甘　肃	50 873	45 209	12.5				8 120	6 399	26.9
青　海	63 279	56 670	11.7	50 354	45 490	10.7	2 157	1 357	59.0
宁　夏	32 924	23 543	39.8				24 768	16 416	50.9
新　疆	143 664	105 681	35.9	9 595	6 696	43.3	59 522	46 755	27.3

2004年中国各地区限额以上连锁零售业销售额（按业态分）（续）

单位：万元

地区	专业店			专卖店			便利店		
	2004年	2003年	±%	2004年	2003年	±%	2004年	2003年	±%
全国	**22 066 942**	**15 814 125**	**39.5**	**796 661**	**690 273**	**15.4**	**1 382 632**	**835 421**	**65.5**
北京	6 049 664	5 255 074	15.1	151 284	122 627	23.4	137 249	117 071	17.2
天津	248 724	141 536	75.7	3 085	2 773	11.3	1 725	1 923	-10.3
河北	29 286	28 106	4.2	3 331	2 095	59.0	36 962	26 673	38.6
山西	67 051	56 168	19.4	3 895	3 482	11.9	6 739	2 434	176.9
内蒙古	27 437	22 651	21.1						
辽宁	274 296	205 431	33.5	3 951	3 878	1.9	62 679	43 812	43.1
吉林	45 013	41 869	7.5						
黑龙江	110 084	88 923	23.8						
上海	1 799 090	857 926	109.7	96 202	61 464	56.5	822 367	553 557	48.6
江苏	4 530 591	2 726 891	66.1	105 816	84 052	25.9	26 185	10 922	139.7
浙江	3 960 308	2 843 107	39.3	104 541	98 019	6.7	19 821	13 501	46.8
安徽	133 925	68 509	95.5	988	824	19.9			
福建	272 503	117 661	131.6	2 868	3 033	-5.4			
江西	56 167	62 424	-10.0	5 443	2 893	88.1			
山东	1 740 458	1 217 454	43.0	67 622	37 843	78.7	12 265	11 413	7.5
河南	140 573	97 430	44.3	88 801	120 675	-26.4	1 382	689	100.6
湖北	561 797	405 788	38.4	10 482	11 100	-5.6	22 511	15 101	49.1
湖南	110 679	54 522	103.0	5 679	4 462	27.3	2 497	3 140	-20.5
广东	1 019 578	777 643	31.1	106 586	93 538	13.9	220 225	27 472	701.6
广西	27 084	28 022	-3.3						
海南	8 814	8 826	-0.1						
重庆	141 142	139 827	0.9				7 808	4 790	63.0
四川	260 113	219 738	18.4	4 831	3 763	28.4			
贵州	134 420	106 626	26.1						
云南	176 227	123 657	42.5				1 121	1 442	-22.3
西藏									
陕西	9 678	13 328	-27.4	27 280	30 752	-11.3	1 096	1 482	-26.0
甘肃	42 753	38 810	10.2						
青海	10 770	9 823	9.6						
宁夏	8 156	7 127	14.4						
新疆	70 569	49 230	43.3	3 978	3 000	32.6			

2004 年中国限额以上连锁餐饮集团数（按登记注册类型、业态分）

单位：个

登记注册类型	合　计	正　餐	快　餐	咖啡店	其他餐饮业
合　计	**251**	**136**	**100**	**2**	**13**
内资企业	174	122	41	1	10
国有企业	11	6	3		2
集体企业	2	2			
股份合作企业	5	2	2		1
联营企业					
有限责任公司	47	30	14		3
国有独资公司	1	1			
其他有限责任公司	45	29	14		2
股份有限公司	4	2	1		1
私营企业	104	79	21	1	3
私营独资企业	24	21	1	1	1
私营合伙企业	3	2	1		
私营有限责任公司	73	52	19		2
私营股份有限公司	4	4			
其他企业	1	1			
港澳台商投资企业	27	9	15		3
港澳台商合资经营企业	12	5	7		
港澳台商合作经营企业	4		3		1
港澳台商独资经营企业	10	4	4		2
港澳台商投资股份有限公司	1		1		
外商投资企业	50	5	44	1	
中外合资经营企业	14	3	11		
中外合作经营企业	12	2	9	1	
外资企业	22		22		
外商投资股份有限公司	2		2		

2004 年中国限额以上连锁餐饮企业基本情况

指　标	计量单位	合　计			直营店			加盟店		
		2004 年	2003 年	±%	2004 年	2003 年	±%	2004 年	2003 年	±%
一、门店总数	个	6 968	6 127	13.7	4 359	3 735	16.7	2 609	2 392	9.1
二、营业面积	平方米	3 465 846	3 045 955	13.8	2 029 653	1 798 667	12.8	1 436 193	1 247 288	15.1
三、从业人数	人	341 761	305 491	11.9	218 708	192 374	13.7	123 053	113 117	8.8
四、营业收入	万元	3 997 191	2 569 981	55.5	3 050 190	1 917 627	59.1	947 001	652 354	45.2
五、零售额	万元	3 965 040	2 552 373	55.3	3 025 697	1 906 634	58.7	939 343	645 739	45.5
六、统一配送比重	%	79.9	75.0	6.5		82.5		33.5	33.0	
1. 自有配送中心配送比重	%	63.1	54.2		71.1	60.3		20.3	20.6	
2. 非自有配送中心配送比重	%	16.8	20.8		16.4	22.3		13.2	12.4	
七、利润总额	万元	247 166	196 219	26.0	247 166	196 219	26.0			
八、资产总额	万元	1 387 321	1 205 950	15.0	1 387 321	1 205 950	15.0			
九、负债总额	万元	826 215	678 483	21.8	826 215	678 483	21.8			
十、配送中心数	个	220	218	0.9	163	161	1.2	57	57	

2004 年中国限额以上连锁餐饮企业情况（按业态分）

指　标	计量单位	合　计			直营店			加盟店		
		2004 年	2003 年	±%	2004 年	2003 年	±%	2004 年	2003 年	±%
一、门店总数	个	6 968	6 127	13.7	4 359	3 735	16.7	2 609	2 392	9.1
#正　餐	个	2 789	2 686	3.8	930	865	7.5	1 859	1 821	2.1
快　餐	个	2 678	2 277	17.6	2 467	2 140	15.3	211	137	54.0
咖 啡 店	个	84	71	18.3	73	63	15.9	11	8	37.5
其他餐饮	个	1 417	1 093	29.6	889	667	33.3	528	426	23.9
二、营业面积	平方米	3 465 846	3 045 955	13.8	2 029 653	1 798 667	12.8	1 436 193	1 247 288	15.1
#正　餐	平方米	2 397 799	2 140 225	12.0	1 047 867	952 254	10.0	1 349 932	1 187 971	13.6
快　餐	平方米	1 006 595	853 250	18.0	937 804	805 966	16.4	68 791	47 284	45.5
咖 啡 店	平方米	30 177	24 472	23.3	18 477	17 262	7.0	11 700	7 210	62.3
其他餐饮	平方米	31 275	28 008	11.7	25 505	23 185	10.0	5 770	4 823	19.6
三、从业人数	人	341 761	305 491	11.9	218 708	192 374	13.7	123 053	113 117	8.8
#正　餐	人	190 543	182 812	4.2	74 682	75 137	-0.6	115 861	107 675	7.6
快　餐	人	145 103	117 239	23.8	139 705	113 425	23.2	5 398	3 814	41.5
咖 啡 店	人	2 212	2 085	6.1	1 652	1 525	8.3	560	560	
其他餐饮	人	3 903	3 355	16.3	2 669	2 287	16.7	1 234	1 068	15.5
四、营业收入	万元	3 997 191	2 569 981	55.5	3 050 190	1 917 627	59.1	947 001	652 354	45.2
#正　餐	万元	1 546 256	1 193 908	29.5	681 520	605 008	12.6	864 737	588 900	46.8
快　餐	万元	2 351 098	1 298 334	81.1	2 307 396	1 267 222	82.1	43 701	31 111	40.5
咖 啡 店	万元	38 107	31 904	19.4	16 604	13 779	20.5	21 503	18 125	18.6
其他餐饮	万元	61 730	45 836	34.7	44 670	31 618	41.3	17 060	14 218	20.0
五、零售额	万元	3 965 040	2 552 373	55.3	3 025 697	1 906 634	58.7	939 343	645 739	45.5
#正　餐	万元	1 527 293	1 186 192	28.8	664 741	599 240	10.9	862 552	586 951	47.0
快　餐	万元	2 348 857	1 296 304	81.2	2 305 194	1 265 193	82.2	43 663	31 111	40.3
咖 啡 店	万元	38 107	31 904	19.4	16 604	13 779	20.5	21 503	18 125	18.6
其他餐饮	万元	50 783	37 973	33.7	39 157	28 422	37.8	11 626	9 552	21.7
六、统一配送比重	%	79.9	75.0		87.5	82.5		33.5	33.0	
#正　餐	%	57.6	56.4		62.0	61.0		32.5	31.9	
快　餐	%	95.3	93.2		95.5	93.3		69.0	76.7	
咖 啡 店	%	14.2	14.9		6.7	8.2		20.0	20.0	
其他餐饮	%	91.0	87.9		96.4	94.6		10.2	1.6	
1. 自有配送中心配送比重	%	63.1	54.2		71.1	60.3		20.3	20.6	

2004 年中国限额以上连锁餐饮企业情况（按业态分）（续）

指　　标	计量单位	合　计			直营店			加盟店		
		2004 年	2003 年	±%	2004 年	2003 年	±%	2004 年	2003 年	±%
#正　　餐	%	41.2	40.9		47.1	45.9		19.8	20.4	
快　　餐	%	77.6	66.3		78.2	66.8		33.9	34.3	
咖 啡 店	%	14.2	14.9		6.7	8.2		20.0	20.0	
其他餐饮	%	89.2	87.7		94.0	94.3		9.9	1.4	
2. 非自有配送中心配送比重	%	16.8	20.8		16.4	22.3		13.2	12.4	
#正　　餐	%	16.4	15.5		14.9	15.1		12.7	11.5	
快　　餐	%	17.6	26.9		17.3	26.5		35.1	42.4	
咖 啡 店	%									
其他餐饮	%	1.8	0.2		2.4	0.3		0.3	0.2	
七、利润总额	万元	247 166	196 219	26.0	247 166	196 219	26.0			
#正　　餐	万元	111 073	78 984	40.6	111 073	78 984	40.6			
快　　餐	万元	132 874	115 229	15.3	132 874	115 229	15.3			
咖 啡 店	万元	635	153	315.0	635	153	315.0			
其他餐饮	万元	2 584	1 854	39.4	2 584	1 854	39.4			
八、资产总额	万元	1 387 321	1 205 950	15.0	1 387 321	1 205 950	15.0			
#正　　餐	万元	556 050	470 586	18.2	556 050	470 586	18.2			
快　　餐	万元	772 418	691 549	11.7	772 418	691 549	11.7			
咖 啡 店	万元	9 758	7 800	25.1	9 758	7 800	25.1			
其他餐饮	万元	49 096	36 015	36.3	49 096	36 015	36.3			
九、负债总额	万元	826 215	678 483	21.8	826 215	678 483	21.8			
#正　　餐	万元	343 235	254 620	34.8	343 235	254 620	34.8			
快　　餐	万元	446 530	398 150	12.2	446 530	398 150	12.2			
咖 啡 店	万元	4 806	4 300	11.8	4 806	4 300	11.8			
其他餐饮	万元	31 644	21 413	47.8	31 644	21 413	47.8			
十、配送中心数	个	220	218	0.9	163	161	1.2	57	57	
#正　　餐	个	106	106		75	75		31	31	
快　　餐	个	99	98	1.0	74	73	1.4	25	25	
咖 啡 店	个	1	1		1	1				
其他餐饮	个	14	13	7.7	13	12	8.3	1	1	

2004年中国限额以上连锁餐饮企业情况（按登记注册类型分）

登记注册类型	门店总数（个）			营业面积（平方米）			从业人数（人）		
	2004年	2003年	±%	2004年	2003年	±%	2004年	2003年	±%
合　计	**6 968**	**6 127**	**13.7**	**3 465 846**	**3 045 955**	**13.8**	**341 761**	**305 491**	**11.9**
内资企业	4 577	4 205	8.8	2 550 216	2 291 836	11.3	200 490	194 646	3.0
国有企业	623	554	12.5	103 198	96 580	6.9	6 614	6 531	1.3
集体企业	18	16	12.5	17 620	12 800	37.7	806	698	15.5
股份合作企业	49	53	-7.5	23 207	25 538	-9.1	2 818	3 013	-6.5
联营企业									
有限责任公司	1 791	1 734	3.3	683 905	718 227	-4.8	80 237	83 597	-4.0
国有独资公司	45	45		77 086	55 564	38.7	6 341	5 041	25.8
其他有限责任公司	1 739	1 682	3.4	606 378	661 789	-8.4	73 843	78 503	-5.9
股份有限公司	37	32	15.6	30 211	21 941	37.7	1 115	808	38.0
私营企业	2 050	1 806	13.5	1 687 575	1 411 750	19.5	108 151	99 170	9.1
私营独资企业	269	292	-7.9	239 516	222 869	7.5	16 077	24 845	-35.3
私营合伙企业	12	13	-7.7	10 000	7 800	28.2	1 005	970	3.6
私营有限责任公司	1 758	1 490	18.0	1 413 859	1 156 881	22.2	89 858	72 087	24.7
私营股份有限公司	11	11		24 200	24 200		1 211	1 268	-4.5
其他企业	9	10	-10.0	4 500	5 000	-10.0	749	829	-9.7
港澳台商投资企业	569	448	27.0	175 461	143 877	22.0	23 291	18 950	22.9
港澳台商合资经营企业	239	190	25.8	102 461	84 106	21.8	14 776	11 805	25.2
港澳台商合作经营企业	103	58	77.6	14 098	13 255	6.4	1 059	1 074	-1.4
港澳台商独资经营企业	225	198	13.6	58 052	45 666	27.1	7 364	6 014	22.4
港澳台商投资股份有限公司	2	2		850	850		92	57	61.4
外商投资企业	1 822	1 474	23.6	740 169	610 242	21.3	117 980	91 895	28.4
中外合资经营企业	689	554	24.4	286 093	228 941	25.0	47 427	35 196	34.8
中外合作经营企业	439	344	27.6	150 437	124 676	20.7	26 998	19 908	35.6
外资企业	665	554	20.0	294 188	249 291	18.0	43 286	36 522	18.5
外商投资股份有限公司	29	22	31.8	9 451	7 334	28.9	269	269	

2004 年中国限额以上连锁餐饮企业情况（按登记注册类型分）（续）

登记注册类型	营业收入（万元）			#零售额（万元）			利润总额（万元）		
	2004 年	2003 年	±%	2004 年	2003 年	±%	2004 年	2003 年	±%
合　计	**3 997 191**	**2 569 981**	**55.5**	**3 965 040**	**2 552 373**	**55.3**	**247 166**	**196 219**	**26.0**
内资企业	1 618 320	1 251 116	29.4	1 587 115	1 234 311	28.6	105 013	70 796	48.3
国有企业	104 080	86 977	19.7	90 826	76 582	18.6	4 408	3 018	46.1
集体企业	4 756	4 109	15.7	4 756	4 109	15.7	348	306	13.7
股份合作企业	28 578	26 187	9.1	28 578	26 187	9.1	214	239	-10.5
联营企业									
有限责任公司	688 962	545 429	26.3	677 004	543 681	24.5	77 395	49 120	57.6
国有独资公司	75 129	50 760	48.0	65 077	50 760	28.2	4 713	2 067	128.0
其他有限责任公司	613 627	494 421	24.1	611 720	492 673	24.2	72 690	47 077	54.4
股份有限公司	21 713	14 774	47.0	21 614	14 696	47.1	2 116	1 343	57.6
私营企业	766 779	571 236	34.2	764 337	569 056	34.3	20 566	16 796	22.4
私营独资企业	96 203	102 538	-6.2	96 203	102 538	-6.2	750	1 002	-25.1
私营合伙企业	7 591	6 236	21.7	7 591	6 236	21.7	109	-223	
私营有限责任公司	651 961	452 777	44.0	649 875	450 711	44.2	19 737	16 095	22.6
私营股份有限公司	11 024	9 685	13.8	10 668	9 571	11.5	-29	-78	-62.8
其他企业	3 452	2 404	43.6				-35	-25	40.0
港澳台商投资企业	268 843	216 950	23.9	268 238	216 285	24.0	17 990	14 412	24.8
港澳台商合资经营企业	189 237	152 250	24.3	188 632	151 585	24.4	18 238	15 624	16.7
港澳台商合作经营企业	23 100	18 650	23.9	23 100	18 650	23.9	90	-388	-123.2
港澳台商独资经营企业	55 562	45 199	22.9	55 562	45 199	22.9	-340	-774	-56.1
港澳台商投资股份有限公司	945	851	11.0	945	851	11.0	1	-50	
外商投资企业	2 110 029	1 101 915	91.5	2 109 687	1 101 777	91.5	124 164	111 011	11.8
中外合资经营企业	620 410	494 532	25.5	620 068	494 394	25.4	62 688	63 322	-1.0
中外合作经营企业	998 801	186 117	436.7	998 801	186 117	436.7	17 214	12 900	33.4
外资企业	472 860	408 332	15.8	472 860	408 332	15.8	42 027	32 399	29.7
外商投资股份有限公司	179 579	129 352	38.8	179 579	129 352	38.8	22 344	23 914	-6

注：利润总额增减%空，为利润由盈转亏或由亏转盈。

2004 年中国限额以上连锁餐饮企业情况（按登记注册类型分）（续）

登记注册类型	资产总额（万元）			负债总额（万元）		
	2004 年	2003 年	±%	2004 年	2003 年	±%
合　计	**1 387 321**	**1 205 950**	**15.0**	**826 215**	**678 483**	**21.8**
内资企业	619 040	503 089	23.0	382 796	279 498	37.0
国有企业	107 839	102 878	4.8	62 279	61 377	1.5
集体企业	3 432	2 320	47.9	2 668	1 666	60.1
股份合作企业	10 951	7 661	42.9	5 718	2 880	98.5
联营企业						
有限责任公司	172 241	153 892	11.9	104 172	89 006	17.0
国有独资公司	36 289	44 407	-18.3	17 663	16 206	9.0
其他有限责任公司	135 681	109 392	24.0	86 237	72 714	18.6
股份有限公司	32 863	23 087	42.3	21 598	12 410	74.0
私营企业	291 377	213 017	36.8	186 318	112 130	66.2
私营独资企业	40 697	28 166	44.5	24 032	13 985	71.8
私营合伙企业	2 253	1 748	28.9	1 232	1 131	8.9
私营有限责任公司	247 282	181 069	36.6	159 082	95 091	67.3
私营股份有限公司	1 146	2 034	-43.7	1 973	1 922	2.7
其他企业	338	235	43.8	43	30	43.3
港澳台商投资企业	101 540	98 716	2.9	67 994	66 935	1.6
港澳台商合资经营企业	44 802	39 959	12.1	25 571	21 693	17.9
港澳台商合作经营企业	14 202	13 687	3.8	12 207	12 968	-5.9
港澳台商独资经营企业	41 591	44 240	-6.0	29 525	31 722	-6.9
港澳台商投资股份有限公司	945	831	13.7	691	553	25.0
外商投资企业	666 741	604 145	10.4	375 426	332 050	13.1
中外合资经营企业	262 991	242 633	8.4	137 718	131 627	4.6
中外合作经营企业	125 386	111 508	12.4	73 147	59 320	23.3
外资企业	269 874	243 457	10.9	161 792	139 287	16.2
外商投资股份有限公司	84 900	65 466	29.7	27 689	18 166	52.4

2004年中国各地区限额以上连锁餐饮企业（集团）数量（按业态分）

单位：个

地 区	合计	正餐	快餐	咖啡店	其他餐饮
全 国	**251**	**136**	**100**	**2**	**13**
北 京	46	25	19	1	1
天 津	11	4	5		2
河 北	2	1	1		
山 西	6	5	1		
内蒙古	3	3			
辽 宁	7	2	5		
吉 林	2	2			
黑龙江	3	2	1		
上 海	13	2	10		1
江 苏	13	1	9		3
浙 江	16	7	7		2
安 徽	7	5	2		
福 建	11	4	5		2
江 西	5	4	1		
山 东	12	8	4		
河 南	6	6			
湖 北	20	16	4		
湖 南	4	2	2		
广 东	22	9	11	1	1
广 西					
海 南	1	1			
重 庆	10	9	1		
四 川	5	2	3		
贵 州	2	2			
云 南	7	2	5		
西 藏					
陕 西	6	6			
甘 肃	4	4			
青 海	2	1			1
宁 夏					
新 疆	5	1	4		

2004 年中国各地区限额以上连锁餐饮企业门店数（按业态分）

单位：个

地 区	2004 年	2003 年	±%	正餐			快餐		
				2004 年	2003 年	±%	2004 年	2003 年	±%
全 国	**6 968**	**6 127**	**13.7**	**2 789**	**2 686**	**3.8**	**2 678**	**2 277**	**17.6**
北 京	858	722	18.8	225	210	7.1	541	460	17.6
天 津	579	528	9.7	56	55	1.8	110	95	15.8
河 北	194	174	11.5	140	143	−2.1	23	15	53.3
山 西	135	138	−2.2	108	116	−6.9	22	18	22.2
内蒙古	81	75	8.0	72	70	2.9	9	5	
辽 宁	240	214		113	115		111	90	
吉 林	67	57	17.5	31	32	−3.1	32	23	39.1
黑龙江	144	134	7.5	92	92		52	42	
上 海	520	494	5.3	120	94	27.7	384	372	3.2
江 苏	1051	794		127	99		206	182	
浙 江	297	231	28.6	86	64	34.4	178	135	31.9
安 徽	85	78	9.0	51	51		34	27	25.9
福 建	161	164	−1.8	40	40		74	70	5.7
江 西	33	30	10.0	22	18	22.2	10	11	−9.1
山 东	307	297	3.4	209	207	1.0	90	81	11.1
河 南	192	183	4.9	183	179	2.2	5	1	400.0
湖 北	175	182	−3.8	96	106	−9.4	79	76	3.9
湖 南	97	77							
广 东	660	516	27.9	128	115	11.3	431	352	
广 西	32	21	52.4	14	10	40.0	13	7	85.7
海 南	12	11	9.1	7	6	16.7	5	5	
重 庆	222	200	11.0	200	185	8.1	22	15	46.7
四 川	322	312		231	239		91	73	
贵 州	45	43	4.7	41	40	2.5	4	3	
云 南	96	103		47	52		49	51	
西 藏	10	6	66.7	9	6	50.0	1		
陕 西	123	111	10.8	121	110	10.0	1		
甘 肃	73	82	−11.0	73	82	−11.0			
青 海	21	22	−4.5	13	14	−7.1			
宁 夏	9	11	−18.2	9	11	−18.2			
新 疆	127	117	8.5	85	86	−1.2	42	31	35.5

2004 年中国各地区限额以上连锁餐饮企业营业收入（按业态分）

单位：万元

地区	2004 年	2003 年	±%	正餐			快餐		
				2004 年	2003 年	±%	2004 年	2003 年	±%
全国	**3 997 191**	**2 569 981**	**55.5**	**1 546 257**	**1 193 908**	**29.5**	**2 351 097**	**1 298 333**	**81.1**
北京	492 007	386 639	27.3	212 651	159 717	33.1	267 334	218 820	22.2
天津	111 394	91 922	21.2	17 299	15 338	12.8	59 358	47 972	23.7
河北	1 174	1 063	10.4	972	860	13.0	202	203	-0.5
山西	35 176	27 355	28.6	19 645	16 687	17.7	15 531	10 668	45.6
内蒙古	435 288	354 983	22.6	435 288	354 983	22.6			
辽宁	178 926	157 247	13.8	44 253	40 151	10.2	134 674	117 097	15.0
吉林	1 670	1 111	50.3	1 670	1 111	50.3			
黑龙江	2 373	2 171	9.3	2 142	1 902	12.6	231	269	-14.1
上海	316 138	263 341	20.0	88 576	74 965	18.2	227 355	188 128	20.9
江苏	218 361	166 316	31.3	22 464	14 092	59.4	186 965	146 772	27.4
浙江	207 835	162 057	28.2	44 546	36 975	20.5	153 117	117 668	30.1
安徽	39 379	30 617	28.6	31 079	24 493	26.9	8 300	6 123	35.6
福建	47 572	56 115	-15.2	5 879	4 062	44.7	40 777	51 032	-20.1
江西	15 140	14 073	7.6	14 492	13 417	8.0	648	655	-1.1
山东	81 930	65 110	25.8	16 121	12 184	32.3	65 808	52 926	24.3
河南	4 864	4 018	21.1	4 864	4 018	21.1			
湖北	146 177	139 987	4.4	84 107	86 142	-2.4	62 070	53 845	15.3
湖南	36 658	27 316	34.2	2 475	1 242	99.3	34 183	26 074	31.1
广东	1 130 292	297 148	280.4	70 147	63 107	11.2	1 027 664	207 495	395.3
广西									
海南	294	222	32.4	294	222	32.4			
重庆	371 523	217 990	70.4	370 201	217 305	70.4	1 322	685	93.0
四川	41 757	30 488	37.0	9 510	3 507	171.2	32 247	26 981	19.5
贵州	11 379	10 595	7.4	11 379	10 595	7.4			
云南	31 141	32 618	-4.5	9 488	15 440	-38.5	21 652	17 177	26.1
西藏									
陕西	14 933	10 664	40.0	14 933	10 664	40.0			
甘肃	8 946	8 541	4.7	8 946	8 541	4.7			
青海	2 165	2 058	5.2	1 796	1 714	4.8			
宁夏									
新疆	12 699	8 221	54.5	1 039	477	117.8	11 659	7 744	50.6

2004年中国前100家零售企业名录

2004年序号	2003年序号	企业名称	业态	销售总额 千元	销售总额 同比±%	零售总额 千元	零售总额 同比±%
1	1	百联(集团)有限公司	百货/超市/便利店	67 627 140	22.46	67 627 140	22.46
2	3	国美电器有限公司	家电专业店	23 878 860	34.25	23 878 860	34.25
3	2	大连大商集团有限公司	百货/超市/便利店	23 084 920	26.96	15 035 460	12.46
4	7	苏宁电器连锁集团股份有限公司	家电专业店	22 107 640	79.55	22 107 640	79.55
5	5	家乐福(中国地区各企业)	超市	16 240 500	20.87	16 240 500	20.87
6	4	北京华联集团投资控股有限公司	百货/超市	16 000 000	17.65	16 000 000	17.65
7	11	上海永乐家用电器有限公司	家电专业店	15 849 100	62.37	15 849 100	62.37
8	12	苏果超市有限公司	超市/便利店	13 880 000	44.89	13 880 000	44.89
9	6	农工商超市(集团)有限公司	超市/便利/折扣店	13 703 000	10.68	13 703 000	10.68
10	13	北京物美投资集团有限公司	超市/便利店	13 276 740	56.11	13 276 740	56.11
11	8	三联商社股份有限公司	家电专业店	13 255 800	24.17	13 255 800	24.17
12	16	重庆商社(集团)有限公司	百货/超市/便利店	13 113 150	17.97	9 062 498	21.57
13	25	好又多管理咨询服务(上海)有限公司	超市	12 000 000	155.29	12 000 000	155.29
14	9	华润万家有限公司	超市	11 014 437	6.69	11 014 437	6.69
15	10	天津一商集团有限公司	百货	10 079 595	25.07	1 438 271	28.43
16	24	江苏五星电器有限公司	家电专业店	9 378 900	83.65	9 378 900	83.65
17	19	广州百货企业集团有限公司	百货	9 072 810	5.09	7 202 230	6.75
18	17	新一佳超市有限公司	超市	8 500 410	44.07	8 500 410	44.07
19	14	天津劝业华联集团有限公司	百货/超市/便利店	8 041 240	11.38	4 005 300	11.12
20	15	武汉武商集团股份有限公司	百货/超市/专业	7 859 510	11.78	6 468 646	10.85
21	20	江苏文峰大世界连锁发展股份有限公司	超市/会员店/专业	7 642 621	33.67	5 118 165	44.39
22	18	沃尔玛(中国)投资有限公司	超市/会员店	7 635 420	30.47	7 635 420	30.47
23	38	易初莲花(中国)连锁超市有限公司	超市	7 394 050	39.91	7 394 050	39.91
24	44	合肥百货大楼集团股份有限公司	百货/超市/便利店	7 300 000	26.12	3 300 000	32.64
25	22	家世界连锁商业集团有限公司	超市	7 225 390	37.05	7 225 390	37.05
26	10	上海大润发有限公司	超市	7 039 138	28.20	953 759	17.69
27	21	锦江麦德龙现购自运有限公司	超市	6 364 450	13.23	6 364 450	13.23
28	34	人人乐连锁商业(集团)有限公司	超市	6 200 130	92.93	6 200 130	92.93
29	27	武汉中百集团股份有限公司	百货/超市/便利店	6 087 690	34.59	3 995 485	32.54
30	26	北京王府井百货(集团)股份有限公司	百货	5 870 670	23.30	5 870 670	23.30
31	23	北京京客隆超市连锁集团有限公司	超市/便利店	5 237 740	12.74	5 237 740	12.74
32	33	利群集团股份有限公司	百货/超市/便利店	5 105 025	48.65	3 257 322	31.82
33	28	重庆百货大楼股份有限公司	百货	4 881 704	9.31	3 481 882	10.19
34	31	武汉中商集团股份有限公司	百货/超市/便利店	4 578 410	24.76	4 223 571	32.81
35	35	山东银座商城股份有限公司	百货/便利/专业	4 421 640	42.55	4 421 640	42.55
36	30	江苏无锡商业大厦集团有限公司	百货	3 925 364	1.49	3 589 963	2.85
37	36	上海豫园旅游商城股份有限公司	百货	3 813 443	26.93	2 343 471	11.18

2004 年中国前 100 家零售企业名录（续）

2004 年序号	2003 年序号	企业名称	业态	销售总额 千元	销售总额 同比±%	零售总额 千元	零售总额 同比±%
38	39	江苏时代超市有限公司	超市	3 678 690	35.75	3 678 690	35.75
39		山东家家悦超市有限公司	超市/会员/折扣店	3 536 900	52.60	3 536 900	52.60
40		上海欧尚超市有限公司	超市	3 511 780	62.65	3 511 780	62.65
41	43	山东潍坊百货集团股份有限公司	百货/超市/便利店	3 392 520	35.45	3 392 520	35.45
42	80	上海家得利超市有限公司	超市	3 198 000	33.25	3 198 000	33.25
43		北京一商集团有限责任公司	百货	3 178 627	-9.41	988 273	-34.71
44	55	安徽商之都有限责任公司	百货/超市	3 031 791	57.95	2 575 008	45.47
45	42	南京中央商场股份有限公司	百货	2 877 471	13.77	2 798 483	15.58
46	49	长春欧亚集团股份有限公司	百货	2 826 140	22.65	2 826 140	22.65
47	63	深圳天虹商场有限公司	百货/超市/便利店	2 822 693	66.99	2 822 693	66.99
48	48	湖南友谊阿波罗股份有限公司	百货/超市/专业	2 807 835	19.67	2 595 110	18.40
49	89	深圳百佳超级市场有限公司	超市/便利店	2 749 960	25.66	2 749 960	25.66
50	37	天津滨江集团有限公司	百货	2 723 858	-9.29	1 251 926	-45.82
51		石家庄北国人百集团有限责任公司	百货	2 696 309	34.14	2 696 309	34.14
52	46	成都红旗连锁有限公司	超市/便利店	2 463 100	11.90	2 463 100	11.90
53	57	济南人民商场股份有限公司	百货	2 312 580	23.85	2 312 580	23.85
54	87	成都人民商场(集团)股份有限公司	百货	2 307 270	38.76	2 182 601	44.92
55	51	河南通利量贩有限公司	超市/便利店	2 278 790	5.25	618 170	29.52
56	40	北京新燕莎控股(集团)有限责任公司	百货/超市/便利店	2 264 010	29.51	2 264 010	29.51
57	59	北京西单友谊集团	百货/超市/便利店	2 155 338	18.24	2 154 221	24.34
58	29	北京超市发连锁股份有限公司	超市	2 141 130	12.97	2 141 130	12.97
59	96	步步高商业连锁股份有限公司	百货/超市/便利店	2 117 000	52.30	2 117 000	52.30
60	60	中兴—沈阳商业大厦(集团)股份有限公司	百货	2 061 509	13.68	2 018 388	14.67
61	67	宁波三江购物俱乐部有限公司	超市	2 049 740	27.98	2 049 740	27.98
62	66	上海可的便利店有限公司	便利店	2 049 580	29.18	2 049 580	29.18
63		山东新星购销总部	百货/超市/便利店	2 000 000	11.11	2 000 000	11.11
64		南京华诚超市有限公司	超市/便利店	1 965 170	18.50	1 965 170	18.50
65		首联商业集团有限公司	超市/便利/折扣店	1 963 496	-0.33	1 963 496	-0.33
66		广州市广百股份有限公司	百货/家电	1 925 450	19.86	1 658 130	19.74
67	65	杭州大厦购物中心	百货	1 885 325	16.21	1 885 325	16.21
68	64	上海捷强烟草管理(集团)连锁有限公司	超市/专业店	1 855 690	5.22	1 855 690	5.22
69	68	西安开元商城有限公司	百货	1 764 476	12.00	1 764 476	12.00
70	78	郑州丹尼斯百货有限公司	百货/超市/便利店	1 725 550	35.21	1 725 550	35.21
71	73	辽宁兴隆百货集团	百货	1 704 700	27.22	1 704 700	27.22
72	71	上海徐家汇商城股份有限公司	百货	1 660 861	16.85	1 658 741	16.78
73	62	南京新街口百货商店股份有限公司	百货	1 648 429	-1.15	1 408 394	-2.53
74	79	深圳岁宝百货有限公司	百货/超市	1 635 630	29.00	1 614 850	33.85

2004年中国前100家零售企业名录（续）

2004年	2003年	企业名称	业态	销售总额		零售总额	
序号	序号			千元	同比±%	千元	同比±%
75	75	沈阳商业城股份有限公司	百货	1 632 279	21.24	1 520 175	16.59
76	95	青岛维客集团股份有限公司	百货/超市/便利店	1 531 809	45.81	1 531 809	45.81
77		浙江人本超市有限公司	超市/便利/折扣店	1 505 000	24.59	1 505 000	24.59
78	72	北京城乡贸易中心股份有限公司	百货	1 503 520	6.70	1 503 520	6.70
79	93	北京翠微大厦股份有限公司	百货	1 475 582	36.22	1 475 582	36.70
80		成都百货大楼集团有限公司	百货	1 473 003	-3.61	1 141 263	0.32
81	69	长春百货大楼集团股份有限公司	百货	1 410 042	-5.29	1 410 042	-5.29
82		唐山百货大楼集团有限责任公司	百货	1 400 966	39.98	1 241 283	37.34
83	84	广州友谊商店股份有限公司	百货	1 372 359	16.78	1 372 237	16.79
84		北京美廉美连锁商业股份有限公司	超市/便利店	1 370 000	61.94	1 370 000	61.94
85	88	南昌百货大楼股份有限公司	百货	1 349 989	20.32	1 053 210	25.06
86		南昌洪城大厦股份有限公司	百货	1 325 844	38.48	1 171 912	50.84
87		广州吉之岛天贸百货有限公司	百货	1 306 204	25.95	1 306 204	25.95
88	74	河南八方电器有限公司	家电专业店	1 283 000	-5.66	354 000	-6.23
89		上海良友金伴便利连锁有限公司	便利店	1 277 670	15.88	1 277 670	15.88
90	83	百大集团股份有限公司杭州百货大楼	百货	1 271 523	7.78	1 271 523	7.78
91	91	河南金博大购物中心有限公司	超市	1 263 040	15.03	1 263 040	15.03
92		福建新华都购物广场有限公司	百货/超市	1 213 880	139.17	1 213 880	139.17
93	77	杭州解百集团股份有限公司	百货	1 198 330	-6.24	1 019 381	-7.56
94		漯河双汇商业连锁有限公司	便利店	1 185 860	20.99	1 185 860	20.99
95	92	新疆友好(集团)股份有限公司	百货	1 180 889	7.85	783 764	2.35
96		河北保龙仓商业连锁经营有限公司	超市	1 150 000	9.52	1 150 000	9.52
97		广东天河城百货有限公司	百货	1 134 459	17.27	1 134 459	17.27
98		山西华宇商业发展股份有限公司	超市	1 125 260	37.51	1 125 260	37.51
99		赛特购物中心	百货	1 105 235	13.82	1 105 235	13.82
100	59	北京北辰实业股份有限公司北辰购物中心	百货	1 062 903	-8.29	1 062 903	-8.29

2004年中国前100家连锁企业名录

序号	企业名称	经济类型	销售总额（万元）	增幅（%）	门店数（个）	增幅（%）
1	百联（集团）有限公司	国有独资或控股	6 762 714	22	5 493	25
2	国美电器有限公司	民营企业	2 387 886	34	227	63
3	大连大商集团有限公司	国有独资或控股	2 308 492	27	120	25
4	苏宁电器连锁集团股份有限公司	民营企业	2 210 764	80	193	30
5	家乐福（中国地区各企业）	中外合资/合作	1 624 050	21	62	51
6	北京华联集团投资控股有限公司	国有独资或控股	1 600 000	18	70	13

2004 年中国前 100 家连锁企业名录（续）

序号	企 业 名 称	经济类型	销售总额（万元）	增幅（%）	门店数（个）	增幅（%）
7	上海永乐家用电器有限公司	中外合资/合作	1 584 910	62	108	71
8	苏果超市有限公司	中外合资/合作	1 388 000	45	1 345	16
9	农工商超市（集团）有限公司	国有独资或控股	1 370 300	11	1 232	2
10	北京物美投资集团有限公司	民营企业	1 327 674	56	608	17
11	三联商社股份有限公司	民营企业	1 325 580	24	254	26
12	重庆商社（集团）有限公司	国有独资或控股	1 311 315	18	153	16
13	好又多管理咨询服务（上海）有限公司	中外合资/合作	1 200 000	155	88	226
14	中国百胜餐饮集团	中外合资/合作	1 186 879	26	1 400	27
15	华润万家有限公司	中外合资/合作	1 101 444	7	476	2
16	江苏五星电器有限公司	民营企业	937 890	84	120	25
17	新一佳超市有限公司	民营企业	850 041	44	58	26
18	武汉武商集团股份有限公司	国有独资或控股	785 900	12	39	26
19	江苏文峰大世界连锁发展股份有限公司	国有独资或控股	764 262	34	506	55
20	沃尔玛（中国）投资有限公司	中外合资/合作	763 542	30	43	30
21	易初莲花（中国）连锁超市有限公司	中外合资/合作	739 405	40	41	86
22	合肥百货大楼集团股份有限公司	国有独资或控股	730 000	26	49	32
23	家世界连锁商业集团有限公司	民营企业	722 539	37	69	41
24	锦江麦德龙现购自运有限公司	中外合资/合作	645 898	15	23	28
25	人人乐连锁商业（集团）有限公司	民营企业	620 013	93	32	113
26	武汉中百集团股份有限公司	国有独资或控股	608 768	35	330	15
27	北京王府井百货（集团）股份有限公司	国有独资或控股	587 067	23	15	36
28	北京京客隆超市连锁集团有限公司	国有独资或控股	523 774	13	140	20
29	东方家园有限公司	民营企业	523 309	55	22	57
30	青岛利群集团股份有限公司	国有独资或控股	510 502	49	512	61
31	武汉中商集团股份有限公司	国有独资或控股	457 841	25	24	14
32	山东银座商城股份有限公司	国有独资或控股	442 164	43	32	0
33	内蒙古小肥羊餐饮连锁有限公司	民营企业	433 000	22	703	7
34	江苏时代超市有限公司	中外合资合作	367 869	36	56	8
35	山东家家悦超市有限公司	民营企业	353 690	53	202	19
36	上海欧尚超市有限公司	中外合资/合作	351 178	63	11	38
37	山东潍坊百货集团股份有限公司	国有独资或控股	339 252	35	146	25
38	上海家得利超市有限公司	国有独资或控股	319 800	33	121	13
39	安徽商之都有限责任公司	国有独资或控股	303 000	58	32	60
40	友谊阿波罗股份有限公司	国有独资或控股	290 293	21	18	13
41	内蒙古小尾羊餐饮连锁有限公司	民营企业	281 597	75	417	60
42	百佳超级市场有限公司	中外合资/合作	274 996	26	31	41
43	成都红旗连锁有限公司	民营企业	246 310	12	552	33

2004 年中国前 100 家连锁企业名录（续）

序号	企业名称	经济类型	销售总额（万元）	增幅（%）	门店数（个）	增幅（%）
44	北京超市发连锁股份有限公司	国有独资或控股	214 113	13	43	2
45	步步高商业连锁股份有限公司	民营企业	211 700	52	45	22
46	宁波三江购物俱乐部有限公司	民营企业	204 974	28	50	35
47	上海可的便利店有限公司	国有独资或控股	204 958	29	1 079	14
48	百安居（上海）管理系统有限公司	中外合资合作	201 000	44	21	40
49	山东新星购销总部	民营企业	200 000	11	128	29
50	南京华诚超市有限公司	国有独资或控股	196 517	19	323	9
51	首联商业集团有限公司	国有独资或控股	196 350	(0)	56	(7)
52	广州市广百股份有限公司	国有独资或控股	192 545	20	12	20
53	上海捷强烟草管理（集团）连锁有限公司	国有独资或控股	185 569	5	416	42
54	北京小土豆企业（集团）有限公司	民营企业	183 600	31	170	16
55	湖南老百姓大药房连锁有限公司	民营企业	182 000	143	58	107
56	山东省青岛维客集团股份有限公司	民营企业	153 181	46	715	0
57	浙江人本超市有限公司	民营企业	150 500	25	102	24
58	重庆小天鹅投资控股（集团）有限公司	民营企业	145 000	28	308	22
59	北京美廉美连锁商业股份有限公司	民营企业	137 000	62	17	55
60	上海良友金伴便利连锁有限公司	国有独资或控股	127 767	16	669	34
61	福建新华都购物广场有限公司	民营企业	121 388	139	10	150
62	漯河双汇商业连锁有限公司	国有独资或控股	118 586	21	367	11
63	青岛全统旅游音乐有限公司	中外合资合作	117 544	112	238	76
64	河北保龙仓商业连锁经营有限公司	民营企业	115 000	10	11	22
65	华普超市有限公司	民营企业	102 728	3	19	19
66	深圳市海王星辰医药有限公司	民营企业	101 469	45	668	45
67	陕西海星连锁超级市场有限责任公司	民营企业	100 928	18	156	32
68	天津德克士食品开发有限公司	中外合资合作	100 855	27	383	34
69	哈尔滨中央红集团股份有限公司	民营企业	100 376	0	145	0
70	中国全聚德（集团）股份有限公司	国有独资或控股	99 300	46	55	15
71	浙江慈客隆超市有限公司	民营企业	95 300	22	74	45
72	河北省邯郸市阳光百货集团	民营企业	95 000	23	18	6
73	哈尔滨联强商业发展有限公司	民营企业	90 700	21	27	13
74	阜阳华联超市有限公司	民营企业	90 000	1	96	4
75	重庆桐君阁大药房连锁公司	国有独资或控股	88 180	7	4 216	58
76	深圳百佳华实业发展有限公司	民营企业	85 666	(2)	5	0
77	重庆秦妈餐饮文化有限公司	民营企业	84 340	36	262	36
78	西安爱家商贸有限公司	民营企业	81 487	17	8	0
79	广西佳用商贸股份有限公司	民营企业	80 362	1	90	10
80	北京好利来企业投资管理公司	民营企业	80 000	33	503	20

2004年中国前100家连锁企业名录（续）

序号	企 业 名 称	经济类型	销售总额（万元）	增幅（%）	门店数（个）	增幅（%）
81	湖南佳惠百货有限公司	民营企业	78 236	38	18	38
82	北京东易日盛装饰有限责任公司	民营企业	74 500	69	96	55
83	唐山华盛超市有限公司	民营企业	71 200	23	40	25
84	重庆东方莱根香餐饮有限公司	民营企业	70 244	8	138	35
85	内蒙古呼伦贝尔市友谊有限公司	民营企业	69 023	51	20	25
86	河南思达连锁商业有限公司	民营企业	68 396	18	208	23
87	北京东来顺集团有限公司	国有独资或控股	65 000	8	112	12
88	重庆苏大姐餐饮文化有限公司	民营企业	64 756	22	360	20
89	北京顺天府商贸有限公司	民营企业	60 897	8	18	6
90	绍兴供销超市有限公司	民营企业	60 712	29	240	140
91	济南华联超市有限公司	民营企业	60 000	33	4	33
92	天津津工超市有限责任公司	国有独资或控股	59 066	20	240	20
93	深圳市中联大药房有限公司	国有独资或控股	58 000	17	336	10
94	重庆汇源火锅研究所（奇火锅）	民营企业	57 000	44	150	34
95	吉林省白山市方大商业有限公司	国有独资或控股	56 872	14	40	5
96	韶山毛家饭店发展有限公司	民营企业	56 260	50	81	53
97	北京金象大药房医药连锁有限公司	国有独资或控股	51 600	21	288	32
98	北京合兴食品集团（吉野家）	中外合资合作	50 762	36	95	46
99	上海仙踪林餐饮有限公司	中外合资合作	48 558	83	196	24
100	河北国大连锁商业有限公司	国有独资或控股	48 000	5	214	19
	合 计		**49 680 973**	**33**	**30 416**	**28**

注：百联集团中，联华超市股份有限公司、华联超市股份有限公司、华联吉买盛购物中心有限公司销售额分别为3 068 494、1 803 300、430 000万元。

1980—2004 年 中 国 进 出 口 总 额

金额单位：亿美元

年 份	进出口	出 口	进 口
1980	381.4	181.2	200.2
1981	440.2	220.1	220.2
1982	416.1	223.2	192.9
1983	436.2	222.3	213.9
1984	535.5	261.4	274.1
1985	696.0	273.5	422.5
1986	738.5	309.4	429.0
1987	826.5	394.4	432.2
1988	1 027.8	475.2	552.7
1989	1 116.8	525.4	591.4
1990	1 154.4	620.9	533.5
1991	1 357.0	719.1	637.9
1992	1 655.3	849.4	805.9
1993	1 957.0	917.4	1 039.6
1994	2 366.2	1 210.1	1 156.2
1995	2 808.6	1 487.8	1 320.8
1996	2 898.8	1 510.5	1 388.3
1997	3 251.6	1 827.9	1 423.7
1998	3 239.5	1 837.1	1 402.4
1999	3 606.3	1 949.3	1 657.0
2000	4 743.0	2 492.0	2 250.9
2001	5 096.5	2 661.0	2 435.5
2002	6 207.7	3 255.7	2 952.0
2003	8 512.1	4 383.7	4 128.4
2004	11 547.4	5 933.6	5 613.8

1980—2004 年 中 国 进 出 口 总 额 增 长 速 度
（比上年增长%）

年份	进出口	出 口	进 口
1980	–	–	–
1981	15.4	21.5	9.9
1982	–5.5	1.4	–12.4
1983	4.8	–0.4	10.9
1984	22.8	17.6	28.1
1985	30.0	4.6	54.1
1986	6.1	13.1	1.5
1987	11.9	27.5	0.7

1980—2004 年中国进出口总额增长速度（续）

（比上年增长%）

年份	进出口	出口	进口
1988	24.4	20.5	27.9
1989	8.7	10.6	7.0
1990	3.4	18.2	-9.8
1991	17.6	15.8	19.6
1992	22.0	18.1	26.3
1993	18.2	8.0	29.0
1994	20.9	31.9	11.2
1995	18.7	23.0	14.2
1996	3.2	1.5	5.1
1997	12.2	21.0	2.5
1998	-0.4	0.5	-1.5
1999	11.3	6.1	18.2
2000	31.5	27.8	35.8
2001	7.5	6.8	8.2
2002	21.8	22.3	21.2
2003	37.1	34.6	39.9
2004	35.7	35.4	36.0

1980—2004 年中国出口总额占世界出口总额的比重和位次

金额单位：亿美元

年份	世界出口总额	中国出口总额	中国出口总额占世界出口总额比重（%）	位次
1980	19 906	181.2	0.9	26
1981	19 724	220.1	1.1	19
1982	18 308	223.2	1.2	17
1983	18 078	222.2	1.2	17
1984	19 019	261.4	1.4	18
1985	19 277	273.5	1.4	17
1986	21 157	309.4	1.5	16
1987	24 969	394.4	1.6	16
1988	28 382	475.2	1.7	16
1989	30 361	525.4	1.7	14
1990	34 700	620.9	1.8	15
1991	35 300	718.4	2.0	13
1992	37 000	849.4	2.3	11
1993	36 870	917.6	2.5	11
1994	41 683	1 210.4	2.9	11

1980—2004 年中国出口总额占世界出口总额的比重和位次（续）

金额单位：亿美元

年 份	世界出口总额	中国出口总额	中国出口总额占世界出口总额比重（%）	位 次
1995	50 200	1 487.7	3.0	11
1996	52 540	1 510.7	2.9	11
1997	54 550	1 827.9	3.3	10
1998	54 050	1 837.6	3.4	9
1999	54 600	1 949.3	3.6	9
2000	63 580	2 492.0	3.9	7
2001	61 624	2 661.0	4.3	6
2002	64 329	3 255.7	5.1	5
2003	74 820	4 383.7	5.9	4
2004	91 235	5 933.6	5.6	3

注：2004 年为 WTO 初步统计数据。

2004 年中国进出口商品构成

金额单位：亿美元

商品构成（按 SITC 分类）	出口		进口	
	金额	增减（%）	金额	增减（%）
总值	**5 933.7**	**35.4**	**5 614.2**	**36.0**
一、初级产品	405.5	16.5	1 173.0	61.2
0 类 食品及活动物	188.7	7.6	91.6	53.6
1 类 饮料及烟类	12.1	19.1	5.5	11.9
2 类 非食用原料（燃料除外）	58.4	16.1	553.8	62.3
3 类 矿物燃料、润滑油及有关原料	144.8	30.2	480.0	64.5
4 类 动植物油、油脂及蜡	1.5	28.5	42.1	40.5
二、工业制品	5 528.2	37.0	4 441.2	30.6
5 类 化学成品及有关产品	263.7	34.7	657.4	34.2
6 类 按原料分类的制成品	1 006.5	45.8	740.7	15.9
7 类 机械及运输设备	2 682.9	42.9	2 526.2	31.0
8 类 杂项制品	1 563.9	24.0	501.6	51.9
9 类 未分类的商品	11.1	16.4	15.3	19.3

2004 年 中 国 出 口 主 要 商 品 量 值 表

金额单位：万美元

商品名称	数量单位	2004 年		2003 年	
		数量	金额	数量	金额
粮谷	公吨	4 734 143	82 769	21 936 569	265 708
大米	公吨	881 918	218 84	2 588 880	48 303
小麦	公吨	783 934	11 208	2 237 481	26 501
玉米	公吨	2 317 859	32 400	16 389 024	176 646
高粱	公吨	148 268	2 123	109 536	1 339
荞麦	公吨	137 525	2 482	184 227	2 612
谷子	公吨	30 261	666	42 036	753
面粉	公吨	305 772	7 769	277 163	6 003
豆类	公吨	1129 740	47 574	1 306 765	44 569
大豆	公吨	334 431	14 478	267 468	8700
蚕豆	公吨	25 823	850	29 417	817
豌豆	公吨	6 291	155	7 080	163
绿豆	公吨	138 582	6 483	214 278	8 301
红小豆	公吨	61 229	4 929	65 703	3 012
芸豆	公吨	500 638	18 542	633 064	21 061
扁豆	公吨	37 419	1 014	32 867	827
食用植物油	公吨	65 214	6 325	59 705	5 966
花生油	公吨	14 201	1 612	25 303	2 887
豆油	公吨	19 442	1 330	10 650	648
菜油	公吨	5 455	408	5 419	391
芝麻油	公吨	5 303	1 224	4 390	837
玉米油	公吨	20 336	1 690	13 097	1 078
其他植物油	公吨	22 645	3 535	21 499	2 813
桐油	公吨	18 868	2 653	19 511	2 341
食用植物油籽	公吨	822 705	50 603	843 379	44 917
花生仁	公吨	325 316	24 856	399 986	26 867
花生果	公吨	77 680	5 014	90 183	4 921
芝麻	公吨	41 551	4 690	104 403	8 475
葵花籽	公吨	75 899	5 999	70 284	3 953
棉籽	公吨	8 383	220	5 787	166
其他植物油籽	公吨	46 306	2 264	56 622	2 760
亚麻籽	公吨	6 569	373	12 583	778
活畜禽	-	0	33 026	0	32 657
活大猪	头	1 826 642	23 022	1 709 110	20 470
活中猪	头	139 788	943	169 338	1 006
活牛	头	58 655	3 519	50 635	3 067
活羊	头	153 906	505	7 268	22
活鸡	万只	1 913	3 308	3 856	6 566
活鸽	万只	123	127	187	210
肉食	-	0	159 710	0	139 860
猪肉	公吨	291 261	45 958	213 492	26 918
牛肉	公吨	15 594	3 033	8 871	14 88

2004 年 中 国 出 口 主 要 商 品 量 值 表（续）

金额单位：万美元

商品名称	数量单位	2004 年		2003 年	
		数量	金额	数量	金额
绵羊肉	公吨	20 031	3 515	8 515	1 427
山羊肉	公吨	3 999	666	3 963	635
兔肉	公吨	6 396	1 007	4 426	599
鸡肉	公吨	72 843	9 245	226 985	27 896
鸭肉	公吨	6 251	715	6 665	685
灌腊肠	公吨	21 111	5 238	16 986	4 060
鲜蛋	万个	104 674	4 028	129 171	3 102
鸡蛋	万个	104 174	4 000	127 767	3 066
皮蛋	万个	7 355	632	6 869	543
咸蛋	万个	20 739	1 016	14 330	655
苹果	公吨	774 189	27 446	609 045	20 978
橘柑橙	公吨	333 162	9 722	265 434	6 934
柚子	公吨	14 073	321	14 197	240
梨	公吨	318 292	9 070	296 962	7 997
香蕉	公吨	23 422	646	19 861	681
菠萝	公吨	5 756	156	7 713	154
荔枝	公吨	9 653	572	4 052	136
荸荠	公吨	17 686	813	14 462	626
葡萄	公吨	17 799	738	13 433	583
李子	公吨	6 533	154	3 137	52
桃子	公吨	15 614	457	18 829	429
哈密瓜	公吨	16 291	313	15 567	284
西瓜	公吨	30 712	427	28 136	361
栗子	公吨	39 976	6 363	34 499	5 297
葡萄干	公吨	12 122	1 840	7 778	1 083
柿饼	公吨	11 067	1 321	11 535	1 291
蜜饯	公吨	82 860	10 035	75 801	8 706
核桃	公吨	1 069	108	1 116	137
核桃仁	公吨	9 907	3 001	8 518	2 584
苦杏仁	公吨	7 571	1 237	6 586	1 099
甜杏仁	公吨	1 851	471	877	201
黑瓜子	公吨	9 954	1 038	7 361	689
白瓜子	公吨	48 684	6 797	36 379	4 947
红瓜子	公吨	13 377	248	9 469	198
莲子	公吨	4 519	904	3 465	516
松子仁	公吨	9 550	6 897	6 080	5 133
白果	公吨	4 199	703	3 848	902
红枣	公吨	15 795	1 094	17 483	984
熟地瓜干	公吨	9 692	471	6 467	294
蔬菜	公吨	4 701 791	278 107	4 321 489	219 556
土豆	公吨	177 398	2 923	156 354	2 143
洋葱	公吨	418 137	9 036	453 793	8 506

2004 年中国出口主要商品量值表（续）

金额单位：万美元

商品名称	数量单位	2004 年		2003 年	
		数量	金额	数量	金额
萝卜	公吨	286 167	6 956	203 362	4 472
鲜姜	公吨	188 376	19 062	223 898	8 127
番茄	公吨	82 873	1 395	58 791	1 176
大蒜	公吨	1 127 883	41 918	1 142 167	35 493
咸蕨菜	公吨	2 897	411	4 311	540
咸水蘑菇	公吨	52 706	6 017	51 683	5 635
榨菜	公吨	17 838	1 105	21 942	1 277
速冻蔬菜	公吨	490 223	37 969	359 500	29 903
黑木耳	公吨	8 339	3 019	7 483	2 621
蘑菇	公吨	1 384	367	1 102	182
蘑菇干片	公吨	26 739	17 280	19 844	8 957
笋干丝	公吨	3 278	1 412	3 150	1 013
水产品	-	0	405 997	0	333 548
大闸蟹	公吨	834	600	457	446
活鳗鱼	公吨	14 970	12 407	9 734	5 850
冰鲜鱼	公吨	10 3847	22 041	78 009	18 512
冻鱼	公吨	429 897	50 800	411 663	45 382
冻鱼片	公吨	565 052	140 124	467 177	110 801
冻对虾	公吨	46 607	25 682	42 017	22 707
冰鲜虾	公吨	27 935	3 684	26 010	2 911
冻小虾	公吨	43 990	15 364	50 718	17 824
冻虾仁球	公吨	21 842	12 640	16 435	9 751
冻小虾仁	公吨	27 691	11 659	33 875	13 692
鱼翅	公吨	2 476	4 097	2 197	3 809
猪肉罐头	公吨	54 063	7 928	52 161	7 506
牛肉罐头	公吨	8 084	1 295	5 159	732
家禽罐头	公吨	1 759	553	918	129
菠萝罐头	公吨	77 064	3 667	55 290	2 587
橘子罐头	公吨	282 819	17 035	251 085	15 927
桃子罐头	公吨	70 215	5 524	79 420	5 902
荔枝罐头	公吨	19 484	1 170	18 544	1 313
梨罐头	公吨	29 808	1 555	22 613	1 135
蘑菇罐头	公吨	29 1837	28 959	257 955	27 829
番茄酱罐头	公吨	437 899	22 360	403 748	20 617
整番茄罐头	公吨	6 077	299	3 931	180
芦笋罐头	公吨	97 482	9 806	103 778	9 968
核桃仁罐头	公吨	660	275	884	355
花生米罐头	公吨	2 142	241	1 969	210
糖	-	0	2 582	0	2 956
砂糖	公吨	51 771	1 300	68 651	1 668
原糖	公吨	7 858	335	10 514	435
啤酒	公吨	143 032	6 852	153 645	7 618

2004 年中国出口主要商品量值表(续)

金额单位：万美元

商品名称	数量单位	2004 年		2003 年	
		数量	金额	数量	金额
米酒及黄酒	公吨	38 035	3 386	29 001	2 720
葡萄酒	公吨	3 435	494	3 752	481
矿泉水	公吨	18 436	233	11 554	127
果汁	公吨	532 555	36 635	453 475	28 542
味素	公吨	9 086	855	6 567	635
酱油	公吨	64 426	3 680	63 564	3 505
醋	公吨	11 009	977	12 719	1 046
鲜奶	公吨	30 641	2 012	27 205	1 835
奶粉	公吨	9 260	2 087	7 678	1 706
奶油	公吨	6 878	306	5 399	251
炼乳	公吨	10 555	875	7 556	623
米粉干	公吨	66 627	3 997	62 854	3 330
粉丝	公吨	76 965	8 064	76 553	6 567
花生制品	公吨	286 411	26 843	271 469	22 658
蜂蜜	公吨	81 325	8 901	84 088	10 314
淀粉	公吨	190 146	5 641	168 098	4 498
麦麸	公吨	16 696	140	16 333	134
豆粕	公吨	656 459	20 840	770 616	17 155
甜菜粕	公吨	150 747	2 518	300 474	3 155
棉籽仁饼粕	公吨	50 871	818	95 176	1 209
混合饲料	-	0	9 416	0	8 395
鱼粉	公吨	5 026	226	4 160	203
茶叶	公吨	280 193	43 684	259 917	36 734
红茶	公吨	39 370	4 118	37 772	3 631
绿茶	公吨	196 206	29 439	181 728	24 113
花茶	公吨	19 850	4 489	16 279	3 549
乌龙茶	公吨	19 459	4 499	18 972	4 338
咖啡	公吨	15 315	1 953	15 386	1 530
可可	公吨	28 465	6 959	25 419	5 464
八角	公吨	3 010	436	4 232	606
胡椒	公吨	2 529	475	3 104	509
薄荷脑	公吨	3 713	3 691	3 576	3 339
香茅油	公吨	859	354	755	381
桂油	公吨	412	473	396	454
山苍子油	公吨	442	287	309	155
桉叶油	公吨	4 068	2 130	3 225	1 832
松油	公吨	13 743	659	16 348	820
香叶油	公吨	170	757	91	552
天然樟脑（粉、块）	公吨	10 094	1 390	9 186	1 235
柠檬酸	公吨	400 487	28 778	323 790	21 053
松香	公吨	342 892	16 386	301 173	13 980
明胶	公吨	10 028	1 827	7 354	1 300

2004 年 中 国 出 口 主 要 商 品 量 值 表（续）

金额单位：万美元

商 品 名 称	数量单位	2004 年		2003 年	
		数量	金额	数量	金额
蜂蜡	公吨	5 451	1 364	4 721	977
鞭炮烟花	公吨	285 395	34 786	258 679	31 595
蚊香	公吨	9 915	1 014	7 813	824
神纸（土纸）	公吨	109 569	7 711	108 758	6 326
观赏鱼	-	0	328	0	302
猪鬃	公吨	11 178	6 919	10 926	6 306
马鬃尾	公吨	1 223	758	1 113	637
鬃刷	万把	59 517	9 238	53 865	7 838
肠衣	公吨	62 661	50 522	65 328	39 871
猪肠衣	公吨	46 469	23 218	49 204	19 293
绵羊肠衣	公吨	11 586	22 152	10 116	16 584
山羊肠衣	公吨	2 189	4 254	1 765	2 625
鹅鸭绒毛	公吨	37 590	34 776	36 675	23 504
羽绒睡袋	个	548 488	1 190	450 966	935
猪革皮	公吨	1 181	290	1 563	319
羊革皮	公吨	3 214	3 725	3 395	3 996
牛革皮	公吨	108 136	19 420	137 136	24 093
原木	立方米	6 137	196	9 397	289
锯材	立方米	473 402	21 699	523 083	23 385
胶合板	立方米	4 305 046	124 968	2 040 537	49 553
拼花地板	公吨	214 242	27 003	170 853	24 729
箱板	-	0	4 859	0	4 222
木板门	公吨	195 812	26 549	124 301	16 756
烟类	-	0	51 360	0	49 293
烟草	公吨	182 263	26 406	183 375	22 954
烤烟	公吨	135 206	22 149	134 544	18 385
烟草制品	-	0	22 148	0	23 730
卷烟	万支	1 653 096	22 148	1 849 526	23 729
烟草辅料	-	0	2 807	0	2 609
棉花	公吨	9 283	1 600	112 448	13 337
苎麻	公吨	1 246	469	1 480	530
麻袋	万条	896	212	1 052	241
丝类	-	0	44 552	0	38 342
桑蚕丝	公吨	8 921	16 918	9 822	14 806
柞蚕丝	公吨	757	1 317	1 234	1 912
羊毛	公吨	48 491	14 165	30 053	8 862
羊绒	公吨	4 158	23 575	4 638	25 188
兔毛	公吨	2 970	4 387	2 815	2 868
纺织品	-	0	3 347 829	0	2 692 825
棉纱线	件	2 376 550	133 432	2 778 705	137 823
麻纱线	件	146 229	11 975	190 956	11 942
亚麻纱线	件	64 070	7 330	36 758	3 842

2004 年中国出口主要商品量值表（续）

金额单位：万美元

商品名称	数量单位	2004年		2003年	
		数量	金额	数量	金额
苎麻纱线	件	74 372	4 198	145 316	7 537
毛纱线	件	310 145	77 344	304 742	58 986
棉布	万米	434 789	473 892	443 610	419 789
坯布	万米	107 594	78 318	119 000	73 068
漂布	万米	29 801	25 920	33 581	25 801
色布	万米	120 463	151 690	129 474	142 441
花布	万米	79 053	67 828	68 835	54 374
色织布	万米	89 537	143 427	83 184	117 606
其他棉布	万米	8 341	6 709	9 536	6 499
麻布	万米	25 212	41 802	24 890	39 395
浴巾	打	22 831 190	42 114	25 557 949	35 955
毛巾被	条	9 840 124	5 615	12 873 651	5 470
床单	条	58 923 701	23 149	57 389 758	18 754
床罩	条	54 264 304	19 352	44 280 853	17 023
棉毯	条	33 516 479	11 082	34 866 949	11 032
毛毯	条	1 036 098	1 399	1 599 795	2 329
纤维毯	条	204 601 121	79 349	134 378 189	55 332
绸缎	万米	25 223	58 844	19 514	41 159
服装	–	0	6 161 552	0	5 191 638
日用瓷	–	0	122 264	0	97 898
日用陶	–	0	11 687	0	10 166
美术陶瓷	–	0	66 525	0	62 370
建筑陶瓷	–	0	120 078	0	76 857
陶瓷砖	–	0	87 008	0	54 727
陶瓷管	–	0	335	0	95
卫生洁具	–	0	32 561	0	21 840
地毯及装饰毯	–	0	77 330	0	63 761
宝石	–	0	131 322	0	97 779
钻石	–	0	121 306	0	91 252
养殖珍珠	公斤	344 457	12 374	231 837	6 643
天然植物编织品	–	0	103 548	0	88 193
苇帘及芦苇制品	–	0	2 532	0	2 580
稻草制品	–	0	11 645	0	8 920
藤制品	–	0	9 871	0	9 788
柳制品	–	0	25 452	0	19 983
竹编制品	–	0	16 687	0	15 370
鞋类	–	0	1 520 316	0	1 295 501
帽类	–	0	114 025	0	91 133
圆珠笔	打	545 639 296	34 787	460 572 256	25 418
铅笔	公斤	47 714 224	12 118	40 431 274	9 840
电子计算器	台	456 899 466	80 513	438 434 324	94 140
乒乓球	万个	17 792	678	15 794	650

2004 年中国出口主要商品量值表(续)

金额单位：万美元

商品名称	数量单位	2004 年		2003 年	
		数量	金额	数量	金额
玩具	-	0	637 914	0	597 930
电动玩具	-	0	3 664	0	3 676
机械玩具	-	0	65 749	0	58 008
智力玩具	-	0	25 440	0	20 890
布绒玩具	-	0	161 306	0	151 470
童车	-	0	18 332	0	10 735
乐器	-	0	81 055	0	62 546
钢琴	台	77 923	10 026	50 325	6 310
风琴	台	373 112	221	261 454	188
口琴	打	943 010	847	766 903	752
手风琴	架	258 936	647	175 178	559
提琴	套	969 260	3 288	942 077	2 760
管乐器	个	660 146	3 089	506 443	2 390
打击乐器	-	0	6 597	0	3 980
电子乐器	-	0	29 755	0	24 005
帐篷	顶	27 257 639	42 716	30 243 465	41 948
太阳伞	个	35 573 974	21 802	30 905 877	16 628
纸张	公吨	981 136	77 017	1 116 093	80 851
纸制品	公吨	1 824 801	237 669	1 413 996	169 934
玻璃器皿	-	0	43 894	0	31 039
保温瓶类	-	0	33 466	0	17 127
钟类	-	0	58 065	0	51 854
闹钟	个	193 967 481	16 378	205 775 229	16 789
表类	-	0	97 743	0	95 300
机械手表	个	7 759 950	2 641	8 574 495	1 897
电子手表	个	949 054 880	95 102	899 232 860	93 403
家具类	-	0	1 021 460	0	732 421
清洁用品	-	0	23 031	0	16 347
香皂	公吨	18 223	2 599	20 830	2 514
肥皂	公吨	13 958	607	5 093	385
牙膏	公吨	41 856	5 978	29 274	4 012
去污粉	公斤	6 156 160	546	7 807 653	538
化妆品	-	0	50 570	0	44 570
美容用品	-	0	37 688	0	32 716
护发美发用品	-	0	7 368	0	6 497
香水	-	0	1 292	0	841
锁类	公吨	324 765	95 251	266 302	68 035
灯具	-	0	451 747	0	377 886
衡器类	-	0	40 219	0	28 812
皮手套	副	62 778 050	75 817	78 771 947	141 975
钢材	公吨	14 231 016	833 633	6 955 657	310 496
钢锭	公吨	96 484	3 195	20 648	711

2004 年 中 国 出 口 主 要 商 品 量 值 表（续）

金额单位：万美元

商品名称	数量单位	2004 年		2003 年	
		数量	金额	数量	金额
废钢	公吨	5 812	221	3 849	132
钼矿砂	公吨	29 464	54 449	35 303	21 479
生铁	公吨	1 774 860	53 943	817 531	18 859
铁合金	公吨	2 188 770	264 909	1 818 440	113 409
钨铁	公吨	6 701	4 725	6 434	2 925
钼铁	公吨	42 402	89 545	32 960	23 534
锰铁	公吨	301 724	25 584	227 707	10 244
铬铁	公吨	71 645	5 686	95 453	4 894
硅铁	公吨	931 515	67 566	842 761	43 361
钛铁	公吨	3 425	1 497	1 124	288
钒铁	公吨	2 829	4 898	1 745	1 335
锡	公吨	38 915	32 105	41 220	18 041
锑	公吨	21 592	4 922	25 284	5 601
硫化锑	公吨	1 550	216	3 454	504
氧化锑	公吨	53 793	12 251	46 543	10 303
铜	公吨	138 755	37 092	76 203	13 214
铜合金	公吨	1 124	457	1 247	422
铝	公吨	1 405 882	233 949	1 037 733	148 051
铅	公吨	464 769	41 838	453 314	23 488
锌	公吨	224 165	22 519	451 028	36 586
镍	公吨	15 422	20 015	10 572	9 098
镁	公吨	308 846	58 787	233 270	36 958
钼	公吨	1 820	5 707	1 730	2 563
铋	公吨	5 970	4 560	5 050	2 830
铬	公吨	5 239	2 381	4 611	1 625
锰	公吨	279 246	40 142	174 399	17 039
铝合金	公吨	278 504	46 129	211 515	31 206
锌合金	公吨	38 984	4 392	33 203	3 072
氧化铝	公吨	22 588	1 101	63 118	2 133
氧化钼	公吨	629	1 151	2 143	1 452
三氧化钨	公吨	4 718	3 717	3 691	2 072
仲钨酸铵	公吨	5 909	3 853	8 548	4 173
铜材	公吨	390 023	149 683	232 880	69 022
铜管	公吨	98 088	35 347	53 218	13 926
铜棒	公吨	13 870	3 375	7 442	1 540
铜丝	公吨	22 353	6 794	15 335	3 699
铝材	公吨	430 988	112 009	273 293	66 774
铝板	公吨	81 591	20 656	52 069	12 259
铝管	公吨	19 318	6 208	12 096	3 805
铝丝	公吨	6 809	1 734	5 203	1 169
铝箔	公吨	74 952	26 287	45 951	15 059
铅材	公吨	4 179	556	3 563	362

2004 年中国出口主要商品量值表（续）

金额单位：万美元

商品名称	数量单位	2004 年		2003 年	
		数量	金额	数量	金额
锌材	公吨	9 994	1 600	3 791	703
镍材	公吨	907	1 450	773	668
镁材	公吨	2 137	568	3 257	586
锡材	公吨	817	537	922	331
银	公斤	3 579 192	73 405	2 965 435	44 818
钯	公斤	2 608	246	28 614	1 987
水泥	公吨	7 044 299	23 039	5 332 085	17 158
平板玻璃	平方米	144 642 329	34 617	124 268 570	28 242
重烧镁	公吨	597 109	10 136	859 802	11 200
白云石	公吨	1 022 369	1 380	1 149 824	1 289
鳞片石墨	公吨	156 811	4 207	155 004	3 426
无定形石墨	公吨	294 925	2 497	184 605	1 925
滑石块	公吨	396 473	3 066	444 660	3 173
滑石粉	公吨	246 525	3 530	285 296	3 817
长石块	公吨	928 570	1 048	598 889	906
轻烧镁	公吨	171 064	1 910	213 008	2 236
砩石块	公吨	834 181	11 917	952 136	11 126
重晶石	公吨	2 394 398	7 782	2 168 638	6 744
煤	公吨	86 657 089	381 124	93 884 625	275 032
焦炭	公吨	15 012 483	394 877	14 721 140	167 236
电力	万度	941 997	60 494	1 033 946	68 343
石油及制品	-	0	548 768	0	555 170
原油	公吨	5 491 571	132 469	8 133 323	166 122
成品油	公吨	11 462 766	396 020	13 823 850	372 066
汽油	公吨	5 407 113	196 254	7 542 420	204 501
煤油	公吨	2 097 250	82 032	2 016 830	60 447
轻柴油	公吨	636 469	20 242	2 239 982	53 377
润滑油脂	公吨	1 501	128	1 195	73
石脑油	公吨	1 397 450	53 022	1 108 271	30 542
液化石油气	公吨	32 819	1 568	24 250	763
硝酸	公吨	12 172	214	11 038	188
磷酸	公吨	187 265	9 451	223 543	6 931
氢氟酸	公吨	68 778	3 807	45 512	2 300
金属钠	公吨	6 850	695	4 472	452
烧碱	公吨	342 704	5 640	371 903	6 350
纯碱	公吨	1 428 325	16 163	1 255 446	13 997
硫化碱	公吨	112 534	2 226	96 814	1 818
硅酸钠	公吨	64 445	917	58 901	799
硝酸钠	公吨	17 860	386	16 019	323
次亚磷酸钠	公吨	19 709	3 186	15 807	2 137
过硼酸钠	公吨	9 944	671	2 177	145
氯化钠	公吨	812 578	3 467	1 144 459	3 557

2004 年 中 国 出 口 主 要 商 品 量 值 表（续）

金额单位：万美元

商 品 名 称	数量单位	2004 年		2003 年	
		数量	金额	数量	金额
氯酸钠	公吨	4 153	180	6 446	243
氰化钠	公吨	5 407	614	6 187	707
氯化钾	公吨	100 001	1 371	298 851	3 481
氯酸钾	公吨	21 243	1140	17 369	804
硝酸钾	公吨	38 188	1 314	37 373	1 191
硫酸钾	公吨	44 405	997	30 659	625
氢氧化钾	公吨	13 700	663	11 278	486
高锰酸钾	公吨	10 101	942	14 017	1 176
碳酸钙	公吨	81 894	796	60 552	539
电石（碳化钙）	公吨	59 657	2 246	83 088	2 265
氯化钙	公吨	353 310	4 019	260 459	2 774
硫酸钡	公吨	32 473	687	21 431	424
碳酸钡	公吨	286 248	4 942	255 303	4 620
电解二氧化锰	公吨	49 815	4 110	37 304	2 610
氯化镍	公吨	2 161	793	1 518	403
氧化镍	公吨	823	984	807	593
硫酸镁	公吨	189 335	1 167	136 155	818
碳酸镁	公吨	3 095	185	3 120	341
氯化镁	公吨	115 524	1 158	88 503	861
氯化锌	公吨	7 050	376	6 205	298
硫酸铝	公吨	34 378	285	28 161	233
工业氢氧化铝	公吨	101 410	3 354	55 198	1 628
氟化铝	公吨	17 370	1 149	17 575	1 115
钼酸铵	公吨	1 360	1 802	3 067	2 007
硝酸钴	公吨	68 398	2 006	58 266	1 637
碳酸钴	公吨	527	938	114	119
氧化钴	公吨	1 518	4 265	557	757
氯化钴	公吨	668	596	210	105
钨酸	公吨	540	399	953	503
钨酸钠	公吨	281	155	262	113
氢氧化锂	公吨	1 396	524	2 116	751
五氧化二钒	公吨	4 966	5 250	6 948	2 995
碳酸锶	公吨	74 103	2 806	78 652	3 135
碳酸钴	公吨	527	938	114	119
工业硫酸铵	公吨	412 402	3 796	109 127	768
工业硝酸铵	公吨	167 025	3 321	119 884	1 940
氯化铵	公吨	317 882	3 046	183 183	1 633
磷酸二氢铵	公吨	151 360	4 011	126 051	3 186
磷酸氢二铵	公吨	857 192	21 125	800 398	15 035
活性碳	公吨	217 683	11 789	181 110	9 647
硫磺	公吨	3 442	239	2 458	156
氧气	立方米	2 504 706	100	2 230 251	87

2004 年中国出口主要商品量值表（续）

金额单位：万美元

商品名称	数量单位	2004 年		2003 年	
		数量	金额	数量	金额
石蜡	公吨	711 444	36 535	695 630	30 967
石油焦	公吨	798 881	7 487	501 091	3 797
锻烧焦	公吨	426 094	6 866	340 340	4 996
沥青焦	公吨	37 515	689	29 824	487
石油沥青	公吨	199 656	1 534	101 854	738
煤焦沥青	公吨	89 807	1 514	82 733	1 294
凡士林	公吨	3 398	214	2 782	169
甲醇（木精）	公吨	32 859	858	50 785	1 217
乙醇（酒精）	升	97 007 507	3 300	284 094 868	8 876
乙二醇	公吨	25 803	1 721	23 374	1 017
甘油（丙三醇）	公吨	2 129	183	3 932	319
丁醇（正丁醇）	公吨	1 898	139	982	74
季戊四醇	公吨	15 605	1 688	7847	792
环乙醇	公吨	166	163	102	59
糠醇	公吨	52 949	5 487	44 095	3 197
糠醛	公吨	26 770	2 257	22 433	1 174
甲醛	公吨	3 388	136	1 219	32
甲酸（蚁酸）	公吨	14 049	671	11 928	574
甲酸钠	公吨	14 185	613	7 256	225
苯甲酸	公吨	29 366	3 408	27 100	2 885
水杨酸	公吨	3 160	737	4 370	924
冰醋酸（乙酸）	公吨	16 060	1 115	1 453	99
苯乙酸	公吨	1 786	342	679	172
草酸（乙二酸）	公吨	47 041	2 039	38 078	1 404
酒石酸	公吨	8 486	1 729	6 567	1 125
己二酸	公吨	1 603	297	1 514	229
癸二酸	公吨	26 811	6 266	21 964	4 565
对苯二甲酸	公吨	5 585	337	4 603	288
油酸	公吨	1 231	142	250	13
丙烯酸酯	公吨	32 148	5 428	18 179	2 032
环已酮	公吨	6 025	608	3 667	318
苯酚（石碳酸）	公吨	1 578	314	857	191
间苯二酚（雷锁辛）	公吨	267	118	156	75
对苯二酚	公吨	1 114	456	1 206	389
二氯甲烷	公吨	6 149	345	2 767	132
环乙烷	公吨	1 873	185	916	61
乙烯	公吨	22 313	1 651	32 065	1 279
丁二烯	公吨	3 603	363	11 761	946
苯乙烯	公吨	8 626	877	6 090	427
二乙胺	公吨	1 414	158	850	84
双氰胺	公吨	27 016	3 158	30 590	3 548
三聚氰胺	公吨	73 037	6 823	73 046	7 117

2004 年中国出口主要商品量值表（续）

金额单位：万美元

商品名称	数量单位	2004 年		2003 年	
		数量	金额	数量	金额
硫脲	公吨	745	347	884	317
纯苯	公吨	13 905	1 040	109 273	4 577
甲苯	公吨	1 833	100	1 599	69
二甲苯（含邻间对）	公吨	48 043	3 911	97 967	6 233
羧甲基纤维素	公吨	11 326	1 264	7 762	790
防老剂	公吨	11 195	2 140	7 509	1 094
催化剂	公吨	23 936	10 010	11 295	3 221
虫胶	公吨	428	133	744	304
塑料	金额	0	1 322 863	0	1 006 621
高压聚乙烯	公吨	10 228	919	5 819	358
低压聚乙烯	公吨	6 524	738	7 269	624
聚丙烯	公吨	15 315	1 932	11 886	1 208
ABS 树脂	公吨	15 798	2 085	21 417	2 470
电木粉（酚醛树脂）	公吨	43 815	4 580	32 218	2 989
电玉粉	公吨	17 511	982	9 858	595
聚氯乙烯（树脂）	公吨	52 718	8 403	53 905	6 660
聚苯乙烯	公吨	94 232	11 693	78 152	7 650
聚四氟乙烯	公吨	8 264	4 310	5 265	2 633
环氧树脂	公吨	58 737	11 847	35 580	5 941
聚碳酸脂	公吨	117 675	20 214	89 352	15 348
醇酸树脂	公吨	1 182	121	1 403	150
塑料雨衣	公吨	380 174	68 366	311 803	56 070
塑料雨帽	打	24 404 483	1 615	14 651 349	1 165
尼龙牙刷	罗	13 572 511	10 578	10 239 858	7 187
各种染料	公吨	226 469	64 539	198 668	54 488
硫化染料	公吨	30 991	2 983	26 974	2 637
还原染料	公吨	26 875	11 418	22 585	9 176
直接染料	公吨	9 417	2 563	7 513	2 167
酸性染料	公吨	20 691	7 598	17 823	6 364
盐基染料	公吨	15 696	5 712	13 531	4 876
活性染料	公吨	19 020	6 703	12 560	4 237
分散染料	公吨	96 238	24 682	92 015	22 931
增白粉	公吨	8 029	3 011	6 092	2 522
二萘酚（B 萘酚）	公吨	10 552	1 510	9 753	1 597
二甲基苯胺	公吨	1 614	480	1 815	518
苯胺	公吨	39 933	4 319	3 573	307
二苯胺	公吨	9 577	1 886	5 058	1 029
甲萘胺（1－萘胺）	公吨	17 183	3 308	14 693	3 256
三聚氯氰	公吨	117 992	14 869	95 738	10 549
立德粉	公吨	85 489	2 754	86 849	2 657
钛白粉	公吨	95 367	10 774	79 775	8 007
氧化锌	公吨	67 061	6 028	96 959	6 560

2004 年中国出口主要商品量值表（续）

金额单位：万美元

商品名称	数量单位	2004 年		2003 年	
		数量	金额	数量	金额
群青	公吨	6 836	382	5 533	292
油漆	公吨	142 004	23 715	122 656	19 427
油墨	公吨	15 583	6 775	10 812	4 479
化肥	公吨	7 511 371	132 870	5 547 901	80 762
尿素	公吨	3 943 209	73 771	2 721 142	39 540
氯化钾	公吨	100 001	1 371	298 851	3 481
硫铵（硫酸铵）	公吨	412 402	3 796	109 127	768
硝铵（硝酸铵）	公吨	167 025	3 321	119 884	1 940
过磷酸钙	公吨	838 300	11 802	513 198	6 755
硝酸钠	公吨	17 860	386	16 019	323
硫酸钾	公吨	44 405	997	30 659	625
农药	公吨	391 070	118 510	273 570	72 962
除草剂	公吨	175 539	47 490	124 880	30 275
杀虫剂	公吨	146 440	45 705	96 096	26 035
合成橡胶	公吨	84 920	11 641	75 742	8 658
再生胶	公吨	13 657	601	9 028	401
轮胎	金额	0	265 420	0	172 919
整套轮胎	万套	19 969	248 688	15 779	160 782
轮胎内胎	万条	22 309	13 779	16 429	10 049
胶管	公吨	28 068	7 317	19 790	4 524
运输带	公吨	26 814	6 188	17 792	4 053
乳胶手套	万副	246 086	18 028	201 723	13 087
甘草	公吨	3 510	714	3 178	565
半夏	公吨	1 376	522	1 207	402
虫草	公吨	5	1 574	2	103
菊花	公吨	4 559	748	4 553	658
黄芪	公吨	6 584	584	5 899	378
当归	公吨	3 468	404	3 560	325
枸杞	公吨	4 539	687	5 653	698
党参	公吨	2 768	455	2 592	417
茯苓	公吨	3 836	537	4 561	511
川芎	公吨	2 829	189	2 927	171
田七	公吨	413	334	459	326
白术	公吨	1 700	277	2 337	282
白芍	公吨	3 633	349	3 977	401
杜仲	公吨	666	123	819	102
黄连	公吨	302	238	240	257
贝母	公吨	466	239	411	468
姜黄	公吨	1 219	146	1 098	104
大黄	公吨	1 360	218	1 210	170
动物药材	-	0	2 293	0	2 201
鹿茸	公斤	80 453	786	65 810	549

2004 年 中 国 出 口 主 要 商 品 量 值 表（续）

金额单位：万美元

商 品 名 称	数量单位	2004 年		2003 年	
		数量	金额	数量	金额
鲜王浆	公斤	2 529 226	2 175	3 299 310	2 126
槟榔	公吨	16 161	8 199	11 680	6 308
片仔癀	公斤	4 036	1 544	2 328	952
清凉油	公斤	2 867 745	875	2 267 312	793
药酒	–	0	317	0	383
抗菌素药	公吨	65 827	99 240	59 707	89 547
磺胺药	公吨	28 550	15 196	23 444	13 239
磺胺嘧啶	公斤	1 621 574	958	1 495 785	965
磺胺二甲基嘧啶	公斤	1 825 140	1 445	1 474 300	786
维生素	–	0	77 026	0	69 737
医疗器械	–	0	134 499	0	98 349
体温表	万支	6 425	2 424	3 636	1 802
血压表	万支	3467	23 457	2 529	17 559
听诊器	万个	653	722	391	443
心电瞬时记录仪	台	9 710	531	4 581	274
注射器	万支	178 846	5 117	93 269	2 948
注射针头	–	0	3 127	0	2 061
畜牧专用器械	–	0	2 725	0	1 897
医用敷料	–	0	43 945	0	35 285
各类船	艘	87 313	313 670	70 674	298 752
客船	艘	122	2 682	134	2 530
客货船	艘	525	184 253	498	159 185
冷藏船	艘	6	115	6	82
挖泥船	艘	40	540	12	7
拖轮	艘	76	13 275	68	10 231
渔船	艘	61	1 159	90	3 331
海洋平台	–	0	873	0	2 735
集装箱	只	1 974 716	512 529	1 773 053	385 412
飞机	架	20	1 078	27	4 261
汽车	辆	405 413	75 986	125 026	39 585
载重汽车	辆	52 881	27 668	26 142	15 918
小轿车	辆	346 491	31 764	95 493	11 423
客车	辆	4 784	8 103	2 550	4 304
汽车底盘	–	0	2 085	0	2 179
摩托车	辆	10 106 028	198 795	8 963 350	144 826
摩托车零件	–	0	53 812	0	47 779
汽车零件	–	0	441 075	0	241 568
显像管	万只	2 244	87 897	2 122	77 550
集成电路	–	0	1 121 911	0	658 949
电线电缆	公吨	1 077 211	370 099	848 326	266 396
蓄电池	–	0	322 787	0	215 740
铅酸蓄电池	万个	12 424	57 698	10 274	41 352

2004 年中国出口主要商品量值表(续)

金额单位：万美元

商品名称	数量单位	2004 年		2003 年	
		数量	金额	数量	金额
起重机械	台	28 428 053	160 163	24 756 779	97 942
金属切削机床	台	6 193 018	53 995	6 232 788	37 909
车床	台	76 963	11 883	59 041	7 049
钻床	台	1 737 181	9 783	1 866 218	8 490
镗床	台	1 668	593	1 991	370
磨床	台	3 591 021	8 040	3 727 057	6 505
齿轮加工机床	台	1 632	247	942	312
螺纹加工机床	台	10 926	178	1 615	37
铣床	台	22 902	2 181	14 480	1 520
铸造机械	台	28 697 364	9 583	19 577 415	5 214
木工机械	台	4 538 405	31 003	4 907 888	22 980
各种泵	-	0	389 178	0	267 917
滚动轴承	套	2 323 164 362	109 010	1 875 631 015	80 422
纺织机械	台	1 209	3 053	2 498	2 403
印刷机械	-	0	24 572	0	15 099
制革制鞋机械	-	0	1 382	0	795
金属轧机	-	0	8 243	0	4 042
玻璃加工机械	-	0	4 656	0	2425
橡胶或塑料加工机械	-	0	53 686	0	32 578
烟草加工机械	-	0	612	0	358
电动机及发电机	万台	336 168	291 216	326 211	243 867
发电机组	台	5 003 969	55 310	3 110 606	28 173
电动机和发电机零件	-	0	53 072	0	41 426
有线电话电报交换机	台	323 667 790	597 531	260 892 819	377 942
有线电话电报交换机零件	-	0	169 967	0	139 469
计算机	-	0	5 991 517	0	4 111 195
小型电子计算机	台	326	689	20	129
微型电子计算机	台	1 919 304	132 869	1 184 918	117 937
显示器	台	80 536 921	1 472 762	63 287 087	967 142
打印机	台	59 929 421	614 458	39 504 081	431 556
键盘	个	427 331 043	112 724	380 740 958	97 049
磁盘	万片	63 927	11 135	65 970	11 279
文字处理机	-	0	1 563	0	1 809
有线通讯设备	-	0	767 498	0	517 411
电话机	台	199 017 772	197 703	193 266 901	166 613
各种电子交换机	-	0	114 057	0	46 894
载波机	台	118 136 384	228 497	61 958 646	112 157
传真机	台	5 512 058	55 994	4 137 384	50 972
复印机	台	819 844	57 167	987 392	58 815
雷达	-	0	1 887	0	3 103
导航设备	-	0	3 715	0	2 008
电台对讲机	-	0	31 839	0	26 348

2004 年中国出口主要商品量值表（续）

金额单位：万美元

商品名称	数量单位	2004 年		2003 年	
		数量	金额	数量	金额
电池	–	0	96 903	0	87 678
测绘仪器	–	0	43 534	0	34 718
望远镜	–	0	19 678	0	19 778
放大镜	只	36 584 718	1 429	39 898 030	1 467
照相机	架	56 300 850	33 151	61 209 619	56 444
照相机零件	–	0	31 506	0	26 412
彩色冲洗扩印系统	–	0	282	0	644
自行车类	–	0	263 853	0	222 720
自行车	辆	52 126 180	164 942	50 836 652	144 153
自行车外胎	条	80 322 061	8 428	69 462 942	6 987
自行车内胎	条	151 769 384	6 035	116 037 753	4 798
自行车零配件	–	0	88 000	0	69 553
缝纫机类	–	0	71 193	0	63 526
缝纫机	–	0	60 620	0	53 186
家用缝纫机	台	9 441 139	25 549	10 721 984	21 784
工业缝纫机	台	2 258 984	35 070	2 265 213	31 403
缝纫机零件	–	0	10 574	0	10 339
缝纫机针	–	0	872	0	1 114
电风扇	台	468 336 830	182 505	358 467 622	134 633
吊扇	台	35 794 260	44 348	34 120 033	38 071
台扇	台	31 056 948	18 049	24 621 045	13 899
落地电扇	台	42 247 794	34 618	38 787 183	30 516
排风扇	台	21 378 447	9 313	10 227 604	5 432
电冰箱	台	6 246 222	45 164	4 365 777	31 349
洗衣机	台	6 293 503	58 963	3 641 700	26 981
空调器	台	19 415 043	270 544	13 283 969	178 454
吸尘器	台	79 120 091	121 013	68 559 777	89 322
空气加湿器	台	6 275 548	20 642	5 231 027	13 402
空气干燥器	台	225 557	3 107	303 623	1 721
电水壶	个	96 196 666	63 561	91 343 274	54 588
电炉	个	75 015 926	67 829	61 929 947	52 653
电热水器	个	8 321 967	18 919	8 288 109	16 631
煤气热水器	台	1 518 666	6 181	871 431	3 567
电面包烤炉	台	82 091 912	56 235	75 937 232	51 669
洗碗机	台	529 454	7 499	195 288	2 459
消毒柜	台	89 053	530	518 795	990
电吹风	个	87 652 886	21 024	75 796 006	18 251
电动剃须刀	个	37 853 261	19 084	24 451 585	13 077
电熨斗	个	88 260 546	42 448	74 992 994	35 026
电筒	个	675 023 495	29 172	687 642 130	28 655
台灯	–	0	62 423	0	55 642
吊灯	–	0	102 041	0	78 863

2004 年中国出口主要商品量值表(续)

金额单位：万美元

商品名称	数量单位	2004 年		2003 年	
		数量	金额	数量	金额
节日灯	-	0	70 875	0	64 354
卤钨灯	万只	135 970	27 166	114 713	21 738
收音机	台	306 738 652	36 777	260 517 151	32 310
录音机	-	0	259 879	0	282 162
收录两用机	台	7 858 539	1 382	9 698 681	2 450
电视机及散件	-	0	548 977	0	347 159
彩色电视机	台	49 268 983	530 309	32 677 262	325 507
黑白电视机	台	13 878 615	18 667	14 940 238	21 652
投影电视机	台	1 521 840	93 575	359 146	22 556
录像机	台	6 975 674	27 353	8 855 116	33 599
摄像机	台	10 968 4687	546 244	62 529 842	320 807
音箱	万台	188 160	180 146	167 197	140 755
组合音响	万套	185	8 239	165	6 385
录像带	万盒	34 090	13 769	39 539	15 395
耳塞机	万个	115 775	63 072	82 861	42 158
麦克风	个	788 594 806	26 269	490 779 621	15 409
量具	-	0	25 606	0	22 187
刃具	-	0	10 684	0	8 150
磨具	-	0	12 793	0	8 687
砂布	公吨	7 741	1 644	5 866	1 096
各种锤	-	0	10 287	0	8 621
各种钳	-	0	20 675	0	16 045
各种扳手	-	0	12 925	0	10 393
各种螺丝批	-	0	12 759	0	9 578
各种钻	-	0	1 595	0	1 053
各种锉和刀	-	0	45 847	0	33 225
各种锯和锯条	-	0	30 178	0	19 494
农具	-	0	20 534	0	16 522
出版物	-	0	60 256	0	47 796

2004 年中国进口主要商品量值表

金额单位：万美元

商品名称	数量单位	2004 年		2003 年	
		数量	金额	数量	金额
粮谷	公吨	9 750 309	223 023	2 079 403	45 487
大米	公吨	761 455	25 264	256 839	9 647
小麦	公吨	7 233 153	164 045	424 177	7 657
大麦	公吨	1 707 206	32 070	1 362 716	26 831
面粉	公吨	25 322	920	23 120	896
豆类	公吨	20 327 893	700 998	20 810 297	543 834

2004 年中国进口主要商品量值表（续）

金额单位：万美元

商品名称	数量单位	2004 年		2003 年	
		数量	金额	数量	金额
大豆	公吨	20 229 916	697 944	20 741 107	541 687
豌豆	公吨	68 638	1 514	56 196	1 255
绿豆	公吨	12 074	367	314	13
食用植物油	公吨	6 757 525	366 556	5 409 086	257 903
豆油	公吨	2 516 508	154 898	1 884 356	101 506
菜油	公吨	352 933	21 784	151 578	8 526
芝麻油	公吨	2 734	477	1 306	202
玉米油	公吨	3 033	210	3 284	231
葵花籽油	公吨	22 377	1 513	35 954	2 178
其他植物油	公吨	336 325	22 555	335 236	15 748
蓖麻油	公吨	41 071	3 911	11 978	1 100
亚麻油	公吨	5 605	413	7 157	507
椰子油	公吨	80 005	5 047	123 430	5 522
食用植物油籽	公吨	20 663 357	711 969	20 911 091	546 737
芝麻	公吨	98 252	7 621	65 574	4 680
葵花籽	公吨	1 592	389	1 607	337
油菜籽	公吨	424 014	13 442	166 714	4 669
其他植物油籽	公吨	22 173	880	18 635	610
亚麻籽	公吨	6 213	264	7 005	219
活畜禽	–	0	21 991	0	11 725
活羊	头	2 950	312	11 279	1 200
肉食	金额	0	47 835	0	76 499
猪肉	公吨	70 484	5 440	149 122	9 089
牛肉	公吨	3 437	1 002	8 135	1 193
绵羊肉	公吨	33 035	4 259	34 052	3 860
鸡肉	公吨	184 796	15 316	635 073	45 377
苹果	公吨	37 281	2 942	41 636	2 376
橘柑橙	公吨	58 021	4 105	68 951	4 276
柚子	公吨	2 310	164	2 716	135
香蕉	公吨	380 933	9 345	421 246	9 342
甘蔗	公吨	97 392	172	97 293	181
荔枝	公吨	5 456	658	2 358	120
葡萄	公吨	58 887	6 748	53 412	4 161
李子	公吨	5 584	507	12 584	967
西瓜	公吨	65 992	642	44 592	433
栗子	公吨	13 682	2 217	10 117	2 311
葡萄干	公吨	10 772	1 467	7 969	958
核桃仁	公吨	975	233	500	108
甜杏仁	公吨	1 271	430	858	136
榛子	公吨	942	144	943	154
腰果仁	公吨	750	235	4 158	683
蔬菜	公吨	166 650	11 071	136 350	8 829

2004 年中国进口主要商品量值表（续）

金额单位：万美元

商品名称	数量单位	2004 年		2003 年	
		数量	金额	数量	金额
速冻蔬菜	公吨	20 484	1 823	18 925	1 662
水产品	-	0	234 047	0	186 518
活鳗鱼苗、种	公斤	26 110	477	28 922	533
冰鲜鱼	公吨	44 890	8 155	15 377	4 371
冻鱼	公吨	1 307 166	151 759	1 076 609	119 463
冻鱼片	公吨	9 124	1 932	5 502	892
冻对虾	公吨	3 954	1 442	3 096	923
冰鲜虾	公吨	2 821	1 068	2 815	975
冻小虾	公吨	51 102	11 089	62 390	11 277
冻虾仁球	公吨	331	109	280	84
冻小虾仁	公吨	7 616	2 467	8 248	2 421
鱼翅	公吨	4 774	2 752	3 818	2 231
菠萝罐头	公吨	1 623	111	924	71
桃子罐头	公吨	5 082	479	4 169	435
糖	-	0	27 558	0	17 411
砂糖	公吨	184 775	4 907	128 647	3 448
原糖	公吨	1 024 731	22 469	634 254	13 560
啤酒	公吨	27 244	3 351	43 908	5 015
米酒及黄酒	公吨	520	126	809	130
葡萄酒	公吨	46 017	5 312	43 079	3 353
矿泉水	公吨	9 138	388	4 801	220
果汁	公吨	58 516	6 096	62 956	7 542
酱油	公吨	14 390	2 292	14 203	1 988
醋	公吨	2 253	203	1 957	175
鲜奶	公吨	3 006	384	3 024	240
奶粉	公吨	144 931	27 114	133 689	21 588
奶油	公吨	1 090	222	918	141
蜂蜜	公吨	928	160	603	139
淀粉	公吨	755 800	15 920	574 564	11 262
麦麸	公吨	14 107	175	17 905	176
豆粕	公吨	55 451	1 460	1 788	58
棉籽仁饼粕	公吨	11 795	102	7 982	40
花生饼粕	公吨	75 572	1 820	0	0
葵花饼粕	公吨	16 231	107	15 056	102
木薯干片	公吨	3 438 317	34 375	2 368 260	19 467
混合饲料	-	0	11 858	0	10 329
鱼粉	公吨	1 123 082	76 091	800 250	51 704
骨粉	公吨	20 674	629	98 774	2666
茶叶	公吨	2 337	604	2 886	448
红茶	公吨	1 560	412	939	253
咖啡	公吨	14 406	1 615	13 995	1 476
可可	公吨	74 097	13 566	79 398	11 621

2004 年中国进口主要商品量值表(续)

金额单位：万美元

商品名称	数量单位	2004 年		2003 年	
		数量	金额	数量	金额
胡椒	公吨	507	104	452	93
薄荷脑	公吨	4 676	3 967	3 982	3 164
柠檬油	公吨	1 698	1 051	969	620
柠檬酸	公吨	1 219	159	900	113
松香	公吨	2 205	455	2 066	377
明胶	公吨	2 700	1 676	3 446	2 010
肠衣	公吨	134 839	15 774	140 136	13 364
胡椒	公吨	507	104	452	93
薄荷脑	公吨	4 676	3 967	3 982	3 164
柠檬油	公吨	1 698	1 051	969	620
柠檬酸	公吨	1 219	159	900	113
松香	公吨	2 205	455	2 066	377
明胶	公吨	2 700	1 676	3 446	2 010
肠衣	公吨	134 839	15 774	140 136	13 364
猪肠衣	公吨	27 832	2 621	26 783	2 498
绵羊肠衣	公吨	23 954	2 772	18 801	2 042
鹅鸭绒毛	公吨	13 581	5 521	13 841	3 818
山羊板皮	公吨	2 363	184	355	34
猪革皮	公吨	7 235	594	4 910	315
羊革皮	公吨	19 543	8 081	22 922	12 959
牛革皮	公吨	751 752	82 379	678 850	77 941
生猪皮	公吨	50 305	4 190	44 876	4 056
生牛皮	公吨	618 846	95 611	528 292	70 851
绵羊皮	公吨	146 997	23 926	107 302	14 721
水貂皮	公吨	2 441	11 067	2 382	6 558
原木	立方米	26 308 990	280 426	25 455 467	244 731
锯材	立方米	6 007 055	138 269	5 511 711	119 045
胶合板	立方米	799 805	38 427	797 848	35 512
拼花地板	公吨	2 178	292	5 760	457
箱板	–	0	309	0	277
木板门	公吨	754	320	1 059	233
烟类	–	0	29 201	0	30 862
烟草	公吨	45 759	23 225	54 868	26 282
烤烟	公吨	44 026	22 345	54 050	25 803
烟草制品	–	0	5 173	0	3 846
卷烟	万支	256 092	5 116	187 832	3 809
烟草辅料	–	0	803	0	735
棉花	公吨	1 906 858	317 623	873 598	116 885
丝类	–	0	1 057	0	867
羊毛	公吨	245 367	120 414	192 757	91 133
羊绒	公吨	2 519	2 675	1 652	2 227
纺织品	–	0	1 531 559	0	1 422 342

2004 年中国进口主要商品量值表（续）

金额单位：万美元

商品名称	数量单位	2004年		2003年	
		数量	金额	数量	金额
棉纱线	件	3 938 937	153 319	3 921 707	150 351
麻纱线	件	94 026	3 693	155 260	5 792
亚麻纱线	件	13 274	641	24 841	879
苎麻纱线	件	71 426	2 859	120 090	4 689
毛纱线	件	196 740	21 606	206 166	20 756
棉布	万米	137 680	174 670	133 595	160 641
坯布	万米	36 217	26 596	36 702	26 267
漂布	万米	2 096	2 095	1 669	1 993
色布	万米	58 435	87 025	55 281	78 406
花布	万米	5 841	12 676	5 950	11 855
色织布	万米	33 718	43 266	32 680	39 604
其他棉布	万米	1 373	3 012	1 313	2 516
麻布	万米	12 865	16 693	12 716	16 440
绸缎	万米	4 106	11 576	3 522	9 439
服装	-	0	153 106	0	140 377
日用瓷	-	0	297	0	217
日用陶	-	0	111	0	55
美术陶瓷	-	0	168	0	108
建筑陶瓷	-	0	4 179	0	3 574
陶瓷砖	-	0	1 605	0	1 326
陶瓷管	-	0	748	0	558
卫生洁具	-	0	1 764	0	1 686
地毯及装饰毯	-	0	5 870	0	4 676
宝石	-	0	182 307	0	135 421
钻石	-	0	166 235	0	124 202
养殖珍珠	公斤	274 520	1 659	217 127	1 372
天然植物编织品	-	0	638	0	569
鞋类	-	0	47 495	0	37 362
帽类	-	0	598	0	392
圆珠笔	打	4 776 628	772	3 974 284	559
铅笔	公斤	1 215 263	321	1 125 028	256
电子计算器	台	18 773 636	3 457	18 279 849	3 731
玩具	-	0	9 939	0	7 735
电动玩具	-	0	187	0	72
机械玩具	-	0	476	0	464
智力玩具	-	0	514	0	323
布绒玩具	-	0	434	0	193
乐器	-	0	12 375	0	10 021
钢琴	台	16 742	2 211	11 629	1 180
管乐器	个	5 923	110	6 522	176
打击乐器	-	0	146	0	96
电子乐器	-	0	652	0	854

2004 年中国进口主要商品量值表（续）

金额单位：万美元

商品名称	数量单位	2004 年		2003 年	
		数量	金额	数量	金额
纸浆类	公吨	7 214 835	352 661	5 988 649	264 352
纸张	公吨	6 099 253	382 532	6 348 308	370 599
纸制品	公吨	323 151	96 608	322 347	80 224
玻璃器皿	-	0	44 592	0	26 618
保温瓶类	-	0	612	0	396
钟类	-	0	16 636	0	14 803
闹钟	个	684 585	155	932 758	209
表类	-	0	38 205	0	29 067
机械手表	个	345 120	17 238	311 397	11 403
电子手表	个	18 272 098	20 967	15 229 632	17 664
家具类	-	0	70 371	0	55 042
清洁用品	-	0	6 583	0	7 311
香皂	公吨	4 609	1 118	5 461	1 399
牙膏	公吨	1 149	412	3 140	1 259
剃须膏	公斤	355 297	263	185 187	166
去污粉	公斤	755 331	161	760 761	153
化妆品	-	0	17 219	0	10 072
美容用品	-	0	13 787	0	7 875
护发美发用品	-	0	1 659	0	1 139
香水	-	0	1 114	0	620
锁类	公吨	17 190	19 930	13 848	14 915
灯具	-	0	11 130	0	8 764
衡器类	-	0	8 598	0	6 457
钢材	公吨	29 302 662	2 078 723	37 168 509	1 991 580
钢锭	公吨	43 059	5 930	54 976	6 593
废钢	公吨	10 225 594	223 168	9 292 359	140 529
铁矿砂	公吨	208 088 591	1 271 195	148 128 360	485 650
锰矿砂	公吨	4 646 733	58 565	2 863 079	20 498
铜矿砂	公吨	2 880 963	223 842	2 669 872	128 819
镍矿砂	公吨	42 590	3 524	9 297	510
钴矿砂	公吨	143 594	24 188	83 468	6 816
铝矿砂	公吨	882 032	2 573	617 528	1 539
铅矿砂	公吨	830 560	43 705	678 996	20 397
锌矿砂	公吨	616 074	17 113	745 580	15 377
铬矿砂	公吨	2 166 189	38 131	1 779 082	15 083
钼矿砂	公吨	20 541	11 704	20 275	4 622
生铁	公吨	902 941	29 129	576 028	15 520
铁合金	公吨	406 510	50 875	167 564	15 255
钼铁	公吨	109	184	80	26
锰铁	公吨	28 737	2 649	25 985	1 149
铬铁	公吨	313 502	24 746	115 744	6 219
硅铁	公吨	7 530	456	5 217	342
钛铁	公吨	679	401	328	163
镍铁	公吨	34 034	15 277	13 608	3 846

2004 年中国进口主要商品量值表（续）

金额单位：万美元

商品名称	数量单位	2004 年		2003 年	
		数量	金额	数量	金额
钒铁	公吨	1 242	1 912	104	87
锡	公吨	18 342	12 103	10 124	4 210
水银	公吨	354	285	176	78
锑	公吨	526	111	272	48
氧化锑	公吨	1 496	425	937	236
铜	公吨	5 352 822	629 903	4 737 115	417 264
铜合金	公吨	66 555	13 603	81 499	11 917
铝	公吨	698 039	106 910	545 087	76 516
铅	公吨	87 621	6 806	58 177	2 817
锌	公吨	239 451	24 051	136 025	10 998
镍	公吨	65 747	89 839	80 779	63 863
镁	公吨	4 034	921	2 322	488
钼	公吨	167	1 261	182	802
铬	公吨	542	298	601	192
铝合金	公吨	335 383	50 178	335 649	46 194
锌合金	公吨	219 876	24 693	174 500	18 899
锡矿砂	公吨	8 912	2 835	2 739	424
氧化铝	公吨	5 874 885	204 356	5 605 165	137 576
氧化钼	公吨	626	533	177	74
铜材	公吨	1 195 365	391 472	1 055 765	278 339
铜管	公吨	32 923	15 568	31 898	12 527
铜棒	公吨	124 321	28 260	105 168	19 966
铜丝	公吨	452 351	113 952	429 809	84 056
铝材	公吨	610 636	194 416	531 477	149 089
铝板	公吨	441 021	116 774	379 760	89 427
铝管	公吨	15 184	6 399	13 544	5 593
铝丝	公吨	7 818	2 843	7 084	2 481
铝箔	公吨	64 402	46 510	59 440	34 358
铅材	公吨	7 441	1 531	8 609	1 224
锌材	公吨	58 671	7 222	50 018	5 575
镍材	公吨	12 179	19 493	10 683	11 825
镁材	公吨	229	188	329	186
锡材	公吨	20 006	12 877	14 851	8 008
银	公斤	677 812	10 538	538 198	8 144
钯	公斤	5 464	2 095	5 406	1 883
铑	公斤	225	539	299	471
水泥	公吨	2 669 362	7 750	2 537 691	6 438
平板玻璃	平方米	42 835 481	20 551	31 526 991	14 269
重烧镁	公吨	9 075	227	4 499	54
白云石	公吨	31 308	600	9 829	122
鳞片石墨	公吨	4 460	585	1 526	524
滑石粉	公吨	20 527	972	14 997	693
长石块	公吨	4 845	162	3 789	152
煤	公吨	18 613 472	88 672	10 761 361	36 430

2004 年 中 国 进 口 主 要 商 品 量 值 表（续）

金额单位：万美元

商 品 名 称	数量单位	2004 年		2003 年	
		数量	金额	数量	金额
焦炭	公吨	76 455	753	1 661	13
电力	万度	340 010	17 273	298 099	15 265
石油及制品	–	0	4 557 730	0	2 765 793
原油	公吨	122 723 840	3 391 247	91 123 950	1 980 873
成品油	公吨	37 875 929	924 835	28 235 858	586 118
煤油	公吨	3 036 784	123 723	2 102 675	62 113
轻柴油	公吨	2 749 227	101 416	848 477	22 255
润滑油脂	公吨	13 923	4 065	10 739	2 911
石脑油	公吨	50 869	1 672	238 089	6 241
液化石油气	公吨	6 409 013	241 629	6 382 422	198 798
硫酸	公吨	1 803 063	5 274	1 938 511	4 344
硝酸	公吨	1 694	208	1 186	146
盐酸	公吨	777	203	318	125
磷酸	公吨	1 717	360	953	185
硼酸	公吨	96 447	4 154	62 238	2 625
氢氟酸	公吨	1 321	312	801	191
烧碱	公吨	91 162	1 702	104 688	1 474
纯碱	公吨	197 174	2 275	301 277	3 141
次亚磷酸钠	公吨	4 276	1 106	6 249	1 246
氯化钠	公吨	2 156 479	7 234	375 639	1 006
氰化钠	公吨	31 210	3 205	28 776	2 892
氯化钾	公吨	7 184 772	115 880	6 233 181	73 942
硝酸钾	公吨	72 690	1 950	63 158	1 606
硫酸钾	公吨	168 663	3 003	332 763	5 656
氢氧化钾	公吨	5 861	636	15 269	1 068
重铬酸钾	公吨	31 043	2 021	5 782	344
碳酸钙	公吨	41 006	1 757	37 186	1547
氯化钙	公吨	1 581	117	1 333	86
硫酸钡	公吨	5 344	656	4 175	409
电解二氧化锰	公吨	10 455	1 101	6 057	657
氯化镍	公吨	2 911	473	2 247	322
氧化镍	公吨	7 091	7 404	7 725	4 633
碳酸镁	公吨	827	165	662	128
工业氢氧化铝	公吨	18 712	1 308	9 417	718
硝酸钴	公吨	291	147	545	110
氧化钴	公吨	1 604	4 871	1 479	2 658
五氧化二钒	公吨	3 078	2 664	2 110	1 011
工业硝酸铵	公吨	94 050	1 588	113 989	979
氯化铵	公吨	2 091	147	2 696	191
磷酸二氢铵	公吨	103 872	1 676	61 421	854
磷酸氢二铵	公吨	2 285 612	57 565	2 608 842	50 390
氨水	公吨	1 821	319	1 153	199
活性碳	公吨	6 041	1 806	4 332	1 316
硫磺	公吨	3 293	403	3 046	433

2004 年中国进口主要商品量值表（续）

金额单位：万美元

商品名称	数量单位	2004 年		2003 年	
		数量	金额	数量	金额
溴素	公吨	27 111	2 259	23 075	1 370
氧气	立方米	11 158	114	45 019	70
重水	公斤	30 047	440	147 707	2 889
石蜡	公吨	53 228	3 856	32 400	2 754
石油焦	公吨	786 597	5 482	1 237 259	7 135
锻烧焦	公吨	43 714	2 188	21 116	949
沥青焦	公吨	30 026	1 395	39 959	1 472
石油沥青	公吨	2 628 872	49 845	2 610 983	51 141
煤焦沥青	公吨	12 270	346	1 193	72
凡士林	公吨	2 017	320	2 385	378
甲醇（木精）	公吨	1 367 840	34 824	1 398 741	32 621
乙醇（酒精）	升	4 253 440	292	4 324 588	215
乙二醇	公吨	3 401 811	304 786	2 518 956	158 603
甘油（丙三醇）	公吨	45 696	3 953	45 551	4 163
丁醇（正丁醇）	公吨	293 868	19 623	295 798	17 651
季戊四醇	公吨	2 231	288	2 641	297
环乙醇	公吨	5 521	654	1 499	113
甲醛	公吨	2 495	452	1 945	229
甲酸（蚁酸）	公吨	13 481	724	15 274	656
甲酸钠	公吨	5 474	183	7 619	180
苯甲酸	公吨	5 456	512	4 309	308
水杨酸	公吨	549	101	636	91
冰醋酸（乙酸）	公吨	527 019	26 138	504 629	19 775
酒石酸	公吨	306	111	349	96
己二酸	公吨	173 710	21 122	133 389	12 809
癸二酸	公吨	215	211	220	191
对苯二甲酸	公吨	5 724 797	417 269	4 543 048	256 667
油酸	公吨	4 012	407	2 250	241
丙烯酸酯	公吨	242 173	35 997	211 057	23 142
丙酮	公吨	254 267	20 531	208 930	12 069
环己酮	公吨	48 994	4 762	60 828	4 617
苯酚（石碳酸）	公吨	281 235	27 515	322 677	22 391
间苯二酚（雷锁辛）	公吨	8 151	3 223	6 871	2 690
对苯二酚	公吨	2 938	799	990	250
二氯甲烷	公吨	60 355	3 615	65 369	3 555
二氯乙烷	公吨	421 472	17 465	360 344	10 731
三氯甲烷（氯仿）	公吨	239 528	12 149	212 607	9 641
三氯乙烷	公吨	2 646	294	2 500	257
环乙烷	公吨	20 735	2 130	12 285	684
乙烯	公吨	67 567	5 928	46 623	2 236
丙烯	公吨	213 312	17 145	226 402	12 667
丁烯（丁烯 1 和 2）	公吨	18 320	1 434	7 407	473
丁二烯	公吨	195 899	18 602	135 915	9 835
苯乙烯	公吨	2 895 043	301 640	2 660 615	184 302

2004 年中国进口主要商品量值表（续）

金额单位：万美元

商品名称	数量单位	2004 年		2003 年	
		数量	金额	数量	金额
三氯乙烯	公吨	50 025	3 331	41 601	2 294
丙烯腈	公吨	318 643	32 695	381 541	31 294
乙二胺	公吨	31 877	5 956	24 035	3 678
双氰胺	公吨	1 259	244	931	201
三聚氰胺	公吨	13 173	1 299	10 710	1 054
己内酰胺	公吨	449 781	72 215	376 986	43 060
硫脲	公吨	479	234	385	433
纯苯	公吨	52 779	4 306	9 862	468
甲苯	公吨	817 469	51 181	980 469	43 493
二甲苯（含邻间对）	公吨	1 411 941	103 143	1 305 542	71 863
乙苯（乙基苯）	公吨	1 647	185	113	17
粗萘（工业萘）	公吨	101 793	6 410	89 372	5 722
四氢呋喃	公吨	15 844	3 095	9 930	1 361
羧甲基纤维素	公吨	4 708	1 331	3 712	1 063
防老剂	公吨	131 626	26 609	120 053	23 839
催化剂	公吨	34 569	35 969	33 705	24 114
虫胶	公吨	422	135	53	26
塑料	–	0	2 806 488	0	2 103 740
高压聚乙烯	公吨	2 316 167	206 188	2 196 846	141 186
低压聚乙烯	公吨	1 341 944	126 888	1 394 893	98 703
聚丙烯	公吨	2 913 772	256 374	2 734 202	202 353
ABS 树脂	公吨	1 963 341	227 110	1 789 595	188 192
电木粉（酚醛树脂）	公吨	119 652	16 156	103 929	12 394
电玉粉	公吨	26 365	2 435	22 334	2 096
聚氯乙烯（树脂）	公吨	2 166 901	190 508	2 342 020	166 939
聚苯乙烯	公吨	3 799 605	403 359	3 587 714	343 274
聚四氟乙烯	公吨	10 983	10 492	10 291	8 294
环氧树脂	公吨	258 868	61 406	198 757	43 349
聚碳酸脂	公吨	729 803	155 162	534 622	102 858
醇酸树脂	公吨	49 141	6 625	49 922	6 589
塑料雨衣	公吨	4 246	3 187	3 936	2 346
尼龙牙刷	罗	144 176	415	138 758	446
各种染料	公吨	64 485	32 440	64 438	28 975
硫化染料	公吨	677	205	648	277
还原染料	公吨	943	657	911	583
直接染料	公吨	6 544	4 164	7 410	3 635
酸性染料	公吨	11 195	7 419	10 323	6 149
盐基染料	公吨	2 566	1 112	2 641	698
活性染料	公吨	28 715	11 330	28 859	11 420
分散染料	公吨	5 840	3 136	5 292	2 721
增白粉	公吨	8 392	2 572	6 105	2 006
二甲基苯胺	公吨	827	234	1 133	134
苯胺	公吨	4 084	318	23 752	1 795
二苯胺	公吨	440	320	241	195

2004 年中国进口主要商品量值表（续）

金额单位：万美元

商品名称	数量单位	2004 年		2003 年	
		数量	金额	数量	金额
甲萘胺（1－萘胺）	公吨	49	218	201	135
三聚氯氰	公吨	33 324	3 115	30 425	2 406
钛白粉	公吨	253 065	44 115	230 901	39 857
氧化锌	公吨	20 491	2 606	17 566	2 099
群青	公吨	2 523	788	1 281	428
油漆	公吨	265 519	77 285	253 398	68 744
油墨	公吨	46 006	34 476	39 442	29 055
化肥	公吨	12 400 212	228 770	12 131 804	176 266
尿素	公吨	37 985	549	134 922	1 542
氯化钾	公吨	7 184 772	115 880	6 233 181	73 942
硝铵（硝酸铵）	公吨	94 050	1 588	113 989	979
硫酸钾	公吨	168 663	3 003	332 763	5 656
农药	公吨	27 623	14 680	28 408	13 398
除草剂	公吨	9 626	4 930	11 504	4 918
杀虫剂	公吨	6 832	3 755	5 528	2 885
天然橡胶	公吨	1 284 315	152 423	1 202 897	115 474
合成橡胶	公吨	1 094 795	141 424	1 005 725	115 191
再生胶	公吨	6 270	398	5 468	301
轮胎	–	0	14 917	0	10 981
整套轮胎	万套	430	13 521	309	9 944
轮胎内胎	万条	152	134	141	108
胶管	公吨	21 050	22 909	20 971	21 484
运输带	公吨	8 032	3 766	11 253	4 231
乳胶手套	万副	41 646	1 896	16 271	1 033
啤酒花颗粒	公吨	291	151	348	115
动物药材	–	0	328	0	294
鲜王浆	公斤	32 873	204	27 250	156
血竭	公吨	2 791	259	1 730	161
槟榔	公吨	51 266	5 748	31 338	2 829
抗菌素药	公吨	4 896	48 426	5 435	46 121
磺胺药	公吨	1 714	4 306	1 288	3 207
维生素	–	0	5 063	0	4 788
医疗器械	–	0	190 762	0	161 976
体温表	万支	94	267	253	314
血压表	万支	435	2 229	24	875
心电瞬时记录仪	台	5 285	754	6 344	628
体外反搏装置	万个	2	2 724	2	2 087
注射器	万支	12 290	2 979	26 127	2 863
注射针头	–	0	2 252	0	1 844
畜牧专用器械	–	0	972	0	1 017
医用敷料	–	0	2 090	0	1023
各类船	艘	2 190	67 041	1 248	28 573

2004 年中国进口主要商品量值表(续)

金额单位：万美元

商品名称	数量单位	2004 年		2003 年	
		数量	金额	数量	金额
客船	艘	25	1 573	22	284
客货船	艘	368	39 667	334	14 246
挖泥船	艘	37	15 181	30	6 809
拖轮	艘	74	3 626	46	1 345
海洋平台	-	0	9 738	0	3 948
集装箱	只	1 761	668	1 978	814
飞机	架	146	423 126	167	350 064
汽车	辆	175 486	531 746	171 325	517 886
载重汽车	辆	8 079	40 429	9 862	42 621
小轿车	辆	163 952	460 166	155 578	444 449
客车	辆	2 493	5 705	4 600	7 554
汽车底盘	-	0	1 585	0	3 104
摩托车	辆	1 315	212	1 344	384
摩托车零件	-	0	1 466	0	1 106
汽车零件	-	0	732 632	0	626 382
显像管	万只	2 636	99 676	2 416	108 725
集成电路	-	0	6 145 557	0	4 183 115
电线电缆	公吨	354 756	237 494	312 539	182 863
蓄电池	-	0	307 740	0	192 886
铅酸蓄电池	万个	2 147	10 053	1 575	7 732
起重机械	台	397 521	104 973	312 271	87 479
金属切削机床	台	127 830	591 556	125 702	413 088
车床	台	17 919	53 527	14 978	37 450
钻床	台	6 838	22 714	6 934	17 017
镗床	台	1 176	15 244	972	11 405
磨床	台	17 974	73 053	17 884	47 592
齿轮加工机床	台	1 165	9 930	800	8 574
螺纹加工机床	台	3 779	4 707	3 611	2 839
铣床	台	8 049	35 767	8 486	29 067
拉床	台	148	1 318	104	750
铸造机械	台	11 369 851	42 900	22 983 351	31 441
木工机械	台	26 304	58 689	41 684	41 570
各种泵	-	0	508 589	0	345 762
滚动轴承	套	1 457 482 469	110 135	1 357 437 299	86 432
纺织机械	台	11 149	77 251	6 894	63 572
印刷机械	-	0	161 660	0	149 179
制革制鞋机械	-	0	9 325	0	8 620
金属轧机	-	0	100 951	0	80 268
玻璃加工机械	-	0	30 375	0	32 899
橡胶或塑料加工机械	-	0	318 638	0	255 207
烟草加工机械	-	0	14 378	0	12 107
电动机及发电机	万台	166 605	211 063	166 811	171 999
发电机组	台	35 706	117 479	25 745	49 459
电动机和发电机零件	-	0	106 753	0	73 661

2004 年中国进口主要商品量值表（续）

金额单位：万美元

商品名称	数量单位	2004 年		2003 年	
		数量	金额	数量	金额
有线电话电报交换机	台	23 988 136	142 871	24 349 772	162 440
有线电话电报交换机零件	–	0	211 625	0	146 353
计算机	–	0	1 446 864	0	1 141 457
大、中型电子计算机	台	11	764	43	2 702
小型电子计算机	台	7 258	31 914	5 579	27 521
微型电子计算机	台	9 723	2 507	8 495	1 514
显示器	台	4 145 932	88 745	3 391 416	60 212
打印机	台	8 236 237	87 498	6 476 714	84 206
键盘	个	32 254 218	19 289	22 835 987	13 627
磁盘	万片	37 684	41 974	39 061	33 706
文字处理机	–	0	167	0	263
有线通讯设备	–	0	354 497	0	308 793
电话机	台	1 504 699	4 545	1 110 286	2 648
各种电子交换机	–	0	4 952	0	7 454
载波机	台	20 779 639	114 445	21 809 572	133 533
传真机	台	1 665 750	18 000	1 389 867	17 453
复印机	台	60 546	2 404	94 192	4 895
雷达	–	0	4 422	0	3 777
导航设备	–	0	10 222	0	4 807
电台对讲机	–	0	1 599	0	1 496
电池	–	0	38 684	0	42 828
测绘仪器	–	0	39 903	0	33 271
望远镜	–	0	947	0	1 108
放大镜	只	445 881	181	347 749	815
照相机	架	2 931 305	5 312	13 957 900	5 327
照相机零件	–	0	37 516	0	46 358
彩色冲洗扩印系统	–	0	794	0	834
自行车类	–	0	19 955	0	16 057
自行车外胎	条	2 141 502	333	1 750 424	240
自行车零配件	–	0	19 534	0	15 771
缝纫机类	–	0	46 424	0	33 808
缝纫机	–	0	29 369	0	20 446
家用缝纫机	台	1 274 173	1 485	856 710	1 268
工业缝纫机	台	238 442	27 884	255 480	19 177
缝纫机零件	–	0	17 056	0	13 363
缝纫机针	–	0	393	0	281
电风扇	台	18 646 1357	77 774	148 584 555	49 258
排风扇	台	528 264	5 651	1 549 392	4 974
电冰箱	台	6 539	266	8 488	294
洗衣机	台	24 008	766	66 681	1 151
空调器	台	4 439	860	5 216	1 310
吸尘器	台	246 976	295	80 005	238

2004 年中国进口主要商品量值表（续）

金额单位：万美元

商品名称	数量单位	2004 年		2003 年	
		数量	金额	数量	金额
空气加湿器	台	26 906	1 468	39 981	1 334
空气干燥器	台	42 492	24 219	56 841	16 529
电水壶	个	90 529	211	109 803	152
电炉	个	213 505	1 030	98 931	545
电热水器	个	138 944	429	40 919	317
煤气热水器	台	8 469	171	11 014	234
洗碗机	台	10 708	744	10 889	808
消毒柜	台	9 660	2 570	8 464	2 477
电动剃须刀	个	555 378	1 316	561 428	1 161
电熨斗	个	127 005	192	59 159	132
电筒	个	3 574 397	578	3 504 883	461
台灯	–	0	180	0	232
吊灯	–	0	287	0	519
节日灯	–	0	180	0	145
卤钨灯	万只	4 599	3 704	4 670	2 998
收音机	台	1 312 567	2 013	678 867	608
录音机	–	0	6 142	0	7 602
电视机及散件	–	0	14 811	0	8 553
彩色电视机	台	525 367	14 527	965 145	8 339
黑白电视机	台	285 252	286	49 208	213
投影电视机	台	27 626	3 685	14 360	2 098
录像机	台	7 671	4 231	83 501	3 005
摄像机	台	76 253 337	167 656	16 872 062	73 035
音箱	万台	100 484	36 843	84 793	26 029
组合音响	万套	3	718	4	493
录像带	万盒	23 484	8 116	25 121	8 444
耳塞机	万个	18 394	17 235	16 214	10 395
麦克风	个	602 239 497	17 243	473 781 448	13 059
量具	–	0	6 131	0	5 057
刃具	–	0	24 453	0	17 932
磨具	–	0	21 924	0	16 441
砂布	公吨	8 636	4 315	8 408	3 648
各种锤	–	0	148	0	116
各种钳	–	0	1 648	0	1 067
各种扳手	–	0	4 451	0	4 731
各种螺丝批	–	0	789	0	714
各种钻	–	0	123	0	115
各种锉和刀	–	0	2 412	0	2 446
各种锯和锯条	–	0	5 721	0	4 015
农具	–	0	104	0	106
出版物	–	0	16 351	0	15 105

2004 年中国主要出口商品输往地

粮谷

输往地	2004 年		2003 年	
	数量（公吨）	金额（美元）	数量（公吨）	金额（美元）
总值	**4 734 144**	**827 689 944**	**21 936 569**	**2 657 079 460**
巴林	56	11 838	41	9 684
孟加拉国	1 285	2 139 483	121 220	14 796 971
缅甸	7 444	1 839 372	18 612	3 104 363
柬埔寨	20	5 662	240	58 500
塞浦路斯	121	24 271	294	52 496
朝鲜	159 537	29 581 982	398 451	57 705 151
香港	136 826	40 393 182	212 375	45 507 388
印度尼西亚	97 247	20 904 001	1 949 174	231 087 795
伊朗	0	12	1 601 000	170 654 101
以色列	835	198 862	3 241	604 260
日本	977 900	200 734 035	1 632 469	216 037 427
约旦	1 152	291 186	189	33 334
科威特	229	53 627	732	149 858
老挝	28	6 758	12	2 900
黎巴嫩	1 807	400 784	1 835	371 698
澳门	3 327	1 064 290	3 547	939 380
马来西亚	255 266	33 829 970	2 474 218	263 293 991
蒙古	25 870	5 925 872	14 507	2 661 972
尼泊尔	20	8 116	0	0
巴基斯坦	111	148 685	184	245 206
菲律宾	283 883	38 885 960	698 187	81 497 035
沙特阿拉伯	247	57 023	58 051	6 113 567
新加坡	516	168 490	10 146	1 795 664
韩国	1 776 165	262 150 509	9 029 029	996 681 335
斯里兰卡	24 287	3 398 038	146 554	16 804 417
泰国	20 483	4 604 973	19 728	4 206 276
阿拉伯联合酋长国	1 148	254 769	25 502	3 225 171
越南	130 684	29 040 105	660 066	84 308 204
台湾省	93 437	13 423 335	87 063	10 251 276
哈萨克斯坦	1 980	535 450	26 387	7 230 242
吉尔吉斯斯坦	1 450	373 949	17 552	4 545 827
塔吉克斯坦	120	27 000	4 646	1 087 049
阿尔及利亚	43	9 743	0	0
安哥拉	11	5 897	1	580
刚果（布）	5	1 904	0	0
埃塞俄比亚	5	4 144	11 507	1 877 408
加纳	25 000	3 736 000	31 048	4 331 920
几内亚	1 785	589 195	11 012	1 822 329
几内亚（比绍）	4 009	1 162 598	24 900	3 587 400
科特迪瓦共和国	202 099	29 955 057	1 015 912	146 527 078
利比里亚	143 379	21 976 764	20 239	2 965 475

2004年中国主要出口商品输往地（续）

粮谷

输往地	2004年		2003年	
	数量（公吨）	金额（美元）	数量（公吨）	金额（美元）
马达加斯加	4 326	851 874	20 305	3 392 920
摩洛哥	601	115 177	403	74 242
纳米比亚	2 020	451 374	128	33 150
尼日利亚	8 433	1 264 989	41 802	6 371 258
塞拉利昂	3	3 160	6	5 673
南非	3 583	689 671	277 264	30 270 543
苏丹	8	2 255	1	300
坦桑尼亚	32 060	5 056 600	61 931	9 592 193
多哥	3	1 945	4	1 015
赞比亚	0	1 374	4 500	675 000
莱索托	2 000	515 823	40	13 200
比利时	2 345	481 449	4 387	855 779
丹麦	26	10 126	316	64 157
英国	2 408	686 026	6 657	1 642 423
德国	2 632	1 058 606	4 994	1 375 548
法国	1 230	518 347	775	315 162
意大利	2 892	596 457	3 016	535 547
荷兰	21 737	4 419 039	30 839	5 268 471
希腊	33	11 327	54	15 362
葡萄牙	1 053	205 723	1 682	303 039
西班牙	241	60 873	557	106 191
保加利亚	2 687	612 875	27 590	4 615 835
芬兰	86	23 448	0	0
匈牙利	132	44 220	315	98 185
挪威	170	93 500	206	79 759
波兰	495	89 691	400	49 600
瑞典	21	5 332	103	24 218
摩尔多瓦	2 100	455 274	0	0
俄罗斯联邦	156 968	37 781 251	346 339	72 422 871
斯洛文尼亚	800	204 000	13 043	2 666 890
捷克	288	53 856	1 608	298 848
巴西	1 044	200 959	1 955	341 136
智利	131	29 534	1 029	223 740
哥斯达黎加	113	15 975	114	16 623
厄瓜多尔	68	123 778	14	28 148
巴拿马	3	2 600	0	0
秘鲁	1	614	1	255
波多黎各	52 100	11 225 000	82 010	17 374 008
委内瑞拉	2	1 465	261	54 168
加拿大	924	323 492	1 692	550 976
美国	2 736	1 244 364	2 228	962 517
澳大利亚	3 231	808 021	5 107	1 193 626

2004 年中国主要出口商品输往地（续）

粮谷

输往地	2004 年		2003 年	
	数量（公吨）	金额（美元）	数量（公吨）	金额（美元）
瓦努阿图	896	384 817	1 020	264 045
新西兰	548	187 777	9 275	1 298 585
巴布亚新几内亚	40 934	8 785 375	138 782	29 946 073
基里巴斯	1	180	395	97 603
密克罗尼西亚联邦	212	67 440	290	84 100

玉米

输往地	2004 年		2003 年	
	数量（公吨）	金额（美元）	数量（公吨）	金额（美元）
总值	**2 317 859**	**323 998 373**	**16 389 024**	**1 766 461 885**
朝鲜	39 338	5 545 928	136 310	14 633 095
香港	12 352	1 756 407	83 477	8 931 946
印度尼西亚	19 988	2 298 597	1 605 320	174 174 489
日本	596 618	97 831 168	1 309 764	145 179 367
马来西亚	251 685	33 046 388	2 464 155	261 517 701
韩国	1 318 339	171 928 280	8 036 893	868 416 413
台湾省	67 502	9 490 045	47 055	5 217 806
纳米比亚	2 000	447 074	0	0
莱索托	2 000	515 823	0	0
俄罗斯联邦	8 037	1 138 662	4 795	591 500
新西兰	0	1	7 796	856 951

蔬菜

输往地	2004 年		2003 年	
	数量（公吨）	金额（美元）	数量（公吨）	金额（美元）
总值	**4 701 790**	**2 781 079 543**	**4 321 487**	**2 195 591 245**
巴林	2 705	1 242 145	2 970	1 018 306
孟加拉国	27 518	10 314 909	50 330	11 167 167
文莱	2 433	979 907	2 700	691 089
缅甸	13 289	3 408 845	17 387	4 422 507
柬埔寨	2 076	1 053 401	1 683	656 324
塞浦路斯	15	10 200	0	0
朝鲜	7 030	4 256 062	6 632	3 568 234
香港	533 953	144 549 907	478 223	100 004 286
印度	22 139	8 416 850	20 146	5 587 504
印度尼西亚	277 259	95 145 359	281 070	70 669 780
伊朗	696	615 872	250	180 730
以色列	5 758	3 957 453	4 443	2 633 278

2004 年中国主要出口商品输往地（续）

蔬菜

输往地	2004 年		2003 年	
	数量（公吨）	金额（美元）	数量（公吨）	金额（美元）
日本	1 326 781	1 278 327 953	1 134 952	1 030 301 747
约旦	655	263 723	4 777	1 954 418
科威特	2 535	1 388 023	2 694	1 027 422
老挝	292	103 302	9	2 175
黎巴嫩	1 360	511 691	657	233 052
澳门	36 582	7 885 406	36 221	7 589 424
马来西亚	366 052	116 421 561	361 627	80 697 356
马尔代夫	190	87 124	398	91 496
蒙古	35 286	3 143 994	24 360	2 103 506
尼泊尔	2 478	1 047 830	2 930	911 765
阿曼	4 352	1 886 203	4 801	1 602 832
巴基斯坦	61 733	31 426 211	79 831	19 858 214
菲律宾	72 345	24 066 474	73 909	20 816 378
卡塔尔	587	263 915	644	224 349
沙特阿拉伯	37 247	19 433 670	37 159	12 922 360
新加坡	62 613	33 539 220	68 428	23 953 751
韩国	470 820	212 851 680	388 205	160 855 940
斯里兰卡	18 285	5 757 405	19 282	4 500 857
叙利亚	1 087	1 023 230	1 918	1 675 000
泰国	79 921	42 101 930	57 546	16 435 676
土耳其	1 550	1 025 480	2 975	1 412 712
阿拉伯联合酋长国	39 681	19 800 233	46 925	14 870 975
也门共和国	8 100	2 875 867	7 893	2 321 157
越南	167 374	28 099 987	194 851	30 968 093
台湾省	45 102	33 161 270	37 918	30 925 425
哈萨克斯坦	24	7 129	985	269 661
吉尔吉斯斯坦	1 164	347 890	120	23 557
阿尔及利亚	4 767	2 027 647	1 010	522 747
安哥拉	2 155	797 229	1 702	629 428
博茨瓦纳	0	16	0	0
喀麦隆	471	176 826	52	16 410
加那利群岛	1	4 358	1	4 650
刚果（布）	2 307	773 554	2 270	767 311
埃及	2 430	1 018 668	4 712	1 739 836
埃塞俄比亚	42	23 265	26	9 880
加蓬	438	166 575	285	91 530
冈比亚	26	8 777	0	0
加纳	1 181	441 817	753	258 435
几内亚	155	73 480	127	50 335
科特迪瓦共和国	102	39 685	444	151 170
肯尼亚	1 275	455 146	1 151	374 104
利比亚	26	15 080	101	82 946

2004年中国主要出口商品输往地（续）

蔬菜

输往地	2004年		2003年	
	数量（公吨）	金额（美元）	数量（公吨）	金额（美元）
马达加斯加	4	3 943	2	4 740
马里	104	34 580	103	39 136
毛里求斯	1 654	740 964	1 206	470 495
摩洛哥	1 202	1 119 458	2 102	1 127 469
莫桑比克	568	194 732	418	130 218
留尼汪	811	348 942	893	326 518
塞内加尔	851	315 095	929	309 290
塞舌尔	224	120 067	290	115 928
塞拉利昂	46	39 281	50	13 065
南非	4 036	3 473 488	3 737	2 490 396
苏丹	2 242	1 172 056	1 464	653 812
坦桑尼亚	0	119	26	5 172
多哥	752	367 704	477	185 902
突尼斯	265	78 520	231	107 739
乌干达	0	1 156	11	4 180
津巴布韦	64	130 679	93	219 692
厄立特里亚	759	268 939	520	197 460
非洲其他国家（地区）	50	19 000	0	0
比利时	13 185	11 412 673	10 790	9 867 105
丹麦	1 797	1 473 996	1 085	675 509
英国	32 078	25 151 025	19 064	11 771 609
德国	47 880	61 790 975	46 470	54 895 205
法国	13 439	26 159 209	13 429	22 108 893
爱尔兰	676	373 260	258	116 046
意大利	40 959	60 046 263	36 555	45 503 227
荷兰	54 749	36 643 649	97 310	46 034 466
希腊	3 268	2 043 717	3 082	1 499 885
葡萄牙	676	593 410	529	457 556
西班牙	13 672	10 705 867	9 352	6 494 897
奥地利	121	200 617	279	317 344
保加利亚	2 105	747 051	2 905	1 113 965
芬兰	439	264 802	386	208 828
匈牙利	942	588 817	594	317 702
马耳他	34	29 818	12	9 870
挪威	1 685	1 616 576	729	868 845
波兰	5 862	3 191 692	14 528	6 692 332
罗马尼亚	11 663	5 192 397	11 464	4 197 182
瑞典	2 903	2 210 164	3 042	2 675 296
瑞士	81	1 129 802	119	1 755 753
爱沙尼亚	97	78 797	237	191 536
拉脱维亚	749	565 876	440	447 436
立陶宛	208	189 084	225	200 408

2004 年中国主要出口商品输往地（续）

蔬菜

输往地	2004 年		2003 年	
	数量（公吨）	金额（美元）	数量（公吨）	金额（美元）
格鲁吉亚	1 001	379 250	868	373 434
白俄罗斯	563	812 901	256	413 283
俄罗斯联邦	292 396	69 663 620	243 429	63 224 851
乌克兰	6 492	3 106 178	3 074	1 400 016
塞黑	581	281 319	590	211 878
斯洛文尼亚	815	456 436	1 276	488 845
克罗地亚	3 795	1 712 132	2 561	923 292
捷克	1 088	754 129	2 284	1 131 736
斯洛伐克	67	36 840	54	50 833
马其顿	238	218 442	0	0
波黑	230	123 642	313	107 141
安提瓜和巴布达	50	17 250	51	18 080
阿根廷	1 369	1 017 402	1 399	915 732
阿鲁巴岛	5	6 204	1	1 145
巴巴多斯	259	91 670	227	82 118
巴西	43 242	20 360 679	44 345	18 295 119
智利	4 539	2 461 779	3 940	1 894 892
哥伦比亚	21 314	7 797 360	21 401	6 760 361
多米尼克	1 854	627 900	2 032	924 242
哥斯达黎加	2 499	1 100 777	2 833	1 034 363
古巴	561	214 912	457	169 580
多米尼加共和国	5 241	1 867 907	2 754	906 660
厄瓜多尔	9 955	3 101 479	6 005	1 824 678
危地马拉	1 180	532 975	1 191	512 832
圭亚那	1 805	565 480	1 915	659 847
海地	1 543	484 896	3 280	980 867
洪都拉斯	1 129	421 673	1 655	536 265
牙买加	1 465	494 827	1 195	393 073
墨西哥	2 090	1 323 303	1 589	897 951
尼加拉瓜	1 124	419 134	753	260 084
巴拿马	2 453	967 329	2 553	939 350
巴拉圭	150	58 375	0	0
秘鲁	55	102 030	18	59 487
波多黎各	1 527	1 251 643	775	503 981
萨尔瓦多	888	338 540	920	339 720
苏里南	977	388 882	481	167 606
特立尼达和多巴哥	3 176	1 049 510	3 223	1 079 581
乌拉圭	439	227 222	706	323 666
委内瑞拉	606	566 443	447	273 854
荷属安的列斯群岛	25	9 250	100	34 000
加拿大	35 370	25 219 524	24 867	15 219 673
美国	201 639	200 548 615	156 708	156 966 587

2004 年中国主要出口商品输往地（续）

蔬菜

输 往 地	2004 年		2003 年	
	数量（公吨）	金额（美元）	数量（公吨）	金额（美元）
澳大利亚	22 817	18 613 600	17 819	12 940 872
斐济	1 572	583 794	1 383	523 855
新喀里多尼亚	76	28 620	42	17 095
新西兰	4 029	2 973 134	2 825	1 758 067
巴布亚新几内亚	22	13 373	26	11 353
汤加	8	1 560	0	4 443
基里巴斯	1	310	0	65
法属波利尼西亚	41	15 673	41	12 960
大洋洲其他国家（地区）	85	19 926	12	4 386

水产品

输 往 地	2004 年	2003 年
	金额（美元）	金额（美元）
总值	**4 059 970 618**	**3 335 481 776**
巴林	7	0
文莱	16 440	496
塞浦路斯	365 483	32 827
朝鲜	5 746 668	16 796 724
香港	236 100 277	212 802 909
印度	171 184	217 818
印度尼西亚	53 862 393	16 194 394
伊朗	45 847	53 187
以色列	1 565 374	972 374
日本	1 279 353 333	1 050 843 507
科威特	216 350	0
老挝	100	1 157
黎巴嫩	161 505	87 910
澳门	12 504 747	12 000 554
马来西亚	46 045 376	28 442 529
马尔代夫	361 085	32 828
巴基斯坦	7 767	196
菲律宾	16 640 885	23 639 034
沙特阿拉伯	1 762	123 596
新加坡	16 449 766	15 779 138
韩国	852 498 658	691 294 145
斯里兰卡	74 400	230 985
泰国	13 450 190	12 726 831
土耳其	541 555	58 200
阿拉伯联合酋长国	828 192	2 107 009
也门共和国	174 000	114 508

水产品

输 往 地	2004 年	2003 年
	金额（美元）	金额（美元）
越南	14 750 384	17 693 393
台湾省	53 259 299	28 856 905
哈萨克斯坦	7 200	125 650
安哥拉	95 519	0
喀麦隆	680	0
刚果（布）	36	0
加纳	55 645	0
几内亚	58 163	0
毛里求斯	148 219	66 536
摩洛哥	308 021	108 460
留尼汪	405 021	0
塞内加尔	240	0
索马里	121 131	0
南非	4 934 590	2 692 236
突尼斯	37 447	0
比利时	23 011 239	16 466 115
丹麦	4 044 475	1 621 397
英国	100 626 650	95 197 929
德国	225 767 958	177 553 583
法国	38 101 281	29 643 268
爱尔兰	109 569	0
意大利	12 440 797	10 546 255
荷兰	49 469 196	23 593 149
希腊	5 574 990	3 572 810
葡萄牙	6 166 215	6 807 829
西班牙	70 962 030	29 424 483
保加利亚	18 085	0

2004年中国主要出口商品输往地（续）

水产品

输往地	2004年	2003年
	金额（美元）	金额（美元）
芬兰	117 255	223 248
匈牙利	159 816	346 163
马耳他	1 200	0
挪威	1 920 363	508 712
波兰	32 078 897	37 411 001
罗马尼亚	40 700	24 404
瑞典	9 431 543	4 776 266
瑞士	70 605	16 407
爱沙尼亚	26 637	35 143
拉脱维亚	6 728	0
立陶宛	2 339 687	1 323 793
白俄罗斯	14 020	0
俄罗斯联邦	12 918 461	3 307 468
乌克兰	1 988 729	1 093 239
塞黑	119	0
斯洛文尼亚	329 956	65 754
克罗地亚	1 500	0
捷克	6 614 789	8 170 037
斯洛伐克	1 545 547	1 757 884
波黑	28 820	0
安提瓜和巴布达	26 730	0
巴西	25 980	0
哥伦比亚	70 400	12 000
多米尼克	729 369	329 093

水产品

输往地	2004年	2003年
	金额（美元）	金额（美元）
哥斯达黎加	205 390	284 509
古巴	520 725	38 604
多米尼加共和国	1 519 241	630 569
厄瓜多尔	181 647	70 916
洪都拉斯	42 700	0
墨西哥	37 864 089	22 461 011
巴拿马	268 513	266 530
秘鲁	91 743	54 977
波多黎各	14 782 212	11 219 035
委内瑞拉	67 154	1 190
英属维尔京群岛	20 002	0
拉丁美洲其他国家（地区）	74 655	0
加拿大	87 970 440	72 561 475
美国	656 932 637	606 963 718
百慕大群岛	448 271	443 417
澳大利亚	35 109 314	28 606 189
斐济	1 025 154	523 023
新西兰	2 851 601	2 625 688
巴布亚新几内亚	1 514 749	67 317
所罗门群岛	9 000	293
汤加	57 300	11 300
萨摩亚	18 840	66 950
大洋洲其他国家（地区）	249 966	122 490

茶叶

输往地	2004年		2003年	
	数量（公吨）	金额（美元）	数量（公吨）	金额（美元）
总值	**280 193**	**436 844 676**	**259 917**	**367 337 365**
阿富汗	5 564	3 641 833	3 951	2 759 395
文莱	0	266	0	0
缅甸	1 977	2 561 591	1 306	1 478 422
柬埔寨	4	34 764	8	7 020
香港	12 802	27 598 497	13 362	26 865 756
印度	2 924	2 071 019	405	634 880
印度尼西亚	280	317 081	635	384 472
伊朗	1 866	1 244 457	2 085	1 322 110
以色列	129	177 894	146	183 269
日本	37 403	83 922 269	27 553	58 448 907
约旦	6	19 570	2	11 038
黎巴嫩	17	21 632	9	14 708

2004年中国主要出口商品输往地（续）

茶叶

输往地	2004年		2003年	
	数量（公吨）	金额（美元）	数量（公吨）	金额（美元）
澳门	283	670 626	290	612 767
马来西亚	1 298	3 135 456	1 158	2 682 604
蒙古	512	157 656	393	116 730
尼泊尔	1	3 383	0	0
阿曼	0	5 636	0	3 381
巴基斯坦	6 898	4 727 001	6 926	4 149 203
菲律宾	71	284 071	62	235 834
沙特阿拉伯	773	2 009 585	1 026	2 913 881
新加坡	1 294	4 338 038	1 001	3 102 923
韩国	2 032	3 147 429	1 177	1 702 368
斯里兰卡	2 826	4 669 695	2 538	4 245 504
叙利亚	219	339 803	121	201 550
泰国	116	399 224	171	633 005
土耳其	20	23 424	37	56 667
阿拉伯联合酋长国	511	778 299	440	468 810
也门共和国	4	4 335	18	36 404
越南	424	581 888	366	471 763
台湾省	39	102 937	2	1 369
哈萨克斯坦	823	1 153 137	1 224	1 414 474
吉尔吉斯斯坦	356	301 398	442	324 048
塔吉克斯坦	806	484 668	457	300 806
土库曼斯坦	2 761	1 511 333	2 036	1 141 301
乌兹别克斯坦	17 652	9 558 371	17 554	8 879 899
阿尔及利亚	8 176	15 659 389	8 782	13 847 481
贝宁	3 170	2 451 405	1 733	1 288 362
喀麦隆	2 470	1 026 751	1 456	1 147 507
乍得	436	152 513	175	65 713
刚果（布）	92	73 803	87	106 480
埃及	528	616 449	137	188 799
埃塞俄比亚	0	1 950	0	760
加蓬	57	112 627	97	151 421
冈比亚	3 737	6 325 526	4 034	5 768 051
加纳	9 077	14 701 808	7 500	11 152 950
几内亚	872	1 451 977	568	964 156
科特迪瓦共和国	1 187	1 923 888	609	1 043 928
肯尼亚	1 962	1 125 549	1 329	640 340
利比里亚	57	59 537	42	52 115
利比亚	4 257	5 122 868	0	0
马里	7 420	12 340 715	9 804	13 952 966
毛里塔尼亚	8 922	19 597 587	7 479	14 047 370
毛里求斯	6	25 005	3	13 280
摩洛哥	49 552	86 069 437	49 257	77 211 531

2004 年中国主要出口商品输往地（续）

茶叶

输往地	2004 年		2003 年	
	数量（公吨）	金额（美元）	数量（公吨）	金额（美元）
尼日尔	2 049	4 546 525	2 508	4 263 700
尼日利亚	4 257	1 343 885	5 806	2 233 964
塞内加尔	7 405	11 564 204	6 518	8 301 710
塞拉利昂	137	150 309	80	86 070
南非	45	116 428	30	62 987
苏丹	6	9 742	198	95 871
多哥	1 941	3 588 257	2 472	2 789 730
突尼斯	3 195	2 884 777	4 658	4 817 304
布基纳法索	448	648 150	658	1 024 861
比利时	164	415 354	60	168 149
丹麦	102	267 486	126	253 485
英国	5 114	7 878 782	4 927	5 832 358
德国	5 503	10 723 488	4 464	9 591 845
法国	2 184	5 142 673	2 377	6 295 217
爱尔兰	2	2 750	14	43 936
意大利	46	163 152	38	100 735
荷兰	1 881	2 221 677	1 616	2 033 617
希腊	16	35 628	30	93 139
西班牙	869	1 558 627	821	1 408 038
奥地利	0	829	2	13 936
芬兰	342	676 019	346	621 167
直布罗陀	12	40 491	18	47 705
匈牙利	21	65 057	17	52 348
马耳他	0	250	0	0
挪威	0	7 040	0	0
波兰	4 919	6 674 412	7 048	8 129 723
罗马尼亚	4	3 400	22	18 242
瑞典	29	57 709	27	54 829
瑞士	45	226 891	80	333 417
爱沙尼亚	0	2 594	0	0
拉脱维亚	38	69 979	56	120 558
立陶宛	18	43 461	30	67 844
白俄罗斯	29	28 237	5	34 995
摩尔多瓦	10	34 650	5	13 335
俄罗斯联邦	14 821	16 850 732	14 938	14 780 270
乌克兰	1 467	2 399 679	1 816	2 382 560
捷克	26	60 025	15	68 394
马其顿	7	8 075	0	0
阿根廷	62	80 328	15	25 771
巴西	6	40 352	6	40 959
智利	32	113 052	27	97 754
哥伦比亚	0	2 160	0	648

2004年中国主要出口商品输往地（续）

茶叶

输往地	2004年		2003年	
	数量（公吨）	金额（美元）	数量（公吨）	金额（美元）
哥斯达黎加	4	27 538	3	20 240
墨西哥	66	88 800	72	99 554
巴拿马	84	203 601	21	70 165
秘鲁	8	38 696	8	45 648
加拿大	644	1 944 375	718	1 752 602
美国	17 288	24 232 247	16 646	20 212 336
澳大利亚	154	648 842	167	520 309
新西兰	19	76 211	20	56 341

纺织品

输往地	2004年	2003年
	金额（美元）	金额（美元）
总值	**33 478 304 998**	**26 928 239 095**
阿富汗	1 351 864	947 346
巴林	23 009 026	18 738 330
孟加拉国	944 595 681	736 395 956
文莱	7 079 336	4 567 161
缅甸	147 117 874	138 149 683
柬埔寨	286 764 304	194 348 122
塞浦路斯	16 548 361	25 479 623
朝鲜	38 682 907	33 459 220
香港	7 585 048 911	6 870 813 428
印度	808 853 136	489 343 829
印度尼西亚	500 875 245	377 032 110
伊朗	485 812 033	404 240 200
伊拉克	2 977 725	2 365 480
以色列	125 181 630	95 824 776
日本	2 543 256 732	2 271 543 855
约旦	95 510 196	73 557 385
科威特	46 789 059	35 682 668
老挝	5 819 573	5 854 664
黎巴嫩	53 917 460	39 086 627
澳门	222 006 518	200 415 534
马来西亚	347 882 475	226 740 824
马尔代夫	753 520	97 225
蒙古	73 946 767	55 739 237
尼泊尔	30 806 869	28 196 569
阿曼	7 955 779	7 024 378
巴基斯坦	238 692 194	119 220 156
巴勒斯坦	648 655	71 727
菲律宾	338 477 667	251 666 235

纺织品

输往地	2004年	2003年
	金额（美元）	金额（美元）
卡塔尔	10 539 560	9 582 539
沙特阿拉伯	323 046 113	256 061 188
新加坡	315 711 187	276 943 803
韩国	1 360 519 001	1 220 326 281
斯里兰卡	297 351 107	222 572 576
叙利亚	123 301 807	94 793 776
泰国	382 273 500	299 000 743
土耳其	359 658 832	267 909 355
阿拉伯联合酋长国	1 161 668 755	923 255 032
也门共和国	82 272 458	68 433 262
越南	512 386 168	363 620 556
台湾省	241 553 892	201 877 557
东帝汶	46 808	2 891
哈萨克斯坦	54 607 577	52 553 215
吉尔吉斯斯坦	150 680 910	81 440 181
塔吉克斯坦	406 066	9 600
土库曼斯坦	18 232	208 678
乌兹别克斯坦	2 687 965	4 091 531
亚洲其他国家（地区）	103 735	74 090
阿尔及利亚	99 684 344	63 576 328
安哥拉	13 342 339	15 083 220
贝宁	344 424 301	268 097 095
博茨瓦纳	4 275 238	1 951 763
布隆迪	268 092	285 041
喀麦隆	10 589 920	8 443 975
加那利群岛	28 764 957	19 725 943
佛得角	49 849	63 089
中非	23 202	51 196
塞卜泰（休达）	385 582	287 819

2004年中国主要出口商品输往地（续）

纺织品

输往地	2004年	2003年
	金额（美元）	金额（美元）
乍得	32 602	121 968
科摩罗	24 565	60 075
刚果（布）	21 555 567	11 590 759
吉布提	15 586 556	13 536 925
埃及	179 517 672	110 194 421
赤道几内亚	201 727	37 038
埃塞俄比亚	29 192 272	27 246 283
加蓬	982 180	1 011 611
冈比亚	86 727 302	79 739 852
加纳	136 469 277	85 070 263
几内亚	29 978 146	22 699 019
几内亚（比绍）	682 773	528 714
科特迪瓦共和国	24 430 150	18 133 483
肯尼亚	116 757 518	77 397 038
利比里亚	1 950 739	720 023
利比亚	28 706 283	16 812 569
马达加斯加	79 212 380	49 841 455
马拉维	5 155 751	2 901 946
马里	1 787 474	1 307 543
毛里塔尼亚	25 862 712	17 195 060
毛里求斯	49 804 180	45 694 439
摩洛哥	121 509 957	77 677 274
莫桑比克	9 316 813	5 747 393
纳米比亚	20 900 727	17 713 070
尼日尔	10 568 925	2 790 844
尼日利亚	234 901 519	281 368 479
留尼汪	1 236 415	769 802
卢旺达	41 187	211 829
塞内加尔	50 177 408	35 107 998
塞舌尔	561 723	415 714
塞拉利昂	1 646 988	1 826 159
索马里	693 235	110 328
南非	331 440 987	230 601 516
苏丹	28 262 679	18 512 917
坦桑尼亚	32 672 985	27 015 246
多哥	232 401 585	145 895 997
突尼斯	33 787 428	24 135 882
乌干达	4 553 199	3 162 974
布基纳法索	218 164	200 993
刚果（金）	4 895 846	5 634 707
赞比亚	3 194 375	2 754 978
津巴布韦	9 936 689	8 193 296

纺织品

输往地	2004年	2003年
	金额（美元）	金额（美元）
莱索托	27 771 724	18 867 396
梅利利亚	1 239 071	671 568
斯威士兰	10 332 306	5 756 477
厄立特里亚	853 683	197 682
非洲其他国家（地区）	483 313	503 010
比利时	223 814 095	164 467 281
丹麦	46 863 367	35 450 990
英国	565 585 758	415 428 907
德国	670 877 809	528 527 324
法国	257 703 023	196 341 340
爱尔兰	14 415 398	9 250 011
意大利	638 532 661	524 787 788
卢森堡	60 080	75 034
荷兰	198 774 235	164 383 373
希腊	93 315 799	75 204 678
葡萄牙	46 442 764	36 234 949
西班牙	282 629 808	198 111 278
阿尔巴尼亚	7 361 050	5 813 769
安道尔	21 792	48 809
奥地利	18 137 135	14 132 850
保加利亚	26 286 042	16 245 379
芬兰	39 774 529	25 209 306
直布罗陀	329 471	743 467
匈牙利	53 078 174	63 005 700
冰岛	3 715 710	2 206 738
列支敦士登	3 432	12 026
马耳他	8 133 889	12 842 016
摩纳哥	873 271	403 733
挪威	69 218 412	44 197 930
波兰	103 106 749	91 018 539
罗马尼亚	83 523 154	48 805 467
圣马力诺	4 259	22 815
瑞典	48 593 948	36 482 533
瑞士	47 784 863	27 825 518
爱沙尼亚	9 317 977	6 617 231
拉脱维亚	5 906 617	7 742 277
立陶宛	13 048 661	10 010 257
格鲁吉亚	958 780	124 908
亚美尼亚	2 412 885	1 281 433
阿塞拜疆	527 682	548 006
白俄罗斯	4 811 058	3 503 405
摩尔多瓦	349 539	558 286

2004年中国主要出口商品输往地（续）

纺织品

输往地	2004年	2003年
	金额（美元）	金额（美元）
俄罗斯联邦	574 591 308	387 285 935
乌克兰	168 910 288	124 797 563
塞黑	16 066 368	9 590 961
斯洛文尼亚	9 381 151	8 207 767
克罗地亚	18 326 589	10 228 775
捷克	26 471 711	38 449 130
斯洛伐克	5 384 480	2 114 563
马其顿	3 830 169	3 253 484
波黑	679 294	173 083
安提瓜和巴布达	183 624	186 093
阿根廷	23 534 447	12 897 375
阿鲁巴岛	94 178	67 615
巴哈马	1 951 304	1 565 520
巴巴多斯	1 692 393	1 641 789
伯利兹	710 544	527 689
玻利维亚	1 640 321	448 188
博内尔	2 880	0
巴西	292 195 522	150 224 050
开曼群岛	117 990	352
智利	187 563 404	139 021 432
哥伦比亚	104 761 464	56 813 438
多米尼克	8 634 133	7 050 458
哥斯达黎加	25 970 916	13 884 759
古巴	35 437 909	14 689 983
库腊索岛	2 463 023	2 746 487
多米尼加共和国	49 022 313	30 794 815
厄瓜多尔	21 187 852	12 461 218
法属圭亚那	7 143	41 452
格林纳达	23 958	17 598
瓜德罗普	177 502	152 086
危地马拉	175 822 206	133 442 463
圭亚那	3 739 707	2 431 364
海地	3 114 553	5 308 379
洪都拉斯	43 062 093	33 961 269
牙买加	11 413 413	8 992 925
马提尼克岛	59 863	22 808
墨西哥	480 846 594	411 867 504

纺织品

输往地	2004年	2003年
	金额（美元）	金额（美元）
尼加拉瓜	68 777 109	48 618 424
巴拿马	237 980 167	154 175 616
巴拉圭	5 959 408	2 403 587
秘鲁	57 073 007	41 096 625
波多黎各	11 140 374	7 421 790
圣卢西亚	442 696	243 877
圣马丁岛	666 938	762 869
圣文森特和格林纳丁斯	146 879	135 863
萨尔瓦多	105 737 165	80 987 472
苏里南	2 113 416	1 624 078
特立尼达和多巴哥	13 399 532	13 694 692
乌拉圭	15 928 942	7 507 457
委内瑞拉	76 603 319	24 241 611
英属维尔京群岛	94 079	72 045
荷属安的列斯群岛	649 041	268 923
拉丁美洲其他国家（地区）	7 884	0
加拿大	380 040 135	290 003 463
美国	3 216 913 975	2 529 250 716
百慕大群岛	16 197	2 707
澳大利亚	445 579 917	338 069 133
库克群岛	96 935	34 050
斐济	8 599 247	6 242 126
新喀里多尼亚	663 266	629 186
瓦努阿图	33 729	54 928
新西兰	59 858 131	50 639 578
诺福克岛	27 209	118 049
巴布亚新几内亚	4 462 565	4 147 779
社会群岛	618 681	541 618
所罗门群岛	419 123	123 392
汤加	184 463	255 575
萨摩亚	543 326	688 886
基里巴斯	111 432	71 776
密克罗尼西亚联邦	576 684	817 725
马绍尔群岛共和国	514 713	189 204
帕劳共和国	2 404	3 650
法属波利尼西亚	773 802	504 759
大洋洲其他国家（地区）	6 962 874	4 831 737

2004 年 中 国 主 要 出 口 商 品 输 往 地（续）

棉布

输 往 地	2004 年		2003 年	
	数量（万米）	金额（美元）	数量（万米）	金额（美元）
总值	**434 788**	**4 738 930 076**	**443 610**	**4 197 894 191**
巴林	763	11 884 585	1 066	14 270 489
孟加拉国	25 419	329 200 803	24 892	278 951 481
文莱	3	37 742	9	99 162
缅甸	1 918	21 282 354	2 826	19 140 073
柬埔寨	7 480	100 469 325	4 880	58 577 397
塞浦路斯	72	909 081	262	2 736 402
朝鲜	100	1 129 392	137	1 256 187
香港	113 832	1 513 105 402	115 699	1 374 497 229
印度	4 456	63 734 093	3 329	41 446 918
印度尼西亚	8 709	127 306 353	8 061	96 205 459
伊朗	50	636 622	11	143 894
以色列	2 434	33 937 526	2 287	27 608 185
日本	27 652	204 088 766	32 859	189 864 017
约旦	439	6 294 742	352	4 237 261
科威特	325	3 590 416	598	5 289 267
老挝	1	7 994	0	0
黎巴嫩	368	4 902 375	396	5 091 431
澳门	1 819	28 070 953	1 687	21 631 049
马来西亚	2 464	24 886 401	1 884	15 683 895
蒙古	684	10 906 189	770	9 796 285
尼泊尔	189	1 673 968	377	2 966 840
阿曼	138	1 624 839	205	2 341 232
巴基斯坦	403	6 519 924	267	4 160 338
巴勒斯坦	0	1 000	0	0
菲律宾	5 856	75 741 786	4 636	51 880 077
卡塔尔	433	5 809 363	603	6 775 317
沙特阿拉伯	225	1 630 878	327	2 095 658
新加坡	5 103	44 532 110	6 156	49 603 384
韩国	27 679	216 609 695	30 230	205 799 913
斯里兰卡	9 821	93 360 679	10 091	75 623 762
叙利亚	506	5 584 709	615	7 253 475
泰国	8 927	73 668 811	8 438	53 832 686
土耳其	2 787	35 824 674	3 118	31 137 079
阿拉伯联合酋长国	2 813	37 128 516	3 210	34 981 669
也门共和国	33	101 570	53	172 211
越南	7 619	115 252 078	7 165	92 269 382
台湾省	4 010	27 424 732	2 785	18 284 792
哈萨克斯坦	7	70 000	0	0
吉尔吉斯斯坦	36	391 195	222	1 575 863
乌兹别克斯坦	28	554 382	72	1 008 007
阿尔及利亚	1 567	14 208 128	1 315	10 448 009

2004年中国主要出口商品输往地（续）

棉布

输往地	2004年		2003年	
	数量（万米）	金额（美元）	数量（万米）	金额（美元）
安哥拉	877	5 950 204	1 365	7 951 848
贝宁	22 836	196 366 214	28 118	221 172 303
博茨瓦纳	51	674 526	57	684 029
布隆迪	11	95 472	0	0
喀麦隆	507	3 550 748	561	3 467 990
加那利群岛	61	948 291	17	217 740
佛得角	0	4 046	0	0
刚果（布）	1 863	13 765 877	1 151	6 858 320
吉布提	5	47 604	0	2 660
埃及	2 505	36 084 791	2 455	27 436 594
埃塞俄比亚	3	89 308	78	490 272
加蓬	83	588 970	110	774 915
冈比亚	7 654	55 841 921	8 671	62 803 339
加纳	9 605	76 823 432	5 639	39 432 873
几内亚	2 075	16 685 379	2 576	17 940 291
科特迪瓦共和国	864	7 384 670	747	4 414 582
肯尼亚	7 196	57 731 434	5 416	37 851 341
利比里亚	99	477 414	68	301 462
马达加斯加	493	8 042 497	434	5 556 153
马拉维	59	606 523	61	652 876
马里	39	318 954	49	353 030
毛里塔尼亚	2 588	13 194 942	1 424	6 749 602
毛里求斯	1 095	29 434 151	862	20 661 102
摩洛哥	410	6 761 911	368	4 824 906
莫桑比克	16	60 652	52	245 936
纳米比亚	12	66 346	6	43 223
尼日尔	550	4 201 332	430	2 483 232
尼日利亚	5 082	35 011 848	11 708	79 032 537
塞内加尔	6 630	35 516 035	4 903	26 954 429
塞舌尔	11	82 470	14	75 516
塞拉利昂	42	325 688	75	338 909
南非	3 143	38 842 194	3 218	34 372 548
苏丹	13	208 001	10	124 257
坦桑尼亚	2 689	14 577 017	2 473	10 713 613
多哥	11 134	87 350 985	9 780	69 767 460
突尼斯	313	5 176 068	337	4 917 035
乌干达	197	1 638 326	120	789 810
刚果（金）	72	430 529	106	613 694
赞比亚	14	59 235	190	699 003
津巴布韦	76	990 494	114	1 245 057
莱索托	222	3 938 722	186	2 563 003
斯威士兰	64	944 679	51	825 507

2004年中国主要出口商品输往地（续）

棉布

输往地	2004年		2003年	
	数量（万米）	金额（美元）	数量（万米）	金额（美元）
非洲其他国家（地区）	50	360 296	70	292 127
比利时	1 750	16 962 798	2 232	18 137 137
丹麦	90	1 244 197	81	1 027 649
英国	1 162	10 925 793	1 734	13 547 319
德国	1 343	17 543 382	1 614	16 452 115
法国	377	6 010 591	587	7 300 701
爱尔兰	2	29 697	3	53 389
意大利	5 032	64 676 150	4 857	53 573 365
荷兰	252	2 225 667	851	4 650 080
希腊	166	2 179 459	195	2 858 597
葡萄牙	343	3 746 677	312	3 056 295
西班牙	753	11 457 389	382	4 805 498
阿尔巴尼亚	148	1 038 267	126	558 958
奥地利	26	476 024	44	283 344
保加利亚	402	6 209 815	466	6 739 473
芬兰	25	346 500	0	0
匈牙利	735	9 502 327	654	8 206 769
冰岛	5	33 028	6	69 714
马耳他	64	886 409	207	2 702 646
摩纳哥	1	18 728	0	0
挪威	135	2 070 338	116	1 589 949
波兰	400	5 544 336	587	7 292 556
罗马尼亚	209	2 734 871	155	1 953 732
瑞典	24	317 050	40	362 561
瑞士	857	11 575 178	680	9 726 647
爱沙尼亚	130	1 037 490	48	603 303
拉脱维亚	62	446 934	24	307 683
立陶宛	139	1 458 060	41	583 996
亚美尼亚	58	761 564	15	198 817
白俄罗斯	62	1 064 071	26	531 693
俄罗斯联邦	1 826	24 854 782	2 218	32 003 113
乌克兰	1 018	16 214 063	504	6 606 807
塞黑	236	4 798 524	273	4 430 203
斯洛文尼亚	52	810 308	186	2 517 477
克罗地亚	217	3 632 981	195	2 621 883
捷克	61	833 572	212	2 585 954
斯洛伐克	14	202 327	14	132 194
马其顿	182	2 509 348	141	1 795 052
波黑	0	455	0	0
阿根廷	138	1 935 745	65	668 381
巴哈马	2	29 294	1	18 677
玻利维亚	84	837 900	14	129 595

2004年中国主要出口商品输往地（续）

棉布

输往地	2004年		2003年	
	数量（万米）	金额（美元）	数量（万米）	金额（美元）
巴西	1 733	13 768 713	1 335	8 196 433
智利	945	13 999 509	913	10 885 269
哥伦比亚	2 221	30 145 240	1 618	21 276 748
多米尼克	93	1 240 210	217	2 190 515
哥斯达黎加	401	3 598 257	200	1 569 376
古巴	427	4 303 585	353	3 065 805
多米尼加共和国	668	8 082 288	611	6 317 054
厄瓜多尔	58	799 561	64	733 670
瓜德罗普	2	35 465	2	18 667
危地马拉	2 537	34 440 661	2 807	33 288 649
圭亚那	21	68 652	24	124 398
海地	32	377 096	104	996 114
洪都拉斯	460	6 836 644	1 230	13 239 892
牙买加	25	312 982	16	135 809
墨西哥	13 019	140 238 197	10 314	111 341 009
尼加拉瓜	2 303	30 674 583	2 495	27 772 832
巴拿马	1 465	17 836 204	1 327	16 137 913
巴拉圭	5	58 779	18	185 276
秘鲁	439	5 566 195	320	3 565 726
波多黎各	27	282 192	36	318 757
萨尔瓦多	1 711	21 541 297	2 480	27 485 354
苏里南	111	636 008	115	560 934
特立尼达和多巴哥	27	201 305	38	263 563
乌拉圭	77	1 083 447	23	226 427
委内瑞拉	788	9 492 205	313	3 481 339
加拿大	1 462	17 508 618	1 523	16 298 655
美国	14 301	105 823 727	15 883	109 602 334
澳大利亚	1 992	22 317 513	2 537	26 927 882
库克群岛	15	64 261	5	19 017
斐济	93	540 348	322	1 631 882
新喀里多尼亚	42	123 430	74	215 506
新西兰	117	1 712 276	185	2 405 774
巴布亚新几内亚	20	119 282	20	101 676
所罗门群岛	7	29 185	4	13 327
萨摩亚	16	46 438	60	168 019
密克罗尼西亚联邦	6	70 886	33	351 790
法属波利尼西亚	59	289 581	75	355 218
大洋洲其他国家（地区）	7	138 820	8	29 806

2004年中国主要出口商品输往地(续)

绸缎

输往地	2004年		2003年	
	数量（万米）	金额（美元）	数量（万米）	金额（美元）
总值	**25 223**	**588 445 329**	**19 514**	**411 585 672**
巴林	11	109 487	3	29 606
孟加拉国	1	53 248	0	0
文莱	0	3 403	0	6 640
柬埔寨	2	58 309	1	15 125
塞浦路斯	0	7 885	0	19 957
香港	3 132	105 082 646	2 924	93 260 266
印度	9 523	162 850 079	6 222	85 536 356
印度尼西亚	98	2 141 005	67	977 859
伊朗	310	5 381 808	428	5 883 057
以色列	7	190 806	6	86 056
日本	1 590	31 237 397	1 648	29 237 374
约旦	7	49 037	14	88 663
科威特	10	491 611	5	150 496
黎巴嫩	11	522 365	5	271 554
澳门	4	114 939	2	50 081
马来西亚	215	5 583 085	106	1 898 370
蒙古	1	11 440	4	44 546
尼泊尔	67	1 368 591	58	1 012 378
阿曼	18	468 248	2	40 313
巴基斯坦	467	7 423 858	398	4 938 436
菲律宾	98	2 149 181	77	831 463
沙特阿拉伯	132	2 774 403	167	1 978 577
新加坡	995	16 372 263	940	13 218 050
韩国	2 848	73 454 986	2 407	57 198 269
斯里兰卡	20	799 027	16	443 638
叙利亚	0	2 890	0	11 281
泰国	27	891 463	28	839 106
土耳其	209	5 043 687	96	2 446 676
阿拉伯联合酋长国	590	11 761 473	535	9 278 121
也门共和国	3	93 993	3	100 777
越南	47	1 454 111	19	935 369
台湾省	10	457 538	12	462 452
哈萨克斯坦	2	20 978	0	0
吉尔吉斯斯坦	6	174 530	4	14 400
埃及	5	69 300	2	54 381
毛里求斯	0	1 644	0	5 668
摩洛哥	4	135 083	8	251 490
南非	4	105 651	2	76 228
苏丹	1	13 500	0	0
突尼斯	23	329 681	20	527 934
比利时	45	772 310	16	258 497

2004年中国主要出口商品输往地（续）

绸缎

输往地	2004年		2003年	
	数量（万米）	金额（美元）	数量（万米）	金额（美元）
丹麦	3	108 752	5	122 622
英国	127	5 258 614	91	3 361 943
德国	199	5 096 926	244	5 822 264
法国	391	12 181 335	255	7 119 574
意大利	2 420	65 768 195	1 694	44 557 925
荷兰	1	73 376	2	88 054
希腊	61	2 155 957	18	614 129
葡萄牙	0	13 614	0	3 018
西班牙	123	3 013 703	42	1 077 988
奥地利	1	39 706	3	71 234
保加利亚	1	39 223	0	3 289
芬兰	2	22 499	1	9 362
匈牙利	0	6 024	3	73 931
挪威	1	51 791	0	0
波兰	18	505 536	15	362 472
罗马尼亚	1	61 727	0	37 300
瑞典	3	73 636	4	94 118
瑞士	38	1 128 104	39	896 394
立陶宛	1	24 800	0	2 260
白俄罗斯	0	14 481	0	0
摩尔多瓦	0	15 764	0	0
俄罗斯联邦	35	619 356	47	785 661
克罗地亚	3	75 132	1	82 699
捷克	2	29 415	3	85 269
马其顿	4	227 484	2	123 747
阿根廷	1	22 880	0	0
巴巴多斯	0	2 550	0	0
巴西	74	2 222 257	30	972 187
智利	1	31 946	0	0
哥伦比亚	1	52 186	1	26 133
哥斯达黎加	9	781 102	10	674 991
多米尼加共和国	1	7 950	4	92 430
危地马拉	2	136 289	0	19 522
洪都拉斯	1	72 188	0	0
墨西哥	8	286 061	1	49 109
秘鲁	0	3 049	1	24 508
委内瑞拉	1	9 310	0	0
加拿大	42	1 482 249	35	1 149 292
美国	990	42 557 150	656	28 746 670
澳大利亚	97	3 572 817	56	1 738 883
新西兰	9	236 171	6	145 368
大洋洲其他国家（地区）	8	337 085	0	0

2004年中国主要出口商品输往地（续）

服装

输往地	2004年	2003年
	金额（美元）	金额（美元）
总值	**61 615 513 786**	**51 916 378 922**
阿富汗	1 468 279	1 034 065
巴林	3 616 513	4 421 991
孟加拉国	7 815 040	6 157 392
不丹	19 200	1 677
文莱	4 106 223	1 189 353
缅甸	11 518 262	13 482 829
柬埔寨	11 867 358	12 035 744
塞浦路斯	12 854 540	15 255 297
朝鲜	7 980 069	5 773 158
香港	9 725 125 494	8 467 295 873
印度	16 537 778	7 248 495
印度尼西亚	91 250 834	45 614 116
伊朗	21 518 374	17 663 794
伊拉克	2 492 809	552 540
以色列	290 572 027	252 038 551
日本	14 051 250 615	12 488 103 122
约旦	85 300 862	85 810 681
科威特	84 176 495	74 489 473
老挝	3 401 938	1 478 995
黎巴嫩	31 571 099	25 992 164
澳门	700 550 108	555 210 188
马来西亚	317 070 417	246 960 980
马尔代夫	149 739	60 306
蒙古	16 500 939	9 774 637
尼泊尔	25 388 705	18 171 821
阿曼	1 686 497	3 459 480
巴基斯坦	76 852 460	102 999 206
巴勒斯坦	1 174 640	781 762
菲律宾	131 775 781	99 156 949
卡塔尔	3 861 339	2 925 441
沙特阿拉伯	610 419 145	598 600 123
新加坡	1 030 006 990	939 721 990
韩国	2 776 922 178	2 582 927 174
斯里兰卡	15 018 455	12 972 219
叙利亚	4 461 428	2 042 278
泰国	26 563 000	34 223 339
土耳其	60 864 468	51 464 612
阿拉伯联合酋长国	1 033 143 630	834 484 143
也门共和国	45 924 773	52 000 956
越南	91 602 194	119 832 140
台湾省	346 244 799	283 141 851

服装

输往地	2004年	2003年
	金额（美元）	金额（美元）
东帝汶	3 706	37 489
哈萨克斯坦	863 435 045	491 659 013
吉尔吉斯斯坦	160 523 758	17 305 720
塔吉克斯坦	8 603 875	137 889
土库曼斯坦	704 633	5 255 481
乌兹别克斯坦	92 553	93 897
亚洲其他国家（地区）	119 920	121 573
阿尔及利亚	114 882 545	103 469 105
安哥拉	3 439 319	5 699 349
贝宁	6 623 650	14 309 243
博茨瓦纳	25 788 686	9 234 766
布隆迪	495 843	18 206
喀麦隆	7 246 076	4 489 625
加那利群岛	19 159 081	13 560 296
佛得角	51 910	131 682
中非	57 656	363 202
塞卜泰（休达）	1 053 974	450 574
乍得	72 292	12 300
科摩罗	4 340	796
刚果（布）	4 369 007	1 376 599
吉布提	9 626 959	4 252 459
埃及	159 311 738	96 763 415
赤道几内亚	254 633	22 230
埃塞俄比亚	12 775 635	10 987 347
加蓬	838 872	904 793
冈比亚	739 386	438 959
加纳	15 081 137	8 976 005
几内亚	3 191 388	1 310 433
几内亚（比绍）	91 462	36 739
科特迪瓦共和国	1 025 753	1 394 804
肯尼亚	13 292 987	10 997 948
利比里亚	201 272	38 532
利比亚	25 513 274	20 289 480
马达加斯加	9 738 014	12 582 163
马拉维	595 482	763 558
马里	874 250	210 794
毛里塔尼亚	1 097 011	1 085 756
毛里求斯	4 298 167	1 235 368
摩洛哥	311 317 277	262 280 414
莫桑比克	2 742 121	1 538 066
纳米比亚	2 974 271	2 428 935
尼日尔	111 381	37 697

2004年中国主要出口商品输往地（续）

服装

输往地	2004年	2003年
	金额（美元）	金额（美元）
尼日利亚	60 859 580	73 370 561
留尼汪	494 931	266 642
卢旺达	85 905	32 829
圣多美和普林西比	1 440	0
塞内加尔	2 445 404	2 458 843
塞舌尔	10 391	42 800
塞拉利昂	505 066	280 772
索马里	152 174	0
南非	555 140 486	329 190 003
苏丹	54 201 704	26 091 620
坦桑尼亚	14 801 927	11 209 015
多哥	27 321 273	15 756 223
突尼斯	53 562 287	45 733 421
乌干达	13 196 243	11 660 276
布基纳法索	101 847	151 366
刚果（金）	719 491	1 216 835
赞比亚	2 305 558	2 022 102
津巴布韦	1 123 910	326 298
莱索托	287 380	316 612
梅利利亚	918 044	879 362
斯威士兰	210 068	232 348
厄立特里亚	87 891	90 975
非洲其他国家（地区）	44 723	110 008
比利时	347 091 550	318 703 132
丹麦	307 100 608	281 177 062
英国	1 133 315 019	964 338 370
德国	1 759 143 084	1 558 589 752
法国	929 764 581	746 271 042
爱尔兰	78 990 165	54 692 595
意大利	1 055 439 536	822 336 501
卢森堡	7 035 986	8 234 421
荷兰	602 306 134	509 220 907
希腊	84 046 263	62 361 429
葡萄牙	33 302 950	28 669 210
西班牙	604 658 322	469 451 298
阿尔巴尼亚	13 341 647	9 854 183
安道尔	1 477 101	229 441
奥地利	46 183 049	52 219 680
保加利亚	100 249 363	29 549 021
芬兰	107 810 816	87 119 815
直布罗陀	2 482	47 628
匈牙利	308 542 592	610 934 703

服装

输往地	2004年	2003年
	金额（美元）	金额（美元）
冰岛	25 021 339	22 058 500
列支敦士登	30 736	0
马耳他	10 506 431	23 905 721
摩纳哥	10 933 120	13 307 846
挪威	461 052 109	292 995 945
波兰	304 886 363	496 967 553
罗马尼亚	440 657 053	120 334 655
圣马力诺	147 059	88 600
瑞典	263 714 937	236 540 091
瑞士	572 843 441	315 915 956
爱沙尼亚	5 214 449	6 452 616
拉脱维亚	10 644 378	10 961 775
立陶宛	14 276 775	14 679 309
格鲁吉亚	1 788 281	596 683
亚美尼亚	1 929 063	13 283
阿塞拜疆	85 889 152	128 649 257
白俄罗斯	4 803 028	7 203 325
摩尔多瓦	247 818	433
俄罗斯联邦	4 030 701 177	2 566 163 508
乌克兰	267 647 004	154 749 758
塞黑	41 389 164	26 329 006
斯洛文尼亚	15 595 948	25 361 694
克罗地亚	150 813 691	70 104 454
捷克	220 645 562	369 958 041
斯洛伐克	18 968 055	39 094 535
马其顿	2 007 585	441 554
波黑	4 620 142	1 111 324
安提瓜和巴布达	1 716	41 461
阿根廷	19 963 459	10 565 942
阿鲁巴岛	727 949	298 501
巴哈马	6 905 879	807 817
巴巴多斯	742 528	576 620
伯利兹	4 663 404	820 213
玻利维亚	192 815	169 684
巴西	181 849 339	85 765 826
开曼群岛	571 897	364 416
智利	501 669 251	386 442 742
哥伦比亚	22 387 210	14 156 013
多米尼克	1 408 765	1 917 121
哥斯达黎加	3 898 695	2 142 678
古巴	6 962 192	8 540 314
库腊索岛	36 319 663	30 045 494

2004年中国主要出口商品输往地（续）

服装

输往地	2004年	2003年
	金额（美元）	金额（美元）
多米尼加共和国	15 062 338	5 058 850
厄瓜多尔	15 368 328	12 656 285
法属圭亚那	57 098	0
格林纳达	41 250	33 046
瓜德罗普	140 922	3 730
危地马拉	41 501 272	42 509 375
圭亚那	276 605	387 521
海地	277 794	1 152 584
洪都拉斯	13 040 891	6 693 987
牙买加	34 552 781	53 768 261
墨西哥	619 271 307	524 316 972
尼加拉瓜	6 353 840	3 069 255
巴拿马	659 650 146	479 233 463
巴拉圭	6 577 751	1 336 766
秘鲁	8 823 007	44 599 697
波多黎各	2 349 210	1 306 480
圣卢西亚	209 300	153 045
圣马丁岛	55 185	103 331
圣文森特和格林纳丁斯	819	0
萨尔瓦多	25 139 621	20 341 377
苏里南	779 541	269 438
特立尼达和多巴哥	11 329 251	8 549 374
乌拉圭	12 965 312	9 484 797
委内瑞拉	47 636 027	25 174 122
英属维尔京群岛	5 893	34 896

服装

输往地	2004年	2003年
	金额（美元）	金额（美元）
荷属安的列斯群岛	17 049 792	4 945 503
拉丁美洲其他国家（地区）	869 000	500 518
加拿大	1 033 222 937	890 979 194
美国	7 707 976 480	6 564 536 988
格陵兰	170 059	0
百慕大群岛	1 448 157	2 239 227
北美洲其他国家（地区）	374	0
澳大利亚	1 447 298 329	1 216 130 681
斐济	1 679 620	1 207 428
瑙鲁	2 743	0
新喀里多尼亚	486 155	441 180
瓦努阿图	383 371	151 188
新西兰	236 422 050	183 063 720
诺福克岛	1 348	5 201
巴布亚新几内亚	4 889 602	4 702 103
社会群岛	168 379	291 528
所罗门群岛	120 962	47 255
汤加	90 469	11 967
萨摩亚	1 187 407	57 076
基里巴斯	7 133	0
密克罗尼西亚联邦	1 581 831	912 496
马绍尔群岛共和国	197 098	342 299
帕劳共和国	400	11
法属波利尼西亚	918 744	100 489
大洋洲其他国家（地区）	1 212 431	464 167

日用瓷

输往地	2004年	2003年
	金额（美元）	金额（美元）
总值	**1 222 636 411**	**978 977 310**
阿富汗	73 291	26 752
巴林	497 369	331 258
孟加拉国	4 484 027	3 056 162
文莱	115 722	3 259
缅甸	3 052 312	2 942 649
柬埔寨	8 415 048	5 727 547
塞浦路斯	1 350 635	1 360 651
朝鲜	229 402	88 294
香港	81 073 508	61 489 573
印度	1 557 561	2 147 822
印度尼西亚	27 670 195	25 613 417

日用瓷

输往地	2004年	2003年
	金额（美元）	金额（美元）
伊朗	7 230 603	4 525 018
伊拉克	73 509	25 731
以色列	11 814 537	8 166 050
日本	54 896 681	41 705 977
约旦	11 603 254	6 509 603
科威特	2 695 452	1 734 044
老挝	171 688	79 980
黎巴嫩	17 718 497	14 509 353
澳门	28 358	144 897
马来西亚	39 980 568	24 786 372
马尔代夫	2 716	553
蒙古	19 232	2 358

2004年中国主要出口商品输往地（续）

日用瓷

输往地	2004年	2003年
	金额（美元）	金额（美元）
尼泊尔	65 398	76 207
阿曼	393 793	399 075
巴基斯坦	13 670 121	10 944 545
巴勒斯坦	483 827	694 217
菲律宾	7 329 095	9 608 285
卡塔尔	105 681	66 090
沙特阿拉伯	18 868 321	15 355 467
新加坡	12 591 952	9 441 231
韩国	13 169 701	8 448 630
斯里兰卡	2 582 894	2 395 332
叙利亚	736 128	352 149
泰国	5 333 239	3 939 923
土耳其	3 810 987	8 390 631
阿拉伯联合酋长国	100 282 221	77 935 974
也门共和国	442 923	483 359
越南	362 958	780 628
台湾省	4 147 358	4 709 089
哈萨克斯坦	2 482 853	2 869 984
吉尔吉斯斯坦	8 268 461	4 310 205
塔吉克斯坦	28 614	12 000
土库曼斯坦	25 151	27 566
乌兹别克斯坦	59 904	152 588
亚洲其他国家（地区）	3 876	0
阿尔及利亚	15 547 968	12 327 099
安哥拉	1 426 909	511 671
贝宁	37 250	20 988
博茨瓦纳	32 840	10 059
喀麦隆	669 761	583 792
刚果（布）	65 375	56 023
吉布提	45 316	101 864
埃及	2 848 280	2 158 474
赤道几内亚	4 368	26 338
埃塞俄比亚	537 421	661 294
加蓬	67 466	129 269
冈比亚	9 056	18 288
加纳	614 126	441 993
几内亚	24 334	5 124
科特迪瓦共和国	353 365	68 112
肯尼亚	2 879 029	2 775 912
利比里亚	19 546	0
利比亚	2 991 450	1 493 327
马达加斯加	29 210	57 399

日用瓷

输往地	2004年	2003年
	金额（美元）	金额（美元）
马拉维	17 390	0
马里	7 621	0
毛里求斯	437 940	407 886
摩洛哥	11 414 558	8 510 564
莫桑比克	207 854	235 333
纳米比亚	89 907	28 432
尼日尔	15 250	0
尼日利亚	3 279 099	2 873 486
留尼汪	5 548	6 654
塞内加尔	97 032	44 249
塞舌尔	1 110	0
塞拉利昂	4 170	0
索马里	2 349	0
南非	25 990 704	17 531 780
西撒哈拉	17 506	0
苏丹	3 063 223	1 704 264
坦桑尼亚	1 006 780	1 452 219
多哥	63	1 623
突尼斯	1 613 571	1 880 032
乌干达	824 060	378 214
布基纳法索	10 391	0
刚果（金）	74 202	16 138
赞比亚	51 832	15 266
津巴布韦	85 405	22 340
厄立特里亚	47 253	10 476
比利时	10 568 406	7 577 716
丹麦	6 036 734	4 265 134
英国	33 051 789	23 573 790
德国	46 501 098	43 887 705
法国	13 901 970	9 689 127
爱尔兰	1 204 989	782 288
意大利	42 536 270	36 214 764
卢森堡	4 093	0
荷兰	24 458 761	21 032 344
希腊	10 179 133	7 530 256
葡萄牙	2 557 837	2 285 298
西班牙	30 323 001	17 464 278
阿尔巴尼亚	125 679	174 385
安道尔	60 477	48 773
奥地利	2 498 810	1 276 825
保加利亚	671 664	1 192 976
芬兰	2 406 923	1 739 369

2004年中国主要出口商品输往地（续）

日用瓷

输往地	2004年	2003年
	金额（美元）	金额（美元）
直布罗陀	2 536	0
匈牙利	2 756 820	1 931 243
冰岛	49 745	4 805
列支敦士登	5 078	0
马耳他	183 615	390 374
摩纳哥	52 240	7 002
挪威	5 593 712	3 740 445
波兰	12 427 695	16 364 015
罗马尼亚	1 492 591	1 136 161
瑞典	4 798 969	4 133 661
瑞士	1 695 598	1 294 246
爱沙尼亚	403 946	539 822
拉脱维亚	569 999	523 106
立陶宛	1 452 871	906 559
格鲁吉亚	210 035	41 398
亚美尼亚	7 082	4 508
阿塞拜疆	305 133	40 596
白俄罗斯	144 347	81 502
俄罗斯联邦	20 156 680	11 389 047
乌克兰	6 251 655	2 568 516
塞黑	1 541 444	2 598 653
斯洛文尼亚	1 484 176	1 390 097
克罗地亚	3 393 071	1 795 036
捷克	2 728 889	2 761 592
斯洛伐克	306 109	394 996
马其顿	156 662	157 918
波黑	60 394	33 367
安提瓜和巴布达	3 630	0
阿根廷	3 938 659	1 897 163
巴巴多斯	42 941	29 476
玻利维亚	4 335	37 140
巴西	7 379 460	4 581 084
智利	13 848 224	12 022 571
哥伦比亚	3 098 884	1 961 072
多米尼克	327 951	235 189
哥斯达黎加	816 775	715 050

日用瓷

输往地	2004年	2003年
	金额（美元）	金额（美元）
古巴	669 056	198 939
多米尼加共和国	534 925	880 988
厄瓜多尔	3 401 727	3 972 011
瓜德罗普	4 320	0
危地马拉	2 499 034	2 148 865
圭亚那	43 232	43 244
海地	520 615	49 269
洪都拉斯	557 030	482 492
牙买加	169 865	376 127
墨西哥	6 692 000	6 588 433
尼加拉瓜	14 773	111 928
巴拿马	10 999 721	9 306 006
巴拉圭	83 987	20 742
秘鲁	3 568 251	3 426 333
波多黎各	743 253	901 855
圣卢西亚	4 036	86 588
萨尔瓦多	321 684	545 049
苏里南	8 277	6 322
特立尼达和多巴哥	183 683	109 424
乌拉圭	656 332	332 775
委内瑞拉	1 922 986	804 264
圣基茨和尼维斯	3 673	0
荷属安的列斯群岛	14 554	0
加拿大	37 473 067	32 234 354
美国	231 200 794	197 536 062
百慕大群岛	23 024	0
澳大利亚	41 873 656	35 903 822
斐济	212 145	48 502
新喀里多尼亚	87 268	17 682
新西兰	6 672 273	5 229 419
巴布亚新几内亚	66 691	94 938
社会群岛	4 160	0
所罗门群岛	768	435
汤加	482	0
法属波利尼西亚	57 975	9 416

2004 年 中 国 主 要 出 口 商 品 输 往 地（续）

地毯及装饰毯

输往地	2004 年	2003 年
	金额（美元）	金额（美元）
总值	**773 302 753**	**637 606 001**
阿富汗	11 060	4 998
巴林	91 890	7 368
孟加拉国	147 351	74 251
文莱	85 562	67 382
缅甸	406 432	446 919
柬埔寨	18 082	57 116
塞浦路斯	149 745	178 446
朝鲜	18 602	18 710
香港	25 574 873	17 709 761
印度	1 347 191	813 850
印度尼西亚	1 607 087	1 511 556
伊朗	628 055	356 776
以色列	616 966	328 138
日本	177 546 625	130 226 588
约旦	768 451	362 243
科威特	910 367	921 896
老挝	361 829	2 068
黎巴嫩	765 155	784 919
澳门	917 115	692 778
马来西亚	12 056 721	8 855 181
蒙古	1 717 424	1 808 863
尼泊尔	16 433	1 751
阿曼	107 341	8 274
巴基斯坦	910 711	477 671
菲律宾	1 520 531	634 037
卡塔尔	49 934	25 822
沙特阿拉伯	4 766 425	5 422 235
新加坡	5 203 246	4 047 493
韩国	6 485 754	8 106 925
斯里兰卡	108 961	30 940
叙利亚	5 333	0
泰国	835 926	816 240
土耳其	23 076 470	11 135 007
阿拉伯联合酋长国	13 619 452	9 879 587
也门共和国	704 364	455 067
越南	785 544	201 350
台湾省	10 248 833	5 140 092
哈萨克斯坦	151 985	65 369
吉尔吉斯斯坦	75 152	113 808
塔吉克斯坦	8 903	0
乌兹别克斯坦	40 949	1 900

地毯及装饰毯

输往地	2004 年	2003 年
	金额（美元）	金额（美元）
阿尔及利亚	912 308	172 877
安哥拉	177 956	86 286
贝宁	261 985	162 839
博茨瓦纳	14 315	0
喀麦隆	14 851	23 838
加那利群岛	62 677	21 678
刚果（布）	2 673	1 134
吉布提	2 964	65 240
埃及	2 363 810	1 597 922
赤道几内亚	9 901	1 268
埃塞俄比亚	11 829	18 496
加蓬	54 064	0
冈比亚	13 222	0
加纳	104 101	37 968
科特迪瓦共和国	28 112	0
肯尼亚	155 410	104 601
利比亚	439 220	244 451
马达加斯加	25 530	62 507
马拉维	15 265	0
马里	1 351	0
毛里塔尼亚	746 558	170 044
毛里求斯	543 423	949 231
摩洛哥	264 741	70 181
莫桑比克	6 660	80
纳米比亚	96 680	0
尼日利亚	172 988	301 883
留尼汪	96 129	76 328
卢旺达	10 598	12 053
塞内加尔	100 185	9 552
塞舌尔	2 421	4 247
塞拉利昂	25 487	0
南非	1 362 705	916 169
苏丹	758 377	10 810
坦桑尼亚	14 468	24 589
多哥	10 219	5 000
突尼斯	99 497	29 977
乌干达	35 383	68 040
布基纳法索	17 562	0
刚果（金）	2 366	0
赞比亚	99 426	29
津巴布韦	31 942	0
斯威士兰	5 902	0

2004年中国主要出口商品输往地（续）

地毯及装饰毯

输 往 地	2004年	2003年
	金额（美元）	金额（美元）
比利时	8 744 577	3 828 736
丹麦	1 348 899	736 764
英国	28 398 762	21 950 041
德国	43 584 419	37 613 463
法国	6 055 648	4 803 642
爱尔兰	181 357	90 770
意大利	13 068 212	10 279 543
荷兰	13 204 040	12 239 516
希腊	4 587 323	3 488 278
葡萄牙	11 410 021	9 625 581
西班牙	6 498 562	4 632 988
阿尔巴尼亚	8 640	600
奥地利	1 686 199	1 095 169
保加利亚	52 092	10 034
芬兰	829 950	632 883
匈牙利	100 969	17 029
冰岛	21 554	8 610
马耳他	283 535	254 946
挪威	624 981	371 645
波兰	1 062 192	513 717
罗马尼亚	447 581	149 347
瑞典	3 907 684	2 731 603
瑞士	3 093 031	2 349 462
爱沙尼亚	31 841	19 800
拉脱维亚	177 467	19 428
立陶宛	253 379	42 981
格鲁吉亚	48 990	100
阿塞拜疆	161 955	34 860
白俄罗斯	2 450	7 563
摩尔多瓦	8	0
俄罗斯联邦	3 214 238	2 194 751
乌克兰	882 108	560 948
塞黑	316 209	213 968
斯洛文尼亚	142 238	205 494
克罗地亚	159 102	176 299
捷克	532 031	312 234
斯洛伐克	93 237	22 428
马其顿	71 736	6 438
波黑	23 317	74 656

地毯及装饰毯

输 往 地	2004年	2003年
	金额（美元）	金额（美元）
安提瓜和巴布达	15 892	2 842
阿根廷	66 584	82 511
阿鲁巴岛	40 588	0
巴巴多斯	91 840	115 649
伯利兹	20 063	0
巴西	268 772	292 294
开曼群岛	3 309	0
智利	792 197	531 213
哥伦比亚	58 450	103 567
哥斯达黎加	69 569	202
库腊索岛	112 607	101 562
多米尼加共和国	35 589	14 791
厄瓜多尔	143 072	45 314
危地马拉	28 682	307
圭亚那	63 087	49 798
洪都拉斯	10 654	1 959
牙买加	255 565	203 528
墨西哥	502 737	243 893
尼加拉瓜	11 585	134
巴拿马	2 623 491	861 763
巴拉圭	23 303	123
秘鲁	87 694	12 657
波多黎各	1 530 326	1 527 033
圣文森特和格林纳丁斯	1 097	0
苏里南	1 070	195
特立尼达和多巴哥	333 798	379 087
乌拉圭	106 774	62 001
委内瑞拉	331 140	15 287
加拿大	9 837 201	7 253 348
美国	279 566 747	274 587 859
百慕大群岛	10 224	0
澳大利亚	15 634 794	11 333 386
斐济	79 089	63 972
瓦努阿图	22 492	6 501
新西兰	1 530 715	1 209 698
巴布亚新几内亚	24 124	36 064
马绍尔群岛共和国	383	682
法属波利尼西亚	9 793	7 522
大洋洲其他国家（地区）	3 031	68

2004 年中国主要出口商品输往地（续）

鞋类

输往地	2004 年	2003 年
	金额（美元）	金额（美元）
总值	**15 203 157 565**	**12 955 014 463**
阿富汗	734 842	857 000
巴林	316 567	220 179
孟加拉国	4 514 283	3 346 933
文莱	293 030	180 849
缅甸	7 890 204	5 175 329
柬埔寨	5 183 565	5 107 645
塞浦路斯	3 878 165	3 347 566
朝鲜	4 318 501	3 464 854
香港	957 975 918	665 282 154
印度	15 714 868	8 037 306
印度尼西亚	39 616 656	32 572 434
伊朗	13 688 315	13 652 151
伊拉克	192 423	23 282
以色列	51 656 195	46 634 820
日本	1 194 111 308	1 096 208 470
约旦	23 548 132	32 588 575
科威特	8 612 161	10 343 013
老挝	155 064	154 537
黎巴嫩	18 952 420	17 202 808
澳门	92 388 469	75 096 287
马来西亚	156 949 485	99 981 921
马尔代夫	47 710	36 708
蒙古	101 585	622 547
尼泊尔	14 488 278	12 167 427
阿曼	879 606	820 457
巴基斯坦	33 222 586	49 348 656
巴勒斯坦	640 411	318 796
菲律宾	70 313 524	57 390 919
卡塔尔	532 145	402 371
沙特阿拉伯	97 689 274	89 974 553
新加坡	61 416 083	51 043 611
韩国	287 089 772	255 904 020
斯里兰卡	3 619 410	2 367 228
叙利亚	1 341 103	452 683
泰国	14 844 863	15 989 908
土耳其	36 069 150	34 989 080
阿拉伯联合酋长国	267 555 155	204 413 134
也门共和国	13 287 776	16 157 492
越南	42 595 662	30 101 200
台湾省	81 398 280	63 287 332
东帝汶	43 846	13 927

鞋类

输往地	2004 年	2003 年
	金额（美元）	金额（美元）
哈萨克斯坦	301 345 818	358 173 035
吉尔吉斯斯坦	39 500 498	26 494 085
塔吉克斯坦	1 056 235	0
土库曼斯坦	223 182	1 080 224
乌兹别克斯坦	250 761	206 112
亚洲其他国家（地区）	2 088	6 960
阿尔及利亚	42 815 777	31 446 830
安哥拉	11 830 967	11 918 892
贝宁	18 402 462	21 303 674
博茨瓦纳	4 690 233	3 139 661
布隆迪	79 296	11 280
喀麦隆	15 168 633	9 393 137
加那利群岛	36 769	118 042
佛得角	100 806	180 669
中非	135 977	24 656
乍得	87 644	0
科摩罗	6 318	141
刚果（布）	8 877 936	5 491 803
吉布提	5 109 543	4 884 693
埃及	34 503 560	23 543 100
赤道几内亚	48 265	112 591
埃塞俄比亚	6 051 420	5 790 966
加蓬	234 963	182 966
冈比亚	4 405 260	6 995 294
加纳	38 531 041	31 398 797
几内亚	3 588 728	4 989 443
几内亚（比绍）	35 932	21 136
科特迪瓦共和国	4 695 639	7 082 730
肯尼亚	16 749 393	9 888 504
利比里亚	750 479	283 734
利比亚	14 202 661	8 912 299
马达加斯加	2 405 741	2 774 191
马拉维	2 452 896	1 449 775
马里	465 065	548 312
毛里塔尼亚	468 746	1 437 819
毛里求斯	3 731 303	3 825 627
摩洛哥	36 330 323	13 680 978
莫桑比克	5 682 115	4 804 458
纳米比亚	1 119 378	1 274 018
尼日尔	47 212	262 164
尼日利亚	41 454 455	70 927 412
留尼汪	510 102	551 733

2004 年中国主要出口商品输往地（续）

鞋类

输往地	2004 年	2003 年
	金额（美元）	金额（美元）
卢旺达	49 991	192 535
圣多美和普林西比	47 577	62 468
塞内加尔	6 535 619	4 128 486
塞舌尔	81 066	34 803
塞拉利昂	2 481 019	1 254 388
索马里	215 616	233 749
南非	232 712 386	168 918 649
苏丹	10 220 971	4 476 233
坦桑尼亚	16 412 709	12 595 320
多哥	13 270 538	17 010 872
突尼斯	7 645 925	9 836 149
乌干达	14 836 817	7 428 612
布基纳法索	576 625	403 803
刚果（金）	3 117 212	2 064 584
赞比亚	3 148 676	3 284 498
津巴布韦	1 291 862	390 867
莱索托	537 657	426 324
梅利利亚	218 445	331 552
斯威士兰	9 142	0
厄立特里亚	868 126	481 709
非洲其他国家（地区）	123 524	0
比利时	215 552 128	186 931 346
丹麦	25 773 663	22 034 653
英国	321 755 175	292 654 233
德国	250 399 583	173 370 787
法国	210 074 995	177 477 257
爱尔兰	9 354 701	7 328 563
意大利	223 606 049	238 955 647
卢森堡	3 548	7 387
荷兰	257 447 986	206 095 305
希腊	38 880 472	38 252 374
葡萄牙	13 933 255	10 415 133
西班牙	205 324 593	180 913 684
阿尔巴尼亚	646 013	446 324
安道尔	6 132	0
奥地利	23 445 423	28 900 189
保加利亚	27 909 122	16 046 862
芬兰	38 083 538	49 765 377
匈牙利	76 835 281	77 674 897
冰岛	574 325	440 880
马耳他	1 313 074	1 465 771
摩纳哥	430 902	646 417

鞋类

输往地	2004 年	2003 年
	金额（美元）	金额（美元）
挪威	41 630 910	14 262 179
波兰	137 787 424	150 506 393
罗马尼亚	126 150 888	88 120 781
瑞典	40 104 891	31 149 067
瑞士	74 113 731	32 786 025
爱沙尼亚	2 549 082	2 238 714
拉脱维亚	16 338 635	7 493 235
立陶宛	13 823 576	13 991 781
格鲁吉亚	1 031 185	170 621
亚美尼亚	41 502	7 418
阿塞拜疆	8 319 631	24 161 751
白俄罗斯	651 284	454 687
摩尔多瓦	6 203	7 826
俄罗斯联邦	802 697 255	544 714 757
乌克兰	181 483 046	153 360 754
塞黑	11 462 928	12 383 802
斯洛文尼亚	15 889 060	16 499 901
克罗地亚	32 572 329	13 743 786
捷克	59 423 043	65 434 774
斯洛伐克	14 825 432	19 867 405
马其顿	1 423 962	935 679
波黑	1 020 108	892 974
安提瓜和巴布达	10 017	31 123
阿根廷	15 478 918	8 415 783
阿鲁巴岛	12 372	6 229
巴哈马	34 204	36 274
巴巴多斯	272 504	281 804
伯利兹	91 114	102 452
玻利维亚	768 954	289 394
巴西	38 691 935	23 374 883
智利	146 474 428	111 240 753
哥伦比亚	26 442 339	18 160 788
多米尼克	1 194 160	1 170 889
哥斯达黎加	9 853 556	7 158 088
古巴	15 954 260	12 819 655
库腊索岛	1 246 900	1 060 826
多米尼加共和国	6 480 264	3 406 492
厄瓜多尔	16 877 654	9 642 322
法属圭亚那	83 077	91 289
瓜德罗普	80 584	17 696
危地马拉	15 060 755	9 400 572
圭亚那	647 374	2 015 658

2004年中国主要出口商品输往地（续）

鞋类

输往地	2004年	2003年
	金额（美元）	金额（美元）
海地	574 789	1 950 148
洪都拉斯	3 834 852	1 713 662
牙买加	2 675 050	3 313 974
马提尼克岛	9 943	0
墨西哥	14 882 921	7 554 427
尼加拉瓜	966 218	940 121
巴拿马	251 478 583	153 607 727
巴拉圭	2 544 802	1 870 088
秘鲁	6 680 219	4 853 823
波多黎各	6 013 243	4 621 893
圣卢西亚	25 069	0
圣文森特和格林纳丁斯	446	0
萨尔瓦多	10 944 545	8 636 589
苏里南	583 428	258 942
特立尼达和多巴哥	3 241 645	1 747 247
乌拉圭	10 570 986	5 950 156
委内瑞拉	25 063 380	8 849 347
英属维尔京群岛	7 644	0
荷属安的列斯群岛	2 336 724	425 192
加拿大	251 279 552	212 367 410
美国	5 956 167 195	5 333 094 829

鞋类

输往地	2004年	2003年
	金额（美元）	金额（美元）
格陵兰	22 445	0
百慕大群岛	715	519
澳大利亚	184 459 281	149 318 029
库克群岛	56 914	75 906
斐济	1 301 538	1 284 816
新喀里多尼亚	661 176	306 614
瓦努阿图	235 659	75 672
新西兰	33 109 407	24 917 133
诺福克岛	34 872	40 324
巴布亚新几内亚	1 900 876	1 658 492
社会群岛	35 974	75 426
所罗门群岛	80 330	73 208
汤加	110 091	35 241
萨摩亚	135 793	61 256
基里巴斯	72	2 615
密克罗尼西亚联邦	4 994	11 084
马绍尔群岛共和国	36 303	17 835
帕劳共和国	692	72
法属波利尼西亚	83 621	32 671
大洋洲其他国家（地区）	100 233	26 463

玩具

输往地	2004年	2003年
	金额（美元）	金额（美元）
总值	**6 379 138 868**	**5 979 299 563**
阿富汗	2 441	0
巴林	382 099	370 079
孟加拉国	432 647	287 203
文莱	66 556	21 336
缅甸	2 630 495	3 727 825
柬埔寨	76 337	19 581
塞浦路斯	1 435 951	1 194 500
朝鲜	73 316	3 742
香港	725 602 021	754 138 744
印度	9 162 137	4 918 731
印度尼西亚	16 291 050	12 575 026
伊朗	1 417 790	823 173
伊拉克	41 356	63 134
以色列	8 996 926	8 948 984
日本	383 899 614	352 510 534

玩具

输往地	2004年	2003年
	金额（美元）	金额（美元）
约旦	861 442	419 722
科威特	3 193 420	2 386 124
老挝	1 894 129	514 728
黎巴嫩	2 370 017	1 910 819
澳门	114 856	127 231
马来西亚	15 175 498	15 550 257
马尔代夫	33 595	6 831
蒙古	76 081	9 294
尼泊尔	1 118 090	1 232 951
阿曼	122 290	14 549
巴基斯坦	596 400	1 080 133
巴勒斯坦	999	4 006
菲律宾	9 521 835	10 692 500
卡塔尔	182 439	99 564
沙特阿拉伯	17 959 373	10 809 475
新加坡	17 625 905	30 649 006

2004年中国主要出口商品输往地（续）

玩具

输往地	2004年	2003年
	金额（美元）	金额（美元）
韩国	39 483 253	40 992 263
斯里兰卡	606 020	441 341
叙利亚	3 377 424	2 845 785
泰国	6 999 830	4 310 204
土耳其	23 851 741	19 317 307
阿拉伯联合酋长国	41 440 218	30 488 364
也门共和国	793 599	455 440
越南	3 175 874	6 632 484
台湾省	21 951 410	19 542 437
哈萨克斯坦	2 035 262	7 853 329
吉尔吉斯斯坦	496 643	605 280
塔吉克斯坦	36 388	0
乌兹别克斯坦	3 430	0
亚洲其他国家（地区）	29 103	31 505
阿尔及利亚	982 043	583 190
安哥拉	136 167	271 182
贝宁	276 555	73 788
喀麦隆	58 876	17 435
加那利群岛	13 275	21 674
中非	23 486	0
科摩罗	171	0
刚果（布）	68 289	67 365
吉布提	1 572	4 338
埃及	9 153 590	8 511 233
埃塞俄比亚	6 158	2 967
加蓬	42 889	9 512
冈比亚	7	0
加纳	224 040	203 719
几内亚	6 810	555
科特迪瓦共和国	372 643	223 468
肯尼亚	118 128	335 309
利比亚	223 263	80 905
马达加斯加	204 515	145 701
马里	32 993	864
毛里求斯	723 532	503 897
摩洛哥	2 271 327	1 841 089
莫桑比克	32 302	4 068
纳米比亚	7 188	25 241
尼日利亚	1 166 173	843 110
留尼汪	185 050	339 660
塞内加尔	90 028	20 141
塞舌尔	4 956	444

玩具

输往地	2004年	2003年
	金额（美元）	金额（美元）
塞拉利昂	918	0
南非	12 697 376	8 184 964
西撒哈拉	504	0
苏丹	123 077	22 102
坦桑尼亚	25 382	3 632
多哥	14 415	2 297
突尼斯	2 514 165	564 773
乌干达	31 246	38 837
布基纳法索	21 060	1 080
刚果（金）	3 375	0
津巴布韦	21 113	15 457
比利时	69 704 056	67 686 933
丹麦	21 170 307	21 163 022
英国	343 438 171	325 307 945
德国	252 512 178	245 166 079
法国	152 154 938	129 288 136
爱尔兰	8 494 343	6 535 018
意大利	138 094 446	121 501 880
卢森堡	112 758	258 707
荷兰	114 944 180	106 179 667
希腊	21 225 357	21 047 838
葡萄牙	23 861 319	11 558 521
西班牙	103 032 036	86 322 874
阿尔巴尼亚	41 952	32 775
安道尔	55 995	41 972
奥地利	7 726 576	6 619 556
保加利亚	1 496 570	854 299
芬兰	5 869 864	4 890 163
直布罗陀	28 259	87 826
匈牙利	6 561 914	5 082 774
冰岛	60 770	61 597
马耳他	231 266	395 922
摩纳哥	7 300	20 356
挪威	6 678 763	7 025 430
波兰	19 678 181	14 053 605
罗马尼亚	3 394 213	2 149 711
圣马力诺	16 775	76 114
瑞典	18 398 573	15 205 226
瑞士	6 687 374	4 972 740
爱沙尼亚	1 166 130	712 819
拉脱维亚	1 086 655	1 493 413
立陶宛	1 829 337	443 679

2004 年中国主要出口商品输往地（续）

玩具

输往地	2004 年	2003 年
	金额（美元）	金额（美元）
格鲁吉亚	7 011	12 336
阿塞拜疆	8 806	45 216
白俄罗斯	1 105 767	187 244
俄罗斯联邦	79 741 493	65 703 655
乌克兰	6 307 708	4 214 724
塞黑	724 984	816 633
斯洛文尼亚	2 068 157	1 955 560
克罗地亚	3 042 328	2 621 159
捷克	5 890 094	5 039 308
斯洛伐克	773 601	647 437
马其顿	332 399	78 037
波黑	186 547	445
安提瓜和巴布达	5 956	0
阿根廷	9 881 422	4 690 012
阿鲁巴岛	54 649	43 833
巴哈马	25 736	2 506
巴巴多斯	43 882	16 276
伯利兹	89 706	18 746
玻利维亚	299 680	174 460
巴西	30 192 407	19 613 484
智利	31 981 985	32 431 301
哥伦比亚	4 301 769	3 452 295
多米尼克	132 820	145 467
哥斯达黎加	2 192 106	1 472 743
古巴	787 626	1 685 774
多米尼加共和国	716 842	609 942
厄瓜多尔	5 216 037	3 204 344
法属圭亚那	6 209	0
瓜德罗普	39 698	36 032
危地马拉	2 685 294	1 761 479
圭亚那	55 409	47 817
海地	32 783	23 392
洪都拉斯	906 515	688 918
牙买加	240 826	173 722

玩具

输往地	2004 年	2003 年
	金额（美元）	金额（美元）
马提尼克岛	16 920	28 674
墨西哥	63 998 250	55 013 798
蒙特塞拉特	23 166	0
尼加拉瓜	158 464	66 577
巴拿马	10 086 790	7 185 818
巴拉圭	5 946 353	2 452 184
秘鲁	6 322 702	3 964 385
波多黎各	4 141 007	3 967 349
圣文森特和格林纳丁斯	20 048	0
萨尔瓦多	861 616	437 049
苏里南	11 853	32 897
特立尼达和多巴哥	497 667	178 990
乌拉圭	2 963 748	1 923 656
委内瑞拉	6 457 480	2 236 864
英属维尔京群岛	900	0
荷属安的列斯群岛	18 304	2 946
加拿大	138 194 768	125 606 760
美国	3 125 309 996	2 967 309 002
格陵兰	13 523	0
百慕大群岛	6 171	1 138
澳大利亚	87 023 619	71 134 399
库克群岛	1 492	0
斐济	21 381	107 321
新喀里多尼亚	36 257	78 562
新西兰	9 527 555	7 800 606
诺福克岛	33 895	0
巴布亚新几内亚	25 272	56 148
所罗门群岛	3 941	1 354
汤加	1 283	750
萨摩亚	8 784	6 870
基里巴斯	1 560	0
马绍尔群岛共和国	1 718	2 340
法属波利尼西亚	38 750	36 028
大洋洲其他国家（地区）	8 870	387

2004年中国主要出口商品输往地（续）

纸制品

输往地	2004年		2003年	
	数量（公吨）	金额（美元）	数量（公吨）	金额（美元）
总值	**1 824 802**	**2 376 698 187**	**1 413 996**	**1 699 340 876**
阿富汗	120	79 006	344	356 435
巴林	451	424 156	209	274 139
孟加拉国	2 975	3 175 827	1 391	1 677 252
文莱	320	455 863	103	77 065
缅甸	1 991	2 391 852	1 369	1 567 351
柬埔寨	2 349	2 744 994	2 454	2 130 333
塞浦路斯	186	316 738	77	126 060
朝鲜	5 343	5 463 751	4 598	4 187 425
香港	582 613	616 647 773	508 514	523 017 686
印度	7 061	12 086 644	2 408	3 911 600
印度尼西亚	21 085	26 674 478	15 526	19 246 620
伊朗	4 689	4 740 513	1 185	1 561 535
伊拉克	6 486	7 054 651	304	952 523
以色列	3 643	5 509 119	2 460	2 935 844
日本	142 110	292 792 931	85 703	173 533 304
约旦	1 325	1 270 703	473	567 802
科威特	2 799	3 164 737	2 364	4 200 295
老挝	65	155 897	15	28 948
黎巴嫩	1 136	1 599 394	281	377 668
澳门	19 172	14 856 074	18 109	13 811 323
马来西亚	22 870	27 304 243	15 515	18 187 897
马尔代夫	37	78 398	55	110 875
蒙古	3 560	4 214 821	2 878	2 834 367
尼泊尔	.172	191 962	50	105 136
阿曼	239	338 923	55	59 475
巴基斯坦	8 712	9 834 201	2 415	3 032 927
巴勒斯坦	25	35 050	3	3 079
菲律宾	15 509	24 182 048	12 116	17 062 559
卡塔尔	251	269 194	113	99 479
沙特阿拉伯	12 975	17 818 982	5 832	9 018 732
新加坡	23 943	25 653 418	23 580	20 367 398
韩国	21 757	36 601 812	14 098	23 329 486
斯里兰卡	1 159	1 516 123	504	674 482
叙利亚	1 526	1 731 094	675	775 989
泰国	15 104	24 090 774	7 382	12 561 189
土耳其	4 636	6 884 528	1 462	2 256 244
阿拉伯联合酋长国	11 282	14 195 645	6 162	6 747 041
也门共和国	1 194	871 317	962	583 231
越南	11 913	12 192 086	9 399	8 482 731
台湾省	85 600	85 628 454	79 616	67 754 436
东帝汶	19	8 498	9	4 189

2004 年中国主要出口商品输往地（续）

纸制品

输往地	2004 年		2003 年	
	数量（公吨）	金额（美元）	数量（公吨）	金额（美元）
哈萨克斯坦	4 109	5 098 898	5 168	9 031 244
吉尔吉斯斯坦	3 432	3 382 726	1 889	3 642 648
塔吉克斯坦	134	69 702	108	106 521
土库曼斯坦	51	43 454	51	29 865
乌兹别克斯坦	143	103 155	168	899 037
阿尔及利亚	2 295	2 433 202	931	884 430
安哥拉	1 039	1 319 712	420	523 361
贝宁	583	788 305	145	154 109
博茨瓦纳	74	51 564	23	19 187
布隆迪	24	26 382	8	6 444
喀麦隆	409	545 369	170	280 283
加那利群岛	23	30 624	15	22 608
佛得角	32	13 186	52	14 093
中非	10	22 112	16	8 521
科摩罗	7	16 087	0	98
刚果（布）	1 626	1 519 063	1 100	904 644
吉布提	595	468 290	152	157 509
埃及	4 609	5 636 048	1 947	1 651 754
赤道几内亚	10	4 180	0	137
埃塞俄比亚	1 364	1 246 974	850	751 920
加蓬	46	266 863	77	69 194
冈比亚	54	50 181	57	66 214
加纳	1 715	1 541 635	824	850 681
几内亚	577	404 287	80	71 834
几内亚（比绍）	16	3 365	0	0
科特迪瓦共和国	258	376 990	64	71 127
肯尼亚	1 391	1 492 994	909	1 077 307
利比里亚	505	466 346	124	120 296
利比亚	658	707 639	263	251 531
马达加斯加	870	1 057 603	720	631 479
马拉维	27	35 013	21	61 625
马里	68	71 706	0	24
毛里塔尼亚	502	372 482	89	57 855
毛里求斯	436	695 116	653	748 145
摩洛哥	1 539	2 072 570	917	1 140 210
莫桑比克	521	500 242	233	251 095
纳米比亚	181	47 098	134	83 725
尼日尔	14	28 803	8	891
尼日利亚	2 916	4 279 548	2 617	2 445 229
留尼汪	50	53 764	43	36 557
卢旺达	8	6 938	39	57 700
塞内加尔	633	626 097	139	148 321

2004年中国主要出口商品输往地（续）

纸制品

输 往 地	2004年		2003年	
	数量（公吨）	金额（美元）	数量（公吨）	金额（美元）
塞舌尔	16	3 758	17	5 180
塞拉利昂	220	217 659	160	168 390
索马里	13	18 158	0	0
南非	4 751	6 767 954	2 795	2 846 690
苏丹	531	428 819	213	161 375
坦桑尼亚	492	518 182	348	323 435
多哥	894	837 768	301	253 547
突尼斯	380	503 074	201	178 974
乌干达	244	539 416	137	320 438
布基纳法索	5	6 031	2	609
刚果（金）	1 307	1 102 519	295	282 403
赞比亚	118	110 250	54	33 081
津巴布韦	135	112 503	49	61 357
莱索托	24	34 169	0	1 703
厄立特里亚	47	37 708	29	30 928
马约特岛	3	800	0	0
比利时	4 986	8 861 578	3 746	8 605 227
丹麦	2 784	4 448 493	1 664	2 388 883
英国	76 046	104 396 017	62 306	77 631 489
德国	22 584	36 077 017	19 093	28 121 312
法国	15 490	26 493 957	11 092	17 505 992
爱尔兰	1 592	1 971 009	1 519	1 859 695
意大利	8 553	14 942 826	6 169	9 936 848
卢森堡	4	12 809	18	13 655
荷兰	22 937	34 217 968	17 409	22 839 079
希腊	2 611	4 294 113	1 293	1 868 833
葡萄牙	1 019	1 290 740	570	646 735
西班牙	10 688	17 081 429	6 034	7 954 235
阿尔巴尼亚	22	25 388	21	22 980
安道尔	0	5	0	0
奥地利	432	843 995	329	770 146
保加利亚	312	586 474	121	175 584
芬兰	2 689	4 016 209	1 386	1 918 653
匈牙利	1 696	2 440 716	330	519 937
冰岛	4	13 432	19	30 515
列支敦士登	0	3 076	0	0
马耳他	116	139 716	21	26 786
摩纳哥	34	28 866	0	0
挪威	1 429	2 189 208	977	1 319 154
波兰	2 204	3 267 926	1 212	1 802 124
罗马尼亚	945	731 963	555	432 959
瑞典	3 210	5 440 801	2 252	3 514 878

2004年中国主要出口商品输往地（续）

纸制品

输往地	2004年		2003年	
	数量（公吨）	金额（美元）	数量（公吨）	金额（美元）
瑞士	631	1 602 534	286	766 949
爱沙尼亚	783	1 588 073	37	74 870
拉脱维亚	333	638 765	178	324 864
立陶宛	552	659 016	439	446 289
格鲁吉亚	36	67 231	1	657
亚美尼亚	9	13 354	4	12 750
阿塞拜疆	1	2 647	5	4 514
白俄罗斯	0	7 108	1	2 236
摩尔多瓦	1	400	0	0
俄罗斯联邦	14 602	23 020 369	12 742	19 162 019
乌克兰	3 519	5 601 910	1 927	2 493 822
塞黑	211	241 757	50	41 328
斯洛文尼亚	431	535 083	293	388 963
克罗地亚	290	401 307	233	360 538
捷克	429	845 020	416	547 404
斯洛伐克	95	110 332	43	54 749
马其顿	2	2 904	6	14 582
波黑	52	35 345	2	1 629
安提瓜和巴布达	12	9 538	0	0
阿根廷	1 118	1 475 178	305	327 217
阿鲁巴岛	1	3 978	15	25 118
巴哈马	61	63 174	50	37 823
巴巴多斯	10	13 307	3	4 139
伯利兹	40	44 896	24	33 318
玻利维亚	19	33 990	2	3 995
巴西	1 312	2 146 170	981	1 288 798
开曼群岛	1	3 360	0	0
智利	2 033	2 768 624	1 682	2 150 863
哥伦比亚	640	766 973	354	479 079
多米尼克	53	45 067	19	21 418
哥斯达黎加	588	689 187	454	699 282
古巴	2 862	3 578 802	3 515	3 352 651
库腊索岛	38	28 120	5	2 330
多米尼加共和国	272	250 368	60	76 975
厄瓜多尔	784	910 285	405	438 252
法属圭亚那	1	120	6	4 270
格林纳达	1	327	0	0
瓜德罗普	1	459	0	112
危地马拉	687	840 008	496	648 002
圭亚那	141	135 585	49	75 653
海地	32	27 372	357	293 869
洪都拉斯	374	526 611	64	157 186

2004 年中国主要出口商品输往地（续）

纸制品

输往地	2004 年		2003 年	
	数量（公吨）	金额（美元）	数量（公吨）	金额（美元）
牙买加	3 267	3 867 622	3 320	3 207 794
马提尼克岛	3	1 775	0	0
墨西哥	4 769	6 879 346	2 500	4 068 173
尼加拉瓜	147	223 994	98	125 142
巴拿马	3 068	3 780 194	2 008	2 636 181
巴拉圭	417	217 210	182	84 395
秘鲁	1 501	1 819 221	289	324 692
波多黎各	359	570 635	308	407 280
圣卢西亚	1	614	4	1 054
圣马丁岛	9	4 053	0	524
圣文森特和格林纳丁斯	0	60	1	3 126
萨尔瓦多	550	678 455	329	291 395
苏里南	402	261 466	108	109 263
特立尼达和多巴哥	126	186 117	102	109 188
乌拉圭	449	347 169	267	235 384
委内瑞拉	1 124	1 340 333	268	266 622
荷属安的列斯群岛	18	4 731	0	0
加拿大	19 390	25 940 715	17 091	21 103 984
美国	438 500	610 780 724	334 414	427 930 324
百慕大群岛	0	1 200	0	0
澳大利亚	39 892	46 754 921	30 007	30 277 272
库克群岛	2	640	0	0
斐济	312	342 036	69	89 088
瑙鲁	4	11 847	0	0
新喀里多尼亚	3	4 376	0	287
瓦努阿图	60	50 748	29	75 588
新西兰	2 818	3 400 732	1 836	2 059 914
诺福克岛	2	2 005	0	0
巴布亚新几内亚	383	403 601	130	181 783
社会群岛	1	1 765	0	20
所罗门群岛	260	152 748	166	87 576
汤加	209	269 760	93	105 737
萨摩亚	20	54 763	4	19 672
基里巴斯	3	2 681	2	2 034
密克罗尼西亚联邦	38	45 337	29	28 690
马绍尔群岛共和国	37	58 039	60	81 360
帕劳共和国	7	10 065	3	2 224
法属波利尼西亚	0	414	0	0
大洋洲其他国家（地区）	70	213 937	22	95 348

2004年中国主要出口商品输往地（续）

家具类

输往地	2004年	2003年
	金额（美元）	金额（美元）
总值	**10 214 596 612**	**7 324 211 773**
阿富汗	107 681	117 952
巴林	5 446 604	3 672 231
孟加拉国	1 386 542	572 798
文莱	443 732	317 330
缅甸	1 318 122	2 241 965
柬埔寨	462 759	272 750
塞浦路斯	4 208 976	2 692 541
朝鲜	2 489 382	1 544 271
香港	1 067 090 445	887 581 356
印度	15 057 668	7 769 667
印度尼西亚	16 673 110	9 065 885
伊朗	8 845 087	3 315 762
伊拉克	194 079	43 387
以色列	19 853 723	12 076 778
日本	852 792 309	625 047 423
约旦	4 902 998	4 108 776
科威特	15 532 330	11 792 111
老挝	537 428	129 020
黎巴嫩	5 477 983	3 594 908
澳门	7 607 613	4 548 103
马来西亚	41 637 167	29 572 720
马尔代夫	1 558 905	37 225
蒙古	1 691 048	1 305 093
尼泊尔	651 091	403 634
阿曼	3 120 816	1 785 168
巴基斯坦	2 868 893	887 294
巴勒斯坦	74 171	116 015
菲律宾	17 556 703	12 111 085
卡塔尔	10 061 998	5 355 487
沙特阿拉伯	92 492 827	69 443 893
新加坡	42 839 480	51 831 153
韩国	136 656 398	94 183 170
斯里兰卡	1 272 436	638 244
叙利亚	317 318	102 418
泰国	14 296 657	7 872 714
土耳其	12 107 400	3 689 096
阿拉伯联合酋长国	82 920 338	52 033 254
也门共和国	2 102 330	2 320 732
越南	17 083 939	7 525 487
台湾省	77 954 917	68 025 794
东帝汶	9 043	1 946

家具类

输往地	2004年	2003年
	金额（美元）	金额（美元）
哈萨克斯坦	23 351 837	16 545 237
吉尔吉斯斯坦	1 722 968	1 470 320
塔吉克斯坦	881 811	578 598
土库曼斯坦	48 960	7 249
乌兹别克斯坦	424 885	240 063
阿尔及利亚	6 788 949	2 397 517
安哥拉	1 527 421	329 505
贝宁	616 009	627 032
博茨瓦纳	162 971	103 133
喀麦隆	169 419	75 859
加那利群岛	85 886	17 928
佛得角	69 291	26 645
中非	42 380	0
科摩罗	50 454	25 800
刚果（布）	821 422	370 863
吉布提	630 877	171 248
埃及	4 585 065	2 613 548
赤道几内亚	360 776	39 936
埃塞俄比亚	954 266	642 299
加蓬	157 080	113 128
冈比亚	129 460	106 276
加纳	2 415 379	503 049
几内亚	339 702	286 340
几内亚（比绍）	121 266	1 236
科特迪瓦共和国	773 256	521 127
肯尼亚	1 644 224	745 870
利比里亚	91 335	765
利比亚	3 053 722	1 239 610
马达加斯加	976 525	612 336
马拉维	90 823	3 554
马里	198 271	31 199
毛里塔尼亚	117 795	99 888
毛里求斯	1 520 794	783 494
摩洛哥	8 169 271	3 925 615
莫桑比克	616 264	171 130
纳米比亚	219 265	126 284
尼日尔	1 268	9 154
尼日利亚	3 290 302	2 610 371
留尼汪	1 260 445	824 664
卢旺达	49 810	73 789
塞内加尔	600 423	226 109
塞舌尔	10 592	25 836

2004年中国主要出口商品输往地（续）

家具类

输往地	2004年	2003年
	金额（美元）	金额（美元）
塞拉利昂	64 327	411 049
索马里	14 136	13 609
南非	32 150 264	13 235 636
苏丹	3 898 599	2 959 797
坦桑尼亚	1 213 878	617 637
多哥	387 354	183 391
突尼斯	279 089	150 404
乌干达	245 177	140 160
布基纳法索	128 226	16 574
刚果（金）	117 844	51 683
赞比亚	929 012	113 747
津巴布韦	268 988	6 546
斯威士兰	106 803	0
厄立特里亚	128 894	4 146
比利时	76 426 435	46 410 975
丹麦	77 031 590	37 853 601
英国	543 906 713	335 153 061
德国	256 539 512	157 131 471
法国	141 626 761	82 517 757
爱尔兰	17 304 028	5 343 266
意大利	113 160 850	68 040 982
卢森堡	2 844 486	2 530 545
荷兰	169 518 530	109 079 077
希腊	27 121 029	13 556 871
葡萄牙	12 533 594	8 347 766
西班牙	122 209 646	76 981 777
阿尔巴尼亚	243 545	109 551
奥地利	5 251 053	3 991 463
保加利亚	879 811	176 818
芬兰	10 776 987	5 318 609
匈牙利	2 632 357	1 465 530
冰岛	899 314	215 177
列支敦士登	12 600	0
马耳他	846 784	567 890
摩纳哥	59 710	14 789
挪威	18 474 706	9 669 897
波兰	16 592 305	9 517 204
罗马尼亚	2 393 801	1 294 576
瑞典	64 059 357	40 321 147
瑞士	6 645 179	4 043 990
爱沙尼亚	697 123	741 451
拉脱维亚	940 001	414 322

家具类

输往地	2004年	2003年
	金额（美元）	金额（美元）
立陶宛	2 059 517	386 968
格鲁吉亚	341 428	61 049
亚美尼亚	59 657	500
阿塞拜疆	232 467	98 288
白俄罗斯	101 285	2 050
摩尔多瓦	179 516	16 939
俄罗斯联邦	24 548 892	11 149 242
乌克兰	7 413 924	3 042 384
塞黑	808 362	412 475
斯洛文尼亚	1 881 079	703 771
克罗地亚	1 361 484	303 905
捷克	3 206 441	1 540 545
斯洛伐克	588 910	173 602
马其顿	87 672	40 950
波黑	735	40 341
梵蒂冈城国	2 046	0
安提瓜和巴布达	82 393	44 159
阿根廷	3 873 861	1 049 719
阿鲁巴岛	31 685	62 242
巴哈马	232 791	16 716
巴巴多斯	238 157	154 775
伯利兹	69 372	39 033
玻利维亚	36 263	16 025
巴西	3 858 981	1 847 416
开曼群岛	33 172	6 362
智利	11 996 875	7 248 278
哥伦比亚	1 980 235	1 108 456
多米尼克	420 890	409 337
哥斯达黎加	2 870 136	1 925 762
古巴	3 443 255	464 936
库腊索岛	151 425	112 779
多米尼加共和国	1 987 575	1 159 364
厄瓜多尔	3 663 728	1 660 170
法属圭亚那	42 875	27 957
格林纳达	4 934	33 522
瓜德罗普	301 319	171 413
危地马拉	1 964 888	917 074
圭亚那	212 739	63 234
海地	47 455	76 971
洪都拉斯	834 969	485 209
牙买加	2 539 352	1 200 094
马提尼克岛	168 813	83 602

2004 年中国主要出口商品输往地（续）

家具类

输往地	2004 年	2003 年
	金额（美元）	金额（美元）
墨西哥	24 303 533	16 825 248
尼加拉瓜	196 361	192 198
巴拿马	9 591 203	7 175 722
巴拉圭	63 675	11 527
秘鲁	1 504 690	1 105 102
波多黎各	17 044 869	12 086 739
圣卢西亚	47 813	25 967
圣马丁岛	50 355	0
圣文森特和格林纳丁斯	2 722	36 405
萨尔瓦多	1 098 520	526 143
苏里南	446 752	245 808
特立尼达和多巴哥	1 335 678	811 359
乌拉圭	749 758	201 992
委内瑞拉	5 521 271	1 230 348
荷属安的列斯群岛	66 098	34 447
加拿大	306 165 534	190 556 909
美国	5 044 217 990	3 784 478 339
格陵兰	2 535	50 186
百慕大群岛	64 167	33 760

家具类

输往地	2004 年	2003 年
	金额（美元）	金额（美元）
澳大利亚	287 509 724	182 845 090
库克群岛	232 325	41 184
斐济	467 337	172 971
盖比群岛	10 420	8 960
新喀里多尼亚	310 393	97 739
瓦努阿图	17 909	5 029
新西兰	38 350 840	18 789 341
诺福克岛	6 450	0
巴布亚新几内亚	161 530	50 884
社会群岛	250 457	45 957
所罗门群岛	5 693	1 251
汤加	48 995	36 844
萨摩亚	15 544	18 343
密克罗尼西亚联邦	40 197	83 122
马绍尔群岛共和国	3 114	4 876
帕劳共和国	7 995	9 067
法属波利尼西亚	153 638	40 100
大洋洲其他国家（地区）	163 211	61 366

灯具

输往地	2004 年	2003 年
	金额（美元）	金额（美元）
总值	**4 517 470 389**	**3 778 864 122**
阿富汗	126 350	92 213
巴林	2 063 233	1 811 879
孟加拉国	3 973 311	2 499 936
文莱	96 160	140 064
缅甸	1 005 496	1 997 489
柬埔寨	510 134	282 774
塞浦路斯	2 272 553	1 724 832
朝鲜	459 981	256 894
香港	283 155 685	263 002 247
印度	46 312 538	33 611 897
印度尼西亚	19 718 952	20 314 807
伊朗	8 598 677	4 025 289
伊拉克	520 213	239 857
以色列	16 898 296	13 741 651
日本	140 567 197	111 652 897
约旦	5 692 314	3 736 322
科威特	6 660 369	6 788 263

灯具

输往地	2004 年	2003 年
	金额（美元）	金额（美元）
老挝	278 098	222 110
黎巴嫩	7 872 732	6 343 055
澳门	1 583 933	1 150 470
马来西亚	22 107 424	18 569 621
马尔代夫	34 510	25 176
蒙古	181 450	166 843
尼泊尔	1 114 264	1 237 707
阿曼	2 487 153	1 121 692
巴基斯坦	8 553 203	7 529 434
巴勒斯坦	133 435	202 412
菲律宾	19 183 835	22 413 913
卡塔尔	1 152 865	721 560
沙特阿拉伯	36 805 545	31 805 043
新加坡	13 992 983	13 112 337
韩国	35 507 909	23 716 743
斯里兰卡	3 286 891	2 870 760
叙利亚	1 864 373	1 926 407
泰国	17 510 140	13 276 018

2004年中国主要出口商品输往地（续）

灯具

输往地	2004年	2003年
	金额（美元）	金额（美元）
土耳其	30 262 139	21 349 722
阿拉伯联合酋长国	107 527 694	95 929 497
也门共和国	4 040 100	2 910 258
越南	10 290 312	10 857 915
台湾省	23 887 817	14 978 197
东帝汶	416	18 667
哈萨克斯坦	22 368 984	17 753 350
吉尔吉斯斯坦	1 468 341	849 418
塔吉克斯坦	248 760	2 450
土库曼斯坦	101 989	0
乌兹别克斯坦	270 434	810 262
阿尔及利亚	5 581 789	4 290 739
安哥拉	426 530	573 612
贝宁	835 070	729 575
博茨瓦纳	9 994	11 653
布隆迪	2 205	62 297
喀麦隆	1 030 181	870 059
加那利群岛	3 262	0
佛得角	20 891	1 101
中非	1 993	9 938
科摩罗	164	2 513
刚果（布）	770 865	655 845
吉布提	351 841	115 144
埃及	10 236 026	8 238 377
赤道几内亚	19 015	25 265
埃塞俄比亚	540 565	558 107
加蓬	98 129	130 764
冈比亚	116 236	98 255
加纳	4 085 388	2 526 876
几内亚	319 310	833 176
几内亚（比绍）	67 069	4 903
科特迪瓦共和国	982 612	1 090 823
肯尼亚	2 867 280	2 622 913
利比里亚	209 265	208 008
利比亚	3 151 589	2 352 516
马达加斯加	145 147	423 974
马拉维	75 121	41 427
马里	117 259	330
毛里塔尼亚	22 105	55 898
毛里求斯	990 131	818 648
摩洛哥	7 332 593	7 660 317
莫桑比克	311 362	359 351

灯具

输往地	2004年	2003年
	金额（美元）	金额（美元）
纳米比亚	1 293	19 422
尼日利亚	13 617 841	14 094 012
留尼汪	302 159	134 932
卢旺达	31 356	54 662
塞内加尔	421 575	244 736
塞舌尔	157	0
塞拉利昂	337 039	314 590
索马里	30 423	1 550
南非	20 949 587	13 557 807
苏丹	2 887 377	2 192 811
坦桑尼亚	776 464	507 175
多哥	396 894	625 531
突尼斯	2 033 981	1 969 212
乌干达	384 550	224 566
布基纳法索	57 071	13 862
刚果（金）	470 031	414 909
赞比亚	29 114	66 899
津巴布韦	35 752	17 412
莱索托	32 740	4 393
斯威士兰	638	2 073
厄立特里亚	15 366	22 794
比利时	107 852 060	70 911 115
丹麦	32 730 299	25 679 905
英国	243 863 049	206 051 686
德国	306 334 075	267 720 409
法国	95 836 907	74 512 213
爱尔兰	15 972 398	10 745 011
意大利	87 692 051	68 916 234
卢森堡	226 050	29 159
荷兰	154 468 950	124 640 564
希腊	32 887 120	23 782 024
葡萄牙	14 314 376	9 750 277
西班牙	85 563 671	63 582 258
阿尔巴尼亚	225 290	47 531
奥地利	30 364 401	24 589 734
保加利亚	646 584	283 572
芬兰	30 961 847	23 421 780
匈牙利	16 346 071	9 043 553
冰岛	648 255	387 566
马耳他	422 842	422 043
摩纳哥	141 808	14 718
挪威	14 674 487	10 197 106

2004 年中国主要出口商品输往地（续）

灯具

输往地	2004 年	2003 年
	金额（美元）	金额（美元）
波兰	31 932 819	22 399 936
罗马尼亚	3 826 455	3 254 424
瑞典	48 867 791	41 460 449
瑞士	7 080 573	5 697 803
爱沙尼亚	1 329 342	860 700
拉脱维亚	2 296 223	1 115 140
立陶宛	3 243 654	1 716 234
格鲁吉亚	184 515	26 224
亚美尼亚	72 641	0
阿塞拜疆	104 912	51 280
白俄罗斯	739 226	291 054
摩尔多瓦	10 661	0
俄罗斯联邦	59 999 873	42 030 824
乌克兰	17 603 628	16 995 210
塞黑	838 164	767 945
斯洛文尼亚	1 574 913	1 087 240
克罗地亚	3 300 065	2 399 513
捷克	4 770 812	4 113 825
斯洛伐克	2 904 153	2 282 532
马其顿	47 622	70 501
波黑	156 720	105 982
安提瓜和巴布达	19 993	101 771
阿根廷	6 062 725	3 392 576
阿鲁巴岛	18 714	32 302
巴哈马	14 021	28 616
巴巴多斯	166 004	231 108
伯利兹	10 438	312 016
玻利维亚	106 520	157 461
巴西	20 585 692	9 424 405
智利	20 971 061	14 258 347
哥伦比亚	8 828 558	5 999 700
多米尼克	404 613	421 924
哥斯达黎加	1 377 672	1 385 183
古巴	3 769 016	2 071 441
库腊索岛	97 891	81 683
多米尼加共和国	1 331 851	551 179
厄瓜多尔	6 475 210	5 534 464
法属圭亚那	409	0

灯具

输往地	2004 年	2003 年
	金额（美元）	金额（美元）
格林纳达	55 698	20 841
瓜德罗普	19 121	0
危地马拉	2 537 355	2 101 599
圭亚那	353 045	161 129
海地	333 511	204 462
洪都拉斯	1 039 488	962 997
牙买加	724 334	542 816
马提尼克岛	11 991	3 055
墨西哥	43 362 189	65 887 828
尼加拉瓜	235 827	473 389
巴拿马	19 554 637	16 716 021
巴拉圭	968 179	2 441 067
秘鲁	5 850 479	4 329 521
波多黎各	5 102 131	4 524 894
圣文森特和格林纳丁斯	225	28 301
萨尔瓦多	734 569	444 667
苏里南	104 834	159 477
特立尼达和多巴哥	850 320	519 115
乌拉圭	2 163 279	1 225 511
委内瑞拉	7 201 698	2 915 255
荷属安的列斯群岛	84 110	56 898
加拿大	128 464 805	97 300 674
美国	1 683 405 041	1 456 952 294
澳大利亚	72 663 843	58 988 250
库克群岛	15 100	300
斐济	266 347	176 361
新喀里多尼亚	129 856	79 921
瓦努阿图	27 962	2 494
新西兰	11 259 019	7 671 714
巴布亚新几内亚	239 003	275 331
社会群岛	8 221	27 767
所罗门群岛	19 623	34 729
汤加	41 799	78 342
萨摩亚	50	598
密克罗尼西亚联邦	1 578	819
马绍尔群岛共和国	570	240
法属波利尼西亚	58 258	27 220
大洋洲其他国家（地区）	2 970	7 266

2004 年中国主要出口商品输往地（续）

钢材

输往地	2004 年		2003 年	
	数量（公吨）	金额（美元）	数量（公吨）	金额（美元）
总值	**14 231 015**	**8 336 324 692**	**6 955 657**	**3 104 964 184**
阿富汗	1 269	632 024	390	223 540
巴林	6 550	3 888 763	1 272	725 698
孟加拉国	43 289	27 687 319	27 928	13 320 639
文莱	19 768	7 763 276	2 992	853 875
缅甸	134 983	59 274 635	136 404	53 013 420
柬埔寨	39 158	15 217 137	33 802	9 016 646
塞浦路斯	10 087	5 439 601	2 665	1 526 387
朝鲜	75 937	42 125 021	46 835	20 919 573
香港	1 142 258	614 162 287	1 057 273	381 531 978
印度	149 034	110 389 050	60 879	37 962 766
印度尼西亚	413 981	222 045 610	189 672	77 852 298
伊朗	119 502	74 378 709	52 130	31 105 745
伊拉克	2 696	5 295 275	5 223	7 507 492
以色列	9 067	10 756 979	5 782	4 897 980
日本	692 801	471 008 077	227 225	146 480 171
约旦	15 041	9 481 340	29 676	12 680 815
科威特	25 514	16 823 235	81 935	42 314 792
老挝	2 973	1 704 042	3 760	1 366 507
黎巴嫩	6 162	3 867 581	6 772	3 084 440
澳门	45 916	22 296 914	33 275	11 350 139
马来西亚	210 277	137 171 403	124 269	60 020 103
马尔代夫	459	248 150	2 086	505 233
蒙古	10 629	6 274 400	4 714	2 418 864
尼泊尔	1 938	950 060	412	233 243
阿曼	3 360	3 581 181	1 946	1 409 326
巴基斯坦	62 653	36 933 023	160 776	70 973 557
巴勒斯坦	46	22 402	0	0
菲律宾	304 380	151 667 763	184 194	73 177 215
卡塔尔	3 615	2 837 842	2 527	1 372 794
沙特阿拉伯	80 418	50 025 369	63 319	34 491 622
新加坡	658 970	321 722 068	250 492	94 402 488
韩国	3 414 725	1 700 063 235	1 493 936	473 198 087
斯里兰卡	34 159	18 827 797	16 047	7 151 280
叙利亚	61 918	35 517 493	40 367	24 192 569
泰国	476 116	246 079 623	205 119	77 444 114
土耳其	12 250	15 604 240	31 567	15 747 528
阿拉伯联合酋长国	136 992	97 483 084	52 609	30 801 053
也门共和国	19 489	10 850 593	22 159	11 466 893
越南	487 628	253 935 668	204 772	79 496 760
台湾省	585 713	365 285 520	140 502	80 208 140
东帝汶	0	58	5	3 228

2004 年中国主要出口商品输往地（续）

钢材

输往地	2004 年		2003 年	
	数量（公吨）	金额（美元）	数量（公吨）	金额（美元）
哈萨克斯坦	34 746	25 897 542	22 326	22 414 159
吉尔吉斯斯坦	2 451	2 285 306	919	966 592
塔吉克斯坦	818	441 260	105	69 540
土库曼斯坦	4 152	3 381 326	1 680	3 280 713
乌兹别克斯坦	1 953	2 877 838	461	772 213
阿尔及利亚	61 165	34 514 023	38 294	20 416 860
安哥拉	3 807	1 784 408	382	245 147
贝宁	877	525 011	835	348 255
博茨瓦纳	626	306 091	15	16 409
布隆迪	388	185 444	25	8 000
喀麦隆	1 167	612 847	770	342 786
加那利群岛	8	18 014	15	28 353
中非	868	582 780	2 160	900 860
乍得	0	75	0	0
科摩罗	65	31 557	67	21 122
刚果（布）	2 769	1 971 508	604	229 488
吉布提	3 184	1 469 218	3 053	1 247 011
埃及	21 343	16 910 614	18 284	11 397 859
赤道几内亚	2 000	893 376	46	11 739
埃塞俄比亚	9 013	5 415 711	4 611	2 044 014
加蓬	324	183 548	1 666	543 192
冈比亚	143	75 594	47	17 482
加纳	4 669	2 797 882	1 849	864 709
几内亚	396	189 628	78	41 922
几内亚（比绍）	92	70 697	772	309 068
科特迪瓦共和国	1 728	858 934	253	120 780
肯尼亚	5 750	4 145 462	2 357	1 240 753
利比里亚	2 624	1 337 506	488	210 679
利比亚	38 648	18 760 459	858	724 463
马达加斯加	1 481	938 369	1 149	554 158
马拉维	60	39 690	2	2 940
马里	1 428	779 191	24	8 088
毛里塔尼亚	398	264 583	321	162 132
毛里求斯	1 170	755 912	482	296 171
摩洛哥	5 884	4 154 040	7 897	4 203 622
莫桑比克	2 600	1 480 294	178	116 697
纳米比亚	174	82 066	22	10 313
尼日尔	2 600	1 611 109	28	10 079
尼日利亚	50 048	23 493 802	9 414	4 696 347
留尼汪	230	158 758	58	29 378
卢旺达	287	139 967	174	69 529
塞内加尔	502	325 330	776	356 152

2004年中国主要出口商品输往地（续）

钢材

输往地	2004年		2003年	
	数量（公吨）	金额（美元）	数量（公吨）	金额（美元）
塞舌尔	175	117 634	133	98 596
塞拉利昂	667	588 234	230	100 914
索马里	18	9 773	0	0
南非	15 949	19 415 276	11 845	11 558 377
苏丹	209 228	169 036 336	145 785	112 942 099
坦桑尼亚	15 232	7 981 213	3 566	1 924 980
多哥	482	291 893	1 363	583 218
突尼斯	28 389	14 152 917	12 309	6 216 533
乌干达	921	614 186	309	148 465
布基纳法索	145	76 105	92	36 198
刚果（金）	336	178 995	66	31 009
赞比亚	353	206 491	90	36 462
津巴布韦	105	115 569	221	149 615
莱索托	472	174 758	52	30 396
厄立特里亚	18	11 746	71	123 423
比利时	135 205	99 041 547	53 799	29 744 777
丹麦	2 675	3 907 224	1 443	1 629 415
英国	126 215	92 232 072	70 453	46 419 100
德国	30 912	47 105 446	26 001	26 839 668
法国	10 524	14 097 503	5 515	6 232 963
爱尔兰	4 536	3 161 837	2 850	2 046 365
意大利	789 967	420 288 200	338 470	128 367 205
卢森堡	66	103 617	0	0
荷兰	19 634	25 436 672	8 695	10 455 173
希腊	20 346	28 209 051	12 258	9 683 429
葡萄牙	4 975	4 045 988	1 660	1 164 498
西班牙	110 975	77 523 884	40 652	23 944 160
阿尔巴尼亚	542	754 424	167	176 173
奥地利	328	353 207	112	207 459
保加利亚	868	1 182 529	83	44 998
芬兰	1 756	2 766 466	1 319	1 381 067
直布罗陀	250	114 400	0	0
匈牙利	1 182	1 062 978	1 375	1 068 468
冰岛	0	33 905	0	45 164
马耳他	2 734	1 448 496	729	373 963
挪威	1 780	4 020 700	1 370	2 242 630
波兰	18 464	13 059 549	10 578	6 860 660
罗马尼亚	5 436	5 539 753	5 653	8 177 046
瑞典	1 472	1 800 195	5 426	2 089 382
瑞士	138	251 657	95	134 330
爱沙尼亚	302	267 866	225	176 174
拉脱维亚	139	201 431	48	36 182

2004年中国主要出口商品输往地（续）

钢材

输往地	2004年		2003年	
	数量（公吨）	金额（美元）	数量（公吨）	金额（美元）
立陶宛	975	1 297 490	252	222 883
格鲁吉亚	20	22 029	525	583 887
亚美尼亚	1	4 050	0	0
阿塞拜疆	1 183	1 448 563	722	827 293
白俄罗斯	1	948	0	0
俄罗斯联邦	20 554	17 797 838	13 862	9 366 947
乌克兰	625	1 098 146	131	117 259
塞黑	448	388 578	248	186 939
斯洛文尼亚	1 023	1 130 523	1 045	839 123
克罗地亚	538	816 653	173	218 977
捷克	609	973 803	21	56 086
斯洛伐克	174	171 579	155	108 532
马其顿	0	968	26	18 956
安提瓜和巴布达	100	47 964	3	2 751
阿根廷	2 763	5 274 700	1 125	1 759 647
巴哈马	227	94 498	326	132 881
巴巴多斯	36	22 031	38	25 679
伯利兹	361	419 435	463	431 594
玻利维亚	800	456 802	573	260 169
巴西	10 257	16 485 973	4 930	6 855 591
开曼群岛	114	57 185	0	0
智利	7 530	7 635 751	5 988	4 397 887
哥伦比亚	3 263	3 888 331	2 409	2 126 255
多米尼克	1 021	669 794	189	107 630
哥斯达黎加	2 260	1 302 561	2 021	904 454
古巴	13 880	9 686 169	4 776	1 896 536
多米尼加共和国	9 049	5 415 193	1 461	686 263
厄瓜多尔	6 309	6 059 552	1 296	974 035
法属圭亚那	3	3 049	0	0
格林纳达	152	88 451	144	72 940
瓜德罗普	22	13 880	0	0
危地马拉	1 177	831 897	970	632 988
圭亚那	994	481 718	234	153 728
海地	842	452 127	1 219	469 905
洪都拉斯	5 634	2 523 563	264	185 923
牙买加	5 002	2 279 167	1 157	543 895
墨西哥	135 655	81 294 076	14 949	10 648 254
尼加拉瓜	9	6 192	80	44 740
巴拿马	28 365	16 832 390	11 786	5 203 367
巴拉圭	69	63 958	41	26 083
秘鲁	4 416	3 447 081	2 900	1 779 485
波多黎各	5 774	3 835 590	6 707	2 967 760

2004年中国主要出口商品输往地（续）

钢材

输往地	2004年		2003年	
	数量（公吨）	金额（美元）	数量（公吨）	金额（美元）
圣卢西亚	7	5 119	3	3 214
圣文森特和格林纳丁斯	2 092	1 080 080	305	145 934
萨尔瓦多	2 115	1 037 916	831	384 578
苏里南	1 166	599 743	272	189 724
特立尼达和多巴哥	1 734	1 282 947	716	361 815
乌拉圭	477	532 725	90	95 597
委内瑞拉	6 310	4 973 419	1 901	1 554 001
加拿大	493 894	288 061 193	157 770	80 780 322
美国	1 946 291	1 337 849 876	713 398	396 163 623
澳大利亚	128 637	91 506 627	88 132	44 143 720
库克群岛	0	6 860	166	65 704
斐济	525	284 419	227	95 453
新喀里多尼亚	342	179 993	128	50 145
瓦努阿图	134	132 354	337	142 906
新西兰	13 695	9 565 988	9 207	4 500 721
巴布亚新几内亚	307	170 992	100	67 669
社会群岛	77	36 360	92	33 064
所罗门群岛	3	1 233	0	0
汤加	57	23 034	563	236 617
萨摩亚	1 069	451 950	3	3 434
基里巴斯	1	462	1	544
密克罗尼西亚联邦	15	6 450	0	182
马绍尔群岛共和国	1 494	626 512	44	19 324
帕劳共和国	1	1 915	2	828
法属波利尼西亚	62	38 617	0	0
大洋洲其他国家（地区）	5	1 322	1	252

水泥

输往地	2004年		2003年	
	数量（公吨）	金额（美元）	数量（公吨）	金额（美元）
总值	**7 044 299**	**230 393 559**	**5 332 085**	**171 577 543**
孟加拉国	54 190	1 303 085	279	32 952
缅甸	57 441	2 294 766	64 158	2 427 031
柬埔寨	2 250	68 625	0	0
塞浦路斯	40	6 280	0	0
朝鲜	20 725	723 807	20 760	738 625
香港	592 968	20 830 877	853 428	28 840 279
印度	1 527	194 446	450	115 912
印度尼西亚	6 681	612 435	13 189	701 257
伊朗	2 366	516 687	1 188	187 501
日本	34 522	4 911 607	29 117	4 519 606

2004年中国主要出口商品输往地（续）

水泥

输往地	2004年		2003年	
	数量（公吨）	金额（美元）	数量（公吨）	金额（美元）
科威特	0	10	0	0
老挝	6 259	262 838	3 084	160 260
澳门	78 440	3 299 681	26 269	921 456
马来西亚	2 178	457 545	1 715	260 940
蒙古	127 824	3 730 019	66 375	2 002 927
巴基斯坦	2 616	131 439	2 400	177 550
菲律宾	2 822	227 621	28 151	681 290
新加坡	33 009	1 165 636	1 208	433 016
韩国	2 256 158	73 359 077	1 062 163	32 904 012
泰国	288	73 484	199	45 613
土耳其	117	33 633	38	9 447
阿拉伯联合酋长国	318 861	7 996 139	260	34 885
也门共和国	359	24 680	0	0
越南	155 190	4 518 550	119 043	3 898 148
台湾省	686 889	18 729 554	727 075	18 623 688
哈萨克斯坦	5 478	603 142	2 794	328 854
吉尔吉斯斯坦	794	59 958	700	47 690
塔吉克斯坦	125	11 600	0	0
乌兹别克斯坦	5	1 165	1 000	77 088
安哥拉	247 240	7 211 869	70 662	1 809 539
佛得角	5	350	0	0
刚果（布）	104 560	3 176 585	89 094	2 326 507
赤道几内亚	3 400	119 000	22 050	535 238
埃塞俄比亚	26	1 070	0	0
肯尼亚	32 326	743 507	0	0
马达加斯加	18 868	560 285	14 816	381 783
莫桑比克	37 246	949 773	0	0
塞拉利昂	34	6 498	0	0
南非	520	98 659	563	125 569
苏丹	6 898	659 848	0	0
比利时	94	11 578	386	62 574
丹麦	48	5 280	0	22
英国	572	79 471	429	76 631
德国	20	1 462	6	2 274
法国	981	98 856	281	56 551
爱尔兰	579	81 427	550	74 503
意大利	1 231	179 272	1 984	335 258
荷兰	5 559	732 537	2 856	276 832
希腊	220	32 143	75	10 125
葡萄牙	180	22 074	365	42 277
西班牙	136	21 272	346	54 805
芬兰	0	13	0	0

2004 年中国主要出口商品输往地（续）

水泥

输往地	2004 年		2003 年	
	数量（公吨）	金额（美元）	数量（公吨）	金额（美元）
罗马尼亚	260	39 000	221	33 020
瑞典	10	717	12	828
阿塞拜疆	599	26 794	0	0
俄罗斯联邦	10 680	427 434	14 118	521 586
阿根廷	111	16 528	114	28 292
巴西	39 954	958 896	4	800
智利	2 602	235 153	27 541	961 147
多米尼克	37 247	875 295	0	0
古巴	400	101 501	0	0
墨西哥	647	130 995	1 647	340 050
波多黎各	50 248	1 331 575	74 380	1 939 498
委内瑞拉	300	37 650	50	7 000
加拿大	0	48	0	0
美国	1 960 082	63 189 537	1 822 337	57 685 505
澳大利亚	29 914	2 000 325	21 378	1 691 445
新西兰	278	75 620	248	57 901
汤加	3	1 012	0	0
大洋洲其他国家（地区）	104	4 264	730	29 960

煤

输往地	2004 年		2003 年	
	数量（公吨）	金额（美元）	数量（公吨）	金额（美元）
总值	**86 657 089**	**3 811 241 265**	**93 884 625**	**2 750 324 245**
缅甸	250	9 552	1 054	25 653
柬埔寨	3	3 500	0	0
朝鲜	270 903	11 201 219	405 152	14 948 058
香港	1 253 033	48 365 099	2 118 233	57 667 837
印度	3 083 701	146 363 278	2 353 104	66 970 846
印度尼西亚	40 064	1 942 563	37 389	848 629
伊朗	1 100	121 000	0	4
以色列	2 373	281 114	15	1 505
日本	28 996 086	1 453 761 005	31 255 414	983 283 418
马来西亚	64 857	2 767 583	101 812	3 047 384
阿曼	7	1 310	0	0
巴基斯坦	819 440	27 329 441	256 368	6 762 072
菲律宾	2 927 540	112 683 979	2 908 385	72 354 068
沙特阿拉伯	8 459	594 623	11 099	572 103
新加坡	3 150	221 357	0	0
韩国	24 505 809	1 137 014 760	29 721 566	825 395 739
泰国	171 448	7 506 960	69 360	1 759 370

2004年中国主要出口商品输往地（续）

煤

输往地	2004年		2003年	
	数量（公吨）	金额（美元）	数量（公吨）	金额（美元）
土耳其	1 908 255	82 579 838	1 360 401	51 218 976
阿拉伯联合酋长国	140	14 001	40 473	1 189 321
越南	133 866	7 639 787	43 820	2 512 363
台湾省	19 854 912	669 152 405	17 117 500	448 817 175
埃及	36	3 828	60	8 280
摩洛哥	28 463	1 483 871	33 876	2 132 381
南非	6 243	249 706	66 590	2 290 176
比利时	127 184	8 795 599	82 016	4 796 764
丹麦	275 132	7 826 536	456 722	11 909 514
英国	171 650	5 866 480	84 027	5 241 348
德国	154 716	6 318 578	496 161	14 281 416
法国	240 439	9 341 872	556 435	18 674 717
意大利	184 952	7 634 914	380 388	10 160 650
荷兰	361 560	17 709 347	240 270	9 739 620
希腊	135 889	3 939 520	406	42 640
葡萄牙	306	33 048	0	0
西班牙	98	12 366	319 082	12 757 258
挪威	9 172	840 033	0	0
罗马尼亚	186 209	5 660 040	230 636	6 541 518
瑞典	85	11 878	0	0
阿根廷	51	5 610	0	0
巴西	547 657	17 718 570	2 388 025	88 934 914
墨西哥	1 921	172 752	24 506	1 191 827
委内瑞拉	33 000	940 500	0	0
加拿大	35 005	2 560 550	82 239	6 321 378
美国	111 117	4 504 851	93 981	2 929 510
澳大利亚	808	56 442	200	14 000

焦炭

输往地	2004年		2003年	
	数量（公吨）	金额（美元）	数量（公吨）	金额（美元）
总值	**15 012 483**	**3 948 769 269**	**14 721 140**	**1 672 360 961**
孟加拉国	1 748	385 293	10 370	1 371 233
朝鲜	22 317	2 213 598	87 141	6 107 383
印度	969 907	279 786 370	1 180 735	140 204 250
印度尼西亚	29 379	8 030 020	55 898	5 355 241
伊朗	214 390	50 605 387	284 469	31 768 791
日本	3 410 993	887 395 399	2 908 092	351 077 924
约旦	120	12 000	147	15 533
马来西亚	33 505	7 678 153	45 517	3 549 985

2004 年中国主要出口商品输往地（续）

焦炭

输往地	2004 年		2003 年	
	数量（公吨）	金额（美元）	数量（公吨）	金额（美元）
巴基斯坦	20 987	5 077 191	24 958	2 529 184
菲律宾	11 174	3 491 327	14 652	1 575 175
沙特阿拉伯	458	111 186	210	35 700
韩国	359 996	98 556 612	420 128	55 218 142
斯里兰卡	20	7 000	994	162 090
泰国	50 359	14 688 349	57 690	6 216 430
土耳其	118 915	29 790 006	162 506	19 351 104
阿拉伯联合酋长国	3 150	708 750	2 032	199 136
越南	80 029	13 255 783	63 805	5 600 895
台湾省	142 154	36 509 601	338 057	40 629 820
哈萨克斯坦	361 088	52 743 983	284 693	14 568 209
南非	284 967	68 837 240	610 068	69 924 424
坦桑尼亚	285	132 525	0	0
比利时	1 353 271	329 858 165	762 792	80 173 022
英国	554 772	149 108 677	439 054	48 687 768
德国	414 390	90 232 181	454 414	44 741 257
法国	605 852	163 531 819	641 641	79 307 534
意大利	816 025	239 222 701	1 169 705	129 926 942
荷兰	561 375	139 012 937	718 577	75 642 270
西班牙	15 750	4 016 250	46 423	4 352 216
挪威	70 187	12 981 963	72 657	5 014 115
罗马尼亚	204 072	41 443 760	43 878	3 466 362
瑞典	285 935	79 274 974	343 224	42 541 590
瑞士	5 250	2 100 000	30 840	3 512 439
俄罗斯联邦	13 734	3 389 769	22 497	2 587 155
阿根廷	86 576	18 568 654	3 439	378 272
巴西	1 842 134	512 711 000	2 142 999	250 270 435
智利	13 271	4 246 674	0	0
墨西哥	214 967	45 348 667	135 416	18 393 741
加拿大	146 930	44 624 831	63 508	8 654 977
美国	1 664 018	505 576 150	906 001	102 320 772
澳大利亚	28 035	3 504 324	12 598	1 096 050

成品油

输往地	2004 年		2003 年	
	数量（公吨）	金额（美元）	数量（公吨）	金额（美元）
总值	**11 462 766**	**3 960 202 269**	**13 823 850**	**3 720 663 839**
阿富汗	20	17 639	0	0
巴林	142	99 605	149	90 220
孟加拉国	583	358 916	751	410 706

2004 年中国主要出口商品输往地（续）

成品油

输往地	2004 年		2003 年	
	数量（公吨）	金额（美元）	数量（公吨）	金额（美元）
文莱	1 014	471 281	179	69 088
缅甸	76 936	22 956 627	72 703	19 250 295
柬埔寨	5 657	1 800 205	3 287	924 443
塞浦路斯	47 707	11 108 220	30 301	6 415 793
朝鲜	128 041	48 870 563	124 727	35 571 194
香港	1 110 083	351 075 880	989 930	268 203 400
印度	13 516	3 864 296	4 793	1 237 459
印度尼西亚	1 194 497	457 865 882	1 201 972	329 719 740
伊朗	77 990	25 769 373	228 297	58 854 378
以色列	10 552	4 876 999	5 438	2 173 833
日本	1 186 082	451 687 334	1 284 686	355 582 211
约旦	43	21 724	26	11 946
澳门	232 018	72 144 557	168 774	42 126 380
马来西亚	75 090	30 494 414	35 538	11 598 072
蒙古	34 703	11 873 258	18 622	5 509 090
尼泊尔	1 598	707 527	1 145	447 698
巴基斯坦	4 210	2 131 207	3 520	1 497 302
菲律宾	220 658	84 318 156	798 641	208 324 070
卡塔尔	5 716	2 582 445	0	0
沙特阿拉伯	66	72 269	82	56 237
新加坡	1 760 182	654 059 368	2 641 785	706 737 371
韩国	439 996	162 138 956	672 806	182 382 096
斯里兰卡	185	103 202	191	59 335
叙利亚	109	73 283	43	30 676
泰国	178 015	67 546 830	186 094	57 971 906
土耳其	31 730	13 370 785	15 495	5 955 639
阿拉伯联合酋长国	117 499	47 520 420	77 458	18 469 853
也门共和国	24	25 475	0	0
越南	1 824 404	614 425 687	2 738 143	705 885 881
台湾省	5 248	4 102 733	3 103	2 419 715
哈萨克斯坦	68 898	22 388 754	14 312	3 791 493
吉尔吉斯斯坦	312	210 654	1	537
土库曼斯坦	546	633 887	0	0
乌兹别克斯坦	3 740	1 778 441	2 616	1 009 536
阿尔及利亚	61	39 338	4	3 578
科摩罗	150	32 250	0	0
刚果（布）	4	2 737	21	15 984
埃及	381	115 074	1 727	622 238
埃塞俄比亚	2 473	1 199 811	1 491	577 844
加纳	16	8 568	0	0
科特迪瓦共和国	31	16 585	0	0
肯尼亚	750	439 832	27	12 997

2004年中国主要出口商品输往地（续）

成品油

输往地	2004年		2003年	
	数量（公吨）	金额（美元）	数量（公吨）	金额（美元）
利比里亚	59 486	13 570 773	49 217	9 930 786
利比亚	50	17 250	0	0
毛里求斯	18	14 890	16	12 461
摩洛哥	108	37 996	434	131 549
尼日利亚	247	106 997	31 307	6 627 373
塞拉利昂	8	6 612	0	72
南非	775	188 493	150	257 991
苏丹	17	25 195	1	1 206
坦桑尼亚	165	88 500	0	0
赞比亚	50	21 800	0	0
津巴布韦	79	47 651	0	0
比利时	6 003	1 612 127	0	0
丹麦	12	12 995	343	84 530
英国	54 020	21 771 109	27 026	9 445 541
德国	145 432	66 401 650	95 328	36 071 218
法国	97 389	46 153 380	64 585	25 477 202
意大利	15 042	6 394 673	11 685	4 409 868
卢森堡	2 839	1 313 341	1 733	675 102
荷兰	77 874	36 567 491	37 225	14 438 885
希腊	54 282	12 301 846	18 275	3 972 323
西班牙	249	450 143	162	240 107
奥地利	17 422	8 700 393	8 244	3 287 856
芬兰	34 165	16 038 937	15 105	5 974 834
直布罗陀	565	123 957	38	69 549
马耳他	40 060	9 446 663	39 319	8 250 293
挪威	6 407	1 507 027	3 446	918 686
波兰	59	58 766	0	24
罗马尼亚	10	4 157	1 236	493 635
瑞典	29 856	14 507 335	22 186	8 677 927
瑞士	1 148	254 521	7 727	3 094 488
格鲁吉亚	22	16 660	7	5 198
白俄罗斯	176	86 586	1 349	514 114
俄罗斯联邦	55 902	22 281 174	40 651	13 148 648
乌克兰	133	53 720	1 632	529 585
斯洛文尼亚	21	13 270	0	0
克罗地亚	4 978	1 121 410	797	174 761
安提瓜和巴布达	18 704	4 260 975	6 560	1 418 593
巴哈马	26 515	5 974 168	141 067	31 027 525
伯利兹	14 964	4 211 552	7 430	1 777 786
玻利维亚	15	14 960	0	0
巴西	63	45 299	34	33 848
开曼群岛	1 135	271 733	1 977	525 369

2004 年中国主要出口商品输往地（续）

成品油

输往地	2004 年		2003 年	
	数量（公吨）	金额（美元）	数量（公吨）	金额（美元）
智利	54	22 650	360	82 818
多米尼克	30	11 590	0	0
古巴	1	835	0	0
多米尼加共和国	3 319	961 756	20	11 877
厄瓜多尔	27	19 760	26 505	7 240 514
危地马拉	34	26 652	36 061	11 223 265
洪都拉斯	169	47 858	306	98 780
牙买加	495	106 995	0	0
尼加拉瓜	0	141	0	0
巴拿马	1 173 217	250 338 584	465 841	100 213 637
秘鲁	182	64 318	158	41 126
圣文森特和格林纳丁斯	26 781	6 740 916	23 973	5 819 523
委内瑞拉	0	635	0	0
加拿大	45 891	19 562 491	31 161	12 101 275
美国	319 522	131 895 288	609 954	182 654 443
百慕大群岛	5 946	1 314 176	570	202 208
澳大利亚	198 610	62 213 923	612 410	162 244 998
斐济	113	36 341	0	0
瓦努阿图	197	78 949	1 376	345 012
新西兰	30 260	8 227 985	424	94 669
巴布亚新几内亚	7 450	1 826 207	6 163	1 436 552
所罗门群岛	1 719	430 217	1 300	288 665
图瓦卢	79	39 058	0	0
马绍尔群岛共和国	20 529	4 735 722	11 937	2 406 647

塑料

输往地	2004 年	2003 年
	金额（美元）	金额（美元）
总值	**13 228 626 475**	**10 066 210 944**
阿富汗	1 055 040	2 122 199
巴林	2 783 097	1 654 248
孟加拉国	18 233 684	11 738 830
文莱	1 748 580	2 041 373
缅甸	9 660 895	7 260 797
柬埔寨	4 426 842	2 469 706
塞浦路斯	5 751 492	3 933 682
朝鲜	32 456 662	24 594 004
香港	2 149 362 682	1 644 266 899
印度	120 601 299	57 277 373
印度尼西亚	129 631 763	70 714 659
伊朗	35 781 093	22 767 659

塑料

输往地	2004 年	2003 年
	金额（美元）	金额（美元）
伊拉克	5 022 375	405 641
以色列	45 738 969	29 884 547
日本	1 255 099 482	946 507 430
约旦	13 491 297	7 278 798
科威特	15 506 599	9 945 322
老挝	727 057	580 455
黎巴嫩	17 850 951	10 921 322
澳门	16 314 642	11 828 543
马来西亚	113 301 630	79 068 487
马尔代夫	214 988	185 016
蒙古	9 921 788	6 656 487
尼泊尔	3 331 113	4 048 548
阿曼	2 583 100	1 502 506

2004年中国主要出口商品输往地（续）

塑料

输 往 地	2004年	2003年
	金额（美元）	金额（美元）
巴基斯坦	53 929 135	32 798 553
巴勒斯坦	94 764	136 431
菲律宾	115 345 548	78 371 169
卡塔尔	3 510 340	2 174 387
沙特阿拉伯	69 795 125	52 446 426
新加坡	139 801 246	113 225 305
韩国	284 061 794	175 057 301
斯里兰卡	11 331 702	7 739 953
叙利亚	18 828 510	9 831 860
泰国	99 697 218	52 756 162
土耳其	92 370 685	50 060 508
阿拉伯联合酋长国	149 259 972	102 611 816
也门共和国	11 985 101	10 241 372
越南	78 001 453	48 835 118
台湾省	241 194 595	141 902 289
东帝汶	67 773	17 234
哈萨克斯坦	159 247 113	97 517 174
吉尔吉斯斯坦	15 372 561	12 707 150
塔吉克斯坦	1 894 050	838 203
土库曼斯坦	284 019	2 362 652
乌兹别克斯坦	4 993 023	4 356 601
亚洲其他国家（地区）	4 617	0
阿尔及利亚	18 941 562	10 225 993
安哥拉	7 678 639	4 914 189
贝宁	9 903 140	6 910 351
博茨瓦纳	627 299	336 002
布隆迪	527 420	198 598
喀麦隆	2 976 548	1 432 788
加那利群岛	496 412	545 998
佛得角	553 374	316 491
中非	35 542	40 031
塞卜泰（休达）	1 122	20 935
乍得	37 351	16 940
科摩罗	15 185	22 504
刚果（布）	3 094 630	1 997 153
吉布提	2 127 274	1 525 839
埃及	33 285 319	23 552 943
赤道几内亚	255 447	112 279
埃塞俄比亚	3 961 959	2 141 457
加蓬	455 181	470 584
冈比亚	1 219 356	654 010
加纳	12 962 026	8 947 459

塑料

输 往 地	2004年	2003年
	金额（美元）	金额（美元）
几内亚	1 335 241	938 225
几内亚（比绍）	40 579	21 669
科特迪瓦共和国	2 732 992	1 913 522
肯尼亚	9 094 505	6 682 206
利比里亚	1 108 047	365 959
利比亚	3 508 953	2 088 002
马达加斯加	1 964 891	1 368 463
马拉维	485 522	321 627
马里	505 977	33 802
毛里塔尼亚	1 784 634	1 254 275
毛里求斯	5 154 214	3 179 001
摩洛哥	16 321 594	12 403 600
莫桑比克	3 408 383	1 014 177
纳米比亚	879 365	494 423
尼日尔	107 113	61 924
尼日利亚	36 139 603	39 164 366
留尼汪	921 229	504 950
卢旺达	170 410	409 675
圣多美和普林西比	14 515	8 525
塞内加尔	2 448 719	1 414 393
塞舌尔	82 089	107 725
塞拉利昂	656 643	219 784
索马里	283 874	50 746
南非	59 715 261	33 644 089
西撒哈拉	1 248	0
苏丹	13 583 871	8 412 535
坦桑尼亚	4 233 319	3 632 156
多哥	2 202 772	1 202 780
突尼斯	6 383 658	4 128 456
乌干达	588 194	796 315
布基纳法索	246 443	158 487
刚果（金）	1 524 208	1 065 149
赞比亚	1 007 016	333 522
津巴布韦	1 427 673	593 976
莱索托	82 510	45 135
梅利利亚	377	0
斯威士兰	24 992	27 787
厄立特里亚	87 051	101 443
马约特岛	8 617	2 394
比利时	165 774 086	152 839 988
丹麦	44 794 927	36 727 004
英国	467 672 358	387 396 372

2004年中国主要出口商品输往地（续）

塑料

输往地	2004年	2003年
	金额（美元）	金额（美元）
德国	418 587 946	342 239 495
法国	247 117 577	188 517 348
爱尔兰	18 618 036	13 040 526
意大利	225 289 766	233 520 421
卢森堡	2 544 818	8 548 700
荷兰	290 034 190	247 172 412
希腊	48 934 271	32 840 028
葡萄牙	19 400 237	13 983 271
西班牙	161 878 341	123 592 782
阿尔巴尼亚	977 066	621 946
安道尔	39 783	10 103
奥地利	9 534 679	8 812 381
保加利亚	5 779 717	2 556 044
芬兰	50 762 723	38 128 823
直布罗陀	61 707	0
匈牙利	13 225 057	7 687 791
冰岛	561 191	218 717
列支敦士登	885	691
马耳他	3 814 701	2 327 790
摩纳哥	183 060	91 955
挪威	23 293 098	19 090 428
波兰	48 041 254	29 800 284
罗马尼亚	26 322 191	14 960 063
圣马力诺	21 212	0
瑞典	45 963 937	40 140 928
瑞士	13 961 061	10 833 692
爱沙尼亚	4 943 699	2 975 908
拉脱维亚	10 167 573	6 597 680
立陶宛	6 534 874	4 097 858
格鲁吉亚	920 398	313 333
亚美尼亚	688 547	71 177
阿塞拜疆	1 803 472	2 851 851
白俄罗斯	394 359	306 509
摩尔多瓦	247 662	455
俄罗斯联邦	215 753 557	123 794 262
乌克兰	49 949 890	29 528 392
塞黑	9 669 704	5 015 959
斯洛文尼亚	15 999 645	4 504 120
克罗地亚	5 982 597	2 036 879
捷克	13 093 576	9 801 640
斯洛伐克	1 757 026	1 343 564
马其顿	170 366	56 001

塑料

输往地	2004年	2003年
	金额（美元）	金额（美元）
波黑	529 155	235 265
安提瓜和巴布达	341 289	28 306
阿根廷	20 942 074	12 606 156
阿鲁巴岛	158 079	80 703
巴哈马	334 742	89 156
巴巴多斯	920 099	652 533
伯利兹	394 611	104 528
玻利维亚	162 199	135 405
博内尔	2 225	0
巴西	68 741 332	35 941 687
开曼群岛	32 340	0
智利	41 925 742	33 656 981
哥伦比亚	14 778 626	8 835 963
多米尼克	1 739 443	1 251 530
哥斯达黎加	6 228 947	4 730 298
古巴	7 937 575	3 114 021
库腊索岛	628 044	554 998
多米尼加共和国	4 681 334	3 413 779
厄瓜多尔	14 953 203	11 598 733
法属圭亚那	93 782	70 437
格林纳达	53 322	36 633
瓜德罗普	60 259	43 813
危地马拉	7 807 403	5 949 240
圭亚那	1 347 855	1 085 930
海地	1 019 882	1 215 095
洪都拉斯	2 596 624	1 518 457
牙买加	6 486 741	4 129 554
马提尼克岛	14 311	4 599
墨西哥	101 320 527	75 838 392
尼加拉瓜	2 246 610	1 640 017
巴拿马	48 124 479	35 356 174
巴拉圭	3 511 491	1 673 352
秘鲁	14 812 263	10 088 561
波多黎各	14 590 647	10 991 765
圣卢西亚	309 317	91 111
圣马丁岛	23 358	22 413
圣文森特和格林纳丁斯	270 542	20 739
萨尔瓦多	3 732 537	2 995 939
苏里南	2 652 479	1 315 344
特立尼达和多巴哥	3 386 498	3 078 216
乌拉圭	6 204 591	4 894 912
委内瑞拉	14 462 662	6 178 569

2004年中国主要出口商品输往地（续）

塑料

输往地	2004年	2003年
	金额（美元）	金额（美元）
圣基茨和尼维斯	137 746	12 861
荷属安的列斯群岛	294 805	159 467
拉丁美洲其他国家（地区）	43 403	4 000
加拿大	270 473 076	220 814 627
美国	3 719 311 064	3 049 244 739
格陵兰	600	9 892
百慕大群岛	18 750	17 241
北美洲其他国家（地区）	31 881	0
澳大利亚	247 900 761	188 222 004
库克群岛	28 487	30 147
斐济	1 762 739	1 053 847
新喀里多尼亚	296 974	204 646
瓦努阿图	67 941	54 565

塑料

输往地	2004年	2003年
	金额（美元）	金额（美元）
新西兰	31 019 616	21 049 849
巴布亚新几内亚	2 086 277	1 489 548
社会群岛	944 069	579 845
所罗门群岛	118 019	151 033
汤加	203 324	77 618
萨摩亚	204 559	128 307
基里巴斯	13 462	8 332
图瓦卢	2 262	0
密克罗尼西亚联邦	92 801	41 737
马绍尔群岛共和国	50 788	62 369
帕劳共和国	10 868	17 719
法属波利尼西亚	292 863	93 189
大洋洲其他国家（地区）	304 729	220 111

各类船

输往地	2004年		2003年	
	数量（艘）	金额（美元）	数量（艘）	金额（美元）
总值	**87 313**	**3 136 701 949**	**70 674**	**2 987 516 420**
巴林	2	1 422	7	10 530
孟加拉国	16	22 242	0	0
文莱	3	1 808 329	1	16 150
缅甸	10	246 956	11	26 755
柬埔寨	2	4 862 025	0	0
塞浦路斯	10	16 983 753	20	74 063 258
朝鲜	65	162 174	23	69 540
香港	4 017	293 413 916	813	164 319 067
印度	6	130 983	2	42 948
印度尼西亚	178	27 608 614	86	105 957 812
伊朗	5	150 762 104	6	146 630 470
以色列	60	67 144	17	31 221
日本	8 588	62 561 616	15 633	108 389 365
约旦	8	4 200	0	0
科威特	1	2 750	9	2 161
老挝	19	87 231	0	0
澳门	146	13 395 174	152	8 794 645
马来西亚	374	14 104 247	178	11 383 712
蒙古	4	5 224	6	15 707
巴基斯坦	31	6 127 785	8	1 303 609
菲律宾	20	802 696	57	1 627 032
卡塔尔	2	4 502 628	2	7 739 082

2004 年中国主要出口商品输往地（续）

各类船

输往地	2004 年		2003 年	
	数量（艘）	金额（美元）	数量（艘）	金额（美元）
沙特阿拉伯	12	3 888 802	1	14 393
新加坡	938	206 319 196	1 380	280 177 545
韩国	698	95 144 838	1 097	12 870 505
泰国	150	125 038	48	255 446
土耳其	258	329 159	564	158 606
阿拉伯联合酋长国	121	9 989 374	203	239 328
也门共和国	1	8 200	0	0
越南	121	13 454 721	93	1 114 062
台湾省	122	658 550	361	825 393
吉尔吉斯斯坦	8	18 070	0	0
吉布提	1	500	0	0
埃及	17	137 113	16	580 701
加纳	3	225 550	4	228 000
利比里亚	4	106 846 836	2	36 000
毛里求斯	3	3 489	0	0
摩洛哥	5	1 170 000	4	1 825 000
莫桑比克	10	6 444	0	0
尼日利亚	18	7 172 843	5	7 050 164
塞舌尔	2	716	0	0
南非	243	326 209	108	30 723 717
苏丹	4	21 040	1	539 614
坦桑尼亚	5	17 072	0	0
比利时	6 428	88 983 528	96	51 674
丹麦	797	106 308 091	546	118 838 831
英国	5 198	136 346 918	3 349	62 728 206
德国	4 584	627 521 433	3 360	633 812 139
法国	6 235	91 032 086	5 835	14 241 709
爱尔兰	70	16 479	75	17 494
意大利	1 519	28 522 308	1 515	117 490 177
荷兰	4 611	23 369 003	5 605	20 641 485
希腊	348	58 397 778	639	189 575 683
葡萄牙	150	156 402	211	164 132
西班牙	8 829	669 915	1 116	8 010 346
奥地利	1 026	311 342	1 193	378 764
芬兰	3 452	52 487 525	2 255	26 495 952
匈牙利	15	4 498	10	15 945
冰岛	1	3 895	1	8 200 000
马耳他	162	191 468 747	93	21 893 173
挪威	1 643	508 356	1 509	204 945 008
波兰	6	57 703 830	2	28 824 700
瑞典	1 106	106 752 996	1 376	216 483 089
拉脱维亚	228	51 050	0	0

2004年中国主要出口商品输往地（续）

各类船

输往地	2004年		2003年	
	数量（艘）	金额（美元）	数量（艘）	金额（美元）
立陶宛	1	41 040	0	0
格鲁吉亚	1	109 500	0	0
俄罗斯联邦	76	263 946	78	1 062 383
斯洛文尼亚	327	73 755	384	91 721
捷克	87	19 788	101	23 244
安提瓜和巴布达	8	111 911 008	0	0
巴哈马	4	71 603 284	5	78 589 759
巴西	6	536 233	3	1 598 700
智利	199	132 676	86	52 513
多米尼克	1	181 230	0	0
墨西哥	110	87 960	169	31 665
巴拿马	9	29 220 753	6	10 495 979
秘鲁	4	3 995	2	2 515
圣文森特和格林纳丁斯	2	2 027 550	0	0
特立尼达和多巴哥	6	24 770	0	0
乌拉圭	15	24 470	1	1 102
加拿大	822	22 843 736	1 171	3 897 606
美国	21 195	27 436 025	17 631	22 221 400
百慕大群岛	2	68 128 562	0	0
澳大利亚	594	88 317 870	449	5 539 362
斐济	21	74 814	4	999 955
新喀里多尼亚	51	25 927	4	2 111 300
新西兰	1 039	573 289	443	223 397
巴布亚新几内亚	3	106 160	0	0
图瓦卢	3	2 174 760	0	0
密克罗尼西亚联邦	1	3 802 205	0	0
马绍尔群岛共和国	6	92 812 890	6	93 788 686
大洋洲其他国家（地区）	1	600	0	0

汽车

输往地	2004年		2003年	
	数量（辆）	金额（美元）	数量（辆）	金额（美元）
总值	**405 413**	**759 858 564**	**125 026**	**395 852 819**
阿富汗	101	1 714 107	2	91 231
巴林	180	1 147 640	174	1 515 736
孟加拉国	753	10 250 600	932	3 504 820
缅甸	1 298	7 343 351	198	4 767 980
柬埔寨	88	1 268 926	76	203 541
塞浦路斯	68	335 854	68	378 212
朝鲜	2 436	16 329 767	1 514	7 874 155

2004年中国主要出口商品输往地（续）

汽车

输往地	2004年		2003年	
	数量（辆）	金额（美元）	数量（辆）	金额（美元）
香港	1 439	53 276 402	1 595	61 195 961
印度	67	184 165	82	582 407
印度尼西亚	548	2 441 990	63	888 006
伊朗	360	4 080 180	43	7 765 891
伊拉克	61	726 103	10	660 336
以色列	98	105 734	32	28 176
日本	728	7 668 237	272	4 091 814
约旦	346	2 534 268	44	446 046
科威特	4 012	14 812 861	1 688	6 222 679
老挝	141	1 576 841	118	1 805 047
黎巴嫩	525	1 155 670	88	217 509
澳门	182	2 420 262	200	1 546 749
马来西亚	756	4 360 151	15	79 644
马尔代夫	2	2 100	0	0
蒙古	244	3 394 303	420	6 137 946
尼泊尔	52	284 480	131	500 337
阿曼	116	1 089 255	6	72 368
巴基斯坦	3 603	13 780 173	1 839	11 886 502
巴勒斯坦	504	666 926	0	0
菲律宾	613	5 986 394	990	12 620 834
卡塔尔	139	922 235	72	553 875
沙特阿拉伯	2 846	12 427 035	1 206	4 567 371
新加坡	220	853 342	38	333 922
韩国	969	2 050 842	536	1 374 575
斯里兰卡	389	2 973 715	45	304 736
叙利亚	19 483	71 365 675	3 982	16 692 136
泰国	1 342	1 698 649	169	659 235
土耳其	914	2 118 349	314	2 311 199
阿拉伯联合酋长国	3 613	19 579 672	1 296	6 735 809
也门共和国	874	7 243 189	315	2 835 065
越南	5 210	30 343 236	1 885	8 900 579
台湾省	47	812 126	264	4 205 267
哈萨克斯坦	2 389	33 321 110	381	5 697 111
吉尔吉斯斯坦	300	2 136 415	262	4 088 718
塔吉克斯坦	66	632 996	10	77 303
土库曼斯坦	19	1 771 676	35	2 680 953
乌兹别克斯坦	26	519 946	2	268 801
阿尔及利亚	11 488	64 853 946	4 154	29 422 592
安哥拉	465	5 469 114	118	1 778 338
贝宁	8	84 792	25	320 696
博茨瓦纳	2	3 267	18	623 772
喀麦隆	29	663 350	8	287 358

2004 年中国主要出口商品输往地（续）

汽车

输往地	2004 年		2003 年	
	数量（辆）	金额（美元）	数量（辆）	金额（美元）
乍得	36	1 219 521	0	0
刚果（布）	118	2 350 319	28	628 775
吉布提	51	394 822	55	2 395 613
埃及	1 210	4 655 497	38	68 200
赤道几内亚	39	671 668	3	25 413
埃塞俄比亚	221	4 933 367	71	522 235
加蓬	27	90 048	5	111 057
冈比亚	10	69 292	0	0
加纳	923	12 676 375	194	1 961 864
几内亚	235	1 153 127	66	2 294 535
几内亚（比绍）	18	130 910	0	0
科特迪瓦共和国	106	934 006	31	249 583
肯尼亚	48	1 548 630	25	402 109
利比里亚	25	406 327	3	16 116
利比亚	3 446	17 420 561	7 579	43 256 916
马达加斯加	453	767 696	55	721 433
马里	34	848 424	7	169 160
毛里求斯	71	1 312 348	9	49 706
摩洛哥	206	438 756	62	191 653
莫桑比克	99	2 600 445	5	43 920
纳米比亚	18	107 449	2	21 080
尼日尔	16	1 314 768	3	56 627
尼日利亚	966	8 694 418	341	3 341 581
留尼汪	84	116 250	0	0
塞内加尔	14	161 158	0	0
塞拉利昂	29	400 488	5	76 951
南非	13 254	13 916 566	2 392	2 530 602
苏丹	770	26 435 322	529	20 853 620
坦桑尼亚	131	3 085 875	179	4 061 262
多哥	53	2 049 048	7	40 011
乌干达	8	180 009	33	1 097 786
刚果（金）	2	11 040	0	0
赞比亚	11	316 953	26	1 062 595
津巴布韦	108	2 465 388	5	600 000
比利时	3 915	3 925 542	1 417	1 141 639
丹麦	5 184	3 436 888	2 169	1 572 869
英国	41 835	16 322 518	12 303	4 186 282
德国	11 882	8 088 145	2 046	3 110 876
法国	9 860	13 292 892	3 324	6 033 317
爱尔兰	3 291	905 198	773	189 580
意大利	2 972	2 313 101	1 510	1 560 713
卢森堡	272	87 504	0	0

2004年中国主要出口商品输往地（续）

汽车

输往地	2004年		2003年	
	数量（辆）	金额（美元）	数量（辆）	金额（美元）
荷兰	4 877	3 493 563	2 261	1 218 943
希腊	1 212	1 187 147	184	255 235
葡萄牙	611	532 309	181	194 911
西班牙	8 632	4 314 484	1 833	748 030
阿尔巴尼亚	99	462 068	286	584 397
奥地利	609	386 764	165	266 295
保加利亚	135	258 857	20	86 548
芬兰	2 566	4 955 537	751	1 721 387
匈牙利	760	449 981	290	210 200
冰岛	99	84 154	6	3 396
马耳他	51	865 936	65	4 445 420
挪威	1 695	1 114 325	469	260 539
波兰	690	422 496	27	16 220
罗马尼亚	162	312 313	28	57 000
瑞典	7 718	5 054 245	2 345	1 641 009
瑞士	50	33 673	133	15 359
爱沙尼亚	121	117 125	5	3 250
拉脱维亚	67	61 613	0	0
立陶宛	51	44 686	19	27 445
阿塞拜疆	131	3 989 395	4	637 590
摩尔多瓦	20	113 017	2	285 500
俄罗斯联邦	861	6 150 905	101	2 144 208
乌克兰	1 228	6 357 192	22	17 458
塞黑	24	24 458	3	11 141
斯洛文尼亚	56	41 520	23	17 308
克罗地亚	24	41 308	7	20 688
捷克	421	423 348	137	109 376
斯洛伐克	173	259 575	0	0
波黑	24	12 000	0	0
阿根廷	589	544 410	153	49 140
阿鲁巴岛	109	469 531	0	0
巴哈马	2	7 200	0	0
巴巴多斯	9	367 367	5	36 193
伯利兹	10	296 000	2	97 486
玻利维亚	116	721 682	26	294 192
巴西	150	360 551	95	200 356
开曼群岛	4	18 412	0	0
智利	804	503 389	634	388 256
哥伦比亚	174	258 352	40	82 057
多米尼克	83	485 504	3	14 630
哥斯达黎加	349	1 651 898	67	297 833
古巴	18	253 720	1	5 332

2004年中国主要出口商品输往地（续）

汽车

输往地	2004年		2003年	
	数量（辆）	金额（美元）	数量（辆）	金额（美元）
库腊索岛	3	10 300	0	0
多米尼加共和国	217	885 543	3	19 210
厄瓜多尔	922	1 694 123	637	3 250 453
瓜德罗普	35	24 346	6	3 820
危地马拉	1 927	6 937 789	430	1 187 305
海地	23	176 070	61	337 140
洪都拉斯	240	1 469 929	51	220 525
牙买加	56	1 264 497	6	43 570
马提尼克岛	1	737	0	0
墨西哥	4 924	2 970 537	1 869	1 119 800
尼加拉瓜	242	1 083 855	89	380 909
巴拿马	660	2 909 893	153	614 247
巴拉圭	150	339 548	29	112 175
秘鲁	73	434 111	152	578 451
波多黎各	218	109 341	10	6 500
圣卢西亚	3	19 727	0	0
圣马丁岛	2	8 688	0	0
萨尔瓦多	46	489 196	75	703 905
苏里南	56	805 490	11	324 238
特立尼达和多巴哥	132	844 700	57	828 619
乌拉圭	116	53 450	12	5 016
委内瑞拉	99	765 629	19	184 262
荷属安的列斯群岛	8	74 340	0	0
加拿大	4 492	3 591 216	2 424	487 398
美国	163 669	86 183 041	41 689	28 387 917
澳大利亚	15 487	10 920 712	4 673	3 460 269
库克群岛	5	8 349	6	9 662
斐济	6	38 560	4	104 217
新喀里多尼亚	21	26 556	47	83 900
瓦努阿图	34	366 681	11	43 863
新西兰	3 482	1 675 895	809	454 261
巴布亚新几内亚	22	594 164	74	480 780
社会群岛	28	94 474	8	34 092
所罗门群岛	1	4 400	2	12 132
萨摩亚	46	959 144	9	54 988
密克罗尼西亚联邦	50	313 129	23	72 396
马绍尔群岛共和国	25	182 660	0	0
帕劳共和国	3	21 280	0	0
法属波利尼西亚	79	603 128	61	309 164
大洋洲其他国家（地区）	16	71 250	10	40 000

2004 年 中 国 主 要 出 口 商 品 输 往 地（续）

汽车零件

输 往 地	2004 年	2003 年
	金额（美元）	金额（美元）
总值	**4 410 757 862**	**2 415 680 585**
阿富汗	197 615	30
巴林	213 860	121 864
孟加拉国	8 802 811	2 930 905
文莱	154 319	86 362
缅甸	7 570 256	5 957 072
柬埔寨	337 063	195 938
塞浦路斯	419 801	485 989
朝鲜	287 710	147 424
香港	46 406 711	35 050 722
印度	8 322 476	3 004 881
印度尼西亚	61 734 727	34 414 094
伊朗	31 087 966	17 474 791
伊拉克	81 684	0
以色列	9 707 777	5 021 999
日本	756 930 058	415 194 667
约旦	4 164 863	1 322 336
科威特	2 885 918	1 145 246
老挝	4 957	117 642
黎巴嫩	5 570 431	2 344 193
澳门	6 425	22 297
马来西亚	66 843 291	31 626 954
马尔代夫	12 312	1 320
蒙古	795 446	133 702
尼泊尔	115 350	111 892
阿曼	66 927	100 645
巴基斯坦	21 404 868	11 436 004
巴勒斯坦	1 716	0
菲律宾	35 394 699	17 071 174
卡塔尔	115 641	67 850
沙特阿拉伯	17 577 051	10 728 979
新加坡	34 861 852	16 248 993
韩国	76 686 498	42 810 020
斯里兰卡	5 669 005	3 185 728
叙利亚	6 220 119	1 576 403
泰国	30 392 380	14 874 874
土耳其	25 495 021	8 850 070
阿拉伯联合酋长国	109 084 710	49 851 882
也门共和国	3 486 948	1 779 104
越南	21 987 382	15 140 756
台湾省	64 769 153	31 886 704
哈萨克斯坦	763 022	266 762

汽车零件

输 往 地	2004 年	2003 年
	金额（美元）	金额（美元）
吉尔吉斯斯坦	158 506	23 649
塔吉克斯坦	7 125	0
土库曼斯坦	2 900 092	569 278
乌兹别克斯坦	4 434	10 500
阿尔及利亚	16 041 140	8 154 697
安哥拉	500 833	135 375
贝宁	1 628 518	882 045
博茨瓦纳	57 570	54 256
喀麦隆	182 497	127 713
中非	9 389	550
乍得	75 033	0
刚果（布）	438 652	104 997
吉布提	66 734	142 158
埃及	10 620 776	3 880 926
赤道几内亚	87 475	62 530
埃塞俄比亚	737 268	490 650
加蓬	47 097	31 867
冈比亚	22 481	9 276
加纳	1 202 264	760 975
几内亚	336 064	403 481
几内亚（比绍）	1 713	100
科特迪瓦共和国	706 323	136 878
肯尼亚	1 595 165	1 104 321
利比里亚	5 162	0
利比亚	3 599 899	1 456 217
马达加斯加	458 450	303 114
马拉维	61 082	30 784
马里	482 653	342 966
毛里塔尼亚	111 657	54 005
毛里求斯	181 935	100 662
摩洛哥	3 682 609	2 229 354
莫桑比克	2 134 416	104 680
纳米比亚	43 150	0
尼日尔	29 878	33 770
尼日利亚	34 630 817	23 137 462
留尼汪	13 015	1 080
卢旺达	10 560	4 672
塞内加尔	125 580	60 735
塞舌尔	2 790	0
塞拉利昂	74 385	62 624
南非	40 574 326	18 093 062
苏丹	5 086 934	2 866 555

2004 年中国主要出口商品输往地（续）

汽车零件

输往地	2004 年	2003 年
	金额（美元）	金额（美元）
坦桑尼亚	1 050 624	520 408
多哥	252 313	112 022
突尼斯	1 003 025	389 577
乌干达	153 960	131 663
布基纳法索	13 864	0
刚果（金）	15 157	72 343
赞比亚	344 402	84 237
津巴布韦	929 952	69 477
厄立特里亚	33 477	1 620
比利时	25 632 904	20 051 505
丹麦	19 268 370	6 407 676
英国	106 698 800	55 727 169
德国	136 229 327	72 915 951
法国	65 554 298	28 571 931
爱尔兰	2 881 071	1 424 425
意大利	67 492 586	26 380 787
卢森堡	34 203	6 880
荷兰	31 150 728	14 514 076
希腊	3 795 259	2 207 807
葡萄牙	3 269 210	639 401
西班牙	38 586 868	23 295 937
阿尔巴尼亚	132 810	82 510
奥地利	1 035 175	860 996
保加利亚	481 596	404 712
芬兰	9 717 289	3 494 440
匈牙利	6 381 815	5 049 225
冰岛	41 360	12 992
列支敦士登	2 187	224
马耳他	130 799	88 386
摩纳哥	8 303	13 900
挪威	3 978 447	1 630 625
波兰	18 143 490	9 499 491
罗马尼亚	1 448 955	426 024
瑞典	9 849 471	3 908 300
瑞士	776 447	288 974
爱沙尼亚	1 188 274	108 058
拉脱维亚	2 412 249	1 795 766
立陶宛	14 892 837	6 602 305
阿塞拜疆	512 526	1 025
白俄罗斯	2 155 963	161 419
俄罗斯联邦	8 789 072	2 118 231
乌克兰	3 070 697	574 573

汽车零件

输往地	2004 年	2003 年
	金额（美元）	金额（美元）
塞黑	564 495	227 176
斯洛文尼亚	809 343	466 676
克罗地亚	461 023	210 171
捷克	4 403 431	1 911 743
斯洛伐克	1 475 055	434 537
波黑	30 188	30 717
阿根廷	5 197 171	1 061 618
阿鲁巴岛	3 370	0
巴哈马	8 041	0
巴巴多斯	32 435	33 647
伯利兹	78 390	21 526
玻利维亚	426 620	36 532
巴西	16 254 415	5 038 531
智利	8 368 093	5 384 213
哥伦比亚	6 999 438	3 143 800
多米尼克	707 712	418 643
哥斯达黎加	2 247 882	816 579
古巴	277 327	320 968
库腊索岛	4 738	0
多米尼加共和国	2 017 139	1 202 624
厄瓜多尔	2 718 591	1 821 821
格林纳达	12 980	0
瓜德罗普	50	0
危地马拉	1 938 590	903 981
圭亚那	107 765	16 732
海地	52 294	183 839
洪都拉斯	635 041	255 623
牙买加	544 258	223 931
墨西哥	31 127 847	16 758 623
尼加拉瓜	270 737	37 386
巴拿马	13 755 570	7 855 987
巴拉圭	815 118	256 909
秘鲁	3 526 104	1 394 293
波多黎各	3 700 061	2 677 922
萨尔瓦多	599 895	349 130
苏里南	59 156	9 893
特立尼达和多巴哥	1 127 791	714 810
乌拉圭	675 218	331 890
委内瑞拉	13 263 804	4 706 227
加拿大	140 438 780	79 671 653
美国	1 876 825 354	1 092 895 498
百慕大群岛	748	0

2004 年中国主要出口商品输往地（续）

汽车零件

输往地	2004 年	2003 年
	金额（美元）	金额（美元）
澳大利亚	76 951 022	40 632 063
斐济	92 347	41 749
新喀里多尼亚	3 141	1 148
瓦努阿图	18 972	11 973
新西兰	6 076 348	3 609 602
巴布亚新几内亚	119 127	105 499

汽车零件

输往地	2004 年	2003 年
	金额（美元）	金额（美元）
社会群岛	3 289	0
所罗门群岛	262	3 344
汤加	20	2 488
萨摩亚	18 751	1 512
法属波利尼西亚	4 698	3 562
大洋洲其他国家（地区）	401	2 165

电线电缆

输往地	2004 年		2003 年	
	数量（公吨）	金额（美元）	数量（公吨）	金额（美元）
总值	**1 077 211**	**3 700 994 616**	**848 326**	**2 663 959 652**
阿富汗	20	56 348	26	71 179
巴林	1 180	1 375 662	1 464	2 214 709
孟加拉国	2 861	7 261 157	6 037	12 739 721
文莱	5	17 899	7	25 297
缅甸	3 244	11 102 550	2 454	10 166 818
柬埔寨	30	98 113	31	133 137
塞浦路斯	958	2 053 655	802	1 552 364
朝鲜	1 157	3 076 524	711	1 518 235
香港	174 507	505 221 461	144 294	377 495 333
印度	18 120	53 606 413	8 646	19 123 872
印度尼西亚	13 809	34 268 558	7 905	16 396 671
伊朗	1 463	3 722 351	1 178	3 288 175
伊拉克	71	138 774	756	1 931 574
以色列	2 147	5 264 782	1 942	3 746 344
日本	92 604	828 607 088	80 296	649 981 755
约旦	763	1 474 866	758	983 050
科威特	691	2 640 039	625	1 034 759
老挝	446	1 420 046	996	6 309 967
黎巴嫩	1 360	2 002 351	1 149	1 476 513
澳门	2 556	10 767 051	1 905	6 926 759
马来西亚	7 321	43 717 224	6 505	34 066 156
马尔代夫	86	149 811	1	2 495
蒙古	187	573 233	218	537 322
尼泊尔	252	642 273	302	482 533
阿曼	91	181 113	81	126 524
巴基斯坦	4 735	10 493 060	6 846	12 121 666
巴勒斯坦	2	2 100	0	0
菲律宾	9 625	23 830 433	7 815	16 010 890
卡塔尔	19	67 485	229	463 411

2004 年中国主要出口商品输往地（续）

电线电缆

输往地	2004 年		2003 年	
	数量（公吨）	金额（美元）	数量（公吨）	金额（美元）
沙特阿拉伯	4 208	5 429 612	3 522	4 337 160
新加坡	18 626	67 694 015	14 753	43 217 028
韩国	65 935	283 927 428	39 957	154 507 251
斯里兰卡	578	975 203	554	915 944
叙利亚	819	1 372 665	663	1 019 903
泰国	11 876	36 573 529	10 215	26 550 065
土耳其	3 772	8 226 635	2 526	4 292 513
阿拉伯联合酋长国	18 432	30 159 264	15 081	19 169 301
也门共和国	3 114	6 790 751	1 346	1 807 217
越南	3 800	11 609 039	3 295	8 789 198
台湾省	38 888	182 614 061	42 184	212 714 355
哈萨克斯坦	350	1 063 156	143	500 247
吉尔吉斯斯坦	24	100 797	71	225 167
塔吉克斯坦	1	2 943	0	0
土库曼斯坦	2	2 781	1	1 857
乌兹别克斯坦	208	628 790	10	18 490
阿尔及利亚	651	1 051 869	920	1 248 885
安哥拉	2 666	6 010 891	275	3 732 563
贝宁	4 292	6 741 961	2 283	2 800 575
博茨瓦纳	5	27 116	0	0
布隆迪	6	11 292	2	16 236
喀麦隆	222	432 692	62	98 444
中非	68	220 357	34	92 344
科摩罗	4	10 172	7	9 139
刚果（布）	51	301 830	74	169 005
吉布提	2	9 270	57	109 747
埃及	5 742	7 159 574	4 893	5 379 112
赤道几内亚	25	94 087	5	16 342
埃塞俄比亚	982	2 311 559	1 338	1 981 387
加蓬	40	151 409	15	22 520
加纳	1 962	4 227 674	978	1 639 184
几内亚	7	107 202	5	66 963
几内亚（比绍）	17	57 879	3	5 872
科特迪瓦共和国	139	216 332	70	107 347
肯尼亚	254	775 750	545	749 218
利比亚	178	409 045	39	128 556
马达加斯加	183	334 559	330	514 876
马里	4	7 326	0	312
毛里塔尼亚	63	107 497	13	25 355
毛里求斯	353	641 463	34	51 296
摩洛哥	2 201	3 040 123	1 681	2 236 002
莫桑比克	191	466 400	23	41 580

2004 年 中 国 主 要 出 口 商 品 输 往 地（续）

电线电缆

输往地	2004 年		2003 年	
	数量（公吨）	金额（美元）	数量（公吨）	金额（美元）
尼日尔	57	189 221	4	25 246
尼日利亚	9 178	14 040 203	11 458	16 359 232
留尼汪	25	45 595	6	6 726
塞内加尔	32	34 200	0	0
塞舌尔	10	54 216	0	3 503
塞拉利昂	20	34 820	21	39 886
索马里	6	14 865	0	0
南非	2 837	6 585 049	1 719	3 159 473
苏丹	1 426	5 117 415	1 448	4 346 031
坦桑尼亚	238	443 783	258	446 598
多哥	11	23 754	4	3 125
突尼斯	184	371 045	121	227 523
乌干达	12	23 003	1	3 561
刚果（金）	61	351 539	19	6 787
赞比亚	103	312 066	186	349 499
津巴布韦	5 381	13 576 942	2	3 706
莱索托	4	5 948	0	0
厄立特里亚	4	5 350	198	400 652
比利时	9 023	31 768 475	4 660	8 514 798
丹麦	2 707	6 332 568	2 044	3 918 652
英国	53 062	130 679 481	39 382	87 994 421
德国	43 444	113 687 269	35 207	86 328 773
法国	26 384	69 613 699	13 714	41 993 367
爱尔兰	1 842	15 960 904	1 526	11 063 166
意大利	13 593	31 476 425	8 832	17 436 519
卢森堡	5	25 716	5	26 307
荷兰	18 489	43 412 948	13 817	29 525 251
希腊	2 745	5 447 208	2 186	3 598 840
葡萄牙	1 535	3 249 236	1 584	8 492 169
西班牙	11 831	26 935 396	10 053	18 755 220
阿尔巴尼亚	98	294 178	357	720 816
奥地利	1 258	2 809 488	544	1 085 017
保加利亚	2 140	4 027 808	1 315	2 278 062
芬兰	3 644	13 093 134	2 627	9 768 075
匈牙利	3 979	13 410 137	3 155	8 647 356
冰岛	70	157 350	16	32 136
列支敦士登	0	194	0	0
马耳他	36	91 030	7	23 050
挪威	1 161	2 745 418	827	1 498 964
波兰	4 036	11 505 048	2 674	4 730 251
罗马尼亚	2 090	3 794 860	1 493	1 927 042
瑞典	4 578	16 549 339	2 649	8 107 823

2004 年 中 国 主 要 出 口 商 品 输 往 地（续）

电线电缆

输 往 地	2004 年		2003 年	
	数量（公吨）	金额（美元）	数量（公吨）	金额（美元）
瑞士	677	2 210 571	348	1 912 732
爱沙尼亚	559	1 337 011	353	693 858
拉脱维亚	460	841 342	286	438 727
立陶宛	1 212	2 395 952	731	1 258 759
格鲁吉亚	2	5 489	71	152 477
亚美尼亚	2	9 250	5	15 650
阿塞拜疆	2	15 100	4	31 485
白俄罗斯	9	22 871	18	20 191
摩尔多瓦	52	82 923	13	22 069
俄罗斯联邦	7 338	12 150 020	4 221	6 650 313
乌克兰	3 600	6 468 794	2 342	3 659 155
塞黑	53	132 389	111	176 112
斯洛文尼亚	505	983 250	657	988 314
克罗地亚	732	1 267 136	527	1 221 021
捷克	4 174	8 911 129	2 387	4 255 607
斯洛伐克	666	1 389 330	259	549 160
马其顿	241	704 671	2	5 882
波黑	43	99 428	1	2 804
阿根廷	613	1 611 869	292	620 065
伯利兹	9	25 901	11	27 861
玻利维亚	64	187 367	41	104 688
巴西	2 909	8 732 605	3 770	8 717 206
智利	2 877	6 062 640	2 193	3 567 449
哥伦比亚	1 914	3 508 559	1 582	2 528 848
多米尼克	22	43 947	20	59 296
哥斯达黎加	93	654 350	74	153 497
古巴	350	1 305 403	180	665 648
库腊索岛	4	5 199	3	4 276
多米尼加共和国	248	815 935	228	363 661
厄瓜多尔	528	986 727	435	705 979
法属圭亚那	2	1 914	0	0
瓜德罗普	4	6 691	0	0
危地马拉	319	563 378	373	617 184
圭亚那	33	73 669	0	0
海地	49	63 810	74	109 420
洪都拉斯	88	188 546	14	22 271
牙买加	76	192 095	52	82 427
墨西哥	6 212	18 573 076	3 682	14 234 275
尼加拉瓜	36	55 017	26	28 589
巴拿马	1 212	1 959 964	719	1 053 565
巴拉圭	37	85 031	13	21 192
秘鲁	1 036	2 284 152	707	1 225 154

2004 年中国主要出口商品输往地（续）

电线电缆

输往地	2004 年		2003 年	
	数量（公吨）	金额（美元）	数量（公吨）	金额（美元）
波多黎各	288	665 672	312	584 198
圣文森特和格林纳丁斯	0	50	0	0
萨尔瓦多	250	392 994	343	624 044
特立尼达和多巴哥	57	132 720	51	93 224
乌拉圭	70	156 491	36	58 845
委内瑞拉	534	1 218 576	189	290 619
荷属安的列斯群岛	9	13 034	0	0
加拿大	13 624	42 214 687	9 055	18 063 285
美国	237 847	682 323 755	195 568	481 805 404
澳大利亚	24 852	67 392 027	18 373	40 280 681
库克群岛	2	45 592	0	0
斐济	21	49 911	25	53 738
新喀里多尼亚	5	10 102	0	0
瓦努阿图	4	13 741	0	0
新西兰	1 960	5 023 631	1 267	2 733 794
巴布亚新几内亚	33	84 457	55	124 403
社会群岛	2	5 678	0	0
汤加	3	9 132	19	22 183
帕劳共和国	0	276	0	380
法属波利尼西亚	0	2 580	2	6 519
大洋洲其他国家（地区）	0	268	0	0

金属切削机床

输往地	2004 年		2003 年	
	数量（台）	金额（美元）	数量（台）	金额（美元）
总值	**6 193 018**	**539 972 101**	**6 232 788**	**379 098 150**
巴林	128	86 049	74	93 808
孟加拉国	4 062	1 364 913	8 779	941 719
文莱	5	75 694	176	83 533
缅甸	4 824	1 696 506	2 609	3 289 839
柬埔寨	22	25 733	266	73 542
塞浦路斯	1 039	477 153	630	139 315
朝鲜	151	2 337 441	100	1 463 368
香港	10 929	32 481 006	10 839	23 626 314
印度	1 748	5 367 788	805	2 821 204
印度尼西亚	66 791	13 642 688	59 531	12 421 302
伊朗	36 988	10 886 016	31 690	10 242 601
以色列	9 985	613 265	9 433	336 023
日本	143 297	41 900 198	130 008	16 973 855
约旦	3 495	357 906	4 149	921 509

2004 年中国主要出口商品输往地（续）

金属切削机床

输往地	2004 年		2003 年	
	数量（台）	金额（美元）	数量（台）	金额（美元）
科威特	190	226 187	171	381 042
老挝	42	155 964	5	76 823
黎巴嫩	5 637	604 951	4 341	582 701
澳门	166	1 620 609	133	720 474
马来西亚	23 375	11 984 988	28 426	9 560 033
马尔代夫	2	1 060	0	0
蒙古	38	110 900	131	31 574
尼泊尔	50	1 250	134	28 897
阿曼	6	60 660	17	84 373
巴基斯坦	5 139	5 551 222	3 162	3 075 280
菲律宾	21 400	4 261 647	28 706	2 319 554
卡塔尔	46	258 539	7	26 130
沙特阿拉伯	9 796	3 503 219	11 669	2 778 555
新加坡	39 218	9 601 387	30 362	5 469 012
韩国	32 880	9 701 247	26 186	9 326 472
斯里兰卡	8 137	480 376	11 193	526 595
叙利亚	17 119	3 977 525	19 671	2 351 651
泰国	80 584	14 861 453	64 981	10 992 689
土耳其	57 855	8 704 352	58 052	3 604 308
阿拉伯联合酋长国	48 069	7 246 102	40 553	3 916 829
也门共和国	1 358	782 357	296	575 542
越南	70 759	12 148 453	75 844	11 864 752
台湾省	14 302	11 690 698	11 892	5 588 474
哈萨克斯坦	1 476	1 608 979	234	237 129
吉尔吉斯斯坦	17	18 535	22	19 975
乌兹别克斯坦	403	239 470	5	8 009
阿尔及利亚	2 403	533 246	1 731	437 191
安哥拉	684	60 084	9	12 796
贝宁	210	45 837	2	1 410
博茨瓦纳	9	4 390	20	756
布隆迪	2	18 726	0	0
喀麦隆	1	904	0	0
加那利群岛	170	11 951	20	1 525
刚果（布）	19	35 296	6	51 505
吉布提	45	247 315	923	185 230
埃及	11 973	2 853 767	14 107	1 990 023
赤道几内亚	14	68 243	2	432
埃塞俄比亚	457	247 553	1 735	370 870
冈比亚	4	2 222	2	341
加纳	176	273 696	838	127 449
几内亚	11	15 535	1	1 439
科特迪瓦共和国	520	8 695	301	4 245

2004年中国主要出口商品输往地（续）

金属切削机床

输往地	2004年		2003年	
	数量（台）	金额（美元）	数量（台）	金额（美元）
肯尼亚	302	110 528	68	26 522
利比亚	2 938	219 869	1 608	340 587
马达加斯加	760	41 359	1 107	30 694
马拉维	3	41 694	1	346
马里	4	17 078	0	0
毛里求斯	634	102 293	267	25 396
摩洛哥	2 032	290 581	2 612	300 876
莫桑比克	25	6 128	13	4 162
纳米比亚	246	43 569	84	3 061
尼日利亚	1 670	820 331	9 100	1 062 574
留尼汪	78	6 125	308	6 911
卢旺达	6	2 821	2	691
塞拉利昂	28	158 673	3	8 744
南非	83 770	9 595 574	60 139	6 404 282
苏丹	59	442 706	84	427 194
坦桑尼亚	327	286 237	351	179 876
多哥	2	9 430	23	33 654
突尼斯	3 444	375 644	3 043	298 697
乌干达	63	16 815	6	58 234
刚果（金）	4	1 087	0	0
赞比亚	7	18 200	16	13 725
津巴布韦	37	24 643	135	5 580
厄立特里亚	2	482	0	0
比利时	113 123	4 709 231	267 747	6 143 061
丹麦	48 425	1 566 837	47 778	1 179 588
英国	287 470	15 808 581	290 003	11 486 098
德国	583 074	28 679 540	817 123	27 590 466
法国	248 489	7 799 176	280 119	6 806 622
爱尔兰	2 345	299 444	1 944	143 488
意大利	194 228	13 325 712	147 998	9 012 288
卢森堡	291	77 000	218	65 380
荷兰	282 109	9 418 228	396 041	7 529 838
希腊	38 090	1 758 550	29 016	1 676 963
葡萄牙	20 802	972 379	31 621	898 560
西班牙	188 117	7 415 846	146 546	4 825 187
阿尔巴尼亚	5	107 147	3	18 296
奥地利	51 522	2 714 114	70 083	2 274 351
保加利亚	2 695	73 207	1 811	29 712
芬兰	85 591	2 773 414	51 460	1 458 134
匈牙利	24 668	586 826	18 863	400 587
冰岛	40	3 014	25	2 954
马耳他	1 151	88 576	1 578	113 953

2004 年中国主要出口商品输往地（续）

金属切削机床

输往地	2004 年		2003 年	
	数量（台）	金额（美元）	数量（台）	金额（美元）
挪威	21 113	754 013	36 280	984 475
波兰	77 371	3 076 258	70 130	1 360 552
罗马尼亚	5 713	470 587	1 984	19 938
瑞典	51 827	1 955 539	37 068	1 289 888
瑞士	7 407	2 586 643	14 574	1 385 952
爱沙尼亚	402	6 291	1 211	44 335
拉脱维亚	36 886	539 309	18 642	292 202
立陶宛	40 453	586 397	6 289	251 818
格鲁吉亚	100	833	1	5 780
亚美尼亚	1	8 260	0	0
俄罗斯联邦	108 416	5 300 383	102 175	2 034 668
乌克兰	28 276	427 970	12 861	176 707
塞黑	1 502	32 788	0	0
斯洛文尼亚	3 613	288 717	4 223	111 323
克罗地亚	13 654	311 813	5 844	127 155
捷克	47 647	4 293 303	36 173	1 788 647
斯洛伐克	18 687	375 431	9 857	151 868
波黑	390	3 619	500	6 198
阿根廷	72 006	5 863 880	17 830	1 437 410
阿鲁巴岛	1	2 568	1	5 355
巴巴多斯	4	405	27	5 782
伯利兹	29	5 414	138	28 198
玻利维亚	709	63 820	193	52 760
巴西	101 714	7 695 935	53 165	3 523 310
智利	26 068	3 643 956	57 242	2 486 287
哥伦比亚	21 817	2 033 743	15 939	1 293 430
哥斯达黎加	2 840	443 879	1 485	309 582
古巴	120	8 376	5	79 362
多米尼加共和国	88	141 101	56	1 971
厄瓜多尔	8 388	539 567	11 573	723 056
瓜德罗普	20	541	82	902
危地马拉	3 698	222 352	1 260	113 160
圭亚那	4	9 894	70	2 661
洪都拉斯	841	22 191	600	57 474
墨西哥	83 672	7 697 724	78 036	6 476 650
尼加拉瓜	90	35 406	115	56 292
巴拿马	5 276	122 073	2 582	68 251
巴拉圭	2 577	37 476	551	8 122
秘鲁	24 728	1 095 453	23 951	718 868
波多黎各	1 300	54 338	390	49 825
萨尔瓦多	206	35 191	127	6 945
苏里南	69	73 569	66	19 651

2004年中国主要出口商品输往地（续）

金属切削机床

输往地	2004年		2003年	
	数量（台）	金额（美元）	数量（台）	金额（美元）
乌拉圭	9 824	323 221	1 303	42 453
委内瑞拉	8 903	336 751	1 617	35 875
荷属安的列斯群岛	40	21 476	0	0
加拿大	299 851	17 396 091	236 818	11 945 890
美国	1 863 824	112 860 167	1 805 106	82 430 440
澳大利亚	158 858	18 364 255	157 458	12 606 810
新喀里多尼亚	200	21 130	412	24 120
新西兰	24 105	3 693 052	24 683	2 251 814
巴布亚新几内亚	43	2 075	30	4 610
萨摩亚	98	104 213	0	0
法属波利尼西亚	644	31 825	183	3 577
大洋洲其他国家（地区）	3	204	0	0

计算机

输往地	2004年	2003年
	金额（美元）	金额（美元）
总值	**59 915 173 516**	**41 111 949 688**
阿富汗	468 418	7 905
巴林	519 095	255 197
孟加拉国	2 253 104	3 070 306
不丹	525	0
文莱	189 054	56 061
缅甸	1 820 565	1 483 415
柬埔寨	59 663	60 673
塞浦路斯	1 131 806	1 813 867
朝鲜	2 760 492	1 325 194
香港	10 698 210 764	7 507 691 519
印度	161 591 349	61 962 635
印度尼西亚	34 324 265	21 920 497
伊朗	7 894 163	10 457 339
伊拉克	21 264	132 647
以色列	54 200 128	47 496 596
日本	6 416 766 366	5 390 893 029
约旦	2 678 099	2 070 334
科威特	2 429 732	2 690 350
老挝	414 801	926 324
黎巴嫩	3 026 878	5 204 478
澳门	60 850 170	45 904 101
马来西亚	552 366 238	306 067 232
马尔代夫	1 672	0
蒙古	573 577	320 519

计算机

输往地	2004年	2003年
	金额（美元）	金额（美元）
尼泊尔	736 305	410 542
阿曼	675 527	101 391
巴基斯坦	9 181 658	7 732 031
巴勒斯坦	1 309 528	467 177
菲律宾	85 370 715	77 234 745
卡塔尔	217 584	257 179
沙特阿拉伯	34 592 119	23 160 525
新加坡	1 061 336 680	812 794 477
韩国	1 702 136 199	742 326 776
斯里兰卡	1 498 208	771 395
叙利亚	4 089 720	2 051 720
泰国	182 237 862	104 547 309
土耳其	102 198 203	62 868 258
阿拉伯联合酋长国	174 648 179	119 918 701
也门共和国	2 727 909	383 992
越南	14 076 021	12 136 805
台湾省	858 224 909	788 740 230
哈萨克斯坦	38 106 463	19 639 283
吉尔吉斯斯坦	317 890	186 100
塔吉克斯坦	232 171	154 329
土库曼斯坦	245 554	199 441
乌兹别克斯坦	7 275 899	4 711 224
阿尔及利亚	7 709 079	4 496 153
安哥拉	246 103	83 593
贝宁	171 973	194 035

2004年中国主要出口商品输往地（续）

计算机

输往地	2004年	2003年
	金额（美元）	金额（美元）
博茨瓦纳	169 642	202 538
布隆迪	22 109	383 740
喀麦隆	176 837	195 339
中非	169 115	4 043
科摩罗	4 439	10 471
刚果（布）	42 579	21 903
吉布提	296 666	15 204
埃及	13 797 778	14 520 827
赤道几内亚	13 284	3 530
埃塞俄比亚	139 324	236 361
加蓬	17 958	5 000
冈比亚	1 982	2 306
加纳	224 412	220 427
几内亚	39 057	26 223
几内亚（比绍）	74 640	371 328
科特迪瓦共和国	889 473	358 276
肯尼亚	1 291 405	898 765
利比里亚	307 457	0
利比亚	662 293	156 415
马达加斯加	392 991	467 938
马里	23 516	9 489
毛里塔尼亚	2 253	0
毛里求斯	656 486	919 532
摩洛哥	4 116 713	2 883 321
莫桑比克	363 163	65 223
纳米比亚	62 611	2 836
尼日尔	128 100	59 828
尼日利亚	5 035 876	10 028 376
留尼汪	65 368	84 392
卢旺达	913 516	0
塞舌尔	230	1 450
塞拉利昂	25 613	54 563
南非	77 091 480	62 929 125
西撒哈拉	564 900	522 000
苏丹	1 355 995	2 215 001
坦桑尼亚	269 034	33 628
多哥	256 033	43 090
突尼斯	3 552 568	1 906 797
乌干达	169 813	256 930
赞比亚	26 897	22 551
津巴布韦	255 598	430 583
斯威士兰	1 549	210

计算机

输往地	2004年	2003年
	金额（美元）	金额（美元）
厄立特里亚	7 133	0
比利时	575 004 818	273 156 860
丹麦	29 876 267	14 958 208
英国	1 382 522 982	826 977 118
德国	3 960 278 703	2 491 193 149
法国	2 067 724 642	1 924 525 111
爱尔兰	364 363 094	161 336 585
意大利	171 827 072	202 605 842
卢森堡	714 977 782	224 859 729
荷兰	6 392 731 738	4 214 107 092
希腊	18 848 479	13 377 911
葡萄牙	11 351 122	9 143 739
西班牙	198 652 252	92 220 160
阿尔巴尼亚	94 378	92 468
奥地利	181 135 955	162 659 867
保加利亚	3 042 191	1 502 115
芬兰	484 433 544	144 140 197
匈牙利	69 139 564	28 998 534
冰岛	113 551	546 247
列支敦士登	2 622	0
马耳他	1 156 547	1 079 713
挪威	12 087 924	9 751 311
波兰	31 942 086	25 704 007
罗马尼亚	17 921 933	14 007 762
瑞典	25 854 232	26 567 973
瑞士	37 878 844	22 314 021
爱沙尼亚	6 932 602	3 614 806
拉脱维亚	1 421 559	2 258 510
立陶宛	1 806 607	2 357 963
格鲁吉亚	1 475 475	202 145
亚美尼亚	22 184	2 781
阿塞拜疆	183 167	112 163
白俄罗斯	274 339	839 186
摩尔多瓦	297 992	60 214
俄罗斯联邦	79 644 902	165 058 369
乌克兰	12 596 857	20 495 443
塞黑	1 011 743	301 845
斯洛文尼亚	1 892 189	868 364
克罗地亚	3 224 850	943 437
捷克	173 665 541	119 584 085
斯洛伐克	8 524 594	1 001 767
马其顿	2 877 190	1 409 381

2004年中国主要出口商品输往地（续）

计算机

输往地	2004年	2003年
	金额（美元）	金额（美元）
波黑	103 194	190 100
阿根廷	25 175 257	22 608 357
阿鲁巴岛	3 117	0
巴哈马	215 260	0
玻利维亚	43 609	590 656
巴西	70 816 092	32 519 128
智利	28 567 176	19 119 477
哥伦比亚	9 146 340	9 152 750
多米尼克	60 429	209 479
哥斯达黎加	2 291 647	575 290
古巴	3 159 496	3 145 740
多米尼加共和国	473 478	9 588
厄瓜多尔	3 167 049	3 240 990
危地马拉	3 919 611	1 577 469
圭亚那	19 925	721
洪都拉斯	563 909	119 061
牙买加	640 956	323 961
墨西哥	339 270 789	150 617 055
尼加拉瓜	64 132	1 043
巴拿马	5 627 440	1 703 360
巴拉圭	3 810 885	3 098 308
秘鲁	3 755 422	3 962 086
波多黎各	1 149 077	622 117

计算机

输往地	2004年	2003年
	金额（美元）	金额（美元）
萨尔瓦多	704 672	636 358
特立尼达和多巴哥	209 830	157 829
乌拉圭	9 294 716	9 148 418
委内瑞拉	4 689 185	1 600 235
加拿大	627 808 946	363 122 801
美国	18 294 456 895	12 363 867 548
格陵兰	58 752	0
澳大利亚	943 693 241	568 757 003
库克群岛	4 820	0
斐济	24 338	29 535
盖比群岛	228 793	36 123
瑙鲁	7 324	0
新喀里多尼亚	1 398	1 995
瓦努阿图	16 490	39 287
新西兰	74 815 689	48 040 009
巴布亚新几内亚	425 667	66 411
所罗门群岛	1 450	0
汤加	13 034	1 592
萨摩亚	18 045	725
马绍尔群岛共和国	418	0
帕劳共和国	644	357
法属波利尼西亚	47 178	15 270
大洋洲其他国家（地区）	1 056	6 856

显示器

输往地	2004年		2003年	
	数量（台）	金额（美元）	数量（台）	金额（美元）
总值	**80 536 921**	**14 727 620 303**	**63 287 087**	**9 671 422 218**
巴林	282	25 036	0	0
孟加拉国	6 166	433 675	6 812	459 770
缅甸	343	60 399	1 173	85 150
柬埔寨	300	19 800	0	0
塞浦路斯	9 824	902 561	7 952	857 938
朝鲜	2 697	213 504	2 032	176 811
香港	4 238 791	624 647 911	3 400 577	503 157 008
印度	508 349	39 633 440	216 813	16 505 358
印度尼西亚	192 161	13 402 148	158 330	10 727 380
伊朗	13 930	1 325 700	4 001	404 441
伊拉克	275	20 264	1 888	132 160
以色列	339 802	42 380 585	307 652	38 301 577

2004年中国主要出口商品输往地（续）

显示器

输往地	2004年		2003年	
	数量（台）	金额（美元）	数量（台）	金额（美元）
日本	4 031 408	1 009 421 436	3 051 195	688 317 974
约旦	6 870	457 169	13 233	1 023 573
科威特	18 145	1 426 732	16 234	1 308 193
黎巴嫩	17 885	1 336 990	14 860	1 413 666
澳门	95	14 975	507	105 177
马来西亚	609 304	100 179 349	547 187	54 348 582
蒙古	4 506	333 085	3 124	239 583
尼泊尔	12 294	685 895	4 076	264 923
阿曼	3 220	161 420	3	3 218
巴基斯坦	45 929	3 166 710	44 870	3 275 899
巴勒斯坦	7 376	929 101	9 152	399 673
菲律宾	370 567	25 258 844	269 256	19 074 457
卡塔尔	767	104 154	1 117	82 824
沙特阿拉伯	174 898	15 759 425	165 941	13 372 268
新加坡	1 085 287	170 957 478	673 677	87 469 258
韩国	2 083 358	310 012 846	1 523 746	203 302 499
斯里兰卡	11 571	812 073	6 241	392 211
叙利亚	12 477	1 001 859	9 470	791 854
泰国	457 091	40 757 190	365 233	31 973 378
土耳其	843 237	63 697 861	532 829	43 663 587
阿拉伯联合酋长国	675 921	70 935 144	583 491	61 359 879
也门共和国	12 045	712 083	1 210	85 326
越南	65 654	4 481 496	66 625	4 970 210
台湾省	1 375 741	266 936 346	1 398 105	243 923 817
哈萨克斯坦	311 312	34 242 339	167 407	18 514 479
吉尔吉斯斯坦	2 832	273 170	468	48 227
塔吉克斯坦	1 477	146 403	930	65 683
土库曼斯坦	2 325	245 554	1 918	199 441
乌兹别克斯坦	61 140	5 867 933	44 644	3 901 452
阿尔及利亚	67 862	3 896 973	56 758	3 576 485
安哥拉	401	38 099	270	26 280
贝宁	1 130	74 580	1 985	151 806
喀麦隆	1 660	113 300	2 000	135 468
刚果（布）	180	11 893	200	14 900
埃及	66 495	4 411 481	116 893	8 497 231
埃塞俄比亚	968	66 252	337	23 920
加纳	133	28 774	1 630	125 450
几内亚（比绍）	768	51 976	4 594	334 695
科特迪瓦共和国	7 662	566 885	4 693	341 603
肯尼亚	13 135	788 008	13 438	844 005
利比亚	2 220	519 620	1 735	118 042
马达加斯加	5 540	350 276	5 199	371 170

2004 年中国主要出口商品输往地（续）

显示器

输往地	2004 年		2003 年	
	数量（台）	金额（美元）	数量（台）	金额（美元）
毛里求斯	4 774	334 367	8 506	681 634
摩洛哥	32 479	2 025 549	28 078	2 106 016
莫桑比克	4 101	264 900	610	53 000
尼日利亚	43 960	2 872 416	127 576	7 014 787
留尼汪	753	60 862	1 136	84 392
卢旺达	1 500	106 500	0	0
南非	498 574	43 209 300	471 136	36 632 941
苏丹	8	2 910	16	18 930
坦桑尼亚	1 530	129 650	389	27 230
多哥	100	6 400	0	0
突尼斯	27 245	2 270 455	19 406	1 558 755
乌干达	1 071	82 994	309	16 930
津巴布韦	2 365	167 510	1 485	98 430
比利时	1 121 385	276 622 064	845 052	171 525 504
丹麦	51 646	6 385 412	32 582	5 380 045
英国	2 814 798	572 068 703	1 960 477	299 124 984
德国	3 894 269	818 727 076	3 268 891	681 989 087
法国	541 029	97 631 000	578 116	81 735 595
爱尔兰	154 534	24 931 903	142 945	10 673 859
意大利	313 592	54 362 297	616 654	116 865 261
卢森堡	5	3 225	4 560	1 073 400
荷兰	16 297 623	3 104 568 682	12 437 340	1 870 490 523
希腊	114 065	13 473 890	75 143	10 038 797
葡萄牙	6 341	1 346 143	23 108	4 665 139
西班牙	165 051	29 288 730	256 776	37 255 593
奥地利	80 779	23 179 998	30 635	6 919 435
保加利亚	21 068	1 690 367	12 611	1 009 602
芬兰	2 213 916	352 386 984	611 303	84 433 059
匈牙利	89 833	6 324 415	309 363	17 137 327
马耳他	10 106	1 103 278	10 250	1 014 609
挪威	314	152 885	1 909	415 398
波兰	214 791	19 554 873	132 818	13 854 662
罗马尼亚	182 227	13 863 656	157 014	11 852 327
瑞典	28 696	10 257 914	16 436	4 281 075
瑞士	9 117	2 836 972	11 609	3 801 681
爱沙尼亚	61 439	5 021 079	33 112	3 184 731
拉脱维亚	2 276	254 737	1 326	117 125
立陶宛	5 820	717 606	13 691	1 573 266
格鲁吉亚	10 610	1 052 395	1 445	109 868
亚美尼亚	7	1 084	0	0
白俄罗斯	1 196	129 176	0	0
摩尔多瓦	3 488	220 129	0	0

2004 年 中 国 主 要 出 口 商 品 输 往 地（续）

显示器

输 往 地	2004 年		2003 年	
	数量（台）	金额（美元）	数量（台）	金额（美元）
俄罗斯联邦	460 369	56 748 357	1 274 343	149 265 735
乌克兰	86 490	8 831 567	176 996	18 550 708
塞黑	11 952	917 975	550	24 682
斯洛文尼亚	9 328	1 032 813	5 717	600 476
克罗地亚	21 357	1 594 922	7 748	555 123
捷克	199 925	23 084 428	154 102	19 417 568
斯洛伐克	22 516	1 653 102	5 787	451 164
马其顿	2 690	189 929	1 500	105 790
阿根廷	248 604	15 575 026	249 960	15 491 421
玻利维亚	256	19 773	3 079	198 913
巴西	145 411	19 613 868	44 815	5 851 287
智利	194 886	13 864 498	199 626	12 663 216
哥伦比亚	98 293	6 174 183	85 771	6 306 723
多米尼克	944	39 648	730	44 487
哥斯达黎加	26 716	1 717 758	5 814	353 296
古巴	13 371	911 755	10 495	699 752
多米尼加共和国	1 647	99 982	3	7 800
厄瓜多尔	37 910	2 534 853	29 697	1 910 144
危地马拉	51 404	3 786 479	18 417	1 411 645
洪都拉斯	7 260	456 282	1 280	71 770
牙买加	6 558	424 318	2 535	177 645
墨西哥	386 494	39 971 085	245 878	28 260 266
尼加拉瓜	928	64 032	0	0
巴拿马	34 839	3 554 706	12 416	1 125 059
巴拉圭	20 809	1 209 438	12 617	571 660
秘鲁	13 664	755 580	9 332	896 648
波多黎各	11 806	827 460	22	9 000
萨尔瓦多	11 422	677 580	8 388	540 982
乌拉圭	49 523	3 504 331	78 509	6 012 535
委内瑞拉	46 565	2 651 614	16 914	865 754
加拿大	856 003	124 393 622	651 530	78 166 526
美国	28 934 107	5 699 887 609	22 438 825	3 546 861 363
澳大利亚	1 543 269	310 272 964	1 272 059	192 647 769
新西兰	160 371	26 133 935	179 444	22 815 909
巴布亚新几内亚	4 385	408 967	666	41 487
法属波利尼西亚	562	47 178	210	15 270

2004 年 中 国 主 要 出 口 商 品 输 往 地（续）

照相机

输 往 地	2004 年		2003 年	
	数量（架）	金额（美元）	数量（架）	金额（美元）
总值	**56 300 850**	**331 511 449**	**61 209 619**	**564 451 077**
巴林	74 546	522 865	15 476	285 640
孟加拉国	7 656	133 016	8 484	128 688
缅甸	12 797	187 395	6 735	99 300
塞浦路斯	150	300	0	0
香港	24 126 844	103 029 799	19 446 945	132 776 941
印度	1 228 598	3 839 166	508 286	1 598 788
印度尼西亚	204 095	329 986	107 107	372 356
伊朗	12 320	34 602	61 778	85 817
以色列	24 534	151 820	36 079	254 914
日本	1 702 315	33 956 725	5 389 781	91 064 562
约旦	20 591	61 581	13 460	62 748
科威特	33 084	404 849	27 105	329 066
黎巴嫩	11 882	23 724	17 450	142 551
澳门	2 440	48 800	2 356	47 120
马来西亚	115 329	692 622	392 036	12 019 268
马尔代夫	1 500	2 715	0	0
尼泊尔	45 843	792 893	44 200	612 516
阿曼	108 170	1 201 003	160 585	2 371 294
巴基斯坦	67 280	474 857	38 166	666 010
菲律宾	70 669	274 835	27 582	77 793
卡塔尔	12 894	205 934	13 248	213 835
沙特阿拉伯	567 856	2 800 153	496 471	3 008 108
新加坡	343 438	3 998 416	771 221	9 638 590
韩国	124 839	2 306 535	323 734	7 621 160
斯里兰卡	716	11 529	1 055	25 365
叙利亚	51 071	107 290	20 104	55 094
泰国	47 729	395 839	103 632	618 280
土耳其	310 005	531 616	326 978	637 151
阿拉伯联合酋长国	2 912 307	12 103 649	3 164 347	15 711 710
也门共和国	200	376	42	1 258
越南	4	1 300	0	0
台湾省	12 133	62 156	92 437	215 910
哈萨克斯坦	2 440	56 120	2 700	2 982
吉尔吉斯斯坦	1 005	3 518	0	0
乌兹别克斯坦	5 040	5 141	0	0
阿尔及利亚	5 000	4 535	0	0
安哥拉	250	18 500	636	15 138
贝宁	1 592	115 536	0	0
埃及	79 748	146 658	56 036	104 832
加纳	1 400	2 660	480	2 837
肯尼亚	450	1 225	350	695

2004 年中国主要出口商品输往地（续）

照相机

输往地	2004 年		2003 年	
	数量（架）	金额（美元）	数量（架）	金额（美元）
毛里求斯	180	2 148	1 108	13 115
摩洛哥	3 650	13 085	600	1 557
莫桑比克	1 400	5 375	0	0
纳米比亚	1	1 469	0	0
尼日利亚	12 370	75 977	15 706	123 384
塞拉利昂	2	505	0	0
南非	195 624	158 475	41 722	75 253
苏丹	26 000	33 035	29	10 481
坦桑尼亚	2 112	4 423	145	896
突尼斯	8 552	20 415	0	0
梅利利亚	24 740	62 773	0	0
比利时	511 216	13 826 178	879 275	24 594 597
丹麦	30 650	45 580	30 732	183 157
英国	1 069 421	12 745 226	1 615 775	13 919 026
德国	2 005 805	18 652 106	2 640 895	31 107 346
法国	282 679	2 638 179	257 326	4 149 116
爱尔兰	8 098	5 277	14 150	70 170
意大利	584 804	2 810 594	740 986	3 491 730
荷兰	2 051 682	17 318 941	2 350 668	30 380 144
希腊	86 535	192 557	167 596	554 564
葡萄牙	6 220	10 198	3 560	30 205
西班牙	585 391	2 642 594	850 668	3 551 095
奥地利	58 869	208 239	74 344	196 413
保加利亚	33 500	90 310	0	0
芬兰	527 688	1 281 295	595 533	2 492 801
匈牙利	27 564	281 084	12 390	74 553
挪威	6 463	42 942	2 900	21 413
波兰	656 939	991 954	90 238	558 802
罗马尼亚	56 640	127 757	8 961	23 341
瑞典	90 165	797 389	84 458	551 719
瑞士	7 930	43 483	28 713	204 004
拉脱维亚	10 683	22 510	2 003	2 003
立陶宛	480	1 115	10 400	22 632
俄罗斯联邦	67 522	209 239	137 377	1 019 957
乌克兰	433 740	1 166 110	556 570	2 530 804
克罗地亚	11 767	16 898	4 696	8 348
捷克	1 900	4 035	17 352	52 796
阿根廷	55 474	275 819	31 789	95 915
玻利维亚	18 000	27 800	0	0
巴西	507 646	2 638 837	603 613	2 281 286
智利	132 437	290 528	82 968	189 191
哥伦比亚	93 458	482 147	61 891	157 223

2004 年中国主要出口商品输往地（续）

照相机

输往地	2004 年		2003 年	
	数量（架）	金额（美元）	数量（架）	金额（美元）
厄瓜多尔	32 600	48 377	48 430	107 477
危地马拉	57 531	121 838	11 040	23 964
墨西哥	925 986	2 717 543	1 063 351	5 975 166
巴拿马	40 272	76 454	13 620	25 103
巴拉圭	259 891	343 246	273 616	374 796
秘鲁	130 572	174 284	27 980	163 001
波多黎各	17 388	2 957	1 800	2 160
乌拉圭	6 650	14 202	37 750	47 575
委内瑞拉	20 187	47 207	7 680	32 813
加拿大	563 558	2 334 286	256 596	2 622 763
美国	11 333 258	75 108 060	15 518 346	149 777 983
澳大利亚	193 520	1 078 296	158 208	1 268 032
斐济	60	1 197	48	1 113
新西兰	72 120	135 736	73 504	317 648
巴布亚新几内亚	500	926	2 660	5 164

自行车

输往地	2004 年		2003 年	
	数量（辆）	金额（美元）	数量（辆）	金额（美元）
总值	**52 126 180**	**1 649 416 607**	**50 836 652**	**1 441 526 862**
阿富汗	13 617	400 030	37 719	1 002 380
巴林	7 986	188 334	8 267	138 961
孟加拉国	150 833	3 348 503	79 909	1 854 189
文莱	3 527	67 594	2 878	52 198
缅甸	75 376	1 844 180	87 617	2 010 440
柬埔寨	53 129	1 379 016	68 804	1 658 948
塞浦路斯	19 775	418 103	27 561	589 702
朝鲜	7 745	205 315	1 020	22 460
香港	1 594 848	53 995 483	1 444 875	44 448 280
印度	67 261	1 069 332	37 721	592 623
印度尼西亚	2 314 389	54 369 841	1 703 696	35 457 830
伊朗	724 176	14 690 038	837 846	17 025 686
伊拉克	2 289	67 806	6 303	91 040
以色列	273 463	7 842 434	402 717	9 708 452
日本	7 746 368	364 406 154	7 380 502	335 796 695
约旦	108 373	1 691 422	101 450	1 527 803
科威特	143 548	2 314 916	106 277	1 594 286
黎巴嫩	111 912	1 934 872	72 847	1 099 335
澳门	20 644	732 977	14 314	427 724
马来西亚	886 891	16 703 773	1 022 161	16 706 163

2004 年中国主要出口商品输往地（续）

自行车

输往地	2004 年		2003 年	
	数量（辆）	金额（美元）	数量（辆）	金额（美元）
马尔代夫	7 542	140 820	2 539	61 193
尼泊尔	9 398	236 996	8 995	201 026
阿曼	2 548	45 934	0	0
巴基斯坦	481 420	15 709 857	494 631	15 999 663
巴勒斯坦	1 468	31 436	7 641	162 063
菲律宾	505 667	9 724 813	460 618	8 377 010
卡塔尔	1 324	32 932	275	10 500
沙特阿拉伯	814 145	12 299 217	852 189	11 667 529
新加坡	196 657	4 206 834	229 837	4 801 133
韩国	1 624 730	54 261 277	1 540 391	49 692 437
斯里兰卡	284 231	6 869 299	267 805	5 426 334
叙利亚	2 943	63 030	5 180	51 467
泰国	25 582	1 282 822	33 412	805 186
土耳其	38 056	772 920	72 638	1 382 928
阿拉伯联合酋长国	1 564 857	27 550 370	1 859 063	27 872 963
也门共和国	65 173	1 023 595	94 751	1 401 833
越南	19 423	628 785	1 737	93 631
台湾省	664 841	21 477 248	472 342	13 352 346
哈萨克斯坦	29 318	647 206	79 233	1 218 631
塔吉克斯坦	2 198	43 015	8 647	132 916
阿尔及利亚	71 314	1 216 858	61 429	893 976
安哥拉	97 388	2 419 767	116 203	2 559 763
贝宁	3 918	115 085	2 168	40 839
博茨瓦纳	8 107	89 763	2 490	30 366
布隆迪	240	8 672	48	1 197
喀麦隆	15 055	215 639	13 805	232 578
加那利群岛	120	6 480	0	0
中非	3 380	90 693	0	0
刚果（布）	18 162	586 919	300	3 501
吉布提	8 070	241 230	1 000	28 500
埃及	116 701	2 003 455	119 441	1 782 828
埃塞俄比亚	46 893	1 654 700	27 728	960 503
加蓬	4 209	61 840	6 845	81 384
冈比亚	15 955	349 691	13 649	307 858
加纳	190 852	5 099 789	155 179	3 616 960
几内亚	41 198	1 112 147	36 374	898 706
科特迪瓦共和国	26 907	308 778	10 437	176 922
肯尼亚	105 618	2 485 702	105 176	2 311 882
利比里亚	3 474	85 094	2 011	53 203
利比亚	22 832	363 977	41 609	627 425
马达加斯加	172 581	4 856 241	97 744	2 444 692
马拉维	2 300	61 200	0	0

2004年中国主要出口商品输往地（续）

自行车

输往地	2004年		2003年	
	数量（辆）	金额（美元）	数量（辆）	金额（美元）
马里	7 397	104 890	3 030	42 631
毛里塔尼亚	430	12 770	194	5 828
毛里求斯	54 813	1 293 477	83 084	2 013 764
摩洛哥	115 850	1 719 349	190 773	3 025 144
莫桑比克	12 903	309 402	6 119	103 562
纳米比亚	18 644	355 640	25 319	526 189
尼日利亚	75 366	1 802 125	233 398	5 223 829
留尼汪	5 608	73 294	1 200	14 632
卢旺达	4 716	161 362	1 563	34 586
塞内加尔	11 645	195 239	18 413	249 537
塞舌尔	280	10 333	0	0
塞拉利昂	6 680	212 363	4 780	160 178
南非	414 153	8 044 369	321 277	5 670 955
苏丹	124 604	4 046 907	100 125	3 130 895
坦桑尼亚	120 050	4 047 325	98 723	3 181 309
多哥	9 330	262 621	13 864	443 445
突尼斯	5 860	140 755	5 572	127 697
乌干达	26 123	884 260	9 837	298 690
布基纳法索	50	760	0	0
刚果（金）	1 719	39 503	0	0
赞比亚	5 811	157 964	3 464	87 419
津巴布韦	50 986	1 505 451	12 179	291 862
斯威士兰	2 015	30 475	0	0
厄立特里亚	6 245	190 408	0	0
比利时	226 908	8 694 106	28 741	816 627
丹麦	13 468	489 273	15 764	645 280
英国	235 380	5 787 037	227 939	6 141 707
德国	358 791	9 949 992	364 809	8 498 219
法国	65 121	2 268 139	46 248	1 333 174
爱尔兰	12 154	266 457	10 574	198 128
意大利	211 777	4 689 350	228 149	4 583 408
荷兰	170 637	8 030 106	214 610	8 393 718
希腊	156 220	2 279 655	169 342	2 461 941
葡萄牙	41 180	983 536	3 143	32 255
西班牙	202 170	5 530 409	99 641	2 754 206
阿尔巴尼亚	7 034	166 096	3 569	97 079
安道尔	180	7 450	0	0
奥地利	11 875	393 219	17 876	329 514
保加利亚	43 386	570 401	46 357	660 507
芬兰	13 592	324 230	127 208	1 935 722
匈牙利	207 616	4 913 754	298 487	6 395 153
冰岛	10 999	505 230	5 941	357 355

2004年中国主要出口商品输往地（续）

自行车

输往地	2004年		2003年	
	数量（辆）	金额（美元）	数量（辆）	金额（美元）
马耳他	7 820	179 122	3 533	97 730
挪威	188 079	10 787 584	214 259	11 870 552
波兰	653 454	20 290 226	494 526	15 262 968
罗马尼亚	254 107	5 566 437	278 976	4 628 186
圣马力诺	9	907	0	0
瑞典	12 237	391 255	13 219	452 670
瑞士	68 896	3 784 351	40 452	1 675 983
爱沙尼亚	37 235	1 255 877	43 377	1 597 961
拉脱维亚	34 842	990 856	37 163	1 453 135
立陶宛	103 616	2 779 691	138 463	3 691 185
白俄罗斯	1 134	14 839	1 050	14 374
摩尔多瓦	858	41 527	1 393	39 070
俄罗斯联邦	1 850 067	48 321 702	1 504 772	33 197 669
乌克兰	537 450	10 278 513	640 756	10 886 825
塞黑	23 606	378 978	22 098	364 959
斯洛文尼亚	86 536	3 075 548	68 098	2 527 758
克罗地亚	163 272	3 701 550	95 226	2 461 270
捷克	266 477	9 457 160	183 138	7 298 532
斯洛伐克	54 429	1 723 309	62 479	2 261 845
马其顿	10 555	261 589	12 720	246 337
阿根廷	2 276	57 372	3 751	44 315
阿鲁巴岛	982	21 106	0	0
巴哈马	3 195	70 482	2 906	43 807
巴巴多斯	2 727	53 114	0	0
伯利兹	13 463	345 354	23 943	623 909
玻利维亚	348	9 048	1 816	37 259
巴西	5 280	84 706	7 015	161 287
智利	742 552	17 179 067	596 033	11 414 320
哥伦比亚	11 890	264 138	22 162	500 237
多米尼克	36 513	447 020	37 830	357 689
哥斯达黎加	100 386	2 018 694	119 038	2 316 704
古巴	8 370	109 632	15 759	347 100
多米尼加共和国	41 848	604 856	95 958	1 101 762
厄瓜多尔	279 140	5 818 430	319 315	5 873 917
危地马拉	87 794	1 667 939	113 155	1 597 293
圭亚那	31 224	672 490	28 277	694 531
洪都拉斯	202 530	4 832 892	235 290	4 735 023
牙买加	39 177	616 524	23 743	407 340
墨西哥	106 702	1 971 900	165 418	2 604 258
尼加拉瓜	19 625	401 878	28 025	412 379
巴拿马	554 496	9 239 149	502 069	7 378 191
巴拉圭	69 212	1 180 712	6 311	137 129

2004 年中国主要出口商品输往地（续）

自行车

输 往 地	2004 年		2003 年	
	数量（辆）	金额（美元）	数量（辆）	金额（美元）
秘鲁	122 569	2 517 676	116 857	2 146 553
波多黎各	43 453	634 437	52 093	647 004
萨尔瓦多	63 703	1 030 353	90 102	1 216 912
苏里南	11 992	254 125	14 021	279 293
特立尼达和多巴哥	13 463	249 090	25 021	433 120
乌拉圭	18 032	900 759	15 556	523 122
委内瑞拉	181 614	2 437 000	89 455	1 417 060
荷属安的列斯群岛	6 310	99 120	11 646	127 176
加拿大	554 427	16 489 512	606 816	15 848 508
美国	18 346 741	615 038 010	18 624 645	537 728 608
澳大利亚	1 168 056	42 105 345	994 874	31 592 030
斐济	8 216	167 866	8 597	194 601
新喀里多尼亚	10 298	284 688	8 425	205 700
瓦努阿图	967	16 537	1 178	21 117
新西兰	102 171	5 671 705	144 070	5 798 720
巴布亚新几内亚	21 079	379 330	19 505	353 100
社会群岛	1 930	54 628	1 923	49 700
所罗门群岛	1 829	57 073	2 293	44 722
汤加	540	8 145	540	6 551
萨摩亚	335	6 061	980	9 105
基里巴斯	1 120	10 890	1 110	10 761
法属波利尼西亚	20 015	449 002	5 217	78 832
大洋洲其他国家（地区）	200	6 000	200	5 200

电风扇

输 往 地	2004 年		2003 年	
	数量（台）	金额（美元）	数量（台）	金额（美元）
总值	**468 336 830**	**1 825 052 123**	**358 467 622**	**1 346 330 131**
阿富汗	2 940	23 879	4 945	57 754
巴林	84 058	746 455	80 804	665 466
孟加拉国	157 358	3 779 027	193 646	1 321 413
文莱	2 504	30 220	5 826	61 863
缅甸	77 365	892 778	63 171	2 151 053
柬埔寨	22 187	216 140	25 926	177 131
塞浦路斯	28 460	309 523	17 392	133 209
朝鲜	361 875	1 732 613	205 057	1 055 541
香港	183 666 046	476 905 803	148 284 114	375 626 316
印度	1 585 088	12 239 411	1 042 450	4 382 938
印度尼西亚	3 954 982	18 714 009	4 272 371	18 083 475
伊朗	368 215	2 479 627	436 539	1 741 563

2004 年 中 国 主 要 出 口 商 品 输 往 地（续）

电风扇

输往地	2004 年		2003 年	
	数量（台）	金额（美元）	数量（台）	金额（美元）
伊拉克	67 719	530 823	8 219	39 829
以色列	562 444	3 893 276	597 443	4 774 122
日本	40 657 431	117 279 945	23 468 511	87 215 264
约旦	734 501	5 397 803	241 637	1 794 462
科威特	149 945	662 850	110 722	567 115
老挝	677	96 965	56	2 478
黎巴嫩	125 273	794 728	198 836	1 432 395
澳门	28 505	493 790	36 331	319 906
马来西亚	6 264 132	34 773 177	1 417 002	11 389 477
马尔代夫	1 150	6 372	1 240	5 896
蒙古	343	107 107	115	33 771
尼泊尔	29 373	274 813	25 455	188 783
阿曼	148 591	986 233	75 295	489 645
巴基斯坦	58 457	637 760	83 199	344 492
巴勒斯坦	4 103	44 842	2 623	17 705
菲律宾	1 989 686	11 180 145	1 162 945	5 399 251
卡塔尔	19 083	87 008	10 166	52 681
沙特阿拉伯	518 856	3 407 685	644 959	2 924 401
新加坡	10 980 417	24 917 525	5 171 359	14 519 815
韩国	4 796 387	20 883 960	2 945 978	14 571 534
斯里兰卡	320 810	2 819 426	271 569	2 281 241
叙利亚	279 390	1 791 515	1 006 665	5 144 939
泰国	9 483 553	12 453 754	11 376 286	12 108 988
土耳其	720 989	4 127 054	478 909	1 878 259
阿拉伯联合酋长国	2 792 976	19 266 580	2 779 340	18 159 869
也门共和国	54 183	382 663	50 460	230 988
越南	345 965	5 361 500	92 533	2 372 350
台湾省	36 936 268	39 725 323	32 816 006	29 241 509
东帝汶	2 903	21 837	0	0
哈萨克斯坦	13 071	151 940	3 223	124 717
塔吉克斯坦	3 740	26 180	11 550	84 315
乌兹别克斯坦	19 349	176 231	4	63
阿尔及利亚	606 256	4 398 677	444 132	3 641 843
安哥拉	149 708	1 173 267	148 383	1 106 874
贝宁	9 380	72 582	25 905	180 935
喀麦隆	25 843	211 358	36 758	292 643
加那利群岛	10 290	60 967	0	0
佛得角	800	9 500	0	0
刚果（布）	21 362	236 633	16 753	174 170
吉布提	2 294	90 906	210	24 584
埃及	1 976 930	10 469 070	2 442 066	12 687 912
赤道几内亚	1 681	44 178	456	6 045

2004年中国主要出口商品输往地（续）

电风扇

输往地	2004年		2003年	
	数量（台）	金额（美元）	数量（台）	金额（美元）
埃塞俄比亚	11	159 389	6	56 484
加蓬	21 571	166 123	28 380	212 133
冈比亚	8 696	58 814	2 430	21 058
加纳	199 685	1 622 881	152 806	1 115 154
几内亚	8 425	79 228	1 620	13 046
几内亚（比绍）	122	3 158	0	0
科特迪瓦共和国	18 830	141 561	32 438	239 475
肯尼亚	8 942	73 928	31 217	229 396
利比亚	70 586	510 684	47 057	299 666
马达加斯加	5 420	36 432	37 835	272 075
马拉维	400	2 000	0	0
马里	2 363	31 457	7 939	65 556
毛里塔尼亚	9	25 070	0	0
毛里求斯	45 833	328 976	73 293	498 488
摩洛哥	286 439	1 925 862	131 819	826 444
莫桑比克	11 100	83 340	21 910	156 846
尼日尔	8	614	0	0
尼日利亚	1 250 555	10 661 937	2 029 447	15 257 214
留尼汪	43 158	374 191	83 856	658 628
卢旺达	4 200	30 660	2 008	14 605
塞内加尔	36 922	368 379	10 440	102 522
塞舌尔	1 800	13 060	1 600	12 235
塞拉利昂	1 595	32 670	3 322	24 822
南非	1 449 125	11 321 301	1 239 726	8 466 054
苏丹	84 608	1 138 682	47 839	696 980
坦桑尼亚	13 827	118 635	19 270	139 916
多哥	30 890	36 309	6 670	47 725
突尼斯	243 902	1 677 369	210 416	1 420 991
乌干达	4 239	31 586	8 753	62 162
刚果（金）	10 493	134 262	19 873	167 585
赞比亚	995	15 493	1 252	13 072
津巴布韦	400	12 894	1	2 923
厄立特里亚	20	193	0	0
马约特岛	1 482	11 509	3 929	34 343
比利时	926 632	6 050 239	611 645	3 839 883
丹麦	238 263	640 202	271 061	463 870
英国	7 246 976	32 512 404	4 144 306	14 351 259
德国	9 288 899	40 000 979	3 520 179	17 562 961
法国	5 124 523	34 745 612	2 859 229	14 774 746
爱尔兰	511 860	2 924 516	589 847	2 604 741
意大利	17 626 772	39 583 525	18 655 179	24 147 878
卢森堡	15 200	80 560	0	0

2004年中国主要出口商品输往地（续）

电风扇

输往地	2004年		2003年	
	数量（台）	金额（美元）	数量（台）	金额（美元）
荷兰	10 296 530	50 372 486	3 119 087	11 707 925
希腊	524 564	3 896 494	672 616	5 056 072
葡萄牙	129 802	917 105	30 633	247 425
西班牙	3 162 370	24 351 996	1 432 293	10 368 386
阿尔巴尼亚	58	188 542	2 561	25 664
奥地利	77 299	320 401	62 460	349 231
保加利亚	41 956	244 125	37 682	147 018
芬兰	744 072	1 802 899	456 408	2 855 247
匈牙利	829 687	1 525 357	182 061	878 833
冰岛	1 100	6 995	1	500
马耳他	36 272	312 389	148 406	1 029 487
挪威	133 503	780 713	34 615	658 370
波兰	373 299	1 392 582	221 226	1 332 384
罗马尼亚	22 154	131 134	42 299	272 472
瑞典	374 615	2 532 743	270 115	1 757 639
瑞士	418 645	2 758 159	123 714	859 593
爱沙尼亚	15 335	99 289	2 350	13 560
拉脱维亚	146 874	91 865	6 825	48 901
立陶宛	11 945	87 003	8 780	55 672
格鲁吉亚	590	3 098	23	5 277
阿塞拜疆	8	703	0	0
俄罗斯联邦	785 782	3 854 393	845 525	6 182 043
乌克兰	174 294	96 231	250 402	1 609 120
塞黑	2 980	1 486	69 227	519 468
斯洛文尼亚	153 949	995 052	41 593	330 106
克罗地亚	84 892	596 213	44 077	305 511
捷克	2 115 423	4 450 552	1 181 558	1 911 253
斯洛伐克	59 314	340 412	32 408	259 013
波黑	3 500	8 750	0	0
阿根廷	1 293 277	9 926 395	561 191	4 120 283
阿鲁巴岛	300	2 520	800	6 560
巴哈马	1 950	13 493	1 600	13 760
巴巴多斯	16 951	150 208	10 145	121 015
伯利兹	8 815	75 613	47 924	351 676
玻利维亚	22 972	30 357	8 120	8 480
巴西	3 151 146	23 695 843	1 682 182	15 833 245
智利	200 453	1 455 100	256 386	1 715 388
哥伦比亚	277 470	1 257 762	146 017	643 787
多米尼克	6 300	61 170	6 025	16 091
哥斯达黎加	51 495	386 877	63 928	469 340
古巴	100 818	831 347	345 326	2 531 963
多米尼加共和国	140 891	2 049 240	119 839	758 454

2004 年中国主要出口商品输往地（续）

电风扇

输往地	2004 年		2003 年	
	数量（台）	金额（美元）	数量（台）	金额（美元）
厄瓜多尔	173 809	1 282 901	211 897	1 487 782
法属圭亚那	8 365	70 866	3 600	26 280
瓜德罗普	23 202	182 751	12 230	96 053
危地马拉	41 574	342 774	31 936	288 381
圭亚那	3 720	26 808	5 190	40 680
海地	5 388	37 020	100	1 600
洪都拉斯	64 800	499 998	13 055	106 757
牙买加	105 102	1 043 683	74 129	597 680
墨西哥	5 850 776	27 592 559	4 250 667	16 913 119
尼加拉瓜	4 482	37 881	128	806
巴拿马	507 410	3 259 454	194 951	1 229 096
巴拉圭	787 739	2 623 226	324 030	2 272 761
秘鲁	247 395	436 104	94 426	341 621
波多黎各	115 900	888 899	68 703	476 475
萨尔瓦多	8 400	61 320	8 992	63 843
苏里南	11 220	83 851	2 930	25 162
特立尼达和多巴哥	1 100	11 841	9 470	89 446
乌拉圭	83 274	530 762	146 180	487 450
委内瑞拉	88 718	590 392	42 083	238 539
荷属安的列斯群岛	2 318	18 760	3 360	26 868
加拿大	3 035 427	19 483 611	3 449 365	16 461 766
美国	72 632 460	568 164 671	57 721 488	468 542 906
澳大利亚	2 335 533	19 506 079	1 346 179	9 885 407
斐济	14 968	136 235	9 543	100 385
新喀里多尼亚	600	4 910	3 520	42 184
新西兰	88 163	418 975	87 061	482 162
巴布亚新几内亚	17 176	151 428	14 050	110 522
汤加	330	9 606	204	1 451
萨摩亚	880	5 896	880	5 896
基里巴斯	720	4 944	1	2 610
马绍尔群岛共和国	2 510	16 082	4 490	28 884
法属波利尼西亚	8 049	68 567	3 869	37 245
大洋洲其他国家（地区）	4	60	850	6 035

彩色电视机

输往地	2004 年		2003 年	
	数量（台）	金额（美元）	数量（台）	金额（美元）
总值	**49 268 983**	**5 303 092 490**	**32 677 262**	**3 255 071 387**
阿富汗	6 909	461 253	3 885	274 894
巴林	24 241	2 838 642	21 806	3 058 134

2004年中国主要出口商品输往地（续）

彩色电视机

输往地	2004年		2003年	
	数量（台）	金额（美元）	数量（台）	金额（美元）
孟加拉国	169 226	11 547 056	140 775	11 273 910
文莱	6 136	804 589	1 583	130 886
缅甸	47 896	4 229 535	36 009	3 438 867
柬埔寨	3 311	242 940	4 215	316 454
塞浦路斯	23 886	2 064 706	16 605	1 739 070
朝鲜	208 915	17 410 756	175 447	15 300 048
香港	3 646 077	554 720 767	2 072 984	225 444 198
印度	396 135	20 571 466	116 066	6 416 342
印度尼西亚	898 668	39 415 363	741 219	36 793 365
伊朗	173 649	21 203 685	185 538	16 709 923
伊拉克	22 742	1 593 279	5 563	483 524
以色列	387 731	43 636 348	294 447	31 304 990
日本	3 080 867	782 023 694	4 196 606	677 621 335
约旦	456 885	35 001 912	473 181	36 049 290
科威特	254 799	21 133 160	72 149	6 355 583
老挝	7 650	831 412	3 481	412 391
黎巴嫩	296 420	20 584 732	217 802	17 505 593
澳门	4 554	420 068	4 937	514 013
马来西亚	183 235	25 256 168	256 469	26 787 791
马尔代夫	544	46 784	0	0
蒙古	13 248	1 245 745	9 856	920 845
尼泊尔	53 174	3 400 635	31 393	2 139 838
阿曼	47 590	3 171 259	52 201	3 768 266
巴基斯坦	365 708	26 888 734	328 763	23 637 607
巴勒斯坦	4 114	215 600	1 000	44 000
菲律宾	116 785	10 590 721	126 754	12 449 083
卡塔尔	8 153	1 035 395	3 463	552 326
沙特阿拉伯	824 863	63 553 250	606 513	48 069 537
新加坡	800 126	95 728 969	915 077	84 493 951
韩国	250 514	23 882 044	104 110	10 351 212
斯里兰卡	140 277	11 685 344	82 049	6 965 836
叙利亚	137 457	5 107 627	59 711	2 796 421
泰国	154 052	16 824 325	80 674	10 361 188
土耳其	706 506	53 506 889	657 827	45 399 010
阿拉伯联合酋长国	2 805 151	175 975 333	2 251 681	155 219 332
也门共和国	25 611	2 428 491	32 527	2 719 311
越南	133 924	7 486 598	38 353	3 245 456
台湾省	152 040	23 196 575	144 665	22 919 869
东帝汶	12	1 718	0	0

2004 年 中 国 主 要 出 口 商 品 输 往 地（续）

彩色电视机

输 往 地	2004 年		2003 年	
	数量（台）	金额（美元）	数量（台）	金额（美元）
哈萨克斯坦	547 266	36 417 039	196 849	16 527 721
吉尔吉斯斯坦	105 160	7 619 681	26 904	2 668 307
塔吉克斯坦	6 147	704 528	2 407	291 738
土库曼斯坦	119 592	11 716 098	25 836	2 646 231
乌兹别克斯坦	51 832	3 730 270	20 448	2 151 183
阿尔及利亚	630 952	40 081 003	194 304	14 544 064
安哥拉	11 114	849 348	14 451	1 131 878
贝宁	7 642	537 903	6 507	466 633
博茨瓦纳	2 733	269 323	304	26 144
布隆迪	1	269	0	0
喀麦隆	8 800	493 295	3 070	251 420
佛得角	2 195	189 311	0	0
中非	127	10 922	0	0
科摩罗	2 149	177 841	689	47 498
刚果（布）	11 777	793 566	2 689	194 463
吉布提	3 473	210 912	490	50 078
埃及	134 120	7 352 147	48 438	2 944 410
赤道几内亚	380	75 028	419	41 700
埃塞俄比亚	13 332	863 501	5 287	379 008
加蓬	1 218	102 156	933	61 446
冈比亚	437	38 992	254	16 393
加纳	25 047	2 195 131	23 108	1 943 346
几内亚	126	20 083	1 425	100 093
几内亚（比绍）	245	15 085	392	67 910
科特迪瓦共和国	11 363	800 242	12 720	881 742
肯尼亚	32 689	1 694 837	14 058	1 095 058
利比里亚	3 198	230 620	824	88 000
利比亚	24 457	1 930 974	14 988	1 198 247
马达加斯加	55 423	3 882 492	19 392	1 348 673
马里	12	1 971	0	0
毛里塔尼亚	1 168	75 490	1 734	144 011
毛里求斯	21 256	2 160 684	4 835	522 022
摩洛哥	570 991	38 317 571	231 894	18 020 456
莫桑比克	9 380	704 826	2 631	195 763
纳米比亚	6 093	545 085	1 678	144 130
尼日尔	61	13 198	0	0
尼日利亚	132 613	9 206 371	127 789	8 305 741
留尼汪	940	284 686	54	46 830
塞内加尔	4 943	425 749	5 372	460 774

2004 年中国主要出口商品输往地（续）

彩色电视机

输往地	2004 年		2003 年	
	数量（台）	金额（美元）	数量（台）	金额（美元）
塞舌尔	1 985	127 374	842	60 536
塞拉利昂	284	29 026	65	8 378
南非	725 452	66 195 173	427 118	41 634 555
苏丹	28 295	2 259 540	36 513	3 308 427
坦桑尼亚	5 595	219 920	3 724	250 372
多哥	5 241	355 235	168	15 263
突尼斯	64 784	4 840 803	27 798	2 361 414
乌干达	309	20 071	750	49 200
刚果（金）	1 800	111 600	2 290	150 863
赞比亚	17 363	1 264 203	14 594	1 236 430
津巴布韦	4 552	385 864	1 885	167 564
莱索托	139 697	16 482 137	38 960	4 574 132
梅利利亚	3 600	164 400	0	0
厄立特里亚	20	2 866	1	8 107
马约特岛	2 439	223 568	1 760	139 732
非洲其他国家（地区）	867	60 802	682	62 515
比利时	349 886	31 827 064	192 634	15 246 160
丹麦	171 192	10 804 454	56 577	3 749 952
英国	2 313 106	158 807 432	657 604	44 249 531
德国	3 887 868	189 295 767	2 423 808	75 018 450
法国	525 788	33 992 456	362 722	14 758 187
爱尔兰	20 709	1 786 305	6 378	452 863
意大利	856 881	49 033 650	131 634	7 424 645
卢森堡	156 380	6 665 883	3 501	318 140
荷兰	1 697 341	135 436 718	430 440	22 520 665
希腊	114 582	9 570 302	46 492	4 453 477
葡萄牙	30 545	3 748 039	3 297	1 007 944
西班牙	390 295	28 851 780	143 033	11 001 368
阿尔巴尼亚	249	27 981	0	0
奥地利	33 877	5 560 021	4 651	2 410 629
保加利亚	264 594	19 578 614	79 887	6 702 978
芬兰	1 225 875	175 348 594	1 145 663	147 032 459
匈牙利	170 305	35 575 351	51 759	1 953 735
冰岛	6 986	800 448	124	105 570
马耳他	21 681	1 608 417	32 395	2 322 253
摩纳哥	2 214	259 512	60	7 200
挪威	14 088	1 546 834	4 844	492 066
波兰	74 326	6 533 061	39 700	1 605 903
罗马尼亚	56 118	4 688 603	11 542	799 662

2004 年中国主要出口商品输往地（续）

彩色电视机

输 往 地	2004 年		2003 年	
	数量（台）	金额（美元）	数量（台）	金额（美元）
瑞典	4 327	2 087 405	614	749 252
瑞士	33 363	10 798 867	6 955	2 231 695
爱沙尼亚	19 262	1 564 419	14 895	1 473 115
拉脱维亚	55 138	6 130 274	11 308	1 028 914
立陶宛	201 299	17 062 221	37 287	3 288 109
格鲁吉亚	10 149	885 177	3 000	231 087
亚美尼亚	4 297	379 822	2 345	271 212
阿塞拜疆	15 632	1 153 768	4 488	370 520
白俄罗斯	3 999	209 698	2 728	174 032
摩尔多瓦	7 269	635 531	2 144	225 359
俄罗斯联邦	630 797	62 468 615	355 645	35 424 570
乌克兰	878 959	97 761 158	387 144	41 170 036
塞黑	26 800	2 484 498	6 428	597 758
斯洛文尼亚	19 148	1 788 894	509	174 604
克罗地亚	180 555	14 755 169	86 916	7 401 843
捷克	42 911	3 225 382	41 231	3 010 719
斯洛伐克	4 446	442 902	1 912	133 861
马其顿	6 509	626 214	1 419	165 731
波黑	36 510	3 229 599	860	73 960
阿根廷	25 058	4 558 957	4 089	251 049
玻利维亚	1 912	164 213	7	583
巴西	16 410	2 756 240	30 689	1 712 709
智利	373 163	30 189 211	225 209	18 285 613
哥伦比亚	131 748	9 747 068	15 284	1 169 902
多米尼克	4 435	340 669	3 612	279 014
哥斯达黎加	40 286	3 061 617	17 715	1 485 100
古巴	140 957	14 347 365	242 661	24 240 264
库腊索岛	300	30 100	195	15 670
多米尼加共和国	5 741	625 421	3 750	281 430
厄瓜多尔	116 869	9 635 926	82 180	7 399 910
瓜德罗普	470	34 580	682	48 043
危地马拉	23 169	1 773 248	17 403	1 645 396
圭亚那	907	61 838	0	0
海地	300	33 551	2 292	44 120

2004年中国主要出口商品输往地（续）

彩色电视机

输往地	2004年		2003年	
	数量（台）	金额（美元）	数量（台）	金额（美元）
洪都拉斯	17 315	1 325 706	9 998	795 944
牙买加	6 363	553 965	9 985	886 599
墨西哥	91 109	15 598 349	56 291	7 040 616
尼加拉瓜	8 679	543 441	0	0
巴拿马	139 575	11 125 889	55 557	4 212 404
巴拉圭	15 622	1 062 803	10 785	741 502
秘鲁	105 356	8 370 887	52 985	4 548 788
波多黎各	7 296	437 606	9 633	904 646
萨尔瓦多	38 830	2 911 732	13 071	1 160 457
苏里南	3 273	255 899	1 443	146 328
特立尼达和多巴哥	7 603	743 713	5 679	407 741
乌拉圭	67 252	5 905 387	14 775	1 734 149
委内瑞拉	49 547	3 255 155	3 927	286 958
荷属安的列斯群岛	1 611	95 824	0	0
加拿大	375 626	50 659 853	301 387	43 995 112
美国	10 007 015	1 314 067 893	7 130 102	809 967 306
百慕大群岛	64	117 120	0	0
澳大利亚	2 061 900	240 089 380	1 249 644	149 444 246
库克群岛	1	1 329	0	0
斐济	954	98 604	1 930	194 360
新喀里多尼亚	6 307	621 420	4 864	511 863
瓦努阿图	667	45 520	305	21 362
新西兰	196 535	28 574 273	156 931	21 706 505
巴布亚新几内亚	5 489	422 831	5 054	405 268
社会群岛	127	10 668	159	13 515
所罗门群岛	25	2 300	0	0
汤加	210	14 321	10	1 210
萨摩亚	565	37 980	0	0
基里巴斯	3	540	2	185
法属波利尼西亚	3 264	247 040	544	41 541
大洋洲其他国家（地区）	303	53 782	841	71 369

2004 年 中 国 主 要 进 口 商 品 来 源 地

小麦

来 源 地	2004 年		2003 年	
	数量（公吨）	金额（美元）	数量（公吨）	金额（美元）
总值	**7 233 153**	**1 640 450 978**	**424 177**	**76 566 500**
韩国	0	30	0	0
英国	58	15 490	0	0
法国	104 589	22 073 486	0	0
墨西哥	0	3	0	209
加拿大	2 532 337	606 242 343	204 327	36 064 366
美国	2 812 583	648 221 408	213 294	39 198 056
澳大利亚	1 783 586	363 898 218	6 556	1 303 691

大豆

来 源 地	2004 年		2003 年	
	数量（公吨）	金额（美元）	数量（公吨）	金额（美元）
总值	**20 229 916**	**6 979 442 045**	**20 741 107**	**5 416 873 812**
日本	1	10 799	0	0
韩国	36	28 453	0	0
中国	5	1 218	0	0
台湾省	0	42	1	2 300
南非	0	608	0	38
俄罗斯联邦	532	133 070	198	35 691
阿根廷	4 402 717	1 548 647 353	5 964 127	1 512 218 288
巴西	5 615 937	2 077 112 173	6 470 120	1 683 304 300
加拿大	12 978	4 360 834	13 456	4 409 818
美国	10 197 710	3 349 147 495	8 293 027	2 216 873 001

食用植物油

来 源 地	2004 年		2003 年	
	数量（公吨）	金额（美元）	数量（公吨）	金额（美元）
总值	**6 757 525**	**3 665 556 238**	**5 409 086**	**2 579 028 392**
柬埔寨	108	55 257	0	0
香港	178	88 106	175	84 117
印度	100	130 592	5 066	5 320 188
印度尼西亚	1 147 524	556 840 071	876 292	374 595 336
日本	238	638 232	175	298 194
马来西亚	2 692 686	1 302 780 037	2 435 702	1 064 485 009
菲律宾	2	1 282	0	0
新加坡	1 120	1 110 732	1 786	1 035 276
韩国	104	156 064	222	335 287
泰国	15 242	7 415 475	11 905	4 419 802
土耳其	72	222 226	51	92 719
越南	1 638	937 700	2 481	1 122 676

2004 年 中 国 主 要 进 口 商 品 来 源 地（续）

食用植物油

来源地	2004 年		2003 年	
	数量（公吨）	金额（美元）	数量（公吨）	金额（美元）
中国	15	33 440	67	89 747
台湾省	2 788	4 508 884	1 935	2 413 843
哈萨克斯坦	106	63 624	0	0
埃及	0	263	0	0
南非	160	193 705	177	193 522
比利时	1	1 060	64	71 061
丹麦	62	113 798	3	2 688
英国	0	814	0	0
德国	6 075	3 826 066	1 215	532 338
法国	6	12 898	47	58 335
意大利	833	2 425 365	332	753 999
荷兰	65	63 385	999	599 295
希腊	762	1 640 774	207	364 418
西班牙	1 180	3 429 702	532	1 222 665
瑞典	288	580 822	311	561 275
瑞士	0	26 184	0	0
塞黑	0	219	0	0
阿根廷	1 673 243	1 020 032 829	1 328 467	718 829 163
巴西	864 871	542 435 019	496 806	267 167 453
加拿大	338 009	208 201 198	142 558	80 189 964
美国	2 102	2 019 674	96 092	50 852 097
澳大利亚	7 946	5 570 741	5 223	3 152 775

糖

来源地	2004 年	2003 年
	金额（美元）	金额（美元）
总值	**275 577 428**	**174 105 291**
香港	306 059	200 156
印度	79	0
印度尼西亚	116	60
伊朗	4 813	106
日本	626 084	738 413
马来西亚	73 048	82 860
尼泊尔	1 178	0
菲律宾	5 088 800	0
沙特阿拉伯	25 075	0
新加坡	43	27 111
韩国	38 265 619	31 498 555
泰国	54 371 292	32 545 055
阿拉伯联合酋长国	12	4 000
中国	128 199	3 540
台湾省	2 968	13 236
比利时	16 744	0
英国	2 141 190	1 524 856

糖

来源地	2004 年	2003 年
	金额（美元）	金额（美元）
德国	49 044	245 453
法国	3 557	1 923
意大利	43	0
荷兰	500 001	377 655
奥地利	54	0
瑞士	16 462	11 478
巴西	40 829	24 877
哥伦比亚	1 402 821	0
哥斯达黎加	10	0
古巴	110 698 721	87 568 782
危地马拉	23 638 440	168 562
洪都拉斯	4 182 306	0
尼加拉瓜	2 209 540	0
加拿大	83	0
美国	122 848	214 616
澳大利亚	27 286 350	13 897 180
斐济	4 375 000	4 850 000

2004年中国主要进口商品来源地（续）

原木

来源地	2004年		2003年	
	数量（立方米）	金额（美元）	数量（立方米）	金额（美元）
总值	**26 308 990**	**2 804 255 270**	**25 455 467**	**2 447 307 506**
缅甸	1 054 287	100 806 216	862 958	76 994 979
柬埔寨	154	82 420	0	0
朝鲜	145 727	11 320 988	90 375	6 707 656
印度	10	8 000	365	307 625
印度尼西亚	92 518	12 693 990	116 087	15 541 395
日本	7 900	625 211	7 349	865 036
老挝	20 322	7 559 755	12 708	5 005 778
马来西亚	2 721 524	417 179 588	2 931 258	396 085 108
尼泊尔	114	59 948	76	58 741
菲律宾	698	35 860	46	6 086
新加坡	43	3 932	50	5 533
韩国	224	58 769	70	9 482
泰国	2 241	1 081 040	3 792	1 145 763
越南	17 109	8 249 779	13 766	5 295 428
台湾省	6 167	1 876 615	3 843	937 165
哈萨克斯坦	3 633	301 944	4 345	330 704
喀麦隆	98 828	30 993 896	139 347	34 527 121
中非	20 425	6 018 406	8 383	2 312 529
刚果（布）	492 536	120 857 023	378 731	77 495 307
赤道几内亚	309 070	68 054 039	510 843	95 472 568
加蓬	632 531	165 900 993	941 554	205 726 962
冈比亚	201	45 166	0	0
科特迪瓦共和国	10	764	0	0
肯尼亚	640	191 827	83	30 712
马达加斯加	3 052	2 110 839	2 084	915 513
莫桑比克	80 500	27 569 659	81 290	26 643 927
尼日利亚	67	15 160	296	84 892
南非	955	117 474	176	37 662
苏丹	30	15 040	0	0
坦桑尼亚	41 699	13 459 750	45 432	15 738 251
多哥	76	7 299	49	11 516
乌干达	10	6 016	0	0
刚果（金）	1 725	757 706	48	14 679
比利时	36 190	5 398 339	16 397	3 119 378
丹麦	918	193 750	8 388	1 810 896
英国	20	4 683	38	21 750
德国	359 135	62 108 772	338 619	57 771 880
法国	14 485	2 353 700	23 570	4 286 667
意大利	64	34 307	173	61 924
卢森堡	254	44 945	156	24 201
荷兰	4 252	727 566	1 527	282 692

2004年中国主要进口商品来源地（续）

原木

来源地	2004年		2003年	
	数量（立方米）	金额（美元）	数量（立方米）	金额（美元）
芬兰	356	127 586	720	363 458
波兰	2 006	343 660	4 004	829 551
罗马尼亚	89	18 510	350	108 671
瑞典	374	110 573	22	8 271
瑞士	230	47 491	724	152 171
俄罗斯联邦	17 016 404	1 309 775 880	14 367 358	969 012 311
乌克兰	912	179 907	895	202 226
克罗地亚	725	159 775	1 922	375 726
波黑	23	8 077	0	0
阿根廷	2 293	794 467	93	33 274
玻利维亚	254	182 345	0	0
智利	365	34 504	794	93 878
哥斯达黎加	971	235 066	555	166 102
厄瓜多尔	247	72 468	2 019	616 070
危地马拉	82	36 629	724	217 737
圭亚那	3 431	527 035	668	141 988
墨西哥	63	73 066	39	26 151
尼加拉瓜	51	21 120	0	0
巴拿马	147	43 731	17	5 449
巴拉圭	931	336 096	2 083	757 824
苏里南	560	136 136	580	98 203
乌拉圭	1 245	139 191	6 584	532 796
加拿大	67 923	11 743 104	87 180	11 269 248
美国	147 326	74 727 076	101 290	45 855 549
澳大利亚	289 299	28 723 771	353 898	22 899 580
新西兰	837 592	79 049 178	1 920 690	128 057 061
巴布亚新几内亚	1 314 697	169 762 518	1 377 751	154 889 566
所罗门群岛	449 823	57 891 197	282 641	32 546 297
萨摩亚	227	23 939	0	0

胶合板

来源地	2004年		2003年	
	数量（立方米）	金额（美元）	数量（立方米）	金额（美元）
总值	**799 805**	**384 271 910**	**797 848**	**355 123 863**
柬埔寨	8 851	4 928 710	18 357	8 638 410
朝鲜	31	2 531	0	0
香港	20 152	10 559 569	575	134 960
印度	1 150	476 864	834	387 586
印度尼西亚	497 331	250 428 423	534 426	244 847 941
以色列	0	115	0	0

2004 年 中 国 主 要 进 口 商 品 来 源 地（续）

胶合板

来 源 地	2004 年		2003 年	
	数量（立方米）	金额（美元）	数量（立方米）	金额（美元）
日本	27 358	10 998 971	20 225	13 054 735
马来西亚	153 205	60 941 237	137 494	47 709 797
菲律宾	7	4 155	0	0
新加坡	4 599	1 014 883	5 717	2 001 546
韩国	38 234	21 052 014	30 714	15 487 170
泰国	1 558	545 513	1 686	531 413
土耳其	5	3 555	1	18 842
中国	11 339	4 692 509	9 138	2 899 647
台湾省	7 978	3 811 052	17 139	7 127 118
肯尼亚	9	2 576	0	0
南非	44	33 500	0	0
比利时	1 808	376 357	833	180 620
丹麦	2 359	1 568 806	125	90 835
英国	190	247 558	0	0
德国	854	800 860	429	477 626
法国	0	1 023	0	0
意大利	172	96 554	367	92 669
荷兰	4	14 741	276	186 790
西班牙	24	3 410	16	6 537
奥地利	48	30 932	0	5
保加利亚	46	4 606	0	0
芬兰	4 267	1 677 485	2 556	1 373 646
挪威	0	260	0	0
瑞典	1 838	2 678 426	2 752	4 271 124
爱沙尼亚	116	20 056	0	0
俄罗斯联邦	9 730	4 456 867	6 596	3 346 824
巴西	479	296 856	108	44 894
智利	263	28 001	26	8 975
加拿大	2 138	875 884	1 812	368 148
美国	2 632	1 362 253	1 891	1 162 652
澳大利亚	436	86 583	282	86 775
新西兰	550	148 215	1 881	544 090

棉花

来 源 地	2004 年		2003 年	
	数量（公吨）	金额（美元）	数量（公吨）	金额（美元）
总值	**1 906 857**	**3 176 235 814**	**873 598**	**1 168 854 136**
印度	43 950	70 869 809	1 994	2 919 646
印度尼西亚	397	423 404	396	357 620
伊朗	200	266 545	1 993	2 225 002

2004年中国主要进口商品来源地（续）

棉花

来源地	2004年		2003年	
	数量（公吨）	金额（美元）	数量（公吨）	金额（美元）
以色列	1 080	2 804 595	81	163 261
日本	142	460 177	104	168 193
巴基斯坦	4 520	5 048 312	1 106	1 493 790
新加坡	0	1 477	0	122
韩国	426	1 241 708	740	1 786 348
叙利亚	15 376	25 396 503	5 048	6 809 325
土耳其	3 995	7 007 620	1 600	2 273 739
阿拉伯联合酋长国	140	321 467	2 823	4 025 778
中国	31	40 354	3	9 617
哈萨克斯坦	8 092	12 050 285	6 823	8 638 601
塔吉克斯坦	909	1 293 343	8 703	12 187 407
土库曼斯坦	2 956	6 038 881	1 234	1 833 090
乌兹别克斯坦	196 786	326 473 819	113 486	157 076 900
贝宁	65 780	109 034 198	51 040	68 250 874
喀麦隆	33 141	55 046 245	12 980	18 302 581
乍得	14 946	25 268 344	2 019	2 825 999
埃及	4 725	12 167 121	6 235	12 559 899
埃塞俄比亚	200	287 374	0	0
加纳	4 781	7 980 543	1 086	1 516 074
科特迪瓦共和国	57 376	93 142 251	19 710	27 882 242
肯尼亚	718	1 249 976	0	0
马达加斯加	547	910 973	0	0
马里	63 515	106 665 393	20 538	28 325 433
莫桑比克	498	642 411	0	0
尼日利亚	1 506	2 400 488	0	0
塞内加尔	1 299	2 188 943	3 497	4 966 465
苏丹	11 003	19 981 185	3 712	5 406 202
坦桑尼亚	5 848	8 932 606	4 580	6 088 259
多哥	25 140	43 234 060	14 908	21 001 152
乌干达	6 236	9 236 356	1 537	2 152 526
布基纳法索	73 891	122 583 705	22 931	32 330 332
赞比亚	13 552	21 577 837	1 923	2 139 349
津巴布韦	11 279	18 102 333	0	0
希腊	7 860	12 285 356	9 300	13 202 296
西班牙	9 263	14 733 851	539	821 480
阿根廷	203	252 727	100	145 111
巴西	17 541	26 143 033	8 308	11 751 100
墨西哥	6 301	8 369 852	802	1 198 074
巴拉圭	30 441	48 090 519	3 950	5 471 665
乌拉圭	198	291 605	0	0
美国	1 057 317	1 769 026 956	511 896	661 823 066
澳大利亚	102 753	176 671 274	23 952	36 276 241

2004年中国主要进口商品来源地（续）

羊毛

来源地	2004年		2003年	
	数量（公吨）	金额（美元）	数量（公吨）	金额（美元）
总值	**245 367**	**1 204 133 293**	**192 757**	**911 330 227**
印度	111	864 700	318	2 716 638
伊朗	41	33 219	13	21 931
日本	125	1 492 359	252	2 940 804
马来西亚	153	1 264 810	126	1 090 008
蒙古	6 059	5 006 026	6 755	4 283 460
韩国	680	5 454 156	496	4 170 939
泰国	389	3 131 652	600	5 276 239
土耳其	797	2 193 633	1 174	2 944 001
中国	586	2 353 296	76	439 797
台湾省	2 494	14 418 458	2 449	12 440 996
哈萨克斯坦	1 962	2 436 777	3 754	4 830 245
吉尔吉斯斯坦	133	162 905	288	342 365
南非	2 306	9 803 203	2 921	11 029 062
比利时	1 080	2 921 829	2 288	5 551 474
英国	2 600	6 774 635	1 166	3 215 434
德国	437	2 951 451	510	2 127 854
法国	3 747	9 893 556	2 167	6 231 044
爱尔兰	1 579	3 628 955	3 707	8 153 808
意大利	551	6 143 970	1 156	11 462 386
荷兰	828	1 964 264	591	1 532 777
葡萄牙	15	72 975	137	453 621
西班牙	419	1 429 126	1 020	4 085 958
挪威	32	85 623	110	284 384
阿塞拜疆	27	29 091	0	0
俄罗斯联邦	219	593 741	1 239	2 346 108
乌克兰	30	30 976	0	0
捷克	10	47 224	140	887 960
阿根廷	7 197	27 052 375	7 567	30 905 965
玻利维亚	18	87 981	0	0
巴西	23	45 096	43	108 869
智利	436	1 756 581	198	772 143
秘鲁	109	343 842	254	963 769
乌拉圭	13 357	52 368 525	10 458	42 605 149
加拿大	584	1 684 148	606	1 532 153
美国	2 596	9 251 212	1 697	5 307 652
澳大利亚	162 065	926 204 536	107 650	638 544 729
新西兰	31 572	100 156 387	30 819	91 722 225

2004年中国主要进口商品来源地（续）

纺织品

来源地	2004年	2003年
	金额（美元）	金额（美元）
总值	**15 315 607 078**	**14 223 410 891**
阿富汗	31 705	1 204
巴林	4 250 368	1 796 542
孟加拉国	2 154 463	1 213 130
文莱	4 826	374
缅甸	276 449	2 023
柬埔寨	9 233 164	3 410 227
塞浦路斯	5 113	0
朝鲜	450 752	312 234
香港	1 289 989 149	1 336 201 728
印度	186 417 175	137 958 052
印度尼西亚	199 731 370	215 618 830
伊朗	461 625	40 310
以色列	5 271 002	2 053 047
日本	3 321 638 344	2 896 016 735
约旦	2 164	31
科威特	240	0
老挝	55 327	6 744
黎巴嫩	60	0
澳门	46 020 930	65 149 537
马来西亚	92 185 497	62 052 310
蒙古	5 043 184	5 491 938
尼泊尔	598 600	429 806
阿曼	284	160 769
巴基斯坦	450 258 420	460 349 949
巴勒斯坦	28 696	157 439
菲律宾	8 891 429	7 019 529
沙特阿拉伯	2 260 157	1 753 569
新加坡	52 221 170	58 613 602
韩国	2 523 137 237	2 439 173 055
斯里兰卡	865 937	830 545
叙利亚	135 668	51 458
泰国	218 705 644	139 062 431
土耳其	23 964 197	15 607 098
阿拉伯联合酋长国	1 530 130	1 441 902
越南	27 094 443	24 471 387
中国	2 449 544 038	2 262 666 724
台湾省	3 287 031 307	3 178 715 203
哈萨克斯坦	68 063	0
吉尔吉斯斯坦	88 831	443
土库曼斯坦	84 064	0
乌兹别克斯坦	139 119	270 619

纺织品

来源地	2004年	2003年
	金额（美元）	金额（美元）
贝宁	322	487
埃及	1 182 713	2 270 298
埃塞俄比亚	256 158	341 457
加纳	13 257	0
肯尼亚	13 221	105 335
马达加斯加	21 197	711
毛里求斯	166 659	205 879
摩洛哥	654	28 064
尼日利亚	1 426 296	261 767
南非	2 065 998	1 826 553
坦桑尼亚	100	96 450
突尼斯	111 148	136 411
比利时	30 235 222	28 084 746
丹麦	2 775 264	2 419 170
英国	57 411 466	47 647 310
德国	133 218 780	107 207 682
法国	46 294 072	31 969 750
爱尔兰	2 356 032	2 225 975
意大利	291 203 681	236 123 105
卢森堡	28 092 596	21 061 040
荷兰	34 245 944	21 045 547
希腊	467 522	178 880
葡萄牙	2 899 909	2 955 551
西班牙	16 238 355	12 586 362
奥地利	10 091 611	12 586 338
保加利亚	334 833	189 349
芬兰	6 519 044	3 930 280
匈牙利	1 507 086	1 010 527
冰岛	6 329	26 654
马耳他	855 493	76 103
摩纳哥	12	20 336
挪威	1 425 263	1 286 656
波兰	251 202	176 797
罗马尼亚	334 400	236 826
瑞典	13 741 519	11 994 915
瑞士	21 459 594	15 701 243
爱沙尼亚	41 812	15 732
拉脱维亚	46 236	1 507
立陶宛	202 333	188 788
白俄罗斯	4 285 292	2 916 972
摩尔多瓦	691	0
俄罗斯联邦	4 910 736	3 821 763

2004 年中国主要进口商品来源地（续）

纺织品

来源地	2004 年	2003 年
	金额（美元）	金额（美元）
乌克兰	395 697	591 301
塞黑	1 483	28 595
斯洛文尼亚	1 058 326	1 602 294
克罗地亚	34 201	10 691
捷克	2 645 029	1 148 034
斯洛伐克	1 881 052	1 152 361
波黑	120 949	101 394
阿根廷	1 874 783	493 831
巴西	3 662 751	13 218 688
智利	167 284	90 555
哥伦比亚	129 702	79 004
多米尼克	7 196	0
哥斯达黎加	4 129	5
多米尼加共和国	279 576	30
厄瓜多尔	72	3 248
危地马拉	5 975	30 081
海地	8 022	0
洪都拉斯	25 553	1 535
牙买加	14 400	28

纺织品

来源地	2004 年	2003 年
	金额（美元）	金额（美元）
墨西哥	8 134 290	6 498 557
尼加拉瓜	139 865	330 106
巴拿马	2 704	20 701
巴拉圭	3 335	582
秘鲁	1 910 925	2 021 258
波多黎各	515	192 181
萨尔瓦多	415	1 853
特立尼达和多巴哥	2 000	30
特克斯和凯科斯群岛	22 393	8 880
乌拉圭	1 007 809	1 140 034
委内瑞拉	113	66 299
加拿大	19 026 346	11 281 879
美国	311 624 745	264 100 660
澳大利亚	28 213 463	24 347 838
斐济	14 698	5 954
新西兰	4 599 284	1 964 526
大洋洲其他国家（地区）	227	1 247
国别（地区）不详	2 007 378	1 693 620

纸张

来源地	2004 年		2003 年	
	数量（公吨）	金额（美元）	数量（公吨）	金额（美元）
总值	**6 099 253**	**3 825 319 667**	**6 348 308**	**3 705 989 659**
文莱	0	406	0	0
缅甸	145	56 897	0	0
柬埔寨	1	4 841	0	0
香港	288 841	146 764 537	320 942	161 831 989
印度	6 785	22 806 690	11 816	45 189 185
印度尼西亚	477 882	290 375 096	560 177	295 310 831
以色列	390	326 067	196	158 252
日本	453 823	479 968 072	418 750	397 268 379
约旦	1	5 797	0	0
澳门	173	112 892	169	176 952
马来西亚	46 740	25 090 306	65 423	29 039 642
巴基斯坦	0	108	0	0
菲律宾	15 973	7 646 677	24 782	10 618 019
沙特阿拉伯	2 375	806 347	8 657	9 064 751
新加坡	17 919	19 922 952	36 493	50 691 092
韩国	838 707	430 242 426	845 589	404 464 700

2004 年 中 国 主 要 进 口 商 品 来 源 地（续）

纸张

来 源 地	2004 年		2003 年	
	数量（公吨）	金额（美元）	数量（公吨）	金额（美元）
斯里兰卡	4	8 103	8	17 593
泰国	201 405	82 709 850	232 646	83 380 489
土耳其	116	85 272	2 183	9 568 798
阿拉伯联合酋长国	1	1 916	0	1 641
越南	191	215 705	65	85 312
中国	237 188	163 827 942	280 660	178 612 556
台湾省	933 634	446 984 611	902 995	436 515 530
阿尔及利亚	0	83	0	0
埃塞俄比亚	0	73	0	0
南非	20 943	9 104 462	22 779	8 711 584
比利时	20 523	13 009 803	25 412	14 743 558
丹麦	451	388 890	102	93 886
英国	42 371	49 588 282	47 174	48 302 431
德国	157 739	166 806 714	217 460	174 344 542
法国	93 350	68 959 737	89 268	59 041 534
爱尔兰	14	19 846	53	45 523
意大利	52 162	44 040 145	51 391	38 702 581
卢森堡	41	113 344	8	21 438
荷兰	81 172	44 502 730	90 479	42 765 853
希腊	0	201	0	1 232
葡萄牙	5 117	4 559 994	6 001	4 687 385
西班牙	54 583	20 679 591	41 302	15 678 188
奥地利	35 070	26 046 062	31 560	19 523 681
保加利亚	50	26 575	0	0
芬兰	185 479	146 516 951	158 328	119 736 134
匈牙利	9 262	2 759 070	4 606	1 324 618
挪威	11 076	8 417 263	41 901	19 992 659
波兰	39 879	16 584 305	23 254	9 094 912
罗马尼亚	2 153	689 666	0	0
瑞典	218 505	215 212 746	212 976	167 216 293
瑞士	16 011	15 910 381	19 692	15 991 633
爱沙尼亚	0	274	25	17 007
白俄罗斯	11	4 515	49	18 796
俄罗斯联邦	279 706	105 986 782	301 344	109 966 241
塞黑	7	62 113	0	0
斯洛文尼亚	8 533	4 334 484	6 591	3 493 585
捷克	6 619	3 341 430	5 876	3 060 216
阿根廷	222	188 912	667	312 119
巴西	49 199	38 773 808	76 514	72 198 356
智利	7 157	4 269 688	23 269	11 726 713
哥伦比亚	107	111 002	11	9 112
多米尼加共和国	18	11 399	0	0

2004年中国主要进口商品来源地（续）

纸张

来源地	2004年		2003年	
	数量（公吨）	金额（美元）	数量（公吨）	金额（美元）
墨西哥	673	1 473 198	392	1 100 712
加拿大	108 000	58 796 883	120 911	62 388 907
美国	729 329	496 113 093	682 994	440 643 875
澳大利亚	234 600	92 788 912	236 932	87 721 265
新西兰	106 722	47 068 874	96 987	41 094 127
国别（地区）不详	105	93 876	0	1

纸制品

来源地	2004年		2003年	
	数量（公吨）	金额（美元）	数量（公吨）	金额（美元）
总值	**323 151**	**966 080 078**	**322 347**	**802 246 599**
孟加拉国	1	7 053	3	8 345
文莱	0	2 800	1	1 732
缅甸	0	528	0	0
柬埔寨	1	7 578	0	0
塞浦路斯	0	214	1	881
朝鲜	23	9 415	4	1 680
香港	75 436	114 385 535	84 531	106 312 381
印度	95	255 933	41	117 059
印度尼西亚	1 248	1 206 645	2 341	1 523 269
伊朗	0	617	0	1 219
以色列	73	381 486	22	87 675
日本	37 728	245 957 467	33 044	189 615 853
黎巴嫩	0	231	0	48
澳门	377	367 293	554	1 123 043
马来西亚	3 832	9 446 784	3 896	8 493 723
蒙古	1	410	0	0
尼泊尔	5	8 712	3	6 564
巴基斯坦	2	4 120	0	1 535
菲律宾	256	1 048 316	204	596 610
卡塔尔	2	10 230	1	1 791
沙特阿拉伯	10	16 764	258	790 749
新加坡	2 519	16 047 230	2 200	16 716 650
韩国	41 424	109 680 995	38 110	98 572 709
斯里兰卡	1	10 275	2	4 775
叙利亚	0	338	0	0
泰国	8 026	15 505 519	7 126	15 524 002
土耳其	36	189 282	17	136 416
阿拉伯联合酋长国	14	45 963	3	14 446
也门共和国	0	6	0	0

2004 年中国主要进口商品来源地（续）

纸制品

来源地	2004 年		2003 年	
	数量（公吨）	金额（美元）	数量（公吨）	金额（美元）
越南	1 097	2 239 816	362	477 662
中国	33 823	77 011 199	28 806	54 595 289
台湾省	44 090	113 540 635	44 013	97 222 625
哈萨克斯坦	0	146	0	0
安哥拉	0	30	0	55
贝宁	0	405	0	30
博茨瓦纳	0	251	0	0
刚果（布）	0	642	0	0
埃及	0	1 211	0	1 152
埃塞俄比亚	0	1 158	0	422
马达加斯加	0	468	0	759
毛里求斯	0	457	0	284
摩洛哥	0	24 694	0	0
南非	31	68 884	6	31 067
突尼斯	20	45 905	0	0
比利时	615	1 290 500	500	1 183 002
丹麦	3 526	5 762 840	2 688	4 899 345
英国	2 176	18 969 316	1 945	12 437 578
德国	9 656	51 474 095	9 812	30 982 271
法国	8 593	26 553 588	8 775	22 462 773
爱尔兰	47	852 879	170	1 206 480
意大利	2 229	10 354 349	1 111	5 600 091
卢森堡	4	14 562	16	34 529
荷兰	1 429	4 548 612	1 609	4 697 938
希腊	8	72 730	8	49 511
葡萄牙	112	195 865	79	137 715
西班牙	595	1 717 298	489	1 723 809
奥地利	4 819	13 598 001	4 743	12 296 265
保加利亚	1	1 484	0	803
芬兰	812	1 784 271	660	1 010 887
匈牙利	116	251 048	33	166 069
冰岛	1	1 741	2	10 565
列支敦士登	0	101	0	487
马耳他	5	5 995	0	761
摩纳哥	0	1 234	0	206
挪威	65	1 321 821	61	944 559
波兰	23	82 367	1 226	3 047 765
罗马尼亚	1	1 025	1	11 715
瑞典	947	3 749 928	957	2 726 133
瑞士	349	2 847 005	227	1 630 378
爱沙尼亚	0	4 416	0	839
拉脱维亚	0	76	0	0

2004年中国主要进口商品来源地（续）

纸制品

来源地	2004年		2003年	
	数量（公吨）	金额（美元）	数量（公吨）	金额（美元）
立陶宛	1	2 071	0	49
格鲁吉亚	0	2	0	0
俄罗斯联邦	117	759 918	74	1 810 726
乌克兰	0	288 288	1	696 357
塞黑	0	530	0	169
斯洛文尼亚	6	327 164	9	27 963
克罗地亚	0	80	0	90
捷克	79	252 104	32	742 813
斯洛伐克	4	11 443	1	2 441
阿根廷	3	22 487	0	115
阿鲁巴岛	0	118	0	0
巴西	32	103 568	78	56 868
智利	9	14 943	5	7 276
哥伦比亚	0	486	0	11
哥斯达黎加	0	31	0	2 456
多米尼加共和国	8	9 592	0	0
厄瓜多尔	1	4 015	0	0
格林纳达	0	11	0	0
洪都拉斯	0	636	0	0
墨西哥	158	655 128	141	396 260
尼加拉瓜	0	1 844	0	0
秘鲁	0	448	0	325
波多黎各	3	8 218	5	68 439
萨尔瓦多	0	503	0	363
特立尼达和多巴哥	0	45	0	20
乌拉圭	0	277	0	0
加拿大	1 614	5 868 015	2 115	3 663 005
美国	33 133	101 224 575	37 709	91 452 626
澳大利亚	482	2 362 545	438	3 446 687
新西兰	1 186	1 134 635	1 036	583 870
国别（地区）不详	13	35 571	35	32 248

铁矿砂

来源地	2004年		2003年	
	数量（公吨）	金额（美元）	数量（公吨）	金额（美元）
总值	**208 088 591**	**12 711 952 447**	**148 128 360**	**4 856 502 089**
巴林	21 000	3 172 973	0	0
缅甸	635	15 349	0	0
朝鲜	964 892	45 707 329	270 854	6 941 915
印度	50 141 105	4 050 249 248	32 277 693	1 217 797 002

2004年中国主要进口商品来源地（续）

铁矿砂

来源地	2004年		2003年	
	数量（公吨）	金额（美元）	数量（公吨）	金额（美元）
印度尼西亚	361 132	23 109 206	97 230	3 214 395
伊朗	1 067 273	82 462 543	134 391	4 650 933
日本	780	303 367	164 881	3 536 720
马来西亚	175 794	15 927 049	106 280	4 077 848
蒙古	30 587	569 360	0	0
菲律宾	93 381	3 488 616	78 662	4 207 535
沙特阿拉伯	386 558	28 881 396	258 292	10 320 625
韩国	7 820	611 795	0	0
泰国	77 605	5 999 029	0	0
越南	1 618 804	49 027 826	665 354	12 090 432
台湾省	12 370	1 132 633	81	12 680
哈萨克斯坦	1 014 793	62 960 530	733 088	24 846 184
利比里亚	273 852	16 485 595	0	0
毛里塔尼亚	683 004	44 732 146	0	0
莫桑比克	213 657	14 193 969	0	0
南非	11 098 597	677 118 617	9 557 734	287 407 727
比利时	6	65 517	0	0
英国	140	45 869	0	0
德国	4	1 479	0	0
法国	0	1 819	0	0
意大利	65	5 119	0	0
荷兰	4	2 781	0	0
瑞典	685 815	81 996 727	807 751	40 601 885
俄罗斯联邦	2 074 508	191 080 549	0	0
乌克兰	134 651	14 572 370	0	0
巴西	46 028 880	2 869 767 966	38 395 334	1 347 661 060
智利	1 992 572	158 523 769	1 640 659	68 920 560
墨西哥	760 613	55 923 737	627 688	34 113 834
秘鲁	3 501 603	256 200 590	2 197 631	76 437 570
特立尼达和多巴哥	18 165	2 156 936	0	0
委内瑞拉	2 394 870	187 034 581	335 393	11 260 753
加拿大	2 796 654	310 761 687	1 423 883	64 021 973
美国	943 520	97 431 683	16	2 960
澳大利亚	78 159 743	3 348 845 773	58 128 116	1 629 772 851
新西兰	322 997	8 942 253	227 348	4 604 551
国别（地区）不详	30 142	2 442 666	0	0

2004年中国主要进口商品来源地（续）

铜矿砂

来源地	2004年		2003年	
	数量（公吨）	金额（美元）	数量（公吨）	金额（美元）
总值	**2 880 963**	**2 238 422 354**	**2 669 872**	**1 288 185 962**
缅甸	10	3 866	12	7 297
朝鲜	7 077	1 074 190	7 298	758 592
印度	37	18 813	0	0
印度尼西亚	54 106	56 389 045	93 083	75 092 975
伊朗	61 038	46 570 683	68 099	32 378 499
日本	1 392	1 186 332	1 410	1 437 523
蒙古	500 082	314 814 475	503 096	199 793 844
巴基斯坦	280	83 870	0	0
菲律宾	1 790	945 699	1 760	882 955
沙特阿拉伯	14	11 408	0	0
韩国	1 213	811 624	51	30 345
土耳其	839	484 857	18 158	5 514 783
越南	7 930	1 878 331	4 938	763 832
哈萨克斯坦	119 235	86 043 300	134 269	54 866 938
刚果（布）	7 203	3 265 168	7 285	2 894 199
南非	40 459	26 773 364	23 467	8 843 494
坦桑尼亚	12 435	40 220 845	221	623 338
刚果（金）	4 920	3 430 325	3 482	1 678 341
赞比亚	556	296 776	311	169 710
比利时	907	812 028	167	41 668
保加利亚	11 120	6 735 202	4 738	1 695 394
罗马尼亚	1 226	1 325 355	5 575	2 002 834
瑞典	0	136	0	0
俄罗斯联邦	398	238 209	0	0
阿根廷	9 076	9 694 940	0	0
巴西	15 531	13 036 209	0	0
智利	973 072	803 201 101	822 065	419 754 849
墨西哥	163 693	129 118 417	51 419	29 617 532
秘鲁	509 508	402 647 797	394 594	195 759 659
加拿大	81 444	77 156 553	78 206	46 668 637
美国	9 485	6 490 637	514	260 673
澳大利亚	234 960	155 948 407	363 220	148 647 979
巴布亚新几内亚	49 926	47 714 392	71 493	52 963 573

2004年中国主要进口商品来源地（续）

铜

来源地	2004年		2003年	
	数量（公吨）	金额（美元）	数量（公吨）	金额（美元）
总值	**5 352 822**	**6 299 016 049**	**4 737 116**	**4 172 638 815**
巴林	42	61 168	22	34 109
缅甸	23	26 773	0	0
塞浦路斯	763	719 234	254	238 552
朝鲜	163	337 283	94	155 864
香港	225 794	184 626 712	300 138	153 087 502
印度	26 346	66 951 763	17 687	33 007 705
印度尼西亚	8 723	17 546 162	15 496	24 583 829
伊朗	9 896	27 854 067	12 043	16 313 384
以色列	2 472	2 716 240	2 005	1 809 845
日本	1 680 345	880 436 835	1 375 791	526 432 188
约旦	5 995	10 335 848	12 942	17 169 253
科威特	720	1 708 338	1 301	1 765 149
黎巴嫩	3 126	7 492 608	2 541	3 721 386
澳门	114	72 551	0	990
马来西亚	7 575	11 026 846	12 192	7 903 010
蒙古	418	973 111	292	459 685
巴基斯坦	8 773	35 612 948	2	3 077
菲律宾	92 665	265 992 268	99 370	187 856 574
卡塔尔	38	48 184	1 218	1 531 970
沙特阿拉伯	4 288	9 579 796	4 870	7 447 636
新加坡	8 806	8 226 462	3 467	3 248 530
韩国	187 751	154 914 940	158 631	115 061 564
斯里兰卡	187	282 947	516	1 076 750
叙利亚	264	158 073	1 909	2 364 777
泰国	2 346	6 098 335	1 610	2 508 460
土耳其	3 224	3 881 959	13 840	26 438 669
阿拉伯联合酋长国	2 469	5 410 671	6 001	8 298 057
也门共和国	264	557 276	444	596 040
越南	63	32 839	41	13 222
中国	8 704	22 825 327	14 451	27 180 886
台湾省	63 566	88 226 686	84 156	54 926 594
哈萨克斯坦	132 262	317 278 809	243 145	413 706 728
吉尔吉斯斯坦	5 786	10 747 081	6 837	8 074 767
塔吉克斯坦	318	615 161	130	138 094
乌兹别克斯坦	500	1 034 500	9 992	16 906 496
阿尔及利亚	46	67 342	129	171 397
贝宁	826	2 046 377	0	0
喀麦隆	121	244 605	15	7 500
刚果（布）	2 983	2 722 547	6 017	4 516 999
埃及	2 855	6 597 164	1 039	1 774 135
加纳	1 369	3 051 541	1 030	1 495 109

2004年中国主要进口商品来源地（续）

铜

来源地	2004年		2003年	
	数量（公吨）	金额（美元）	数量（公吨）	金额（美元）
科特迪瓦共和国	406	927 094	335	537 919
肯尼亚	141	234 939	226	308 395
利比亚	124	179 782	0	0
摩洛哥	2 480	5 506 693	1 132	1 483 990
纳米比亚	9 877	30 140 749	11 297	21 918 007
尼日利亚	1 341	2 574 710	2 479	3 930 053
圣多美和普林西比	408	1 307 375	0	0
塞内加尔	79	170 042	41	67 235
南非	11 012	22 530 655	24 957	43 413 485
苏丹	404	931 538	483	737 003
坦桑尼亚	174	405 410	155	220 095
多哥	117	293 173	100	155 898
突尼斯	733	995 621	1 133	1 300 429
刚果（金）	250	210 729	117	73 811
赞比亚	45 480	125 004 625	13 307	24 081 933
比利时	266 601	214 509 496	143 004	75 389 971
丹麦	2 981	2 245 949	2 279	880 764
英国	77 610	68 976 470	63 973	34 121 927
德国	141 463	121 768 990	96 056	58 684 350
法国	52 265	40 299 421	22 245	10 015 436
爱尔兰	629	1 572 037	118	45 196
意大利	75 675	65 917 579	46 476	15 685 416
卢森堡	18	326 472	60	195 114
荷兰	85 693	55 302 230	59 248	23 527 195
希腊	6 943	4 951 245	4 389	2 527 342
葡萄牙	1 241	1 103 065	435	135 287
西班牙	57 706	53 021 461	71 795	28 403 584
奥地利	1 057	1 418 434	605	1 827 623
保加利亚	3 396	3 213 554	6 944	10 470 508
芬兰	3 120	2 252 136	3 213	1 664 908
匈牙利	281	396 321	20	22 070
马耳他	171	125 729	185	57 493
挪威	5 253	3 753 269	7 064	3 685 509
波兰	42 675	120 899 511	51 744	93 509 858
罗马尼亚	6 250	9 527 523	5 955	7 238 775
瑞典	12 532	9 990 661	14 487	11 337 437
瑞士	181	326 775	404	281 211
爱沙尼亚	721	1 154 853	327	243 464
拉脱维亚	504	1 021 387	171	238 572
立陶宛	343	297 252	683	555 561
格鲁吉亚	427	854 582	943	1 432 644
亚美尼亚	28	76 845	664	1 235 523

2004年中国主要进口商品来源地（续）

铜

来源地	2004年		2003年	
	数量（公吨）	金额（美元）	数量（公吨）	金额（美元）
俄罗斯联邦	12 483	21 931 638	64 514	96 238 895
乌克兰	12 825	26 377 939	16 025	24 550 631
塞黑	106	122 087	0	0
斯洛文尼亚	990	680 184	230	143 580
克罗地亚	130	272 581	0	0
捷克	1 157	985 534	732	288 297
斯洛伐克	306	503 343	0	0
马其顿	23	42 090	0	0
阿根廷	1 190	1 852 547	4 682	4 298 366
阿鲁巴岛	21	59 489	0	0
玻利维亚	55	77 686	22	14 152
巴西	11 679	25 597 949	8 544	15 188 823
智利	707 229	1 992 930 343	673 591	1 232 758 963
哥伦比亚	8 699	17 918 370	4 267	4 953 437
多米尼克	186	379 016	0	0
哥斯达黎加	199	296 766	0	0
古巴	3 700	7 405 859	197	204 795
多米尼加共和国	416	829 376	345	217 660
厄瓜多尔	838	1 462 675	939	1 054 588
危地马拉	4 437	5 519 715	0	0
洪都拉斯	67	74 016	107	126 046
牙买加	618	699 840	0	0
墨西哥	50 433	80 617 861	22 596	36 898 357
巴拿马	1 108	1 049 189	109	41 117
巴拉圭	271	609 713	621	762 266
秘鲁	55 511	103 796 488	42 750	76 522 428
波多黎各	992	1 797 235	1 298	1 429 695
特立尼达和多巴哥	307	286 476	59	90 906
乌拉圭	470	649 254	748	626 919
委内瑞拉	11 723	23 160 037	7 966	9 880 107
加拿大	105 647	67 540 555	60 197	29 426 119
美国	693 916	508 662 523	658 133	382 535 207
澳大利亚	200 563	236 778 263	93 513	97 264 649
新西兰	42 741	32 187 645	2 883	1 562 318
国别（地区）不详	1	6 008	0	0

2004 年中国主要进口商品来源地（续）

铝

来源地	2004 年		2003 年	
	数量（公吨）	金额（美元）	数量（公吨）	金额（美元）
总值	**698 039**	**1 069 099 901**	**545 087**	**765 161 519**
巴林	119	189 321	1 096	1 626 329
朝鲜	688	978 246	142	184 644
香港	3 019	4 016 300	5 654	8 257 752
印度	36 773	52 678 162	8 409	12 266 528
印度尼西亚	427	593 370	1 956	2 778 853
日本	309	1 095 915	18	77 959
马来西亚	19	25 073	145	227 063
新加坡	3 710	6 608 285	17 863	26 273 807
韩国	19 407	33 445 833	3 948	5 840 423
阿拉伯联合酋长国	149	266 913	399	629 059
越南	103	123 348	0	0
中国	304 386	460 288 666	256 108	348 197 016
台湾省	6 735	8 672 891	8 508	10 994 035
塔吉克斯坦	2 009	3 503 059	534	735 602
几内亚	244	140 420	126	68 206
南非	38 474	67 217 678	22 967	34 489 532
英国	0	300	0	0
德国	14	34 621	93	258 517
法国	73	213 620	397	1 074 918
挪威	152	455 247	1 621	4 518 748
俄罗斯联邦	140 177	200 806 613	90 900	127 249 299
委内瑞拉	581	947 207	0	0
加拿大	266	475 885	631	918 836
美国	331	864 291	43	59 276
澳大利亚	139 874	225 458 637	116 060	167 636 476

铜材

来源地	2004 年		2003 年	
	数量（公吨）	金额（美元）	数量（公吨）	金额（美元）
总值	**1 195 365**	**3 914 717 863**	**1 055 765**	**2 783 387 698**
缅甸	0	6	0	1 207
香港	29 200	91 658 684	25 449	76 931 659
印度	8 174	14 676 303	2 431	4 362 683
印度尼西亚	36 301	88 599 058	27 676	52 219 238
伊朗	1 080	1 887 042	1 183	2 729 925
以色列	2	29 821	7	21 467
日本	79 487	460 439 055	74 691	320 315 841
约旦	39	63 632	0	0
老挝	0	12 791	0	0

2004 年 中 国 主 要 进 口 商 品 来 源 地（续）

铜材

来 源 地	2004 年		2003 年	
	数量（公吨）	金额（美元）	数量（公吨）	金额（美元）
澳门	3 118	15 191 192	792	3 049 757
马来西亚	24 343	88 290 558	21 872	74 331 392
阿曼	0	8 061	0	0
菲律宾	6 964	40 849 120	6 287	28 343 682
沙特阿拉伯	0	283	0	107
新加坡	5 019	33 903 310	5 025	31 607 757
韩国	244 004	673 652 753	213 564	466 844 712
泰国	5 398	21 022 391	5 577	21 406 282
土耳其	66	280 021	107	354 157
阿拉伯联合酋长国	5	26 010	0	8
越南	100	186 191	321	638 265
中国	161 811	569 306 676	110 907	336 639 548
台湾省	396 244	1 133 613 301	368 633	883 510 468
哈萨克斯坦	48 649	133 109 031	50 013	88 651 874
南非	2 110	6 429 965	5 119	11 411 950
赞比亚	200	307 860	0	0
比利时	656	4 676 389	578	2 628 720
丹麦	53	1 856 200	30	651 738
英国	648	4 587 156	771	5 079 197
德国	44 310	186 971 435	33 148	118 100 618
法国	2 016	13 686 787	3 776	15 288 119
爱尔兰	21	1 086 125	31	1 664 976
意大利	1 435	5 109 182	1 720	5 300 008
卢森堡	3 093	15 982 563	2 050	8 043 013
荷兰	2 636	6 375 707	2 134	4 210 649
葡萄牙	141	352 018	10	36 397
西班牙	147	188 743	33	174 639
奥地利	116	1 277 141	99	1 458 569
芬兰	1 615	7 002 495	1 250	5 312 246
匈牙利	1	10 050	0	4 260
挪威	254	485 025	50	120 965
波兰	6 976	13 837 513	6 057	9 524 713
瑞典	1 745	7 313 026	910	2 916 974
瑞士	716	6 569 152	309	3 822 292
俄罗斯联邦	29 270	81 397 470	40 270	72 147 257
乌克兰	446	621 121	78	106 152
斯洛文尼亚	1	10 706	0	0
捷克	6	505 964	29	62 892
巴西	9	30 192	7	38 337
智利	2 385	4 034 799	646	1 119 864
墨西哥	58	355 207	125	419 599
秘鲁	25	85 825	20	47 731

2004年中国主要进口商品来源地（续）

铜材

来源地	2004年		2003年	
	数量（公吨）	金额（美元）	数量（公吨）	金额（美元）
乌拉圭	1	1 709	0	0
委内瑞拉	0	21	0	0
加拿大	15 212	40 826 998	1 773	3 399 894
美国	7 325	93 539 152	5 606	54 636 478
澳大利亚	21 678	41 383 533	34 381	62 120 622
新西兰	52	973 219	39	853 076
国别（地区）不详	6	42 125	21	39 139

铝材

来源地	2004年		2003年	
	数量（公吨）	金额（美元）	数量（公吨）	金额（美元）
总值	**610 636**	**1 944 157 195**	**531 477**	**1 490 885 218**
巴林	21 112	43 482 262	18 280	34 273 191
孟加拉国	1	1 532	0	0
香港	13 317	36 011 790	14 186	36 803 239
印度	1 891	3 735 956	1 375	2 538 306
印度尼西亚	3 132	7 409 055	2 196	4 859 760
以色列	145	491 868	262	566 631
日本	108 210	468 192 645	102 992	361 245 863
澳门	15	29 923	0	0
马来西亚	2 920	8 311 019	2 263	6 076 478
菲律宾	53	142 100	0	838
新加坡	5 343	20 181 914	5 721	20 634 664
韩国	162 719	440 004 879	126 921	323 536 555
泰国	925	2 971 129	456	1 938 142
土耳其	341	963 489	283	663 939
阿拉伯联合酋长国	1 577	3 076 469	1 346	2 336 303
越南	364	515 341	159	261 593
中国	22 756	93 157 416	15 560	37 577 238
台湾省	116 096	334 937 913	109 738	281 890 446
哈萨克斯坦	3	5 894	0	0
埃及	28	81 062	22	64 692
摩洛哥	0	6 392	0	0
南非	11 307	33 462 815	9 483	25 267 833
比利时	1 871	3 753 207	1 063	1 880 530
丹麦	470	3 236 301	639	3 655 729
英国	8 211	27 574 218	3 762	12 167 296
德国	33 597	119 820 505	29 951	99 944 942
法国	11 626	38 734 643	12 758	38 417 755

2004 年中国主要进口商品来源地（续）

铝材

来源地	2004 年		2003 年	
	数量（公吨）	金额（美元）	数量（公吨）	金额（美元）
爱尔兰	19	105 440	2	15 989
意大利	3 475	18 115 417	2 036	12 941 751
荷兰	3 115	12 578 730	3 005	10 650 118
希腊	4 810	13 426 819	1 010	2 495 790
葡萄牙	0	444	0	1 243
西班牙	24	238 533	102	355 081
奥地利	177	1 430 757	866	3 228 360
保加利亚	258	377 380	46	57 700
芬兰	12	424 882	15	294 266
匈牙利	146	255 944	19	120 096
列支敦士登	0	423	0	0
挪威	2 870	11 905 551	105	1 169 662
瑞典	361	2 095 526	187	943 602
瑞士	778	4 579 997	791	3 790 620
白俄罗斯	37	156 011	4	16 216
俄罗斯联邦	5 567	10 972 725	7 687	15 324 939
斯洛文尼亚	34	69 066	0	0
捷克	19	75 583	29	71 706
巴西	96	185 396	908	1 395 479
墨西哥	20	37 345	5	41 596
加拿大	1 856	5 472 569	532	2 148 074
美国	18 750	78 711 969	21 508	69 295 013
澳大利亚	39 815	89 153 676	32 659	67 014 799
新西兰	343	3 377 208	264	1 815 977
国别（地区）不详	24	118 067	13	36 002

原油

来源地	2004 年		2003 年	
	数量（公吨）	金额（美元）	数量（公吨）	金额（美元）
总值	**122 723 840**	**33 912 467 964**	**91 123 950**	**19 808 734 177**
文莱	882 436	251 012 471	1 358 433	312 147 994
印度尼西亚	3 427 693	958 873 448	3 332 802	733 856 611
伊朗	13 237 232	3 535 879 006	12 393 846	2 635 558 399
伊拉克	1 306 511	312 552 121	0	0
日本	4 428	1 167 296	58 030	12 755 892
科威特	1 253 980	305 456 005	907 244	186 365 024
马来西亚	1 691 344	530 226 776	2 030 684	499 413 909
蒙古	24 267	6 693 604	20 501	4 396 088
阿曼	16 345 277	4 271 270 019	9 267 937	1 978 256 687
菲律宾	257 610	82 739 714	37 729	9 792 112

2004年中国主要进口商品来源地（续）

原油

来源地	2004年		2003年	
	数量（公吨）	金额（美元）	数量（公吨）	金额（美元）
卡塔尔	142 395	41 729 389	675 820	140 353 338
沙特阿拉伯	17 243 550	4 634 104 883	15 180 218	3 254 636 278
韩国	21 051	5 135 140	0	0
泰国	915 010	274 690 638	1 610 170	383 814 844
阿拉伯联合酋长国	1 343 865	413 005 754	863 523	194 043 452
也门共和国	4 912 420	1 425 815 660	6 995 852	1 520 734 722
越南	5 351 458	1 546 965 681	3 505 695	817 103 333
哈萨克斯坦	1 285 605	348 527 098	1 198 214	217 517 190
阿尔及利亚	676 163	233 208 790	128 476	33 353 377
安哥拉	16 120 823	4 716 807 801	10 102 596	2 205 654 993
喀麦隆	131 075	47 996 264	240 385	51 087 518
乍得	830 772	197 282 116	0	0
刚果（布）	4 773 279	1 338 835 042	3 389 260	699 913 467
赤道几内亚	3 484 773	928 113 538	1 460 162	315 975 939
加蓬	548 264	134 505 612	277 632	56 618 279
几内亚	49 867	14 224 695	0	0
利比亚	1 338 451	381 020 209	128 882	28 004 853
尼日利亚	1 488 953	411 931 140	122 023	27 228 036
苏丹	5 770 342	1 658 066 559	6 257 285	1 416 335 306
英国	157 404	42 690 248	201 621	43 470 122
挪威	2 008 899	575 862 262	931 767	210 311 036
格鲁吉亚	80 575	30 915 000	0	0
阿塞拜疆	129 572	31 279 741	139 194	29 274 607
俄罗斯联邦	10 773 690	2 936 463 865	5 254 728	1 102 309 550
阿根廷	714 078	183 049 131	131 306	28 956 543
巴西	1 576 508	422 880 034	123 660	21 676 030
古巴	0	132	0	0
厄瓜多尔	282 619	66 316 195	139 130	24 226 120
委内瑞拉	334 242	72 967 398	443 762	78 166 885
加拿大	78 664	14 946 130	55 542	10 000 025
美国	110 274	27 017 331	3	3 741
澳大利亚	1 510 249	467 518 975	1 779 936	445 712 327
巴布亚新几内亚	78 141	25 321 431	80 723	21 557 236
国别（地区）不详	30 030	7 403 622	0	0

2004 年中国主要进口商品来源地（续）

成品油

来源地	2004 年		2003 年	
	数量（公吨）	金额（美元）	数量（公吨）	金额（美元）
总值	**37 875 929**	**9 248 352 229**	**28 235 858**	**5 861 182 474**
巴林	30 500	9 343 880	0	0
香港	94 702	34 359 788	34 141	16 483 939
印度	102 715	18 247 553	72 643	12 640 258
印度尼西亚	1 003 948	210 812 431	1 568 990	297 433 873
伊朗	1 629 358	336 439 108	1 345 302	238 601 845
伊拉克	33 192	7 250 818	0	0
以色列	0	275	0	4 683
日本	2 000 745	598 020 464	1 286 490	321 958 024
约旦	78 920	14 560 831	0	0
老挝	0	200	0	0
马来西亚	2 399 103	489 038 054	1 322 618	261 155 497
巴基斯坦	0	157	0	0
菲律宾	39 542	10 401 193	190 137	36 061 799
卡塔尔	272 129	53 818 327	0	0
沙特阿拉伯	253 138	50 981 954	58 756	14 639 957
新加坡	9 256 481	2 149 055 618	6 561 155	1 401 338 164
韩国	10 178 542	2 739 266 494	7 449 818	1 545 300 035
泰国	473 870	139 538 057	328 669	96 097 702
土耳其	26 084	5 362 664	28	54 604
阿拉伯联合酋长国	321 820	70 916 326	279 287	55 607 712
也门共和国	141 025	30 481 489	123 214	24 036 858
越南	3 663	3 312 496	2 264	1 891 787
中国	490	774 748	1 383	1 287 448
台湾省	1 498 024	451 049 036	634 794	153 265 595
哈萨克斯坦	252 117	42 532 114	224 483	30 201 979
乌兹别克斯坦	177 069	41 607 494	70 948	12 539 106
阿尔及利亚	0	380	0	0
埃及	5 955	2 888 493	14	12 918
南非	6 466	2 223 532	531	360 630
苏丹	0	3 259	0	737
坦桑尼亚	11	12 915	0	0
比利时	6 423	10 067 770	5 791	8 480 365
丹麦	15	242 507	2	20 212
英国	2 034	2 986 085	1 578	2 257 146
德国	15 336	31 621 767	12 770	25 091 308
法国	16 427	21 350 859	10 260	13 041 446
意大利	1 285	2 426 965	1 672	2 413 388
卢森堡	0	1 117	0	560
荷兰	264 459	54 151 674	2 534	2 515 616
希腊	146	200 150	93	121 400
葡萄牙	1	6 485	1	10 062

2004 年中国主要进口商品来源地（续）

成品油

来源地	2004 年		2003 年	
	数量（公吨）	金额（美元）	数量（公吨）	金额（美元）
西班牙	6 438	5 720 682	8 977	6 200 389
阿尔巴尼亚	0	100	0	0
奥地利	11	50 805	6	42 809
芬兰	2	8 164	0	4 989
匈牙利	4	16 182	0	1 404
挪威	0	2 137	5	13 530
瑞典	8 835	4 738 595	8 141	4 025 306
瑞士	137	424 941	129	282 255
阿塞拜疆	1	1 435	0	0
白俄罗斯	8 519	3 851 954	6 978	1 388 524
俄罗斯联邦	5 546 322	1 188 766 261	4 994 811	943 750 949
乌克兰	5 403	2 491 797	0	0
捷克	4	14 957	1	8 133
阿根廷	1	4 138	0	271
巴西	18	96 130	11	48 156
哥伦比亚	265 714	46 672 266	0	0
厄瓜多尔	57 750	10 337 223	1	5 050
墨西哥	10	20 209	5	10 929
委内瑞拉	848 331	164 707 093	1 238 227	198 190 718
加拿大	2 657	3 713 177	1 313	2 070 688
美国	487 289	169 117 192	245 641	98 639 454
澳大利亚	1 179	2 715 609	5 749	4 099 964
新西兰	160	82 943	7	16 280
国别（地区）不详	51 407	9 442 712	15 355	2 745 900

钢材

来源地	2004 年		2003 年	
	数量（公吨）	金额（美元）	数量（公吨）	金额（美元）
总值	**29 302 662**	**20 787 226 288**	**37 168 510**	**19 915 806 908**
阿富汗	0	416	0	0
巴林	0	266	50	28 429
孟加拉国	1 130	859 688	0	0
朝鲜	12 750	4 215 614	21 442	4 712 089
香港	35 039	25 107 016	36 316	22 586 013
印度	857 289	556 273 617	2 205 897	1 078 029 431
印度尼西亚	199 120	94 954 319	315 753	112 712 278
伊朗	105 353	43 707 232	55 512	15 255 944
以色列	1 651	1 556 322	426	256 800
日本	7 794 340	5 766 811 676	7 252 096	4 437 611 547
约旦	962	361 633	0	0

2004年中国主要进口商品来源地（续）

钢材

来源地	2004年		2003年	
	数量（公吨）	金额（美元）	数量（公吨）	金额（美元）
科威特	490	127 345	277	65 285
黎巴嫩	0	22	0	265
澳门	1	10 936	0	0
马来西亚	252 044	144 289 127	334 850	163 523 448
蒙古	10 764	1 870 718	0	0
巴基斯坦	5	4 804	0	242
菲律宾	8 440	6 089 812	1 748	1 285 477
沙特阿拉伯	112 870	50 323 062	251 933	93 811 203
新加坡	16 749	26 815 946	16 010	24 323 935
韩国	4 941 938	4 180 451 406	5 173 119	3 154 435 187
斯里兰卡	0	805	10	49 107
泰国	317 182	183 087 588	590 023	275 169 496
土耳其	159 409	70 654 252	181 477	79 054 271
阿拉伯联合酋长国	833	808 945	541	293 242
越南	4 096	3 288 844	8 258	5 453 175
中国	570 507	271 285 351	449 599	179 133 198
台湾省	4 880 393	3 704 616 792	5 988 908	3 619 989 263
哈萨克斯坦	1 088 091	523 738 839	1 317 100	468 069 305
埃及	103 506	37 557 134	46 181	13 643 867
利比亚	46 447	15 651 526	19 134	5 515 212
尼日利亚	15	1 888	0	0
南非	406 890	283 494 130	543 403	327 721 551
比利时	118 803	124 152 999	274 865	198 832 398
丹麦	369	1 799 374	524	1 136 447
英国	147 210	115 428 135	262 565	157 818 700
德国	806 106	897 035 273	715 253	678 900 733
法国	186 797	198 426 511	182 131	151 540 088
爱尔兰	1 026	509 700	44	146 847
意大利	255 316	297 712 436	317 993	241 665 765
卢森堡	42 819	30 095 752	49 985	26 615 332
荷兰	69 058	40 536 856	57 896	28 364 644
希腊	684	336 438	526	216 875
葡萄牙	5 398	3 125 729	573	229 901
西班牙	104 865	75 786 304	139 493	67 173 606
奥地利	13 736	29 499 160	12 952	21 671 750
保加利亚	76 734	28 292 141	73 857	26 831 908
芬兰	64 325	139 893 970	119 389	168 519 080
匈牙利	21	65 439	24	80 247
挪威	15 532	15 838 868	9 545	8 118 987
波兰	54 099	23 975 210	89 727	28 380 064
罗马尼亚	395 629	167 705 400	753 732	250 870 261
瑞典	102 169	189 919 199	151 271	196 176 075

2004年中国主要进口商品来源地（续）

钢材

来源地	2004年		2003年	
	数量（公吨）	金额（美元）	数量（公吨）	金额（美元）
瑞士	1 725	10 362 640	1 060	3 733 551
爱沙尼亚	123	81 665	12 787	7 685 368
立陶宛	3 401	631 061	5 807	1 010 616
白俄罗斯	232	144 408	8 469	2 332 861
俄罗斯联邦	2 338 182	976 639 870	3 445 943	1 281 114 524
乌克兰	1 046 748	413 382 151	2 511 800	772 496 620
塞黑	2 877	1 912 592	46 849	12 243 020
斯洛文尼亚	710	1 227 665	297	325 834
克罗地亚	507	790 337	0	0
捷克	5 353	9 787 246	18 718	11 485 073
斯洛伐克	75 713	32 535 276	115 653	44 188 828
阿根廷	104 269	55 982 527	262 896	128 283 058
巴哈马	717	647 681	0	0
巴西	790 136	393 553 594	1 012 146	441 587 300
智利	19 595	9 302 608	15 774	6 822 656
墨西哥	79 869	44 539 955	246 845	121 913 363
乌拉圭	1	1 694	0	0
委内瑞拉	60 338	26 600 074	138 026	54 047 230
加拿大	39 441	21 128 307	57 874	26 128 629
美国	189 979	321 069 217	862 362	501 067 723
澳大利亚	140 182	81 718 130	227 465	112 984 263
新西兰	13 384	6 864 071	12 428	4 816 643
国别（地区）不详	179	171 554	88	93 104

塑料

来源地	2004年	2003年
	金额（美元）	金额（美元）
总值	**28 064 881 620**	**21 037 399 051**
阿富汗	100	0
孟加拉国	5 753 103	943 799
文莱	3 877	15
缅甸	123 723	855
柬埔寨	7 059	16 800
塞浦路斯	13 781	24 431
朝鲜	891 115	887 210
香港	1 131 358 318	741 951 501
印度	408 418 264	323 522 424
印度尼西亚	125 620 233	121 970 379
伊朗	27 377 330	29 728 348
伊拉克	45 180	20 202
以色列	10 918 948	9 022 818

塑料

来源地	2004年	2003年
	金额（美元）	金额（美元）
日本	4 647 984 190	3 655 831 476
约旦	19 812	24 880
科威特	125 792 175	114 792 442
老挝	7 750	846
黎巴嫩	872 257	692 746
澳门	2 905 953	3 289 495
马来西亚	761 423 229	614 612 146
马尔代夫	123 156	0
蒙古	410 816	177 889
尼泊尔	29 943	20 751
巴基斯坦	9 127 432	4 004 656
菲律宾	37 470 263	23 135 372
卡塔尔	191 557 912	79 991 111
沙特阿拉伯	656 467 831	486 523 951

2004 年中国主要进口商品来源地（续）

塑料

来源地	2004 年	2003 年
	金额（美元）	金额（美元）
新加坡	1 439 968 458	1 217 969 864
韩国	4 875 364 502	3 492 032 458
斯里兰卡	178 549	3 457 115
叙利亚	2 628	19 542
泰国	1 215 918 870	921 272 027
土耳其	8 368 245	5 479 728
阿拉伯联合酋长国	127 445 051	99 540 864
也门共和国	70 796	0
越南	7 412 403	9 347 985
中国	790 038 359	500 998 334
台湾省	5 711 038 442	4 556 914 266
哈萨克斯坦	680 687	229 082
吉尔吉斯斯坦	7 752	12 485
塔吉克斯坦	451	0
土库曼斯坦	837 660	0
乌兹别克斯坦	15 610 363	4 828 372
阿尔及利亚	36 051	0
中非	553	0
吉布提	8 680	0
埃及	14 636 647	5 250 019
埃塞俄比亚	185	256
加纳	20 021	0
肯尼亚	59 301	0
利比亚	152 017	0
马达加斯加	234	0
马拉维	49	0
毛里求斯	717	15 884
摩洛哥	272 427	116 697
纳米比亚	252	3
尼日利亚	8 683	58 682
南非	22 394 257	24 421 009
苏丹	159 435	13 275
坦桑尼亚	334 178	103 345
突尼斯	495 391	571 070
比利时	362 434 434	207 670 325
丹麦	25 709 231	16 799 115
英国	177 295 757	127 577 408
德国	947 292 951	645 088 182
法国	225 618 476	162 224 438
爱尔兰	5 793 734	3 410 505
意大利	169 709 819	111 285 663
卢森堡	7 030 275	14 896 713

塑料

来源地	2004 年	2003 年
	金额（美元）	金额（美元）
荷兰	269 707 294	236 187 556
希腊	1 191 797	1 341 052
葡萄牙	2 372 866	2 733 906
西班牙	93 758 715	77 156 176
奥地利	27 778 624	14 947 203
保加利亚	752 578	980 482
芬兰	21 133 626	22 214 208
匈牙利	12 709 781	4 577 127
冰岛	391 676	234 693
列支敦士登	12 299	60 345
马耳他	68 462	876 530
摩纳哥	527 658	297 724
挪威	10 235 392	7 580 710
波兰	8 053 374	4 638 878
罗马尼亚	11 884 671	2 942 693
瑞典	51 455 289	43 920 590
瑞士	50 158 263	32 296 487
爱沙尼亚	717 681	411 214
拉脱维亚	130 755	48 394
立陶宛	196 653	102 728
格鲁吉亚	13 290	0
阿塞拜疆	4 465 071	4 563 473
白俄罗斯	1 371 584	97 293
俄罗斯联邦	254 892 313	191 752 561
乌克兰	7 483 431	7 130 308
塞黑	177 286	403
斯洛文尼亚	681 247	595 613
克罗地亚	2 967 419	19 653
捷克	10 695 175	5 887 097
斯洛伐克	2 686 883	1 784 427
阿根廷	15 704 471	28 789 554
巴巴多斯	78 232	11 781
玻利维亚	1 257	92
巴西	69 101 019	75 084 246
智利	1 642 387	1 881 107
哥伦比亚	4 428 060	3 043 132
多米尼克	31 067	24 479
哥斯达黎加	350 192	106 342
古巴	82 319	0
多米尼加共和国	38 478	31 173
厄瓜多尔	457 230	221 337
危地马拉	2 207 629	157 018

2004 年中国主要进口商品来源地（续）

塑料

来源地	2004 年	2003 年
	金额（美元）	金额（美元）
圭亚那	318 281	0
海地	2 967	0
洪都拉斯	228 977	113 409
牙买加	59 996	62 206
墨西哥	42 785 071	36 588 254
尼加拉瓜	18 954	8 525
巴拿马	918 965	85 252
巴拉圭	946 685	78 041
秘鲁	9 293 770	510 892
波多黎各	559 974	654 666
圣卢西亚	23 206	6 809
萨尔瓦多	102 304	9 288
苏里南	15 406	0

塑料

来源地	2004 年	2003 年
	金额（美元）	金额（美元）
特克斯和凯科斯群岛	5	6 700
乌拉圭	1 834 695	422 302
委内瑞拉	113 767	3 210 695
加拿大	237 366 665	154 592 187
美国	2 385 506 528	1 632 770 504
格陵兰	404	0
澳大利亚	121 440 891	84 272 917
斐济	18	0
新西兰	23 226 338	5 947 807
社会群岛	47	0
马绍尔群岛共和国	1 816	0
国别（地区）不详	191 675	505 209

化肥

来源地	2004 年		2003 年	
	数量（公吨）	金额（美元）	数量（公吨）	金额（美元）
总值	**12 400 213**	**2 287 692 006**	**12 131 803**	**1 762 666 590**
香港	13	3 850	2	9 408
印度尼西亚	70	69 797	260	47 742
以色列	557 409	94 440 530	381 679	46 302 474
日本	5 997	776 636	12 554	1 299 232
约旦	306 178	49 310 977	349 969	41 554 727
马来西亚	29	88 314	106	10 215
菲律宾	59	85 170	21 945	2 782 305
新加坡	73	21 690	611	39 608
韩国	172	108 496	381	224 241
泰国	49	9 397	0	0
越南	20	2 100	167	20 992
中国	13	19 570	2 589	115 925
台湾省	38 862	7 318 528	56 138	9 556 287
哈萨克斯坦	191 080	29 379 402	78 196	10 734 806
乌兹别克斯坦	30 527	4 250 617	0	0
摩洛哥	106 170	24 786 244	163 472	31 427 847
南非	20	80 000	0	0
突尼斯	98 334	23 826 846	51 986	10 324 241
比利时	99 604	23 292 990	251 680	46 408 164
英国	323	605 024	219	439 930
德国	84 844	16 218 157	61 049	10 419 262
法国	48	105 600	28	58 068
爱尔兰	11	33 315	23	51 007

2004 年 中 国 主 要 进 口 商 品 来 源 地（续）

化肥

来 源 地	2004 年		2003 年	
	数量（公吨）	金额（美元）	数量（公吨）	金额（美元）
意大利	1	282	0	2 298
荷兰	396	246 725	480	250 362
西班牙	1	34 840	0	1 008
奥地利	0	150	0	0
芬兰	114 315	27 994 684	164 707	32 470 481
挪威	547 781	98 341 404	500 433	87 673 524
罗马尼亚	54 815	12 133 967	87 459	17 530 943
爱沙尼亚	144	22 042	0	0
拉脱维亚	105	16 275	0	0
立陶宛	1 437	221 327	1 683	257 900
白俄罗斯	161 615	25 903 586	122 311	14 317 188
俄罗斯联邦	5 898 157	972 392 724	5 380 013	674 335 466
乌克兰	48 843	8 045 006	218 009	23 267 666
捷克	57	19 583	8	6 787
斯洛伐克	0	1 716	0	0
智利	14 029	2 384 984	55 603	8 746 366
加拿大	1 944 155	333 597 385	1 635 163	201 198 370
美国	2 094 358	531 442 037	2 467 573	478 225 250
澳大利亚	95	59 439	68	31 185
新西兰	0	600	0	0

天然橡胶

来 源 地	2004 年		2003 年	
	数量（公吨）	金额（美元）	数量（公吨）	金额（美元）
总值	**1 284 315**	**1 524 235 035**	**1 202 897**	**1 154 737 788**
孟加拉国	36	41 525	0	0
缅甸	6 264	6 822 883	3 476	3 101 148
柬埔寨	2 224	2 531 198	7 836	7 684 424
香港	51	46 705	0	0
印度	33 081	39 250 220	14 869	15 580 535
印度尼西亚	207 851	255 296 802	135 678	132 521 500
日本	39	63 357	1 322	1 306 593
老挝	1 380	1 498 000	1 910	2 204 820
马来西亚	311 573	375 655 698	216 643	212 653 285
菲律宾	19 176	21 372 647	9 085	8 306 935
新加坡	1 811	2 255 727	2 100	2 320 194
韩国	292	360 857	1 296	1 251 889
斯里兰卡	737	947 025	2 335	2 275 016
泰国	642 799	757 078 324	706 490	672 305 025
越南	53 576	57 299 374	78 999	73 089 311

2004年中国主要进口商品来源地（续）

天然橡胶

来源地	2004年		2003年	
	数量（公吨）	金额（美元）	数量（公吨）	金额（美元）
中国	22	14 704	6	5 913
台湾省	1 308	1 232 995	982	936 619
喀麦隆	827	919 598	0	0
爱尔兰	0	376	0	0
俄罗斯联邦	22	27 432	0	0
美国	1 247	1 519 588	19 857	19 179 406

合成橡胶

来源地	2004年		2003年	
	数量（公吨）	金额（美元）	数量（公吨）	金额（美元）
总值	**1 094 795**	**1 414 240 126**	**1 005 725**	**1 151 909 516**
柬埔寨	0	11	0	0
香港	3 247	4 326 594	3 632	3 511 739
印度	180	267 766	117	115 822
印度尼西亚	31 839	24 298 199	19 852	12 960 941
伊朗	7 078	7 654 402	10 781	10 139 819
以色列	1	6 769	2	11 760
日本	154 925	251 054 276	144 895	215 240 205
澳门	365	495 543	260	384 141
马来西亚	4 398	4 325 257	2 534	2 397 421
菲律宾	8	7 465	0	0
沙特阿拉伯	36	42 772	7	7 985
新加坡	1 604	3 308 874	1 440	2 879 501
韩国	182 501	186 467 678	167 301	144 676 731
斯里兰卡	36	97 377	0	0
泰国	34 129	35 578 045	36 079	35 971 765
土耳其	399	549 025	0	0
越南	256	491 801	202	187 085
中国	24 866	25 243 615	21 387	19 662 878
台湾省	250 369	272 662 977	223 131	222 303 886
南非	791	779 152	799	679 604
比利时	14 238	29 029 044	7 979	18 441 691
丹麦	25	97 097	5	50 653
英国	23 524	34 223 812	21 042	36 993 363
德国	25 911	34 441 067	26 621	31 090 798
法国	44 024	67 039 061	26 267	36 897 918
意大利	6 669	7 450 636	4 208	4 207 819
卢森堡	88	190 081	57	125 870
荷兰	10 074	13 342 971	4 879	6 107 603
西班牙	2 527	2 976 638	905	755 375

2004年中国主要进口商品来源地（续）

合成橡胶

来源地	2004年		2003年	
	数量（公吨）	金额（美元）	数量（公吨）	金额（美元）
奥地利	227	895 654	104	385 449
保加利亚	214	286 420	0	0
芬兰	1 023	531 105	2 112	1 318 797
波兰	100	141 820	136	184 035
罗马尼亚	594	773 727	0	0
瑞典	405	1 057 847	319	819 733
瑞士	75	121 379	34	28 011
爱沙尼亚	892	792 569	89	125 176
俄罗斯联邦	135 421	167 192 182	174 328	176 284 813
阿根廷	18	22 050	0	0
巴西	4 347	5 300 119	3 243	3 770 662
哥斯达黎加	0	643	0	0
墨西哥	6 626	6 506 883	5 436	4 938 563
加拿大	13 368	35 727 463	8 581	19 178 423
美国	105 176	186 459 586	84 057	136 424 864
澳大利亚	2 050	1 737 988	2 861	2 583 556
新西兰	25	24 822	0	0
国别（地区）不详	122	219 864	22	22 846

医疗器械

来源地	2004年	2003年
	金额（美元）	金额（美元）
总值	**1 907 616 925**	**1 619 749 793**
香港	12 210 367	11 647 265
印度	14 814 496	6 483 143
印度尼西亚	411 981	224 424
伊朗	116	0
以色列	47 624 515	36 801 821
日本	383 787 950	327 131 815
马来西亚	7 666 790	7 244 169
巴基斯坦	31 158	17 475
菲律宾	1 236 602	18 708
新加坡	15 998 908	7 030 853
韩国	37 829 842	30 354 529
泰国	3 329 478	2 383 072
土耳其	8 660	29 441
阿拉伯联合酋长国	241	0
越南	90	0
中国	23 940 869	5 893 568
台湾省	7 202 248	8 125 602
埃及	46 237	98 220

医疗器械

来源地	2004年	2003年
	金额（美元）	金额（美元）
毛里求斯	900	0
南非	8 432	43 687
比利时	2 505 710	2 450 347
丹麦	11 579 413	10 499 555
英国	51 359 936	35 571 267
德国	368 107 429	310 238 803
法国	53 723 058	54 433 433
爱尔兰	25 481 047	22 360 295
意大利	36 089 957	36 939 485
荷兰	61 003 497	54 599 505
希腊	166 349	166 131
葡萄牙	3 434	23 368
西班牙	14 646 492	17 859 819
奥地利	24 177 246	6 834 728
保加利亚	2 079	16 597
芬兰	11 598 783	8 619 506
匈牙利	461 761	266 762
冰岛	188 701	187 197
列支敦士登	12 224	16 149

2004 年 中 国 主 要 进 口 商 品 来 源 地（续）

医疗器械

来　源　地	2004 年	2003 年
	金额（美元）	金额（美元）
马耳他	14 822	3 555
挪威	17 839 270	12 254 948
波兰	6 340	33 210
罗马尼亚	487	647
瑞典	28 736 092	24 707 822
瑞士	17 254 327	13 929 931
爱沙尼亚	15 797	19 512
拉脱维亚	2 000	0
立陶宛	28 209	62 330
俄罗斯联邦	495 780	69 288
乌克兰	398	376
斯洛文尼亚	28 802	0
捷克	83 469	0
巴西	663 384	475 126
哥伦比亚	31 505	2 913

医疗器械

来　源　地	2004 年	2003 年
	金额（美元）	金额（美元）
多米尼克	84 731	119 055
哥斯达黎加	314 598	0
多米尼加共和国	702 165	715 687
厄瓜多尔	1 187	628
牙买加	82	0
墨西哥	4 742 125	3 374 857
巴拿马	20 961	0
波多黎各	566 241	241 200
委内瑞拉	231	90 350
加拿大	5 047 118	7 494 699
美国	608 946 370	545 536 920
澳大利亚	4 165 180	5 248 855
新西兰	517 618	741 894
国别（地区）不详	50 640	457

各类船

来　源　地	2004 年		2003 年	
	数量（艘）	金额（美元）	数量（艘）	金额（美元）
总值	**2 190**	**670 414 122**	**1 248**	**285 721 691**
香港	105	3 657 636	162	6 855 049
印度	1	8 901 846	1	1 978 845
日本	177	349 785 373	115	90 036 584
澳门	90	2 671 582	19	1 501 698
马来西亚	4	36 973	0	0
新加坡	13	1 419 090	8	268 436
韩国	57	11 362 076	17	20 813 066
泰国	7	50 239	4	32 400
土耳其	1	3 993	0	0
阿拉伯联合酋长国	1	17 904	0	0
越南	6	195 002	2	44 279
中国	872	30 876 560	202	16 264 956
台湾省	8	11 603	5	6 782 856
南非	1	32 000	1	961
比利时	2	2 082	0	0
丹麦	13	2 275 474	7	198 319
英国	18	1 293 527	6	51 615
德国	58	5 497 307	102	9 197 033
法国	91	128 853	3	21 303
意大利	7	326 785	2	144 000
荷兰	24	78 951 967	8	54 074 715

2004 年中国主要进口商品来源地（续）

各类船

来源地	2004 年		2003 年	
	数量（艘）	金额（美元）	数量（艘）	金额（美元）
西班牙	6	48 637 974	3	2 171 920
芬兰	2	183 715	0	0
挪威	24	1 558 457	20	3 173 404
波兰	7	21 336 011	60	67 824
罗马尼亚	2	8 956 507	3	6 108 000
俄罗斯联邦	1	9 000 825	2	6 521 539
乌克兰	3	20 725 882	2	7 194 560
塞黑	1	1 000 000	0	0
巴西	4	31 585 293	4	12 985 898
加拿大	212	1 033 576	100	390 202
美国	344	28 034 328	349	15 200 057
澳大利亚	22	759 930	14	524 397
新西兰	6	103 752	7	98 158

飞机

来源地	2004 年		2003 年	
	数量（架）	金额（美元）	数量（架）	金额（美元）
总值	**146**	**4 231 262 718**	**167**	**3 500 639 914**
德国	23	566 841 012	8	348 873 009
法国	29	1 348 447 492	22	1 004 626 692
俄罗斯联邦	21	206 266 210	21	213 913 234
捷克	2	315 434	0	0
加拿大	2	25 122	3	57 074 650
美国	68	2 109 346 111	90	1 875 990 862
澳大利亚	1	21 337	17	87 206

汽车

来源地	2004 年		2003 年	
	数量（辆）	金额（美元）	数量（辆）	金额（美元）
总值	**175 486**	**5 317 463 464**	**171 325**	**5 178 856 785**
香港	10	3 051 691	14	2 783 000
印度	7	67 157	20	241 896
伊朗	1	7 021	0	0
日本	72 577	2 033 328 028	77 481	2 052 722 451
韩国	35 308	375 008 852	20 369	250 844 979
泰国	299	4 318 958	95	1 349 592
土耳其	827	11 532 102	1 111	13 390 606
越南	1	24 000	0	0

2004年中国主要进口商品来源地（续）

汽车

来源地	2004年		2003年	
	数量（辆）	金额（美元）	数量（辆）	金额（美元）
中国	2	12 474	25	1 018 009
台湾省	155	2 769 631	4 712	71 426 247
比利时	157	3 361 327	91	2 854 721
丹麦	2	721 978	4	828 758
英国	2 481	104 291 626	1 651	59 317 899
德国	42 626	2 033 101 653	44 832	2 070 650 527
法国	1 526	44 764 147	2 790	53 735 294
意大利	120	12 770 118	232	19 250 033
荷兰	4	766 842	12	1 202 936
葡萄牙	294	7 174 372	144	3 367 980
西班牙	196	6 772 906	119	4 067 777
奥地利	2 496	80 464 972	837	23 092 734
芬兰	7	2 964 392	4	2 167 129
匈牙利	33	1 267 146	51	1 686 398
挪威	4	656 397	1	299 000
波兰	46	1 096 178	1 548	11 901 016
瑞典	4 790	191 244 338	4 781	173 316 338
瑞士	12	967 657	13	2 608 569
白俄罗斯	57	8 173 708	14	1 159 200
俄罗斯联邦	53	1 374 164	51	1 096 908
捷克	2 307	34 931 726	517	8 386 845
斯洛伐克	550	29 198 233	1 018	11 697 007
阿根廷	91	2 536 302	10	258 467
巴西	14	487 821	42	868 826
墨西哥	486	9 526 717	824	14 232 580
加拿大	529	13 140 314	181	4 453 938
美国	7 304	292 250 602	7 235	297 756 440
澳大利亚	114	3 337 914	13	1 432 327

汽车零件

来源地	2004年	2003年
	金额（美元）	金额（美元）
总值	**7 326 319 799**	**6 263 820 810**
巴林	170	0
朝鲜	25	0
香港	928 585	755 402
印度	11 708 049	9 199 520
印度尼西亚	24 557 498	6 517 539
伊朗	14 158	2 620
以色列	4 136	2 264
日本	2 481 101 123	1 819 801 354

汽车零件

来源地	2004年	2003年
	金额（美元）	金额（美元）
约旦	1 806	988
科威特	581	144
黎巴嫩	669	343
马来西亚	7 025 679	9 824 789
巴基斯坦	338	1 088
菲律宾	3 024 218	257 406
沙特阿拉伯	12 704	47 833
新加坡	1 417 936	5 710 632
韩国	1 123 036 392	700 283 309

2004 年中国主要进口商品来源地（续）

汽车零件

来源地	2004 年	2003 年
	金额（美元）	金额（美元）
斯里兰卡	1 170	56
泰国	49 046 278	26 274 642
土耳其	7 876 923	31 765 565
阿拉伯联合酋长国	54 925	26 974
也门共和国	1 269	814
越南	9	165
中国	2 961 771	2 187 427
台湾省	369 414 117	258 974 032
哈萨克斯坦	5 158	1 505
阿尔及利亚	5 613	1 476
埃及	1 229	4 770
埃塞俄比亚	35	0
肯尼亚	195	0
马拉维	116	0
摩洛哥	13 954	0
纳米比亚	40	0
尼日利亚	1 153	2 591
塞拉利昂	376	0
南非	28 128 366	14 313 539
苏丹	502	458
厄立特里亚	1 126	464
比利时	9 494 885	45 572 716
丹麦	139 743	282 932
英国	33 046 144	27 339 356
德国	2 108 603 317	2 166 683 108
法国	187 189 333	175 553 435
爱尔兰	52 524	208 365
意大利	41 922 004	42 254 570
卢森堡	2 533	3 979
荷兰	7 272 857	13 788 025
希腊	4 027	873
葡萄牙	912 611	1 290 549
西班牙	109 765 592	136 172 062
奥地利	21 974 725	6 060 437
芬兰	982 501	126 156
匈牙利	20 484 333	14 306 143
列支敦士登	3 313 184	4 753 329

汽车零件

来源地	2004 年	2003 年
	金额（美元）	金额（美元）
马耳他	9 266	581
摩纳哥	12 387	0
挪威	2 066 009	1 468 785
波兰	3 324 697	4 281 822
罗马尼亚	759	1 034
瑞典	49 421 333	40 430 242
瑞士	511 363	368 383
爱沙尼亚	5 170	150
立陶宛	302	1 018
格鲁吉亚	399	0
白俄罗斯	1 004 603	628 412
俄罗斯联邦	114 057	1 644 702
乌克兰	5 828 598	13 023
斯洛文尼亚	117 401	19 380
捷克	13 524 508	8 489 707
斯洛伐克	830 101	1 374 157
波黑	406	0
阿根廷	3 335 844	1 698 499
巴西	101 004 180	226 217 229
智利	1 273	2 807
哥伦比亚	4 562	1 587
多米尼克	640	0
多米尼加共和国	336	0
厄瓜多尔	1 125	0
危地马拉	144	2 116
牙买加	3 018	0
墨西哥	48 424 362	38 956 552
尼加拉瓜	57	0
巴拿马	1 611	3 096
波多黎各	5 781	0
委内瑞拉	741	2 501
加拿大	211 826 043	270 927 987
美国	226 754 343	145 473 293
澳大利亚	2 635 304	1 439 629
新西兰	37 592	8 586
国别（地区）不详	2 779	0

2004年中国主要进口商品来源地（续）

集成电路

来源地	2004年	2003年
	金额（美元）	金额（美元）
总值	**61 455 571 508**	**41 831 148 707**
阿富汗	769	0
缅甸	1 456	1 370
柬埔寨	5 260	0
塞浦路斯	1 504	1 908
朝鲜	992 720	1 624 249
香港	1 663 711 837	1 707 886 735
印度	8 460 595	3 118 231
印度尼西亚	145 005 972	67 435 026
伊拉克	4 950	57 000
以色列	122 008 343	8 520 750
日本	9 139 663 921	8 162 200 596
科威特	50	0
黎巴嫩	1 200	223
澳门	153 464	48 226
马来西亚	7 346 407 073	5 275 861 804
马尔代夫	27 456	0
尼泊尔	75 265	0
阿曼	16 650	174 960
菲律宾	5 456 559 458	3 677 359 563
沙特阿拉伯	880	0
新加坡	3 164 958 390	2 225 502 147
韩国	8 360 763 619	4 441 251 315
斯里兰卡	22 233	138 003
叙利亚	6 264	2 323
泰国	1 317 037 800	914 702 237
土耳其	192 602	100 436
阿拉伯联合酋长国	3 856	0
越南	797 267	36 958
中国	2 968 215 536	1 429 022 604
台湾省	14 685 596 208	9 792 495 980
阿尔及利亚	8 176	0
马达加斯加	875	46 937
马里	12 384	0
摩洛哥	62 793 688	41 943 129
纳米比亚	5 163	0
尼日利亚	35 541	60
卢旺达	2 204	0
南非	834 375	1 532 622
突尼斯	4 673	36 898
津巴布韦	2 232	0
比利时	3 237 534	5 872 265

集成电路

来源地	2004年	2003年
	金额（美元）	金额（美元）
丹麦	1 254 579	1 359 020
英国	126 181 595	97 973 836
德国	826 219 880	569 530 248
法国	467 209 778	289 641 679
爱尔兰	311 285 175	37 674 161
意大利	81 389 844	25 099 750
荷兰	104 783 940	18 423 569
希腊	149 031	187 698
葡萄牙	7 141 129	38 306 908
西班牙	491 212	1 099 278
阿尔巴尼亚	3 544	0
奥地利	29 820 995	22 933 710
保加利亚	3 576 298	1 475 615
芬兰	40 604 240	44 042 057
匈牙利	2 871 422	2 673 138
列支敦士登	62	0
马耳他	249 474 601	224 699 264
摩纳哥	301 787	507 231
挪威	231 994	755 265
波兰	1 303 813	690 858
罗马尼亚	826 920	781 274
瑞典	55 934 687	54 493 999
瑞士	40 556 346	13 755 480
爱沙尼亚	38 231	673
拉脱维亚	6 830	30 226
立陶宛	1 744	0
白俄罗斯	2 005 225	801 874
俄罗斯联邦	26 833 376	13 506 055
乌克兰	332 514	45 778
塞黑	20 424	0
斯洛文尼亚	102 515	95 409
捷克	16 286 819	21 643 775
斯洛伐克	129 713	45 315
阿根廷	7 428	611
玻利维亚	2 319	0
巴西	1 575 447	3 533 227
智利	232 174	308
哥斯达黎加	590 464 469	486 862 983
厄瓜多尔	23 353	254 935
危地马拉	1 511	0
圭亚那	138	0
洪都拉斯	49 494	5 005

2004 年中国主要进口商品来源地（续）

集成电路

来源地	2004 年	2003 年
	金额（美元）	金额（美元）
墨西哥	263 209 705	177 601 631
巴拿马	3 771	1 277
秘鲁	7 007	0
波多黎各	441 385	1 207 612
萨尔瓦多	4 117	16 000
特立尼达和多巴哥	1 650	0
委内瑞拉	411	0
圣皮埃尔和密克隆	67	0

集成电路

来源地	2004 年	2003 年
	金额（美元）	金额（美元）
加拿大	212 358 658	48 843 931
美国	3 528 607 443	1 866 087 846
格陵兰	2 566	0
澳大利亚	9 793 935	6 087 144
新西兰	3 640 176	668 839
大洋洲其他国家（地区）	3	0
国别（地区）不详	144 575	547 617

金属切削机床

来源地	2004 年		2003 年	
	数量（台）	金额（美元）	数量（台）	金额（美元）
总值	**127 830**	**5 915 555 127**	**125 702**	**4 130 879 695**
朝鲜	282	730 352	143	334 100
香港	1 037	11 861 159	1 789	13 012 192
印度	38	1 566 339	37	1 260 734
印度尼西亚	124	298 542	40	269 799
以色列	53	914 521	95	476 797
日本	27 690	1 971 534 830	25 729	1 241 102 605
澳门	3	387	1	16 300
马来西亚	332	14 440 964	939	13 836 511
菲律宾	23	975 374	44	2 302 622
新加坡	1 353	71 454 713	951	43 266 358
韩国	13 424	445 469 313	13 751	335 391 586
泰国	571	35 602 497	425	22 653 608
土耳其	22	315 091	12	395 120
阿拉伯联合酋长国	1	4 053	0	0
中国	2 665	26 064 601	1 870	16 916 041
台湾省	61 696	1 212 871 555	64 193	969 337 589
刚果（布）	1	6 520	0	0
比利时	319	34 260 284	619	18 884 246
丹麦	135	4 055 850	86	1 263 465
英国	860	53 456 806	839	40 117 951
德国	5 104	856 628 855	3 988	564 894 648
法国	336	30 947 911	385	53 349 597
爱尔兰	11	25 725	18	170 158
意大利	1 561	248 590 514	1 675	217 489 100
卢森堡	2	2 234	1	39 200
荷兰	146	22 605 152	122	10 829 084
希腊	1	9 854	2	31 480
葡萄牙	9	1 154 366	1	30 000

金属切削机床

来 源 地	2004年		2003年	
	数量（台）	金额（美元）	数量（台）	金额（美元）
西班牙	245	27 032 829	298	25 726 532
奥地利	173	34 277 106	99	23 532 877
保加利亚	1	10 965	0	0
芬兰	83	10 316 082	67	7 830 508
匈牙利	12	139 555	10	188 953
挪威	13	493 049	30	1 716 774
波兰	8	2 432 600	21	1 054 296
罗马尼亚	1	1 188 800	0	0
瑞典	151	27 510 277	147	19 885 374
瑞士	1 706	200 464 912	1 328	167 453 639
白俄罗斯	2	559 800	2	255 940
俄罗斯联邦	1 981	27 249 775	986	11 613 073
乌克兰	14	403 068	1	6 000
斯洛文尼亚	11	203 115	1	29 488
捷克	123	23 940 664	45	9 445 737
斯洛伐克	2	299 266	0	0
阿根廷	1	4 246	1	22 306
巴西	25	10 091 368	24	70 620
墨西哥	21	228 274	100	4 269 386
委内瑞拉	2	27 192	58	59 460
加拿大	100	10 821 560	140	8 200 849
美国	5 179	482 930 820	4 410	275 366 810
澳大利亚	137	8 569 256	145	5 175 740
新西兰	38	494 220	6	933 745
国别（地区）不详	2	17 966	1	1 000

铸造机械

来 源 地	2004年		2003年	
	数量（台）	金额（美元）	数量（台）	金额（美元）
总值	**11 369 851**	**428 995 761**	**22 983 351**	**314 412 096**
香港	2 285	4 345 834	3 139	4 282 200
日本	583 206	114 895 309	925 404	79 467 272
马来西亚	5	919	2	13 000
新加坡	303	48 267	5 739	148 129
韩国	19 417	9 821 850	5 757	7 376 740
泰国	53	160 247	0	0
中国	3 092	5 050 877	131	4 386 040
台湾省	445 981	28 358 834	445 660	23 245 167
埃及	68	936	0	0
南非	60	14 779	0	0

2004年中国主要进口商品来源地（续）

铸造机械

来源地	2004年		2003年	
	数量（台）	金额（美元）	数量（台）	金额（美元）
比利时	104 048	7 579 751	33 912	2 576 319
丹麦	13 624	3 925 240	11 385	3 663 527
英国	1 910	32 028	5 407	509 477
德国	5 478 546	78 533 415	20 894 159	104 366 155
法国	18 272	1 614 225	151 841	8 141 439
意大利	3 592 645	66 124 699	167 088	26 793 141
卢森堡	104	82 776	0	0
荷兰	65 435	9 156 298	408	48 524
希腊	6	890 812	14 280	1 726 022
西班牙	417	24 995	20 787	144 659
奥地利	294 024	23 552 744	88 233	9 470 234
保加利亚	99 111	8 700 210	65 645	3 189 241
芬兰	1 001	56 850	1 250	6 729 483
挪威	10	4 850	0	0
瑞典	27 422	2 804 107	3 385	156 916
瑞士	268 852	37 751 484	96 421	16 946 826
白俄罗斯	1	100 000	0	0
俄罗斯联邦	53	4 700	0	0
乌克兰	3	88 500	5	136 000
捷克	1 171	258 744	0	0
斯洛伐克	1	401 204	0	0
巴西	12 337	1 210 806	1	15 806
墨西哥	41 341	51 126	0	60
加拿大	28 242	2 686 844	2 532	2 194 931
美国	263 119	20 088 854	35 937	8 223 426
澳大利亚	3 686	572 647	68	389 322

橡胶或塑料加工机械

来源地	2004年	2003年
	金额（美元）	金额（美元）
总值	**3 186 379 311**	**2 552 070 188**
香港	46 313 770	41 777 645
印度	1 380 599	705 008
印度尼西亚	107 356	618 975
伊朗	7 000	9 023
以色列	291 464	1 076 931
日本	1 091 534 030	888 110 904
马来西亚	9 576 514	3 050 106
菲律宾	1 200 627	680 731
新加坡	17 452 576	9 538 361
韩国	205 783 328	166 489 668

橡胶或塑料加工机械

来源地	2004年	2003年
	金额（美元）	金额（美元）
泰国	2 037 784	2 264 847
土耳其	1 053	98 463
越南	141	1 996
中国	48 421 618	35 322 716
台湾省	438 314 500	439 559 955
埃及	15 279	0
尼日利亚	230	107
南非	151 721	0
比利时	484 161	1 821 666
丹麦	1 770 477	235 319
英国	38 617 260	30 952 074

2004 年 中 国 主 要 进 口 商 品 来 源 地（续）

橡胶或塑料加工机械

来 源 地	2004 年	2003 年
	金额（美元）	金额（美元）
德国	752 929 752	414 095 283
法国	92 787 490	93 248 885
爱尔兰	142	39 128
意大利	105 029 743	163 754 970
卢森堡	1 688 011	360 586
荷兰	59 662 539	21 563 069
希腊	2 006	63 961
西班牙	2 313 130	904 222
奥地利	61 422 662	63 133 544
保加利亚	35 000	43 000
芬兰	113 845	4 751 219
匈牙利	87 270	275 891
列支敦士登	8 635	0
挪威	299 536	6 977
波兰	10 050	29 301
瑞典	3 301 634	1 431 020
瑞士	40 977 641	22 201 999
斯洛文尼亚	40 174	764
捷克	1 688 883	9 335
斯洛伐克	7 982 260	9 019 288
巴西	371 936	110 605
智利	467	0

橡胶或塑料加工机械

来 源 地	2004 年	2003 年
	金额（美元）	金额（美元）
墨西哥	411 324	88 536
加拿大	44 418 497	54 248 617
美国	105 872 789	78 131 530
澳大利亚	1 217 839	1 986 732
新西兰	244 568	125 250

烟草加工机械

来 源 地	2004 年	2003 年
	金额（美元）	金额（美元）
总值	**143 777 671**	**121 073 211**
日本	2 660 609	1 535
丹麦	1 589 377	787 716
英国	13 216 797	8 615 222
德国	69 533 553	53 280 014
意大利	53 730 829	53 261 221
荷兰	461 234	271 568
匈牙利	1 701 629	630
波兰	14	2 228 410
加拿大	24	0
美国	883 605	1 600 000

电动机及发电机

来 源 地	2004 年		2003 年	
	数量（万台）	金额（美元）	数量（万台）	金额（美元）
总值	**166 605**	**2 110 625 654**	**166 811**	**1 719 991 166**
文莱	0	685	0	0
香港	12 699	95 980 426	15 011	99 990 406
印度	3	1 525 630	6	408 646
印度尼西亚	1 598	21 315 456	2 680	21 608 747
伊朗	0	449	0	3 118
以色列	0	155 270	1	124 924
日本	4 658	302 118 586	5 799	222 904 288
约旦	0	151	0	0
马来西亚	7 538	45 135 534	8 269	46 118 238
蒙古	0	76	0	0
菲律宾	1 258	26 270 342	1 526	31 944 701
卡塔尔	1	6 240	1	9 378
沙特阿拉伯	0	539	0	2 110

2004 年 中 国 主 要 进 口 商 品 来 源 地（续）

电动机及发电机

来源地	2004 年		2003 年	
	数量（万台）	金额（美元）	数量（万台）	金额（美元）
新加坡	2 065	28 118 805	3 483	31 103 354
韩国	3 411	90 006 224	3 106	71 133 658
斯里兰卡	0	5 444	0	145
泰国	9 716	126 293 412	7 370	99 029 790
土耳其	0	33 702	0	99 646
阿拉伯联合酋长国	0	1 921	0	834
也门共和国	0	1 317	0	0
越南	3 789	14 869 785	2 904	10 902 190
中国	111 997	655 319 778	110 307	568 620 562
台湾省	6 515	143 353 918	4 977	119 361 835
阿尔及利亚	0	542	0	577
摩洛哥	3	142 997	3	135 229
南非	0	2 393	0	65 261
比利时	1	2 326 465	3	1 827 583
丹麦	3	1 837 693	2	1 483 410
英国	35	23 907 748	19	8 717 196
德国	435	244 398 811	505	163 659 359
法国	53	32 601 260	143	21 198 400
爱尔兰	0	167 221	8	239 087
意大利	179	40 350 489	140	21 792 389
卢森堡	0	245 173	0	182 474
荷兰	269	11 369 034	214	11 179 770
西班牙	31	5 989 734	34	17 307 375
奥地利	3	11 512 049	0	2 280 306
芬兰	0	32 503 191	1	15 952 937
匈牙利	11	1 454 531	21	941 624
挪威	0	1 358 906	0	654 248
波兰	0	12 886	0	42 623
罗马尼亚	0	836 993	0	9 433
瑞典	2	18 387 230	3	5 486 143
瑞士	63	16 116 848	23	26 258 997
爱沙尼亚	0	3 953	0	12 210
拉脱维亚	0	4 500	0	8 500
立陶宛	0	210	0	0
白俄罗斯	0	59 654	0	3 001
俄罗斯联邦	0	111 018	0	13 255 976
乌克兰	0	1 223	0	44 329
斯洛文尼亚	27	3 000 090	12	1 423 618
捷克	11	9 420 742	6	1 100 944
斯洛伐克	26	7 071 190	21	5 510 003
阿根廷	0	133 744	0	8 760
巴西	0	659 412	1	11 949 829

2004 年中国主要进口商品来源地（续）

电动机及发电机

来源地	2004 年		2003 年	
	数量（万台）	金额（美元）	数量（万台）	金额（美元）
厄瓜多尔	0	7 768	0	1 143
墨西哥	19	574 159	16	960 601
加拿大	26	15 749 527	43	16 768 994
美国	154	76 451 226	116	43 841 763
澳大利亚	0	1 265 437	6	1 306 873
新西兰	0	692	0	2 324
国别（地区）不详	6	75 225	25	758 295

发电机组

来源地	2004 年		2003 年	
	数量（台）	金额（美元）	数量（台）	金额（美元）
总值	**35 706**	**1 174 792 233**	**25 745**	**494 591 550**
柬埔寨	2	42 000	0	0
香港	187	2 872 854	22	1 023 046
印度	116	973 644	20	136 040
印度尼西亚	41	4 446 379	2	23 095
日本	19 336	88 977 450	19 328	52 356 607
黎巴嫩	8	203 899	0	0
马来西亚	35	1 977 945	0	0
菲律宾	2	51 300	0	0
新加坡	2 001	124 143 943	525	28 202 479
韩国	273	16 551 884	70	7 732 746
土耳其	1	63 000	0	0
越南	3	128 305	0	0
中国	1 719	1 686 297	245	2 539 347
台湾省	858	34 768 057	70	3 165 399
比利时	168	5 478 316	22	301 120
丹麦	218	54 701 624	100	14 978 280
英国	5 244	176 712 013	2 779	73 149 005
德国	290	59 828 328	336	102 162 576
法国	1 448	306 468 508	744	66 340 166
意大利	661	9 492 779	506	4 386 929
荷兰	172	2 801 107	9	3 586 787
西班牙	926	39 921 670	225	8 972 938
奥地利	15	5 034 951	3	652 924
芬兰	70	31 356 840	76	28 058 463
瑞典	41	2 749 650	35	2 333 374
瑞士	1	8 300	1	1 137
俄罗斯联邦	8	97 847	12	326 250
巴西	14	531 744	0	0

2004 年 中 国 主 要 进 口 商 品 来 源 地（续）

发电机组

来 源 地	2004 年		2003 年	
	数量（台）	金额（美元）	数量（台）	金额（美元）
墨西哥	115	7 653 006	0	0
特立尼达和多巴哥	1	104	0	0
加拿大	30	2 783 384	21	823 420
美国	1 667	190 764 126	556	87 140 889
澳大利亚	33	1 477 228	27	3 229 777
国别（地区）不详	2	43 751	0	0

有线电话电报交换机零件

来 源 地	2004 年	2003 年
	金额（美元）	金额（美元）
总值	**2 116 248 559**	**1 463 527 425**
塞浦路斯	1 153	0
朝鲜	156 518	298 025
香港	41 317 594	22 173 360
印度	110 628	1 257 738
印度尼西亚	2 661 522	1 630 234
伊朗	544	10 630
以色列	28 550 884	20 128 853
日本	140 826 897	124 967 214
科威特	2 042	30 209
澳门	8 533	223 396
马来西亚	82 671 893	50 666 778
阿曼	946	0
巴基斯坦	381	36
菲律宾	73 779 406	11 202 085
沙特阿拉伯	18 436	0
新加坡	16 725 104	8 030 187
韩国	76 138 492	113 884 334
泰国	12 376 478	13 919 896
土耳其	8 204	2 356
越南	752 887	897 665
中国	126 736 390	77 056 240
台湾省	79 675 908	51 449 169
埃及	198 709	0
摩洛哥	1 616	0
尼日利亚	2 115	0
南非	459	0
突尼斯	355	0
比利时	8 795 868	22 114 445
丹麦	1 796 090	1 400 557
英国	32 116 093	25 172 496
德国	111 229 851	98 124 283
法国	48 334 252	55 660 607

有线电话电报交换机零件

来 源 地	2004 年	2003 年
	金额（美元）	金额（美元）
爱尔兰	3 587 987	17 089 728
意大利	56 367 260	30 967 247
荷兰	4 040 364	2 512 466
西班牙	1 641 706	7 383 851
阿尔巴尼亚	637	0
奥地利	548 710	171 257
芬兰	452 146 997	82 066 937
匈牙利	2 675 125	608 622
挪威	788 743	778 390
波兰	657 556	880 799
罗马尼亚	978 836	88 850
瑞典	355 645 373	234 466 973
瑞士	1 115 657	1 188 573
爱沙尼亚	18 781	7 799
俄罗斯联邦	457 109	22 233
乌克兰	5 366	82
斯洛文尼亚	5 887	8 073
克罗地亚	556 228	152 704
捷克	39 009	155 661
斯洛伐克	92 126	15 580
巴西	1 744 830	482 081
哥伦比亚	1 786	2 272
哥斯达黎加	147	709
古巴	4 824	0
墨西哥	24 204 900	15 528 212
巴拿马	27 873	0
波多黎各	89 059	24 793
加拿大	70 651 565	70 174 177
美国	247 238 553	293 467 856
澳大利亚	5 820 214	4 679 340
新西兰	8 189	202 373
国别（地区）不详	90 914	45 668

2004年中国主要进口商品来源地（续）

计算机

来源地	2004年	2003年
	金额（美元）	金额（美元）
总值	**14 468 639 321**	**11 414 574 201**
缅甸	7 973	1 873
朝鲜	2 554	15 245
香港	187 254 270	174 587 099
印度	1 806 656	870 059
印度尼西亚	581 670 161	441 448 788
伊朗	4 368	33 619
伊拉克	924	0
以色列	15 599 427	11 265 099
日本	939 692 996	859 132 744
约旦	3 220	0
澳门	711	32 162
马来西亚	1 069 002 523	818 096 002
巴基斯坦	119 802	51
菲律宾	1 330 517 091	1 065 932 817
沙特阿拉伯	20	1 204
新加坡	1 373 378 479	1 204 251 149
韩国	848 295 058	708 137 370
斯里兰卡	24 387	70
泰国	1 724 662 399	1 040 435 565
土耳其	2 132	718
阿拉伯联合酋长国	4 078	2 359
越南	15 230 750	2 316 174
中国	3 289 134 640	2 002 471 377
台湾省	745 979 165	754 073 542
东帝汶	30	0
埃塞俄比亚	950	358
科特迪瓦共和国	18 224	0
纳米比亚	317	0
尼日利亚	150	0
南非	35 583	88 923
突尼斯	856	0
比利时	15 081 348	18 244 999
丹麦	7 664 656	4 011 319
英国	55 361 577	59 860 261

计算机

来源地	2004年	2003年
	金额（美元）	金额（美元）
德国	219 105 684	158 025 094
法国	38 948 386	30 320 671
爱尔兰	419 790 225	329 463 869
意大利	37 763 376	30 320 816
卢森堡	15 178	3 439
荷兰	14 385 635	9 908 382
希腊	6 903	0
葡萄牙	1 166 239	9 675 647
西班牙	1 713 393	1 706 199
奥地利	15 901 521	7 173 869
保加利亚	30 413	20 336
芬兰	17 594 946	21 772 185
匈牙利	48 597 496	43 325 251
马耳他	7 064	0
挪威	3 913 792	4 396 780
波兰	210 493	337 805
罗马尼亚	332 888	480 806
瑞典	22 497 998	27 312 885
瑞士	7 780 810	7 369 614
俄罗斯联邦	315 653	4 127
乌克兰	20 777	299 628
斯洛文尼亚	8 014	661
捷克	755 266	2 922 758
斯洛伐克	4 628	919
阿根廷	102 845	10 184
巴西	314 034	244 050
哥伦比亚	42 336	7 000
哥斯达黎加	3 987 592	7 335 501
墨西哥	47 643 357	78 329 653
波多黎各	614 812	731 681
乌拉圭	13 243	1 054
加拿大	63 889 228	59 802 821
美国	1 265 593 136	1 389 712 553
澳大利亚	34 915 290	27 631 106
新西兰	99 195	32 221

2004年中国主要进口商品来源地（续）

有线通讯设备

来源地	2004年	2003年
	金额（美元）	金额（美元）
总值	**3 544 969 443**	**3 087 929 838**
塞浦路斯	1 153	0
朝鲜	156 518	298 025
香港	64 833 402	64 288 636
印度	115 584	1 316 042
印度尼西亚	3 386 521	2 115 114
伊朗	569	10 630
以色列	56 734 692	54 844 016
日本	169 476 566	219 203 110
科威特	2 042	30 209
澳门	8 533	223 396
马来西亚	263 186 418	195 231 613
阿曼	946	0
巴基斯坦	461	36
菲律宾	74 544 149	13 605 991
沙特阿拉伯	18 436	0
新加坡	76 937 455	55 899 878
韩国	117 232 047	175 879 924
斯里兰卡	756	0
泰国	91 671 545	75 765 354
土耳其	8 204	2 458
越南	807 804	897 665
中国	383 324 091	391 342 213
台湾省	133 864 796	151 379 309
埃及	198 709	0
肯尼亚	115	0
摩洛哥	12 847	6 366
尼日利亚	2 115	0
南非	91 741	0
突尼斯	355	0
比利时	16 513 232	34 265 384
丹麦	5 030 994	1 922 353
英国	55 048 422	44 080 046
德国	152 218 760	132 659 362
法国	84 438 017	90 824 606

有线通讯设备

来源地	2004年	2003年
	金额（美元）	金额（美元）
爱尔兰	10 867 124	47 633 317
意大利	108 157 656	53 780 192
荷兰	6 679 711	4 072 579
希腊	674	2 323
西班牙	2 472 571	7 956 050
阿尔巴尼亚	637	0
奥地利	1 419 152	9 663 364
芬兰	465 218 041	94 848 582
匈牙利	3 781 261	1 602 890
挪威	12 448 166	12 213 034
波兰	830 012	882 264
罗马尼亚	988 135	90 670
瑞典	391 098 545	261 806 323
瑞士	3 941 363	4 170 258
爱沙尼亚	19 249	8 242
拉脱维亚	1 977 391	4 041 411
俄罗斯联邦	457 109	49 404
乌克兰	5 366	82
斯洛文尼亚	5 887	8 073
克罗地亚	556 228	152 704
捷克	41 009	199 167
斯洛伐克	92 126	15 580
阿根廷	6 460	1 714
巴西	1 836 874	484 008
哥伦比亚	1 786	2 272
哥斯达黎加	147	3 381
古巴	4 824	0
墨西哥	52 686 788	31 392 356
巴拿马	27 873	0
波多黎各	414 112	9 897 948
加拿大	145 398 755	184 350 256
美国	574 051 391	637 588 246
澳大利亚	9 455 311	13 684 754
新西兰	23 168	457 621
国别（地区）不详	136 546	45 668

2004年 中国前十位贸易伙伴

金额单位：亿美元

排序	国别（地区）	贸易额	同比（%）	占比（%）
	总值	**11 547.9**	**35.7**	**100.0**
1	欧盟	1 772.9	33.6	15.4
2	美国	1 696.3	34.3	14.7
3	日本	1 678.9	25.7	14.5
4	香港	1 126.8	28.9	9.8
5	东盟	1 058.8	35.3	9.2
6	韩国	900.7	42.5	7.8
7	台湾省	783.2	34.2	6.8
8	俄罗斯联邦	212.3	34.7	1.8
9	澳大利亚	203.9	50.3	1.8
10	加拿大	155.2	55.1	1.3

2004年 中国前十位出口市场

金额单位：亿美元

排序	国别（地区）	出口额	同比（%）	占比（%）
	总值	**5 933.7**	**35.4**	**100.0**
1	美国	1 249.5	35.1	21.1
2	欧盟	1 071.6	36.9	18.1
3	香港	1 008.8	32.3	17.0
4	日本	735.1	23.7	12.4
5	东盟	429.0	38.7	7.2
6	韩国	278.2	38.4	4.7
7	台湾省	135.5	50.4	2.3
8	俄罗斯联邦	91.0	51.0	1.5
9	澳大利亚	88.4	41.1	1.5
10	加拿大	81.6	44.9	1.4

2004年 中国前十位进口来源地

金额单位：亿美元

排序	国别（地区）	进口额	同比（%）	占比（%）
	总值	**5 614.2**	**36.0**	**100.0**
1	日本	943.7	27.3	16.8
2	欧盟	701.2	28.8	12.5
3	台湾省	647.8	31.2	11.5
4	东盟	629.8	33.1	11.2
5	韩国	622.5	44.3	11.1
6	美国	446.8	31.9	8.0
7	俄罗斯联邦	121.3	24.7	2.2
8	香港	118.0	6.1	2.1
9	澳大利亚	115.5	58.3	2.1
10	巴西	86.8	48.6	1.5

2004年中国进出口商品国家（地区）总值表

金额单位：万美元

国家（地区）	2004年			2003年		
	进出口	出口	进口	进出口	出口	进口
总　值	**115 479 162**	**59 336 863**	**56 142 299**	**85 120 729**	**43 837 082**	**41 283 647**
亚　洲	**66 502 734**	**29 550 049**	**36 952 685**	**49 553 959**	**22 260 582**	**27 293 377**
阿富汗	5 792	5 697	95	2 706	2 645	61
巴林	21 297	12 057	9 240	13 527	8 314	5 213
孟加拉国	196 316	190 615	5 701	136 802	133 463	3 339
不丹	52	35	17	198	197	1
文莱	29 894	4 789	25 105	34 616	3 389	31 227
缅甸	114 549	93 859	20 690	107 724	90 771	16 953
柬埔寨	48 243	45 250	2 993	32 065	29 465	2 600
塞浦路斯	18 692	18 523	169	21 948	21 836	112
朝鲜	138 520	79 950	58 570	102 292	62 758	39 534
香港	11 267 841	10 087 802	1 180 039	8 740 768	7 628 861	1 111 907
印度	1 360 410	592 667	767 743	759 509	334 359	425 150
印度尼西亚	1 348 050	625 686	722 364	1 022 905	448 075	574 830
伊朗	704 626	255 471	449 155	562 332	231 554	330 778
伊拉克	46 980	14 955	32 025	5 638	5 606	32
以色列	248 502	154 199	94 303	183 145	114 105	69 040
日本	16 788 636	7 351 429	9 437 207	13 357 340	5 942 257	7 415 083
约旦	71 167	62 318	8 849	52 485	46 431	6 054
科威特	124 944	48 405	76 539	118 828	67 503	51 325
老挝	11 353	10 088	1 265	10 943	9 823	1 120
黎巴嫩	49 362	48 392	970	37 012	36 544	468
澳门	182 766	161 190	21 576	146 724	128 148	18 576
马来西亚	2 626 112	808 677	1 817 435	2 012 782	614 115	1 398 667
马尔代夫	809	791	18	335	334	1
蒙古	69 374	23 335	46 039	43 987	15 593	28 394
尼泊尔	17 147	16 324	823	12 735	12 200	535
阿曼	438 962	11 113	427 849	206 771	8 196	198 575
巴基斯坦	306 127	246 643	59 484	242 994	185 498	57 496
巴勒斯坦	992	985	7	691	669	22
菲律宾	1 332 783	426 893	905 890	940 011	309 381	630 630
卡塔尔	43 785	10 352	33 433	35 488	6 180	29 308
沙特阿拉伯	1 029 966	277 559	752 407	734 183	214 715	519 468
新加坡	2 668 392	1 268 729	1 399 663	1 935 228	886 853	1 048 375
韩国	9 006 820	2 781 842	6 224 978	6 323 106	2 009 640	4 313 466
斯里兰卡	71 755	69 496	2 259	52 425	50 444	1 981
叙利亚	72 057	69 256	2 801	50 694	48 058	2 636
泰国	1 734 321	580 157	1 154 164	1 265 529	382 823	882 706
土耳其	341 347	282 207	59 140	259 773	206 502	53 271
阿拉伯联合酋长国	814 612	684 164	130 448	581 077	503 728	77 349
也门共和国	191 630	45 775	145 855	189 963	35 378	154 585
越南	674 280	426 084	248 196	463 432	317 852	145 580

2004 年中国进出口商品国家（地区）总值表（续）

金额单位：万美元

国家（地区）	2004 年			2003 年		
	进出口	出口	进口	进出口	出口	进口
中国	3 866 505	0	3 866 505	2 509 434	0	2 509 434
台湾省	7 832 382	1 354 523	6 477 859	5 836 697	900 468	4 936 229
东帝汶	171	171	0	107	107	0
哈萨克斯坦	449 823	221 194	228 629	328 643	156 550	172 093
吉尔吉斯斯坦	60 229	49 274	10 955	31 430	24 516	6 914
塔吉克斯坦	6 893	5 356	1 537	3 882	2 081	1 801
土库曼斯坦	9 874	8 485	1 389	8 293	7 883	410
乌兹别克斯坦	57 551	17 244	40 307	34 706	14 678	20 028
亚洲其他国家（地区）	43	43	0	60	38	22
非　洲	**2 946 161**	**1 381 563**	**1 564 598**	**1 854 543**	**1 018 412**	**836 131**
阿尔及利亚	123 987	98 079	25 908	74 516	64 594	9 922
安哥拉	491 087	19 353	471 734	235 172	14 579	220 593
贝宁	68 853	57 726	11 127	53 947	47 107	6 840
博茨瓦纳	5 240	4 954	286	2 501	2 283	218
布隆迪	513	481	32	517	344	173
喀麦隆	24 893	10 002	14 891	18 028	6 493	11 535
加那利群岛	5 269	5 268	1	3 753	3 753	0
佛得角	275	275	0	260	260	0
中非	957	332	625	444	213	231
塞卜泰（休达）	144	144	0	91	91	0
乍得	22 853	594	22 259	452	168	284
科摩罗	130	130	0	69	69	0
刚果（布）	166 209	9 303	156 906	87 461	5 989	81 472
吉布提	7 274	7 223	51	6 601	6 586	15
埃及	157 694	138 900	18 794	109 011	93 729	15 282
赤道几内亚	100 677	1 012	99 665	41 694	505	41 189
埃塞俄比亚	20 847	19 408	1 439	15 749	15 275	474
加蓬	41 445	1 416	40 029	30 951	889	30 062
冈比亚	12 435	12 423	12	11 752	11 597	155
加纳	59 080	51 042	8 038	35 603	32 179	3 424
几内亚	10 780	9 301	1 479	8 374	7 329	1 045
几内亚（比绍）	602	599	3	1 235	1 235	0
科特迪瓦共和国	23 099	12 301	10 798	26 498	22 822	3 676
肯尼亚	36 577	34 880	1 697	25 045	24 171	874
利比里亚	19 833	18 181	1 652	6 814	2 619	4 195
利比亚	67 167	25 491	41 676	21 569	17 474	4 095
马达加斯加	16 615	15 207	1 408	11 865	11 169	696
马拉维	1 880	1 876	4	1 079	1 078	1
马里	16 552	5 877	10 675	6 359	3 520	2 839
毛里塔尼亚	11 473	6 433	5 040	6 420	5 649	771
毛里求斯	15 783	15 118	665	11 055	10 742	313
摩洛哥	115 746	94 338	21 408	85 664	69 567	16 097

2004 年中国进出口商品国家（地区）总值表（续）

金额单位：万美元

国家（地区）	2004 年			2003 年		
	进出口	出口	进口	进出口	出口	进口
莫桑比克	11 944	7 515	4 429	7 171	4 503	2 668
纳米比亚	9 912	5 254	4 658	7 457	3 762	3 695
尼日尔	2 501	2 500	1	1 934	1 934	0
尼日利亚	218 273	171 951	46 322	185 851	178 683	7 168
留尼汪	2 363	2 363	0	1 387	1 387	0
卢旺达	2 116	513	1 603	1 065	353	712
圣多美和普林西比	156	22	134	23	20	3
塞内加尔	11 225	10 831	394	7 913	7 285	628
塞舌尔	181	178	3	182	179	3
塞拉利昂	2 986	2 826	160	1 661	1 661	0
索马里	1 733	952	781	1 052	390	662
南非	591 244	295 232	296 012	387 054	202 976	184 078
西撒哈拉	58	58	0	56	56	0
苏丹	252 178	81 590	170 588	192 037	47 831	144 206
坦桑尼亚	28 424	21 597	6 827	21 902	19 145	2 757
多哥	44 512	39 865	4 647	28 481	26 270	2 211
突尼斯	27 935	24 522	3 413	20 096	18 392	1 704
乌干达	8 802	7 638	1 164	5 489	5 139	350
布基纳法索	13 666	1 255	12 411	4 405	1 171	3 234
刚果（金）	13 657	3 699	9 958	5 172	2 542	2 630
赞比亚	22 214	5 104	17 110	8 310	3 522	4 788
津巴布韦	25 424	11 306	14 118	19 735	3 027	16 708
莱索托	4 745	4 745	0	2 488	2 488	0
梅利利亚	279	279	0	215	215	0
斯威士兰	2 612	1 149	1 463	2 121	668	1 453
厄立特里亚	805	754	51	547	547	0
马约特岛	69	69	0	35	35	0
非洲其他国家（地区）	170	123	47	156	154	2
欧　洲	**21 144 305**	**12 240 247**	**8 904 058**	**15 801 718**	**8 827 339**	**6 974 379**
比利时	938 017	586 028	351 989	670 257	393 438	276 819
丹麦	315 232	194 638	120 594	245 852	149 434	96 418
英国	1 972 924	1 496 828	476 096	1 439 437	1 082 389	357 048
德国	5 412 431	2 375 591	3 036 840	4 187 626	1 753 575	2 434 051
法国	1 758 530	992 210	766 320	1 339 139	729 371	609 768
爱尔兰	332 817	214 007	118 810	234 320	139 172	95 148
意大利	1 567 645	922 532	645 113	1 173 337	665 316	508 021
卢森堡	104 660	91 752	12 908	42 699	31 141	11 558
荷兰	2 148 859	1 851 915	296 944	1 543 873	1 350 489	193 384
希腊	146 692	138 050	8 642	118 831	111 364	7 467
葡萄牙	86 930	58 840	28 090	60 098	40 637	19 461
西班牙	722 309	547 706	174 603	525 235	389 099	136 136
阿尔巴尼亚	6 921	6 325	596	3 223	3 217	6

2004年中国进出口商品国家（地区）总值表（续）

金额单位：万美元

国家（地区）	2004年			2003年		
	进出口	出口	进口	进出口	出口	进口
安道尔	211	211	0	89	89	0
奥地利	229 148	78 059	151 089	177 866	67 384	110 482
保加利亚	40 518	33 804	6 714	22 521	16 648	5 873
芬兰	551 626	249 496	302 130	346 201	167 385	178 816
直布罗陀	75	75	0	2 115	2 115	0
匈牙利	312 724	265 165	47 559	258 780	228 644	30 136
冰岛	7 329	4 595	2 734	6 831	4 553	2 278
列支敦士登	3 033	666	2 367	1 174	217	957
马耳他	52 536	27 318	25 218	35 199	12 443	22 756
摩纳哥	2 073	1 429	644	2 173	1 782	391
挪威	242 646	102 866	139 780	176 477	89 929	86 548
波兰	233 088	184 361	48 727	197 965	162 049	35 916
罗马尼亚	138 396	105 718	32 678	97 565	50 555	47 010
圣马力诺	61	61	0	45	43	2
瑞典	519 935	186 001	333 934	416 903	145 293	271 610
瑞士	512 714	150 577	362 137	352 303	83 969	268 334
爱沙尼亚	22 266	20 202	2 064	17 000	13 968	3 032
拉脱维亚	19 881	17 900	1 981	12 983	11 062	1 921
立陶宛	28 710	27 358	1 352	18 772	17 046	1 726
格鲁吉亚	5 706	2 290	3 416	2 812	1 990	822
亚美尼亚	1 384	1 168	216	649	471	178
阿塞拜疆	18 396	14 375	4 021	23 839	20 372	3 467
白俄罗斯	21 892	6 497	15 395	12 894	3 222	9 672
哈萨克斯坦	0	0	0	0	0	0
吉尔吉斯斯坦	0	0	0	0	0	0
摩尔多瓦	2 410	2 391	19	1 474	672	802
俄罗斯联邦	2 123 196	910 250	1 212 946	1 576 062	603 455	972 607
塔吉克斯坦	0	0	0	0	0	0
土库曼斯坦	0	0	0	0	0	0
乌克兰	248 830	144 383	104 447	217 500	92 890	124 610
乌兹别克斯坦	0	0	0	0	0	0
塞黑	17 581	16 325	1 256	14 946	13 553	1 393
斯洛文尼亚	24 886	20 690	4 196	18 731	15 128	3 603
克罗地亚	36 645	34 455	2 190	17 596	16 915	681
捷克	179 319	135 095	44 224	157 882	128 160	29 722
斯洛伐克	28 836	15 983	12 853	25 919	13 707	12 212
马其顿	2 787	2 641	146	3 886	2 413	1 473
波黑	1 499	1 421	78	635	571	64
梵蒂冈城国	0	0	0	0	0	0
欧洲其他国家（地区）	0	0	0	1	1	0
拉丁美洲	**4 002 703**	**1 824 205**	**2 178 498**	**2 680 643**	**1 187 913**	**1 492 730**
安提瓜和巴布达	11 853	11 853	0	312	312	0

2004年中国进出口商品国家（地区）总值表（续）

金额单位：万美元

国家（地区）	2004年			2003年		
	进出口	出口	进口	进出口	出口	进口
阿根廷	410 723	85 233	325 490	317 642	44 726	272 916
阿鲁巴岛	381	375	6	224	222	2
巴哈马	9 938	9 869	69	12 250	12 172	78
巴巴多斯	1 062	1 038	24	921	917	4
伯利兹	2 258	2 258	0	1 116	1 017	99
玻利维亚	5 310	2 355	2 955	1 872	1 184	688
博内尔	1	1	0	0	0	0
巴西	1 235 898	367 485	868 413	798 856	214 476	584 380
开曼群岛	247	247	0	388	388	0
智利	536 480	168 852	367 628	352 805	128 347	224 458
哥伦比亚	80 502	62 951	17 551	45 867	39 821	6 046
多米尼克	4 731	4 556	175	3 434	3 358	76
哥斯达黎加	79 571	15 442	64 129	65 940	9 850	56 090
古巴	52 581	33 087	19 494	35 681	23 630	12 051
库腊索岛	4 345	4 289	56	3 904	3 883	21
多米尼加共和国	24 836	23 278	1 558	15 165	14 814	351
厄瓜多尔	43 584	34 362	9 222	27 900	23 928	3 972
法属圭亚那	110	108	2	86	85	1
格林纳达	78	78	0	74	43	31
瓜德罗普	403	382	21	246	246	0
危地马拉	43 561	39 270	4 291	30 744	30 562	182
圭亚那	2 234	2 119	115	1 842	1 812	30
海地	2 248	2 222	26	2 640	2 638	2
洪都拉斯	13 485	12 319	1 166	8 125	7 787	338
牙买加	39 598	12 613	26 985	20 750	10 204	10 546
马提尼克岛	175	175	0	114	114	0
墨西哥	711 269	497 287	213 982	494 380	326 709	167 671
蒙特塞拉特	4	4	0	57	3	54
尼加拉瓜	10 454	10 159	295	6 968	6 932	36
巴拿马	220 179	218 688	1 491	150 874	148 013	2 861
巴拉圭	29 320	23 491	5 829	13 893	12 619	1 274
秘鲁	194 291	41 844	152 447	111 364	35 374	75 990
波多黎各	29 829	20 697	9 132	23 765	15 955	7 810
萨巴	6	6	0	5	5	0
圣卢西亚	232	229	3	154	153	1
圣马丁岛	144	144	0	140	140	0
圣文森特和格林纳丁斯	1 320	1 320	0	765	765	0
萨尔瓦多	20 067	19 688	379	15 959	15 753	206
苏里南	3 123	3 027	96	3 587	1 978	1 609
特立尼达和多巴哥	7 959	7 591	368	6 877	5 853	1 024
特克斯和凯科斯群岛	2	0	2	4	2	2
乌拉圭	31 982	20 952	11 030	20 336	12 761	7 575

2004 年中国进出口商品国家（地区）总值表（续）

金额单位：万美元

国家（地区）	2004 年			2003 年		
	进出口	出口	进口	进出口	出口	进口
委内瑞拉	133 357	59 556	73 801	74 142	19 924	54 218
英属维尔京群岛	349	82	267	7 631	7 631	0
圣基茨和尼维斯	19	19	0	15	15	0
圣皮埃尔和密克隆	0	0	0	0	0	0
荷属安的列斯群岛	2 488	2 488	0	750	714	36
拉丁美洲其他国家（地区）	118	118	0	76	76	0
北美洲	**18 529 050**	**13 323 741**	**5 205 309**	**13 639 678**	**9 813 911**	**3 825 767**
加拿大	1 551 638	816 247	735 391	1 000 794	563 322	437 472
美国	16 962 624	12 494 766	4 467 858	12 633 441	9 247 363	3 386 078
格陵兰	2 103	45	2 058	2 274	57	2 217
百慕大群岛	12 670	12 670	0	3 163	3 163	0
北美洲其他国家（地区）	16	13	3	5	5	0
大洋洲	**2 350 434**	**1 017 057**	**1 333 377**	**1 588 975**	**728 925**	**860 050**
澳大利亚	2 039 084	883 832	1 155 252	1 356 332	626 277	730 055
库克群岛	91	83	8	58	50	8
斐济	3 871	3 253	618	3 132	2 597	535
盖比群岛	25	25	0	34	33	1
马克萨斯群岛	0	0	0	10	10	0
瑙鲁	10	10	0	5	5	0
新喀里多尼亚	6 604	826	5 778	1 380	763	617
瓦努阿图	749	723	26	309	289	20
新西兰	249 054	107 727	141 327	182 620	80 256	102 364
诺福克岛	36	36	0	39	38	1
巴布亚新几内亚	29 637	5 251	24 386	29 204	6 093	23 111
社会群岛	391	391	0	323	323	0
所罗门群岛	6 127	332	5 795	3 476	212	3 264
汤加	628	628	0	209	204	5
土阿莫土群岛	1	0	1	0	0	0
土布艾群岛	0	0	0	0	0	0
萨摩亚	686	588	98	319	283	36
基里巴斯	87	87	0	89	89	0
图瓦卢	224	224	0	7	7	0
密克罗尼西亚联邦	745	745	0	274	274	0
马绍尔群岛共和国	10 458	10 458	0	10 027	10 021	6
帕劳共和国	43	43	0	19	19	0
法属波利尼西亚	843	758	85	344	329	15
瓦利斯和富图纳	0	0	0	0	0	0
大洋洲其他国家（地区）	1 041	1 038	3	769	756	13
其他	**3 775**	**0**	**3 775**	**1 212**	**0**	**1 212**

2004 年 中 国 各 省、市、自 治 区 进 出 口 额

金额单位：万美元

地　区	进出口额	出口额	进口额	比上年增减（%）		
				进出口	出口	进口
总值	**115 479 162**	**59 336 863**	**56 142 299**	**35.7**	**35.4**	**36.0**
北京	9 466 181	2 057 493	7 408 688	38.2	21.8	43.5
天津	4 204 135	2 086 150	2 117 986	43.3	45.4	41.3
河北	1 352 641	934 031	418 610	50.7	57.6	37.2
山西	538 173	403 489	134 685	74.2	77.6	64.6
内蒙古	372 334	135 617	236 716	31.6	17.3	41.5
辽宁	3 443 709	1 891 771	1 551 937	29.9	29.8	30.1
大连	2 048 938	1 065 417	983 522	19.7	13.6	27.1
吉林	679 334	171 512	507 822	10.5	−21.4	28.0
黑龙江	679 118	368 163	310 956	27.4	28.1	26.7
上海	16 001 937	7 350 697	8 651 240	42.4	51.7	35.4
江苏	17 085 660	8 749 665	8 335 995	50.4	48.0	52.9
浙江	8 522 856	5 815 873	2 706 983	38.8	39.8	36.6
宁波	2 607 387	1 666 124	941 262	38.8	38.2	39.9
安徽	721 143	393 675	327 468	21.2	28.5	13.5
福建	4 754 924	2 939 634	1 815 290	34.6	39.1	27.9
厦门	2 409 582	1 394 050	1 015 532	28.8	32.1	24.5
江西	352 880	199 472	153 407	39.6	32.5	49.9
山东	6 067 444	3 585 354	2 482 090	35.9	35.0	37.3
青岛	2 688 893	1 577 047	1 111 846	30.2	27.3	34.5
河南	662 047	417 552	244 495	40.5	40.2	41.1
湖北	677 176	338 230	338 946	32.5	27.4	38.1
湖南	543 380	309 684	233 696	45.6	44.3	47.3
广东	35 713 284	19 155 810	16 557 473	26.0	25.3	26.7
深圳	14 728 461	7 784 700	6 943 761	25.5	23.6	27.6
广西	427 760	238 596	189 164	34.2	21.1	55.5
海南	340 170	109 255	230 915	49.5	26.1	63.9
重庆	385 736	209 119	176 616	48.7	31.9	74.9
四川	687 143	398 371	288 773	22.0	24.2	19.1
贵州	151 373	86 660	64 712	53.8	47.4	63.3
云南	375 109	223 882	151 227	40.5	33.5	52.4
西藏	19 989	13 022	6 967	25.0	7.4	80.5
陕西	364 279	239 699	124 580	30.9	38.2	18.8
甘肃	177 298	99 634	77 664	33.6	13.6	72.6
青海	57 552	45 476	12 075	69.7	66.0	85.1
宁夏	90 820	64 625	26 195	39.0	26.2	85.4
新疆	563 578	304 652	258 927	18.2	19.9	16.1

2004年 中 国 进 出 口 企 业 性 质

金额单位：亿美元

企业性质	出口		进口	
	金额	同比（%）	金额	同比（%）
总值	**5933.7**	**35.4**	**5614.2**	**36.0**
国有企业	1535.9	11.4	1764.5	23.9
外商投资企业	3386.1	40.9	3245.6	40.0
其他企业	1011.7	68.6	604.0	57.1
集体企业	317.9	26.5	177.2	33.9
私营企业	692.5	99.3	419.8	70.8

2004年中国进出口额最大的500家企业名录

金额单位：万美元

排名	公 司 名 称	地区	进出口额	出口额	进口额
1	中国石化国际事业有限公司	中央公司	2 529 928	170 874	2 359 054
	中国国际石油化工联合有限责任公司	中央公司	1 792 122	3 255	1 788 867
	中国石化镇海炼油化工股份有限公司	中央公司	71 831	29 984	41 847
	中国石化集团上海石化公司	中央公司	63 643	18 069	45 574
	中国金山联合贸易有限责任公司	中央公司	57 686	17 752	39 934
	仪征化纤集团公司	中央公司	48 992	3 092	45 900
	仪征化纤股份有限公司	中央公司	48 053	2 477	45 577
	中国石化国际事业茂名公司	中央公司	46 512	21 734	24 778
	中国石化集团上海高桥石化公司	中央公司	43 177	19 865	23 312
	上海高桥石化国际贸易公司	中央公司	35 644	15 943	19 700
	中国石化国际事业广州公司	中央公司	28 503	11 021	17 483
	湛江东兴石油企业有限公司	中央公司	27 377	0	27 377
2	鸿富锦精密工业（深圳）有限公司	深圳	1 603 060	835 093	767 967
3	达丰（上海）电脑有限公司	上海	1 304 763	830 283	474 480
	达功（上海）电脑有限公司	上海	486 319	277 135	209 184
	达业（上海）电脑科技有限公司	上海	38 361	16 139	22 222
4	中国石油天然气集团公司	中央公司	919 763	195 870	723 893
	中国联合石油有限责任公司	中央公司	698 316	92 953	605 363
	中国石油物资装备（集团）总公司	中央公司	74 543	241	74 302
	中国石油物资装备总公司	中央公司	74 236	165	74 072
	中国石油国际事业有限公司	中央公司	56 347	32 196	24 151
	中国石油技术开发公司	中央公司	37 444	35 268	2 175
5	中国中化集团公司	中央公司	846 624	226 408	620 216
	中化国际石油公司	中央公司	265 017	0	265 017
	中化化肥公司	中央公司	92 109	3 415	88 695
	中化国际控股股份有限公司	中央公司	74 215	41 772	32 443
	中化上海公司	中央公司	40 181	17 524	22 657
	中化广东进出口公司	中央公司	37 806	2 476	35 331
	中化国际招标有限责任公司	中央公司	36 537	1 284	35 253
	中化宁波（集团）有限公司	中央公司	29 124	18 430	10 694
6	摩托罗拉（中国）电子有限公司	天津	816 673	571 016	245 656

2004年中国进出口额最大的500家企业名录（续）

金额单位：万美元

排名	公 司 名 称	地区	进出口额	出口额	进口额
7	名硕电脑（苏州）有限公司	江苏	635 022	323 528	311 494
8	中国五矿集团公司	中央公司	582 017	143 721	438 296
	五矿发展股份有限公司	中央公司	391 222	83 997	307 225
	五矿钢铁有限责任公司	中央公司	287 480	21 103	266 377
	五矿贸易有限公司	中央公司	83 496	49 867	33 630
	五矿有色金属股份有限公司	中央公司	123 709	42 468	81 241
9	友达光电（苏州）有限公司	江苏	554 889	173 071	381 819
10	诺基亚（中国）投资有限公司	中央公司	515 384	299 393	215 991
	北京首信诺基亚移动通信有限公司	中央公司	161 216	113 356	47 860
	东莞诺基亚移动电话有限公司	中央公司	152 588	101 082	51 507
	诺基亚（苏州）电信有限公司	中央公司	106 480	49 848	56 633
	北京诺基亚航星通讯系统有限公司	中央公司	92 780	35 106	57 673
11	中国粮油食品（集团）有限公司	中央公司	509 751	119 555	390 196
	东海粮油工业（张家港）有限公司	中央公司	88 906	5 772	83 135
	中国土产畜产进出口总公司	中央公司	47 745	28 577	19 168
	大海粮油工业（防城港）有限公司	中央公司	43 637	264	43 374
	中粮粮油进出口公司	中央公司	31 025	14 420	16 606
12	东方国际（集团）有限公司	上海	461 905	273 983	187 922
	东方国际集团上海市对外贸易有限公司	上海	185 593	48 147	137 446
	上海久茂对外贸易公司	上海	41 625	10 664	30 961
	上海东松国际贸易有限公司	上海	28 854	9 067	19 787
	上海丝绸（集团）有限公司	上海	83 680	70 191	13 489
	上海丝绸集团股份有限公司	上海	77 558	65 257	12 300
	东方国际创业股份有限公司	上海	56 414	37 746	18 668
	东方国际集团上海市针织品进出口有限公司	上海	37 873	36 660	1 212
	东方国际集团上海市家用纺织品进出口有限公司	上海	30 472	29 263	1 209
	东方国际集团上海市纺织品进出口有限公司	上海	29 560	28 218	1 341
13	英特尔产品（上海）有限公司	上海	459 798	260 182	199 617
14	中国普天信息产业集团公司	中央公司	454 398	213 513	240 885
	北京爱立信移动通信有限公司	中央公司	196 351	121 263	75 088
	普天东方通信集团	中央公司	102 850	50 052	52 799
	杭州摩托罗拉移动通信设备有限公司	中央公司	80 670	45 970	34 700
	宁波电子信息集团有限公司	中央公司	98 298	24 937	73 361
	宁波波导股份有限公司	中央公司	96 667	23 998	72 670
	北京松下通信设备有限公司	中央公司	45 771	12 879	32 892
15	冠捷电子（福建）有限公司	福建	412 991	288 151	124 840
	福建捷联电子有限公司	福建	327 794	223 596	104 198
	冠捷电子（福建）公司	福建	85 197	64 555	20 641
16	长城国际信息产品（深圳）有限公司	深圳	407 220	407 018	202
17	中国国际海运集装箱（集团）股份有限公司	中央公司	406 069	299 174	106 895
	深圳南方中集集装箱制造有限公司	中央公司	77 398	57 347	20 051

2004 年中国进出口额最大的 500 家企业名录（续）

金额单位：万美元

排名	公 司 名 称	地区	进出口额	出口额	进口额
	上海中集冷藏箱有限公司	中央公司	59 675	37 530	22 144
	青岛中集冷藏箱制造有限公司	中央公司	39 196	22 523	16 673
	天津中集北洋集装箱有限公司	中央公司	30 956	25 020	5 937
	青岛中集集装箱制造有限公司	中央公司	30 059	24 156	5 904
	上海中集远东集装箱有限公司	中央公司	27 141	24 554	2 586
	上海中集宝伟工业有限公司	中央公司	25 892	22 778	3 114
18	戴尔（中国）有限公司	厦门	393 805	212 900	180 905
19	中国第一汽车集团	中央公司	387 758	9 301	378 456
	一汽－大众汽车有限公司	中央公司	230 815	37	230 778
	中国第一汽车集团进出口公司	中央公司	141 072	8 949	132 123
20	英华达（上海）电子有限公司	上海	354 453	176 074	178 379
21	佛山市顺德区顺达电脑厂有限公司	广东	341 949	176 492	165 457
22	珠海振戎公司	中央公司	323 886	379	323 507
23	希捷国际科技（无锡）有限公司	江苏	317 095	174 205	142 889
24	仁宝资讯工业（昆山）有限公司	江苏	316 278	242 051	74 227
25	伟创力实业（珠海）有限公司	广东	312 290	143 583	168 707
26	宝钢集团国际经济贸易总公司	上海	291 687	32 437	259 250
27	明基电通信息技术有限公司	江苏	282 823	230 695	52 128
28	中国通用技术（集团）控股有限责任公司	中央公司	281 849	82 499	199 349
	中国机械进出口（集团）有限公司	中央公司	98 444	35 812	62 632
	中国技术进出口总公司	中央公司	90 718	13 014	77 705
	中国仪器进出口总公司	中央公司	36 094	2 157	33 938
	通用国际贸易公司	中央公司	35 716	22 523	13 193
29	大连西太平洋石油化工有限公司	大连	275 378	88 124	187 254
30	广东省广新外贸集团有限公司	广东	274 172	173 553	100 619
	广东省广新外贸轻纺（控股）公司	广东	90 182	75 881	14 301
	广东省五金矿产进出口集团公司	广东	42 494	7 560	34 934
	广东省机械进出口集团公司	广东	35 313	16 588	18 725
	广东省外贸开发公司	广东	30 657	10 805	19 852
31	三星电子（苏州）半导体有限公司	江苏	273 951	116 932	157 019
32	广东省东莞机械进出口有限公司	广东	267 743	151 573	116 169
33	深圳富泰宏精密工业有限公司	深圳	267 445	123 594	143 851
34	中国机械装备（集团）公司	中央公司	266 644	157 606	109 038
	中国机械设备进出口总公司	中央公司	177 312	106 226	71 086
	中设江苏机械设备进出口集团公司	中央公司	91 984	43 785	48 200
35	英顺达科技有限公司	上海	255 063	144 801	110 262
36	中国海洋石油总公司	中央公司	250 788	127 402	123 386
	中海石油（中国）有限公司	中央公司	128 881	106 517	22 364
37	仁宝电子科技（昆山）有限公司	江苏	243 963	158 795	85 168
38	中国中煤能源集团公司	中央公司	242 701	223 310	19 390
	中国煤炭工业秦皇岛进出口有限公司	中央公司	101 669	101 647	22

2004 年中国进出口额最大的 500 家企业名录（续）

金额单位：万美元

排名	公 司 名 称	地区	进出口额	出口额	进口额
	中国中煤能源集团公司日照分公司	中央公司	44 464	42 438	2 026
39	乐金电子（惠州）有限公司	广东	241 551	135 813	105 738
40	恩斯迈电子（深圳）有限公司	深圳	229 079	118 940	110 139
41	中芯国际集成电路制造（上海）有限公司	上海	227 533	97 478	130 055
42	乐金飞利浦液晶显示（南京）有限公司	江苏	224 127	72 648	151 480
43	中国电子进出口总公司	中央公司	223 218	116 246	106 972
	深圳中电投资股份有限公司	中央公司	44 932	37 756	7 176
	中国电子进出口北京公司	中央公司	35 095	18 114	16 981
44	英业达（上海）有限公司	上海	219 781	151 458	68 323
45	华映视讯（吴江）有限公司	江苏	214 779	42 087	172 692
46	中国船舶工业贸易公司	中央公司	212 336	132 086	80 249
	沪东中华造船（集团）有限公司	中央公司	46 215	26 893	19 322
	上海外高桥造船有限公司	中央公司	29 060	16 603	12 458
	江南造船（集团）有限责任公司	中央公司	28 215	21 078	7 138
47	建兴光电科技（广州）有限公司	广东	211 027	124 214	86 813
48	旭电（苏州）科技有限公司	江苏	204 595	86 472	118 124
49	中国华源集团有限公司	中央公司	202 189	133 899	68 290
	上海华源家纺（集团）股份有限公司	中央公司	26 768	22 994	3 774
50	天津三星通信技术有限公司	天津	201 908	64 481	137 427
51	中国航空技术进出口总公司	中央公司	198 265	90 647	107 618
	中国航空技术进出口深圳公司	中央公司	33 705	17 868	15 837
	中航技国际工贸公司	中央公司	27 812	8 882	18 930
52	华为技术有限公司	深圳	187 624	108 231	79 393
53	苏州三星电子液晶显示器有限公司	江苏	186 209	62 623	123 586
54	上海西门子移动通信有限公司	上海	184 801	100 316	84 485
55	东芝信息机器（杭州）有限公司	浙江	184 119	110 834	73 285
56	金士顿科技电子（上海）有限公司	上海	177 496	98 231	79 265
57	纬创资通（昆山）有限公司	江苏	175 831	79 535	96 296
58	中国中钢集团公司	中央公司	171 109	68 531	102 578
	中国冶金进出口总公司	中央公司	47 524	6 113	41 411
	中国冶金进出口包钢公司	中央公司	36 279	12 542	23 737
	中国钢铁工贸集团公司	中央公司	32 098	30 001	2 097
59	鑫茂科技（深圳）有限公司	深圳	169 388	87 100	82 288
60	中国东风汽车工业进出口有限公司（东风汽车集团）	中央公司	165 539	5 521	160 018
	深圳市东风置业有限公司	中央公司	55 581	162	55 420
	东风本田发动机有限公司	中央公司	48 192	8	48 185
	神龙汽车有限公司	中央公司	34 043	243	33 800
61	TCL 集团股份有限公司	广东	162 377	65 252	97 125
	TCL 王牌电器（惠州）有限公司	广东	76 459	45 847	30 612
62	神华集团有限责任公司	中央公司	160 504	117 895	42 609
	神华煤炭运销公司	中央公司	104 246	104 246	0

2004 年中国进出口额最大的 500 家企业名录（续）

金额单位：万美元

排名	公司名称	地区	进出口额	出口额	进口额
	神华国际贸易有限责任公司	中央公司	36 170	1 241	34 929
63	保利科技有限公司	中央公司	156 944	15 199	141 744
64	上海兰生（集团）有限公司	上海	156 759	96 835	59 924
	上海市五金矿产进出口公司	上海	73 246	22 991	50 255
65	无锡夏普电子元器件有限公司	江苏	152 244	81 559	70 685
66	伟创力科技（珠海）有限公司	广东	150 207	71 593	78 614
67	广东省丝绸集团公司	广东	149 816	128 414	21 402
	广东省丝绸进出口（集团）公司	广东	56 933	54 956	1 976
	广东省东莞丝绸进出口有限公司	广东	38 086	25 706	12 380
	广东省东莞丝绸进出口公司	广东	36 314	24 456	11 858
68	中国工艺品进出口总公司	中央公司	148 945	75 483	73 462
	中艺华海进出口有限公司	中央公司	50 642	2	50 641
69	新华锦集团	山东	145 828	96 153	49 675
	山东省针织品家用纺织品进出口公司	山东	37 670	18 412	19 259
70	苏州飞利浦消费电子有限公司	江苏	142 994	86 110	56 883
71	海尔集团公司	青岛	142 277	71 785	70 492
	海尔集团电器产业有限公司	青岛	70 212	55 080	15 132
	青岛海尔国际贸易有限公司	青岛	35 814	3	35 811
72	深圳开发科技股份有限公司	深圳	137 856	69 469	68 388
73	中国烟草进出口（集团）公司	中央公司	137 396	51 458	85 938
74	上海通用汽车有限公司	上海	136 376	25 758	110 618
75	鞍钢集团国际经济贸易公司	辽宁	132 909	75 987	56 922
76	日立显示器件（苏州）有限公司	江苏	129 608	59 423	70 184
77	浙江荣大集团控股有限公司	浙江	128 770	113 883	14 887
	浙江省土产畜产进出口集团公司	浙江	44 844	41 555	3 289
78	山东魏桥创业集团有限公司	山东	127 596	56 790	70 805
	邹平县位桥棉纺织厂	山东	119 234	53 686	65 548
79	浙江东方集团控股有限公司	浙江	126 632	107 331	19 301
	浙江东方集团股份有限公司	浙江	63 132	50 487	12 644
	浙江省纺织品进出口集团有限公司	浙江	42 277	37 105	5 173
80	东莞三星视界有限公司	广东	126 615	70 334	56 281
81	中国纺织品进出口总公司	中央公司	123 586	24 169	99 417
	中纺棉花进出口公司	中央公司	49 587	10	49 577
82	江苏舜天国际集团有限公司	江苏	123 181	93 961	29 219
	江苏舜天股份有限公司	江苏	69 605	61 005	8 600
	江苏舜天国际集团机械进出口股份有限公司	江苏	37 825	22 774	15 051
83	江苏省海外企业集团有限公司	江苏	122 398	42 102	80 296
	江苏省对外经贸股份有限公司	江苏	30 321	4 333	25 989
	江苏海外集团物资技术有限公司	江苏	25 564	7 179	18 384
84	中国远洋运输（集团）总公司	中央公司	122 379	51 449	70 930
	中国船舶燃料供应总公司	中央公司	51 028	10 762	40 265

2004 年中国进出口额最大的 500 家企业名录（续）

金额单位：万美元

排名	公 司 名 称	地区	进出口额	出口额	进口额
	南通中远川崎船舶工程有限公司	中央公司	29 603	19 468	10 135
85	上海大众汽车有限公司	上海	122 146	332	12 1814
86	飞利浦电子元件（上海）有限公司	上海	121 767	68 532	53 235
87	中国港湾建设（集团）总公司	中央公司	120 476	73 406	47 069
	上海振华港口机械（集团）股份有限公司	中央公司	105 209	71 212	33 996
88	佳能珠海有限公司	广东	120 111	93 766	26 346
89	南京 LG 同创彩色显示系统有限责任公司	江苏	119 438	75 891	43 546
90	厦门建发股份有限公司	厦门	119 310	44 317	74 992
91	三宝电脑（沈阳）有限公司	辽宁	119 141	68 385	50 756
92	亚旭电子科技（江苏）有限公司	江苏	117 843	58 009	59 833
93	雅戈尔集团股份有限公司	宁波	116 889	58 782	58 107
	中基宁波对外贸易股份有限公司	宁波	95 824	45 951	49 873
94	纬创资通（中山）有限公司	广东	116 867	63 392	53 476
95	爱普生技术（深圳）有限公司	深圳	116 557	76 854	39 703
96	明德信息媒体（深圳）有限公司	深圳	115 306	55 574	59 732
97	飞索半导体（苏州）有限公司	江苏	115 162	61 170	53 992
98	深圳三星科健移动通信技术有限公司	深圳	114 830	41 305	73 525
99	志合电脑（苏州工业园区）有限公司	江苏	112 933	62 169	50 764
100	中国北方工业公司	中央公司	111 524	66 358	45 166
101	江苏国泰国际集团有限公司	江苏	111 251	95 308	15 942
	江苏国泰国际集团国贸股份有限公司	江苏	30 948	25 286	5 662
102	飞思卡尔半导体（中国）有限公司	天津	109 581	54 540	55 041
103	东方航空进出口有限公司	上海	108 407	5 505	102 902
104	美的集团	广东	107 002	88 570	18 432
	佛山市美的家用电器有限公司	广东	72 583	61 975	10 608
105	上海工业投资（集团）有限公司	上海	106 885	32 692	74 193
	上海埃力生进出口股份有限公司	上海	46 276	14 667	31 608
106	江苏开元国际集团有限公司	江苏	106 519	76 863	29 656
	江苏开元国际集团轻工业品进出口股份有限公司	江苏	47 045	30 834	16 211
	江苏省纺织品进出口集团股份有限公司	江苏	36 200	28 658	7 542
107	联想控股有限公司	北京	106 462	10 941	95 522
	联想（北京）有限公司	北京	42 525	759	41 766
	联想进出口有限公司	北京	29 868	4 950	24 917
	上海联想电子有限公司	北京	25 545	1	25 544
108	苏州爱普生有限公司	江苏	104 815	60 608	44 207
109	华宇电脑（江苏）有限公司	江苏	104 096	58 753	45 343
110	深圳市勤辉投资开发有限公司	深圳	103 538	103 538	0
111	浙江中大集团控股有限公司	浙江	103 414	76 419	26 994
	浙江中大技术进出口集团有限公司	浙江	40 301	19 824	20 477
	浙江中大集团股份有限公司	浙江	34 856	34 404	452
112	仁宝电脑工业（中国）有限公司	江苏	101 868	61 238	40 630

2004年中国进出口额最大的500家企业名录（续）

金额单位：万美元

排名	公 司 名 称	地区	进出口额	出口额	进口额
113	中谷粮油集团公司	中央公司	101 456	2 496	98 960
	中国植物油公司	中央公司	45 068	0	45 068
114	中国农业生产资料集团公司	中央公司	101 315	7 778	93 537
115	乐金电子（天津）电器有限公司	天津	101 180	69 947	31 232
116	天津三星电子显示器有限公司	天津	100 935	59 630	41 305
117	晶冠科技（深圳）有限公司	深圳	100 770	55 198	45 572
118	联建（中国）科技有限公司	江苏	95 127	37 296	57 831
119	深圳市怡亚通商贸有限公司	深圳	95 121	388	94 733
120	索尼电子（无锡）有限公司	江苏	95 044	27 896	67 148
121	南京纺织品进出口股份有限公司	江苏	94 676	64 087	30 588
122	金东纸业（江苏）有限公司	江苏	94 515	22 195	72 321
123	环旭电子（深圳）有限公司	深圳	94 302	33 409	60 893
124	深圳赛意法微电子有限公司	深圳	94 242	44 513	49 729
125	济钢集团国际贸易有限责任公司	山东	93 820	43 803	50 017
	济南钢铁股份有限公司	山东	86 179	40 435	45 744
126	江苏新科电子集团有限公司	江苏	92 053	58 168	33 885
	常州市新科数字技术有限公司	江苏	89 128	55 510	33 618
127	武钢集团国际经济贸易总公司	湖北	91 261	31 644	59 617
128	中国南方工业集团公司	中央公司	91 033	22 923	68 110
	长安汽车有限责任公司	中央公司	59 843	1 413	58 431
	长安福特汽车有限公司	中央公司	41 120	30	41 090
129	柯达电子（上海）有限公司	上海	90 791	60 880	29 911
130	捷普电子（广州）有限公司	广东	87 840	45 141	42 699
131	上海新发展进出口贸易实业有限公司	上海	86 856	2 252	84 603
132	星科金朋（上海）有限公司	上海	83 889	37 970	45 919
133	佛山普立华科技有限公司	广东	82 685	55 830	26 855
134	天弘（苏州）科技有限公司	江苏	82 035	33 831	48 204
135	上海浦东国际机场进出口有限公司	上海	80 993	26 100	54 893
136	中国南方航空进出口贸易公司	广东	79 393	620	78 773
137	珠海三美电机有限公司	广东	79 377	40 316	39 060
138	佳能（中山）办公设备有限公司	广东	79 104	59 226	19 878
139	上海贝尔有限公司	上海	79 043	31 634	47 409
140	国航集团进出口贸易公司	中央公司	78 503	41	78 463
141	长虹电子集团公司	四川	78 482	42 100	36 382
	四川长虹电器股份有限公司	四川	78 164	41 861	36 302
142	中国船舶重工集团公司	中央公司	78 049	48 676	29 372
	大连造船重工有限责任公司	中央公司	31 399	22 194	9 206
	大连新船重工有限责任公司	中央公司	27 829	18 782	9 048
143	苏州三星电子电脑有限公司	江苏	77 642	41 621	36 021
144	上海上实国际贸易（集团）有限公司	上海	77 392	32 833	44 559
145	微盟电子（昆山）有限公司	江苏	76 855	42 891	33 964

2004 年中国进出口额最大的 500 家企业名录（续）

金额单位：万美元

排名	公 司 名 称	地区	进出口额	出口额	进口额
146	苏州进出口（集团）有限公司	江苏	76 664	69 232	7 432
147	张家港浦项不锈钢有限公司	江苏	76 086	7 790	68 296
148	山东三星通信设备有限公司	山东	75 557	46 948	28 609
149	中国远大集团有限责任公司	中央公司	74 675	27 968	46 707
	浙江远大进出口有限公司	中央公司	65 879	27 833	38 046
150	伟创力电脑（珠海）有限公司	广东	74 127	54 517	19 610
151	惠州三星电子有限公司	广东	73 655	54 071	19 584
152	深圳三洋华强激光电子有限公司	深圳	73 647	35 034	38 612
153	广东格兰仕集团有限公司	广东	73 284	57 683	15 601
	佛山市顺德区格兰仕微波炉电器有限公司	广东	44 637	34 630	10 007
	佛山市顺德区格兰仕空调电器有限公司	广东	27 199	22 620	4 579
154	安徽安天国际集团有限公司	安徽	72 966	40 138	32 828
	安徽省技术进出口股份有限公司	安徽	60 470	33 661	26 809
155	江苏汇鸿国际集团有限公司	江苏	72 781	56 281	16 500
	江苏汇鸿国际集团针棉织品进出口有限公司	江苏	26 755	23 763	29 91
156	莱芜钢铁集团有限公司	山东	72 755	28 090	44 665
	山东莱钢国际贸易有限公司	山东	44 453	6 736	37 717
157	上海三凯进出口有限公司	上海	72 638	8 270	64 368
158	友利电电子（深圳）有限公司	深圳	71 222	42 456	28 766
159	东莞市旗峰对外贸易有限公司	广东	70 663	31 252	39 411
160	理光（深圳）工业发展有限公司	深圳	70 595	48 910	21 686
161	马鞍山钢铁股份有限公司	安徽	70 451	12 736	57 715
	马钢国际经济贸易总公司	安徽	67 876	10 512	57 364
162	漳州灿坤实业有限公司	福建	70 303	48 705	21 598
163	深圳市中兴通讯股份有限公司	深圳	70 108	42 718	27 390
164	浙江物产国际贸易有限公司	浙江	70 089	14 418	55 671
165	南京爱立信熊猫通信有限公司	江苏	69 544	8 340	61 204
166	中国广东核电集团有限公司	中央公司	68 760	59 566	9 195
	广东核电合营有限公司	中央公司	64 536	59 353	5 182
167	厦门国贸集团股份有限公司	厦门	68 691	31 284	37 407
168	东莞华强三洋马达有限公司	广东	68 613	42 433	26 180
169	北京京东方光电科技有限公司	北京	68 354	3 059	65 294
170	旭丽电子（广州）有限公司	广东	67 942	39 646	28 296
171	天津三星电子有限公司	天津	67 435	48 025	19 410
172	中国首钢国际贸易工程公司	北京	67 240	22 873	44 367
173	中国中信集团公司	中央公司	67 074	28 563	38 510
	中信国际商贸有限公司	中央公司	28 364	13 800	14 564
174	中海壳牌石油化工有限公司	广东	66 934	0	66 934
175	大同电子科技（江苏）有限公司	江苏	66 698	49 874	16 824
176	江苏苏豪国际集团股份有限公司	江苏	66 350	50 828	15 522
177	唯冠科技（深圳）有限公司	深圳	65 939	35 734	30 205

2004年中国进出口额最大的500家企业名录（续）

金额单位：万美元

排名	公 司 名 称	地区	进出口额	出口额	进口额
178	东莞福安纺织印染有限公司	广东	65 929	38 997	26 931
179	东莞汉华光电有限公司	广东	65 825	34 733	31 093
180	深圳海量存储设备有限公司	深圳	65 113	30 773	34 340
181	青岛朗讯科技通讯设备有限公司	青岛	64 666	30 410	34 256
182	比亚迪股份有限公司	深圳	63 727	34 259	29 468
183	福建华闽进出口有限公司	福建	63 696	60 387	3 310
	福建省华闽进出口公司	福建	37 208	34 510	2 698
184	从化东麟钻石有限公司	广东	63 068	28 733	34 334
185	先锋高科技（东莞）有限公司	广东	62 792	34 918	27 874
186	威讯联合半导体（北京）有限公司	北京	62 756	28 319	34 437
187	无锡阿尔卑斯电子有限公司	江苏	62 686	28 479	34 207
188	山西煤炭进出口集团公司	山西	62 676	62 447	229
189	UT斯达康通讯有限公司	浙江	62 582	22 685	39 897
190	统宝光电（南京）有限公司	江苏	62 434	30 291	32 143
191	中国工艺美术（集团）公司	中央公司	62 291	14 606	47 685
	中博世金科贸有限责任公司	中央公司	38 870	0	38 870
192	宁波市慈溪进出口股份有限公司	宁波	61 734	57 349	4 385
	宁波市慈溪进出口公司	宁波	50 738	46 540	4 198
193	广州东宝（番澳）首饰有限公司	广东	61 535	30 573	30 961
194	东莞德永佳纺织制衣有限公司	广东	61 487	35 354	26 134
195	铜陵有色金属（集团）公司	安徽	61 346	6 606	54 740
	金隆铜业有限公司	安徽	34 857	6 287	28 570
196	上海广电NEC液晶显示器有限公司	上海	61 045	37	61 008
197	佳能（苏州）有限公司	江苏	61 018	37 984	23 034
198	昆山翊腾平面显像有限公司	江苏	60 893	36 382	24 512
199	苏州三星电子有限公司	江苏	60 838	46 605	14 233
200	信泰光学（深圳）有限公司	深圳	60 717	28 682	32 035
201	青岛益佳国际贸易集团有限公司	青岛	60 347	28 762	31 585
	青岛益佳经贸实业进出口有限公司	青岛	27 482	4 629	22 853
202	宝山钢铁股份有限公司	上海	60 079	59 784	294
203	伟创力科技（深圳）有限公司	深圳	60 008	28 489	31 519
204	中国轻工业品进出口总公司	中央公司	59 800	33 653	26 147
205	美资旭电（深圳）科技有限公司	深圳	59 124	27 207	31 917
206	上海宏盛科技发展股份有限公司	上海	58 826	29 849	28 977
	宏普国际发展（上海）有限公司	上海	47 356	23 378	23 978
207	东莞三星电机有限公司	广东	58 667	35 018	23 649
208	广川科技（广州）有限公司	广东	58 613	31 527	27 086
209	罗姆电子大连有限公司	大连	58 436	30 547	27 889
210	深圳市九立商贸有限公司	深圳	58 195	95	58 100
211	深圳易拓科技有限公司	深圳	57 942	35 163	22 778
212	夏普办公设备（常熟）有限公司	江苏	57 825	39 326	18 499

2004年中国进出口额最大的500家企业名录（续）

金额单位：万美元

排名	公司名称	地区	进出口额	出口额	进口额
213	世成电子（深圳）有限公司	深圳	57 745	26 539	31 206
214	本钢集团国际经济贸易有限公司	辽宁	57 550	25 687	31 863
215	江苏三房巷集团有限公司	江苏	57 504	8 073	49 431
216	金川集团有限公司	甘肃	57 320	12 480	44 839
	金川有色金属进出口公司	甘肃	41 920	7 495	34 425
217	和舰科技（苏州）有限公司	江苏	57 239	18 415	38 824
218	新疆野马经贸有限公司	新疆	57 168	57 168	0
219	中芯国际集成电路制造（北京）有限责任公司	北京	57 112	5	57 107
220	上海乐金广电电子有限公司	上海	57 104	36 146	20 958
221	柯达（中国）股份有限公司厦门分公司	厦门	57 100	36 362	20 738
222	中国长城工业总公司	中央公司	56 584	25 073	31 511
223	深圳桑菲消费通信有限公司	深圳	56 487	31 904	24 583
224	安靠封装测试（上海）有限公司	上海	56 462	22 274	34 188
225	索尼精密部件（惠州）有限公司	广东	56 325	34 956	21 369
226	中国储备棉管理总公司	中央公司	56 178	0	56 178
227	青岛马士基集装箱工业有限公司	青岛	56 156	31 315	24 841
228	苏州罗技电子有限公司	江苏	55 804	33 366	22 438
229	宁波宝新不锈钢有限公司	宁波	55 684	4 000	51 683
230	泽康科技（吴江）有限公司	江苏	55 543	32 325	23 218
231	中国化工建设总公司	中央公司	55 290	27 525	27 766
232	中国恒天集团公司	中央公司	54 799	24 621	30 178
233	中国华录松下电子信息有限公司	大连	54 788	30 343	24 445
234	厦门太古飞机工程有限公司	厦门	54 697	27 194	27 503
235	宁波海田国际贸易有限公司	宁波	54 626	44 489	10 137
236	深圳市中兴康讯电子有限公司	深圳	54 610	0	54 610
237	惠州市德赛集团有限公司	广东	54 558	28 967	25 591
	惠州市德赛视听科技有限公司	广东	32 534	16 709	15 825
238	奥林巴斯（广州）工业有限公司	广东	53 978	30 106	23 872
239	中国航空工业第一集团公司	中央公司	53 828	34 163	19 665
240	山东省机械进出口集团公司	山东	53 827	47 603	6 225
	山东省机械进出口公司	山东	44 109	38 766	5 344
241	南京瀚宇彩欣科技有限责任公司	江苏	53 427	15 459	37 967
242	江西铜业公司	江西	53 179	9 520	43 659
	江西铜业股份有限公司	江西	32 429	9 520	22 908
243	台达电子电源（东莞）有限公司	广东	52 957	27 509	25 447
244	先锋高科技（上海）有限公司	上海	52 708	40 814	11 895
245	北京现代汽车有限公司	北京	52 533	31	52 502
246	上海赛科石油化工有限责任公司	上海	52 342	0	52 342
247	京瓷美达办公设备（东莞）有限公司	广东	52 155	24 574	27 581
248	广州市番禺对外贸易（集团）公司	广东	52 102	29 549	22 553
249	信华精机有限公司	广东	51 857	28 657	23 201

2004年中国进出口额最大的500家企业名录（续）

金额单位：万美元

排名	公　司　名　称	地区	进出口额	出口额	进口额
250	广东省中山食品水产进出口集团有限公司	广东	51 633	48 662	2 971
251	浙江凯喜雅国际股份有限公司	浙江	51 563	50 001	1 562
252	北京东方冠捷电子股份有限公司	北京	51 448	33 247	18 201
253	太钢（集团）国际经济贸易有限公司	山西	51 415	18 755	32 660
254	云南铜业（集团）有限公司	云南	51 259	10 700	40 559
255	嘉兴市进出口公司	浙江	50 972	47 796	3 176
256	达研（上海）光电有限公司	上海	50 771	21 632	29 139
257	深圳华安液化石油气有限公司	深圳	50 602	131	50 471
258	上海对外贸易实业有限公司	上海	50 497	41 086	9 411
	上海对外经济贸易实业公司	上海	36 258	31 048	5 210
259	国家电网公司	中央公司	50 258	1 228	49 031
	中国电力技术进出口公司	中央公司	36 580	474	36 106
260	海南金海浆纸业有限公司	海南	50 232	0	50 232
261	惠普贸易（上海）有限公司	上海	49 632	9 304	40 329
262	深圳创维－RGB电子有限公司	深圳	49 202	15 600	33 602
263	恩倍福显示器（东莞）有限公司	广东	48 994	29 398	19 596
264	山东省国际贸易集团中心	山东	48 746	36 253	12 493
265	富士施乐高科技（深圳）有限公司	深圳	48 668	35 842	12 827
266	维科控股集团股份有限公司	宁波	48 658	44 643	4 015
267	深圳托普国威电子有限公司	深圳	48 553	27 050	21 504
268	广东科龙电器股份有限公司	广东	48 543	39 304	9 239
269	万利达集团有限公司	福建	48 419	29 916	18 503
	漳州万利达数码科技有限公司	福建	37 469	23 958	13 511
270	三美电机有限公司	天津	48 369	17 727	30 642
271	金宝电子（中国）有限公司	广东	47 885	24 763	23 122
272	天津一汽丰田汽车有限公司	天津	47 745	402	47 343
273	日本电产（大连）有限公司	大连	47 685	31 946	15 739
274	浪潮乐金数字移动通信有限公司	山东	46 992	13 311	33 681
275	唐山钢铁集团有限责任公司	河北	46 678	9 945	36 733
276	湘潭钢铁集团有限公司	湖南	46 602	26 129	20 473
277	华微半导体（上海）有限责任公司	上海	46 262	20 187	26 075
278	北京JVC电子产业有限公司	北京	46 262	26 598	19 664
279	上海索广电子有限公司	上海	46 202	12 056	34 146
280	佳能精技工业发展（深圳）有限公司	深圳	45 591	29 400	16 191
281	昆达电脑科技（昆山）有限公司	江苏	45 547	22 184	23 364
282	芬欧汇川（常熟）纸业有限公司	江苏	45 207	8 839	36 369
283	苏州富士胶片映像机器有限公司	江苏	44 023	23 019	21 004
284	浙江卡森实业股份有限公司	浙江	43 878	24 750	19 128
285	海信集团有限公司	青岛	43 802	17 042	26 760
	青岛海信进出口有限公司	青岛	33 195	16 815	16 380
286	深圳市顺安外资实业发展有限公司	深圳	43 781	26 877	16 903

2004 年中国进出口额最大的 500 家企业名录（续）

金额单位：万美元

排名	公 司 名 称	地区	进出口额	出口额	进口额
287	国碁电子（中山）有限公司	广东	43 708	21 522	22 186
288	深圳三星视界有限公司	深圳	43 672	20 398	23 274
289	凯博电脑（昆山）有限公司	江苏	43 585	22 021	21 564
290	粤海（番禺）石油化工储运公司	广东	43 563	3 601	39 962
291	瑞萨四通集成电路（北京）有限公司	北京	43 320	23 035	20 285
292	海南海航航空进出口有限公司	海南	43 318	321	42 998
293	厦门 TDK 有限公司	厦门	43 008	18 637	24 371
294	中国北方工业集团公司	中央公司	42 987	10 563	32 424
295	沈阳华晨宝马有限公司	辽宁	42 899	7	42 892
296	北方国际集团有限公司	天津	42 578	37 785	4 793
297	攀钢集团国贸攀枝花有限公司	四川	42 446	22 755	19 691
298	翔鹭石化企业（厦门）有限公司	厦门	42 332	306	42 026
299	珠海格力集团公司	广东	42 294	32 291	10 003
	珠海格力电器股份有限公司	广东	32 655	26 696	5 959
300	上海新康电子有限公司	上海	42 225	24 835	17 390
301	广州轻出集团有限公司	广东	42 050	31 055	10 995
302	浙江物产金属集团有限公司	浙江	42 046	7 438	34 608
	浙江省金属材料公司	浙江	40 747	6 687	34 060
303	厦门厦新电子股份有限公司	厦门	41 932	6 481	35 451
304	浙江省茶叶进出口有限公司	浙江	41 588	38 543	3 045
305	新美亚电子（深圳）有限公司	深圳	41 588	21 268	20 320
306	福建大丰投资集团有限公司	福建	41 456	24 479	16 977
307	中航油进出口有限责任公司	中央公司	41 024	279	40 745
308	东营科英激光电子有限公司	山东	40 947	24 963	15 984
309	富士通将军（上海）有限公司	上海	40 860	32 834	8 026
310	奥林巴斯（深圳）工业有限公司	深圳	40 494	16 047	24 447
311	中芯国际集成电路制造（天津）有限责任公司	天津	40 352	3 927	36 425
312	中国医药集团总公司	中央公司	40 179	4 079	36 101
	中国医药对外贸易公司	中央公司	25 862	3 013	22 849
313	上海华虹 NEC 电子有限公司	上海	40 149	24 561	15 588
314	山东晨鸣纸业集团股份有限公司	山东	40 020	4 155	35 865
315	厦门华侨电子股份有限公司	厦门	39 957	20 608	19 349
316	上海市工艺品进出口有限公司	上海	39 956	31 552	8 404
317	深圳中外运储运有限公司	深圳	39 544	38 339	1 205
318	上海航空进出口有限公司	上海	39 466	7 495	31 971
319	日立环球存储科技（深圳）有限公司	深圳	39 022	12 078	26 945
320	四海电子（昆山）有限公司	江苏	38 976	15 375	23 600
321	广州本田汽车有限公司	广东	38 922	68	38 854
322	上海汽车进出口公司	上海	38 855	12 004	26 851
323	广茂科技（广州）有限公司	广东	38 808	20 861	17 947
324	伟创力实业（深圳）有限公司	深圳	38 751	17 286	21 465

2004年中国进出口额最大的500家企业名录（续）

金额单位：万美元

排名	公　司　名　称	地区	进出口额	出口额	进口额
325	佛山市顺德区新宝电器有限公司	广东	38 665	27 987	10 679
326	苏州国信集团有限公司	江苏	38 390	20 260	18 130
327	上海新格有色金属有限公司	上海	38 381	18 003	20 377
328	中山嘉华电子（集团）有限公司	广东	38 340	25 028	13 312
329	宁波亚洲浆纸业有限公司	宁波	38 252	0	38 252
330	中国原子能工业公司	中央公司	37 903	10 187	27 716
331	广东粤港供水有限公司	深圳	37 849	37 844	6
332	中国航空器材进出口总公司	中央公司	37 527	6 910	30 617
333	海南航空股份有限公司	海南	37 520	0	37 520
334	南京夏普电子有限公司	江苏	37 469	18 463	19 006
335	富士康精密组件（北京）有限公司	北京	37 442	7 548	29 893
336	山东绮丽集团	山东	37 418	29 492	7 926
337	中铝国际贸易有限公司	中央公司	37 364	5 613	31 750
338	东信科技（深圳）有限公司	深圳	37 271	19 235	18 035
339	佳能大连办公设备有限公司	大连	37 258	10 692	26 567
340	高创（苏州）电子有限公司	江苏	37 195	30 638	6 557
341	伦飞电脑（昆山）有限公司	江苏	37 126	20 493	16 633
342	星宝电子科技（昆山）有限公司	江苏	36 944	21 919	15 024
343	天津通广三星电子有限公司	天津	36 842	20 155	16 687
344	上海久信进出口有限公司	上海	36 494	5 390	31 105
345	NEC东金电子（厦门）有限公司	厦门	36 145	20 631	15 514
346	新疆塔城三宝民贸实业进出口公司	新疆	36 100	30 743	5 357
347	泰金宝电子（苏州）有限公司	江苏	36 100	16 247	19 853
348	益海（连云港）粮油工业有限公司	江苏	36 006	2 766	33 240
349	安利（中国）日用品有限公司	广东	35 836	9	35 827
350	互太（番禺）纺织印染有限公司	广东	35 727	19 139	16 588
351	东芝复印机（深圳）有限公司	深圳	35 630	22 608	13 023
352	瑞中电子（苏州）有限公司	江苏	35 577	18 686	16 891
353	广东省东莞轻工业品进出口有限公司	广东	35 430	21 665	13 764
354	江苏沙钢国际贸易有限公司	江苏	35 289	0	35 289
355	康佳集团股份有限公司	深圳	35 276	12 853	22 423
356	金堆城钼业公司进出口公司	陕西	35 257	35 244	14
357	苏州明基电子技术有限公司	江苏	35 242	17 206	18 036
358	彩晶光电科技（昆山）有限公司	江苏	34 947	22 046	12 901
359	广东省东莞快宜外经发展有限公司	广东	34 942	16 603	18 339
360	远纺工业（上海）有限公司	上海	34 761	5 984	28 777
361	上海夏普电器有限公司	上海	34 739	24 794	9 945
362	宁波宁兴股份有限公司	宁波	34 578	17 730	16 847
363	宁波市鄞州对外贸易股份有限公司	宁波	34 283	30 284	3 999
364	联能科技（深圳）有限公司	深圳	34 277	14 439	19 837
365	伟创力电子科技（上海）有限公司	上海	34 244	19 057	15 188

2004年中国进出口额最大的500家企业名录（续）

金额单位：万美元

排名	公 司 名 称	地区	进出口额	出口额	进口额
366	焦作万方铝业股份有限公司	河南	34 235	21 098	13 137
367	山东省对外贸易集团有限公司	山东	34 187	14 364	19 824
368	腾龙光学（佛山）有限公司	广东	34 002	17 474	16 528
369	中国上海外经（集团）有限公司	上海	33 968	6 446	27 522
370	广州市番禺区番华金银珠宝工艺厂	广东	33 929	17 517	16 413
371	北台钢铁集团进出口有限责任公司	辽宁	33 582	23 138	10 444
372	浙江省国信企业（集团）公司	浙江	33 473	16 528	16 945
	浙江省国兴进出口有限公司	浙江	28 668	14 156	14 512
373	河南粮油进出口集团	河南	33 456	14 381	19 074
374	精茂科技（深圳）有限公司	深圳	33 149	20 115	13 034
375	辽宁成大股份有限公司	辽宁	32 899	23 195	9 704
376	东莞科泰电子有限公司	广东	32 808	7 396	25 413
377	惠州市华阳多媒体电子有限公司	广东	32 791	13 820	18 971
378	广东顺安达太平货柜有限公司	广东	32 755	24 394	8 361
379	中国化工供销（集团）总公司	中央公司	32 726	1 673	31 052
	中化物产股份有限公司	中央公司	29 155	486	28 670
380	广东溢达纺织有限公司	广东	32 665	23 264	9 401
381	大连华农豆业集团股份有限公司	大连	32 622	0	32 622
382	宁波乐金甬兴化工有限公司	宁波	32 615	106	32 509
383	兄弟工业（深圳）有限公司	深圳	32 558	23 166	9 391
384	汕头经济特区矢崎汽车部件有限公司	广东	32 552	17 351	15 201
385	中国深圳对外贸易（集团）公司	深圳	32 489	21 258	11 231
386	尼康光学仪器（中国）有限公司	江苏	32 437	14 854	17 583
387	上海宏力半导体制造有限公司	上海	32 434	6 459	25 975
388	广东省东莞化工进出口有限公司	广东	32 422	14 377	18 045
389	天津三星电机有限公司	天津	32 418	18 762	13 656
390	江苏弘业国际集团有限公司	江苏	32 232	24 936	7 296
391	中国纺织物资（集团）总公司	中央公司	32 212	3 391	28 822
392	南京钢铁集团国际经济贸易有限公司	江苏	32 204	4 707	27 498
393	宁波市工艺品进出口公司	宁波	32 167	20 256	11 911
394	珠海松下通信系统设备有限公司	广东	31 831	18 825	13 006
395	中国农业发展集团总公司	中央公司	31 720	7 461	24 259
396	宁波联合集团进出口股份有限公司	宁波	31 649	28 806	2 844
397	浙江远东新聚酯有限公司	浙江	31 635	2 167	29 468
398	三洋电机（蛇口）有限公司	深圳	31 626	18 674	12 953
399	绥芬河市龙江商联进出口有限责任公司	黑龙江	31 562	26 693	4 869
400	乐金电子（沈阳）有限公司	辽宁	31 483	23 450	8 033
401	富士康（昆山）电脑接插件有限公司	江苏	31 426	18 217	13 209
402	安曼电子（上海）有限公司	上海	31 369	15 275	16 095
403	安徽省粮油食品进出口（集团）公司	安徽	31 301	17 596	13 705
	安徽安粮国际发展股份有限公司	安徽	30 474	16 895	13 579

2004 年中国进出口额最大的 500 家企业名录（续）

金额单位：万美元

排名	公 司 名 称	地区	进出口额	出口额	进口额
404	江苏华西集团公司	江苏	31 273	20 667	10 606
405	北京艾科泰电子有限公司	北京	31 237	7 387	23 851
406	中山市中经进出口有限公司	广东	30 949	17 246	13 703
407	台积电（上海）有限公司	上海	30 884	2	30 882
408	南通化工轻工股份有限公司	江苏	30 776	248	30 528
409	深圳市福田外资实业发展有限公司	深圳	30 720	11 229	19 492
410	苏州明基光电技术有限公司	江苏	30 660	15 041	15 619
411	东莞安美时电子有限公司	广东	30 636	14 946	15 689
412	北京埃力生进出口有限公司	北京	30 375	4 546	25 829
413	邯郸钢铁集团有限责任公司	河北	30 280	3 274	27 006
414	上海申达进出口有限公司	上海	30 238	27 030	3 207
415	中山市广勤贸易有限公司	广东	30 080	28 525	1 556
416	扬子石化——巴斯夫有限责任公司	江苏	30 061	0	30 061
417	佳能精技（苏州）办公设备有限公司	江苏	30 052	21 893	8 160
418	深圳创华合作有限公司	深圳	30 045	15 914	14 131
419	天津富士光机有限公司	天津	29 977	15 166	14 811
420	中国成套设备进出口（集团）总公司	中央公司	29 969	21 936	8 034
421	东莞市金马经贸有限公司	广东	29 945	20 183	9 762
422	深圳凯欣达多媒体有限公司	深圳	29 673	13 985	15 688
423	上海美蓓亚精密机电有限公司	上海	29 594	23 631	5 963
424	上海 JVC 电器有限公司	上海	29 474	18 064	11 409
425	上海三钢有限责任公司	上海	29 449	4 019	25 430
426	涟钢进出口有限责任公司	湖南	29 160	5 504	23 656
427	信利半导体有限公司	广东	29 147	11 118	18 029
428	乐金飞利浦液晶显示贸易（上海）有限责任公司	上海	28 924	0	28 924
429	河南豫光金铅股份有限公司	河南	28 866	17 173	11 693
430	广东韶钢进出口有限公司	广东	28 839	1 958	26 881
431	无锡松下电池有限公司	江苏	28 818	14 235	14 583
432	百得（苏州）科技有限公司	江苏	28 644	25 588	3 056
433	广州纺织品进出口集团有限公司	广东	28 628	28 008	620
434	上海市机械设备成套（集团）有限公司	上海	28 531	2 875	25 656
435	珠海天虎电子有限公司	广东	28 496	15 396	13 100
436	南通富士通微电子股份有限公司	江苏	28 463	13 503	14 960
437	上海大霸实业有限公司	上海	28 441	6 242	22 199
438	中国江苏国际经济技术合作公司	江苏	28 417	27 666	751
439	四川省丝绸进出口公司	四川	28 370	28 296	73
440	东方科学仪器进出口集团有限公司	中央公司	28 312	4 685	23 627
441	青岛即发集团股份有限公司	青岛	28 271	23 035	5 236
442	珠海松下马达有限公司	广东	28 252	15 253	12 999
443	昆山乐金微永电脑有限公司	江苏	28 210	16 288	11 921
444	浙江新大集团有限公司	浙江	28 160	27 026	1 134

2004 年中国进出口额最大的 500 家企业名录（续）

金额单位：万美元

排名	公司名称	地区	进出口额	出口额	进口额
445	神讯电脑（昆山）有限公司	江苏	28 110	13 406	14 704
446	吴江市外贸集团公司	江苏	28 093	18 004	10 089
447	天津富士通天电子有限公司	天津	28 051	14 807	13 244
448	三角轮胎股份有限公司	山东	28 050	15 856	12 195
449	正运达电子（上海）有限公司	上海	28 034	15 550	12 484
450	天津阿尔卑斯电子有限公司	天津	27 946	11 138	16 808
451	上海惠普有限公司	上海	27 935	7 844	20 091
452	才众电脑（深圳）有限公司	深圳	27 855	12 809	15 047
453	美国通用电器塑料中国有限公司	广东	27 843	13 671	14 172
454	华宝通讯（南京）有限公司	江苏	27 778	11 017	16 761
455	鸿城电子（上海）有限公司	上海	27 653	14 624	13 028
456	东莞旭福电脑有限公司	广东	27 635	16 558	11 076
457	上海克虏伯不锈钢有限公司	上海	27 618	1 647	25 971
458	牧田（昆山）有限公司	江苏	27 530	20 256	7 274
459	宁波申洲针织有限公司	宁波	27 454	24 652	2 802
460	天津钢管进出口有限公司	天津	27 426	14 109	13 317
461	天津外总集团有限公司	天津	27 377	8 406	18 971
462	上海松下等离子显示器有限公司	上海	27 279	13 154	14 125
463	北京吉普汽车有限公司	北京	27 168	128	27 040
464	惠普科技（上海）有限公司	上海	27 165	4 937	22 228
465	华冠通讯（江苏）有限公司	江苏	27 135	12 479	14 656
466	杭州中策橡胶有限公司	浙江	27 133	15 218	11 915
467	天津服装进出口股份有限公司	天津	27 123	22 697	4 426
468	大将科技（苏州）有限公司	江苏	27 116	14 652	12 464
469	大连阿尔派电子有限公司	大连	27 091	15 999	11 091
470	现代电了（天津）多媒体有限公司	大津	26 881	15 756	11 125
471	广州市华泰兴石油化工有限公司	广东	26 745	0	26 745
472	中国（福建）对外贸易中心集团	福建	26 704	24 285	2 419
473	中国包装进出口总公司	中央公司	26 649	17 828	8 821
474	惠阳东威电子制品有限公司	广东	26 642	19 048	7 594
475	浙江中油华电能源有限公司	浙江	26 588	0	26 588
476	东芝电子（上海）有限公司	上海	26 545	6 425	20 119
477	上海京瓷电子有限公司	上海	26 530	15 435	11 095
478	新天国际经济技术合作（集团）有限公司	新疆兵团	26 459	11 100	15 359
479	中国外运上海储运公司	上海	26 440	3 797	22 642
480	中山东茗影音电子有限公司	广东	26 407	13 765	12 642
481	重庆对外贸易进口有限公司	重庆	26 392	666	25 726
482	广东宏远集团公司	广东	26 385	14 923	11 463
483	苏州三洋半导体有限公司	江苏	26 373	13 562	12 811
484	英保达资讯（天津）有限公司	天津	26 365	13 868	12 497
485	捷敏电子（上海）有限公司	上海	26 353	13 920	12 433

2004年中国进出口额最大的500家企业名录（续）

金额单位：万美元

排名	公 司 名 称	地区	进出口额	出口额	进口额
486	天津乐金大沽化学有限公司	天津	26 299	1	26 298
487	上海物资（集团）总公司	上海	26 297	9 304	16 993
488	云南冶金集团进出口有限公司	云南	26 244	14 308	11 936
489	太阳诱电（广东）有限公司	广东	26 205	12 860	13 345
490	卡特彼勒（徐州）有限公司	江苏	26 048	6 604	19 444
491	云南昆钢集团进出口有限公司	云南	25 993	3 844	22 149
492	黑龙江联合石油化工有限公司	黑龙江	25 987	0	25 987
493	利盟打印机（深圳）有限公司	深圳	25 947	12 670	13 278
494	黑龙江华宇工贸（集团）有限责任公司	黑龙江	25 845	21 288	4 558
495	加德士海洋燃气能源有限公司	广东	25 615	394	25 220
496	珠海碧阳化工有限公司	广东	25 611	0	25 611
497	无锡兴华达科技有限公司	江苏	25 603	13 285	12 318
498	天津纺织集团进出口股份有限公司	天津	25 574	18 710	6 864
499	罗礼科技（苏州）有限公司	江苏	25 547	13 078	12 469
500	江苏沙钢集团有限公司	江苏	25 529	0	25 529

2004年中国出口额最大的200家企业名录

金额单位：万美元

排名	公 司 名 称	地区	出口额
1	鸿富锦精密工业（深圳）有限公司	深圳	835 093
2	达丰（上海）电脑有限公司	上海	830 283
3	摩托罗拉（中国）电子有限公司	天津	571 016
4	长城国际信息产品（深圳）有限公司	深圳	407 018
5	名硕电脑（苏州）有限公司	江苏	323 528
6	诺基亚（中国）投资有限公司	中央公司	299 393
7	中国国际海运集装箱（集团）股份有限公司	中央公司	299 174
8	冠捷电子（福建）有限公司	福建	288 151
9	东方国际（集团）有限公司	上海	273 983
10	英特尔产品（上海）有限公司	上海	260 182
11	仁宝资讯工业（昆山）有限公司	江苏	242 051
12	明基电通信息技术有限公司	江苏	230 695
13	中国中化集团公司	中央公司	226 408
14	中国中煤能源集团公司	中央公司	223 310
15	中国普天信息产业集团公司	中央公司	213 513
16	戴尔（中国）有限公司	厦门	212 900
17	中国石油天然气集团公司	中央公司	195 870
18	佛山市顺德区顺达电脑厂有限公司	广东	176 492
19	英华达（上海）电子有限公司	上海	176 074
20	希捷国际科技（无锡）有限公司	江苏	174 205
21	广东省广新外贸集团有限公司	广东	173 553

2004 年中国出口额最大的 200 家企业名录（续）

金额单位：万美元

排名	公 司 名 称	地区	出口额
22	友达光电（苏州）有限公司	江苏	173 071
23	中国石化国际事业有限公司	中央公司	170 874
24	仁宝电子科技（昆山）有限公司	江苏	158 795
25	中国机械装备（集团）公司	中央公司	157 606
26	广东省东莞机械进出口有限公司	广东	151 573
27	英业达（上海）有限公司	上海	151 458
28	英顺达科技有限公司	上海	144 801
29	中国五矿集团公司	中央公司	143 721
30	伟创力实业（珠海）有限公司	广东	143 583
31	乐金电子（惠州）有限公司	广东	135 813
32	中国华源集团有限公司	中央公司	133 899
33	中国船舶工业贸易公司	中央公司	132 086
34	广东省丝绸集团公司	广东	128 414
35	中国海洋石油总公司	中央公司	127 402
36	建兴光电科技（广州）有限公司	广东	124 214
37	深圳富泰宏精密工业有限公司	深圳	123 594
38	中国粮油食品（集团）有限公司	中央公司	119 555
39	恩斯迈电子（深圳）有限公司	深圳	118 940
40	神华集团有限责任公司	中央公司	117 895
41	三星电子（苏州）半导体有限公司	江苏	116 932
42	中国电子进出口总公司	中央公司	116 246
43	浙江荣大集团控股有限公司	浙江	113 883
44	东芝信息机器（杭州）有限公司	浙江	110 834
45	华为技术有限公司	深圳	108 231
46	浙江东方集团控股有限公司	浙江	107 331
47	深圳市勤辉投资开发有限公司	深圳	103 538
48	上海西门子移动通信有限公司	上海	100 316
49	金士顿科技电子（上海）有限公司	上海	98 231
50	中芯国际集成电路制造（上海）有限公司	上海	97 478
51	上海兰生（集团）有限公司	上海	96 835
52	新华锦集团	山东	96 153
53	江苏国泰国际集团有限公司	江苏	95 308
54	江苏舜天国际集团有限公司	江苏	93 961
55	佳能珠海有限公司	广东	93 766
56	中国航空技术进出口总公司	中央公司	90 647
57	美的集团	广东	88 570
58	大连西太平洋石油化工有限公司	大连	88 124
59	鑫茂科技（深圳）有限公司	深圳	87 100
60	旭电（苏州）科技有限公司	江苏	86 472
61	苏州飞利浦消费电子有限公司	江苏	86 110
62	中国通用技术（集团）控股有限责任公司	中央公司	82 499

2004 年中国出口额最大的 200 家企业名录（续）

金额单位：万美元

排名	公 司 名 称	地区	出口额
63	无锡夏普电子元器件有限公司	江苏	81 559
64	纬创资通（昆山）有限公司	江苏	79 535
65	江苏开元国际集团有限公司	江苏	76 863
66	爱普生技术（深圳）有限公司	深圳	76 854
67	浙江中大集团控股有限公司	浙江	76 419
68	鞍钢集团国际经济贸易公司	辽宁	75 987
69	南京 LG 同创彩色显示系统有限责任公司	江苏	75 891
70	中国工艺品进出口总公司	中央公司	75 483
71	中国港湾建设（集团）总公司	中央公司	73 406
72	乐金飞利浦液晶显示（南京）有限公司	江苏	72 648
73	海尔集团公司	青岛	71 785
74	伟创力科技（珠海）有限公司	广东	71 593
75	东莞三星视界有限公司	广东	70 334
76	乐金电子（天津）电器有限公司	天津	69 947
77	深圳开发科技股份有限公司	深圳	69 469
78	苏州进出口（集团）有限公司	江苏	69 232
79	飞利浦电子元件（上海）有限公司	上海	68 532
80	中国中钢集团公司	中央公司	68 531
81	三宝电脑（沈阳）有限公司	辽宁	68 385
82	中国北方工业公司	中央公司	66 358
83	TCL 集团股份有限公司	广东	65 252
84	天津三星通信技术有限公司	天津	64 481
85	南京纺织品进出口股份有限公司	江苏	64 087
86	纬创资通（中山）有限公司	广东	63 392
87	苏州三星电子液晶显示器有限公司	江苏	62 623
88	山西煤炭进出口集团公司	山西	62 447
89	志合电脑（苏州工业园区）有限公司	江苏	62 169
90	仁宝电脑工业（中国）有限公司	江苏	61 238
91	飞索半导体（苏州）有限公司	江苏	61 170
92	柯达电子（上海）有限公司	上海	60 880
93	苏州爱普生有限公司	江苏	60 608
94	福建华闽进出口有限公司	福建	60 387
95	宝山钢铁股份有限公司	上海	59 784
96	天津三星电子显示器有限公司	天津	59 630
97	中国广东核电集团有限公司	中央公司	59 566
98	日立显示器件（苏州）有限公司	江苏	59 423
99	佳能（中山）办公设备有限公司	广东	59 226
100	雅戈尔集团股份有限公司	宁波	58 782
101	华宇电脑（江苏）有限公司	江苏	58 753
102	江苏新科电子集团有限公司	江苏	58 168
103	亚旭电子科技（江苏）有限公司	江苏	58 009

2004 年中国出口额最大的 200 家企业名录（续）

金额单位：万美元

排名	公 司 名 称	地区	出口额
104	广东格兰仕集团有限公司	广东	57 683
105	宁波市慈溪进出口股份有限公司	宁波	57 349
106	新疆野马经贸有限公司	新疆	57 168
107	山东魏桥创业集团有限公司	山东	56 790
108	江苏汇鸿国际集团有限公司	江苏	56 281
109	佛山普立华科技有限公司	广东	55 830
110	明德信息媒体（深圳）有限公司	深圳	55 574
111	晶冠科技（深圳）有限公司	深圳	55 198
112	飞思卡尔半导体（中国）有限公司	天津	54 540
113	伟创力电脑（珠海）有限公司	广东	54 517
114	惠州三星电子有限公司	广东	54 071
115	中国烟草进出口（集团）公司	中央公司	51 458
116	中国远洋运输（集团）总公司	中央公司	51 449
117	江苏苏豪国际集团股份有限公司	江苏	50 828
118	浙江凯喜雅国际股份有限公司	浙江	50 001
119	大同电子科技（江苏）有限公司	江苏	49 874
120	理光（深圳）工业发展有限公司	深圳	48 910
121	漳州灿坤实业有限公司	福建	48 705
122	中国船舶重工集团公司	中央公司	48 676
123	广东省中山食品水产进出口集团有限公司	广东	48 662
124	天津三星电子有限公司	天津	48 025
125	嘉兴市进出口公司	浙江	47 796
126	山东省机械进出口集团公司	山东	47 603
127	山东三星通信设备有限公司	山东	46 948
128	苏州三星电子有限公司	江苏	46 605
129	捷普电子（广州）有限公司	广东	45 141
130	维科控股集团股份有限公司	宁波	44 643
131	深圳赛意法微电子有限公司	深圳	44 513
132	宁波海田国际贸易有限公司	宁波	44 489
133	厦门建发股份有限公司	厦门	44 317
134	济钢集团国际贸易有限责任公司	山东	43 803
135	微盟电子（昆山）有限公司	江苏	42 891
136	深圳市中兴通讯股份有限公司	深圳	42 718
137	友利电电子（深圳）有限公司	深圳	42 456
138	东莞华强三洋马达有限公司	广东	42 433
139	江苏省海外企业集团有限公司	江苏	42 102
140	长虹电子集团公司	四川	42 100
141	华映视讯（吴江）有限公司	江苏	42 087
142	苏州三星电子电脑有限公司	江苏	41 621
143	深圳三星科健移动通信技术有限公司	深圳	41 305
144	上海对外贸易实业有限公司	上海	41 086

2004年中国出口额最大的200家企业名录（续）

金额单位：万美元

排名	公 司 名 称	地区	出口额
145	先锋高科技（上海）有限公司	上海	40 814
146	珠海三美电机有限公司	广东	40 316
147	安徽安天国际集团有限公司	安徽	40 138
148	旭丽电子（广州）有限公司	广东	39 646
149	夏普办公设备（常熟）有限公司	江苏	39 326
150	广东科龙电器股份有限公司	广东	39 304
151	东莞福安纺织印染有限公司	广东	38 997
152	浙江省茶叶进出口有限公司	浙江	38 543
153	深圳中外运储运有限公司	深圳	38 339
154	佳能（苏州）有限公司	江苏	37 984
155	星科金朋（上海）有限公司	上海	37 970
156	广东粤港供水有限公司	深圳	37 844
157	北方国际集团有限公司	天津	37 785
158	联建（中国）科技有限公司	江苏	37 296
159	昆山翊腾平面显像有限公司	江苏	36 382
160	柯达（中国）股份有限公司厦门分公司	厦门	36 362
161	山东省国际贸易集团中心	山东	36 253
162	上海乐金广电电子有限公司	上海	36 146
163	富士施乐高科技（深圳）有限公司	深圳	35 842
164	唯冠科技（深圳）有限公司	深圳	35 734
165	东莞德永佳纺织制衣有限公司	广东	35 354
166	金堆城钼业公司进出口公司	陕西	35 244
167	深圳易拓科技有限公司	深圳	35 163
168	深圳三洋华强激光电子有限公司	深圳	35 034
169	东莞三星电机有限公司	广东	35 018
170	索尼精密部件（惠州）有限公司	广东	34 956
171	先锋高科技（东莞）有限公司	广东	34 918
172	东莞汉华光电有限公司	广东	34 733
173	比亚迪股份有限公司	深圳	34 259
174	中国航空工业第一集团公司	中央公司	34 163
175	天弘（苏州）科技有限公司	江苏	33 831
176	中国轻工业品进出口总公司	中央公司	33 653
177	环旭电子（深圳）有限公司	深圳	33 409
178	苏州罗技电子有限公司	江苏	33 366
179	北京东方冠捷电子股份有限公司	北京	33 247
180	富士通将军（上海）有限公司	上海	32 834
181	上海上实国际贸易（集团）有限公司	上海	32 833
182	上海工业投资（集团）有限公司	上海	32 692
183	宝钢集团国际经济贸易总公司	上海	32 437
184	泽康科技（吴江）有限公司	江苏	32 325
185	珠海格力集团公司	广东	32 291

2004 年中国出口额最大的 200 家企业名录（续）

金额单位：万美元

排名	公 司 名 称	地区	出口额
186	日本电产（大连）有限公司	大连	31 946
187	深圳桑菲消费通信有限公司	深圳	31 904
188	武钢集团国际经济贸易总公司	湖北	31 644
189	上海贝尔有限公司	上海	31 634
190	上海市工艺品进出口有限公司	上海	31 552
191	广川科技（广州）有限公司	广东	31 527
192	青岛马士基集装箱工业有限公司	青岛	31 315
193	厦门国贸集团股份有限公司	厦门	31 284
194	东莞市旗峰对外贸易有限公司	广东	31 252
195	广州轻出集团有限公司	广东	31 055
196	深圳海量存储设备有限公司	深圳	30 773
197	新疆塔城三宝民贸实业进出口公司	新疆	30 743
198	高创（苏州）电子有限公司	江苏	30 638
199	广州东宝（番澳）首饰有限公司	广东	30 573
200	罗姆电子大连有限公司	大连	30 547

2004 年中国出口额最大的 100 家民营企业名录

金额单位:万美元

排名	公 司 名 称	出口额
1	广东省东莞机械进出口有限公司	151 573
2	新疆野马经贸有限公司	57 168
3	东莞市旗峰对外贸易有限公司	31 252
4	绥芬河龙江商联进出口有限公司	26 650
5	绥芬河市凯莱经贸有限责任公司	21 972
6	广东省东莞轻工业品进出口有限公司	21 665
7	黑龙江华宇工贸（集团）有限责任公司	21 288
8	浙江新世纪国际贸易有限公司	20 477
9	东莞市金马经贸有限公司	20 183
10	江苏华西国际贸易有限公司	19 560
11	江门市新轻出进出口有限公司	17 783
12	广州市番禺区番华金银珠宝工艺厂	17 517
13	中山市中经进出口有限公司	17 246
14	广东省东莞快宜外经发展有限公司	16 603
15	绥芬河市林源经贸有限责任公司	15 692
16	重庆力帆实业（集团）进出口有限公司	15 286
17	衡水达美工贸有限公司	14 733
18	东莞市百业进出口有限公司	14 713
19	东莞市环球工艺进出口贸易有限公司	14 668
20	广东省东莞化工进出口有限公司	14 377

2004年中国出口额最大的100家民营企业名录（续）

金额单位：万美元

排名	公　司　名　称	出口额
21	广东省东莞纺织品进出口有限公司	13 393
22	中山市中粮外贸发展有限公司	13 271
23	广东省东莞五金矿产进出口有限公司	13 199
24	福建超大畜牧业有限公司	13 170
25	东宁吉信工贸（集团）有限责任公司	12 613
26	温州市五机化医外贸有限公司	11 785
27	四川省新立新进出口有限责任公司	11 603
28	广东省东莞畜产进出口有限公司	11 563
29	福建省福辉贸易实业有限公司	11 093
30	东莞市广利食品进出口有限公司	11 066
31	广东德豪润达电气股份有限公司	11 065
32	佛山市美的空调设备有限公司	11 033
33	新疆霍尔果斯对外经济贸易有限公司	10 508
34	东莞市建筑材料进出口有限公司	9 630
35	安徽省华安进出口有限公司	9 551
36	隆鑫集团进出口有限公司	9 440
37	广东省东莞市东联进出口有限公司	9 438
38	东莞市外经工贸进出口有限公司	9 406
39	佛山市骏景实业有限公司	9 347
40	步阳集团有限公司	9 146
41	厦门市嘉晟对外贸易有限公司	8 813
42	海宁蒙努集团有限公司	8 690
43	杭州中艺经贸有限公司	8 470
44	福州闽塑进出口有限公司	8 451
45	绥芬河市汽车运输有限责任公司	8 417
46	厦门市中信隆进出口有限公司	8 316
47	宁波中蔺对外贸易有限公司	8 022
48	衡水瑞滕祥商贸有限公司	7 967
49	同江市海航经贸有限公司	7 889
50	广州市兴贸贸易有限公司	7 806
51	东莞市溢源对外贸易有限公司	7 273
52	福建财茂纺织进出口有限公司	7 226
53	葫芦岛市兴达冶炼厂	6 932
54	浙江卓力电器集团有限公司	6 907
55	绥芬河市宏隆经贸有限责任公司	6 814
56	阿拉山口盛雄贸易有限公司	6 748
57	江苏长电科技股份有限公司	6 514
58	伊犁德鲁克经贸有限责任公司	6 442
59	烟台中航技船舶进出口有限公司	6 406
60	浙江万丰奥威汽轮股份有限公司	6 352
61	石狮市龙整进出口贸易有限公司	6 350

2004 年中国出口额最大的 100 家民营企业名录（续）

金额单位:万美元

排名	公 司 名 称	出口额
62	深圳市同洲电子股份有限公司	6 298
63	江苏华瑞国际实业集团有限公司	6 289
64	山西瑞成进出口贸易有限公司	6 233
65	陕西海升果业发展股份有限公司	6 077
66	东莞市泽通贸易有限公司	6 073
67	深圳市同和工贸有限公司	6 069
68	浙江欧大进出口贸易有限公司	5 997
69	东莞市港源贸易有限公司	5 913
70	甘肃锐驰贸易有限公司	5 864
71	绍兴县南华进出口有限公司	5 771
72	宁波利时进出口有限公司	5 695
73	福建省晋江市对外贸易有限公司	5 652
74	云南南磷集团进出口有限公司	5 478
75	珠海市金正电子工业有限公司	5 442
76	广东佛山包装进出口有限公司	5 317
77	深圳市唯佳运输发展有限公司	5 306
78	广东省惠州纺织品进出口有限公司	5 293
79	福建晋江华闽进出口有限公司	5 290
80	上海中大康劲国际贸易有限公司	5 256
81	厦门英南进出口有限公司	5 254
82	广东省东莞医药保健品进出口有限责任公司	5 249
83	宁波捷美进出口有限公司	5 234
84	东莞市海华五金矿产进出口有限公司	5 195
85	珲春亨通经贸有限公司	5 180
86	江苏金飞达电动工具有限公司	5 174
87	博尔塔拉蒙古自治州阿拉山口佳信贸易有限公司	5 120
88	宁波中瑞进出口有限公司	5 112
89	深圳市宝安奋达实业有限公司	5 088
90	温岭市进出口有限公司	5 086
91	湛江市龙腾贸易有限公司	5 054
92	绥芬河市亿源经贸有限责任公司	5 014
93	中基嘉仁经贸有限责任公司	5 009
94	霍尔果斯兴边商贸有限公司	4 994
95	重庆诚信华荣新金属材料有限公司	4 942
96	东莞市新技术进出口有限公司	4 826
97	上海双牌铝业有限公司	4 802
98	厦门市怡林贸易有限公司	4 666
99	浙江南方科技股份有限公司	4 650
100	浙江临亚工艺品有限公司	4 624

中国历年吸收外商直接投资统计

金额单位：亿美元

年　度	项目数（个）	合同外资	实际使用
总　计	**508 941**	**10 966.09**	**5 621.01**
1979—1982	920	49.58	17.69
1983	638	19.17	9.16
1984	2 166	28.75	14.19
1985	3 073	63.33	19.56
1986	1 498	33.30	22.44
1987	2 233	37.09	23.14
1988	5 945	52.97	31.94
1989	5 779	56.00	33.93
1990	7 273	65.96	34.87
1991	12 978	119.77	43.66
1992	48 764	581.24	110.08
1993	83 437	1 114.36	275.15
1994	47 549	826.80	337.67
1995	37 011	912.82	375.21
1996	24 556	732.76	417.26
1997	21 001	510.03	452.57
1998	19 799	521.02	454.63
1999	16 918	412.23	403.19
2000	22 347	623.80	407.15
2001	26 140	691.95	468.78
2002	34 171	827.68	527.43
2003	41 081	1 150.70	535.05
2004	43 664	1 534.79	606.30

2004年中国吸收外商直接投资分方式统计

金额单位：亿美元

方　式	项目数		合同外资金额		实际使用外资金额	
	个　数	比　重（%）	金　额	比　重（%）	金　额	比　重（%）
总　　计	**43 664**	**100.00**	**1 534.79**	**100.00**	**606.30**	**100.00**
中外合资企业	11 570	26.50	276.41	18.01	163.86	27.03
中外合作企业	1 343	3.08	77.88	5.07	31.12	5.13
外资企业	30 708	70.33	1172.75	76.41	402.22	66.34
外商投资股份有限公司	43	0.10	7.74	0.50	7.77	1.28
合作开发	0	0	0.00	0.00	1.09	0.18
其他	0	0	0.00	0.00	0.24	0.04

2004 年中国吸收外商直接投资分产业统计

金额单位：亿美元

产业名称	项目数（个）	比 重（%）	合同外资	比 重（%）	实际使用	比 重（%）
总　计	**43 664**	**100.00**	**1 534.79**	**100.00**	**606.30**	**100.00**
第一产业	1 130	2.59	32.71	2.13	11.14	1.84
第二产业	31 531	72.21	1 166.21	75.98	454.63	74.98
第三产业	11 003	25.20	335.87	21.88	140.53	23.18

2004 年中国吸收外商直接投资分行业统计

金额单位：亿美元

行业名称	项目数（个）	比 重（%）	合同外资	比 重（%）	实际使用	比 重（%）
总　计	**43 664**	**100.00**	**1 534.79**	**100.00**	**606.30**	**100.00**
农、林、牧、渔业	1 130	2.59	32.71	2.13	11.14	1.84
采矿业	279	0.64	11.56	0.75	5.38	0.89
制造业	30 386	69.59	1 097.36	71.50	430.17	70.95
电力、燃气及水的生产和供应业	455	1.04	39.60	2.58	11.36	1.87
建筑业	411	0.94	17.69	1.15	7.72	1.27
交通运输、仓储和邮政业	638	1.46	23.73	1.55	12.73	2.10
信息传输、计算机服务和软件业	1 622	3.71	20.21	1.32	9.16	1.51
批发和零售业	1 700	3.89	25.01	1.63	7.40	1.22
住宿和餐饮业	1 174	2.69	21.69	1.41	8.41	1.39
金融业	43	0.10	5.75	0.37	2.52	0.42
房地产业	1 767	4.05	134.88	8.79	59.50	9.81
租赁和商务服务业	2 661	6.09	67.42	4.39	28.24	4.66
科学研究、技术服务和地质勘察业	629	1.44	10.06	0.66	2.94	0.48
水利、环境和公共设施管理业	164	0.38	8.22	0.54	2.29	0.38
居民服务和其他服务业	251	0.57	5.43	0.35	1.58	0.26
教育	59	0.14	1.73	0.11	0.38	0.06
卫生、社会保障和社会福利业	21	0.05	1.47	0.10	0.87	0.15
文化、体育和娱乐业	272	0.62	10.13	0.66	4.48	0.74
公共管理和社会组织	2		0.14	0.01	0.02	

2004年中国吸收外商直接投资分国家（地区）统计

金额单位：万美元

国别/地区	项目数（个）	增幅（%）	比重（%）	合同外资	增幅（%）	比重（%）	实际使用	增幅（%）	比重（%）
总　计	**43 664**	**6.29**	**100.00**	**15 347 895**	**33.37**	**100.00**	**6 062 998**	**13.31**	**100.00**
亚洲十国/地区	30 671	5.73	70.24	9 179 354	24.26	59.81	3 727 123	9.98	61.47
香港	14 719	7.97	33.71	5 013 753	23.16	32.67	1 899 830	7.33	31.33
印度尼西亚	122	-14.69	0.28	19 517	-69.08	0.13	10 452	-30.38	0.17
日本	3 454	6.15	7.91	916 205	15.17	5.97	545 157	7.86	8.99
澳门	715	23.28	1.64	188 214	45.32	1.23	54 639	31.15	0.90
马来西亚	352	0.57	0.81	130 001	35.69	0.85	38 504	53.38	0.64
菲律宾	241	-18.86	0.55	68 292	22.67	0.44	23 324	6.01	0.38
新加坡	1 279	11.8	2.93	442 252	29.36	2.88	200 814	-2.44	3.31
韩国	5 625	14.33	12.88	1 391 081	51.58	9.06	624 786	39.2	10.30
泰国	162	-16.49	0.37	79 445	29.72	0.52	17 868	2.97	0.29
台湾省	4 002	-10.97	9.17	930 594	8.74	6.06	311 749	-7.69	5.14
欧盟	2 423	16.83	5.55	836 189	42.83	5.45	423 904	7.86	6.99
比利时	44	-34.33	0.10	14 229	-15.35	0.09	8 209	-25.77	0.14
丹麦	45	7.14	0.10	18 463	127.77	0.12	6 571	53.46	0.11
英国	488	11.42	1.12	128 372	6.14	0.84	79 282	6.78	1.31
德国	608	34.81	1.39	228 199	64.06	1.49	105 848	23.51	1.75
法国	289	7.43	0.66	122 970	70.16	0.80	65 674	8.68	1.08
爱尔兰	21	133.33	0.05	1 125	-41.16	0.01	456	-57.02	0.01
意大利	358	20.54	0.82	107 719	73.49	0.70	28 082	-11.33	0.46
卢森堡	19	18.75	0.04	13 688	188.17	0.09	2 878	-83.59	0.05
荷兰	199	5.29	0.46	99 165	4.23	0.65	81 056	11.73	1.34
希腊	3	-50	0.01	-201	-179.45		2 819	1 492.66	0.05
葡萄牙	17	30.77	0.04	3 164	94.23	0.02	3 322	700.48	0.05
西班牙	155	20.16	0.35	47 899	51.22	0.31	15 075	64.2	0.25
奥地利	83	29.69	0.19	26 436	106.35	0.17	9 761	3.29	0.16
芬兰	24	-7.69	0.05	2 965	-56.51	0.02	2 801	-13.52	0.05
瑞典	70	20.69	0.16	21 996	97.66	0.14	12 070	0.33	0.20
北美	4 920	-0.83	11.27	1 436 734	22.06	9.36	455 482	-4.35	7.51
加拿大	995	10.43	2.28	220 218	36.81	1.43	61 387	8.94	1.01
美国	3 925	-3.33	8.99	1 216 516	19.72	7.93	394 095	-6.13	6.50
部分自由港	3 675	18.05	8.42	2 588 337	52.77	16.86	990 173	29.8	16.33
开曼群岛	244	12.44	0.56	324 518	91.51	2.11	204 258	135.85	3.37
英属维尔京群岛	2 641	19.07	6.05	1 939 565	53.15	12.64	673 030	16.5	11.10
萨摩亚	790	16.52	1.81	324 254	25.47	2.11	112 885	14.52	1.86

截至2004年中国吸收外商直接投资分方式统计

金额单位：亿美元

方式	项目数		合同外资金额		实际使用外资金额	
	个数	比重（%）	金额	比重（%）	金额	比重（%）
总计	**508 941**	**100.00**	**10 966.09**	**100.00**	**5 621.01**	**100.00**
中外合资企业	249 937	49.11	3 794.78	34.6	2 224.13	39.57
中外合作企业	55 855	10.97	1 785.87	16.29	897.31	15.96
外资企业	202 816	39.85	5 314.22	48.46	2 392.22	42.56
外商投资股份有限公司	110	0.02	22.29	0.2	23.30	0.41
合作开发	191	0.04	47.40	0.43	75.07	1.34
其他	32	0.01	1.53	0.02	8.98	0.16

截至2004年中国吸收外商直接投资分产业统计

金额单位：亿美元

行业名称	项目数（个）	比重（%）	合同外资	比重（%）
总计	**508 941**	**100.00**	**10 966.09**	**100.00**
第一产业	14 463	2.84	213.07	1.94
第二产业	381 701	75.00	7 486.31	68.27
第三产业	112 777	22.16	3 266.71	29.79

截至2004年中国吸收外商直接投资分行业统计

金额单位：亿美元

行业名称	项目数（个）	比重（%）	合同外资	比重（%）
总计	**508 941**	**100.00**	**10 966.09**	**100.00**
农、林、牧、渔业	14 463	2.84	213.07	1.94
采矿业	803	0.16	28.37	0.26
制造业	369 338	72.57	7 101.34	64.76
电力、燃气及水的生产和供应业	1 109	0.22	96.43	0.88
建筑业	10 451	2.05	260.17	2.37
交通运输、仓储和邮政业	5 873	1.15	261.86	2.39
信息传输、计算机服务和软件业	1 622	0.32	20.21	0.18
批发和零售业	25 265	4.96	313.42	2.86
住宿和餐饮业	1 174	0.23	21.69	0.20
金融业	91	0.02	14.40	0.13
房地产业	42 708	8.39	1 943.84	17.73
租赁和商务服务业	18 099	3.56	369.13	3.37
科学研究、技术服务和地质勘察业	4 157	0.82	51.66	0.47
水利、环境和公共设施管理业	164	0.03	8.22	0.07
居民服务和其他服务业	10 584	2.08	168.61	1.54
教育	1 541	0.30	27.58	0.25
卫生、社会保障和社会福利业	1 225	0.24	55.81	0.51
文化、体育和娱乐业	272	0.05	10.13	0.09
公共管理和社会组织	2		0.14	

截至2004年中国吸收外商直接投资分国家（地区）统计

金额单位：亿美元

国别/地区	项目数（个）	比重（%）	合同外资	比重（%）	实际使用	比重（%）
总　计	**508 941**	**100.00**	**10 966.09**	**100.00**	**5 621.01**	**100.00**
亚洲十国/地区	400 460	78.68	7 459.33	68.02	3 946.85	70.22
香港	239 228	47.01	4 646.52	42.37	2 415.74	42.98
印度尼西亚	1 201	0.24	27.73	0.25	13.73	0.24
日本	31 855	6.26	666.50	6.08	468.46	8.33
澳门	9 122	1.79	139.69	1.27	57.36	1.02
马来西亚	3 240	0.64	84.59	0.77	34.72	0.62
菲律宾	2 186	0.43	44.26	0.40	18.78	0.33
新加坡	13 150	2.58	479.91	4.38	255.39	4.54
韩国	32 753	6.44	505.64	4.61	259.35	4.61
泰国	3 537	0.69	71.16	0.65	27.27	0.49
台湾省	64 188	12.61	793.35	7.23	396.05	7.05
欧盟	18 581	3.65	743.04	6.78	421.11	7.49
比利时	514	0.10	12.18	0.11	7.54	0.13
丹麦	312	0.06	15.97	0.15	5.85	0.10
英国	4 344	0.85	221.26	2.02	122.31	2.18
德国	4 112	0.81	179.95	1.64	99.09	1.76
法国	2 591	0.51	91.45	0.83	68.04	1.21
爱尔兰	82	0.02	1.40	0.01	0.50	0.01
意大利	2 495	0.49	48.91	0.45	28.26	0.50
卢森堡	115	0.02	7.41	0.07	3.11	0.06
荷兰	1 453	0.29	109.18	1.00	58.74	1.05
希腊	50	0.01	1.07	0.01	0.58	0.01
葡萄牙	97	0.02	1.61	0.01	1.06	0.02
西班牙	910	0.18	18.37	0.17	5.97	0.11
奥地利	656	0.13	13.00	0.12	5.40	0.10
芬兰	205	0.04	6.42	0.06	4.13	0.07
瑞典	645	0.13	14.87	0.14	10.51	0.19
北美	53 201	10.45	1 127.98	10.29	525.64	9.35
加拿大	7 936	1.56	141.89	1.29	45.35	0.81
美国	45 265	8.89	986.09	8.99	480.29	8.54
部分自由港	15 340	3.01	1 069.35	9.75	480.40	8.55
开曼群岛	1 167	0.23	144.20	1.32	67.12	1.19
英属维尔京群岛	11 518	2.26	814.08	7.42	368.95	6.56
萨摩亚	2 655	0.52	111.07	1.01	44.33	0.79

中国实际使用外资金额占全社会固定资产投资比重统计（1992—2004年）

年度	全社会固定资产投资		实际使用外资金额（亿美元）	占固定资产投资比重（%）
	（亿元人民币）	（折合亿美元）		
1992	8 080.1	1 465.22	110.08	7.51
1993	13 072.30	2 268.71	275.15	12.13
1994	17 042.30	1 977.34	337.67	17.08
1995	20 019.30	2 397.23	375.21	15.65
1996	22 974.00	2 763.22	417.26	15.10
1997	25 300.00	3 059.97	452.57	14.79
1998	28 457	3 437.29	454.62	13.23
1999	29 876.0	3 608	403.18	11.17
2000	32 619.0	3 944.26	407.15	10.32
2001	36 898.0	4 458.11	468.46	10.51
2002	43 202.0	5 223.94	527.43	10.10
2003	55 118.0	6 664.81	535.05	8.03
2004	70 073.0	8 466.2	606.30	7.16

中国外商投资企业工业产值占全国工业总产值比重统计（1990—2004年）
（可比价）

金额单位：亿元人民币

年度	全国工业总产值	外商投资企业工业产值	所占比重（%）
1990	19 701.04	448.95	2.28
1991	23 135.56	1 223.32	5.29
1992	29 149.25	2 065.59	7.09
1993	40 513.68	3 704.35	9.15
1994	76 867.25	8 649.39	11.26
1995	91 963.28	13 154.16	14.31
1996	99 595.55	15 077.53	15.14
1997	56 149.70	10 427	18.57
1998	58 195.23	14 162	24.00
1999	63 775.24	17 696	27.75
2000	73 964.94	23 145.59	22.51
2001	94 751.78	26 515.66	28.05
2002	101 198.73	33 771.09	33.37
2003	128 306.14	46 019.55	35.87
2004	187 220.66	58 847.08	31.43

中国以外商投资税收为主的涉外税收统计（1992—2004年）

（不包括关税和土地费）

金额单位：亿元人民币

年度	全国工商税收总额	增幅（%）	其中：涉外税收总额	增幅（%）	占全国（%）
1992	2 876.10	-	122.26	-	4.25
1993	3 970.52	38.05	226.56	85.31	5.71
1994	4 728.74	19.10	402.64	77.72	8.51
1995	5 515.51	16.64	604.46	50.12	10.96
1996	6 436.02	16.69	764.06	26.40	11.87
1997	7 548	17.31	993	29.97	13.16
1998	8 551.74	13.30	1 230	25.94	14.38
1999	10 311.89	13.40	1 648.86	33.78	15.99
2000	12 665	12.66	2 217	35.45	17.50
2001	15 165	19.74	2 883	30.04	19.01
2002	17 004	12.13	3 487	20.95	20.52
2003	20 461.60	20.34	4 268	22.81	20.86
2004	25 723	25.70	5 355	25.44	20.81

注：来源于外商投资企业的税收占涉外税收的98%以上。

中国外商投资企业进出口商品总值统计（1986—2004年）

金额单位：亿美元

年度	进出口		进　口		出　口	
	金　额	占全国比重（%）	金　额	占全国比重（%）	金　额	占全国比重（%）
1986	29.85	4.04	24.03	5.60	5.82	1.88
1987	45.84	5.55	33.74	7.81	12.10	3.07
1988	83.43	8.12	58.82	10.64	24.61	5.18
1989	137.10	12.28	87.96	14.87	49.14	9.35
1990	201.15	17.43	123.02	23.06	78.13	12.58
1991	289.55	21.34	169.08	26.51	120.47	16.75
1992	437.47	26.43	263.87	32.74	173.60	20.44
1993	670.70	34.27	418.33	40.24	252.37	27.51
1994	876.47	37.04	529.34	45.78	347.13	28.69
1995	1 098.19	39.10	629.43	47.66	468.76	31.51
1996	1 371.10	47.29	756.04	54.45	615.06	40.71
1997	1 526.20	46.95	777.20	54.59	749.00	41.00
1998	1 576.79	48.68	767.17	54.73	809.62	44.06
1999	1 745.12	48.39	858.84	51.83	886.28	45.47
2000	2 367.14	49.91	1 172.73	52.10	1 194.41	47.93
2001	2 590.98	50.83	1 258.63	51.67	1 332.35	50.06
2002	3 302.23	53.19	1 602.86	54.29	1 699.37	52.20
2003	4 722.55	55.48	2 319.14	56.18	2 403.41	54.83
2004	6 631.63	57.43	3 245.57	57.81	3 386.06	57.06

2004年中国出口额最大的100家外商投资企业名录

序号	企 业 名 称	出口金额（亿美元）
1	鸿富锦精密工业（深圳）有限公司	82.68
2	摩托罗拉（中国）电子有限公司	56.54
3	达丰（上海）电脑有限公司	53.17
4	长城国际信息产品（深圳）福保公司	40.30
5	名硕电脑（苏州）有限公司	32.03
6	达功（上海）电脑有限公司	27.44
7	英特尔产品（上海）有限公司	25.76
8	仁宝资讯工业（昆山）有限公司	23.97
9	明基电通信息技术有限公司	22.84
10	福建捷联电子有限公司	22.14
11	戴尔计算机（中国）有限公司	21.08
12	顺德市顺达电脑厂有限公司	17.47
13	英业达集团（上海）电子技术有限公司	17.43
14	希捷国际科技（无锡）有限公司	17.25
15	友达光电（苏州）有限公司	17.14
16	昆山广志电子有限公司	15.72
17	英业达（上海）有限公司	15.00
18	建业科技有限公司	14.34
19	伟创力实业（珠海）有限公司	14.22
20	乐金电子（惠州）有限公司	13.45
21	建兴光电科技（广州）有限公司	12.30
22	深圳富泰宏精密工业有限公司	12.24
23	北京爱立信移动通信有限公司	12.01
24	恩斯迈电子（深圳）有限公司	11.78
25	三星电子（苏州）半导体有限公司	11.58
26	北京诺基亚移动通信有限公司	11.22
27	东芝信息机器（杭州）有限公司	10.97
28	中海石油（中国）有限公司	10.55
29	东莞诺基亚移动电话有限公司	10.01
30	上海西门子移动通信有限公司	9.93
31	金士顿科技电子（上海）有限公司	9.73
32	中芯国际集成电路制造（上海）有限公司	9.65
33	佳能珠海有限公司	9.28
34	大连西太平洋石油化工有限公司	8.73
35	鑫茂科技（深圳）有限公司	8.62
36	日通国际物流（深圳）有限公司	8.58
37	旭电（苏州）科技有限公司	8.56
38	苏州飞利浦消费电子有限公司	8.53
39	无锡夏普电子元器件有限公司	8.08
40	纬创资通（昆山）有限公司	7.87
41	爱普生技术（深圳）有限公司	7.61

2004 年中国出口额最大的 100 家外商投资企业名录（续）

序号	企　业　名　称	出口金额（亿美元）
42	南京 LG 同创彩色显示系统有限责任公司	7.51
43	乐金飞利浦液晶显示（南京）有限公司	7.19
44	伟创力科技（珠海）有限公司	7.09
45	上海振华港口机械股份有限公司	7.05
46	东莞三星视界有限公司	6.96
47	乐金电子（天津）电器有限公司	6.93
48	深圳开发科技股份有限公司	6.88
49	飞利浦电子元件（上海）有限公司	6.79
50	三宝电脑（沈阳）有限公司	6.77
51	冠捷电子（福建）有限公司	6.39
52	天津三星通信技术有限公司	6.38
53	宏基电脑（中山）有限公司	6.28
54	苏州三星电子液晶显示器有限公司	6.20
55	志合电脑（苏州工业园区）有限公司	6.16
56	仁宝电脑工业（中国）有限公司	6.06
57	超微半导体（苏州）有限公司	6.06
58	柯达电子（上海）有限公司	6.03
59	苏州爱普生有限公司	6.00
60	天津三星电子显示器有限公司	5.90
61	日立显示器件（苏州）有限公司	5.88
62	广东核电合营有限公司	5.88
63	佳能（中山）办公设备有限公司	5.86
64	华宇电脑（江苏）有限公司	5.82
65	亚旭电子科技（江苏）有限公司	5.74
66	深圳南方中集集装箱制造有限公司	5.68
67	佛山普立华照相机有限公司	5.53
68	综合信兴仓运（深圳）有限公司	5.53
69	明德信息媒体（深圳）有限公司	5.50
70	利电科技有限公司	5.50
71	协冠科技（深圳）有限公司	5.47
72	伟创力电脑（珠海）有限公司	5.40
73	惠州三星电子有限公司	5.35
74	大同电子科技（江苏）有限公司	4.94
75	诺基亚（苏州）电信有限公司	4.94
76	漳州灿坤实业有限公司	4.82
77	天津三星电子有限公司	4.75
78	上海近铁物流有限公司	4.70
79	山东三星通信设备有限公司	4.65
80	苏州三星电子有限公司	4.61
81	杭州摩托罗拉移动通信设备有限公司	4.55
82	TCL 王牌电器（惠州）有限公司	4.54

2004年中国出口额最大的100家外商投资企业名录（续）

序号	企　业　名　称	出口金额（亿美元）
83	捷普电子（广州）有限公司	4.47
84	深圳赛意法微电子有限公司	4.41
85	微盟电子（昆山）有限公司	4.25
86	友利电电子（深圳）有限公司	4.20
87	东莞华强三洋马达有限公司	4.20
88	华映视讯（吴江）有限公司	4.17
89	苏州三星电子电脑有限公司	4.12
90	深圳三星科健移动通信技术有限公司	4.09
91	先锋高科技（上海）有限公司	4.04
92	深圳能健恒商贸发展有限公司	4.02
93	珠海三美电机有限公司	3.99
94	旭丽电子（广州）有限公司	3.93
95	夏普办公设备（常熟）有限公司	3.89
96	东莞福安纺织印染有限公司	3.86
97	佳能（苏州）有限公司	3.76
98	金朋（上海）有限公司	3.76
99	广东粤港供水有限公司	3.75
100	上海中集冷藏箱有限公司	3.72

2003—2004年度中国最大500家外商投资企业名录

排名	企　业　名　称	销售额（万元人民币）
1	上海大众汽车有限公司	5 670 842
2	鸿富锦精密工业（深圳）有限公司	5 479 101
3	一汽大众汽车有限公司	4 897 331
4	达丰（上海）电脑有限公司	4 782 454
5	摩托罗拉（中国）电子有限公司	3 863 963
6	上海通用汽车有限公司	3 472 264
7	长城国际信息产品（深圳）有限公司	2 905 807
8	上海惠普有限公司	2 865 878
9	中海石油中国有限公司	2 699 251
10	戴尔（中国）有限公司	2 517 553
11	易安毕国际贸易（上海）有限公司	2 433 887
12	华能国际电力股份有限公司	2 347 965
13	广州本田汽车有限公司	2 233 092
14	联想（北京）有限公司	1 736 157
15	大连西太平洋石油化工有限公司	1 585 005
16	马鞍山钢铁股份有限公司	1 574 035
17	海冠物流（上海）有限公司	1 513 176
18	东风汽车有限公司	1 326 701

2003—2004 年度中国最大 500 家外商投资企业名录（续）

排名	企　业　名　称	销售额（万元人民币）
19	诺基亚（中国）投资有限公司	1 279 788
20	希捷国际科技（无锡）有限公司	1 270 176
21	英业达（上海）有限公司	1 208 671
22	北京首信诺基亚移动通信有限公司	1 196 166
23	上海友谊集团股份有限公司	1 159 108
24	广州宝洁有限公司	1 145 501
25	UT 斯达康通讯有限公司	1 139 210
26	福建捷联电子有限公司	1 138 274
27	中国东方航空股份有限公司	1 106 181
28	TCL 王牌电器（惠州）有限公司	1 103 123
29	开德阜物流（上海）有限公司	1 095 157
30	神龙汽车有限公司	1 078 109
31	佛山市顺德区顺达电脑厂有限公司	1 066 560
32	广州风神汽车有限公司	1 063 968
33	安利（中国）日用品有限公司	1 059 748
34	上海西门子移动通信有限公司	1 047 581
35	乐金电子（惠州）有限公司	995 994
36	沈阳华晨金杯汽车有限公司	995 388
37	东莞诺基亚移动电话有限公司	974 105
38	深圳创维 - RGB 电子有限公司	957 929
39	惠普科技（上海）有限公司	941 353
40	南京爱立信通信有限公司	882 205
41	北京现代汽车有限公司	877 129
42	兖州煤业股份有限公司	866 523
43	康佳集团股份有限公司	849 262
44	东南（福建）汽车工业有限公司	825 278
45	天津三星通信技术有限公司	824 840
46	上海荣真国际贸易有限公司	800 120
47	上海贝尔阿尔卡特股份有限公司	798 333
48	深圳开发科技股份有限公司	785 976
49	广东核电合营有限公司	781 239
50	松下电器（中国）有限公司	777 944
51	飞利浦电子元件（上海）有限公司	771 218
52	恩斯迈电子（深圳）有限公司	767 827
53	大唐国际发电股份有限公司	765 406
54	乐金电子（天津）电器有限公司	755 642
55	丰田通商（天津）有限公司	717 976
56	惠州 TCL 移动通信有限公司	717 129
57	杭州斯达康通讯有限公司	700 629
58	夏新电子有限公司	681 714
59	青岛朗讯科技通讯设备有限公司	679 250

2003—2004 年度中国最大 500 家外商投资企业名录（续）

排名	企　业　名　称	销售额（万元人民币）
60	天津三星电子显示器有限公司	675 220
61	北京爱立信普天移动通信有限公司	662 904
62	哈飞汽车股份有限公司	657 381
63	东风本田发动机有限公司	655 411
64	索尼（中国）有限公司	654 220
65	广州钢铁股份有限公司	646 889
66	中建三局建设工程股份有限公司	640 687
67	广州日宝钢材制品有限公司	636 568
68	华电国际电力股份有限公司	612 964
69	冠捷电子（福建）有限公司	611 203
70	光明乳业股份有限公司	598 105
71	天津一汽丰田汽车有限公司	594 125
72	上海蜂星国际贸易有限公司	590 662
73	乐金电子（中国）有限公司	583 147
74	建兴光电科技（广州）有限公司	580 541
75	华映光电股份有限公司	563 143
76	重庆钢铁股份有限公司	560 931
77	南京 LG 同创彩色显示系统有限责任公司	558 943
78	三星（中国）投资有限公司	555 818
79	上海汇众汽车制造有限公司	554 932
80	上海通用五菱汽车股份有限公司	548 113
81	神州数码（中国）有限公司	545 504
82	江西铜业股份有限公司	540 771
83	海南航空股份有限公司	537 209
84	深圳富泰宏精密工业有限公司	535 872
85	广东科龙电器股份有限公司	533 847
86	河北津西钢铁股份有限公司	527 791
87	杭州摩托罗拉移动通信设备有限公司	517 204
88	爱普生技术（深圳）有限公司	517 057
89	UT 斯达康（中国）有限公司	516 107
90	上海大润发有限公司	507 171
91	中海发展股份有限公司	499 812
92	仁宝电脑工业（中国）有限公司	499 648
93	湛江东兴石油企业有限公司	499 611
94	三宝电脑（沈阳）有限公司	498 212
95	佛山普立华科技有限公司	497 052
96	湖南长丰汽车制造股份有限公司	494 274
97	理光（深圳）工业发展有限公司	488 762
98	上海锦江麦德龙购物中心有限公司	483 437
99	松下电器机电（深圳）有限公司	480 854
100	沈阳兴远东汽车零部件有限公司	474 923

2003—2004 年度中国最大 500 家外商投资企业名录（续）

排名	企业名称	销售额（万元人民币）
101	本溪北方铁业有限公司	473 500
102	上海朗讯科技有限公司	472 900
103	佛山市顺德区格兰仕微波炉电器有限公司	471 626
104	乐金飞利浦曙光电子有限公司	468 498
105	惠普贸易（上海）有限公司	465 138
106	纬创资通（中山）有限公司	463 335
107	上海振华港口机械（集团）股份有限公司	462 817
108	北京松下普天通信设备有限公司	459 802
109	重庆长安铃木汽车有限公司	458 573
110	才众电脑（深圳）有限公司	449 182
111	合阳智能系统（上海）有限公司	443 867
112	柯达（中国）股份有限公司	441 237
113	上海永新彩色显像管股份有限公司	440 126
114	张家港浦项不锈钢有限公司	434 032
115	深圳沃尔玛珠江百货有限公司	430 397
116	华飞彩色显示系统有限公司	426 063
117	广西玉柴机器股份有限公司	425 383
118	中油 BP 江门石油有限公司	425 003
119	张家港沙太钢铁有限公司	422 888
120	深圳三星视界有限公司	422 516
121	广东广合电力有限公司	421 454
122	南海油脂工业（赤湾）有限公司	419 681
123	华阳电业有限公司	417 809
124	东莞福安纺织印染有限公司	415 902
125	上海三菱电梯有限公司	414 698
126	翔鹭石化企业（厦门）有限公司	411 917
127	惠州三星电子有限公司	410 799
128	上海雀巢产品服务有限公司	408 057
129	内蒙古蒙牛乳业股份有限公司	407 147
130	比亚迪股份有限公司	406 327
131	安徽佳通轮胎有限公司	399 183
132	天津三星视界有限公司	395 893
133	深圳三洋华强激光电子有限公司	395 478
134	北京·松下彩色显像管有限公司	392 095
135	唐山建龙简舟钢铁有限公司	390 600
136	深圳康佳通信科技有限公司	387 977
137	常州市新科数字技术有限公司	387 579
138	东风悦达起亚汽车有限公司	387 555
139	南京熊猫电子股份有限公司	387 430
140	上海联想电子有限公司	383 126
141	上海迪比特实业有限公司	381 840

2003—2004 年度中国最大 500 家外商投资企业名录（续）

排名	企　业　名　称	销售额（万元人民币）
142	天津三星电子有限公司	377 894
143	施耐德电气（中国）投资有限公司	377 668
144	上海延锋江森座椅有限公司	377 405
145	佳能（中山）办公设备有限公司	374 460
146	庆铃汽车股份有限公司	371 270
147	大连东芝电视有限公司	370 000
148	英华达（上海）电子有限公司	369 970
149	友利电电子（深圳）有限公司	369 607
150	杭州中策橡胶有限公司	369 438
151	小松山推工程机械有限公司	367 393
152	信华精机有限公司	367 393
153	江门市大长江集团有限公司	365 681
154	盐田国际集装箱码头有限公司	360 746
155	深圳三星科健移动通信技术有限公司	359 940
156	东莞三星视界有限公司	354 686
157	先锋高科技（上海）有限公司	353 861
158	山东晨鸣纸业集团股份有限公司（本部）	350 353
159	上海索广电子有限公司	349 010
160	伟创力电子制造（上海）有限公司	346 895
161	大宇重工业烟台有限公司	345 682
162	北京康捷空货运代理有限公司	344 271
163	唐山国丰钢铁有限公司	343 100
164	北京吉普汽车有限公司	342 829
165	无锡夏普电子元器件有限公司	342 370
166	本溪北方轧钢有限公司	340 772
167	上海易初莲花连锁超市有限公司	336 179
168	深圳华安液化石油气有限公司	332 769
169	青岛朗讯科技通讯企业有限公司	330 913
170	唯冠科技（深圳）有限公司	329 804
171	中国华录·松下电子信息有限公司	328 297
172	乐金电子（沈阳）有限公司	327 635
173	深圳南方中集集装箱制造有限公司	327 320
174	柯达电子（上海）有限公司	326 303
175	江苏南亚自动车有限公司	324 934
176	环旭电子（深圳）有限公司	324 865
177	苏果超市有限公司	324 042
178	东芝信息机器（杭州）有限公司	322 880
179	联想（深圳）电子有限公司	322 087
180	新大洲本田摩托有限公司	318 987
181	江铃五十铃汽车有限公司	316 800
182	北京东方冠捷电子股份有限公司	316 092

2003—2004 年度中国最大 500 家外商投资企业名录（续）

排名	企　业　名　称	销售额（万元人民币）
183	日立建机（上海）有限公司	316 062
184	旭丽电子（广州）有限公司	315 261
185	山西海鑫国际钢铁有限公司	313 814
186	烟台东方不锈钢工业有限公司	312 321
187	合肥日立挖掘机有限公司	312 271
188	联合汽车电子有限公司	308 740
189	郑州日产汽车有限公司	307 537
190	纬创资通（昆山）有限公司	305 627
191	深圳桑菲消费通信有限公司	303 569
192	秦皇岛金海粮油工业有限公司	303 098
193	大海粮油工业（防城港）有限公司	302 620
194	夏普办公设备（常熟）有限公司	301 592
195	广州广熙塑料管道工程有限公司	300 787
196	常州现代工程机械有限公司	300 297
197	佳能大连办公设备有限公司	298 716
198	天津通广三星电子有限公司	298 654
199	西门子（中国）有限公司	297 540
200	晶冠科技（深圳）有限公司	296 070
201	国际商业机器中国有限公司	295 589
202	上海浦东国际机场航空油料有限责任公司	295 293
203	上海三星半导体有限公司	294 800
204	厦门华侨电子股份有限公司	294 101
205	武汉 NEC 移动通信有限公司	293 744
206	佳能精技工业发展（深圳）有限公司	293 711
207	深圳海量存储设备有限公司	293 553
208	阳城国际发电有限责任公司	292 810
209	卡特彼勒（徐州）有限公司	291 963
210	内蒙古鄂尔多斯羊绒制品股份有限公司	291 720
211	广州广船国际股份有限公司	291 004
212	西门子国际贸易（上海）有限公司	290 973
213	宁波市宝新不锈钢有限公司	289 867
214	华润万家有限公司	289 225
215	京瓷美达办公设备（东莞）有限公司	288 995
216	广州松下空调器有限公司	286 549
217	青岛海尔空调电子有限公司	286 226
218	奥的斯电梯（中国）投资有限公司	286 086
219	广东北电通信设备有限公司	285 932
220	青岛银钢炼铁有限公司	284 269
221	江铃汽车股份有限公司	282 957
222	上海联家超市有限公司	279 418
223	金隆铜业有限公司	279 116

2003—2004 年度中国最大 500 家外商投资企业名录（续）

排名	企　业　名　称	销售额（万元人民币）
224	上海乐金广电电子有限公司	277 088
225	东莞德永佳纺织制衣有限公司	276 398
226	华南蓝天航空油料有限公司	274 972
227	厦门翔鹭化纤股份有限公司	269 350
228	奥林巴斯（深圳）工业有限公司	269 329
229	广东科龙空调器有限公司	267 994
230	爱普生（上海）信息产品有限公司	267 673
231	上海通用东岳汽车有限公司	266 746
232	上海嘉里粮油工业有限公司	266 096
233	山东中华发电有限公司	265 777
234	台达电子电源（东莞）有限公司	265 697
235	东风康明斯发动机有限公司	264 427
236	北京诺基亚航星通讯系统有限公司	264 126
237	上海氯碱化工股份有限公司	263 860
238	延锋伟世通汽车饰件系统有限公司	260 523
239	恩倍福显示器（东莞）有限公司	259 160
240	上海轮胎橡胶（集团）股份有限公司	258 653
241	天津爱津服装有限公司	258 532
242	张家港沙景钢铁有限公司	257 448
243	上海李奥贝纳广告有限公司	255 429
244	上海柴油机股份有限公司	254 478
245	东莞玖龙纸业有限公司	253 770
246	河南豫港龙泉铝业有限公司	252 798
247	深圳易拓科技有限公司	252 636
248	青岛啤酒股份有限公司	250 196
249	东莞科泰电子有限公司	249 726
250	富士康（昆山）电脑接插件有限公司	248 339
251	富士施乐高科技（深圳）有限公司	248 091
252	宁波乐金甬兴化工有限公司	245 686
253	宁波中华纸业有限公司	244 029
254	厦门 TDK 有限公司	243 340
255	张家港润忠钢铁有限公司	243 309
256	天津三星电机有限公司	242 995
257	广东电力发展股份有限公司	242 704
258	绍兴纵横高仿真化纤有限公司	242 276
259	吉林德大有限公司	241 370
260	厦门金龙旅行车有限公司	240 660
261	中山嘉华电子（集团）有限公司	238 900
262	TCL 移动通信（呼和浩特）有限公司	238 433
263	富士康精密组件（北京）有限公司	237 520
264	广东福地彩色显像管股份有限公司	235 384

2003—2004年度中国最大500家外商投资企业名录（续）

排名	企　业　名　称	销售额（万元人民币）
265	沈阳航天三菱发动机制造有限公司	234 361
266	广州珠江钢铁有限责任公司	234 240
267	广深珠高速公路有限公司	233 938
268	常州美欧电子有限公司	233 557
269	广州珠江啤酒股份有限公司	231 947
270	华懋双汇实业（集团）有限公司	231 273
271	厦门金龙联合汽车工业有限公司	230 834
272	上海紫江企业集团股份有限公司	230 722
273	江西昌河铃木汽车有限责任公司	230 084
274	松下电器机电（上海）有限公司	229 943
275	深圳妈湾电力有限公司	229 487
276	江苏利港电力有限公司	229 002
277	深圳国际商业机器技术产品有限公司	226 712
278	风神汽车有限公司	225 524
279	斯堪的亚电子物流（上海）有限公司	225 431
280	上海神州数码有限公司	224 435
281	北京首都国际机场股份有限公司	224 121
282	河北邯峰发电有限责任公司	223 550
283	国碁电子（中山）有限公司	222 783
284	松下·万宝（广州）压缩机有限公司	221 334
285	上海日立电器有限公司	220 733
286	远纺工业（上海）有限公司	220 233
287	艾默生网络能源有限公司	220 091
288	可口可乐（中国）饮料有限公司	216 515
289	广东美的集团芜湖制冷设备有限公司	216 149
290	双城雀巢有限公司	215 785
291	富士通将军（上海）有限公司	214 277
292	长安福特汽车有限公司	213 884
293	金光食品（宁波）有限公司	213 796
294	德尔福派克电气系统有限公司	213 538
295	五羊一本田摩托（广州）有限公司	213 530
296	上海陆家嘴金融贸易区开发股份有限公司	213 254
297	广东健力宝集团有限公司	212 667
298	南京依维柯汽车有限公司	211 048
299	美资旭电（深圳）科技有限公司	210 251
300	捷普电子（广州）有限公司	210 004
301	威讯联合半导体（北京）有限公司	209 926
302	芬欧汇川（常熟）纸业有限公司	208 075
303	北京北辰实业股份有限公司	207 687
304	中国惠普有限公司	207 349
305	南京华新光电股份有限公司	207 123

2003—2004 年度中国最大 500 家外商投资企业名录（续）

排名	企　业　名　称	销售额（万元人民币）
306	联合利华服务（合肥）有限公司	205 867
307	东莞广通事务机有限公司	204 965
308	加德士海洋燃气能源有限公司	204 936
309	山东三星通信设备有限公司	204 741
310	宏普国际发展（上海）有限公司	204 135
311	黄海粮油工业（山东）有限公司	203 622
312	长远（上海）国际贸易有限公司	203 366
313	深圳赛格日立彩电显示器件有限公司	203 310
314	江阴泰富兴澄特殊钢股份有限公司	202 883
315	经纬纺织机械股份有限公司	202 246
316	上海锦海捷亚国际货运有限公司	201 485
317	广东顺安达太平货柜有限公司	198 902
318	青岛嘉里植物油有限公司	198 042
319	广州日立电梯有限公司	196 755
320	浙江美可达摩托车有限公司	195 484
321	三洋电机（蛇口）有限公司	194 635
322	广州高露洁棕榄有限公司	194 367
323	华晨宝马汽车有限公司	194 083
324	中粮国际（北京）有限公司	193 606
325	上海美蓓亚精密机电有限公司	193 042
326	联想（成都）有限公司	192 704
327	江苏常熟发电有限公司	192 593
328	青岛海信空调有限公司	192 465
329	ABB（中国）有限公司	192 190
330	汤姆逊广东显示器件有限公司	191 630
331	常州金源铜业有限公司	190 999
332	第一拖拉机股份有限公司	190 761
333	厦门正新橡胶工业有限公司	190 732
334	临沂盛泉肉制品有限公司	190 667
335	罗姆电子大连有限公司	190 000
336	惠阳东威电子制品有限公司	188 201
337	伟创力科技（深圳）有限公司	187 344
338	深圳南山热电股份有限公司	186 394
339	昆山翊腾平面显像有限公司	185 982
340	索尼爱立信移动通信用品（中国）有限公司	185 893
341	天津太平（集团）有限公司	185 648
342	世成电子（深圳）有限公司	184 925
343	联合利华股份有限公司	184 199
344	新疆广汇房地产开发有限公司	184 175
345	利星行机械（上海）有限公司	183 585
346	广州神州数码有限公司	183 242

2003—2004 年度中国最大 500 家外商投资企业名录（续）

排名	企　业　名　称	销售额（万元人民币）
347	南京金腾钢铁有限公司	182 904
348	成都神钢建设机械有限公司	182 726
349	和记黄埔地产（深圳）有限公司	182 455
350	上海旭电子玻璃有限公司	181 619
351	北海粮油工业（天津）有限公司	180 765
352	BECKBURY 国际有限公司	180 744
353	飞马通讯（青岛）有限公司	179 305
354	百威（武汉）国际啤酒有限公司	179 153
355	箭牌口香糖有限公司	178 893
356	北京西门子通信网络有限公司	178 770
357	金纸源贸易（上海）有限公司	178 389
358	秦皇岛首钢板材有限公司	178 336
359	广东科龙冰箱有限公司	177 069
360	航卫通用电气医疗系统有限公司	177 005
361	联想（武汉）有限公司	176 935
362	惠州市 TCL 电脑科技有限责任公司	174 921
363	明朗国际贸易（上海）有限公司	174 523
364	彩晶光电科技（昆山）有限公司	174 410
365	汤姆盛光学主件（深圳）有限公司	173 949
366	普丽科技（佛山）有限公司	173 431
367	东莞沙田丽海纺织印染有限公司	173 169
368	卡特彼勒（中国）投资有限公司	172 502
369	山东航空股份有限公司	172 384
370	陕西渭河发电有限公司	171 135
371	高效电子（东莞）有限公司	171 028
372	天津乐金大沽化学有限公司	170 170
373	上海国际商业机器工程技术有限公司	170 062
374	中信国安有限公司	169 517
375	辽阳忠旺铝型材有限公司	169 438
376	华能北京热电有限责任公司	169 318
377	上海庆翊塑胶制品有限公司	168 177
378	漳州灿坤实业有限公司	168 159
379	内蒙古伊泰煤炭股份有限公司	167 925
380	上海新格有色金属有限公司	166 972
381	南通宝钢新日制钢有限公司	166 892
382	益海（连云港）粮油工业有限公司	166 589
383	南京金城机械有限公司	166 006
384	安徽星马汽车控股集团有限公司	165 252
385	张家港永新钢铁有限公司	165 188
386	北京红石建外房地产开发有限公司	164 944
387	微软（中国）有限公司	164 350

2003—2004 年度中国最大 500 家外商投资企业名录（续）

排名	企　业　名　称	销售额（万元人民币）
388	杭州顶益食品有限公司	164 240
389	福建太平洋电力有限公司	163 702
390	河北普阳钢铁有限公司	162 636
391	中国天津奥的斯电梯有限公司	162 588
392	上海三电贝洱汽车空调有限公司	162 361
393	河南新飞电器有限公司	162 056
394	记忆科技（深圳）有限公司	160 940
395	利乐贸易（上海）有限公司	160 490
396	安徽淮南平圩发电有限公司	160 407
397	东莞信泰光学有限公司	159 194
398	肇庆市万亚电子实业有限公司	158 327
399	索尼精密部件（惠州）有限公司	158 189
400	上海大金空调有限公司	158 019
401	柯达（上海）国际贸易有限公司	157 953
402	上海太平洋百货有限公司	157 734
403	河北中润制药有限公司	157 318
404	江西科龙实业发展有限公司	157 066
405	河南 TCL－美乐电子有限公司	156 713
406	新美亚电子（深圳）有限公司	156 610
407	上海华虹 NEC 电子有限公司	156 138
408	佛山市顺德区格兰仕空调电器有限公司	156 003
409	佛山市顺德区新宝电器有限公司	155 633
410	厦门灿坤实业股份有限公司	155 510
411	南通中远川崎船舶工程有限公司	155 172
412	南京夏普电子有限公司	153 991
413	瑞萨四通集成电路（北京）有限公司	153 676
414	新会中集集装箱有限公司	153 404
415	广西来宾法资发电有限公司	152 517
416	湖北活力美洁时洗涤用品有限公司	151 813
417	索尼国际采购（深圳）有限公司	151 540
418	耐克（苏州）体育用品有限公司	151 263
419	湖南省湘钢华光线材有限公司	151 070
420	北京大发正大有限公司	150 299
421	丹沙中福货运代理有限公司	149 684
422	强生（中国）有限公司	149 562
423	福州超大现代农业发展有限公司	148 825
424	上海家化联合股份有限公司	148 638
425	北京金长科国际电子有限公司	147 829
426	益海（烟台）粮油工业有限公司	147 641
427	上海 JVC 电器有限公司	147 023
428	惠州市华阳多媒体电子有限公司	146 978

2003—2004 年度中国最大 500 家外商投资企业名录（续）

排名	企　业　名　称	销售额（万元人民币）
429	联想（沈阳）有限公司	146 918
430	小松（中国）投资有限公司	146 726
431	上海申美饮料食品有限公司	146 713
432	群光电子（东莞）有限公司	146 535
433	河南安阳彩色显像管玻壳有限公司	145 786
434	亚旭电子科技（江苏）有限公司	145 427
435	上海虹日国际电子有限公司	145 083
436	伟创力实业（深圳）有限公司	144 929
437	中电通信科技有限责任公司	144 912
438	大田－联邦快递有限公司	144 668
439	雅达电子有限公司	144 662
440	飞达仕空调（上海）有限公司	143 479
441	扬子巴斯夫苯乙烯系列有限公司	143 407
442	中外运－敦豪国际航空快件有限公司	143 274
443	佛山市海天调味食品有限公司	143 200
444	上海集装箱码头有限公司	142 980
445	安吉天地汽车物流有限公司	142 683
446	北京·JVC 电子产业有限公司	142 421
447	柯达（厦门）有限公司	142 414
448	建碁科技（中山）有限公司	142 400
449	汕头市中星油脂有限公司	141 684
450	番禺祈福新邨房地产有限公司	141 357
451	哈尔滨华通丰田汽车服务有限公司	140 362
452	天津大星电子有限公司	139 673
453	马士基物流（中国）有限公司	139 492
454	伊莱克斯电器（杭州）有限公司	138 756
455	广州东方电力有限公司	138 756
456	松下电器机电（天津）有限公司	138 704
457	山东松下电子信息有限公司	138 585
458	宁波申洲针织品有限公司	138 494
459	佛山市顺德区汉达精密电子科技有限公司	138 452
460	无锡杰能科生物工程有限公司	138 385
461	合肥美菱股份有限公司	138 381
462	广东溢达纺织有限公司	138 353
463	承德燕山带钢有限公司	137 960
464	东芝复印机（深圳）有限公司	137 535
465	上海克虏伯不锈钢有限公司	137 099
466	张家港联合铜业有限公司	136 795
467	佛山市顺德区天任车料有限公司	136 615
468	美国通用电器塑料中国有限公司	136 486
469	上海世茂房地产有限公司	136 361

2003—2004 年度中国最大 500 家外商投资企业名录（续）

排名	企　业　名　称	销售额（万元人民币）
470	广州中海名都房地产发展有限公司	135 962
471	北京艾科泰电子有限公司	135 571
472	朗讯科技（中国）有限公司	135 523
473	山东淄博通宇新材料有限公司	135 447
474	厦门 ABB 开关有限公司	135 429
475	浙江卡森实业股份有限公司	135 228
476	上海日立家用电器有限公司	135 089
477	山东口福粮油有限公司	134 856
478	杭州大厦有限公司	134 690
479	天瀚科技（吴江）有限公司	134 638
480	沈阳远大铝业工程有限公司	133 872
481	上海中集远东集装箱有限公司	133 749
482	微盟电子（昆山）有限公司	133 638
483	南通醋酸纤维有限公司	133 322
484	NEC 东金电子（厦门）有限公司	133 312
485	捷安特（中国）有限公司	133 242
486	辽阳忠旺塑料型材有限公司	133 155
487	上海汽轮机有限公司	133 100
488	瑞表国际贸易（上海）有限公司	133 081
489	山东新华制药股份有限公司	132 847
490	上海德尔福汽车空调系统有限公司	132 598
491	东莞华新电线电缆有限公司	132 416
492	浙江温州特鲁莱发电有限责任公司	132 123
493	福建莆田佳通轮胎有限公司	132 032
494	天津三洋通信设备有限公司	131 922
495	平顶山姚孟发电有限责任公司	131 131
496	台达电子（东莞）有限公司	130 542
497	广东美芝制冷设备有限公司	130 418
498	明尼芬达矿业制造（上海）国际贸易有限公司	130 286
499	益海（周口）粮油工业有限公司	129 738
500	上海京瓷电子有限公司	129 624

2004 年中国非金融类对外直接投资核准和备案情况

金额单位：万美元

国家（地区）	企业数（个）	中方投资
合计	**829**	**371 180.552 6**
亚洲小计	**354**	**196 277.709 5**
香港	160	95 727.025
澳门	10	334.19
朝鲜	8	899.88
韩国	19	60 691.8
日本	26	2 782.59
蒙古	10	2 187.39
越南	19	1 989.87
老挝	7	1 022
柬埔寨	5	10 160.4
缅甸	3	1 228.32
泰国	17	2 800.172
马来西亚	10	707.5
新加坡	16	1 744.9
印度尼西亚	10	2 644.55
菲律宾	3	53.8
尼泊尔	1	48.48
巴基斯坦	3	7 344.24
印度	2	220
孟加拉国	6	140.795
伊朗	1	0.612 5
土耳其	1	20
也门	1	2 267.9
沙特阿拉伯	2	135
阿联酋	14	1 126.3
欧洲小计	**164**	**31 616.622**
俄罗斯	52	11 078.597
乌克兰	3	318.5
乌兹别克斯坦	8	679.37
哈萨克斯坦	21	5 869.5
吉尔吉斯斯坦	11	1 070.94
塔吉克斯坦	2	399.55
阿尔巴尼亚	1	50
英国	13	712.805
法国	5	2 378.13
德国	19	3 520.48
瑞士	1	58
荷兰	5	852.8
比利时	1	6.5
西班牙	3	67.1

2004 年中国非金融类对外直接投资核准和备案情况（续）

金额单位：万美元

国家（地区）	企业数（个）	中方投资
意大利	6	475.8
马耳他	2	19
希腊	1	3.75
丹麦	1	38.75
瑞典	1	21.93
波兰	1	150
捷克	1	13.77
保加利亚	1	298.35
匈牙利	2	650
罗马尼亚	3	2 583
波黑	0	300
非洲小计	**77**	**43 198.238 2**
埃及	3	304.4
阿尔及利亚	3	15 633
马里	1	41
苏丹	6	724.4
埃塞俄比亚	6	2 279.56
肯尼亚	1	143.37
坦桑尼亚	5	374.378 2
赞比亚	3	1 526.79
莫桑比克	1	66
马达加斯加	1	1 030
毛里求斯	0	969
刚果（金）	4	564
刚果（布）	1	10
几内亚	6	4 729.44
塞拉利昂	5	606.17
加纳	2	180
尼日利亚	12	2 824.38
喀麦隆	1	5
赤道几内亚	1	298
南非	12	10 688.35
纳米比亚	1	8
安哥拉	2	193
北美洲小计	**115**	**16 513.63**
美国	97	14 165.89
加拿大	18	2 347.74
拉丁美洲小计	**78**	**59 989.52**
巴西	4	547.9
阿根廷	1	1 000
委内瑞拉	3	90

2004 年中国非金融类对外直接投资核准和备案情况（续）

金额单位：万美元

国家（地区）	企业数（个）	中方投资
厄瓜多尔	1	20
圭亚那	2	24
苏里南	1	83.62
墨西哥	1	3
古巴	4	3 094.2
百慕大	4	30 655
开曼群岛	24	8 395.3
巴拿马	1	600.6
英属维尔京群岛	31	15 475.9
巴哈马	1	0
大洋洲小计	**41**	**23 584.832 89**
澳大利亚	31	23 100.327 69
新西兰	6	345.505 2
萨摩亚	2	120
帕劳	1	18
密克罗尼西亚	1	1

2004 年中国对外承包工程和劳务合作业务分国家（地区）总值

金额单位：万美元

国别（地区）	新签合同份数	新签合同额	完成营业额
合　计	**60 312**	**2 769 817**	**2 136 898**
亚　洲	**8 985**	**1 355 392**	**1 050 695**
阿富汗	9	5 181	3 521
巴林	0	50	17
孟加拉国	40	19 379	52 364
不丹	2	42	38
文莱	9	723	314
缅甸	51	62 525	33 557
柬埔寨	98	14 794	7 659
塞浦路斯	5	2 378	2 271
朝鲜	8	5 371	3 939
香港	1 271	200 429	276 618
印度	51	50 471	24 509
印度尼西亚	84	92 263	28 781
伊朗	62	104 546	38 585
伊拉克	2	625	899
以色列	17	4 681	10 060
日本	2 528	93 171	85 961
约旦	185	10 399	12 033
科威特	63	5 855	12 654

2004年中国对外承包工程和劳务合作业务分国家（地区）总值（续）

金额单位：万美元

国别（地区）	新签合同份数	新签合同额	完成营业额
老挝	91	12 458	14 336
黎巴嫩	2	2 723	40
澳门	1 100	64 538	35 006
马来西亚	71	28 831	22 806
马尔代夫	1	972	129
蒙古	59	19 875	24 433
尼泊尔	16	2 715	3 889
阿曼	44	20 228	3 416
巴基斯坦	63	130 309	58 601
巴勒斯坦	0	0	0
菲律宾	36	24 598	12 826
卡塔尔	9	13 350	794
沙特阿拉伯	155	19 130	12 977
新加坡	1680	122 483	108 536
韩国	260	39 607	38 043
斯里兰卡	20	15 262	9 530
叙利亚	7	5 749	1 221
泰国	66	37 536	20 309
土耳其	24	3 856	4 777
阿联酋	116	50 282	35 884
也门	21	12 424	7082
越南	464	45 914	30 365
台湾省	183	8 801	10 246
亚洲其他国家	12	868	1669
非　洲	**3 116**	**672 121**	**402 013**
阿尔及利亚	106	100 450	82 996
安哥拉	20	44 795	8 210
贝宁	8	446	613
博茨瓦纳	34	23 244	23 096
布隆迪	6	169	108
喀麦隆	17	12 503	1 495
加那利群岛	3	220	130
佛得角	3	3 282	388
中非	4	55	1 963
乍得	0	243	0
科摩罗	1	27	209
刚果（布）	16	31 762	4 238
吉布提	22	797	714
埃及	12	20 204	7 386
赤道几内亚	36	6 880	2 869
埃塞俄比亚	19	19 690	20 485

2004年中国对外承包工程和劳务合作业务分国家（地区）总值（续）

金额单位：万美元

国别（地区）	新签合同份数	新签合同额	完成营业额
加蓬	26	5 479	3 040
冈比亚	590	2 431	1 183
加纳	39	9 314	6 042
几内亚	886	4 581	7 522
几内亚比绍	6	3 881	3 381
科特迪瓦	7	1 038	1 403
肯尼亚	12	4 874	5 286
利比里亚	11	10 112	1 597
利比亚	15	4 062	7 234
马达加斯加	17	689	1 651
马拉维	1	44	529
马里	69	13 475	9 650
毛里塔尼亚	234	5 276	4 701
毛里求斯	37	6 521	8 525
摩洛哥	232	8 965	4 413
莫桑比克	20	18 956	3 869
纳米比亚	35	3 670	3 075
尼日尔	6	1 273	1 225
尼日利亚	123	67 830	49 902
卢旺达	14	1 081	1 031
圣多美和普林西比	3	32	36
塞内加尔	9	3 422	1 922
塞舌尔	25	810	1 009
塞拉利昂	19	2 031	2 632
索马里	0	0	0
南非	29	5 005	2 800
苏丹	128	150 592	74 828
坦桑尼亚	41	26 472	8 892
多哥	6	273	501
突尼斯	18	2 811	4 127
乌干达	23	10 225	3 705
布基纳法索	1	42	18
赞比亚	17	10 851	10 581
津巴布韦	13	9 407	4 810
莱索托	51	2 680	1 973
斯威士兰	9	122	109
厄立特里亚	25	2 581	1 643
川斯凯	0	0	0
刚果（金）	6	5 841	2 077
非洲其他国家	6	605	191
欧　洲	**1 846**	**199 624**	**164 469**

2004年中国对外承包工程和劳务合作业务分国家（地区）总值（续）

金额单位：万美元

国别（地区）	新签合同份数	新签合同额	完成营业额
比利时	1	1 081	8 832
丹麦	6	147	1 442
英国	55	5 956	4 514
德国	659	27 370	26 904
法国	35	9 486	9 285
爱尔兰	3	335	428
意大利	19	2 103	2 278
荷兰	6	1 607	680
希腊	71	10 485	7 629
葡萄牙	0	0	6
西班牙	25	2 711	2 827
阿尔巴尼亚	4	8 834	1 410
奥地利	5	2 261	18
保加利亚	1	55	107
芬兰	10	2 864	3 748
匈牙利	1	90	60
冰岛	0	0	0
马耳他	2	97	42
摩纳哥	1	860	740
挪威	453	5 320	6 906
波兰	3	450	406
罗马尼亚	5	1 036	897
瑞典	2	126	135
瑞士	8	1 557	218
拉脱维亚	0	0	12
立陶宛	2	5	5
格鲁吉亚	6	792	685
亚美尼亚	0	0	0
阿塞拜疆	17	17 277	8 787
白俄罗斯	6	1 542	1 112
哈萨克斯坦	48	17 115	11 250
吉尔吉斯斯坦	8	13 043	12 488
摩尔多瓦	0	0	0
俄罗斯	308	49 586	33 977
塔吉克斯坦	1	3 135	1 331
土库曼斯坦	4	4 370	1 085
乌克兰	12	2 069	4 582
乌兹别克斯坦	10	4 595	5 980
塞黑	0	0	42
斯洛文尼亚	41	215	204
克罗地亚	2	459	405

2004年中国对外承包工程和劳务合作业务分国家（地区）总值（续）

金额单位：万美元

国别（地区）	新签合同份数	新签合同额	完成营业额
捷克	6	438	2191
斯洛伐克	0	0	1
马其顿	0	152	819
波黑	0	0	1
拉丁美洲	**220**	**66 225**	**87 370**
安提瓜和巴布达	3	788	1 291
阿根廷	16	791	4 042
巴哈马	0	0	751
巴巴多斯	3	39	1 180
伯利兹	0	1	1 418
玻利维亚	19	158	225
巴西	15	11 678	6 488
智利	8	1 821	2 893
哥伦比亚	4	211	343
多米尼克	2	68	43
哥斯达黎加	1	20	13
古巴	8	7 456	7 579
多米尼加	0	0	3 739
厄瓜多尔	9	3 715	4 288
格林纳达	0	0	0
危地马拉	0	0	0
圭亚那	1	72	454
海地	0	0	0
洪都拉斯	1	4	124
牙买加	3	2 443	564
墨西哥	35	15 772	17 320
尼加拉瓜	26	422	552
巴拿马	30	1 868	2 062
巴拉圭	0	0	0
秘鲁	15	3 406	11 544
圣卢西亚	0	7	41
圣文森特和格林纳丁斯	0	0	40
萨尔瓦多	0	0	16
苏里南	3	304	1 156
特立尼达和多巴哥	3	1 589	160
乌拉圭	0	2	206
委内瑞拉	15	13 590	18 838
英属维尔京群岛	0	0	0
北美洲	**599**	**47 109**	**37 160**
加拿大	22	3 788	1 283
美国	577	43 321	35 877

2004年中国对外承包工程和劳务合作业务分国家（地区）总值（续）

金额单位：万美元

国别（地区）	新签合同份数	新签合同额	完成营业额
大洋洲及太平洋岛屿	**87**	**8 835**	**11 460**
澳大利亚	44	2 985	2 412
库克群岛	0	0	385
斐济	10	1 246	3 939
马克萨斯	1	200	200
瓦努阿图	1	400	384
新西兰	17	1 125	568
巴布亚新几内亚	5	761	1 402
社会群岛	0	0	80
汤加	0	0	635
萨摩亚	3	934	143
基里巴斯	2	291	257
密克罗尼西亚	3	712	895
马绍尔群岛	0	0	15
帕劳	0	1	70
法属波利尼西亚	0	0	0
东萨摩亚	1	180	75
其　他	**45 459**	**420 511**	**383 731**

2004年中国对外承包工程完成营业额前30家企业名录

金额单位：万美元

序　号	企　业　名　称	完成营业额
1	中国建筑工程总公司	215 176
2	华为技术有限公司	90 156
3	中国石油工程建设（集团）公司	50 018
4	上海振华港口机械股份有限公司	43 609
5	上海建工（集团）总公司	38 069
6	中国港湾建设（集团）公司	36 820
7	深圳市中兴通讯股份有限公司	31 247
8	中国水利水电建设集团公司	30 670
9	中国机械设备进出口总公司	28 170
10	中国土木工程集团公司	24 628
11	中国路桥（集团）总公司	24 390
12	山东电力基本建设总公司	20 666
13	中国地质工程集团公司	19 774
14	上海贝尔阿尔卡特股份有限公司	19 377
15	中国铁路工程总公司	18 927
16	中水远洋渔业有限责任公司	15 805
17	中国水利电力对外公司	13 251
18	中国水产（集团）总公司	13 052

2004 年中国对外承包工程完成营业额前 30 家企业名录（续）

金额单位：万美元

序 号	企 业 名 称	完成营业额
19	青岛建设集团公司	11 881
20	浙江省建工集团有限责任公司	11 829
21	胜利油田管理局（山东）	11 200
22	胜利油田工益集团公司	11 000
23	胜利油田东胜精工石油开发集团有限公司	10 467
24	中国江苏国际经济技术合作公司	10 022
25	中国海外工程总公司	9 751
26	中国冶金建设集团公司	9 563
27	中国上海外经（集团）有限公司	9 498
28	北方国际合作股份有限公司（深圳）	9 105
29	中国成达工程公司	8 963
30	河南中原石油勘探局	8 670

2004 年中国对外经济合作新签合同额、完成营业额分企业总值

单位：万美元

企 业 名 称	新签合同额				完成营业额			
	合 计	承包工程	劳务合作	设计咨询	合 计	承包工程	劳务合作	设计咨询
合 计	**2 769 817**	**2 384 374**	**350 349**	**35 094**	**2 136 898**	**1 746 829**	**375 329**	**14 740**
中央企业小计	**1 030 888**	**958 562**	**60 047**	**12 279**	**667 240**	**605 837**	**59 021**	**2 382**
中信国际合作公司					6 561	6 561		
中国重型机械总公司	1 823	1 823			1 117	1 117		
中国石油工程建设（集团）公司	67 066	67 066			50 022	50 018	4	
中国机械对外经济技术合作总公司	391	135	256		4 528	4 324	204	
中国机械设备进出口总公司	62 944	62 944			28 170	28 170		
中国土木工程集团公司	30 244	27 970	2 274		25 674	24 628	1 046	
中国机械进出口（集团）有限公司					7 999	7 999		
中国成套设备进出口（集团）总公司	5 127	4 566	561		4 271	3 216	1 055	
中国出国人员服务总公司	650		650		650		650	
中国有色金属建设股份有限公司					7 820	7 820		
中国水利电力对外公司	39 014	39 014			13 251	13 251		
中国中原对外工程公司	60 629	60 629			4 815	4 815		
中国轻工业对外经济技术合作公司	3 392	389	3 003		1 902	298	1 604	
中国建筑工程总公司	235 913	234 620	504	789	217 738	215 176	2 144	418
中国航空技术国际工程公司	2 985	2 925	60		1 222	1 135	87	
中国地质工程集团公司	36 171	36 171			19 774	19 774		
中国医疗卫生对外技术合作公司	78		78		4		4	
中国水利水电建设集团公司	72 293	72 293			30 670	30 670		
中国建筑技术集团有限公司					1 320	1 320		
中国海外工程总公司	17 429	16 977	452		10 039	9 751	288	
中国广播电视国际经济技术合作公司	1 641	1 641			1 466	1 466		
五洲工程设计研究院	121	24		97	34	5		29

2004年中国对外经济合作新签合同额、完成营业额分企业总值（续）

单位：万美元

企业名称	新签合同额				完成营业额			
	合计	承包工程	劳务合作	设计咨询	合计	承包工程	劳务合作	设计咨询
中交公路规划设计院	360			360	130			130
中国对外建设总公司	808	808			278	278		
中国海外经济合作总公司	968		968		213		213	
中国航空工业规划设计研究院	114	76		38	104	68		36
中国铁道建筑总公司	24	10	14		7 839	7 519	320	
中国水产（集团）总公司					13 091	13 052	39	
中国机械工业建设总公司	854	854			429	429		
中国化学工程总公司	2 177	2 177			6 979	6 979		
中国通信建设总公司	1 207	1 207			2 508	2 465		43
中汽对外经济技术合作公司	26	26			84	84		
中国国际人才开发中心	202		202		11		11	
中国电力建设工程咨询公司	1 850			1 850	156			156
中国国际技术智力合作公司	36 963		36 963		37 113		37 113	
中国南光进出口总公司	193		193		193		193	
国华国际工程承包公司	15 175	15 175			4 132	4 132		
中国万宝工程公司	18 202	18 202			4 562	4 562		
中国海洋航空集团公司	30		30		746		746	
中外运国际经济技术合作公司	2 172		2 172		283		283	
中国电子国际经济合作公司	159	31	128		212	37	175	
中远对外劳务合作公司	10 640		10 640		7 628		7 628	
中油国际工程有限责任公司	450	450			558	558		
建设综合勘察研究设计院	127	127			457	337		120
中海海员对外技术服务有限公司					2 606		2 606	
中国建材工业对外经济技术合作公司	432	432			870	852		18
中国有色工程设计研究总院					10			10
中国铁路工程总公司	15 472	15 472			18 927	18 927		
中国寰球工程公司	25 548	24 126		1 422	5 695	4 506		1 189
中油测井技术服务有限责任公司	4 451	4 451			8 186	8 186		0
中国电力工程顾问集团公司	7 700			7 700	227			227
中工国际工程股份有限公司					3 324	3 324		
中企国际经贸有限责任公司					209		209	
中铁建工集团工程有限公司	13 832	13 832			3 416	3 416		
中国电工设备总公司	251	251			1 564	1 564		
中国体育国际经济技术合作公司	30	30			600	118	482	
国旅集团海外经济合作公司					1		1	
中国交远国际经济技术合作公司	275		275		442		442	
中设国际工程有限责任公司					3 180	3 180		
三利国际经济技术合作有限公司	224		224		130		130	
中水远洋渔业有限责任公司	17 460	17 060	400		16 186	15 805	381	
中外园林建设总公司					257		257	
中海国际石油工程有限责任公司	226	226			226	226		
中国电力技术进出口公司	18 547	18 547			6 574	6 574		

2004 年中国对外经济合作新签合同额、完成营业额分企业总值（续）

单位：万美元

企业名称	新签合同额				完成营业额			
	合 计	承包工程	劳务合作	设计咨询	合 计	承包工程	劳务合作	设计咨询
中国冶金建设集团公司	20 652	20 652			9 563	9 563		
中国国际工程咨询公司	23			23	6			6
中国化工建设总公司	3 237	3 237						
中国港湾建设（集团）总公司	39 105	39 105			36 820	36 114	706	
中国电线电缆进出口有限公司	1 286	1 286						
中国北方工业公司	83 600	83 600						
中国路桥（集团）总公司	47 925	47 925			24 390	24 390		
地方企业小计	**1 738 929**	**1 425 812**	**290 302**	**22 815**	**1 469 658**	**1 140 992**	**316 308**	**12 358**
北京市	**81 185**	**50 788**	**30 049**	**348**	**59 630**	**29 134**	**30 389**	**107**
中地海外建设有限责任公司	10 337	10 337			6 071	6 071		
北京中关村开发建设股份有限公司	350	350			100	100		
清华同方威视技术股份有限公司	12 673	12 673			6 127	6 127		
北京市市政工程设计研究总院					44	39		5
北京城建国际工程有限责任公司	146	108	38		656	618	38	
北京铁路建设集团有限公司					911	911		
北京市第二房屋修建工程公司	236	236			236	236		
北京中水远洋渔业发展公司					1		1	
巨龙信息技术有限责任公司	3 150	3 150			2 871	2 871		
北京市建筑设计研究院	348			348	102			102
北京建工集团有限责任公司	13 580	13 580			3 496	3 472	24	
中国北京国际经济合作公司	257	256	1		585	332	253	
北京市市政工程总公司	4 486	4 486			4 069	4 058	11	
北京住总集团有限责任公司	4 700	4 700			3 821	3 821		
中国首钢国际贸易工程公司	364	224	140		258	66	192	
北京外企服务集团有限责任公司	29 870		29 870		29 870	0	29 870	
北京市地质矿产勘查开发总公司	179	179			175	175		
中国友发国际工程设计咨询公司	509	509			237	237		
天津市	**54 703**	**44 087**	**9 125**	**1 491**	**52 688**	**40 597**	**11 581**	**510**
大港油田集团有限责任公司	330	330			6 012	6 012		
天津和平建工集团有限公司	494	494			51	51		
中国天津国际经济技术合作公司	6 288	318	5 970		9 483	284	9 199	
天津港海员对外技术服务公司	99		99		72		72	
天津水泥工业设计研究院	12 700	12 700			3 082	2 928		154
天津远洋运输公司	2 066		2 066		1 258		1 258	
天津海河国际劳务工程公司	958		958		870		870	
天津机械设备进出口公司					1 330	1 330		
中国天辰化学工程公司	7 919	7 919			3 204	3 204		
天津市建工工程总承包有限公司	1 772	1 772			1 684	1 684		
海洋石油工程股份有限公司					8 811	8 811		
天津城建集团有限公司	2 299	2 299			3 018	3 018		
中海油田服务股份有限公司	7 911	7 911			8 311	8 311		
天津市市政工程设计研究院	250	250			190	190		

2004 年中国对外经济合作新签合同额、完成营业额分企业总值（续）

单位：万美元

企业名称	新签合同额				完成营业额			
	合　计	承包工程	劳务合作	设计咨询	合　计	承包工程	劳务合作	设计咨询
天津市化工设计院	64			64	21			21
中水北方勘测设计研究有限责任公司	1 320			1 320	171			171
天津华北有色建设工程公司	300	300			302	302		
天津市天海集团有限公司	32		32		31		31	
北方国际集团天津亿利达有限公司					151		151	
铁道部第三勘测设计院	107			107	164			164
天津机械进出口有限公司	4 435	4 435			499	499		
中国海洋石油渤海公司	1 282	1 282			670	670		
中铁十八局集团有限公司	4 077	4 077			3 303	3 303		
河北省	**55 676**	**51 340**	**1 919**	**2 417**	**27 531**	**24 062**	**1 602**	**1 867**
中国耀华玻璃集团公司	3 140	3 140			975	967	8	
衡水国际经济合作有限责任公司					35		35	
中国石油天然气管道工程有限公司	17 397	15 197		2 200	5 163	3 360		1 803
廊坊开发区中油龙慧自动化工程有限公司	122	122			80	80		
邯郸市对外经济技术合作公司	214		214		200		200	
沧州市对外经济技术合作有限公司	317		317		41		41	
中国石油集团东方地球物理勘探有限责任公司	12 941	12 941			6 942	6 942		
辰光集团公司					12		12	
河北太行水泥股份有限公司	200	200			102	100	2	
河北省圣仑进出口集团公司	33		33		25		25	
河北建设集团有限公司					7	2	5	
廊坊对外经济技术合作有限公司					7		7	
河北省水利工程局					63	63		
河北路桥集团有限公司					342	342		
河北省电力建设第二工程公司	168	168			71	71		
秦皇岛国际经济技术合作公司	2 756	2 650	106		933	875	58	
承德对外经济合作公司	112		112		32		32	
保定国际经济技术合作公司	60		60		40		40	
邢台路桥建设总公司	2 353	2 353			1 162	1 162		
邢台矿业（集团）有限责任公司	45			45	12			12
开滦（集团）有限责任公司					21	14		7
河北海外工程总公司					50		50	
石家庄国际经济技术合作公司	168		168		257		257	
石家庄建工集团公司					25		25	
河北建工集团有限责任公司					56		56	
核工业第四研究设计院	4			4	2			2
北方设计研究院	168			168	43			43
河北省宏远国际经贸集团公司	372	165	207		461	323	138	
河北远洋运输股份有限公司	702		702		563		563	
邯郸建工集团有限公司	599	599			599	599		
中煤第一建设公司	350	350			105	105		
秦皇岛渤海铝幕墙装饰工程有限公司					4	4		

2004年中国对外经济合作新签合同额、完成营业额分企业总值（续）

单位：万美元

企业名称	新签合同额				完成营业额			
	合计	承包工程	劳务合作	设计咨询	合计	承包工程	劳务合作	设计咨询
秦皇岛市第三建筑工程公司					2	2		
中国唐山对外经济技术合作有限公司					34		34	
中国第二十二冶金建设公司	1 329	1 329			400	400		
中材建设有限公司	8 352	8 352			4 902	4 902		
华北石油管理局	300	300			1 414	1 414		
河北金瓯国际建设工程有限责任公司	68	68			30	30		
河北省机械进出口公司					7		7	
河北省进出口贸易公司					7		7	
中国核工业第二三建设公司	2 608	2 608			1 543	1 543		
华北有色工程勘察院	798	798			762	762		
山西省	**14 834**	**13 522**	**1 271**	**41**	**30 134**	**29 108**	**950**	**76**
中国第十三冶金建设公司					500	500		
山西晋能国际经贸有限公司					10	10		
山西建筑工程（集团）总公司	1 300	1 300			1 228	1 000	228	
化学工业第二设计院	11			11	16			16
山西省天利实业有限公司	976		976		570		570	
山西省电力勘测设计院					30			30
中铁三局集团有限公司	148	148			11 829	11 829		
太原市国际经济技术合作公司	182		182		15		15	
太原路桥建设有限公司	1 120	1 120			900	900		
中铁十二局集团有限公司					377	377		
太原铁路建设集团有限公司					976	976		
中铁十七局集团有限公司	10 509	10 479		30	13 350	13 320		30
中国山西国际经济技术合作公司	160	47	113		155	18	137	
山西省地矿建设工程总公司	220	220			130	130		
山西省路桥建设集团有限公司	203	203						
中化二建集团有限公司	5	5			5	5		
山西省电力公司送变电工程公司					43	43		
内蒙古自治区	**5 391**	**605**	**4 640**	**146**	**2 640**	**1 480**	**1 139**	**21**
中国内蒙古国际经济技术合作公司	46		46					
满洲里晨峰经贸有限责任公司	84		84		63		63	
满洲里银泉经贸有限公司	90		90		274	160	114	
中国内蒙古森林工业集团有限责任公司	1 850		1 850		529	477	52	
赤峰国际经济技术合作有限公司	410		410		47		47	
满洲里国际经济技术合作有限公司	1427		1427		537		537	
内蒙古满洲里东方国际贸易股份有限公司	310		310		194		194	
满洲里东展贸易有限公司					22		22	
内蒙古二连浩特国际经济技术合作公司	310		310					
满洲里东扬经贸有限责任公司	113		113		104		104	
满洲里贝加尔经贸有限责任公司					6		6	
呼和浩特铁路建设（集团）有限责任公司					15	15		
中国第二冶金建设公司					210	210		

2004年中国对外经济合作新签合同额、完成营业额分企业总值（续）

单位：万美元

企业名称	新签合同额				完成营业额			
	合计	承包工程	劳务合作	设计咨询	合计	承包工程	劳务合作	设计咨询
中国冶金建设集团包头钢铁设计研究总院	146			146	34	13		21
内蒙古电力（集团）有限责任公司	605	605			605	605		
辽宁省	**24 515**	**16 320**	**7 626**	**569**	**23 529**	**16 548**	**6 848**	**133**
辽宁省食品进出口公司	61		61		61	0	61	
抚顺对外建设经济合作（集团）股份有限公司	1 220	489	731		1 358	329	1 029	
沈阳铁路局锦州工程（集团）有限责任公司	200	200			116	116		
中国鞍山国际经济技术合作公司	564		564		330		330	
中国冶金建设集团鞍山焦化耐火材料设计研究总院	473			473	111			111
中国冶金建设集团鞍山冶金设计研究总院	96			96	22			22
中国第三冶金建设公司	1 800	1 800			495	495		
鞍钢集团国际经济贸易公司	2 600	2 600			2 004	2 004		
朝阳建设集团有限公司	350	350			350	350		
铁岭市国际经济技术合作公司	10		10		1		1	
辽河石油勘探局	849	849			5 003	5 003		
中铁第十九工程局					60	60		
辽阳国际经济技术合作公司	1 695		1 695		1 472		1 472	
营口国际经济技术合作公司					50		50	
鞍山市环宇建设工程有限公司	960	960						
抚顺石化中油检修维护有限责任公司					30	30		
辽宁省装备集团有限责任公司	691		691		49		49	
辽宁省国际经济技术合作集团有限责任公司	1 910	204	1 706		3 174	1 773	1 401	
丹东国际经济技术合作公司	6		6		47		47	
辽宁省国际劳务交流有限公司	377		377		247		247	
本溪对外经济技术合作总公司	81		81		40		40	
沈阳远大铝业集团有限公司	2 469	2 469			444	444		
沈阳海外建设集团有限公司	80		80					
中国沈阳国际经济技术合作公司			0		1 690	846	844	
辽宁慧缘国际合作有限公司	142		142		28		28	
辽宁国贸经济技术合作有限公司	875		875		556		556	
辽宁华曦集团公司	157		157		170		170	
辽宁国际建设工程集团公司	0				180		180	
辽宁金帝建设集团股份有限公司	300	300			930	930		
日林建设集团有限公司	6 099	6 099			4 168	4 168		
沈阳对外经济建设总公司	450		450		343		343	
大连市	**29 508**	**14 723**	**14 785**		**22 992**	**9 372**	**13 620**	
大连船舶工业公司（集团）	229		229		24		24	
大化国际经济贸易公司	96		96		18		18	
大连港国际经济技术合作公司	63		63		65		65	
大连华南国际经济技术合作公司	867		867		912		912	
中国大连国际合作（集团）股份有限公司	14 302	6 776	7 526		14 419	7 651	6 768	
大连水产集团远洋渔业公司	742		742		1 314		1 314	
大连电力建设集团有限公司	4 800	4 800			60	60		

2004 年中国对外经济合作新签合同额、完成营业额分企业总值（续）

单位：万美元

企业名称	新签合同额				完成营业额			
	合计	承包工程	劳务合作	设计咨询	合计	承包工程	劳务合作	设计咨询
大连獐子岛渔业集团股份有限公司	800		800		800		800	
亿达集团有限公司	66		66		40		40	
大连筑成建设有限公司	3 346	3 147	199		1 795	1 661	134	
大连万顺达国际物流有限公司	98		98		57		57	
大杨集团有限责任公司	41		41		25		25	
大连中海劳务合作有限公司	92		92		25		25	
大连三星国际建筑安装工程公司	54		54		7		7	
大连渤海建筑集团有限公司	290		290		494		494	
大连经济技术开发区劳务公司	36		36		18		18	
辽宁省大连海洋渔业集团公司	1 436		1 436		1 298		1 298	
大连纺织品进出口有限公司	452		452		121		121	
大连造船重工有限责任公司					324		324	
大连对外服务贸易集团有限公司	288		288		308		308	
大连新型房地产开发有限公司	80		80					
大连远洋对外劳务合作有限公司	1 330		1 330		868		868	
吉林省	**26 824**	**13 218**	**12 885**	**721**	**22 227**	**7 000**	**14 912**	**315**
通化金宝国际经济技术合作有限公司	150		150		71		71	
吉林石油集团有限责任公司					2 032	2 032		
吉林建设开发集团公司	43	43						
延边国际经济技术合作公司	504		504		510		510	
延边海外经济技术合作公司	912		912		1 532		1 532	
中油吉林化建工程股份有限公司	4 200	4 200			2 383	2 383		
吉林国际人才技术交流公司	130		130		74		74	
国家电力公司东北电力设计院	721			721	315			315
吉林省对外经济贸易集团有限公司	328		328		1 109		1 109	
长春长客进出口有限公司	900		900		592		592	
吉林省三龙对外经贸有限公司	324		324		126		126	
吉林冶金建设公司	100	100			100	100		
吉林天宇建设集团股份有限公司	600	600			740	740		
长春建设股份有限公司	1 375	850	525		436	286	150	
中铁十三局集团有限公司	5 980	5 980			1 041	1 041		
吉林省工程建设有限公司	60		60		328	43	285	
吉林省新创国际工程有限公司					123		123	
长春对外经济技术合作公司	1 080		1 080		1 381		1 381	
中国长春国际经济技术合作公司	3 266		3 266		3 391	3	3 388	
吉林省海外经济技术合作有限公司	681		681		609		609	
长春对外劳务合作公司	430		430		270		270	
延边康润经济贸易有限公司	10		10		5		5	
吉林省对外经济合作有限公司	618		618		124		124	
吉林市天兴国际贸易有限公司					15		15	
吉林省创业经济合作有限公司	666		666		472		472	
吉林省纺织品进出口公司	476		476		112		112	

2004 年中国对外经济合作新签合同额、完成营业额分企业总值（续）

单位：万美元

企业名称	新签合同额				完成营业额			
	合　计	承包工程	劳务合作	设计咨询	合　计	承包工程	劳务合作	设计咨询
吉林省农业对外经济技术合作公司	1 127		1 127		590		590	
中国吉林国际经济技术合作公司	2 036	1 338	698		3 665	291	3 374	
吉林化学工业进出口公司	107	107			81	81		
黑龙江省	**64 004**	**49 590**	**14 409**	**5**	**25 964**	**16 438**	**9 521**	**5**
中国黑龙江国际经济技术合作公司	3 162	1 847	1 310	5	2 376	1 769	602	5
黑龙江省粮油食品进出口（集团）公司	138		138		138		138	
轩辕集团实业开发有限责任公司	27		27		5		5	
黑龙江海外建设工程发展有限公司	16	16			16	16		
黑龙江省瑞驰建设公司	424		424		315		315	
大庆石油国际工程公司	3 171	3 171			1 820	1 820		
哈尔滨市电信工程局					154	154		
牡丹江国际经济技术合作公司绥芬河公司	144		144		62		62	
黑河市海神经济贸易公司					970		970	
黑龙江省绥阳林区经济贸易总公司	526		526		526		526	
同江市龙健经济贸易有限责任公司	280		280		100		100	
东宁县宏达经济贸易公司	498	32	466		273	32	241	
黑河蓝天经济技术开发公司	3 260		3 260		400		400	
龙建路桥股份有限公司					1 314	1 314		
饶河县边境经济贸易公司	280		280		30		30	
哈尔滨电站工程有限责任公司	39 749	39 749			8 540	8 540		
中国哈尔滨国际经济技术合作公司	155		155		25		25	
哈尔滨市第二建筑工程公司					1 120	1 120		
漠河县兴雅经济贸易有限责任公司	930		930		220		220	
大庆油田有限责任公司	1 904	1 904						
东宁县通达贸易有限责任公司	19		19		399		399	
绥芬河市富都经贸有限责任公司	1 138	1 138			820	820		
黑龙江国际工程技术合作集团股份公司					172		172	
漠河阿木尔森永经济贸易有限责任公司	1 050		1 050		400		400	
哈尔滨铁路局对外经济技术合作公司	164	80	84		83		83	
黑龙江国际工程技术合作集团公司					87	1	86	
黑龙江边境小额贸易企业	6 639	1 653	4 986		2 934	852	2 082	
萝北县腾鹤经贸有限公司	300		300		745		745	
嘉荫县新春工贸有限责任公司	30		30		40		40	
上海市	**201 010**	**182 165**	**17 179**	**1 666**	**149 596**	**128 959**	**19 932**	**705**
中国凯盛国际工程公司	585	580		5	1 215	1 214		1
中国第二十冶金建设公司	75		75		98		98	
上海市东湖（集团）公司	80		80		34		34	
上海对外建设有限公司	59	59			0			
上海水产（集团）总公司	12		12		390		390	
上海中海劳务合作有限公司	1 173		1 173		1 158		1 158	
上海电气（集团）总公司					6 823	6 823		
上海对外劳务经贸合作有限公司	3 598		3 598		2 725		2 725	

2004 年中国对外经济合作新签合同额、完成营业额分企业总值（续）

单位：万美元

企业名称	新签合同额				完成营业额			
	合计	承包工程	劳务合作	设计咨询	合计	承包工程	劳务合作	设计咨询
中国上海外经（集团）有限公司	23 127	16 018	7 109		18 751	9 498	9 253	
上海市对外服务有限公司	810		810		938		938	
上海海程经贸发展公司	96		96		28		28	
上海汉森进出口有限公司	933		933		61		61	
上海核工程研究设计院	2 673	2 673			310	310		
上海电信工程公司					9	9		
上海黄浦对外经济技术合作有限公司					92		92	
国家电力公司华东电力设计院					378	27		351
上海华谊集团建设有限公司	1 494	1 494			1 494	1 494		
东方国际集团对外经济技术合作有限公司	485		485		381		381	
上海建工（集团）总公司	43 559	43 559			38 069	38 069		
上海隧道工程股份有限公司	32 301	32 301			4 355	4 355		
上海市机械设备成套（集团）有限公司	63	63			63	63		
长江经济联合发展（集团）股份有限公司	169		169		4		4	
中国成套设备进出口上海公司	371		371		631		631	
上海轻纺工业对外经济技术合作公司	1 452	0	1 452	0	1 675	0	1 675	0
中国华源集团有限公司	84		84		880	656	224	
上海浦东新区国际经济技术合作有限公司	55		55		84		84	
上海扬子江建设（集团）有限公司	1 080	1 080			2 071	2 071		
上海贝尔阿尔卡特股份有限公司	138	138			19 377	19 377		
上海振华港口机械（集团）股份有限公司	81 531	81 531			43 609	43 609		
上海冶金设计研究院	1 610			1 610	270			270
上海市政工程设计研究院	49			49	18			18
水利部电力工业部上海勘测设计研究院					63		63	
上海远洋对外劳务有限公司	677		677		2 156		2 156	
上海金源国际经贸发展有限公司	2 441	2 441			619	619		
上海市隧道工程轨道交通设计研究院	2			2	2			2
上海石化安装检修工程公司					334	334		
上海中企建筑装饰工程有限公司					25	25		
上海海洋石油局第一海洋地质调查大队	9	9			9	9		
上海建筑装饰（集团）有限公司	209	209			301	301		
上海电力建设有限责任公司	10	10			96	96		
江苏省	**245 052**	**213 267**	**31 322**	**463**	**248 113**	**188 958**	**56 974**	**2 181**
常林股份有限公司	84	84			84	84		
中煤第五建设公司	3 690	3 690			3 880	3 880		
江苏省建筑工程公司	1 460	1 460			965	965		
江苏省工业设备安装公司	57	57			97	97		
江苏省水利建设工程总公司					130	130		
常州市建筑设计研究院	356	356			11	11		
常州二建建设有限公司	1 008	1 008			653	653		
新沂市建筑安装总公司	1 650		1 650		1 600		1 600	
徐州一建集团有限公司	1 210	1 210			891	891		

2004 年中国对外经济合作新签合同额、完成营业额分企业总值（续）

单位：万美元

企业名称	新签合同额				完成营业额			
	合 计	承包工程	劳务合作	设计咨询	合 计	承包工程	劳务合作	设计咨询
中国石油天然气管道第二工程公司	2 500	2 500			2 380	2 380		
江苏建业建筑安装工程集团有限公司	4 634	2 634	2 000		4 591	3 775	816	
江苏盐城二建集团有限公司	1 940	1 940			781	781		
江苏国泰国际集团国贸股份有限公司	1 999		1 999		957		957	
常熟市古典园林建筑工程公司	31	31			31	31		
无锡天亿国际贸易有限公司	256		256		104		104	
江苏省江建集团有限公司					72		72	
盐城市水利建筑工程处	102	102			65	65		
南通市路桥工程总公司	500	500			490	490		
苏州园林设计院	14	14			14	14		
国家粮食储备局无锡科学研究设计院	209	192		17	73	69		4
无锡市园林古典建筑公司	3	3			55	20	35	
仪征化纤安装检修工程公司					36		36	
常熟国际经济技术合作有限责任公司	877		877		549		549	
江苏金土木建设集团有限公司	4 100	4 100			1 596	1 581	15	
苏州东吴国际经济技术合作有限公司	369		369		765		765	
常州市武进建设工程总公司	673	673			673	673		
江苏恒基路桥总公司					90	90		
江苏武进建筑安装工程有限公司	608	608			1 068	1 068		
宜兴市工业设备安装有限公司	520	520			520	520		
红豆集团公司					33		33	
中煤国际工程集团南京设计研究院	46	34		12	48	34		14
宜兴市建工建筑安装有限责任公司	478	478			631	631	0	0
江苏诚达建筑有限公司	1 148	1 148			524	524	0	0
澄西船舶修造厂	9 270	9 270			9 144	9 144	0	0
法尔胜集团公司	61		61		5	0	5	0
张家港国际经济技术合作公司					907	0	907	0
江苏金厦建设集团有限公司	1 021	1 021			1 110	1 110	0	0
春兰（集团）公司	310	310			310	310	0	0
镇江国际经济技术合作公司	3 334	3 170	164		2 028	1 474	554	0
江苏华扬石油钻井工程公司	1 000	1 000			600	600	0	0
镇江市对外贸易集团公司	178		178		236	0	236	0
镇江市建筑工程公司	1 750	1 750			2 648	2 648	0	0
江苏邗建集团有限公司	330	300	30		147	2	145	0
江苏新世纪造船股份有限公司	6 360	6 360			6 080	6 080	0	0
扬州市富扬对外经济贸易有限公司					555	0	555	0
中国扬州国际经济技术合作公司	73		73		383	0	383	0
大丰市国泰建筑安装工程有限公司	1 440	1 440			1 298	1 298	0	0
盐城市大成建筑工程有限公司	567	567			260	260	0	0
盐城市天虹建筑工程总公司	2 080	2 080			3 156	3 156	0	0
江苏中厦集团有限公司	248	248			138	138	0	0
盐城市国际经济技术合作公司	1 079		1 079		2 066	0	2 066	0

2004 年中国对外经济合作新签合同额、完成营业额分企业总值（续）

单位：万美元

企业名称	新签合同额				完成营业额			
	合　计	承包工程	劳务合作	设计咨询	合　计	承包工程	劳务合作	设计咨询
江苏建兴建工集团有限公司	610	610			445	445	0	0
江苏中淮建设集团有限公司					595	595	0	0
淮阴水利建设集团有限公司	2 467	2 249	218		2 302	2 207	95	0
江苏三兴建工集团有限公司	100	100			285	133	152	
连云港市建筑工程公司	132	123	9		549	22	527	
连云港国际经济技术合作公司	3		3		4 545		4 545	
化学工业部连云港设计研究院	120	120			111	46	65	
启东市对外经济技术合作有限公司	1 165		1 165		1 869		1 869	
启东市建筑安装工程有限公司	1 016	871	145		713	658	55	
海门市建筑安装工程公司	485	485			1 479	1 479		
江苏南通三建集团有限公司	5 003	4 653	350		7 668	4 197	3 471	
南通神勇建设工程总承包有限公司	1 646	1 544	102		1 431	1 075	356	
南通市第四建筑安装工程有限公司	3 665	3 579	86		4 237	2 461	1 776	
南通五建建设工程有限公司	2 983	2 799	184		4 191	1 392	2 799	
江苏省苏中建设集团股份有限公司	3 965	1 893	2 072		7 632	2 222	5 410	
南通市经济技术开发区总公司	1 751		1 751		2 203		2 203	
南通国际经济技术合作公司	1 936	169	1 767		2 846	51	2 795	
南通远洋渔业公司	3 223	3 223			3 202	3 202		
南通建筑工程总承包有限公司	1 973	748	1 225		1 403	510	893	
南通市建筑安装工程总公司	2 158	2 158			879	879		
吴江市外贸集团公司	463		463		222		222	
苏州香山古建集团公司	81	81			81	81		
苏州国信集团有限公司	42		42		5		5	
苏州进出口（集团）有限公司	1 517	1 223	294		1 534	1 099	435	
苏州国际经济技术合作公司	8		8		177		177	
江苏苏州第二建筑工程集团公司	3 762	3 762			3 269	3 269		
江苏苏州第一建筑工程集团公司	1 536	1 536			3 524	3 524		
苏州园林发展股份有限公司	12	12			12	12		
中远船务工程集团有限公司	12 256	12 256			14 535	14 535		
南京对外经济合作有限公司	1 162	1 027	135		712	427	285	
中国南京国际经济技术合作（集团）国际经济技术合作有限公司	1 633	950	683		2 280	1 500	780	
长江南京航道工程局	2 987	2 987			910	910		
金城集团进出口有限公司	43	23	20		48	23	25	
南京市第六建筑安装工程有限公司	370	370			335	298	37	
南京纺织品进出口股份有限公司	879	711	168		878	800	78	
南京大地建设（集团）股份有限公司	4 000	4 000			3 618	3 268	350	
中国石化集团第二建设公司	2 694	2 694			2 441	2 441		
南京海外建筑工程总公司	298	298			240	240		
中国长江航运集团南京金陵船厂	12 227	12 227			14 632	14 632		
第三航务工程局第三工程公司	4 493	2 190	2 303		5 083	2 780	2 303	

2004年中国对外经济合作新签合同额、完成营业额分企业总值（续）

单位：万美元

企业名称	新签合同额				完成营业额			
	合　计	承包工程	劳务合作	设计咨询	合　计	承包工程	劳务合作	设计咨询
南京三建（集团）有限公司	1 049	1 049			1 099	1 040	59	
南京市住宅建设总公司	2 433	2 176	257		1 604	1 344	260	
南京熊猫电子进出口有限公司	4 286	4 286			4 186	4 186		
无锡市东方环境工程设计研究所	24	24			24	24		
苏州中材建设有限公司	8 108	8 108			4 442	4 442		
常州轨道车辆牵引传动工程技术研究中心	2 463	2 463			1 228	1 228		
淮安金泰国际经济技术合作有限公司	51		51		788		788	
江苏中兴建设有限公司	2 578	2 578			2 031	2 031		
江苏远东海运有限公司	140		140		67		67	
南京华特国际旅游交流服务有限公司	32		32		10		10	
江苏淮阴建设工程集团有限公司	813	813			375	150	225	
宿迁国际经济技术合作有限责任公司	404		404		42		42	
江苏正太建设集团股份有限公司	2 430	2 430			2 344	2 344		
徐州飞虹网架（集团）有限公司	538	538			607	607		
江苏华泰道路桥梁工程有限公司					36		36	
海澜国际贸易有限公司	17		17		75		75	
江苏南通六建建设集团有限公司	3 760	3 091	669		6 154	1 993	4 161	
中材国际工程股份有限公司					234	234		
江苏广宇建设有限公司					539	539		
江都市建设工程总公司（集团）	577		577		973	162	811	
常柴集团进出口有限公司	500	500			154	154		
溧阳市恒通建筑安装工程有限公司	719	719			287	287		
江苏华能建设工程集团有限公司	1 289	1 289			729	729		
江苏天目建设集团有限公司	1 940	1 940			1 891	1 891		
金坛国际经济技术合作公司	3 634	3 316	318		2 871	1 982	889	
金坛市建筑安装工程公司	4 610	4 610			2 998	2 998		
常州国际经济技术合作（集团）有限公司	1 428		1 428		1 066		1 066	
常州市对外经济技术贸易（集团）公司	1 260		1 260		1 439		1 439	
江苏永业集团公司	2 070	2 070			2 754	2 754		
徐州工程机械集团进出口有限公司	1 630	1 630			1 284	1 284		
徐州国际经济技术合作有限公司	1 313	743	570		1 055	724	331	
无锡开源机床集团有限公司	103	103			103	103	0	
无锡国际经济技术合作公司	107		107		54		54	
江苏无锡二建建设集团有限公司	975	975			975	975		
无锡市工业设备安装总公司	274	274			257	257		
江苏省建设集团公司	3 816	3 816			3 801	3 801		
江苏省交通工程总公司	6 090	6 090			6 090	6 090		
中国石化集团南京设计院	861	427		434	2 646	483		2 163
南化集团建设公司	1 827	1 827			699	699		
中国核工业华兴建设公司	2 840	2 840			3 335	3 335		
江苏省第一建筑安装有限公司	1 736	1 736			2 972	2 972		
江苏永鼎股份有限公司	1 000	1 000			1 978	1 978		

2004年中国对外经济合作新签合同额、完成营业额分企业总值（续）

单位：万美元

企业名称	新签合同额				完成营业额			
	合计	承包工程	劳务合作	设计咨询	合计	承包工程	劳务合作	设计咨询
江苏建达建设股份有限公司					140	140		
南京扬子石油化工工程有限责任公司	4 520	4 520			3 590	3 590		
中国化学工程南京岩土工程公司	20	20			20	20		
中国石化金陵石油化工公司建筑安装工程公司	502	502			502	502		
江苏省对外交流公司	535		535		535		535	
中国江苏国际经济技术合作公司	18 123	15 095	3 028		14 607	10 022	4 585	
江苏省地质工程有限公司	1 977	1 977			398	398		
江苏省华建建设股份有限公司	2 050	2 050			1 670	1 670		
中国石化集团江苏石油勘探局	1 800	1 800			1 280	1 280		
江苏省邮电建设工程有限公司	13	13			6	6		
徐州矿务集团有限公司	1 300	1 300			420	420		
浙江省	**83 035**	**78 805**	**3 841**	**389**	**81 784**	**71 372**	**10 088**	**324**
中国空分设备公司	51	51			67	67		
中国联合工程公司	4 155	4 007		148	1 981	1 820		161
浙江省邮电建设工程局					97	97		
万向集团公司	5 023	5 023			13 379	13 379		
浙江省机械设备进出口有限责任公司					230	230		
浙江东方集团控股有限公司	4 721	4 721			1 752	1 752		
浙江省长城建设集团股份有限公司	6 638	6 638			4 893	4 893		
广厦建设集团有限责任公司	1 359	1 359			2 337	2 337		
浙江东方集团股份有限公司	253		253		353		353	
浙江省粮油食品进出口股份有限公司	188		188		188		188	
国家电力公司华东勘测设计研究院	1 581	1 375		206	66			66
浙江四方集团公司					86	86		
中国水产舟山海洋渔业公司	78	78			2 616	2 293	323	
浙江省建设投资集团有限公司	13 792	13 308	484		12 446	11 881	565	
浙江舜杰建筑集团股份有限公司					407	133	274	
绍兴第一建工集团有限公司	264	264			512	512		
浙江中联建设集团有限公司	1 327	1 327			1 751	1 751		
温州国际经济技术合作公司	219		219		310		310	
温州建设集团公司					440	440		
杭州市对外经济贸易服务有限公司	98		98		609		609	
飞跃缝纫机集团公司	250	250			1 350	1 350		
浙江省东阳市第三建筑工程公司					1 208	1 208		
中天建设集团有限公司					200	200		
浙江金华第一建筑安装工程有限公司					350	350		
嘉兴市对外经济技术合作有限公司					275		275	
浙江省嵊州市建筑工程公司	86	86			86	86		
东方建设集团有限公司	3 780	3 780			7 418	7 291	127	
浙江省诸暨市工业设备安装公司	2 293	2 293			601	601		
浙江八达建设集团有限公司	2 538	2 538			1 021	1 021		
绍兴国际经济技术合作有限公司	648		648		1 212		1 212	

2004 年中国对外经济合作新签合同额、完成营业额分企业总值（续）

单位：万美元

企业名称	新签合同额				完成营业额			
	合计	承包工程	劳务合作	设计咨询	合计	承包工程	劳务合作	设计咨询
浙江中设建工集团有限公司	700	700			1 155	1 155		
舟山东方国际经贸有限公司	72		72		223		223	
浙江省交通工程建设集团有限公司	5 226	5 226			5 573	5 573		
浙江中富建筑集团股份有限公司	757	757			931	931		
浙江环宇建设集团有限公司	520	520			440	440		
浙江中成建工集团有限公司	722	722			543	543		
浙江中大对外经济技术合作有限公司					317		317	
湖州市对外经济技术合作有限公司					292		292	
浙江中厦建设集团有限公司	559	559			550	550		
浙江省对外服务公司	174		174		40		40	
浙江耀江建设集团股份有限公司	8 001	8 000	1		983	955	28	
浙江省正邦水电建设有限公司	3 928	3 928			1 572	1 572		
浙江省水电建筑安装有限公司	1 533	1 533			250	250		
杭州国际经济合作有限公司	60		60		349		349	
浙江省电力设计院	12			12	12			12
浙江省交通规划设计研究院	23			23	85			85
钱江集团有限公司	60	60			280	280		
浙江省金华市对外经济技术合作公司					159		159	
丽水国际经济技术合作有限公司					55		55	
舟山国际经济技术合作有限公司	251		251		546		546	
浙江暨阳建设集团有限公司	269	269			224	224		
浙江樟塘建筑集团有限公司	550	550			380	380		
浙江阳光集团股份有限公司	460	460			342	342		
浙江海滨建设集团有限公司	4 068	4 049	19		588	552	36	
华升建设集团有限公司	294	294			461	461		
五洋建设集团股份有限公司	1 266	1 266			856	856		
浙江舜江建设集团有限公司	988	988			242	242		
中国浙江国际经济技术合作公司	1 374		1 374		3 807		3 807	
浙江省火电建设公司	426	426			988	988		
浙江省送变电工程公司	1 400	1 400			1 300	1 300		
宁波市	**86 001**	**85 773**	**228**		**70 733**	**62 582**	**8 151**	
浙江造船有限公司	9 053	9 053			2 453	2 453		
宁波市工艺品进出口公司					604		604	
宁波市建设集团股份有限公司	6 172	6 172			1 916	1 916		
中国宁波国际合作有限责任公司	282	91	191		3 336	151	3 185	
宁波市慈溪进出口股份有限公司	1 600	1 600			3 081	1 819	1 262	
宁波海天股份有限公司	432	432			432	432		
浙江建安实业集团股份有限公司	3 324	3 324			2 363	2 363		
宁波交通工程建设集团有限公司					302	302		
宏润建设集团股份有限公司	784	784			2 280	2 280		
余姚市对外贸易有限公司	2 751	2 751			6 645	6 395	250	
中国石化集团宁波工程有限公司	5 866	5 866			5 634	5 634		

2004 年中国对外经济合作新签合同额、完成营业额分企业总值（续）

单位：万美元

企业名称	新签合同额				完成营业额			
	合　计	承包工程	劳务合作	设计咨询	合　计	承包工程	劳务合作	设计咨询
浙江中达建设集团股份有限公司	6 966	6 966			2 861	2 861		
中成宁波进出口有限公司					1 479	18	1 461	
宁波乐惠食品制造有限公司	1 443	1 443			1 088	1 088		
中基宁波对外贸易股份有限公司	37		37		1 007	1 000	7	
浙江省电力建设总公司	10 875	10 875			3 727	3 727		
宁波市鄞州对外贸易股份有限公司	1 600	1 600			4 058	3 800	258	
龙元建设集团股份有限公司	12 192	12 192			7 248	7 248		
宁波中策动力机电集团有限公司	1 652	1 652			1 652	1 652		
宁波华丰建设集团股份有限公司	3 647	3 647			2 478	2 478		
宁波华能国际经济贸易有限公司	17 325	17 325			12 725	12 725		
宁波宁兴股份有限公司					1 124		1 124	
宁波建工集团股份有限公司					2 240	2 240		
安徽省	**23 558**	**14 797**	**4 264**	**4 497**	**21 264**	**14 487**	**5 995**	**782**
安徽省对外劳务开发中心					11		11	
安徽建工集团有限公司	3 150	1 896	1 244	10	5 521	4 070	1 441	10
安徽轻工进出口股份有限公司					2		2	
安徽省技术进出口股份有限公司					109		109	
合肥水泥研究设计院	2 078			2 078	318			318
机械工业第一设计研究院					14			14
安徽省建筑设计研究院					644		644	
中煤第三建设（集团）有限责任公司	516	516						
安徽省阜阳市建筑工程（集团）有限责任公司					50	50		
安庆三江建设工程总公司	250	250			30	30		
中国第十七冶金建设公司	1 748	1 748			192	192		
安徽电力建设第二工程公司	966	882	84		574	525	49	
安庆市东浩对外经济合作有限公司	421		421		565		565	
安徽省外经建设（集团）有限公司	1 967	1 536	431		1 894	1 189	705	
安徽中天国际经济合作有限责任公司	50		50		60		60	
芜湖市外经服务有限公司	701		701		701		701	
东华工程科技股份有限公司	1 573			1 573	150			150
合肥通用机械研究所	409			409	219			219
安徽省宿州国际经济技术合作公司					228		228	
中国冶金建设集团马鞍山钢铁设计研究院	365	60		305	77	6		71
中国化学工程第三建设公司	70	70			24	24		
淮南国际经济技术合作公司	145		145		158		158	
蚌埠市国际经济技术合作公司	648	648			663	651	12	
中铁四局集团有限公司	6 772	6 772			6 181	6 181		
合肥对外经济技术合作公司	470		470		519		519	
安徽省古建园林市政建设有限公司	360	360			423	423		
中国安徽国际经济技术合作公司	773	59	714		1 766	1 146	620	
安徽省电力设计院	122			122				
安徽三建集团公司	3		3		70		70	

2004 年中国对外经济合作新签合同额、完成营业额分企业总值（续）

单位：万美元

企业名称	新签合同额				完成营业额			
	合　计	承包工程	劳务合作	设计咨询	合　计	承包工程	劳务合作	设计咨询
安徽省第一建筑工程公司	1		1		101		101	
福建省	**46 420**	**26 193**	**20 184**	**43**	**41 811**	**19 130**	**22 638**	**43**
福建省龙岩国际经济技术合作公司	1 365		1 365		1 060		1 060	
福建省轮船总公司	98		98		175		175	
福建省华洋水产集团公司	1 820		1 820		4 934		4 934	
福建省邮电规划设计院有限公司	1 894	1 851		43	65	22		43
福建省对外劳务合作公司	584		584		1 071		1 071	
福建省建筑设计研究院	6	6			6	6		
中国武夷实业股份有限公司	8 333	8 333			7 951	7 951		
福建建工集团总公司	1 370	1 370			1 370	1 370		
福建省火电工程承包公司	532	532			358	358		
福建省华闽进出口公司	862		862		672		672	
福建省对外劳务咨询服务中心					483		483	
福建省金福对外劳务合作有限公司	1 837		1 837		76		76	
福建铁路建设（集团）有限公司	5 778	5 778			2 316	2 316		
福建华旅对外劳务合作公司					80		80	
福建轻纺工业经济技术公司					49		49	
福建福通对外经济合作公司	46		46		258		258	
福建华源国际贸易经济合作公司	447		447		1 919		1 919	
福建地矿建设集团公司					37	37		
福建省人才开发中心					75		75	
福建省外国机构服务中心	69		69		17		17	
福建省工业设备安装有限公司	3 205	3 205			2 350	2 350		
福建省华福国际经济技术合作有限公司	1		1		5		5	
福建中福对外劳务合作有限公司	1 935		1 935		3 476		3 476	
福建三木国际经济技术合作有限公司	364		364		170		170	
莆田市国际经济合作有限公司	879		879		766		766	
漳浦国际经济技术合作公司	29		29		59		59	
漳州国际经济技术合作公司	2 090		2 090		1 475		1 475	
泉州市对外经济技术服务公司	447		447		393		393	
泉州中泉国际经济技术合作（集团）有限公司	4 937	141	4 796		2 174	923	1 251	
福建莆田对外经济技术合作公司	536		536		755		755	
福州市对外劳务合作公司	17		17		83		83	
福州壮安经济开发有限公司			0		140		140	
中国福州国际经济技术合作公司	1 959		1 959		2 955		2 955	
福建六建建工集团公司	27	27			627	627		
福建省二建建设集团					300	300		
福州建工（集团）总公司	4 950	4 950			2 870	2 870		
福建远洋渔业集团公司					176		176	
福建海外工程有限公司	3		3		65		65	
厦门市	**11 990**		**11 990**		**7 066**		**7 066**	
厦门海隆对外劳务合作有限公司	10 196		10 196		1 680		1 680	

2004年中国对外经济合作新签合同额、完成营业额分企业总值（续）

单位：万美元

企业名称	新签合同额				完成营业额			
	合计	承包工程	劳务合作	设计咨询	合计	承包工程	劳务合作	设计咨询
厦门建隆经济技术合作有限公司	119		119		408		408	
厦门经济特区船务有限公司					48		48	
厦门诚毅船务公司	619		619		349		349	
中国厦门国际经济技术合作公司	1 056		1 056		4 581		4 581	
江西省	**18 267**	**13 874**	**4 378**	**15**	**20 662**	**15 420**	**5 206**	**36**
江西省建工集团公司					1 169	1 169		
南昌有色冶金设计研究院	15			15	36			36
中国江西国际经济技术合作公司	6 464	4 763	1 701		3 829	2 176	1 653	
江西省轻工业对外经济技术合作公司	732		732		793		793	
江西省地质工程（集团）公司	15	15			570	570		
赣州亿通对外经济技术合作有限公司	786		786		772		772	
九江市对外经济合作公司	120		120		108		108	
萍乡矿业集团有限责任公司	1 713	1 713			8 020	7 892	128	
江西省水利水电建设总公司	3 068	3 068			862	862		
南昌对外工程总公司	3 456	3 022	434		1 757	804	953	
南昌国际经济技术合作公司	600		600		2 018	1 294	724	
宜春海程经贸发展有限公司	987	987			589	589		
景德镇市国际经济技术合作公司	5		5		75		75	
江西华昌基建工程有限公司	306	306			64	64		
山东省	**125 198**	**74 458**	**50 740**		**130 802**	**89 333**	**41 469**	
齐鲁建设集团公司	1 120	1 120			864	864		
山东省瀚森国际经贸合作有限公司	1 254		1 254		1 057		1 057	
山东电力基本建设总公司	717	717			20 666	20 666		
烟台市进出口公司	20		20		6		6	
烟台国际经济技术合作有限责任公司	7 053		7 053		6 418		6 418	
中国水产烟台海洋渔业公司	3 080		3 080		1 561		1 561	
烟台港务局					177		177	
胜利油田东胜精攻石油开发集团有限公司	2 600	2 600			10 467	10 467		
胜利油田工益集团公司	11 000	11 000			11 000	11 000		
东营国际经济技术合作公司	359		359		195		195	
胜利石油管理局	18 894	18 894			11 200	11 200		
中国石化集团第十建设公司	5 080	5 080			920	920		
威海市国际交流服务中心	999		999		880		880	
威海市纺织服装进出口公司	371		371		27		27	
泰安国际经济技术合作公司	1 928	821	1 107		1 632	403	1 229	
山东泰安建筑工程公司	989	692	297		1 601	866	735	
兖矿集团有限公司	700	700			3 600	3 600		
山东鲁抗医药集团有限公司					200	200		
济宁惠友进出口公司	3		3		270		270	
龙大食品集团有限公司	22		22		6		6	
山东省诸城市建筑工程公司	1 265		1 265		103		103	
青州市水利建筑总公司	2 303	450	1 853		387		387	

2004 年中国对外经济合作新签合同额、完成营业额分企业总值（续）

单位：万美元

企业名称	新签合同额				完成营业额			
	合计	承包工程	劳务合作	设计咨询	合计	承包工程	劳务合作	设计咨询
菏泽市对外经济技术合作公司	5 144		5 144		1 318		1 318	
日照国际经济技术合作公司	1 440		1 440		951		951	
日照市水产集团总公司	217		217		75		75	
山东国际合作联合有限公司	3 331		3 331		1 537		1 537	
莱芜日升国际经济合作有限公司	1 568		1 568		268		268	
烟台市土畜产对外贸易有限公司	152		152		35		35	
威海方正国际人才技术合作有限公司	1 025		1 025		631		631	
山东滨州对外经济技术合作有限公司	26		26					
山东天幕集团总公司	390	130	260		170	16	154	
烟台建设集团有限公司					5 145	5 015	130	
山东景芝建工集团公司	701	701			459	459		
中国山东国际经济技术合作公司	7 086	1 206	5 880		7 638	1 158	6 480	
山东省鲁地矿业有限公司	5 700	5 700						
山东宏昌路桥工程有限公司	6 925	6 626	299		3 246	3 238	8	
山东聊建集团总公司	610	610			116	116		
济南四建集团有限责任公司	1 008	1 008			607	607		
山东华鲁集团有限公司	65		65		2 506		2 506	
威海联桥国际经济技术合作有限公司	514		514		762		762	
烟台长城国际经贸有限责任公司	4		4		28		28	
山东东方路桥建设总公司	1 318	1 318	0		1 273	1 273		
临沂国际经济技术合作公司	719		719		1 818		1 818	
山东天元建设集团总公司	720	720			695	695		
德州市国际经济技术合作公司	160		160					
荣成汇成国际经济技术合作有限公司	1 253		1 253		1 238		1 238	
威海纺织集团进出口有限责任公司	321		321		234		234	
威海国际经济技术合作股份有限公司	5 294	513	4 781		6 729	1 592	5 137	
山东巨龙建工集团公司	686		686		58		58	
山东寿光第一建筑有限公司	3 303	3 140	163		1 098	1 098		
山东潍柴进出口有限公司	3 190	3 190			3 308	3 308		
山东海化集团有限公司	884	737	147		477	457	20	
潍坊国际经济技术合作集团公司	2 704		2 704		1 688		1 688	
山东电力建设第三工程公司	702	702			3 996	3 996		
潍坊昌大建设（集团）总公司	5 715	4 950	765		2 558	1 220	1 338	
济南一建集团总公司	565	565			33	33		
烟台二建实业股份有限公司					224		224	
山东黄金集团有限公司					483	483		
山东省劳务合作公司	585		585		1 746		1 746	
中铁十四局集团有限公司	568	568			2 523	2 523		
淄博市建筑工程公司					1 860	1 860		
山东省水产企业集团总公司	848		848		34		34	
青岛市	**21 392**	**9 250**	**6 937**	**5 205**	**20 766**	**14 774**	**4 506**	**1 486**
山东省工艺品进出口（集团）股份有限公司	641		641		136		136	

2004年中国对外经济合作新签合同额、完成营业额分企业总值（续）

单位：万美元

企业名称	新签合同额				完成营业额			
	合计	承包工程	劳务合作	设计咨询	合计	承包工程	劳务合作	设计咨询
青岛环太经济合作有限公司	1 111		1 111		707		707	
中国石油天然气第七建设公司					361	361		
青岛远达对外经济合作有限公司	176		176		165		165	
青岛海尔国际贸易有限公司	5 716		558	5 158	1 701		471	1 230
青岛益佳国际贸易集团有限公司	169		169		32		32	
青岛开源国际经济技术合作有限公司	99		99		85		85	
青岛远洋对外劳务合作有限公司	692		692		646		646	
青岛建设集团公司	8 532	8 532			12 448	12 448		
青岛安装建设股份有限公司	628	628			375	375		
青岛市胶州建设集团有限公司					26	26		
中国青岛国际经济技术合作（集团）有限公司	2 210		2 210		1 129		1 129	
海信集团公司	90	90			312	80		232
青岛市第一建筑工程公司					604	604		
青岛市第二建筑工程公司					880	880		
青岛市建筑设计研究院	47			47	24			24
青岛国际交流中心	82		82		140		140	
青岛海洋渔业公司	573		573		653		653	
山东省五金矿产进出口公司	245		245		30		30	
山东省对外贸易集团有限公司	381		381		312		312	
河南省	**50 121**	**45 378**	**3 756**	**987**	**27 093**	**22 445**	**4 290**	**358**
中国石化集团河南石油勘探局	50	50			114	114		
河南送变电建设公司	638	638			724	724		
河南黄河工程局					5		5	
河南省对外劳务合作公司	648		648		1 424		1 424	
中铁十五局集团有限公司	1 007	1 007			65	65		
河南吉星对外劳务合作公司	436		436		451		451	
中国河南国际合作集团有限公司	11 325	10 372	953		5 541	4 696	845	
濮阳国际经济技术合作公司	626		626		671		671	
中国石油天然气第一建设公司	1 042	1 042			2 266	1 993	273	
中国石化集团洛阳石油化工工程公司	2 335	2 154		181	1 098	935		163
中色科技股份有限公司	373			373	56			56
水利部黄河水利委员会勘测规划设计研究院	73			73				
河南省建筑工程总公司	1 720	1 720			1 155	1 155		
中信重型机械公司	85	85			52	52		
中国洛阳浮法玻璃集团有限责任公司	360			360	120			120
中国一拖集团有限公司					13		13	
河南省水利第一工程局					740	740		
中国石化集团中原石油勘探局	22 159	22 159			8 670	8 670		
河南省轻工业品进出口公司	16		16		16		16	
机械工业部第四设计研究院	4 448	4 448			88	69		19
中国化学工程第十一建设公司	1 318	1 318			1 631	1 631		
中铁七局集团有限公司					569	569		

2004 年中国对外经济合作新签合同额、完成营业额分企业总值（续）

单位：万美元

企业名称	新签合同额				完成营业额			
	合 计	承包工程	劳务合作	设计咨询	合 计	承包工程	劳务合作	设计咨询
机械工业第六设计研究院	30	30						
河南金城国际经济技术合作有限公司	1 077		1 077		592		592	
河南省地矿建设工程（集团）有限公司	135	135			224	224		
河南省水利电力对外公司	220	220			808	808		
湖北省	**31 141**	**28 027**	**1 597**	**1 517**	**27 384**	**25 344**	**1 565**	**475**
国家电力公司中南电力设计院	468			468	70			70
中南建筑设计院					10			10
中国化学工程第六建设公司					629	629		
中国石化集团江汉石油管理局					5	5		
中国湖北国际经济技术合作公司					76		76	
湖北美尔雅集团有限公司	2		2		23		23	
中铁大桥局集团有限公司	3 743	3 743			5 065	5 065		
中铁大桥勘测设计院	13			13				
中交第二公路勘察设计研究院	481			481	200			200
湖北大地国际经济技术合作有限公司	47	47			23	23		
中国葛洲坝水利水电工程集团有限公司	4 724	4 724			3 398	3 398		
湖北晴川国际海员劳务开发公司	102		102		252		252	
中国十五冶金建设有限公司	1 556	1 556			1 674	1 659	15	
武汉理工大产业集团有限公司	236		236		137		137	
宜昌国际经济技术合作公司	54	34	20		47	34	13	
湖北省水文地质工程地质勘察院	190	190			100	100		
中铁十一局集团有限公司	5 419	5 292	127		1 073	1 062	11	
十堰国际经济技术合作公司	111		111		21		21	
黄石国际经济技术合作公司	30		30		4		4	
中国轻工业武汉设计工程有限责任公司	2			2	2			2
武汉科岛地理信息工程有限公司	1 230	1 230			120	120		
武汉建工股份有限公司	258	258			163	163		
湖北省电力建设第一工程公司	442	442			754	754		
湖北省建筑工程集团有限公司	756	756			622	622		
中国石化集团江汉石油管理局勘察设计研究院					34			34
武汉邮电科学研究院	2 754	2 754			1 673	1 673		
武汉铁路建设集团有限公司					489	489		
五环科技股份有限公司	245			245	2 913	2 805		108
武汉市建筑设计院	99			99	30			30
铁道第四勘察设计院					7			7
华中电力国际经贸有限责任公司	2 333	2 333			601	601		
武汉市水务建设工程公司	843	843			505	505		
武钢集团国际经济贸易总公司					2 372	2 372		
中国武汉国际经济技术合作公司	110	110			89	89		
中国长江航运集团对外经济技术合作总公司	548		548		641		641	
武汉市政工程设计研究院有限责任公司	209			209	14			14
中国第一冶金建设公司	3 715	3 715			2 323	2 318	5	

2004 年中国对外经济合作新签合同额、完成营业额分企业总值（续）

单位：万美元

企业名称	新签合同额				完成营业额			
	合 计	承包工程	劳务合作	设计咨询	合 计	承包工程	劳务合作	设计咨询
武汉市市政工程总公司					630	630		
武汉建工（集团）有限公司					51	44	7	
长江武汉航道工程局					114	114		
凌云科技集团有限责任公司	10		10		109	70	39	
襄樊益宝劳务服务有限公司	108		108		4		4	
武汉天地国际劳务合作有限公司	293		293		317		317	
湖北建材工贸集团公司	10		10					
湖南省	**54 157**	**51 217**	**2 331**	**609**	**40 676**	**37 301**	**2 879**	**496**
湖南环达公路桥梁建设总公司					2 862	2 862		
湖南省送变电建设公司					16	16		
湖南省建筑工程集团总公司	37 473	37 473			12 593	12 593		
湖南交通国际经济工程合作公司					2 499	2 499		
中国水利水电第八工程局					2 797	2 797		
湖南省机械设备进出口公司	62	62			62	62		
湖南省交通规划勘察设计院	100	100			10	10		
湖南环球（集团）公司	1 177		1 177		1 146		1 146	
中国轻工业长沙工程有限公司	105			105	240			240
株洲南方航空机械进出口有限公司	271		271		113		113	
长沙有色冶金设计研究院	108			108	4			4
中国湖南国际经济技术合作公司	345		345		1 287	37	1 250	
中国有色金属工业第二十三冶金建设公司	5 833	5 833			3 431	3 431		
岳阳市公路桥梁基建总公司	4 764	4 764			8 610	8 610		
湖南省电力勘测设计院	46			46	64			64
长沙市对外经济贸易公司	469		469		351		351	
湖南机械进出口有限公司	69		69		19		19	
中冶集团长沙冶金设计研究总院	78			78	116			116
湖南省沙坪建筑有限公司					2 630	2 630		
国家电力公司中南勘测设计研究院					20	20		
中机国际工程设计研究院	68			68	45			45
湖南省建筑设计院	14	14						0
湖南第一工业设计研究院	204			204	27			27
湖南省郴州建设工程集团有限公司	2 971	2 971			1 420	1 420		
湖南路桥建设集团公司					314	314		
广东省	**53 470**	**25 858**	**27 392**	**220**	**59 395**	**30 659**	**28 315**	**421**
广东省长大公路工程有限公司	2 182	2 182			2 080	2 080		
广东省建筑工程集团有限公司	1 854	1 854			439	439		
广东省机械进出口股份有限公司	13 615	13 615			13 615	13 615		
广东省第七建筑集团有限公司	2 062	2 062			2 024	2 024		
珠海对外经济劳务合作有限公司	1 309		1 309		681		681	
江门市对外劳动服务公司	1 101		1 101		1 431		1 431	
珠海国际经济技术合作公司	803		803		635	240	395	
广东新广国际集团有限公司	15 958	2 465	13 493		22 220	6 352	15 868	

2004 年中国对外经济合作新签合同额、完成营业额分企业总值（续）

单位：万美元

企业名称	新签合同额				完成营业额			
	合计	承包工程	劳务合作	设计咨询	合计	承包工程	劳务合作	设计咨询
广东省水利电力勘测设计研究院	80			80	131			131
广东省电力设计研究院	186	186			81	81		
中山市歧兴对外经济技术合作有限公司					1 014	980	34	
广州市设计院	140			140	140			140
广州市建筑集团有限公司	1 458	1 458			993	993		
广州对外经济发展总公司	2 401	440	1 961		1 959	173	1 786	
中国广州国际经济技术合作公司	6 768	42	6 726		6 532	329	6 203	
广州中海劳务合作有限公司	354		354		394		394	
广州钢铁企业集团有限公司					1 298	1 298		
广州远洋运输公司	1 645		1 645		1 523		1 523	
广州珠江实业集团有限公司					150			150
广州市第二建筑工程有限公司	281	281			258	258		
广东海外建设集团有限公司	1 273	1 273			1 797	1 797		
深圳市	**142 480**	**142 480**			**130 628**	**130 628**		
深圳地质建设工程公司	120	120			120	120		
华为技术有限公司	106 494	106 494			90 156	90 156		
深圳中电投资股份有限公司	84	84						
深圳市中兴通讯股份有限公司	35 782	35 782			31 247	31 247		
北方国际合作股份有限公司					9 105	9 105		
广西壮族自治区	**5 332**	**5 332**			**1 866**	**1 866**		
广西壮族自治区公路桥梁工程总公司					963	963		
广西建工集团海外工程有限责任公司	2 245	2 245			583	583		
广西电力工业勘察设计研究院	1 177	1 177						
防城港国际经济技术合作有限责任公司	500	500			80	80		
南宁国际经济技术合作公司								
广西建工集团第一建筑工程有限责任公司	550	550			60	60		
中国广西国际经济技术合作公司	860	860			180	180		
海南省	**18**		**18**		**3**		**3**	
中国海南国际经济技术合作公司	18		18		3		3	
重庆市	**14 425**	**13 590**	**835**		**5 815**	**5 287**	**528**	
重庆对外建设总公司	10 163	10 163			2 678	2 638	40	
重庆对外贸易进出口公司	102		102		22		22	
重庆建工集团有限责任公司					1 094	1 094		
中冶赛迪工程技术股份有限公司	1 192	1 192			526	526		
中国重庆国际经济技术合作公司	2 968	2 235	733		1 495	1 029	466	
四川省	**111 290**	**106 078**	**5 107**	**105**	**48 733**	**44 264**	**4 307**	**162**
中国华西企业公司	4 453	4 453			3 844	3 844		
四川公路桥梁建设集团有限公司	2 299	2 299			6 076	6 076		
四川石油管理局	2 589	2 589			5 501	5 501		
四川省外经实业股份有限公司	534		534		784		784	
四川省外国企业服务有限责任公司	44		44		11		11	
四川电力进出口公司	1 358	1 358			1 658	1 658		

2004年中国对外经济合作新签合同额、完成营业额分企业总值（续）

单位：万美元

企业名称	新签合同额				完成营业额			
	合　计	承包工程	劳务合作	设计咨询	合　计	承包工程	劳务合作	设计咨询
四川东方电力设备联合公司	27 773	27 773			3 316	3 316		
四川非亚实业有限公司	831		831		37		37	
中电西南进出口公司	1 500	1 500			1 183	1 183		
四川德阳市国际经济技术合作有限公司	2 350	2 350			190	190		
泸州市建筑工程有限公司	400	400						
中国水利水电第十工程局					4 894	4 894		
四川星城外经合作公司	565		565					
中国成达工程公司	51 105	51 000		105	9 125	8 963		162
成都建筑工程集团总公司					1 171		1 171	
成都国际经济技术合作股份有限公司	2 459		2 459		1 121		1 121	
四川通信建设工程有限公司					51	51		
四川省遂宁市寰宇对外劳务合作有限公司	490		490		486		486	
川铁国际经济技术合作有限公司	9 426	9 426			3 781	3 640	141	
中铁二局集团有限公司					4 142	4 142		
中国四川国际合作股份有限公司	3 114	2 930	184		1 362	806	556	
贵州省					**5 433**	**5 253**	**180**	
中铁五局集团有限公司					5 220	5 220		
贵州省公路工程总公司					33	33		
贵州贵航进出口公司					180		180	
云南省	**31 604**	**30 729**	**23**	**852**	**33 648**	**32 481**	**60**	**1 107**
中国水利水电昆明国际公司					1 175	1 175		
云南省公路规划勘察设计院	49			49	49			49
国家电力公司昆明勘测设计研究院	673			673	188			188
国家林业局昆明勘察设计院	12			12	1			1
云南小额边境企业汇总	8 154	8 046		108	9 306	9 278		28
西双版纳国际经济技术合作有限公司					32	32		
云南公路桥梁工程有限公司					3 093	3 093		
云南官房建筑集团股份有限公司					5	5		
云南省玉溪市进出口公司	166	166			107	107		
云南德宏国际经济技术合作有限责任公司	340	340			1 253	1 253		
文山州国际经济技术合作有限公司	1 765	1 765			720	720		
云南电力集团有限公司	91	91			91	91		
云南第五公路桥梁工程有限责任公司	1 000	1 000			300	300		
云南省德宏州进出口公司					19	19		
昆明国际经济技术合作公司	4		4		2		2	
中国有色金属工业第十四冶金建设公司	121	121			50	50		
云南地矿勘察工程总公司（集团）	10			10	838			838
中国云南公路桥梁工程总公司					1 672	1 672		
中国成套设备进出口云南股份有限公司	94	94			94	94		
云南省机械进出口公司	502	502			22	22		
云南省机械设备进出口公司	1 423	1 423			5 452	5 452		
云南建工集团总公司	2 325	2 325			2 252	2 249		3

2004 年中国对外经济合作新签合同额、完成营业额分企业总值（续）

单位：万美元

企业名称	新签合同额				完成营业额			
	合计	承包工程	劳务合作	设计咨询	合计	承包工程	劳务合作	设计咨询
中国云南国际经济技术合作公司	390	371	19		901	843	58	
云南冶金集团总公司	329	329			329	329		
云南省机械进出口股份有限公司	11 578	11 578			2 146	2 146		
云南第三公路桥梁工程有限责任公司	43	43			43	43		
云南路桥股份有限公司	2 535	2 535			3 508	3 508		
陕西省	**10 238**	**8 379**	**1 354**	**505**	**14 203**	**12 136**	**1 322**	**745**
秦海国际工程总公司					2 188	2 188		
中机国际工程咨询设计总院	95	95			94	94		
中铁二十工程局集团有限公司	869	869			515	515		
长庆石油勘探局					1 836	1 836		
中国陕西国际经济技术合作公司	13		13		348	180	158	10
中国机械工业第三安装工程公司	329	329			457	457		
陕西省机械设备进出口公司	77		77		16		16	
西安铁路工程（集团）有限责任公司					35	35		
西飞集团进出口公司	6	6			2	2		
华山国际工程公司	1 747	1 747			2 768	2 768		
西安国际经济技术贸易公司	1 002		1 002		1 106		1 106	
陕西泽信对外经济技术有限公司	262		262		42		42	
西安天宝国际工程公司	52	52			56	56		
西安西电进出口有限责任公司	5 153	5 153			3 927	3 927		
国家电力公司西北勘测设计研究院	505			505	735			735
煤航（集团）实业发展有限公司	128	128			78	78		
甘肃省	**4 004**	**4 000**		**4**	**5 175**	**5 060**	**112**	**3**
甘肃地质工程总公司	130	130			504	504		
甘肃海外工程总公司	1 061	1 061			2 016	2 016		
中国石油兰州炼油化工总厂					52		52	
铁道第一勘察设计院					40	40		
中国甘肃国际经济技术合作公司	1 972	1 972			1 040	1 015	25	
甘肃对外经济发展公司					31		31	
兰州有色冶金设计研究院	4			4	3			3
兰州石油化工装备工程总公司	837	837			840	840		
中国石化集团第五建设公司					649	645	4	
宁夏回族自治区	**1 473**	**1 356**	**117**		**1 107**	**947**	**160**	
宁夏二建集团有限责任公司					227	201	26	
宁夏新月建筑有限公司	94	94			94	94	0	
宁夏中建工程公司	108		108		105		105	
银川国际经济技术合作有限公司	1 271	1 262	9		667	652	15	
宁夏伊建国际经济技术发展有限公司					14		14	
新疆维吾尔自治区	**3 456**	**3 456**			**6 537**	**6 537**		
吐哈石油勘探开发指挥部					1 398	1 398		
新疆石油管理局					2 337	2 337		
新疆特变电工股份有限公司	2 806	2 806			2 302	2 302		

2004 年中国对外经济合作新签合同额、完成营业额分企业总值（续）

单位：万美元

企业名称	新签合同额				完成营业额			
	合计	承包工程	劳务合作	设计咨询	合计	承包工程	劳务合作	设计咨询
新疆炼化建设集团有限公司	650	650			500	500		
新疆生产建设兵团	**7 157**	**7 157**			**2 030**	**2 030**		
新天国际经济技术合作（集团）	668	668			668	668		
新疆北新建设工程（集团）有限责任公司	3 130	3 130			1 269	1 269		
新疆北新路桥建设股份有限公司	3 359	3 359			93	93		

2004 年中国对外援助成套项目建成及提供单项设备情况

行业	建成项目数（个）	项目名称	受援国家（地区）
合计	**44**		
公用民用建筑	8	母子中心	吉布提
		新军区住宅二期配套设施	莫桑比克
		外交部办公楼	乌干达
		军队警察营房	加纳
		外交部会议厅维修	刚果（金）
		两技术合作专家驻地改造	刚果（布）
		两办公楼维修	塞拉利昂
		高法大楼	库克群岛
文教卫生	4	奥罗特医院电话交换机房	厄立特里亚
		基本戈卫校新增工程	卢旺达
		艺术中心	吉布提
		体育中心改造和展览中心维修	安提瓜和巴布达
农业项目	1	扩大植物检疫项目修复工程	巴基斯坦
广播电信	3	两岛电视转播设备	科摩罗
		丹加拉通讯网改造	塔吉克斯坦
		地面卫星站维修	老挝
市政设施	3	万象凯旋门公园改造	老挝
		首都道路	马达加斯加
		首都道路新增 600 米路面修复	马达加期达
会议大厦	3	国际会议厅	苏丹
		人民宫二期维修	吉布提
		会议厅	卢旺达
机械工业	2	1200 吨级下水滑道	叙利亚
		拖拉机装配线	尼日尔
纺织工业	1	2 个缫丝厂	土库曼斯坦
单项设备	19	集装箱检测设备	古巴
		提供同方威视集装箱检查系统	缅甸
		医疗设备项目	乌兹别克斯坦
		医疗设备项目	乌兹别克斯坦
		河流清淤机械	乌兹别克斯坦
		500 台太阳能热水器和 16 辆小汽车	黎巴嫩

2004 年中国对外援助成套项目建成及提供单项设备情况（续）

行　业	建成项目数（个）	项　目　名　称	受援国家（地区）
		提供土壤改良设备和电脑	乌兹别克斯坦
		赠送集装箱检测设备	叙利亚
		电脑等信息技术设备	马其顿
		会议电子表决设备	摩尔多瓦
		提供一批医疗设备	塞尔维亚和黑山
		施工设备管线等	阿尔巴尼亚
		城市清洁车	吉布提
		国庆提供沥青机械、医疗器械	桑给巴尔
		拖拉机	津巴布韦
		330 套同声传译设备	赞比亚
		1 架新舟 60 基本型飞机	津巴布韦
		农业机械	坦桑尼亚
		体育馆维修	巴巴多斯

2004 年中国对外承担援外成套项目和单项设备情况

行　业	承担项目数（个）	受援国家（地区）
合　计	**72**	
公用民用建筑	29	老挝、也门、科摩罗（2）、莱索托、坦桑尼亚、贝宁（2）、佛得角、刚果（布）、几内亚比绍（2）、加纳、加蓬、科特迪瓦、利比里亚（2）、马里（2）、尼日尔、塞拉利昂（2）、巴哈马、多米尼克、牙买加、安提瓜和巴布达、斐济、库克群岛、密克罗尼西亚
工业项目	4	朝鲜、肯尼亚、布隆迪、巴布亚新几内亚
文教卫生	12	马尔代夫、斯里兰卡、哈萨克斯坦、约旦、埃及、赤道几内亚、几内亚比绍、加蓬、喀麦隆、非工统、圣卢西亚、巴布亚新几内亚
交通运输	2	柬埔寨、肯尼亚
打井供水	1	莫桑比克
水利电力	2	突尼斯、科特迪瓦
邮电通信	2	老挝、丰亚那
单项设备	19	缅甸、乌兹别克斯坦（4）、黎巴嫩、叙利亚、马其顿、摩尔多瓦、塞尔维亚和黑山、阿尔巴尼亚、吉布提、桑给巴尔、津巴布韦（2）、赞比亚、坦桑尼亚、巴巴多斯、古巴
其他	1	阿尔及利亚

2004 年中国对外承担援外技术合作项目情况

行　业	承担项目数（个）	受援国家（地区）
合　计	**60**	
农、林、牧、渔业	12	缅甸、埃及、毛里求斯、几内亚、赤道几内亚（2）、塞拉利昂、古巴、巴布亚新几内亚、密克罗尼西亚、瓦努阿图（2）
交通	3	印度尼西亚、吉尔吉斯斯坦、坦桑尼亚和赞比亚（两国共有项目）
邮电通信	6	科摩罗、桑给巴尔、赞比亚、赤道几内亚、几内亚、中非
科、教、文、卫、体	30	巴基斯坦、老挝、尼泊尔、斯里兰卡、叙利亚、也门、伊拉克（3）、白俄罗斯、苏丹、突尼斯、埃塞俄比亚（3）、厄立特里亚、吉布提、莱索托、马达加斯加、莫桑比克、乌干达、喀麦隆、马里（2）、尼日尔、古巴、牙买加、瑙鲁、瓦努阿图（2）
水利电力	3	老挝、缅甸、赤道几内亚
其他	6	朝鲜（2）、老挝、缅甸、乌兹别克斯坦、汤加

附　录

Appendix

中国国民经济与社会发展总量指标（一）

指　　标	单位	1978 年	1989 年	1997 年	2003 年	2004 年
人口						
年底总人口	万人	96 259	112 704	123 626	129 227	129 988
城镇人口	万人	17 245	29 540	39 449	52 376	542 283
乡村人口	万人	79 014	83 164	84 177	76 851	75 705
就业、失业和工资						
就业人员数	万人	40 152	55 329	69 820	74 432	75 200
#职工人数	万人	9 499	13 742	14 668	10 492	10 576
城镇登记失业人员	万人	530	378	577	800	827
职工工资总额	亿元	569	2 619	9 405	14 744	16 900
职工平均工资	元	615	1 935	6 470	14 040	16 024
国民经济核算						
国内生产总值	亿元	3 624	16 909	74 463	117 390	136 876
第一产业	亿元	1 018	4 228	14 211	16 928	20 768
第二产业	亿元	1 745	7 278	37 223	61 274	72 387
第三产业	亿元	861	5 403	23 029	39 188	43 721
人均国内生产总值	元/人	379	1 512	6 054	9 111	10 561
支出法国内生产总值	亿元	3 606	16 466	74 894	121 730	140 776
最终消费	亿元	2 239	10 557	43 579	67 494	75 430
资本形成总额	亿元	1 378	6 095	28 458	51 555	61 828
净出口	亿元	-11	-186	2857	2682	3518
固定资产投资						
全社会固定资产投资总额	亿元		4 410	24 941	55 567	70 073
国有经济及其他	亿元		2 808	17 661	39 837	50 251
集体经济	亿元		570	3 851	8 010	9 887
个体经济	亿元		1 032	3 429	7 720	9 935
财政和金融						
国家财政收入	亿元	1 132	2 665	8 651	21 715	26 356
国家财政支出	亿元	1 122	2 824	9 234	24 650	28 361
金融机构人民币各项存款余额	亿元	1 135	10 786	82 390	208 056	240 525
金融机构人民币各项贷款余额	亿元	1 850	14 360	74 914	158 996	177 364
货币和准货币（M_2）	亿元			90 995	221 223	254 108
狭义货币（M_1）	亿元			34 826	84 119	95 970
流通中现金（M_0）	亿元	212	2 344	10 178	19 746	21 468
外汇储备	亿美元	1.7	55.5	1 398.9	4 032.5	6 099.3
主要农业、工业产品产量						
粮食	万吨	30 477	40 755	49 417	43 070	46 947
棉花	万吨	217	379	460	486	632
油料	万吨	522	1 295	2 157	2 811	3 066
肉类	万吨			5 269	6 933	7 245
原煤	亿吨	6.2	10.5	13.7	16.7	19.6
原油	万吨	10 405	13 764	16 074	16 960	17 500
发电量	亿千瓦小时	2 566	5 848	11 356	19 106	21 870
粗钢	万吨	3 178	6 159	10 894	22 234	27 280
汽车	万辆	14.9	58.4	158.3	444.4	507.4

中国国民经济与社会发展总量指标（二）

指　　标	单位	1978 年	1989 年	1997 年	2003 年	2004 年
建筑业						
建筑业企业房屋施工面积	万平方米		40 650	128 680	259 377	291 939
建筑业企业房屋竣工面积	万平方米		19 723	62 244	122 828	128 163
交通和邮电						
货物周转量	亿吨公里	9 829	25 591	38 385	53 859	69 442
旅客周转量	亿人公里	1 743	6 075	10 055	13 811	16 309
沿海主要港口货物吞吐量	万吨	198 34	49 025	90 822	201 126	246 074
邮电业务总量	亿元	34. 1	123. 5	1 773. 3	7 019. 8	9 791. 2
本地电话年末用户	万户	193	568	7 031	26 275	31 244
移动电话年末用户	万户		1	1 323	26 995	33 482
国内商业和对外贸易						
社会消费品零售总额	亿元	1 559	8 101	27 299	45 842	53 950
进出口总额	亿美元	206. 4	1 116. 8	3 251. 6	8 509. 9	11 547. 9
出口额	亿美元	97. 5	525. 4	1 827. 9	4 382. 3	5 933. 7
进口额	亿美元	108. 9	591. 4	1 423. 7	4 127. 6	5 614. 2
利用外资						
实际利用外资额	亿美元		100. 6	644. 1	561. 4	640. 7
#外商直接投资	亿美元		33. 9	452. 6	535. 1	606. 3
旅游						
人境过夜旅游者人数	万人次	72	936	2 377	3 297	4 176
国内旅游人数	亿人次			6. 4	8. 7	11. 0
国际旅游外汇收入	亿美元	2. 6	18. 6	120. 7	174. 1	257. 4
国内旅游总收入	亿元			2 112. 7	3 442. 3	4 710. 7
教育、科技、文化、卫生						
在校学生数						
普通高等学校	万人	85. 6	208. 2	317. 4	1 108. 6	1 333. 5
普通中等学校	万人	6 637	5 054	6 995	9 808	10 055
小　学	万人	14 624	12 373	13 995	11 690	11 246
研究与试验发展经费支出	亿元			509	1 540	1 843
技术市场成交额	亿元		82	351	1 085	1 334
图书总印数	亿册（张）	37. 7	58. 6	73. 1	66. 7	64. 4
杂志总印数	亿册	7. 6	18. 4	24. 4	29. 5	26. 9
报纸总印数	亿份	127. 8	207. 0	287. 6	383. 1	257. 7
医院、卫生院数	个	64 311	61 613	67 479	62 968	60 867
医生数	万人	103. 3	171. 8	198. 5	186. 8	190. 5
医院、卫生院床位数	万张	184. 7	253. 8	286. 9	295. 5	304. 7
城市公用事业						
城市年供水总量	亿立方米	78. 8	393. 7	476. 8	475. 3	489. 0
城市人工煤气和天然气供气总量	亿立方米	24. 2	143. 2	193. 2	343. 7	383. 1
城市公共汽（电）车客运总量	亿人次	132. 3	272. 3	279. 1	381. 4	426. 7
城市公共绿地面积	万公顷		5. 3	10. 8	22. 0	25. 2

注： 1. 由于计算误差的影响，按支出法计算的国内生产总值不等于按生产法计算的国内生产总值。

2. 本表价值量指标中，邮电业务总量 2000 年及以前按 1990 年不变价格计算，2001 年起按 2000 年不变价格计算，其余按当年价格计算。

3. 社会消费品零售总额 1989 年及以前为社会商品零售总额，即包括农业生产资料零售额在内。

4. 1978 年城市人工煤气和天然气供气量仅为城市人工煤气量。

中国国民经济与社会发展速度指标（一）

指　　标	2004 年为下列各年（%）				平均每年增长（%）		
	1978 年	1989 年	1997 年	2003 年	1979—2004 年	1990—2004 年	1998—2004 年
人口							
年底总人口	135.0	115.3	105.1	100.6	1.2	1.0	0.7
城镇人口	314.8	183.8	137.6	103.6	4.5	4.1	4.7
乡村人口	95.8	91.0	89.9	98.5	-0.2	-0.6	-1.5
就业、失业和工资							
就业人员数	187.3	135.9	107.7	101.0	2.4	2.1	1.1
#职工人数	111.3	77.0	72.1	100.8	0.4	-1.7	-4.6
城镇登记失业人员	156.0	218.8	143.3	103.4	1.7	5.4	5.3
职工工资总额	2 970.6	645.4	179.7	114.6	13.9	13.2	8.7
职工平均工资	484.8	337.9	222.1	110.5	6.3	8.5	12.1
国民经济核算							
国内生产总值	1 031.3	380.1	174.1	109.5	9.4	9.3	8.2
第一产业	319.3	179.8	125.6	106.3	4.6	4.0	3.3
第二产业	1 611.7	546.7	192.0	111.1	11.3	12.0	9.8
第三产业	1 191.9	335.9	173.5	108.3	10.0	8.4	8.2
人均国内生产总值	760.0	327.7	165.1	108.8	8.1	8.2	7.4
固定资产投资							
全社会固定资产投资总额		1 589.0	281.0	126.1		20.9	13.4
国有经济及其他		1 789.6	284.5	126.1		22.1	13.6
集体经济		1 734.6	256.7	123.4		22.3	11.4
个体经济		962.7	289.7	128.7		15.4	14.2
财政和金融							
国家财政收入	2 327.7	989.0	304.7	121.4	12.9	16.5	17.3
国家财政支出	2 527.5	1 004.4	307.1	115.1	13.2	16.6	17.4
金融机构人民币各项存款余额	21 201	2 229.9	291.9	115.6	22.9	23.0	16.5
金融机构人民币各项贷款余额	9 587.2	1 235.1	236.8	111.6	19.2	18.2	13.1
货币和准货币（M_2）			279.3	114.9			15.8
狭义货币（M_1）			275.6	114.1			15.6
流通中现金（M_0）	10 126	915.9	210.9	108.7	19.4	15.9	11.3
外汇储备	365 229	10 990	436.0	151.3	37.1	36.8	23.4
主要农业、工业产品产量							
粮食	154.0	115.2	95.0	109.0	1.7	0.9	-0.7
棉花	291.8	166.9	137.4	130.1	4.2	3.5	4.6
油料	587.6	236.7	142.1	109.1	7.0	5.9	5.1
肉类			137.5	104.5			4.7
原煤	317.2	186.0	142.8	117.6	4.5	4.2	5.2
原油	168.2	127.1	108.9	103.2	2.0	1.6	1.2
发电量	852.3	374.0	192.6	114.5	8.6	9.2	9.8
粗钢	858.4	442.9	250.4	122.7	8.6	10.4	14.0
汽车	3 403.1	869.6	320.6	114.2	14.5	15.5	18.1

中国国民经济与社会发展速度指标（二）

指　　标	2004年为下列各年（%）				平均每年增长（%）		
	1978年	1989年	1997年	2003年	1979—2004年	1990—2004年	1998—2004年
建筑业							
建筑业企业房屋施工面积		718.2	226.9	112.6		14.0	12.4
建筑业企业房屋竣工面积		649.8	205.9	104.3		13.3	10.9
交通和邮电							
货物周转量	706.5	271.4	180.9	128.9	7.8	6.9	8.8
旅客周转量	935.7	268.5	162.2	118.1	9.0	6.8	7.2
沿海主要港口货物吞吐量	1 240.7	501.9	270.9	122.3	10.2	11.4	15.3
邮电业务总量	40 745	11 251	783.3	139.5	26.0	37.0	34.2
本地电话年末用户	16 227	5 500.4	444.4	118.9	21.6	30.6	23.7
移动电话年末用户		3 416 571	2 530	124.0		100.6	58.7
国内商业和对外贸易							
社会消费品零售总额	3 461.4	665.9	197.6	113.3	14.6	13.5	10.2
进出口总额	5 594.9	1 034.0	355.1	135.7	16.7	16.9	19.8
出口额	6 085.8	1 129.4	324.6	135.4	17.1	17.5	18.3
进口额	5 155.4	949.3	394.3	136.0	16.4	16.2	21.7
利用外资							
实际利用外资额		636.9	99.5	114.1		13.1	-0.1
#外商直接投资		1 787.4	134.0	113.3		21.2	4.3
旅游							
人境过夜旅游者人数	5 832.4	446.1	175.7	126.7	16.9	10.5	8.4
国内旅游人数			170.8	126.4			7.9
国际旅游外汇收入	9 787.1	1 383.9	213.2	147.8	19.3	19.1	11.4
国内旅游总收入			223.0	136.8			12.1
教育、科技、文化、卫生							
在校学生数							
普通高等学校	1 557.8	640.5	420.1	120.3	11.1	13.2	22.8
普通中等学校	151.5	199.0	143.7	102.5	1.6	4.7	5.3
小　学	76.9	90.9	80.4	96.2	-1.0	-0.6	-3.1
研究与试验发展经费支出			362.0	119.7			20.2
技术市场成交额		1 636.8	379.7	123.0		20.5	21.0
图书总印数	170.8	109.9	88.1	96.6	2.1	0.6	-1.8
杂志总印数	353.9	146.2	110.2	91.2	5.0	2.6	1.4
报纸总印数	201.6	124.5	89.6	67.3	2.7	1.5	-1.6
医院、卫生院数	94.6	98.8	90.2	96.7	-0.2	-0.1	-1.5
医生数	184.4	110.9	96.0	102.0	2.4	0.7	-0.6
医院、卫生院床位数	165.0	120.1	106.2	103.1	1.9	1.2	0.9

注：本表价值量指标中，除国内生产总值、人均国内生产总值、邮电业务总量和平均工资按可比价格计算，其他按当年价格计算；平均每年增长速度除固定资产投资额按累计法计算外，其他按水平法计算。

中国国民总收入和国内生产总值（一）

年　份	国民总收入（亿元）	国内生产总值（亿元）			
			第一产业	第二产业	
					工业
1978	3 624. 1	3 624. 1	1 018. 4	1 745. 2	1 607. 0
1979	4 038. 2	4 038. 2	1 258. 9	1 913. 5	1 769. 7
1980	4 517. 8	4 517. 8	1 359. 4	2 192. 0	1 996. 5
“六五”时期	**32 315. 3**	**32 227. 0**	**10 105. 1**	**14 257. 0**	**12 824. 0**
1981	4 860. 3	4 862. 4	1 545. 6	2 255. 5	2 048. 4
1982	5 301. 8	5 294. 7	1 761. 6	2 383. 0	2 162. 3
1983	5 957. 4	5 934. 5	1 960. 8	2 646. 2	2 375. 6
1984	7 206. 7	7 171. 0	2 295. 5	3 105. 7	2 789. 0
1985	8 989. 1	8 964. 4	2 541. 6	3 866. 6	3 448. 7
“七五”时期	**72 594. 4**	**72 550. 1**	**19 044. 2**	**31 326. 9**	**27 672. 0**
1986	10 201. 4	10 202. 2	2 763. 9	4 492. 7	3 967. 0
1987	11 954. 5	11 962. 5	3 204. 3	5 251. 6	4 585. 8
1988	14 922. 3	14 928. 3	3 831. 0	6 587. 2	5 777. 2
1989	16 917. 8	16 909. 2	4 228. 0	7 278. 0	6 484. 0
1990	18 598. 4	18 547. 9	5 017. 0	7 717. 4	6 858. 0
“八五”时期	**187 039. 8**	**188 127. 8**	**39 420. 9**	**88 140. 3**	**76 593. 3**
1991	21 662. 5	21 617. 8	5 288. 6	9 102. 2	8 087. 1
1992	26 651. 9	26 638. 1	5 800. 0	11 699. 5	10 284. 5
1993	34 560. 5	34 634. 4	6 882. 1	16 428. 5	14 143. 8
1994	46 670. 0	46 759. 4	9 457. 2	22 372. 2	19 359. 6
1995	57 494. 9	58 478. 1	11 993. 0	28 537. 9	24 718. 3
“九五”时期	**385 793. 8**	**392 228. 0**	**71 708. 0**	**194 948. 0**	**169 017. 1**
1996	66 850. 5	67 884. 6	13 844. 2	33 612. 9	29 082. 6
1997	73 142. 7	74 462. 6	14 211. 2	37 222. 7	32 412. 1
1998	76 967. 2	78 345. 2	14 552. 4	38 619. 3	33 387. 9
1999	80 579. 4	82 067. 5	14 472. 0	40 557. 8	35 087. 2
2000	88 254. 0	89 468. 1	14 628. 2	44 935. 3	39 047. 3
“十五”时期					
2001	95 727. 9	97 314. 8	15 411. 8	48 750. 0	42 374. 6
2002	103 935. 3	105 172. 3	16 117. 3	52 980. 2	45 975. 2
2003	116 741. 2	117 390. 2	16 928. 1	61 274. 1	53 092. 9
2004	136 584. 3	136 875. 9	20 768. 1	72 387. 2	62 815. 1

注：本表按当年价格计算。

中国国民总收入和国内生产总值（二）

年　份	建筑业	第三产业	#交通运输仓储邮电通信业	#批发和零售贸易餐饮业	人均国内生产总值（元/人）
1978	138.2	860.5	172.8	265.5	379
1979	143.8	865.8	184.2	220.2	417
1980	195.5	966.4	205.0	213.6	460
“六五”时期	**1 433.0**	**7 864.9**	**1 446.7**	**1 976.5**	**628**
1981	207.1	1 061.3	211.1	255.7	489
1982	220.7	1 150.1	236.7	198.6	525
1983	270.6	1 327.5	264.9	231.4	580
1984	316.7	1 769.8	327.1	412.4	692
1985	417.9	2 556.2	406.9	878.4	853
“七五”时期	**3 654.9**	**22 179.0**	**3 615.0**	**6 827.2**	**1 312**
1986	525.7	2 945.6	475.6	943.2	956
1987	665.8	3 506.6	544.9	1 159.3	1 104
1988	810.0	4 510.1	661.0	1 618.0	1 355
1989	794.0	5 403.2	786.0	1 687.0	1 512
1990	859.4	5 813.5	1 147.5	1 419.7	1 634
“八五”时期	**11 547.0**	**60 566.6**	**10 955.3**	**16 895.4**	**3 176**
1991	1 015.1	7 227.0	1 409.7	2 087.0	1 879
1992	1 415.0	9 138.6	1 681.8	2 735.0	2 287
1993	2 284.7	11 323.8	2 123.2	3 090.7	2 939
1994	3 012.6	14 930.0	2 685.9	4 050.4	3 923
1995	3 819.6	17 947.2	3 054.7	4 932.3	4 854
“九五”时期	**25 930.9**	**125 572.0**	**21 281.4**	**32 525.6**	**6 315**
1996	4 530.3	20 427.5	3 494.0	5 560.3	5 576
1997	4 810.6	23 028.7	3 797.2	6 159.9	6 054
1998	5 231.4	25 173.5	4 121.3	6 579.1	6 308
1999	5 470.6	27 037.7	4 460.3	6 910.3	6 551
2000	5 888.0	29 904.6	5 408.6	7 316.0	7 086
“十五”时期					
2001	6 375.4	33 153.0	5 968.3	7 918.8	7 651
2002	7 005.0	36 074.8	6 420.3	8 476.7	8 214
2003	8 181.2	39 188.0	6 644.3	9 238.4	9 111
2004	9 572.1	43 720.6	7 694.2	10 098.5	10 561

注：各时期人均国内生产总值为该时期各年的平均数。

中国国内生产总值构成

（国内生产总值=100）

年份	第一产业	第二产业	工业	建筑业	第三产业	#交通运输仓储邮电通信业	#批发和零售贸易餐饮业
1978	28.1	48.2	44.4	3.8	23.7	4.8	7.3
1979	31.2	47.4	43.8	3.6	21.4	4.6	5.5
1980	30.1	48.5	44.2	4.3	21.4	4.5	4.7
1981	31.8	46.4	42.1	4.3	21.8	4.3	5.3
1982	33.3	45.0	40.8	4.2	21.7	4.5	3.8
1983	33.0	44.6	40.0	4.6	22.4	4.5	3.9
1984	32.0	43.3	38.9	4.4	24.7	4.6	5.8
1985	28.4	43.1	38.5	4.6	28.5	4.5	9.8
1986	27.1	44.0	38.9	5.1	28.9	4.7	9.2
1987	26.8	43.9	38.3	5.6	29.3	4.6	9.7
1988	25.7	44.1	38.7	5.4	30.2	4.4	10.8
1989	25.0	43.0	38.3	4.7	32.0	4.6	10.0
1990	27.1	41.6	37.0	4.6	31.3	6.2	7.7
1991	24.5	42.1	37.4	4.7	33.4	6.5	9.7
1992	21.8	43.9	38.6	5.3	34.3	6.3	10.3
1993	19.9	47.4	40.8	6.6	32.7	6.1	8.9
1994	20.2	47.9	41.4	6.5	31.9	5.7	8.7
1995	20.5	48.8	42.3	6.5	30.7	5.2	8.4
1996	20.4	49.5	42.8	6.7	30.1	5.1	8.2
1997	19.1	50.0	43.5	6.5	30.9	5.1	8.3
1998	18.6	49.3	42.6	6.7	32.1	5.3	8.4
1999	17.6	49.4	42.8	6.6	33.0	5.4	8.4
2000	16.4	50.2	43.6	6.6	33.4	6.0	8.2
2001	15.8	50.1	43.5	6.6	34.1	6.1	8.1
2002	15.3	50.4	43.7	6.7	34.3	6.1	8.1
2003	14.4	52.2	45.2	7.0	33.4	5.7	7.9
2004	15.2	52.9	45.9	7.0	31.9	5.6	7.4

注：本表按当年价格计算。

中 国 固 定 资 产 投 资 概 况

指 标	单位	1990 年	1995 年	2000 年	2003 年	2004 年
全社会固定资产投资额	**亿元**	**4 517.0**	**20 019.3**	**32 917.7**	**55 566.6**	**70 072.7**
按城乡划分						
城镇	亿元	3 274.4	15 643.7	26 221.8	45 811.7	58 620.3
农村	亿元	1 242.6	4 375.6	6 695.9	9 754.9	11 452.4
按经济类型分						
国有及其他经济	亿元	2 986.3	14 169.7	23 406.8	39 837.0	50 250.7
集体经济	亿元	529.5	3 289.4	4 801.5	8 009.5	9 886.9
个体经济	亿元	1 001.2	2 560.2	4 709.4	7 720.1	9 935.1
按资金来源分						
国家预算内资金	亿元	393.0	621.1	2 109.5	2 687.8	3 064.3
国内贷款	亿元	885.5	4 198.7	6 727.3	12 044.4	13 725.0
利用外资	亿元	284.6	2 295.9	1 696.2	2 599.4	3 272.6
自筹资金	亿元	2 954.4	13 409.2	22 577.1	31 449.8	41 248.8
其他资金	亿元				9 834.9	12 708.1
按隶属关系分						
中央项目	亿元		4 533.7	6 433.8	6 113.6	6 453.9
地方项目	亿元		15 485.6	26 483.9	49 453.1	63 618.8
按构成分						
建筑安装工程	亿元	3 008.7	13 173.3	20 536.3	33 447.2	42 481.9
设备工器具购置	亿元	1 165.5	4 262.5	7 785.6	12 681.9	16 464.4
其他费用	亿元	342.7	2 583.5	4 595.9	9 437.5	11 126.4
新增固定资产	**亿元**	**3 995.3**	**14 521.7**	**26 842.2**	**37 732.0**	**31 168.9**
房屋建筑面积						
施工面积	万平方米	137 171	215 085	263 294	343 742	374 835
#住宅	万平方米		140 452	180 634	205 287	216 859
竣工面积	万平方米	107 952	145 600	181 974	202 644	202 721
#住宅	万平方米	86 425	107 433	134 529	130 161	123 380
房地产开发						
房地产开发投资额	亿元	253.3	3 149.0	4 984.1	10 153.8	13 158.3
新增固定资产	亿元		1 434.7	3 698.6	6 494.8	6 871.0
开发房屋竣工住宅面积	万平方米	3 527	12 525	20 603	33 775	34 677
固定资产投资效果系数	**元/百元**	**36.3**	**58.5**	**22.5**	**21.7**	**27.5**

中 国 黄 金 和 国 家 外 汇 储 备

年　份	黄金储备（万盎司）	国家外汇储备（亿美元）	年　份	黄金储备（万盎司）	国家外汇储备（亿美元）
1978	1 280	1.67	1992	1 267	194.43
1979	1 280	8.40	1993	1 267	211.99
1980	1 280	-12.96	1994	1 267	516.20
1981	1 267	27.08	1995	1 267	735.97
1982	1 267	69.86	1996	1 267	1050.29
1983	1 267	89.01	1997	1 267	1398.90
1984	1 267	82.20	1998	1 267	1449.60
1985	1 267	26.44	1999	1 267	1546.75
1986	1 267	20.72	2000	1 267	1655.70
1987	1 267	29.23	2001	1 267	2121.65
1988	1 267	33.72	2002	1 929	2864.07
1989	1 267	55.50	2003	1 929	4032.51
1990	1 267	110.93	2004	1 929	6099.32
1991	1 267	217.12			

2004 年 中 国 月 度 外 汇 储 备 数 据

单位：亿美元

月　份	数　额
1	4 157.20
2	4 266.39
3	4 398.22
4	4 490.17
5	4 585.60
6	4 706.39
7	4 829.82
8	4 961.69
9	5 145.38
10	5 424.43
11	5 738.82
12	6 099.32

2004年中国国际收支平衡表

单位：千美元

项　　目	行次	差　额	贷　方	借　方
一、经常项目	**1**	**68 659 162**	**700 697 007**	**632 037 845**
A. 货物和服务	2	49 283 643	655 826 577	606 542 934
a. 货物	3	58 982 275	593 392 511	534 410 236
b. 服务	4	-9 698 632	62 434 066	72 132 698
1. 运输	5	-12 476 266	12 067 493	24 543 759
2. 旅游	6	6 589 704	25 739 000	19 149 296
3. 通讯服务	7	-31 735	440 463	472 199
4. 建筑服务	8	128 662	1 467 489	1 338 826
5. 保险服务	9	-5 742 792	380 783	6 123 574
6. 金融服务	10	-44 151	93 945	138 096
7. 计算机和信息服务	11	384 401	1 637 148	1 252 747
8. 专有权利使用费和特许费	12	-4 260 246	236 359	4 496 605
9. 咨询	13	-1 581 794	3 152 515	4 734 309
10. 广告、宣传	14	150 293	848 628	698 335
11. 电影、音像	15	-134 838	40 993	175 831
12. 其他商业服务	16	7 472 617	15 950 753	8 478 135
13. 别处未提及的政府服务	17	-152 487	378 498	530 986
B. 收益	18	-3 522 669	20 544 095	24 066 764
1. 职工报酬	19	632 191	2 014 359	1 382 168
2. 投资收益	20	-4 154 861	18 529 736	22 684 596
C. 经常转移	21	22 898 189	24 326 335	1 428 146
1. 各级政府	22	-89 056	97 536	186 592
2. 其他部门	23	22 987 245	24 228 799	1 241 554
二、资本和金融项目	**24**	**110 659 756**	**343 350 151**	**232 690 395**
A. 资本项目	25	-69 345	0	69 345
B. 金融项目	26	110 729 101	343 350 151	232 621 050
1. 直接投资	27	53 131 430	60 905 778	7 774 348
1.1　我国在外直接投资	28	-1 805 053	275 778	2 080 831
1.2　外国在华直接投资	29	54 936 483	60 630 000	5 693 517
2. 证券投资	30	19 689 873	20 262 117	572 244
2.1　资产	31	6 486 438	6 567 007	80 569
2.1.1　股本证券	32	0	0	0
2.1.2　债务证券	33	6 486 438	6 567 007	80 569
2.1.2.1　（中）长期债券	34	6 486 438	6 567 007	80 569
2.1.2.2　货币市场工具	35	0	0	0

2004年中国国际收支平衡表（续）

单位：千美元

项　　目	行次	差　额	贷　方	借　方
2.2　负债	36	13 203 436	13 695 110	491 675
2.2.1　股本证券	37	10 923 200	10 923 200	0
2.2.2　债务证券	38	2 280 236	2 771 910	491 675
2.2.2.1　（中）长期债券	39	2 283 474	2 764 319	480 845
2.2.2.2　货币市场工具	40	-3 238	7 592	10 830
3. 其他投资	41	37 907 798	262 182 256	224 274 458
3.1　资产	42	1 979 656	51 236 020	49 256 364
3.1.1　贸易信贷	43	-15 897 000	0	15 897 000
长期		-1 336 000	0	1 336 000
短期		-14 561 000	0	14 561 000
3.1.2　贷款	44	-9 657 939	101 615	9 759 554
长期		-1 057 000	0	1 057 000
短期		-8 600 939	101 615	8 702 554
3.1.3　货币和存款	45	20 206 679	21 241 391	1 034 712
3.1.4　其他资产	46	7 327 915	29 893 013	22 565 098
长期		0	0	0
短期		7 327 915	29 893 013	22 565 098
3.2　负债	47	35 928 142	210 946 236	175 018 094
3.2.1　贸易信贷	48	18 595 000	18 595 000	0
长期		2 862 000	2 862 000	0
短期		15 733 000	15 733 000	0
3.2.2　贷款	49	13 752 887	174 532 616	160 779 729
长期		4 814 964	18 590 561	13 775 597
短期		8 937 924	155 942 055	147 004 131
3.2.3　货币和存款	50	1 561 021	14 538 936	12 977 915
3.2.4　其他负债	51	2 019 234	3 279 684	1 260 451
长期		32 463	153 318	120 855
短期		1 986 771	3 126 367	1 139 596
三、储备资产	**52**	**-206 364 000**	**478 000**	**206 842 000**
3.1　货币黄金	53	0	0	0
3.2　特别提款权	54	-161 000	0	161 000
3.3　在基金组织的储备头寸	55	478 000	478 000	0
3.4　外汇	56	-206 681 000	0	206 681 000
3.5　其他债权	57	0	0	0
四、净误差与遗漏	**58**	**27 045 082**	**27 045 082**	**0**

2004年末中国对外债务简表

单位：万美元

债务人/债务类型	外国政府贷款	国际金融组织贷款	国外银行及其他金融机构贷款	买方信贷	向国外出口商、国外企业或私人借款	对外发行债券	延期付款	海外私人存款	国际金融租赁	补偿贸易中用现汇偿还的债务	贸易信贷	其他	合计
国务院部委	30 471.48	2 461 469.65	47 042.93			820 139							**3 359 123.06**
中资银行	3 185 822.67	6 615.55	568 086.52	1 064 677.06	5 759.59	339 186.48	901 673.82	113 132.1	117	6 954.66		16 417.77	**6 208 443.22**
中资非银行金融机构	790.49		168 356.04	3 868.91	6 307.76	143 749.05	6 237.58	293.6	642.9			58 216.95	**388 463.28**
外商投资企业	3 058.46	41 093.54	766 999.76	104 075.68	3 182 790.24	29 866.31	13 862.16		240 894.13	42.14		81 898.69	**4 464 581.11**
中资企业	634.36	900	38 948.64	13 603.28	28 315.19		8 757.65		484 424.27	8 690.62		15 043.88	**599 317.89**
外资银行			2 765 691.1	282.64	10 627.32	292.6	29 152.34	309 952.89				20 087.56	**3 136 086.45**
外资非银行金融机构			19 509.89	2 460	731.1		3 515.93	433.86	368.81			316.23	**27 335.82**
其他	0.01		905.69		24 478.09		190.99	31.52				272.95	**25 879.25**
贸易信贷											4 650 400		
合　计	**3 220 777.47**	**2 510 078.74**	**4 375 540.57**	**1 188 967.57**	**3 259 009.29**	**1 333 233.44**	**963 390.47**	**423 843.97**	**726 447.11**	**15 687.42**	**4 650 400**	**192 254.03**	**22 859 630.08**

中国长期与短期外债的结构与增长

项目/年度		1985	1986	1987	1988	1989	1990	1991	1992	1993	1994
外债余额（亿美元）		158.3	214.8	302.0	400.0	413.0	525.5	605.6	693.2	835.7	928.1
中长期外债	余额（亿美元）	94.1	167.1	244.8	326.9	370.3	457.8	502.6	584.7	700.2	823.9
	比上年增长（%）		77.6	46.5	33.5	13.3	23.6	9.8	16.3	19.8	17.7
	占总余额的比例（%）	59.4	77.8	81.1	81.7	89.7	87.1	83.0	84.4	83.8	88.8
短期外债	余额（亿美元）	64.2	47.7	57.2	73.1	42.7	67.7	103.0	108.5	135.5	104.2
	比上年增长（%）		-25.7	19.9	27.8	-41.6	58.5	52.1	5.3	24.8	-23.1
	占总余额的比例（%）	40.6	22.2	18.9	18.3	10.3	12.9	17.0	15.6	16.2	11.2
	与外汇储备的比例	242.8	230.2	195.7	216.8	76.9	61.0	47.4	55.8	63.9	20.2
项目/年度		1995	1996	1997	1998	1999	2000	2001	2002	2003	2004
外债余额（亿美元）		1 065.9	1 162.8	1 309.3	1 460.4	1 518.3	1 457.3	1 701.1	1 685.4	1 936.34	2 285.96
中长期外债	余额（亿美元）	946.8	1 021.7	1 128.2	1 287.0	1 366.5	1 326.5	1 195.3	1 155.62	1 165.90	1 242.87
	比上年增长（%）	14.9	7.9	10.4	14.1	6.2	-2.9	-	-3.32	0.89	6.60
	占总余额的比例（%）	88.8	87.9	86.1	88.1	90.0	91.0	70.3	68.57	60.20	54.37
短期外债	余额（亿美元）	119.1	141.4	181.4	173.4	151.8	130.8	505.8	529.76	770.44	1 043.09
	比上年增长（%）	14.3	18.5	28.6	-4.4	-12.5	-13.8	-	4.74	45.43	35.39
	占总余额的比例（%）	11.2	12.1	13.9	11.9	10.0	9.0	29.7	31.43	39.80	45.63
	与外汇储备的比例	16.2	13.4	13.0	12.0	9.8	7.9	23.8	18.50	19.11	17.10

中国外债与国民经济、外汇收入

项目/年度	1985	1986	1987	1988	1989	1990	1991	1992	1993	1994
外债余额（亿美元）	158.3	214.8	302.0	400.0	413.0	525.5	605.6	693.2	835.7	928.1
比上年增长（%）	30.9	35.7	40.6	32.5	3.3	27.2	15.2	14.5	20.6	11.1
国内生产总值（亿元人民币）	8 964.4	10 202.2	11 962.5	14 928.5	16 909.2	18 547.9	21 617.8	26 638.1	34 634.4	46 759.4
比上年增长（%）	13.5	8.8	11.6	11.3	4.1	3.8	9.2	14.2	13.5	12.6
负债率（%）	5.2	7.3	9.4	10.0	9.2	13.5	14.9	14.4	13.9	17.1
外汇收入（亿美元）	282.5	297.8	391.7	459.1	478.2	573.7	659.0	788.2	865.6	1 189.3
比上年增长（%）		5.4	31.5	17.2	4.2	20.0	14.9	19.6	9.8	37.4
债务率（%）	56.0	72.1	77.1	87.1	86.4	91.6	91.9	87.9	96.5	78.0
项目/年度	1995	1996	1997	1998	1999	2000	2001	2002	2003	2004
外债余额（亿美元）	1 065.9	1 162.8	1 309.6	1 460.4	1 518.3	1 457.3	1 701.1	1 685.38	1 936.34	2 285.96
比上年增长（%）	14.8	9.1	12.6	11.5	4.0	-4.0	-	-0.92	13.00	18.06
国内生产总值（亿元人民币）	58 478.1	67 884.6	74 772.4	79 553.0	82 054.0	89 404.0	95 933.0	102 398	116 694	136 515
比上年增长（%）	10.5	9.6	8.8	7.8	7.1	8.0	7.3	8	7	9.50
负债率（%）	15.2	14.2	14.5	15.2	15.3	13.5	14.7	13.62	13.74	13.86
外汇收入（亿美元）	1 472.4	1 716.8	2 072.4	2 074.2	2 209.6	2 795.6	2 994.0	3 653.95	4 850	6 550

中国外债与国民经济、外汇收入（续）

项目/年度	1995	1996	1997	1998	1999	2000	2001	2002	2003	2004
比上年增长（%）	23.8	16.6	20.7	0.09	6.5	26.5	7.1	22.04	32.73	35.05
债务率（%）	72.4	67.7	63.2	70.40	68.7	52.1	56.8	46.12	39.92	34.90

注：1. 从1998年开始，原使用的“国民生产总值”数据调整为“国内生产总值”数据，以前年份数据均按《中国统计提要1998》中公布数据进行了调整。计算负债率时按当年年平均汇率折美元。

2. 项目栏“比上年增长”是按不变价格计算。

3. 从1998年开始，本报告中的外汇收入指国际收支口径的货物和服务收入，以前年份的数据均按此国际规范口径进行了调整，据此计算的债务率也进行了相应的调整。

4. 自2001年起，我国按照国际标准对原外债口径进行了调整（具体调整内容见《2001年末全国所欠外债简表》有关附注），由于新口径外债数据与2000年外债数据（原口径）不具可比性，故未计算上表中“外债余额比上年增长”项。

中国外债流动与国民经济、外汇收入

项目/年度	1985	1986	1987	1988	1989	1990	1991	1992	1993	1994
外债流入（亿美元）	83.3	87.2	92.1	142.3	174.3	164.8	188.6	152.2	273.7	343.3
比上年增长（%）		4.7	5.6	54.5	22.5	-5.5	14.4	-19.3	79.8	25.4
外债流出（亿美元）	8.4	62.3	51.2	72.8	170.2	96.2	127.9	134.3	182.5	250.6
比上年增长（%）		641.7	-17.8	42.2	133.7	-43.5	33.0	5.0	35.9	37.3
外债净流入（亿美元）	74.9	24.9	40.9	69.5	4.1	68.6	60.7	17.9	91.2	92.7
国内生产总值(亿元人民币)	8 964.4	10 202.2	11 962.5	14 928.5	16 909.2	18 547.9	21 617.8	26 638.1	346 34.4	46 759.4
外债流出/国内生产总值(%)	0.3	2.1	1.6	1.8	3.8	2.5	3.1	2.8	3.0	4.6
外汇收入（亿美元）	282.5	297.8	391.7	459.1	478.2	573.7	659.0	788.2	865.6	1 189.3
偿债率（%）	2.7	15.4	9.0	6.5	8.3	8.7	8.5	7.1	10.2	9.1
项目/年度	1995	1996	1997	1998	1999	2000	2001	2002	2003	2004
外债流入（亿美元）	391.1	309.5	431.0	456.6	300.5	249.2	251.6	608.74	1 015.44	2 059.73
比上年增长（%）	13.9	-20.9	39.3	5.9	-34.2	-17.1	1.0	141.95	66.81	102.84
外债流出（亿美元）	317.1	224.7	324.2	424.8	364.5	350.1	312.8	696.71	981.27	1 902.40
比上年增长（%）	26.5	-29.1	44.3	31.0	-14.2	-4.0	-10.7	122.73	40.84	93.87
外债净流入（亿美元）	74.0	84.8	106.8	31.8	-64.0	-100.9	-61.2	-87.97	34.17	157.33
国内生产总值(亿元人民币)	58 478.1	67 884.6	74 722.4	79 553.0	82 054.0	89 404.0	95 933.0	102 398	116 694	136 515
外债流出/国内生产总值(%)	4.5	2.8	3.6	4.4	3.7	3.2	2.7	5.63	6.96	11.52
外汇收入（亿美元）	1 472.4	1 716.8	2 072.4	2 074.2	2 209.6	2 795.6	2 994.0	3 653.95	4 850	6 550
偿债率（%）	7.6	6.0	7.3	10.9	11.2	9.2	7.5	7.89	6.85	3.19

注：1. 从1998年开始，原使用的“国民生产总值”数据调整为“国内生产总值”数据，以前年份数据均按《中国统计提要1998》中公布数据进行了调整。计算外债流出与国内生产总值比值时按当年年平均汇率折美元。

2. 从1998年开始，本报告中的外汇收入指国际收支口径的货物和服务收入，以前年份的数据均按此国际规范口径进行了调整，据此计算的偿债率也进行了相应的调整。

3. 外债流出金额为外债项下偿还本金和支付利息之和。

4. 偿债率为当年中长期外债还本付息额加上短期外债付息额除以当年国际收支口径的外汇收入。

2004 年世界主要国家（地区）货物贸易额

金额单位：亿美元

出口		进口	
世界	**91 235**	**世界**	**94 583**
德国	9 148	美国	15 264
美国	8 190	德国	7 175
中国	5 934	中国	5 614
日本	5 655	法国	4 641
法国	4 510	英国	4 620
荷兰	3 588	日本	4 545
意大利	3 461	意大利	3 490
英国	3 456	荷兰	3 199
加拿大	3 220	比利时	2 872
比利时	3 089	加拿大	2 758
中国香港	2 657	中国香港	2 730
韩国	2 539	西班牙	2 498
墨西哥	1 886	韩国	2 244
俄罗斯	1 832	墨西哥	2 064
中国台湾省	1 814	中国台湾省	1 679
新加坡	1 795	新加坡	1 638
西班牙	1 790	奥地利	1 151
马来西亚	1 265	瑞士	1 115
瑞典	1 210	澳大利亚	1 078
沙特阿拉伯	1 196	马来西亚	1 052
瑞士	1 184	瑞典	976
奥地利	1 157	土耳其	972
爱尔兰	1 041	泰国	954
泰国	977	印度	952
巴西	965	俄罗斯	948
澳大利亚	866	波兰	878
挪威	820	捷克	679
阿联酋	795	丹麦	672
丹麦	756	巴西	659
波兰	741	爱尔兰	601
印度	725	南非	552
印度尼西亚	697	挪威	482
土耳其	628	阿联酋	474
南非	459	印度尼西亚	462
伊朗	425	以色列	434
菲律宾	396	沙特阿拉伯	430
以色列	369	菲律宾	426
阿根廷	343	伊朗	327
乌克兰	327	罗马尼亚	327
智利	320	越南	310

资料来源：世界贸易组织《新闻简报》，2005 年 4 月 14 日。

2004 年世界主要国家（地区）服务贸易额

金额单位：亿美元

出口		进口	
世界	**21 000**	**世界**	**20 800**
美国	3 193	美国	2 590
英国	1 692	德国	1 908
德国	1 261	英国	1 347
法国	1 084	日本	1 336
日本	938	法国	945
意大利	846	意大利	796
西班牙	842	荷兰	724
荷兰	724	中国	697
中国	589	爱尔兰	582
中国香港	540	加拿大	559
比利时	495	西班牙	533
奥地利	472	韩国	496
加拿大	469	比利时	484
爱尔兰	462	奥地利	480
韩国	397	印度	379
瑞典	378	新加坡	362
丹麦	375	丹麦	343
瑞士	371	俄罗斯	335
新加坡	366	瑞典	332
卢森堡	334	中国台湾省	299
希腊	332	中国香港	293
印度	322	澳大利亚	255
挪威	255	挪威	239
中国台湾省	254	卢森堡	227
澳大利亚	246	泰国	220
土耳其	234	瑞士	207
俄罗斯	199	印度尼西亚	199
泰国	181	马来西亚	192
马来西亚	180	墨西哥	191
以色列	144	巴西	163

资料来源：世界贸易组织《新闻简报》，2005 年 4 月 14 日。

世 界 货 物 贸 易 额 及 增 长 率

年份	贸易额（亿美元）			增减率（%）		
	出口	进口	总额	出口	进口	总额
1990	34 250.43	35 565.09	69 815.52	13.4	13.5	13.4
1991	34 299.09	35 517.42	69 816.51	0.1	-0.1	0
1992	36 856.45	37 986.12	74 842.57	7.5	7.0	7.2
1993	37 079.21	37 556.27	74 635.48	0.6	-1.1	-0.3
1994	42 235.99	42 615.22	84 851.21	13.9	13.5	13.7
1995	50 513.09	50 905.31	101 418.40	19.6	19.5	19.5
1996	52 571.03	53 275.63	105 846.66	4.1	4.7	4.4
1997	53 054.78	53 576.22	106 631.00	0.9	0.6	0.7
1998	52 136.57	52 860.84	104 997.41	-1.7	-1.3	-1.3
1999	54 133.65	55 036.98	109 170.63	3.8	4.1	4.0
2000	60 421.08	62 195.81	122 616.89	11.6	13.0	12.3
2001	58 156.12	59 884.36	118 040.48	-3.7	-3.7	-3.7
2002	60 784.75	61 978.41	122 763.16	4.5	3.5	4.0
2003	70 089.65	71 907.86	141 997.51	15.3	16.0	15.7

资料来源：联合国《统计月报》，世界贸易组织《世界贸易发展年度报告》。

世 界 服 务 贸 易 额 及 增 长 率

年份	贸易额（百万美元）			增减率（%）		
	出口	进口	总额	出口	进口	总额
1981	413 000	412 000	825 000	–	–	–
1982	405 000	400 000	805 000	-1.9	-2.9	-2.4
1983	391 000	384 000	775 000	-3.5	-4.0	-3.7
1984	403 000	397 000	800 000	3.1	3.4	3.2
1985	380 900	401 600	782 500	-5.5	1.2	-2.2
1986	449 600	452 700	902 300	18.0	12.7	15.3
1987	532 800	536 500	1 069 300	18.5	18.5	18.5
1988	600 100	618 200	1 218 300	12.6	15.2	13.9
1989	657 000	679 400	1 336 400	9.5	9.9	9.7
1990	782 700	818 300	1 601 000	19.1	20.4	19.8
1991	826 100	845 900	1 672 000	5.5	3.3	4.4
1992	924 200	939 100	1 863 300	11.9	11.0	11.4
1993	940 600	958 300	1 898 900	1.8	2.0	1.9
1994	1 036 800	1 043 600	2 080 400	10.2	8.9	9.6
1995	1 187 400	1 201 200	2 388 600	14.5	15.1	14.8
1996	1 274 600	1 269 900	2 544 500	7.3	5.7	6.5
1997	1 325 700	1 310 300	2 636 000	4.0	3.2	3.6

世界服务贸易额及增长率（续）

年份	贸易额（百万美元）			增减率（%）		
	出口	进口	总额	出口	进口	总额
1998	1 344 100	1 335 900	2 680 000	1.4	2.0	1.7
1999	1 392 400	1 387 100	2 779 500	3.6	3.8	3.7
2000	1 479 400	1 471 800	2 951 200	6.2	6.1	6.2
2001	1 486 100	1 491 100	2 977 200	0.5	1.3	0.9
2002	1 586 400	1 570 800	3 157 200	6.7	5.3	6.0
2003	1 796 500	1 782 400	3 578 900	13.2	13.5	13.4

资料来源：世界贸易组织《世界贸易发展年度报告》。

世界部分国家（地区）货物贸易进口额

金额单位：百万美元

国别（地区）＼年份	1990	1995	1999	2000	2001	2002	2003
世界	**3 556 509**	**5 090 531**	**5 503 698**	**6 219 581**	**5 988 436**	**6 197 841**	**7 190 786**
发达的市场经济国家	2 573 572	3 419 135	3 894 956	4 293 753	4 112 307	4 216 011	4 860 359
发展中的市场经济国家	787 376	1 490 145	1 417 116	1 708 751	1 635 211	1 713 815	1 993 530
石油输出国组织	109 621	151 333	145 849	167 107	174 399	171 334	183 847
其他国家	195 561	174 455	191 626	217 077	240 918	268 015	336 897
美洲	**734 660**	**1 135 122**	**1 532 038**	**1 788 052**	**1 687 816**	**1 687 705**	**1 810 292**
美国	516 987	770 852	1 059 440	1 259 300	1 179 180	1 202 430	1 305 410
加拿大	123 247	163 954	214 791	238 812	221 757	221 961	239 083
墨西哥	31 147	72 453	141 975	174 500	168 276	168 679	170 490
巴西	22 524	53 783	51 759	58 631	58 351	49 603	50 697
智利	7 678	15 900	15 988	18 507	17 832	17 196	19 413
哥伦比亚	5 590	13 853	10 659	11 539	12 834	12 738	13 862
阿根廷	4 076	20 122	25 508	25 280	20 320	8 990	13 833
委内瑞拉	7 443	12 619	13 835	16 093	18 263	12 737	9 251
秘鲁	3 470	9 224	6 793	7 407	7 273	7 440	8 244
哥斯达黎加	1 990	4 036	6 355	6 389	6 569	7 188	7 663
厄瓜多尔	1 862	4 153	3 017	3 721	5 363	6 431	6 535
危地马拉	1 649	3 293	4 382	4 791	5 607	6 078	6 488
多米尼加共和国	2 062	3 164	5 207	6 416	5 937	6 037	5 266
萨尔瓦多	1 263	2 853	3 140	3 795	3 866	3 909	4 382
特立尼达和多巴哥	1 109	1 714	2 740	3 308	3 569	3 643	3 892
牙买加	1 924	2 808	2 899	3 326	3 361	3 533	3 637
洪都拉斯	935	1 643	2 676	2 855	2 942	2 981	3 276
巴拿马	1 539	2 511	3 516	3 379	2 964	2 982	3 086
乌拉圭	1 343	2 867	3 357	3 466	3 061	1 964	2 190
欧洲	**1 848 213**	**2 263 805**	**2 469 252**	**2 609 488**	**2 591 784**	**2 708 557**	**3 249 616**
德国	345 032	464 366	473 551	495 480	486 053	492 112	601 828
英国	224 550	265 322	317 963	334 371	320 956	335 458	380 821
法国	233 207	281 497	294 927	311 029	301 979	311 149	369 621

世界部分国家（地区）货物贸易进口额（续）

金额单位：百万美元

国别（地区） \ 年份	1990	1995	1999	2000	2001	2002	2003
意大利	181 983	206 025	220 327	238 071	236 128	246 613	292 329
比利时	…	159 713	164 610	176 992	178 715	198 125	234 825
荷兰	126 485	176 874	187 530	198 331	194 925	193 784	233 091
西班牙	87 555	113 315	144 438	152 901	153 634	163 575	208 553
瑞士	69 691	77 006	75 440	76 104	77 086	79 129	92 014
奥地利	49 092	66 398	69 557	68 986	70 481	72 881	88 265
瑞典	54 266	64 752	68 721	72 981	63 471	66 724	82 717
波兰	8 413	29 064	45 778	48 970	50 378	55 141	68 153
丹麦	32 230	45 082	44 518	44 364	44 132	48 890	56 227
爱尔兰	20 682	33 067	47 195	51 444	51 304	51 508	53 315
俄罗斯	…	46 709	30 185	33 884	41 879	46 161	52 449
捷克	…	25 306	28 087	32 180	36 473	40 736	51 245
匈牙利	8 671	15 046	27 923	31 955	33 724	37 787	47 602
希腊	19 780	22 929	28 720	29 221	29 928	31 164	44 375
芬兰	27 003	28 114	31 617	33 900	32 114	33 642	41 600
葡萄牙	25 358	33 314	39 826	38 192	39 422	38 326	40 843
挪威	27 219	32 972	34 172	34 351	32 954	34 889	39 284
罗马尼亚	9 843	10 278	10 392	13 055	15 561	17 862	24 003
斯洛伐克	…	9 226	11 688	13 413	15 501	17 460	23 760
卢森堡	…	9 755	11 045	10 718	11 153	11 553	13 575
保加利亚	13 089	5 660	5 454	6 505	7 263	7 987	10 901
马耳他	1 961	2 942	2 841	3 399	2 726	2 840	3 399
冰岛	1 679	1 755	2 503	2 591	2 253	2 274	2 788
非洲	**96 665**	**116 662**	**124 783**	**126 025**	**129 959**	**129 412**	**152 836**
南非	17 665	29 608	25 890	28 980	27 421	28 261	39 649
摩洛哥	6 925	10 024	9 925	11 534	11 037	11 868	14 150
埃及	16 783	11 760	16 022	14 010	12 756	12 552	11 170
突尼斯	5 513	7 903	8 475	8 567	9 529	9 526	10 910
尼日利亚	5 692	7 912	8 588	8 721	11 586	7 547	10 853
利比亚	5 599	5 392	4 158	3 731	4 391	4 400	5 125
肯尼亚	2 124	3 006	2 833	3 105	3 189	3 245	3 725
科特迪瓦	2 098	2 931	2 763	2 395	2 420	2 466	3 335
毛里求斯	1 621	1 976	2 248	2 091	1 987	2 159	2 364
喀麦隆	1 400	1 201	1 323	1 278	1 580	2 848	2 200
埃塞俄比亚	1 081	1 145	1 538	1 261	1 813	1 666	2 015
坦桑尼亚	1 364	1 679	1 550	1 523	1 713	1 687	1 447
马达加斯加	651	543	587	734	744	507	1 190
加蓬	922	884	844	996	858	881	1 076

世界部分国家（地区）货物贸易进口额（续）

金额单位：百万美元

国别（地区）\年份	1990	1995	1999	2000	2001	2002	2003
马拉维	575	475	673	532	563	696	702
亚洲	**813 202**	**1 482 615**	**1 290 109**	**1 606 952**	**1 498 224**	**1 581 366**	**1 868 128**
中国	53 345	129 113	165 699	225 094	243 553	295 171	413 062
日本	235 423	335 991	310 039	379 491	349 189	337 209	383 085
中国香港	82 490	192 751	179 520	212 805	201 076	207 644	231 896
韩国	69 844	135 119	119 725	160 481	141 098	152 126	178 827
新加坡	60 774	124 502	111 062	134 546	116 004	116 441	127 935
中国台湾省	54 716	103 550	110 828	139 865	107 043	112 602	127 360
马来西亚	29 259	77 545	65 385	81 963	73 867	79 868	81 949
泰国	33 031	70 787	50 343	61 924	61 962	64 645	75 805
印度	23 583	34 710	46 971	51 563	50 391	56 495	71 239
土耳其	22 302	35 709	40 671	54 503	41 399	49 663	65 637
菲律宾	13 041	28 328	32 569	36 887	34 944	37 202	39 502
沙特阿拉伯	24 069	28 091	28 010	30 237	31 223	32 312	36 628
以色列	16 803	28 287	33 166	37 686	35 449	35 517	36 282
阿联酋	11 199	20 984	33 231	38 139	30 075	32 536	36 000
印度尼西亚	21 837	40 630	24 003	33 515	31 010	31 289	32 610
伊朗	15 716	13 882	12 683	14 347	17 626	21 180	25 530
前苏联亚洲地区	…	10 574	11 878	13 710	16 144	16 081	19 855
巴基斯坦	7 376	11 461	10 216	10 864	10 192	11 227	13 038
科威特	3 923	7 792	7 617	7 157	7 869	9 007	10 800
孟加拉国	3 618	6 501	7 685	8 358	8 349	7 913	9 516
斯里兰卡	2 689	5 307	5 870	6 281	5 962	6 105	6 672
阿曼	2 681	4 248	4 674	5 040	5 798	6 005	6 572
卡塔尔	1 695	3 398	2 499	3 252	3 758	4 052	5 933
约旦	2 603	3 696	3 717	4 597	4 871	5 076	5 743
巴林	3 712	3 716	3 698	4 634	4 306	5 012	5 116
叙利亚	2 400	4 709	3 832	4 055	4 757	5 097	4 960
塞浦路斯	2 569	3 694	3 618	3 846	3 922	4 086	4 466
中国澳门	1 534	2 021	2 040	2 255	2 386	2 530	2 755
缅甸	270	1 335	2 323	2 401	2 877	2 348	2 092
尼泊尔	672	1 333	1 422	1 573	1 475	1 419	1 754
文莱	1 001	2 091	1 342	1 098	1 009	1 003	1 708
大洋洲	**54 866**	**77 941**	**87 524**	**89 065**	**80 655**	**90 801**	**109 915**
澳大利亚	42 024	61 283	49 158	71 537	63 890	72 693	89 090
新西兰	9 501	13 958	14 299	13 906	13 308	15 047	18 557
新喀里多尼亚	883	912	1 006	923	931	1 075	1 594
巴布亚新几内亚	1 192	1 452	1 236	1 151	1 073	1 238	1 347

世界部分国家（地区）货物贸易进口额（续）

金额单位：百万美元

国别（地区）\年份	1990	1995	1999	2000	2001	2002	2003
斐济	754	892	903	826	794	898	1 170
法属波利尼西亚	929	1 019	927	974	1 056	…	…
所罗门群岛	95	104	110	92	82	65	67
瓦努阿图	96	95	96	87	97	89	105

资料来源：联合国《统计月报》2004 年 12 月，世界贸易组织《世界贸易发展年度报告》2004 年。

世界部分国家（地区）货物贸易出口额

金额单位：百万美元

国别（地区）\年份	1990	1995	1999	2000	2001	2002	2003
世界	**3 425 043**	**5 051 309**	**5 413 365**	**6 042 108**	**5 815 612**	**6 078 475**	**7 008 965**
发达的市场经济国家	2 455 142	3 448 040	3 705 265	3 951 440	3 825 220	3 937 762	4 498 170
发展中的市场经济国家	798 557	1 420 452	1 509 342	1 840 591	1 727 055	1 847 948	2 143 997
石油输出国组织	176 680	210 820	254 853	341 620	303 587	307 308	328 578
其他国家	171 345	176 604	198 758	250 077	263 337	292 765	366 797
美洲	**627 708**	**954 183**	**1 169 735**	**1 326 640**	**1 249 371**	**1 209 615**	**1 280 424**
美国	393 592	584 743	702 098	781 125	730 803	693 860	723 805
加拿大	127 634	192 204	238 422	276 645	259 857	252 408	272 696
墨西哥	27 131	79 542	136 391	166 367	158 547	160 682	165 396
巴西	31 414	46 506	48 011	55 086	58 223	60 362	73 084
阿根廷	12 353	20 967	23 309	26 341	26 543	25 650	29 566
委内瑞拉	17 783	18 739	20 880	31 515	25 219	25 831	24 237
智利	8 373	16 024	17 192	19 210	18 272	18 177	21 046
哥伦比亚	6 766	10 056	11 575	13 043	12 290	11 911	12 671
秘鲁	3 231	5 575	6 088	6 955	7 013	7 723	8 986
哥斯达黎加	1 448	3 453	6 662	5 850	5 021	5 264	6 102
厄瓜多尔	2 714	4 307	4 451	4 927	4 678	5 042	6 039
特立尼达和多巴哥	1 960	2 456	2 803	4 274	4 280	3 881	5 178
危地马拉	1 163	2 156	2 398	2 696	2 466	2 232	2 489
乌拉圭	1 693	2 106	2 237	2 295	2 060	1 861	2 198
洪都拉斯	831	1 220	1 164	1 380	1 324	1 321	1 332
萨尔瓦多	582	998	1 177	1 332	1 214	1 238	1 255
牙买加	1 158	1 420	1 241	1 304	1 220	1 114	1 175
多米尼加共和国	735	872	805	966	805	834	1 041
巴拿马	340	625	822	859	911	846	864
欧洲	**1 779 109**	**2 243 652**	**2 525 721**	**2 645 918**	**2 677 545**	**2 853 848**	**3 388 082**
德国	409 958	523 909	542 884	550 260	571 460	612 857	751 517
法国	210 169	284 914	302 482	300 083	297 197	311 994	365 649
英国	185 326	242 036	268 203	281 525	267 357	276 315	304 268

世界部分国家（地区）货物贸易出口额（续）

金额单位：百万美元

国别（地区）\年份	1990	1995	1999	2000	2001	2002	2003
意大利	170 383	233 980	235 180	239 934	244 253	254 219	293 549
荷兰	131 787	196 276	200 290	208 889	216 117	222 406	258 915
比利时	…	175 881	178 976	187 876	190 361	215 877	255 115
西班牙	55 528	91 040	109 966	113 348	115 175	123 563	156 024
俄罗斯	…	78 217	71 817	103 070	99 955	106 705	126 048
瑞典	57 542	79 813	84 772	86 963	75 788	81 298	101 231
瑞士	63 793	78 061	76 124	74 867	78 126	83 922	97 165
爱尔兰	23 747	44 637	71 221	77 097	83 020	87 497	92 430
奥地利	41 138	57 653	64 126	64 167	66 671	70 891	87 567
挪威	34 045	41 997	45 474	60 063	59 193	59 576	67 103
丹麦	35 135	49 769	50 398	50 390	51 077	56 308	65 280
波兰	13 627	22 890	27 323	31 684	36 159	41 032	53 699
芬兰	26 572	39 574	41 841	45 482	42 802	44 671	52 513
捷克	…	21 686	26 245	29 057	33 399	38 488	48 715
匈牙利	9 597	12 439	24 950	28 016	30 530	34 512	42 532
葡萄牙	16 419	23 211	25 228	23 279	24 449	25 536	30 714
斯洛伐克	…	8 596	10 062	11 889	12 641	14 478	21 966
罗马尼亚	5 775	7 910	8 505	10 367	11 391	13 876	17 619
希腊	8 106	10 961	10 475	10 747	9 483	10 315	13 195
卢森堡	…	7 755	7 895	7 950	8 239	8 585	10 196
保加利亚	13 428	54	3 964	4 809	5 115	5 749	7 540
冰岛	1 591	1 803	2 005	1 891	2 021	2 227	2 386
马耳他	1 130	1 913	1 980	2 442	1 958	2 223	2 170
非洲	**100 488**	**105 967**	**115 114**	**132 023**	**125 365**	**127 100**	**149 078**
南非	22 834	26 918	25 901	29 267	28 439	28 713	35 032
尼日利亚	12 961	11 725	13 856	20 975	17 261	15 107	19 887
利比亚	13 877	8 975	7 933	10 415	8 903	8 017	14 950
摩洛哥	4 265	6 882	7 367	6 956	7 144	7 848	8729
突尼斯	3 527	5 475	5 872	5 850	6 631	6 874	8 027
埃及	4 957	3 450	3 559	4 691	4 128	4 708	6 327
科特迪瓦	3 128	3 806	4 673	3 897	3 955	5 265	5 850
刚果（布）	999	438	1 555	2 477	2 055	2 289	3 055
加蓬	2 213	2 719	2 401	2 465	2 646	2 160	2 540
肯尼亚	1 031	1 889	1 747	1 734	1 943	2 116	2 411
喀麦隆	2 002	1 654	1 520	1 534	2 102	2 278	2 375
毛里求斯	1 196	1 538	1 588	1 551	1 628	1 801	1 899
埃塞俄比亚	298	128	469	486	456	480	1 222
坦桑尼亚	331	685	543	663	777	875	655

世界部分国家（地区）货物贸易出口额（续）

金额单位：百万美元

国别（地区）＼年份	1990	1995	1999	2000	2001	2002	2003
马拉维	417	405	453	379	449	407	459
亚洲	**867 639**	**1 548 946**	**1 532 813**	**1 858 990**	**1 685 620**	**1 808 880**	**2 104 477**
日本	287 648	443 261	417 659	479 227	403 616	416 730	471 999
中国	62 091	148 797	194 931	249 203	266 098	325 591	437 899
中国香港	82 160	173 750	173 885	201 860	189 894	200 092	223 762
韩国	65 016	125 058	143 685	172 267	150 439	162 470	193 817
新加坡	52 730	118 263	114 682	137 806	121 755	125 177	144 183
中国台湾省	67 214	111 659	121 591	148 321	122 866	130 597	144 180
马来西亚	29 453	73 779	84 617	98 230	88 006	93 264	99 370
沙特阿拉伯	44 417	50 040	50 760	77 583	68 064	72 550	88 500
泰国	23 071	56 440	58 440	69 057	64 968	68 108	80 333
阿联酋	11 199	27 753	43 307	49 835	48 773	52 163	65 835
印度尼西亚	25 675	45 417	48 666	62 124	56 447	58 120	61 058
印度	17 970	30 628	35 666	42 378	43 352	49 232	57 086
土耳其	12 959	21 637	26 587	27 775	31 334	34 561	46 576
菲律宾	8 068	17 491	36 577	39 794	32 664	36 510	37 028
伊朗	15 716	18 360	21 030	28 461	23 904	28 186	36 230
以色列	11 573	19 046	25 794	31 404	29 048	29 347	31 577
前苏联亚洲地区	…	12 514	12 790	18 172	18 625	19 666	23 577
科威特	6 956	12 785	12 164	19 436	16 203	15 369	19 371
卡塔尔	3 529	3 651	7 059	11 594	10 870	11 032	12 613
巴基斯坦	5 589	7 992	8 431	9 028	9 238	9 908	11 930
阿曼	5 508	6 068	7 238	11 319	11 074	11 172	11 669
巴林	3 761	4 113	4 363	6 195	5 577	5 794	6 364
叙利亚	4 212	3 563	3 464	4 674	5 254	6 831	5 480
孟加拉国	1 671	3 173	3 919	4 787	4 826	4 566	5 263
斯里兰卡	1 613	3 798	4 594	5 433	4 815	4 699	5 125
文莱	2 213	2 402	2 579	3 877	3 682	3 742	4 350
约旦	1 063	1 769	1 832	1 899	2 294	2 770	3 082
中国澳门	1 694	1 977	2 200	2 539	2 300	2 356	2 581
缅甸	325	851	1 136	1 647	2 382	3 046	2 485
塞浦路斯	948	1 231	995	951	976	843	923
尼泊尔	204	346	602	804	738	567	662
大洋洲	**50 100**	**68 352**	**69 982**	**78 538**	**77 711**	**79 033**	**86 903**
澳大利亚	39 760	53 115	56 080	63 878	63 389	65 036	71 548
新西兰	9 394	13 645	12 477	13 297	13 730	14 380	16 498
巴布亚新几内亚	1 177	2 654	1 927	2 096	1 813	1 549	2 174
新喀里多尼亚	449	515	467	604	443	464	740

世界部分国家（地区）货物贸易出口额（续）

金额单位：百万美元

国别（地区） / 年份	1990	1995	1999	2000	2001	2002	2003
斐济	498	619	481	479	442	549	680
法属波利尼西亚	111	196	253	222	204	…	…
所罗门群岛	70	114	79	69	47	58	75
瓦努阿图	19	28	26	23	15	15	21

资料来源：联合国《统计月报》2004 年 12 月，世界贸易组织《世界贸易发展年度报告》2004 年。

世界部分国家（地区）服务贸易进口额

金额单位：百万美元

国别（地区） / 年份	1997	1998	1999	2000	2001	2002	2003
世界	**1 310 300**	**1 335 900**	**1 387 100**	**1 471 800**	**1 491 100**	**1 570 800**	**1 782 400**
北美	**189 900**	**204 400**	**224 100**	**252 600**	**249 500**	**255 800**	**278 600**
美国	152 369	166 734	184 035	209 049	206 131	211 272	228 535
加拿大	37 528	37 671	40 060	43 597	43 340	44 567	50 016
拉美	**62 100**	**65 600**	**64 400**	**71 000**	**71 100**	**65 000**	**67 800**
墨西哥	11 831	12 569	14 061	16 718	16 521	17 031	17 671
巴西	14 447	15 743	13 357	15 574	15 825	13 496	14 531
智利	3 902	4 261	4 474	4 664	4 848	4 855	5 429
阿根廷	8 577	8 917	8 429	8 780	8 070	4 397	5 150
哥伦比亚	3 596	3 354	3 082	3 259	3 543	3 252	3 232
委内瑞拉	3 780	3 842	3 982	4 236	4 509	3 767	3 077
秘鲁	2 232	2 299	2 149	2 215	2 266	2 408	2 484
牙买加	1 196	1 258	1 286	1 391	1 480	1 603	1 600
厄瓜多尔	1 198	1 208	1 141	1 225	1 390	1 505	1 467
哥斯达黎加	975	1 099	1 192	1 273	1 169	1 188	1 245
巴拿马	1 247	1 180	1 099	1 078	1 055	1 213	1 236
多米尼加共和国	1 160	1 300	1 224	1 340	1 249	1 241	1 149
危地马拉	627	759	760	786	891	996	1 036
巴哈马	790	939	904	950	862	889	977
萨尔瓦多	615	723	800	912	984	960	930
荷属安的列斯群岛	575	611	662	730	764	765	801
阿鲁巴	557	528	685	654	624	614	724
洪都拉斯	359	437	491	584	618	601	667
乌拉圭	840	831	760	842	768	575	576
玻利维亚	401	423	436	451	485	500	535
尼加拉瓜	227	253	319	327	336	316	349
巴拉圭	630	549	463	406	363	294	338
巴巴多斯	389	409	433	460	471	469	…
特立尼达和多巴哥	232	235	253	363	339	…	…

世界部分国家（地区）服务贸易进口额（续）

金额单位：百万美元

国别（地区）＼年份	1997	1998	1999	2000	2001	2002	2003
西欧	**565 000**	**616 900**	**634 800**	**643 000**	**6 661 000**	**720 400**	**851 800**
德国	129 809	135 077	139 387	135 810	140 609	145 947	170 781
英国	75 000	85 238	92 321	96 279	96 594	104 890	118 318
法国	62 597	66 432	63 491	59 936	61 781	68 511	83 716
意大利	58 944	62 887	56 240	54 632	56 087	61 485	74 011
荷兰	44 315	46 252	48 134	49 940	52 169	56 478	64 949
爱尔兰	15 158	29 459	26 577	28 692	35 281	40 393	50 162
西班牙	23 903	27 038	30 101	30 950	33 709	37 098	45 615
奥地利	28 431	27 271	29 306	29 573	31 373	34 416	42 800
比利时－卢森堡	31 437	34 095	38 815	41 444	42 856	35 151*	41 529*
瑞典	19 427	21 620	22 511	23 368	22 920	23 732	28 495
丹麦	13 727	15 779	18 517	21 488	22 485	25 116	28 293
挪威	14 112	14 662	14 732	14 306	14 973	16 382	19 392
瑞士	13 979	14 952	15 765	15 461	16 367	16 980	19 015
希腊	4 196	4 976	8 831	10 918	11 189	10 306	11 359
芬兰	8 039	7 643	7 491	8 323	7 994	7 900	9 612
葡萄牙	6 293	6 623	6 555	6 361	6 161	6 578	7 755
土耳其	8 577	9 954	8 894	8 532	6 464	6 272	7 709
克罗地亚	2 238	1 850	2 055	1 789	1 917	2 376	2 948
斯洛文尼亚	1 391	1 509	1 506	1 423	1 442	1 720	2 160
冰岛	790	948	1 012	1 149	1 058	1 117	1 470
马耳他	629	686	715	708	714	712	804
中/东欧，波罗的海国家和独联体	**…**	**47 700**	**44 100**	**50 700**	**58 200**	**66 500**	**78 000**
俄罗斯	20 025	16 456	13 352	16 229	19 958	22 853	26 487
波兰	5 610	6 479	6 837	8 861	8 842	9 089	11 228
匈牙利	3 988	4 480	4 662	4 859	5 936	7 093	8 043
捷克	5 305	5 690	5 772	5 364	5 487	6 372	7 273
哈萨克斯坦	1 124	1 154	1 104	1 986	2 799	3 635	3 984
乌克兰	2 268	2 545	2 292	2 590	3 167	3 143	3 192
斯洛伐克	2 062	2 272	1 812	1 779	1 979	2 297	3 005
保加利亚	1 157	1 398	1 473	1 660	1 705	1 869	2 540
罗马尼亚	1 865	1 796	1 759	1 948	2 113	2 304	2 462
阿塞拜疆	714	692	476	475	650	1 283	2 027
爱沙尼亚	649	814	829	868	976	1 129	1 362
立陶宛	850	816	747	655	669	878	1 108
拉脱维亚	637	717	628	710	684	698	932
白俄罗斯	354	438	431	551	829	892	923
阿尔巴尼亚	93	119	152	413	422	561	676

世界部分国家（地区）服务贸易进口额（续）

金额单位：百万美元

国别（地区） \ 年份	1997	1998	1999	2000	2001	2002	2003
非洲	**37 800**	**38 600**	**37 300**	**38 600**	**39 400**	**41 500**	**48 100**
埃及	5 813	5 886	5 959	7 161	6 356	6 013	5 993
南非	5 809	5 465	5 581	5 657	5 128	5 240	7 348
尼日利亚	4 695	4 054	3 311	3 964	3 530	4 013	4 839
安哥拉	2 046	2 395	2 194	2 271	3 176	3 689	…
摩洛哥	1 267	1 482	1 537	1 521	1 705	1 903	2 373
阿尔及利亚	2 150	2 220	2 560	2 360	2 440	…	…
科特迪瓦	1 340	1 408	1 358	1 142	1 187	1 341	…
突尼斯	1 066	1 121	1 106	1 119	1 332	1 353	1 372
加蓬	943	980	854	846	695	832	933
喀麦隆	650	680	678	769	810	1 080	1 062
毛里求斯	656	706	719	748	799	779	869
坦桑尼亚	709	885	723	620	627	647	…
肯尼亚	708	632	505	665	712	578	…
博茨瓦纳	435	517	511	548	530	511	…
加纳	395	533	555	514	538	546	…
埃塞俄比亚	377	442	463	480	517	558	…
莫桑比克	329	396	392	439	607	546	552
塞内加尔	389	432	419	396	403	457	…
马达加斯加	289	326	336	396	424	317	…
塞舌尔	124	127	152	170	165	194	…
中东	**…**	**40 500**	**41 700**	**46 300**	**45 500**	**45 900**	**56 400**
以色列	9 124	9 437	10 495	12 307	12 301	11 269	11 563
沙特阿拉伯	14 412	8 659	9 438	10 942	7 165	7 161	7 861
科威特	4 055	4 243	3 866	4 115	4 520	4 880	5 476
伊朗	3 182	2 571	1 905	1 577	2 518	…	…
阿曼	1 467	1 683	1 511	1 566	1 678	1 670	…
叙利亚	1 302	1 299	1 416	1 468	1 494	1 675	…
约旦	1 241	1 588	1 485	1 463	1 520	1 480	1 484
也门	632	649	672	757	794	883	930
巴林	635	652	700	739	748	928	872
亚洲（包括大洋洲）	**361 500**	**322 400**	**340 700**	**369 500**	**361 400**	**375 800**	**401 700**
日本	122 079	110 705	114 173	115 686	107 027	106 612	110 263
中国	27 724	26 467	30 967	35 858	39 032	46 080	54 852
韩国	29 037	24 112	26 773	32 998	32 429	35 145	38 964
新加坡	21 966	19 204	23 821	26 823	26 749	27 155	27 179
中国香港	23 284	24 874	23 614	24 475	24 576	25 603	25 185
中国台湾省	24 120	23 246	23 328	25 707	23 435	23 852	24 803

世界部分国家（地区）服务贸易进口额（续）

金额单位：百万美元

国别（地区）\年份	1997	1998	1999	2000	2001	2002	2003
印度	12 277	14 192	17 045	20 013	23 193	22 896	21 593
澳大利亚	18 427	16 880	17 938	18 009	16 617	17 742	21 050
泰国	17 144	11 874	13 464	15 329	14 484	16 572	18 332
马来西亚	18 115	12 973	14 622	16 603	16 539	16 248	17 315
印度尼西亚	16 214	11 744	11 336	14 755	15 595	16 779	…
新西兰	4 817	4 428	4 510	4 467	4 201	4 682	5 548
菲律宾	14 073	10 087	7 492	6 384	5 196	4 311	4 448
越南	3 153	3 146	3 040	3 252	3 382	3 698	…
巴基斯坦	2 424	2 044	1 894	2 109	2 216	2 095	3 095
孟加拉国	1 184	1 164	1 318	1 523	1 423	1 318	1 676
中国澳门	610	612	703	812	876	995	1 055
斯里兰卡	1 271	1 328	1 388	1 592	1 165	966	1 003
巴布亚新几内亚	924	794	728	772	662	370	475
缅甸	434	353	277	310	364	…	…
尼泊尔	216	189	202	193	205	191	197
马尔代夫	93	98	107	108	108	110	118
瓦努阿图	35	53	65	63	67	…	…

注：由于服务贸易数据的频繁修订，一些国家和地区的贸易值序列出现多处中断。

* 仅比利时数字。

资料来源：世界贸易组织《世界贸易发展年度报告》2004 年。

世界部分国家（地区）服务贸易出口额

金额单位：百万美元

国别（地区）\年份	1997	1998	1999	2000	2001	2002	2003
世界	**1 325 700**	**1 344 100**	**1 392 400**	**1 479 400**	**1 486 100**	**1 586 400**	**1 796 500**
北美	**263 800**	**271 900**	**294 800**	**317 700**	**306 700**	**314 700**	**329 600**
美国	233 049	238 846	259 608	278 468	268 417	274 852	287 695
加拿大	30 724	33 040	35 229	39 271	38 280	39 832	41 945
拉美	**49 300**	**52 800**	**54 200**	**60 200**	**58 400**	**56 800**	**60 600**
墨西哥	10 996	11 534	11 606	13 567	12 550	12 474	12 572
巴西	5 488	7 083	6 873	8 961	8 718	8 790	9 606
智利	3 799	3 859	3 780	3 995	4 071	4 262	4 728
阿根廷	4 346	4 551	4 392	4 605	4 250	2 899	3 815
多米尼加共和国	2 373	2 421	2 767	3 143	3 024	2 966	3 352
巴拿马	1 515	1 703	1 693	1 958	1 970	2 215	2 520
牙买加	1 672	1 743	1 949	1 988	1 867	1 888	2 076
巴哈马	1 573	1 517	1 789	2 009	1 861	1 991	2 002
哥斯达黎加	1 116	1 329	1 638	1 925	1 886	1 854	1 978

世界部分国家（地区）服务贸易出口额（续）

金额单位：百万美元

国别（地区）\ 年份	1997	1998	1999	2000	2001	2002	2003
哥伦比亚	2 096	1 891	1 876	1 979	2 112	1 790	1 724
荷属安的列斯群岛	1 391	1 495	1 506	1 592	1 603	1 665	1 641
秘鲁	1 457	1 674	1 488	1 495	1 398	1 428	1 560
阿鲁巴	799	877	972	1 015	1 004	1 056	1 097
危地马拉	542	581	653	702	948	1 048	1 080
厄瓜多尔	639	631	681	793	848	917	889
委内瑞拉	1 189	1 286	1 207	1 057	1 242	960	790
萨尔瓦多	460	576	620	673	673	749	782
乌拉圭	1 413	1 309	1 235	1 249	1 099	727	744
巴拉圭	634	606	554	596	518	506	520
洪都拉斯	328	332	427	429	432	463	491
玻利维亚	232	235	243	207	221	220	266
尼加拉瓜	126	153	181	187	188	192	213
巴巴多斯	933	995	997	1055	1032	1003	…
特立尼达和多巴哥	535	574	592	543	563	…	…
西欧	**610 800**	**654 800**	**669 600**	**686 400**	**706 000**	**771 300**	**916 300**
英国	98 230	107 902	115 755	117 751	116 293	128 758	143 411
德国	78 599	80 797	80 139	79 604	83 919	98 277	115 599
法国	79 914	84 164	81 742	80 330	81 775	85 731	98 930
西班牙	43 828	48 977	53 069	53 199	57 843	62 034	76 252
意大利	66 409	66 621	58 018	55 998	57 098	59 374	72 690
荷兰	47 727	48 570	48 021	48 360	50 085	54 573	62 992
奥地利	29 214	29 225	30 865	31 060	33 001	34 647	42 971
比利时－卢森堡	34 097	36 688	44 073	48 556	48 970	36 071 *	42 397 *
爱尔兰	6 046	16 504	15 360	16 638	23 267	28 134	35 655
丹麦	14 044	15 212	20 090	24 107	25 367	27 182	32 104
瑞士	24 481	25 791	27 338	27 634	26 033	27 856	31 996
瑞典	17 505	17 675	19 691	20 014	21 758	23 508	30 336
希腊	9 224	10 068	16 464	19 181	19 384	20 125	24 877
挪威	15 503	15 379	15 702	17 134	17 468	18 439	21 588
土耳其	19 730	23 719	16 671	20 177	15 913	14 724	18 931
葡萄牙	7 922	8 735	8 565	8 369	8 711	9 595	11 703
克罗地亚	3 984	3 949	3 707	4 081	4 873	5 566	8 621
芬兰	6 569	6 632	6 457	6 118	5 775	6 399	7 689
斯洛文尼亚	2 035	2 022	1 872	1 882	1 956	2 287	2 786
冰岛	725	847	826	936	1 004	1 070	1 291
马耳他	1 089	1 157	1 200	1 087	1 086	1 119	1 238
中/东欧，波罗的海国家和独联体	…	**52 800**	**45 700**	**50 200**	**54 200**	**59 800**	**69 200**

世界部分国家（地区）服务贸易出口额（续）

金额单位：百万美元

国别（地区）\年份	1997	1998	1999	2000	2001	2002	2003
俄罗斯	14 079	12 375	9 071	9 565	11 215	13 451	15 889
波兰	8 898	10 810	8 331	10 385	9 747	10 030	12 339
匈牙利	5 744	5 683	5 570	5 981	7 399	7 726	7 894
捷克	7 033	7 518	6 928	6 751	7 034	7 024	7 763
乌克兰	4 937	3 922	3 869	3 800	3 897	4 583	5 013
斯洛伐克	2 151	2 275	1 886	2 218	2 463	2 757	3 248
保加利亚	1 307	1 766	1 760	2 129	2 081	2 324	3 123
罗马尼亚	1 499	1 201	1 340	1 720	2 007	2 326	2 461
爱沙尼亚	1 314	1 476	1 486	1 495	1 640	1 705	2 205
立陶宛	1 020	1 096	1 083	1 052	1 147	1 451	1 703
哈萨克斯坦	842	904	933	986	1 167	1 432	1 616
拉脱维亚	1 027	1 103	1 020	1 193	1 171	1 235	1 509
白俄罗斯	919	919	745	1 004	1 083	1 276	1 478
阿尔巴尼亚	52	83	253	429	495	552	717
非洲	**28 500**	**27 800**	**30 200**	**30 500**	**30 600**	**31 900**	**38 700**
埃及	9 096	7 832	9 276	9 687	8 815	9 127	1 0836
南非	5 210	5 213	5 041	4 888	4 535	4 577	6 414
摩洛哥	2 203	2 558	2 803	2 854	3 787	4 098	5 083
突尼斯	2 518	2 607	2 769	2 680	2 829	2 603	2 560
尼日利亚	786	884	980	1 130	1 110	1 203	1 505
毛里求斯	889	911	1 030	1 066	1 218	1 132	1 272
喀麦隆	355	359	377	371	365	419	524
莫桑比克	279	286	295	325	249	337	308
加蓬	205	194	249	171	143	154	181
阿尔及利亚	1070	740	720	910	910	1 300	…
肯尼亚	716	631	721	727	793	737	…
坦桑尼亚	470	534	576	575	618	609	…
加纳	152	427	454	490	515	539	…
埃塞俄比亚	318	308	392	387	391	450	…
科特迪瓦	502	533	507	415	510	506	…
塞内加尔	329	366	351	330	345	389	…
博茨瓦纳	187	241	346	325	357	491	…
马达加斯加	243	264	290	314	274	158	…
塞舌尔	245	237	261	281	282	290	…
安哥拉	139	123	153	267	203	229	…
中东	…	**23 800**	**26 300**	**30 600**	**28 400**	**27 600**	**30 300**
以色列	8 659	9 414	11 550	15 079	11 908	10 825	12 245
沙特阿拉伯	4 257	4 730	5 380	4 785	5 014	5 184	5 346

世界部分国家（地区）服务贸易出口额（续）

金额单位：百万美元

国别（地区）＼年份	1997	1998	1999	2000	2001	2002	2003
科威特	1 507	1 496	1 298	1 571	1 399	1 372	1 584
约旦	1 717	1 810	1 689	1 599	1 391	1 473	1 462
巴林	637	725	859	934	950	1 059	1 059
叙利亚	1 344	1 422	1 415	1 480	1 566	1 347	…
伊朗	1 018	1 380	977	1 357	2 203	…	…
亚洲（包括大洋洲）	**299 300**	**260 300**	**271 500**	**303 800**	**301 800**	**324 200**	**351 600**
日本	68 137	61 795	60 313	68 303	63 671	64 909	70 624
中国	24 504	23 879	26 165	30 146	32 901	39 381	46 375
中国香港	38 514	33 186	34 169	38 668	39 370	43 008	44 624
韩国	25 439	24 828	25 766	29 746	28 103	27 081	31 337
新加坡	29 487	22 098	26 274	29 001	28 755	29 599	30 418
印度	8926	11 067	14 006	17 521	20 820	23 300	25 043
中国台湾省	17 021	16 660	17 135	19 890	19 415	21 501	22 964
澳大利亚	18 058	15 830	17 051	18 195	16 295	17 473	20 683
泰国	15 619	13 074	14 542	13 785	12 932	15 304	15 670
马来西亚	15 569	11 400	11 800	13 812	14 331	14 753	13 459
新西兰	4 180	3 700	4 326	4 383	4 340	5 041	6 170
中国澳门	3 163	2 845	2 710	3 280	3 768	4 433	5 208
菲律宾	15 130	7 465	4 779	3 935	3 112	3 029	2 955
巴基斯坦	1 446	1 303	1 264	1 284	1 302	1 496	1 485
斯里兰卡	850	892	940	915	1 334	1 247	1 385
孟加拉国	267	252	266	283	243	305	404
马尔代夫	309	329	340	345	351	352	402
尼泊尔	795	433	454	410	303	192	267
巴布亚新几内亚	397	318	248	243	285	152	219
印度尼西亚	6 792	4 340	4 453	5 060	5 361	6 517	…
越南	2 530	2 616	2 493	2 702	2 810	2 948	…
缅甸	513	618	496	459	405	…	…
瓦努阿图	81	108	106	118	112	…	…

注：由于服务贸易数据的频繁修订，一些国家和地区的贸易值序列出现多处中断。

* 仅比利时数字。

资料来源：世界贸易组织《世界贸易发展年度报告》2004 年。

世界初级产品出口价格指数

（1995年=100）

产品名称 \ 年份	1996	1997	1998	1999	2000	2001	2002	2003
食品、饮料	105	100	89	78	77	78	79	84
食品	108	99	88	78	79	81	81	86
谷物	119	93	79	69	67	70	80	81
小麦	117	90	71	63	64	72	84	83
玉米	133	95	82	73	71	73	80	85
大米	105	94	95	78	64	54	60	67
大麦	115	93	82	73	74	90	105	101
油籽、油及油脂、油籽饼及粉	110	110	97	77	74	73	81	96
肉类	116	109	93	93	101	109	103	106
牛肉	94	97	91	96	101	112	110	104
羊肉	128	133	102	102	100	115	129	141
猪肉	147	116	73	71	94	98	75	85
禽肉	112	110	114	108	107	115	114	119
海产品	90	88	86	85	88	77	67	70
鱼类	86	78	78	75	76	61	62	63
虾类	97	109	105	108	113	113	78	85
糖	92	87	73	58	66	67	57	62
香蕉	106	117	111	84	95	131	119	84
橙子	93	86	83	82	68	112	106	129
饮料	86	112	98	77	66	56	65	68
咖啡	76	106	82	64	50	35	36	39
可可豆	102	113	117	79	63	76	124	122
茶叶	108	144	145	142	151	121	109	118
农业原料	96	92	76	77	81	77	78	81
原木	102	95	80	89	88	81	80	83
棉花	82	81	67	54	60	49	47	64
羊毛	85	94	70	70	79	75	96	111
橡胶	89	64	46	40	44	36	48	69
皮革及革皮	99	100	87	82	91	96	92	78
矿石及有色金属（不包括原油）	89	90	74	73	82	74	72	81
铜	78	78	56	54	62	54	53	61
铝	83	89	75	75	86	80	75	79
铁矿砂	106	106	109	97	101	105	103	111
锡	99	91	89	87	88	72	66	79
镍	91	84	56	73	105	73	82	117
锌	99	128	99	104	109	86	76	80
铅	123	99	84	80	72	76	72	82
磷酸盐石	134	104	89	86	71	74	84	96
以上总计	**98**	**95**	**82**	**76**	**80**	**76**	**77**	**82**
能源	116	110	77	100	156	138	138	161
天然气	114	109	87	87	155	152	123	162
原油	118	112	76	105	164	141	145	168
煤炭	96	89	75	66	68	85	70	74
初级产品总计	**107**	**102**	**79**	**88**	**116**	**106**	**106**	**120**

注：以美元计算的指数。

资料来源：世界贸易组织《世界贸易发展年度报告》。

世界部分国家（地区）工业制成品出口价格指数

(2000年=100)

国别（地区）\ 年份	1999	2001	2002	2003
世界	**103**	**98**	**98**	…
市场经济发达国家	105	98	99	107
美洲	99	99	100	103
加拿大	99	97	96	103
美国	99	100	102	103
欧洲	109	98	100	111
欧盟	110	98	99	111
奥地利	118	94	100	…
比利时-卢森堡	106	98	104	…
丹麦	112	100	103	122
芬兰	104	95	100	117
法国	113	98	84	…
德国	111	99	104	…
希腊	107	…	…	…
爱尔兰	…	…	…	…
意大利	113	100	…	104
荷兰	109	…	…	…
葡萄牙	108	99	…	…
西班牙	…	…	…	…
瑞典	106	…	…	…
英国	108	94	97	…
欧洲自由贸易联盟	108	103	107	112
冰岛	…	…	…	…
挪威	106	97	100	109
瑞士	109	104	109	…
其他市场经济发达国家	98	94	91	97
澳大利亚	97	90	92	100
以色列	83	…	…	…
日本	98	94	92	97
新西兰	96	98	99	112
南非	…	…	…	…
发展中国家（地区）	97	98	96	…
中国香港	102	96	93	…
印度	121	92	99	…
韩国	94	91	81	…
巴基斯坦	106	100	96	…
新加坡	101	98	100	99
土耳其	105	99	96	…

注：用美元计价的出口单价指数。

资料来源：联合国《统计月报》。

世界主要国家（地区）国内生产总值（用美元计算）

（估计数字）

金额单位：百万美元

国别（地区）＼年份	1997	1998	1999	2000	2001	2002	2003
世界	**29 916 206**	**29 731 200**	**30 767 197**	**31 535 529**	**31 203 983**	**32 400 683**	**36 211 676**
发达的市场经济国家	22 382 900	22 677 900	23 791 000	23 988 500	23 666 900	…	…
发展中的市场经济国家	6 588 500	6 210 800	6 198 200	6 621 000	6 508 000	…	…
转轨市场经济国家	943 600	823 900	706 900	766 300	866 400	…	…
非洲	**607 270**	**597 075**	**564 214**	**577 209**	**557 758**	**553 166**	**645 195**
南非	148 814	133 663	131 070	128 022	114 233	106 339	159 886
埃及	84 810	90 791	100 169	103 311	96 073	92 229	76 399
阿尔及利亚	48 177	47 841	48 641	54 462	54 935	56 220	65 172
尼日利亚	70 660	72 285	35 955	42 246	42 747	43 893	48 422
摩洛哥	33 414	35 817	35 249	33 335	33 901	36 094	44 704
突尼斯	18 897	19 813	20 799	19 444	19 969	21 016	25 183
利比亚	37 082	32 375	30 483	33 961	28 420	19 131	20 207
苏丹	10 109	9 918	9 697	11 549	13 067	13 517	15 438
科特迪瓦	11 722	12 641	12 561	10 682	10 735	11 717	14 742
肯尼亚	10 614	11 465	10 553	10 454	11 236	12 309	14 197
喀麦隆	9 201	9 736	9 759	9 273	8 973	10 089	12 859
留尼汪	6 929	7 172	7 184	6 514	6 744	8 085	11 051
坦桑尼亚	7 684	8 383	8 638	9 093	9 453	9 699	10 024
安哥拉	7 649	6 507	6 153	9 130	8 936	9 796	9 874
加纳	6 884	7 474	7 493	4 978	5 301	6 150	7 414
博茨瓦纳	4 859	4 771	4 654	4 971	5 025	5 057	7 111
塞内加尔	4 376	4 655	4 751	4 374	4 610	5 038	6 475
埃塞俄比亚	6 180	6 309	6 163	6 019	6 051	5 950	6 436
乌干达	6 594	6 325	5 996	5 735	5 762	6 022	6 249
毛里求斯	4 377	4 617	4 566	4 113	4 161	4 558	5 694
刚果（金）	5 949	6 218	5 329	4 961	4 907	5 527	5 669
马达加斯加	3 546	3 741	3 721	3 878	4 569	4 437	5 535
加蓬	5 341	4 666	4 612	5 024	4 334	4 558	5 521
纳米比亚	3 636	3 399	3 385	3 458	3 163	2 881	4 585
赞比亚	3 911	3 238	3 132	3 239	3 637	3 697	4 305
莫桑比克	3 382	3 874	3 985	3 685	3 436	3 495	4 196
刚果（布）	2 323	1 949	2 354	3 220	2 788	3 014	3 908
马里	2 437	2 699	2 714	2 443	2 629	3 147	3 874
布基纳法索	2 287	2 486	2 466	2 192	2 477	2 875	3 821
几内亚	3 783	3 589	3 461	3 063	2 985	3 214	3 598
贝宁	2 157	2 335	2 387	2 255	2 371	2 719	3 510
尼日尔	1 856	2 076	2 018	1 798	1 909	2 130	2 723
津巴布韦	8 503	6 054	5 494	7 204	9 057	8 304	2 456
马拉维	2 593	1 748	1 793	1 743	1 711	2 016	1 912
多哥	1 497	1 415	1 413	1 329	1 329	1 479	1 850

世界主要国家（地区）国内生产总值（用美元计算）（续）

（估计数字）

金额单位：百万美元

国别（地区）＼年份	1997	1998	1999	2000	2001	2002	2003
斯威士兰	1 435	1 347	1 376	1 389	1 274	1 166	1 781
卢旺达	1 869	2 009	1 875	1 732	1 654	1 646	1 549
索马里	1 482	1 926	2 017	2 052	1 310	1 219	1 537
美洲	**10 986 155**	**11 441 420**	**11 756 114**	**12 567 537**	**12 759 542**	**12 918 475**	**13 545 750**
美国	8 256 500	8 720 200	9 212 800	9 762 100	10 019 700	10 383 100	10 857 200
加拿大	627 595	606 924	651 202	713 791	704 708	724 844	853 832
墨西哥	400 870	421 008	480 491	580 756	623 890	637 039	615 051
巴西	807 746	787 742	536 633	601 732	508 433	460 838	481 866
阿根廷	293 006	299 098	283 664	284 346	268 831	102 042	129 707
波多黎各	54 086	57 841	61 045	67 897	69 664	74 993	80 731
哥伦比亚	106 671	98 513	86 301	83 766	81 724	81 119	77 117
委内瑞拉	88 704	95 849	103 311	121 258	126 197	95 424	76 951
智利	82 812	79 374	72 996	74 860	68 264	66 425	71 495
秘鲁	59 033	56 638	51 416	53 089	53 659	56 430	60 795
古巴	22 952	23 901	25 504	27 635	28 806	29 239	31 216
厄瓜多尔	23 636	23 255	16 674	15 934	21 024	24 572	27 411
危地马拉	17 797	19 008	17 952	18 904	20 561	22 804	24 239
多米尼加共和国	19 176	20 180	22 126	25 086	27 504	27 494	21 059
哥斯达黎加	12 829	14 094	15 796	15 946	16 394	16 818	17 482
萨尔瓦多	11 127	12 002	12 458	13 127	13 804	14 284	14 996
乌拉圭	21 704	22 371	20 913	20 086	18 561	12 277	11 183
巴拿马	8 658	9 345	9 637	10 019	10 079	10 277	10 608
特立尼达和多巴哥	5 738	6 044	6 809	8 172	9 096	9 314	9 910
玻利维亚	7 926	8 497	8 285	8 391	8 023	7 801	7 738
牙买加	7 288	7 481	7 532	7 709	7 784	8 099	7 427
洪都拉斯	4 716	5 262	5 424	5 898	6 267	6 426	6 799
瓜德罗普	4 453	4 697	4 645	4 295	4 460	5 015	6 381
巴拉圭	9 612	8 596	7 741	7 722	6 848	5 594	5 887
马提尼克岛	4 377	4 617	4 566	4 113	4 161	4 558	5 694
巴哈马	3 451	3 670	4 005	4 309	4 307	4 430	4 539
百慕大	2 889	3 053	3 272	3 397	3 599	3 719	4 242
尼加拉瓜	3 383	3 573	3 743	3 953	4 012	4 003	4 100
荷属安的列斯群岛	2 807	2 756	2 692	2 769	2 836	2 856	2 928
巴巴多斯	2 206	2 374	2 483	2 592	2 547	2 575	2 668
海地	3 097	3 522	3 922	3 515	3 324	2 999	2 499
亚洲	**8 252 542**	**7 502 851**	**8 301 302**	**8 896 954**	**8 272 487**	**8 416 866**	**9 229 266**
日本	4 323 063	3 946 205	4 469 583	4 763 833	4 175 594	3 987 514	4 317 131
中国	898 222	946 312	991 363	1 080 415	1 159 025	1 266 052	1 409 848
印度	419 281	421 961	449 868	468 229	486 591	508 033	591 455
韩国	476 486	317 079	406 071	461 520	427 235	476 690	527 508

世界主要国家（地区）国内生产总值（用美元计算）（续）

（估计数字）　　　　　　　　　　　　　　　　　　金额单位：百万美元

国别（地区）\年份	1997	1998	1999	2000	2001	2002	2003
土耳其	189 878	200 307	184 858	199 264	145 573	183 120	243 783
印度尼西亚	215 749	95 445	140 001	150 196	141 255	172 911	207 530
沙特阿拉伯	164 994	145 967	161 172	188 693	186 489	188 329	207 318
中国香港	173 669	165 249	160 636	165 359	162 843	161 532	159 445
伊朗	106 711	104 411	108 877	102 930	109 978	136 852	143 273
泰国	150 891	111 860	122 630	122 570	115 309	126 654	142 832
以色列	108 231	108 133	108 573	120 353	117 792	108 395	116 449
马来西亚	100 169	72 175	79 148	90 041	88 050	94 989	103 247
新加坡	95 394	81 910	81 380	91 475	84 871	86 970	90 141
菲律宾	82 344	65 171	76 157	75 912	72 043	77 954	80 420
巴基斯坦	65 440	65 380	63 578	63 679	60 177	67 278	76 534
阿联酋	48 745	45 899	49 775	53 309	57 041	58 169	66 274
缅甸	26 091	27 446	35 593	41 675	50 374	55 748	58 072
孟加拉国	45 607	46 838	48 301	48 626	48 635	51 908	56 475
越南	27 609	27 458	28 684	31 349	32 944	35 364	38 301
科威特	29 866	25 122	29 190	35 830	32 793	35 331	34 395
塔吉克斯坦	22 166	22 135	16 871	18 292	22 153	24 637	27 554
叙利亚	23 853	25 472	24 567	24 714	25 547	26 372	26 647
卡塔尔	11 298	10 255	12 393	17 760	17 741	17 881	21 161
阿曼	15 837	14 086	15 710	19 868	19 949	20 310	21 064
黎巴嫩	14 289	16 165	16 458	16 462	16 791	17 462	18 346
斯里兰卡	15 208	15 800	15 698	16 280	15 622	16 415	17 400
土库曼斯坦	2 681	2 862	3 857	4 932	6 512	12 269	14 978
伊拉克	12 899	14 833	16 020	17 782	20 449	19 120	14 952
塞浦路斯	8 505	9 064	9 243	8 816	9 120	10 089	12 861
朝鲜	10 323	10 273	10 280	10 608	11 022	11 114	11 207
约旦	7 324	7 963	8 131	8 480	8 947	9 344	9 865
也门	6 875	6 250	7 274	8 532	8 536	9 066	9 686
巴林	6 349	6 184	6 620	7 971	7 928	8 418	9 085
乌兹别克斯坦	15 526	14 987	17 081	13 759	7 048	9 902	8 815
阿塞拜疆	3 962	4 446	4 581	5 273	5 708	6 236	7 138
尼泊尔	4 836	4 560	5 012	5 338	5 474	5 410	5 860
文莱	5 137	3 904	4 215	4 316	4 150	4 280	4 626
阿富汗	4 175	4 394	3 851	2 169	2 093	3 236	3 991
格鲁吉亚	3 511	3 613	2 800	3 044	3 206	3 395	3 945
柬埔寨	3 319	3 035	3 306	3 367	3 413	3 680	3 927
亚美尼亚	1 639	1 892	1 845	1 912	2 118	2 367	2 769
欧洲	**9 571 397**	**9 749 591**	**9 669 695**	**9 041 484**	**9 182 084**	**10 031 934**	**12 177 550**
德国	2 110 965	2 144 484	2 107 972	1 870 277	1 855 643	1 986 162	2 403 068
英国	1 327 597	1 423 323	1 462 430	1 439 281	1 430 979	1 564 611	1 798 540

世界主要国家（地区）国内生产总值（用美元计算）（续）

（估计数字）

金额单位：百万美元

国别（地区）\年份	1997	1998	1999	2000	2001	2002	2003
法国	1 406 120	1 451 954	1 443 706	1 308 400	1 320 421	1 436 937	1 757 551
意大利	1 166 795	1 196 662	1 180 441	1 074 763	1 091 844	1 184 271	1 465 835
西班牙	561 546	588 021	602 389	561 759	584 593	655 223	838 620
荷兰	376 900	393 471	398 529	370 638	384 003	418 473	512 882
俄罗斯	404 941	270 953	195 908	259 718	306 618	345 605	433 490
瑞士	255 887	262 095	258 640	240 266	245 237	267 737	311 737
比利时	244 892	250 321	251 125	228 295	227 112	244 704	301 885
瑞典	247 316	248 038	251 321	239 567	219 417	240 580	301 129
奥地利	205 753	211 898	209 949	190 410	190 165	205 480	253 116
挪威	157 117	150 049	158 099	166 905	169 780	190 477	221 578
丹麦	169 026	172 428	173 123	158 451	159 234	172 928	211 855
波兰	150 014	165 886	161 485	164 146	183 391	188 997	206 619
希腊	121 339	121 957	125 628	113 461	117 248	133 033	172 221
芬兰	122 581	129 406	127 830	119 905	121 008	131 491	161 769
爱尔兰	80 139	86 961	95 474	94 753	102 678	121 729	153 729
葡萄牙	106 368	112 386	115 093	106 457	110 114	121 669	147 352
捷克	57 305	61 602	59 502	55 603	61 077	73 566	90 425
匈牙利	45 724	47 049	48 044	46 681	51 833	64 927	82 806
罗马尼亚	35 286	42 115	35 592	37 025	40 166	45 749	56 951
乌克兰	50 152	41 883	31 581	31 262	38 009	41 477	47 289
斯洛伐克	21 200	22 179	20 407	20 291	20 884	24 188	32 519
克罗地亚	20 294	21 628	19 906	18 428	19 861	22 422	28 329
斯洛文尼亚	19 194	20 600	21 125	18 964	19 527	21 960	27 443
卢森堡	17 467	18 900	19 964	19 586	19 675	21 077	26 001
保加利亚	10 365	12 737	12 955	12 600	13 599	15 563	20 000
立陶宛	9 630	10 889	10 652	11 175	11 875	13 804	17 918
白俄罗斯	140 98	15 222	12 163	10 418	12 355	14 595	17 496
冰岛	7 246	8 017	8 425	8 426	7 649	8 498	10 520
拉脱维亚	5 628	6 090	6 647	7 169	7 664	8 403	10 276
爱沙尼亚	4 614	5 225	5 200	5 149	5 601	6 503	8 246
波黑	3 784	4 228	4 687	4 443	4 674	5 420	6 714
阿尔巴尼亚	2 236	2 824	3 549	3 836	4 263	4 832	6 065
马耳他	3 338	3 507	3 650	3 555	3 626	3 857	4 648
大洋洲	**498 841**	**440 263**	**475 871**	**452 344**	**432 112**	**480 241**	**613 916**
澳大利亚	416 534	371 847	405 575	388 043	368 762	408 984	523 349
新西兰	66 608	54 575	56 662	51 690	51 389	58 364	74 988
法属波利尼西亚	3 703	3 753	3 703	3 297	3 290	3 554	4 379
新喀里多尼亚	3 291	3 159	3 055	2 681	2 538	3 107	3 826
巴布亚新几内亚	4 912	3 792	3 416	3 420	2 898	2 814	3 295
斐济	2 119	1 587	1 861	1 653	1 673	1 862	2 316

资料来源：联合国《国民核算统计年鉴》。

世界主要国家（地区）人均国内生产总值（用美元计算）

（估计数字）

金额单位：美元

国别（地区）＼年份	1997	1998	1999	2000	2001	2002	2003
世界	**5 131**	**5 031**	**5 138**	**5 198**	**5 079**	**5 209**	**5 751**
发达的市场经济国家	26 610	26 810	27 960	28 040	27 510	…	…
发展中的市场经济国家	1 440	1 340	1 310	1 380	1 340	…	…
转轨市场经济国家	2 290	2 000	1 720	1 870	2 110	…	…
非洲	**818**	**786**	**726**	**726**	**686**	**665**	**759**
留尼汪	10 075	10 253	10 102	9 014	9 188	10 849	1 4614
塞舌尔群岛	7 354	7 868	7 983	7 603	7 335	8 704	8 814
赤道几内亚	1 310	1 037	1 707	2 746	3 680	4 463	5 915
毛里求斯	3 638	3 571	3 634	3 840	3 779	3 902	4 594
加蓬	4 559	3 883	3 748	3 995	3 379	3 490	4 155
博茨瓦纳	2 987	2 868	2 743	2 881	2 872	2 857	3 983
利比亚	7 508	6 428	5 935	6 484	5 322	3 514	3 640
南非	3 515	3 112	3 012	2 910	2 572	2 376	3 551
突尼斯	2 056	2 129	2 210	2 043	2 075	2 160	2 561
纳米比亚	2 078	1 886	1 829	1 826	1 639	1 469	2 307
阿尔及利亚	1 670	1 633	1 634	1 801	1 787	1 798	2 049
佛得角	1 238	1 289	1 368	1 241	1 259	1 387	1 765
斯威士兰	1 460	1 340	1 341	1 330	1 204	1 090	1 653
摩洛哥	1 205	1 271	1 231	1 145	1 146	1 200	1 463
埃及	1 325	1 392	1 507	1 524	1 390	1 308	1 062
刚果（布）	740	601	703	934	787	830	1 050
科特迪瓦	782	828	808	675	667	716	886
吉布提	813	795	828	830	842	855	886
喀麦隆	652	673	660	613	582	641	803
安哥拉	668	555	511	737	700	743	725
塞内加尔	500	520	518	466	479	511	641
莱索托	592	508	515	483	419	386	594
贝宁	374	395	394	362	371	415	521
苏丹	344	330	315	367	406	411	459
肯尼亚	369	390	352	342	362	390	444
几内亚	492	457	434	377	362	384	424
赞比亚	398	322	306	311	344	346	398
毛里塔尼亚	441	394	375	340	353	345	381
多哥	363	331	319	291	284	308	377
加纳	375	398	391	254	265	300	354
冈比亚	330	339	339	321	289	257	224
津巴布韦	700	490	439	570	710	647	190
美洲	**13 687**	**14 059**	**14 251**	**15 033**	**15 065**	**15 058**	**15 592**
百慕大	36 904	38 743	41 247	42 533	44 753	45 909	51 991
英属维尔京群岛	26 933	30 789	33 891	34 849	38 530	42 365	46 549
美国	29 923	31 261	32 672	34 253	34 788	35 676	36 924
加拿大	20 956	20 076	21 347	23 198	22 715	23 179	27 097
波多黎各	14 461	15 356	16 099	17 794	18 150	19 432	20 812

世界主要国家（地区）人均国内生产总值（用美元计算）（续）

（估计数字）

金额单位：美元

国别（地区）＼年份	1997	1998	1999	2000	2001	2002	2003
瓜德罗普	10 693	11 172	10 947	10 030	10 323	11 507	14 518
马提尼克岛	11 573	12 125	11 914	10 664	10 723	11 677	14 504
巴哈马	11 816	12 405	13 374	14 217	14 041	14 277	14 462
巴巴多斯	8 338	8 937	9 314	9 688	9 486	9 556	9 867
安圭拉	8 320	8 691	9 380	9 481	9 416	9 573	9 854
法属圭亚那	10 086	9 854	9 341	8 011	7 737	8 108	9 705
安提瓜和巴布达	7 392	7 790	8 091	8 282	8 461	8 689	9 036
特立尼达和多巴哥	4 504	4 725	5 302	6 340	7 031	7 174	7 607
墨西哥	4 252	4 393	4 933	5 870	6 211	6 248	5 945
智利	5 661	5 353	4 858	4 917	4 427	4 254	4 523
格林纳达	3 321	3 656	3 962	4 307	4 189	4 252	4 262
哥斯达黎加	3 510	3 760	4 113	4 059	4 085	4 108	4 189
巴拿马	3 114	3 294	3 331	3 396	3 352	3 355	3 400
阿根廷	8 210	8 273	7 747	7 670	7 163	2 687	3 375
伯利兹	2 744	2 740	2 932	3 152	3 212	3 271	3 363
多米尼克	3 210	3 374	3 459	3 484	3 379	3 235	3 279
乌拉圭	6 644	6 796	6 305	6 011	5 514	3 620	3 274
委内瑞拉	3 883	4 110	4 341	4 995	5 098	3 783	2 994
牙买加	2 899	2 950	2 945	2 988	2 990	3 083	2 802
古巴	2 073	2 150	2 285	2 467	2 563	2 594	2 762
巴西	4 893	4 708	3 165	3 503	2 922	2 615	2 700
多米尼加共和国	2 412	2 496	2 692	3 003	3 241	3 191	2 408
萨尔瓦多	1 889	2 001	2 041	2 114	2 187	2 227	2 302
苏里南	1 872	2 252	1 795	1 838	1 539	1 900	2 240
秘鲁	2 392	2 255	2 014	2 046	2 035	2 108	2 238
厄瓜多尔	1 999	1 934	1 364	1 283	1 666	1 918	2 108
危地马拉	1 690	1 756	1 614	1 655	1 753	1 895	1 963
哥伦比亚	2 668	2 421	2 084	1 989	1 908	1 864	1 744
圭亚那	1 001	954	919	939	935	975	1 010
巴拉圭	1 892	1 650	1 450	1 412	1 222	975	1 001
洪都拉斯	791	859	862	914	947	948	980
玻利维亚	1 014	1 064	1 017	1 009	946	902	878
尼加拉瓜	722	742	757	779	771	750	750
海地	403	452	496	439	410	365	300
亚洲	**2 339**	**2 097**	**2 288**	**2 420**	**2 221**	**2 231**	**2 416**
卡塔尔	20 693	18 373	21 739	30 558	29 998	29 752	34 685
日本	34 269	31 203	35 258	37 500	32 809	31 280	33 819
中国香港	26 973	25 147	23 989	24 292	23 596	23 140	22 618
阿联酋	18 469	16 991	18 029	18 906	19 816	19 806	2 2130
新加坡	25 793	21 495	20 771	22 775	20 676	20 790	2 1195
以色列	19 168	18 707	18 369	19 920	19 080	17 194	1 8101
塞浦路斯	11 157	11 777	11 906	11 259	11 552	12 678	16 038
科威特	16 332	12 759	13 791	15 947	13 935	14 460	13 641

世界主要国家（地区）人均国内生产总值（用美元计算）（续）

（估计数字）

金额单位：美元

国别（地区）＼年份	1997	1998	1999	2000	2001	2002	2003
文莱	16 534	12 261	12 923	12 922	12 135	12 229	12 919
巴林	10 171	9 627	10 032	11 775	11 436	11 872	12 542
韩国	10 400	6 867	8 730	9 854	9 063	10 050	11 059
沙特阿拉伯	8 191	7 019	7 507	8 520	8 169	8 007	8 561
阿曼	6 633	5 726	6 201	7 615	7 423	7 337	7 389
黎巴嫩	4 333	4 811	4 814	4 733	4 747	4 856	5 023
马来西亚	4 674	3 286	3 519	3 915	3 748	3 964	4 227
土耳其	2 913	3 025	2 749	2 918	2 101	2 604	3 418
土库曼斯坦	610	638	845	1 062	1 380	2 559	3 078
泰国	2 554	1 874	2 033	2 012	1 873	2 036	2 273
马尔代夫	1 912	1 972	2 087	2 146	2 084	2 070	2 260
伊朗	1 665	1 609	1 658	1 549	1 635	2 010	2 079
哈萨克斯坦	1 369	1 385	1 068	1 170	1 426	1 593	1 785
叙利亚	1 552	1 616	1 520	1 492	1 506	1 517	1 497
缅甸	573	594	759	877	1 045	1 141	1 174
中国	736	768	798	862	918	995	1 100
菲律宾	1154	895	1 026	1 003	934	992	1 005
印度尼西亚	1063	464	671	710	659	796	944
斯里兰卡	840	864	851	876	833	868	913
亚美尼亚	508	595	587	614	686	770	905
阿塞拜疆	498	554	566	646	694	752	853
格鲁吉亚	660	681	529	578	614	656	770
伊拉克	603	674	709	766	857	780	594
印度	434	429	450	460	471	484	555
巴基斯坦	496	483	457	446	411	449	498
朝鲜	474	468	465	476	492	493	494
越南	368	361	372	401	416	441	471
蒙古	440	404	366	379	402	437	462
乌兹别克斯坦	656	622	697	552	278	385	338
欧洲	**13 150**	**13 393**	**13 284**	**12 425**	**12 625**	**13 804**	**16 772**
卢森堡	41 871	44 662	46 515	45 001	44 590	47 129	57 379
挪威	35 658	33 880	35 519	37 317	37 783	42 200	48 881
列支敦士登	35 725	36 556	36 063	33 498	34 190	37 334	43 486
丹麦	32 088	32 615	32 633	29 772	29 833	32 314	39 497
圣马力诺	29 194	30 917	32 282	29 039	29 174	31 320	38 397
冰岛	26 509	29 001	30 146	29 848	26 846	29 576	36 328
瑞典	27 918	27 999	28 378	27 050	24 764	27 131	33 925
瑞士	24 096	25 017	25 203	23 314	24 026	26 046	31 759
荷兰	24 096	25 017	25 203	23 314	24 026	26 046	31 759
奥地利	25 420	26 163	25 921	23 503	23 460	25 333	31 187
芬兰	23 841	25 105	24 744	23 161	23 327	25 299	31 069
英国	22 852	24 415	25 001	24 524	24 303	26 488	30 355
比利时	24 038	24 520	24 549	22 271	22 108	23 767	29 257

世界主要国家（地区）人均国内生产总值（用美元计算）（续）

（估计数字）

金额单位：美元

国别（地区） \ 年份	1997	1998	1999	2000	2001	2002	2003
摩纳哥	23 993	24 683	24 449	22 065	22 168	24 009	29 222
法国	23 993	24 683	24 449	22 065	22 168	24 009	29 222
德国	25 722	26 102	25 638	22 730	22 534	24 100	29 137
意大利	20 307	20 810	20 519	18 680	18 982	20 602	25 527
西班牙	13 947	14 541	14 835	13 785	14 302	15 990	20 424
安道尔	13 947	14 541	14 835	13 785	14 302	15 990	20 424
希腊	11 400	11 350	11 595	10 406	10 710	12 127	15 690
葡萄牙	10 687	11 268	11 514	10 629	10 975	12 108	14 645
斯洛文尼亚	9 612	10 325	10 603	9 531	9 824	11 058	13 831
马耳他	8 713	9 103	9 426	9 136	9 274	9 824	11 790
捷克	5 557	5 982	5 786	5 415	5 955	7 180	8 834
匈牙利	4 509	4 659	4 778	4 662	5 200	6 543	8 384
克罗地亚	4 602	4 891	4 486	4 145	4 468	5 052	6 398
爱沙尼亚	3 280	3 751	3 767	3 767	4 141	4 860	6 232
斯洛伐克	3 940	4 118	3 788	3 764	3 871	4 481	6 019
波兰	3 880	4 289	4 175	4 245	4 745	4 893	5 355
立陶宛	2 731	3 094	3 033	3 192	3 408	3 984	5 203
拉脱维亚	2 312	2 524	2 778	3 022	3 260	3 608	4 453
俄罗斯	2 748	1 845	1 339	1 784	2 116	2 399	3 026
罗马尼亚	1 564	1 869	1 581	1 647	1 790	2 044	2 550
保加利亚	1 251	1 549	1 587	1 556	1 693	1 954	2 533
阿尔巴尼亚	713	905	1 140	1 232	1 365	1 538	1 915
白俄罗斯	1 385	1 502	1 206	1 038	1 237	1 468	1 768
波黑	1 073	1 148	1 219	1 117	1 149	1 314	1 613
乌克兰	985	829	630	629	771	848	975
大洋洲	**16 903**	**14 710**	**15 685**	**14 714**	**13 877**	**15 232**	**19 238**
澳大利亚	22 491	19 846	21 404	20 260	19 056	20 926	26 525
新西兰	18 077	14 674	15 104	13 662	13 470	15 177	19 350
法属波利尼西亚	16 666	16 614	16 127	14 132	13 881	14 767	17 918
新喀里多尼亚	16 289	15 298	14 486	12 455	11 552	13 868	16 751
库克群岛	4 581	4 060	4 393	4 413	4 666	5 583	7 332
帕劳	6 301	6 383	6 037	6 150	6 234	6 194	6 174
瑙鲁	3 290	2 773	2 837	2 698	2 500	2 759	3 465
斐济	2 693	1 995	2 312	2 031	2 035	2 241	2 761
图瓦卢	1 414	1 394	1 469	1 409	1 378	1 845	2 285
密克罗尼西亚	1 958	1 952	2 029	2 138	2 215	2 216	2 281
马绍尔群岛	1 878	1 914	1 921	1 910	1 967	2 021	2 108
汤加	1 654	1 471	1 485	1 421	1 270	1 317	1 626
瓦努阿图	1 398	1 240	1 192	1 123	1 062	976	1 140

资料来源：联合国《国民核算统计年鉴》。

世界主要国家（地区）外汇储备

（期末数）

金额单位：百万美元

国别/地区 \ 年份	2000	2001	2002	2003	2004*
世界	**1 941 548**	**2 052 268**	**2 407 499**	**3 027 453**	**3 632 258**
日本	347 212	387 727	451 458	652 790	819 141
中国	165 574	212 165	286 407	403 251	573 882
韩国	95 855	102 488	120 811	154 509	191 720
印度	37 264	45 251	66 994	97 617	122 319
中国香港	107 540	111 160	111 900	118 360	121 440
俄罗斯	24 263	32 538	44 051	73 172	113 699
新加坡	79 685	74 851	81 367	94 975	108 488
墨西哥	35 142	44 384	49 895	57 740	62 341
马来西亚	28 625	29 585	33 280	43 466	61 699
巴西	32 488	35 729	37 409	49 108	49 928
瑞士	30 854	30 141	38 164	45 560	49 750
泰国	31 933	32 350	38 042	40 965	46 921
挪威	26 707	22 198	30 692	35 890	42 126
美国	31 240	28 980	33 820	39 720	42 100
阿尔及利亚	11 910	17 963	23 108	32 942	41 360
德国	49 667	43 710	42 495	41 095	38 946
丹麦	14 469	16 117	25 901	36 004	37 437
土耳其	22 313	18 733	26 884	33 793	35 338
波兰	26 320	25 162	27 959	31 724	35 024
印度尼西亚	28 280	27 048	30 754	34 742	34 286
澳大利亚	16 782	16 434	18 618	29 966	31 390
加拿大	28 841	30 484	32 685	31 537	29 771
法国	32 114	26 363	21 965	23 122	29 180
捷克	13 016	14 189	23 315	26 294	27 422
以色列	23 163	23 179	23 665	25 778	26 840
意大利	22 423	20 905	24 588	26 056	23 088
瑞典	13 757	12 740	15 520	18 015	20 117
沙特阿拉伯	18 036	14 796	16 715	17 662	19 473

世界主要国家（地区）外汇储备（续）

（期末数）

金额单位：百万美元

国别/地区 \ 年份	2000	2001	2002	2003	2004*
委内瑞拉	12 633	8 825	8 038	15 546	17 688
阿根廷	24 414	14 542	10 395	13 145	17 314
尼日利亚	9 910	10 456	7 331	7 128	16 345
智利	14 686	14 041	14 814	15 211	15 493
匈牙利	10 915	10 302	9 721	12 015	14 590
埃及	12 913	12 891	13 151	13 400	13 734
罗马尼亚	2 469	3 916	6 123	8 040	13 026
菲律宾	12 931	13 305	13 007	13 326	12 497
南非	5 793	5 765	5 601	6 164	12 267
哥伦比亚	8 409	9 659	10 190	10 188	12 204
秘鲁	8 373	8 670	9 338	9 776	11 857
芬兰	7 341	7 198	8 437	9 545	10 813
西班牙	29 516	27 905	32 590	17 513	10 366
乌克兰	1 104	2 704	4 213	6 710	9 658
保加利亚	3 028	3 247	4 362	6 175	8 335
比利时	7 988	8 743	8 909	7 651	7 594
奥地利	13 492	11 444	8 540	7 144	6 887
荷兰	7 004	5 930	6 017	7 180	6 859
科威特	6 504	9 191	8 357	6 641	6 466
新西兰	2 997	2 605	3 258	4 206	5 078
葡萄牙	8 539	9 228	10 656	5 249	4 188
突尼斯	1 781	1 962	2 260	2 913	3 880
英国	39 280	31 940	32 790	35 150	3 876
爱尔兰	4 983	5 196	4 879	3 425	2 275
希腊	13 116	4 787	7 629	3 843	1 599
巴布亚新几内亚	274	414	315	490	658
中国台湾省	16 740	122 210	161 660	206 630	…
阿联酋	13 304	13 918	14 897	14 732	…

注： * 仅 11 月底数字。

资料来源： 国际货币基金组织《国际金融统计》（月刊和年鉴）、联合国《统计月报》、中国台湾省《统计月报》。

世界主要国家（地区）黄金储备

（期末数）　　　　单位：万盎司

国别/地区 \ 年份	1999	2000	2001	2002	2003
世界	**96 707**	**95 209**	**94 276**	**93 055**	**91 309**
美国	26 167	26 161	26 200	26 200	26 155
德国	11 152	11 152	11 113	11 079	11 058
法国	9 725	9 725	9 725	9 725	9 725
意大利	7 883	7 883	7 883	7 883	7 883
瑞士	8 328	7 779	7 068	6 162	5 251
荷兰	3 157	2 932	2 844	2 738	2 500
日本	2 423	2 455	2 460	2 460	2 460
中国	1 270	1 270	1 610	1 929	1 929
葡萄牙	1 951	1 951	1 951	1 903	1 663
西班牙	1 683	1 683	1 683	1 683	1 638
俄罗斯	1 333	1 236	1 360	1 246	1 255
印度	1 150	1 150	1 150	1 150	1 150
委内瑞拉	976	1 024	1 094	1 056	1 147
奥地利	1 310	1 214	1 117	1 021	1 021
英国	2 055	1 567	1 142	1 009	1 007
黎巴嫩	922	922	922	922	922
比利时	830	830	830	829	829
菲律宾	620	723	798	873	822
瑞典	596	596	596	596	596
阿尔及利亚	558	558	558	558	558
利比亚	462	462	462	462	462
沙特阿拉伯	460	460	460	460	460
南非	394	590	572	558	398
土耳其	374	374	373	373	373
希腊	424	426	394	394	345
罗马尼亚	332	337	338	339	338
波兰	331	331	331	331	331
印度尼西亚	310	310	310	310	310
泰国	247	237	248	250	260
澳大利亚	256	256	256	256	256
科威特	254	254	254	254	254
埃及	243	243	243	243	243
丹麦	214	214	214	214	214
巴基斯坦	209	209	209	209	210
哈萨克斯坦	180	184	184	171	174
芬兰	158	158	158	158	158
保加利亚	103	128	129	128	128
挪威	118	118	118	118	118
马来西亚	118	117	117	117	117
斯洛伐克	129	129	113	113	113
秘鲁	110	110	111	111	111
巴西	317	189	46	44	45
加拿大	181	118	105	60	11
阿根廷	34	2	1	1	1
智利	122	7	7	1	1
乌拉圭	180	108	1	1	1

资料来源：国际货币基金组织《国际金融统计》2005 年 3 月，联合国《统计月报》2004 年 12 月。

发达国家向发展中国家和国际多边机构提供的官方发展援助

以当前价格和汇率计算的净交付额

年份 / 国别	百万美元							占国民总收入的百分比						
	1987—1988平均值	1992—1993平均值[a]	1999	2000	2001	2002	2003	1987—1988平均值	1992—1993平均值[a]	1999	2000	2001	2002	2003
澳大利亚	864	984	982	987	873	989	1 219	0.41	0.36	0.26	0.27	0.25	0.26	0.25
奥地利	251	205	492	440	633	520	505	0.21	0.11	0.24	0.23	0.29	0.26	0.20
比利时	644	840	760	820	867	1 072	1 853	0.44	0.39	0.30	0.36	0.37	0.43	0.60
加拿大	2 116	2 457	1 706	1 744	1 533	2 004	2 031	0.48	0.46	0.28	0.25	0.22	0.28	0.24
丹麦	890	1 366	1 733	1 664	1 634	1 643	1 748	0.88	1.03	1.01	1.06	1.03	0.96	0.84
芬兰	520	499	416	371	389	462	558	0.55	0.56	0.33	0.31	0.32	0.35	0.35
法国	5 356	8 093	5 639	4 105	4 198	5 486	7 253	0.59	0.63	0.39	0.32	0.32	0.38	0.41
德国	4 561	7 269	5 515	5 030	4 990	5 324	6 784	0.39	0.36	0.26	0.27	0.27	0.27	0.28
希腊	..	..	194	226	202	276	362	..	..	0.15	0.20	0.17	0.21	0.21
爱尔兰	54	76	245	234	287	398	504	0.20	0.18	0.31	0.29	0.33	0.40	0.39
意大利	2 904	3 583	1 806	1 376	1 627	2 332	2 433	0.37	0.33	0.15	0.13	0.15	0.20	0.17
日本	8 238	11 205	12 163	13 508	9 847	9 283	8 880	0.31	0.28	0.27	0.28	0.23	0.23	0.20
卢森堡	16	44	119	123	139	147	194	0.19	0.31	0.66	0.71	0.76	0.77	0.81
荷兰	2 163	2 639	3 134	3 135	3 172	3 338	3 981	0.98	0.84	0.79	0.84	0.82	0.81	0.80
新西兰	95	97	134	113	112	122	165	0.27	0.25	0.27	0.25	0.25	0.22	0.23
挪威	938	1 144	1 370	1 264	1 346	1 696	2 042	1.11	1.09	0.88	0.76	0.80	0.89	0.92
葡萄牙	62	264	276	271	268	323	320	0.16	0.31	0.26	0.26	0.25	0.27	0.22
西班牙	240	1 411	1 363	1 195	1 737	1 712	1 961	0.08	0.27	0.23	0.22	0.30	0.26	0.23
瑞典	1 454	2 114	1 630	1 799	1 666	2 012	2 400	0.87	1.01	0.70	0.80	0.77	0.84	0.79
瑞士	582	966	984	890	908	939	1 299	0.31	0.39	0.35	0.34	0.34	0.32	0.39
英国	2 258	3 082	3 426	4 501	4 579	4 924	6 282	0.30	0.31	0.24	0.32	0.32	0.31	0.34
美国	9 628	10 916	9 145	9 955	11 429	13 290	16 254	0.21	0.17	0.10	0.10	0.11	0.13	0.15
总计	**43 834**	**58 318**	**53 233**	**53 749**	**52 435**	**58 292**	**69 029**	**0.33**	**0.31**	**0.22**	**0.22**	**0.22**	**0,23**	**0.25**
其中：欧盟国家	21 374	31 483	26 750	25 289	26 388	29 969	37 139	0.44	0.44	0.32	0.32	0.33	0.35	0.35

资料来源： 经济合作与发展组织发展援助委员会 2005 年 2 月公布的《2004 年发展合作评论》。a）除总计外，包括 1991 年和 1992 年对非官方发展援助的债务减免。

发达国家双边援助的部门分布

国别＼年份	社会公共基础设施		经济基础设施		农业		工业和其他产业		物资援助和方案援助		紧急援助		其他领域		备注：非政府组织援助额所占比例[1]
	1982—1983	2002—2003	1982—1983	2002—2003	1982—1983	2002—2003	1982—1983	2002—2003	1982—1983	2002—2003	1982—1983	2002—2003	1982—1983	2002—2003	2002—2003
澳大利亚	15.0	44.0	4.7	6.7	7.3	6.6	3.5	0.7	59.5	4.7	1.3	13.6	8.5	23.7	4.8
奥地利	12.7	39.3	62.3	7.7	1.2	1.4	13.5	2.2	1.3	0.4	0.7	9.1	8.2	40.0	7.8
比利时	11.1	25.7	4.2	4.7	3.5	4.3	34.3	0.6	1.9	2.7	0.4	6.2	44.6	55.8	4.2
加拿大	16.3	38.6	15.7	3.5	15.7	4.4	27.9	2.6	14.1	1.9	2.3	12.1	8.0	36.9	4.1
丹麦	20.4	38.5	22.6	19.2	19.4	4.6	32.1	3.1	–	0.6	–	8.4	5.4	25.6	4.8
芬兰	15.9	49.3	21.1	5.4	16.9	4.3	35.1	2.2	0.2	2.6	3.7	11.9	7.2	24.4	8.0
法国	51.3	30.1	14.8	4.4	9.5	2.4	6.9	0.9	6.7	3.4	0.2	6.3	10.6	52.5	0.5
德国	29.7	36.2	28.7	11.6	10.3	3.1	13.8	1.1	2.9	0.9	0.7	3.8	14.0	43.3	7.4
希腊	..	83.1	..	1.6	..	0.7	..	0.7	..	0.0	..	5.1	..	8.7	5.0
爱尔兰	–	65.6	–	2.1	–	5.1	–	0.4	–	5.7	–	7.0	100.0	14.1	13.6
意大利	19.3	13.1	21.6	1.2	18.5	1.5	10.8	0.8	9.8	5.0	1.7	6.8	18.3	71.6	2.4
日本	13.1	20.4	43.8	27.8	10.4	6.8	15.4	1.6	4.0	0.4	0.1	0.7	13.2	42.4	1.8
卢森堡	..	..	..	..	..	..	..	..	..	..	..	..	..	..	8.2
荷兰	32.0	24.6	14.9	6.8	17.7	2.5	9.1	0.4	4.3	3.2	1.9	3.3	20.0	59.2	14.9
新西兰	22.4	47.8	27.3	4.0	16.8	2.6	3.7	1.8	24.2	7.4	2.1	12.7	3.5	23.7	6.5
挪威	19.6	48.6	24.9	7.2	17.5	4.5	12.8	0.8	0.1	3.6	7.0	18.7	18.1	16.6	21.1
葡萄牙	..	75.5	..	3.6	..	2.0	..	0.9	..	0.8	..	0.8	..	16.4	0.7
西班牙	..	41.0	..	17.4	..	4.5	..	2.4	..	0.7	..	4.7	..	29.3	18.7
瑞典	21.4	33.2	5.8	8.0	12.9	2.1	12.2	0.8	0.6	3.1	12.7	22.8	34.4	30.0	13.4
瑞士	20.4	19.6	2.1	9.4	23.0	5.3	31.4	4.0	8.9	5.1	11.2	17.7	3.1	38.8	9.6
英国	18.7	37.6	26.9	7.5	7.8	5.3	25.3	2.0	3.7	0.3	0.4	12.6	17.2	34.7	8.7
美国	17.3	37.1	4.2	3.3	14.2	1.8	13.4	4.3	26.1	13.8	1.9	12.7	22.9	27.0	–
总计	**25.0**	**32.0**	**18.6**	**10.5**	**12.1**	**3.7**	**13.8**	**2.2**	**12.4**	**5.1**	**1.5**	**8.1**	**16.5**	**38.3**	**5.2**

注：[1] 按交付额计算。

资料来源：经济合作与发展组织发展援助委员会2005年2月公布的《2004年发展合作评论》。

发达国家官方发展援助协议额的财政条件[1]

2002—2003 年平均值

国别	官方发展援助总额中的赠予成分 标准：86%[2]		无偿援助所占比例：		官方发展援助贷款中赠予成分所占比例	向最不发达国家提供的官方发展援助中赠予成分所占比例[3]	向最不发达国家提供的双边援助中赠予成分所占比例
	1992—1993 年	2002—2003 年	双边援助	援助总额			
澳大利亚	100.0	100.0	100.0	100.0	–	100.0	100.0
奥地利	88.0	100.0	99.9	100.0	68.2	100.0	99.9
比利时	99.3	99.2	98.6	98.9	72.6	99.8	99.7
加拿大	99.3	99.9	99.1	99.3	89.4	100.0	100.0
丹麦	100.0	100.0	97.0	98.3	–	100.0	100.0
芬兰	97.4	100.0	97.2	98.4	–	100.0	100.0
法国	88.8	95.2	84.5	88.3	48.4	99.3	99.3
德国	93.3	97.4	87.1	92.5	65.6	100.0	100.0
希腊	..	100.0	100.0	100.0	–	100.0	100.0
爱尔兰	100.0	100.0	100.0	100.0	–	100.0	100.0
意大利	92.8	98.7	71.3	91.1	82.2	99.9	99.9
日本	78.4	87.3	46.8	56.3	71.0	99.2	99.0
卢森堡	100.0	100.0	100.0	100.0	–	100.0	100.0
荷兰	99.5	100.0	100.0	100.0	–	100.0	100.0
新西兰	100.0	100.0	100.0	100.0	–	100.0	100.0
挪威	99.5	100.0	98.0	98.6	–	100.0	100.0
葡萄牙	98.4	99.7	99.2	99.6	51.3	100.0	100.0
西班牙	82.3	92.8	63.3	78.0	70.2	91.5	89.8
瑞典	100.0	99.8	98.8	99.1	54.2	99.7	99.7
瑞士	100.0	100.0	97.4	98.1	–	100.0	100.0
英国	100.0	100.0	90.1	93.7	–	100.0	100.0
美国	99.1	99.9	99.4	99.5	65.5	100.0	100.0
总计	**91.7**	**97.0**	**86.1**	**89.7**	**68.9**	**99.7**	**99.7**

注：[1] 不包括债务重组。

[2] 官方援助与国民总收入的比例低于发展援助委员会平均值的国家被认为没有达到财政条件标准。据此，2002 年意大利和美国没有达标。

[3] 包括多边援助中的赠予成分。

资料来源：经济合作与发展组织发展援助委员会 2005 年 2 月公布的《2004 年发展合作评论》。

非发展援助委员会国家提供的官方发展援助

百万美元，净交付额

国别（地区）/年份	1999	2000	2001	2002	2003
非发展援助委员会国家					
捷克	15	16	26	45	91
匈牙利	..	..	..	..	21
冰岛	8	9	10	13	18
韩国	317	212	265	279	366
波兰	20	29	36	14	27
斯洛伐克	7	6	8	7	15
土耳其	120	82	64	73	67
阿拉伯国家					
科威特	147	165	73	20	133
沙特阿拉伯	185	295	490	2 478	2 391
阿联酋	92	150	127	156	188
其他国家/地区					
以色列[a]	114	164	76	114	92
其他国家/地区[b]	0	1	2	3	4
总计	**1 026**	**1 128**	**1 178**	**3 201**	**3 411**
其中：双边援助					
非发展援助委员会国家					
捷克	7	6	15	31	80
匈牙利	..	..	..	..	14
冰岛	4	4	5	5	14
韩国	131	131	172	207	245
波兰	15	13	31	9	19
斯洛伐克	4	2	3	4	9
土耳其	37	26	19	27	26
阿拉伯国家					
科威特	147	164	73	20	109
沙特阿拉伯	−1	129	395	2 146	2 340
阿联酋	92	150	127	156	188
其他国家/地区					
以色列[a]	100	158	69	107	84
其他国家/地区[b]	0	0	1	0	1
总计	**535**	**784**	**909**	**2 711**	**3 129**

a）包括向来自发展中国家的人员（这些国家大部分都发生了国内战争或局势动荡），或者是那些由于人道主义或政治原因离开本国的难民提供的第一年的生活费。这些费用2000年为6 680万美元，2001年为5 010万美元，2002年为8 780万美元，2003年为6 880万美元。

b）包括爱沙尼亚、拉脱维亚和立陶宛。

注：中国也提供援助，但未提供数据。

资料来源：经济合作与发展组织发展援助委员会2005年2月公布的《2004年发展合作评论》。

2003 年世界最大 225 家国际工程承包公司营业额的市场分布

承包商国籍	公司数量	国外营业额		中东		亚洲		非洲		欧洲		美国		加拿大		拉美	
		亿美元	%	亿美元	%	亿美元	%	亿美元	%	亿美元	%	亿美元	%	亿美元	%	亿美元	%
美　国	66	266.46	19.1	54.98	33.4	30.94	11.9	20.09	15.9	92.85	19.9	—	—	32.78	68.9	34.79	35.2
加拿大	3	2.25	0.2	0.59	0.4	0.41	0.2	0.00	0	0.00	0	1.25	0.5	—	—	0.00	0
欧　洲	54	833.01	59.6	62.07	37.7	85.10	32.7	58.83	46.5	345.32	74	209.58	92	14.38	30.2	103.34	104.6
英　国	6	90.93	6.5	3.99	2.4	15.86	6.1	2.25	1.8	31.32	6.7	36.51	16	0.62	1.3	0.39	0.4
德　国	6	144.14	10.3	1.79	1.1	46.17	17.7	8.07	6.4	22.69	4.9	63.80	28	0.00	0	1.61	1.6
法　国	7	207.66	14.9	15.93	9.7	14.14	5.4	25.91	20.5	105.64	22.6	32.00	14	8.60	18.1	5.45	5.5
意大利	12	62.67	4.5	22.64	13.8	1.32	0.5	8.79	6.9	5.43	1.2	2.86	1.3	0.02	0	21.61	21.9
荷　兰	2	47.91	3.4	0.00	0	0.00	0	1.13	0.9	36.76	7.9	4.08	1.8	0.00	0	0.00	0
其　他	21	279.69	20	17.71	10.8	7.62	2.9	12.69	10	143.47	30.7	70.33	30.9	5.15	10.8	22.60	22.9
日　本	19	125.04	8.9	17.64	10.7	64.34	24.7	13.04	10.3	12.11	2.6	14.98	6.6	0.29	0.6	2.65	2.7
中　国	47	83.33	6	9.63	5.9	53.74	20.6	14.92	11.8	2.35	0.5	0.91	0.4	0.01	0	1.78	1.8
韩　国	6	26.86	1.9	8.28	5	12.76	4.9	5.57	4.4	0.12	0	0.00	0	0.00	0	0.13	0.1
所有其他	30	61.28	4.4	11.37	6.9	13.02	5	14.10	11.1	13.85	3	1.04	0.5	0.11	0.2	7.80	7.9
全部公司	**225**	**1 398.23**	**100**	**164.56**	**100**	**260.30**	**100**	**126.55**	**100**	**466.59**	**100**	**227.77**	**100**	**47.56**	**100**	**98.81**	**100**

资料来源：美国《工程新闻记录》，2004 年 8 月 23 日。

2003 年世界最大 200 家国际工程设计咨询公司营业额的市场分布

承包商国籍	公司数量	国外营业额		中东		亚洲		非洲		欧洲		美国		加拿大		拉美	
		亿美元	%	亿美元	%	亿美元	%	亿美元	%	亿美元	%	亿美元	%	亿美元	%	亿美元	%
美国	98	95.780	45.6	8.819	44.1	23.322	48.1	8.019	39.6	40.110	56.9	NA	NA	8.163	67.1	7.348	59.5
加拿大	9	19.857	9.5	0.948	4.7	4.942	10.2	3.805	18.8	1.925	2.7	6.831	27.4	NA	NA	1.406	11.4
欧洲	50	76.723	36.6	6.335	31.6	13.633	28.1	5.139	25.3	28.059	39.8	16.439	66.0	4.007	32.9	3.112	25.2
英国	9	25.769	12.3	1.720	8.6	5.053	10.4	0.701	3.5	5.662	8.0	9.147	36.7	2.884	23.7	0.602	4.9
德国	8	3.908	1.9	0.506	2.5	1.236	2.6	0.642	3.2	1.175	1.7	0.008	0.0	0.000	0.0	0.341	2.8
法国	6	10.319	4.9	1.174	5.9	2.085	4.3	1.839	9.1	4.010	5.7	0.554	2.2	0.097	0.8	0.561	4.5
意大利	2	1.180	0.6	0.450	2.2	0.170	0.4	0.010	0.0	0.470	0.7	0.000	0.0	0.000	0.0	0.080	0.6
荷兰	8	18.223	8.7	0.950	4.7	2.415	5.0	0.599	3.0	8.296	11.8	4.882	19.6	0.547	4.5	0.535	4.3
其他	17	17.323	8.3	1.535	7.7	2.674	5.5	1.349	6.7	8.446	12.0	1.848	7.4	0.479	3.9	0.993	8.0
日本	13	7.799	3.7	0.991	5.0	4.189	8.6	2.065	10.2	0.173	0.2	0.073	0.3	0.000	0.0	0.308	2.5
中国	12	2.079	1.0	0.651	3.3	0.871	1.8	0.296	1.5	0.213	0.3	0.001	0.0	0.002	0.0	0.046	0.4
所有其他	18	7.662	3.7	2.723	13.6	1.675	3.5	0.959	4.7	0.530	0.8	1.557	6.3	0.001	0.0	0.217	1.8
全部公司	**200**	**209.899**	**100.0**	**20.016**	**100.0**	**48.461**	**100.0**	**20.272**	**100.0**	**70.540**	**100.0**	**24.900**	**100.0**	**12.173**	**100.0**	**12.357**	**100.0**

资料来源： 美国《工程新闻记录》，2004 年 7 月 26 日。

国 际 直 接 投 资 流 量

年 份	发达国家		发展中国家		中东欧		所有国家	
	流进	流出	流进	流出	流进	流出	流进	流出
				金额（单位：亿美元）				
1992—1997（年均）	1 807.50	2 757.16	1 185.96	513.51	115.33	11.82	3 108.79	3 282.48
1998	4 725.45	6 314.78	1 940.55	534.38	243.05	23.24	6 909.05	6 872.40
1999	8 283.52	10 143.31	2 318.80	754.88	265.18	24.60	10 867.50	10 922.79
2000	11 079.87	10 838.85	2 524.59	989.29	275.08	40.24	13 879.53	11 868.38
2001	5 714.83	6 580.94	2 197.21	598.61	263.71	35.46	8 175.74	7 215.01
2002	4 899.07	5 476.03	1 576.12	440.09	312.32	48.76	6 787.51	5 964.87
2003	3 665.73	5 695.77	1 720.33	355.91	209.70	70.34	5 595.76	6 122.01
				占世界比重（%）				
1992—1997（年均）	58.14	84.00	38.15	15.64	3.71	0.36	100	100
1998	68.40	91.89	28.09	7.78	3.52	0.34	100	100
1999	76.22	92.86	21.34	6.91	2.44	0.23	100	100
2000	79.83	91.33	18.19	8.34	1.98	0.34	100	100
2001	69.90	91.21	26.87	8.30	3.23	0.49	100	100
2002	72.18	91.80	23.22	7.38	4.60	0.82	100	100
2003	65.51	93.04	30.74	5.81	3.75	1.15	100	100
				增长率（%）				
1998	75.24	59.44	0.43	-30.29	27.70	-44.86	43.37	44.10
1999	75.30	60.63	19.49	41.26	9.11	5.85	57.29	58.94
2000	33.76	6.86	8.87	31.05	3.73	63.58	27.72	8.66
2001	-48.42	-39.28	-12.97	-39.49	-4.13	-11.88	-41.09	-39.21
2002	-14.27	-16.79	-28.27	-26.48	18.43	37.51	-16.98	-17.33
2003	-25.17	4.01	9.15	-19.13	-32.86	44.26	-17.56	2.63

资料来源：联合国贸发会议《2004 年世界投资报告》。

2002 年按国外资产排序的世界最大 100 家非金融类跨国公司名录

（百万美元和雇员数）

2002 年排名依据		2001 年排名依据		公司名称	国别/地区	行业	资产额		销售额		雇员数		跨国指数（%）
国外资产	跨国指数	国外资产	跨国指数				国外	总计	国外	总计	国外	总计	
1	84	2	83	通用电气	美国	电气设备和电子设备	229 001	575 244	45 403	131 698	150 000	315 000	40. 6
2	12	1	13	沃达丰集团	英国	电信	207 622	232 870	33 631	42 312	56 667	66 667	84. 5
3	67	7	85	福特汽车	美国	汽车	165 024	295 222	54 472	163 420	188 453	350 321	47. 7
4	16	3	15	英国石油	英国	石油开采/提炼/销售	126 109	159 125	145 982	180 186	97 400	116 300	81. 3
5	95	8	87	通用汽车	美国	汽车	107 926	370 782	48 071	186 763	101 000	350 000	27. 9
6	45	9	48	壳牌	英国/荷兰	石油开采/提炼/销售	94 402	145 392	114 294	179 431	65 000	111 000	62. 4
7	73	12	47	丰田汽车	日本	汽车	79 433	167 270	72 820	127 113	85 057	264 096	45. 7
8	22	10	21	道达尔—菲纳—埃尔夫	法国	石油开采/提炼/销售	79 032	89 450	77 461	96 993	68 554	121 469	74. 9
9	65	-	-	法国电信	法国	电信	73 454	111 735	18 187	44 107	102 016	243 573	49. 6
10	41	6	39	埃克森—美孚	美国	石油开采/提炼/销售	60 802	94 940	141 274	200 949	56 000	92 000	65. 1
11	53	15	51	大众集团	德国	汽车	57 133	114 156	59 662	82 244	157 887	324 892	57. 1
12	86	20	86	E. On	德国	电力、天然气和水	52 294	118 526	13 104	35 054	42 063	107 856	40. 2
13	78	22	81	莱茵集团	德国	电力、天然气和水	50 699	105 116	17 622	44 110	55 563	131 765	43. 4
14	40	4	36	威望迪	法国	媒体	49 667	72 682	30 041	55 004	45 772	61 815	65. 7
15	50	16	57	雪佛龙德士古	美国	石油开采/提炼/销售	48 489	77 359	55 087	98 691	37 038	66 038	58. 2
16	29	17	38	和记黄埔	中国香港	多种经营	48 014	63 284	8 088	14 247	124 942	154 813	71. 1
17	46	-	-	西门子	德国	电气设备和电子设备	47 511	76 474	50 724	77 244	251 340	426 000	62. 3
18	94	30	91	法国电力	法国	电力、天然气和水	47 385	151 835	12 552	45 743	50 437	171 995	29. 3
19	66	13	63	菲亚特	意大利	汽车	46 150	96 990	24 560	52 638	98 703	186 492	49. 1
20	31	19	44	本田汽车	日本	汽车	43 641	63 755	49 167	65 366	42 885	63 310	70. 5
21	9	18	11	新闻公司	澳大利亚	媒体	40 331	45 214	16 028	17 421	31 220	35 000	90. 1
22	6	39	5	罗士控股	瑞士	制药	40 152	46 160	18 829	19 173	61 090	69 659	91. 0
23	19	11	18	苏伊士	法国	电力、天然气和水	38 739	44 805	34 165	43 596	138 200	198 750	78. 1
24	58	27	60	宝马	德国	汽车	37 604	58 192	30 211	39 995	20 120	96 263	53. 7
25	64	26	75	埃尼	意大利	石油开采/提炼/销售	36 991	68 987	22 820	45 329	36 973	80 655	49. 9

2002 年按国外资产排序的世界最大 100 家非金融类跨国公司名录（续）

（百万美元和雇员数）

2002 年排名依据		2001 年排名依据		公司名称	国别/地区	行业	资产额		销售额		雇员数		跨国指数（%）
国外资产	跨国指数	国外资产	跨国指数				国外	总计	国外	总计	国外	总计	
26	48	21	20	雀巢	瑞士	食品和饮料	36 145	63 007	34 870	57 508	150 232	254 199	59.0
27	98	35	97	戴姆勒/克莱斯勒	德国/美国	汽车	35 778	196 375	46 137	141 491	72 560	365 571	23.6
28	63	14	52	西班牙电信	西班牙	电信	35 720	71 327	11 286	26 874	88 401	152 845	50.0
29	62	23	65	IBM	美国	电气设备和电子设备	34 951	96 484	48 427	81 186	178 602	315 889	50.8
30	92	-	-	ConocoPhillips	美国	石油开采/提炼/销售	32 094	76 836	10 074	56 748	23 934	57 300	33.8
31	99	34	95	沃尔玛	美国	零售	30 709	94 685	40 794	244 524	300 000	1 400 000	23.5
32	52	32	53	索尼	日本	电气设备和电子设备	29 821	69 476	42 858	61 284	94 000	161 100	57.1
33	44	29	45	家乐福	法国	零售	28 594	40 804	31 809	65 011	271 031	386 762	63.0
34	70	60	61	惠普	美国	电气设备和电子设备	28 247	70 710	33 286	56 588	56 326	141 000	46.2
35	5	24	3	ABB	瑞士	机械设备	28 155	29 533	17 144	18 295	131 321	139 051	94.5
36	42	25	35	联合利华	英国/荷兰	多种经营	27 937	46 752	27 614	46 122	193 000	258 000	64.8
37	10	28	7	飞利浦电子	荷兰	电气设备和电子设备	27 880	33 849	28 673	30 099	140 827	170 087	86.8
38	34	-	-	Novartis	瑞士	制药	25 874	45 588	20 588	20 906	40 282	72 877	70.2
39	39	33	40	安万特	法国	制药	23 753	32 574	14 767	19 506	37 802	78 099	65.7
40	101	-	-	时代华纳	美国	媒体	23 476	115 450	8 329	40 961	18 555	91 250	20.3
41	72	31	69	雷普索尔	西班牙	石油开采/提炼/销售	23 121	39 902	11 303	34 516	14 072	30 110	45.8
42	32	38	24	埃伊斯发电	美国	电力、天然气和水	22 784	33 776	6 542	8 632	24 284	36 000	70.2
43	90	41	96	德国邮政	德国	运输和仓储	22 782	170 503	21 820	37 131	108 609	327 676	35.1
44	57	40	54	巴斯夫	德国	化工	22 694	36 781	17 878	30 473	39 078	89 398	54.7
45	83	-	-	Endesa	西班牙	电力、天然气和水	22 460	50 503	5 528	16 305	12 334	26 354	41.7
46	30	66	25	Anglo American	英国	采矿	22 450	33 581	12 821	20 497	147 000	177 000	70.8
47	33	45	27	圣—戈班	法国	建筑材料	22 361	31 604	19 708	28 636	122 373	172 357	70.2
48	93	49	90	菲利普·莫里斯	美国	多种经营	21 513	87 540	35 683	80 408	40 795	166 000	31.2
49	68	52	68	辉瑞	美国	制药	21 161	46 356	11 611	32 373	72 000	120 000	47.2
50	85	72	94	三井物产	日本	批发贸易	21 020	54 286	46 979	108 541	14 611	37 734	40.2

2002 年按国外资产排序的世界最大 100 家非金融类跨国公司名录（续）

（百万美元和雇员数）

2002 年排名依据		2001 年排名依据		公司名称	国别/地区	行业	资产额		销售额		雇员数		跨国指数（%）
国外资产	跨国指数	国外资产	跨国指数				国外	总计	国外	总计	国外	总计	
51	21	44	33	皇家控股公司	荷兰	零售	20 598	25 933	46 343	59 293	236 698	341 909	75.6
52	59	58	73	宝洁	美国	多种经营	20 282	43 706	21 524	43 377	61 200	98 000	52.8
53	97	77	98	日立	日本	电气设备和电子设备	20 189	84 489	15 589	67 172	83 478	339 572	23.9
54	36	43	29	葛兰素—史克	英国	制药	19 992	35 821	29 320	31 899	58 471	104 499	67.9
55	56	51	59	PPR	法国	零售	19 240	31 474	13 936	25 894	53 871	108 423	54.9
56	104	5	82	德国电信	德国	电信	19 172	120 589	309	24 397	78 146	255 969	15.9
57	24	47	10	迪亚戈	英国	食品和饮料	18 526	26 729	12 637	14 971	26 999	38 955	74.3
58	2	55	2	汤姆森	加拿大	媒体	18 125	18 542	7 735	7 915	41 300	42 000	97.9
59	75	42	58	拜耳	德国	制药	17 957	43 706	14 923	28 021	52 000	122 600	45.6
60	69	67	74	松下	日本	电气设备和电子设备	17 941	65 028	32 373	60 694	166 873	288 324	46.3
61	3	71	4	赫尔辛	瑞士	建筑材料	17 499	18 364	7 875	8 391	49 765	51 115	95.5
62	25	65	22	沃尔沃	瑞典	汽车	17 441	27 367	17 982	19 234	45 740	71 160	73.8
63	87	70	76	雷诺	法国	汽车	17 441	55 799	21 206	34 370	35 351	132 351	39.9
64	61	73	66	道化学	美国	化工	17 386	39 562	16 350	27 609	24 725	49 959	50.9
65	27	59	32	可口可乐	美国	食品和饮料	17 379	24 501	13 089	19 353	45 100	56 000	73.0
66	100	64	88	三菱	日本	批发贸易	17 285	67 213	15 613	109 296	12 182	47 370	21.9
67	102	–	–	意大利电信	意大利	电信	17 251	84 946	6 693	32 957	21 653	106 620	20.3
68	80	50	28	英国国家电力供应公司	英国	能源	16 541	35 574	6 169	13 473	9 975	27 308	42.9
69	26	94	41	路易威登轩尼诗公司	法国	奢侈品	16 409	22 451	9 965	12 006	33 996	53 812	73.1
70	47	68	37	新电信	新加坡	电信	15 775	19 071	3 247	5 801	9 877	21 716	61.4
71	38	92	34	英美烟草公司	英国	烟草	15 592	26 129	25 041	37 117	60 107	85 819	65.7
72	15	78	14	阿斯特拉—捷利康	英国	制药	14 796	21 576	16 969	17 841	46 800	57 500	81.7
73	28	82	23	诺基亚	芬兰	机械设备	14 528	24 454	28 058	28 392	30 099	52 714	71.8
74	105	95	100	弗莱森电讯	美国	电信	14 239	167 468	3 269	67 625	19 513	229 497	7.3
75	43	80	43	贝塔斯曼	德国	媒体	14 108	23 260	11 938	17 321	48 920	80 632	63.4

2002 年按国外资产排序的世界最大 100 家非金融类跨国公司名录（续）

（百万美元和雇员数）

2002 年排名依据		2001 年排名依据		公司名称	国别/地区	行业	资产额		销售额		雇员数		跨国指数（%）
国外资产	跨国指数	国外资产	跨国指数				国外	总计	国外	总计	国外	总计	
76	51	79	49	麦当劳	美国	餐饮	13 771	23 971	8 951	15 406	237 269	413 000	57.7
77	23	46	26	必和必拓集团	澳大利亚	采矿	13 753	20 578	15 731	17 506	23 259	34 801	74.5
78	14	56	12	北电网络	加拿大	机械设备	13 398	15 971	9 885	10 560	26 820	36 960	83.4
79	37	75	17	恩索纸业	芬兰	造纸	13 127	19 094	8 165	12 091	29 177	43 853	67.6
80	81	69	78	杜邦	美国	化工	13 040	34 621	12 584	24 006	29 755	79 000	42.6
81	60	76	67	苏格兰电力	英国	电力	12 971	19 903	3 992	7 559	6 268	15 490	52.8
82	1	61	1	NTL	美国	电信	12 862	13 041	3 265	3 265	14 922	15 130	99.1
83	91	88	84	强生	美国	制药	12 814	40 556	13 843	36 298	34 218	108 300	33.8
84	76	74	71	森克虏伯集团	德国	金属和金属制品	12 783	30 574	15 485	33 740	88 404	191 254	44.6
85	49	57	42	阿尔卡特	法国	机械设备	12 688	27 130	9 963	15 652	50 559	75 940	59.0
86	103	–	–	杜克能源公司	美国	电力、天然气和水	12 247	49 113	2 181	15 663	4 400	22 000	19.6
87	35	81	30	墨西哥水泥	墨西哥	建筑材料	12 193	16 044	4 366	7 036	17 568	26 752	67.9
88	82	–	–	加拿大国家铁路公司	加拿大	运输	12 050	21 738	2 384	6 110	6 879	22 114	41.9
89	71	–	–	Metro AG	德国	零售	11 821	24 030	22 546	48 738	84 825	196 462	46.2
90	17	83	19	里德爱尔西维尔	英国/荷兰	出版印刷	11 727	14 042	5 743	7 549	27 300	36 100	78.4
91	18	–	–	加拿大铝业	加拿大	金属和金属制品	11 678	17 538	11 541	12 540	38 000	50 000	78.2
92	96	90	92	Merck & Co	美国	制药	11 388	47 561	8 300	51 800	28 600	77 300	25.7
93	88	–	–	三星电子	韩国	电气设备和电子设备	11 388	51 964	28 298	47 655	28 300	82 400	38.5
94	20	86	16	达能	法国	食品和饮料	11 313	16 238	9 486	12 822	79 945	92 209	76.8
95	77	96	79	美国铝业	美国	金属和金属制品	11 109	29 810	7 379	20 263	73 500	127 000	43.9
96	79	93	80	雅培制药	美国	制药	11 073	24 259	6 687	17 685	33 000	71 819	43.1
97	8	–	–	Publicis Goupe SA	法国	商务服务	11 021	11 508	2 407	2 768	31 871	35 681	90.7
98	7	–	–	英特布鲁	比利时	食品和饮料	10 665	11 684	6 000	6 614	31 682	35 044	90.8
99	4	–	–	CRH Plc	爱尔兰	木材和其他建筑材料经销商	10 596	11 066	9 535	10 210	47 335	49 889	94.7
100	74	53	62	摩托罗拉	美国	机械设备	10 433	31 152	18 169	37 621	53 350	97 000	45.6

资料来源：联合国贸发会议（UNCTAD）《2004 年世界投资报告》。

跨国指数为以下三个比率的平均数：国外资产额/总资产额、国外销售额、国外销售额/总销售额、国外雇员数/总雇员数。

2002 年按国外资产排序的发展中国家（地区）最大 50 家非金融类跨国公司名录

（100 万美元和雇员数）

排名依据		公司名称	国别/地区	行业	资产额		销售额		雇员数		跨国指数（%）
国外资产	跨国指数				国外	总计	国外	总计	国外	总计	
1	10	和记黄埔	中国香港	多种经营	48 014	63 284	8 088	14 247	124 942	154 813	71.1
2	14	新电信	新加坡	电信	15 775	19 071	3 247	5 801	9 877	21 716	61.4
3	44	马来西亚国家石油公司	马来西亚	石油开采/提炼/销售	13 200	46 851	6 600	21 433	4 979	25 940	26.0
4	11	Cemex S. A.	墨西哥	建筑材料	12 193	16 044	4 366	7 036	17 568	26 752	67.9
5	33	三星电子	韩国	电气设备和电子设备	11 388	51 964	28 298	47 655	28 300	82 400	38.5
6	26	LG 电子	韩国	电气设备和电子设备	5 845	16 214	11 387	23 553	30 029	55 053	46.3
7	15	怡和控股有限公司	中国香港	多种经营	5 729	8 255	4 449	7 398	60 000	114 000	60.7
8	2	东方海皇轮船公司	新加坡	运输和仓储	4 580	4 771	4 501	4 642	11 187	12 218	94.8
9	17	中信泰富有限公司	中国香港	建筑	4 170	7 328	1 567	2 861	7 388	11 643	58.4
10	9	Sappi Limited	南非	造纸	3 733	4 641	2 941	3 729	9 807	17 572	71.7
11	6	香格里拉（亚洲）有限公司	中国香港	旅馆	3 663	4 593	463	601	13 000	16 300	78.9
12	34	沙索	南非	化学工业	3 623	8 960	3 687	7 114	7 107	31 150	38.4
13	3	粤海投资有限公司	中国香港	多种经营	3 601	3 924	815	876	5 994	6 580	92.0
14	5	伟创力	新加坡	电气设备和电子设备	3 488	4 897	5 903	7 812	76 187	78 000	81.5
15	25	凯德置地中国控股集团	新加坡	房地产	3 165	9 403	1 114	1 823	5 111	10 333	48.1
16	13	城市发展有限公司	新加坡	旅馆	2 954	6 490	806	1 278	11 001	13 940	62.5
17	50	巴西石油公司	巴西	石油开采/提炼/销售	2 863	32 018	1 085	22 612	2 200	46 723	6.1
18	22	MTN Group Limited	南非	电信	2 582	3 556	729	1 991	1 970	4 192	52.1
19	21	盎格鲁黄金公司	南非	金矿	2 301	3 964	831	1 761	30 821	53 097	54.4
20	12	第一太平洋有限公司	中国香港	电气设备和电子设备	2 276	2 313	1 892	1 892	25	46 422	66.1
21	35	淡水河谷公司	巴西	矿产开发	2 265	7 955	2 928	4 268	1 493	13 973	35.9
22	31	Metalurgica Gerdau S. A.	巴西	金属和金属产品	2 089	4 093	1 340	3 136	5 977	18 995	41.7
23	27	Perez Companc	阿根廷	石油开采/提炼/销售	2 052	4 090	567	1 484	1 633	3 255	46.2
24	39	美洲移动公司	墨西哥	电信	2 002	10 966	1 664	5 953	6 629	14 572	30.6
25	42	新加坡航空有限公司	新加坡	运输和仓储	1 969	10 866	2 472	5 260	2 613	14 418	27.7

2002 年按国外资产排序的发展中国家（地区）最大 50 家非金融类跨国公司名录（续）

（100 万美元和雇员数）

排名依据		公司名称	国别/地区	行业	资产额		销售额		雇员数		跨国指数（%）
国外资产	跨国指数				国外	总计	国外	总计	国外	总计	
26	49	中电控股	中国香港	电力、天然气和水	1 905	7 793	130	3 350	37	4 303	9. 7
27	45	三星公司	韩国	电气设备和电子设备	1 897	6 370	5 316	29 533	1 223	4 105	25. 9
28	29	居林	马来西亚	食品和饮料	1 729	3 689	166	516	10 800	22 112	42. 6
29	40	吉宝集团	新加坡	多种经营	1 657	6 609	604	3 087	8 722	19 947	29. 5
30	32	Naspers Limited	南非	媒体	1 655	2 498	412	1 148	1 742	10 711	39. 5
31	20	Barloworld Ltd	南非	多种经营	1 596	2 569	1 984	3 409	9 973	23 192	54. 5
32	41	联华电子	中国台湾省	电气设备和电子设备	1 531	9 418	1 320	2 180	1 002	10 136	28. 9
33	19	花莎尼有限公司	新加坡	食品和饮料	1 466	4 374	1 037	1 931	9 130	11 816	54. 8
34	46	现代汽车	韩国	汽车	1 461	16 694	9 746	21 070	4 379	50 038	21. 3
35	48	南亚塑胶工业股份有限公司	中国台湾省	橡胶塑料	1 403	9 743	850	5 011	10 394	72 174	15. 3
36	36	Grupo Bimbo SA De Cv	墨西哥	食品	1 400	3 077	1 389	4 286	16 235	72 500	33. 4
37	16	东方海外（国际）有限公司	中国香港	运输和仓储	1 148	2 189	1 012	2 458	4 039	4 743	59. 6
38	1	卜蜂国际有限公司	泰国	食品	1 086	1 107	1 542	1 542	52 976	54 000	98. 7
39	18	Gruma S. A. De C. V.	墨西哥	食品和饮料	1 084	2 148	1 301	1 986	8 314	14 887	57. 3
40	38	太古股份有限公司	中国香港	商务服务	1 000	8 880	963	1 951	17 969	55 700	31. 0
41	7	Savia SA De CV	墨西哥	多种经营	941	1 362	633	682	5 316	7 375	78. 0
42	37	Grupo Imsa	墨西哥	金属和金属产品	831	3 037	1 182	2 827	4 149	15 800	31. 8
43	8	亚太酿酒有限公司	新加坡	食品和饮料	814	1 056	754	1 093	2 023	2 624	74. 4
44	24	Nampak Limited	南非	橡胶塑料	782	1 281	328	1 317	10 962	18 062	48. 9
45	23	Kumpulan Guthrie Berhad	马来西亚	橡胶塑料	780	2 397	369	811	40 199	56 143	49. 9
46	4	利丰	中国香港	批发贸易	765	781	4 642	4 779	3 466	5 313	86. 8
47	43	Cintra	墨西哥	航空快递	748	1 937	1 169	2 969	629	19 928	27. 1
48	30	日月光半导体制造股份有限公司	中国台湾省	计算机和相关产品	724	3 020	990	1 317	5 340	20 401	41. 8
49	28	香港上海大酒店有限公司	中国香港	旅馆	650	2 404	135	332	3 653	5 953	43. 0
50	47	生力	菲律宾	食品和饮料	623	3 318	277	2 639	5 114	27 259	16. 0

资料来源：联合国贸发会议（UNCTAD）《2004 年世界投资报告》。

跨国指数为以下三个比率的平均数：国外资产额/总资产额、国外销售额/总销售额、国外雇员数/总雇员数。

2003 年世界最大 100 家国际工程承包公司名录

金额单位：百万美元

排名	公 司 名 称	国别/地区	国外营业额	总营业额	新签合同额
1	斯勘斯卡公司 Skanska AB，Stockholm	瑞典	11 504.0	14 056.0	14 989.0
2	霍克蒂夫公司 Hochtief AG	德国	10 252.3	12 210.7	16 353.0
3	维西公司 VINCI	法国	8 045.0	20 488.0	18 715.0
4	柏克德集团公司 Bechtel	美国	6 637.0	13 212.0	18 066.0
5	布依格公司 BOUYGUES	法国	6 522.0	17 208.0	18 759.0
6	凯洛格布朗路特公司 KBR	美国	6 508.8	8 030.4	2 443.1
7	泰克尼普集团 TECHNIP	法国	5 396.9	5 444.9	8 237.5
8	斯特拉巴格公司 Bau Holding Strabag AG	奥地利	4 694.6	6 468.4	5 609.1
9	Royal BAM Groep	荷兰	4 497.0	8 625.0	NA
10	比尔芬格柏格建筑公司 Bilfinger Berger AG	德国	3 526.0	6 296.0	6 318.0
11	阿莫克公司 AMEC plc	英国	3 440.0	6 388.0	3 064.0
12	鲍维斯林德 Bovis Lend Lease	英国	3 180.0	3 976.0	5 090.0
13	福陆公司 Fluor Corp.	美国	3 054.3	6 703.0	9 975.0
14	福斯特惠勒公司 Foster Wheeler Ltd.	美国	2 262.0	2 723.0	1 762.0
15	JGC 公司 JGC Corp.	日本	2 098.0	2 722.0	2 211.0
16	法罗里奥集团 Grupo Ferrovial	西班牙	1 971.0	6 026.0	6 106.0
17	中国建筑工程总公司	中国	1 954.6	8 113.1	11 503.5
18	斯南普罗格蒂公司 Snamprogetti	意大利	1 952.0	2 919.0	1 993.0
19	联合承包商国际公司 Consolidated Contractors Int'l Co.	希腊	1 823.9	1 823.9	1 758.0
20	Grupo ACS	西班牙	1 701.0	12 232.0	NA
21	Aker Kvaerner ASA Oslo	挪威	1 682.1	1 915.8	2 044.4
22	泰琴特建筑公司 Techint Compagnia Tecnica Internazionale	意大利	1 648.0	1 744.0	938.0
23	现代工程建筑公司 Hyundai eng'g & constr. Co. Ltd.	韩国	1 599.4	3 937.5	5 918.0
24	鹿岛建设株式会社 Kajima Corp.	日本	1 401.0	13 171.0	13 276.0
25	欧德布莱克特公司 Construtora Odebrecht	巴西	1 281.0	1 576.0	1 360.0
26	鲍佛贝蒂公司 Balfour Beatty plc	英国	1 254.5	5 621.5	6 700.0
27	PCL 建筑商公司 PCL Construction Enterprises Inc.	美国	1 235.0	2 032.0	2 190.0
28	千代田株式会社 Chiyoda Corp.	日本	1 219.0	1 555.0	2 317.0
29	东洋工程公司 Toyo Engineering Corp.	日本	1 149.0	1 295.0	1 990.0
30	雅可伯工程集团公司 Jacobs Pasadena	美国	1 144.9	2 277.4	5 965.2
31	乔安诺帕拉斯特维德姆海外公司 Joannou & Paraskevaides（Overseas）Ltd.	英国	1 041.3	1 041.3	1 127.8
32	大成建设株式会社 Taisei Corp.	日本	1 015.0	13 094.0	12 618.0
33	IMPREGILO 公司 IMPREGILO SpA	意大利	1 006.0	3 408.0	1 466.0
34	大林组株式会社 Obayashi Corp.	日本	991.0	10 842.0	10 184.0

2003 年世界最大 100 家国际工程承包公司名录（续）

金额单位：百万美元

排名	公 司 名 称	国别/地区	国外营业额	总营业额	新签合同额
35	清水建设株式会社 Shimizu Corp.	日本	926.0	13 390.3	12 228.1
36	中国港湾建设（集团）总公司	中国	846.7	3 328.4	3 821.9
37	中国机械装备（集团）公司	中国	736.0	1 002.0	2 200.0
38	Obrascon Huarte Lain SA	西班牙	724.8	3 289.1	3 003.8
39	Fomento de constr. y Contratas (FCC)	西班牙	719.6	6 829.8	8 793.4
40	竹中工务店 Takenaka Corp.	日本	718.0	8 985.0	9 551.0
41	大气社公司 Taikisha Ltd.	日本	714.2	1 757.9	1 346.0
42	芝加哥桥梁钢铁公司 Chicago Bridge & Iron Co.	美国	710.0	1 612.0	1 708.0
43	ABB 鲁玛斯全球公司 ABB Lummus Global	美国	701.7	800.1	1 164.0
44	莱顿控股有限公司 Leighton Holdings Ltd.	澳大利亚	688.0	3 709.0	4 490.0
45	Grinaker-LTD 公司 Grinaker-LTA Ltd.	南非	597.0	1 174.3	1 174.3
46	大宇 E&C 公司 Daewoo E&C Co. Ltd.	韩国	564.5	3 278.9	5 286.1
47	阿斯塔尔蒂公司 Astaldi SpA	意大利	561.8	1 099.1	2 321.4
48	中国铁路工程总公司	中国	556.0	8 528.0	12 473.5
49	威德克公司 Veidekke ASA	挪威	533.9	1 371.8	952.3
50	上海建工（集团）总公司	中国	518.9	3 319.0	3 407.4
51	BESIX 公司 BESIX	比利时	518.6	860.2	926.4
52	SOLETANCHE BACHY	法国	504.0	828.0	675.0
53	恩卡建筑产业公司 Enka Constr. & Ind. Co. Inc.	土耳其	503.8	618.7	686.2
54	中国石油工程建设（集团）公司	中国	502.2	502.2	199.0
55	特克尼塔斯雷乌尼达斯集团 Tecnicas Reunidas	西班牙	486.0	641.0	600.0
56	熊谷组株式会社 Kumagai Gumi Co. Ltd.	日本	462.0	3 590.0	2 201.0
57	NECSO 公司 NECSO	西班牙	459.0	3 444.0	4 942.0
58	Centex	美国	421.6	8 985.9	10 180.3
59	西松建设株式会社 Nishimatsu Construction Co. Ltd.	日本	408.7	4 068.7	3 599.5
60	Samsung Engineering Co. Ltd.	韩国	401.0	943.0	642.0
61	彼特凯维特父子公司 Peter Kiewit Sons' Inc.	美国	390.3	3 558.1	2 103.0
62	Sumitomo Mitsui Construction Co. Ltd.	日本	364.0	5 167.7	5 167.7
63	中国土木工程集团公司	中国	353.0	374.7	402.4
64	Tractebel Engineering	比利时	342.5	384.1	NA
65	Enelpower	意大利	335.6	2 053.4	242.2
66	The Shaw Group Inc.	美国	335.1	2 678.4	1 280.0
67	五洋建设株式会社 Penta-Ocean Construction Co. Ltd.	日本	319.1	2 721.6	2 724.5
68	Orascom Construction Industries	埃及	305.1	534.8	552.8

2003 年世界最大 100 家国际工程承包公司名录（续）

金额单位：百万美元

排名	公 司 名 称	国别/地区	国外营业额	总营业额	新签合同额
69	GAMA 公司 GAMA Endustri AS	土耳其	300.4	403.2	490.6
70	旭普林 Zublin	德国	300.0	1 650.0	1 850.0
71	中国路桥（集团）总公司	中国	297.7	2 136.2	3 279.7
72	荷利马装配集团公司 Heerema Fabrication Grp.	荷兰	294.0	346.0	142.0
73	Willbros Group Inc.	美国	285.5	382.5	413.2
74	中国东方电气集团公司	中国	284.3	915.3	286.3
75	Construtora Andrade Gutierrez SA	巴西	270.0	475.0	107.0
76	E. 皮尔父子公司 E. Pihl & Son AS	丹麦	263.7	651.5	445.2
77	索莱尔玻恩国际公司 Solel Boneh International Ltd.	以色列	260.2	260.2	97.1
78	麦克唐奈尔多韦尔公司 McConnell Dowell Corp.	澳大利亚	255.5	380.3	345.0
79	佩里尼公司 Perini Corp.	美国	253.0	1 374.0	1 880.0
80	阿拉伯建筑公司 Arabian Construction Co.	黎巴嫩	252.2	265.0	546.5
81	中国水利水电建设集团公司	中国	250.1	2 219.9	3 903.6
82	鲍尔公司 Bauer Spezialtiefbau GmbH	德国	238.9	485.6	251.0
83	Hazama Corp. Tokyo Japan	日本	235.0	2 234.0	1 759.0
84	国家石油建筑公司 National Petroleum Constr. Co.（NPCC）	阿联酋	235.0	435.0	427.3
85	帕森斯公司 Parsons	美国	234.3	1 194.1	1 280.1
86	Washington Group International Inc.	美国	228.3	2 136.9	2 895.0
87	SKE 集团 SKE Group	美国	222.0	262.0	262.0
88	里查尼公司 Rizzani de Eccher	意大利	219.0	352.9	760.2
89	托尼构造公司 Structure Tone Inc.	美国	210.0	1 882.0	1 650.0
90	近敦株式会社 Kinden Corp.	日本	208.0	3 606.0	3 588.0
91	布莱克韦奇公司 Black & Veatch	美国	204.0	691.7	1 444.0
92	阿拉伯阿斯曼承包商 The Arab Contractors O. A. O. & Co.	埃及	191.2	1 317.7	1 226.2
93	SADE－CGTH	法国	173.9	913.7	918.7
94	Soares Da Costa－Grupo SGPS	葡萄牙	167.9	686.2	696.0
95	泰克芬建筑安装公司 Tekfen Constr. & Installation Co. Inc.		167.0	321.0	31.6
96	Aecon 集团公司 Aecon Group Inc.	加拿大	156.0	750.0	739.0
97	中国水利电力对外公司	中国	145.7	236.1	503.4
98	中国冶金建设集团公司	中国	137.1	4 426.4	6 804.4
99	山东电力建设集团公司	中国	136.8	715.1	1 471.4
100	前田株式会社 Maeda Corp.	日本	136.0	3 931.0	3 754.0

资料来源：美国《工程新闻记录》，2004 年 8 月 23 日。

2003 年世界最大 100 家国际工程设计咨询公司名录

金额单位：百万美元

排名	公 司 名 称	国别/地区	国际市场营业额	占总营业额（%）
1	SNC 拉瓦林国际公司/SNC-Lavalin Int'l Inc.	加拿大	1 411.9	56
2	ABB 鲁玛斯全球公司/ABB Lummus Global	美国	1 178.7	98
3	福陆公司/Fluor Corp.	美国	1 053.7	55
4	Kellogg Brown & Root（KBR）	美国	975.3	77
5	福格勒公司/Fugro NV	荷兰	817.0	87
6	阿莫克公司/AMEC plc	英国	704.0	59
7	ARCADIS NV	荷兰	613.0	71
8	柏克德集团公司/Bechtel	美国	573.0	34
9	雅可伯公司/Jacobs	美国	564.2	30
10	帕森斯公司/Parsons	美国	491.6	32
11	AECOM 技术公司/AECOM Technology Corp.	美国	459.8	25
12	泰克尼普集团/TECHNIP－COFLEXIP	法国	449.0	89
13	全球过程工程技术服务商/Aker Kvaerner ASA	挪威	444.7	93
14	Atkins	英国	437.7	26
15	福斯特惠勒公司/Foster Wheeler Ltd.	美国	429.0	87
16	路易斯伯杰集团公司/The Louis Berger Group Inc.	美国	411.2	76
17	达艾尔汉德莎咨询公司/Dar Al-Handasah Consultants（Shair & Partners）	埃及	401.3	100
18	莫特麦克唐纳公司/Mott MacDonald	英国	363.2	43
19	雅可保利集团/Jaakko Poyry Group	芬兰	362.0	78
20	阿路普公司/ARUP	英国	354.2	53
21	JGC 公司	日本	335.0	72
22	MWH	美国	292.2	41
23	EGIS	法国	288.0	57
24	WSP 集团公司/WSP Group plc	英国	285.5	57
25	帕森斯普林克赫夫公司/Parsons Brinckerhoff Inc.	美国	281.3	31
26	RAMBOLL	丹麦	264.0	58
27	Honeywell Process Solutions	美国	261.0	64
28	URS	美国	254.2	9
29	COWI 工程规划咨询公司/COWI A/S	丹麦	230.0	61
30	哥德联合公司/Golder Associates Corp.	加拿大	215.8	68
31	布莱克韦奇公司/Black & Veatch	美国	212.9	31
32	SYSTRA	法国	195.4	82
33	鲍尔夫比特公司/Balfour Beatty plc	英国	192.0	74
34	太平洋咨询国际集团/Pacific Consultants Int'l Group	日本	183.3	33
35	ERM 控股有限公司/ERM Holdings Ltd.	美国	168.4	48

2003年世界最大100家国际工程设计咨询公司名录（续）

金额单位：百万美元

排名	公 司 名 称	国别/地区	国际市场营业额	占总营业额（%）
36	Hatch 集团/Hatch Group	加拿大	165.0	73
37	CH2M 希尔公司/CH2M HILL Cos. Ltd.	美国	161.0	12
38	霍克蒂夫公司/Hochtief AG	德国	154.7	33
39	DHV 集团/DHV Group	荷兰	149.0	38
40	Shaw 集团公司/The Shaw Group Inc.	美国	133.9	32
41	日本科恩有限公司/Nippon Koei Co. Ltd.	日本	132.7	42
42	CDI Business Solutions	美国	126.4	34
43	特拉克特贝尔工程公司/Tractebel Engineering	比利时	125.2	30
44	海科路集团有限公司/Halcrow Group Ltd.	英国	122.4	34
45	斯坦泰克公司/Stantec Inc.	加拿大	119.1	38
46	博恩斯罗集团公司/Burns and Roe Group Inc.	美国	116.9	64
47	司南普吉提公司/Snamprogetti	意大利	110.0	39
48	Hyder 咨询公司/Hyder Consulting	英国	105.6	50
49	Paragon 工程服务公司/Paragon Engineering Cos.	美国	104.3	75
50	HOK 集团公司/HOK Group Inc.	美国	98.1	32
51	Mustang 工程公司/Mustang Engineering LP	美国	98.0	26
52	拉米耶国际公司/Lahmeyer International	德国	88.9	78
53	斯哥德默尔公司/Skidmore Owings & Merrill LLP	美国	82.0	45
54	Sinclair Knight Merz 公司/Sinclair Knight Merz	澳大利亚	75.9	30
55	Royal BAM Groep	荷兰	75.0	41
56	Tebodin BV Consultants & Engrs.	荷兰	75.0	40
57	CDM	美国	73.0	14
58	中国石化工程建设公司	中国	69.8	24
59	VECO 公司/VECO Corp.	美国	68.8	30
60	BCEOM 联合公司/BCEOM	法国	68.5	77
61	联合咨询工程公司/Associated Consulting Engineers	希腊	60.6	97
62	Lockwood Greene-CH2M Hill	美国	58.2	25
63	Fichtner GmbH & Co. KG	德国	56.0	68
64	SMEC 公司/SMEC（Snowy Mountains Eng'g Corp.）	澳大利亚	54.6	68
65	KA 联合工程公司/Khatib & Alami	黎巴嫩	52.1	87
66	Royal Haskoning	荷兰	48.0	19
67	Skanska AB	瑞典	42.3	100
68	NBBJ	美国	42.1	28
69	Tecnicas Reunidas SA	西班牙	41.0	39
70	Ecology and Environment Inc.	美国	40.6	35

2003 年世界最大 100 家国际工程设计咨询公司名录（续）

金额单位：百万美元

排名	公 司 名 称	国别/地区	国际市场营业额	占总营业额（%）
71	联合承包商国际公司/Consolidated Contractors Int'l Co. SAL	希腊	40.0	100
72	ILF 工程咨询公司/ILF Consulting Engineers	奥地利	39.0	55
73	TAHAL 咨询工程公司/TAHAL Consulting Engineers Ltd.	以色列	38.1	73
74	Sumitomo Mitsui Construction Co. Ltd.	日本	38.0	79
75	EDAW	美国	37.9	31
76	BE&K Inc.	美国	36.7	15
77	Conestoga-Rovers & Associates	美国	32.4	22
78	科坡罗公司/Corrpro Cos. Inc.	美国	30.9	32
79	现代工程有限公司/Hyundai Engineering Co. Ltd.	韩国	30.4	38
80	RTKL 联合公司/RTKL Associates Inc.	美国	30.0	26
81	中国水利电力对外公司	中国	29.0	76
82	Gulf Interstate Engineering Co. Houston Texas U. S. A.	美国	28.8	54
83	中国成达化学工程公司	中国	28.8	80
84	SOGREAH Consultants	法国	27.2	36
85	萨根特朗迪 LLC/Sargent & Lundy LLC	美国	26.8	11
86	根斯勒公司/Gensler	美国	26.4	10
87	ENVIRON	美国	26.2	27
88	Tauw bv	荷兰	26.0	25
89	Beca Group Ltd.	新西兰	25.8	29
90	T. Y. Lin 国际/T. Y. Lin International	美国	25.4	26
91	千代田株式会社/Chiyoda Corp.	日本	25.0	48
92	Tecsult	加拿大	25.0	32
93	Norconsult AS	挪威	24.6	23
94	中国机械装备（集团）公司	中国	24.0	14
95	KPF 事务所/Kohn Pedersen Fox Associates PC	美国	24.0	41
96	H. P. Gauff Ingenieure GmbH & Co. KG-JBG	德国	23.6	47
97	Anshen & Allen	美国	23.6	32
98	管道工程公司/Pipeline Engineering GmbH	德国	23.0	46
99	华盛顿集团国际公司/Washington Group International Inc.	美国	23.0	6
100	中鼎工程股份有限公司	中国台湾省	21.8	31

资料来源：美国《工程新闻记录》，2004 年 7 月 26 日。

第六届全国外经贸研究成果奖
获奖作品名单

论著奖

一等奖：

（空缺）

二等奖：

《中国农业竞争力研究》
作者：中国社会科学院农村发展研究所　翁　鸣　陈劲松等

《WTO新回合法律问题研究》
作者：商务部条约法律司　张玉卿　李　玲　周晓燕　郭京毅等

三等奖：

《上海合作组织——加速推进的区域经济合作》
作者：商务部国际贸易经济合作研究院　李　钢　刘华芹等

《贸易自由化与有效环境保护》
作者：中南财经政法大学经济学院　佘群芝

《人民币汇率与制度问题的实证研究》
作者：上海财经大学现代金融研究中心　丁剑平

《跨国公司在华并构论》
作者：浙江工商大学工商管理学院　胡　峰

《从比较优势到竞争优势——理论与实证研究》
作者：浙江大学博士后流动站江南大学商学院　李晓钟

《海外直接投资风险防范》
作者：南京财经大学国际经贸学院　熊小奇

优秀作品奖：

《新置换理论——企业跨越式发展战略与策略》
作者：中国社会科学院研究生院　刘迎秋　李金元等

《民营企业跨国经营》
作者：南开大学国际商学院　李　亚　史娟娟　崇　敬等

《构建竞争优势——中国企业跨国经营方略》
作者：暨南大学　卢　馨

论　文　奖

一等奖：

《我国高新技术产业发展与对外贸易研究》
作者：商务部科技发展和技术贸易司、中国电子信息产业发展研究院
课题组负责人　常晓村

二等奖：

《中国与离岸金融中心跨境资本流动问题研究》
作者：商务部国际贸易经济合作研究院　梅新育

《出口退税政策研究》
作者：国务院发展研究中心
课题组负责人　隆国强

《中国产业技术发展研究报告——产业技术的自主知识产权》
作者：中国科学技术促进发展研究中心
课题组负责人　高志前　黄　伟

《后配额时代我国纺织服装出口管理模式的战略选择》
作者：国务院发展研究中心
课题组负责人　张　琦

三等奖：

《加快实施“走出去”战略，提升中油集团国际化经营水平研究》
作者：北京石油大学
课题组负责人　冯连勇

《美国单边主义对抗 WTO 多边主义的第三回合——“201 条款”争端之法理探源和展望》
作者：厦门大学法学院　陈　安

《中国——东盟自由贸易区建立与广西外经贸发展研究报告》
作者：广西壮族自治区商务厅、商务部国际贸易经济合作研究院
课题组负责人　李志勇　李光辉

《非市场经济条款研究》
作者：中国社会科学院财贸所
课题组负责人　赵　瑾

《论技术贸易壁垒对我国农产品贸易的双重影响》
作者：浙江大学经济学院　张小蒂　李晓钟

《多哈回合与中国外贸可持续发展的环保制约》
作者：国家林业局林产品经济贸易研究中心、南京林业大学经济管理学院国际经济贸易系
课题组负责人　聂　影

优秀作品奖：

《深圳加工贸易的战略转型》
作者：深圳市贸易工业局　吴永青

《中国东西部地区发展开放型经济比较研究》
作者：重庆大学经济与工商管理学院、重庆市对外贸易经济委员会
课题组负责人　张宗益

《扩大具有自主知识产权的高新技术产品出口的政策建议》
作者：商务部国际贸易经济合作研究院
课题组负责人　张　威　徐兴锋

《关于外汇储备价值衡量标准的思考》
作者：中国人民银行　胡晓炼

浙江嘉兴兰宝进出口有限责任公司
ZHEJIANG JIAXING LANBAO IMP. & EXP. LIMITED-LIABILITY CO.

地址：中国浙江省嘉兴市南湖路200号 邮编：314000

Add: 200 NANHU ROAD JIAXING ZHEJIANG CHINA

电话：(0573) 2857718 传真：(0573) 2854315

网址：www.lanbaoft.com 邮箱：info@lanbaoft.com

以纺织品和服装为主的生产，来料加工和进出口贸易业务。

Specialized in Textile and garments production, and do the import and export business, also process using the supplied materials.

烟台北方家用纺织品有限公司
YANTAI NORTH HOME TEXTILE CO., LTD

地址：山东省烟台市福山区福海路汇福街137号 邮编：265500

ADD: NO. 137, HUIFUSTREET, FUHAIROAD, FUSHAN, YANTAI, SHANDONG

电话：(0535)6330754 6331652 6333363 传真：(0535)6330754 6333118 6331813

经营范围

烟台北方家用纺织品有限公司是集织布、印染、成品加工于一体的特宽幅装饰布和床上用品生产厂家。主要产品有纱支21s -120s，密度60根-1200根纯棉、涤棉印染布及成套床品。

YANTAI NORTH HOME TEXTILE CO., LTD is an integrated company with weaving, dyeing, pinting and end products. Main products are 21s -120s, 60-120 threads, 100%cotton, T/C, wide width fabric and bed sets.

浙江物产国际贸易有限公司
Zhejiang Materiasl Internatinonal Co.,Ltd.

地址：中国杭州市环城西路56号北楼 邮编：310006

No.56 Round City WestRoad,Hangzhou,China

电话：+86 (0) 571 8705 1191 传真：+86(0)571 8705 4566 E-mail:gmo@zmi.cn

经营范围

目前经营的主导品种为钢铁、汽车、化工及其相关产品，同时从事电子、纺织、轻工艺品等产品的代理与销售，并经外经贸部批准享有进口刚才、小轿车、橡皮、燃料油等产品的权利。

We mainly deal with steel, antombiles,chemical products relative products,and

We are also the sales agent of several kinds of products such as electronic products,textil and crafts.on the approval of MOFTEC,we are entitled to import productssuch as steel,automobiles,rubber ang fuel oil.

深圳市燃气集团有限公司
Shen Zhen GAS CORPORATION LTD.

地址：深圳市福田区深南大道6021号喜年中心B座 邮编：518480

电话：(0755) 83479000 83459881 传真：83459819 E-mail：laisg@szgas.com.cn

经营范围

管道燃气业务的经营，包括以管道输送形式向用户供应液化石油气(LPG)、液化天然气(LNG)、燃气、掺混气、人工煤气及其他气体燃料，并提供相关服务；燃气输配管网的投资、建设和经营；深圳市城市天然气利用工程的开发、建设和经营；液化石油气，天然气，燃气，燃气用具，钢瓶检测。

河北圣仑进出口集团公司
He bei Sheng Lun Lmp.& Exp,(Gmop) Corp

地址：河北石家庄和平西路99号圣仑大厦

No.499.WEST HEPNG RD.SHI JIA ZHUANG,HEBEI,CHINA

邮编：200010

.P.C;050061

电话：0311-87043789 传真：0311-87042790

Tel: 0311-87043789 Fax: 0311-87042790

电子邮箱 webmarter@shenglun.com 网址 :www.shenglun.com

佛山杜邦鸿基薄膜有限公司
地址：中国广东省佛山市鄱南路6号 邮编：528000

电话：(0757) 82211988 传真：(0757) 82211016

佛山杜邦鸿基薄膜有限公司拥有六条生产线，产品共分为六大类，包括包装类、工业膜、电子材料、影像膜、特种膜和磁性材料，产品厚度范围为3um至350um，年产量达6万吨。

DuPont Hongji Films Foshan Co., Ltd (and DuPont Teijin Hongji Films Ningbo Co., Ltd) currently has 6 BOPET film production lines which produce 6 major BOPET film categories including packaging film, industrial film, electrical/electronic materials, image film, specialty film and magnetic media film. Our product thickness range from 3um to 350um. The total production capacity is 60000 tons per year.

冠捷电子（福建）有限公司
Top Victory Electronics (Fujian)CO., Ltd

地址：福建省福清市元洪路上郑 邮编：350301

Yuan Hong Road, Shang-Zheng, Hong-Lu, Fuqing City, Fujian

电话：(0591)85285555 传真：(0591)85285447 网址：www.tpvaoc.com

经营范围或服务范围：

CRT彩色显示器、LCD液晶显示器、LCD-TV液晶电视及PDP-TV等离子电视的研发、制造与销售业务。

Research & Development, Manufacture and Sales of CRT Monitor, LCD-TV and PDP-TV.

大同市林盛贸易有限责任公司
DATONG LINSILENG TRADE CO., LTD.

地址：山西大同市御河北路94号 邮编：037044 NO94North Yuhe Road Datong Shanxi China

电话：(0352) 6024990 7686923 6021046 传真：(0352) 7986923 E-mail:dtiecbco@sx172.com

经营范围

自营和代理各类商品及技术的进出口业务、经营进料加工和"三来一补"业务、经营对销贸易和转口贸易。

Business Scope:Self-operating and on behalf of imports and exports of all kinds of goods and technology, processing imported materials, processing materials supplied by customers, processing according to customers' samples, assembling parts supplied by customers, compensation trade, countertrade, entrepot trade.

宁波港进出口公司
Ningbo Port Import and Export company

地址：中国宁波北仑新矸迎宾路 邮编：315800 Yingbin Road, Xinqi, Beilun District, Ningbo, China.

电话：0574-27697492、27697299 传真：0574-27697168 邮箱：nbpie@nbport.com.cn

经营范围

自营和代理各类商品及技术的进出口业务、经营进料加工和"三来一补"业务、经营对销贸易和转口贸易、经营金属材料、化工原料、五金装潢、普通机械、电器机械、针织及纺织品、百货、咨询服务，室内装潢。

Manage and act for all kinds of import and export business concerning product and technology, such as dealing with processing material, processing and compensation, counter trade and Entrepot Trade, and engage in metal material, chemistry material, hardware workmanship, common machine, electric machine, knitting and textile, general merchandise, consultation and indoors decoration.

广东省东莞丝绸进出口有限公司
Guangdong Dongguan Silk Export & Import Ltd. Co.

地址：广东省东莞市南城区莞太大道15号 邮编：523009

No.15Guang tai road nan cheng dzstrect df dong gan guang dong

电话：0769-2482923 传真：0769-2483639

网址：http://dgsilkcom E-mail:dgsilk@dgsilk.com

经营范围

自营和代理各类商品及技术的进出口业务，经营进料加工和"三来一补"业务，开展对销贸易和转口贸易，进口废钢、废铜、废铝、废纸、废塑料。

Self-run and represent export & import operation of all kinds of commodities and techniques; Run buying-materials, manufacturing and "processing and compensation trades"; Operate contra trade and entrepot trade; Import waste steel, waste copper, waste aluminum, waste plastic and waste paper.

信华精机有限公司
Shinwa Industries(China)Ltd.

地址：广东省惠州市仲恺四路平南工业区平南中路8号 邮编：516006

8 Ping Nan Zhong Road,Ping Nan industrial Park Zhong Kai No.4 Road,Hui Zhou City

电话：0752-2602373 0752-2607508 传真：0752-2602401 E-mail:lhguang@shinwa.com.cn

经营范围

家用录音机芯、汽车音响机芯、WALKMAN机芯、线路板、镭射头、镭射机芯、CD转换器、文字处理机、VCD、DVD等影视音响产品；普通电话、无绳电话和集团电话、电脑USB转接器等系列产品的制造及销售(产品在国内外市场销售)。

Video and audio products as follows: tape deck mechanism,walkman mechanism,PCB assembly,laser diode,laser mechanism,CD changer,word processor,VCD-player,DVD-player,etc.;telephone,wireless telephone,group telephone,USB adaptor,etc.,which are sold both in domestic and foreign makets.

中服浙江北天鹅服饰股份有限公司
CNGG ZHEJEANG NORTHSWAN DRESS HOLDINGS CORP., LTD

地址：浙江省杭州市萧山区通惠南路782号 邮编：311201

NO,782 SOUTHERN SIDE TONGHUT RDAD ILADSHAN, HANGZHOU, ZHEJIANG

电话：0571-82737688 传真：0571-82736320

经营范围

羽毛、羽绒及制品、皮革制品、服装、床上用品、羊毛羊绒，丝绸产品的生产、销售；化工原料及产品(不含化学危险品)、工艺品、建筑材料、金属材料、针纺制品、轻纺原料、家用电器、电工器材、装潢材料的销售；展览展销的策划、设计、承办服装及其相关产品展览展销、经营进出口业务。

远纺工业（上海）有限公司
Far Eastern Industries (Shanghai) LTD

地址：上海市浦东东方路800号宝安大厦31~33楼

31-33F, Baoan Tower, No.800 Dong Fang Road, Pudong New Distrist

Tel:021-68751888 Fax:021-68760787 www.feis.com.cn

制造、加工聚酯切片、瓶级聚酯切片、聚酯胶片、涤纶双组份三维卷曲短纤维、涤纶差别化长丝POY/DTY、涤纶织物和涤纶染整面料。

Manufacture polyester chips/Bottle grade chips/PET Sheet/Staple fiber/Conjugated fiber/Differential Filament /POY/DTY, woven goods and dyeing & finishing fabric.

厦门市嘉晟对外贸易有限公司
XIAMEN JIASHENG FOREIGN TRADE CO., LTD.

地址：厦门市嘉禾路166-176号嘉莲大厦A1801

Add:Room A1801, Jialian Building, No. 166-176 Jiahe Road, Xiamen China

邮编：361009

Postcode：361009

电话：0592-5563165 5563167 传真：0592-5563169 5565198

Tel：0592-5563165 5563167 Fax：0592-5563169 5565198

网址：www.xmjsft.com E-mail：xmjs911@xmjsft.com

成都经济技术开发区管理委员会
The Administrative Committee of Chengdu Economic & Technological Development Zone

地址：中国·成都·龙泉驿 邮编：610100 Longquanyi, Chengdu, China

电话：028-84853233 传真：028-84872887 网址：www.cdetdz.com

发展定位：

现代制造业基地

Development Orientation: Modernized Manufacturing Base

已有产业：

汽车、机械制造、航空航天、光学电子、电子元器件、新型材料、医药食品加工及现代物流

Main Industries:automobile, machinery manufacturing, aviation and spaceflight, optical electronics, electron components, new-type material. pharmacy, foodstuff processing and logistics.

河北省涿州开发区管理委员会
地址：河北省涿州市范阳中路588号 邮编：072750

电话：0312—3850151、0312—3853300 传真：0312—3850340 网址：www.zzkfq.com

发区总体情况

河北省涿州开发区是1992年经省政府批准设立的经济技术开发区。开发区位于涿州市区东侧，京珠高速公路两侧，于市区接壤，总规划面积为12.28平方公里。

截止到2004年底已有入区各类企业306家，其中三资企业47家，高新技术企业21家，企业总投资达到77亿元，累计实际利用外资1.71亿美元，实际利用内资36亿元，实现工业销售收入60亿元，出口创汇5700万美元，固定资产投资完成43亿元，企业用工人数6000余人，国外合作伙伴涉及美国、德国、美国、加拿大、韩国、日本、丹麦、意大利、新加坡、马来西亚、港澳台等14个国家和地区，整体经济实力明显增强。

广东省建筑工程集团有限公司
GuangDong Construction Engineering Group Co.,LTD.

地址:中国广州市天河天润路 87 号广建大厦　邮编:510635　Guangjian Building, No. 87, Tianrun Road, Tianhe, Guangzhou, China
电话:(020)38486648　传真:(020)38486668　网址:www.gdceg.com　E-mail:gdjg@gdceg.com

经营范围

房屋建筑工程施工(特级资质)、水利水电工程、市政路桥工程、装饰工程、地基与基础、城市规划、建筑科研、检测检验、园林绿化、技术服务、物业管理、钢结构工程、房地产开发、预应力工程、爆破与拆除、建筑设计、建筑监理、建筑防水、教育培训、对外投资、商业贸易、机电设备安装、地铁盾构工程、工程机械制造、环保工程、装饰设计、造价咨询、构配件生产、劳务输出、投资开发、物资供销。

Business Scope: Architecture civil engineering(Super Class qualification)、Water conservancy&hydraulic power generation engineering、Municipal engineering、Architecture decoration、Foundation engineering、City planning、Architecture research、Inspection and test、Gardens and afforesting、Construction technology service、Real estate management、Steel structure engineering、Real estate development、Pre-stressing force engineering、Explosion and demolishment、Building design、Building inspection and controlling、Construction waterproof engineering、Education&training、Foreigninvestment、Commercial tradeMechanical and electrical equipment installation engineering、Subway engineering、Machine building、Environmental protection engineering、Decoration design、Price consulting、Component production、Export of labor service、Investment and development、Meterials supplication and sales.

海南省琼海市商务局
Bureau of Commerce of Qionghai City, Hainan

地址:海南省琼海市政府大楼 210 房　邮编:571400
210#, administration building, Qionghai City, Hainan Province
电话:0898-62932455　传真:0898-62932455　电子邮箱:jingmaoju@qionghai.hainan.gov.cn

负责全市内外贸易、国际经济合作、外商投资、国有商贸企业管理服务和指导工作。规范市场经济运行,整顿市场经济秩序,推进流通产业结构调整和培育商品出口基地等工作。

In charge of all the trade and commercial businesses of the city; responsible for international economic corporation, international and national trade investments and business enterprises, directing administrating and service works; coordinating the economy market operations; improving the constructions of the industries and building the basis of exporting products.

广州广船国际股份有限公司
Guangzhou Shipyard International Co., Ltd. (GSI)

地址:中国广州市芳村大道南 40 号　邮编:510382　NO. 40 South Fang Cun Road, Guangzhou, China
电话:(020)81891712　传真:(020)81891575　邮箱:gsi@chinagsi.com

广船国际以造船为核心业务,专注于灵便型船舶产品的开发和建造。多年来,公司坚持以市场变化趋势和客户需求为导向,并通过产品的设计、建造质量和生产效率的不断优化为客户提供卓越的产品。逐步形成造船、修船、大型桥梁与建筑钢结构、港口机械、电梯产品、冰箱成套设备、液压机械设备、压力容器等支柱性产业,连续多年成为国家机电产品出口创汇大户,被誉为"全国机电产品出口先进企业"、"百家产品优秀企业"。

GSI is based on core operations of shipbuilding and focused on building and exploitation of handy size ships. For so many years GSI has adhered to the policy of market variety and client requirement, offered predominant production by means of continuous optimizing of products exploitation, manufacturing design, quality control and production efficiency. In this way, GSI has formed several pillar business including shipbuilding, ship repairing, large-size bridge & building steel structure engineering, port machinery, elevator, refrigerator production line, hydraulic machinery and pressure vessel. For several constant years, GSI has been appraised as one of the advanced companies who contribute to the exportation in the field of national electro-mechanical business and honored as "national advanced export enterprise of electro-mechanical products" and "one of the 100 best enterprises whose products are of excellent quality."

中国通用技术(集团)控股有限责任公司
China General Technology (Group) Holding, Limited

电话:(010)63348889　传真:(010)63348118　E-mail:genertec@genertec.com.cn

重大技术装备与机电产品贸易及关键设备制造、医药生产及贸易、相关配套服务;投资;资产经营、资产管理;成套设备与工程、电力能源、船舶与飞行器、铁道交通、汽车、工业机械、通讯设备、仪器仪表与电子信息产品、技术服务、工业原材料的进出口业务;外国政府、国际金融组织提供资金、贷款项下的招标、投标和采购业务;政府招标采购业务;国内外工程项目的设计、设备分包、产品返销、国内外投标、国际工程承包和劳务输出业务;中国对外经济技术援助项目和援助物资的执行业务;医疗设备、医疗器械、医药保健品和一般贸易商品的进出口业务。同时,通用技术集团还积极开展易货贸易、转口贸易、国内贸易、来料加工、来样加工、来件装配、补偿贸易、技术服务、对外咨询等多种业务,以及物流、广告、展览、房地产开发、物业管理和信息技术等多元化业务。

昆山市对外贸易经济合作局
Kunshan Bureau of Foreign Trade & Economic Cooperation

地址:江苏昆山市前进中路 108 号　邮编:215300　108# Qianjin Rd.kunshan Jiangsu
电话:0512-57312188　传真:0512-57311560　网址:www.ksboftec.gov.cn　电子信箱:wjmj@ks.gov.cn

昆山,长江三角洲充满灵气的江南水乡城市,世界第六城市群一颗璀璨明珠,东临国际大都市上海,西依历史文化名城苏州,历史悠久,人杰地灵。发源于这里并被联合国教科文组织命名为"人类口述与非物质遗产代表作"的昆曲,以及以"中国第一水乡"周庄为代表的水乡古镇,构成了昆山文化永恒的背景。

近年来,昆山大力实施外向带动战略,欣欣向荣的开放型经济使这里迅速崛起成为紧贴上海的一座新兴工商城市。全球58个国家和地区的投资者在这里创办了4000多个项目,投资总额超过300亿美元,这里已经成为国际资本投入的高密度地区,外商投资产出的高回报地区和经济发展的高增长地区。

昆山是您投资创业的理想之地,作为昆山市人民政府下属经济管理职能机构,昆山市对外贸易经济合作局负责全市外资、外贸和外经事宜的服务、管理工作。

热忱欢迎您光临昆山!

宁夏加宁铝业有限公司
Alcan Ningxia Aluminium Company Limited

地址:宁夏回族自治区青铜峡市大坝镇　邮编:751603
Daba Town, Qingtongxia City, Ningxia Province.
电话:09533037577　传真:09533037588　邮箱:guangdong.pan@alcan.com

公司简介

我公司是加拿大铝业公司与青铜峡铝业集团和宁夏电投公司投资的中外合资电解铝厂,现有原铝产能 15.3 万吨,炭素产能 11 万吨。在发电能力为 120 万千瓦的大坝电厂拥有 43% 股权。规划产能 60 万吨。

Our company is an Alcan, Qingtongxia Aluminium Group and Ningxia Power Investment Company invested joint venture engaged in primary aluminium business with a smelting capacity 153kt/a, carbon capacity 110kt/a. We also own 43% of shares in Daba Power Station of capacity 1,200MW. Our plan is to expand our smelting capacity up to 600kt/a. Alcan manages the company.

南京市鼓楼区对外贸易经济合作局
Foreign Trade & Economic Cooperative Bureau of Gulou District Nanjing

地址:南京市江苏路39号　No.39 Jiangsu Road, Nanjing, China　网址:www.njgl.gov.cn　电子信箱:glzsfw@jsmail.com.cn
电话:025-86634150　86634210　86634510　86634450　传真:025-86634150　86634510

南京市鼓楼区对外贸易经济合作局是鼓楼区利用外资、对外贸易、外经合作的管理与服务部门。近年来,该局始终奉行"为投资者服务,让投资者盈利"的宗旨,坚持按国际惯例和市场经济规则办事,致力于营造优质高效的服务环境,规范有序的法治环境,开放和谐的人文环境,以一流的办事效率,一流的服务质量,赢得了中外客商的好评,已连续八年被南京市人民政府授予"开放型经济工作优胜单位"。

Foreign Trade & Economic Cooperative Bureau of Gulou District, Nanjing is in charge of administration and service of foreign capital, foreign trade and economic cooperation in Gulou District. In rencent years, pursued by the principle of supply the service for investor to take profit, the administrative department persisted in the international convention and market economy regulations to build integrative environment including the best and high-efficiency service, canonical legal and harmoniously humanism environment. By right of the top-ranking efficiency and service, the Bureau gains good reputation. In the past eight years, it was continuously awarded with superior Department of Open Economy by Nanjing Municipality.

重庆长安汽车进出口有限责任公司
Changan Automobile Imp. & Exp. Co., Ltd

地址:中国·重庆市江北区建新东路 260 号　邮编:400023
No. 260, Jianxin DongLu, Jiangbei District, Chongqing, China
电话:(023)67591682　67853155　67853241　传真:(023)67852882　67729976
网址:www.changan.com.cn　邮箱:export@changan.com.cn

经营范围

自营和代理各类商品和技术的进出口(国家禁止进出口的商品和技术除外);开展对外合作生产,"三来一补"业务。代表长安集团经营各类长安汽车、生产线、零配件及相关技术的进出口业务。

Self-operate or act as an agent to do import & export business of all kinds of commodities and technologies except for the articles restricted or prohibited by the State. Carry out external cooperative production. Process raw materials on clients' demands, assemble parts for the clients and process according to the clients' samples; or engage in compensation trade. Deal in import and export business of Changan brand vehicles, production lines, automobile parts and related technologies on behalf of Changan Auto Group.

浙江新大集团有限公司
Zhejiang Shindai Group Co., Ltd

地址:浙江杭州市江晖路 1888　邮编:310051　1888 Jianghui RD. Hangzhou, China
电话:0571-87031888　传真:0571-87031999
网址:www.zjab.com　E-mail:wwwinbmaster@zjab.com

集团出口以服装、针纺织品为主,兼有食品、鞋制品、地毯、五金机电产品、烟花爆竹等二十多个大类,数百个品种。主要出口国家和地区为美国、欧盟、日本、非洲及东南亚等。贸易活动覆盖 100 多个国家和地区。

Our group deals in hundrcds of items in more than 20 categories, including all kinds of textile and garment products, which are its main itenms ,and other supplementary ones such as food, shoes, carpets, hardware, machinery, elcctric appliances, and fireworks. Our main target customers are covered in such countries and regions as U.S.A., European Union, Japan, Africa and Southeast Asia, and we further have establishde and kept business relations with more than 100 countries and regions.

上海电气国际经济贸易有限公司
Shanghai Electric International Economic & Trading Co., Ltd

地址:中国上海市中山南路 268 号 1 号楼 5-6 楼　邮编:200010
F5-6, Towerl, NO. 268 Zhongshan Rd. (S), Shanghai China
电话:(Tel):021-51156622　传真:(Fax):021-51154999
网址(Website):www.smec.net　邮箱(Email):smec@smec.net

电气国际是上海电气集团股份有限公司旗下主营国际贸易、国际投资和合资合作的核心企业。经营范围是:自营和代理各类商品及技术的进出口业务,经营加工贸易和"三来一补"业务,开展对销贸易和转口贸易,实业投资,企业登记代理。

SEIC is a singnificant company within the group of Shanghai Electric Group Co., Ltd. specializing in international trade and investment. Its scope of business covers import and export of commodities and technologies and acting as agent in these business; processing trade with supplied material, samples and drawings, and compensational trade; counter trade and transfer trade; enterprise investment; and acting as agent for company registration.

广州市华泰兴石油化工有限公司
GUANGZHOU TW NACE PETROLEUM&CHEMICALS CO., LTD.

地址:广州市东风中路 410 号健力宝大厦 19 楼　邮编:510030
19/F., No.410, Jianlibao Tower, Guangzhou, Guangdong
电话:(020)83487038　传真:(020)83487155　网址:www.twinace.com

经营范围

国内商业及物资供销业(国家专营专控商品除外),信息服务。销售:易燃液体(持许可证规定经营项目经营),自营和代理各类商品及技术的进出口业务(不另附进口商品目录),但国家限定公司经营或禁止进出口商品及技术除外,经营各种贸易方式。批发:汽油、煤油、柴油。

Domestic trade (except commodities under control of government), information service sale of infiammablc liquid (with permis), import & export various goods for itself or for agent except for the goods or technologies which are prohibited to import and export. (catalog of import export goods is not attached) Wolesale: gasoline, keroscne and gas oil.

江西省赣州市对外贸易经济合作局
External Trade and Economy Cooperation Bureau of Ganzhou City of Jiangxi Province

地址:江西省赣州市红旗大道30号　邮编:341000　电话:(0797)8125330　传真:(0797)8117910
Add: No. 30, Hongqi Boulevard, Ganzhou City, Jiangxi Province

【赣州市对外贸易经济合作局】赣州市对外贸易经济合作局是市政府管理全市对外贸易、利用外资和对外经济技术合作的工作部门。主要负责贯彻执行国家对外贸易、经济合作的各项方针政策、法律法规、制度措施,研究拟定全市对外贸易经济合作发展战略并组织实施;宏观管理全市的外经贸工作,协调和管理全市进出口贸易,报批进出口经营权、进出口商品许可证、出口商品商标等;按照国家规定权限审批利用外资合同章程;归口管理全市对外承包工程、劳务合作业务;贯彻口岸工作方案和规定,会同有关部门制订全市口岸具体规划和管理办法并组织实施。2004年,全市批准外资项目208个,批准合同外资6.21亿美元,实际利用外资5.39亿美元,列全省第二位;外贸进出口4.3亿美元,同比增长89%,外经工作持续发展,口岸工作进展顺利。

南京钢铁集团
Nanjing Iron & Steel Group

地址:南京市六合区卸甲甸　邮编:210035　网址:www.njsteel.com.cn　邮箱:nisco@vip.163.com
Address: Xiejiadian, Luhe Dist., Nanjing

南钢始建于1958年。1996年7月,由南京钢铁厂改制为南京钢铁集团有限公司,并以南京钢铁集团有限公司为核心组建了南京钢铁集团。2000年9月,"南钢股份"在上海证券交易所成功发行上市。2003年,南钢集团有限公司实施了"三联动"改革,由国有独资企业转变为非国有控股企业,并与上海复星高科技集团有限公司等三家企业合资成立了"南京钢铁联合有限公司",实现了企业经营机制的重大转变。2003年,南钢集团完成销售收入185亿元,销售收入在全国500家大企业中排名第92位。

Nanjing Iron & Steel was founded in 1958. In July 1996, Nanjing Iron & Steel Group Co., Ltd. was restructured from Nanjing Iron & Steel Works, and Nanjing Iron & Steel Group was formed with the core of Nanjing Iron & Steel Group Co., Ltd. In September 2000, "Nan-gang stock" was successfully issued in Shanghai Stock Exchange. In 2003, a series of reforms were executed in Nanjing Iron & Steel Group Co., Ltd., and the Group was changed from solely state-owned company into the enterprise in which the state owned share is not at majority. Nanjing Iron & Steel United Co., Ltd. was jointly founded by the Group and other three companies, and the big evolution of operational mechanism had been executed. The sales income of Nanjing Iron & Steel Group in 2003 ranked No.92 among Top 500 large scale enterprises in China.

哈尔滨电站工程有限责任公司
Harbin Power Engineering Co., Ltd

地址:哈尔滨市三大动力路 39 号 /No.39　邮编:150040　Sandadongli Road Harbin China
电话:(0451)82136688　传真:(0451)82135566　E-mail:hpe@hpechina.com

哈尔滨电站工程有限责任公司(英文缩写 HPE)具有独立法人地位的经济实体,享有独立的外贸经营权、产品进出口和劳务输出权。HPE 主要经营火电站、水电站、联合循环电站工程的总承包和设备成套业务,并可承建与电站相关的输变电设施和公用设施。

As an independent economic entry, Harbin Power Engineering Company Limitod (HPE), enjoys the rights of foreign business, product import & export and labor outpur service. The main business is to work as an EPC contractor and complere cquipment supplier for thermal, hydro and combined cycle powcr plants, well as to construct power transmission & distribution and utilities relating to the power plants.

温州市国际外贸有限公司
WENZHOU INTERNATIONAL TRADE CO., LTD.

地址:温州市车站大道烟草大楼北首五楼　5/F(North), Tobacco Mansion, Station Avenue, Wenzhou China
电话:(0577)88396982　88655096　传真:(0577)88396983　88399970
E-mail:xuxp168@yahoo.com.cn

经营范围

按照外贸部的核定,经营机械设备、仪器仪表、电器、办公文体用品、粮油食品、纺织服装、轻工产品、工艺品、五金制品、有色金属、化工产品、医疗保健品、塑料皮革制品等商品的进出品业务。同时特许经营钢材、橡胶、废钢、废纸、废塑料等商品的进口业务。

According to the checking and ratifying, Wenzhou International trade Co., Ltd. manages the mechanical equipment, instrument and apparatus, electric products, official stationery&sports products, grain and oil food, textile clothing, light industrial products, handicraft, hard ware, nonferrous metals, chemical products, medical health products, plastic leather and fur products, etc. At the same time we have the licese to import steel, rubber steel scrap, paper scrap, plastics scrap and etc. business of importation.

中国石油化工股份有限公司天津分公司
China Petroleum & Chemical Corporation Tianjin Oil Products Company

地址:天津市南开区南京路 338 号　邮编:300100　电话:(022)27201588　传真:(022)27201555
No.338, Nanjing Road, Nankai District, Tianjin

经营范围

石油化工的销售;燃气管道运输,石油管道运输;石油化工储运;技术及信息的研究,开发,应用。

限分支机构经营:日用百货,定型包装小食品,饮料零售(以上范围内国家有专营专项规定的按规定办理)

The sale of petroleum & chemical; the transportation of gas piplelines and oil pipelines; the storage and transportation ot petroleum & chemical; the reseach, development and application of technology and information.

The branch organizations can only deal in: the general merchandise, the designed and packed little food: and the retail of drinks (In the extent said above: please conduct according to the specifications set down by the country).

西藏赛亚经贸服务公司
Tibet SAI-YA Economical Trade Co. LTD

地址：拉萨市金珠西路 75 号　邮编：850000　Lhasa Jinzhu west Road No: 75 Lhasa Tibet P.R.C
电话：6828577　传真：6832742

赛亚公司成立于 1993 年，成立初期注册资金 100 万元，干部职工 8 人，1999 年获一般贸易进出口经营权，现注册资金增加到 500 万元，现有干部职工 30 人，公司从成立初期的单一贸易发展到已拥有一般贸易经营权，物业管理、房屋租赁、边境贸易、汽车、土畜、中药材、林产品、五金交电、矿产品、化工、轻纺、民族工艺、机电产品、建材、办工设备、日用百货、酒、副食、餐饮、零售国产卷烟等，赛亚公司隶属西藏自治区对外贸易经济合作厅。

ibet SAI-YA Economical Trade Co. LTD is started in 1993. In the beginning of enterprise we have only a million register fund and there are eight workers. In 1999 we got right to do ordinary trade, since that our register fund grow up to five million and now enlarge to do: Management materials, Rending houses and offices, Border trade, vehicles, local products, medical, forestry, electronic, mineral products, chemical, traditional handicraft, office equipment, alcohol, grocery, construction material, national cigarette, restaurant and so on. SAI-YA company is originally working under the Tibet Autonomous Region Foreign trade Center.

东方国际集团上海市对外贸易有限公司
ORIENT INTERNATIONAL HOLDING SHANGHAI FOREIGN TRADE CO., LTD.

地址：上海市娄山关路 85 号东方国际大厦 B 座　邮编：200336　Suite B, Orient International Plaza, 85 Lou Shan Guan Road, Shanghai
电话：(021)62786500　传真：(021)62786588　网站：www.cnsftc.com　邮箱：business@cnsftc.com

东方国际集团上海市对外贸易有限公司，前身是上海市对外贸易公司，成立于1988年1月，是以进口为主，进出并举的地方性外贸企业，以代理、自营或转口贸易等方式，经营五金矿产、化工、粮油、纺织、轻工、机械、仪器、设备、医疗器械等产品的进出口业务，并拥有钢材、羊毛、腈纶、胶合板、天然橡胶、燃料油等商品的专项经营权；承办来料加工、来样加工、来件装配业务和补偿贸易；开展中外合资、合作生产业务；承接国际招标、投标业务；经营国内外各类商品的批发、零售、邮购及汽车进口销售（含小轿车）业务；接受国外和港、澳、台厂商的委托，经营寄售业务和进出口产品的售后维修服务。

Orient International Holding Shanghai Foreign Trade Co., Ltd. (formerly Shanghai Foreign Trade Corporation), established in January 1988, is a local import-and-export-oriented trading enterprise, which handles import and export business covering metals & minerals, chemicals, cereals & oils, textiles, light industrial products, machinery, instruments and equipment, medical apparatus, etc. in such diversified ways as agency, buy-and-sale and entrepot. Especially, the company has been authorized to deal with steels, wools, acrylic fibres, plywood, natural rubber and fuel oil. Other business practices like processing with imported materials or samples, assembling with supplied parts, international bid, compensation trade, joint venture, co-production, real estate, wholesale and retail, mail-order of various goods, and automobiles import and sales are also undertaken. Meanwhile, the company is entrusted by overseas manufacturers and those from Hong Kong, Macao and Taiwan, with consignment and after-sales services.

中国食品集团公司
China National Foodstuffs Group Co.

地址：北京市复兴门内大街 45 号　邮编：100801
Add：45 Fuxingmennei Street Beijing China
电话：66095512　传真：66035837

经营范围

皮张的批发、零售；肉、禽蛋、水产品及副产品和加工制品、罐头、干鲜果品、蔬菜及其制品、调味品、饮料、糕点、粮油及其它各类包装食品的销售；肉、蛋储备（有效期限按卫生许可证）；与上述业务有关的机械设备、材料、专用工具及零配件的代购、代销；生化制药用的原辅材料、试剂和包装材料的代购、代销（国家有专项规定的除外）。经营本系统商品的进出口业务；接受本系统单位的委托代理进出口业务；经营本系统的进出口业务（以上国家统一组织联合经营的十六种出口商品的出口业务及国家实行核定公司经营的十二种商品的进口业务除外）；承办中外合资经营、合作生产、来料加工、来样加工、来件装配、补偿贸易、易货贸易及转口贸易业务。

湖南省衡阳市南东有色金属有限公司
HUNAN HENGYANG SOUTH-EAST NONFERROUS METAL., LTD.

地址：中国·湖南省衡东县吴集镇　邮编：421400
Add:Wuji, Hengdong, Hunan, china.
电话：0734-5216033 5216088 5216369　传真：0734-5216363
E-mail: Sale@Nan-dong.com

衡阳市南东有色金属有限公司是专业生产钨系列制品、硬质合金、高比重合金的专业性企业。拥有从钨原料冶炼深加工到硬质合金、高比重合金整套完整生产工艺生产体系。

SOUTH-EAST NONFERROUS METALS COMPANY LIMITED is specialized in producing tungsten series products, cemented carbide products and high density alloy. We have a complete production line from the smelting of tungsten raw material to further processing of cemented carbide and high density alloy.

通化钢铁集团进出口有限公司
TONGHUA IRON AND STEEL GROUP IMP. & EXP. CO., LTD.

地址：吉林省通化市二道江区东盛路 14 号　邮编：134003
14 Dongsheng Road, Erdaojiang District, Tonghua City, Jilin Province, China 134003
电话：(0435) 3790776 3799834　传真：(0435) 3793930　E-mail: tgjck@sina.com

主要经营通钢所需大宗原燃材料、设备、废钢等物资的进口以及通钢集团产品的出口业务。每年铁矿砂进口量在200万吨以上，出口主要品种有生铁、钢坯、各类建材、型材、带钢等，产品远销世界十多个国家和地区。2004年公司进出口总额达到1.4亿美元。公司在对外业务往来中，"重合同、守信誉"，先后被国家商务部评选为信用AA级单位，被海关评为A类管理企业。

Businness scope: Tonghua Iron & Steel Group Imp. & Exp. Co., Ltd. (TISCO for short), imports main raw materials, equipment, scrap iron and iron ores (more than 2 million tons each year) and exports the steel products manufactured by TISCO including steel billets, steel products, pig iron, building materials section steel and steel strip, being sold to over ten nations and regions. In 2004，the total volume of import and export reached USD140 million. We always "abide by contracts and keep promises" in doing business with foreign companies. Tonghua Iron & Steel Group Imp. & Exp. Co., Ltd. has been chosen through Ministry of Commerce as AA Enterprise and through General Administration of Customs as Grade A in Enterprise Management.

上海腾龙国际贸易有限公司
SHANGHAI RISING DRAGON INTERNATIONAL TRADE CO., LTD.

地址：上海市平凉路 1398 号 3 楼　邮编：200090　No. 3F 1398 Pingliang Road Shanghai
电话：(021) 55806528　传真：(021) 55806310　电子邮件：wu-weijie@shrdcorp.com

经营范围

自营和代理各类商品及技术的进出口业务（不另附进出口商品目录），国家规定的专营进出口商品和国家禁止进出口等特殊商品除外，经营进料加工和"三来一补"业务；开展对销贸易和转口贸易，服装、针纺织品、工艺品的销售，附设分支机构。（涉及许可经营的凭许可证经营）。

Both import & export for various kinds of Commodities including garments, knitting textiles, Light industrial products, works of art and etc. Except the special products that the Government Forbids to be imported or exported. We do the business as per the samples, materials that supplied by our customers, and we also do compensation business. We set up branch companies as well. (We import and export all commodities using License if needed.)

广东洋迪实业有限公司
GUANGDONG YANGDI INDUSTRY CO., LTD

地址：广州市黄埔大道中 209 号海景大厦六楼 6J 信箱　邮编：510655
Box6J, 6/F, HaiJingBuilding, 209Huangpu Rd., Guangzhou, China
电话：(020) 85523660　传真：(020) 85522001　E-mail:yangdi@21cn.net

经营范围

收购、销售有色金属矿产品、半成品；制造、加工、冶炼及销售有色金属及其副产品（具体生产由分公司经营）；销售：黑色金属制品，合金产品，普通机械，电子产品，日用百货，化工产品，建筑材料，纺织材料，副食品（以上金属不含金银）自营和代理各类商品及技术的进出口（国家限定公司经营或禁止进出口的商品和技术除外）。

Nonferrous mineral products & semi-products and by-products smelting, manufacturing and trading; ferrous metal & alloy products, general machinery, electronic products, articles of daily use, chemicl products, building materials, textiles, foodstuffs trading (excluding gold & silver); import and export trading for proprietary and proxy purposes.

清华同方威视技术股份有限公司
NUCTECH COMPANY LIMITED

地址：北京市海淀区双清路同方大厦 A 座二层　邮编：100084
2/F Block A, Tongfang Building, Shuangqinglu, Haidian District, Beijing, China
电话：62780909　传真：62788896　邮箱：nuctech@nuctech.com

经营范围

射线装置、核仪器仪表的研究、开发、生产、销售及设备安装服务；高科技项目咨询、技术培训；高新技术转让和服务；经营本企业和成员企业自产产品及技术出口业务；本企业和成员企业生产所需的原辅材料、仪器仪表、机械设备、零配件及技术的进口业务（国家限定公司经营和国家禁止进出口的商品除外）；经营进料加工和"三来一补"业务；承包境外与出口自产设备相关的工程和境内国际招标工程；上述境外工程所需的设备、材料出口；对外派遣实施上述境外工程所需的劳务人员。

中国外运股份有限公司
SINOTRANS LIMITED

地址：北京西直门北大街甲 43 号金运大厦 A 座　邮编：100044
Add: Sinotrans Plaza, A43 Xizhimen Beidajie, Beijing
电话：010 62296666/6633　传真：010 62296600　E-mail: www.sinotrans.com

中国外运股份有限公司（SINOTRANS LIMITED）是中国外运集团控股的H股公司，它承继了中国外运集团在国内沿海、沿江等发达及战略性地区的核心资产与业务，主营业务包括货代、快递、船代；支持性业务包括仓码头、汽运、海运。在此基础上，公司大力发展全方位、一体化的综合物流服务。

上市后，在国际资本市场准则的规范下，企业治理素质得以全面提高，经营业绩快速持续增长。继03年以稳健的财务指标，成为首家荣登海运财富论坛全球海运上市公司经营业绩榜首的国内物流企业后，04年再创佳绩，完成营业额218.79亿人民币，实现净利润8.02亿人民币，成为CFLP评出的04年度国内最具竞争力的物流企业及《资产》杂志04年度亚洲最佳治理企业。

武汉瓜拿纳集团有限公司

地址：武汉市江汉区武汉国际大厦 B 座 12 楼　邮编：430022
电话：(027) 59516969　传真：(027) 59514500　邮箱：guanana@guanana.com.cn

武汉瓜拿纳集团有限公司是一家以研发、生产、销售高科技健康系列产品为主的民族直销企业。其前身是武汉瓜拿纳保健品有限公司，成立于一九九五年八月。随着公司规模的扩大，公司增资为集团公司，注册资本 8000 万元。目前公司在国内有多家分公司，下设百家专卖店，主要销售业务遍布山东、广东、辽宁、贵州、江苏、安徽、福建、黑龙江、吉林、云南等地。

公司生产基地经国家药品监督管理局审查，符合中华人民共和国《药品生产质量管理规范》要求，获 GMP 认证。公司与海内外科学机构及科技精英合作，研发高科技含量的产品，在生化、纳米、IT、日用化妆品、保健品等方面都做出了成果。公司与中国疾病预防控制中心和环境与健康产品安全所联合研制了瓜拿纳量活化净水机和瓜拿纳细胞排素仪等。

本着"经营健康，健康经营"的经营理念，公司全体同仁有信心将瓜拿纳集团打造成为内资直销企业第一品牌。

上海新国际博览中心有限公司

地址：中国上海浦东新区龙阳路 2345 号（201204）
2345 Longyang Road, Pudong New Area Shanghai P.R.C. 201204
电话：(021) 28906666　传真：(021) 28906777　网址：www.sniec.net　E-mail：info@sniec.net

经营范围

建设、经营上海新国际博览中心；利用本公司展览场馆主办、合作主办和承办境内外来展；推广展览所需活动；提供与本展览中心所举办展览相关的广告设计、制作，利用自有媒体发布广告；出租展览馆、会议室、办公室及为进场参展商提供展览设备租赁服务；经营商务中心、餐饮、附设商品部等相关配套设施及提供展览咨询等相关服务。

The construction and operation of Shanghai New International Expo Centre (SNIEC); Organizing, co-organizing or holding exhibitions based on the venue; Exhibition-related promotion activities; Providing advertising design and production related to the shows staged in SNIEC, and releasing advertising based on SNIEC's own media; Lease services related to exhibition halls, meeting rooms, offices, exhibition equipment; Operation of the supporting facilities such as Business Centre, Restaurants, Snacks, Shops and so on; Exhibition-related consulting service etc.

深圳市大工业区（深圳出口加工区）管理委员会
Administration of Shenzhen Grand Industrial Zone(Shenzhen Export Processing Zone,Guangdong)

地址：深圳市龙岗区坪山镇兰竹大道 1 号　邮编：518118
电话：0755-84622218 0755-84622220　传真：0755-84622226　邮箱：zsc@szgiz.gov.cn

服务范围

深圳市大工业区（简称大工业区）是深圳市人民政府设立的、是深圳市目前可供连片开发建设和面积最大的工业区。大工业区成立于1994年7月，1997年正式开工建设，中心片区38平方公里。大工业区紧紧围绕深圳建设国际化城市的总体目标，按照"产业第一"的方针，坚持引进投资规模大、技术含量高、投资密度高的项目，力争建设成为以高新技术产业和先进技术工业为支柱，现代服务配套完善，功能体系比较健全，市场化运作机制日趋成熟，生态环境优良的现代化功能工业园区。

深圳出口加工区（简称出口加工区）是经国务院批准成立，由海关监管的特殊封闭区域。出口加工区位于大工业区西片区，围网面积3平方公里。

湖南水口山国际贸易有限公司
HUNAN SHUIKOUSHAN INIERNATIONAL TRADING LIMIIED COMPANY

地址：中国湖南衡阳市华新开发区长湖南街 19 号　邮编：421008
19 Changhu South Styee. Hua xin Development Eone Hengyang Hunan. china
电话：(0734) 8852400　传真：(0734) 8852110

经营范围

经营各类商品和技术的进出口《国家限制经营或禁止经营的商品和技术除外》；冶金生产科、机械设备、仪器仪表、建设材料、电工器材、五金交电、有色金属材料的销售；政策文件的矿产品、化工产品的销售、技术咨询。

Manages each category of commodity and the technical import and export (the country defined the management commodity and the technology are an exception)、metallurgy furnace charge、mechanical device、instrument measuring appliance、building material、electrial engineering equipment and material、hardware alternating current、non-ferrous metal material sale、policy permission minerals、chemical product sale、technical consultation.

重庆长江国际租赁有限公司
Chongqing Changjiang International Leasing Co., Ltd

地址：重庆市渝中区中山三路 139 号希尔顿大厦商务楼 719　邮编：400015
Address: Suite 719, Hilton Hotel, Chongqing, No.139 Zhong Shan San Lu, Yuzhong District, Chongqing. PRC
电话：023-89038667,89038675　传真：023-89038697　邮箱：li_jun@hnair.com

公司简介

重庆长江国际租赁有限公司是于1992年12月经外经贸部批准注册成立的中外合资租赁公司，注册资本1000万美元，是中国西部地区唯一一家具有融资租赁业务经营许可权的融资租赁公司。

Chongqing Changjiang International Leasing Co., Ltd (CILC), approved by and registered with the Ministry of Commerce of the People's Republic of China in 1992, is a unique joint venture financial leasing company in western China. It primarily deals with finance leasing under the permission of the Ministry of Commerce. The registered capital is 10 million USD.

上海富迪健康科技有限公司
Shanghai For You Healthware Technology Co.,Ltd.

地址：上海市徐汇区漕溪路 199 号　邮编：200235
Head Office: No. 199 Caoxi Road, Xuhui District, Shanghai Zipcode:200235
电话：(021) 64692215 64692221　传真：(021) 64691436　电子信箱：fyhtco@online.sh.cn

经营范围

生产服装、化妆品、保健器材、保健食品、保健日用品、洗涤剂。
销售本公司自产产品，内销产品在国内店铺销售。

Products: Costume, Cosmetic, Healthware, Health Care Food, Health Care Commodity and Scour.

注册地和工厂：上海市浦东新区六团外贸工业区 70 号　邮编：201202
The Registered Place and Factory : No.70 the sixth Foreign Trade industry Area, Pudong New District, Shanghai Zip Code:201201

电话：(021) 58590970　传真：(021) 58592967　投资总额：1000 万美金　企业类型：中外合作

中汽对外经济技术合作公司
China Automotive Industry International Corporation

地址：北京亚运村加利大厦 4 座 15 层　邮编：100101
15/Fr.,Kerrie Plaza 4, the Asian Games Village, Beijing, China 100101
电话：(010) 64968698　传真：(010) 64968699　邮箱：info@caic.com.cn

承包汽车行业国外工程项目；上述工程项目所需的设备、材料、汽车及零部件出口；自营和代理各类商品及技术的进出口业务（国家限定公司经营或禁止进出口的商品及技术除外）经营进料加工和"三来一补"业务；经营对销贸易和转口贸易；对外派遣本行业技术、劳务人员；汽车行业的工程、产品、技术、市场咨询服务；中外汽车行业的各类经济技术交流和新产品、新技术展示；汽车（含小轿车）、摩托车的销售。

Main business: construction of overseas projects in automotive industry and export of equipment, materials, automobiles and spare parts needed by such projects; import and export of various kinds of goods and technologies (except those prohibited by the state); raw materials processing on clients' demands, parts assembly for clients, processing according to the clients' samples and compensation trade; counter trade and transit trade, export of technologies and labor forces in automotive industry; consultation services on engineering, product, technology and market in automotive industry; exchange of economic technical know-how and exhibition of new products and new technologies in foreign and domestic automotive industry; marketing of automobiles, cars and motorcycles.

惠州三星电子有限公司
SAMSUNG ELECTRONICS HUIZHOU CO. LTD

地址：广东省惠城区陈江镇三星工业区　邮编：516229　电话：0752-3897777　传真：0752-3897000
CHENJIANG TOWN HUIZHOU CITY GUANGDONG PROVINCE CHINA

我司是由韩国三星电子株式会社、惠州市地产总公司、三星(中国)投资有限公司及韩国BLUE TEK CO; LTD。于1992年合资兴建的企业。公司主要生产经营雷射影音系列产品、镭射机芯产品、数字式录放机及上述产品的销售和售后服。投资总额：5270万美元，注册资本：3389.9万美元。产品100%外销。主要销往世界40多个国家和地区。

"1997年已顺利通过ISO9002、2002年通过ISO9001认证；
"1998年～2001年被中国海关评为"信得过企业"；被广东省税务局评为"纳税大户"和"先进纳税户"。
"2000年设立"数码研究所"，2003年8月拥有专业科技人员300多名。
"2002年被广东省科技厅认证为"高新技术企业"。
"2003年被广东省科技厅认定为"两个密集型企业"。
"2002年11月均被惠州市地税、国税评为2001年度"百强纳税户"、"诚信纳税户"；
"2001、2002年获省大型出口企业"突出贡献奖"；2002年出口额最大200家排名第75位
"2004年12月止，公司职员达2152人。

天津外总集团有限公司
TIANJIN FOREIGN TRADE (GROUP) CO., LTD

地址：天津市和平区南京路59号　邮编：300050　电话：(022)23317269　传真：(022)23314339
NO.59 NANJING ROAD, TIANJIN, CHINA

经营范围

进出口贸易，主要商品包括：五金制品、矿产品、化工原料、医疗器械、中药材、西药、轻工业品、文体用品、纺织面料、服装、机械设备、成套设备及技术、仪器仪表、粮油、食品、土畜产品等。是中国进出口额最大的500家企业之一。

WE DEAL IN IMPORT AND EXPORT BUSINESS. THE BUSINESS SCOPE INCLUDES: METALS AND MINERALS, CHEMICAL MATERIALS, MEDICAL APPARATUS, TRADITIONAL CHINESE MEDICINE, PHARMACEUTICALS, LIGHT INDUSTRIAL PRODUCTS, STATIONERY AND SPORTING GOODS, TEXTILE AND GARMENTS, MACHINERY, COMPLETE SET OF EQUIPMENT AND TECHNOLOGY, METERS AND INSTRUMENTS, CEREALS, OIL, FOODSTUFFS, NATIVE PRODUCE AND ANIMAL BY-PRODUCTS.

WE HAVE BEEN ONE OF THE 500 LARGEST IMPORT AND EXPORT COMPANIES IN CHINA FOR MANY YEARS.

广东格兰仕集团有限公司
Guangdong Galanz Enterprise Group Co.,Ltd

地址：广东省佛山市顺德区容桂大道南25号　邮编 528305　电话 0757-28886389　传真 0757-28889628
25 South Ronggui Rd.,Ronggui,Shunde,Guangdong　网址：www.galanz.com.cn　E-mail:info@galanz.com.cn

公司已获得认证：ISO9001、GS、CE、NEC、CB、UL、FOA-FCC、S-Mark等多国认证

广东格兰仕集团有限公司1993年以微波炉为起点投身家电业，现已发展成为拥有员工20000多人，拥有"全球微波炉制造中心"、"全球空调制造中心"、"全球小家电制造中心"三大全球制造基地，占地面积超过300万平方米的全球化家电专业生产企业，是中国家电业最优秀的企业集团之一。

十多年来，格兰仕实现了经济效率的连年持续增长。2001年以来，在带着微波炉产业稳步升级的同时，格兰仕开始跻身世界空调和小家电一线品牌行列。2003年，格兰仕全面启动"世界光波炉工厂"、"全球空调制造中心"，微波炉、空调两大核心产业均侧重于向高新技术产品制造领域深入拓展，全年销售收入突破100亿元，出口创汇5亿美元。2004年，格兰仕空调产销规模突破280万台，是中国出口二强、全球出口五强的品牌，格兰

安徽安粮国际发展股份有限公司
AHCOF International Development Co., Ltd.

地址：安徽省合肥市金寨路389号，"盛安广场"　"unon plaza" 389 jinzhai road, hefei, anhui province
电话：(0551)2831055 2831024　传真：(0551)2831059 2831060
网址：www.ahcof.com.cn　E-mail:ahco@ahcof.com

安徽安粮国际发展股份有限公司经营范围包括粮油、食品、食品添加剂、土畜产品、轻工工艺品、纺织服装、医药化工、五金矿产、机电设备、家电产品、包装物料及技术的进出口业务，出口产品近千个品种，市场覆盖100多个国家和地区。

AHCOF INTERNATIONAL DEVELOPMENT CO., LTD. IMPORTS AND EXPORTS CEREALS AND OILS, FOODSTUFFS, EDIBLE ADDITIVE, BY-PRODUCTS, LIGHT INDUSTRIAL PRODUCTS & ARTWORKS, TEXTILE & GARMENTS, MEDICAL & CHEMICAL PRODUCTS, HARDWARE PRODUCTS, MACHINE & EQUIPMENT, HOUSEHOLD ELECTROPRODUCTS, PACKACE AND TECHNOLOGY. THE VARIETIES OF ITS PRODUCTS EXTEND TO OVER THOUSAND ITEMS AND SHARE GOOD REPUTATION IN THE MARKETS OF MORE THAN ONE HUNDRED COUNTRIES AND AREAS.

温州建设集团公司
WENZHOU CONSTRUCTION GROUP CO.

地址：浙江省温州市飞霞南路210号　邮编：325003
Company add:No. 210 Feixia S. Rd., Wenzhou City, Zhejiang Province.
电话：(0577)88846337 88820101　传真：(0577)88825194
网址：www.wetdz.gov.cn　E-mail: bgs@wetdz.gov.cn

公司集工业与民用建筑、工业设备安装、房地产开发、压力容器制造、井巷隧道、市政道路施工、建筑工程设计、建材经销、建筑设备租赁、预构件制作、建筑幕墙及钢铝塑门窗加工、商品混凝土供应、加气混凝土生产等为一体，具有对外承包工程劳务合作经营权。

Collecting industrial and civil buildings, industrial equipment installation, development of real estates, production of pressure vessels, alleys and tunnels, construction of municipal roads, design of constructive project, sale of building materials, rental of building equipment, production of pre-construction-al components, processing of constructive curtain wall and steel, aluminium and plastic doors and windows, supply of commercial concrete and the production of air entraining concrete into a whole, the company has the management right on service cooperation for external contracting projects.

中国国际经济贸易仲裁委员会华南分会
China International Economic and Trade Arbitration Commission, South China Sub-Commission

地址：中国广东省深圳市福田区彩田路5015号中银大厦B座19层　邮编：518026
Address: 19/F, Block B, Zhongyin Building, 5015 Caitian Road, Futian District, Shenzhen 518026, China
电话：86-755-83501700　传真：86-755-82468591、82468573
邮箱：info@sccietac.org　网址：www.sccietac.org

单位简介

中国国际经济贸易仲裁委员会华南分会于1984年成立，以仲裁方式独立、公正地解决各类国际、涉外和国内经济贸易合同争议案件。作出的裁决可在世界140多个国家和地区获得承认和执行。

China International Economic & Trade Arbitration Commission, South China Sub-Commission, founded in 1984, independently and impartially resolves, by means of arbitration, disputes arising from all kinds of international, foreign-related and domestic economic and trade contracts. Its arbitral awards can be recognized and enforced within more than 140 countries and districts around the world.

广州市卓兴国际贸易有限公司
Guangzhou Zhuoxing International Trade Co., Ltd.

地址：广州经济技术开发区青年路茗豪阁402号　邮编：510730
电话：(020)82099982　82099660　82098889　传真：(020)82099255　联系人：谭志强
Minghao Building No.402, Qing nian Road, Guangzhou Economics & Technological Development Zone, Guangzhou City, Guangdong Province

经营范围

自营和代理各类商品及技术的进出口业务(不另附进出口商品目录)，但国家限制或禁止进出口的商品及技术除外。经营来料加工和"三来一补"业务，经营对销贸易和转口贸易。批发和零售贸易，国家专营专控商品除外。销售建筑材料，承接土石方工程，货运代办，普通货运，园林绿化工程。

Import, export and agent of all kinds of goods and technologies, except of restricting or banned import and export by the state. Undertaking procession orders based on customers' material, samples and designs, imported material and compensation trade. Wholesale and retail trade, except of specialism by the state. Sale of architectural material, canying on the engineer of earthwork, cubic metre of earth and stone, wholesale and retail trade. Act as an agent of cargo transportation. Carry on the engineer of park vieocence.

东莞市长安镇对外引进公司
Dongguan City Changan Twon Foreign Investment Indraught Company

地址：东莞市长安镇长青街长青商业城9楼
No.9 Building Changqing Business City Changqing Street Changan Twon Dongguan City
电话：(0769)5538099　传真：(0769)5532810

经营范围

办理开办外引内联企业的咨询、洽谈及签约业务、产销日用金属制品、电子元件、玩具、经营和代理各类商品及技术的进出口、但国家限定公司经营或禁止进出口的商品及技术除外。代办企业登记和年检申请。

Provide services in consultation, negotiation and contract for foundation of both foreign and domestic enterprise; Produce and sale of metal commodities, electronic elements and toys; Management and surrogate the export and import of various products and technologies (except the items that were prohibited to export and import by the government); Surrogate for application of enterprise registration and annual inspection.

上海兰生(集团)有限公司简介

兰生集团的经营范围以进出口贸易为主，涵盖国际运输、工业制造、生物医药研制、房产、宾馆、高科技投资、服务贸易等行业。集团拥有总资产50多亿元，净资产8亿多元。2003年集团在全国进出口额最大的企业中排名第49位。

面对中国加入世贸组织和经济全球化的趋势，集团大力实施聚焦战略、品牌战略和人才战略，坚持依托科教，自主创新，打造核心品牌和核心产品，积极向价值链上下游延伸，为客房提供从设计、采购、仓储、运输、加工到配送的一体化服务，努力培育企业核心竞争力，力争在未来3年内找造成为我国新型外贸企业"航母"和全国轻工业领域进出口的龙头企业。

Lansheng Group mainly engages in import and export, and its business scope also covers areas such as international transportation, manufacturing industry, bio-pharmaceutical research and development, real estate and hotel management, hi-technology investment, service trade, etc. Currently it has 14 subsidiary enterprises, including Shinghai Lansheng Corporation, which is the first publicly listed company among all the Chinese foreign trade companies. At present, the total assets of the group add up to nearly 500 million RMB and its net assets amount to over 80 million RMB. It ranked the 49th among those enterprises which engage the biggest number of import and export volume in Shanghai in 2003.

To face China's entry into the World Trade Organization and trend of global economy, Lansheng group energetically carried out focusing strategy, brand strategy and person of ability strategy. The group sticks to rely on science and education, self-creativity, design core brand and product, and actively extend through the value chain as well. It also offers integrative service for customers such as design, purchasing, warehouse, transportation, process and delivery. Lansheng Group makes great efforts on rearing core competitive power inside the enterprise. It shoots at being an "aircraft" in domestic new pattern foreign trade enterprises and the "pioneer" in light industry import and export field in the next 3 years.

浙江金融租赁股份有限公司
Zhejiang Financial Leasing Co.,Ltd.

地址：浙江省杭州市曙光路122号浙江世界贸易中心写字楼A座7楼　邮编：310007
7th Floor Building A Zhejiang World Trade Center Office Plaza 122 ShuGuang Road, HangZhou, China
电话：0571-87950988　传真：0571-87950511　E-mail:dwjyb@changhong.com

经营范围

根据《金融租赁公司管理办法》并经中国银监会批准，我公司可以开展下列业务：·直接租赁、回租、转租赁、委托租赁等融资性租赁业务；·经营性租赁业务；·接受法人或机构委托租赁资金；·接受有关租赁当事人的租赁保证金；·向承租人提供租赁项下的流动资金贷款；·有价证券投资、金融机构股权投资；·经中国人民银行批准发行金融债券；·向金融机构借款；·外汇借款；·同业拆借业务；·租赁物品残值变卖及处理业务；·经济咨询和担保；·中国银监会批准的其他业务。

东方国际(集团)有限公司
ORIENT INTERNATIONAL (HOLDING) CO., LTD.

地址：中国上海娄山关路85号东方国际大厦　总机：(021)62789999　传真：(021)62781234
Orient Interna ional Plaza, 85 Loushanguan Road, Shanghai 200336, China.
网址:www.olh.com.cn　E-mail:business@oih.com.cn

经营范围

经营和代理纺织品、服装等商品的进出口业务，承办中外合资经营、合作生产、三来一补业务，经营技术进出口业务和轻纺、服装行业的国外工程承包业务、境内国际招标工程、对外派遣各类劳务人员，承办国际货运代理业务，产权经纪。

Operation and agency service of import and export business of textiles and garments;
Cooperative operation of Sino-foreign joint venture enterprises, the business of processing trade and compensation trade;
Import and export of technology, operation of international contractual projects for textiles and garments, domestic invitation to tender for overseas investors and export of labour service to foreign countries;
Agency service of international trade transportation;
Property right brokerage.

四川省长虹电器股份有限公司
Chang Hong Electric Co., Ltd.

地址：四川省绵阳市绵兴东路35号　35#, East MianXing Road, High-tech Park, Mianyang, Si chuan, china
邮编：621000　电话：2417729　传真：2417731
网址：www.changchong.com　E-mail:dwjyb@changhong.com

长虹是中国的彩电大王，而且还成为了在海内外享有盛誉的特大型、多元化、国际化企业集团。企业形成了军用产品、数字电视、数字平面显示、IT、健康空调、数字视听、数字网络、模具、数字器件、环保电源、技术装备、电子工程、化工材料等十三大产业群。

Sichuan Changhong Electric Co., Ltd. is a comprehensive multinational corporation, which does research and development, along with the manufacturing and sales of many products including Televisions, Air-conditioners, Batteries, Components, Telecommunications, Small household appliances and Video systems, plus LCD displaying, and Applied TV, etc. Changhong has many participating and holding companies including Jilin Changhong, Jiangshu Changhong, and Guangdong Changhong.

佳能大连办公设备有限公司
Canon Dalian Business Machines Co., Ltd.

地址：中国辽宁省大连市经济技术开发区淮河西路23号　邮编：116600
23 Huaihe Rd. West, Dalian Economy and Technology Development Zone, China
电话：(0411)87613333-3009

生产和销售激光机印机、复印机及其他办公机器用的普通暗盒、彩色暗盒及其部件，激光打印机整机生产的销售。

Toner cartridges for laser printers, copiers, and faxes Manufacture of laser printers and multi-functional printers Recycling of toner cartridges Manufacture and sales of toner cartridge components Dalian Canon businesses

日照市对外贸易经济合作局
Rizhao foreign trade and economic cooperation Bureau

地址：日照市黄海二路71号　邮编：276826　No.71 HuangHai Road 2,Rizhao city
电话：(0633)8331123　传真：(0633)8332342　E-mail:rzwjmw@rz-public.sd.cninfo.net

范围

外商投资的规划、审批、监督、检查；进出口贸易的管理与服务；对外经济技术合作、境外投资和国际服务贸易的管理和服务；加工贸易管理和服务；各类企业对外经营权的审查、申报或登记工作，指导和管理各类对外经贸洽谈会、交易会、展览会及境外来展。

The phan examine and approve supervise and check up of foreign investment; The management and service of the incport & export; The management and service of the foreign cconomic and technology cooperatiom foreign investment and international service trade; The management and service of processing trade; The examination report and regstration for the right of foreign tack of all enterpvises, The manage-

黄石经济技术开发区管理委员会
Administration committee of huangshi econ&tech development zone

地址：中国·湖北　黄石杭州东路98号　邮编：435003　add: East Hangzhou Road, Huangshi City, Hubei China
电话：(0714)6357439　传真：(0714)6358509　http://www.ch-hs.com　E-mail:hskfqjfj@163.com

服务范围

成立于1992年的黄石经济技术开发区和湖北黄石磁湖高新技术产业开发区，现已走过了九年风雨历程。十三年来，我们凭借改革开放的强劲东风，以"发展高科技，实现产业化"为目标，致力于环境改善和招商引资，在昔日一片荒山丘陵之上，开出了一方新的天地，初步构筑了黄石最有代表性的山水园林式新市区和现代化工业园区。

面向新的世纪，黄石开发区面临着更加艰巨的发展任务。按照将黄石开发区建成全国一流的开发区和投资者心目中理想的投资区的要求，在新的世纪里，我们将把黄石开发区的软硬环境建设作为头等大事来抓紧抓好。为此，我们将在完善区内各项基础设施建设的基础上，以对投资者实行优质的办事制度，建立招商引资的"绿色通道"和对产业园实行封闭式管理，零费率、无干扰式服务制度为重点，创造真正与国际惯例接轨的投资软环境，使黄石开发区的软硬环境建设走在全国的前列，使投资者在黄石开发区投资有利可图。

以环境取胜，是我们永远的追求；让投资者满意，是我们最高的宗旨。我们热忱欢迎中外客商到黄石开发区投资兴业，并将以诚信的精神、务实态度、严谨的作风为投资者提供优质、高效的服务，以实际行动来兑现我们的诺言。

广州市富达钟表工业有限公司
GUANGZHOU FUDA WATCH & CLOCK INDUSTRIAL CO.,LTD.

地址：广州市白云大道南708号　邮编：510405
708,SOUTH BAIYUN DADAO GUANGZHOU, GUANGDONG, CHINA
电话：20-86183100，86182615，86182487　传真：20-86187802
邮箱：fd@fuda-clock.com　网址：http://www.fuda-clock.com

经营范围

生产销售各种石英机芯、机械机芯、石英闹钟、挂钟、机械闹钟，高档巴洛克艺术钟、钟表配件及塑料制品，欢迎加工订做。

WE ARE ONE OF THE LEADING CLOCK MANUFACTURERS AND EXPORTERS IN CHINA.WE PROFESSIONALLY MANUFACTURE VARIOUS QUARTZ MOVEMENT、MECHANICAL MOVEMENT、QUARTZ ALARM CLOCK、WALL CLOCK、MECHANICAL ALARM CLOCK AND BARROCO ARTISTIC CLOCK OF FRANCE.ODM & OEM ARE WELCOME!

江苏省海外企业集团有限公司
JIANGSU OVERSEAS GROUP CO., LTD.

地址：南京中山路55号新华大厦2807号 邮编：210005 电话：(025)84795801 传真：(025)84795800
NO. 2807, xinhua building, no. 55 zhong shan road, Nanjing

江苏省海外企业集团有限公司是江苏省人民政府所属的国有独资公司，大型一类企业，注册资本人民币8888万元。1995年底组建江苏海外集团。1996年被列为省重点企业集团。经省政府授权，集团公司具有授权范围内国有资产的投资、经营和管理职能。

目前，集团拥有境内外成员企业十余家。其中境内企业主要有：江苏省对外经贸股份有限公司、江苏海外集团服装有限公司、江苏海外集团物资技术有限公司、江苏海外集团技术工程有限公司、江苏海外集团苏州有限公司、江苏海外集团海通国际贸易有限公司、江苏省海宇置业有限公司、江苏海企实业投资有限公司、江苏海达国际旅行社有限公司、上海海企经济发展有限公司、江苏海外集团对外劳务合作有限公司等；境外企业主要有：钟山有限公司(香港)、美国苏星实业有限公司(休斯敦)、日本钟山株式会社(大阪)、中国投资发展贸易促进中心(新德里)、江苏海外集团俄罗斯有限责任公司(彼得堡)等。

我集团经营范围涉及进出口贸易、投资、融资、对外经济技术合作、国际国内招投标、旅游、房地产等领域，与世界上90多个国家和地区建立了稳定、良好的经贸合作关系。

2002年集团完成进出口总额8.24亿美元，其中出口3.03亿美元，进口5.21亿美元。完成投资总额近700万美元。2003年中国进出口额最大的500家企业中，公司列第68位；在出口额最大的200家企业中列第120位。

广东省东莞市对外加工装配服务公司
Dongguan External Processing and Assembling Company

地址：广东省东莞市莞太大道 33 号 邮编：523071 电话：0769-2819712 传真：0769-2817650
网址：www.dgboftec.gov.cn No.33 GuangTai Road Dongguan City GuangDong Province

东莞市对外加工装配服务公司成立于1987年，总注册资金100万元人民币，经营范围包括：承办三来一补企业及三资企业业务；承办本市和省驻东莞市单位对外加工装配，补偿贸易代理业务，指导所属有关镇区对外加工装配服务公司工作，协助企业对外商洽谈、签约、报关、结汇、协调工缴费和补偿产品出口价格，办理对外加工装配，补偿贸易项目设备，原辅料件的进口和成品、半成品的出口。

Dongguan External Processing and Assembling Company was established in 1987, with total registered capital of RMB 1 million yuan. Its business scope mainly covers providing the service for the processing manufactories and foreign invested enterprises, serving as an agent for all the enterprises in Dongguan in external processing and assembling trade and compensation trade, offering guidance for Dongguan external processing and assembling companies of township, associating enterprises in the regards of foreign business negotiation, contract signing, customs clearance, coordination between processing fees and export prices of compensation goods, and the business of relative equipments and facilities. Meanwhile, the comjpany also operates in the import of raw and subsidiary materials, and the export of finished and semi-finished products.

辽宁冶金进出口有限责任公司
LIAONING METALLURGICAL IMPORT&EXPORT CO.,LTD

地址：辽宁省沈阳市和平区和平南大街 35 号 邮编：110003
电话：024-23870482 传真：024-23875451 邮箱：eyou_zm1980@sina.com
35.South Heping Street,Heping District. Shengyang Liaoning,PIR.China

经营范围

自营和代理各类商品及技术的进出口业务(国家限定公司经营或禁止进出口的商品及技术除外)，经营进料加工和"三来一补"业务，经营对销贸易和转口贸易；金属材料、建筑材料、日用百货销售。

Self-management and agency of import and export business concerning the commodities and technologies (those managed by the appointed firms by the state or prohibited by the state will be excluded) as follows: metallurgical raw materials, auxiliary materials, metallic and non-metallic mineral ores; ferrous metal products such as pig iron, steel billet, slab and ingot as well as other products; metallic material and its products, steel scrap; refractory material and its products; rare-earth alloy; ferro-alloy and its products, graphite and its products,non-ferrous metal and its products, forged and cast parts and their standardized parts of various machinery and equipments, building and decoration materials, chemical products;textiles and dresses; food; health care nutrition;including the domestic purchasing and selling of these products. ials, and the export of finished and semi-finished products.

中国石化国际事业有限公司
China Petrochcmical International Co., Ltd.

地址：北京市朝阳区安立路 66 号安立花园 C 座 邮编：100101 电话：(010) 64906348 传真：(010) 64216972
Building c. Anli Garden, No.66 Anli Street, Chaoyang District, Beijing, 100101

公司具有自营和代理各类商品和技术的进出口经营资格，同时具有国家限定公司经营商品钢材、天然橡胶、汽车(含小轿车)、燃料油、非国营贸易原油和石蜡、润滑油基础油的进出口贸易经营资格。根据从事技术引进的能力和业绩，原国家计委认定，中国石化国际事业有限公司成为被允许利用国外商业代款和出口信贷进行国家重点工程建设项目引进工作的5个国家级外贸公司之一，并由商务部和国家发改委授予机电产品、技术改造项目的两个国际招标甲级资格。

Sinopec Internarional is authorized to conduct the import/export of commodities and technologies, which include special commodities such as steel products, natural rubber, automobiles (including cars), fuel oil, crude (by non-state entities) and wax, lube base oil, etc. In recognition of Sinopec Intcrnational ability and performance in technology licensing, the State Development and Planuing Commission granted the company the status as oue of five national foreign trade companies authorized for the import of technologies and equipment for key state projccts with foreign commercial loans and export credit The company also obtained a Type A qualification form the Ministry of Commerce and the National Development and Reform Commission for international bidding for machinery and electrical products and revamping projects.

广东高科技产业商会
Guangdong Hi-tech industry C.of C

地址：深圳市福田区香梅北路天然居 F2905 邮编 :518034 网址：**www.union-coop.org www.gdhtcc.org**
Address:Building F2905,Tianran residential area,Xiangmei RD.N.,Futian District,Shenzhen,China
联系人：钟红娟 电话：0755-83137685 手机：13528744917

服务对象：广东省辖范围内研制、开发、生产、销售高科技产品和项目的经济实体、高科技团体、机构及相关人员，并正在向省外、全国和全球辐射。

Service Object:the economic entity and civil corporation that manutacture\exploiture and sail the Hi-tech production in Guangdong and any other province、contry

服务体系：信息服务、专家服务、金融服务、商务服务、远程服务、文化服务

Service System:information service、expert service、finance service、long distance service and culture service

本年度工作目标：为企业提供 100 亿元商务定单，50 亿融资和 50 亿投资机会；1 平方公里的工业园正在建设中。

The aim of job this year:supply 100 hundred million order for commerce,50 hundred million financing chance and 50 hundred million inversting chance;Now we are building 1 sq.km industry garden plot.

上海埃力生进出口股份有限公司
Shanghai Alison Import & Export Co., Ltd.

地址：上海市浦东新区浦东南路 256 号华夏银行大厦 34 楼 电话：(021) 38784777 传真：(021) 68866900
34F Hua Xia Bank Building, NO. 256 Pudong Rd. (S). Pudong New Areo Shang hai P.K. Chin 网址：www.alisonsh.com.cn E-mail:zhangyu@alisonsh.com.cn

上海埃力生进出口股份有限公司是于1998年4月经国家经贸部批准成立的综合性外贸公司,注册地在上海浦东新区。

公司主要股东单位为上海工业投资(集团)有限公司和上海工业系统内的上海埃力生(集团)有限公司。

公司主要经营范围:自营和代理各类商品及技术的进出口业务,经营进料加工和"三来一补"业务开展对销贸易和转口贸易。目前拥有和经营权有:黑色金属、有色金属、塑料化工、五废(废钢、废铜、废铝、废纸和废塑料)、汽车及其零配件和原油等经营权。

Shanghai Alison Import & Export Co., Ltd., which is a comprehensive international trade company established in April 1998, approved by the Ministry of Foreign Trade and Economic Cooperation and registered in Shanghai Pudong New Area.

Its shareholders are Shanghai Industrial Investment (Group) Co., Ltd., and Shanghai Alison (Group) Co., Ltd. belong to Shanghai Economic Commission.

The main business scope of the company covers self-operating business and agency of Import & Export business for various kinds of commodities and technology, operating proccssing business with drawing, matcrials and samples, assembling with components from abroad customers, and compensation business, also expanding counter trade and entrepot trade. Now the operation title owned by the company approved by our government:

Fcrrous metals, Non-ferrous metals, Plastic Chemical, Five Wasted Materials (wasted steel, wasted copper, wasted aluminium, wasted paper and wasted plastics), Automobiles including their Accessories and Spare pants, Crude oil and so on.

天津钢管国际经济贸易有限公司

地址：天津市东丽区津塘公路 邮编：300301 电话：86-22-24801800-8004 传真：86-22-24361504
Adress:J intang Road,Dongli District,Tianjin,China 网址：www.tpcointernational.com E-mail: tpcointl@tpco.com.cn

天津钢管国际经济贸易有限公司为天津钢管有限责任公司的全资子公司。主要经营和代理各类商品及技术的进出口业务。承办中外合资、合作生产,经营进料加工等其他的进出口业务,以及对外劳务经营和对外承包工程。

公司自营出口的主要产品有:石油专用管、管线管以及其它专用管材。公司出口业绩连年增长,产品出口60多个国家和地区。

Tianjin Pipe International Economic &Trading Corporation is a wholly owned subsidiary of Tianjin Pipe Corporation (TPCO). It has an independent corporate capacity. In addition to global marketing of TPCO's products, procurement of raw materials, spare parts and equipments from abroad for TPCO, our business scope includes dealing or acting as agent in importing and exporting various commodities and technologies, setting up JVs, cooperative production, processing with imported material,compensation trade, counter trade, entrepot trade, sales of import products, foreign labor service and foreign project contract.

Our main exports are OCTG , line pipe, boiler tube, and other special pipe.The export of the company has

广东省顺德外贸开发公司
GUANGDONG SHUNDE FOREIGN TRADE DEVELOPMENT CORPORATION

地址：广东省顺德区容桂容奇大道中 12 号 邮编：528303
电话：(0757) 26383093 传真：(0757) 26626579 E-mail:gdtrade@163.net
12 RONGQI MAINROAD RONGGUI SHUNDE GUANGDONG CHINA

经营范围

主营各式家电、轻工业品、木材、五金制品、针纺织品、家具等进出口业务，来料加工、装配、进料加工及代理进出口商品业务，兼营国内商业、物资供销业（不含国家政策规定专营专控商品）。

SCOPE OF CHIEF BUSINESS: EXPORTS AND INPORTS HOUSE HOLD ELECTRICAL APPLIANCES, LIGHT INDUSTRIAL PRODUCTS, WOODS, HARDWARE PRODUCTS, TEXTILES AND FURNTTURE. UNDERTAKING PROCESSING BUSINESS WITH SUPPLIED MATERIAL, ASSEMBLING, ASSEMBLING WITH INPORTED MATERIALS AND UNDERTAKING AGENT BUSINESS FOR IMPORT & EXPORT, SUPPLY AND MARKETING VARIETY OF MATERIALEXCLUDING THE STATE MONOPOLY MATERIAL.

中国船舶工业物资总公司
China National Shipbuilding Equipment & Materials Corp.

地址：北京市西城区月坛北街五号 邮编：100861 电话：68023091 68031533 传真：68031558
NO.5 Yue Tan Bei Jie, Xicheng District, Beijing, 10086, China

经营范围

黑色、有色金属，建筑材料，木材及制品，煤碳、焦碳，石油及制品(含成品油)，炉料，化工产品，轻工产品，机电产品，仪器仪表，电子产品的计划内供应和计划外销售，汽车、汽车配件，五金交电的销售，本系统的商品的进出口，接受本系统单位的委托代理进出口，本系统的技术进出口，承办中外合资经营，合作生产，来料加工、来样加工，来件配装，补偿贸易，易货贸易及转口贸易，承办机电设备招标业务，医疗器械销售。

兼营：船舶系统生产的民品的销售和与主营业务有关的咨询服务，房地产开发，物业管理，汽车租赁，建筑装修，科技产品的开发，自有房屋租赁。

Ferrous materials, Nonferrous materials, Construction materials, Wood and wooden products, Coal, Coke, Petroleum, Petrol products, Chemical products, Light industry products, Dynamoelectric products, Instrument, Apparatus, Electrical products, Automobile, Spare parts for Auto, Import and Export of marine equipment.

The working models are composed of Wholesale, Retail, Purchase agency, Consultation, Joint venture businesses, Compensation trade, Barter trading. We also have the qualification of inviting public bidding of machinery and electric instruments. We are in the business of medical machinery and equipment, and we supply relevant civil products, consultation services, real estate development and management, automobile tenancy and maintenance, building tenancy and fitment and the development of hi-tech product.

吴江市外贸集团公司
WUJIANG FOREIGN TRADE CORP. (GROUP)

地址：吴江市流虹路 28 号 邮编：215200 电话：(0512) 63421315 传真：(0512) 63421555
28 LIU HONG ROAD WUJIANG CITY JIANGSU CHINA E-mail:webmaster@wjft.net

经营范围

主营：出口粮油食品、饲料畜产品、化工类、医药、丝绸制品、纺织品、针织品、服装、轻工业品、工艺品、有色金属、非金属矿产品、机械设备、仪器仪表、工农具、橡胶制品。

兼营：进口纺织品、机械设备、仪器仪表、非金属矿产品、医药化工类、黑色金属、有色金属；承办外资中外合资经营、合作生产业务，开展三来一补业务；开展对外劳务合作业务，向境外派遣工程、生产及服务行业的劳务人员(不含海员)。

WE MAINLY DEAL IN: EXPORT OF CEREALS AND OILS, ANIMAL PRODUCTS, CHEMICALS, MEDICINES, TEXTILES, KNITTED PRODUCTS, GARMENTS, LIGHT INDUSTRIAL PRODUCTS, ARTS & CRAFTS, METALS, NONMETALS, MACHINERY EQUIPMENTS, RUBBER PRODUCTS, ETC.

BESIDES, WE ALSO DEAL IN: IMPORT OF TEXTILES, MACHINERY EQIPMENTS & INSTRUMENTS, NONMETALS, MEDICINES, CHEMICALS, BLACK METALS, COLORED METALS, UNDERTAKING MANAGEMENT OF JOINT VENTURES AND COOPERATIVE BUSINESS, AND PROCESS OF IMPORTED AND CUSTOMER-OFFRED MATERIALS AND COMPENSATION TRADE, AND ALSO EXPORT OF LABORS FOR PROJECTS, MANUFACTURE AND SERVICES.

吉林铁合金进出口有限责任公司
ILIN FERROALLOY IMP & EXP CO., LTD

地址：吉林省吉林市和平街 21 号 邮编：132002 电话：(0432) 2733185 2733186 2732073
21HEPING ST. JILIN CTTY, JILIN PROVTNCE 传真：(0432) 2732058 邮箱：cmiecit@public.jl.jl.cn

经营范围

金属及金属矿(不含贵重金属)、非金属矿及制品、化工(不含化学危险品)、机械电子设备、纺织品、农畜产品(不含种子)批发、零售、自营和代理各类商品和技术的进出口(但国家限定公司经营或禁止进出口的商品和技术除外)、信息咨询(不含出国留学和劳务信息咨询)。

Dealing Scope: Wholesale ang retail on metal and metal ore (not containing valuable metal), nonmetal ore and its products, chemical products (do not contain dangerous chcnrical articlcs), machinc and clcctronic cquipments, textile, farming and animal husbandry (not containing seeds). Managing and acting for import and export business about all kinds of goods and techniques (except the goods and techniques which are prohibited and restricted by our country), information consulting (do not contain the consulting business on study overseas and labour service).

重庆市机电设备总公司
Chongqing M&E Equipment Corporation

地址：重庆市渝中区民权路 26 号 邮编：400010 电话：023—63843486 传真：023—63832244
No.26 mingquan Rd. Yuzhong district, Chongqing

重庆市机电设备总公司创建于1963年，是专业经营汽车(含小轿车、国家第一批小轿车定点经营单位之一)工程设备、机电设备的国有物资流通企业。总公司拥有进口经营权，拥有资产总额1.2亿元，有仓储面积3万多平方米，年营销额2亿多元。总公司在渝中区、江北区、九龙坡区、沙坪坝区、渝北区、永川市都有经营门面、办公用房和仓库。总公司下设有专业经营汽车、工程机械设备、机械轴承、电工仪表、工具的机构，有一支熟悉经营业务的职工队伍。

总公司坚持"用户至上、信誉第一、质量可靠、价格公正"的服务宗旨，恪守"团结、服务、效益、开拓"的企业精神，与全国各名优生产厂如一汽、二汽集团、上海大众集团、厦门工程机械股份公司、哈尔滨轴承总厂、上海工具厂、成都量刃具股份有限公司、自贡硬质合金厂等及国外知名品牌如韩国大宇挖掘机、SKF抽承等建立了代理、代销关系。1999年总公司通过了国家国内贸易局商品流通一级代理资格认证；现经重庆市国有资产监督管理委员会、重庆市统计局核定，2003年总公司是重庆市第三产业中的大型企业之一。总公司还曾荣获"全国用户满意企业"和"重庆市用户满意企业"称号，还获得全国优秀企业称号，在同行中有较好的商誉。

温州市进出口联合有限公司
WENZHOU IMP. & EXP. UNITED CO., LTD.

地址：浙江省温州市黎明西路 8 号国贸中心 10-12 楼 邮编：325003
电话：(0577) 88844551 传真：(0577) 88844557 **E-mail:wieu@wieu.cn**
ADD：10-12F. WENZHOU INTERNATIONAL TRADE CENTRE，NO.8 LIMING RD. (W), WENZHOU, CHINA

经营范围

公司主要的出口产品包括太阳眼镜、光学架、打火机、服装鞋帽、宠物用品、文具、机电产品、汽摩配及其它轻工产品（包括剃须刀、美容用品等）。其中太阳眼镜、光学架、打火机等产品的出口数量在温州同类产品中占有相当的分额。主要的进口产品有：化工原料、纸以及机械设备等。

Our main export items contain: sunglasses, optical frames, lighters; clothes, footwear & headwear, pet products, stationery, mechanical and electrical products, auto parts and other light industrial prodncts (including razors, cosmetics).

南通化工轻工股份有限公司
NANTONG CHEMICAL & LIGHT INDUSTRY CO., LTD.

地址：南通市南大街 28 号 15—17 楼 邮编：226001 **NO.28 SOUTH STREET 15-17F NANTONG CHINA**
电话：(0513) 5518397 5537059 传真：(0513) 5512735 **E-mail:NIHQ@CN-NTHQ.COM**

经营范围

化工原料及产品(含工业尿素)、金属材料(贵金属除外)、机电产品、建筑材料、装饰材料、木材、石油制品、纺织原料(皮棉除外)、五金、交电、百货、服装、鞋帽、农副产品(棉花除外)、煤炭销售。货物运输。自营和代理土产畜产品、轻工业品、五金矿产品、化工产品、机电产品的进出口业务(国家限定公司经营或禁止进出口的商品及技术除外)经营进料加工和"三来一补"业务；经营对销贸易和转口贸易。

MANAGEMENT: OUR COMPANY IS ENGAGING IN BUSINESSES OF CHEMICAL RAW MATERIALS & PRODUCTS (INCLUDING UREA), METALLIC MATERIALS (EXCEPT SPACIALMETAL), ELECTRICOMECHANICAL PRODUCTS, BUILDING MATERIALS, DECORATIVE STUFF, WOODS, PETROLEUM PRODUCE, TEXTILE MATERIALS (EXCEPT LINT), HARDWARE, VARIOUS ELECTRIAL PRODUCTS, GENERAL MERCHANDISE, HABILIMENT, SHOES AND CAPS, FARMING BYPRODUCTS (EXCEPT COTTON) COAL. IT HAS GOODS TRAFFIC, AND OWNS IMPORT AND EXPORT LICENSE FOR NATIVE AND ANIMAL-RELATED, LIGHT INDUSTRY, HARDWARE AND MINERAL, CHEMICALS AND ELECTROMECHANICAI PRODUCTS (EXCPT RESTRICTED AND FORBIDED COMMODTTY AND ART BY NATIONAL). IN ADDITION, IT ALSO DEALS WITH STUFF MACHINING AND "PROCESS RAW MATERIALS ON CLIENTS' DEMANDS, ASSEMBLE PARTS FOR THE CLIENTS AND PROCESS ACCORDING TO THE CLIENTS' SAMPLES; OR ENGAGE IN COMPENSATION TRADE" BUSINESSES, COUNTER AND CARRYING TRADE TOO.

温州经济技术开发区
Wenzhou Economic & Technological Development Zone

地址：温州开发区滨海园区明珠路管委会办公楼 邮编：325014
ADD: administration building, mingzhu road, Wenzhou Development Zone Binhai Park 325014
电话:(0577) 86996667 传真:(0577) 86996650 网址:**www.wetdz.gov.cn** **E-mail：bgs@wetdz.gov.cn**

温州经济技术开发区于 1992 年 3 月 16 日经国务院批准设立，是浙江南部唯一的国家级开发区，是温州对外开放的窗口，产业升级创新的示范基地，高新技术的孵化中心和工业经济新的发展空间。温州经济技术开发区热忱欢迎国内外有识之士前来投资兴业。

Wenzhou Economic & Technoloical Development Zone, set up on March 16,1992 under the approval of the Department of State, is the only state-level development zone in SouthZhejiang. a real opening window of Wenzhou, industrial upgrade and innovative demonstration base, high-new tech incubation center and new industrial economic development space. Welcomes the domestic and foreign customers of sight to come here to invest and develop business!

中山盛仕铭保健品有限公司
Sigcess Health Products Co., Ltd.

地址:广东省中山市火炬开发区康泰南路 8 号 邮编:528437 电话:(0760) 8298688 传真:(0760) 5330898
Add:No8 Southern Kangtai Road, Torch Development Zone, Zhongshan,Guangdong

盛仕铭公司以开发、生产和销售高科技保健新产品为主业,以电子商务为主要经营模式,市场启蒙及中国及海外,在俄罗斯等10多个国家建立了30多个分公司和分支机构,年销售收入1亿美元以上。公司总部位于中山国家健康科技产业基地,投资2.4亿元兴建盛仕铭科技园,经过5年的发展,盛仕铭已经具有相当的科研实力和生产规模,并形成了独特的管理体系和企业文化,成为国内外保健品行业最有影响的国际化民营企业之一。

Sigcess is a company which mainly work is developing, produce and sale Hi-tech health products, in the mode of e-commerce, the market covered China, Russian etc more than 10 countries, and have established more than 30 companies and branches all over the world, the annual sales income are more than 1 hundred million USD. The hcadquarter of the company is located in Zhongshan National Health Technology Park and have invested 2.4 hundred million for the of Sigcess Technology Park. Construction After five years development Sigcess already has considerable ability and scale of research and production, as well as unique management system and enterprise culture, now it is already one of the effective internationalized company in the health products industry.

现代商务需要……
A MUST-HAVE FOR
INTERNATIONAL BUSINESS
中國商務年鑒
CHINA
COMMERCE
YEARBOOK
2005
政府年度出版物　中、英文分册出版
Published in separate Chinese and English editions
www.yearbook.org.cn 电话:(010)64246956

南光(集團)有限公司

NAM KWONG (GROUP) COMPANY LIMITED

用最好的回報社會

南光（集团）有限公司是总部设在澳门由国务院国有资产监督管理委员会直接管理的中央企业，集团前身南光贸易公司成立于一九四九年八月，是澳门最早的中资企业。在逾半个世纪的发展历程中，公司较好地完成了各个历史时期国家所赋予的不同使命，为发展内地与澳门的经贸关系、推动祖国的对外经济贸易事业、促进澳门的繁荣稳定作出了应有的贡献，赢得了良好的声誉。

集团主要业务范围包括：国际贸易及商品批发零售、酒店旅游、物流、房地产及劳务等；主要经营商品有：石油化工产品、钢材、五金矿产、粮油食品、纺织服装、汽车、医药、木浆、轮胎等；拥有大型油库、加油站、酒店、百货商场、写字楼、码头、货仓冷库、运输车队、出租物业等资产。

集团下设6家直属二级公司，其中在澳门5家，分别为南光石油化工有限公司、濠璟酒店有限公司、澳门中国旅行社有限公司、南光实业有限公司、南光贸易有限公司，在内地广东省珠海市一家，为广东南光实业贸易公司，有全资及控股企业30余家；总部设职能部室4个，分别为行政人事部、财务资产部、业务发展部和审计监察部；在北京设有代表处。

集团是澳门最大的石油化工产品和主要的鲜活冷冻食品供应商；在澳门、杭州、桂林、加拿大拥有9家酒店，其中四星级以上酒店4家；年旅游接待人数近30万人次；有澳门最大的内港码头、干冻仓库和跨境运输车队；与美国、欧盟、独联体、韩国、东南亚等十几个国家和地区有长期贸易往来。

集团将秉承“用最好的回报社会”的企业宗旨，以诚实、守信为原则，在严细、务实、团结、自强的企业精神指引下，坚持立足澳门，拓展内地，走向海外，不断巩固澳门商品分销业务，做强物流业，稳健扩大国际贸易，加快酒店旅游业务发展，稳步推进企业的改革与发展，与各界朋友一道，努力建设更加美好、光明的未来。

Nam Kwong Group Company Ltd. is the central government enterprise under the direct leadership of State-Owned Assets Supervision and Administration Commission of the State Council PRC (SASAC). The predecessor of the Group Company Ltd. was found in August 1949, which was the earliest Chinese commercial enterprise in Macao. Over the past half century, the company has progressively gained its reputation by successfully accomplishing its historic mission entrusted by the state during different historical periods, developing trade relations between the Mainland and Macao, cultivating China's foreign trade and promoting Macao's prosperity.

Its business scope covers international trade and wholesale and retail of commodities, hotel business and tourism, real estate and labour services and so on. The main commodities engaged are petroleum and chemicals, steels, metals and mineral products, provisions, textile garment, automobiles, medicine, wood pulp, tyre and so on. It also possesses huge oil depots, service stations, hotels, department stores, office buildings, freight docks, refrigerated compartments, transport teams and leasing trade.

There are currently five of its six secondary-subordinate companies in Macao, they are Nam Kwong Petroleum & Chemicals Company Limited, Riviera Hotel Macau Limited, China Travel Service (Macao) Limited, Nam Kwong Industrial Company Limited and Nam Kwong Commercial Company Limited. In Zhuhai, Guangdong province, there is a branch company called Guangdong Nam Kwong Industrial & Trading Corp. In total, Nam Kwong manages over 30 enterprises of sole investment or holding companies, and its headquarter is consisted of four departments – personnel, financial and asset, business development, audit supervision, and a representative office in Beijing.

The Group Company Ltd. is the biggest supplier for petrol and chemical products and perishable and frozen food in Macao. It has nine hotels and of which four are four-star ones in Macao, Hangzhou, Guilin and Canada, with an annual accommodating capacity of over 300,000 person-times. It also has the biggest inner harbor, refrigerated storage, and transport team in Macao. The Group Company Ltd. has established long term trade relations with the USA, European Union, Commonwealth of Independent States, Korea and over a dozen of other countries in South-east Asia.

Nam Kwong Group Company Ltd. will continue the practice of "repaying the society with the best" as its creed, and be unswervingly faithful to its promises. With the enterprise's spirit of being cautious, practical, cooperative and hardworking, it will gain its foothold in Macao while cooperating with its counterparts in the Mainland and exploring its new horizon overseas. By promoting a steady enterprise reform and development, Nam Kwong will solidify its classified system in commodity sales, strengthen its physical distribution management, expand its international trade steadily and accelerate its hotel and tourism development. Together with the efforts of its friends from all sectors, Nam Kwong will surely create a more prosperous and bright future.

澳门罗理基博士大马路南光大厦十六字楼

Avenida do Dr. Rodrigo Rodrigues, Nam Kwong Building, 16/F, Macau

Tel: 3911600 Fax: (853) 330853 E-mail: office@namkwong.com.mo http://www.namkwong.com.mo

PEPSICO

PEPSICO

百事公司(PepsiCo., Inc.)是世界上最成功的消费品公司之一，在全球200多个国家和地区拥有14万员工，以年销售收入293亿美元名列全球第四大食品和饮料公司。在2004年公布的《财富》杂志全美500强名列第62位。

百事公司由百事可乐公司和世界最大的休闲食品生产和经销商菲多利公司(Frito–Lay)于1965年合并而成。1998年，收购世界鲜榨果汁排名第一的纯品康纳饮料有限公司(Tropicana Products Inc.)，2001年又并购桂格公司(Quaker)。如今，业务遍及碳酸饮料、休闲食品、运动饮料、果汁、水、茶及谷物食品，生产与经销百事可乐(Pepsi–Cola)、菲多利(Frito–Lay)、纯品康纳(Tropicana)、佳得乐(Gatorade)和桂格(Quaker)等世界著名的品牌系列产品。

百事公司在中国的历史可以追溯到中国实行改革开放之初。1981年，百事可乐与中国政府签约在深圳建厂，成为中国首批美国商业合作伙伴之一。百事公司先后在中国15个城市建立了16家灌瓶厂，1家独资浓缩液厂，4家食品生产厂，并与中国农业部合作开发了耗资2000万美元的农业技术项目。时至今日，百事公司在中国先后建立了44家合资、合作、独资企业及项目，总投资额超过10亿美元，直接员工接近1万人，间接员工达15万人。

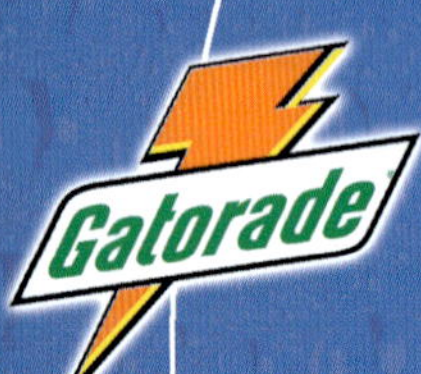

PepsiCo is a world leader in convenient foods and beverages, with more than US$29.3 billion in revenue and a workforce of more than 140,000 employees around the world. It is the world's fourth–largest food and beverage company, with its products available in nearly 200 countries. PepsiCo was ranked 62 among the Fortune America's Top 500 in 2004.

PepsiCo was formed in 1965 when the Frito–Lay Company and Pepsi–Cola Company merged. In 1998, PepsiCo acquired Tropicana and merged with Quaker in 2001 to create a global food and beverage powerhouse that markets and produces soft–drinks, salty and sweet snacks, sports drinks, juices, water, tea and cereals under the Pepsi–Cola, Frito–Lay, Tropicana, Gatorade, and Quaker family of brands.

PepsiCo's presence in China dates back to the earlier days of the nation's reforms. In 1981, Pepsi–Cola became one the earliest American investors in China by signing an agreement with the Chinese government to build up a bottling plant in Shenzhen. PepsiCo has built up 16 bottling plants in 15 cities, 1 company–owned concentrate plant, 4 snack–food plants, and developed a comprehensive agro–technology program with the Chinese Ministry of Agriculture with total investment of US $ 20 million. To date, PepsiCo established 44 joint or wholly owned ventures in China with a total investment of approximately US $ 1 billion, directly employing 10,000 staff and about 150,000 employees indirectly.

http://www.pepsico.com
http://www.pepsi.com
http://www.pepsicola.com.cn

百事（中国）投资有限公司
中国上海市南京西路1038号梅龙镇广场32楼
邮编：200041
电话：86-21-62182151
传真：86-21-62185464

PepsiCo Investment (China) Limited
32/F.,Westgate Tower
1038 West Nanjing Road
Shanghai,200041 P.R.China
Tel: 86-21-62182151
Fax: 86-21-62185464

百事食品（中国）有限公司
中国上海市中山西路1800号兆丰环球大厦27楼
邮编：200233
电话：86-21-64401188
传真：86-21-64400900

PepsiCo Foods (China) Co., Ltd.
27/F., Zhao Feng Universe Building
1800 Zhongshan West Road
Shanghai, 200233 P.R.China
Tel: 86-21-64401188
Fax: 86-21-64400900

党委书记、总经理　唐若昕

SINOSURE

中国出口信用保险公司
China Export & Credit Insurance Corporation

中国出口信用保险公司(简称中国信保)是我国惟一承办出口信用保险业务的政策性保险公司，于2001年12月18日正式揭牌运营，注册资本为40亿元人民币，资本来源为出口信用保险风险基金，由国家财政预算安排。中国信保现有15个职能部门，营业机构包括总公司营业部、12个分公司和7个营业管理部，已形成覆盖全国的服务网络，并在英国伦敦设有代表处。

中国信保的主要任务是：积极配合国家外交、外贸、产业、财政、金融等政策，通过政策性出口信用保险手段，支持货物、技术和服务等出口，特别是高科技、附加值大的机电产品等资本性货物出口，支持中国企业向海外投资，为企业开拓海外市场提供收汇风险保障，并在出口融资、信息咨询、应收账款管理等方面为外经贸企业提供快捷、完善的服务。

中国信保承保国家风险和买方风险。国家风险包括买方国家收汇管制、政府征收、国有化和战争等；买方风险包括买方信用风险(拖欠货款、拒付货款及破产等)和买方银行风险(开证行或保兑行风险)。

China Export & Credit Insurance Corporation (SINOSURE) is the only policy-oriented Chinese insurance company specializing in export credit insurance. It started operation on December 18, 2001. The company has a registered capital of RMB 4 billion which came from the Export Credit Insurance Risk Fund as arranged by the State fiscal budget. Headquartered in Beijing with 15 functional departments and one operational department, SINOSURE has built a service network of 12 branches and 7 business offices nationwide and a business office in London, UK.

SINOSURE is mandated, in accordance with the Chinese government's diplomatic, foreign trade, industrial, fiscal, and financial policies, to promote Chinese exports and foreign investments, especially the export of high-tech or high added-value capital goods, by means of export credit insurance, export financing facilitation, information, and receivables management services.

SINOSURE offers coverage against political risks and commercial risks. Political risks include restrictions on transfer and remittance of foreign exchanges, expropriation, nationalization and war, etc. Commercial risks include credit risks on the part of buyers (default, bankruptcy and rejection of goods) and credit risks on the part of buyer's banks (e.g. the issuing bank or confirming bank in the case of L/Cs).

中国出口信用保险公司支持的国内自有品牌整车出口项目

中国出口信用保险公司承保的马尾700箱船下水

中国出口信用保险公司承保的缅甸孟河水电项目

中国铝业公司
Aluminum Corporation of China

公司法人代表肖亚庆，男，汉族，1959年9月出生，北京市人，博士研究生，教授级高级工程师。1982年8月毕业于中南大学金属压力专业。历任东北轻合金加工厂厂长、西南铝业（集团）有限责任公司董事长、总经理，现任中国铝业公司党组书记、总经理、中国铝业股份有限公司董事长、首席执行官，中国有色金属工业协会常务理事、中国有色金属加工协会副理事长，国际原铝协会副主席，东北大学、中南大学、重庆大学兼职教授。

The legal representative of the company, Mr. Xiao Yaqing, Han nationality, Beijing citizen, born in September 1959, is a PhD and professor-level senior engineer. He graduated from the Central South University in the major of metal press processing in August 1982. He used to be the Director of Northeast Light Alloy Fabrication Plant, Chairman and General Manager of Southwest Aluminum (Group) Corporation Limited. At present he is the General Manager of Chinalco, Chairman and CEO of Chalco, Standing Director of China Nonferrous Metals Industry Association, Vice Chairman of China Nonferrous Metals Fabrication Association, Vice Chairman of International Aluminum Institute, and adjunct professor in Northeast University, Central South University and Chongqing University.

中国铝业公司成立于2001年2月23日，公司注册资本113.8亿元，公司总资产943亿元。中铝公司是国家授权的投资管理机构和控股公司，是国家直接管理的53户国有重要骨干企业之一。固定资产增值保值率、净资产收益率在冶金行业连续三年处于领先地位，在全国100亿元资产以上的国有企业中名列前茅。目前，公司主要产品氧化铝产量位居世界第二，铝生产加工能力位居亚洲前列，电解铝、铝加工材和钛材产能在全国名列前茅。

在国家宏观调控和监督管理下，中铝公司依法经营国家投资形成的国有资产和国有股权；进行铝、镁、钼、钛、铜、铅、锌、镍、金、银等有色金属矿产资源的勘察、开发；有色金属矿产品、冶炼产品、加工产品、碳素制品及相关有色金属产品的生产、销售；开展与上述业务有关的国内外融资业务；经营相关有色金属及矿产品等产成品进出口业务以及进料加工和“三来一补”业务；经营对外贸易和转口贸易；从事勘察设计、科研、工程建设总承包、建筑安装、设备制造、矿产品开发和加工、技术开发、技术服务；自营和代理各类商品及技术的进出口业务，经营来料加工、对销贸易和转口贸易；承包境外有色金属行业工程和境内国际招标工程；承包上述境外工程的勘测、咨询、设计和监理项目；上述境外工程所需的设备、材料出口；对外派遣实施上述境外工程所需的劳务人员。

中国铝业公司经过改革重组，设立了中国铝业股份有限责任公司（简称中国铝业）。2001年12月，中国铝业股票在纽约

Smelter of Chinalco

和香港成功上市；2004年1月，在香港增发又获得成功。这两次成功的资本动作，不仅开通了国际市场的融资渠道，而且通过改制，使中国铝业从传统意义上的国有企业变成在组织架构和管理模式上与国际接轨的境外上市公司，构建了"集中管理，统一经营"的管理模式，整体优势得到了充分的发挥，提升了公司的市场竞争能力。

中国铝业公司的发展理念是振兴中铝，报效国家，回报股东，造福员工。发展目标是不懈地追求价值第一，不断增强公司的整体素质和核心竞争力，建成以铝为主的资源性、综合性的跨国公司。发展方针是优先发展氧化铝，创造条件发展电解铝，跨越式发展铝加工，有选择地发展非铝产品。发展举措是超常规快速发展，全方位开放发展，低成本高效发展，多方式灵活发展，高科技抢先发展，强管理稳健发展，努力把公司建设成为内具凝聚力、外具竞争力，具有规模效益良好增长性的资源型、科技型、综合性的世界一流企业。

我们期待着一如既往地与国内外同行、投资者、合作者及社会各界朋友精诚合作，携手前进，同创商机，共铸辉煌。

Aluminum Corporation of China ("Chinalco") was established on February 23, 2001, with the registered capital of Rmb 11.38 billion and total asset of Rmb 943 billion. As an investment management organ and holding company authorized by the state, the company is one of the 53 backbone state-owned enterprises under direct supervision of the central government. The value increase and conservation ratio of fixed assets, return to net asset ratio of the company have taken the lead for three consecutive years respectively in the metallurgical industry and among the SOEs with assets over Rmb 10 billion in the nation. Currently the production of alumina, the core product of the company, ranks the second largest in the world, with output and semis production capacity of Molybdenum ranking in the front in Asia, production capacities of aluminum, semis and Titanium material ranking the head nationwide.

Through reform and restructuring, the company established Aluminum Corporation of China Limited ("Chalco"). In December 2001, the stocks of Chalco were successfully listed in New York and Hong Kong. In January 2004, the share placement of Chalco in Hong Kong was again successful. The two successes in capital operation not only open a funding channel to the international market, but also enable Chalco to transform, through restructuring, from a traditional SOE to a public company listed overseas with organizational structure and management mode matching those international practices. Chalco has formed a management mode of "centralized management and integrated operation" which gives full scope to the advantage of overall scale and enhances corporate competitiveness in the market.

The development philosophy of Chinalco is to "revitalize Chinalco, generate return to the nation and the shareholders, and bring welfare to the employees". Its goal is to persist in pursuit of value as the priority and enhance incessantly the overall corporate quality and core competitiveness, in order to build a comprehensive resource-based multinational with aluminum at the core. The development guideline is to give priority to developing alumina business, create conditions to develop aluminum business, develop aluminum downstream business cross-levels, and develop non-aluminum production on a selective basis. The measures are development in rapid pace, in all directions, with low cost and high efficiency, through multiple means and flexibility, with advanced technology and stability, in order to build the company into a world-class technology-based enterprise with internal solidity, external competitiveness, and favorable economy of scale and growth potentials.

We, as always, look forward to sincere cooperation with domestic and overseas counterparts, investors, partners and friends from all circles of society, to march ahead, create business opportunities and forge glory together.

地址：北京市复兴路乙12号　Add:B12 Fuxing Road, Beijing 100814 P.R. China　邮编：100814
电话(Tel)：(010)63971767　传真(Fax)：(010)63963806　网址(Web)：www.chinalco.com.cn

中国石化集团中原油田

中原物探队在南美运用直升机支持作业
Zhongyuan Seismic Prospecting Crews are Operating by Means of Helicopter in South America

1、中原油田第三气体处理厂改扩建工程装置
Transformation and Extension Project of No.3 Natural Gas Processing Plant in Zhongyuan Oilfield

2、在沙特从事修井作业
Workover Operation in Saudi Arabia

3、打入国际市场的沙漠物探车
Vehicles for Seismic Prospecting Stepping into International Market

4、在非洲从事地球物理勘探作业
Seismic Prospecting in an African Country

中国大陆科学钻探井
China Continental Scientific Drilling

中国石化集团中原油田位于豫鲁交界处的黄河两岸，是我国东部重要的石油天然气生产基地，总部设在河南省濮阳市。到2003年底，共有职工7.23万人，资产总额256亿元，累计生产原油1.07亿吨、天然气323亿立方米，上缴税费100多亿元。经过20多年的开发建设，已发展成为拥有雄厚物质基础的以油气勘探开发为主的国有特大型企业。

多年来，中原油田大力实施“走出去”战略，以过硬的作风、先进的技术、优良的装备、规范的管理，赢得了市场的信誉。目前，共有100多支队伍活跃在国内的28个省区，70多支队伍先后打入10多个国家的石油工程技术服务市场。同时，国内外贸易实现了与工程技术服务的联动发展。

Zhongyuan Oilfield, Sinopec, is located on the two sides of the Yellow River and across the border of Henan and Shandong Province. It is the major oil/gas production base in eastern China, and headquartered in Puyang city, Henan province. By the end of 2003, it had 72,300 staffs, total capital of RMB 25.6 billion, accumulated crude oil production of 107 million tons, natural gas production of 32.3 billion m3, and the paid taxes of over RMB 10 billion. After over 20 years development and construction, it has become a super-large state-owned enterprise with strong material base and major business of petroleum and natural gas exploration & exploitation.

Over the years, Zhongyuan Oilfield has been vigorously carrying out the going out strategy, and won reputation in the market by perfect work style, up-to-date technology, excellent equipment and standard management. At present, there are over 100 crews working actively in 28 domestic provinces and regions, and over 70 crews working in more than 10 countries to conduct petroleum engineering and technical services. Meanwhile, the domestic and foreign trade has realized the simultaneous development with the overseas engineering and technical services. In addition, Zhongyuan Oilfield has been ranked as one of the 30 Top Enterprises in China for International engineering contracting, and has in successlve years been ranked as the Top Enterprise for Foreign Economic and Trade in Henan Province.

地址：河南省濮阳市中原路277号　　邮编：457001
电话：(0393)4822747　　传真：(0393)4828300
No. 277, Zhongyuan Road, Puyang, Henan, China　　E-mail:jbdokz@zpeb.sinopec.com.cn

中国化工建设总公司

CHINA NATIONAL CHEMICAL CONSTRUCTION CORPORATION

总裁　陈力华

中国化工建设总公司（CNCCC）是隶属于国家国资委直接管理的以贸易为龙头、集产业、科研设计开发、仓储、服务于一身的外型企业集团。是中国化工行业对外贸易和国际合作的机构。CNCCC 自成立以来，以促进国内外化工行业的经济合作与技术交流为己任。并以优异的业绩晓谕国内外化工及贸易界。累计实现进出口总额超过了100亿美元，近十年来，每年的进出口贸易额都在7亿美元以上。在中国大型的进出口企业中，多年一直位居前列；工程承包业务还多次跻身于全球大型的工程承包公司行列。

CNCCC 正式注册于1982年，总部设在北京，中部设有两个业务本部、十二个业务部和九个职能部门。在国内主要港口和货源集散地设有25个子公司，在主要贸易往来国家和地区设立了10个分支机构或办事处。公司共有在职员工1550人。

CNCCC 积极致力于国内化工行业的技术提高、改造和设备更新。先后为国内引进大型化工、石油化工、轮胎等成套装置百余项，化工产品的近、出口在国内同行中名列前茅，尤其是在农药、染料以及其他精细化工产品方面。拥有丰富的客户资源和产品资源，下属的中化建国际招标公司，已成为国内具有影响和实力的国际招标公司之一；下属的中化间国际工程公司以向十几个国家和地区出口了化肥、农药、涂料、烧碱、轮胎、医药、精细化工、三聚氰胺等技术和设备五十多套，并在十多个国家完成了六十多项承包工程；CNCCC 利用国家授予的国内外组展资格，积极组织、承办和参加各种展览会、交流会，促进国内外相关企业的国际交流和技术进步。

CNCCC 还拥有天津化工研究设计院，常州涂料化工研究院和山东化工规划设计院等科研单位和设计单位，从事精细化工产品、涂料、颜料、无机盐、催化剂、水处理等的研发工作和石化、化工厂的设计、咨询、监理等工作；投资兴建的中阿化肥有限公司、华煜化工厂和韩华化工储运有限公司分别在国内氮磷钾复合肥料、DSD 酸的生产和液体化工品的储存方面占有重要的地位。

近几年来，CNCCC 的经营规模不断扩大、经济效益每年已超过10%的数度递增。在国家国资委组织的国有资产保值增值率、综合绩效评价等各项排名中，均名列前茅。

CNCCC 在各项工作中，始终坚持对外“广交朋友、诚实守信、平等互利、共同发展”和对内“以人为本”的宗旨，一贯提倡“通达和谐、务实求新”的企业精神，将通过全体员工的共同努力，把 CNCCC 建设成为具有较强综合竞争实力的企业集团。

地址：北京市朝阳区安贞西里三区十五号凯康大厦

总机：010—64429966　　传真：010—64419698　　邮编：100029

E—mail：cnccc@cnccc.com.cn　　Http：// www. cncccc.

中国中钢集团公司
SINOSTEEL CORPORATION

中国中钢集团公司（简称中钢集团，英文缩写SINOSTEEL）是国家国资委管理的国有大型企业。主要从事冶金矿产资源的开发、开采及加工利用；冶金原料及相关产品的贸易及物流；冶金技术的研发、应用及服务等，是一家集资源、贸易、科技和专业服务为一体的大型企业集团。

中钢集团所属二级单位45家，其中：境内30家，境外15家，截止2004年底，集团总资产135亿元。2004年实现经营规模294亿元，利润6.13亿元。

中钢集团是中国最早"走出去"开发矿产资源的国有大型企业之一，在澳大利亚、南非等地成功建设了铁矿、铬矿资源基地，为国家可持续发展储备了丰富的矿产资源。

中钢集团拥有覆盖全球的营销网络和物流服务系统，是中国主要钢铁生产企业的原料供应商和产品代理商，与国内外多家企业建立了长期战略合作关系。铁矿石、铬矿、直接还原铁、萤石、焦炭、锰矿、废钢、钢材、镁砂、稀土等贸易经营居于国内前列，在业界具有重要影响。

中钢集团所属六家科研院所在探矿、选矿、热工、环保、耐火材料、金属制品等领域，有较强的科技研发实力；拥有多项自主知识产权，6个国家研究中心、硕士学位授予机构和博士生培养点；建有27条科技成果转化生产线，其产品畅销国内外市场。

中钢集团具备工程项目总承包和综合配套能力，是国内外众多成套设备和装备技术公司的代理商，为国内大型钢厂的技术改造和项目引进提供过融资、招标等专业服务，拥有钢铁行业唯一一家承担国家发改委委托咨询评估任务的咨询机构。

经过十多年的发展，中钢集团凝聚了强大的前进动力。展望未来，中钢集团将充分发挥已有优势，努力构建以专业公司为主体，科技实业为支撑，地区网络为辅助，海外机构为平台，行业领先，主业突出，管理一流，具有全球化运作体系和创新能力的大型跨国企业集团。

Sinosteel Corporation (abbreviated as Sinosteel) is a central enterprise under the administration of the State-Owned Assets Supervision and Administration Commission. Sinosteel is mainly engaged in developing. mining and processing of metallurgical mineral resources; trading and logistics of metallurgical raw materials and other related products; conducting research, application and service of metallurgical technologies, etc. It is a large enterprise with clear-defined core business that integrates resources, trade, Science & technology and specialized service.

There are 45 subsidiaries under the administration of Sinosteel, among which 30 are in China and 15 abroad. By the end of 2004, the total assets of Sinosteel had reached 13.5 RMB billion. The operating scale was 29.4 RMB billion in 2004 and earnings RMB 613million .

Sinosteel is one of the state-owned enterprises that first launched successful mineral resource projects aloroad. It has successfully established iron ore and chrome ore resource bases in Australia and South Africa, providing abundant mineral resources for the sustainable development of China.

Sinosteel possesses global-running sales network and logistic service system. It is the raw material supplier and sales-agent for major Chinese steel mills, with some of which Sinosteel has entered into long-term strategic partnership. Its trading transactions in iron ore, chrome ore, DRL, fluorspar, coke, manganese ore, scrap, steel products, magnesite and rare earth are in the leading position in China, which lay important influence in the steel industry.

The six scientific & technological institutes under Sinosteel have solid research foundation and strength in the fields of geological exploration, beneficiation, heat engineering, environmental protection, refractory materials and metal products, etc. Boasting several stand-alone intellectual property rights, they accommodate 6 state-level research centers and are qualified to carry out master and doctor education. As a result of industrialization of research findings, 27 production lines have been established with products prevailing in domestic and international markets.

Sinosteel is qualified to undertake project engineering & purchase, construction and auxiliary supply. As the agent for many Chinese and international equipment & technology suppliers, Sinosteel provided financing and bidding services for big Chinese steel mills on process modification. Sinosteel consultancy is the only metallurgical company in China that is given exclusive investment evaluation entrusted by National Development & Reform Commission.

After dozens of years of development, Sinosteel has accumulated strong driving force. Looking into perspective, Sinosteel will fully exert its advantages. The commitment will remain that Sinosteel endeavors to establish a large group enterprise that highlights major specialized operations on the global interface supported by our tech-research dynamics and extensive sales network. With all these missions bearing in mind, Sinosteel strives for a leading company of the circle, highly innovative and well managed, with clear-defined core business and efficient global-running system.

安徽建工集团有限公司

ANHUI CONSTRUCTION ENGINEERING GROUP CO., LTD

安徽建工集团有限公司是以工程总承包为主，跨行业、跨国经营并拥有房屋建筑施工总承包特级资质的大型建筑企业集团，公司同时拥有房屋建筑设计甲级、工程咨询甲级、施工监理甲级、建筑产品质量检测甲级以及房地产开发、机电设备安装、建筑装饰、公路、市政一级等55项资质和建机、建材等系列产品。集团及子公司已通过国际标准化质量、环境、安全体系认证。公司创建于1952年，承建了大批国家重点工程和高、精、尖建设项目。先后有40余项成果荣获国家、部、省科技进步奖，8项工程荣获中国建筑工程质量最高奖——鲁班奖，100多项工程荣获省（市）级建筑工程质量奖。是中国建筑行业AAA级信用企业和全国守合同重信用企业。

公司拥有国际工程承包、劳务经营和对外贸易进出口权；拥有对外援助成套项目施工任务实施企业资格。是国内最早从事国际工程承包和劳务合作企业之一，业务涉及45个国家和地区，在建工程10亿多元，一批工程获得嘉奖，赢得了良好的国际声誉。在贸易方面，经营门类涉及建机、钢结构、建材等产品，已与国内外众多客商建立了广泛的业务联系。本公司坚持"经营诚信为本，管理以人为本，生产质量为本"的管理理念，强化企业文化建设，竭诚为海内外客户服务。

Anhui Construction Engineering Group Co., Ltd. (ACEG)is a largescaled entities group with the Qualification Certificate of Genaral Contractor of the Most Superior Grade in Housing Consiraction Engineering oriented mainly on package deal contracts, as well as diversified and transnational business. In addirion, ACEG possesses over 55 kinds of Grade One Qualification Certificates in housing construction design Grade A, engineering consuiting Grade A,construction supervision Grade A, construction products inspection Grade A and Grade One Qualification in real estate, eleotromechanical equipment installation, building decoration, motorways, urban facilities, etc. and has a series of products of building machines, building materials. etc. ACEG and its subsidiaries have passed the international standerdized system of quality, environment and safety since its establishment. The Group has contracted and implemented a tremendous number of projects which ranked the national ,the provincial and city' s key projects, as well as projects implemented with high advance and unique technology. More than 40 prizes of the national and the provincial "Scientific and Technical Progress" have been awarded,8 projects completed have won "Luban Prize" --- the highest prize granted to top construction quality in China, and over 100 projects have won prizes of top construction quality in provincial and imunicipal level. ACEG is certified the credit rating of AAA in China building Industry and has won the title of "National Contract-abiding, Integrity-attaching Enterprise".

ACEG has the qualification of overseas engineering contracting, labor service and frade business, it also has the qualification of aiding overseas complete set of project constrction ACEG is one of the earliest in China to contract international engineering project and develop labor service; its business has covered 45 countries and regions the turnover of the projects under consrtuction amounts to over 1000 million RMB Yuan and a lot of projects have won prizes and good internatioal honor. Trading is concerned the products of building machines, steel structure and building material,etc. ACEG has built wide business connection with many clients at home and abroad. The people of ACEG insist the core idea of "Business by honesty, Management by talents. Production by quality". We strengthen our enterprise culture construction with these ideas and are sincere to serve the client at home and abroad.

董事长、总经理 胡运成

MT Hu Yunchang, President & General Manager

全国守合同重信用企业 National Contract-abiding, Integrity-attaching Enterprise

地址：合肥市芜湖路325号 邮编(Zip):230001
Addless 325 wuhu Road Hefei Anhui.China
电话(Tel):(0551)2865025 2872714
传真(Fax):(0551)2865001 2877722
网址(Web):www.aceg.com.cn
E-mail:web@aceg.com.cn

上海汤臣大厦

Shanghai Tangchen Tower

阿尔及利亚2500立方米球型水塔

The spherical water tank with a bulk of 2500cu.meters in Algeria

美国关岛住友宾馆

Hotel Friendship,Guam,the USA

斯里兰卡高级法院

The Superior Courts Complex in Sri Lanka

中谷粮油集团公司 公司简介

总经理：张建辉
President: Zhang Jianhui

中谷粮油集团公司是中国的大型国有粮油流通企业，由国家国有资产监督管理委员会直接管理。中谷粮油集团公司以粮油经营为主业，业务范围涉及国内外贸易、粮油食品和饲料加工、仓储运输、设备工程、期货资本市场；从事房地产开发等经营。

中谷粮油集团公司拥有15家全资、控股子公司及海外机构，在国内有珠江、长江、黄河流域和东北内蒙古、京津塘地区五大重点经营区域，有购销网络、仓储运输、粮油加工和科技开发四大运营体系，营销网络覆盖全国；构建了粮食、油脂、饲料和科技工程四个产业链条；拥有5个国家一级粮油专业科研设计院（所）；与国内各级粮食部门、行业组织保持着密切联系；在国际上与数十家有关专业机构、国家社团组织保持着密切交往。

中谷粮油集团公司的发展目标是：发挥自身优势，实施粮油科贸工农产业化经营，成为国际化、专业化、实业化的具有国际竞争力的大型企业集团。

CHINA GRAINS & OTLS GROUP CORP.

GENERAL SITUATION

China Grains and Oils Group Corporation (CGOG) is a large state-owned grain and oil marketing enterprise under the direct administration of the State-Owned Assets Supervision and Administration Commission of the State Council.

The major business of the Company is in grain and oil. Its business activities include domestic and foreign trade, grain and oil food and feedstuff processing, storage and transportation, equipment and engineering, and futures and capital market operations. CGOG undertakes also real estate business and other business as well.

The Company has 15 full, holding and overseas subsidiaries; 5 key domestic business areas, namely areas around the Pear River, the Yangtze River, the Yellow River, Northeast and Inner Mongolia, and Beijing, Tianjin and Tanggu Zone; 4 business lines, i.e. purchasing and sales network, storage and transportation, grain and oil processing, and technical development; a nation wide marketing network; the construction of 4 industry chains specialized in grain, oil and fat, feedstuff and technical engineering respectively; 5 national first-class scientific research and design institutes specialized in grain and oil related projects. CGOG has built close relations with domestic grain departments and business organizations at various levels; CGOG keeps frequent contacts with tens of specialized institutions and nation-level societies and organizations internationally.

The development target of CGOG is to: give a full play of its strengths; realize an integration of grain and oil scientific research, trade, industry and agriculture business; and grow into a large international, specialized and industrialized group with international competitiveness.

中国石油天然气股份有限公司
华北销售公司

中国石油华北销售公司隶属于中国石油天然气股份有限公司，公司成立于1999年5月，目前下辖北京、天津、山西、河北、冀东5个销售分公司，大港、冀中、呼和浩特3个驻厂分公司及23个控参股单位，现有员工18220人。

华北销售公司现有总资产52.5亿元；其中油库19座（库容33万立方米）；加油站总数1021座。

成立6年来，华北销售公司不断探索区外市场的营销和网建工作经验，大胆创新，勇于实践，逐步开拓市场空间，经济效益持续攀升。

根据中国石油天然气股份有限公司总裁蒋洁敏提出的“发展主力军、销售排头兵”的要求，2005年，华北销售公司新一届领导班子确立了2005年至2007年的“三三三”工作思路：即实施市场开拓、效益领先、和谐发展“三大战略”，搞好形象塑企、体制强企、人才兴企“三项工程”，实现销量1200万吨、加油站数量2500座、经营利润年递增8%“三大目标”。

勇做发展主力军
争当销售排头兵

珠海格力电器股份有限公司

GREE ELECTRIC APPLIANCES,INC.OF ZHUHAI

珠海格力电器股份有限公司是中国目前生产规模最大、技术实力最强的大型专业化空调生产企业之一。公司组建于1991年，现有员工16000多人，拥有珠海格力电器总部、江苏丹阳、重庆及南美的巴西四大生产基地，也是目前全球生产规模最大的空调企业之一，拥有年产各类空调器1000万台(套)的生产能力，至今已开发出包括家用空调、商用空调在内的20大类、100多个系列、3000多个品种规格的产品，空调品种规格之多、系列之全居全国前列。

经过多年的发展，格力空调已经奠定了国内空调市场的领跑地位，从1995年至今，格力空调连续10年产销量、市场占有率遥遥领先。2004年实现销售收入近140亿元，贡献税收超过6亿元。同时，公司致力于海外市场的拓展，产品远销世界100多个国家和地区。

格力电器重庆生产基地
GREE Chongqing Production Base

格力电器丹阳生产基地
GREE Danyang Production Base

格力电器巴西生产基地
GREE Brazil Production Base

Gree Electric Appliances, Inc. of Zhuhai is the large scale specialized air conditioner manufacturing enterprise with biggest manufacture scale and the most powerful technological strength in present China. Founded in 1991, we are now having more than 16000 employees and 4 manufacturing bases respectively in Zhuhai (the headquarter), Danyang (in Jiangsu Province), Chongqing and Brazil in South America, and we are also the air conditioning enterprise with biggest manufacture scale in the world at present, possessing the production capability of 10 million units (sets) of different kinds of air conditioning products every year. Till now, we had developed products of household air conditioners and commercial air conditioners, all of which are divided into 20 genus, more than 100 series, in the aggregate to 3000 models, the large amount of products and the completeness of product series are placing the No.1 in China.

By years of development, Gree air conditioners had established the leading position in domestic air conditioner market. From 1995, we had placing in the No.1 in the industry on manufacture and sales amount as well as market share for consecutive 10 years. In 2004, we realized sales income of nearly 14 billion RMB (about 1.7 billion USD), and paid taxes over 600 million RMB (about 72 million USD). At the same time, we work at the development of overseas market, and our products are sold to more than 100 countries and regions in the world.

For years, we have been awarded the "National Best-selling Product Golden Bridge Prize" by 7 national ministries and committee, and were awarded "The 22nd International Best Brand" Award from European Entrepreneurs' Association. In 1999, the National Industrial and Commercial Administration Management Bureau appraised the trademark of Gree (air conditioners) as Chinese Well-Known Trademark. In March 2004, General Administration of Customs issued the Red List for import and export enterprises to the whole country for the first time, and we were the unique listed enterprise from air conditioning industry, also the most competitive industry. In June 2004, we became the unique household appliances enterprise that were listed in the "Top 50 Listed Companies in China with Most Develop Potential" for the 6th times consecutively, and were selected as one of the "Top 100 Listed Companies of China" by *Fortune*, the American magazine that is enjoying most reputation, for consecutive 4 years. In September 2004, we were awarded the honor titles of "National Quality Control Outstanding Enterprise", and "Chinese Top Brand Products" at the same time.

■ 格力电器珠海总部
Zhuhai Headquarter of Gree Electric Appliances

中国国际航空股份有限公司简介

凤凰，是中华民族古代传说的神鸟。《山海经》中记述：凤凰出于东方君子之国，飞跃巍峨的昆仑山，翱翔于四海之外，飞到哪里就给那里带来吉祥和安宁。中国国际航空公司的注册标志就是一只艺术化的美丽凤凰。50年来，这只“凤凰”飞遍了五湖四海，飞遍了全世界，为中外旅客架起了安全快捷的空中桥梁。

截至2004年6月底，国航拥有以波音系列飞机为主的各型飞机136架，通航69个国内目的地、34个国际及地区目的地。另外，作为中国唯一载国旗飞行的航空公司，几十年来，国航承担了党和国家领导人的出访和部分国内专机任务，也承担了许多外国元首和政府首脑在国内的专机和包机任务。2004年8月4日，国航又成为了北京2008年奥运会的唯一航空客运合作伙伴。

中国国际航空股份有限公司英文名称为“Air China Limited”，中文简称为：“国航股份”，英文简称为：“Air China”。公司注册资本为人民币65亿元，折合65亿股。新成立的国航股份经营范围为：国际、国内定期和不定期航空客、货、邮和行李运输；国内及国际公务飞行业务；飞机执管业务，航空器维修；航空公司间的代理业务；与主营业务有关的地面服务和航空速递；机上免税品等。

中国国际航空股份有限公司，下设西南、浙江、重庆、内蒙古、天津等分公司。另外，控股中国国际航空货运股份有限公司，及与德国汉莎航空公司合资的北京飞机维修工程有限公司等公司。

2004年，国航继续推行安全第一、顾客至上的理念，全力继续推进“放心、顺心、舒心、动心”的“四心”服务工程，强调以旅客需求为工作中心，继续优化市场布局和机队结构，狠抓航班正点，精心打造新国航品牌。国航计划完成运输总周转量67.7亿吨公里，旅客运输量2300万人次，货邮运输量69.6万吨。

杭州经济技术开发区

杭州开发区休闲公园

钱江听潮

浙江下沙高校园区

东芝厂房

杭州经济技术开发区(简称杭州开发区)是1993年4月经国家批准设立的国家开发区，行政管辖面积104.7平方公里，目前建成区34平方公里，辖区人口20万。

杭州开发区确立了建设“国际先进制造业基地、新世纪大学城、花园式生态型城市副中心”的三大目标，大力实施“工业兴区、科教强区、环境立区”战略，已成为杭州市乃至浙江省发展现代工业、外向型经济和高教科研的重要基地。综合发展水平名列全国49个国家级开发区前15位。

Hangzhou Economic and Technological Development Area (HEDA) is a national level development zone approved by the State Council in the April of 1993. It covers a planned area of 104.7km2. So far more than 34km2 has complete infrastructure with 200,000 population.

Presently, three major targets of HEDA is to build this area snto "Advanced international manufacturing base, New-century university town and ecological gardenlike sub-city center", and is smplementing the strategy of "Thrive city with industries, bloom city with science and education and build city with good environment". HEDA is becoming an important base for developing modern industry, esport-oriented caromy and high education & scientific research of Hangzhou municipal even Zhejiang province. HEDA was ranked as 15th among 49 national-level development zones, and was regomded as the Best Investment Environment Development Area among 75 cities in china through public appraisal of JETRO.

廊坊经济技术开发区

LangFang Economic & Technical Development Zone

新高尔夫球场

廊坊开发区管理委员会

廊坊经济技术开发区位于京津之间、京津塘高速路出入口处，与廊坊高新技术产业开发区“一套人马、两块牌子”。2005 年 6 月，国家又正式批准在廊坊开发区内设立出口加工区。建区 13 年来，按照“高科技、外向型、园林式、现代化”的总体定位和建设全国一流开发区的目标定位，在对外开放、招商引资、园区建设等方面取得了显著成绩。截止到 2005 年 6 月底，区内已注册企业 1163 家，投资总额 400 亿元人民币；配置土地资源的项目 568 个，总投资 366 亿元，平均投资规模达到 6440 万元；外商投资项目 207 个，总投资 12 亿美元，涉及美国、日本、瑞典、丹麦、荷兰、德国、韩国等 31 个国家和港台地区。过去一片沙荒地，现已成为河北省对外开放的窗口，廊坊市经济的重要增长点。

迎宾广场

廊坊开发区鸟瞰图

LangFang Economic & Technical Development Zone, which is also called LangFang High-technical Industrial Development Zone, is located between Beijing and Tanjin, adjacent to the LangFang entrance and exit of Beijing-Tanjin-Tanggu Expressway. In June 2005 the state council officially approved to build an export processing area in LangFang Economic & Technical Development Zone. Since LangFang Development Zone was founded thirteen years ago, according to our strategy to build a high-tech, export-oriented, eco-friendly and modern development zone and our aim to build the first class development zone nationwide, we've made noticeable progress in openness to the outside world, investment, cooperation and municipal administration. By the end of June 2005, the enterprises registered here have added up to 1163, with the total investment of 40 billion Yuan RMB. The projects allotted the land have come to 568, with the investment of 36.6 billion Yuan RMB and the average investment scale of 64.4 million Yuan RMB. The projects concerning foreign investment are 207, with the investment of 1.2 billion Yuan RMB, the foreign investors come from 31 countries and regions such as USA, Japan, Sweden, Denmark, Holland, Germany, Korea, Hong Kong and Taiwan. Now the past sandy land has become a showcase of Hebei province and an important engine of LangFang economy.

喀什——中国向西开放的"桥头堡"

喀什地处祖国西部边陲，位于新疆西南部，周边与巴基斯坦、塔吉克斯坦、吉尔吉斯、阿富汗、印度等八国接壤或毗邻，有红其拉甫、卡拉苏等四个对外开放口岸。随着铁路的贯通及国际航班的通航，喀什已成为我国进入南亚、中亚、西亚以及欧洲的国际大通道和向西开放的桥头堡，经济战略地位更显突出。

喀什旅游、矿产、光热水土等各种资源得天独厚，极富开发潜力。近年来，喀什地区结合区位优势和集群口岸优势，提出了打开"西出东进"大通道，努力打造喀什在南亚中亚经济圈重心地位的战略构想，进一步加大开放力度，积极创造优良发展环境，经济社会各项事业健康快速发展。2004年，全地区实现生产总值131.16亿元，同比增长12.46%；引进到位资金17亿元，同比增长70%；南疆各口岸完成外贸进出口5.1亿美元，同比增长57.2%。今年以来，喀什先后成功举办了南亚中亚商品交易会、南疆国际旅游节、巴基斯坦—中国新疆出口商品展销会，受到了国内外客商的广泛关注，取得了良好收效。同时，喀什行署还将于今年9月在塔吉克斯坦杜尚别举办出口商品展销会。

在未来的征程中，喀什地区各族人民将进一步抓住机遇，加快发展，创造繁荣、稳定、富裕、文明的新喀什，使西部明 珠重放异彩！

KASHIGAR -- THE "BRIDGE HEAD "OF OPEN TO THE WEST IN CHINA

Kashigar is located at the west border of China and south-west part of Xinjiang uighur autonomous region .Which bordered with Pakistan ,Tajikistan ,Kirghizistan , Afghanistan, India and ect 8 country.Along with link up the railway and airlines Kashigar was become the "bridge head "of open to the west and connecting china with south Asia ,central Asia and west Asia ,stress economic strategical position.

Kashigar rich in natural resources .The traveling ,minerals ,water and land has a huge potentiality for open up.In recent years kashigar prefecture integrated with superiority of area and land ports and put forward strategical proposition of forge up kashigar the focus place of south -central Asia economic circles and go step further the force of open to foriegn ,produce excellent development conditions ,the ecomic and social various kinds of facilities be coming high speed developed .In 2004 the GDP reached 13.1 billion yuan RMB,and rise up12.46%, attract investment capital reached 17 billion yuanRMB, complete import -export funds is 500million Us dollars. In this year kashigar succeed holding following trade fairs wich is: south central Asia commodities fair , international traveling festival of south Xinjiang ,Pakistan -- China Xinjiang commodities fair and acquires good result on fairs .At the same time the prefectural administration office of kashigar will be hold export commodities fair on september in Dushanbe city of Tajikiastan.

Every people of Kashigar will go step further hold up opportunity,speed up development , creates prosperous ,stabled ,civilized new Kashigar in the future !

合肥经济技术开发区管理委员会

——国家级合肥经济技术开发区简介

合肥经济技术开发区于1993年4月成立，1997年作为全国首批行政管理体制和机构改革试点单位成功进行行政管理体制和机构改革，2000年被国务院批准为国家级经济技术开发区，2005年开发区行政管理和服务通过ISO9001和ISO14001认证，管理水平和生态环境标准迈入国际化标准。自创建以来，充分发扬"团结拼搏，艰苦挺进，改革创新，无私奉献"的创业精神，坚持"以现代工业为主，吸引外资为主，出口为主，致力于高新技术产业"的办区宗旨，通过深化改革，扩大开放，以土为本，滚动发展，抢抓机遇，实现了经济持续、快速、健康发展。

至2004年底，共计引进项目486个，其中外资项目149个，协议利用外资13.5亿美元，实际利用外资9.6亿美元。累计实现GDP300亿元，年均增长速度58%。累计实现工业产值900亿元，工业增加值250亿元，利税58亿元，税收收入31亿元。累计完成固定资产投资210亿元。初步形成了汽车与工程机械、家电与电子、日用化工和食品产业等为支柱产业的现代制造加工业基地。以明珠国际大酒店、明珠广场、安徽国际会展中心、徽园、欧风街、乡村花园等为代表的第三产业也得到了迅速发展。开发区显现出起步晚、发展快、后劲足的强劲发展势头，初步展现出一个现代新型工业区的轮廓。

A BRIEF INTRODUCTION TO STATE-LEVEL HEFEI ECONOMIC AND TECHNOLOGICAL DEVELOPMENT AREA

Founded in April of 1993, Hefei Economic and Technological Development Area(HETDA) was appointed as one of the first national experimental units for administrative management system and institution reform in 1997, and was granted as a state-level economic and technological development area in 2000. It passed the ISO9001 certificate of quality management system and the ISO14001 certificate of environment management system in 2005. Since its foundation, HETDA has constantly been adhering to the entrepreneurial spirit of nity, industry, fortitude, innovation and unselfish dedication and has always been observing the principle of odern Industry Priority, Foreign investment Priority, Export Priority, and Dedication to New Hi-tech Industry and has realized a rapid, continuous and healthy economic growth.

By the end of 2004, HETDA has attracted 486 projects among which there are 149 foreign-invested projects with a total contracted foreign investment of USD 1.35 billion and the actual foreign investment of USD 0.96 billion. It has realized a grand total GDP of RMB 30 billion with 58% up annually, the total industrial output value of RMB 90 billion, the industrial additions of RMB 25 billion, the tax amount of RMB 5.8 billion and the fiscal revenues of RMB 4.59 billion. The fixed assets investment amounted to RMB 21 billion. HETDA has become an important manufacturing base with such pillar industrial sectors of automobile and engineering machinery, household appliances, chemicals and foods. The tertiary industry represented by the Five-star Sofitel Grand Park Hefei Hotel, the Pearl Square, Anhui Exhibition & Conference Center, the Hui Garden, the European Street and the Country Garden develops very soon. HETDA has been showing a robust and sustainable momentum and has shown the initial profile of a modern, new-style industrial complex.

地址：安徽省合肥经济技术开发区管理委员会　邮编：230601
Hefei Economic and Technological Development Area, Hefei, Anhui
电话：0551-3811287　传真：0551-3811889　网址，电子信箱：HFBLI@hotmail.com

唐文峰
现任职务：党工委书记、管委会主任

重庆经济技术开发区管理委员会

重庆经济技术开发区（以下简称经开区）于1993年4月经国家批准，成为西部地区首个国家经济技术开发区。规划面积9.6平方公里，其中有4.6平方公里为置换区，经国家批准的重庆出口加工区设在置换区内。

重庆直辖以来，重庆经开区紧紧抓住机遇，坚持以发展为第一要务，全力推进区域经济社会的快速发展，招商引资取得较好成效，已引进22个国家和地区的投资者兴办“三资”企业380家，投资总额达19.93亿美元，其中，投资额1000万美元以上的企业47家。各项主要经济指标连续保持年均两位数增长速度，2004年，全区实现总收入272.37亿元、地区生产总值77.13亿元、工业总产值210.43亿元、入库税金16.10亿元、固定资产投资规模92.27亿元，经开区的窗口、示范、辐射带动作用明显。

ADMINISTRATIVE COMMITTEE OF CHONGQING ECONOMIC & TECHNOLOGICAL DEVELOPMENT ZONE

Chongqing Economic & Technological Development Zone(CETZ) is approved by the State Council in April, 1993, which is the first national economic & technological development zone in the west of China. The planned area of the zone is 9.6 square kilometers including 4.6 square kilometers transferring areas. And Chongqing Export Processing Zone with the approval of the State Council is set there, as well.

Since Chongqing became the municipality directly under the central government, CETZ caught hold of the opportunities and insisted on developing to promote regional economy develop fast. It got good achievements for absorbing funds from home and abroad. Up to now, there are 380 foreign funded enterprises from 22 countries and regions with total investment volume of 1.993 billion USD. And 47 enterprises investment volume is over 10 million. All the main economic index increase in 2 data for many years. In 2004, the total income, regional production value, total industrial value, tax revenue and fixed assets investment volume are separately 27.237 billion yuan, 7.713 billion yuan, 21.043 billion yuan , 1.61 billion yuan and 9.227 billion yuan. CETZ plays an important role as window, example and radiation.

山东枣庄高新技术产业开发区

SHANDONG ZAOZHUANG HIGH & NEW TECHNOLOGY INDUSTRIAL DEVELOPMENT ZONE

枣庄高新技术产业开发区是山东省人民政府较早批准的省级高新区，也是国家重点管理的高新区，辖区总面积近100平方公里。这里区位优越，地处北京、上海的中间点，是枣庄市政治、经济、文化中心。交通便利，京沪铁路、京福高速公路和即将兴建的京沪高速铁路穿境而过，距徐州观音机场和济南国际机场分别1、2小时车程。投资成本低廉，枣庄是全国著名的能源基地、建材基地和煤化工基地，水、电资源充足，综合投资成本比沿海地区平均低20—26%。发展环境优越，为独立的管理辖区，拥有项目审批、规划定点等市级管理权限。立足于建设现代化生态型科技工业区，坚持以高新技术产业为主导，大力发展精细化工、生物医药、新材料、IT产业和制造业，目前已形成了健全的工业体系和完备的产业基础，是投资的宝地、创业的乐园。

枣庄市人民政府市长助理、高新区党委书记、管委会主任刘宗启热忱欢迎海内外志士莅临山东枣庄高新技术产业开发区参观考察，投资置业！

Shandong Zaozhuang High & New Technology Industrial Development Zone is the earlier provincial development zone approved by the Shandong Provincial People's Government. It is also the state emphases administrant high and new zone with the total popedom area of near 100 Km2. The zone has superior geographical location, it is located in the middle point between Beijing and Shanghai, and it is the political, economic and cultural center of Zaozhuang City. The zone has convenient transportation, The Beijing-Shanghai railway, Beijing-Fuzhou expressway and the being building Beijing-Shanghai high speed railway all run through this area. It is only 1 hour's ride to Xuzhou Guanxin Airport and 2 hours' ride to Jinan International Airport. The zone has low investment cost, Zaozhuang is the famous bases of energy sources, building materials and coal chemicals in the whole country. The water and eletricity resource is abundant here. The synthetical investment cost is average 20-26% lower than the littoral. The zone has excellent development environment, it is an unattached administration popedom and it enjoys the city-level administrative jurisdictions of examining and approving the projects, programming and fixing the points,etc.Being established in building Modernization Ecosystem Type Technology Industry Area, the zone insit on the high-tech leading industry, vigorously develops fine chemical, biomedicine pharmaceutical, new material, IT and manufacturing industry. Presently the zone has formed wholesome industry system and self-contained industry base, it is the ideal investment destination and fairyland of carve out career.

Liu Zongqi, the Assistant Mayor of the People's Government of Zaozhuang City, the Secretary of the Party Committee and the Director of the Administration Committee of Zaozhuang High & New Technology Industrial Development Zone, cordially welcome investors from both at home and abroad come to Shandong Zaozhuang High & New Technology Industrial Development Zone to visit, invest and carve out their career!

山东省第十届人大代表，枣庄市人民政府党组成员、市长助理，枣庄高新区党委书记、管委会主任

枣庄高新区办公大楼

山东华能光电科技有限公司

投资20亿元的山东八一赛轮轮胎制造有限公司子午胎基地

天津经济技术开发区

政策研究室主任：王恺
PolicyResearchOfficeDirector：WangKai

天津经济技术开发区（英文缩写为“TEDA”），于1984年12月6日经国务院批准成立，是首批国家级经济技术开发区之一。

以“中国最高水平，世界先进水平”为目标，天津开发区致力于建设中国北方加工制造业中心、科技成果转化基地和现代化国际港口大都市的标志性区域。自1997年以来，天津开发区在国家商务部对国家级开发区的各项指标排名中连续位居全国之首，是中国投资环境最好的开发区之一。

截至2005年6月，天津开发区已累计批准外商投资企业3957家，实际利用外资128.38亿美元。

以跨国公司项目为主体，天津开发区崛起了四大支柱产业——电子信息、机械制造、医药化工、食品饮料。摩托罗拉、三星集团、丰田汽车等一大批全球顶尖企业在这里共同缔造辉煌。

2005年，天津开发区将实现工业总产值2300亿元，出口120亿美元，财政收入95.7亿元。

地址：天津经济技术开发区宏达街19号
No.19 hong Da streat, TE-DA, Tian Jin China
邮编：300457
电话：（022）25201374
传真：（022）25201371
网址：www.teda.gov.cn
E-mail:Wangk@teda.gov.cn

Tianjin Economic-Technological Development Area

As one of China's earliest State-level development zones, Tianjin Economic-Technological Development Area (with its English abbreviation as TEDA) was founded on December 6th, 1984 upon the approval of the State Council.

Pursuing "the highest standard in China and the advanced standard in the world," TEDA has been striving to build itself into a processing and manufacturing center in North China, an incubation center for high-tech achievements, and a model zone of the modernized metropolis and port. Since 1997, with its various indicators continuing to top the appraisal list of the Chinese Ministry of Commerce, TEDA has been widely accepted as one of the development zones with the best investment environment nationwide.

By June, 2005, TEDA has accumulatively approved 3,957 overseas-funded enterprises with its actually utilized overseas investment totaling US$12.838 billion.

With MNC-funded projects as its backbone, TEDA has brought into prominence four pillar industries, namely the electronics & telecommunications industry, the mechanical manufacturing industry, the pharmaceutical & chemical industry, and the food & beverage industry. A galaxy of global giants such as Motorola, Samsung, and Toyota have created brilliant successes here.

In 2005, TEDA's gross industrial output value will hit 230 billion yuan; exports, US$ 12.0 billion and fiscal revenues, 9.57 billion yuan.

秦皇岛经济技术开发区管理委员会

2004年，是秦皇岛开发区建区20周年。开发区按照“高强度招商、高标准建设、高质量服务”的工作思路，在国家进行宏观经济调控、大力清理整顿开发区和暂停项目建设用地审批的情况下，全面超额完成各项目标任务，多项经济指标快速增长，在全国开发区中增幅居前列，实现了位次前移。全年共批准外商投资项目49家，实际利用外资1.33亿美元，进区内资31亿元，出口创汇4.4亿美元，工业销售收入215.3亿元，财政收入8.4亿元，实现生产总值73.21亿元。规模以上工业企业完成工业总产值173.4亿元，实现销售收入182.84亿元，利润7.91亿元。

It is the 20th anniversary of Qinhuangdao Economic & Technological Development Zone in Year 2004. The development zone, with set working thoughts as High-density Investment Promotion, High Standard Construction and High Quality Service, had overfulfilled various tasks and objectives with the conditions of state macrocontrol on economics, taking great efforts to clean away unqualified development zones, suspending construction land examination and approving. Multiple economic indexes are facing rapid increase, which are at the top list of that of development zones in China, with the positions going forward. Foreign-invested companies sums up 49 in the whole year with a total foreign investment of $ 133 million and domestic investment of Rmb 3.1 billion yuan, industrial sales revenue of Rmb 21.5 billion yuan, total output value of Rmb 7.321 billion yuan, financial revenue Rmb 840 million yuan and foreign exchange from exportation $ 444 billion. In the same year, Industrial enterprises above scale (state-owned and those sales revenue beyond Rmb 500 yuan) fulfilled a total output value of 1.734 billion yuan with sales revenue Rmb 1.8284 billion yuan and profit Rmb 791 million yuan.

1.2004年7月13日，秦皇岛开发区与保定天威集团有限公司举行保定天威集团秦皇岛出海口工程项目签约仪式。项目总投资3.5亿元。开发区管委主任胡英杰和天威集团董事长丁强在协议书上签字。（摄影李崎）

2. 2004年10月22日，通用电气—哈动力—南汽轮能源服务（秦皇岛）有限公司开工兴建。该公司是全国首家为GE9F A重型燃汽轮机提供维修和现场服务的企业。（摄影刘晨虹）

4.风光旖旎的秦皇岛西海滩。（摄影张德志）

宁波经济技术开发区

The Administration of Ningbo Economic & Technical Development Zone

宁波经济技术开发区成立于1984年10月，规划面积29.6平方公里，位于宁波市北仑区域，紧邻中国大陆第二、全球第五大港——北仑港。经过20年的发展，宁波开发区逐渐形成了以能源、石化、粮油、造纸、钢铁等为支柱的临港大工业产业群和以精密机械、电子信息、汽车及零配件、生物医药和新材料等为支柱的高新技术产业群。20年来，开发区共引进40多个国家和地区的外资项目14240家，外商总投资达到135.6亿美元，实到外资达36.3亿美元，各项指标均占浙江省的近五分之一，世界500强企业已在开发区投资兴办了38个项目，是浙江省、宁波市对外开放、和吸收外资的龙头。

Established in Oct., 1984, Ningbo Economic & Technical Dvelopment Zone is located in Beilun District of Ningbo, with a total planed area of 29.6 square kilometers. It is next to Beilun Port, the 2nd largest port in China and 5th largest in the world. With 20 years development, NETD formed its port-based industries mainly in the fields of energy, petrochemical, creal an oil, paper, steel and etc., as high technology economy with the industrics of prccision machincry, clectronic and information, automobile and parts, biology & pharmaceutical, new materials and etc. During the 2 decades, NETD has introduced 1424 foreign funded projects invested from more than 40 countries and regions worldwide, with total investment of 13.56 billion U.S.D.All the economic index accounted for near 1/5 of Zhejiang province. 38 projects from World Top 500 have been established in NETD. NETD is now the most important area in Ningbo and Zhejiang regarding opening-up and utilizing foreign investment.

宁波市副市长、中共宁波市北仑区委书记、宁波经济技术开发区管委会主任：姚力

Vice Mayor of Mingbo,Secretary of Beilun District Committee of The Communist Party of China,Chairman of NETD Administrative Committee

地址：中国宁波北仑

电话：（86574）86783420

传真：（86574）86885325

网址：www.netd.com.cn　　www.netd.gov.cn

电子信箱：webmaoter@mail.netd.gov.cn

威海经济技术开发区

1、威海经济技术开发区海上公园
2、总投资4000万美元的韩国独资企业威海世一电子有限公司生产车间
3、威海出口加工区外景
4、威海经济技术开发区皇冠花园生活小区

威海经济技术开发区地处威海市区南端，山东半岛制造业基地腹地，是1992年10月21日经国家批准设立的国家经济技术开发区，全区控制面积11.88平方公里。2000年4月27日，国家在威海经济技术开发区内批准设立了威海出口加工区，总规划面积2.6平方公里，与开发区实行“两区合一”的管理体制，享有“两区合一”的独特优势。建区以来，威海开发区已累计引进外商投资企业619个，其中，投资超过1000万美元以上的大项目达60多个，合同利用外资16.1亿美元，实际利用外资7.9亿美元。投资方涉及韩国、日本、美国、英国、比利时等20多个国家和中国台湾、香港地区。区内业已形成电子、食品、机械、船舶、服装、医药等布局合理的8大产业体系。

2004年，全区实现GDP71亿元，增长40.5%；实现地方财政收入3.31亿元，增长52.9%；完成现价工业总产值141亿元，增长45.4%；新批外资项目90个，合同外资额2.1亿美元，实际利用外资1.82亿美元。威海经济技术开发区已成为中国北方利用外资最多，经济运行质量最好，经济发展速度最快，投资回报率较高的区域之一。

威海经济技术开发区投资环境优越，基础设施配套齐全。建区以来，已累计完成基础设施投资120多亿元人民币，用于各类基础设施建设。基础设施建设呈现出“高起点、大投资、超前性”的良好特征。他们投巨资建设的海上公园成为威海市城市建设的一大新靓点；他们建设的皇冠花园生活小区先后被国家有关部门评为“全国城市物业管理优秀住宅小区”和“全国城市物业管理优秀示范住宅小区；2001年又被国家有关部门评为“全国创建文明社区示范点”。

Weihai Economic & Technological Development Zone is situated in the south of Weihai urban proper and the central area of Shandong Peninsula Manufacturing Base. Approved by the State Council on Oct. 21,1992, it was established as a state-level economic & technological development zone with a control area 11.88 km2. Approved by the State Council on Oct. 27,2000, Weihai Export & Processing Zone was established within Weihai Economic & Technological Development Zone with a total programmed area of 2.6 km2, enjoying a distinctive advantage by adopting combined administrative system with the Development Zone. Since its establishment, Weihai Development Zone has introduced 619 foreign-invested enterprises accumulatively, with contractual use of foreign capital 1.61 billion USD and actual use of foreign capital 790 million USD, including more than 60 enterprises with total investment over 100 million USD. The investors are from over 20 countries including Korea, Japan, United States, United Kingdom, Belgium and China is Taiwan and Hong Kong. The Development Zone has formed 8 industry systems including electronics, food, mechanics, ship manufacturing, garments, medicine, etc.

In 2004, the Development Zone has achieved GDP 7.1 billion yuan with an increase 40.5%, local financial income 331 million yuan with an increase 52.9%, industrial total output value 14.1 billion yuan with an increase 45.4%, and approved 90 foreign-funded projects with contractual foreign investment 210 million USD and actual use of foreign capital 182 million USD. Weihai Economic & Technological Development Zone has become one of the areas in northern part of China with largest use of foreign capital, best quality on economic operation, quickest speed in economic development and highest return for investment.

Weihai Economic & Technological Development Zone boasts advantageous investment environment and perfect infrastructure facilities. Since its establishment, it has accumulatively invested over 12 billion yuan on infrastructure facilities. The Sea Park has become a new spot for Weihai urban construction. The Crown Garden Dwelling District has been appraised by the Construction Ministry as “Whole Nation Excelleng Living District on Urban Real Estate Maintenance Administration”, “Whole Nation Excellent Model Living District on Urban Real Estate Maintenance Administration” and appraised by Central Committee Spiritual Civilization Office and Civil Affairs Ministry as “Whole Nation Model Spot on Creating Civilization Community”.

东莞市物资集团有限公司

The name of company: Dongguan Material Group Co., Ltd.

东莞市物资集团前身为东莞市（县）物资局（总公司），2003年转制为多元经济成份的经济实体。公司以物资流通为主业，贸工结合，综合经营。集团下设化建、金属等8个全资子公司，主要经营有色金属、黑色金属，化工建材，民用爆破器材，剧毒化学物品，沥青、汽车及旧机动车交易，废旧物资回收及报废汽车回收（拆解），危险品化学物品运输。

东莞位于珠江三角洲腹地，穗、深、港经济走廊中间，人文地理条件优越，集团公司以服务东莞创造魅力城市，打造国际制造业名城为己任，以“诚实、守信、高效、便捷”为宗旨，通过建立ISO9001：2000管理体系推进企业现代制度建设，发挥物资企业的传统优势，通过发展代理配送、强化连锁经营，增强创新能力，实现公司的科学发展，与社会和谐共进。

诚邀社会各界、业内人士莅临指导、洽谈合作。

Dongguan Material Group develops from Dongguang Material Bureau, it turned economical body of diversified economical factors in 2003. Our company business mainly circulates materials, combining trading and operating all-round. Our group has eight wholly-owned subsidiaries of chemical construction or metal, our subsidiaries focus on trading nonferrous metals, ferrous metal, building materials of chemical industry, explosive equipments for civil, severely poisonous chemical commodities, pitch, automobile and trading second-hand motor vehicles, also focus on recycling waste or old materials, recycling and taking apart discarded motor vehicles, and transporting dangerous goods and chemical goods.

Dongguan is situated in hinterland of pearl river delta, the center of Guangdong, Shenzhen and Hongkong. Our group culture and geography is perfect. Our group obligation is to service Dongguang, to create most charming city, and to form famous international manufacturing city. Our company discipline is honesty, keeping faith, high-efficiency and convenience. By setting up ISO9001, 2000 management system promotes the modern system establishment of company, and elaborates the traditional advantage of material company. By developing agent delivery , strengthening cloning trade and reinforcing the ability of creativity, it makes the company realize the scientific development, enhance to harmonize with society.

We honestly invite the people from all trades and professions to come and cooperate with us.

法定代表人：陈灿光
The legal representative: Chen Canguang

地　　址：东莞市运河东三路38号

电　　话：2383616

传真电话：2383262

邮　　编：523012

The address of company: 38# three road of Yonghedong Dongguan city

The tele: 2383616

The Fax:2383262

Post code: 523012

北京空港物流基地

北京空港物流基地成立于2002年6月，是北京市物流发展规划中唯一的航空－公路国际货运枢纽型物流基地，是中国物流实验基地之一。基地紧邻首都国际机场，与扩建后的首都机场货运区“无缝对接”。基地成立两年来，已吸引中外运、中远、中邮、TNT、普洛斯、日本住友、三井、日本邮船、广州顺丰速运、宅急送等众多国内外知名企业入区。

首都机场将在2007年扩建完成后成为国内首家国际国内复合型枢纽机场和亚太地区枢纽型机场。

北京空港物流基地与首都机场集团联合申报了空港保税物流中心（B型）。空港保税物流中心具有进出口货物保税仓储、国际物流分拨配送、简单加工和增值服务、进出口贸易、转口贸易、物流信息处理、维修、出口退税等八大功能，将给北京市及周边地区高新技术加工制造业、国际贸易、国际物流等外向型企业发展提供更理想的经营环境，填补了北京市口岸功能的空白。

Beijing Airport Logistics Park is built in June of 2002. It is the only international air-highway cargo hub of Beijing three leading logistics parks and one of “China Logistics Experiment Base”. The Park is adjacent to the Capital International Airport and connected seamlessly with the cargo area of the airport after its expansion. Since June of 2002, it has attracted numerous famous enterprises moving in, such as Sino-Trans, Cosco, China Post, TNT, Prologis, Sumitomo Commercial Affairs, Mitsui O.S.K, NYK, S.F Express, ZHAI JI SONG Express etc.

Capital Airport Area will be constructed as the important communication center in Northeast Asia and will be developed as a world class complex hub with its primary position in China after completing expansion in 2007.

Beijing Airport Logistics Park and Capital Airports Holdings together apply for Airport Bonded Logistics Center (Type B). The Bonded Center will gather the functions of Storage for Import and Export Freight, International Distribution Center, Simple Manufacture Processing and Value Added Service, Import and Export Trade, Transiting Trade, Logistics Information Processing, Maintenance, Export Tax Refund, which will provide an ideal environment of business for the hi-tech manufacturing and international trade groups, also multinational logistics companies. Additionally, the Bonded Logistics Center will fill up vacancy of port function in Beijing.

1. 空港物流基地与世界500强TNT公司签约
2. 空港物流基地顺畅大道
3. 温总理在国际服务业大会

北京空港物流基地位置图

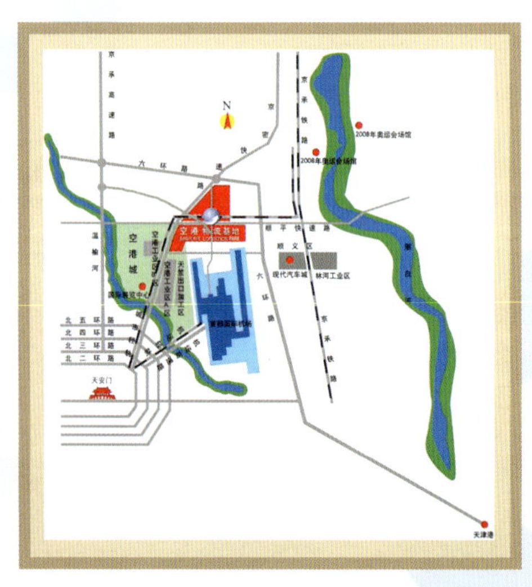

地址：北京市顺义区空港物流园八街1号

电话：8610－69476868　69475656

传真：8610－69478509

网址：www.airport56.com

Add: No.1 Street 8, Airport Logistics Park, Shunyi District, Beijing

Tel: 8610-69476868 69475656

Fax: 8610-69478509

五矿有色金属股份有限公司

董事长 周中枢

五矿有色金属股份有限公司成立于2001年12月27日，注册资本6.16亿元人民币，是由中国五矿集团公司为主发起人（占总股份的82.23%），联合国内其他五家企业，依照现代企业制度共同出资组建的股份制企业。

一家颇具运作实力的有色金属企业

2004年，五矿有色实现销售收入176亿元人民币，利润总额10.53亿元人民币。其主营产品的市场占有率在国内名列前茅并在市场上颇具影响。04年，公司在全国进出口二百强企业中排名第84位。五矿有色通过卓有成效的运作迅速发展壮大，已成为中国有色金属工业的一支生力军。

目前，五矿有色已初步完成了向完全市场化经营和以稀缺有色矿产资源为整合对象的资源型企业过渡的产业化布局。公司通过长期投资获取的资源性资产已占公司总资产的70%。

公司对国内优势资源钨、锑、稀土等的产业整合取得了初步成果，已经形成较为完整的产业链；对国内紧缺的、长期需要的铜、镍和氧化铝等资源的海外开发，也取得了相当的成绩：我们已经有了年200万吨氧化铝的生产能力；正在进行的海外铜和镍的项目也取得了实质进展。

这是一支提倡团队合作精神、追求卓越、充满朝气、追求效率的队伍，在贸易、营销、国际合作、资源开发、期货操作及企业管理方面富有经验。同事间默契的配合使公司能够发挥最大整体效率。这是一支掌握专业知识、技艺娴熟、可以信赖的团队。

公司拥有管理大型矿业企业的丰富经验。五矿有色已有控股投资企业和办事处13家，参股企业6家。投资涉及铜、铝、钨、锑、锡、稀土、钽铌等金属。

公司所管理的企业包括：从美铝公司获得的每年40万吨、为期30年的氧化铝长期项目、年产160万吨氧化铝、北美第二大氧化铝企业sherwin、建设中的广西华银铝业有限公司、江钨集团、江西香炉山钨业公司、南昌硬质合金公司等大型企业。

通过这些资源型、生产型企业的经营，公司积累了有色金属资源开发、管理经验，培养出一大批懂经营、善管理的人才队伍。

由于在行业中有着人才、信息、市场研发、资金、国际市场运作经验及完善的营销网络，公司能够源源不断地向其客户提供专业化服务。优秀的商誉使公司在行业中树立了良好形象，特别是其"互利互惠、实现双赢"的经营理念，为客户所称道。五矿有色越来越成为广大国内外客户的合作首选。

五矿有色将更好地发挥桥梁作用，利用自身优势，成为国内外客户的长期合作伙伴，与客户在互利互惠基础上实现"双赢"的目标。

Founded on December 27th 2001, China Minmetals Nonferrous Metals Company Ltd., (CMN), with a registered capital of 616 million RMB Yuan, is a limited liability company whose shareholders are China Minmetals Corporation (with a majority share of 82.23%) and other five well-known Chinese enterprises.

A Strong and Active Market Player in Non-ferrous Metals Industries

As one of the most active players in the industry, CMN shoulders the responsibility of making contributions to the development of China's nonferrous metals industry as its own task and has made great achievements in its market operations. In 2004, CMN realized revenue of 17.6 billion RMB Yuan with a profit of 1.053 billion RMB Yuan. The market share of its core commodities ranked top among China's nonferrous metals enterprises, ranking 84th among China's top 200 import and export companies. CMN has maintained its No.1 market position as a market operator in its core business for several consecutive years and become a major force in China's non-ferrous metal industry through its high-efficient operation and with its rapid growth.

CMN has essentially completed its transition from a traditional trading company to a non-ferrous metals resource company supported by an integration of rare and short-supplied metals and minerals. Currently, its resources assets have accounted for 70 percent of its total assets through long-term investments.

CMN owns a chain of resources in China, such as tungsten, antimony and rare earth through acquisitions. It has also made great progress in overseas development in copper, nickel and alumina, which are in great need in China. The production of more than 2 million tons of alumina has been secured through long-term investments. Copper and nickel projects have also been on the move currently.

CMN has a highly professional team experienced in the fields of marketing, international cooperation, resources development and futures trading business. The staff is cooperative, professional and reliable.

The Company has gained experiences in developing and managing large mining operations. Presently, it holds majority shares in 13 enterprises and has equity participation in 6 companies in copper, aluminum, tungsten, antimony, tin, rare earth, tantalum and niobium, etc.

The Company has involvement in: A 30-year production and supply agreement for 400,000 tons of alumina per annum from Alcoa; Sherwin, known as the second largest alumina refinery in North America with an annual production capacity of 1.6 million tons; Guangxi Huayin Aluminum Co., Ltd. (under construction). Jiangxi Tungsten Industry Group, the largest tungsten enterprise in China. Jiangxi Xianglushan Tungsten Co., Ltd.; Nanchang Cemented Carbide Co. Ltd., etc.

By operating these large enterprises, CMN has accumulated much development and management experiences and trained its working team.

With advantages in human resources, information, market research and development, financing abilities, experiences in international cooperation and sophisticated marketing channels, CMN has established extensive relationship with its customers, formed a marketing network and accumulated operation experience both in China and abroad, enabling the company to provide with its customers with reliable resources supply, professional and tailor-made services. Its reputation in the market, especially its operating mentality of providing its customers with tailor-made services has made CMN a sound partner in the non-ferrous metals industry. The Company has become the first choice for more and more customers to co-operate with.

CMN has committed itself to better play the role of a bridge, to bring its advantages into full play to become a long-term business partner to its clients in the industry, and achieve its goal for mutual development and prosperity on the basis of "win-win" mentalities.

古巴镍业公司签字仪式

美国Sherwin氧化铝厂厂景

广西华锑化工有限公司成品库

中国新时代集团·新时代健康产业有限公司

China New Era Group New Era Health Industry Co., Ltd.

中国新时代控股（集团）公司是国资委管理的国家直管国有大型企业集团，主要为国防及军工提供支持和服务，是立足军工技术的和平利用，集军用进出口、健康产业、现代服务业、投资管理于一体的综合性集团公司。

公司拥有一大批高素质的专业科研人员，并与国家重点院校和科研单位长期合作，建有符合“保健食品良好生产规范”GMP 要求的先进生产线和现代化厂房，通过了ISO9001 认证。公司始终坚持“以发展民族产业为己任，以造福人类健康为使命”的企业宗旨，充分运用高科技开发生产出以“国珍”品牌为标志的具有民族特色的松、竹两大系列保健品和日化产品引领保健品、化妆品消费的时代潮流。

公司自成立以来，始终以“科学诚信、竞争创新”作为企业的经营理念，以优质的产品和良好的企业信誉，得到社会各界的广泛关注和高度先赞誉。

经过多年的发展，公司已具备了一定的核心竞争力：良好的公司背景，优秀的产品和技术创新，先进、科学、符合中国国情的“国珍专营”的营销模式，独特无二的企业文化，精干的管理队伍和销售队伍。相信在不久的将来，它定会实现“屹立中华，雄踞世界”的宏伟目标。

China New Era Holding (Group)Company is a state-owned, large enterprise group directly under the Central Government and managed by the State Assets Management Commission. Focusing on providing support and service for national defense and military industry, it is a comprehensive group company which bases itself on peaceful utilization of military technologies and integrates military and civil import and export, health industry, and investment administration into one entity.

New Era Health Industry is one of the pillar industries of China New Era Holding (Group) Company. Founded in 1995 and based on Beijing, it has now become a health industry group encompassing scientific research, industry and trade.

The company boasts a great number of qualified professional technicians and has entered into long-term cooperation with the stateís key universities and research institutes. Its advanced production lines and modern factory buildings are in conformity with the GMP requirements set in the ìProduction Standards for Health Foodî. The company also passed ISO 9001 certification. Upholding the business philosophy of ëDeveloping national industry as its own responsibility and bringing benefit to human health as its missioní , the company has made full use of high technology in producing the pine and bamboo series healthcare foods and cosmetics with Chinese characteristics marked by Guozhen brand as the trendsetter for consumption.

Since its establishment, the Company has taken ëscience, sincerity, competition and innovationí as its operational philosophy and won wide acclaim from all walks of life for its quality products and good credit. Thus it is honored with such titles as ëNational Food Safety Demonstration Unití and ëState AAA Grade Creditable Enterpriseí and the Guozhen trademark is also designated as a famous trademark by Shandong Provincial Administration of Industry and Commerce; its products are widely recognized by the broad consumers, millions of whom have benefited from them. As a result, our product is evaluated as the ë3.15 Mark Commodityí and awarded the golden prizes for good health protection in the ëFirst China International Health Festivalí and at the ëFirst Asia-Pacific Health Product Fairí.

After yearsí development, our company has shaped its core competitive edge: good corporate background, superior products, technical innovation, progressive and scientific marketing mode of ëGuozhen Specialí, unique corporate culture and capable management team and sales force. In the near future, we believe that our grand goal of ìstanding in China like a giant and becoming a strong enterprise in the worldî will come true.

烟台新时代健康产业有限公司
YANTAI NEW ERA HEALTHY INDUSTRY CO., LTD.

中国新时代健康产业工业园

地址：中国北京市朝阳区北辰东路8号汇欣公寓601/602/606室

BeiJing Add:Rm. 601/602/606,huiXin Apartment,Yayuncun, BeiJing China

邮编(P.C):100101

电话(TEL):(8610)84972381/82/83/84/85/86/87/88

传真(FAX):(8610)84981953

网址(http)//:www.5dgz.com

Kasen 浙江卡森实业有限公司

浙江卡森实业有限公司始创于1988年，在与中国经济同步成长的过程中，卡森公司紧扣市场脉搏，不断推陈出新，生产的牛皮沙发革、汽车座垫革和成品沙发在市场中树立了崇高声誉，成为中国皮革行业规模大、档次高、效益一流的旗舰。

秉承“以高科技为依托，为海内外客户提供最新、最好、最经济的家具产品为已任”的经营理念，通过实业和资本运作并举的方式，卡森已在中国建立了一个拥有持续竞争力，产业链高度纵向整合，大规模、高效、高品质、低成本的皮革及软体沙发生产基地。

沙发革

面向新世纪，卡森将继续秉着“创新、服务、品质、效率”的企业精神，凭借自身先进的技术、超前的理念，在资本运营、产品研发、市场拓展、质量保证和服务体系等方面向更加高远的目标进发。

卡森的承诺是“永远把一流的产品奉献给客户”。

成品沙发

Zhejiang Kasen Industrial Co., Ltd was established in 1988. With 16 years rapid development, Kasen now has successfully became the leader of China leather industry for its largest scale, highest class and best productivity. With the exquisite quality and excellent workmanship, the upholstery leather, automotive leather and finished sofa that made of Kasen have won high reputation.

with high-tech, Kasen s mission is to provide all customers both domestic and overseas with the furniture that of the newest design, the best quality and the competitive prices. Kasen is running both industry and capital operation, and has already set a leather&sofa production fundament in China that is of continuance of competitive, vertically integration operation, large scale, high efficiency and low cost.

In the new century, Kasen will keep on the spirit--- Innovation, Service, Quality and Efficiency Kasen will rely on its advanced-tech, visionary operation spirit to lead its capital operation, product R&D, market share enlarge, quality assurance and service system to a further development.

Kasen promises to provide the best products to all customers.

汽车座垫革

董事长：朱张金　Board Chairman: Zhu Zhangjin
地址：浙江省海宁市斜桥镇　Add: Xieqiao town, Haining city, Zhejiang province
电话(Tel):(0573)7781155　传真(Fax):(0573)7788157　网址(Web):www.kasen.com.cn

广州番禺豪剑摩托车工业有限公司
Guangzhou Panyu Haojian Motorcycle Industry Co.Ltd

企业简介 Company Introduction

■ 广州番禺豪剑摩托车工业有限公司是中华人民共和国原国家经贸委批准的国家专业制造、生产摩托车的企业，是依法登记注册的具有法人资格和自营进出口经营权，承担着广州市出口计划任务的大型企业。

■ 企业已具备了在摩托车及配件、通用机械设备、家用电器等多元化的生产制造能力以及高新产品和技术的研发能力。公司拥有一支高素质的员工队伍，各类专业技术人员占员工总人数的36%，各类高级专业技术人员占员工总人数的11%，高级企业管理人员占员工总人数的8%。

■ 公司在保证国内市场稳定的同时，也加大了海外市场的拓展力度，以一流的品质和一流的服务满足市场的需求。

■ Guangzhou Panyu Haojian Motorcycle Industry Co.Ltd is a national professional motorcycle manufacturing enterprise approved by the former State Economic and Trading Commission. It is a large legally registered corporation with self-import and export right, and bears the planned export mission of Guangzhou City.

■ Our company has exploited its capacity in the production of motorcycle and spare parts, general mechanical equipments and electrical appliances, as well as its capacity in research and development of high-tech products and technologies. Our company has a group of high quality staff, among which 36% are technicians of varied fields, 11% are speciatists of varied specialty,8% are senior enterprise managers.

■ Basing on the steady development in the domestic market, Our company is making greater effort in exploiting the overseas market. We'll ceaselessly exploit new products and meet the demands of the market with top quality and services.

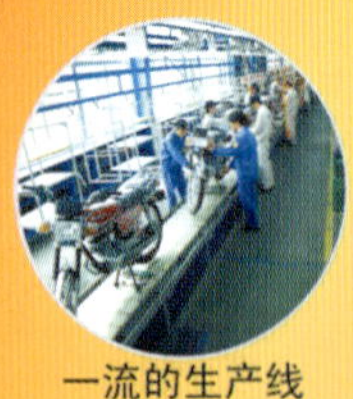
一流的生产线

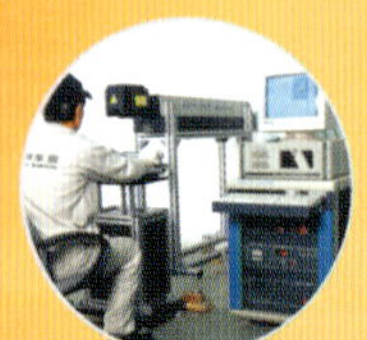
国际水平的检测设备

优雅的办公环境

GUANGZHOU PANYU HAOJIAN MOTORCYCLE INDUSTRY CO.LTD

广州豪剑集团 HAOJIAN GROUP
广州番禺豪剑摩托车工业有限公司
Guangzhou Panyu Haojian Motorcycle Industry Co.Ltd
地 址：中国广州番禺区鱼窝头镇太石工业区 邮 编(P.C.)：511475
Add：Taishi Industry Center, Yu wotou Town, Panyu Zone, Guangzhou City, P. R. China
电 话(Tel)：86-20-84916150 传 真(Fax)：86-20-84916156
网 址(website)：http://www.sukidacycle.com
电子邮箱(E-mail)：sukidamotor@vip.sina.com

天津机械进出口有限公司

TIANJINMACHINERYIMPORT&EXPORTCORPORATION

天津机械进出口有限公司成立于1956年，是以经营机电产品和技术进出口为主的国有独资企业．现为中国机电产品进出口商会常务理事单位。五十年来，公司以良好的商业信誉、优良的产品质量和完善的售后服务享誉国内外。

公司主要经营：机械设备、运输工具、工农具、医疗器械、橡胶塑料机械及制品、黑色金属、轻工业品、化工产品、五金矿产、纺织品、服装、工艺品以及国家政策允许的技术及其它商品的进出口业务。承包境外工程和境内国际招标工程，对外派遣工程、生产及服务行业的劳务人员。

公司注重发展货源基地和投资生产型企业，拥有多家全资公司和参股企业及工程设计公司，可为进出口业务提供广泛的商品和可靠的技术支持，并与国内400多家生产企业建立了稳固的供货关系。在国外注册有十几家公司和办事处，销售网络遍及亚洲、非洲、北美、南美、欧洲等地；与110多个国家和地区建立了贸易关系。

TIANJIN MACHINERY IMPORT & EXPORT CORPORATION was initiated in 1956, serving as a limited liability corporation, mainly engaging in the import and export of machinery and electronic products and relevant technologies. For fifty years, the corporation has enjoyed excellence in credit, quality and after-sale service both at home and abroad.

The business scope of the corporation is : machinery and equipment, vehicles; agricultural implements and tools; medical apparatus; rubber and plastic machinery and products; ferrous metals; light industrial products; chemical products, metals and minerals; textiles and garment; arts and crafts. Also undertaking engineering projects abroad and international tendering business at home; providing the right staffs and labourers to the engineering projects; production lines and services set up overseas; handling domestic wholesales and retails; materials supply; transportation and warehouses.

The corporation has made efforts on development of goods supply base and investment in productive enterprises, currently boasting many wholly-owned corporations and joint stock enterprises and project designing companies, capable in supplying a large variety of products and reliable technology services for export. It has established steady business ties with over 400 domestic productive enterprises for the supply of goods for its export. The corporation has registered and established more than 10 branches and representative offices overseas, its extensive sales network covers Asia, Africa, North and South America and Europe etc. building trade relations with over 110 countries and regions. It has flexible trade methods, rich experiences and complete commercial software facilities and therefore is able and willing to proved our mass customers with quick and convenient services.

地址：天津市和平区彰德道18号

18, ZHANGDEROAD, HEPINGDISTRICT, TIANJIN300042, CHINA

TEL: 0086-22-23311001

FAX: 0086-22-23310929

HTTP: //www.tmg.cn

e-mailtjmachinery@tmg.cn

欧洲
商业开发
投资管理中心

中心主任：蔡桂茹
Director:Cai Guiru

欧洲商业开发投资管理中心是国资委领导的中商集团的全资子公司，根据中俄两国总理协议，负责承办中国商场项目——莫斯科中国友谊商城。商城于2000年10月18日开业，总面积16000平方米，拥有俄籍雇员1000多人，已成为中俄两国经贸合作的桥头堡。

在中心主任蔡桂茹的领导下，以“恢复中国商品信誉，重塑中国商品形象”为目标，以扩大对俄出口、促进对俄经贸合作为己任，商城的经营情况良好，受到莫斯科市政府及有关部门的高度赞誉。

Center for Development of Trade and Control of Investment in Europe is solely funded by China Commerce Group, which is under the leadership and supervision of the State-Owned Assets Supervision and Administration Commission of the State Council. In accordance with an agreement reached by the Prime Ministers of China and Russia, it undertakes to build a Chinese shopping mall in Moscow. The mall was named Moscow-China Friendship (Druzhba) Shopping Mall. The mall covers an area of 16,000 square meters, started business on October 18,2000, and has over 1,000 Russian employees. The mall has become a bridgehead for the economic and trade cooperation between China and Russia.

Under the leadership of its director Cai Guiru, the mall has a goal to "restore good reputation and image of Chinese merchandise" and deems it its own responsibility to expand exports to Russia and promote economic and trade cooperation with Russia. The mall has produced excellent business performance and won high praises from Moscow government and other authorities concerned. Party and State leaders Li Lanqing and Wu Yi and leaders from the National Development and Reform Commission, the Ministry of Finance and the Ministry of Commerce have visited the mall and had high opinions of it.

地址：北京市复兴门内大街45号
45 Fuxingmennei Dajia, Beijing 100801, P.R. China
邮编：100801
电话：(010)66094001　66094025
传真：(010)66039639　66094025
网址：www.europe-centre.com
E-mail: ozzx@europe-centre.com

上海市浦东新区

2004年，浦东新区坚持以科学发展观为指导，着力推动区域经济跨越式发展、集约化开发、可持续增长，以质量和水平的提高推动对外经贸保持快速增长。

2004年，浦东新区外商投资继续保持快速增长，全年累计新批外商投资项目1688个，引进合同外资32.24亿美元，同比增长12.1%，占全市总量27.6%，创造浦东开发以来单年度引进外商投资的新纪录。截至2004年底，浦东新区累计批准来自95个国家和地区的外商投资项目11730个，合同外资252.16亿美元，跨国公司地区总部达到46家。

2004年，浦东外贸出口依然保持高位增长的态势。据海关统计，浦东新区外贸进出口总额为808亿美元，其中出口323.8亿美元，同比增长52.8%，创历史最高水平。

云飞蓝天　广场绿化　上下五百　比翼腾飞

经济贸易局

In 2004, guided by the concept of sustainable development, Pudong New Area of Shanghai endeavored to promote a leaping, intensive and sustainable development of regional economy, which made the foreign economic and trade increase rapidly.

In 2004, foreign investment into Pudong kept a rapid growth.. 1688 new projects were approved, with a total contracted investment of US$3.224 billion, accounting for 27.6 % of the total in Shanghai, which set a single-year record since 1990. By 2004, Pudong had attracted 11730 foreign-invested projects from 95 countries and regions. The total contracted investment amounted to US$25.216 billion. 46 multinational companies set its regional head-quarters in Pudong.

In 2004, foreign trade kept to expand at a high level. The statistics from the Customs show that the total volume of export and import in Pudong was US$ 80.8 billion in 2004, 32.38 billion of which was the export volume, with a 52.8% year-on-year increase, and reached a historical peak.

地址：上海市浦东新区世纪大道 2001 号　邮编(P.C.):200135　Add:Century Ave Pudong New Area Shanghai
电话(Tel):(021)28282742　传真(Fax):(021)68541291　网址(Web):www.pdjm.gov.cn　E-mail:jjmy@pudong.gov.c

云南冶金集团总公司

YunnanMetallurgicalGroup(CYMG)

董事长：陈智

云南冶金集团总公司是1989年将省属铝、铅、锌大中型骨干企业整合组建的企业集团，被云南省授予国有资产经营权、列为省重点支持的10户大型工业企业集团，被国家列为全国520户重点企业，连续多年入围中国最大500家企业，综合实力及经济效益在中国有色行业位居前列。

集团集采矿、选矿、冶炼、化工、加工、勘探、科研、设计、工程施工、内外贸及冶金高等教育为一体，主要生产铝、铅、锌、锗、金、银及锰系列产品。"金沙"牌铅锭、"YL"牌重熔铝锭、"银鑫"牌电锌在伦敦金属交易所注册。

CYMG

集团成员单位37个，其中控股公司14个（2个A股上市公司），参股公司14个，全资子企业7个，事业单位2个；总资产95.6亿元，净资产35.4亿元；职工近2万人，技术人员6000多人，其中高中级科技人员1700多人。集团6个主体生产经营企业通过了ISO9000质量体系认证，其中1个企业还通过了环境管理体系（ISO14001）、计量管理体系（ISO10012）、职业安全卫生管理体系（OHSASIS8001）QS 000：1998质量管理体系认证。

2004年，集团生产有色金属32.3万吨，锗产品9462千克，销售收入46.5亿元，进出口总额2.62亿美元，利润3.12亿元。。

"十一五"期间，着重实施资源开发利用战略、产品精深加工战略、国际化经营战略、集团一体化运作战略和以人为本战略，2010年力争集团总资产200亿元，有色金属产量100万吨，销售收入150亿元，利润10亿元，成为具有较强竞争力的国际知名的大型矿业公司。

YunnanMetallurgicalGroup(CYMG)

YunnanMetallurgicalGroup(CYMG)wasreorganizedin1989fromthelargescalealuminum, lead and zinc production enterprises of Yunnan Province. The group was awarded with state-owned assetbusinesslicenseandwaslistedasoneofthe520key state-ownedenterprisesofChina. Itisoneof the ten large-scale enterprises of Yunnan Province to be supported mainly by the provincial government. The Group comprehensive strength and its integrated economic benefits ranked at the top placeinChinanonferrousmetalsindustrialfields.

The Group has developedintoanenterprisethatintegratesmining, mineral processing, smelting, chemicalindustry, metalprocessing, geologicalexplorationwitheducation, scientificresearch, engineering design, civil construction, and domestic and foreign trade. The Group is dedicated to manufacturealuminum, lead, zinc, germanium, gold, silverandmanganeseproducts. Someproducts havebeenregisteredwithLondonMetalsExchange, suchas inshaBrandLeadIngot LBrand AluminumIngot and inxinBrandZincIngot

The Group has 37 subsidiaries including 14 holding companies (two of them are listed companies), 14 share-participating companies, 7 wholly-owned enterprises and 2 departments under the Group. By the end of 2004, the total asset was up to 9.56 billion RMB and net asset was 3.54 billion RMB. The Group has nearly 20,000 employees among whom 6000 are involved in the technological workand1700areengagedinscientificwork. SixofoursubsidiarieshavebeenawardedwithISO9000 Certificate among whom one enterprise has been granted the certificates of ISO 14001 International Environmental Protection System, ISO 10012 International Measurement Administration System andOHSAS18001ChinaSafety&HealthAdministrationStandard.

Inyearof2004, theGroupproduced323,000tonsofnonferrousmetalsand9462tonsofgermanium, achieving4.65billionRMBsalesincomes, 262millionUSDimport&exportincomesand312 millionRMBprofit. By the end of 2005, the annual capacities of mining will reach to 1,190,000tons, 850,000tonsmineral-processing, 63,000tonsofsmeltingand87,000tonsofmetalprocessing. It will produce as well 35 tons of germanium, 260,000 tons of manganese ores, 6,000 tons of manganese productsand350,000tonsofsulfuricacid. Nonferrousmetalsoutputwillupto500,000tons, achieving 7 billion RMB sales incomes, 400 million RMB profit and the total asset will exceed 10 billion RMB.

The group will strive forward to implement the following strategies in the eleventh ive yearPlan periodforagoalofbecomingafamouslargeminingcompany: a)implementingthestrategiesofexploitationandutilizationofmineralresources; b)down-streamprocessingstrategyofproducts; c) internationalization strategy; d) integrative operational strategy; e) regarding employee as principle. By the year of 2010, the Group is trying to achieve the goal of 20 billion RMB total assets, 1 milliontonsofnonferrousoutput, 15billionRMBsalesincomesand1billionRMBprofit.

总经理：董英

地址：云南省昆明市白塔路标208号
邮编：650051
电话：0871—3164500
传真：0871—3135997
网址：www.cymg.com

UIBE

对外经济贸易大学 UIBE 1951

The University of International Business and Economics

对　外　经　济　贸　易　大　学

对外经济贸易大学位于中国首都北京市区，成立于1951年，1997年5月被批准为国家“211”工程首批重点建设学校之一，现有在校全日制学生近10000人，留学生1200余人，另外招有函授生、夜大学生14000余人。现有教职工约1400余人。

对外经济贸易大学是一所在经济、金融、管理、法律等教学和科研领域具有国内一流水平的多科性综合大学。现设有国际经济贸易学院、金融学院、国际商学院、英语学院、外语学院、法学院、中德学院、人文与行政学院、信息学院、国际学院、卓越学院、继续教育学院、高等职业教育学院、保险系、研究生部、体育部。开设包括经济、贸易、金融、企业管理、法律、语言、信息管理等学科的40多个专业的本科、硕士和博士学位课程。学校的国际贸易、国际经济法、英语、国际企业管理四个学科为国家“211”工程重点学科建设项目。

对外经济贸易大学也是中国最早开展国际学术交流的院校之一，已和美国、加拿大、英国、德国、法国、芬兰、日本、韩国、澳大利亚、新西兰、俄罗斯等三十多个国家和地区的一百多所院校和研究机构建立了学术交流关系。

对外经济贸易大学多年来一直为能够吸引全国优秀的学生入校学习而感到自豪。在新的世纪里，我们更希望能有更多的来自海内外有志于中外文化交流和经济贸易事业的优秀学子来校攻读。

The University of International Business and Economics (UIBE), situated in China's capital Beijing, was founded in 1951 as the Beijing Institute of Foreign Trade. In May 1997 UIBE was put on the list of "Project 211" universities, a governmental program aimed at turning about 100 Chinese universities into exceptionally high quality academic institutions in the new century. UIBE was under the Ministry of Foreign Trade and Economic Cooperation (the present Ministry of Commerce) until 1999. In 2000, UIBE became one of the state universities under the leadership of the Ministry of Education, and has since then become one of the leaders in the studies of business and finance.

UIBE consists of the School of International Education, School of International Trade and Economics, School of Finance, School of International Business Management, School of International Studies, School of Foreign Languages, School of Law, Sino-German School, School of Continuing Education, School of Humanities and Public Administration Management, School of Information Management, Department of Insurance, and Department of Graduate Studies. Among the over 40 bachelor, master and doctoral programs that UIBE offers, International Trade, International Economic Law, English Language and International Business Management have been designated as key programs under "Project 211".

At present, UIBE has a total enrollment of more than 24,000 students coming from 30 provinces, autonomous regions and municipalities in China as well as over 50 countries and regions in the world. The university invites dozens of foreign academic professionals to teach or lecture every year in addition to its 1,400 teaching and administrative staff members who carry out its regular curricula.

UIBE is one of the first universities in China to initiate academic exchanges with foreign academic institutions. Currently UIBE has exchange programs with over 100 universities and institutes in more than 30 countries and regions, including Australia, Britain, Canada, the United States, Germany, France, Finland, Japan, Korea, New Zealand, and Russia.

In the past few decades UIBE has been proud of the performance of its graduates, many of whom now play active roles in promoting business and economic cooperation between China and other countries. UIBE welcomes more and more outstanding candidates to join its programs and enjoy a bright future in the new century.

贵州永红航空机械有限责任公司

贵州永红航空机械有限责任公司隶属于中国航空工业第一集团贵航集团公司。主要从事热交换器产品的开发、设计及生产，现已成为专业化外向型的热交换器研究、开发、生产企业，年生产能力为30万只热交换器，产品已为国内外各大中型企业配套多年。目前公司60%以上产品出口国外，主要出口欧、美等国家和地区。公司现有员工600多人，其中，工程技术人员110人，占地面积106071.38平方米，总资产1.69亿元人民币，净资产1.0484亿元人民币。永红公司拥有如直读光谱仪等理化设备、压力脉冲试验台、性能试验台等检测设备，并有各种钎焊设施和现代化科技研发和生产手段，是一家实力雄厚，技术领先的现代化企业。

GuiZhou YongHong aviation machinery company LTD. Belong to GuiZhou aviation Group company of The first Group of aviation industry China. We are mainly engaged in designing and manufacturing heat- exchangers. Our company become the specialized designing and manufacturing of heat-exchangers. The annually output of the heat-exchangers is about 300 000 pcs. Our products mached for a lot of domestic enterprises for many years, At present, more than 60% product are exported abroad, Such as Europe, America and so on. Our company has more than 600 employees, There are 110 technicians. The covering area of our company is 106071.38, The gross assets are ￥169 million, The net assets are ￥104.84 million.

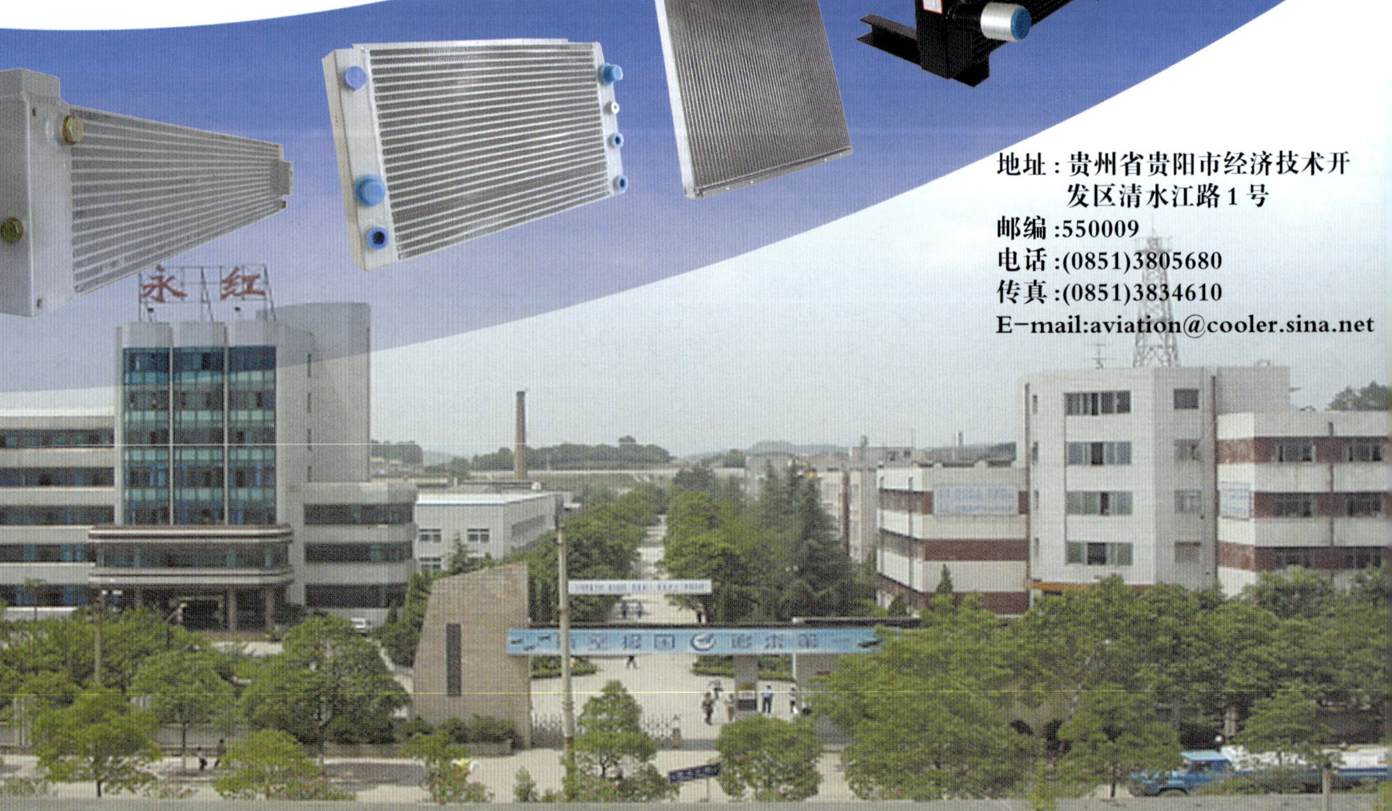

地址：贵州省贵阳市经济技术开发区清水江路1号
邮编：550009
电话：(0851)3805680
传真：(0851)3834610
E-mail:aviation@cooler.sina.net

国际刊号：ISSN 1004-8146
国内刊号：CN11-3073/F
国外发行代号：M4484
国内邮发代号：80-386
零售价：15 元
广告经营许可证：京东工商广字 0261 号

FOREIGN INVESTMENT IN CHINA

中华人民共和国商务部　主 管
中 国 商 务 出 版 社　主 办
中国外商投资企业协会　协 办

地址：北京安定门外东后巷 28 号　邮编：100710
发行部电话：010-64255812　传真：010-64255812
广告部电话：010-64255152　传真：010-84242048
户名：中国外资杂志社
开户银行：中国建设银行北京市分行地坛分理处
账号：6510002032610006696

东莞市长安镇人民政府

招商电话(Tel)：(0769)5535663 5332810
联 系 人：王志明 张朝霞
E-mail：office@cawjb.com
PerSon in charge:Wang Zhiming Zhang zhao xia

长安镇位于广（州）深（圳）经济走廊中部，是广州、东莞与深圳交通往来的南大门，毗邻深、港、澳，G107国道、S358省道、广深珠高速公路贯穿全镇，交通十分便捷。总面积83平方公里，辖13个村（居）民委员会，户籍人口3.7万多人，外来流动人口60多万人，旅港同胞3万多人。

改革开放以来，长安镇致力实施“外向带动”战略，依托有利的地理条件，努力营造优良的投资环境，吸引了大量的外商前来投资设厂。至2003年底，来自香港、台湾、日本、美国、韩国、马来西亚等国家和地区的外商投资企业共1666家，利用外资总额23.3亿美元。主要行业是电子、电器、五金、机械、玩具、制鞋、制衣等。2003年全镇外资企业出口总额达28.7亿美元，连续第六年居全国乡镇之首。在外向型经济的带动下，民营经济发展迅速，现有民营企业560多家，投资总额15.3亿元，有“步步高”、“金正”等驰名品牌。

Chang'an Town is located in the middle of Guang shen Economic Aisle. The special geographical conditions make chang'an Town the key in transportation from Guang zhou and Dongguan to Shenzhen. It neigbours Shenzhen. Hongkong and Macau and is crossed by the way of G107. S358 and Guang shen zhu highway chang'an Town occupies an area of 83sg.km, administratively with 13 Village resident Committees and a population of 37,000 local people, more than 600,000 moving people and more than 30,000 Compatriots from Hong kong.

Chang'an has been applying itself to implementing the strategy of “Impelling Economy by Export-oriented Industry”. Chang'an makes full use of its advantages in geography so as to improve its investment nevironment and attract foreign investment. By the end of 2003.1666 export-oriented enterprises from Hongkong, Taiwan, Tapan, the U.S. South korea and Malaysia have been set up. The total foreign fund reached 2.33 billion U.S. dollars The main industries are electronic appliance. hard ware. toys. Shoe making. clothing making and So on. The total amount of enterprise export reachd 2.87 billion U.S. dollars. becoming the top town in the country. With the development of export-oriented economy. the individual economy develops quickly, having 508 individuol cnterprises. including the well-known brands “BBK” and “Nintaus”, and the total investment amounting to 1.53 billion Yuan.

Since 1990, Chang'an Town has Won about 40 national titles: “Star Town of china”, “National Hygiene Town”. It is also the second best in the province wide Comparison of the Adovanced town in comprehensive Power and it is Listed as the first Position Consecutively 8 years in the Contest examining the economic constraction and civilization Construction and becomes “a model town in the national Small Size township Construction” and one of “the 100 Powers in the fivst n ational township investrnent environ ment evaluation”.

天津机电国际贸易集团有限公司

Tianjin Elec-Mech International Trade Corp.

天津机电国际贸易集团有限公司是以进出口贸易、对外经济合作为主，以实业为依托的企业集团，自成立伊始公司连续荣列中国进出口额最大500强及中国出口额最大200强企业。公司业务经营广泛，行业涉及多元领域，在世界各地拥有几十家海外公司，与100多个国家和地区的众多商家保持友好的贸易关系，业务网络遍及国内外。我们的发展目标是以资产运营为主导，在资本市场、金融投资、科技投资、物资等领域取得更大突破。

Tianjin Elec-Mech International Trade Corp. is a large enterprisc focusing on import and export trade based on industrial operation. It has been listed as one of the top 500 import and export cnterprises and one of the top 200 export enterprises according to business volume in China. The Group has great actual strengtb and extensive business operations. The Group has several dozen overseas branches and permanent representative officcs, maintaining friendly business ties with over 100 countries and regions. Its business network covers all China and the rest of the world. The Group takes asset management as the guide in its business operation for the purpose in making breakthrough achievements in financial investment, capital market, investment in science and technology, logistics, e-business and venture capital investment etc.

天津机械进出口有限公司出口的橡胶机械设备

Rubber Machinery Exported by Tianjin Machinery Import & Export Corporation.

照片上的船舶是天津市泰合船舶工程有限公司为南非船东建造的32500DWT系列散货船的第一艘船“IVS VALIANT”号．该船是我市迄今为止建造的最大吨位的船舶，在我司的发展和天津市造船史上具有极其重要的意义．

The vessel on the picture is “IVS VALIANT”,a bulk carrier that is built by TMEC for South African owner.It is the largest vessel ever built in shipbuilding record of Tianjin Municipality.

地址：中国天津市河西区湘江道47号 47, Xiangjiang Road, Hexi District, 邮编(P.C.):300210
电话(Tel):(022)28249393 28248805 传真(Fax):(022)28279069 E-mail:zongcb@temit.com 网址(Web):www.temit.com

广州市天河区人民政府

天河城夜色
(The shades of "Tianhe Town")

天河区是广州市新城市中心区和CBD所在地。区内有高校和科研院所59所，以软件产业为重点的高新技术产业发展迅速，天河软件园为国家十大软件产业基地之一。现代商贸服务业发达，第三产业在三次产业结构中的比例为75%。基础设施和城市功能日益完善。2004年，生产总值达605.29亿元，实现国地税收入119亿元。

Contribution to The Chinese Business Affairs Almanacs

Tianhe district is the new center and CBD seat of Guangzhou city. There are 59 universities and scientific research institutions in the district, with the high-tech, which focused on the software industry, developing swiftly, the Tianhe software base has been one of the ten great software industrial bases in the country. Modern commercial and service industry is well developed, tertiary industry makes up 75% of the three industries. Infrastructure and urban functions of the district are improved increasingly. In 2004, the GDP of the district amounts to 605.29 hundred millions yuan, achieving 119 hundred millions yuan of national and local taxes revenues.

广东肇庆星湖生物科技股份有限公司

星湖大楼

广东肇庆星湖生物科技股份有限公司是生物工程行业上市公司，证券简称“星湖科技”，证券代码:600866。公司主导产品有“星湖”牌食品添加剂系列如:呈味核苷酸二钠、肌苷酸二钠、鸟苷酸二钠等；“粤宝”牌医药原料药系列如:肌苷、腺苷、鸟苷、利巴韦林、脯氨酸、缬氨酸、四乙酰核糖、阿德福韦酯、盐酸美金刚、β－胡萝卜素等。“星湖”牌饲料添加剂系列如:赖氨酸、植酸酶、苏氨酸等；“星湖”牌调味品系列如:味精、鸡精、酱油等。联系电话:0758—2272272

Star Lake Bioscience Co., Inc. Zhaoqing Guangdong (Star Lake Bioscience for short, Stock No.: 600866) is a litted company in bioengineering industry.

Our main products range from Star Lake Brand seasonings including food additives sud as Disodium 5'-Ribonucleotide, Disodium 5'-Inosinate, and Disodium 5'-Guanylate, to pharmaceutical ingredients of Yue Bao Brand such as Inosine, Adenosine, Guanosine, Ribavirin, L-Proline, L-Valine, 1,2,3,5-Tetra-O-Acetyl-A-Ribofuranose, Adefovir dipivoxil, Memantine Hydrochloride, and β -carotene etc. Star Lake Brand feed additives including L-Lysine and Phytase, and Monosodium Glutamate, Essence of chicken, and Soy sauce etc. Tel: +86-758-2272272

北京金基业工贸集团

董事长段广平

北京金基业工贸集团创建于1994年，隶属于国家国有资产监督管理委员会冶金机关服务局。集团以房地产开发为龙头，建筑施工为主业，生产研制开发高新技术产品为方向。通过十年艰苦创业，企业已发展成为集科、工、贸为一体，拥有16家子公司，业务范围涉及房地产开发、建筑施工、进出口贸易、家具及散热器生产、信息网络技术开发等综合业务的大型企业集团。

Beijing Jinjiye Trading Group was founded in 1994, which belongsto State-owned Assets Supervision and Administration Commission of the State Council. It develop theis the cock of Realty Development, mainly manages construction and manufactures the high technical products. HonestandSincereisenterprisetenet.Advancedtechnologyandoutstandingquantityisenterpriselife,recognition contract,abidancecreditstanding,guaranteequalityandtryforbenefitisenterpriseguideline.

地址：北京市东四西大街46号邮编：100711
Add:MainBuilding,NO.46,DongsiWestStreet,DongchengDistrict,Beijing
传真（Fax）:(010)65123791电话（Tel）:(010)85113955网址：www.jinjiye-group.com

中国有色金属建设股份有限公司

伊朗·哈通阿巴德铜冶炼厂全景

中国有色金属建设股份有限公司（NFC）是中国从事海外有色金属资源开发和国际有色金属工程承包建设的龙头企业，也是国际工程权威杂志《工程新闻记录》所评选的全球最大225家国际承包商之一。

中色建设的核心业务是海内外有色金属资源开发和国际工程项目承包，业务范围包括有色金属工业建设项目和技术改造项目的可行性研究、技术咨询、技术服务、矿产勘查、技术设计、设备制造、施工与监理、人员培训和矿山采选、冶炼、金属加工等生产过程。公司拥有强大的技术优势和工程管理经验，在中国有色金属行业领域处于领先地位。

中色建设公司已先后在伊朗、澳大利亚、埃及、伊拉克、约旦、赞比亚、蒙古、越南、菲律宾、新加坡、泰国等国设计和建设了多项大型的铜矿山、锌矿山、铜冶炼厂、锌冶炼厂、氧化铝厂和电解铝厂以及铅、锑等有色金属项目。项目多次获得国际工程殊荣和所在国优秀工程奖。公司同时在稀土冶炼、能源电力、房地产、金融保险、IT研发等领域取得了良好的业绩。

NFC是中国的上市企业，具有雄厚的资本、良好的银行信誉和强大的融资能力，公司于1998年通过ISO9000国际质量管理体系认证。

China Nonferrous Metal Industry's Foreign Engineering & Construction Co., Ltd. (hereinafter referred to as NFC) is a leading enterprise in China being engaged in overseas nonferrous metal resource development and international nonferrous metal project contracting and construction. It is also one of the top 225 international contractors in the world, which is listed on Engineering News Record (ENR).

The core business of NFC focuses on domestic and overseas nonferrous metal resource development and international project contracting. The scope of business covers feasibility study, technical consultation, technical assistance, mineral survey, engineering design, equipment fabrication, construction and supervision, personnel training, mining, beneficiation, smelting and processing of nonferrous metal industrial projects and technical modification projects. NFC has outstanding technical advantages and experience in project management within foresaid fields, all of these keep NFC in the leading position in China Nonferrous Metal Industry.

NFC has successively designed and constructed a number of large-scale copper mines and copper smelters, zinc mines and zinc smelters, alumina plants and aluminum smelters as well as lead and antimony plant in Iran, Australia, Egypt, Iraq, Jordan, Zambia, Mongolia, Vietnam, Philippines, Singapore and Thailand. And NFC has won a lot of excellent engineering awards for these projects. Meanwhile NFC also has good performance in rare earth smelting, energy and power electric, real estate, financing and insurance, IT research and development.

As a listed company in China, NFC has abundant capital, good credit and financing capability. Early in 1998, NFC passed through ISO9000 international quality control system.

地址：北京市复兴路戊12号恩菲科技大厦五层　Add: 12 E Fuxing Road, Beijing 100038, P. R. China
邮编：100038　电话(Tel):63950979　传真(Fax):63965364　E-mail:nfc@nfc.com.cn

赞比亚谦比西铜矿球磨机安装现场

烟台经济技术开发区

Yantai Economic&Technological Development Area

烟台经济技术开发区1984年10月经国家批准成立，建区20年来，主要经济指标增速始终保持在30%以上。2004年，完成GDP202亿元、工业总产值410亿元，在国家有关部门对国家开发区考核中，综合指标排位上升到第7位。

全区累计完成固定资产投资415亿元，在山东省率先通过了ISO14000国家示范区认证，被联合国环境署和国家环保总局确定为"中国工业园区环境管理示范区"。

建区至今，烟台开发区已吸引了35个国家和地区的资本，累计兴办外资项目857个，合同外资额31亿美元，实际利用外资18亿美元。美国通用、韩国LG、德国汉高等27家世界500强企业进区落户，构筑起以机械汽车、电子通讯两大产业为龙头，以新材料、生物医药、化纤纺织、食品加工为重点的产业发展格局。

Yantai Economic& Technological Development Area was set up by the approval of the State Council of P.R.C. in October of 1984. Within the 20 years, the primary economic index of YEDA is always maintaining at above 30%. In the year of 2004, its GDP reached 20.2billion RMB and the gross value of industrial output was 41billion RMB. Its comprehensive index ranks the 7th in regard to the test of comprehensive evaluation held by the Ministry of Commerce of P.R.C.

The fixed asset of the whole area adds up to 41.5 billion RMB. It is the first zone among all the state-level development zones in Shandong Province to pass the authentication of the ISO 14000 Environmental Management System. The United Nations Environmental Program and the State Administration of Environmental Protection conferred YEDA on one of the demonstration areas for environment management over the national industrial towns.

YEDA has attracted investment from 35 countries and regions. Up to now there are 857 foreign-funded projects totally. Contractual foreign investment is 3.1billion US dollars, and the actual one is 1.8billion US dollars. There are 27 Fortune 500 Companies such as GM of the USA, LG of Korea, Henkel of Germany investing here, making YEDA the structure of automobile and telecommunication as pillar industries with the complementarily development of fine chemicals, textiles and chemical fiber, pharmacy and foodstuff processing.

烟台开发区长江路1号：No.1, Yangtze River Road, Yantai Economic & Technological Development Area

广东省东莞市常平镇对外经济办公室

常平镇位于广东省东莞市东部地区，地处穗港经济轴心，是大京九铁路、广梅汕铁路、广深铁路的交汇处，是全国唯一设有两个大型客运站（东莞站、东莞东站）和一个国家一类铁路口岸的镇。我们充分发挥铁路枢纽和地缘区位优势，大力发展外向型经济，积极招商引资，引进了近700家外资企业，形成了商贸流通业、房地产业、 旅游酒店业等三大特色产业，被东莞市定位为东莞东部的支点城市.

Chang Ping town lives in the east of Dong Guan, China, in the middle of Guangzhou and Hong Kong. It is the cross link of Beijing-Koolong, Guang Zhou-Shan Tou, Guangzhou-Shenzhen railway lines. It's the only town, which has two big railway stations (Dong guan railway station and East Dong Guan railway station) and one nation 1st level railway port. Chang ping made good use of its convenient traffic position. It successively attached almost 700 foreign-funded enterprises to start their business in China. Nowadays, there is 3-feature industry formed in Changping now: commercial trade business, realty industry, and tourism industry.

通讯地址：东莞市常平镇站前南路外经大楼 邮编:523560
联系电话:0769-3334813 传真电话:0769-3334333
网站:www.dgcpwj.com/main.asp 邮箱:wjb@dgcpwj.com

中国海洋石油总公司
CHINA NATIONAL OFFSHORE OIL CORP.

中国海洋石油总公司（CNOOC）是1982年成立的国家石油公司。依据《中华人民共和国对外合作开采海洋石油资源条例》，负责在中国海域对外合作开采海洋石油及天然气资源。中国海油以上游产业为核心，积极拓展中下游产业，公司整体实力不断增强。中国海油正在以稳健的步伐向建设国际一流的综合型能源公司的战略目标迈进。

hina National Offshore Oil Corporation (CNOOC) is a state-owned oil company incorporated in 1982 with approval from the State Council. CNOOC is authorized under the Regulations of the People Republic of China on Exploitation of Offshore Petroleum Resources in Cooperation with Foreign Enterprises, to assume the overall responsibilities for exploration and development of oil and gas resources offshore China. The company has substantially improved its fundamental strengths by adhering to a continuous growth of its core business in oil and gas exploration and development, as well as moving aggressively into mid- and downstream businesses. CNOOC is steadily developing to realize its target of building up a world-class integrated international energy company.

中国海洋石油总公司（CNOOC）是1982年成立的国家石油公司。依据《中华人民共和国对外合作开采海洋石油资源条例》，负责在中国海域对外合作开采海洋石油及天然气资源。中国海油以上游产业为核心，积极拓展中下游产业，公司整体实力不断增强。2004年，中国海油共实现销售收入709.2亿元人民币，利润242.2亿元人民币，纳税120.9亿元人民币，分别比上年度增长32%、62%和80%。截至2004年底，公司总资产增至1532.6亿元人民币，净资产达830.6亿元人民币，分别比年初增长28%和21%。公司的利润总额居中央企业第5位，总资产列中央企业第12名。中国海油正在以稳健的步伐向建设国际一流的综合型能源公司的战略目标迈进。

China National Offshore Oil Corporation (CNOOC) is a state-owned oil company incorporated in 1982 with approval from the State Council. CNOOC is authorized under the Regulations of the People Republic of China on Exploitation of Offshore Petroleum Resources in Cooperation with Foreign Enterprises, to assume the overall responsibilities for exploration and development of oil and gas resources offshore China.

CNOOC has substantially improved its fundamental strengths by adhering to a continuous growth of its core business in oil and gas exploration and development, as well as moving aggressively into mid- and downstream businesses. The company concluded 2004 with sales revenue of RMB 70.92billion and net income of RMB 24.22 billion and paid total taxes of RMB 12.09 billion, an increase of 32%, 62% and 80% compared with the previous year. As the end of 2004, its total assets had increased to RMB 153.26 billion and net assets to RMB 83.06 billion, increasing by 28% and 21% compared with 2003. The company was ranked No.5 and No.12 among the state-owned enterprises in terms of net income and total assets. CNOOC is steadily developing to realize its target of building up a world-class integrated international energy company.

中国土木工程集团公司

中国土木工程集团公司是最早进入国际市场的中国公司之一，拥有特级工程总承包资质，以铁路、承包工程为主业，设计咨询、进出口贸易等多业并举的大型企业，多年入选全球225家国际承包商前列。经营业务遍及世界40多个国家和地区，拥有一大批掌握国际商务、投标报价、施工管理的人才。
中土集团公司愿与各界朋友携手共创美好未来

CHINA CIVIL ENGINEERING CONSTRUCTION CORPORATION (CCECC)

China Civil Engineering Construction Corporation (CCECC) is one of the pioneers performing international contracting and economic cooperation. With the strenuous efforts in the last two decades, its business scope expands from international contracting for railway construction to civil engineering design & consultancy, real estate development, trading as well. The business activities of CCECC have spread over 40 countries and regions. With its excellent performance and high quality in services, CCECC has been ranking among the world top 225 international contractors for many years.
CCECC is willing to cooperate with friends all over the world and develop hand in hand on the basis of mutual benefit for a prosperous future.

中国土木工程集团公司（简称：中土集团公司）经国家批准成立于1979年，是最早进入国际市场的中国公司之一，其前身是铁道部援外办公室（组织实施过中国最大的经援项目——坦赞铁路）。中土集团公司拥有特级工程总承包资质，是以铁路工程为特色，以承包工程、设计咨询、劳务合用为主业，房地产开发、进出口贸易、实业投资、酒店管理等多业并举的大型企业集团，连续多年入选全球最大225家国际承包商行列并位居前70名之内。在世界20多个国家（地区）高有常驻机构，经营业务遍及世界40多个国家和地区，拥有一大批熟练掌握国际商务、投标报价、施工管理的海外经营人才。
中土集团公司愿与各界朋友携手共创美好未来。

China Civil Engineering Construction Corporation (CCECC) was established in 1979 according to the approval of the State Council of the People Republic of China. As one of the pioneers performing international contracting and economic cooperation, CCECC has been developed from the earlier Foreign. Aid Department of the Ministry of Railways (with the experience of executing the biggest foreign-aid project of China, the TAZARA) into a large-scale state-owned enterprise with Chinese national Super Grade qualification for project contracting. With the strenuous efforts in the last two decades, its business scope expands from international contracting for railway construction to civil cngineering design & consultancy, real estate development, trading, industrial investment and hotel management as well. The business activities of CCECC have spread over 40 countries and regions where more than 20 overseas offices or subsidiaries have been established. With its excellent performance and high quality in services, CCECC has been listed among the world top 225 international contractors for many years and ranked consecutively among the first 70 in recent years by the Engineering News Record NR
CCECC is willing to cooperate with friends all over the world and develop hand in hand on the basis of mutual benefit for a prosperous future.

浙江东方集团股份有限公司

浙江东方集团股份有限公司创立于1988年12月，前身为浙江省针棉织品进出口公司。十余年来，伴随着改革的不断深化和经营策略的有效落实，企业一直保持着良好的上升态势，尤其在1997年底股票上市（股票代码：600120）和内部二级企业改制的强势带动下，公司将改革机遇成功转化为积极效益，获得较快的发展。2004年，公司进出口规模达6.29亿美元，企业净资产近10亿元，实现利润总额1.9亿元。公司入榜中国外贸出口200强，并连续是全国外经贸质量效益型企业。

面对中国入世和全球产业信息化、贸易自由化、经济全球化的浪潮，浙江东方充分利用上市平台，坚持以进出口业务为主，谋求多元化发展的经营方式，努力打造一个现代化、集约化、综合型的企业集团，以优良的业绩回报社会。

ZHEJIANG ORIENT HOLDINGS CO., LTD

Established in 1988, Zhejiang Orient Holdings Co., Ltd (formerly named as Zhejiang Knitwear & Home textile Co., Ltd) went public at Shanghai Stock Exchange in 1997 (stock code 600120). For the decades, the company has made comprehensive development through deepening structural reformation and effective implementation of company′s strategy, and has been especially motivated and bloomed after structural reforms of subsidiary companies. In 2004, according to the statistics, the total amount of import and export has reached 629 million us dollars with net assets of nearly 1 billion RMB and a profit of 190 million RMB. Moreover, Zhejiang Orient has been awarded as one of the top 200 foreign trade companies in China and as ″Company of Quality and Efficiency in Foreign Trade″ consecutively.

By facing China′s entry into WTO and challenges from global information-based industrialization, free trade and economic globalization, Zhejiang Orient takes great advantages of being public-listed, and sticks to the policy of multiple development while focusing on import & export so as to present a modern, compact and comprehensive group corporation and to benefit the society with excellent performance.

山东省商业集团总公司简介

山东省商业集团总公司是1992底由山东省商业厅整建制转体而成的大型企业集团，经过十几年的发展，现有从业人员20000多人，直属单位10个，并拥有 家上市公司。2004年，集团实现营业收入54.5亿元，比1993年增长5.96倍；实现利润3亿元，与1993年相比盈利能力大幅提升。2004年末，集团资产总额54.33亿元，比1993年增长7.95倍。

以"银座"品牌为代表的零售业作为集团的第一大主业，已发展成在山东省8个地市拥有12家大店、40多家连锁超市、经营面积40万平方米的大型流通企业，2004年销售额超过40亿元，居山东省首位。同时，通过成功收购上市公司ST渤海集团，建立了资本运作平台。以正大福瑞达为代表的制药产业作为集团第二大主业，利用集团自己的科研成果走上了超常规发展之路，眼科用药已占全国市场份额的20%以上，是亚洲最大的眼科用药生产基地。并成功向中药、化妆品领域进行了延伸。房地产业和教育产业是集团的重点发展行业；此外，还在传媒、餐饮娱乐、食品加工、批发等方面组建了一批合资或控股公司。

中国哈尔滨国际经济贸易洽谈会

中国哈尔滨国际经济贸易洽谈会是大型对外交易会之一。1990 年创办至今，已经连续成功地举办了十六届，平均每届有 50 多个国家和地区参会参展，累计参会参展的中外客商达 120 万人次，总成交额 800 多亿美元。自第十六届开始，国家有关部门联合主办。现设 2000 个国际标准展位，室外展场 20000 平方米．设绿色特色食品馆、高新技术馆、机电馆、家具建材馆、医药馆、化工馆、轻纺馆、东北老工业基地合作项目馆、港澳台和外国馆。

联系人：靖易生（Jason） ／ 张妍（Helen）

电话：0451－82340100 ／ 传真：0451－82340226

e-mail:exhibition@00615.com.cn / jasonjing@00615.com.cn / helenzhang716@00615.com.cn

www.chtf.com.cn / www.00615.com.cn / www.00615.net

发展中的乌鲁木齐经济技术开发区

乌鲁木齐经济技术开发区是国务院 1994 年 8 月 25 日正式批准设立的国家级经济技术开发区，规划面积 4.34 平方公里。2001 年经自治区人民政府批准，扩区新增了二期用地，目前开发区总控制规划面积为 16.22 平方公里。开发区区址紧邻乌鲁木齐国际机场和铁路货运站，

以向西出口面向亚欧市场为方向，已建立了国际二类口岸和国际旅游购物市场。2003 年 3 月 10 日，国务院批准在乌鲁木齐经济技术开发区内实力乌鲁木齐出口加工区，规划面积 3 平方公里，首期围网 0.4 平方公里，已于 2005 年 7 月 28 日通过国家九部委的联合验收。已有四家企业进入。目前，开发区进区企业已有百家，其中投产工业企业已有 100 余家。外资企业 68 家。累计完成 GDP38 亿元，累计完成工业产值 129. 亿元，年均增长 54%，累计完成进出口总额 11.7 亿美元，年均增长 22.9%；累计完成固定资产投资 52.6 亿元，年均增长 43.3%。2005 年，开发区二期新批准工业项目 59 个，投资总额 26.25 亿元，为可持续发展打也了良好的基础。目前，开发区已形成了三大产业基地。一是资源加工转化基地。二是与北京大学、西安电子科技大、中科院新疆分院联合建立了高新科技产业园，形成了高新技术产业基地。三是以乌鲁木齐口加工区为依托的出口加工基地。十一五期间，开发区将以建立向西出口的加工制造高地位目标，快速培育并形成电子信息产业、机械制造业、生物医药和生物农药产业、石油化工下游产品和精细化工产业、高新技术产业等支柱产业的集群。到 2010 年，GDP 力争突破 56 亿元，工业产值力争达到 150 亿元，进出口贸易力争突破 7 亿美元，使开发区的工业总产值达到乌鲁木齐市的 20% 以上，对地区经济发展真正起到辐射和带动作用。

Profile for the Growth of Urumqi Economic and Technological Development Zone

The establishment of Urumqi Economic and Technological development Zone was approved by the State Council on August 25,1994with first periods 4.34sq.km. The second programming area was authorized by Xinjaing Uygur. Autonomous Region in 2001.so for, the total controlling program is 16.87square kilometer .Its location is near to Urumqi international airport and railway freight station. A second-class port and antirational tourist trade market have been built with the export base to central Asian, west Asian and Europe market Urumqi export processing zone in Urumqi is authorized and set up by State Council in march, 2003,Its programming area is 3sq.km.it surrounds 0.4sq .km at initial fencing area .it has been checked and accepted by nine Ministries under State Council on July 28,2005. 4 industrial enterprises has entered it . By now, there are several hundreds enterprises in the zone, the total industrial projects was about 100,of which 68 were Sin-foreign joint venture enterprises. The GDP of the zone has reached 3.8billion yuan . The total industrial output value of the zone has broken through 12.79 billion Yuan, The annual rate of growth is 54%, total import and export value amounted tol.17billion USD, The annual ratc of growth is 22.9%, the accumulative total of fix asset investment was 5.62billion Yuan. The annual rate of growth is 43.39%.

Up to the year of 2005,59 new industrial projects with the total investment is 2.625 billion Yuan will make good foundation for long sustained development of zone .at present, Three bases has been built in the Zone, A deep-processing base with abound ant resources in xinjinang, high- tech industrial park cooperating with Beijing University, and Xian electronic science and technology university, xinjiang branch academy of china academy of science, The export processing base depends on Urumqi Export processing Zone .

The development Zone has drawn up its Five-Year plan, the zone aims to take lead in the deep processing and manufacturing in xinjiang from the export goods to western port. And to boost and form industrial point in processing and manufacture fields involved by the main items of electron communication industry. Manufacture. Biological medicine and agricultural chemical. Chemical product from petroleum lower and refining chemistry. By the end of 2010,The GDP will break 5600million yuan .the total industrial value will reach 15 billion yuan , which are above 20% in Uremia's economy .the volume of import and export will amount to 700million USD . The Zone will make full display its radiation and promotion function to economical development of Xinjiang.

中信国际商贸有限公司
CITIC INTERNATIONAL CO., LTD.

中信国际商贸有限公司是中国中信集团公司的一级子公司，注册资本5000万元人民币。主要从事商品及技术进出口、国内贸易业务。公司年进出口总值约3亿美元。主要出口商品为五金矿产、纺织品、服装、机电、精细化工等。主要进口商品为纺织原料、有色金属、食品土畜、铁矿砂、机械设备等。

CITIC International Co. Ltd., is an established subsidiary of CITIC Group. CITIC International has a registered capital of RMB 50 million. CITIC International devotes itself largely to import and export of commodities and technology and domestic trade business. The Company's total import and export value amounts to USD 300 million annually. Export commodities mainly include metal mineral, textile, garment, electrocations, fine chemical products. Major import commodities are raw materials for textile, nonferrous metal, mechanic equipment, Iron ore, food local products.

电话 (TEL):(010)84862288　传真 (FAX):(010)84862255

网址 :http://www.citic.com/structure/inc54.htm　邮箱 (EMAIL):citicint@citic.com

青岛经济技术开发区

青岛开发区1984年10月经国家批准，1985年3月动工兴建，规划面积15平方公里。1992年，省、市决定将开发区与黄岛区体制合一。建区二十年来，在中央、省、市的正确领导和关心支持下，经过广大建设者的艰苦创业和不懈努力，开发区已经由昔日的荒野渔村，初步建设成为投资环境良好、开放型经济健康协调发展、社会各项事业日益繁荣的现代化新城区。截至2004年底，已有53个国家和地区的客商前来投资兴办实业，累计引进外商投资项目1768个，实际利用外资42.3亿美元。投资额在1000万美元以上的大项目299个，投资过亿美元的项目9个，世界500强投资项目46个。

Approved by the State Council in October 1984,Qingdao Ecomomic & Technical Development Area (QDA) was offcially lauched on March28,1985. It covers an programming area 15sq.km. In1992,QDA was merged with Huangdao District. With the right guidance and sustain of the Center,the province and the city, the erectors have made QDA from boondocks to modern new metropolis which have good investment enviroment, exuberance and harmony opening economy,boom society career. By the end of 2004,there were a total of 1768 approved foreign-funded projects from 53 countries and regions,with USD 4.23 billion in actually utilized investment. There were 299 projects with individual investment above USD 10 million,9 of which exceeded USD100 million,46 projccts invcstcd by companies listed among the Global Fortune 500 in QDA.

↑ 前湾港码头

→ 世界500强—浦项制铁冷扎不锈钢项目生产车间

法定代表人：刘志毅

北京二十五中学

北京二十五中学是中国历史文化名校，由美国基督教公理会创建于1864年，原名育英学校，是北京近代教育史中引进西方科学开展现代教育最早的学校。20世纪30至40年代已驰名全国，1985年为北京市十所"红旗学校"之一。60年代初为北京市重点中学。140年以来培养了大批优秀人才，遍及祖国和世界各地。

北京二十五中"为社会提供优质教育服务，为学生未来生活幸福和事业成功奠定基础"的办学宗旨，奉行"生动活泼、全面发展、培育个性、鼓励创新"的育人方针，于2000年9月创办，推行教育产业化管理。

2003年初我校成为全国首家获得ISO9001国际质量管理体系和ISO14001国际环境管理体系双标认证学校，学校与英国、德国、加拿大、新加坡等国的学校建立了友好交流与合作关系，我校具有招聘外籍教师和招收外籍学生的资格。

北京二十五中现有走读部和寄宿部校舍两处，学生来自全市全国。目前学校教学设施完备，校园环境优美，师资力量雄厚，办学理念先进，赢得社会各界及广大家长的广泛赞誉。

BRIEF INTRODUCTION OF BEIJING NO.25 HIGH SCHOOL

Beijing No.25 High School is a famous school both on history and culture. It was built in 1846 by American Christian Congregational Church with original name of Yuying School. The school is one of the first schools which introduced western science and technology to be used in modern education. Since 1930s and 1940s the school has already been very famous throughout China and it was assessed to be one of the ten "Red Flag School" in the early 1960s it was key school in beijing The school has been educated a lot of excellent students who is living all over China and the World for the past 140 years.

Beijing No.25 High School's education tenet is "provide high-quality education service for the society, establish solid foundation for students about their happiness in life and success in career". The education guideline is "vivid and vigorous, all-sided development. Personality cultivation, encourage innovation", The above -mentioned principles are formed in September. 2000 and aimed to promote industrialized management on education

In the early 2003, the school became the first school in the country to receive double certification on the management system, on is the ISO9001 internat ional quality management system, another is ISO14001 international environment management system. Now the school established good relationship and cooperation with many foreign schools in UK, Germany Canada and Singapore ole. The school has the qualification to hire teachers of foreign nationality and recruit students of foreign nationality.

Beijing No.25 High School now has two places of schoolhouses, one is bearding school another is self-accommodated school. The students of the school are from all over the country. The infrastructure of the school is well-developed and the environment of the school is very beautiful. The teachers group is very talented, and the concept of the education is very advanced. These merits are well-appraised by the society and patriarch.

地址：北京市东城区灯市口大街55号　邮编：100006　校务办公室电话：(010)65257525　传真：(010)65236510　E-mail：bjyyn25@263.net
招生负责人：尚莲茹　报名方法：我校初、高中均面向全市招生，高中新生招生指标分配到各区县，参加全市统一报考。初中新生可直接到25中招生办公室报名。
外籍学生招生负责人：崔晓华(Annycui)　电话(传真)：(0086-010)85115150　网址：www.bj25schooledu.com.cn　E-mail：annycui2002@yahoo.com.cn　foreignstudent@bj25schooledu.com.c

宁波大榭开发区

1993年3月5日国家批复同意中信公司成片开发大榭岛，享受国家经济技术开发区政策。目标建成具有世界一流港口的经济贸易区。经过十余年开发建设，已初步形成港口、能源、临港石化工业的产业格局，成为华东地区重要的港口仓储、能源化工和先进制造业基地，是上海国际航运中心的重要组成部分。

NINGBO DAXIE DEVELOPMENT ZONE

On March 5, 1993, the State Council approved that CITIC Group undertakesthe whole development of Daxie Island and enjoys the preferential policies applicable to the state-level economic and technological development zones. The objective of developing Daxie is to turn Daxie Island into an economic and trading zone with world first-class port. After more than ten years development and construction, Daxie has formed a basic industry layout of port, energy, and port-related petrochemical industry, and become the important base for port, energy, port-related industry and advanced manufacturing industry in East China,and is one critical part of Shanghai international shipping center.

单位：宁波大榭开发区管委会
Administrative Committee Of Ningbo Daxie Develoment Zone 邮编(P.C):315812
电话(Tel):0574-86768227　86768969　　传真(Fax):0574-86768850，86768433
网址:www.citic-daxie.com　E-mail:yanpb@citic-daxie.com　huch@citic-daxie.com

东莞市经济贸易局

东莞市以国际加工制造业发达著称，产业配套优势突出，2004年全市完成工业总产值3065.88亿元，同比增长25.4%，形成了电子信息、电气机械、纺织服装、家具、玩具、造纸及纸制品、食品饮料、化工制品八大支柱产业，近年产业结构优化调整取得成功，工业高级化和适度重工化水平、工业产业竞争力不断提高。

Dongguan City is well-known for her flourishing international processing and manufacturing industries and prominent advantages of a complete set of industries. In 2004 the gross output value of industry of the whole city was 306.588 billion yuan and had increased by 25.4% compared with that of the last year. Currently she has developed eight pillar industries of electronic information, electrical machinery, textile and garment, furniture toy, paper-making and paper products, food and beverage, chemical products. For recent years Dongguan City has achieved a success in the optimization and adjustment of industrial structure with advancing industry and moderate degree of heavy industry, and her industrial competitiveness has been constantly strengthened.

招商局国际有限公司

香港干诺道中168－200号信德中心.招商局大厦38楼东招商局国际有限公司
电话：00852－21028848

招商局国际有限公司是香港恒生指数成份股，其核心业务为港口及相关产业，其中包括集装箱码头、散杂货码头、空港货站及集装箱制造等。其业务覆盖中国经济最蓬勃的珠江三角洲、长江三角洲和环渤海湾地区。2004年公司所辖码头集装箱吞吐量达1280万标箱，纯利约20.6亿港元，2006年集装箱总吞吐量可望达到三千七百万标箱。（公司网址:http://www.cmhico.com/）

Being a constituent of Hong Kong Hang Seng Index (HKSE:144), China Merchants Holdings (International) Company Limited is focused in port and port-related businesses, covering container terminals, bulk cargo terminals, airport cargo terminal, container manufacturing etc.. These businesses are extensively spanning over the three most active economic regions in the mainland, namely the Pearl River Delta, the Yangtze River Delta and the Bohai Economic Rim. In 2004, CMHI reported a net profit of HK$ 2.06 billion and the terminals it invests recorded a container throughput of 12.8 million TEU. As a leading public port operator in China, CMHI further consolidated and strengthened its position by acquiring a 30% stake in Shanghai International Port (Group) Company Limited in December 2004. It is estimated that the container throughput of CMHI's terminals will grow to 37 million TEU in 2006 and by then CMHI will rank the world's third largest public port operator. (company website: www.cmhico.com)

上海振华港口机械（集团）股份有限公司

上海振华港口机械（集团）股份有限公司(ZPMC)是世界知名起重机和大型钢结构制造商，主要生产岸边集装箱起重机轮胎式集装箱龙门起重机、散货装、卸船机、斗轮堆取料机、门座起重机、浮吊和工程船舶以及大型钢桥构件。

公司具有设计、制造、安装、调试、整机运输、售后服务和新产品开发等多种功能，并成功将9艘六万吨级货船改装为大型港口机械和重大件整机运输专用船，ZPMC是世界上唯一具有自备整机运输船的大型起重机制造商使ZPMC的产品得以高质量、短周期、公道的价格送往世界各港口用户，并兑现合同准时交货。

ZPMC有800名从事机、电、液设计的工程技术人员，有自己科研开发机构，并与上海市高校和科研单位有广泛联系。ZPMC自行开发的交流或直流电气控制系统技术先进，使用可靠，获得国内外用户极高评价。ZPMC还有多项供用户选购的高科技成果，如用于场桥直线行走和箱位管理的GPS系统，故障显示和监测系统、智能型吊具和自动对箱系统、防碰撞系统等等。

ZPMC的产品遍布世界37个国家和台湾、香港地区的150个码头。

Shanghai Zhenhua Port Machinery Co.,Ltd. (ZPMC)is a worldfamous manufacturer of cranes and large steel structure. Its main products include quayside container cranes, rubber-tyred gantry cranes (RTGs), bulk-material ship loaders and unloaders, bucket-wheel stackers and reclaimers, portal cranes, foating cranes, engineering vessels and big steel bridge structures,etc.

"振华1"运载奥克兰岸桥过美国海湾大桥
"ZhenHua1" is passing under the BAY BRIDGE with container cranes for the port of Oakland, USA

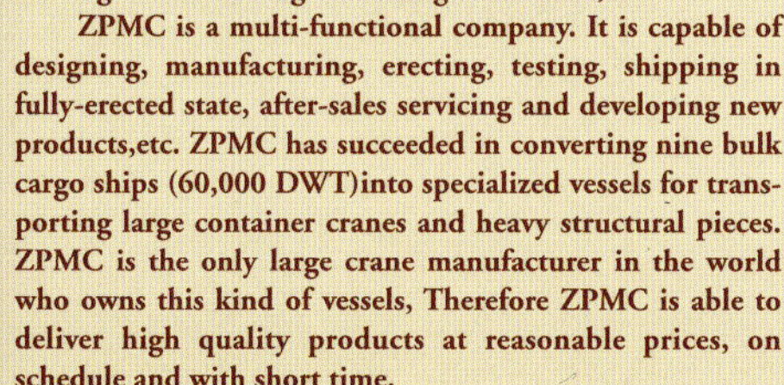

制造的双小车超巴拿马型岸桥在德国汉堡港
Double Trolley Quayside Container Cranes at the Port of Hamburg,Germany

ZPMC is a multi-functional company. It is capable of designing, manufacturing, erecting, testing, shipping in fully-erected state, after-sales servicing and developing new products,etc. ZPMC has succeeded in converting nine bulk cargo ships (60,000 DWT)into specialized vessels for transporting large container cranes and heavy structural pieces. ZPMC is the only large crane manufacturer in the world who owns this kind of vessels, Therefore ZPMC is able to deliver high quality products at reasonable prices, on schedule and with short time.

ZPMC employs 800 mechanical, electrical and hydraulic engineers.

ZPMC has its own R&D institution, and maintains close links with science research institutes and universities in Shanghai. The AC or DC control system developed by ZPMC contains advanced technologies and gains high praise from the domestic and overseas customers for its reliable performance. ZPMC has many high technology achievement available to the customers, such as the GPS system for RTG auto-steering and container management, failure display and monitoring system, intelligent spreader and automatic positioning system, anti-collision system etc..

ZPMC's products in use at 37 countries and regions, and over 150terminalsar ound the world.

上海商学院

校园俯瞰　　校园

上海商学院是由上海市人民政府批准于2004年9月在上海商业职业技术学院（中国上海市财贸党校）的基础上建立的本科层次普通高等学校，学院具有50多年的建校和发展史。

Shanghai Business School(SBS)was, based on tarmer Shanghai Commercial Polytechnic(SCP)ertablirhed in September 2004 with the approval of Shanghai Municipal Government to conduct degree courses. The school has a

徐汇校区：上海中山西路2271号
Xuhui Campus: 2271 Zhongshan Road(W), Shanghai　邮编(P.C):200235
电话(Tel):(021)64870020　传真(Fax):(021)64288497
奉浦校区：上海奉浦大道123号
Fengpu Campus: 123 Fengpu Avenue, Shanghai　邮编(P.C):201400
电话(Tel):(021)67102976　传真(Fax):(021)67102977
网址:www.sbs.edu.cn

广西南宁市商务局
THE COMMERCE OF NANNING

我局是2004年7月撤销南宁市商业贸易和对外贸易经济合作局，新组建的单位。局党组书记、局长为唐志喜。局机关内设办公室、计划财务科、人事教育科、商贸行业管理科、现代物流及会展科、流通经济秩序管理科、商贸改革发展科、市场运行调节科、信息科、政策法规科、加工贸易科、外贸科、机电办、国际合作科、口岸管理科、口岸规划科。在市委、市政府的领导下，市商务局班子和职工大胆创新求真，积极开拓进取，工作严谨务实，措施得力到位，促使各项工作全面推进，谱写了南宁市商务工作的新篇章。我局是2004年7月撤销南宁市商业贸易和对外贸易经济合作局，新组建的单位。局党组书记、局长为唐志喜。局机关内设办公室、计划财务科、人事教育科、商贸行业管理科、现代物流及会展科、流通经济秩序管理科、商贸改革发展科、市场运行调节科、信息科、政策法规科、加工贸易科、外贸科、机电办、国际合作科、口岸管理科、口岸规划科。在市委、市政府的领导下，市商务局班子和职工大胆创新求真，积极开拓进取，工作严谨务实，措施得力到位，促使各项工作全面推进，谱写了南宁市商务工作的新篇章。我局是2004年7月撤销南宁市商业贸易和对外贸易经济合作局，新组建的单位。局党组书记、局长为唐志喜。局机关内设办公室、计划财务科、人事教育科、商贸行业管理科、现代物流及会展科、流通经济秩序管理科、商贸改革发展科、市场运行调节科、信息科、政策法规科、加工贸易科、外贸科、机电办、国际合作科、口岸管理科、口岸规划科。在市委、市政府的领导下，市商务局班子和职工大胆创新求真，积极开拓进取，工作严谨务实，措施得力到位，促使各项工作全面推进，谱写了南宁市商务工作的新篇章。

WE WILL PLAN TO FIND A NEW SOLUTION, SO AS TO PROMOTE BUSINESS AND TRADE INDUSTRIES DEVELOPMENT RAPIDLY

With the reorganization of the government institutions, Bureau Business & Trade of Nanning and Bureau Foreign Trade& Economic Cooperation of Nanning were canceled . In July 2004,Nanning Commerce Bureau was established. Director is Mr. Tang Zhixi.

Structure of Bureau: General Office, Department of Planning & Finance , Department of Personnel-Education-Security ,Department of Business Industry Administration ,Department of Modern Logistics & Exhibition, Department of Commercial Reform & Development , Department of market operation regulation, Department of market System Development , Department of market Economic Order, Department of Processing Trade, Department of Foreign Trade, Department of Foreign Economic Cooperation, Department of Import & Export of Electromechanical Products, Department of Science & Technology information, Department of Port Planning, Department of Port Administration, Department of Policy & Legal Affairs. Led by The CPC Nanning Committee and Nanning Municipal government, We are bold in putting things into practice and blazing new trail ,and work rigorously .We take effective measures to do the business work well.

鞍钢集团国际经济贸易公司

鞍钢集团国际经济贸易公司主营钢铁产品的国内外销售，成套设备、备品备件、大宗原燃料和冶金技术的进出口，以及国际工程承包、国际货物运输、机电产品国际招标等多项业务，在国内主要区域市场和亚、欧、北美等地设有近二十个分支机构，产品远销世界各地。2004年，公司经营内外贸钢材近600万吨，实现综合贸易额312亿元人民币，其中进出口总额17.02亿美元。

Angang Group International Trade Corporation (hereinafter referred to as AITC) is engaged in sale domestiany and oversea of finished steel products, whole-set equipment, spare parts, raw-material fuel and as well as the import/export of metallurgical technology. AITC also handles the contracting of international engineering, international freighting and the international bid for machinery and electrical products. AITC has established about 20 representative offices in the main domestic regional market and also in Asia, Europe and North America. AITC has been promoting the sales of its products all over the world. In year 2004, AITC sold 6 million tons of products both at home and abroad, the turnover was 31.2 billion Yuan with us 1.702 billion for its foreign trade.

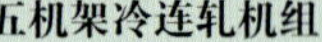

五机架冷连轧机组

镀锌生产线

武汉中粮肉食品有限公司
COFCO WUHAN MEAT PRODUCT LIMITED

武汉中粮肉食品有限公司是中粮集团在武汉投资的现代化肉食品企业。按照国际通行标准，从食品安全源头抓起，建成饲料厂、原种猪场、良种猪示范园区和肉食品加工厂，对猪肉生产加工全过程（饲料 --- 种猪 --- 商品猪 --- 屠宰加工 --- 配送）实行全程质量控制，生产出“家佳康”牌无公害安全冷鲜肉。

‘Pay attention from , control the very begingnig whole course’ is the only way to secure meat products. COFCO WUHAN MEAT PRODUCT LIMITED, as a member of COFCO group, established a whole chain of integrated feedstuff factory, boar breeding base, well-bred pig breeding base, meat processing factory, and provides “JOJOK” safe chilled fresh pork to consumers.

原种猪场
boar breeding base

肉食品加工厂
meat processing factory

地址：湖北省武汉市江夏区世纪大道
Address: Century Ave., JiangXia District, WuHan City, HuBei China.
邮编 (P.C):430200
电话 (Tex):(027)81827666
传真 (Fax):(027)81820666

宁波市贸易局
Ningbotradedepartment

局长：刘猛进

宁波市贸易局是主管全市商贸行业（含餐饮及相关服务业）的市政府组成部门。改革开放以来，宁波市贸易局在市委、市政府的正确领导下，认真贯彻落实科学发展观，积极实施“以贸促市”的发展战略，围绕建设长三角南翼商贸中心，大力推进流通现代化，努力发展商贸经济，各项工作取得了可喜成绩。商贸流通规模不断扩大，商贸流通设施不断改善，新型业态不断发展，放心工程不断推进，宏观调控措施不断加强。2004年，全市社会消费品零售总额达到595.6亿元，比上年增长14.2%。2005年9月成功举办了由商务部精心打造的中国食品博览会。

As a governmental department , Ningbo trade department is in charge of business industry of whole city including food&drinking industry and relating service industry. Since the adoption of the reform and opening policy , under the right lead of city committee and city government , Ningbo trade department earnestly implements scientific developmental view , actively actualizes developmental strategy namely accelerating the city by trade . Encircling to construct the southern trade centre of the Yangtze River Delta , Ningbo trade department vigorously promotes circulating modernization , and makes great efforts to develop trade economy , therefore , its all lines and work get great achievements . Its circulating scale of trade gradually enlarges ; its circulating establishment of trade continually improves ; its new lines endlessly expands ; its reassurance project ceaselessly progresses ; its macroregulating policy constantly strengthens . In 2004 , retail gross sum of the whole city consumable reaches YMB 59 . 56 billion , increasing 14 . 2 percent than last year . Ningbo trade department succeeded in holding China Food Exposition which is elaborately organizing by business department in September 2005 .

成都红旗连锁有限公司简介

成都红旗连锁有限公司改制五年来，在各级政府的关心支持下，现已发展成为中国西部地区最具规模的以连锁经营、物流配送、电子商务为一体的商业连锁企业。目前在四川省内已开设600余家连锁超市，就业员工上万人；拥有两座现代化的物流配送中心；与3000多家供货商建立了良好的互利双赢的商业合作关系。改制五年时间，累计上交税收上亿元。经营业绩跨入2004年中国连锁百强企业、中国零售百强企业；四川零售贸易企业最大规模和最佳效益双10强之列；荣获中国消费者协会03-04年全国商业服务业"诚信单位"、2004年度现代流通先进企业、成都市再就业工作先进集体、成都市纳税先进企业等荣誉。

公司地址：四川省成都市高新区创业路211号
电话：(028)85176118　网址：www.hqls.com.cn

津南经济开发区简介

天津市津南经济开发区是位于天津市东南部的市级开发区，由东、西两区组成。开发区地处滨海新区及市区边缘，地理位置优越、交通便利、基础设施完善、服务管理周到。区内企业主要涉及电子、轻工、塑料制品、生物制药等十多个产业，并将重点致力于塑料工业的发展，津南经济开发区已成为投资热点地区之一。

BRIEF INTRODUCTION OF JNEDA

Approved by Tianjin Municipal Government, Economic Development Area of Jinnan District (JNEDA), which is composed of east and west areas,is located at southeast of Tianjin. The areas are accessible to Binhai New Area and urban city respectively, with the features of distinctive geographic location, convenient transportation, completed infrastructure and attentive service. Now, enterprises in the area involve in electronics, light industry, plastic, biological medicine and other industries, and will pay much more attention to plastic development. JNEDA has become one of hot spot area for investment.

广东商学院

广东商学院为省属重点建设大学，拥有硕士学位、学士学位和法学专业第二学士学位授予权。现有5个硕士点、31个本科专业、5个省级名牌专业、2个省级重点学科、1 个省高校人文社科重点研究基地、1个省级重点实验室和2个省教育厅重点实验室。迄今培养了近3万名毕业生，是广东省重要的商科、法学人才培养基地。

Laboratory Building at Guangzhou Campus
（广州校区实验大楼）

Guangdong University of Business Studies is a provincial institution of higher learning that enjoys priority development. It offers master degree, bachelor degree and second bachelor degree in law, and boasts 5 graduate programs, 31 undergraduate specialties, 5 provincial-level brand-name specialties, 2 provincial-level key disciplines, 1 key provincial research base of humanities and social science, 1 provincial-level key laboratory and 2 key laboratories under the direct supervision of Guangdong Bureau of Education. Up till now, almost 30,000 students have graduated from this important provincial base for training qualified personnel specialized in business or law.

Library at Sanshui Campus
（三水校区图书馆）

广东新广国际集团有限公司

广东新广国际集团有限公司（新广国际）是经广东省批准授权经营国有资产的大型集团公司之一，拥有境内外一级企业18家，总资产35亿元人民币，年产值100多亿元；拥有各类专业技术管理人员3000人，连续多年荣获"守合同重信用"企业。

新广国际具有国家商务部批准的承包境外工程和境内国际招标工程、承担援外成套及物资项目、港澳沙石出口、各类商品及技术进出口、国际劳务合作、外国企业商务和雇员服务、外派劳务人员培训发证等特许经营权，是目前广东省资产规模最大，外经业务资质最齐全的外经企业集团，连续三年获得"广东省外经工作一等奖"，被中国对外承包工程商会授予"2000—2002年对外劳务合作优秀奖"。2004年对外劳务合作完成营业额居全国第三名。是广东省首家在环保产业和市政建设领域以BOT模式运作项目的外经企业。

新广国际树立和落实科学发展观，优化资源配置，致力于资产经营、资本运营和生产经营，以国际工程总承包和人力资源开发为主导产业，不断做强做大国内外工程、人力资源开发、投资发展、物资流通等业务板块，努力将公司建成集约化、多元化、 际化的大型跨国企业集团。

With 18 son-enterprises in China and abroad, Guangdong Xinguang International Group (GDIG for short)is one of the large-sized state-owned enterprises which are authorized by Guangdong Provincial Committee and Guang dong Provincial Government to operate state-owned assets. The total assets of GDIG amount to 3.5 billion yuan RMB.and the annual business turnover more than 10billion yuan RME. It is staffed with 3000 technical and management professionals. GDIG has been honored as an enterprise of "Contract Performance and Credibility"by Guangdong Provincial Industry and Commerce Bureau for years.

Under the approval of the Ministry of Business Affairs of P.R. China, GDIG is entitled to contract overseas engineering and domestic foreign-funded bidding engineering, to undertake China aid foreign projects, to export sand & gravel to Hong Kong and Macau, to import, and export commodities and technologies, to develop international labor service cooperation, to provide commercial service and employees for foreign enterprises and to issue training certificates to all kinds of labour service prople sent abroad. At present, GDIG has full qualifications of foreign economical business in Guangdong Province. GDIG is awarded "the First Award of Conducting Foreign Economy and Trade Business" for successive three years and "International Manpower Service Excellence Award(2000-2000)"by China International Contractors Association.

Sticking to sustainable development, GDIG is to set up the concept of scientific development and optimize the allocation of resources with full efforts in operating assets, capitals and production, GDIG will focus on International Engineering General Contracting and Human Resources Development in order to enlarge its five business scales in Construction Engineering Contracting in China & Overseas, Human Resource Development , Investment and Developmetn, Logistics and Properties Management .GDIG willwork hard to be a large-scale multinational enterprise group of intensivism, diversification and internationalization.

Add:20/F , Wuyang New City Plaza, No.111-115, Siyouxin Road, Dongshan District, Guangzhou, Guangdong Province, China.
邮编:510600　电话:020-61225088 61225099 传真:020-61225000
网址:www.gdig.com.cn　电子信箱:gdig@gdig.com.cn

这里蕴藏财富
2005
中国外商投资企业名录
投资促进事务局　中国外商投资企业协会　中国外资杂志社　编

现代商务需要……
A MUST-HAVE FOR INTERNATIONAL BUSINESS
CHINA COMMERCE YEARBOOK 2005
中國商務年鑒
CHINA COMMERCE YEARBOOK 2005
政府年度出版物　中、英文分册出版
Published in separate Chinese and English editions
www.yearbook.org.cn 电话:(010)64246856

上海市对外经济贸易委员会

2004年，全市外经贸部门在市委、市政府的领导下，以贯彻落实十六届三中全会精神和市委八届四次、五次全会精神为动力，以实施“科教兴市”主战略为重点，深入调研，加强协调，贯彻落实科学发展观和国家宏观调控政策措施，加快政府职能转变，外经贸运行的质量和效益进一步提高。全年外贸进出口完成1600.2亿美元，增长42.4%；其中出口735.1亿美元，增长51.7%，进口865.1亿美元，增长35.4%。全年新批外资项目4334个，吸收合同外资116.9亿美元，增长12.6%；实际到位外资达到65.4亿美元，增长11.8%。对外投资方式和领域不断拓展，全年对外投资总额达3.28亿美元，增长90.5%，其中中方投资3.06亿美元，增长85.7%。对外工程承包和劳务合作合同额19.9亿美元，完成营业额15亿美元。

对外贸易实现高速增长。（1）从企业来看，外商投资企业和私营企业的出口增长较快，占全市出口的份额进一步扩大。国有和集体企业的出口增长平稳。外商投资企业出口占全市的份额进一步提高，首次超过全市出口额2/3。私营企业出口占全市的份额将在2003年的基础上，提高2个百分点。国有和集体企业的出口增长为24.6%和30.9%。（2）从贸易方式来看，加工贸易和一般贸易的出口均呈现较快的增长势头，保税仓库转口贸易迅猛增长。2004年，加工贸易出口占全市出口份额与2003年相比略有提高，一般贸易略有下降。由于上海口岸功能的加速完善，保税区仓储转口贸易出口增长在130%以上。（3）从商品来看，高新技术产品、机电产品的出口保持快速增长，其分别为76.5%和63.7%，是继续带动全市出口增长的火车头。轻纺产品也保持了稳定的增长。（4）从市场来看。传统市场和新兴市场的发展总量上齐头并进，发展结构有所变化。四大传统市场的出口占全市的7成以上，与2003年基本持平。由于欧盟东扩，本市对欧盟市场的出口份额较2003年提高了近3个百分点，为21.7%，出口增幅也高于本市出口第一大市场美国11个百分点。对美国和香港市场的出口分别占全市出口总量的24.4%和9.4%，与2003年基本持平。对日本市场份额下降2个百分点，为16.0%。对台湾省、韩国、东盟、俄罗斯等周边市场实现较快的增长，分别为69.8%、69.4%、64.5%、67.9%。对远洋的巴西和澳大利亚市场的出口分别增长85.4%和58.9%。（5）从出口贡献区域来看，本市经济区域的出口增量占到全市的49.9%以上。外高桥保税区的出口增量占到15.7%，松江出口加工区占到13.7%。2004年新批的3个出口加工区和1个外高桥保税物流园区，全部实现当年运作，当年有进出口实绩。

吸收外资保持较快增长。（1）功能性外资项目不断增加。全年新批跨国公司地区总部30家、投资性公司15家、研发中心34家；截至2004年底，本市共批准跨国公司地区总部86家、投资性公司105家、研发中心140家。（2）吸收外资的产业结构更趋合理。外资主要集中在IT制造业、汽车、金融、旅游、房地产等先进制造业和现代服务业领域，其中第二产业吸收合同外资70.66亿美元，占全市合同外资总额的60.44%，第三产业吸收合同外资45.66亿美元，占全市合同外资总额的39.06%。（3）大项目比重进一步上升。全市新批投资额1000万美元以上大项目392个，合同外资85.4亿美元，占全市合同外资的73.1%。（4）投资领域不断拓宽。新设立了一批担保、会展、综合性医院、金融等服务业外资项目。通过落实CEPA协议，引进了一批外资贸易公司、独资广告公司及独资货代企业。（5）外资的投资来源地相对集中。位居上海投资来源国及地区前三位的分别是香港、英属维尔京和日本，约占全市合同外资总额的54%。

海外经济实现平稳增长。（1）跨国购并已经成为上海对外投资的重要方式。上汽集团投资5.9亿美元，成功收购了韩国双龙汽车公司48.5%的股权。上海电气集团出资1500万美元，在日本收购了生产机床的老企业——池贝株式会社。上工股份公司收购了德国DA公司的股权。（2）资源开发型项目迈出了新步伐。丰佳集团在罗马尼亚投资2785万美元设立了木材加工企业，木材部分返销国内。锦和公司在老挝投资开采铜矿，三盛集团在澳大利亚开采煤矿，总部设在上海的浙江民企安信地板公司在巴西开办了木材加工企业。（3）境外设立研发机构保持良好势头。04年在境外设立研发机构18家，总投资7500万美元，分别占总数的19.8%和23%。（4）CEPA效应逐步显现。04年与03年比较，上海赴港投资企业数增长了一倍，投资总额增长了47.1%。上海企业赴港投资的项目除从事进出口贸易、开设产品设计和研发机构之外，还开展招商引资和产权交易。（5）境外工程承包的大中型项目不断增多。2004年上海所承接的境外工程项目单个合同的平均金额1777万美元，与2000年相比增长了2.4倍。（6）外派劳务人员结构不断优化。从2004年期末在外劳务人员的情况来分析，总人数为25022人，其中专业技术型的劳务人员为10721人，占到42.8%，与2003年相比，提高了近5个百分点。

Shanghai's Foreign Economy Keeps Healthy and Stable Development

In 2004, under the top leadership of CPC Shanghai committee and municipal government, we followed instructions of 3rd General Assembly of 16th Party Congress and 4th & 5th General Assembly of Shanghai Party Congress and focused on the strategy of "economic rejuvenation through science and education". More commitments have been put into in-depth research, coordination and implementation of scientific development philosophy and national macroeconomic control policies. Government functions have been streamlined and the quality and performance of foreign economy keeps improving.

In terms of foreign economic figures: "Three Growths" have been achieved. Foreign trade is growing rapidly. The local import & export reached 160.02 billion USD, an increase of 42.4%. The total import & export reached 282.58 billion USD, an increase of 40.4%. Foreign investments are growing steadily. 4,334 new foreign investments have been approved with a total contracted capital of 11.69 billion USD, growing at 12.6%. The actual paid-in capital is 6.54 billion, an increase of 11.8%. Overseas operation is expanding quickly. The total overseas investments of the year reached 328 million USD, an increase of 90.5% with 300 million USD from Shanghai, an increase of 85.7%. The contracting and labor export totaled 2.01 billion USD and achieved 1.5 billion USD of sales revenue.

In terms of characteristics of foreign economic operation: 1. Concentration of headquarters begins to drive the economy. 26 multinational regional headquarters, 14 holding companies and 34 R&D centers have been approved in 2004. A number of guarantee service providers, comprehensive hospitals, exhibition & conference companies and wholly foreign-owned advertising companies under CEPA framework have also been approved. 2. Export product structure has been optimized and processing trade is growing rapidly. Advanced technology and machinery are still our major exports, whose volume to Europe increased by 60.58% to be No.1 among the 4 traditional export destination markets. Processing trade is developing fast and takes up 58.19% of export and 60.5% of export growth. 3. More upscale and technology-rich projects have been contracted. 11 contracts exceed 20 million USD and 35 contracts above10 million USD involves rich technologies. 23% of all contracts are R&D projects located in developed nations or regions.